Djibouti
Rép. Dominicaine
Dominique
Égypte
Émirats arabes unis
Équateur
Érythrée
Espagne
Estonie
États-Unis
Éthiopie
Fidji
Finlande
France
Gabon
Gambie
Géorgie
Ghana
Grèce
Grenade
Guatemala
Guinée
Guinée-Bissau
Guinée équatoriale
Guyana
Haïti
Honduras
Hongrie
ésie
Irak
Iran
Irland
Israël
Italie
Jamaïque
Japon
Jordanie
Kazakhstan
Kenya
Kirghizstan
Kiribati
Koweït
Laos
Lesotho
Lettonie
Liban
Liberia
Libye

le robert junior

ISBN 978-2-84902-735-6

Le papier de cet ouvrage est composé de fibres naturelles, renouvelables, recyclables et fabriquées à partir de bois provenant de forêts gérées de manière responsable et durable.

le robert junior

illustré

coordination éditoriale
Marie-Hélène DRIVAUD

rédaction
(nouvelle édition)
langue française

Sophie CHANTREAU-RAZUMIEV
Laurence LAPORTE
avec la participation de Dominique VERNIER LOPIN et
Didier de CALAN (encyclopédie)

illustrateurs : M. BELLAN, L. BLONDEL, E. BOGAERT, A. BOOS, S. DESVERGNES, Ch. DROCHON, B. DUHEM, L. FAVREAU, CH.-E. GOGNY, HÉLIADORE, P. DE HUGO, M. IVERS, Y. LARVOR, O. LECOQ, N. LOCOSTE-LAPLACE, G. MACÉ, P. MAISONNAT, E. MERCIER, F. MERLIER, P. MORIN, F. MULLER, J.-M. PARISELLE, J.-M. PAU, C. PICARD, F. PICHON, D. PIZZI, N. RAZUMIEFF, Y. DE RENTY, L. SCHLOSSER, C. DE SEABRA, J.-C. SENÉE, E. SOUPPART, S. SURBER, D.-C. THIBAULT, N. WINTZ.

iconographie : Nathalie LASSERRE, Christine MOREL

cartographie : Jean-Pierre CRIVELLARI

informatique éditoriale : (direction) Karol GOSKRZYNSKI
(programmation) Sébastien PETTOELLO
Monique HÉBRARD, Claude SELLIN

lecture-correction : Élisabeth HUAULT, Anne-Marie LENTAIGNE, Méryem PUILL-CHÂTILLON

maquette : Patricia MARCHAL

coordination technique et artistique : Maud DUBOURG

précédentes éditions
(rédaction)
Christine de BELLEFONDS
Sophie CHANTREAU-RAZUMIEV
Laurence LAPORTE

sommaire

planches thématiques

avant-propos

Le Robert Junior est un véritable dictionnaire de la langue française prioritairement destiné, en France, aux élèves du cycle des approfondissements ou cycle 3 (CE 2, CM 1, CM 2) et, dans les autres pays francophones, aux élèves du cycle primaire.

Il fait progresser l'enfant dans l'acquisition du vocabulaire de base (20 000 mots à la nomenclature) pour lui permettre de mieux lire et écrire, de mieux comprendre et se faire comprendre. La nouvelle édition du Robert Junior a été enrichie de plus de 1 000 mots et de nombreux sens nouveaux ainsi que de plus de 200 proverbes ou expressions. Il permettra ainsi à l'enfant d'acquérir la maîtrise du langage et de la langue française, base de l'accès à toutes les connaissances. Il est en effet aujourd'hui acquis que la maîtrise de la langue est la clé de tous les apprentissages fondamentaux et ne ressortit pas au seul enseignement du « français ». À cet égard, il est utile de rappeler que les programmes officiels recommandent l'usage du dictionnaire dès le cours élémentaire et sa pratique habituelle au cours moyen.

Le passage progressif à l'abstraction fait du mot un outil que l'enfant apprendra à utiliser à bon escient dans des contextes différents. Seule la fréquentation par celui-ci d'un grand nombre de mots, de leurs dérivés, des mots voisins ou d'antonymes lui permettra d'entendre avec acuité, de lire avec intelligence et d'acquérir le plaisir de communiquer dans une langue partagée.

Un vrai dictionnaire

En opposition avec l'habitude répandue qui consiste à définir un mot par un exemple, le Robert Junior a choisi de donner pour chaque mot, chaque sens, une **vraie définition.** Aucun exemple ne permet d'accéder au sens exact d'un mot, car il particularise son emploi, alors que la définition, qui généralise, est le seul moyen de comprendre tous les sens d'un mot ou d'employer ce mot dans toutes les phrases possibles.

En outre, le Robert Junior donne de nombreuses informations utiles, comme les **pluriels difficiles** ou **irréguliers**, le **féminin des noms et des adjectifs** (toujours indiqué en entrée), les **synonymes** et les **contraires** ainsi que les **homonymes**. La **prononciation** est indiquée à l'aide de l'alphabet phonétique pour les mots qui ne se prononcent pas comme ils s'écrivent, car certains ont deux prononciations possibles (*anis* [ani] ou [anis]), d'autres sont des emprunts (*chewing-gum* [ʃwiŋgɔm], *loggia* [lɔdʒja]) ou encore peuvent faire l'objet d'une hésitation (*marqueterie* [maʀkɛtʀi], *papaye* [papaj] ou *poêle* [pwal]).

À chaque verbe, un **numéro de conjugaison** renvoie aux tableaux des formes conjuguées, en annexe, à la suite du dictionnaire.

Les mots sont regroupés par **familles**, le mot chef de famille étant suivi de ses dérivés, sans bousculer l'ordre alphabétique. Un renvoi est fait à la suite du dernier dérivé vers les autres mots de la famille situés ailleurs dans l'ordre alphabétique. Ce renvoi est indiqué par le signe ⊳ et fait l'objet d'un paragraphe distinct à la fin de la famille de mots. À l'inverse, si un mot fait partie d'une famille, cette information est donnée à la fin de l'article, précédée du même signe ⊳.

Comme dans les autres dictionnaires Le Robert, une place significative est faite à l'**analogie**. De nombreux renvois permettent chaque fois que besoin est, de trouver à partir d'un mot, d'autres mots du même domaine.

Des **remarques** (précédées du signe •) donnent des informations utiles sur l'**orthographe** d'un mot quand celle-ci est difficile (ex. *chrysanthème*), sur les **variantes** quand un mot peut s'écrire ou se dire de plusieurs façons (ex. *plateforme, calmar*), sur l'aire géographique où ce mot est employé (ex. *chicon, huitante*). Les particularités d'emploi ou les difficultés grammaticales éventuelles sont clairement signalées *(firmament, orgue)*. L'**étymologie** est brièvement donnée pour les mots d'origine étrangère (ex. *bazooka, chewing-gum*) ainsi que pour les mots qui viennent de noms propres de personnes ou de lieux (ex. *calepin, camembert*). D'autre part, des **notices étymologiques** plus détaillées retracent l'histoire de plus de 400 mots. Celles-ci figurent dans un petit cahier à part et pourront faire l'objet d'exercices en classe. Ainsi, l'enfant sera sensibilisé aux différents héritages dont le français est issu.

Dans le Robert Junior, la **typographie** contribue à faciliter la consultation du dictionnaire. Les entrées sont en violet, ainsi que les emplois pronominaux des verbes. Les expressions figées (du type *à peu près, à propos, tout à fait, pas du tout*) sont en italique violet. De même, les numéros de sens sont en orangé, de manière à être bien repérés par l'enfant.

L'illustration

Le Robert Junior est abondamment illustré d'environ 2 000 vignettes. L'**illustration** en couleurs n'a pas seulement une fonction esthétique, mais elle joue aussi un rôle pédagogique essentiel. L'image, aide précieuse à la définition, donne immédiatement à voir et à comprendre de quoi il s'agit. Les illustrations du Robert Junior sont constituées par des **dessins** (dessins traditionnels et infographies) et par des **photos.** Ces illustrations ont des formats variés pour éviter toute monotonie et pour l'agrément des jeunes lecteurs. Les dessins illustrent des **mots concrets** (animaux, plantes, objets familiers ou techniques) que l'enfant apprend à connaître par l'image ou aime reconnaître en feuilletant son dictionnaire. L'originalité du Robert Junior est d'illustrer simultanément les **divers sens d'un mot** (voir par exemple *aile, antenne, chevron, filet, frange, hotte*) ou **un mot et ses dérivés** (*botte, bottine, bottillon ; gaufre, gaufrette, gaufrier ; échasses, échassier*). Parfois, sont illustrés des **noms d'action** (comme *déboisement, démolition*) ou des noms de **phénomènes** (*germination, oxydation*). Par ailleurs, il nous a paru intéressant d'illustrer des **adjectifs** concrets (par exemple *caparaçonné, décharné*) ou parfois plus abstraits (*progressif, recyclable*) ainsi que des **verbes d'action** (*composter, démouler, filmer, se lécher, recoller*). Parmi les photos, figurent un nombre non négligeable de **reproductions d'œuvres d'art** célèbres comme *L'Été* de Poussin, *Les Repasseuses* de Degas, *Le Groom* de Soutine, *Les Constructeurs* de Fernand Léger ou *Le Penseur* de Rodin. Ainsi, en voyant dans son Robert Junior la reproduction d'un *Mobile* de Calder, l'enfant pourra s'initier à la fois à la maîtrise du sens des mots et à l'histoire de l'art. La reproduction photographique d'œuvres d'art permet aussi de faire découvrir à l'enfant bon nombre de **techniques artistiques** (voir *estampe, fresque, gravure, icône, lithographie, mosaïque, trompe-l'œil*), de le sensibiliser aux divers **courants de l'art** (voir *abstrait, baroque, impressionniste, surréaliste*) ou d'évoquer des réalités du passé (voir *cuirasse, diligence, écu, hennin, jabot, redingote*). Enfin, la photo permet de montrer des **milieux** et des **paysages naturels** (voir *brousse, lande, fjord* ou *prairie*) ou de suggérer des ambiances *(carnaval)*.

Des **planches illustrées**, au nombre de 38, placées au plus près du mot-thème abordé, montrent des séries, des classes d'objets (par exemple les *arbres* ou les *félins*). Des renvois systématiques sont ménagés d'un mot traité dans le dictionnaire vers la planche où celui-ci est illustré.

Des annexes utiles

Les **tableaux de conjugaison** des verbes, les **adjectifs et les noms de couleurs** (et la façon dont ils s'accordent) ainsi que les **noms de nombres** figurent en annexe. Un point sur les **recommandations** de 1990 fait état des récentes évolutions de **l'orthographe**.

500 noms propres

Par ailleurs, il nous a semblé pertinent d'ajouter une partie encyclopédique illustrée, incluant géographie et histoire, à l'ouvrage.

Un **atlas mondial**, de lecture facile, aide l'enfant qui n'est pas encore rompu à la géographie physique et politique. Il faut apprendre dès l'école à situer son pays dans le continent européen et dans le monde et savoir où se trouvent les régions qui sont évoquées dans le cadre de la classe ou celles dont le nom est rendu familier par l'actualité. Un planisphère de la **francophonie** montre d'autre part que l'on parle français dans beaucoup d'autres pays que la France.

Cet atlas est accompagné de **notices** consacrées aux continents, à tous les pays du monde ainsi qu'aux divisions administratives françaises, belges et suisses.

Dans le même esprit, nous avons dressé la liste des **noms d'habitants** des pays, régions et villes les plus importants.

La partie histoire comprend une **chronologie** illustrée, qui présente les dates importantes et les événements marquants depuis la formation de la Terre jusqu'au 21ᵉ siècle. Les **noms propres** qui y sont cités font ensuite l'objet d'**articles.**

Ces entrées sont en rouge, afin de bien différencier la partie consacrée aux noms propres du dictionnaire de langue.

Le Robert Junior a ainsi pour ambition d'amener l'enfant à mieux maîtriser la langue française et à mieux connaître le monde qu'elle exprime, celui qui l'entoure.

L'éditeur

Comment utiliser le Robert Junior

L'entrée (mot défini) en violet

Cette remarque indique une variante du mot

calmar n. m. ✦ Mollusque marin dont la tête est pourvue de huit pieds et deux tentacules. → aussi **seiche.** *Des beignets de calmar.*
● On dit aussi *calamar.*

Les synonymes

Le sens pronominal du verbe est indiqué et expliqué

camoufler v. (conjug. 1) ✦ Rendre difficile à reconnaître ou à voir. *Les soldats ont camouflé leurs chars avec des branchages.* → **dissimuler.** — **se camoufler,** se cacher. *Le caméléon se camoufle en changeant de couleur.*

En consultant l'article *gland*, on apprendra des choses sur le *chêne*

Les homonymes

Les pluriels difficiles ou irréguliers

chêne n. m. ✦ Grand arbre dont le bois est très dur et qui peut vivre plus de cinq cents ans. → aussi **gland.** *Une table en chêne.* ➻ planche Arbres p. 48-49. ❍ homonyme : chaîne.

➤ **chêne-liège** n. m. ✦ Chêne dont l'écorce fournit le liège. — Au pl. *Des chênes-lièges.* ▷ Mot de la famille de LIÈGE.

Le féminin des adjectifs est clairement indiqué

Les contraires

chétif, chétive adj. ✦ Petit, faible, de santé fragile. *Une petite fille chétive.* → **malingre.** ❑ contr. **robuste, vigoureux.**

Ce mot a plusieurs sens qui sont numérotés

chevron n. m. **1.** Pièce de bois inclinée dans le sens de la pente du toit qui s'appuie sur les poutres et forme la charpente. **2.** Ruban cousu sur les manches des uniformes militaires, formant un V renversé. **3.** Dessin décoratif en forme de zigzag. *Un tissu à chevrons.*

Les différents sens du mot sont illustrés

chevron

La prononciation. Voir le tableau des signes phonétiques au début du livre

Remarque sur l'origine des mots étrangers

chewing-gum [ʃwiŋgɔm] n. m. ✦ Pâte que l'on mâche. — Au pl. *Des chewing-gums.*
● Ce mot vient de l'anglais et veut dire « gomme à mâcher ».

Où ce mot s'emploie-t-il ?

chicon n. m. ✦ Endive.
● Ce mot est employé dans le nord de la France et en Belgique.

Attention ! Ce mot est familier

chicot n. m. ✦ Familier. Morceau qui reste d'une dent cassée.

chiendent n. m. ✦ Mauvaise herbe dont les racines sont très développées. *Le jardinier arrache le chiendent dans le potager. Une brosse en chiendent,* faite avec les racines séchées de cette herbe.
▷ Mot de la famille de CHIEN et de DENT.

chrysanthème [kʀizɑ̃tɛm] **n. m.** ✦ Fleur à pétales fins et nombreux, qui fleurit en automne. ➻ planche Fleurs p. 421. *Alex a déposé un pot de chrysanthèmes sur la tombe de son grand-père.*
● Il y a deux *h* et un *y* dans ce mot.

① **cor** **n. m.** ✦ Instrument de musique à vent, en cuivre, formé d'un long tube enroulé sur lui-même. ➻ planche Instruments de musique p. 548-549. *Un cor de chasse.*
○ homonyme : corps.

② **cor** **n. m.** ✦ *Un cor au pied,* une petite boule de peau dure qui s'est formée sur un orteil.

corail **n. m.** (pl. **coraux**) **1.** Petit animal recouvert de calcaire, qui vit dans les mers chaudes en colonies formant des rochers. **2.** Matière calcaire qui recouvre ces animaux et dont on fait des bijoux. *Un collier de corail.*

① **coucher** **v.** (conjug. 1) **1.** Mettre au lit. *Elle couche ses enfants à 9 heures.* **2.** Passer la nuit. *Julie et sa sœur couchent dans la même chambre.* → **dormir**. **3.** Rapprocher de l'horizontale. *Le vent couche les blés.*

➤ **se coucher** **v.** (conjug. 1) **1.** Se mettre en position allongée. *Les soldats se sont couchés par terre.* → **s'allonger**. **2.** Se mettre au lit. *Léa s'est couchée tard hier soir.* ❑ contr. se **lever**. **3.** Descendre vers l'horizon, en parlant du soleil. *Le soleil se couche à l'ouest.* → aussi **couchant**.

➤ ② **coucher** **n. m.** ✦ *Le coucher du soleil,* c'est le moment où le soleil se couche. ❑ contr. ② **lever**. *Théo aime regarder les couchers de soleil sur la mer.*

➤ **couchette** **n. f.** ✦ Lit étroit dans un train, un bateau.
▷ Autres mots de la famille : COUCHAGE, COUCHANT, RECOUCHER.

La catégorie grammaticale

L'exemple

Ce mot appartient à deux familles différentes

La définition

Remarque sur l'orthographe difficile

Ce mot est illustré dans une planche

Les homonymes qui ont la même orthographe

Les pluriels difficiles ou irréguliers

La conjugaison des verbes renvoie aux tableaux à la fin du livre

Les verbes pronominaux qui ont plusieurs sens font l'objet d'un article

Les mots qui constituent une famille traités à l'ordre alphabétique

Les autres mots qui constituent la famille

les abréviations du dictionnaire

adj.	adjectif	km	kilomètre
adv.	adverbe	m.	masculin
conjug.	conjugaison	m	mètre
contr.	contraire	m^2	mètre carré
f.	féminin	masc.	masculin
fam.	familier	n.	nom
fém.	féminin	pl.	pluriel
h	heure	prép.	préposition
interj.	interjection	v.	verbe
inv.	invariable		

l'alphabet phonétique

voyelles

[i]	il, vie, lyre			[œ]	peur, meuble
[e]	blé, jouer	[o]	mot, dôme, eau, gauche	[ə]	le, premier
[ɛ]	lait, jouet, merci	[u]	genou, roue	[ɛ̃]	matin, plein, main
[a]	plat, patte	[y]	rue, vêtu	[ɑ̃]	sans, vent
[ɑ]	bas, pâte	[ø]	peu, deux, chanteuse	[ɔ̃]	bon, ombre
[ɔ]	mort, donner			[œ̃]	lundi, brun

semi-consonnes

[j]	yeux, paille, pied	[w]	oui, nouer	[ɥ]	huile, lui, sueur

consonnes

[p]	père, soupe				
[t]	terre, vite	[ʃ]	chat, tache,	[ɲ]	agneau, vigne
[k]	cou, qui, sac, képi	[v]	vous, rêve		
		[z]	zéro, maison, rose	[ŋ]	camping (mots empruntés à l'anglais)
[b]	bon, robe				
[d]	dans, aide	[ʒ]	je, gilet, geôle		
[g]	gare, bague				
[f]	feu, neuf, photo	[l]	lent, sol	[h]	hop ! (exclamatif)
		[ʀ]	rue, venir		
[s]	sale, celui, ça, dessous, tasse, nation, penser	[m]	main, femme		
		[n]	nous, tonne, animal	[']	haricot (pas de liaison)

A

à **prép.** 1. Indique le lieu. *Il habite à Paris. Elle a mal aux reins. Alex est allé au Canada et aux États-Unis.* 2. Indique le moment. *Elle se lève à sept heures.* 3. Indique l'appartenance. *Ce stylo est à Julie.* 4. Indique le moyen. *Léa se promène à bicyclette.* 5. *Une tasse à thé* est faite pour contenir du thé. 6. Introduit un complément indirect. *Louise plaît à tout le monde. Paul écrit à Julie.*
● *À* n'est jamais suivi de *le* ni de *les,* on dit *au, aux.*

abaisser **v.** (conjug. 1) 1. Faire baisser, diminuer. *On abaisse le niveau d'eau du lac en ouvrant le barrage.* ❑ contr. **relever, remonter.** 2. **s'abaisser,** perdre sa fierté. *Elle ne s'est pas abaissée à lui demander pardon.* → s'**humilier.**
▷ Mot de la famille de BAISSER.

abandonner **v.** (conjug. 1) 1. Quitter une personne ou un animal dont on devrait s'occuper. *En partant en vacances, ils ont abandonné leur chien.* 2. Renoncer à une action. *Le coureur a abandonné la course.*
➤ **abandonné, abandonnée** **adj.** ✦ *Un animal abandonné,* c'est un animal qu'on a laissé pour toujours, dont on ne veut plus. *Des bêtes abandonnées.*
➤ **abandon** **n. m.** 1. Le fait de ne plus s'occuper de quelqu'un, de quelque chose. *Les départs en vacances provoquent parfois des abandons d'animaux.* 2. Le fait de renoncer à quelque chose. *Les abandons ont été nombreux dans la dernière étape,* des coureurs ont abandonné la course. 3. *Un jardin à l'abandon,* dont on ne s'occupe plus.

abasourdi, abasourdie [abazuʀdi] **adj.** ✦ Très étonné. → **ahuri, stupéfait.** *Elle était abasourdie.*

abat-jour **n. m. inv.** ✦ Partie d'une lampe faite de tissu ou de papier qui évite d'être ébloui par l'ampoule. — Au pl. *Des abat-jour.*
▷ Mot de la famille de ABATTRE et de JOUR.

abats **n. m. pl.** ✦ Organes des animaux de boucherie, que l'on mange. *Le foie, les rognons sont des abats.*

abattage **n. m.** 1. *L'abattage d'un arbre,* c'est l'action de le faire tomber. 2. *L'abattage d'un animal,* c'est le fait de le tuer.
▷ Mot de la famille de ABATTRE.

abattant **n. m.** ✦ Panneau que l'on peut relever ou abaisser. *Une table à abattant.*
▷ Mot de la famille de ABATTRE.

abattement **n. m.** 1. Grande tristesse qui fatigue. *Il était dans un état de profond abattement.* 2. Réduction. *Un abattement d'impôts.*
▷ Mot de la famille de ABATTRE.

abattis [abati] **n. m. pl.** ✦ La tête, le cou, les ailerons, les pattes, le foie, le gésier d'une volaille.

abattoir **n. m.** ✦ Bâtiment où l'on abat les animaux de boucherie.
▷ Mot de la famille de ABATTRE.

abattre **v.** (conjug. 41) 1. Faire tomber par terre une chose verticale. *Les bûcherons abattent des arbres.* — **s'abattre,** tomber tout d'un coup. *Les sauterelles se sont abattues sur les récoltes.* 2. Tuer. *Les policiers ont abattu le gangster.* 3. Rendre faible. *Cette grippe a abattu Paul.* → **fatiguer.** *La perte de son chat a beaucoup abattu Julie.* → **accabler, déprimer.**

abbaye

➤ **abattu, abattue** adj. ✦ Triste, découragé. *Julie est très abattue parce que son chat a disparu.*

▷ Autres mots de la famille : ABAT-JOUR, ABATTAGE, ABATTANT, ABATTEMENT, ABATTOIR, RABAT, RABAT-JOIE, RABATTRE.

abbé n. m. 1. Prêtre catholique. 2. Moine dirigeant une abbaye.

● La religieuse qui dirige une abbaye est *une abbesse*.

➤ **abbaye** [abei] n. f. ✦ Lieu, bâtiment où vivent des moines ou des religieuses.

abc [abese] n. m. inv. ✦ *L'abc d'un métier,* c'est ce qu'il faut au moins en savoir.

▷ Autre mot de la famille : ABÉCÉDAIRE.

abcès [absɛ] n. m. ✦ Pus qui s'accumule dans un endroit du corps. *Un abcès dentaire.*

abdiquer v. (conjug. 1) ✦ Abandonner le pouvoir, quand on est roi ou empereur. *Le roi Louis-Philippe abdiqua en 1848.*

➤ **abdication** n. f. ✦ Abandon du pouvoir. *Après son abdication, le roi s'exila.*

abdomen [abdɔmɛn] n. m. ✦ Partie du corps où se trouvent l'estomac, le foie, les intestins. → **ventre.**

➤ **abdominal, abdominale** adj. ✦ Qui concerne l'abdomen. *Des douleurs abdominales.* — **N. m. pl.** *Les abdominaux,* les muscles du ventre. *Faire des abdominaux,* des exercices qui développent ces muscles.

abécédaire n. m. ✦ Petit livre illustré dans lequel les enfants apprennent les lettres de l'alphabet.

▷ Mot de la famille de ABC.

abeille n. f. ✦ Insecte brun qui fait le miel et la cire en butinant les fleurs. → aussi **apiculture** et **ruche.**

abeille

aberrant, aberrante adj. ✦ Contraire à la raison. *Quelle histoire aberrante !* → **insensé.**

aberration [abeʀasjɔ̃] n. f. ✦ Ce qui est contraire à la raison, au bon sens. *C'est une aberration !* → **absurdité.**

abêtir v. (conjug. 2) ✦ Rendre bête, stupide. *Les livres idiots abêtissent.* → **abrutir.**

➤ **abêtissant, abêtissante** adj. ✦ Qui rend stupide. *Des jeux télévisés abêtissants.*

▷ Mots de la famille de ② BÊTE.

abîme n. m. ✦ Trou immense et profond. → **gouffre, précipice.**

● Attention à l'accent circonflexe du *î.*

abîmer v. (conjug. 1) ✦ Mettre en mauvais état. → **détériorer, endommager** ; fam. **esquinter.**

Paul abîme vite ses affaires. — **s'abîmer,** perdre son bon état, sa belle apparence. *Ces fruits vont s'abîmer.* → se **gâter, pourrir.**
● Attention à l'accent circonflexe du *î*.

abject, abjecte adj. ✦ Qui mérite le mépris. → **ignoble, méprisable, répugnant.** *Une attitude abjecte.*

abjurer v. (conjug. 1) ✦ Renoncer à sa religion. *Henri IV abjura le protestantisme en 1593.*
▷ Mot de la famille de ① JURER.

ablation n. f. ✦ Action d'enlever une partie du corps. *L'ablation d'un rein.*

ablutions n. f. pl. ✦ *Faire ses ablutions,* se laver.

aboiement n. m. ✦ Cri du chien. → aussi **jappement.**
▷ Mot de la famille de ABOYER.

aux **abois** adj. ✦ *Un cerf aux abois,* poursuivi et entouré par les chiens de chasse. *Être aux abois,* dans une situation désespérée.
▷ Mot de la famille de ABOYER.

abolir v. (conjug. 2) ✦ Faire disparaître. → **supprimer.** *L'esclavage a été aboli en France en 1848.*
➤ **abolition** n. f. ✦ Suppression. *L'abolition de la peine de mort en France date de 1981.*

abominable adj. 1. Qui fait horreur. *Un crime abominable.* → **affreux, horrible.** 2. Très mauvais. *Un temps abominable.* → **exécrable.**

abonder v. (conjug. 1) ✦ Être en grande quantité. *Les pommes abondent sur le marché.*
➤ **abondance** n. f. 1. Grande quantité. *On trouve une abondance de produits dans les supermarchés. Il y a des provisions en abondance dans le réfrigérateur. — Abondance de biens ne nuit pas,* on peut toujours accepter quelque chose dont on a déjà suffisamment. 2. *Vivre dans l'abondance,* dans le luxe, la richesse. → **opulence.**
➤ **abondant, abondante** adj. ✦ Qui est en grande quantité. ❏ contr. **insuffisant, rare.** *Une récolte abondante.*
➤ **abondamment** adv. ✦ En grande quantité. → **beaucoup, largement.** *Il a plu abondamment hier.*
▷ Autres mots de la famille : SURABONDANCE, SURABONDANT.

abonner v. (conjug. 1) 1. *Abonner une personne à un journal,* c'est payer à l'avance pour qu'elle le reçoive par la poste. — **s'abonner,** payer un abonnement pour soi. *Léa s'est abonnée à plusieurs revues.* 2. *Ils sont abonnés au téléphone et à l'électricité,* ils ont signé un contrat et payent pour pouvoir avoir le téléphone et l'électricité.
➤ **abonné** n. m., **abonnée** n. f. ✦ Personne qui est abonnée. *Les abonnés au téléphone.*
➤ **abonnement** n. m. ✦ Paiement à l'avance pour recevoir un journal, un magazine chez soi. *Votre abonnement est terminé.*

abord n. m. 1. *Louise est d'un abord facile,* on peut facilement s'adresser à elle, l'aborder. 2. *Au premier abord,* à première vue. *Au premier abord, il est très sympathique.* 3. *Les abords de la gare sont bruyants,* les alentours, les environs.
▷ Mot de la famille de ① BORD.

d'abord adv. ✦ En premier lieu, pour commencer. ❏ contr. **après, ensuite.** *Julie mange d'abord le jaune de son œuf dur.*

① **aborder** v. (conjug. 1) 1. Arriver au rivage, en venant de la mer. → **accoster.** *Le navire aborda dans une île déserte.* 2. *Aborder quelqu'un,* c'est l'arrêter pour lui parler, lui demander quelque chose. 3. *Aborder un problème,* c'est commencer à en parler.
➤ **abordable** adj. ✦ Pas trop cher. *En cette saison, les fraises sont abordables.* ❏ contr. ② **cher, inabordable.**
▷ Mots de la famille de ① BORD.

② **aborder** v. (conjug. 1) ✦ *Les pirates abordèrent le navire,* le prirent à l'abordage.
➤ **abordage** n. m. ✦ Assaut donné à un navire en s'amarrant bord à bord avec lui. *À l'abordage !*
▷ Mots de la famille de ② BORD.

aborigène n. m. et f. ✦ Population, personne qui vit depuis toujours dans un pays. → **autochtone, indigène.** *Les aborigènes d'Australie.*

aboutir v. (conjug. 2) 1. Se terminer quelque part. *La route aboutit à la mer.* ❏ contr. **commencer, partir.** 2. Donner un résultat. *L'enquête n'a pas encore abouti.*
➤ **aboutissement** n. m. ✦ Résultat. → **couronnement.** *Cette récompense est l'aboutissement de sa carrière.*
▷ Mots de la famille de BOUT.

aboyer v. (conjug. 8) ✦ *Le chien aboie,* il pousse son cri.
▷ Autres mots de la famille : ABOIEMENT, AUX ABOIS.

abracadabrant, abracadabrante adj. ✦ Invraisemblable. *Des histoires abracadabrantes.* → **farfelu.**
● Ce mot vient de la formule magique *abracadabra.*

abréger v. (conjug. 3 et conjug. 6) ✦ Rendre plus court. → **écourter, raccourcir.** *Abrégeons ce texte, il est trop long !*
➤ **abrégé** n. m. 1. Texte qui ne dit que le plus important. → **résumé.** 2. *Écrire en abrégé,* c'est écrire sans mettre toutes les lettres du mot. *Madame s'écrit « Mme » en abrégé.* → aussi **abréviation.**

s'**abreuver** v. (conjug. 1) ✦ Boire. *Les vaches se sont abreuvées dans la rivière.*
➤ **abreuvoir** n. m. ✦ Grand bac dans lequel on fait boire les animaux.

abreuvoir

abréviation n. f. ✦ Mot écrit en abrégé. *« Télé » est l'abréviation de « télévision ». « Mme » est l'abréviation de « Madame ».* → aussi **abrégé.**
▷ Mot de la famille de BREF.

abri n. m. ✦ Endroit où l'on est protégé du mauvais temps ou du danger. *La grotte leur a servi d'abri. — Se mettre à l'abri de quelque chose,* s'en protéger. *Ils se sont mis à l'abri de la pluie.*
➤ **abribus** [abRibys] n. m. Marque déposée ✦ Petit abri pour les voyageurs, à un arrêt d'autobus. ▷ Mot de la famille de BUS.
▷ Autres mots de la famille : ABRITÉ, ABRITER, SANS-ABRI.

abricot n. m. ✦ Petit fruit à noyau, de couleur orange, dont la peau est très douce.
➤ **abricotier** n. m. ✦ Arbre fruitier sur lequel poussent les abricots.

abriter v. (conjug. 1) 1. Mettre à l'abri. → **protéger.** *Théo abrite Julie sous son parapluie. —* **s'abriter,** se mettre à l'abri. *Les enfants se sont abrités dans une grotte.* 2. Servir de maison. *Cet immeuble abrite des dizaines de familles,* plusieurs familles vivent dedans.
➤ **abrité, abritée** adj. ✦ À l'abri du vent. *Une terrasse bien abritée.*
▷ Mots de la famille de ABRI.

abroger v. (conjug. 3 et conjug. 6) ✦ *Abroger une loi,* c'est l'annuler. → **abolir.**
➤ **abrogation** n. f. ✦ *L'abrogation d'une loi,* son annulation. → **abolition.**

abrupt, abrupte adj. 1. En pente très raide. → **escarpé.** *La face la plus abrupte de la montagne.* 2. Sec et brutal. *Une réponse abrupte.*

abrutir v. (conjug. 2) ✦ Diminuer les réactions, fatiguer. *La chaleur nous a abrutis.*
➤ **abruti, abrutie** adj. ✦ Stupide, sans intelligence. → **idiot.** *Elle est complètement abrutie.* — N. *Quelle abrutie !*
➤ **abrutissant, abrutissante** adj. ✦ Qui abrutit. *Un travail abrutissant.* → **fatigant.**
➤ **abrutissement** n. m. ✦ Action de rendre stupide, état d'une personne abrutie.

abscisse n. f. ✦ Coordonnée horizontale qui sert à repérer la position d'un point dans un plan. → aussi **ordonnée.**

absent, absente adj. ✦ Qui n'est pas dans le lieu où il devrait être. ❑ contr. ① **présent.** *Léa sera absente de chez elle demain. —* N. *Il y a beaucoup d'absents à l'école en hiver.*
➤ **absence** n. f. 1. Le fait de ne pas être là. ❑ contr. **présence.** *Son absence a été remarquée.* 2. Manque. *Quelle absence d'humour !*
➤ s'**absenter** v. (conjug. 1) ✦ S'éloigner pour un certain temps d'un lieu où l'on est normalement. *Les parents de Louise se sont absentés.*

abside n. f. ✦ Partie d'une église située derrière le chœur.

absolu, absolue adj. ✦ Complet, sans limite. → **total.** *Il a une confiance absolue en son médecin. Louis XIV était un roi absolu,* il était seul à avoir le pouvoir.
➤ **absolument** adv. ✦ Tout à fait. *C'est absolument faux.* → **complètement, totalement.**

➤ **absolutisme** **n. m.** ✦ Régime politique dans lequel le souverain a tout le pouvoir.

absorber **v.** (conjug. 1) **1.** *Absorber un liquide,* le laisser pénétrer et le retenir. *L'éponge a absorbé l'eau.* **2.** Boire, manger. → **avaler.** *Le malade n'a rien absorbé depuis ce matin.* **3.** Occuper complètement. *Ce travail l'absorbe.*

➤ **absorbant, absorbante** **adj.** **1.** *Un papier absorbant,* qui laisse pénétrer les liquides. **2.** *Un travail absorbant,* qui occupe entièrement.

➤ **absorption** **n. f.** ✦ *L'absorption d'un liquide par une éponge,* le fait de l'absorber, de le retenir en elle. *L'absorption d'un médicament,* le fait de le prendre, de l'avaler.

s'abstenir **v.** (conjug. 22) **1.** Éviter de faire quelque chose volontairement. → **s'empêcher,** se **garder.** *Prière de s'abstenir de fumer.* **2.** Ne pas voter. *De nombreux électeurs se sont abstenus.*

➤ **abstention** **n. f.** ✦ Absence de vote d'un électeur. *Il y a eu 20 % d'abstentions.*

➤ **abstentionniste** **n. m. et f.** ✦ Personne qui choisit de ne pas voter.

abstraction [abstʀaksjɔ̃] **n. f.** ✦ *Faire abstraction de quelque chose,* c'est ne pas en tenir compte. → **écarter, exclure.**

abstrait, abstraite **adj.** **1.** *Un mot abstrait,* c'est un mot qui désigne une idée, une qualité. ❏ contr. **concret.** *« Liberté » est un mot abstrait.* **2.** *L'art abstrait,* c'est une forme d'art qui n'essaye pas de représenter ce que l'on voit.

art **abstrait** (*Tyrol*, Franz Marc, 1914)

absurde **adj.** ✦ Contraire au bon sens. → **fou, insensé, stupide.** *Une réponse absurde.* ❏ contr. **sensé.**

➤ **absurdité** **n. f.** ✦ Chose contraire au bon sens. → **sottise.** *Il n'a dit que des absurdités.*

abuser **v.** (conjug. 1) ✦ *Abuser d'une chose,* c'est en consommer exagérément. *Il ne faut pas abuser des sucreries. — Nous réveiller à cinq heures du matin, il abuse !* il exagère.

➤ **abus** **n. m.** ✦ Excès. *L'abus d'alcool est dangereux.*

➤ **abusif, abusive** **adj.** ✦ Exagéré. → **excessif.** *L'usage abusif du tabac nuit à la santé.*

▷ Mots de la famille de ① USER.

abysse [abis] **n. m.** ✦ Endroit très profond dans la mer. *Les poissons des abysses.*

● Ce mot est du masculin. On dit *un abysse. Abysse* s'écrit avec un *y*.

acabit [akabi] **n. m.** ✦ Genre, espèce. → **nature.** *Je me méfie des individus de cet acabit.*

acacia **n. m.** ✦ Arbre à fleurs blanches qui pendent en grappes. *Une avenue bordée d'acacias.*

acacia

académie **n. f.** **1.** Société d'écrivains, de savants ou d'artistes. *L'Académie française est constituée de quarante écrivains.* **2.** En France, Région regroupant des écoles, des collèges, des lycées et des universités. *L'Académie de Paris.*

➤ **académicien** **n. m.**, **académicienne** **n. f.** ✦ Membre d'une académie, en particulier de l'Académie française.

acajou **n. m.** (pl. **acajous**) ✦ Bois précieux brun-rouge, tiré d'un arbre tropical. *Ils ont acheté une table en acajou.*

acariâtre **adj.** ✦ D'un caractère désagréable. → **hargneux, revêche.** *C'est une femme acariâtre.*

acarien **n. m.** ✦ Petit parasite de la famille des araignées et des scorpions, invisible à l'œil nu, qui provoque des allergies. *Les acariens vivent dans la poussière.*

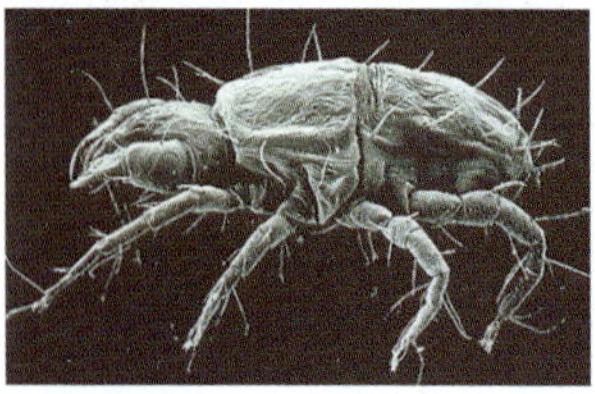

acarien

accabler **v.** (conjug. 1) ✦ Faire supporter à quelqu'un quelque chose de pénible, d'excessif. → **surcharger.** *Certains seigneurs accablaient leurs serfs d'impôts. Elle est accablée de travail.*

➤ **accablant, accablante** **adj.** ✦ *Une chaleur accablante,* très forte. → **écrasant.**

accalmie **n. f.** ✦ Moment de calme pendant une tempête, un orage. *Attendons une accalmie pour sortir.*

▷ Mot de la famille de CALME.

accaparer **v.** (conjug. 1) ✦ Prendre pour soi tout seul. *Julie a accaparé la salle de bains pendant une heure. Alex accapare l'attention des gens qui l'entourent.*

accéder **v.** (conjug. 6) **1.** *Accéder à un lieu,* c'est y avoir accès, y entrer. *On accède à la ferme par un chemin de terre.* **2.** Parvenir. *Le père de Léa a accédé à un poste important.*

accélérer **v.** (conjug. 6) **1.** Rendre plus rapide. *On a accéléré la construction de l'immeuble.* ❑ contr. **ralentir.** — **s'accélérer,** devenir plus rapide. *Les battements du cœur s'accélèrent quand on court.* **2.** Augmenter la vitesse. *Il faut accélérer quand on double une voiture.* ❑ contr. **freiner.**

➤ **accélérateur** **n. m.** ✦ Mécanisme qui permet d'augmenter la vitesse. *L'automobiliste appuya sur l'accélérateur.*

➤ **accélération** **n. f.** ✦ Augmentation de vitesse. *L'accélération des battements du cœur.*

accent **n. m.** **1.** Façon de parler, de prononcer une langue, qui est particulière à un groupe de personnes. *Il a l'accent du Midi.* **2.** *L'instituteur a mis l'accent sur les difficultés des enfants en orthographe,* il a insisté sur ce point. **3.** Signe que l'on place sur certaines voyelles. *Les **e** de « bébé » portent un accent aigu. Le **a** de « voilà », le **u** de « où » et le **e** de « accès » portent un accent grave. Le **a** de « âne », le **u** de « flûte », le **o** de « tôt » et le **e** de « tête » portent un accent circonflexe.*

➤ **accentuer** **v.** (conjug. 1) **1.** Faire ressortir. *Cette couleur accentue sa mauvaise mine.* → **souligner.** **2.** **s'accentuer,** devenir plus fort, plus important. *La douleur s'est accentuée.* → **augmenter.**

accepter **v.** (conjug. 1) **1.** Prendre ce qui est offert. *J'accepte ton aide.* ❑ contr. **refuser.** *Il a accepté de venir,* il a bien voulu venir. **2.** *Accepter quelqu'un,* c'est l'admettre. *Le nouveau a été bien accepté dans notre équipe.* ❑ contr. **rejeter.**

➤ **acceptable** **adj.** **1.** Que l'on peut accepter. *Une demande acceptable.* ❑ contr. **inacceptable.** **2.** Passable, assez bon. *Ce devoir est acceptable.*

➤ **acceptation** **n. f.** ✦ Consentement. ❑ contr. **refus.**

▷ Autre mot de la famille : INACCEPTABLE.

① **accès** **n. m.** ✦ *Un accès de fièvre,* c'est une fièvre brusque et forte. → **poussée.**

② **accès** **n. m.** **1.** Possibilité d'aller dans un lieu. *L'accès du parc est interdit la nuit.* → **entrée.** *Seuls les ouvriers ont accès au chantier,* peuvent y aller, y accéder. **2.** Endroit par lequel on peut arriver. *Cette région est d'un accès difficile,* difficile à atteindre.

➤ **accessible** **adj.** ✦ Facile à atteindre. ❑ contr. **inaccessible.** *Range ces livres dans un endroit accessible.*

➤ **accession** [aksesjɔ̃] **n. f.** ✦ Fait d'arriver à une fonction, à une situation. *L'accession d'un homme politique au pouvoir. L'accession à la propriété,* le fait de devenir propriétaire.

▷ Autre mot de la famille : INACCESSIBLE.

① **accessoire** adj. ✦ Peu important. → **secondaire.** ❏ contr. **essentiel, primordial.** *Une remarque accessoire.*

② **accessoire** n. m. ✦ Objet qui accompagne un objet principal et qui n'est pas indispensable. *Les sacoches et le porte-bagages sont les accessoires d'une bicyclette.*

accident n. m. ✦ Événement malheureux qui entraîne des dégâts. *Il y a beaucoup d'accidents de la route.*

➤ **accidenté, accidentée** adj. ✦ Qui a eu un accident. *Il y a une voiture accidentée au bord de la route.*

➤ **accidentel, accidentelle** adj. ✦ Dû à un accident. *Sa mort est accidentelle.*

➤ **accidentellement** adv. ✦ Par accident. *Il est mort accidentellement.*

acclamer v. (conjug. 1) ✦ Accueillir par des cris d'enthousiasme. *Le public acclame le vainqueur.* ❏ contr. **huer.**

➤ **acclamation** n. f. ✦ Cri de joie poussé par une foule. *Le chanteur salua sous les acclamations du public.*

acclimater v. (conjug. 1) 1. Adapter à un nouveau climat. *Ce fermier a acclimaté en France plusieurs espèces de fruits exotiques.* 2. *S'acclimater à quelque chose,* c'est s'y habituer. *Elle s'est bien acclimatée à sa nouvelle école.*

➤ **acclimatation** n. f. ✦ *Un jardin d'acclimatation,* où l'on trouve des animaux des pays lointains.

▷ Mots de la famille de CLIMAT.

accolade n. f. 1. *Donner l'accolade à quelqu'un,* c'est le serrer dans ses bras pour le féliciter. 2. Petit signe qui réunit plusieurs lignes ({).

▷ Mot de la famille de COL.

accommoder v. (conjug. 1) 1. Préparer les aliments pour les manger. *Elle a l'art d'accommoder les restes.* 2. *S'accommoder de quelque chose,* c'est s'en arranger. → se **contenter.** *Ils se sont accommodés de la situation.*

➤ **accommodant, accommodante** adj. ✦ Arrangeant, conciliant. *Une personne très accommodante.*

▷ Mots de la famille de ② COMMODE.

accompagner v. (conjug. 1) 1. Aller avec quelqu'un quelque part. *Paul accompagne sa mère au marché.* 2. *La viande est accompagnée de légumes,* est servie avec des légumes. 3. *Le pianiste accompagne la chanteuse,* il joue en même temps qu'elle chante.

➤ **accompagnateur** n. m., **accompagnatrice** n. f. 1. Personne qui accompagne un groupe. *L'accompagnatrice d'un groupe de touristes.* 2. *L'accompagnateur d'un chanteur,* le musicien qui joue l'accompagnement.

➤ **accompagnement** n. m. ✦ Musique que l'on joue en même temps que quelqu'un chante.

▷ Autre mot de la famille : RACCOMPAGNER.

accomplir v. (conjug. 2) ✦ Faire, exécuter complètement. *Les sauveteurs accomplissent leur mission.* — **s'accomplir,** se réaliser. *Mon vœu s'est accompli.*

➤ **accompli, accomplie** adj. 1. *Une pianiste accomplie,* très bonne. 2. *Il a été mis devant le fait accompli,* devant ce qui était déjà fait, sans pouvoir rien y changer.

➤ **accomplissement** n. m. ✦ Réalisation. *L'accomplissement d'un travail.*

accord n. m. 1. Arrangement entre plusieurs personnes. ❏ contr. **désaccord.** *Les deux adversaires ont conclu un accord.* 2. Autorisation, permission. *Les élèves doivent avoir l'accord du directeur pour sortir de l'école.* 3. *Être d'accord,* c'est être du même avis. *Je ne suis pas d'accord avec toi. Elle est d'accord pour nous aider.* → **approuver.** *D'accord !* oui, je veux bien. 4. *On fait l'accord du verbe avec le sujet,* on accorde le verbe avec le sujet. 5. Ensemble de notes jouées ensemble.

▷ Mot de la famille de ACCORDER.

accordéon n. m. ✦ Instrument de musique à soufflet et à touches ou à boutons.

➤ **accordéoniste** n. m. et f. ✦ Musicien, musicienne qui joue de l'accordéon.

accordéon

accorder **v.** (conjug. 1) **1.** Régler le son d'un instrument de musique. *Les musiciens accordent leurs instruments.* — *Accordez vos violons !* mettez-vous d'accord. **2.** *Accorder un mot avec un autre,* c'est lui donner la forme qui convient d'après le mot dont il dépend. **3.** **s'accorder,** être en accord. *Le verbe s'accorde avec le sujet.* — *Ces couleurs s'accordent bien,* elles vont bien ensemble. **4.** Donner. *Ses parents lui ont accordé la permission d'y aller.* ❑ contr. **refuser.**

▷ Autres mots de la famille : ACCORD, DÉSACCORD, DÉSACCORDÉ.

accoster **v.** (conjug. 1) **1.** *Le paquebot accoste,* il se range le long du quai. **2.** Aborder quelqu'un sans le connaître. *Théo a accosté un passant pour demander son chemin.*

➤ **accostage** **n. m.** ✦ Le fait d'accoster, pour un bateau. *L'accostage d'un paquebot est délicat.*

accotement **n. m.** ✦ Bord d'une route, d'une voie de chemin de fer.

▷ Mot de la famille de CÔTÉ.

accoucher **v.** (conjug. 1) ✦ Donner naissance à son enfant. *Elle a accouché d'une fille. La sage-femme l'a accouchée,* l'a aidée à accoucher.

➤ **accouchement** **n. m.** ✦ Sortie d'un enfant hors du ventre de sa mère. → **naissance.**

s'accouder **v.** (conjug. 1) ✦ S'appuyer sur les coudes. *Elle s'est accoudée à la table.*

➤ **accoudoir** **n. m.** ✦ Appui sur lequel on pose les coudes. *Les accoudoirs d'un fauteuil.*

▷ Mots de la famille de COUDE.

s'accoupler **v.** (conjug. 1) ✦ *Les animaux s'accouplent à la saison des amours,* ils s'unissent pour avoir des petits.

➤ **accouplement** **n. m.** ✦ Union du mâle et de la femelle, chez les animaux. *La mante religieuse femelle dévore parfois le mâle après l'accouplement,* après s'être unie à lui pour avoir des petits.

▷ Mots de la famille de COUPLE.

accourir **v.** (conjug. 11) ✦ Arriver en courant. *Ils sont tous accourus au bruit.*

▷ Mot de la famille de COURIR.

accoutré, accoutrée **adj.** ✦ Bizarrement habillé. → **affublé.** *Elle était accoutrée d'un vieux manteau démodé.*

➤ **accoutrement** **n. m.** ✦ Habillement étrange ou ridicule. *Quel drôle d'accoutrement !*

s'accoutumer **v.** (conjug. 1) ✦ S'habituer. *Ils se sont accoutumés à leur nouvelle vie.*

➤ **à l'accoutumée** **adv.** ✦ D'habitude, d'ordinaire. *Louise s'est levée à 7 heures, comme à l'accoutumée.*

➤ **accoutumance** **n. f.** ✦ Le fait que le corps s'habitue. *L'accoutumance au froid.*

▷ Mots de la famille de COUTUME.

accrocher **v.** (conjug. 1) **1.** Suspendre à un crochet. *Accroche ta veste au portemanteau. Les tableaux sont accrochés au mur.* ❑ contr. **décrocher.** **2.** Heurter. *Le camion a accroché la voiture.* **3.** **s'accrocher,** s'agripper, se cramponner. *Les bébés singes s'accrochent au ventre de leur mère. Mon pull s'est accroché aux branches,* a été retenu par elles.

➤ **accroc** [akʀo] **n. m.** ✦ Petite déchirure. *Paul a fait un accroc à sa veste.*

➤ **accrochage** **n. m.** **1.** Fait de suspendre à un crochet. *L'accrochage d'un tableau.* **2.** Petit accident de voiture. **3.** Familier. Petite dispute. *Ils ont eu un accrochage, mais ils se sont vite réconciliés.*

▷ Autre mot de la famille : RACCROCHER.

accroître **v.** (conjug. 55) ✦ Rendre plus grand, plus important. → **augmenter.** *Le coureur a accru son avance.* — **s'accroître,** prendre plus d'importance. *Le chômage s'est accru.* ❑ contr. **décroître, diminuer.**

➤ **accroissement** **n. m.** ✦ Augmentation, développement. *L'accroissement de la population.* ❑ contr. **diminution.**

▷ Mots de la famille de CROÎTRE.

s'accroupir **v.** (conjug. 2) ✦ Se baisser en s'asseyant sur les talons. *Les enfants se sont accroupis pour regarder la fourmilière.*

▷ Mot de la famille de CROUPE.

accueillir [akœjiʀ] **v.** (conjug. 12) ✦ Recevoir. *Elle accueille ses invités. La nouvelle a été bien accueillie.*

➤ **accueil** [akœj] **n. m.** ✦ Façon de recevoir quelqu'un ou quelque chose. *Un accueil très chaleureux.*

➤ **accueillant** [akœjɑ̃], **accueillante** [akœjɑ̃t] **adj.** ✦ Hospitalier. *Des gens très accueillants. — Une maison accueillante,* où l'on est bien reçu.

acculer **v.** (conjug. 1) ✦ *Acculer quelqu'un,* le forcer à faire quelque chose sans qu'il puisse réagir. *Beaucoup de petits commerçants du quartier ont été acculés à vendre leur magasin.*
▷ Mot de la famille de CUL.

accumuler **v.** (conjug. 1) ✦ Mettre ensemble, petit à petit, un grand nombre de choses. → **amasser, entasser.** *Ils ont accumulé les vieux journaux.* — **s'accumuler,** devenir petit à petit plus important en quantité. *Les lettres se sont accumulées sur son bureau.*
➤ **accumulateur** **n. m.** ✦ Appareil qui accumule l'électricité et la rend sous forme de courant. *Une voiture possède une batterie d'accumulateurs.* → **accus.**
➤ **accumulation** **n. f.** ✦ Le fait d'être mis ensemble en grand nombre. *Une accumulation de mensonges,* des mensonges ajoutés les uns aux autres.
▷ Mots de la famille de CUMULER.

accus **n. m. pl.** ✦ Batterie d'accumulateurs. *Les accus de la voiture sont à plat.* → **batterie.**

accuser **v.** (conjug. 1) **1.** Dire que quelqu'un est coupable. *On l'a accusé de vol.* **2.** Rendre plus visible. → **souligner.** *Cette robe accuse sa minceur.* **3.** *Accuser réception d'une lettre,* c'est déclarer qu'on l'a reçue.
➤ **accusateur, accusatrice** **adj.** ✦ Qui accuse. *Il lui lança un regard accusateur. Des paroles accusatrices.* — **N.** *Un accusateur,* c'est une personne qui accuse. ❑ contr. **défenseur.**
➤ **accusation** **n. f.** ✦ Parole qui accuse quelqu'un. *Ces accusations sont très graves. Porter une accusation contre quelqu'un,* l'accuser.
➤ **accusé** **n. m.,** **accusée** **n. f.** ✦ Personne que l'on accuse d'un délit. → aussi **prévenu.** *L'accusée a été acquittée par le tribunal.*

acerbe **adj.** ✦ Qui cherche à blesser. *Elle a formulé des critiques acerbes envers lui.*

acéré, acérée **adj.** ✦ Dur et pointu. *Les griffes acérées des chats.*

achalandé, achalandée **adj.** ✦ *Une boutique bien achalandée,* où il y a un grand choix de marchandises.

s'acharner **v.** (conjug. 1) ✦ Combattre ou poursuivre avec ténacité. *Le vautour s'acharne sur sa proie,* il la déchire avec fureur. *Louise s'est acharnée à essayer de convaincre Paul,* elle a fait beaucoup d'efforts pour le convaincre. → s'**escrimer,** s'**évertuer.**
➤ **acharné, acharnée** **adj.** ✦ *Une lutte acharnée,* très violente.
➤ **acharnement** **n. m.** ✦ Obstination, ténacité. *Les soldats ont combattu avec acharnement.*

achat **n. m.** **1.** Action d'acheter. *Théo a fait l'achat d'un stylo.* → **acquisition.** **2.** Ce qu'on a acheté. *Montre-moi tes achats.*
▷ Autre mot de la famille : RACHAT.

acheminer **v.** (conjug. 1) **1.** Faire parvenir à destination. *La poste achemine le courrier.* **2.** **s'acheminer,** se diriger, aller quelque part. *Le cortège s'achemine vers la mairie.*
▷ Mot de la famille de CHEMIN.

acheter **v.** (conjug. 5) ✦ Obtenir en payant. *Ils ont acheté une maison.* → **acquérir.** ❑ contr. **vendre.**
➤ **acheteur** **n. m.,** **acheteuse** **n. f.** ✦ Personne qui achète. → **client, consommateur.** ❑ contr. **vendeur.**
▷ Autre mot de la famille : RACHETER.

achever **v.** (conjug. 5) **1.** Finir complètement. → **terminer.** *Louise achève son devoir.* **2.** Tuer un animal pour mettre fin à ses souffrances. *On achève les chevaux blessés.* **3.** **s'achever,** se terminer, prendre fin. *L'année scolaire s'est achevée hier.*
➤ **achèvement** **n. m.** ✦ Fin. *Le magasin est fermé jusqu'à l'achèvement des travaux.*
▷ Autres mots de la famille : INACHEVÉ, PARACHEVER.

acide **adj.** ✦ Piquant au goût. *Le citron est acide.* — **N. m.** *Un acide,* c'est un produit chimique qui attaque certaines matières en les rongeant.
➤ **acidité** **n. f.** ✦ Goût acide. *L'acidité du citron.*
➤ **acidulé, acidulée** **adj.** ✦ *Des bonbons acidulés,* au goût légèrement acide.

acier **n. m.** **1.** Métal très dur formé de fer et de carbone. *Un couteau en acier inoxydable.* **2.** *D'acier,* très dur. *Les sportifs ont des muscles d'acier. — Il a un moral d'acier,* très bon.

aciérie

➤ **aciérie** n. f. ✦ Usine où l'on fabrique de l'acier.

acné n. f. ✦ Maladie de la peau des adolescents qui se manifeste par de petits boutons sur le visage.
● *Acné* est un nom féminin.

acolyte n. m. ✦ Compagnon, complice. *Le bandit est suivi de son acolyte.*
● Il y a un *y* après le *l*.

acompte [akɔ̃t] n. m. ✦ Somme d'argent qui représente une partie de ce que l'on doit payer et que l'on donne d'avance. *Il a versé un acompte en commandant sa nouvelle voiture.*
▷ Mot de la famille de COMPTER.

à-côté n. m. ✦ Ce qui est secondaire. *Cette situation a des à-côtés désagréables.*
▷ Mot de la famille de CÔTÉ.

à-coup n. m. ✦ Secousse, irrégularité dans la marche d'une machine. *Le moteur a des à-coups.* — *Alex travaille par à-coups,* de manière irrégulière.
▷ Mot de la famille de COUP.

acoustique n. f. ✦ Qualité du son dans une salle. *Cette salle de concert a une bonne acoustique,* on y entend bien.

acquérir v. (conjug. 21) **1.** Acheter. *Les parents de Paul ont acquis une maison de campagne,* ils en sont devenus propriétaires. → aussi **acquisition.** — *Bien mal acquis ne profite jamais,* on ne peut pas profiter de ce que l'on a obtenu malhonnêtement. **2.** Parvenir à obtenir. *Ce terrain a acquis beaucoup de valeur,* il a pris beaucoup de valeur.

➤ **acquéreur** n. m. ✦ Personne qui devient propriétaire de quelque chose en l'achetant. → **acheteur.** *La villa à vendre n'a pas encore trouvé d'acquéreur.*

➤ **acquisition** n. f. **1.** Achat. *Ils ont fait l'acquisition d'une maison.* **2.** Objet acheté. *Voici mes dernières acquisitions.* → **achat.**

acquiescer [akjese] v. (conjug. 3) ✦ Dire oui, donner son accord. *Il acquiesça d'un signe de tête.* → **approuver.**

acquisition → **acquérir**

acquit [aki] n. m. ✦ *Par acquit de conscience,* pour n'avoir rien à se reprocher. *Il a vérifié par acquit de conscience.*
▷ Mot de la famille de QUITTE.

acquitter v. (conjug. 1) **1.** Déclarer non coupable. *Le tribunal a acquitté l'accusé.* **2.** *S'acquitter de quelque chose,* c'est le mener à bien. *Elle s'est bien acquittée de sa mission. S'acquitter d'une dette,* la payer.

➤ **acquittement** n. m. ✦ Le fait de déclarer non coupable. *Le tribunal a prononcé l'acquittement de l'accusé,* il l'a acquitté. ❑ contr. **condamnation.**
▷ Mot de la famille de QUITTE.

âcre adj. ✦ Qui pique, irrite la gorge. *Une odeur âcre.* ❑ contr. **doux.**

➤ **âcreté** n. f. ✦ Odeur âcre. *L'âcreté de la fumée.*

acrobate **n. m.** et **f.** ✦ Artiste de cirque qui fait des exercices d'équilibre et de gymnastique dangereux. *Les équilibristes, les funambules et les trapézistes sont des acrobates.*

➤ **acrobatie** [akʀɔbasi] **n. f.** ✦ Exercice que fait l'acrobate. *Les sauts périlleux, la voltige sont des acrobaties. L'acrobatie aérienne,* c'est l'ensemble des exercices d'adresse exécutés par un avion.

➤ **acrobatique** **adj.** ✦ *Un exercice acrobatique,* c'est un exercice qui demande de l'adresse. *Les exercices acrobatiques de l'écuyère de cirque.*

acrylique **n. m.** ✦ Matière artificielle dont on fait des tissus. *Un pull en acrylique.*

① **acte** **n. m.** ✦ Document officiel qui constate un fait. *L'acte de vente a été signé chez le notaire.*

② **acte** **n. m.** 1. Ce que l'on fait. *Un acte courageux.* → ① **action.** 2. Partie d'une pièce de théâtre. *Une comédie en cinq actes.*

▷ Autre mot de la famille : ENTRACTE.

acteur **n. m.**, **actrice** **n. f.** ✦ Personne qui joue dans une pièce de théâtre ou dans un film. → **comédien, interprète.** *Les acteurs de théâtre, de cinéma. Une actrice très célèbre.* → **star,** ② **vedette.**

actif, active **adj.** 1. Qui aime l'action, fait beaucoup de choses. *Une femme très active.* → **dynamique.** 2. Qui fait beaucoup d'effet. → **efficace.** *Ce sirop est très actif contre la toux.* 3. *La population active,* la partie de la population qui travaille.

▷ Autres mots de la famille : ACTIVEMENT, ACTIVER, ACTIVITÉ, INACTIF, INACTIVITÉ, RADIOACTIF, RADIOACTIVITÉ, RÉTROACTIF.

① **action** **n. f.** 1. Ce que fait quelqu'un. → ② **acte.** *Paul a fait une bonne action. Mentir est une mauvaise action. Il est temps de passer à l'action,* de commencer à agir. 2. Effet produit par quelque chose. *L'action de ces pilules est très rapide.* 3. Ce qui se passe dans un roman, un film, une pièce de théâtre. *L'action du roman se passe à Rome. — Paul aime les films d'action,* les films où il se passe beaucoup de choses.

➤ **actionner** **v.** (conjug. 1) ✦ Mettre en marche, faire fonctionner. *Un voyageur a actionné le signal d'alarme.*

▷ Autres mots de la famille : CUTIRÉACTION, INACTION, RÉACTION, RÉACTIONNAIRE.

② **action** **n. f.** ✦ Part du capital d'une société qui donne le droit de toucher des bénéfices. *Il a vendu toutes ses actions.*

➤ **actionnaire** **n. m.** et **f.** ✦ Personne qui possède des actions d'une société. *Les actionnaires touchent des bénéfices. Elle est actionnaire d'un grand magasin.*

activement **adv.** ✦ D'une manière active, énergique. *Elle s'occupe activement de la fête de l'école.*

▷ Mot de la famille de ACTIF.

activer **v.** (conjug. 1) ✦ Rendre plus rapide. → **accélérer.** ❑ contr. **ralentir.** *Il faut activer les travaux.* — **s'activer,** se dépêcher. → **s'affairer.** *Les serveurs s'activent dans la salle de restaurant.*

▷ Mot de la famille de ACTIF.

activité **n. f.** **1.** Dynamisme, énergie. *Ce matin, Léa a fait preuve d'une grande activité.* **2.** Occupation. *Julie a de nombreuses activités.*
▷ Mot de la famille de ACTIF.

actualité **n. f.** **1.** *L'actualité,* c'est ce qui se passe en ce moment dans le monde. *Un problème d'actualité,* important en ce moment. → **actuel.** **2.** *Les actualités,* les informations, les nouvelles de la journée. *Elle regarde les actualités régionales à la télévision.*

actuel, actuelle **adj.** **1.** Qui se passe au moment où l'on parle. *L'époque actuelle,* celle d'aujourd'hui. → **contemporain.** *À l'heure actuelle,* en ce moment, actuellement. **2.** Qui concerne notre époque. *Un problème très actuel.*
➤ **actuellement** **adv.** ✦ En ce moment. *Ils sont actuellement en voyage.*

acuité **n. f.** ✦ *L'acuité visuelle,* c'est la capacité de bien voir.

acuponcture **n. f.** ✦ Manière de soigner un malade en piquant des aiguilles en certains points de son corps.
➤ **acuponcteur** **n. m.,** **acuponctrice** **n. f.** ✦ Médecin qui pratique l'acuponcture.

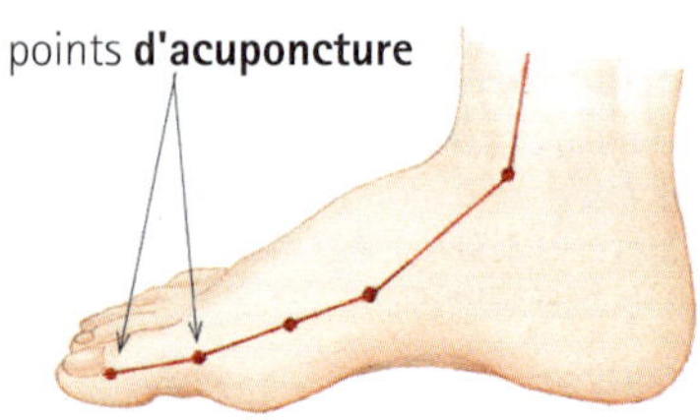

adapter **v.** (conjug. 1) **1.** Fixer ensemble des objets qui étaient séparés. → **ajuster.** *Le jardinier adapte le tuyau d'arrosage au robinet.* **2.** *Adapter un roman pour le cinéma,* c'est le transformer pour en faire un film. **3. s'adapter,** s'habituer. *Leur fils a eu du mal à s'adapter à sa nouvelle école.*
➤ **adaptateur** **n. m.** ✦ Pièce qui permet d'adapter un appareil à un autre usage que celui qui était prévu.
➤ **adaptation** **n. f.** **1.** Fait de s'habituer. *Ce travail demande une période d'adaptation.* **2.** Film réalisé d'après un roman ou une pièce de théâtre. *Ils ont regardé l'adaptation télévisée d'un roman célèbre.*
▷ Mots de la famille de APTE.

addition

additif **n. m.** ✦ Ce que l'on ajoute à un produit alimentaire pour le conserver ou le rendre meilleur. *Ce jus d'orange naturel est garanti sans additif.*

addition **n. f.** **1.** Opération qui consiste à ajouter des nombres les uns aux autres. ❑ contr. **soustraction.** *Théo fait des additions.* **2.** Papier qui indique le total à payer, dans un restaurant, un café. → ② **note.** *Garçon, l'addition, s'il vous plaît !*
➤ **additionner** **v.** (conjug. 1) ✦ Faire le total de plusieurs nombres. ❑ contr. **soustraire.**
➤ **additionné, additionnée** **adj.** ✦ Dans lequel on a ajouté quelque chose. *Nous avons bu de l'eau additionnée de sirop.*

adepte **n. m. et f.** **1.** Fidèle d'une religion, partisan de quelque chose. ❑ contr. **adversaire.** *Les adeptes d'une secte.* **2.** Personne qui pratique une certaine activité. → **amateur.** *Les adeptes des sports de glisse.*

adéquat [adekwa], **adéquate** [adekwat] **adj.** ✦ Qui convient tout à fait. → **approprié.** *Il lui a donné la réponse adéquate.*

① **adhérer** **v.** (conjug. 6) ✦ Tenir fortement sur une surface. *L'autocollant adhère au pare-brise.* → **coller.**
➤ **adhérence** **n. f.** ✦ *Les pneus neufs ont une bonne adhérence,* ils tiennent bien sur la route.

② **adhérer** **v.** (conjug. 6) ✦ S'inscrire comme membre d'un groupe. *Alex a adhéré à un club d'échecs.*
➤ **adhérent** **n. m.,** **adhérente** **n. f.** ✦ Membre d'un groupe. *Les adhérents d'un parti politique.*

adhésif, adhésive **adj.** ✦ Spécialement préparé pour coller, adhérer. *Julie ferme le colis avec du ruban adhésif.*

adhésion n. f. ✦ Inscription à un groupe, à une organisation. *Alex a rempli son bulletin d'adhésion.*

adieu interj. et n. m. 1. interj. Mot que l'on dit à quelqu'un que l'on quitte pour longtemps ou pour toujours. *Adieu ! nous ne nous verrons plus.* 2. n. m. *Je viens vous faire mes adieux,* vous dire au revoir.
▷ Mot de la famille de DIEU.

adjacent, adjacente adj. ✦ Qui est situé à côté d'autre chose. → **contigu, voisin.** *Il habite dans une rue adjacente.*

adjectif n. m. ✦ Mot qui accompagne un nom, s'accorde avec lui et n'est pas un article. *« Grand » est un adjectif qualificatif, « mon » un adjectif possessif.*

adjoint n. m., **adjointe** n. f. ✦ Personne qui aide quelqu'un dans son travail et qui peut le remplacer. *Elle est adjointe au maire.*
▷ Mot de la famille de JOINDRE.

adjudant n. m. ✦ Sous-officier chargé de la discipline, qui est au-dessus du sergent.

adjuger v. (conjug. 3) 1. Donner en récompense. → **attribuer, décerner.** *Le jury a adjugé le premier prix à Alex.* 2. *S'adjuger quelque chose,* c'est le prendre pour soi. *Elle s'est adjugé la meilleure place.*
▷ Mot de la famille de JUGER.

adjurer v. (conjug. 1) ✦ Demander avec insistance à quelqu'un. *Je vous adjure de dire la vérité.* → **conjurer, supplier.**
▷ Mot de la famille de ① JURER.

admettre v. (conjug. 56) 1. Accepter quelqu'un. *Julie a été admise en sixième.* 2. Tolérer, permettre. *Le professeur n'admet pas les retards à son cours.* 3. Reconnaître comme vrai. *Admettons que tu aies raison !*
▷ Autres mots de la famille : ADMISSIBLE, ADMISSION, INADMISSIBLE.

① **administrer** v. (conjug. 1) ✦ S'occuper de quelque chose en dirigeant, en organisant. *Le maire administre la commune.*

➤ **administrateur** n. m., **administratrice** n. f. ✦ Personne qui dirige, organise. *Les administrateurs de l'entreprise se sont réunis.*

➤ **administration** n. f. 1. Direction, organisation d'une société. → **gestion.** *Le conseil d'administration d'une entreprise,* c'est l'ensemble de ses administrateurs. 2. *L'Administration,* c'est l'ensemble des services où travaillent les fonctionnaires.

➤ **administratif, administrative** adj. ✦ Qui concerne l'Administration. *Des démarches administratives,* auprès de l'Administration.

➤ **administré** n. m., **administrée** n. f. ✦ *Le maire et ses administrés,* les gens de la commune qu'il dirige.

② **administrer** v. (conjug. 1) ✦ Donner, faire prendre un médicament. *L'infirmière a administré un calmant au malade.*

admirer v. (conjug. 1) 1. Trouver très beau. *Louise admire la robe de Julie.* 2. Trouver remarquable. *Paul admire beaucoup son père.*
❑ contr. **mépriser.**

➤ **admirable** adj. ✦ Merveilleux, remarquable. *Un paysage admirable.*

➤ **admirablement** adv. ✦ Très bien. *Elle danse admirablement.* → **merveilleusement, remarquablement.**

➤ **admirateur** n. m., **admiratrice** n. f. ✦ Personne qui admire quelqu'un. *Ce chanteur a de nombreuses admiratrices.*

➤ **admiratif, admirative** adj. ✦ Qui exprime de l'admiration. *Un air admiratif. Admirative, elle regardait le tableau,* pleine d'admiration.

➤ **admiration** n. f. ✦ Sentiment que l'on éprouve devant quelqu'un ou quelque chose de beau ou de remarquable. *Paul est plein d'admiration pour son père.* ❑ contr. **mépris.** *Léa est en admiration devant le tableau.*

admissible adj. 1. Que l'on peut accepter, tolérer. → **acceptable, tolérable.** ❑ contr. **inadmissible.** *Ce genre de comportement n'est pas admissible.* 2. *Un candidat admissible,* c'est un candidat qui est admis à passer l'oral d'un examen. ❑ contr. **recalé.**
▷ Mot de la famille de ADMETTRE.

admission n. f. ✦ Le fait d'être admis, reçu. *Le jury a décidé l'admission du candidat.*
▷ Mot de la famille de ADMETTRE.

adolescent [adɔlesɑ̃] n. m., **adolescente** [adɔlesɑ̃t] n. f. ✦ Personne qui n'est pas un enfant et pas encore un adulte.

➤ **adolescence** n. f. ✦ Période de la vie qui suit l'enfance et précède l'âge adulte (entre 13 et 18 ans environ).

s'adonner v. (conjug. 1) ✦ *S'adonner à une activité,* c'est s'y consacrer. *Pendant leurs vacances, ils se sont adonnés au sport.*
▷ Mot de la famille de DONNER.

adopter v. (conjug. 1) **1.** Prendre légalement pour fils ou pour fille. *Ils ont adopté un enfant,* ils l'ont pris chez eux et l'ont élevé comme le leur. **2.** *Julie adopte un air indifférent,* elle le prend. **3.** Donner son accord par un vote. *Les députés ont adopté une nouvelle loi,* ils l'ont votée.

➤ **adoptif, adoptive** adj. ✦ *C'est leur fille adoptive,* qui a été adoptée par eux. *Ce sont les parents adoptifs d'Alex,* les parents qui ont adopté Alex.

➤ **adoption** n. f. **1.** *L'adoption d'un enfant,* c'est le fait de l'élever comme le sien en lui donnant son nom. **2.** *L'adoption d'une loi,* c'est le fait de la voter.

▷ Mots de la famille de OPTER.

adorer v. (conjug. 1) **1.** Prier et vénérer. *Les Incas adoraient le Soleil.* **2.** Aimer beaucoup. *Julie adore les chats.* ❏ contr. **détester.**

➤ **adorable** adj. ✦ Charmant. *Ils ont une petite fille adorable.*

➤ **adorateur** n. m., **adoratrice** n. f. ✦ *Les Incas étaient des adorateurs du Soleil,* ils le vénéraient comme un dieu.

➤ **adoration** n. f. ✦ Amour très vif et admiration. *Ils sont en adoration devant leur petite-fille.*

s'adosser v. (conjug. 1) ✦ Appuyer son dos contre quelque chose. *Elle s'est adossée à la porte.*

▷ Mot de la famille de DOS.

adoubement n. m. ✦ Au Moyen Âge, cérémonie au cours de laquelle un jeune noble était fait chevalier et recevait son équipement.

adoucir v. (conjug. 2) ✦ Rendre plus doux. *Cette crème adoucit la peau.* — **s'adoucir,** devenir plus doux. *Le temps s'est adouci,* il est devenu moins froid. *Sa voix s'est adoucie.* → aussi se **radoucir.**

➤ **adoucissant, adoucissante** adj. ✦ *Une crème adoucissante,* qui adoucit la peau.

➤ **adoucissement** n. m. ✦ *L'adoucissement de la température,* c'est son réchauffement. → **radoucissement.**

▷ Mots de la famille de DOUX.

① **adresse** n. f. ✦ Qualité de celui qui est adroit. → **dextérité, habileté.** *Il renvoya la balle avec adresse.*

▷ Autre mot de la famille : MALADRESSE.

② **adresse** n. f. **1.** Indication de l'endroit où habite quelqu'un. *Ils ont échangé leurs adresses.* **2.** *Adresse électronique,* code qui permet d'envoyer un message à quelqu'un sur son ordinateur → aussi **e-mail.** **3.** *Le professeur a fait une remarque à l'adresse de Julie,* à son intention.

▷ Mot de la famille de ADRESSER.

adresser v. (conjug. 1) **1.** *Adresser une lettre à quelqu'un,* c'est la lui envoyer. **2.** *Adresser la parole à quelqu'un,* c'est lui parler. **3.** ***S'adresser** à quelqu'un,* c'est lui parler ou avoir recours à lui. *C'est à toi que je m'adresse.* — *Ce livre s'adresse aux enfants de huit à douze ans,* il leur est destiné.

▷ Autre mot de la famille : ② ADRESSE.

adret n. m. ✦ Versant d'une montagne exposé au soleil. ❏ contr. **ubac.**

adroit, adroite adj. **1.** Qui est habile de ses mains, a de l'adresse. ❏ contr. ① **gauche, maladroit.** *Un artisan très adroit.* **2.** *Une personne adroite,* c'est une personne qui sait se tirer de situations difficiles. *C'est une négociatrice très adroite.*

➤ **adroitement** adv. ✦ Avec adresse, habileté. → **habilement.** *Louise a adroitement saisi le ballon.* ❏ contr. **maladroitement.**

▷ Autres mots de la famille : MALADROIT, MALADROITEMENT.

aduler v. (conjug. 1) ✦ Manifester son admiration à quelqu'un. *Ce chanteur est adulé par les jeunes.*

adulte n. m. et f. ✦ Personne, animal qui a fini de grandir. *Un spectacle réservé aux adultes.* — **Adj.** *Ce chat a atteint sa taille adulte.* — *L'âge adulte* va de la fin de l'adolescence au début de la vieillesse.

adultère n. m. ✦ Fait de tromper son mari ou sa femme.

advenir v. (conjug. 22) ✦ Arriver, se produire. *Je t'aiderai quoi qu'il advienne.*

▷ Mot de la famille de VENIR.

adverbe n. m. ✦ Mot qui accompagne un autre mot (verbe, adjectif, adverbe) ou une phrase, dont il modifie le sens. *Les adverbes sont invariables.*

adverse adj. ✦ Opposé, contraire. *Nous avons battu l'équipe adverse.*

➤ **adversaire** **n. m. et f.** 1. Personne opposée à une autre dans un combat, une compétition. ❑ contr. **partenaire.** *Le boxeur a envoyé son adversaire au tapis.* 2. Personne hostile à une idée. ❑ contr. **partisan.** *Les adversaires de la peine de mort.*

➤ **adversité** **n. f.** ✦ Situation malheureuse d'une personne qui a de la malchance dans la vie. *Il a lutté avec courage contre l'adversité.*

aérer **v.** (conjug. 6) ✦ *Aérer une pièce,* c'est y faire entrer de l'air frais.

➤ **aéré, aérée** **adj.** ✦ Où il y a de l'air qui circule. *Une pièce bien aérée. — Un centre aéré,* où l'on accueille les enfants en plein air, pendant les vacances scolaires.

➤ **aération** **n. f.** ✦ Circulation de l'air dans un endroit fermé. *Cette pièce a besoin d'aération. L'air arrive dans le tunnel par les bouches d'aération.*

aérien, aérienne **adj.** 1. Qui est à l'air libre, en plein air. *Le métro aérien.* 2. *Le trafic aérien,* les transports par avion. *Une photo aérienne,* prise d'avion.

aéroclub **n. m.** ✦ Club où se réunissent les amateurs de sports aériens. *Dans les aéroclubs, on peut pratiquer le pilotage ou le vol à voile.*
▷ Mot de la famille de CLUB.

aérodrome **n. m.** ✦ Terrain aménagé pour le décollage et l'atterrissage des avions.

aérodynamique **adj.** ✦ *Cet avion a une forme aérodynamique,* qui offre peu de résistance à l'air.

aérogare **n. f.** ✦ Ensemble des bâtiments d'un aéroport, réservés aux voyageurs et aux marchandises. *Les boutiques de l'aérogare.*
▷ Mot de la famille de GARER.

aéroglisseur **n. m.** ✦ Sorte de bateau qui se déplace sur coussin d'air.
▷ Mot de la famille de GLISSER.

aéroglisseur

aéronautique **n. f. et adj.**
■ **n. f.** *L'aéronautique,* c'est la technique de la construction des avions et des fusées.
■ **adj.** *L'industrie aéronautique* s'occupe d'améliorer la construction des avions et la navigation aérienne.

aéroport **n. m.** ✦ Ensemble des pistes et des bâtiments qui servent au transport aérien des voyageurs et des marchandises.
▷ Mot de la famille de ① PORT.

aéroport

aéroporté, aéroportée adj. ✦ Transporté par avion. *Les troupes aéroportées.*
▷ Mot de la famille de PORTER.

aérosol [aeʀosɔl] n. m. ✦ Appareil qui projette un liquide mélangé à un gaz sous forme de gouttelettes très fines. → aussi **atomiseur.** *Un insecticide en aérosol.* — Adj. inv. *Des bombes aérosol.*

affable adj. ✦ Très aimable et bienveillant. → **avenant, courtois.** *Son père est un homme très affable.*

affaiblir v. (conjug. 2) ✦ Rendre faible. *Cette grippe l'a affaibli.* → **fatiguer.** — **s'affaiblir,** devenir plus faible. *La vue s'affaiblit avec l'âge.* → **baisser.**

➤ **affaiblissement** n. m. ✦ État d'une personne affaiblie. *L'affaiblissement du malade inquiète le médecin.*
▷ Mots de la famille de FAIBLE.

affaire n. f. **1.** Ce que quelqu'un a à faire, ce qui le concerne. *Laissez cela, c'est mon affaire. Occupe-toi de tes affaires !* de ce qui te regarde. **2.** Problème, question. *Nous avons parlé de cette affaire. — C'est toute une affaire,* c'est très compliqué. **3.** Marché conclu avec quelqu'un. *J'ai fait une bonne affaire en achetant cette voiture.* **4.** *Faire l'affaire,* convenir. *Ce vieux chiffon fera l'affaire.* **5.** *Avoir affaire à quelqu'un,* c'est avoir à discuter, à traiter avec quelqu'un. *Ne recommence pas ou tu auras affaire à moi !*

➤ **s'affairer** v. (conjug. 1) ✦ Faire quelque chose en se dépêchant, en étant très actif. → **s'activer.** *Elle s'affairait dans la cuisine.*

➤ **affairé, affairée** adj. ✦ *Un air affairé,* occupé.
▷ Mots de la famille de FAIRE.

affaires n. f. pl. **1.** *Il est dans les affaires,* dans le commerce ou l'industrie. *C'est un homme d'affaires. Il est en voyage d'affaires.* **2.** Objets qui appartiennent à une personne. *Range tes affaires, il y en a partout.*
▷ Mot de la famille de FAIRE.

s'affaisser v. (conjug. 1) ✦ S'enfoncer. *Le toit de la maison s'est affaissé par endroits.* → **s'écrouler, s'effondrer.**

➤ **affaissement** n. m. ✦ Le fait de s'affaisser. *L'inondation a provoqué un affaissement de terrain,* un effondrement.

s'affaler v. (conjug. 1) ✦ Se laisser tomber lourdement. *Julie s'est affalée sur son lit.*

affamé, affamée adj. ✦ Qui a très faim. *Léa est affamée, ce matin.* ❑ contr. **rassasié, repu.**

① **affecter** v. (conjug. 1) **1.** Faire semblant d'éprouver un sentiment. → **feindre, simuler.** *Malgré sa déception, Louise affectait la bonne humeur.* **2.** Toucher, émouvoir. *Cette triste nouvelle nous a beaucoup affectés.* → **affliger, attrister, peiner.**

➤ **affecté, affectée** adj. ✦ Peu naturel. *Une attitude affectée.* → **maniéré.** ❑ contr. **naturel, simple.**

➤ ① **affectation** n. f. ✦ Manque de naturel. *Elle riait avec affectation.*

② **affecter** v. (conjug. 1) **1.** Désigner. *Il a été affecté à ce poste,* nommé. **2.** Destiner, réserver à un usage particulier. *Cette pièce est affectée aux réunions.*

➤ ② **affectation** n. f. ✦ Nomination à un poste. *Il a reçu sa nouvelle affectation.*
▷ Autre mot de la famille : DÉSAFFECTÉ.

affectif, affective adj. ✦ Qui est du domaine des sentiments. *La vie affective.* → **sentimental.**

① **affection** n. f. ✦ Maladie. *Les affections de la peau.*

② **affection** n. f. ✦ Sentiment tendre qui attache à quelqu'un. → **attachement, tendresse.** ❑ contr. **aversion.** *J'ai beaucoup d'affection pour lui.*

➤ **affectionner** v. (conjug. 1) ✦ Aimer beaucoup. *Paul affectionne le bleu.* ❑ contr. **détester.**
▷ Autre mot de la famille : DÉSAFFECTION.

affectueux, affectueuse adj. ✦ Qui fait preuve d'affection, d'attachement. *Une petite fille très affectueuse. Un geste affectueux.*

➤ **affectueusement** adv. ✦ Tendrement. *Théo embrasse affectueusement sa mère.*

affermir v. (conjug. 2) ✦ Rendre plus ferme, plus fort. *L'orateur affermit le ton de sa voix.*
▷ Mot de la famille de ① FERME.

afficher v. (conjug. 1) **1.** Annoncer par une affiche. *Les horaires des cours sont affichés sur le mur de la classe.* → **placarder.** **2.** Bien montrer. *Alex affiche sa joie de partir en voyage.*

affiche

➤ **affiche** **n. f.** ✦ Grande feuille de papier, portant un texte ou une image, placée sur un mur ou un panneau spécial et servant à annoncer quelque chose ou à faire de la publicité. *Une affiche publicitaire.* — *Ce film est resté un an à l'affiche,* il est passé pendant un an.

➤ **affichage** **n. m.** ✦ *Un tableau d'affichage* sur lequel on pose des affiches, des annonces.

➤ **affichette** **n. f.** ✦ Petite affiche.

d'**affilée** **adv.** ✦ À la suite, sans s'arrêter. *Il a dormi dix heures d'affilée.*

▷ Mot de la famille de FILE.

s'**affilier** **v.** (conjug. 7) ✦ Adhérer à un groupe. *Elle s'est affiliée à un club sportif.*

affinité **n. f.** ✦ Accord, sympathie que l'on éprouve pour quelqu'un à cause de ressemblances ou de goûts communs. *Il y a beaucoup d'affinités entre eux.*

affirmer **v.** (conjug. 1) ✦ Dire avec assurance. → ① **assurer, certifier, soutenir.** ❑ contr. **nier.** *Je vous affirme que c'est la vérité.*

➤ **affirmatif, affirmative** **adj.** ✦ Qui affirme avec force. *Il a été affirmatif. Faire une réponse affirmative,* c'est répondre oui. ❑ contr. ① **négatif.** — **N. f.** *Répondre par l'affirmative,* répondre oui.

➤ **affirmation** **n. f.** ✦ Parole par laquelle on soutient qu'une chose est vraie ou possible. → **déclaration.** *Votre affirmation est très discutable.*

affleurer **v.** (conjug. 1) ✦ Apparaître à la surface du sol, de l'eau. → **émerger.** *Les rochers affleurent à la surface de la mer.*

▷ Mot de la famille de ② FLEUR.

affliction **n. f.** ✦ Grand chagrin, grande peine.

affliger **v.** (conjug. 3) **1.** Attrister, affecter. *Cette nouvelle l'a beaucoup affligée.* **2.** *Être affligé de quelque chose,* avoir quelque chose d'ennuyeux, de désagréable. *Il était affligé d'une verrue sur le nez.*

➤ **affligeant** [afliʒɑ̃], **affligeante** [afliʒɑ̃t] **adj.** ✦ Qui rend triste. → **désolant.** *Ils ont reçu une nouvelle affligeante.*

affluer **v.** (conjug. 1) ✦ Arriver en grand nombre. *Les voyageurs affluaient vers la gare.*

➤ **affluence** **n. f.** ✦ Réunion d'une foule de gens allant au même endroit. *Le métro est bondé aux heures d'affluence.* → **pointe.**

➤ **affluent** **n. m.** ✦ Cours d'eau qui se jette dans un autre. *L'Oise est un affluent de la Seine.* → aussi **confluent.**

➤ **afflux** [afly] **n. m.** ✦ Arrivée en grand nombre. → **affluence.** *Un afflux de voyageurs descendait du train.*

affoler **v.** (conjug. 1) ✦ Faire peur au point de ne plus savoir ce que l'on fait. → **effrayer.** *Le bruit de l'orage affole le chien.* — **s'affoler,** s'inquiéter, perdre la tête. *Au lieu de rester calme, elle s'est tout de suite affolée.* → **paniquer.**

➤ **affolé, affolée** **adj.** ✦ *Un air affolé,* qui semble fou.

➤ **affolant, affolante** **adj.** ✦ Inquiétant, effrayant. *Des prix affolants.*

➤ **affolement** **n. m.** ✦ Panique qui fait perdre la tête. *Dans son affolement, Louise a oublié son cartable.*

▷ Mots de la famille de FOU.

① **affranchir** **v.** (conjug. 2) ✦ Rendre libre un esclave, un serf. ❑ contr. **asservir.** *Dans l'Antiquité, le maître pouvait affranchir ses esclaves.* → **émanciper.**

▷ Mot de la famille de ② FRANC.

② **affranchir** **v.** (conjug. 2) ✦ *Affranchir une lettre,* c'est mettre dessus le timbre qui convient.

➤ **affranchissement** **n. m.** ✦ *L'affranchissement de ce colis est insuffisant,* il n'y a pas assez de timbres dessus.

▷ Mots de la famille de ② FRANC.

affreux, affreuse **adj.** **1.** Très laid. → **hideux, horrible.** *Elle est affreuse avec ce chapeau.* ❑ contr. **beau.** **2.** Très désagréable. *Il fait* *un temps affreux.* → **épouvantable, exécrable.** ❑ contr. **magnifique, splendide.** **3.** Qui fait peur. *Théo a fait d'affreux cauchemars.* → **abominable, effrayant.**

➤ **affreusement** **adv.** ✦ Horriblement. *Il a été affreusement défiguré dans l'accident.*

affront **n. m.** ✦ Acte par lequel on fait ou on dit en public à quelqu'un quelque chose qui montre que l'on a du mépris pour lui. → **insulte, offense, outrage.** *Il m'a fait un affront en refusant de me serrer la main.*

affronter **v.** (conjug. 1) ✦ Aller courageusement se battre, faire face à un danger. *Il affronta courageusement ses adversaires.* — **s'affronter,** lutter l'un contre l'autre. *Les deux équipes s'affronteront demain.*

➤ **affrontement** **n. m.** ✦ Combat. *Les discussions ont échoué, l'affrontement paraît inévitable.*

▷ Mots de la famille de FRONT.

affublé, affublée **adj.** ✦ Habillé de manière bizarre. → **accoutré.** *Elle était affublée d'un drôle de chapeau.*

à l'affût **adv.** ✦ *Le chasseur est à l'affût,* caché pour attendre le gibier. → aux **aguets.** *Le journaliste est à l'affût des nouvelles,* il les attend, les guette.

affûter **v.** (conjug. 1) ✦ Rendre plus tranchant. → **aiguiser.** *Le boucher affûte la lame de son couteau.*

afin de **prép.,** **afin que** **conjonction** ✦ Pour. *Alex prend son élan afin de sauter plus haut. Parlez plus fort afin qu'elle vous entende !*

▷ Mot de la famille de ① FIN.

agacer **v.** (conjug. 3) ✦ Énerver, irriter. *Tu m'agaces, avec toutes tes questions !* → **exaspérer.**

➤ **agaçant, agaçante** **adj.** ✦ Qui agace. → **exaspérant, énervant, irritant.** *C'est agaçant ce bruit !*

➤ **agacement** **n. m.** ✦ Irritation. *Elle réprima un geste d'agacement.*

agate **n. f.** ✦ Pierre fine qui sert à faire des bijoux et des objets précieux. *Paul joue avec des billes d'agate,* des billes en verre coloré imitant l'agate.

agave **n. m.** ✦ Grande plante décorative, d'origine mexicaine, aux feuilles longues et épaisses.

agave

âge **n. m.** **1.** Nombre d'années écoulées depuis la naissance de quelqu'un. *Quel âge as-tu ? Louise et Julie ont le même âge. C'est une personne d'un certain âge,* qui n'est plus très jeune. *Les personnes du troisième âge,* qui ont plus de 65 ans. **2.** *L'âge de la pierre, l'âge du bronze et l'âge du fer* sont des périodes de la préhistoire.

➤ **âgé, âgée** **adj.** ✦ Vieux. *La grand-mère d'Alex est une dame âgée. — Léa est âgée de 10 ans,* elle a 10 ans.

▷ Autres mots de la famille : MOYEN ÂGE, MOYENÂGEUX.

agence **n. f.** ✦ Bureau qui, pour de l'argent, rend certains services. *Une agence de voyages* organise des voyages. *Une agence immobilière* aide les gens à louer ou à acheter un appartement, une maison.

agencer **v.** (conjug. 3) ✦ Arranger, organiser dans un certain ordre. *Il a bien agencé son bureau.* → **aménager.**

➤ **agencement** **n. m.** ✦ Manière d'arranger, de disposer les choses. *L'agencement de cet appartement est très bien fait.* → **aménagement.**

agenda [aʒɛ̃da] **n. m.** ✦ Carnet où l'on peut noter, jour par jour, ses rendez-vous et tout ce que l'on a à faire. *Il garde tous ses agendas.*

s'**agenouiller** **v.** (conjug. 1) ✦ Se mettre à genoux. *Ils se sont agenouillés sur le sol.*

▷ Mot de la famille de GENOU.

① **agent** **n. m.** ✦ *Le complément d'agent,* c'est le complément d'un verbe à la voix passive introduit par *de* ou *par. Dans la phrase « le couvert a été mis par Julie », « Julie » est complément d'agent.*

② **agent** **n. m.** ✦ *Un agent de police,* c'est une personne qui règle la circulation. *L'agent a fait traverser les enfants.*

s'**agglomérer** **v.** (conjug. 6) ✦ Se mélanger en une masse, un bloc. → s'**amalgamer.** *La farine s'est agglomérée en grumeaux.*

➤ **agglomération** **n. f.** ✦ Groupe d'habitations formant un village ou une ville. *On ralentit à l'approche d'une agglomération.*

➤ **aggloméré** **n. m.** ✦ Matière obtenue à partir de menus morceaux de bois réunis et collés ensemble. *Des panneaux en aggloméré.*

s'**agglutiner** **v.** (conjug. 1) ✦ Se réunir de manière à former un groupe compact. → se **rassembler.** *Les guêpes se sont agglutinées autour du pot de miel.*

aggraver **v.** (conjug. 1) **1.** Rendre plus grave, plus important. *En mentant, elle a aggravé sa faute.* **2. s'aggraver,** c'est devenir plus grave. *Sa maladie s'est aggravée.* → **empirer.** ❑ contr. **s'améliorer.**

➤ **aggravant, aggravante** **adj.** ✦ *Les circonstances aggravantes,* les faits qui augmentent la gravité d'une faute. ❑ contr. **atténuant.** *La préméditation d'un crime est une circonstance aggravante.*

➤ **aggravation** **n. f.** ✦ Le fait de devenir plus grave. *Les médecins ont constaté une aggravation de son état de santé,* ils ont constaté que son état de santé s'est aggravé. ❑ contr. **amélioration.**

▷ Mots de la famille de GRAVE.

agile **adj.** ✦ Qui exécute des mouvements facilement et rapidement. → **leste, souple.** *L'acrobate est agile.* ❑ contr. **maladroit.**

➤ **agilité** **n. f.** ✦ Souplesse. *Le chat a sauté avec agilité.*

agir **v.** (conjug. 2) **1.** Faire quelque chose. *Réfléchis avant d'agir !* **2.** Se conduire. *Il a mal agi envers son frère.* **3.** Être efficace. *Le médicament a agi très vite.*

➤ **agissements** **n. m. pl.** ✦ Actes malhonnêtes. *Les agissements d'un escroc.*

▷ Autre mot de la famille : RÉAGIR.

s'**agir** **v.** (conjug. 2) **1.** Être question. *Dans ce livre, il s'agit d'animaux,* il en est question. **2.** Falloir. *Il s'agit de se dépêcher,* il faut se dépêcher.

agiter **v.** (conjug. 1) ✦ Remuer dans tous les sens. *Agitez la bouteille avant de l'ouvrir,* secouez-la. — **s'agiter,** bouger dans tous les sens. *Cet enfant est très énervé, il s'agite beaucoup.*

➤ **agitateur** **n. m., agitatrice** **n. f.** ✦ Personne qui pousse les autres à manifester.

➤ **agitation** **n. f.** **1.** Ensemble des mouvements de personnes qui vont et viennent rapidement en tous sens. *Quelle agitation pendant la récréation !* → **effervescence, remue-ménage.** ❑ contr. **calme.** **2.** *L'agitation sociale,* c'est l'ensemble des manifestations et des grèves que font les gens parce qu'ils sont mécontents.

➤ **agité, agitée** **adj.** ✦ Qui remue beaucoup. *Des élèves agités.* → **remuant, turbulent.** ❑ contr. **calme, sage.** *Par mauvais temps, la mer est agitée,* il y a de grosses vagues. → **houleux.**

agneau **n. m.** ✦ Jeune mouton. *Une brebis et ses agneaux. — Alex a mangé des côtelettes d'agneau.* — Au pl. *Des agneaux.*

agonie **n. f.** ✦ Moment où quelqu'un qui va mourir lutte contre la mort.

➤ **agoniser** **v.** (conjug. 1) ✦ Être en train de mourir.

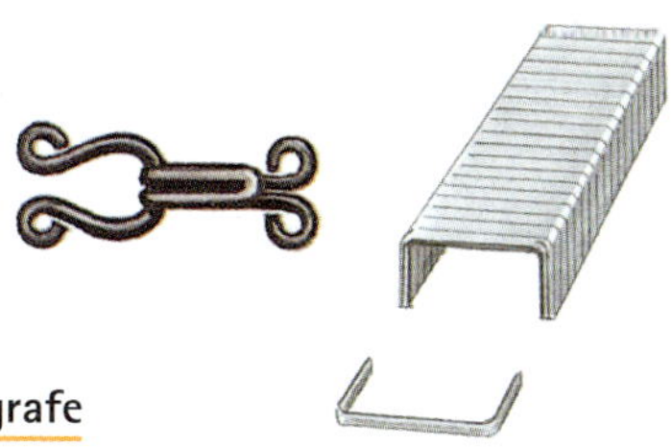

agrafe

agrafe **n. f.** **1.** Petit crochet qui sert à fermer un vêtement. **2.** Petit fil de métal qui sert à fixer ensemble plusieurs feuilles de papier. → aussi **agrafeuse.** **3.** Petite lame qui sert à fermer une plaie.

➤ **agrafer** **v.** (conjug. 1) **1.** Fermer un vêtement avec une agrafe. *Elle a agrafé sa jupe.* ❑ contr. **dégrafer.** **2.** *Agrafer deux feuilles de papier,* c'est les attacher avec une agrafe.

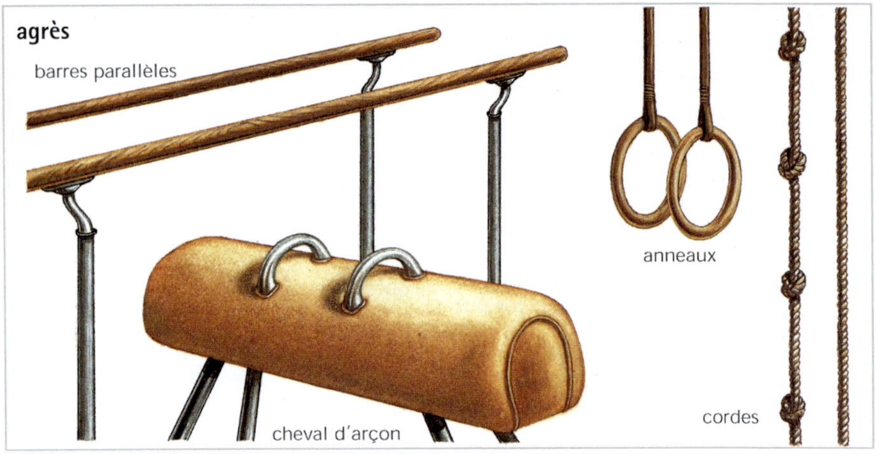

➤ **agrafeuse** n. f. ✦ Appareil qui sert à fixer des agrafes dans du papier ou du tissu.

agraire adj. ✦ Qui concerne les terres cultivées, les exploitations agricoles. *Il y a eu une réforme agraire dans ce pays. Les unités agraires,* qui mesurent la surface des terres.

agrandir v. (conjug. 2) ✦ Rendre plus grand, en augmentant les dimensions. *Ils ont agrandi le magasin. Julie a fait agrandir une photo.* — **s'agrandir,** devenir plus grand. *La famille s'est agrandie.*

➤ **agrandissement** n. m. ✦ Reproduction en plus grand d'une photo.

▷ Mots de la famille de GRAND.

agréable adj. ✦ Qui plaît, donne du plaisir. *Ils ont une maison très agréable. C'est agréable d'être en vacances. — Les parents de Théo sont des gens très agréables,* gentils, sympathiques. ❑ contr. **déplaisant, désagréable.**

➤ **agréablement** adv. ✦ D'une manière agréable. *Nous avons été agréablement surpris de leur accueil.* ❑ contr. **désagréablement.**

▷ Mots de la famille de GRÉ.

agréer v. (conjug. 1) **1.** À la fin d'une lettre, dans une formule de politesse. *Veuillez agréer, Monsieur, mes salutations distinguées,* veuillez les accepter. **2.** *Un fournisseur agréé,* c'est un fournisseur qui a le droit de vendre les produits d'une certaine marque. *Vous trouverez ce téléphone chez tous nos fournisseurs agréés.*

▷ Mot de la famille de GRÉ.

① **agrément** n. m. ✦ Accord, autorisation. *Il a fait des travaux dans l'appartement avec l'agrément du propriétaire.* ❑ contr. **refus.**

▷ Mot de la famille de GRÉ.

② **agrément** n. m. ✦ *Une ville pleine d'agrément,* très agréable. → ② **charme.** ❑ contr. **désagrément.** *Un voyage d'agrément,* que l'on fait pour son plaisir. ❑ contr. **voyage d'affaires.**

➤ **agrémenter** v. (conjug. 1) ✦ Rendre plus agréable en ajoutant quelque chose. *Il a agrémenté son discours de quelques histoires amusantes.*

▷ Mots de la famille de GRÉ.

agrès [agʀɛ] n. m. pl. ✦ Appareils de gymnastique. *Les anneaux, la barre fixe, les cordes sont des agrès. Alex fait des exercices aux agrès.*

agresser v. (conjug. 1) ✦ Attaquer. *Des voyous l'ont agressée pour lui voler son sac.*

➤ **agresseur** n. m. ✦ Personne qui attaque quelqu'un. *La victime a reconnu son agresseur.*

➤ **agression** n. f. ✦ Attaque contre une personne. *Elle a été victime d'une agression.*

➤ **agressif, agressive** adj. ✦ *Une personne agressive,* qui attaque les autres par des gestes ou des paroles, même quand on ne lui a rien fait. *Il lui a répondu sur un ton agressif.* → **menaçant.** ❑ contr. **doux.**

➤ **agressivité** n. f. ✦ Nervosité et hostilité d'une personne agressive. ❑ contr. **bienveillance, douceur.** *Il manifeste son agressivité par des insultes.*

agricole adj. ✦ Qui concerne l'agriculture. *Le labourage, les semailles, la moisson sont des travaux agricoles. Le tracteur et la faucheuse sont des machines agricoles. Une exploitation agricole,* c'est une ferme avec des champs autour.

agriculteur n. m., **agricultrice** n. f. ✦ Personne qui cultive la terre, élève des bêtes. → **cultivateur, fermier, paysan.**

agriculture n. f. ✦ Ensemble des travaux qui servent à produire les végétaux et à élever les animaux utiles à l'homme. → ① **culture, élevage.** *L'agriculture d'un pays.*
▷ Mot de la famille de ① CULTURE.

agripper v. (conjug. 1) ✦ Saisir quelque chose en le serrant pour s'accrocher. *Léa a agrippé le bras de son père.* ❏ contr. **lâcher.** — **s'agripper,** s'accrocher. *Elle s'est agrippée à son bras.* → se **cramponner.**

agroalimentaire adj. ✦ *L'industrie agroalimentaire,* c'est l'industrie qui transforme les produits de l'agriculture en produits alimentaires.
▷ Mot de la famille de ALIMENT.

agronome n. m. et f. ✦ Spécialiste de l'agronomie. *Elle est ingénieur agronome.*

agronomie n. f. ✦ Ensemble des connaissances nécessaires à l'agriculture.

agrume n. m. ✦ Fruit juteux à peau épaisse, jaune ou orange. *Les citrons, les oranges, les pamplemousses, les mandarines sont des agrumes.*

agrumes

s'aguerrir v. (conjug. 2) ✦ S'habituer à supporter les choses pénibles. *Ils se sont aguerris contre le froid.* → s'**endurcir.**

aux **aguets** adv. ✦ *Le chasseur est aux aguets,* il reste immobile et surveille autour de lui. → à l'**affût.**
▷ Mot de la famille de GUETTER.

ah ! interj. ✦ Mot qui sert à exprimer la joie, la douleur, l'admiration, l'impatience, la surprise. *Ah ! les voilà ! Ah ! ça suffit ! Ah ! oui ?*

ahuri, ahurie adj. ✦ Étonné, distrait au point de paraître stupide. → **stupéfait.** *Elle a l'air complètement ahuri.* → **abruti, hébété.** — N. *Espèce d'ahuri !*
➤ **ahurissant, ahurissante** adj. ✦ Très étonnant. *Une histoire ahurissante.* → **incroyable, stupéfiant.**

aider v. (conjug. 1) **1.** *Aider quelqu'un,* c'est joindre ses efforts aux siens. *Il a aidé sa mère à faire la vaisselle.* **2.** *S'aider de quelque chose,* s'en servir. *Elle s'est aidée de ses mains pour grimper.*
➤ ① **aide** n. f. ✦ Appui, soutien. *J'ai besoin de ton aide. Ils leur sont venus en aide. — Il a creusé un trou à l'aide d'une pelle.* → au **moyen** de. — *À l'aide !* aidez-moi, au secours.
➤ ② **aide** n. m. et f. ✦ Personne qui en aide une autre. *Un aide-comptable. Une aide familiale.*
➤ **aide-mémoire** n. m. inv. ✦ Petit livre qui résume tout ce qu'il faut savoir sur un sujet. — Au pl. *Des aide-mémoire.* ▷ Mot de la famille de ① MÉMOIRE.
➤ **aide-soignant** n. m., **aide-soignante** n. f. ✦ Personne qui aide les infirmiers et les infirmières à soigner les malades, dans un hôpital. — Au pl. *Des aides-soignants, des aides-soignantes.* ▷ Mot de la famille de SOIGNER.
▷ Autres mots de la famille : ENTRAIDE, S'ENTRAIDER.

aïe ! [aj] interj. ✦ Mot qui sert à exprimer qu'on a très mal. → **ouille.** *Aïe ! mon pied !*
❍ homonyme : ail.

aïeul [ajœl] n. m., **aïeule** [ajœl] n. f. **1.** *L'aïeul de quelqu'un,* son grand-père, *l'aïeule,* sa grand-mère. *Des aïeuls.* **2.** *Les aïeux de quelqu'un,* ce sont ses ancêtres.

aigle n. m. ✦ Grand oiseau de proie qui vit le jour. → aussi **rapace.** *Les nids d'aigle sont construits sur de hautes montagnes. L'aigle tient un mouton dans ses serres.* ➻ planche Oiseaux p. 711. — *Ce n'est pas un aigle,* il n'est pas très intelligent.
▷ Autre mot de la famille : AIGLON.

aiglefin → **églefin**

aiglon **n. m.** ✦ Petit de l'aigle.
▷ Mot de la famille de AIGLE.

aigre **adj.** 1. Acide et désagréable au goût et à l'odeur. *Le lait tourné est aigre.* 2. *Des paroles aigres,* méchantes. — **N. m.** *La discussion tourne à l'aigre,* les personnes qui discutent se disent soudain des paroles désagréables.
➤ **aigre-doux, aigre-douce** **adj.** ✦ À la fois acide et sucré. *Le porc est servi avec une sauce aigre-douce.* ▷ Mot de la famille de DOUX.
➤ **aigreur** **n. f.** 1. Goût aigre. → **acidité.** 2. *Il a des aigreurs d'estomac,* il a mal à l'estomac. 3. Méchanceté. *Elle lui a fait une réponse pleine d'aigreur.*
➤ s'**aigrir** **v.** (conjug. 2) 1. Devenir aigre. *Le vin s'aigrit si la bouteille reste ouverte.* 2. Devenir méchant et irritable. *Elle s'est aigrie en vieillissant.*
▷ Autres mots de la famille : VINAIGRE, VINAIGRETTE.

aigrette **n. f.** ✦ Groupe de plumes sur la tête de certains oiseaux.

aigu [egy], **aiguë** [egy] **adj.** 1. Très haut, perçant. *Il pousse des cris aigus.* → **perçant.** *Julie a une voix aiguë et Alex une voix grave.* 2. Violent, intense. *Une douleur aiguë.* 3. *Un angle aigu,* c'est un angle plus petit qu'un angle droit. → aussi ① **obtus.** ➻ planche Géométrie p. 458. 4. *Un accent aigu,* incliné vers la gauche et qui se place sur le *e. Dans « clé », il y a un accent aigu.* → aussi **circonflexe** et **grave.**
● Attention au tréma du *ë* au féminin.
▷ Autres mots de la famille : AIGUILLE, AIGUILLON, AIGUISER, SURAIGU.

aiguille [egɥij] **n. f.** 1. Petite tige d'acier avec laquelle on pique. *Elle enfile une aiguille pour coudre.* → aussi **chas.** *L'infirmière adapte l'aiguille sur la seringue.* 2. Tige étroite qui se déplace sur le cadran d'une montre. *La petite aiguille indique les heures.* 3. Feuille très fine, dure et pointue de certains arbres. *Des aiguilles de pin.* 4. Sommet très pointu d'une montagne. *L'aiguille du Midi.* → **pic.**
▷ Mot de la famille de AIGU.

aiguiller **v.** (conjug. 1) 1. Diriger un train d'une voie sur une autre. 2. Orienter quelqu'un. *Son professeur veut l'aiguiller vers une carrière d'ingénieur.*
➤ **aiguillage** **n. m.** ✦ Appareil qui permet de faire changer un train de voie. *Un poste d'aiguillage.*
➤ **aiguilleur** **n. m.** 1. Personne dont le métier est de manœuvrer un aiguillage. 2. *Les aiguilleurs du ciel,* ce sont des techniciens qui guident les avions en vol.

aiguillon **n. m.** ✦ Dard des guêpes, des abeilles, des scorpions.
▷ Mot de la famille de AIGU.

aiguiser [egize] **v.** (conjug. 1) ✦ Rendre plus coupant. → **affûter.** *Le rémouleur aiguise les couteaux.*
▷ Mot de la famille de AIGU.

aïkido **n. m.** ✦ Sport japonais de combat.

ail [aj] **n. m.** (pl. **ails** ou **aulx**) ✦ Plante à odeur forte et à goût piquant avec laquelle on assaisonne les aliments. *Une gousse d'ail.* ○ homonyme : aïe.

aile **n. f.** 1. Chacune des parties du corps des oiseaux et de certains insectes qui leur sert à voler. *Le pigeon a battu des ailes et s'est envolé. Le papillon déploie ses ailes. — Léa a mangé une aile de poulet et Paul une cuisse. — Prendre quelqu'un sous son aile,* sous sa protection. *Voler de ses propres ailes,* être indépendant, ne plus avoir besoin de l'aide des autres. 2. Chacune des deux parties planes et allongées d'un avion qui lui sert à se maintenir en l'air. 3. Chacune des parties mobiles situées à l'extérieur d'un moulin à vent. 4. *L'aile d'un bâtiment,* c'est la partie qui se trouve sur l'un des côtés. 5. *Les ailes d'une voiture,* ce sont les parties de la carrosserie au-dessus des roues. 6. *Les ailes du nez,* ce sont les parties, de chaque côté du nez, qui recouvrent les narines. 7. *L'aile gauche ou l'aile droite,* ce sont les extrémités de la ligne d'attaque d'une équipe de football, de handball, de rugby. ○ homonyme : elle.

aile

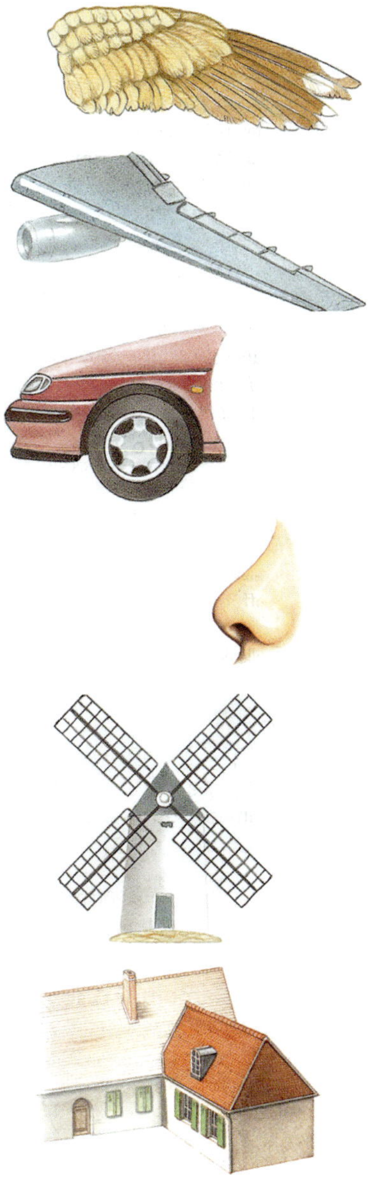

➤ **ailé, ailée** adj. ✦ Qui a des ailes. *Les fourmis volantes sont ailées.*

➤ **aileron** n. m. 1. Extrémité de l'aile d'un oiseau. 2. *Les ailerons d'un requin,* ses nageoires.

➤ **ailier** n. m. ✦ Avant d'une équipe de football, de hand-ball ou de rugby, qui joue à l'extrême droite ou gauche.

▷ Autre mot de la famille : À TIRE D'AILE.

ailleurs adv. 1. À un autre endroit. *Il y a trop de bruit ici, allons ailleurs.* 2. *D'ailleurs,* du reste, de plus. *Rentre, tu as assez joué, d'ailleurs la nuit tombe.*

aimable adj. ✦ *Une personne aimable,* qui cherche à faire plaisir. → **affable, courtois, gentil,** ① **poli.** *Cette vendeuse n'est vraiment pas aimable.* ❑ contr. **désagréable, hargneux.** → aussi **amabilité.**

➤ **aimablement** adv. ✦ D'une façon aimable, avec amabilité. *La vendeuse renseigne aimablement les clients.*

▷ Mots de la famille de AIMER.

aimant n. m. ✦ Morceau d'acier qui attire le fer.

➤ **aimanté, aimantée** adj. ✦ *Un objet aimanté,* c'est un objet qui attire le fer. *L'aiguille aimantée d'une boussole.*

aimer v. (conjug. 1) 1. Éprouver de l'amour pour quelqu'un. *Il aime sa femme,* il est amoureux d'elle. — **s'aimer,** avoir de l'amour l'un pour l'autre. *Ils se sont mariés parce qu'ils s'aimaient.* 2. Avoir de l'amitié, de l'affection, de la sympathie pour quelqu'un. *Paul aime bien Julie.* 3. Avoir du plaisir à faire quelque chose, trouver une chose agréable. *Louise aime beaucoup les frites. Alex aime dessiner. J'aimerais mieux rester ici,* je préférerais.

▷ Autres mots de la famille : AIMABLE, AIMABLEMENT, BIEN-AIMÉ.

aine n. f. ✦ Partie du corps entre le haut de la cuisse et le bas du ventre. ❍ homonyme : haine.

aîné n. m., **aînée** n. f. ✦ *L'aîné des enfants,* le plus âgé. → aussi **benjamin, cadet.** *Elle est son aînée de six ans,* elle a six ans de plus que lui. — **Adj.** *Le fils aîné.*

ainsi adv. 1. De cette façon. *Ne me regarde pas ainsi.* 2. *Pour ainsi dire,* presque. *Ils se connaissent pour ainsi dire depuis toujours.* 3. *Ainsi que,* de même que. *Théo est en CM2, ainsi que Julie.* → **et.** *Il pleut ainsi que l'a annoncé la météo.* → **comme.**

① **air** n. m. 1. Mélange d'oxygène, d'azote et de divers gaz qui constitue l'atmosphère et que respirent les êtres vivants. *Dans les grandes villes, l'air est pollué ; à la campagne, on respire de l'air pur. Il est sorti prendre l'air,* se promener. *L'orchestre joue en plein air,* dehors. — *Vivre de l'air du temps,* de très peu de chose. 2. *Louise regarde en l'air,* en haut, vers le ciel. ❍ homonymes : aire, ère.

② **air** **n. m. 1.** Apparence du visage d'une personne. → **expression,** ① **mine.** *Il a un drôle d'air.* **2.** *Avoir l'air,* sembler, paraître. *Il a l'air bête. Cette tarte a l'air bonne.*

③ **air** **n. m.** ✦ Mélodie, musique d'une chanson. *Chante-moi l'air de cette chanson même si tu en as oublié les paroles.* — *L'air ne fait pas la chanson,* l'apparence n'est pas forcément la réalité.

airbag **n. m.** ✦ Coussin qui protège les passagers d'un véhicule en se gonflant, en cas de choc. *Cette voiture est équipée d'airbags.*
● Ce mot vient de l'anglais *air* qui signifie « air » et de *bag* qui veut dire « sac ». En français, on dit aussi *coussin gonflable.*

aire **n. f. 1.** Surface. *L'aire de ce rectangle est de 6 m².* → **superficie. 2.** Grand endroit plat. *Une aire de jeu. L'avion se pose sur l'aire d'atterrissage.* **3.** *L'aire d'un aigle,* son nid. ❍ homonymes : ①, ② et ③ air, ère.

airelle **n. f.** ✦ Petite baie rouge au goût acide. *De la confiture d'airelles.*

aise **n. f.** ✦ *Être à l'aise,* ne pas se sentir gêné. *Es-tu à l'aise dans ce pantalon ? Léa est mal à l'aise avec les grandes personnes,* elle est intimidée. — *Mettez-vous à l'aise,* enlevez votre manteau et installez-vous confortablement. — *Prendre ses aises,* s'installer confortablement, sans se soucier des autres.
➤ **aisance** **n. f. 1.** Facilité à faire quelque chose. *Elle parle en public avec aisance.* **2.** Richesse assez grande pour vivre sans difficulté. *Ils vivent dans l'aisance.* → aussi **aisé.**
➤ **aisé, aisée** **adj. 1.** *Une personne aisée,* qui a suffisamment d'argent pour vivre sans difficulté. ❏ contr. **pauvre. 2.** Facile. → **enfantin, simple.** *Ce travail est aisé.* ❏ contr. **difficile.**
➤ **aisément** **adv.** ✦ Facilement. ❏ contr. **difficilement.**
▷ Autres mots de la famille : MALAISE, MALAISÉ.

aisselle **n. f.** ✦ Creux sous le bras, à l'endroit où il rejoint l'épaule. *Elle s'épile les aisselles.*

ajonc [aʒɔ̃] **n. m.** ✦ Arbuste épineux à fleurs jaunes. → aussi **genêt.** *Des buissons d'ajoncs.*

ajourner **v.** (conjug. 1) ✦ Remettre à un autre jour. *Elle a dû ajourner son voyage en raison des grèves.* → **différer.**
➤ **ajournement** **n. m.** ✦ *L'ajournement d'un projet,* le fait de le remettre à plus tard.

ajouter **v.** (conjug. 1) **1.** Mettre en plus. *Ajoute du sel dans la sauce. Si j'ajoute 3 à 8, j'obtiens 11.* → **additionner.** ❏ contr. **enlever, ôter, retrancher. 2.** Dire en plus. *Je n'ai rien à ajouter.*
➤ **ajout** **n. m.** ✦ Ce que l'on ajoute. *Elle a fait quelques ajouts à la liste des invités,* elle a ajouté quelques noms.
▷ Autres mots de la famille : RAJOUT, RAJOUTER.

ajuster **v.** (conjug. 1) ✦ Mettre ensemble deux choses de façon qu'elles s'emboîtent. → **adapter.** *Il essaie d'ajuster un nouveau manche à la pioche.*
➤ **ajusté, ajustée** **adj.** ✦ *Une veste ajustée,* qui serre le corps de près. → **moulant.**
➤ **ajusteur** **n. m.** ✦ Ouvrier qui fabrique des pièces mécaniques.
▷ Mots de la famille de ① JUSTE.

alaise → **alèse**

alambic **n. m.** ✦ Appareil servant à fabriquer de l'alcool par distillation.

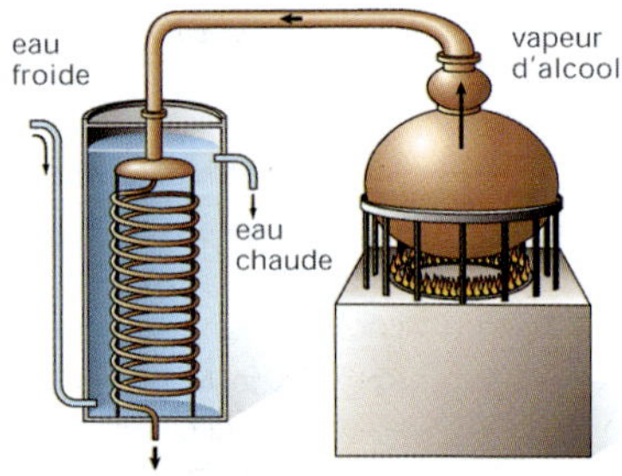

alambic

alambiqué, alambiquée **adj.** ✦ Trop compliqué. *Il a fait une réponse alambiquée.*

alarme **n. f.** ✦ Sonnerie qui avertit du danger. *L'alarme s'est déclenchée au moment où les cambrioleurs ont ouvert la porte.* — *La sentinelle a donné l'alarme,* elle a averti du danger. → **alerte.**
➤ **s'alarmer** **v.** (conjug. 1) ✦ S'inquiéter. *Elle s'est alarmée en entendant les cris de sa fille.*
➤ **alarmant, alarmante** **adj.** ✦ Inquiétant. *L'état du blessé est alarmant.* ❏ contr. **rassurant.**

albatros [albatʀos] **n. m.** ✦ Grand oiseau de mer blanc et gris, au bec crochu. ➻ planche Oiseaux p. 710.

albinos [albinos] **n.** et **adj.** ✦ Personne ou animal qui a la peau, les cheveux et les poils blancs. — **Adj.** *Une souris albinos.*

album [albɔm] **n. m.** 1. Sorte de livre dont les pages ne sont pas imprimées et dans lequel on classe des photos, des timbres. 2. Livre où il y a beaucoup de dessins. *Un album de bandes dessinées.* 3. Disque de variétés. *Le dernier album d'un groupe de rap.*

alchimiste **n. m.** ✦ Savant qui, au Moyen Âge, essayait, en secret, de transformer les métaux en or.

alcool [alkɔl] **n. m.** 1. Liquide incolore très fort qui se trouve dans certaines boissons. *Un apéritif sans alcool.* 2. Boisson très forte où il y a beaucoup d'alcool. *Le conducteur d'une voiture ne doit pas boire d'alcool.* 3. Liquide qui sert à désinfecter. *Mets de l'alcool à 90° sur ta plaie.*

➤ **alcoolique** **adj.** ✦ Qui boit régulièrement beaucoup d'alcool. *Son mari est alcoolique.* — **N.** *Les alcooliques sont intoxiqués par l'alcool.*

➤ **alcoolisé, alcoolisée** **adj.** ✦ Qui contient de l'alcool. *Il a pris une boisson alcoolisée.*

➤ **alcoolisme** **n. m.** ✦ Maladie des gens qui boivent trop d'alcool.

➤ **alcootest** [alkɔtɛst] **n. m.** Marque déposée ✦ Sorte de ballon dans lequel on fait souffler le conducteur d'une voiture pour savoir s'il a bu trop d'alcool. ▷ Mot de la famille de TEST.

➤ **alcoolémie** [alkɔlemi] **n. f.** ✦ Taux d'alcool dans le sang. *L'alcoolémie se mesure à l'aide de l'alcootest.*

alcôve **n. f.** ✦ Renfoncement dans une pièce, où l'on place un lit.

aléa **n. m.** ✦ Événement que l'on n'avait pas prévu. *Les aléas de la vie.* → **hasard.**

● Ce mot s'emploie plutôt au pluriel.

➤ **aléatoire** **adj.** ✦ Qui dépend du hasard, qui est incertain. *Son succès est aléatoire.* ❑ contr. **certain.**

alentours **n. m. pl.** 1. Lieux qui sont autour de quelque chose. *Les alentours de Paris.* → **environs.** 2. *Ce livre coûte aux alentours de 8 euros,* environ 8 euros.

▷ Mot de la famille de TOURNER.

① **alerte** **adj.** ✦ Qui a des mouvements vifs et rapides. *Ma grand-mère est encore alerte pour son âge.*

② **alerte** **n. f.** ✦ Signal qui avertit d'un danger. *Les pompiers se sont précipités sur les lieux à la première alerte. Entendant un bruit suspect, le gardien a donné l'alerte,* il a prévenu d'un danger. → **alarme.**

➤ **alerter** **v.** (conjug. 1) ✦ Avertir en cas de danger. *Il a alerté les pompiers.* → **prévenir.**

alèse **n. f.** ✦ Tissu imperméable que l'on met sous le drap pour protéger le matelas.

● On écrit aussi *alaise.*

alevin **n. m.** ✦ Jeune poisson que l'on met dans les rivières et les lacs pour les repeupler.

alevin

alexandrin **n. m.** ✦ Vers français de douze syllabes.

algèbre **n. m.** ✦ Forme de calcul où certains nombres sont remplacés par des lettres.

algue **n. f.** ✦ Plante qui pousse au fond de la mer, des rivières et des lacs. → **goémon, varech.**

algue

alibi **n. m.** ✦ Preuve que l'on n'était pas là au moment d'un vol, d'un crime. *Le suspect a pu fournir un alibi.*

● *Alibi* est un mot latin qui veut dire « ailleurs ».

aliéné **n. m.,** **aliénée** **n. f.** ✦ Malade mental. → **dément, fou.**

● Ce mot ne s'emploie plus beaucoup. Aujourd'hui, on dit plutôt *malade mental.*

aligner **v.** (conjug. 1) ✦ Ranger en ligne droite. *Ils ont aligné les chaises devant l'estrade.*

➤ **alignement** n. m. ✦ Ligne droite formée par des objets. *L'alignement des immeubles dans la rue.*

▷ Mots de la famille de LIGNE.

aliment n. m. ✦ Produit qui sert à nourrir les hommes, les animaux ou les plantes. → **nourriture.** *Des aliments pour bébés.*

➤ **alimentaire** adj. ✦ *Les produits alimentaires,* ce sont les produits qui servent à nourrir.

➤ **s'alimenter** v. (conjug. 1) ✦ Se nourrir. → **manger.** *Le malade ne s'alimente plus depuis deux jours.*

➤ **alimentation** n. f. ✦ Manière de nourrir quelqu'un ou de se nourrir. *Elle donne à ses enfants une alimentation variée.* → **nourriture.** — *Les épiceries, les boucheries sont des magasins d'alimentation,* qui vendent des aliments.

▷ Autres mots de la famille : AGROALIMENTAIRE, SOUS-ALIMENTATION, SOUS-ALIMENTÉ.

alinéa n. m. ✦ Passage qui commence par une ligne en retrait, dans un texte. *Chaque paragraphe commence par un alinéa, dans cette lettre.*

s'aliter v. (conjug. 1) ✦ Se mettre au lit lorsqu'on est malade. → se **coucher.** *Léa avait de la fièvre, elle s'est alitée.*

▷ Mot de la famille de LIT.

alizé [alize] n. m. ✦ Vent régulier qui souffle de l'est sur les océans, sous les tropiques.

allaiter v. (conjug. 1) ✦ Nourrir son bébé de son lait. *La mère allaite son enfant,* elle lui donne le sein.

➤ **allaitement** n. m. ✦ Alimentation d'un bébé avec le lait de sa mère.

▷ Mots de la famille de LAIT.

allécher v. (conjug. 6) ✦ *Allécher une personne,* c'est l'attirer en lui faisant espérer quelque chose d'agréable. → **appâter.** *L'odeur qui venait de la cuisine les a alléchés.*

➤ **alléchant, alléchante** adj. ✦ Qui fait espérer quelque chose d'agréable. *Une odeur alléchante,* appétissante, tentante. *Voilà une perspective alléchante.* → **séduisant.**

allée n. f. ✦ Chemin bordé d'arbres ou de verdure. ❍ homonymes : ① et ② aller, hâlé, haler.

▷ Mot de la famille de ① ALLER.

allées et venues n. f. pl. ✦ Déplacements de personnes qui vont et viennent. *Les allées et venues des clients dans le hall de l'hôtel.*

▷ Mot de la famille de ① ALLER et de VENIR.

alléger v. (conjug. 3 et 6) ✦ Rendre plus léger. *Enlève quelques affaires de ton sac, cela l'allégera.* ❑ contr. **alourdir.**

➤ **allégé, allégée** adj. ✦ *Un produit allégé,* c'est un aliment qui contient peu de graisses ou de sucre. *Une confiture allégée.*

➤ **allègement** n. m. ✦ Fait de rendre plus léger ce qui est trop lourd à supporter. *L'allègement des programmes scolaires.* → **réduction.**

● On écrit aussi *allégement.*

▷ Mots de la famille de LÉGER.

allégorie n. f. ✦ Façon de représenter une idée abstraite par une image, un symbole. *La justice représentée par une balance est une allégorie.*

allègre adj. ✦ Plein d'une vivacité qui exprime la bonne humeur. *Alex marche d'un pas allègre.* → ① **alerte.**

➤ **allégresse** n. f. ✦ Joie très vive. ❑ contr. **tristesse.**

① **aller** v. (conjug. 9) **1.** Se rendre quelque part. *Je vais à Lyon. Elles sont allées chez le pharmacien.* **2.** *S'en aller,* partir. *Il s'en ira demain.* **3.** Être sur le point de. *Louise va arriver d'un instant à l'autre. Il va pleuvoir.* **4.** Se porter. *Comment allez-vous ? Je vais bien,* je me sens bien. *Ça va ?* tu es content ? **5.** Convenir. *Ces bottes te vont bien. Cette robe ne lui va pas.*

❍ homonymes : allée, hâlé, haler.

➤ ② **aller** n. m. **1.** Trajet pour aller dans un endroit. *Ils ont pris le bateau à l'aller et l'avion au retour.* **2.** Billet (de train, d'avion, etc.) pour aller dans un endroit. *Deux allers pour Paris.*

▷ Autres mots de la famille : ALLÉE, ALLÉES ET VENUES, ALLURE, CONTRE-ALLÉE, LAISSER-ALLER, PIS-ALLER, VA-ET-VIENT, VA-NU-PIEDS, VA-TOUT, À LA VA-VITE.

allergie n. f. ✦ Réaction anormale du corps à certains aliments ou à certains produits. *Les fraises lui donnent des allergies. Il fait une allergie au pollen.*

➤ **allergique** adj. ✦ Qui ne supporte pas quelque chose. *Paul est allergique au pollen.*

alliage n. m. ✦ Métal obtenu en fondant ensemble plusieurs métaux. *Le bronze est un alliage de cuivre et d'étain.*

▷ Mot de la famille de LIER.

s'allier v. (conjug. 7) ✦ S'unir par une alliance. *Pendant la Deuxième Guerre mondiale, la France et la Grande-Bretagne se sont alliées contre l'Allemagne.*

➤ **alliance** n. f. 1. Union entre plusieurs pays qui s'entendent pour s'aider. *Ces deux pays ont conclu une alliance.* → **accord, coalition, pacte.** 2. Anneau porté au doigt par les gens mariés.

➤ **allié** n. m., **alliée** n. f. ✦ Personne qui en aide une autre. *Pendant la guerre, les Anglais étaient les alliés des Français.*

▷ Mots de la famille de LIER.

alligator n. m. ✦ Reptile d'Amérique du Nord qui ressemble au crocodile.

alligator

allô ! interj. ✦ Premier mot que l'on dit quand on commence une conversation au téléphone. *Allô ! c'est toi, Léa ?* ○ homonyme : halo.

allocation n. f. ✦ Somme d'argent versée régulièrement à quelqu'un. *Les allocations familiales sont versées par l'État aux personnes qui ont des enfants.*

allocution n. f. ✦ Petit discours. *Le président de la République a prononcé une allocution.*

allongement n. m. ✦ Le fait de devenir plus long, de durer plus longtemps. *Au printemps, on profite de l'allongement des jours.*

▷ Mot de la famille de LONG.

allonger v. (conjug. 3) 1. Étendre. *On a allongé le blessé sur une civière.* → ① **coucher.** — **s'allonger,** se coucher. *Elle s'est allongée sur une chaise longue.* 2. Étendre une partie du corps. *Julie allonge ses jambes sur la banquette.*

▷ Mot de la famille de LONG.

allumer v. (conjug. 1) 1. Mettre le feu à. *Il allume une cigarette.* → **enflammer.** ❏ contr. **éteindre.** 2. Rendre lumineux. *Il fait sombre, allume la lampe,* mets-la en marche pour qu'elle éclaire. *Allume la télévision.* — **s'allumer,** devenir lumineux. *Les enseignes s'allument et s'éteignent.*

➤ **allumage** n. m. ✦ *L'allumage d'un moteur,* c'est le système qui met le feu au mélange d'air et d'essence. → aussi **bougie.**

➤ **allume-cigare** n. m. ✦ Instrument placé sur le tableau de bord d'un véhicule et qui sert à allumer les cigarettes et les cigares. — Au pl. *Des allume-cigares.* ▷ Mot de la famille de CIGARE.

➤ **allumette** n. f. ✦ Brin de bois ou de carton dont un bout est recouvert d'un produit qui s'enflamme quand on le frotte. *Il gratte une allumette.*

▷ Autre mot de la famille : RALLUMER.

allure n. f. 1. Vitesse. *La moto roulait à toute allure,* très vite. 2. Air, aspect. *Cet homme a une drôle d'allure,* un air bizarre, un peu ridicule.

▷ Mot de la famille de ① ALLER.

allusion n. f. ✦ *Faire allusion à une chose,* c'est en parler indirectement, par sous-entendus. → **insinuation.**

alluvions n. f. pl. ✦ Graviers, boue et débris déposés par les cours d'eau. → **sédiment.** *Les alluvions fertilisent la terre.*

almanach [almana] n. m. ✦ Livre qui paraît tous les ans et contient un calendrier et des renseignements de toutes sortes. — Au pl. *Des almanachs.*

alors adv. 1. À ce moment-là. *Le pays était alors en guerre.* 2. Dans ce cas. *Tu es d'accord ? Alors, n'en parlons plus.*

➤ **alors que** conjonction 1. Bien que. *Paul est allé à la piscine alors qu'il était enrhumé.* 2. Au moment où. *Ils sont arrivés alors que j'allais sortir.*

▷ Mots de la famille de LORS.

alouette n. f. ✦ Petit oiseau au plumage brun ou gris qui vit dans les champs.

alouette

alourdir **v.** (conjug. 2) ✦ Rendre plus lourd. *Ces billes alourdissent mes poches.* ❏ contr. **alléger.**
▷ Mot de la famille de LOURD.

alpage **n. m.** ✦ Pâturage de haute montagne.

alphabet **n. m.** ✦ Ensemble des lettres d'une langue classées dans un certain ordre. *En français, l'alphabet compte 26 lettres.*
➤ **alphabétique** **adj.** ✦ *L'ordre alphabétique,* c'est l'ordre des lettres de l'alphabet.
➤ **alphabétisation** **n. f.** ✦ Enseignement de la lecture et de l'écriture aux personnes qui ne savent ni lire ni écrire.
▷ Autres mots de la famille : ANALPHABÈTE, ANALPHABÉTISME.

alpin, alpine **adj.** **1.** Des Alpes. *La chaîne alpine. Les massifs alpins sont enneigés.* **2.** *Le ski alpin,* qui combine slalom et descente.
➤ **alpinisme** **n. m.** ✦ Sport qui consiste à escalader les montagnes, les parois rocheuses. → aussi **varappe.**
➤ **alpiniste** **n. m.** et **f.** ✦ Personne qui fait de l'alpinisme.

altercation **n. f.** ✦ Dispute violente. *Ils ont assisté à une altercation entre deux automobilistes.*

① **altérer** **v.** (conjug. 6) ✦ Abîmer. → **détériorer.** *Le soleil a altéré les couleurs du papier peint.* — **s'altérer,** perdre sa belle apparence. *Les couleurs se sont altérées.*

② **altérer** **v.** (conjug. 6) ✦ Donner soif. *Cette longue marche nous a altérés.*
▷ Autres mots de la famille : DÉSALTÉRANT, DÉSALTÉRER.

alterner **v.** (conjug. 1) ✦ Se succéder et revenir toujours dans le même ordre. *Les saisons alternent.*
➤ **alternance** **n. f.** ✦ Succession de choses qui reviennent toujours dans le même ordre. *L'alternance du jour et de la nuit.*
➤ **alternatif, alternative** **adj.** ✦ *Un mouvement alternatif* va dans un sens puis dans l'autre, avec régularité.
➤ **alternative** **n. f.** ✦ Situation dans laquelle on se trouve quand on doit choisir entre deux solutions. *L'alternative est claire : soit tu restes ici, soit tu viens avec nous.*
➤ **alternativement** **adv.** ✦ Tour à tour. *Nous conduirons alternativement,* en nous relayant.

altesse **n. f.** ✦ Titre donné aux princes et aux princesses.

altier, altière **adj.** ✦ Fier. → **hautain.** *Une attitude altière.*

altitude **n. f.** ✦ Hauteur mesurée à partir du niveau de la mer. *L'Everest a 8 848 mètres d'altitude. Mexico est en altitude,* à une altitude élevée. — *L'avion prend de l'altitude,* il s'élève.

alto **n. m.** ✦ Violon au son grave. *L'alto est légèrement plus grand que le violon.*

altruiste **n. m.** et **f.** ✦ Personne qui se soucie des autres. ❏ contr. **égoïste.**

aluminium [alyminjɔm] **n. m.** ✦ Métal léger de couleur gris clair. *Il met les restes de viande dans du papier d'aluminium.*

alunir **v.** (conjug. 2) ✦ Se poser sur la Lune. *Les cosmonautes ont aluni.*
➤ **alunissage** **n. m.** ✦ Action de se poser sur la Lune. *Ce sont les Américains qui ont effectué le premier alunissage.*
▷ Mots de la famille de LUNE.

alvéole **n. f.** ✦ Petite cavité en cire que font les abeilles dans la ruche pour y déposer leurs œufs et leur miel.

alvéole

amabilité **n. f.** ✦ Qualité de ceux qui sont aimables, qui cherchent à faire plaisir. → **gentillesse.** — *Ils se sont dit des amabilités,* des paroles aimables.

amadouer **v.** (conjug. 1) ✦ *Amadouer quelqu'un,* c'est l'amener à faire ce que l'on veut en lui disant des paroles gentilles ou en lui donnant des choses qui lui font plaisir. *Il a réussi à l'amadouer.*

amaigri, amaigrie **adj.** ✦ Devenu maigre. *Il a le visage amaigri.*
➤ **amaigrissant, amaigrissante** **adj.** ✦ Qui fait maigrir. *Il suit un régime amaigrissant.*

➤ **amaigrissement** n. m. ✦ *Une cure d'amaigrissement,* où l'on maigrit.
▷ Mots de la famille de MAIGRE.

amalgame n. m. ✦ Mélange de choses qui ne vont pas ensemble. *Un affreux amalgame de couleurs.*
➤ **s'amalgamer** v. (conjug. 1) ✦ Se mélanger. *La farine et l'eau s'amalgament facilement.*

amande n. f. ✦ Fruit ovale à coquille dont on mange la graine qui est à l'intérieur. — *Des yeux en amande,* de forme allongée. ❍ homonyme : amende.
➤ **amandier** n. m. ✦ Arbre dont le fruit est l'amande.

amanite n. f. ✦ Champignon dont certaines espèces sont vénéneuses. ➸ planche Champignons p. 155.

amant n. m. ✦ *Elle a un amant,* elle a des relations sexuelles avec un homme qui n'est pas son mari. → aussi **maîtresse.**

amarrer v. (conjug. 1) ✦ *Amarrer un bateau,* l'attacher avec des amarres.
➤ **amarre** n. f. ✦ Câble ou cordage servant à attacher un bateau à un point fixe. *Le paquebot a largué les amarres.*

amasser v. (conjug. 1) ✦ Entasser peu à peu. *L'avare a amassé des pièces d'or.* → **accumuler.**
➤ **amas** [ama] n. m. ✦ Tas qui s'est formé petit à petit. *Il y a un amas de poussière sous le lit.* → **monceau.**
▷ Mots de la famille de ① MASSE.

amateur n. m., **amatrice** n. f. **1.** Personne qui aime beaucoup une chose. *Son père est un amateur de peinture.* **2.** Athlète qui pratique un sport pour son plaisir sans que ce soit son métier. ❑ contr. **professionnel.** — **Adj.** *Un cycliste amateur.*

ambassade n. f. ✦ Bâtiment où travaillent l'ambassadeur et ses services. *Il est allé demander un visa à l'ambassade.*
➤ **ambassadeur** n. m., **ambassadrice** n. f. ✦ Personne dont le métier est de représenter son pays dans un pays étranger. *Il est ambassadeur de France à Rome.* → aussi **consul, diplomate.**

ambiant, ambiante adj. ✦ *La température ambiante,* celle de l'endroit où l'on est.
➤ **ambiance** n. f. ✦ Atmosphère agréable ou désagréable qu'il y a dans un endroit. *À la fête de l'école, l'ambiance était très gaie.* — *Il y a de l'ambiance ici,* cette réunion est très animée.

ambigu, ambiguë [ɑ̃bigy] adj. ✦ Qui peut être compris de plusieurs façons. *Il a fait une réponse ambiguë.* → **équivoque.** ❑ contr. **clair.**
● Attention au tréma du *ë* au féminin.
➤ **ambiguïté** [ɑ̃bigɥite] n. f. ✦ Manque de clarté, de netteté. *L'ambiguïté de sa réponse. Il a répondu sans ambiguïté,* clairement, sans équivoque.
● Attention au tréma sur le deuxième *ï*.

ambitieux [ɑ̃bisjø], **ambitieuse** [ɑ̃bisjøz] adj. **1.** *Une personne ambitieuse,* c'est une personne qui veut devenir quelqu'un d'important. → aussi **ambition.** — **N.** *Les ambitieux travaillent beaucoup.* **2.** *Un projet ambitieux,* c'est un projet difficile à réaliser car il dépasse les possibilités que l'on a.

ambition n. f. **1.** Désir de réussite. *Elle a de l'ambition.* → aussi **ambitieux.** **2.** Souhait, désir profond. → ① **objectif.** *Son ambition est de s'installer à la campagne.*

ambre n. m. **1.** *L'ambre jaune,* c'est de la résine d'arbres de l'époque préhistorique qui est devenue dure et transparente. *On fait des bijoux avec de l'ambre.* **2.** *L'ambre gris,* c'est une matière qui provient de l'intestin des cachalots et qui sent très bon.
● *Ambre* est un nom masculin.

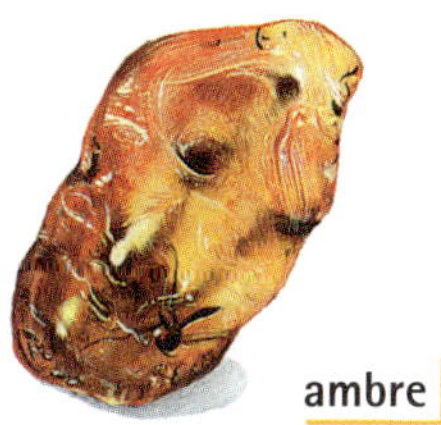

ambulance **n. f.** ✦ Voiture aménagée pour transporter les malades et les blessés. *L'ambulance a son gyrophare allumé.*

➤ **ambulancier** **n. m.**, **ambulancière** **n. f.** ✦ Personne qui conduit une ambulance. *L'ambulancier a mis la sirène de l'ambulance.*

ambulant, ambulante **adj.** ✦ Qui se déplace d'un endroit à un autre pour son travail. *Un marchand ambulant. Les musiciens et les comédiens ambulants jouent dans les rues.*

âme **n. f.** ✦ Partie de l'être humain qui pense et qui éprouve des sentiments, par opposition au corps. *Lorsque l'on croit en Dieu, on considère que l'âme est immortelle. — Rendre l'âme,* c'est mourir. *Il lui est dévoué corps et âme* [kɔʀzeɑm], entièrement. *Elle a pris cette décision en son âme et conscience,* en toute honnêteté.

améliorer **v.** (conjug. 1) ✦ Changer quelque chose en mieux. *Il a amélioré son score,* il l'a rendu meilleur. — **s'améliorer,** devenir meilleur. *Le temps ne s'améliore pas.* ❑ contr. se **gâter.**

➤ **amélioration** **n. f.** ✦ Progrès. ❑ contr. **aggravation.** *Le médecin a constaté une amélioration de l'état du malade,* il a constaté que le malade allait mieux.

aménager **v.** (conjug. 3) ✦ Arranger, installer. → **agencer.** *On a aménagé le grenier en chambre d'amis.*

➤ **aménagement** **n. m.** ✦ Modification, transformation. *Elle a fait des aménagements dans la maison.*

amende **n. f.** ✦ Somme d'argent que l'on paye lorsque l'on n'a pas observé la loi. *Il a eu une amende parce qu'il roulait trop vite.* → **contravention.** ❍ homonyme : amande.

amener **v.** (conjug. 5) **1.** Faire venir quelqu'un avec soi. *Il est venu dîner hier soir et il a amené son frère.* **2.** Transporter. *Un canal d'irrigation amène l'eau dans les champs.* **3.** Entraîner. *Le vent amène la pluie. Cela risque de t'amener des ennuis.* → **attirer.** **4.** *Être amené à faire quelque chose,* y être forcé. *Je vais être amenée à vous punir.*

⊳ Mot de la famille de MENER.

s'amenuiser **v.** (conjug. 1) ✦ Devenir plus petit. *Ses chances de survivre s'amenuisent d'heure en heure.* → **diminuer.**

⊳ Mot de la famille de ① MENU.

amer [amɛʀ], **amère** [amɛʀ] **adj.** **1.** Qui a un goût spécial que certains trouvent désagréable. *L'écorce de citron, les endives sont amères.* **2.** Pénible, douloureux. *Cet échec fut pour elle une amère déception.*

➤ **amèrement** **adv.** ✦ Avec tristesse, amertume. *Elle regrette amèrement d'être venue.*

⊳ Autre mot de la famille : AMERTUME.

amerrir **v.** (conjug. 2) ✦ Se poser à la surface de l'eau. *L'hydravion a amerri dans l'océan Indien.*

➤ **amerrissage** **n. m.** ✦ Action d'amerrir. *L'hydravion a réussi son amerrissage,* il a réussi à se poser à la surface de l'eau.

⊳ Mots de la famille de MER.

amertume **n. f.** **1.** Goût amer. *L'amertume des endives.* **2.** Tristesse causée par la déception. *Elle pense avec amertume à son échec.*

⊳ Mot de la famille de AMER.

améthyste **n. f.** ✦ Pierre précieuse de couleur violette. ➻ planche Minéraux p. 655.

● Attention au *th* et au *y*.

ameublement **n. m.** ✦ L'ensemble des meubles et de la décoration d'un logement. *Leur ameublement est très moderne.* → aussi **mobilier.**

⊳ Mot de la famille de ② MEUBLE.

ameuter **v.** (conjug. 1) ✦ Provoquer un attroupement. *Ses cris ont ameuté les passants.*

⊳ Mot de la famille de MEUTE.

ami **n. m.**, **amie** **n. f.** ✦ Personne que l'on aime bien voir, pour qui on a de la sympathie. *Louise est la meilleure amie de Julie.* → aussi **camarade, copain.** *Ce sont des amis d'enfance.* ❑ contr. **ennemi, rival.**

⊳ Autres mots de la famille : AMICAL, AMICALEMENT, AMITIÉ.

à l'**amiable** **adv.** ✦ Sans se faire de procès. *Ils ont fait un arrangement à l'amiable,* ils se sont entendus directement.

amiante **n. m.** ✦ Matière brillante qui ne prend pas feu. *La poussière d'amiante est très dangereuse pour la santé.*

amibe **n. f.** ✦ Animal microscopique qui vit dans l'eau et qui est formé d'une seule cellule. *Certaines amibes sont des parasites de l'intestin de l'homme.*

amical, amicale adj. ✦ Qui exprime de l'amitié. *Il m'a envoyé une lettre très amicale,* pleine d'amitié. ❑ contr. **haineux, hostile.** — Au masc. pl. *amicaux.*

➤ **amicalement** adv. ✦ Avec amitié. *Il nous a répondu très amicalement.*

▷ Mots de la famille de AMI.

amidon n. m. ✦ Matière que l'on trouve dans les plantes sous forme de très petits grains qui donnent une sorte de colle quand on les écrase dans l'eau chaude. *Le blé, le riz, la pomme de terre contiennent de l'amidon.*

amincir v. (conjug. 2) ✦ Faire paraître plus mince. *Cette robe noire l'amincit.* ❑ contr. **grossir.**

➤ **amincissant, amincissante** adj. **1.** Qui fait paraître plus mince. *Elle a une robe amincissante.* **2.** Qui fait maigrir. *Il suit un régime amincissant.* → **amaigrissant.**

▷ Mots de la famille de MINCE.

amiral n. m. (pl. **amiraux**) ✦ Officier du plus haut grade dans la marine nationale.

● Ce mot vient de l'arabe *âmir* qui veut dire « chef », comme *émir.*

amiral

amitié [amitje] n. f. ✦ Sentiment que l'on a pour quelqu'un que l'on aime beaucoup. → aussi **affection.** *Louise a de l'amitié pour Théo.*

▷ Mot de la famille de AMI.

amnésie n. f. ✦ Diminution ou perte de la mémoire. *Depuis son accident, elle souffre d'amnésie.*

➤ **amnésique** adj. ✦ Qui a perdu la mémoire. *Depuis son accident, elle est amnésique.*

amnistie n. f. ✦ Suppression de certaines peines de prison et de certaines amendes pour ceux qui y étaient condamnés. *Le président de la République a décrété une amnistie.*

amoindrir v. (conjug. 2) ✦ Diminuer la force de quelqu'un. *La maladie l'a beaucoup amoindri.*

▷ Mot de la famille de MOINDRE.

s'**amollir** v. (conjug. 2) ✦ Devenir mou. *Le beurre s'amollit sous l'effet de la chaleur.* → **ramollir.** ❑ contr. **durcir.**

▷ Mot de la famille de ① MOU.

s'**amonceler** v. (conjug. 4) ✦ Former un tas. *Les livres s'amoncellent sur la table.* → s'**accumuler,** s'**amasser,** s'**entasser.**

➤ **amoncellement** n. m. ✦ Accumulation, entassement. *Un amoncellement de nuages dans le ciel.*

▷ Mots de la famille de MONT.

amont n. m. ✦ *L'amont,* la partie d'un cours d'eau qui est comprise entre l'endroit où l'on est et la source. ❑ contr. **aval.** *Tours est en amont d'Angers, sur la Loire,* plus près de la source de la Loire.

▷ Mot de la famille de MONT.

amorcer v. (conjug. 3) **1.** Mettre un appât. *Pour attirer le poisson, le pêcheur amorce avec un asticot,* il utilise un asticot comme appât. → **appâter.** **2.** *Amorcer une bombe,* mettre dedans un système qui déclenchera l'explosion. ❑ contr. **désamorcer.** **3.** Commencer à faire quelque chose. *La voiture amorce son virage,* elle commence à le prendre.

➤ **amorce** n. f. **1.** Ce que l'on jette dans l'eau pour attirer le poisson. → **appât.** *Le pêcheur utilise des asticots comme amorce.* **2.** Dispositif qui déclenche une explosion. *Le soldat place une amorce sur la grenade.* **3.** Petite rondelle de papier qui contient de la poudre et qui explose. *Un pistolet à amorces.* **4.** Commencement, début. *La rencontre des deux chefs d'État est l'amorce d'un rapprochement entre les pays.*

▷ Autre mot de la famille : DÉSAMORCER.

amorphe adj. ✦ Sans énergie, sans réaction. → **indolent,** ① **mou.** ❑ contr. **dynamique, énergique.**

amortir v. (conjug. 2) ✦ Rendre moins violent, moins fort. → **atténuer.** *La moquette amortit le bruit des pas.*

➤ **amortisseur** n. m. ✦ Système qui permet de diminuer les secousses dans une voiture. → aussi ① **suspension.**

amphithéatre

amour n. m. 1. Sentiment très fort que l'on éprouve pour une personne que l'on a beaucoup de plaisir à voir et par qui on est attiré. *Il éprouve de l'amour pour elle,* il est amoureux d'elle, il l'aime. — *Faire l'amour,* c'est avoir des relations sexuelles avec quelqu'un. — *Vivre d'amour et d'eau fraîche,* en se contentant des sentiments, sans se soucier de gagner de l'argent. 2. Sentiment d'affection, de tendresse entre les personnes d'une même famille. *L'amour maternel,* ce qu'éprouve une mère pour ses enfants. 3. Goût, attachement très fort que l'on a pour quelque chose. *Elle s'occupe de son jardin avec amour,* avec soin.

➤ **amoureusement** adv. ✦ Avec amour. *Les deux fiancés se regardent amoureusement.* → **tendrement.** — *Elle soigne amoureusement ses fleurs,* avec un soin particulier.

➤ **amoureux** adj. et n. m., **amoureuse** adj. et n. f.

■ adj. *Être amoureux d'une personne,* c'est l'aimer. *Théo est amoureux de Léa.*

■ n. 1. *Des amoureux,* des gens qui s'aiment. *Les amoureux s'embrassent.* 2. *Les amoureux de la nature,* ceux qui ont un goût profond pour elle.

➤ **amour-propre** n. m. ✦ Sentiment très vif que l'on a de sa dignité et de sa valeur. → **fierté.** *Elle refuse qu'on l'aide par amour-propre.* — Au pl. *Des amours-propres.* ▷ Mot de la famille de ② PROPRE.

amovible adj. ✦ Que l'on peut enlever et remettre facilement. *Une capuche amovible.*
▷ Autre mot de la famille : INAMOVIBLE.

amphibie adj. 1. *Un véhicule amphibie* peut aller sur terre et dans l'eau. 2. *Un animal amphibie* peut vivre dans l'air et dans l'eau.

➤ **amphibien** n. m. ✦ Animal amphibie. *Les grenouilles et les crapauds sont des amphibiens.*

amphithéâtre n. m. 1. Grand théâtre à gradins en forme de cercle, sans toit, que construisaient les Romains et les Grecs. 2. Salle de cours en gradins, à l'université. — On dit familièrement *un amphi.*
▷ Mot de la famille de THÉÂTRE.

amphore n. f. ✦ Vase en terre cuite à deux anses que l'on utilisait dans l'Antiquité pour conserver les liquides ou les graines.

amphore

ample adj. ✦ Large. *Elle met toujours des vêtements amples.* ❑ contr. **ajusté, serré, collant.**

➤ **amplement** adv. ✦ D'une manière plus que suffisante. *100 euros pour ce voyage, c'est amplement suffisant,* cela suffit largement.

➤ **ampleur** n. f. 1. *Donner de l'ampleur à un vêtement,* l'élargir. 2. Importance. *Les pompiers ont constaté l'ampleur des dégâts.*

➤ **amplifier** v. (conjug. 7) ✦ *Amplifier un son,* le rendre plus fort. ❑ contr. **atténuer.** — **s'amplifier,** devenir plus important. → **augmenter.** *Plus on s'approche de la fête, plus le bruit s'amplifie.*

➤ **amplificateur** n. m. ✦ Appareil qui sert à rendre un son plus fort. *Il a mis un amplificateur à sa guitare.*
● On dit familièrement *un ampli.*

ampoule n. f. 1. Petite boule de verre qui sert à éclairer. *L'ampoule est grillée, il faut la changer.* 2. Petit tube de verre rempli d'un médicament liquide. *Une ampoule de fortifiant.* 3. Petite poche de liquide qui se forme sous la peau. → **cloque.** *J'ai une ampoule au pied.*

amputer v. (conjug. 1) ✦ *Amputer quelqu'un,* c'est lui couper un membre. *On l'a amputé d'un bras.*

➤ **amputation** n. f. ✦ Opération qui consiste à couper un membre.

amulette n. f. ✦ Petit objet que l'on porte sur soi comme porte-bonheur. → **fétiche, talisman.**

amuser v. (conjug. 1) ✦ Distraire d'une manière agréable. *Est-ce que cela t'amuserait d'aller au zoo ?* ❑ contr. **ennuyer.** — **s'amuser,** c'est se distraire, jouer. *Alex s'amuse avec le chien. Julie et Louise se sont amusées à se déguiser.*

➤ **amusant, amusante** adj. ✦ Drôle, plaisant, réjouissant. → fam. **marrant.** *Il raconte des histoires amusantes.* ❑ contr. **ennuyeux.**

➤ **amusement** n. m. ✦ Distraction. *Son plus grand amusement est de jouer aux cartes.*

➤ **amuse-gueule** n. m. inv. ✦ Petit sandwich, biscuit salé que l'on mange pour l'apéritif. — Au pl. *Des amuse-gueule.* ⊳ Mot de la famille de GUEULE.

amygdale [amidal] n. f. ✦ *Les amygdales,* ce sont les organes en forme de petites boules situés au fond de la gorge. *Quand les amygdales s'infectent, elles empêchent d'avaler et de respirer. Paul s'est fait opérer des amygdales.*

● Il y a un *y* après le *m* et un *g* qui ne se prononce pas.

ampoule

an n. m. ✦ Période de douze mois. → **année.** *Ils sont mariés depuis dix ans. Julie a huit ans. — Le premier de l'an, on se souhaite une bonne année,* le 1er janvier, appelé aussi *le jour de l'an.* ❍ homonymes : ① et ② en.

⊳ Autres mots de la famille : ANNALES, ANNÉE, ANNÉE-LUMIÈRE, ANNIVERSAIRE, ANNUEL, ANNUELLEMENT, D'ANTAN, SURANNÉ.

anachronisme [anakʀɔnism] n. m. ✦ Erreur qui consiste à montrer une chose à une époque où elle n'existe pas. *Une montre au poignet d'un Gaulois, c'est un anachronisme.*

➤ **anachronique** [anakʀɔnik] adj. ✦ Qui est d'une autre époque que celle dont il est question. *Un avion piloté par Jeanne d'Arc, ce serait anachronique.*

anaconda n. m. ✦ Grand boa d'Amérique du Sud qui vit en partie dans l'eau. *Des anacondas.*

anaconda

anagramme n. f. ✦ Mot que l'on obtient en changeant l'ordre des lettres d'un autre mot. *« Marie » est l'anagramme de « aimer ».*

● *Anagramme* est un nom féminin : on dit *une anagramme.*

analogie n. f. ✦ Ressemblance, point commun entre deux choses. *Il y a une analogie entre l'âne et le cheval.*

➤ **analogue** adj. ✦ Semblable, comparable. *Ces deux livres racontent une histoire analogue.* ❑ contr. **différent.**

analphabète n. m. et f. ✦ Personne adulte qui ne sait ni lire ni écrire. → aussi **illettré.**

➤ **analphabétisme** n. m. ✦ Le fait de ne savoir ni lire ni écrire. *La lutte contre l'analphabétisme.*

⊳ Mots de la famille de ALPHABET.

analyse n. f. ✦ Recherche des différentes parties qui forment une chose. *Une analyse de sang. — L'analyse d'une phrase,* son découpage en propositions ou en groupes de mots.

➤ **analyser** **v.** (conjug. 1) ✦ Faire une analyse. *Ils ont analysé l'eau du lac.*

▷ Autres mots de la famille : PSYCHANALYSE, PSYCHANALYSER, PSYCHANALYSTE.

ananas [anana] **n. m.** ✦ Gros fruit à pulpe jaune, sucrée et parfumée, qui pousse dans les pays chauds.

ananas

anarchie **n. f.** ✦ Désordre dû à l'absence d'autorité. *Après la guerre, l'anarchie régnait dans le pays.* ❑ contr. **ordre.**

➤ **anarchiste** **n. m. et f.** ✦ Partisan d'un système politique où il n'y a plus de gouvernement et où les individus s'organisent eux-mêmes pour prendre les décisions.

anatomie **n. f.** ✦ Science qui étudie le corps des êtres vivants. *Les étudiants en médecine apprennent l'anatomie humaine.*

ancêtre **n. m. et f.** **1.** *Les ancêtres de quelqu'un,* ce sont les personnes de sa famille qui vivaient il y a longtemps, avant ses grands-parents. → **aïeul.** **2.** *Nos ancêtres,* ce sont les hommes et les femmes qui ont vécu longtemps avant nous.

➤ **ancestral, ancestrale** **adj.** ✦ Très ancien, qui vient des ancêtres. *C'est une coutume ancestrale.* — Au masc. pl. *ancestraux.*

anchois **n. m.** ✦ Petit poisson que l'on pêche dans la mer Méditerranée. *Des filets d'anchois à l'huile.*

ancien, ancienne **adj.** **1.** Qui existe depuis longtemps. → **vieux.** *Ils ont des meubles anciens.* ❑ contr. **moderne,** ② **neuf, récent.** **2.** *Notre voisine est plus ancienne que nous dans l'immeuble,* elle y habite depuis plus longtemps. **3.** *Les anciens élèves du lycée se réunissent une fois par an,* ceux qui étaient autrefois élèves dans ce lycée. — *Son ancienne voiture était rouge,* celle qu'il avait avant. ❑ contr. **nouveau.**

➤ **anciennement** **adv.** ✦ Autrefois. *La France s'appelait anciennement la Gaule.*

➤ **ancienneté** **n. f.** ✦ *Temps passé dans un emploi. Elle a dix ans d'ancienneté dans l'enseignement,* cela fait dix ans qu'elle travaille comme professeur.

ancre **n. f.** ✦ Lourde pièce d'acier suspendue à une chaîne que l'on jette au fond de l'eau pour qu'elle s'y fixe et retienne le bateau. *Le navire a jeté l'ancre dans le port. Les marins lèvent l'ancre.* ○ homonyme : encre.

andouille **n. f.** ✦ Charcuterie faite d'un boyau de porc rempli de tripes.

➤ **andouillette** **n. f.** ✦ Petite andouille que l'on mange grillée.

andouiller **n. m.** ✦ Ramification des bois du cerf, du daim et du chevreuil. → **ramure.** *Le nombre d'andouillers permet de connaître l'âge des animaux.*

androïde [ɑ̃dʀɔid] **n. m.** ✦ Robot ayant une apparence humaine. *Les androïdes, personnages des romans de science-fiction.*

âne **n. m.** **1.** Animal qui ressemble à un petit cheval, avec de longues oreilles et un poil gris ou brun. *L'âne brait.* — *Être têtu comme un âne,* très têtu. *Faire l'âne pour avoir du son,* faire l'ignorant pour obtenir un renseignement. **2.** Personne sotte et ignorante. *Tu n'es qu'un âne !*

▷ Autres mots de la famille : ÂNERIE, ÂNESSE, ÂNON, DOS-D'ÂNE.

anéantir **v.** (conjug. 2) **1.** Détruire complètement. → **annihiler.** *La ville a été anéantie par un tremblement de terre.* **2.** Abattre, accabler. *La douleur nous a anéantis.*

➤ **anéantissement** **n. m.** ✦ Destruction complète. *L'anéantissement d'une ville.*

▷ Mots de la famille de NÉANT.

anecdote **n. f.** ✦ Petite histoire curieuse ou amusante, sans importance. *Ce livre est plein d'anecdotes amusantes.*

➤ **anecdotique** **adj.** ✦ Sans grande importance. *Le récit de son voyage est anecdotique,* il ne raconte que de petites histoires et ne fait pas de descriptions importantes.

anémie **n. f.** ✦ Manque de globules rouges dans le sang, qui affaiblit le malade.

➤ **anémier** **v.** (conjug. 7) ✦ Provoquer l'anémie. *Ce régime sévère l'a beaucoup anémiée.*

➤ **anémique** **adj.** ✦ Qui souffre d'anémie. *Un malade anémique.*

anémone

anémone **n. f.** **1.** Plante à fleurs rouges, roses, violettes ou blanches avec un cœur noir. **2.** *Une anémone de mer,* c'est un animal marin sans squelette, aux nombreux tentacules, qui vit fixé aux rochers.

ânerie **n. f.** ✦ Bêtise. *Tu dis des âneries.* → **sottise.**

▷ Mot de la famille de ÂNE.

ânesse **n. f.** ✦ Femelle de l'âne. *L'ânesse et son ânon.*

▷ Mot de la famille de ÂNE.

anesthésie **n. f.** ✦ *L'anesthésie* consiste à faire prendre certains médicaments à quelqu'un qu'on va opérer pour le rendre insensible à la douleur. *Avant d'arracher une dent, le dentiste fait une anesthésie locale,* il insensibilise la dent. *Avant d'opérer un malade, on lui fait une anesthésie générale,* on l'endort complètement.

➤ **anesthésier** **v.** (conjug. 7) ✦ *Anesthésier quelqu'un,* c'est l'endormir pour qu'il ne sente pas la douleur. → **insensibiliser.**

➤ **anesthésiste** **n. m. et f.** ✦ Médecin qui fait les anesthésies.

aneth [anɛt] **n. m.** ✦ Plante aromatique, qui ressemble au fenouil, utilisée pour parfumer certains plats. *Du saumon mariné à l'aneth.*

anfractuosité **n. f.** ✦ Creux profond et irrégulier de la roche. → **cavité, creux.**

ange **n. m.** **1.** Dans certaines religions, être qui sert d'intermédiaire entre Dieu et les hommes. *Les anges sont souvent représentés avec des ailes. — Il a une patience d'ange,* une très grande patience. *Dès qu'elle voit son père, elle est aux anges,* très heureuse. **2.** Personne très gentille. *Sois un ange, aide-moi à ouvrir la porte.*

angélique **adj.** ✦ Digne d'un ange. *Une patience angélique.*

angine **n. f.** ✦ Maladie de la gorge.

ange (Fra Angelico)

angle **n. m.** **1.** Figure formée par deux droites qui se coupent. *Les angles se mesurent en degrés.* ➻ planche Géométrie p. 458. **2.** Coin. *L'école est à l'angle de la rue Thiers et de la*

rue Férou. 3. Aspect. *Je n'avais pas envisagé la chose sous cet angle,* de cette façon.
▷ Autres mots de la famille : RECTANGLE, TRIANGLE.

angoisse **n. f.** ✦ Très grande inquiétude. → **anxiété, peur.** *Cette attente est insupportable, quelle angoisse !*
➤ **angoissant, angoissante** **adj.** ✦ Qui fait peur. → **inquiétant.** *C'est angoissant de traverser une forêt la nuit.*
➤ **angoissé, angoissée** **adj.** ✦ Inquiet, anxieux. *Léa est angoissée quand elle est seule dans le noir.* ❑ contr. **tranquille.**

angora **adj.** ✦ Qui a des poils longs et très doux. *Des chats, des lapins, des chèvres angoras. Paul a une chatte angora.*

anguille **n. f.** ✦ Poisson d'eau douce qui a une forme très allongée comme un serpent et la peau glissante. ➽ planche Poissons p. 795. — *Il y a anguille sous roche,* il y a quelque chose de caché, la chose n'est pas claire.

anguleux, anguleuse **adj.** ✦ *Un visage anguleux* est maigre et osseux.

anicroche **n. f.** ✦ Petite difficulté. *Tout s'est passé sans anicroche.*

animal **n. m.** (pl. **animaux**) 1. Être vivant capable de se déplacer seul. *L'homme, le lion et la mouche sont des animaux. Les animaux et les végétaux.* 2. Être vivant qui n'est ni une plante ni un être humain. → ① **bête.** *Le chien est un animal domestique, le lion un animal sauvage.* — **Adj.** *Il y a plus d'un million d'espèces animales,* d'espèces de bêtes. → aussi **faune.**
➤ **animalerie** **n. f.** ✦ Magasin qui vend de petits animaux de compagnie et des articles qui les concernent.
➤ **animalier, animalière** **adj.** 1. *Un parc animalier,* où les animaux vivent en liberté. 2. *Un peintre animalier,* qui peint des animaux.

animer **v.** (conjug. 1) 1. Donner un mouvement à une chose qui semble alors vivante. *On anime la marionnette en bougeant les fils.* 2. Diriger une discussion ou un spectacle. *Un journaliste anime le débat télévisé.* 3. Pousser à agir. *L'assassin était animé par la haine.* 4. **s'animer,** devenir vivant. *La rue s'anime les jours de marché.*
➤ **animateur** **n. m.,** **animatrice** **n. f.** 1. Personne qui présente un spectacle, une émission. *Un animateur de télévision.* 2. Personne qui organise des activités pour un groupe. *Les animateurs d'un club de vacances.*
➤ **animation** **n. f.** 1. Vie, mouvement. *Il y a beaucoup d'animation dans le quartier. Ils discutent avec animation.* → **passion, vivacité.** 2. Organisation d'activités collectives. *L'animation d'un club de vacances.* 3. *Le cinéma d'animation,* les dessins animés. *Un film d'animation.*
➤ **animé, animée** **adj.** 1. *Les êtres animés,* les êtres vivants. *Les plantes sont des êtres animés.* 2. Plein de vie, de mouvement. *Tout le monde parlait, la discussion était très animée.* 3. *Dessin animé.* → **dessin.**
▷ Autres mots de la famille : INANIMÉ, RANIMER, RÉANIMATION.

animosité **n. f.** ✦ Sentiment qui pousse à nuire à quelqu'un, à lui faire du tort. *Il a prononcé des paroles pleines d'animosité.* → **malveillance.**

anis [ani] ou [anis] **n. m.** ✦ Plante dont on utilise les graines pour parfumer des bonbons, des boissons et certains gâteaux.

anis

ankylosé, ankylosée **adj.** ✦ *Être ankylosé,* c'est avoir du mal à bouger parce qu'on est resté trop longtemps immobile. → **raide.** *Elle était complètement ankylosée.*

annales **n. f. pl.** ✦ Histoire des événements de toute une période. *Ce match de tennis restera dans les annales.*
▷ Mot de la famille de AN.

anneau **n. m.** 1. Cercle de bois ou de métal qui sert à retenir. *Des anneaux de rideau.* 2. Petit cercle de métal ou de pierre précieuse que l'on porte au doigt. → **bague.** *Un anneau de jade.* → aussi **alliance.** 3. Chacun des cercles qui forment le corps de certains animaux. *Le ver de terre avance en dépliant ses anneaux.*

année **n. f.** 1. Période de douze mois qui commence le 1er janvier et finit le 31 décembre. → **an.** *Bonne année !* **2.** Période de douze mois qui se succèdent à partir de n'importe quelle date. *Il a vécu quelques années à l'étranger.* **3.** *L'année scolaire,* c'est la période qui va de la rentrée aux grandes vacances.

➤ **année-lumière** **n. f.** ✦ Distance que la lumière parcourt en une année. *Une année-lumière correspond à environ 9 461 milliards de kilomètres.* — Au pl. *Des années-lumière.* ▷ Mot de la famille de LUMIÈRE.

▷ Mots de la famille de AN.

annexe **n. f.** ✦ Bâtiment supplémentaire construit à côté du bâtiment principal. *L'hôtel était plein, ils ont dormi à l'annexe.* — **Adj.** *Voici un peu d'argent pour les dépenses annexes,* qui vont s'ajouter aux dépenses principales.

➤ **annexer** **v.** (conjug. 1) ✦ Faire passer sous son autorité. *La France a annexé la Savoie en 1860.*

➤ **annexion** **n. f.** ✦ Rattachement. *Depuis son annexion, la Savoie fait partie de la France.*

annihiler [aniile] **v.** (conjug. 1) ✦ Réduire à rien. → **anéantir, détruire.** *Un événement inattendu a annihilé tous nos efforts.*

● Ce mot s'écrit avec deux *n* et un *h* entre les deux *i*.

anniversaire **n. m.** **1.** Jour où l'on fête un événement qui s'est produit le même jour d'une autre année. *Ils célèbrent leur cinquantième anniversaire de mariage.* **2.** *L'anniversaire d'une personne,* le jour où l'on fête sa naissance. *Demain, c'est mon anniversaire.*

▷ Mot de la famille de AN.

annoncer **v.** (conjug. 3) **1.** Informer de, faire savoir. *Il m'a annoncé son arrivée.* **2.** Être le signe de quelque chose qui va arriver. *Les hirondelles annoncent le printemps.* — ***S'annoncer*** *bien, mal,* commencer bien, mal. *Ce voyage s'annonce bien.*

➤ **annonce** **n. f.** **1.** Nouvelle. *Ils ont applaudi à l'annonce de son succès.* **2.** Texte que l'on fait publier dans un journal pour demander ou offrir quelque chose. *Il a passé une annonce pour vendre sa voiture.*

➤ **annonciateur, annonciatrice** **adj.** ✦ Qui annonce un événement. *Les signes annonciateurs du printemps.* → **précurseur.**

▷ Autre mot de la famille : BANDE-ANNONCE.

annoter **v.** (conjug. 1) ✦ *Annoter un texte,* écrire des remarques en marge.

➤ **annotation** **n. f.** ✦ Remarque portée sur un texte. *Le professeur a mis des annotations sur les devoirs des élèves.*

▷ Mots de la famille de ② NOTE.

annuaire **n. m.** ✦ Livre publié tous les ans et qui contient des renseignements divers. *L'annuaire du téléphone.*

▷ Mot de la famille de AN.

annuel, annuelle **adj.** ✦ Qui a lieu tous les ans, revient chaque année. *Une fête annuelle.*

➤ **annuellement** **adv.** ✦ Chaque année.

▷ Mots de la famille de AN.

annulaire **n. m.** ✦ Quatrième doigt de la main à partir du pouce. *Il porte son alliance à l'annulaire de la main gauche.*

annuler **v.** (conjug. 1) **1.** Déclarer ou rendre nul. *On a annulé les élections.* **2.** Supprimer. *Ils ont annulé leur voyage.*

➤ **annulation** **n. f.** ✦ *La secrétaire note l'annulation du rendez-vous,* elle note que le rendez-vous est annulé.

▷ Mots de la famille de ② NUL.

anoblir **v.** (conjug. 2) ✦ Donner un titre de noblesse. *Le roi a anobli son écuyer.*

▷ Mot de la famille de NOBLE.

anodin, anodine **adj.** ✦ Sans danger ou sans importance. *Une blessure anodine.* ❑ contr. **grave.** *Une remarque anodine.* → **insignifiant.**

anomalie **n. f.** ✦ Chose anormale. → **bizarrerie.** *Le fonctionnement du moteur présente des anomalies.*

ânon **n. m.** ✦ Petit de l'âne et de l'ânesse.

▷ Mot de la famille de ÂNE.

ânonner **v.** (conjug. 1) ✦ Lire, parler ou réciter d'une manière hésitante. *Julie ânonne sa récitation.*

anonyme **adj.** **1.** Qui ne fait pas connaître son nom. *La personne est restée anonyme.* **2.** *Une lettre anonyme,* c'est une lettre qui n'est pas signée.

➤ **anonymat** **n. m.** ✦ *Le donateur veut garder l'anonymat,* il souhaite que l'on ne sache pas son nom. → aussi **incognito.**

anorak **n. m.** ✦ Veste imperméable et chaude, à capuchon. → **doudoune, parka.**

anormal, anormale **adj.** 1. Qui n'est pas normal, qui surprend ou inquiète. *Il y a un bruit anormal dans le moteur.* → **bizarre, inhabituel.** 2. *Un enfant anormal,* c'est un enfant dont le corps ou l'esprit ne sont pas comme ils devraient être, à son âge. → **arriéré.** ❏ contr. **normal.** — Au masc. pl. *anormaux.*

➤ **anormalement** **adv.** ✦ D'une manière anormale. *Il fait anormalement froid pour un mois de juin.* ❏ contr. **normalement.**

▷ Mots de la famille de NORME.

anse **n. f.** 1. Partie recourbée d'un ustensile qui permet de le saisir. *L'anse d'une tasse.* 2. Renfoncement du rivage, de forme arrondie. → ① **baie, crique.** *Le voilier a jeté l'ancre dans une anse.*

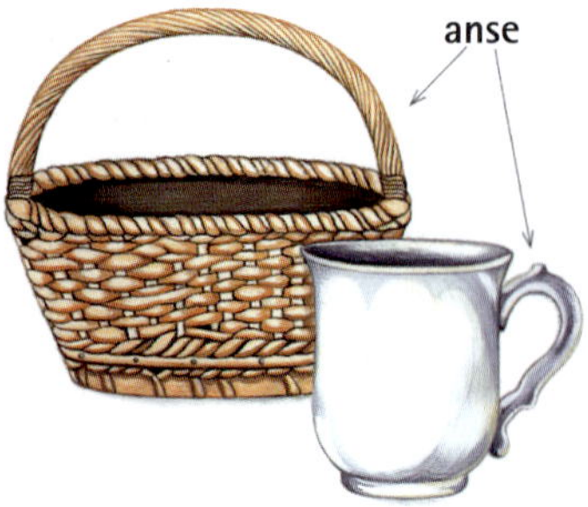

antagonisme **n. m.** ✦ Opposition qui existe entre des personnes ou des idées différentes. → **conflit, rivalité.**

➤ **antagoniste** **adj.** 1. Opposé, rival. *Les deux partis antagonistes s'affrontent.* — **N.** Adversaire. *On a séparé les antagonistes.* 2. *Les muscles antagonistes,* ceux qui ont une action opposée.

d'**antan** **adv.** ✦ D'autrefois, du passé. *Nos souvenirs d'antan.*

▷ Mot de la famille de AN.

antarctique **adj.** ✦ *La région antarctique,* située autour du pôle Sud. → **austral.**

▷ Mot de la famille de ARCTIQUE.

antécédent **n. m.** 1. Mot représenté par le pronom relatif qui le reprend. *Dans « Le train qui va à Lyon part à 5 heures », « train » est l'antécédent du pronom relatif « qui ».* 2. *Les antécédents d'un accusé,* ce sont ses actes passés, bons ou mauvais.

antenne **n. f.** 1. Longue tige très mobile que portent certains insectes et crustacés à l'avant de la tête. *Les antennes servent à toucher et à sentir.* 2. Dispositif servant à capter et à diffuser les ondes. *Une antenne de radio. Une antenne de télévision.*

antérieur, antérieure **adj.** 1. Qui s'est passé avant. *Cette invention est antérieure à l'année de ta naissance.* ❏ contr. **postérieur.** 2. *Les pattes antérieures du cheval,* ses pattes avant. ❏ contr. **postérieur.**

➤ **antérieurement** **adv.** ✦ À une époque antérieure, auparavant. *Le château est du seizième siècle, mais le donjon a été construit antérieurement.* → **avant, précédemment.**

anthologie **n. f.** ✦ Livre qui contient les plus beaux textes en prose ou les plus beaux poèmes écrits dans une langue.

● On dit aussi *morceaux choisis.*

anthracite **n. m.** ✦ Charbon qui brûle lentement en dégageant beaucoup de chaleur. — **Adj. inv.** Gris foncé. *Des pantalons anthracite.*

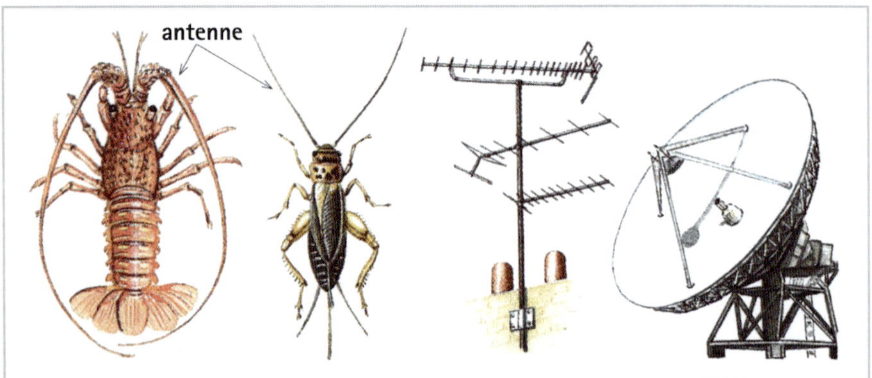

anthropologie [ɑ̃tʀɔpɔlɔʒi] **n. f.** ✦ Science qui étudie l'être humain.
➤ **anthropologue** **n. m. et f.** ✦ Spécialiste de l'anthropologie.

anthropophage **adj.** ✦ Qui mange de la chair humaine. *Une tribu anthropophage.* – **N.** *Un anthropophage, une anthropophage.*

antiatomique **adj.** ✦ Qui protège des radiations atomiques. *Un abri antiatomique.*
▷ Mot de la famille de ATOME.

antibiotique **n. m.** ✦ Médicament puissant qui lutte contre les infections. *La pénicilline est l'antibiotique le plus connu.*

antibrouillard **adj.** ✦ *Des phares antibrouillards,* qui éclairent dans le brouillard. – **N. m. pl.** *Des antibrouillards.*
▷ Mot de la famille de BROUILLER.

antibruit **adj. inv.** ✦ *Un mur antibruit,* qui sert à protéger du bruit. *On a construit un mur antibruit sur ce tronçon d'autoroute.* – Au pl. *Des murs antibruit.*
▷ Mot de la famille de BRUIT.

antichambre **n. f.** ✦ Pièce où l'on fait attendre les visiteurs, dans certains bureaux.
▷ Mot de la famille de CHAMBRE.

anticiper **v.** (conjug. 1) ✦ Faire comme si ce qui devait arriver s'était déjà produit. *Je sais que le film se termine bien, mais n'anticipons pas !*
➤ **anticipation** **n. f.** ✦ *Un film, un roman d'anticipation,* dont l'action se passe dans le futur. → **science-fiction.**

anticoagulant **n. m.** ✦ Médicament qui empêche le sang de coaguler trop vite.
▷ Mot de la famille de COAGULER.

anticonformiste **adj.** ✦ *Une personne anticonformiste,* qui s'oppose aux actions et aux idées habituelles. ❏ contr. **conformiste.**
▷ Mot de la famille de FORME.

anticorps **n. m.** ✦ Substance fabriquée par l'organisme pour se protéger contre un microbe, une infection. *Les anticorps immunisent contre les bactéries, les virus.*
▷ Mot de la famille de CORPS.

anticyclone **n. m.** ✦ Centre de hautes pressions atmosphériques, cause de beau temps. *L'anticyclone des Açores.*
▷ Mot de la famille de CYCLONE.

antidote **n. m.** ✦ Contrepoison. *Il a été piqué par une vipère, il faut lui administrer un antidote.*

antigel **n. m.** ✦ Produit qui empêche les liquides de geler. *Il a mis de l'antigel dans le radiateur de sa voiture.*
▷ Mot de la famille de ① GEL.

anti-inflammatoire **n. m.** ✦ Médicament qui combat l'inflammation.
▷ Mot de la famille de FLAMME.

antilope **n. f.** ✦ Animal d'Afrique aux cornes creuses et aux longues pattes fines et qui court très vite. *Un troupeau d'antilopes.* → aussi **gazelle.**

antilope

antimite **n. m.** ✦ Produit qui protège le linge, les vêtements contre les mites. *Il a mis de l'antimite dans tous les placards.*
▷ Mot de la famille de MITE.

antipathie **n. f.** ✦ Dégoût que l'on ressent pour une personne qui ne nous plaît pas. ❏ contr. **sympathie.** *Il a de l'antipathie pour elle.*
➤ **antipathique** **adj.** ✦ *Il la trouve très antipathique,* elle lui déplaît beaucoup. ❏ contr. **sympathique.**

antipersonnel **adj. inv.** ✦ *Des mines antipersonnel,* utilisées pour blesser ou tuer les personnes.
▷ Mot de la famille de ② PERSONNE.

antipodes **n. m. pl.** ✦ *La Nouvelle-Zélande est aux antipodes de la France,* elle est située exactement à l'opposé sur le globe terrestre. – *Son caractère est aux antipodes de celui de sa sœur,* il est très différent.

antipoison **adj.** ✦ *Un centre antipoison* est un centre où l'on soigne les gens qui ont avalé du poison.
▷ Mot de la famille de POISON.

antique **adj.** ✦ Qui appartient aux plus anciennes civilisations. *Les ruines antiques du Forum, à Rome.*
➤ **antiquaire** **n. m. et f.** ✦ Marchand de meubles et d'objets anciens.
➤ **antiquité** **n. f.** **1.** *L'Antiquité,* l'époque des civilisations les plus anciennes. **2.** *Une antiquité,* c'est un objet ancien qui a de la valeur. *Un marchand d'antiquités.* → **antiquaire.**

antiraciste **adj.** ✦ Qui est opposé au racisme. *Les députés ont voté une loi antiraciste,* contre le racisme. ❑ contr. **raciste.**
▷ Mot de la famille de RACE.

antisémite [ɑ̃tisemit] **n. m. et f.** ✦ Personne hostile aux Juifs. — **Adj.** *Des paroles antisémites,* ce sont des paroles racistes dites contre les Juifs.
➤ **antisémitisme** [ɑ̃tisemitism] **n. m.** ✦ Racisme contre les Juifs.

antiseptique [ɑ̃tisɛptik] **n. m.** ✦ Produit qui tue les microbes. → **désinfectant.** *L'alcool et l'éther sont des antiseptiques.*

antitabac **adj. inv.** ✦ Qui lutte contre l'usage du tabac. *Le gouvernement a mené plusieurs campagnes antitabac.*
▷ Mot de la famille de TABAC.

antitétanique **adj.** ✦ Qui protège du tétanos. *Un vaccin antitétanique.*
▷ Mot de la famille de TÉTANOS.

antituberculeux, antituberculeuse **adj.** ✦ Qui protège de la tuberculose. *Le médecin lui a fait un sérum antituberculeux.*
▷ Mot de la famille de TUBERCULEUX.

antivirus **n. m.** ✦ Logiciel capable de repérer et d'éliminer les virus informatiques. *Elle a équipé son ordinateur d'un antivirus.*
▷ Mot de la famille de VIRUS.

antivol **n. m.** ✦ Objet qui empêche que l'on vole un véhicule. *Il a accroché un antivol à son vélo.*
▷ Mot de la famille de ② VOLER.

antonyme **n. m.** ✦ Mot qui a un sens opposé à celui d'un autre mot. → **contraire.** *« Grand » et « petit » sont des antonymes.* ❑ contr. **synonyme.**

antre **n. m.** ✦ Caverne qui sert d'abri à une bête sauvage. *L'antre d'un ours.* ❍ homonyme : entre.

anus [anys] **n. m.** ✦ Petite ouverture entre les fesses, correspondant à la sortie de l'intestin.

anxiété **n. f.** ✦ Très grande inquiétude. → **angoisse.** *On les attendait dans l'anxiété ; allaient-ils revenir ?* ❑ contr. **calme, sérénité.**

anxieux, anxieuse **adj.** ✦ Très inquiet. → **angoissé.** *Alex est en retard, sa mère est anxieuse.*

aorte **n. f.** ✦ Artère qui part du cœur et donne naissance aux autres artères.

août [u] ou [ut] **n. m.** ✦ Huitième mois de l'année. *Ils prennent leurs vacances en août.*

apaiser **v.** (conjug. 1) ✦ Calmer. *Ce médicament apaise la douleur. Elle a apaisé son bébé qui pleurait en le berçant.* — **s'apaiser,** devenir calme. *La tempête s'est apaisée.*
➤ **apaisant, apaisante** **adj.** ✦ *Des paroles apaisantes,* qui calment, qui tranquillisent.
➤ **apaisement** **n. m.** ✦ Retour au calme.
▷ Mots de la famille de PAIX.

en **aparté** **adv.** ✦ Sans que personne n'entende, à part l'interlocuteur. *Il m'a parlé de ses projets en aparté.*
▷ Mot de la famille de PART.

apartheid [apaʀtɛd] **n. m.** ✦ Séparation des Noirs d'avec les Blancs (dans les écoles, les magasins, les transports) organisée par le gouvernement en Afrique du Sud. *L'apartheid a été supprimé en 1991.*

apathie [apati] **n. f.** ✦ Manque d'énergie, de dynamisme. → **indolence, mollesse.** ❑ contr. **dynamisme, énergie.**
➤ **apathique** **adj.** ✦ Qui manque d'énergie. → **indolent,** ① **mou.** ❑ contr. **vif.**

apatride **adj.** ✦ Qui n'a pas de patrie. *Des réfugiés apatrides.*
▷ Mot de la famille de PATRIE.

apercevoir **v.** (conjug. 28) **1.** Commencer à voir. *On aperçoit la côte au loin.* → **discerner.**

2. Voir rapidement. *J'ai aperçu un ami dans la foule.* → **entrevoir.** 3. **s'apercevoir,** c'est se rendre compte. → **remarquer.** *Il s'est aperçu qu'il avait perdu ses gants. Elle ne s'est aperçue de rien.*

➤ **aperçu** **n. m.** ✦ Connaissance rapide. → **idée.** *Cet exposé vous a donné un aperçu de la situation.*

▷ Mots de la famille de ② PERCEVOIR.

apéritif **n. m.** ✦ Boisson souvent alcoolisée que l'on sert avant le repas. *Elle vient prendre l'apéritif à la maison.*

apesanteur **n. f.** ✦ Absence de pesanteur. *Dans la fusée, le cosmonaute est en état d'apesanteur.*

▷ Mot de la famille de PESER.

à peu près → **près**

apeuré, apeurée **adj.** ✦ Pris de peur. → **effrayé.** *Les antilopes apeurées ont pris la fuite.*

▷ Mot de la famille de PEUR.

aphone **adj.** ✦ *Une personne aphone,* qui n'a momentanément plus de voix. *Elle a une extinction de voix, elle est complètement aphone.*

aphte **n. m.** ✦ Petite plaie dans la bouche. *Léa a souvent des apthes quand elle mange des noix.*

à-pic **n. m.** ✦ Pente très raide, verticale. — Au pl. *Des à-pics.*

apiculteur **n. m.,** **apicultrice** **n. f.** ✦ Personne qui élève des abeilles.

apiculteur

apiculture **n. f.** ✦ Élevage des abeilles servant à la production du miel et de la cire.

apitoyer **v.** (conjug. 8) ✦ Faire éprouver de la pitié. → **attendrir.** *Elle cherche à apitoyer son père en pleurant.* — **s'apitoyer,** éprouver de la pitié. *Ils se sont apitoyés sur le sort des réfugiés.*

➤ **apitoiement** **n. m.** ✦ Compassion. → **pitié.**

aplanir **v.** (conjug. 2) 1. Rendre uni, plan. → **égaliser.** *Le court de tennis a été aplani au rouleau.* 2. *Aplanir une difficulté,* c'est la faire disparaître.

▷ Mot de la famille de ① PLAN.

aplatir **v.** (conjug. 2) ✦ Rendre plat. *Le boucher a aplati les escalopes.*

▷ Mot de la famille de ① PLAT.

aplomb [aplɔ̃] **n. m.** 1. *D'aplomb,* en équilibre stable. *Il se tient bien d'aplomb sur ses jambes.* 2. Grande confiance en soi, même si l'on a tort. *Il ment avec aplomb.* → **assurance, audace.**

apnée **n. f.** ✦ *En apnée,* en retenant sa respiration. *Le maître nageur a plongé en apnée.*

apocalypse **n. f.** ✦ Catastrophe qui fait penser à la fin du monde. *C'était une vision d'apocalypse,* de fin du monde.

➤ **apocalyptique** **adj.** ✦ Effrayant, terrifiant. *Ils ont fait une description apocalyptique de l'accident.*

● Il y a un *y* entre le *l* et le *p*.

apogée **n. m.** ✦ Le point le plus élevé, le plus haut degré. *Il est à l'apogée de sa carrière.* → **sommet.**

● *Apogée* est un nom masculin qui se termine par un *e* : on dit *un apogée.*

apologie **n. f.** ✦ *Faire l'apologie de quelqu'un ou de quelque chose,* c'est en dire du bien, en faire l'éloge.

a posteriori [apɔsteʀjɔʀi] **adv.** ✦ Après avoir fait l'expérience. ❏ contr. **a priori.** *Je pensais qu'il avait raison, mais j'ai constaté a posteriori qu'il avait tort.*

apostolat **n. m.** ✦ Travail qui demande beaucoup de dévouement. *Le métier d'infirmière est un véritable apostolat.*

① **apostrophe** **n. f.** ✦ Parole brusque, impolie, que l'on adresse à quelqu'un. *Les automobilistes en colère se lançaient des apostrophes.*

➤ **apostropher** v. (conjug. 1) ✦ Adresser la parole à quelqu'un brusquement, sans politesse. → **interpeller.** *Le piéton a apostrophé l'automobiliste.*

② **apostrophe** n. f. ✦ Signe en forme de virgule, placé à droite et en haut d'une consonne, qui marque l'élision d'une voyelle. *Dans « l'arc », il y a une apostrophe entre le **l** et le **a**.*

apothéose n. f. ✦ Moment le plus réussi, le plus beau. *L'apothéose de la fête a été le feu d'artifice.*

apothicaire n. m. ✦ *Des comptes d'apothicaire,* longs et compliqués.
● Autrefois, *apothicaire* signifiait « pharmacien ».

apôtre n. m. **1.** *Les douze apôtres,* les disciples de Jésus. **2.** *Gandhi était l'apôtre de la non-violence,* il l'enseignait et la défendait.

apparaître v. (conjug. 57) **1.** Se montrer tout à coup. → **surgir.** ❑ contr. **disparaître.** *Le clocher apparut au détour du chemin.* **2.** Commencer à exister. *Le téléphone est apparu à la fin du 19e siècle.* **3.** Sembler, paraître. *Cette affaire apparaît très compliquée.*
● *Apparaître* s'écrit avec un accent circonflexe sur le *i* quand il est suivi d'un *t* et il se conjugue avec l'auxiliaire *être.*
▷ Mot de la famille de PARAÎTRE.

apparat n. m. ✦ *D'apparat,* qui convient pour une occasion solennelle, une cérémonie. *Tous les invités de la fête portaient une tenue d'apparat.*
▷ Mot de la famille de SE PARER.

apôtre (*Les Quatre Apôtres,* Dürer, 1526)

appareil n. m. **1.** Machine qui sert à faire un travail. *Un aspirateur est un appareil ménager. On lui a offert un appareil photo. — Un appareil dentaire* sert à redresser les dents. **2.** Téléphone. *Qui est à l'appareil ?* **3.** Avion. *L'appareil vient d'atterrir.* **4.** Ensemble des organes du corps qui remplissent la même fonction. *L'appareil respiratoire.*

① **appareillage** n. m. ✦ Ensemble d'appareils. *L'appareillage électrique d'une cuisine.*

appareiller v. (conjug. 1) ✦ *Le cargo appareille,* il lève l'ancre, il se prépare à partir.

➤ ② **appareillage** n. m. ✦ *Les matelots se préparent à l'appareillage,* ils se préparent à manœuvrer pour quitter le port.

apparent, apparente adj. **1.** Qui se voit clairement. → **visible.** *Une cicatrice très apparente.* **2.** Qui n'est qu'une apparence. *Sous un calme apparent, c'est un grand nerveux,* il a l'air calme, mais en réalité, il est très nerveux.

➤ **apparemment** [apaʀamɑ̃] adv. ✦ D'après ce que l'on peut voir. *Apparemment, il est sorti.*

➤ **apparence** n. f. **1.** Aspect extérieur. *La maison a belle apparence.* **2.** Ce que l'on voit et qui est différent de la réalité. *Il ne faut pas se fier aux apparences !*

apparenté, apparentée adj. ✦ De la même famille. *Ces deux personnes sont apparentées.*
▷ Mot de la famille de PARENT.

apparition n. f. **1.** *Le soleil a fait son apparition à 6 heures,* il s'est montré tout à coup. **2.** *Avoir une apparition,* voir quelqu'un ou quelque chose d'invisible en temps normal.
▷ Autre mot de la famille : RÉAPPARITION.

appartement n. m. ✦ Habitation comprenant plusieurs pièces dans un immeuble.

appartenir v. (conjug. 22) **1.** *Appartenir à quelqu'un,* être à lui. *Ce livre appartient à Léa.* **2.** *Appartenir à quelque chose,* en faire partie. *Le chat appartient à la même famille que le lion.*

➤ **appartenance** n. f. ✦ *Elle ne paie pas l'entrée en raison de son appartenance au club,* parce qu'elle fait partie du club.

appât n. m. **1.** Nourriture servant à attirer un animal pour l'attraper. *Le pêcheur accroche un appât à l'hameçon.* → **amorce.** **2.** *L'appât du gain,* c'est l'envie de gagner beaucoup d'argent.

➤ **appâter** **v.** (conjug. 1) **1.** *Appâter un animal,* c'est l'attirer avec un appât. **2.** *Appâter quelqu'un,* l'attirer en lui promettant quelque chose. → **allécher.** *Il s'est laissé appâter par de belles promesses.*

appauvrir **v.** (conjug. 2) ✦ Rendre pauvre. → **ruiner.** *La guerre a appauvri le pays.* ❑ contr. **enrichir.** — **s'appauvrir,** devenir plus pauvre. *Avec la crise, les gens se sont appauvris.*

➤ **appauvrissement** **n. m.** ✦ Le fait de devenir plus pauvre. ❑ contr. **enrichissement.** *L'appauvrissement de la population.*

▷ Mots de la famille de PAUVRE.

appeau **n. m.** ✦ Sifflet avec lequel on imite le cri des oiseaux pour les attirer. *Le chasseur utilise des appeaux.*

appeau

appeler **v.** (conjug. 4) **1.** Dire quelque chose à quelqu'un ou faire un geste pour le faire venir. → **héler, interpeller.** *Paul appelle Théo.* **2.** Téléphoner. *Je vous appellerai demain.* **3.** Donner un nom. → **nommer.** *Elle a appelé son chat Tibère.* **4. s'appeler,** avoir comme nom. *Leur fille s'appelle Marie. Comment s'appelle cette fleur ?*

➤ **appel** **n. m.** **1.** Le fait d'appeler. *Le navire en détresse a lancé un appel au secours.* **2.** Coup de téléphone. *Il y a eu deux appels pour toi en ton absence.* **3.** Action d'appeler des personnes une par une pour savoir si elles sont présentes. *Le professeur fait l'appel.* **4.** *Faire appel à quelqu'un,* c'est lui demander une aide, un service. *Ils ont fait appel à un plombier pour réparer la fuite.*

➤ **appellation** **n. f.** ✦ Nom que l'on donne à une chose. *Un objet peut avoir des appellations différentes selon les régions.*

▷ Autres mots de la famille : RAPPEL, RAPPELER.

appendice [apɛ̃dis] **n. m.** ✦ Petit prolongement du gros intestin.

➤ **appendicite** [apɛ̃disit] **n. f.** ✦ Maladie due à une inflammation de l'appendice. *Julie a eu une crise d'appendicite.*

appentis [apɑ̃ti] **n. m.** ✦ Petit bâtiment avec un toit à une seule pente, adossé à un mur.

▷ Mot de la famille de PENTE.

appentis

s'appesantir **v.** (conjug. 2) ✦ *S'appesantir sur un sujet,* c'est en parler trop longuement, insister dessus. *Elle ne s'est pas appesantie là-dessus.*

▷ Mot de la famille de PESER.

appétit **n. m.** ✦ Envie de manger. *Il a bon appétit. Cela m'a coupé l'appétit, ton histoire !* — *L'appétit vient en mangeant,* plus on a de choses, plus on en veut.

➤ **appétissant, appétissante** **adj.** ✦ Qui met en appétit, donne envie de manger. *Cette tarte est appétissante.*

applaudir **v.** (conjug. 2) ✦ Taper dans ses mains pour montrer que l'on est content. *Les spectateurs applaudissent et crient « bravo ! ».*

➤ **applaudissement** **n. m.** ✦ Battement des mains en signe d'enthousiasme. *Les applaudissements du public.*

application **n. f.** **1.** *Laissez sécher le vernis après l'application,* après l'avoir appliqué. **2.** *Mettre quelque chose en application,* en pratique. *Elle a mis son idée en application.* **3.** *Léa travaille avec application,* en s'appliquant. → **soin.**

▷ Mot de la famille de APPLIQUER.

applique **n. f.** ✦ Appareil d'éclairage fixé au mur. *Le couloir est éclairé par des appliques.*

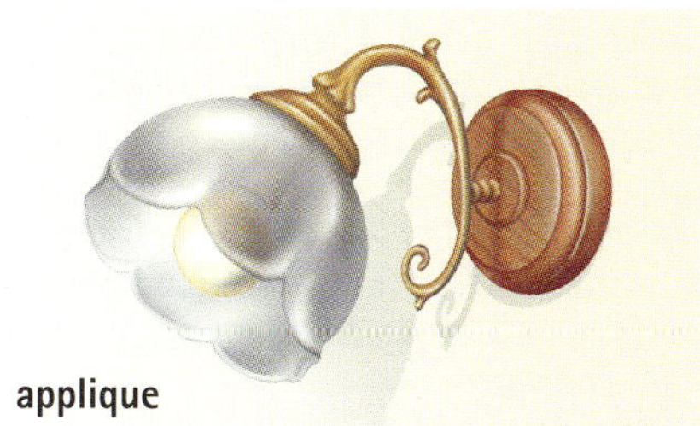
applique

appliquer v. (conjug. 1) 1. Mettre une chose sur une autre de façon à la recouvrir. *Il applique une couche de peinture sur le mur.* → **étendre.** 2. *Le gendarme applique le règlement,* il le met en pratique.
➤ s'**appliquer** v. 1. Travailler avec soin. *Chaque élève s'applique.* 2. *S'appliquer à,* concerner, viser. *Cette remarque s'applique à tout le monde.*
▷ Autre mot de la famille : APPLICATION.

appoint n. m. 1. *Faire l'appoint,* donner la somme exacte en petite monnaie. 2. *Ce radiateur électrique sert de chauffage d'appoint,* de chauffage supplémentaire.

appointements n. m. pl. ✦ Argent que gagne régulièrement un employé. → **salaire.**

apporter v. (conjug. 1) 1. *Apporter quelque chose à quelqu'un,* c'est porter quelque chose dans le lieu où se trouve quelqu'un et le lui donner. *Alex a apporté des fleurs à sa mère.* 2. *Théo apporte beaucoup de soin à son travail,* il y met beaucoup de soin. 3. *Cette découverte a apporté de grands changements dans la vie de tous les jours,* elle en a été la cause. → ① **entraîner, produire.**
➤ **apport** n. m. ✦ Contribution. *Les travaux de Pasteur ont été un apport considérable pour la médecine.*
▷ Mots de la famille de PORTER.

apposer v. (conjug. 1) ✦ *Il a apposé sa signature au bas de la lettre,* il a signé.
▷ Mot de la famille de POSER.

apposition n. f. ✦ Mot ou groupe de mots placé à côté d'un autre pour en préciser le sens. *Dans « Vénus, l'étoile du berger », le groupe de mots « l'étoile du berger » est en apposition à « Vénus ».*
▷ Mot de la famille de POSER.

apprécier v. (conjug. 7) 1. Aimer, trouver bien. *Il n'a pas apprécié la plaisanterie.* 2. Déterminer. *Pour freiner à temps, l'automobiliste doit apprécier les distances.* → **évaluer.**
➤ **appréciable** adj. ✦ Que l'on apprécie, que l'on trouve agréable. *Avoir un grand jardin en ville, c'est appréciable.* → **précieux.**
➤ **appréciation** n. f. ✦ Observation, remarque. *Le professeur écrit ses appréciations dans la marge.*
▷ Autre mot de la famille : INAPPRÉCIABLE.

appréhender v. (conjug. 1) 1. Faire prisonnier. *La police a appréhendé le malfaiteur,* elle l'a arrêté. 2. Avoir peur de quelque chose qui va se produire. *Il appréhende cet examen,* il s'en inquiète à l'avance. → **redouter.**

appréhension n. f. ✦ Crainte que l'on éprouve à l'avance. *Elle a un peu d'appréhension avant son opération.* → **anxiété.**

apprendre v. (conjug. 58) 1. Faire savoir. → **annoncer.** *Il nous a appris ton arrivée.* 2. Enseigner. *Le moniteur nous apprend à faire du ski.* 3. Être informé de quelque chose. *J'ai appris la nouvelle par la radio.* 4. S'exercer à savoir. *Julie apprend l'anglais.*

apprenti n. m., **apprentie** n. f. ✦ Personne qui apprend un métier en travaillant chez un artisan ou un commerçant. *Elle travaille comme apprentie chez un coiffeur.*
➤ **apprentissage** n. m. ✦ *Elle est en apprentissage chez un coiffeur,* elle est apprentie.

s'**apprêter** v. (conjug. 1) ✦ Se préparer. *Il s'apprêtait à partir quand le téléphone a sonné.* → se **disposer.**
▷ Mot de la famille de ① PRÊT.

apprivoiser v. (conjug. 1) ✦ *Apprivoiser un animal,* c'est l'habituer à vivre en compagnie des hommes. *Alex a apprivoisé un écureuil.* → **domestiquer.**
➤ **apprivoisé, apprivoisée** adj. ✦ *Un animal apprivoisé,* c'est un animal que l'on a rendu moins craintif ou moins dangereux. ❑ contr. **sauvage.**

approbateur, approbatrice adj. ✦ *Un sourire approbateur,* qui montre que l'on est d'accord. ❑ contr. **désapprobateur, réprobateur.**
▷ Autre mot de la famille : DÉSAPPROBATEUR.

approbation n. f. ✦ Accord, consentement. *Ils ont donné leur approbation au projet du maire.* ❑ contr. **désapprobation, réprobation.**
▷ Autre mot de la famille : DÉSAPPROBATION.

approcher v. (conjug. 1) 1. Mettre plus près. *Approche ta chaise de la table.* → **rapprocher.** ❑ contr. **éloigner.** 2. Être sur le point d'arriver. *L'heure du départ approche,* elle est proche. 3. Venir plus près. *Tu approches du but.*
➤ s'**approcher** v. ✦ Venir plus près. *Ne t'approche pas du lion.*

➤ **approchant, approchante** adj. ✦ *Quelque chose d'approchant,* de ressemblant, de comparable. *Il s'appelle Dulac ou quelque chose d'approchant.*

➤ **approche** n. f. ✦ *Léa est tout excitée à l'approche des vacances,* quand les vacances approchent.

▷ Mots de la famille de PROCHE.

approfondir v. (conjug. 2) 1. Creuser plus profond. *On a approfondi le canal.* 2. Étudier plus à fond. *Il faut approfondir les recherches.*

▷ Mot de la famille de FOND.

approprié, appropriée adj. ✦ Qui convient, qui est adapté. *Pour réparer sa moto Alex a les outils appropriés.* → **adéquat.**

▷ Mot de la famille de ② PROPRE.

s'**approprier** v. (conjug. 7) ✦ Prendre pour soi. *Julie s'est approprié la valise de sa mère.*

▷ Mot de la famille de ② PROPRE.

approuver v. (conjug. 1) ✦ Être d'accord avec quelqu'un ou avec ce qu'il fait. *J'approuve ta décision. Je t'approuve d'avoir décidé de partir.*

▷ Autre mot de la famille : DÉSAPPROUVER.

approvisionner v. (conjug. 1) ✦ Fournir les provisions nécessaires. *La centrale nucléaire approvisionne la région en électricité.* — **s'approvisionner,** se munir de provisions. *À l'escale, l'avion s'approvisionne en carburant.*

➤ **approvisionné, approvisionnée** adj. ✦ *Un compte en banque approvisionné,* sur lequel il y a de l'argent.

➤ **approvisionnement** n. m. ✦ Achat des provisions nécessaires. → **ravitaillement.**

▷ Mots de la famille de PROVISION.

approximatif, approximative adj. ✦ Qui n'est pas très précis. *Une date approximative.* ❑ contr. **exact, précis.**

➤ **approximativement** adv. ✦ À peu près, environ. *Ce livre coûte approximativement 10 euros.* ❑ contr. **exactement.**

approximation n. f. ✦ Chiffre qui correspond à peu près au chiffre réel. → **estimation, évaluation.**

appui n. m. 1. Objet qui sert à soutenir. *Sa canne lui sert d'appui pour marcher.* 2. Aide. *J'ai besoin de ton appui pour réussir.* → **soutien.** 3. *Il a démontré son innocence preuves à l'appui,* avec des preuves qui confirmaient ce qu'il disait.

▷ Mot de la famille de APPUYER.

appuie-tête n. m. ✦ Dispositif fixé au sommet du dossier des sièges d'une voiture, où l'on appuie sa tête. — Au pl. *Des appuie-tête* ou *des appuie-têtes.*

● On écrit aussi *un appui-tête, des appuis-tête.*

▷ Mot de la famille de APPUYER et de TÊTE.

appuyer v. (conjug. 8) 1. Placer une chose contre une autre qui la soutient. *Il appuie l'échelle contre le mur.* — **s'appuyer,** se servir comme appui. *Appuyez-vous sur mon bras.* 2. Presser. *Appuie sur le bouton.* 3. Apporter son aide. *Je vous appuierai auprès du directeur.* → **soutenir.** 4. Insister. *Il a beaucoup appuyé sur l'importance de ce problème.*

▷ Autres mots de la famille : APPUI, APPUIE-TÊTE.

âpre adj. 1. *Un goût âpre,* désagréable, qui racle la langue. *Ces fruits sont âpres.* 2. Dur, pénible. *Ils ont eu une âpre discussion.*

➤ **âprement** adv. ✦ D'une manière âpre, dure. *Ils se sont battus âprement.*

après prép. et adv. 1. À la suite de quelque chose dans le temps. *Le printemps vient après l'hiver.* ❑ contr. ① **avant.** — *Cela s'est passé deux ans après. Tu pourras jouer* **après que** *tu auras fini tes devoirs.* 2. *Prenez la première rue à gauche après le feu rouge,* plus loin que le feu rouge. 3. *Le chat court après la souris,* derrière la souris. 4. **Après tout,** en définitive, finalement. *Après tout, cela ne me regarde pas.* 5. **D'après,** selon, suivant. *Il a peint son portrait d'après une photo. D'après la météo, il fera beau demain.*

➤ **après-demain** adv. ✦ Le jour qui suivra demain. *Nous nous reverrons après-demain.* → aussi **surlendemain.** ▷ Mot de la famille de DEMAIN.

➤ **après-midi** n. m. ou f. inv. ✦ Partie de la journée qui va de midi jusqu'au soir. *Julie a passé l'après-midi à jouer. Un* ou *une après-midi.* — Au pl. *Des après-midi.* ▷ Mot de la famille de MIDI.

➤ **après-ski** n. m. ✦ Bottillon chaud que l'on met aux sports d'hiver, quand on ne skie pas. — Au pl. *Des après-ski* ou *des après-skis.* ▷ Mot de la famille de SKI.

➤ **après-vente** adj. inv. ✦ *Le service après-vente d'un magasin,* le service qui s'occupe de l'entretien et des réparations du matériel vendu. — Au pl. *Des services après-vente.* ▷ Mot de la famille de VENDRE.

aqueduc

a priori adv. ✦ Au premier abord, avant d'avoir pu vérifier. ❑ contr. **a posteriori.** *A priori, l'idée était bonne.*

à-propos n. m. ✦ *Elle a réagi avec à-propos,* au bon moment et comme il faut.
▷ Mot de la famille de PROPOS.

apte adj. ✦ Capable de faire une chose. *Il a été déclaré apte à ce travail.* ❑ contr. **inapte.**
➤ **aptitude** n. f. ✦ Don que l'on a pour faire quelque chose sans l'avoir appris. *Elle a des aptitudes pour le dessin.* → **capacité.**
▷ Autres mots de la famille : ADAPTATEUR, ADAPTATION, ADAPTER, INADAPTÉ, INAPTE, INAPTITUDE, RÉADAPTATION, SE RÉADAPTER.

aquaculture [akwakyltyʀ] n. f. ✦ Élevage d'animaux aquatiques.
▷ Mot de la famille de ① CULTURE.

aquarelle [akwaʀɛl] n. f. ✦ Peinture à l'eau sur papier, donnant des couleurs claires. *Elle fait de l'aquarelle.* — *J'ai mis une aquarelle dans ma chambre,* un tableau peint à l'aquarelle.

aquarium [akwaʀjɔm] n. m. ✦ Récipient en verre que l'on remplit d'eau pour y faire vivre des poissons. — Au pl. *Des aquariums.*

aquatique [akwatik] adj. ✦ Qui pousse, vit dans l'eau ou au bord de l'eau. *Les plantes et les animaux aquatiques.*

aqueduc n. m. ✦ Canal qui conduit l'eau d'un endroit à un autre. → aussi **gazoduc, oléoduc, pipeline.**

ara n. m. ✦ Grand perroquet d'Amérique du Sud, au plumage brillant et très coloré.

arabesque n. f. ✦ Ligne sinueuse qui s'enroule avec grâce. *La queue du cerf-volant décrit des arabesques dans le ciel.*

arachide n. f. ✦ Graine d'une plante tropicale dont on extrait de l'huile ou que l'on mange grillée. → **cacahuète.**

araignée n. f. **1.** Animal à huit pattes qui fabrique une toile et sécrète un venin afin d'immobiliser les insectes dont il se nourrit. *Une toile d'araignée.* — Familier. *Avoir une araignée au plafond,* être fou. **2.** *Une araignée de mer,* un crustacé à longues pattes. ➻ planche Crustacés et coquillages p. 243.

arbalète n. f. ✦ Arme du Moyen Âge composée d'un arc fixé à un manche de bois sur lequel se trouve un mécanisme qui permet de tendre la corde.

arbitrage n. m. **1.** Jugement de l'arbitre. *Une erreur d'arbitrage.* **2.** *Ils se sont soumis à l'arbitrage de leur frère,* à sa décision.
▷ Mot de la famille de ARBITRE.

arbitraire adj. ✦ *Une décision arbitraire,* c'est une décision qui n'est pas prise pour une raison profonde, mais qui dépend de la seule volonté, du caprice de celui qui décide.
▷ Mot de la famille de ARBITRE.

arbitre n. m. et f. **1.** Personne qui fait respecter les règles du jeu dans un match, une compétition sportive. *L'arbitre a sifflé la fin de la première mi-temps.* **2.** Personne qui détermine qui a tort et qui a raison, dans une dispute. *Ils ont pris Théo comme arbitre pour les départager.*
➤ **arbitrer** v. (conjug. 1) **1.** Faire respecter les règles d'un jeu. *Il a arbitré un match de boxe,* il a contrôlé qu'il se déroulait dans les règles. **2.** *Arbitrer une dispute,* c'est déterminer qui a tort et qui a raison.
▷ Autres mots de la famille : ARBITRAGE, ARBITRAIRE.

arborer v. (conjug. 1) ✦ Porter sur soi quelque chose avec le désir d'être regardé. *Elle arborait sa nouvelle robe avec fierté.*

arborescent [aʀbɔʀesɑ̃], **arborescente** [aʀbɔʀesɑ̃t] adj. ✦ En forme d'arbre, avec des ramifications. *Une fougère arborescente.*

arachide

arboriculture n. f. ✦ Culture des arbres fruitiers ou d'ornement.
▷ Mot de la famille de ① CULTURE.

arbre n. m. **1.** Plante de grande taille dont la tige porte des branches à partir d'une certaine hauteur. *Un arbre a des racines, un tronc, des branches et des feuilles.* ➻ planche p. 48 — *Les arbres cachent la forêt,* les détails empêchent de voir l'ensemble. **2.** *Il a fait l'arbre généalogique de sa famille,* le schéma montrant les liens de parenté entre les membres de toute sa famille. **3.** Tige de métal qui transmet un mouvement en tournant sur elle-même. *L'arbre de transmission d'une voiture.*
➤ **arbrisseau** n. m. ✦ Petit arbre. *Le lilas et le sureau sont des arbrisseaux.*
➤ **arbuste** n. m. ✦ Petit arbrisseau.

arc n. m. **1.** Arme formée d'une tige souple que l'on courbe au moyen d'une corde attachée aux deux extrémités pour lancer des flèches. *Les Indiens tiraient des flèches avec leurs arcs. Le tir à l'arc est aujourd'hui un sport.* **2.** Portion de cercle. *Un arc de 90° égale un quart de cercle.* **3.** Courbure d'une voûte. *Les arcs des cathédrales gothiques sont en ogive.* **4.** *Un arc de triomphe,* c'est un monument percé d'une ouverture en forme d'arc.
➤ **arcade** n. f. **1.** Galerie couverte le long d'une rue, dont les ouvertures sont en forme d'arc. *Il se sont promenés sous les arcades.* **2.** *L'arcade sourcilière,* c'est la partie du visage en forme d'arc, au-dessus de l'œil, où se trouve le sourcil.
➤ **arc-boutant** n. m. ✦ Construction en forme d'arc qui soutient de l'extérieur une voûte, un mur. — Au pl. *Des arcs-boutants.*

arc-boutant

➤ **s'arc-bouter** v. (conjug. 1) ✦ S'appuyer de tout son poids en prenant appui sur ses pieds pour pousser. *Il s'arc-bouta contre la porte.*
➤ **arc-en-ciel** [aʀkɑ̃sjɛl] n. m. ✦ Arc multicolore qui apparaît dans le ciel quand les rayons du soleil rencontrent des gouttes de pluie. — Au pl. *Des arcs-en-ciel.* ▷ Mot de la famille de CIEL.
▷ Autre mot de la famille : ARQUÉ.

archaïque [aʀkaik] adj. ✦ Qui ne s'utilise plus dans le monde moderne. → **désuet, périmé.** *Des outils archaïques.* ❏ contr. **moderne.**

arche n. f. ✦ Voûte d'un pont qui a une forme d'arc.

archéologie [aʀkeɔlɔʒi] n. f. ✦ Étude des civilisations anciennes d'après les monuments, les objets et les textes qu'elles ont laissés.
➤ **archéologique** [aʀkeɔlɔʒik] adj. ✦ *Les fouilles archéologiques,* ce sont les recherches que l'on fait dans le sol pour retrouver les vestiges du passé.
➤ **archéologue** [aʀkeɔlɔg] n. m. et f. ✦ Personne qui s'occupe d'archéologie.

archer n. m. ✦ Tireur à l'arc.

archet n. m. ✦ Baguette avec laquelle le violoniste et le violoncelliste font vibrer les cordes du violon et du violoncelle.

archevêque n. m. ✦ Évêque qui dirige plusieurs diocèses.
▷ Mot de la famille de ÉVÊQUE.

archi- ✦ Préfixe qui signifie « extrêmement », « très », « au plus haut point » et qui se place devant des adjectifs pour en renforcer le sens (ex. : *une histoire archiconnue*).

archipel n. m. ✦ Groupe d'îles. *L'archipel des Açores.*

architecte n. m. et f. ✦ Personne dont le métier est de dessiner les plans des bâtiments et de diriger les personnes qui les construisent.
➤ **architecture** n. f. ✦ Art de construire des édifices. *Elle a suivi des études d'architecture.* — Manière dont est construit un bâtiment. *L'architecture de cet immeuble est très moderne.*

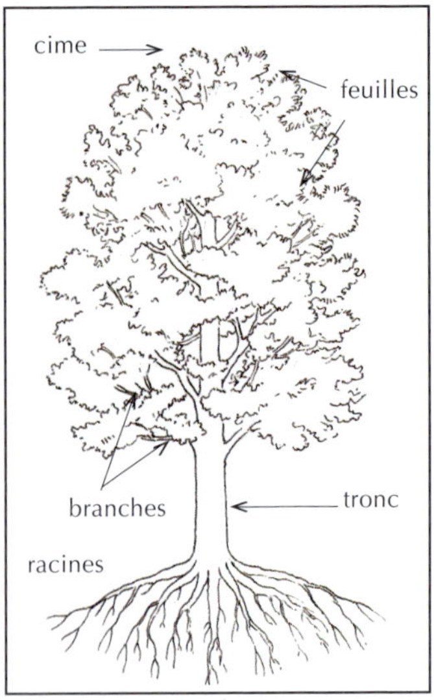

châtaignier

chêne

bouleau

érable

frêne

hêtre

noyer

tilleul

platane

peuplier

saule

FEUILLUS

sapin pectiné

pin parasol

mélèze

pin sylvestre

cyprès méditerranéen

pin maritime

pin laricio

épicéa

sapin de Douglas

cèdre

argenterie

archives **n. f. pl.** ✦ Documents anciens qui sont conservés et classés. *Les archives d'une ville, d'une entreprise.*

arctique **adj.** ✦ Qui est situé autour du pôle Nord. *La région arctique.* → **boréal.**
▷ Autre mot de la famille : ANTARCTIQUE.

ardent, ardente **adj.** 1. Très chaud, brûlant. *Au mois d'août, à midi, le soleil est ardent.* 2. Très vif, très fort. *Il avait un ardent désir de réussir.*
➤ **ardemment** [aʀdamɑ̃] **adv.** ✦ Avec force. → **vivement.** *Elle défend ardemment son projet.*

ardeur **n. f.** ✦ Énergie et entrain. *Elle travaille avec ardeur.* → **zèle.**

ardoise **n. f.** 1. Pierre gris foncé qui sert à couvrir les toits des maisons. *En Bretagne, beaucoup de maisons ont des toits en ardoise.* 2. Tablette faite avec cette pierre. *Sur une ardoise, on écrit à la craie.*

ardu, ardue **adj.** ✦ Très difficile. *Une tâche ardue.* ❏ contr. **aisé, facile.**

are **n. m.** ✦ Unité de mesure de superficie que l'on utilise pour mesurer les terrains. *Un are vaut 100 m².* ❍ homonymes : arrhes, art.
▷ Autre mot de la famille : HECTARE.

arène **n. f.** ✦ Piste de sable qui est au centre d'un amphithéâtre. *Le taureau est entré dans l'arène. — Les arènes,* l'amphithéâtre où ont lieu les corridas.

arête **n. f.** 1. Petit os mince et pointu du squelette de la plupart des poissons. *Théo a avalé une arête.* 2. Ligne où se rejoignent deux surfaces qui forment un angle. *Un dé a six faces et douze arêtes.*

argent **n. m.** 1. Métal précieux blanc et brillant. *Une bague en argent.* 2. Pièces de monnaie, billets de banque qui servent à payer. *Elle gagne beaucoup d'argent. — L'argent n'a pas d'odeur,* certaines personnes ne se soucient pas de l'origine de leur richesse. *L'argent ne fait pas le bonheur,* ce n'est pas parce qu'on est riche qu'on est heureux.
➤ **argenté, argentée** **adj.** 1. Recouvert d'une couche d'argent. *Une cuillère en métal argenté.* 2. Qui a la couleur, l'éclat de l'argent. *Des cheveux blancs aux reflets argentés.*
➤ **argenterie** **n. f.** ✦ Vaisselle, couverts en argent.

argile **n. f.** ✦ Terre molle et grasse qui, imbibée d'eau, devient comme une pâte et sert à fabriquer des poteries et des briques. → **glaise.**
● *Argile* est un nom féminin.
➤ **argileux, argileuse** **adj.** ✦ *Une terre argileuse,* qui contient de l'argile.

argot **n. m.** ✦ *L'argot* est un ensemble de mots très familiers. *Dans l'argot des lycéens, « un pion » veut dire « un surveillant ».*

argument **n. m.** ✦ Ce que l'on dit pour essayer de prouver quelque chose. → **raison.** *Elle a donné un bon argument pour ne pas sortir.*
➤ **argumentation** **n. f.** ✦ Raisonnement. *Son argumentation est convaincante.*

aride **adj.** ✦ *Une région aride,* très sèche, où il ne pousse aucune plante. ❏ contr. **fertile, humide.**
➤ **aridité** **n. f.** ✦ Très grande sécheresse. *L'aridité du sol empêche les cultures de pousser.*

région **aride**

aristocratie [aʀistɔkʀasi] **n. f.** ✦ *L'aristocratie,* c'est l'ensemble des nobles. → **noblesse.**
➤ **aristocrate** **n. m. et f.** ✦ Personne de l'aristocratie, de la noblesse. → **noble.**
➤ **aristocratique** **adj.** ✦ Élégant, raffiné. *Il a des manières aristocratiques.*

arithmétique [aʀitmetik] **n. f.** ✦ Partie des mathématiques qui étudie les nombres. → ② **calcul.** *Alex est bon en arithmétique.*
● Il y a un *h* après le *t.*

arlequin n. m. ✦ Personnage du théâtre italien, qui porte un habit fait de triangles de tissu de toutes les couleurs et un masque noir. *Un habit d'arlequin.*

arlequin (Degas)

armateur n. m. ✦ Personne qui possède des navires de pêche ou de commerce, qui les équipe et les exploite.
▷ Mot de la famille de ARME.

armature n. f. ✦ Ensemble de tiges ou de tubes rigides qui servent à soutenir ou à consolider quelque chose. *La tente de camping a une armature métallique.*
▷ Mot de la famille de ARME.

arme n. f. 1. Instrument qui sert à blesser ou à tuer. *Le couteau, le fusil et le pistolet sont des armes. L'assassin braquait son arme sur le policier. — Les rebelles ont pris les armes,* ils se sont préparés au combat. *Les ennemis ont rendu les armes,* ils se sont rendus. — Familier. *Passer l'arme à gauche,* mourir. **2.** Moyen d'agir contre un adversaire. *La patience est une meilleure arme que la colère.* **3.** *Les armes,* le dessin d'un animal ou d'un objet qui est l'emblème d'une famille ou d'une ville. → aussi **armoiries, blason.**
▷ Autres mots de la famille : ARMATEUR, ARMATURE, ARMÉ, ARMÉE, ARMEMENT, ARMER, S'ARMER, ARMURE, ARMURIER, DÉSARMANT, DÉSARMEMENT, DÉSARMER, GENDARME, SE GENDARMER, GENDARMERIE.

armée n. f. 1. *L'armée,* l'ensemble des soldats d'un pays. *Il est dans l'armée,* il est militaire. *L'armée de l'air,* l'aviation militaire. *L'armée de terre,* l'infanterie. **2.** *Les armées ennemies ont franchi la frontière,* les troupes assemblées pour combattre. **3.** Grand nombre. *Une armée d'hôtesses guidait les visiteurs.* → **multitude.**
▷ Mot de la famille de ARME.

armer v. (conjug. 1) **1.** Donner des armes. *On a armé les soldats avant le combat.* ❏ contr. **désarmer. 2.** *Armer un navire,* l'équiper pour qu'il puisse prendre la mer. **3.** *Armer un fusil,* le mettre en position de tir. **4.** *Armer un appareil photo,* remonter le mécanisme de déclenchement pour qu'il soit prêt à fonctionner. **5.** *Armer chevalier un jeune homme,* c'était, au Moyen Âge, le faire chevalier en lui remettant son équipement. → aussi **adoubement.**
➤ **s'armer v.** ✦ *S'armer de quelque chose,* le prendre comme arme. *Elle s'est armée d'un balai pour déloger une araignée. — Il faut s'armer de patience car l'attente sera longue,* être prêt à avoir beaucoup de patience.
➤ **armé, armée adj. 1.** Qui porte une arme. *Des hommes armés. Une attaque à main armée,* faite par des hommes armés. → **hold-up. 2.** *Du béton armé,* garni d'une armature en acier.
➤ **armement n. m.** ✦ Ensemble des armes d'un soldat, d'un pays. *L'armement nucléaire.*
▷ Mots de la famille de ARME.

armistice n. m. ✦ Accord pour cesser les combats conclu entre deux pays en guerre. *Après l'armistice, on signe la paix.*
● *Armistice* est un nom masculin : on dit *un armistice.*

armoire n. f. ✦ Meuble haut et fermé dans lequel on range du linge, des vêtements, des provisions. *Une armoire de toilette.*

armoiries n. f. pl. ✦ Emblème d'une famille noble ou d'une ville. *Les armoiries du duc,* ses armes. → **blason.**

armoiries

armure **n. f.** ✦ Vêtement fait de plaques de métal que portaient autrefois les guerriers pour se protéger pendant le combat.
▷ Mot de la famille de ARME.

armure

armurier **n. m.** ✦ Personne qui fabrique ou vend des armes.
▷ Mot de la famille de ARME.

arnica **n. f.** ✦ Plante de montagne à fleurs jaunes dont on extrait un produit que l'on utilise pour soigner les bosses, les foulures.

arobase **n. f.** ✦ Caractère (@) qui entre dans la formule d'une adresse électronique. → aussi **e-mail.**

aromate **n. m.** ✦ Plante que l'on met dans un plat pour lui donner du goût. *Le thym, le laurier sont des aromates.* → aussi **condiment, épice.**

➤ **aromatique** **adj.** ✦ *Une plante aromatique,* une plante qu'on utilise comme aromate. *L'estragon est une plante aromatique.*

➤ **aromatisé, aromatisée** **adj.** ✦ Parfumé. *Des yaourts aromatisés au chocolat.*
▷ Mots de la famille de ARÔME.

arôme **n. m.** ✦ Odeur agréable qui se dégage d'un aliment, d'une fleur. → **parfum.** *L'arôme du café.*
● Attention à l'accent circonflexe du ô.
▷ Autres mots de la famille : AROMATE, AROMATIQUE, AROMATISÉ.

arpenter **v.** (conjug. 1) ✦ Parcourir un lieu de long en large à grands pas. *Il arpente sa chambre en réfléchissant.*

arqué, arquée **adj.** ✦ Courbé en forme d'arc. *Elle a les jambes arquées.*
▷ Mot de la famille de ARC.

arquebuse **n. f.** ✦ Ancienne arme à feu utilisée au 15e siècle. *L'arquebuse est l'ancêtre du fusil.*

d'**arrache-pied** **adv.** ✦ Avec acharnement et sans s'arrêter. *Il travaille d'arrache-pied.*
▷ Mot de la famille de ARRACHER et de ① PIED.

arracher **v.** (conjug. 1) **1.** Enlever, détacher quelque chose en tirant dessus. *Le jardinier arrache les mauvaises herbes. Le dentiste m'a arraché une dent.* **2.** Obtenir avec peine. *Le commissaire a arraché des aveux au suspect.* → **extorquer.** **3.** Faire sortir malgré une résistance. *La sonnerie du réveil l'a brutalement arraché au sommeil.*

➤ **arrachage** **n. m.** ✦ Action d'arracher. *L'arrachage des pommes de terre peut se faire à la machine.*

➤ **arracheur** **n. m.** ✦ *Mentir comme un arracheur de dents,* sans en avoir honte (comme les mauvais dentistes qui promettaient de ne pas faire mal).
▷ Autre mot de la famille : D'ARRACHE-PIED.

arranger **v.** (conjug. 3) **1.** Placer une chose comme il faut ou comme l'on préfère. → **disposer.** *Elle arrange des fleurs dans un vase.* **2.** Remettre en bon état. → **réparer.** *Elle a arrangé la serrure qui fermait mal.* **3.** Être pratique. *Cela m'arrangerait davantage que vous veniez demain.* → **convenir.**

➤ s'**arranger** **v.** **1.** Faire ce qu'il faut. *Louise s'est arrangée pour être assise au premier rang.* → se **débrouiller.** **2.** Se mettre d'accord avec quelqu'un. → s'**entendre.** *Elle s'est arrangée avec la voisine pour nourrir le chat.* **3.** *Ne t'en fais pas, cela s'arrangera,* cela ira mieux.

➤ **arrangeant** [aʀɑ̃ʒɑ̃], **arrangeante** [aʀɑ̃ʒɑ̃t] **adj.** ✦ *Une personne arrangeante,* qui comprend les difficultés des autres et essaie de les supprimer. → **accommodant, conciliant.**

➤ **arrangement** **n. m.** **1.** Installation. *L'arrangement de cette maison est très réussi.* **2.** Accord. *Un arrangement a mis fin à leur dispute.*
▷ Mots de la famille de RANG.

arrestation **n. f.** ✦ Action d'arrêter quelqu'un. *L'arrestation d'un assassin.*

arrêt **n. m.** 1. Le fait de cesser d'avancer. *Il ne faut pas descendre avant l'arrêt du train,* avant qu'il ne s'arrête. 2. *Un arrêt d'autobus,* c'est un endroit où les autobus s'arrêtent pour laisser descendre et monter les voyageurs. → aussi **abribus.** 3. *Sans arrêt,* sans interruption. → **cesse.** *Il crie sans arrêt.*
▷ Mot de la famille de ARRÊTER.

① **arrêté, arrêtée** **adj.** ✦ *Il a des idées arrêtées sur la question,* qui ne changeront pas. → **définitif.**
▷ Mot de la famille de ARRÊTER.

② **arrêté** **n. m.** ✦ Décision prise par un ministre, un préfet, un maire. *Un arrêté ministériel.*
▷ Mot de la famille de ARRÊTER.

arrêter **v.** (conjug. 1) 1. Faire en sorte qu'une chose n'avance plus, cesse d'être en mouvement. *Il a arrêté sa voiture devant la poste.* 2. Interrompre ce que l'on était en train de faire. *Le bébé n'arrête pas de pleurer depuis ce matin.* 3. Fixer. *Ils ont arrêté la date de la réunion.* 4. Faire prisonnier. *La police a arrêté le coupable.* → aussi **arrestation.**
➤ **s'arrêter** **v.** 1. Faire halte. *Arrêtons-nous ici pour déjeuner.* 2. Cesser, s'interrompre. *Elle s'est arrêtée de lire.*
▷ Autres mots de la famille : ARRÊT, ① et ② ARRÊTÉ.

arrhes [aʀ] **n. f. pl.** ✦ Partie du prix d'un objet payée à l'avance. *Il a versé des arrhes en commandant sa nouvelle voiture.* → **acompte, avance.** ○ homonymes : are, art.

arrière **n. m., adj. inv. et adv.** 1. **n. m.** Partie qui est derrière. *L'arrière de la voiture est enfoncé.* ❑ contr. ② **avant.** *Paul se met à l'arrière du bateau pour pêcher. — Les arrières d'une équipe de football,* les joueurs placés derrière les autres. ❑ contr. ② **avant.** 2. **adj. inv.** Qui est derrière. *Les feux arrière des voitures sont rouges.* 3. **adv.** *En arrière,* loin derrière les autres, à la traîne. *Avance, ne reste pas tout seul en arrière !*
▷ Autres mots de la famille : ARRIÉRÉ, ARRIÈRE-BOUTIQUE, ARRIÈRE-GARDE, ARRIÈRE-GOÛT, ARRIÈRE-PAYS, ARRIÈRE-PENSÉE, ARRIÈRE-PLAN, ARRIÈRE-SAISON, ARRIÈRE-TRAIN.

arriéré, arriérée **adj.** 1. *Un enfant arriéré,* qui est très en retard pour son âge, parce qu'il ne s'est pas développé normalement. 2. *Des idées arriérées,* dépassées, qui ne sont pas modernes. ❑ contr. **avancé.**
▷ Mot de la famille de ARRIÈRE.

arrière-boutique **n. f.** ✦ Pièce située au fond d'un magasin. — Au pl. *Des arrière-boutiques.*
▷ Mot de la famille de ARRIÈRE et de BOUTIQUE.

arrière-garde **n. f.** ✦ Troupe de soldats qui marchent derrière une armée pour la protéger. — Au pl. *Des arrière-gardes.*
▷ Mot de la famille de ARRIÈRE et de GARDER.

arrière-goût **n. m.** ✦ Goût désagréable qui reste dans la bouche après avoir mangé. *Cette soupe a un arrière-goût.* — Au pl. *Des arrière-goûts.*
▷ Mot de la famille de ARRIÈRE et de GOÛT.

arrière-grand-mère **n. f.** ✦ Mère de la grand-mère ou du grand-père. — Au pl. *Des arrière-grand-mères.*
▷ Mot de la famille de MÈRE.

arrière-grand-père **n. m.** ✦ Père du grand-père ou de la grand-mère. — Au pl. *Des arrière-grands-pères.*
▷ Mot de la famille de PÈRE.

arrière-grands-parents **n. m. pl.** ✦ Parents des grands-parents. *Il a encore tous ses arrière-grands-parents.*
▷ Mot de la famille de PARENT.

arrière-pays **n. m. inv.** ✦ Partie d'une région située à plusieurs kilomètres de la côte. *Ils ont une maison dans l'arrière-pays.*
▷ Mot de la famille de ARRIÈRE et de PAYS.

arrière-pensée **n. f.** ✦ Pensée que l'on cache, que l'on ne dit pas. *Elle avait des arrière-pensées.*
▷ Mot de la famille de ARRIÈRE et de PENSER.

arrière-plan **n. m.** ✦ Le plan le plus éloigné, au fond. *Sur cette photo, au premier plan on voit la maison et à l'arrière-plan on aperçoit la mer,* dans la partie de la photo qui est la plus éloignée. — Au pl. *Des arrière-plans.*
▷ Mot de la famille de ARRIÈRE et de ① PLAN.

arrière-saison **n. f.** ✦ Période qui va de la fin de l'été au début de l'automne. *Nous avons eu de belles arrière-saisons, ces dernières années.*
▷ Mot de la famille de ARRIÈRE et de SAISON.

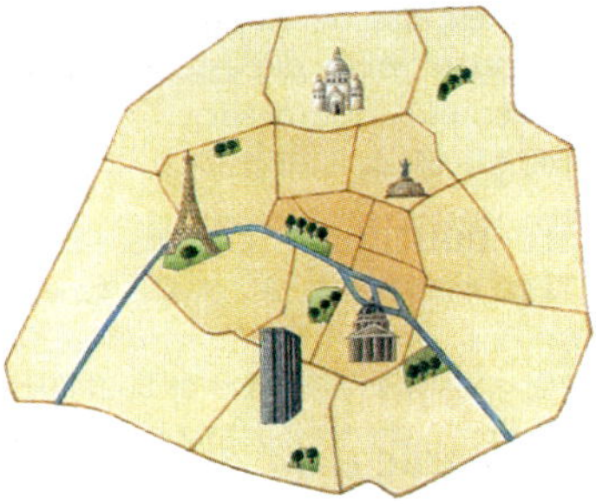

les **arrondissements** de Paris

arrière-train **n. m.** ✦ *L'arrière-train d'un animal à quatre pattes,* l'arrière de son corps. — Au pl. *Des arrière-trains.*

▷ Mot de la famille de ARRIÈRE.

arriver **v.** (conjug. 1) **1.** Être dans un endroit après s'être déplacé. *Nous arriverons à Paris demain.* ❏ contr. **partir.** — *Le premier arrivé attend les autres.* **2.** Atteindre un certain niveau. *Julie m'arrive à l'épaule.* **3.** Réussir. *Elle est arrivée à ouvrir la porte.* → **parvenir. 4.** Avoir lieu, se produire. *Il lui arrive de se tromper. Cela ne m'est jamais arrivé.*

➤ **arrivage** **n. m.** ✦ Livraison de marchandises. *Il y a eu un arrivage d'ananas au marché.*

➤ **arrivée** **n. f.** ✦ Le fait d'arriver. *Il attend l'arrivée du train,* que le train arrive. ❏ contr. **départ.**

➤ **arriviste** **n. m. et f.** ✦ Personne qui utilise tous les moyens pour réussir dans la vie. *Les arrivistes n'ont aucun scrupule.*

arrogant, arrogante **adj.** ✦ Qui est très fier, méprise les autres et se montre insolent. → **hautain.** *Une femme arrogante.*

➤ **arrogance** **n. f.** ✦ Attitude méprisante et insolante envers les autres. → ① **morgue.** *Il a répondu avec arrogance.*

arrondir **v.** (conjug. 2) **1.** Rendre rond. *La mer arrondit les galets.* — **s'arrondir,** devenir plus rond. *Elle a grossi, son visage s'est arrondi.* **2.** *Arrondir une somme,* c'est donner le chiffre rond, plus grand ou plus petit, le plus proche de cette somme. *J'arrondis 11,8 à 12.*

➤ **arrondi, arrondie** **adj.** ✦ De forme à peu près ronde. *Des ciseaux à bout arrondi.*

▷ Mots de la famille de ROND.

arrondissement **n. m.** ✦ Division administrative d'un département ou de certaines grandes villes, en France. *Il habite dans le 11e arrondissement, à Paris.*

arroser **v.** (conjug. 1) ✦ Mouiller avec un liquide. *Elle arrose les plantes,* elle verse de l'eau dessus.

➤ **arrosage** **n. m.** ✦ *L'arrosage des plantes,* le fait de les arroser. *Un tuyau d'arrosage,* qui sert à arroser.

➤ **arrosoir** **n. m.** ✦ Récipient qui sert à arroser. → aussi **pomme** d'arrosoir.

arsenal **n. m.** (pl. **arsenaux**) **1.** Dépôt d'armes et de munitions. **2.** Endroit où l'on construit et répare les navires de guerre.

arsenic **n. m.** ✦ Poison très violent.

art **n. m. 1.** *L'art,* c'est l'ensemble des activités humaines qui consistent à créer de belles choses. *La peinture, la photographie sont des arts. Une œuvre d'art,* un tableau, une sculpture. **2.** Habileté. *Le professeur a l'art de se faire obéir par ses élèves sans crier,* il sait comment faire. → **don, talent. 3.** *L'art culinaire,* les connaissances techniques pour faire la cuisine. ❍ homonymes : are, arrhes.

▷ Autres mots de la famille : ARTISTE, ARTISTIQUE, BEAUX-ARTS.

artère **n. f. 1.** Vaisseau sanguin dans lequel circule le sang qui part du cœur. → aussi ② **veine. 2.** Grande rue d'une ville.

➤ **artériel, artérielle** **adj.** ✦ Des artères. *La tension artérielle.*

artichaut **n. m.** ✦ Légume dont on ne mange que la base des feuilles et le fond. *Des fonds d'artichauts à la vinaigrette.* — Familier. *Avoir un cœur d'artichaut,* changer très souvent d'amoureux.

artichaut

article **n. m.** 1. Dans un journal, texte sur un sujet donné. *Il lit un article sur le sida.* 2. Chacun des paragraphes d'un texte officiel. *Un article de loi.* 3. Objet en vente dans un magasin. *Ce magasin vend des articles de sport.* 4. En grammaire, déterminant placé devant un nom. *« Le », « la », « les » sont des articles définis ; « un », « une », « des » sont des articles indéfinis.*

articuler **v.** (conjug. 1) 1. Prononcer distinctement. *Articule mieux, je ne comprends pas ce que tu dis !* 2. **s'articuler,** former une articulation. *La main s'articule à l'avant-bras.*

➤ **articulation** **n. f.** 1. Prononciation. 2. Endroit où s'emboîtent deux os. *Le genou est une articulation.*

➤ **articulé, articulée** **adj.** ✦ *Une poupée articulée,* dont on peut faire bouger les jambes, les bras et la tête.

➤ **articulaire** **adj.** ✦ Qui concerne les articulations. *Des rhumatismes articulaires.*

▷ Autre mot de la famille : DÉSARTICULÉ.

feu d'**artifice** → **feu d'artifice**

artificiel, artificielle **adj.** ✦ Fabriqué par l'homme. ❏ contr. **naturel.** *Des fleurs artificielles. Un lac artificiel.*

➤ **artificiellement** **adv.** ✦ De manière artificielle. *Cette variété de roses a été créée artificiellement.*

artillerie **n. f.** 1. Ensemble des canons d'une armée. *L'artillerie ennemie a bombardé le village.* 2. Partie de l'armée qui combat avec des canons. *L'artillerie est intervenue pour soutenir l'infanterie.*

artisan **n. m.,** **artisane** **n. f.** ✦ Personne qui fait un travail manuel et qui est son propre patron. *Les potiers, les cordonniers sont des artisans.*

➤ **artisanal, artisanale** **adj.** ✦ Fait par des artisans. ❏ contr. **industriel.** *Un tapis artisanal.* — Au masc. pl. *artisanaux.*

➤ **artisanat** **n. m.** ✦ Activité des artisans. *Les produits de l'artisanat de la région sont en vente au marché.*

artiste **n. m. et f.** 1. Personne qui fait des œuvres d'art. *Les peintres, les sculpteurs, les musiciens sont des artistes.* 2. Personne dont le métier est de jouer la comédie, de chanter, d'interpréter des œuvres musicales, de danser. → **acteur, chanteur, comédien, danseur, musicien.**

➤ **artistique** **adj.** ✦ Qui a un rapport avec l'art. *Les professions artistiques.*

▷ Mots de la famille de ART.

as [as] **n. m.** 1. Carte à jouer qui a un seul signe. *L'as de pique.* 2. Personne qui réussit très bien dans une activité. → **champion.** *Les as de la glisse.*

as

① **ascendant** [asɑ̃dɑ̃] **n. m.** ✦ Parent dont on descend. → **ancêtre.** *Léa a des ascendants turcs.* ❏ contr. ① **descendant.**

➤ **ascendance** [asɑ̃dɑ̃s] **n. f.** ✦ Origine familiale. *Léa est d'ascendance turque.* ❏ contr. **descendance.**

② **ascendant** [asɑ̃dɑ̃], **ascendante** [asɑ̃dɑ̃t] **adj.** ✦ Qui va vers le haut. ❏ contr. ② **descendant.** *La courbe de température du malade suit une courbe ascendante.*

③ **ascendant** **n. m.** ✦ Grande influence. *Théo a de l'ascendant sur sa petite sœur.*

ascenseur **n. m.** ✦ Appareil transportant les personnes d'un étage à un autre, dans un immeuble. *Prenez donc l'ascenseur.* → aussi **monte-charge.**

ascension **n. f.** ✦ *Faire l'ascension d'une montagne,* la gravir jusqu'à son sommet. → **escalade** et aussi **alpinisme.**

ascension

ascète [asɛt] **n. m.** ✦ Personne qui vit dans une grande pauvreté pour faire pénitence. *Il mena une vie d'ascète.*

aseptiser [asɛptize] **v.** (conjug. 1) ✦ Nettoyer en tuant les microbes. → **désinfecter.** *La salle d'opération a été aseptisée.*

asile **n. m.** 1. Endroit où l'on est à l'abri. *Les victimes de l'inondation ont trouvé asile dans l'école.* → **refuge.** 2. Établissement accueillant certaines personnes. *Le clochard a dormi dans un asile de nuit.*

aspect [aspɛ] **n. m.** 1. Manière dont une personne ou une chose se présente aux yeux. → ② **air, apparence.** *Ces fruits ont un bel aspect.* 2. Manière dont une chose se présente à l'esprit. *Il faut envisager le problème sous tous ses aspects.* → **angle.**

asperge **n. f.** ✦ Plante dont on mange les pousses en forme de longues tiges pointues. *Des asperges à la vinaigrette.*

asperger **v.** (conjug. 3) ✦ Projeter un liquide. → **arroser.** *La voiture a aspergé les piétons en roulant dans une flaque.*

aspérité **n. f.** ✦ Partie qui dépasse, sur une surface. *Les aspérités d'un rocher.*

asphalte **n. m.** ✦ Préparation noirâtre qui recouvre les routes et les trottoirs. → **bitume, goudron.**

asphyxie [asfiksi] **n. f.** ✦ Arrêt de la respiration. → **étouffement.** *Il est mort par asphyxie.*

➤ **asphyxier** [asfiksje] **v.** (conjug. 7) ✦ Faire mourir par asphyxie. *Il a été asphyxié par une fuite de gaz,* il est mort étouffé.

aspic **n. m.** ✦ Vipère des montagnes d'Europe.

aspirer **v.** (conjug. 1) 1. Faire entrer l'air dans les poumons. → **inspirer.** *Pour respirer, on aspire puis on expire l'air.* 2. Désirer. *Il est si fatigué qu'il n'aspire qu'au repos,* il souhaite se reposer.

➤ **aspiré, aspirée** **adj.** ✦ *Un h aspiré* au début d'un mot empêche de faire la liaison avec le mot précédent. *Le **h** de « hérisson » est aspiré, on dit et on écrit « le hérisson »* [ləeʀisɔ̃].

➤ **aspirateur** **n. m.** ✦ Appareil qui aspire la poussière. *Alex a passé l'aspirateur dans sa chambre.*

➤ **aspiration** **n. f.** ✦ Souhait. → **désir, goût.** *Il a trouvé un appartement conforme à ses aspirations.*

aspirine **n. f.** ✦ Médicament qui combat la douleur et la fièvre. *De l'aspirine effervescente.*

s'**assagir** **v.** (conjug. 2) ✦ Devenir plus sage. *Elle s'est assagie en vieillissant.*

▷ Mot de la famille de SAGE.

assaillir **v.** (conjug. 13) ✦ Attaquer brusquement. *La vieille dame a été assaillie par deux voyous.* → **agresser.**

➤ **assaillant** **n. m., assaillante** **n. f.** ✦ Personne qui attaque, agresse. *La vieille dame a reconnu ses assaillants,* les personnes qui l'ont attaquée. → **agresseur, attaquant.**

assainir **v.** (conjug. 2) ✦ Rendre plus sain, meilleur pour la santé. → **purifier.** *Il faut assainir la rivière.* ❑ contr. **polluer.**

➤ **assainissement** **n. m.** ✦ Le fait de rendre sain. *Des travaux d'assainissement ont eu lieu dans les marais,* des travaux pour rendre propres les marais.

▷ Mots de la famille de SAIN.

assaisonner **v.** (conjug. 1) ✦ Mettre dans la nourriture du sel, des épices, ou d'autres ingrédients qui donnent du goût. *Il assaisonne la salade.*

➤ **assaisonnement** **n. m.** ✦ Tout ce qui sert à donner du goût aux aliments. *Cette salade est fade, elle manque d''assaisonnement.* → aussi **aromate, condiment, épice.**

assassin **n. m.** ✦ Personne qui tue volontairement une autre personne. → **criminel, meurtrier.**

➤ **assassinat** **n. m.** ✦ Action de tuer volontairement quelqu'un. *Cet homme a commis plusieurs assassinats.* → **crime, meurtre.**

➤ **assassiner** **v.** (conjug. 1) ✦ Tuer volontairement. *Il a assassiné trois personnes.*

assaut **n. m.** 1. Attaque. *L'ennemi est monté à l'assaut du village.* 2. *Prendre d'assaut un*

lieu, c'est s'y précipiter en grand nombre. *Au mois d'août, tous les hôtels en bord de mer sont pris d'assaut.*
▷ Mot de la famille de SAUT.

soldats montant à l'**assaut**

assécher v. (conjug. 6) ✦ Enlever l'eau du sol pour le rendre sec. → **drainer.** *On a asséché le marécage.*
➤ **assèchement** n. m. ✦ Opération qui consiste à rendre sec. *L'assèchement des marais.* → **assainissement.**
▷ Mots de la famille de SEC.

assembler v. (conjug. 1) **1.** Faire tenir ensemble. → **réunir.** *Paul assemble les pièces de son puzzle.* **2. s'assembler**, c'est se réunir au même endroit. *Les gens se sont assemblés sur la place du village.* → se **rassembler.**
➤ **assemblage** n. m. ✦ Ensemble de choses groupées, attachées ensemble. *Un cahier est un assemblage de feuilles.* → ② **ensemble, réunion.**
➤ **assemblée** n. f. ✦ Groupe de personnes réunies. *L'Assemblée nationale est constituée de l'ensemble des députés.*
▷ Autres mots de la famille : RASSEMBLEMENT, RASSEMBLER.

assener [asene] v. (conjug. 5) ✦ *Assener un coup*, c'est le donner avec violence. *Il assena un coup de poing à son adversaire.*
● On peut aussi écrire *asséner.*

assentiment n. m. ✦ Accord. → **approbation.** *Il a obtenu l'assentiment de ses parents.* ❑ contr. **refus.**
▷ Mot de la famille de SENTIR.

s'asseoir v. (conjug. 26) ✦ Poser ses fesses sur un siège ou par terre. *Léa s'est assise sur la table. Asseyez-vous, je vous prie.*
▷ Autres mots de la famille : ASSIS, SE RASSEOIR.

asservir v. (conjug. 2) ✦ Soumettre à son autorité. → **assujettir.** *Les Romains ont asservi de nombreux peuples.*

assez adv. **1.** En quantité suffisante. *Paul n'a pas assez travaillé.* → **suffisamment. 2.** Plutôt. *Ma grand-mère est en assez bonne santé.* **3.** *En avoir assez de quelque chose* ou *de quelqu'un*, ne plus pouvoir le supporter. → fam. **marre.** *J'en ai assez de ces cris.*

assidu, assidue adj. ✦ Qui fait bien et régulièrement ce qu'il faut faire. *Louise est une élève assidue.*
➤ **assiduité** n. f. ✦ Régularité. *Théo travaille avec assiduité.*
➤ **assidûment** adv. ✦ Avec assiduité. *Louise travaille assidûment.*
● Attention à l'accent circonflexe du *û.*

assiéger v. (conjug. 3 et conjug. 6) ✦ Faire le siège. *Les ennemis assiègent la ville*, ils l'encerclent.
▷ Mot de la famille de SIÈGE.

assiette n. f. **1.** Récipient pour une personne, dans lequel on met de la nourriture. *Une assiette plate. Des assiettes à soupe. Des assiettes à dessert.* **2.** Familier. *Elle n'est pas dans son assiette*, elle ne se sent pas bien.
➤ **assiettée** n. f. ✦ Contenu d'une assiette. *Alex a avalé trois assiettées de soupe.*
▷ Autre mot de la famille : PIQUE-ASSIETTE.

assigner v. (conjug. 1) ✦ Donner, attribuer. *Le professeur assigne une place à chaque élève.*

assimiler v. (conjug. 1) **1.** Considérer comme semblable. *On ne peut assimiler l'homme à un robot.* **2.** *Le corps assimile les aliments*, il les transforme et s'en nourrit. **3.** *Julie assimile bien ce qu'elle apprend*, elle le comprend et le retient.
➤ **assimilation** n. f. **1.** Transformation des aliments dans le corps. *L'assimilation des aliments suit la digestion.* **2.** *L'assimilation des connaissances*, le fait de comprendre et de retenir ce qu'on apprend.

assis, assise adj. **1.** Appuyé sur son derrière. *Julie est assise par terre.* **2.** *Une place assise*, où l'on peut s'asseoir. *Il y a cent places assises dans ce wagon.* ❑ contr. **debout.**
▷ Mot de la famille de S'ASSEOIR.

assises **n. f. pl.** ✦ *La cour d'assises,* le tribunal qui juge les criminels.

assister **v.** (conjug. 1) **1.** *Assister à quelque chose,* être présent pour voir ou entendre quelque chose. *Louise a assisté à un spectacle de danse. J'ai assisté à leur dispute,* j'en ai été témoin. **2.** *Assister quelqu'un,* être auprès de lui pour l'aider. → **seconder.** *Le médecin était assisté de deux infirmières.*

➤ **assistance** **n. f. 1.** Public. → **auditoire.** *Le maire a fait son discours devant une nombreuse assistance.* **2.** Secours. *On a immédiatement prêté assistance au blessé.* → ① **aide.**

➤ **assistant** **n. m.,** **assistante** **n. f.** ✦ Personne qui en aide une autre dans son métier. *L'assistant du metteur en scène.* → **adjoint.** *Une assistante sociale* aide et informe des personnes dans le besoin ou malades.

associer **v.** (conjug. 7) **1.** Faire participer. *Il a associé son frère à son commerce.* **2.** Mettre ensemble pour former un tout. *Le bébé commence à associer des mots.*

➤ **s'associer** **v. 1.** Se grouper. *Les deux amis se sont associés pour fonder leur entreprise.* **2.** *S'associer à la peine de quelqu'un,* y prendre part. → **partager.**

➤ **association** **n. f.** ✦ Groupement de personnes unies par les mêmes intérêts. *L'association des parents d'élèves.*

➤ **associé** **n. m.,** **associée** **n. f.** ✦ Personne qui travaille avec une autre et partage les bénéfices. *L'entreprise est dirigée par trois associés.*

assoiffé, assoiffée **adj.** ✦ Qui a soif. *Les lionnes étaient assoiffées.*

▷ Mot de la famille de SOIF.

assombrir **v.** (conjug. 2) **1.** Rendre sombre. ❏ contr. **éclaircir.** *Cette peinture foncée assombrit la pièce.* → **obscurcir.** — **s'assombrir,** devenir plus sombre. *Le ciel s'assombrit, il va pleuvoir.* **2.** Rendre triste et inquiet. *Cette mauvaise nouvelle nous a assombris.* → **attrister.**

▷ Mot de la famille de SOMBRE.

assommer **v.** (conjug. 1) **1.** Donner un coup sur la tête pour faire perdre connaissance. *Le voleur a assommé le gardien de nuit.* **2.** Ennuyer. *Tu nous assommes avec tes histoires.*

➤ **assommant, assommante** **adj.** ✦ Ennuyeux. *Un livre assommant.*

▷ Mots de la famille de ③ SOMME.

assortir **v.** (conjug. 2) ✦ Mettre ensemble des choses qui vont bien ensemble. *Il assortit toujours ses chaussettes à son pull.*

➤ **assortiment** **n. m.** ✦ *Un assortiment de fromages,* plusieurs fromages différents présentés ensemble.

▷ Mots de la famille de SORTE.

s'assoupir **v.** (conjug. 2) ✦ S'endormir à moitié. *Ma grand-mère s'est assoupie dans son fauteuil.* → **somnoler.**

assouplir **v.** (conjug. 2) **1.** Rendre plus souple. *Ce produit assouplit le cuir.* — **s'assouplir,** devenir plus souple. *Louise fait du yoga pour s'assouplir,* pour devenir plus souple. **2.** Rendre moins sévère. *Le règlement de l'école a été assoupli.*

➤ **assouplissement** **n. m.** ✦ *Louise fait des exercices d'assouplissement,* des exercices pour s'assouplir.

▷ Mots de la famille de SOUPLE.

assourdir **v.** (conjug. 2) **1.** Rendre comme sourd en étourdissant. *Le bruit des camions nous assourdissait.* **2.** Rendre moins sonore. *La moquette assourdit le bruit des pas.* → **amortir.**

➤ **assourdissant, assourdissante** **adj.** ✦ Qui rend sourd par excès de bruit. *Les marteaux-piqueurs font un bruit assourdissant,* un bruit très fort.

▷ Mots de la famille de SOURD.

assouvir **v.** (conjug. 2) ✦ Satisfaire entièrement. *Théo a assouvi sa faim,* il l'a calmée en mangeant.

assujettir **v.** (conjug. 2) ✦ Soumettre. *Les Romains ont assujetti de nombreux peuples,* ils en ont fait leurs sujets. → **asservir.** *Les contribuables sont assujettis à l'impôt,* il doivent le payer.

▷ Mot de la famille de ② SUJET.

assumer **v.** (conjug. 1) ✦ Prendre en charge. *Il faut assumer ses responsabilités.*

① **assurer** **v.** (conjug. 1) **1.** Affirmer quelque chose, de manière sûre. *Je t'assure que c'est vrai.* → **certifier, garantir, soutenir.** **2.** **s'assurer,** devenir sûr. *Assurez-vous que vous n'avez rien oublié,* vérifiez-le bien. **3.** *Ce train assure la liaison entre les deux villes,* il la fait.

➤ ① **assurance** **n. f. 1.** Garantie, promesse. *Je vous donne l'assurance que je vien-*

drai, je vous le promets. 2. Confiance en soi. ❑ contr. **timidité.** *Julie a beaucoup d'assurance pour son âge.* → **aplomb.**

➤ **assuré, assurée** adj. ✦ Sûr de soi. *Elle a répondu d'un air assuré.*

➤ **assurément** adv. ✦ Certainement, sûrement.

● *Assurément* est plus littéraire que *sûrement.*

▷ Mots de la famille de SÛR.

② **assurer** v. (conjug. 1) ✦ *Faire assurer sa voiture ou son appartement,* c'est payer une certaine somme pour être remboursé en cas de vol ou d'accident. — **s'assurer,** prendre une assurance. *Ils se sont assurés contre le vol.*

➤ ② **assurance** n. f. ✦ *Un contrat d'assurance,* qui garantit le remboursement des frais en cas de vol ou d'accident. *Ils ont déclaré le vol à leur compagnie d'assurances,* la compagnie qui les assure pour cela.

➤ **assureur** n. m. ✦ Personne qui établit des contrats d'assurance.

▷ Mots de la famille de SÛR.

astérisque n. m. ✦ Petit signe en forme d'étoile (*) qui se place à côté d'un mot pour le signaler.

asthme [asm] n. m. ✦ Maladie qui empêche de respirer normalement. *Théo a des crises d'asthme.*

➤ **asthmatique** [asmatik] adj. ✦ Qui a de l'asthme. *Théo est asthmatique.*

asticot n. m. ✦ Larve de la mouche en forme de petit ver blanc que les pêcheurs mettent au bout de l'hameçon pour attirer le poisson.

asticoter v. (conjug. 1) ✦ Familier. ✦ Agacer quelqu'un pour de petites choses. *Alex asticote sans arrêt son petit frère.*

astigmate adj. ✦ Qui a un défaut de la courbure de l'œil qui l'empêche de voir nettement les choses. *Paul est astigmate.*

astiquer v. (conjug. 1) ✦ Faire briller en frottant. *Alex astique ses chaussures avec énergie.*

astre n. m. ✦ Étoile, planète. *On observe les astres au télescope.*

astreindre v. (conjug. 52) ✦ Obliger, forcer. → **contraindre.** *Son état de santé l'a astreinte à un régime sévère.*

➤ **astreignant, astreignante** adj. ✦ Qui ne laisse pas beaucoup de liberté. *Elle a des horaires de travail astreignants.* → **contraignant.**

astrologie n. f. ✦ *L'astrologie,* c'est l'étude de l'influence des astres sur le caractère et l'avenir des gens.

➤ **astrologique** adj. ✦ *Les signes astrologiques,* les signes du zodiaque.

➤ **astrologue** n. m. et f. ✦ Personne qui fait de l'astrologie. *Il a consulté une astrologue.*

astronaute n. m. et f. ✦ Personne qui se déplace dans l'espace à bord d'un engin spatial. → **cosmonaute, spationaute.** *Les astronautes sont montés dans le vaisseau spatial.*

➤ **astronautique** n. f. ✦ Science de la navigation dans l'espace.

astronaute

astronomie n. f. ✦ Étude des astres, de l'univers.

➤ **astronome** n. m. et f. ✦ Spécialiste de l'étude des astres. *Les astronomes travaillent dans des observatoires.*

➤ **astronomique** adj. 1. *Une lunette astronomique* est un instrument qui permet d'observer les astres. 2. *Un prix astronomique,* très élevé. → **exorbitant, faramineux, prohibitif.**

astuce n. f. 1. Moyen habile. → **ruse, truc** ; fam. **combine.** *Alex a trouvé une astuce pour empêcher la porte de claquer.* 2. Plaisanterie. *Il fait sans arrêt des astuces.*

➤ **astucieux, astucieuse** adj. ✦ Ingénieux, malin. *Voilà une façon astucieuse de résoudre la difficulté.*
➤ **astucieusement** adv. ✦ D'une manière ingénieuse. *Il a astucieusement résolu le problème.*

asymétrique [asimetʀik] adj. ✦ *Un objet asymétrique* n'a pas la même forme des deux côtés. → **dissymétrique.** ❑ contr. **symétrique.** *Des barres asymétriques,* ce sont des barres parallèles dont l'une est plus basse que l'autre.
▷ Mot de la famille de SYMÉTRIE.

atelier n. m. 1. Endroit où travaille un artisan ou un ouvrier. *Un atelier de menuisier.* 2. Lieu où travaille un peintre, un sculpteur.

athée n. m. et f. ✦ Personne qui ne croit pas en Dieu. → **incroyant, mécréant.** — Adj. *Ils sont athées.*

athlète [atlɛt] n. m. et f. ✦ Personne qui pratique des sports comme la gymnastique, le saut, la course ou le lancer de poids. *Les athlètes des Jeux olympiques.*
➤ **athlétique** [atletik] adj. ✦ Qui a un corps très musclé. *Une jeune homme athlétique.*
➤ **athlétisme** [atletism] n. m. ✦ Ensemble de sports comprenant la gymnastique, le saut, la course et le lancer du poids, du disque ou du javelot. *Un championnat d'athlétisme.*

atlas [atlas] n. m. ✦ Livre de cartes de géographie. *Julie regarde dans l'atlas où se trouve l'Australie.*

atmosphère n. f. 1. Couche de gaz qui entoure la Terre et certains astres. 2. Ambiance qui règne dans un lieu. *Il y avait dans la maison une atmosphère de joie.*
➤ **atmosphérique** adj. ✦ *Les phénomènes atmosphériques,* ce sont les choses qui se passent dans l'atmosphère et qui font le beau ou le mauvais temps. → aussi **météorologie.** *La météo annonce pour demain de fortes perturbations atmosphériques.*
▷ Mots de la famille de SPHÈRE.

atoll n. m. ✦ Île en forme d'anneau, faite de coraux. *Les atolls de l'océan Pacifique.*
● Ce mot se termine par deux *l.*

atome n. m. ✦ Élément minuscule de la matière. *Un atome est formé d'un noyau et d'électrons.*
➤ **atomique** adj. ✦ *L'énergie atomique,* c'est l'énergie produite par le noyau de l'atome quand on le fait exploser. → **nucléaire.** *Les centrales atomiques utilisent l'énergie atomique.*
▷ Autre mot de la famille : ANTIATOMIQUE.

atomiseur n. m. ✦ Petit flacon qui projette un liquide en fines gouttelettes quand on appuie sur le bouchon. *Un atomiseur à parfum.* → **vaporisateur.**

atours n. m. pl. ✦ Ensemble de ses plus beaux habits et de ses plus beaux bijoux. *Peau d'Âne mit ses plus beaux atours.*
● *Atours* ne s'emploie qu'au pluriel. C'est un mot littéraire.

atout n. m. 1. Aux cartes, couleur qui vaut plus que les autres. 2. Moyen de réussir. *Sa bonne connaissance des langues étrangères est son meilleur atout,* elle lui donne un avantage sur les autres.

âtre n. m. ✦ Partie de la cheminée où l'on fait le feu. *Des bûches brûlaient dans l'âtre.* → **foyer.**

atroce adj. 1. Très cruel. *Un crime atroce a été commis.* → **abominable, épouvantable, monstrueux.** 2. Insupportable. *Il ressentit soudain une atroce douleur.* → **horrible, pénible.**
➤ **atrocement** adv. ✦ Horriblement. *Le malade souffre atrocement.*
➤ **atrocité** n. f. ✦ *Des atrocités,* des actes d'une grande cruauté. *Ce film montre les atrocités de la guerre.*

s'**attabler** v. (conjug. 1) ✦ Se mettre à table. *La famille s'est attablée pour dîner.*
▷ Mot de la famille de TABLE.

attaché-case [ataʃekɛz] n. m. ✦ Petite mallette dans laquelle on met des documents. — Au pl. *Des attaché-cases.*
● Ce mot vient de l'anglais *attaché* qui veut dire « diplomate » et de *case* qui veut dire « mallette ».

atoll

attacher v. (conjug. 1) **1.** Faire tenir une chose, un animal ou une personne par un lien. ❑ contr. ① **détacher.** *Le cavalier a attaché son cheval à la barrière. Julie attache ses cheveux avec une barrette.* **2.** Joindre les deux parties d'une chose. *Les passagers de l'avion attachent leur ceinture de sécurité.* → **boucler.** **3.** *S'attacher à quelqu'un,* se mettre à l'aimer beaucoup. *Elle s'était très vite attachée à lui.* **4.** *Attacher de l'importance à une chose,* penser que cette chose est importante.

➤ **attachant, attachante** adj. ✦ Attirant, sympathique. *Julie est une enfant attachante.*

➤ **attaché, attachée** adj. ✦ *Paul est très attaché à ses amis,* il les aime beaucoup.

➤ **attache** n. f. **1.** Ce qui sert à attacher des objets ensemble. *Les liens et les agrafes sont des attaches.* **2.** *Les attaches,* ce sont les rapports que l'on garde avec une personne ou un endroit. *Ils ont gardé des attaches avec leur pays natal.*

➤ **attachement** n. m. ✦ Sentiment qui unit aux gens ou aux choses que l'on aime. → ② **affection, amitié, amour.** *J'ai beaucoup d'attachement pour elle.*

▷ Autres mots de la famille : RATTACHEMENT, RATTACHER.

attaquer v. (conjug. 1) **1.** Commencer le combat. *Les ennemis ont attaqué la forteresse.* **2.** *Attaquer quelqu'un,* s'élancer sur lui pour le voler ou le tuer. → **agresser.** *Deux malfaiteurs ont attaqué la vieille dame.* **3.** Critiquer. *Le journal attaque le gouvernement.* **4.** *Attaquer un travail,* c'est le commencer. — *S'attaquer à,* commencer. *Léa s'est attaquée à sa rédaction.* **5.** Détruire, ronger. *La rouille attaque le fer.*

➤ **attaquant** n. m., **attaquante** n. f. ✦ Personne qui commence le combat. → **assaillant.** ❑ contr. **défenseur.** *Les attaquants arrivaient par milliers.*

➤ **attaque** n. f. **1.** Fait de commencer le combat. → **assaut, offensive.** *L'attaque ennemie a été repoussée.* **2.** Critique violente. *Il a répondu aux attaques de ses adversaires.*

▷ Autres mots de la famille : CONTRE-ATTAQUE, CONTRE-ATTAQUER, INATTAQUABLE.

s'attarder v. (conjug. 1) ✦ Faire quelque chose qui met en retard. *Julie s'est attardée en route.*

▷ Mot de la famille de TARD.

atteindre v. (conjug. 52) **1.** *Atteindre un lieu,* y arriver. *L'avion atteindra Paris dans trente minutes.* **2.** *Atteindre une chose,* c'est arriver à la toucher. *Je n'arrive pas à atteindre ce livre sur l'étagère.* **3.** Toucher, blesser avec une arme. *Le chasseur a atteint le faisan.* ❑ contr. **manquer, rater.**

➤ **atteinte** n. f. **1.** *Hors d'atteinte,* impossible à attraper. *Ce livre est hors d'atteinte.* **2.** *Porter atteinte,* nuire. *Ces critiques portent atteinte à sa réputation.*

atteler v. (conjug. 4) ✦ Attacher un animal à un véhicule pour le tirer. *Les Esquimaux attellent des chiens à leurs traîneaux.* ❑ contr. **dételer.**

➤ **attelage** n. m. ✦ Groupe de bêtes qui tirent un véhicule. *Un attelage de chevaux blancs tirait le carrosse de la princesse.*

attelle n. f. ✦ Petite planche qui sert à maintenir un os fracturé. *Une attelle de bois maintient la patte cassée du chien.*

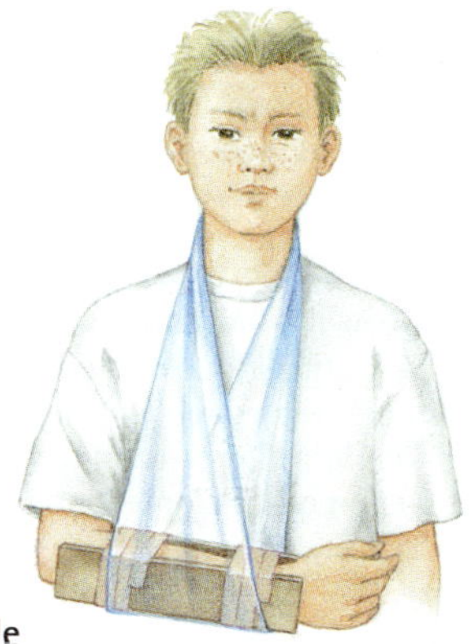

attelle

attendre v. (conjug. 41) **1.** Rester au même endroit jusqu'à ce que quelqu'un ou quelque chose arrive. *Louise a attendu Julie devant l'école. Alex attend le bus.* **2.** Ne rien faire avant qu'une chose n'arrive. *Léa attendit que le feu soit rouge et traversa.* **3.** *Elle attend un enfant,* elle est enceinte. **4.** *S'attendre à quelque chose,* penser que quelque chose va se produire. *Je ne m'attendais pas à cela.*

▷ Autres mots de la famille : ATTENTE, INATTENDU.

attendrir v. (conjug. 2) ✦ Émouvoir, toucher. ❑ contr. **endurcir.** *Ses larmes ont attendri tout le monde.* — *S'attendrir sur* son sort, s'apitoyer.

➤ **attendri, attendrie** adj. ✦ *Des airs attendris,* émus.

➤ **attendrissant, attendrissante** adj. ✦ Émouvant, touchant. *Ces chatons sont attendrissants.*

➤ **attendrissement** n. m. ✦ Émotion. *La jeune maman contemple son nouveau-né avec attendrissement.*

▷ Mots de la famille de ③ TENDRE.

attentat n. m. ✦ Action violente, agression contre des personnes, commise pour des raisons politiques. *Le chef de l'État a échappé à un attentat.*

▷ Mot de la famille de ATTENTER.

attente n. f. 1. Temps passé à attendre. *L'attente lui parut interminable.* 2. Désir, espoir. *Le résultat ne répondait pas à son attente,* à ce qu'il espérait.

▷ Mot de la famille de ATTENDRE.

attenter v. (conjug. 1) ✦ *Attenter à la vie de quelqu'un,* c'est chercher à le tuer.

▷ Autre mot de la famille : ATTENTAT.

attentif, attentive adj. ✦ Qui écoute, regarde avec attention. *Léa est très attentive en classe.* ❑ contr. **distrait, étourdi.**

▷ Autres mots de la famille : ATTENTIVEMENT, INATTENTIF.

attention n. f. 1. Attitude de quelqu'un qui fixe son esprit sur quelque chose sans se laisser distraire. *Léa écoute le professeur avec attention. Fais attention en traversant,* prends garde. 2. Action gentille qui montre l'intérêt que l'on porte à une personne. → **égard, prévenance.** *Paul est plein d'attentions pour sa grand-mère.*

➤ **attentionné, attentionnée** adj. ✦ Gentil, prêt à faire plaisir. *Elle est très attentionnée.* → **prévenant.**

▷ Autre mot de la famille : INATTENTION.

attentivement adv. ✦ Avec attention. *Écoutez attentivement les explications.*

atténuer v. (conjug. 1) ✦ Rendre moins fort. → **diminuer.** *Ce médicament atténue la douleur.* ❑ contr. **augmenter.**

➤ **atténuant, atténuante** adj. ✦ *Les circonstances atténuantes,* les faits qui diminuent l'importance d'une faute. ❑ contr. **aggravant.** *L'accusé a bénéficié des circonstances atténuantes.*

▷ Mots de la famille de TÉNU.

atterrer v. (conjug. 1) ✦ Plonger dans l'étonnement et la tristesse. *Cette nouvelle nous a atterrés.* → **accabler, consterner.**

▷ Mot de la famille de TERRE.

atterrir v. (conjug. 2) ✦ Se poser à terre. *L'avion en provenance de Berlin atterrira à 18 h 56.* ❑ contr. ① **décoller.**

➤ **atterrissage** n. m. ✦ Moment où l'avion touche terre. *Attachez vos ceintures avant l'atterrissage.* ❑ contr. **décollage.**

▷ Mots de la famille de TERRE.

attester v. (conjug. 1) ✦ Donner la preuve qu'une chose est vraie. → **certifier, garantir.** *Les témoins ont attesté l'innocence de l'accusé.*

➤ **attestation** n. f. ✦ Papier qui donne la preuve d'une chose. *Pour s'inscrire à la bibliothèque, il faut une attestation de domicile.* → **certificat.**

attirail n. m. (pl. **attirails**) ✦ Matériel dont on se sert dans une activité. *Alex a rangé ses lignes, ses hameçons, tout son attirail de pêche.*

attirer v. (conjug. 1) 1. Faire venir à soi. *L'aimant attire le fer.* ❑ contr. ② **repousser.** 2. Inciter à venir. *La lumière attire les papillons de nuit.* ❑ contr. **écarter, éloigner.** 3. Inspirer du goût, de la sympathie. *Le métier de pilote attire Alex. Léa est attirée par Théo.* 4. *Attirer des ennuis à quelqu'un,* les provoquer. *Son attitude insolente lui attirera des ennuis.*

➤ **attirant, attirante** adj. ✦ Attrayant, séduisant. *Un métier attirant. Une femme attirante.* ❑ contr. **repoussant.**

➤ **attirance** n. f. ✦ Force qui pousse vers une personne ou une chose. *Léa éprouve de l'attirance pour Théo.* ❑ contr. **dégoût, répulsion.**

▷ Mots de la famille de TIRER.

attiser v. (conjug. 1) ✦ *Attiser le feu,* le faire brûler plus fort.

attitude n. f. 1. Manière de se tenir. *Elle a une attitude gracieuse sur la photo.* → **pose, posture.** 2. Manière de faire, de réagir. *La fuite n'est pas une attitude très courageuse.* → **comportement.**

attraction n. f. 1. Force qui attire. *L'attraction terrestre nous retient au sol.* 2. Jeu, amusement d'une fête foraine. *Les manèges et les autos tamponneuses sont les attractions préférées des enfants. Un parc d'attractions.*

attrait **n. m.** ✦ Ce qui attire, séduit. *L'attrait de la nouveauté.*

attraper **v.** (conjug. 1) **1.** Réussir à prendre, à saisir. *Le chat a attrapé une souris.* **2.** *Ma farce a réussi, tu es bien attrapé,* surpris et trompé. **3.** Être contaminé par une maladie. *Julie a attrapé un rhume,* elle l'a eu par contagion.
➤ **attrape** **n. f.** ✦ Objet qui sert à faire une farce. *Théo a acheté du poil à gratter chez le marchand de farces et attrapes.*
➤ **attrape-nigaud** **n. m.** ✦ Chose qui sert à tromper les gens naïfs. *Cette publicité n'est qu'un attrape-nigaud !* — Au pl. *Des attrape-nigauds.* ▷ Mot de la famille de NIGAUD.
▷ Mots de la famille de TRAPPE.

attrayant, attrayante **adj.** ✦ Qui attire, plaît. → **attirant, séduisant.** *Ce livre a des illustrations attrayantes.*

attribuer **v.** (conjug. 1) **1.** Donner à quelqu'un, dans une distribution. *Le premier prix du concours a été attribué à Paul.* → **décerner.** **2.** *On attribue ce tableau à Raphaël,* on pense que Raphaël en est l'auteur.
➤ **attribution** **n. f.** **1.** Le fait de donner quelque chose à quelqu'un. *Le directeur a décidé l'attribution d'une prime à tout le personnel de l'usine.* **2.** *Les attributions de quelqu'un,* ce qu'il est chargé de faire.

attribut **n. m.** ✦ Adjectif relié au sujet par les verbes *être, sembler, paraître. Dans la phrase « la mer est bleue », « bleue » est attribut du sujet « la mer ».* → aussi **épithète.**

attrister **v.** (conjug. 1) ✦ Rendre triste. *Son départ m'a attristée.* → **chagriner, désoler.**
❑ contr. **réjouir.**
▷ Mot de la famille de TRISTE.

s'attrouper **v.** (conjug. 1) ✦ Se rassembler pour regarder quelque chose dans la rue. *Les passants se sont attroupés devant l'accident.*
➤ **attroupement** **n. m.** ✦ Rassemblement de personnes. *L'agent a dispersé l'attroupement.*
▷ Mots de la famille de TROUPE.

au → **à** et ① **le** ○ homonymes : eau, haut, oh !

aubade **n. f.** ✦ Concert que l'on donnait autrefois sous les fenêtres d'une personne, tôt le matin. *Le prince charmant donne l'aubade à sa belle.* → aussi **sérénade.**

aubaine **n. f.** ✦ Chance inattendue. *Julie a retrouvé 10 euros dans sa poche, quelle aubaine !* ❑ contr. **malchance.**

① **aube** **n. f.** ✦ Moment où il commence à faire clair, juste avant le lever du soleil. → aussi **aurore.** *Ils se sont levés à l'aube.*

② **aube** **n. f.** ✦ *Une roue à aubes,* une roue avec des pales qui tourne dans l'eau. *La roue à aubes d'un moulin.*

aubépine **n. f.** ✦ Arbuste épineux à fleurs blanches ou roses. *Une haie d'aubépines.*
▷ Mot de la famille de ÉPINE.

aubépine

auberge **n. f.** ✦ Hôtel-restaurant, à la campagne. *Nous avons déjeuné dans une auberge.* — *On n'est pas sorti de l'auberge,* les ennuis ne sont pas finis.

aubergine **n. f.** ✦ Légume de forme allongée, à peau lisse et violette. *Elle a fait griller des aubergines.*

aubergine

aubette **n. f.** ✦ Abribus.
● Ce mot est employé en Belgique.

aucun, aucune adj. et pronom **1.** adj. Pas un seul. *Je n'ai aucune nouvelle de lui.* **2.** pronom Pas une seule personne, pas une seule chose. ❑ contr. **tous.** *De tous ses amis, je n'en connais aucun.*

audace n. f. ✦ Hardiesse, courage devant le danger, les difficultés. *Il faut de l'audace pour être cascadeur.*
➤ **audacieux, audacieuse** adj. ✦ Qui ose faire des choses dangereuses et difficiles. → **courageux, hardi.** *Julie est bien audacieuse de plonger de si haut.* ❑ contr. ① **lâche, peureux, poltron.** — *Un projet audacieux,* c'est un projet qui demande de la hardiesse.

au-delà adv., prép. et n. m. **1.** adv. et prép. Plus loin. *Tu peux nager jusqu'aux rochers, au-delà, c'est dangereux. La frontière est au-delà de la colline.* ❑ contr. **en deçà. 2.** n. m. *L'au-delà,* le monde après la mort.
▷ Mot de la famille de ① DE et de LÀ.

audible adj. ✦ Que l'on peut entendre. *Monte le son de la radio, c'est à peine audible.*
▷ Autre mot de la famille : INAUDIBLE.

audience n. f. **1.** Entrevue, entretien. *Le président a accordé une audience à l'ambassadeur.* **2.** Séance du tribunal où l'on écoute les témoins, les avocats. *Le juge a suspendu l'audience.* **3.** Public d'une émission de radio ou de télévision. *Cette émission de télévision a une très large audience.*

audio adj. inv. ✦ *Une cassette audio,* une bande magnétique qui sert à enregistrer des sons. *Des cassettes audio.* → aussi **vidéo.**

audiovisuel, audiovisuelle adj. ✦ *Une méthode audiovisuelle,* c'est une méthode pour apprendre une langue qui utilise le son et l'image. *Julie apprend l'anglais par une méthode audiovisuelle.*
▷ Mot de la famille de VOIR.

auditeur n. m., **auditrice** n. f. ✦ Personne qui écoute la radio. *Les auditeurs d'une station de radio.*

auditif, auditive adj. ✦ De l'oreille, de l'ouïe. *Les sourds ont des troubles auditifs. Le nerf auditif,* qui sert à entendre.

audition n. f. **1.** Fait d'entendre, de percevoir les sons. *Les gens âgés ont souvent une mauvaise audition,* ils entendent mal. **2.** *Le chanteur a passé une audition,* il a chanté devant un jury qui le jugeait.

auditoire n. m. ✦ Ensemble des personnes qui écoutent quelqu'un. *La pianiste a joué devant un auditoire nombreux.* → **public.**

auditorium [oditɔʀjɔm] n. m. ✦ Salle aménagée spécialement pour l'enregistrement de concerts. — Au pl. *Des auditoriums.*

au fur et à mesure → **fur**

auge n. f. ✦ Bassin dans lequel on donne à boire et à manger aux cochons.

augmenter v. (conjug. 1) **1.** Rendre plus grand, plus élevé. → **accroître.** *On a augmenté le prix de l'essence.* ❑ contr. **baisser, diminuer. 2.** Devenir plus grand. *Le nombre des chômeurs augmente.* **3.** Devenir plus cher. *Le prix du pain augmentera bientôt.*
➤ **augmentation** n. f. **1.** Hausse, accroissement. *Les prix ont subi une forte augmentation.* ❑ contr. **baisse, diminution. 2.** Hausse de salaire. *Elle a obtenu une augmentation.*

augure n. m. ✦ *Elle a l'air souriant, c'est* ***de bon augure,*** c'est bon signe. *Un oiseau* ***de mauvais augure,*** c'est une personne qui annonce de mauvaises nouvelles.

aujourd'hui adv. **1.** Le jour où nous sommes. *C'est aujourd'hui mercredi.* → aussi **demain, hier. 2.** De nos jours, à l'époque actuelle. → **actuellement, maintenant.** *Aujourd'hui, il n'y a plus de trains à vapeur.* ❑ contr. **autrefois, jadis.**

aulne [on] n. m. ✦ Arbre qui pousse près des rivières. *Les aulnes vivent cent ans.*

aulne

aumône **n. f.** ✦ Argent donné à un mendiant. *Faire l'aumône,* donner de l'argent à une personne qui mendie. *Demander l'aumône,* mendier.

aumônier **n. m.** ✦ Prêtre dans un lycée, un hôpital, une prison.

auparavant **adv.** ✦ Avant cela, d'abord. ❏ contr. **après, ensuite.** *Julie va se coucher, mais auparavant elle embrasse ses parents.*
▷ Mot de la famille de ① AVANT.

auprès de **prép.** ✦ À côté de. → **près.** *Elle est restée auprès de lui toute la soirée.*
▷ Mot de la famille de PRÈS.

auquel **m. sing., à laquelle** **f. sing., auxquels** **m. pl., auxquelles** **f. pl. pronoms relatifs ou interrogatifs.** → aussi **lequel.** 1. **Pronom relatif.** À qui. *Le garçon auquel j'ai prêté mon livre n'est pas là.* 2. **Pronom interrogatif.** *À laquelle des deux veux-tu parler ?*
▷ Mot de la famille de QUEL.

auréole **n. f.** 1. Cercle lumineux qui entoure la tête de Jésus et des saints dans les tableaux. 2. Marque arrondie laissée sur un tissu par une tache qui a été nettoyée. *Ce détachant laisse des auréoles.*

auriculaire **n. m.** ✦ Petit doigt de la main.

aurore **n. f.** ✦ Moment où le soleil se lève. → aussi ① **aube.** *À l'aurore, le ciel devient rose.*

ausculter **v.** (conjug. 1) ✦ Écouter le bruit du cœur et de la respiration. *Le médecin ausculte le malade.*

auréole (Fra Angelico)

➤ **auscultation** **n. f.** ✦ Action d'ausculter. *Le médecin n'a rien entendu d'anormal à l'auscultation du malade.*

auspices **n. m. pl.** ✦ *Le voyage avait commencé sous les meilleurs auspices,* avec les meilleures chances de réussite.

aussi **adv. et conjonction** 1. **adv.** De la même façon, autant. *Louise est partie et Julie aussi.* → **également.** *Louise est aussi grande que Paul.* — En plus. *Théo aime les chiens et aussi les chats.* 2. **conjonction.** Pour cette raison, par conséquent. *Cette voiture est très belle, aussi est-elle très chère.*
▷ Autre mot de la famille : AUSSITÔT.

aussitôt **adv.** 1. Tout de suite, sans attendre. *Tu m'as appelée et je suis venue aussitôt.* → **immédiatement.** 2. ***Aussitôt que,*** dès que. *Léa fait ses devoirs aussitôt qu'elle est rentrée de l'école.*
▷ Mot de la famille de AUSSI et de TÔT.

austère **adj.** 1. *Une personne austère,* c'est une personne qui est sérieuse et n'aime pas les plaisirs de la vie. ❏ contr. **gai.** 2. Triste et sans ornement. → **sévère.** *La façade du collège est austère.*

➤ **austérité** **n. f.** ✦ Absence de plaisir dans la manière de vivre. *Les moines mènent une vie d'austérité,* de privations très dures.

austral, australe **adj.** ✦ Du pôle Sud. ❏ contr. **boréal.** *L'hémisphère austral,* l'hémisphère Sud. *Les terres australes,* ce sont les terres qui se trouvent près du pôle Sud. → **antarctique** et aussi **arctique.** — Au masc. pl. *australs.*

australopithèque **n. m.** ✦ Ancêtre de l'homme qui vécut entre 7 millions et 1 million d'années avant notre ère. *Toumaï et Lucy étaient des australopithèques.* → aussi **primate.**

autant **adv.** 1. Le même nombre, la même quantité. *Il y a **autant de** tasses **que** de soucoupes. Je n'ai jamais vu **autant de** livres dans une maison,* une si grande quantité. *Julie travaille bien, fais-en autant, Louise !* 2. *Il fait très froid **d'autant plus qu'**il y a du vent,* il fait encore plus froid à cause du vent.
▷ Mot de la famille de TANT.

autel **n. m.** ✦ Dans une église, table sur laquelle on célèbre la messe. *Le prêtre a posé le calice sur l'autel.* ❍ homonyme : hôtel.

auteur **n. m.** 1. Personne qui est la cause de quelque chose. *L'auteur du crime a été arrêté.* 2. Personne qui écrit un livre, fait une œuvre d'art. *Jules Verne est un auteur célèbre.* → **écrivain.** — Dans ce sens, on peut aussi employer le féminin *autrice* ou la forme *auteure.*

authentique **adj.** 1. Qui a été réellement fait par son auteur. *Ce tableau est un Picasso authentique,* il a été réellement peint par Picasso. *Une œuvre d'art authentique,* qui n'est ni une copie ni un faux. ❑ contr. ① **faux.** 2. Qui dit la vérité. *Cette histoire est authentique,* ce qu'elle raconte est vrai. → **véridique.**
➤ **authenticité** **n. f.** ✦ Qualité de ce qui est authentique. *Les experts ont reconnu l'authenticité du tableau,* les experts ont reconnu qu'il était vrai.

autiste **adj.** ✦ Qui ne peut pas communiquer avec l'extérieur ni avec les autres. *Ils ont un enfant autiste.* — **N.** *Les autistes.*

auto **n. f.** ✦ Automobile, voiture.
▷ Autres mots de la famille : AUTO-ÉCOLE, AUTORADIO, AUTORAIL, AUTOROUTE, AUTOROUTIER, AUTO-STOP, AUTO-STOPPEUR.

auto- ✦ Préfixe qui signifie « soi-même, lui-même » (ex. : *autobiographie, autocuiseur*).

autobiographie **n. f.** ✦ Histoire de la vie d'un auteur écrite par lui-même. *Il a écrit son autobiographie.*
▷ Mot de la famille de BIOGRAPHIE.

autobus [otobys] **n. m.** ✦ Grand véhicule transportant un grand nombre de personnes dans les villes. → **bus.** *Les passagers montent et descendent aux arrêts d'autobus.*

autocar **n. m.** ✦ Grand véhicule transportant beaucoup de personnes sur d'assez longs parcours. → ② **car.** *Les parents de Paul ont visité la Turquie en autocar.*

autocassable **adj.** ✦ *Une ampoule autocassable,* c'est une ampoule qui peut être ouverte sans l'aide d'une lime.
▷ Mot de la famille de CASSER.

autochtone [ɔtɔktɔn] **n. m. et f.** ✦ Personne qui est née dans le pays où elle vit. → **indigène.**

autocollant **adj.** et **n. m.**, **autocollante** **adj.**
■ **adj.** *Une enveloppe autocollante,* qui colle d'elle-même, sans avoir besoin d'être mouillée. *Des timbres autocollants.*
■ **n. m.** Image qui colle d'elle-même. *Il a mis des autocollants sur le pare-brise de sa voiture.*
▷ Mot de la famille de COLLER.

autocuiseur **n. m.** ✦ Récipient qui permet de cuire des aliments sous pression.
▷ Mot de la famille de CUIRE.

autodéfense **n. f.** ✦ Fait de se défendre tout seul, sans l'aide de la police, quand on est attaqué. *Ils sont partisans de l'autodéfense.*
▷ Mot de la famille de ① DÉFENDRE.

autodictée **n. f.** ✦ Exercice scolaire qui consiste à reproduire par écrit un texte appris par cœur. *Les élèves font une autodictée.*
▷ Mot de la famille de DICTÉE.

autodidacte **n. m. et f.** ✦ Personne qui a appris ce qu'elle sait toute seule, sans professeur.

autodiscipline **n. f.** ✦ Discipline, règlement que l'on s'impose à soi-même, sans contrôle d'autrui.
▷ Mot de la famille de DISCIPLE.

auto-école **n. f.** ✦ École où l'on apprend à conduire une voiture. *Son père est moniteur d'auto-école.* — Au pl. *Des auto-écoles.*
▷ Mot de la famille de AUTO et de ÉCOLE.

autographe **n. m.** ✦ Signature d'une personne célèbre, parfois accompagnée de quelques mots. *Alex a demandé un autographe à son chanteur favori.*

automate **n. m.** ✦ Machine qui a l'aspect d'un homme ou d'un animal et imite cer-

automate

tains mouvements grâce à un mécanisme. *Chez l'antiquaire, il y a un automate qui joue de la flûte.*

➤ **automatique** **adj.** 1. Qui se fait tout seul, grâce à un mécanisme. *Dans les trains, l'ouverture des portes est automatique.* 2. *Un geste automatique,* que l'on fait machinalement, sans y penser. → **machinal, mécanique.** *Il remit les clés dans sa poche d'un geste automatique.*

➤ **automatiquement** **adv.** ✦ Grâce à un mécanisme. *Les portes s'ouvrent automatiquement.*

automne [otɔn] **n. m.** ✦ Saison de l'année qui vient après l'été et avant l'hiver. *Les feuilles jaunissent et tombent en automne.*

➤ **automnal** [otɔnal], **automnale** [otɔnal] **adj.** ✦ De l'automne. *Les brumes automnales.* — Au masc. pl. *automnaux.*

automobile **n. f.** ✦ Voiture à moteur. → **auto.** — **Adj.** *Une course automobile,* c'est une course de voitures.

➤ **automobiliste** **n. m.** et **f.** ✦ Personne qui conduit une automobile. → **conducteur.** *Les automobilistes doivent respecter le code de la route.*

autonettoyant, autonettoyante **adj.** ✦ *Un four autonettoyant,* qui brûle les dépôts de graisse et qui n'a pas besoin d'être nettoyé.

▷ Mot de la famille de NET.

autonome **adj.** ✦ *Un pays autonome,* c'est un pays qui se gouverne lui-même. *Un enfant autonome,* c'est un enfant qui se débrouille tout seul, sans l'aide de personne.

➤ **autonomie** **n. f.** 1. *Cette région réclame son autonomie,* elle veut se gouverner elle-même. → aussi **indépendance.** 2. *L'avion a 8 heures d'autonomie,* il peut voler 8 heures sans prendre de carburant.

➤ **autonomiste** **n. m.** et **f.** ✦ Personne qui réclame l'autonomie de sa région. → **séparatiste.**

autopsie **n. f.** ✦ Examen médical d'un cadavre pour connaître la cause de sa mort. *Le commissaire a demandé l'autopsie de la victime.*

autoradio **n. m.** ✦ Poste de radio installé dans une voiture. *Un magasin d'autoradios.*

▷ Mot de la famille de AUTO et de RADIO.

autorail **n. m.** (pl. **autorails**) ✦ Voiture de chemin de fer à moteur Diesel.

▷ Mot de la famille de AUTO et de RAIL.

autoriser **v.** (conjug. 1) ✦ Donner la permission. → **permettre.** ❑ contr. **interdire.** *Les parents de Léa l'ont autorisée à aller au cinéma avec Théo.*

➤ **autorisation** **n. f.** ✦ Permission. ❑ contr. **interdiction.** *Les élèves n'ont pas l'autorisation de sortir de l'école avant la fin de la classe.*

autorité **n. f.** 1. Droit ou pouvoir de commander, d'imposer l'obéissance. *L'autorité du chef de l'État. Les employés travaillent sous l'autorité du chef,* sous ses ordres. 2. *Il a beaucoup d'autorité sur ses enfants,* il sait se faire obéir d'eux. 3. *Les autorités,* les personnes qui ont le pouvoir.

➤ **autoritaire** **adj.** ✦ *Une personne autoritaire,* qui aime être obéie. *Un patron autoritaire avec son personnel.* — *Une politique autoritaire.*

autoroute **n. f.** ✦ Large route où l'on peut circuler vite et dont les deux sens sont séparés par un terre-plein. *Une autoroute à quatre voies.*

● C'est un nom féminin : on dit *une autoroute.*

➤ **autoroutier, autoroutière** **adj.** ✦ Qui concerne les autoroutes. *Le trafic autoroutier est dense, le week-end.*

▷ Mots de la famille de AUTO et de ROUTE.

auto-stop **n. m.** ✦ *Faire de l'auto-stop,* faire signe aux voitures pour être pris à leur bord. → fam. **stop.**

➤ **auto-stoppeur** **n. m.**, **auto-stoppeuse** **n. f.** ✦ Personne qui fait de l'auto-

auto-stoppeur

avalanche

stop. — Au pl. *Des auto-stoppeurs, des auto-stoppeuses.*
▷ Mots de la famille de AUTO et de STOP.

autour **adv.** ✦ En entourant. *Les enfants ont construit un château de sable et creusé un fossé autour,* ils ont creusé un fossé qui l'entoure. — *La Terre tourne autour du Soleil,* elle en fait le tour.
▷ Mot de la famille de TOURNER.

autre **adj.** et **pronom** 1. **adj.** Différent. *Alex est plus grand que les autres garçons de son âge. J'ai une autre idée.* — Supplémentaire, nouveau. *Julie a pris une autre part de gâteau.* 2. **pronom** Une autre personne, une autre chose. *Quand j'aurai fini ce livre, j'en lirai un autre,* un différent. *Les autres sont partis. L'un est blond, l'autre brun.*
➤ **autrefois** **adv.** ✦ Dans le temps passé. → **jadis.** ❑ contr. **actuellement, aujourd'hui.** *Autrefois, on n'allait pas à l'école le jeudi.* ▷ Mot de la famille de FOIS.
➤ **autrement** **adv.** 1. D'une autre manière. *Si tu t'y prenais autrement, tu y arriverais.* → **différemment.** 2. Dans le cas contraire. *Dépêche-toi, autrement nous allons être en retard.* → **sinon.**
➤ **autre part** → **part**
▷ Autre mot de la famille : AUTRUI.

autruche **n. f.** ✦ Très grand oiseau d'Afrique, à longues jambes, qui court très vite. ➻ planche Oiseaux p. 711. *Les œufs d'autruche sont très gros.* — *Pratiquer la politique de l'autruche,* ne pas vouloir prendre conscience du danger pour ne pas avoir à l'affronter.

autrui **pronom** ✦ Les autres personnes. *Il est plus facile de voir les défauts d'autrui que les siens.*
▷ Mot de la famille de AUTRE.

auvent **n. m.** ✦ Petit toit qui s'avance au-dessus d'une porte.

aux → **à** et ① **le**

auxiliaire [ɔksiljɛʀ] **adj., n. m.** et **f.**
■ **adj.** Qui aide, mais qui n'est pas indispensable. *Un moteur auxiliaire,* c'est un moteur de secours.
■ **n.** 1. **n. m.** et **f.** Personne qui en aide une autre dans son métier. → **assistant.** *Sa secrétaire est une auxiliaire précieuse.* 2. **n. m.** Verbe utilisé pour former les temps composés. *« Avoir » et « être » sont des auxiliaires.*

auxquels → **auquel**

s'avachir **v.** (conjug. 2) 1. Se déformer en devenant mou. *Ces bottes se sont avachies à force d'être portées.* 2. Familier. Se laisser aller par manque d'énergie. *Épuisée, elle s'est avachie dans un fauteuil.* → **s'affaler.**
➤ **avachi, avachie** **adj.** ✦ Vieux et déformé. *Il portait de vieilles chaussures avachies.*

aval **n. m.** (pl. **avals**) ✦ *L'aval,* c'est la partie d'un cours d'eau qui est entre le lieu où l'on se trouve et l'embouchure. ❑ contr. **amont.** *Bordeaux est en aval de Toulouse, sur la Garonne,* Bordeaux se trouve plus loin de la source que Toulouse.

▷ Mot de la famille de VAL.

avalanche **n. f.** ✦ Masse de neige qui se détache du flanc d'une montagne en emportant tout sur son passage.

avaler **v.** (conjug. 1) **1.** Faire descendre dans le gosier. → **absorber, ingurgiter.** *On avale la nourriture après l'avoir mâchée.* → **déglutir.** **2.** Familier. Croire, admettre. *Il est tellement crédule, on lui ferait tout avaler !*

▷ Autre mot de la famille : ② RAVALER.

avancer **v.** (conjug. 3) **1.** Pousser, déplacer vers l'avant. *Il avança une chaise à son invité.* → **approcher.** ❑ contr. **reculer.** **2.** Aller en avant. → **progresser.** *Les explorateurs avançaient lentement au milieu des lianes. Je n'avance pas dans ce travail.* **3.** Faire arriver avant le moment prévu. *Il a avancé son départ,* il est parti plus tôt que prévu. ❑ contr. **différer, reculer.** **4.** *Avancer de l'argent,* en prêter. *Peux-tu m'avancer 20 euros ?* **5.** *Cette montre avance d'une minute,* elle est en avance d'une minute. ❑ contr. **retarder.**

➤ **s'avancer** **v. 1.** S'approcher, venir devant. *Julie s'est avancée vers moi.* **2.** Prendre de l'avance. *Léa s'est avancée dans son travail.*

➤ **avance** **n. f. 1.** Marche, progression. *Il faut arrêter l'avance de l'ennemi.* ❑ contr. **recul.** **2.** Distance qui sépare une personne de celle qui est derrière. *Le coureur a pris de l'avance sur les autres,* il est devant. **3.** Fait d'arriver avant le moment prévu. *Le premier concurrent a une avance de quelques secondes sur le deuxième. Elle a pris de l'avance dans son travail.* → aussi **s'avancer.** *Il est arrivé* ***en avance,*** avant l'heure prévue. ❑ contr. **en retard.** *Il faut s'y prendre longtemps* ***à l'avance,*** avant le moment fixé. **4.** Somme d'argent donnée avant le moment prévu. *Il a demandé une avance à son patron.*

➤ **avancé, avancée** **adj. 1.** *Il est rentré à une heure avancée,* très tard. → **tardif.** **2.** En avance sur les autres. → **précoce.** *Julie est avancée pour son âge.* **3.** *Il a des idées avancées,* très modernes, d'avant-garde. ❑ contr. **archaïque, rétrograde.**

➤ **avancement** **n. m. 1.** Le fait de progresser. *Il a eu de l'avancement,* un poste plus important. → **promotion.** **2.** Progrès. *L'architecte surveille l'avancement des travaux.*

▷ Mots de la famille de ① AVANT.

① **avant** **prép.** et **adv. 1. prép.** *Paul est arrivé avant Théo,* plus tôt que Théo. ❑ contr. **après.** *Réfléchis avant de te décider. Dépêchons-nous de rentrer* ***avant qu'****il ne pleuve.* **2. adv.** Plus tôt. *Il habite Paris, mais avant il vivait à Marseille.* → **auparavant.** — *Tu vois le bois, la maison est juste avant.* — *Il s'est penché* ***en avant*** *et il est tombé.* ❑ contr. **en arrière.** *En avant, marche !*

▷ Autres mots de la famille : AUPARAVANT, AVANCE, AVANCÉ, AVANCEMENT, AVANCER, S'AVANCER, ② AVANT, AVANT-BRAS, AVANT-CENTRE, AVANT-DERNIER, AVANT-GARDE, AVANT-GOÛT, AVANT-HIER, AVANT-PROPOS, AVANT-VEILLE.

② **avant** **n. m. 1.** *L'avant d'un bateau,* la partie qui est devant. → **proue.** ❑ contr. **arrière.** — **Adj. inv.** *Les roues avant d'une voiture.* **2.** *Les avants d'une équipe de football,* ce sont les joueurs placés devant. ❑ contr. **arrière.**

avantage **n. m. 1.** Ce qui donne une supériorité à une personne ou à une chose. → **atout.** *C'est un avantage de parler plusieurs langues.* ❑ contr. **handicap.** *Cet appartement a l'avantage d'être bien exposé.* ❑ contr. **désavantage, inconvénient.** **2.** Supériorité dans un combat, une lutte. *Notre équipe a pris l'avantage sur l'équipe adverse par 3 buts à 1,* elle l'a dominée.

➤ **avantager** **v.** (conjug. 3) **1.** Donner un avantage. → **favoriser.** *Sa connaissance des langues l'avantage.* ❑ contr. **désavantager.** **2.** Embellir. *Cette nouvelle coiffure l'avantage.*

➤ **avantageux, avantageuse** **adj.** ✦ Qui procure un avantage. *Un prix avantageux,* intéressant. *La grande boîte est plus avantageuse.* → **économique.**

➤ **avantageusement** **adv.** ✦ De façon avantageuse. *Cette nouvelle machine a avantageusement remplacé l'ancienne,* elle la remplace en mieux.

▷ Autres mots de la famille : DAVANTAGE, DÉSAVANTAGE, DÉSAVANTAGER, DÉSAVANTAGEUX.

avant-bras **n. m. inv.** ✦ Partie du bras qui va du coude au poignet. *Il a les avant-bras bronzés.*

▷ Mot de la famille de ① AVANT et de BRAS.

avant-centre **n. m.** ✦ Joueur de football qui joue au centre de la ligne d'attaque. — Au pl. *Des avant-centres.*
▷ Mot de la famille de ① AVANT et de CENTRE.

avant-dernier, avant-dernière **adj.** ✦ Qui est juste avant le dernier. *C'est l'avant-dernière semaine de classe.* — Au masc. pl. *avant-derniers.*
▷ Mot de la famille de ① AVANT et de DERNIER.

avant-garde **n. f.** **1.** *L'avant-garde d'une armée,* la partie qui est envoyée en avant. — Au pl. *Des avant-gardes.* **2.** *La peinture d'avant-garde,* très moderne.
▷ Mot de la famille de ① AVANT et de GARDER.

avant-goût **n. m.** ✦ Aperçu que l'on a de quelque chose qui va se produire. *Ce week-end a donné aux enfants un avant-goût des vacances.* — Au pl. *Des avant-goûts.*
▷ Mot de la famille de ① AVANT et de GOÛT.

avant-hier [avɑ̃tjɛʀ] **adv.** ✦ Le jour qui a précédé hier. *Nous nous sommes vus hier et avant-hier.* → aussi **avant-veille.**
▷ Mot de la famille de ① AVANT et de HIER.

avant-propos **n. m. inv.** ✦ Introduction au début d'un livre. → **préface.** — Au pl. *Des avant-propos.*
▷ Mot de la famille de ① AVANT et de PROPOS.

avant-veille **n. f.** ✦ Jour qui précède la veille du jour dont on parle. *Je l'ai vu l'avant-veille de son départ.* → aussi **avant-hier.** — Au pl. *Des avant-veilles.*
▷ Mot de la famille de ① AVANT et de ① VEILLE.

avare **adj.** **1.** Qui a de l'argent et refuse de le dépenser. *Elle est très avare.* → fam. **radin.** ❑ contr. **dépensier, généreux.** — **N.** *C'est une avare.* **2.** *Il est avare de conseils,* il n'en donne pas beaucoup.
➤ **avarice** **n. f.** ✦ Refus de dépenser de l'argent. *Il se prive de tout par avarice.*

avarie **n. f.** ✦ Dégât qui touche un bateau. *La tempête a causé des avaries au navire.*
➤ **avarié, avariée** **adj.** ✦ *De la nourriture avariée,* c'est de la nourriture qui s'est abîmée parce qu'on l'a gardée trop longtemps. → **abîmé, pourri.**

avatar **n. m.** ✦ Aventure malheureuse. *Nous avons eu de nombreux avatars au cours de notre voyage.*

avenue

avec **prép.** **1.** *Paul est avec sa sœur,* en sa compagnie. ❑ contr. **sans.** **2.** *Théo s'est battu avec un voyou,* contre un voyou. **3.** *Ils ont loué une maison avec piscine,* qui possède une piscine. **4.** *Avec ce temps, on ne peut pas sortir,* à cause de ce temps. **5.** *Enfonce le clou avec un marteau,* à l'aide d'un marteau. **6.** *Il nous a aidés avec gentillesse,* d'une manière gentille.

avenant, avenante **adj.** ✦ Aimable. → **affable.** *La boulangère est très avenante.*

avènement **n. m.** ✦ Arrivée au pouvoir. *L'avènement du roi François Ier eut lieu en 1515.*

avenir **n. m.** **1.** Le temps à venir. → **futur.** *Les voyantes prédisent l'avenir,* ce qui va arriver. ***À l'avenir,*** *soyez plus prudents,* à partir de maintenant. → **désormais, dorénavant.** **2.** Situation future. *Léa songe à son avenir.*
▷ Mot de la famille de VENIR.

aventure **n. f.** **1.** Ce qui arrive d'imprévu, de surprenant. *Les pirates ont trouvé le trésor après bien des aventures.* **2.** Action qui comporte des risques. *Paul n'a pas le goût de l'aventure. Nous avons marché* ***à l'aventure,*** sans but précis. → au **hasard.** **3.** *Une bohémienne m'a dit la bonne aventure,* m'a prédit mon avenir.
➤ **s'aventurer** **v.** (conjug. 1) ✦ Prendre le risque d'aller dans un endroit dangereux. → se **risquer.** *Je ne m'aventurerais pas dans la forêt la nuit.*
➤ **aventureux, aventureuse** **adj.** **1.** Plein d'aventures. *Julie aimerait mener une vie aventureuse.* **2.** Plein de risques. *Ce projet est trop aventureux.* → **hasardeux, risqué.**
➤ **aventurier** **n. m.,** **aventurière** **n. f.** ✦ Personne qui recherche l'aventure.
▷ Autre mot de la famille : MÉSAVENTURE.

avenue **n. f.** ✦ Large rue souvent bordée d'arbres. → aussi **boulevard.** *Ils habitent avenue du général de Gaulle.*

s'avérer **v.** (conjug. 6) ✦ Se révéler. *Cette pommade s'est avérée efficace contre les démangeaisons.*

averse **n. f.** ✦ Forte pluie de courte durée. *Julie et Louise sont sorties entre deux averses. Une averse de grêle.*
▷ Mot de la famille de VERSER.

aversion **n. f.** ✦ Sentiment d'antipathie, de dégoût. → **antipathie, répulsion.** ❑ contr. **amour, sympathie.** *Il a une profonde aversion pour le mensonge.*

avertir **v.** (conjug. 2) ✦ *Avertir quelqu'un d'un danger,* c'est l'en informer pour qu'il y fasse attention. → **prévenir.** *La météo avait averti les skieurs des risques d'avalanche.*
➤ **avertissement** **n. m.** ✦ Mise en garde, appel à l'attention, à la prudence. → **conseil, recommandation.** *Écoutez bien mes avertissements.*
➤ **avertisseur** **n. m.** ✦ Appareil destiné à avertir. *Les ambulances ont des avertisseurs sonores.* → **klaxon.**

aveu **n. m.** **1.** Le fait d'avouer une chose. *Je vais vous faire un aveu,* vous dire une chose difficile ou pénible. **2.** *L'accusé est passé aux aveux,* il a reconnu qu'il était coupable. → aussi **avouer.**
▷ Autre mot de la famille : DÉSAVEU.

aveugle **adj.** **1.** Qui ne voit pas. *Il est né aveugle.* — **N.** *Louise a aidé une aveugle à traverser la rue.* → **non-voyant** et aussi **cécité.** *Au royaume des aveugles, les borgnes sont rois,* les gens médiocres paraissent très intelligents au milieu des ignorants. **2.** Incapable de voir la réalité. *On dit que l'amour rend aveugle.* — *Il a une confiance aveugle en ses amis,* il a une entière confiance dans ses amis. → **absolu, total.**
➤ **aveuglément** **adv.** ✦ Sans réfléchir. *Il suit ses amis aveuglément.*
➤ **aveugler** **v.** (conjug. 1) ✦ Gêner la vue par une lumière trop vive. → **éblouir.** *Les phares de la voiture nous ont aveuglés.*
➤ **aveuglant, aveuglante** **adj.** ✦ Qui est très lumineux au point d'éblouir. *Une lumière aveuglante.*
➤ **aveuglement** **n. m.** ✦ Trop grande confiance. ❑ contr. **lucidité.** *Son aveuglement le mènera à la catastrophe.*

➤ **à l'aveuglette** **adv.** **1.** Sans y voir. *Ils avançaient dans le tunnel à l'aveuglette.* **2.** Au hasard. *Il ne faut pas se lancer dans cette aventure à l'aveuglette.*

aviateur **n. m.**, **aviatrice** **n. f.** ✦ Personne qui pilote un avion ou qui fait partie de l'équipage. *Hélène Boucher fut une grande aviatrice.*

aviation **n. f.** **1.** Tout ce qui concerne les avions. *Les avions décollent et atterrissent sur un terrain d'aviation. Une compagnie d'aviation.* **2.** Ensemble des avions. *Pendant la guerre, il a combattu dans l'aviation.*

avide **adj.** ✦ Qui désire quelque chose avec force. *Napoléon était avide de gloire.*
➤ **avidité** **n. f.** ✦ Désir très fort. → **convoitise.** *Le chien mange avec avidité.* → **voracité.**

s'avilir **v.** (conjug. 2) ✦ Devenir méprisable, vil. *Elle s'est avilie en acceptant ce marché.*
▷ Mot de la famille de VIL.

avion **n. m.** ✦ Appareil volant qui a un moteur et des ailes. *Ils ont pris l'avion pour aller en Espagne.* ➻ planche p. 72
▷ Autres mots de la famille : HYDRAVION, PORTE-AVIONS.

aviron **n. m.** **1.** Rame. *Sers-toi des avirons pour faire avancer la barque.* **2.** *L'aviron,* c'est un sport nautique qui se pratique sur un bateau léger à l'aide d'avirons. *Ils font de l'aviron sur la rivière.*

avis [avi] **n. m.** **1.** Opinion. *Donne-moi ton avis sur ce problème. Il change tout le temps d'avis.* — *Deux avis valent mieux qu'un,* avant d'agir, il vaut mieux consulter plusieurs personnes. **2.** Texte qui informe sur un sujet précis. *Avis au public : les chiens sont interdits sur cette plage.*
➤ **aviser** **v.** (conjug. 1) **1.** Avertir. *Il nous a avisés de sa décision.* **2.** Décider après avoir réfléchi. *On avisera le moment venu.*
➤ **s'aviser** **v.** **1.** S'apercevoir. *Léa s'est avisée trop tard de son oubli.* **2.** Essayer. *Ne t'avise pas de recommencer !*
➤ **avisé, avisée** **adj.** ✦ Qui agit de la meilleure façon, après avoir bien réfléchi. *Un homme d'affaires avisé.*
▷ Autres mots de la famille : PRÉAVIS, SE RAVISER.

① **avocat** **n. m.**, **avocate** **n. f.** ✦ Personne dont le métier est d'aider les gens à comprendre la loi et à se défendre devant un tribunal. *Maître Dupont, avocat à la cour. L'avocat plaide l'innocence de son client. — Se faire*

bombardier Breguet (1917)

monomoteur Caudron-Renault (1934)

planeur

SIFA GTR 300

hydravion

hélicoptère léger P 120

Canadair

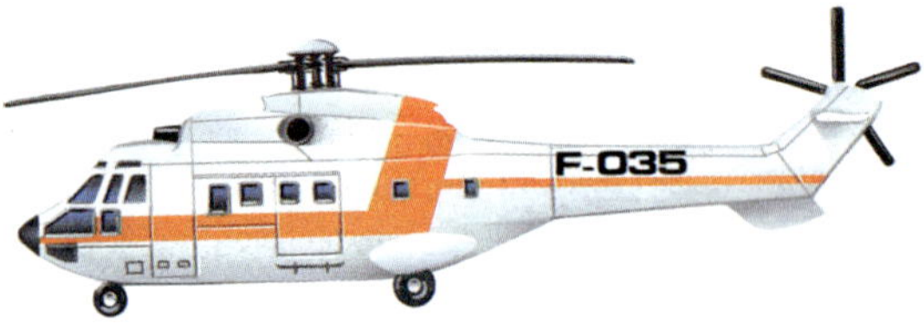

Super Puma

Transall C 160

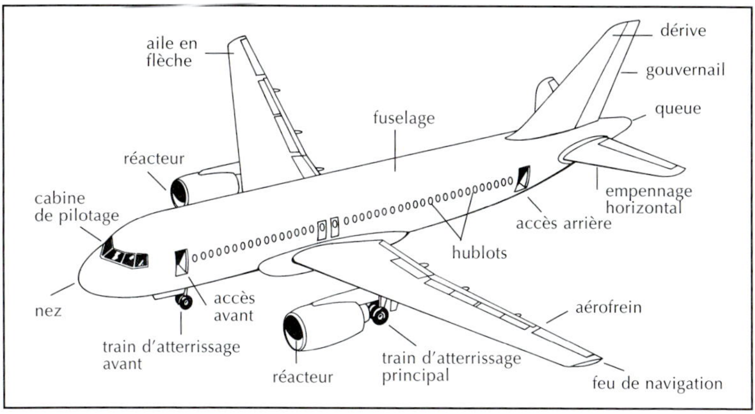

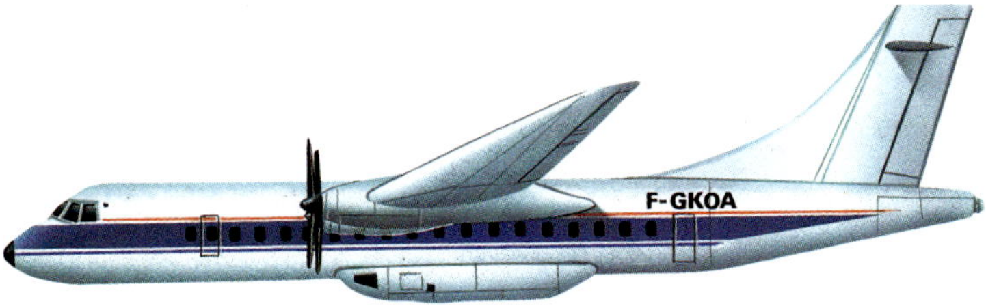

ATR 42

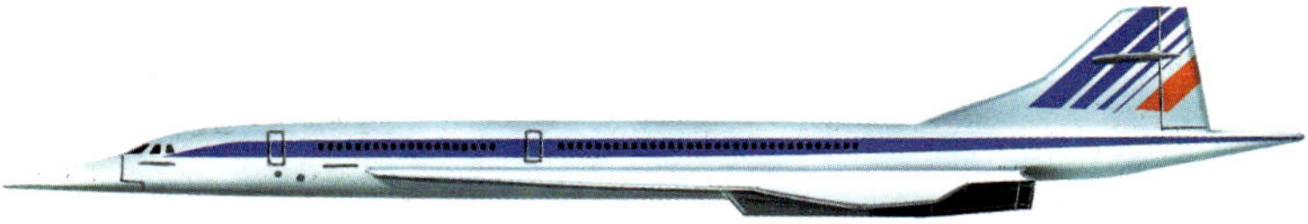

Concorde

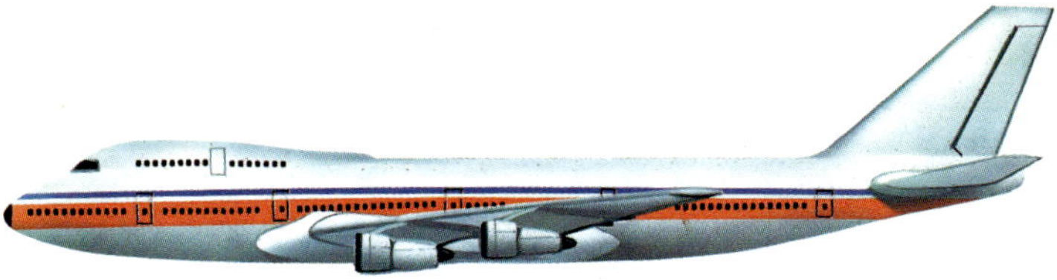

Boeing 747

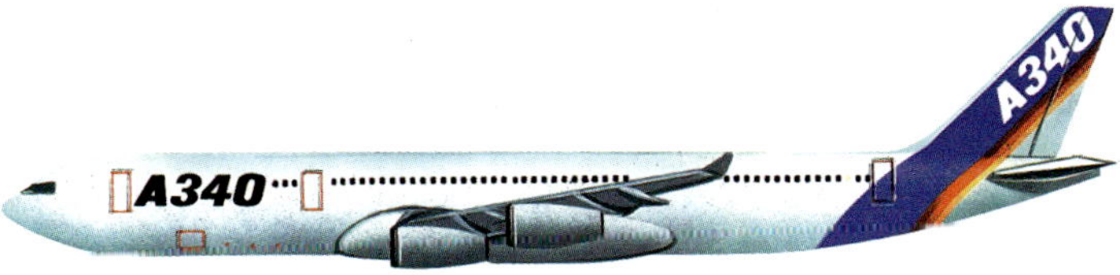

Airbus 340

l'avocat du diable, défendre une chose que tout le monde critique.

② **avocat** **n. m.** ✦ Fruit vert ou marron, à gros noyau, de la forme et de la taille d'une poire. *Les avocats poussent dans les pays chauds.*

avocat

avoine **n. f.** ✦ Plante dont le grain sert de nourriture aux chevaux et aux volailles. *On fait des bouillies avec des flocons d'avoine.*

① **avoir** **v.** (conjug. 34)
■ **verbe** 1. Posséder. *Paul a les yeux bleus. Léa a une sœur. Je n'ai pas de voiture.* 2. Obtenir. *Il a eu son bac à 18 ans.* 3. Ressentir. *Théo avait mal au cœur.* 4. *Julie a sa leçon à apprendre,* elle doit apprendre sa leçon. 5. *Il y a,* il existe. *Il n'y a plus de beurre. Il y a huit jours qu'il est parti,* cela fait huit jours.
■ **auxiliaire** *Avoir* sert à conjuguer d'autres verbes aux temps composés. *Je n'ai pas gagné. Il avait fini ses devoirs.*
➤ ② **avoir** **n. m.** ✦ Ce que l'on possède. → **bien, fortune.** *Il a gaspillé tout son avoir.*
▷ Autre mot de la famille : NAGUÈRE.

avoisinant, avoisinante **adj.** ✦ Qui est situé dans le voisinage. *Il y a des chats abandonnés dans les rues avoisinantes.* → **proche, voisin.**
▷ Mot de la famille de VOISIN.

avorter **v.** (conjug. 1) 1. Donner naissance à un enfant ou à un petit pas assez développé pour qu'il puisse vivre. *La chienne a avorté.* 2. Échouer. *Son projet a avorté.*
➤ **avortement** **n. m.** ✦ Interruption précoce d'une grossesse.

avouer **v.** (conjug. 1) 1. Reconnaître qu'une chose est vraie. → **admettre.** *Alex a avoué avoir copié sur son voisin,* il a reconnu que c'était vrai. ❑ contr. **nier.** *Il avoue qu'il a eu peur.* 2. Reconnaître qu'on est coupable. *L'accusé a fini par avouer son crime,* il a reconnu qu'il l'avait commis. *Il a tout avoué.* → aussi **aveu.**
➤ **avouable** **adj.** ✦ Que l'on peut dire sans honte. *Ses intentions sont parfaitement avouables.*
▷ Autres mots de la famille : DÉSAVOUER, INAVOUABLE.

avril **n. m.** ✦ Quatrième mois de l'année. *Le 1er avril, les gens se font des farces. Poisson d'avril !*

axe **n. m.** 1. Ligne qui passe au milieu de quelque chose. *Une ligne blanche marque l'axe de la route.* 2. *L'axe d'une roue,* la tige qui permet à la roue de tourner sur elle-même. 3. *Les grands axes de circulation,* les grandes routes qui traversent un pays.

azalée **n. f.** ✦ Arbuste qui donne de très belles fleurs. *Une azalée en pot.*
● *Azalée* est un nom féminin : on dit *une azalée.*

azalée

azimut [azimyt] **n. m.** ✦ Familier. *Les élèves sont partis dans tous les azimuts,* dans toutes les directions.

azote **n. m.** ✦ Gaz incolore et sans odeur qui constitue les quatre cinquièmes de l'air.

azur **n. m.** ✦ Couleur bleue du ciel et de la mer. *Un ciel d'azur.*

azyme **adj.** ✦ *Du pain azyme,* cuit sans levain.

B

baba **n. m.** ✦ Gâteau arrosé de rhum.
● Ce mot vient du polonais. Le baba a été introduit en France au 18ᵉ siècle par Stanislas Leczinsky, duc de Lorraine et ancien roi de Pologne.

babiller **v.** (conjug. 1) ✦ *Le bébé babille,* il fait entendre des bruits qui ne sont pas encore des mots. → **gazouiller.**

babines **n. f. pl.** 1. Lèvres de certains animaux. *Le chien grogne en retroussant les babines.* 2. *S'en lécher les babines,* c'est se réjouir à la pensée d'une chose agréable. *En pensant au gâteau qu'il va manger, Paul se lèche les babines.*

babiole **n. f.** 1. Petit objet sans valeur. → **bricole.** *Elle n'a rapporté que des babioles de son voyage.* 2. Chose sans importance. *Ils se sont fâchés pour une babiole.* → **bêtise, broutille.**

bâbord **n. m.** ✦ Côté gauche d'un bateau, quand on regarde vers l'avant. → aussi **tribord.** *Il y a des rochers à bâbord.*

babouche **n. f.** ✦ Chaussure de cuir plate et souple qui laisse le talon libre. *Dans les pays arabes, on porte des babouches.*

babouin **n. m.** ✦ Singe au museau allongé et aux lèvres proéminentes. *Les babouins vivent en Afrique.*

baby-foot [babifut] **n. m. inv.** ✦ Football de table qui se joue en faisant bouger des joueurs en bois à l'aide de manettes. *Une partie de baby-foot.* — Au pl. *Des baby-foot.*
● Ce mot vient de l'anglais.

baby-sitter [babisitœʀ] **n. m. et f.** ✦ Personne qui garde les enfants quand les parents sont sortis. — Au pl. *Des baby-sitters.*
● Ce mot vient de l'anglais.

baby-sitting [babisitiŋ] **n. m.** ✦ Garde de jeunes enfants en l'absence de leurs parents. *Cette étudiante fait du baby-sitting pour se faire de l'argent de poche.*
● Ce mot vient de l'anglais.

① **bac** **n. m.** ✦ Bateau qui sert à transporter des personnes et des véhicules d'une rive à l'autre d'un fleuve ou d'un bras de mer. → aussi **ferry.**

② **bac** **n. m.** ✦ Récipient. *Des bacs à fleurs. Les bacs à glace et le bac à légumes d'un réfrigérateur.*
▷ Autre mot de la famille : BAQUET.

③ **bac** **n. m.** ✦ Baccalauréat. *Il a passé son bac.*
● Ce mot est l'abréviation de *baccalauréat.*

babouche

baccalauréat **n. m.** ✦ Examen que l'on passe à la fin des études secondaires. *Elle a eu son baccalauréat à 17 ans.* → ③ **bac** et aussi **bachelier.**

bâche **n. f.** ✦ Grande couverture en tissu imperméable. *La voiture est recouverte d'une bâche.*

bachelier **n. m.**, **bachelière** **n. f.** ✦ Personne qui a obtenu le baccalauréat.
● Au Moyen Âge, un bachelier était un jeune homme qui voulait devenir chevalier.

bacille [basil] **n. m.** ✦ Microbe de très petite taille, en forme de petit bâton, composé d'une seule cellule. → aussi **bactérie.** *Certains bacilles donnent des maladies.*

bâcler **v.** (conjug. 1) ✦ Familier. *Bâcler un travail,* le faire trop vite et sans s'appliquer. ❑ contr. **fignoler.** *Julie a bâclé ses devoirs pour aller jouer.*
● Attention à l'accent circonflexe du *â*.

bacon [bekɔn] **n. m.** ✦ Lard fumé. *Des œufs au bacon.*
● Ce mot vient de l'anglais.

bactérie **n. f.** ✦ Être vivant de très petite taille formé d'une seule cellule. → aussi **bacille.**

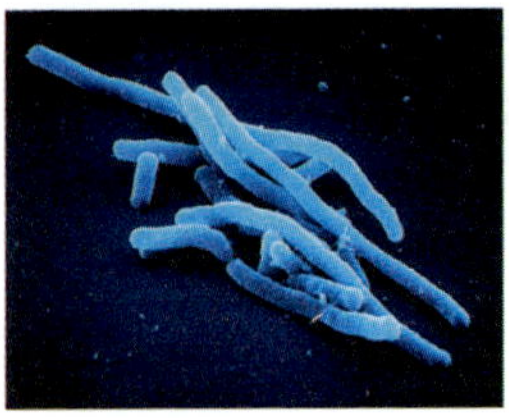

bactérie

badaud **n. m.** ✦ Personne curieuse qui s'arrête dans la rue pour regarder ce qui se passe. *Une foule de badauds regardait l'accident.*

badge **n. m.** ✦ Insigne portant une inscription ou une image que l'on épingle sur ses vêtements. → aussi **pin's.** *Tous les participants à la réunion portent un badge à leur nom. Des badges colorés.*
● Ce mot anglais désignait à l'origine l'insigne d'un chevalier.

badigeon [badiʒɔ̃] **n. m.** ✦ Peinture faite avec de l'eau, de la chaux et un colorant, avec laquelle on peint les murs extérieurs. *On a passé un coup de badigeon sur les murs du garage.*

➤ **badigeonner** [badiʒɔne] **v.** (conjug. 1) ✦ Enduire d'une couche de badigeon. *Le peintre a badigeonné la façade. — Les genoux de Léa sont badigeonnés de mercurochrome,* ils sont enduits de mercurochrome.

badminton [badmintɔn] **n. m.** ✦ Jeu dans lequel deux joueurs se renvoient un volant avec une raquette.
● Ce mot vient de l'anglais.

baffle **n. m.** ✦ Haut-parleur d'une chaîne stéréo. → aussi ① **enceinte.** *Les deux baffles sont de chaque côté du canapé.*
● Ce mot vient de l'anglais.

bafouer **v.** (conjug. 1) ✦ Traiter avec mépris. *On l'a bafouée devant tout le monde.* → **outrager.**

bafouiller **v.** (conjug. 1) ✦ Parler d'une manière embrouillée, en cherchant ses mots et en n'articulant pas bien. → **balbutier, bredouiller.** *Il bafouille d'émotion.*

bagage **n. m.** **1.** *Les bagages,* ce sont les valises, les paquets que l'on emporte avec soi en voyage. *Ils ont fait enregistrer leurs bagages avant de prendre l'avion. — Plier bagage,* c'est partir. **2.** Ensemble des connaissances qu'une personne a acquises. *Il a un bon bagage en maths.*
▷ Autre mot de la famille : PORTE-BAGAGES.

bagarre **n. f.** ✦ Échange de coups. → **bataille.** *Il va y avoir de la bagarre.*

➤ se **bagarrer** **v.** (conjug. 1) ✦ Se battre. *Paul et Alex se bagarrent souvent.*

➤ **bagarreur, bagarreuse** **adj.** ✦ Qui aime se battre. *Théo est très bagarreur.* → **batailleur.**

bagne **n. m.** **1.** Lieu où l'on envoyait autrefois les criminels condamnés aux travaux forcés. **2.** *C'est le bagne, ici !* les conditions de travail sont très dures.

➤ **bagnard** **n. m.** ✦ Criminel qui était emprisonné dans un bagne. *Les bagnards portaient des habits rayés noir et blanc.* → aussi **forçat.**

bagout [bagu] **n. m.** ✦ Familier. *Ce vendeur a beaucoup de bagout,* il parle beaucoup et est très persuasif.
● On écrit parfois *bagou.*

bague **n. f.** ✦ Anneau que l'on porte au doigt et qui est parfois orné d'une pierre précieuse.

baguette **n. f.** **1.** Petit bâton mince. *La baguette du chef d'orchestre. Les Asiatiques mangent avec des baguettes.* **2.** Pain long et mince. **3.** *Mener quelqu'un à la baguette,* avec autorité.

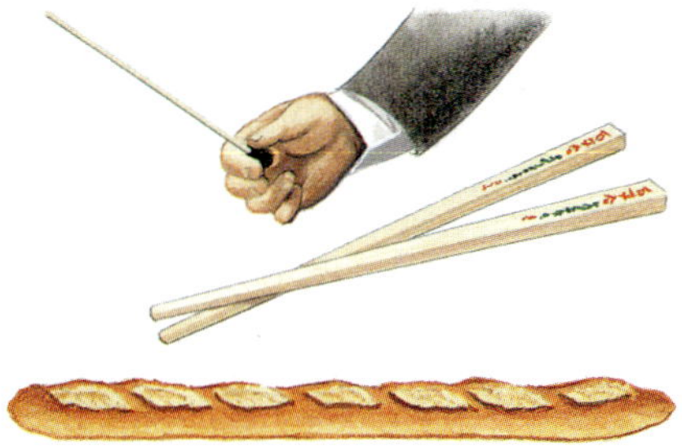

baguette

bah ! **interj.** ✦ Mot qui sert à exprimer l'indifférence, l'insouciance. *Bah ! Cela n'a pas d'importance.* → **tant** pis.

bahut [bay] **n. m.** ✦ Buffet large et bas. *Un bahut breton.*

① **baie** **n. f.** ✦ Partie de la côte où la mer rentre dans la terre. → **anse, crique** et aussi **golfe.** *La baie de Douarnenez.*

② **baie** **n. f.** ✦ Grande fenêtre. *Des baies vitrées donnent sur le jardin.*

③ **baie** **n. f.** ✦ Petit fruit juteux contenant des pépins. *Les groseilles, les mûres, les myrtilles sont des baies.*

baigner **v.** (conjug. 1) **1.** Donner un bain à quelqu'un. *La maman baigne son bébé.* — **se baigner,** se plonger dans l'eau. *Alex aime se baigner dans la mer,* se mettre dans la mer pour le plaisir, pour nager. **2.** *L'Atlantique et la Manche baignent la Bretagne,* ils l'entourent. **3.** Tremper dans un liquide. *La viande baignait dans la sauce.*

➤ **baignade** **n. f.** **1.** Bain dans la mer, la rivière ou la piscine. *Cette plage est dangereuse, la baignade y est interdite.* **2.** Lieu aménagé pour se baigner. *Il y a une belle baignade plus loin sur la rivière.*

➤ **baigneur** **n. m., baigneuse** **n. f.** **1.** Personne qui se baigne dans la mer, la rivière ou la piscine. *Les baigneurs sont nombreux aujourd'hui.* **2.** **n. m.** Poupée représentant un bébé. *La petite fille joue avec son baigneur.*

➤ **baignoire** **n. f.** ✦ Grand récipient dans lequel on prend des bains pour se laver.

bail [baj] **n. m.** (pl. **baux** [bo]) ✦ Contrat que l'on signe quand on loue un appartement, un magasin, etc. *Le propriétaire et le locataire ont signé un bail de trois ans.*

bâiller **v.** (conjug. 1) ✦ Ouvrir très grand la bouche sans le faire exprès en inspirant. *Julie bâille de sommeil.*

➤ **bâillement** **n. m.** ✦ Action de bâiller. *Paul pousse des bâillements d'ennui,* il bâille d'ennui.

▷ Autres mots de la famille : BÂILLON, BÂILLONNER, ENTREBÂILLEMENT, ENTREBÂILLER.

bâillon **n. m.** ✦ Morceau de tissu que l'on met sur la bouche de quelqu'un pour l'empêcher de parler ou de crier.

➤ **bâillonner** **v.** (conjug. 1) ✦ Mettre un bâillon sur la bouche de quelqu'un pour l'empêcher de parler ou de crier. *Le voleur a bâillonné sa victime.*

▷ Mots de la famille de BÂILLER.

bain **n. m.** ✦ *Prendre un bain,* c'est se mettre dans la baignoire pour se laver. *Julie prend un bain chaque soir.* → aussi **douche.** — *Il s'est fait couler un bain,* il a fait couler de l'eau dans la baignoire. *Pour se baigner dans la mer ou dans une piscine, on met un maillot de bain.* — *Elle prend un bain de soleil,* elle se met au soleil pour bronzer.

➤ **bain-marie** **n. m.** ✦ *Cette sauce se fait au bain-marie,* dans un récipient qui trempe dans de l'eau chaude. — Au pl. *Des bains-marie.*

baïonnette **n. f.** **1.** Lame pointue qui se fixait au bout d'un fusil. **2.** *Une ampoule à*

baïonnette, qui se fixe sur la douille à l'aide de deux petites tiges. *Il y a des ampoules à baïonnette et des ampoules à vis.*
● Cette arme était fabriquée dans la ville de Bayonne.

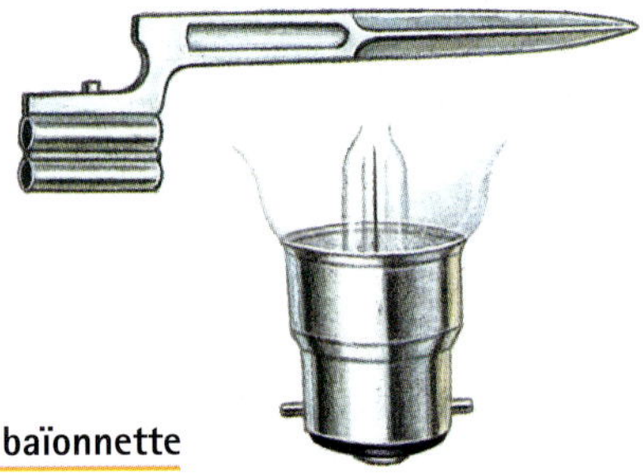

baïonnette

① **baiser** v. (conjug. 1) ✦ Toucher avec ses lèvres. *Les messieurs distingués baisent la main des dames pour les saluer.*
➤ **baisemain** n. m. ✦ Geste de politesse qui consiste, pour un homme, à embrasser la main d'une dame. ▷ Mot de la famille de MAIN.
➤ ② **baiser** n. m. ✦ *Donner un baiser à quelqu'un,* c'est l'embrasser. *Donne-moi un baiser.* → ② **bise.**

baisser v. (conjug. 1) **1.** Mettre plus bas, faire descendre. *Baisse la vitre de la voiture.* → **abaisser.** ❏ contr. ① **lever, relever. 2.** Incliner vers le sol. *Louise baisse la tête,* elle la penche. → **courber, incliner.** — **se baisser,** se pencher. *Il faut se baisser pour entrer dans la grotte.* **3.** Rendre moins fort, diminuer. *Baisse un peu le son, c'est trop fort.* ❏ contr. **monter. 4.** Devenir moins haut. *Le niveau des rivières baisse en été.* → **descendre.** *Les prix ont baissé.* ❏ contr. **augmenter, monter. 5.** Devenir plus faible. *Quand on vieillit, la vue baisse,* elle devient moins bonne.
➤ **baisse** n. f. ✦ Diminution. *La météo a prévu une baisse de la température.* ❏ contr. **hausse.**
▷ Autres mots de la famille : ABAISSER, RABAIS, RABAISSER.

bajoue n. f. **1.** Partie de la face de certains animaux, sur le côté, entre l'œil et la mâchoire. *Les bajoues du hamster.* **2.** Joue qui pend, chez une personne grosse ou vieille.
▷ Mot de la famille de JOUE.

bal n. m. (pl. **bals**) ✦ Fête où les gens dansent. *Le 14 Juillet, il y a de nombreux bals dans toute la France.* ❍ homonyme : balle.

se **balader** v. (conjug. 1) ✦ Familier. Se promener. *Nous nous sommes baladés dans la forêt.*
➤ **balade** n. f. ✦ Familier. Promenade. *Ils ont fait une grande balade.* ❍ homonyme : ballade.
➤ **baladeur** n. m. ✦ Petit magnétophone à cassettes muni d'un casque très léger, qui sert à écouter de la musique, et que l'on peut porter sur soi. → **walkman.**

balafre n. f. ✦ Longue coupure faite par un objet tranchant, ou cicatrice d'une blessure. *Il s'est fait une balafre à la joue en se rasant.* → **estafilade.**
➤ **balafré, balafrée** adj. ✦ Marqué d'une longue cicatrice. *Une joue balafrée.*

balai n. m. ✦ Brosse souple à long manche, que l'on passe sur le sol pour enlever la poussière, les ordures. *Il faut donner un coup de balai sous la table pour enlever les miettes.* ❍ homonyme : ballet.
➤ **balai-brosse** n. m. ✦ Brosse dure fixée sur un manche à balai, pour frotter le sol. — Au pl. *Des balais-brosses.* ▷ Mot de la famille de BROSSE.
▷ Autres mots de la famille : BALAYAGE, BALAYER, BALAYETTE, BALAYEUR.

balance

balance n. f. ✦ Instrument qui sert à peser des objets ou des personnes. → **bascule, pèse-personne.** *Julie monte sur la balance et l'aiguille indique 30 kilos.*
➤ **balancer** v. (conjug. 3) ✦ Faire aller d'un côté puis de l'autre plusieurs fois. *Théo balance les bras en marchant.* — **se balancer,** bouger d'un côté et de l'autre ou d'avant en arrière plusieurs fois. *Louise se balançait sur sa chaise.*
➤ **balancement** n. m. ✦ Mouvement de va-et-vient. → **oscillation.** *Le balancement du bateau sur l'eau m'a rendu malade.*

➤ **balancier** **n. m.** 1. Tige de métal qui va d'un côté et de l'autre, dans les horloges. 2. Long bâton qui aide un funambule à rester en équilibre. → **contrepoids.**

➤ **balançoire** **n. f.** ✦ Petit siège suspendu à deux cordes sur lequel on s'amuse à se balancer. *Julie fait de la balançoire.*

▷ Autre mot de la famille : CONTREBALANCER.

balayer **v.** (conjug. 8) 1. Enlever la poussière, les ordures qui sont par terre, avec un balai. *La concierge a balayé l'escalier.* 2. *Le vent balaie les nuages,* les pousse, les chasse.

➤ **balayage** **n. m.** ✦ *Le balayage de la cuisine est terminé,* la cuisine est balayée.

➤ **balayeur** **n. m.** ✦ Employé chargé de balayer les rues. *Les balayeurs ramassent les feuilles mortes.*

➤ **balayette** **n. f.** ✦ Petit balai.

▷ Mots de la famille de BALAI.

balbutier [balbysje] **v.** (conjug. 7) ✦ Dire à voix basse en articulant mal. *Il a balbutié une phrase que personne n'a comprise.* → **bafouiller, bredouiller.**

➤ **balbutiement** [balbysimɑ̃] **n. m.** 1. Parole mal articulée que l'on n'entend pas bien. *L'enfant timide a répondu par des balbutiements.* 2. *Les balbutiements d'une science, d'une technique nouvelle,* ce sont ses débuts pleins de maladresse. → **tâtonnement.**

balcon **n. m.** ✦ Petite plateforme munie d'une balustrade qui surplombe la façade et communique avec une pièce par une porte-fenêtre. → aussi **terrasse.** *Il y a des bacs à fleurs sur le balcon.*

baldaquin **n. m.** ✦ Petit toit de tissu placé au-dessus d'un lit. *Dans les châteaux, il y a souvent des lits à baldaquin.*

baleine **n. f.** 1. Très grand animal qui vit dans la mer. → **cétacé.** *Une baleine peut peser 150 tonnes.* ➻ planche Mammifères p. 621. 2. *Les baleines de parapluie,* ce sont les tiges de métal sur lesquelles le tissu est tendu.

➤ **baleinier** **n. m.** ✦ Bateau qui sert à pêcher la baleine.

balise **n. f.** 1. Signal qui indique les endroits dangereux, qui montre le chemin à un bateau, à un avion. *Des balises guident le navigateur à l'entrée du port.* 2. Code informatique dans un texte.

➤ **baliser** **v.** (conjug. 1) ✦ Signaler un endroit dangereux, la route à suivre, par des balises. *La piste d'atterrissage est balisée,* elle est signalée par des lumières.

➤ **balisage** **n. m.** ✦ Ensemble des signaux qui indiquent la route à suivre et les dangers à éviter. *Le balisage d'une voie ferrée, d'un chemin de randonnée.*

balivernes **n. f. pl.** ✦ Histoires sans intérêt ou sans importance. → **sornettes.** *Cesse de dire des balivernes !*

ballade **n. f.** ✦ Poème de plusieurs strophes. *Victor Hugo a écrit des ballades.* ❍ homonyme : balade.

ballant, ballante **adj.** ✦ *Il reste là, les bras ballants,* les bras qui pendent, sans rien faire.

ballast [balast] **n. m.** ✦ Couche de pierres sur laquelle sont posés les rails d'une voie ferrée.

balle **n. f.** 1. Petit objet rond avec lequel on joue. *Louise lance la balle à Julie qui l'attrape. Une balle de tennis, de ping-pong. — Saisir la balle au bond,* c'est saisir l'occasion sans attendre. 2. Petit morceau de métal envoyé par un fusil ou un pistolet et qui peut blesser ou tuer. *Il a reçu une balle en plein cœur et il est mort sur le coup.* ❍ homonyme : bal.

▷ Autres mots de la famille : BALLON, BALLONNÉ, PARE-BALLES.

ballerine **n. f.** 1. Danseuse de ballet. *Les ballerines portent des tutus.* 2. Chaussure de femme, très plate, qui ressemble à un chausson de danse.

ballet **n. m.** ✦ Danse exécutée par des danseurs et des danseuses sur la scène d'un théâtre. *Julie est allée à l'Opéra voir un ballet.* ❍ homonyme : balai.

ballon **n. m.** 1. Grosse balle. *Le ballon de football est rond, le ballon de rugby est ovale.*

2. Mince enveloppe de caoutchouc que l'on gonfle avec un gaz plus léger que l'air et que l'on tient à la main par une ficelle. *Léa a lâché son ballon qui s'est envolé aussitôt.* **3.** Grosse boule gonflée avec un gaz léger, à laquelle est attachée une nacelle, qui peut voler et transporter des gens. → aussi **dirigeable, montgolfière.** *Autrefois, on voyageait en ballon.*

➤ **ballonné, ballonnée** adj. ✦ *Avoir le ventre ballonné,* gonflé comme un ballon. *Elle se sent ballonnée.*

▷ Mots de la famille de BALLE.

ballot n. m. ✦ Paquet. *Un ballot de linge sale.*

ballottage n. m. ✦ *Aux élections, il y a eu ballottage,* aucun des candidats n'a eu assez de voix pour être élu au premier tour.

ballotter v. (conjug. 1) ✦ Secouer dans tous les sens. → **remuer.** *Les passagers du bateau sont ballottés par les vagues.*

ball-trap [baltʀap] n. m. ✦ Appareil à ressort qui lance des cibles que le joueur doit toucher en tirant avec une carabine. — Au pl. *Des ball-traps.*

● Ce mot vient de l'anglais *ball* qui veut dire « balle » et de *trap* qui veut dire « ressort ».

balluchon n. m. ✦ Petit paquet enveloppé d'un morceau de tissu.

● On écrit aussi *baluchon.*

balnéaire adj. ✦ *Une station balnéaire,* c'est une ville située au bord de la mer, où l'on peut se baigner.

balourd, balourde adj. ✦ Maladroit et sans délicatesse. → **lourdaud.** — **N. m.** *Quel gros balourd !*

balustrade n. f. ✦ Barrière qui empêche de tomber dans le vide quand on est sur un balcon, une terrasse ou un pont. → **garde-fou, parapet, rambarde.** *Paul s'appuie à la balustrade.*

bambin n. m. ✦ Familier. Petit enfant.

bambou n. m. (pl. **bambous**) ✦ Plante des pays chauds dont la très haute tige creuse est employée pour fabriquer toutes sortes d'objets. *Une haie de bambous. Une canne à pêche en bambou. Un fauteuil en bambou.*

bambou

ban n. m. **1.** *Publier les bans,* c'est afficher l'annonce d'un mariage. **2.** Applaudissement en cadence. *Un ban pour le vainqueur de la course !* ○ homonyme : banc.

banal, banale adj. ✦ Ordinaire, qui n'étonne personne. → **commun,** ① **courant.** ❑ contr. **bizarre, curieux, étonnant, extraordinaire, original.** *Un incident très banal. Des faits banals,* sans originalité.

➤ **banalisé, banalisée** adj. ✦ *Une voiture banalisée,* une voiture de police que rien ne distingue d'une autre voiture.

➤ **banalité** n. f. **1.** Caractère banal, ordinaire de quelque chose. *Une histoire d'une grande banalité.* **2.** Chose sans intérêt. *Il ne dit que des banalités.* → **platitude.**

banane n. f. ✦ Fruit allongé à grosse peau jaune. *Un régime de bananes.*

➤ **bananeraie** n. f. ✦ Plantation de bananiers.

➤ **bananier** n. m. ✦ Plante des pays chauds dont le fruit est la banane.

banc n. m. **1.** Siège avec ou sans dossier, pour plusieurs personnes. **2.** *Un banc de poissons,* une grande quantité de poissons qui se déplacent ensemble. *Un banc de sardines.*

3. *Un banc de sable,* un amas de sable dans l'eau. → **haut-fond.** *Les bancs de sable rendent la navigation dangereuse.* ○ homonyme : ban.
▷ Autre mot de la famille : BANQUETTE.

bancaire adj. ✦ De la banque, d'une banque. *Un compte bancaire,* que l'on peut avoir dans une banque. *Un chèque bancaire. Une carte bancaire,* une carte de crédit.
▷ Mot de la famille de BANQUE.

bancal, bancale adj. ✦ *Une table bancale,* dont les pieds n'ont pas tous la même hauteur. ❑ contr. **stable.** *Ils n'ont que des meubles bancals.* → **branlant.**

bandage n. m. ✦ Pansement fait avec une bande de tissu. *Il a un bandage autour de la cheville.*
▷ Mot de la famille de ② BANDE.

① **bande** n. f. ✦ Groupe de personnes qui sont ensemble. *Une bande de jeunes. — Faire bande à part,* c'est se mettre à l'écart d'un groupe.
▷ Autre mot de la famille : DÉBANDADE.

② **bande** n. f. 1. Morceau de tissu, de papier, long et étroit. *Une bande de papier adhésif.* 2. *Une bande dessinée,* une suite de dessins qui racontent une histoire. *Paul a beaucoup d'albums de bandes dessinées.* — On dit aussi *une B. D.* 3. Long ruban sur lequel sont enregistrés des sons ou des images. *La bande magnétique d'une cassette.*

➤ **bande-annonce** n. f. ✦ Passages d'un film que l'on montre avant sa sortie pour le faire connaître. — Au pl. *Des bandes-annonces.*
▷ Mot de la famille de ANNONCER.

➤ **bandeau** n. m. ✦ Bande de tissu qui tient les cheveux. — Au pl. *Des bandeaux.*

➤ **bandelette** n. f. ✦ Petite bande de tissu. *Les Égyptiens enveloppaient les momies dans des bandelettes de toile.*

➤ **bander** v. (conjug. 1) 1. Entourer d'une bande. *On lui a bandé la cheville.* 2. Entourer d'un bandeau. *Les ravisseurs bandent les yeux de leur victime.* 3. *Bander un arc,* c'est le tendre.

➤ **banderole** n. f. ✦ Bande de tissu tendue entre deux bâtons, qui porte une inscription. *Les manifestants brandissent des banderoles.*
▷ Autres mots de la famille : BANDAGE, PLATE-BANDE.

bandit n. m. ✦ Malfaiteur. → **voleur.** *La police a arrêté les bandits.* → **gangster.**

➤ **banditisme** n. m. ✦ L'activité des bandits. *La police lutte contre le banditisme.*

bandoulière n. f. ✦ Bande de cuir ou de tissu servant à porter à l'épaule un objet, un sac. *La bandoulière d'un appareil photo. Louise porte son sac* ***en bandoulière,*** en mettant la courroie du sac sur son épaule.

banjo [bɑ̃dʒo] n. m. ✦ Instrument de musique qui ressemble à une petite guitare ronde. *Un air de banjo.* — Au pl. *Des banjos.*

banjo

banlieue n. f. ✦ Ensemble des communes qui entourent une grande ville. *Ils habitent dans la banlieue de Paris.*

➤ **banlieusard** n. m., **banlieusarde** n. f. ✦ Personne qui habite en banlieue.

bannière n. f. ✦ Drapeau. *La bannière d'un club sportif.*

bannir v. (conjug. 2) 1. *Bannir quelqu'un,* c'est le chasser de son pays. → **exiler, expulser.** 2. Supprimer. *Il a banni le sel de son alimentation.*

banque n. f. ✦ Établissement où l'on peut déposer de l'argent et en emprunter. *La banque leur a accordé un prêt.*
▷ Autres mots de la famille : BANCAIRE, BANQUIER.

banquet n. m. ✦ Repas de fête auquel assistent de nombreuses personnes.

banquette n. f. ✦ Banc rembourré. *En voiture, les enfants sont assis sur la banquette arrière.*
▷ Mot de la famille de BANC.

banquier n. m., **banquière** n. f. ✦ Personne qui dirige une banque.
▷ Mot de la famille de BANQUE.

banquise n. f. ✦ Étendue de glace flottant dans les mers polaires. → aussi **iceberg.**

baobab

baobab **n. m.** ✦ Très gros arbre d'Afrique tropicale. *Les baobabs ont d'énormes troncs.*

baptême [batɛm] **n. m.** **1.** Cérémonie au cours de laquelle on devient chrétien. → aussi **baptiser.** **2.** *Le baptême de l'air,* le premier vol que l'on fait en avion.

baptiser [batize] **v.** (conjug. 1) **1.** Donner le baptême. *Ils ont fait baptiser leurs enfants.* **2.** Donner un nom. → **appeler.** *Julie a baptisé son chat Tibère.*

baquet **n. m.** ✦ Grande cuve en bois.

▷ Mot de la famille de ② BAC.

① **bar** **n. m.** **1.** Endroit où des clients viennent boire. → **café.** **2.** Comptoir d'un bar, d'un café. *Il a pris son café au bar.* ❍ homonyme : barre.

● Ce mot vient de l'anglais.

▷ Autre mot de la famille : BARMAN.

② **bar** **n. m.** ✦ Poisson de mer dont la chair est très appréciée. → **loup.** *Ils ont mangé du bar au fenouil.*

baragouiner **v.** (conjug. 1) ✦ Familier. Parler très mal, en faisant des fautes. *Il baragouine quelques mots d'allemand.*

● Ce mot vient du breton *bara* « pain » et *gwin* « vin », mots par lesquels les pèlerins bretons demandaient l'hospitalité dans les auberges.

baraque **n. f.** ✦ Petite construction en bois, peu solide. → **cabane.** *Les baraques des forains.*

➤ **baraquement** **n. m.** ✦ Maison provisoire, destinée à loger des ouvriers près de leur chantier ou des réfugiés.

baratin **n. m.** ✦ Familier. Discours mensonger qu'il ne faut pas croire. *C'est du baratin !*

barbant, barbante **adj.** ✦ Familier. Ennuyeux. *Un livre barbant.*

▷ Mot de la famille de BARBE.

barbare **n. m. et f.** ✦ Personne cruelle. → **brute.** *Les bandits se sont comportés comme des barbares.* — **Adj.** D'une cruauté très grande. *Un crime barbare. Ces procédés sont barbares.* → **sauvage.**

➤ **barbarie** **n. f.** ✦ Grande cruauté. *Torturer est un acte de barbarie.*

➤ **barbarisme** **n. m.** ✦ Grosse faute de langage. « *Concluer* » *au lieu de* « *conclure* » *est un barbarisme.*

barbe **n. f.** 1. Poils qui poussent sur la figure d'un homme. *Il s'est laissé pousser la barbe et la moustache.* 2. Chose ennuyeuse. *Quelle barbe de devoir se lever tôt !* quelle corvée !

▷ Autres mots de la famille : BARBANT, BARBELÉ, BARBER, BARBICHE, BARBU, BARBUE.

barbecue [baʀbəkju] **n. m.** ✦ Gril au charbon de bois installé en plein air. *Ils ont fait griller des brochettes sur le barbecue.*

● Ce mot anglais vient du mot *barbacoa* qui désignait, en langue haïtienne, le gril de bois sur lequel on faisait cuire la viande sur le feu.

barbelé, barbelée **adj.** ✦ *Du fil de fer barbelé,* garni de pointes de fer. — **N. m.** *Le champ est entouré de barbelés,* d'une clôture de fil de fer barbelé.

▷ Mot de la famille de BARBE.

barber **v.** (conjug. 1) ✦ Familier. Ennuyer. *Cela barbe Julie de faire ce devoir.* — **se barber,** s'ennuyer. *Elle s'est barbée toute la journée.*

▷ Mot de la famille de BARBE.

barbiche **n. f.** ✦ Petite touffe de barbe à la pointe du menton. → **bouc.**

▷ Mot de la famille de BARBE.

barboter **v.** (conjug. 1) ✦ S'agiter dans l'eau. → **patauger.** *Les enfants barbotaient dans la piscine.*

barbouiller **v.** (conjug. 1) ✦ Salir. *Le bébé a barbouillé le mur avec de la craie. Léa a le visage barbouillé de chocolat.*

➤ **barbouillage** **n. m.** ✦ Dessin fait vite et mal. → **gribouillis.**

➤ **barbouillé, barbouillée** **adj.** ✦ *Se sentir barbouillé, avoir l'estomac barbouillé,* avoir mal au cœur, envie de vomir.

▷ Autre mot de la famille : SE DÉBARBOUILLER.

barbu, barbue **adj.** ✦ Qui a une barbe. *Un jeune homme barbu et moustachu.* □ contr. **imberbe.** — **N. m.** *Un barbu.*

▷ Mot de la famille de BARBE.

barbue **n. f.** ✦ Poisson de mer, à la chair délicieuse, qui a une sorte de petite barbe. *Des filets de barbue à l'oseille.*

▷ Mot de la famille de BARBE.

① **barde** **n. m.** ✦ Chez les Gaulois, poète et chanteur. *Les bardes célébraient les exploits des héros.*

② **barde** **n. f.** ✦ Mince tranche de lard gras. *Le boucher entoure le rôti d'une barde.*

➤ **barder** **v.** (conjug. 1) ✦ Envelopper d'une barde. *Le boucher barde le rosbif.*

➤ **bardé, bardée** **adj.** ✦ *Être bardé de diplômes,* en avoir beaucoup. *Une sportive bardée de médailles.*

barème **n. m.** ✦ Tableau de calculs déjà faits. *Le barème des impôts.*

● Ce mot vient du nom du mathématicien du 18e siècle, *François Barrême,* spécialiste des comptes.

baril **n. m.** 1. Petit tonneau. *Un baril de lessive.* 2. Unité de mesure du volume du pétrole. *Le prix du baril.*

➤ **barillet** **n. m.** ✦ Cylindre dans lequel on met les cartouches d'un revolver.

bariolé, bariolée **adj.** ✦ De plusieurs couleurs vives mélangées. *Paul a une écharpe bariolée.*

barman [baʀman] **n. m.** ✦ Homme qui sert des boissons alcoolisées, des cocktails, derrière le bar d'un hôtel, d'une boîte de nuit, etc. — Au pl. *Des barmans* ou *des barmen.*

● Ce mot vient de l'anglais.

▷ Mot de la famille de ① BAR.

bar-mitsvah **n. f. inv.** ✦ Cérémonie religieuse au cours de laquelle un garçon juif devient majeur. *Daniel fêtera demain sa bar-mitsvah.* — Au pl. *Des bar-mitsvah.*

● Ce mot vient de l'hébreu et veut dire « fils du commandement ».

baromètre **n. m.** ✦ Appareil servant à mesurer la pression de l'air et à prévoir le temps qu'il va faire. *Le baromètre monte, il va faire beau.*

baron **n. m., baronne** **n. f.** ✦ Personne noble dont le titre est entre celui de chevalier et celui de vicomte.

baroque **adj.** 1. *Le style baroque* est un style du 17e siècle, très orné, avec des sculptures peintes ou dorées. 2. Bizarre. *Julie a souvent des idées baroques.* → **extravagant.**

style **baroque**

barque **n. f.** ✦ Petit bateau. *Nous avons fait une promenade en barque, sur le lac.*

➤ **barquette** **n. f.** 1. Petite tarte en forme de barque. *Une barquette aux fraises.* 2. Petit récipient rigide et léger destiné à contenir des aliments. *Au marché, les framboises sont vendues dans des barquettes en plastique.*

▷ Autres mots de la famille : DÉBARCADÈRE, DÉBARQUEMENT, DÉBARQUER, EMBARCADÈRE, EMBARCATION, EMBARQUEMENT, EMBARQUER, REMBARQUER.

barrage **n. m.** 1. Le fait de barrer une route, d'empêcher de passer. *La police a établi des barrages sur toutes les routes.* 2. Grand mur construit en travers d'une rivière pour retenir l'eau. *Il y a une centrale hydroélectrique à côté du barrage. Un lac de barrage.*

▷ Mot de la famille de BARRE.

barre **n. f.** 1. Morceau de bois, de métal ou de plastique, allongé et droit. *Le malfaiteur a assommé le gardien avec une barre de fer. Dans le gymnase, on peut faire des exercices aux barres parallèles et à la barre fixe.* 2. Trait allongé. *La barre du* **t.** 3. Levier qui sert à manœuvrer le gouvernail d'un bateau. *Le capitaine est à la barre.* 4. Petite barrière placée devant les juges, dans un tribunal. *Le témoin est appelé à la barre.* 5. Zone de hautes vagues. *Le nageur n'arrive pas à franchir la barre.* ○ homonymes : ① et ② bar.

➤ **barreau** **n. m.** (pl. **barreaux**) 1. Petite barre. *Les fenêtres des prisons sont munies de barreaux. Les barreaux d'une chaise. Les barreaux d'une échelle.* → **échelon.** 2. *Être inscrit au barreau,* être avocat.

▷ Autres mots de la famille : BARRAGE, BARRER, BARRETTE, BARREUR, BARRIÈRE, CODE-BARRE, GARDE-BARRIÈRE.

barrer **v.** (conjug. 1) 1. *Barrer la route, le passage,* empêcher de passer. *Les ouvriers ont barré la route,* ils en empêchent l'accès. → ② **boucher, couper** et aussi **barrage.** 2. Diriger un bateau en tenant la barre. *C'est le capitaine qui barre son bateau.* 3. Supprimer ce qui est écrit en faisant un trait dessus. → **biffer, raturer, rayer.** *Son nom a été barré sur la liste.*

▷ Mot de la famille de BARRE.

barrette **n. f.** ✦ Pince qui sert à tenir les cheveux. *Une barrette en écaille.*

▷ Mot de la famille de BARRE.

barreur **n. m.**, **barreuse** **n. f.** ✦ Personne qui tient la barre sur un bateau.

▷ Mot de la famille de BARRE.

barricade **n. f.** ✦ Barrage construit en travers d'une rue avec des pavés et divers objets. *Les manifestants ont élevé des barricades.*

➤ **barricader** **v.** (conjug. 1) 1. *Barricader une porte,* la fermer avec une barre, mettre des meubles devant pour que l'on ne puisse pas l'ouvrir de l'extérieur. 2. **se barricader,** fermer solidement toutes les ouvertures du lieu où l'on se trouve. *La vieille dame s'est barricadée chez elle.* → s'**enfermer.**

barrière **n. f.** ✦ Assemblage de morceaux de bois ou de métal qui ferme un passage, sert de clôture. *La barrière d'un jardin. Les barrières du passage à niveau sont baissées : le train arrive.* → aussi **garde-barrière.**

▷ Mot de la famille de BARRE.

barrique **n. f.** ✦ Tonneau qui contient 200 litres. *Une barrique de vin rouge.*

barrir **v.** (conjug. 2) ✦ *L'éléphant, le rhinocéros barrit,* il pousse son cri.

➤ **barrissement** **n. m.** ✦ Cri de l'éléphant ou du rhinocéros.

baryton n. m. ✦ Chanteur dont la voix se situe entre la voix haute du ténor et la voix grave de la basse.

① **bas** adj., adv. et n. m., **basse** adj.

■ adj. 1. Qui a peu de hauteur, est près du sol. ❏ contr. **haut.** *Le plafond de cette pièce est bas. Une table basse.* 2. Penché vers le sol. *Théo avait tellement honte qu'il marchait la tête basse,* la tête baissée. 3. *Parler à voix basse,* doucement. 4. Dont le chiffre n'est pas élevé. *Dans ce magasin, les prix sont très bas.* ❏ contr. ② **cher, élevé.** *Ils ont des enfants* ***en bas âge,*** très jeunes. 5. De mauvaise qualité. *Le boucher donne les bas morceaux à son chien,* les morceaux de viande les moins bons. *Elle a la vue basse,* elle ne voit pas bien. 6. Méprisable. *C'est une basse vengeance.* → **ignoble, vil.**

■ adv. 1. À une faible hauteur, près du sol. *Les hirondelles volent bas.* ❏ contr. **haut.** 2. Doucement. *Nous parlions tout bas,* à mi-voix. ❏ contr. ① **fort.** 3. *La malade est bien bas,* elle est dans un mauvais état physique. 4. ***Mettre bas,*** c'est, pour un animal, donner naissance à son petit, à ses petits. *La vache a mis bas.*

■ n. m. 1. La partie inférieure. ❏ contr. **haut.** *Signez au bas de la page. Paul n'est pas monté, il est resté en bas.* 2. *Dans la vie, il y a* ***des hauts et des bas,*** des moments où cela va bien et des moments où cela va mal. 3. ***À bas*** *la guerre !* nous sommes contre la guerre, nous n'en voulons pas. ❏ contr. **vive !**

▷ Autres mots de la famille : BAS-CÔTÉ, BASE, BASER, BAS-FOND, BAS-RELIEF, BASSE, BASSE-COUR, BASSEMENT, BASSESSE, BASSET, BASSISTE, BASSON, BAS-VENTRE, BRANLE-BAS, EN CONTREBAS, CONTREBASSE, CONTREBASSISTE, SOUBASSEMENT.

② **bas** n. m. ✦ Sous-vêtement de femme en matière souple, qui couvre le pied et la jambe jusqu'en haut de la cuisse. → aussi **collant.** *Elle a mis des bas.*

basalte n. m. ✦ Roche volcanique très dure. *Le basalte sort des volcans à l'état liquide et devient solide ensuite.*

basané, basanée adj. ✦ *Un teint basané,* c'est un teint naturellement très bronzé. → **brun.** ❏ contr. **clair, pâle.** *Les Mexicains ont la peau basanée.*

bas-côté n. m. ✦ Côté qui borde une route. → **accotement.** *Le camion est garé sur le bas-côté.* — Au pl. *Des bas-côtés.*

▷ Mot de la famille de ① BAS et de CÔTÉ.

bascule n. f. 1. *Un fauteuil à bascule,* c'est un fauteuil sur lequel on peut se balancer d'avant en arrière. → **rocking-chair.** *Un cheval à bascule.* 2. Balance qui sert à peser des objets lourds ou encombrants.

➤ **basculer** v. (conjug. 1) ✦ Se renverser de façon que le haut ou le côté soit en bas. *Le car a basculé dans le ravin.*

base n. f. 1. Partie inférieure. → ① **bas.** *La base de la montagne.* → ① **pied.** ❏ contr. **haut, sommet.** 2. *La base d'un triangle,* c'est le côté opposé à l'angle pris pour sommet. 3. Endroit où sont installés des militaires et leur matériel. *Une base aérienne. Une base navale.* 4. *Cette sauce est* ***à base de*** *beurre,* il y a surtout du beurre dedans. 5. *Les bases,* ce qu'il faut connaître dans un domaine. → **rudiments.** *Louise manque de bases en solfège,* elle ne connaît pas les choses les plus importantes.

➤ **baser** v. (conjug. 1) 1. *Ce sous-marin est basé à Toulon,* sa base est à Toulon. 2. Prendre

barricade

pour élément principal, dans un raisonnement. *Il faut baser une accusation sur des preuves.* → **établir.** — **Se baser sur** *quelque chose,* s'appuyer sur quelque chose. *Elle s'est basée sur ce qu'elle a vu.* → se **fonder.**

▷ Mots de la famille de ① BAS.

base-ball [bɛzbol] **n. m** ✦ Sport pratiqué par deux équipes de neuf joueurs qui frappent à l'aide d'un bâton la balle lancée par un joueur adverse et doivent effectuer un parcours précis. *Jouer au base-ball. Une batte de base-ball.*

● Ce mot vient de l'anglais.

bas-fond **n. m.** ✦ Endroit de la mer où l'eau n'est pas très profonde mais où l'on peut naviguer sans danger. → aussi **haut-fond.** — Au pl. *Des bas-fonds.*

▷ Mot de la famille de ① BAS et de FOND.

basilic **n. m. 1.** Plante aromatique. *Des tomates au basilic.* **2.** Dans la mythologie, serpent qui pouvait tuer par son regard. ❍ homonyme : basilique.

basilic

basilique **n. f.** ✦ Très grande église. *La basilique du Sacré-Cœur, à Paris.* ❍ homonyme : basilic.

① **basket** [baskɛt] **n. f.** ✦ Chaussure de sport montante, à semelle de caoutchouc. *Elle est en jean et en baskets.*

② **basket** [baskɛt] **n. m.** ✦ Jeu entre deux équipes de cinq joueurs qui doivent lancer le ballon dans le panier de l'autre équipe. *Un match de basket.*

● Ce mot est l'abréviation de l'anglais *basket-ball. Basket* veut dire « panier » et *ball* « ballon ».

➤ **basketteur** **n. m.,** **basketteuse** **n. f.** ✦ Personne qui joue au basket.

bas-relief **n. m.** ✦ Sculpture faite sur un fond dont elle se détache à peine. — Au pl. *Des bas-reliefs.*

▷ Mot de la famille de ① BAS et de RELIEF.

bas-relief

basse **n. f. 1.** *Une voix de basse,* c'est la plus grave des voix d'homme. ❑ contr. **ténor. 2.** *Les basses,* ce sont les sons les plus graves d'un instrument de musique. **3.** Contrebasse ou guitare basse.

▷ Mot de la famille de ① BAS.

basse-cour **n. f.** ✦ Cour de ferme où l'on élève des volailles. *Les poules, les oies, les canards sont des animaux de basse-cour.* — Au pl. *Des basses-cours.*

▷ Mot de la famille de ① BAS et de ① COUR.

bassement **adv.** ✦ De façon méprisable. *Il s'est vengé bassement.*

▷ Mot de la famille de ① BAS.

bassesse **n. f.** ✦ Acte bas, méprisable. *Elle est prête à toutes les bassesses pour parvenir à ses fins.*

▷ Mot de la famille de ① BAS.

basset **n. m.** ✦ Chien aux pattes très courtes.

▷ Mot de la famille de ① BAS.

bassin **n. m. 1.** Construction remplie d'eau. *Le bassin du jardin des Tuileries, à Paris. Le grand bassin, le petit bassin d'une piscine.* **2.** Partie d'un port où sont les bateaux. **3.** Grande plaine en forme de cuvette. *Le Bassin parisien.* **4.** Région arrosée par un fleuve et ses affluents. *Le bassin du Rhône.* **5.** Ensemble des os au bas de la colonne vertébrale, où s'attachent les os des cuisses. *Il a une fracture du bassin.*

➤ **bassine** **n. f.** ✦ Récipient à anses qui sert pour le ménage. *Elle fait tremper du linge dans une bassine.* → aussi **cuvette.**

bassiste **n. m. et f.** ✦ Contrebassiste ou joueur, joueuse de guitare basse. *Le bassiste d'un groupe de rock.*
▷ Mot de la famille de ① BAS.

basson **n. m.** ✦ Instrument de musique à vent, en bois, qui a un son grave.
▷ Mot de la famille de ① BAS.

bastingage **n. m.** ✦ Barrière qui borde le pont d'un bateau. → **rambarde.** *Des passagers s'appuyaient au bastingage.*

bastion **n. m.** **1.** Construction qui dépasse d'une fortification. *Un bastion imprenable.* **2.** Ce qui défend, soutient fermement. *Les bastions du terrorisme dans le monde.*

bas-ventre **n. m.** ✦ Partie du ventre en-dessous du nombril. *Il a des douleurs dans le bas-ventre.* — Au pl. *Des bas-ventres.*
▷ Mot de la famille de ① BAS et de VENTRE.

bataille **n. f.** **1.** Combat. *La bataille d'Iéna. Les deux armées se sont livré bataille,* se sont battues. **2.** Lutte, bagarre. *Une bataille de rue. La bataille électorale.* **3.** *Avoir les cheveux en bataille,* en désordre. → **ébouriffé.**

➤ **batailler** **v.** (conjug. 1) ✦ S'acharner pour obtenir une chose difficile. → **lutter.** *Il a fallu batailler pour la faire changer d'avis.*

➤ **batailleur, batailleuse** **adj.** ✦ *Une personne batailleuse,* c'est une personne qui aime se battre. → **bagarreur.** *Son frère a un caractère batailleur.* → **belliqueux, combatif.**

➤ **bataillon** **n. m.** ✦ Troupe de soldats qui réunit plusieurs compagnies.
▷ Mots de la famille de BATTRE.

bâtard **adj. et n. m., bâtarde** **adj. et n. f.**

■ **adj.** **1.** *Un chien bâtard,* qui a un père et une mère de races différentes. **2.** Qui n'exprime pas un choix clair. *Une solution bâtarde.*

■ **n.** **1.** Chien qui n'est pas de race pure. *Cette chienne est une bâtarde de cocker et d'épagneul.* **2.** **n. m.** Pain de 250 grammes, plus court que la baguette.

batavia **n. f.** ✦ Salade de la famille de la laitue.
● Ce mot vient de *Batavia,* ancien nom latin de la Hollande.

bateau **n. m.** **1.** Construction faite pour flotter, naviguer, transporter sur l'eau des personnes et des marchandises. → **navire,** ② **vaisseau** et aussi **barque, bâtiment, hors-bord, paquebot, péniche, voilier, yacht.** *Des bateaux de pêche, de plaisance.* ➸ planche p. 88 **2.** Partie la plus basse d'un trottoir, à la sortie d'un garage. *Les voitures ne doivent pas stationner devant un bateau.*

➤ **batelier** **n. m., batelière** **n. f.** ✦ Personne dont le métier est de conduire un bateau sur les rivières et les canaux. *Ce batelier transporte du grain dans sa péniche.* → **marinier.**

bathyscaphe [batiskaf] **n. m.** ✦ Appareil qui servait à observer les fonds sous-marins à une très grande profondeur. *Le premier bathyscaphe a été créé en 1948 par le professeur Piccard.*

bâtir **v.** (conjug. 2) **1.** Construire. → ① **édifier.** *On bâtit un nouvel immeuble dans la rue. La ville est bâtie sur une colline.* ❏ contr. **démolir, détruire.** **2.** Coudre à grands points. *La robe n'est pas finie, elle est juste bâtie.*

➤ **bâti, bâtie** **adj.** ✦ *Une personne bien bâtie,* qui a un corps bien fait et des muscles solides.

➤ **bâtiment** **n. m.** **1.** Construction. → **édifice.** *Ils habitent le bâtiment B, au fond de la cour.* → **immeuble.** **2.** *Il travaille dans le bâtiment,* l'ensemble des industries de la construction. **3.** Grand bateau. *Un bâtiment de guerre.*

➤ **bâtisse** **n. f.** ✦ Grand bâtiment. *Une bâtisse en béton.*

bâton **n. m.** **1.** Long morceau de bois que l'on peut tenir à la main. *Le berger marche en s'appuyant sur un bâton.* → **canne.** *Guignol donne des coups de bâton au gendarme.* **2.** Objet long et mince. *Un bâton de rouge à lèvres. Un bâton de colle.* → **tube.** **3.** *Mettre des bâtons dans les roues à quelqu'un,* créer des difficultés, des obstacles. *Nos adversaires nous mettent des bâtons dans les roues et les choses n'avancent pas.* — *Parler à bâtons rompus,* de manière peu suivie, en changeant de sujet.

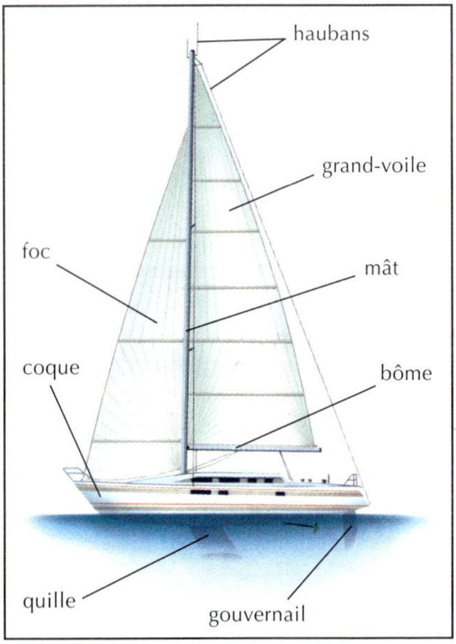

navire phénicien

caravelle (15e - 16e siècles)

trois-mâts

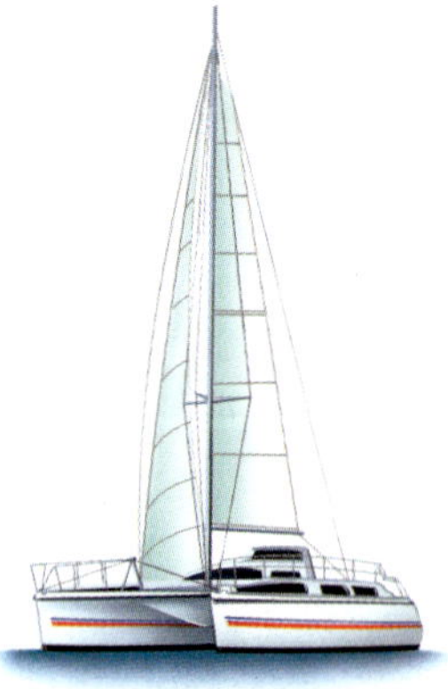

catamaran

thonier

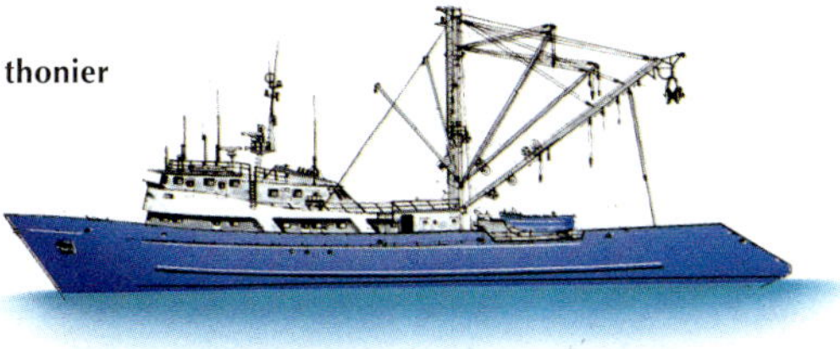

remorqueur

péniche

sous-marin

ferry

paquebot

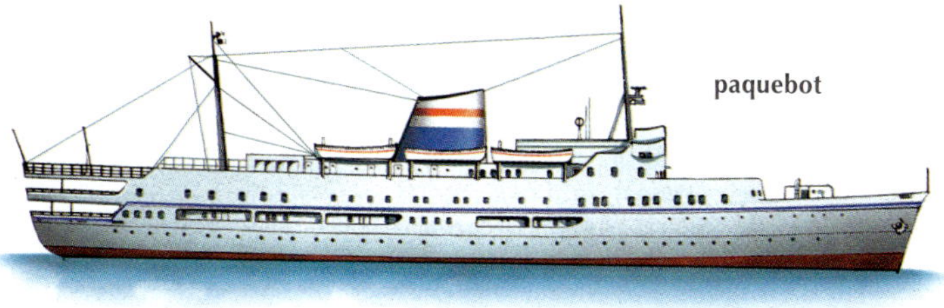

pétrolier

➤ **bâtonnet** **n. m.** ✦ Petit bâton. *Le bâtonnet d'un esquimau.*

batracien **n. m.** ✦ Animal qui vit sur terre et dans l'eau. *La grenouille, le crapaud, la salamandre sont des batraciens.* → **amphibien.**

batracien

battage **n. m.** 1. *Le battage du blé,* la séparation des grains de l'épi, en battant le blé. 2. Familier. Publicité exagérée. *On fait beaucoup de battage autour de ce film.* → **bruit.**
▷ Mot de la famille de BATTRE.

① **battant** **n. m.** 1. Bâton de métal suspendu à l'intérieur d'une cloche et qui frappe la paroi de la cloche quand on la sonne. 2. Partie d'une porte, d'une fenêtre qui peut s'ouvrir et se fermer. *Une porte à double battant,* qui s'ouvre en deux parties.
▷ Mot de la famille de BATTRE.

② **battant, battante** **adj.** 1. *Une pluie battante,* très forte. 2. *Il avait le cœur battant en attendant les résultats de son examen,* son cœur battait très fort.
▷ Mot de la famille de BATTRE.

batte **n. f.** ✦ Large bâton destiné à renvoyer la balle, au cricket, au base-ball.
▷ Mot de la famille de BATTRE.

battement **n. m.** 1. Choc ou mouvement de ce qui bat. *Le battement de la pluie contre les vitres. Les battements du cœur.* 2. Intervalle de temps libre. *Il y a un quart d'heure de battement entre les deux cours.*
▷ Mot de la famille de BATTRE.

batterie **n. f.** 1. Ensemble des instruments sur lesquels on frappe, dans un orchestre. *Les cymbales, la grosse caisse font partie de la batterie.* → aussi **percussion.** 2. *Une batterie de casseroles,* une série de casseroles. 3. Ensemble d'éléments qui fournissent de l'électricité. *Il faut recharger la batterie de la voiture.* → **accus.**
▷ Mot de la famille de BATTRE.

batteur **n. m.** 1. Personne qui tient la batterie dans un orchestre. 2. Ustensile de cuisine qui sert à battre ou mélanger. → **fouet.** *Un batteur électrique.*
▷ Mot de la famille de BATTRE.

battre **v.** (conjug. 41) 1. Donner des coups. *Le chasseur a battu son chien qui s'était échappé.* → **frapper, taper.** — **se battre,** échanger des coups. *Paul et Théo se sont battus.* → se **bagarrer.** 2. Remporter une victoire. → **vaincre.** *Charles Martel battit les Arabes à Poitiers en 732.* 3. *Battre le blé,* séparer les grains des épis. 4. Mélanger. *Il faut battre les œufs pour faire une omelette.* 5. Parcourir en cherchant. *Les pompiers battent la forêt pour retrouver le lion qui s'est échappé du cirque.* 6. *Battre la mesure,* marquer le rythme de la musique. *Le chef d'orchestre bat la mesure avec sa baguette.* 7. Taper de façon régulière. *Son cœur battait fort tellement il avait peur.* → **cogner.** 8. Taper contre quelque chose. *La pluie bat contre les carreaux.*

➤ **battu, battue** **adj.** 1. *Avoir les yeux battus,* cernés par la fatigue. → **cerné.** 2. *Un sol en terre battue,* en terre tassée et durcie.

➤ **battue** **n. f.** ✦ *Faire une battue dans une forêt,* parcourir la forêt en tous sens, en battant les buissons. *Les policiers ont fait une battue pour retrouver le fugitif.*
▷ Autres mots de la famille : BATAILLE, BATAILLER, BATAILLEUR, BATAILLON, BATTAGE, ① et ② BATTANT, BATTE, BATTEMENT, BATTERIE, BATTEUR, COMBAT, COMBATIF, COMBATTANT, COMBATTRE, DÉBAT, DÉBATTRE, IMBATTABLE, REBATTRE, REBATTU.

baudet **n. m.** ✦ Âne. *Les baudets du Poitou ont de longs poils.*

baudet

baudrier **n. m.** 1. Bande de cuir ou de tissu qui se porte en bandoulière et qui soutient une épée, un étui de pistolet ou un tambour. 2. Harnais de sécurité d'un alpiniste, d'un spéléologue ou d'un parachutiste.

baudruche **n. f.** ✦ Caoutchouc très fin. *Un ballon de baudruche.*

bauge **n. f.** ✦ Endroit boueux où vit le sanglier.

baume **n. m.** 1. Pommade qui calme la douleur. *Elle masse sa cheville enflée avec du baume.* 2. *Mettre du baume au cœur,* adoucir la peine, réconforter. *Votre gentillesse me met du baume au cœur.* ❍ homonyme : bôme.

▷ Autre mot de la famille : EMBAUMER.

bauxite **n. f.** ✦ Roche rouge qui sert à la préparation de l'aluminium.

bavard, bavarde **adj.** ✦ Qui parle beaucoup. → **loquace, volubile.** *Julie est très bavarde.* ❑ contr. **silencieux.** — **N.** *Quelle bavarde !*

➤ **bavarder** **v.** (conjug. 1) ✦ Parler de choses sans importance. → **papoter.** *Léa et Julie bavardent au lieu d'écouter le professeur.* ❑ contr. **se taire.**

➤ **bavardage** **n. m.** ✦ Le fait de bavarder. *Léa et Julie ont été punies pour bavardage.*

▷ Mots de la famille de BAVE.

bave **n. f.** 1. Salive qui coule de la bouche. *Le bébé a de la bave sur le menton.* 2. *La bave de l'escargot, de la limace,* le liquide gluant produit par ces animaux.

➤ **baver** **v.** (conjug. 1) 1. Laisser couler de la bave. *Le bébé bave.* 2. Couler en débordant. *L'encre a bavé sur la page.*

➤ **baveux, baveuse** **adj.** ✦ *Une omelette baveuse,* pas très cuite, encore un peu liquide.

➤ **bavoir** **n. m.** ✦ Serviette de table pour bébé, que l'on attache autour du cou.

➤ **bavure** **n. f.** 1. Trace laissée par l'encre, la peinture qui a coulé, a débordé. 2. Erreur ou action illégale au cours d'une opération de police.

▷ Autres mots de la famille : BAVARD, BAVARDAGE, BAVARDER.

bazar **n. m.** 1. Magasin où l'on vend toutes sortes de choses. *Maman m'a acheté un seau et une pelle au bazar de la plage.* 2. Familier. Grand désordre. *Quel bazar dans ta chambre !* → **fouillis.**

● Ce mot vient du persan *bâzâr* qui veut dire « marché public ».

bazooka [bazuka] **n. m.** ✦ Arme en forme de long tube qui sert à lancer de petits obus. — Au pl. *Des bazookas.*

● Ce mot désignait en américain un instrument de musique. Il vient de l'argot *bazoo* qui veut dire « mirliton ».

B. C. G. **n. m.** ✦ Vaccin contre la tuberculose.

● Ce mot est formé des initiales de *bacille de Calmette et Guérin,* du nom des deux médecins qui ont inventé ce vaccin.

B. D. → ② **bande**

béant, béante **adj.** ✦ Grand ouvert. *Un gouffre béant.*

béat, béate **adj.** ✦ *Un air, un sourire béat,* qui exprime une satisfaction exagérée et un peu bête.

➤ **béatitude** **n. f.** ✦ Impression de bien-être, de bonheur parfait. *Elle est étendue au soleil, dans une douce béatitude.* → **euphorie.**

beau **adj. m., adv. et n. m.,** **belle** **adj. f.**

■ **adj.** 1. Agréable à voir ou à entendre. → **joli, magnifique, superbe.** ❑ contr. **affreux, laid, moche,** ① **vilain.** *Cette actrice est très belle. Il a une belle voix. C'est un bel homme. Ils ont de beaux enfants.* 2. Digne d'admiration. *Alex a eu un beau geste en ne dénonçant pas ses camarades. Ce n'est pas beau de mentir !* 3. Très réussi. *C'est un beau voyage ! Quel beau temps !* → **ensoleillé.** ❑ contr. **mauvais.** 4. *Il est revenu un beau matin,* un certain matin. 5. Important. *Une belle part de tarte.* → **gros.** ❑ contr. **petit.** 6. Mauvais. *Léa a une belle angine.*

■ **adv.** 1. *Il fait très beau,* le temps est clair, ensoleillé. 2. *J'ai eu beau lui expliquer, il n'a rien compris,* bien que je lui aie expliqué, il n'a rien compris. 3. *Il pleut de plus belle,* encore plus fort. 4. *Elle s'est bel et bien trompée,* réellement.

■ **n. m.** *Le chien fait le beau,* il se tient debout sur ses pattes arrière.

● Au masculin, *beau* devient *bel* devant une voyelle ou un *h* muet : *un bel enfant, un bel homme.*

▷ Autres mots de la famille : BEAUTÉ, BEAUX-ARTS, EMBELLIR.

beaucoup adv. 1. Un grand nombre. ❑ contr. **peu.** *Il y avait beaucoup de touristes sur la place.* 2. *J'ai beaucoup à faire,* de nombreuses choses à faire. *Beaucoup le pensent,* de nombreuses personnes le pensent. 3. Énormément. *Alex aime beaucoup aller au cinéma.* 4. *De beaucoup,* avec une grande différence. *Il est de beaucoup le meilleur.*

beau-fils n. m. 1. Mari de la fille. → **gendre.** 2. Fils que son mari ou sa femme a eu d'un autre mariage. *Il a deux beaux-fils et une belle-fille.*
▷ Mot de la famille de FILS.

beau-frère n. m. 1. Frère du mari ou de la femme. *Elle a deux beaux-frères et une belle-sœur.* 2. Mari de la sœur ou de la belle-sœur.
▷ Mot de la famille de FRÈRE.

beaujolais n. m. ✦ Vin rouge d'une région proche de la Bourgogne. *Le beaujolais nouveau est arrivé.*

beau-père n. m. 1. Père de la femme ou du mari. *Mon beau-père et ma belle-mère.* → aussi **beaux-parents.** 2. Mari de la mère, sans être le père. — Au pl. *Des beaux-pères.*
▷ Mot de la famille de PÈRE.

beauté n. f. 1. Qualité de ce qui est beau. ❑ contr. **laideur.** *Un paysage d'une grande beauté.* 2. *Une beauté,* c'est une femme très belle. *Sans être une beauté, elle a beaucoup de charme.*
▷ Mot de la famille de BEAU.

beaux-arts [bozaʀ] n. m. pl. ✦ *Les beaux-arts,* l'architecture, la gravure, la peinture et la sculpture. *Il a étudié les beaux-arts à Paris.*
▷ Mot de la famille de BEAU et de ART.

beaux-parents n. m. pl. ✦ Les parents du mari ou de la femme.
▷ Mot de la famille de PARENT.

bébé n. m. 1. Enfant très jeune. → **nourrisson.** *Elle vient d'avoir un bébé. Elle attend un bébé,* elle est enceinte. 2. Très jeune animal. *Un bébé tigre. Des bébés phoques.*
● Ce mot vient de l'anglais *baby.*
▷ Autre mot de la famille : PÈSE-BÉBÉ.

bec n. m. 1. Bouche des oiseaux formée de deux parties dures et sans dents. 2. *Se retrouver le bec dans l'eau,* se retrouver sans rien, sans avoir tiré profit de la situation. 3. Partie en pointe d'un récipient, qui sert à verser. *Le bec d'une théière. Le bec verseur d'une casserole.*

➤ **bécasse** n. f. 1. Oiseau qui a un long bec et des pattes courtes. 2. Familier. Personne sotte. *Quelle bécasse !*

➤ **bécassine** n. f. ✦ Petit oiseau au long bec, qui ressemble à la bécasse.

➤ **bec-de-lièvre** n. m. ✦ Malformation de la lèvre supérieure. — Au pl. *Des becs-de-lièvre.*
▷ Mot de la famille de LIÈVRE.
▷ Autre mot de la famille : BECQUÉE.

béchamel n. f. ✦ Sauce blanche à base de lait. *Des endives à la béchamel.*
● Ce mot vient du nom de Louis de Béchamel, maître d'hôtel de Louis XIV.

différents types de **becs**

bêche **n. f.** ✦ Outil de jardinage en forme de pelle plate.
➤ **bêcher** **v.** (conjug. 1) ✦ Retourner la terre avec une bêche. *Le jardinier bêche le jardin.*

becquée **n. f.** ✦ Nourriture qu'un oiseau prend dans son bec pour nourrir ses petits. *L'hirondelle donne la becquée à ses petits.*
▷ Mot de la famille de BEC.

bedonnant, bedonnante **adj.** ✦ Qui a un gros ventre. → **ventru.** *Un homme bedonnant.*

bée **adj. f.** ✦ *Bouche bée,* la bouche ouverte d'admiration ou d'étonnement. *Il était si stupéfait qu'il en est resté bouche bée.*

beffroi **n. m.** ✦ Tour située généralement près de l'hôtel de ville, contenant une cloche. *Il y a des beffrois dans le nord de la France et en Belgique.*

bégayer [begeje] **v.** (conjug. 8) ✦ Parler avec peine, en répétant les syllabes. *« Bon..., bon..., bonjour », bégaya-t-il.*
➤ **bégaiement** **n. m.** ✦ Défaut de prononciation d'une personne qui répète de manière saccadée les syllabes. → aussi **bègue.**
▷ Mots de la famille de BÈGUE.

bégonia **n. m.** ✦ Plante à fleurs rouges, jaunes ou blanches, à feuilles brillantes et aux tiges cassantes. — Au pl. *Des bégonias.*
● Ce mot vient du nom de Michel *Bégon,* créateur d'un jardin botanique.

bègue **n. m. et f.** ✦ Personne qui parle difficilement en répétant plusieurs fois la même syllabe. — **Adj.** *Ils sont bègues.*
▷ Autres mots de la famille : BÉGAIEMENT, BÉGAYER.

beige **adj.** ✦ Brun très clair. *Il a mis des chaussures beiges.* — **N. m.** *Le beige est une couleur pastel.*

beignet **n. m.** ✦ Pâte cuite dans la friture. *Des beignets aux pommes.*

bel → **beau**

bêler **v.** (conjug. 1) ✦ *Le mouton bêle,* il pousse son cri.
➤ **bêlement** **n. m.** ✦ Cri des moutons et des chèvres.

belette **n. f.** ✦ Petit animal au corps allongé, aux pattes courtes et à la fourrure fauve. *Les belettes sont carnivores.*

belette

bélier **n. m.** 1. Mouton mâle. 2. Machine de guerre faite d'une poutre qui servait à enfoncer les portes des châteaux forts ou des villes.

belle → **beau**

belle-fille **n. f.** 1. Épouse du fils. → **bru.** 2. Fille que son mari ou sa femme a eue d'un mariage précédent. *Il a deux belles-filles et un beau-fils.*
▷ Mot de la famille de FILLE.

belle-mère **n. f.** 1. Mère du mari ou de la femme. 2. Épouse du père sans être la mère. — Au pl. *Des belles-mères.*
▷ Mot de la famille de MÈRE.

belle-sœur **n. f.** 1. Sœur de la femme ou du mari. *Elle a deux belles-sœurs et un beau-frère.* 2. Femme du frère ou du beau-frère.
▷ Mot de la famille de SŒUR.

belligérant, belligérante **adj.** ✦ *Des États belligérants,* ce sont des États en guerre.

belliqueux, belliqueuse **adj.** 1. Qui aime faire la guerre. → **guerrier.** *Des nations belliqueuses.* ❏ contr. **pacifique.** 2. Qui aime la dispute. → **agressif, batailleur, querelleur.** *Un caractère belliqueux.* ❏ contr. **paisible.**

belote **n. f.** ✦ Jeu de cartes qui se joue avec 32 cartes.

bémol **n. m.** ✦ Signe (♭) de musique qui baisse la note d'un demi-ton. *Des bémols.* — **Adj. inv.** *Des mi bémol.* → aussi **dièse.**

bénédiction **n. f.** 1. Prière par laquelle un prêtre bénit quelqu'un ou quelque chose. *Le pape a donné sa bénédiction aux fidèles,* il les a bénis. 2. Chose heureuse qui se produit quand il faut. *Son arrivée a été une bénédiction.* ❏ contr. **malédiction.**

bénéfice n. m. ✦ Gain que l'on réalise lorsque l'on revend plus cher ce que l'on a acheté. → **profit.** *Cette entreprise a fait de gros bénéfices.* ❑ contr. **perte.**

➤ **bénéficiaire** adj. ✦ Qui fait des bénéfices. ❑ contr. **déficitaire.** *Une entreprise bénéficiaire.* — **N.** Personne qui profite d'un avantage, d'un droit. *Les héritiers sont les bénéficiaires d'un testament.*

➤ **bénéficier** v. (conjug. 7) ✦ Profiter. *Les bons clients bénéficient d'une remise. L'accusé a bénéficié de l'indulgence du tribunal,* il en a tiré avantage.

bénéfique adj. ✦ Qui fait du bien. *Le climat de la montagne est bénéfique.* → **bienfaisant,** ① **bon.** *Les pouvoirs bénéfiques d'une fée.* ❑ contr. **maléfique.**

bénévolat n. m. ✦ Travail qu'une personne fait volontairement et sans être payé. *La grand-mère de Julie fait du bénévolat dans une association.*

▷ Mot de la famille de BÉNÉVOLE.

bénévole n. m. et f. ✦ Personne qui fait un travail sans y être obligée et sans être payée. *Nous avons besoin de bénévoles pour organiser le festival.* — **Adj.** *Une infirmière bénévole.*

➤ **bénévolement** adv. ✦ Volontairement et gratuitement. *Il travaille bénévolement à la Croix-Rouge.*

▷ Autre mot de la famille : BÉNÉVOLAT.

bénin, bénigne adj. ✦ Sans gravité. *Un rhume est une maladie bénigne.* ❑ contr. **grave, sérieux.** *Une tumeur bénigne.* ❑ contr. ② **malin.**

bénir v. (conjug. 2) **1.** Mettre sous la protection de Dieu. *Le pape bénit les fidèles.* **2.** Rendre saint au cours d'une cérémonie religieuse. *Le prêtre a béni l'eau.*

➤ **bénit, bénite** adj. ✦ Qui a été béni par un prêtre. *De l'eau bénite.*

➤ **bénitier** n. m. ✦ Petit bassin contenant de l'eau bénite, à l'entrée d'une église.

benjamin n. m., **benjamine** n. f. **1.** Personne la plus jeune d'un groupe, d'une famille. *Léa est la benjamine de la classe.* → aussi **aîné, cadet. 2.** Jeune sportif âgé de 10 à 12 ans. → aussi **cadet, minime.**

● Ce mot vient de *Benjamin,* nom du plus jeune fils de Jacob, personnage de la Bible. En hébreu, cela veut dire « fils du bonheur ».

benne n. f. ✦ Partie arrière d'un camion, où l'on charge des matériaux et qui peut basculer. *Une benne à ordures.*

benne

béquille n. f. **1.** Canne de forme spéciale sur laquelle on s'appuie pour marcher. *Il s'est cassé la jambe, il marche avec des béquilles.* **2.** Support qui maintient debout un cyclomoteur, une moto lorsqu'ils sont arrêtés.

bercail n. m. ✦ *Rentrer au bercail,* chez soi, dans sa famille.

● Le pluriel, *des bercails,* est rare.

bercer v. (conjug. 3) ✦ Balancer doucement dans ses bras ou dans un berceau. *Il berçait son bébé pour qu'il s'endorme.*

➤ **berceau** n. m. ✦ Petit lit de bébé que l'on peut balancer. — Au pl. *Des berceaux.*

➤ **bercement** n. m. ✦ Mouvement de balancement doux et régulier. *Le bercement des vagues.*

➤ **berceuse** n. f. ✦ Chanson douce que l'on chante pour endormir un enfant.

béret n. m. ✦ Coiffure ronde, souple et plate en tissu de laine. *Un béret basque.*

berge n. f. ✦ Bord d'un cours d'eau, d'un canal. → **rive.** *Les pêcheurs sont installés sur la berge.*

berger n. m., **bergère** n. f. **1.** Personne qui garde les moutons et les chèvres. **2.** n. m. *Un berger,* un chien qui garde les troupeaux. *Un berger allemand.* ➺ planche Chiens p. 167.

➤ **bergerie** n. f. ✦ Bâtiment où l'on abrite les moutons et les chèvres.

berline n. f. ✦ Voiture fermée, à quatre portes. ➺ planche Voitures p. 1088.

● Au 17e siècle, la *berline* était un carrosse fermé, à la mode à *Berlin,* en Allemagne.

berlingot n. m. ✦ Bonbon acidulé en forme de petite pyramide. *Des berlingots multicolores.*

berlue **n. f.** ✦ *Avoir la berlue,* c'est avoir des visions. *Elle ne croyait pas ce qu'elle voyait, elle pensait avoir la berlue.*

▷ Autre mot de la famille : ÉBERLUÉ.

bermuda **n. m.** ✦ Short qui descend jusqu'aux genoux.

● C'est le nom américain des îles *Bermudes,* où les touristes ont mis ce short à la mode.

bernard-l'ermite **n. m. inv.** ✦ Petit crustacé qui habite dans des coquilles vides. — Au pl. *Des bernard-l'ermite.*

▷ Mot de la famille de ERMITE.

bernard-l'ermite

en **berne** **adv.** ✦ *Un drapeau en berne,* c'est un drapeau serré contre sa hampe, qui ne flotte pas. *Les drapeaux sont mis en berne en signe de deuil.*

berner **v.** (conjug. 1) ✦ Tromper en se moquant. → **duper.** *Même les plus malins ont été bernés par cet escroc.*

bernique **n. f.** ✦ Petit coquillage comestible, en forme de cône, qui se fixe aux rochers. ➸ planche Crustacés et coquillages p. 243.

● On l'appelle aussi *bernicle* ou *patelle.*

besace [bəzas] **n. f.** ✦ Sac de toile à deux poches que l'on porte en bandoulière. *Le chasseur met le gibier dans sa besace.* → aussi **gibecière.**

▷ Mot de la famille de ① SAC.

besogne **n. f.** ✦ Travail que l'on est obligé de faire. → **tâche.** *C'est une rude besogne de ranger cette pièce.*

besoin **n. m.** **1.** Chose absolument nécessaire. *Dormir est un besoin.* → **nécessité.** *Les plantes ont besoin de lumière,* il leur faut de la lumière. *Alex avait besoin de boire après cette longue marche.* → **envie.** **2.** *Faire ses besoins,* c'est faire ses excréments. *Le chien a fait ses besoins devant la porte.* **3.** *Être dans le besoin,* c'est manquer du nécessaire, être pauvre. *Ces pauvres gens sont dans le besoin.* → **gêne.** **4.** ***Au besoin,*** s'il le faut. *Appelle-moi au besoin.*

bestial, bestiale **adj.** ✦ *Un air bestial,* un air brutal comme celui d'une bête. — Au masc. pl. *bestiaux.*

bestiaux **n. m. pl.** ✦ Gros animaux élevés à la ferme. → **bétail.** *Le marché aux bestiaux. Un wagon à bestiaux.*

bestiole **n. f.** ✦ Petite bête. *Paul s'est fait piquer par une bestiole.*

best-seller [bɛstsɛlœʀ] **n. m.** ✦ Livre qui a un grand succès, qui se vend très bien. — Au pl. *Des best-sellers.*

● Ce mot vient de l'anglais et il veut dire exactement « le mieux vendu ».

bétail **n. m.** ✦ Ensemble des gros animaux élevés à la ferme. → **bestiaux.**

▷ Mot de la famille de ① BÊTE.

① **bête** **n. f.** **1.** Animal. *Théo aime beaucoup les bêtes. Les vaches sont des bêtes à cornes. Les lions sont des bêtes féroces.* **2.** *Une bête à bon Dieu,* c'est une coccinelle. **3.** *La bête noire de quelqu'un,* la personne, la chose qu'il ne supporte pas. — *Chercher la petite bête,* faire remarquer le petit détail qui ne va pas pour créer des difficultés. — *Regarder quelqu'un comme une bête curieuse,* le regarder d'une façon insistante et grossière.

▷ Autre mot de la famille : BÉTAIL.

② **bête** **adj.** ✦ Qui n'est pas intelligent. → **idiot, imbécile, sot, stupide.** *Il est bête et méchant. Elle est bête comme ses pieds,* très bête. — *Une histoire très bête.* → **inepte.**

➤ **bêtement** **adv.** ✦ D'une manière bête. *L'accident est arrivé bêtement.*

➤ **bêtifier** **v.** (conjug. 7) ✦ Dire des bêtises, des niaiseries. *Les grands-parents bêtifiaient devant le bébé.*

➤ **bêtise** n. f. 1. Manque d'intelligence. → **sottise, stupidité.** *Il est d'une grande bêtise.* 2. Chose qu'il ne faut pas faire, pas dire. → **sottise.** *Ce chat ne fait que des bêtises. Ne dis pas de bêtises !* → **ânerie.**

▷ Autres mots de la famille : ABÊTIR, ABÊTISSANT, PENSE-BÊTE.

béton n. m. ✦ Matériau dur et résistant, fait d'un mélange de sable, de gravier, de ciment et d'eau. *Un mur en béton.*

➤ **bétonnière** n. f. ✦ Machine formée d'une grande cuve qui tourne, servant à fabriquer le béton.

betterave n. f. ✦ Plante cultivée pour sa grosse racine. *On extrait du sucre de la betterave à sucre. On mange les betteraves rouges en salade.*

▷ Mot de la famille de RAVE.

betterave rouge

betterave à sucre

beugler v. (conjug. 1) ✦ *La vache beugle,* elle pousse son cri. → **meugler, mugir.**

➤ **beuglement** n. m. ✦ Cri de la vache. → **meuglement, mugissement.**

beur n. m. et f. ✦ Familier. Personne née en France de parents maghrébins. — Au pl. *Des beurs.* ❍ homonyme : beurre.

● C'est une déformation de *arabe,* en verlan. Au féminin, on dit aussi *une beure* et *une beurette.*

beurre n. m. 1. Matière grasse obtenue en battant la crème du lait. *Un croissant au beurre.* 2. *Compter pour du beurre,* pour rien. ❍ homonyme : beur.

➤ **beurrer** v. (conjug. 1) ✦ Recouvrir de beurre. *Théo beurre du pain. — Il mange une tartine beurrée.*

➤ **beurrier** n. m. ✦ Récipient dans lequel on met le beurre.

▷ Autre mot de la famille : PETIT-BEURRE.

beuverie n. f. ✦ Réunion où les gens boivent trop et sont ivres. → aussi **orgie.**

bévue n. f. ✦ Erreur due à l'ignorance ou à la maladresse. *Il a commis une bévue.*

bi- ✦ Préfixe qui veut dire « deux » (ex. : *bilatéral, bimensuel*).

biais n. m. 1. Moyen détourné et habile. *Louise a trouvé un biais pour expliquer son retard.* 2. *En biais, de biais,* en diagonale, en oblique. *Léa a traversé la rue en biais.*

➤ **biaiser** v. (conjug. 1) ✦ Employer des moyens détournés pour faire quelque chose. *Il a biaisé et n'a pas répondu à ma question.*

bibelot n. m. ✦ Petit objet que l'on place sur un meuble ou dans une vitrine pour décorer.

biberon n. m. ✦ Petite bouteille munie d'une tétine avec laquelle on donne à boire aux bébés. *Le bébé a fini son biberon,* il a bu tout son contenu.

bible n. f. 1. *La Bible,* le livre saint des juifs *(Ancien Testament)* et des chrétiens *(Ancien et Nouveau Testament).* 2. *Une bible,* c'est un livre où l'on trouve tout ce qu'on cherche. *Ce livre sur les plantes est ma bible.*

● Au sens 1, le mot s'écrit avec une majuscule. Ce mot vient du grec *biblion* qui veut dire « livre ». Il a donné aussi *bibliothèque.*

▷ Autre mot de la famille : BIBLIQUE.

bibliobus n. m. ✦ Bus qui sert de bibliothèque où l'on peut emprunter des livres.

▷ Mot de la famille de BUS.

bibliothèque n. f. 1. Meuble où l'on range les livres. *Une bibliothèque vitrée.* 2. Salle ou bâtiment où l'on peut consulter ou emprunter des livres. *La bibliothèque municipale.*

➤ **bibliothécaire** n. m. et f. ✦ Personne qui s'occupe de classer et prêter les livres, dans une bibliothèque.

biblique adj. ✦ *Adam et Ève sont des personnages bibliques,* de la Bible.

▷ Mot de la famille de BIBLE.

biceps [bisɛps] n. m. ✦ Muscle du bras. ➻ planche Corps humain p. 219.

biche n. f. ✦ Femelle du cerf. *Une biche et son faon.*

biche

bichonner v. (conjug. 1) ✦ S'occuper avec beaucoup de soin de quelque chose. *Elle aime bichonner sa voiture.* — **se bichonner,** c'est se préparer avec soin, se faire beau. → se **pomponner.** *Julie se bichonne devant la glace.*

bicolore adj. ✦ De deux couleurs. *Les bonbons au réglisse et à la menthe sont bicolores.*

bicoque n. f. ✦ Petite maison mal construite et qui n'est pas très belle. *Ils habitent une bicoque délabrée.* → aussi **baraque.**

bicyclette n. f. ✦ Véhicule à deux roues avec un guidon et deux pédales. → **vélo.** *Léa est venue à bicyclette.*
▷ Mot de la famille de ② CYCLE.

bidet n. m. ✦ Cuvette ovale et basse servant à se laver le bas du corps. *Dans la salle de bains, il y a un lavabo, une baignoire et un bidet.*

bidon n. m. ✦ Récipient en métal ou en plastique fermé par un bouchon. *Il a toujours un bidon d'huile dans le coffre de sa voiture.* → aussi **jerrycan.**
➤ **bidonville** [bidɔ̃vil] n. m. ✦ Quartier formé de baraques faites de planches, de tôles, de vieux bidons, où habitent des gens très pauvres. ▷ Mot de la famille de VILLE.

bielle n. f. ✦ Tige de métal rigide articulée aux deux bouts. *Dans un moteur de voiture, les bielles transmettent au vilebrequin le mouvement de va-et-vient des pistons.*

bien adv., adj. inv. et n. m.
■ adv. 1. D'une manière satisfaisante. ❑ contr. **mal.** *Elle conduit bien. Tiens-toi bien.* → **correctement.** 2. Très. *Ils étaient bien contents d'avoir fini. Elle est bien jeune pour voyager seule.* → **trop.** — *Il l'aime bien.* → **beaucoup.** 3. Au moins. *Cela fait bien trois jours qu'il est parti.* 4. Vraiment. *C'est bien elle qui parlait.* 5. Forcément. *Il va bien finir par arriver.*
■ adj. inv. 1. Satisfaisant. *Ce que vous ferez sera très bien.* → **parfait.** *Elle se sent bien en ce moment,* en bonne santé. *On est bien, ici,* on est à l'aise. 2. *Être bien avec quelqu'un,* être en bons termes. *Elle est très bien avec ses voisins.* 3. *Quelqu'un de bien,* qui a des qualités morales. *Elle a épousé un type bien.*
■ n. m. 1. Ce qui est agréable, utile. *Les médicaments lui* ***ont fait du bien.*** *C'est* ***pour ton bien,*** dans ton intérêt. 2. Ce qui est juste, honnête. *Il faut distinguer le bien du mal.* 3. Ce que l'on possède. *Il a vendu tous ses biens.*
▷ Autres mots de la famille : BIEN-AIMÉ, BIEN-ÊTRE, BIENFAISANCE, BIENFAISANT, BIENFAIT, BIENFAITEUR, BIENHEUREUX, BIEN QUE, BIENSÉANCE, BIENTÔT, BIENVEILLANCE, BIENVEILLANT, BIENVENU, BIENVENUE.

bien-aimé, bien-aimée adj. ✦ Qui est aimé tendrement. *Sa fille bien-aimée.* — N. *Elle a reçu une lettre de son bien-aimé.* → **amoureux.**
▷ Mot de la famille de BIEN et de AIMER.

bien-être n. m. ✦ Plaisir que l'on ressent quand on est content ou heureux. *Une sensation de bien-être l'envahit après son bain.* ❑ contr. **malaise.**
▷ Mot de la famille de BIEN et de ① ÊTRE.

bidonville

bienfaisant [bjɛ̃fəzɑ̃], **bienfaisante** [bjɛ̃fəzɑ̃t] **adj.** ✦ Qui fait du bien. ❏ contr. **nuisible.** *Cette cure a eu une action bienfaisante sur ma santé.* → **salutaire.**

➤ **bienfaisance** [bjɛ̃fəzɑ̃s] **n. f.** ✦ *Une association de bienfaisance* aide les personnes qui n'ont pas beaucoup d'argent.

▷ Mots de la famille de BIEN et de FAIRE.

bienfait **n. m.** ✦ Effet bénéfique, salutaire. *Je ressens les bienfaits de ma cure,* je me rends compte que ma cure m'a fait du bien. ❏ contr. **méfait.**

➤ **bienfaiteur** **n. m.**, **bienfaitrice** **n. f.** ✦ Personne qui fait du bien, apporte une aide généreuse.

▷ Mots de la famille de BIEN et de FAIRE.

bienheureux, bienheureuse **adj.** ✦ Très heureux. *Il a eu la bienheureuse idée de venir nous voir.* ❏ contr. **malheureux.** — **N.** *Il dort comme un bienheureux,* profondément.

▷ Mot de la famille de BIEN et de HEUREUX.

bien que **conjonction** ✦ Quoique. *Elle est sortie bien qu'il pleuve.*

● *Bien que* est suivi du subjonctif.

▷ Mot de la famille de BIEN.

bienséance **n. f.** ✦ Respect des règles de la politesse, de la bonne éducation. *La bienséance exige que l'on ne dise pas de mots grossiers en classe.*

▷ Mot de la famille de BIEN et de SEOIR.

bientôt **adv.** ✦ Dans peu de temps. → **prochainement.** *Le soleil va bientôt se lever. Au revoir et à bientôt !*

▷ Mot de la famille de BIEN et de TÔT.

bienveillant, bienveillante **adj.** ✦ Gentil et indulgent. *Elle a toujours été bienveillante envers nous.* ❏ contr. **hostile, malveillant, méchant.**

➤ **bienveillance** **n. f.** ✦ Gentillesse et indulgence. *Il nous a regardés avec bienveillance.* ❏ contr. **hostilité, malveillance, méchanceté.**

▷ Mots de la famille de BIEN.

bienvenu, bienvenue **adj.** ✦ Qui vient au bon moment. *Vos conseils sont bienvenus,* ils sont reçus avec plaisir. — **N.** *Tu seras toujours la bienvenue chez nous,* tu seras toujours accueillie avec plaisir.

➤ **bienvenue** **n. f.** ✦ *Souhaiter la bienvenue à quelqu'un,* lui dire que l'on est content de le recevoir.

▷ Mots de la famille de BIEN et de VENIR.

① **bière** **n. f.** ✦ Boisson gazeuse alcoolisée faite avec de l'orge et du houblon.

② **bière** **n. f.** ✦ Cercueil. *On a mis le mort en bière.*

biffer **v.** (conjug. 1) ✦ Rayer ce qui est écrit pour supprimer. *Elle a biffé plusieurs mots dans sa rédaction.* → **barrer.** *Plusieurs mots ont été biffés sur la page.*

bifteck **n. m.** ✦ Tranche de viande de bœuf. → **steak.** *Un bifteck haché.*

● Ce mot vient de l'anglais *beefsteak* qui veut dire « tranche de bœuf ».

bifurquer **v.** (conjug. 1) **1.** Se séparer en deux pour former une fourche, en parlant d'une route. *La route bifurque à la sortie du village.* **2.** Changer de direction. *Au croisement, la voiture a bifurqué vers la droite,* elle a pris la route de droite.

➤ **bifurcation** **n. f.** ✦ Division d'une route en deux branches. → **embranchement, fourche.**

bigame **adj.** ✦ Qui a deux femmes ou deux maris en même temps. → aussi **monogame, polygame.**

➤ **bigamie** **n. f.** ✦ Situation d'une personne qui a deux femmes ou deux maris en même temps. → aussi **polygamie.**

bigarré, bigarrée **adj.** ✦ Qui a des couleurs vives et variées. → **bariolé.** *Une robe bigarrée.*

bigarreau **n. m.** ✦ Cerise rouge et blanche à chair ferme. — Au pl. *Des bigarreaux.*

bigarreau

bigorneau **n. m.** ✦ Petit coquillage à coquille grise ou noire à spirale, qui ressemble à un escargot. *Nous avons ramassé des bigorneaux.* ➻ planche Crustacés et coquillages p. 243.

bigoudi **n. m.** ✦ Petit rouleau autour duquel on enroule chaque mèche de cheveux pour la friser. *Elle s'est mis des bigoudis.*

bijou **n. m.** (pl. **bijoux**) ✦ Petit objet, souvent précieux, que l'on porte sur soi comme ornement. *Les bagues, les bracelets, les colliers sont des bijoux.*

➤ **bijouterie** **n. f.** ✦ Magasin où l'on vend des bijoux.

➤ **bijoutier** **n. m.**, **bijoutière** **n. f.** ✦ Personne qui fabrique ou vend des bijoux. → aussi **joaillier, orfèvre.**

bilan **n. m.** 1. Tableau des comptes qu'une entreprise fait tous les ans. *Le comptable de l'usine fait le bilan annuel. — Déposer son bilan,* faire faillite. 2. Résultat d'ensemble. *Le bilan du tremblement de terre est très lourd,* il y a eu de gros dégâts et de nombreuses victimes.

● Ce mot vient de l'italien *bilancio* qui veut dire « balance ». Un bilan doit être équilibré.

bilatéral, bilatérale **adj.** ✦ Qui concerne deux côtés. *Dans cette rue, le stationnement est bilatéral,* il est autorisé des deux côtés de la rue. ◻ contr. **unilatéral.** — Au masc. pl. *bilatéraux.*

▷ Mot de la famille de LATÉRAL.

bile **n. f.** 1. Liquide amer fabriqué par le foie, qui aide à la digestion. → aussi **fiel.** 2. Familier. *Se faire de la bile,* se faire du souci, s'inquiéter.

➤ **biliaire** **adj.** ✦ Qui contient de la bile. *La vésicule biliaire.*

bilingue **adj.** ✦ *Une personne bilingue* est une personne qui parle parfaitement deux langues. *Un dictionnaire bilingue,* qui est en deux langues.

① **bille** **n. f.** 1. Petite boule. *Paul et Théo jouent aux billes.* → aussi ① **calot.** *Les billes de billard sont rouges et blanches.* 2. *Un stylo à bille,* dont l'extrémité est formée d'une petite boule en métal qui, en roulant sur le papier, laisse sortir l'encre.

➤ **billard** **n. m.** ✦ Jeu consistant à faire rouler des billes sur une table spéciale, appelée aussi *billard.*

billard

② **bille** **n. f.** ✦ Gros morceau de bois obtenu en découpant un tronc d'arbre. *Une bille de chêne.*

▷ Autre mot de la famille : BILLOT.

billet **n. m.** 1. *Un billet* ou *un billet de banque,* c'est un rectangle de papier qui représente une certaine somme d'argent. *Un billet de 5 euros.* 2. Rectangle de papier permettant de voyager, d'avoir accès à un lieu payant ou de participer à un jeu. *Un billet de train, d'avion.* → **ticket.** *Un billet de tombola,* pour participer à une tombola.

➤ **billetterie** **n. f.** 1. Lieu où l'on peut acheter des billets de spectacle ou des titres de transport. → aussi **guichet.** *La billetterie d'un musée.* 2. Distributeur automatique qui permet de retirer de l'argent à l'aide d'une carte de crédit.

billot **n. m.** ✦ Gros bloc de bois dont le dessus est plat. *Il a fendu à la hache la bûche posée sur le billot.*

▷ Mot de la famille de ② BILLE.

bimensuel, bimensuelle **adj.** ✦ Qui paraît deux fois par mois. *Une revue bimensuelle.*

▷ Mot de la famille de MENSUEL.

bimoteur **n. m.** ✦ Avion qui a deux moteurs.

▷ Mot de la famille de ① MOTEUR.

binaire **adj.** ✦ Composé de deux éléments. *Un rythme binaire,* à deux temps.

biner **v.** (conjug. 1) ✦ Remuer la terre en surface autour des plantes. *Le jardinier bine ses salades.*

➤ **binette** **n. f.** ✦ Outil de jardinage qui sert à biner.

biniou n. m. (pl. **binious**) ✦ Instrument de musique breton à vent, composé d'un sac de cuir et de plusieurs tuyaux. → aussi **cornemuse.**
● *Biniou* est un mot breton.

biniou

biodégradable adj. ✦ Qui se décompose dans la nature, sous l'action des bactéries et de champignons microscopiques. *Les emballages biodégradables respectent l'environnement.*
▷ Mot de la famille de DÉGRADER.

biographie n. f. ✦ Livre qui raconte la vie de quelqu'un. *Alex a lu une biographie de Mozart.*
▷ Autre mot de la famille : AUTOBIOGRAPHIE.

biologie n. f. ✦ Science qui étudie les êtres vivants.
➤ **biologique** adj. 1. Qui concerne la biologie. 2. Naturel. *Des produits biologiques.*
● On dit familièrement *bio. Des yaourts bios.*

bipède n. m. ✦ Être qui marche sur deux pieds ou deux pattes. *Les êtres humains et les oiseaux sont des bipèdes.*

biplan n. m. ✦ Avion qui avait deux ailes superposées.
▷ Mot de la famille de ① PLAN.

bique n. f. ✦ Familier. Chèvre.

① **bis** [bi], **bise** [biz] adj. ✦ Gris-brun. *Le pain bis contient du son. Un torchon de toile bise.*

② **bis** [bis] adj. et interj.
■ adj. Indique la répétition d'un numéro. *Nous sommes tous voisins : elle habite au 15, moi au 15 bis et lui au 17.* → aussi **ter.**
■ interj. Cri par lequel le public réclame à un artiste une nouvelle chanson, un nouveau morceau, à la fin d'un concert. *Les spectateurs criaient : « Bis ! bis ! ».*

biscornu, biscornue adj. 1. Qui a une forme irrégulière. *Cette pièce est biscornue.* 2. Familier. Bizarre et compliqué. *Paul a souvent des idées biscornues.* → **bizarre.**

biscotte n. f. ✦ Tranche de pain de mie séchée au four. *Un paquet de biscottes.*

biscuit n. m. ✦ Gâteau sec. *Un paquet de biscuits.*
▷ Mot de la famille de CUIRE.

① **bise** n. f. ✦ Vent froid et sec qui souffle du nord, en hiver et au printemps.

② **bise** n. f. ✦ Familier. Baiser. *Louise a fait la bise à Paul,* elle l'a embrassé.

biseau n. m. ✦ *En biseau,* en oblique. *Cette glace est taillée en biseau,* ses bords sont taillés en oblique.
➤ **biseauté, bisautée** adj. ✦ *Une glace biseautée,* dont les bords sont taillés en biseau.

bison n. m. ✦ Bœuf sauvage au front large et bombé, armé de cornes courtes, aux épaules plus élevées que la croupe et à la tête ornée d'une épaisse crinière. *Les bisons ont une bosse sur le cou.*

bissectrice n. f. ✦ Droite qui divise un angle en deux angles égaux. ➻ planche Géométrie p. 459. *Tracez la bissectrice de l'angle A.*

bissextile adj. ✦ *Une année bissextile* est une année de 366 jours parce que le mois de février a 29 jours au lieu de 28. *Il y a une année bissextile tous les quatre ans.*

bistouri n. m. ✦ Petit couteau à lame pointue et très tranchante, utilisé par les chirurgiens. → **scalpel.**

bistre adj. inv. ✦ Brun noirâtre. *L'humidité a fait des taches bistre sur le mur.*

bistrot ou **bistro** n. m. ✦ Familier. Café. *Ils ont pris un verre au bistrot.*

bitume n. m. ✦ Pâte noirâtre et visqueuse, à odeur très forte, dont on recouvre les routes et les trottoirs. → **asphalte, goudron.**

bivouac n. m. ✦ Campement provisoire. *Les alpinistes ont établi leur bivouac au pied d'une paroi rocheuse.*

➤ **bivouaquer** v. (conjug. 1) ✦ S'installer dans un campement provisoire. → **camper.** *Les randonneurs bivouaquent au bord du ruisseau.*

bizarre adj. 1. Qui n'est pas habituel. → **curieux, étrange, extraordinaire, insolite, singulier** ; fam. **marrant.** ❑ contr. **banal, normal.** *Théo a souvent des idées bizarres.* → **saugrenu.** *Un objet bizarre.* 2. Dont la manière d'être est spéciale, extravagante. *Elle est vraiment bizarre.* → **original.**

● Ce mot vient de l'italien *bizzarro* qui veut dire « capricieux ».

➤ **bizarrement** adv. ✦ D'une manière bizarre, étrange. → **curieusement.** *Elle était bizarrement habillée.*

➤ **bizarrerie** n. f. ✦ Chose étrange, inhabituelle ou anormale. → **anomalie.** *Il y a bien des bizarreries dans l'orthographe française.*

blafard, blafarde adj. ✦ Pâle et sans éclat. → **blême.** *Le malade avait le teint blafard.* → **cireux, livide.** *Une lumière blafarde.*

① **blague** n. f. ✦ *Une blague à tabac,* un petit sac destiné à recevoir du tabac.

② **blague** n. f. ✦ Familier. 1. Histoire imaginée que l'on essaie de faire passer pour vraie. *Paul raconte souvent des blagues.* → **blaguer.** 2. Farce. *Léa nous a fait une bonne blague pour le 1er avril.*

➤ **blaguer** v. (conjug. 1) ✦ Raconter des blagues. *Paul aime bien blaguer.* → **plaisanter.**

blaireau

blaireau n. m. 1. Petit animal bas sur pattes, au pelage clair sur le dos, foncé sous le ventre, qui se nourrit de racines, de miel et de petits animaux. — Au pl. *Des blaireaux.* 2. Petite brosse servant à faire mousser le savon à barbe.

blâmer v. (conjug. 1) ✦ Critiquer, désapprouver, condamner. ❑ contr. **féliciter.** *Tous ses amis l'ont blâmé d'avoir agi ainsi.*

➤ **blâme** n. m. ✦ Réprimande que l'on fait à quelqu'un qui a commis une faute grave. ❑ contr. **éloge, louange.** *Le conseil de discipline a infligé un blâme aux élèves qui avaient copié.*

➤ **blâmable** adj. ✦ *Une action blâmable,* c'est une action qui mérite d'être punie. → **condamnable, répréhensible.** ❑ contr. **louable.**

blanc adj. et n. m., **blanche** adj. et n. f.

■ adj. 1. De la couleur la plus claire qui existe. *La neige est blanche. Des draps blancs. Des chaussures blanches.* 2. D'une couleur très pâle. *Un homme aux cheveux blancs. Il préfère le vin blanc au vin rouge. Le raisin blanc et le raisin noir.* 3. *De nombreux électeurs ont mis un bulletin blanc dans l'urne,* un bulletin sur lequel il n'y avait rien d'écrit. 4. *Une nuit blanche,* sans sommeil. 5. Qui appartient au groupe humain qui a une peau naturellement très claire. *Une femme blanche.*

■ n. m. 1. Couleur blanche. *La mariée était habillée en blanc. Des photos en noir et blanc.* ❑ contr. **en couleur.** 2. *Le blanc du poulet,* la chair de la poitrine et des ailes. 3. *Le blanc d'œuf,* la partie incolore et visqueuse de l'œuf. *Elle a fait monter des blancs en neige.* 4. Vin blanc. *Une bouteille de blanc sec.* 5. *Un blanc,* un espace qui n'est pas écrit, dans un texte. *Laisse des blancs entre les paragraphes, ce sera plus clair.* 6. *Tirer à blanc,* avec des cartouches sans balles. *Les policiers ont tiré à blanc.*

■ n. m. et f. Personne de race blanche. *En Europe, il y a surtout des Blancs et en Afrique surtout des Noirs.*

➤ **blanchâtre** adj. ✦ D'une couleur plus ou moins blanche, pas très belle. *On distingue une lueur blanchâtre au bout du tunnel.*

➤ **blanche** n. f. ✦ Note de musique qui vaut deux noires.

➤ **blancheur** n. f. ✦ Couleur blanche. *Ses dents sont d'une blancheur éclatante.*

➤ **blanchir** v. (conjug. 2) 1. Rendre blanc. *La neige blanchit les sommets.* 2. Devenir blanc.

Les cheveux blanchissent avec l'âge. **3.** *Être blanchi,* c'est être déclaré innocent. *L'accusée a été blanchie.*

➤ **blanchissage** **n. m.** ✦ Lavage du linge. *Il a envoyé ses chemises au blanchissage.*

➤ **blanchisserie** **n. f.** ✦ Magasin où l'on donne son linge à laver. → aussi **laverie, teinturerie.**

➤ **blanchisseur** **n. m.**, **blanchisseuse** **n. f.** ✦ Personne dont le métier est de laver le linge. → aussi **teinturier.**

➤ **blanquette** **n. f.** ✦ Ragoût de viande blanche dans une sauce blanche. *De la blanquette de veau.*

▷ Autre mot de la famille : FER-BLANC.

blasé, blasée **adj.** ✦ *Une personne blasée,* c'est une personne qui manque d'enthousiasme, à qui rien ne fait plus plaisir.

blason **n. m.** ✦ Dessin, emblème particulier à une famille noble, à une ville. → **armoiries.**

blasphème **n. m.** ✦ Parole qui insulte la religion.

➤ **blasphémer** **v.** (conjug. 6) ✦ Dire des blasphèmes.

blatte **n. f.** ✦ Insecte marron au corps aplati et aux longues antennes. → ① **cafard.** *Il y a des blattes sous l'évier.*

blazer [blazɛʀ] **n. m.** ✦ Veste de flanelle croisée ou droite. *Son père porte des blazers bleu marine.*

● Ce mot anglais vient du verbe *to blaze* qui signifie « flamboyer », car cette veste portée dans les collèges anglais était souvent de couleur vive.

blé **n. m.** **1.** Céréale dont le grain écrasé sert à faire de la farine, de la semoule. → **froment.** *Un champ de blé. Des épis de blé.* **2.** *Blé noir,* sarrasin. *Des galettes de blé noir.*

bled **n. m.** **1.** La campagne, en Afrique du Nord. **2.** Familier. Petit village isolé. → fam. **patelin.**

● C'est un mot arabe d'Afrique du Nord qui veut dire « terrain, pays ».

blême **adj.** ✦ Très pâle. *Il était blême de colère.* → **livide.** *Une lueur blême.* → **blafard.**

➤ **blêmir** **v.** (conjug. 2) ✦ Devenir blême. → **pâlir.** *Il blêmit de rage.*

blesser **v.** (conjug. 1) **1.** Donner un coup qui provoque une plaie, une meurtrissure. *Il a été blessé dans l'accident.* — **se blesser,** se faire mal. *Léa s'est blessée à la main.* **2.** Faire de la peine, offenser. → **vexer.** *Ta remarque l'a blessé.*

➤ **blessé** **adj.** et **n. m.**, **blessée** **adj.** et **n. f.**

■ **adj.** Qui a reçu une blessure. *Il y a eu trois personnes grièvement blessées dans l'accident.*

■ **n.** Personne blessée. *L'ambulance transporte les blessés à l'hôpital.*

➤ **blessant, blessante** **adj.** ✦ *Des paroles blessantes* sont des paroles qui font de la peine. → **désobligeant, méchant, vexant.**

➤ **blessure** **n. f.** **1.** Dégât fait à une partie du corps. → **plaie.** *Il faut mettre du désinfectant sur ta blessure.* **2.** Ce qui fait du mal moralement. *Une blessure d'amour-propre.* → **humiliation.**

blet, blette **adj.** ✦ Trop mûr. *Ces poires sont blettes.*

bleu **adj.** et **n. m.**, **bleue** **adj.**

■ **adj.** **1.** Qui est de la même couleur qu'un ciel sans nuages. *Théo a les yeux bleus.* **2.** *Paul mange son bifteck bleu,* très saignant, à peine cuit. **3.** *Avoir une peur bleue,* une peur très forte.

■ **n. m.** **1.** Couleur bleue. *Sa robe est d'un beau bleu. Des pulls bleu clair. Des chaussettes bleu marine.* **2.** Marque bleue sur la peau, due à un coup. → **ecchymose, hématome.** *Il était couvert de bleus.* **3.** Fromage de lait de vache qui contient des moisissures. *Du bleu d'Auvergne.* **4.** Combinaison de travail en toile très solide. *Un bleu de mécanicien.*

➤ **bleuâtre** **adj.** ✦ D'une couleur presque bleue. *On aperçoit une fumée bleuâtre.*

➤ **bleuet** **n. m.** ✦ Fleur des champs de couleur bleue. *Un bouquet de bleuets.*

➤ **bleuir** **v.** (conjug. 2) **1.** Devenir bleu. *L'horizon bleuit au lever du jour.* **2.** Rendre bleu. *Le froid lui bleuissait les mains.*

➤ **bleuté, bleutée** **adj.** ✦ D'une couleur légèrement bleue. *Le glacier a des reflets bleutés.*

bleuet

blindé, blindée adj. ✦ Recouvert d'une plaque de métal qui protège. *Une porte blindée.* — N. m. *Un blindé,* un véhicule militaire blindé. → **char, tank.**

blizzard n. m. ✦ Vent glacial qui souffle au Canada et dans le nord des États-Unis, souvent accompagné de tempêtes de neige.
● Ce mot vient de l'américain.

bloc n. m. 1. Gros morceau. *Des blocs de pierre se sont détachés de la falaise.* 2. Ensemble de feuilles de papier détachables, de même dimension, collées ensemble sur un côté. *Un bloc de papier à lettres.* 3. *Faire bloc,* c'est former un groupe uni. *Ils ont fait bloc contre l'agresseur.* 4. *En bloc,* en totalité. *Ils ont refusé toutes les propositions en bloc.* 5. *À bloc,* à fond, complètement. *Les pneus sont gonflés à bloc.*
▷ Autres mots de la famille : BLOCAGE, BLOQUER, DÉBLOCAGE, DÉBLOQUER.

blocage n. m. ✦ *Le blocage du ballon par le gardien de but,* le fait d'empêcher le ballon de circuler. — *Le blocage des prix,* c'est le fait de les empêcher de monter.
▷ Mot de la famille de BLOC.

blocus [blɔkys] n. m. ✦ *Faire le blocus d'un pays,* c'est le priver de relations commerciales avec les autres pays en l'empêchant d'importer ou d'exporter des marchandises. → aussi **embargo.**

blond, blonde adj. 1. *Louise a les cheveux blonds,* de la couleur la plus claire, proche du jaune. — N. *Louise est une jolie blonde.* 2. *Des cigarettes blondes,* faites avec du tabac d'un jaune orangé. — *Une bière blonde,* de couleur jaune clair. ❏ contr. **brun.**

bloquer v. (conjug. 1) 1. Empêcher de bouger, de se mouvoir. *Le gardien de but a bloqué le ballon. La voiture est bloquée dans les embouteillages.* → **coincer.** 2. Boucher, obstruer. *Des travaux bloquent la rue.* → **barrer.** 3. *Le gouvernement a bloqué les prix,* a interdit qu'ils augmentent. ❏ contr. **débloquer.**
▷ Mot de la famille de BLOC.

se blottir v. (conjug. 2) ✦ Se replier sur soi-même de manière à occuper le moins de place possible. *Léa s'est blottie sous sa couette.* → se **pelotonner.**

blouse n. f. ✦ Vêtement long que l'on met par-dessus les autres pour les protéger quand on travaille. *Le dentiste porte une blouse blanche.*
➤ **blouson** n. m. ✦ Veste courte serrée aux hanches. *Un blouson de cuir.*

bluff [blœf] n. m. ✦ Attitude qui a pour but de tromper les gens en exagérant. *Il dit qu'il a escaladé cette montagne, mais c'est du bluff.*
● Mot américain qui vient du jeu de poker. Le *bluff,* c'est l'attitude du joueur qui fait croire à l'adversaire qu'il a les cartes les plus fortes, même si c'est faux.
➤ **bluffer** [blœfe] v. (conjug. 1) ✦ Essayer de tromper. → se **vanter.** *Ne le croyez surtout pas, il bluffe !*

boa n. m. ✦ Gros serpent d'Amérique du Sud, sans venin, qui étouffe sa proie dans ses anneaux. → aussi **anaconda.** *Des boas.*

bob n. m. ✦ Petit chapeau de toile dont les bords peuvent se relever.
● *Bob* est le diminutif du prénom américain *Robert.*

bobard n. m. ✦ Familier. Mensonge que l'on raconte pour tromper ou pour se mettre en valeur. → **baratin,** ② **blague, boniment.** *Tu nous racontes des bobards !*

bobine n. f. ✦ Petit cylindre sur lequel est enroulé du fil ou un film. *Une bobine de fil.*
▷ Autre mot de la famille : REMBOBINER.

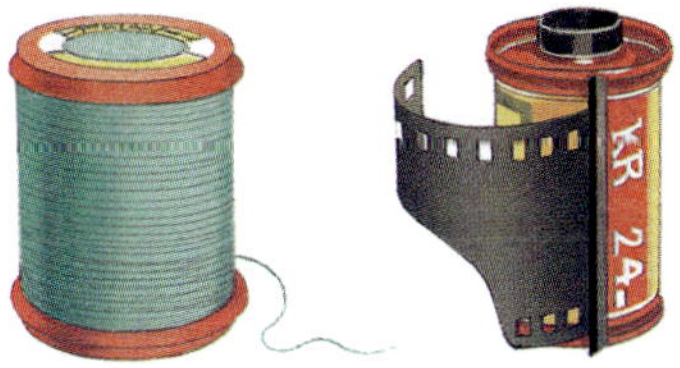

bobine

bobo n. m. ✦ Familier. Petite plaie, petit mal sans gravité. *Un petit bobo de rien du tout.*
● Ce mot vient du langage des très jeunes enfants.

bobsleigh [bɔbslɛg] n. m. 1. Traîneau à plusieurs places servant à glisser à grande vitesse sur des pistes de neige ou de glace. 2. Sport pratiqué avec ce traîneau.
● Ce mot vient de l'anglais *to bob* qui veut dire « se balancer » et de *sleigh* qui veut dire « traîneau ».

bocage n. m. ✦ Région où les prés et les champs sont fermés par des haies et des arbres. *Le bocage normand.*

bocal n. m. (pl. **bocaux**) 1. Récipient en verre, à ouverture assez large, dans lequel on conserve les aliments. *Des bocaux de cornichons.* 2. Aquarium en forme de globe. *Les poissons rouges tournent dans leur bocal.*

bœuf n. m. 1. Taureau castré. *Les bœufs paissent dans le pré.* → aussi **bovin.** 2. Viande de bœuf ou de vache. *Un rôti de bœuf.*
● On dit *un bœuf* [bœf], *des bœufs* [bø].
▷ Autre mot de la famille : ŒIL-DE-BŒUF.

bof ! interj. ✦ Mot qui sert à exprimer la lassitude ou l'indifférence. *Tu ne veux vraiment pas m'accompagner ? — Bof !*

① **bogue** n. f. ✦ Enveloppe de la châtaigne, recouverte de piquants.

② **bogue** n. m. ✦ Défaut dans un logiciel qui empêche un ordinateur de fonctionner normalement.
● Ce mot remplace le mot anglais *bug* [bœg] qui veut dire exactement « bestiole nuisible ».

bohème n. m. et f. ✦ Personne qui vit comme elle en a envie, sans souci du lendemain. *Les artistes mènent souvent une vie de bohème.* — **Adj.** *Elle est un peu bohème.*

bohémien n. m., **bohémienne** n. f. ✦ Nomade qui vit dans une roulotte. → **gitan.**
● On pensait que les Tsiganes venaient de Bohême.

boire v. (conjug. 53) 1. Avaler un liquide. *Julie boit un verre de lait.* 2. *Boire les paroles de quelqu'un,* écouter ce qu'il dit avec attention et admiration. 3. Absorber beaucoup d'alcool. *Si tu bois trop, tu vas être ivre.* 4. Absorber un liquide. *Le buvard a bu toute l'encre.* 5. *Qui a bu boira* : on ne se corrige jamais d'un défaut qui est devenu une habitude.
▷ Autres mots de la famille : BOISSON, BUVABLE, BUVARD, BUVETTE, BUVEUR, IMBU, IMBUVABLE, POURBOIRE.

bois n. m. 1. Terrain couvert d'arbres. → **forêt.** *Elle se promène dans les bois avec son chien.* 2. Matière dont est fait un arbre. *Il a coupé du bois pour faire un feu. Cette table est en bois blanc.* 3. *Les bois d'un cerf, d'un élan ou d'un renne,* leurs cornes. → aussi **andouiller** et **ramure.**

➤ **boisé, boisée** adj. ✦ Couvert de bois. *Une colline boisée.*

➤ **boiserie** n. f. ✦ Panneau décoratif en bois. *Les murs du salon sont recouverts de boiseries.*
▷ Autres mots de la famille : DÉBOISEMENT, DÉBOISER, HAUTBOIS, REBOISEMENT, REBOISER, SOUS-BOIS.

boisson n. f. ✦ Liquide qui se boit. *En hiver, on apprécie les boissons chaudes.*
▷ Mot de la famille de BOIRE.

boîte n. f. 1. Récipient, généralement muni d'un couvercle, qui se transporte facilement. *Une boîte à chaussures. Le tournevis est dans la boîte à outils. Des boîtes de conserve.* 2. *Une boîte aux lettres,* c'est une boîte, sur la voie publique, dans laquelle on met le courrier que l'on poste ; c'est aussi une boîte privée, dans une maison, un immeuble, où le facteur dépose le courrier. 3. *Une boîte de nuit,* c'est un endroit ouvert la nuit où l'on boit et l'on danse. → aussi **discothèque.** — On dit aussi *une boîte.*
▷ Autres mots de la famille : BOÎTIER, ② DÉBOÎTER, EMBOÎTER, OUVRE-BOÎTE.

boiter v. (conjug. 1) ✦ Marcher en penchant le corps d'un côté plus que de l'autre. *Depuis son accident de voiture, elle boite un peu.*

➤ **boiteux, boiteuse** adj. 1. *Une personne boiteuse,* qui boite. 2. *Une chaise boiteuse,* qui n'est pas stable. → **bancal.** 3. *Un raisonnement boiteux,* qui manque d'équilibre et de solidité.

boîtier n. m. ✦ *Un boîtier de montre,* c'est la partie métallique qui renferme le mécanisme. *Le boîtier d'une lampe de poche,* c'est la partie qui renferme la pile.
▷ Mot de la famille de BOÎTE.

bol n. m. ✦ Petit récipient rond dans lequel on boit. *Elle verse le café dans des bols.* — *Julie boit un bol de lait,* le contenu d'un bol de lait.

boléro n. m. ✦ Petite veste sans manches qui ne se boutonne pas et s'arrête au-dessus de la taille.

bolet n. m. ✦ Champignon dont certaines espèces sont comestibles. → **cèpe.** ➧ planche Champignons p. 155.

bolide n. m. ✦ Voiture très rapide. *Les bolides tournent sur le circuit.*
● On appelait ainsi les météorites qui passaient à proximité de la Terre, à très grande vitesse.

bombe **n. f.** 1. Engin qui détruit en explosant. *Les terroristes ont fait exploser une bombe cachée dans une valise. La bombe atomique utilise l'énergie nucléaire.* — *La nouvelle de sa mort a fait l'effet d'une bombe,* a provoqué une grande surprise. 2. Petit bidon de métal qui vaporise un liquide sous pression. *Une bombe d'insecticide, de peinture.* 3. Casquette rigide de forme arrondie que l'on porte pour monter à cheval.

➤ **bombarder** **v.** (conjug. 1) ✦ Lancer des bombes. *Les avions bombardent la ville.*

➤ **bombardement** **n. m.** ✦ Action de lancer des bombes. *La gare a été détruite par un bombardement.*

➤ **bombardier** **n. m.** ✦ Avion équipé pour lancer des bombes. ➻ planche Avions p. 72.

bombé, bombée **adj.** ✦ Renflé, arrondi. *Théo a le front bombé.*

bôme **n. f.** ✦ Barre horizontale sur laquelle est attachée la grand-voile d'un bateau. ➻ planche Bateaux p. 88 ❍ homonyme : baume.

① **bon** **adj., adv.** et **interj., bonne** **adj.**

■ **adj.** 1. Agréable à boire, à manger, à sentir. *Quel bon gâteau !* → **délicieux, succulent.** ❑ contr. **mauvais.** 2. Agréable, réussi. *Bonnes vacances ! J'ai vu un bon film, hier.* 3. *Le sport est bon pour la santé,* il fait du bien. → **bénéfique.** 4. *Ce vieux pantalon est bon à jeter,* il mérite d'être jeté. 5. Exact, juste. *Vous avez pris la bonne direction.* ❑ contr. **mauvais.** 6. Qui fait bien ce qu'il doit faire. *Louise est bonne en histoire.* 7. Qui fait du bien aux autres. → **généreux.** ❑ contr. **méchant.** *C'est un homme très bon. Il a bon cœur.* 8. *Il y a encore une bonne dizaine de kilomètres jusqu'au village,* plus d'une dizaine.

■ **adv.** 1. *Ces roses sentent bon,* leur odeur est agréable. 2. *Il fait bon,* la température est agréable. 3. *Tenir bon,* résister. 4. ***Pour de bon,*** réellement. *Il est fâché pour de bon.* → **vraiment.**

■ **interj.** *Bon !* indique la satisfaction, la surprise ou le mécontentement. *C'est fini ? Bon ! alors on s'en va.* ❍ homonyme : bond.

➤ ② **bon** **n. m.** ✦ Papier qui donne droit à quelque chose. *Un bon de réduction.* ❍ homonyme : bond.

➤ **bonbon** **n. m.** ✦ Friandise à base de sucre parfumé qui se suce ou se croque. *Des bonbons à la menthe.*

➤ **bonbonnière** **n. f.** ✦ Boîte à bonbons, souvent en matière précieuse.

▷ Autres mots de la famille : BONHOMME, SE BONIFIER, BONJOUR, BON MARCHÉ, BONNE, BONNE FEMME, BONNEMENT, BONSOIR, BONTÉ, BON VIVANT, EMBONPOINT.

bonbonne **n. f.** ✦ Grosse bouteille. *Une bonbonne de butane.*

bond **n. m.** 1. Action de s'élever de terre par un mouvement brusque. → **saut.** *D'un bond, le cheval a franchi l'obstacle. Le kangourou avance par bonds.* 2. *Les prix ont fait un bond,* ils ont brusquement augmenté. 3. *Faire faux bond à quelqu'un,* c'est manquer un rendez-vous avec lui. *Léa a attendu une heure, mais Julie lui a fait faux bond.* ❍ homonymes : ① et ② bon.

▷ Mot de la famille de BONDIR.

bonde **n. f.** ✦ Trou rond par lequel se vide l'eau du lavabo, de la baignoire.

bondé, bondée **adj.** ✦ Complètement plein. → ② **comble.** *Au moment des départs en vacances les trains sont bondés.*

bondir **v.** (conjug. 2) 1. S'élever brusquement en l'air par un saut. → **sauter.** *Le tigre bondit sur sa proie.* 2. Se précipiter. → **courir.** *Julie a bondi sur le téléphone à la première sonnerie.*

▷ Autres mots de la famille : BOND, REBOND, REBONDIR, REBONDISSEMENT.

bonheur **n. m.** 1. État dans lequel on se trouve quand on est tout à fait content. ❑ contr. **malheur.** *Le maire a souhaité beaucoup de bonheur aux jeunes mariés.* 2. Chance. ❑ contr. **malchance.** *On dit que les trèfles à quatre feuilles portent bonheur.* ***Par bonheur*** *il n'a pas plu,* par chance. → **heureusement.**

▷ Autre mot de la famille : PORTE-BONHEUR.

bonhomme [bɔnɔm] **n. m.** (pl. **bonshommes** [bɔ̃zɔm]) ✦ Familier. Homme, monsieur. → **type.** *Un gros bonhomme chauve. Il y a deux bonshommes et une bonne femme devant la maison.* — *Les enfants ont fait un bonhomme de neige,* ils ont représenté un homme avec de la neige.

▷ Mot de la famille de ① BON et de HOMME.

se bonifier **v.** (conjug. 7) ✦ Devenir meilleur. *Le vin se bonifie en vieillissant.*

▷ Mot de la famille de ① BON.

boniment **n. m.** ✦ Mensonges faits pour essayer de convaincre. *Ne crois pas ce qu'il raconte, c'est du boniment.* → fam. **baratin** et aussi **bobard.**

bonjour **n. m.** ✦ Mot que l'on dit pour saluer quelqu'un que l'on rencontre pour la première fois de la journée. ❏ contr. **au revoir.** *Il m'a dit bonjour. Bonjour, madame.* — *C'est simple comme bonjour,* c'est très simple.
▷ Mot de la famille de ① BON et de JOUR.

bon marché **adj. inv.** ✦ Pas cher. *Ces chaussures sont bon marché.*
▷ Mot de la famille de ① BON et de MARCHÉ.

bonne **n. f.** ✦ Employée de maison. → **domestique.**
● Ce mot ne s'emploie plus beaucoup.
▷ Mot de la famille de ① BON.

bonne femme **n. f.** ✦ Familier. Femme. → aussi **bonhomme.** *J'ai rencontré deux bonnes femmes que je connaissais.*
▷ Mot de la famille de ① BON et de FEMME.

bonnement **adv.** ✦ *Tout bonnement,* tout simplement. *J'ai dit tout bonnement ce que je pensais.*
▷ Mot de la famille de ① BON.

bonnet **n. m.** ✦ Coiffure souple sans bord. *Un bonnet de laine.*
➤ **bonneterie** **n. f.** ✦ Fabrication et commerce de vêtements fabriqués en tissu à mailles. *La lingerie, les collants, les chaussettes sont des articles de bonneterie.*

bonsaï [bɔ̃zaj] **n. m.** ✦ Arbre nain cultivé en pot. — Au pl. *Des bonsaïs.*
● *Bonsaï* est un mot japonais qui veut dire « arbre en pot ».

bonsoir **n. m.** ✦ Mot que l'on dit pour saluer quelqu'un le soir, quand on le rencontre ou quand on le quitte. *Bonsoir Léa ! Théo nous a dit bonsoir en partant.* → aussi **bonjour.**
▷ Mot de la famille de ① BON et de SOIR.

bonté **n. f.** ✦ Qualité d'une personne généreuse avec les autres, gentille et indulgente. ❏ contr. **méchanceté.** *C'est une femme d'une grande bonté.* — *Auriez-vous la bonté de m'aider à porter cette caisse ?* auriez-vous l'amabilité, la gentillesse de le faire ?
▷ Mot de la famille de ① BON.

bonus [bɔnys] **n. m.** ✦ Réduction que fait un assureur à un conducteur qui n'a pas eu d'accident. ❏ contr. **malus.** *Avoir un bonus.*

bon vivant **n. m.** ✦ Homme d'humeur gaie, qui aime les plaisirs de la vie. *Les bons vivants aiment bien manger et boire.*
▷ Mot de la famille de ① BON et de ① VIVRE.

bonze **n. m.** ✦ Moine bouddhiste.

boomerang [bumʀɑ̃g] **n. m.** ✦ Morceau de bois dur recourbé qui revient vers celui qui l'a lancé si le but n'est pas atteint.
● Ce mot anglais vient d'une langue australienne.

boomerang

① **bord** **n. m.** **1.** Côté, contour, limite de quelque chose. *À ras bord,* jusqu'en haut. *Il a rempli son verre jusqu'au bord. Des coquelicots poussent au bord de la route,* sur le côté de la route. *Elle passe ses vacances au bord de la mer,* dans une région qui est le long de la mer, sur la côte. **2.** *Léa est au bord des larmes,* elle est tout près de pleurer.
▷ Autres mots de la famille : ABORD, ABORDABLE, ① ABORDER, BORDER, BORDIER, BORDURE, DÉBORDÉ, DÉBORDEMENT, DÉBORDER, INABORDABLE, REBORD.

② **bord** **n. m.** ✦ *À bord,* dans un bateau, un avion ou une voiture. *Les passagers de l'avion sont montés à bord,* dans l'avion.
▷ Autres mots de la famille : ABORDAGE, ② ABORDER, HORS-BORD.

bordeaux **n. m.** et **adj.**
■ **n. m.** Vin rouge ou blanc de la région de Bordeaux.
■ **adj.** Rouge foncé. ➻ planche Couleurs p. 226. *Une jupe, des mocassins bordeaux.*

border v. (conjug. 1) 1. Être sur le bord de quelque chose. *Des platanes bordent la route.* – *Un mouchoir bordé de dentelle,* qui a de la dentelle sur les bords, garni de dentelle. 2. *Border son lit,* c'est replier le bord des draps et des couvertures sous le matelas.
▷ Mot de la famille de ① BORD.

bordier n. m. ✦ Riverain.
● Ce mot est employé en Suisse.
▷ Mot de la famille de ① BORD.

bordure n. f. 1. Ce qui forme le bord de quelque chose. *La pelouse est entourée d'une bordure de fleurs,* il y a des fleurs autour. 2. *En bordure de,* le long de. *La maison est en bordure de la rivière.*
▷ Mot de la famille de ① BORD.

boréal, boréale adj. ✦ Qui est au nord du globe terrestre. *L'hémisphère boréal.* → **nord.** ❑ contr. **austral.** *Les régions boréales,* qui sont près du pôle Nord. → **arctique.** – Au masc. pl. *boréaux.*

borgne adj. ✦ Qui ne voit plus que d'un œil. → aussi **aveugle.**
▷ Autre mot de la famille : ÉBORGNER.

borne n. f. 1. Bloc de pierre ou de ciment qui indique la fin d'un terrain ou sert à le mesurer. *Il y a des bornes kilométriques tous les kilomètres, au bord des routes.* 2. *Les bornes,* les limites. *Ma patience a des bornes ! Attention, tu dépasses les bornes,* tu exagères.
➤ **se borner** v. (conjug. 1) ✦ *Se borner à,* se contenter de, se limiter à. *Il n'a pas lu le livre entièrement, il s'est borné à regarder la première et la dernière page.*
➤ **borné, bornée** adj. ✦ *Une personne bornée,* qui a l'esprit étroit, ne comprend pas les idées qui ne sont pas les mêmes que les siennes. → ② **obtus.** ❑ contr. **ouvert.**

bosquet n. m. ✦ Petit groupe d'arbres ou d'arbustes.
● Ce mot vient de l'ancien provençal *bosc* qui veut dire « bois ».

bosse n. f. 1. Boule qui se forme sous la peau après un choc. *Paul s'est fait une bosse au front en se cognant.* 2. Grosseur anormale dans le dos due à une déformation de la colonne vertébrale. → aussi **bossu.** 3. Petite partie arrondie en relief sur le dos d'un animal. *Le chameau a deux bosses.* 4. Partie bombée d'un terrain. *La route est pleine de creux et de bosses.* 5. Familier. *Avoir la bosse des maths,* être doué en maths.
➤ **bossu, bossue** adj. ✦ Qui a une bosse dans le dos. – **N.** *Un bossu, une bossue.*
▷ Autre mot de la famille : CABOSSÉ.

botanique n. f. et adj.
■ **n. f.** *La botanique,* c'est la science qui étudie les végétaux.
■ **adj.** *Un jardin botanique,* c'est un jardin où l'on cultive de nombreuses espèces de plantes et d'arbres.

① **botte** n. f. ✦ Assemblage de légumes dont les tiges sont liées ensemble. *Une botte de radis, d'asperges.*

② **botte** n. f. ✦ Chaussure montante qui couvre la jambe. *Des bottes en caoutchouc.*
➤ **botté, bottée** adj. ✦ Qui porte des bottes. *Le Chat botté. Des cavaliers bottés de cuir.*
➤ **bottillon** n. m. ✦ Botte courte. *Des bottillons fourrés.*

➤ **bottine** **n. f.** ✦ Chaussure montante qui serre la cheville. *Des bottines à lacets.*

boubou **n. m.** (pl. **boubous**) ✦ Longue tunique ample portée par les Africains. *Des boubous multicolores.*

bouc **n. m.** **1.** Mâle de la chèvre. *Les boucs ont une odeur très forte.* **2.** Petite barbe à la pointe du menton. → **barbiche.**

bouche **n. f.** **1.** Ouverture dans le bas du visage et bordée par les lèvres. *Ouvrez la bouche ! Il faut manger la bouche fermée. Il a mis le gâteau tout entier dans sa bouche.* **2.** *Faire la fine bouche,* se montrer difficile. *La nouvelle a circulé de bouche à oreille,* d'une personne à l'autre. **3.** *Une bouche d'égout,* c'est l'ouverture d'un égout sur le trottoir. *Une bouche de métro,* l'entrée d'une station de métro.

➤ **bouchée** **n. f.** **1.** Quantité d'aliments que l'on met dans la bouche en une seule fois. *Louise mange de petites bouchées de viande.* **2.** *Pour une bouchée de pain,* pour très peu d'argent. *Ils ont acheté cette maison pour une bouchée de pain. Pour finir à temps ce travail, il va falloir mettre les bouchées doubles,* travailler beaucoup plus vite. **3.** *Une bouchée au chocolat,* c'est un gros bonbon au chocolat. ○ homonymes : ① et ② boucher.

➤ **bouche-à-bouche** **n. m. inv.** ✦ Méthode pour réanimer une personne noyée ou asphyxiée qui consiste à lui envoyer de l'air dans la bouche à l'aide de sa propre bouche. *Le secouriste fait du bouche-à-bouche au noyé.*
▷ Autres mots de la famille : DÉBOUCHÉ, ② DÉBOUCHER, EMBOUCHURE.

① **boucher** **n. m.**, **bouchère** **n. f.** ✦ Personne qui vend de la viande. *Il va chez le boucher acheter un rôti.* ○ homonyme : bouchée.

➤ **boucherie** **n. f.** ✦ Magasin où l'on vend de la viande.

② **boucher** **v.** (conjug. 1) **1.** *Boucher un trou,* le remplir pour le fermer. → **combler.** *Le maçon a bouché les fissures du mur avec du plâtre.* **2.** *Boucher une bouteille,* la fermer avec un bouchon. ❑ contr. **déboucher.** **3.** *Théo se bouche le nez car le fromage sent mauvais,* il se pince le nez avec les doigts. **4.** Empêcher le passage. *Un embouteillage bouche la rue,* empêche que l'on puisse circuler. → **bloquer** et aussi **bouchon** ; **encombrer**, **obstruer.** **5.** *Boucher la vue,* empêcher de voir. *Ce vilain mur bouche la vue.* → **cacher.**

➤ **bouché, bouchée** **adj.** **1.** Fermé, obstrué. *Le lavabo est bouché,* quelque chose empêche l'eau de s'écouler. **2.** *Avoir le nez bouché,* plein de sécrétions épaisses. **3.** Familier. *Être bouché,* ne pas comprendre très vite ni très facilement. → **borné,** ② **obtus.** ❑ contr. **intelligent, vif.**

➤ **bouche-trou** **n. m.** ✦ Personne ou chose qui remplit une place vide à un moment où l'on ne trouve rien de mieux. *Cette émission sert de bouche-trou entre les informations et le match.* — Au pl. *Des bouche-trous.*
▷ Mot de la famille de TROU.

➤ **bouchon** **n. m.** **1.** Objet qui sert à fermer un récipient. *Le bouchon d'un réservoir d'essence. Le bouchon de liège d'une bouteille de vin.* **2.** Encombrement de voitures. → **embouteillage.** *Il y a de nombreux bouchons sur l'autoroute le dimanche soir.*
▷ Autres mots de la famille : ① DÉBOUCHER, REBOUCHER, TIRE-BOUCHON.

boucle **n. f.** **1.** Anneau qui sert à fermer une ceinture. *Il attache la boucle de sa ceinture.* **2.** *Des boucles d'oreilles,* ce sont des bijoux qui s'accrochent aux oreilles. **3.** Ligne courbe. *La rivière fait des boucles.* → **méandre.** **4.** Mèche de cheveux enroulée sur elle-même. *Louise a des boucles blondes.*

➤ **boucler** **v.** (conjug. 1) **1.** Attacher au moyen d'une boucle. *Il boucle sa ceinture de sécurité.* **2.** Fermer. *La police a bouclé le quartier.* → **cerner.** **3.** Faire des boucles. *Ses cheveux bouclent naturellement.* → **friser.**

bouclier **n. m.** ✦ Plaque ronde ou rectangulaire que le combattant portait au bras gauche pour se protéger.

bouclier

bouddhisme **n. m.** ✦ Doctrine religieuse d'Asie fondée par Bouddha.
➤ **bouddhiste** **n. m. et f.** ✦ Adepte du bouddhisme. — **Adj.** *Les moines bouddhistes.* → **bonze.**

bouder **v.** (conjug. 1) ✦ Montrer que l'on est fâché en prenant un air mécontent et en refusant de parler. *Fais un sourire, arrête de bouder !*
➤ **bouderie** **n. f.** ✦ Attitude d'une personne qui boude. *Ses bouderies continuelles agacent tout le monde.*
➤ **boudeur, boudeuse** **adj.** 1. Qui boude souvent. *Une petite fille boudeuse.* 2. *Un visage boudeur,* qui a l'air mécontent. → **maussade, renfrogné.**

boudin **n. m.** 1. Boyau rempli de sang et de graisse de porc, cuits et assaisonnés. *Il mange du boudin grillé.* 2. Familier. *S'en aller en eau de boudin,* mal tourner, échouer petit à petit.
➤ **boudiné, boudinée** **adj.** ✦ Familier. Serré dans un vêtement trop petit. *Elle est boudinée dans son pantalon.*

boue **n. f.** ✦ Terre mouillée par la pluie. *Des chaussures pleines de boue.* ○ homonyme : bout.
➤ **boueux, boueuse** **adj.** ✦ Plein de boue. *Des chaussures boueuses.*
▷ Autres mots de la famille : ÉBOUEUR, GARDE-BOUE.

bouée

bouée **n. f.** 1. Objet flottant qui sert de signal pour les bateaux. → aussi **balise.** *Il y a des bouées à l'entrée du port.* 2. Anneau gonflé d'air que l'on passe autour de la taille pour flotter. *Léa nage avec une bouée. Une bouée de sauvetage.*

bouffant, bouffante **adj.** ✦ *Un vêtement bouffant,* ample et qui a l'air gonflé d'air. *Un pantalon bouffant.* ❑ contr. **ajusté, collant, moulant.** *Des manches bouffantes.*

bouffée **n. f.** 1. Petite quantité d'air que l'on aspire ou que l'on rejette brusquement par la bouche. *Il tire des bouffées de sa pipe.* 2. Souffle d'air que l'on sent tout à coup. *Une bouffée d'air frais.*

bouffi, bouffie **adj.** ✦ Gonflé, enflé. *Ce matin, Alex a les yeux bouffis de sommeil.*

bouffon **n. m. et adj.,** **bouffonne** **n. f. et adj.**
■ **n. 1. n. m.** Personne qui était à la cour du roi pour le distraire. → **fou.** 2. Familier. Personne qu'on ne peut pas prendre au sérieux, qui se rend ridicule. *Espèce de bouffon !*
■ **adj.** Très drôle et un peu fou. *Une histoire bouffonne.*

bougeoir [buʒwaʀ] **n. m.** ✦ Petit support pour les bougies. → **chandelier.**
▷ Mot de la famille de BOUGIE.

bouger **v.** (conjug. 3) ✦ Faire un mouvement. → **remuer.** *Vous avez bougé, la photo est ratée. — Paul a un plâtre qui l'empêche de bouger le bras,* de le déplacer.
➤ **bougeotte** [buʒɔt] **n. f.** ✦ Familier. *Avoir la bougeotte,* c'est se déplacer tout le temps, ne pas pouvoir rester tranquille.

bougie **n. f.** 1. Bâton de cire ou de paraffine contenant une mèche, que l'on fait brûler. → **chandelle.** *C'est le moment d'allumer les bougies du gâteau d'anniversaire.* 2. Petite pièce qui produit des étincelles dans un moteur à essence. → aussi **allumage.** *Le garagiste a changé les bougies.*
▷ Autre mot de la famille : BOUGEOIR.

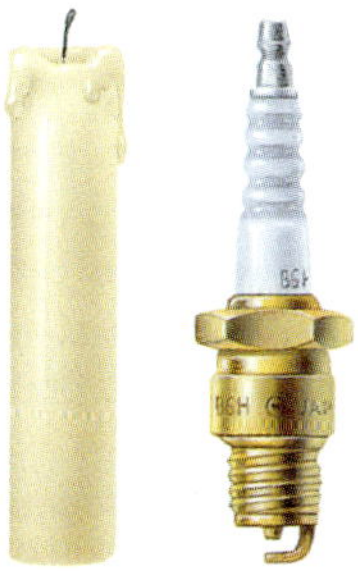

bougie

bougon, bougonne adj. ✦ De mauvaise humeur. → **grincheux, grognon.**

➤ **bougonner** v. (conjug. 1) ✦ Parler bas, tout seul, en montrant qu'on est de mauvaise humeur. → **grommeler, ronchonner.** *Alex bougonne quand il est contrarié.*

bouillabaisse n. f. ✦ Plat provençal fait de plusieurs sortes de poissons servis dans une soupe épicée.

▷ Mot de la famille de BOUILLIR.

bouillant, bouillante adj. 1. En train de bouillir. *Elle met les pâtes dans l'eau bouillante.* 2. Très chaud. *Ce café est bouillant.* → **brûlant.** 3. *Être bouillant d'impatience,* ne plus tenir en place tellement on est impatient.

▷ Mot de la famille de BOUILLIR.

bouillie n. f. 1. Aliment à base de lait et de farine cuits ensemble. *Le bébé mange de la bouillie.* 2. *En bouillie,* complètement écrasé. *Les pommes de terre sont trop cuites, elles sont en bouillie.*

▷ Mot de la famille de BOUILLIR.

bouillir v. (conjug. 15) 1. S'agiter en formant des bulles sous l'effet de la chaleur. *L'eau bout à 100 degrés.* → aussi **ébullition.** 2. Cuire dans un liquide qui bout. *La viande du pot-au-feu a bouilli plusieurs heures.* 3. *Bouillir d'impatience, de colère,* être très impatient, très en colère. → aussi **bouillant.** 4. *Faire bouillir la marmite,* assurer à une famille ce qui lui permet de vivre, en gagnant de l'argent.

➤ **bouilloire** n. f. ✦ Récipient qui sert à faire bouillir l'eau. *Une bouilloire électrique.*

➤ **bouillon** n. m. 1. Potage fait avec le liquide dans lequel les aliments ont bouilli. *Un bouillon de légumes.* 2. *L'eau bout à gros bouillons,* très fort.

➤ **bouillonner** v. (conjug. 1) ✦ Remuer en formant de grosses bulles. *L'eau du fleuve bouillonne.*

➤ **bouillonnement** n. m. ✦ Agitation d'un liquide qui fait de grosses bulles. *Le bouillonnement d'un torrent.*

➤ **bouillotte** n. f. ✦ Récipient que l'on remplit d'eau très chaude pour se chauffer dans un lit.

▷ Autres mots de la famille : BOUILLABAISSE, BOUILLANT, BOUILLIE, COURT-BOUILLON, ÉBOUILLANTER.

boulanger n. m., **boulangère** n. f. ✦ Personne qui fait et vend du pain. *Théo achète une baguette et des croissants chez le boulanger.*

➤ **boulangerie** n. f. ✦ Magasin où l'on vend du pain. *Alex va à la boulangerie.*

boule n. f. ✦ Objet tout rond. *La Terre a la forme d'une boule. Ils font une bataille de boules de neige. Ils jouent aux boules.* → **pétanque.** — *En boule,* en forme de boule, en rond. *Le chat est roulé en boule près de la cheminée.*

▷ Autres mots de la famille : BOULET, BOULETTE, BOULIER, ① BOULOT, DÉBOULER.

bouleau n. m. ✦ Arbre à écorce blanche et à petites feuilles légères. *Une forêt de bouleaux.* ➻ planche Arbres p. 48 ❍ homonymes : ① et ② boulot.

bouledogue n. m. ✦ Chien de garde à grosse tête et à mâchoires saillantes.

● Ce mot vient de l'anglais *bull-dog* qui veut dire « chien taureau ».

boulet n. m. 1. Grosse boule de métal que lançaient les canons, autrefois. 2. Boule de métal très lourde que l'on attachait au pied de certains condamnés pour les empêcher de fuir. *Le bagnard a scié la chaîne de son boulet.*

▷ Mot de la famille de BOULE.

boulette n. f. ✦ Petite boule faite à la main. *Des boulettes de pain.*

▷ Mot de la famille de BOULE.

boulevard n. m. ✦ Rue très large souvent bordée d'arbres. → **avenue.**

bouleverser v. (conjug. 1) 1. Provoquer une émotion très violente. *L'accident de sa mère l'a bouleversé.* → **ébranler, secouer.** — *Elle est complètement bouleversée.* 2. Changer complètement et brutalement. *Cette rencontre a bouleversé sa vie.* 3. Mettre en grand désordre. *Les cambrioleurs ont tout bouleversé dans l'appartement.* → **déranger.**

➤ **bouleversant, bouleversante** adj. ✦ Très émouvant. *Une histoire bouleversante.*

➤ **bouleversement** n. m. ✦ Grand changement. *La guerre a causé un grand bouleversement dans le pays.*

boulier n. m. ✦ Cadre portant des tringles sur lesquelles glissent des boules et qui sert à compter. *Les anciens Chinois se servaient de bouliers.*
▷ Mot de la famille de BOULE.

boulon n. m. ✦ Morceau de métal allongé que l'on visse dans un écrou pour fixer des pièces les unes aux autres. *Le mécanicien resserre les boulons de la roue.*

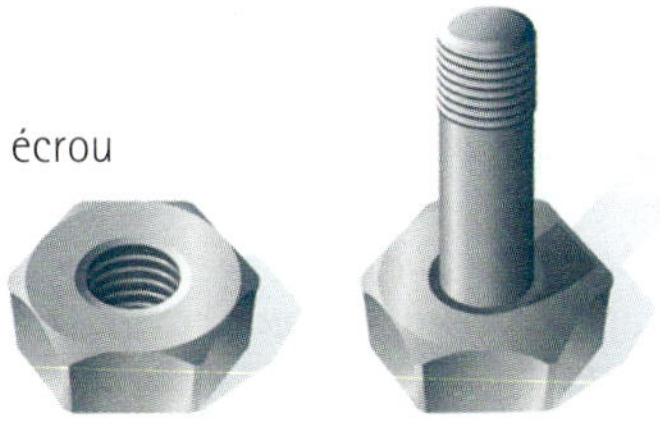

boulon

① **boulot, boulotte** adj. ✦ Petit et gros. *Une femme un peu boulotte.* ❍ homonyme : bouleau.
▷ Mot de la famille de BOULE.

② **boulot** n. m. ✦ Familier. Travail. *J'ai plein de boulot à faire pour demain.*

① **boum !** interj. et n. m.
■ interj. Bruit de ce qui tombe ou explose. *Boum ! Toute la pile de livres est tombée.*
■ n. m. 1. Bruit. *On a entendu un grand boum.* 2. Familier. *Être en plein boum,* en pleine activité, en plein travail.

② **boum** n. f. ✦ Familier. Fête entre amis, où l'on danse. *Alex a organisé une boum pour son anniversaire.*

bouquet n. m. 1. *Un bouquet de fleurs,* des fleurs coupées rassemblées. *Il a mis le bouquet de fleurs dans un vase.* 2. *Le bouquet d'un feu d'artifice,* les plus belles fusées qui explosent à la fin. 3. *Ce vin a du bouquet,* il a du parfum. 4. Familier. *C'est le bouquet,* c'est le comble, il ne manquait plus que cela.

bouquetin n. m. ✦ Chèvre des montagnes d'Europe, aux longues cornes recourbées.

bouquin n. m. ✦ Familier. Livre.
➤ **bouquiner** v. (conjug. 1) ✦ Familier. Lire un livre. *Léa aime bien bouquiner.*
➤ **bouquiniste** n. m. et f. ✦ Marchand de livres d'occasion. *Il y a des bouquinistes sur les quais de la Seine, à Paris.*

bourbier n. m. ✦ Endroit plein de boue. *Dès qu'il pleut, ce chemin devient un vrai bourbier.*

bourdon n. m. ✦ Insecte qui ressemble à une grosse abeille couverte de poils et vole en faisant un bruit grave.
➤ **bourdonner** v. (conjug. 1) ✦ Faire un bruit sourd comme un ronflement continu. *Les guêpes bourdonnent autour du pot de miel.*
➤ **bourdonnement** n. m. 1. Bruit sourd et continu. *Le bourdonnement d'une mouche.* 2. *Avoir des bourdonnements d'oreille,* avoir l'impression anormale d'entendre un bruit sourd et continu.

bourdon

bourg [buʀ] n. m. ✦ Gros village.
➤ **bourgade** n. f. ✦ Village. *Ils habitent une petite bourgade.*
▷ Autre mot de la famille : FAUBOURG.

bourgeois [buʀʒwa] n. m. et adj., **bourgeoise** [buʀʒwaz] n. f. et adj.
■ n. 1. Au Moyen Âge, personne riche qui habitait la ville. ❑ contr. **paysan.** 2. De nos jours, personne qui ne travaille pas de ses mains et gagne suffisamment d'argent pour vivre facilement. ❑ contr. **ouvrier, paysan.** *Les banquiers, les industriels sont des grands bourgeois. Les employés, les commerçants sont des petits bourgeois.*
■ adj. *Un quartier bourgeois,* un quartier riche. → **cossu.** ❑ contr. **populaire.**
➤ **bourgeoisie** [buʀʒwazi] n. f. ✦ Ensemble des bourgeois (sens 2). *La petite et la grande bourgeoisie.*

bourgeon [buʀʒɔ̃] **n. m.** ✦ Petite pousse d'un arbre qui donnera les feuilles ou les fleurs. *Les bourgeons éclatent au printemps.*
➤ **bourgeonner** [buʀʒɔne] **v.** (conjug. 1) ✦ Se couvrir de bourgeons. *Les arbres bourgeonnent au printemps.*

bourgeon

bourgmestre [buʀgmɛstʀ] **n. m.** ✦ Maire.
● Ce mot est employé en Belgique. Il vient du vieil allemand *Burgmeister* qui veut dire « maître du bourg ».

bourgogne **n. m.** ✦ Vin rouge ou blanc de la région de Bourgogne.

bourrade **n. f.** ✦ Coup que l'on donne avec le poing, le coude ou l'épaule. *Il lui a donné une bourrade dans le dos.*
▷ Mot de la famille de BOURRER.

bourrage **n. m.** ✦ Familier. *Bourrage de crâne,* répétition continuelle de la même chose. *Ces publicités à la radio, c'est du bourrage de crâne.* → **matraquage.**
▷ Mot de la famille de BOURRER.

bourrasque **n. f.** ✦ Coup de vent très fort qui dure peu de temps. → **tornade.** *Le vent souffle en bourrasques.* → **rafale.**

bourratif, bourrative **adj.** ✦ *Un aliment bourratif,* qui remplit trop l'estomac, qui est difficile à digérer. *Cette tarte est bourrative.*
❑ contr. **léger.**
▷ Mot de la famille de BOURRER.

bourreau **n. m.** 1. Celui qui exécute les condamnés à mort. 2. Personne qui maltraite, qui martyrise quelqu'un. *Des bourreaux d'enfants.*

bourrée **n. f.** ✦ Danse folklorique d'Auvergne. ❍ homonyme : bourrer.

bourrelet **n. m.** 1. Bande de mousse de caoutchouc que l'on fixe aux bords des portes et des fenêtres pour empêcher l'air de passer. 2. Pli de graisse que les personnes trop grosses ont sur le corps.

bourrer **v.** (conjug. 1) 1. Remplir complètement en tassant. *Il bourre sa pipe. Ta valise est bourrée de choses inutiles.* 2. Donner à manger quelque chose en très grande quantité. *Elle bourre ses enfants de vitamines.* → **gaver.** — *Se* **bourrer** *de quelque chose,* en manger trop. *Ne te bourre pas de pain.* → se **goinfrer.** 3. Familier. *Bourrer le crâne à quelqu'un,* c'est l'abrutir en lui répétant sans cesse la même chose. 4. *Bourrer quelqu'un de coups,* le frapper à coups redoublés. *Alex bourre Paul de coups de poing.* ❍ homonyme : bourrée.
▷ Autres mots de la famille : BOURRADE, BOURRAGE, BOURRATIF, REMBOURRER.

bourriche **n. f.** ✦ Grand panier sans anse. *Une bourriche d'huîtres.*

bourrique **n. f.** 1. Âne ou ânesse. 2. Familier. *Être têtu comme une bourrique,* très têtu. *Faire tourner quelqu'un en bourrique,* le rendre un peu fou et bête à force de lui demander des choses contradictoires et de faire des caprices.

bourru, bourrue **adj.** ✦ Peu aimable. *Elle est un peu bourrue.* → **acariâtre, revêche.**
❑ contr. **aimable, avenant.**

① **bourse** **n. f.** 1. Petit sac arrondi, fermé par des cordons, dans lequel on met les pièces de monnaie. → **porte-monnaie.** 2. Somme d'argent versée régulièrement par l'État à un élève ou un étudiant pour l'aider à payer ses études. *Il a obtenu une bourse.*
➤ ① **boursier** **n. m.,** **boursière** **n. f.** ✦ Élève, étudiant qui a une bourse pour faire ses études. — **Adj.** *Elle est boursière.*
▷ Autres mots de la famille : DÉBOURSER, REMBOURSEMENT, REMBOURSER.

② **Bourse** **n. f.** ✦ Bâtiment où les financiers se réunissent pour acheter et vendre des actions. *Actions cotées à la Bourse, en Bourse.*
● *Bourse* s'écrit avec un *b* majuscule. Ce mot vient du nom d'une famille de banquiers flamands, les *Van der Burse.*

➤ ② **boursier, boursière** adj. ✦ *Les opérations boursières,* que l'on fait en Bourse.

boursouflé, boursouflée adj. ✦ Gonflé par endroits. → **bouffi, enflé.** *Elle a le visage boursouflé.*

➤ **boursouflure** n. f. ✦ Gonflement à certains endroits d'une surface lisse. *Il y a des boursouflures de peinture sur le mur.* → **cloque.**

● *Boursouflé* et *boursouflure* s'écrivent avec un seul *f.*

▷ Mots de la famille de SOUFFLER.

bousculer v. (conjug. 1) **1.** Pousser, heurter brutalement. *Paul a bousculé ses camarades pour sortir le premier du car.* **2.** Obliger quelqu'un à se dépêcher. *Louise n'aime pas qu'on la bouscule.* → **brusquer.**

➤ **bousculade** n. f. ✦ Mouvement désordonné d'une foule. *Pendant la semaine de Noël, c'est la bousculade dans les magasins.* → **cohue.**

bouse n. f. ✦ Excrément des vaches, des bœufs, des taureaux et des veaux.

➤ **bousier** n. m. ✦ Scarabée qui fait des boulettes de bouse dans laquelle il pond ses œufs.

boussole n. f. ✦ Instrument d'orientation comportant un cadran muni d'une aiguille aimantée qui indique le nord.

● Ce mot vient de l'italien *bussola* qui veut dire « petite boîte ».

boussole

bout n. m. **1.** Morceau. *Julie mange un bout de fromage. Elle a recouvert un coussin avec des bouts de tissu.* **2.** Partie qui termine une chose. *Il a le bout du nez tout froid.* → **extrémité.** *Sa chambre est au bout du couloir.* **3.** Fin d'une durée. *Il a regardé l'émission* ***jusqu'au bout,*** jusqu'à la fin. *Elle s'est endormie* ***au bout de*** *cinq minutes,* après cinq minutes. *Le coureur est* ***à bout de forces,*** il n'a plus de forces. — *Venir à bout de quelque chose,* c'est en triompher à force d'efforts. ○ homonyme : boue.

▷ Autres mots de la famille : ABOUTIR, ABOUTISSEMENT, EMBOUT.

boutade n. f. ✦ Plaisanterie. *Ce n'est pas sérieux, ce n'est qu'une boutade.*

boute-en-train n. m. inv. ✦ Personne qui met de la gaieté autour d'elle. — Au pl. *Des boute-en-train.*

▷ Mot de la famille de ② TRAIN.

bouteille n. f. **1.** Récipient à goulot étroit destiné à contenir un liquide. *Une bouteille d'huile.* **2.** Contenu d'une bouteille. *Ils ont bu deux bouteilles de champagne.* **3.** Récipient en métal contenant du gaz sous pression ou de l'air liquide. *Des bouteilles d'oxygène.*

▷ Autres mots de la famille : EMBOUTEILLAGE, EMBOUTEILLER, OUVRE-BOUTEILLE.

boutique n. f. ✦ Local dans lequel un commerçant vend sa marchandise. → **magasin.**

▷ Autre mot de la famille : ARRIÈRE-BOUTIQUE.

bouton n. m. **1.** Bourgeon qui donnera naissance à une fleur. *Un bouton de rose. Les arbres fruitiers sont en boutons.* **2.** Petit objet, généralement rond, qui sert à fermer un vêtement. *Elle recoud un bouton.* **3.** Partie que l'on pousse ou que l'on tourne pour déclencher un mécanisme. *Appuie sur le bouton de la sonnette !* **4.** Petite grosseur à la surface de la peau. → **pustule.** *Théo a des boutons sur la joue.*

➤ **bouton-d'or** n. m. ✦ Fleur des prés de couleur jaune doré. *Les boutons-d'or sont des renoncules.* ▷ Mot de la famille de ① OR.

➤ **boutonner** v. (conjug. 1) ✦ Fermer avec un bouton, des boutons. *Boutonne ton manteau !*

➤ **boutonneux, boutonneuse** adj. ✦ Qui a des boutons sur le visage. *Une adolescente boutonneuse.*

➤ **boutonnière** n. f. ✦ Petite fente d'un vêtement dans laquelle on passe un bouton.

▷ Autre mot de la famille : DÉBOUTONNER.

bouture n. f. ✦ Pousse détachée d'une plante que l'on met dans la terre pour qu'elle forme une nouvelle plante. *Il fait des boutures de géranium.*

bouvreuil **n. m.** ✦ Petit oiseau au plumage rouge sur la poitrine.

bouvreuil

bovidé **n. m.** ✦ Mammifère ruminant qui a des cornes et des sabots. *Le bœuf, la chèvre, le mouton, l'antilope sont des bovidés.*

bovin **adj.** et **n. m.**, **bovine** **adj.**

■ **adj.** *La race bovine,* les animaux de l'espèce du bœuf. *L'élevage bovin,* des bœufs et des vaches.

■ **n. m.** *Un bovin,* un animal de l'espèce du bœuf. *Les vaches, les veaux et les taureaux sont des bovins.*

bowling [buliŋ] **n. m.** 1. Salle où l'on joue aux quilles avec de grosses boules. *Julie et Léa sont allées au bowling.* 2. Ce jeu. *Elles sont allées faire un bowling.*

● Ce mot anglais vient de *bowl* qui veut dire « boule ».

box **n. m. inv.** 1. Compartiment réservé à un seul cheval, dans une écurie. → **stalle.** 2. Espace délimité par deux cloisons, dans un garage. *Il reste des box à louer dans le garage.* 3. *Le box des accusés,* c'est la partie de la salle du tribunal où se tient l'accusé pendant son procès. ❍ homonyme : boxe.

● Ce mot vient de l'anglais *box* qui veut dire « boîte ».

boxe **n. f.** ✦ Sport qui oppose deux adversaires qui se frappent avec leurs poings munis de gants. *Un match de boxe. Les combats de boxe ont lieu sur le ring.* ❍ homonyme : box.

➤ ① **boxer** **v.** (conjug. 1) ✦ Pratiquer la boxe.

▷ Autre mot de la famille : BOXEUR.

② **boxer** [bɔksɛʀ] **n. m.** ✦ Chien de garde, à poil ras, fauve ou tacheté et à museau retroussé. ➻ planche Chiens p. 166.

● C'est un mot allemand qui veut dire « boxeur ».

boxeur **n. m.**, **boxeuse** **n. f.** ✦ Personne qui fait de la boxe.

▷ Mot de la famille de BOXE.

boyau [bwajo] **n. m.** 1. Intestin d'un animal. *On utilise les boyaux de porc et de veau pour faire du boudin.* 2. Pneu fin et léger des vélos de course.

boycott [bɔjkɔt] **n. m.** ✦ Refus d'acheter un produit ou de prendre part à une réunion pour manifester son désaccord. *Le boycott d'un produit.* → **embargo.** *Le boycott d'une réunion.*

● Ce mot vient de l'anglais. *Boycott* était un propriétaire irlandais mis en quarantaine par les paysans mécontents.

➤ **boycotter** [bɔjkɔte] **v.** (conjug. 1) ✦ Soumettre à un boycott. *Les étudiants ont boycotté la réunion,* ils ont refusé d'y participer pour montrer qu'ils n'étaient pas d'accord.

bracelet **n. m.** 1. Bijou en forme d'anneau ou de chaîne qui se porte autour du poignet. *Un bracelet en or.* 2. *Le bracelet d'une montre,* bande de cuir, de métal ou de tissu qui sert à attacher une montre autour du poignet.

▷ Mot de la famille de BRAS.

braconner **v.** (conjug. 1) ✦ Chasser ou pêcher sans en avoir le droit.

➤ **braconnage** **n. m.** ✦ Délit d'une personne qui braconne.

➤ **braconnier** **n. m.**, **braconnière** **n. f.** ✦ Personne qui braconne. *Le braconnier pose des pièges.*

brader **v.** (conjug. 1) ✦ Vendre à bas prix. → **liquider, solder.** *À la fin de la saison les commerçants bradent les articles qu'ils n'ont pas vendus.*

➤ **braderie** **n. f.** ✦ Vente à bas prix. *Chaque année, une grande braderie a lieu dans les rues de la ville.*

braguette **n. f.** ✦ Ouverture verticale sur le devant d'un pantalon, d'un slip.

braille **n. m.** ✦ Écriture en relief utilisée par les aveugles. *On lit le braille avec les doigts.*

● Ce mot vient du nom de *Louis Braille,* l'inventeur de cette écriture.

brailler **v.** (conjug. 1) ✦ Familier. Parler ou crier très fort. → **hurler.** *Ce bébé braille depuis une heure.*

➤ **braillard, braillarde** **adj.** ✦ Familier. Qui crie très fort, qui braille. *Une petite fille braillarde.*

braiment **n. m.** ✦ Cri de l'âne.
▷ Mot de la famille de BRAIRE.

braire **v.** (conjug. 50) ✦ *L'âne brait,* il pousse son cri.
▷ Autre mot de la famille : BRAIMENT.

braise **n. f.** ✦ Morceau de bois ou de charbon rougi par le feu et qui brûle sans flamme. *Il fait griller un poisson sur la braise.*
➤ **braisé, braisée** **adj.** ✦ Cuit à feu doux dans un récipient fermé. *Nous avons mangé des endives braisées.*

bramer **v.** (conjug. 1) ✦ *Le cerf brame,* il pousse son cri.

braille

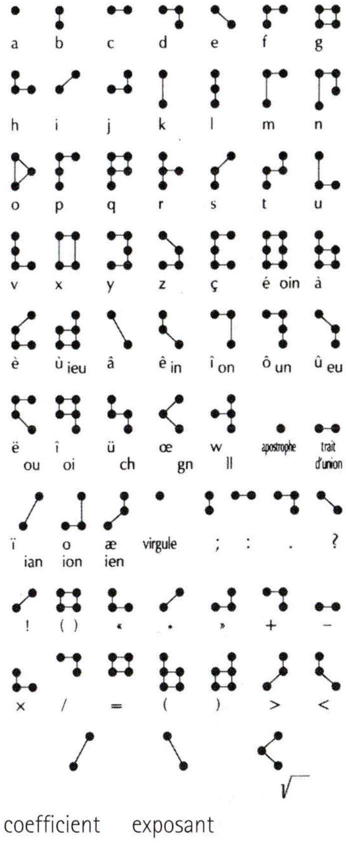

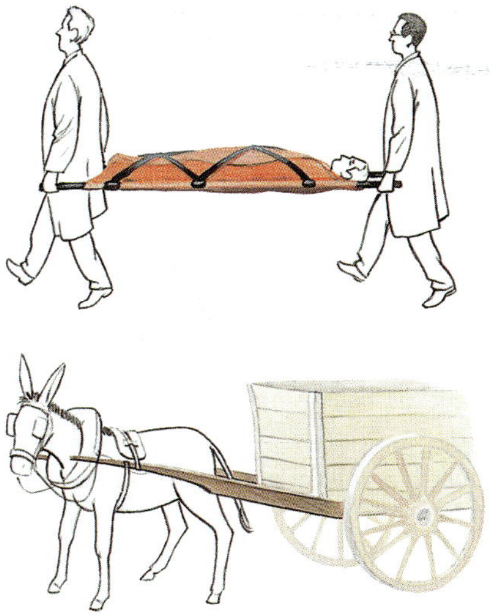

brancard

brancard **n. m.** **1.** Sorte de lit sans pieds formé d'une toile tendue entre deux barres et porté par deux personnes. → **civière.** *Le blessé est emmené sur un brancard.* **2.** Chacune des deux longues barres de bois de chaque côté d'une charrette, d'une brouette. *Il a attelé l'âne aux brancards de la charrette.*
● *Brancard* vient de *branque,* mot normand qui veut dire « branche ».
➤ **brancardier** **n. m.**, **brancardière** **n. f.** ✦ Personne qui porte un brancard.

branche **n. f.** **1.** Partie d'un arbre qui part du tronc et qui porte les feuilles, les fleurs et les fruits. *En hiver, les branches sont dénudées.* **2.** Tige articulée d'un objet. *Les branches d'un compas. Elle a cassé une des branches de ses lunettes.* **3.** *Une branche de ma famille vit en Allemagne,* une partie de ma famille y vit. → aussi **arbre** généalogique. **4.** Partie de quelque chose qui se divise. *Les différentes branches de la science.* → **discipline, spécialité.**
➤ **branchages** **n. m. pl.** ✦ Branches coupées d'un arbre. *Alex a construit une cabane avec des branchages.*
▷ Autre mot de la famille : EMBRANCHEMENT.

brancher **v.** (conjug. 1) **1.** Relier à un circuit principal. *Le plombier a branché l'eau dans la maison.* **2.** *Brancher un appareil électrique,* le relier au courant électrique en mettant sa fiche dans une prise. *Il a branché le fer à repasser.*

➤ **branchement** **n. m.** ✦ *Faire le branchement d'un téléphone,* raccorder la ligne de téléphone au réseau. → **connexion.**
▷ Autre mot de la famille : DÉBRANCHER.

branchie **n. f.** ✦ Organe avec lequel respirent les poissons et les animaux qui vivent dans l'eau. *Les poissons, les grenouilles, les crabes, les huîtres respirent avec leurs branchies.*

brandir **v.** (conjug. 2) ✦ Agiter en tenant en l'air de façon menaçante ou pour attirer l'attention. *L'homme brandissait un bâton.*

branler **v.** (conjug. 1) **1.** *Branler la tête,* la remuer d'avant en arrière. → **hocher. 2.** Être instable, mal fixé. *Cette table branle.*
➤ **branlant, branlante** **adj.** ✦ Qui n'est pas stable. *Cette table est un peu branlante.* → **bancal.**
➤ **branle** **n. m.** ✦ *Mettre en branle,* en mouvement, en action. *Le gouvernement a mis en branle une vaste réforme.* — *Se mettre en branle,* se mettre en marche. *Le cortège s'est mis en branle.* → s'**ébranler.**
➤ **branle-bas** **n. m. inv.** ✦ Remue-ménage. *Quand le réveil sonne, c'est le branle-bas de combat dans la maison.* ▷ Mot de la famille de ① BAS.
▷ Autres mots de la famille : ÉBRANLER, INÉBRANLABLE.

braque **n. m.** ✦ Chien de chasse à poil ras et oreilles pendantes.

braque

braquer **v.** (conjug. 1) **1.** Diriger une arme, un instrument dans une direction. *Le gangster braque son pistolet sur le caissier.* → **pointer.** — *Tous les regards étaient braqués sur elle,* fixés sur elle. **2.** Changer la direction des roues en tournant le volant. *L'automobiliste braqua à gauche.* **3. se braquer,** s'opposer avec obstination. → se **buter.** *Julie se braque à la moindre remarque qu'on lui fait.*

bras **n. m.** **1.** Membre supérieur des êtres humains qui s'attache à l'épaule par une articulation et se termine par la main. *Alex s'est cassé un bras. Elle prend son bébé dans ses bras.* **2.** *Elle lui tape dessus* **à tour de bras, à bras raccourcis,** de toutes ses forces. *Ne reste pas comme ça* **les bras croisés,** sans rien faire. *Nos amis nous ont reçus les bras ouverts,* chaleureusement. *Il peut t'aider, il* **a le bras long,** il a beaucoup d'influence. *Découragé, il a fini par* **baisser les bras,** par renoncer à lutter. *Les bras m'en tombent,* je suis stupéfait. — *Être dans les bras de Morphée,* dormir profondément. **3.** *Être le bras droit de quelqu'un,* son plus proche collaborateur. *Elle est le bras droit du directeur.* **4.** *Le bras d'un fauteuil,* l'accoudoir. **5.** *Un bras de mer,* c'est une étroite étendue de mer entre deux terres. → **détroit.**
▷ Autres mots de la famille : AVANT-BRAS, BRACELET, À BRAS-LE-CORPS, BRASSARD, BRASSE, BRASSÉE, BRASSIÈRE, EMBRASSADE, EMBRASSER.

brasier **n. m.** ✦ Masse d'objets en train de brûler pendant un incendie. *La forêt n'est plus qu'un brasier.*

à **bras-le-corps** **adv.** ✦ *Prendre à bras-le-corps,* par le milieu du corps avec ses deux bras. *Le lutteur a saisi son adversaire à bras-le-corps.*
▷ Mot de la famille de BRAS et de CORPS.

brassard **n. m.** ✦ Bande d'étoffe que l'on porte autour du bras et qui sert d'insigne. *Un brassard de secouriste.*
▷ Mot de la famille de BRAS.

brasse **n. f.** ✦ Nage sur le ventre, où l'on avance en rassemblant puis en écartant les bras et les jambes.
▷ Mot de la famille de BRAS.

brassée **n. f.** ✦ Ce que les bras peuvent contenir. *Une brassée de fleurs.* ❍ homonymes : ① et ② brasser.
▷ Mot de la famille de BRAS.

① **brasser** **v.** (conjug. 1) ✦ *Brasser la bière,* c'est la fabriquer. ❍ homonyme : brassée.
➤ **brasserie** **n. f.** **1.** Usine où l'on fabrique la bière. **2.** Grand café-restaurant. *Ils ont dîné dans une brasserie.*
➤ **brasseur** **n. m., brasseuse** **n. f.** ✦ Personne qui fabrique de la bière.

② **brasser** **v.** (conjug. 1) **1.** Remuer en mélangeant. *La machine à laver brasse le linge. Alex brasse les cartes.* **2.** *Brasser de l'argent,* c'est disposer de beaucoup d'argent pour faire des affaires. *Les banquiers brassent de grosses sommes d'argent.*

brassière **n. f.** 1. Petite chemise de bébé, courte, ouverte dans le dos, à manches longues. 2. *Brassière de sauvetage,* gilet de sauvetage.
▷ Mot de la famille de BRAS.

brave **adj.** 1. Courageux devant un ennemi. *Des soldats braves.* ❑ contr. ① **lâche.** 2. Honnête et bon. *C'est une brave femme.*
➤ **bravement** **adv.** ✦ Avec bravoure, courage. *Les soldats ont bravement défendu la ville.* → **courageusement, vaillamment.**
➤ **braver** **v.** (conjug. 1) 1. Affronter courageusement quelque chose de dangereux. *Ce soldat a bravé la mort plus d'une fois.* 2. S'opposer à quelque chose, à quelqu'un en montrant que l'on n'a pas peur. *Personne n'ose braver les ordres du directeur.*
▷ Autre mot de la famille : BRAVOURE.

bravo **interj.** ✦ Mot que l'on dit pour féliciter quelqu'un. *Bravo ! tu as gagné !* → **félicitations.** — **n. m.** Applaudissement. *La chanteuse salue sous les bravos du public.* → **ovation.**
● C'est un mot italien qui veut dire « beau, excellent ».

bravoure **n. f.** ✦ Courage. *Ces soldats ont été d'une grande bravoure pendant la guerre.* ❑ contr. **lâcheté.**
▷ Mot de la famille de BRAVE.

break [bʀɛk] **n. m.** ✦ Voiture en forme de fourgonnette dont l'arrière est vitré. — Au pl. *Des breaks.*
● Ce mot vient de l'anglais.

break

brebis [bʀəbi] **n. f.** ✦ Mouton femelle. → aussi **agneau, bélier.** *Le roquefort est fait avec du lait de brebis.*

brèche **n. f.** ✦ Trou dans un mur ou une clôture. *Les ouvriers ont colmaté la brèche.*
▷ Autres mots de la famille : ÉBRÉCHÉ, ÉBRÉCHER.

bréchet **n. m.** ✦ Os saillant qui se trouve sur la poitrine des oiseaux.

bredouille **adj.** ✦ *Revenir, rentrer bredouille,* sans avoir rien pris à la chasse ou à la pêche. *Le chasseur est rentré bredouille.*

bredouiller **v.** (conjug. 1) ✦ Parler d'une façon incompréhensible en articulant mal. → **bafouiller.** *Il bredouilla quelques excuses.* → **balbutier, marmonner.**

bref **adj.** et **adv.**, **brève** **adj.**
■ **adj.** Qui ne dure pas longtemps. *Sa visite a été brève.* → ① **court.** ❑ contr. **long.** *Sois bref quand tu répondras à la question,* ne parle pas trop longtemps.
■ **adv.** Pour résumer les choses en peu de mots. *Ses parents, ses frères et sœurs, bref, toute la famille était là.*
▷ Autre mot de la famille : ABRÉVIATION.

breloque **n. f.** ✦ Petit bijou qui est attaché à un bracelet, à une chaîne. → **pendentif.**

bretelle **n. f.** 1. Bande de tissu qui passe sur l'épaule et sert à maintenir un vêtement. *Il met des bretelles pour tenir son pantalon. Une robe à bretelles.* 2. *La bretelle d'un fusil,* la courroie que l'on passe sur l'épaule pour le porter. *Les bretelles d'un sac à dos.* 3. *Une bretelle d'autoroute,* une route qui relie l'autoroute à une autre route.

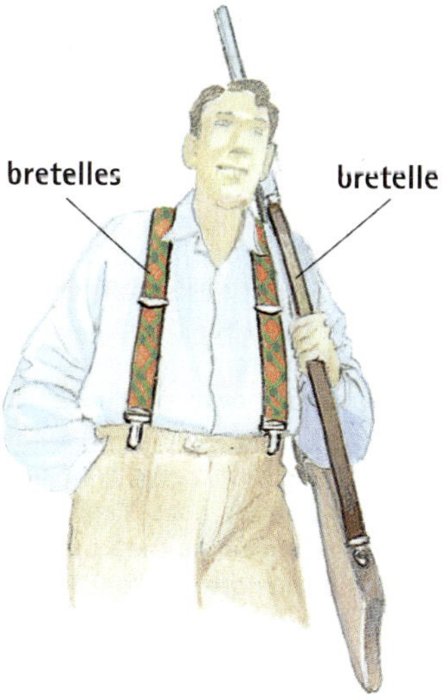

breuvage **n. m.** ✦ Boisson spéciale au goût bizarre. *Un mystérieux breuvage.*

brevet **n. m.** 1. Diplôme que l'on obtient après avoir passé un examen. *On passe le brevet des collèges à la fin de la classe de 3e. Il a son brevet de pilote.* 2. *Un brevet d'invention,* c'est un papier officiel qui assure qu'une personne est l'auteur d'une invention pour que l'on ne puisse pas la copier.
➤ **breveter** [bʀəvte] **v.** (conjug. 4) ✦ Protéger une invention par un brevet d'invention. *L'inventeur a fait breveter son appareil.*

bréviaire **n. m.** ✦ Livre contenant des prières. *Le curé lit son bréviaire.*

bribes **n. f. pl.** ✦ *Des bribes de phrases, de souvenirs,* de petits morceaux. → **fragment.** *Il entendait des bribes de conversation venant de la pièce à côté,* de petits bouts de conversation.

bric-à-brac **n. m. inv.** ✦ Amas de vieux objets de toutes sortes. → **bazar, fatras.** *Quel bric-à-brac dans le grenier !* — Au pl. *Des bric-à-brac.*

bricole **n. f.** ✦ Familier. 1. Petit objet qui n'a pas de valeur. *Il lui a offert une petite bricole.* → **babiole.** 2. Chose sans importance. *Ils se disputent souvent pour des bricoles.* → **bêtise, broutille.**

bricoler **v.** (conjug. 1) 1. Faire de petits travaux manuels dans la maison. *Il aime beaucoup bricoler.* 2. Réparer avec ingéniosité. *Il a bricolé le moteur de sa moto.*
➤ **bricolage** **n. m.** ✦ Activité qui consiste à faire de petits travaux manuels. *Le dimanche, il fait du bricolage.*
➤ **bricoleur** **n. m.**, **bricoleuse** **n. f.** ✦ Personne qui aime bricoler. *C'est un grand bricoleur.* — **Adj.** *Elle est très bricoleuse.*

bride **n. f.** 1. Courroie attachée au mors qui sert à diriger un cheval. → **rêne.** *Le cavalier tient son cheval par la bride.* 2. *À bride abattue,* à toute vitesse. *Laisser la bride sur le cou à quelqu'un,* le laisser libre d'agir comme il veut. 3. Petit anneau de tissu ou de fil qui sert à attacher quelque chose. *La bride d'un torchon.*
▷ Autres mots de la famille : BRIDER, DÉBRIDÉ.

bridé, bridée **adj.** ✦ *Des yeux bridés,* aux paupières qui semblent étirées sur les côtés. *Les Asiatiques ont les yeux bridés.*

brider **v.** (conjug. 1) ✦ *Brider un cheval,* lui mettre la bride.
▷ Mot de la famille de BRIDE.

① **bridge** **n. m.** ✦ Jeu de cartes qui se joue à quatre.

② **bridge** **n. m.** ✦ Appareil qui sert à tenir une fausse dent en s'appuyant sur des dents solides. → aussi **couronne, prothèse.**
● C'est un mot anglais qui veut dire « pont ». Un bridge, c'est un pont entre deux dents.

brie **n. m.** ✦ Fromage de vache à pâte molle.
● Ce fromage est fabriqué dans la *Brie,* grande plaine à l'est de Paris.

brièvement **adv.** ✦ En peu de mots. ❑ contr. **longuement.** *Dis-moi brièvement ce qui s'est passé.*

brièveté **n. f.** ✦ Caractère de ce qui est court. *Sa lettre est d'une grande brièveté.* ❑ contr. **longueur.**

brigade **n. f.** ✦ Groupe de gendarmes, de policiers. *Une brigade de gendarmerie.*
➤ **brigadier** **n. m.**, **brigadière** **n. f.** ✦ Chef d'une brigade de gendarmes.
▷ Autre mot de la famille : EMBRIGADER.

brigand **n. m.** ✦ Homme qui, autrefois, attaquait les voyageurs pour les voler. *La diligence a été attaquée par des brigands.* → **bandit, malfaiteur, voleur.**
● *Brigand* vient de l'italien *brigante* « qui fait partie d'une bande », de *brigata* « bande, troupe », mot qui a donné le français *brigade.*
➤ **brigandage** **n. m.** ✦ Vol, pillage fait avec violence par des gens armés. *Des actes de brigandage.*

briller **v.** (conjug. 1) 1. Émettre une lumière très vive. → **étinceler, luire, scintiller.** *Les étoiles brillent dans le ciel. Ses yeux brillent de plaisir quand on lui fait un compliment.* 2. Se faire remarquer par son intelligence ou son talent. *Il a brillé à son examen.*
➤ ① **brillant, brillante** **adj.** 1. Qui brille, reluit. *Le parquet est bien ciré, il est brillant.* ❑ contr. **terne.** 2. Remarquable, exceptionnel. *Alex est un brillant élève.* → **excellent.** *Elle a fait une brillante carrière,* elle a très bien réussi dans son métier. ❑ contr. **médiocre.**
➤ **brillamment** **adv.** ✦ D'une manière brillante, remarquable. *Il a brillamment réussi son examen.*

➤ ② **brillant** **n. m.** ✦ Petit diamant. *Une alliance en brillants.*

brimer **v.** (conjug. 1) ✦ *Brimer quelqu'un,* c'est le traiter de manière humiliante et vexante. *Julie se sent brimée dès qu'on lui refuse quelque chose.*

➤ **brimade** **n. f.** ✦ Vexation que l'on fait subir à quelqu'un.

brin **n. m.** 1. Fil. *Une corde est faite de plusieurs brins.* 2. Tige, petite pousse d'une plante. *Un brin d'herbe. Julie m'a offert un brin de muguet le 1er mai.* 3. Petite quantité. *Il n'a pas un brin d'humour,* pas le moindre humour.

➤ **brindille** **n. f.** ✦ Petite branche morte. *Il a ramassé des brindilles pour allumer le feu.*

bringuebaler **v.** (conjug. 1) ✦ Familier. Être secoué de manière brusque et irrégulière. *La voiture bringuebale sur les pavés.* → **cahoter.**

● On dit aussi *brinquebaler.*

brio **n. m.** ✦ Talent brillant, aisance. *Le pianiste a joué ce concerto avec brio.* → **virtuosité.**

● C'est un mot italien qui veut dire « vivacité ».

brioche **n. f.** ✦ Pâtisserie légère souvent en forme de boule surmontée d'une autre boule plus petite. *Il a acheté des brioches et des croissants.*

brioche

brique **n. f.** 1. Bloc rectangulaire de terre cuite rouge ou jaune, utilisé pour construire les maisons. *Un mur de briques.* 2. Emballage de carton de forme rectangulaire. *Du lait en brique.*

▷ Autre mot de la famille : S'IMBRIQUER.

briquer **v.** (conjug. 1) ✦ Familier. Nettoyer en frottant. → **astiquer.** *Il brique sa voiture tous les dimanches.*

briquet **n. m.** ✦ Petit appareil qui produit une flamme. *Il allume sa cigarette avec un briquet.*

brise **n. f.** ✦ Vent léger et doux. *Une petite brise faisait gonfler la voile du bateau.*

▷ Autre mot de la famille : PARE-BRISE.

briser **v.** (conjug. 1) 1. Casser, mettre en morceaux. *Le cambrioleur a brisé la vitre pour entrer dans la maison.* 2. Détruire. *Cet accident a brisé sa carrière.* → **anéantir.**

➤ se **briser** **v.** 1. Se casser. *Le vase s'est brisé en tombant.* 2. Déferler. *Les vagues se brisent sur les rochers.*

➤ **brisé, brisée** **adj.** 1. *Une ligne brisée,* faite de morceaux de droite qui se suivent en formant des angles. 2. *De la pâte brisée,* avec laquelle on fait des tartes. → aussi **feuilleté.** 3. *Être brisé de fatigue,* très fatigué, épuisé.

brise-glace

➤ **brise-glace** **n. m.** ✦ Bateau renforcé à l'avant, que l'on utilise pour naviguer dans les mers froides où il peut briser la glace. *Le brise-glace a ouvert un chemin dans la banquise.* — Au pl. *Des brise-glace* ou *des brise-glaces.* ▷ Mot de la famille de ② GLACE.

bristol **n. m.** ✦ Carton blanc et lisse employé surtout pour les cartes de visite.

● Ce mot vient du nom de la ville anglaise de *Bristol* où ce carton a d'abord été fabriqué.

broc [bʀo] **n. m.** ✦ Récipient haut, muni d'une anse et d'un bec verseur, qui sert à contenir des liquides. *Il remplit un broc d'eau.* → **cruche, pichet.**

brocante **n. f.** ✦ Foire où l'on vend toutes sortes de vieux objets. *Elle a déniché une jolie lampe dans une brocante.*

➤ **brocanteur** **n. m., brocanteuse** **n. f.** ✦ Marchand de vieux objets. → **antiquaire.** *Elle a acheté ces vieux fauteuils chez un brocanteur.*

broche **n. f.** **1.** Tige de fer pointue que l'on passe dans un morceau de viande pour le faire cuire en le faisant tourner au-dessus du feu ou dans un four. *Un poulet rôti à la broche.* **2.** Bijou que l'on épingle sur les vêtements. *Elle porte une broche sur le revers de sa veste.* → aussi **pin's.**

➤ **brochette** **n. f.** **1.** Petite tige de métal sur laquelle on enfile des morceaux de viande, de légumes, pour les faire cuire. **2.** Morceaux de viande, de légumes enfilés sur une brochette. *Ils ont mangé des brochettes d'agneau.*

▷ Autre mot de la famille : EMBROCHER.

broché, brochée **adj.** ✦ *Un livre broché,* c'est un livre dont la couverture n'est pas rigide. ❑ contr. **relié.**

➤ **brochure** **n. f.** ✦ Petit livre broché qui a peu de pages. *Il consulte une brochure touristique.*

brochet **n. m.** ✦ Grand poisson d'eau douce, très vorace. *Nous avons mangé des quenelles de brochet.* ➻ planche Poissons p. 794.

brocoli **n. m.** ✦ Chou d'Italie dont on mange les fleurs vertes en bouquets. *Le rôti était servi avec des brocolis.*

● Ce mot vient de l'italien *broccoli* qui veut dire « pousses de choux ».

broder **v.** (conjug. 1) **1.** Décorer de dessins faits avec des points de couture. *La grand-mère de Julie brode une nappe.* **2.** Inventer des détails pour rendre un récit intéressant. *Quand il raconte une histoire, il brode toujours.*

➤ **broderie** **n. f.** ✦ Dessin fait avec des points de couture en relief sur un tissu pour le décorer. *Elle porte un chemisier orné de broderies.*

bronche **n. f.** ✦ *Les bronches,* ce sont les deux conduits qui vont de la trachée-artère aux poumons. *Ce sirop dégage bien les bronches.*

➤ **bronchite** **n. f.** ✦ Maladie des bronches qui fait tousser et gêne la respiration. *Léa a une bronchite.*

broncher **v.** (conjug. 1) ✦ Montrer que l'on est mécontent ou pas d'accord. *Personne ne bronche quand il élève la voix. Les enfants ont obéi sans broncher.* → **discuter, protester.**

brontosaure **n. m.** ✦ Gigantesque dinosaure fossile. *Les brontosaures étaient herbivores.*

bronze **n. m.** ✦ Métal brun, lourd et dur, fait d'un mélange de cuivre et d'étain. *Les cloches de l'église sont en bronze. — La médaille de bronze,* le troisième prix dans une compétition.

bronzer **v.** (conjug. 1) ✦ Devenir brun au soleil. → **brunir.** *Elle a bronzé en faisant du jardinage. Paul a une peau qui bronze facilement. — Elle est toute bronzée.* → **hâlé.**

➤ **bronzage** **n. m.** ✦ Hâle. *Elle a un beau bronzage.*

brosse **n. f.** **1.** Assemblage de poils ou de fibres montés sur un support, qui sert à nettoyer, à frotter. *Une brosse à dents. Une brosse à cheveux. Une brosse à habits.* **2.** *Des cheveux en brosse,* coupés court et droit, comme des poils de brosse.

➤ **brosser** **v.** (conjug. 1) ✦ Nettoyer, frotter avec une brosse. *Il brosse ses chaussures pour les faire briller. Elle se brosse les dents deux fois par jour.*

▷ Autre mot de la famille : BALAI-BROSSE.

brou **n. m.** ✦ *Le brou de noix,* c'est un liquide brun provenant de l'enveloppe de la noix et qui sert à teinter le bois.

brouette **n. f.** ✦ Petit chariot à une roue que l'on pousse devant soi. *Le jardinier transporte les feuilles mortes dans une brouette.*

brouhaha [bʀuaa] **n. m.** ✦ Bruit confus que font plusieurs personnes qui parlent en même temps. *On entend le brouhaha des conversations.*

brouillard **n. m.** ✦ Air humide formé par des gouttes d'eau très petites qui flottent près du sol. → **brume.** *On ne voit pas loin devant soi quand il y a du brouillard.*

▷ Mot de la famille de BROUILLER.

brouiller **v.** (conjug. 1) **1.** *L'assassin a brouillé les pistes,* a fait en sorte que l'on perde sa trace. **2.** *Les larmes lui brouillent la vue,* la rendent trouble. *Des parasites brouillent l'émission de radio,* l'empêchent d'être nette. **3.** *Se brouiller avec quelqu'un,* c'est cesser d'être ami avec lui. *Julie s'est brouillée avec Léa.* → se **fâcher.** *Ils se sont brouillés pour une histoire d'argent.*

➤ **brouille** **n. f.** ✦ Mésentente entre des amis. *Leur brouille n'a pas duré.*

➤ **brouillé, brouillée** **adj.** 1. Qui n'est pas clair. *L'image sur l'écran est brouillée.* ❑ contr. **net.** 2. *Des œufs brouillés,* dont on a mélangé le blanc et le jaune en les cuisant.

➤ ① **brouillon, brouillonne** **adj.** ✦ Désordonné. *Louise est très brouillonne.* ❑ contr. **ordonné.**

➤ ② **brouillon** **n. m.** ✦ Premier texte que l'on va corriger et recopier proprement après. *Paul fait sa rédaction d'abord au brouillon.*

▷ Autres mots de la famille : BROUILLARD, ANTIBROUILLARD, DÉBROUILLARD, DÉBROUILLER, EMBROUILLÉ, EMBROUILLER.

broussaille **n. f.** 1. Ensemble d'arbustes, de ronces et de buissons qui poussent tout seuls sur les terrains que l'on ne cultive pas. *Le chemin est envahi par les broussailles.* 2. *Il a les cheveux en broussaille,* emmêlés, mal coiffés.

▷ Autre mot de la famille : DÉBROUSSAILLER.

brousse **n. f.** ✦ Dans les pays chauds, terrain où il ne pousse que des arbustes et des buissons. → aussi **savane, steppe.**

brouter **v.** (conjug. 1) ✦ Manger de l'herbe, des feuilles ou des jeunes pousses en les arrachant sur place. *Les vaches, les moutons broutent l'herbe.* → **paître.**

broutille **n. f.** ✦ Petit détail sans importance. *Ils se sont fâchés pour des broutilles.* → **bêtise, bricole.**

broyer [bʀwaje] **v.** (conjug. 8) 1. Réduire en morceaux très petits en écrasant. → **mâcher.** *Les molaires broient les aliments.* 2. *Broyer du noir,* avoir le cafard, être déprimé.

bru **n. f.** ✦ Femme du fils. → **belle-fille** et aussi **gendre.**

brugnon **n. m.** ✦ Sorte de pêche à la peau lisse. → aussi **nectarine.**

bruine **n. f.** ✦ Pluie fine. → **crachin.** *Il tombe une petite bruine.*

bruissement **n. m.** ✦ Bruit faible et continu. *Le bruissement des feuilles.*

● Ce mot est littéraire.

bruit **n. m.** 1. Son. *Il a entendu le bruit du moteur. Vous faites trop de bruit.* → **chahut, vacarme** ; fam. **raffut.** ❑ contr. **silence.** *Le chat marche sans bruit.* → **silencieusement.** 2. Nouvelle qui se répand. *La boulangère va se marier, c'est un bruit qui court.* → **rumeur.**

➤ **bruitage** **n. m.** ✦ Reproduction artificielle des sons qui accompagnent l'action d'un film, d'une pièce de théâtre.

▷ Autres mots de la famille : ANTIBRUIT, BRUYAMMENT, BRUYANT, ÉBRUITER.

à **brûle-pourpoint** **adv.** ✦ Brusquement, de manière inattendue. *Il m'a posé la question à brûle-pourpoint.*

▷ Mot de la famille de BRÛLER et de POURPOINT.

brûler **v.** (conjug. 1) 1. Se consumer. *Des bûches brûlent dans l'âtre.* 2. Être en feu, en flammes. *La maison brûle.* → **flamber.** — *Le gâteau a brûlé,* il a trop cuit. 3. Détruire par le feu. *Le jardinier brûle les feuilles mortes.* 4. Abîmer ou blesser par le feu, la chaleur. *Elle a brûlé la nappe avec sa cigarette. Ce café est trop chaud, je me suis brûlé la langue.* 5. Faire mal comme une brûlure. *Quand on met de l'alcool sur une plaie, cela brûle.* 6. Passer sans s'arrêter. *Le chauffard a brûlé un feu rouge.* → fam.

brousse

griller. 7. *Brûler d'impatience,* être très impatient. *Il brûle d'impatience de la revoir.*

➤ **brûlant, brûlante** adj. ✦ Très chaud. *Attention, l'assiette est brûlante ! Un café brûlant.* → **bouillant.** ❑ contr. **glacé.**

➤ **brûlé** adj. et n. m., **brûlée** adj. et n. f.

■ adj. 1. Qui a brûlé. *Cette tarte est complètement brûlée.* → **calciné, carbonisé.** 2. *Crème brûlée,* dessert fait de crème caramélisée sur le dessus.

■ n. 1. n. m. Odeur d'une chose qui brûle. *Ça sent le brûlé !* → **roussi.** 2. n. Personne qui souffre de brûlures. *Les grands brûlés.*

➤ **brûleur** n. m. ✦ Partie d'une cuisinière, d'un réchaud, d'une chaudière d'où sort la flamme.

➤ **brûlure** n. f. 1. Blessure causée par une flamme ou une chose trop chaude. *Il a une brûlure à la main.* 2. Trace ou trou laissé par quelque chose qui a brûlé. *Il y a des brûlures de cigarettes sur la table.*

▷ Autre mot de la famille : À BRÛLE-POURPOINT.

brume n. f. ✦ Brouillard léger. *La montagne est dans la brume.*

➤ **brumeux, brumeuse** adj. ✦ Où il y a de la brume. *Le temps est brumeux.* ❑ contr. **clair.**

brun, brune adj. ✦ De couleur sombre, entre le roux et le noir. *Les châtaignes mûres sont brunes.* → **marron.** *Un ours brun.* ❑ contr. **blanc.** *Il fume du tabac brun. De la bière brune.* ❑ contr. **blond.** *Julie a les cheveux bruns. Cette femme est brune,* elle a les cheveux bruns. — **N.** *Les blonds et les bruns. Le brun,* la couleur brune. *Elle a les cheveux d'un beau brun.*

➤ **brunir** v. (conjug. 2) 1. Rendre brun. *Le soleil brunit la peau.* → **hâler.** ❑ contr. **éclaircir.** 2. Devenir brun. *Théo a bruni pendant les vacances.* → **bronzer.**

▷ Autre mot de la famille : SE REMBRUNIR.

brushing [brœʃiŋ] n. m ✦ Séchage et mise en plis mèche par mèche des cheveux, à l'aide d'un séchoir et d'une brosse ronde. *La coiffeuse lui fait un brushing.*

● Ce mot vient de l'anglais *brush* qui veut dire « brosse ».

brusque adj. 1. *Une personne brusque,* qui agit brutalement et de manière imprévisible. → **brutal, violent.** ❑ contr. **doux.** *Il est parfois un peu brusque.* → **bourru.** 2. Imprévu et soudain. *Il a fait un mouvement brusque et a renversé son verre. Elle a eu une brusque envie de partir.* → **subit.**

➤ **brusquement** adv. ✦ D'une manière brutale et inattendue. *Il a brusquement changé d'avis.* → **soudainement, subitement.**

➤ **brusquer** v. (conjug. 1) 1. *Brusquer quelqu'un,* c'est le traiter de manière dure, brutale. → **malmener.** ❑ contr. **ménager.** *Elle a tort de brusquer cet enfant.* 2. Faire quelque chose plus vite que prévu. *Il a brusqué son départ.* → **hâter, précipiter.**

➤ **brusquerie** n. f. ✦ Manière d'agir dure, brutale. *Elle traite cet enfant avec brusquerie.* ❑ contr. **douceur.**

bruyère

brut [bryt], **brute** [bryt] adj. 1. Qui est à l'état naturel, qui n'a pas encore été transformé par l'homme. *Un diamant brut,* non taillé. *Du pétrole brut,* non raffiné. *Du cidre, du champagne brut,* dans lequel on n'a pas ajouté de sucre. 2. *Le poids brut d'un objet,* c'est le poids de cet objet avec son emballage. ❑ contr. **net.** ○ homonyme : brute.

brute n. f. ✦ Homme brutal, violent, cruel. *Quelle brute, ce type !* ○ homonyme : brut.

➤ **brutal, brutale** adj. 1. Violent. *Des hommes brutaux.* → **brusque.** ❑ contr. **doux.** 2. Brusque et violent. *Le choc a été brutal.*

➤ **brutalement** adv. 1. D'une manière brutale, violente. *Il a frappé son frère brutalement.* → **violemment.** 2. D'une manière soudaine et violente. *Sa température est montée brutalement.* → **brusquement.** ❑ contr. **progressivement.**

➤ **brutaliser** v. (conjug. 1) ✦ Traiter avec brutalité. *Arrête de brutaliser ton petit frère,* de le maltraiter.

➤ **brutalité** n. f. ✦ Façon de se conduire brutale, violente. *Il l'a frappé avec brutalité,* avec violence.

bruyant [bʀɥijɑ̃], **bruyante** [bʀɥijɑ̃t] **adj.** 1. Qui fait beaucoup de bruit. *Ces enfants sont très bruyants.* ❑ contr. **silencieux.** 2. Où il y a beaucoup de bruit. *Ils habitent une rue bruyante.* ❑ contr. **tranquille.**

➤ **bruyamment** [bʀɥijamɑ̃] **adv.** ✦ En faisant beaucoup de bruit. *Léa se mouche bruyamment.* ❑ contr. **silencieusement.**

▷ Mots de la famille de BRUIT.

bruyère [bʀyjɛʀ] ou [bʀɥijɛʀ] **n. f.** ✦ Plante sauvage à petites fleurs mauves ou roses. *La lande est couverte de bruyère.*

buccal, buccale **adj.** ✦ De la bouche. *Il faut prendre ce médicament par voie buccale,* par la bouche. → **oral.** — Au masc. pl. *buccaux.*

bûche **n. f.** 1. Gros morceau de bois de chauffage. *Le feu s'éteint, remets une bûche dans la cheminée.* 2. *La bûche de Noël,* c'est un gâteau en forme de bûche que l'on mange à Noël.

➤ **bûcher** **n. m.** ✦ Tas de bois sur lequel on brûle les morts ou sur lequel on brûlait certains condamnés à mort. *On brûlait les sorcières sur des bûchers.*

➤ **bûcheron** **n. m., bûcheronne** **n. f.** ✦ Personne dont le métier est d'abattre des arbres dans une forêt.

bucolique **adj.** ✦ Qui évoque la campagne. *Un paysage bucolique.* → **campagnard, champêtre.**

● Ce mot est littéraire.

budget **n. m.** ✦ Ensemble des gains et des dépenses que l'on prévoit et organise. *Le budget d'une famille. Un budget est équilibré quand les recettes sont égales aux dépenses.*

buée **n. f.** ✦ Vapeur qui se dépose en fines gouttelettes sur une surface froide. *En hiver, les vitres sont couvertes de buée.*

▷ Autre mot de la famille : EMBUER.

buffet **n. m.** 1. Meuble dans lequel on range la vaisselle. *Il y a un buffet dans la salle à manger.* 2. Table où l'on dispose des plats et des boissons dans une réception. *Les invités se pressent autour du buffet.* 3. Café-restaurant installé dans une gare. *Il a pris un café au buffet de la gare.*

buffle **n. m.** ✦ Gros animal ruminant d'Asie et d'Afrique qui ressemble au bœuf.

buffle

buis [bɥi] **n. m.** ✦ Arbuste à petites feuilles vert foncé. *Le massif est entouré d'une haie de buis.*

buisson **n. m.** ✦ Groupe serré de petits arbres sauvages. → aussi ① **fourré, taillis.**

buissonnière **adj. f.** ✦ *Faire l'école buissonnière,* c'est aller se promener au lieu d'aller en classe.

bulbe **n. m.** ✦ Partie arrondie d'une plante qui se trouve sous terre et qui est remplie de réserves de nourriture grâce auxquelles la plante repousse tous les ans. *Des bulbes de tulipes.* → **oignon.**

bulldozer [byldozœʀ] ou [byldɔzɛʀ] **n. m.** ✦ Machine montée sur des chenilles, qui sert à déplacer de grandes quantités de terre ou de pierres. — Au pl. *Des bulldozers.*

● Ce mot vient de l'anglais et veut dire « engin à chenilles ».

bulle **n. f.** 1. Petite boule remplie d'air ou de gaz qui s'élève à la surface d'un liquide. *Il y a des bulles dans l'eau gazeuse.* 2. Petite boule remplie d'air. *Léa fait des bulles avec son chewing-gum. Des bulles de savon.* 3. Dans une bande dessinée, espace délimité par un trait où sont écrites les paroles des personnages.

bulle

bulletin **n. m.** **1.** *Un bulletin de vote,* c'est le papier sur lequel est écrit le nom du candidat pour lequel il vote. *Chaque électeur met son bulletin de vote dans l'urne.* **2.** *Le bulletin scolaire,* c'est le papier sur lequel sont inscrites les notes d'un élève. **3.** Information courte et précise donnée au public. → **communiqué.** *La radio et la télévision diffusent le bulletin météo du jour,* les informations sur le temps qu'il va faire.

bungalow [bœ̃galo] **n. m.** ✦ Petite maison de vacances très simple qui n'a pas d'étage. *Le club de vacances est formé de bungalows au bord de la plage.*
● Ce mot anglais vient d'une langue de l'Inde.

buraliste **n. m. et f.** ✦ Personne qui tient un bureau de tabac. *Les buralistes vendent des cigarettes, des timbres, des stylos et des cartes postales.*
▷ Mot de la famille de BUREAU.

bureau **n. m.** (pl. **bureaux**) **1.** Table sur laquelle on écrit, on travaille. *Ces bureaux ont des tiroirs de chaque côté.* **2.** Pièce où se trouve une table de travail et des objets pour travailler. *La directrice de l'école a convoqué Julie dans son bureau.* **3.** Endroit où travaillent les employés d'une entreprise ou d'une administration. *Le père de Paul va au bureau tous les matins.* **4.** *Un bureau de tabac,* c'est l'endroit où l'on peut acheter des cigarettes et des timbres. **5.** *Bureau de poste,* lieu ouvert au public où se trouvent les services de la poste.
➤ **bureautique** **n. f.** ✦ Nom déposé. Informatique qui sert à rendre plus facile et plus rapide le travail dans un bureau.
▷ Autre mot de la famille : BURALISTE.

burette **n. f.** ✦ Petit récipient dont le goulot est un tube très fin. *Alex a pris la burette d'huile pour graisser son vélo.*

burette

burin **n. m.** ✦ Outil formé d'un morceau d'acier allongé, qui sert à couper des métaux ou à faire de la gravure.
➤ **buriné, burinée** **adj.** ✦ *Un visage buriné,* marqué de rides très profondes.

burlesque **adj.** ✦ Drôle et extravagant. *Charlie Chaplin a joué dans des films burlesques.* → **comique.** ❏ contr. **dramatique, tragique.**

burnous [byʀnu] **n. m.** ✦ Grande cape de laine à capuchon, comme on en porte dans les pays du Maghreb.

bus [bys] **n. m.** ✦ Autobus. *Louise prend le bus pour aller à l'école.*
● C'est l'abréviation de *omnibus,* mot latin qui veut dire « pour tous ».
▷ Autres mots de la famille : ABRIBUS, BIBLIOBUS, MINIBUS, TROLLEYBUS.

buse **n. f.** ✦ Oiseau rapace qui vit le jour et se nourrit de petits rongeurs et d'oiseaux. *La buse a un bec recourbé.* ➸ planche Oiseaux p. 711.

busqué, busquée **adj.** ✦ *Un nez busqué,* recourbé.

buste **n. m.** **1.** Partie du corps humain qui va du cou à la taille. → **poitrine, torse, tronc.** **2.** Sculpture représentant la tête et le haut de la poitrine de quelqu'un. *Sur la cheminée, il y avait un buste de Napoléon.*

but [by] ou [byt] **n. m.** **1.** Endroit que l'on vise, qu'il faut atteindre. *La flèche a atteint son but.* → **cible.** **2.** Endroit précis où l'on veut aller. *La rivière est un bon but de promenade.* **3.** Ce que l'on cherche à faire. *Mon but est de vous aider.* → **intention,** ① **objectif.** **4.** *Le but d'un terrain de football,* c'est l'espace à l'arrière du terrain, limité par des poteaux et dans lequel il faut faire entrer le ballon. *Le ballon est sorti du but.* **5.** Point marqué. *Notre équipe a marqué un but.* **6.** *De but en blanc,* brusquement, sans précaution. *Il nous a annoncé la nouvelle de but en blanc.* ❍ homonyme : butte.

butane **n. m.** ✦ Gaz vendu en bouteilles de métal. *Ce réchaud marche au butane.*

buter **v.** (conjug. 1) **1.** Heurter avec le pied. *Paul a buté sur une pierre.* → **trébucher.** **2.** Être arrêté par une difficulté. *Nous butons toujours sur le même problème,* nous n'arrivons pas à le résoudre. **3.** **se buter,** s'entêter. *Il se bute et refuse de comprendre.* → se **braquer.**
➤ **buté, butée** **adj.** ✦ Entêté. *Elle ne veut rien comprendre, elle est complètement butée.*
▷ Autre mot de la famille : BUTOIR.

butin **n. m.** ✦ Ce que l'on a volé. *Les voleurs ont partagé leur butin.*

butiner **v.** (conjug. 1) ✦ *Les abeilles butinent,* elles vont de fleur en fleur récolter le pollen et le nectar.

butoir **n. m.** 1. Obstacle placé à l'extrémité d'une voie ferrée, pour empêcher les trains d'aller trop loin. *Le train s'est arrêté juste devant le butoir.* 2. *La date butoir,* le dernier délai. → **limite.** *C'est demain la date butoir pour les inscriptions.*
▷ Mot de la famille de BUTER.

butte **n. f.** 1. Petite colline. *La maison est bâtie sur une butte.* → **monticule.** 2. *Être **en butte à** quelque chose,* c'est y être exposé. *Il est en butte aux critiques de tout le monde.*
○ homonyme : but.

buvable **adj.** ✦ Que l'on peut boire. *Ce vin est à peine buvable.* ❏ contr. **imbuvable.**
▷ Mot de la famille de BOIRE.

buvard **n. m.** ✦ Papier très absorbant qui boit l'encre.
▷ Mot de la famille de BOIRE.

buvette **n. f.** ✦ Petite salle, petit comptoir où l'on sert à boire. *La buvette du stade.*
▷ Mot de la famille de BOIRE.

buveur **n. m.**, **buveuse** **n. f.** ✦ Personne qui a l'habitude de boire une certaine boisson. *Les Anglais sont des buveurs de thé.*
▷ Mot de la famille de BOIRE.

C

c' → ② **ce**

ça **pronom démonstratif** ✦ Familier. Ceci, cela. *Comment ça va ? Ça, alors, c'est incroyable !*
❍ homonymes : çà, sa.

çà **adv.** ✦ *Çà et là,* un peu partout. *Les affaires de Julie sont étalées çà et là dans la chambre.*
❍ homonymes : ça, sa.
▷ Autre mot de la famille : EN DEÇÀ.

cabalistique **adj.** ✦ *Des signes cabalistiques,* que l'on ne peut pas comprendre facilement. → **mystérieux.**

caban **n. m.** ✦ Veste longue, en tissu de laine très épais. *Les marins portent des cabans bleu marine.*

cabane **n. f.** ✦ Petite maison en bois. *Paul et Théo ont construit une cabane dans le jardin.*
➤ **cabanon** **n. m.** ✦ Petite cabane. *Les outils de jardinage sont rangés dans le cabanon.*

cabaret **n. m.** ✦ Endroit où l'on va le soir voir un spectacle, danser, manger et boire.

cabas [kaba] **n. m.** ✦ Sac à provisions avec deux anses. *Elle va faire son marché avec son cabas.*

cabestan **n. m.** ✦ Appareil autour duquel on enroule un câble pour tirer de lourdes charges. → **treuil.** *Sur un navire, le cabestan sert à lever l'ancre.*

cabillaud **n. m.** ✦ Morue fraîche. → **églefin.** *Nous avons mangé des œufs de cabillaud.*
→ aussi **tarama.**

cabine **n. f.** **1.** Chambre dans un bateau. *Les passagers dorment dans leur cabine.* **2.** *Une cabine téléphonique,* un petit local où l'on téléphone. **3.** *Une cabine de bain,* l'endroit où l'on se déshabille pour se baigner dans la mer ou dans une piscine. — *La cabine d'essayage d'un magasin,* où l'on essaie les vêtements. **4.** Partie d'un camion, d'un train ou d'un avion où se tient le conducteur, le pilote. **5.** *Une cabine spatiale,* l'endroit où est l'équipage d'un engin spatial.
➤ **cabinet** **n. m.** **1.** *Cabinet de toilette,* petite pièce où il y a un lavabo. **2.** Bureau d'un avocat, d'un médecin, d'un dentiste. *Le médecin donne ses consultations dans son cabinet.* **3.** *Les cabinets,* l'endroit où l'on fait ses besoins. → **toilettes, waters, W.-C.** *Les cabinets sont au fond du couloir.* **4.** *Le cabinet d'un ministre,* c'est l'ensemble des gens qui travaillent avec lui.
▷ Autre mot de la famille : TÉLÉCABINE.

cabestan

câble **n. m.** **1.** Grosse corde. *La cabine du téléphérique est suspendue par des câbles d'acier.* **2.** *Les câbles électriques* sont de gros fils de métal qui transportent l'électricité. **3.** *La télévision par câble* ou *le câble,* c'est une télévision qui diffuse des programmes spéciaux à des abonnés. *Ils sont abonnés au câble.*

➤ **câbler** v. (conjug. 1) ✦ Installer le câble qui diffuse certains programmes de télévision payants et destinés à des abonnés. *Les techniciens ont câblé tout le quartier. — Dans notre rue, nous sommes câblés,* nous pouvons recevoir la télévision par câble.

cabossé, cabossée adj. ✦ Défoncé, couvert de bosses. *La voiture est toute cabossée.*
▷ Mot de la famille de BOSSE.

cabotage n. m. ✦ Navigation près des côtes. *Ces bateaux de pêche font du cabotage.*

caboteur n. m. ✦ Bateau qui navigue sans s'éloigner des côtes. *Des caboteurs apportent des marchandises sur l'île.*

cabotin n. m., **cabotine** n. f. ✦ Personne qui fait des manières pour qu'on la remarque, l'admire. *Cet acteur est un cabotin.* — Adj. *Elle est un peu cabotine.*

se **cabrer** v. (conjug. 1) ✦ Se dresser sur ses pattes de derrière. *Le cheval affolé rue et se cabre.*

cabri n. m. ✦ Petit de la chèvre. → **chevreau.** *Les cabris sautent en suivant leur mère.*

cabriole n. f. ✦ *Faire des cabrioles,* c'est sauter gaiement, se rouler par terre. *Julie et Louise font des cabrioles dans l'herbe.* → **galipette.**

cabriolet n. m. ✦ Voiture décapotable.
➻ planche Voitures p. 1088.

caca n. m. ✦ Familier. **1.** Excrément. *Le bébé a fait caca dans sa couche.* **2.** *Caca d'oie,* jaune verdâtre. *Elle a un pull caca d'oie.*

cacahuète [kakawɛt] n. f. ✦ Graine de l'arachide, qui se mange grillée. *Un paquet de cacahuètes salées.*
● On écrit aussi *cacahouète.* Ce mot vient de l'aztèque, une ancienne langue du Mexique, et veut dire « cacao de terre ».

cacao n. m. ✦ Graine dont on se sert pour fabriquer le chocolat. *Le cacao pur est très amer.*
● Comme *cacahuète, cacao* vient de l'aztèque, langue des anciens Indiens du Mexique.

➤ **cacaoyer** [kakaɔje] n. m. ✦ Arbuste qui produit les graines de cacao.

cacatoès [kakatɔɛs] n. m. ✦ Perroquet à gros bec portant une huppe sur la tête. *Les cacatoès s'apprivoisent facilement.*

cacatoès

cachalot n. m. ✦ Gros mammifère marin de la taille de la baleine et qui possède des dents. *Le cachalot est un cétacé.*

cache n. m. ✦ Papier opaque servant à cacher une partie d'une surface. *Sur la photo, un cache dissimule les visages.*
▷ Mot de la famille de CACHER.

cache-cache n. m. inv. ✦ Jeu où l'un des joueurs doit trouver les autres, qui se sont cachés. *Julie et ses amis jouent à cache-cache dans le jardin.*
▷ Mot de la famille de CACHER.

cachemire n. m. ✦ Tissu ou tricot en poil de chèvre très fin et doux. *Une écharpe de cachemire.*
● Le *Cachemire* est un État de l'Inde.

cache-nez n. m. inv. ✦ Écharpe que l'on se met autour du cou. *Léa a mis un cache-nez pour ne pas attraper froid.* — Au pl. *Des cache-nez.*
▷ Mot de la famille de CACHER et de NEZ.

cache-pot n. m. ✦ Vase dans lequel on met un pot de fleurs. *Un cache-pot en porcelaine.* — Au pl. *Des cache-pots* ou *des cache-pot.*
▷ Mot de la famille de CACHER et de POT.

cacher v. (conjug. 1) **1.** *Cacher un objet,* c'est le mettre dans un endroit où il est difficile de le trouver. → **dissimuler.** *Théo a caché les lunettes de Paul.* — **se cacher,** faire en sorte de ne pas être vu. *Julie s'est cachée derrière le rideau.* **2.** Empêcher de voir. *De gros nuages noirs cachent le soleil.* **3.** Ne pas montrer, ne pas dire. ❑ contr. **dévoiler, exprimer, montrer.** *Louise ne pouvait cacher sa déception.*
▷ Autres mots de la famille : CACHE, CACHE-CACHE, CACHE-NEZ, CACHE-POT, CACHETTE, CACHOTTERIE, CACHOTTIER.

cachet **n. m.** 1. Médicament qui a une forme de pastille et que l'on avale. → ② **comprimé.** *Un cachet d'aspirine.* 2. Marque que l'on imprime avec un tampon. *Le cachet de la poste indique la date et le lieu d'envoi d'une lettre.* 3. Argent gagné par un chanteur, un acteur. *Il a touché un gros cachet pour ce film.*

➤ **cacheter** **v.** (conjug. 4) ✦ Fermer une enveloppe en la collant. *Alex cachette sa lettre avant de la poster.* ❑ contr. **décacheter.**

▷ Autre mot de la famille : DÉCACHETER.

cachette **n. f.** 1. Endroit où l'on peut cacher quelque chose ou se cacher. *Le chat a trouvé une bonne cachette sous le lit.* 2. *En cachette,* en se cachant, en secret. → en **catimini.** *Julie a mangé tous les bonbons en cachette.*

▷ Mot de la famille de CACHER.

cachot **n. m.** ✦ Cellule de prison petite et obscure. *Le prisonnier a été mis au cachot.*

cachotterie **n. f.** ✦ Petit secret sans importance. *Tu me fais des cachotteries,* tu me caches des choses.

➤ **cachottier** **n. m.**, **cachottière** **n. f.** ✦ Personne qui a des secrets qu'elle ne dit pas. *C'est une petite cachottière, elle ne m'a pas tout dit.*

▷ Mots de la famille de CACHER.

cacophonie **n. f.** ✦ Ensemble de sons déplaisants, qui sonnent faux ou ne vont pas ensemble. → **tintamarre, vacarme.** ❑ contr. **harmonie.** *Les musiciens jouaient chacun de leur côté, quelle cacophonie !*

cactus [kaktys] **n. m.** ✦ Plante grasse des pays chauds, couverte de piquants. ➻ planche Plantes p. 785.

c.-à-d. → c'est-à-dire

cadastre **n. m.** ✦ Registre composé des plans de tous les terrains et de toutes les constructions d'une commune avec leur superficie et le nom de leur propriétaire.

cadavérique **adj.** ✦ *Un teint cadavérique,* pâle comme celui d'un mort, d'un cadavre.

cadavre **n. m.** ✦ Corps d'une personne morte, d'un animal mort. *Le cadavre du noyé est à la morgue.* → **dépouille.**

caddie **n. m.** Marque déposée ✦ Petit chariot métallique que l'on trouve dans les supermarchés, les gares et les aéroports. — Au pl. *Des caddies.*

● Ce mot vient de l'anglais.

cadeau **n. m.** 1. Objet que l'on offre à quelqu'un. *Louise a eu de beaux cadeaux pour Noël. Garde ce livre, je t'en fais cadeau,* je te le donne. — *Du papier cadeau,* destiné aux cadeaux. *La vendeuse a fait un paquet cadeau.* 2. *Ne pas faire de cadeau à quelqu'un,* être dur avec lui, ne pas être indulgent.

cadenas [kadna] **n. m.** ✦ Petite serrure portative munie d'un anneau, servant à fermer une porte, une malle, etc. *On a perdu la clé du cadenas.*

➤ **cadenasser** [kadnase] **v.** (conjug. 1) ✦ Fermer avec un cadenas. *La porte de la cave est cadenassée.*

cadence **n. f.** ✦ Rythme régulier. → **allure, vitesse.** *C'est difficile de travailler à cette cadence. Les enfants frappent des mains en cadence,* en rythme.

➤ **cadencé, cadencée** **adj.** ✦ *Les soldats marchent au pas cadencé,* en faisant des pas réguliers tous en même temps.

cadet **n. m.**, **cadette** **n. f.** 1. L'enfant qui vient après l'aîné. *Pierre est l'aîné des garçons et Paul le cadet. Léa est la cadette de la famille,* la plus jeune. → aussi **benjamin.** ❑ contr. **aîné.** 2. *Alex est mon cadet d'un an,* il est plus jeune que moi d'un an. 3. Jeune sportif entre 15 et 17 ans.

cadran **n. m.** 1. Partie d'une pendule, d'une montre où l'on peut lire l'heure. *Les aiguilles se déplacent sur le cadran.* 2. *Un cadran solaire* indique l'heure sur un mur grâce à une tige dont l'ombre est projetée par le Soleil.

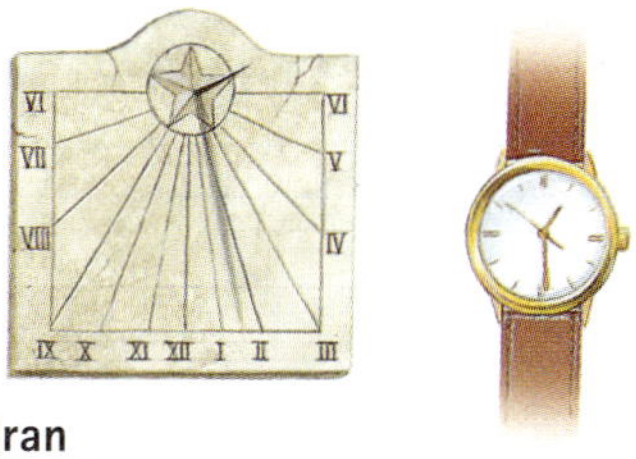

cadran

cadre **n. m.** 1. Bordure qui entoure une glace, un tableau, une photo. *Le cadre de ce tableau est en bois doré.* 2. Paysage qui entoure un espace. *La ferme est située dans un très joli cadre.* → **décor, site.** **3.** *Cela sort du cadre du sujet,* des limites du sujet. **4.** Personne qui a des responsabilités dans un service, dans une entreprise. *Elle est cadre dans une usine.* **5.** *Le cadre d'un vélo,* c'est la partie métallique qui supporte la selle, le guidon, les roues et les pédales.

➤ **cadré, cadrée** adj. ✦ *Cette photo est mal cadrée,* le sujet n'est pas placé comme il faudrait dans l'image.

➤ **cadrer** v. (conjug. 1) **1.** Aller bien avec quelque chose, s'accorder. *Ce qu'il dit aujourd'hui ne cadre pas avec ce qu'il disait hier.* **2.** *Cadrer une photo,* bien orienter et régler l'appareil pour mettre en place l'image. *Alex a mal cadré sa photo, le clocher est coupé.*

➤ **cadreur** n. m., **cadreuse** n. f. ✦ Personne dont le métier est de filmer avec une caméra. *Il est cadreur à la télévision.* → **caméraman.**

▷ Autres mots de la famille : ENCADRÉ, ENCADREMENT, ENCADRER.

caduc, caduque adj. ✦ *Un arbre à feuilles caduques,* c'est un arbre dont les feuilles tombent à l'automne et repoussent au printemps. ❑ contr. **persistant.**

caducée n. m. ✦ Emblème des médecins qui représente un serpent enroulé autour d'une baguette.

● Ce mot masculin se termine par un *e* : on dit *un caducée.*

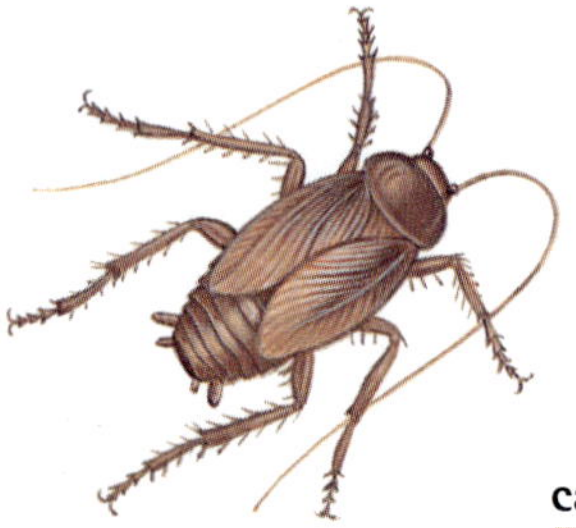

cafard

① **cafard** n. m. ✦ Petit insecte brun qui vit dans les maisons et sort la nuit. → **blatte.**

② **cafard** n. m. ✦ *Avoir le cafard,* c'est être triste et déprimé.

➤ **cafardeux, cafardeuse** adj. ✦ Triste et mélancolique. → **déprimé.** *Elle se sentait un peu cafardeuse.*

café n. m. **1.** Graine d'un arbuste des pays chauds que l'on fait griller et que l'on moud pour faire une boisson. *On peut acheter du café en grains ou du café moulu. – Il a bu un grand bol de café,* de la boisson faite avec ces graines moulues. **2.** Lieu où l'on peut consommer des boissons. → ① **bar** et aussi **buvette.** *Il fait beau et il y a du monde à la terrasse des cafés.* → fam. **bistrot.**

➤ **caféier** n. m. ✦ Arbuste tropical dont le fruit donne les grains de café.

➤ **caféine** n. f. ✦ Substance excitante contenue dans le café.

➤ **cafétéria** n. f. ✦ Lieu où l'on consomme des boissons, des sandwichs, des plats simples. *La cafétéria d'un supermarché.*

➤ **cafetière** n. f. ✦ Appareil servant à faire le café. *Une cafetière électrique.*

▷ Autre mot de la famille : DÉCAFÉINÉ.

cafouiller v. (conjug. 1) ✦ Familier. S'embrouiller en faisant quelque chose. *Le problème était difficile et Louise a cafouillé dans ses calculs.*

cage n. f. **1.** Abri fermé par un grillage ou par des barreaux, où l'on enferme des animaux vivants. *Les lions du zoo dorment dans leur cage.* **2.** *La cage d'escalier,* l'espace où l'escalier est installé, dans un immeuble, une maison. **3.** *La cage thoracique,* la partie du squelette entre les côtes et les vertèbres.

➤ **cageot** [kaʒo] n. m. ✦ Caisse légère servant à transporter des fruits, des légumes.

➤ **cagibi** n. m. ✦ Petite pièce qui sert de débarras et où souvent il n'y a pas de fenêtre.

cagnotte n. f. ✦ Argent mis en commun par plusieurs personnes. *Tout le monde a mis 2 euros dans la cagnotte.*

cagoule n. f. **1.** Capuchon qui recouvre la tête et le visage, avec des trous pour les yeux. *Les malfaiteurs avaient le visage caché par une cagoule.* **2.** Bonnet de tricot qui s'enfile et passe sous le menton. → **passe-montagne.** *Quand il fait froid, Julie porte une cagoule rouge.*

cahier n. m. ✦ Ensemble de feuilles de papier réunies par le côté et protégées par une couverture. *Prenez votre cahier de géographie !* ○ homonyme : cailler.

▷ Autre mot de la famille : PROTÈGE-CAHIER.

cahin-caha **adv.** ✦ Tant bien que mal, péniblement. *La charrette avançait cahin-caha sur le chemin.*

cahot **n. m.** ✦ Secousse d'une voiture sur un mauvais terrain. *Les passagers de la voiture étaient secoués par les cahots.* ○ homonymes : chaos, K.-O.

➤ **cahotant, cahotante** **adj.** ✦ *Une charrette cahotante,* secouée par les cahots.

➤ **cahoter** **v.** (conjug. 1) ✦ Être secoué par les cahots. *La voiture cahote sur les pierres du chemin.*

➤ **cahoteux, cahoteuse** **adj.** ✦ Qui secoue les voitures à cause des creux et des bosses. *Un chemin cahoteux.*

cahute **n. f.** ✦ Petite cabane. *Les outils sont rangés dans une cahute au fond du jardin.*

caille **n. f.** ✦ Petit oiseau à queue courte, qui ressemble à la perdrix.

cailler **v.** (conjug. 1) ✦ Devenir presque solide. *Le lait a caillé.* → **coaguler.** ○ homonyme : cahier.

➤ **caillot** **n. m.** ✦ *Un caillot de sang,* c'est du sang qui a formé une petite masse presque solide.

caillou **n. m.** (pl. **cailloux**) ✦ Petite pierre. *L'allée est recouverte de petits cailloux blancs.*

➤ **caillouteux, caillouteuse** **adj.** ✦ Plein de cailloux. *Le sol est caillouteux.* → **pierreux.**

caïman **n. m.** ✦ Crocodile d'Amérique du Sud. → aussi **alligator.**

caisse **n. f.** **1.** Grande boîte servant à transporter des marchandises, des objets. *Une caisse en bois.* **2.** Coffre, tiroir où se trouve l'argent d'un commerçant. *Les malfaiteurs ont vidé la caisse de l'épicier.* **3.** Endroit d'un magasin où l'on paie. *Dans un supermarché, il y a plusieurs caisses.* **4.** Guichet d'une banque où l'on délivre de l'argent. **5.** *Grosse caisse,* sorte de gros tambour. *Il joue de la grosse caisse et des cymbales.* ➻ planche Instruments de musique p. 549.

➤ **caissette** **n. f.** ✦ Petite caisse. → **cageot.**

➤ **caissier** **n. m.,** **caissière** **n. f.** ✦ Personne qui est à la caisse, qui prend ou donne de l'argent. *Les caissières d'un grand magasin.*

➤ **caisson** **n. m.** ✦ Caisse métallique pleine d'air qui permet de faire des travaux sous l'eau.

▷ Autres mots de la famille : ENCAISSER, TIROIR-CAISSE.

cajoler **v.** (conjug. 1) ✦ Avoir des paroles ou des gestes tendres, affectueux. *Julie cajole son chat,* elle le caresse. → **câliner, dorloter.** ❏ contr. **rudoyer.**

cajou **n. m.** ✦ *Noix de cajou,* amande ressemblant à une grosse cacahuète. ➻ illustration Noix p. 692. *Elle a servi des noix de cajou à l'apéritif.*

cake [kɛk] **n. m.** ✦ Gâteau garni de raisins secs et de fruits confits. *Une tranche de cake.* — Au pl. *Des cakes.*

● Ce mot vient de l'anglais et veut dire « gâteau ».

calamar → **calmar**

calamité **n. f.** ✦ Grand malheur qui atteint beaucoup de gens. → **cataclysme, catastrophe, désastre,** ② **fléau.** *Les guerres, les famines, les épidémies sont des calamités.*

calandre **n. f.** ✦ Partie métallique sur le devant du radiateur d'une voiture.

calanque **n. f.** ✦ Endroit où la mer pénètre dans les rochers, sur les côtes de la Méditerranée. → **crique.** *Ils se sont baignés dans une calanque.*

calanque

calcaire **n. m.** et **adj.**

■ **n. m.** Matière de certaines roches, blanche ou colorée, que l'on peut chauffer pour faire de la chaux. *On trouve souvent des fossiles dans le calcaire.*

■ **adj.** Qui contient du calcaire. *Une eau calcaire. La craie, le marbre sont des roches calcaires.*

calciné, calcinée adj. ✦ Complètement brûlé. → **carbonisé.** *Après l'incendie de l'immeuble, il ne restait que des débris calcinés.*

calcium [kalsjɔm] n. m. ✦ Métal blanc que l'on trouve dans de nombreux éléments qui composent la terre ainsi que dans les organismes vivants. *Les produits laitiers contiennent du calcium.*

① **calcul** n. m. ✦ Petit caillou qui peut se former dans la vésicule, dans les reins et la vessie et rendre malade. *On l'a opéré d'un calcul dans un rein.*

② **calcul** n. m. **1.** Compte, opération. *Il faut faire des calculs très compliqués.* **2.** Technique qui permet de faire des opérations. → **arithmétique.** *Alex est très bon en calcul.* **3.** Raisonnement, réflexion. *J'ai fait un mauvais calcul en pensant qu'il viendrait.*

➤ **calculer** v. (conjug. 1) **1.** Chercher en faisant des opérations, des comptes. *Calculez la surface totale de la maison. Une machine à calculer sert à faire des calculs.* **2.** Prévoir comme il faut. *Il avait tout calculé. Elle a bien calculé son coup,* bien combiné.

➤ **calculateur, calculatrice** adj. ✦ *Une personne calculatrice,* c'est une personne habile à combiner des plans, des projets pour obtenir ce qu'elle veut.

➤ **calculatrice** n. f. ✦ Machine électronique que l'on utilise pour faire des calculs très rapidement.

➤ **calculette** n. f. ✦ Calculatrice de poche.

▷ Autre mot de la famille : INCALCULABLE.

① **cale** n. f. **1.** Partie située à l'intérieur d'un bateau, sous le pont. *Les marchandises sont entreposées dans la cale.* **2.** *Cale sèche,* bassin sans eau aménagé pour réparer les bateaux, dans un port. *Le bateau est en cale sèche.*

② **cale** n. f. ✦ Ce que l'on met sous un objet qui manque d'équilibre pour le remettre d'aplomb. *On a glissé une cale sous un pied de la table bancale.*

▷ Autres mots de la famille : CALE-PIED, CALER, DÉCALAGE, DÉCALER.

calé, calée adj. ✦ Familier. Bon dans une matière, dans une activité. *Il est calé en histoire.*

calèche n. f. ✦ Voiture à cheval à quatre roues, que l'on peut couvrir avec une capote. *Ils ont visité la ville en calèche.*

caleçon n. m. **1.** Short très léger que portent les hommes comme sous-vêtement. *Il préfère les caleçons aux slips.* **2.** Pantalon de femme très collant.

calembour n. m. ✦ Plaisanterie faite avec des mots qui se prononcent de la même façon mais qui n'ont pas le même sens. *« Sois gai, ris donc (guéridon) » est un calembour.*

calendrier n. m. ✦ Tableau où sont inscrits les mois et les jours d'une année. *Julie regarde la date sur le calendrier de la classe.*

calepin n. m. ✦ Petit carnet. *Il a noté le rendez-vous sur son calepin.*

● Ce mot vient du nom d'un moine italien du 16e siècle, *Calepino,* auteur d'un dictionnaire de la langue latine.

caler v. (conjug. 1) **1.** Empêcher de bouger en mettant une cale. *On a calé la table bancale.* **2.** *La voiture a calé,* le moteur s'est arrêté brusquement.

➤ **cale-pied** n. m. ✦ Petite pièce de métal fixée sur la pédale d'une bicyclette pour maintenir le pied. — Au pl. *Des cale-pieds.*

▷ Mot de la famille de ① PIED.

▷ Mots de la famille de ② CALE.

calfeutrer v. (conjug. 1) ✦ Boucher les fentes d'une porte, d'une fenêtre. *Ils ont calfeutré les fenêtres pour empêcher l'air froid de passer.* — **se calfeutrer,** s'enfermer. *Elle s'est calfeutrée chez elle et ne veut voir personne.*

calibre n. m. **1.** Diamètre intérieur du canon d'une arme. *Ce pistolet a un gros calibre.* **2.** Taille, grosseur. *Le marchand choisit des œufs de même calibre.*

➤ **calibrer** v. (conjug. 1) ✦ Trier selon le calibre. *Le marchand de légumes calibre les tomates.*

calice n. m. **1.** *Le calice d'une fleur,* c'est la partie qui l'enveloppe quand elle est en bouton, et qui reste à la base des pétales quand elle a fleuri. *Les sépales forment le calice.* ➳ planche Fleurs p. 421. **2.** Vase dans lequel le prêtre met le vin de messe.

calife n. m. ✦ Autrefois, chef religieux et souverain, dans les pays musulmans. *Les califes étaient les successeurs de Mahomet.*

● Ce mot vient de l'arabe.

à **califourchon** adv. ✦ À cheval, les jambes de chaque côté. *Le cavalier est à califourchon sur son cheval.*

▷ Mot de la famille de FOURCHE.

câlin, câline **adj.** et **n. m.**

■ **adj.** Qui aime les baisers, les caresses. *Léa est très câline.*

■ **n. m.** Échange de caresses. *Julie fait des câlins à son petit frère,* elle le caresse, l'embrasse et lui dit des choses gentilles. → aussi **cajoler.**

➤ **câliner** **v.** (conjug. 1) ✦ Faire des caresses et des baisers. *La maman câline son bébé.* → **cajoler, dorloter.** ❑ contr. **rudoyer.**

● Attention à l'accent circonflexe du *â*.

calleux, calleuse **adj.** ✦ *Des mains calleuses,* ce sont des mains dont la peau est durcie dans la paume et où de la corne s'est formée. *Le bûcheron a les mains calleuses.* → **rugueux.**

▷ Autre mot de la famille : CALLOSITÉ.

calligraphie **n. f.** ✦ Art de bien former les caractères d'écriture. *La calligraphie chinoise.*

calligraphie

callosité **n. f.** ✦ Endroit où la peau est devenue dure et épaisse à cause des frottements. *Des mains pleines de callosités.*

▷ Mot de la famille de CALLEUX.

calmant **n. m.** ✦ Médicament qui calme la douleur ou l'angoisse. *Il a pris un calmant pour l'aider à dormir.* → **tranquillisant.**

▷ Mot de la famille de CALME.

calmar **n. m.** ✦ Mollusque marin dont la tête est pourvue de huit pieds et deux tentacules. → aussi **seiche.** *Des beignets de calmar.*

● On dit aussi *calamar.*

calme **n. m.** et **adj.**

■ **n. m.** 1. Absence de bruit et d'agitation. *J'apprécie le calme de la campagne.* → **paix, tranquillité.** ❑ contr. **tumulte.** 2. État d'une personne qui n'est ni agitée ni inquiète. ❑ contr. **agitation, nervosité.** *Il garde son calme au milieu de toutes les difficultés.* → **sang-froid.** *Allons, du calme, les enfants !*

■ **adj.** Qui n'est pas agité. *Cet endroit est très calme,* il n'y a pas de bruit. → **tranquille.** ❑ contr. **bruyant.** *Léa est une enfant calme.* ❑ contr. **agité, nerveux, turbulent.**

➤ **calmement** **adv.** ✦ Avec calme. *Il lui répondit calmement,* sans s'énerver. → **posément.**

➤ **calmer** **v.** (conjug. 1) 1. Rendre calme. *La maman calme son bébé qui pleure.* 2. Apaiser. *Ce médicament calme la douleur.* → **soulager.** 3. **se calmer,** devenir plus calme, plus tranquille. *Ne t'énerve pas, voyons ! Calme-toi !* reprends ton calme. ❑ contr. **s'énerver.** — *La tempête s'est calmée,* elle est devenue moins violente.

▷ Autres mots de la famille : ACCALMIE, CALMANT.

calomnie **n. f.** ✦ Chose fausse et méchante que l'on dit au sujet de quelqu'un. → **diffamation** et aussi **médisance.**

➤ **calomnier** **v.** (conjug. 7) ✦ Dire des choses fausses sur quelqu'un pour lui faire du tort. *Elle aime calomnier les autres.* → **diffamer.**

calorie **n. f.** ✦ Unité servant à mesurer la quantité d'énergie fournie par les aliments. *Un homme adulte a besoin de 2 400 calories par jour.*

① **calot** **n. m.** ✦ Grosse bille.

② **calot** **n. m.** ✦ Chapeau allongé que portent certains militaires. *Les soldats de l'armée de l'air portent des calots.*

▷ Mot de la famille de CALOTTE.

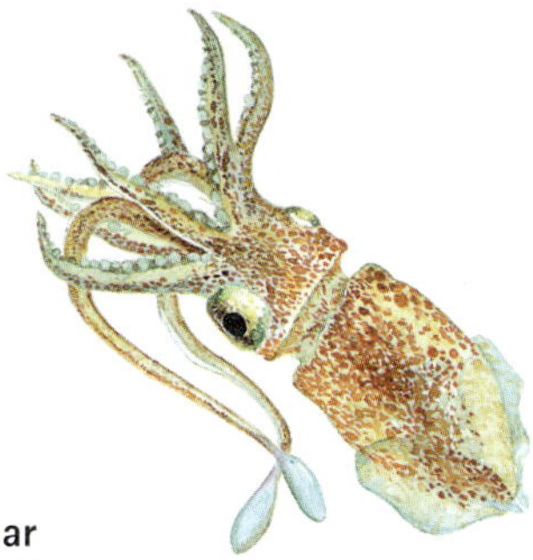

calmar

calotte **n. f.** 1. Petit bonnet rond qui ne couvre que le sommet de la tête. *Le pape porte une calotte blanche. La kippa est une* *calotte.* **2.** *La calotte glaciaire,* c'est l'étendue de glace qui recouvre le pôle Nord et le pôle Sud de la Terre.

▷ Autre mot de la famille : ② CALOT.

calque **n. m.** ✦ Dessin copié directement à l'aide d'un papier transparent. — *Le papier-calque,* c'est le papier qui sert à faire des calques.

▷ Autres mots de la famille : DÉCALCOMANIE, DÉCALQUER.

calumet **n. m.** ✦ Pipe à long tuyau que fumaient les Indiens. *Les deux chefs indiens ont fumé le calumet de la paix.*

calvaire **n. m.** **1.** Croix qui rappelle la mort de Jésus. *En Bretagne, il y a souvent des calvaires aux carrefours.* **2.** Longue suite de souffrances. *Sa maladie a été un calvaire.* → **martyre.**

calvitie [kalvisi] **n. f.** ✦ Absence de cheveux. → aussi **chauve.**

camarade **n. m. et f.** ✦ Personne qui partage les mêmes occupations que soi et que l'on aime bien. → **copain.** *Théo et Paul sont des camarades de classe.*

➤ **camaraderie** **n. f.** ✦ Relations que l'on a entre camarades. *Il y a un esprit de bonne camaraderie dans la classe,* tout le monde s'entend bien.

cambouis [kɑ̃bwi] **n. m.** ✦ Graisse noire. *Le mécanicien a les mains tachées de cambouis.*

cambré, cambrée **adj.** ✦ *Il a le dos trop cambré,* trop creusé, pas assez droit.

cambrioler **v.** (conjug. 1) ✦ Voler après être entré de force dans un endroit. *Les gangsters ont cambriolé la pharmacie.* → **dévaliser.**

➤ **cambriolage** **n. m.** ✦ Vol dans une maison, un magasin, une banque. *Il y a eu un cambriolage cette nuit dans l'immeuble.*

➤ **cambrioleur** **n. m.,** **cambrioleuse** **n. f.** ✦ Personne qui fait un cambriolage. *Les cambrioleurs ont dévalisé la banque.*

caméléon **n. m.** ✦ Lézard d'Afrique et d'Asie qui change de couleur selon l'endroit où il se trouve, pour passer inaperçu. → aussi **mimétisme.**

camélia **n. m.** ✦ Arbuste toujours vert, à feuilles luisantes et à fleurs ressemblant un peu aux roses. *Une haie de camélias.*

camelot **n. m.** ✦ Marchand qui vend dans la rue des objets bon marché.

camelote **n. f.** ✦ Familier. Marchandise de mauvaise qualité. → **pacotille.** *Ce stylo s'est cassé tout de suite, c'est de la camelote.*

camembert **n. m.** ✦ Fromage rond à croûte blanche et à pâte molle, fait avec du lait de vache. *Les camemberts sont fabriqués en Normandie.*

● *Camembert* est le nom d'un village de Normandie où ce fromage a été inventé.

caméra **n. f.** ✦ Appareil qui sert à faire des films. → aussi **caméscope.**

➤ **caméraman** [kameʀaman] **n. m.** ✦ Personne dont le métier est de faire fonctionner une caméra. → **cadreur.** *Les caméramans travaillent pour le cinéma ou la télévision.*

● Ce mot vient de l'anglais. Il vaut mieux dire *cadreur.*

➤ **caméscope** **n. m.** Marque déposée ✦ Petite caméra portative avec laquelle on peut faire des films vidéo.

camion **n. m.** ✦ Gros véhicule transportant des marchandises. → **poids lourd.** *Un camion de déménagement bloque la rue.*

➤ **camionnette** **n. f.** ✦ Petit camion.

➤ **camionneur** **n. m.,** **camionneuse** **n. f.** ✦ Personne dont le métier est de conduire un camion. → **routier.**

camomille **n. f.** ✦ Plante qui sent très bon et dont on fait des tisanes.

caméléon

camoufler **v.** (conjug. 1) ✦ Rendre difficile à reconnaître ou à voir. *Les soldats ont camouflé leurs chars avec des branchages.* → **dissimuler.** — **se camoufler,** se cacher. *Le caméléon se camoufle en changeant de couleur.*

➤ **camouflage** n. m. ✦ *La tenue de camouflage,* c'est une tenue militaire, de la couleur du sol et des feuilles, qui permet aux soldats de ne pas être repérés par l'ennemi.

camp n. m. 1. Terrain où sont installés des baraquements, des tentes. *Les soldats ont installé leur camp.* → **bivouac, campement.** *Un camp scout.* 2. Lieu où sont regroupées de nombreuses personnes. *Un camp de prisonniers. Les réfugiés ont été accueillis dans des camps.* 3. Groupe opposé à un autre. *Les joueurs sont séparés en deux camps.* → **équipe.** *Il faut choisir son camp.* → **clan, parti.** ○ homonyme : quand.
▷ Autres mots de la famille : CAMPEMENT, CAMPER, CAMPEUR, DÉCAMPER.

① **campagne** n. f. ✦ Lieu éloigné des villes, où il y a de la verdure, des champs, des bois. *Ils ont acheté une maison à la campagne.*
➤ **campagnard** n. m., **campagnarde** n. f. ✦ Personne qui vit à la campagne. ❑ contr. **citadin.**
▷ Autre mot de la famille : CAMPAGNOL.

② **campagne** n. f. 1. Opération de guerre. *L'empereur Napoléon a fait de nombreuses campagnes.* 2. Ensemble de moyens employés pour faire connaître quelque chose. *Les candidats aux élections exposent leur programme pendant la campagne électorale. Ce constructeur automobile a fait une vaste campagne publicitaire pour lancer son dernier modèle.*

campagnol n. m. ✦ Petit rongeur de la taille d'une souris, qui vit dans les champs.
▷ Mot de la famille de ① CAMPAGNE.

campagnol

campanile n. m. ✦ Clocher en forme de tour. *Le campanile de Florence, en Italie, est très célèbre.*
● Ce mot vient du latin *campana* qui veut dire « cloche ».

campanule n. f. ✦ Plante à fleurs bleues ou violettes, en forme de clochettes.
● Ce mot vient du latin *campana* qui veut dire « cloche ».

camper v. (conjug. 1) ✦ Vivre en plein air sous une tente ou dans une caravane. *Ils ont campé au bord de la mer.* → aussi **camping.**
➤ **campement** n. m. ✦ Camp. *Les Indiens ont installé leur campement dans la vallée.*
➤ **campeur** n. m., **campeuse** n. f. ✦ Personne qui campe.
▷ Mots de la famille de CAMP.

se **camper** v. (conjug. 1) ✦ Se tenir devant quelqu'un sans bouger d'une manière fière ou provocante. *Elle s'est campée devant moi pour m'empêcher de passer.*

camping [kɑ̃piŋ] n. m. ✦ *Faire du camping,* camper, vivre sous la tente. — *Un terrain de camping,* un terrain aménagé spécialement pour les campeurs.
● C'est un mot anglais, qui vient de *to camp* « camper ».
➤ **camping-car** [kɑ̃piŋkaʀ] n. m. ✦ Camionnette aménagée pour camper. — Au pl. *Des camping-cars.*
● Ce mot vient du français *camping* et de l'anglais *car* qui veut dire « voiture ».

canadienne n. f. ✦ Grosse veste longue doublée de peau de mouton.

canaille n. f. ✦ Personne malhonnête, qui fait du mal aux autres et qui mérite le mépris. → **crapule, fripouille.**

canal n. m. (pl. **canaux**) ✦ Cours d'eau creusé par l'homme. *Certains canaux servent à la navigation, d'autres à l'irrigation des terres.*
➤ **canaliser** v. (conjug. 1) ✦ *On a canalisé la rivière,* on l'a aménagée pour que les bateaux puissent y naviguer.
➤ **canalisation** n. f. ✦ Tuyau où passe un liquide ou un gaz. *L'eau a gelé dans les canalisations.*

canapé n. m. 1. Long siège à dossier, confortable, sur lequel plusieurs personnes peuvent s'asseoir. *Un canapé à trois places.* — *Un canapé-lit,* un canapé qui peut se transformer en lit. 2. Petite tranche de pain sur laquelle on a mis des morceaux de fromage, d'anchois, de saumon, etc. *Il y avait même des canapés au caviar.*

canard **n. m.** ✦ Oiseau au large bec aplati et aux pattes palmées, qui nage très bien. *Les canards nagent dans l'étang.* → aussi **cane** et **caneton.** ➻ planche Oiseaux p. 711.

canari **n. m.** ✦ Petit oiseau jaune. *Les canaris chantent dans leur cage.*
● Ce mot vient de l'espagnol *canario* qui veut dire « des îles Canaries », pays d'où vient cet oiseau.

cancan **n. m.** ✦ Familier. *Les cancans,* les bavardages malveillants sur les gens. *N'écoute pas les cancans.* → **commérage, potin, ragot.**
● Ce mot s'emploie surtout au pluriel.

cancer [kɑ̃sɛʀ] **n. m.** ✦ Maladie très grave provoquée par des tumeurs qui détruisent le corps. *On peut maintenant guérir certains cancers.*
➤ **cancéreux** **adj. et n. m.,** **cancéreuse** **adj. et n. f.**
■ **adj.** Dû à un cancer. *Une tumeur cancéreuse.* → ② **malin.**
■ **n.** Personne atteinte d'un cancer. *Les cancéreux.*
➤ **cancérigène** **adj.** ✦ *Un produit cancérigène,* qui peut provoquer un cancer. *Le tabac est cancérigène.*

cancre **n. m.** ✦ Familier. Mauvais élève paresseux.

candélabre **n. m.** ✦ Grand chandelier à plusieurs branches.

candélabre

candeur **n. f.** ✦ Naïveté et innocence. *Elle avait un air plein de candeur.* → aussi **candide.**

candi **adj. m. inv.** ✦ *Du sucre candi,* c'est du sucre lisse et transparent en morceaux de taille irrégulière.

candidat **n. m.,** **candidate** **n. f.** ✦ Personne qui veut obtenir un travail, passe un examen ou se présente à une élection. *Il y a beaucoup de candidats pour ce poste.* → **concurrent.**
➤ **candidature** **n. f.** ✦ Le fait de se présenter à un examen, une élection ou à un poste. *Il a posé sa candidature aux élections,* il a annoncé qu'il était candidat.

candide **adj.** ✦ *Un air candide,* innocent et naïf. → aussi **candeur.** ❑ contr. ① **faux, fourbe.**

cane **n. f.** ✦ Femelle du canard. ❍ homonyme : canne.
➤ **caneton** **n. m.** ✦ Petit de la cane et du canard.

canette **n. f.** 1. Bobine sur laquelle est enroulé le fil d'une machine à coudre. 2. Petite boîte de métal contenant une boisson. *Une canette de bière.*
● On écrit aussi *cannette.*

canevas [kanvɑ] **n. m.** ✦ Grosse toile dure aux fils très espacés sur laquelle on fait de la tapisserie. *Léa fait du canevas.*

caniche **n. m.** ✦ Petit chien à poil frisé. ➻ planche Chiens p. 167.

canicule **n. f.** ✦ Période de grande chaleur. *L'été dernier, il y a eu une canicule terrible.*
➤ **caniculaire** **adj.** ✦ Extrêmement chaud. *Un été caniculaire.* → **torride.**

canif **n. m.** ✦ Petit couteau de poche dont la lame se replie dans le manche. *Paul taille un morceau de bois avec son canif.*

canin, canine **adj.** ✦ Qui concerne les chiens. *Julie a visité une exposition canine,* une exposition de chiens. *La race canine,* les chiens.

canine **n. f.** ✦ Dent pointue située entre les prémolaires et les incisives. *L'homme a quatre canines.*

caniveau **n. m.** ✦ Rigole dans laquelle coulent les eaux d'une rue, le long du trottoir. *En ville, les chiens doivent faire leurs besoins dans le caniveau.* — Au pl. *Des caniveaux.*

canne **n. f.** 1. Bâton sur lequel on s'appuie en marchant. *Le vieux monsieur marche avec une canne.* 2. *Une canne à pêche,* c'est un long bâton au bout duquel on attache un fil pour pêcher. **3.** *La canne à sucre,* c'est une plante à grande tige dont on extrait du sucre. ❍ homonyme : cane.

cannelle **n. f.** ✦ Poudre marron clair très parfumée, tirée de l'écorce d'un arbre des pays chauds, et que l'on met dans certains plats pour donner du goût. *De la compote de pommes parfumée à la cannelle.*

cannibale **n. m. et f.** ✦ Personne qui mange de la chair humaine. → **anthropophage.** — **Adj.** *Certaines tribus indiennes d'Amérique du Sud étaient cannibales.*

canoë [kanɔe] **n. m.** ✦ Petit bateau léger et fin que l'on peut porter et que l'on fait avancer avec une pagaie. → aussi **kayak.** *Ils ont descendu la rivière en canoë.*
● Ce mot vient d'une langue indienne des Caraïbes qui a donné aussi *canot.*

canoë

① **canon** **n. m.** **1.** Arme en forme de gros tube très lourd qui sert à lancer des obus. *Les canons ont bombardé l'armée ennemie.* **2.** Tube de métal d'où partent les balles, dans une arme à feu. *Le canon d'un revolver.*
▷ Autre mot de la famille : CANONNADE.

② **canon** **n. m.** ✦ Chant dans lequel on reprend le même air, décalé, à plusieurs voix. *Alex et Théo chantent « Frère Jacques » en canon.*

cañon → **canyon**

canonnade **n. f.** ✦ Tir de canon. *La canonnade a duré longtemps.*
▷ Mot de la famille de ① CANON.

canot **n. m.** ✦ Petit bateau ouvert sur le dessus. → **barque.** *Les naufragés ont tous embarqué dans les canots de sauvetage.*
➤ **canoter** **v.** (conjug. 1) ✦ Se promener en barque. *Des vacanciers canotaient sur le lac.*
➤ **canotage** **n. m.** ✦ Promenade en canot, en barque. *Alex aime faire du canotage,* se promener en canot, en barque.
➤ **canotier** **n. m.** ✦ Chapeau de paille rond, à fond plat, porté par les hommes. *Maurice Chevalier portait un canotier.*
● Ce genre de chapeau était autrefois porté par les amateurs de canotage.

cantal **n. m.** (pl. **cantals**) ✦ Fromage à pâte jaune très ferme, fait avec du lait de vache, dans le Cantal.

cantate **n. f.** ✦ Morceau de musique joué par un orchestre et comportant des parties chantées. *Bach a écrit de nombreuses cantates.*

cantatrice **n. f.** ✦ Chanteuse d'opéra. *La Callas était une célèbre cantatrice.*

cantine **n. f.** **1.** Endroit où l'on sert des repas, dans une école, sur un lieu de travail. *Presque tous les enfants de la classe déjeunent à la cantine.* **2.** Grosse malle en métal ou en bois. *Au grenier, il y a une cantine remplie de vieux vêtements.*

cantique **n. m.** ✦ Chant religieux. *On chante des cantiques à la messe.*

canton **n. m.** **1.** En France, partie d'un département, plus petite que l'arrondissement. *Il y a plusieurs communes dans un canton. La ville principale d'un canton est le chef-lieu de canton.* **2.** Chacun des États qui composent la Suisse. *La Suisse est formée de 23 cantons.*
➤ **cantonal, cantonale** **adj.** ✦ Qui concerne un canton. *Aux élections cantonales, on élit les conseillers généraux de chaque canton.* — Au masc. pl. *cantonaux.*

à la **cantonade** **adv.** ✦ En s'adressant à tous. *Paul dit bonjour à la cantonade.*

cantonner **v.** (conjug. 1) **1.** Loger provisoirement des soldats. *Les soldats ont été cantonnés dans des maisons inhabitées.* **2. se cantonner,** se limiter. *Elle s'est cantonnée à répondre aux questions.* → se **borner.**
➤ **cantonnement** **n. m.** ✦ Endroit où sont logés provisoirement les soldats.

cantonnier **n. m.** ✦ Personne dont le métier est d'entretenir les routes, les chemins.

canular **n. m.** ✦ Histoire, plaisanterie inventée pour tromper quelqu'un, pour profiter de sa naïveté. *Alex et Paul ont monté un canular.*

canyon

canyon [kanjɔn] **n. m.** ✦ Ravin étroit et profond, creusé par un cours d'eau. *Le Grand Canyon du Colorado, aux États-Unis.*
● Ce mot qui vient de l'espagnol s'écrit aussi *cañon* [kanjɔn].

caoutchouc [kautʃu] **n. m.** ✦ Matière élastique et imperméable qui provenait autrefois de la sève de certains arbres et qui est aujourd'hui fabriquée artificiellement. *Des bottes en caoutchouc.* → aussi **hévéa** et **latex.**
➤ **caoutchouteux, caoutchouteuse adj.** ✦ *Une matière caoutchouteuse,* qui a la consistance du caoutchouc. *Une viande caoutchouteuse.*

cap n. m. 1. Pointe de terre qui s'avance dans la mer. *Le cap Horn est au sud de l'Amérique.* **2.** Direction que suit un bateau ou un avion. *Le bateau a mis le cap sur Toulon,* il se dirige vers Toulon. *L'avion a changé de cap.* ❍ homonyme : cape.

capable adj. 1. Qui peut faire quelque chose. *Alex est capable de courir très vite.* ❑ contr. **incapable. 2.** *Une personne capable,* habile, compétente. *C'est un ouvrier très capable.* ❑ contr. **incompétent.**
▷ Autre mot de la famille : INCAPABLE.

capacité n. f. 1. Qualité d'une personne qui peut comprendre ou faire quelque chose. → **compétence, faculté.** ❑ contr. **incapacité, incompétence.** *Il a de grandes capacités de travail,* il peut travailler beaucoup. → **aptitude. 2.** Ce que peut contenir un récipient. *Cette bouteille a une capacité d'un litre.* → **contenance.** *Les mesures de capacité.*
▷ Autre mot de la famille : INCAPACITÉ.

caparaçonné, caparaçonnée adj. ✦ *Un cheval caparaçonné,* recouvert d'une armure ou d'un harnais richement décoré. *Au Moyen Âge, dans les tournois, les chevaux étaient caparaçonnés.*
● Attention à la place du *p* et du *r* !

cheval **caparaçonné**

cape n. f. ✦ Manteau sans manches qui couvre le corps et les bras. *Les mousquetaires avaient des capes et des épées.* ❍ homonyme : cap.

capharnaüm [kafaʀnaɔm] **n. m.** ✦ Lieu contenant beaucoup d'objets en désordre. *La boutique du brocanteur est un vrai capharnaüm.* → **bazar, bric-à-brac.**

capillaire [kapilɛʀ] **adj. 1.** *Une lotion capillaire,* c'est une lotion pour les cheveux. **2.** *Les vaisseaux capillaires,* ce sont des vaisseaux sanguins aussi fins que des cheveux.

capitaine n. m. 1. Officier qui est à la tête d'une compagnie. *Le capitaine porte trois galons.* **2.** Officier qui commande un navire de commerce. *Le capitaine a donné l'ordre de lever l'ancre.* **3.** Chef. *Le capitaine d'une équipe de football.*

① **capital, capitale adj. 1.** Très important. *C'est un problème capital.* → **essentiel, primordial. 2.** *La peine capitale,* la peine de mort. *En France, la peine capitale n'existe plus depuis 1981.* — Au masc. pl. *capitaux.*

② **capital n. m.** (pl. **capitaux**) **1.** Somme d'argent que l'on place et qui rapporte des intérêts. *Les hommes d'affaires placent leurs capitaux dans des banques ou des entreprises.* **2.** Ensemble des richesses que possède une personne. → **fortune, patrimoine.** *Son capital est constitué d'immeubles et de tableaux.*

➤ **capitalisme** **n. m.** ✦ Organisation d'un pays où la plupart des terres, des usines et des richesses appartiennent à des personnes et non à l'État. *Les communistes sont contre le capitalisme.*

➤ **capitaliste** **adj.** ✦ Qui concerne le capitalisme, qui est favorable au capitalisme. *Les États-Unis et le Japon sont des pays capitalistes.* — **N.** *Les gros capitalistes possèdent beaucoup d'argent.*

capitale **n. f.** 1. Ville où se trouve le gouvernement d'un pays. *Paris est la capitale de la France.* 2. Lettre majuscule. *Julie écrit son nom en capitales.* → **majuscule.**

capitonné, capitonnée **adj.** ✦ *Un fauteuil capitonné,* c'est un fauteuil qu'on a rembourré et recouvert de tissu en piquant par endroits.

capituler **v.** (conjug. 1) ✦ Cesser de se battre. *Vercingétorix a capitulé à Alésia.* → se **rendre.** ❑ contr. **résister.**

➤ **capitulation** **n. f.** ✦ *La capitulation de l'ennemi a été rapide,* l'ennemi s'est rendu très vite.

caporal **n. m.** (pl. **caporaux**) ✦ Celui qui a le grade le moins élevé dans l'armée. *Le caporal commande quatre ou cinq hommes.*

capot **n. m.** ✦ Ce qui recouvre le moteur d'une voiture. ➻ planche Voitures p. 1089. *L'automobiliste soulève le capot pour vérifier le niveau d'huile.*

capote **n. f.** 1. Grand manteau militaire. *Les soldats portent des capotes kaki.* 2. Toit pliant en tissu imperméable, sur les cabriolets.

▷ Autre mot de la famille : DÉCAPOTABLE.

capoter **v.** (conjug. 1) ✦ Se retourner, en parlant d'un véhicule. *La voiture a capoté.*

câpre **n. f.** ✦ Bouton d'un arbuste que l'on conserve dans du vinaigre et que l'on met dans certains plats. *Au menu d'aujourd'hui, il y a de la raie aux câpres.*

caprice **n. m.** ✦ *Faire des caprices,* c'est se mettre en colère pour obtenir ce que l'on veut. *Julie fait souvent des caprices.*

➤ **capricieux, capricieuse** **adj.** ✦ *Un enfant capricieux,* qui fait souvent des caprices. *Julie est une petite fille capricieuse.*

capsule **n. f.** 1. Bouchon en métal qui sert à fermer certaines bouteilles. *La capsule d'une bouteille de bière.* 2. *Une capsule spatiale,* c'est la partie habitable d'une fusée. *Les cosmonautes ont pris place dans la capsule spatiale.* → **cabine.**

▷ Autres mots de la famille : DÉCAPSULER, DÉCAPSULEUR.

capter **v.** (conjug. 1) 1. *Capter l'eau d'une rivière,* c'est la retenir au moyen de canaux ou de tuyaux. → **canaliser.** 2. *Capter l'attention de quelqu'un,* c'est la retenir. *L'orateur a réussi très vite à capter l'attention de la salle.* 3. *Capter une chaîne de radio ou de télévision,* c'est la recevoir. *La télévision par câble permet de capter de nombreuses chaînes.*

➤ **capteur** **n. m.** ✦ *Un capteur solaire,* c'est un appareil qui transforme l'énergie du soleil en électricité.

captif **n. m.,** **captive** **n. f.** ✦ Prisonnier de guerre. *Les captifs enchaînés marchaient derrière le vainqueur.* — **Adj.** *Des soldats captifs.*
● C'est un mot littéraire.

▷ Autre mot de la famille : CAPTIVITÉ.

captiver **v.** (conjug. 1) ✦ Intéresser énormément. *Cette histoire a captivé Louise.* → **passionner.**

➤ **captivant, captivante** **adj.** ✦ Passionnant. *Ce roman raconte une captivante chasse au trésor.* ❑ contr. **ennuyeux.**

captivité **n. f.** ✦ Absence de liberté. *Certains animaux supportent mal la captivité.* ❑ contr. **liberté.** *Le grand-père de Léa a passé deux ans en captivité,* il a été prisonnier de guerre pendant deux ans.

▷ Mot de la famille de CAPTIF.

capture **n. f.** 1. *La capture d'un animal,* le fait de l'attraper vivant. 2. *Une capture,* c'est ce que l'on a pris, attrapé. *Les pêcheurs ont attrapé un énorme poisson, ils sont fiers de leur capture.* → **prise.**

➤ **capturer** **v.** (conjug. 1) ✦ Attraper vivant. *Les chasseurs ont capturé un lion.*

capuche **n. f.** ✦ Large bonnet attaché à un vêtement et que l'on peut rabattre sur la tête. *Julie a un imperméable à capuche.*

➤ **capuchon** **n. m.** 1. Capuche. *Le capuchon d'un manteau.* 2. Bouchon de stylo. *J'ai perdu le capuchon de mon stylo.*

capucine **n. f.** ✦ Plante à feuilles rondes et à fleurs orangées ou jaunes. ➻ planche Fleurs p. 421.

carafe

caqueter [kakte] **v.** (conjug. 4) ✦ Pousser de petits cris, en parlant de la poule. *Les poules caquettent quand elles pondent.*

➤ **caquet** **n. m.** ✦ *Rabaisser le caquet à quelqu'un,* c'est le faire taire. *Nous allons lui rabaisser le caquet, à cet insupportable bavard !*

① **car** **conjonction** ✦ Parce que. *Louise porte des lunettes, car elle est myope.* ❍ homonymes : carre, quart.

② **car** **n. m.** ✦ Autocar. *Un car de touristes est garé devant l'hôtel.*

carabine **n. f.** ✦ Fusil léger. *Dans les fêtes foraines, il y a des stands de tir à la carabine.*

caracoler **v.** (conjug. 1) ✦ *Le cheval caracole,* il fait des sauts.

caractère **n. m.** **1.** Lettre d'imprimerie. *Ce livre est écrit en gros caractères.* **2.** Manière d'être, de se comporter. *Léa est gaie, c'est dans son caractère.* → **nature, tempérament.** *Julie a mauvais caractère,* elle est souvent de mauvaise humeur. — *Avoir du caractère,* de la personnalité, de l'énergie et de la volonté. *Ce petit garçon a déjà beaucoup de caractère.* **3.** Particularité. *Cette maladie présente tous les caractères de la rougeole.* → **caractéristique, signe.**

➤ **caractériel, caractérielle** **adj.** ✦ Qui a des troubles du comportement, qui a un caractère difficile, rendant difficile la vie avec les autres. *Ils ont une fille un peu caractérielle.* — **N.** *C'est un caractériel.*

➤ **caractériser** **v.** (conjug. 1) ✦ Constituer une particularité. *C'est leur poil frisé qui caractérise les caniches,* qui les distingue, les rend différents des autres chiens.

➤ **caractéristique** **n. f.** ✦ Ce qui caractérise. *Le brouillard est une caractéristique du climat de Londres,* une chose spéciale, particulière. → **caractère, particularité.** — **Adj.** *L'odeur de l'éther est caractéristique,* particulière.

carafe **n. f.** ✦ Large bouteille de verre, resserrée en haut. *Le serveur a posé une carafe d'eau sur la table.*

carambolage **n. m.** ✦ Série d'accidents de voiture provoqués les uns par les autres. *Il y a eu un terrible carambolage sur l'autoroute : dix voitures se sont tamponnées.*

caramel **n. m.** **1.** Sucre cuit avec de l'eau et qui est devenu brun, collant et parfumé. *Paul mange une glace au caramel.* **2.** Bonbon au caramel. *Julie a acheté des caramels à la confiserie.*

➤ **caramélisé, caramélisée** **adj.** ✦ Recouvert de caramel. *Comme dessert, il y a des pommes cuites au four et caramélisées.*

carapace **n. f.** ✦ Partie dure du corps de certains animaux, qui les enveloppe et les protège. *La tortue effrayée a rentré sa tête et ses pattes sous sa carapace.*

animaux à **carapace**

caravane **n. f.** **1.** Groupe de personnes qui traversent une région difficile à franchir. *Une caravane de nomades traverse le désert à dos de dromadaire.* **2.** Roulotte de camping tirée par une voiture. *Ils sont partis en vacances en caravane.* → aussi **camping-car.**

caravelle **n. f.** ✦ Bateau à voiles triangulaires, utilisé aux 15ᵉ et 16ᵉ siècles. ➳ planche Bateaux p. 88. *Christophe Colomb partit en mer avec trois caravelles.*

carbone **n. m.** ✦ Matière très répandue, que l'on trouve dans la terre et dans tous les organismes vivants. *Le charbon et le pétrole contiennent du carbone.*

➤ **carbonique** **adj.** ✦ *Le gaz carbonique,* c'est un mélange de carbone et d'oxygène.

➤ **carbonisé, carbonisée** **adj.** ✦ Complètement brûlé. *Le rôti est resté trop longtemps au four, il est carbonisé.* → **calciné.**

carburant **n. m.** ✦ Matière liquide qui sert à faire fonctionner un moteur. *L'essence, le gazole, le kérosène sont des carburants.*

➤ **carburateur** **n. m.** ✦ Partie du moteur où le carburant se mélange à l'air. *Le garagiste nettoie le carburateur de la voiture.*

▷ Autre mot de la famille : SUPERCARBURANT.

carcan **n. m.** **1.** Collier de fer fixé à un poteau en plein air où l'on attachait autrefois un condamné par le cou. **2.** Ce qui gêne, empêche la liberté. *Le carcan du règlement.*

carcasse **n. f.** ✦ Squelette d'un animal mort. *On a mangé les ailes, les cuisses et tout le blanc du poulet, il ne reste que la carcasse,* les os.

cardiaque **adj.** **1.** Qui concerne le cœur. *Il a une maladie cardiaque,* du cœur. *Le muscle cardiaque,* le cœur. **2.** *Il est cardiaque,* il a une maladie de cœur. — **N.** Personne malade du cœur. *Ce film d'horreur est déconseillé aux cardiaques.*

cardigan **n. m.** ✦ Veste de laine tricotée, à manches longues, qui se boutonne devant. → **gilet.**

● Ce mot vient du nom du comte de Cardigan, noble anglais.

① **cardinal** **n. m.** (pl. **cardinaux**) ✦ Dans l'Église catholique, prêtre de rang élevé. *Les cardinaux élisent le pape et le conseillent.*

② **cardinal, cardinale** **adj.** **1.** *Trois est un nombre cardinal,* qui indique une quantité. → aussi **ordinal.** **2.** *Les points cardinaux,* servant de repère pour s'orienter. *Le nord, le sud, l'est et l'ouest sont les quatre points cardinaux.*

cardiologue **n. m.** et **f.** ✦ Médecin spécialiste des maladies du cœur.

carême **n. m.** ✦ Période de quarante-six jours qui va de Mardi gras au jour de Pâques.

▷ Autre mot de la famille : MI-CARÊME.

carence **n. f.** ✦ Insuffisance. *Louise souffre d'une carence en vitamines.* → **manque.**

caresse **n. f.** ✦ Geste affectueux de la main sur le corps d'une personne ou d'un animal. *Julie fait des caresses à son chat.*

➤ **caresser** **v.** (conjug. 1) ✦ Toucher de la main une personne ou un animal avec affection, faire des caresses. *Les chats aiment bien qu'on les caresse.*

cargaison **n. f.** ✦ Ensemble des marchandises transportées par un bateau, un avion, un camion. *Le bateau s'est amarré au quai pour décharger sa cargaison.* → **chargement.**

cargo **n. m.** ✦ Gros bateau qui transporte des marchandises.

caribou **n. m.** (pl. **caribous**) ✦ Renne du Canada. *Un troupeau de caribous.*

caricature **n. f.** ✦ Dessin amusant qui insiste sur les défauts d'une personne. *Alex a fait une caricature très réussie du professeur.*

caricature (Napoléon et le Premier Ministre anglais se partagent le monde)

carnaval

➤ **caricaturer** **v.** (conjug. 1) ✦ Dessiner en exagérant les côtés ridicules. *Les dessinateurs humoristiques des journaux caricaturent les hommes politiques.*

➤ **caricaturiste** **n. m.** et **f.** ✦ Artiste qui fait des caricatures. *Il aime regarder les dessins des caricaturistes, dans les journaux.*

carie **n. f.** ✦ Maladie qui détruit l'émail et l'ivoire d'une dent en formant un trou. *Pour ne pas avoir de carie, il faut se brosser les dents après chaque repas.*

➤ **carié, cariée** **adj.** ✦ *Une dent cariée,* qui a une carie. *Le dentiste a soigné la dent cariée de Théo.*

carillon **n. m.** **1.** Ensemble de cloches qui sonnent en même temps avec des sons différents. *Le carillon de l'église vient de sonner midi.* **2.** Horloge qui joue un air tous les quarts d'heure. → aussi **coucou.**

➤ **carillonner** **v.** (conjug. 1) ✦ *Les cloches de l'église carillonnent,* elles sonnent ensemble.

caritatif, caritative **adj.** ✦ *Une association caritative,* qui a pour but de secourir les personnes défavorisées. → **humanitaire** et aussi **ONG.**

carlingue **n. f.** ✦ Partie d'un avion où se trouvent l'équipage et les passagers.

carmin **n. m.** ✦ Rouge vif. ➸ planche Couleurs p. 226. *Une robe d'un beau carmin.* → aussi **vermillon.** — **Adj. inv.** *Des ballerines carmin.*

carnage **n. m.** ✦ Massacre. *La bataille a été un vrai carnage, il y a eu des milliers de morts.* → **hécatombe, tuerie.**

carnassier **n. m.** ✦ Animal qui chasse et se nourrit de viande crue. *Le tigre, le lion sont des carnassiers.* → aussi **carnivore.** — **Adj.** *Une espèce carnassière.*

carnaval **n. m.** (pl. **carnavals**) ✦ Grande fête où l'on se déguise et où il y a des défilés. *Les carnavals de Rio et de Nice sont célèbres.*

carnet **n. m.** **1.** Petit cahier. → **calepin.** *J'ai noté les adresses et les numéros de téléphone de mes amis dans mon carnet d'adresses.* **2.** *Un carnet de timbres,* une série de timbres vendus ensemble. — *Son carnet de chèques est dans son sac.* → **chéquier.**

carnivore **n. m.** et **f.** ✦ Animal ou personne qui mange de la viande. *Le chien, le lion, l'homme sont des carnivores.* → aussi **carnassier.** — **Adj.** *Le requin est un animal carnivore.*

carotide **n. f.** ✦ Chacune des deux grosses artères qui conduisent le sang à la tête.

carotte **n. f.** ✦ Plante dont on mange la racine rouge orangé crue ou cuite. *Il y avait de la purée de carottes avec le rôti.*

carpe **n. f.** ✦ Gros poisson d'eau douce. *Les carpes vivent très longtemps.* ➸ planche Poissons p. 794. — *Être muet comme une carpe,* ne pas dire un mot.

carpette **n. f.** ✦ Petit tapis. *Il y a une carpette à côté du lit.*

carquois **n. m.** ✦ Étui à flèches. *Les tireurs à l'arc mettent leurs flèches dans un carquois.*

carre **n. f.** ✦ *Les carres d'un ski,* ce sont les baguettes d'acier qui bordent la semelle du ski. ❍ homonymes : ① et ② car, quart.

carré **n. m.** et **adj.**, **carrée** **adj.**

■ **n. m.** 1. Figure géométrique qui a ses quatre côtés égaux et ses quatre angles droits. *Ce carré a 10 centimètres de côté.* ➻ planche Géométrie p. 458. 2. *Le carré d'un nombre,* c'est ce nombre multiplié par lui-même. *16 est le carré de 4. Porter un nombre au carré,* c'est multiplier ce nombre par lui-même. *4 au carré égale 16.* — On écrit $4^2 = 16$.

■ **adj.** 1. Qui a la forme d'un carré. *Cette table est carrée.* 2. *Un mètre carré,* c'est la surface d'un carré qui a 1 mètre de côté. *Cette pièce mesure 12 mètres carrés (12 m^2).*

▷ Autres mots de la famille : CARREAU, CARRELAGE, CARRELÉ, CARRÉMENT, CARRURE.

carreau **n. m.** 1. Petite plaque de faïence, de terre cuite ou de marbre servant à revêtir un sol, des murs. *Le sol et les murs de la salle de bains sont recouverts de carreaux de faïence,* de petites dalles plates. → aussi **carrelage**. 2. Vitre d'une fenêtre. *Le vitrier a remplacé le carreau cassé.* 3. *Julie porte une jupe à carreaux,* une jupe dont le tissu forme de petits carrés de couleur. 4. L'une des quatre couleurs, dans un jeu de cartes, dont la marque est un losange rouge. *Dans son jeu, Théo a l'as de carreau.*

▷ Mot de la famille de CARRÉ.

carrefour **n. m.** ✦ Endroit où se croisent plusieurs rues ou plusieurs routes. → **croisement**. *Prenez à gauche au prochain carrefour.*

carrelage **n. m.** ✦ Sol d'une pièce recouvert de carreaux. *Le carrelage de la salle de bains est blanc.*

▷ Mot de la famille de CARRÉ.

carrelé, carrelée **adj.** ✦ Recouvert de carreaux. *Le sol et les murs de la cuisine sont carrelés.*

▷ Mot de la famille de CARRÉ.

carrément **adv.** ✦ Franchement. *Je lui ai dit carrément ce que je pensais.*

▷ Mot de la famille de CARRÉ.

① **carrière** **n. f.** ✦ Lieu d'où l'on extrait du sable ou des pierres.

② **carrière** **n. f.** ✦ Métier dans lequel on progresse. *Il a fait une belle carrière, il est devenu directeur de l'usine.* — *Faire carrière,* c'est réussir dans une profession.

carriole **n. f.** ✦ Petite charrette, tirée par un cheval ou par un âne.

● Il y a deux *r* dans *carriole.*

carrossable **adj.** ✦ *Un chemin carrossable,* où les voitures peuvent rouler sans difficulté. → **praticable**.

carrosse **n. m.** ✦ Autrefois, voiture luxueuse à quatre roues, tirée par des chevaux. *Le carrosse du roi était tiré par quatre chevaux blancs.*

● Il y a deux *r* dans *carrosse.*

carrosse

carrosserie **n. f.** ✦ Partie en tôle d'une voiture. *Les ailes, les portières, le toit et le capot forment la carrosserie.*

carrure **n. f.** ✦ Largeur du dos entre les épaules. *Il a une carrure d'athlète,* il a le dos large et musclé.

▷ Mot de la famille de CARRÉ.

cartable **n. m.** ✦ Sac d'écolier à bretelles ou à poignée. *Léa a rangé ses livres et ses cahiers dans son cartable.*

① **carte** **n. f.** 1. Petit carton rectangulaire portant des figures et des dessins, et faisant partie d'un jeu. *Louise et Paul font une partie de cartes. Un jeu de cartes comprend 32 ou 52 cartes.* 2. Liste des plats dans un restaurant. → aussi ② **menu**. *Le maître d'hôtel apporte la carte aux clients.* 3. *Une carte postale,* c'est un carton rectangulaire illustré d'une photo sur une face et dont l'autre face sert à écrire. *Pendant les vacances, Julie envoie toujours des cartes postales à ses amis.* 4. *La carte d'identité,* c'est un document officiel qui permet de prouver qui on est. 5. *Une carte de crédit,* c'est un petit rectangle de plastique qui permet de payer dans les magasins ou les restaurants et de retirer de l'argent dans les billetteries. 6. *Une carte de visite,* c'est un petit carton sur lequel on fait imprimer son nom et souvent son adresse. ○ homonyme : kart.

▷ Autres mots de la famille : PORTE-CARTES, TÉLÉCARTE.

② **carte** n. f. ✦ Dessin représentant un pays, une partie du monde, une ville, etc. *Alex regarde où est Marseille sur la carte de France.* → aussi **atlas.**

cartilage n. m. ✦ Os souple et élastique. *Les ailes du nez sont formées de cartilage.*
➤ **cartilagineux, cartilagineuse** adj. ✦ Formé de cartilage. *L'oreille est cartilagineuse.*

cartomancien n. m., **cartomancienne** n. f. ✦ Personne qui prédit l'avenir à l'aide d'un jeu de cartes.

carton n. m. 1. Papier dur et épais. *La couverture de ce livre est en carton.* 2. Boîte en carton. *J'ai rangé toutes mes affaires dans un carton.*
➤ **cartonné, cartonnée** adj. ✦ En carton. *Ce livre a une couverture cartonnée.*

cartouche n. f. 1. Petit tube rempli de poudre ou de plombs que l'on met dans une arme à feu. *Le chasseur a mis des cartouches dans son fusil.* 2. Petit étui cylindrique. *Louise a changé la cartouche de son stylo,* le petit tube qui contient l'encre. → **recharge.** 3. *Une cartouche de cigarettes,* c'est un étui contenant dix paquets de cigarettes.
➤ **cartouchière** n. f. ✦ Étui où le chasseur range ses cartouches.

cas n. m. 1. Ce qui arrive. → **circonstance.** *La naissance de triplés est un cas assez rare.* → **événement.** ***En cas de*** *problème, n'hésitez pas à m'appeler,* si vous avez un problème. ***Au cas où*** *je serais en retard, appelle-moi,* si je suis en retard. *Je ne sais pas si tu restes,* ***en tout cas,*** *moi je pars,* de toute façon, moi je pars. 2. *Faire cas de quelque chose,* en tenir compte. *Il n'a fait aucun cas de mes remarques.*
▷ Autres mots de la famille : LE CAS ÉCHÉANT, EN-CAS, OCCASION, OCCASIONNEL, OCCASIONNELLEMENT, OCCASIONNER.

casanier, casanière adj. ✦ *Une personne casanière,* qui aime rester à la maison. → fam. **pantouflard.** *Sa femme lui reproche d'être trop casanier.*

casaque n. f. ✦ Veste de jockey. *Un jockey en casaque verte.*

cascade n. f. ✦ Chute d'eau. *On entend le bruit de la cascade.*

cascadeur n. m., **cascadeuse** n. f. ✦ Personne qui tourne les scènes dangereuses dans un film. *C'est un cascadeur qui conduisait la voiture, dans la scène de l'accident.*

case

① **case** n. f. ✦ Maison très simple, dans les villages d'Afrique noire et aux Antilles. → aussi **hutte, paillote.**

② **case** n. f. 1. Compartiment d'une boîte, d'un meuble, d'un tiroir. *Les épingles sont rangées dans une case de la boîte à couture,* dans une partie séparée. 2. Chaque carré d'un échiquier, d'un jeu de dames, d'un jeu de l'oie, d'une grille de mots croisés. *Un échiquier a 64 cases.*
▷ Autres mots de la famille : CASER, CASIER.

caser v. (conjug. 1) ✦ Familier. Mettre dans une place qui suffit. → **loger, placer.** *Je n'ai pas pu caser cette valise dans le coffre de la voiture.*
▷ Mot de la famille de ② CASE.

caserne n. f. ✦ Bâtiment où vivent les soldats.

casher [kaʃɛʀ] adj. inv. ✦ *Aliment casher,* préparé selon la loi juive. *De la viande casher. Des boucheries casher.*
● On écrit aussi *kascher.*

casier n. m. 1. Meuble composé de compartiments, de cases. *Il range le vin dans un casier à bouteilles.* 2. Nasse servant à prendre des crustacés. *Le pêcheur a pris des homards dans ses casiers.* 3. *Un casier judiciaire,* c'est un document sur lequel on inscrit les condamnations prononcées contre quelqu'un.
▷ Mot de la famille de ② CASE.

casino **n. m.** ✦ Établissement où l'on joue de l'argent. *Ils sont allés jouer à la roulette au casino.*
● Ce mot vient de l'italien.

casoar **n. m.** ✦ Grand oiseau d'Australie qui a sur le crâne une bosse osseuse appelée « casque ». *Les casoars ne volent pas mais courent très vite.*

casque **n. m.** ✦ Objet dur et solide qui couvre la tête et la protège des chocs. *Les pompiers portent un casque de métal.*
➤ **casqué, casquée** **adj.** ✦ Qui a la tête couverte d'un casque. *Les motards doivent être casqués.*
➤ **casquette** **n. f.** ✦ Coiffure plate en tissu, garnie d'une visière.

cassant, cassante **adj.** 1. Qui se casse facilement. *La fonte est un métal cassant.* 2. Autoritaire et dur. *Le directeur de l'usine parle d'un ton cassant.*
▷ Mot de la famille de CASSER.

casse **n. f.** 1. *De la casse,* des objets cassés. *Quand Alex fait la vaisselle, il y a souvent de la casse.* 2. Lieu où l'on casse les voitures très vieilles ou accidentées et où l'on récupère les pièces qui sont encore bonnes. *Il a mis sa voiture à la casse.*
▷ Mot de la famille de CASSER.

casse-cou **n. m. et f. inv.** ✦ Personne qui aime prendre des risques sans peur du danger. → **risque-tout.** *Julie est une casse-cou.* → **imprudent.** — Au pl. *Des casse-cou.*
▷ Mot de la famille de CASSER et de COU.

casse-croûte **n. m. inv.** ✦ Repas rapide et léger. — Au pl. *Des casse-croûte.*
▷ Mot de la famille de CASSER et de CROÛTE.

casse-noix **n. m. inv.** ✦ Instrument qui sert à casser la coquille des noix, des noisettes ou des amandes. — Au pl. *Des casse-noix.*
▷ Mot de la famille de CASSER et de NOIX.

casser **v.** (conjug. 1) 1. Mettre en morceaux. → **briser.** *Julie a cassé un verre.* 2. Se briser un os. *Elle s'est cassé la jambe en faisant du ski,* elle s'est rompu l'os de la jambe. → **fracturer.** 3. Endommager quelque chose au point de l'empêcher de marcher. *Alex a cassé sa montre.* 4. *Casser les prix,* c'est les faire diminuer brusquement.
▷ Autres mots de la famille : AUTOCASSABLE, CASSANT, CASSE, CASSE-COU, CASSE-CROÛTE, CASSE-NOIX, CASSE-TÊTE, CASSURE, CONCASSER, INCASSABLE.

casserole **n. f.** ✦ Récipient en métal muni d'un manche, qui sert à faire cuire les aliments.

casse-tête **n. m.** ✦ Ce qui est très difficile à résoudre, très compliqué. *Ce problème de maths est un vrai casse-tête.* — Au pl. *Des casse-têtes* ou *des casse-tête.*
▷ Mot de la famille de CASSER et de TÊTE.

cassette **n. f.** 1. Étui en matière plastique qui contient une bande magnétique enroulée sur des bobines, qui enregistre des sons ou des images. *Il a mis une cassette dans le lecteur. Elle met une cassette vidéo dans son magnétoscope.* → **vidéocassette.** 2. Petite boîte où l'on rangeait autrefois de l'argent ou des bijoux.
▷ Autre mot de la famille : VIDÉOCASSETTE.

cassis

① **cassis** [kasis] **n. m.** ✦ Petit fruit noir qui ressemble à la groseille, avec lequel on fait de la confiture, du sirop, de la liqueur.

② **cassis** [kasi] ou [kasis] **n. m.** ✦ Creux en travers d'une route. *Les cassis sont signalés par des panneaux.* → aussi **dos-d'âne.**

cassoulet **n. m.** ✦ Ragoût composé de haricots blancs et de diverses viandes (oie, canard, porc, mouton).

cassure **n. f.** ✦ Endroit où un objet est cassé. → aussi **fêlure.** *La cassure est à peine visible sur ce vase.*
▷ Mot de la famille de CASSER.

castagnettes **n. f. pl.** ✦ Petit instrument composé de deux morceaux de bois réunis

par un cordon et que l'on fait claquer l'un contre l'autre dans sa main pour accompagner certaines danses espagnoles. *La danseuse joue des castagnettes.*
● Ce mot vient de l'espagnol.

caste **n. f.** ✦ Groupe de gens qui ne se mêlent pas au reste de la société parce qu'ils se jugent supérieurs aux autres. → **clan.**

castor **n. m.** ✦ Petit animal rongeur des pays froids à large queue plate et aux pattes palmées.

castor

castrer **v.** (conjug. 1) ✦ *Castrer un animal,* c'est lui faire une opération qui l'empêche d'avoir des petits. → **châtrer.** *Un bœuf est un taureau qu'on a castré.*

cataclysme **n. m.** ✦ Catastrophe naturelle qui bouleverse la surface de la Terre. *Les tremblements de terre, les raz-de-marée sont des cataclysmes.*

catacombes **n. f. pl.** ✦ Cimetière souterrain. *Les premiers chrétiens enterraient les morts dans des catacombes.*

catalogue **n. m.** **1.** Sorte de livre contenant la liste détaillée d'objets à vendre. *Elle choisit des draps dans un catalogue de vente par correspondance.* **2.** Liste détaillée d'objets. *Le catalogue des livres d'une bibliothèque.*

catamaran **n. m.** ✦ Voilier à deux coques. → aussi **trimaran.** ➻ planche Bateaux p. 88.

cataplasme **n. m.** ✦ Bouillie épaisse, chaude, que l'on mettait autrefois sur la peau pour soigner une inflammation.

catapulte **n. f.** ✦ Machine de guerre utilisée autrefois pour lancer des pierres ou des flèches.

cataracte **n. f.** ✦ Très grande chute d'eau. → aussi **cascade.**

catastrophe **n. f.** ✦ Malheur terrible et brutal. → **cataclysme, désastre.** *La catastrophe aérienne a fait cent morts.*

➤ **catastrophique** **adj.** ✦ Extrêmement grave. *La sécheresse a eu des conséquences catastrophiques pour le pays.* → **désastreux, épouvantable.**

catch **n. m.** ✦ Lutte où presque tous les coups sont permis. *Les matchs de catch ont lieu sur un ring.*
● Ce mot vient de l'anglais.

➤ **catcheur** **n. m.,** **catcheuse** **n. f.** ✦ Personne qui fait du catch.

catéchisme **n. m.** ✦ Cours d'instruction religieuse pour les chrétiens.

catégorie **n. f.** ✦ Groupe dans lequel on range des choses du même genre. → ① **classe, espèce, série.** *Les livres de la bibliothèque sont rangés par catégories. Une viande de première catégorie.*

catégorique **adj.** ✦ *Une réponse catégorique,* nette, claire et sans réplique. ❑ contr. **confus, équivoque, évasif.** *Il a été catégorique, il a refusé de venir.*

➤ **catégoriquement** **adv.** ✦ D'une manière catégorique, claire et nette. *Il refuse catégoriquement de nous parler.* → **carrément.**

caténaire **n. f.** ✦ Ensemble de câbles qui fournit de l'électricité aux locomotives.

cathédrale **n. f.** ✦ Grande église qui dépend d'un évêque. *La cathédrale de Chartres.*

catholique **n. m. et f.** ✦ Chrétien qui reconnaît l'autorité du pape. — **Adj.** *Louise et Léa sont catholiques.*

➤ **catholicisme** **n. m.** ✦ Religion des catholiques.

en **catimini** **adv.** ✦ Discrètement, en se cachant. *Elle est sortie de la pièce en catimini.* → en **tapinois.**

cauchemar **n. m.** ✦ Rêve qui fait peur. *J'ai fait un affreux cauchemar cette nuit.*
● *Cauchemar* se termine par un *r.*

➤ **cauchemardesque** **adj.** ✦ Qui ressemble à un mauvais rêve. *Le voyage a été cauchemardesque.* → **horrible.**

caudal, caudale **adj.** ✦ *Nageoire caudale,* nageoire située au bout de la queue d'un poisson. — Au masc. pl. *caudaux.*

cause **n. f.** 1. Ce qui fait qu'un événement se produit. → **motif, raison.** *La police enquête sur les causes de l'accident. Les causes et les conséquences d'un événement.* 2. **À cause de,** en raison de. *Je suis arrivé en retard à cause des embouteillages.* 3. *Plaider la cause de quelqu'un,* c'est le défendre. *Tous les élèves ont plaidé la cause de Julie auprès du professeur.* 4. *Remettre en cause quelque chose,* c'est l'examiner à nouveau. *Cela remet en cause ma décision,* cela m'oblige à y réfléchir de nouveau, et peut-être à en changer.

➤ ① **causer** **v.** (conjug. 1) ✦ Être la cause de quelque chose. → **provoquer.** *C'est une panne de réacteur qui a causé l'accident. Cette nouvelle leur a causé beaucoup de joie.*

② **causer** **v.** (conjug. 1) ✦ Parler tranquillement avec quelqu'un. → **bavarder, discuter.** *Ils causent ensemble depuis une heure.*

caustique **adj.** 1. Qui brûle la peau, troue les vêtements. *La chaux est un produit caustique.* → **corrosif.** 2. Qui blesse par des phrases moqueuses. *Il a l'esprit caustique.* → **mordant.**

caution **n. f.** ✦ Somme d'argent qui sert de garantie quand on loue quelque chose et qui est rendue à la fin de la location. *Quand il a loué ses skis, il a dû laisser une caution.*

➤ **cautionner** **v.** (conjug. 1) ✦ Donner son appui, approuver. *Le maire cautionne le projet d'aménagement du quartier.* → **soutenir.**

cavalcade **n. f.** ✦ Course désordonnée et bruyante. *Les enfants font une cavalcade dans l'escalier.*

cavalerie **n. f.** ✦ *La cavalerie,* c'était la partie de l'armée qui combattait à cheval.

① **cavalier** **n. m.,** **cavalière** **n. f.** 1. Personne qui est à cheval. *Julie est une excellente cavalière,* elle monte bien à cheval. 2. Personne avec qui on forme un couple dans une cérémonie, un bal. *Au milieu de la danse, les hommes doivent changer de cavalière.*

② **cavalier, cavalière** **adj.** ✦ Désinvolte. *Il ne s'est même pas excusé, c'est un peu cavalier.* ❏ contr. **respectueux.**

➤ **cavalièrement** **adv.** ✦ D'une manière insouciante et impolie. *Il m'a répondu cavalièrement.*

cave **n. f.** ✦ Partie souterraine d'un bâtiment. *Il est descendu chercher du vin à la cave.* → aussi **cellier.**

➤ **caveau** **n. m.** ✦ Petite construction souterraine qui sert de tombe, dans un cimetière. *Ils sont enterrés dans le caveau de famille.* — Au pl. *Des caveaux.*

caverne **n. f.** ✦ Creux dans un rocher. → **grotte.** *L'ours s'installe dans une caverne pour hiberner.*

➤ **caverneux, caverneuse** **adj.** ✦ *Une voix caverneuse,* grave et sourde.

caviar **n. m.** ✦ Petits œufs noirs ou gris de l'esturgeon, que l'on mange crus.

caviar

cavité **n. f.** ✦ Partie creuse, anfractuosité. *Le crabe est entré dans une cavité du rocher.* → **creux, trou.**

CD [sede] **n. m. inv.** ✦ Disque compact. *Louise a une belle collection de CD.*

CD-ROM [sedeʀɔm] **n. m. inv.** ✦ Disque sur lequel sont stockées un grand nombre d'informations sous forme de textes, parfois de sons et d'images, que l'on consulte sur un ordinateur. *Paul a un dictionnaire sur CD-ROM.*

● On écrit aussi *cédérom.*

① **ce** (**cet** devant une voyelle ou un *h* muet) **m. sing.,** **cette** **f. sing.,** **ces** **m. et f. pl. Adjectifs démonstratifs** ✦ *Ce livre est amusant. Cet animal dort. Cette coiffure va bien à Léa. Ces nuages annoncent la pluie. Ces fleurs sont jolies.* ❍ homonymes : se ; sept, set ; ses.

▷ Autres mots de la famille : CECI, CELA.

② **ce** (**c'** devant une voyelle) **pronom démonstratif** ✦ *Ce* ne s'emploie qu'avec le verbe *être* et sert à désigner une personne ou une chose. *Qui est là ? C'est Julie. Ce serait bien d'aller à la plage.*

▷ Autres mots de la famille : CEPENDANT, C'EST-À-DIRE, EST-CE QUE, N'EST-CE PAS, PARCE QUE.

ceci **pronom démonstratif** ✦ *Comment s'appelle ceci ?* cette chose qui est proche. → **cela.** *Tu peux l'ouvrir comme ceci.* → fam. **ça.**
▷ Mot de la famille de ① CE et de ICI.

cécité **n. f.** ✦ État d'une personne qui est aveugle. *Ce vieux monsieur ne voit plus bien, sa cécité est presque totale.*

céder **v.** (conjug. 6) **1.** Laisser à quelqu'un une chose que l'on avait. *Il lui a cédé sa place. Je vous cède la parole.* → **donner.** **2.** *Céder à quelqu'un,* c'est faire ce qu'il veut. *Il a cédé à sa sœur.* → **obéir.** *Il ne faut pas céder.* **3.** Se casser, s'affaisser. *La chaise a cédé sous le poids de la grosse dame.* ❑ contr. **résister.**
▷ Autre mot de la famille : CONCÉDER.

cédérom → **CD-ROM**

cédille **n. f.** ✦ Petit signe que l'on place sous le *c* quand il est suivi d'un *a,* d'un *o* ou d'un *u* et qui indique que ce ç se prononce [s]. *Il y a un c cédille dans façade, soupçon, gerçure.*

cèdre **n. m.** ✦ Grand arbre de la famille du sapin aux branches très étalées et presque horizontales. ➻ planche Arbres p. 49.

ceinture **n. f.** **1.** Bande de tissu ou de cuir que l'on met autour de la taille pour maintenir un vêtement. *Elle a serré la ceinture de son pantalon d'un cran.* — Familier. *Se serrer la ceinture,* c'est se priver pour faire des économies. **2.** Bande de tissu dont la couleur indique un niveau dans les arts martiaux. *Il est ceinture noire de judo.* → aussi **dan.** **3.** *Une ceinture de sécurité,* c'est une courroie qui, dans une voiture ou un avion, maintient les passagers contre leur siège. **4.** Milieu du corps, taille. *Théo a de l'eau jusqu'à la ceinture.*

➤ **ceinturer** **v.** (conjug. 1) ✦ *Ceinturer quelqu'un,* c'est l'attraper en lui entourant la taille avec les bras. *Les policiers ont ceinturé le voleur.*

➤ **ceinturon** **n. m.** ✦ Ceinture large.

cela **pronom démonstratif** ✦ *Comment s'appelle cela ?* cette chose qui est éloignée. → **ceci.** *Cela n'est pas grave.* → fam. **ça.**
▷ Mot de la famille de ① CE et de LÀ.

célébration [selebʀasjɔ̃] **n. f.** ✦ Le fait de célébrer une cérémonie. *La célébration du mariage a eu lieu hier,* le mariage a été célébré hier.
▷ Mot de la famille de CÉLÉBRER.

célèbre **adj.** ✦ Très connu. *Une actrice célèbre.* → **fameux, renommé.**

➤ **célébrité** **n. f.** **1.** Renommée. *La célébrité de Tintin est mondiale.* **2.** Personne célèbre. *Julie a rencontré une célébrité dans la rue.*

célébrer **v.** (conjug. 6) **1.** Fêter un événement. *Le 11 novembre, on célèbre l'armistice de 1918.* → **commémorer.** **2.** Accomplir solennellement. *Leur mariage a été célébré dans une église de campagne.*
▷ Autre mot de la famille : CÉLÉBRATION.

céleri [sɛlʀi] **n. m.** ✦ Légume dont on mange les tiges, les feuilles ou la racine. *De la purée de céleri.*

céleri

céleste **adj.** ✦ Du ciel. *La voûte céleste est étoilée.* — *Les corps célestes,* les astres.

célibat **n. m.** ✦ Situation d'une personne qui n'est pas mariée. *Les prêtres catholiques doivent vivre dans le célibat.*

➤ **célibataire** **adj.** ✦ Qui n'est pas marié. *Il est toujours célibataire. Les mères célibataires.* — **N.** *C'est un célibataire endurci.*

celle, celle-ci, celle-là → **celui**

cellier **n. m.** ✦ Endroit frais aménagé pour conserver du vin et des provisions. → aussi **cave.** ❍ homonyme : sellier.

cellophane **n. f.** Marque déposée ✦ Fine feuille de matière transparente qui sert à emballer. *Il a acheté du jambon sous cellophane.*

① **cellule** **n. f.** ✦ Élément très petit qui compose les organismes vivants. *Les cellules contiennent un noyau.*

② **cellule** **n. f.** ✦ Petite pièce. *Les prisonniers sont enfermés dans des cellules.*

cellulite **n. f.** ✦ Couche anormale de graisse et d'eau qui se trouve sous la peau. *Elle a de la cellulite sur les cuisses.*

cellulose **n. f.** ✦ Matière contenue dans les végétaux. *La pâte à papier contient de la cellulose.*

celui **m. sing.**, **celle** **f. sing.**, **ceux** **m. pl.**, **celles** **f. pl. Pronoms démonstratifs** ✦ *Julie a oublié son livre, elle a emprunté celui d'Alex. Ma chambre est celle qui donne sur la cour. Les éléphants d'Afrique sont plus grands que ceux d'Asie. Que celles qui savent la réponse lèvent le doigt !* — *Celui-ci* désigne ce qui est plus près, *celui-là* désigne ce qui est plus éloigné. ❍ homonymes de *celle* : sel, ① et ② selle.

cendre **n. f.** ✦ Ce qui reste de quelque chose qui a brûlé. *La cendre d'une cigarette.* ❍ homonymes : sandre.

➤ **cendrier** **n. m.** ✦ Récipient où l'on met les cendres et les mégots de cigarettes.

censé, censée **adj.** ✦ *Être censé faire quelque chose,* être en principe obligé de le faire. *Julie est censée avoir appris ses leçons,* il serait normal qu'elle l'ait fait. ❍ homonyme : sensé.

censeur **n. m.** 1. Personne qui était chargée de faire respecter la discipline dans un lycée. 2. Personne qui est chargée par le gouvernement de juger si la sortie d'un livre, d'un film peut être autorisée. → aussi **censure.**

censure **n. f.** ✦ Examen des livres, des films, des pièces de théâtre qui sortent, par des personnes qui décident s'ils peuvent être autorisés par le gouvernement. *Ce film a été interdit aux moins de 18 ans par la censure,* par la réunion des censeurs.

➤ **censurer** **v.** (conjug. 1) ✦ Supprimer. *Une scène très violente du film a été censurée.*

① **cent** **adj.** 1. Dix fois dix (100). *Il y a cent habitants dans ce village.* 2. *Pour cent* exprime une proportion par rapport à cent. *Ce fromage contient quarante pour cent (40 %) de matière grasse.* ❍ homonymes : sang, sans.

● *Cent* prend un *s* au pluriel sauf quand il est suivi d'un autre nombre : 500 s'écrit *cinq cents* mais 501 s'écrit *cinq cent un.*

➤ **centaine** **n. f.** 1. Groupe de cent unités. *Dans 400, 4 est le chiffre des centaines.* 2. Groupe d'environ cent personnes ou cent choses semblables. *Le facteur a des centaines de lettres à distribuer.*

▷ Autres mots de la famille : CENTENAIRE, CENTIÈME, CENTIME, CENTUPLE, POURCENTAGE.

② **cent** [sɑ̃] **n. m.** ✦ Centième partie d'un euro. → **centime.** *Une pièce de 10 cents.*

● On dit plutôt *centime (d'euro).*

centaure **n. m.** ✦ Être imaginaire, moitié homme et moitié cheval. *Le centaure a la tête et le buste d'un homme et le corps d'un cheval.*

centaure

centenaire **adj.** et **n. m.** et **f.**

■ **adj.** Qui a au moins cent ans. *Il y a des chênes centenaires dans la forêt.* → **séculaire.**

■ **n.** 1. **n. m.** et **f.** Personne qui a cent ans ou plus. 2. **n. m.** Centième anniversaire. *En 1950, on a célébré le centenaire de la mort de Balzac.*

▷ Mot de la famille de ① CENT.

centi- ✦ Préfixe qui signifie « centième » et qui, placé devant une unité de mesure, la divise par cent (ex. : *centigramme*).

centième **n. m.** et **adj.**

■ **n. m.** Partie d'un tout qui est divisé en cent parties égales. *Un centimètre, c'est un centième de mètre.*

■ **adj.** Qui a le numéro cent. *Le coureur cycliste a abandonné au centième kilomètre.*

▷ Mot de la famille de ① CENT.

centigramme **n. m.** ✦ La centième partie d'un gramme.

▷ Mot de la famille de GRAMME.

centilitre **n. m.** ✦ La centième partie d'un litre. *Ajoutez dix centilitres de lait dans la sauce.*

▷ Mot de la famille de LITRE.

centime **n. m.** ✦ La centième partie d'un euro. → ② **cent.** *Une pièce de 50 centimes.*
▷ Mot de la famille de ① CENT.

centimètre **n. m.** **1.** La centième partie d'un mètre. *La table a soixante centimètres (60 cm) de haut.* **2.** Ruban qui a une marque tous les centimètres et qui sert à prendre des mesures. → **mètre.** *La couturière mesure le tissu avec son centimètre.*
▷ Mot de la famille de MÈTRE.

central, centrale **adj.** et **n. m.**
■ **adj.** Situé au centre. *Il habite dans un quartier central.* ❑ contr. **périphérique.** *Le Massif central est au centre de la France.* — Au masc. pl. *centraux.*
■ **n. m.** *Un central téléphonique,* c'est un lieu où arrivent tous les fils d'un même réseau. — Au pl. *Des centraux.*
▷ Mot de la famille de CENTRE.

centrale **n. f.** ✦ Usine qui produit de l'électricité. *Une centrale nucléaire.*
▷ Mot de la famille de CENTRE.

centraliser **v.** (conjug. 1) ✦ Grouper dans un seul endroit. → **concentrer.** *La mémoire d'un ordinateur centralise des millions d'informations.*
▷ Mot de la famille de CENTRE.

centre **n. m.** **1.** Point qui est au milieu. *Elle a mis un bouquet de fleurs au centre de la table.* → **milieu.** *Le centre d'une ville.* ❑ contr. **périphérie.** **2.** Endroit où sont regroupées des activités. *Un centre de documentation. Elle fait ses courses dans le centre commercial.* **3.** *Le centre,* les hommes politiques modérés, qui ne sont ni à gauche ni à droite. → aussi **centriste.**
➤ **centrer** **v.** (conjug. 1) ✦ Placer au centre. *Il faut centrer le titre au milieu de la page.*
▷ Autres mots de la famille : AVANT-CENTRE, CENTRAL, CENTRALE, CENTRALISER, CENTRISTE, CONCENTRATION, CONCENTRÉ, CONCENTRER, CONCENTRIQUE, DÉCENTRALISATION, DÉCENTRALISER, ÉPICENTRE, EXCENTRICITÉ, EXCENTRIQUE.

centrifuge **adj.** ✦ *Une force centrifuge,* c'est une force qui repousse les objets vers l'extérieur.

centriste **adj.** ✦ Qui a des opinions politiques situées au centre. *Les députés centristes.* — **N.** *Les centristes.*
▷ Mot de la famille de CENTRE.

centuple **n. m.** ✦ Nombre qui est cent fois plus grand. *Mille est le centuple de dix.*
▷ Mot de la famille de ① CENT.

cep **n. m.** ✦ Pied de vigne. *Le viticulteur taille les ceps.* ❍ homonyme : cèpe.

cèpe **n. m.** ✦ Gros champignon comestible, à chapeau brun et à chair blanche. → **bolet.** *Nous avons mangé une omelette aux cèpes.*
➸ planche Champignons p. 155. ❍ homonyme : cep.

cependant **adv.** et **conjonction** ✦ Pourtant. *Elle mange beaucoup et cependant elle reste mince.* → **néanmoins.**
▷ Mot de la famille de ② CE et de ③ PENDANT.

céramique **n. f.** ✦ Matière à base d'argile avec laquelle on fabrique des objets de poterie en terre cuite, en faïence, en porcelaine. *Des carreaux de céramique garnissent les murs de la salle de bains.*

céramique

cerceau **n. m.** ✦ Cercle de bois, de plastique. *Le tigre du cirque traverse un cerceau enflammé.* — Au pl. *Des cerceaux.*

cercle **n. m.** 1. Figure formée par une courbe fermée sur elle-même dont tous les points sont à égale distance d'un point fixe (le centre). → **rond.** *On peut calculer la circonférence, le diamètre, la surface d'un cercle.* ➻ planche Géométrie p. 458. 2. Ensemble de personnes ou d'objets placés en rond. *Les admirateurs formaient un cercle autour du chanteur.* 3. Groupe de personnes qui se réunissent. *Il aimerait faire partie de notre cercle d'amis,* de notre groupe d'amis. 4. *Un cercle vicieux,* c'est une situation désagréable et sans solution dans laquelle on est enfermé. *La vengeance entraîne la vengeance, c'est un cercle vicieux.*

➤ **cerclé, cerclée** **adj.** ✦ Entouré d'un cercle. *Il porte des lunettes cerclées d'écaille.*

▷ Autres mots de la famille : DEMI-CERCLE, ENCERCLEMENT, ENCERCLER.

cercueil **n. m.** ✦ Caisse de bois dans laquelle on met le corps d'un mort pour l'enterrer.

céréale **n. f.** 1. Plante dont les grains servent à nourrir l'homme et les animaux. *Le blé, l'avoine, le maïs, le riz sont des céréales.* 2. Flocons d'avoine, de riz, de maïs, etc. que l'on mange avec du lait froid. *Paul prend des céréales au petit déjeuner.*

cérébral, cérébrale **adj.** ✦ Du cerveau. *Il a eu une congestion cérébrale.* — Au masc. pl. *cérébraux.*

cérémonie **n. f.** 1. Célébration solennelle. *Pour le baptême du bébé, il y a eu un déjeuner après la cérémonie.* 2. *Sans cérémonie,* en toute simplicité, sans façon. *Venez dîner ce soir sans cérémonie.*

➤ **cérémonial** **n. m.** (pl. **cérémonials**) ✦ Ensemble des règles que l'on doit respecter au cours d'une cérémonie. → ② **étiquette, protocole.**

➤ **cérémonieux, cérémonieuse** **adj.** ✦ *Une personne cérémonieuse,* qui est trop polie, montre trop de respect. *Elle est très cérémonieuse avec ses invités.* ❑ contr. **simple.**

cerf [sɛʀ] **n. m.** ✦ Grand animal mâle qui porte des bois sur la tête. → aussi **biche, faon** et **chevreuil.** *Le cerf brame. Une harde de cerfs.*

❍ homonymes : serf, serre, serres.

▷ Autre mot de la famille : CERF-VOLANT.

cerfeuil **n. m.** ✦ Plante au goût agréable que l'on met dans certains plats. *Le cerfeuil et le persil sont des fines herbes.*

cerf-volant [sɛʀvɔlɑ̃] **n. m.** ✦ Jouet fait de tissu ou de papier tendu sur des baguettes, que l'on tire avec une ficelle pour le faire voler dans le vent. — Au pl. *Des cerfs-volants.*

▷ Mot de la famille de CERF et de ① VOLER.

cerf-volant

cerise **n. f.** ✦ Petit fruit rouge, rond et charnu, qui a un noyau et une longue queue.

➤ **cerisier** **n. m.** ✦ Arbre fruitier à fleurs blanches qui produit des cerises.

cerne **n. m.** ✦ Marque arrondie bleuâtre sous l'œil. *Quand elle est fatiguée, elle a des cernes sous les yeux.*

➤ **cerné, cernée** **adj.** ✦ *Des yeux cernés,* marqués par des cernes.

▷ Mots de la famille de CERNER.

cerner **v.** (conjug. 1) ✦ Entourer, encercler. *Tout le quartier a été cerné par la police.*

▷ Autres mots de la famille : CERNE, CERNÉ.

certain, certaine **adj., certains** **pronom**

■ **adj.** 1. Sûr. *Elle est certaine d'avoir raison,* elle en est convaincue. 2. Assuré. *Son succès est maintenant certain.* → **indubitable.** ❑ contr.

douteux, incertain. 3. *Il y a encore un certain nombre de places vides,* un nombre imprécis. *Tous ces préparatifs ont pris un certain temps,* assez longtemps. *Une certaine Mme Faure est venue,* une personne qui s'appelle Mme Faure et que l'on ne connaît pas. *C'est une dame d'un certain âge,* qui n'est plus toute jeune.

■ **pronom** *Certains,* quelques personnes. *Certains préfèrent les chiens, d'autres les chats.*

➤ **certainement adv.** ✦ Sûrement, d'une manière sûre. *Il va certainement pleuvoir.* ❏ contr. **peut-être.**

▷ Autre mot de la famille : INCERTAIN.

certes adv. ✦ Bien sûr. *Il ne fait pas beau, certes, mais la promenade est tout de même agréable.*

certifier v. (conjug. 7) ✦ Affirmer, assurer. *Il m'a certifié qu'il reviendrait demain.* → **garantir.**

➤ **certificat n. m.** ✦ Document officiel qui certifie, garantit quelque chose. *Un certificat de travail indique le travail que l'on a fait et pendant combien de temps.*

certitude n. f. 1. Chose certaine. *Ce chien est malade, c'est une certitude,* c'est sûr. 2. *J'ai la certitude qu'il reviendra,* j'en suis sûr.

▷ Autre mot de la famille : INCERTITUDE.

cérumen [serymɛn] **n. m.** ✦ Matière jaune et poisseuse comme de la cire qui se forme dans l'oreille.

cerveau n. m. ✦ Organe qui se trouve dans le crâne. *Le cerveau est le siège des centres nerveux et de la pensée.* → aussi **cérébral.** — Au pl. *Des cerveaux.*

➤ **cervelet n. m.** ✦ Petit organe situé à l'arrière du cerveau.

➤ **cervelle n. f.** ✦ Cerveau des animaux, que l'on peut manger. *Des cervelles d'agneau.*

▷ Autre mot de la famille : ÉCERVELÉ.

cervelas [sɛrvəla] **n. m.** ✦ Saucisson cuit, gros et court, assez épicé.

cervical, cervicale adj. ✦ De la région du cou. *Les vertèbres cervicales.* — Au masc. pl. *cervicaux.*

ces → ① **ce**

cesser v. (conjug. 1) ✦ Arrêter. *Cesse de pleurer, Léa. Le vent a cessé.*

➤ **cesse n. f.** ✦ *Sans cesse,* sans arrêt. *Il pleut sans cesse depuis deux jours.* → **continuellement.**

➤ **cessez-le-feu n. m. inv.** ✦ Arrêt des combats. *Le cessez-le-feu a été proclamé.* — Au pl. *Des cessez-le-feu.* ▷ Mot de la famille de FEU.

▷ Autres mots de la famille : INCESSAMMENT, INCESSANT.

c'est-à-dire conjonction ✦ *C'est-à-dire* annonce une explication, une précision. *Il est trois heures de l'après-midi, c'est-à-dire quinze heures.*

▷ Mot de la famille de ② CE et de DIRE.

cet, cette → ① **ce**

cétacé n. m. ✦ Mammifère qui vit dans la mer. *Les baleines, les dauphins, les cachalots sont des cétacés.*

ceux, ceux-ci, ceux-là → **celui**

chacal n. m. (pl. **chacals**) ✦ Animal sauvage qui ressemble au loup et au renard. *Les chacals se nourrissent de cadavres d'animaux.* → aussi **coyote.**

chacal

chacun pronom indéfini m., chacune pronom indéfini f. ✦ Chaque personne, chaque chose. *Ces paquets de bonbons coûtent 2 euros chacun. Elles sont parties chacune de leur côté.*

▷ Mot de la famille de CHAQUE et de UN.

chagrin n. m. ✦ Grande peine. *Léa pleure parce qu'elle a du chagrin.*

➤ **chagriner v.** (conjug. 1) ✦ Faire de la peine. → **attrister, peiner.** *Son départ me chagrine.*

chahut [ʃay] **n. m.** ✦ Agitation bruyante. *Les enfants font du chahut. Quel chahut dans cette classe !* → **vacarme.**

➤ **chahuter v.** (conjug. 1) ✦ Faire du bruit en s'agitant. *Quand la directrice est entrée dans la classe, les enfants chahutaient.*

➤ **chahuteur, chahuteuse adj.** ✦ Qui aime faire du chahut. *Des élèves chahuteurs.*

chaîne n. f. 1. Suite d'anneaux de métal entrelacés. *Le chien est attaché à sa niche par une grosse chaîne. La chaîne d'un vélo transmet le mouvement du pédalier à la roue arrière.* 2. *Une chaîne de montagnes,* c'est une suite de montagnes. *La chaîne des Alpes.* 3. Ensemble composé d'un lecteur, d'un amplificateur et de deux baffles et qui sert à écouter des disques. *Il s'est acheté une nouvelle chaîne. Une chaîne hi-fi.* 4. *Une chaîne de magasins, d'hôtels,* des magasins, des hôtels appartenant au même réseau. 5. Émetteur de télévision. *Ce film passe sur la deuxième chaîne.* 6. *Une chaîne de montage,* une suite de machines qui fabriquent des objets en série. *Dans cette usine, les ouvriers travaillent à la chaîne,* chaque ouvrier répète toute la journée les mêmes gestes pour fabriquer des objets en série. ❍ homonyme : chêne.

➤ **chaînette** n. f. ✦ Petite chaîne.

➤ **chaînon** n. m. ✦ Anneau d'une chaîne. → **maillon.**

▷ Autres mots de la famille : DÉCHAÎNER, ENCHAÎNEMENT, ENCHAÎNER.

chair n. f. 1. Matière molle du corps de l'homme et des animaux constituée par les muscles. *La chair du veau est blanche.* → **viande.** — *En chair et en os,* en personne. *J'ai vu le pape en chair et en os. Avoir la chair de poule,* avoir la peau qui se hérisse, à cause de la peur ou du froid. 2. Partie tendre des fruits. *Ces poires ont une chair fondante.* ❍ homonymes : chaire, ① et ② cher, chère.

chaire n. f. ✦ Tribune élevée, dans une église. *Le prêtre monte en chaire pour faire son sermon.* ❍ homonymes : chair, ① et ② cher, chère.

chaise n. f. ✦ Siège avec un dossier et sans bras pour une seule personne. *Assieds-toi sur une chaise.* — *Une chaise longue,* c'est un siège de toile pliant sur lequel on peut s'allonger. → **transat.**

chaland n. m. ✦ Bateau à fond plat qui sert à transporter des marchandises sur les fleuves et les canaux. → **péniche.**

châle n. m. ✦ Grand morceau de tissu ou de laine tricotée que l'on porte sur les épaules. → aussi ② **fichu.**

chalet n. m. ✦ Maison de bois, dans la montagne. *Ils ont loué un chalet dans une station de sports d'hiver.* ➻ planche Habitations p. 487.

chaleur n. f. 1. Température élevée. *Il fait une chaleur étouffante,* il fait très chaud. ❑ contr. **fraîcheur, froid.** 2. Animation, enthousiasme. *Elle accueille ses amis avec chaleur.* ❑ contr. **froideur.**

➤ **chaleureux, chaleureuse** adj. ✦ Plein d'enthousiasme, de chaleur. *Un accueil chaleureux.* ❑ contr. **froid.**

➤ **chaleureusement** adv. ✦ D'une manière chaleureuse. *Nos amis nous ont reçus chaleureusement.* ❑ contr. **fraîchement, froidement.**

chaloupe n. f. ✦ Grand canot. *Les naufragés ont été évacués dans des chaloupes.*

chalumeau n. m. ✦ Appareil qui produit un jet de gaz enflammé. *Le garagiste fait une soudure au chalumeau.* — Au pl. *Des chalumeaux.*

chalut [ʃaly] n. m. ✦ Grand filet en forme d'entonnoir qui est attaché à l'arrière d'un chalutier. *Les marins pêcheurs pêchent le hareng au chalut.*

➤ **chalutier** n. m. ✦ Bateau de pêche d'où l'on pêche avec un chalut.

chameau

se chamailler v. (conjug. 1) ✦ Familier. Se disputer pour des raisons sans importance. *Louise et Léa se sont encore chamaillées.*

chamarré, chamarrée adj. ✦ *Une étoffe chamarrée,* c'est une étoffe décorée d'ornements aux couleurs très vives.

chambellan n. m. ✦ Noble qui s'occupait de la chambre du roi ou de l'empereur et de sa garde-robe. *Le grand chambellan présentait au roi sa chemise quand il s'habillait.*

chambouler v. (conjug. 1) ✦ Familier. Bouleverser, mettre sens dessus dessous. *Les cambrioleurs ont tout chamboulé dans la maison.*

chambranle n. m. ✦ Cadre fixé au mur qui entoure une porte ou une fenêtre.

chambre n. f. 1. Pièce où l'on dort. *Il y a des lits superposés dans la chambre d'Alex.* 2. Pièce aménagée dans un but particulier. *Le boucher a accroché la viande dans la chambre froide.* 3. *La Chambre des députés,* c'est l'ensemble des députés. → **parlement.** — On dit maintenant *l'Assemblée nationale.* 4. *Une chambre à air,* c'est le tube de caoutchouc gonflé d'air qui est à l'intérieur d'un pneu. *La chambre à air d'un vélo.*
▷ Autre mot de la famille : ANTICHAMBRE.

chameau n. m. ✦ Grand animal d'Asie qui a deux bosses sur le dos. → aussi **dromadaire.** *Le chameau boit peu, mange peu et résiste très bien à la fatigue. Des caravanes de chameaux traversent le désert.*
➤ **chamelier** n. m. ✦ Homme qui conduit les chameaux et s'occupe d'eux.
➤ **chamelle** n. f. ✦ Femelle du chameau.

chamois n. m. ✦ Animal très agile à cornes lisses et recourbées qui vit dans les montagnes.

champ n. m. 1. Étendue de terre cultivée. *L'agriculteur laboure son champ.* 2. Terrain. *Les soldats morts sur le champ de bataille,* sur le lieu du combat. *Un champ de courses,* c'est un hippodrome. 3. Domaine d'action, d'activité. *Le champ des connaissances s'étend de plus en plus.* 4. *À tout bout de champ,* à tout moment, sans arrêt. *Julie interrompt à tout bout de champ la conversation.* ○ homonyme : chant.
▷ Autres mots de la famille : CHAMPÊTRE, SUR-LE-CHAMP.

champagne n. m. ✦ Vin mousseux blanc ou rosé, fabriqué en Champagne.

champêtre adj. ✦ *La vie champêtre,* la vie des champs, de la campagne. → **bucolique, campagnard, rustique.**
● Ce mot appartient au style recherché.
▷ Mot de la famille de CHAMP.

champignon n. m. ✦ Végétal sans feuilles, formé d'un pied surmonté d'un chapeau. *Certains champignons sont comestibles, d'autres vénéneux.* ➻ planche p. 155.

champion n. m., **championne** n. f. 1. Vainqueur d'une épreuve sportive. *La championne de France de tennis,* c'est la meilleure joueuse française. 2. Personne très bonne dans un domaine. *Paul est champion en informatique.*
➤ **championnat** n. m. ✦ Épreuve sportive officielle dont le vainqueur est déclaré champion. *L'équipe de football de la ville participera au championnat de France.*

chance n. f. 1. Hasard heureux qui favorise quelqu'un. *Avoir de la chance,* c'est être favorisé par le sort. *Louise a gagné le concours, elle a de la chance.* → fam. ① **veine.** ❑ contr. **malchance.** 2. Possibilité qu'une chose se produise. *Il y a des chances pour qu'il rentre demain,* cela est probable.
▷ Autres mots de la famille : CHANCEUX, MALCHANCE, MALCHANCEUX.

chanceler v. (conjug. 4) ✦ Pencher d'un côté puis de l'autre, comme si on allait tomber. → **tituber, vaciller.** *Elle chancelle de fatigue.*
➤ **chancelant, chancelante** adj. ✦ Qui manque d'équilibre. *Le vieux monsieur a une démarche chancelante.* → **vacillant.** ❑ contr. ① **ferme.**

chanceux, chanceuse adj. ✦ Qui a de la chance. → fam. **veinard, verni.** *Léa a été moins chanceuse que Théo, elle a perdu la partie.* ❑ contr. **malchanceux.**
▷ Mot de la famille de CHANCE.

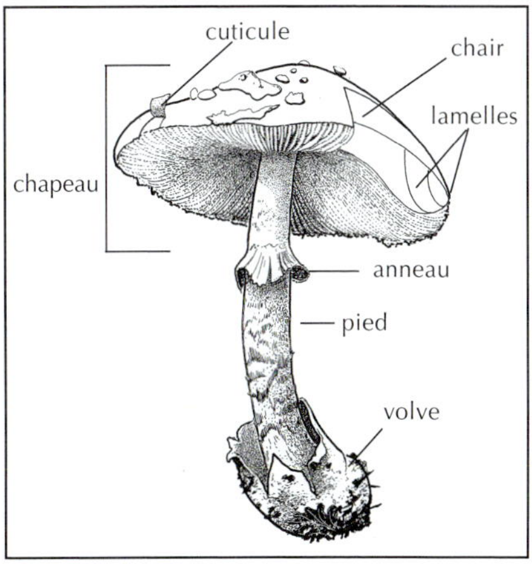

cèpe de Bordeaux
(bolet)

champignon
de Paris

amanite rougissante

girolle

trompette de la mort

morille comestible

coulemelle

lactaire
délicieux

volvaire
soyeuse

pleurote
en huître

mousseron
d'automne

truffe d'été

chandail **n. m.** (pl. **chandails**) ✦ Pull-over. → **tricot.** *Alex porte un chandail à col roulé.*

chandelle **n. f.** **1.** Bâton de suif, contenant une mèche que l'on faisait brûler. → **bougie.** *Autrefois, on s'éclairait à la chandelle. — Devoir une fière chandelle à quelqu'un,* avoir une grande reconnaissance envers lui. *Voir trente-six chandelles,* être étourdi par un coup que l'on a reçu sur la tête. *Brûler la chandelle par les deux bouts,* dépenser son argent, user sa santé de façon peu raisonnable. *Le jeu n'en vaut pas la chandelle,* le résultat que l'on va obtenir ne vaut pas le mal que l'on se donne. **2.** *L'avion est monté en chandelle,* tout droit, verticalement.

➤ **chandelier** **n. m.** ✦ Support sur lequel on met des chandelles, des bougies. → **bougeoir, candélabre.**

changer **v.** (conjug. 3) **1.** Rendre différent. → **modifier, transformer.** *Cette rencontre a changé sa vie.* **2.** Remplacer une chose par une autre. *Elle a changé sa roue.* **3.** *Changer une chose de place,* c'est la mettre ailleurs. *Il a changé les meubles de place.* → **déplacer.** **4.** Devenir différent, se modifier. *Tu as beaucoup grandi, comme tu as changé ! Le temps change, il va pleuvoir.* **5.** *Il aimerait changer d'appartement,* en habiter un autre. **6.** *Changer un bébé,* c'est lui mettre une couche propre. **7.** *Changer de l'argent,* échanger de l'argent d'une monnaie dans une autre. *Il a changé ses euros contre des dollars.*

➤ se **changer** **v.** **1.** Devenir différent, prendre une autre forme. *À minuit, le carrosse se changera en citrouille.* → se **transformer.** **2.** Mettre d'autres vêtements. *Elle s'est changée pour le dîner.*

➤ **change** **n. m.** **1.** *Un bureau de change,* c'est un endroit où l'on change de l'argent. **2.** *Perdre au change,* c'est faire un échange désavantageux.

➤ **changeant** [ʃɑ̃ʒɑ̃], **changeante** [ʃɑ̃ʒɑ̃t] **adj.** ✦ Qui change, varie souvent. *Le temps est très changeant ces jours-ci.* → **instable, variable.** *Un tissu aux reflets changeants,* qui change de couleur avec la lumière. → **chatoyant.**

➤ **changement** **n. m.** ✦ Modification, transformation. *La météo annonce un changement de temps pour demain. Nous avons signalé à la poste notre changement d'adresse.*

▷ Autres mots de la famille : ÉCHANGE, ÉCHANGER, ÉCHANGEUR, INTERCHANGEABLE, DE RECHANGE.

chanson **n. f.** ✦ Texte qui se chante sur un air. → **chant.** *Une chanson d'amour. Les couplets et le refrain d'une chanson. Une chanson à succès.* → fam. **tube.**

➤ **chansonnette** **n. f.** ✦ Petite chanson.

chant **n. m.** **1.** Air que l'on chante sur des paroles. *La Marseillaise est un chant patriotique.* **2.** Art de chanter. *Un professeur de chant.* **3.** Bruit agréable. *Il écoute le chant des oiseaux.* ❍ homonyme : champ.

▷ Mot de la famille de CHANTER.

chanter **v.** (conjug. 1) **1.** Former avec la voix des sons musicaux. *Alex chante à tue-tête. Léa a chanté une très belle chanson.* **2.** *Les oiseaux chantent,* ils poussent leur cri. → **gazouiller, siffler.** **3.** *Faire chanter quelqu'un,* c'est essayer d'obtenir quelque chose de lui par des menaces. → aussi **chantage, maître chanteur.**

➤ **chantage** **n. m.** ✦ *Faire du chantage à une personne,* c'est menacer de révéler une chose que l'on sait sur elle pour obtenir de l'argent ou un autre avantage.

➤ **chanteur** **n. m.**, **chanteuse** **n. f.** ✦ Personne dont le métier est de chanter. → aussi **cantatrice.** *Julie écoute un disque de son chanteur préféré.*

▷ Autres mots de la famille : CHANT, CHANTONNER, DÉCHANTER, MAÎTRE CHANTEUR.

chantier **n. m.** ✦ Endroit où des ouvriers travaillent ensemble pour construire un immeuble, un bâtiment, un pont, etc. *Le port du casque est obligatoire sur les chantiers.*

chantonner **v.** (conjug. 1) ✦ Chanter à mi-voix, très doucement. *Elle chantonne une berceuse.*

▷ Mot de la famille de CHANTER.

chanvre

chanvre **n. m.** ✦ Plante que l'on cultive pour la fibre textile que fournit sa tige. *Le chanvre sert à fabriquer de la corde.*

chaos [kao] **n. m.** ✦ Grand désordre. *La guerre a plongé le pays dans le chaos.* → **confusion.** ❍ homonymes : cahot, K.-O.
➤ **chaotique** [kaɔtik] **adj.** ✦ Qui est dans un grand désordre. *Un amas chaotique de carcasses de voitures.*

chaparder v. (conjug. 1) ✦ Familier. Voler de petites choses. *Le chien a chapardé un morceau de viande.*

chapeau n. m. 1. Coiffure d'homme ou de femme, assez rigide. *Elle abrite son visage du soleil sous un grand chapeau de paille.* **2.** *Le chapeau d'un champignon,* c'est la partie plate qui forme le dessus. ➻ planche Champignons p. 155. **3.** Familier. *Prendre un virage sur les chapeaux de roues,* très vite. *La voiture a démarré sur les chapeaux de roues.*
▷ Autre mot de la famille : CHAPELIER.

chapelet n. m. ✦ Objet formé de petites boules enfilées comme un collier, que l'on fait glisser entre ses doigts en récitant des prières. *Le curé de la paroisse dit son chapelet tous les jours.*

chapelier n. m., chapelière n. f. ✦ Personne qui fait ou vend des chapeaux.
▷ Mot de la famille de CHAPEAU.

chapelle n. f. 1. Petite église. *Une chapelle romane domine la colline.* **2.** Partie d'une église à l'écart de la partie centrale, qui possède un autel. *Dans la cathédrale, il y a une chapelle dédiée à la Vierge.*

chapelure n. f. ✦ Pain sec râpé ou biscotte écrasée. *Les escalopes panées sont passées dans la chapelure.*

chapiteau n. m. 1. Partie qui s'élargit en haut d'une colonne. *Les chapiteaux de cette église sont ornés de feuilles sculptées.* **2.** *Le chapiteau d'un cirque,* c'est la tente sous laquelle a lieu le spectacle.

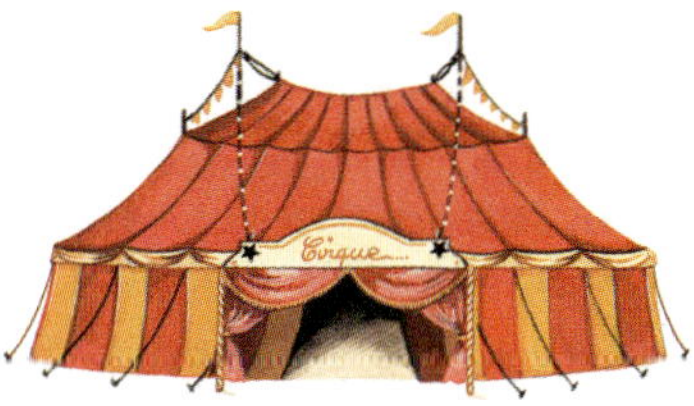

chapiteau

chapitre n. m. ✦ Chacune des parties d'un livre qui porte un numéro et parfois un titre. *Ce roman comprend 20 chapitres.*

chapon n. m. ✦ Jeune coq castré que l'on a engraissé pour le manger.

chaque adj. indéfini singulier ✦ *Chaque* s'emploie quand on veut parler en particulier d'une personne ou d'une chose qui fait partie d'un groupe. *Chaque élève a ses livres et ses cahiers. Chaque jour le soleil se lève.*
▷ Autre mot de la famille : CHACUN.

char n. m. 1. Dans l'Antiquité, voiture à deux roues tirée par un ou plusieurs chevaux. *Ben Hur a remporté la course de chars.* **2.** Grande voiture décorée transportant des personnages déguisés ou masqués. *Nous avons regardé le défilé de chars fleuris du carnaval.* **3.** Véhicule blindé monté sur chenilles et armé d'un canon. → **tank.**
▷ Autres mots de la famille : CHARIOT, CHARRETIER, CHARRETTE, CHARRUE.

charabia n. m. ✦ Familier. Langage incorrect et difficile à comprendre. *Qu'est-ce que c'est que ce charabia ?* → **galimatias.**

charade n. f. ✦ Énigme où l'on doit deviner un mot de plusieurs syllabes, dont chacune forme un autre mot, et dont on donne la définition. *Connais-tu cette charade ? : mon premier est un animal* (chat), *mon deuxième n'est pas beau* (laid) *et mon tout est une habitation* (chalet).

charbon n. m. 1. Matière noire que l'on tire du sol et que l'on brûle pour produire de l'énergie. → **houille. 2.** *Charbon de bois,* bois carbonisé servant de combustible. *Il a mis du charbon de bois dans le barbecue pour cuire les brochettes.* **3.** *Être sur des charbons ardents,* très impatient ou très inquiet.
➤ **charbonnier n. m.** ✦ Marchand de charbon.

charcutier n. m., charcutière n. f. ✦ Personne qui prépare et vend des produits fabriqués avec de la viande de porc, et souvent des plats tout prêts. *Elle a acheté du jambon et du saucisson chez le charcutier.*
➤ **charcuterie n. f. 1.** Produit fabriqué avec de la viande de porc. *Il mange souvent de la charcuterie.* **2.** Magasin du charcutier. *Il est allé à la charcuterie acheter du pâté.*

chardon n. m. ✦ Plante à épines dont la fleur mauve devient piquante quand elle sèche.

chardon

chardonneret n. m. ✦ Petit oiseau chanteur à la tête rouge, noir et blanc, aux ailes noir et jaune.

charger v. (conjug. 3) 1. Mettre une charge sur un animal, une personne, dans un véhicule. *Les dockers ont chargé des caisses dans le cargo. Ils ont chargé le camion,* ils ont mis dedans des choses à transporter. ❑ contr. **décharger.** — *Je ne peux pas prendre ce paquet, je suis trop chargé,* j'ai trop de choses à porter. 2. Mettre de la poudre, des balles dans une arme à feu. *Attention, ce fusil est chargé.* 3. Confier une tâche, un travail à quelqu'un. *Il m'a chargé de vous remettre cette lettre.* → **demander.** 4. *L'éléphant a chargé les touristes,* il les a attaqués en fonçant sur eux.

➤ **charge** n. f. 1. Poids à transporter. → **fardeau.** *L'âne transporte une lourde charge sur son dos.* 2. Quantité de poudre, de munitions qu'une arme à feu peut contenir. *Les obus sont remplis d'une charge d'explosif.* 3. Travail à faire, tâche. *Mon voisin a la charge de nourrir le chat dimanche.* 4. *Être à la charge de quelqu'un,* dépendre de lui pour vivre. *Ce malade est à la charge de sa famille.* 5. *Les charges,* les frais d'entretien d'un immeuble, d'un appartement. *Les charges de l'immeuble ne sont pas comprises dans le loyer.* 6. Accusation, preuve qui pèse sur un accusé. *De lourdes charges pèsent sur l'accusé.* 7. Attaque brusque et violente. *Une charge de police a fait reculer les manifestants.*

➤ **chargement** n. m. ✦ Marchandises chargées pour être transportées. *Ce camion a un lourd chargement.* → **cargaison.**

➤ **chargeur** n. m. ✦ *Le chargeur d'un pistolet,* c'est l'endroit où l'on met les balles. — *Le chargeur de batterie d'un téléphone portable,* l'appareil servant à recharger la batterie.

▷ Autres mots de la famille : DÉCHARGE, DÉCHARGEMENT, DÉCHARGER, MONTE-CHARGE, RECHARGE, RECHARGEABLE, RECHARGER, SURCHARGE, SURCHARGER.

chariot n. m. ✦ Petite voiture à quatre roues que l'on utilise pour transporter quelque chose. *Il a mis ses valises sur un chariot à bagages.*

● Un seul *r* dans *chariot.*

▷ Mot de la famille de CHAR.

charité n. f. 1. Amour et générosité envers les autres. — *Charité bien ordonnée commence par soi-même,* avant de penser aux autres, il faut penser à soi. 2. *Faire la charité à quelqu'un,* c'est lui donner un peu d'argent. *La vieille dame a fait la charité à un mendiant.*

➤ **charitable** adj. ✦ Bon et généreux envers les autres. *Une personne charitable.* ❑ contr. **égoïste.**

charivari n. m. ✦ Grand bruit, agitation. → **chahut, tapage.** *On ne s'entend plus dans ce charivari.*

charlatan n. m. 1. Personne qui trompe les gens en leur faisant croire qu'il peut les guérir. *Ce soi-disant guérisseur n'est qu'un charlatan.* 2. Mauvais médecin.

● Ce mot vient de l'italien.

charlotte n. f. ✦ Dessert à base de fruits, de crème et de biscuits. *Une charlotte aux poires nappée d'un coulis de framboises.*

① **charme** n. m. ✦ Arbre à bois blanc et dur.

② **charme** n. m. 1. *Le charme,* c'est ce qui attire ou séduit dans une personne ou un lieu. → **séduction.** *Sans être jolie, elle a beaucoup de charme. Le charme d'une vieille maison.* — *Faire du charme à quelqu'un,* c'est essayer de lui plaire, de le séduire. 2. *Un charme,* c'est un enchantement magique. *La mauvaise fée a jeté un charme sur la Belle au bois dormant.*

➤ **charmant, charmante** adj. ✦ Très agréable. *Une femme charmante. Nous avons passé une charmante soirée.*

➤ **charmer** v. (conjug. 1) ✦ Séduire par son charme. *Elle a charmé tous les invités.*

➤ **charmeur, charmeuse** adj. ✦ Qui séduit. *Un sourire charmeur. Il a une voix charmeuse.*

charnier n. m. ✦ Fosse où sont entassés de nombreux cadavres. *On a découvert des charniers dans les camps de concentration nazis.*

charnière n. f. ✦ Pièce de métal articulée qui permet d'ouvrir et de fermer une porte, un couvercle. → **gond.**

charnu, charnue adj. ✦ Qui est formé de chair. *Il a des lèvres charnues. — Cette pêche est très charnue,* elle a beaucoup de chair, elle est grosse.

charogne n. f. ✦ Cadavre d'animal en train de pourrir. *Les hyènes se nourrissent de charognes.*

➤ **charognard** n. m. ✦ Animal qui se nourrit de cadavres. *Les vautours sont des charognards.*

charpente n. f. ✦ Assemblage de pièces de bois ou de métal qui soutient les murs et le toit d'une maison. *La charpente de la ferme est en bois.* → aussi **poutre.**

➤ **charpentier** n. m. ✦ Personne qui fabrique des charpentes.

charpie n. f. ✦ *Mettre une chose en charpie,* c'est la déchirer. *Le chien a mis mon journal en charpie.*

▷ Autre mot de la famille : ÉCHARPER.

charrette n. f. ✦ Voiture à deux roues tirée par un cheval.

● Deux *r* et deux *t* dans *charrette.*

➤ **charretier** n. m. ✦ Personne qui conduit une charrette.

▷ Mots de la famille de CHAR.

charrier v. (conjug. 7) ✦ *La rivière charrie des glaçons,* elle les entraîne dans son cours.

charrue n. f. ✦ Machine agricole qui creuse des sillons dans la terre. — *Mettre la charrue avant les bœufs,* c'est commencer par faire ce qui devrait être fait après.

▷ Mot de la famille de CHAR.

charte n. f. ✦ Document qui contient le règlement d'une organisation. *La Charte des Nations unies fut signée en 1945 par cinquante et un pays.*

charter [ʃaʀtɛʀ] n. m. ✦ Avion dont les places sont vendues à prix réduit. *Il ont pris un charter pour partir en vacances.*

● Ce mot vient de l'anglais.

chas [ʃa] n. m. ✦ Trou d'une aiguille, où l'on passe le fil. ○ homonyme : chat.

chasse n. f. 1. Action de poursuivre des animaux pour les tuer. *Il est allé à la chasse au canard. — La chasse à courre,* genre de chasse où les chasseurs sont à cheval, sans fusil, avec des chiens qui poursuivent le gibier. 2. Période où l'on a le droit de chasser. *L'ouverture de la chasse a lieu demain.* 3. Endroit où l'on chasse. *Chasse gardée.* 4. *La chasse d'eau,* c'est, dans les toilettes, le mécanisme qui envoie un jet d'eau très fort. *Tire la chasse !*

▷ Mot de la famille de CHASSER.

chassé-croisé n. m. ✦ Mouvement dans lequel des personnes ou des choses se croisent. *L'été, sur les routes, c'est un immense chassé-croisé.* — Au pl. *Des chassés-croisés.*

▷ Mot de la famille de CHASSER et de CROIX.

chasse-neige n. m. inv. ✦ Véhicule qui enlève la neige sur les routes. — Au pl. *Des chasse-neige.*

▷ Mot de la famille de CHASSER et de NEIGE.

chasse-neige

chasser v. (conjug. 1) 1. Poursuivre des animaux pour les tuer ou les attraper. *Il aime bien chasser. Le chat chasse les souris et les rats.* 2. Faire partir de force. *Le vent a chassé les nuages.* → **balayer.**

➤ **chasseur** n. m., **chasseuse** n. f. 1. Personne qui chasse. *Les chasseurs sont rentrés bredouilles.* 2. n. m. *Un chasseur alpin,* c'est un soldat spécialisé dans les exercices de montagne.

▷ Autres mots de la famille : CHASSE, CHASSÉ-CROISÉ, CHASSE-NEIGE, GARDE-CHASSE, POURCHASSER.

châssis n. m. ✦ *Le châssis d'une voiture,* c'est l'armature sur laquelle est fixée la carrosserie.

chaste adj. 1. Qui refuse d'avoir des relations sexuelles. *Les moines sont chastes.* 2. Pur, pudique. *Un chaste baiser.*

➤ **chasteté** n. f. ✦ Qualité d'une personne qui décide de ne pas avoir de relations sexuelles. *Les prêtres catholiques font vœu de chasteté.*

chat n. m., **chatte** n. f. ✦ Petit animal domestique à poil doux, aux yeux brillants, aux oreilles triangulaires et aux longues moustaches. *Le chat miaule quand il a faim et ron-*

château fort

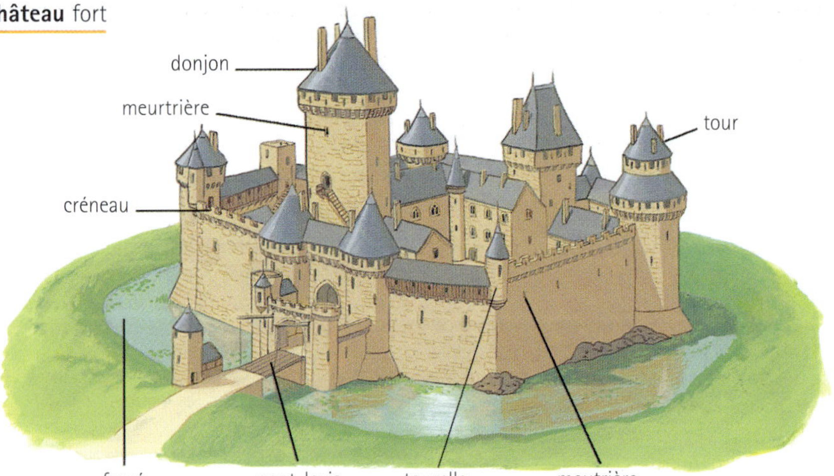

ronne quand on le caresse. → aussi **matou** ; fam. **minet.** ➳ planche Félins p. 408. — *Appeler un chat un chat,* appeler les choses par leur nom, être direct. *Avoir d'autres chats à fouetter,* d'autres choses plus importantes à faire. *Avoir un chat dans la gorge,* un enrouement soudain qui passe en se raclant la gorge. *Il n'y a pas de quoi fouetter un chat,* cette faute n'est pas grave et ne mérite pas de punition. *Quand le chat n'est pas là, les souris dansent,* quand le chef est absent, les autres en profitent pour s'amuser. *Il n'y a pas un chat ici,* il n'y a personne. ○ homonyme : chas.

▷ Autres mots de la famille : CHAT-HUANT, CHATIÈRE, ① CHATON.

châtaigne **n. f.** ✦ Fruit du châtaignier que l'on mange grillé ou bouilli. → **marron.**

➤ **châtaignier** **n. m.** ✦ Grand arbre des régions tempérées, à feuilles longues et à écorce rougeâtre. ➳ planche Arbres p. 48.

châtaigne

châtain **adj. m.** ✦ *Alex a les cheveux châtains,* brun clair. — *Léa est châtain,* elle a les cheveux châtains.

château **n. m.** **1.** Grande et belle habitation. → ① **palais.** *Nous avons visité les châteaux de la Loire.* **2.** *Un château fort,* c'est un château fortifié du Moyen Âge. — Au pl. *Des châteaux forts.* **3.** *Un château d'eau,* c'est un grand réservoir qui fournit l'eau aux habitants d'une région. — Au pl. *Des châteaux d'eau.*

➤ **châtelain** **n. m.,** **châtelaine** **n. f.** ✦ Personne qui possède un château.

chat-huant **n. m.** ✦ Oiseau de proie qui a deux touffes de plumes semblables à des oreilles de chat. *Les chats-huants chassent pendant la nuit.* → aussi ① **chouette, hibou.**

▷ Mot de la famille de CHAT et de HUÉES.

châtier **v.** (conjug. 7) ✦ Punir. *On a châtié les coupables.* — *Qui aime bien, châtie bien,* on n'hésite pas à être sévère avec quelqu'un que l'on aime.

● Ce mot est littéraire.

▷ Autre mot de la famille : CHÂTIMENT.

chatière **n. f.** ✦ Petite ouverture au bas d'une porte pour laisser passer un chat.

▷ Mot de la famille de CHAT.

châtiment **n. m.** ✦ Punition sévère. *Les coupables ont eu un châtiment exemplaire.*

▷ Mot de la famille de CHÂTIER.

chatoiement [ʃatwamɑ̃] **n. m.** ✦ Reflet changeant selon la lumière. *Le chatoiement du satin.*

▷ Mot de la famille de CHATOYER.

① **chaton** **n. m.** ✦ Petit du chat.

▷ Mot de la famille de CHAT.

② **chaton** **n. m.** ✦ Fleur en épi de certains arbres. *Les noisetiers, les saules, les peupliers portent des chatons.*

chatouiller **v.** (conjug. 1) ✦ Toucher quelqu'un à des endroits sensibles du corps de manière à le faire rire. *Julie rit quand on la chatouille.*

➤ **chatouille** **n. f.** ✦ Familier. *Faire des chatouilles,* chatouiller.

➤ **chatouilleux, chatouilleuse** **adj.** ✦ *Une personne chatouilleuse,* très sensible aux chatouilles.

chatoyer **v.** (conjug. 8) ✦ Changer de couleur avec la lumière. *Sa robe chatoie au soleil.*

➤ **chatoyant, chatoyante** **adj.** ✦ Qui a des reflets changeants. *Le satin est une étoffe chatoyante.*

▷ Autre mot de la famille : CHATOIEMENT.

châtrer **v.** (conjug. 1) ✦ Enlever les organes sexuels d'un animal. → **castrer.** *Le chapon est un coq que l'on a châtré.*

chatte → **chat**

chaud **adj. et n. m., chaude** **adj.**

■ **adj. 1.** Qui est à une température élevée. *L'eau du bain est trop chaude.* ❑ contr. **froid. 2.** Qui réchauffe. *Il a mis des vêtements chauds pour aller skier.* **3.** *Une chaude discussion,* c'est une discussion animée, passionnée. → **vif.**

■ **n. m. 1.** *Au chaud,* dans un endroit chaud. *Alex est malade, il doit rester au chaud.* **2.** *Avoir chaud,* éprouver une sensation de chaleur. *J'ai trop chaud avec ce pull. Il fait chaud, ouvre la fenêtre !* ❍ homonymes : chaux, show.

➤ **chaudement** **adv. 1.** De manière à avoir chaud. *Il est habillé chaudement.* **2.** Vivement. *Ses partisans l'ont chaudement félicité.*

➤ **chaudière** **n. f.** ✦ Appareil qui produit de la chaleur pour le chauffage central. *Une chaudière à mazout.*

➤ **chaudron** **n. m.** ✦ Récipient en métal avec une anse, que l'on suspendait autrefois au-dessus du feu, dans une cheminée.

▷ Autre mot de la famille : ÉCHAUDER.

chauffage **n. m.** ✦ Installation qui produit de la chaleur dans un appartement, une maison. *Le chauffage est en panne. Le chauffage central,* c'est un système qui permet de chauffer plusieurs pièces à partir d'une chaudière.

▷ Mot de la famille de CHAUFFER.

chauffard **n. m.** ✦ Conducteur maladroit ou dangereux. *Le chauffard a renversé un cycliste.*

chauffe-eau **n. m. inv.** ✦ Appareil qui chauffe l'eau. *Un chauffe-eau à gaz.* — Au pl. *Des chauffe-eau.*

▷ Mot de la famille de CHAUFFER et de EAU.

chauffer **v.** (conjug. 1) **1.** Rendre chaud. *Des radiateurs électriques chauffent la chambre.* **2.** Devenir chaud. *La soupe est en train de chauffer.* ❑ contr. **refroidir. 3. se chauffer,** se réchauffer. *Le chat se chauffe au soleil.*

➤ **chaufferie** **n. f.** ✦ Local où se trouve une chaudière.

▷ Autres mots de la famille : CHAUFFAGE, CHAUFFE-EAU, CHAUFFE-PLAT, ÉCHAUFFEMENT, ÉCHAUFFER, RÉCHAUD, RÉCHAUFFEMENT, RÉCHAUFFER, SE RÉCHAUFFER, SURCHAUFFÉ, SURCHAUFFER.

chauffeur **n. m.** ✦ Personne dont le métier est de conduire un véhicule. → **conducteur.** *Un chauffeur de taxi.*

chaume **n. m. 1.** Partie de la tige des céréales qui reste en terre après la moisson. *Le paysan a brûlé les chaumes.* **2.** Paille qui recouvre certains toits. *Des toits de chaume.*

➤ **chaumière** **n. f.** ✦ Petite maison à toit de chaume. ➻ planche Habitations p. 487.

chaume

chaussée **n. f.** ✦ Partie de la rue, de la route où circulent les voitures. *Monte sur le trottoir, ne reste pas sur la chaussée !*

▷ Autre mot de la famille : REZ-DE-CHAUSSÉE.

chausser **v.** (conjug. 1) **1.** *Alex chausse du 35,* il porte des chaussures de taille 35. **2.** **se chausser**, c'est mettre des chaussures. *La petite fille s'est chaussée toute seule.*

➤ **chausse-pied** **n. m.** ✦ Lame incurvée en corne, en matière plastique ou en métal, qui sert à faire entrer plus facilement le pied dans la chaussure. *Théo se chausse avec un chausse-pied.* — Au pl. *Des chausse-pieds.* ▷ Mot de la famille de ① PIED.

➤ **chaussette** **n. f.** ✦ Vêtement qui couvre le pied et une partie de la jambe. *Des chaussettes de laine.*

➤ **chausson** **n. m.** **1.** Pantoufle qui tient chaud. *À la maison, Louise reste en chaussons.* **2.** Chaussure souple. *Des chaussons de danse.* **3.** *Un chausson aux pommes,* c'est une pâtisserie faite de pâte feuilletée et remplie de compote de pommes.

➤ **chaussure** **n. f.** ✦ Ce que l'on met aux pieds pour marcher et qui a une semelle. → **soulier** et aussi **ballerine,** ① **basket,** ② **botte, escarpin, mocassin, sandale, tennis.** *Louise a mis ses chaussures vernies.*

▷ Autre mot de la famille : SE DÉCHAUSSER.

chausse-trape **n. f.** ✦ Trou recouvert cachant un piège pour prendre les animaux sauvages. — Au pl. *Des chausse-trapes.*

chauve **adj.** ✦ Qui n'a pas de cheveux. *Son grand-père est chauve.* → aussi **calvitie.**

chauve-souris **n. f.** ✦ Petit animal nocturne qui ressemble à une souris et qui a des ailes. — Au pl. *Des chauves-souris.*

▷ Mot de la famille de SOURIS.

chauve-souris

chauvin, chauvine **adj.** ✦ Qui a une admiration exagérée pour son pays et trouve que tout est moins bien à l'étranger.

➤ **chauvinisme** **n. m.** ✦ Attitude d'une personne chauvine.

chaux [ʃo] **n. f.** ✦ Matière blanche obtenue quand on chauffe du calcaire. *Les murs de la maison sont blanchis à la chaux.* ❍ homonyme : chaud.

● Ce mot se termine par un *x*.

chavirer **v.** (conjug. 1) ✦ *La barque a chaviré,* elle s'est retournée complètement.

chef **n. m. et f.** ✦ Personne qui commande, qui dirige. *Un chef d'État. Un chef d'entreprise.* → ① **patron.** *Un chef d'orchestre. La chef du service. C'est le chef de la bande.*

▷ Autre mot de la famille : CHEFTAINE.

chef-d'œuvre [ʃɛdœvʀ] **n. m.** ✦ Œuvre remarquable, parfaite. *Ce tableau est un véritable chef-d'œuvre.* — Au pl. *Des chefs-d'œuvre.*

▷ Mot de la famille de ŒUVRE.

chef-lieu [ʃɛfljø] **n. m.** ✦ Ville principale d'un département ou d'un canton. *Marseille est le chef-lieu des Bouches-du-Rhône.* — Au pl. *Des chefs-lieux.*

▷ Mot de la famille de ① LIEU.

cheftaine **n. f.** ✦ Jeune femme responsable d'un groupe de scouts.

▷ Mot de la famille de CHEF.

cheikh [ʃɛk] **n. m.** ✦ Chef de tribu dans un pays arabe. — Au pl. *Des cheikhs.* ❍ homonyme : chèque.

chemin **n. m.** **1.** Petite route qui n'est pas goudronnée. *Un chemin mène à la ferme.* → aussi **sentier.** **2.** Distance que l'on a à parcourir. *Tu as fait la moitié du chemin.* → **parcours, trajet.** **3.** Direction que l'on doit prendre. *Un étranger nous a demandé son chemin.*

➤ **chemin de fer** **n. m.** ✦ Moyen de transport qui utilise la voie ferrée. → ① **train.**
▷ Mot de la famille de FER.

▷ Autres mots de la famille : ACHEMINER, CHEMINER, CHEMINOT, À MI-CHEMIN.

cheminée **n. f.** **1.** Endroit où l'on fait du feu dans une maison. → **âtre, foyer.** *Les bûches brûlent dans la cheminée.* **2.** Partie extérieure du conduit qui sert à évacuer la fumée. *On voit fumer les cheminées sur les toits.*

cheminer **v.** (conjug. 1) ✦ Avancer lentement et péniblement. *La caravane de nomades cheminait à travers le désert.*
▷ Mot de la famille de CHEMIN.

cheminot **n. m.** ✦ Personne qui travaille dans les chemins de fer.
▷ Mot de la famille de CHEMIN.

chemise **n. f.** 1. Vêtement boutonné devant qui couvre le torse. *Il porte une chemise rayée.* 2. *Une chemise de nuit,* c'est une sorte de robe que l'on porte pour dormir. 3. Grande feuille cartonnée pliée en deux dans laquelle on range des papiers. *Elle range ses factures dans une chemise verte.*
➤ **chemisette** **n. f.** ✦ Chemise à manches courtes.
➤ **chemisier** **n. m.** ✦ Chemise de femme. → **corsage.** *Elle s'est acheté un chemisier en soie.*

chenal **n. m.** (pl. **chenaux**) ✦ Passage où les eaux sont assez profondes pour que les bateaux puissent y naviguer.

chenapan **n. m.** ✦ Enfant insupportable. → **galopin, garnement.**

chêne **n. m.** ✦ Grand arbre dont le bois est très dur et qui peut vivre plus de cinq cents ans. → aussi **gland.** *Une table en chêne.* ➻ planche Arbres p. 48 ○ homonyme : chaîne.
➤ **chêne-liège** **n. m.** ✦ Chêne dont l'écorce fournit le liège. — Au pl. *Des chênes-lièges.* ▷ Mot de la famille de LIÈGE.

chenet **n. m.** ✦ *Les chenets,* ce sont les supports de métal sur lesquels on pose les bûches dans une cheminée.

chenil **n. m.** ✦ Endroit où l'on élève et où l'on garde des chiens. *Ils ont acheté un chiot dans un chenil.*

chenille **n. f.** 1. Larve du papillon, au corps allongé et mou, divisé en anneaux, et souvent recouvert de poils. 2. Bande formée de plaques de métal articulées qui s'enroulent autour des roues d'un tank, d'un bulldozer. *Les véhicules à chenilles.*

cheptel [ʃɛptɛl] ou [ʃtɛl] **n. m.** ✦ Ensemble des animaux que l'on élève. *Cet agriculteur a un beau cheptel,* il a de nombreux bestiaux.

chèque **n. m.** ✦ Papier fabriqué par une banque sur lequel on inscrit une somme d'argent et qui sert à payer. *Il préfère payer par chèque plutôt qu'en espèces.* ○ homonyme : cheikh.
➤ **chéquier** **n. m.** ✦ Carnet de chèques.

① **cher, chère** **adj.** 1. Que l'on aime beaucoup. *Une amie très chère.* 2. Formule de politesse. « *Mes chers amis, bonjour.* » ○ homonymes : chair, chaire, chère.
▷ Autres mots de la famille : CHÉRI, CHÉRIR.

② **cher, chère** **adj.** ✦ Qui coûte beaucoup d'argent. → **coûteux, onéreux.** *Cette robe est très chère.* ◻ contr. **bon marché.** — **Adv.** *Ces voitures coûtent cher.*
▷ Autres mots de la famille : ENCHÈRE, SURENCHÈRE, SURENCHÉRIR.

chercher **v.** (conjug. 1) 1. Essayer de trouver, de découvrir. *Elle cherche ses lunettes partout. Ils cherchent du travail.* 2. *Chercher à,* c'est essayer de faire quelque chose. *Le prisonnier cherche à s'échapper.* → **tenter.** 3. *Aller chercher quelqu'un* ou *quelque chose,* c'est le ramener ou le rapporter. *Il est allé chercher sa fille à l'école.*
➤ **chercheur** **n. m.,** **chercheuse** **n. f.** 1. Personne dont le métier est de faire de la recherche scientifique. *Elle est chercheuse dans un laboratoire.* 2. *Un chercheur d'or,* une personne qui cherche de l'or dans le sol, les rivières.
▷ Autres mots de la famille : RECHERCHE, RECHERCHER.

chère **n. f.** ✦ *Faire bonne chère,* c'est bien manger. ○ homonymes : chair, chaire, ① et ② cher.

chenille

chérir **v.** (conjug. 2) ✦ Aimer tendrement. *Elle chérit ses enfants.*

➤ **chéri** **n. m.**, **chérie** **n. f.** ✦ *Mon chéri, ma chérie,* se dit à une personne que l'on aime. – **Adj.** *Mes petits enfants chéris,* que j'aime beaucoup.

▷ Mots de la famille de ① CHER.

chérubin **n. m.** ✦ Enfant mignon et très sage.

chétif, chétive **adj.** ✦ Petit, faible, de santé fragile. *Une petite fille chétive.* → **malingre.** ❑ contr. **robuste, vigoureux.**

cheval **n. m.** (pl. **chevaux**) **1.** Grand animal domestique à crinière, qui peut porter de lourdes charges sur son dos et tirer des charrettes. → aussi **destrier, étalon, jument, poulain.** *Le cheval est rentré à l'écurie. Les chevaux hennissent.* **2.** *Faire du cheval,* c'est faire de l'équitation. → aussi **poney.** **3.** *À cheval,* les jambes de chaque côté. → à **califourchon.** *Alex est à cheval sur le mur.* **4.** *Monter sur ses grands chevaux,* se mettre en colère, s'indigner.

➤ **chevaleresque** **adj.** ✦ Noble et généreux, digne d'un chevalier. *Une conduite chevaleresque.*

➤ **chevalerie** **n. f.** ✦ Ordre propre à la noblesse, au Moyen Âge. *Les règles de la chevalerie étaient la bravoure, la courtoisie, la loyauté, la protection des faibles.*

➤ **chevalier** **n. m.** ✦ Seigneur du Moyen Âge qui combattait à cheval. → aussi **chevalerie.** *Les chevaliers devaient être braves et protéger les faibles.*

➤ **chevalière** **n. f.** ✦ Bague dont la partie aplatie porte des armoiries ou des initiales gravées.

➤ **chevalin, chevaline** **adj.** ✦ *Une boucherie chevaline,* c'est une boucherie où l'on vend de la viande de cheval. *La race chevaline,* les chevaux.

chevalier

➤ **chevaucher** **v.** (conjug. 1) **1.** Aller à cheval. *Les cow-boys chevauchaient dans la plaine.* **2.** **se chevaucher,** c'est se recouvrir en partie. *Il a deux dents qui se chevauchent.*

➤ **chevauchée** **n. f.** ✦ Longue promenade à cheval.

chevalet **n. m.** ✦ Support de bois sur lequel un peintre pose sa toile pour peindre.

chevelu, chevelue **adj.** ✦ Qui a beaucoup de cheveux ou de longs cheveux. *Des garçons chevelus.*

▷ Mot de la famille de CHEVEU.

chevelure **n. f.** ✦ Ensemble des cheveux. *Louise a une belle chevelure blonde.*

▷ Mot de la famille de CHEVEU.

chevet **n. m.** **1.** *Le chevet d'un lit,* c'est l'endroit où l'on pose la tête. *Une lampe de chevet,* c'est une lampe posée à la tête du lit. *Un livre de chevet,* le livre que l'on préfère, que l'on relit souvent. **2.** *Être, rester au chevet de quelqu'un,* près de lui pour le soigner. *L'infirmière est restée au chevet du malade.*

cheveu **n. m.** ✦ Poil qui pousse sur le crâne d'un être humain. *Julie a les cheveux roux.* – *Cette histoire nous a fait dresser les cheveux sur la tête,* nous a terrifiés. – Familier. *Ton explication est un peu tirée par les cheveux,* elle est compliquée et peu vraisemblable. *Couper les cheveux en quatre,* c'est compliquer les choses en entrant trop dans le détail. *Avoir un cheveu sur la langue,* zozoter. *Venir comme un cheveu sur la soupe,* à contretemps, mal à propos.

▷ Autres mots de la famille : CHEVELU, CHEVELURE, ÉCHEVELÉ, SÈCHE-CHEVEUX.

cheville **n. f.** **1.** Petit morceau de bois que l'on enfonce dans un trou pour assembler les parties d'un meuble. **2.** Articulation située entre la jambe et le pied. *Alex s'est foulé la cheville.*

chèvre **n. f.** ✦ Animal ruminant à cornes recourbées, au poil épais, capable de grimper et de sauter. → fam. **bique** et aussi **bouc.** *La chèvre bêle. Avec le lait de chèvre, on fait du fromage de chèvre.* – *Ménager la chèvre et le chou,* ne pas prendre parti pour ne déplaire à aucun des deux camps.

➤ **chevreau** **n. m.** ✦ Petit de la chèvre. → **cabri.** — Au pl. *Des chevreaux.*
▷ Autres mots de la famille : CHEVREUIL, CHEVRIER, CHEVROTANT.

chèvrefeuille **n. m.** ✦ Plante grimpante à fleurs très parfumées.
▷ Mot de la famille de FEUILLE.

chevreuil **n. m.** ✦ Animal de la famille du cerf, assez petit, à la robe fauve et au ventre blanchâtre. → aussi **faon.** *Le chevreuil brame.*
▷ Mot de la famille de CHÈVRE.

chevrier **n. m.**, **chevrière** **n. f.** ✦ Personne qui garde les chèvres.
▷ Mot de la famille de CHÈVRE.

chevron **n. m.** **1.** Pièce de bois inclinée dans le sens de la pente du toit qui s'appuie sur les poutres et forme la charpente. **2.** Ruban cousu sur les manches des uniformes militaires, formant un V renversé. **3.** Dessin décoratif en forme de zigzag. *Un tissu à chevrons.*

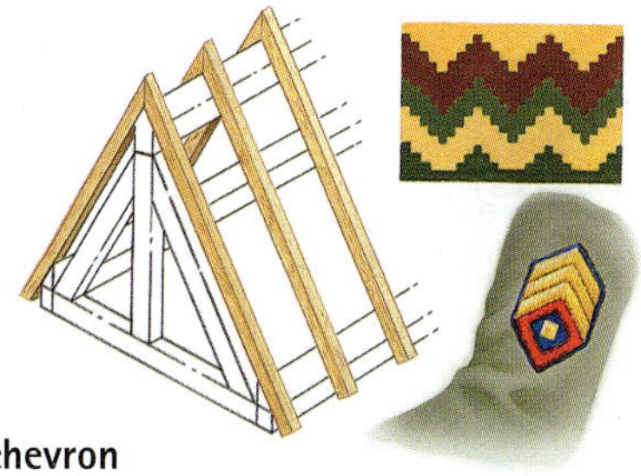
chevron

chevronné, **chevronnée** **adj.** ✦ Expérimenté. *C'est une conductrice chevronnée.*
❑ contr. **inexpérimenté, novice.**

chevrotant, **chevrotante** **adj.** ✦ *Une voix chevrotante,* c'est une voix qui tremble légèrement comme un bêlement de chèvre.
▷ Mot de la famille de CHÈVRE.

chewing-gum [ʃwiŋgɔm] **n. m.** ✦ Pâte que l'on mâche. — Au pl. *Des chewing-gums.*
● Ce mot vient de l'anglais et veut dire « gomme à mâcher ».

chez **prép.** **1.** *Je vais chez moi,* dans la maison où j'habite. *Elle est chez le coiffeur,* dans la boutique du coiffeur. **2.** *Il y a une chose que je ne comprends pas chez elle,* dans son caractère. **3.** *C'est une tradition, chez les Anglais, de boire du thé,* en Angleterre.

chic **adj. inv.**, **n. m.** et **interj.**
■ **adj. inv.** **1.** Élégant, bien habillé. *Elles sont toujours très chic pour sortir.* **2.** Sympathique, serviable. → **généreux.** *Léa est une chic fille.*
■ **n. m.** **1.** Élégance. *Sa robe a beaucoup de chic.* → **allure.** **2.** Facilité à faire quelque chose. *Paul a le chic pour mettre tout le monde en retard.*
■ **interj.** Mot qui exprime la satisfaction, la joie. → ② **chouette.** *Chic ! ce soir nous allons au cinéma !*

chicane **n. f.** **1.** Dispute au sujet d'une chose sans importance. *Il cherche chicane à tout le monde.* → **querelle.** **2.** Passage en zigzag sur une route. *Les chicanes obligent les voitures à ralentir.*

① **chiche** **adj.** **1.** *Il est chiche de compliments,* il n'en fait pas beaucoup. → **avare.** **2.** *Les portions de frites étaient un peu chiches,* peu abondantes. ❑ contr. **copieux, généreux.**
➤ **chichement** **adv.** ✦ En dépensant le moins possible d'argent. *Ils vivent chichement.* → **pauvrement.**

② **chiche** **adj.** ✦ *Pois chiche.* → **pois.**

③ **chiche** **interj.** ✦ Familier. Mot qui exprime le défi. « *Tu n'oseras pas le faire. – Chiche !* », j'en suis capable !

chicon **n. m.** ✦ Endive.
● Ce mot est employé dans le nord de la France et en Belgique.

chicorée **n. f.** **1.** Plante dont on mange les feuilles en salade. **2.** Boisson qui ressemble au café, faite à partir de la racine de chicorée.

chicot **n. m.** ✦ Familier. Morceau qui reste d'une dent cassée.

chien **n. m.**, **chienne** **n. f.** **1.** Animal domestique carnivore. ➻ planche p. 166. *Le chien aboie. La chienne et ses chiots.* — *Les adversaires se regardaient en chiens de faïence,* sans se parler, avec un air hostile. *Il fait un temps de chien,* un très mauvais temps. *Il est d'une humeur de chien,* de très mauvaise humeur. *Cela fait un mal de chien,* extrêmement mal. *Ils s'entendent comme chien et chat,* ils se disputent tout le temps. *Entre chien et loup,* quand la nuit commence à tomber. → **crépuscule.** **2.** **n. m.** Pièce coudée d'un fusil ou d'un pistolet. *Être couché en chien de fusil,* sur le côté, les genoux repliés.
▷ Autres mots de la famille : CHIENDENT, CHIEN-LOUP.

chiens

yorkshire terrier

chihuahua

teckel à poil ras

fox-terrier

cocker

husky

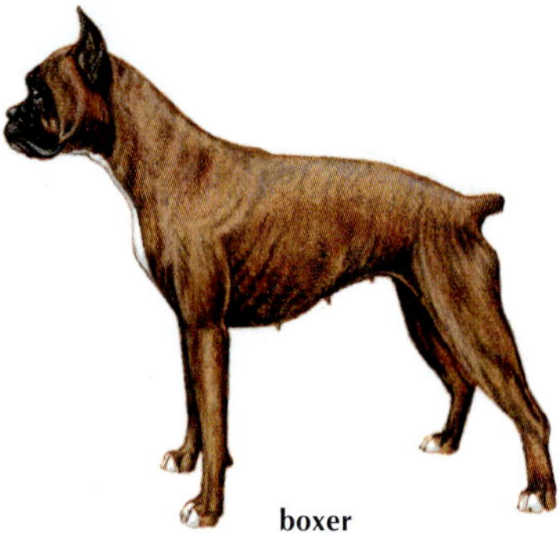

boxer

chow-chow

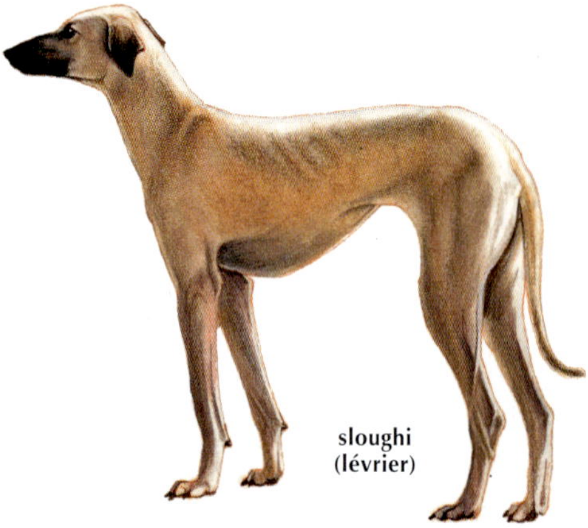

sloughi
(lévrier)

caniche

colley

berger allemand

setter
gordon

saint-bernard

doberman

chignole

chiendent n. m. ✦ Mauvaise herbe dont les racines sont très développées. *Le jardinier arrache le chiendent dans le potager. Une brosse en chiendent,* faite avec les racines séchées de cette herbe.
▷ Mot de la famille de CHIEN et de DENT.

chien-loup n. m. ✦ Grand chien qui ressemble à un loup, appelé aussi *berger allemand.* — Au pl. *Des chiens-loups.*
▷ Mot de la famille de CHIEN et de LOUP.

chiffon n. m. ✦ Vieux morceau de tissu. *Théo fait briller ses chaussures avec un chiffon.*
➤ **chiffonner** v. (conjug. 1) **1.** Froisser. *Julie a chiffonné sa robe en s'asseyant.* → **friper.** **2.** Familier. Ennuyer. *Cette histoire me chiffonne,* elle me contrarie. → **tracasser.**
➤ **chiffonné, chiffonnée** adj. ✦ Froissé. → **fripé.** *Ta jupe est toute chiffonnée.*
➤ **chiffonnier** n. m., **chiffonnière** n. f. ✦ Personne qui ramasse les vieux vêtements et les vieux objets pour les vendre. — *Paul et Théo se battent comme des chiffonniers,* très violemment.

① **chiffre** n. m. **1.** Signe qui sert à écrire un nombre. *Écrivez la somme en chiffres et en lettres. 3 et 5 sont des chiffres arabes, III et V des chiffres romains.* **2.** Somme. *À quel chiffre s'élèvent les dégâts ?* quel est le montant des dégâts ?
➤ **chiffrer** v. (conjug. 1) ✦ Évaluer le prix. *Le peintre a chiffré les travaux à 1 500 euros.* → **estimer.**

② **chiffre** n. m. ✦ Ensemble de signes qui servent à correspondre secrètement. → **code.** *Le chiffre d'un message secret.*
➤ **chiffré, chiffrée** adj. ✦ *Un message chiffré,* écrit avec des signes secrets. → **codé.**
▷ Autres mots de la famille : DÉCHIFFRER, INDÉCHIFFRABLE.

chignole n. f. ✦ Outil qui sert à percer des trous. → **perceuse.**

chignon n. m. ✦ Coiffure dans laquelle les cheveux longs sont roulés et attachés derrière la tête ou sur la tête. *Elle s'est fait un chignon.*

chimère n. f. **1.** Monstre imaginaire à tête de lion, à corps de chèvre, à queue de dragon, qui crache des flammes. **2.** Rêve impossible à réaliser. → **illusion, utopie.** *Une des chimères de Paul est d'aller sur la Lune.*
➤ **chimérique** adj. ✦ *Un projet chimérique,* qui n'est pas réalisable. → **utopique.** ❑ contr. **raisonnable.**

chimie n. f. ✦ Science qui étudie comment sont faits les éléments de la nature, la manière dont ils se combinent, se transforment et réagissent entre eux. *Les élèves font des expériences de chimie au laboratoire.*
➤ **chimique** adj. ✦ Qui est fait grâce à la chimie. *L'analyse chimique de l'air montre de quels éléments il est formé. Les produits chimiques sont fabriqués par l'industrie chimique.*
➤ **chimiste** n. m. et f. ✦ Personne qui étudie et pratique la chimie.

chimpanzé n. m. ✦ Grand singe intelligent qui vit en petits groupes dans les arbres des forêts humides d'Afrique.

chinchilla [ʃɛ̃ʃila] n. m. ✦ Petit rongeur d'Amérique du Sud. *La fourrure du chinchilla est gris clair. Des chinchillas.*

chinchilla

chiné, chinée adj. ✦ *Un tissu chiné* est fait de fils de couleurs différentes, alternés de façon irrégulière. *Une veste chinée.*

chiot n. m. ✦ Très jeune chien. *Une chienne et ses chiots.*

chiper v. (conjug. 1) ✦ Familier. Voler, prendre en cachette. → fam. **piquer.** *On lui a chipé sa gomme.*

chipie n. f. ✦ Familier. Fille, femme méchante. *C'est une vieille chipie.*

chipoter v. (conjug. 1) ✦ Familier. 1. Manger par petits morceaux, sans plaisir. *Léa chipote dans son assiette.* 2. Faire des histoires pour rien. *Ne chipotons pas sur les détails.*

chips [ʃips] n. f. pl. ✦ Tranches très fines de pommes de terre frites. *Un paquet de chips.*
● C'est un mot anglais qui veut dire « petits morceaux, copeaux ».

chiqué n. m. ✦ Familier. *C'est du chiqué,* c'est faux, c'est du bluff. *Alex pleure et il n'a même pas mal, c'est du chiqué !*

chiquenaude n. f. ✦ Coup donné par un doigt replié sur l'intérieur du pouce que l'on détend brusquement. *D'une chiquenaude, Paul a poussé la bille.*

chirurgie n. f. ✦ Partie de la médecine qui s'occupe des opérations. *La chirurgie cardiaque. Le service de chirurgie d'un hôpital,* où sont les médecins et les installations nécessaires aux opérations.
➤ **chirurgical, chirurgicale** adj. ✦ *Une intervention chirurgicale,* c'est une opération à l'intérieur du corps. *Les instruments chirurgicaux,* ceux que le chirurgien utilise pour opérer.
➤ **chirurgien** n. m., **chirurgienne** n. f. ✦ Médecin qui opère les malades et les blessés.

chlore [klɔʀ] n. m. ✦ Gaz jaune verdâtre, à l'odeur désagréable. *L'eau de Javel contient du chlore.*
➤ **chloroforme** [klɔʀɔfɔʀm] n. m. ✦ Liquide incolore qui endort quand on le respire. *Le malade a été endormi au chloroforme.*

chlorophylle [klɔʀɔfil] n. f. ✦ Substance verte des plantes, qui se forme à la lumière.

choc n. m. 1. Rencontre brutale de deux choses. *Le choc des deux véhicules a été brutal.* → **collision, heurt.** *Cette montre résiste aux chocs.* → **coup.** 2. Émotion brutale. *La mort de son chien a été un choc pour lui.*
▷ Autres mots de la famille : CHOQUANT, CHOQUER, ENTRECHOQUER, PARE-CHOCS.

chocolat n. m. ✦ Mélange de cacao et de sucre. *J'ai acheté du chocolat à croquer et du chocolat en poudre. Une tablette de chocolat. Léa aime beaucoup le gâteau au chocolat. Théo boit un chocolat chaud,* du chocolat délayé dans du lait.
● *Chocolat* vient de l'aztèque, qui est une langue indienne.

① **chœur** n. m. 1. Groupe de chanteurs qui chantent ensemble. → aussi **chorale.** *Les chœurs de l'Opéra de Paris.* 2. *En chœur,* ensemble. *Les élèves ont répondu en chœur à la question du professeur.* ❍ homonyme : cœur.

② **chœur** n. m. ✦ Partie de l'église où se trouve l'autel. *Le chœur d'une cathédrale. Les enfants de chœur assistent le prêtre pendant la messe.*

choir v. (présent : *je chois* ; futur : *je choirai* ou *je cherrai* ; participe passé : *chu*) ✦ Familier. *Laisser choir quelqu'un,* c'est l'abandonner. → **tomber** et aussi **plaquer.** *Elle a laissé choir tous ses amis.*
● *Choir* signifiait « tomber ».
▷ Autres mots de la famille : CHUTE, CHUTER, DÉCHÉANCE, DÉCHOIR, DÉCHU, ÉCHÉANCE, ÉCHÉANT, PARACHUTAGE, PARACHUTE, PARACHUTER, PARACHUTISME, PARACHUTISTE, RECHUTE, RECHUTER.

choisir v. (conjug. 2) ✦ *Choisir une chose,* c'est la prendre de préférence à une autre. *Choisis le gâteau que tu veux.*
➤ **choix** n. m. 1. Possibilité que l'on a de choisir. *As-tu fait ton choix ? Il a le choix entre trois solutions.* 2. Ce que l'on a choisi. *Es-tu content de ton choix ?* 3. Ensemble de choses parmi lesquelles on peut choisir. *Il y a un grand choix de robes dans ce magasin.* 4. *De choix,* de qualité. *Le caviar est un mets de choix.* 5. *Au choix,* avec la possibilité de choisir. *Ce menu propose fromage ou dessert au choix.*

choléra [kɔleʀa] n. m. ✦ Grave maladie des intestins, très contagieuse et parfois mortelle. *Le choléra provoque des vomissements, des diarrhées, des crampes et une grande soif.*

cholestérol [kɔlɛsteʀɔl] n. m. ✦ Graisse qui se trouve dans le sang. *C'est dangereux pour la santé d'avoir trop de cholestérol.*

chômer v. (conjug. 1) ✦ *Ne pas chômer,* travailler beaucoup. *Aujourd'hui, je n'ai pas chômé.*
● Autrefois, *chômer* voulait dire « ne pas travailler pendant les fortes chaleurs ».
➤ **chômage** n. m. ✦ *Être au chômage,* c'est ne plus avoir de travail.

➤ **chômeur** **n. m.**, **chômeuse** **n. f.** ✦ Personne qui n'a pas de travail. *Le nombre des chômeurs est stable.* → **demandeur** d'emploi.

chope **n. f.** ✦ Grand verre épais muni d'une anse. *Une chope de bière.*

chope

choquer **v.** (conjug. 1) ✦ Déplaire en causant une impression désagréable. *Certaines scènes de ce film d'horreur risquent de choquer les personnes sensibles.* → aussi **choc.** *Elle a été choquée par leur conduite,* heurtée, scandalisée.

➤ **choquant, choquante** **adj.** ✦ Qui est contraire aux bonnes manières, à la bonne éducation. *Tout le monde a trouvé son attitude choquante.* → **grossier, inconvenant.**

▷ Mots de la famille de CHOC.

chorale [kɔʀal] **n. f.** ✦ Groupe de personnes qui chantent ensemble. → aussi ① **chœur.** *Léa fait partie de la chorale de l'école.*

chorégraphie [kɔʀegʀafi] **n. f.** ✦ Ensemble des pas de danse d'un ballet.

choriste [kɔʀist] **n. m. et f.** ✦ Personne qui chante dans une chorale ou dans un chœur. *Les choristes de l'Opéra.*

chorus [ʃɔʀys] **n. m.** ✦ *Faire chorus,* c'est se joindre à d'autres personnes pour dire comme elles, pour être du même avis. → **approuver.**

● C'est un mot latin qui veut dire « chœur ».

chose **n. f.** **1.** Objet. *Dans un supermarché, on trouve toutes sortes de choses.* → fam. **truc.** **2.** Fait, événement. *J'ai beaucoup de choses à vous raconter.* **3.** *Elle pense à* ***autre chose,*** à quelque chose d'autre. *Ce n'est pas* ***la même chose,*** c'est différent.

▷ Autres mots de la famille : GRAND-CHOSE, QUELQUE CHOSE.

chou **n. m.** (pl. **choux**) **1.** Plante qui a des feuilles arrondies qui se recouvrent les unes les autres, formant une grosse boule dure. *Il y a plusieurs sortes de choux : le chou blanc, le chou vert, le chou rouge, le brocoli. Un gratin de choux de Bruxelles.* **2.** *Un chou à la crème,* c'est un gâteau en forme de boule, rempli de crème.

▷ Autres mots de la famille : CHOUCHOU, CHOUCHOUTER, CHOU-FLEUR.

choucas [ʃuka] **n. m.** ✦ Oiseau noir de la taille d'un pigeon, qui ressemble à la corneille. *Les choucas vivent en groupes.*

chouchou **n. m.**, **chouchoute** **n. f.** ✦ Familier. Personne, enfant que l'on préfère. *Son fils aîné a toujours été son chouchou.* — Au masc. pl. *Des chouchous.*

➤ **chouchouter** **v.** (conjug. 1) ✦ Familier. Dorloter. → **choyer.** *Il chouchoute ses petits-enfants.* → ① **gâter.**

▷ Mots de la famille de CHOU.

choucroute **n. f.** ✦ Plat composé de chou coupé en fins rubans que l'on a fait fermenter, et de charcuterie. *Nous avons mangé de la choucroute.*

● *Choucroute* vient de l'alsacien *sûrkrût* qui veut dire « herbe aigre ».

① **chouette** **n. f.** ✦ Oiseau rapace à grosse tête et aux yeux ronds, qui chasse la nuit. → aussi **chat-huant, effraie, hibou, hulotte.** *La chouette hulule.*

② **chouette** **adj. et interj.** ✦ Familier.

■ **adj.** Agréable, beau. *Sa nouvelle maison est très chouette.*

■ **interj.** Mot qui exprime la satisfaction. → **chic.** *Chouette ! aujourd'hui, il fait beau.*

chou-fleur **n. m.** ✦ Chou dont on mange les fleurs blanches qui forment une grosse boule. *Le rôti est accompagné de chou-fleur au gratin.* — Au pl. *Des choux-fleurs.*

▷ Mot de la famille de CHOU et de ① FLEUR.

chou-fleur

chouquette **n. f.** ✦ Petit chou recouvert de sucre en grains. *Julie a acheté des chouquettes à la boulangerie.*

choyer **v.** (conjug. 8) ✦ Dorloter, donner beaucoup de tendresse. *Ils choient leurs trois enfants de la même façon. Ses grands-parents l'ont beaucoup choyé.* → **chouchouter.**

chrétien [kʀetjɛ̃] **n. m.**, **chrétienne** [kʀetjɛn] **n. f.** ✦ Personne qui croit en Jésus-Christ. *Les catholiques, les orthodoxes et les protestants sont des chrétiens.* — **Adj.** *L'ère chrétienne commence à la naissance de Jésus-Christ.*

➤ **chrétienté** [kʀetjɛ̃te] **n. f.** ✦ *La chrétienté,* c'est l'ensemble de tous les chrétiens et des pays où le christianisme est la religion principale.

christianisme [kʀistjanism] **n. m.** ✦ Religion des chrétiens.

chrome [kʀom] **n. m.** 1. Métal gris, brillant et dur. 2. *Les chromes,* les pièces d'une voiture, d'une bicyclette en acier chromé. *Il astique les chromes de sa voiture.*

➤ **chromé, chromée** **adj.** ✦ *De l'acier chromé,* recouvert de chrome.

① **chronique** [kʀɔnik] **adj.** ✦ *Une maladie chronique,* c'est une maladie qui dure longtemps et revient souvent. ❑ contr. **aigu.** — *Il est d'une mauvaise humeur chronique,* habituelle, fréquente.

② **chronique** **n. f.** ✦ Partie d'un journal où l'on parle d'un sujet particulier. *Elle lit d'abord la chronique sportive.*

chronologie [kʀɔnɔlɔʒi] **n. f.** ✦ *La chronologie des événements,* c'est l'ordre dans lequel ils se succèdent. *Le commissaire rappelle la chronologie des faits, le soir du meurtre.*

➤ **chronologique** **adj.** ✦ *L'ordre chronologique,* c'est l'ordre dans lequel les choses se sont passées. *Racontez-nous ce qui est arrivé, dans l'ordre chronologique.*

chronomètre [kʀɔnɔmɛtʀ] **n. m.** ✦ Montre très précise qui permet de mesurer les centièmes de seconde. *L'arbitre regarde son chronomètre avant de siffler la fin du match.*

● On dit souvent *un chrono,* pour simplifier.

➤ **chronométrer** **v.** (conjug. 6) ✦ Mesurer une durée avec un chronomètre. *L'arbitre chronomètre la course.*

chrysalide [kʀizalid] **n. f.** ✦ État par lequel passe la chenille avant de devenir un papillon. → **cocon.**

chrysanthème [kʀizɑ̃tɛm] **n. m.** ✦ Fleur à pétales fins et nombreux, qui fleurit en automne. ➻ planche Fleurs p. 421. *Alex a déposé un pot de chrysanthèmes sur la tombe de son grand-père.*

● Il y a deux *h* et un *y* dans ce mot.

chuchoter **v.** (conjug. 1) ✦ Parler tout bas. → **murmurer.** *Léa chuchote quelques mots à l'oreille de Julie.*

➤ **chuchotement** **n. m.** ✦ Bruit de voix très faible. → **murmure.** *On entendait des chuchotements dans le fond de la classe.*

chuinter **v.** (conjug. 1) 1. Produire un sifflement continu et assourdi. *Le jet de vapeur chuinte en sortant de l'autocuiseur.* 2. *La chouette chuinte,* elle pousse son cri.

➤ **chuintement** **n. m.** 1. Sifflement continu et assourdi. *Le chuintement de la vapeur.* 2. Cri de la chouette.

chut ! [ʃyt] **interj.** ✦ Mot qui s'emploie pour demander le silence. *Chut ! Taisez-vous !*

❍ homonyme : chute.

chute **n. f.** 1. *Faire une chute,* c'est tomber. *Julie a fait une chute dans l'escalier. Des chutes de neige sont à prévoir,* il risque de neiger. *Il utilise une lotion contre la chute des cheveux,* pour que ses cheveux ne tombent pas. 2. *Une chute d'eau,* c'est l'eau d'un cours d'eau qui tombe d'une grande hauteur. → **cascade, cataracte.** *Les chutes du Niagara.* 3. *La chute d'un gouvernement,* c'est son renversement, son écroulement. *La Révolution française a provoqué la chute de la monarchie.*

❍ homonyme : chut.

chute d'eau

➤ **chuter** **v.** (conjug. 1) ✦ Diminuer beaucoup. *Il est rare que les prix chutent.* → **baisser.**
▷ Mots de la famille de CHOIR.

① **ci** **adv.** **1.** *Ci,* devant un adjectif ou un adverbe, veut dire *ici. Relisez le passage ci-dessus,* le passage au-dessus. **2.** *Ci,* après un nom ou un pronom démonstratif, apporte une précision. *Il doit venir ces jours-ci. Préfères-tu celles-ci ou celles-là ?* ❍ homonymes : scie, ①, ② et ③ si, six.
▷ Autres mots de la famille : CI-JOINT ; PAR-CI, PAR-LÀ.

② **ci** **pronom démonstratif** ✦ Ceci. *Il veut toujours ci ou ça. Comment allez-vous ? Comme ci comme ça !* pas très bien.

cible **n. f.** ✦ Objet que l'on vise avec une carabine ou des flèches. *Le centre de la cible.*

ciboulette **n. f.** ✦ Plante aromatique dont les longues feuilles cylindriques et creuses à léger goût d'oignon sont utilisées pour donner plus de goût. *La ciboulette, l'estragon, le persil sont des fines herbes.*

cicatrice **n. f.** ✦ Marque laissée sur la peau par une blessure ou une opération. *Paul a une cicatrice sur le ventre.*
➤ **cicatriser** **v.** (conjug. 1) ✦ *La plaie a cicatrisé* (ou *s'est cicatrisée*), elle a guéri et il ne reste qu'une marque sur la peau.
➤ **cicatrisation** **n. f.** ✦ *La cicatrisation d'une plaie,* le fait de se fermer. *La cicatrisation de sa coupure a été rapide.*

cidre **n. m.** ✦ Jus de pomme fermenté pétillant.

ciel **n. m.** (pl. **ciels** ou **cieux**) **1.** Espace que l'on voit au-dessus de nos têtes et au loin jusqu'à l'horizon. → **firmament.** *Ce soir, le ciel est étoilé. De beaux ciels d'orage. Sous d'autres cieux,* ailleurs, dans un autre pays. **2.** Au pl. *Les cieux,* le paradis. ❏ contr. **enfer.** *Le royaume des cieux.*
▷ Autres mots de la famille : ARC-EN-CIEL, GRATTE-CIEL.

cierge **n. m.** ✦ Bougie longue et fine que l'on fait brûler dans une église.

cigale **n. f.** ✦ Insecte à quatre ailes, au cri strident, qui vit dans les régions méditerranéennes. *Le chant des cigales.* → aussi **grillon.**
➻ planche Insectes p. 543.

cigare **n. m.** ✦ Rouleau de feuilles de tabac. *Il fume un petit cigare.*

➤ **cigarette** **n. f.** ✦ Petit rouleau de tabac haché et enveloppé dans un papier très fin. *Un paquet de cigarettes.*
▷ Autre mot de la famille : ALLUME-CIGARE.

ci-gît → **gésir**

cigogne **n. f.** ✦ Grand échassier blanc, qui a le bout des ailes noir, de longues pattes rouges et un bec rouge long et droit. *Les cigognes sont des oiseaux migrateurs.* ➻ planche Oiseaux p. 711.

ciguë [sigy] **n. f.** ✦ Plante vénéneuse dont on extrayait un poison très toxique. *Le philosophe grec Socrate a été condamné à boire de la ciguë.*

ci-joint, ci-jointe **adj.** ✦ Joint à ceci. *Veuillez trouver la facture des travaux ci-jointe.*
● *Ci-joint* est invariable quand il est placé avant le nom. On dit : *veuillez trouver ci-joint la facture des travaux.*
▷ Mot de la famille de ① CI et de JOINDRE.

cil **n. m.** ✦ *Les cils,* ce sont les poils qui bordent les paupières.

cime **n. f.** ✦ Sommet pointu. → **faîte.** *Les cimes des montagnes disparaissaient dans les nuages.*

ciment **n. m.** ✦ Poudre à base de calcaire ou de chaux que l'on mélange avec de l'eau, qui durcit en séchant et qui sert de matériau de construction. *Le sol du garage est en ciment.* → aussi ③ **mortier.**
➤ **cimenter** **v.** (conjug. 1) ✦ Recouvrir de ciment, lier avec du ciment. *Le maçon cimente les briques.*

cimeterre **n. m.** ✦ Sabre à lame large et recourbée, qui était utilisé autrefois par les Turcs.

cimeterre

cimetière **n. m.** ✦ Lieu où l'on enterre les morts.

cinéaste **n. m.** et **f.** ✦ Personne qui fait des films. → **réalisateur.**

ciné-club **n. m.** ✦ Groupe de personnes qui aiment le cinéma et organisent des projections de films. — Au pl. *Des ciné-clubs.*
▷ Mot de la famille de CLUB.

cinéma **n. m.** **1.** Ensemble des techniques qui permettent de filmer et de projeter des images en mouvement. *Le cinéma fut inventé en 1895 par les frères Lumière. Une vedette de cinéma.* **2.** Salle où l'on projette des films. *Ce soir, nous allons au cinéma voir un film d'espionnage.* — On dit familièrement *ciné.*
● *Cinéma* est l'abréviation de *cinématographe.*
➤ **cinématographique** **adj.** ✦ Qui concerne le cinéma. *L'art cinématographique.*

cinéphile **n. m.** et **f.** ✦ Amateur de cinéma. *C'est une cinéphile, elle a vu tous les films que ce cinéaste a réalisés.*

cingler **v.** (conjug. 1) ✦ Frapper comme un fouet. *La pluie cinglait son visage.*
➤ **cinglant, cinglante** **adj.** ✦ Très méchant. → **blessant, vexant.** *Un ton cinglant. Des remarques cinglantes.*

cinq **adj. inv.** ✦ Quatre plus un (5). *Les cinq doigts de la main.* — **N. m. inv.** *Il habite au 5 de la rue Férou.*
➤ **cinquième** **adj.** et **n.**
■ **adj.** Qui suit le quatrième. *Ils habitent au cinquième étage.*
■ **n. 1. n. m.** Partie d'un tout qui est divisé en cinq parties égales. *Les trois cinquièmes des élèves sont arrivés en retard.* **2. n. f.** Deuxième année de l'enseignement secondaire. *Le frère de Léa est en cinquième.*
➤ **cinquante** **adj. inv.** ✦ Dix fois cinq (50). *Il vient d'avoir cinquante ans.* → aussi **quinquagénaire.** — **N. m. inv.** *Elle habite au 50 de l'avenue de Paris.*
➤ **cinquantième** **adj.** et **n. m.**
■ **adj.** *Il est arrivé cinquantième à l'épreuve de course à pied.*
■ **n. m.** Partie d'un tout qui est divisé en cinquante parties égales. *10 est le cinquantième de 500.*
➤ **cinquantaine** **n. f.** ✦ Nombre d'environ cinquante. *Il y avait une cinquantaine de personnes,* environ cinquante personnes. *Il approche de la cinquantaine,* il va bientôt avoir 50 ans.
➤ **cinquantenaire** **n. m.** ✦ Cinquantième anniversaire d'un événement. *On célèbre cette année le cinquantenaire de la mort de ce grand écrivain.*

cintre **n. m.** ✦ Barre courbée qui a un crochet et qui sert à suspendre les habits. *Mets ton manteau sur un cintre.*

cintré, cintrée **adj.** ✦ *Un vêtement cintré,* un peu serré à la taille. *Une veste cintrée.*

cirage **n. m.** ✦ Produit qui sert à entretenir et faire briller le cuir. *Du cirage noir.*
▷ Mot de la famille de CIRE.

circoncision **n. f.** ✦ Opération qui consiste à enlever un peu de la peau qui recouvre l'extrémité du sexe du petit garçon. *La circoncision est un rite des religions juive et musulmane.*

circonférence **n. f.** ✦ Ligne qui forme le périmètre d'un cercle. → **rond.** *Calculez la circonférence d'un cercle de 3 centimètres de rayon.*

circonflexe **adj.** ✦ *Un accent circonflexe,* un accent en forme de petit chapeau pointu qui se place au-dessus de certaines voyelles. *Hôpital s'écrit avec un o accent circonflexe.*

circonscription **n. f.** ✦ Partie d'un pays découpé pour des raisons administratives. *Le canton, l'arrondissement et le département sont des circonscriptions. Le député visite sa circonscription,* la partie du département où il a été élu et dont il s'occupe.

circonscrire **v.** (conjug. 39) ✦ Empêcher de dépasser certaines limites. *Les médecins ont finalement circonscrit l'épidémie.* → **limiter.**

circonspect [siʀkɔ̃spɛ], **circonspecte** [siʀkɔ̃spɛkt] **adj.** ✦ *Une personne circonspecte* fait attention à ce qu'elle dit et à ce qu'elle fait. → **prudent.** *Ils sont très circonspects dans le choix de leurs amis.*
➤ **circonspection** **n. f.** ✦ Le fait de faire attention à tout ce que l'on fait ou que l'on dit. *Il faut agir avec circonspection, dans cette affaire.* → **précaution, prudence.** ❑ contr. **imprudence, légèreté.**

circonstance **n. f.** **1.** Ce qui se passe. *Étant donné les circonstances, il n'y aura pas de fête cette année.* → **situation.** **2.** *Les circonstances,* ce sont les conditions dans lesquelles se déroule un événement. *On ne sait pas encore dans quelles circonstances l'immeuble a pris feu,* on ne sait ni comment ni pourquoi.
➤ **circonstanciel, circonstancielle** **adj.** ✦ *Un complément circonstanciel* indique

dans quelles circonstances se passe une action. *Il y a des compléments circonstanciels de lieu, de temps, de manière, etc.*

circuit **n. m.** **1.** Parcours qui ramène à son point de départ. *De nombreux touristes font le circuit des châteaux de la Loire.* → ② **tour.** **2.** *Un circuit électrique,* c'est l'ensemble des fils électriques par où passe le courant.
▷ Autre mot de la famille : COURT-CIRCUIT.

① **circulaire** **adj.** ✦ En forme de cercle. → **rond.** *La piste d'un cirque est circulaire.*

② **circulaire** **n. f.** ✦ Lettre identique envoyée à plusieurs personnes en même temps. *Les parents d'élèves ont reçu une circulaire au sujet de la classe de neige.*

circuler **v.** (conjug. 1) **1.** Se déplacer. *Les voitures circulent mal ce soir, il y a des embouteillages.* **2.** *Le sang circule dans le corps,* il coule dans les veines et les artères et revient au cœur. **3.** *La nouvelle circule dans toute la ville,* elle se propage d'une personne à l'autre.
➤ **circulation** **n. f.** **1.** Mouvement des voitures et des piétons dans les rues d'une ville et sur les routes. *Il y a beaucoup de circulation aujourd'hui.* **2.** *La circulation du sang,* c'est le mouvement du sang dans le corps.
➤ **circulatoire** **adj.** ✦ *L'appareil circulatoire,* c'est l'ensemble formé par le cœur, les veines et les artères, par où passe le sang.

cire **n. f.** **1.** Matière molle et jaune que produisent les abeilles. *Avec la cire, on fabrique des bougies.* **2.** Produit à base de cire d'abeille, utilisé pour l'entretien des parquets et des meubles en bois. → **encaustique.** ❍ homonyme : sire.
➤ **cirer** **v.** (conjug. 1) **1.** Mettre de la cire. *Elle a ciré le buffet.* **2.** Mettre du cirage. *Tu devrais cirer tes chaussures.*
➤ ① **ciré, cirée** **adj.** ✦ Passé à la cire. *On risque de glisser dans les escaliers cirés. Des chaussures bien cirées,* passées au cirage.
▷ Autres mots de la famille : CIRAGE, CIREUX.

② **ciré** **adj.** et **n. m.**, **cirée** **adj.**
■ **adj.** *Une toile cirée,* c'est une toile recouverte d'un produit qui la rend imperméable. *Il y a une toile cirée sur la table de la cuisine.*
■ **n. m.** *Un ciré,* c'est un imperméable en toile cirée ou en plastique. *Quand il pleut, Léa met son ciré.*

cireux, cireuse **adj.** ✦ *Un teint cireux,* jaune comme de la cire. *Le malade a le teint cireux.*
▷ Mot de la famille de CIRE.

cirque **n. m.** **1.** Lieu de spectacle formé d'une piste ronde entourée de gradins, couvert d'une tente où des clowns, des acrobates, des dompteurs présentent leurs numéros. → aussi **chapiteau.** **2.** Montagnes disposées en cercle ou en demi-cercle. *Le cirque de Gavarnie, dans les Pyrénées.*

cirrhose **n. f.** ✦ Très grave maladie du foie. *L'alcoolisme peut provoquer une cirrhose.*
● Il y a deux *r* et un *h*.

cirrus **n. m.** ✦ Nuage élevé, fin et allongé.

cisailles **n. f. pl.** ✦ Gros ciseaux qui servent à couper le métal ou de petites branches. *Le jardinier coupe les ronces avec ses cisailles.* → aussi **sécateur.**

ciseau **n. m.** ✦ Outil d'acier qui sert à tailler le bois, la pierre, le métal. *Le sculpteur utilise un ciseau.*
➤ **ciseaux** **n. m. pl.** ✦ Instrument formé de deux branches tranchantes. *Une paire de ciseaux. Des ciseaux à ongles.*
➤ **ciseler** **v.** (conjug. 5) ✦ Sculpter avec un ciseau. *Le joaillier cisèle une broche.*

citadelle **n. f.** ✦ Forteresse qui domine et protège une ville.
▷ Mot de la famille de CITÉ.

citadin **n. m.**, **citadine** **n. f.** ✦ Personne qui habite dans une ville. ❏ contr. **campagnard.**
▷ Mot de la famille de CITÉ.

citation **n. f.** ✦ Phrase écrite ou dite par un personnage célèbre, que l'on cite. *Le professeur a écrit au tableau une citation de Victor Hugo.*
▷ Mot de la famille de CITER.

cité **n. f.** **1.** Ville. *Paris est une grande cité.* **2.** Groupement d'immeubles. *Les cités de banlieue. Une cité universitaire est habitée par des étudiants.*
▷ Autres mots de la famille : CITADELLE, CITADIN, CITOYEN, CONCITOYEN.

citer **v.** (conjug. 1) **1.** Rapporter exactement ce qu'a écrit ou dit quelqu'un. *Le professeur a* *cité un vers de Victor Hugo.* 2. Donner le nom de. *Citez les cinq principales villes françaises.* → **nommer.**

▷ Autre mot de la famille : CITATION.

citerne **n. f.** ✦ Grand réservoir. *Les eaux de pluie sont recueillies dans une citerne.*

cithare **n. f.** ✦ Instrument de musique à cordes, sans manche.

cithare

citoyen **n. m.**, **citoyenne** **n. f.** ✦ Personne qui a la nationalité d'un pays. *Les citoyens français.* → aussi **concitoyen.**

▷ Mot de la famille de CITÉ.

citron **n. m.** ✦ Fruit jaune de forme ovale, au goût acide. *Il met une rondelle de citron dans son thé.* ➻ illustration Agrumes p. 21. — **Adj. inv.** *Une jupe jaune citron,* d'un jaune vif.

➤ **citronnade** **n. f.** ✦ Boisson faite avec du jus de citron, de l'eau et du sucre.

➤ **citronnier** **n. m.** ✦ Arbre à fleurs blanches cultivé dans les pays chauds, qui donne des citrons.

▷ Autre mot de la famille : PRESSE-CITRON.

citrouille **n. f.** ✦ Gros fruit rond, jaune orangé. → **potiron.**

citrouille

civet **n. m.** ✦ Gibier cuit très longuement dans du vin rouge. *Un civet de lièvre.*

civière **n. f.** ✦ Sorte de lit formé d'une toile tendue entre des barres et qui sert à transporter des malades, des blessés. → **brancard.**

civil **adj.** et **n. m.**, **civile** **adj.**

■ **adj.** 1. Qui concerne tous les citoyens. *Les droits civils,* des citoyens. *Une guerre civile vient d'éclater,* une guerre entre tous les citoyens. 2. Qui n'est pas religieux. *Le mariage civil a lieu à la mairie.* 3. Qui n'est pas militaire. *Le général avait mis des habits civils.*

■ **n. m.** 1. *Les civils,* ce sont ceux qui ne sont pas militaires. *Il y a des civils parmi les victimes du bombardement.* 2. *En civil,* en vêtements non militaires. *Le général est venu habillé en civil.* ❑ contr. en **uniforme.**

civilisation **n. f.** 1. Manière de vivre et de penser d'un peuple. → ② **culture.** *La civilisation de l'Égypte ancienne était très avancée.* 2. Ensemble des progrès qu'une société a faits et qu'elle fait encore. *Les bienfaits de la civilisation.*

▷ Mot de la famille de CIVILISER.

civiliser **v.** (conjug. 1) ✦ *Civiliser un peuple,* c'est lui apporter une manière de vivre considérée comme plus évoluée, permettant de faire des progrès dans tous les domaines. *Les Romains ont voulu civiliser les Gaulois.*

▷ Autre mot de la famille : CIVILISATION.

civique **adj.** ✦ *Les droits et les devoirs civiques,* ce sont les droits et les devoirs des citoyens. *Voter est un devoir civique. L'éducation civique,* qui porte sur les devoirs du citoyen.

civisme **n. m.** ✦ Attitude d'un citoyen responsable. *Voter, c'est faire preuve de civisme.*

clafoutis [klafuti] **n. m.** ✦ Gâteau à base de lait, d'œufs et de fruits. *Un clafoutis aux pruneaux.*

clair **adj.**, **n. m.** et **adv.**, **claire** **adj.**

■ **adj.** 1. Qui reçoit beaucoup de lumière. → **lumineux.** *Leur maison est très claire.* ❑ contr. **obscur, sombre.** 2. Qui n'est pas foncé. *Théo a les yeux clairs. Elle porte souvent des couleurs claires.* ❑ contr. **foncé.** 3. Pur. *L'eau de la source est claire.* → **limpide, transparent.** ❑ contr. ① **trouble.** 4. Qui est facile à comprendre. *Ses explications sont claires.* ❑ contr. **confus.**

■ **n. m.** *Tirer une affaire au clair,* essayer de la comprendre, de l'expliquer. *Les enquêteurs veulent tirer cette affaire au clair.*

■ **adv.** *Il fait clair,* il y a beaucoup de lumière. ❑ contr. **sombre.** *Voir clair,* avoir une bonne vue. *La vieille dame ne voyait plus très clair,* elle ne voyait pas bien. *J'aimerais y voir plus clair,* comprendre. ❍ homonyme : clerc.

➤ **clairement** **adv.** ✦ D'une manière claire, compréhensible. *Le professeur a expliqué clairement la règle de trois.*

➤ **claire-voie** **n. f.** ✦ *Un volet à claire-voie,* qui a des ouvertures qui laissent passer la lumière. ▷ Mot de la famille de VOIE.

➤ **clairière** **n. f.** ✦ Endroit d'une forêt où il n'y a pas d'arbres et où il fait plus clair.

▷ Autres mots de la famille : CLAIRSEMÉ, CLAIRVOYANT, ① ÉCLAIR, ÉCLAIRAGE, ÉCLAIRCIE, ÉCLAIRCIR, ÉCLAIRCISSEMENT, ÉCLAIRER, S'ÉCLAIRER.

clairon **n. m.** ✦ Instrument de musique à vent en cuivre, utilisé dans l'armée. *Les soldats sont réveillés par une sonnerie de clairon.*

➤ **claironner** **v.** (conjug. 1) ✦ Annoncer d'une manière bruyante, sans discrétion. → **clamer, proclamer.** *Il a claironné partout qu'il avait la meilleure note en géographie.*

clairsemé, clairsemée **adj.** ✦ Réparti d'une manière espacée, peu serrée. ❑ contr. **dru.** *Il a les cheveux clairsemés,* il n'a pas beaucoup de cheveux.

▷ Mot de la famille de CLAIR et de SEMER.

clairvoyant, clairvoyante **adj.** ✦ *Une personne clairvoyante* a un jugement sûr, une vue claire, lucide des choses.

▷ Mot de la famille de CLAIR et de VOIR.

clamer **v.** (conjug. 1) ✦ Faire savoir en criant. *L'accusé clame son innocence.* → **proclamer.**

➤ **clameur** **n. f.** ✦ Cris poussés par de nombreuses personnes en même temps. *Une clameur s'élevait du stade.*

clan **n. m.** ✦ Groupe de personnes qui ont les mêmes goûts, les mêmes idées et qui s'opposent aux autres. *La classe est divisée en deux clans.* → **camp.**

clandestin, clandestine **adj.** 1. Qui se fait en cachette. → **secret.** *Les terroristes tenaient une réunion clandestine.* 2. *Un passager clandestin,* qui n'a pas de billet et se cache. *On a trouvé un passager clandestin à bord du bateau. — Un travailleur immigré clandestin,* qui n'a pas de papiers en règle.

➤ **clandestinement** **adv.** ✦ De façon clandestine, en cachette. *Un passager s'est embarqué clandestinement à bord du cargo.*

➤ **clandestinité** **n. f.** ✦ *Vivre dans la clandestinité,* c'est vivre en se cachant parce que l'on est recherché.

clapier **n. m.** ✦ Cage où l'on élève des lapins.

clapier

clapoter **v.** (conjug. 1) ✦ *L'eau clapote,* elle est agitée de petites vagues qui font un bruit léger.

➤ **clapotis** **n. m.** ✦ Mouvement et bruit que font de petites vagues qui s'entrechoquent.

claquer **v.** (conjug. 1) 1. Faire un bruit sec et fort. *Le volet claque contre le mur.* → **battre.** 2. *Claquer une porte,* la refermer bruyamment. *Il est parti en claquant la porte.* 3. *Se claquer un muscle,* se déchirer un muscle. → aussi **claquage.** *Le coureur s'est claqué un muscle.* 4. *Claquer des dents,* grelotter de froid, de fièvre ou de peur.

➤ **claquage** **n. m.** ✦ Déchirure d'un muscle. *Le joueur de tennis s'est fait un claquage musculaire à la cuisse.*

➤ **claque** **n. f.** ✦ Coup donné avec le plat de la main. → **gifle, tape.** *Sa mère lui a donné une paire de claques.*

➤ **claquement** **n. m.** ✦ Bruit que fait quelque chose qui claque. *On entendit le claquement d'une portière de voiture.*

➤ **claquettes** **n. f. pl.** ✦ *Faire des claquettes,* c'est danser en faisant un bruit sec avec des chaussures munies de lames de métal, pour marquer le rythme.

clarifier v. (conjug. 7) ✦ Rendre plus clair, plus facile à comprendre. → **éclaircir.** *Lis ce livre, cela te clarifiera les idées.* ❑ contr. **compliquer, embrouiller.**

clarinette n. f. ✦ Instrument de musique à vent, long et étroit. *Elle joue de la clarinette.* ➸ planche Instruments de musique p. 548.

clarté n. f. 1. Lumière. *La lune répand une douce clarté.* → **lueur.** ❑ contr. **obscurité.** 2. Qualité de ce qui est clair, précis. *Tes explications manquent de clarté.* ❑ contr. **confusion.**

① **classe** n. f. 1. Groupe de personnes qui ont le même genre d'activités, le même genre de vie. *Les différentes classes sociales forment la société.* 2. Groupe d'objets ou de personnes ou d'animaux qui ont des caractères communs. → **catégorie, espèce, sorte, type.** *Ce livre s'adresse à toutes les classes de lecteurs. Le lion appartient à la classe des mammifères. La classe des crustacés.* 3. Catégorie de place, selon le confort, dans un moyen de transport. *Dans le train, il voyage en première classe.* 4. Valeur. *Nous avons assisté à un spectacle de grande classe,* de qualité. 5. Distinction, allure, élégance. *Cet homme a beaucoup de classe.*

▷ Autres mots de la famille : CLASSEMENT, CLASSER, CLASSEUR, DÉCLASSER, RECLASSEMENT, RECLASSER, SURCLASSER.

② **classe** n. f. 1. Groupe d'élèves qui suivent ensemble les mêmes cours. *« En quelle classe es-tu ? – En CM1. » Il y a 25 élèves dans ma classe.* 2. *Faire la classe à des élèves,* c'est enseigner. 3. Salle où ont lieu les cours. *Sa classe est au premier étage.* 4. *Aller en classe,* à l'école, au collège ou au lycée.

▷ Autres mots de la famille : CLASSIQUE, INTERCLASSE.

classer v. (conjug. 1) 1. Ranger dans un certain ordre. *Elle a classé ses fiches par ordre alphabétique.* → **trier.** ❑ contr. **déclasser.** 2. **se classer,** obtenir une place dans une compétition. *Paul s'est classé cinquième à la course.*

➤ **classement** n. m. 1. *Faire du classement,* c'est classer, ranger. *Il a fait du classement dans ses papiers.* 2. Place d'une personne dans une compétition. *Louise est deuxième au classement général.*

➤ **classeur** n. m. ✦ Reliure rigide dans laquelle on range des papiers.

▷ Mots de la famille de ① CLASSE.

classique adj. 1. *Les auteurs classiques* sont ceux que l'on considère comme des modèles et que l'on étudie en classe. *La Fontaine, Victor Hugo sont des auteurs classiques.* 2. *La musique classique,* celle qui est composée par les grands compositeurs. *Alex préfère le rap à la musique classique.* 3. Sobre, sans fantaisie. *Elle ne porte que des vêtements classiques.*

▷ Mot de la famille de ② CLASSE.

clause n. f. ✦ Condition particulière d'un contrat, d'un accord, d'une loi.

claustrophobe adj. ✦ *Une personne claustrophobe* ne supporte pas d'être dans une pièce fermée.

clavecin n. m. ✦ Instrument de musique à claviers et à cordes pincées, ressemblant à un petit piano à queue.

clavecin

clavicule n. f. ✦ Os en forme d'S très allongé, qui constitue une partie de l'épaule. *L'os du bras s'articule sur la clavicule.* ➸ planche Corps humain p. 219.

clavier n. m. 1. Ensemble des touches d'un instrument de musique, sur lesquelles on appuie pour obtenir un son. *Le clavier du piano.* 2. Ensemble des touches d'une machine à écrire, d'un ordinateur.

➤ **claviste** n. m. et f. ✦ Personne dont le métier est de saisir des textes sur ordinateur. → aussi **dactylo.**

clé n. f. 1. Instrument de métal qui sert à ouvrir et fermer une serrure. *La porte est fermée à clé. Les médicaments sont sous clé,* dans un meuble fermé à clé. 2. Outil qui sert à serrer et démonter des écrous, des boulons. *Une clé anglaise. Une clé à molette.* **3.** *La clé du mystère,* ce qui permet de comprendre, la solution. *Personne n'a trouvé la clé du mystère.* **4.** Signe placé au début d'une portée musicale pour indiquer la tonalité. *Clé de sol. Clé de fa.*

● On peut écrire aussi *clef* [kle].

▷ Autre mot de la famille : PORTE-CLÉS.

clématite **n. f.** ✦ Plante à fleurs blanches, roses, violettes ou jaunes, disposées en bouquets, qui grimpe le long des troncs, des murs.

clément, clémente **adj.** **1.** Qui pardonne, ne punit pas sévèrement. → **indulgent.** *La directrice a été clémente envers les élèves coupables.* ❑ contr. **sévère.** **2.** *Une température clémente,* douce. *L'hiver a été très clément.* ❑ contr. **rigoureux, rude.**

➤ **clémence** **n. f.** ✦ Indulgence. *La directrice a fait preuve de clémence.* ❑ contr. **rigueur, sévérité.**

clémentine **n. f.** ✦ Sorte de petite mandarine à peau fine, souvent sans pépins.

cleptomane **n. m.** et **f.** ✦ Personne qui ne peut pas s'empêcher de commettre des vols.

● On peut écrire aussi *kleptomane.*

clerc [klɛʀ] **n. m.** ✦ *Un clerc de notaire,* c'est un des principaux employés d'un notaire.

○ homonyme : clair.

clergé **n. m.** ✦ Ensemble des prêtres et des religieux. *Les moines, les religieuses, les évêques font partie du clergé.*

clic **n. m.** ✦ Pression du doigt sur le bouton d'une souris d'ordinateur. *D'un clic, on peut surfer d'un site à l'autre, sur Internet.*

● *Clic* est une onomatopée qui évoque un claquement sec.

▷ Autre mot de la famille : CLIQUER.

cliché **n. m.** **1.** Photographie. *Ce cliché est flou.* **2.** Idée banale, expression trop souvent utilisée. *Évitez les clichés dans vos rédactions.*

client **n. m.,** **cliente** **n. f.** ✦ Personne qui achète quelque chose ou paie pour un service. *Les clients se pressent dans le magasin.*

➤ **clientèle** **n. f.** ✦ Ensemble des clients. *Ce boucher a une clientèle importante,* de nombreux clients.

cligner **v.** (conjug. 1) ✦ *Cligner des yeux,* c'est fermer et ouvrir les yeux rapidement. *Le soleil me fait cligner des yeux.* — *Cligner de l'œil,* c'est faire un clin d'œil.

➤ **clignoter** **v.** (conjug. 1) ✦ S'allumer et s'éteindre rapidement plusieurs fois de suite. *Les lumières du passage à niveau clignotent.*

➤ **clignotant** **n. m.** ✦ Lumière qui s'allume et s'éteint sur une voiture, indiquant qu'on va changer de direction. *L'automobiliste a mis son clignotant à droite.*

▷ Autre mot de la famille : CLIN D'ŒIL.

climat **n. m.** ✦ Temps qu'il fait dans un pays, une région. *La France a un climat tempéré.*

➤ **climatique** **adj.** ✦ Relatif au climat. *Les conditions climatiques d'une région,* son climat.

➤ **climatisation** **n. f.** ✦ Installation qui permet de maintenir la même température dans un endroit fermé. *Elle a la climatisation dans sa voiture.*

● On dit familièrement *la clim.*

➤ **climatisé, climatisée** **adj.** ✦ *Une pièce climatisée,* c'est une pièce où il y a la climatisation. *Toutes les salles de ce cinéma sont climatisées. L'air climatisé.* → **conditionné.**

▷ Autres mots de la famille : ACCLIMATATION, ACCLIMATER.

clin d'œil **n. m.** **1.** Mouvement rapide de la paupière pour faire signe. *Il lui a fait un clin d'œil.* — Au pl. *Des clins d'œil* ou *des clins d'yeux.* **2.** *En un clin d'œil,* très rapidement. *Il a fait la vaisselle en un clin d'œil.*

▷ Mot de la famille de CLIGNER et de ŒIL.

clinique **n. f.** ✦ Établissement médical où l'on soigne et l'on opère les malades et les blessés. → aussi **hôpital.** *Elle a accouché dans une clinique.*

clinquant, clinquante **adj.** ✦ Très voyant et de mauvais goût. *Des bijoux clinquants.*

clip **n. m.** ✦ Petit film qui accompagne une chanson. *Léa regarde les clips à la télévision.*

● *Clip* est un mot américain qui signifie « extrait ». Il vient du verbe *to clip* qui veut dire « couper aux ciseaux ».

clique **n. f.** ✦ Groupe de personnes que l'on n'aime pas. *Il est venu avec toute sa clique.* → ① **bande.**

cliquer v. (conjug. 1) ✦ Appuyer sur la souris d'un ordinateur. *Cliquez deux fois pour faire apparaître l'image sur l'écran.*
▷ Mot de la famille de CLIC.

cliqueter v. (conjug. 4) ✦ Faire des bruits secs d'objets qui s'entrechoquent. *Ses clés cliquettent dans sa poche.*
➤ **cliquetis** [klikti] **n. m.** ✦ Bruit que font des objets qui s'entrechoquent. *On entend un cliquetis de verres et d'assiettes.*

cloaque n. m. ✦ Endroit boueux, malpropre. *Après l'orage, le chemin est devenu un cloaque.*

clochard n. m., **clocharde** n. f. ✦ Personne pauvre et souvent alcoolique, qui vit sans travail ni maison, dans les grandes villes. → **S. D. F., vagabond.**

cloche n. f. **1.** Objet creux en métal contenant un battant suspendu qui produit un son en frappant la paroi. *Les cloches de l'église sonnent à toute volée.* **2.** Objet creux qui protège. *Une cloche à fromage.*
▷ Autres mots de la famille : ① CLOCHER, CLOCHETTE.

cloche

à **cloche-pied** adv. ✦ Sur un pied, en tenant l'autre en l'air. *Julie marche à cloche-pied.*
▷ Mot de la famille de ① PIED.

① **clocher** n. m. ✦ Partie d'une église, plus haute que le toit, où se trouvent les cloches.
▷ Mot de la famille de CLOCHE.

② **clocher** v. (conjug. 1) ✦ Ne pas être comme il faudrait, aller de travers. *Il y a quelque chose qui cloche, dans cette histoire,* quelque chose qui ne va pas.

clochette n. f. **1.** Petite cloche. *On entend les clochettes des chèvres dans la montagne.* **2.** Petite fleur en forme de cloche. *Les clochettes blanches du muguet.*
▷ Mot de la famille de CLOCHE.

cloître

cloison n. f. ✦ Mur intérieur qui sert de séparation entre des pièces. *La cloison entre ces deux pièces a été abattue.*
➤ **cloisonner** v. (conjug. 1) ✦ Mettre une cloison. *La grande pièce a été cloisonnée pour faire deux pièces séparées.*

cloître n. m. ✦ Galerie à colonnes qui entoure une cour ou un jardin, dans un couvent.
➤ se **cloîtrer** v. (conjug. 1) ✦ S'enfermer, se retirer dans un endroit où l'on ne voit personne. *Elle s'est cloîtrée dans sa chambre pour lire.*

clone n. m. ✦ Être vivant qui est la copie exacte d'un autre. *Les savants ont produit en laboratoire un clone de brebis.*
● Ce mot vient de l'anglais.

clopin-clopant adv. ✦ Familier. En traînant la jambe, en boitant un peu. *Il marche clopin-clopant.*

cloque n. f. **1.** Petite poche sous la peau provoquée par une brûlure, un frottement, et remplie de liquide. → **ampoule. 2.** Boursouflure. *Des cloques de peinture.*

clore v. (conjug. 45) ✦ Fermer. *Un mur de pierre clôt le jardin. — Clore une discussion,* c'est la terminer.
● Attention à l'accent circonflexe du ô de *il clôt.*
➤ **clos, close** adj. **1.** Fermé. *La maison a les volets clos.* **2.** Fini, terminé. *L'incident est clos, n'en parlons plus. Les inscriptions à l'examen sont closes.* → aussi **clôture.**

➤ **clôture** n. f. 1. Ce qui entoure un lieu en plein air pour le fermer. *La clôture du jardin est blanche.* 2. Fin. *C'est demain la clôture des inscriptions.*
➤ **clôturer** v. (conjug. 1) 1. Fermer par une clôture. *Le jardin est clôturé.* 2. *Clôturer une discussion,* c'est déclarer qu'elle est finie. *Le maire a clôturé la séance par un discours.*
▷ Autres mots de la famille : ÉCLORE, ÉCLOSION, ENCLOS.

clou n. m. (pl. **clous**) 1. Petite tige pointue en métal, qui sert à fixer ou suspendre quelque chose. *Il a planté un clou dans le mur avec un marteau.* 2. Familier. *Le clou d'un spectacle,* c'est le moment le plus réussi. *Le numéro des trapézistes est le clou du spectacle.*
➤ **clouer** v. (conjug. 1) ✦ Fixer avec des clous. *Il a cloué le couvercle de la caisse.*
➤ **clouté, cloutée** adj. ✦ Garni de clous. *Pour rouler dans la neige, on équipe les voitures de pneus cloutés.*
▷ Autre mot de la famille : DÉCLOUER.

clown [klun] n. m. ✦ Artiste de cirque qui fait rire par son costume, ses répliques, ses grimaces. *Les enfants ont bien aimé le numéro des clowns.*
● Ce mot vient de l'anglais et veut dire « farceur ».
➤ **clownerie** [klunʀi] n. f. ✦ Farce, plaisanterie, grimace comme en font les clowns. → **pitrerie.** *Arrête un peu tes clowneries !*

club [klœb] n. m. ✦ Groupe de gens qui se réunissent régulièrement. → **association.** *La mère d'Alex appartient à un club de bridge.* — Au pl. *Des clubs.*
● Ce mot vient de l'anglais.
▷ Autres mots de la famille : AÉROCLUB, CINÉ-CLUB.

coaguler v. (conjug. 1) ✦ Devenir solide, épais. *À l'air, le sang coagule* (ou *se coagule*). → **cailler,** se **figer.** ❑ contr. se **liquéfier.**
➤ **coagulation** n. f. ✦ *La coagulation du sang,* le fait qu'il devienne solide, épais.
▷ Autre mot de la famille : ANTICOAGULANT.

se **coaliser** v. (conjug. 1) ✦ S'allier pour combattre un même adversaire. → se **liguer.** *L'Angleterre, la Russie et l'Autriche s'étaient coalisées contre Napoléon.*
➤ **coalition** n. f. ✦ Alliance contre un ennemi commun. *Napoléon fut vaincu par la coalition de ses ennemis.*

coasser v. (conjug. 1) ✦ *La grenouille et le crapaud coassent,* ils poussent leur cri.
● Il ne faut pas confondre *coasser* et *croasser* : la grenouille *coasse* et le corbeau *croasse.*
➤ **coassement** n. m. ✦ *Les coassements des grenouilles,* leurs cris.

cobaye [kɔbaj] n. m. ✦ Petit rongeur à pattes courtes et sans queue, appelé aussi *cochon d'Inde. On utilise souvent des cobayes pour faire des expériences scientifiques.*

cobra n. m. ✦ Grand serpent venimeux qui porte sur le cou un dessin en forme de lunettes, appelé aussi *serpent à lunettes. Les cobras vivent en Afrique et en Inde.*

cocagne n. f. 1. *Un pays de cocagne,* c'est un pays imaginaire où l'on a tout ce qu'on veut. 2. *Un mât de cocagne,* c'est un mât enduit de savon, au sommet duquel sont accrochés des cadeaux que gagnent ceux qui arrivent à les attraper.

cocaïne n. f. ✦ Drogue tirée d'un petit arbre d'Amérique.

cocarde n. f. ✦ Insigne rond portant les couleurs du drapeau d'un pays. *Une cocarde tricolore.*

cocasse adj. ✦ Très drôle et étonnant. → **comique.** *Il lui est arrivé une histoire cocasse.*

coccinelle [kɔksinɛl] n. f. ✦ Petit insecte rouge, de forme arrondie, portant des points noirs sur les ailes, appelé aussi *bête à bon Dieu.* ➼ planche Insectes p. 543. *Les coccinelles se nourrissent de pucerons.*

coccyx [kɔksis] n. m. ✦ Petit os triangulaire situé en bas de la colonne vertébrale.
● Ce mot s'écrit avec deux *c* suivis d'un *y*.

coche n. m. ✦ Grande voiture tirée par des chevaux, qui servait au transport des voyageurs. → aussi **diligence.**
➤ ① **cocher** n. m. ✦ Personne qui conduisait une voiture tirée par un cheval. → ① **postillon.**
▷ Autre mot de la famille : COCHÈRE.

② **cocher** v. (conjug. 1) ✦ Marquer d'un signe. *Il a coché mon nom sur la liste.*

cochère adj. f. ✦ *Une porte cochère,* une porte d'entrée d'immeuble assez grande pour laisser passer une voiture. *Ils se sont abrités de la pluie sous une porte cochère.*
▷ Mot de la famille de COCHE.

cochon n. m., **cochonne** n. f.
■ n. m. 1. Porc. *Les cochons sont dans la porcherie. Un cochon de lait,* un petit cochon qui tète encore sa mère. — *Il fait un temps de*

cochon, un très mauvais temps. **2.** *Un cochon d'Inde.* → **cobaye.**

■ **n. m.** et **f.** Personne très sale. *Tu es un cochon, va te laver les mains ! Quelle cochonne, cette Julie !*

➤ **cochonnerie n. f.** ✦ Saleté. *Théo a fait des cochonneries dans son cahier.*

➤ **cochonnet n. m.** ✦ Petite boule qui sert de but aux joueurs de boules. *Il a lancé le cochonnet.*

cocker [kɔkɛʀ] **n. m.** ✦ Petit chien de chasse à poil long et doux, qui a de grandes oreilles pendantes. ➻ planche Chiens p. 166.

● *Cocker* est un mot anglais qui vient de *cocking* qui veut dire « chasse à la bécasse ».

cockpit [kɔkpit] **n. m.** ✦ Cabine d'un avion où se tient le pilote.

● Ce mot vient de l'anglais.

cocktail [kɔktɛl] **n. m.** (pl. **cocktails**) **1.** Boisson obtenue par le mélange d'alcools et de sirops. *Le barman a préparé un cocktail dont il a le secret.* **2.** Réception de fin d'après-midi, avec un buffet. *Ils sont invités à un cocktail.*

● Ce mot vient de l'anglais.

coco n. m. ✦ *La noix de coco,* c'est le fruit du cocotier. *Des biscuits à la noix de coco.* ➻ planche Fruits exotiques p. 441.

▷ Autre mot de la famille : COCOTIER.

cocon

cocon n. m. ✦ Enveloppe formée d'un long fil enroulé, qui contient la chrysalide du ver à soie. *Le ver file son cocon.*

cocorico ! interj. ✦ Mot qui imite le chant du coq. — **N. m.** *Le coq pousse son cocorico.*

cocotier n. m. ✦ Grand palmier au tronc assez fin surmonté de longues feuilles, qui produit les noix de coco. *La plage est bordée de cocotiers.*

▷ Mot de la famille de COCO.

① **cocotte n. f. 1.** Familier. Poule. — Ce sont les très jeunes enfants qui disent cela. **2.** *Une cocotte en papier,* c'est un morceau de papier plié en forme d'oiseau.

▷ Mot de la famille de COQ.

② **cocotte n. f.** ✦ Marmite. *Le lapin cuit dans une cocotte en fonte.*

code n. m. 1. Ensemble de lois, de règlements. *On doit savoir le code de la route pour passer son permis de conduire.* ➻ planche Signalisation routière p. 956. **2.** Langage secret. *L'espion a envoyé un message en code.* → aussi ② **chiffre** et **codé. 3.** Ensemble de chiffres ou de lettres qui donne accès à quelque chose. *Le code confidentiel d'une carte bancaire. Le code de l'immeuble,* c'est l'ensemble de chiffres et de lettres qu'il faut connaître pour ouvrir la porte. → **digicode. 4.** *Le code postal,* c'est le nombre de cinq chiffres qui correspond à une commune. **5.** *Les codes d'une voiture,* ce sont les feux de croisement, moins éblouissants que les phares. *L'automobiliste a allumé ses codes.*

➤ **code-barre n. m.** ✦ Ensemble de barres verticales parallèles imprimé sur une marchandise en vente et donnant des renseignements sur le produit. *La caissière lit le code-barre avec un instrument spécial.* — Au pl. *Des codes-barres.* ▷ Mot de la famille de BARRE.

➤ **codé, codée adj.** ✦ Écrit en code. *L'espion a envoyé un message codé.* → **chiffré.**

▷ Autres mots de la famille : DÉCODER, DÉCODEUR, DIGICODE.

coefficient n. m. ✦ Nombre par lequel on multiplie un autre nombre. *Pour cet examen, les mathématiques ont le coefficient 4,* on multiplie la note par 4.

cœlacanthe [selakɑ̃t] **n. m.** ✦ Grand poisson de mer pouvant mesurer 1,75 mètre de long et peser 80 kilos. *Les cœlacanthes existaient déjà il y a trois cents millions d'années.*

cœlacanthe

coéquipier n. m., **coéquipière** n. f. ✦ Personne qui fait partie de la même équipe qu'une autre. *Théo et Paul sont coéquipiers au football.*
▷ Mot de la famille de ÉQUIPE.

cœur n. m. 1. Organe situé dans la poitrine, entre les deux poumons, qui reçoit le sang apporté par les veines et le renvoie dans les artères. → aussi **cardiaque.** *Le médecin écoute les battements du cœur.* 2. Estomac. *Léa a mal au cœur,* elle a envie de vomir. — *En avoir gros sur le cœur,* éprouver du ressentiment. 3. *Avoir le cœur gros,* être triste. *Louise a bon cœur,* elle est généreuse. *De bon cœur,* avec plaisir. *Il nous a aidés de bon cœur. Avoir le cœur sur la main,* être naturellement généreux. *Je veux en avoir le cœur net,* savoir ce qui s'est passé exactement. *Je t'aime de tout mon cœur,* de toutes mes forces. 4. *Par cœur,* de mémoire. *Julie sait sa poésie par cœur.* 5. Partie qui se trouve au milieu. *L'île de la Cité est au cœur de Paris.* 6. L'une des quatre couleurs d'un jeu de cartes, dont la marque est un cœur rouge. *L'as de cœur.* ❍ homonymes : ① et ② chœur.
▷ Autres mots de la famille : À CONTRECŒUR, ÉCŒURANT, ÉCŒUREMENT, ÉCŒURER, HAUT-LE-CŒUR.

coexister v. (conjug. 1) ✦ Exister ensemble, en même temps. *Plusieurs tendances coexistent dans ce parti politique.*
▷ Mot de la famille de EXISTER.

coffre n. m. 1. Caisse munie d'un couvercle. *Un coffre à jouets.* 2. *La valise est dans le coffre de la voiture,* dans l'espace, à l'arrière ou parfois à l'avant d'une voiture, aménagé pour mettre les bagages.
➤ **coffre-fort** n. m. ✦ Armoire en métal, très solide, fermée par une serrure spéciale, où l'on garde de l'argent et des objets précieux. — Au pl. *Des coffres-forts.* ▷ Mot de la famille de ① FORT.
➤ **coffret** n. m. ✦ Petit coffre. *Un coffret à bijoux.*

cognac n. m. ✦ Eau-de-vie de raisin produite dans la région de Cognac, en Charente.

cognée n. f. ✦ Grosse hache. *Les bûcherons d'autrefois se servaient de cognées.*

se **cogner** v. (conjug. 1) ✦ Se heurter par maladresse. *Elle s'est cognée contre le coin du buffet.*

cohabiter v. (conjug. 1) ✦ Partager un logement avec quelqu'un. *Elle cohabite avec une amie.*
▷ Mot de la famille de HABITER.

cohérent, cohérente adj. ✦ Logique. *Le récit du témoin est très cohérent,* tout se tient dans ce récit. ❑ contr. **incohérent.**
▷ Autres mots de la famille : INCOHÉRENCE, INCOHÉRENT.

cohésion n. f. ✦ Union, solidarité entre les membres d'un groupe. *Il y a une bonne cohésion dans l'équipe.*

cohorte n. f. ✦ Groupe de personnes. *Julie a une cohorte d'admirateurs.* → **troupe.**
● Il y a un *h* entre les deux *o*.

cohue n. f. ✦ Foule de personnes qui se bousculent. *Quelle cohue dans les grands magasins juste avant Noël !* → **bousculade.**
● Il y a un *h* entre le *o* et le *u*.

coi, coite adj. ✦ *Rester coi,* tranquille et silencieux. *Elle en est restée coite,* stupéfaite, abasourdie.
● C'est un mot littéraire.

coiffer v. (conjug. 1) 1. Couvrir la tête. *La dame était coiffée d'un chapeau blanc,* elle avait un chapeau blanc sur la tête. 2. Arranger les cheveux. → **peigner.** *Léa coiffe sa poupée.* — **se coiffer,** arranger ses cheveux. *Elle s'est coiffée devant la glace.*
➤ **coiffe** n. f. ✦ Bonnet de tissu, de dentelle que portent les femmes en costume folklorique. *Les coiffes bretonnes.*
➤ **coiffeur** n. m., **coiffeuse** n. f. ✦ Personne dont le métier est de coiffer, de couper les cheveux. *Théo est allé chez le coiffeur.*
➤ **coiffure** n. f. 1. Ce qui sert à couvrir la tête. *Un béret, une casquette sont des coiffures.* 2. Façon dont les cheveux sont arrangés. *Cette nouvelle coiffure vous va très bien.*
▷ Autres mots de la famille : DÉCOIFFER, RECOIFFER.

coin n. m. 1. Angle formé par les deux côtés d'une chose, par deux murs, par deux rues. *Je me suis cogné au coin de la table. On a mis un lampadaire dans un coin du salon.* → **encoignure.** *Nous nous sommes rencontrés au coin de la rue.* — *Elle aime lire au coin du feu,* près du feu, devant la cheminée. 2. Endroit. *Il passe ses vacances dans un coin tranquille.* ❍ homonyme : coing.
▷ Autre mot de la famille : RECOIN.

coincer **v.** (conjug. 3) **1.** Empêcher de bouger. → **bloquer.** *Le tiroir est coincé,* on ne peut ni l'ouvrir ni le fermer. **2.** *Julie s'est coincé le doigt dans la porte,* elle s'est pincé le doigt.

coïncider [kɔɛ̃side] **v.** (conjug. 1) ✦ Arriver, se produire en même temps. *Sa fête coïncide avec mon anniversaire.*

➤ **coïncidence** **n. f.** ✦ Concours de circonstances qui fait que deux événements se produisent en même temps. → **hasard.** *Nous sommes arrivés par le même train, quelle coïncidence !*

coing [kwɛ̃] **n. m.** ✦ Fruit jaune de la forme et de la taille d'une poire, au goût un peu âcre. *De la confiture de coings.* ❍ homonyme : coin.

coing

col **n. m.** **1.** Partie du vêtement qui entoure le cou. *Un pull-over à col roulé.* **2.** *Le col du fémur,* la partie la plus étroite du fémur. **3.** Passage entre deux sommets montagneux. *Les coureurs cyclistes ont passé le col du Tourmalet.* ❍ homonyme : colle.

● Autrefois, *cou* se disait *col.*

▷ Autres mots de la famille : ACCOLADE, COLLET, COLLIER, DÉCOLLETÉ, ENCOLURE, TORTICOLIS.

colchique **n. m.** ✦ Plante des prés à fleurs roses ou mauves, très vénéneuse.

● Ce mot est masculin : on dit *un colchique.*

coléoptère **n. m.** ✦ Insecte qui a des ailes dures, les élytres, au-dessus de ses ailes transparentes. *Le hanneton, la coccinelle sont des coléoptères.*

colère **n. f.** ✦ Réaction très violente de mécontentement. → **fureur, rage ;** fam. **rogne.** *Paul est rouge de colère. Dans un mouvement de colère, il a cassé un vase. Il est en colère,* il montre qu'il est très mécontent.

➤ **coléreux, coléreuse** **adj.** ✦ Qui se met facilement en colère. *Julie est une petite fille coléreuse.*

▷ Autre mot de la famille : DÉCOLÉRER.

colibri **n. m.** ✦ Oiseau d'Amérique de très petite taille, au bec long et au plumage éclatant, appelé aussi *oiseau-mouche. Les colibris peuvent voler dans tous les sens, même à reculons.* ➻ planche Oiseaux p. 710.

colimaçon **n. m.** ✦ *L'escalier qui mène en haut du phare est en colimaçon,* en spirale.

● *Colimaçon* est le vieux nom de l'escargot.

escalier en **colimaçon**

colin **n. m.** ✦ Poisson de mer, de la même famille que la morue.

colin-maillard **n. m.** ✦ Jeu où l'un des joueurs, les yeux bandés, doit chercher les autres à tâtons, en attraper un et le reconnaître. *Jouer à colin-maillard.*

colique **n. f.** ✦ Diarrhée. *Julie a mangé trop de pommes vertes, maintenant elle a la colique.*

colis [kɔli] **n. m.** ✦ Paquet que l'on expédie à quelqu'un. *Louise a reçu un colis par la poste.*

collaborer **v.** (conjug. 1) ✦ Travailler avec d'autres personnes. → **coopérer, participer.** *De nombreuses personnes ont collaboré à cet ouvrage.*

➤ **collaborateur** **n. m.**, **collaboratrice** **n. f.** ✦ Personne qui travaille avec d'autres. *Le directeur a réuni ses principaux collaborateurs.*

➤ **collaboration** **n. f.** ✦ Travail que l'on fait à plusieurs. → **concours, participation.** *Sa collaboration nous a été précieuse.*

collage **n. m.** ✦ Tableau fait avec différents bouts de papier et d'objets collés ensemble sur un support. *Alex fait un collage avec des bouts de papier et de tissu.*
▷ Mot de la famille de COLLE.

collant **adj.** et **n. m.**, **collante** **adj.**
■ **adj. 1.** *Du papier collant,* c'est du papier fait pour coller. *Alex fixe une affiche au mur avec du papier collant.* → **adhésif. 2.** Poisseux. *Après avoir mangé sa sucette, Julie avait les mains collantes.* **3.** Très serré. *Louise porte un jean collant.* → **moulant.**
■ **n. m.** Vêtement qui réunit en une seule pièce une culotte et des bas. *Léa a mis un collant en laine.*
▷ Mot de la famille de COLLE.

collation **n. f.** ✦ Repas léger. *Nous avons pris une collation avant de partir.*

colle **n. f. 1.** Produit épais, plus ou moins visqueux, gluant, qui permet de faire tenir ensemble, de faire adhérer deux objets. *Un tube de colle.* **2.** Question difficile. *Là, tu me poses une colle, je ne sais pas répondre.* ❍ homonyme : col.
▷ Autres mots de la famille : AUTOCOLLANT, COLLAGE, COLLANT, COLLER, COLLEUR, ② DÉCOLLER, INCOLLABLE, RECOLLER.

collecte **n. f.** ✦ Action de recueillir des dons. *On a organisé une collecte de vêtements pour une œuvre de bienfaisance,* on a rassemblé des vêtements donnés. → aussi **quête.**
➤ **collecter** **v.** (conjug. 1) ✦ Rassembler de l'argent ou des objets. *L'association collecte de l'argent pour la recherche contre le sida.*

collectif, collective **adj.** ✦ *Un travail collectif,* c'est un travail que l'on fait à plusieurs, en groupe. ❏ contr. **individuel.** *Une œuvre collective.*
➤ **collectivement** **adv.** ✦ Ensemble, à plusieurs. *Les élèves ont préparé collectivement la fête de l'école.* ❏ contr. **individuellement, séparément.**
➤ **collectivité** **n. f.** ✦ Ensemble de personnes qui ont des activités communes, des intérêts communs. → **communauté, groupe.** *Une colonie de vacances est une collectivité.*

collection **n. f. 1.** Ensemble d'objets que l'on garde parce qu'on les trouve intéressants. *Léa a une collection d'autocollants. Elle en fait collection.* **2.** Série de livres présentés de la même façon. *Louise a toute la collection des « Contes du monde entier ».* **3.** Ensemble de vêtements créés chaque saison par un couturier. *Les collections sont présentées au public par des mannequins.*
➤ **collectionner** **v.** (conjug. 1) ✦ Réunir et garder des objets pour en faire collection. *Paul collectionne les papillons.*
➤ **collectionneur** **n. m.**, **collectionneuse** **n. f.** ✦ Personne qui fait une collection. *Théo est un collectionneur de timbres.*

collège **n. m.** ✦ Établissement d'enseignement secondaire, entre l'école primaire et le lycée.
➤ **collégien** **n. m.**, **collégienne** **n. f.** ✦ Élève d'un collège.

collègue **n. m.** et **f.** ✦ Personne qui travaille dans la même entreprise ou le même établissement qu'une autre. *Elle a déjeuné avec une de ses collègues.* → aussi **confrère** et **consœur.**

coller **v.** (conjug. 1) **1.** Faire tenir deux choses ensemble avec de la colle. *Colle le timbre sur l'enveloppe !* ❏ contr. ② **décoller. 2.** *La sueur a collé ses cheveux,* elle les a fait tenir ensemble. → **agglutiner.**
▷ Mot de la famille de COLLE.

collet **n. m.** ✦ Piège formé d'un nœud coulant servant à prendre certains animaux au cou. *Un lièvre a été pris au collet.*
▷ Mot de la famille de COL.

colleur **n. m.**, **colleuse** **n. f.** ✦ *Un colleur d'affiches,* c'est une personne dont le métier est de coller des affiches.
▷ Mot de la famille de COLLE.

collier **n. m. 1.** Bijou que l'on porte autour du cou. *Un collier de perles.* **2.** Bande de cuir, chaîne de métal que l'on met autour du cou de certains animaux. *Mon chien a son nom inscrit sur son collier.* **3.** *Donner un coup de collier,* c'est fournir un gros effort pendant un moment. *Il a donné un coup de collier avant son examen.*
▷ Mot de la famille de COL.

collimateur n. m. ✦ Partie d'un fusil, d'un canon, etc., qui permet de viser. — Familier. *Avoir quelqu'un dans le collimateur,* le surveiller de près en se préparant à l'attaquer.

colline n. f. ✦ Petite hauteur de forme arrondie. → **butte.** *Le village est au pied de la colline.*

collision n. f. ✦ Choc entre deux véhicules. → **heurt.** *La collision n'a pas fait de blessé. Les deux voitures sont entrées en collision au carrefour.*

colloque n. m. ✦ Réunion, débat entre des spécialistes. *Un colloque de médecins.* → aussi **congrès, séminaire.**

collyre n. m. ✦ Médicament liquide que l'on met dans les yeux.

colmater v. (conjug. 1) ✦ Fermer un trou, une ouverture étroite. → ② **boucher.** *Le maçon a colmaté une fissure du mur avec du plâtre.*

colombage n. m. ✦ *Une maison à colombages,* c'est une maison dont on voit la charpente en bois.

colombage

colombe n. f. ✦ Pigeon blanc, considéré comme le symbole de la paix.

colon n. m. ✦ Personne qui s'est installée dans une colonie (sens 1). *Les premiers colons d'Amérique du Nord furent surtout des Anglais.*
▷ Autres mots de la famille : COLONIAL, COLONIALISME, COLONIE, COLONISATION, COLONISER.

côlon n. m. ✦ Partie de l'intestin appelée aussi *gros intestin.*

colonel n. m. ✦ Officier qui commande un régiment.
▷ Autre mot de la famille : LIEUTENANT-COLONEL.

colonie n. f. 1. Pays occupé par un autre pays plus fort et plus développé qui en tire profit. *L'Algérie, Madagascar furent des colonies françaises.* 2. *Une colonie de vacances,* c'est un groupe d'enfants qui passent leurs vacances sans leurs parents. *Paul est parti en colonie de vacances, cet été.* 3. Groupe d'animaux vivant ensemble. *Les abeilles et les fourmis vivent en colonie.*

➤ **colonial, coloniale** adj. ✦ *Un empire colonial* est formé par les colonies d'un pays. *L'Indochine, l'Algérie appartenaient à l'empire colonial français.* — Au masc. pl. *coloniaux.*

➤ **colonialisme** n. m. ✦ Politique d'un pays qui cherche à conquérir des pays plus faibles pour en faire des colonies.

➤ **coloniser** v. (conjug. 1) ✦ Faire d'un pays une colonie. *La France a colonisé l'Algérie au 19e siècle.*

➤ **colonisation** n. f. ✦ Le fait de faire d'un pays une colonie. *La colonisation de l'Afrique par les pays européens eut lieu au 19e siècle,* l'Afrique a été colonisée au 19e siècle.
▷ Mots de la famille de COLON.

colonne n. f. 1. Support vertical d'un bâtiment, souvent cylindrique. → **pilier, poteau.** *Les temples grecs étaient soutenus par des colonnes.* 2. Monument formé d'une seule colonne. *La colonne Vendôme, à Paris.* 3. *La colonne vertébrale,* c'est la partie centrale du squelette formée de l'ensemble des vertèbres. 4. File de personnes, de véhicules se déplaçant les uns derrière les autres. *Les soldats marchent en colonne par deux.* 5. Division verticale d'une page de journal. *L'article occupe deux colonnes de la deuxième page.* 6. Ensemble de chiffres disposés les uns sous les autres. *La colonne des unités est à droite de celle des dizaines.*

➤ **colonnade** n. f. ✦ Alignement de colonnes. *La colonnade du Louvre.*

colorer v. (conjug. 1) ✦ Donner une couleur. → **teindre, teinter.** *Le sirop de menthe colore l'eau en vert. Le bon air a coloré ses joues.*
❑ contr. **décolorer.**

➤ **colorant** **n. m.** ✦ Produit qui sert à faire changer de couleur une matière. *Ces bonbons ne contiennent pas de colorant.*

➤ **coloration** **n. f.** ✦ Le fait de changer la couleur de ses cheveux. → **teinture.** *Elle s'est fait faire une coloration chez le coiffeur.*

➤ **coloré, colorée** **adj.** ✦ Qui a une couleur, des couleurs. ❑ contr. **incolore.** *L'encre est un liquide coloré.*

▷ Autres mots de la famille : DÉCOLORÉ, DÉCOLORER.

colorier **v.** (conjug. 7) ✦ Mettre des couleurs sur un dessin. *Coloriez les feuilles en vert foncé.*

➤ **coloriage** **n. m.** ✦ Dessin à colorier. *Un album de coloriages.*

coloris **n. m.** ✦ Couleur. → **teinte.** *Cette robe existe en différents coloris.*

colosse **n. m.** ✦ Homme de très grande taille et très fort. → **géant.** *L'ogre était un colosse de 200 kilos.*

➤ **colossal, colossale** **adj.** ✦ Très grand. → **énorme, gigantesque.** *Il a une force colossale.* → **herculéen.** *Ils ont fait des efforts colossaux.*

colporter **v.** (conjug. 1) ✦ *Colporter une nouvelle,* c'est la répandre. → **divulguer.**

colza **n. m.** ✦ Plante à fleurs jaunes dont les graines sont utilisées pour faire de l'huile.

colza

coma **n. m.** ✦ État d'une personne qui a perdu conscience, qui ne se rend compte de rien et ne réagit plus. *Le blessé est dans un coma profond.*

combattre **v.** (conjug. 41) **1.** Se battre contre un ennemi. *Les Gaulois ont combattu les Romains.* **2.** Lutter contre un danger, une maladie. *Les antibiotiques combattent l'infection.*

➤ **combat** **n. m.** **1.** Bataille entre des ennemis armés. → **affrontement.** *Il y a eu de violents combats dans la ville.* **2.** Lutte organisée entre des adversaires. *Un combat de boxe.* → **match.**

➤ **combatif, combative** **adj.** ✦ Qui aime lutter. *Notre équipe de football est très combative.*

● Attention, un seul *t* dans *combatif.*

➤ **combattant** **n. m.**, **combattante** **n. f.** ✦ Personne qui se bat, participe à un combat. *Les anciens combattants sont les personnes qui ont fait la guerre.*

▷ Mots de la famille de BATTRE.

combien **adv.** ✦ *Combien êtes-vous ?* quel nombre ? *Combien coûte cette montre ?* quel est son prix ? *Combien de kilomètres y a-t-il jusqu'à la mer ?* quelle distance y a-t-il ? *Combien de kilos pesez-vous ?* quel poids faites-vous ?

① **combinaison** **n. f.** ✦ Vêtement formé d'un haut et d'un pantalon, d'une seule pièce. *Une combinaison de plongée. Le skieur met sa combinaison de ski.*

▷ Mot de la famille de COMBINER.

② **combinaison** **n. f.** **1.** Façon de mettre plusieurs choses ensemble, de les combiner. *En mettant trois chiffres différents côte à côte, on peut faire six combinaisons. La combinaison d'un coffre-fort,* l'ordre des chiffres qui permet de l'ouvrir. **2.** Moyen habile pour réussir quelque chose. → ① **manœuvre.** *Il a trouvé une combinaison pour se sortir d'affaire.* → fam. **combine.**

▷ Mot de la famille de COMBINER.

combiner **v.** (conjug. 1) **1.** Réunir plusieurs choses en les arrangeant d'une certaine façon. *En combinant plusieurs chiffres, on obtient de nombreux nombres différents.* **2.** Organiser dans un but précis. → **arranger.** *Léa et Julie ont tout combiné pour être assises à côté l'une de l'autre.*

➤ **combine** **n. f.** ✦ Familier. Moyen astucieux souvent malhonnête. *Il a une combine pour entrer sans payer.* → ② **combinaison.**

➤ **combiné** **n. m.** ✦ Partie d'un téléphone comprenant l'écouteur et le micro. *Il décroche le combiné et dit : « Allô ! ».*

▷ Autres mots de la famille : ① et ② COMBINAISON.

① **comble** **n. m.** **1.** *Le comble,* c'est le plus haut degré. *Les nouveaux mariés sont au com-*

ble du bonheur, au maximum du bonheur. *Il a tort et il m'accuse, c'est le comble !* il ne manquait plus que cela. → **bouquet.** **2.** *Les combles,* la partie d'un bâtiment au dernier étage, juste sous les toits. *Une chambre est aménagée sous les combles.* → **grenier.** **3.** *De fond en comble,* complètement. *Il a fouillé l'armoire de fond en comble.*

comète

② **comble** **adj.** ✦ Rempli de monde. → **plein.** *La salle de cinéma était comble.* ❏ contr. **vide.**
▷ Mot de la famille de COMBLER.

combler **v.** (conjug. 1) **1.** Remplir un vide. *Les ouvriers ont comblé le trou creusé dans la rue.* → ② **boucher.** **2.** *Être comblé,* c'est obtenir tout ce que l'on souhaite. *Louise a été comblée de cadeaux pour Noël,* elle en a eu beaucoup.
▷ Autre mot de la famille : ② COMBLE.

combustible **n. m.** ✦ Matière que l'on fait brûler pour produire de la chaleur. *Le charbon et le mazout sont des combustibles.* — **Adj.** *Le bois est combustible,* il peut brûler.

combustion **n. f.** ✦ Le fait de brûler entièrement. *La combustion du bois produit de la chaleur.*

comédie **n. f.** **1.** Pièce de théâtre qui fait rire. *« L'Avare » est une comédie de Molière.* **2.** *Une comédie musicale,* c'est un film ou un spectacle avec des scènes dansées et chantées par les comédiens. **3.** *Jouer la comédie,* c'est représenter une pièce. **4.** Comportement qui n'est pas sincère. *Julie dit qu'elle a mal au ventre pour ne pas aller en classe, mais c'est de la comédie,* elle fait semblant d'avoir mal.
➤ **comédien** **n. m.,** **comédienne** **n. f.** **1.** Personne qui joue dans des pièces de théâtre, des films. → **acteur.** *Les comédiens sont en répétition.* **2.** Personne qui fait semblant. *Cette Julie, quelle comédienne ! Elle nous ferait croire n'importe quoi !*

comestible **adj.** ✦ Que l'on peut manger. *Les groseilles sont de petites baies rouges comestibles.*

comète **n. f.** ✦ Astre qui forme une traînée lumineuse quand il passe près du Soleil. *Certaines comètes réapparaissent régulièrement dans le ciel.*

comique **adj.** ✦ Qui fait rire. → **drôle.** *Théo aime bien les films comiques.* ❏ contr. **sérieux, triste.** — **N.** Artiste qui fait rire. → **fantaisiste.**

comité **n. m.** ✦ Petit groupe de personnes qui se réunissent pour s'occuper de certaines affaires. *Il s'occupe du comité des fêtes de la commune.*

commandant **n. m.,** **commandante** **n. f.** **1.** Officier qui commande un bataillon. *À vos ordres, mon commandant !* **2.** Officier qui commande un navire. *Le commandant est sur la passerelle.* **3.** *Le commandant de bord,* la personne qui pilote un avion.
▷ Mot de la famille de COMMANDER.

commande **n. f.** **1.** Ordre par lequel un client demande une marchandise. *J'ai passé une commande de livres chez le libraire.* **2.** Mécanisme qui sert à diriger une machine, faire fonctionner un appareil. *Les commandes de l'avion sont dans la cabine de pilotage.*
▷ Mot de la famille de COMMANDER.

commandement **n. m.** **1.** Le fait d'avoir autorité sur un groupe, de donner des ordres. *Le général a pris le commandement de l'armée,* il a pris la tête, la direction de l'armée. **2.** Ordre donné à haute voix. *À mon commandement, feu !*
▷ Mot de la famille de COMMANDER.

commander **v.** (conjug. 1) **1.** Être le chef. *César commandait l'armée romaine.* **2.** Demander un produit, une marchandise, passer une commande. *Au restaurant, il a commandé une choucroute.* **3.** Faire fonctionner. *Cette pédale commande le frein.*
▷ Autres mots de la famille : COMMANDANT, COMMANDE, COMMANDEMENT, COMMANDO, DECOMMANDER, TÉLÉCOMMANDE, TÉLÉCOMMANDÉ, TÉLÉCOMMANDER.

commando **n. m.** ✦ Petit groupe de soldats spécialement entraînés pour des combats rapides. *Des commandos de parachutistes ont attaqué le village.*
▷ Mot de la famille de COMMANDER.

comme **conjonction** et **adv.** **1.** De la même manière que. *Paul est têtu comme une mule,* aussi têtu qu'une mule. **2.** *Ne te balance pas comme cela, tu vas tomber,* ne te balance pas ainsi, de cette façon. **3.** Puisque, étant donné que. *Comme il était en retard, il a fallu l'attendre.* **4.** En tant que. *Elle travaille comme secrétaire chez un médecin.* **5.** Combien, que. *Comme c'est beau, ce paysage !*
▷ Autre mot de la famille : COMMENT.

commémorer **v.** (conjug. 1) ✦ Rappeler le souvenir d'un événement par une cérémonie. *Le défilé du 14 Juillet commémore la prise de la Bastille.*

➤ **commémoratif, commémorative** **adj.** ✦ *Un monument commémoratif,* c'est un monument qui rappelle le souvenir d'un événement ou d'une personne.

➤ **commémoration** **n. f.** ✦ Cérémonie qui rappelle le souvenir d'un événement. *La commémoration de la fin d'une guerre.*

commencer **v.** (conjug. 3) **1.** Se mettre à faire quelque chose. *Julie a commencé son devoir,* elle s'est mise à le faire. *Nous commençons à faire nos devoirs.* ❏ contr. **finir, terminer.** **2.** Débuter. *L'année commence le 1er janvier.* ❏ contr. s'**achever.**

➤ **commencement** **n. m.** ✦ Début. *J'ai manqué le commencement du film.* ❏ contr. ① **fin.**
▷ Autre mot de la famille : RECOMMENCER.

comment **adv.** **1.** De quelle façon. *Bonjour, comment allez-vous ? Comment as-tu fait pour casser ce vase ? Je ne sais pas comment j'ai fait.* **2.** *Comment !* quoi ! *Comment, tu n'es pas encore prêt !*
▷ Mot de la famille de COMME.

commenter **v.** (conjug. 1) ✦ Donner des explications, faire des remarques. *Un journaliste sportif commente le match de tennis à la télévision.*

➤ **commentaire** **n. m.** ✦ Remarque, observation. *Quelques spectateurs faisaient des commentaires pendant le film.*

➤ **commentateur** **n. m.**, **commentatrice** **n. f.** ✦ Journaliste qui commente les nouvelles, à la radio ou à la télévision. *Il est commentateur sportif.*

commérage **n. m.** ✦ *Faire des commérages,* c'est raconter des choses indiscrètes et méchantes sur les autres. → **cancan, potin, racontar, ragot.**
▷ Mot de la famille de COMMÈRE.

commerce **n. m.** **1.** Achat et vente de marchandises. *Il fait du commerce. Ce produit n'est pas encore dans le commerce,* sur le marché. **2.** *Un commerce,* c'est un magasin, une boutique. *Il y a beaucoup de commerces dans cette rue.*

➤ **commerçant** **n. m.** et **adj.**, **commerçante** **n. f.** et **adj.**
■ **n.** Personne qui fait du commerce. → **marchand.** *Le boucher, l'épicier, le boulanger sont des commerçants.*
■ **adj.** *Une rue très commerçante,* où il y a beaucoup de magasins.

➤ **commercial, commerciale** **adj.** ✦ *Une entreprise commerciale* s'occupe d'acheter ou de vendre des marchandises. — *Un centre commercial* est un endroit où sont regroupés de nombreux magasins. — Au masc. pl. *commerciaux.*

➤ **commercialiser** **v.** (conjug. 1) ✦ Mettre en vente dans les magasins. *Ce nouveau modèle de voiture sera commercialisé à l'automne.*

commère **n. f.** ✦ Femme curieuse qui passe son temps à raconter des histoires sur les autres.
▷ Autre mot de la famille : COMMÉRAGE.

commettre **v.** (conjug. 56) ✦ Faire quelque chose de mal. *L'assassin avait déjà commis plusieurs meurtres.*
● Ce mot s'écrit avec deux *m* et deux *t*.

commis **n. m.** ✦ Employé de magasin ou de bureau qui fait des livraisons et des rangements. *Le boucher fait livrer la viande par son commis.*

commissaire **n. m.** et **f.** ✦ *Un commissaire de police* dirige les inspecteurs et les agents de police d'un quartier. *Le commissaire mène l'enquête.*

➤ **commissaire-priseur** **n. m.**, **commissaire-priseuse** **n. f.** ✦ Personne dont le métier est de faire des ventes aux enchè-

commissaire-priseur

res. *Le commissaire-priseur dit « Adjugé, vendu » quand un objet a trouvé un acheteur.* — Au pl. *Des commissaires-priseurs.* ▷ Mot de la famille de PRIX.

➤ **commissariat** n. m. ✦ Endroit où se trouvent les bureaux du commissaire de police. *Le malfaiteur a été conduit au commissariat par deux agents.*

① **commission** n. f. **1.** Message que quelqu'un est chargé de transmettre. *Julie m'a chargé de te faire une commission.* **2.** *Les commissions,* les courses, les provisions. *Il va faire les commissions.* **3.** Somme d'argent proportionnelle au prix de vente de quelque chose. *L'agence immobilière touche une commission sur la vente du studio.*

➤ **commissionnaire** n. m. et f. ✦ Personne dont le métier est de porter des messages ou des paquets. → **coursier.** *Le commissionnaire a apporté un colis.*

② **commission** n. f. ✦ Réunion de personnes choisies pour étudier une affaire. → **bureau, comité.** *La commission va se réunir pour prendre une décision.*

commissure n. f. ✦ *La commissure des lèvres,* l'endroit où les lèvres se rejoignent.

① **commode** n. f. ✦ Meuble à tiroirs, de la hauteur d'une table, qui sert à ranger du linge, des vêtements.

commode

② **commode** adj. **1.** Facile à utiliser. → ② **pratique.** *Ce sac est très commode pour le voyage.* **2.** Facile. *Ce mot n'est pas commode à expliquer.* → **aisé.** **3.** *Ne pas être commode,* c'est avoir un caractère difficile. *Il n'est pas toujours commode et se met parfois en colère.*

➤ **commodité** n. f. **1.** Facilité. *Pour plus de commodité, les livres sont rangés par ordre alphabétique.* **2.** *Les commodités,* les installations qui rendent une habitation confortable. *Cet appartement a toutes les commodités.*

▷ Autres mots de la famille : ACCOMMODANT, ACCOMMODER, INCOMMODE, INCOMMODER.

commotion n. f. ✦ Grand choc qui n'entraîne pas de blessures apparentes. *Il ne peut plus parler depuis sa commotion cérébrale.*

➤ **commotionné, commotionnée** adj. ✦ Qui a subi une commotion, un choc. *Il a été commotionné au cours de cet accident.*

commun, commune adj. **1.** Qui est partagé par plusieurs personnes. *Louise et sa sœur ont une chambre commune.* ❑ contr. **individuel, particulier.** *Julie et Louise ont un goût commun pour la danse.* → **identique, semblable.** **2.** *L'intérêt commun,* c'est l'intérêt de tous. → ② **général.** ❑ contr. **particulier.** **3.** *En commun,* à plusieurs, ensemble. *Ils ont mis en commun tout ce qu'ils ont. J'utilise les transports en commun.* **4.** *Un nom commun,* un nom qui désigne tous les individus d'une même espèce. *« Chat », « table », « joie » sont des noms communs.* → aussi ② **propre.** **5.** Banal, courant. *Le nom de Martin est assez commun en France.* ❑ contr. **rare.** *Il est d'une force peu commune,* peu ordinaire, très grande.

▷ Autres mots de la famille : COMMUNAUTAIRE, COMMUNAUTÉ, COMMUNÉMENT, COMMUNISME, COMMUNISTE.

communal, communale adj. ✦ Qui appartient à une commune. *Julie et Alex vont à l'école communale.* — Au masc. pl. *communaux.*

▷ Mot de la famille de COMMUNE.

communauté n. f. ✦ Groupe de personnes qui vivent ensemble en ayant les mêmes idées ou les mêmes intérêts. → **collectivité.** *Une communauté religieuse. Vivre en communauté,* ensemble, en partageant tout.

➤ **communautaire** adj. ✦ *Une vie communautaire,* en groupe, en collectivité. *Les moines mènent une vie communautaire.*

▷ Mots de la famille de COMMUN.

commune n. f. ✦ Ville, village. *La commune est administrée par le maire et le conseil municipal.*

▷ Autre mot de la famille : COMMUNAL.

communément adv. ✦ Couramment, habituellement. *On dit communément que l'argent ne fait pas le bonheur.* → **généralement.** ❑ contr. **rarement.**

▷ Mot de la famille de COMMUN.

communiant n. m., **communiante** n. f. ✦ Personne qui communie. *Les premiers communiants reçoivent la communion pour la première fois.*

▷ Mot de la famille de COMMUNIER.

communicatif, communicative adj. 1. Qui se communique, se transmet facilement. *Julie a un rire communicatif.* → **contagieux.** 2. *Une personne communicative,* qui aime parler, dire ce qu'elle pense. → **expansif, ouvert.** *Une femme très communicative.* ❑ contr. ① **renfermé, secret, taciturne.**

▷ Mot de la famille de COMMUNIQUER.

communication n. f. 1. Message, information. *Le maire a une communication importante à faire,* il a quelque chose d'important à annoncer. → **annonce, déclaration.** 2. *Une communication téléphonique,* un coup de téléphone. 3. *Un moyen de communication,* c'est ce qui permet de communiquer avec d'autres personnes. *La radio, la télévision, le téléphone et Internet sont des moyens de communication.* → aussi **média.** 4. *Une voie de communication,* c'est ce qui permet d'aller d'un lieu à un autre. *Les routes et les voies ferrées sont des voies de communication.* 5. *Il y a une porte de communication entre les deux chambres,* une porte qui permet de faire communiquer les deux chambres.

▷ Mot de la famille de COMMUNIQUER.

communier v. (conjug. 7) ✦ Recevoir la communion. *Il a communié le jour de Pâques.*

➤ **communion** n. f. ✦ Chez les chrétiens, sacrement en souvenir de Jésus-Christ. → **eucharistie.**

▷ Autre mot de la famille : COMMUNIANT.

communiquer v. (conjug. 1) 1. Faire savoir, faire connaître. *Il nous a communiqué ses projets.* 2. Échanger des informations en parlant, en se faisant des signes. *Les sourds-muets communiquent par gestes.* 3. Faire partager. *Elle communique sa joie de vivre à tout le monde.* — **se communiquer,** se transmettre. *Le fou rire de Julie s'est communiqué à toute la classe.* 4. *Le salon communique avec la salle à manger,* il donne directement dedans.

➤ **communiqué** n. m. ✦ Avis, déclaration que l'on fait pour le public. *Le président de la République fera un communiqué ce soir, à la télévision.*

▷ Autres mots de la famille : COMMUNICATIF, COMMUNICATION, TÉLÉCOMMUNICATION.

communisme n. m. ✦ Organisation d'un pays où les terres, les usines et toutes les richesses appartiennent à l'État. → aussi **socialisme.** ❑ contr. **capitalisme.**

➤ **communiste** adj. ✦ *Le parti communiste* est le parti de ceux qui défendent le communisme. — **N.** *Les communistes réclament le partage des richesses.*

▷ Mots de la famille de COMMUN.

compact, compacte adj. 1. Très épais, très serré. *Une brume compacte.* → **dense.** 2. *Un disque compact,* c'est un disque lu par un rayon laser. → **CD.**

compagne n. f. 1. Camarade. *Léa joue avec ses compagnes de classe.* → aussi **compagnon.** 2. Femme qui partage la vie d'une autre personne. *Il nous a présenté sa nouvelle compagne.* → aussi **compagnon.**

compagnie n. f. 1. Présence auprès de quelqu'un. *Paul aime la compagnie de Louise,* il aime être avec elle. *Julie est allée à la piscine en compagnie d'une amie,* avec une amie. — *Un animal de compagnie,* qui vit près de l'homme. → **domestique, familier.** — *Tenir compagnie à quelqu'un,* c'est rester près de lui. — *Fausser compagnie à quelqu'un,* c'est le quitter brusquement. 2. Société, entreprise. *Il travaille dans une compagnie d'assurances.* 3. Troupe de 120 à 180 soldats. *Le capitaine commande une compagnie.*

compagnon n. m. 1. Personne avec qui on fait quelque chose. *Il a fait ses adieux à ses compagnons de voyage,* à ceux qui voyageaient avec lui. 2. Homme qui partage la vie d'une autre personne. → aussi **compagne.**

comparaître v. (conjug. 57) ✦ Se présenter devant un tribunal, un juge. *L'accusé a comparu devant le juge.* → aussi **comparution.**

▷ Mot de la famille de PARAÎTRE.

comparer **v.** (conjug. 1) **1.** Examiner les différences et les ressemblances. *Compare ces deux photos.* **2.** Établir des ressemblances entre des choses ou des personnes différentes. *Le poète compare la neige qui recouvre les prés à un manteau d'hermine.*

➤ **comparable** **adj.** ✦ *Deux choses comparables,* que l'on peut comparer. *Ces deux tissus sont de qualité comparable,* de même qualité. → **analogue, voisin.** ❑ contr. **différent.**

➤ **comparaison** **n. f.** **1.** Le fait de comparer deux choses, deux personnes. *Il n'y a pas de comparaison possible entre un petit village et une grande capitale.* **2.** Manière de s'exprimer en rapprochant deux choses différentes. *« Il est aimable comme une porte de prison » est une comparaison.*

➤ **comparatif** **n. m.** ✦ *Le comparatif* est la forme que prend l'adjectif dans une comparaison. *« Plus vieux » est le comparatif de supériorité de « vieux », « aussi vieux » le comparatif d'égalité et « moins vieux » le comparatif d'infériorité.*

▷ Autre mot de la famille : INCOMPARABLE.

comparse **n. m. et f.** ✦ Complice qui n'a pas de rôle très important. *La police a arrêté le malfaiteur et ses comparses.*

compartiment **n. m.** **1.** Division dans une boîte, un tiroir, un casier. → ② **case.** *Les compartiments d'un coffret à bijoux.* **2.** Partie d'une voiture de chemin de fer séparée par une cloison. *Il y avait six personnes dans le compartiment.*

▷ Mot de la famille de PART.

comparution **n. f.** ✦ Le fait de comparaître devant un tribunal, un juge. *La comparution d'un accusé.*

▷ Mot de la famille de PARAÎTRE.

compas **n. m.** **1.** Instrument à deux branches qui s'écartent, avec lequel on trace des cercles. **2.** Boussole des marins et des aviateurs. *Le compas indique la route à suivre.*

compassion **n. f.** ✦ Sentiment qui fait partager les peines des autres. → **pitié.** *Il éprouve de la compassion pour les malheureux.* → aussi **compatir.**

compatible **adj.** ✦ Qui peut aller avec autre chose, qui peut fonctionner avec autre chose. *Ce magnétoscope est compatible avec le téléviseur,* il s'adapte sur le téléviseur. ❑ contr. **incompatible.**

▷ Autre mot de la famille : INCOMPATIBLE.

compatir **v.** (conjug. 2) ✦ *Je compatis à votre peine,* je la partage. → aussi **compassion.**

➤ **compatissant, compatissante** **adj.** ✦ Plein de compassion, de sensibilité pour la peine d'autrui. *Un regard compatissant. Des paroles compatissantes.* ❑ contr. **dur, insensible.**

compatriote **n. m. et f.** ✦ Personne qui a la même patrie, est du même pays qu'une autre. → **concitoyen.** *En Italie, nous avons rencontré quelques compatriotes.* ❑ contr. **étranger.**

▷ Mot de la famille de PATRIE.

compenser **v.** (conjug. 1) ✦ Équilibrer, contrebalancer. *Les avantages de cette maison compensent largement ses inconvénients.*

➤ **en compensation** **adv.** ✦ En contrepartie. *Il gagne peu d'argent, mais, en compensation, il a beaucoup de temps libre.*

compère **n. m.** ✦ Complice. *Le prestidigitateur n'a pas choisi un spectateur au hasard, il a désigné son compère.* → **acolyte, comparse.**

● Autrefois, *compère* voulait dire « ami, camarade ».

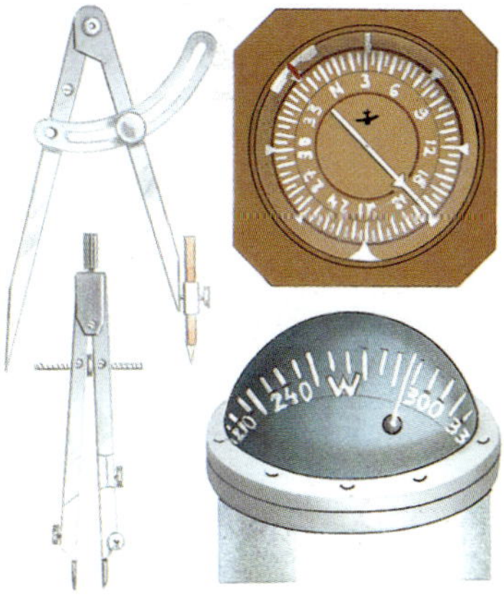

compas

compétent, compétente **adj.** ✦ Qui connaît parfaitement son métier, qui a beaucoup de connaissances dans un domaine. → **capable.** *Un chirurgien très compétent.* ❑ contr. **incompétent.**

➤ **compétence** **n. f.** ✦ Qui a une connaissance approfondie de son métier, d'un domaine. ❑ contr. **incompétence.** *La compétence de ce médecin est très grande.*
▷ Autres mots de la famille : INCOMPÉTENCE, INCOMPÉTENT.

compétitif, compétitive **adj.** ✦ *Un prix compétitif,* très intéressant par rapport à celui des autres produits du même genre.

compétition **n. f.** ✦ Épreuve sportive dans laquelle on cherche à gagner. → **championnat, épreuve, match.** *Alex a gagné une compétition de natation.*

compilation **n. f.** ✦ Disque réunissant les chansons à succès d'un chanteur ou les airs les plus connus d'un compositeur.
● On dit familièrement *une compil.*
▷ Mot de la famille de ① PILE.

complainte **n. f.** ✦ Chanson triste au ton plaintif.
▷ Mot de la famille de PLAINDRE.

se **complaire** **v.** (conjug. 54) ✦ Trouver du plaisir, de la satisfaction. *Il se complaît dans le malheur.*
➤ **complaisant, complaisante** **adj.** ✦ Toujours prêt à rendre service aux autres. → **obligeant, serviable.** *Ils ont des voisins très complaisants.*
➤ **complaisance** **n. f.** ✦ Disposition à rendre service. *Il est d'une grande complaisance.* → **obligeance.**
▷ Mots de la famille de PLAIRE.

complément **n. m.** **1.** Ce qui s'ajoute à une chose pour la compléter. *Il a versé un acompte pour l'achat de sa voiture, il paiera le complément le mois prochain.* → **reste.** **2.** Mot ou groupe de mots qui dépend d'un autre mot et qui complète le sens d'un mot. *Dans « Julie a invité Léa », « Léa » est le complément du verbe « inviter ».*
➤ **complémentaire** **adj.** ✦ Qui apporte un complément. *Pour tout renseignement complémentaire, écrivez à cette adresse.*

① **complet** **adj.** et **n. m.**, **complète** **adj.**
■ **adj.** **1.** Où il ne manque rien. *Paul a la collection complète des albums de Tintin.* → **entier, exhaustif.** ❑ contr. **incomplet.** **2.** Où il n'y a plus de place. *Au mois d'août, les hôtels sont complets.* ❑ contr. **vide.** **3.** Total, absolu. *Ne descendez pas du train avant l'arrêt complet.*
■ **n. m.** *Au complet, au grand complet,* en totalité. *Pour Noël, la famille au complet était réunie.*
➤ **complètement** **adv.** ✦ Entièrement. *Alex a complètement démonté son vélo.* → **totalement.**
➤ **compléter** **v.** (conjug. 6) ✦ Ajouter ce qui manque, rendre plus complet. *Complète chaque phrase par le mot qui manque.*
▷ Autre mot de la famille : INCOMPLET.

② **complet** **n. m.** ✦ Costume d'homme dont la veste et le pantalon sont du même tissu et de la même couleur. → **costume.** *Un complet bleu marine.*

① **complexe** **adj.** ✦ Qui est composé de plusieurs éléments qui s'entremêlent. *Le phénomène des marées est très complexe.* → aussi **compliqué.** ❑ contr. **simple.**
➤ **complexité** **n. f.** ✦ Caractère de ce qui est complexe, compliqué. → aussi **complication.** *C'est une affaire d'une grande complexité.* ❑ contr. **simplicité.**

② **complexe** **n. m.** ✦ *Avoir des complexes,* c'est manquer de confiance en soi, se sentir inférieur aux autres. *Il a des complexes à cause de sa petite taille.*
➤ **complexé, complexée** **adj.** ✦ Qui a des complexes. *Elle est complexée parce qu'elle est trop grosse.*

complication **n. f.** **1.** Caractère de ce qui est compliqué, difficile à faire ou à comprendre. *Le mécanisme de cette machine est d'une grande complication.* → aussi **complexité.** **2.** Difficulté qui apparaît dans une situation. *Elle n'aime pas les complications.*
▷ Mot de la famille de COMPLIQUER.

complice **n. m.** et **f.** ✦ Personne qui en aide une autre à faire quelque chose de mal. *L'un des complices du cambrioleur a réussi à s'enfuir.* → **acolyte, comparse.** — **Adj.** *Les cambrioleurs et le gardien étaient complices.*
➤ **complicité** **n. f.** ✦ Participation à une mauvaise action. *Il a été accusé de complicité de vol.*

compliment **n. m.** ✦ *Faire des compliments à quelqu'un,* c'est le féliciter. *Le professeur a fait des compliments à Léa.*
➤ **complimenter** **v.** (conjug. 1) ✦ Dire à quelqu'un que ce qu'il a fait est bien. *Les*

invités complimentent la maîtresse de maison pour ce dîner très réussi. → **féliciter** et aussi **congratuler.**

compliquer **v.** (conjug. 1) 1. Rendre difficile. *Il complique toujours tout.* ❑ contr. **simplifier.** 2. **se compliquer,** devenir plus difficile. *Les choses se compliquent.*

➤ **compliqué, compliquée** **adj.** ✦ Difficile à faire, à comprendre. *Pour aller à la poste, ce n'est pas compliqué, vous prenez la première à droite.* ❑ contr. **simple.**

▷ Autre mot de la famille : COMPLICATION.

complot **n. m.** ✦ Projet secret préparé par plusieurs personnes contre une autre. *Le complot contre le président a échoué.*

➤ **comploter** **v.** (conjug. 1) 1. Préparer secrètement une action contre quelqu'un. *Des révolutionnaires complotèrent pour renverser le roi.* → **conspirer.** 2. Préparer en secret à plusieurs. *Je ne sais pas ce que Julie et Louise complotent.* → **manigancer.**

① **comporter** **v.** (conjug. 1) ✦ Être composé de, avoir. → ② **comprendre.** *Cet immeuble comporte dix étages.*

▷ Mot de la famille de PORTER.

② se **comporter** **v.** (conjug. 1) ✦ Se conduire. *Les enfants se sont bien comportés, ils ont été très sages.*

➤ **comportement** **n. m.** ✦ Façon de se conduire. → **attitude, conduite.** *Ce savant étudie le comportement des fourmis.*

▷ Mots de la famille de PORTER.

composer **v.** (conjug. 1) 1. Faire. *Le fleuriste a composé un ravissant bouquet. — Composer un numéro de téléphone,* c'est appuyer sur les touches du clavier. 2. Écrire une œuvre musicale. *Mozart a composé de nombreux opéras.* 3. *Se composer de,* être formé de, constitué de. *La maison se compose de six pièces.* → **avoir,** ① **comporter,** ② **comprendre.**

➤ **composant** **n. m.** ✦ Élément qui forme, qui compose quelque chose. *L'hydrogène et l'oxygène sont les composants de l'eau.* → **constituant.**

➤ **composé, composée** **adj.** 1. *Un mot composé,* c'est un mot formé de plusieurs mots. « *Chou-fleur* » *est un mot composé.* 2. *Un temps composé,* c'est un temps conjugué avec un verbe auxiliaire et le participe passé du verbe conjugué. *Le passé composé et le futur antérieur sont des temps composés de l'indicatif.*

➤ **compositeur** **n. m., compositrice** **n. f.** ✦ Personne qui compose de la musique.

➤ **composition** **n. f.** 1. *La composition d'un produit,* les éléments qui le composent. *La composition de ce produit figure sur l'emballage.* 2. Devoir fait en classe qui comptait pour passer dans la classe supérieure. *Les élèves attendent les résultats de la composition d'histoire.*

▷ Autres mots de la famille : DÉCOMPOSER, DÉCOMPOSITION, RECOMPOSÉ.

compost **n. m.** ✦ Engrais fait de déchets et de feuilles que l'on a laissés fermenter.

composter **v.** (conjug. 1) ✦ Valider un billet, un ticket en le passant dans une machine spéciale. *Les voyageurs compostent leur billet avant de monter dans le train.*

➤ **composteur** **n. m.** ✦ Appareil qui sert à valider les billets de train, de métro ou d'autobus en les perforant ou en écrivant un code dessus.

composter

compote **n. f.** ✦ Dessert fait avec des fruits cuits dans de l'eau et du sucre. *Louise aime la compote de pommes parfumée à la cannelle.*

➤ **compotier** **n. m.** ✦ Plat creux dans lequel on sert de la compote, des fruits.

compréhensible **adj.** ✦ Que l'on peut comprendre facilement. *Vos explications sont très compréhensibles.* → **clair.** ❑ contr. **incompréhensible, obscur.**

▷ Autre mot de la famille : INCOMPRÉHENSIBLE.

compréhensif, compréhensive **adj.** ✦ Qui comprend et accepte les actions, les attitudes des autres. → **indulgent, tolérant.** *Sa mère est très compréhensive.*

compréhension n. f. 1. Fait de comprendre. *La ponctuation est utile à la compréhension de ce texte.* → **clarté.** 2. Indulgence envers quelqu'un. *Je vous remercie de votre compréhension.*
▷ Autre mot de la famille : INCOMPRÉHENSION.

① **comprendre** v. (conjug. 58) 1. *Comprendre une chose,* c'est avoir une idée claire de ce qu'elle veut dire. *Je n'ai rien compris à tes explications.* 2. Connaître les raisons, les causes de quelque chose. *On ne comprend pas comment l'accident a pu se produire.* 3. *Comprendre quelqu'un,* c'est être compréhensif, tolérant envers lui. *Certains enfants trouvent que leurs parents ne les comprennent pas.*
▷ Autre mot de la famille : INCOMPRIS.

② **comprendre** v. (conjug. 58) ✦ Être formé de, contenir. *La semaine comprend sept jours,* elle a sept jours. → **avoir,** ① **comporter.**
▷ Autre mot de la famille : COMPRIS.

compresse n. f. ✦ Morceau de tissu fin replié en plusieurs épaisseurs que l'on met sur une blessure, une plaie. *L'infirmière a posé une compresse sur la brûlure.* → aussi **gaze.**

compressible adj. ✦ Que l'on peut comprimer, faire diminuer de volume. *Les gaz sont compressibles.*

compression n. f. 1. Le fait de comprimer. *On gonfle un pneu par compression de l'air dans la chambre à air.* 2. *Une compression de personnel,* une diminution de personnel. *Il y a eu une compression de personnel dans l'entreprise.* → aussi **licenciement.**

comprimer v. (conjug. 1) ✦ Serrer en appuyant très fort. *L'infirmière comprime le bras du patient pour arrêter l'hémorragie.*
➤ ① **comprimé, comprimée** adj. ✦ *De l'air comprimé,* c'est de l'air dont on a diminué le volume.
➤ ② **comprimé** n. m. ✦ Médicament en forme de pastille, fait de poudre pressée. → **cachet.** *Un comprimé d'aspirine.*

compris, comprise adj. ✦ Contenu dans quelque chose. → **inclus.** *Dans ce restaurant, le service est compris,* compté dans la somme à payer.
▷ Mot de la famille de ② COMPRENDRE.

compromettre v. (conjug. 56) 1. *Compromettre quelqu'un,* c'est porter atteinte à sa réputation, le déshonorer. *Le maire a été compromis dans un scandale.* — **se compromettre,** perdre sa réputation. *Elle s'est compromise dans une affaire un peu louche.* 2. Mettre en danger. *Il compromet sa santé en fumant autant. Le mauvais temps compromet notre excursion,* risque de la faire échouer.
➤ **compromis** n. m. ✦ Arrangement qui aboutit à un accord entre plusieurs personnes. *Les deux adversaires sont arrivés à un compromis.*
➤ **compromission** n. f. ✦ Affaire dans laquelle on se compromet, on risque sa réputation. *C'est un homme intègre qui n'accepte aucune compromission.*

comptabilité n. f. ✦ Compte des recettes et des dépenses. *Elle tient la comptabilité du magasin.*
▷ Mot de la famille de COMPTER.

comptable n. m. et f. ✦ Personne qui s'occupe de la comptabilité. *La comptable fait le bilan annuel de l'entreprise.*
▷ Mot de la famille de COMPTER.

comptant adv. ✦ *Payer comptant,* c'est payer entièrement au moment où l'on achète quelque chose. *Il a payé comptant sa nouvelle voiture.* ❑ contr. à **crédit.** ❍ homonyme : content.
▷ Mot de la famille de COMPTER.

compte n. m. 1. Calcul d'un nombre, évaluation d'une quantité. *Julie fait le compte du nombre de jours qui restent avant les vacances,* elle les compte. → ② **calcul.** 2. *Faire ses comptes,* c'est calculer ce qu'on a dépensé et gagné. *Le boucher fait ses comptes chaque soir.* — *Les bons comptes font les bons amis,* pour rester amis, il faut régler ses dettes. 3. *Un compte en banque,* c'est de l'argent déposé à la banque. 4. *En fin de compte,* finalement. *En fin de compte, ils ne sont pas partis en voyage.* 5. *Travailler, être à son compte,* travailler pour soi et non pour un patron. 6. *On raconte beaucoup de choses sur son compte,* sur lui. 7. *Tenir compte de quelque chose,* c'est y attacher de l'importance. *Le professeur a tenu compte des efforts de Léa.* 8. *Je n'ai pas de comptes à te rendre,* d'explications à te donner sur ce que je fais. 9. *Se rendre compte de quelque chose,* c'est s'en apercevoir. *Louise s'est rendu compte qu'elle s'était trompée de chemin.* ❍ homonymes : comte, conte.
▷ Mot de la famille de COMPTER.

compte-gouttes **n. m. inv.** ✦ Petit tube à capuchon souple, qui sert à verser un liquide goutte à goutte. — Au pl. *Des compte-gouttes.*
▷ Mot de la famille de COMPTER et de GOUTTE.

compte-gouttes

compter **v.** (conjug. 1) **1.** Énumérer les chiffres dans l'ordre. *Tous les enfants de cette classe savent compter.* **2.** Trouver une quantité en se servant des chiffres. → **calculer.** *Julie compte l'argent qui lui reste.* **3.** Inclure dans un total. *La caissière a oublié de compter les cafés dans l'addition.* **4.** Prévoir. *Je compte partir demain,* j'en ai l'intention. **5.** Avoir de l'importance. *Son avis compte beaucoup pour moi.* → ① **importer. 6.** *Compter sur quelqu'un,* c'est lui faire confiance. *On peut compter sur elle.* ❍ homonymes : comté, conter.

➤ **compte rendu** **n. m.** ✦ Récit d'un événement fait par une personne qui l'a vécu. *Il nous a fait un compte rendu enthousiaste de son voyage.* — Au pl. *Des comptes rendus.*
▷ Mot de la famille de RENDRE.

➤ **compteur** **n. m.** ✦ Appareil qui sert à compter, à mesurer quelque chose. *Dans un taxi, le prix de la course est inscrit au compteur. Un compteur d'électricité.* ❍ homonyme : conteur.

➤ **comptine** **n. f.** ✦ Petite poésie chantée ou parlée.

➤ **comptoir** **n. m.** ✦ Longue table haute et étroite sur laquelle le marchand présente les marchandises, reçoit l'argent et rend la monnaie. *Le patron du café sert les consommations sur le comptoir.*
▷ Autres mots de la famille : ACOMPTE, COMPTABILITÉ, COMPTABLE, COMPTANT, COMPTE, COMPTE-GOUTTES.

comte **n. m.,** **comtesse** **n. f.** ✦ Titre de noblesse, entre le vicomte et le marquis. *Le comte a une couronne dans ses armoiries.* ❍ homonymes : compte, conte.

➤ **comté** **n. m.** ✦ Domaine possédé autrefois par un comte. *Le comté de Toulouse.* ❍ homonymes : compter, conter.
▷ Autre mot de la famille : VICOMTE.

concasser **v.** (conjug. 1) ✦ Casser en tout petits morceaux. → **broyer.** *Cette machine concasse les cailloux.*
▷ Mot de la famille de CASSER.

concave **adj.** ✦ Arrondi en creux. *Un miroir concave.* ❑ contr. **convexe.**

concéder **v.** (conjug. 6) ✦ Accorder, admettre. *Je me suis trompé, je le concède.* → aussi **concession.**
● *Concéder* est un mot littéraire.
▷ Mot de la famille de CÉDER.

concentrer **v.** (conjug. 1) **1.** Rassembler dans un seul endroit. *Toutes les boutiques de chaussures sont concentrées dans cette rue.* ❑ contr. **disperser. 2. se concentrer,** fixer son attention sur ce que l'on fait. *Je n'arrive pas à me concentrer dans ce bruit.*

➤ **concentré, concentrée** **adj.** ✦ *Du lait concentré,* du lait dont on a enlevé une grande partie de l'eau. *Julie met du lait concentré dans son thé.* — **N. m.** *Du concentré de tomate.*

➤ **concentration** **n. f.** **1.** Grande attention. *Le jeu d'échecs demande une grande concentration.* **2.** *Les camps de concentration,* ce sont des endroits où sont rassemblés des prisonniers qui sont traités de façon très dure.
▷ Mots de la famille de CENTRE.

concentrique **adj.** ✦ *Deux cercles concentriques,* ce sont deux cercles qui ont le même centre.
▷ Mot de la famille de CENTRE.

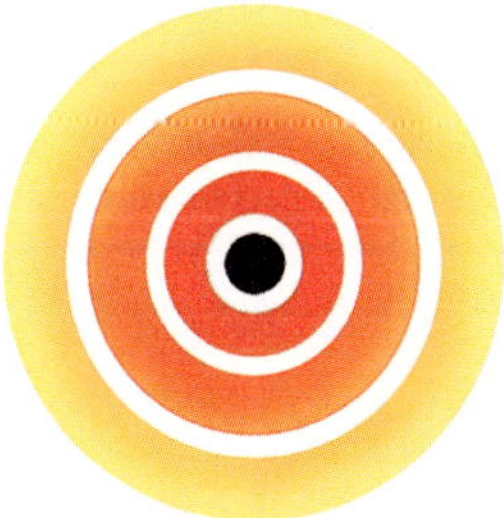

cercles **concentriques**

conception **n. f.** ✦ Manière de voir, de concevoir quelque chose. *Je n'ai pas la même conception de la vie que toi.*

concerner **v.** (conjug. 1) ✦ S'appliquer à. *Cette loi concerne tous les citoyens.*

concert

concert n. m. ✦ Spectacle où l'on écoute de la musique. *L'orchestre de la ville donnera un concert demain.*

▷ Autre mot de la famille : CONCERTO.

se **concerter** v. (conjug. 1) ✦ S'entendre pour faire quelque chose. *Ils se sont concertés avant de prendre une décision.*

➤ **concertation** n. f. ✦ Le fait de discuter, de s'entendre pour agir ensemble. *La concertation entre les deux chefs d'État a été fructueuse.*

concerto n. m. ✦ Œuvre musicale dans laquelle alternent l'orchestre et un ou deux instruments. *Des concertos pour piano.*

● Ce mot vient de l'italien et veut dire « concert ».

concession n. f. ✦ *Faire une concession,* c'est céder sur certaines choses pour arriver à un accord. → aussi **concéder.** *Pour s'entendre bien avec quelqu'un, il faut parfois faire des concessions.*

concessionnaire n. m. ✦ *Un concessionnaire automobile,* c'est quelqu'un qui vend des voitures d'une seule marque.

concevoir v. (conjug. 28) **1.** Avoir l'idée de, imaginer. *C'est lui seul qui a conçu ce projet.* → aussi **conception. 2.** Se faire une idée de. → **envisager,** se **représenter.** *Elle ne concevait pas la vie sans travailler.* **3.** *Concevoir un enfant,* le former en soi. *Ce sont les femmes qui conçoivent les enfants.*

▷ Autres mots de la famille : INCONCEVABLE, PRÉCONÇU.

concierge n. m. et f. ✦ Personne qui a la garde d'un immeuble. → **gardien.** *La concierge passe l'aspirateur dans le hall de l'immeuble.*

concile n. m. ✦ Assemblée d'évêques de l'Église catholique.

conciliabule n. m. ✦ Conversation secrète, à voix basse. *Julie et Louise tiennent un conciliabule dans un coin de la cour de récréation.*

concilier v. (conjug. 7) ✦ Mettre en accord, faire aller ensemble. *C'est difficile de concilier des choses si différentes.* → **allier, unir.** ❑ contr. **opposer.**

➤ **conciliant, conciliante** adj. ✦ *Une personne conciliante,* c'est une personne qui cherche à arranger les choses avec les autres, fait des concessions. → **accommodant, arrangeant.**

➤ **conciliation** n. f. ✦ Arrangement, accord. *Après bien des discussions, les adversaires sont arrivés à une conciliation.*

▷ Autres mots de la famille : RÉCONCILIATION, RÉCONCILIER.

concis, concise adj. ✦ Qui dit ou écrit ce qu'il a à dire en peu de mots. *Sa réponse a été concise. Soyez plus concis.* → **bref.**

➤ **concision** n. f. ✦ Façon de dire, d'écrire en peu de mots. *Il nous a exposé l'affaire avec concision.*

concitoyen n. m., **concitoyenne** n. f. ✦ *Des concitoyens,* des habitants du même pays, de la même ville. → aussi **compatriote.** *Le maire s'est adressé à ses concitoyens,* aux habitants de sa ville.

▷ Mot de la famille de CITÉ.

conclave n. m. ✦ Assemblée de cardinaux réunis pour élire un nouveau pape.

conclure v. (conjug. 35) **1.** *Conclure un accord,* c'est y parvenir. *Les deux pays ennemis ont conclu la paix,* ils se sont mis d'accord pour signer la paix. **2.** Terminer ce qu'on dit ou ce qu'on écrit. *Le Président a conclu son discours en disant : « Vive la France ! »* **3.** Juger après avoir réfléchi. *Ne le voyant pas arriver, j'en ai conclu qu'il n'avait pas pu venir.* → **déduire.**

➤ **concluant, concluante** adj. ✦ Qui prouve, donne un résultat clair. *L'expérience n'est pas très concluante, il faudra la refaire.* → **probant.**

➤ **conclusion** n. f. **1.** Partie qui termine un texte ou un discours. ❑ contr. **introduction.** *La conclusion de ce roman est vraiment inattendue.* → **dénouement,** ① **fin. 2.** *Une conclusion,* c'est ce à quoi on arrive après avoir observé, raisonné. → **déduction.** *De ses observations, Galilée tira la conclusion que la Terre tournait autour du Soleil.*

concombre n. m. ✦ Légume de forme allongée et de couleur verte, à peau lisse, qui se mange le plus souvent cru, en hors-d'œuvre. *Une salade de concombres.*

concombre

concorde n. f. ✦ Bonne entente. *La concorde règne dans cette famille.* → **harmonie.** ❑ contr. **discorde.**

● Ce mot est littéraire.

concorder v. (conjug. 1) ✦ Être en accord. *Tous les témoignages concordent : un homme vêtu de sombre est sorti de l'immeuble à 9 heures.* → **coïncider, correspondre.**

concourir v. (conjug. 11) **1.** Participer à un concours, à une compétition. *De nombreux pays ont concouru pour le championnat du monde.* **2.** *Concourir à,* contribuer à un résultat. *Les efforts de tous concourent au succès de l'entreprise.* → **participer.**

➤ **concours** n. m. **1.** Épreuve, compétition où le nombre des gagnants est fixé à l'avance. *Alex a gagné le concours de photo.* **2.** Aide, collaboration. *La fête a été un succès grâce au concours de tous.* **3.** *Un concours de circonstances,* c'est un ensemble de choses qui se produisent en même temps par hasard. → **coïncidence.** *Un malheureux concours de circonstances a provoqué la catastrophe.*

▷ Mots de la famille de COURIR.

concret, concrète adj. ✦ *Une chose concrète,* c'est une chose que l'on peut voir ou toucher. ❑ contr. **abstrait.** *Un crayon est une chose concrète, la liberté, une chose abstraite.*

➤ **concrètement** adv. ✦ D'une manière concrète, dans la réalité. → **pratiquement.** *Que pouvons-nous faire concrètement pour vous aider ?*

➤ se **concrétiser** v. (conjug. 1) ✦ Devenir concret, réel. *À force de travail, ses espoirs se concrétiseront.* → se **matérialiser.**

concubin n. m., **concubine** n. f. ✦ Personne qui vit avec une autre sans être mariée avec elle. *Il vit chez sa concubine. Ils sont concubins depuis dix ans et ils ne veulent pas se marier.*

➤ **concubinage** n. m. ✦ *Vivre en concubinage,* c'est vivre ensemble sans être mariés.

concurrent n. m., **concurrente** n. f. **1.** Personne qui participe à une compétition, à un jeu. → **participant.** *Le vainqueur a battu tous ses concurrents. Il y a plusieurs concurrents pour ce poste.* → **candidat. 2.** Entreprise, commerçant qui est en concurrence, en rivalité avec une autre, avec un autre. *Ce commerçant vend moins cher que son concurrent.*

➤ **concurrence** **n. f.** ✦ Rivalité entre plusieurs personnes, plusieurs entreprises. *Ces deux commerçants se font une concurrence acharnée,* chacun essaie de vendre meilleur marché que l'autre pour attirer les clients.

➤ **concurrencer** **v.** (conjug. 3) ✦ Faire concurrence à, être en rivalité avec. *Les supermarchés concurrencent les petits commerçants,* ils leur prennent leur clientèle.

condamner [kɔ̃dane] **v.** (conjug. 1) **1.** *Condamner quelqu'un,* c'est lui faire subir une peine parce qu'il a été reconnu coupable. *L'assassin a été condamné à vingt ans de prison.* ❏ contr. **acquitter. 2.** Obliger, forcer. *Nous sommes condamnés à rester à la maison, car il pleut à verse.* **3.** Désapprouver. *Les pacifistes condamnent la guerre.* → **réprouver.** ❏ contr. **approuver. 4.** *Cette porte a été condamnée,* fermée pour qu'on ne puisse plus l'utiliser.

➤ **condamnable** **adj.** ✦ Qui mérite d'être condamné. *Son attitude est condamnable.* → **blâmable.** ❏ contr. **louable.**

➤ **condamnation** **n. f.** ✦ Peine infligée par un tribunal. *L'assassin a eu une lourde condamnation.* ❏ contr. **acquittement.**

➤ **condamné** **n. m.**, **condamnée** **n. f.** ✦ Personne qui a été condamnée. *Le condamné a été libéré.*

condenser **v.** (conjug. 1) **1.** Résumer. *Quand on condense une histoire, on ne raconte que l'essentiel.* **2. se condenser,** passer de l'état gazeux à l'état liquide. *La vapeur d'eau s'est condensée sur la vitre.*

➤ **condensation** **n. f.** ✦ Transformation de vapeur d'eau en eau. *Quand il fait froid dehors et très chaud à l'intérieur d'une maison, il y a de la condensation sur les vitres.* → **buée.**

▷ Mots de la famille de DENSE.

condescendant [kɔ̃desɑ̃dɑ̃], **condescendante** [kɔ̃desɑ̃dɑ̃t] **adj.** ✦ Méprisant, hautain. *Il lui a parlé d'un ton condescendant.* → **supérieur.**

condiment **n. m.** ✦ Produit qui donne plus de goût aux aliments. → **aromate.** *Le sel, le poivre, les cornichons, la moutarde sont des condiments.*

condition **n. f. 1.** Chose nécessaire qui est exigée. *Il y a certaines conditions à remplir pour s'inscrire à ce concours.* **2.** État dans lequel on est. *Alex est en bonne condition physique,* en bonne forme. **3.** Ensemble des circonstances. *Nous avons voyagé dans de très bonnes conditions,* tout a contribué à rendre le voyage agréable. **4.** Situation sociale. *Sa famille est de condition modeste,* a un rang peu élevé dans la société. **5. À condition que,** si. *Nous ferons une excursion à condition qu'il fasse beau.*

➤ **conditionné, conditionnée** **adj.** ✦ *L'air conditionné,* c'est un système qui maintient une température fraîche dans une pièce. → aussi **climatisation.**

➤ **conditionnel** **n. m.** ✦ Mode du verbe qui indique que l'action exprimée par le verbe dépend d'une condition. *Dans la phrase « Je le ferais si tu me le demandais », le verbe « faire » est au conditionnel.*

➤ **conditionnement** **n. m.** ✦ Façon dont une marchandise est emballée et présentée pour la vente. → **emballage.** *Le conditionnement d'un flacon de parfum compte beaucoup pour la clientèle.*

▷ Autre mot de la famille : INCONDITIONNEL.

condoléances **n. f. pl.** ✦ *Présenter ses condoléances à quelqu'un,* c'est lui dire qu'on partage sa peine quand une personne de sa famille est morte. *Mes sincères condoléances !*

condor **n. m.** ✦ Grand oiseau rapace de la famille du vautour. *Il y a des condors en Amérique du Sud, dans les Andes.*

● Ce mot vient de l'espagnol.

condor

conducteur **n. m.**, **conductrice** **n. f. 1.** Personne qui conduit un véhicule. → **chauffeur.** *Un conducteur de train. Une conductrice d'autobus.* **2. n. m.** Matière qui transmet la chaleur ou l'électricité. *Les métaux sont de bons conducteurs.*

▷ Mot de la famille de CONDUIRE.

conduire v. (conjug. 38) 1. Accompagner. *Louise a conduit son petit frère à l'école.* → **emmener.** 2. Diriger un véhicule. *Il conduit trop vite.* 3. Mener quelque part. *Ce chemin conduit à la ferme.* 4. **se conduire,** se comporter. *Il s'est très mal conduit envers moi.*

➤ **conduit** n. m. ✦ Tuyau dans lequel passe un liquide ou un gaz. *Un gazoduc est un conduit.*

➤ **conduite** n. f. 1. Action de conduire un véhicule. *Il prend des leçons de conduite,* il apprend à conduire. 2. Façon de se comporter, d'agir. → **comportement, tenue.** *Cet élève a été récompensé pour sa bonne conduite.* 3. *Une conduite d'eau,* c'est un tuyau qui sert à transporter l'eau. → **canalisation.**

▷ Autres mots de la famille : CONDUCTEUR, RECONDUIRE.

cône n. m. ✦ Objet dont la base est ronde et le sommet pointu. ➸ planche Géométrie p. 459. *Un cornet de glace a la forme d'un cône.*

● Attention à l'accent circonflexe du *ô*.

▷ Autres mots de la famille : CONIFÈRE, CONIQUE.

confection n. f. 1. Préparation, fabrication. *La confection de ce plat est longue.* 2. *La confection,* c'est l'industrie du vêtement. → **prêt-à-porter.**

➤ **confectionner** v. (conjug. 1) ✦ Préparer. *Julie a confectionné un gâteau au chocolat.* → **faire.**

confédération n. f. ✦ Groupement de plusieurs États. *La Confédération helvétique est le groupement de tous les cantons.* → **fédération.**

▷ Mot de la famille de FÉDÉRATION.

confédéré n. m., **confédérée** n. f. ✦ Personne qui habite un autre canton.

● Ce mot est utilisé en Suisse.

conférence n. f. 1. Réunion de travail. *Le directeur est en conférence.* 2. Réunion où quelqu'un parle d'un sujet en public. → **exposé.** *Nous avons assisté à une conférence sur l'Antarctique. — Une conférence de presse,* c'est une réunion où une personne s'adresse aux journalistes et répond à leurs questions.

➤ **conférencier** n. m., **conférencière** n. f. ✦ Personne qui fait une conférence. *Le conférencier a parlé pendant deux heures.*

confesser v. (conjug. 1) 1. Avouer. *Je confesse que j'ai eu tort.* 2. **se confesser,** c'est avouer ses péchés à un prêtre.

● *Confesser* (au sens 1) est un mot littéraire.

➤ **confesseur** n. m. ✦ Prêtre à qui l'on se confesse.

➤ **confession** n. f. 1. Déclaration de ses péchés à un prêtre. *Le prêtre entend les fidèles en confession.* 2. Appartenance à une religion. *En France, beaucoup de gens sont de confession catholique.* → **religion.**

➤ **confessionnal** n. m. (pl. **confessionnaux**) ✦ Dans une église, cabine de bois séparée en deux par une grille de chaque côté de laquelle prennent place le prêtre et la personne qui se confesse.

confessionnal

confetti n. m. ✦ Petite rondelle de papier de couleur que l'on lance par poignées dans une fête. *Un sac de confettis.*

● *Confetti* est le pluriel de *confetto,* un mot italien qui veut dire « dragée ».

confiance n. f. 1. Sentiment que l'on éprouve quand on sait qu'on ne sera pas déçu, pas trompé. ❑ contr. **défiance, méfiance.** *Julie a confiance en ses parents. Il me fait confiance,* il sait qu'il peut compter sur moi, se fier à moi. 2. Sentiment qui fait que l'on est sûr de soi, de ses capacités. *Louise manque de confiance en elle,* elle est timide.

➤ **confiant, confiante** adj. ✦ Qui a confiance. *Julie est une petite fille confiante,* elle fait confiance à tout le monde. ❑ contr. **méfiant.**

▷ Mots de la famille de SE FIER.

confidence n. f. ✦ Secret qui concerne soi-même et que l'on confie à quelqu'un. *Léa a fait une confidence à sa meilleure amie.*

➤ **confident** n. m., **confidente** n. f. ✦ Personne à qui l'on se confie. *Julie est la confidente de Léa.*

➤ **confidentiel, confidentielle** adj. ✦ Qui se dit, se fait dans le secret. *Une lettre confidentielle,* qui ne doit être ouverte et lue que par son destinataire.

confier v. (conjug. 7) **1.** Laisser en garde. *J'ai confié mes clés à la gardienne de l'immeuble.* **2.** *Se confier à quelqu'un,* c'est lui dire ses pensées secrètes. → aussi **confidence.** *Léa s'est confiée à Julie.*

▷ Mot de la famille de SE FIER.

confiné, confinée adj. ✦ *De l'air confiné,* qui n'a pas été renouvelé. *Une atmosphère confinée.*

confins n. m. pl. ✦ *Aux confins de,* à la limite, à la frontière de. *Le Tchad est aux confins du Sahara.*

▷ Mot de la famille de ① FIN.

confirmer v. (conjug. 1) ✦ Rendre certain ce qu'on a déjà annoncé. *Il a téléphoné à son père pour lui confirmer l'heure d'arrivée de son train. On nous a confirmé que le spectacle était annulé.* ❑ contr. **démentir.**

➤ **confirmation** n. f. ✦ Le fait de confirmer qu'une chose est vraie. *Nous attendons la confirmation de la nouvelle,* que la nouvelle soit certaine. ❑ contr. **démenti.**

confiserie n. f. **1.** Magasin où l'on vend des bonbons. *Louise a acheté des chocolats dans une confiserie.* **2.** Bonbon, sucrerie. *Les caramels, les sucres d'orge sont des confiseries.*

➤ **confiseur** n. m., **confiseuse** n. f. ✦ Personne qui fabrique et vend des confiseries.

confisquer v. (conjug. 1) ✦ Prendre un objet à quelqu'un pour le punir. *Le professeur a confisqué à Julie le livre qu'elle lisait pendant le cours.*

confit, confite adj. ✦ *Les fruits confits,* ce sont des fruits que l'on a trempés dans un sirop de sucre.

confiture n. f. ✦ Fruits que l'on a fait cuire longtemps dans du sucre. *De la confiture de fraises. Un pot de confiture.* → aussi ① **gelée, marmelade.**

conflit n. m. ✦ Lutte entre des pays ou des personnes. *Les deux guerres mondiales ont été de grands conflits internationaux. Il est en conflit avec son patron.* → **désaccord.**

confluent n. m. ✦ Endroit où se rejoignent deux cours d'eau. → aussi **affluent.** *Lyon est au confluent de la Saône et du Rhône.*

confluent

confondre v. (conjug. 41) ✦ Prendre une personne pour une autre, une chose pour une autre. *On confond souvent Paul et son frère tellement ils se ressemblent.* → aussi **confusion.**

➤ se **confondre** v. (conjug. 41) **1.** Se mélanger. *Certains jours le ciel et la mer se confondent.* **2.** *Se confondre en excuses,* s'excuser plusieurs fois de suite. *Il s'est aperçu qu'il s'était trompé et il s'est confondu en excuses.*

conforme adj. ✦ Qui est en accord avec quelque chose. *Ce modèle de voiture est conforme aux normes de sécurité.*

➤ **conformément** adv. ✦ En accord avec, selon. *Tout se passa conformément au plan prévu.* ❑ contr. **contrairement.**

➤ se **conformer** v. (conjug. 1) ✦ *Se conformer à,* être en accord avec. *Il faut se conformer aux règles du jeu,* les respecter.

➤ **conformiste** adj. ✦ Qui respecte scrupuleusement les usages, les traditions. *Elle est* *très conformiste, elle ne fait jamais rien d'original.* → **conventionnel.** ❑ contr. **anticonformiste, non-conformiste.**

➤ **conformité** n. f. ✦ *En conformité,* en accord avec, selon. *Il a agi en conformité avec le règlement.*

▷ Mots de la famille de FORME.

confort n. m. ✦ *Le confort,* c'est ce qui rend la vie matérielle plus facile et plus agréable. *Cet appartement est bien installé, rien n'y manque, il y a tout le confort.*

➤ **confortable** adj. ✦ Qui offre du confort. *Ce fauteuil est très confortable,* on y est très bien. ❑ contr. **inconfortable.**

➤ **confortablement** adv. ✦ De manière à être à l'aise. *Elle est confortablement assise sur le canapé.*

▷ Autre mot de la famille : INCONFORTABLE.

confrère n. m. ✦ Homme qui exerce le même métier qu'une autre personne. → **collègue.** *Le chirurgien a demandé l'avis d'un de ses confrères sur ce cas difficile.*

● Si c'est une femme, on dit *une consœur.* → **consœur.**

▷ Mot de la famille de FRÈRE.

confronter v. (conjug. 1) **1.** Réunir des personnes pour comparer ce qu'elles disent. *On a confronté les témoins du drame.* **2.** *Être confronté à quelque chose,* être obligé d'y faire face. *Les policiers sont confrontés à un problème difficile.*

➤ **confrontation** n. f. ✦ Mise en présence, rencontre. *La confrontation des témoins aura lieu demain au commissariat.*

▷ Mots de la famille de FRONT.

confus, confuse adj. **1.** Qui manque de clarté, difficile à comprendre. *Ses explications étaient si confuses que je n'ai rien compris.* → **embrouillé, obscur.** ❑ contr. **clair. 2.** Gêné, embarrassé. *Je suis confus d'arriver en retard.*

➤ **confusion** n. f. **1.** Manque de clarté. *Quelle confusion dans ses explications, on n'y comprend rien !* **2.** Le fait de confondre deux personnes ou deux choses, de les prendre l'une pour l'autre. *Léa fait parfois la confusion entre le « b » et le « d ».* **3.** Embarras, gêne que l'on manifeste quand on est confus. *S'apercevant de son erreur, il rougit de confusion.*

congé n. m. **1.** *Être en congé,* en vacances. **2.** *Donner son congé à quelqu'un,* c'est le renvoyer. *Le patron a donné son congé à un de ses employés.* → **congédier. 3.** *Prendre congé de quelqu'un,* c'est lui dire au revoir. *Ils ont pris congé de leurs amis.*

➤ **congédier** v. (conjug. 7) ✦ *Congédier un employé,* c'est le renvoyer. → **licencier.** *Le patron du café a congédié un serveur.*

congeler v. (conjug. 5) ✦ *Congeler des aliments,* c'est les mettre à une température très basse pour les conserver. *Les pêcheurs congèlent les poissons dès qu'ils sont pêchés.* → aussi **surgelé.** ❑ contr. **décongeler.**

➤ **congélateur** n. m. ✦ Appareil qui congèle les aliments.

▷ Mots de la famille de ① GEL.

congénital, congénitale adj. ✦ *Une maladie congénitale,* qu'une personne a déjà avant sa naissance. *Leur fils a une maladie congénitale très rare.* — Au masc. pl. *congénitaux.*

congère n. f. ✦ Amas de neige entassée par le vent. *Une congère bloque la route.*

congestion n. f. ✦ Maladie causée par une trop grande quantité de sang qui s'accumule dans une partie du corps. *Une congestion cérébrale. Il s'est remis de sa congestion pulmonaire.*

➤ **congestionné, congestionnée** adj. ✦ *Avoir le visage congestionné,* rendu très rouge par un afflux de sang.

congratuler v. (conjug. 1) ✦ Féliciter. → **complimenter.** *Tout le monde congratule l'heureux gagnant.*

● Ce mot est littéraire.

congre n. m. ✦ Poisson de mer au corps cylindrique et sans écailles, ressemblant à une grande anguille.

congre

congrès n. m. ✦ Réunion de personnes qui se rassemblent pour échanger leurs idées. → **colloque.** *Un congrès de médecins.*

➤ **congressiste** n. m. et f. ✦ Personne qui participe à un congrès.

conifère n. m. ✦ Arbre qui porte des aiguilles, produit de la résine et dont les fruits sont en forme de cônes. → **résineux.** *Le pin, le sapin, le cèdre, le cyprès sont des conifères.*
➻ planche Arbres p. 49.
▷ Mot de la famille de CÔNE.

conique adj. ✦ Qui a la forme d'un cône. *Les pommes de pin sont coniques.*
▷ Mot de la famille de CÔNE.

conjecture n. f. ✦ Supposition. → **hypothèse.** *Comme rien n'est sûr, on ne peut faire que des conjectures.*
● Il ne faut pas confondre ce mot avec *conjoncture*.

conjoint n. m., **conjointe** n. f. ✦ Personne mariée à une autre. → **époux.** *Ce papier doit être signé par les deux conjoints.*
● C'est un terme administratif. Le féminin est rare.
▷ Mot de la famille de JOINDRE.

conjonction n. f. ✦ Mot invariable qui relie deux mots ou deux groupes de mots. *« Mais » et « car » sont des conjonctions de coordination,* des mots qui relient deux mots ou deux propositions qui ont la même fonction. *« Puisque » et « comme » sont des conjonctions de subordination,* des mots qui relient une proposition subordonnée à la principale.

conjoncture n. f. ✦ Situation. *Quand il y a peu de chômage et que la production industrielle augmente, on peut dire que la conjoncture économique est bonne.*
● Il ne faut pas confondre ce mot avec *conjecture*.

conjugaison n. f. ✦ *La conjugaison,* c'est l'ensemble des formes que peut prendre un verbe. *Le verbe « parler » a une conjugaison régulière et le verbe « aller » une conjugaison irrégulière.*
▷ Mot de la famille de CONJUGUER.

conjugal, conjugale adj. ✦ Relatif au mari et à sa femme, aux deux conjoints. *L'amour conjugal.* — Au masc. pl. *conjugaux.*

conjuguer v. (conjug. 1) **1.** *Conjuguer un verbe,* c'est réciter ou écrire toutes les formes de ce verbe. *Conjuguez au futur le verbe aller.* — **se conjuguer,** être conjugué. *Le verbe « manger » se conjugue avec l'auxiliaire « avoir ».* **2.** *Conjuguer ses efforts,* les unir. *Ils ont conjugué leurs efforts.*
▷ Autre mot de la famille : CONJUGAISON.

conjuré n. m., **conjurée** n. f. ✦ Conspirateur. *Les conjurés ont préparé un attentat contre le tyran.*
➤ **conjuration** n. f. ✦ Complot, conspiration. *La conjuration a été découverte.*
▷ Mots de la famille de ① JURER.

conjurer v. (conjug. 1) ✦ Implorer, supplier. *Je vous conjure de me croire. Croyez-moi, je vous en conjure.*
● Ce mot est littéraire.

connaître v. (conjug. 57) **1.** Savoir. *Je connais le nom de cet arbre. Connaissez-vous la nouvelle ?* ❑ contr. **ignorer. 2.** *Connaître un endroit,* y être déjà allé. *Julie connaît l'Amérique.* **3.** *Connaître quelqu'un,* c'est avoir des relations avec lui. *Je connais sa sœur.* **4.** Avoir. *Ce film a connu un grand succès.*
➤ **se connaître** v. **1.** *S'y connaître,* être compétent. *Il s'y connaît en informatique.* **2.** Être en relation. *Elles se connaissent bien. Ils se sont connus pendant les vacances,* ils ont fait connaissance. → se **rencontrer.**
➤ **connaissance** n. f. **1.** Ce que l'on connaît. *Il a une bonne connaissance de l'allemand,* il sait bien l'allemand. *Les connaissances,* l'ensemble des choses que l'on connaît. *Elle a beaucoup de connaissances en histoire,* elle sait beaucoup de choses en histoire. **2.** *Il a pris connaissance de cette lettre,* il l'a lue pour savoir ce qu'elle contenait. **3.** *Une connaissance,* c'est une personne que l'on connaît, sans être un ami. *À ce dîner, j'ai rencontré une connaissance.* **4.** *Perdre connaissance,* s'évanouir. *Le blessé a perdu connaissance.* → **conscience. 5.** *Faire connaissance avec quelqu'un,* le rencontrer pour la première fois. *Nous avons fait connaissance l'été dernier.*
➤ **connaisseur** n. m., **connaisseuse** n. f. ✦ Personne compétente, qui s'y connaît. *C'est un connaisseur en vins.*
▷ Autres mots de la famille : CONNU, INCONNU, MÉCONNAISSABLE, MÉCONNAISSANCE, MÉCONNAÎTRE, MÉCONNU, RECONNAISSABLE, RECONNAISSANCE, RECONNAISSANT, RECONNAÎTRE.

connecter v. (conjug. 1) ✦ *Connecter deux appareils électriques,* c'est les relier ensemble. ❑ contr. **déconnecter.** *Le magnétoscope est connecté au téléviseur.* — **se connecter,** se brancher. *Louise s'est connectée à Internet.*
▷ Autre mot de la famille : DÉCONNECTER.

connexion **n. f.** ✦ Liaison d'un appareil à un circuit électrique ou de deux appareils entre eux. *L'installateur établit la connexion entre le magnétoscope et le téléviseur.* → **branchement.**

connivence **n. f.** ✦ Entente secrète. *Le gardien de l'immeuble était de connivence avec les cambrioleurs,* il était d'accord en secret avec eux. → aussi **complice.**

connu, connue **adj.** ✦ Que tout le monde connaît. *« Le Petit Prince » est un livre très connu.* → **célèbre.** ❑ contr. **inconnu.**

▷ Mot de la famille de CONNAÎTRE.

conquérir **v.** (conjug. 21) ✦ *Conquérir un pays,* c'est l'occuper avec des soldats et le soumettre. *Les Romains ont conquis la Gaule.* → aussi **conquête.** ❑ contr. **perdre.**

➤ **conquérant** **n. m.**, **conquérante** **n. f.** ✦ Personne qui fait des conquêtes en combattant. *Napoléon fut un grand conquérant.*

▷ Autre mot de la famille : RECONQUÉRIR.

conquête **n. f.** ✦ Action de conquérir. *Les Romains ont fait la conquête de la Gaule,* ils ont conquis la Gaule.

▷ Autre mot de la famille : RECONQUÊTE.

consacrer **v.** (conjug. 1) **1.** *Consacrer une église,* c'est en faire un lieu sacré. *Cette église est consacrée à la Sainte Vierge,* elle est dédiée à la Sainte Vierge. **2.** *Consacrer son temps à quelque chose,* l'employer. *Pasteur a consacré sa vie à la science.*

▷ Mot de la famille de SACRER.

conscient, consciente **adj.** **1.** Qui est lucide, a tous ses esprits. *Le blessé est resté conscient.* ❑ contr. **inconscient.** **2.** *Être conscient de quelque chose,* s'en rendre compte. *Il était conscient du danger.*

➤ **consciemment** [kɔ̃sjamɑ̃] **adv.** ✦ En sachant ce que l'on fait. *Il fait du mal consciemment.* → **sciemment, volontairement.** ❑ contr. **inconsciemment.**

➤ **conscience** **n. f.** **1.** *Perdre conscience,* c'est s'évanouir. *Le malade a perdu conscience.* → **connaissance.** **2.** *Avoir conscience de quelque chose,* s'en rendre compte. *Il n'a pas conscience du danger.* **3.** *La conscience,* c'est ce qui permet de juger si quelque chose est bien ou mal. *Paul a fait une bêtise, il n'a pas la conscience tranquille,* il a l'impression d'avoir mal agi. **4.** Application, soin. *Léa travaille avec conscience,* aussi bien qu'elle peut.

➤ **consciencieux, consciencieuse** **adj.** ✦ Qui fait son travail du mieux qu'il peut, en s'appliquant. *Léa est une élève consciencieuse.* → **travailleur.**

➤ **consciencieusement** **adv.** ✦ Avec soin, en s'appliquant. *Léa fait consciencieusement ses devoirs.*

▷ Autres mots de la famille : INCONSCIEMMENT, INCONSCIENCE, INCONSCIENT, OBJECTEUR DE CONSCIENCE.

consécration **n. f.** ✦ Reconnaissance par tous. *Ce jeune acteur a reçu un prix qui a été la consécration de son talent.*

consécutif, consécutive **adj.** ✦ Qui se suit dans le temps. *Il n'a pas dormi pendant deux nuits consécutives,* deux nuits de suite.

conseil **n. m.** **1.** Réunion de personnes qui discutent, donnent leur avis sur un problème. → **assemblée.** *Le conseil général s'occupe des affaires du département, le conseil municipal de celles de la commune.* **2.** Opinion donnée à quelqu'un sur ce qu'il doit faire. → **avis, recommandation.** *Il m'a donné d'excellents conseils.*

➤ ① **conseiller** **n. m.**, **conseillère** **n. f.** **1.** Personne qui fait partie d'un conseil. *Elle est conseillère municipale,* elle fait partie du conseil municipal. **2.** Personne qui donne des conseils. *Un bon conseiller.*

➤ ② **conseiller** **v.** (conjug. 1) **1.** *Conseiller quelque chose à quelqu'un,* c'est lui indiquer ce qu'il devrait faire. → **recommander.** *Il nous a conseillé d'attendre jusqu'à demain.* ❑ contr. **déconseiller.** **2.** *Conseiller quelqu'un,* c'est lui donner des conseils. *Elle s'est fait conseiller par un avocat.*

▷ Autre mot de la famille : DÉCONSEILLER.

consensus [kɔ̃sɑ̃sys] **n. m.** ✦ Accord d'un grand nombre de personnes sur un sujet. *La décision du ministre a recueilli un large consensus.*

consentir **v.** (conjug. 16) ✦ *Consentir à quelque chose,* c'est être d'accord pour qu'une chose se fasse. *Il a consenti à nous prêter sa voiture.* → **accepter.** ❑ contr. **refuser.** — *Qui ne dit mot consent,* celui qui ne s'exprime pas est supposé être d'accord.

➤ **consentement** **n. m.** ✦ Accord. *Les mineurs ne peuvent pas se marier sans le consentement de leurs parents.* → **autorisation.** ❑ contr. **refus.**

▷ Mots de la famille de SENTIR.

conséquent, conséquente adj. ✦ Logique. *C'est un homme conséquent dans ce qu'il fait.* ❑ contr. **inconséquent.**

➤ par **conséquent** adv. ✦ Donc, ainsi, comme suite logique. *Il pleut, par conséquent nous ne ferons pas de pique-nique.*

➤ **conséquence** n. f. ✦ Effet, résultat. *La sécheresse a eu de graves conséquences sur les récoltes.*

▷ Autre mot de la famille : INCONSÉQUENT.

conservatoire n. m. ✦ École qui forme des musiciens, des comédiens. *Louise suit des cours de piano au conservatoire.*

conserver v. (conjug. 1) **1.** Garder en bon état. *On conserve les aliments dans le réfrigérateur.* **2.** Ne pas jeter, garder. *Elle conserve toutes les lettres de ses amies.* ❑ contr. **jeter. 3.** Garder. *J'ai conservé un excellent souvenir de ces vacances.*

➤ **conservateur** n. m., **conservatrice** n. f. **1.** Personne chargée de diriger un musée. *Les conservateurs du musée du Louvre.* **2.** Personne qui, en politique, veut garder les choses telles qu'elles sont. *Les conservateurs sont contre le changement.* — **Adj.** *Il a des idées très conservatrices.* → aussi **réactionnaire.** ❑ contr. **progressiste. 3. n. m.** Produit que l'on met dans les aliments pour les conserver. *Ce pain est garanti sans conservateur ni colorant.*

➤ **conservation** n. f. ✦ Le fait de garder intact, de conserver en bon état. *Le froid permet la conservation des aliments.*

➤ **conserve** n. f. ✦ Aliment conservé dans une boîte de métal ou un bocal. *Des boîtes de conserve. Des petits pois en conserve,* dans une boîte de conserve.

conserve

considérer v. (conjug. 6) **1.** Examiner, observer attentivement. *Julie considéra l'inconnu avec curiosité.* **2.** Estimer. *Je le considère comme un homme intelligent,* je trouve qu'il est intelligent. **3.** Avoir comme avis. *Je considère que tu as raison.* → **estimer, juger, penser.**

➤ **considérable** adj. ✦ Très grand, très important. *Une somme considérable.* ❑ contr. **faible, petit.**

➤ **considérablement** adv. ✦ D'une manière considérable, très importante. → **beaucoup, énormément.** *La vie de tous les jours a considérablement changé depuis 1900.* ❑ contr. **peu.**

➤ **considération** n. f. **1.** *Prendre quelque chose en considération,* c'est en tenir compte. *Toutes les remarques seront prises en considération.* **2.** Estime. *Il jouit de la considération de ses supérieurs.* ❑ contr. **mépris.**

▷ Autres mots de la famille : DÉCONSIDÉRER, INCONSIDÉRÉ.

consigner v. (conjug. 1) **1.** *Consigner un emballage,* le faire payer et le rembourser quand il est rapporté vide. *Cette bouteille ne doit pas être jetée, elle est consignée.* **2.** Noter par écrit. *Le commandant consigne dans son journal de bord tout ce qui se passe sur le bateau.*

➤ **consigne** n. f. **1.** Instruction, ordre de faire quelque chose. *Les consignes de sécurité en cas d'incendie sont inscrites sur la porte.* **2.** Endroit où l'on peut laisser ses bagages dans une gare. *Il a mis sa valise à la consigne.* **3.** Prix d'un emballage qui sera remboursé si on le rapporte. *La glace coûte 9 euros plus 1 euro de consigne.*

consistant, consistante adj. ✦ Épais, presque solide. *Cette sauce est trop consistante.* ❑ contr. **liquide.**

➤ **consistance** n. f. ✦ État dans lequel est une matière. *Quand il sort du réfrigérateur, le beurre a une consistance ferme, quand il est resté au soleil, il a une consistance molle.*

▷ Autre mot de la famille : INCONSISTANT.

consister v. (conjug. 1) **1.** *Consister à,* avoir pour objet. *Le travail d'un médecin consiste à soigner les gens.* **2.** *Consister en,* être composé de. *Le repas consistait en un plat et un dessert.* → ② **comporter.**

consœur n. f. ✦ Femme qui exerce la même profession qu'une autre personne. *Le médecin demande l'avis de sa consœur sur le cas d'un patient.* → aussi **collègue.**

● Si c'est un homme, on dit *un confrère*. → **confrère.**

▷ Mot de la famille de SŒUR.

consolant, consolateur, consolation → consoler

console n. f. 1. Petite table appuyée contre un mur. *Il y a un bouquet de fleurs sur la console de l'entrée.* 2. *Une console de jeux vidéo,* c'est un petit ordinateur formé d'un écran et d'une manette ou relié à un téléviseur, avec lequel on joue à des jeux électroniques.

console

consoler v. (conjug. 1) 1. *Consoler quelqu'un,* calmer son chagrin. *Paul a consolé Léa qui pleurait.* → **apaiser, réconforter.** 2. **se consoler,** oublier son chagrin. *Louise ne s'est pas consolée de la mort de son chat.*

➤ **consolant, consolante** adj. ✦ Qui console, réconforte. *Des paroles consolantes.* → **réconfortant.**

➤ **consolateur** n. m., **consolatrice** n. f. ✦ Personne qui console. *Elle est ma consolatrice dans les moments difficiles.*

➤ **consolation** n. f. ✦ Soulagement apporté au chagrin de quelqu'un. *Il lui a dit quelques mots de consolation.* → **réconfort.**

▷ Autre mot de la famille : INCONSOLABLE.

consolider v. (conjug. 1) ✦ Rendre plus solide. *Le maçon a consolidé le mur avec du ciment.* → **renforcer.**

▷ Mot de la famille de SOLIDE.

consommé n. m. ✦ Bouillon de viande. *Un consommé de poulet.*

consommer v. (conjug. 1) 1. Absorber pour se nourrir. *Les Français consomment beaucoup de fromage.* 2. Utiliser pour fonctionner. *Cette voiture consomme très peu d'essence.*

➤ **consommateur** n. m., **consommatrice** n. f. 1. Personne qui achète et utilise les produits vendus dans les magasins. → **acheteur, client.** *Les commerçants cherchent à satisfaire les besoins des consommateurs.* 2. Personne qui boit quelque chose dans un café. *À cette heure tardive, il y avait peu de consommateurs dans le café.*

➤ **consommation** n. f. 1. Usage que l'on fait de quelque chose. *Julie fait une grande consommation de bonbons,* elle en mange beaucoup. 2. Boisson que l'on boit dans un café. *Le garçon de café apporte les consommations.*

consonne n. f. ✦ Lettre qui représente un bruit produit par le passage de l'air dans la gorge et dans la bouche. *Dans le mot « mer » il y a deux consonnes,* ***m*** *et* ***r****, et une voyelle* ***e****.*

conspirer v. (conjug. 1) ✦ S'entendre en secret pour renverser une personne au pouvoir. *Les révolutionnaires conspiraient pour renverser le roi.* → **comploter.**

➤ **conspirateur** n. m., **conspiratrice** n. f. ✦ Personne qui conspire. *Les conspirateurs tenaient une réunion secrète.* → **conjuré.**

➤ **conspiration** n. f. ✦ Accord secret entre plusieurs personnes pour renverser quelqu'un qui est au pouvoir. *La conspiration a échoué.* → **complot.**

conspuer v. (conjug. 1) ✦ Manifester bruyamment son désaccord avec quelqu'un ou quelque chose. *La foule des spectateurs conspuait l'arbitre qui s'était trompé,* elle lui criait des injures. → **huer.** ❑ contr. **acclamer, applaudir.**

● Ce mot est littéraire.

constant, constante adj. 1. Qui ne s'arrête jamais. *Il y a un bruit constant dans la rue.* → **continuel, incessant, permanent.** 2. Qui ne change pas. *Grâce au thermostat du radiateur, la température de la pièce reste constante.* ❑ contr. **variable.**

➤ **constamment** adv. ✦ Sans cesse, tout le temps. *Il est constamment de mauvaise humeur.* ❑ contr. **jamais.**

➤ **constance** n. f. ✦ Persévérance, patience. *Il a travaillé avec constance pour réussir.*

▷ Autre mot de la famille : INCONSTANT.

constater v. (conjug. 1) ✦ Remarquer, observer. *Le professeur a constaté l'absence d'Alex.*

➤ **constat** n. m. ✦ Document officiel qui décrit une situation. *Après l'accident, les deux automobilistes ont fait un constat,* ils ont indiqué par écrit comment s'était passé l'accident.

➤ **constatation** n. f. ✦ Ce que l'on a constaté, observé. *Il nous a fait part de ses constatations.* → **observation, remarque.**

constellation n. f. ✦ Groupe d'étoiles qui forment un dessin particulier dans le ciel. *La Grande Ourse, la Petite Ourse et la Balance sont des constellations.*

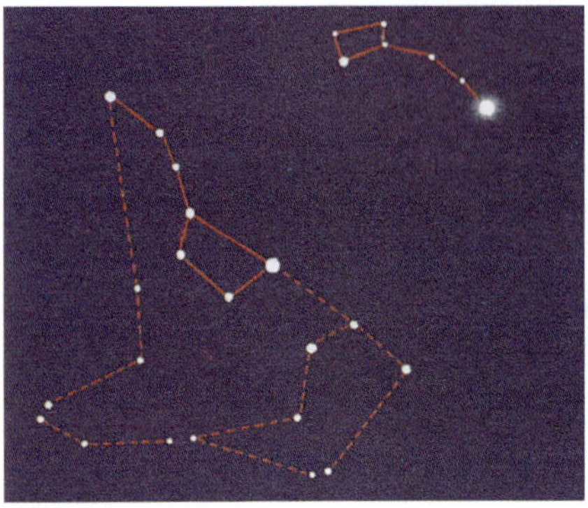

constellation

constellé, constellée adj. 1. *Un ciel constellé d'étoiles,* rempli d'étoiles. → **étoilé.** 2. *Une jupe constellée de taches,* couverte, parsemée de taches.

consterner v. (conjug. 1) ✦ Causer une très mauvaise surprise. *Cette mauvaise nouvelle nous a consternés.* → **désoler.** ❑ contr. **réjouir.**

➤ **consternant, consternante** adj. ✦ Désolant, navrant. *Cet échec est consternant.*

➤ **consternation** n. f. ✦ Tristesse, abattement. *Cette triste nouvelle plongea tout le monde dans la consternation.* ❑ contr. **joie.**

constipé, constipée adj. ✦ Qui a du mal à faire ses besoins. *Paul a mangé trop de chocolat, il est constipé.*

➤ **constipation** n. f. ✦ Le fait d'avoir du mal à faire ses besoins. *Les pruneaux sont efficaces contre la constipation.* ❑ contr. **colique, diarrhée.**

constituer v. (conjug. 1) 1. Composer, former. *La table est constituée d'une planche et de quatre pieds.* → ② **comporter.** 2. Organiser, mettre sur pied. *Les joueurs ont constitué les équipes.* → **former.**

➤ **constitué, constituée** adj. ✦ *Bien constitué,* bien formé, sans malformation. *Ce nouveau-né est robuste et bien constitué.*

➤ **constituant, constituante** adj. 1. Qui compose, forme quelque chose. *L'oxygène et l'azote sont des éléments constituants de l'air.* — N. m. *L'oxygène est un des constituants de l'eau.* → **composant.** 2. *Une assemblée constituante,* c'est un groupe de personnes chargé de mettre au point la constitution d'un pays.

➤ **constitution** n. f. 1. Manière dont une chose est composée. *Nous étudierons aujourd'hui la constitution de l'air.* 2. Organisation, formation. *Il a participé à la constitution de notre club sportif.* 3. *Ce bébé a une robuste constitution,* il est bien développé. 4. *La constitution d'un pays,* c'est l'ensemble des lois qui disent comment ce pays doit être gouverné.

➤ **constitutionnel, constitutionnelle** adj. ✦ En accord avec la constitution d'un pays. *Cette loi n'est pas constitutionnelle.*

▷ Autres mots de la famille : RECONSTITUER, RECONSTITUTION.

construire v. (conjug. 38) 1. Bâtir. → ① **édifier.** *La maison a été construite il y a deux ans.* ❑ contr. **démolir, détruire.** 2. Tracer. *Construis un triangle isocèle.* 3. *Construire une phrase,* c'est mettre les mots dans le bon ordre. *Cette phrase est mal construite.*

➤ **constructeur** n. m., **constructrice** n. f. ✦ Personne, groupe de personnes qui construit, fabrique. *Les grands constructeurs d'automobiles.*

➤ **constructif, constructive** adj. ✦ Qui propose des solutions pour améliorer les choses, ne critique pas sans cesse. → **positif.** *Alex a fait des remarques constructives.* ❑ contr. ① **négatif.**

➤ **construction** n. f. 1. Action de bâtir. *La construction de la maison a été longue.* → **édification.** ❑ contr. **démolition, destruction.** 2. Maison, immeuble. *Il y a beaucoup de constructions neuves dans le quartier.* 3. *La construction d'une phrase,* c'est l'ordre des mots dans la phrase. *Léa a fait une faute de construction dans sa rédaction.*

▷ Autres mots de la famille : RECONSTRUCTION, RECONSTRUIRE.

constructeur
(*Les Constructeurs*, F. Léger, 1950)

consul n. m., **consule** n. f. 1. n. m. Celui qui gouvernait l'État romain, dans l'Antiquité. *La république romaine était gouvernée par deux consuls.* 2. Personne chargée, à l'étranger, de défendre les intérêts de ses compatriotes. *La consule de France à Barcelone.* → aussi **ambassadeur.**

➤ **consulat** n. m. ✦ Endroit où travaille un consul. *Le consulat des États-Unis à Paris.*

consulter v. (conjug. 1) 1. Demander un avis, un conseil. *Elle a consulté un médecin,* elle s'est fait examiner par un médecin. 2. Regarder quelque chose pour se renseigner. *Il consulte l'horaire des trains.*

➤ **consultation** n. f. ✦ Examen d'un malade par un médecin dans son cabinet. *Le médecin est en consultation.*

se **consumer** v. (conjug. 1) ✦ Brûler et devenir de la cendre. *La cigarette s'est consumée lentement dans le cendrier.*

contact n. m. 1. Position de choses qui se touchent. *Elle ne supporte pas le contact du nylon. Léa s'est brûlée au contact du radiateur,* en touchant le radiateur. *Alex a des verres de contact.* → **verre** et aussi **lentille.** 2. *Mettre le contact,* c'est, dans une voiture, permettre au courant électrique de passer de la batterie au démarreur afin que le moteur se mette en marche. *L'automobiliste met le contact et démarre.* 3. Relations entre des personnes. *Ils ont d'excellents contacts avec leurs voisins. Elle a pris contact avec nous,* elle est entrée en relation avec nous.

➤ **contacter** v. (conjug. 1) ✦ Se mettre en relation avec quelqu'un. *Il a contacté son avocat.* → **joindre, rencontrer.**

contagion n. f. ✦ Transmission d'une maladie. *Les enfants qui ont la varicelle ne vont pas à l'école pour éviter la contagion,* pour éviter de contaminer les autres.

➤ **contagieux, contagieuse** adj. 1. *Une maladie contagieuse,* qui s'attrape facilement. *La rougeole est une maladie contagieuse.* 2. *Un malade contagieux,* qui peut transmettre sa maladie. *Le malade est encore contagieux.*

contaminer v. (conjug. 1) ✦ Transmettre une maladie. *Le malade a contaminé ses camarades.* → aussi **contagion.**

➤ **contamination** n. f. ✦ Infection causée par des microbes. *La contamination est très rapide, dans cette maladie. — La contamination de l'eau est due à des produits chimiques.* → **pollution.**

conte n. m. ✦ Histoire inventée qui raconte des aventures merveilleuses. *Le Chat botté et Cendrillon sont des contes de Perrault.* ❍ homonymes : compte, comte.

▷ Mot de la famille de CONTER.

contempler v. (conjug. 1) ✦ Regarder attentivement pendant longtemps, en admirant. *Les touristes contemplent le paysage.*

➤ **contemplation** n. f. ✦ Attitude d'une personne qui regarde longuement, avec attention ou admiration. *Il était en contemplation devant le coucher de soleil.* → **extase.**

contemporain, contemporaine adj. 1. *Jeanne d'Arc et Charles VII étaient contem-*

porains, ils vivaient à la même époque. **2.** Actuel. → **moderne.** *Une exposition de peinture contemporaine.* ❑ contr. **ancien.**

contenir v. (conjug. 22) **1.** Avoir en soi. *Les fruits contiennent des vitamines.* → **renfermer.** **2.** Avoir une capacité, une contenance. *Cette bouteille contient un litre.* **3.** Empêcher d'avancer. *La police contenait la foule.* **4. se contenir,** se retenir, se dominer. *Elle est très en colère, mais elle se contient.*

➤ **contenance** n. f. **1.** Quantité qu'un récipient peut contenir. *Cette bouteille a une contenance de deux litres.* → **capacité.** **2.** Manière de se tenir, attitude. *Elle a perdu contenance devant l'examinateur,* elle s'est troublée. → aussi **décontenancer.**

➤ **contenant** n. m. ✦ Ce qui peut contenir quelque chose. *Une valise, une bouteille sont des contenants.* → aussi **contenu.**

➤ **conteneur** n. m. ✦ Grande caisse servant à transporter des marchandises ou dans laquelle on dépose des déchets. *Les bouteilles de verre doivent être déposées dans les conteneurs prévus à cet effet.*

➤ **contenu** n. m. **1.** Ce qu'il y a dans quelque chose. *Paul a bu tout le contenu de son verre.* **2.** *Je ne me souviens plus du contenu de ce livre,* de ce qui est écrit dedans.

▷ Mots de la famille de TENIR.

conteneur

content, contente adj. **1.** Satisfait. *Alex est content de son nouveau vélo.* → **enchanté, ravi.** ❑ contr. **mécontent.** *Le professeur est content de ses élèves.* **2.** Gai, joyeux. → **heureux.** *Léa est toute contente de partir en classe de neige.* → **ravi.** ❍ homonyme : comptant.

➤ **contenter** v. (conjug. 1) **1.** Rendre quelqu'un content en lui donnant ce qu'il désire. → **satisfaire.** *Nous nous efforçons de contenter tous nos clients.* ❑ contr. **mécontenter.** **2.** *Se contenter de quelque chose,* c'est n'avoir besoin de rien de plus. *Elle s'est contentée d'un yaourt pour son dîner.*

➤ **contentement** n. m. ✦ Satisfaction. *Son contentement se lit sur son visage.*

▷ Autres mots de la famille : MÉCONTENT, MÉCONTENTEMENT, MÉCONTENTER.

contenu → **contenir**

conter v. (conjug. 1) ✦ Raconter. *La vieille dame nous conta l'histoire de la Belle au bois dormant.* ❍ homonymes : compter, comté.

▷ Autres mots de la famille : CONTE, CONTEUR, RACONTAR, RACONTER.

contester v. (conjug. 1) ✦ Refuser d'admettre. *Les syndicats contestent la décision du patron. Je conteste ce que tu dis,* je ne suis pas d'accord avec ce que tu dis. ❑ contr. **approuver.**

➤ **contestable** adj. ✦ Que l'on peut contester. *Un choix contestable.* → **discutable.** ❑ contr. **incontestable.**

➤ **contestataire** n. m. et f. ✦ Personne qui n'est pas d'accord et le dit bien fort. *Une contestataire.* — **Adj.** *Des étudiants contestataires ont organisé une grève.*

➤ **contestation** n. f. ✦ Fait de contester, d'affirmer son désaccord. *Sa décision n'a pas soulevé de contestation.* → **protestation.**

▷ Autres mots de la famille : INCONTESTABLE, INCONTESTABLEMENT.

conteur n. m., **conteuse** n. f. ✦ Personne qui dit des contes, raconte des histoires. *C'est un excellent conteur.* ❍ homonyme : compteur.

▷ Mot de la famille de CONTE.

contexte n. m. ✦ Texte qui entoure un mot ou une phrase. *Il faut voir le contexte pour savoir ce que veut dire « voler ».*

▷ Mot de la famille de TEXTE.

contigu, contiguë [kɔ̃tigy] adj. ✦ *Deux pièces contiguës* sont situées l'une à côté de l'autre. *La salle de bain est contiguë à sa chambre.*

● Attention au tréma du ë au féminin : *contiguë.*

continent n. m. ✦ Grande étendue de terre comprise entre deux océans. *L'Europe, l'Asie, l'Afrique, l'Amérique, l'Océanie et l'Antarctique sont les six continents.*

➤ **continental, continentale** adj. ✦ Qui concerne les continents. *Le climat continental,* c'est le climat des régions éloignées de la mer. — Au masc. pl. *continentaux.*

continu, continue adj. ✦ Qui ne s'arrête pas. *Il y a eu une pluie continue toute la journée.* → **ininterrompu.** ❑ contr. **intermittent.** *On ne doit pas doubler quand il y a une ligne blanche continue au milieu de la route.* ❑ contr. **discontinu.**

➤ **continuel, continuelle** adj. ✦ Qui ne s'arrête pas ou se répète régulièrement. → **incessant.** *Il lui fait des critiques continuelles.*

➤ **continuellement** adv. ✦ Sans arrêt. → **constamment.** *Elle se plaint continuellement.*

➤ **continuer** v. (conjug. 1) **1.** Ne pas arrêter de faire quelque chose. *Elle a continué de travailler jusqu'à minuit.* — On peut dire aussi : *elle a continué à travailler.* **2.** Ne pas s'arrêter. *Le chemin continue après la ferme,* il va plus loin. → se **poursuivre,** se **prolonger.**

➤ **continuité** n. f. ✦ Le fait d'être continu, de ne pas s'arrêter. *Le chef d'État a défendu la continuité de son action.*

▷ Autres mots de la famille : DISCONTINU, SANS DISCONTINUER.

contondant, contondante adj. ✦ *Une arme contondante,* qui blesse sans couper. *Un bâton, une matraque sont des armes contondantes.*

contorsion n. f. ✦ *Faire des contorsions,* c'est se tordre dans tous les sens.

▷ Mot de la famille de TORDRE.

contour n. m. ✦ Ligne qui fait le tour. *Le dessinateur commence le portrait en dessinant le contour du visage.*

▷ Mot de la famille de TOURNER.

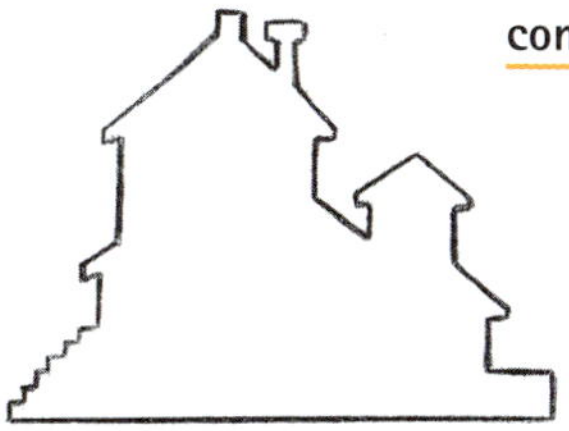

contour

contourner v. (conjug. 1) ✦ Faire le tour, passer autour. *L'autoroute contourne la ville,* elle l'évite en faisant le tour.

▷ Mot de la famille de TOURNER.

contraceptif n. m. ✦ Moyen utilisé pour ne pas avoir d'enfants. *La pilule et le préservatif sont des contraceptifs.*

contraception n. f. ✦ Ensemble des moyens utilisés pour ne pas avoir d'enfant. → aussi **pilule, préservatif.**

contracté, contractée adj. ✦ Tendu, nerveux. *Les candidats sont très contractés.* ❑ contr. **décontracté.**

▷ Mot de la famille de ③ CONTRACTER.

① **contracter** v. (conjug. 1) ✦ S'engager par un contrat. *Contracter une assurance,* c'est prendre une assurance, signer un contrat d'assurance. → aussi **contrat.**

② **contracter** v. (conjug. 1) **1.** *Contracter une maladie,* c'est l'attraper. *Théo a contracté la grippe.* **2.** *Contracter une habitude,* c'est la prendre. *Il a contracté la mauvaise habitude de fumer.*

③ **contracter** v. (conjug. 1) ✦ *Contracter ses muscles,* c'est les raidir, les tendre. — **se contracter,** devenir contracté. *Les muscles se contractent sous l'effort.*

➤ **contraction** n. f. ✦ Le fait de se contracter. *On voit qu'il souffre à la contraction de son visage.*

▷ Autres mots de la famille : CONTRACTÉ, DÉCONTRACTÉ, SE DÉCONTRACTER, DÉCONTRACTION.

contractuel n. m., **contractuelle** n. f. ✦ Personne chargée par la police de mettre des contraventions aux automobilistes en stationnement interdit.

contradiction n. f. **1.** *Avoir l'esprit de contradiction,* c'est aimer contredire les autres, sans raison valable. **2.** Opposition entre deux choses que l'on affirme en même temps. *Il y a une contradiction entre « il fait froid » et « il fait chaud ».*

➤ **contradictoire** adj. ✦ *Des affirmations contradictoires,* qui se contredisent, s'opposent.

contraignant, contraignante adj. ✦ Qui contraint, qui gêne. → **astreignant.** *Des horaires contraignants.*

▷ Mot de la famille de CONTRAINDRE.

contraindre v. (conjug. 52) ✦ Obliger. *Le mauvais temps nous a contraints à rester à la maison.*

➤ **contrainte** n. f. **1.** Violence exercée contre quelqu'un. *Le caissier a donné l'argent* *sous la contrainte,* en y étant forcé. **2.** Obligation que l'on ne peut pas éviter. *Chaque métier a des contraintes.*

▷ Autre mot de la famille : CONTRAIGNANT.

contraire **adj.** et **n. m.**

■ **adj.** Opposé. *« Oui » et « non » sont des mots de sens contraire.* ❏ contr. **même, pareil, semblable.** *Se lever tôt est contraire à ses habitudes.*

■ **n. m. 1.** *Le contraire d'une chose,* c'est ce qui lui est opposé. *Julie fait toujours le contraire de ce qu'on lui demande de faire.* → **inverse.** *Théo n'est pas méchant,* **au contraire** *il est très gentil, loin de là.* **2.** Mot de sens opposé. → **antonyme.** *« Grand » est le contraire de « petit ».* ❏ contr. **synonyme.**

➤ **contrairement** **adv.** ✦ D'une manière contraire. *Contrairement à ce que l'on pourrait penser, Julie est bonne élève.* ❏ contr. **conformément.**

▷ Mots de la famille de CONTRE.

contrarier **v.** (conjug. 7) **1.** Empêcher la réalisation d'une chose. *Le mauvais temps a contrarié nos projets.* → **contrecarrer.** ❏ contr. **aider, favoriser. 2.** Rendre mécontent. *Son départ me contrarie.*

➤ **contrariant, contrariante** **adj.** ✦ Gênant. → **fâcheux.** *Ce retard est vraiment contrariant.*

➤ **contrarié, contrariée** **adj.** ✦ Mécontent. *Alex a l'air contrarié.* ❏ contr. **content.**

➤ **contrariété** **n. f.** ✦ Mécontentement causé par quelque chose ou quelqu'un qui s'oppose à ce que l'on veut faire. *Elle a eu beaucoup de contrariétés aujourd'hui.* → aussi **frustration.** ❏ contr. **satisfaction.**

▷ Mots de la famille de CONTRE.

contraste **n. m. 1.** Grande différence très visible. *Quel contraste entre ces villas luxueuses et ces baraquements !* ❏ contr. **ressemblance. 2.** Différence entre les parties claires et les parties sombres d'une image. *Cette photo manque de contraste.*

➤ **contraster** **v.** (conjug. 1) ✦ S'opposer de façon frappante. *Sa méchanceté contraste avec la gentillesse de sa sœur.* → **trancher.**

▷ Mots de la famille de CONTRE.

contrat **n. m.** ✦ Accord entre plusieurs personnes fixant les droits et les devoirs de chacun. → aussi ① **contracter.** *Les futurs mariés ont signé leur contrat de mariage.*

contravention **n. f.** ✦ Amende. *Il a eu une contravention pour excès de vitesse.* → **procès-verbal.**

contre **prép., adv.** et **n. m.**

■ **prép. 1.** *Il a poussé le lit contre le mur,* tout près du mur jusqu'à ce qu'il le touche. **2.** Indique l'idée d'opposition. *Louise est en colère contre son frère. Beaucoup de gens sont contre ce projet.* ❏ contr. **pour.** *Alex nage dans la rivière contre le courant.* **3.** *Paul a échangé une sucette contre une bille,* il a donné une sucette en échange d'une bille.

■ **adv.** **Par contre,** en revanche, au contraire. *Il est très brun, par contre sa sœur est blonde.*

■ **n. m.** *Le pour et le contre,* les avantages et les inconvénients. *Avant de prendre une décision, il faut peser le pour et le contre.*

▷ Autres mots de la famille : CONTRAIRE, CONTRAIREMENT, CONTRARIANT, CONTRARIÉ, CONTRARIER, CONTRARIÉTÉ, CONTRASTE, CONTRASTER, CONTRER, À L'ENCONTRE DE, MALENCONTREUSEMENT, MALENCONTREUX, RENCONTRE, RENCONTRER, SE RENCONTRER.

contre-allée **n. f.** ✦ Allée qui longe une avenue. *Les contre-allées de l'avenue Foch, à Paris.*

▷ Mot de la famille de ① ALLER.

contre-attaque **n. f.** ✦ Attaque lancée alors qu'on est attaqué. — Au pl. *Des contre-attaques.*

➤ **contre-attaquer** **v.** (conjug. 1) ✦ Faire une contre-attaque. *L'armée ennemie a contre-attaqué.*

▷ Mots de la famille de ATTAQUER.

contrebalancer **v.** (conjug. 3) ✦ Équilibrer. → **compenser.** *Les avantages contrebalancent les inconvénients.*

▷ Mot de la famille de BALANCER.

contrebande **n. f.** ✦ *Faire de la contrebande,* c'est passer en fraude des marchandises d'un pays dans un autre, sans payer les droits de douane.

➤ **contrebandier** **n. m., contrebandière** **n. f.** ✦ Personne qui fait de la contrebande. → **trafiquant.**

en contrebas **adv.** ✦ Plus bas que l'endroit où l'on est. *La route passe en contrebas.*

▷ Mot de la famille de ① BAS.

contrebasse **n. f.** ✦ Grand instrument de musique à quatre cordes, au son très grave. ➸ planche Instruments de musique p. 549. *Il joue de la contrebasse.*

➤ **contrebassiste** **n. m. et f.** ✦ Personne qui joue de la contrebasse. → aussi **bassiste.**

▷ Mots de la famille de ① BAS.

contrecarrer **v.** (conjug. 1) ✦ Faire obstacle en s'opposant. *Sa venue a contrecarré mes projets.* → **contrarier.** ❑ contr. **favoriser.**

à **contrecœur** **adv.** ✦ En se forçant, de mauvaise grâce. *Elle a accepté de venir, à contrecœur.* ❑ contr. de bon **cœur, volontiers.**

▷ Mot de la famille de CŒUR.

contrecoup **n. m.** ✦ Événement qui est provoqué par un autre. → **conséquence.** *L'usine subit les contrecoups de la crise.*

▷ Mot de la famille de COUP.

à **contre-courant** **adv.** ✦ En remontant le courant. *Alex nage dans la rivière à contre-courant.*

▷ Mot de la famille de COURIR.

contredire **v.** (conjug. 37 ; mais *vous contredisez*). **1.** *Contredire quelqu'un,* c'est dire le contraire de ce qu'il dit. *Julie contredit sans arrêt sa mère.* → aussi **contradiction. 2. se contredire,** dire le contraire de ce qu'on avait dit auparavant. *Louise s'est contredite plusieurs fois.*

▷ Mot de la famille de DIRE.

contrée **n. f.** ✦ Pays, région. *La Normandie est une belle contrée.* ❍ homonyme : contrer.

contrefaçon **n. f.** ✦ Imitation faite pour tromper. *La contrefaçon des billets de banque est un délit très grave.*

▷ Mot de la famille de FAÇON.

contrefaire **v.** (conjug. 60) ✦ Imiter une chose avec une intention malhonnête. *Le voleur avait contrefait ma signature sur mes chèques. Le ravisseur a contrefait sa voix au téléphone.* → **déguiser.**

➤ **contrefait, contrefaite** **adj.** ✦ *Une personne contrefaite,* c'est une personne dont le corps n'a pas une forme normale. → **difforme.**

▷ Mots de la famille de FAIRE.

contrefort **n. m. 1.** Mur servant d'appui à un autre mur, à un pilier. *Les contreforts d'un pont.* **2.** *Les contreforts d'une chaîne de montagnes,* ses premières pentes.

▷ Mot de la famille de ① FORT.

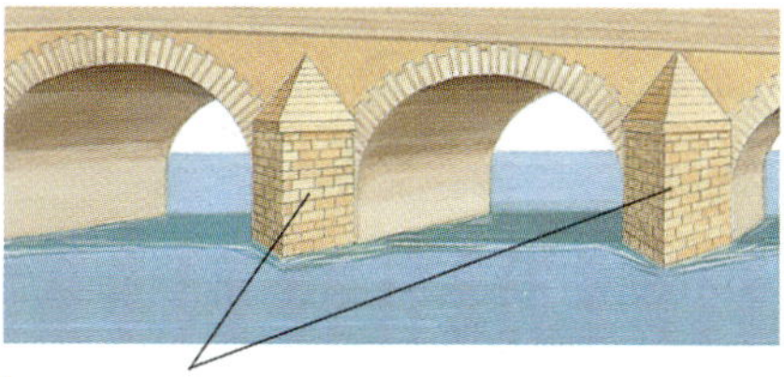

contrefort

contre-indication **n. f.** ✦ Cas dans lequel un traitement, un médicament est déconseillé ou dangereux. *Une notice énumère les contre-indications du médicament.*

▷ Mot de la famille de INDIQUER.

contre-indiqué, contre-indiquée **adj.** ✦ Qui est déconseillé dans certains cas, dangereux pour la santé. *Ce médicament est contre-indiqué pour les jeunes enfants.*

▷ Mot de la famille de INDIQUER.

à **contre-jour** **adv.** ✦ *À contre-jour,* en étant éclairé par-derrière. *Je ne l'ai pas reconnu, car il était à contre-jour.*

▷ Mot de la famille de JOUR.

contre-la-montre **n. m. inv.** ✦ Course cycliste chronométrée dans laquelle les coureurs parcourent l'un après l'autre le même trajet. — Au pl. *Des contre-la-montre.*

▷ Mot de la famille de MONTRE.

contremaître **n. m., contremaîtresse** **n. f.** ✦ Personne qui dirige une équipe d'ouvriers.

▷ Mot de la famille de MAÎTRE.

en **contrepartie** **adv.** ✦ En échange de ce que l'on donne, du service que l'on rend. → en **compensation.** *Ils logent une jeune fille qui, en contrepartie, garde leur bébé le soir.*

▷ Mot de la famille de PART.

contre-pied **n. m.** ✦ *Prendre le* [illegible] *pied de quelque chose,* c'est faire ou [illegible] tement le contraire. *Paul pren*[illegible] *contre-pied de ce que dit sa so*[illegible]

▷ Mot de la famille de ① PIED.

contreplaqué **n. m.** ✦ Matériau formé de minces plaques de bois collées les unes aux autres. *Alex fait une maquette d'avion en contreplaqué.*
▷ Mot de la famille de PLAQUER.

contrepoids **n. m.** ✦ Poids qui fait équilibre à un autre poids. *Le contrepoids de l'ascenseur descend quand l'ascenseur monte.*
▷ Mot de la famille de POIDS.

contrepoison **n. m.** ✦ Produit qui agit contre un poison. → **antidote.**
▷ Mot de la famille de POISON.

contrer **v.** (conjug. 1) ✦ S'opposer avec succès à. *Notre équipe de football a contré l'attaque de l'équipe adverse.* ❍ homonyme : contrée.
▷ Mot de la famille de CONTRE.

contresens **n. m.** ✦ Mauvaise interprétation du sens d'un mot. *Elle a fait plusieurs contresens dans sa version.*
▷ Mot de la famille de ② SENS.

à **contresens** **adv.** ✦ Dans la direction contraire à la direction normale. *Le semi-remorque a pris l'autoroute à contresens.*
▷ Mot de la famille de ① SENS.

à **contresens**

...ns **n. m.** ✦ Événement inat-
...ue ce que l'on a
...icheux lui a

contre-
...dire exac-
...toujours le
...eur.

...ciper. *De nom-*
...ué à l'organi-
...llaborer, coopé-

➤ **contribuable** **n. m. et f.** ✦ Personne qui paye des impôts.

➤ **contribution** **n. f.** **1.** Part que l'on prend à la réalisation de quelque chose. → ① **aide, concours, participation.** *Nous vous remercions de votre contribution.* **2.** *Les contributions,* les impôts que chacun doit payer.

contrôle **n. m.** **1.** Examen, vérification. *La police procède à des contrôles d'identité. Le contrôle technique d'un véhicule.* **2.** Devoir fait en classe pour contrôler les connaissances des élèves. *Louise a un contrôle de maths demain.* **3.** *Le chauffard a perdu le contrôle de sa voiture,* il n'a plus pu la diriger.

➤ **contrôler** **v.** (conjug. 1) ✦ S'assurer qu'une chose est en règle. → **inspecter, vérifier.** *Le policier a contrôlé nos papiers d'identité.*

➤ **contrôleur** **n. m.,** **contrôleuse** **n. f.** ✦ Personne dont le métier est de faire des contrôles. *Le contrôleur du train vérifie les billets des voyageurs.*
▷ Autre mot de la famille : INCONTRÔLABLE.

contrordre **n. m.** ✦ Ordre qui ordonne le contraire d'un ordre déjà donné. *Il y a contrordre, vous ne partirez que demain.* — Au pl. *Des contrordres.*
▷ Mot de la famille de ② ORDRE.

controverse **n. f.** ✦ Discussion qui oppose ceux qui y participent. *L'existence des soucoupes volantes provoque de vives controverses.* → **débat** et aussi **polémique.**

contusion **n. f.** ✦ Blessure légère faite par un choc, sans saignement. *Il s'est sorti de son accident avec seulement quelques contusions.*

convaincre **v.** (conjug. 42) ✦ *Convaincre quelqu'un,* c'est le persuader, l'amener à croire qu'une chose est vraie ou nécessaire. *L'accusé a convaincu le juge de son innocence.* → aussi **conviction.**

➤ **convaincant,** **convaincante** **adj.** ✦ Qui convainc. *Des arguments convaincants.*

convalescent [kɔ̃valesɑ̃], **convalescente** [kɔ̃valesɑ̃t] **adj.** ✦ Qui vient d'être malade et va mieux, tout en étant encore faible. *Julie est convalescente.*

➤ **convalescence** [kɔ̃valesɑ̃s] **n. f.** ✦ Temps de repos après une maladie. *Pendant sa convalescence, Julie a lu des bandes dessinées.*

convenir **v.** (conjug. 22) **1.** Reconnaître. → **admettre.** *Louise a convenu de son erreur.* **2.** Se mettre d'accord. *Ils ont convenu de s'écrire toutes les semaines. – Qu'est-ce qui a été convenu entre eux ?* → **décider.** 3. Être approprié, aller bien. *Le judo est un sport qui convient à Théo.* 4. *Il convient de,* il faut. *Il convient de les remercier.*

➤ **convenable** **adj.** 1. Assez bon, suffisant. → **acceptable, correct.** *Son salaire est tout à fait convenable.* 2. Conforme aux règles de la politesse, aux usages. *Ce n'est pas convenable de dire des gros mots.* → **correct.** ❑ contr. **inconvenant, incorrect.**

➤ **convenablement** **adv.** ✦ Comme il faut, de manière convenable. *Tenez-vous convenablement à table !* → **correctement.**

➤ **convenance** **n. f.** 1. *Léa a trouvé une robe à sa convenance,* à son goût. 2. *Les convenances,* ce sont les règles de la politesse. *Il faudrait toujours respecter les convenances.*

▷ Autres mots de la famille : INCONVENANT, INCONVÉNIENT.

convention **n. f.** 1. Accord entre deux ou plusieurs personnes sur un sujet précis. *Les deux pays ont signé une convention commerciale.* → **entente.** 2. *Les conventions,* les règles qu'il est d'usage de respecter. *Elle est très attachée aux conventions sociales.* → aussi **convenance.**

➤ **conventionnel, conventionnelle** **adj.** ✦ Qui respecte ce qu'il faut dire, penser ou faire en société. *Il a des idées très conventionnelles.* ❑ contr. **avancé.** *C'est un homme très conventionnel.* ❑ contr. **original.**

converger **v.** (conjug. 3) 1. Aller vers le même point. *De nombreuses routes convergent vers la ville.* 2. *Nos idées convergent,* elles sont très proches. ❑ contr. **diverger.**

➤ **convergent, convergente** **adj.** 1. Se diriger vers un même point. *Ces deux lignes se coupent en un point, elles sont convergentes.* 2. Aboutir au même résultat. *Nos opinions sont convergentes.* ❑ contr. **divergent.**

converser **v.** (conjug. 1) ✦ Parler avec quelqu'un. → **s'entretenir.** *Ils ont conversé un long moment.* → **bavarder.**

● *Converser* est un mot plus littéraire que *discuter* ou *bavarder.*

➤ **conversation** **n. f.** ✦ Échange de paroles entre des personnes. *Nous avons eu une longue conversation.* → **discussion,** ② **entretien.**

conversion **n. f.** 1. Le fait de changer de religion. *La conversion de Clovis au christianisme eut lieu en 496.* → aussi se **convertir.** 2. Passage d'une mesure en d'autres unités. *Le professeur a fait faire des conversions de kilomètres en mètres.*

convertir **v.** (conjug. 2) 1. **se convertir,** c'est adopter une religion ou en changer. *Henri IV s'est converti au catholicisme.* 2. Transformer en une autre unité. *Léa a appris à convertir les heures en secondes.*

➤ **convertisseur** **n. m.** ✦ *Un convertisseur de devises,* une calculatrice qui convertit une monnaie dans une autre. *Un convertisseur d'euros.*

▷ Autre mot de la famille : RECONVERTIR.

convexe **adj.** ✦ Arrondi en dehors, vers l'extérieur. → **bombé.** *Un miroir convexe.* ❑ contr. **concave.**

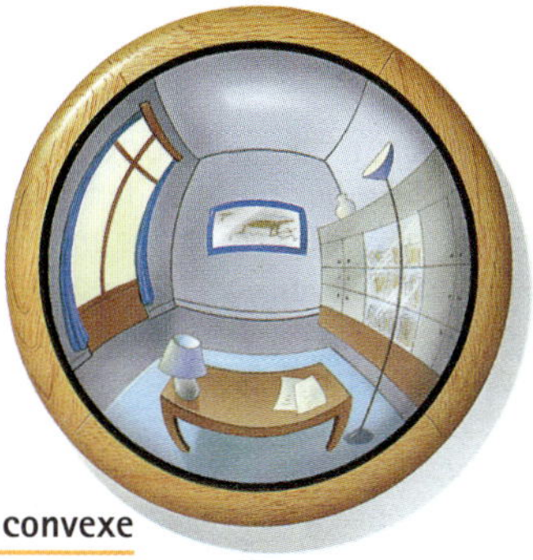

miroir **convexe**

conviction **n. f.** 1. Certitude. *J'ai la conviction qu'il viendra,* j'en suis sûr. 2. Opinion. *Ils n'ont pas les mêmes convictions politiques.*

convier **v.** (conjug. 7) ✦ Inviter. *Les parents de Paul ont convié le maire à dîner.*

● Ce mot est littéraire.

convive **n. m. et f.** ✦ Personne invitée à un repas. → **invité.** *Les convives sont au nombre de trois.*

➤ **convivial, conviviale** **adj.** ✦ Qui favorise les relations agréables entre les gens. *Une soirée conviviale.* — Au pl. *Des repas conviviaux.*

convocation **n. f.** ✦ Lettre obligeant quelqu'un à venir. *Le frère d'Alex a reçu sa convocation au baccalauréat.* → aussi **convoquer.**

▷ Mot de la famille de CONVOQUER.

convoi n. m. ✦ Groupe de véhicules, de personnes qui font route ensemble. *Un convoi militaire a traversé la ville.*
▷ Mot de la famille de VOIE.

convoiter v. (conjug. 1) ✦ Désirer. *Il convoite le poste de directeur.*
➤ **convoitise** n. f. ✦ Très grand désir. → **avidité**. *Les enfants regardent la vitrine de la pâtisserie avec convoitise.*

convoquer v. (conjug. 1) ✦ Faire venir. *Le directeur a convoqué deux élèves dans son bureau.*
▷ Autre mot de la famille : CONVOCATION.

convulsion n. f. ✦ Contraction violente et involontaire des muscles. *La fièvre peut provoquer des convulsions.*

coopérer v. (conjug. 6) ✦ Travailler avec quelqu'un à la même chose. → **collaborer**. *Plusieurs ingénieurs ont coopéré à la construction de l'usine.*
➤ **coopérant** n. m., **coopérante** n. f. ✦ Spécialiste qui travaille dans un pays en voie de développement. *Ce médecin a fait son service militaire comme coopérant en Afrique.*
➤ **coopération** n. f. 1. Participation. → ① **aide**. *Nous vous remercions de votre coopération.* 2. Aide apportée à un pays en voie de développement.
➤ **coopératif, coopérative** adj. ✦ Qui apporte son aide. *Léa s'est montrée coopérative.*
➤ **coopérative** n. f. ✦ Association de personnes unies pour vendre, acheter ou produire. *Le fermier vend son lait à une coopérative.*
▷ Mots de la famille de OPÉRER.

coordination n. f. 1. Organisation de plusieurs choses pour atteindre un but. *Il y a une bonne coordination entre les membres de l'équipe.* 2. *Une conjonction de coordination* relie deux mots ou deux propositions qui ont la même fonction. *« Et », « ou », « mais », « car », « donc » sont des conjonctions de coordination.*

coordonnée n. f. 1. *L'abscisse et l'ordonnée sont les coordonnées d'un point,* ce sont les éléments permettant de situer un point sur un plan. 2. *Les coordonnées d'une personne,* son adresse et son numéro de téléphone. *Donnez-moi vos coordonnées.*
▷ Mot de la famille de ① ORDONNER.

coordonner v. (conjug. 1) ✦ Organiser pour faire marcher ensemble. → **harmoniser**. *Les pompiers et les sauveteurs ont coordonné leurs efforts.* → **synchroniser** et aussi **coordination**.
▷ Mot de la famille de ① ORDONNER.

copain n. m., **copine** n. f. ✦ Familier. Ami. → **camarade**. *Alex est sorti avec une bande de copains.*

copeau n. m. ✦ Déchet, en forme de ruban, obtenu en égalisant une pièce de bois ou de métal. *Il y a un tas de copeaux de bois dans l'atelier.*

copie n. f. 1. Feuille volante sur laquelle les élèves font leurs devoirs. *Une copie double à petits carreaux.* — *Le professeur corrige les copies,* les devoirs. 2. Ce qui est copié, reproduit. → **reproduction**. *Ce tableau n'est pas l'original, c'est une copie.* → **imitation**. *Il a gardé une copie de sa lettre.* → **double**.
➤ **copier** v. (conjug. 7) 1. Reproduire. *Théo copie le résumé de la leçon sur son cahier.* → **recopier**. 2. *Louise a copié sur son voisin,* elle a regardé ce qu'il écrivait et a écrit la même chose.
▷ Autres mots de la famille : PHOTOCOPIE, PHOTOCOPIER, PHOTOCOPIEUSE, RECOPIER, TÉLÉCOPIE, TÉLÉCOPIEUR.

copieux, copieuse adj. ✦ Abondant. *Un repas copieux. Des portions copieuses.*
➤ **copieusement** adv. ✦ En grande quantité, beaucoup. *Nous sommes copieusement servis.* → **largement**.

copilote n. m. et f. ✦ Second pilote d'un avion qui peut remplacer le pilote.
▷ Mot de la famille de PILOTE.

copine → **copain**

coproduction n. f. ✦ Production d'un film par plusieurs producteurs, souvent de pays différents. *Ce film est une coproduction franco-italienne.*
▷ Mot de la famille de PRODUIRE.

copropriétaire n. m. et f. ✦ *Les copropriétaires d'un immeuble,* ce sont toutes les personnes qui possèdent un appartement dans cet immeuble.
▷ Mot de la famille de ② PROPRE.

copropriété n. f. ✦ *Un immeuble en copropriété* appartient à plusieurs propriétaires.
▷ Mot de la famille de ② PROPRE.

coq n. m. ✦ Mâle de la poule. *Le coq, la poule et les poussins. Le chant du coq. — Être comme un coq en pâte,* être confortablement installé, être choyé, dorloté. ❍ homonyme : coque.
▷ Autre mot de la famille : ① COCOTTE.

coque n. f. 1. Enveloppe rigide de certains fruits. → **coquille.** *Une coque de noix.* 2. *Des œufs à la coque,* des œufs cuits avec leur coquille dans l'eau bouillante sans que le jaune soit dur. 3. *La coque d'un bateau,* c'est la partie d'un bateau formée du fond et des côtés, sur laquelle on construit le pont. 4. Petit coquillage arrondi dont la coquille est en deux parties, qui vit dans le sable. ❍ homonyme : coq.
▷ Autres mots de la famille : COQUETIER, MONOCOQUE, MULTICOQUE.

coquelicot n. m. ✦ Fleur rouge vif qui pousse dans les champs en été.

coquelicot

coqueluche n. f. ✦ Maladie contagieuse qui fait tousser. *Le bébé a été vacciné contre la coqueluche.*

coquet, coquette adj. ✦ Qui aime plaire par son élégance, sa façon de s'habiller. *Louise est très coquette.*
➤ **coquetterie** n. f. ✦ Désir de plaire, en étant élégant et soigné.

coquetier n. m. ✦ Petite coupe dans laquelle on met un œuf à la coque pour le manger.
▷ Mot de la famille de COQUE.

coquille n. f. 1. Enveloppe dure qui recouvre le corps de certains animaux. → **coquillage** et aussi **carapace.** *L'escargot rentre dans sa coquille. — Rentrer dans sa coquille,* se replier sur soi-même, ne plus voir personne. 2. *Une coquille Saint-Jacques,* c'est un mollusque comestible qui est dans une grande coquille plate et striée. ➻ planche Crustacés et coquillages p. 243. 3. Enveloppe de l'œuf des oiseaux. *Le poussin est sorti de sa coquille.* 4. Enveloppe dure de certains fruits. → **coque.** *Les noisettes ont une coquille très dure.*
➤ **coquillage** n. m. ✦ Animal marin dont le corps est protégé par une coquille. ➻ planche Crustacés et coquillages p. 243. *Paul ramasse des coquillages dans les rochers.* → aussi **mollusque.**
➤ **coquillette** n. f. ✦ *Les coquillettes,* ce sont des pâtes en forme de petit tube coudé. *Des coquillettes à la sauce tomate.*

coquin n. m., **coquine** n. f. ✦ Personne malicieuse et taquine. *Tu es une petite coquine ! —* **Adj.** *Julie est très coquine.* → **espiègle.**

① **cor** n. m. ✦ Instrument de musique à vent, en cuivre, formé d'un long tube enroulé sur lui-même. ➻ planche Instruments de musique p. 548. *Un cor de chasse.* ❍ homonyme : corps.

② **cor** n. m. ✦ *Un cor au pied,* une petite boule de peau dure qui s'est formée sur un orteil.

corail n. m. (pl. **coraux**) 1. Petit animal recouvert de calcaire, qui vit dans les mers chaudes en colonies formant des rochers. 2. Matière calcaire qui recouvre ces animaux et dont on fait des bijoux. *Un collier de corail.*

corail

Coran n. m. ✦ Livre sacré des musulmans. *Les versets du Coran.*
● *Coran* vient de l'arabe *al qur'an* qui veut dire « la lecture par excellence ».
➤ **coranique** adj. ✦ Du Coran. *Les musulmans suivent la loi coranique. — Une école coranique,* c'est une école musulmane traditionnelle, où l'on enseigne le Coran aux enfants.

corbeau n. m. ✦ Oiseau au plumage noir ou gris, au grand bec courbe. *Les corbeaux croassent.*

corbeille n. f. ✦ Panier léger sans anse. *Une corbeille de fruits. Une corbeille à pain. Une corbeille à papiers,* où l'on jette les papiers.

corbillard n. m. ✦ Voiture qui sert à transporter un cercueil jusqu'au cimetière. *La famille du défunt suivait le corbillard.*

corde n. f. 1. Grosse ficelle. *La chèvre est attachée au piquet avec une corde.* 2. Fil très solide. *Une corde à linge,* c'est une corde sur laquelle on étend le linge mouillé. 3. Fil de métal ou de boyau servant à produire des sons sur certains instruments de musique. *Le violon, la guitare sont des instruments à cordes.* 4. *Les cordes vocales* sont des petits muscles situés dans le fond de la gorge qui vibrent quand on parle.
➤ **cordage** n. m. ✦ Grosse corde. → aussi **câble.** *Le bateau est amarré avec des cordages.*
➤ **cordée** n. f. ✦ Groupe d'alpinistes reliés les uns aux autres par une corde. *La cordée fait l'ascension du mont Blanc.*
➤ **cordelette** n. f. ✦ Corde fine.
▷ Autres mots de la famille : CORDON, S'ENCORDER.

cordial, cordiale adj. ✦ Qui vient du cœur. → **chaleureux.** *Ils nous ont réservé un accueil très cordial.* ❏ contr. **froid, hostile.** — Au masc. pl. *cordiaux.*
➤ **cordialement** adv. ✦ Amicalement et chaleureusement. *Tu es cordialement invité à notre fête de fin d'année.*
➤ **cordialité** n. f. ✦ Attitude amicale et chaleureuse. *Ils nous ont accueillis avec cordialité.* → **chaleur, sympathie.** ❏ contr. **froideur.**

cordillère [kɔʀdijɛʀ] n. f. ✦ Chaîne de montagnes, en Amérique. *La Cordillère des Andes traverse l'Amérique du Sud.*
● Ce mot vient de l'espagnol *cordillera* qui veut dire « chaîne de montagnes » et qui vient de *cuerda* « corde ».

cordon n. m. 1. Petite corde. *Ce tablier s'attache derrière avec des cordons.* 2. Rangée de personnes alignées. → **file, ligne.** *Un cordon de policiers empêchait la foule d'avancer.*
▷ Mot de la famille de CORDE.

cordon-bleu n. m. ✦ Personne qui fait très bien la cuisine. *Cette cuisinière est un fin cordon-bleu.* — Au pl. *Des cordons-bleus.*

cordonnier n. m. ✦ Personne qui répare les chaussures. *Mes chaussures ont été ressemelées par le cordonnier. — Les cordonniers sont toujours les plus mal chaussés,* on manque souvent des choses que son métier permet d'obtenir facilement.
➤ **cordonnerie** n. f. ✦ Boutique du cordonnier.

coriace adj. ✦ *Une viande coriace,* très dure. ❏ contr. ③ **tendre.**

cormoran n. m. ✦ Oiseau de mer au plumage sombre, dont les pattes sont palmées.

cormoran

cornac n. m. ✦ Personne qui soigne et conduit un éléphant.
● Ce mot vient d'une langue indienne et veut dire « dompteur d'éléphant ».

corne n. f. 1. Chacune des deux pointes dures qui ornent la tête de certains animaux. *Le taureau a blessé le torero d'un coup de corne.* 2. Matière constituant certaines parties dures du corps des animaux. *Les sabots des chevaux sont en corne.* 3. Pli fait au coin d'une feuille de papier. *Louise a fait une corne à la page où elle a arrêté sa lecture.* → aussi ① **corner.** 4. Instrument sonore. *Une corne de brume.*
▷ Autres mots de la famille : ① CORNER, CORNET, CORNU, CORNUE, LICORNE, RACORNI.

cornée n. f. ✦ Partie transparente du globe de l'œil. ❍ homonyme : ① corner.

corneille n. f. ✦ Oiseau noir plus petit que le corbeau. *Les corneilles croassent.*

cornemuse **n. f.** ✦ Instrument de musique formé d'un sac de cuir et de plusieurs tuyaux. → aussi **biniou.** *Les soldats écossais marchaient au son de la cornemuse.*

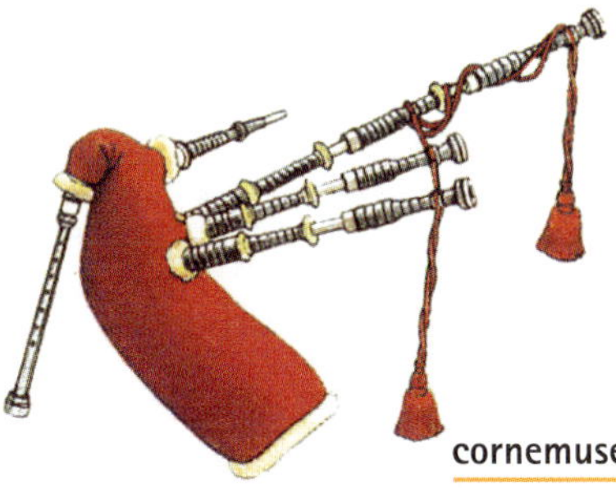

cornemuse

① **corner** **v.** (conjug. 1) ✦ Plier un coin d'une feuille de papier, faire une corne. *Louise corne les pages de son livre.* ○ homonyme : cornée.
▷ Mot de la famille de CORNE.

② **corner** [kɔʀnɛʀ] **n. m.** ✦ Faute commise par un joueur de football qui a envoyé le ballon derrière la ligne de but de son équipe.
● C'est un mot anglais qui veut dire « coin ».

cornet **n. m.** **1.** Objet en forme de cône. *Alex s'est acheté une glace en cornet. Un cornet de frites,* des frites dans un cône en papier. **2.** En Suisse. Sac en papier ou en plastique dans lequel on met ce qu'on achète dans un magasin.
▷ Mot de la famille de CORNE.

cornflakes [kɔʀnflɛks] **n. m. pl.** ✦ Flocons de maïs grillés et croustillants. *Théo verse du lait sur ses cornflakes.*
● C'est un mot anglais formé de *corn* qui signifie « maïs » et de *flake* qui veut dire « flocon ».

corniche **n. f.** **1.** Partie située en haut d'un mur ou d'un meuble, et qui dépasse. *Les corniches protègent les murs de la pluie.* **2.** *Une route en corniche,* c'est une route aménagée sur la pente d'une montagne, surplombant la mer.
● Ce mot vient de l'italien.

cornichon **n. m.** ✦ Sorte de petit concombre conservé dans du vinaigre. *Julie mange des cornichons avec la viande froide.*

cornu, cornue **adj.** ✦ Qui a des cornes. *Le bouc est cornu.* ○ homonyme : cornue.
▷ Mot de la famille de CORNE.

cornue **n. f.** ✦ Récipient à col étroit, long et recourbé, utilisé par les chimistes. ○ homonyme : cornu.
▷ Mot de la famille de CORNE.

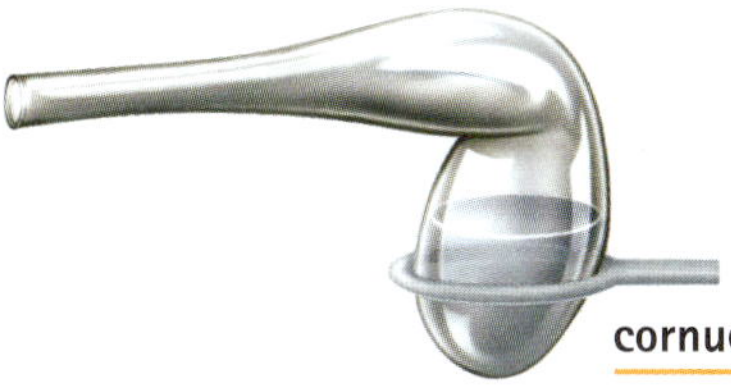

cornue

corolle **n. f.** ✦ Ensemble des pétales d'une fleur. ➻ planche Fleurs p. 421. *Les coquelicots ont une corolle rouge.*

coron **n. m.** ✦ Groupes de maisons toutes pareilles où habitaient les mineurs du nord de la France et du sud de la Belgique.

coronaire **n. f.** ✦ Artère qui part de l'aorte et qui irrigue le cœur.

corporation **n. f.** ✦ Ensemble des personnes qui exercent le même métier. *La corporation des menuisiers.*

corporel, corporelle **adj.** ✦ Qui concerne le corps. → ② **physique.** *L'hygiène corporelle.*

corps **n. m.** **1.** Partie matérielle des personnes et des animaux. *Le corps humain.* ➻ planche Corps humain p. 218. *Les différentes parties du corps. On a retrouvé le corps de la victime,* son cadavre. **2.** Objet matériel, substance minérale, végétale ou animale. *Les astres sont des corps célestes. L'eau est un corps composé d'oxygène et d'hydrogène.* **3.** Groupe organisé de personnes. *Les professeurs font partie du corps enseignant.* ○ homonymes : ① et ② cor.

➤ **corps-à-corps** [kɔʀakɔʀ] **n. m.** ✦ Lutte dans laquelle les adversaires sont en contact direct. — Au pl. *Des corps-à-corps.*

➤ **corpulent, corpulente** **adj.** ✦ *Une personne corpulente,* c'est une personne large et grosse. ❑ contr. **mince, fluet.**

➤ **corpulence** **n. f.** ✦ Taille et grosseur du corps. *Les deux frères n'ont pas la même corpulence.*

➤ **corpuscule** **n. m.** ✦ Très petite parcelle d'un corps, d'une substance.
▷ Autres mots de la famille : À BRAS-LE-CORPS, ANTICORPS, HAUT-LE-CORPS, JUSTAUCORPS.

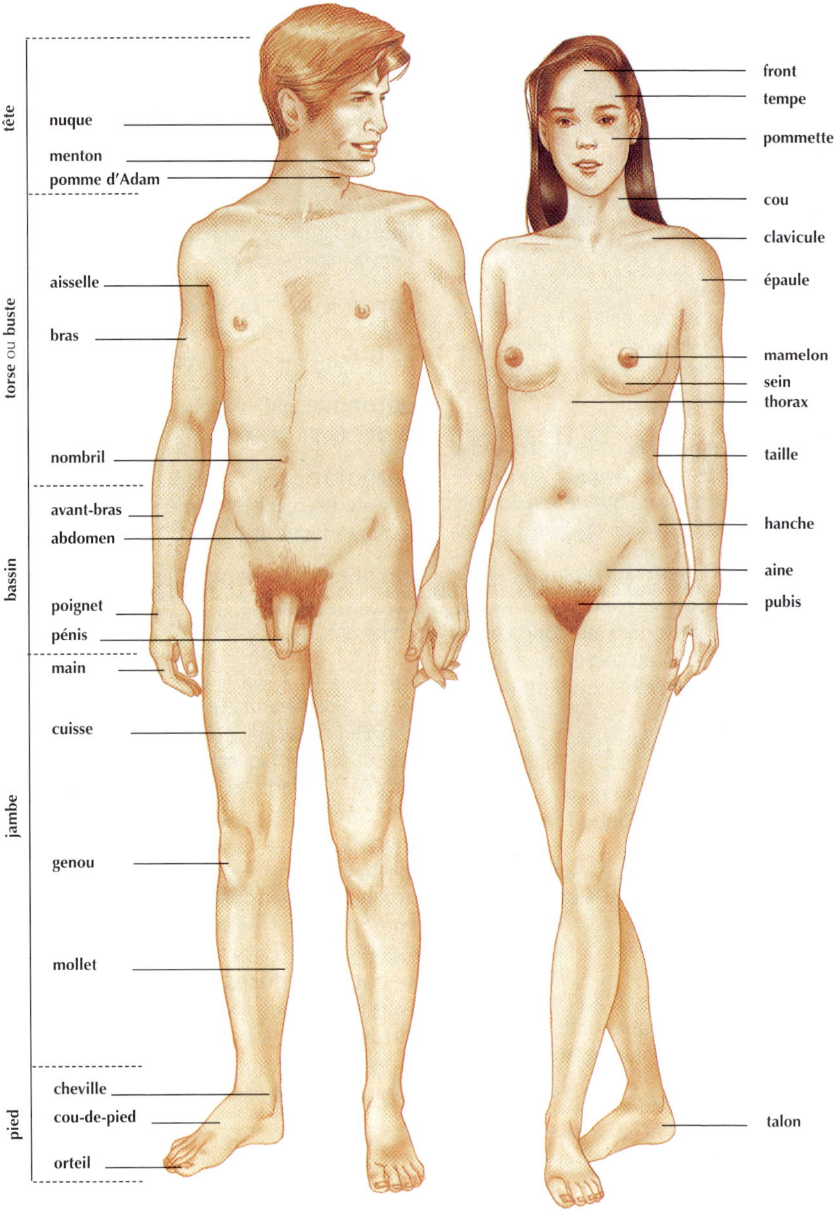
tête
nuque
menton
pomme d'Adam
torse ou buste
aisselle
bras
nombril
bassin
avant-bras
abdomen
poignet
pénis
main
jambe
cuisse
genou
mollet
pied
cheville
cou-de-pied
orteil
front
tempe
pommette
cou
clavicule
épaule
mamelon
sein
thorax
taille
hanche
aine
pubis
talon

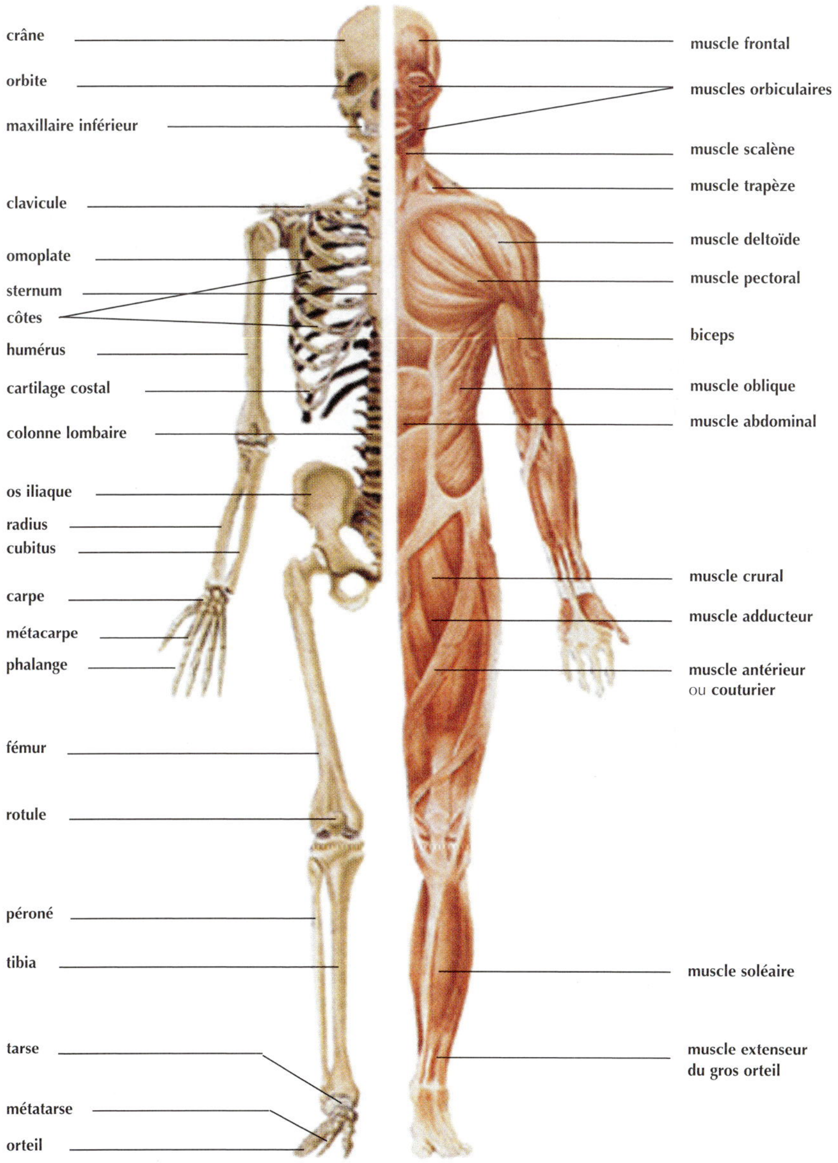
crâne
orbite
maxillaire inférieur
clavicule
omoplate
sternum
côtes
humérus
cartilage costal
colonne lombaire
os iliaque
radius
cubitus
carpe
métacarpe
phalange
fémur
rotule
péroné
tibia
tarse
métatarse
orteil
muscle frontal
muscles orbiculaires
muscle scalène
muscle trapèze
muscle deltoïde
muscle pectoral
biceps
muscle oblique
muscle abdominal
muscle crural
muscle adducteur
muscle antérieur
ou couturier
muscle soléaire
muscle extenseur
du gros orteil

correct, correcte adj. 1. Qui ne présente pas d'erreur. → ① **juste.** *Cette phrase est correcte,* elle ne comporte pas de faute. ❑ contr. **incorrect.** 2. Qui a de bonnes manières, respecte les règles. → **convenable.** *Ce n'est pas correct de passer devant les autres.* → ① **poli.** 3. Familier. Acceptable, passable. *Il a un salaire correct, sans être très élevé.*

➤ **correctement** adv. 1. Sans erreur, sans faute. *Il parle correctement l'anglais.* → **bien.** 2. Convenablement. *Julie, tiens-toi correctement !*

➤ **correction** n. f. 1. Action de corriger des devoirs. *Le professeur a fait la correction de la dictée.* 2. Faute corrigée. *Les corrections sont en rouge dans la marge.* 3. Coups que l'on donne pour punir. *Il a donné une correction à son fils.* 4. Attitude d'une personne qui se tient convenablement, a une bonne éducation. *C'est un homme d'une parfaite correction.* ❑ contr. **incorrection.**

➤ **correcteur** n. m., **correctrice** n. f. 1. Personne qui corrige les épreuves écrites d'un examen. *Les correcteurs du baccalauréat.* 2. Personne dont le métier est de relire et de corriger les textes à imprimer. *Elle est correctrice dans un journal.*

▷ Autres mots de la famille : INCORRECT, INCORRECTION.

corrélation n. f. ✦ Lien, rapport entre deux choses. → **correspondance.** *Il y a une corrélation entre l'habitude de fumer et le cancer du poumon.* — *Les deux choses sont en corrélation,* elles sont liées.

correspondre v. (conjug. 41) 1. Être en accord. *Ce qu'il raconte ne correspond pas à la réalité.* → **concorder.** 2. Échanger des lettres. *Pendant les vacances, Louise et Léa correspondent régulièrement,* elles s'écrivent. *Théo correspond avec son cousin qui vit au Canada.*

➤ **correspondance** n. f. 1. Relation entre deux choses. *Il y a une correspondance entre la taille et le poids d'une personne.* → **corrélation.** 2. Liaison entre deux moyens de transport. *Une navette assure la correspondance entre les deux aérogares.* 3. Échange de lettres. *Léa est en correspondance avec Louise,* elles s'écrivent. 4. Lettres. *Les célébrités reçoivent une abondante correspondance.* → **courrier.**

➤ **correspondant** n. m., **correspondante** n. f. ✦ Personne avec qui on échange des lettres. *La sœur de Julie a une correspondante anglaise.*

corrida n. f. ✦ Spectacle au cours duquel un torero combat contre un taureau et le tue. *Ils ont assisté à une corrida dans les arènes de Séville.*

● On dit aussi *une course de taureaux. Corrida* est un mot espagnol qui veut dire « course ».

corrida

corridor n. m. ✦ Couloir étroit. *Les chambres donnent sur le corridor.*

● Ce mot vient de l'italien *corridore.*

corriger v. (conjug. 3) 1. *Corriger des fautes,* c'est les supprimer en indiquant ce qu'il faut écrire ou dire à la place. *Le professeur a corrigé les dictées,* il a relevé les fautes et mis des notes. 2. Donner des coups pour punir. → **battre.** *Paul s'est fait corriger par son père.* → aussi **correction.**

▷ Autre mot de la famille : INCORRIGIBLE.

corrompre v. (conjug. 41) ✦ *Corrompre une personne,* c'est lui faire faire quelque chose de malhonnête en lui donnant de l'argent ou des avantages en échange. *Le témoin avait été corrompu.* → **acheter, soudoyer** et aussi **corruption.**

corrosif, corrosive adj. ✦ *Un produit corrosif,* qui détruit lentement en brûlant, en rongeant. → **caustique.** *Les acides sont des produits corrosifs.*

corrosion n. f. ✦ *Cette voiture est garantie six ans contre la corrosion,* contre l'attaque de la rouille.

corruption n. f. ✦ Moyens employés pour faire agir quelqu'un malhonnêtement. *Il a été condamné pour corruption de fonctionnaire,* pour avoir corrompu un fonctionnaire.

corsage n. m. ✦ Vêtement de femme qui couvre le buste. → **chemisier.** *Un corsage en soie.*

corsaire n. m. ✦ Capitaine de navire qui avait le droit d'attaquer et de piller les navires ennemis avec l'accord de son gouvernement. *Surcouf fut un corsaire célèbre.* → aussi **pirate.**

corsé, corsée adj. ✦ *Un café corsé,* c'est un café très fort, qui a beaucoup de goût.

corset n. m. ✦ Sous-vêtement rigide que les femmes portaient autrefois et qui serrait le buste et le ventre. → aussi **gaine.**

cortège n. m. ✦ Ensemble de personnes qui marchent les unes derrière les autres. *Un cortège de manifestants s'est dirigé vers la mairie.*

corvée n. f. 1. Chose pénible et ennuyeuse que l'on est obligé de faire. *Faire la vaisselle, quelle corvée !* ❑ contr. **plaisir.** 2. Travail obligatoire et non payé que les paysans devaient à leur seigneur, au Moyen Âge.

cosaque n. m. ✦ Cavalier qui servait dans l'armée russe.
● Ce mot vient du russe.

cosmétique n. m. ✦ Produit de beauté. *On vend des cosmétiques dans les parfumeries.* — Adj. *Des produits cosmétiques.*

cosmique adj. ✦ Qui est dans l'espace, loin de la Terre et de son atmosphère. *Faire un voyage cosmique.* → **interplanétaire, spatial.**
▷ Mot de la famille de COSMOS.

cosmonaute n. m. et f. ✦ Personne qui voyage dans l'espace, dans un vaisseau spatial. → **astronaute, spationaute.** *Gagarine fut le premier cosmonaute.*
● Ce mot s'emploie surtout à propos des Russes.
▷ Mot de la famille de COSMOS.

cosmopolite adj. ✦ *Une ville cosmopolite,* c'est une ville où l'on rencontre beaucoup d'étrangers.

cosmos [kɔsmos] n. m. ✦ Espace immense, hors de l'atmosphère terrestre, où se trouvent la Lune, le Soleil, les étoiles, les planètes.
● Ce mot vient du grec *kosmos* qui veut dire « l'ordre de l'univers ».
▷ Autres mots de la famille : COSMIQUE, COSMONAUTE.

cosse n. f. 1. Enveloppe allongée qui contient les graines de certains légumes. *Des cosses de petits pois, de haricots.* 2. Anneau de métal à l'extrémité d'un câble que l'on fixe sur une batterie de voiture.
▷ Autre mot de la famille : ÉCOSSER.

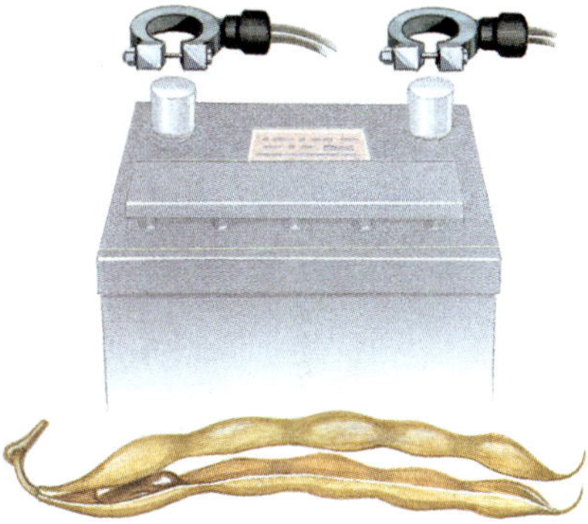

cosse

cossu, cossue adj. ✦ Riche, qui montre que l'on est riche. *Ils habitent une maison cossue.*

costaud, costaude adj. ✦ Familier. Fort et résistant. *Alex est un garçon costaud.*
● Au féminin, on peut dire *costaude* ou *costaud.*

costume n. m. 1. Vêtement d'homme composé d'un pantalon, d'une veste et parfois d'un gilet. → ② **complet.** *Son père a mis son costume et sa cravate.* 2. Vêtement que l'on met pour se déguiser ou jouer la comédie. *Paul a un costume de cow-boy.* → **déguisement.**

➤ **costumé, costumée** adj. ✦ *Un bal costumé,* c'est un bal où tout le monde est déguisé.

cote n. f. 1. Estimation de la popularité de quelqu'un. *La cote du ministre a baissé.* 2. Chiffre qui exprime les dimensions sur un plan. ❍ homonyme : cotte.

➤ **coté, cotée** adj. ✦ Estimé, renommé. *Cet avocat est bien coté dans sa profession.*

① **côte** n. f. 1. Os long et courbe situé dans le thorax. *Les êtres humains ont douze paires de côtes.* 2. *Côte à côte,* l'un à côté de l'autre.

Léa et Louise sont assises côte à côte. **3.** Rayure en relief d'un tissu, d'un tricot. *Un pull à grosses côtes.*
▷ Autres mots de la famille : CÔTELÉ, CÔTELETTE, ENTRECÔTE.

② **côte** **n. f.** ✦ Route qui monte. → **montée.** *Théo a monté la côte à bicyclette.* → **pente.** ❑ contr. **descente.**
▷ Autre mot de la famille : COTEAU.

③ **côte** **n. f.** ✦ Le bord de la mer. *Ils ont passé leurs vacances sur la côte d'Azur.*
▷ Autre mot de la famille : CÔTIER.

côté **n. m.** **1.** Partie du corps qui va de l'épaule à la hanche. → **flanc.** *Le boxeur a reçu un coup au côté droit.* **2.** Partie gauche ou droite. *On peut stationner des deux côtés de la rue.* → aussi **latéral.** **3.** Direction. *De quel côté est-il parti ? Louise se promène du côté du zoo.* **4.** *À côté de,* tout près de. *Léa est assise à côté de Julie. Paul habite à côté de l'école.* **5.** *Mettre quelque chose de côté,* le mettre en réserve. *Ils mettent de l'argent de côté pour leurs vacances. Laisser quelque chose de côté,* c'est ne pas s'en occuper. *Laissons cette affaire de côté.* **6.** Limite d'une figure géométrique. *Un carré a quatre côtés. Un cube a six côtés.* → **face.** **7.** Aspect. *Son métier a des côtés très agréables. Théo est coléreux, c'est son mauvais côté,* c'est son défaut.
▷ Autres mots de la famille : ACCOTEMENT, À-CÔTÉ, BAS-CÔTÉ, CÔTOYER.

coteau **n. m.** ✦ Pente d'une colline. → **versant.** *La vigne pousse bien sur les coteaux ensoleillés.*
▷ Mot de la famille de ② CÔTE.

côtelé, côtelée **adj.** ✦ *Du velours côtelé,* qui a des côtes, des rayures en relief. *Un pantalon en velours côtelé.*
▷ Mot de la famille de ① CÔTE.

côtelette **n. f.** ✦ Côte d'un animal de taille moyenne, découpée avec la viande qui l'entoure. *Des côtelettes d'agneau.*
▷ Mot de la famille de ① CÔTE.

côtier, côtière **adj.** ✦ Qui est au bord de la mer. *Une route côtière suit la plage.*
▷ Mot de la famille de ③ CÔTE.

cotiser **v.** (conjug. 1) **1.** Donner régulièrement de l'argent à un groupe pour en faire partie, pour bénéficier d'avantages. *Les gens qui travaillent cotisent à la Sécurité sociale.* **2.** **se cotiser,** c'est donner de l'argent pour une dépense commune. *Tous les élèves se sont cotisés pour faire un cadeau au professeur.*
➤ **cotisation** **n. f.** ✦ Somme d'argent que l'on donne régulièrement pour faire partie d'une association, bénéficier des avantages procurés par un organisme. *Il a envoyé sa cotisation à l'association sportive.*

coton **n. m.** **1.** Matière textile fournie par les graines d'une plante des pays chauds. *Des chaussettes en coton.* **2.** *Le coton hydrophile,* c'est une matière non tissée, qui sert à absorber les liquides. → **ouate.** *L'infirmière a nettoyé la plaie avec un morceau de coton imbibé d'alcool.*
➤ **cotonnade** **n. f.** ✦ Tissu de coton. *Léa porte une robe en cotonnade.*
➤ **cotonneux, cotonneuse** **adj.** ✦ Qui a la consistance du coton. *Ces pêches sont cotonneuses.*

coton

côtoyer **v.** (conjug. 8) ✦ *Côtoyer quelqu'un,* c'est être souvent avec lui. → **fréquenter.** *Les journalistes côtoient de nombreuses personnalités.*
▷ Mot de la famille de CÔTÉ.

cotte **n. f.** ✦ *Une cotte de mailles,* c'est une tunique en fils de métal. *Les soldats du Moyen Âge portaient une cotte de mailles.* ❍ homonyme : cote.

cotylédon **n. m.** ✦ Partie de la graine qui contient les réserves nécessaires au développement de la plante.

cou **n. m.** (pl. **cous**) ✦ Partie du corps qui unit la tête au tronc. *La girafe a un long cou.* ❍ homonymes : coup, coût.
▷ Autres mots de la famille : CASSE-COU, COU-DE-PIED.

couchage n. m. ✦ *Un sac de couchage,* c'est une sorte de grand sac garni de duvet. *Les campeurs ont dormi dans leur sac de couchage.* → aussi **duvet.**
▷ Mot de la famille de ① COUCHER.

couchant adj. m. et n. m.
■ **adj. m.** *Le soleil couchant,* c'est le moment où le soleil se couche. ❑ contr. **levant.** *Julie admire la montagne au soleil couchant.*
■ **n. m.** *Le couchant,* le côté de l'horizon où le soleil se couche. → aussi **ouest.** *Le ciel est rose au couchant.*
▷ Mot de la famille de ① COUCHER.

couche n. f. **1.** Matière étalée sur une surface. *Le peintre a passé deux couches de peinture sur le mur,* il a étalé de la peinture deux fois. *Il y avait une épaisse couche de poussière sur la table,* une grosse épaisseur de poussière. **2.** Morceau de tissu ou de matière absorbante que l'on place entre les jambes d'un bébé. *Il change la couche de sa fille.*

① **coucher** v. (conjug. 1) **1.** Mettre au lit. *Elle couche ses enfants à 9 heures.* **2.** Passer la nuit. *Julie et sa sœur couchent dans la même chambre.* → **dormir.** **3.** Rapprocher de l'horizontale. *Le vent couche les blés.*
➤ **se coucher** v. (conjug. 1) **1.** Se mettre en position allongée. *Les soldats se sont couchés par terre.* → **s'allonger.** **2.** Se mettre au lit. *Léa s'est couchée tard hier soir.* ❑ contr. se **lever.** **3.** Descendre vers l'horizon, en parlant du soleil. *Le soleil se couche à l'ouest.* → aussi **couchant.**
➤ ② **coucher** n. m. ✦ *Le coucher du soleil,* c'est le moment où le soleil se couche. ❑ contr. ② **lever.** *Théo aime regarder les couchers de soleil sur la mer.*
➤ **couchette** n. f. ✦ Lit étroit dans un train, un bateau.
▷ Autres mots de la famille : COUCHAGE, COUCHANT, RECOUCHER.

coucou n. m. (pl. **coucous**) **1.** Oiseau gris rayé de noir, gros comme un pigeon, dont le cri ressemble à « coucou ». ➻ planche Oiseaux p. 710. *La femelle du coucou pond dans le nid d'autres oiseaux.* **2.** Pendule dont la sonnerie ressemble au cri du coucou. **3.** Primevère sauvage à fleurs jaunes qui fleurit au début du printemps. *Un bouquet de coucous.*

coude n. m. **1.** Articulation qui permet de plier le bras. *Quand on mange, on ne doit pas poser les coudes sur la table. — Se serrer les coudes,* être solidaires, s'entraider. **2.** Partie de la manche d'un vêtement qui recouvre le coude. *Les coudes de son pull sont usés.* **3.** Angle courbe. *Le chemin fait un coude.*
➤ **coudé, coudée** adj. ✦ Qui fait un coude. *Le tuyau est coudé, l'eau ne peut pas passer.*
➤ **coudoyer** v. (conjug. 8) ✦ Passer près de, être près de. *Dans le métro, on coudoie des centaines de personnes.*
▷ Autres mots de la famille : S'ACCOUDER, ACCOUDOIR.

cou-de-pied n. m. ✦ Partie bombée du dessus du pied, entre la cheville et le milieu du pied. *Alex a le cou-de-pied un peu fort.* — Au pl. *Des cous-de-pied.* ❍ homonyme : coup de pied.
▷ Mot de la famille de COU et de ① PIED.

coudre v. (conjug. 48) ✦ Fixer au moyen d'un fil passé dans une aiguille. ❑ contr. **découdre.** *Elle a cousu l'ourlet de sa jupe. Louise ne sait pas coudre. La couturière coud à la machine.* → **piquer.**
▷ Autres mots de la famille : COUSU, COUTURE, COUTURIER, COUTURIÈRE, DÉCOUDRE, DÉCOUSU, RECOUDRE.

coudrier n. m. ✦ Noisetier.

couenne [kwan] n. f. ✦ Peau de porc qui recouvre le lard et le jambon.

① **couette** n. f. ✦ Édredon que l'on met dans une housse et qui sert de drap de dessus et de couverture. *Paul dort sous une couette.*

② **couette** n. f. ✦ Grosse mèche de cheveux que l'on retient des deux côtés de la tête avec des barrettes, des rubans ou des élastiques. *Julie s'est fait des couettes.*

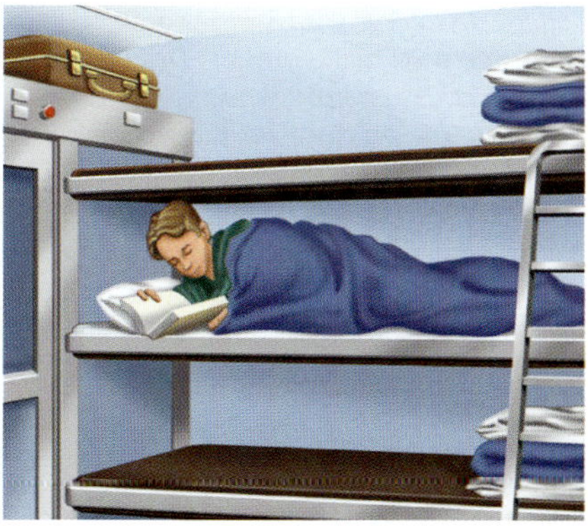
couchette

couffin n. m. ✦ Grand panier de paille ou d'osier à deux anses, servant à transporter un bébé. *Le bébé dort dans son couffin.*

couiner v. (conjug. 1) **1.** Pousser de petits cris. *La souris couine.* **2.** Familier. Grincer. *La porte couine quand on l'ouvre.*

➤ **couinement** n. m. ✦ Petit cri aigu. *Les couinements du rat.*

coulant, coulante adj. ✦ *Un nœud coulant,* c'est un nœud formant une boucle qui se resserre quand on tire.
▷ Mot de la famille de COULER.

coulée n. f. ✦ Écoulement épais de matière liquide. *Une coulée de lave s'échappait du volcan en éruption.*
▷ Mot de la famille de COULER.

couler v. (conjug. 1) **1.** Se déplacer, en parlant d'un liquide. *La rivière coule d'est en ouest. Le sang coule dans les veines.* → **circuler.** **2.** Laisser échapper un liquide. *Mon stylo coule.* → **fuir.** *Théo est enrhumé, il a le nez qui coule.* **3.** Verser une matière liquide dans un moule. *Le sculpteur coule du bronze.* **4.** S'enfoncer dans l'eau par accident. ❑ contr. **flotter.** *Pendant la tempête, un bateau a coulé.* → **sombrer.** **5.** Envoyer au fond de l'eau. *Le sous-marin a coulé un navire ennemi.*
▷ Autres mots de la famille : COULANT, COULÉE, COULIS, DÉCOULER, ÉCOULEMENT, ÉCOULER, S'ÉCOULER.

couleur n. f. **1.** Teinte. *L'arc-en-ciel est composé de sept couleurs : violet, indigo, bleu, vert, jaune, orangé, rouge.* ➻ planche p. 226. **2.** *Les couleurs,* le drapeau d'un pays. *Le capitaine du bateau fait hisser les couleurs.* **3.** Chacune des marques dans un jeu de cartes. *Trèfle, carreau, cœur et pique sont les quatre couleurs des cartes.* **4.** Coloration de la peau. *Léa a pris de belles couleurs,* elle a bonne mine. *Un homme de couleur,* un Noir. **5.** Toute couleur autre que noir, blanc ou gris. *Des photos en couleurs et des photos en noir et blanc.*
● On peut écrire *des photos en couleurs* ou *des photos en couleur.*

couleuvre n. f. ✦ Serpent non venimeux qui peut atteindre 1,70 mètre de long et se nourrit de petits rongeurs. *La couleuvre a une tête arrondie. — Avaler des couleuvres,* c'est supporter des injustices sans se plaindre.

couleuvre

coulis [kuli] n. m. ✦ Purée de fruits crus. *Un coulis de framboises.*
▷ Mot de la famille de COULER.

coulisse n. f. **1.** Rainure le long de laquelle glisse une porte, une fenêtre. *Le salon est séparé de la salle à manger par une porte à coulisse.* → aussi **coulissant.** **2.** Ourlet dans lequel on fait passer un cordon. *Les paquets de coton sont fermés par une coulisse.* ❍ homonyme : coulisses.

➤ **coulisser** v. (conjug. 1) ✦ Glisser sur une coulisse. *Il y a une porte qui coulisse entre les deux pièces.*

➤ **coulissant, coulissante** adj. ✦ Qui coulisse. *Une porte coulissante.*

coulisses n. f. pl. ✦ Dans un théâtre, partie située sur les côtés et en arrière de la scène, que le spectateur ne peut pas voir. *Les comédiens attendent dans les coulisses avant d'entrer en scène.* ❍ homonyme : coulisse.

couloir n. m. **1.** Long passage étroit que l'on emprunte pour aller d'une pièce à une autre. → **corridor.** *Les chambres donnent sur un long couloir.* **2.** Passage réservé à certains véhicules. *Seuls les autobus, les taxis et les véhicules prioritaires peuvent emprunter les couloirs d'autobus.* **3.** *Un couloir d'avalanches,* c'est la pente de la montagne par où passent des avalanches.

coup n. m. **1.** Mouvement fait en tapant, en heurtant. *Il enfonce le clou à coups de marteau.* **2.** Mouvement d'une partie du corps. *Le footballeur donne un coup de pied dans le ballon. Jette un coup d'œil par la fenêtre,* regarde rapidement. *As-tu besoin d'un coup de main ?* as-tu besoin d'aide ? **3.** Décharge d'une arme à feu. *Un coup de pistolet.* **4.** Mouvement rapide que l'on fait faire à un objet. *Il a donné un coup de balai dans la cuisine.* **5.** Bruit que font certains appareils. *Léa a entendu un coup de sonnette à la porte. Paul attend un coup de téléphone,* un appel téléphonique. **6.** Émotion. *Cette nouvelle m'a fait un coup.* → **choc.** **7.** Action soudaine ou violente. *Un coup de vent l'a décoiffé. Louise a attrapé un coup de soleil sur le nez,* une brûlure. **8.** Fois. *Il a réussi du premier coup.* **9.** Action hasardeuse. *Les bandits préparaient un mauvais coup.* **10.** Action rapide, faite en une seule fois. *Julie a eu deux rhumes coup sur coup,* l'un après l'autre. — ***Tout à coup, tout***

d'un coup, brusquement. *Il s'est mis à pleuvoir tout d'un coup.* ❍ homonymes : cou, coût.
▷ Autres mots de la famille : À-COUP, CONTRECOUP.

coupable adj. ✦ *Une personne coupable*, c'est une personne qui a commis une faute. *Le cambrioleur est coupable de vol.* — **N.** *La police a arrêté les coupables.* ❑ contr. **innocent.** → aussi **culpabilité.**

coupant, coupante adj. ✦ Qui coupe. *Ce couteau est très coupant.* → **tranchant.**
▷ Mot de la famille de COUPER.

① **coupe** n. f. **1.** Verre à pied, peu profond et très large. *Une coupe à champagne en cristal.* **2.** Récipient large et rond, avec ou sans pied. *Une coupe de fruits est posée sur la table.* **3.** Vase que l'on remet comme récompense au vainqueur d'une compétition sportive. *Notre équipe de football a remporté la coupe.* — La compétition qui permet de remporter une coupe. *Notre équipe a participé à la coupe de France.*
▷ Autres mots de la famille : COUPOLE, SOUCOUPE.

coupe

② **coupe** n. f. **1.** Façon dont les cheveux sont coupés. *Louise a une nouvelle coupe qui lui va très bien.* **2.** Manière dont on coupe le tissu, le cuir pour faire des vêtements. *Ce manteau est d'une coupe élégante.* **3.** Dessin qui représente un objet comme s'il était coupé en deux. *Pour expliquer la circulation du sang, le professeur a dessiné une coupe du cœur au tableau.*
▷ Mot de la famille de COUPER.

coupé n. m. ✦ Voiture à deux portes, quatre vitres et deux ou quatre places. ➻ planche Voitures p. 1088. *Un coupé décapotable.* → **cabriolet.**
▷ Mot de la famille de COUPER.

coupe-ongles n. m. inv. ✦ Pince pour couper les ongles. — Au pl. *Des coupe-ongles.*
▷ Mot de la famille de COUPER et de ONGLE.

coupe-papier n. m. inv. ✦ Sorte de couteau qui sert à couper le papier plié. *Alex ouvre l'enveloppe avec un coupe-papier.* — Au pl. *Des coupe-papier.*
▷ Mot de la famille de COUPER et de PAPIER.

couper v. (conjug. 1) **1.** Diviser, séparer avec un objet tranchant. *Paul coupe du pain.* **2.** Rendre plus court en enlevant une partie. *Paul s'est fait couper les cheveux. Louise s'est coupé les ongles.* **3.** Faire une entaille. *Théo s'est coupé le doigt avec ses ciseaux.* **4.** Être tranchant. *Ce couteau coupe bien.* **5.** Interrompre. *Ne me coupe pas la parole ! L'eau a été coupée toute la matinée*, la distribution d'eau a été arrêtée. **6.** Croiser. *Le chemin coupe la route nationale.* **7.** Prendre un chemin plus court. *Nous avons coupé à travers champs.*
➤ **se couper** v. **1.** Se faire une entaille. *Il s'est coupé en se rasant.* **2.** Se croiser. *Les deux routes se coupent à angle droit.*
➤ **coupe-vent** n. m. inv. ✦ Vêtement imperméable qui protège du vent. — Au pl. *Des coupe-vent.* ▷ Mot de la famille de VENT.
▷ Autres mots de la famille : COUPANT, ② COUPE, COUPÉ, COUPE-ONGLES, COUPE-PAPIER, COUPON, COUPURE, DÉCOUPAGE, DÉCOUPÉ, DÉCOUPER, ENTRECOUPER, RECOUPEMENT, RECOUPER.

couple n. m. **1.** Un homme et une femme ensemble. *Ses parents forment un beau couple.* **2.** Un mâle et une femelle ensemble. *Un couple d'hirondelles.*
▷ Autres mots de la famille : ACCOUPLEMENT, S'ACCOUPLER.

couplet n. m. ✦ Chacune des parties d'une chanson qui sont séparées par le refrain. *« La Marseillaise » a sept couplets.*

coupole n. f. ✦ Toit en forme de demi-sphère. → **dôme.** *Le palais de l'Institut à Paris,*

coupole

moutarde
jaune citron
brique
saumon
jaune d'or
orangé
rouge vermillon
carmin
rose tyrien
garance
bordeaux
violet

blanc
noir
sépia
terre de Sienne
tilleul
ocre
brun
vert olive
bleu ciel
uve
vert anglais
vert émeraude
vert d'eau
bleu turquoise
bleu indigo
bleu marine
bleu outremer

qui abrite l'Académie française, est surmonté d'une coupole.
▷ Mot de la famille de ① COUPE.

coupon **n. m.** ✦ Reste d'une pièce de tissu. *Elle s'est fait une jupe dans un coupon de soie.*
▷ Mot de la famille de COUPER.

coupure **n. f.** **1.** Blessure faite par un instrument tranchant. → **entaille.** *Julie s'est fait une coupure au doigt.* **2.** Interruption. *Il y a eu une coupure d'électricité ce matin en raison des travaux.* **3.** Billet de banque. *Les ravisseurs ont exigé une rançon en petites coupures.* **4.** *Des coupures de journaux,* ce sont des articles découpés dans des journaux.
▷ Mot de la famille de COUPER.

① **cour** **n. f.** ✦ Espace découvert situé entre des bâtiments. *Les enfants jouent dans la cour de récréation.* ❍ homonymes : ① et ② cours, ① et ② court.
▷ Autre mot de la famille : BASSE-COUR.

② **cour** **n. f.** **1.** Résidence d'un roi et ensemble des personnes qui vivent auprès de lui. *Louis XIV installa la cour à Versailles.* → aussi **courtisan.** **2.** *Faire la cour à quelqu'un,* c'est chercher à lui plaire, à le séduire. → aussi **courtiser.** **3.** Tribunal. *Le témoin jure devant la cour de dire la vérité. La cour d'assises.*

courage **n. m.** **1.** Ardeur. → **énergie.** *Paul n'a pas eu le courage de se lever très tôt pour aller à la pêche.* **2.** *Avoir du courage,* c'est ne pas avoir peur du danger. → fam. ② **cran.** *Notre pays a gagné la guerre grâce au courage de nos soldats.*

➤ **courageux, courageuse** **adj.** **1.** Qui agit malgré le danger. → **brave.** *Les pompiers sont des hommes courageux.* ❑ contr. ① **lâche, peureux.** **2.** Qui a de l'énergie. *Léa ne se sent pas très courageuse, ce matin.*

➤ **courageusement** **adv.** ✦ Avec courage. *Les sauveteurs sont entrés courageusement dans la maison en feu.*
▷ Autres mots de la famille : DÉCOURAGEANT, DÉCOURAGEMENT, DÉCOURAGER, ENCOURAGEANT, ENCOURAGEMENT, ENCOURAGER.

① **courant, courante** **adj.** **1.** *L'eau courante,* c'est l'eau qui arrive directement par des tuyaux. *Autrefois, peu de maisons avaient l'eau courante.* **2.** Que l'on utilise, qui se produit fréquemment. → **commun, fréquent, habituel, ordinaire.** « *Manger* » *est un mot très courant.* ❑ contr. **rare.**

➤ **couramment** **adv.** **1.** Bien, avec facilité. *Il parle couramment l'anglais.* **2.** D'une façon habituelle. → **fréquemment, souvent.** *Théo arrive couramment en retard à l'école.* ❑ contr. **rarement.**
▷ Mots de la famille de COURIR.

② **courant** **n. m.** **1.** Mouvement de l'eau. *Le nageur a été emporté par le courant.* **2.** *Un courant d'air,* c'est de l'air froid qui passe par une ouverture. *La fenêtre est mal fermée, on sent un courant d'air.* **3.** Électricité qui passe dans les câbles. *Il y a eu une coupure de courant en raison des travaux.* **4.** *Dans le courant de,* au cours de, pendant. *Je viendrai vous voir dans le courant de la semaine.* → ① **cours.** **5.** *Être au courant de quelque chose,* en être informé. *Es-tu au courant de la nouvelle ?*
▷ Mot de la famille de COURIR.

courbatu, courbatue **adj.** ✦ Qui a des courbatures. *Après sa première journée de ski, Louise était toute courbatue.*

➤ **courbature** **n. f.** ✦ Douleur que l'on sent dans un muscle après un effort ou quand on est malade. *Louise a des courbatures dans tout le corps.*
● Un seul *t* dans *courbatu* et *courbature.*

courbe **adj.** et **n. f.**
■ **adj.** Qui change de direction sans former d'angles, qui est arrondi. *La surface de la Terre est courbe.* ❑ contr. ① **droit, rectiligne.**
■ **n. f.** **1.** Ligne courbe. *La route suit les courbes de la rivière.* → **méandre.** **2.** Ligne, graphique qui donne la valeur de quelque chose à différents moments. *L'infirmière trace la courbe de température du malade.*

➤ **courber** **v.** (conjug. 1) **1.** Rendre courbe ce qui était droit. *Le poids des fruits courbe les branches de l'arbre.* **2.** Pencher quelque chose vers le bas. → **incliner.** *Théo courbe la tête pour lire.* ❑ contr. **redresser.** **3.** Devenir courbe, pencher vers le bas. *La branche courbe sous le poids des fruits.* → **ployer.**

➤ **se courber** **v.** (conjug. 1) **1.** Être, devenir courbe. *La branche s'est courbée sous le poids de la neige.* **2.** Se baisser. *Il s'est courbé pour passer sous la voûte.*

➤ **courbette** **n. f.** ✦ *Faire des courbettes devant quelqu'un,* être d'une politesse exagérée envers lui. *Il fait des courbettes devant ses chefs.*

➤ **courbure** **n. f.** ✦ Forme d'un objet courbe. → **galbe.** *La courbure de la Terre.*
▷ Autres mots de la famille : RECOURBÉ, RECOURBER.

couronnement

coureur n. m., **coureuse** n. f. ✦ Personne qui participe à une course. *Un coureur à pied. Des coureurs cyclistes.*

▷ Mot de la famille de COURIR.

courge n. f. ✦ Plante potagère cultivée pour ses fruits. *La citrouille, le potiron et la courgette sont des courges.*

➤ **courgette** n. f. ✦ Fruit vert, allongé, à peau mate. *Un gratin de courgettes.*

courir v. (conjug. 11) **1.** Se déplacer rapidement, en portant le poids du corps sur une jambe puis sur l'autre, de telle sorte qu'à un moment aucun des pieds ne touche terre. *Paul court vite.* **2.** *La rivière court entre deux rangées d'arbres,* elle coule. **3.** Circuler. → **se répandre.** *Le bruit court que le directeur va démissionner.* **4.** Participer à une course. *Théo court un cent mètres avec Paul.* **5.** *Courir un danger,* c'est y être exposé. *Les pompiers courent de grands dangers. Courir sa chance,* c'est essayer. *Les concurrents ont couru leur chance.* **6.** Aller dans de nombreux endroits. *Juste avant Noël, les gens courent les magasins.*

▷ Autres mots de la famille : ACCOURIR, CONCOURIR, CONCOURS, À CONTRE-COURANT,COURAMMENT, ① et ② COURANT, COUREUR, ① COURS, COURSE, COURSIER.

couronne n. f. **1.** Cercle de métal que l'on met autour de la tête comme marque d'autorité. *Les rois et les reines portent des couronnes.* → **diadème.** **2.** *Une couronne mortuaire,* c'est un cercle de fleurs et de feuilles que l'on pose sur une tombe. *Elle a déposé une couronne sur la tombe de sa tante.* **3.** Capsule dont on entoure une dent malade. *Le dentiste lui a posé une couronne en céramique.*

➤ **couronner** v. (conjug. 1) **1.** *Couronner quelqu'un,* c'est faire de lui un souverain en lui donnant une couronne. *Charlemagne fut couronné empereur en l'an 800.* → **sacrer.** **2.** Récompenser. *Ses efforts ont été couronnés de succès.*

➤ **couronnement** n. m. ✦ Cérémonie au cours de laquelle on couronne un souverain. *Le couronnement de Napoléon Ier.* → **sacre.**

courriel n. m. ✦ Courrier électronique. → **e-mail, mail, mél.**

courrier n. m. ✦ Ensemble des lettres et des journaux envoyés par la poste. *Le facteur distribue le courrier.*

courroie n. f. ✦ Longue bande étroite d'une matière souple et résistante, qui sert à attacher. → **lanière, sangle.** *La courroie d'une ceinture de sécurité.*

courroux [kuʀu] n. m. ✦ Colère, fureur. *Le roi entra dans un grand courroux.*

➤ **courroucer** v. (conjug. 3) ✦ Mettre en colère.

● *Courroux* et *courroucer* sont des mots littéraires.

① **cours** n. m. **1.** Mouvement de l'eau qui s'écoule. *Le cours d'un fleuve. Les torrents ont un cours rapide. — Les fleuves, les rivières, les torrents, les ruisseaux sont des cours d'eau.* **2.** Suite dans le temps. *La maladie suit son cours,* elle évolue normalement. *Le gymnase est en cours d'aménagement,* en train d'être aménagé. *Paul passera nous voir au cours de l'année prochaine.* → ② **courant.** *Il a beaucoup voyagé au cours de sa carrière.* → **durant,** ③ **pendant.** 3. Prix d'une marchandise qui change tous les jours. *Le cours du cacao est en hausse.* ❍ homonymes : ① et ② cour, ① et ② court.

▷ Mot de la famille de COURIR.

② **cours** **n. m.** 1. Leçon sur une matière. *Ce matin, les élèves suivent un cours d'histoire.* 2. Chacune des classes de l'enseignement primaire. *Le cours préparatoire, le cours élémentaire, le cours moyen.* 3. École privée. *Il est en terminale au cours Charlemagne.*

course **n. f.** 1. Action de courir. *Léa est partie au pas de course,* en courant. 2. Épreuve sportive où l'on essaye d'aller le plus vite possible pour arriver le premier. *Louise fait de la course à pied. Il a participé à une course de motos.* 3. Marche, randonnée. → **excursion.** *Ils ont fait une course en montagne.* 4. Achat. *Julie est descendue faire une course. Ils font leurs courses au supermarché.* → ① **commission.**

➤ **coursier** **n. m.,** **coursière** **n. f.** ✦ Personne qui fait certaines courses dans une entreprise, qui va chercher et apporte des lettres, des paquets. *Un coursier passera prendre le paquet vers 5 heures.*

▷ Mots de la famille de COURIR.

course

① **court** **adj.** et **adv.,** **courte** **adj.**

■ **adj.** 1. Qui a peu de longueur. *Julie a les cheveux courts.* ❑ contr. **long.** 2. Qui dure peu de temps. → **bref.** *En hiver, les jours sont plus courts qu'en été.*

■ **adv.** 1. De manière courte. *Julie a les cheveux coupés court. Leur projet a tourné court,* il n'a pas abouti. 2. *Tout court,* sans rien d'autre. *Son prénom est Marie tout court.* 3. *Être à court de quelque chose,* c'est en manquer. *L'avocat était à court d'arguments.* — *Être pris de court,* ne pas avoir assez de temps pour réagir. *Il n'a pas eu le temps de vous prévenir, il a été pris de court.* ❍ homonymes : ① et ② cour, ① et ② cours.

▷ Autres mots de la famille : COURT-BOUILLON, COURT-CIRCUIT, ÉCOURTER, RACCOURCI, RACCOURCIR.

② **court** **n. m.** ✦ *Un court de tennis,* c'est un terrain aménagé pour jouer au tennis. *Ils jouent sur le court n° 3.*

● Ce mot d'origine anglaise vient de l'ancien français *court* qui signifiait « cour ».

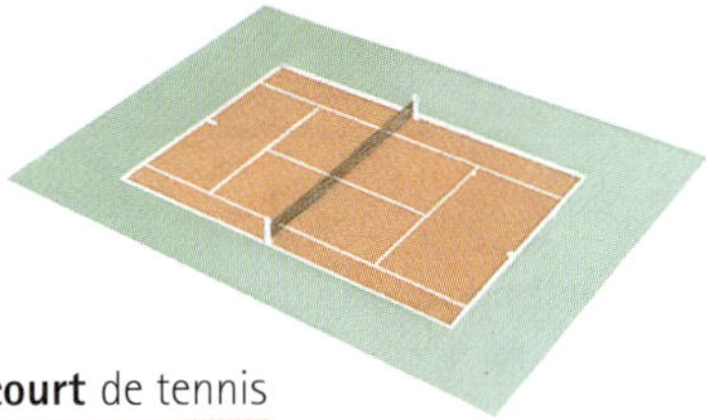

court de tennis

court-bouillon **n. m.** ✦ Bouillon assaisonné dans lequel on fait cuire du poisson. *Elle fait cuire le turbot au court-bouillon.* — Au pl. *Des courts-bouillons.*

▷ Mot de la famille de ① COURT et de BOUILLIR.

court-circuit **n. m.** ✦ Interruption du circuit électrique quand deux fils électriques se touchent. *L'incendie a été provoqué par un court-circuit.* — Au pl. *Des courts-circuits.*

▷ Mot de la famille de ① COURT et de CIRCUIT.

courtisan **n. m.** ✦ Homme qui vivait à la cour, dans l'entourage du roi. *Les courtisans étaient des nobles.*

courtiser **v.** (conjug. 1) ✦ Faire la cour. *Il courtise toutes les femmes,* il cherche à leur plaire.

court métrage → **métrage**

courtois, courtoise **adj.** ✦ Très poli, aimable. *C'est une femme courtoise.* ❑ contr. **grossier, impoli.**

➤ **courtoisie** **n. f.** ✦ Politesse, amabilité. *C'est une femme d'une grande courtoisie.* ❑ contr. **grossièreté.**

couscous [kuskus] **n. m.** ✦ Plat d'Afrique du Nord fait de semoule servie avec de la viande, des légumes et de la sauce piquante.

① **cousin** **n. m.**, **cousine** **n. f.** ✦ *Des cousins,* ce sont des personnes de la même famille, qui ont des ancêtres communs. *Julie a beaucoup de cousins et de cousines.* → aussi **germain.**

② **cousin** **n. m.** ✦ Gros moustique aux pattes très longues. *Un cousin m'a piqué.*

coussin **n. m.** **1.** Sac d'une matière souple, rembourré, sur lequel on s'assied, on s'appuie. *Il y a plusieurs coussins sur le canapé.* **2.** *Un coussin d'air,* c'est de l'air comprimé qui sert de support. *L'aéroglisseur avance sur coussin d'air.*

cousu, cousue **adj.** ✦ Attaché par des points de couture. *Des gants cousus main,* faits à la main, non à la machine.
▷ Mot de la famille de COUDRE.

coût [ku] **n. m.** ✦ Prix que coûte une chose. *Le coût annuel d'une voiture.* — *Le coût de la vie,* le prix de toutes les choses que l'on achète, de tout ce que l'on doit dépenser pour vivre. ○ homonymes : cou, coup.
▷ Mot de la famille de COÛTER.

coûtant **adj. m.** ✦ *Le prix coûtant,* c'est le prix qu'une chose a coûté. *Dans ce supermarché, on vend l'essence à prix coûtant,* sans bénéfice.
▷ Mot de la famille de COÛTER.

couteau **n. m.** **1.** Instrument composé d'un manche et d'une lame servant à couper. *Alex a un couteau de poche très perfectionné.* → **canif.** **2.** Coquillage fait de deux coquilles très longues. ➻ planche Crustacés et coquillages p. 243. *On trouve des couteaux dans le sable, sur la plage.*

coutelas [kutla] **n. m.** ✦ Grand couteau à lame large. *Le boucher découpe la viande avec un coutelas.*

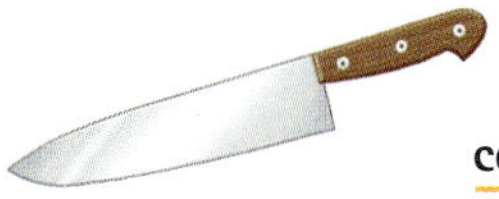
coutelas

coutellerie **n. f.** ✦ Boutique où l'on vend des couteaux, des ciseaux, des rasoirs.

coûter **v.** (conjug. 1) **1.** Valoir un certain prix. *Ce stylo coûte 8 euros. Cette voiture coûte cher,* elle a un prix élevé. **2.** Causer, occasionner. *Ce travail nous a coûté bien des efforts. Le pilote a fait une erreur qui a failli lui coûter la vie,* le faire mourir. — *Coûte que coûte,* à tout prix. *Théo veut gagner la course, coûte que coûte.*
➤ **coûteux, coûteuse** **adj.** ✦ Qui coûte cher. *Cette voiture est coûteuse.* → **onéreux.** ❏ contr. **bon marché.**
▷ Autres mots de la famille : COÛT, COÛTANT.

coutume **n. f.** ✦ Habitude, tradition d'un pays, d'un groupe de personnes. → ① **usage.** *On offre des dragées pour un baptême, c'est la coutume.* — *Une fois n'est pas coutume,* on peut autoriser une chose si elle reste exceptionnelle.
▷ Autres mots de la famille : ACCOUTUMANCE, À L'ACCOUTUMÉE, S'ACCOUTUMER, INACCOUTUMÉ.

couture **n. f.** **1.** *Faire de la couture,* c'est coudre. **2.** Suite de points que l'on fait avec du fil et une aiguille pour assembler deux morceaux de tissu. *La couture de sa robe a craqué.*
➤ **couturier** **n. m.** ✦ Personne qui crée des vêtements de luxe. *Cette robe est un modèle de grand couturier.*
➤ **couturière** **n. f.** ✦ Femme dont le métier est de coudre, de faire des vêtements de femme. *Elle s'est fait faire une robe par sa couturière.* → aussi **tailleur.**
▷ Mots de la famille de COUDRE.

couvée **n. f.** ✦ Ensemble des petits oiseaux qui viennent de sortir des œufs qui ont été couvés ensemble. → **nichée.** *La cane est suivie de sa couvée.*
▷ Mot de la famille de COUVER.

couvée

couvent **n. m.** ✦ Maison où vivent en communauté des religieuses ou des moines. → aussi **monastère.** *Elle est entrée au couvent.*

couver **v.** (conjug. 1) **1.** Rester un certain temps sur ses œufs pour les faire éclore, en parlant d'un oiseau. *Les poules couvent pendant vingt et un jours.* **2.** *Couver quelqu'un,* c'est le protéger de manière excessive. *Elle couve ses enfants.* **3.** *Couver une maladie,* être sur le point de l'avoir. *Théo couve la grippe.* **4.** *Le feu couve sous la cendre,* il brûle sans qu'on le voie.

▷ Autres mots de la famille : COUVÉE, COUVEUSE.

couvercle **n. m.** ✦ Ce qui sert à fermer l'ouverture d'un récipient. *Le couvercle d'une casserole.*

▷ Mot de la famille de COUVRIR.

① **couvert** **n. m.** ✦ Ensemble des objets que l'on met sur la table pour le repas. *Louise a mis le couvert.* → aussi **table.** — *Les couverts,* ce sont les couteaux, les cuillères et les fourchettes. *Des couverts en inox.*

▷ Mot de la famille de COUVRIR.

② **couvert, couverte** **adj.** **1.** Qui a un vêtement chaud. *Julie a pris froid parce qu'elle n'était pas assez couverte.* **2.** Qui a quelque chose sur lui, au-dessus de lui. *En hiver, Louise va à la piscine couverte. Aujourd'hui, le ciel est couvert,* il y a des nuages.

▷ Mot de la famille de COUVRIR.

à **couvert** **adv.** ✦ Dans un lieu où l'on est couvert, protégé. → à l'**abri.** *Les enfants se sont mis à couvert dès que l'orage a éclaté.* ❑ contr. à **découvert.**

▷ Mot de la famille de COUVRIR.

couverture **n. f.** **1.** Pièce de tissu qui sert à couvrir, à tenir chaud. *Julie met deux couvertures sur son lit.* **2.** Ce qui recouvre l'ensemble des pages d'un livre, d'un cahier. *Ce livre a une couverture verte.* **3.** Toit. *Leur maison a une couverture en ardoise.* → aussi **couvreur.**

▷ Mot de la famille de COUVRIR.

couveuse **n. f.** **1.** Appareil utilisé pour faire éclore les œufs qui ne sont pas couvés. **2.** Appareil en forme de berceau fermé, dans lequel il fait toujours la même température, où l'on met les nouveau-nés fragiles. *Le bébé prématuré a été mis en couveuse.*

▷ Mot de la famille de COUVER.

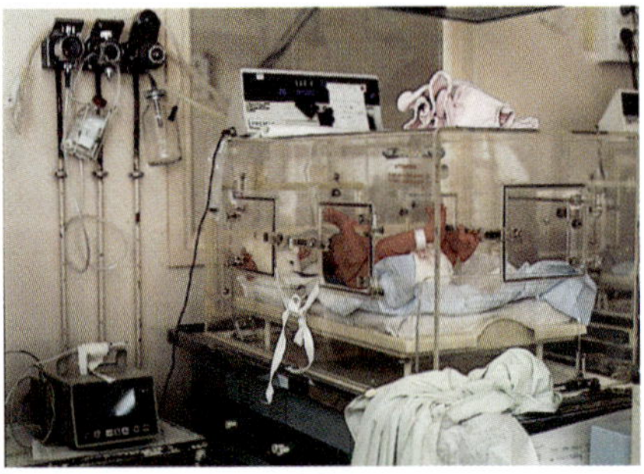

couveuse

couvre-feu **n. m.** ✦ En temps de guerre, heure à partir de laquelle on n'a plus le droit de circuler dans les rues. *Le gouvernement a décrété le couvre-feu.* — Au pl. *Des couvre-feux.*

▷ Mot de la famille de COUVRIR et de FEU.

couvre-lit **n. m.** ✦ Tissu recouvrant un lit, par-dessus les draps et les couvertures. → **dessus-de-lit.** *Un couvre-lit en coton.* — Au pl. *Des couvre-lits.*

▷ Mot de la famille de COUVRIR et de LIT.

couvreur **n. m.** ✦ Ouvrier qui fait ou répare les toitures.

▷ Mot de la famille de COUVRIR.

couvrir **v.** (conjug. 18) **1.** *Couvrir une chose,* c'est placer quelque chose sur elle. *Léa a couvert ses livres de classe.* → **recouvrir.** *Couvre la casserole pendant que l'eau chauffe.* **2.** Être placé sur quelque chose. *Une jolie nappe couvre la table.* **3.** Mettre une grande quantité de. *Des voyous ont couvert le mur d'inscriptions.* **4.** Être répandu en grande quantité sur quelque chose. *Les feuilles couvrent le sol.* → **joncher.** **5.** Donner en grande quantité. *Il couvre sa femme de cadeaux,* il lui en fait beaucoup. → **combler.** **6.** Protéger. *Il couvre toujours ses collaborateurs,* il les défend et prend la responsabilité de ce qu'ils font. **7.** *Couvrir une dépense,* c'est en assurer le paiement. *Il n'arrive pas à couvrir ses dépenses.* **8.** Parcourir. *Les coureurs ont couvert la distance en trois heures.*

➤ se **couvrir** **v.** **1.** Mettre des vêtements chauds. *Couvre-toi bien, il neige !* ❑ contr. se **découvrir.** **2.** *Le ciel se couvre,* il se remplit de nuages.

▷ Autres mots de la famille : COUVERCLE, ① et ② COUVERT, À COUVERT, COUVERTURE, COUVRE-FEU, COUVRE-LIT, COUVREUR, À DÉCOUVERT, DÉCOUVERTE, DÉCOUVRIR, SE DÉCOUVRIR, RECOUVRIR.

cow-boy [kobɔj] **n. m.** ✦ Celui qui garde de grands troupeaux dans l'ouest des États-Unis. *Paul adore les films de cow-boys.* → aussi **western.**

● C'est un mot anglais qui veut dire « gardien de vaches ».

coyote **n. m.** ✦ Animal sauvage d'Amérique, à la fourrure fauve, qui ressemble au loup et au chacal. *Les coyotes se nourrissent surtout de charognes.*

crabe n. m. ✦ Animal marin à carapace, qui a huit pattes et deux pinces. ➸ planche Crustacés et coquillages p. 243. *Nous avons mangé du crabe à la mayonnaise.* — *Marcher en crabe,* de côté.

cracher v. (conjug. 1) **1.** Projeter de la salive, des crachats hors de la bouche. *Défense de cracher.* **2.** Projeter hors de la bouche. *Paul a craché son chewing-gum avant d'entrer en classe.*
➤ **crachat** n. m. ✦ Salive ou matière plus épaisse et gluante que l'on rejette par la bouche.
➤ **crachin** n. m. ✦ Pluie fine et serrée. → **bruine.**

craie n. f. **1.** Roche blanche calcaire qui s'effrite facilement. *Les falaises d'Étretat sont en craie.* **2.** Petit bâton fait à partir de cette roche réduite en poudre, qui sert à écrire au tableau et sur des ardoises. *Le professeur écrit à la craie blanche sur le tableau noir.*
▷ Autre mot de la famille : CRAYEUX.

craindre v. (conjug. 52) **1.** Avoir peur. → **appréhender, redouter.** *Ne craignez rien, le chien n'est pas méchant. Je crains qu'il ne soit pas d'accord.* **2.** Mal supporter. *Elle craint les courants d'air. Cette plante craint le gel.* ❏ contr. **aimer.**
➤ **crainte** n. f. ✦ Peur. *Elle ferme sa porte à clé par crainte des voleurs.* → **appréhension.**
➤ **craintif, craintive** adj. ✦ Peureux. *Les daims sont des bêtes craintives.*

cramoisi, cramoisie adj. ✦ Rouge foncé presque violet. *Des rideaux cramoisis.*

crampe n. f. ✦ Douleur brusque et passagère qui survient quand un muscle se contracte involontairement et plus qu'il ne le devrait. *Alex a eu une crampe au mollet.*

crampon n. m. ✦ *Des chaussures à crampons,* dont la semelle est garnie de petites pointes de métal ou de matière plastique. *Les footballeurs ont des chaussures à crampons.*

crampon

➤ se **cramponner** v. (conjug. 1) ✦ S'accrocher fermement. → s'**agripper,** se **retenir.** *Louise s'est cramponnée à son père pour traverser le ruisseau.*

① **cran** n. m. **1.** Entaille que l'on fait dans quelque chose de dur, qui sert à accrocher, à retenir. → **encoche.** *Il a baissé l'étagère de deux crans.* — *Un couteau à cran d'arrêt,* muni d'un mécanisme qui permet à la lame de se replier. **2.** Trou qui permet de régler une ceinture, une courroie. *Alex a desserré sa ceinture d'un cran.*

② **cran** n. m. ✦ Familier. Courage, audace. *Théo a eu le cran de répondre au directeur.*

crâne n. m. **1.** Ensemble des os de la tête. *Il s'est fait une fracture du crâne dans un accident de voiture.* **2.** Sommet de la tête. *Son grand-père a le crâne chauve.*
➤ **crânien, crânienne** adj. ✦ Du crâne. *Les os du crâne forment la boîte crânienne. Le blessé a un traumatisme crânien.*

crâner v. (conjug. 1) ✦ Familier. Prendre un air supérieur. *Paul crâne depuis qu'il a eu une bonne note en français.* → fam. **frimer.**
➤ **crâneur** n. m., **crâneuse** n. f. ✦ Familier. Personne prétentieuse. *Quel crâneur, ce Paul !*

crapaud n. m. ✦ Petit animal au corps massif, aux pattes arrière courtes et à la peau rugueuse, qui appartient à la même famille que la grenouille, les amphibiens. *L'hiver, les crapauds s'enfouissent sous terre.*

crapule n. f. ✦ Personne très malhonnête. → **bandit, canaille** ; fam. **fripouille.** *Cette crapule devrait être en prison.*

craquelé, craquelée adj. ✦ Couvert de petites fentes, fendillé. *La terre est sèche, elle est toute craquelée.*

craquer v. (conjug. 1) **1.** Produire un bruit sec. *Le parquet craque sous ses pas.* **2.** Se déchirer, se casser en faisant un bruit sec. *Sa jupe a craqué quand elle s'est assise. Le cinéma est plein à craquer,* il est complètement plein. **3.** Familier. Ne plus résister. → s'**effondrer.** *Le candidat a craqué à la troisième épreuve.*
➤ **craquement** n. m. ✦ Bruit sec. *La branche est tombée avec un grand craquement.*

crasse n. f. ✦ Couche de saleté sur la peau, le linge, les objets. *On voit la crasse sur les poignets de sa chemise.*

➤ **crasseux, crasseuse** adj. ✦ Couvert de crasse, très sale. *Une chemise crasseuse.*
▷ Autres mots de la famille : DÉCRASSER, ENCRASSER.

cratère n. m. 1. Ouverture évasée d'un volcan. *De la lave en fusion s'écoule du cratère.* 2. Trou à la surface d'une planète. *Les cratères de la Lune.*

cratère

cravache n. f. ✦ Baguette flexible dont se sert le cavalier pour stimuler son cheval. *Il fait avancer son cheval à coups de cravache.*

cravate n. f. ✦ Bande de tissu que les hommes passent sous le col de leur chemise et nouent devant.

crawl [kʀol] n. m. ✦ Nage sur le ventre, consistant à battre des jambes et tirer les bras en avant tour à tour. *Alex n'aime pas nager le crawl, il préfère la brasse.*
● Ce mot vient de l'anglais *to crawl* qui veut dire « ramper ».

crayeux [kʀɛjø], **crayeuse** [kʀɛjøz] adj. ✦ Formé de craie. *Les falaises d'Étretat sont crayeuses.*
▷ Mot de la famille de CRAIE.

crayon n. m. ✦ Petite baguette de bois contenant une longue mine, qui sert à écrire, à dessiner. *Il existe des crayons noirs et des crayons de couleur.*
➤ **crayonner** v. (conjug. 1) ✦ Dessiner, écrire au crayon sans y apporter beaucoup de soin. *Alex a crayonné son numéro de téléphone sur un bout de papier.*
▷ Autre mot de la famille : TAILLE-CRAYON.

créancier n. m., **créancière** n. f. ✦ Personne à qui l'on doit de l'argent. *Il n'a pas encore remboursé ses créanciers.* ❏ contr. **débiteur.**

créateur n. m., **créatrice** n. f. ✦ Auteur d'une chose nouvelle, qui l'a créée. *On dit que Dieu est le créateur du monde. Les créateurs de mode proposent de nouveaux vêtements.* — **Adj.** *L'entreprise a besoin de personnes créatrices.* → **créatif.**
▷ Mot de la famille de CRÉER.

créatif, créative adj. ✦ Qui crée, invente, a des idées nouvelles. → **imaginatif, inventif** et aussi **créativité.** *Julie a un esprit créatif. Elle est créative.*
▷ Mot de la famille de CRÉER.

création n. f. 1. Action de faire une chose qui n'existait pas encore. *La Bible raconte la création du monde. Il est dans cette entreprise depuis sa création,* depuis qu'elle existe. ❏ contr. **suppression.** 2. Nouveau modèle. *Voici les dernières créations de ce grand couturier.*
▷ Mot de la famille de CRÉER.

créativité n. f. ✦ Capacité pour créer, inventer des choses nouvelles. *Le professeur organise des activités qui stimulent la créativité des enfants.* → **imagination.**
▷ Mot de la famille de CRÉER.

créature n. f. ✦ Être vivant. *L'homme est une créature humaine.* → ② **personne.** *Les films de science-fiction nous montrent souvent des créatures d'un autre monde.*
▷ Mot de la famille de CRÉER.

crécelle n. f. ✦ Petit instrument en bois, formé d'une petite planche qui tourne autour d'un axe en faisant du bruit. — *Une voix de crécelle,* une voix aiguë et désagréable.

crécelle

crèche n. f. 1. Représentation de la naissance de Jésus dans une étable. *On installe la crèche à Noël. Les personnages de la crèche.* → **santon.** 2. Établissement qui reçoit dans la journée les enfants de moins de trois ans dont les parents travaillent. → **pouponnière** et aussi **garderie.**

crédible adj. ✦ Que l'on peut croire. → **croyable, vraisemblable.** *Ce qu'il dit n'est pas crédible.* ❏ contr. **incroyable.**

crédit **n. m.** **1.** Somme d'argent prêtée. → ② **prêt.** *La banque lui a accordé un crédit sur cinq ans,* elle lui a prêté une somme d'argent qu'il doit rembourser avec les intérêts en cinq ans. — ***À crédit,*** sans payer immédiatement. *Il a acheté sa maison à crédit.* ❑ contr. **comptant.** *Le boucher ne fait pas crédit,* on doit le payer tout de suite. **2.** Somme d'argent destinée à un usage particulier. *L'école a obtenu des crédits pour repeindre les salles de classe.* **3.** Argent disponible sur un compte en banque. *Vous avez 500 euros à votre crédit.* ❑ contr. ① **débit.** — *Une carte de crédit.* → ① **carte.** **4.** Influence qu'a une personne grâce à la confiance qu'elle inspire. *Le Premier ministre a du crédit auprès du président de la République.*

➤ **créditer** **v.** (conjug. 1) ✦ Verser une somme d'argent sur un compte en banque. *Il a crédité son compte de 1 000 euros.* ❑ contr. ① **débiter.**

▷ Autre mot de la famille : DISCRÉDITER.

crédule **adj.** ✦ Qui croit tout ce qu'il entend ou lit. → **naïf.** *Elle est trop crédule.* ❑ contr. **incrédule.**

➤ **crédulité** **n. f.** ✦ Grande facilité à croire n'importe quoi. → **naïveté.** *Ce garagiste indélicat a profité de la crédulité d'un client pour lui vendre une voiture en mauvais état.* ❑ contr. **incrédulité, méfiance.**

▷ Autres mots de la famille : INCRÉDULE, INCRÉDULITÉ.

créer **v.** (conjug. 1) **1.** Faire que quelque chose existe. *On dit que Dieu créa l'homme et l'univers. Cette entreprise a été créée il y a 10 ans.* → **fonder.** *Le maire a créé de nouveaux emplois.* **2.** Inventer. *Il a créé cet objet il y a longtemps.* → **concevoir.** **3.** Causer. → **provoquer.** *Nous ne voudrions pas vous créer des ennuis.* → **occasionner.**

▷ Autres mots de la famille : CRÉATEUR, CRÉATIF, CRÉATION, CRÉATIVITÉ, CRÉATURE, PROCRÉATION, PROCRÉER.

crémaillère **n. f.** ✦ Tige de fer à crans pendue dans une cheminée à laquelle on suspendait autrefois une marmite au-dessus du feu. — *Pendre la crémaillère,* c'est fêter son installation dans un nouveau logement.

crématoire **adj.** ✦ *Un four crématoire,* c'est un four dans lequel on brûle le corps des morts.

crématorium [kʀematɔʀjɔm] **n. m.** ✦ Lieu où l'on brûle les morts, dans un cimetière. — Au pl. *Des crématoriums.*

crème **n. f.** **1.** Matière grasse du lait avec laquelle on fait le beurre. *Léa mange des concombres à la crème fraîche.* **2.** Plat sucré fait avec du lait et des œufs. *Pour le dessert, il y a de la crème au chocolat.* **3.** Produit doux au toucher que l'on utilise pour les soins de la peau. *Elle se met de la crème de nuit sur le visage avant de se coucher.* — **Adj. inv.** D'une couleur blanche légèrement teintée de jaune. → **beige.** *Des gants crème.*

➤ **crémeux, crémeuse** **adj.** ✦ Qui contient beaucoup de crème. *Une sauce très crémeuse.*

➤ **crémerie** [kʀɛmʀi] **n. f.** ✦ Boutique, rayon d'un magasin où l'on vend des produits laitiers et des œufs.

➤ **crémier** **n. m.**, **crémière** **n. f.** ✦ Personne qui tient une crémerie.

▷ Autre mot de la famille : ÉCRÉMÉ.

créneau **n. m.** **1.** Ouverture rectangulaire en haut d'un rempart qui servait à la défense. → aussi **meurtrière.** *Une pluie de flèches tombait des créneaux de la tour.* **2.** Espace assez grand pour se garer entre deux voitures en stationnement. *L'automobiliste a fait un créneau,* il a garé sa voiture entre deux autres voitures.

créneau

créole **n. m. et f.** **1.** Blanc né aux Antilles. *L'impératrice Joséphine était une créole.* — **Adj.** *Elle était créole.* **2.** **n. m.** Langue qui est née du contact d'une langue européenne avec une langue qui existait avant l'arrivée des Européens. *Il parle le créole de la Martinique.*

● Ce mot vient du portugais.

① **crêpe** **n. f.** ✦ Mince couche d'une pâte faite avec de la farine, du lait et des œufs, cuite à la poêle ou sur une plaque ronde. → **galette.** *Il nous a fait des crêpes pour le goûter.*

➤ **crêperie** [kʀɛpʀi] **n. f.** ✦ Lieu où l'on vend et où l'on mange des crêpes.

② **crêpe** **n. m.** **1.** Tissu léger de soie ou de laine, à l'aspect granuleux. *Une robe longue en crêpe vert.* **2.** Caoutchouc qui ne glisse pas. *Des chaussures à semelles de crêpe.*

▷ Autre mot de la famille : CRÉPON.

crépi **n. m.** ✦ Couche granuleuse de plâtre ou de ciment que l'on applique sur un mur. *Un mur en crépi.*

crépiter **v.** (conjug. 1) ✦ Faire entendre des bruits secs et répétés. *Le feu crépite dans la cheminée.*

➤ **crépitement** **n. m.** ✦ Bruit sec et répété. *On entendait au loin le crépitement des mitraillettes.*

crépon **n. m.** ✦ *Papier crépon,* papier décoratif d'aspect ondulé. *Un pot de fleurs garni de papier crépon.*

▷ Mot de la famille de ② CRÊPE.

crépu, crépue **adj.** ✦ *Des cheveux crépus,* frisés en boucles très serrées. ❑ contr. **lisse, raide.**

crépuscule **n. m.** ✦ Moment de la journée où la lumière du jour s'affaiblit, quand le soleil se couche.

cresson **n. m.** ✦ Plante qui pousse dans l'eau douce, dont on mange les feuilles arrondies vert foncé. *Une botte de cresson.*

cresson

crête **n. f.** **1.** Morceau de chair rouge dentelé, situé au-dessus de la tête de certains oiseaux. *Le coq a une crête plus grosse que celle de la poule.* **2.** Ligne formée par le sommet d'une montagne, d'un toit, d'une vague. *La crête des vagues est couverte d'écume.*

crétin **n. m.**, **crétine** **n. f.** ✦ Personne stupide. → **idiot, imbécile.** *Bande de crétins !*

creuser **v.** (conjug. 1) **1.** Rendre creux en enlevant quelque chose. *Alex creuse une citrouille pour se faire un masque.* → **évider.** **2.** *Creuser un puits,* c'est le fabriquer en faisant un trou dans la terre. *On a creusé ce puits au siècle dernier.* ❑ contr. **combler.** **3.** *Se creuser la tête,* c'est réfléchir beaucoup. *Elle s'est creusé la tête pour trouver une idée de cadeau.*

▷ Mot de la famille de CREUX.

creuset **n. m.** ✦ Récipient dans lequel on fait fondre des métaux.

▷ Mot de la famille de CREUX.

creux **adj.** et **n. m.**, **creuse** **adj.**

■ **adj.** **1.** Vide. *La cloison est en briques creuses.* **2.** Qui présente une courbe vers l'intérieur. *La soupe est servie dans une assiette creuse,* qui peut contenir un liquide. ❑ contr. ① **plat.** **3.** Sans valeur. *Il n'a dit que des paroles creuses,* sans intérêt. **4.** *Les heures creuses,* celles où les activités sont ralenties. *Il prend le métro aux heures creuses, il y a moins de monde.* ❑ contr. heure d'**affluence**, de **pointe.**

■ **n. m.** **1.** Partie vide, enfoncée. *Théo a trouvé un crabe dans un creux de rocher.* → **cavité, trou.** *Paul a des billes dans le creux de la main.* → **paume.** **2.** Familier. *Alex a un creux à l'estomac,* il a faim.

▷ Autres mots de la famille : CREUSER, CREUSET.

crevaison **n. f.** ✦ Ouverture brutale et accidentelle, qui se produit dans un objet gonflé ou tendu. *La crevaison d'un pneu.*

▷ Mot de la famille de CREVER.

crevant, crevante **adj.** ✦ Familier. Qui fatigue beaucoup. → **épuisant, exténuant.** *Ce travail est crevant.*

▷ Mot de la famille de CREVER.

crevasse **n. f.** **1.** Fente profonde dans la terre, dans la glace. *Des crevasses se sont formées dans la terre desséchée.* **2.** Petite fente qui se forme dans la peau à cause du froid. → **gerçure.** *Elle a des crevasses aux mains.*

▷ Mot de la famille de CREVER.

crevasse

crever **v.** (conjug. 5) **1.** S'ouvrir brutalement en éclatant. *Le ballon a crevé.* **2.** Faire éclater une

chose gonflée ou tendue. *Il a crevé un pneu en roulant sur un clou. Louise a failli se crever un œil avec son bâton de ski.* — Familier. *Cela crève les yeux,* c'est évident. **3.** Familier. Mourir. *Cette plante crèvera si on ne l'arrose pas.*
➤ **crevé, crevée** adj. **1.** Qui a éclaté. *Elle a donné le pneu crevé à réparer.* **2.** Familier. Mort. *On a trouvé des rats crevés dans la cave.* **3.** Familier. Très fatigué. *Elle était trop crevée pour sortir.* → fam. **vanné.**
▷ Autres mots de la famille : CREVAISON, CREVANT, CREVASSE.

crevette n. f. ✦ Petit crustacé qui vit dans la mer. ➸ planche Crustacés et coquillages p. 243. *Nous avons pêché des crevettes grises.*

cri n. m. **1.** Son perçant produit par la voix. *Effrayée, Julie a poussé un cri.* **2.** Son que font les animaux. *Le cri du chat est le miaulement, celui du chien l'aboiement.*
▷ Mot de la famille de CRIER.

criant, criante adj. ✦ Qui fait protester. *Cette punition est d'une injustice criante.* → **révoltant.**
▷ Mot de la famille de CRIER.

criard, criarde adj. **1.** Aigu et désagréable. *La voisine a une voix criarde.* **2.** Désagréable à voir. *Une couleur criarde,* trop vive. → ③ **voyant.**
▷ Mot de la famille de CRIER.

crible n. m. ✦ Instrument percé de trous qui sert à trier des objets de différente grosseur. → **passoire, tamis.** *Léa passe du sable au crible.* — *Passer au crible,* examiner avec soin et en détail. *Le commissaire a passé au crible tous les témoignages.*
➤ **criblé, criblée** adj. ✦ Percé de nombreux trous. *La palombe est tombée, criblée de balles.* — *Le pauvre homme est criblé de dettes,* il a beaucoup de dettes.

cric n. m. ✦ Appareil à manivelle qui sert à soulever des choses très lourdes. *Le garagiste place le cric sous la voiture pour changer la roue.* ❍ homonyme : crique.

cric

cricket [kʀikɛt] n. m. ✦ Jeu anglais qui se pratique avec une batte en bois et une balle de cuir. *Un match de cricket.*
● *Cricket* est un mot anglais qui veut dire « bâton ».

criée n. f. ✦ *Une vente à la criée,* c'est une vente publique aux enchères. → aussi **enchères.** *Le poisson est vendu à la criée, sur le port.*
▷ Mot de la famille de CRIER.

crier v. (conjug. 7) **1.** Faire entendre un ou plusieurs cris. *Julie a crié tellement elle avait peur.* **2.** Parler très fort. → **hurler.** *Ne crie pas, je t'entends très bien !*
▷ Autres mots de la famille : CRI, CRIANT, CRIARD, CRIÉE, S'ÉCRIER, SE RÉCRIER.

crime n. m. **1.** Faute très grave punie par la loi. *Il est accusé de crime contre l'humanité.* **2.** Assassinat, meurtre. *L'auteur du crime a été arrêté par la police. Il a commis un crime parfait,* dont on ne découvrira pas l'auteur. **3.** Acte que l'on condamne avec force. *Ce serait un crime d'abattre un si bel arbre.*

criminel n. m., **criminelle** n. f. ✦ Personne coupable d'un crime. → **assassin.** *Le criminel sera jugé en cour d'assises.* — **Adj.** *Un incendie criminel,* qui constitue un crime.
➤ **criminalité** n. f. ✦ Ensemble des crimes commis. *La criminalité a diminué dans le pays depuis l'an dernier.*

crin n. m. ✦ Poil long et rude qui pousse sur le cou, la queue et le bas des pattes du cheval. *Elle se frictionne avec un gant de crin.*
➤ **crinière** n. f. ✦ Ensemble des poils qui poussent sur le cou de certains animaux. *Le cheval secoue sa crinière.*

crique n. f. ✦ Partie du rivage où la mer s'enfonce dans la terre en formant un abri. → **anse,** ① **baie.** *Ils se sont baignés dans une crique.* ❍ homonyme : cric.

criquet n. m. ✦ Insecte des pays chauds, très vorace, qui peut voler et sauter. → aussi **sauterelle.** *Une nuée de criquets s'est abattue sur les cultures et a tout dévoré en quelques minutes.*

criquet

crise n. f. 1. Accident qui atteint une personne en bonne santé. *Il est mort d'une crise cardiaque. Théo a parfois des crises d'asthme,* son asthme se réveille. 2. Manifestation violente et soudaine d'une émotion. *Léa a eu une crise de larmes,* elle s'est mise à pleurer tout d'un coup. 3. Période difficile. *Le pays traverse une crise économique,* des difficultés de l'économie.

crisper v. (conjug. 1) 1. Contracter les muscles d'une partie du corps. *La douleur lui crispe le visage.* 2. Familier. Irriter. *Le ton sur lequel elle me parle a le don de me crisper.* → **énerver, exaspérer.**

➤ **se crisper** v. (conjug. 1) 1. S'agripper. *Sa main s'est crispée sur l'accoudoir du fauteuil.* 2. Se raidir, se contracter. *Ne te crispe pas, détends-toi !*

crisser v. (conjug. 1) ✦ Faire un bruit grinçant de frottement. *Le gravier crisse sous les pas.*

➤ **crissement** n. m. ✦ Bruit grinçant désagréable. *Le crissement de la craie sur le tableau.*

cristal n. m. (pl. **cristaux**) 1. Verre que l'on a rendu plus transparent et plus lourd que du verre ordinaire et qui donne un joli son quand on le frappe légèrement. *Une coupe à champagne en cristal taillé.* 2. *Le cristal de roche,* c'est une roche transparente et dure. *Le quartz est du cristal de roche.* 3. Petit élément de forme géométrique. *Les cristaux de neige sont en forme d'étoile.*

➤ ① **cristallin, cristalline** adj. 1. Clair, transparent comme le cristal. *L'eau de la source est cristalline. — Une voix cristalline,* très pure. 2. Qui est formé de cristaux. *Le mica et le granit sont des roches cristallines.*

➤ ② **cristallin** n. m. ✦ Partie transparente de l'œil, en forme de lentille, à l'arrière de la pupille.

➤ **cristallisé, cristallisée** adj. ✦ *Du sucre cristallisé,* formé de petits cristaux.

critère n. m. ✦ Ce qui permet de juger. *Sur quels critères vous basez-vous pour faire votre choix ?*

① **critique** adj. ✦ *Une situation critique,* difficile et qui peut avoir des conséquences fâcheuses. → **alarmant, préoccupant.**

② **critique** n. m. et f.

■ **n. f.** 1. Ce que l'on dit en bien ou en mal d'une œuvre. *La critique de son dernier livre est très bonne. Il garde toutes les critiques des films qu'il a réalisés,* les articles de journaux qui parlent de ses films. → **compte rendu.** 2. Jugement défavorable. → **reproche.** *Julie ne supporte pas qu'on lui fasse des critiques.* ❑ contr. **louange.**

■ **n. m. et f.** Personne dont le métier est de juger les livres ou les spectacles. *Il est critique de cinéma à la télévision.*

➤ **critiquer** v. (conjug. 1) ✦ Donner son appréciation, son jugement, en faisant ressortir les défauts. → **blâmer, condamner.** ❑ contr. **approuver,** ① **louer.** *Elle critique tout le monde.*

croasser v. (conjug. 1) ✦ *Le corbeau et la corneille croassent,* ils poussent leur cri.

● Il ne faut pas confondre *croasser* et *coasser* : la grenouille *coasse* et le corbeau *croasse.*

➤ **croassement** n. m. ✦ Cri du corbeau et de la corneille.

croc [kʀo] n. m. 1. Dent pointue de certains animaux. → **canine.** *Le chien montre ses crocs.* 2. Tige de métal pointue et recourbée servant à suspendre quelque chose. *Le boucher suspend la viande à des crocs.*

➤ **croc-en-jambe** [kʀɔkɑ̃ʒɑ̃b] n. m. ✦ Manière de faire tomber quelqu'un en accrochant sa jambe avec le pied. → **croche-pied.** *Julie a fait un croc-en-jambe à Paul.* — Au pl. *Des crocs-en-jambe.* ⊳ Mot de la famille de ① EN et de JAMBE.

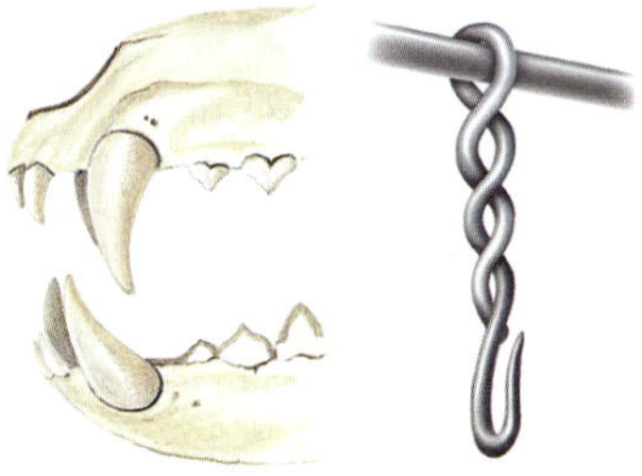

croc

croche n. f. ✦ Note de musique qui vaut la moitié d'une noire. *La queue de la croche porte un crochet.*

croche-pied n. m. ✦ Manière de faire tomber quelqu'un en accrochant sa jambe avec le pied. → **croc-en-jambe.** *Il lui a fait un croche-pied.* — Au pl. *Des croche-pieds.*

⊳ Mot de la famille de ① PIED.

crochet n. m. 1. Pièce de métal recourbée pour pendre ou retenir quelque chose. *Le*

croisade

tableau est suspendu à un crochet. **2.** Aiguille dont l'extrémité recourbée retient le fil qui doit passer dans la maille. *Louise apprend à faire du crochet,* à faire du tricot avec un crochet. *Un napperon au crochet.* **3.** Détour qui allonge la route suivie. *Ils ont fait un crochet par la plage.* **4.** Sorte de parenthèse dont les extrémités sont en angle droit. *Les mots écrits en phonétique sont entre crochets* [ ]. **5.** Dent recourbée. *Les crochets venimeux de la vipère.*

➤ **crocheter** [kʀɔʃte] **v.** (conjug. 5) ✦ *Crocheter une serrure,* c'est l'ouvrir avec un instrument recourbé du bout. *Les cambrioleurs ont crocheté la serrure.*

crochu, crochue **adj.** ✦ Recourbé. *L'aigle a un bec crochu.*

crocodile **n. m.** **1.** Reptile carnivore vivant dans les fleuves des pays chauds, au corps massif recouvert d'écailles et aux pattes courtes. *Le crocodile noie sa proie avant de la dévorer.* → aussi **alligator, caïman.** — *Verser des larmes de crocodile,* pleurer de manière hypocrite, pour émouvoir ou pour tromper. **2.** Peau du crocodile utilisée pour faire des sacs, des chaussures, des ceintures, des portefeuilles. *Une ceinture en crocodile.*

crocus [kʀɔkys] **n. m.** ✦ Plante à bulbe, à tige courte, qui fleurit très tôt au printemps.

croire **v.** (conjug. 44) **1.** *Croire quelque chose,* c'est penser que c'est vrai. *Louise croit tout ce qu'on lui raconte.* **2.** *Croire quelqu'un,* c'est penser que ce qu'il dit est vrai. *Je ne te crois plus, tu es trop menteur !* **3.** Considérer comme vraisemblable, sans en être sûr. → **estimer, juger, penser, supposer.** *Léa croyait être seule. Je crois qu'il va venir. Léo croyait à la victoire de son équipe.* — **se croire,** se considérer comme. *Louise se croyait perdue,* elle s'imaginait qu'elle était perdue. **4.** *Croire en Dieu,* c'est être convaincu que Dieu existe.

▷ Autres mots de la famille : CROYABLE, CROYANCE, CROYANT, INCROYABLE, INCROYABLEMENT, INCROYANT.

croisé **n. m.** ✦ Chevalier chrétien qui prenait les armes pour chasser les musulmans de Terre sainte, au Moyen Âge. *Les croisés avaient une croix cousue sur leurs vêtements.*

➤ **croisade** **n. f.** **1.** Expédition militaire qui était menée par les chrétiens contre les musulmans de Terre sainte, au Moyen Âge. *La première croisade.* **2.** Lutte. *Le gouvernement mène une croisade contre le tabac.*

▷ Mots de la famille de CROIX.

croiser **v.** (conjug. 1) **1.** Poser deux choses l'une sur l'autre, en forme de croix. *Léa s'est assise et a croisé les jambes.* **2.** Passer au travers d'une ligne, d'une route. *La voie ferrée croise* *la route.* → **couper, traverser.** 3. Rencontrer en allant en sens contraire. *Théo a croisé Julie dans la rue.* 4. Naviguer en allant et venant dans les mêmes parages. *Le navire croisait au large de la Bretagne.*

➤ **se croiser** v. 1. Se couper. *Les deux routes se croisent à la sortie du village.* 2. Se rencontrer. *Les deux trains se croiseront à 14 h 17.*

➤ **croisée** n. f. 1. Carrefour. *Ils se sont rencontrés à la croisée des chemins.* 2. Fenêtre. *Ouvre la croisée.*

● Ce mot est littéraire.

➤ **croisement** n. m. 1. *Les feux de croisement,* ce sont, sur un véhicule, les lumières qui n'éblouissent pas le conducteur que l'on croise. → **code.** 2. Intersection de routes. → **carrefour.** *Prenez à droite au prochain croisement.* 3. Mélange de races d'animaux. *Le mulet est le résultat d'un croisement entre une jument et un âne.*

➤ **croiseur** n. m. ✦ Grand navire de guerre.

➤ **croisière** n. f. ✦ Voyage touristique en bateau. *Ils ont fait une croisière en Méditerranée.*

▷ Mots de la famille de CROIX.

croissance n. f. 1. Le fait de grandir, de croître. → **développement.** *À dix ans, on est en pleine croissance.* 2. Progression. *La croissance de la production a été faible cette année.* → **expansion.** ❑ contr. **déclin, régression.**

▷ Mot de la famille de CROÎTRE.

① **croissant** n. m. 1. *Un croissant de lune,* c'est la partie visible de la Lune quand sa partie éclairée a une forme étroite, creusée en arrondi. 2. Petite pâtisserie recourbée, en forme de croissant. *Julie aime les croissants au beurre.*

▷ Mot de la famille de CROÎTRE.

② **croissant, croissante** adj. ✦ Qui croît, s'accroît. *Les enfants se sont rangés par ordre croissant de taille,* du plus petit au plus grand. ❑ contr. **décroissant.**

▷ Mot de la famille de CROÎTRE.

croître v. (conjug. 55) 1. Grandir, se développer. *Les mauvaises herbes croissent vite.* → ① **pousser.** 2. Devenir plus grand, plus nombreux. *Le nombre des naissances a crû,* les naissances sont devenues plus nombreuses. → **s'accroître, augmenter.** ❑ contr. **décroître.** — *Les jours croissent au printemps,* ils deviennent plus longs. ❑ contr. **diminuer.**

▷ Autres mots de la famille : ACCROISSEMENT, ACCROÎTRE, CROISSANCE, ① et ② CROISSANT, ① CRU, CRUE, DÉCROISSANT, DÉCROÎTRE, DÉCRUE, EXCROISSANCE, SURCROÎT.

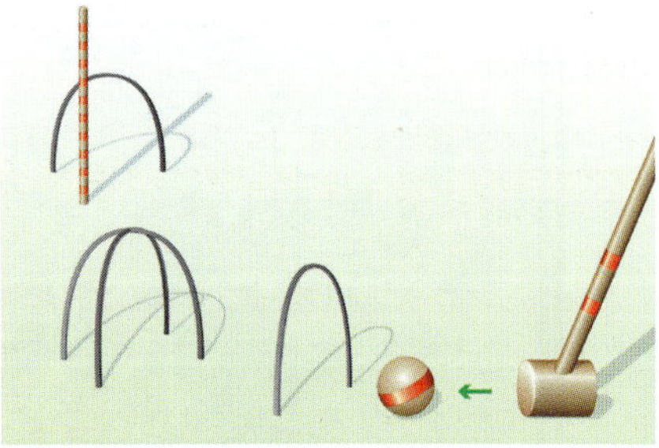

croquet

croix n. f. 1. Instrument de supplice fait de deux poteaux de bois qui se croisent à angle droit, sur lequel on attachait les condamnés pour les faire mourir. *Jésus est mort sur la croix.* → aussi **crucifix.** 2. Marque formée par deux traits qui se croisent. *Cochez la bonne réponse d'une croix.* 3. Décoration en forme de croix. *Il a été décoré de la croix de guerre.*

▷ Autres mots de la famille : CHASSÉ-CROISÉ, CROISADE, CROISÉ, CROISÉE, CROISEMENT, CROISER, SE CROISER, CROISEUR, CROISIÈRE, ENTRECROISER.

croquant, croquante adj. ✦ Qui croque sous la dent. *Une pomme bien croquante.*

▷ Mot de la famille de CROQUER.

croque-monsieur n. m. inv. ✦ Sandwich chaud fait de pain de mie, de jambon et de fromage. — Au pl. *Des croque-monsieur.*

▷ Mot de la famille de CROQUER.

croque-mort n. m. ✦ Familier. Employé des pompes funèbres. *Les croque-morts ont déposé le cercueil dans le corbillard.*

▷ Mot de la famille de CROQUER et de MOURIR.

croquer v. (conjug. 1) 1. Faire un bruit sec. → **craquer** et aussi **croustiller.** *Ce biscuit croque sous la dent.* 2. Réduire en petits morceaux avec les dents. *Théo croque un bonbon.* — *Léa croque dans une pomme.* → **mordre.**

➤ **croquette** n. f. 1. Boulette de pâte, de hachis, frite dans l'huile. *Des croquettes de pommes de terre.* 2. Boulette de nourriture sèche que l'on donne aux chats ou aux chiens.

▷ Autres mots de la famille : CROQUANT, CROQUE-MONSIEUR, CROQUE-MORT.

croquet **n. m.** ✦ Jeu consistant à faire passer des boules sous de petits arcs de métal au moyen d'un maillet. *Ils font une partie de croquet dans le jardin.*

croquis **n. m.** ✦ Dessin rapide. → **esquisse.** *Il a fait un croquis des lieux où s'est produit l'accident.*

cross **n. m.** ✦ Course à pied sur différentes sortes de terrains, dans la nature. *Paul et Alex ont fait un cross dans la forêt.* ❍ homonyme : crosse.

● *Cross* est un mot anglais qui est l'abréviation de *cross-country,* qui vient de *across the country,* qui veut dire « à travers la campagne ».

▷ Autres mots de la famille : CYCLO-CROSS, MOTO-CROSS.

crosse **n. f.** **1.** Bâton recourbé. *La crosse d'un évêque.* **2.** Partie d'une arme à feu que l'on tient ou que l'on appuie sur l'épaule pour tirer. *La crosse d'un fusil. La crosse d'un revolver.* ❍ homonyme : cross.

crotale **n. m.** ✦ Serpent très venimeux qui fait du bruit avec sa queue quand il se déplace, appelé aussi *serpent à sonnette. Les crotales vivent en Amérique.*

crotte **n. f.** **1.** Excrément. *Le chien a fait une crotte dans le caniveau.* **2.** *Des crottes en chocolat,* des bonbons au chocolat.

➤ **crottin** **n. m.** **1.** Excréments du cheval. *Le crottin est un bon engrais pour les fleurs.* **2.** Petit fromage de chèvre. *Une salade au crottin chaud.*

crotté, crottée **adj.** ✦ Couvert de boue. *Ses chaussures étaient toutes crottées.*

crouler **v.** (conjug. 1) **1.** Tomber en pliant sous l'effet du poids. → s'**écrouler,** s'**effondrer.** *Le vieux mur croule.* **2.** *Crouler sous,* plier sous le poids de. *L'arbre de Noël croule sous les décorations. — Il croule sous le travail,* il est surchargé de travail.

▷ Autres mots de la famille : ÉCROULEMENT, S'ÉCROULER.

croupe **n. f.** ✦ Partie arrière arrondie du corps de certains animaux. → **derrière, fesse.** *Le cavalier donne un coup de cravache sur la croupe de son cheval.*

➤ **croupion** **n. m.** ✦ Partie arrière du corps des oiseaux, qui porte les plumes de la queue. ➻ planche Oiseaux p. 710. *Le croupion du poulet.*

▷ Autre mot de la famille : S'ACCROUPIR.

croupir **v.** (conjug. 2) **1.** *De l'eau qui croupit,* c'est de l'eau qui devient mauvaise parce qu'elle reste immobile, ne s'écoule pas. → **stagner.** **2.** Rester dans un endroit sans en sortir. *Les opposants au dictateur croupissent en prison.*

croustiller **v.** (conjug. 1) ✦ Croquer sous la dent. *Ces biscuits croustillent.*

➤ **croustillant, croustillante** **adj.** ✦ Qui croustille. *La croûte du pain frais est croustillante.*

croûte **n. f.** **1.** Partie extérieure. *Alex mange la croûte du pain et laisse la mie. Léa enlève la croûte du camembert.* **2.** Plaque dure qui se forme sur une plaie. *N'arrache pas la croûte, ta plaie cicatrisera plus vite.*

➤ **croûton** **n. m.** **1.** Extrémité du pain. *Les croûtons d'une baguette.* **2.** Morceau de pain frit. *Une salade avec des lardons et des croûtons.*

▷ Autre mot de la famille : CASSE-CROÛTE.

croyable **adj.** ✦ *Une chose croyable,* que l'on peut croire. → **crédible, pensable, possible.** *Cette histoire est à peine croyable.* ❑ contr. **incroyable.**

▷ Mot de la famille de CROIRE.

croyant, croyante **adj.** ✦ Qui croit en Dieu. *Elle est très croyante.* ❑ contr. **athée, incroyant.** — **N.** *C'est une croyante.*

➤ **croyance** **n. f.** ✦ Ce que l'on croit. *Il faut respecter les croyances de chacun.*

▷ Mots de la famille de CROIRE.

① **cru** **n. m.** ✦ Vignoble. *La France est réputée pour ses grands crus.* ❍ homonyme : crue.

▷ Mot de la famille de CROÎTRE.

② **cru, crue** **adj.** **1.** Qui n'est pas cuit. *Léa aime les carottes crues.* ❑ contr. **cuit.** **2.** *La lumière crue fait mal aux yeux,* la lumière vive et violente. ❑ contr. **doux, tamisé.** **3.** Qui dit ou montre les choses, sans douceur, telles qu'elles sont. *Une description crue de la réalité.* → **réaliste.**

▷ Autre mot de la famille : CRUDITÉS.

cruauté **n. f.** ✦ Méchanceté des personnes cruelles, qui prennent du plaisir à faire souffrir. *Il est d'une grande cruauté envers les animaux.*

cruche n. f. 1. Pot, étroit du haut, muni d'un bec et d'une anse. *Une cruche à eau.* 2. Familier. Personne bête. → **imbécile.** *Quelle cruche !* → ② **gourde.**

cruche (Braque)

crucial, cruciale adj. ✦ Très important. *Voici le moment crucial.* → **décisif.** *La faim dans le monde est une question cruciale.* → **essentiel.** — Au masc. pl. *cruciaux.*

crucifier v. (conjug. 7) ✦ *Crucifier quelqu'un,* c'est l'attacher et le clouer sur une croix pour qu'il meure. *Les Romains crucifièrent Jésus.*
➤ **crucifix** [kʀysifi] n. m. ✦ Croix sur laquelle est représenté Jésus. *Il y a un crucifix au-dessus du lit.*

cruciverbiste [kʀysivɛʀbist] n. m et f. ✦ Amateur de mots croisés.

crudités n. f. pl. ✦ Légumes que l'on mange crus. *On nous a servi une assiette de crudités en hors-d'œuvre.*
▷ Mot de la famille de ② CRU.

crudités

crue n. f. ✦ Montée des eaux d'un cours d'eau. *Les fortes pluies ont provoqué une crue du fleuve. La rivière est en crue,* ses eaux montent. ❍ homonymes : ① et ② cru.
▷ Mot de la famille de CROÎTRE.

cruel, cruelle adj. 1. Qui aime faire souffrir. → **féroce, méchant.** *Il est cruel envers les animaux.* → aussi **cruauté.** 2. Qui fait souffrir. *Sa mort est pour nous une perte cruelle.*
➤ **cruellement** adv. 1. Avec cruauté. *Il traite cruellement son cheval.* 2. D'une façon douloureuse. *Ses rhumatismes le font cruellement souffrir.*

crustacé n. m. ✦ Animal recouvert d'une carapace, muni de pattes articulées, de branchies et d'antennes, qui vit dans l'eau et qui est bon à manger. *La crevette, le crabe, la langouste sont des crustacés.* ➻ planche p. 243.

crypte n. f. ✦ Partie souterraine d'une église. *La crypte de la cathédrale.*
● Ce mot s'écrit avec un *y.*

cube n. m. 1. Corps dont les six faces sont six carrés égaux. *Un dé à jouer est un cube.* ➻ planche Géométrie p. 459. 2. *Le cube d'un nombre,* c'est ce nombre multiplié par lui-même deux fois de suite. *Le cube de 4 est 64. 4 au cube égale 64.* — On écrit 4^3 et on peut dire aussi *4 puissance 3.* 3. *Un mètre cube,* c'est le volume d'un cube d'un mètre de côté. *Un mètre cube de bois.* → **stère.** *Trois mètres cubes ($3\ m^3$).*
➤ **cubique** adj. ✦ Qui a la forme d'un cube. *Une boîte cubique.*

cubitus [kybitys] n. m. ✦ Le plus gros des deux os de l'avant-bras. ➻ planche Corps humain p. 219.
● *Cubitus* est un mot latin qui veut dire « coude ».

cueillir v. (conjug. 12) ✦ *Cueillir une fleur,* c'est la ramasser en coupant la tige, en la détachant de la plante qui la porte. *Cueillir des fruits ou des légumes,* c'est les récolter.
➤ **cueillette** n. f. ✦ Récolte. *La cueillette des aubergines se fait en été.*

cuillère [kɥijɛʀ] n. f. ✦ Couvert composé d'un manche et d'une partie creuse dont on se sert pour manger ou faire la cuisine. *N'oublie pas de mettre des cuillères à soupe et des petites cuillères sur la table.*
● On écrit aussi *cuiller.*

crustacés et coquillages

langoustine

huître

bernique (patelle)

araignée de mer

étoile de mer

bigorneau

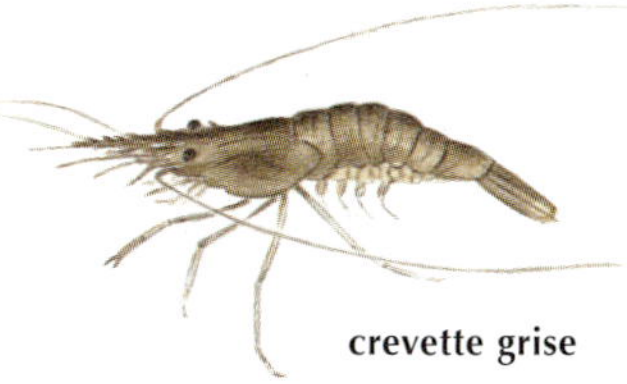

crevette grise

vénus

moule

couteau

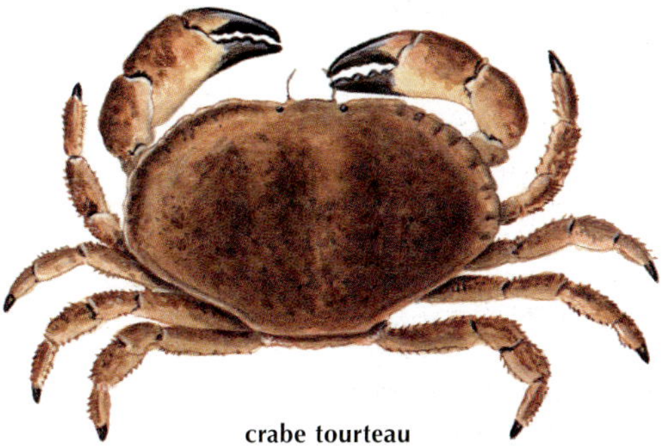

crabe tourteau

coquille Saint-Jacques

➤ **cuillerée** [kɥijeʀe] **n. f.** ✦ Contenu d'une cuillère. *Ajoutez une cuillerée de crème dans la sauce.*

cuir **n. m.** **1.** Peau d'un animal sans son poil, avec laquelle on fait des sacs, des chaussures, des vêtements, des ceintures. *Alex a un blouson de cuir.* **2.** *Le cuir chevelu,* c'est la peau du crâne. ❍ homonyme : cuire.

cuirasse **n. f.** **1.** Armure qui était destinée à protéger la poitrine, le ventre et le dos. **2.** Revêtement d'acier protégeant les navires de guerre.

cuirasse

➤ **cuirassé** **n. m.** ✦ Navire de guerre blindé.
➤ **cuirassier** **n. m.** ✦ Soldat revêtu d'une cuirasse, qui combattait à cheval.

cuire **v.** (conjug. 38) **1.** *Cuire un aliment,* c'est le chauffer pour le rendre bon à manger. *Elle cuit les légumes à la vapeur.* **2.** Devenir bon à manger sous l'action de la chaleur. *Le poulet cuit dans le four. Le cuisinier fait cuire les pommes de terre dans une cocotte.* **3.** Rendre dur en chauffant. *Le potier cuit les objets qu'il fabrique.* **4.** Brûler, faire mal. *Ce coup de soleil dans le dos me cuit.* ❍ homonyme : cuir.
➤ **cuisant, cuisante** **adj.** ✦ Qui fait mal. → **douloureux.** *Son échec a été cuisant.*
▷ Autres mots de la famille : AUTOCUISEUR, BISCUIT, CUISINE, CUISINÉ, CUISINER, CUISINIER, CUISINIÈRE, CUISSON, CUIT.

cuisine **n. f.** **1.** Pièce où l'on prépare les repas. *Leur cuisine est grande.* **2.** Préparation de la nourriture. *Il fait bien la cuisine. Elle a un livre de recettes de cuisine.* → aussi **culinaire.**
➤ **cuisiner** **v.** (conjug. 1) ✦ Faire la cuisine. *Il cuisine très bien.*
➤ **cuisiné, cuisinée** **adj.** ✦ *Un plat cuisiné,* vendu tout préparé et cuit.
➤ **cuisinier** **n. m.,** **cuisinière** **n. f.** **1.** Personne dont le métier est de faire la cuisine. *Il est cuisinier dans un grand restaurant.* **2.** Personne qui fait la cuisine. *C'est une bonne cuisinière.*
➤ **cuisinière** **n. f.** ✦ Appareil qui sert à faire cuire les aliments. *Une cuisinière électrique.*
▷ Mots de la famille de CUIRE.

cuisse **n. f.** ✦ Partie de la jambe entre la hanche et le genou. *Alex a les cuisses musclées.*
➤ **cuissarde** **n. f.** ✦ Botte qui monte jusqu'en haut des cuisses. *Le pêcheur a mis ses cuissardes.*

cuisson **n. f.** ✦ Préparation des aliments par l'action de la chaleur ; durée pendant laquelle on fait cuire la nourriture. *Le poulet demande une heure de cuisson.*
▷ Mot de la famille de CUIRE.

cuit, cuite **adj.** ✦ Que l'on a fait cuire. *Le rôti n'est pas assez cuit.* ❑ contr. ② **cru.**
▷ Mot de la famille de CUIRE.

cuivre **n. m.** **1.** Métal rouge assez mou. *Les fils électriques sont en cuivre.* **2.** *Les cuivres,* ce sont des objets de cuisine, des bibelots en cuivre. *La femme de ménage astique les cuivres.* **3.** *Les cuivres,* les instruments de musique à vent en cuivre. *La trompette, le cor, le trombone sont des cuivres.* ➻ planche Instruments de musique p. 548.

cul [ky] **n. m.** **1.** Très familier. Le derrière, les fesses. *Le bébé est cul nu sur la plage.* **2.** *Le cul d'une bouteille,* c'est le fond.
▷ Autres mots de la famille : ACCULER, CUL-DE-JATTE, CUL-DE-SAC, CULOTTE, SANS-CULOTTE.

culbute **n. f.** ✦ Tour que l'on fait sur soi-même en faisant passer les jambes par-dessus la tête. → **cabriole, galipette, roulade.** *Paul a fait une culbute dans l'escalier,* il est tombé.
➤ **culbuter** **v.** (conjug. 1) ✦ Renverser. *Elle s'est fait culbuter par une moto.*

cul-de-jatte **n. m. et f.** ✦ Personne qui n'a plus de jambes. — Au pl. *Des culs-de-jatte.*
▷ Mot de la famille de CUL et de JATTE.

cul-de-sac **n. m.** ✦ Rue, chemin, passage sans issue. → **impasse.** — Au pl. *Des culs-de-sac.*
▷ Mot de la famille de CUL et de ① SAC.

culinaire **adj.** ✦ Qui concerne la cuisine, la préparation des aliments. *Les cuisiniers ont appris l'art culinaire.*

culminant, culminante **adj.** ✦ *Le point culminant,* c'est l'endroit le plus élevé. *Le mont Blanc est le point culminant de la France.*

culot **n. m.** ✦ Familier. Audace. → **toupet.** *Il a eu le culot de venir alors qu'il n'était pas invité. Quel culot !* → **aplomb.**
➤ **culotté, culottée** **adj.** ✦ Familier. Qui a du culot. *Julie est culottée,* elle exagère. → **effronté.** ❏ contr. **timide.**

culotte **n. f.** 1. Pantalon d'homme. *Théo est en culotte courte.* → **short.** 2. Vêtement féminin de dessous, couvrant le bas du ventre et du dos. → **slip.** *Une culotte en coton.*
▷ Mot de la famille de CUL.

culpabilité **n. f.** ✦ Le fait d'être coupable. *L'enquête a prouvé la culpabilité de l'accusé.*
❏ contr. **innocence.**

culte **n. m.** 1. Hommage religieux que l'on rend à un dieu ou à un saint. *Les Égyptiens rendaient un culte au dieu Amon,* ils lui témoignaient leur respect. 2. Cérémonie religieuse protestante. *Le pasteur célèbre le culte.*

cultiver **v.** (conjug. 1) 1. *Cultiver la terre,* c'est la travailler pour qu'elle produise des plantes. 2. *Cultiver des plantes,* c'est les faire pousser. *Dans ce champ, on cultive du maïs.*
➤ **cultivable** **adj.** ✦ Que l'on peut cultiver. *Des terres cultivables.*
➤ **cultivateur** **n. m.,** **cultivatrice** **n. f.** ✦ Personne qui cultive la terre. → **agriculteur, paysan.**

se cultiver **v.** (conjug. 1) ✦ S'instruire, enrichir son esprit. *Elle s'est cultivée en lisant beaucoup.*
➤ **cultivé, cultivée** **adj.** ✦ Qui sait beaucoup de choses, est instruit. *C'est une femme très cultivée.* ❏ contr. **ignare, ignorant,** ② **inculte.**

① **culture** **n. f.** 1. Le fait de travailler la terre. *Cette région est spécialisée dans la culture des betteraves.* 2. *Les cultures,* ce sont les terres cultivées. *Les cultures occupent 35 % du sol français.*
▷ Autres mots de la famille : AGRICULTURE, APICULTURE, AQUACULTURE, ARBORICULTURE, HORTICULTURE, OSTRÉICULTURE, PISCICULTURE, POLYCULTURE, SYLVICULTURE, VITICULTURE.

② **culture** **n. f.** 1. Les connaissances que l'on a. → **instruction.** *Elle a une solide culture générale.* 2. Les traditions, les connaissances propres à un pays. → **civilisation.** *Il est de culture orientale.* 3. *La culture physique,* c'est l'ensemble des exercices que l'on fait pour maintenir son corps en bonne forme. → **gymnastique.** *La mère de Julie fait de la culture physique tous les matins.*
➤ **culturel, culturelle** **adj.** ✦ Qui permet de se cultiver. *L'instituteur a organisé des activités culturelles pour ses élèves.*

cumuler **v.** (conjug. 1) ✦ *Cumuler des fonctions,* c'est exercer plusieurs fonctions en même temps. *Le député-maire cumule les fonctions de député et de maire.*
➤ **cumul** **n. m.** ✦ Fait de cumuler des activités, des avantages. *En France, le cumul des mandats est réglementé,* les hommes politiques n'ont pas le droit d'exercer trop de fonctions à la fois.
➤ **cumulus** [kymylys] **n. m.** ✦ Gros nuage arrondi. *Les cumulus annoncent l'orage.*
▷ Autres mots de la famille : ACCUMULER, ACCUMULATEUR, ACCUMULATION.

cumulus

cunéiforme **adj.** ✦ *L'écriture cunéiforme,* c'est une écriture très ancienne dont les caractères sont en forme de clous. *Les Assyriens et les Perses utilisaient l'écriture cunéiforme.*
▷ Mot de la famille de FORME.

cupide **adj.** ✦ Qui est avide d'argent, en veut toujours plus. ❑ contr. **désintéressé.** *C'est un homme cupide.*
➤ **cupidité** **n. f.** ✦ Caractère d'une personne cupide. → **avidité.** *Sa cupidité n'a pas de limites.* ❑ contr. **désintéressement.**

curare **n. m.** ✦ Poison violent extrait de diverses plantes, qui paralyse les muscles. *Le curare est utilisé en anesthésie.*
● *Curare* vient de *k-urary,* mot caraïbe qui veut dire « là où il vient, on tombe ».

① **cure** **n. f.** ✦ Traitement médical qui dure un certain temps. *Léa a fait une cure de vitamines. Il doit faire une cure dans une station thermale,* y faire un séjour pour sa santé.
▷ Autre mot de la famille : CURISTE.

② **cure** **n. f.** ✦ Maison du curé. → **presbytère.**
➤ **curé** **n. m.** ✦ Prêtre catholique responsable d'une paroisse. ❍ homonyme : curer.

curer **v.** (conjug. 1) ✦ Nettoyer en raclant. *Il faut curer la citerne. Louise se cure les ongles,* elle enlève la saleté sous ses ongles. ❍ homonyme : curé.
➤ **cure-dent** **n. m.** ✦ Bâtonnet pointu servant à se curer les dents. — Au pl. *Des cure-dents.* ▷ Mot de la famille de DENT.
▷ Autre membre de la famille : RÉCURER.

curieux, curieuse **adj.** **1.** Qui veut voir, savoir quelque chose. *Je serais curieuse de savoir où ils sont allés,* j'aimerais bien le savoir. **2.** Qui cherche à savoir ce qui ne le regarde pas. → **indiscret.** *Tu es trop curieuse, Léa !* ❑ contr. **discret.** — **N.** Personne qui veut voir ou savoir sans raison particulière. *Les policiers ont dispersé les curieux.* → **badaud.** **3.** Bizarre, étonnant. → **étrange.** *Elle a une curieuse façon de s'habiller.* → **singulier.** ❑ contr. **banal, ordinaire.**
➤ **curieusement** **adv.** ✦ Bizarrement. *Curieusement, nous nous sommes rencontrés dans le métro.*
➤ **curiosité** **n. f.** **1.** Envie d'apprendre, de connaître des choses nouvelles. *Théo a acheté un livre sur les escargots pour satisfaire sa curiosité.* ❑ contr. **indifférence.** **2.** Envie de connaître les secrets de quelqu'un. → **indiscrétion.** *La curiosité est un vilain défaut !* ❑ contr. **discrétion.** **3.** Chose étonnante, qui sort de l'ordinaire. *Un geyser est une curiosité de la nature.*

curiste **n. m. et f.** ✦ Personne qui fait une cure thermale.
▷ Mot de la famille de ① CURE.

curry [kyʀi] **n. m.** ✦ Poudre jaune foncé composée de nombreuses épices, utilisée dans la cuisine indienne. *Du poulet au curry.*
● On dit aussi *cary* ou *carri.*
● *Curry* est un mot du sud de l'Inde qui veut dire « sauce pour assaisonner le riz ».

curseur **n. m** **1.** Petite pièce qui se déplace le long d'une glissière, sur un appareil, qui sert à indiquer une position, une mesure. *Le curseur d'une balance.* **2.** Petite marque qui apparaît sur un écran d'ordinateur et qui indique l'endroit où se déroule la prochaine opération.

cutané, cutanée **adj.** ✦ De la peau. *L'eczéma est une maladie cutanée.*
▷ Autre mot de la famille : SOUS-CUTANÉ.

cutiréaction **n. f.** ✦ Petite griffure que l'on fait généralement sur le bras, dans laquelle on introduit un liquide permettant de voir si le vaccin contre la tuberculose a pris. — Au pl. *Des cutiréactions.*
● On emploie souvent l'abréviation *une cuti.*
▷ Mot de la famille de ① ACTION.

cutter [kœtœʀ] ou [kytɛʀ] **n. m.** ✦ Lame très tranchante qui coulisse sur un manche et qui sert à couper du papier, du carton. *Paul s'est coupé le doigt avec un cutter.*
● Ce mot vient de l'anglais *to cut* qui veut dire « couper ».

cuve **n. f.** ✦ Grand récipient. *Une cuve à mazout.* → **réservoir.**
➤ **cuvée** **n. f.** ✦ Vin produit par une vigne. *La cuvée de cette année est excellente.*
➤ **cuvette** **n. f.** **1.** Récipient large, peu profond, dans lequel on met de l'eau. → **bassine.** *Elle a mis les chaussettes à tremper dans une cuvette.* **2.** Partie d'un terrain plus basse que ce qui l'entoure. → **bassin.** *Le Bassin parisien est une vaste cuvette.*

cyanure **n. m.** ✦ Poison chimique très dangereux. *L'espion s'est suicidé en avalant du cyanure.*
● Ce mot s'écrit avec un *y.*

cyclamen [siklamɛn] **n. m.** ✦ Petite plante à fleurs mauves, roses ou blanches portées par des tiges à queue recourbée en forme de crosse. *Un pot de cyclamens.*

cyclamen

① **cycle** **n. m.** ✦ Suite d'événements qui se répètent sans arrêt, toujours dans le même ordre. *Le cycle des saisons.*

➤ **cyclique** **adj.** ✦ *Un phénomène cyclique,* qui se reproduit régulièrement, en suivant les mêmes étapes.

⊳ Autres mots de la famille : RECYCLABLE, RECYCLAGE, RECYCLER.

② **cycle** **n. m.** ✦ Véhicule à deux ou trois roues, sans carrosserie. *Les bicyclettes et les cyclomoteurs sont des cycles.*

➤ **cyclable** **adj.** ✦ *Une piste cyclable,* c'est la partie d'une route réservée aux bicyclettes et aux cyclomoteurs.

➤ **cyclisme** **n. m.** ✦ Sport qui consiste à faire de la bicyclette.

➤ **cycliste** **n. m. et f. et adj.**

▪ **n. m. et f.** Personne qui fait du vélo. *L'automobiliste a failli renverser un cycliste.*

▪ **adj.** *Un champion cycliste,* c'est un champion de course à vélo. *Une course cycliste,* c'est une course de vélos.

⊳ Autres mots de la famille : BICYCLETTE, MOTOCYCLETTE, MOTOCYCLISTE, TRICYCLE.

cyclo-cross **n. m. inv.** ✦ Épreuve de vélo en dehors des routes et des chemins, sur des terrains difficiles. — Au pl. *Des cyclo-cross.*

● On écrit aussi *cyclocross.*

⊳ Mot de la famille de CROSS.

cyclomoteur **n. m.** ✦ Vélo à moteur de faible puissance. → **vélomoteur.** *On peut conduire un cyclomoteur à partir de l'âge de 14 ans.*

⊳ Mot de la famille de ① MOTEUR.

cyclone **n. m.** ✦ Forte tempête avec un vent très violent. *Les cyclones se produisent surtout dans les pays tropicaux.* → **ouragan, tornade, typhon.**

⊳ Autre mot de la famille : ANTICYCLONE.

cygne **n. m.** ✦ Grand oiseau aux pattes palmées, au plumage blanc, parfois noir, et au cou long et souple. *Des cygnes nagent sur le lac.* ○ homonyme : signe.

cygne

cylindre **n. m.** **1.** Objet en forme de rouleau dont les deux extrémités sont deux cercles égaux. ➸ planche Géométrie p. 459. *Un rouleau à pâtisserie, un tambour sont des cylindres.* **2.** Partie d'un moteur dans laquelle bouge le piston. *Cette voiture a un moteur de six cylindres.*

➤ **cylindrée** **n. f.** ✦ Volume des cylindres d'un moteur. *Cette voiture a une cylindrée de 1 600 cm³.*

➤ **cylindrique** **adj.** ✦ Qui a la forme d'un cylindre. *Les rouleaux et les bobines sont des objets cylindriques.*

cymbale [sɛ̃bal] **n. f.** ✦ *Les cymbales,* ce sont deux disques en cuivre ou en bronze, qui composent un instrument de musique. ➸ planche Instruments de musique p. 548. *Il a frappé un coup de cymbales.*

cynique **adj.** ✦ *Une personne cynique,* qui se moque durement de tout sans peur de choquer, d'être désagréable.

cyprès [siprɛ] **n. m.** ✦ Arbre droit et élancé qui ne perd jamais son feuillage vert sombre. *Le cyprès est un conifère.* ➸ planche Arbres p. 49.

● Le *s* final ne se prononce pas.

cytoplasme **n. m.** ✦ Partie principale de la cellule vivante, en dehors du noyau.

D

dactylo n. m. et f. ✦ Personne dont le métier est de taper des textes à la machine à écrire ou sur un ordinateur. → aussi **claviste.** *Le manuscrit de son livre a été tapé par plusieurs dactylos.*

➤ **dactylographier** v. (conjug. 7) ✦ Taper à la machine. *Son texte tient sur trois pages dactylographiées.*

▷ Autre mot de la famille : STÉNODACTYLO.

dada n. m. ✦ Familier. Sujet préféré. *Léa raconte toujours des histoires d'animaux, c'est son dada.* → **marotte.**

dadais n. m. ✦ *Un grand dadais,* un garçon à l'air un peu bête, maladroit.

dague n. f. ✦ Épée courte.

dahlia n. m. ✦ Grosse fleur ronde, très décorative. *Un bouquet de dahlias de toutes les couleurs.*

● Ce mot vient du nom d'Andrea *Dahl,* un botaniste suédois, qui rapporta cette plante du Mexique à la fin du 18e siècle.

daigner v. (conjug. 1) ✦ *Daigner faire quelque chose,* c'est bien vouloir le faire, s'abaisser à le faire. *Elle n'a pas daigné répondre à mon invitation.*

▷ Autres mots de la famille : DÉDAIGNER, DÉDAIGNEUX, DÉDAIN.

daim [dɛ̃] n. m. **1.** Animal de la même famille que le cerf, qui a une robe tachetée de blanc et des bois reliés entre eux comme des palmes. *Les daims sont des ruminants.* **2.** Cuir fin, doux au toucher, ressemblant à la peau de daim tannée. *Un pantalon de daim.*

dalle n. f. ✦ Plaque de pierre ou de ciment dont on recouvre le sol. *Le sol de l'entrée est recouvert de dalles de marbre.*

➤ **dallé, dallée** adj. ✦ Recouvert de dalles. *L'entrée est dallée de marbre.*

➤ **dallage** n. m. ✦ Ensemble des dalles qui recouvrent un sol. → **carrelage.** *Le dallage de la terrasse est en céramique.*

dalmatien [dalmasjɛ̃] n. m. ✦ Chien au poil blanc et court, avec des taches noires. *Les dalmatiens ont les oreilles tombantes.*

daltonien, daltonienne adj. ✦ Qui ne voit pas certaines couleurs, ou les voit différemment de la normale. *Leur fils est daltonien.* — **N.** *Les daltoniens ne font pas de différence entre le vert et le rouge.*

● Ce mot vient du nom du physicien anglais John *Dalton* qui lui-même voyait mal les couleurs.

① **dame** n. f. **1.** Femme. *Il y a un monsieur et une dame qui vous demandent.* **2.** Carte à jouer représentant une reine. *La dame de trèfle.*

▷ Autre mot de la famille : MADAME.

daim

② **dame** **n. f.** ✦ *Le jeu de dames,* c'est un jeu qui se joue à deux, avec des pions noirs et des pions blancs sur un damier. *Paul joue aux dames avec sa grand-mère.*

➤ **damier** **n. m.** ✦ Plateau carré divisé en 100 carreaux blancs et noirs, sur lequel on joue aux dames. → aussi **échiquier.**

damier

damer **v.** (conjug. 1) ✦ *Damer la neige,* c'est la tasser. *Les pistes de ski ont été damées.*

damné, damnée [dane] **adj.** ✦ Qui est condamné à aller en enfer après sa mort.

➤ **damnation** [danasjɔ̃] **n. f.** ✦ Condamnation à aller en enfer après la mort.

dan [dan] **n. m.** ✦ Chacun des grades de la ceinture noire, au judo et au karaté. *Il est troisième dan.*

se **dandiner** **v.** (conjug. 1) ✦ Balancer le corps d'une jambe sur l'autre, d'une patte sur l'autre. *Les canards se dandinent en marchant.*

danger **n. m.** ✦ Ce qui fait courir un risque. → **péril.** *Les pompiers affrontent le danger avec courage. Le blessé est hors de danger,* il est sauvé.

➤ **dangereux, dangereuse** **adj.** ✦ Qui peut faire du mal, fait courir un risque. → **périlleux.** *Attention, ce croisement est très dangereux.*

➤ **dangereusement** **adv.** ✦ D'une manière dangereuse. *On lui a enlevé son permis parce qu'il conduisait dangereusement.*

dans **prép.** **1.** À l'intérieur de. *Julie est dans sa chambre.* **2.** *Dans sa jeunesse, elle aimait danser,* quand elle était jeune. *Il doit revenir dans la semaine,* au cours de la semaine. *Il sera là dans deux jours,* d'ici deux jours. **3.** *Cette voiture doit coûter dans les 12 000 euros,* environ 12 000 euros. ○ homonyme : dent.

▷ Autre mot de la famille : DEDANS.

danse **n. f.** ✦ Suite de mouvements, de pas que l'on fait au rythme de la musique. *Julie fait de la danse classique. La valse, le tango, le rock sont des danses.* ○ homonyme : dense.

danseur

➤ **danser** **v.** (conjug. 1) ✦ Faire des pas de danse. *Alex a invité sa sœur à danser. Louise danse très bien le rock.*

➤ **danseur** **n. m.**, **danseuse** **n. f.** **1.** Personne dont le métier est de danser. *Il est danseur à l'Opéra de Paris.* **2.** Personne qui danse. *Des couples de danseurs évoluaient sur la piste.*

dard **n. m.** ✦ Petite pointe que certains animaux ont à l'arrière de l'abdomen, avec laquelle ils piquent et introduisent leur venin. → **aiguillon.** *Les guêpes et les abeilles ont un dard.*

● Ce mot se termine par un *d.*

dartre **n. f.** ✦ Plaque de peau desséchée, rugueuse et légèrement rosée. *Quand il fait très froid, Théo a des dartres sur le visage.*

date **n. f.** **1.** Indication du jour, du mois, de l'année. *Le 15 août 1769 est la date de naissance de Napoléon Ier.* **2.** Époque où un événement s'est produit. *Ils se connaissent de longue date,* depuis longtemps. ○ homonyme : datte.

➤ **dater** **v.** (conjug. 1) **1.** Mettre la date. *Il a oublié de dater son chèque.* **2.** Exister. *L'église du village date du 12e siècle.* → **remonter.**

▷ Autre mot de la famille : HORODATEUR.

datte **n. f.** ✦ Petit fruit brun allongé, très sucré, qui pousse en grappes sur le dattier. *On mange les dattes fraîches ou sèches.* ➻ planche Fruits exotiques p. 441. ○ homonyme : date.

➤ **dattier** **n. m.** ✦ Grand palmier d'Afrique du Nord et du Moyen-Orient, qui donne des dattes.

dauphin

① **dauphin** n. m. ✦ Animal marin qui peut atteindre 5 mètres de long et a un museau allongé en forme de bec muni de nombreuses dents pointues. *Les dauphins sont des mammifères. Les dauphins vivent en groupe et communiquent entre eux en émettant des sons qui jouent le rôle d'un langage.*

② **Dauphin** n. m. ✦ Autrefois, fils aîné du roi de France.

daurade n. f. ✦ Poisson de mer aux reflets dorés ou argentés. *La chair de la daurade est très savoureuse.*
● On écrit aussi *dorade.*

davantage adv. 1. Plus. *Théo doit travailler davantage s'il veut réussir ses examens.* 2. Plus longtemps. *Je n'attendrai pas davantage.*
▷ Mot de la famille de AVANTAGE.

① **de** prép. 1. Indique le lieu d'où l'on vient. *Julie sort de sa chambre. Il revient des États-Unis.* 2. Indique le temps. *Alex part de lundi à jeudi,* à partir de lundi. *Il a voyagé de nuit,* pendant la nuit. 3. Indique la cause, le moyen, la manière. *Paul tremble de froid.* 4. Indique la mesure. *Ma montre retarde de 5 minutes. Cet arbre fait 3 mètres de haut.* 5. Indique l'appartenance. *Le stylo de Léa est cassé.* 6. Indique la matière. *Louise a une veste de cuir.* → ① **en.** 7. Indique le genre. *Julie aime les films d'horreur.* 8. Indique le contenu. *Louise a bu un verre d'eau.* 9. Introduit des compléments. *Elle se souvient de moi. Les enfants jouent dans la cour de récréation.*
▷ Autres mots de la famille : AU-DELÀ, EN DEÇÀ, DEDANS, DEHORS, DEPUIS, DESSOUS, DESSOUS-DE-PLAT, PAR-DELÀ.

② **de** article partitif ✦ S'emploie devant des noms de choses que l'on ne compte pas ou que l'on ne peut pas compter. *Voulez-vous du vin ou de la bière ? Il n'a pas d'argent. Il a mangé des pâtes.*
● *Du* est employé à la place de *de le.*

③ **de** article indéfini ✦ S'emploie à la place de *des* devant un adjectif. *Léa a de longs cheveux blonds. Paul a fait d'affreux cauchemars.* → aussi ② **des.**

① **dé** n. m. ✦ Petit cube qui porte une marque de un à six points sur chacune de ses faces. *Louise et Alex jouent aux dés.*

② **dé** n. m. ✦ *Un dé à coudre,* c'est un petit étui dans lequel on met le bout du doigt qui pousse l'aiguille quand on coud. *La couturière coud toujours avec un dé.*

déambuler v. (conjug. 1) ✦ Marcher tranquillement, sans but précis. → **errer, flâner.** *Les promeneurs déambulaient dans les rues.*

débâcle n. f. ✦ Fuite précipitée. → **débandade.** *La retraite des soldats s'est achevée en débâcle.* → **déroute.**
● Attention à l'accent circonflexe du *â.*

déballer v. (conjug. 1) ✦ Sortir de son emballage. *Paul déballe son cadeau.* ❑ contr. ① **emballer.**

➤ **déballage** n. m. ✦ Action de sortir de l'emballage. *Le déballage des cartons a pris du temps.* ❑ contr. **emballage.**

débandade n. f. ✦ Fuite désordonnée en tous sens. *Dès qu'il s'est mis à pleuvoir, cela a été la débandade.*
▷ Mot de la famille de ① BANDE.

se **débarbouiller** v. (conjug. 1) ✦ Se laver le visage. *Julie s'est débarbouillée avant de passer à table.*
▷ Mot de la famille de BARBOUILLER.

débarcadère n. m. ✦ Lieu aménagé pour le débarquement des voyageurs et des marchandises qui sont dans un navire. → **quai** et aussi **embarcadère.**
▷ Mot de la famille de BARQUE.

débardeur n. m. 1. Personne qui charge et décharge un navire. → **docker.** 2. Maillot de corps sans manches ni col, très échancré. *L'été, Léa met souvent des débardeurs.*

débarquer v. (conjug. 1) 1. Quitter un navire, un avion. *Les passagers ont débarqué.* 2. Faire

débarquement (Normandie, 1944)

sortir d'un navire. *Les passagers attendent que l'on débarque leurs bagages.* ❑ contr. **embarquer.**

➤ **débarquement** **n. m.** ✦ Opération militaire qui consiste à faire débarquer des troupes en terrain ennemi. *Le débarquement des troupes alliées eut lieu en Normandie le 6 juin 1944.* ❑ contr. **embarquement.**

▷ Mots de la famille de BARQUE.

débarrasser **v.** (conjug. 1) ✦ Enlever ce qui encombre, ce qui embarrasse. *Théo débarrasse sa chambre pour qu'on pose de la moquette. Il faut débarrasser la table,* enlever de la table tout ce qui a servi au repas. — **Se débarrasser de,** jeter, abandonner. *Léa s'est débarrassée de ses vieilles poupées.*

➤ **débarras** [debaʀɑ] **n. m.** **1.** Endroit où l'on range les objets qui encombrent ou dont on ne se sert pas souvent. *Les vieux outils sont dans le débarras.* **2.** Familier. *Il est parti ! Bon débarras !* quel soulagement !

● Ce mot s'écrit avec deux *r* et un *s* final.

débattre **v.** (conjug. 41) **1.** Discuter en donnant des arguments. *L'acheteur a débattu du prix de l'appartement avec le vendeur.* **2. se débattre,** lutter pour se dégager. *La truite s'est débattue longtemps au bout de la ligne du pêcheur,* elle s'est agitée pour essayer de se dégager.

➤ **débat** **n. m.** ✦ Discussion. *Le ministre a participé à un débat télévisé sur l'éducation.*

▷ Mots de la famille de BATTRE.

débauche **n. f.** ✦ Comportement d'une personne qui se livre à ses vices. *L'empereur romain Néron vivait dans la débauche,* il abusait des plaisirs, satisfaisait ses vices.

débaucher **v.** (conjug. 1) ✦ Renvoyer parce qu'il n'y a plus de travail. *L'entreprise a débauché dix employés.* → **congédier, licencier.** ❑ contr. **embaucher.**

débile **n. m. et f. et adj.**

■ **n. m et f.** Personne dont l'intelligence ne s'est pas développée normalement. *Un débile ne dépasse pas le niveau mental d'un enfant de dix ans.*

■ **adj.** **1.** Dont l'intelligence n'est pas développée normalement. *Ils ont un enfant débile.* → **arriéré.** **2.** Familier. Qui est idiot, stupide. *Un film débile.*

① **débit** **n. m.** ✦ Partie d'un compte où sont inscrites les sommes que l'on doit. ❑ contr. **crédit.**

▷ Autres mots de la famille : ① DÉBITER, DÉBITEUR.

② **débit** **n. m.** **1.** Établissement où l'on vend quelque chose. *Les cafés et les bars sont des débits de boissons. Il va acheter des cigarettes*

au débit de tabac. **2.** Quantité de liquide qui s'écoule en un temps donné. *Ce robinet a un débit très faible.* **3.** Vitesse à laquelle on parle. *Il a un débit très rapide,* il parle très vite.
▷ Mot de la famille de ② DÉBITER.

① **débiter** **v.** (conjug. 1) ✦ *Débiter une somme d'un compte,* c'est l'enlever. ❑ contr. **créditer.**
▷ Mot de la famille de ① DÉBIT.

② **débiter** **v.** (conjug. 1) **1.** Couper en morceaux. *Le charcutier débite le jambon,* il le coupe en tranches. **2.** Faire s'écouler régulièrement du liquide. *La Loire débite 850 mètres cubes d'eau par seconde.* **3.** Dire d'une voix morne. *Léa a débité sa poésie à toute allure.*
▷ Autre mot de la famille : ② DÉBIT.

débiteur **n. m.**, **débitrice** **n. f.** ✦ Personne qui doit de l'argent à quelqu'un. *Il est votre débiteur,* il vous doit de l'argent. ❑ contr. **créancier.**
▷ Mot de la famille de ① DÉBIT.

déblayer **v.** (conjug. 8) ✦ Débarrasser de ce qui encombre. *Il déblaie le terrain pour planter des arbres.* ❑ contr. **remblayer.**
➤ **déblais** **n. m. pl.** ✦ Terre, débris que l'on enlève quand on déblaie. *Il y a des déblais de chaque côté de la route.*

débloquer **v.** (conjug. 1) **1.** Remettre en marche une chose qui était bloquée. *Le serrurier a débloqué la serrure.* ❑ contr. **bloquer.** **2.** Rendre disponible. *Le maire a débloqué des crédits pour les travaux de l'école,* il a donné de l'argent.
➤ **déblocage** **n. m.** ✦ Action de rendre disponible. *Le déblocage des crédits a été difficile à obtenir,* les crédits ont été difficiles à débloquer, à obtenir.
▷ Mots de la famille de BLOC.

déboires **n. m. pl.** ✦ Ennuis. *Elle a eu de nombreux déboires avec son ordinateur.*

déboiser **v.** (conjug. 1) ✦ Abattre les arbres qui poussent sur un terrain. *Avant de construire l'autoroute, on a déboisé de nombreux terrains.*
➤ **déboisement** **n. m.** ✦ Action d'abattre les arbes qui recouvrent une surface. *Le déboisement de la région a été rapide,* la région a été rapidement déboisée.
▷ Mots de la famille de BOIS.

① **déboîter** **v.** (conjug. 1) ✦ Sortir d'une file de voitures. *L'automobiliste a mis son clignotant et a déboîté.*
● Attention à l'accent circonflexe du *î.*

② **déboîter** **v.** (conjug. 1) ✦ Faire sortir un os de l'articulation. *Louise s'est déboîté l'épaule en tombant.* → **démettre, luxer.**
● Attention à l'accent circonflexe du *î.*
▷ Mot de la famille de BOÎTE.

déborder **v.** (conjug. 1) **1.** Se répandre, passer par-dessus bord. *Le lait a débordé en bouillant. — La baignoire va déborder,* l'eau va passer par-dessus bord. **2.** *Déborder de,* être plein d'un sentiment. *Julie déborde de joie,* elle est très joyeuse.
➤ **débordé, débordée** **adj.** ✦ Qui a trop de travail, trop de choses à faire. *Elle est débordée et n'arrive pas à s'en sortir.*
➤ **débordement** **n. m.** ✦ Le fait de passer par dessus-bord. *Les pluies ont entraîné le débordement du fleuve,* elles ont fait déborder le fleuve. → aussi **crue.**
▷ Mots de la famille de ① BORD.

déboisement

① **déboucher** **v.** (conjug. 1) **1.** Débarrasser de ce qui bouche. *Le plombier a débouché le lavabo.* **2.** Enlever le bouchon. *Il a débouché la bouteille avec un tire-bouchon.* → **ouvrir.** ❑ contr. ② **boucher.**
▷ Mot de la famille de ② BOUCHER.

② **déboucher** **v.** (conjug. 1) **1.** Aboutir à une place, à une rue plus large. *La rue débouche sur une avenue.* **2.** Aboutir, mener à quelque chose. *Ces études ne débouchent sur aucune profession.*
➤ **débouché** **n. m.** **1.** Possibilité de vendre un produit. *Cet industriel a trouvé de nouveaux débouchés à l'étranger,* de nouveaux

endroits où vendre ses produits. **2.** Possibilité de trouver un métier. *Ces études offrent de nombreux débouchés,* des métiers, des situations.
▷ Mots de la famille de BOUCHE.

débouler **v.** (conjug. 1) ✦ Familier. **1.** Descendre à grande vitesse. *Il a raté une marche et a déboulé l'escalier jusqu'en bas.* → **dégringoler.** **2.** Arriver brusquement. *Il a déboulé chez nous sans prévenir.*
▷ Mot de la famille de BOULE.

débourser **v.** (conjug. 1) ✦ Verser de l'argent. → **dépenser, payer.** *Nous n'avons pas déboursé un centime.*
▷ Mot de la famille de ① BOURSE.

debout **adv.** **1.** Sur ses pieds. *Elle a dû voyager debout.* ❑ contr. **assis.** **2.** Levé. *Louise n'est pas encore debout.* ❑ contr. **couché.** **3.** Posé verticalement. *Alex range ses CD debout.* **4.** *Cette histoire ne tient pas debout,* elle n'est pas vraisemblable.

déboutonner **v.** (conjug. 1) ✦ Ouvrir un vêtement en défaisant les boutons. *Il a déboutonné sa veste.* ❑ contr. **boutonner.**
▷ Mot de la famille de BOUTON.

débraillé, débraillée **adj.** ✦ Qui porte ses vêtements en désordre. *Paul était débraillé.*

débrancher **v.** (conjug. 1) ✦ Arrêter le fonctionnement d'un appareil électrique en enlevant la fiche de la prise de courant. *Elle débranche le fer à repasser.* ❑ contr. **brancher.**
▷ Mot de la famille de BRANCHER.

débrayer **v.** (conjug. 8) ✦ Interrompre la liaison entre le moteur et les roues d'un véhicule. *Il débraya et passa à la vitesse supérieure.* ❑ contr. **embrayer.**
➤ **débrayage** **n. m.** ✦ Action de débrayer. *La pédale de débrayage est celle de gauche,* la pédale qui sert à débrayer. ❑ contr. **embrayage.**

débridé, débridée **adj.** ✦ Très libre. *Léa a une imagination débridée,* sans bornes.
▷ Mot de la famille de BRIDE.

débris [debʀi] **n. m.** ✦ Morceau, fragment d'un objet cassé. *Les débris du vase sont éparpillés sur le sol.*
● Ce mot se termine par un *s.*

débrouiller **v.** (conjug. 1) **1.** Rendre clair, compréhensible. *La police a réussi à débrouiller cette mystérieuse affaire.* → **démêler, éclaircir.** ❑ contr. **embrouiller.** **2. se débrouiller,** trouver le moyen de se sortir d'affaire. *Julie s'est bien débrouillée pour être au premier rang,* elle a bien su s'arranger.
➤ **débrouillard, débrouillarde** **adj.** ✦ Familier. Capable de se tirer facilement d'affaire. → **dégourdi.** *Léa est une petite fille très débrouillarde.* ❑ contr. **empoté.**
▷ Mots de la famille de BROUILLER.

débroussailler **v.** (conjug. 1) ✦ Enlever les broussailles. *Le jardinier a débroussaillé le jardin.*
▷ Mot de la famille de BROUSSAILLE.

débusquer **v.** (conjug. 1) ✦ Faire sortir de son refuge, de son abri. *Les chasseurs ont débusqué un lièvre.*

début **n. m.** **1.** Commencement. *Louise a manqué le début du film. Ils partent en vacances au début du mois d'août.* ❑ contr. ① **fin.** **2.** *Faire ses débuts,* commencer sa carrière. *Ce jeune acteur fait ses débuts au théâtre,* il commence à jouer. → aussi **débuter.**
➤ **débuter** **v.** (conjug. 1) **1.** Commencer. *Les cours débutent à 9 heures.* ❑ contr. **finir.** **2.** Commencer sa carrière. *Il a débuté comme simple employé,* il a fait ses débuts comme simple employé.
➤ **débutant** **n. m.**, **débutante** **n. f.** ✦ Personne qui commence à apprendre quelque chose. *Louise ne joue pas bien au tennis, c'est encore une débutante.* — **Adj.** *Un conducteur débutant.*

en **deçà** **adv.** et **prép.** **1.** **adv.** De ce côté-ci. *Le pont s'étant écroulé, le car a dû s'arrêter en deçà,* avant le pont. **2.** **prép.** *En deçà de,* sans franchir un point donné. *Les soldats sont restés en deçà de la frontière.* ❑ contr. **au-delà.**
▷ Mot de la famille de ① EN, ① DE et ÇÀ.

déca- ✦ Préfixe qui multiplie par dix (ex. : *décamètre*).

débris

décacheter v. (conjug. 4) ✦ Ouvrir ce qui est cacheté. *Il décachette la lettre qu'il vient de recevoir.* ❑ contr. **cacheter.**
▷ Mot de la famille de CACHET.

décade n. f. ✦ Période de dix jours. *Pendant la Révolution, la décade a remplacé la semaine.*

décadence n. f. ✦ Le fait de décliner, de perdre sa puissance. *C'est avec les invasions barbares que commença la décadence de l'Empire romain,* son affaiblissement. → **chute, déclin, ruine.**

décaféiné, décaféinée adj. ✦ *Du café décaféiné,* c'est du café dont on a enlevé les produits qui peuvent énerver.
▷ Mot de la famille de CAFÉ.

décalage n. m. ✦ Écart, différence. *Quand il est midi en France, il est onze heures en Grande-Bretagne, il y a un décalage horaire d'une heure entre les deux pays.*
▷ Mot de la famille de ② CALE.

décalcomanie n. f. ✦ Image que l'on détache du papier sur lequel elle est collée, pour la fixer ailleurs. *Paul a collé des décalcomanies sur son vélo.*
▷ Mot de la famille de CALQUE.

décaler v. (conjug. 1) ✦ Déplacer. *Son voyage a été décalé d'une semaine.*
▷ Mot de la famille de ② CALE.

décalitre n. m. ✦ Dix litres. *Cette citerne contient trois décalitres d'eau de pluie.*
▷ Mot de la famille de LITRE.

décalquer v. (conjug. 1) ✦ Reproduire un dessin à l'aide d'un papier transparent. *Julie décalque une carte de l'Europe.*
▷ Mot de la famille de CALQUE.

décamètre n. m. ✦ Dix mètres. *La clôture mesure deux décamètres.*
▷ Mot de la famille de MÈTRE.

décamper v. (conjug. 1) ✦ Familier. S'en aller à toute vitesse. *Surpris pendant leur cambriolage, les voleurs ont décampé sans rien emporter.* → **déguerpir,** s'**enfuir,** se **sauver.**
▷ Mot de la famille de CAMP.

décanter v. (conjug. 1) ✦ Débarrasser un liquide de ses impuretés en les laissant se déposer au fond d'un récipient. *On décante le vin en le versant dans une carafe.* → **filtrer.**

décaper v. (conjug. 1) ✦ Nettoyer en grattant pour débarrasser de ce qui recouvre. *Le peintre décape la porte avant de la repeindre.*

décapiter v. (conjug. 1) ✦ Trancher la tête de quelqu'un. → **guillotiner.** *Louis XVI a été décapité en 1793.*

décapotable adj. ✦ *Une voiture décapotable,* c'est une voiture dont la capote se replie. → aussi **cabriolet.**
▷ Mot de la famille de CAPOTE.

décapsuler v. (conjug. 1) ✦ Enlever la capsule d'une bouteille. *Julie décapsule la bouteille de limonade.* → **ouvrir.**
➤ **décapsuleur** n. m. ✦ Objet servant à décapsuler les bouteilles. → **ouvre-bouteille.**
▷ Mots de la famille de CAPSULE.

décapsuleur

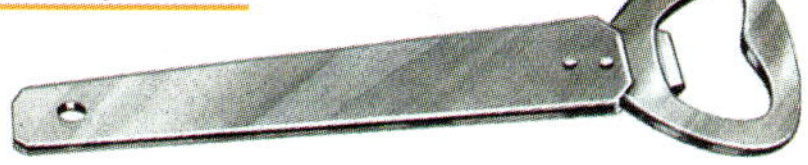

décathlon [dekatlɔ̃] n. m. ✦ Compétition d'athlétisme comportant dix épreuves.
● Le *t* est suivi d'un *h.*

décéder v. (conjug. 6) ✦ Mourir. *Le grand-père d'Alex est décédé l'année dernière.* → aussi **décès.**

déceler v. (conjug. 5) ✦ Découvrir, trouver. *Le plombier a décelé l'origine de la fuite.* → **détecter.**

décembre n. m. ✦ Douzième et dernier mois de l'année. *Noël est le 25 décembre.*

décennie n. f. ✦ Durée de dix ans. *On ne s'éclaire plus au pétrole depuis des décennies,* depuis longtemps.

décent, décente adj. ✦ Convenable, correct. *Dans les églises, il faut avoir une tenue décente.* ❑ contr. **indécent.**
➤ **décemment** [desamɑ̃] adv. ✦ D'une manière décente. *Elle était habillée très décemment, avec un chemisier à col fermé et à manches longues.* → **convenablement, correctement.**
➤ **décence** n. f. ✦ Respect de ce qu'il convient de faire. *Elle s'habille avec décence.* ❑ contr. **indécence.**
▷ Autre mot de la famille : INDÉCENT.

décentraliser **v.** (conjug. 1) ✦ Installer loin d'un grand centre industriel, d'une grande ville. *Cette entreprise vient d'être décentralisée.*
➤ **décentralisation** **n. f.** ✦ Le fait de répartir des entreprises, des usines, des administrations sur le territoire d'un pays.
▷ Mots de la famille de CENTRE.

déception **n. f.** ✦ Tristesse que l'on éprouve lorsque l'on n'a pas eu ce que l'on espérait avoir. → **déconvenue.** *Cet échec lui a causé une grosse déception.* → aussi **décevoir.**

décerner **v.** (conjug. 1) ✦ Accorder une récompense à quelqu'un. *Le premier prix de dessin a été décerné à Louise.* → **attribuer.**

décès [desɛ] **n. m.** ✦ Mort d'une personne. → **disparition.** *Le médecin a constaté le décès.* → aussi **décéder.**

décevoir **v.** (conjug. 28) ✦ Causer une déception, une désillusion. *Ce voyage nous a beaucoup déçus.* ❏ contr. **satisfaire.**
➤ **décevant, décevante** **adj.** ✦ Qui déçoit. *Cette pièce de théâtre est très décevante,* elle ne correspond pas à ce qu'on attendait.
▷ Autre mot de la famille : DÉÇU.

déchaîner **v.** (conjug. 1) **1.** Provoquer. *Les mimiques du clown déchaînent les rires des enfants.* → **déclencher.** **2. se déchaîner,** devenir violent. *La tempête s'est soudain déchaînée.*
▷ Mot de la famille de CHAÎNE.

déchanter **v.** (conjug. 1) ✦ Perdre ses illusions. *Quand il a vu qu'aucun de ses projets ne marchait, il a vite déchanté.*
▷ Mot de la famille de CHANTER.

décharger **v.** (conjug. 3) **1.** Débarrasser de son chargement. *Les dockers ont déchargé le cargo.* ❏ contr. **charger.** **2.** Soulager quelqu'un d'un travail. *Son assistante le décharge d'une partie de son travail.* **3.** Vider une arme à feu en tirant toutes les balles. *Le chasseur a déchargé son fusil sur le chevreuil.*
➤ **décharge** **n. f.** **1.** *Une décharge publique,* c'est un terrain où l'on jette les ordures. → **dépôt.** **2.** *Le lapin a reçu une décharge de plombs,* un coup de fusil. **3.** *Une décharge électrique,* c'est une secousse désagréable provoquée par le passage du courant lorsque l'on touche un fil électrique dénudé, un appareil électrique ou une prise.
➤ **déchargement** **n. m.** ✦ Action de décharger, d'enlever un chargement. *Le déchargement des marchandises a pris la matinée.* ❏ contr. **chargement.**
▷ Mots de la famille de CHARGER.

décharné, décharnée **adj.** ✦ Très maigre. *Le malade a le visage décharné.*

animal **décharné**

se déchausser **v.** (conjug. 1) ✦ Enlever ses chaussures. *Les musulmans se déchaussent avant d'entrer dans une mosquée. Léa s'est déchaussée en rentrant.* ❏ contr. se **chausser.**
▷ Mot de la famille de CHAUSSER.

déchéance **n. f.** ✦ Situation beaucoup plus mauvaise que celle où l'on était. → aussi **déchoir.** *En arriver là, quelle déchéance !*
▷ Mot de la famille de CHOIR.

déchet **n. m.** ✦ Ce qui reste et qu'on ne peut utiliser. → **résidu.** *On peut recycler certains déchets ménagers.*

déchiffrer **v.** (conjug. 1) **1.** Réussir à comprendre les signes d'un code, ce qui est écrit dans une écriture inconnue. → **décoder.** *L'espion a réussi à déchiffrer le code secret de ses ennemis.* **2.** Lire difficilement. *Tu écris trop mal, je n'arrive pas à déchiffrer ta lettre.* **3.** Lire les notes d'un morceau de musique. *Paul déchiffre une nouvelle partition.*
▷ Mot de la famille de ② CHIFFRE.

déchiqueter **v.** (conjug. 4) ✦ Déchirer en petits morceaux, mettre en pièces. *Julie déchiquette la feuille de papier en menus morceaux.*

déchirer **v.** (conjug. 1) **1.** Mettre en morceaux. *Théo a déchiré la feuille en mille morceaux.* → **déchiqueter.** **2.** Faire un accroc. *Léa a déchiré son pantalon.* — **se déchirer,** devenir déchiré, avoir un accroc. *Sa robe s'est déchirée.* **3.** Faire beaucoup de peine. *Cette nouvelle m'a déchiré le cœur.*

➤ **déchirant, déchirante** adj. ✦ Qui fait beaucoup de peine, qui fait souffrir. *Ils se sont fait des adieux déchirants,* douloureux.

➤ **déchirement** n. m. ✦ Grande peine. *C'est toujours un déchirement de se quitter.*

➤ **déchirure** n. f. ✦ Fente faite en déchirant. *Léa a une déchirure à sa robe,* sa robe a un accroc.

déchirure

déchoir v. (conjug. 25) ✦ Tomber dans une situation plus mauvaise que celle où l'on était. → aussi **déchéance.** *Il avait l'impression de déchoir en acceptant ce travail.* → s'**abaisser.**

➤ **déchu, déchue** adj. ✦ Privé de son pouvoir, de son rang. *Abandonné de tous, le roi déchu prit le chemin de l'exil.*

▷ Mots de la famille de CHOIR.

déci- ✦ Préfixe qui divise par dix (ex. : *décilitre*).

décibel n. m. ✦ Unité de puissance d'un son.

décider v. (conjug. 1) **1.** Choisir de faire quelque chose. *Ils ont décidé de s'installer au Canada,* ils en ont pris la décision. **2.** Pousser quelqu'un à faire quelque chose. *Alex a décidé sa sœur à l'accompagner.* **3. se décider,** prendre une décision. *Elle s'est décidée à apprendre à conduire.* → se **résoudre.**

➤ **décidé, décidée** adj. **1.** Qui sait ce qu'il veut. *Julie est une petite fille décidée.* ❏ contr. **hésitant, indécis. 2.** Réglé, fixé. *Nous partirons en août, c'est décidé.*

➤ **décidément** adv. ✦ D'une manière certaine, définitive. *Décidément, il est toujours en retard !*

décigramme n. m. ✦ Unité de poids valant le dixième du gramme. *10 décigrammes (10 dg) valent 1 gramme.*

▷ Mot de la famille de GRAMME.

décilitre n. m. ✦ Mesure de capacité valant le dixième du litre. *Il faut 10 décilitres (10 dl) pour faire 1 litre.*

▷ Mot de la famille de LITRE.

décimal adj. m., **décimale** adj. f. et n. f.

■ adj. *Un nombre décimal,* c'est un nombre qui a des chiffres placés à droite de la virgule. *6,25 et 2,50 sont des nombres décimaux. — Le système décimal,* c'est le système de poids et mesures dans lequel les unités ont pour base le nombre dix. *Le système décimal sert à compter et à mesurer.*

■ n. f. *Une décimale,* c'est un chiffre placé à droite de la virgule, dans un nombre décimal. *5 et 0 sont les décimales de 2,50.*

décimer v. (conjug. 1) ✦ Faire mourir une grande quantité d'êtres vivants. *L'épidémie a décimé une grande partie du troupeau.*

décimètre n. m. **1.** Unité de longueur correspondant à la dixième partie du mètre. *Il faut 10 décimètres (10 dm) pour faire 1 mètre.* **2.** *Un double décimètre,* c'est une règle graduée mesurant deux décimètres (= 20 cm).

▷ Mot de la famille de MÈTRE.

décisif, décisive adj. ✦ Qui conduit à un résultat définitif. *L'équipe a remporté une victoire décisive.* → ① **capital, déterminant.**

décision n. f. **1.** Résolution. *Il a pris la décision de vivre à la campagne.* **2.** Qualité d'une personne qui décide sans hésitation. *Il a su montrer beaucoup de décision.* → **détermination, fermeté, initiative.** ❏ contr. **indécision.**

déclamer v. (conjug. 1) ✦ Dire d'une voix solennelle, en rythmant les phrases. *La comédienne déclama des alexandrins et fut très applaudie.*

➤ **déclamatoire** adj. ✦ *Un ton déclamatoire,* très solennel. → **emphatique, pompeux.**

déclarer v. (conjug. 1) **1.** Faire savoir, annoncer. → **révéler.** *Le Président a déclaré son intention de remanier le gouvernement. Ils ont déclaré qu'ils n'étaient pas d'accord.* **2.** Faire connaître l'existence de quelqu'un ou de quelque chose à une autorité. *Tous les ans, il faut déclarer ses revenus au service des impôts,* il faut dire combien on a gagné dans l'année. **3. se déclarer,** commencer à apparaître. *Un incendie s'est déclaré dans la cale du cargo.*

➤ **déclaration** n. f. **1.** Ce que l'on dit pour faire savoir quelque chose. *Le ministre a fait une déclaration à la télévision. Il lui a fait une* *déclaration d'amour.* **2.** Formulaire qui sert à déclarer quelque chose. *Elle a rempli sa déclaration de revenus.*

déclasser **v.** (conjug. 1) ✦ Déranger, mettre en désordre des objets qui étaient classés, rangés. *Tous ces livres ont été déclassés.* ❑ contr. **classer.**

▷ Mot de la famille de ① CLASSE.

déclencher **v.** (conjug. 1) **1.** Mettre en marche. *Ce bouton déclenche l'ouverture de la porte.* — **se déclencher,** se mettre en marche. *L'alarme s'est déclenchée toute seule.* **2.** Provoquer. *Son arrivée déclencha un fou rire général.* → **déchaîner.**

➤ **déclenchement** **n. m.** ✦ Le fait de se mettre en marche. *Le déclenchement de l'alarme se produit automatiquement.*

déclic **n. m.** **1.** Mécanisme qui déclenche quelque chose. *Le déclic d'un chronomètre.* **2.** Bruit sec que fait un mécanisme en se déclenchant. *La photo a été prise, j'ai entendu le déclic.*

① **décliner** **v.** (conjug. 1) **1.** *Le jour décline,* il tombe. → **baisser.** **2.** Diminuer. *Les forces du malade déclinent rapidement.* → **décroître.**

➤ **déclin** **n. m.** **1.** *Le déclin du jour,* c'est le moment où il tombe. **2.** *Le déclin d'une civilisation,* c'est la diminution de son importance, de sa puissance. → **affaiblissement, décadence.**

② **décliner** **v.** (conjug. 1) **1.** Refuser. *Ils ont décliné notre invitation.* ❑ contr. **accepter.** **2.** *Décliner son identité,* dire son nom. *L'inspecteur de police a demandé au témoin de décliner son identité.*

déclouer **v.** (conjug. 1) ✦ Arracher, enlever des clous. *Il a décloué la caisse de vin.* ❑ contr. **clouer.**

▷ Mot de la famille de CLOU.

décocher **v.** (conjug. 1) ✦ Lancer avec un arc. *Le tireur décoche une flèche.*

décoder **v.** (conjug. 1) ✦ Mettre en langage clair un message codé. → **déchiffrer.** *L'espion a décodé le message envoyé par l'ennemi.*

➤ **décodeur** **n. m.** ✦ Appareil qui sert à voir clairement des émissions sur une chaîne de télévision qui est brouillée.

▷ Mots de la famille de CODE.

décoiffer **v.** (conjug. 1) ✦ Mettre les cheveux de quelqu'un en désordre. → **dépeigner.** *Le vent l'a décoiffé.* ❑ contr. **coiffer.**

▷ Mot de la famille de COIFFER.

décolérer **v.** (conjug. 6) ✦ *Ne pas décolérer,* ne pas cesser d'être en colère. *Il n'a pas décoléré depuis hier.*

▷ Mot de la famille de COLÈRE.

décoller

① **décoller** **v.** (conjug. 1) ✦ Quitter le sol en volant. → s'**envoler.** *L'avion a décollé.* ❑ contr. **atterrir,** se **poser.**

➤ **décollage** **n. m.** ✦ Moment où un avion décolle. *Les passagers doivent attacher leur ceinture pendant le décollage.* ❑ contr. **atterrissage.**

② **décoller** **v.** (conjug. 1) ✦ Détacher quelque chose qui était collé. *Théo décolle le timbre de l'enveloppe.* ❑ contr. **coller.** — **se décoller,** se détacher. *L'affiche s'est décollée.*

▷ Mot de la famille de COLLE.

décolleté **adj.** et **n. m.,** **décolletée** **adj. f.**

■ **adj.** Qui laisse voir le cou et une partie de la poitrine ou du dos. *Une robe décolletée.* → **échancré.**

■ **n. m.** Partie d'un vêtement qui laisse le cou et le haut de la poitrine ou du dos découvert. *Sa robe a un décolleté arrondi.*

▷ Mot de la famille de COL.

décolorer **v.** (conjug. 1) ✦ Rendre plus claire la couleur de quelque chose. *Le soleil a décoloré les rideaux.* ❑ contr. **colorer.**

➤ **décoloré, décolorée** **adj.** ✦ Qui n'a plus sa couleur naturelle. *Des cheveux décolorés.*

▷ Mots de la famille de COLORER.

décombres

décombres n. m. pl. ✦ Débris, gravats, qui restent d'un bâtiment détruit. *On a retrouvé les victimes de l'explosion sous les décombres.* → aussi **ruine.**

décommander v. (conjug. 1) **1.** Annuler une commande. *Elle a décommandé les produits qu'elle avait fait mettre de côté par téléphone.* ❑ contr. **commander. 2. se décommander,** annuler un rendez-vous, prévenir qu'on ne viendra pas alors qu'on était invité. *Les invités se sont tous décommandés.*

▷ Mot de la famille de COMMANDER.

décomposer v. (conjug. 1) **1.** Analyser, séparer les différentes parties d'un ensemble. *Le professeur de danse décompose le mouvement pour bien l'expliquer à ses élèves.* **2. se décomposer,** pourrir. *La viande commençait à se décomposer.*

➤ **décomposition** n. f. ✦ Le fait de se décomposer. *Le cadavre de l'oiseau était en décomposition,* en train de pourrir. → **putréfaction.**

▷ Mots de la famille de COMPOSER.

décompresser v. (conjug. 1) ✦ Familier. Se détendre, cesser d'être énervé. *J'ai besoin de décompresser, je vais prendre des vacances.*

déconcerter v. (conjug. 1) ✦ Troubler, embarrasser. *La question du professeur déconcerta Louise qui ne sut pas répondre.* → **décontenancer, dérouter, désarçonner.**

➤ **déconcertant, déconcertante** adj. ✦ Qui déconcerte, déroute. *Il est déconcertant, par moments. Une attitude déconcertante.* → **déroutant.**

déconfit, déconfite adj. ✦ Déçu et honteux. *Paul était tout déconfit d'avoir perdu la course.* → **dépité.** ❑ contr. **triomphant.**

➤ **déconfiture** n. f. ✦ Défaite, échec. *Notre équipe n'a pas gagné un seul match, quelle déconfiture !*

décongeler v. (conjug. 5) ✦ Ramener un aliment congelé à une température supérieure à zéro degré. *Il sort la tarte du congélateur et la met à décongeler dans le four à micro-ondes.* ❑ contr. **congeler.**

▷ Mot de la famille de ① GEL.

déconnecter v. (conjug. 1) ✦ Débrancher. *Les fils électriques sont déconnectés. Louise déconnecte son ordinateur,* elle interrompt la connexion. ❑ contr. **connecter.**

▷ Mot de la famille de CONNECTER.

déconseiller v. (conjug. 1) ✦ Conseiller de ne pas faire. *Le médecin lui a déconseillé les sports violents.* ❑ contr. ② **conseiller.**

▷ Mot de la famille de CONSEIL.

déconsidérer v. (conjug. 6) ✦ Faire perdre l'estime des autres. *Sa méchanceté l'a déconsidéré auprès de tout le monde.* → **discréditer.**

▷ Mot de la famille de CONSIDÉRER.

décontenancer v. (conjug. 3) ✦ Faire perdre sa contenance, mettre dans l'embarras. *Léa a été décontenancée par la question du professeur.* → **déconcerter, dérouter, désarçonner.**

▷ Mot de la famille de TENIR.

se **décontracter** v. (conjug. 1) ✦ Se détendre, se relaxer. *Il est très nerveux et a du mal à se décontracter. Elle s'est décontractée en prenant un bain.*

➤ **décontracté, décontractée** adj. ✦ Insouciant, détendu. *Julie est très décontractée, personne ne l'intimide.*

➤ **décontraction** n. f. ✦ Relâchement des muscles, détente du corps. *Le yoga aide à la décontraction du corps.* → **relaxation.** ❑ contr. **contraction.**

▷ Mots de la famille de ③ DÉCONTRACTER.

déconvenue n. f. ✦ Grande déception. *Alex voulait voir ce film, mais il ne restait plus de places, quelle déconvenue !*

décorer v. (conjug. 1) **1.** Orner de manière à rendre plus beau. *Théo a décoré les murs de sa chambre avec des affiches de films.* **2.** Remettre une décoration à quelqu'un. *Il a été décoré de la Légion d'honneur,* on lui a donné la Légion d'honneur.

➤ **décor** n. m. **1.** *Les décors,* c'est ce qui représente l'endroit où se passe l'action, sur une scène de théâtre, un plateau de cinéma ou de télévision. *Entre chaque acte de la pièce, on change les décors.* **2.** Endroit où l'on vit, cadre de vie. *Ils vivent dans un décor très agréable.*

➤ **décorateur** n. m., **décoratrice** n. f. ✦ Personne dont le métier est de faire des décors de théâtre, de cinéma, ou de décorer l'intérieur des maisons.

➤ **décoratif, décorative** adj. ✦ Qui décore bien, fait un joli effet. *Cette lampe est très décorative.*

➤ **décoration** n. f. **1.** Façon dont une pièce est décorée, objets et ornements qui servent à décorer. *Julie a changé la décoration de sa chambre.* **2.** Insigne que l'on donne à une personne pour la récompenser d'avoir fait quelque chose de bien. *La Légion d'honneur, la médaille du Travail sont des décorations.*

décoration

décortiquer v. (conjug. 1) ✦ Enlever l'enveloppe dure ou la coquille de quelque chose qui se mange. *Louise décortique des langoustines.*

découdre v. (conjug. 48) ✦ Défaire ce qui était cousu. ❑ contr. **coudre.** *Il découd l'ourlet de son pantalon.* — **se découdre,** se défaire où c'était cousu. *La jupe de Julie s'est décousue.*

▷ Mot de la famille de COUDRE.

découler v. (conjug. 1) ✦ Être la conséquence, le résultat. *Les obligations qui découlent de ce contrat.* → **provenir, résulter.**

▷ Mot de la famille de COULER.

découper v. (conjug. 1) **1.** Couper en morceaux. *Il découpe le poulet.* **2.** Couper en suivant un tracé. *Découpez suivant le pointillé.* **3. se découper,** se détacher sur un fond. *Les montagnes se découpent sur le ciel.*

➤ **découpé, découpée** adj. ✦ Qui a des bords irréguliers. *Les feuilles du platane sont découpées.*

➤ **découpage** n. m. ✦ Action de découper. *Le découpage du gigot. Léa fait des découpages,* elle découpe des images.

▷ Mots de la famille de COUPER.

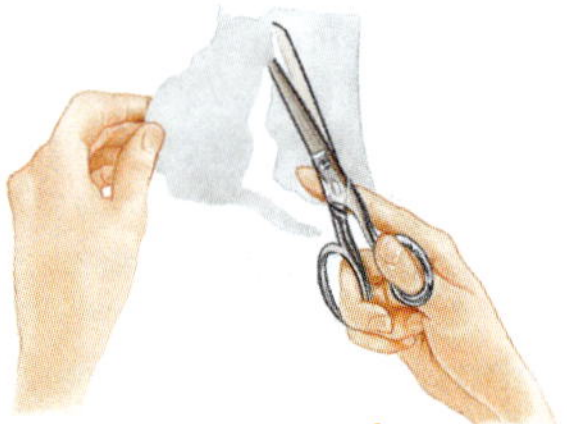

découpage

décourager v. (conjug. 3) ✦ Enlever son courage à quelqu'un. *Son échec ne l'a pas découragé.* → **abattre, démoraliser.** ❑ contr. **encourager, stimuler.** — **se décourager,** perdre courage. *Malgré les difficultés, elles ne se sont pas découragées.*

➤ **décourageant** [dekuʀaʒɑ̃], **décourageante** [dekuʀaʒɑ̃t] adj. ✦ Qui décourage. → **déprimant, désespérant.** *Cette mauvaise volonté est vraiment décourageante,* elle démoralise.

● Il y a un *e* après le *g*.

➤ **découragement** n. m. ✦ Sentiment d'abattement, de tristesse, que l'on éprouve quand on a perdu courage. *Ne vous laissez pas aller au découragement, réagissez !*

▷ Mots de la famille de COURAGE.

décousu, décousue adj. **1.** Dont la couture est défaite. *La poche de ma veste est*

décousue. **2.** *Des propos décousus,* sans suite, sans logique. → **incohérent.** *Dans son sommeil, il prononçait des mots décousus.*
▷ Mot de la famille de COUDRE.

à **découvert** **adv.** **1.** Dans un lieu où l'on n'est pas couvert, pas protégé. *Les cow-boys, qui chevauchaient à découvert, ont été attaqués par des Indiens.* **2.** *Son compte en banque est à découvert,* il n'y a plus d'argent dessus.
▷ Mot de la famille de COUVRIR.

découverte **n. f.** ✦ *Faire une découverte,* c'est découvrir, trouver quelque chose de caché ou d'inconnu. *Alex a fait une drôle de découverte dans le grenier.* — *Les aventuriers sont partis à la découverte d'un trésor,* à sa recherche.
▷ Mot de la famille de COUVRIR.

découvrir **v.** (conjug. 18) **1.** Trouver, arriver à connaître une chose cachée ou inconnue. *J'aimerais découvrir son secret. C'est Pasteur qui a découvert le vaccin contre la rage.* → **inventer.** **2.** Apercevoir. *Du haut de la colline, on découvre la mer.*
➤ se **découvrir** **1.** Enlever ce qui couvre. *Le bébé s'est découvert en dormant,* il a repoussé ses couvertures. **2.** Enlever son chapeau. *Les hommes se découvrent en entrant dans une église.* **3.** Devenir moins couvert, plus dégagé. *Après l'orage, le ciel s'est découvert.*
▷ Mots de la famille de COUVRIR.

décrasser **v.** (conjug. 1) ✦ Débarrasser de la crasse. → **laver, nettoyer.**
▷ Mot de la famille de CRASSE.

décret **n. m.** ✦ Décision écrite du gouvernement. *Le gouvernement a publié un décret.*
➤ **décréter** **v.** (conjug. 6) ✦ Décider fermement. *Julie a décrété qu'elle ne voulait plus faire de piano.*

décrié, décriée **adj.** ✦ Critiqué, dénigré. *Cet écrivain est injustement décrié.*

décrire **v.** (conjug. 39) **1.** Dire exactement comment est quelque chose ou quelqu'un. *Décrivez l'endroit où vous avez passé vos vacances,* dites comment il était, quel était son aspect. → aussi **description.** **2.** *Le fleuve décrit des méandres,* il forme des méandres. → aussi **tracer.**

décrocher **v.** (conjug. 1) **1.** Détacher une chose qui était accrochée. *Après Noël, on a décroché toutes les guirlandes du sapin.* ❑ contr. **accrocher.** **2.** Soulever le combiné du téléphone. *Julie décroche et dit : « Allô ! »* ❑ contr. **raccrocher.**

décroître **v.** (conjug. 55) ✦ Diminuer petit à petit. *En vieillissant, la vue décroît.* → **s'affaiblir, baisser.** ❑ contr. **s'accroître, croître.**
➤ **décroissant, décroissante** **adj.** ✦ Qui va en diminuant. *10, 8 et 6 sont classés dans l'ordre décroissant,* ils vont du plus grand au plus petit. ❑ contr. ② **croissant.**
➤ **décrue** **n. f.** ✦ Baisse du niveau d'un fleuve ou d'une rivière après une crue. ❑ contr. **crue.**
▷ Mots de la famille de CROÎTRE.

déçu, déçue **adj.** ✦ Qui n'a pas eu ce qu'il attendait ou ce qu'il espérait. *Louise était très déçue de ne pas avoir gagné le concours.* → **désappointé** et aussi **déception.**
▷ Mot de la famille de DÉCEVOIR.

décupler **v.** (conjug. 1) ✦ Devenir dix fois plus grand. *Le prix des terrains a décuplé en quelques années.*

dédaigner **v.** (conjug. 1) ✦ Repousser avec mépris. *Il a dédaigné notre aide,* il n'en a pas voulu. → **mépriser.** *Quelques jours de vacances, ce n'est pas à dédaigner !,* à négliger.
➤ **dédaigneux, dédaigneuse** **adj.** ✦ Qui montre du mépris. *Il regarde tout le monde d'un air dédaigneux.* → **fier, hautain, méprisant.**
➤ **dédain** **n. m.** ✦ Mépris que l'on éprouve pour une personne ou une chose que l'on ne trouve pas assez intéressante. *Il considérait tout le monde avec le plus grand dédain.* ❑ contr. **estime.**
▷ Mots de la famille de DAIGNER.

dédale **n. m.** ✦ Lieu où l'on risque de se perdre. → **labyrinthe.** *Les rues du village forment un vrai dédale.*

dedans **adv.** et **n. m.**
■ **adv.** À l'intérieur. ❑ contr. **dehors.** *Il a ouvert la penderie et rangé ses vêtements dedans.*
■ **n. m.** *Le dedans,* c'est l'intérieur. *Le bruit venait du dedans.*
▷ Mot de la famille de ① EN et de DANS.

dédicace **n. f.** ✦ Phrase qu'une personne écrit sur son livre, son disque ou sa photo pour un admirateur. *Julie a demandé une dédicace à son chanteur favori.* → aussi **autographe.**

➤ **dédicacer** v. (conjug. 3) ✦ Mettre une dédicace. *Le célèbre comédien a dédicacé le programme de la pièce à ses jeunes admiratrices.*

dédier v. (conjug. 7) ✦ Rendre hommage à quelqu'un en inscrivant son nom au début d'un livre qu'on a écrit. *L'auteur a dédié son livre à sa femme,* il a fait imprimer « à ma femme » au début de son livre, en signe de reconnaissance.

se **dédire** v. (conjug. 37) ✦ Ne pas tenir sa parole. → se **rétracter.** *Il m'a fait une promesse puis il s'est dédit.*

▷ Mot de la famille de DIRE.

dédommager v. (conjug. 3) ✦ *Dédommager quelqu'un,* c'est le payer pour réparer un dégât. *Les victimes de l'accident ont été dédommagées par l'assurance.* → **indemniser.**

➤ **dédommagement** n. m. ✦ Ce que l'on obtient pour remplacer une chose qui a été abîmée ou perdue. *L'assurance a versé des dédommagements aux victimes de la catastrophe.*

▷ Mots de la famille de DOMMAGE.

dédoubler v. (conjug. 1) ✦ Partager en deux. *Comme les élèves étaient trop nombreux, on a dédoublé la classe,* on a fait deux classes.

▷ Mot de la famille de DOUBLE.

dédramatiser v. (conjug. 1) ✦ Faire paraître moins dramatique, moins grave. *Il faut dédramatiser la situation, tout cela va finir par s'arranger.* ❑ contr. **dramatiser.**

▷ Mot de la famille de DRAME.

déduire v. (conjug. 38) **1.** Enlever une certaine somme d'un total à payer. *Je déduis du total les 3 euros que tu me devais.* → **soustraire.** ❑ contr. **ajouter. 2.** Trouver en raisonnant. → **conclure.** *En voyant l'air penaud d'Alex, la maîtresse en a déduit qu'il n'avait pas appris sa leçon.*

➤ **déduction** n. f. **1.** Action d'enlever une somme d'une autre. → **soustraction.** *L'hôtelier fait la déduction de la somme que lui a déjà versée son client,* il la déduit, la soustrait du total. **2.** Raisonnement. *D'après les déductions du commissaire, les malfaiteurs ont commis le vol avant minuit.*

déesse n. f. ✦ Divinité de sexe féminin. *Vénus était la déesse romaine de l'amour.* → aussi **dieu.**

déesse indienne

défaillir v. (conjug. 13) ✦ Se trouver mal, s'évanouir. *Léa se sent défaillir dès qu'elle voit du sang.*

● Ce mot est littéraire.

➤ **défaillance** n. f. ✦ Moment de faiblesse physique. *Le chauffeur du car a eu une défaillance au volant.*

➤ **défaillant, défaillante** adj. ✦ Qui fonctionne mal. *Ma mémoire est défaillante,* elle est mauvaise.

▷ Mots de la famille de FAILLIR.

défaire v. (conjug. 60) ✦ Faire une action, un geste qui supprime ce qui avait été fait. *Le voyageur défait sa valise en arrivant à l'hôtel.* → **vider.** *J'ai défait l'ourlet de mon pantalon.* → **découdre.** ❑ contr. **faire.**

➤ se **défaire** v. **1.** Cesser d'être fait, d'être arrangé. *Sa natte s'est défaite,* elle s'est dénouée. **2.** Se débarrasser de quelque chose. *Il faudrait qu'il se défasse de cette mauvaise habitude.*

➤ **défait, défaite** **adj.** 1. Qui n'est plus fait, plus arrangé. *Alex est parti en classe en laissant son lit défait,* en désordre. 2. Qui semble très fatigué ou bouleversé. *Il avait le visage défait,* très marqué.

➤ **défaite** **n. f.** ✦ Perte d'une bataille, d'une guerre. ❑ contr. **victoire.** *Napoléon a subi une grave défaite à Waterloo.*

➤ **défaitiste** **adj.** ✦ *Une personne défaitiste,* c'est une personne qui ne croit pas à la victoire, qui veut abandonner la lutte. *Ne sois pas défaitiste, on peut encore gagner le match !* ❑ contr. **optimiste.**

▷ Mots de la famille de FAIRE.

défaut **n. m.** 1. Ce qui n'est pas bien, est imparfait chez quelqu'un. ❑ contr. **qualité.** *L'égoïsme est un vilain défaut.* 2. Partie mal faite de quelque chose. *Cette jupe a un défaut.* → **imperfection.** *Un défaut de fabrication.* 3. *Faire défaut,* manquer. *Le courage commençait à lui faire défaut.* 4. *À défaut de,* en l'absence de. *À défaut de café, nous boirons du thé.*

défavorable **adj.** ✦ Qui n'est pas favorable à quelque chose. *Le directeur est défavorable à nos projets.* ❑ contr. **favorable.**

▷ Mot de la famille de FAVORABLE.

défavoriser **v.** (conjug. 1) ✦ Priver quelqu'un d'un avantage. *Cette loi défavorise les personnes les plus pauvres.* → **désavantager.** ❑ contr. **favoriser.**

➤ **défavorisé, défavorisée** **adj.** ✦ Qui n'a pas les mêmes possibilités, les mêmes avantages qu'un autre. *Au basket, les petits sont défavorisés par rapport aux grands,* ils sont désavantagés. *Il vient d'un milieu défavorisé,* pauvre. ❑ contr. **privilégié.**

▷ Mots de la famille de FAVORISER.

défection **n. f.** ✦ Le fait de ne pas venir là où on est attendu, de ne pas faire ce que l'on devrait faire. *De nombreuses personnes qui s'étaient inscrites pour la visite ont fait défection,* ne sont pas venues.

défectueux, défectueuse **adj.** ✦ Qui a un défaut, une imperfection et ne fonctionne pas bien. *Un aspirateur défectueux.*

① **défendre** **v.** (conjug. 41) 1. Protéger contre une attaque en se battant. *Alex défend toujours les plus faibles.* ❑ contr. **attaquer.** — **se défendre,** résister à une attaque, se battre. *Il sait très bien se défendre tout seul.* 2. Se battre pour. *Il défendit son idée avec énergie.*

➤ ① **défense** **n. f.** 1. Protection contre une attaque. *Un pont-levis assurait la défense du château. Louise prend toujours la défense de sa petite sœur,* elle la défend toujours. 2. Dent très longue de certains animaux, qui leur sert à se défendre. *Les sangliers et les éléphants ont des défenses.*

➤ **défenseur** **n. m.** ✦ Personne qui défend quelqu'un ou quelque chose contre une attaque. *L'accusé a choisi pour défenseur un avocat célèbre.*

➤ **défensif, défensive** **adj.** ✦ Qui sert à se défendre. *Les armes défensives.* ❑ contr. **offensif.**

➤ **défensive** **n. f.** ✦ *Être sur la défensive,* prêt à se défendre. *Elle est toujours sur la défensive.*

▷ Autres mots de la famille : AUTODÉFENSE, INDÉFENDABLE.

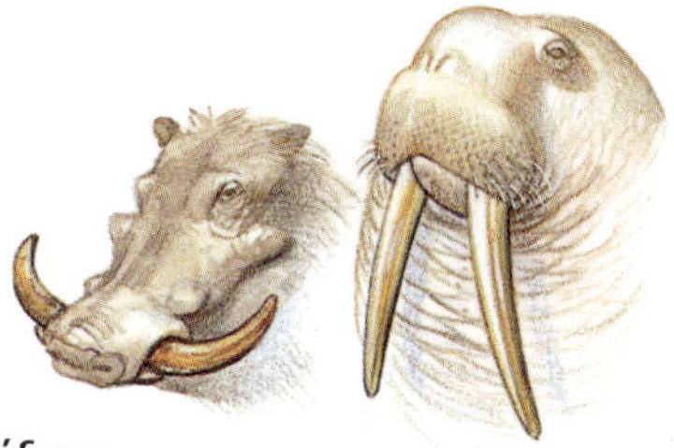

défense

② **défendre** **v.** (conjug. 41) ✦ Interdire. *Je te défends d'y aller. Il est défendu de fumer en avion.* → **interdit.** ❑ contr. **autoriser, permettre.**

➤ ② **défense** **n. f.** ✦ Interdiction. *Défense de marcher sur les pelouses.* ❑ contr. **autorisation, permission.**

déférence **n. f.** ✦ Respect. *Traitez votre interlocuteur avec déférence.* → **égard.**

déferler **v.** (conjug. 1) ✦ *Les vagues déferlent sur la plage,* elles retombent en roulant et en formant de l'écume.

défi **n. m.** ✦ *Lancer un défi à quelqu'un,* c'est le provoquer en lui disant qu'il est incapable de faire quelque chose. → aussi **défier.** *Paul a mis Alex au défi de sauter aussi haut que lui.*

▷ Mot de la famille de DÉFIER.

défiance **n. f.** ✦ Sentiment d'une personne qui n'a pas confiance. → **méfiance.** ❑ contr.

confiance. *Il est tellement menteur que, même si ce qu'il dit paraît vrai, on éprouve toujours une certaine défiance quand il parle.*
▷ Mot de la famille de SE FIER.

déficient, déficiente **adj.** ✦ Qui est faible, présente une déficience. *Cet enfant a une santé déficiente,* mauvaise, fragile.
➤ **déficience** **n. f.** ✦ Faiblesse, insuffisance. *Cet enfant souffre de déficience mentale,* son développement mental n'a pas atteint le niveau normal.

déficit [defisit] **n. m.** ✦ Somme d'argent qui manque quand les dépenses sont plus importantes que les recettes. ❑ contr. **bénéfice.** *L'entreprise a un déficit de plusieurs millions.*
➤ **déficitaire** **adj.** ✦ Qui présente un déficit. *Le budget de la société est déficitaire.*

défier **v.** (conjug. 7) ✦ Provoquer quelqu'un en lui demandant de faire quelque chose que l'on pense qu'il est incapable de faire. *Paul a défié Alex de sauter du grand plongeoir,* il lui a lancé ce défi.
▷ Autre mot de la famille : DÉFI.

se **défier** **v.** (conjug. 7) ✦ Ne pas avoir confiance. *Il sentait qu'on se défiait de lui.* → se **méfier.**
▷ Mot de la famille de SE FIER.

défigurer **v.** (conjug. 1) ✦ Enlaidir. *Une grosse verrue sur le nez la défigure.*
▷ Mot de la famille de FIGURE.

défiler **v.** (conjug. 1) **1.** Marcher en file, en rang. *Les soldats défilent le jour de la fête nationale.* **2.** Se suivre sans interruption. *Les voitures défilaient à toute allure sur l'autoroute.*
➤ **défilé** **n. m.** **1.** Passage étroit entre deux montagnes. *Les Indiens ont attaqué les cowboys à la sortie du défilé.* **2.** Marche de personnes, de véhicules en file. *Le défilé du 14 Juillet commencera à 10 heures.*
▷ Mots de la famille de FILE.

défilé militaire

définir **v.** (conjug. 2) ✦ *Définir un mot,* c'est expliquer ce qu'il veut dire. → aussi **définition.**
➤ **défini, définie** **adj.** **1.** Qui est bien précisé. → **précis.** *Ce jeu a des règles bien définies.* **2.** *Un article défini,* qui se rapporte à une chose, une personne ou un animal bien précis. *« Le », « la », « les » sont des articles définis.*
▷ Autres mots de la famille : DÉFINITION, INDÉFINI, INDÉFINISSABLE.

définitif, définitive **adj.** **1.** Qui ne changera pas. *Nous venons d'avoir les résultats définitifs des élections.* ❑ contr. **provisoire.** **2.** *En définitive,* finalement. *En définitive, il n'est pas parti.*
➤ **définitivement** **adv.** ✦ Pour toujours. *Cette famille portugaise s'est installée définitivement en France.*

définition **n. f.** ✦ Explication du sens d'un mot, d'une expression. *Le professeur a demandé aux élèves de chercher dans leur dictionnaire la définition du mot « grange ».*
▷ Mot de la famille de DÉFINIR.

déflagration **n. f.** ✦ Explosion. *La déflagration a cassé toutes les vitres.*

défoncer **v.** (conjug. 3) **1.** Casser en enfonçant. *Pour pénétrer dans la maison, la police a dû défoncer la porte.* **2.** Creuser profondément. *Les ouvriers défoncent le trottoir avec leurs marteaux-piqueurs.*
➤ **défoncé, défoncée** **adj.** ✦ Qui a des trous et des bosses. *Ce chemin de terre est tout défoncé.*

déformer **v.** (conjug. 1) ✦ Changer la forme. *Cette glace déforme les traits du visage.* — *se déformer,* changer de forme, devenir déformé. *Mes chaussures se sont déformées.*
➤ **déformant, déformante** **adj.** ✦ Qui déforme. *Un miroir déformant,* qui déforme les traits du visage ou la silhouette.
➤ **déformation** **n. f.** ✦ Changement de forme. *Certains rhumatismes provoquent des déformations des doigts.*
▷ Mots de la famille de FORME.

se **défouler** **v.** (conjug. 1) ✦ Familier. Se soulager, se libérer en faisant ce que l'on a envie de faire. *Elle s'est défoulée en dansant toute la nuit.*

➤ **défoulement** n. m. ✦ Le fait de se défouler, moyen de se défouler. *Le sport est un excellent défoulement.*

défraîchi, défraîchie adj. ✦ Qui n'a plus un aspect neuf, qui a perdu sa fraîcheur. *Cette robe est un peu défraîchie.*
▷ Mot de la famille de ① FRAIS.

défrayer v. (conjug. 8) **1.** Rembourser à quelqu'un les dépenses qu'il a eues. *La société qui l'emploie l'a défrayé de son voyage.* **2.** *Défrayer la chronique,* faire beaucoup parler de soi. *Ce scandale défraie la chronique.*
▷ Mot de la famille de ② FRAIS.

défricher v. (conjug. 1) ✦ Préparer une terre pour la culture en enlevant les plantes sauvages et les arbres. *Une partie de la forêt a été défrichée, puis cultivée.*
▷ Mot de la famille de FRICHE.

défunt n. m., **défunte** n. f. ✦ Personne morte. *Le prêtre dit une prière pour les défunts.* → ③ **mort.**

miroir **déformant**

dégager v. (conjug. 3) **1.** Débarrasser de ce qui encombre. « *Dégagez le passage* », *dit l'agent aux automobilistes,* cessez d'encombrer le passage. **2.** Libérer de ce qui retient. *Les sauveteurs ont dégagé les blessés des décombres.* **3.** Laisser échapper. *Ces roses dégagent un merveilleux parfum.* → **répandre.** **4.** Envoyer le ballon le plus loin possible. *Le footballeur a dégagé.*
➤ se **dégager** v. **1.** Devenir libre de ce qui encombre. *Le ciel se dégage,* les nuages s'en vont. → s'**éclaircir.** **2.** Sortir. *Une épaisse fumée se dégageait de l'usine en feu.*
➤ **dégagé, dégagée** adj. **1.** Qui n'est pas couvert. *Le ciel est dégagé ce matin,* il est sans nuages. ❑ contr. ② **couvert.** *Elle est coiffée avec le front dégagé,* sans cheveux qui recouvrent le front. **2.** *Un air dégagé,* désinvolte et innocent. *Il a pris un air dégagé pour me répondre.*

➤ **dégagement** n. m. **1.** Action de libérer ce qui gêne. *Il a fallu attendre longtemps le dégagement de la rue encombrée,* que la rue ne soit plus encombrée. **2.** *Le gardien de but a fait un dégagement,* il a envoyé le ballon très loin.
▷ Mots de la famille de GAGE.

dégaine n. f. ✦ Familier. Allure. *Il a gardé sa dégaine d'étudiant.*

dégainer v. (conjug. 1) ✦ Tirer une arme de son étui. *Le gangster a dégainé son revolver.*
▷ Mot de la famille de GAINE.

dégarnir v. (conjug. 2) **1.** Enlever ce qui garnit. *Après les fêtes, on a dégarni le sapin de Noël,* on a enlevé les décorations. **2. se dégarnir,** perdre ses cheveux. *Il se dégarnit avec l'âge. Ses tempes se dégarnissent.*
▷ Mot de la famille de GARNIR.

dégât n. m. ✦ Dommage, destruction causée par un accident, une catastrophe. *La grêle a fait de gros dégâts dans les champs.* → **ravages.**
● Attention à l'accent circonflexe du *â*.
▷ Mot de la famille de ② GÂTER.

dégazer v. (conjug. 1) ✦ Nettoyer les citernes d'un pétrolier. *Il est interdit de dégazer en mer.*
▷ Mot de la famille de GAZ.

dégel n. m. ✦ Fonte de la neige et de la glace quand le temps devient plus chaud. ❑ contr. ① **gel.** *Le débit des torrents augmente au moment du dégel.*
➤ **dégeler** v. (conjug. 5) ✦ Cesser d'être gelé, fondre. ❑ contr. **geler.** *Au printemps, le lac dégèle.*
▷ Mots de la famille de ① GEL.

dégénérer v. (conjug. 6) ✦ Se transformer en quelque chose de mauvais. *Les disputes entre Paul et Alex dégénèrent toujours en bagarre.*

dégivrer v. (conjug. 1) ✦ Enlever le givre. *Une soufflerie dégivre la vitre arrière et le pare-brise de la voiture.*
➤ **dégivrage** n. m. ✦ Action d'enlever le givre, de dégivrer. *Le dégivrage du réfrigérateur est automatique.*
▷ Mots de la famille de GIVRE.

déglutir v. (conjug. 2) ✦ Avaler sa salive ou un aliment. *Léa a eu du mal à déglutir son morceau de viande.*

dégonfler v. (conjug. 1) 1. Faire sortir l'air qui gonflait quelque chose. *Théo a dégonflé son ballon.* 2. Devenir moins gonflé. *Sa paupière a dégonflé.* ❏ contr. **enfler.** 3. **se dégonfler,** se vider de son air. *Un pneu de la voiture s'est dégonflé.*
▷ Mot de la famille de GONFLER.

dégouliner v. (conjug. 1) ✦ Couler lentement. *Alex a chaud, la sueur dégouline sur son front.*

dégourdir v. (conjug. 2) 1. *Se dégourdir les jambes,* les remuer après être resté longtemps dans la même position. *Julie s'est dégourdi les jambes après avoir passé l'après-midi en voiture.* 2. **se dégourdir,** devenir moins timide et plus débrouillard. *Léa s'est dégourdie au contact de ses camarades de classe.*
➤ **dégourdi, dégourdie** adj. ✦ Qui sait se débrouiller tout seul. → fam. **débrouillard.** *Cette petite fille est dégourdie pour son âge.*
▷ Mots de la famille de GOURD.

dégoûter v. (conjug. 1) ✦ Inspirer du dégoût. → **répugner.** *Les araignées me dégoûtent.*
➤ **dégoût** n. m. ✦ Impression désagréable que l'on a devant quelqu'un ou quelque chose. *Théo a du dégoût pour les huîtres.*
➤ **dégoûtant, dégoûtante** adj. ✦ Très sale. *Va te laver les mains, elles sont dégoûtantes !*
➤ **dégoûté, dégoûtée** adj. ✦ Qui éprouve ou montre du dégoût. *Julie prend un air dégoûté devant le plat de tripes.*
▷ Mots de la famille de GOÛT.

dégradé n. m. ✦ Couleur qui passe peu à peu du foncé au clair. *Elle était habillée dans un dégradé de bleu.*

dégradé

dégrader v. (conjug. 1) 1. Abîmer. *Des voyous ont dégradé les murs avec des inscriptions.* → **détériorer.** — **se dégrader,** s'abîmer. *Cette maison inhabitée se dégrade peu à peu.* — *Sa santé s'est dégradée rapidement,* s'est détériorée. 2. Priver un officier de son grade. *Le capitaine a été dégradé.*
➤ **dégradant, dégradante** adj. ✦ Qui fait perdre la dignité. *Il vivait dans une misère dégradante.* → **humiliant.** *Un travail dégradant.* → **déshonorant.**
➤ **dégradation** n. f. ✦ Dégât, détérioration. *Ce vieux château a subi de nombreuses dégradations au cours des siècles.* → **dommage.**
▷ Autre mot de la famille : BIODÉGRADABLE.

dégrafer v. (conjug. 1) ✦ Détacher ce qui est agrafé. *Elle dégrafe sa jupe.* ❏ contr. **agrafer.**

degré n. m. 1. Unité qui sert à mesurer la température. *L'eau bout à 100 degrés (100°).* 2. Unité qui sert à mesurer les angles. *Un angle de 90 degrés (90°) est un angle droit.* 3. Unité qui sert à mesurer l'alcool contenu dans un liquide. *Ce vin fait 12 degrés (12°).* 4. Échelon. *Il était parvenu au plus haut degré de la réussite.* → **niveau,** ② **stade.**

dégressif, dégressive adj. ✦ Qui va en diminuant. *Si on achète cette lessive en grande quantité, on bénéficie d'un tarif dégressif,* on paie le kilo de moins en moins cher.

dégringoler v. (conjug. 1) 1. Tomber de haut. *Après l'orage, l'eau dégringole du toit.* 2. Descendre très vite. *Julie dégringole l'escalier.* → **dévaler.**
➤ **dégringolade** n. f. ✦ Familier. Chute. *La dégringolade des cours de la Bourse.*

dégrossir v. (conjug. 2) ✦ Tailler grossièrement pour donner une forme. *Le sculpteur dégrossit un bloc de marbre.*
▷ Mot de la famille de GROS.

déguenillé, déguenillée adj. ✦ Vêtu de guenilles, de vieux vêtements. *Une clocharde déguenillée demandait la charité.*
▷ Mot de la famille de GUENILLES.

déguerpir v. (conjug. 2) ✦ Se sauver à toute allure. → **détaler, filer.** *Quand les cambrioleurs ont entendu du bruit, ils ont aussitôt déguerpi.*

déguiser v. (conjug. 1) 1. **se déguiser,** se maquiller, mettre un masque et des vêtements qui donnent l'apparence d'un personnage, d'un animal. *Julie s'est déguisée en fée pour le goûter costumé.* → se **travestir.** 2. Transformer pour tromper. *Pour faire des farces au téléphone, Paul déguise sa voix,* il la change. → **contrefaire.**

➤ **déguisement** **n. m.** ✦ Habits avec lesquels on se déguise. → **costume, panoplie.** *Léa essaie un déguisement de princesse.*

déguster **v.** (conjug. 1) ✦ Apprécier par le goût un aliment, une boisson. *Dégustez ce café !* → ① **goûter, savourer.**

➤ **dégustation** **n. f.** ✦ Consommation d'aliments, de boissons, pour les goûter. *Le viticulteur a offert aux visiteurs une dégustation des vins de sa propriété.*

dehors **adv.** et **n. m.**

■ **adv.** À l'extérieur. *Louise joue dehors,* hors de la maison. ❑ contr. **dedans.** — *La balle est tombée* **en dehors du** *terrain,* à l'extérieur du terrain. *Reste en dehors de cette histoire,* tiens-toi à l'écart, ne t'en mêle pas.

■ **n. m.** 1. *Le dehors,* c'est l'extérieur. *Le bruit semble venir du dehors.* ❑ contr. **intérieur.** 2. *Les dehors,* l'apparence, ce que l'on voit d'abord. *Sous des dehors un peu brusques, il est très gentil.*

▷ Mot de la famille de ① DE et de HORS.

déjà **adv.** 1. Dès ce moment. *À cinq ans, ma petite sœur sait déjà lire. Il est déjà parti.* 2. Avant. *Alex a déjà pris l'avion plusieurs fois.* ❑ contr. **jamais.**

● Attention à l'accent grave du *à.*

▷ Autre mot de la famille : D'ORES ET DÉJÀ.

① **déjeuner** **v.** (conjug. 1) 1. Prendre le repas de midi. *Julie et Théo déjeunent à la cantine de l'école. Alex a déjeuné avec ses amis.* 2. Prendre le petit déjeuner. *Ce matin, Paul s'est levé en retard et n'a pas eu le temps de déjeuner.*

➤ ② **déjeuner** **n. m.** 1. Repas de midi. *Louise rentre chez elle à l'heure du déjeuner. Quel bon déjeuner !* 2. *Le petit déjeuner,* c'est le repas du matin. *Théo prend du chocolat et du pain avec du beurre pour son petit déjeuner.*

▷ Mots de la famille de JEÛNER.

déjouer **v.** (conjug. 1) ✦ *Déjouer les plans de quelqu'un,* c'est empêcher qu'ils réussissent. *Les espions ont déjoué les plans de leurs adversaires.* → **contrecarrer, contrarier.**

delà → **au-delà, par-delà**

se délabrer **v.** (conjug. 1) ✦ S'abîmer, se détériorer. *La maison s'est délabrée, il faudrait faire des travaux.*

➤ **délabré, délabrée** **adj.** ✦ Abîmé, en mauvais état. *Cette maison est tellement délabrée que c'est presque une ruine.*

➤ **délabrement** **n. m.** ✦ État de ce qui tombe en ruine. *Le toit de la grange est dans un état de délabrement avancé,* il est en très mauvais état.

maison **délabrée**

délacer **v.** (conjug. 3) ✦ Desserrer ou défaire des lacets. ❑ contr. **lacer.** *Il délace ses chaussures, puis les enlève.* ❍ homonyme : délasser.

▷ Mot de la famille de LACER.

délai **n. m.** ✦ Temps limité que l'on a pour faire quelque chose. *Nous aurons fini ce travail dans le délai prévu. J'ai répondu à sa lettre sans délai,* sans attendre, immédiatement.

délaisser **v.** (conjug. 1) 1. *Délaisser quelqu'un,* c'est ne plus s'en occuper, l'abandonner. *Julie a délaissé ses anciennes amies ; elle s'en est fait de nouvelles cette année.* 2. *Délaisser quelque chose,* c'est ne plus s'y intéresser. *Alex a délaissé le tennis pour le judo.*

▷ Mot de la famille de LAISSER.

délasser **v.** (conjug. 1) ✦ Faire disparaître l'ennui, la fatigue. *C'est un spectacle qui délasse.* → **distraire.** — **se délasser,** se reposer, se détendre. *Elle s'est délassée en prenant un bain chaud.* ❍ homonyme : délacer.

➤ **délassement** **n. m.** ✦ Moyen de se détendre. → **détente.** *Pour Théo, la lecture de bandes dessinées est un bon délassement.* → **distraction.**

▷ Mots de la famille de LAS.

délateur **n. m., délatrice** **n. f.** ✦ Personne qui dénonce quelqu'un pour en tirer profit ou pour se venger. → **dénonciateur ;** fam. **mouchard.**

délation **n. f.** ✦ Le fait de dénoncer quelqu'un par intérêt ou par vengeance. → **dénonciation.** *Le dictateur encourageait la délation.*

délavé, délavée **adj.** ✦ Décoloré par l'eau, l'eau de Javel ou les nombreux lavages. *Julie porte un jean bleu délavé.*
▷ Mot de la famille de LAVER.

délayer **v.** (conjug. 8) ✦ *Délayer une substance,* c'est la mélanger avec un liquide. *Paul délaie du cacao dans du lait.*
➤ **délayage** **n. m.** ✦ Action de mélanger avec un liquide. *Le délayage de la farine dans le lait.*

se **délecter** **v.** (conjug. 1) ✦ Prendre beaucoup de plaisir. *Léa s'est délectée à regarder des dessins animés.* → se **régaler.**

déléguer **v.** (conjug. 6) ✦ Charger d'une mission. *Chaque pays a délégué des représentants pour cette réunion.* → **envoyer.**
➤ **délégué** **n. m.,** **déléguée** **n. f.** ✦ Personne qui est chargée d'une mission. *Elle est déléguée du personnel de son entreprise.* → **représentant.** *Un délégué de classe représente tous les élèves de la classe.*
➤ **délégation** **n. f.** ✦ Groupe de délégués, de représentants. *Le ministre a reçu une délégation de syndicalistes.*

délester **v.** (conjug. 1) ✦ Rendre moins lourd en enlevant un chargement. → **alléger.** *On a délesté le navire de sa cargaison.* ❑ contr. **lester.**
▷ Mot de la famille de LEST.

délibérer **v.** (conjug. 6) ✦ Réfléchir et discuter ensemble avant de prendre une décision commune. *Le jury s'est réuni pour délibérer.*
➤ **délibération** **n. f.** ✦ Discussion avant de prendre une décision. *Le conseil municipal est en pleine délibération.* → **débat.**
➤ **délibéré, délibérée** **adj.** ✦ Volontaire, réfléchi. *Sa méchanceté est délibérée.* ❑ contr. **involontaire.**
➤ **délibérément** **adv.** ✦ Volontairement, exprès. *Il m'a délibérément tourné le dos.* ❑ contr. **involontairement.**

délicat, délicate **adj.** **1.** Agréable et fin. *Ces roses ont un parfum délicat.* **2.** Fragile. *Théo a une santé délicate.* ❑ contr. **robuste, solide.** **3.** Difficile, embarrassant. *La situation devenait délicate.* **4.** Qui fait attention aux autres. *Sous des dehors un peu brusques, c'est quelqu'un de très délicat.* → **prévenant.** ❑ contr. **grossier.** *Une attention délicate,* qui fait plaisir, qui touche.
➤ **délicatement** **adv.** **1.** Finement. *Un savon délicatement parfumé.* **2.** Doucement, avec précaution. *Ces verres sont fragiles, il faut les manier délicatement.* ❑ contr. **brutalement.**
➤ **délicatesse** **n. f.** **1.** Finesse. *La délicatesse d'une nuance.* **2.** Discrétion. *Je n'ai pas insisté, par délicatesse.* → **tact.** ❑ contr. **grossièreté.**
▷ Autre mot de la famille : INDÉLICAT.

délice **n. m.** **1.** Plaisir vif et délicat. *Quel délice de faire la grasse matinée !* → **enchantement.** **2.** Régal. *Cette tarte est un vrai délice.*
➤ **délicieux, délicieuse** **adj.** ✦ Très bon, très agréable. *Cette glace est délicieuse.* → **exquis.** ❑ contr. **infect, mauvais.** *Quelle femme délicieuse !* → **charmant.** ❑ contr. **odieux.**

délier **v.** (conjug. 7) ✦ Enlever des liens. *On a délié le prisonnier.* ❑ contr. **lier.**
▷ Mot de la famille de LIER.

délimiter **v.** (conjug. 1) ✦ Fixer les limites. *Un muret délimite la propriété.*
▷ Mot de la famille de LIMITE.

délinquant **n. m.,** **délinquante** **n. f.** ✦ Personne qui a commis un délit, une faute punie par la loi. *Les jeunes délinquants ont été emmenés au poste de police.*
➤ **délinquance** **n. f.** ✦ L'ensemble des délits, des actes punis par la loi, qui sont commis. *On déplore dans les grandes villes l'augmentation de la délinquance.*

délire **n. m.** **1.** État provoqué par une forte fièvre, dans lequel on dit des choses qui n'ont pas de sens. *Dans son délire, le malade disait des mots sans suite.* **2.** Enthousiasme très grand. *La foule en délire applaudit avec frénésie.*
➤ **délirer** **v.** (conjug. 1) ✦ Avoir le délire. *Le malade a déliré toute la nuit.*
➤ **délirant, délirante** **adj.** **1.** Extravagant. → **fou.** *Elle a une imagination délirante.* **2.** Très fort. → **frénétique.** *Des applaudissements délirants.* ❑ contr. **mesuré.**

délit [deli] **n. m.** ✦ Acte puni par la loi. *Le vol est un délit. Le cambrioleur a été pris en flagrant délit,* sur le fait. → aussi **délinquant.**
● Ce mot prend un *t* à la fin.

délivrer v. (conjug. 1) 1. Remettre en liberté. → **libérer.** *Le prisonnier a été délivré par un complice.* 2. Débarrasser. *Léa a pris des cours de natation qui l'ont délivrée de sa peur de l'eau.* 3. Donner un document, un papier officiel qui sert de garantie. *La mairie lui a délivré son nouveau passeport.*

➤ **délivrance** n. f. 1. Libération. *Le prisonnier attend sa délivrance.* 2. Soulagement. *Elle éprouva soudain un sentiment de délivrance.*

▷ Mots de la famille de LIVRER.

déloger v. (conjug. 3) ✦ *Déloger quelqu'un,* c'est le faire partir de la place qu'il occupait. *Le coucou déloge les autres oiseaux de leur nid et y pond ses œufs.*

▷ Mot de la famille de LOGE.

déloyal, déloyale adj. ✦ Qui n'est pas honnête, ne respecte pas ses promesses. ❏ contr. ② **franc, loyal.** *C'est déloyal de tricher. Ils ont été déloyaux.*

▷ Mot de la famille de LOI.

delta n. m. ✦ Embouchure d'un fleuve qui se divise en plusieurs bras. *Le delta du Rhône.*

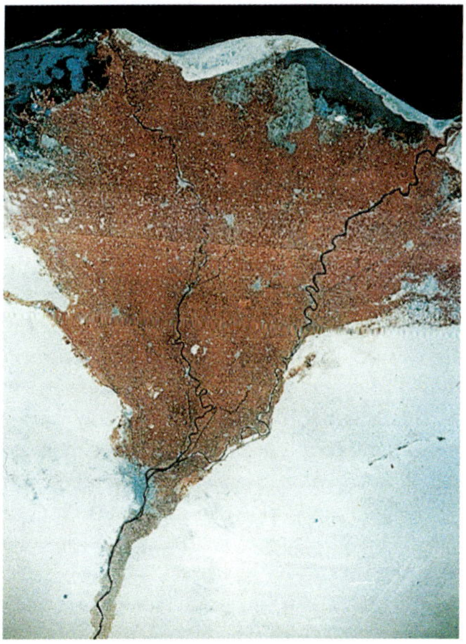

delta

deltaplane n. m. Marque déposée ✦ Planeur très léger formé d'une toile tendue sur des tubes de métal. → aussi **parapente.**

déluge n. m. 1. *Le Déluge,* c'est, dans la Bible, l'inondation qui recouvrit la Terre et noya presque tous ses habitants. *Seule l'arche de Noé échappa au Déluge.* 2. Très forte pluie. *Il se mit à tomber un véritable déluge.* → aussi **diluvien.** 3. Très grande quantité. *Elle se mit à verser un déluge de larmes.* → **flot, torrent.**

déluré, délurée adj. ✦ Malin, vif. *Julie est une petite fille délurée.* → **dégourdi.** ❏ contr. **empoté.**

démagogie n. f. ✦ Attitude par laquelle on flatte les gens pour qu'ils soient d'accord avec vous. *Cet homme politique fait de la démagogie pour se faire élire.*

➤ **démagogique** adj. ✦ Fait pour flatter un très grand nombre de gens, éventuellement en les trompant. *Le candidat aux élections tient des discours démagogiques pour se faire élire.*

demain adv. ✦ Le jour qui suit celui où l'on parle. *Aujourd'hui nous sommes dimanche et demain, c'est lundi. Au revoir, à demain ! — Demain, il fera jour,* rien ne presse d'agir aujourd'hui.

▷ Autres mots de la famille : APRÈS-DEMAIN, LENDEMAIN, SURLENDEMAIN.

deltaplane

demander v. (conjug. 1) 1. Faire savoir ce que l'on veut obtenir. → **réclamer.** *Léa a demandé de l'argent à sa mère pour s'acheter des bonbons. Je vous demande de vous taire.* 2. Essayer de savoir en interrogeant. *Il a demandé son chemin à un passant.* — **se demander,** se poser une question à soi-même. *Je me demande quelle heure il peut bien être. Elle s'est demandé si c'était vrai.* 3. Avoir besoin d'une personne. *On demande une vendeuse expérimentée.* 4. Réclamer, nécessiter. *Ce travail demande beaucoup d'attention.*

➤ **demande** n. f. ✦ Réclamation. *Sa demande n'a pas été acceptée.*

➤ **demandeur** **n. m.**, **demandeuse** **n. f.** ✦ Personne qui demande quelque chose. *Il est demandeur d'emploi,* il est au chômage et cherche un travail. → **chômeur.**

démanger **v.** (conjug. 3) ✦ Provoquer un picotement qui donne envie de se gratter. *Les piqûres de moustiques le démangeaient.*

➤ **démangeaison** [demɑ̃ʒɛzɔ̃] **n. f.** ✦ Picotement sur la peau qui donne envie de se gratter. *L'urticaire provoque des démangeaisons.*

● Il y a un *e* après le *g.*

démanteler **v.** (conjug. 5) **1.** Démolir des murailles. *La forteresse a été démantelée.* **2.** Détruire. *La police a démantelé un réseau de trafiquants de drogue.*

➤ **démantèlement** **n. m.** ✦ Destruction, désorganisation. *Le démantèlement d'un réseau de terroristes.*

démantibulé, démantibulée **adj.** ✦ Familier. Mis en pièces, démoli. *Un vieux vélo tout démantibulé.*

se **démaquiller** **v.** (conjug. 1) ✦ Enlever son maquillage. *Elle se démaquille soigneusement chaque soir.*

➤ **démaquillant** **n. m.** ✦ Produit pour se démaquiller. *Un flacon de démaquillant.*

▷ Mots de la famille de MAQUILLER.

démarcation **n. f.** ✦ *Une ligne de démarcation,* c'est une ligne qui sépare deux régions, deux territoires. *Pendant la Deuxième Guerre mondiale, en France, une ligne de démarcation séparait la zone occupée par les Allemands de la zone libre.*

▷ Mot de la famille de MARQUER.

démarche **n. f.** **1.** Façon de marcher. → **allure,** ① **pas.** *Il a une démarche souple et silencieuse.* **2.** Demande faite à quelqu'un pour obtenir quelque chose. *Il a dû faire de nombreuses démarches à la mairie pour obtenir ces papiers.*

▷ Mot de la famille de MARCHER.

démarquer **v.** (conjug. 1) **1.** Changer la marque, l'étiquette d'un objet. *Le commerçant a démarqué ces vêtements pour les vendre en solde.* **2.** *Se **démarquer** de quelqu'un,* agir de façon différente pour ne pas être confondu avec lui. → se **distinguer.** *Léa s'est démarquée de ses camarades en refusant de chanter.*

▷ Mot de la famille de MARQUER.

démarrer **v.** (conjug. 1) ✦ Se mettre à fonctionner, se mettre en marche. *Le moteur a démarré du premier coup. La voiture démarra brusquement,* elle commença à rouler. ❑ contr. s'**arrêter, stopper.**

➤ **démarrage** **n. m.** ✦ Le fait d'être mis en marche. *Le moteur a calé au démarrage,* en démarrant.

➤ **démarreur** **n. m.** ✦ Mécanisme qui sert à mettre un moteur en marche. *Il tourna la clé du démarreur et le moteur se mit à vrombir.*

● Ces mots s'écrivent avec deux *r.*

démasquer **v.** (conjug. 1) ✦ *Démasquer quelqu'un,* c'est l'identifier, le reconnaître. *Le pyromane a été démasqué par les policiers.*

▷ Mot de la famille de MASQUE.

démêlé **n. m.** ✦ *Avoir des démêlés avec quelqu'un,* c'est avoir des difficultés, des ennuis avec lui. *Il a un caractère difficile et a des démêlés avec tous ses voisins.*

● Ce mot s'emploie surtout au pluriel.

▷ Mot de la famille de MÊLER.

démêler **v.** (conjug. 1) **1.** Séparer des choses qui étaient emmêlées. *Julie démêle ses cheveux avec un peigne.* ❑ contr. **emmêler.** **2.** Débrouiller, éclaircir une chose compliquée. *La police essaie de démêler cette affaire. C'est difficile de démêler le vrai du faux dans ce qu'il dit.* → **discerner, distinguer.**

▷ Mot de la famille de MÊLER.

déménager **v.** (conjug. 3) **1.** Changer de logement, aller habiter ailleurs. ❑ contr. **emménager.** *Ils ont trouvé un appartement plus grand et déménagent le mois prochain.* **2.** Transporter des objets d'un endroit dans un autre. *Il m'a aidé à déménager tous mes livres.*

➤ **déménagement** **n. m.** ✦ Action de déménager. *Tout est prêt et emballé pour le déménagement.* ❑ contr. **emménagement.** *Un camion de déménagement,* c'est un camion qui sert à transporter les meubles et les objets, quand on déménage.

➤ **déménageur** **n. m.** ✦ Homme dont le métier est de faire des déménagements. *Les déménageurs portent les meubles et les caisses dans le camion.*

démence **n. f.** ✦ Maladie mentale. → **folie.** *Il a eu une crise de démence.*

▷ Mot de la famille de DÉMENT.

se **démener** **v.** (conjug. 5) **1.** S'agiter dans tous les sens, se débattre. *Le chanteur se démène*

sur la scène. **2.** Se donner du mal. *Elle s'est beaucoup démenée pour trouver des crédits.*
▷ Mot de la famille de MENER.

dément n. m., **démente** n. f. ✦ Personne folle. → **aliéné, fou.** *Le crime a été commis par un dément.*
➤ **démentiel, démentielle** adj. ✦ Insensé, déraisonnable. *Des idées démentielles.*
▷ Autre mot de la famille : DÉMENCE.

démentir v. (conjug. 16) ✦ *Démentir une nouvelle,* c'est déclarer qu'elle est fausse. ❑ contr. **confirmer.** *Le bruit a couru que le ministre allait démissionner, mais la nouvelle a été aussitôt démentie.*
➤ **démenti** n. m. ✦ Déclaration par laquelle on affirme que ce qui a été dit est faux. *Le Président a opposé un démenti aux accusations portées contre lui.* ❑ contr. **confirmation.**
▷ Mots de la famille de MENTIR.

démesuré, démesurée adj. ✦ Très grand, qui dépasse la mesure. → **colossal, gigantesque.** *Une taille démesurée. Un orgueil démesuré.* → **excessif.** ❑ contr. **modéré.**
▷ Mot de la famille de MESURE.

déménagement

démettre v. (conjug. 56) **1.** Renvoyer quelqu'un de son travail. → **congédier, licencier.** *Le directeur a été démis de son poste.* → **destituer, révoquer.** – *Se démettre de ses fonctions,* démissionner. → aussi **démission.** **2.** Faire sortir un os de l'articulation. *Louise s'est démis l'épaule en tombant,* elle s'est déplacé l'articulation de l'os. → ② **déboîter, luxer.**
▷ Mot de la famille de METTRE.

demeurer v. (conjug. 1) **1.** Rester, continuer à être dans un état, une situation. *Il demeurait complètement immobile. La porte est demeurée fermée.* **2.** Habiter. *Ils ont demeuré plusieurs années à Bordeaux.* → **résider.**
➤ **demeure** n. f. **1.** *Mettre une personne en demeure de faire quelque chose,* c'est lui en donner l'ordre. *Il l'a mise en demeure de se taire.* **2.** *À demeure,* en permanence, d'une manière stable. *Il vit à demeure à la campagne.* **3.** *Une demeure,* une belle et grande maison. → **résidence.** *Une vieille et majestueuse demeure.*

demi adj., adv. et n. m., **demie** adj. et n. f.
■ **adj.** Qui est la moitié. *Il est dix heures et demie,* dix heures et la moitié d'une heure. *Julie a neuf ans et demi. Je voudrais un demi-litre de lait et une demi-livre de beurre,* la moitié d'un litre de lait et la moitié d'une livre de beurre. *Une demi-baguette.* — Quand *demi* est avant le nom, il est suivi d'un trait d'union et reste invariable.
■ **adv.** *À demi,* à moitié. *Les petits oiseaux étaient à demi morts de froid. Elle ne fait jamais les choses à demi,* elle les fait jusqu'au bout.
■ **n. m. 1.** La moitié de l'unité. *Un demi et un demi font un.* **2.** Verre de bière. *Garçon, deux demis, s'il vous plaît !* **3.** Joueur de rugby ou de football, entre les avants et les arrières. *Le demi d'ouverture a lancé le ballon.*
■ **n. f. 1.** Moitié. *Voulez-vous une pomme entière ou seulement une demie ?* **2.** *La demie,* la fin de la demi-heure. *La demie vient de sonner. Nous avons rendez-vous à la demie.*
▷ Autres mots de la famille : DEMI-CERCLE, DEMI-DOUZAINE, DEMI-FINALE, DEMI-FRÈRE, DEMI-HEURE, DEMI-MESURE, À DEMI-MOT, DEMI-PENSION, DEMI-PENSIONNAIRE, DEMI-SŒUR, DEMI-TARIF, DEMI-TON, DEMI-TOUR.

demi-cercle n. m. ✦ Moitié d'un cercle limitée par le diamètre. *Les musiciens sont assis en demi-cercle autour du chef d'orchestre.* — Au pl. *Des demi-cercles.*
▷ Mot de la famille de DEMI et de CERCLE.

demi-douzaine n. f. ✦ La moitié d'une douzaine. → **six.** *Une demi-douzaine d'œufs.* — Au pl. *Des demi-douzaines.*
▷ Mot de la famille de DEMI et de DOUZE.

demi-finale **n. f.** ✦ Avant-dernière épreuve d'une compétition. *L'équipe s'est qualifiée pour la demi-finale de la Coupe d'Europe.* — Au pl. *Des demi-finales.*
▷ Mot de la famille de DEMI et de ① FIN.

demi-frère **n. m.** ✦ Frère par l'un des parents seulement. → aussi **demi-sœur.** *Ses parents se sont remariés chacun de leur côté : il a deux demi-frères du côté de sa mère et une demi-sœur du côté de son père.*
▷ Mot de la famille de DEMI et de FRÈRE.

demi-heure **n. f.** ✦ Moitié d'une heure. *Il y a un train toutes les demi-heures,* toutes les trente minutes. *Je serai là dans une demi-heure.*
▷ Mot de la famille de DEMI et de HEURE.

demi-mesure **n. f.** ✦ Moyen insuffisant pour atteindre un but. *Il n'est pas du genre à se contenter de demi-mesures, il va jusqu'au bout.*
▷ Mot de la famille de DEMI et de MESURE.

à **demi-mot** **adv.** ✦ Sans avoir besoin de tout expliquer. *Ils se sont compris à demi-mot.*
▷ Mot de la famille de DEMI et de MOT.

déminer **v.** (conjug. 1) ✦ Enlever les mines qui rendent un endroit dangereux. *Des spécialistes ont déminé la plage.*
▷ Mot de la famille de ④ MINE.

demi-pension **n. f.** **1.** Tarif d'un hôtel comprenant la chambre, le petit déjeuner et un repas par jour. *Ils sont en demi-pension.* — Au pl. *Des demi-pensions.* **2.** Situation d'un élève qui déjeune à la cantine scolaire. *Théo est inscrit à la demi-pension.*
➤ **demi-pensionnaire** **n. m. et f.** ✦ Élève qui déjeune à la cantine de l'école. *Les demi-pensionnaires vont en récréation après le déjeuner.*
▷ Mots de la famille de DEMI et de ② PENSION.

demi-sœur **n. f.** ✦ Sœur par l'un des parents seulement. → aussi **demi-frère.** *Son père s'est remarié et elle a deux demi-sœurs.*
▷ Mot de la famille de DEMI et de SŒUR.

démission **n. f.** ✦ *Donner sa démission,* c'est quitter son travail, ses fonctions. *Il a trouvé un travail plus intéressant et il a donné sa démission.* → aussi se **démettre.**

➤ **démissionner** **v.** (conjug. 1) ✦ Donner sa démission, se démettre de son poste. *Elle a démissionné car elle a trouvé un travail mieux payé.*
▷ Mots de la famille de METTRE.

demi-tarif **n. m.** ✦ Tarif qui est la moitié du tarif normal. *Un billet de train à demi-tarif.* — Au pl. *Des demi-tarifs.*
▷ Mot de la famille de DEMI et de TARIF.

demi-ton **n. m.** ✦ Intervalle plus petit que le ton, dans la musique occidentale. *Il y a un demi-ton entre le do et le do dièse.* — Au pl. *Des demi-tons.*
▷ Mot de la famille de DEMI et de ② TON.

demi-tour **n. m.** ✦ *Faire demi-tour,* c'est se retourner de façon à se retrouver dans l'autre sens. *La voiture fit demi-tour et repartit en sens inverse.* — Au pl. *Des demi-tours.*
▷ Mot de la famille de DEMI et de TOURNER.

démobiliser **v.** (conjug. 1) ✦ Faire quitter l'armée à des soldats. *À la fin de la guerre, les troupes ont été démobilisées,* elles ont été rendues à la vie civile. ❑ contr. **mobiliser.**
➤ **démobilisation** **n. f.** ✦ Le fait de renvoyer des soldats chez eux. *La démobilisation des soldats aura lieu bientôt,* les soldats seront bientôt démobilisés. ❑ contr. **mobilisation.**
▷ Mots de la famille de MOBILISER.

démocratie [demɔkʀasi] **n. f.** **1.** Forme de gouvernement dans laquelle le pouvoir appartient à des personnes élues par les citoyens. ❑ contr. **dictature.** **2.** Pays dans lequel existe cette forme de gouvernement. *La France est une démocratie.*
➤ **démocrate** **n. m. et f.** ✦ Personne qui est adepte de la démocratie.
➤ **démocratique** **adj.** ✦ Conforme à la démocratie, qui respecte la démocratie. *Un pays démocratique,* où règne la démocratie. *Des élections démocratiques,* où l'on peut voter librement.
➤ **démocratiser** **v.** (conjug. 1) ✦ Rendre quelque chose accessible à tous. *On a démocratisé l'enseignement.* — **se démocratiser,** devenir plus libre, plus démocratique. *Ce pays s'est démocratisé.*

démodé, démodée **adj.** ✦ Qui n'est plus à la mode. → fam. **ringard, tarte.** *Une robe démodée.*

➤ se **démoder** v. (conjug. 1) ✦ Passer de mode, devenir démodé. *Cette jupe est très classique, elle ne se démodera pas.*
▷ Mots de la famille de ① MODE.

démographie n. f. ✦ Étude de la population. *La démographie permet de connaître le nombre d'habitants d'un pays, le nombre de naissances et de morts par an.*

demoiselle n. f. 1. Jeune fille. *Les dames et les demoiselles.* 2. Femme qui ne s'est jamais mariée. *Deux vieilles demoiselles.* 3. *Une demoiselle d'honneur,* c'est une petite fille ou une jeune fille qui accompagne la mariée pendant la cérémonie. *Julie a été demoiselle d'honneur au mariage de sa tante.*
▷ Autre mot de la famille : MADEMOISELLE.

démolir v. (conjug. 2) ✦ Détruire. *On a démoli ces vieilles maisons pour construire un immeuble à leur place.* → **abattre, raser.** ❏ contr. **bâtir, construire.**

➤ **démolition** n. f. ✦ Destruction. ❏ contr. **construction.** *La démolition d'un vieil immeuble.*

démolition

démon n. m. 1. Mauvais ange qui pousse les hommes à faire le mal. → **diable.** *Dans la religion chrétienne, le démon est aussi appelé Satan ou Lucifer.* 2. Enfant turbulent, insupportable. *Cet enfant est un vrai démon.* → **diable.**

➤ **démoniaque** adj. ✦ Digne du démon. → **diabolique, infernal, satanique.** *Des projets démoniaques.*

démonstrateur n. m., **démonstratrice** n. f. ✦ Personne qui montre comment fonctionne un appareil avant de le vendre. *Elle est démonstratrice d'appareils ménagers dans un grand magasin.*

démonstrateur

démonstratif, démonstrative adj. 1. Qui manifeste ses sentiments. → **expansif.** *Léa est une enfant démonstrative.* ❏ contr. ① **renfermé, réservé.** 2. *Les adjectifs et les pronoms démonstratifs* désignent une personne ou une chose dont on a déjà parlé ou que l'on montre. *« Ce », « cet », « cette » et « ces » sont des adjectifs démonstratifs ; « ce », « ceci », « cela » et « celui » sont des pronoms démonstratifs.*

démonstration n. f. 1. Manifestation de ses sentiments. *Théo accueille son père avec des démonstrations de joie.* 2. Raisonnement qui montre comment on arrive à un résultat. *Ta démonstration ne m'a pas entièrement convaincu,* les preuves que tu donnes. 3. Action de montrer comment fonctionne un appareil. *Le vendeur fait une démonstration aux acheteurs d'appareils ménagers.* → aussi **démonstrateur.**

démonté, démontée adj. ✦ *Une mer démontée,* très agitée. ❏ contr. **calme.**
▷ Mot de la famille de MONTER.

démonter v. (conjug. 1) 1. Défaire un objet en séparant toutes les pièces dont il est fait. *Paul a démonté son réveil.* 2. **se démonter,** perdre son assurance. → se **troubler.** *Julie a répondu à la question sans se démonter,* sans s'émouvoir, sans se troubler.

➤ **démontable** adj. ✦ Qui peut être démonté et remonté facilement. *Théo a un petit robot démontable.*
➤ **démontage** n. m. ✦ Action de démonter quelque chose. *Le démontage du moteur a pris deux heures.*
▷ Mots de la famille de MONTER.

démontrer v. (conjug. 1) ✦ Montrer de manière claire que quelque chose est vrai. → **prouver.** *L'avocat a démontré l'innocence de l'accusé.* → aussi **démonstration.**
▷ Mot de la famille de MONTRER.

démoraliser v. (conjug. 1) ✦ Faire perdre le moral, décourager. → **déprimer.** *Son échec l'a beaucoup démoralisé.* ❑ contr. **réconforter.**
▷ Mot de la famille de MORAL.

démordre v. (conjug. 41) ✦ *Ne pas démordre d'une idée,* c'est ne pas en changer. *Quand Paul a une idée derrière la tête, il n'en démord pas !*
▷ Mot de la famille de MORDRE.

démouler v. (conjug. 1) ✦ Retirer du moule. *Le cuisinier a retiré la tarte du four, puis l'a démoulée.*
▷ Mot de la famille de ② MOULE.

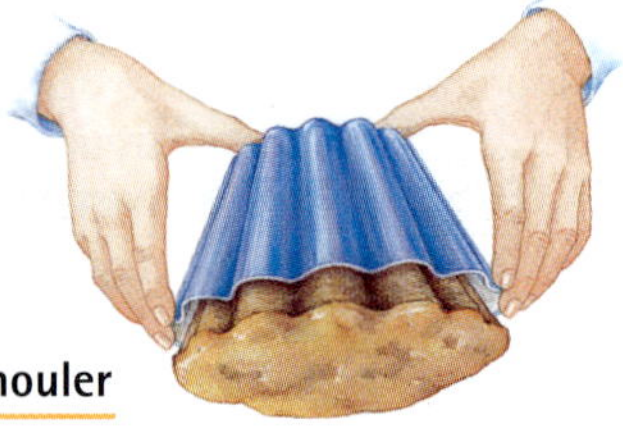
démouler

se **démunir** v. (conjug. 2) ✦ Se séparer de quelque chose. *Elle s'est démunie de toute sa monnaie.* → se **dessaisir.**
▷ Mot de la famille de SE MUNIR.

dénaturer v. (conjug. 1) ✦ Changer le sens. *Il a dénaturé tout ce que j'ai dit.*
▷ Mot de la famille de NATURE.

déneiger v. (conjug. 3) ✦ Enlever la neige. *Le chasse-neige a déneigé les routes.*
▷ Mot de la famille de NEIGE.

dénicher v. (conjug. 1) **1.** Enlever du nid. *Alex a déniché des œufs de pigeon.* **2.** Familier. Trouver. *Ils ont déniché cette table rustique chez un antiquaire.*
▷ Mot de la famille de NICHER.

dénier v. (conjug. 7) ✦ Refuser d'admettre. *Nous dénions toute responsabilité en cas de vol.* → ② **décliner.**
▷ Mot de la famille de NIER.

dénigrer v. (conjug. 1) ✦ Critiquer, mépriser. *Elle dénigre tout ce que font les autres.* ❑ contr. ① **louer, vanter.**

dénivelé n. m. ✦ Différence d'altitude. *La piste a 300 mètres de dénivelé.* → **dénivellation.**
▷ Mot de la famille de NIVEAU.

dénivellation n. f. ✦ Différence de niveau, d'altitude. → **dénivelé.** *Il y a 1 500 mètres de dénivellation entre le village et le sommet de la montagne.*
▷ Mot de la famille de NIVEAU.

dénombrer v. (conjug. 1) ✦ Faire le compte. → **compter.** *Le professeur dénombre les élèves chaque matin.*
▷ Mot de la famille de NOMBRE.

dénominateur n. m. ✦ Nombre d'une fraction placé sous la barre, indiquant en combien de parties l'unité a été divisée. *Le numérateur et le dénominateur.*

dénommer v. (conjug. 1) ✦ Donner un nom. → **appeler.** *Les habitants de Paris sont dénommés les Parisiens.*
➤ **dénommé, dénommée** adj. ✦ *Le dénommé Dupont,* la personne qui s'appelle Dupont.
▷ Mots de la famille de NOM.

dénoncer v. (conjug. 3) **1.** Désigner comme coupable ou responsable. *Les élèves hésitent à dénoncer le tricheur.* **2.** Signaler, faire connaître. *Le scandale a été dénoncé.*
➤ **dénonciateur** n. m., **dénonciatrice** n. f. ✦ Personne qui en dénonce une autre. → **délateur** ; fam. **mouchard.**
➤ **dénonciation** n. f. ✦ Action de dénoncer quelqu'un. → **délation.** *La police a reçu une lettre de dénonciation,* qui dénonçait quelqu'un.

dénoter v. (conjug. 1) ✦ Indiquer, montrer. *Sa remarque dénote un grand bon sens.*

dénouer v. (conjug. 1) **1.** Défaire un nœud. *Il dénoue son nœud de cravate.* ❑ contr. **nouer.** — **se dénouer,** se défaire. *Les lacets de ses chaus-*

sures se sont dénoués. 2. Éclaircir une affaire compliquée. *Le détective a pu dénouer l'intrigue.*

➤ **dénouement** n. m. ✦ Façon dont se termine une histoire. → ① **fin.** *Le dénouement d'une pièce.*

▷ Mots de la famille de NOUER.

dénoyauter v. (conjug. 1) ✦ Enlever le noyau. *Il dénoyaute des olives.*

▷ Mot de la famille de NOYAU.

denrée n. f. ✦ Produit alimentaire. → **aliment.** *Les fruits sont des denrées périssables.*

dense adj. 1. Épais, compact. *Un brouillard très dense. Une foule dense,* nombreuse et serrée. 2. Qui occupe un certain volume. *L'eau est plus dense que l'air,* à volume égal, l'eau est plus lourde que l'air. ❍ homonyme : danse.

➤ **densité** n. f. 1. Épaisseur. *La densité de la fumée rendait l'air irrespirable.* 2. *La densité de la population,* c'est le nombre d'habitants par kilomètre carré. 3. *La densité d'un corps,* c'est le rapport entre le volume et le poids. *La densité de l'or est plus forte que celle du plomb.*

▷ Autres mots de la famille : CONDENSATION, CONDENSER.

dent n. f. 1. Ce qui, dans la bouche, est planté dans les gencives et qui sert à mordre et à mâcher. → **canine, incisive, molaire, prémolaire.** *Julie se brosse les dents matin et soir. Paul a mal aux dents. — Il a une dent contre moi,* il m'en veut. *Il n'a pas desserré les dents de la soirée,* il n'a pas dit un mot. 2. Chacune des parties pointues de certains objets. *Les dents d'un peigne.* ❍ homonyme : dans.

dent

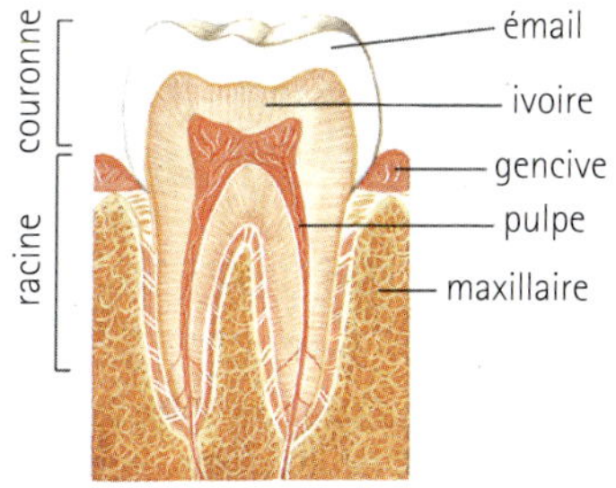

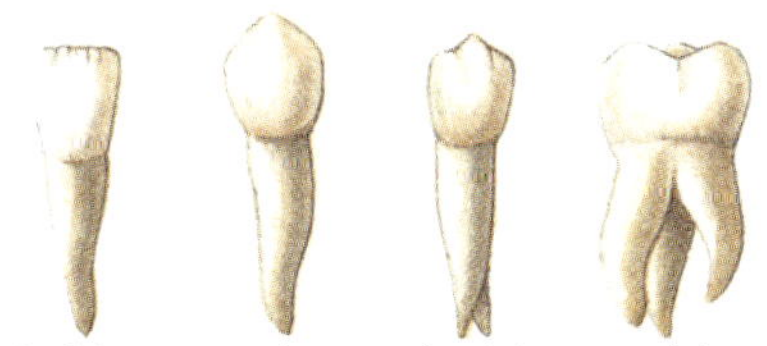

➤ **dentaire** adj. ✦ Qui concerne les dents. *Un abcès dentaire. Un appareil dentaire,* pour redresser les dents.

➤ **denté, dentée** adj. ✦ Dont le bord a des entailles, des dents pointues. *Un engrenage est formé de plusieurs roues dentées.*

➤ **dentelé, dentelée** adj. ✦ Qui présente de petites dents. *Les feuilles d'orties sont dentelées.*

▷ Autres mots de la famille : CHIENDENT, CURE-DENT, DENTIER, DENTIFRICE, DENTISTE, DENTITION, ÉDENTÉ, TRIDENT.

dentelle n. f. ✦ Tissu comprenant des jours qui forment des dessins. *Un napperon en dentelle.*

dentelle

dentier n. m. ✦ Appareil composé de fausses dents. → **râtelier.** *Elle porte un dentier.*

▷ Mot de la famille de DENT.

dentifrice n. m. ✦ Pâte qui sert à laver les dents. *Un tube de dentifrice.*

▷ Mot de la famille de DENT.

dentiste n. m. et f. ✦ Personne dont le métier est de soigner les dents. *Paul est allé chez le dentiste.*

▷ Mot de la famille de DENT.

dentition n. f. ✦ Ensemble des dents. *Léa a une bonne dentition.*

▷ Mot de la famille de DENT.

dénuder v. (conjug. 1) ✦ Mettre à nu. *L'électricien a dénudé les fils électriques,* il a retiré l'enveloppe en plastique qui les recouvre. — **se dénuder,** se mettre nu ou presque nu. → se **déshabiller.** *Les baigneurs se sont dénudés.*

dénué, dénuée adj. ✦ *Dénué de,* qui manque de. *Ce livre est dénué d'intérêt.* → **dépourvu.**

➤ **dénuement** n. m. ✦ État d'une personne qui manque du nécessaire pour vivre. *Ils vivent dans le plus complet dénuement.* → **misère.**

▷ Mots de la famille de NU.

déodorant n. m. ✦ Produit qui enlève les odeurs de transpiration. *Il se met du déodorant sous les bras.* → aussi **désodorisant.**

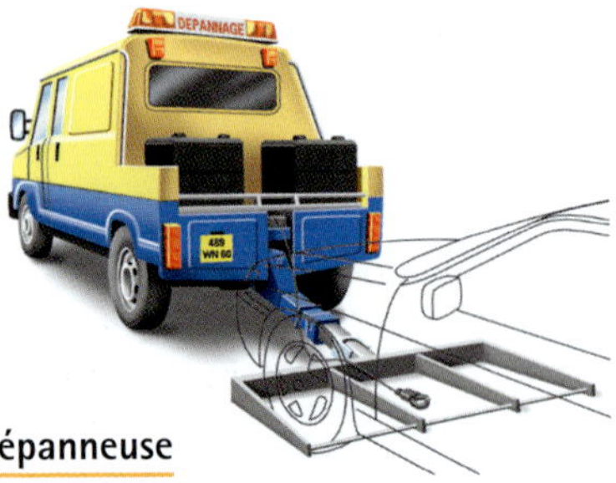

dépanneuse

dépanner v. (conjug. 1) ✦ Réparer un appareil, un véhicule en panne. *Le garagiste a dépanné ma voiture.*

➤ **dépannage** n. m. ✦ Réparation de quelque chose qui est en panne. *Pouvez-vous venir rapidement pour un dépannage ?*

➤ **dépanneur** n. m. ✦ Personne dont le métier est de dépanner. *Le dépanneur doit venir réparer la machine à laver.*

➤ **dépanneuse** n. f. ✦ Véhicule qui remorque des voitures en panne.

▷ Mots de la famille de PANNE.

dépaqueter v. (conjug. 4) ✦ Défaire un paquet. *Louise dépaquette ses cadeaux d'anniversaire.* ❑ contr. **empaqueter.**

▷ Mot de la famille de PAQUET.

dépareillé, dépareillée adj. ✦ Qui n'est pas pareil à un autre objet du même genre. *Des chaussettes dépareillées,* qui ne forment pas une paire. *Ces verres sont dépareillés,* ils ne font pas partie du même service. ❑ contr. **assorti.**

▷ Mot de la famille de PAREIL.

déparer v. (conjug. 1) ✦ Enlaidir. *L'autoroute dépare le paysage.*

▷ Mot de la famille de SE PARER.

départ n. m. **1.** Le fait de partir, le moment où l'on part. *Théo prépare son départ,* il se prépare à partir. *Les coureurs sont sur la ligne de départ,* la ligne d'où ils partent. ❑ contr. **arrivée. 2.** Commencement. *Il s'en doutait dès le départ.* → **début.** *Nous n'avions pas prévu cela au départ.* ❑ contr. ① **fin.**

▷ Mot de la famille de PARTIR.

départager v. (conjug. 3) ✦ Choisir entre des personnes qui sont à égalité. *Une question subsidiaire départagera les concurrents,* permettra de désigner le vainqueur.

▷ Mot de la famille de PART.

département n. m. ✦ Partie du territoire français placée sous l'autorité d'un préfet. *Lille est le chef-lieu du département du Nord.*

➤ **départemental, départementale** adj. ✦ Qui appartient au département, en dépend. *Une route départementale.* — Au masc. pl. *départementaux.*

se **départir** v. (conjug. 16 ; ne s'emploie qu'à l'inf., au p. p. *departi* et aux temps composés) ✦ Abandonner une attitude. *Elle ne s'est jamais départie de son calme.*

chaussettes **dépareillées**

dépasser v. (conjug. 1) **1.** Passer devant. *La voiture a dépassé le camion.* → **doubler. 2.** Aller plus loin, en dimensions. *Il dépasse son frère de 10 centimètres,* il mesure 10 centimètres de plus. **3.** Aller au-delà de certaines limites. *Ils dépassent la mesure,* ils exagèrent. — **se dépasser,** faire un effort pour aller au bout de ses possibilités. *Léa s'est dépassée pour arriver la première.* → se **surpasser. 4.** *Être dépassé par les événements,* ne plus les comprendre, ne plus pouvoir y faire face.

➤ **dépassé, dépassée** **adj.** ✦ Démodé. *Il a des idées dépassées sur l'éducation.*

➤ **dépassement** **n. m.** ✦ Le fait de dépasser un véhicule. *Attention, dépassement interdit !*

▷ Mots de la famille de PASSER.

dépayser [depeize] **v.** (conjug. 1) ✦ Changer les habitudes, troubler en changeant de pays, d'endroit. *Ce voyage en Afrique les a dépaysés.*

➤ **dépaysement** **n. m.** ✦ Changement qui intervient quand on est dans un autre pays. *En vacances, ils recherchent le dépaysement.*

▷ Mots de la famille de PAYS.

dépecer **v.** (conjug. 3 et 5) ✦ Découper un animal en morceaux. *Le boucher dépèce un mouton.*

● Le *c* prend une cédille devant *a* et *o*.

dépêcher **v.** (conjug. 1) ✦ Envoyer quelqu'un porter rapidement un message. *Le roi a dépêché un messager.*

➤ **dépêche** **n. f.** ✦ Information transmise rapidement par les médias. *Consultez les dernières dépêches sur notre site Internet.*

se **dépêcher** **v.** (conjug. 1) ✦ Faire vite. → se **hâter**, se **presser**. *Louise s'est dépêchée de finir ses devoirs pour pouvoir aller jouer.* ❑ contr. **lambiner, traîner.**

dépeigner **v.** (conjug. 1) ✦ Décoiffer. *Le vent nous a dépeignés.*

▷ Mot de la famille de PEIGNER.

dépeindre **v.** (conjug. 52) ✦ Décrire. *Louise nous a dépeint la maison de ses grands-parents.*

▷ Mot de la famille de PEINDRE.

① **dépendre** **v.** (conjug. 41) **1.** Exister en fonction de quelque chose d'autre. *Théo ne sait pas s'il viendra demain, cela dépendra du temps.* **2.** Être sous l'autorité. *Les enfants mineurs dépendent de leurs parents.*

➤ **dépendance** **n. f.** **1.** Le fait de dépendre d'un pays, d'une personne. *La France n'a plus de colonies sous sa dépendance,* sous son autorité. **2.** Bâtiment annexe qui fait partie d'un domaine, d'une propriété. *Les écuries et le pavillon de chasse sont des dépendances du château.*

➤ **dépendant, dépendante** **adj.** ✦ Qui est sous l'autorité de quelqu'un. *Les esclaves étaient dépendants de leurs maîtres.* ❑ contr. **autonome, indépendant.**

▷ Autres mots de la famille : INDÉPENDAMMENT, INDÉPENDANCE, INDÉPENDANT.

② **dépendre** **v.** (conjug. 41) ✦ Retirer ce qui est pendu. → **décrocher.** *On a dépendu les rideaux.*

▷ Mot de la famille de PENDRE.

aux **dépens** **prép.** **1.** À la charge de quelqu'un. *Elle vit aux dépens de sa sœur.* **2.** *Rire aux dépens de quelqu'un,* rire de lui, en se moquant de lui, en le ridiculisant. → au **détriment.**

dépense **n. f.** **1.** Somme d'argent consacrée à un achat, un paiement. *Elle a eu de grosses dépenses à cause de sa voiture.* → ② **frais.** ❑ contr. **gain, recette, revenu.** **2.** Quantité de matière consommée. *Réduisez vos dépenses d'électricité !*

➤ **dépenser** **v.** (conjug. 1) **1.** Employer de l'argent. *Paul a dépensé tout son argent de poche.* **2.** Consommer. *Ils dépensent beaucoup d'électricité. Cette voiture dépense peu d'essence.* **3.** **se dépenser,** faire des efforts physiques. *Les enfants se sont dépensés à la piscine.*

➤ **dépensier, dépensière** **adj.** ✦ Qui dépense trop d'argent. *Elle est très dépensière.* ❑ contr. **avare, économe.**

déperdition **n. f.** ✦ Perte. *La fenêtre ferme mal, cela fait une déperdition de chaleur.*

▷ Mot de la famille de PERDRE.

dépérir **v.** (conjug. 2) ✦ S'affaiblir peu à peu. *Les plantes dépérissent si on ne les arrose pas.*

▷ Mot de la famille de PÉRIR.

se **dépêtrer** **v.** (conjug. 1) ✦ Se dégager. *Julie s'est pris les pieds dans la chaîne de son vélo et ne peut plus s'en dépêtrer.*

● Attention à l'accent circonflexe du *ê*.

dépeupler **v.** (conjug. 1) ✦ Faire perdre des habitants. *Au Moyen Âge, la peste dépeuplait des régions entières.* ❑ contr. **repeupler.** — **se dépeupler,** perdre de nombreux habitants. *Les campagnes se sont dépeuplées au profit des villes.*

▷ Mot de la famille de PEUPLE.

dépister **v.** (conjug. 1) **1.** Trouver en suivant une trace. *Les chiens ont dépisté un cerf.* **2.** Re-

dépliant

connaître une maladie après avoir fait des examens. *Les médecins ont dépisté une méningite.* → aussi **diagnostiquer.**

➤ **dépistage** **n. m.** ✦ Recherche d'une maladie. *On lui a fait un test de dépistage du sida.*

▷ Mots de la famille de PISTE.

dépit **n. m.** ✦ Chagrin mêlé de colère ou de déception. *Son refus lui causa un grand dépit.*

➤ **dépité, dépitée** **adj.** ✦ Qui éprouve du dépit. *Elle était dépitée.* → **déçu, désappointé.**

en **dépit** de **prép.** ✦ Malgré. *Il a accepté en dépit de nos conseils,* sans en tenir compte.

déplacer **v.** (conjug. 3) **1.** Changer de place. *Léa a déplacé son lit.* **2.** Faire changer de poste. *Ce fonctionnaire doit être déplacé en province.* → **muter. 3. se déplacer,** aller d'un endroit à un autre. *Son métier l'oblige à se déplacer,* à voyager.

➤ **déplacé, déplacée** **adj.** ✦ Inconvenant, de mauvais goût. → **choquant.** *Une plaisanterie déplacée.*

➤ **déplacement** **n. m.** **1.** Action de faire changer de place. *Le déplacement d'une armoire.* **2.** Voyage que l'on fait pour son travail. *Il est en déplacement.*

▷ Mots de la famille de PLACE.

déplaire **v.** (conjug. 54) ✦ Ne pas plaire. *Dès que je l'ai vu, il m'a déplu,* il m'a été antipathique.

➤ se **déplaire** **v.** **1.** Ne pas se plaire l'un à l'autre. *Ils se sont déplu dès qu'ils se sont vus.* **2.** Ne pas se trouver bien là où l'on est. *Mes parents se sont toujours déplu dans cette ville.*

➤ **déplaisant, déplaisante** **adj.** ✦ Qui déplaît. *Cette femme est déplaisante.* → **désagréable.** ❏ contr. **plaisant.**

▷ Mots de la famille de PLAIRE.

déplier **v.** (conjug. 7) ✦ Défaire les plis, étendre ce qui est plié. *Elle déplie la carte routière.* → **déployer.** ❏ contr. **plier, replier.**

➤ **dépliant** **n. m.** ✦ Feuille de papier imprimée et pliée. *Un dépliant publicitaire.* → **prospectus.**

▷ Mots de la famille de PLI.

déploiement **n. m.** ✦ Action de déployer. *Il n'y a pas eu d'incident grâce au déploiement des policiers,* au grand nombre de policiers déployés.

▷ Mot de la famille de PLOYER.

déplorer **v.** (conjug. 1) **1.** Regretter beaucoup. *Je déplore qu'il n'ait pas pu venir.* ❏ contr. **se réjouir. 2.** Constater avec tristesse. *On déplore de nombreuses victimes.* → **pleurer.**

➤ **déplorable** **adj.** ✦ Qui donne envie de pleurer. *La maison était dans un état déplorable.* → **lamentable.** *Paul a eu des résultats déplorables,* très mauvais. → **désastreux.** ❏ contr. **excellent.**

déployer **v.** (conjug. 8) **1.** Déplier complètement. *L'oiseau déploie ses ailes et s'envole.* **2. se déployer,** se disposer sur une grande étendue. *Les policiers se sont déployés et ont bouclé le quartier.* → aussi **déploiement. 3.** Montrer. *Les bénévoles de l'association déploient beaucoup d'énergie.* → **manifester.**

▷ Mot de la famille de PLOYER.

dépoli, dépolie **adj.** ✦ *Un verre dépoli,* un verre qui laisse passer la lumière sans être transparent. → **translucide.** *La vitre de la salle de bains est en verre dépoli.*

▷ Mot de la famille de POLIR.

déporter **v.** (conjug. 1) **1.** Envoyer dans un camp de concentration. *Pendant la Deuxième Guerre mondiale, de nombreux Juifs et de nom-*

breux résistants furent déportés par les nazis. **2.** Faire changer de direction. *Le vent déportait la voiture vers la gauche.* → **dévier.**

➤ **déportation** n. f. ✦ Emprisonnement dans un camp de concentration. *Ses arrière-grands-parents sont morts en déportation.*

➤ **déporté** n. m., **déportée** n. f. ✦ Personne envoyée dans un camp de concentration.

▷ Mots de la famille de PORTER.

déposer v. (conjug. 1) **1.** Poser une chose que l'on portait. *Déposez votre parapluie à l'entrée.* **2.** Laisser quelqu'un quelque part après l'avoir conduit en voiture. *Il a déposé sa fille devant l'école.* **3.** Mettre dans un endroit sûr. *Elle dépose son argent à la banque.* → aussi **dépôt.** **4. se déposer,** tomber et se poser sur quelque chose. *De la poussière s'est déposée sur le piano.* **5.** Témoigner. *Le témoin a déposé contre l'accusé.* **6.** Renverser. *Des révolutionnaires ont déposé le Président.*

➤ **dépositaire** n. m. et f. ✦ Personne à qui on confie quelque chose. *Le dépositaire d'une lettre.*

➤ **déposition** n. f. ✦ Déclaration faite par un témoin dans une enquête, un procès. → **témoignage.** *L'inspecteur de police a recueilli les dépositions des témoins. Signez votre déposition.*

▷ Mots de la famille de POSER.

déposséder v. (conjug. 6) ✦ Enlever à quelqu'un ce qu'il possède. *On l'a dépossédé de ses biens,* on l'en a privé. → **dépouiller.**

▷ Mot de la famille de POSSÉDER.

dépôt n. m. **1.** Action de mettre quelque chose en lieu sûr ; ce que l'on dépose. *Il a fait un dépôt à la banque.* **2.** Endroit où l'on dépose du matériel, où on le range. → **entrepôt.** *Les autobus rentrent au dépôt. Où est le dépôt d'ordures ?* → **décharge.** **3.** Matière qui se dépose au fond d'un liquide. *Il y a du dépôt au fond de la bouteille de vin.* → **lie.**

● Attention à l'accent circonflexe du ô.

➤ **dépotoir** n. m. ✦ Endroit où l'on met les choses dont on veut se débarrasser. *Le grenier sert de dépotoir.*

▷ Mots de la famille de POSER.

dépouiller v. (conjug. 1) **1.** Enlever la peau d'un animal mort. *Le chasseur dépouille le lièvre.* **2.** Prendre à quelqu'un tout ce qu'il a. → **détrousser.** *L'escroc a dépouillé le millionnaire crédule.* **3.** Lire et examiner avec soin. *Elle dépouille son courrier,* elle l'ouvre et elle le lit.

➤ **dépouille** n. f. ✦ Corps d'une personne qui vient de mourir. → **cadavre.** *Le Président s'est recueilli devant les dépouilles des victimes.*

➤ **dépouillement** n. m. ✦ *Le dépouillement des bulletins de vote,* l'ouverture des enveloppes, le compte et le classement des bulletins.

dépourvu, dépourvue adj. ✦ Qui manque de quelque chose. *Elle est dépourvue d'humour,* elle n'a pas d'humour. *Ce livre est dépourvu d'intérêt.* → **dénué.**

➤ **au dépourvu** adv. ✦ Sans que l'on soit averti, préparé. *La question m'a pris au dépourvu.*

▷ Mots de la famille de POURVOIR.

déprécier v. (conjug. 7) **1.** Ne pas apprécier à sa juste valeur. → **critiquer, dénigrer.** *Il déprécie tout ce que font ses collègues.* ❏ contr. ① **louer, vanter.** **2. se déprécier,** perdre de sa valeur. *Une voiture se déprécie rapidement.* → se **dévaloriser.**

déprédation n. f. ✦ Dégât matériel. → **dégradation.** *Les manifestants n'ont commis aucune déprédation.*

dépressif, dépressive adj. ✦ Qui souffre de dépression. *Elle est dépressive,* elle est souvent triste et abattue. → **déprimé.**

dépression n. f. **1.** *Une dépression nerveuse,* c'est une maladie qui se manifeste par un grand abattement, un grand découragement et une grande fatigue. → aussi **dépressif, déprimer.** *Il a eu une dépression nerveuse.* **2.** *Une dépression de terrain,* c'est un endroit où le terrain forme un creux. ❏ contr. **éminence, hauteur.** **3.** Baisse de la pression de l'air qui donne du mauvais temps. *Une dépression est actuellement située sur l'Irlande.*

dépotoir

dérailleur

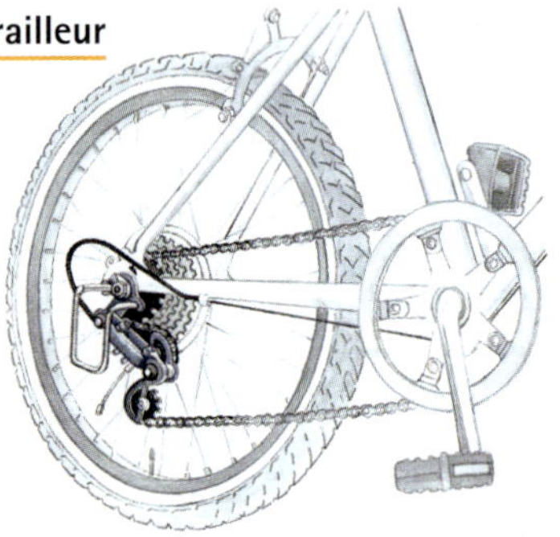

déprimer **v.** (conjug. 1) ✦ Décourager, rendre triste et sans énergie. → **abattre, démoraliser.** *Son échec l'a beaucoup déprimé.* ❏ contr. **réjouir.**

➤ **déprimant, déprimante** **adj.** ✦ Qui rend triste et sans énergie, qui déprime. *Ce temps est déprimant. Toutes ces nouvelles sont vraiment déprimantes.*

➤ **déprimé, déprimée** **adj.** ✦ Qui est triste et découragé. *Il est déprimé depuis que sa femme l'a quitté.* → aussi **dépressif, dépression.**

depuis **prép.** et **adv.** 1. À partir d'un moment donné ou pendant la durée passée qui sépare du moment dont on parle. *Il est là depuis cinq minutes,* il y a cinq minutes qu'il est là. *Il a plu depuis son arrivée,* à partir de son arrivée. *Je l'ai rencontré avant-hier et je ne l'ai pas revu depuis. — Elle a beaucoup changé* **depuis que** *je la connais.* 2. À partir d'un lieu. *Le chien nous a suivis depuis la ferme.*

▷ Mot de la famille de ① DE et de PUIS.

député **n. m.**, **députée** **n. f.** ✦ Personne élue pour faire partie d'une assemblée où elle représente le peuple. *Les députés votent les lois.* → aussi **parlementaire** et **sénateur.** *Elle a été élue députée européenne.*

déraciner **v.** (conjug. 1) ✦ Arracher ce qui tient au sol par des racines. *L'orage a déraciné plusieurs arbres.*

▷ Mot de la famille de RACINE.

dérailler **v.** (conjug. 1) ✦ Sortir des rails. *Le train a déraillé à cause d'une erreur d'aiguillage.*

➤ **déraillement** **n. m.** ✦ Accident de chemin de fer au cours duquel le train sort des rails. *Le déraillement du train n'a pas fait de victimes.*

➤ **dérailleur** **n. m.** ✦ *Le dérailleur d'une bicyclette,* c'est ce qui permet de changer de vitesse en faisant passer la chaîne d'un pignon sur un autre.

▷ Mots de la famille de RAIL.

déraisonnable **adj.** ✦ Qui n'est pas raisonnable. → **absurde, insensé.** *Il a pris une décision déraisonnable.* ❏ contr. **raisonnable.**

▷ Mot de la famille de RAISON.

déraisonner **v.** (conjug. 1) ✦ Dire des choses qui n'ont aucun sens. → **divaguer.** *Il déraisonne !*

▷ Mot de la famille de RAISON.

déranger **v.** (conjug. 3) 1. *Déranger des objets,* c'est les mettre en désordre, à une place qui n'est pas la leur. *Paul a dérangé les affaires de sa sœur.* 2. *Déranger quelqu'un,* c'est le gêner dans ce qu'il fait. *Excusez-moi de vous déranger.* 3. **se déranger,** quitter l'endroit où l'on est. *Elle s'est dérangée pour venir me voir. Ne vous dérangez pas pour moi !*

➤ **dérangé, dérangée** **adj.** ✦ *Avoir l'esprit dérangé,* être un peu fou.

➤ **dérangement** **n. m.** 1. État de ce qui ne fonctionne pas bien. *Le téléphone est en dérangement,* il est en panne. 2. Le fait de déranger, de gêner quelqu'un. *Je ne voudrais pas vous causer de dérangement.* → **gêne.**

▷ Mots de la famille de RANG.

déraper **v.** (conjug. 1) ✦ Glisser sur le sol. *Le vélo a dérapé sur le gravier et Julie est tombée.*

➤ **dérapage** **n. m.** ✦ Le fait de déraper. *Le pilote de course fait des dérapages contrôlés,* il fait exprès de faire déraper sa voiture.

dératé **n. m.**, **dératée** **n. f.** ✦ Familier. *Courir comme un dératé,* très vite.

● On disait autrefois que les chiens auxquels on avait enlevé la rate couraient très vite.

▷ Mot de la famille de RATE.

dérégler **v.** (conjug. 6) ✦ Faire qu'une chose ne soit plus bien réglée, changer les réglages. *Mon petit frère a déréglé la télévision en tournant tous les boutons.* → **détraquer.**

▷ Mot de la famille de RÈGLE.

dérider **v.** (conjug. 1) ✦ Rendre moins triste, faire sourire. *Léa raconte une histoire drôle à son père pour le dérider.* → **égayer.**

▷ Mot de la famille de RIDE.

dérision **n. f.** ✦ Moquerie. *Théo tourne tout en dérision,* il se moque de tout, ne prend rien au sérieux.

dérisoire adj. ✦ Tellement insuffisant que c'est ridicule. *Il a eu sa voiture pour un prix dérisoire,* très bas. → **minime.**

① **dériver** v. (conjug. 1) **1.** Détourner de son cours. *Dériver un cours d'eau,* le faire aller dans une autre direction. → **dévier. 2.** S'écarter de son chemin, à cause du vent ou du courant. *Le bateau dérive.*

➤ **dérivatif** n. m. ✦ Occupation qui permet d'oublier ses soucis, son chagrin. → **distraction.** *La lecture est un bon dérivatif.*

➤ **dérivation** n. f. ✦ Action de dériver un cours d'eau. *Un canal de dérivation.*

➤ **dérive** n. f. **1.** *Partir à la dérive,* partir sur l'eau, entraîné par le vent et le courant, sans être guidé. *Le matelas pneumatique est parti à la dérive.* **2.** Partie d'un bateau qui s'enfonce profondément dans l'eau, que l'on peut relever, et qui permet de diriger le bateau. → aussi ② **quille.** *Les petits voiliers ont une dérive.*

➤ **dériveur** n. m. ✦ Bateau à voile muni d'une dérive. *Les enfants ont fait du dériveur sur le lac.*

▷ Mots de la famille de RIVE.

dériveur

② **dériver** v. (conjug. 1) ✦ *Dériver de quelque chose,* venir de quelque chose. *Le mot « chaudement » dérive de l'adjectif « chaud ».*

➤ **dérivé** n. m. **1.** Produit provenant d'un autre produit. *Le plastique est un dérivé du pétrole.* **2.** Mot venant d'un autre mot. *« Beauté » est un dérivé de « beau ».*

dermatologie n. f. ✦ Partie de la médecine qui étudie et soigne les maladies de la peau.

➤ **dermatologue** n. m. et f. ✦ Médecin spécialiste des maladies de la peau. *Le dermatologue soigne l'eczéma de Théo.*

dernier, dernière adj. **1.** Qui vient après tous les autres. ❏ contr. **premier.** *Le 31 décembre est le dernier jour de l'année. C'est la dernière fois que je te le dis. Faisons un dernier effort.* → **ultime.** *Julie est arrivée dernière.* — **N.** *Alex est le dernier de la liste.* **2.** Le plus bas, le pire. *C'est le dernier de mes soucis,* cela m'est égal. **3.** Qui est le plus proche du moment présent. *C'était l'année dernière,* l'an passé. ❏ contr. ① **prochain.** *Léa est habillée à la dernière mode,* à la mode la plus récente. *Quel est le dernier livre que tu as lu ?* le livre que tu as lu le plus récemment.

➤ **dernièrement** adv. ✦ Ces derniers temps. → **récemment.** *Je l'ai rencontré dernièrement,* il n'y a pas longtemps.

▷ Autre mot de la famille : AVANT-DERNIER.

dérober v. (conjug. 1) ✦ Prendre en cachette quelque chose qui appartient à quelqu'un d'autre. → **subtiliser,** ② **voler.** *On lui a dérobé son portefeuille dans le métro. — Une porte dérobée,* c'est une porte qui permet d'entrer et de sortir d'une maison sans être vu.

➤ se **dérober** v. **1.** Échapper à quelque chose volontairement, s'y soustraire. *Elle s'est dérobée à ses responsabilités.* **2.** S'effondrer. *Le sol se déroba sous ses pas.*

➤ à la **dérobée** adv. ✦ En cachette, d'une manière furtive. *Il observait ses voisins à la dérobée,* sans se faire voir.

dérogation n. f. ✦ Autorisation spéciale, exceptionnelle. → **dispense.** *Il a obtenu une dérogation pour que son fils saute une classe.*

dérouler v. (conjug. 1) **1.** Étendre ce qui est roulé. *Il déroule le tapis.* ❏ contr. **enrouler, rouler. 2. se dérouler,** prendre place dans le temps. → se **passer.** *L'action du film se déroule au 19e siècle. La manifestation s'est déroulée dans le calme.*

➤ **déroulement** n. m. ✦ Façon dont les choses se passent, les unes à la suite des autres. *Voici le déroulement des opérations.*

▷ Mots de la famille de ROUE.

dérouter v. (conjug. 1) **1.** Faire changer de route, de destination. *Les pirates de l'air ont dérouté l'avion de Rio vers Cuba.* → **détourner. 2.** Rendre incapable de réagir, de se conduire

déroute

comme il faudrait. → **déconcerter, décontenancer, désarçonner, désorienter.** *La question l'a dérouté et il n'a su que répondre.* → **embarrasser.**

➤ **déroutant, déroutante** **adj.** ✦ Qui provoque l'étonnement, qui déroute. *Il a une attitude déroutante.* → **déconcertant.**

➤ **déroute** **n. f.** ✦ Fuite désordonnée de troupes de soldats vaincus. → **débâcle, débandade.** *L'armée ennemie est en déroute.*

▷ Mots de la famille de ROUTE.

derrick **n. m.** ✦ Échafaudage métallique monté au-dessus d'un puits de pétrole.

● Ce mot vient de l'anglais.

derrière **adv., prép.** et **n. m.**

■ **adv. et prép.** **1.** En arrière. ❑ contr. **devant.** *Léa s'est cachée derrière les rideaux. Cette robe se ferme derrière,* dans le dos. **2.** À la suite. *Louise et Julie marchent l'une derrière l'autre.* → **après.** *Léa va arriver, elle est derrière.*

■ **n. m.** **1.** Le côté qui est placé derrière, la partie postérieure. → **arrière.** *Le chien s'est mis debout sur ses pattes de derrière,* sur ses pattes postérieures. **2.** Familier. Les fesses. *Paul est tombé sur le derrière.*

① **des** → ① **de** et ② **de**

② **des** **article indéfini.** ✦ *Des* est le pluriel de *un, une. Achète-moi des crayons et des gommes.*

dès **prép.** ✦ À partir de. *Il est debout dès le lever du soleil. Je vous en remercie dès à présent,* tout de suite. — ***Dès que*** *Julie et Théo seront là, nous pourrons commencer.* → **aussitôt** que, **sitôt** que.

désabusé, désabusée **adj.** ✦ Qui a perdu ses illusions. → **déçu, désenchanté.** *Il a l'air désabusé.*

▷ Mot de la famille de ① USER.

désaccord **n. m.** ✦ Le fait de n'être pas d'accord. *Ils sont en désaccord au sujet des vacances.*

▷ Mot de la famille de ACCORDER.

désaccordé, désaccordée **adj.** ✦ Qui n'est plus accordé. *La guitare est désaccordée.*

▷ Mot de la famille de ACCORDER.

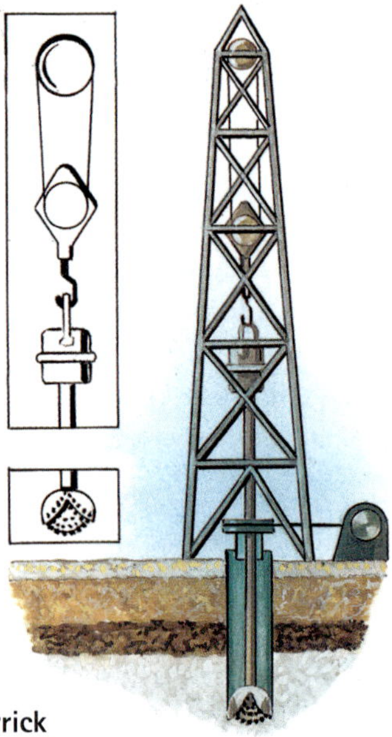

derrick

désaffecté, désaffectée adj. ✦ Qui n'est plus utilisé comme on l'avait prévu au départ. *L'usine est désaffectée.*
▷ Mot de la famille de ② AFFECTER.

désaffection n. f. ✦ Perte de l'affection que l'on avait. *On assiste à la désaffection du public pour le cinéma.*
▷ Mot de la famille de ② AFFECTION.

désagréable adj. 1. Qui déplaît. → **déplaisant, pénible.** *Ce réveil fait un bruit désagréable. Une odeur désagréable.* ❑ contr. **agréable.** 2. Dont le comportement blesse. *Elle a été très désagréable avec moi.* → **odieux.** *Un homme désagréable.* → **antipathique.** ❑ contr. **aimable, charmant.**
➤ **désagréablement** adv. ✦ D'une manière désagréable. *Il a été désagréablement surpris.* ❑ contr. **agréablement.**
▷ Mots de la famille de GRÉ.

désagréger v. (conjug. 3 et conjug. 6) ✦ Séparer les différents éléments qui étaient unis. *La pluie, le vent et le gel ont désagrégé la falaise.* — **se désagréger,** s'effriter. *La paroi s'est désagrégée. Le sucre se désagrège dans le café.* → **se dissoudre.**

désagrément n. m. ✦ Chose désagréable, qui contrarie. → **ennui,** ① **souci.** *Cette situation nous a causé bien des désagréments.* ❑ contr. ② **agrément, plaisir.**
▷ Mot de la famille de GRÉ.

désaltérer v. (conjug. 6) ✦ Calmer la soif. *L'eau fraîche désaltère bien.* — **se désaltérer,** boire pour ne plus avoir soif. *Léa s'est désaltérée en buvant de l'eau fraîche.*
➤ **désaltérant, désaltérante** adj. ✦ Qui apaise la soif. *Une boisson désaltérante.*
▷ Mots de la famille de ② ALTÉRER.

désamorcer v. (conjug. 3) ✦ Enlever le détonateur qui fait exploser une bombe, un obus, une grenade. *La bombe a été désamorcée à temps.* ❑ contr. **amorcer.**
▷ Mot de la famille de AMORCER.

désappointé, désappointée adj. ✦ Qui n'a pas obtenu ce qu'il attendait et en est déçu. → **dépité.** *Léa est toute désappointée que Théo ne puisse pas venir.*
➤ **désappointement** n. m. ✦ Sentiment d'une personne qui n'a pas obtenu ce qu'elle voulait et qui est déçue. → **déception.** *Elle n'a pas pu cacher son désappointement.* → **déconvenue.**

désapprobateur, désapprobatrice adj. ✦ Qui montre que l'on n'est pas d'accord, que l'on désapprouve. *Il avait un air désapprobateur.* → **réprobateur.** ❑ contr. **approbateur.**
▷ Mot de la famille de APPROBATEUR.

désapprobation n. f. ✦ Mécontentement qui montre que l'on n'est pas d'accord, que l'on désapprouve. *Il a exprimé sa désapprobation en partant.* → **réprobation.** ❑ contr. **approbation.**
▷ Mot de la famille de APPROBATION.

désapprouver v. (conjug. 1) ✦ Trouver mauvais. → **condamner, critiquer.** *Paul et Théo désapprouvent la conduite de certains élèves.* → **blâmer, réprouver.** ❑ contr. **approuver.**
▷ Mot de la famille de APPROUVER.

désarçonner v. (conjug. 1) 1. Faire tomber de la selle. *Le cheval a désarçonné son cavalier.* 2. Faire perdre son assurance à quelqu'un, en le surprenant. *Cette question l'a désarçonné.* → **déconcerter, décontenancer.**

désarçonner

désarmer v. (conjug. 1) 1. Enlever son arme à quelqu'un. *Le policier a désarmé le tireur.* ❑ contr. **armer.** 2. Faire cesser la colère de quelqu'un, le rendre moins sévère. *Le sourire de Julie désarme toujours son père,* le pousse à être plus indulgent.

➤ **désarmant, désarmante** **adj.** ✦ Qui fait cesser la colère. *Julie est souvent désarmante.* → **attendrissant.** *Une gentillesse désarmante.*

➤ **désarmement** **n. m.** ✦ Réduction ou suppression de la fabrication et de l'usage des armes dans un pays. *Une conférence sur le désarmement.*

▷ Mots de la famille de ARME.

désarroi **n. m.** ✦ Grand trouble qui empêche de savoir ce qu'il faut faire. *L'assassinat du Président a jeté le pays dans le désarroi. Ils sont en plein désarroi.* → **détresse.**

désarticulé, désarticulée **adj.** ✦ Séparé en plusieurs morceaux. *Un pantin désarticulé.*

▷ Mot de la famille de ARTICULER.

désastre **n. m.** ✦ Grand malheur. → **catastrophe.** *Ces inondations sont un désastre pour les agriculteurs.*

➤ **désastreux, désastreuse** **adj.** ✦ Très mauvais. → **catastrophique.** *Alex a eu des notes désastreuses.* → **déplorable.**

désavantage **n. m.** ✦ Ce qui rend inférieur, moins bon. → **inconvénient.** ❏ contr. **avantage.** *Être grand quand on veut être jockey, c'est un désavantage.* → **handicap.**

➤ **désavantager** **v.** (conjug. 3) ✦ Mettre dans un état d'infériorité. ❏ contr. **avantager.** *Sa timidité le désavantage.* → **handicaper.**

➤ **désavantageux, désavantageuse** **adj.** ✦ Qui n'avantage pas. → **défavorable.** *Un contrat désavantageux.* ❏ contr. **avantageux.**

▷ Mots de la famille de AVANTAGE.

désaveu **n. m.** ✦ Le fait de dire que l'on n'est pas d'accord avec quelqu'un, le fait de désavouer quelqu'un ou quelque chose. *Les élections ont montré l'ampleur du désaveu populaire.*

▷ Mot de la famille de AVEU.

désavouer **v.** (conjug. 1) ✦ Dire que l'on n'est pas d'accord avec quelqu'un ou avec ce qu'il fait. *Il a désavoué la conduite de son fils.* ❏ contr. **approuver.**

▷ Mot de la famille de AVOUER.

desceller **v.** (conjug. 1) ✦ Arracher, détacher ce qui est fixé dans la pierre. *Le prisonnier essaie de desceller les barreaux de la fenêtre.*

❍ homonyme : desseler.

● Le *s* est suivi d'un *c*.

▷ Mot de la famille de SCELLER.

① **descendant** **n. m.**, **descendante** **n. f.** ✦ Personne qui a un ancêtre, qui descend d'un ancêtre. *Cette femme est une descendante de Victor Hugo,* elle a Victor Hugo comme ancêtre. ❏ contr. ① **ascendant.**

➤ **descendance** **n. f.** ✦ Ensemble des personnes qui descendent du même ancêtre. *Les grands-parents ont réuni pour leurs noces d'or leur nombreuse descendance.* ❏ contr. **ascendance.**

▷ Mots de la famille de DESCENDRE.

② **descendant, descendante** **adj.** ✦ Qui descend. *Paul a ramassé des coquillages à marée descendante.* ❏ contr. **montant.**

descendre **v.** (conjug. 41) **1.** Aller du haut vers le bas. ❏ contr. **monter.** *Descends de là, tu vas tomber ! Il est descendu à la cave chercher du vin.* **2.** Sortir d'une voiture, d'un train. *Nous descendons à la prochaine station.* **3.** Aller en pente. *Le sentier descend à pic vers la mer.* **4.** Diminuer de niveau. → **baisser.** *La mer descend. Le thermomètre est descendu au-dessous de zéro.* **5.** Avoir comme ancêtre. → aussi ① **descendant.** *Elle descend de Victor Hugo.* **6.** Aller vers le bas de quelque chose. *Il a descendu l'escalier quatre à quatre.* **7.** Porter de haut en bas. *Les déménageurs descendent les meubles du camion.*

➤ **descente** **n. f.** **1.** Action d'aller d'un lieu élevé vers un autre plus bas. *Il attend sa fille à la descente du train. — Arrivé en haut de la piste, le skieur commence sa descente,* il commence à descendre. **2.** Chemin par lequel on descend. *Freinez dans la descente.* → **pente.** ❏ contr. ② **côte, montée.** **3.** *Une descente de lit,* c'est un petit tapis sur lequel on pose les pieds en descendant de son lit. → **carpette.**

▷ Autres mots de la famille : DESCENDANCE, ① et ② DESCENDANT, REDESCENDRE.

descente

description n. f. ✦ Action de décrire, de dire exactement comment est quelque chose. *Léa fait la description de sa chambre.* → aussi **décrire.**

désemparé, désemparée adj. ✦ Qui ne sait plus que dire ou que faire, se sent perdu. *Elle était complètement désemparée.*

sans **désemparer** adv. ✦ Sans s'arrêter. *Ils ont travaillé toute la journée sans désemparer.*

désenchanté, désenchantée adj. ✦ Qui a perdu son enthousiasme, ses illusions. → **déçu, désabusé.** *Théo avait l'air désenchanté.*
▷ Mot de la famille de ENCHANTER.

déséquilibre n. m. ✦ Absence d'équilibre. *Les livres étaient en déséquilibre et ils sont tombés.* ❑ contr. **équilibre.**
➤ **déséquilibrer** v. (conjug. 1) ✦ Faire perdre l'équilibre. *Le catcheur a déséquilibré son adversaire.*
➤ **déséquilibré** n. m., **déséquilibrée** n. f. ✦ Malade mental. → **fou.** *Le crime a été commis par un déséquilibré.*
▷ Mots de la famille de ÉQUILIBRE.

① **désert, déserte** adj. 1. Sans habitants. *Les naufragés ont pu atteindre une île déserte.* → **inhabité.** 2. Qui a perdu ses occupants pour quelque temps. *Il est tard, les rues sont désertes.* → **vide.**
➤ **déserter** v. (conjug. 1) 1. Abandonner un lieu où l'on était installé. → **quitter.** *Les jeunes ont déserté le village.* 2. Quitter l'armée sans permission. *Des soldats ont déserté avant la bataille.*
➤ **déserteur** n. m. ✦ Soldat qui a déserté.
➤ **désertion** n. f. ✦ Le fait de quitter son poste à l'armée sans permission. *Il a été jugé pour désertion.*

② **désert** n. m. ✦ Région très sèche, sans végétation et très peu peuplée. *Le Sahara est le plus grand des déserts.*
➤ **désertique** adj. 1. Propre au désert, qui appartient au désert. *Un climat désertique.* 2. Qui a certains aspects du désert. *Ils ont campé dans une région désertique,* sans végétation et très peu peuplée.

désespérer v. (conjug. 6) 1. Cesser d'espérer. *Je désespère de retrouver mes clés. Il ne faut pas désespérer.* 2. Décevoir profondément. *L'étourderie de ses élèves la désespère.* → **décourager.** 3. **se désespérer,** perdre l'espoir, se désoler. *Ne te désespère pas !*
➤ **désespérant, désespérante** adj. ✦ Qui fait perdre espoir. *Il refait toujours les mêmes erreurs, c'est désespérant.* → **décourageant, déprimant.** ❑ contr. **encourageant.**
➤ **désespéré, désespérée** adj. 1. Extrême. *Alex faisait des efforts désespérés pour se sortir d'affaire,* il faisait de très grands efforts. 2. Qui ne laisse aucun espoir. *Le blessé est dans un état désespéré.*
➤ **désespérément** adv. 1. Avec désespoir. *Il se sent désespérément seul. — La salle est restée désespérément vide,* complètement vide. 2. Avec acharnement. *J'ai désespérément essayé de te joindre toute la journée.*
▷ Mots de la famille de ESPÉRER.

désespoir n. m. 1. Très grande tristesse. → **chagrin.** *Il ne faut pas céder au désespoir.* ❑ contr. **espoir.** 2. *En désespoir de cause,* en essayant une dernière fois alors que rien d'autre n'a réussi et sans qu'on soit sûr que cela ait du succès. *En désespoir de cause, il a appelé une dépanneuse.*
▷ Mot de la famille de ESPOIR.

déshabiller v. (conjug. 1) ✦ Enlever les vêtements. *Louise déshabille son petit frère.* — **se déshabiller,** enlever ses vêtements. *Léa s'est déshabillée dans sa chambre.* ❑ contr. **s'habiller.**
▷ Mot de la famille de HABILLER.

désherber v. (conjug. 1) ✦ Enlever les mauvaises herbes. → **sarcler.** *Le jardinier désherbe les allées du parc.*
➤ **désherbant** n. m. ✦ Produit qui détruit les mauvaises herbes. → **herbicide.** *Le jardinier a mis du désherbant dans les allées.*
▷ Mots de la famille de HERBE.

désert

déshériter v. (conjug. 1) ✦ Priver quelqu'un de son héritage, auquel il a droit. *Il voulait déshériter ses enfants.*
➤ **déshérité, déshéritée** adj. ✦ *Les personnes déshéritées,* ce sont les personnes pauvres qui ont le moins de chances d'améliorer leur sort. — **N.** *Les organisations humanitaires viennent en aide aux déshérités.*
▷ Mots de la famille de HÉRITER.

déshonneur n. m. ✦ Perte de l'honneur. *Il n'y a pas de déshonneur à reconnaître que l'on s'est trompé.* → **honte.**
▷ Mot de la famille de HONNEUR.

déshonorer v. (conjug. 1) ✦ Faire perdre son honneur, sa bonne réputation à quelqu'un. → **salir.** *Ce voyou déshonore sa famille.* — **se déshonorer,** perdre son honneur. *Elle s'est déshonorée en nous mentant.*
➤ **déshonorant, déshonorante** adj. ✦ Qui déshonore, fait perdre l'honneur. *Il a eu une conduite déshonorante.* → **dégradant, honteux.**
● *Déshonorer* et *déshonorant* s'écrivent avec un seul *n,* alors que *honneur* en a deux.
▷ Mots de la famille de HONORER.

déshydraté, déshydratée adj. ✦ Privé de son eau. *Les légumes déshydratés se conservent longtemps.*
● Ce mot s'écrit avec un *y.*
▷ Mot de la famille de HYDRATER.

désigner v. (conjug. 1) **1.** Indiquer par un signe. → **montrer.** *Paul désigne du doigt le gâteau qu'il a choisi.* **2.** Représenter. *Le mot « bébé » désigne un enfant très jeune.* **3.** Choisir. *Léa a été désignée pour remettre le cadeau au professeur.* → **nommer.**
➤ **désignation** n. f. ✦ Choix. *On attend la désignation de son successeur.* → **nomination.**
▷ Mots de la famille de SIGNE.

désillusion [dezilyzjɔ̃] n. f. ✦ Déception provoquée par la perte d'une illusion. *Je le croyais incapable d'être méchant, quelle désillusion !* → **déception.**
▷ Mot de la famille de ILLUSION.

désinfecter v. (conjug. 1) ✦ Nettoyer en tuant les microbes. *Désinfecte ta plaie avec de l'alcool avant de mettre un pansement.*
➤ **désinfectant** n. m. ✦ Produit qui nettoie en tuant les microbes. *L'eau de Javel est un désinfectant.* — **Adj.** *Une lotion désinfectante.*
➤ **désinfection** n. f. ✦ Nettoyage qui débarrasse des microbes. *La désinfection d'une chambre d'hôpital.*
▷ Mots de la famille de INFECT.

désintégrer v. (conjug. 6) ✦ Détruire en faisant éclater en morceaux. *L'explosion a désintégré l'immeuble.* — **se désintégrer,** se détruire en explosant. → se **désagréger.** *La fusée s'est désintégrée dans l'espace.*
➤ **désintégration** n. f. ✦ Transformation des atomes d'un élément qu'on désintègre. *La désintégration de l'uranium produit de l'énergie nucléaire.*
▷ Mots de la famille de INTÉGRER.

désintéressé, désintéressée adj. ✦ Qui n'agit pas par intérêt personnel, ne recherche pas d'avantages pour soi-même. → **généreux.** *C'est une femme désintéressée en qui on peut avoir confiance.* ❑ contr. **intéressé.**
➤ **désintéressement** n. m. ✦ Qualité d'une personne qui agit sans se soucier de son intérêt personnel. → **générosité.**
▷ Mots de la famille de INTÉRÊT.

se **désintéresser** v. (conjug. 1) ✦ Ne pas porter intérêt. → **négliger.** *Julie s'est désintéressée de son travail.* ❑ contr. **s'intéresser.**
➤ **désintérêt** n. m. ✦ Absence d'intérêt. → **indifférence.** *Louise montre du désintérêt pour l'école.* ❑ contr. **intérêt.**
▷ Mots de la famille de INTÉRÊT.

désintoxiquer v. (conjug. 1) ✦ Faire suivre un traitement à quelqu'un pour lui faire perdre l'habitude de boire de l'alcool ou de se droguer. *Ici, les alcooliques peuvent se faire désintoxiquer.*
➤ **désintoxication** n. f. ✦ Traitement suivi par une personne alcoolique ou droguée pour se faire désintoxiquer. *Une cure de désintoxication.*
▷ Mots de la famille de TOXIQUE.

désinvolte adj. ✦ Qui montre de l'insouciance et de l'insolence, sans se soucier des autres. *Alex a répondu d'un ton désinvolte. Elle est trop désinvolte.*
➤ **désinvolture** n. f. ✦ Sans-gêne, négligence, attitude désinvolte. *Il a agi avec désinvolture.* ❑ contr. **respect, sérieux.**

désirer v. (conjug. 1) **1.** Vouloir, avoir envie de quelque chose. → **souhaiter.** *« Que désirez-vous ? » demande la vendeuse. Le directeur* *désire vous parler.* 2. *Laisser à désirer,* être mauvais, imparfait. *Le travail d'Alex laisse à désirer.*

➤ **désir** n. m. ✦ Envie d'avoir, de faire quelque chose. → **souhait.** *Sa grand-mère satisfait tous ses désirs.*

➤ **désirable** adj. ✦ Que l'on peut désirer, souhaiter. *Il a toutes les qualités désirables pour cet emploi.* → **souhaitable.**

➤ **désireux, désireuse** adj. ✦ Qui a envie de quelque chose, qui souhaite quelque chose. *Elle est désireuse de vous connaître,* elle aimerait vous connaître.

▷ Autre mot de la famille : INDÉSIRABLE.

se **désister** v. (conjug. 1) ✦ Renoncer à se faire élire, se retirer d'une élection. *Elle s'est désistée au second tour.*

➤ **désistement** n. m. ✦ Le fait de se retirer d'une élection.

désobéir v. (conjug. 2) ✦ Ne pas faire ce qui est ordonné. *Paul a désobéi à ses parents.* ❏ contr. **obéir.**

➤ **désobéissance** n. f. ✦ Le fait de ne pas obéir, de désobéir. *Elle sera punie pour sa désobéissance.* ❏ contr. **obéissance.**

➤ **désobéissant, désobéissante** adj. ✦ Qui désobéit. *Théo est souvent désobéissant en classe.* → **indiscipliné.** ❏ contr. **obéissant.**

▷ Mots de la famille de OBÉIR.

désobligeant, désobligeante adj. ✦ Peu aimable et vexant. → **blessant, désagréable.** *Elle lui a fait des réflexions désobligeantes.*

▷ Mot de la famille de ② OBLIGER.

désodorisant n. m. ✦ Produit qui chasse les mauvaises odeurs. *Il y a une bombe de désodorisant dans les toilettes.* → aussi **déodorant.**

désœuvré, désœuvrée adj. ✦ Qui n'a rien à faire. *Une personne désœuvrée.* → aussi **oisif.**

➤ **désœuvrement** n. m. ✦ Manque d'occupation. → **inaction, oisiveté.** *Ils ont erré dans les rues par désœuvrement,* pour passer le temps.

▷ Mots de la famille de ŒUVRE.

① **désolé, désolée** adj. ✦ Inhabitable et triste. *Un endroit désolé.*

désoler v. (conjug. 1) ✦ Faire de la peine. → **attrister.** *Son échec nous désole.* → **consterner, contrarier.** ❏ contr. **réjouir.**

➤ **désolant, désolante** adj. ✦ Qui rend triste. → **navrant.** *Cette nouvelle est désolante.* → **consternant.** ❏ contr. **réjouissant.**

➤ **désolation** n. f. ✦ Grande tristesse. → **consternation.**

➤ ② **désolé, désolée** adj. ✦ *Être désolé,* regretter. *Je suis désolé de vous avoir dérangé.* → **navré.** ❏ contr. **ravi.**

se **désolidariser** v. (conjug. 1) ✦ Ne plus soutenir les personnes dont on était solidaire. *Ils se sont désolidarisés de leurs camarades.* ❏ contr. se **solidariser.**

▷ Mot de la famille de SOLIDAIRE.

désopilant, désopilante adj. ✦ Très drôle. *Une histoire désopilante.* → **comique, hilarant.**

désordonné, désordonnée adj. ✦ Qui ne range pas ses affaires, manque d'ordre. *Louise est très désordonnée, elle ne retrouve jamais ses affaires.*

▷ Mot de la famille de ① ORDONNÉ.

désordre n. m. ✦ Absence d'ordre. *Sa chambre est en désordre,* elle n'est pas rangée. *Quel désordre !* → **bazar, fouillis, pagaille.**

▷ Mot de la famille de ① ORDRE.

désorganiser v. (conjug. 1) ✦ Détruire l'organisation. → **déranger.** *La pluie a désorganisé notre journée.* ❏ contr. **organiser.**

➤ **désorganisation** n. f. ✦ Action de désorganiser, état de ce qui est organisé. *La désorganisation du service complique le travail.* ❏ contr. **organisation.**

▷ Mots de la famille de ORGANE.

désorienter v. (conjug. 1) ✦ Rendre hésitant. → **déconcerter.** *Sa question m'a désorienté.* → **désarçonner.**

▷ Mot de la famille de ORIENTER.

désormais adv. ✦ À partir de maintenant. → **dorénavant.** *Désormais, on ne les verra plus ensemble.*

désosser v. (conjug. 1) ✦ Enlever les os. *Le boucher désosse le gigot.*

▷ Mot de la famille de OS.

despote n. m. ✦ Souverain, chef qui a un pouvoir absolu. → **dictateur, tyran.**

➤ **despotique** adj. ✦ Très autoritaire. → **tyrannique.** *Un patron despotique.*

➤ **despotisme** n. m. ✦ Pouvoir absolu d'un despote, d'une personne qui gouverne de façon autoritaire.

desquels, desquelles → **duquel, lequel**

se **dessaisir** v. (conjug. 2) ✦ Se séparer volontairement de quelque chose. *Le tribunal s'est dessaisi du dossier.* ❑ contr. **conserver, garder.**
▷ Mot de la famille de SAISIR.

dessaler v. (conjug. 1) ✦ Enlever le sel, complètement ou en partie. *Le cuisinier fait tremper la morue pour la dessaler.*
▷ Mot de la famille de SALER.

dessécher v. (conjug. 6) **1.** Rendre sec. *Le froid dessèche la peau.* → **sécher.** ❑ contr. **hydrater.** — **se dessécher,** devenir sec. *La terre s'est desséchée.* **2.** Rendre insensible. *La jalousie a desséché son cœur.*

➤ **dessèchement** n. m. ✦ État de ce qui est desséché. *Cette crème combat le dessèchement de la peau.*
▷ Mots de la famille de SEC.

dessein n. m. **1.** Intention, but. *Il a le dessein d'aller en Grèce.* → **projet.** **2.** *À dessein,* exprès, volontairement. *C'est à dessein que je n'ai pas répondu.* ❍ homonyme : dessin.

desseller v. (conjug. 1) ✦ Enlever la selle. *Le cavalier a dessellé son cheval.* ❍ homonyme : desceller.
▷ Mot de la famille de SELLE.

desserrer v. (conjug. 1) ✦ Relâcher ce qui est serré. *N'oublie pas de desserrer le frein à main.* ❑ contr. **resserrer, serrer.** *Théo n'a pas desserré les dents de la soirée,* il n'a pas parlé du tout.
▷ Mot de la famille de SERRER.

dessert n. m. ✦ Plat que l'on sert à la fin d'un repas, après le fromage. *Elle a fait une tarte aux fraises pour le dessert.*

desservir v. (conjug. 14) **1.** S'arrêter dans un lieu. *Plusieurs trains desservent la ville.* **2.** Enlever ce qui a servi au repas. *Le serveur dessert la table,* il enlève les plats et les couverts. → **débarrasser.** **3.** Rendre un mauvais service. *Sa timidité le dessert.* → **nuire.** ❑ contr. **aider.**
▷ Mot de la famille de SERVIR.

dessin n. m. **1.** Représentation d'un objet par des traits que l'on trace. *Paul a fait un dessin pour son grand-père.* **2.** L'art de dessiner. *Il est professeur de dessin.* **3.** *Un dessin animé,* c'est un film composé de dessins qui s'enchaînent. *Julie a regardé des dessins animés à la télévision.* ❍ homonyme : dessein.

➤ **dessiner** v. (conjug. 1) **1.** Faire un dessin. *Paul dessine son chien. Léa aime beaucoup dessiner.* **2.** **se dessiner,** apparaître avec un contour net. *On voyait la colline se dessiner au loin.* → se **détacher, ressortir.**

➤ **dessinateur** n. m., **dessinatrice** n. f. ✦ Personne dont le métier est de dessiner. *Un dessinateur industriel.*

dessin (Dürer)

dessous adv., prép. et n. m.

■ **adv.** et **prép.** À la partie inférieure, sous quelque chose. ❑ contr. **dessus.** *Le prix du vase est dessous. Soulève la couverture, le chat est caché dessous. Julie est passée* **par-dessous** *les fils de fer barbelés. Que fais-tu* **là-dessous** *? Sa jupe lui arrive* **au-dessous du** *genou. Le nom des gagnants est écrit* **ci-dessous,** sous ce que l'on vient d'écrire.

■ **n. m. 1.** Ce qui est sous quelque chose. *Le bruit vient de l'étage du dessous. Ils sont très amis avec les gens du dessous,* de l'étage inférieur. ❑ contr. **dessus.** **2.** *Avoir le dessous,* perdre. *Théo s'est battu mais il a eu le dessous.* **3.** *Des dessous,* des sous-vêtements. *Léa a des dessous en coton.*

➤ **dessous-de-plat** n. m. inv. ✦ Objet que l'on met sur une table pour poser les plats chauds. *Des dessous-de-plat en bois.*
▷ Mot de la famille de ③ PLAT.
▷ Mots de la famille de ① DE et de SOUS.

dessus **adv., prép.** et **n. m.**
■ **adv.** et **prép.** À la face supérieure, sur quelque chose. ❑ contr. **dessous.** *La chaise est cassée, ne vous asseyez pas dessus ! C'est mon cahier, j'ai écrit mon nom dessus. Alex a sauté* **par-dessus** *la barrière. Je ne peux pas attraper les noisettes qui sont* **au-dessus.** *Monte* **là-dessus,** sur cela. **Là-dessus,** *il est parti,* sur ce. *Regardez* **ci-dessus,** ce qui est écrit plus haut.
■ **n. m. 1.** Ce qui est sur quelque chose, partie supérieure de quelque chose. ❑ contr. **dessous.** *Les voisins du dessus sont bruyants.* **2.** *Avoir le dessus,* gagner. *Notre équipe a eu le dessus.*
➤ **dessus-de-lit** **n. m. inv.** ✦ Tissu qui recouvre un lit. → **couvre-lit.** *Des dessus-de-lit de coton blanc.* ▷ Mot de la famille de LIT.
▷ Autre mot de la famille : PARDESSUS.

déstabiliser **v.** (conjug. 1) ✦ Rendre moins stable, faire devenir plus faible. → **ébranler.** *Les manifestations ont déstabilisé le gouvernement.*
▷ Mot de la famille de STABLE.

destiner **v.** (conjug. 1) **1.** Décider à l'avance de ce que l'on va faire de quelque chose. *Je destine cet argent à l'achat d'une voiture.* → **réserver.** *Cette lettre t'est destinée,* elle est pour toi. **2.** Préparer quelqu'un à un emploi. *Ses parents le destinent à l'enseignement. Rien ne le destinait à la médecine.* — **se destiner,** se préparer à un emploi. *Louise se destine au théâtre.*
➤ **destin** **n. m.** ✦ Ensemble des événements qui composent la vie et contre lesquels on ne peut rien faire. → **sort** et aussi **fatalité.** *Il a eu un destin tragique.*
➤ **destinée** **n. f.** ✦ Destin. *C'était sa destinée de te rencontrer.*
➤ **destinataire** **n. m.** et **f.** ✦ Personne à qui est envoyé quelque chose. *Qui est la destinataire de cette lettre ?* ❑ contr. **expéditeur.**
➤ **destination** **n. f.** ✦ Lieu où l'on va. *Le train à destination de Lille va partir.*
▷ Autre mot de la famille : PRÉDESTINÉ.

destituer **v.** (conjug. 1) ✦ Chasser de son poste. → **licencier, renvoyer.** *Ce ministre a été destitué.* → **démettre, révoquer.**

destrier **n. m.** ✦ Cheval de bataille, au Moyen Âge. *Le chevalier enfourcha son destrier.*

destructeur, destructrice **adj.** ✦ Qui détruit. *La tempête a été très destructrice.*

destruction **n. f. 1.** Action de défaire entièrement un bâtiment. → **démolition** et aussi **détruire.** *Le conseil municipal a voté la destruction de vieux immeubles.* ❑ contr. **construction, édification. 2.** Action de faire disparaître. → **élimination.** *Ce produit est radical pour la destruction des insectes.* → **extermination.**

désuet, désuète **adj.** ✦ Qui fait ancien, démodé. → **suranné, vieillot.** *Une gravure ancienne d'un charme désuet.* ❑ contr. **moderne.**
➤ **désuétude** **n. f.** ✦ *Tomber en désuétude,* ne plus être utilisé, être vieilli. *Cette tradition est tombée en désuétude.* ❑ contr. en **vigueur.**

carte **désuète**

désunir **v.** (conjug. 2) ✦ Séparer. → **brouiller.** *Cette dispute les a désunis.* ❑ contr. **unir.**
➤ **désunion** **n. f.** ✦ Désaccord entre des personnes qui étaient unies. → **division.** *La désunion de ses enfants l'attriste.* ❑ contr. **union.**
▷ Mots de la famille de UN.

détachable **adj.** ✦ Que l'on peut dégager de ce qui attache, que l'on peut détacher. *Les feuilles du bloc sont détachables une par une. Renvoyez le coupon détachable.*
▷ Mot de la famille de ① DÉTACHER.

détachant **n. m.** ✦ Produit qui enlève les taches. *Un détachant liquide.* → aussi ② **détacher.**

▷ Mot de la famille de TACHE.

① **détacher** **v.** (conjug. 1) **1.** Dégager de ce qui tenait attaché. *Il a détaché son chien.* ❑ contr. **attacher.** *Détachez le coupon en suivant le pointillé.* → **séparer. 2.** Envoyer quelqu'un en mission. *Le commandant a détaché des éclaireurs,* il les a fait partir avant les autres.

➤ **se détacher** **v. 1.** Cesser d'être attaché, de tenir. *Des pommes se sont détachées de l'arbre,* elles sont tombées. **2.** Apparaître nettement. *Le village se détache au loin.* → se **découper,** se **dessiner, ressortir. 3.** Ne plus avoir l'affection, l'amitié ou l'amour que l'on avait pour quelqu'un. *Elle s'est détachée de ses amis.*

➤ **détaché, détachée** **adj. 1.** *Des pièces détachées,* ce sont des pièces vendues séparément pour remplacer les pièces usées d'un moteur, d'une machine. **2.** Qui montre un manque d'intérêt, du détachement. *Il a pris un air détaché et il est parti.*

➤ **détachement** **n. m. 1.** Petit groupe de soldats qui est envoyé en mission. **2.** Indifférence. *Léa a parlé de ses mauvais résultats scolaires avec détachement.*

▷ Autre mot de la famille : DÉTACHABLE.

② **détacher** **v.** (conjug. 1) ✦ Enlever des taches. → **nettoyer.** *Julie détache son tee-shirt.* → aussi **détachant.**

▷ Mot de la famille de TACHE.

détailler **v.** (conjug. 1) **1.** Examiner en détail, avec précision. *Julie a détaillé le nouvel arrivant des pieds à la tête.* **2.** Donner tous les détails à propos de quelque chose. *Le général détaille son plan aux officiers.* → aussi **détaillé.**

➤ **détail** **n. m.** (pl. **détails**) **1.** *Vendre au détail,* c'est vendre à la pièce, par petites quantités. ❑ contr. en **gros.** *Ces verres sont vendus au détail,* un par un. **2.** Élément peu important dont on pourrait se passer. *Alex raconte ce qui lui est arrivé, en donnant tous les détails.* **3.** *En détail,* avec précision, sans rien laisser de côté. *L'inspecteur examine les lieux en détail.*

➤ **détaillant** **n. m., détaillante** **n. f.** ✦ Commerçant qui vend au détail. ❑ contr. **grossiste.**

➤ **détaillé, détaillée** **adj.** ✦ Qui donne beaucoup de détails. *Un exposé détaillé sur la situation.*

détaler **v.** (conjug. 1) ✦ Partir subitement en courant. → **déguerpir, filer.** *Le voleur a détalé comme un lapin.*

détartrer **v.** (conjug. 1) ✦ Enlever le tartre. *Elle s'est fait détartrer les dents par le dentiste.* ❑ contr. **entartrer.**

➤ **détartrage** **n. m.** ✦ Action d'enlever le tartre. *Il s'est fait faire un détartrage par le dentiste.*

▷ Mots de la famille de TARTRE.

détaxer **v.** (conjug. 1) ✦ Supprimer ou diminuer une taxe. *Dans les avions, le parfum, les cigarettes et les alcools sont moins chers car ils sont détaxés.* ❑ contr. ① **taxer.**

▷ Mot de la famille de ① TAXER.

détecter **v.** (conjug. 1) ✦ Découvrir la présence de quelque chose de caché. → **déceler.** *Le plombier a détecté une fuite de gaz.*

➤ **détecteur** **n. m.** ✦ Appareil qui sert à découvrir la présence d'un objet. *Un détecteur de mines.*

➤ **détection** **n. f.** ✦ Action de détecter. *Le radar permet la détection des avions,* il permet de déceler la présence d'avions.

détecteur

détective **n. m.** et **f.** ✦ Personne qui fait des enquêtes policières pour un client. *Il fait suivre sa femme par un détective.*

déteindre **v.** (conjug. 52) **1.** Perdre sa couleur. *Son tee-shirt bleu a déteint au lavage.* → se

décolorer. 2. Donner un peu de sa couleur. *Les chaussettes rouges risquent de déteindre sur la chemise blanche.*

▷ Mot de la famille de TEINDRE.

dételer v. (conjug. 4) ✦ Détacher un animal attelé. *Le cocher dételle les chevaux.* ❑ contr. **atteler.**

détendre v. (conjug. 41) 1. Rendre moins tendu. *Le guitariste détend les cordes de sa guitare.* 2. Supprimer la fatigue. → **délasser.** *Un bain chaud vous détendrait.*

➤ **se détendre** v. 1. Devenir moins tendu. *L'élastique s'est détendu.* 2. Se laisser aller. *Elle s'est détendue en écoutant de la musique.* → **se décontracter.**

➤ **détendu, détendue** adj. ✦ Calme. → **décontracté.** *Il avait l'air détendu.* ❑ contr. **nerveux, tendu.**

▷ Mots de la famille de ① TENDRE.

détenir v. (conjug. 22) 1. Posséder. *Ce musée détient de magnifiques statues. Le record du monde du 100 mètres est détenu par un Américain.* → aussi **détenteur.** 2. Retenir prisonnier. *Le criminel est détenu en prison depuis un an.* → aussi **détenu.**

▷ Mot de la famille de TENIR.

détente n. f. 1. Mouvement rapide que l'on fait en projetant son corps ou une partie de son corps en avant, comme un ressort qui se détend. 2. Pièce d'une arme à feu qui sert à faire partir le coup. *Le policier a appuyé sur la détente.* → aussi **gâchette.** 3. Repos. → **décontraction, délassement.** *J'ai besoin d'un moment de détente.* → **relaxation.**

▷ Mot de la famille de ① TENDRE.

détenteur n. m., **détentrice** n. f. ✦ Personne à qui appartient quelque chose. *Il est le détenteur du record du monde du 100 mètres.* → aussi **détenir.**

détention n. f. ✦ Le fait d'être en prison. → **emprisonnement.** *Il est resté dix ans en détention.* → **réclusion.**

détenu n. m., **détenue** n. f. ✦ Personne en prison. → **prisonnier.**

▷ Mot de la famille de TENIR.

détergent n. m. ✦ Produit nettoyant qui dissout les saletés. *La lessive est un détergent.*

détériorer v. (conjug. 1) 1. Mettre en mauvais état. → **abîmer, endommager.** *L'humidité détériore les livres.* 2. **se détériorer,** devenir moins bon. *Leurs relations se sont détériorées.* → se **dégrader.** ❑ contr. s'**améliorer.**

➤ **détérioration** n. f. ✦ Le fait d'être abîmé, détérioré. *La détérioration de leurs relations.* ❑ contr. **amélioration.**

déterminer v. (conjug. 1) 1. Établir avec précision. *L'enquête permettra de déterminer les causes de l'accident.* 2. Pousser à agir d'une certaine façon. → **décider.** *Tous ses ennuis l'ont déterminé à partir.* → **inciter.** — **se déterminer,** prendre la décision. *Elle s'est déterminée à accepter.*

➤ **déterminé, déterminée** adj. 1. Qui a été précisé, fixé. *Il faut une quantité déterminée de sucre pour ce gâteau.* ❑ contr. **indéterminé.** 2. Décidé, résolu. *Paul avait l'air déterminé.*

➤ **déterminant** adj. et n. m., **déterminante** adj.

■ adj. Qui amène à agir de telle ou telle façon. *Le goût des voyages a été déterminant dans le choix de son métier.* → **décisif.**

■ n. m. Mot qui précède le nom et s'accorde avec lui, mais qui n'est pas un adjectif qualificatif. *Les articles, les adjectifs possessifs, démonstratifs, numéraux et indéfinis sont des déterminants.*

➤ **détermination** n. f. ✦ Manière dont se comporte une personne décidée, qui sait ce qu'elle veut. *Il a agi avec détermination.*

▷ Autre mot de la famille : INDÉTERMINÉ.

déterrer v. (conjug. 1) ✦ Sortir de terre ce qui était enfoui. → **exhumer.** *Le chien a déterré un os.* ❑ contr. **enterrer.**

▷ Mot de la famille de TERRE.

détester v. (conjug. 1) ✦ Ne pas aimer du tout. → **haïr.** *Léa déteste son professeur de piano.* ❑ contr. **adorer.** *Julie déteste le fromage. Je déteste être dérangé quand je travaille.*

➤ **détestable** adj. ✦ Très désagréable, très mauvais. → **exécrable.** *Paul était d'une humeur détestable.* → **abominable.**

détonant, détonante adj. ✦ Qui produit une explosion. *Un mélange détonant.*

détonateur n. m. ✦ Ce qui sert à provoquer une explosion. *Le soldat appuie sur le détonateur de la bombe.*

détonation **n. f.** ✦ Bruit soudain et violent de ce qui explose. *Les voisins ont entendu des détonations,* des coups de feu.

détour **n. m.** **1.** Tracé qui ne fait pas une ligne droite, qui s'écarte du chemin direct. *La route fait des détours. Le chasseur a vu un sanglier au détour du chemin,* à l'endroit où tourne le chemin. → **tournant.** **2.** Action de parcourir un trajet plus long que le chemin direct. *Nous ne sommes pas venus directement, nous avons fait un détour par le village.* → **crochet.** ❏ contr. **raccourci.**
▷ Mot de la famille de TOURNER.

détourner **v.** (conjug. 1) **1.** Changer la direction. *Les pirates de l'air ont détourné l'avion.* → aussi **détournement.** **2.** *Détourner la conversation,* c'est parler d'un autre sujet. → **dévier.** **3.** Tourner d'un autre côté. *Théo détourne la tête pour cacher ses larmes.* **4.** Prendre pour soi d'une manière malhonnête. *Le comptable a détourné de l'argent.* → ② **voler.**
➤ **détourné, détournée** **adj.** ✦ Qui n'est pas direct, fait des détours. *Elle m'a parlé de ses ennuis d'une façon détournée,* pas directement.
➤ **détournement** **n. m.** **1.** Action de changer la direction. *Les pirates de l'air ont été jugés pour détournement d'avion,* parce qu'ils avaient contraint l'équipage de l'avion à changer de destination. **2.** Action de prendre pour soi de façon malhonnête. *Le comptable a été accusé de détournement de fonds.*
▷ Mots de la famille de TOURNER.

détracteur, détractrice **n. m.** ✦ Personne qui critique, cherche à rabaisser. *Le Président a répondu à tous ses détracteurs.*

détraquer **v.** (conjug. 1) ✦ Abîmer, détériorer. *Julie a détraqué la télévision.* → **dérégler.**

détremper **v.** (conjug. 1) ✦ Rendre mou en mélangeant avec un liquide. *La pluie a détrempé les chemins.*
▷ Mot de la famille de TREMPER.

détresse **n. f.** **1.** Situation très pénible. → **malheur, misère.** *La détresse de ces pauvres gens nous a beaucoup émus.* **2.** Situation dangereuse. *L'avion était en détresse au-dessus de l'Atlantique.*

au **détriment** de **prép.** ✦ En faisant du tort à quelqu'un. *La caissière s'est trompée en rendant la monnaie à mon détriment,* à mon désavantage. ❏ contr. **avantage.**

détritus [detRitys] ou [detRity] **n. m.** ✦ Restes sales ou inutilisables. → **ordures.** *Alex a jeté tous les détritus à la poubelle.*
● On prononce ou non le *s.*

détroit **n. m.** ✦ Bras de mer entre deux terres rapprochées, qui fait communiquer deux mers. *Le détroit de Gibraltar sépare l'Europe de l'Afrique et fait communiquer la Méditerranée et l'océan Atlantique.*

détroit

détromper **v.** (conjug. 1) ✦ Faire comprendre à quelqu'un qu'il se trompe. *Alex n'ose pas détromper la directrice.* — **se détromper,** se rendre compte que l'on s'est trompé. *Détrompez-vous !* n'en croyez rien.
▷ Mot de la famille de TROMPER.

détrôner **v.** (conjug. 1) **1.** Chasser du trône. *La Révolution de 1848 détrôna le roi Louis-Philippe.* **2.** Faire passer au second rang. → **éclipser, supplanter.** *L'ordinateur a détrôné la machine à écrire,* il l'a remplacée.
▷ Mot de la famille de TRÔNE.

détrousser **v.** (conjug. 1) ✦ Prendre à quelqu'un ce qu'il a sur lui, avec violence. → **dépouiller,** ② **voler.** *Les voyageurs se sont fait détrousser par des malfaiteurs.*

détruire **v.** (conjug. 38) **1.** Défaire complètement une construction. → **abattre, démolir.** ❏ contr. **bâtir, construire.** *Des immeubles insalubres ont été détruits.* → **raser.** **2.** Faire disparaître. *Les averses de grêle ont détruit les récoltes.* → **dévaster, ravager.** *Le faussaire a détruit toutes les preuves.* ❏ contr. **conserver, garder.** *Ce produit détruit les cafards,* il les tue. → **anéantir, exterminer** et aussi **destruction.**

dette **n. f.** ✦ Somme d'argent qu'une personne doit à une autre. *Elle n'a pas encore remboursé ses dettes.* — *Qui paie ses dettes s'enrichit,* celui qui rembourse ce qu'il doit augmente la confiance qu'on a en lui.
▷ Autres mots de la famille : ENDETTEMENT, S'ENDETTER.

deuil **n. m.** ✦ Mort d'une personne de la famille ou d'un ami. *Il y a eu plusieurs deuils dans sa famille cette année. Ils sont en deuil,* ils sont habillés en noir en signe de tristesse.
▷ Autre mot de la famille : ENDEUILLER.

deux **adj.** 1. Un plus un (2). *Ils ont deux enfants. Ouvrez votre livre page deux.* — **N. m.** Le nombre deux. *Un et un font deux. Mettez-vous en rang par deux.* 2. Pour indiquer un petit nombre. *Attends-moi, j'en ai pour deux minutes,* pour quelques minutes.

➤ **deuxième** **adj.** ✦ Qui succède au premier. *Le bureau de la directrice est au deuxième étage.* → **second.**

➤ **deuxièmement** **adv.** ✦ En deuxième lieu. *Premièrement asseyez-vous, deuxièmement taisez-vous !*

➤ **deux-pièces** **n. m.** ✦ Maillot de bain de femme, formé de deux parties, un slip et un soutien-gorge. *Elle a plusieurs deux-pièces.*
▷ Mot de la famille de ① PIÈCE.

➤ **deux-points** **n. m.** ✦ Signe de ponctuation formé de deux points l'un sur l'autre (:) que l'on met avant une explication, une énumération, une citation. *Deux-points, ouvrez les guillemets.* ▷ Mot de la famille de ① POINT.

➤ **deux-roues** **n. m.** ✦ Véhicule à deux roues. *Une bicyclette et une moto sont des deux-roues.* ▷ Mot de la famille de ROUE.

dévaler **v.** (conjug. 1) ✦ Descendre très rapidement. *Le skieur a dévalé la pente en trois minutes.*
▷ Mot de la famille de VAL.

dévaliser **v.** (conjug. 1) 1. Voler tout ce qu'a quelqu'un, toutes les marchandises d'un magasin. *Des cambrioleurs ont dévalisé la bijouterie.* 2. Familier. Faire de nombreux achats dans un magasin. *Au moment de Noël, les grands magasins sont dévalisés.*
▷ Mot de la famille de VALISE.

dévaloriser **v.** (conjug. 1) ✦ Faire perdre sa valeur, diminuer la valeur. *Le gouvernement a dévalorisé la monnaie.* → **dévaluer.** — **se dévaloriser,** perdre de sa valeur. *Le dollar s'est dévalorisé ces dernières années.* → se **déprécier.**
▷ Mot de la famille de VALORISER.

dévaluer **v.** (conjug. 1) ✦ Dévaloriser. *Le gouvernement de ce pays a dévalué sa monnaie,* il a diminué sa valeur par rapport aux monnaies des autres pays. — **se dévaluer,** perdre de sa valeur. *La monnaie de ce pays s'est dévaluée.*

➤ **dévaluation** **n. f.** ✦ Diminution de la valeur d'une monnaie par rapport aux monnaies des autres pays.
▷ Mots de la famille de VALOIR.

devancer **v.** (conjug. 3) 1. *Devancer quelqu'un,* c'est être devant lui, le laisser derrière soi. *Paul a gagné la course, il a devancé tous les concurrents,* il est arrivé avant eux. → **dépasser, distancer.** ❑ contr. **suivre.** 2. Aller au-devant. *Son mari devance toujours ses désirs,* il les devine et va au-devant d'eux. *Tu as devancé ma question,* tu y as répondu avant que je ne te la pose.
▷ Mot de la famille de DEVANT.

devant **adv., prép.** et **n. m.**

■ **adv.** et **prép.** 1. En avant. *Paul est passé devant Théo. Sa chemise se boutonne devant,* sur la poitrine. *Asseyez-vous devant.* ❑ contr. **derrière.** 2. En face de. *Je t'attends devant l'église.* 3. En présence de quelqu'un. *Il l'a dit devant moi.* 4. **Au-devant de** *quelqu'un,* à sa rencontre. *Louise a couru au-devant de son père.* 5. *Avoir de l'argent devant soi,* en réserve.

■ **n. m.** 1. Partie qui est placée devant. *Il y a de la vigne vierge sur le devant de la maison.* ❑ contr. **arrière, derrière.** 2. *Prendre les devants,* c'est agir le premier, à la place de quelqu'un d'autre ou pour empêcher quelque chose d'arriver.

➤ **devanture** **n. f.** ✦ Partie d'un magasin où les marchandises sont montrées. → **vitrine.** *La robe qui est en devanture lui plaît beaucoup.*
▷ Autre mot de la famille : DEVANCER.

dévaster **v.** (conjug. 1) ✦ Détruire entièrement, faire de gros dégâts. *L'ouragan a dévasté l'île.* → **ravager.**

➤ **dévastateur, dévastatrice** **adj.** ✦ Qui détruit, abîme tout. *Un ouragan dévastateur.*

déveine **n. f.** ✦ Familier. Malchance. *Il pleut le jour du pique-nique ; quelle déveine !* ❑ contr. **chance,** ① **veine.**
▷ Mot de la famille de ① VEINE.

développer v. (conjug. 1) **1.** Faire grandir, augmenter. *La natation développe les muscles.* — **se développer,** croître. → s'**épanouir**. *Les plantes se sont bien développées au soleil.* **2.** Exposer en détail. *Développez votre idée,* expliquez-la davantage. **3.** *Développer une pellicule,* faire apparaître les images fixées sur la pellicule par des procédés chimiques. *Il a apporté une pellicule à développer chez le photographe.*

➤ **développement** n. m. **1.** Croissance. *Cette industrie est en plein développement.* → **essor**. *C'est un pays en voie de développement,* un pays dont l'économie est en train de se développer. **2.** Texte où l'on développe une idée. *Une rédaction se compose d'une introduction, d'un développement et d'une conclusion.* **3.** Opération consistant à faire apparaître les images fixées sur une pellicule photographique. *Le développement se fait dans une chambre noire.*

▷ Autre mot de la famille : SOUS-DÉVELOPPÉ.

devenir v. (conjug. 22) **1.** Commencer à être. *Louise a eu si peur qu'elle est devenue toute pâle. La chenille devient papillon.* **2.** Avoir tel résultat, tel sort. *Je me demande ce que sont devenus mes anciens voisins.*

▷ Autre mot de la famille : REDEVENIR.

déverser v. (conjug. 1) **1.** Laisser tomber, déposer. *Le camion a déversé le sable dans la cour.* **2.** **se déverser,** s'écouler. → se **vider**. *Les eaux usées se déversent dans les égouts,* elles se jettent dedans.

▷ Mot de la famille de VERSER.

dévêtir v. (conjug. 20) ✦ Déshabiller. *Julie dévêt sa poupée.* ❑ contr. **habiller, vêtir.** — **se dévêtir,** enlever ses vêtements. *Léa s'est dévêtue avant de prendre son bain.*

● Le deuxième *ê* s'écrit avec un accent circonflexe.

▷ Mot de la famille de VÊTIR.

dévier v. (conjug. 7) **1.** Faire changer de direction. → **détourner**. *On a dévié la circulation en raison des travaux.* **2.** S'écarter de la bonne direction. *Le vent a fait dévier la balle.*

➤ **déviation** n. f. **1.** Chemin que l'on prend quand la circulation est déviée. *Empruntez la déviation.* **2.** Déformation. *Il a une déviation de la colonne vertébrale.*

devin n. m. ✦ Personne qui prétend prédire l'avenir. *Je ne sais pas s'il fera beau demain, je ne suis pas devin !* → ① **voyant**.

➤ **deviner** v. (conjug. 1) ✦ Trouver, par déduction ou par supposition, ce que l'on ne savait pas. *Devine ce que j'ai dans mon sac.*

➤ **devinette** n. f. ✦ Question amusante dont il faut deviner la réponse. *Paul nous a posé une devinette.* → aussi **charade**.

devis [dəvi] n. m. ✦ Estimation du prix que doivent coûter des travaux. *Il a fait faire un devis par le peintre avant de faire repeindre sa maison.*

● Ce mot a un *s* à la fin, que l'on ne prononce pas.

dévisager v. (conjug. 3) ✦ Regarder le visage de quelqu'un avec insistance. *Louise dévisageait l'inconnu assis en face d'elle.* → **fixer**.

▷ Mot de la famille de VISAGE.

① **devise** n. f. ✦ Phrase, le plus souvent courte, qui exprime un idéal. *« Liberté, égalité, fraternité » est la devise de la France.*

② **devise** n. f. ✦ Monnaie étrangère. *Il est allé chercher des devises à la banque.*

dévisser v. (conjug. 1) **1.** Défaire ce qui est vissé. *Julie dévisse le bouchon du tube de dentifrice.* ❑ contr. **visser**. **2.** Lâcher prise en montagne et tomber. *L'alpiniste a dévissé.*

▷ Mot de la famille de VIS.

dévitaliser v. (conjug. 1) ✦ Enlever le nerf d'une dent. *Le dentiste lui a dévitalisé une molaire.*

dévoiler v. (conjug. 1) **1.** Enlever le voile qui recouvre et cache quelque chose ou quelqu'un. *Le maire a dévoilé la statue après son discours.* **2.** Révéler ce que l'on cachait. *Il ne lui a pas encore dévoilé ses sentiments.*

▷ Mot de la famille de ① VOILE.

déviation

① **devoir** v. (conjug. 28) **1.** Être obligé de faire quelque chose. *Léa a dû se lever tôt pour arriver à l'heure.* **2.** Avoir l'intention de faire quelque chose, être supposé faire quelque chose. *Julie doit passer une semaine chez sa grand-mère.* **3.** Être redevable de quelque chose. *Paul doit 2 euros à Théo.* **4.** Indique la probabilité. *Vous avez dû vous tromper,* vous

vous êtes probablement trompés. *Cela devait arriver.* 5. *Comme il se doit,* comme il faut. *Comme il se doit, le maire présidera la réunion,* comme cela est normal.

➤ ② **devoir** n. m. 1. Ce que l'on doit faire. *Voter, c'est accomplir son devoir de citoyen.* 2. Exercice écrit donné à un élève par un enseignant. *Julie a des devoirs à faire et des leçons à apprendre pour demain.*

▷ Autres mots de la famille : DÛ, INDU, REDEVABLE, REDEVANCE.

dévorer v. (conjug. 1) 1. Manger en déchirant avec ses dents. *Le lion a dévoré la gazelle.* 2. Faire disparaître complètement. *Les flammes dévoraient l'immeuble.*

dévot, dévote adj. ✦ Qui est très attaché à sa religion. *Elle est très dévote.* → **pieux.**

➤ **dévotion** [devɔsjɔ̃] n. f. ✦ Attachement à la religion. *Elle est pleine de dévotion.* → **piété.**

se **dévouer** v. (conjug. 1) ✦ Faire quelque chose de pénible pour rendre service à quelqu'un. → se **sacrifier.** *Elle s'est dévouée pour faire la vaisselle.*

➤ **dévoué, dévouée** adj. ✦ Toujours prêt à rendre service. *Sa secrétaire est très dévouée.* → **serviable.**

➤ **dévouement** [devumɑ̃] n. m. ✦ Qualité d'une personne qui fait des efforts pour rendre service aux autres. *Il a soigné sa mère avec beaucoup de dévouement.*

● *Dévouement* s'écrit avec un *e* entre le *u* et le *m.*

▷ Mots de la famille de VOUER.

dévoiler

dévorer

dextérité n. f. ✦ Adresse, habileté. *Alex a assemblé la maquette avec une grande dextérité.* ❑ contr. **gaucherie.**

diabète n. m. ✦ Maladie causée par l'impossibilité pour le corps de transformer les sucres. *Il a du diabète.*

➤ **diabétique** adj. ✦ Qui a du diabète. *Elle est diabétique.* — N. *Les diabétiques suivent un régime strict.*

diable n. m. 1. Esprit qui représente le mal pour les chrétiens. → **démon.** *On s'imagine le diable avec des cornes, des pieds fourchus et une longue queue.* — *Ils tirent le diable par la queue,* ils ont du mal à vivre parce qu'ils n'ont pas assez d'argent. *Ils habitent au diable,* très loin. 2. Enfant espiègle, turbulent. → **diablotin.** *C'est un vrai diable !* 3. Petit chariot à deux roues qui sert à transporter des caisses ou des objets lourds.

➤ **diablement** adv. ✦ Familier. Très. *Il fait diablement chaud.* → **terriblement.**

➤ **diablerie** n. f. ✦ Petite farce. → **espièglerie.** *Paul ne sait plus quelles diableries inventer !*

➤ **diablotin** n. m. ✦ Enfant turbulent. → **diable.**

▷ Autre mot de la famille : ENDIABLÉ.

diabolique adj. ✦ Très méchant, digne du diable. → **démoniaque, machiavélique, satanique.** *Leur projet était diabolique.*

diadème **n. m.** ✦ Bijou de femme en forme de couronne que l'on pose sur les cheveux.

diadème

diagnostic [djagnɔstik] **n. m.** ✦ Le fait de reconnaître une maladie. *Le médecin a fait son diagnostic,* il a dit le nom de la maladie.
➤ **diagnostiquer** **v.** (conjug. 1) ✦ Reconnaître une maladie d'après les symptômes. *Le médecin a diagnostiqué une hépatite.*

diagonale **n. f.** **1.** Ligne droite qui relie deux angles opposés dans une figure géométrique qui a au moins quatre côtés. *Les deux diagonales d'un carré.* ➼ planche Géométrie p. 459. **2.** *En diagonale,* en biais. *Il a traversé la rue en diagonale.*

diagramme **n. m.** ✦ Graphique ou courbe qui représente l'évolution et les variations d'un phénomène. *Le médecin regarde le diagramme de température du malade.*

dialecte **n. m.** ✦ Langue particulière parlée dans une région. → **patois.** *Le dialecte picard.*

dialogue **n. m.** **1.** Conversation entre deux personnes. **2.** Paroles qu'échangent les personnages d'un livre, d'une pièce de théâtre, d'un film. *Les dialogues de ce film sont très drôles.*
➤ **dialoguer** **v.** (conjug. 1) ✦ Avoir une conversation. → **discuter.** *Julie et Louise ont dialogué un long moment,* elles se sont parlé longtemps.

diamant **n. m.** ✦ Pierre précieuse très brillante et très dure. → ② **brillant.** *Une bague ornée d'un diamant.*
➤ **diamantaire** **n. m. et f.** ✦ Personne qui taille ou vend des diamants.

diamètre **n. m.** ✦ Ligne droite qui passe par le centre d'un cercle et coupe le cercle en deux demi-cercles. *Le rayon est la moitié du diamètre.* ➼ planche Géométrie p. 459.
➤ **diamétralement** **adv.** ✦ *Diamétralement opposé,* complètement opposé. *Leurs idées sont diamétralement opposées.*

diapason **n. m.** ✦ Petit instrument qui donne la note « la » quand on le fait vibrer.

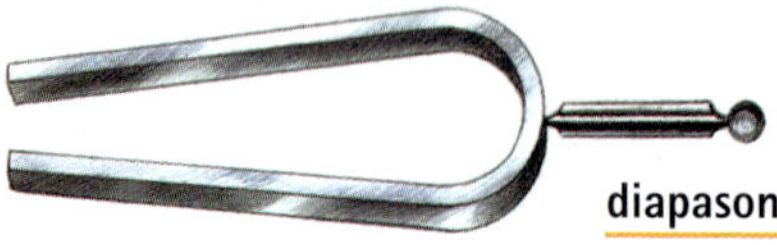

diapason

diaphane **adj.** ✦ Très pâle, presque transparent. *Un teint diaphane.*

diaphragme [djafʀagm] **n. m.** **1.** Muscle large et mince qui sépare la poitrine du ventre. **2.** Ouverture réglable qui laisse passer plus ou moins de lumière dans un appareil photo. *On règle le diaphragme avant de prendre une photo.*

diaporama **n. m.** ✦ Projection de diapositives accompagnée d'un commentaire et de musique. *Les élèves ont vu un diaporama sur la fabrication du fromage.*

diapositive **n. f.** ✦ Photo que l'on projette sur un écran. *Le professeur nous a passé des diapositives.*
● On dit familièrement *une diapo, des diapos.*

diarrhée **n. f.** ✦ *Avoir la diarrhée,* c'est avoir des selles fréquentes et liquides. → **colique.**
● *Diarrhée* s'écrit avec deux *r* et un *h.*

dictateur **n. m.** ✦ Homme qui gouverne seul, sans être contrôlé par personne. → **despote, tyran.** *Hitler était un dictateur.*

dictatorial, dictatoriale **adj.** ✦ Imposé par un dictateur. *Hitler avait des pouvoirs dictatoriaux.* ❏ contr. **démocratique.**

dictature **n. f.** ✦ Régime politique dans lequel une seule personne ou un petit groupe de personnes a tous les pouvoirs pour gouverner, sans aucun contrôle. *Une dictature militaire.*

dicter **v.** (conjug. 1) **1.** Dire un texte à haute voix pour que quelqu'un l'écrive. *Le professeur dicte un poème à ses élèves.* **2.** Imposer. *Les pirates de l'air ont dicté leurs conditions.*
➤ **dictée** **n. f.** ✦ Exercice qui consiste à écrire un texte que quelqu'un lit à haute voix. *Léa a fait deux fautes d'orthographe dans sa dictée.*
▷ Autre mot de la famille : AUTODICTÉE.

diction **n. f.** ✦ Façon de prononcer. *Pour être comédien, il faut avoir une bonne diction.*

dictionnaire **n. m.** ✦ Livre où l'on trouve l'orthographe et le sens des mots ou leur traduction dans une autre langue. *Dans un dictionnaire, les mots sont classés par ordre alphabétique. Paul cherche « fauteuil » dans son dictionnaire.*

dicton **n. m.** ✦ Proverbe qui parle de la vie quotidienne ou du temps qu'il fait. *« En avril, ne te découvre pas d'un fil » est un dicton.*

dièse **n. m.** ✦ Signe (#) de musique qui fait monter une note d'un demi-ton. → aussi **bémol.** — **Adj. invar.** *Des fa dièse.*

diesel **n. m.** ✦ Moteur qui fonctionne avec du gazole. *Les camions sont souvent équipés de diesels.*

● On dit aussi *des moteurs Diesel.* C'est l'ingénieur Rudolf *Diesel* qui a mis au point ce type de moteur.

diète **n. f.** ✦ Traitement médical qui prescrit de manger très peu pendant quelques jours. *Le médecin a mis Julie à la diète.*

➤ **diététique** **n. f.** ✦ Étude de ce qu'il faut manger pour être en bonne santé. — **Adj.** *Des aliments diététiques,* des aliments de régime.

➤ **diététicien** **n. m.**, **diététicienne** **n. f.** ✦ Spécialiste de l'alimentation. *La diététicienne lui a donné un régime alimentaire pour maigrir.*

dieu **n. m.** (pl. **dieux**) **1.** Être unique, pur esprit tout-puissant et éternel qui a créé le monde. *Les chrétiens croient en Dieu. Allah est le dieu des musulmans et Yahvé celui des juifs.* **2.** Être supérieur aux hommes, qui gouverne le monde. → **divinité** et aussi **déesse.** *Dans l'Antiquité grecque et romaine, les dieux avaient chacun un rôle particulier.*

▷ Autres mots de la famille : ADIEU, PRIE-DIEU.

dieu égyptien

dieu gaulois

dieu

diffamer **v.** (conjug. 1) ✦ *Diffamer quelqu'un,* c'est dire des choses fausses sur lui pour lui faire une mauvaise réputation. → **calomnier.**

➤ **diffamation** **n. f.** ✦ Chose fausse que l'on dit ou l'on écrit sur quelqu'un. → **calomnie.**

● *Diffamer* et *diffamation* s'écrivent avec deux *f.*

différé **n. m.** ✦ Émission de radio ou de télévision diffusée après avoir été enregistrée. *Le match a été retransmis en différé.*
❑ contr. **direct.**

▷ Mot de la famille de DIFFÉRER.

différemment [difeʀamɑ̃] **adv.** ✦ D'une manière différente. → **autrement.** *Je ne pouvais pas faire différemment.*

▷ Mot de la famille de DIFFÉRER.

différence **n. f.** **1.** Ce qui distingue une chose d'une autre, un être d'un autre. *Il y a beaucoup de différences entre le nord et le sud du pays.* ❑ contr. **ressemblance.** **2.** Écart. *Léa et sa sœur ont deux ans de différence.*

➤ **différencier** **v.** (conjug. 7) ✦ Faire une différence entre deux choses, deux personnes. → **distinguer.** *Il est difficile de différencier ces deux jumeaux.*

▷ Mots de la famille de DIFFÉRER.

différend **n. m.** ✦ Désaccord dû à une différence d'opinion. → **dispute.** *Ils ont parfois des différends au sujet de l'éducation de leurs enfants.* ❍ homonyme : différent.

▷ Mot de la famille de DIFFÉRER.

différent, différente **adj.** **1.** Qui n'est pas semblable. *Léa et sa sœur n'ont pas le même caractère, elles sont très différentes.* ❑ contr. **identique, semblable.** **2.** Plusieurs. *La vendeuse nous a montré différents modèles de chaussures.* → **divers.** ❍ homonyme : différend.

▷ Mot de la famille de DIFFÉRER.

différer **v.** (conjug. 6) **1.** Remettre à plus tard. → **ajourner,** ② **repousser, retarder.** *Elle a différé son départ.* ❑ contr. **avancer.** **2.** Être différent. *Elle n'est pas du même avis que son mari, leurs opinions diffèrent.* → **diverger,** s'**opposer.**

▷ Autres mots de la famille : DIFFÉRÉ, DIFFÉREMMENT, DIFFÉRENCE, DIFFÉRENCIER, DIFFÉREND, DIFFÉRENT, INDIFFÉREMMENT, INDIFFÉRENCE, INDIFFÉRENT.

difficile **adj.** **1.** Qui demande un effort. → **ardu, dur.** *Ce mot est difficile à prononcer.* ❑ contr. **facile.** **2.** Qui n'est pas agréable, dont le caractère n'est pas facile. *Julie est difficile à* *contenter,* il est rare qu'elle soit contente de ce que l'on fait pour elle. ❑ contr. **accommodant, conciliant.** *Il n'est pas difficile, il mange de tout.*

➤ **difficilement** **adv.** ✦ Avec peine, avec difficulté. *Elle marche difficilement depuis son accident de ski.* ❑ contr. **facilement.**

difficulté **n. f. 1.** Peine. *Léa a trouvé la maison sans difficulté. Elle a de la difficulté à marcher.* **2.** Chose difficile. *Il y a plusieurs difficultés grammaticales dans cet exercice.* **3.** Embarras, problème. *Paul a des difficultés en français.* ❑ contr. **facilité.**

difforme **adj.** ✦ Qui n'a pas la forme qu'il devrait avoir normalement. → **contrefait.** *Un corps difforme.*

➤ **difformité** **n. f.** ✦ Malformation, état de ce qui est difforme.

● *Difforme* et *difformité* s'écrivent avec deux *f.*

▷ Mots de la famille de FORME.

diffus [dify], **diffuse** [difyz] **adj.** ✦ Qui se répand dans toutes les directions. *Une lumière diffuse.*

➤ **diffuser** **v.** (conjug. 1) **1.** Transmettre par la radio ou la télévision. *La première chaîne diffuse un feuilleton.* → **retransmettre.** **2.** Faire connaître au public. *Tous les journaux ont diffusé la nouvelle.* **3.** Répandre dans toutes les directions. *Un radiateur diffuse la chaleur.*

➤ **diffusion** **n. f. 1.** Transmission. *La diffusion du film est interrompue par des spots publicitaires.* **2.** Vente d'un livre, d'un journal. *Les albums de Tintin ont une grande diffusion dans le monde entier.*

▷ Autres mots de la famille : RADIODIFFUSÉ, RADIODIFFUSION, REDIFFUSION.

digérer **v.** (conjug. 6) ✦ Transformer dans son corps les aliments qu'on a mangés. *Ce repas était trop lourd, j'ai du mal à le digérer.* → aussi **digestion.**

digeste **adj.** ✦ Qui peut être facilement digéré. → **léger.** *Les légumes cuits sont très digestes.* ❑ contr. **indigeste.**

➤ **digestif** **adj.** et **n. m.**, **digestive** **adj.**

■ **adj.** Qui sert à la digestion. *Le foie, l'estomac, l'intestin sont des organes de l'appareil digestif.*

■ **n. m.** *Un digestif,* un alcool, une liqueur que l'on boit après le repas. *Vous prendrez bien un digestif ?*

➤ **digestion** **n. f.** ✦ Transformation des aliments dans l'appareil digestif. *La digestion dure plusieurs heures.*

▷ Autres mots de la famille : INDIGESTE, INDIGESTION.

digicode **n. m.** ✦ Appareil situé devant une porte d'entrée, sur lequel on tape un code pour que la porte s'ouvre. *L'immeuble est équipé d'un digicode.*

▷ Mot de la famille de CODE.

digital, digitale **adj.** ✦ *Les empreintes digitales,* ce sont les empreintes laissées par les doigts. — Au masc. pl. *digitaux.*

➤ **digitale** **n. f.** ✦ Plante portant une longue grappe de fleurs pendantes en forme de doigt de gant. *Les digitales poussent dans les clairières, à la lisière des bois.*

digitale

digne **adj. 1.** Qui mérite quelque chose. *Ces sauveteurs sont dignes d'admiration.* ❑ contr. **indigne.** **2.** Qui est en accord avec le caractère, le comportement habituel de quelqu'un. *Cette façon de se comporter n'est pas digne de toi.* **3.** Qui est grave et sérieux. *Elle est restée digne pendant toute la cérémonie. Paul est monté sur l'estrade d'un air digne.*

➤ **dignement** **adv.** ✦ Avec dignité. *La mère de l'accusée s'est avancée dignement à la barre des témoins.*

➤ **dignitaire** **n. m.** ✦ Personne qui a un haut rang, une haute fonction. *Les hauts dignitaires de l'État seront reçus par le Président.*

➤ **dignité** **n. f. 1.** Attitude calme et retenue qui montre que l'on éprouve du respect pour soi-même. → **amour-propre, fierté.** *Arrête de te plaindre, un peu de dignité !* **2.** Distinction honorifique. *L'évêque a été élevé à la dignité de cardinal.*

▷ Autres mots de la famille : INDIGNE, INDIGNER, INDIGNATION.

digression **n. f.** ✦ *Faire une digression,* c'est, dans une conversation ou dans un écrit, parler de quelque chose qui n'a rien à voir avec le sujet.

digue **n. f.** ✦ Sorte de long mur qui empêche l'eau de la mer ou d'un fleuve de passer. → **jetée, môle.** *Les vagues se brisent contre la digue.*
▷ Autre mot de la famille : ENDIGUER.

dilapider **v.** (conjug. 1) ✦ Dépenser beaucoup d'argent en faisant n'importe quoi. → **gaspiller.** *Ce riche héritier a dilapidé sa fortune en jouant au casino.*

dilater **v.** (conjug. 1) ✦ Augmenter le volume de quelque chose. *La chaleur dilate le mercure contenu dans le thermomètre.* ❑ contr. **comprimer.** — **se dilater,** augmenter de volume. *Les veines se dilatent quand il fait chaud,* elles gonflent.
➤ **dilatation** **n. f.** ✦ Augmentation de volume. *La dilatation du mercure permet de mesurer la température.* ❑ contr. **compression.**

dilemme [dilɛm] **n. m.** ✦ Choix difficile que l'on a à faire entre deux solutions. → **alternative.** *Il ne savait pas s'il devait partir ou rester, quel dilemme !*
● *Dilemme* s'écrit avec deux *m*.

dilettante **n. m. et f.** ✦ Personne qui s'occupe de quelque chose sans le faire sérieusement. *Il fait des études en dilettante.* → **amateur.**
● C'est un mot qui vient de l'italien.

diligence **n. f.** ✦ Voiture à chevaux qui servait à transporter des voyageurs.

diluer **v.** (conjug. 1) ✦ Mélanger dans du liquide. → **délayer.** *Elle dilue le sirop dans de l'eau.*

diluvien, diluvienne **adj.** ✦ *Une pluie diluvienne,* très forte, très abondante. → aussi **déluge.**

dimanche **n. m.** ✦ Jour de la semaine, entre le samedi et le lundi, souvent consacré au repos. *Je fais la grasse matinée tous les dimanches.*
▷ Autre mot de la famille : S'ENDIMANCHER.

dîme **n. f.** ✦ Impôt sur les récoltes que les paysans devaient autrefois à l'Église catholique. *La dîme a été abolie en 1789.*

dimension **n. f.** ✦ Grandeur de quelque chose. → **mesure** et aussi ② **taille.** *Quelles sont les dimensions de cette table ?* quelles sont sa longueur, sa largeur et sa hauteur ? *Le peintre prend les dimensions de la pièce,* il la mesure.

diminuer **v.** (conjug. 1) **1.** Rendre plus petit. → **réduire.** *Il essaie de diminuer sa consommation de cigarettes.* ❑ contr. **augmenter.** **2.** Devenir moins grand. → **baisser, décroître.** *En automne, les jours diminuent,* ils raccourcissent.
➤ **diminutif** **n. m.** ✦ Mot formé sur un autre mot pour désigner quelque chose de plus petit. *« Clochette » est le diminutif de « cloche ».*
➤ **diminution** **n. f.** ✦ Baisse, réduction. *La diminution du temps de travail.* ❑ contr. **augmentation, hausse.**

dinde **n. f.** ✦ Femelle du dindon. *À Noël, on mange de la dinde aux marrons.*
➤ **dindon** **n. m.** ✦ Grand oiseau de basse-cour dont la tête et le cou sont recouverts d'une membrane rouge violacé. *Le dindon est le mâle de la dinde.* — *Être le dindon de la farce,* être celui qui est trompé, dans une affaire.

diligence

diplodocus

➤ **dindonneau** **n. m.** ✦ Petit de la dinde. — Au pl. *Des dindonneaux.*

① **dîner** **v.** (conjug. 1) **1.** Prendre le repas du soir. *Elle nous a invités à dîner.* **2.** En Suisse. Prendre le repas de midi. → ① **déjeuner.**

➤ ② **dîner** **n. m.** **1.** Repas du soir. *Le dîner est prêt.* **2.** En Suisse. Repas de midi. → ② **déjeuner.**

➤ **dînette** **n. f.** **1.** Repas que des enfants font semblant de prendre. **2.** Service de table miniature qui sert de jouet. *Ils jouent à la dînette.*

● Attention à l'accent circonflexe du *î* de *dîner* et *dînette.*

dinosaure **n. m.** ✦ Animal préhistorique de très grande taille.

diocèse **n. m.** ✦ Région placée sous l'autorité d'un évêque ou d'un archevêque. *L'évêque a réuni tous les prêtres de son diocèse.*

diphtérie [difteʀi] **n. f.** ✦ Grave maladie contagieuse qui provoque des étouffements. *Théo est vacciné contre la diphtérie.*

diplodocus **n. m.** ✦ Grand reptile préhistorique, de la famille des dinosaures.

diplomate **n. m.** et **f.** et **adj.**

■ **n. m.** et **f.** Personne chargée par le gouvernement de représenter son pays dans un pays étranger. *Les ambassadeurs sont des diplomates.*

■ **adj.** Qui résout les problèmes entre les gens avec habileté et délicatesse. *Elle a su les réconcilier car elle est très diplomate.*

➤ **diplomatie** [diplɔmasi] **n. f.** **1.** Métier du diplomate. *Elle fait carrière dans la diplomatie,* elle est diplomate. **2.** Habileté, tact. *Elle a mis fin à leur dispute avec diplomatie.*

➤ **diplomatique** **adj.** ✦ Qui concerne les relations entre États. *Ces deux pays ont rompu leurs relations diplomatiques,* ils ne veulent plus négocier entre eux aucun accord.

diplôme **n. m.** ✦ Document qui prouve que l'on a réussi un examen. *Elle a un diplôme d'ingénieur.*

➤ **diplômé, diplômée** **adj.** ✦ Qui a un diplôme. *Elle est diplômée d'histoire,* elle a un diplôme d'histoire.

● Attention à l'accent circonflexe du *ô.*

dire **v.** (conjug. 37) **1.** Faire connaître une chose à une personne par la parole. *Paul m'a dit son nom de famille. Ils ont dit qu'il ferait beau demain.* → **affirmer, annoncer.** — **se dire,** penser. *Elle s'est dit que cela allait s'arranger.* **2.** Ordonner. *Le professeur leur a dit de se taire.* **3.** Avoir l'impression. *On dirait qu'il va pleuvoir. Qu'est-ce que c'est que ce fruit, on dirait une orange,* cela ressemble à une orange. **4.** *Vouloir dire,* signifier. *Ces deux mots ne veulent pas dire la même chose.*

▷ Autres mots de la famille : C'EST-À-DIRE, CONTREDIRE, SE DÉDIRE, ÉDIT, LIEU-DIT, MAUDIRE, MAUDIT, MÉDIRE, MÉDISANCE, MÉDISANT, ON-DIT, OUÏ-DIRE, PRÉDIRE, QU'EN-DIRA-T-ON, REDIRE, REDITE, SOI-DISANT.

direct **adj.** et **n. m.**, **directe** **adj.**

■ **adj.** **1.** Qui est en ligne droite, qui ne fait pas de détours. *Il a pris le chemin direct pour aller à la ferme.* **2.** Sans intermédiaire. *Il est en contact direct avec le Président. Au bureau, il a une ligne directe,* une ligne téléphonique qui ne passe pas par le standard. **3.** Qui ne s'arrête pas ou peu. *Il a pris un train direct pour Lyon.* **4.** *Le style direct,* c'est un style de discours dans lequel on rapporte des paroles telles qu'elles ont été dites. *Dans la phrase : « elle a dit : "taisez-vous !" », on utilise le style direct.* ❏ contr. **indirect.**

■ **n. m.** *En direct,* transmis sans enregistrement. *Le match est retransmis en direct,* au moment où il a lieu. ❏ contr. **différé.** *Elle chante en direct à la télévision.* ❏ contr. **play-back.**

➤ **directement** **adv.** 1. Sans faire de détours. *Léa est rentrée directement de l'école.* 2. Sans intermédiaire. *Il achète son vin directement chez le viticulteur.*

▷ Autres mots de la famille : INDIRECT, INDIRECTEMENT.

directeur **n. m.,** **directrice** **n. f.** ✦ Personne qui commande, qui dirige. → **chef, dirigeant,** ① **patron** et aussi **président.** *Le directeur de l'école est très sévère.*

▷ Autre mot de la famille : DIRECTORIAL.

direction **n. f.** 1. Action de diriger. *On lui a confié la direction de l'usine.* 2. Personne ou équipe qui dirige. *Adressez-vous à la direction,* au directeur. 3. Sens dans lequel se déplace quelqu'un ou quelque chose. *La girouette indique la direction du vent,* dans quel sens souffle le vent. *Il est parti en direction de la gare,* vers la gare.

directives **n. f. pl.** ✦ Indications données par une personne qui dirige. → **instruction,** ② **ordre.** *Le chef nous a donné des directives.*

directorial, directoriale **adj.** ✦ Du directeur. *Où est le bureau directorial ?* — Au masc. pl. *directoriaux.*

▷ Mot de la famille de DIRECTEUR.

dirigeable [diʀiʒabl] **n. m.** ✦ Ballon dirigé par un pilote.

▷ Mot de la famille de DIRIGER.

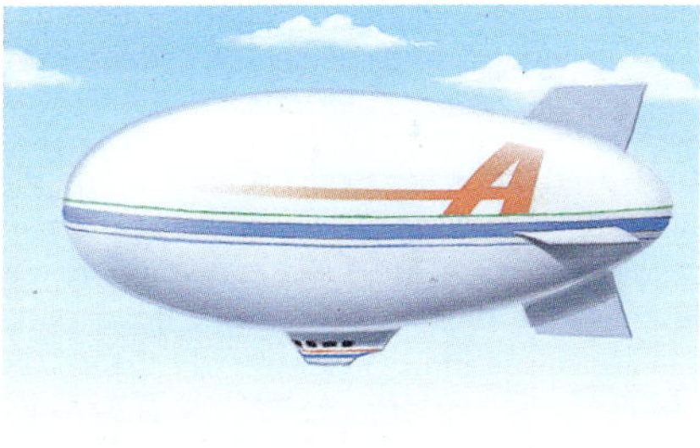

dirigeable

diriger **v.** (conjug. 3) 1. Être le chef, le responsable. → aussi **direction.** *Elle dirige l'usine depuis dix ans.* 2. Guider vers un endroit. → **conduire.** *Le capitaine dirige son bateau vers le port.* — **se diriger,** aller dans un sens. *La fusée se dirige vers la Lune,* elle va vers la Lune. 3. Orienter dans une certaine direction. → **braquer.** *Le cambrioleur a dirigé sa lampe de poche vers le coffre-fort.*

➤ **dirigeant** [diʀiʒɑ̃] **n. m.,** **dirigeante** [diʀiʒɑ̃t] **n. f.** ✦ Personne qui dirige. → **chef, directeur, responsable.** *Les dirigeants d'un parti politique.*

▷ Autre mot de la famille : DIRIGEABLE.

discerner [disɛʀne] **v.** (conjug. 1) 1. Arriver à apercevoir ce qui est difficilement visible. *On discernait à peine la côte en raison du brouillard.* → **distinguer.** 2. Faire la différence entre deux choses. *Le commissaire a du mal à discerner le vrai du faux dans les déclarations des suspects,* à faire la distinction entre le vrai et le faux. → **démêler, distinguer.** ❏ contr. **confondre.**

➤ **discernement** **n. m.** ✦ Capacité de porter un jugement exact. → bon **sens.** *Tu as agi sans discernement et tu t'es trompé.*

● Il y a un *c* après le *s*.

disciple [disipl] **n. m.** et **f.** ✦ Personne qui reçoit l'enseignement d'un maître et continue la même recherche que lui. *Ce grand philosophe a de nombreux disciples.*

➤ **discipline** [disiplin] **n. f.** 1. Matière que l'on apprend à l'école ou à l'université. *La chimie est une discipline scientifique.* 2. Règlement que l'on doit respecter pour que l'ordre règne. *La discipline du lycée est très sévère.*

➤ **discipliné, disciplinée** **adj.** ✦ Qui respecte le règlement. → **obéissant.** *Léa est une élève disciplinée.* ❏ contr. **dissipé, indiscipliné.**

● Il y a un *c* après le *s*.

▷ Autres mots de la famille : AUTODISCIPLINE, INDISCIPLINE, INDISCIPLINÉ.

discontinu, discontinue **adj.** ✦ Qui s'arrête puis reprend. *Le téléphone a une sonnerie discontinue.* ❏ contr. **continu.**

➤ sans **discontinuer** **adv.** ✦ Sans arrêt. *Il a plu toute la semaine sans discontinuer.*

▷ Mots de la famille de CONTINU.

discorde **n. f.** ✦ Désaccord. → **dispute.** *La politique est un sujet de discorde entre eux.* ❏ contr. **concorde.**

➤ **discordant, discordante** **adj.** ✦ Qui ne s'accorde pas. *Des couleurs discordantes.* ❏ contr. **harmonieux.**

discothèque **n. f.** **1.** Collection de disques. *Elle a une grande discothèque.* **2.** Boîte de nuit où l'on passe des disques. *Ils sont allés danser dans une discothèque.*
● Attention au *h* après le *t*.

discourir **v.** (conjug. 11) ✦ Parler trop longuement et de façon peu intéressante de quelque chose. *Ils ont discouru pendant des heures sur cette affaire au lieu de prendre une décision.*
➤ **discours** **n. m.** ✦ Paroles que l'on dit en public pour une occasion solennelle. *Ce soir le président de la République fait un discours à la télévision. Qui doit prononcer le discours de bienvenue ?*

discréditer **v.** (conjug. 1) ✦ Faire perdre la confiance que l'on a en quelqu'un. *Cette erreur l'a discrédité auprès de son patron.*
▷ Mot de la famille de CRÉDIT.

discret, discrète **adj.** **1.** Qui ne se mêle pas des affaires des autres. *Elle ne lui a pas posé de questions embarrassantes, elle a été très discrète.* ❏ contr. **indiscret.** **2.** Qui sait garder un secret. *Ne répète pas ce que je t'ai dit, sois discrète !* ❏ contr. **bavard.** **3.** Qui n'attire pas l'attention. → **sobre.** *Elle aime les bijoux discrets.* ❏ contr. ③ **voyant.**
➤ **discrètement** **adv.** ✦ D'une manière qui n'attire pas l'attention. *Elle est sortie discrètement de la pièce,* sans se faire remarquer.
➤ **discrétion** **n. f.** **1.** Délicatesse. → **tact.** *Par discrétion, elle n'a posé aucune question.* ❏ contr. **indiscrétion.** **2.** Qualité de quelqu'un qui sait garder un secret. *Je compte sur votre discrétion.* **3.** *À discrétion,* autant que l'on veut. → à **volonté.** *Dans ce menu, le vin est à discrétion.*
▷ Autres mots de la famille : INDISCRET, INDISCRÉTION.

discrimination **n. f.** ✦ Le fait de traiter différemment un groupe de personnes. *La loi s'applique à tous sans discrimination,* sans distinction.

se **disculper** **v.** (conjug. 1) ✦ Prouver son innocence. *L'accusé essaie de se disculper. Elle s'est disculpée grâce à son alibi.* → se **justifier.**

discussion **n. f.** **1.** Conversation où chacun donne son avis. → aussi **discuter.** *Nous avons eu une discussion au sujet des vacances.* → **débat.** **2.** Le fait de s'opposer à une décision. → **protestation.** *Obéissez, et pas de discussion !*

discuter **v.** (conjug. 1) **1.** Parler avec quelqu'un. → aussi **discussion.** *Ils ont discuté de politique pendant toute la soirée.* **2.** Protester. *Julie est allée se coucher sans discuter.* → **contester.**
➤ **discutable** **adj.** ✦ Que l'on peut mettre en doute. → **contestable.** *Ce que tu dis là est très discutable.*
▷ Autre mot de la famille : INDISCUTABLE.

disette **n. f.** ✦ Manque de nourriture. → **famine.** *Les mauvaises récoltes ont entraîné la disette.*

disgrâce **n. f.** ✦ État dans lequel est une personne qui a perdu la faveur qu'on lui accordait. *Il est en disgrâce depuis quelque temps,* il n'est plus favorisé par ses supérieurs.
● Attention à l'accent circonflexe du *â*.
▷ Mot de la famille de GRÂCE.

disgracieux, disgracieuse **adj.** ✦ Qui manque d'élégance. *Une démarche disgracieuse.* ❏ contr. **gracieux.**
● Le *a* s'écrit sans accent circonflexe.
▷ Mot de la famille de GRÂCE.

disjoindre **v.** (conjug. 49) ✦ Écarter l'une de l'autre des choses qui étaient jointes. *Le gel a disjoint les pierres du mur.*
➤ **disjoint, disjointe** **adj.** ✦ Qui n'est plus joint à autre chose. *Des pierres disjointes,* des pierres qui ne se touchent plus.
▷ Mots de la famille de JOINDRE.

disjoncteur **n. m.** ✦ Interrupteur automatique de courant électrique. *Le disjoncteur saute en cas de court-circuit.* → aussi **fusible, plomb.**

disloquer **v.** (conjug. 1) ✦ Séparer violemment les parties d'un ensemble. *Le vent était si violent qu'il a disloqué la cabane.* → **démolir.** — **se disloquer,** se disperser. *Le cortège s'est disloqué après la manifestation.*

disparaître **v.** (conjug. 57) **1.** Cesser d'être visible. *Le soleil disparaît derrière la montagne.* ❏ contr. **apparaître.** *Mes lunettes ont disparu,* elles ne sont plus là, je ne les trouve plus. → aussi **disparition.** **2.** Cesser d'exister. *Les mammouths ont disparu depuis très longtemps. Cette tache disparaîtra au lavage.* → **partir.**
▷ Mot de la famille de PARAÎTRE.

disparate **adj.** ✦ *Des choses disparates,* qui ne vont pas ensemble. *Les meubles du salon sont disparates.* → **hétéroclite.**

disparité **n. f.** ✦ Grande différence entre des choses que l'on compare. *Il y a une disparité des salaires selon la région où l'on habite.*

disparition **n. f.** 1. Le fait de ne plus être visible. *On vient d'annoncer à la radio la disparition d'un enfant de six ans,* son absence impossible à expliquer. 2. Action de disparaître en cessant d'exister. *On protège les ours car ils sont en voie de disparition,* bientôt ils ne vont plus exister. → **extinction.** 3. Mort. *La radio vient d'annoncer sa disparition.* → **décès.**
▷ Mot de la famille de PARAÎTRE.

disparu **n. m.**, **disparue** **n. f.** ✦ Personne que l'on n'a retrouvée ni vivante ni morte. *Il y a eu trois morts et deux disparus.* — **Adj.** *Des marins ont été portés disparus.*
▷ Mot de la famille de PARAÎTRE.

dispensaire **n. m.** ✦ Endroit où l'on peut consulter un médecin et recevoir des soins pour très peu d'argent. *Elle s'est fait vacciner au dispensaire.*
▷ Mot de la famille de DISPENSER.

dispenser **v.** (conjug. 1) 1. Autoriser quelqu'un à ne pas faire quelque chose d'obligatoire. *Le médecin a dispensé Paul de gymnastique.* → **exempter.** — **se dispenser,** se permettre de ne pas faire quelque chose. *Julie s'est dispensée d'apprendre ses leçons.* 2. Distribuer avec générosité. *La boulangère dispense des sourires à tous ses clients.*

➤ **dispense** **n. f.** ✦ Autorisation spéciale. → **dérogation.** *On lui a accordé une dispense.*
▷ Autres mots de la famille : DISPENSAIRE, INDISPENSABLE.

disperser **v.** (conjug. 1) 1. Faire aller dans plusieurs directions. → **disséminer, éparpiller.** *Un courant d'air a dispersé les copies qui étaient sur le bureau du professeur.* ❑ contr. **rassembler, regrouper.** — **se disperser,** aller dans plusieurs directions. *La foule s'est dispersée à la fin du spectacle.* 2. *Disperser son attention,* c'est ne pas se concentrer sur une seule chose. *Léa fait des fautes d'étourderie parce qu'elle disperse son attention.*

➤ **dispersion** **n. f.** ✦ Action de disperser ou de se disperser. *La dispersion des manifestants s'est faite sans incident,* leur départ chacun de leur côté.

disponible **adj.** 1. Que l'on peut utiliser. *Le train est complet, il ne reste plus de places disponibles.* → **inoccupé, libre.** ❑ contr. **occupé.** 2. Qui a du temps pour faire quelque chose. *Elle est toujours disponible pour ses enfants.*

dispos [dispo], **dispose** [dispoz] **adj.** ✦ Qui est en forme pour agir. *Théo est frais et dispos.* ❑ contr. **fatigué.**
▷ Mot de la famille de DISPOSER.

disposer **v.** (conjug. 1) 1. Placer d'une certaine façon. *Elle a disposé les chaises en rond.* 2. **se disposer,** être prêt à faire quelque chose. *Il se disposait à partir quand le téléphone a sonné.* 3. Pouvoir se servir de quelque chose, avoir quelque chose à sa disposition. *Il dispose d'un avion privé pour ses déplacements.*

➤ **disposé, disposée** **adj.** 1. *Être bien disposé à l'égard de quelqu'un,* lui vouloir du bien. 2. *Être disposé à faire quelque chose,* être prêt à le faire, bien vouloir le faire. *La directrice est disposée à vous recevoir.*

➤ **dispositif** **n. m.** ✦ Mécanisme. *Un dispositif de sûreté empêche d'ouvrir la porte quand le train est en marche.*

➤ **disposition** **n. f.** 1. Façon dont les choses sont disposées. *Il a changé la disposition des meubles de sa chambre.* 2. Possibilité de se servir de quelque chose. *Il aura une voiture à sa disposition à l'aéroport,* une voiture qu'il pourra utiliser. 3. Moyens avec lesquels on se prépare à quelque chose. *Elle a pris des dispositions pour partir en vacances sans fermer son magasin,* elle a fait tout ce qu'il fallait pour cela. 4. Don pour faire quelque chose. *Il a des dispositions pour le piano.* 5. Attitude. *Il est dans de bonnes dispositions envers moi,* il me veut du bien.
▷ Autres mots de la famille : DISPOS, INDISPOSER, INDISPOSITION, PRÉDISPOSER, PRÉDISPOSITION.

disproportion **n. f.** ✦ Trop grande différence entre deux choses. *Il y a une grande disproportion entre le salaire de sa femme et le sien.*

➤ **disproportionné, disproportionnée** **adj.** ✦ Qui est trop grand ou trop petit, trop important ou pas assez important par rapport à quelque chose. ❑ contr. **proportionné.** *Il a des oreilles disproportionnées,* bien trop grandes par rapport à son visage.
▷ Mots de la famille de PORTION.

disputer **v.** (conjug. 1) 1. *Disputer un match,* participer à un match pour gagner. *Les deux équipes disputeront la finale.* 2. **se disputer,**

avoir une querelle. → se **quereller.** *Léa s'est disputée avec son frère. Ils se sont disputés.* → fam. se **chamailler.**

➤ **dispute** n. f. ✦ Échange de paroles violentes et désagréables. → **querelle.** *Une dispute a éclaté à propos du chien.*

disquaire n. m. et f. ✦ Personne qui vend des disques.

▷ Mot de la famille de DISQUE.

disqualifier v. (conjug. 7) ✦ Exclure un concurrent parce qu'il a commis une faute. *Le coureur a été disqualifié pour dopage.* → **éliminer.**

➤ **disqualification** n. f. ✦ Élimination.

▷ Mots de la famille de QUALIFIER.

lancer du **disque**

disque n. m. 1. Objet plat et rond qu'un athlète doit lancer le plus loin possible. *On lance le disque d'une seule main en pivotant sur soi-même.* 2. Plaque ronde sur laquelle sont enregistrés des sons. *Il met un disque compact sur sa platine.* → **CD.** *Elle a de nombreux disques de jazz.*

➤ **disquette** n. f. ✦ Plaque souple utilisée en informatique. *Il enregistre son fichier sur une disquette.*

▷ Autres mots de la famille : DISQUAIRE, TOURNE-DISQUE, VIDÉODISQUE.

dissection n. f. ✦ Action de découper un cadavre pour l'observer et l'étudier. → aussi **disséquer.** *Les étudiants en médecine font des dissections.*

disséminer v. (conjug. 1) ✦ Disperser. *Tes affaires sont disséminées dans tout l'appartement.* → **éparpiller.** ❑ contr. **rassembler, regrouper.**

dissension n. f. ✦ Désaccord important. *Des dissensions familiales font que les deux frères ne se voient plus.*

disséquer v. (conjug. 6) ✦ Séparer les parties d'un corps mort pour l'étudier. → aussi **dissection.** *Le professeur de sciences a disséqué une souris.*

dissident n. m., **dissidente** n. f. ✦ Personne qui se sépare d'un groupe dont elle faisait partie. *Les dissidents ont fondé un nouveau parti.*

dissimuler v. (conjug. 1) 1. Cacher ce que l'on ressent ou ce que l'on sait. *Elle détourna la tête pour dissimuler son envie de rire.* ❑ contr. **montrer.** 2. Tenir à l'abri du regard. → **cacher.** *Le coffre-fort est dissimulé derrière un tableau.*

➤ **dissimulation** n. f. ✦ Hypocrisie. *Il a agi avec dissimulation.* ❑ contr. **franchise.**

disquette

dissiper v. (conjug. 1) 1. Faire disparaître quelque chose en le dispersant. *Le soleil a dissipé la brume.* → **chasser.** *Il faut dissiper ce malentendu.* — **se dissiper,** disparaître. *Le brouillard s'est dissipé. Ses craintes se sont dissipées.* 2. Distraire une personne qui était attentive. *Alex dissipe ses camarades en faisant des grimaces.*

➤ **dissipé, dissipée** adj. ✦ Inattentif et turbulent. *Ces élèves sont très dissipés.* ❑ contr. **discipliné, sage.**

➤ **dissipation** n. f. ✦ Le fait de disparaître. *Il fera beau demain après dissipation des brumes matinales,* quand elles auront disparu.

dissocier v. (conjug. 7) ✦ Séparer deux ou plusieurs choses qui étaient liées. *Il faut dissocier ces deux problèmes.* ❑ contr. **associer.**
▷ Autre mot de la famille : INDISSOCIABLE.

dissolution n. f. 1. Action de mettre fin légalement à quelque chose. *Le président de la République a prononcé la dissolution de l'Assemblée nationale.* 2. Le fait de fondre, de se dissoudre. *La dissolution du sucre dans l'eau est rapide.*

dissolvant n. m. ✦ Produit qui sert à enlever le vernis à ongles.
▷ Mot de la famille de DISSOUDRE.

dissoudre v. (conjug. 51) 1. Mettre fin légalement à quelque chose. *Le président de la République a dissous l'Assemblée nationale.* → aussi **dissolution.** 2. **se dissoudre,** fondre. *Le sucre se dissout dans l'eau.* → aussi **soluble.**
▷ Autre mot de la famille : DISSOLVANT.

dissuader v. (conjug. 1) ✦ Amener quelqu'un à renoncer à faire quelque chose. *Il m'a dissuadé de partir.* → **déconseiller, décourager** et aussi **dissuasion.** ❑ contr. **persuader.**

dissuasif, dissuasive adj. ✦ Qui dissuade de faire quelque chose. *Des armes dissuasives,* qui font peur et dissuadent l'ennemi d'attaquer.

dissuasion n. f. ✦ Le fait de dissuader. *Les armes atomiques sont une force de dissuasion,* elles servent à convaincre l'adversaire de ne pas attaquer.

dissymétrique adj. ✦ Dont les deux moitiés ne sont pas semblables. → **asymétrique.** *Les tours de la cathédrale de Chartres sont dissymétriques.* ❑ contr. **symétrique.**
● Ce mot s'écrit avec deux *s* et un *y*.
▷ Mot de la famille de SYMÉTRIE.

distant, distante adj. 1. Séparé par un intervalle. *La Terre et la Lune sont distantes d'environ 350 000 kilomètres.* → **éloigné.** 2. Qui n'est pas familier avec les autres, qui ne se lie pas facilement. *Cette jeune femme est très distante.* → **froid, réservé.**

➤ **distance** n. f. 1. Longueur qui sépare deux choses. → **éloignement.** *Quelle distance y a-t-il entre Paris et Rome ? Ces deux magasins sont à égale distance de chez toi.* 2. Écart entre deux moments. → **intervalle.** *Les deux coureurs ont franchi la ligne d'arrivée à une minute de distance.*

➤ **distancer** v. (conjug. 3) ✦ Dépasser d'une certaine longueur. *Il a très vite distancé les autres nageurs.* → **devancer.**
▷ Autre mot de la famille : ÉQUIDISTANT.

distendre v. (conjug. 41) ✦ Déformer en allongeant. *Des mouvements trop violents ont distendu les ligaments de son genou.* — **se distendre,** se relâcher. *La peau se distend avec l'âge. Avec l'éloignement, leurs relations se sont distendues,* elles sont devenues moins fréquentes.
▷ Mot de la famille de ① TENDRE.

distiller [distile] v. (conjug. 1) ✦ Chauffer un liquide pour en extraire un autre liquide. *On distille du vin blanc pour faire du cognac.*
● *Distiller* se prononce comme s'il n'y avait qu'un *l*.

➤ **distillation** [distilasjɔ̃] n. f. ✦ Procédé qui permet de transformer en vapeur une partie d'un mélange liquide. *On obtient du cognac par distillation du vin,* en le distillant.

➤ **distillerie** [distilʀi] n. f. ✦ Endroit où l'on fabrique les produits de la distillation. *Une distillerie de cognac.*

visage **dissymétrique** (Picasso)

distinct, distincte adj. 1. Différent. *Les deux sœurs ont des caractères bien distincts.* 2. Qui se voit ou s'entend bien. *Parlez d'une voix distincte !*
● Au masculin, on peut ou non prononcer le *c* et le *t* : [distɛ̃] ou [distɛ̃kt]. Au féminin, on prononce toujours [distɛ̃kt].

➤ **distinctement** [distɛ̃ktəmɑ̃] **adv.** ✦ Nettement, clairement. *On voit distinctement des traces de pas sur la neige.*

➤ **distinctif, distinctive adj.** ✦ Qui permet de distinguer, de faire une différence. → **caractéristique.** *Les organisateurs portent un badge comme signe distinctif.*

➤ **distinction n. f. 1.** Différence. *Il ne fait pas la distinction entre les ajoncs et les genêts.* → aussi **distinguer.** *Il a félicité tout le monde, sans distinction,* sans faire de différence entre les uns et les autres. **2.** Élégance, délicatesse et réserve dans la tenue et les manières. → **raffinement.** *Cette femme a beaucoup de distinction.* ❑ contr. **vulgarité.**

▷ Autre mot de la famille : INDISTINCT.

distinguer v. (conjug. 1) **1.** Permettre de reconnaître, être un signe caractéristique. *Le langage distingue l'homme des animaux.* **2.** Faire une différence entre plusieurs personnes ou plusieurs choses. → **différencier.** *Il est difficile de distinguer ces deux jumeaux l'un de l'autre.* **3.** Voir, entendre ou sentir. *On distinguait le bruit d'un moteur dans le lointain.* **4. se distinguer,** c'est être au-dessus des autres, se faire remarquer. → se **signaler,** se **singulariser.** *Elle s'est distinguée par son courage.*

➤ **distingué, distinguée adj.** ✦ Élégant et réservé. *Cette femme est très distinguée.* → aussi **distinction.** ❑ contr. **vulgaire.**

distraction n. f. 1. Manque d'attention à ce que l'on fait, parce que l'on pense à autre chose. → **inattention.** *Il a mis du sel dans son café par distraction.* → aussi **distrait. 2.** Occupation qui change les idées, qui permet de se distraire. → **amusement, divertissement, passe-temps.** *Sa distraction préférée est d'aller au cinéma.*

distraire v. (conjug. 50) **1.** Détourner l'attention de quelqu'un. *Ce coup de téléphone m'a distrait de mon travail.* → **déranger. 2.** Faire passer le temps agréablement. *Allez au concert, cela vous distraira.* — **se distraire,** faire passer agréablement le temps. → se **divertir.** *Il est allé au cinéma pour se distraire.*

➤ **distrait, distraite adj.** ✦ Qui ne pense pas à ce qu'il fait, à ce qu'on lui dit. → **étourdi.** *Julie n'écoute pas en classe, elle est très distraite.* ❑ contr. **attentif.**

➤ **distrayant, distrayante adj.** ✦ Qui distrait, amuse. → **amusant, divertissant.** *Cette émission de variétés est très distrayante.* ❑ contr. **ennuyeux.**

distribuer v. (conjug. 1) ✦ Donner à chaque personne une partie de quelque chose. → **partager, répartir.** *Alex distribue les cartes.*

➤ **distributeur n. m.** ✦ Machine qui sert à distribuer des objets, des boissons, etc. *Elle a mis une pièce de monnaie dans le distributeur pour avoir un café. Un distributeur de billets de banque.* → **billetterie.**

➤ **distribution n. f.** ✦ Action de distribuer. *Le facteur s'occupe de la distribution du courrier.*

district n. m. ✦ Groupe de plusieurs communes, de plusieurs villes. *Le district du grand Paris comprend Paris et les villes de la banlieue.*

diurne adj. ✦ Qui se montre le jour. *Les faucons sont des rapaces diurnes.* ❑ contr. **nocturne.**

divaguer v. (conjug. 1) ✦ Dire des choses qui n'ont pas de sens. → **déraisonner.** *Il a beaucoup de fièvre, il divague.* → **délirer.**

divagation n. f. ✦ Le fait de dire des choses qui n'ont pas de lien entre elles. *Les divagations du malade sont dues à la fièvre.*

divan n. m. ✦ Long siège sans bras ni dossier, qui peut servir de lit. → aussi **canapé, sofa.**

divan

diverger v. (conjug. 3) **1.** S'écarter l'un de l'autre. *À partir de là, nos chemins divergent.* ❑ contr. **converger,** se **rejoindre. 2.** Être en désaccord. → s'**opposer.** *Leurs opinions divergent.* ❑ contr. **concorder.**

➤ **divergence n. f.** ✦ Désaccord, différence. *Il y a divergence d'opinions entre eux.* ❑ contr. **accord.**

➤ **divergent, divergente adj. 1.** Qui s'écarte. *Nos chemins sont divergents,* ils partent chacun d'un côté. **2.** Qui ne s'accorde pas. *Leurs opinions sont divergentes.* → **différent.**

divers, diverse adj. 1. Différent, varié. *Il a des billes de couleurs diverses.* ❑ contr. **identique, même, semblable,** ① **uniforme, unique.** 2. Au plur. Plusieurs. *Diverses personnes m'ont parlé de ce livre.* 3. *Les faits divers,* ce sont les articles d'un journal qui racontent les incidents du jour comme les vols ou les crimes.

➤ **diversifier** v. (conjug. 7) ✦ Varier. *Vous devriez diversifier vos lectures,* lire des choses différentes.

➤ **diversité** n. f. ✦ Variété. *Il y a une grande diversité de fruits dans ce magasin.*

diversion n. f. ✦ *Faire diversion,* c'est détourner l'attention. *Julie et Léa étaient en train de se disputer, l'arrivée de Paul a fait diversion.*

divertir v. (conjug. 2) ✦ Distraire, amuser. *Ce film nous a bien divertis.* — **se divertir,** se distraire. *Nous nous sommes bien divertis.*

➤ **divertissant, divertissante** adj. ✦ Distrayant, amusant. *Ce film était très divertissant.*

➤ **divertissement** n. m. ✦ Distraction. → **amusement, passe-temps.** *La lecture est son divertissement favori.*

dividende n. m. ✦ Nombre que l'on divise par un autre. *Dans la division « 20 : 4 », « 20 » est le dividende et « 4 » est le diviseur.*

divin, divine adj. 1. Qui concerne Dieu ou un dieu. *Elle implore la bonté divine,* la bonté de Dieu. 2. Excellent, parfait. *Il fait un temps divin,* merveilleux. → **délicieux.** *Ce repas est divin.* → **exquis.** ❑ contr. **mauvais.**

➤ **divinement** adv. ✦ Très bien, à la perfection. *Il joue divinement du piano.* ❑ contr. **mal.** *Il fait divinement beau.* → **merveilleusement.**

➤ **divinité** n. f. ✦ Dieu, déesse. *Les Grecs croyaient en de nombreuses divinités.*

divination n. f. ✦ Art de deviner l'avenir ou des choses cachées par des moyens magiques. → aussi **devin.** *Les voyantes pratiquent la divination.*

diviser v. (conjug. 1) 1. Séparer en plusieurs parties. → **fractionner, partager.** *Elle a divisé la tarte en huit.* — **se diviser,** se séparer en plusieurs parties. *Au carrefour, la route se divise,* elle bifurque. 2. Calculer combien de fois une quantité est contenue dans une autre. *Divisez 172 par 4. 172 divisé par 4 égale 43.* ❑ contr. **multiplier.** 3. Être la source d'un désaccord entre des personnes. *Ce problème divise les Français. Le groupe est divisé sur la décision à prendre,* tout le monde n'est pas du même avis.

➤ **diviseur** n. m. ✦ Nombre par lequel on en divise un autre. *Dans la division « 20 : 4 », « 20 » est le dividende et « 4 » est le diviseur.*

➤ **divisible** adj. ✦ Qui peut être divisé exactement. *9 est divisible par 3.*

➤ **division** n. f. 1. Opération qui consiste à calculer combien de fois un nombre est contenu dans un autre. ❑ contr. **multiplication.** *Une division à deux chiffres.* 2. Trait qui divise. *Un thermomètre a des divisions.* → **graduation.** 3. Désaccord. *Il y a des divisions au sein de notre groupe.* 4. Partie de l'armée composée de plusieurs régiments. *Son oncle est général de division.* 5. Groupe d'équipes sportives. *Cette équipe de football joue en première division,* dans le premier groupe d'équipes, le plus fort.

▷ Autres mots de la famille : SUBDIVISER, SUBDIVISION.

divorce n. m. ✦ Rupture légale d'un mariage. *Elle a demandé le divorce.*

➤ **divorcer** v. (conjug. 3) ✦ Se séparer légalement de son mari ou de sa femme. *Les parents d'Alex ont divorcé.*

divulguer v. (conjug. 1) ✦ Faire savoir à tout le monde quelque chose qui était connu par peu de personnes. → **dévoiler, ébruiter, proclamer, révéler.** *Les journaux ont divulgué la nouvelle.* ❑ contr. **cacher, taire.**

dix adj. ✦ Neuf plus un (10). *Nous sommes dix à table. Il est 10 heures.* — **N.** Le nombre dix. *Il a eu 10 à sa dictée.*

➤ **dixième** adj. et n. m.

■ **adj.** Qui suit le neuvième. *Elle habite au dixième étage.*

■ **n. m.** Partie d'un tout qui est divisé en dix parts égales. *Il a mangé les neuf dixièmes du gâteau.*

➤ **dizaine** n. f. 1. Groupe de dix unités. *Le chiffre des dizaines s'écrit à gauche de celui des unités.* 2. Groupe d'environ dix personnes ou dix choses. *Elle a invité une dizaine d'amis.*

▷ Autres mots de la famille : QUATRE-VINGT-DIX, SOIXANTE-DIX.

djellaba n. f. ✦ Longue robe à manches longues et à capuchon, portée par les hommes et les femmes en Afrique du Nord. *Il était en djellaba.*

● Ce mot est un mot arabe, qui vient du Maroc.

do **n. m. inv.** ✦ Note de musique. → **ut.** *La gamme de do commence par un do.* ❍ homonyme : dos.

doberman [dɔbɛʀman] **n. m.** ✦ Chien de garde au poil ras, généralement noir et roux. ➻ planche Chiens p. 167. *Nos voisins ont un doberman.*

● Ce mot vient du nom de *Dober,* éleveur allemand de cette race de chiens.

docile **adj.** ✦ Qui obéit facilement. *Ce chien est très docile.* → **obéissant, soumis.** ❑ contr. **rebelle, rétif.**

➤ **docilement** **adv.** ✦ D'une manière docile, avec docilité. *Le chien est rentré docilement dans sa niche.*

➤ **docilité** **n. f.** ✦ Caractère de celui qui est obéissant. → **soumission.** *Un enfant d'une grande docilité.*

docks **n. m. pl.** ✦ Hangars où l'on entrepose les marchandises, dans un port. → **entrepôt.**

➤ **docker** [dɔkɛʀ] **n. m.** ✦ Ouvrier qui charge et décharge les bateaux. → **débardeur.**

● Ce sont des mots anglais.

docte **adj.** ✦ Pédant, prétentieux. *Il parle d'un ton docte.*

docteur **n. m.** **1.** Personne qui a le plus haut diplôme de l'université. *Elle est docteur en histoire.* **2.** Médecin. *Il est allé chez le docteur. Bonjour, docteur !*

➤ **doctorat** **n. m.** ✦ Diplôme de l'université qui donne droit au titre de docteur. *Pour passer un doctorat, il faut soutenir une thèse.*

doctrine **n. f.** ✦ Ensemble des idées que l'on pense être vraies et que l'on défend. *La doctrine d'un parti politique.*

▷ Autre mot de la famille : ENDOCTRINER.

document **n. m.** ✦ Texte, objet qui sert de preuve ou de renseignement. *Il cherche des documents sur les kangourous,* des livres, des articles de journaux, des dessins, des photos.

➤ **documentaliste** **n. m. et f.** ✦ Personne dont le métier est de réunir des documents et de les conserver. *Elle est documentaliste dans un collège.*

➤ **documentaire** **n. m.** ✦ Film qui donne des renseignements sur quelque chose. *Un documentaire sur le Japon passe à la télévision.*

➤ **se documenter** **v.** (conjug. 1) ✦ Se renseigner en regardant des documents. *Elle s'est documentée sur l'Auvergne.*

➤ **documentation** **n. f.** ✦ Ensemble de documents. *Il a réuni une documentation sur les baleines et les dauphins.*

▷ Autre mot de la famille : PORTE-DOCUMENTS.

dodeliner **v.** (conjug. 1) ✦ *Dodeliner de la tête,* c'est balancer doucement la tête. *Il s'endormait sur sa chaise en dodelinant de la tête.*

dodu, dodue **adj.** ✦ Bien gras. *Ces oies sont bien dodues. Un bébé dodu.* → **grassouillet.** ❑ contr. **maigre.**

dogme **n. m.** ✦ Vérité enseignée par une religion et qu'il faut croire. *La vie éternelle est un dogme de la religion chrétienne.*

➤ **dogmatique** **adj.** ✦ *Un ton dogmatique,* un ton très autoritaire, auquel on ne peut rien répliquer. → **péremptoire.**

dogue **n. m.** ✦ Chien de garde trapu, à grosse tête et au museau écrasé. → aussi **bouledogue.** *Un dogue garde la propriété.*

doigt **n. m.** **1.** Chacune des cinq parties qui terminent la main. → **annulaire, auriculaire,** ① **index, majeur, pouce.** *Léa compte sur ses doigts. Il sait sa leçon sur le bout des doigts,* il la sait parfaitement. *Se mordre les doigts de quelque chose,* s'en repentir amèrement, regretter d'avoir fait quelque chose. — *Les doigts de pied.* → **orteil.** **2.** Mesure qui équivaut à peu près à un doigt. *Il était à deux doigts de réussir,* il allait réussir.

➤ **doigté** [dwate] **n. m.** **1.** Manière de placer les doigts sur un instrument de musique. *Ce pianiste a un bon doigté,* il utilise ses doigts avec habileté. **2.** Habileté, tact. *Pour résoudre cette affaire, il faut du doigté.*

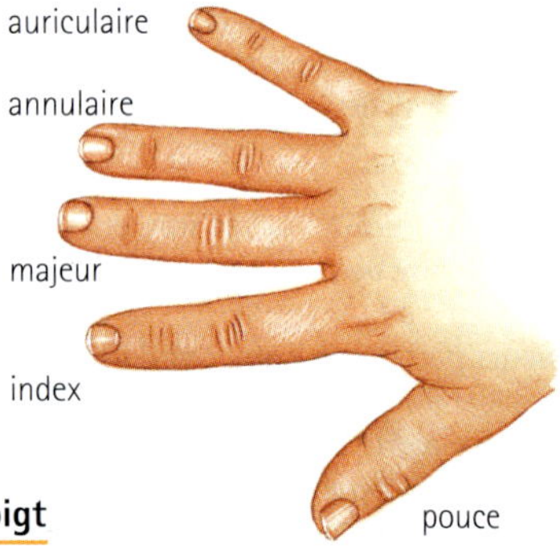

doigt

doléances **n. f. pl.** ✦ Plaintes faites pour réclamer quelque chose. → **réclamation, récrimination.** *Les employés ont présenté leurs doléances au directeur de l'usine.* → **revendication.**

dollar **n. m.** ✦ Monnaie des États-Unis d'Amérique et de quelques autres pays (Canada, Australie, etc.).

dolmen [dɔlmɛn] **n. m.** ✦ Monument préhistorique fait de grosses pierres disposées en forme de table. → aussi **menhir.**

dolmen

domaine **n. m.** 1. Grande propriété à la campagne, avec des forêts, une ferme, etc. 2. Lieu où l'on se considère comme chez soi. *Sa chambre, c'est son domaine.* 3. Matière que l'on connaît bien. *Le bricolage, c'est son domaine.* → **spécialité.** 4. *Le domaine public,* c'est l'ensemble des biens qui appartiennent à l'État. *Les routes font partie du domaine public.*

➤ **domanial, domaniale** **adj.** ✦ Qui appartient au domaine public, à l'État. *Les forêts domaniales.* — Au masc. pl. *domaniaux.*

dôme **n. m.** ✦ Toit arrondi de certains édifices. → **coupole.** *Le dôme de la basilique Saint-Pierre, à Rome.*

● Attention à l'accent circonflexe du ô.

domestique **adj., n. m. et f.**

■ **adj.** 1. Qui concerne la maison, la famille. *Elle n'aime pas les travaux domestiques.* → ① **ménager.** 2. *Un animal domestique,* c'est un animal qui vit près de l'homme. *Le chien et le chat sont des animaux domestiques.*

❑ contr. **sauvage.**

■ **n. m. et f.** Personne dont le métier est d'être au service de quelqu'un. *Autrefois, les gens riches avaient de nombreux domestiques.*

● Maintenant on dit *employé de maison.*

➤ **domestiquer** **v.** (conjug. 1) ✦ Rendre domestique un animal sauvage. → **apprivoiser.** *Le cheval a été domestiqué il y a très longtemps.*

domicile **n. m.** ✦ Logement dans lequel on habite. *Téléphonez-moi à mon domicile,* à la maison, chez moi. *Une personne sans domicile fixe.* → **SDF.**

➤ **domicilié, domiciliée** **adj.** ✦ Qui habite à un certain endroit. *Elle est domiciliée 8, rue de la République.*

dominer **v.** (conjug. 1) 1. Avoir au-dessous de soi. *Le château domine le village.* → **surplomber.** 2. Maîtriser. *Il ne réussit pas à dominer sa colère.* — **se dominer,** être maître de soi. *Il ne sait pas se dominer.* → se **contrôler.** 3. Être plus fort. *Les Australiens ont dominé l'équipe adverse.* → **surpasser.**

➤ **dominant, dominante** **adj.** ✦ Qui est le plus important, le plus fort. *Dans ce tableau, la couleur dominante est le bleu.*

➤ **dominateur, dominatrice** **adj.** ✦ Autoritaire. *Elle prend son air dominateur.*

➤ **domination** **n. f.** ✦ Autorité. *Les esclaves vivaient sous la domination de leurs maîtres.*

▷ Autre mot de la famille : PRÉDOMINER.

dominical, dominicale **adj.** ✦ Du dimanche. *Il fait sa promenade dominicale.* — Au masc. pl. *dominicaux.*

domino **n. m.** ✦ Petite plaque rectangulaire marquée de points noirs qui fait partie d'un jeu qui en contient vingt-huit. *Léa joue aux dominos avec sa sœur.*

domino

dommage **n. m.** 1. Dégât subi par quelque chose. *L'inondation a causé de graves dommages.* → **dégradation.** 2. Chose triste. *Il ne peut pas venir, quel dommage ! C'est dommage que tu ne puisses pas venir.* → **regrettable.** *Dommage qu'il pleuve !*

▷ Autres mots de la famille : DÉDOMMAGEMENT, DÉDOMMAGER, ENDOMMAGER.

dompteur

dompter [dɔ̃te] **v.** (conjug. 1) ✦ *Dompter un animal,* c'est se faire obéir par lui. → ② **dresser.** *Il dompte des fauves.*

➤ **dompteur n. m., dompteuse n. f.** ✦ Personne dont le métier est de dompter des animaux. → **dresseur.**

▷ Autre mot de la famille : INDOMPTABLE.

don n. m. 1. Chose, argent que l'on donne. *Pour aider à lutter contre le cancer, envoyez vos dons à cette adresse. Il a fait don de sa collection de tableaux au musée,* il la lui a donnée. **2.** Qualité d'une personne qui est douée pour quelque chose. → **talent.** *Elle a un don pour le dessin.* ○ homonymes : donc, dont.

▷ Mot de la famille de DONNER.

donateur n. m., donatrice n. f. ✦ Personne qui fait un don. *Dans le musée, il y a une plaque portant le nom du généreux donateur.*

▷ Mot de la famille de DONNER.

donation n. f. ✦ Acte officiel par lequel on fait un don à quelqu'un. *Leur grand-père leur avait fait une donation avant de mourir.*

▷ Mot de la famille de DONNER.

donc conjonction 1. Par conséquent, en conclusion. *Le téléphone ne répond pas, ils sont donc sortis.* **2.** S'emploie pour renforcer ce que l'on dit. *Venez donc dîner ce soir !* **3.** Exprime la surprise. *C'était donc toi qui essayais d'entrer !* ○ homonymes : don, dont.

donjon n. m. ✦ Tour la plus haute d'un château fort.

donner v. (conjug. 1) **1.** Offrir. *Il lui a donné un livre pour son anniversaire.* ❑ contr. **recevoir.** *Tu me le prêtes ou tu me le donnes ?* **2.** Fournir. *Donnez-moi un kilo de pommes.* → **vendre. 3.** Confier. *J'ai donné mes chaussures à ressemeler.* **4.** Provoquer. *Cette marche m'a donné soif.* **5.** Indiquer, communiquer. *Il lui a donné son adresse. Donne de tes nouvelles !* **6.** Accorder. *Elle lui a donné la permission de sortir ce soir.* **7.** *Donner une gifle à quelqu'un,* le gifler. *Léa s'est donné un coup de peigne,* elle s'est coiffée. **8.** *Ma chambre donne sur le jardin,* elle a vue sur le jardin.

➤ **donnant adv.** ✦ *Donnant donnant,* en ne donnant qu'à la condition de recevoir quelque chose en échange. *Finis tes devoirs et après tu pourras aller jouer chez Paul, c'est donnant donnant.*

➤ **donné, donnée adj. 1.** Déterminé, précis. *À un moment donné, elle se leva et partit.* **2.** *Étant donné,* en raison de. *Étant donné les circonstances, nous ne viendrons pas. Étant donné qu'il est malade, il n'ira pas en classe,* puisqu'il est malade.

➤ **donneur n. m., donneuse n. f.** ✦ *Un donneur de sang,* une personne qui donne son sang.

▷ Autres mots de la famille : S'ADONNER, DON, DONATEUR, DONATION, REDONNER.

dont pronom relatif ✦ Représente un nom précédé par « de ». *Voici l'ami dont je t'ai parlé,* de qui je t'ai parlé. *Quelle est cette plante dont les fleurs sont bleues ?* qui a des fleurs bleues. ○ homonymes : don, donc.

doper v. (conjug. 1) ✦ Donner un médicament, une drogue qui augmente les forces. *Le jockey avait dopé son cheval.* — **se doper,** prendre des produits, des médicaments qui rendent plus fort. *Le coureur cycliste a été disqualifié parce qu'il s'était dopé.*

➤ **dopage** **n. m.** ✦ Utilisation de médicaments qui stimulent. *Le dopage est interdit parce qu'il est dangereux pour la santé.*

dorade → **daurade**

dorénavant **adv.** ✦ À partir de maintenant, à l'avenir. → **désormais.** *Dorénavant, le magasin sera ouvert le dimanche.*

dorer **v.** (conjug. 1) **1.** Recouvrir d'une mince couche d'or. *Le relieur a doré la tranche du livre.* **2.** Prendre une couleur dorée. *Le poulet dore dans le four.*

➤ **doré, dorée** **adj.** **1.** Recouvert d'une mince couche d'or. *Un livre doré sur tranche.* **2.** Qui a la couleur de l'or. *Des ballerines dorées. Elle est rentrée de vacances toute dorée,* toute bronzée.

▷ Mots de la famille de ① OR.

dorloter **v.** (conjug. 1) ✦ S'occuper de quelqu'un avec beaucoup de tendresse. *Elle dorlote son fils quand il est malade.* → **cajoler, câliner, chouchouter, choyer.** ❑ contr. **rudoyer.**

dormir **v.** (conjug. 16) **1.** Être en état de sommeil. *Il dort à poings fermés, il ne faut pas le réveiller.* → aussi **sommeiller, somnoler.** *Louise dort debout,* elle a sommeil. — *Qui dort dîne,* le sommeil fait oublier la faim. **2.** Rester inactif. *Ce n'est pas le moment de dormir, il faut s'en aller.*

➤ **dormant, dormante** **adj.** ✦ *De l'eau dormante,* qui n'est agitée par aucun courant. → **stagnant.** ❑ contr. ① **courant.**

➤ **dormeur** **n. m.,** **dormeuse** **n. f.** ✦ Personne qui dort. *Un dormeur ronflait dans la chambre à côté.*

▷ Autres mots de la famille : ENDORMANT, ENDORMI, ENDORMIR, SE RENDORMIR.

dorsal, dorsale **adj.** ✦ Du dos. *Les muscles dorsaux. Les nageoires dorsales et les nageoires ventrales d'un poisson.*

dortoir **n. m.** ✦ Grande salle où dorment plusieurs personnes.

dorure **n. f.** ✦ Mince couche d'or. *La dorure du cadre de ce tableau est abîmée.*

▷ Mot de la famille de ① OR.

doryphore **n. m.** ✦ Insecte jaune à rayures noires qui dévore les feuilles des plants de pommes de terre.

● Ce mot s'écrit avec un *y*.

doryphore

dos **n. m.** **1.** Partie du corps qui s'étend du cou aux reins. → aussi **dorsal.** *Il est couché sur le dos.* ❑ contr. à plat **ventre.** *Léa a fait une promenade à dos de poney,* sur son dos. *De dos, elle ressemble à un garçon,* vue du côté du dos. ❑ contr. de **face,** de **profil.** *Elle cache un cadeau derrière son dos. Paul et Alex se sont mis dos à dos pour voir lequel était le plus grand,* ils se sont mis dos contre dos. *Dès que le professeur a le dos tourné, les élèves bavardent,* dès qu'il s'éloigne. *Il n'a jamais de temps, son travail a bon dos,* son travail est un mauvais prétexte. **2.** *Le dos d'une cuillère,* c'est sa partie convexe. *Le dos de la main.* ❑ contr. **paume.** **3.** *Le dos d'une feuille de papier,* c'est l'envers. → **verso.** *Elle écrit son adresse au dos de l'enveloppe.* ❍ homonyme : do.

➤ **dos-d'âne** **n. m. inv.** ✦ Bosse sur une route. *Automobilistes, ralentissez, il y a un dos-d'âne.* → aussi ② **cassis.** — Au pl. *Des dos-d'âne.* ▷ Mot de la famille de ÂNE.

▷ Autres mots de la famille : S'ADOSSER, DOSSARD, ① DOSSIER, ENDOSSER.

dose **n. f.** ✦ Quantité que l'on doit prendre en une fois. *Quand on prend un médicament, il ne faut pas dépasser la dose prescrite par le médecin.*

➤ **doser** **v.** (conjug. 1) ✦ Mesurer la bonne dose, pour faire un mélange. *Le cuisinier dose la farine et le sucre pour faire le gâteau.*

➤ **dosage** **n. m.** ✦ Proportion de produits à mélanger. *Il faut respecter le dosage de farine et de sucre.*

▷ Autre mot de la famille : SURDOSE.

dossard **n. m.** ✦ Carré de tissu portant un numéro qu'un coureur a sur le dos. *C'est le cycliste qui porte le dossard numéro 12 qui a gagné.*

▷ Mot de la famille de DOS.

① **dossier** **n. m.** ✦ Partie d'un siège sur laquelle on appuie son dos. *Le dossier d'un fauteuil.*
▷ Mot de la famille de DOS.

② **dossier** **n. m.** ✦ Ensemble de documents sur un sujet. *Il a rempli un dossier de candidature.*

dot [dɔt] **n. f.** ✦ Argent, biens qu'une jeune fille apportait autrefois en se mariant.
➤ **doter** **v.** (conjug. 1) **1.** Donner une dot. *Il a doté sa fille.* **2.** Équiper. *Cette usine est dotée d'un matériel très perfectionné.* **3.** *Être doté de quelque chose,* c'est avoir, posséder quelque chose. *Il est doté d'une grande intelligence.*

douane **n. f.** ✦ Service chargé de contrôler le passage des marchandises à la frontière d'un pays. *Il n'a rien à déclarer à la douane.*
➤ **douanier** **n. m.** et **adj.**, **douanière** **n. f.** et **adj.**
■ **n.** Employé, employée de la douane. *Les douaniers ont fouillé ses bagages.*
■ **adj.** De la douane. *Les contrôles douaniers sont renforcés en raison de la contrebande.*

doublage **n. m.** ✦ *Le doublage d'un film,* c'est le remplacement de la voix des comédiens par la voix d'autres comédiens qui parlent une autre langue.
▷ Mot de la famille de DOUBLE.

double **adj.** et **n. m.**
■ **adj.** **1.** Qui est répété deux fois ou qui est formé de deux choses semblables. *Il a fait un double nœud à ses lacets. La rue est à double sens.* ❑ contr. **unique.** *J'ai ce disque en double exemplaire,* j'ai deux fois le même. **2.** Qui a deux aspects dont l'un est caché. *Elle mène une double vie.*
■ **n. m.** **1.** Quantité qui équivaut à deux fois une autre. *Dix est le double de cinq.* ❑ contr. **moitié.** **2.** Chose semblable à une autre. *J'ai un double du document.* → **copie, duplicata.** ❑ contr. **original.** *Il a fait faire un double de sa clé.*
➤ **doublement** **adv.** ✦ Pour deux raisons. *Elle est arrivée en retard et n'avait pas appris sa leçon, elle est doublement fautive.*
➤ **doubler** **v.** (conjug. 1) **1.** Multiplier par deux. *Cela double le prix du voyage.* **2.** Dépasser un véhicule. *Il a doublé un camion.* **3.** Garnir l'intérieur d'un vêtement avec une doublure. *Son blouson est doublé de fourrure.* **4.** Remplacer un acteur sans que cela se voie. *Dans cette scène dangereuse, l'acteur est doublé par un cascadeur.* **5.** Enregistrer les dialogues d'un film dans une autre langue. *Ce film américain est doublé en français,* les paroles sont en français. → aussi **doublage.** *Tu préfères les films doublés ou les films en version originale ?*
➤ **doublure** **n. f.** **1.** Tissu ou fourrure à l'intérieur d'un vêtement. *La doublure de sa veste est décousue.* **2.** Comédien qui en remplace un autre. *Il est la doublure d'un célèbre acteur.*
▷ Autres mots de la famille : DÉDOUBLER, DOUBLAGE, REDOUBLANT, REDOUBLEMENT, REDOUBLER.

en **douce** **adv.** ✦ Familier. Sans bruit, discrètement. *Il est sorti en douce de la classe.*
▷ Mot de la famille de DOUX.

douceâtre [dusɑtʀ] **adj.** ✦ Qui est d'une douceur fade et écœurante. *Ce sirop a un goût douceâtre.*
● Attention à l'accent circonflexe du *â*.
▷ Mot de la famille de DOUX.

doucement **adv.** **1.** Lentement. *La voiture roulait doucement.* ❑ contr. **rapidement.** **2.** Avec douceur, sans violence, sans faire de bruit. *Parle plus doucement !* moins fort. *Elle a fermé tout doucement la porte.* ❑ contr. **violemment.**
▷ Mot de la famille de DOUX.

douceur **n. f.** **1.** Qualité de ce qui est doux et agréable. *La douceur du pelage d'un chat.* ❑ contr. **rugosité.** *La douceur du climat breton.* ❑ contr. **rigueur.** **2.** Gentillesse. *Elle parle à ses petits-enfants avec douceur.* ❑ contr. **rudesse.** **3.** *En douceur,* doucement. *L'avion a atterri en douceur.* **4.** *Des douceurs,* ce sont des bonbons, des friandises.
➤ **doucereux, doucereuse** **adj.** ✦ Doux et hypocrite. *Une voix doucereuse.* → **mielleux.**
▷ Mots de la famille de DOUX.

douche **n. f.** ✦ Projection d'eau en pluie qui arrose le corps. *Tous les matins, Julie prend une douche.* → aussi **bain.**
➤ se **doucher** **v.** (conjug. 1) ✦ Prendre une douche. *Léa s'est douchée avant de se coucher.*

doudoune **n. f.** ✦ Familier. Grosse veste en duvet. → aussi **anorak.**
▷ Mot de la famille de DOUX.

doué, douée adj. ✦ Qui a un don, qui est capable de comprendre vite et de faire bien quelque chose. *Elle est douée pour les mathématiques.*
▷ Autre mot de la famille : SURDOUÉ.

douille n. f. 1. Pièce de métal rattachée au fil électrique dans laquelle on fixe l'ampoule d'une lampe. *Il y a des douilles à vis et des douilles à baïonnette.* 2. Cylindre qui contient la poudre d'une cartouche.

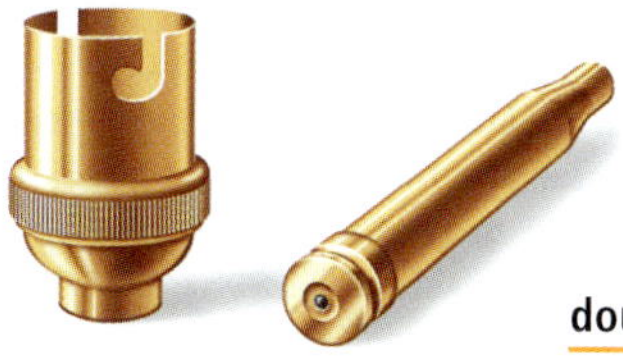
douille

douillet, douillette adj. 1. Trop sensible aux petites douleurs physiques. *Elle a peur des piqûres, elle est très douillette.* 2. Doux et confortable. *Un lit douillet.*

douleur n. f. 1. Sensation d'avoir mal. → **souffrance.** *Louise a ressenti une grande douleur au ventre,* elle a eu très mal au ventre. 2. Grand chagrin. *Il a eu la douleur de perdre sa mère.* → ② **peine.** ❑ contr. **bonheur.** – *Les grandes douleurs sont muettes,* on ne peut pas en parler.
➤ **douloureux, douloureuse** adj. ✦ Qui fait mal. *Cette brûlure est douloureuse.* ❑ contr. **indolore.**
▷ Autre mot de la famille : SOUFFRE-DOULEUR.

doute n. m. ✦ Le fait de ne pas être sûr de quelque chose. → aussi **dubitatif.** *J'ai des doutes sur son honnêteté,* je ne suis pas sûr qu'il soit honnête. *C'est bien lui que j'ai aperçu, il n'y a pas de doute,* c'est certain. → **incertitude.** *Elle arrivera sans doute demain,* probablement. ❑ contr. **sûrement.**
➤ **douter** v. (conjug. 1) 1. Ne pas être sûr de quelque chose. *Le magasin est peut-être ouvert aujourd'hui, mais j'en doute,* mais je pense qu'il ne l'est pas. 2. *Ne douter de rien,* être sûr de soi. *Elle croit qu'elle court plus vite que nous, elle ne doute de rien,* elle se fait des illusions. 3. *Se douter de* quelque chose, c'est l'imaginer, le soupçonner. *Elle ne s'est pas doutée qu'on lui avait fait une farce.* → **deviner.**
➤ **douteux, douteuse** adj. 1. Qui n'est pas certain, est peu probable. *Est-ce que tu crois qu'il va venir ? Cela me paraît douteux.* ❑ contr. **évident, sûr.** 2. Qui n'est pas très propre. *Cette assiette est douteuse.*

douve n. f. ✦ Fossé rempli d'eau qui entoure un château fort. *Le château est entouré de douves profondes.*

doux adj. et adv., **douce** adj.
■ **adj.** 1. Agréable à toucher. *La fourrure de ce chat est très douce.* ❑ contr. **rêche, rugueux.** 2. *L'eau douce,* c'est l'eau non salée des lacs et des rivières. 3. Qui n'est pas très fort. *Elle fait réchauffer la soupe à feu doux.* ❑ contr. ① **fort, vif.** *Le chemin descend en pente douce.* ❑ contr. **abrupt, raide.** 4. Gentil et patient. *Elle est très douce avec les enfants.* ❑ contr. **brutal, dur, sévère.**
■ **adv.** 1. *Il fait doux,* ni trop chaud, ni trop froid. 2. Familier. *Filer doux,* obéir sans discuter.
▷ Autres mots de la famille : ADOUCIR, ADOUCISSANT, ADOUCISSEMENT, AIGRE-DOUX, EN DOUCE, DOUCEÂTRE, DOUCEMENT, DOUCEREUX, DOUCEUR, DOUDOUNE, SE RADOUCIR, RADOUCISSEMENT, REDOUX.

douze adj. inv. ✦ Dix plus deux (12). *Les douze mois de l'année.* — **N. m. inv.** Le nombre douze. *Trois fois quatre font douze.*
➤ **douzaine** n. f. 1. Ensemble de douze choses semblables. *Elle a acheté une douzaine d'œufs,* douze œufs. 2. Groupe d'environ douze personnes ou douze choses semblables. *La plage est à une douzaine de kilomètres d'ici.*
➤ **douzième** adj. et n. m.
■ **adj.** Qui succède au onzième. *Décembre est le douzième mois de l'année.*
■ **n. m.** Partie d'un tout divisé en douze parts égales. *Les trois douzièmes du gâteau.*
▷ Autre mot de la famille : DEMI-DOUZAINE.

doyen n. m., **doyenne** n. f. ✦ La personne la plus âgée. *Le doyen du village a 103 ans.*

drache n. f. ✦ Averse.
● Ce mot est employé en Belgique.

draconien, draconienne adj. ✦ Très sévère. *La discipline du collège est draconienne.* → **rigoureux.**
● Ce mot vient de *Dracon,* un homme politique grec du 7e siècle avant Jésus-Christ, qui avait fait des lois très sévères.

dragée n. f. ✦ Bonbon fait d'une amande recouverte de sucre durci. *On offre des dragées pour le baptême d'un enfant.*

dragon

dragon n. m. ✦ Animal imaginaire qui a des ailes, des griffes et une queue de serpent. *Le dragon se mit à cracher du feu.*

dragonne n. f. ✦ Courroie d'un bâton de ski, d'un parapluie, que l'on passe à son poignet pour ne pas le perdre.

draguer v. (conjug. 1) ✦ Nettoyer le fond d'une rivière ou d'un port en enlevant la vase et le sable qui s'y sont accumulés. *Le bassin du port a été dragué.*

drain n. m. ✦ Tube souple, ouvert aux deux bouts, qui permet au sang et au pus de s'écouler hors d'une plaie.

➤ **drainer** v. (conjug. 1) ✦ Enlever l'eau d'un sol trop humide. → **assécher.**

➤ **drainage** n. m. ✦ Action de drainer un terrain. *On effectue le drainage du marais.*

drakkar n. m. ✦ Navire à voile carrée et à rames utilisé autrefois par les Vikings.
● *Drakkar* prend deux *k*.

drakkar

drame n. m. **1.** Pièce de théâtre où il se passe des choses graves et tristes. *Un drame de Victor Hugo.* → **tragédie. 2.** Événement grave, terrible. → **tragédie.** *La mort de son mari a été un drame pour toute la famille.* → **catastrophe.**

➤ **dramatique** adj. ✦ Très grave, terrible. → **tragique.** *Ces enfants sont dans une situation dramatique à cause de la famine.*

➤ **dramatiquement** adv. ✦ D'une manière tragique. *L'histoire s'est terminée dramatiquement.* → **tragiquement.**

➤ **dramatiser** v. (conjug. 1) ✦ Exagérer la gravité d'une situation. *Cela n'est pas si grave, il ne faut pas dramatiser.* ❏ contr. **dédramatiser.**

▷ Autres mots de la famille : DÉDRAMATISER, MÉLODRAMATIQUE, MÉLODRAME.

drap n. m. **1.** *Les draps,* ce sont les grands morceaux de toile que l'on met dans le lit entre le matelas et la couverture et dans lesquels on dort. **2.** *Un drap de bain,* une grande serviette de toilette.

➤ **drapeau** n. m. ✦ Morceau d'étoffe fixé sur un manche, qui porte les couleurs d'un pays et le représente. *Le drapeau français est bleu, blanc, rouge.* — Au pl. *Des drapeaux.*

➤ se **draper** v. (conjug. 1) ✦ S'envelopper dans un tissu en faisant de grands plis. *Elle s'est drapée dans son châle.*

➤ **draperie** n. f. ✦ Morceau de tissu qui forme de grands plis.

① **dresser** v. (conjug. 1) **1.** Tenir droit et vertical. *Le chien dresse les oreilles.* ❏ contr. **baisser. 2.** Faire tenir droit. *Les campeurs ont dressé leur tente près de la rivière.* → **monter, planter. 3.** Établir avec soin. *Il dresse la liste des invités.* **4. se dresser,** s'élever tout droit. *La montagne se dresse à l'horizon.*

▷ Autres mots de la famille : REDRESSEMENT, REDRESSER, REDRESSEUR.

② **dresser** v. (conjug. 1) ✦ *Dresser un animal,* c'est l'habituer à obéir et à faire facilement et régulièrement quelque chose qu'on lui demande. → **dompter.** *Ce chien est bien dressé.*

➤ **dressage** n. m. ✦ Action de dresser un animal. *Le dressage des fauves est difficile et dangereux.*

➤ **dresseur** n. m. **dresseuse** n. f. ✦ Personne qui dresse des animaux. *Il est dresseur de tigres.* → **dompteur.**

drève n. f. ✦ Allée bordée d'arbres.
● Ce mot est employé en Belgique.

dribbler v. (conjug. 1) ✦ Courir en poussant devant soi le ballon du pied au football, ou de la main au basket.

➤ **dribble** n. m. ✦ Action de dribbler.

● Ces mots viennent de l'anglais.

drogue n. f. 1. Produit qui agit sur le cerveau en procurant des sensations bizarres et qui est extrêmement mauvais pour la santé. → **stupéfiant**. *Le trafic de drogue est très sévèrement puni par la loi.* 2. Médicament inutile ou qui fait du mal. *Elle prend des drogues pour dormir.*

➤ **drogué** n. m., **droguée** n. f. ✦ Personne qui prend régulièrement de la drogue et ne peut plus s'en passer. *À l'hôpital, on accueille les drogués qui viennent faire une cure de désintoxication.* → **toxicomane**.

➤ **droguer** v. (conjug. 1) 1. *Droguer quelqu'un*, c'est lui donner beaucoup de calmants ou de somnifères. *Les ravisseurs ont drogué leur victime.* 2. **se droguer**, prendre de la drogue. *Elle s'est droguée pendant plusieurs années.*

droguerie n. f. ✦ Magasin où l'on vend des produits d'entretien. *Va acheter de la cire à la droguerie !* → aussi **droguiste**.

droguiste n. m. et f. ✦ Commerçant qui tient une droguerie.

① **droit** adj. et adv., **droite** adj.

■ adj. 1. Qui est sans déviation, sans courbure d'un bout à l'autre. → **rectiligne**. *Il a doublé le camion dans la ligne droite.* ❑ contr. **courbe, incurvé**. 2. Vertical. *Tiens ton verre bien droit !* ❑ contr. **oblique, penché**. 3. *Un angle droit*, c'est un angle de 90 degrés. → aussi **aigu**, ① **obtus**. 4. Franc et honnête. *C'est un homme très droit.* ❑ contr. **fourbe**.

■ adv. En ligne droite. *C'est droit devant vous.*

➤ ① **droite** n. f. ✦ Ligne qui est comme un fil parfaitement tendu. *Ces deux droites sont parallèles.* ❑ contr. **courbe**. ➻ planche Géométrie p. 458.

➤ **droiture** n. f. ✦ Qualité d'une personne franche et honnête. → **loyauté**.

② **droit, droite** adj. ✦ Du côté opposé à celui du cœur. *Léa écrit de la main droite.* — *Le côté droit d'une chose*, c'est le côté qui est du côté de la main droite. ❑ contr. ① **gauche**.

➤ ② **droite** n. f. 1. Le côté droit. *Tournez d'abord à droite, puis à gauche.* 2. *La droite*, c'est l'ensemble des personnes qui ont des idées conservatrices en politique et dans la société. ❑ contr. ② **gauche**.

➤ **droitier, droitière** adj. ✦ Qui se sert de sa main droite pour écrire. *Léa est droitière.* ❑ contr. **gaucher**.

③ **droit** n. m. 1. Autorisation, permission. *Elle n'a pas le droit de sortir seule le soir.* ❑ contr. **interdiction**. 2. *Être dans son droit*, avoir raison, être en règle. ❑ contr. **tort**. 3. Ce qui est permis par un règlement, une loi. *La Déclaration des droits de l'homme et du citoyen. Les employés ont le droit de grève.* 4. Ensemble des lois qui règlent les rapports des hommes entre eux. *Il fait des études de droit.* → aussi **juridique**. 5. Somme d'argent à payer. *Des droits de douane.* → **taxe**.

▷ Autre mot de la famille : PASSE-DROIT.

drôle adj. 1. Qui fait rire. → **amusant** ; fam. **marrant, rigolo**. *Ce film est très drôle.* → **comique**. *Il raconte souvent des histoires drôles.* ❑ contr. **triste**. 2. Anormal, étonnant. *J'ai entendu un drôle de bruit.* → **bizarre, étrange**. 3. Familier. *Elle a fait de drôles de progrès*, beaucoup de progrès.

➤ **drôlement** adv. 1. D'une façon anormale, étonnante. → **bizarrement**. *Elle était drôlement accoutrée.* 2. Familier. Très. *Elle est drôlement sévère.*

➤ **drôlerie** n. f. ✦ Caractère de ce qui est drôle. *Ce film est d'une drôlerie incroyable*, il est très drôle.

● Attention à l'accent circonflexe du ô.

dromadaire n. m. ✦ Animal qui ressemble au chameau mais n'a qu'une seule bosse. *Les dromadaires vivent dans le désert en Afrique et en Inde.*

dromadaire

duel

dru, drue **adj.** ✦ Qui pousse épais et serré. *L'herbe est haute et drue.* → **touffu.** ❑ contr. **clairsemé.**

druide **n. m.** ✦ Prêtre gaulois. *Chaque année les druides coupaient le gui sacré sur les chênes.*

du **article.** Forme contractée de *de* et *le.* **1.** Article défini masculin singulier. → ① **de.** *Il vient du Portugal. C'est le fils du notaire. Il tape du pied,* avec son pied. **2.** Article partitif masculin singulier. → ② **de.** *Il mange du fromage,* un peu de fromage. ❍ homonyme : dû.

dû, due **adj.** **1.** Que l'on doit. *Il a payé la somme due,* qu'il devait. — **N. m.** *Il vient réclamer son dû,* ce qu'on lui doit. **2.** Causé par quelque chose. *Le retard de l'avion est dû au brouillard. Ses nombreux échecs sont dus à la malchance.* ❍ homonyme : du.

● Il y a un *û* seulement au masculin singulier : on écrit *dû, dus, due, dues.*

▷ Mot de la famille de ① DEVOIR.

dubitatif, dubitative **adj.** ✦ Qui montre que l'on a un doute, des doutes. *Elle le regarda d'un air dubitatif,* d'un air qui montrait qu'elle doutait de ce qu'il lui disait, qu'elle ne le croyait pas. → **incrédule, sceptique.** *Elle était dubitative.*

duc **n. m.**, **duchesse** **n. f.** ✦ Personne qui porte le titre de noblesse le plus élevé après celui de prince ou de princesse.

➤ **ducal, ducale** **adj.** ✦ Qui appartient à un duc ou à une duchesse. *Le palais ducal.* — Au masc. pl. *ducaux.*

➤ **duché** **n. m.** ✦ Territoire gouverné par un duc.

duel **n. m.** ✦ Combat, à armes égales, entre deux personnes dont l'une a provoqué l'autre en l'injuriant ou en blessant son honneur. *Autrefois les nobles se battaient en duel à l'épée ou au pistolet.*

duffel-coat ou **duffle-coat** [dœfœlkot] **n. m.** ✦ Manteau court à capuchon, en gros tissu de laine. — Au pl. *Des duffel-coats, des duffle-coats.*

● Ce mot vient de l'anglais.

dune **n. f.** ✦ Colline de sable fin formée par le vent le long de la mer ou dans le désert.

duo **n. m.** ✦ Air de musique pour deux voix ou deux instruments. *Elles chantent en duo.* — Au pl. *Des duos.*

dupe **adj.** ✦ *Ne pas être dupe,* c'est ne pas se laisser tromper. *Tu me dis des mensonges, mais je ne suis pas dupe,* je m'en rends compte.

➤ **duper** **v.** (conjug. 1) ✦ Tromper. → **berner.** *Il s'est fait duper par un escroc.*

➤ **duperie** **n. f.** ✦ Tromperie.

● *Duperie* est un mot littéraire.

duplex **n. m.** ✦ Appartement sur deux étages.

duplicata **n. m.** ✦ Copie exacte d'un document important. → **double.** ❑ contr. **original.** *Elle a demandé un duplicata de son permis de conduire qu'elle a perdu.* — Au pl. *Des duplicatas* ou *des duplicata.*

duplicité **n. f.** ✦ Caractère d'une personne qui dit une chose et qui en fait une autre. → **hypocrisie.** ❑ contr. **franchise.**

duquel **m. sing.**, **de laquelle** **f. sing.**, **desquels** **m. pl.**, **desquelles** **f. pl.** ✦ Pronoms relatifs et interrogatifs. *J'ai acheté deux gâteaux, duquel as-tu envie ?* → aussi **lequel.**

▷ Mot de la famille de QUEL.

dur **adj.** et **adv.**, **dure** **adj.**

■ **adj.** **1.** Qui résiste quand on appuie, qui ne se laisse pas entamer facilement. *Cette viande est dure comme du bois.* → **coriace.** ❑ contr. ① **mou,** ③ **tendre.** *Je n'aime pas le pain dur.* → **rassis.** ❑ contr. ① **frais.** **2.** Difficile. *Cette dic-*

tée est très dure. ❑ contr. **facile, simple.** 3. Pénible à supporter. *La mort de sa mère a été une dure épreuve.* → **rude.** 4. Insensible, inflexible. *La directrice est souvent dure envers les élèves.* → **sévère.** ❑ contr. **doux, indulgent.**

■ **adv.** Fort, beaucoup. *Il travaille dur pour réussir.*

▷ Autres mots de la famille : DURCIR, DURCISSEMENT, DUREMENT, DURETÉ, DURILLON, ENDURANCE, ENDURANT, ENDURCI, ENDURCIR, ENDURER.

durable **adj.** ✦ Qui va durer longtemps. *Il gardera de ces vacances un souvenir durable.* ❑ contr. **fugace,** ② **fugitif,** ② **passager.**

▷ Mot de la famille de DURER.

durant **prép.** 1. Pendant. *Ils se sont rencontrés durant les vacances.* 2. *Il a plu trois jours durant,* trois jours de suite.

▷ Mot de la famille de DURER.

durcir **v.** (conjug. 2) 1. Devenir dur. *Le ciment durcit très vite.* ❑ contr. **ramollir.** 2. **se durcir,** devenir plus dur. *Son ton s'est durci,* est devenu plus sévère. ❑ contr. **se radoucir.** 3. Rendre plus intransigeant. *Les adversaires ont durci leur position.*

➤ **durcissement** **n. m.** 1. Le fait de devenir dur, de durcir. *Le durcissement du plâtre est très rapide.* 2. Le fait de se durcir. *On constate un certain durcissement dans le conflit.*

▷ Mots de la famille de DUR.

durement **adv.** ✦ Brutalement, sévèrement. *Il lui a parlé très durement.* → **méchamment.** ❑ contr. **doucement, gentiment.**

▷ Mot de la famille de DUR.

durer **v.** (conjug. 1) 1. Se dérouler pendant un certain temps. *Ce film dure deux heures.* 2. Résister à la destruction, à l'usure. *Ces fleurs n'ont pas duré longtemps.*

➤ **durée** **n. f.** ✦ Temps qui s'écoule entre le début et la fin de quelque chose. *Le magasin est fermé pour la durée des vacances.*

▷ Autres mots de la famille : DURABLE, DURANT.

dureté **n. f.** 1. Caractère de ce qui est dur, résistant et ne se laisse pas entamer facilement. *La dureté du marbre.* ❑ contr. **tendreté.** 2. Manque de sensibilité, de cœur. *Ils traitent leurs enfants avec dureté.* → **sévérité.** ❑ contr. **douceur, gentillesse.**

▷ Mot de la famille de DUR.

durillon **n. m.** ✦ Endroit où la peau a durci. *Il a un gros durillon sous un orteil.* → ② **cor.**

▷ Mot de la famille de DUR.

duvet **n. m.** 1. Petites plumes douces et légères qui recouvrent le corps des oisillons et que l'on trouve sur le ventre et le dessous des ailes des oiseaux adultes. *Le duvet des poussins. Une couette garnie de duvet.* 2. Sac de couchage garni de duvet ou d'une autre matière semblable. *Les campeurs dorment dans un duvet.* 3. Poils fins et doux chez certains animaux et certaines plantes. *Les pêches sont recouvertes de duvet.*

➤ **duveté, duvetée** **adj.** ✦ Couvert de duvet. *Une pêche duvetée.* → **velouté.**

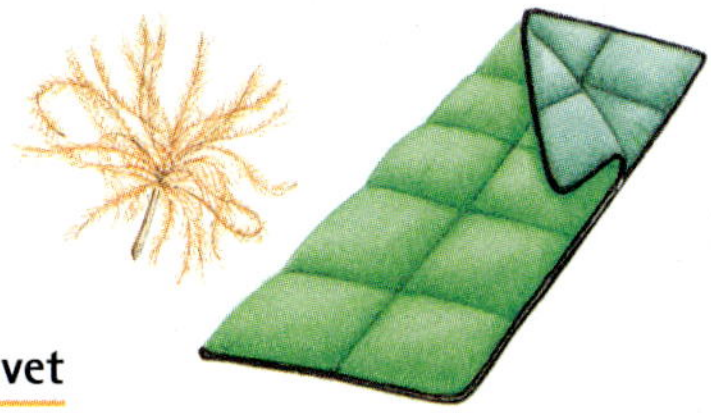

duvet

DVD [devede] **n. m. inv.** ✦ Disque compact qui contient des sons et des images vidéo. *Ils ont un lecteur de DVD.*

dynamique **adj.** ✦ Qui est actif, a beaucoup d'entrain et d'énergie. → **énergique.** *Une femme dynamique.* ❑ contr. **indolent, mou.**

➤ **dynamisme** **n. m.** ✦ Caractère d'une personne dynamique. → **énergie, vitalité.** *Il est plein de dynamisme.*

● Attention, il y a un *y* puis un *i*.

dynamite **n. f.** ✦ Explosif très puissant. *Les résistants ont fait sauter le pont à la dynamite.*

➤ **dynamiter** **v.** (conjug. 1) ✦ Faire sauter à la dynamite. *Ils ont dynamité un train.*

dynamo **n. f.** ✦ Petit appareil qui produit du courant électrique. *La dynamo fait fonctionner le phare du vélo.*

● *Dynamo* prend un *y*.

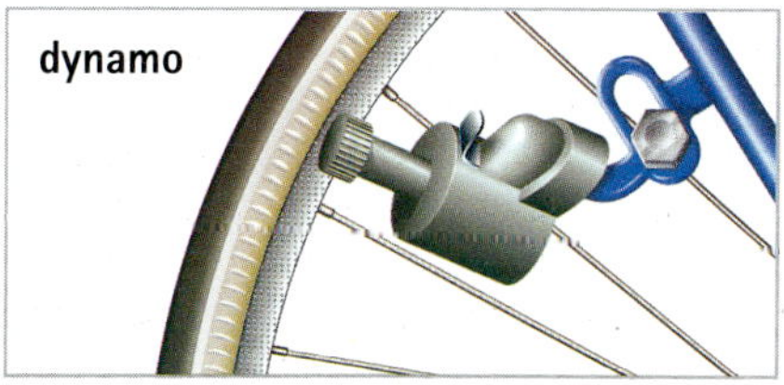

dynamo

dynastie **n. f.** ✦ Famille de rois qui ont régné les uns à la suite des autres. *La dynastie des Capétiens a régné en France de 987 à 1328.*

➤ **dynastique** **adj.** ✦ Qui concerne une dynastie. *Les querelles dynastiques.*

● Attention, il y a un *y* puis un *i*.

dysenterie [disɑ̃tʀi] **n. f.** ✦ Maladie grave qui donne très mal au ventre et provoque des diarrhées. *On peut attraper la dysenterie en buvant de l'eau polluée, dans les pays chauds.*

● Attention au *y*.

dyslexique **adj.** ✦ Qui a des difficultés pour lire, confond certaines lettres et intervertit les syllabes. *Leur fils est dyslexique.* — **N.** *Une dyslexique.*

● Attention au *y*.

E

eau **n. f.** (pl. **eaux**) **1.** Liquide naturel sans odeur, sans goût, sans couleur et transparent quand il est pur. *L'eau de pluie est douce, l'eau de mer est salée. Les enfants jouent au bord de l'eau. Paul a bu un verre d'eau.* — *Se jeter à l'eau,* c'est se décider brusquement, se lancer dans un travail, un projet. — *Son projet est tombé à l'eau,* il ne s'est pas réalisé. → **échouer.** — *Il passera de l'eau sous les ponts,* le temps passera. — *Mettre de l'eau dans son vin,* c'est être moins difficile, moins exigeant. **2.** *Une ville d'eaux,* où il y a des sources d'eaux qui aident à soigner certaines maladies. *La Bourboule est une ville d'eaux.* → aussi **thermal.** **3.** *L'eau de Cologne,* c'est un liquide parfumé qui sert à la toilette. **4.** *L'eau de Javel,* c'est un liquide jaunâtre qui sert à désinfecter et à décolorer. **5.** *Mettre l'eau à la bouche,* c'est faire saliver. *La vue des gâteaux dans la vitrine de la pâtisserie lui met l'eau à la bouche.*
○ homonymes : au, haut, oh.

➤ **eau-de-vie** **n. f.** ✦ Boisson faite à partir du jus fermenté des fruits, qui contient beaucoup d'alcool. *Des eaux-de-vie de prune. Des cerises à l'eau-de-vie.* ▷ Mot de la famille de VIE.

▷ Autres mots de la famille : TIRANT D'EAU, À VAU-L'EAU.

ébahir **v.** (conjug. 2) ✦ Étonner, stupéfier. *La nouvelle les a tous ébahis.*

➤ **ébahi, ébahie** **adj.** ✦ Très étonné. *Louise est restée tout ébahie à cette nouvelle.* → **abasourdi, ahuri, éberlué, stupéfait.**
● Attention au *h.*

s'ébattre **v.** (conjug. 41) ✦ Bouger, s'agiter dans tous les sens pour s'amuser. → **folâtrer.** *Les nageurs s'ébattent dans la piscine.*

➤ **ébats** **n. m. pl.** ✦ Mouvement d'une personne ou d'un animal qui s'agite. *Dans le square, les mamans surveillent les ébats de leurs enfants.*
● Ces mots sont littéraires.

ébaucher **v.** (conjug. 1) **1.** Commencer à faire quelque chose ; donner la première forme à un objet que l'on fabrique. *Le peintre a ébauché un tableau mais ne l'a pas achevé.* → **esquisser.** **2.** Commencer quelque chose sans aller jusqu'au bout. *À travers ses larmes, il ébaucha un sourire.*

➤ **ébauche** **n. f.** **1.** Première forme donnée à quelque chose. → **esquisse.** *Le tableau est encore à l'état d'ébauche.* **2.** Commencement, début. *L'ébauche d'un sourire.* → **amorce.**

ébauche

ébène **n. f.** ✦ Bois noir très dur et lisse. *L'ébène est un bois précieux.*

➤ **ébéniste** **n. m. et f.** ✦ Artisan qui fabrique de beaux meubles. → aussi **menuisier.**

➤ **ébénisterie** **n. f.** ✦ Fabrication de beaux meubles.

éberlué, éberluée adj. ✦ Très étonné. → **ébahi, stupéfait.** *Un air éberlué.*
▷ Mot de la famille de BERLUE.

éblouir v. (conjug. 2) **1.** Troubler la vue par une lumière trop forte. → **aveugler.** *L'éclat du soleil l'éblouissait.* **2.** Émerveiller, fasciner. *Les facéties du clown éblouissent les enfants.*
➤ **éblouissant, éblouissante** adj. **1.** Qui éblouit. → **éclatant.** *La blancheur éblouissante de la neige.* **2.** Merveilleux, fascinant. *Elle était éblouissante de beauté. Un spectacle éblouissant,* d'une qualité impressionnante.
➤ **éblouissement** n. m. **1.** Trouble de la vue accompagné de vertige. *Il a eu un éblouissement et s'est évanoui.* **2.** Enchantement, émerveillement. *Ce spectacle est un éblouissement.*

éborgner v. (conjug. 1) ✦ Rendre borgne, crever un œil à quelqu'un. *Fais attention à ne pas éborgner quelqu'un avec ton parapluie !*
▷ Mot de la famille de BORGNE.

éboueur n. m. ✦ Personne dont le travail est de ramasser les ordures. *Les éboueurs vident les poubelles dans le camion.*
▷ Mot de la famille de BOUE.

ébouillanter v. (conjug. 1) **1.** Passer à l'eau bouillante. *On ébouillante la théière avant de faire le thé.* **2. s'ébouillanter,** se brûler avec un liquide bouillant. *Julie s'est ébouillantée avec du lait brûlant.*
▷ Mot de la famille de BOUILLIR.

s'**ébouler** v. (conjug. 1) ✦ Tomber par morceaux en s'affaissant. *Le talus s'est éboulé.*
➤ **éboulement** n. m. ✦ Chute de terre, de pierres. *Un éboulement a bloqué la route.*
➤ **éboulis** [ebuli] n. m. ✦ Tas de pierres, de matériaux éboulés. *Des éboulis de roches.*
● Attention au *s* final, qui ne se prononce pas.

ébouriffer v. (conjug. 1) ✦ Mettre les cheveux en désordre. *Le vent ébouriffe les cheveux de Léa. — Elle est tout ébouriffée.*
● *Ébouriffer* s'écrit avec deux *f*.

ébranler v. (conjug. 1) **1.** Faire trembler, faire vibrer par un choc. → **secouer.** *La détonation a ébranlé les vitres.* **2.** Affaiblir, mettre en danger. → **déstabiliser.** *La crise a ébranlé le gouvernement.* ❏ contr. **affermir, consolider.** **3. s'ébranler,** se mettre en marche. *Le cortège s'ébranla.*
▷ Mot de la famille de BRANLER.

ébrécher v. (conjug. 6) ✦ Abîmer en cassant le bord. *Elle a ébréché un bol en le heurtant contre l'évier.*
➤ **ébréché, ébréchée** adj. ✦ Dont le bord est abîmé, cassé. *Des bols ébréchés.*
▷ Mots de la famille de BRÈCHE.

ébriété n. f. ✦ État d'une personne qui a bu trop d'alcool. → **ivresse.** *Il est interdit de conduire en état d'ébriété.*

s'**ébrouer** v. (conjug. 1) ✦ S'agiter pour se débarrasser de l'eau, des saletés qu'on a sur le corps. *La chienne s'est ébrouée en sortant de l'eau.*

ébruiter v. (conjug. 1) ✦ Faire connaître à de nombreuses personnes une nouvelle qui était secrète. → **divulguer.** *Il ne faut pas ébruiter nos projets.*
▷ Mot de la famille de BRUIT.

ébullition n. f. ✦ État d'un liquide qui bout. *L'eau est à ébullition à 100 degrés. Attends l'ébullition pour mettre les pâtes dans l'eau.*
● Attention aux deux *l*.

écaille n. f. **1.** Chacune des petites plaques dures qui recouvrent le corps des poissons et des reptiles. *Les serpents, les lézards, les tortues ont des écailles. Les écailles argentées des sardines.* **2.** Matière qui recouvre la carapace des tortues de mer et dont on fait des objets. *Un peigne en écaille.* **3.** Petit morceau qui se détache. *Des écailles de peinture tombent du plafond.*
➤ **écailler** v. (conjug. 1) **1.** Enlever les écailles. *Le cuisinier écaille le poisson avant de le faire*

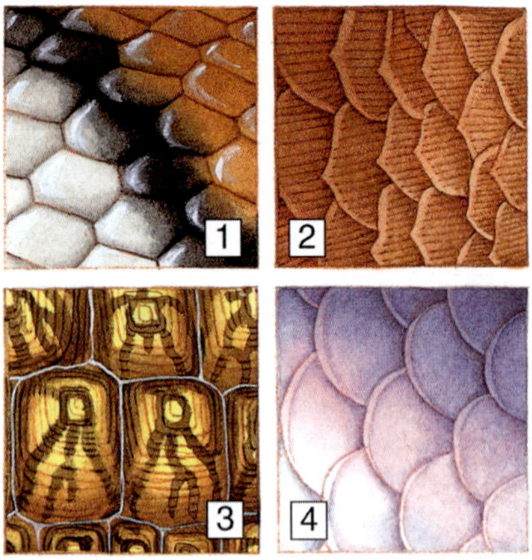

écaille de : 1 serpent 2 pangolin 3 tortue 4 poisson

cuire. **2.** **s'écailler,** partir par petites plaques, par écailles. *La peinture du mur s'est écaillée.*

écarlate **adj.** ✦ D'un rouge très vif. *Des rubans écarlates. Elle est devenue écarlate,* toute rouge. → **cramoisi.**

écarquiller **v.** (conjug. 1) ✦ *Écarquiller les yeux,* c'est les ouvrir très grand.

écart **n. m.** **1.** *Faire le grand écart,* c'est écarter les jambes au maximum de façon à les avoir à l'horizontale. *Le danseur a fait le grand écart.* **2.** Différence. *Dans le désert, il y a de grands écarts de température entre le jour et la nuit.* → **variation.** **3.** Mouvement brusque sur le côté. *Le cheval a fait un écart.* **4.** *À l'écart,* à une certaine distance. *Il se tient toujours à l'écart. La ferme est à l'écart de la route.*

▷ Mot de la famille de ÉCARTER.

écarteler **v.** (conjug. 5) ✦ Déchirer un condamné à mort en quatre en faisant tirer ses membres par quatre chevaux. *Ravaillac, l'assassin d'Henri IV, fut écartelé en 1610.*

écarter **v.** (conjug. 1) **1.** Mettre plusieurs choses à une certaine distance les unes des autres. *Écartez les bras. Il faut écarter la table du mur.* → **éloigner.** ❑ contr. **rapprocher.** **2.** Ne pas tenir compte d'une chose. → **rejeter.** *Écartons cette hypothèse.* → **éliminer, exclure.**

➤ **écartement** **n. m.** ✦ Espace qui sépare une chose d'une autre. → **distance.** *L'écartement des rails de chemin de fer.*

▷ Autre mot de la famille : ÉCART.

ecchymose [ekimoz] **n. f.** ✦ Tache bleue laissée sur la peau par un coup. → **bleu, hématome.** *Il avait le corps couvert d'ecchymoses.*

● Deux *c*, un *h* et un *y*.

ecclésiastique **n. m.** ✦ Membre du clergé. → **pasteur, prêtre.** *Le pape, les évêques, les pasteurs sont des ecclésiastiques.* ❑ contr. **laïc.**

● Attention aux deux *c*.

écervelé, écervelée **adj.** ✦ Étourdi, sans cervelle. *Julie est un peu écervelée.* — **N.** *C'est une écervelée.*

▷ Mot de la famille de CERVEAU.

échafaud **n. m.** ✦ Estrade où montaient le condamné à mort et le bourreau qui lui coupait la tête. *Le 21 janvier 1793, Louis XVI monta sur l'échafaud.* → aussi **guillotine.**

● Le *d* final ne se prononce pas.

échafauder **v.** (conjug. 1) ✦ *Échafauder un plan,* c'est l'imaginer, le combiner. → **élaborer.** *Théo a échafaudé un plan pour ne pas aller à l'école demain.*

➤ **échafaudage** **n. m.** ✦ Plateforme démontable que l'on installe pour construire ou réparer un bâtiment et que l'on enlève après. *Les ouvriers ont dressé un échafaudage pour ravaler la façade de l'immeuble.*

échafaudage

échalas [eʃalɑ] **n. m.** **1.** Pieu qui soutient une plante grimpante ou un cep de vigne. **2.** *Un grand échalas,* c'est une personne grande et maigre. → **escogriffe.** *Leur fils est un grand échalas d'un mètre quatre-vingt-dix.*

● On ne prononce pas le *s* à la fin.

échalote **n. f.** ✦ Plante dont on utilise le bulbe, cru ou cuit, dans les assaisonnements et les sauces. *Elle prépare une sauce à l'échalote.*

● *Échalote* s'écrit avec un seul *t*.

échalote

échancré, échancrée **adj.** ✦ Creusé en arrondi ou en pointe. *Elle porte une robe échancrée dans le dos.* → **décolleté.**

➤ **échancrure** **n. f.** ✦ Partie échancrée, ouverte. *L'échancrure d'un col.*

échanger **v.** (conjug. 3) **1.** *Échanger une chose contre une autre,* c'est donner une chose à quelqu'un et recevoir autre chose à la place.

Paul a échangé trois billes contre un calot. → **troquer.** 2. Donner et recevoir en retour. *Ils n'ont pas échangé un mot de la soirée.*

➤ **échange** **n. m.** ✦ Action de donner quelque chose et de recevoir autre chose à la place. *Alex et Louise ont fait un échange de CD.*

➤ **échangeur** **n. m.** ✦ Ensemble de routes qui se croisent à des niveaux différents. *Il est sorti de l'autoroute et a pris l'échangeur pour faire demi-tour.*

▷ Mots de la famille de CHANGER.

échantillon **n. m.** ✦ Petite quantité d'un produit qui permet au client de se faire une idée de la marchandise. *La vendeuse lui a donné des échantillons de parfum.*

échapper **v.** (conjug. 1) 1. *Échapper à quelqu'un,* c'est ne pas être attrapé, pris par lui. *Le fugitif a échappé à ses poursuivants.* 2. Ne pas être vu, remarqué ou compris. *C'est un détail qui m'avait échappé. Son prénom m'échappe,* je ne m'en souviens pas. *Rien ne lui échappe,* il remarque tout. 3. Glisser, tomber. *Le verre lui échappa des mains.* 4. Éviter quelque chose de désagréable. *Il a échappé de justesse à l'accident,* il a failli avoir un accident. — *Il l'a échappé belle,* il a évité de peu le danger.

➤ **s'échapper** **v.** 1. S'enfuir, se sauver. → aussi **s'évader.** *Un lion s'est échappé du zoo.* 2. Sortir. *La fumée s'échappe par la cheminée.*

▫ contr. **entrer.**

➤ **échappatoire** **n. f.** ✦ Moyen de se tirer d'embarras. *Il cherchait une échappatoire pour refuser cette invitation qui l'ennuyait.* → **faux-fuyant.**

● *Échappatoire* est un nom féminin.

➤ **échappée** **n. f.** ✦ Action menée par un concurrent qui prend de l'avance sur les autres. *Le cycliste a gagné l'étape après une échappée solitaire.*

➤ **échappement** **n. m.** ✦ Sortie des gaz du moteur. *Les gaz sortent par le pot d'échappement.*

● Ces mots s'écrivent avec deux *p.*

▷ Autre mot de la famille : RÉCHAPPER.

écharde **n. f.** ✦ Petit morceau de bois ou épine qui a pénétré sous la peau par accident. *Julie a une écharde sous le pied.*

écharpe **n. f.** 1. Longue bande de tissu ou de tricot que l'on porte autour du cou. → **cache-nez.** *Mets ton écharpe, il fait froid.* 2. Large bande de tissu qui sert d'insigne. *Le maire porte une écharpe tricolore.* 3. Bandage passé par-dessus une épaule pour soutenir le bras. *Paul a un bras en écharpe.*

écharper **v.** (conjug. 1) ✦ Massacrer, mettre en charpie. *Furieux, les spectateurs du match voulaient écharper l'arbitre.*

▷ Mot de la famille de CHARPIE.

échasses **n. f. pl.** ✦ Longs bâtons munis d'un support pour le pied, utilisés pour se déplacer dans les marécages. *Les bergers des Landes utilisaient des échasses.*

➤ **échassier** **n. m.** ✦ Oiseau des marais à longues pattes. *La cigogne, la bécasse sont des échassiers.*

échasses échassier

échauder **v.** (conjug. 1) ✦ *Se faire échauder,* c'est être victime d'une mésaventure et être très déçu. *J'ai été bien échaudé, je ne recommencerai pas.* — *Chat échaudé craint l'eau froide,* quand il vous est arrivé une mésaventure, vous devenez très prudent.

▷ Mot de la famille de CHAUD.

s'échauffer **v.** (conjug. 1) ✦ Exercer ses muscles avant de faire un effort. *Les danseurs s'échauffent au début de chaque répétition.*

➤ **échauffement** **n. m.** ✦ Action d'échauffer ses muscles. *Le cours de gymnastique commence par des exercices d'échauffement.*

▷ Mots de la famille de CHAUFFER.

échauffourée **n. f.** ✦ Bagarre de courte durée. *Il y a eu une échauffourée entre des voyous.* → aussi **escarmouche.**

● Ce mot prend deux *f.*

échauguette **n. f.** ✦ Petite tour à l'angle d'un château fort d'où l'on peut faire le guet.

échéance **n. f.** 1. Date à laquelle on doit payer quelque chose. *L'échéance de la facture est le 30.* 2. Temps que l'on a pour faire quelque chose. → **délai.** *Un projet à longue échéance,* qui doit se réaliser dans un avenir lointain. → ① **terme.** *À brève échéance,* bientôt, dans peu de temps.
▷ Mot de la famille de CHOIR.

le cas échéant **adv.** ✦ À l'occasion, éventuellement. *Vous pouvez lui téléphoner et, le cas échéant, aller le voir.*
▷ Mot de la famille de CAS et de CHOIR.

échec **n. m.** ✦ Le fait d'échouer, de ne pas réussir. ❏ contr. **réussite, succès, triomphe.** *Il a subi un échec au baccalauréat.*

échecs **n. m. pl.** ✦ Jeu qui se joue à deux, avec des pièces que l'on bouge sur un échiquier. *Alex et son grand-père font une partie d'échecs.*
▷ Autre mot de la famille : ÉCHIQUIER.

échelle **n. f.** 1. Objet formé de deux longues barres verticales, réunies par des barreaux transversaux qui servent de marches. *Il est monté sur une échelle pour aller sur le toit.* — *Faire la courte échelle à quelqu'un,* c'est lui offrir ses mains et ses épaules comme points d'appui pour qu'il puisse grimper. 2. *L'échelle d'un plan ou d'une carte,* c'est le rapport entre la dimension réelle et sa représentation sur le plan ou la carte. *Sur une carte à l'échelle de 1/100, 1 mètre est représenté par 1 centimètre.*
➤ **échelon** **n. m.** 1. Barreau d'une échelle. 2. Degré, niveau. *Il a gravi peu à peu tous les échelons et est devenu directeur de la société.*
● Un seul *l* dans *échelon.*
➤ **échelonner** **v.** (conjug. 1) ✦ Répartir régulièrement dans le temps. *Les paiements sont échelonnés sur deux ans.* → **étaler.**

écheveau **n. m.** (pl. **écheveaux**) ✦ Masse de fils repliés et réunis par un fil.

échevelé, échevelée **adj.** ✦ Qui a les cheveux en désordre, décoiffés. *Léa est complètement échevelée.*
▷ Mot de la famille de CHEVEU.

échevin **n. m.,** **échevine** **n. f.** ✦ Conseiller municipal.
● Ce mot est employé en Belgique.

échine **n. f.** 1. Colonne vertébrale, dos. 2. *L'échine de porc,* c'est la viande du dos du porc.
➤ **s'échiner** **v.** (conjug. 1) ✦ Se donner beaucoup de mal, beaucoup de peine. *Elle s'est échinée à les convaincre.* → se **fatiguer.**

échiquier **n. m.** ✦ Plateau divisé en 64 cases noires et blanches, sur lequel on joue aux échecs. → aussi **damier.** *Les deux joueurs disposent leurs pièces sur l'échiquier.*
▷ Mot de la famille de ÉCHECS.

écho [eko] **n. m.** 1. Répétition d'un son renvoyé par un obstacle. *En montagne, il y a souvent de l'écho.* 2. Ce qui est répété par quelqu'un. *Avez-vous des échos de ce qui s'est passé ?* → **information,** ① **nouvelle.**
➤ **échographie** [ekogʀafi] **n. f.** ✦ Méthode qui permet de voir sur un écran une partie du corps en utilisant des ondes sonores très faibles. *On fait des échographies aux femmes enceintes.*

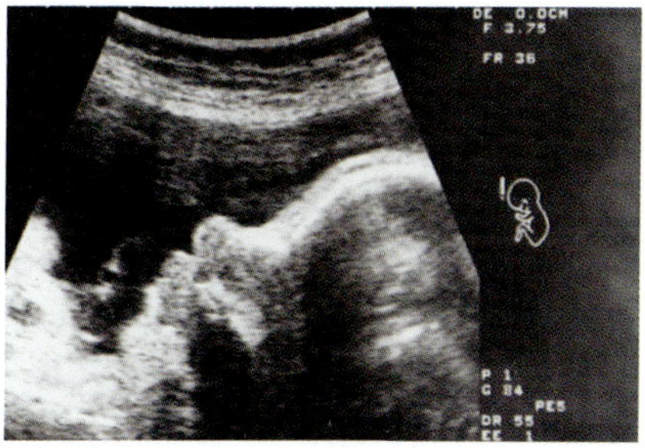
échographie

échoppe **n. f.** ✦ Petite boutique. *L'échoppe du cordonnier.*

échouer **v.** (conjug. 1) 1. Toucher le fond de l'eau par accident et ne plus pouvoir avancer. *Le bateau a échoué.* — On dit aussi *le bateau s'est échoué.* 2. Ne pas réussir. *Il a échoué à son examen. Tous ses projets ont échoué.* ❏ contr. **marcher, réussir.**

éclabousser **v.** (conjug. 1) ✦ Mouiller en projetant du liquide. → **arroser, asperger.** *La voiture a éclaboussé les passants en roulant dans une flaque d'eau.*
➤ **éclaboussure** **n. f.** ✦ Liquide que l'on projette quand on éclabousse. *Il était couvert d'éclaboussures.*

éclair

① **éclair** n. m. 1. Lumière très forte et très brève, qui forme une ligne en zigzag dans le ciel, pendant un orage. *Le ciel était sillonné d'éclairs.* 2. Lumière très vive qui dure très peu de temps. *L'éclair du flash d'un appareil photo. Un éclair de malice passa dans ses yeux.* → **lueur.** 3. *En un éclair,* très vite. *Nous avons tout organisé en un éclair.*
▷ Mot de la famille de CLAIR.

② **éclair** n. m. ✦ Petit gâteau allongé, fourré de crème au café ou au chocolat et glacé sur le dessus. *Des éclairs au chocolat.*

éclairage n. m. ✦ Manière d'éclairer, lumière. *L'éclairage de cette pièce est insuffisant.*
▷ Mot de la famille de CLAIR.

éclaircir v. (conjug. 2) 1. Rendre plus clair. *La peinture blanche éclaircit la pièce.* ❑ contr. **assombrir.** — **s'éclaircir,** devenir plus clair. *Le temps s'éclaircit. Ses cheveux se sont éclaircis avec le soleil.* ❑ contr. ① **foncer.** 2. Rendre claire une affaire embrouillée. → **débrouiller, élucider.** *L'inspecteur de police a éclairci cette mystérieuse affaire.* ❑ contr. **embrouiller, obscurcir.**
➤ **éclaircie** n. f. ✦ Moment où le ciel s'éclaircit et où la pluie cesse. *Profitons de cette éclaircie entre deux averses pour aller nous promener.*
➤ **éclaircissement** n. m. ✦ Explication, renseignement sur une chose obscure. *Comme il ne comprenait pas, il m'a demandé des éclaircissements.*
▷ Mots de la famille de CLAIR.

éclairer v. (conjug. 1) 1. Donner de la lumière. *Cette lampe éclaire très bien.* 2. Rendre plus clair, plus gai. *Un sourire a éclairé son visage.* → **illuminer.** 3. Aider quelqu'un à comprendre. *Éclairez-nous sur le sujet car nous n'y connaissons rien.*
➤ **s'éclairer** v. 1. Se procurer de la lumièer. *Autrefois, on s'éclairait à la bougie,* on utilisait la bougie pour se procurer de la lumière. 2. Prendre un air joyeux. *Son visage s'éclaira.* 3. Devenir clair, facile à comprendre. *Avec ses explications, tout s'est éclairé.*
▷ Mots de la famille de CLAIR.

éclaireur n. m., **éclaireuse** n. f. 1. n. m. Soldat que l'on envoie devant les autres pour reconnaître le terrain ou observer l'ennemi. 2. Enfant, adolescent, entre onze et seize ans, membre d'une association de scoutisme.

① **éclat** n. m. 1. Force, intensité d'une lumière ou d'une couleur. → **luminosité.** *Il faut mettre des lunettes noires pour se protéger de l'éclat du soleil.* 2. Splendeur. *Cette fête est célébrée chaque année avec beaucoup d'éclat.*
➤ **éclatant, éclatante** adj. 1. Qui brille avec éclat. *Une couleur éclatante.* → **vif.** ❑ contr. **terne.** 2. Remarquable. *Un succès éclatant.* → **triomphal.**

éclater v. (conjug. 1) 1. Se briser avec violence et avec bruit en s'ouvrant, en projetant des morceaux. → **exploser.** *Le pneu de la voiture a éclaté.* → **crever.** 2. Faire un bruit violent et brusque. *À la fin du spectacle, les applaudissements éclatèrent. Théo a éclaté de rire,* il s'est mis à rire brusquement. *Paul a éclaté en sanglots.* 3. Commencer brutalement. *La guerre vient d'éclater dans ce pays.* 4. Apparaître de façon claire. *La vérité a finalement éclaté.*
➤ ② **éclat** n. m. 1. Morceau d'un objet qui éclate, que l'on casse. *Julie s'est coupé le doigt avec un éclat de verre.* 2. Bruit violent et soudain. *On entend des éclats de rire,* le bruit que fait une personne qui rit. *Le bébé rit aux éclats.*
➤ **éclatement** n. m. ✦ Rupture brutale d'un objet, explosion. *L'éclatement du pneu aurait pu provoquer un accident.*

éclectique adj. ✦ Qui a des goûts variés. *Mes parents sont éclectiques en musique : ils ont des disques de musique classique, de rock et de jazz.*

éclipse n. f. ✦ *Une éclipse de Soleil,* c'est ce qui se produit lorsque le Soleil disparaît pendant quelques minutes, caché par la Lune.
➤ **éclipser** v. (conjug. 1) 1. *Éclipser quelqu'un,* c'est se montrer plus brillant que lui. → **sur-**

passer. *Dans ce film, ce jeune comédien éclipse tous les autres acteurs.* 2. **s'éclipser,** s'en aller discrètement. → s'**esquiver.** *Elle s'est éclipsée avant la fin de la réunion.*

éclopé, éclopée **adj.** ✦ Qui boite ou marche difficilement, à cause d'une blessure. *Il est revenu éclopé des sports d'hiver.*

éclore **v.** (conjug. 45) ✦ S'ouvrir. *L'œuf éclot et le poussin en sort. Les roses en bouton ont éclos.*

➤ **éclosion** **n. f.** ✦ Le fait de s'ouvrir. *Les oiseaux couvent leurs œufs jusqu'à l'éclosion. L'éclosion des bourgeons a lieu au printemps.*

▷ Mots de la famille de CLORE.

écluse **n. f.** ✦ Partie d'une rivière ou d'un canal limitée par deux portes, dans laquelle on fait changer la hauteur de l'eau, de sorte que les bateaux puissent passer d'un niveau à l'autre. *La péniche franchit l'écluse sur le canal.*

➤ **éclusier** **n. m.,** **éclusière** **n. f.** ✦ Personne qui est chargée de manœuvrer une écluse.

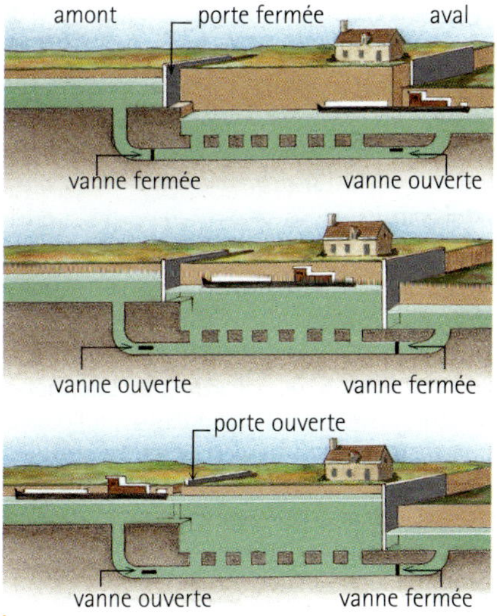

écluse

écœurer **v.** (conjug. 1) 1. Dégoûter au point de donner envie de vomir. *Cette crème m'écœure, elle est trop sucrée.* 2. Inspirer du mépris, de l'indignation. → **dégoûter, répugner.** *Toutes ces manigances l'écœuraient.*

➤ **écœurant, écœurante** **adj.** 1. Qui donne envie de vomir. *Cette mousse au chocolat est écœurante.* 2. Répugnant, révoltant. *C'est d'une injustice écœurante.*

➤ **écœurement** **n. m.** 1. État d'une personne écœurée. *Il a mangé jusqu'à l'écœurement.* → **nausée.** 2. Dégoût profond. → **répugnance.** *On ne peut éprouver que de l'écœurement devant une telle injustice !*

▷ Mots de la famille de CŒUR.

école **n. f.** 1. Endroit où est donné un enseignement à des groupes de personnes. *Théo est à l'école primaire, en CM2. Chaque matin, les enfants vont à l'école,* en classe. *Le père de Léa a suivi les cours d'une école d'ingénieurs.* 2. Ensemble des élèves et des enseignants d'une école. *Toute l'école a participé à la fête.*

➤ **écolier** **n. m.,** **écolière** **n. f.** ✦ Enfant qui va à l'école primaire. → **élève.** *Les écoliers apprennent à lire au cours préparatoire.*

▷ Autre mot de la famille : AUTO-ÉCOLE.

écologie **n. f.** ✦ Science qui étudie le milieu naturel, dans son rapport avec les êtres vivants.

➤ **écologique** **adj.** ✦ Qui concerne l'écologie. *La pollution est un problème écologique.*

➤ **écologiste** **n. m. et f.** ✦ Personne qui veut protéger la nature. *Les écologistes protègent les animaux en voie de disparition.*

économe **adj., n. m. et f.**

■ **adj.** Qui dépense peu d'argent. ❏ contr. **dépensier.** *Elle est très économe.*

■ **n. m. et f.** Personne dont le métier est de s'occuper de l'argent reçu et dépensé dans un couvent, un hôpital, un collège. → **intendant.**

➤ **économie** **n. f.** 1. Ce que l'on évite de dépenser. *L'avion permet une économie de temps.* → **gain.** ❏ contr. **perte.** — Au plur. Argent que l'on a économisé. *Il a mis ses économies à la Caisse d'épargne.* 2. *L'économie d'un pays,* c'est la façon dont sont organisés son agriculture, son industrie et son commerce. *L'économie de ce pays est en expansion.*

➤ **économique** **adj.** 1. Qui permet de moins dépenser, de faire des économies. *Le chauffage au gaz est économique.* → **avantageux.** ❏ contr. **coûteux.** 2. Qui concerne l'économie d'un pays. *Ce pays a des difficultés économiques.*

➤ **économiser** **v.** (conjug. 1) 1. Dépenser peu, ne pas trop consommer. ❏ contr. **gaspiller.** *Il* *faut apprendre à économiser l'énergie. Repose-toi, économise tes forces !* → ② **ménager.** 2. Mettre de l'argent de côté, ne pas le dépenser. *Il économise un peu chaque mois.* → **épargner.** ❑ contr. **dépenser.**

➤ **économiste** **n. m.** et **f.** ✦ Spécialiste de l'économie.

écoper **v.** (conjug. 1) ✦ Vider l'eau qui s'est introduite dans un bateau. *Il y a une fuite à bord, il va falloir écoper.*

écorce **n. f.** 1. Partie de l'arbre qui entoure le tronc et les branches et qui protège la sève. *L'écorce des bouleaux est blanche.* 2. Enveloppe dure de certains fruits. *L'écorce de l'orange.* → **peau.** 3. *L'écorce terrestre,* c'est la partie solide qui entoure la Terre. *L'écorce terrestre a une épaisseur d'environ 30 kilomètres.*

écorce

écorcher **v.** (conjug. 1) 1. Enlever la peau d'un animal mort. *On écorche un lapin avant de le faire cuire.* → **dépouiller.** 2. Déchirer légèrement la peau. *Les ronces lui ont écorché les bras.* → **égratigner, érafler.** *Julie s'est écorché le genou en tombant.* 3. *Écorcher un mot,* c'est le déformer en le prononçant mal. *Les enfants écorchent souvent les mots quand ils commencent à parler.*

➤ **écorchure** **n. f.** ✦ Déchirure légère de la peau. → **égratignure.** *Paul est tombé de vélo, il a des écorchures sur les genoux.*

écossais, écossaise **adj.** ✦ *Un tissu écossais* est tissé de fils de plusieurs couleurs qui se croisent en formant des rayures et des carreaux. *Une jupe écossaise,* en tissu écossais.

écosser **v.** (conjug. 1) ✦ Retirer des graines de leur cosse. *Les enfants écossent les petits pois.*

▷ Mot de la famille de COSSE.

écosystème **n. m.** ✦ Ensemble formé par un milieu naturel et les organismes qui y vivent. *La montagne est un écosystème.*

▷ Mot de la famille de SYSTÈME.

écouler **v.** (conjug. 1) ✦ Vendre complètement une marchandise. *L'épicier a écoulé tout son stock de lait.* ❑ contr. **stocker.**

➤ s'**écouler** **v.** 1. Couler hors d'un endroit. *La pluie s'écoule par la gouttière.* 2. Passer. *Dix ans se sont écoulés depuis leur dernière rencontre.*

➤ **écoulement** **n. m.** ✦ Le fait de sortir, de s'écouler. *Le tout-à-l'égout assure l'écoulement des eaux usées.* → **évacuation.**

▷ Mots de la famille de COULER.

écourter **v.** (conjug. 1) ✦ Rendre plus court en durée. → **abréger.** *Ils ont écourté leurs vacances de quelques jours.* ❑ contr. **allonger, prolonger.**

▷ Mot de la famille de ① COURT.

écouter **v.** (conjug. 1) 1. Faire attention à des bruits, des sons, des paroles. *Louise écoute de la musique. J'ai essayé d'écouter ce qu'ils disaient mais je n'entendais pas bien.* 2. *Écouter quelqu'un,* c'est suivre ses conseils, ses ordres. → **obéir.** *Si tu m'avais écouté, tu n'en serais pas là !*

➤ **écoute** **n. f.** ✦ *Être à l'écoute,* c'est écouter. *Restez à l'écoute de notre émission !* continuez à l'écouter ! *Ils sont à l'écoute de leurs enfants,* ils sont très attentifs à leurs enfants.

➤ **écouteur** **n. m.** ✦ Partie d'un téléphone ou d'un casque que l'on applique sur l'oreille pour écouter. *Les écouteurs d'un baladeur.*

écoutille **n. f.** ✦ Ouverture rectangulaire dans le pont d'un navire qui permet de descendre à l'intérieur.

écrabouiller **v.** (conjug. 1) ✦ Familier. Écraser complètement, mettre en bouillie. *Je vais écrabouiller ce moustique !*

écran **n. m.** 1. Ce qui cache ou qui protège. *Les arbres forment un écran contre le vent.* 2. Surface sur laquelle on projette un film ou des photos. *Au cinéma, Julie aime bien être* *assez loin de l'écran.* 3. Surface sur laquelle on voit l'image de la télévision ou de l'ordinateur. *Ce comédien est une vedette du petit écran,* de la télévision.

écraser v. (conjug. 1) 1. Aplatir et déformer en comprimant très fort. → **broyer** ; fam. **écrabouiller.** *Alex écrase des pommes de terre pour faire de la purée.* – **s'écraser,** s'aplatir et se déformer. *L'avion s'est écrasé au sol.* 2. Tuer en aplatissant. *Le chat s'est fait écraser par une voiture.* 3. Faire supporter un poids trop lourd. *Elle est écrasée de travail,* elle en a trop. → **accabler, surcharger.** 4. Vaincre. *Notre équipe a écrasé le camp adverse.*

➤ **écrasant, écrasante** adj. ✦ Très lourd. → **accablant.** *Des soucis écrasants.* → **lourd.** *Il fait une chaleur écrasante,* très forte.

➤ **écrasement** n. m. ✦ Destruction complète des forces d'un adversaire. → **anéantissement.** *Les soldats ont combattu jusqu'à l'écrasement de l'armée ennemie.*

écrémé, écrémée adj. ✦ *Du lait écrémé,* c'est du lait dont on a enlevé la crème, la matière grasse.

▷ Mot de la famille de CRÈME.

écrevisse n. f. ✦ Petit animal d'eau douce qui a cinq paires de pattes dont la première a de fortes pinces. *L'écrevisse est un crustacé.* – *Paul est devenu rouge comme une écrevisse,* tout rouge, comme l'écrevisse quand elle est cuite.

écrevisse

s'écrier v. (conjug. 7) ✦ Dire d'une voix forte. → **s'exclamer.** *« Tiens, le voilà ! » s'écria-t-il.*

▷ Mot de la famille de CRIER.

écrin n. m. ✦ Boîte dans laquelle on range des bijoux, des objets précieux. *Elle a rangé sa bague dans son écrin.*

écrire v. (conjug. 39) 1. Tracer des lettres, des signes d'écriture. *Les enfants apprennent à lire et à écrire au cours préparatoire. Théo écrit bien,* il a une jolie écriture. *Julie a écrit son nom sur son cahier.* → **inscrire.** 2. Faire une lettre. *Louise m'a écrit une carte postale.* 3. Faire un livre, une œuvre musicale. → **composer.** *Mozart a écrit de nombreux opéras.*

➤ **s'écrire** v. 1. Avoir telle orthographe. *Je ne sais pas comment s'écrit son nom. « Échalote » s'écrit avec un seul « t ».* 2. Échanger des lettres. *Léa et Théo s'écrivent très souvent.* → **correspondre.**

➤ **écrit** n. m. 1. Texte écrit. *Les écrits de Victor Hugo sont très nombreux. Pour obtenir ce papier, il faut faire une demande par écrit,* en écrivant. ❑ contr. **oralement.** 2. Épreuve écrite d'un examen. *Il a été meilleur à l'écrit qu'à l'oral.*

➤ **écriteau** n. m. (pl. **écriteaux**) ✦ Panneau qui porte une inscription. → **pancarte.** *Sur l'écriteau, on pouvait lire : « Propriété privée, défense d'entrer ».*

➤ **écriture** n. f. 1. Ensemble de signes que l'on utilise pour noter le langage parlé. *Champollion a déchiffré l'écriture des anciens Égyptiens.* 2. Manière qu'une personne a de former les lettres. *Je n'arrive pas à déchiffrer ton écriture.*

➤ **écrivain** n. m. ✦ Personne qui écrit des livres. → **auteur.** *La comtesse de Ségur est un écrivain du 19e siècle.*

● On dit parfois au féminin *une écrivaine.*

▷ Autre mot de la famille : RÉÉCRIRE.

écrou n. m. (pl. **écrous**) ✦ Pièce percée d'un trou, qui maintient une vis ou un boulon. *Alex serre les écrous des freins de son vélo.*

➤ **écrouer** v. (conjug. 1) ✦ Emprisonner, incarcérer. *Le malfaiteur a été écroué.* ❑ contr. **libérer, relâcher.**

s'écrouler v. (conjug. 1) ✦ Tomber tout d'un coup de tout son poids. → **s'affaisser, s'effondrer.** *Plusieurs maisons se sont écroulées pendant le tremblement de terre.*

➤ **écroulement** n. m. ✦ Effondrement, destruction. *L'explosion a provoqué l'écroulement du pont.*

▷ Mot de la famille de CROULER.

écru, écrue adj. 1. Qui n'a pas été blanchi, préparé, et garde une teinte naturelle. *Un pull de laine écrue.* 2. Beige très clair, comme la laine écrue. *Théo a mis son pull écru.*

écu n. m. 1. Ancienne monnaie française. *Des écus d'or.* 2. Bouclier du Moyen Âge.

écu

écueil [ekœj] n. m. 1. Rocher à ras de l'eau. → **récif.** *La carte signale les écueils le long de la côte.* 2. Difficulté, obstacle. *Attention, cette dictée est pleine d'écueils.* → **piège.**

écuelle n. f. ✦ Petite assiette creuse, sans rebord. *Le chat mange sa pâtée dans une écuelle.*

éculé, éculée adj. 1. Dont le talon est usé. *Il avait des chaussures éculées.* 2. Trop connu parce que répété de nombreuses fois. *Nous en avons assez de tes plaisanteries éculées.*

écume n. f. ✦ Mousse blanchâtre qui se forme à la surface des vagues ou sur les liquides en train de cuire ou de fermenter. *Les vagues se brisent et l'écume bouillonne.*

➤ **écumer** v. (conjug. 1) 1. Enlever l'écume qui s'est formée à la surface d'un liquide. *Elle écume la confiture.* 2. *Écumer de rage,* c'est être au comble de la fureur.

➤ **écumoire** n. f. ✦ Instrument formé d'un manche et d'une partie plate, arrondie et percée de trous, qui sert à écumer le bouillon, la confiture.

écureuil n. m. ✦ Petit animal au pelage roux, à longue queue touffue, très agile, qui vit dans les arbres. *L'écureuil est un rongeur qui se nourrit de glands et de noisettes.*

écurie n. f. 1. Bâtiment où on loge les chevaux. → aussi **box.** *Les chevaux rentrent à l'écurie.* 2. *Une écurie de course,* c'est l'ensemble des chevaux appartenant à un même propriétaire, et aussi l'ensemble des voitures de course d'une même marque ou des cyclistes d'une même équipe.

écusson n. m. ✦ Insigne en tissu cousu sur un vêtement et montrant l'appartenance à un groupe. *Les militaires portent des écussons sur leur uniforme.*

écuyer n. m., **écuyère** n. f. 1. n. m. Au Moyen Âge, gentilhomme qui était au service d'un chevalier. 2. Personne qui, dans un cirque, fait un numéro d'acrobatie à cheval. *L'écuyère était debout sur le dos de son cheval.*

écuyère (*Le Cirque*, Seurat)

eczéma [ɛgzema] n. m. ✦ Maladie caractérisée par des plaques rouges sur la peau. *Théo a parfois de l'eczéma.*

edelweiss [edɛlvajs] ou [edɛlvɛs] n. m. ✦ Fleur blanche en forme d'étoile couverte de duvet, qui pousse en haute montagne. — Au pl. *Des edelweiss.*

● Ce mot vient de l'allemand.

éden [edɛn] n. m. ✦ Lieu très agréable. → **paradis.** *Ce square est un éden de verdure.*

● Ce mot est littéraire.

édenté, édentée adj. ✦ Qui a perdu ses dents. *Une mâchoire édentée. Un peigne édenté.*

▷ Mot de la famille de DENT.

édifiant, édifiante adj. ✦ *Une histoire édifiante,* c'est une histoire très morale, qui montre l'exemple à suivre.

▷ Mot de la famille de ② ÉDIFIER.

① **édifier** v. (conjug. 7) ✦ Bâtir un édifice, un monument. → **construire, élever.** *Cette cathédrale a été édifiée au 13e siècle.*

➤ **édification** n. f. ✦ Construction. *L'édification de ce château a duré plusieurs dizaines d'années.*

➤ **édifice** n. m. ✦ Grand bâtiment. *Cet édifice contient un musée et une bibliothèque.*

② **édifier** v. (conjug. 7) ✦ Donner un bon exemple. ❑ contr. **scandaliser.** *La comtesse de Ségur a écrit ses romans pour édifier ses jeunes lecteurs.*

▷ Autre mot de la famille : ÉDIFIANT.

édit n. m. ✦ Autrefois, loi promulguée par le roi de France. *L'édit de Nantes fut promulgué en 1598 par Henri IV et mit fin aux guerres de Religion.*

▷ Mot de la famille de DIRE.

edelweiss

éditer v. (conjug. 1) ✦ *Éditer un livre,* c'est le fabriquer, l'imprimer et le mettre en vente. → **publier.**

➤ **éditeur** n. m., **éditrice** n. f. ✦ Personne ou société qui édite des livres. *Un éditeur d'ouvrages scolaires.*

➤ **édition** n. f. **1.** *Une maison d'édition,* c'est une entreprise qui édite, publie des livres. **2.** Série d'exemplaires d'un livre édités en une fois. *Il y a eu plusieurs éditions des « Misérables ».* **3.** Ensemble des exemplaires d'un journal imprimés en une seule fois. *Un événement très important peut donner lieu à une édition spéciale.*

▷ Autres mots de la famille : INÉDIT, RÉÉDITER, RÉÉDITION.

éditorial n. m. (pl. **éditoriaux**) ✦ Article dans lequel la direction d'un journal donne son avis sur un événement important. *Dans un quotidien, l'éditorial est généralement en première page.*

➤ **éditorialiste** n. m. et f. ✦ Personne qui écrit l'éditorial d'un journal, d'une revue.

édredon n. m. ✦ Grande enveloppe garnie de duvet qui se met sur un lit. → aussi ① **couette.** *L'hiver, Louise dort bien au chaud sous son gros édredon.*

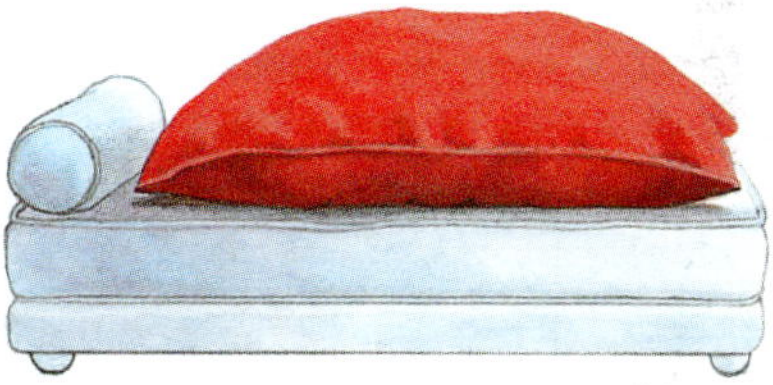

édredon

éduquer v. (conjug. 1) ✦ *Éduquer un enfant,* c'est l'élever en cherchant à développer toutes ses qualités. *Ils éduquent très bien leurs enfants.*

➤ **éducateur** n. m., **éducatrice** n. f. ✦ Personne chargée de s'occuper de l'éducation et de l'instruction des enfants. *Les enseignants sont des éducateurs.*

➤ **éducatif, éducative** adj. ✦ Qui développe l'intelligence et l'habileté. *Les jeux éducatifs instruisent et amusent en même temps.*

➤ **éducation** n. f. **1.** Formation, instruction. *Les parents s'occupent de l'éducation de leurs enfants. Les élèves suivent des cours d'éducation physique et sportive,* de gymnastique. **2.** *Avoir de l'éducation,* c'est être bien élevé. → **savoir-vivre.** *C'est un homme grossier, qui n'a aucune éducation,* qui est mal élevé.

▷ Autres mots de la famille : RÉÉDUCATION, RÉÉDUQUER.

édulcorer v. (conjug. 1) **1.** Adoucir en ajoutant du sucre ou du sirop. *Je mets du miel dans* *ma tisane pour l'édulcorer.* **2.** Atténuer en enlevant ce qui peut choquer. *Il nous a raconté leur dispute en l'édulcorant.*

➤ **édulcorant** **n. m.** ✦ Produit sans sucre qui donne un goût sucré. *Il met de l'édulcorant dans son café.*

effacer **v.** (conjug. 3) **1.** Faire disparaître ce qui est écrit. *Louise efface le tableau avec un chiffon. Théo efface son dessin avec une gomme.* **2.** Faire oublier. *Le temps efface les mauvais souvenirs.*

➤ **s'effacer** **v. 1.** Disparaître. *Les traces de pas se sont effacées.* **2.** Se mettre de côté pour ne pas gêner. *Il s'est effacé pour la laisser passer,* il s'est mis de côté.

➤ **effacé, effacée** **adj.** ✦ Qui se tient à l'écart, évite de se mettre en avant. *C'est une femme effacée.* → **discret.**

➤ **effacement** **n. m.** ✦ Discrétion. *Elle a vécu dans l'effacement.*

effarer **v.** (conjug. 1) ✦ Troubler en faisant peur. → **affoler, effrayer.** *Cette violente réaction nous a effarés.* ❑ contr. **rassurer.**

➤ **effaré, effarée** **adj.** ✦ Effrayé, affolé. *Il avait un air effaré.*

➤ **effarant, effarante** **adj.** ✦ Qui étonne en indignant ou en faisant peur. *La moto roulait à une vitesse effarante.* → **effrayant.**

➤ **effarement** **n. m.** ✦ Frayeur, stupeur. *Il la regarda avec effarement.*

effaroucher **v.** (conjug. 1) ✦ Faire peur, effrayer. *Le bruit a effarouché les oiseaux, qui se sont envolés.*

▷ Mot de la famille de FAROUCHE.

① **effectif** **n. m.** ✦ Nombre de personnes qui forment un groupe. *L'effectif de cette classe est de 25 élèves.*

② **effectif, effective** **adj.** ✦ Qui produit un effet, un résultat. *Il nous a apporté une aide effective.*

➤ **effectivement** **adv.** ✦ En effet. *Effectivement, tu avais raison.*

effectuer **v.** (conjug. 1) ✦ Faire, exécuter. *Théo a des divisions et des multiplications à effectuer pour demain.*

efféminé, efféminée **adj.** ✦ *Un homme efféminé,* c'est un homme qui a quelque chose de féminin dans les manières. ❑ contr. **mâle, viril.**

effervescence **n. f. 1.** Bouillonnement d'un liquide produit par un dégagement de gaz qui forme des bulles. *La chaux vive entre en effervescence au contact de l'eau.* **2.** Agitation. *À l'approche de la fête, toute la ville est en effervescence.*

➤ **effervescent, effervescente** **adj.** ✦ Qui se dissout dans l'eau en faisant des bulles. *Il a pris un comprimé effervescent de vitamine C.*

effet **n. m. 1.** Ce qui est produit par une cause. → **résultat.** *L'effet de ce médicament est rapide.* **2.** *Sous l'effet de la colère,* sous l'action de la colère. → **empire. 3.** Impression. *Cette tenue débraillée fait très mauvais effet.* **4.** *En effet* sert à introduire une explication. *Elle va nager tous les mardis soir, en effet la piscine ne ferme qu'à 22 heures ce jour-là.* → ① **car, effectivement.**

effeuiller **v.** (conjug. 1) ✦ Enlever les feuilles d'un arbre ou les pétales d'une fleur. *Le vent effeuille les arbres. Paul effeuille une marguerite.*

▷ Mot de la famille de FEUILLE.

efficace **adj. 1.** Qui produit l'effet qu'on attend. *Ce sirop est efficace contre la toux.* → **actif. 2.** Qui fait ce qu'il faut quand il le faut. *C'est un collaborateur efficace.*

➤ **efficacement** **adv.** ✦ D'une manière efficace. *Théo aide efficacement sa mère.*

➤ **efficacité** **n. f.** ✦ Caractère d'une chose, d'une personne efficace. *Ce traitement a une grande efficacité.*

▷ Autres mots de la famille : INEFFICACE, INEFFICACITÉ.

effigie **n. f.** ✦ Portrait d'une personne sur une médaille, une pièce de monnaie. *On lui a donné une ancienne pièce de monnaie à l'effigie de Napoléon.*

effigie

effilé, effilée adj. ✦ Mince et allongé. *Elle a des doigts effilés.*
▷ Mot de la famille de FIL.

s'effilocher v. (conjug. 1) ✦ Se défaire fil à fil. *Ce tissu s'effiloche. Ce vieux torchon est tout effiloché par l'usure.*
▷ Mot de la famille de FIL.

efflanqué, efflanquée adj. ✦ Qui est très maigre, dont les flancs sont creux. *Un chien efflanqué.*
▷ Mot de la famille de FLANC.

effleurer v. (conjug. 1) 1. Toucher légèrement. → **frôler.** *Il effleura sa joue d'un baiser.* 2. Venir à l'esprit. *Cette idée ne m'a pas effleuré.*
▷ Mot de la famille de ② FLEUR.

effluve n. m. ✦ Odeur qui se dégage. → **parfum.** *On sent les effluves parfumés des roses.*
● *Effluve* est un nom masculin.

s'effondrer v. (conjug. 1) 1. S'écrouler. → **s'affaisser.** *Le pont s'est effondré.* 2. Ne plus tenir, ne plus résister. *Elle s'effondra en larmes dans ses bras. Le suspect s'est effondré et a avoué son crime.* → fam. **craquer.**
➤ **effondré, effondrée** adj. ✦ Très abattu. *Elle paraissait totalement effondrée.*
➤ **effondrement** n. m. ✦ Écroulement. *L'effondrement de l'immeuble a fait plusieurs victimes.*

s'efforcer v. (conjug. 3) ✦ *S'efforcer de faire quelque chose,* c'est faire tout ce qu'on peut pour y arriver. *Léa s'est efforcée de sourire à travers ses larmes.* → **essayer, tâcher.**
➤ **effort** n. m. ✦ Mal que l'on se donne pour faire quelque chose. → ② **peine.** *Paul a fait beaucoup d'efforts pour gagner la course. Encore un petit effort !*
▷ Mots de la famille de FORCE.

effraction n. f. ✦ *Entrer quelque part par effraction,* c'est y entrer en cassant la porte, la fenêtre ou la serrure. *Les cambrioleurs ont pénétré dans la maison par effraction.*

effraie n. f. ✦ Chouette au plumage roux et gris clair. *L'effraie se nourrit de petits rongeurs et d'insectes.*

effrayer v. (conjug. 8) ✦ Faire peur. *Le bruit strident a effrayé le chat, qui s'est sauvé.* → **effarer, terrifier, terroriser.**
➤ **effrayé, effrayée** adj. ✦ *Un air effrayé,* qui montre une grande peur.
➤ **effrayant, effrayante** adj. ✦ Qui fait peur. → **effroyable, terrible.** *Alex a fait des cauchemars effrayants cette nuit. Quelle histoire effrayante !* → **effarant.**

effréné, effrénée adj. ✦ Sans frein, très rapide. *Alex et Louise font une course effrénée.*

s'effriter v. (conjug. 1) ✦ Tomber en petits morceaux, en poussière. *La paroi de rocher s'effritait dangereusement sous les pieds de l'alpiniste.* → se **désagréger.**
➤ **effritement** n. m. ✦ Le fait de s'effriter. *L'effritement d'un mur.*

effroi n. m. ✦ Grande peur. → **épouvante, frayeur, terreur** et aussi **effroyable.** *Ses yeux étaient remplis d'effroi.*
▷ Autres mots de la famille : EFFROYABLE, EFFROYABLEMENT.

effronté, effrontée adj. ✦ Très insolent. *Julie est quelquefois très effrontée.* ❑ contr. **réservé, respectueux.**
➤ **effrontément** adv. ✦ D'une manière effrontée, avec insolence. *Il ment effrontément.*
➤ **effronterie** n. f. ✦ Grande insolence. *Julie nous a regardés avec effronterie et nous a tiré la langue.*

effroyable adj. ✦ Très effrayant. → **terrifiant.** *On entendit soudain un vacarme effroyable.* → **épouvantable.**
➤ **effroyablement** adv. ✦ Excessivement, terriblement. → **épouvantablement.** *Ce chat est effroyablement maigre.* ✦ → **horriblement.**

effusion n. f. 1. Manifestation sincère et exubérante d'un sentiment. *Il nous a remerciés avec effusion.* ❑ contr. **froideur.** 2. *Sans effusion de sang,* sans que le sang ne coule. *La bagarre s'est terminée sans effusion de sang,* sans qu'il y ait de blessés ou de morts.

effraie

égal, égale adj. 1. *Des choses égales,* ce sont des choses de même dimension. *Il faut couper la tarte en huit parts égales.* → **équivalent, identique, semblable.** ❑ contr. **inégal.** 2. Qui a les mêmes droits et les mêmes devoirs. *Tous les hommes sont égaux.* 3. Qui est toujours le même, qui ne change pas. → **constant, régulier.** *Théo est d'un caractère égal. Elle est toujours égale à elle-même,* elle ne change pas. 4. *Cela m'est égal,* cela m'est indifférent.

➤ **également** adv. 1. D'une manière égale. *La distribution de jouets a été faite également entre tous les enfants.* ❑ contr. **inégalement.** 2. De même, aussi. *Louise passera voir Julie, et Léa également.*

➤ **égaler** v. (conjug. 1) 1. Être égal par la quantité ou la valeur. *Deux plus deux égalent quatre (2 + 2 = 4).* → **faire.** — On écrit aussi *deux plus deux égale quatre.* 2. Atteindre le même niveau. *Le champion a égalé le record du monde,* il a fait aussi bien que le record du monde.

➤ **égaliser** v. (conjug. 1) 1. Rendre égal. *Le coiffeur égalise les cheveux de Julie,* il les coupe à la même longueur. 2. Obtenir le même nombre de points que l'adversaire. *Les deux équipes ont égalisé 1 à 1.*

➤ **égalisation** n. f. ✦ Le fait d'égaliser. *Ce but a permis l'égalisation,* il a permis d'obtenir le même nombre de points dans chaque équipe.

➤ **égalité** n. f. 1. Qualité de ce qui est égal. *À la mi-temps, les deux équipes étaient à égalité,* elles avaient le même nombre de points. → **ex-æquo.** 2. Le fait d'avoir les mêmes droits, d'être égaux devant la loi. *Il y a égalité entre tous les hommes,* tous les hommes sont égaux. *« Liberté, Égalité, Fraternité » est la devise de la République française.* ❑ contr. **inégalité.**

➤ **égalitaire** adj. ✦ Qui est fait pour établir l'égalité entre tous. *Une loi égalitaire a été votée.*

▷ Autres mots de la famille : INÉGAL, INÉGALABLE, INÉGALEMENT, INÉGALITÉ.

égard n. m. 1. *À l'égard de quelqu'un,* envers lui, vis-à-vis de lui. *Léa est toujours très gentille à l'égard de ses petits frères. Son indifférence à mon égard me fait de la peine.* 2. Marque de respect. *Le roi a été reçu à l'étranger avec les plus grands égards.*

égarer v. (conjug. 1) 1. Ne plus savoir où l'on a mis quelque chose, ne plus retrouver quelque chose. → **perdre.** *Léa a égaré ses lunettes.* 2. **s'égarer,** c'est se perdre. *Les enfants s'étaient égarés dans la forêt.*

➤ **égarement** n. m. ✦ *Un moment d'égarement,* c'est un moment où l'on ne sait plus ce que l'on fait. *Dans un moment d'égarement, il a menacé de la tuer.* → **folie.**

égayer [egeje] v. (conjug. 8) ✦ Rendre gai. *Les plaisanteries d'Alex ont égayé ses amis.*

▷ Mot de la famille de GAI.

églantine n. f. ✦ Rose sauvage, d'un blanc rosé, qui fleurit de mai à juillet. *L'églantine fleurit dans les haies et les buissons.*

églantine

églefin n. m. ✦ Poisson de mer qui ressemble à la morue et porte une tache noire sur le flanc. *Le haddock est de l'églefin fumé.*

● On peut écrire ce mot *aiglefin.*

église n. f. 1. *L'Église,* c'est l'ensemble des chrétiens. *Le pape est le chef de l'Église catholique.* 2. Bâtiment où les fidèles des religions catholique et orthodoxe se rassemblent pour prier. → **basilique, cathédrale, chapelle.** *Les cloches de l'église sonnent pour annoncer la messe.*

égoïsme n. m. ✦ Trop grand attachement qu'une personne a pour elle-même, qui lui fait chercher son seul plaisir ou son seul intérêt et ne jamais s'occuper des autres. ❑ contr. **générosité.** *Son frère est d'un égoïsme monstreux.*

➤ **égoïste** adj. ✦ Qui montre de l'égoïsme. *Julie est un peu égoïste et n'aime pas beaucoup partager.* ❑ contr. **altruiste, généreux.** — N. *C'est une égoïste.*

➤ **égoïstement** adv. ✦ D'une manière égoïste, avec égoïsme. *Égoïstement, il a tout gardé pour lui.*

● Attention au tréma sur le *ï.*

égorger v. (conjug. 3) ✦ Tuer en coupant la gorge. *Les prêtres romains égorgeaient les animaux qu'ils sacrifiaient à leurs dieux.*
▷ Mot de la famille de GORGE.

s'égosiller v. (conjug. 1) ✦ Se fatiguer la gorge à force de crier. *Les spectateurs du match s'égosillaient pour encourager les joueurs.*

égout n. m. ✦ Canalisation sous la terre qui sert à évacuer les eaux sales. *L'eau du caniveau se déverse dans l'égout.*
➤ **égoutier** n. m. ✦ Personne qui travaille à l'entretien des égouts. *Les égoutiers portent de grandes bottes.*

égoutter v. (conjug. 1) ✦ Débarrasser une chose du liquide qu'elle contient, en le laissant couler goutte à goutte. *Elle égoutte les pâtes dans la passoire.* — **s'égoutter,** perdre son eau, goutte à goutte. *Le linge s'égoutte sur le séchoir, au-dessus de la baignoire.*
➤ **égouttoir** n. m. ✦ Instrument dans lequel on fait égoutter la vaisselle.
▷ Mots de la famille de GOUTTE.

égratigner v. (conjug. 1) ✦ Écorcher en déchirant la peau très légèrement. → **érafler.** *Les ronces lui ont égratigné les jambes.* — **s'égratigner,** s'écorcher. *Elle s'est égratignée dans les buissons.*
➤ **égratignure** n. f. ✦ Petite déchirure de la peau, très légère. *Les jambes de Julie sont couvertes d'égratignures.* → **écorchure, éraflure.**

église (*L'Église d'Auvers*, Van Gogh, 1890)

égrener v. (conjug. 5) **1.** Détacher les grains d'un épi, d'une cosse ou d'une grappe. *Elle égrène des groseilles.* **2.** *Égrener son chapelet,* c'est faire passer chaque grain du chapelet entre ses doigts en changeant de grain à chaque prière.

eh ! interj. ✦ Mot qui sert à appeler, à attirer l'attention. → **hé !** *Eh ! toi là-bas ! viens ici !*

éhonté, éhontée adj. ✦ Qui n'a pas honte de ce qu'il fait de mal. *C'est un menteur éhonté.*
▷ Mot de la famille de HONTE.

éjecter v. (conjug. 1) ✦ Projeter au-dehors avec violence. *Le conducteur a été éjecté de sa voiture au moment du choc.*
➤ **éjectable** adj. ✦ *Un siège éjectable,* c'est un siège qui peut être projeté hors de l'avion, avec son occupant, en cas d'accident.

élaborer v. (conjug. 1) ✦ Mettre au point, préparer avec soin. → **combiner.** *Les prisonniers ont élaboré un plan d'évasion.* → **échafauder.**
➤ **élaboration** n. f. ✦ Travail de l'esprit qui prépare quelque chose. *L'élaboration de son projet a été rapide.* → **préparation.**

élaguer v. (conjug. 1) **1.** *Élaguer un arbre,* c'est lui couper des branches. → **émonder, tailler.** *Les jardiniers ont élagué les marronniers de l'avenue.* **2.** *Élaguer un texte,* c'est lui enlever ce qu'il a de trop long. → **raccourcir.**

élan

① **élan** n. m. ✦ Grand cerf des pays du Nord, qui a une grosse tête et des bois aplatis.

s'élancer v. (conjug. 3) ✦ Se lancer en avant avec force. → se **précipiter.** *La panthère s'est élancée sur sa proie.*
➤ ② **élan** n. m. **1.** Mouvement rapide vers l'avant. *Paul a pris son élan et a sauté.*

2. Mouvement vif et soudain, provoqué par un sentiment très fort. *Dans un élan de générosité, Alex a donné toutes ses billes à son frère.* → **impulsion.**

➤ **élancé, élancée** adj. ✦ Grand, mince et souple. → **svelte.** *Elle a une silhouette élancée.* ❑ contr. ① **massif, trapu.**

▷ Mots de la famille de LANCE.

élancer v. (conjug. 3) ✦ Causer des douleurs brusques et fortes. *Sa blessure l'élançait.*

élargir v. (conjug. 2) ✦ Rendre plus large. *Les ouvriers élargissent la route.* — **s'élargir,** devenir plus large. *Ce pull s'est élargi au lavage.* ❑ contr. **rétrécir.**

➤ **élargissement** n. m. ✦ Action d'élargir. *Les travaux d'élargissement de la chaussée ont commencé.*

▷ Mots de la famille de LARGE.

élasticité n. f. ✦ Souplesse de certaines matières qui peuvent se déformer et reprendre leur forme. *L'élasticité du caoutchouc.* ❑ contr. **rigidité.**

▷ Mot de la famille de ÉLASTIQUE.

élastique adj. et n. m.

■ **adj.** Qui peut se déformer et reprendre sa forme. → **extensible.** *Julie a une ceinture élastique à sa jupe.*

■ **n. m.** Ruban de caoutchouc. *Il a roulé l'affiche et mis un élastique autour.*

▷ Autre mot de la famille : ÉLASTICITÉ.

électeur n. m., **électrice** n. f. ✦ Personne qui a le droit de vote dans une élection. *Les électeurs ont mis leur bulletin de vote dans l'urne.* → **votant.**

élection n. f. ✦ Vote qui a pour résultat d'élire une ou plusieurs personnes. *Il s'est présenté aux élections municipales et a été élu.*

▷ Autre mot de la famille : RÉÉLECTION.

élection

électoral, électorale adj. ✦ Qui concerne une élection. *Les électeurs sont inscrits sur une liste électorale.* — Au masc. pl. *électoraux.*

électorat n. m. ✦ Ensemble des électeurs. *La majorité de l'électorat de gauche a voté non au référendum.*

électricien n. m., **électricienne** n. f. ✦ Personne qui installe ou répare le matériel et les installations électriques. *L'électricien a refait l'installation électrique de la maison.*

▷ Mot de la famille de ÉLECTRIQUE.

électricité n. f. ✦ Forme d'énergie qui permet de s'éclairer, de se chauffer, de faire fonctionner des moteurs et que l'on utilise dans l'industrie et dans les habitations. *Cette cuisinière marche au gaz et à l'électricité.*

▷ Mot de la famille de ÉLECTRIQUE.

électrifier v. (conjug. 7) ✦ Faire fonctionner à l'électricité. *Les lignes de chemin de fer sont électrifiées.*

électrique adj. 1. Qui est produit par l'électricité. *Le courant électrique.* 2. Qui fonctionne à l'électricité. *Un rasoir électrique. Une voiture électrique.*

▷ Autres mots de la famille : ÉLECTRICITÉ, ÉLECTRICIEN, HYDROÉLECTRIQUE.

électriser v. (conjug. 1) ✦ Produire une impression forte sur quelqu'un, éveiller son enthousiasme. *L'orateur a électrisé la foule.* → **enflammer, galvaniser.**

s'électrocuter v. (conjug. 1) ✦ Être tué par une décharge électrique. *Il s'est électrocuté en touchant le câble électrique.*

➤ **électrocution** n. f. ✦ Le fait de s'électrocuter. *Il est mort par électrocution.*

électroménager adj. m. ✦ *Les appareils électroménagers,* ce sont les appareils qui marchent à l'électricité et dont on se sert dans la maison. *L'aspirateur, le réfrigérateur, le fer à repasser sont des appareils électroménagers.*

▷ Mot de la famille de MÉNAGE.

électron n. m. ✦ Partie de l'atome chargée d'électricité. *Les électrons tournent autour du noyau.*

➤ **électronique** adj. et n. f.

■ **adj.** Qui fonctionne grâce à certaines propriétés des électrons. *Les ordinateurs sont des appareils électroniques.*

■ **n. f.** *L'électronique,* c'est une science qui fait partie de la physique et qui étudie les électrons. *Un ingénieur en électronique.*

➤ **électronicien** n. m., **électronicienne** n. f. ✦ Spécialiste de l'électronique.

électrophone n. m. ✦ Appareil électrique qui permet d'écouter des disques. → **tourne-disque,** et aussi **chaîne,** ① **platine.**

élégant, élégante adj. 1. De bon goût. *Une robe élégante.* → **chic.** *Une femme élégante,* qui s'habille bien, avec goût. 2. Qui montre de la délicatesse. *C'est la solution la plus élégante.* ❑ contr. **grossier.**

➤ **élégamment** adv. ✦ Avec élégance. *Il était très élégamment habillé.*

➤ **élégance** n. f. 1. Bon goût pour s'habiller. *Elle est toujours d'une grande élégance.* 2. Délicatesse. *Sa façon d'agir manque d'élégance.* ❑ contr. **grossièreté.**

élément n. m. 1. Chacune des choses qui forment un tout, un ensemble. *La bibliothèque est vendue par éléments.* 2. *Les éléments d'une science,* ce sont les premières choses à savoir, les bases de cette science. → **notion, principe, rudiment.** *Il connaît quelques éléments d'informatique.* 3. *Les éléments,* ce sont les forces qui agitent la terre, la mer, le ciel. *Au milieu de la tempête, le bateau luttait contre les éléments déchaînés.* 4. Milieu dans lequel on se sent à l'aise. *À la ferme, mon grand-père est dans son élément.*

➤ **élémentaire** adj. 1. Très simple, très facile. *Ce livre donne quelques notions élémentaires de mécanique.* → **rudimentaire.** 2. *Le cours élémentaire,* c'est la classe qui vient après le cours préparatoire et avant le cours moyen. *L'école élémentaire.* → **primaire.**

éléphant n. m. 1. Très grand animal d'Afrique et d'Asie, qui a une peau rugueuse, de grandes oreilles plates, un nez allongé en trompe et de très longues incisives supérieures, les défenses. *L'éléphant est un herbivore.* ➸ planche Mammifères p. 621. 2. *Éléphant de mer,* très gros phoque qui a un nez allongé en forme de trompe.

élevage n. m. ✦ Activité qui consiste à s'occuper d'animaux, à les nourrir, les soigner et les faire se développer. → aussi **élever.** *Ces fermiers font l'élevage des oies et des canards. Le Charolais est une région d'élevage,* une région où on élève du bétail.

▷ Mot de la famille de ① LEVER.

élévateur n. m. ✦ Appareil qui sert à soulever et à monter des choses lourdes. *Les grues sont des élévateurs.* — **Adj.** *Un chariot élévateur.*

▷ Mot de la famille de ① LEVER.

chariot **élévateur**

élévation n. f. ✦ Augmentation, hausse. *Il y a eu une forte élévation de la température.* ❑ contr. **baisse, diminution.**

▷ Mot de la famille de ① LEVER.

élève n. m. et f. ✦ Jeune personne qui reçoit l'enseignement d'un établissement scolaire. → aussi **collégien, écolier, lycéen,** et aussi **étudiant.** *La classe compte 24 élèves. Léa est une bonne élève,* elle travaille bien à l'école.

élever v. (conjug. 5) 1. Construire en hauteur. → **dresser.** *On a élevé un grand mur autour de la propriété.* → **édifier.** *Une statue a été élevée à sa mémoire.* → **ériger.** 2. S'occuper d'un enfant jusqu'à ce qu'il devienne adulte. *Il a été élevé par ses grands-parents.* → **éduquer.** 3. Nourrir et soigner des animaux. *Le fermier élève des vaches, des porcs et des poules.* → aussi **élevage.**

➤ **s'élever** v. 1. Monter. *L'avion s'élève dans le ciel. La température s'est élevée de 5 degrés.* → **augmenter.** ❑ contr. **baisser.** 2. Se dresser. *Le château s'élevait en haut de la colline.* 3. Atteindre. *La facture s'élève à 1 000 euros.* 4. *S'élever contre une chose,* c'est s'opposer à elle, la combattre. *De nombreuses personnes se sont élevées contre cette décision.*

➤ **élevé, élevée** adj. 1. Haut. *Cette montagne est très élevée.* 2. *Une personne bien élevée,* c'est une personne qui a reçu une bonne éducation, qui est polie. *Des enfants mal élevés.*

➤ **éleveur** n. m., **éleveuse** n. f. ✦ Personne qui élève des animaux. *Ils ont rencontré un éleveur de chiens.*

▷ Mots de la famille de ① LEVER.

elfe n. m. ✦ Génie de l'air, du feu ou de la terre, dans les légendes des pays du Nord.

elfe

éligible adj. ✦ Qui peut être élu. *Elle est éligible dans sa circonscription.*
▷ Autre mot de la famille : INÉLIGIBLE.

élimé, élimée adj. ✦ Usé par le frottement. *Elle portait une vieille veste élimée aux coudes.* → **râpé.**
▷ Mot de la famille de LIME.

éliminer v. (conjug. 1) **1.** Écarter, rejeter d'une compétition, d'un jeu. → **exclure.** *Le joueur qui n'a plus de cartes est éliminé.* **2.** Rejeter. *La transpiration permet au corps d'éliminer des substances nuisibles.*
➤ **élimination** n. f. **1.** Action d'éliminer quelqu'un ou d'être éliminé. *Les spectateurs ont protesté contre l'élimination d'un joueur par l'arbitre.* **2.** Le fait de rejeter des substances hors du corps. *Cette eau minérale favorise l'élimination.*
➤ **éliminatoire** adj. et n. f.
■ **adj.** *Une note éliminatoire,* c'est une note qui élimine un candidat, quelles que soient ses autres notes. *Il a eu une note éliminatoire en français et il doit repasser l'examen.*
■ **n. f.** Épreuve que les joueurs doivent réussir pour se qualifier. *Ce champion a gagné les éliminatoires et s'est qualifié pour la finale.*

élire v. (conjug. 43) ✦ Nommer quelqu'un à une place en votant pour lui. *Dimanche, les électeurs éliront leurs députés.* → aussi **élection.**
▷ Autres mots de la famille : ÉLU, RÉÉLIRE.

élision n. f. ✦ Remplacement par une apostrophe de la voyelle finale d'un mot devant un autre mot commençant par une voyelle ou un *h* muet. *Dans « l'ami », il y a élision du « e » de l'article « le ».*

élite n. f. **1.** Ensemble des personnes considérées comme les plus remarquables d'un groupe. *Il fait partie de l'élite intellectuelle de son pays.* **2.** *D'élite,* très bon. → **excellent.** *Des tireurs d'élite sont postés sur les toits.*

élixir n. m. ✦ Médicament liquide à base de sirop. *Dans les contes, l'élixir est souvent une boisson magique.*

elle pronom personnel f. ✦ Pronom personnel féminin de la troisième personne, sujet ou complément. *Elle est partie. Voici une photo d'elle. Elles sont sœurs. Je me suis assis entre elles.* → aussi **il.** ❍ homonyme : aile.

① **ellipse** n. f. ✦ Omission volontaire d'un mot dans une phrase. *Dans la phrase « Julie a 9 ans et sa sœur 12, il y a ellipse de "a" »,* on ne répète pas « a » après « sa sœur ».
➤ ① **elliptique** adj. ✦ *Une phrase elliptique,* c'est une phrase où un ou plusieurs mots ne sont pas exprimés.

② **ellipse** n. f. ✦ Figure géométrique qui a la forme d'une courbe ovale fermée. *La Terre décrit une ellipse en tournant autour du Soleil.*
➻ planche Géométrie p. 458.
➤ ② **elliptique** adj. ✦ En forme d'ellipse. *Une courbe elliptique.*

élocution n. f. ✦ Manière de parler, d'articuler. *Il a une bonne élocution,* il parle clairement.

éloge n. m. ✦ Paroles par lesquelles on dit le bien que l'on pense de quelqu'un. *Le professeur a fait l'éloge de ses meilleurs élèves.* → aussi **louange.** ❑ contr. ② **critique.**
➤ **élogieux, élogieuse** adj. ✦ Qui contient des compliments, des félicitations. *Des paroles élogieuses.* → **flatteur.**

éloigner v. (conjug. 1) ✦ Mettre plus loin. *Éloigne un peu la table du mur.* → **écarter.** ❑ contr. **rapprocher.** — **s'éloigner,** aller plus loin. *Le bateau s'est éloigné de la côte.*

➤ **éloigné, éloignée** **adj.** ✦ Qui est à une certaine distance. *Ce quartier est éloigné du centre de la ville,* il est loin du centre de la ville. ❑ contr. **proche.**

➤ **éloignement** **n. m.** ✦ Grande distance qui sépare. *Malgré l'éloignement, ils sont restés très amis,* bien qu'ils vivent loin l'un de l'autre. ❑ contr. **proximité.**

élongation **n. f.** ✦ Allongement douloureux d'un muscle ou d'un tendon. *Il s'est fait une élongation en jouant au tennis.*

▷ Mot de la famille de LONG.

éloquent, éloquente **adj.** 1. Qui parle bien et arrive à convaincre ceux qui écoutent. *C'est un avocat éloquent.* 2. Qui exprime ce qu'il veut dire sans l'aide de la parole. *Il lui a lancé un regard éloquent.* → **expressif.** *Un silence éloquent.* → **significatif.**

➤ **éloquence** **n. f.** ✦ Facilité à bien parler. *Le maire s'est adressé à ses concitoyens avec éloquence.*

élu **n. m.**, **élue** **n. f.** ✦ Personne qui a été choisie par un vote. *Les élus se réuniront demain.* — **Adj.** *Les députés élus.*

▷ Mot de la famille de ÉLIRE.

élucider **v.** (conjug. 1) ✦ Éclaircir, expliquer. *L'affaire n'a pas encore été élucidée.*

élucubration **n. f.** ✦ Idée bizarre et compliquée. *Il ne faut pas prendre au sérieux les élucubrations d'Alex.*

éluder **v.** (conjug. 1) ✦ *Éluder une question,* c'est s'arranger pour éviter d'y répondre. *Il a éludé la question qui l'embarrassait.*

élytre **n. m.** ✦ Aile dure d'un insecte qui recouvre l'aile transparente. *Les élytres du hanneton, de la coccinelle.*

● Il y a un *y* après le *l*.

élytre

émacié, émaciée **adj.** ✦ Très maigre. *Un visage émacié.* → **décharné.** ❑ contr. **empâté.**

e-mail [imɛl] **n. m.** (pl. **e-mails**) ✦ Message que l'on envoie ou que l'on reçoit sur un ordinateur, à une adresse électronique. *J'ai reçu plusieurs e-mails aujourd'hui.* → **courriel, mail, mél** et aussi **arobase.**

● C'est un mot anglais.

émail **n. m.** (pl. **émaux**) 1. Vernis dur et brillant. *Les baignoires sont recouvertes d'émail.* 2. Matière dure et blanche qui recouvre l'ivoire des dents. *L'émail protège les dents.* 3. *Des émaux,* ce sont des objets d'art, des bijoux recouverts d'émail. *Les enfants ont fait des émaux pour la fête des mères.*

➤ **émaillé, émaillée** **adj.** ✦ Recouvert d'émail. *Une baignoire en fonte émaillée.*

émanciper **v.** (conjug. 1) ✦ Rendre libre. *À Rome, certains maîtres émancipaient leurs esclaves.* → ① **affranchir, libérer.** ❑ contr. **asservir, soumettre.**

➤ **émancipation** **n. f.** ✦ Libération. *Ce pays a lutté pour obtenir son émancipation.* → **indépendance.**

émaner **v.** (conjug. 1) ✦ Se dégager, provenir. *Cette décision émane du gouvernement.* → **venir.**

➤ **émanation** **n. f.** ✦ Odeur, vapeur qui se dégage. *Des émanations de gaz proviennent du volcan.*

① **emballer** **v.** (conjug. 1) ✦ Envelopper, faire un paquet. → **empaqueter.** *La vendeuse a emballé soigneusement le vase.* ❑ contr. **déballer.**

➤ **emballage** **n. m.** 1. Action de faire un paquet, d'emballer. *Les déménageurs se chargent de l'emballage de la vaisselle.* ❑ contr. **déballage.** *Du papier d'emballage,* qui sert à emballer, à faire des paquets. 2. Conditionnement. *La glace est vendue dans un emballage isotherme.*

▷ Autre mot de la famille : REMBALLER.

② **emballer** **v.** (conjug. 1) ✦ Familier. Enthousiasmer. *Ils ont été emballés par leur voyage.* → **enchanter.**

➤ **s'emballer** **v.** 1. Se mettre à galoper, sans obéir à son cavalier. *La jument s'est emballée.* 2. Se laisser porter par son enthousiasme. *Ne t'emballe pas, on n'a pas encore gagné !*

➤ **emballement** **n. m.** ✦ Enthousiasme brusque. *Julie a des emballements de courte durée pour de nouveaux amis.* → **engouement.**

embarcadère **n. m.** ✦ Endroit aménagé, dans un port, sur une rivière, pour l'embar-

quement des personnes ou des marchandises. → aussi **débarcadère.** *Les passagers du bateau achètent leur billet à l'embarcadère.*
▷ Mot de la famille de BARQUE.

embarcation **n. f.** ✦ Petit bateau. → **barque, canot.**
▷ Mot de la famille de BARQUE.

embardée **n. f.** ✦ Changement de direction brusque et dangereux que fait un bateau, une voiture. → aussi **écart.** *Le camion a fait une embardée sur le verglas.*

embargo **n. m.** ✦ Interdiction faite à un pays d'exporter ou d'importer un produit. *Le gouvernement a mis l'embargo sur les armes.* → aussi **blocus.**

embarquer **v.** (conjug. 1) **1.** Faire monter des passagers, des marchandises dans un bateau, un avion. *On embarque les valises dans la soute.* ❑ contr. **débarquer. 2.** Monter à bord d'un bateau, d'un avion. *Les passagers vont embarquer.* On peut dire aussi *Ils vont s'embarquer.* **3.** Familier. Emporter. *Il a embarqué toutes mes B. D.* → **prendre. 4.** Familier. Entraîner. *Il nous a embarqués dans une aventure incroyable.* — **s'embarquer,** s'engager dans une affaire compliquée. *Elle s'est embarquée dans des travaux trop coûteux.*
➤ **embarquement** **n. m.** ✦ Action de s'embarquer. *Les passagers pour Oslo sont appelés porte 12 : embarquement immédiat !* les passagers pour Oslo vont embarquer. ❑ contr. **débarquement.**
▷ Mots de la famille de BARQUE.

embarrasser **v.** (conjug. 1) **1.** Encombrer et gêner. *Les jouets de Louise embarrassent le couloir.* — **s'embarrasser,** se gêner soi-même avec quelque chose d'encombrant. *Elle s'est embarrassée d'un grand sac.* ❑ contr. se **débarrasser. 2.** Mettre dans une situation difficile. → **troubler.** *Sa question m'a embarrassé, je n'ai su que répondre.* → **déconcerter, dérouter.**
● Attention, il y a deux *r* et deux *s*.
➤ **embarras** **n. m. 1.** Situation difficile. *Votre question l'a mis dans l'embarras,* l'a gêné. **2.** *Avoir l'embarras du choix,* avoir le choix entre de nombreuses possibilités. *Julie ne sait pas quel tee-shirt mettre, elle n'a que l'embarras du choix.*
➤ **embarrassant, embarrassante** **adj. 1.** Qui encombre, prend trop de place. *Un paquet embarrassant.* → **encombrant. 2.** Qui met dans une situation délicate. *Une question embarrassante.* → **gênant.**
➤ **embarrassé, embarrassée** **adj.** ✦ Qui est dans une situation difficile. *Il ne sait plus quoi dire, il est bien embarrassé.*

emblème des médecins

embaucher **v.** (conjug. 1) ✦ Engager pour un travail. *Il a embauché une comptable.* → **recruter.** ❑ contr. **congédier, débaucher, licencier, renvoyer.**
➤ **embauche** **n. f.** ✦ Le fait d'engager quelqu'un, de l'embaucher. *Dans cette usine, il y a de l'embauche,* on engage des ouvriers.

embaumer **v.** (conjug. 1) **1.** *Embaumer un cadavre,* c'est le remplir de substances qui le conservent. *Les Égyptiens embaumaient le corps des pharaons.* **2.** Remplir d'une odeur agréable. → **parfumer.** *Le lilas embaume le salon.* ❑ contr. **empester.**
▷ Mot de la famille de BAUME.

embellir **v.** (conjug. 2) **1.** Rendre plus beau. *Cette coiffure l'embellit.* ❑ contr. **enlaidir.** *Paul embellissait l'histoire en la racontant.* → **enjoliver. 2.** Devenir plus beau. *Léa embellit de jour en jour.*
▷ Mot de la famille de BEAU.

embêter **v.** (conjug. 1) ✦ Familier. **1.** Agacer. *Arrête d'embêter ton frère !* → **ennuyer. 2. s'embêter,** s'ennuyer, trouver le temps long. *Louise s'est embêtée toute la journée.*
➤ **embêtant, embêtante** **adj.** ✦ Familier. Qui cause du souci. → **contrariant, ennuyeux, fâcheux.** *C'est embêtant que Julie soit tombée malade le jour des vacances.*
➤ **embêtement** **n. m.** ✦ Familier. Chose qui donne du souci. → **contrariété, ennui, tracas.** *Il a des tas d'embêtements.*

d'emblée **adv.** ✦ Tout de suite. *Notre équipe a marqué un but d'emblée.* → **immédiatement.**

emblème **n. m.** ✦ Objet qui représente une idée, un parti, un métier, une autorité. *La fleur de lys est l'emblème de la monarchie française.*

emboîter **v.** (conjug. 1) **1.** Mettre une chose dans une autre. *Julie emboîte des cubes.* – **s'emboîter,** entrer exactement dans quelque chose. → **s'imbriquer.** *Les tuyaux se sont emboîtés facilement.* **2.** Envelopper parfaitement comme une boîte. *Ces chaussures vous emboîtent bien le pied.* **3.** *Emboîter le pas à quelqu'un,* le suivre en marchant juste derrière lui. *Alex lui a emboîté le pas.*

● Attention à l'accent circonflexe du *î*.

▷ Mot de la famille de BOÎTE.

embolie **n. f.** ✦ Fermeture d'une veine par un caillot de sang. *Il est mort d'une embolie pulmonaire.*

embonpoint **n. m.** ✦ État d'un corps un peu trop gros. *Il a pris de l'embonpoint,* il a grossi, il a pris du poids.

● Un *m* devant le *b* et un *n* devant le *p*.

▷ Mot de la famille de ① EN, ① BON et ① POINT.

embouchure **n. f.** **1.** Partie d'un instrument de musique que l'on met contre les lèvres pour jouer. *L'embouchure d'une trompette.* **2.** Endroit où un fleuve se jette dans la mer ou dans un lac. *L'embouchure de la Garonne.* → aussi **delta, estuaire.**

▷ Mot de la famille de BOUCHE.

s'embourber **v.** (conjug. 1) ✦ S'enfoncer dans la boue. → **s'enliser.** *La voiture s'est embourbée.*

embout **n. m.** ✦ Morceau de métal ou de caoutchouc qui se place au bout d'un objet. *L'embout en caoutchouc d'une canne.*

▷ Mot de la famille de BOUT.

embouteiller **v.** (conjug. 1) ✦ Empêcher la circulation des véhicules en provoquant un encombrement. *La rue est embouteillée.*

➤ **embouteillage** **n. m.** ✦ Encombrement qui arrête la circulation. → **bouchon.** *Elle est bloquée dans les embouteillages.*

▷ Mots de la famille de BOUTEILLE.

emboutir **v.** (conjug. 2) ✦ Enfoncer en heurtant avec violence. *Un camion a embouti l'arrière de ma voiture.*

embranchement **n. m.** ✦ Endroit où une route se divise en deux ou plusieurs routes. → **bifurcation, croisement, fourche, intersection.** *Prenez à droite à l'embranchement.*

▷ Mot de la famille de BRANCHE.

embraser **v.** (conjug. 1) **1.** Enflammer. *Une cigarette mal éteinte a embrasé la forêt,* a mis le feu à la forêt. **2.** Illuminer vivement. *Le feu d'artifice embrasait le ciel.*

embrasser **v.** (conjug. 1) **1.** Donner un baiser en prenant ou non dans ses bras. *Paul embrasse Léa sur la joue.* – **s'embrasser,** se donner un baiser, des baisers. *Julie et Louise se sont embrassées en arrivant.* **2.** *Embrasser du regard,* voir dans toute son étendue. *Du haut de la colline, on embrasse du regard toute la région.* **3.** Choisir un métier, une carrière. *Il a embrassé la carrière militaire.*

➤ **embrassade** **n. f.** ✦ Action de mettre les bras autour du cou et de donner des baisers amicaux. *Que d'embrassades le jour de l'An !*

▷ Mots de la famille de BRAS.

embrasure **n. f.** ✦ Ouverture dans un mur correspondant à une porte ou une fenêtre. *Alex se tenait dans l'embrasure de la porte.*

embrayer **v.** (conjug. 8) ✦ Commander le mécanisme qui permet au moteur d'un véhicule d'entraîner les roues. *Il changea de vitesse et embraya.* ❑ contr. **débrayer.**

➤ **embrayage** **n. m.** ✦ Mécanisme qui permet d'embrayer. ❑ contr. **débrayage.** *La pédale d'embrayage.*

embouteillage

embrigader v. (conjug. 1) ✦ Entraîner quelqu'un pour le faire participer à une action de groupe. *Des amis l'ont embrigadé dans une association de consommateurs.*
▷ Mot de la famille de BRIGADE.

embrocher v. (conjug. 1) ✦ Enfiler sur une broche pour faire rôtir. *Le cuisinier embroche le poulet.*
▷ Mot de la famille de BROCHE.

embrouiller v. (conjug. 1) **1.** *Embrouiller des fils,* c'est les emmêler. ❑ contr. **débrouiller, démêler. 2.** Rendre difficile à comprendre. → **compliquer.** *Ce nouveau témoignage embrouille l'enquête de la police.* ❑ contr. **éclaircir. 3. s'embrouiller,** perdre le fil de ses idées. *Julie s'est embrouillée dans ses explications,* elle a donné des explications confuses sans s'y retrouver elle-même. → **s'empêtrer.**
➤ **embrouillé, embrouillée** adj. ✦ Très compliqué et confus. *Une affaire policière très embrouillée.* ❑ contr. **clair.**
▷ Mots de la famille de BROUILLER.

embruns n. m. pl. ✦ Fines gouttelettes formées par les vagues et emportées par le vent.

embryon n. m. ✦ Être vivant qui commence à se développer dans un œuf ou dans le ventre de sa mère. → aussi **fœtus.**
➤ **embryonnaire** adj. **1.** Qui concerne un embryon. *Le développement embryonnaire.* **2.** Qui est juste à son début. *Le projet est encore à l'état embryonnaire.*
● Il y a un *y* après le *r.*

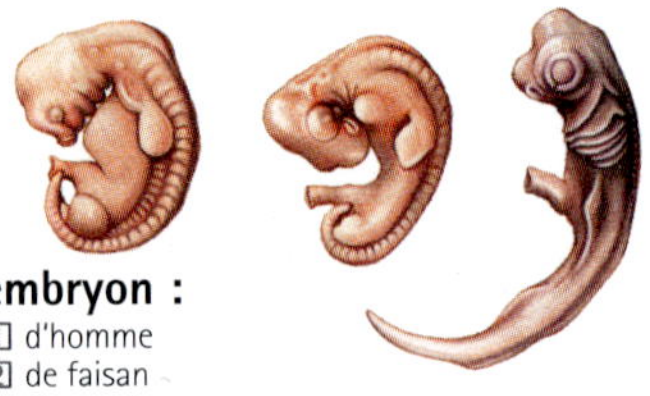

embryon :
1 d'homme
2 de faisan
3 de requin

embûches n. f. pl. ✦ Difficultés. → **piège.** *La dictée était remplie d'embûches.*
● Attention à l'accent circonflexe du *û.*

embuer v. (conjug. 1) ✦ Couvrir de buée. *Les vitres de la salle de bains sont embuées.*
▷ Mot de la famille de BUÉE.

émeu

s'embusquer v. (conjug. 1) ✦ Se cacher pour surprendre un ennemi. *Les Indiens s'étaient embusqués derrière un rocher.*
➤ **embuscade** n. f. ✦ Piège tendu à quelqu'un pour l'attaquer par surprise. → **guet-apens.** *Les cow-boys sont tombés dans une embuscade.*

éméché, éméchée adj. ✦ Familier. Un peu ivre. → **gai.** *Elle était éméchée après plusieurs verres de champagne.*

émeraude n. f. et adj. inv. **1.** n. f. Pierre précieuse verte. *Un collier d'émeraudes.* **2.** adj. inv. D'un vert qui rappelle la couleur de l'émeraude. *La mer avait des reflets émeraude.*
● Attention à l'adjectif qui est invariable.

émerger v. (conjug. 3) ✦ Apparaître hors de l'eau. *Les rochers émergent à marée basse ; à marée haute, ils sont immergés.*

émeri n. m. ✦ *De la toile émeri,* papier recouvert de poudre collée qui sert à râper, à récurer.

émerveiller v. (conjug. 1) ✦ Remplir d'admiration. → **éblouir.** *Le feu d'artifice a émerveillé les enfants.* — **s'émerveiller,** trouver merveilleux. → **s'extasier.** *Elle s'est émerveillée des progrès de son petit-fils.*
➤ **émerveillement** n. m. ✦ Grande admiration. → **enchantement.** *Paul regarde ses cadeaux avec émerveillement.*
▷ Mots de la famille de MERVEILLE.

émettre v. (conjug. 56) **1.** Faire sortir de soi. → **produire.** *Un instrument de musique émet des sons, une lampe émet de la lumière.* **2.** Envoyer des sons, des images par le moyen des ondes. *Cette station de radio émet 24 heures sur 24.* → aussi **émission.** 3. Exprimer. *Ils ont émis des avis différents.* 4. Mettre en circulation. *On vient d'émettre une nouvelle pièce de monnaie.*

➤ **émetteur** n. m. ✦ Appareil qui produit des ondes capables de transmettre des sons, des images. *Nos émissions sont interrompues en raison d'une panne d'émetteur.* ❑ contr. **récepteur.** — **Adj.** *Un poste émetteur.*

émeu n. m. (pl. **émeus**) ✦ Grand oiseau d'Australie, qui ressemble à l'autruche. *Les émeus courent vite, mais ne peuvent pas voler.*

émeute n. f. ✦ Mouvement de révolte violent d'une foule. → **insurrection, soulèvement.** *La manifestation a tourné à l'émeute.*

émietter v. (conjug. 1) ✦ Réduire en miettes. *Théo émiette du pain dur pour les oiseaux.*

▷ Mot de la famille de MIETTE.

émigrer v. (conjug. 1) ✦ Quitter son pays pour s'installer ailleurs. → **s'exiler, s'expatrier.** *Pendant la Révolution française, de nombreux nobles émigrèrent en Angleterre.* → aussi **immigrer.**

➤ **émigrant** n. m., **émigrante** n. f. ✦ Personne qui quitte son pays pour vivre ailleurs.

➤ **émigration** n. f. ✦ Départ définitif de personnes vers un autre pays. *La guerre les a poussés à l'émigration.* → **exil** et aussi **immigration.**

➤ **émigré** n. m., **émigrée** n. f. ✦ Personne qui a quitté définitivement son pays. *Des émigrés politiques.* → **réfugié** et aussi **immigré.**

éminence n. f. 1. Petite élévation de terrain. → **butte, colline, hauteur, tertre.** *L'observatoire a été construit sur une éminence.* ❑ contr. **creux, dépression.** 2. Titre donné à un cardinal. *Son Éminence, le cardinal Dubois.*

➤ **éminent, éminente** adj. ✦ Très important. *Il joue un rôle éminent dans notre société.*

➤ **éminemment** [eminamã] adv. ✦ Extrêmement, au plus haut degré. *Nous sommes éminemment reconnaissants de votre aide.* → **hautement.**

▷ Autre mot de la famille : PROÉMINENT.

émir n. m. ✦ Souverain d'un pays musulman. *L'émir du Koweït.*

➤ **émirat** n. m. ✦ État gouverné par un émir. *Les Émirats du golfe Persique.*

émissaire n. m. ✦ Personne chargée d'une mission officielle. *Un émissaire du gouvernement a commencé à négocier.*

émission n. f. ✦ Partie d'un programme de radio, de télévision. *Julie a regardé à la télévision une émission sur les animaux.* → aussi **émettre.**

▷ Mot de la famille de METTRE.

emmagasiner v. (conjug. 1) 1. Mettre de côté et garder. → **accumuler, amasser, entreposer, stocker.** *L'écureuil emmagasine des provisions pour l'hiver.* 2. Garder dans sa mémoire. *Il a emmagasiné beaucoup de connaissances.* → **engranger.**

▷ Mot de la famille de MAGASIN.

emmailloter v. (conjug. 1) ✦ Envelopper dans un lange. *Autrefois, on emmaillotait les bébés.* → **langer.**

▷ Mot de la famille de MAILLOT.

emmancher v. (conjug. 1) ✦ Fixer à un manche. *Il faut emmancher ce balai.*

▷ Mot de la famille de ② MANCHE.

emmanchure n. f. ✦ Endroit d'un vêtement où est cousue la manche. *Cette veste est trop étroite aux emmanchures.*

▷ Mot de la famille de ① MANCHE.

emmêler v. (conjug. 1) ✦ Mêler de manière désordonnée. → **embrouiller, enchevêtrer.** *Elle a emmêlé tous les fils électriques.* ❑ contr. **démêler.** — **s'emmêler,** devenir emmêlé. *Ses cheveux se sont emmêlés.*

▷ Mot de la famille de MÊLER.

emménager v. (conjug. 3) ✦ S'installer dans un nouveau logement. *Ils ont emménagé dans un grand appartement.* ❑ contr. **déménager.**

➤ **emménagement** n. m. ✦ Installation dans un nouveau logement. ❑ contr. **déménagement.** *Leur emménagement dans cette maison est très récent.*

emmener v. (conjug. 5) ✦ Mener avec soi en allant d'un lieu dans un autre. *Il emmène sa fille chez le dentiste.* → **conduire.**

▷ Mot de la famille de MENER.

emmental [emɛ̃tal] ou [emɛntal] n. m. ✦ Fromage qui ressemble au gruyère avec des trous plus gros.

● On écrit aussi *emmenthal.* Ce mot vient de l'allemand.

s'emmitoufler v. (conjug. 1) ✦ S'envelopper dans des vêtements chauds. *Louise s'est emmitouflée dans un châle.*

s'**emmitoufler**

emmurer v. (conjug. 1) ✦ Enfermer derrière des murs, des amas de pierres. *Un éboulement a emmuré les mineurs.*

▷ Mot de la famille de MUR.

émoi n. m. ✦ Agitation due à l'inquiétude. *Quand la poste a brûlé, tout le quartier était en émoi.*

émonder v. (conjug. 1) ✦ Débarrasser un arbre de branches mortes ou inutiles. *Le cerisier a été émondé.* → **élaguer.**

émotif, émotive adj. ✦ Très sensible, qui se trouble facilement. *Léa est très émotive.* → **impressionnable.** ❑ contr. **impassible.**

émotion n. f. ✦ Trouble dans lequel on est quand on éprouve une grande joie, une grande tristesse ou une grande peur. → aussi **émouvoir.** *Théo a rougi d'émotion quand on l'a félicité.* ❑ contr. **froideur.**

émoulu, émoulue adj. ✦ *Frais émoulu, fraîche émoulue,* qui vient juste de finir ses études dans une école. *Elle est fraîche émoulue d'une école de commerce.*

émousser v. (conjug. 1) **1.** Rendre moins coupant, moins pointu. *La lame du couteau est émoussée.* ❑ contr. **aiguiser.** **2.** Rendre moins vif, moins douloureux. *Le temps émoussera sa peine.* → **atténuer.**

émoustiller v. (conjug. 1) ✦ Familier. Rendre gai, mettre de bonne humeur. → **égayer, exciter, réjouir.** *Ce défi émoustille l'équipe.*

émouvoir v. (conjug. 27) **1.** Troubler, bouleverser. *Sa peine a ému tout le monde.* → ① **toucher.** **2.** **s'émouvoir,** ressentir une émotion. *Alex a répondu sans s'émouvoir,* sans se troubler.

➤ **émouvant, émouvante** adj. ✦ Qui fait réagir en troublant. → **attendrissant, pathétique, poignant.** *Une histoire émouvante.* → **bouleversant** et aussi **émotion.**

▷ Autre mot de la famille : ÉMU.

empailler v. (conjug. 1) ✦ Bourrer de paille la peau d'animaux morts que l'on veut conserver. *Le chasseur a fait empailler un renard.* → ② **naturaliser** et aussi **taxidermiste.**

▷ Mot de la famille de PAILLE.

animal **empaillé**

empaqueter v. (conjug. 4) ✦ Faire un paquet. → ① **emballer.** *Elle empaquette de vieux vêtements à donner.*

▷ Mot de la famille de PAQUET.

s'emparer v. (conjug. 1) ✦ Prendre de force ou sans en avoir le droit. *Le tyran s'est emparé du pouvoir.* → **usurper.**

empâté, empâtée adj. ✦ Devenu épais. *Son visage est empâté.* ❑ contr. **émacié.**

▷ Mot de la famille de PÂTE.

empêcher v. (conjug. 1) **1.** Rendre impossible. *Ce dispositif empêche le démarrage* → **interdire.** ❑ contr. **permettre.** **2.** *Empêcher quelqu'un de faire quelque chose,* c'est faire en sorte qu'il ne puisse pas le faire. *Son petit frère l'empêche de travailler.* ❑ contr. **laisser.** **3.** **s'empêcher,** se retenir. *Alex ne peut s'empêcher de se moquer de ses professeurs.*

➤ **empêchement** **n. m.** ✦ Ce qui empêche de faire ce que l'on voudrait ou devrait faire. *Elle n'a pas pu venir, elle a eu un empêchement de dernière minute.*

empereur **n. m.** ✦ Chef d'un empire. *L'empereur et l'impératrice.* → aussi **impérial.**

empester **v.** (conjug. 1) ✦ Dégager une très mauvaise odeur. → **puer.** *La poubelle empeste. La salle empestait le tabac.* ❑ contr. **embaumer.**

s'**empêtrer** **v.** (conjug. 1) ✦ Ne pas pouvoir se dégager. *Julie s'est empêtrée dans ses explications.* → s'**embrouiller,** s'**enferrer.**
● Attention à l'accent circonflexe du deuxième *ê*.

emphase **n. f.** ✦ Ton prétentieux et solennel. *Le directeur s'est adressé à ses employés avec emphase.* ❑ contr. **simplicité.**
➤ **emphatique** **adj.** ✦ *Un discours emphatique,* dit sur un ton prétentieux et solennel. → **grandiloquent, pompeux.** ❑ contr. **simple.**

empierrer **v.** (conjug. 1) ✦ Couvrir de cailloux, de pierres. *On a empierré le sentier.*
▷ Mot de la famille de PIERRE.

empiéter **v.** (conjug. 6) ✦ Prendre une partie de la place. *La terrasse du café empiète sur le trottoir,* elle occupe une partie du trottoir.

s'**empiffrer** **v.** (conjug. 1) ✦ Familier. Manger énormément. → se **bourrer,** se **gaver,** se **goinfrer.** *Julie s'est empiffrée de bonbons.*

empiler **v.** (conjug. 1) ✦ Mettre en pile. *Paul empile ses livres sur son bureau.* — **s'empiler,** former un tas. *Les journaux s'empilent dans le salon.* → s'**accumuler,** s'**amonceler,** s'**entasser.**
▷ Mot de la famille de ① PILE.

empire **n. m.** **1.** Ensemble de pays qui sont gouvernés par un empereur ou une impératrice. *Napoléon Ier régna sur un vaste empire.* **2.** *Un empire colonial,* un ensemble de colonies. *Autrefois la France possédait un empire colonial.* **3.** Très grand pouvoir. *Elle a giflé son fils sous l'empire de la colère.* → **effet, emprise.**

empirer **v.** (conjug. 1) ✦ Devenir plus grave, pire. → s'**aggraver.** *L'état du malade a empiré.* ❑ contr. s'**améliorer.**
▷ Mot de la famille de PIRE.

empirique **adj.** ✦ *Une méthode empirique,* c'est une méthode qui s'appuie sur les expériences pratiques, sur des essais que l'on fait en tâtonnant. ❑ contr. **scientifique.**

emplacement **n. m.** ✦ Endroit choisi pour faire ou installer quelque chose. → **place.** *Les campeurs ont trouvé l'emplacement idéal pour planter leur tente.*
▷ Mot de la famille de PLACE.

emplette **n. f.** ✦ Achat. *Il fait ses emplettes au supermarché.* → ① **commission, course.**

emplir **v.** (conjug. 2) ✦ Remplir. *Cette nouvelle m'emplit de joie.* — **s'emplir,** se remplir. *Ses yeux se sont emplis de larmes.*
▷ Autres mots de la famille : REMPLIR, REMPLISSAGE.

emploi **n. m.** **1.** Façon d'utiliser quelque chose. → ② **usage, utilisation.** *Cette peinture est prête à l'emploi. Lis bien le mode d'emploi.* **2.** *L'emploi du temps,* le programme des choses que l'on a à faire. *Elle a un emploi du temps chargé,* beaucoup de choses à faire. **3.** Travail que l'on fait pour gagner sa vie. → **place, situation.** *Il a perdu son emploi.*
▷ Mot de la famille de EMPLOYER.

employer **v.** (conjug. 8) **1.** Utiliser. → se **servir.** *Ils ont dû employer les grands moyens pour se tirer d'affaire.* **2.** Faire travailler pour de l'argent. *L'usine emploie 2 000 personnes.*
➤ **s'employer** **v.** **1.** Être utilisé. *Ce mot ne s'emploie plus beaucoup.* **2.** Passer du temps à faire quelque chose. *Julie s'est employée à ranger sa chambre.*
➤ **employé** **n. m.,** **employée** **n. f.** ✦ Personne qui fait un travail non manuel pour un patron. *Un employé de bureau. Elle est employée de maison.* → **domestique.**
➤ **employeur** **n. m.,** **employeuse** **n. f.** ✦ Personne ou entreprise qui emploie un personnel salarié. → ① **patron.**
▷ Autre mot de la famille : EMPLOI.

empocher **v.** (conjug. 1) ✦ Recevoir de l'argent. *Il a empoché une grosse somme.* → ① **toucher.**
▷ Mot de la famille de POCHE.

empoigner **v.** (conjug. 1) **1.** Prendre en serrant fort dans la main. *Le bûcheron empoigne sa hache.* **2.** **s'empoigner,** se battre. *Les deux adversaires se sont empoignés.*

➤ **empoignade** **n. f.** ✦ Discussion violente. → **dispute.** *L'empoignade a dégénéré en bagarre.*
▷ Mots de la famille de POIGNE.

empoisonner **v.** (conjug. 1) ✦ Faire mourir ou rendre malade avec du poison. → **intoxiquer.** *Toute la famille a été empoisonnée par des champignons vénéneux.*
➤ **empoisonnement** **n. m.** ✦ Le fait d'être empoisonné. *Il a été victime d'un empoisonnement.* → **intoxication.**
▷ Mots de la famille de POISON.

emporter **v.** (conjug. 1) **1.** Prendre avec soi quand on s'en va. *Théo a emporté son ours en peluche.* ❑ contr. **laisser.** **2.** Entraîner avec force. *Le cyclone a tout emporté sur son passage.* **3.** *L'emporter sur quelqu'un,* c'est avoir le dessus sur lui. *Paul l'a emporté sur Alex.* **4. s'emporter,** se mettre en colère. *Elle s'emporte facilement.*
➤ **emportement** **n. m.** ✦ Violent mouvement de colère. *Il a eu un moment d'emportement, au cours du débat.*
▷ Mots de la famille de PORTER.

empoté, empotée **adj.** ✦ Familier. Maladroit, peu dégourdi. *Elle est très empotée.* ❑ contr. **adroit, débrouillard, déluré.**
▷ Mot de la famille de POT.

s'empourprer **v.** (conjug. 1) ✦ Devenir rouge, pourpre. → **rougir.** *Julie s'est empourprée quand elle a vu ses parents arriver.*
▷ Mot de la famille de POURPRE.

empreint, empreinte **adj.** ✦ *Un visage empreint de bonté,* c'est un visage qui exprime la bonté, est marqué par la bonté.

empreinte **n. f.** ✦ Marque laissée en creux ou en relief. → **trace.** *On a relevé des empreintes de renard près du poulailler. Les policiers ont relevé les empreintes digitales sur le lieu du crime.*

s'empresser **v.** (conjug. 1) ✦ Se dépêcher. *Léa s'est empressée de le dire à Paul,* elle l'a fait sans attendre. → se **hâter.**
➤ **empressé, empressée** **adj.** ✦ Qui est plein de zèle et de prévenance. *Le maître d'hôtel est très empressé auprès de ses clients.*
➤ **empressement** **n. m.** ✦ Zèle. *Il s'occupe de ses clients avec empressement.* → **ardeur.**

emprise **n. f.** ✦ *Sous l'emprise,* sous l'effet. *Il peut devenir violent sous l'emprise de la colère.* → **empire.**
▷ Mot de la famille de PRENDRE.

emprisonner **v.** (conjug. 1) ✦ Mettre en prison ou dans un endroit fermé. *L'accusé a été emprisonné.* → **incarcérer.**
➤ **emprisonnement** **n. m.** ✦ Action d'emprisonner quelqu'un, fait d'être emprisonné. *Le meurtrier a été condamné à l'emprisonnement à vie,* à la prison à vie. → **détention, réclusion.**
▷ Mots de la famille de PRISON.

emprunter **v.** (conjug. 1) **1.** Obtenir en prêt. *Il a emprunté de l'argent à la banque pour acheter une maison.* **2.** Prendre un chemin. *Empruntez le passage clouté pour traverser la rue.* → **prendre.**
➤ **emprunt** **n. m.** **1.** Action d'obtenir une somme d'argent que l'on devra rembourser plus tard. *Il a fait un emprunt à la banque.* → aussi ② **prêt.** **2.** *Un nom d'emprunt,* c'est un nom qu'on a choisi, qui n'est pas son vrai nom mais un pseudonyme. *Il fait sa carrière de chanteur sous un nom d'emprunt.*

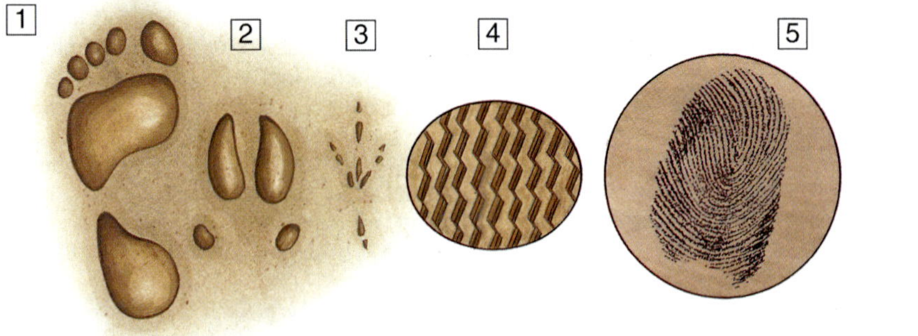

empreintes de :
1 pied d'homme, 2 sanglier, 3 oiseau, 4 pneu, 5 doigt

➤ **emprunté, empruntée** adj. ✦ Qui manque de naturel. → ① **gauche.** *Louise se sentait empruntée dans sa robe neuve,* elle se sentait mal à l'aise.

ému, émue adj. ✦ Rempli d'émotion. *Il était très ému en recevant sa médaille.*
▷ Mot de la famille de ÉMOUVOIR.

émule n. m. et f. ✦ Personne qui essaie de faire aussi bien ou mieux qu'une autre. *Ce champion a fait de nombreux émules.*
➤ **émulation** n. f. ✦ Envie qui pousse à faire aussi bien ou mieux qu'un autre. *Il y a une certaine émulation entre les élèves de la classe.*

émulsion n. f. ✦ Mélange formé d'un liquide et d'un produit huileux réparti en fines gouttelettes. *La vinaigrette est une émulsion.*

① **en** prép. et adv. **1.** Indique le lieu où l'on est. *Les enfants sont en classe.* → aussi **dans. 2.** Indique le lieu où l'on va. *Nous irons en Italie.* **3.** Pendant. *Quelqu'un est venu en votre absence. Elle est née en 1995.* **4.** Indique la matière. *Une montre en or.* → ① **de. 5.** Indique l'état dans lequel on est. *Théo était en larmes. Julie est en pantalon. Son père était en colère.* **6.** De là. *Vas-tu à la boulangerie ? Non, j'en viens.* **7.** *Le peintre siffle en travaillant,* pendant qu'il travaille. *Alex s'est fait mal en tombant,* parce qu'il est tombé. ○ homonyme : an.
▷ Autres mots de la famille : ARC-EN-CIEL, CROC-EN-JAMBE, EMBONPOINT, EN-CAS, À L'ENCONTRE DE, EN DEÇÀ, ENFIN, ENJEU, ENSUITE, EN-TÊTE, ENTRAIN, LENDEMAIN, MALENCONTREUSEMENT, MALENCONTREUX, RENCONTRE, RENCONTRER, SURLENDEMAIN.

② **en** pronom personnel ✦ *Je n'en ai plus,* je n'ai plus de cette chose. *Il s'en souviendra longtemps,* il se souviendra de cela. *Ses enfants, elle en est très fière,* elle est fière d'eux.
▷ Autre mot de la famille : QU'EN-DIRA-T-ON.

encablure n. f. ✦ Unité de mesure de longueur utilisée autrefois dans la marine, valant environ 200 mètres. *Le port n'est plus qu'à quelques encablures.*

encadrer v. (conjug. 1) **1.** Mettre dans un cadre. *Elle a fait encadrer une photo.* **2.** Diriger, surveiller et être responsable d'un groupe de personnes. *Plusieurs moniteurs encadrent les enfants en classe de neige.*

➤ **encadré** n. m. ✦ Texte entouré d'un trait. *Dans son livre d'histoire, les résumés sont dans des encadrés.*
➤ **encadrement** n. m. **1.** Ce qui entoure un tableau. → **cadre.** *L'encadrement du tableau est en bois.* **2.** Ensemble des personnes responsables d'un groupe, du personnel d'une entreprise. → **cadre.**
▷ Mots de la famille de CADRE.

encaissé, encaissée adj. ✦ Resserré entre deux pentes. *Les gorges du Tarn sont encaissées.*

encaisser v. (conjug. 1) ✦ Recevoir de l'argent. *La serveuse encaisse le montant de l'addition.*
▷ Mot de la famille de CAISSE.

en-cas n. m. inv. ✦ Repas léger préparé au cas où l'on aurait faim. *Des en-cas sont dans les sacoches de son vélo.* → **casse-croûte.**
▷ Mot de la famille de ① EN et CAS.

encastrer v. (conjug. 1) ✦ Faire entrer un objet dans un trou de même dimension. *Le coffre-fort est encastré dans le mur.*
➤ **encastrable** adj. ✦ Que l'on peut encastrer. *Le four et le lave-vaisselle sont encastrables.*

encaustique n. f. ✦ Produit fait de cire et d'essence que l'on utilise pour faire briller le bois. *Il a passé le buffet à l'encaustique.*
➤ **encaustiquer** v. (conjug. 1) ✦ Passer à l'encaustique. *Il a encaustiqué son bureau.* → **cirer.**

enceinte

① **enceinte** n. f. **1.** Muraille fortifiée défendant l'accès d'un lieu. *L'enceinte d'une ville.* → aussi **rempart. 2.** Ensemble des haut-parleurs d'une chaîne haute-fidélité. → aussi **baffle.**

② **enceinte** adj. f. ✦ Qui attend un bébé. *Elle est enceinte de six mois.*

encens [ɑ̃sɑ̃] **n. m.** ✦ Résine provenant de certains arbres, répandant une odeur agréable en brûlant. *Des bâtonnets d'encens.*

➤ **encenser** **v.** (conjug. 1) **1.** Agiter un encensoir pour honorer. *Le prêtre encense le cercueil,* il agite l'encensoir au-dessus du cercueil. **2.** Faire l'éloge, chanter les louanges de quelqu'un. → ① **louer.** *Ses admirateurs l'ont encensé.*

➤ **encensoir** **n. m.** ✦ Petit récipient, suspendu à des chaînettes, dans lequel on fait brûler de l'encens.

encensoir

encercler **v.** (conjug. 1) ✦ Entourer de tous côtés. → **boucler, cerner.** *L'ennemi a encerclé la ville.*

➤ **encerclement** **n. m.** ✦ Action d'encercler, fait d'être encerclé. *L'ennemi a commencé une manœuvre d'encerclement.*

▷ Mots de la famille de CERCLE.

enchaîner **v.** (conjug. 1) **1.** Attacher avec une chaîne. *Le prisonnier était enchaîné dans sa cellule.* **2.** **s'enchaîner,** se suivre avec logique. *Les événements se sont enchaînés rapidement.* → se **succéder.**

➤ **enchaînement** **n. m.** ✦ Liaison de choses qui se succèdent. *Un enchaînement de circonstances malheureuses l'a empêché de venir.* → **succession, suite.**

▷ Mots de la famille de CHAÎNE.

enchanter **v.** (conjug. 1) ✦ Plaire beaucoup. → **enthousiasmer.** *Ce roman m'a enchanté.* → fam. ② **emballer.**

➤ **enchanté, enchantée** **adj.** **1.** Magique. *Le monde enchanté des contes de fées.* **2.** Très content. → **ravi.** *Enchanté de faire votre connaissance !*

➤ **enchantement** **n. m.** **1.** Résultat d'une opération magique. *Mes lunettes ont disparu comme par enchantement.* → **magie.** **2.** Chose qui fait un grand plaisir. → **délice.** *Ces deux jours à la campagne ont été un enchantement.*

➤ **enchanteur** **n. m.** et **adj.**, **enchanteresse** **n. f.** et **adj.**

■ **n.** Personne qui fait de la magie. → **magicien.** *Merlin l'Enchanteur et la fée Viviane vivaient dans la forêt de Brocéliande.*

■ **adj.** Très beau et très agréable. → **charmant, ravissant.** *Un paysage enchanteur.*

▷ Autre mot de la famille : DÉSENCHANTÉ.

enchère **n. f.** ✦ *Une vente aux enchères,* c'est une vente publique où chaque chose est vendue à la personne qui offre la plus grosse somme d'argent. → aussi **commissaire-priseur.**

▷ Mot de la famille de ② CHER.

s'enchevêtrer **v.** (conjug. 1) ✦ S'emmêler. *Les fils électriques se sont enchevêtrés.*

➤ **enchevêtrement** **n. m.** ✦ Amas de choses emmêlées. *Il est impossible de s'y retrouver dans cet enchevêtrement de fils.*

enclave **n. f.** ✦ Terrain, territoire entouré par un autre terrain ou territoire. *Le Vatican est une enclave dans la ville de Rome.*

enclencher **v.** (conjug. 1) ✦ Faire fonctionner un mécanisme. *Le conducteur enclenche la troisième vitesse,* il la passe.

enclin, encline **adj.** ✦ *Être enclin à faire quelque chose,* c'est être porté à le faire, avoir tendance à le faire. *Je ne suis pas très encline à te croire.*

enclos **n. m.** ✦ Terrain entouré d'une clôture. *Les brebis paissent dans l'enclos.*

▷ Mot de la famille de CLORE.

enclume **n. f.** ✦ Masse de métal sur laquelle on forge les métaux. *Le forgeron tape sur l'enclume avec un marteau.*

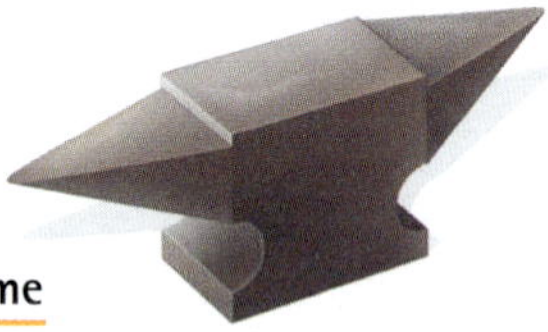
enclume

encoche **n. f.** ✦ Petite entaille. *Le menuisier scie la planche à la hauteur de l'encoche.*

encoignure [ɑ̃kɔɲyʀ] ou [ɑ̃kwaɲyʀ] **n. f.** ✦ Angle intérieur formé par deux murs. → **coin.** *Il y a un fauteuil dans l'encoignure.*

encolure **n. f.** 1. *L'encolure du cheval*, c'est la partie de son corps qui s'étend entre la tête et les épaules. 2. Ouverture d'un vêtement par où passe la tête. *Un pull-over à encolure en V.* → **col.**
▷ Mot de la famille de COL.

encolure

encombrer **v.** (conjug. 1) ✦ Gêner en occupant trop de place. → **embarrasser.** *Les valises encombrent le couloir.*
➤ sans **encombre** **adv.** ✦ Sans ennui, sans rencontrer d'obstacle. *Le voyage s'est passé sans encombre.*
➤ **encombrant, encombrante** **adj.** ✦ Qui prend trop de place et gêne. → **embarrassant.** *Ce sac n'est pas lourd mais encombrant.*
➤ **encombrement** **n. m.** ✦ Grande quantité de véhicules qui gênent la circulation. → **embouteillage.** *Elle est arrivée en retard à cause des encombrements.* → **bouchon.**

à l'**encontre** de **prép.** ✦ À l'opposé de. *Votre demande va à l'encontre du but recherché.* → **contre.**
▷ Mot de la famille de ① EN et CONTRE.

s'**encorder** **v.** (conjug. 1) ✦ S'attacher avec une corde. *Les alpinistes se sont encordés pour l'ascension du pic.*
▷ Mot de la famille de CORDE.

encore **adv.** 1. Indique qu'une action, un état continue. *Il s'est couché tard et il dort encore. Si tu es encore malade demain, je ferai venir le médecin.* → **toujours.** ❑ contr. **déjà.** 2. Indique une idée de répétition. *J'ai encore oublié son nom.* → de **nouveau.** 3. Indique une idée de supplément. *Veux-tu encore du gâteau ? Il est encore plus grand que son frère.*

encourager **v.** (conjug. 3) 1. Donner du courage. *Les spectateurs encourageaient leur équipe.* ❑ contr. **décourager.** *Elle encourage son fils à travailler.* → **inciter.** 2. Aider. → **favoriser.** *Le maire encourage les sports dans sa commune.*
➤ **encourageant** [ɑ̃kuʀaʒɑ̃], **encourageante** [ɑ̃kuʀaʒɑ̃t] **adj.** ✦ Qui encourage. → **prometteur.** *Ces résultats sont encourageants.* ❑ contr. **décourageant.**
➤ **encouragement** **n. m.** ✦ Acte, parole, cri qui encourage. → **soutien.** *Les encouragements de ses amis l'ont aidé à gagner la course.*
▷ Mots de la famille de COURAGE.

encourir **v.** (conjug. 11) ✦ S'exposer à quelque chose de désagréable. → **risquer.** *Il encourt un retrait de permis de conduire.*
● *Encourir* est un mot littéraire.

encrasser **v.** (conjug. 1) ✦ Salir en empêchant le bon fonctionnement. *La poussière a encrassé le moteur.* — **s'encrasser,** devenir sale. *Le moteur s'est encrassé.*
▷ Mot de la famille de CRASSE.

encre **n. f.** ✦ Liquide coloré utilisé pour écrire. *Un stylo à encre. Le professeur veut que nous écrivions à l'encre.* ❍ homonyme : ancre.
➤ **encrier** **n. m.** ✦ Petit récipient dans lequel on met de l'encre. *Il trempa sa plume dans l'encrier.*

encyclopédie **n. f.** ✦ Livre qui traite de tous les sujets dans tous les domaines ou qui traite un domaine spécial. *Il consulte son encyclopédie en quinze volumes. Une encyclopédie d'architecture.*
➤ **encyclopédique** **adj.** 1. *Un dictionnaire encyclopédique* donne des renseignements sur les mots et sur les choses qu'ils désignent. 2. Qui concerne l'ensemble des connaissances. *Il a des connaissances encyclopédiques,* très étendues et sur de nombreux sujets.

s'**endetter** **v.** (conjug. 1) ✦ Emprunter de l'argent et devoir le rembourser. *Elle s'est beaucoup endettée pour acheter sa maison.* → aussi **dette.**
➤ **endettement** **n. m.** ✦ Le fait de s'endetter, d'avoir des dettes. *Son endettement est important,* ses dettes.
▷ Mots de la famille de DETTE.

endeuiller v. (conjug. 1) ✦ Plonger dans le deuil, le chagrin. *Cet accident d'avion a endeuillé le pays.*
▷ Mot de la famille de DEUIL.

endiablé, endiablée adj. ✦ Très rapide. *Une musique au rythme endiablé.*
▷ Mot de la famille de DIABLE.

endiguer v. (conjug. 1) **1.** Retenir au moyen d'une digue. *On a endigué le fleuve.* **2.** Empêcher d'aller plus loin. → **contenir, retenir.** *Les policiers ont endigué les manifestants.*
▷ Mot de la famille de DIGUE.

s'**endimancher** v. (conjug. 1) ✦ Mettre des vêtements plus soignés que d'habitude dans lesquels on n'est pas toujours à l'aise. *Les enfants se sont endimanchés pour la fête de l'école.*
▷ Mot de la famille de DIMANCHE.

endive n. f. ✦ Plante à feuilles blanches, qui pousse à l'abri de la lumière, et que l'on mange crue ou cuite. *Une salade d'endives.*

endive

endoctriner v. (conjug. 1) ✦ Chercher à amener une personne à devenir partisan d'une doctrine, à partager ce que l'on pense. *Il a réussi à endoctiner ses amis.*
▷ Mot de la famille de DOCTRINE.

endolori, endolorie adj. ✦ Qui fait mal, est envahi par la douleur. → **douloureux.** *Le boxeur avait les jambes endolories.*

endommager v. (conjug. 3) ✦ Causer des dégâts, du dommage, mettre en mauvais état. → **abîmer, détériorer.** *La grêle a endommagé les récoltes.* → **ravager, saccager.** ❏ contr. **arranger, réparer.**
▷ Mot de la famille de DOMMAGE.

endormir v. (conjug. 16) **1.** Faire dormir, amener au sommeil. *Elle endort son bébé en le berçant.* ❏ contr. **éveiller, réveiller.** *On a endormi le malade avant de l'opérer.* → **anesthésier.** — **s'endormir,** commencer à dormir. *Louise s'est endormie devant la télévision.* → s'**assoupir.** **2.** Faire disparaître, rendre moins fort. → **calmer.** *Cette pommade endormira la douleur.*

➤ **endormant, endormante** adj. ✦ Qui ennuie et donne envie de dormir. *Un discours endormant.* → **intéressant.**

➤ **endormi, endormie** adj. ✦ Qui est en train de dormir. *On a retrouvé Louise endormie dans le fauteuil.* ❏ contr. **éveillé.**
▷ Mot de la famille de DORMIR.

endosser v. (conjug. 1) **1.** Mettre sur son dos. *Il a endossé son pardessus.* → **revêtir. 2.** Prendre la responsabilité de quelque chose. *Elle endosse la responsabilité du service.* → **assumer. 3.** *Endosser un chèque,* c'est le signer au dos avant de le remettre à la banque.
▷ Mot de la famille de DOS.

① **endroit** n. m. **1.** Partie d'un espace, d'une chose, du corps. *Ils ont trouvé un endroit où camper.* → **emplacement,** ① **lieu, place.** *Signez à l'endroit marqué d'une croix. À quel endroit as-tu mal ?* **2.** *Par endroits,* par-ci par-là. *Des mauvaises herbes poussent par endroits,* çà et là.

② **endroit** n. m. ✦ Côté destiné à être vu. *Elle repasse sa jupe sur l'endroit.* ❏ contr. ② **envers.** *Léa remet son pull à l'endroit,* du bon côté. *L'endroit d'une feuille.* → **recto.** ❏ contr. **verso.**

enduire v. (conjug. 38) ✦ Recouvrir d'une couche de produit liquide ou pâteux. *Elle s'est enduit le visage de crème solaire.*

➤ **enduit** n. m. ✦ Produit que l'on applique sur un mur pour égaliser sa surface avant de le peindre.

endurance n. f. ✦ Force que l'on possède pour résister à la fatigue, à la souffrance. → **résistance.** *Le coureur manquait d'endurance, il a abandonné la course.*

➤ **endurant, endurante** adj. ✦ Qui résiste bien à la fatigue, à la souffrance. → **résistant.** *Un sportif endurant.* ❏ contr. **délicat, fragile.**
▷ Mots de la famille de DUR.

endurcir v. (conjug. 2) ✦ Rendre plus dur, moins sensible. *Tous ses malheurs l'avaient endurci.* ❏ contr. **attendrir.** — **s'endurcir,** devenir plus résistant, moins fragile. *Elle s'est endurcie en vieillissant.*

➤ **endurci, endurcie** adj. **1.** Qui supporte tout. *Il a le cœur endurci.* **2.** Qui ne change

pas d'attitude, d'opinion. *C'est un célibataire endurci.*
▷ Mots de la famille de DUR.

endurer v. (conjug. 1) ✦ Supporter avec patience. → **subir.** *Il a enduré de nombreuses épreuves.*
▷ Mot de la famille de DUR.

énergétique adj. ✦ *Les ressources énergétiques d'un pays,* ce sont les sources d'énergie. — *Les féculents sont des aliments énergétiques,* qui fournissent de l'énergie au corps, qui contiennent beaucoup de calories.

énergie n. f. 1. Force et volonté qui rendent capable de faire des choses très difficiles. → **dynamisme, vitalité.** *Elle travaille avec énergie.* ❑ contr. **mollesse.** 2. Force capable de produire du travail, de la chaleur, du mouvement. *Le charbon, le pétrole, le vent sont des sources d'énergie. L'énergie nucléaire.*

➤ **énergique** adj. 1. Très actif, efficace. *Le médecin m'a donné un traitement énergique.* ❑ contr. **inefficace.** 2. Qui a de la force et de la volonté. → **dynamique,** ① **ferme, résolu.** *C'est une femme énergique.* ❑ contr. **indolent,** ① **mou.**

➤ **énergiquement** adv. ✦ Avec force et détermination. → **fermement.** *Je proteste énergiquement.*

énergumène n. m. ✦ Personne qui s'agite beaucoup pour manifester son enthousiasme, sa joie ou sa fureur. *Une bande d'énergumènes.*

énerver v. (conjug. 1) 1. Exciter, faire perdre son calme. → **crisper, excéder, irriter.** *Les enfants qui crient l'énervent.* ❑ contr. **calmer, détendre.** *Tais-toi, tu m'énerves !* → **agacer, exaspérer.** 2. **s'énerver,** perdre son calme. *Ne t'énerve pas, elle va arriver. Elle s'est énervée toute seule.*

➤ **énervant, énervante** adj. ✦ Qui provoque une excitation désagréable. → **agaçant, pénible.** *Comme c'est énervant d'attendre !* ❑ contr. **apaisant.** *C'est un enfant très énervant.*

➤ **énervé, énervée** adj. ✦ Qui est agité, dans un état d'excitation inhabituelle. → **nerveux.** *La veille des vacances, les enfants étaient très énervés.*

➤ **énervement** n. m. ✦ État d'une personne énervée. *Julie ne pouvait cacher son énervement.* → **nervosité.** ❑ contr. **calme.**
▷ Mots de la famille de NERF.

enfant n. m. et f. 1. Être humain dans les premières années de sa vie, de la naissance à l'adolescence. *Julie est une enfant turbulente.* 2. Être humain considéré par rapport à ses parents. → **fille, fils.** *Ils ont trois enfants.*

➤ **enfance** n. f. ✦ Période de la vie où l'on est enfant. *Il a eu une enfance malheureuse.*

➤ **enfantillage** n. m. ✦ Manière de se conduire qui ressemble à celle des enfants. *Sois sérieux, cesse tes enfantillages !*

➤ **enfantin, enfantine** adj. 1. Qui est propre aux enfants. *Paul a une voix enfantine,* une voix d'enfant. → aussi **infantile, puéril.** 2. Très facile, très simple. → **élémentaire.** *Le problème était d'une simplicité enfantine.* ❑ contr. **compliqué, difficile.**
▷ Autre mot de la famille : PETITS-ENFANTS.

enfer [ɑ̃fɛʀ] n. m. 1. Endroit où les chrétiens pensent que vont les âmes de ceux qui ont beaucoup péché, après leur mort. ❑ contr. **pa-**

représentation de l'**enfer** (16e siècle)

radis. — *La voiture roulait à un train d'enfer,* très vite. **2.** Situation insupportable, chose très pénible. *Sa vie est un enfer.* → aussi **infernal.**

enfermer **v.** (conjug. 1) ✦ Mettre dans un endroit fermé. *La nuit, on enferme les vaches dans l'étable.* — **s'enfermer,** s'isoler dans un endroit fermé. *Louise s'est enfermée dans sa chambre.*

▷ Mot de la famille de FERMER.

s'enferrer **v.** (conjug. 1) ✦ Se mettre dans une situation de plus en plus difficile, rendue encore plus délicate par des explications et des arguments maladroits. → s'**empêtrer,** s'**enfoncer.** *Léa s'est enferrée dans ses mensonges.* → s'**embrouiller.**

● Ce mot prend deux *r.*

enfilade **n. f.** ✦ Suite de choses les unes derrière les autres. *Les chambres sont en enfilade.*

▷ Mot de la famille de FIL.

enfiler **v.** (conjug. 1) **1.** Traverser par un fil. *La couturière enfile une aiguille,* elle fait passer du fil dans le trou d'une aiguille. **2.** Mettre un vêtement en faisant passer la tête ou les membres. *Il a enfilé son manteau.*

▷ Mot de la famille de FIL.

enfin **adv.** **1.** Marque la fin d'une attente. *Enfin, te voilà !* ❑ contr. **déjà. 2.** Présente le dernier élément d'une succession. *Nous irons à la boucherie, puis à la boulangerie et enfin chez le marchand de légumes.* ❑ contr. d'**abord.**

▷ Mot de la famille de ① EN et ① FIN.

enflammer **v.** (conjug. 1) **1.** Mettre en flammes. → **allumer.** *Il enflamma une allumette.* → **embraser.** ❑ contr. **éteindre. 2.** Remplir d'ardeur, de passion. → **exalter, exciter.** *Cette histoire a enflammé l'imagination des enfants.*

➤ **s'enflammer** **v. 1.** Prendre feu. *L'essence s'enflamme rapidement.* **2.** S'infecter. *La plaie s'est enflammée,* elle est rouge et fait mal. → aussi **inflammation.**

➤ **enflammé, enflammée** **adj. 1.** Qui est en flammes. *Une poutre enflammée est tombée du toit.* **2.** Rempli d'ardeur, passionné. *Un discours enflammé.*

▷ Mots de la famille de FLAMME.

enfler **v.** (conjug. 1) ✦ Augmenter de volume. → **gonfler.** *Julie s'est fait une entorse, sa cheville a enflé.* ❑ contr. **dégonfler.**

➤ **enflure** **n. f.** ✦ État d'une partie du corps qui a enflé. → **gonflement.**

▷ Autre mot de la famille : RENFLÉ.

enfoncer **v.** (conjug. 3) **1.** Faire aller vers le fond, faire pénétrer profondément. *Le fermier enfonce un pieu dans le sol. Elle enfonce le clou avec un marteau.* **2. s'enfoncer,** aller vers le fond. *Le navire s'enfonçait dans la mer,* il coulait. *Les roues de la voiture s'enfoncent dans le sable.* **3.** Briser en poussant, en forçant. *Le policier enfonça la porte d'un coup d'épaule.* → **défoncer.**

▷ Autre mot de la famille : RENFONCEMENT.

enfouir **v.** (conjug. 2) ✦ Mettre dans la terre après avoir creusé. *Le chien a enfoui un os dans le jardin.* → **enterrer.** ❑ contr. **déterrer.**

enfourcher **v.** (conjug. 1) ✦ Se mettre à califourchon sur un cheval, un vélo. *Léa enfourche son vélo.*

▷ Mot de la famille de FOURCHE.

enfourner **v.** (conjug. 1) ✦ Mettre dans un four. *Le boulanger enfourne le pain.*

enfourner

enfreindre **v.** (conjug. 52) ✦ Ne pas respecter un règlement, une loi. → **transgresser, violer,** et aussi **infraction.** *Ils ont enfreint la loi.*

s'enfuir **v.** (conjug. 17) ✦ S'en aller très vite, s'éloigner en fuyant. → **déguerpir.** *La voleuse s'est enfuie par le toit.* → se **sauver.**

▷ Mot de la famille de FUIR.

enfumer **v.** (conjug. 1) ✦ Remplir de fumée. *On enfume les ruches pour récolter le miel.*
➤ **enfumé, enfumée** **adj.** ✦ Plein de fumée. *La pièce était enfumée.*
▷ Mots de la famille de FUMER.

engager **v.** (conjug. 3) **1.** Prendre à son service. → **embaucher, recruter.** *Il a engagé une nouvelle secrétaire.* ❏ contr. **licencier, renvoyer.** **2.** Introduire dans un endroit étroit. *Il engagea la clé dans la serrure.* ❏ contr. **dégager, retirer.** **3.** Commencer. → **entamer.** *Elle a engagé la conversation avec lui.*
➤ **s'engager** **v.** **1.** Promettre. *Julie s'est engagée à aider son frère.* **2.** Signer un contrat avec l'armée. *Il s'est engagé dans l'armée.* → aussi **enrôler.** **3.** Entrer. *Léa s'est engagée dans un chemin ombragé.*
➤ **engageant** [ɑ̃gaʒɑ̃], **engageante** [ɑ̃gaʒɑ̃t] **adj.** ✦ Qui plaît, attire, pousse à faire quelque chose. → **encourageant.** *Un sourire engageant.*
➤ **engagement** **n. m.** **1.** Promesse. *Il a respecté son engagement.* **2.** Le fait d'engager quelqu'un pour travailler. *Cet acteur a beaucoup d'engagements.*
▷ Mots de la famille de GAGE.

engelure **n. f.** ✦ Boursouflure de la peau provoquée par le froid. *Il avait des engelures aux mains et aux pieds.*
▷ Mot de la famille de ① GEL.

engendrer **v.** (conjug. 1) ✦ Faire naître, avoir pour effet. → ① **causer, créer,** ① **entraîner, produire, provoquer.** *Ce médicament peut engendrer des allergies.*

engin **n. m.** ✦ Appareil, instrument, machine. *Les chars sont des engins de guerre, les fusées des engins spatiaux.*

englober **v.** (conjug. 1) ✦ Réunir en un tout. → ② **comprendre, contenir, rassembler.** *La classe des mammifères englobe tous les animaux qui allaitent leurs petits.*

engloutir **v.** (conjug. 2) **1.** Avaler rapidement, avec avidité. *Louise a englouti son goûter en cinq minutes.* → **dévorer, engouffrer.** **2.** Faire disparaître brusquement. *Le camping a été englouti par l'inondation.*

engoncer **v.** (conjug. 3) ✦ Faire paraître le cou enfoncé dans les épaules. *Léa est engoncée dans ce manteau,* elle est gênée, mal à l'aise, trop à l'étroit.

engorger **v.** (conjug. 3) ✦ Boucher par une accumulation de matières. *Les feuilles mortes engorgeaient la gouttière,* elles la bouchaient et empêchaient l'eau de s'écouler. → **obstruer.**
▷ Mot de la famille de GORGE.

engouement [ɑ̃gumɑ̃] **n. m.** ✦ Admiration soudaine qui ne dure pas longtemps. → **emballement.** *Depuis quelques semaines, Alex s'est pris d'un engouement extraordinaire pour le judo.*
● Attention au *e* après *ou.*

engouffrer **v.** (conjug. 1) **1.** Manger rapidement avec avidité. → **engloutir.** *Léa a engouffré trois éclairs au chocolat.* **2.** **s'engouffrer,** pénétrer avec violence. *Le vent s'engouffrait dans la cheminée.*
▷ Mot de la famille de GOUFFRE.

engourdir **v.** (conjug. 2) **1.** Rendre insensible et presque paralysé, incapable de bouger. *Le froid engourdit les doigts.* ❏ contr. **dégourdir.** **2.** Ôter toute envie de bouger, de réagir. *L'ennui et la chaleur nous ont engourdis.*
➤ **engourdi, engourdie** **adj.** ✦ Qui est insensible, qu'on ne peut plus remuer. *Louise avait les mains engourdies.* → **gourd.**
➤ **engourdissement** **n. m.** ✦ État d'une personne qui ne peut plus bouger et qui a l'air de ne plus rien sentir. *L'engourdissement gagnait Louise.* → **léthargie, torpeur.**
▷ Mots de la famille de GOURD.

engrais **n. m.** ✦ Produit que l'on met dans la terre pour que les plantes poussent mieux. *Des engrais chimiques.*
● *Engrais* se termine par un *s.*

engraisser **v.** (conjug. 1) **1.** Faire devenir gros. *Le fermier engraisse ses porcs,* il les fait grossir. **2.** Devenir gros, gras. → **grossir.** *Julie a engraissé.* ❏ contr. **maigrir.**
▷ Mot de la famille de GRAISSE.

engranger **v.** (conjug. 3) **1.** Mettre dans une grange. *Les agriculteurs engrangent le foin.* **2.** Accumuler, mettre de côté. → **emmagasiner.** *Il a engrangé une importante documentation sur ce sujet.*
▷ Mot de la famille de GRANGE.

engrenage **n. m.** ✦ Système formé de roues dentées qui entrent les unes dans les autres et se transmettent leur mouvement.

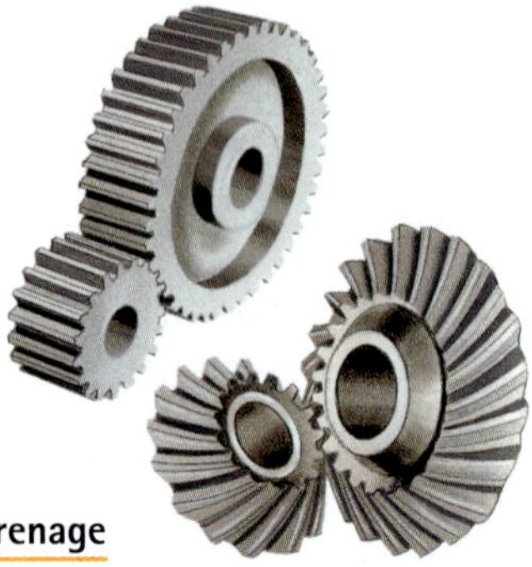
engrenage

s'enhardir [ɑ̃aʀdiʀ] **v.** (conjug. 2) ✦ Devenir plus hardi, prendre de l'assurance. *Léa s'est enhardie depuis l'année dernière.*
▷ Mot de la famille de HARDI.

énigme **n. f.** ✦ Chose difficile à comprendre, à expliquer. → **mystère.** *Sa disparition reste une énigme. La police doit résoudre de nombreuses énigmes.*
➤ **énigmatique** **adj.** ✦ Obscur, peu clair, difficile à comprendre. *Un sourire énigmatique.* → **mystérieux.**

enivrer [ɑ̃nivʀe] **v.** (conjug. 1) **1.** Rendre ivre. *Deux verres de vin suffisent à l'enivrer.* — **s'enivrer,** boire jusqu'à être soûl. *Elle s'est enivrée.* → se **soûler. 2.** Remplir d'excitation. *Il s'est laissé enivrer par la réussite.*
➤ **enivrant, enivrante** **adj.** ✦ Qui rend comme ivre. *Ces fleurs ont un parfum enivrant.* → **grisant.**
▷ Mots de la famille de IVRE.

enjambée **n. f.** ✦ Grand pas. *Alex marchait à grandes enjambées.*
➤ **enjamber** **v.** (conjug. 1) ✦ Passer par-dessus un obstacle en étendant la jambe, en faisant un grand pas. *Léa a enjambé le petit ruisseau.*
▷ Mots de la famille de JAMBE.

enjeu **n. m. 1.** Somme d'argent que l'on met en jeu. → **mise.** *Les joueurs posent les enjeux sur la table.* **2.** Ce que l'on peut gagner ou perdre. *L'enjeu du pari, c'est un baladeur.*
▷ Mot de la famille de ① EN et de JEU.

enjôler **v.** (conjug. 1) ✦ Séduire par de belles paroles, des flatteries, des promesses qu'on ne tiendra pas. *Elle l'a enjôlé et il a cédé.*
➤ **enjôleur, enjôleuse** **adj.** ✦ Qui séduit par des flatteries, de belles paroles. *Méfie-toi d'elle, elle est très enjôleuse.* — **N.** *C'est une enjôleuse.*
● Attention à l'accent circonflexe du ô.

enjoliver **v.** (conjug. 1) ✦ Orner, rendre plus joli. *Des roses en sucre enjolivent le gâteau.* ❑ contr. **enlaidir.** *Paul enjolive toujours les histoires qu'il raconte.* → **agrémenter, embellir.**
➤ **enjoliveur** **n. m.** ✦ Plaque ronde en métal qui cache le centre d'une roue de voiture.
➸ planche Voitures p. 1089.
▷ Mots de la famille de JOLI.

enjoué, enjouée **adj.** ✦ Qui montre de la bonne humeur, de la gaieté. *Elle répondit d'une voix enjouée.* ❑ contr. **maussade, triste.**

enlacer **v.** (conjug. 3) ✦ Serrer dans ses bras. *Il enlaça sa fiancée.* → **étreindre.** — **s'enlacer,** se serrer dans les bras l'un de l'autre. *Les deux amoureux s'étaient enlacés tendrement.*

enlaidir **v.** (conjug. 2) **1.** Rendre laid. *Sa verrue sur le nez l'enlaidit.* → **défigurer.** ❑ contr. **embellir, enjoliver. 2.** Devenir laid. *Il a enlaidi en vieillissant.*
▷ Mot de la famille de LAID.

enlever **v.** (conjug. 5) **1.** *Enlever une chose,* c'est la changer de place, la mettre ailleurs. → **ôter, retirer.** *Julie a enlevé ses cahiers de la table. Léa enlève son bonnet.* **2.** Faire disparaître. → **éliminer, supprimer.** *Je n'arrive pas à enlever cette tache.* ❑ contr. **laisser. 3.** Emmener de force et garder prisonnier. *Les malfaiteurs ont libéré l'enfant qu'ils avaient enlevé.* → **kidnapper,** ② **ravir.**
➤ **enlèvement** **n. m. 1.** Action d'enlever quelque chose. *L'enlèvement des ordures ménagères se fait très tôt le matin.* **2.** Action d'enlever quelqu'un. *Il a été condamné pour enlèvement d'enfant.* → **rapt.**
▷ Mots de la famille de ① LEVER.

s'enliser **v.** (conjug. 1) **1.** S'enfoncer dans la boue, le sable. *La voiture s'est enlisée dans la boue.* → **s'embourber, s'ensabler. 2.** Ne pas évoluer. *L'enquête s'enlise,* elle n'avance pas. → **piétiner.**
➤ **enlisement** **n. m.** ✦ Le fait de s'enliser.

enluminure **n. f.** ✦ Lettre peinte ou dessin ornant des manuscrits anciens. *Les moines faisaient des enluminures dans les livres religieux.*

enluminure

enneigé, enneigée **adj.** ✦ Couvert de neige. *Les routes étaient enneigées.*

➤ **enneigement** **n. m.** ✦ Hauteur de la couche de neige. *L'enneigement de la station est suffisant pour faire du ski.*

▷ Mots de la famille de NEIGE.

paysage **enneigé**

ennemi **n. m.**, **ennemie** **n. f.** **1.** Personne qui déteste quelqu'un et qui lui veut du mal. *La victime avait-elle des ennemis ?* ❏ contr. **ami.** **2.** Personne qui déteste quelque chose. *Les ennemis du progrès s'opposaient au chemin de fer.* → **adversaire.** ❏ contr. **partisan.** **3.** Pays contre lequel on est en guerre. *Pendant la guerre de Cent Ans, l'Angleterre était l'ennemie de la France.* ❏ contr. **allié.** *L'ennemi a attaqué cette nuit.* — **Adj.** *Un avion ennemi,* qui appartient à l'ennemi.

ennuyer **v.** (conjug. 8) **1.** Donner du souci. → **contrarier.** *La voiture fait un bruit qui m'ennuie.* → **inquiéter, tracasser.** **2.** Déranger. → **importuner.** *Tu m'ennuies avec toutes tes questions.* → **agacer.** **3.** Faire trouver le temps long. *Ce film nous a ennuyés.* ❏ contr. **amuser, intéresser.**

➤ **s'ennuyer** **v.** **1.** Trouver le temps long. *Léa s'est ennuyée pendant sa maladie.* → fam. s'**embêter.** **2.** *S'ennuyer de quelqu'un,* c'est regretter son absence. *Louise s'ennuie de ses parents quand ils sont en voyage.*

➤ **ennui** **n. m.** **1.** Chose qui donne du souci, du tracas. *Sa grand-mère a des ennuis de santé.* → **problème.** **2.** Impression de lassitude. *Le film était à mourir d'ennui,* très ennuyeux. ❏ contr. **intérêt.**

➤ **ennuyeux, ennuyeuse** **adj.** **1.** Qui cause du souci ou qui gêne. → **contrariant.** *Cette panne est bien ennuyeuse.* → fam. **embêtant.** **2.** Qui n'intéresse pas. → **assommant.** *Un livre ennuyeux.* ❏ contr. **amusant, intéressant.**

énoncer **v.** (conjug. 3) ✦ Dire très nettement. *Ce papier énonce la règle du jeu.* → **exposer.**

➤ **énoncé** **n. m.** ✦ *L'énoncé du problème,* c'est le texte du problème avec les questions posées.

s'enorgueillir [ɑ̃nɔʀgœjiʀ] **v.** (conjug. 2) ✦ Être fier de quelque chose, en tirer vanité. *Paul s'enorgueillit de ses résultats.*

▷ Mot de la famille de ORGUEIL.

énorme **adj.** ✦ Très grand, très gros. → **gigantesque.** *Ils ont une énorme fortune.* → **immense.** ❏ contr. **minuscule, petit.** *Ils ont eu d'énormes difficultés.* → **considérable.**

➤ **énormément** **adv.** ✦ Vraiment beaucoup. *Théo aime énormément le chocolat.*

➤ **énormité** **n. f.** ✦ Très grosse sottise. *Julie a encore dit une énormité.*

s'enquérir **v.** (conjug. 21) ✦ Chercher à savoir. → s'**informer,** se **renseigner.** *Elle s'enquiert de l'heure du train pour Lyon.*

● *Enquis, enquise* au participe passé.

enquête **n. f.** **1.** Recherche de la vérité. *La police mène une enquête sur les attentats.* **2.** Étude qui s'appuie sur des témoignages, des réponses à des questions. *On a fait une enquête sur la pollution dans notre quartier.* → aussi **sondage.**

➤ **enquêter** v. (conjug. 1) ✦ Faire une enquête. *La police enquête sur le meurtre.*

➤ **enquêteur** n. m., **enquêtrice** n. f. ✦ Personne qui pose des questions pour une enquête. *Les enquêteurs interrogent les témoins.*

● Au féminin, on dit aussi *une enquêteuse.*

enraciné, enracinée adj. ✦ Profondément, solidement fixé. *C'est une croyance bien enracinée dans les esprits.*

▷ Mot de la famille de RACINE.

enrager v. (conjug. 3) ✦ Être en rage, très mécontent et énervé. *Paul, cesse de faire enrager ta petite sœur !* de la mettre en colère.

➤ **enragé, enragée** adj. 1. Atteint de la rage. *Un chien enragé.* 2. Passionné. *Elle est enragée de moto.* — N. *C'est un enragé de photo.*

▷ Mots de la famille de RAGE.

enrayer v. (conjug. 8) 1. Arrêter la progression de quelque chose. *Les médecins ont pu enrayer l'épidémie.* → **juguler.** 2. **s'enrayer,** se bloquer, se coincer. *Son fusil s'est enrayé et le coup n'est pas parti.*

enregistrer v. (conjug. 1) 1. Inscrire sur un registre. *L'acte de vente a été enregistré.* 2. Confier ses bagages au service qui assure leur transport. *Les passagers font enregistrer leurs bagages.* 3. Fixer dans sa mémoire. *Enregistrez bien la leçon !* → **retenir.** 4. Fixer un son, une image sur une bande magnétique, un film, un disque. *Un magnétoscope permet d'enregistrer une émission de télévision.* — *Ce chanteur a enregistré plusieurs disques,* sa voix a été recueillie et gardée sur des disques.

➤ **enregistrement** n. m. 1. Action d'enregistrer des bagages. *Le guichet d'enregistrement des bagages,* l'endroit où l'on fait enregistrer ses bagages. 2. Action de fixer un son, une image pour les garder et les reproduire. *L'enregistrement de ce disque n'est pas bon,* ce disque est mal enregistré.

➤ **enregistreur, enregistreuse** adj. ✦ Qui enregistre. *Le prix est inscrit sur le ticket délivré par la caisse enregistreuse.*

▷ Mots de la famille de REGISTRE.

s'enrhumer v. (conjug. 1) ✦ Attraper un rhume. *Léa s'est enrhumée à la piscine.*

● Il y a un *h* après le *r*.

▷ Mot de la famille de RHUME.

enrichir v. (conjug. 2) ✦ Rendre riche, faire gagner beaucoup d'argent. *Le commerce des vins a enrichi la ville de Bordeaux.* ❏ contr. **appauvrir.** — **s'enrichir,** devenir riche. *Elle s'est enrichie grâce à son travail.*

➤ **enrichissement** n. m. ✦ Le fait de devenir riche. *Le pays doit son enrichissement au pétrole,* il s'est enrichi grâce au pétrole.

▷ Mots de la famille de RICHE.

enrober v. (conjug. 1) ✦ Recouvrir d'une couche. *Ces caramels sont enrobés de chocolat.*

enrôler v. (conjug. 1) ✦ Engager dans l'armée. *Autrefois, on enrôlait de force les paysans dans les armées du roi.*

enroué, enrouée adj. ✦ Qui a la voix rauque, éraillée. *Paul est enroué ce matin.*

enrouler v. (conjug. 1) ✦ Disposer autour de quelque chose. *L'infirmière enroule une bande autour de la cheville de Julie.* ❏ contr. **dérouler.**

➤ **s'enrouler** v. 1. Faire le tour de quelque chose. *Du lierre s'est enroulé autour du tronc de l'arbre.* 2. S'envelopper dans quelque chose que l'on roule autour de soi. *Louise s'est enroulée dans une couverture.*

➤ **enrouleur** n. m. ✦ Système qui permet d'enrouler. *La voiture est équipée de ceintures de sécurité à enrouleur.*

▷ Mots de la famille de ROUE.

s'ensabler v. (conjug. 1) 1. S'enfoncer dans le sable. → **s'enliser.** *Le camion s'est ensablé sur la plage.* 2. Se remplir de sable. *L'entrée du port s'est ensablée.*

▷ Mot de la famille de SABLE.

ensanglanté, ensanglantée adj. ✦ Couvert de sang. *Après sa chute de vélo, son pantalon était ensanglanté.*

▷ Mot de la famille de SANG.

enseigne n. f. ✦ Panneau portant une inscription, qui signale un magasin, un café, un cinéma. *Cette croix verte qui clignote est l'enseigne d'une pharmacie.*

enseigne

enseigner v. (conjug. 1) 1. Transmettre des connaissances, des techniques à quelqu'un.

Le professeur nous enseigne l'histoire et la géographie, il nous apprend l'histoire et la géographie. 2. Donner une leçon à quelqu'un. → **montrer.** *Cette expérience lui enseignera la prudence,* lui apprendra à être prudent.

➤ **enseignant** **n. m., enseignante n. f.** ✦ Personne dont le métier est d'enseigner. *Les professeurs sont des enseignants.* — **Adj.** *Elle fait partie du corps enseignant.*

➤ **enseignement** **n. m.** 1. Instruction que l'on donne à des élèves. → aussi **éducation.** *On a réformé l'enseignement des mathématiques.* 2. Métier de l'enseignant. *Son père est dans l'enseignement,* il est enseignant.

① **ensemble** **adv.** 1. L'un avec l'autre, les uns avec les autres. *Léa, Louise et Julie jouent ensemble.* ❑ contr. **séparément.** *Ces deux couleurs vont bien ensemble.* 2. En même temps. *Ne parlez pas tous ensemble !* → **simultanément.** ❑ contr. **successivement.**

➤ ② **ensemble** **n. m.** 1. Groupe. *Une chorale est un ensemble de chanteurs. Un ensemble est composé d'éléments.* 2. Totalité. *Le professeur s'adresse à l'ensemble de ses élèves.* ❑ contr. **partie.** 3. Vêtements assortis, faits pour être portés ensemble. *Sa mère portait un ensemble pantalon de lainage bleu,* une veste et un pantalon assortis. → **tailleur.** 4. *Un grand ensemble,* c'est un groupe d'immeubles de la même sorte. 5. *Dans l'ensemble,* en général. *Dans l'ensemble, nous avons eu beau temps,* en gros.

ensemencer **v.** (conjug. 3) ✦ Semer des graines. *Le fermier ensemençait le champ de blé.*
▷ Mot de la famille de SEMER.

ensevelir **v.** (conjug. 2) 1. Mettre au tombeau. *Les pharaons étaient ensevelis dans des pyramides.* → **enterrer, inhumer.** 2. Recouvrir complètement. *Des skieurs ont été ensevelis par l'avalanche.* → **engloutir.**

ensoleillé, ensoleillée **adj.** ✦ Où il y a beaucoup de soleil. *Le jardin est très ensoleillé.*

➤ **ensoleillement** **n. m.** 1. État d'un lieu ensoleillé. *L'appartement jouit d'un bon ensoleillement,* il est très ensoleillé. 2. Temps pendant lequel il y a du soleil quelque part. *La ville a 200 jours d'ensoleillement par an.*
▷ Mots de la famille de SOLEIL.

ensommeillé, ensommeillée **adj.** ✦ Qui a envie de dormir, est mal réveillé. *Léa était encore tout ensommeillée.* ❑ contr. **éveillé.**
● Deux *m* et deux *l.*
▷ Mot de la famille de ③ SOMME.

ensorceler **v.** (conjug. 4) ✦ Jeter un sort, exercer une influence magique. → **envoûter.** *La méchante fée a ensorcelé la princesse.*

➤ **ensorcellement** **n. m.** ✦ État d'une personne sur qui on a jeté un sort. → **envoûtement.**

ensuite **adv.** 1. Après cela, plus tard. → **puis.** *Ils ont déjeuné et ensuite ils se sont promenés.* ❑ contr. d'**abord.** 2. Derrière en suivant. *Pour le défilé, les petits marcheront devant et les grands viendront ensuite.*
▷ Mot de la famille de ① EN et SUIVRE.

s'ensuivre **v.** (conjug. 40 ; ne s'emploie qu'à l'infinitif et à la 3e personne) ✦ Venir après cela, être la conséquence de cela. *Le prisonnier fut torturé jusqu'à ce que mort s'ensuive.*
▷ Mot de la famille de SUIVRE.

entaille **n. f.** ✦ Coupure. *Louise s'est fait une entaille dans le doigt. Le bûcheron fait une entaille dans le tronc de l'arbre.* → **encoche.**

➤ **entailler** **v.** (conjug. 1) ✦ Faire une entaille. *Le bûcheron entaille le tronc de l'arbre.*
▷ Mots de la famille de TAILLER.

entaille

entamer **v.** (conjug. 1) 1. Couper le premier morceau. *Paul entame le saucisson.* 2. Pénétrer et abîmer. *La rouille entame le fer.* 3. Commencer à faire. *Les deux pays en guerre vont entamer des négociations de paix.* → **entreprendre.**

➤ **entame** **n. f.** ✦ Premier morceau coupé d'une chose qui se mange. *Le charcutier coupe l'entame du jambon.*

entartrer v. (conjug. 1) ✦ Recouvrir de tartre. *L'eau calcaire entartre les tuyaux.* ❑ contr. **détartrer.**

▷ Mot de la famille de TARTRE.

entasser v. (conjug. 1) ✦ Mettre en tas, sans ordre. → **accumuler.** *Paul a entassé ses vieux jouets au grenier.*

➤ **s'entasser** v. 1. Être en tas, former un tas. *Les vieux journaux s'entassent sur son bureau.* → s'**amonceler,** s'**empiler.** 2. Se serrer les uns contre les autres dans un espace trop étroit. *Les vacanciers s'entassent sur les plages.*

➤ **entassement** n. m. ✦ Accumulation d'objets mis les uns sur les autres. → **amas, amoncellement, tas.** *Un entassement de vieux vêtements.*

▷ Mots de la famille de TAS.

entendre v. (conjug. 41) 1. Percevoir les sons avec les oreilles. *J'ai entendu du bruit dans l'escalier. Sa grand-mère n'entend plus très bien,* elle est un peu sourde. → aussi **audition, ouïe.** *As-tu entendu parler de son dernier livre ?* 2. Écouter. *Il est allé entendre un concert de rock.* 3. Vouloir. *Le professeur entend se faire obéir.* 4. Comprendre. *Elle m'a laissé entendre qu'elle était au courant. Léa n'entend rien aux mathématiques.*

➤ **s'entendre** v. 1. *S'y entendre,* être habile. *Alex s'y entend en bricolage,* il s'y connaît. 2. Être bien ensemble. *Julie et Louise s'entendent bien,* elles sont amies.

➤ **entendu, entendue** adj. 1. *Un air entendu,* un air complice. *Ils se sont regardés d'un air entendu.* 2. Décidé après accord. *Nous nous retrouverons demain, c'est entendu,* c'est convenu. 3. ***Bien entendu,*** bien sûr. → **évidemment.** *Bien entendu, il était déjà au courant !* → **naturellement.**

➤ **entente** n. f. 1. Relations amicales. *Il règne une parfaite entente entre Alex et Louise.* ❑ contr. **mésentente.** 2. Accord. *Les deux pays sont arrivés à une entente.*

▷ Autres mots de la famille : MALENTENDANT, MALENTENDU, MÉSENTENTE, SOUS-ENTENDRE, SOUS-ENTENDU.

entériner v. (conjug. 1) ✦ Rendre définitif et légal en approuvant officiellement. → **ratifier.** *Le Sénat a entériné la réforme.*

enterrer v. (conjug. 1) 1. *Enterrer un mort,* c'est mettre son corps dans la terre. → **ensevelir, inhumer.** ❑ contr. **exhumer.** 2. Mettre dans la terre. → **enfouir.** *Les voleurs ont enterré leur magot dans le jardin.* ❑ contr. **déterrer.**

➤ **enterrement** n. m. ✦ Cérémonie au cours de laquelle on enterre un mort. → **funérailles, inhumation, obsèques.** *Il est allé à un enterrement.*

▷ Mots de la famille de TERRE.

en-tête n. m. ✦ *Du papier à en-tête,* c'est du papier à lettres portant une inscription dans le haut indiquant le nom et l'adresse de l'expéditeur. — Au pl. *Des en-têtes.*

▷ Mots de la famille de ① EN et TÊTE.

s'entêter v. (conjug. 1) ✦ Ne pas céder. → s'**obstiner.** *Paul s'entête à vouloir aller à la piscine malgré sa fièvre.* → **persister.**

➤ **entêté, entêtée** adj. ✦ Têtu. *Une petite fille entêtée.*

➤ **entêtement** n. m. ✦ Obstination à persister dans un comportement, une idée malgré les circonstances ou les conseils que l'on reçoit. → **ténacité.** *Il a réussi grâce à son entêtement.*

▷ Mots de la famille de TÊTE.

enthousiasme n. m. 1. Grande admiration. *Léa parle du film qu'elle a vu avec enthousiasme.* 2. Grande joie. *Paul a accepté notre invitation avec enthousiasme.* ❑ contr. **froideur, indifférence.**

➤ **enthousiasmer** v. (conjug. 1) ✦ Remplir d'admiration ou de joie. → **enchanter.** *Ce roman m'a enthousiasmé,* il m'a beaucoup plu. → fam. ② **emballer.**

➤ **enthousiasmant, enthousiasmante** adj. ✦ Qui fait plaisir, rend heureux. → **exaltant.** *Un projet enthousiasmant.*

➤ **enthousiaste** adj. ✦ Très joyeux, plein d'admiration. *Les spectateurs étaient enthousiastes.* ❑ contr. **blasé, froid, indifférent.**

● Ces mots prennent un *h* après le *t.*

entier, entière adj. 1. Dans toute son étendue. *Le magasin sera fermé un mois entier,* tout le mois. — **N. m.** *Julie a appris sa leçon en entier,* complètement. 2. À quoi il ne manque rien. *Une boîte entière de chocolats.* → ① **complet.** *Le vase est arrivé entier,* il n'était pas cassé. → **intact.** 3. *Un nombre entier,* c'est un nombre qui ne contient pas de virgule. *613 est un nombre entier.* ❑ contr. **décimal.** 4. Parfait. *J'ai une entière confiance* *en lui.* → **plein, total.** 5. Qui n'admet aucune nuance. *Il est entier dans ses opinions,* il a des opinions tranchées. → **intransigeant.**

➤ **entièrement** **adv.** ✦ Complètement. *L'incendie a entièrement détruit l'immeuble.* → **totalement.** *Tu as entièrement raison.* → ① **tout** à fait. ❏ contr. **partiellement.**

entomologie **n. f.** ✦ Science qui étudie les insectes.

➤ **entomologiste** **n. m. et f.** ✦ Spécialiste de l'entomologie.

entonner **v.** (conjug. 1) ✦ Commencer à chanter. *Paul a entonné un air.*

▷ Mot de la famille de ② TON.

entonnoir **n. m.** ✦ Petit instrument creux, en forme de cône terminé par un tube, qui sert à verser un liquide dans un récipient à ouverture étroite.

entonnoir

entorse **n. f.** ✦ Blessure que l'on se fait quand on se tord une articulation. *Julie s'est fait une entorse à la cheville en tombant de vélo.*

▷ Mot de la famille de TORDRE.

entortiller **v.** (conjug. 1) ✦ Envelopper en tortillant. *Les oranges sont entortillées dans du papier,* elles sont enroulées dans un papier tordu aux deux bouts.

▷ Mot de la famille de TORDRE.

entourer **v.** (conjug. 1) 1. Mettre autour. *Le fermier a entouré le champ d'une clôture électrique.* 2. Être autour. *Les soldats entourent la ville.* → **cerner, encercler.** 3. Être habituellement autour de quelqu'un. *Les ministres et les personnes qui les entourent.* — **s'entourer,** réunir autour de soi. *Il aime s'entourer de jeunes.* 4. S'occuper de quelqu'un, lui montrer son affection. *Ses petits-enfants l'ont beaucoup entouré.*

➤ **entourage** **n. m.** ✦ Personnes qui entourent habituellement quelqu'un. *Il a consulté un médecin sur les conseils de son entourage.*

▷ Mots de la famille de TOURNER.

entracte **n. m.** ✦ Temps d'arrêt entre deux parties d'un spectacle. *Nous mangerons une glace à l'entracte.*

▷ Mot de la famille de ② ACTE.

s'entraider **v.** (conjug. 1) ✦ S'aider les uns les autres. *Tous les gens du village se sont entraidés pendant l'inondation.*

➤ **entraide** **n. f.** ✦ Aide mutuelle. → **solidarité.** *Un comité d'entraide.*

▷ Mots de la famille de AIDER.

entrailles **n. f. pl.** ✦ Organes contenus dans le ventre. → **boyau, intestin, tripes, viscère.** *Les hyènes ont dévoré les entrailles du zèbre.*

entrain **n. m.** ✦ Vivacité, bonne humeur. *Théo travaille avec entrain,* avec enthousiasme. → **dynamisme, énergie.**

▷ Mot de la famille de ① EN et ② TRAIN.

① **entraîner** **v.** (conjug. 1) 1. Emporter au loin. *Le courant entraîne la barque.* 2. Communiquer son mouvement. *La chaîne du vélo entraîne les roues.* 3. *Entraîner quelqu'un,* c'est le pousser à faire quelque chose qu'il ne voulait pas faire. *Julie a entraîné Paul à venir jouer dans le parc.* 4. Être la cause de. → ① **causer.** *L'accident a entraîné un ralentissement de la circulation.* → **provoquer.**

➤ **entraînant, entraînante** **adj.** ✦ Qui entraîne à la gaieté. *Cette musique a un rythme entraînant.*

● Attention à l'accent circonflexe du *î.*

▷ Mots de la famille de TRAÎNER.

② **entraîner** **v.** (conjug. 1) ✦ Préparer à une compétition sportive. *Le jockey entraîne son cheval chaque jour.* — **s'entraîner,** se préparer à une compétition sportive. → **s'exercer.** *Les nageuses se sont entraînées pour le championnat.*

➤ **entraînement** **n. m.** ✦ Préparation à une compétition sportive. *Il faut des heures d'entraînement pour devenir un champion.*

➤ **entraîneur** **n. m.**, **entraîneuse** **n. f.** ✦ Personne qui entraîne des sportifs.

● Attention à l'accent circonflexe du *î.*

entraver **v.** (conjug. 1) 1. Empêcher un animal de bouger en lui attachant les jambes. *Le maréchal-ferrant entrave le cheval pour le ferrer.* 2. Empêcher de se développer, de se réaliser. *Des difficultés imprévues ont entravé son projet.*

➤ **entrave** **n. f.** ✦ Ce qui empêche la réalisation de quelque chose. *Il n'y a plus aucune entrave à mon projet.* → **frein, obstacle.**

entre **prép.** 1. Dans l'espace qui sépare. *Les Pyrénées se dressent entre la France et l'Espagne.* 2. Dans le temps qui sépare. *Je viendrai entre midi et deux heures.* 3. Parmi. *Il faut choisir entre toutes ces solutions.* 4. Pour faire une comparaison. *Il y a une grande ressemblance entre un loup et un chien.* 5. En formant un groupe fermé. *Nous serons entre amis,* il n'y aura que des amis. 6. L'un avec l'autre, les uns avec les autres. *Il y a eu une dispute entre Paul et Alex.* ○ homonyme : antre.

entrebâiller **v.** (conjug. 1) ✦ Ouvrir très peu. → **entrouvrir.** *Elle a entrebâillé la fenêtre.*

➤ **entrebâillement** **n. m.** ✦ Ouverture laissée par une porte ou une fenêtre entrebâillée. *Louise passe la tête par l'entrebâillement de la porte.*

▷ Mots de la famille de BÂILLER.

entrechoquer **v.** (conjug. 1) ✦ Heurter l'un contre l'autre. *Les invités entrechoquent leurs verres pour trinquer.*

▷ Mot de la famille de CHOC.

entrecôte **n. f.** ✦ Morceau de viande de bœuf découpée entre les côtes. *Une entrecôte grillée.*

▷ Mot de la famille de ① CÔTE.

entrecouper **v.** (conjug. 1) ✦ Interrompre par moments. *Théo entrecoupe son histoire de commentaires.*

▷ Mot de la famille de COUPER.

entrecroiser **v.** (conjug. 1) ✦ Croiser ensemble plusieurs fois. → **entrelacer.** *On entrecroise des brins d'osier pour tresser un panier.*

▷ Mot de la famille de CROIX.

brins **entrecroisés**

entrée **n. f.** 1. Moment où l'on passe de l'extérieur à l'intérieur. *Les élèves se sont tus à l'entrée de la directrice dans la classe.* → **arrivée.** ❑ contr. **sortie.** 2. Possibilité ou droit d'entrer. *L'entrée en classe de 6e est difficile. Entrée gratuite pour les enfants.* 3. Endroit par où l'on rentre. *Ce grand magasin a plusieurs entrées sur le boulevard.* ❑ contr. **issue.** 4. Pièce où donne la porte d'entrée. → **vestibule.** *L'entrée de l'immeuble.* → **hall.** 5. Plat qui est servi au début du repas. *Il a servi du saumon fumé en entrée.* → aussi **hors-d'œuvre.**

▷ Mot de la famille de ENTRER.

sur ces **entrefaites** **adv.** ✦ À ce moment-là. → **alors.** *Ils sont arrivés sur ces entrefaites.*

▷ Mot de la famille de FAIRE.

entrefilet **n. m.** ✦ Article très court dans un journal. *Il y a eu un entrefilet sur son exposition.*

entrelacer **v.** (conjug. 3) ✦ Entrecroiser. *Léa entrelaçait des rubans.* → **tresser.**

▷ Mot de la famille de LACER.

entremêler **v.** (conjug. 1) ✦ Mêler avec soin des choses différentes. *Julie entremêle des rubans bleus et des rubans rouges.*

▷ Mot de la famille de MÊLER.

entremets [ɑ̃tʀəmɛ] **n. m.** ✦ Plat sucré servi après le fromage. *Un soufflé aux framboises est un entremets.* → aussi **dessert.**

● Le *s* final ne se prononce pas.

▷ Mot de la famille de METS.

entremise **n. f.** ✦ *Par l'entremise,* par l'intermédiaire. *Julie a eu le numéro de téléphone de Paul par l'entremise de Louise.*

▷ Mot de la famille de METTRE.

entrepont **n. m.** ✦ Étage entre deux ponts d'un navire.

▷ Mot de la famille de ② PONT.

entreposer **v.** (conjug. 1) ✦ Déposer pour un certain temps. *Les maçons avaient entreposé tout leur matériel dans le garage.*

➤ **entrepôt** **n. m.** ✦ Bâtiment qui sert d'abri à des marchandises. → aussi **dépôt,**

docks, hangar. *Les entrepôts du grand magasin sont à l'extérieur de la ville.*
▷ Mots de la famille de POSER.

entrepôt

entreprendre **v.** (conjug. 58) ✦ Se mettre à faire une chose longue, difficile ou ennuyeuse. *Alex a entrepris de ranger sa chambre.* → **commencer.** ❏ contr. **achever, finir, terminer.**

➤ **entreprenant, entreprenante** **adj.** ✦ Qui décide avec audace de faire quelque chose de long ou difficile. *C'est une femme d'affaires entreprenante.* ❏ contr. **hésitant, timoré.**

➤ **entrepreneur** **n. m.**, **entrepreneuse** **n. f.** ✦ Personne dont le métier est de réaliser les travaux qu'on lui a commandés. *Un entrepreneur de peinture.*

➤ **entreprise** **n. f.** **1.** Ce que l'on veut entreprendre ou que l'on a déjà entrepris. → **projet.** *C'est une entreprise délicate.* **2.** Société qui produit des choses à vendre ou qui offre des services. *Il a fait appel à une entreprise de plomberie pour réparer la fuite. Un chef d'entreprise,* c'est un patron. → aussi **affaire, commerce, établissement, exploitation, industrie.**
▷ Mots de la famille de PRENDRE.

entrer **v.** (conjug. 1) **1.** Passer de l'extérieur à l'intérieur. → **pénétrer.** *Louise est entrée dans le salon.* ❏ contr. **sortir.** *Le train entre en gare.* **2.** Aller à l'intérieur. *La valise n'entre pas dans le placard.* **3.** Commencer à faire partie d'un groupe, à être quelque part. *Son frère est entré en 4e.* **4.** Faire partie. *Le miel entre dans la composition du nougat.* **5.** Introduire. *L'informaticien entre un programme dans la mémoire de l'ordinateur.*
▷ Autres mots de la famille : ENTRÉE, RENTRÉE, RENTRER.

entresol **n. m.** ✦ Étage situé entre le rez-de-chaussée et le premier étage, dans certains immeubles anciens.
▷ Mot de la famille de ① SOL.

entre-temps **adv.** ✦ Dans cet intervalle de temps. *Elle s'est absentée une heure ; entre-temps le facteur est passé,* pendant ce temps-là.
▷ Mot de la famille de ① TEMPS.

entretenir **v.** (conjug. 22) **1.** S'occuper d'une chose pour qu'elle reste en bon état. *Il entretient bien sa moto.* **2.** Donner tout ce qu'il faut pour vivre. *Elle entretient ses enfants et ses parents.*

➤ ① **entretien** **n. m.** ✦ Soins que l'on donne à une chose pour qu'elle reste en bon état. *Une voiture coûte cher à l'entretien. Les produits d'entretien,* qui servent au ménage.
▷ Mots de la famille de TENIR.

s'entretenir **v.** (conjug. 22) ✦ Parler avec quelqu'un de choses importantes. *Le maire s'est entretenu avec son adjoint de l'aménagement du nouveau quartier.*

➤ ② **entretien** **n. m.** ✦ Discussion sur un sujet important. → **conversation.** *Il a demandé un entretien à son patron.*
▷ Mots de la famille de TENIR.

s'entretuer **v.** (conjug. 1) ✦ Se tuer les uns les autres. *Les rats, affamés, se sont entretués.*
▷ Mot de la famille de TUER.

entrevoir **v.** (conjug. 30) **1.** Voir très rapidement. → **apercevoir.** *Je l'ai entrevu dans la foule.* **2.** Commencer à trouver. → **pressentir.** *On entrevoit la solution du problème.*

➤ **entrevue** **n. f.** ✦ Rencontre préparée d'avance. → ② **entretien.** *Les deux hommes d'État ont parlé de l'Europe au cours de leur entrevue.*
▷ Mots de la famille de VOIR.

entrouvrir **v.** (conjug. 18) ✦ Ouvrir très peu. → **entrebâiller.** *Elle a entrouvert la porte.*
▷ Mot de la famille de OUVRIR.

énumérer **v.** (conjug. 6) ✦ Dire l'un après l'autre. *Elle énumère les départements traversés par la Seine.*

➤ **énumération** **n. f.** ✦ Liste. *Julie fait l'énumération des cadeaux qu'elle a eus.*

envahir **v.** (conjug. 2) **1.** Entrer dans un pays et l'occuper de force. *Les Romains ont envahi la Gaule.* → **conquérir** et aussi **invasion. 2.** Occuper toute la place. *Les ronces envahissent la haie.* **3.** Occuper complètement quelqu'un. *Le sommeil m'envahit,* il s'empare de moi. → **gagner.**

➤ **envahissant, envahissante** **adj.** ✦ Qui prend trop de place, qui a tendance à envahir. *Ces ronces sont envahissantes,* elles poussent partout en occupant toute la place. *Ils ont des voisins envahissants,* qui viennent trop souvent chez eux. → **importun.**

➤ **envahissement** **n. m.** ✦ Invasion. *La population s'est révoltée contre l'envahissement du pays par l'ennemi.*

➤ **envahisseur** **n. m.** ✦ Ennemi qui occupe un pays, qui l'envahit. → **occupant.**

● Attention au *h* après le *a*.

s'envaser **v.** (conjug. 1) **1.** Se remplir de vase. *Le port s'est envasé.* **2.** S'enfoncer dans la vase. → s'**enliser.** *La barque s'est envasée.*

▷ Mot de la famille de ② VASE.

envelopper **v.** (conjug. 1) ✦ Entourer et recouvrir complètement. *La vendeuse a enveloppé la boîte dans du papier à fleurs.* → **emballer, empaqueter.** — **s'envelopper,** s'entourer, se couvrir. *Julie s'est enveloppée dans la serviette de bain.* → s'**enrouler.**

➤ **enveloppe** **n. f. 1.** Pochette de papier dans laquelle on met une lettre. *Il a écrit l'adresse et collé un timbre sur l'enveloppe.* **2.** Ce qui enveloppe quelque chose. → **gaine.** *La coquille est l'enveloppe de l'œuf.*

➤ **enveloppé, enveloppée** **adj.** ✦ Bien en chair, un peu gros. *La bouchère est bien enveloppée.* ❏ contr. **maigre.**

s'envenimer **v.** (conjug. 1) **1.** S'infecter. *Sa plaie s'est envenimée.* **2.** Devenir plus violent. → s'**aggraver.** *Le conflit s'est envenimé.*

▷ Mot de la famille de VENIN.

envergure **n. f. 1.** Étendue des ailes d'un oiseau quand elles sont déployées. *Un aigle peut atteindre 2,50 mètres d'envergure.* **2.** Grande valeur d'une personne qui est capable de comprendre beaucoup de choses. *Cet homme manque d'envergure.* **3.** Ampleur. *Une attaque de grande envergure.*

① **envers** **prép.** À l'égard de. *Elle est pleine d'indulgence envers les enfants.* → **avec, pour.**

▷ Mot de la famille de ② VERS.

② **envers** **n. m.** Côté opposé à celui qui doit être vu. *L'endroit et l'envers d'une chaussette. Il a mis son pull à l'envers,* du mauvais côté, dans le mauvais sens. *L'envers d'une feuille de papier.* → **verso.** ❏ contr. **recto.**

envie **n. f. 1.** Jalousie. *Les voisins regardent sa nouvelle voiture avec envie.* → **convoitise.** — *Il vaut mieux faire envie que pitié,* il vaut mieux qu'on vous envie plutôt que l'on vous plaigne. **2.** Désir vif. *Elle a envie d'une nouvelle robe,* elle désire avoir une nouvelle robe. *Il a envie d'acheter une moto. Ce croissant me fait envie,* il me tente. **3.** Besoin. *Il est tard, Paul a envie de dormir.*

➤ **envier** **v.** (conjug. 7) ✦ Désirer être à la place de quelqu'un. *Je t'envie de partir en vacances,* je souhaiterais être à ta place. *Il est très riche, ses amis l'envient,* le jalousent.

➤ **enviable** **adj.** ✦ Qui fait envie. *Ce pauvre homme n'a pas un sort enviable.*

➤ **envieux, envieuse** **adj.** ✦ Qui est jaloux des autres. *Elle est envieuse et méchante.* ❏ contr. **bienveillant.** — **N.** *Sa moto fait des envieux,* rend les autres jaloux.

environ **adv.** ✦ À peu près. → **approximativement.** *Cette valise pèse environ vingt kilos.* ❏ contr. **exactement, précisément.**

environner **v.** (conjug. 1) ✦ Être autour. *Le village est environné de forêts,* entouré de forêts.

➤ **environnant, environnante** **adj.** ✦ Qui est autour, dans les environs. *Ils sont allés se promener dans la campagne environnante.*

➤ **environnement** **n. m.** ✦ Milieu dans lequel on vit, qui nous entoure. → **nature.** *De nos jours, on s'efforce de protéger l'environnement.* → aussi **écologie.**

▷ Mots de la famille de ENVIRONS.

environs **n. m. pl.** ✦ Lieux proches de quelque chose. *Il habite dans les environs,* dans les alentours, près d'ici.
▷ Autres mots de la famille : ENVIRONNANT, ENVIRONNEMENT, ENVIRONNER.

envisager **v.** (conjug. 3) **1.** Avoir l'intention, le projet de faire quelque chose. *Elle envisage d'acheter une nouvelle voiture.* → **penser,** ① **projeter. 2.** Prendre en considération. → **examiner.** *Avant de se décider, il faut envisager toutes les solutions.*
➤ **envisageable** [ɑ̃vizaʒabl] **adj.** ✦ Possible, imaginable. *Il n'est pas envisageable de la laisser partir seule.*
● Attention au *e* entre le *g* et le *a.*

envoi **n. m. 1.** Action d'envoyer quelque chose. *L'envoi de ce paquet par la poste a coûté cher.* → **expédition.** *Le footballeur a donné le coup d'envoi,* il a ouvert le jeu en envoyant le ballon. **2.** Ce que l'on a envoyé. *Je vous remercie de votre envoi.*
▷ Mot de la famille de ENVOYER.

s'envoler **v.** (conjug. 1) **1.** Partir en volant. *Les moineaux se sont envolés.* ❑ contr. se **poser.** *L'avion s'envole à 3 heures.* → ① **décoller.** ❑ contr. **atterrir. 2.** Être emporté par le vent. *Son chapeau s'est envolé.* **3.** Disparaître. *Nos espoirs se sont envolés.* → s'**évanouir.**
➤ **envol** **n. m.** ✦ Le fait de s'envoler. *Les oiseaux ont pris leur envol. L'avion est sur la piste d'envol,* la piste de décollage.
▷ Mots de la famille de ① VOLER.

envoûter **v.** (conjug. 1) **1.** Faire perdre à quelqu'un sa volonté par un effet magique. → **ensorceler.** *Les sorciers ont envoûté cet homme.* **2.** Séduire irrésistiblement. *Les paysages du désert l'ont envoûté.*
➤ **envoûtant, envoûtante** **adj.** ✦ Très séduisant. → **fascinant.** *Ce pays a un charme envoûtant.*
➤ **envoûtement** **n. m.** ✦ Ensorcellement. *Le sorcier a prononcé les paroles d'envoûtement.*
● Attention à l'accent circonflexe du *û.*

envoyer **v.** (conjug. 8) **1.** Faire aller quelqu'un quelque part. *J'ai envoyé Théo acheter du pain,* je lui ai demandé d'aller acheter du pain. **2.** Faire parvenir. *Je t'ai envoyé une carte postale de Bretagne.* → **adresser, expédier.** *Il a envoyé le ballon dans les buts.* → ① **lancer.**
➤ **envoyé** **n. m., envoyée** **n. f.** ✦ *Un envoyé spécial,* c'est un journaliste qui est envoyé par son journal pour rendre compte d'un événement particulier.
➤ **envoyeur** **n. m.** ✦ Personne qui envoie une lettre ou un colis. *Cette lettre a été retournée à l'envoyeur.* → **expéditeur.** ❑ contr. **destinataire.**
▷ Autres mots de la famille : ENVOI, RENVOI, RENVOYER.

enzyme **n. f.** ou **m.** ✦ Substance qui accélère les réactions chimiques des organismes vivants. *Les enzymes jouent un rôle dans la digestion.*
● *Enzyme* s'écrit avec un *y.*

éolienne **n. f.** ✦ Machine qui utilise l'énergie du vent pour pomper l'eau ou fabriquer de l'électricité.
● Ce mot vient du nom de *Éole,* le dieu grec des vents.

éolienne

épagneul n. m., **épagneule** n. f. ✦ Chien de chasse à longs poils et à oreilles pendantes. → aussi **cocker.**

épagneul

épais, épaisse adj. 1. Gros. *Une épaisse couche de neige recouvre le sol.* ❑ contr. ② **fin, mince.** *Le mur est épais de 50 centimètres.* 2. Consistant, pâteux. *La sauce est trop épaisse.* ❑ contr. **liquide.** 3. Dont les éléments sont nombreux et serrés. *Son épaisse chevelure.* ❑ contr. **clairsemé.** 4. Très dense. *De la forêt en feu s'élevait une épaisse fumée.*

➤ **épaisseur** n. f. 1. Grosseur. *Une planche de 5 centimètres d'épaisseur.* 2. Densité. *L'épaisseur du brouillard nous empêchait d'avancer.*

➤ **épaissir** v. (conjug. 2) 1. Devenir épais. *La crème épaissit en cuisant.* 2. Grossir. *Elle a un peu épaissi cette année.* 3. Rendre plus épais. *La farine épaissit la sauce.* 4. **s'épaissir,** devenir plus dense. *Le brouillard s'est épaissi.*

s'**épancher** v. (conjug. 1) ✦ Faire ses confidences. → se **confier,** se **livrer.** *Léa s'est épanchée auprès de sa sœur.*

➤ **épanchement** n. m. ✦ Confidence. *À l'arrivée de sa mère, elle a arrêté ses épanchements.*

épandage n. m. ✦ Opération qui consiste à répandre du fumier, de l'engrais dans les champs pour fertiliser le sol.

s'**épanouir** v. (conjug. 2) 1. Ouvrir complètement ses pétales. *Les roses s'épanouissent dans le vase.* → **éclore.** 2. Manifester de la joie. *Son visage s'est épanoui quand il a vu son fils.* 3. Se développer en étant bien et heureux. *Cette jeune fille s'est épanouie depuis l'année dernière.*

➤ **épanouissement** n. m. ✦ Développement. *Ces roses sont dans leur plein épanouissement.*

épargner v. (conjug. 1) 1. Mettre de l'argent de côté. *Il épargne de l'argent pour s'acheter une voiture.* → **économiser.** ❑ contr. **dépenser, gaspiller.** 2. *Épargner quelque chose à quelqu'un,* c'est faire en sorte qu'il ne le subisse pas. *Je voulais vous épargner cette fatigue inutile.* → **éviter.** *Tu te serais épargné bien des ennuis en restant chez toi.* 3. Ne pas faire de mal à quelqu'un, le laisser en vie. *Les otages ont été épargnés.*

➤ **épargnant** n. m., **épargnante** n. f. ✦ Personne qui économise une partie de son argent. *Les petits épargnants.*

➤ **épargne** n. f. ✦ Argent que l'on met de côté. → **économie.** *Il a placé son épargne à la banque. La Caisse d'épargne,* c'est une sorte de banque où l'on peut déposer ses économies pour qu'elles rapportent des intérêts.

épars [epaʀ], **éparse** [epaʀs] adj. ✦ Dispersé, éparpillé. *Toutes ses affaires sont éparses dans sa chambre.*

➤ **éparpiller** v. (conjug. 1) ✦ Disperser. *Le vent a éparpillé la paille dans la cour de la ferme.* ❑ contr. **rassembler.**

➤ s'**éparpiller** v. 1. Se disperser, aller dans plusieurs directions. *À la récréation, les enfants s'éparpillent dans la cour.* 2. Passer d'une idée à une autre, d'une occupation à une autre. *Alex a du mal à se concentrer, il s'éparpille facilement.*

➤ **éparpillement** n. m. ✦ État de choses éparpillées. *Un éparpillement de papiers sur une table,* des papiers éparpillés.

épatant, épatante adj. ✦ Très agréable, qui plaît beaucoup. *Il a passé des vacances épatantes.* → **formidable.**

▷ Mot de la famille de ÉPATER.

épaté, épatée adj. ✦ *Un nez épaté,* c'est un nez court, large et aplati.

épater v. (conjug. 1) ✦ Familier. Étonner énormément en remplissant d'admiration. *Son courage nous a épatés.* → **époustoufler.**

▷ Autre mot de la famille : ÉPATANT.

épaulard n. m. ✦ Mammifère marin de la famille des dauphins. → **orque.**

épaule **n. f.** 1. Endroit où le bras s'attache au corps. *Il porte son enfant sur ses épaules. Elle a haussé les épaules,* elle a fait un mouvement des épaules signifiant « cela m'est égal, je m'en moque ». 2. Haut de la patte avant d'un animal que l'on mange. *De l'épaule d'agneau.* → aussi **gigot.**

➤ **épauler** **v.** (conjug. 1) 1. Mettre l'extrémité de la crosse du fusil contre l'épaule. *Le chasseur épaula, visa et tira.* 2. Aider quelqu'un à réussir. *Son père l'épaule dans son travail.*

➤ **épaulette** **n. f.** 1. Bande de tissu boutonnée sur l'épaule. *Les galons des militaires sont fixés sur les épaulettes.* 2. Couche épaisse de matière textile cousue et posée en demi-cercle dans l'épaule d'une veste, d'un manteau. *Les épaulettes font une carrure plus large.*

épave **n. f.** 1. Bateau qui a fait naufrage, rejeté par la mer ou englouti. *Une épave s'est échouée sur la plage.* 2. Personne qui ne fait rien et vit dans un état misérable. *Ce drogué est devenu une épave.*

épée **n. f.** ✦ Arme formée d'une longue lame droite et d'une poignée munie d'une garde. → aussi **fleuret.** *Les mousquetaires se battaient à l'épée. — C'est un coup d'épée dans l'eau,* c'est un effort inutile, une action qui ne sert à rien.

épée

épeler **v.** (conjug. 4) ✦ *Épeler un mot,* c'est nommer l'une après l'autre les lettres qui le composent. *Théo épelle son nom.*

épépiner **v.** (conjug. 1) ✦ Enlever les pépins. *Il épépine les grains de raisin.*

▷ Mot de la famille de PÉPIN.

éperdu, éperdue **adj.** 1. Qui éprouve une sensation très forte. *Louise était éperdue de joie en retrouvant ses parents,* folle de joie. 2. Très rapide. *Le chevreuil s'est lancé dans une fuite éperdue,* très rapide et désordonnée.

➤ **éperdument** **adv.** ✦ Très fortement. → **follement.** *Il était éperdument amoureux d'elle.* → **passionnément.** *Elle s'en moque éperdument,* complètement.

▷ Mots de la famille de PERDRE.

éperlan **n. m.** ✦ Petit poisson de mer. *Une friture d'éperlans.*

éperon **n. m.** ✦ Petite pointe de métal fixée au talon de la botte du cavalier, qui sert à piquer les flancs du cheval. *Le cavalier a donné un coup d'éperon à son cheval.*

➤ **éperonner** **v.** (conjug. 1) ✦ Donner des coups d'éperon. *Le cow-boy éperonne son cheval qui part aussitôt au galop.*

épervier **n. m.** ✦ Oiseau de proie de la taille d'un pigeon. *On dresse les éperviers pour la chasse aux oiseaux.*

épervier

éphémère **adj.** ✦ Très court, qui ne dure pas. *Ce film a eu un succès éphémère.* → ② **passager.** *Leur bonheur a été éphémère.* → **fugace.** ❑ contr. **durable, éternel.**

éphéméride **n. f.** ✦ Calendrier dont on détache chaque jour une feuille.

épi **n. m.** 1. Groupe de grains serrés qui se trouve au bout de la tige de certaines céréales. *Des épis de maïs.* 2. Mèche de cheveux qui se dresse quand on essaie de la coiffer. *Théo se met du gel pour cacher son épi.*

épice **n. f.** ✦ Plante parfumée ou piquante qui sert à donner du goût aux aliments. → aussi **aromate, condiment.** *La cannelle, le poivre sont des épices.*

➤ **épicé, épicée** **adj.** ✦ Assaisonné d'épices, piquant. *La sauce du couscous est très épicée.*

▷ Autres mots de la famille : ÉPICERIE, ÉPICIER.

épicéa **n. m.** ✦ Grand arbre qui ressemble au sapin. *Une forêt d'épicéas.* ➸ planche Arbres p. 49.

épicentre **n. m.** ✦ Zone où un tremblement de terre est le plus fort.

▷ Mot de la famille de CENTRE.

épicerie **n. f.** ✦ Magasin, ou rayon d'un magasin, où l'on vend des produits alimentaires.
▷ Mot de la famille de ÉPICE.

épicier **n. m.**, **épicière** **n. f.** ✦ Personne qui tient une épicerie.
▷ Mot de la famille de ÉPICE.

épidémie **n. f.** ✦ Maladie contagieuse que beaucoup de personnes attrapent en même temps. *Une épidémie de grippe.*
➤ **épidémique** **adj.** ✦ Qui atteint de nombreuses personnes. *La peste est une maladie épidémique.*

épiderme **n. m.** ✦ Couche superficielle de la peau qui est en contact avec l'extérieur. → **peau.**

épier **v.** (conjug. 7) ✦ Observer attentivement et secrètement. *Le chat épie les oiseaux.* → **guetter.** *Arrête de m'épier !* → **espionner, surveiller.**

épieu **n. m.** ✦ Arme ancienne formée d'un gros bâton à pointe de métal. — Au pl. *Des épieux.*

épilation **n. f.** ✦ Action d'arracher les poils. *Elle a pris rendez-vous chez l'esthéticienne pour une épilation des jambes.*
▷ Mot de la famille de ÉPILER.

épilepsie **n. f.** ✦ Maladie nerveuse où le malade gesticule et perd parfois connaissance. *Il a parfois des crises d'épilepsie.*
➤ **épileptique** **adj.** ✦ Qui a des crises d'épilepsie. *Une femme épileptique.* — **N.** *Les épileptiques ont des convulsions et des tremblements.*

épiler **v.** (conjug. 1) ✦ Arracher les poils d'une partie du corps. *Elle s'est fait épiler les jambes.*
▷ Autre mot de la famille : ÉPILATION.

épilogue **n. m.** ✦ Fin d'un récit, d'une histoire, d'un discours. → **conclusion, dénouement.** *J'attends l'épilogue du roman avec impatience.* → aussi **prologue.**
● *Épilogue* est un nom masculin.
➤ **épiloguer** **v.** (conjug. 1) ✦ Faire de longs commentaires. *Il ne sert à rien d'épiloguer sur ce qui nous est arrivé,* d'en parler longuement.

épinard **n. m.** ✦ *Les épinards,* ce sont les feuilles vertes d'une plante, que l'on mange cuites ou crues.

épinard

épine **n. f.** **1.** Partie piquante d'une plante. → **piquant.** *La rose a des épines.* **2.** *L'épine dorsale,* c'est la colonne vertébrale. → aussi **moelle** épinière.
➤ **épineux, épineuse** **adj.** **1.** Couvert d'épines. *La rose a une tige épineuse.* **2.** Difficile, délicat. *Une question épineuse.* → **embarrassant.**
▷ Autre mot de la famille : AUBÉPINE.

épingle **n. f.** **1.** Petite tige d'acier fine, pointue, munie d'une tête à une extrémité. *Elle a attaché l'ourlet avec des épingles.* — *Être tiré à quatre épingles,* c'est être habillé avec beaucoup de soin. *Tirer son épingle du jeu,* c'est se sortir habilement d'une situation difficile. **2.** *Une épingle de nourrice,* c'est une épingle recourbée et munie d'une fermeture. — On dit aussi *une épingle de sûreté* ou *une épingle double.* **3.** *Une épingle à cheveux,* c'est une tige très recourbée qui sert à faire tenir les cheveux. — *Un virage en épingle à cheveux,* c'est un virage très serré, en forme de U.
➤ **épingler** **v.** (conjug. 1) ✦ Attacher avec des épingles. *La couturière épingle l'ourlet de la jupe.*

épique **adj.** ✦ Qui rappelle une épopée. → **extraordinaire.** *Un voyage épique.*

épisode **n. m.** **1.** Moment particulier d'un livre, d'un film. *Dans ce livre, il y a des épisodes très drôles.* → **passage.** **2.** Partie d'une série, division d'un feuilleton. *J'ai raté le troisième épisode du feuilleton télévisé.*
➤ **épisodique** **adj.** ✦ Qui se produit par moments, de manière irrégulière. *Il vient ici de façon épisodique.* ❑ contr. **régulier.**

➤ **épisodiquement** **adv.** ✦ De temps à autre. *Ils se voient épisodiquement.* ❑ contr. **régulièrement.**

épistolaire **adj.** ✦ Qui concerne la correspondance par lettres. *Louise est en relations épistolaires avec une amie de vacances.*

épitaphe **n. f.** ✦ Inscription sur une tombe.

épithète **adj.** et **n. f.**

■ **adj.** *Un adjectif épithète,* c'est un adjectif qualificatif qui n'est pas relié par un verbe au nom qu'il qualifie. *Dans la phrase : « il a des chaussures neuves », « neuves » est épithète de « chaussures ».* → aussi **attribut.**

■ **n. f.** Mot qui est un compliment ou une injure. *Il l'a traité d'idiot, de crétin et autres épithètes peu flatteuses.*

● *Épithète* est un nom féminin. Attention au *h* après le premier *t.*

éploré, éplorée **adj.** ✦ Qui est en pleurs, a du chagrin. *La veuve éplorée suivait le cercueil de son mari.*

éplucher **v.** (conjug. 1) ✦ *Éplucher des fruits et des légumes,* c'est enlever la peau et tout ce que l'on ne mange pas. → aussi **peler.** *Il épluche des pommes de terre.*

➤ **épluchage** **n. m.** ✦ Action d'éplucher. *L'épluchage des oignons fait pleurer.*

➤ **épluchure** **n. f.** ✦ Ce que l'on a enlevé en épluchant. → **pelure.** *Des épluchures de pommes de terre.*

éponge **n. f.** **1.** Animal marin fixé au fond de l'eau. **2.** Objet fait d'une substance souple qui absorbe l'eau et la rejette, et qui sert à laver. *Elle nettoie l'évier avec une éponge.* **3.** *Du tissu éponge,* c'est du tissu épais avec de petites boucles de fil, qui essuie très bien. *Une serviette de bain en tissu éponge.*

➤ **éponger** **v.** (conjug. 3) ✦ Absorber avec une éponge ou un chiffon. *Il éponge le lait qu'il a renversé.*

éponge

épopée **n. f.** **1.** Long poème qui raconte les aventures d'un héros. *La « Chanson de Roland » est une épopée du Moyen Âge.* **2.** Suite d'aventures. *Ce voyage, quelle épopée !* → aussi **épique.**

époque **n. f.** ✦ Période de l'histoire. *Jeanne d'Arc et Napoléon ne vivaient pas à la même époque.*

s'**époumoner** **v.** (conjug. 1) ✦ Crier jusqu'à en être essoufflé. *Elle s'époumone à appeler les enfants qui ne veulent pas venir dîner.*

▷ Mot de la famille de POUMON.

épouser **v.** (conjug. 1) **1.** Se marier avec quelqu'un. *Il a épousé sa voisine.* → aussi **époux.** ❑ contr. **divorcer.** **2.** Adopter, partager. *Elle a épousé mes idées.* **3.** Suivre exactement. *Cette robe épouse bien la forme de son corps.* → **mouler.**

▷ Mot de la famille de ÉPOUX.

épousseter **v.** (conjug. 4) ✦ Enlever la poussière. *Elle époussette les meubles avec un chiffon.*

● Attention aux deux *s.*

époustoufler **v.** (conjug. 1) ✦ Familier. Étonner beaucoup. → **épater.** *Sa réussite nous a époustouflés.*

➤ **époustouflant, époustouflante** **adj.** ✦ Familier. Qui étonne énormément. *C'est une nouvelle époustouflante.* → **incroyable, stupéfiant.**

épouvantable **adj.** **1.** Qui cause une grande peur. *On entendit des cris épouvantables.* → **effrayant, effroyable, horrible, terrifiant.** ❑ contr. **rassurant.** **2.** Très pénible, très désagréable. *Quel temps épouvantable !* → **abominable, affreux.** ❑ contr. **agréable.**

➤ **épouvantablement** **adv.** ✦ D'une manière épouvantable. *Ce problème est épouvantablement compliqué.* → **atrocement, horriblement.**

▷ Mots de la famille de ÉPOUVANTER.

épouvantail **n. m.** (pl. **épouvantails**) ✦ Mannequin habillé de vieux vêtements que l'on met dans un champ pour faire peur

aux oiseaux et les empêcher de manger les fruits ou les graines. *Un épouvantail à moineaux.*
▷ Mot de la famille de ÉPOUVANTER.

épouvantail

épouvante **n. f.** ✦ Grande peur soudaine. → **terreur.** *Un film d'épouvante,* qui fait très peur.
▷ Mot de la famille de ÉPOUVANTER.

épouvanter **v.** (conjug. 1) ✦ Causer une grande peur. → **effrayer.** *Cette histoire de fantômes nous a épouvantés.* → **terroriser.** ❏ contr. **rassurer.**
▷ Autres mots de la famille : ÉPOUVANTABLE, ÉPOUVANTABLEMENT, ÉPOUVANTAIL, ÉPOUVANTE.

époux **n. m.**, **épouse** **n. f.** ✦ Personne mariée. → **conjoint.** *Mme Leroy est l'épouse de M. Leroy,* elle est sa femme. *Elle dit au revoir à son époux,* à son mari.
▷ Autre mot de la famille : ÉPOUSER.

s'**éprendre** **v.** (conjug. 58) ✦ Devenir amoureux de quelqu'un. *Il s'est épris de sa cousine.*

épreuve **n. f.** **1.** Partie d'un examen. *Les épreuves écrites et les épreuves orales du baccalauréat.* **2.** Compétition sportive. *Les épreuves de natation des Jeux olympiques.* **3.** *Mettre quelqu'un à l'épreuve,* c'est lui faire faire quelque chose de difficile pour voir s'il en est capable. → aussi **éprouver.** *Ces chaussures sont d'une solidité à toute épreuve,* elles sont très solides. **4.** Souffrance, malheur. *La mort de son mari fut une dure épreuve.* → **peine.**

éprouver **v.** (conjug. 1) **1.** Mettre à l'épreuve. *Ils ont voulu éprouver son courage.* **2.** Faire de la peine. *Ce deuil l'a beaucoup éprouvé.* **3.** Ressentir. *Il éprouve une grande joie à l'approche des vacances.*
➤ **éprouvant, éprouvante** **adj.** ✦ Pénible à supporter. *Une journée éprouvante.* → **fatigant.**

éprouvette **n. f.** ✦ Tube de verre utilisé dans les expériences de chimie.

épuiser **v.** (conjug. 1) **1.** Utiliser jusqu'à ce qu'il ne reste plus rien. *Le tireur a épuisé ses munitions.* **2.** Fatiguer. *Cette marche m'a épuisé.* → **éreinter, exténuer.** ❏ contr. **reposer.**
➤ **épuisant, épuisante** **adj.** ✦ Très fatigant. *Un travail épuisant.* → **éreintant, exténuant, harassant.** ❏ contr. **reposant.**
➤ **épuisé, épuisée** **adj.** ✦ Très fatigué. *La malade est épuisée par cet effort.* → **harassé.**
➤ **épuisement** **n. m.** **1.** État de ce qui est épuisé. *Ils ont tiré jusqu'à épuisement des munitions,* jusqu'à ce qu'il n'y en ait plus. **2.** Grande fatigue. *Il est dans un état d'épuisement extrême.* → **abattement.**
▷ Autre mot de la famille : INÉPUISABLE.

épuisette **n. f.** ✦ Petit filet de pêche fixé au bout d'un long manche.

épurer **v.** (conjug. 1) ✦ Rendre pur. → **purifier.** *On épure l'eau en la filtrant.*
➤ **épuration** **n. f.** ✦ *Une station d'épuration,* c'est un endroit où l'on purifie l'eau.
▷ Mots de la famille de PUR.

équateur [ekwatœʀ] **n. m.** ✦ Cercle imaginaire qui partage la Terre en deux hémisphères. *À l'équateur, les jours sont égaux aux nuits.*
➤ **équatorial, équatoriale** [ekwatɔʀjal] **adj.** ✦ De l'équateur. *Le climat équatorial est chaud et humide.* — Au masc. pl. *équatoriaux.*

équerre [ekɛʀ] **n. f.** ✦ Triangle de bois, de métal ou de plastique qui sert à tracer les angles droits.

équestre [ekɛstʀ] **adj.** ✦ *Une statue équestre,* c'est une statue qui représente une personne à cheval.

équi- ✦ Préfixe qui signifie « égal ».

équidistant [ekɥidistɑ̃], **équidistante** [ekɥidistɑ̃t] **adj.** ✦ Situé à la même distance. *Ces deux villes sont équidistantes de Paris.*
▷ Mot de la famille de DISTANT.

équilatéral, équilatérale [ekɥilateʀal] **adj.** ✦ *Un triangle équilatéral,* dont les trois côtés sont égaux. ➸ planche Géométrie p. 459. — Au masc. pl. *équilatéraux.*
▷ Mot de la famille de LATÉRAL.

équilibre **n. m.** 1. Position qui permet de ne pas tomber. *Le chat est en équilibre sur le mur.* ▫ contr. **déséquilibre.** *Paul a perdu l'équilibre et il est tombé.* 2. Position de la balance quand les deux plateaux sont à la même hauteur. *Les deux plateaux de la balance sont en équilibre,* à la même hauteur. 3. État d'une personne raisonnable, sensée et calme. *Julie a un bon équilibre.*
➤ **équilibrer** **v.** (conjug. 1) ✦ Mettre en équilibre. *Pour équilibrer les deux plateaux de la balance, il faut ajouter un poids.*
➤ **équilibré, équilibrée** **adj.** ✦ Calme et sensé. *Un enfant équilibré.*
➤ **équilibriste** **n. m.** et **f.** ✦ Personne dont le métier est de faire des exercices d'équilibre. → **acrobate, funambule.**
▷ Autres mots de la famille : DÉSÉQUILIBRE, DÉSÉQUILIBRÉ, DÉSÉQUILIBRER.

équinoxe **n. m.** ✦ Moment de l'année où les jours et les nuits ont la même durée. *Il y a deux équinoxes : le 21 mars et le 23 septembre.* ➸ illustration Solstice p. 924.
● *Équinoxe* est un nom masculin.

portrait **équestre**

équipage **n. m.** ✦ Ensemble des personnes qui assurent la manœuvre et le service dans un avion ou sur un bateau. *Le commandant de bord et son équipage vous souhaitent la bienvenue.*

équipe **n. f.** 1. Groupe de personnes qui travaillent ensemble. *Il aime travailler en équipe.* 2. Groupe de personnes qui pratiquent un sport ensemble. *Il y a onze joueurs dans une équipe de football.*
➤ **équipier** **n. m.**, **équipière** **n. f.** ✦ Personne qui fait partie d'une équipe sportive.
▷ Autre mot de la famille : COÉQUIPIER.

équipée **n. f.** ✦ Aventure. *Ce voyage en Corse, quelle équipée !*

équipement de boxe

équiper **v.** (conjug. 1) ✦ Munir de ce qui est nécessaire. *Cette voiture est équipée de vitres teintées.*
➤ **équipement** **n. m.** ✦ Ensemble des objets, des vêtements, des appareils nécessaires à une activité. *Un équipement de ski.*

équitable **adj.** ✦ Qui ne favorise ni ne défavorise personne. → ② **juste.** *Un partage équitable.* ▫ contr. **inégal, injuste.**
➤ **équitablement** **adv.** ✦ D'une manière juste. *Elle a partagé équitablement les chocolats.*
▷ Mots de la famille de ÉQUITÉ.

équitation **n. f.** ✦ Sport qui consiste à monter à cheval. *Il fait de l'équitation.* → aussi **équestre.**

équité **n. f.** ✦ Respect de ce qui est juste. *Le magistrat a jugé l'affaire avec équité.* → **impartialité, justice.**
▷ Autres mots de la famille : ÉQUITABLE, ÉQUITABLEMENT.

équivalence **n. f.** ✦ Qualité de ce qui est équivalent. ❏ contr. **différence.**
▷ Mot de la famille de VALOIR.

équivalent **adj.** et **n. m.**, **équivalente** **adj.**
■ **adj.** Qui a la même valeur. *Ces deux appartements ont une surface équivalente,* une surface égale.
■ **n. m.** Chose qui a la même valeur qu'une autre chose ou qui est à peu près semblable. *Je n'ai pas trouvé cette marque de café mais j'ai acheté l'équivalent,* un café semblable.
▷ Mot de la famille de VALOIR.

équivaloir **v.** (conjug. 29) ✦ Être égal à autre chose, avoir la même valeur qu'autre chose. *Une tonne équivaut à 1 000 kilos,* est égale à 1 000 kilos.
▷ Mot de la famille de VALOIR.

équivoque **adj.** et **n. f.**
■ **adj.** Dont le sens n'est pas clair, qui peut s'expliquer de plusieurs façons. *Il a fait une réponse équivoque.* → **ambigu.** ❏ contr. **clair, explicite.**
■ **n. f.** Incertitude. *Pour qu'il n'y ait pas d'équivoque, je lui ai dit clairement ce que je voulais.* → **malentendu, quiproquo.**

érable **n. m.** ✦ Grand arbre à feuilles dentées. *Au Canada, on fait du sirop avec la sève des érables.* ➻ planche Arbres p. 48.

érafler **v.** (conjug. 1) **1.** Faire une longue écorchure. → **écorcher.** *Les ronces lui ont éraflé les jambes.* → **égratigner. 2.** Entamer la surface en rayant. *Le camion a éraflé l'aile de la voiture.* → **rayer.**
➤ **éraflure** **n. f. 1.** Écorchure. *Elle s'est fait des éraflures aux jambes.* → **égratignure. 2.** Rayure. *Cette voiture a des éraflures sur sa carrosserie.*

éraillé, éraillée **adj.** ✦ *Une voix éraillée,* c'est une voix enrouée, rauque.

ère **n. f.** ✦ Longue période qui commence par un événement à partir duquel on compte les années. *Les arènes d'Arles datent du deuxième siècle de l'ère chrétienne.* ○ homonymes : ①, ② et ③ air, aire.

érection **n. f. 1.** Action de construire un monument en hauteur. → aussi **ériger.** *L'érection d'une statue.* **2.** Le fait, pour le pénis, de devenir dur et de se dresser.

éreinter **v.** (conjug. 1) **1.** Causer une grande fatigue physique. *Cette longue marche m'a éreinté.* → **épuiser, exténuer.** ❏ contr. **reposer. 2.** Démolir par une violente critique. *Les journalistes ont éreinté ce livre.*
➤ **éreintant, éreintante** **adj.** ✦ Très fatigant. *Un travail éreintant.* → **épuisant, exténuant.**

ergot **n. m.** ✦ Pointe recourbée et dure derrière la patte du coq et du chien. — *Se dresser sur ses ergots,* c'est prendre une attitude agressive.

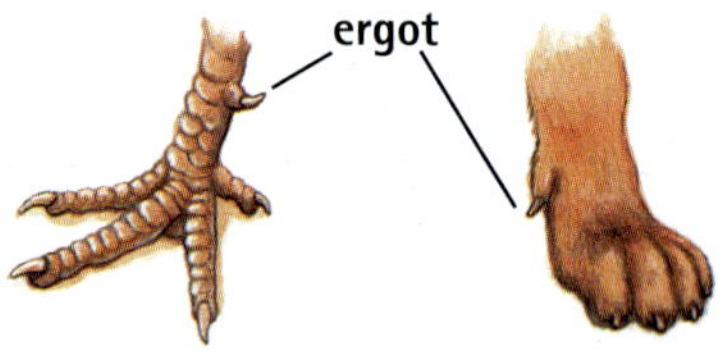

ergoter **v.** (conjug. 1) ✦ Discuter sur des détails. → **chipoter.** *Tu ne vas pas ergoter pour 1 euro !*

ériger **v.** (conjug. 3) ✦ Construire solennellement un monument. → **élever** et aussi **érection.** *On a érigé une statue sur la place.*

ermite **n. m.** ✦ Religieux qui vit seul dans un lieu désert.
➤ **ermitage** **n. m.** ✦ Lieu écarté, isolé.
▷ Autre mot de la famille : BERNARD-L'ERMITE.

éroder **v.** (conjug. 1) ✦ User, creuser par une action lente. *L'eau érode le lit des rivières.* → aussi **érosion.**

érosion **n. f.** ✦ Usure de la surface de la Terre provoquée par les eaux qui coulent, le gel, le vent, etc. → aussi **éroder.** *L'érosion transforme le relief.*

érotique **adj.** ✦ Qui concerne l'amour et le plaisir sexuel. *Les films érotiques sont interdits aux enfants.* → aussi **pornographique.**
● Ce mot vient du nom de *Éros,* le dieu grec de l'amour.

errer **v.** (conjug. 1) ✦ Aller çà et là, au hasard. *Ils ont longtemps erré avant de trouver la maison.*
➤ **errant, errante** **adj.** ✦ Qui erre. *Ils ont recueilli un chien errant,* un chien perdu.

escalade

erreur n. f. 1. Action de se tromper, de ne pas faire ce qu'il aurait fallu faire. → **faute.** *Le voleur a commis une erreur en laissant ses empreintes sur le mur. Vous avez pris mon journal par erreur.* 2. Faute, inexactitude. *Il a fait une erreur d'addition.*

erroné, erronée adj. ✦ Faux, inexact. *Cette ancienne croyance est erronée.* ❑ contr. **exact,** ① **juste, vrai.**

ersatz [ɛRzats] n. m. ✦ Produit qui en remplace un autre que l'on ne trouve plus ou que l'on ne peut pas utiliser. → **succédané.** *Des ersatz de café.*
● Ce mot vient de l'allemand.

érudit n. m., **érudite** n. f. ✦ Personne qui connaît très bien un sujet parce qu'elle a étudié tous les documents anciens et actuels qui en parlent. → **savant.**
➤ **érudition** n. f. ✦ Très grand savoir.

éruption n. f. 1. Jaillissement de lave, de cendres et de gaz hors du cratère d'un volcan. *Le volcan est en éruption.* 2. Apparition soudaine d'un grand nombre de boutons sur la peau. *Léa a une éruption de boutons sur tout le corps, elle doit avoir la rougeole.*

esbroufe n. f. ✦ Familier. *Faire de l'esbroufe,* c'est faire l'important en prenant de grands airs. → **bluff** et aussi **frime.**

escabeau n. m. ✦ Petite échelle pliante aux marches assez larges. *Elle monte sur un escabeau pour décrocher les rideaux.* — Au pl. *Des escabeaux.*

escadre n. f. ✦ Groupe de navires ou d'avions de guerre.
➤ **escadrille** n. f. ✦ Groupe d'avions de guerre plus petit qu'une escadre.
➤ **escadron** n. m. ✦ Unité commandée par un capitaine dans la cavalerie, les blindés et la gendarmerie.

escalade n. f. 1. Le fait de gravir une montagne, une paroi. → **ascension** et aussi **varappe.** *Les alpinistes ont fait l'escalade d'une paroi rocheuse.* 2. Augmentation soudaine. *On assiste à une escalade de la violence.*
➤ **escalader** v. (conjug. 1) 1. Passer par-dessus une clôture. *Le voleur a escaladé le mur du jardin.* 2. Faire l'ascension d'une pente très raide. → **gravir, grimper.** *Ils ont escaladé un rocher abrupt.*

escalator n. m. ✦ Escalier mécanique. → escalier **roulant.** *Les escalators d'un grand magasin.*

escale n. f. ✦ Arrêt pour prendre du carburant, embarquer ou débarquer des passagers ou des marchandises. *L'avion pour Dakar a fait escale à Madrid. Le bateau a fait le trajet Marseille-Naples sans escale.*

escalier n. m. ✦ Suite de marches qui servent à monter et à descendre. *Elle monte l'escalier quatre à quatre. Théo se laisse glisser sur la rampe de l'escalier. Dans le métro, il y a des escaliers roulants.* → aussi **escalator.**

escalope n. f. ✦ Mince tranche de viande blanche ou de poisson. *Le cuisinier a préparé des escalopes de dinde à la crème.*

escamoter v. (conjug. 1) ✦ Faire disparaître quelque chose sans être vu. *Le prestidigitateur a escamoté une carte.* → **dissimuler.**
➤ **escamotable** adj. ✦ Qui se replie, se rentre de telle manière qu'on ne le voie plus. *Une antenne de radio escamotable.*

escampette n. f. ✦ Familier. *Prendre la poudre d'escampette,* c'est prendre la fuite. → **décamper, déguerpir.**

escapade n. f. ✦ Petite promenade que l'on fait pour se distraire en se sauvant d'un endroit où l'on est surveillé ou en échappant à ses obligations. *Mes parents ont fait une escapade de trois jours en Espagne.*

escarcelle n. f. ✦ Petit sac attaché à la ceinture, dans lequel on mettait son argent autrefois. → ① **bourse.**

escargot n. m. ✦ Petit animal qui porte sur son dos une coquille arrondie enroulée en spirale et se nourrit de végétaux. → aussi **mollusque.** *Les cornes de l'escargot portent les yeux. Paul a mangé une douzaine d'escargots.*

escargot

escarmouche n. f. ✦ Bref combat de peu d'importance entre des groupes de soldats isolés. → aussi **échauffourée.**

escarpé, escarpée adj. ✦ En pente raide. *Un sentier escarpé.* → **abrupt,** à **pic.**

➤ **escarpement** n. m. ✦ Versant en pente raide. *L'escarpement de la falaise est impressionnant.*

escarpin n. m. ✦ Chaussure de femme très fine, à talons hauts, qui laisse découvert le dessus du pied. *Elle a mis ses escarpins vernis.*

à bon **escient** [abɔnɛsjɑ̃] adv. ✦ Comme il fallait le faire, avec de bonnes raisons. *Il l'a critiqué à bon escient.*

● Il y a un *c* après le *s*.

s'**esclaffer** v. (conjug. 1) ✦ Éclater de rire bruyamment. → **pouffer.** *Ils se sont esclaffés en entendant cette plaisanterie.*

● Attention aux deux *f*.

esclandre n. m. ✦ Incident qui consiste à montrer très bruyamment son mécontentement dans un endroit où il y a du monde. *Il a fait un esclandre dans le magasin.* → **scandale.**

● Ce mot est masculin.

esclave n. m. et f. et adj.

■ **n. m. et f.** À certaines époques et dans certaines civilisations, personne entièrement privée de liberté qui est achetée par un maître et demeure sous sa domination absolue. *Un esclave devenait un homme libre quand il était affranchi par son maître.*

■ **adj.** Soumis à quelque chose qui ne laisse plus de liberté. *Il est esclave de son travail.* → **prisonnier.**

➤ **esclavage** n. m. ✦ Condition d'esclave. → aussi **servage.** *La France a aboli l'esclavage dans ses colonies, en 1848.*

esclave

escogriffe n. m. ✦ *Un grand escogriffe,* un homme de grande taille mal bâti et paraissant un peu maladroit. → **échalas.** *Qui est ce grand escogriffe devant la maison ?*

escompte n. m. ✦ Diminution de prix que fait dans certains cas le vendeur à l'acheteur quand celui-ci paie immédiatement. → **rabais, remise.** *Le fabricant fait un escompte de 20 % à un grossiste qui paie comptant.*

escompter v. (conjug. 1) ✦ S'attendre à quelque chose. *Ce député escompte bien être réélu.* → **compter, espérer.**

escorte n. f. ✦ Groupe de personnes, de véhicules, qui accompagne quelqu'un pour le protéger ou lui faire honneur. *Ils ont vu l'escorte du président de la République.*

➤ **escorter** v. (conjug. 1) ✦ Accompagner quelqu'un pour le protéger ou lui faire honneur. *Des motards escortaient la voiture du président.*

escouade n. f. ✦ Groupe de quelques hommes. *Une escouade de policiers.*

escrime n. f. ✦ Sport de combat dans lequel deux adversaires s'affrontent au sabre, au fleuret ou à l'épée. *Elle fait de l'escrime.*

➤ **escrimeur** n. m., **escrimeuse** n. f. ✦ Sportif, sportive qui pratique l'escrime. *Les deux escrimeurs participent au championnat du monde.*

s'escrimer v. (conjug. 1) ✦ Déployer de grands efforts pour faire quelque chose. → **s'acharner, s'évertuer.** *Je m'escrime à ouvrir cette boîte depuis dix minutes.*

escroc [ɛskʀo] n. m. ✦ Personne malhonnête qui trompe les gens pour leur prendre de l'argent. *Cet homme d'affaires est un escroc.*

➤ **escroquer** v. (conjug. 1) ✦ Obtenir malhonnêtement de l'argent de quelqu'un en le trompant. *Il a escroqué une Américaine de plusieurs millions.*

➤ **escroquerie** n. f. ✦ Vol. *Il a été condamné pour escroquerie. Vendre des fraises des bois aussi cher, c'est de l'escroquerie !*

espace n. m. 1. Place. *Cet appartement est grand, il y a de l'espace.* → aussi **spacieux.** *Julie a besoin d'espace pour jouer.* 2. *Un espace vert,* c'est un endroit, dans une ville, où il y a de la verdure, des arbres. 3. *L'espace,* c'est le milieu qui se trouve en dehors de l'atmosphère terrestre, là où sont les planètes, les étoiles, le Soleil et la Lune. → **cosmos.** *Une fusée a été envoyée dans l'espace.* → aussi **spatial.** 4. Distance entre deux objets. *Il y a le même espace entre chaque banc.* → **espacement, intervalle.** 5. Étendue de temps. *En l'espace de quelques minutes, le ciel est devenu sombre,* en quelques minutes.

➤ **espacement** n. m. ✦ Distance entre deux choses. *L'espacement des arbres de l'allée est régulier.* → **espace, intervalle.**

➤ **espacer** v. (conjug. 3) 1. Mettre un certain espace entre deux choses. *Il faut espacer ces chaises, elles sont trop rapprochées.* ❑ contr. **rapprocher.** 2. Séparer par un intervalle de temps. *Maintenant que le malade va mieux, le médecin peut espacer ses visites.*

espadon n. m. ✦ Grand poisson de mer dont la mâchoire supérieure est très longue et pointue. *Nous avons mangé de l'espadon grillé.*

espadon

espadrille n. f. ✦ Chaussure légère de toile à semelle de corde. *L'été, Louise met des espadrilles.*

espagnolette n. f. ✦ Poignée actionnant une tige métallique, qui permet d'ouvrir ou de fermer une fenêtre.

espalier n. m. 1. Mur contre lequel on fait pousser des arbres fruitiers. *Il y a des poiriers en espalier dans le potager,* appuyés contre un espalier. 2. Échelle de bois fixée à un mur qui sert à faire des exercices de gymnastique. *Le professeur nous fait faire des exercices à l'espalier.*

espèce n. f. 1. Catégorie d'êtres vivants qui ont des caractères communs et peuvent se reproduire entre eux. *Il y a des espèces animales et des espèces végétales. Une espèce d'arbres.* → **essence.** *Les hommes et les fem-*

mes forment l'espèce humaine. **2.** Genre, sorte. *Je ne parle pas aux gens de votre espèce,* aux gens comme vous. *Elle a une espèce de pantalon qui ressemble à un pyjama. Espèce d'idiot !* **3.** Au pl. Argent liquide. *Elle a payé en espèces.*

● *Espèce* est un nom féminin : on doit dire *une espèce de cartable.*

espérer v. (conjug. 6) ✦ Souhaiter qu'une chose que l'on désire se réalise. *J'espère revenir l'été prochain. J'espère que tu seras là. N'espérez pas de récompense !* → **attendre, escompter.** ❑ contr. **craindre, redouter.**

➤ **espérance** n. f. ✦ Sentiment d'une personne qui espère. → **espoir.** *Le vert est la couleur de l'espérance. Il vit dans l'espérance que tout ira bien.*

▷ Autres mots de la famille : DÉSESPÉRANT, DÉSESPÉRÉ, DÉSESPÉRÉMENT, DÉSESPÉRER, INESPÉRÉ.

espiègle adj. ✦ Vif et malicieux, sans méchanceté. *Léa est espiègle, elle adore faire des farces.* → **coquin.**

➤ **espièglerie** n. f. ✦ Farce.

espion n. m., **espionne** n. f. ✦ Personne qui cherche à connaître les secrets militaires, industriels ou politiques d'un pays étranger pour les transmettre à son propre pays. *Les espions ont souvent une fausse identité pour ne pas être reconnus.*

● On dit aussi un *agent secret.*

➤ **espionner** v. (conjug. 1) ✦ Surveiller quelqu'un en cachette pour connaître un secret. → **épier.** *Il espionne ses voisins.*

➤ **espionnage** n. m. ✦ Activité des espions. *Il lit des romans d'espionnage.*

esplanade n. f. ✦ Grand terrain plat et dégagé aménagé devant un monument. *L'esplanade des Invalides, à Paris.*

espoir n. m. **1.** Sentiment d'une personne qui souhaite que la chose qu'elle désire arrive. → **espérance.** *Il a le ferme espoir de réussir,* il espère bien réussir. *On a perdu l'espoir de retrouver les naufragés.* **2.** Personne qui a des chances de devenir un grand champion ou un artiste célèbre. *C'est un espoir du ski français.*

▷ Autre mot de la famille : DÉSESPOIR.

esprit n. m. **1.** Pensée. *Il me vient une idée à l'esprit. Il a eu la présence d'esprit d'appeler les pompiers,* il a réagi vite et bien en appelant les pompiers. **2.** Humour. *Elle a beaucoup d'esprit.* **3.** Manière d'agir habituelle. *Il a l'esprit d'équipe,* il est solidaire des membres de son équipe. *Elle a mauvais esprit,* elle est malveillante, elle voit le mal partout. **4.** *Un esprit,* c'est l'âme d'un mort qui revient parmi les vivants. → **fantôme, revenant.** *Esprit, es-tu là ?* **5.** *Les grands esprits se rencontrent,* se dit quand deux personnes ont en même temps la même idée (ou disent la même chose).

esquif n. m. ✦ Petit bateau léger.

① **Esquimau** n. m., **Esquimaude** n. f. ✦ Habitant des régions polaires du nord de l'Amérique et du Groenland. → **Inuit.** *Les Esquimaux habitent dans des igloos.* — **Adj.** *Un chien esquimau. La civilisation esquimaude.*

● On dit aussi *un Eskimo, une Eskimo.*

esquimau

② **esquimau** n. m. Nom déposé ✦ Glace enrobée que l'on tient comme une sucette, par un bâton. *Théo a mangé un esquimau à l'entracte.* — Au pl. *Des esquimaux.*

esquinter v. (conjug. 1) ✦ Familier. Abîmer. *Le chat a esquinté le fauteuil.*

esquisse n. f. ✦ Dessin rapidement fait, où l'on ne voit que l'essentiel. → **croquis, ébauche.** *L'esquisse d'un tableau.*

➤ **esquisser** v. (conjug. 1) **1.** Dessiner rapidement. *Il a esquissé un portrait de sa grand-mère.* **2.** Commencer à faire quelque chose. *Elle esquissa un sourire,* elle le commença sans l'achever. → **ébaucher.**

esquiver v. (conjug. 1) **1.** *Esquiver un coup,* c'est éviter de le recevoir. → **parer.** **2.** **s'esquiver,** s'en aller sans se faire remarquer. → **s'éclipser.** *Julie s'est esquivée avant la fin du film.*

essai n. m. **1.** Utilisation de quelque chose pour en voir les qualités et les défauts. *J'ai*

acheté cette nouvelle marque de café pour faire un essai. → **expérience, test.** 2. Le fait d'agir sans être sûr du résultat. → **tentative.** *Au premier essai, il a envoyé la flèche dans la cible.* 3. Au rugby, avantage obtenu quand un joueur pose ou touche le ballon derrière la ligne de but. *Notre équipe a marqué un essai. Le joueur a transformé l'essai.* 4. Livre dans lequel l'auteur dit ce qu'il pense sur un sujet. *Un essai politique.*
▷ Mot de la famille de ESSAYER.

essaim **n. m.** ✦ Groupe d'insectes en vol ou posés. *Il y a un essaim de guêpes sous le toit.*
● Attention au *m* à la fin de *essaim.*
➤ **essaimer** **v.** (conjug. 1) 1. Quitter la ruche en essaim pour aller s'établir ailleurs. *Les abeilles vont essaimer.* 2. Se disperser et fonder de nouveaux groupes ailleurs. *Cette société a essaimé à l'étranger,* elle y a installé des succursales.

essayer **v.** (conjug. 8) 1. Utiliser une chose pour la première fois afin de voir ses qualités et ses défauts. → **expérimenter, tester.** *Il essaie une nouvelle voiture.* 2. Faire des efforts sans être sûr du résultat. *Alex essaie de faire de la planche à voile.* → **s'efforcer,** ② **tenter.** 3. Mettre un vêtement pour voir s'il va. *Julie a essayé plusieurs jupes.*
➤ **essayage** **n. m.** ✦ Le fait d'essayer un vêtement. *Dans les magasins de vêtements, il y a des cabines d'essayage.*
▷ Autre mot de la famille : ESSAI.

essence **n. f.** 1. Carburant tiré du pétrole qui sert à faire fonctionner les véhicules. *Il s'est arrêté pour prendre de l'essence.* → aussi ② **super.** *Elle met de l'essence sans plomb dans sa voiture.* 2. Espèce d'arbres. *Dans cette forêt, il y a des essences très variées.* 3. Extrait d'une plante, très concentré. *De l'essence de lavande.*

essentiel **adj.** et **n. m.,** **essentielle** **adj.**
■ **adj.** Très utile, très important. *Il manque une pièce essentielle pour faire cette maquette d'avion.* → **indispensable, nécessaire.** ❑ contr. **inutile.** *Raconte-nous les faits essentiels pour que nous puissions comprendre.* → **principal.** ❑ contr. **secondaire.**
■ **n. m.** Le plus important. *En voyage, il n'emporte que l'essentiel,* les objets indispensables.
➤ **essentiellement** **adv.** ✦ Surtout, principalement. *C'est un pays essentiellement montagneux.*

essieu **n. m.** ✦ Barre de métal qui relie deux roues. — Au pl. *Des essieux.*

essor **n. m.** 1. *Prendre son essor,* s'envoler. *L'oiseau prend son essor.* 2. Développement rapide et important. → **expansion.** *Le tourisme est en plein essor dans cette région.*

essorer **v.** (conjug. 1) ✦ *Essorer du linge,* c'est le tordre pour en faire sortir l'eau.
➤ **essorage** **n. m.** ✦ Action de débarrasser le linge de l'eau qu'il contient. *Le lave-linge tourne très vite pendant l'essorage.*

essouffler **v.** (conjug. 1) ✦ Faire perdre le souffle. *Cette course m'a essoufflé. Je suis tout essoufflé.* → **haleter.**
➤ **essoufflement** **n. m.** ✦ Respiration très rapide et malaisée.
● Attention : deux *s* et deux *f.*
▷ Mots de la famille de SOUFFLE.

① **essuyer** **v.** (conjug. 8) 1. Sécher en frottant. *Il essuie la vaisselle.* — **s'essuyer,** se sécher. *Léa s'est essuyée en sortant de son bain.* 2. Enlever la poussière, la saleté en frottant. *Elle essuie le buffet avec un chiffon.*
➤ **essuie-glace** **n. m.** ✦ Petit appareil muni d'une lame de caoutchouc qui essuie le pare-brise ou la vitre arrière d'un véhicule. *Les essuie-glaces de sa voiture sont usés.* ▷ Mot de la famille de ① GLACE.
➤ **essuie-main** **n. m.** ✦ Torchon ou serviette qui sert à essuyer les mains. — Au pl. *Des essuie-mains.* ▷ Mot de la famille de MAIN.
● On peut aussi écrire *un essuie-mains.*
➤ **essuie-tout** **n. m. inv.** ✦ Papier absorbant vendu en rouleau. ▷ Mot de la famille de ① TOUT.

② **essuyer** **v.** (conjug. 8) ✦ Subir une chose désagréable. *Il a essuyé un refus.*

est [ɛst] **n. m.** ✦ Un des quatre points cardinaux. *Le soleil se lève à l'est.* → **orient.** *Reims est à l'est de Paris.* — **Adj. inv.** *Il habite dans la banlieue est,* située à l'est.

estafilade **n. f.** ✦ Longue coupure au visage. *Son père s'est fait une estafilade en se rasant.* → **balafre.**

estampe

estampe **n. f.** ✦ Gravure. *Certains livres anciens sont illustrés de magnifiques estampes.*

est-ce que **adv.** ✦ Mot qui sert à poser des questions. *Est-ce que tu viens avec moi ? Où est-ce que nous allons ?*

▷ Mot de la famille de ① ÊTRE et ② CE.

esthétique **adj.** **1.** Beau, décoratif. *Cette vieille poubelle n'est vraiment pas très esthétique.* **2.** Qui est fait pour rendre une personne plus belle. *Elle est passée par la chirurgie esthétique pour se faire refaire le nez.*

➤ **esthéticien** **n. m.**, **esthéticienne** **n. f.** ✦ Personne qui donne des soins de beauté, fait des maquillages. *L'esthéticienne travaille dans un institut de beauté.*

● Il y a un *h* après le *t*.

estimer **v.** (conjug. 1) **1.** Donner un prix, une valeur à quelque chose. *L'expert a estimé ce tableau à un million.* → **évaluer.** **2.** Calculer approximativement. *Le nombre des blessés est encore impossible à estimer.* **3.** Avoir une opinion sur quelque chose. → **juger, penser.** *J'estime que j'ai raison.* **4.** Penser du bien de quelqu'un, trouver qu'il a des qualités. *L'inspecteur estime beaucoup la directrice de notre école.* → **apprécier.** ❑ contr. **mépriser.**

➤ **estimable** **adj.** ✦ Qui a beaucoup de qualités. *C'est une personne très estimable,* digne d'estime.

➤ **estimation** **n. f.** ✦ Détermination du prix, de la valeur, du nombre, de l'importance de quelque chose. *Le plombier a fait une estimation du prix des travaux,* il a dit combien cela coûterait. → **évaluation.**

➤ **estime** **n. f.** ✦ Bonne opinion que l'on a d'une personne. *J'ai beaucoup d'estime pour elle.* → **considération, respect.** ❑ contr. **dédain, mépris.**

▷ Autres mots de la famille : INESTIMABLE, MÉSESTIMER, SOUS-ESTIMER, SURESTIMER.

estival, estivale **adj.** ✦ D'été. *Malgré la saison, il fait une température estivale.* ❑ contr. **hivernal.** — Au masc. pl. *estivaux.*

estivant **n. m.**, **estivante** **n. f.** ✦ Personne qui vient passer ses vacances d'été dans un lieu. → **vacancier.** *Les premiers estivants arrivent en juin.*

estomac [ɛstɔma] **n. m.** ✦ Partie de l'appareil digestif située entre l'œsophage et l'intestin et formée d'une poche destinée à recevoir les aliments. *La nourriture est broyée et commence à être digérée dans l'estomac.* — *Avoir l'estomac dans les talons,* avoir faim.
● Le *c* final ne se prononce pas.

estomper **v.** (conjug. 1) ✦ Rendre moins net. *La brume estompe le paysage.* → **voiler.** *Le temps estompe la douleur.* → **atténuer.** ❑ contr. **raviver.** — **s'estomper,** devenir moins net. *Les couleurs du tableau se sont estompées,* elles ont pâli.

estrade **n. f.** ✦ Plancher surélevé de quelques marches au-dessus du sol. *L'orchestre est installé sur une estrade.*

estragon **n. m.** ✦ Plante dont on utilise la tige et les feuilles pour parfumer les plats. *L'estragon est un condiment. Nous avons mangé du poulet à l'estragon.*

s'estropier **v.** (conjug. 7) ✦ Se blesser gravement. *Il aurait pu s'estropier en tombant du mur.*

estuaire **n. m.** ✦ Embouchure vaste et profonde d'un fleuve. *Saint-Nazaire est un port sur l'estuaire de la Loire.*
● *Estuaire* est un nom masculin.

esturgeon [ɛstyʀʒɔ̃] **n. m.** ✦ Grand poisson qui pond ses œufs dans les fleuves mais vit dans la mer. *Des œufs d'esturgeon.* → **caviar.**
● Il y a un *e* après le *g*.

esturgeon

et **conjonction.** ✦ Mot qui sert à relier deux mots ou deux groupes de mots. *Ferme les yeux et ouvre la bouche. Il est bête et méchant.*

étable **n. f.** ✦ Bâtiment où l'on loge les vaches, les bœufs, les veaux. → aussi **bergerie, écurie, porcherie.** *Les vaches sont dans l'étable.*

établi **n. m.** ✦ Grande table très solide sur laquelle on travaille le bois, les pièces métalliques. *Le menuisier ponce une planche sur son établi.*
▷ Mot de la famille de ÉTABLIR.

établir **v.** (conjug. 2) **1.** Mettre en place. → **installer.** *Les militaires ont établi leur camp près de l'aéroport.* **2.** Apporter la preuve de quelque chose. → **démontrer, prouver.** *L'expert a établi que l'accident était dû à une défaillance mécanique.* **3.** Faire avec soin et précision. *Elle a établi la liste des gagnants.* → **dresser.** **4.** Commencer, mettre en application. *Ces deux pays ont établi des relations diplomatiques,* ils les ont nouées. **5. s'établir,** se fixer quelque part pour y habiter ou y travailler. → s'**installer.** *Ils se sont établis en Savoie.*

➤ **établissement** **n. m.** **1.** Installation. *Je ne les ai pas revus depuis leur établissement en province.* **2.** Bâtiment servant à un usage précis. *Un collège, un lycée sont des établissements scolaires.* **3.** Au pl. Société commerciale. *Les Établissements Dupont.* → **entreprise.**
▷ Autres mots de la famille : ÉTABLI, RÉTABLIR, RÉTABLISSEMENT.

étage **n. m.** **1.** Chacun des niveaux d'un bâtiment placés les uns au-dessus des autres. *Une maison de trois étages. Elle habite au quatrième étage.* **2.** Chaque niveau d'un vaisseau spatial. *Le deuxième étage de la fusée s'est détaché.*

➤ **s'étager** **v.** (conjug. 3) ✦ Être disposé les uns au-dessus des autres. *Les maisons s'étagent sur la colline.*

➤ **étagère** **n. f.** ✦ Planche horizontale. *Les livres sont rangés sur l'étagère.* → ① **rayon.**

étai **n. m.** ✦ Poutre qui sert à soutenir un mur ou une construction peu solide.
▷ Autre mot de la famille : ÉTAYER.

étain **n. m.** ✦ Métal blanc grisâtre, assez mou. *Une théière en étain.*

étaler **v.** (conjug. 1) **1.** Disposer des objets de façon à ce qu'ils occupent beaucoup de place pour être bien vus. *Il a étalé des photos sur la table.* → **éparpiller.** ❑ contr. **ramasser.** **2.** Mettre à plat. *L'automobiliste étale sa carte routière.* **3.** Étendre en couche fine. *Il étale du beurre sur sa tartine.* **4.** Montrer quelque chose dont on est très fier. *Il étale ses connaissances.* **5.** Répartir dans le temps. → **échelonner.** *Il faut étaler les départs en vacances.* **6.** Familier. **s'étaler,** tomber. *Elle s'est étalée de tout son long.*

➤ **étal** **n. m.** (pl. **étals**) ✦ Table où l'on expose les marchandises dans un marché. → **éventaire.**

➤ **étalage** **n. m.** ✦ Endroit où l'on expose des marchandises à vendre. *Julie admire les étalages d'un grand magasin.* → **devanture, vitrine.**

➤ **étalagiste** **n. m.** et **f.** ✦ Personne dont le métier est de disposer les marchandises dans les vitrines des magasins.

➤ **étale** **adj.** ✦ *La mer est étale,* elle a cessé de monter et ne descend pas encore.

➤ **étalement** **n. m.** ✦ Répartition dans le temps. *L'étalement des départs en vacances évite les bouchons sur les routes.*

étalon **n. m.** **1.** Cheval mâle qui peut se reproduire. **2.** Modèle de mesure. *On vérifie une balance avec des poids étalons.*

étamine **n. f.** ✦ Partie mâle d'une fleur qui produit le pollen. ➻ planche Fleurs p. 421. *Les insectes en butinant transportent le pollen des étamines sur le pistil.*

étancher **v.** (conjug. 1) ✦ *Étancher sa soif,* c'est l'apaiser en buvant. → se **désaltérer.**

➤ **étanche** **adj.** ✦ Qui ne laisse pas passer l'eau. *Théo peut se baigner avec sa montre étanche.*

➤ **étanchéité** **n. f.** ✦ Qualité de ce qui est étanche. *L'étanchéité de cette montre est garantie.*

étang [etɑ̃] **n. m.** ✦ Petit lac peu profond. → aussi **mare.**

● Le *g* final ne se prononce pas.

étape **n. f.** **1.** Endroit où l'on s'arrête au cours d'un voyage. → **halte.** *Ils ont fait une étape dans le Midi.* **2.** Distance à parcourir avant de s'arrêter. *Les cyclistes ont parcouru une longue étape.* **3.** Période. *L'adolescence est une étape difficile.* → **moment, phase.**

① **état** **n. m.** **1.** Manière d'être d'un être vivant. *Son état de santé est bon,* il est en bonne santé. *Depuis qu'elle a appris la nouvelle, elle est dans tous ses états,* elle est très agitée, affolée. **2.** Manière d'être d'une chose. *Ce livre est en mauvais état,* il est abîmé. *La voiture est en état de marche,* elle peut fonctionner. *Le film est encore à l'état de projet,* sous forme de projet. **3.** *De son état,* de son métier. *Il est pharmacien de son état.* **4.** *L'état civil d'une personne,* c'est son nom, sa date et son lieu de naissance, sa situation de famille.

⊳ Autre mot de la famille : ÉTAT-MAJOR.

② **État** **n. m.** **1.** *Un État,* c'est un ensemble de personnes qui vivent sur un territoire et obéissent au même gouvernement. → **nation, pays.** *Ce pays est en guerre avec les États voisins.* **2.** *L'État,* c'est l'ensemble des services qui gouvernent un pays. → **administration, gouvernement.** *Plusieurs chefs d'État se sont réunis à Paris. Ce président est un grand homme d'État,* c'est un homme capable de bien gouverner. *Le gouvernement a été renversé par un coup d'État,* par une révolution. → **putsch.**

état-major **n. m.** ✦ Groupe d'officiers qui commande une armée sous les ordres d'un général. — Au pl. *Des états-majors.*

⊳ Mot de la famille de ① ÉTAT et de MAJOR.

étau **n. m.** ✦ Instrument composé de deux mâchoires qui maintiennent en le serrant un objet que l'on veut travailler. *Un étau d'établi.* — Au pl. *Des étaux.*

étau

étayer **v.** (conjug. 8) ✦ Consolider un mur, un plafond avec des poutres. → aussi **étai.**

⊳ Mot de la famille de ÉTAI.

etc. [ɛtseteʀa] **adv.** ✦ Et ainsi de suite, et le reste. *Une panoplie de cow-boy comporte un chapeau, des bottes, un pistolet, etc.*

été **n. m.** ✦ Saison la plus chaude de l'année. *Tous les étés, il va en Corse.* → aussi **estival, estivant.**

éteindre **v.** (conjug. 52) **1.** Faire cesser de brûler. *Les pompiers ont éteint l'incendie.* **2.** Faire cesser d'éclairer. *Éteins la lumière.* ❑ contr. **allumer.** **3.** Faire cesser de fonctionner un appareil électrique. *J'ai oublié d'éteindre la radio.* → **fermer.**

➤ **s'éteindre** **v.** 1. Cesser de brûler. *Le feu s'est éteint.* 2. Cesser de vivre. → **mourir.** *Le malade s'est éteint dans la nuit.*

➤ **éteint, éteinte** **adj.** 1. Qui ne brûle plus, n'éclaire plus. *La voiture roulait tous feux éteints,* sans aucune lumière allumée. 2. Faible et triste. *Il parle d'une voix éteinte.*

étendard **n. m.** ✦ Drapeau. → **bannière.**

étendre **v.** (conjug. 41) 1. Allonger. *On a étendu le blessé sur le bord de la route.* → ① **coucher.** 2. Étaler quelque chose qui était plié. *Elle étend le linge sur le séchoir.* 3. Diluer, délayer. *Ce sirop doit être étendu d'eau avant d'être bu.* 4. Rendre plus grand. *Il a étendu ses connaissances en géographie.* → **accroître, augmenter.**

➤ **s'étendre** **v.** 1. S'allonger, se coucher. *Elle s'est étendue sur son lit. Étends-toi.* 2. Occuper un certain espace. *La plaine s'étend sur des kilomètres.* 3. Devenir plus grand. *La douleur s'est étendue.* → se **propager.**

➤ **étendu, étendue** **adj.** ✦ Grand, vaste. *D'ici, on a une vue étendue sur la ville. Il a des connaissances très étendues.* ❏ contr. **restreint.**

➤ **étendue** **n. f.** 1. Espace, surface. *Une immense étendue désertique.* 2. Importance. *Il a constaté l'étendue des dégâts.*

▷ Mots de la famille de ① TENDRE.

éternel, éternelle **adj.** 1. Qui a toujours existé et existera toujours. *Les chrétiens croient en un Dieu éternel.* 2. Qui doit durer toujours. *Ils pensent que leur amitié sera éternelle.* → **durable.** ❏ contr. **éphémère.** *Il y a des neiges éternelles sur les sommets,* des neiges qui ne fondent jamais. 3. Qui ennuie parce que c'est toujours la même chose. *Ils ont recommencé leurs éternelles discussions politiques.*

➤ **éternellement** **adv.** ✦ Sans cesse, continuellement. *Il est éternellement en retard.* → **toujours.** *Cette situation ne va pas durer éternellement.* → **indéfiniment.**

s'éterniser **v.** (conjug. 1) ✦ Durer trop longtemps. *Ce repas s'éternise.*

éternité **n. f.** 1. Durée sans commencement ni fin. *Les chrétiens croient que Dieu vit dans l'éternité.* 2. Temps extrêmement long. *Cela fait une éternité qu'il est parti.*

été (*L'Été*, N. Poussin)

éternuer v. (conjug. 1) ✦ Rejeter brusquement et avec bruit de l'air par le nez et la bouche.
➤ **éternuement** n. m. ✦ Passage brutal d'air rejeté par le nez, accompagné d'un bruit. *Le poivre provoque des éternuements.*
● Ce mot prend un *e* entre le *u* et le *m*.

éther [etɛʀ] n. m. ✦ Liquide incolore qui a une odeur forte, s'évapore très vite et sert à anesthésier et à désinfecter. *Une forte odeur d'éther.*
● Il y a un *h* après le *t*.

ethnie [ɛtni] n. f. ✦ Groupe de personnes qui parlent la même langue et ont la même culture. *Ce pays est composé de plusieurs ethnies.*
● Il y a un *h* après le *t*.

ethnologie n. f. ✦ Science qui étudie la vie et les habitudes des peuples.
➤ **ethnologue** n. m. et f. ✦ Personne qui étudie la façon de vivre des différents peuples.
● Il y a un *h* après le *t*.

étinceler v. (conjug. 4) ✦ Briller vivement. *Les yeux du chat étincellent dans le noir.* → **scintiller.**
➤ **étincelant, étincelante** adj. ✦ Qui brille, qui étincelle. *La neige est étincelante de blancheur.*
▷ Mots de la famille de ÉTINCELLE.

étincelle n. f. 1. Minuscule partie brûlante et brillante qui se détache d'un feu. *La bûche crépite et lance des étincelles. — C'est l'étincelle qui a mis le feu aux poudres,* c'est le petit incident qui a déclenché la catastrophe. 2. Petit éclair. *Il y a eu une étincelle dans la prise électrique. — Faire des étincelles,* réussir brillamment, avoir de très bons résultats.
▷ Autres mots de la famille : ÉTINCELANT, ÉTINCELER.

s'étioler v. (conjug. 1) ✦ Perdre de sa vigueur. *La plante s'étiole,* elle devient rabougrie et décolorée. → se **faner**, se **flétrir**. ❑ contr. s'**épanouir.**

① **étiquette** n. f. ✦ Morceau de papier placé sur un objet, qui indique son prix, sa composition, sa destination ou son propriétaire. *Elle a attaché une étiquette à sa valise. Julie met des étiquettes sur ses livres de classe.*
➤ **étiqueter** v. (conjug. 4) ✦ Mettre une étiquette. *Elle étiquette les bocaux de confiture.*

② **étiquette** n. f. ✦ Règles que l'on doit observer en présence d'un chef d'État, d'un grand personnage. → **protocole.** *Sous Louis XIV, la cour respectait l'étiquette.*

étirer v. (conjug. 1) 1. Allonger en tirant. *Elle étire un élastique.* 2. **s'étirer,** étendre ses membres pour détendre ses muscles. *Le chat s'étire quand il se réveille.*
▷ Mot de la famille de TIRER.

étoffe n. f. ✦ Tissu. *Elle a choisi une étoffe rouge pour se faire une jupe.*

étoffer v. (conjug. 1) ✦ Enrichir. *Il faut étoffer ta rédaction de quelques exemples.*

étoile n. f. 1. Astre. *Les étoiles brillent dans le ciel.* → aussi **constellation.** *Une étoile filante traverse le ciel,* un météore. — *Ils ont dormi à la belle étoile,* en plein air, la nuit. 2. Ornement à plusieurs branches. *Le général a des étoiles brodées sur son képi.* 3. *Une étoile de mer,* c'est un animal marin en forme d'étoile à cinq branches. ➻ planche Crustacés et coquillages p. 243. 4. Artiste très célèbre. *Cet acteur est une étoile du cinéma.* → **star,** ② **vedette.** *Une danseuse étoile,* qui a le plus haut rang parmi les danseurs de l'Opéra.
➤ **étoilé, étoilée** adj. ✦ Rempli d'étoiles. *Le ciel était étoilé.*

étonner v. (conjug. 1) 1. Causer de la surprise à quelqu'un. *Ta question m'a étonné.* → **surprendre.** *Cela m'étonnerait qu'il revienne,* c'est peu probable. 2. **s'étonner,** être surpris, trouver étrange. *Elle s'est étonnée de trouver la porte fermée.*
➤ **étonnant, étonnante** adj. ✦ Qui cause une surprise. *Je viens d'apprendre une chose étonnante.* → **ahurissant, effarant, inattendu, renversant, surprenant.** ❑ contr. **banal, ordinaire.**
➤ **étonnamment** adv. ✦ D'une manière surprenante. *Les enfants sont étonnamment sages.* → **étrangement.**
➤ **étonnement** n. m. ✦ Surprise. *À mon grand étonnement, il est arrivé à l'heure.* → **stupéfaction.**

étouffer v. (conjug. 1) 1. Empêcher de respirer. *Serre-moi moins fort, tu m'étouffes.* — **s'étouffer,** ne plus arriver à respirer. *Il a failli s'étouffer en avalant de travers.* → s'**étrangler.** 2. Faire mourir quelqu'un en l'empêchant de respirer. *Le meurtrier a étouffé sa victime.* → aussi **asphyxier.** 3. Atténuer. *La moquette* *étouffe le bruit des pas.* → **amortir.** 4. Avoir du mal à respirer, avoir trop chaud. *Ouvre la fenêtre, on étouffe.*

➤ **étouffant, étouffante** adj. ✦ Qui empêche de respirer normalement. *Il fait une chaleur étouffante.* → **accablant, suffocant.**

➤ **étouffement** n. m. ✦ Difficulté à respirer. *L'asthme provoque des crises d'étouffement.* → **asphyxie.**

➤ à l'**étouffée** adv. ✦ *Cuire à l'étouffée,* à la vapeur, dans un récipient fermé. → **à l'étuvée.** *Nous avons mangé des légumes cuits à l'étouffée.*

étourdi, étourdie adj. ✦ Qui ne fait pas attention, oublie tout. → **distrait.** *Louise est très étourdie.* ❑ contr. **attentif.** — **N.** *C'est une étourdie.*

➤ **étourderie** n. f. ✦ Manque d'attention. *Julie a fait des fautes d'étourderie dans sa dictée.*

➤ **étourdiment** adv. ✦ Sans faire attention, de manière étourdie. *Théo a répondu étourdiment.*

étourdir v. (conjug. 2) 1. Faire presque perdre connaissance. → **assommer.** *Ce coup sur la tête l'a étourdi.* 2. Faire mal à la tête. *Ce bruit nous étourdissait.*

➤ **étourdissant, étourdissante** adj. ✦ Assourdissant. *Un vacarme étourdissant.*

➤ **étourdissement** n. m. ✦ Vertige. *Il a eu un étourdissement.*

étourneau n. m. ✦ Petit oiseau au plumage sombre tacheté de blanc. → **sansonnet.** — Au pl. *Des étourneaux.*

étourneau

étrange adj. ✦ Qui étonne. → **bizarre, curieux.** *Cet homme a un air étrange. C'est une étrange façon d'agir.*

➤ **étrangement** adv. ✦ Étonnamment. *Il est étrangement silencieux.* → **bizarrement, curieusement.**

étranger adj. et n. m., **étrangère** adj. et n. f.

■ adj. 1. Qui est d'un autre pays. *Il a de nombreux amis étrangers. Sa mère parle plusieurs langues étrangères.* 2. Qui n'est pour rien dans quelque chose. *Nous sommes étrangers à cette affaire.*

■ n. 1. Personne d'un autre pays. *Il a épousé une étrangère.* 2. n. m. *L'étranger,* un pays étranger. *Ils vont en vacances à l'étranger.*

étrangler v. (conjug. 1) ✦ Empêcher de respirer en comprimant le cou. *L'assassin a étranglé sa victime avec une cravate.*

➤ **étranglement** n. m. 1. Endroit resserré. → **rétrécissement.** *Le barrage a été construit dans un étranglement de la vallée.* 2. Action d'étrangler. *Il est mort par étranglement,* étranglé. → **strangulation.**

étrave

étrave n. f. ✦ Pièce qui forme la proue d'un navire. *Les vagues se brisent sur l'étrave.*

① **être** v. (conjug. 61)

■ **verbe** *être* 1. *Être* marque l'état, la qualité du sujet. *Il est roux. Elle a été courageuse. Les écureuils sont des rongeurs. Le mur est en briques.* 2. Se trouver. *Les enfants sont en classe.* 3. Exister. *Il était une fois... Je pense, donc je suis.* 4. *Être à quelqu'un,* lui appartenir. *Cette moto est à lui.* 5. *Être à faire,* devoir être fait. *La maison est à vendre,* elle va être vendue. 6. *C'est* présente une personne ou une chose. *Ce sont mes amis. C'est une pipe en terre.*

■ **auxiliaire** *être* 1. *Être* sert à former la voix passive. *Le cambrioleur a été arrêté.* 2. *Être* sert à former le passé composé de certains verbes. *Il est parti. Elle s'est blessée.* ○ homonyme : hêtre.

➤ ② **être** n. m. ✦ Créature. *Les plantes, les animaux, les humains sont des êtres vivants.*

▷ Autres mots de la famille : BIEN-ÊTRE, C'EST-À-DIRE, EST-CE QUE, N'EST-CE PAS, PEUT-ÊTRE, SOIT.

étreindre **v.** (conjug. 52) ✦ Entourer et serrer très fort. *Il étreint ses enfants avant de partir.* — *Qui trop embrasse, mal étreint,* celui qui entreprend trop de choses risque de ne rien réussir.

➤ **étreinte** **n. f.** ✦ Mouvement par lequel on serre quelqu'un très fort contre soi. *Le catcheur ne relâche pas son étreinte.*

étrenner **v.** (conjug. 1) ✦ Utiliser pour la première fois. *Elle a étrenné ses nouvelles chaussures aujourd'hui.*

● Ce mot s'écrit avec deux *n.*

étrennes **n. f. pl.** ✦ Somme d'argent que l'on donne à l'occasion du 1er janvier. *Il a donné des étrennes au gardien de son immeuble.*

● Ce mot s'écrit avec deux *n.*

étrier **n. m.** ✦ Anneau métallique qui pend de chaque côté de la selle d'un cheval et dans lequel le cavalier passe le pied. ❍ homonyme : étriller.

étrier

étriller **v.** (conjug. 1) ✦ *Étriller son cheval,* c'est le frotter, le nettoyer. → **panser.** ❍ homonyme : étrier.

étriqué, étriquée **adj.** ✦ Trop étroit. *Cette veste est étriquée.* ❑ contr. **ample, large.**

étroit, étroite **adj.** **1.** Qui n'est pas large. *La route est très étroite.* ❑ contr. **large.** — *À l'étroit,* dans un espace trop petit. *Ils déménagent car ils étaient trop à l'étroit dans leur appartement.* **2.** Qui manque de tolérance. *Il a l'esprit étroit,* il manque d'ouverture. → **mesquin.** **3.** Qui unit de près. *Il est en étroite relation avec le maire,* ils se connaissent très bien.

➤ **étroitement** **adv.** ✦ De très près. *La police le surveille étroitement.*

➤ **étroitesse** **n. f.** ✦ Manque de largeur. *L'étroitesse de la route.* → **exiguïté.** *Son étroitesse d'esprit m'attriste.*

étude **n. f.** **1.** Travail que l'on fait pour apprendre. *L'étude de l'histoire me passionne. Il fait ses études de médecine.* **2.** Ouvrage sur un sujet précis qui a demandé des recherches. *Il lit une étude sur les volcans.* → **essai.** **3.** Temps que les élèves passent à travailler à l'école en dehors des heures de cours. *Il fait ses devoirs pendant l'étude.* **4.** *L'étude d'un notaire,* l'endroit où il travaille.

➤ **étudiant** **n. m.,** **étudiante** **n. f.** ✦ Personne qui fait des études à l'université. *Elle est étudiante en médecine.*

➤ **étudier** **v.** (conjug. 7) **1.** Apprendre. *Il étudie l'histoire. Elle étudie le piano,* elle apprend à en jouer. **2.** Examiner avec soin. *Ils ont étudié le projet avant de l'accepter.*

➤ **étudié, étudiée** **adj.** ✦ Médité et préparé. *Leur coup était très bien étudié.*

étui **n. m.** ✦ Boîte ou petite housse qui sert à contenir un objet. *Un étui à lunettes.*

étuve **n. f.** ✦ Pièce où il fait très chaud, où l'on transpire. → **fournaise.**

➤ à l'**étuvée** **adv.** ✦ *Cuire à l'étuvée,* à la vapeur, dans un récipient fermé. *Des carottes cuites à l'étuvée.* → à l'**étouffée.**

étymologie **n. f.** ✦ Origine d'un mot. *L'étymologie du mot « école » c'est le mot latin « schola ».*

● Il y a un *y* après le *t.*

eucalyptus [økaliptys] **n. m.** ✦ Grand arbre des pays chauds dont les feuilles pointues sentent très bon. *On suce des pastilles à l'eucalyptus quand on a mal à la gorge.*

● Il y a un *y* après le *l.*

eucharistie [økaʀisti] **n. f.** ✦ Sacrement chrétien qui rappelle le sacrifice de Jésus-Christ. → **communion.**

euh ! **interj.** ✦ Marque l'embarras, la difficulté à trouver ses mots. *Euh ! je ne sais pas.*

euphémisme **n. m.** ✦ Façon de parler qui atténue ce que l'on veut dire. *« Disparu » pour « mort » est un euphémisme.*

euphorie **n. f.** ✦ Impression de bien-être, de grand contentement. *La veille des vacances, c'est l'euphorie générale dans l'école.*

❑ contr. **tristesse.**

➤ **euphorique** **adj.** ✦ Qui est très content et le montre. *Léa a l'air euphorique ce matin.*

❑ contr. **mélancolique, sombre, triste.**

euro **n. m.** ✦ Monnaie européenne. *Les prix sont indiqués en euros. Cette robe coûte 40 euros.*

● On peut écrire €.

euthanasie **n. f.** ✦ Mort donnée à un malade que l'on ne peut pas guérir, pour mettre fin à ses souffrances ou rendre plus courte son agonie. *Plusieurs médecins participent au débat télévisé sur l'euthanasie.*
● Il y a un *h* après le *t.*

eux **pronom personnel m. pl.** ✦ Pluriel de *lui. J'ai reçu une lettre d'eux. Ils l'ont dit eux-mêmes.*

évacuer **v.** (conjug. 1) **1.** Quitter un endroit. *Dès que l'alarme a retenti, les habitants ont évacué l'immeuble,* ils sont sortis de l'immeuble. **2.** Faire partir. *Les pompiers évacuent les clients et les employés du magasin en feu.*
➤ **évacuation** **n. f.** ✦ Action d'évacuer. *L'évacuation du magasin a été rapide,* les gens en sont sortis très vite.

s'**évader** **v.** (conjug. 1) ✦ S'échapper d'un lieu où l'on est prisonnier. → s'**enfuir**, se **sauver**. *Les prisonniers se sont évadés par les égouts.* → aussi **évasion**.

évaluer **v.** (conjug. 1) ✦ Donner approximativement un nombre, un prix. *On a évalué à 2 000 le nombre des manifestants. Il a fait évaluer sa maison.* → **estimer**.

➤ **évaluation** **n. f.** ✦ Calcul approximatif. → **estimation**. *Il a fait l'évaluation du coût des travaux.*
⊳ Mots de la famille de VALOIR.

Évangile **n. m.** **1.** Enseignement de Jésus-Christ. *Les missionnaires prêchaient l'Évangile pour convertir les païens.* **2.** *Les quatre Évangiles,* ce sont les quatre livres de la Bible qui font partie du Nouveau Testament.
➤ **évangéliser** **v.** (conjug. 1) ✦ Prêcher l'Évangile, enseigner la parole de Jésus. *Les missionnaires évangélisaient les païens.*

s'**évanouir** **v.** (conjug. 2) **1.** Perdre connaissance, devenir inconscient. *Elle s'est évanouie.* → **défaillir**. **2.** Disparaître. *Tous ses espoirs se sont évanouis.* → s'**envoler**.
➤ **évanouissement** **n. m.** ✦ Perte de connaissance. → **syncope**. *Les femmes enceintes sont sujettes aux évanouissements.*

s'**évaporer** **v.** (conjug. 1) ✦ Se transformer en vapeur. *L'éther s'évapore rapidement.*
➤ **évaporation** **n. f.** ✦ Transformation d'un liquide en vapeur. *L'évaporation de l'eau provoque la formation des nuages.*

évasé, évasée **adj.** ✦ Qui a une forme qui va en s'élargissant. *Une jupe évasée,* serrée à la taille et large en bas.
⊳ Mot de la famille de ① VASE.

évasif, évasive **adj.** ✦ Qui ne répond pas clairement, reste dans le vague. *Elle est restée très évasive. Sa réponse était évasive.* → ② **vague**. ❏ contr. **clair, net, précis**.
➤ **évasivement** **adv.** ✦ D'une manière vague, évasive. *Il a répondu évasivement.* ❏ contr. **clairement**.

évasion **n. f.** ✦ Le fait de s'échapper d'un lieu où l'on est prisonnier. *Le prisonnier a fait une tentative d'évasion.* → aussi s'**évader**.

évêché **n. m.** **1.** Région dont s'occupe un évêque. → **diocèse**. **2.** Résidence d'un évêque.

éveiller **v.** (conjug. 1) **1.** Faire sortir du sommeil. *L'orage l'a éveillé.* → **réveiller**. — **s'éveiller**, cesser de dormir. *Louise s'est éveillée très tôt.* ❏ contr. s'**endormir**. **2.** Faire naître. → **provoquer**. *Son absence a éveillé les soupçons.*
➤ **éveillé, éveillée** **adj.** **1.** Qui ne dort pas. *Théo est resté éveillé toute la nuit.* ❏ contr. **en-**

eucalyptus

dormi, ensommeillé. 2. Plein de vie, de vivacité. *Un bébé très éveillé pour son âge.* → **dégourdi, vif.** ❑ contr. **abruti,** ① **mou.**

➤ **éveil** n. m. 1. *Des activités d'éveil,* qui développent l'imagination, l'intelligence et l'intérêt des enfants. 2. *Donner l'éveil,* attirer l'attention. *Cette odeur inhabituelle nous a donné l'éveil,* elle nous a alertés. 3. *Être en éveil,* être attentif. *Léa a toujours l'esprit en éveil.*

▷ Mots de la famille de ② VEILLE.

événement [evɛnmɑ̃] **n. m.** ✦ Ce qui arrive et qui a de l'importance. → ② **fait.** *Un événement imprévu m'a empêché de venir.*

éventail **n. m.** (pl. **éventails**) ✦ Objet que l'on déplie et que l'on agite pour s'éventer. *Louise a un éventail qu'on lui a rapporté d'Espagne.*

▷ Mot de la famille de VENT.

éventail

éventaire **n. m.** ✦ Table sur laquelle on expose des marchandises devant un magasin, sur un marché. → **étal.**

éventer **v.** (conjug. 1) ✦ Rafraîchir en agitant l'air.

➤ **s'éventer** **v.** 1. Se rafraîchir en agitant l'air. *Louise s'évente avec un cahier.* 2. Perdre son parfum et son goût en restant au contact de l'air. *Le café s'est éventé.*

▷ Mots de la famille de VENT.

éventrer **v.** (conjug. 1) ✦ Déchirer en ouvrant le ventre. *Le poissonnier éventre la truite pour la vider.*

▷ Mot de la famille de VENTRE.

éventuel, éventuelle **adj.** ✦ Qui peut arriver ou non. → **possible.** *Léa est restée chez elle dans l'attente d'une éventuelle visite de Julie.* → **hypothétique.** ❑ contr. **certain, sûr.**

➤ **éventuellement** **adv.** ✦ Si l'occasion se présente. → le cas **échéant.** *Éventuellement, je vous téléphonerai pour vous tenir au courant.*

➤ **éventualité** **n. f.** ✦ Chose qui peut arriver. *Il faut envisager toutes les éventualités.* → **cas, possibilité.**

évêque **n. m.** ✦ Prêtre catholique nommé par le pape, et qui est à la tête d'un diocèse. → aussi **évêché.**

▷ Autre mot de la famille : ARCHEVÊQUE.

évêque

s'évertuer **v.** (conjug. 1) ✦ Faire tous ses efforts, se donner beaucoup de peine. → s'**acharner,** s'**ingénier.** *Le professeur s'est évertué à nous expliquer la règle de trois.* → s'**escrimer.**

évident, évidente **adj.** ✦ Qui ne fait aucun doute, est tout à fait vrai, réel. → **certain, sûr.** *Il est évident qu'elle a menti.* → **incontestable.** ❑ contr. **douteux, incertain.**

➤ **évidemment** [evidamɑ̃] **adv.** ✦ Bien sûr. *Évidemment, Louise et Léa se sont assises l'une à côté de l'autre.* → **naturellement.**

➤ **évidence** **n. f.** 1. Réalité que l'on ne peut mettre en doute. *Le métier de coureur automobile est dangereux, c'est une évidence. Il faut se rendre à l'évidence,* il faut finir par admettre ce qui est incontestable. 2. *En évidence,* d'une manière visible. *Elle a mis des photos de sa petite-fille en évidence,* de manière à ce qu'on les voie immédiatement.

évider **v.** (conjug. 1) ✦ Creuser en enlevant un morceau. *Le cuisinier évide les pommes et les remplit de miel.*

▷ Mot de la famille de VIDER.

évier **n. m.** ✦ Dans une cuisine, bassin composé d'un ou deux bacs, placé sous un robinet et dans lequel l'eau peut s'écouler. *Papa lave la salade dans l'évier.*

évincer v. (conjug. 3) ✦ Éliminer, écarter. *Elle a été évincée de sa place.* → **chasser.**

éviter v. (conjug. 1) **1.** Réussir à ne pas toucher. *Le conducteur a évité le cycliste de justesse.* **2.** Faire en sorte de ne pas rencontrer. *Il est si bavard que je l'évite.* **3.** Ne pas faire intentionnellement. *Évite de marcher sur la pelouse.* → s'**abstenir.** **4.** Faire en sorte que quelqu'un n'ait pas quelque chose de désagréable à faire. *Nous vous avons évité ce déplacement inutile.* → **épargner.**

▷ Autres mots de la famille : INÉVITABLE, INÉVITABLEMENT.

évocateur, évocatrice adj. ✦ Qui rappelle des souvenirs, fait penser à quelque chose. *Une musique évocatrice.*

▷ Mot de la famille de ÉVOQUER.

évocation n. f. ✦ Rappel d'une chose passée ou oubliée. *L'évocation de sa jeunesse la rend nostalgique.*

▷ Mot de la famille de ÉVOQUER.

évoluer v. (conjug. 1) **1.** Faire des mouvements variés. *L'avion évoluait dans le ciel en faisant des loopings.* **2.** Changer, se transformer. → **progresser.** *Les ordinateurs ont beaucoup évolué depuis qu'ils existent.* ❏ contr. **stagner.**

➤ **évolué, évoluée** adj. ✦ Qui a atteint un certain degré de développement, de culture, de civilisation. *La France est un pays évolué,* civilisé. ❏ contr. **arriéré, rétrograde.**

➤ **évolution** n. f. **1.** Au pl. Suite de mouvements et de figures variés. *Les spectateurs admirent les évolutions des patineurs.* **2.** Changement, développement continu. → **progression, transformation.** *L'évolution des techniques a permis de grands progrès.* ❏ contr. **immobilité, stabilité.**

évoquer v. (conjug. 1) ✦ Rappeler à la mémoire. *Les deux vieillards évoquaient leurs souvenirs d'enfance.*

▷ Autres mots de la famille : ÉVOCATEUR, ÉVOCATION.

ex- ✦ Préfixe qui signifie « ancien ». *Son ex-mari,* celui qui a été son mari mais ne l'est plus.

exacerber v. (conjug. 1) ✦ Rendre plus vif, porter à un degré plus élevé. *Dans ce film, la musique exacerbe la tension dramatique.* ❏ contr. **atténuer, calmer.**

exact [ɛgza] ou [ɛgzakt], **exacte** [ɛgzakt] adj. **1.** Vrai et précis. *Avez-vous l'heure exacte ?* → ① **juste.** *Le témoin a dit l'exacte vérité.* → **strict.** ❏ contr. **approximatif,** ① **faux, inexact.** **2.** Qui arrive à l'heure. → **ponctuel.** *Elle est toujours exacte à ses rendez-vous.* ❏ contr. en **retard.**

➤ **exactement** adv. ✦ D'une manière exacte. *Il est exactement 14 h 12.* → **précisément.** *Un kilo de plumes et un kilo de plomb pèsent exactement le même poids.* ❏ contr. **approximativement, environ.**

➤ **exactitude** n. f. **1.** Caractère d'une chose vraie. *L'exactitude d'un témoignage.* **2.** Qualité d'une personne qui arrive toujours à l'heure. → **ponctualité.** ❏ contr. **inexactitude.**

▷ Autres mots de la famille : INEXACT, INEXACTITUDE.

ex æquo [ɛgzeko] adv. ✦ Sur le même rang, à égalité. *Ils sont arrivés tous les deux premiers ex æquo.*

exagérer v. (conjug. 6) **1.** *Exagérer quelque chose,* c'est lui donner plus d'importance qu'il ne faudrait. → **amplifier, enfler, grossir.** *Il ne faut pas exagérer son rôle dans cette affaire.* ❏ contr. **minimiser.** **2.** En prendre trop à son aise. → **abuser.** *Tu aurais pu prévenir, vraiment tu exagères !* ❏ contr. se **gêner.**

➤ **exagération** n. f. ✦ Le fait de présenter quelque chose en le montrant plus grand, plus important. *Il y a beaucoup d'exagération dans ce que tu dis,* tu exagères. ❏ contr. **mesure, modération.**

➤ **exagéré, exagérée** adj. ✦ Qui dépasse ce qui est normal. *Ce vélo est d'un prix exagéré,* trop élevé. → **exorbitant, prohibitif.** ❏ contr. **insuffisant.**

➤ **exagérément** adv. ✦ Avec excès. → **trop.** *Elle était exagérément maquillée.*

exalter v. (conjug. 1) ✦ Remplir d'enthousiasme. *Son discours a exalté l'assistance.* → **enflammer.** ❏ contr. **abattre, calmer, déprimer.**

➤ **exaltant, exaltante** adj. ✦ Qui remplit d'exaltation. → **excitant, enthousiasmant.** *Une lecture exaltante.* ❏ contr. **déprimant.**

➤ **exaltation** n. f. ✦ Grande excitation. → **fièvre.** *L'orateur parlait avec exaltation.* → **enthousiasme.**

examen n. m. **1.** Observation faite avec attention. → **inspection** et aussi **examiner.** *Les policiers font un examen détaillé des pièces à conviction. Vous devez passer un examen mé-*

dical. **2.** Devoirs surveillés que l'on fait pour obtenir un titre, un diplôme ou pour entrer dans une école. *Le baccalauréat est un examen national. Il a été reçu à son examen.* → aussi **concours.**

examiner **v.** (conjug. 1) ✦ Regarder, observer avec attention. → **inspecter.** *Le douanier a examiné le contenu de la valise. Le médecin examine le malade.* → aussi **ausculter.**

➤ **examinateur** **n. m.**, **examinatrice** **n. f.** ✦ Personne qui fait passer un examen.

exaspérer **v.** (conjug. 6) ✦ Agacer énormément, rendre furieux. → **énerver, excéder, horrifier.** *Sa lenteur m'exaspère.* → **irriter.**

➤ **exaspérant, exaspérante** **adj.** ✦ Qui agace énormément. → **horripilant.** *La voisine a une voix exaspérante. Arrête de siffler, c'est exaspérant !* → **agaçant, énervant.**

➤ **exaspération** **n. f.** ✦ Très grand agacement. → **énervement.** *Son exaspération était à son comble.* → **irritation.**

exaucer **v.** (conjug. 3) ✦ *Exaucer une prière,* c'est l'accueillir favorablement et faire en sorte qu'elle se réalise. *Mon vœu a été exaucé.*

excavateur **n. m.** ou **excavatrice** **n. f.** ✦ Machine qui sert à creuser le sol. *L'excavateur est un engin de terrassement.* → **bulldozer.**

excavateur

excavation **n. f.** ✦ Creux, trou dans un terrain. → **cavité.**

excéder **v.** (conjug. 6) **1.** Fatiguer en irritant. → **agacer.** *Je suis excédé par tous ces contretemps.* → **énerver, exaspérer.** **2.** Dépasser en nombre, en quantité, en durée. *Son séjour ici n'excédera pas une semaine.*

➤ **excédent** **n. m.** ✦ Ce qu'il y a en trop. → **surplus.** *Il y a un supplément à payer pour excédent de bagages en avion.*

➤ **excédentaire** **adj.** ✦ Supérieur à ce qu'il faudrait. *Cette année, la récolte de maïs a été excédentaire.* ❑ contr. **insuffisant.**

exceller **v.** (conjug. 1) ✦ Être très fort, très bon. *Léa excelle en dessin.*

➤ **excellence** **n. f.** **1.** *Le prix d'excellence,* c'est le prix décerné au meilleur élève de la classe. **2.** Titre que l'on donne à un évêque, un ambassadeur, un ministre. *Oui, Excellence.*

➤ **excellent, excellente** **adj.** ✦ Très bon. *C'est une excellente comédienne.* → **admirable, merveilleux, remarquable.** *Ce gâteau était excellent.* → **délicieux, succulent.** ❑ contr. **exécrable, mauvais.**

● Attention au *c* après le *x.*

excentrique **adj.** **1.** Éloigné du centre. → **périphérique.** *Ils habitent dans un quartier excentrique.* ❑ contr. **central.** **2.** Qui n'est pas comme les autres. *Elle porte une robe excentrique.* → **extravagant.** ❑ contr. **banal.**

➤ **excentricité** **n. f.** ✦ Manière de se comporter différente de celle des autres gens. *Elle s'habille avec excentricité.* ❑ contr. **banalité.**

▷ Mots de la famille de CENTRE.

excepté **prép.** ✦ Sauf. *Le restaurant est ouvert tous les jours, excepté le lundi.* → **hormis.** *Tous les enfants étaient là, excepté Julie et Théo.*

➤ **exception** **n. f.** **1.** Cas particulier. *Certaines règles de grammaire admettent des exceptions.* — *L'exception confirme la règle,* il n'y aurait pas d'exception si la règle n'existait pas. **2.** *Sans exception,* sans restriction. *Toute la famille était réunie, sans exception.*

➤ **exceptionnel, exceptionnelle** **adj.** ✦ Très rare, hors de l'ordinaire. → **extraordinaire.** *Il fait une chaleur exceptionnelle pour un mois de novembre.* ❑ contr. **banal,** ① **courant, habituel, normal.**

➤ **exceptionnellement** **adv.** ✦ D'une manière exceptionnelle. *Exceptionnellement, la piscine sera fermée mercredi prochain.*

excès **n. m.** **1.** Trop grande quantité. *Il a eu une contravention pour excès de vitesse,* parce qu'il dépassait la vitesse autorisée. **2.** Au pl. Le fait de trop boire et trop manger. *Il ne faut pas faire d'excès, dit le médecin.* → **abus.**

➤ **excessif, excessive** **adj.** ✦ Qui dépasse la mesure permise ou habituelle. *Le chauffard conduisait à une vitesse excessive,* trop élevée. → **exagéré.**

➤ **excessivement** **adv.** ✦ Trop. *Elle est excessivement indulgente avec ses enfants.*
● Attention au *c* après le *x*.

excipient [ɛksipjɑ̃] **n. m.** ✦ Substance à laquelle on incorpore un médicament. *L'excipient de ce sirop est à la framboise.*

exciter **v.** (conjug. 1) **1.** Faire naître. → **stimuler.** *Ce jeu excite notre curiosité.* → **susciter.** **2.** Rendre nerveux. → **provoquer.** *On excite les taureaux en agitant un tissu rouge devant leurs yeux.*

➤ **excitant** **adj.** et **n. m.**, **excitante** **adj.**
■ **adj.** Qui excite. *Un projet excitant,* qui intéresse beaucoup. → **exaltant, passionnant.**
■ **n. m.** Produit qui rend nerveux. *Le café est un excitant.*

➤ **excitation** **n. f.** ✦ Énervement, agitation. *Quelle excitation la veille des vacances !* ❑ contr. **calme.**
▷ Autre mot de la famille : SUREXCITÉ.

s'exclamer **v.** (conjug. 1) ✦ Dire d'une voix forte, en exprimant sa joie, sa colère ou son étonnement. → **s'écrier.** *« Vous ici ! » s'exclama-t-elle.*

➤ **exclamatif, exclamative** **adj.** ✦ Qui exprime une exclamation. *« Quelle surprise ! » est une phrase exclamative.*

➤ **exclamation** **n. f.** ✦ Paroles que l'on dit d'une voix forte. *Les spectateurs poussaient des exclamations de joie. Un point d'exclamation (!),* c'est un signe de ponctuation qui marque la fin d'une phrase exclamative ou qui se place après une interjection.

exclure **v.** (conjug. 35) **1.** Renvoyer. → **expulser.** *On exclut du collège les élèves trop indisciplinés.* **2.** Considérer comme impossible. → **refuser, rejeter.** *J'exclus cette éventualité.* → **écarter, éliminer.**

➤ **exclu, exclue** **adj.** ✦ Non compris. *Les vacances auront lieu du 1er au 6 exclu.* ❑ contr. **inclus.**

➤ **exclusif, exclusive** **adj.** ✦ Que l'on ne peut trouver ailleurs, qui est produit par une seule firme. *Ce journal publie le récit exclusif de ses aventures.*

➤ **exclusion** **n. f.** **1.** Renvoi. *Cet élève a mérité son exclusion du collège.* **2.** *À l'exclusion de,* sauf, mis à part. *Le malade peut manger de tout, à l'exclusion des laitages.*

➤ **exclusivement** **adv.** ✦ Uniquement. *Les médicaments sont vendus exclusivement en pharmacie.* → **seulement.**

➤ **exclusivité** **n. f.** ✦ *Un film en exclusivité,* c'est un film qui passe dans quelques cinémas seulement.

excrément **n. m.** ✦ Matière solide que les hommes et les animaux rejettent par l'anus après la digestion. → **crotte,** ① **selle,** fam. **caca ;** et aussi **bouse, crottin, fiente.**

excroissance **n. f.** ✦ Petite grosseur qui se forme sur la peau ou à l'intérieur du corps. *Une verrue est une excroissance.* → **protubérance.**
▷ Mot de la famille de CROÎTRE.

excursion **n. f.** ✦ Longue promenade. *Alex et Paul ont fait une excursion en montagne.* → **randonnée.**

excuser **v.** (conjug. 1) **1.** Justifier quelqu'un ou ce qu'a fait quelqu'un. → ① **défendre, disculper.** *Elle essaie toujours d'excuser ses enfants.* ❑ contr. **accuser.** **2.** Accorder son pardon à quelqu'un. → **pardonner.** *Je t'excuse pour cette fois, mais ne recommence pas ! Excusez-*

exclamation

moi d'arriver en retard, je vous en demande pardon. *Je vous prie de m'excuser.* 3. **s'excuser,** présenter des excuses. *Julie s'est excusée de son insolence.*

➤ **excusable** **adj.** ✦ Que l'on peut excuser. *Il a fait une erreur bien excusable.* → **pardonnable.** ❏ contr. **impardonnable, inexcusable.**

➤ **excuse** **n. f.** 1. Regret que l'on témoigne à quelqu'un de l'avoir gêné, contrarié. *Il lui a fait ses excuses,* il lui a demandé pardon. *J'attends qu'il me présente ses excuses.* 2. Raison que l'on donne pour se défendre, pour expliquer pourquoi on a commis une faute. → **justification.** *Son retard est sans excuse.*

▷ Autre mot de la famille : INEXCUSABLE.

exécrable **adj.** ✦ Très mauvais. → **abominable, détestable.** *L'huile de foie de morue a un goût exécrable.* → **épouvantable, infect.** *Il a fait un temps exécrable.* ❏ contr. **agréable,** ① **bon, excellent.**

exécuter **v.** (conjug. 1) 1. Tuer quelqu'un après l'avoir jugé. *Le condamné a été exécuté à l'aube.* 2. Effectuer, accomplir. → **faire, réaliser.** *Ils ont fait exécuter des travaux dans la cuisine. Vous devez exécuter les ordres,* obéir aux ordres. 3. Jouer une œuvre musicale. → **interpréter.** *Le pianiste exécute une ballade de Chopin.*

➤ **exécutant** **n. m.,** **exécutante** **n. f.** 1. Personne qui travaille sous les ordres de quelqu'un. *Il n'est pas patron, c'est un simple exécutant.* 2. Musicien qui joue dans un orchestre. *L'orchestre comprend vingt exécutants.*

➤ **exécutif, exécutive** **adj.** ✦ *Le pouvoir exécutif,* c'est le pouvoir qui fait appliquer les lois. *Le président de la République est à la tête du pouvoir exécutif.*

➤ **exécution** **n. f.** 1. Mise à mort. *L'exécution d'un condamné.* 2. Réalisation. *Le projet a été mis à exécution.*

① **exemplaire** **n. m.** ✦ Chacun des objets semblables d'une série. *Les journaux sont tirés à plusieurs milliers d'exemplaires. Photocopiez la lettre en trois exemplaires.* → **copie.**

② **exemplaire** **adj.** ✦ Qui peut servir d'exemple. *Léa a été d'une patience exemplaire.* → **irréprochable, parfait.**

▷ Mot de la famille de EXEMPLE.

exemple **n. m.** 1. Modèle que l'on peut imiter. *Les enfants obéissants donnent le bon exemple.* 2. Ce qui prouve, illustre ce que l'on veut démontrer. *Dans un dictionnaire, les exemples montrent comment s'emploie un mot.* 3. **Par exemple,** notamment, ainsi. *De nombreuses inventions facilitent la vie, par exemple le téléphone.*

▷ Autre mot de la famille : ② EXEMPLAIRE.

exempt [ɛgzɑ̃], **exempte** [ɛgzɑ̃t] **adj.** ✦ Qui n'est pas soumis à quelque chose. *Un placement exempt d'impôts.* → **exonéré.**

➤ **exempter** [ɛgzɑ̃te] **v.** (conjug. 1) ✦ Autoriser à ne pas faire quelque chose. → **dispenser.** *Théo a été exempté de gymnastique ce matin.*

● On ne prononce pas le *p* de *exempt, exempte* et *exempter.*

exercer **v.** (conjug. 3) 1. Faire travailler pour développer. *Le calcul mental exerce la mémoire.* — **s'exercer,** s'entraîner. *Julie et Louise se sont exercées à plonger.* 2. Pratiquer. *Il exerce le métier d'informaticien.* 3. Mettre en usage. *Julie exerce une bonne influence sur ses camarades,* elle a une bonne influence.

➤ **exercice** **n. m.** 1. Activité physique effectuée pour faire travailler son corps. *Alex fait de l'exercice.* 2. Devoir. *Théo a fini ses exercices de mathématiques.* → **problème.** 3. Le fait d'exercer un métier. *Elle rencontre du monde dans l'exercice de sa profession.*

exhaler **v.** (conjug. 1) ✦ Dégager. *Les fleurs exhalent un parfum très doux.* → **répandre.**

● Attention au *h* après le *x.*

exhaustif, exhaustive **adj.** ✦ Qui ne laisse rien de côté, contient tout sur un sujet. *Louise a fait la liste exhaustive de ses jeux vidéo.* → ① **complet.**

● Attention au *h* après le *x.*

exhiber **v.** (conjug. 1) ✦ Faire voir de manière à attirer l'attention. → **montrer.** *Paul exhibe son nouveau vélo.* ❏ contr. **cacher.**

➤ **exhibition** **n. f.** ✦ Présentation d'un spectacle. *Les acrobates ont fait une exhibition étonnante.*

● Attention au *h* après le *x.*

exhorter **v.** (conjug. 1) ✦ Conseiller vivement, encourager fortement. → **inciter, inviter.** *Avant le départ, elle exhorte son mari à la prudence.*

➤ **exhortation** **n. f.** ✦ Paroles dites pour exhorter quelqu'un. → **encouragement, incitation, recommandation.**

● Il y a un *h* après le *x.*

exhumer v. (conjug. 1) ✦ Retirer de la terre. *Les archéologues ont exhumé un squelette de dinosaure.* → **déterrer.** ❑ contr. **enterrer, inhumer.**
● Il y a un *h* après le *x*.

exiger v. (conjug. 3) **1.** Demander avec force et autorité. → **réclamer.** *Le professeur exige le silence.* → ② **ordonner.** **2.** Rendre indispensable ou obligatoire. *Ce travail exige de la patience.* → **nécessiter, requérir.**
➤ **exigeant** [ɛgziʒɑ̃], **exigeante** [ɛgziʒɑ̃t] **adj.** ✦ Qui exige beaucoup, est difficile à satisfaire. *C'est une cliente très exigeante.*
➤ **exigence** n. f. **1.** Caractère difficile d'une personne exigeante. *Elle est d'une exigence insupportable.* **2.** Chose que l'on exige. → **demande, réclamation.** *Nous tâcherons de satisfaire vos exigences.*

exigu, exiguë adj. ✦ Très petit. → **étroit, minuscule.** *La chambre de Théo est exiguë.* ❑ contr. **spacieux.**
● Il y a un tréma sur le *e* au féminin : *exiguë.*
➤ **exiguïté** n. f. ✦ Petitesse d'un lieu. *L'exiguïté d'un appartement.*

exil n. m. ✦ Situation d'une personne obligée de vivre hors de son pays. *Il a été contraint à l'exil pour échapper à la police de son pays.*
➤ **exiler** v. (conjug. 1) ✦ Obliger à vivre hors de son pays. → **bannir, expulser, proscrire.** *Les militaires qui ont pris le pouvoir ont exilé les opposants.* — **s'exiler,** quitter son pays pour aller vivre ailleurs. → **émigrer,** s'**expatrier.** *Ces révolutionnaires ont dû s'exiler.*
➤ **exilé, exilée** adj. ✦ *Une personne exilée,* c'est quelqu'un qui vit en exil. — **N.** *Des exilés politiques ont demandé asile à notre pays.*

exister v. (conjug. 1) **1.** Avoir une réalité. *La licorne est un animal imaginaire qui n'a jamais existé,* qui n'a jamais été en vie. → ① **être,** ① **vivre.** *Il existe plusieurs écoles dans le quartier,* il y en a plusieurs. **2.** Avoir de l'importance. *Pour elle, rien n'existe en dehors de la musique.* → **compter.**
➤ **existant, existante** adj. ✦ Qui existe actuellement. *Il faut respecter les lois existantes,* en vigueur.
➤ **existence** n. f. **1.** Réalité. *Crois-tu à l'existence des fantômes ?* **2.** Vie. *Ils mènent une existence tranquille en Provence.*
▷ Autres mots de la famille : COEXISTER, INEXISTANT.

exode n. m. **1.** Fuite, départ en masse de personnes. *L'arrivée de l'armée ennemie a provoqué l'exode de toute la population.* **2.** *L'exode rural,* c'est le départ définitif des habitants de la campagne vers les villes.

exode (France, 1940)

exonéré, exonérée adj. ✦ *Être exonéré d'impôts,* c'est être dispensé d'en payer. → aussi **exempt.**
➤ **exonération** n. f. ✦ Le fait de dispenser quelqu'un de payer une taxe, un impôt.

exorbitant, exhorbitante adj. ✦ Exagéré, qui dépasse la mesure. → **excessif.** *Ils ont payé leur maison une somme exorbitante.* → **prohibitif.**

exorbité, exorbitée adj. ✦ *Des yeux exorbités,* des yeux grands ouverts qui ont l'air de sortir de leurs orbites. *Il la regarde avec des yeux exhorbités.*
▷ Mot de la famille de ORBITE.

exotique adj. ✦ Qui vient des pays lointains et chauds. *L'ananas, la mangue sont des fruits exotiques.*
➤ **exotisme** n. m. ✦ Ce qui évoque les choses qui viennent de pays lointains. *Il aime l'exotisme.*

expansif, expansive adj. ✦ Qui dit facilement et longuement ce qu'il pense ou ce qu'il ressent. → **communicatif, démonstratif, exubérant.** *Julie est expansive.* ❑ contr. ① **renfermé, réservé.**

expansion n. f. ✦ Croissance, développement, essor. *Cette ville est en pleine expansion.* ❑ contr. **récession, régression.**

s'expatrier v. (conjug. 7) ✦ Quitter sa patrie pour s'installer dans un autre pays. → **émigrer,** s'**exiler.** *Elle s'est expatriée pour trouver du travail.*

▷ Mot de la famille de PATRIE.

expectative n. f. ✦ Attente prudente avant de prendre une décision. *Nous restons dans l'expectative avant de signer le contrat.*

expédient n. m. ✦ Moyen qui peut tirer d'embarras provisoirement. → fam. **combine, truc.** *Nous trouverons bien un expédient pour nous tirer d'affaire.*

expédier v. (conjug. 7) **1.** Envoyer à une adresse. *Il a expédié un colis par la poste à ses parents.* **2.** Faire sans soin et rapidement, pour s'en débarrasser. *Paul a expédié ses devoirs du soir.* → **bâcler.**

➤ **expéditeur** n. m., **expéditrice** n. f. ✦ Personne qui envoie une lettre, un paquet. *L'adresse de l'expéditeur est au dos de l'enveloppe.* ❑ contr. **destinataire.**

➤ **expéditif, expéditive** adj. ✦ Rapide, vif. *Elle est expéditive en affaires.*

➤ **expédition** n. f. **1.** Envoi. *Cette employée s'occupe de l'expédition du courrier.* **2.** Voyage d'exploration dans un pays lointain, difficile d'accès. *Les alpinistes ont organisé une expédition dans l'Himalaya.*

expérience n. f. **1.** Essai scientifique destiné à étudier un phénomène. *Les expériences en laboratoire font progresser les connaissances.* → aussi **expérimenter. 2.** Connaissance que l'on a acquise par la pratique. *Le professeur a une grande expérience des enfants. C'est un homme d'expérience,* qui connaît la vie.

expérimenter v. (conjug. 1) ✦ Utiliser pour essayer ou étudier. *Le pilote de course expérimente un nouveau modèle de voiture.* → **tester.**

➤ **expérimental, expérimentale** adj. ✦ Fondé sur l'expérience. *La physique et la chimie sont des sciences expérimentales.* — Au masc. pl. *expérimentaux.* ❑ contr. **théorique.**

➤ **expérimenté, expérimentée** adj. ✦ Qui a de l'expérience. → **chevronné.** *C'est un technicien expérimenté.* ❑ contr. **débutant.**

▷ Autre mot de la famille : INEXPÉRIMENTÉ.

expert adj. et n. m., **experte** adj.

■ **adj.** Qui est devenu habile grâce à l'expérience. *Le tricot avance vite sous ses doigts experts.*

■ **n. m.** Spécialiste d'une question, d'un domaine, que l'on consulte pour avoir un avis sûr. *L'expert de la compagnie d'assurances examine la voiture accidentée.*

➤ **expertise** n. f. ✦ Estimation de la valeur ou de l'authenticité d'un bien ou d'une œuvre d'art par un expert. *L'expertise a montré que le tableau était un faux.*

➤ **expertiser** v. (conjug. 1) ✦ Estimer la valeur d'un bien. *Il a fait expertiser ses tableaux.*

expier v. (conjug. 7) ✦ Réparer sa faute en subissant la peine que l'on mérite. *Le coupable expiera sa faute.*

expirer v. (conjug. 1) **1.** Rejeter l'air qui se trouve dans les poumons. *On respire en inspirant et en expirant.* **2.** Mourir. *Le blessé a expiré,* il a rendu le dernier soupir. **3.** Ne plus être valable. → **finir.** *Son passeport expire dans six mois.*

➤ **expiration** n. f. **1.** Mouvement qui fait sortir l'air des poumons. *Respirez à fond : inspiration, expiration !* **2.** Moment où se termine un délai. *Le contrat est arrivé à expiration.* → **échéance,** ① **terme.**

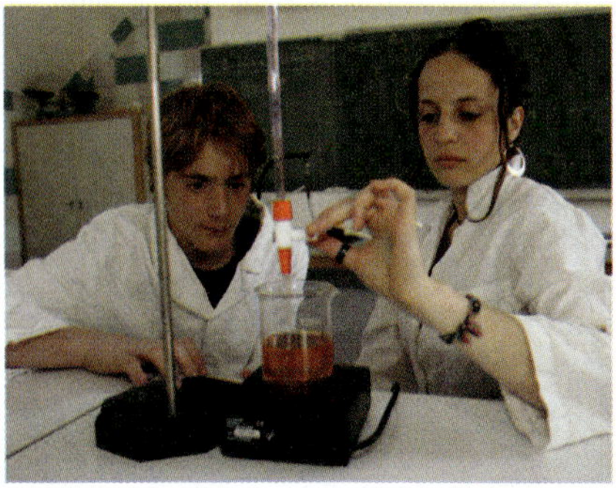

expérience

explicatif, explicative adj. ✦ Qui donne des explications. *La notice explicative d'un appareil,* c'est son mode d'emploi.
▷ Mot de la famille de EXPLIQUER.

explication n. f. 1. Ce qui sert à faire comprendre quelque chose. → **commentaire, éclaircissement.** *Le professeur a donné des explications très claires.* 2. Cause, raison. → **motif.** *J'espère que tu as une explication valable à ton retard.* → **justification.** 3. Discussion au cours de laquelle on s'explique, on justifie sa conduite, son opinion. *Paul et son père ont eu une explication orageuse.*
▷ Mot de la famille de EXPLIQUER.

explicite adj. 1. Très clair, qui ne laisse aucun doute. *Le texte est très explicite.* → **net.** ❏ contr. **ambigu, équivoque, implicite.** 2. Qui s'exprime clairement et se fait bien comprendre. *Il a été très explicite : nous devons accepter sa proposition.*

expliquer v. (conjug. 1) 1. Faire comprendre. → **montrer.** *Le professeur nous a expliqué le mouvement de la Terre autour du Soleil.* 2. Donner la raison, la cause de quelque chose. *Explique-moi pourquoi tu pleures.* 3. Être la cause de quelque chose. *Le verglas explique pourquoi la voiture a dérapé.* 4. **s'expliquer,** se justifier. *Louise s'est expliquée avec Paul,* elle a eu une discussion avec lui.
▷ Autres mots de la famille : EXPLICATIF, EXPLICATION, INEXPLICABLE.

exploit n. m. ✦ Action remarquable, difficile ou dangereuse. → **prouesse.** *L'alpiniste a réalisé un nouvel exploit.* → **performance.**

exploiter v. (conjug. 1) 1. Travailler quelque chose pour le mettre en valeur et en tirer profit. *Les agriculteurs exploitent la terre.* 2. Profiter de quelque chose, en tirer profit. *Elle n'a pas su exploiter sa chance.* 3. Se servir de quelqu'un en le faisant travailler pour son propre profit. *Au Moyen Âge, les seigneurs exploitaient les serfs.*
➤ **exploitant** n. m., **exploitante** n. f. ✦ Personne ou société qui fait fonctionner une entreprise. *Son cousin est exploitant agricole.*
➤ **exploitation** n. f. 1. Action de mettre en valeur, d'exploiter. *Cette ligne de chemin de fer n'est plus en exploitation,* elle n'est plus en service. 2. Entreprise que l'on met en valeur. *Une exploitation agricole.* 3. Action de se servir de quelqu'un et de son travail pour en profiter. *Les syndicats ont protesté contre l'exploitation des ouvriers.*
➤ **exploiteur** n. m., **exploiteuse** n. f. ✦ Personne qui exploite les autres. *Les ouvriers ont traité leur patron d'exploiteur.*

explorer v. (conjug. 1) ✦ Parcourir une région mal connue en l'étudiant avec soin. *Stanley et Livingstone explorèrent l'Afrique au 19e siècle.*
➤ **explorateur** n. m., **exploratrice** n. f. ✦ Personne qui part dans des régions mal connues. *Savorgnan de Brazza fut un grand explorateur français.*
➤ **exploration** n. f. ✦ Action de parcourir des pays inconnus ou mal connus. *Le robot est parti en exploration sur la planète Mars.*
▷ Autre mot de la famille : INEXPLORÉ.

explorateur

exploser v. (conjug. 1) 1. Se rompre tout à coup, éclater violemment. → **sauter.** *Une voiture piégée a explosé en démarrant.* 2. Se manifester avec violence. *Sa colère a explosé.* → **éclater.**
➤ **explosif, explosive** adj. 1. Qui peut exploser. *Une matière explosive.* — **N. m.** *Le plastic et la dynamite sont des explosifs,* des produits qui peuvent exploser. 2. Qui peut provoquer des conflits. *La situation est devenue explosive,* très tendue.
➤ **explosion** n. f. 1. Éclatement brusque et violent. → **déflagration.** *L'explosion de la bombe a fait de nombreuses victimes. On a*

entendu une explosion. **2.** Manifestation soudaine et violente d'un sentiment. *Une explosion de colère.*

exporter **v.** (conjug. 1) ✦ Vendre à l'étranger. *La France exporte du vin.* ❑ contr. ② **importer.**
➤ **exportateur** **n. m.,** **exportatrice** **n. f.** ✦ Personne ou pays qui vend des produits à l'étranger. *Le Japon est un grand exportateur de voitures.* ❑ contr. **importateur.** — **Adj.** *Les pays exportateurs de pétrole.*
➤ **exportation** **n. f.** ✦ Vente de marchandises à l'étranger. *Ces voitures sont destinées à l'exportation.* ❑ contr. **importation.**
▷ Mots de la famille de PORTER.

exposer **v.** (conjug. 1) **1.** Montrer, présenter des choses pour qu'on les voie bien. *De nombreux modèles sont exposés en vitrine.* ❑ contr. **cacher.** *Ce peintre expose ses tableaux dans une galerie.* **2.** Faire connaître, présenter. → **décrire.** *Le maire a exposé ses projets aux conseillers municipaux.* **3.** Placer de manière à soumettre à l'action de quelque chose. *Ma chambre est exposée à l'ouest,* elle est tournée vers l'ouest. → **orienter.** *Quand on prend une photo, la pellicule est exposée à la lumière,* elle est soumise à l'action de la lumière. **4.** *S'exposer à quelque chose,* risquer quelque chose. *Si tu ne travailles pas davantage, tu t'exposes au redoublement.*
➤ **exposant** **n. m.,** **exposante** **n. f.** ✦ Personne qui expose ses produits. *Les exposants de la Foire de Paris.*
➤ **exposé** **n. m.** ✦ Petit discours sur un sujet précis. *En classe, Léa a fait un exposé sur Vercingétorix.*
➤ **exposition** **n. f.** **1.** Présentation d'objets que l'on veut montrer. *Le professeur a organisé une exposition des dessins de ses élèves. Mes parents ont visité une exposition de peinture.* **2.** Action de se soumettre à l'action de quelque chose. *Les expositions prolongées au soleil sont déconseillées,* il est déconseillé de rester longtemps au soleil. **3.** Sens dans lequel est orienté un bâtiment, un terrain. *Son appartement a une bonne exposition,* il est bien orienté.
▷ Mots de la famille de POSER.

① **exprès** [ɛksprɛ] **adv.** ✦ Avec une intention spéciale. → **volontairement.** *C'est exprès que j'ai laissé la porte ouverte.* ❑ contr. par **hasard.** *Il ne l'a pas fait exprès.*

② **exprès** [ɛksprɛs] **adj. inv.** ✦ *Une lettre exprès,* remise immédiatement au destinataire en main propre avant l'heure de distribution ordinaire du courrier. ❍ homonyme : express.

③ **exprès** [ɛksprɛs], **expresse** **adj.** ✦ *Interdiction expresse de fumer,* interdiction absolue. → **catégorique, formel.**
➤ **expressément** **adv.** ✦ Nettement, clairement. *Il est expressément défendu d'ouvrir les portières quand le train roule.*

express **adj.** et **n. m.**
■ **adj.** Qui assure un déplacement rapide. *Un train express ne s'arrête pas dans toutes les gares. Une voie express,* à sens unique et interdite à certains véhicules lents.
■ **n. m.** **1.** Train qui ne s'arrête que dans quelques gares. *L'express pour Paris partira à 9 h 13.* **2.** Café fait à la vapeur. *Un express et deux croissants, s'il vous plaît !* ❍ homonymes : ② et ③ exprès.

expressif, expressive **adj.** ✦ Qui exprime bien ce que l'on pense, ce que l'on ressent. *Il a eu un geste expressif.* → **éloquent, significatif.** *Un visage expressif,* vivant, mobile. ❑ contr. **inexpressif.**
▷ Autre mot de la famille : INEXPRESSIF.

expressions du visage (Boilly)

expression **n. f.** **1.** Le fait de montrer ses sentiments, ses émotions par son comportement, par son visage. *Le visage de Julie avait une expression joyeuse,* un air joyeux. → **mimique.** **2.** *Un moyen d'expression,* un moyen de s'exprimer. *Le dessin est un moyen d'expression.* **3.** Groupe de mots employés ensemble avec un sens particulier. → **locution, tournure.** *« Bête comme ses pieds » est une expression.*

exprimer **v.** (conjug. 1) **1.** Faire connaître, laisser voir. *Alex fronça les sourcils pour exprimer son mécontentement.* → **montrer** et aussi **ex-**

pression. 2. s'exprimer, faire savoir ce que l'on pense par le langage. → **parler.** *Les sourds-muets s'expriment par gestes.*
▷ Autre mot de la famille : INEXPRIMABLE.

exproprier v. (conjug. 7) ✦ *Exproprier quelqu'un,* c'est l'obliger à céder à l'État son terrain, son immeuble contre de l'argent. *On a dû exproprier de nombreuses personnes pour construire cette résidence.*
▷ Mot de la famille de ② PROPRE.

expulser v. (conjug. 1) ✦ Mettre dehors. → **chasser.** *Cet élève a été expulsé du collège.* → **exclure, renvoyer.** *On l'a expulsé de son pays.* → **bannir, exiler.**
➤ **expulsion** n. f. ✦ Le fait de chasser quelqu'un de chez lui, de l'expulser. *S'il ne paye pas son loyer, le locataire risque l'expulsion.*

exquis, exquise adj. ✦ Très bon, très agréable. → **délicieux.** *Une tarte exquise.* → **succulent.** *Nous avons eu un temps exquis.* → **merveilleux.** ❑ contr. **exécrable.**

exsangue [ɛgzɑ̃g] adj. ✦ Qui a perdu beaucoup de sang. *Un blessé exsangue vient d'entrer à l'hôpital.*
▷ Mot de la famille de SANG.

extase n. f. ✦ Grande admiration. *Léa est en extase devant son petit frère.*
➤ **s'extasier** v. (conjug. 7) ✦ Montrer son admiration, son enthousiasme. → **s'émerveiller.** *Tous ses amis se sont extasiés devant ses tableaux.*

extensible adj. ✦ Qui peut s'étendre, s'étirer. *Son caleçon est en tissu extensible.* → **élastique.**

extension n. f. 1. Mouvement par lequel on étend un membre. *Flexion puis extension du bras.* 2. Augmentation, développement. *Les pompiers ont évité l'extension de l'incendie.* → **propagation.**

exténuer v. (conjug. 1) ✦ Rendre très faible, fatiguer énormément. → **épuiser, éreinter.** *Cette promenade nous a exténués.*
➤ **exténuant, exténuante** adj. ✦ Très fatigant. → **épuisant, éreintant.** *Un travail exténuant. Cette randonnée est exténuante.*

extérieur adj. et n. m., **extérieure** adj.
■ adj. 1. Qui est dehors. *Un escalier extérieur.* ❑ contr. **intérieur.** 2. Que l'on voit tout de suite. → ① **externe.** *Le revêtement extérieur de la casserole est rouge.* 3. *Les boulevards extérieurs d'une ville,* ce sont ceux qui entourent la ville. → **périphérique.** 4. Qui concerne les pays étrangers. *Le pays a changé sa politique extérieure,* sa politique vis-à-vis de l'étranger, ses relations avec les autres pays.
■ n. m. 1. Ce qui est dehors. *La réserve de bois est à l'extérieur de la maison.* 2. Face externe. *L'extérieur de la boîte est peint à la main.* ❑ contr. **intérieur.**
➤ **extérieurement** adv. ✦ À l'extérieur, vu de l'extérieur. *Extérieurement, leur maison est très jolie.* ❑ contr. **intérieurement.**
➤ **extérioriser** v. (conjug. 1) ✦ Montrer ce que l'on ressent. *Il est replié sur lui-même et n'extériorise pas ses sentiments.*

exterminer v. (conjug. 1) ✦ Tuer, massacrer jusqu'au dernier. → **anéantir, détruire, supprimer.** *Certaines tribus d'Indiens d'Amérique ont été exterminées.*
➤ **extermination** n. f. ✦ Destruction, massacre systématique. *L'extermination des bisons.*

① **externe** adj. ✦ Qui est situé à l'extérieur. *La face externe d'un verre.* ❑ contr. **interne.**

② **externe** n. m. et f. ✦ Élève qui va en classe, sans être en pension et sans déjeuner à la cantine. ❑ contr. **demi-pensionnaire, interne.**

extincteur

extincteur n. m. ✦ Appareil qui sert à éteindre un feu, un incendie.

extinction **n. f.** 1. Action d'éteindre. *À la pension, l'extinction des feux est à 22 heures,* on éteint la lumière à 22 heures. 2. Disparition. *Ces animaux sont en voie d'extinction.* 3. *Une extinction de voix,* l'impossibilité de parler d'une voix claire pendant quelque temps.

extirper **v.** (conjug. 1) 1. Arracher complètement. *Le jardinier extirpe les mauvaises herbes.* 2. Familier. Faire sortir avec difficulté. *On a toujours du mal à extirper Alex de son lit.* → **extraire.**

extorquer **v.** (conjug. 1) ✦ Prendre par force ou par ruse. → **soutirer.** *Un voyou lui a extorqué ses économies.*

extra **n. m. inv.** et **adj. inv.**

■ **n. m. inv.** 1. Chose extraordinaire qu'on ne fait pas d'habitude. *Ils ont fait un extra, ils ont dîné au champagne.* 2. Serveur que l'on engage pour une grande occasion. *Ils ont pris trois extra pour le dîner de fiançailles.* — On peut aussi écrire *trois extras.*

■ **adj. inv.** Familier. De très bonne qualité. → **extraordinaire.** *Sa grand-mère fait des confitures extra.* → ② **super.**

extra- ✦ Préfixe, suivi ou non d'un trait d'union, qui signifie « en dehors de », « mieux que », « tout à fait ».

extraction **n. f.** 1. Action d'enlever une chose du lieu où elle est enfouie. *L'extraction des minerais.* 2. Action d'arracher. *Le dentiste a procédé à l'extraction d'une dent.* → aussi **extraire.**

extra-fin, extra-fine **adj.** ✦ Très fin. *Des petits pois extra-fins. Une aiguille extra-fine.*

▷ Mot de la famille de ② FIN.

extraire **v.** (conjug. 50) 1. Retirer d'un endroit quelque chose qui y est enfoui, enfoncé. *Le médecin a extrait la balle de l'épaule du blessé.* → **arracher, extirper** et aussi **extraction.** 2. Séparer une substance du corps dont elle fait partie. *On extrait de l'huile du tournesol.* 3. Tirer un passage d'un livre. *Cette phrase est extraite de « Blanche-Neige ».*

➤ **extrait** **n. m.** 1. Parfum concentré. *De l'extrait de lavande.* 2. Passage tiré d'une œuvre. → **morceau.** *Nous avons vu un extrait de ce film à la télévision.* 3. Copie d'un acte officiel. *Un extrait d'acte de naissance.*

extra-lucide **adj.** ✦ *Une voyante extra-lucide,* c'est une personne qui prédit l'avenir. — Au pl. *extra-lucides.*

▷ Mot de la famille de LUCIDE.

extraordinaire **adj.** 1. Qui n'est pas habituel, que l'on voit rarement. → **exceptionnel.** *Les actionnaires sont convoqués pour une assemblée extraordinaire.* ❑ contr. **ordinaire.** 2. Qui étonne, provoque la surprise ou l'admiration. → **curieux, étonnant.** *Il lui est arrivé des aventures extraordinaires.* → **fantastique, incroyable, merveilleux.** *C'est un homme extraordinaire.* → **remarquable.** ❑ contr. **banal, commun.**

➤ **extraordinairement** **adv.** ✦ Très. *Il est extraordinairement beau.* → **extrêmement, prodigieusement.**

▷ Mots de la famille de ORDINAIRE.

extraterrestre **n. m.** et **f.** ✦ Créature qui habiterait une autre planète que la Terre. *Est-ce que les extraterrestres existent ?*

▷ Mot de la famille de TERRE.

extravagant, extravagante **adj.** ✦ Bizarre et un peu fou. *Julie a souvent des idées extravagantes.* → **déraisonnable.** ❑ contr. **raisonnable, sensé.** *Une robe extravagante.* → **excentrique.**

➤ **extravagance** **n. f.** ✦ Attitude bizarre. *Ses extravagances nous étonneront toujours.*

extrême **adj.** 1. Très grand. *Il conduit avec une extrême prudence.* 2. Qui est placé tout au bout, le plus loin. → **dernier.** *Ma patience a atteint l'extrême limite.* — **N. m.** *Passer d'un extrême à l'autre,* c'est exagérer dans un sens puis dans l'autre.

➤ **extrêmement** **adv.** ✦ À un très haut degré. → **infiniment, très.** *Il est extrêmement riche.* → **extraordinairement, prodigieusement.**

➤ **extrême-onction** **n. f.** ✦ Sacrement qu'un prêtre catholique donne à une personne qui est sur le point de mourir. — Au pl. *Des extrêmes-onctions.*

➤ **extrémiste** **n. m. et f.** ✦ Personne qui soutient la doctrine politique la plus violente. ❏ contr. **modéré.** *L'attentat a été commis par des extrémistes.*

● *Extrémiste* s'écrit avec un *é.*

➤ **extrémité** **n. f.** 1. Partie qui se trouve au bout, à la limite. *Paul court jusqu'à l'extrémité de la jetée.* 2. *Être à la dernière extrémité,* sur le point de mourir. *Le malade est à la dernière extrémité,* il est à l'agonie.

exubérant, exubérante **adj.** 1. Très abondant. *Dans la jungle, la végétation est exubérante.* → **luxuriant.** 2. Qui manifeste ses sentiments sans retenue. → **démonstratif.** *Une petite fille exubérante.*

➤ **exubérance** **n. f.** ✦ Attitude d'une personne exubérante, qui manifeste ses sentiments, sans retenue. *Julie a manifesté sa joie avec exubérance.*

exulter **v.** (conjug. 1) ✦ Éprouver et montrer une joie immense. → **jubiler.** *Les gagnants exultaient.* ❏ contr. se **désoler.**

ex-voto **n. m. inv.** ✦ Plaque portant une formule de remerciement que l'on offre par reconnaissance à un saint, dans une église. — Au pl. *Des ex-voto.*

F

fa **n. m. inv.** ✦ Note de musique, la quatrième de la gamme. *Fa est entre mi et sol. Des fa dièse.*

fable **n. f.** ✦ Poésie ou petit récit qui donne un enseignement, fait réfléchir. *« La Cigale et la Fourmi » est une fable de La Fontaine.*

fabriquer **v.** (conjug. 1) 1. Faire un objet. *Il a fabriqué une niche pour son chien.* → **construire, façonner.** *Dans cette usine, on fabrique des meubles.* → **produire.** 2. Familier. Faire. *Julie, on t'attend, qu'est-ce que tu fabriques ?*

➤ **fabricant** **n. m.**, **fabricante** **n. f.** ✦ Personne qui dirige une entreprise qui fabrique des produits. *Un fabricant de jouets.*

➤ **fabrication** **n. f.** ✦ Action ou art de faire des objets. *Cet objet est de fabrication artisanale,* il est fabriqué par des artisans. *Un défaut de fabrication.*

➤ **fabrique** **n. f.** ✦ Établissement où l'on fabrique les objets en série. → **manufacture, usine.** *Une fabrique de meubles.*

▷ Autre mot de la famille : PRÉFABRIQUÉ.

fabuleux, fabuleuse **adj.** 1. Qui n'existe que dans les histoires, dans l'imagination. → **imaginaire.** *La licorne est un animal fabuleux.* → **légendaire.** 2. Incroyable mais vrai. → **extraordinaire, fantastique.** *Il est d'une force fabuleuse.* → **prodigieux.**

➤ **fabuleusement** **adv.** ✦ D'une manière fabuleuse, prodigieuse. *Une princesse fabuleusement belle.*

fac → **faculté**

face **n. f.** 1. Visage. *Il a été blessé à la face.* → **figure.** 2. Côté d'une pièce de monnaie, d'une médaille portant une figure. *Le côté pile et le côté face d'une pièce de deux euros.* 3. Chacun des côtés d'un objet. *Un cube a six faces égales.* 4. **En face,** par-devant. *Je lui ai dit en face ce que je pensais,* franchement. *Il faut voir les choses en face,* telles qu'elles sont. — *La boulangerie est* **en face de** *l'école,* devant l'école, de l'autre côté de la rue. *Ils se sont assis l'un en face de l'autre.* → en **vis-à-vis.** — *La villa est* **face à** *la mer,* la façade tournée du côté de la mer. 5. *Il s'est retrouvé* **face à face** *avec son ancien élève,* ils se sont retrouvés l'un en face de l'autre. → **nez** à nez. 6. **De face,** du côté où l'on voit le visage. *Il n'a pas vu son agresseur de face.* ❑ contr. **de dos, de profil.** 7. **Faire face à** *quelque chose,* l'affronter. *Il a dû faire face aux difficultés,* les affronter et agir. → faire **front.**

➤ **façade** **n. f.** 1. Côté d'un bâtiment où se trouve l'entrée. *La façade du chalet est en bois.* 2. Apparence. *Elle a l'air calme, mais c'est une façade.*

➤ **face-à-face** **n. m. inv.** ✦ Débat entre deux personnalités. *Il y a eu un face-à-face télévisé entre les deux hommes politiques.* — Au pl. *Des face-à-face.*

▷ Autres mots de la famille : FACETTE, FACIAL, SURFACE, VOLTE-FACE.

façade

facétie [fasesi] **n. f.** ✦ Plaisanterie. → ② **blague,** ① **farce.** *Julie aime bien faire des facéties.*
➤ **facétieux** [fasesjø], **facétieuse** [fasesjøz] **adj.** ✦ Qui fait des farces. *Une petite fille facétieuse.* → **farceur.**

facette **n. f.** ✦ Chacune des petites faces d'un objet qui en a beaucoup. *Un diamant a de nombreuses facettes.*
▷ Mot de la famille de FACE.

facette

fâcher **v.** (conjug. 1) ✦ Mettre en colère. → **irriter.** *Cela va sûrement fâcher ton père.* ❏ contr. **réjouir.**
➤ se **fâcher** **v.** (conjug. 1) **1.** Se mettre en colère. *Ne te fâche pas, ce n'est pas grave ! Elle s'est fâchée contre son fils.* → s'**emporter.** **2.** *Se fâcher avec quelqu'un,* cesser d'être ami avec lui. → se **brouiller.** *Il s'est fâché avec son meilleur ami.* ❏ contr. se **réconcilier.**
➤ **fâché, fâchée** **adj.** **1.** Désolé. → **contrarié, navré.** *Je suis bien fâché de ce qui vous arrive.* ❏ contr. **content.** **2.** *Louise et Julie sont fâchées,* elles sont en mauvais termes.
➤ **fâcheux, fâcheuse** **adj.** ✦ Ennuyeux, regrettable. *Une fâcheuse nouvelle.*

facial, faciale **adj.** ✦ Qui concerne le visage. *Il est atteint d'une paralysie faciale. Les nerfs faciaux,* de la face.
▷ Mot de la famille de FACE.

facile **adj.** **1.** Qui se fait sans effort. → **aisé.** *Une dictée facile.* → **simple.** ❏ contr. **ardu, difficile, dur.** **2.** Agréable. *Paul n'a pas un caractère facile. Léa est facile à vivre.* ❏ contr. **difficile.**
➤ **facilement** **adv.** ✦ Sans effort. → **aisément.** *Ce problème se résout facilement.* ❏ contr. **difficilement.**
➤ **facilité** **n. f.** **1.** Qualité de ce qui se fait sans peine. *Ce travail est d'une grande facilité.* ❏ contr. **difficulté.** **2.** Moyen qui permet de faire quelque chose facilement. *Le vendeur lui a accordé des facilités de paiement.*
➤ **faciliter** **v.** (conjug. 1) ✦ Rendre plus facile. *Cette voiture facilite mes déplacements.* → **aider.** ❏ contr. **gêner.**

façon **n. f.** **1.** Manière. *Il y a plusieurs façons de procéder.* → ② **moyen.** *Elle veut vivre **à sa façon,*** comme elle l'entend. *Il n'est jamais content **de toute façon,*** en tout cas, quoi qu'il arrive. *Léa s'est placée **de façon à ce que** tout le monde la voie,* pour que tout le monde la voie. **2.** *Les façons de quelqu'un,* sa manière de se comporter. *Je n'aime pas ses façons.* **3.** *Faire des façons,* des manières. *Julie fait toujours des façons. Il a accepté sans façon,* simplement. **4.** *La façon d'une robe,* c'est la manière dont elle a été coupée, cousue, sa forme.
➤ **façonner** **v.** (conjug. 1) ✦ Donner une forme. *Le potier façonne l'argile pour en faire un plat.*
▷ Autres mots de la famille : CONTREFAÇON, MALFAÇON.

fac-similé **n. m.** ✦ Reproduction exacte d'un écrit, d'un tableau, etc. → **copie.** — Au pl. *Des fac-similés.*

① **facteur** **n. m.** **1.** Élément qui contribue à un résultat. *La réussite du projet dépend de plusieurs facteurs.* **2.** Chacun des termes d'une multiplication.

② **facteur** **n. m.,** **factrice** **n. f.** ✦ Personne dont le métier est de distribuer le courrier. → **préposé** et aussi **postier.** *Le facteur fait sa tournée.*

factice **adj.** ✦ Faux, imité. *Les gâteaux en vitrine sont factices.* ❏ contr. **vrai.**

faction **n. f.** **1.** Groupe, parti qui provoque des troubles dans un pays en s'opposant violemment au pouvoir. *Des factions rivales s'opposaient.* **2.** *Être en faction,* c'est monter la garde. *Le soldat est en faction devant le palais.*

facture **n. f.** ✦ Note à payer. *Le plombier a envoyé sa facture.*
➤ **facturer** **v.** (conjug. 1) ✦ Porter sur une facture. *Le café est facturé deux euros, dans ce restaurant,* il coûte deux euros.

faculté **n. f.** **1.** Partie d'une université. *La faculté de médecine de Montpellier.* **2.** Possibilité. *Vous avez la faculté de choisir.* → **liberté.** **3.** *Ce vieillard n'a plus toutes ses facultés,* toute sa raison.
● On dit familièrement *la fac* (sens 1).
➤ **facultatif, facultative** **adj.** ✦ Qui n'est pas obligatoire. *Les matières facultatives, à un examen.*

fade adj. 1. Qui n'a pas beaucoup de goût. *Cette purée est fade,* elle manque de sel. → **insipide.** ❑ contr. **épicé.** 2. Sans éclat. *Une couleur fade.* → **terne.** ❑ contr. **vif.**

➤ **fadeur** n. f. ✦ *La fadeur d'un plat,* son absence de goût. ❑ contr. **saveur.**

fagot n. m. ✦ Petites branches attachées ensemble. *Mets un fagot dans la cheminée pour allumer le feu.*

➤ **fagoté, fagotée** adj. ✦ Familier. *Être mal fagoté,* mal habillé. *Elle est toujours mal fagotée.*

faible adj. et n. m.

■ adj. 1. Qui manque de force physique. → **délicat, fragile.** *Louise se sent faible ce matin.* ❑ contr. ① **fort, robuste, vigoureux.** 2. Qui manque de capacités intellectuelles. *Théo est faible en mathématiques.* → **mauvais, médiocre.** ❑ contr. ① **bon, doué,** ① **fort.** 3. Qui manque de volonté. *Elle est trop faible avec ses enfants,* elle leur cède facilement. ❑ contr. **dur,** ① **ferme, sévère.** 4. Peu important. *Un vent faible.* → **léger.** ❑ contr. **puissant.**

■ n. m. 1. Personne sans volonté. *C'est un faible.* 2. Goût particulier. → **penchant, préférence.** *Léa a un faible pour le miel.*

➤ **faiblement** adv. ✦ De manière faible, peu importante. *La pièce est faiblement éclairée.* → **peu.** ❑ contr. **fortement.**

➤ **faiblesse** n. f. 1. Manque de force physique. *Le malade est d'une grande faiblesse.* 2. Manque d'énergie, d'autorité, de fermeté. *Elle a eu la faiblesse de lui pardonner.* ❑ contr. **force.**

➤ **faiblir** v. (conjug. 2) ✦ Devenir faible. *Les forces du malade faiblissent.* → **décliner.** *Le vent a faibli.* → **mollir.**

▷ Autres mots de la famille : AFFAIBLIR, AFFAIBLISSEMENT.

faïence [fajɑ̃s] n. f. ✦ Terre cuite recouverte d'émail ou de vernis. *Des assiettes en faïence.* → aussi **porcelaine.**

faïence

faille n. f. 1. Cassure dans l'écorce terrestre. *Les tremblements de terre provoquent des failles.* 2. Défaut. *Il y a une faille dans ce raisonnement.*

faillir v. (ne s'emploie qu'à l'infinitif et aux temps composés; participe passé : *failli*) 1. Ne pas faire ce que l'on devrait faire. *Il a failli à ses engagements.* 2. Être sur le point de faire quelque chose, n'être pas loin de faire quelque chose. *Elle a failli tomber. Il a failli rater son train.*

➤ **faillite** n. f. ✦ Situation d'un commerçant qui ne peut plus payer ses dettes ni tenir ses engagements. *Le boucher a fait faillite.*

▷ Autres mots de la famille : DÉFAILLANCE, DÉFAILLANT, DÉFAILLIR, INFAILLIBLE.

faim n. f. ✦ Besoin, envie de manger. *Alex a toujours faim,* il est toujours affamé. *J'ai une faim de loup.* → fam. **fringale.** *Dans de nombreux pays, on souffre de la faim,* du manque de nourriture. → **famine.** ❍ homonymes : ① et ② fin.

faine n. f. ✦ Fruit du hêtre.

● On écrit aussi *faîne.*

fainéant n. m., **fainéante** n. f. ✦ Personne qui ne veut rien faire. → **paresseux** et aussi **feignant, flemmard.** *Quelle fainéante, cette Julie !*

▷ Mot de la famille de FAIRE et de NÉANT.

faire v. (conjug. 60) 1. Fabriquer. *Au printemps, les oiseaux font leur nid.* → **construire.** 2. Effectuer, exécuter. *Léa fait ses devoirs. J'ai beaucoup de choses à faire aujourd'hui.* 3. Pratiquer, exercer. *Paul fait du ski et du tennis.* 4. Arranger. *Louise a fait son lit.* 5. Causer, provoquer. *L'explosion a fait du bruit. Alex s'est fait mal. Cette histoire l'a beaucoup fait rire. Cela ne fait rien,* ce n'est pas grave. 6. Agir. *Faites comme chez vous.* 7. Constituer. *Deux et deux font quatre.* → **égaler.** *Il ferait un bon mari pour elle.* → **être.** 8. Paraître. *Elle fait jeune pour son âge. Théo, arrête de faire l'idiot !* de te comporter comme un idiot. 9. Parcourir. *Julie et Louise ont fait dix kilomètres à vélo.* 10. Présenter une certaine mesure, un certain aspect. *Le salon fait 15 mètres carrés.* → **mesurer.** *Quelle taille faites-vous ? Il fera sûrement beau demain.* 11. *Faire faire quelque chose,* charger quelqu'un d'exécuter quelque chose. *La robe qu'elle a fait faire par la couturière est très jolie.* ❍ homonyme : fer.

➤ **se faire** v. 1. Devenir. *Notre chienne se fait vieille,* elle commence à être vieille. *Elle* *s'est fait belle pour aller dîner. Il se fait tard,* il commence à être tard. **2.** *Se faire à quelque chose,* s'y habituer. *Je ne peux pas me faire à cette idée.* **3.** Avoir. *Elle s'est fait longtemps des illusions. Je me fais du souci.* — ***S'en faire,*** se faire du souci. *Ne vous en faites pas !* ne vous inquiétez pas ! **4.** Exister. *Cette robe se fait aussi en bleu.* **5.** *Cela ne se fait pas,* il ne faut pas faire cela. **6.** *Il pourrait bien se faire qu'il pleuve ce soir,* cela pourrait bien arriver. *Comment se fait-il qu'ils ne soient pas encore là ?* comment cela est-il possible ?

➤ **faire-part** **n. m. inv.** ✦ Lettre annonçant une naissance, un mariage, un décès. *Ils ont envoyé des faire-part de mariage.* ▷ Mot de la famille de PART.

➤ **faisable** **adj.** ✦ Qui peut être fait. → **possible.** *Ce n'est pas faisable en cinq minutes.* → **réalisable.**

▷ Autres mots de la famille : AFFAIRE, AFFAIRÉ, S'AFFAIRER, AFFAIRES, BIENFAISANCE, BIENFAISANT, BIENFAIT, BIENFAITEUR, CONTREFAIRE, CONTREFAIT, DÉFAIRE, DÉFAIT, DÉFAITE, DÉFAITISTE, SUR CES ENTREFAITES, FAINÉANT, ① et ② FAIT, FAITOUT, INFAISABLE, INSATISFAIT, MALFAISANT, MALFAITEUR, MÉFAIT, REFAIRE, SATISFAIRE, SATISFAISANT, SATISFAIT, SAVOIR-FAIRE, STUPÉFAIT, SURFAIT.

faisan [fəzɑ̃] **n. m., faisane** [fəzan] **n. f.** ✦ Oiseau au plumage coloré et à longue queue, de la même famille que la poule. *Un faisan doré.* — **Adj.** *Une poule faisane.*

➤ **faisandé, faisandée** **adj.** ✦ *De la viande faisandée,* c'est de la viande qui commence à se décomposer, à pourrir.

faisan

faisceau [fɛso] **n. m.** **1.** Ensemble de choses allongées attachées ensemble. *Des faisceaux de brindilles.* **2.** *Le faisceau lumineux d'un phare,* les rayons lumineux qu'il envoie. — Au pl. *des faisceaux.*

● Il y a un *s* avant le *c.*

① **fait, faite** **adj.** **1.** Exécuté, fabriqué. *J'aime le travail bien fait.* **2.** *Le camembert est bien fait,* il est à point pour être mangé. — *Tout fait,* préparé à l'avance, tout prêt. *Le traiteur vend des plats tout faits.* **3.** Maquillé. *Elle a les yeux faits.* **4.** *Une femme bien faite,* qui a un corps harmonieux, bien proportionné. **5.** *C'est bien fait pour lui,* il a eu ce qu'il méritait.

➤ ② **fait** **n. m.** **1.** Action. *Il surveille tous les faits et gestes de ses voisins,* tout ce qu'ils font. — *Prendre quelqu'un sur le fait,* le surprendre en train de faire quelque chose de mal. *Le cambrioleur a été pris sur le fait.* **2.** Ce qui a eu lieu, qui existe réellement. *Il est venu, c'est un fait,* c'est sûr. ***En fait,*** *ils sont frères,* en réalité. *Le fait est qu'il a menti,* il faut admettre qu'il a menti. *Dans le journal, il lit la rubrique des faits divers,* des événements peu importants. **3.** ***Au fait,*** *donne-moi ton adresse !* à propos, pendant que j'y pense.

▷ Mots de la famille de FAIRE.

faîte **n. m.** ✦ Le point le plus élevé. → **sommet.** *Le faîte d'un arbre.* → **cime.** ❍ homonyme : fête.

● Attention à l'accent circonflexe du *î.*

faitout **n. m.** ✦ Grand récipient qui a deux poignées et un couvercle, et qui va sur le feu. → ② **cocotte, marmite.** — Au pl. *Des faitouts.*

▷ Mot de la famille de FAIRE et de TOUT.

fakir **n. m.** ✦ Homme qui fait des tours de magie et semble être insensible à la douleur. *Le fakir s'est couché sur une planche à clous.*

● Ce mot vient de l'arabe *faqîr* qui veut dire « pauvre ».

falaise **n. f.** ✦ Côte élevée qui tombe à pic dans la mer. *Les falaises d'Étretat.*

fallacieux, fallacieuse **adj.** ✦ Trompeur. *Une promesse fallacieuse.* → ① **faux, mensonger.** ❑ contr. **sincère.**

① **falloir** **v.** (conjug. 29 ; ne s'emploie qu'à l'infinitif et à la 3e personne du singulier) **1.** Être nécessaire. *Il faut un passeport pour aller aux États-Unis. Il me fallait une valise,* j'avais besoin d'une valise. *Il faudra que tu viennes nous voir.* **2.** *Comme il faut,* comme il convient. *Tiens-toi à table comme il faut,* convenablement.

② **s'en falloir** **v.** (conjug. 29) ✦ *Il s'en est fallu de peu qu'il rate son train,* il a failli rater son train.

falot, falote **adj.** ✦ *Une personne falote,* que l'on ne remarque pas, qui passe inaperçue. → **effacé, insignifiant, terne.**

falsifier **v.** (conjug. 7) ✦ Changer pour tromper. → **trafiquer.** *On a falsifié la date de ce document.*

➤ **falsification** **n. f.** ✦ Changement fait pour tromper. *La falsification des chèques est punie par la loi.*

mal **famé,** mal **famée** **adj.** ✦ *Un endroit mal famé,* qui a mauvaise réputation à cause des gens qui le fréquentent. *Des rues mal famées.*

▷ Mot de la famille de MAL.

famélique **adj.** ✦ Qui est maigre parce qu'il ne mange pas assez. *Ils ont recueilli une chatte famélique.*

fameux, fameuse **adj.** 1. Qui a une grande réputation, bonne ou mauvaise. *La région est fameuse pour ses vins.* → **célèbre, connu, renommé.** 2. Remarquable parce que très bon. *Ce repas est fameux.* → **excellent.** ❑ contr. **mauvais.**

familial, familiale **adj.** ✦ De la famille. *Une réunion familiale. Ils ont des problèmes familiaux.*

se **familiariser** **v.** (conjug. 1) ✦ S'habituer. *Elle s'est vite familiarisée avec son nouvel ordinateur.*

familiarité **n. f.** ✦ Manière familière de se comporter avec quelqu'un. *La directrice de l'école n'aime pas que les élèves lui parlent avec familiarité.*

familier, familière **adj.** 1. Que l'on connaît bien. *C'est une voix familière qui a répondu au téléphone.* — **N. m.** Personne qui est considérée comme un membre de la famille, un intime. *L'assassin était certainement un familier de la victime.* 2. *Un animal familier,* un animal apprivoisé qui vit dans la maison. → **domestique.** *Leurs animaux familiers sont un chien et un oiseau.* 3. Qui ne témoigne pas de respect. *Ces élèves sont trop familiers avec leur professeur.* ❑ contr. **respectueux.** 4. *Un mot familier,* c'est un mot que l'on évite d'employer quand on parle à quelqu'un que l'on ne connaît pas bien ou quand on écrit. *« Bagnole » est un mot familier. Le style familier, la langue familière.* ❑ contr. **littéraire, soutenu.**

➤ **familièrement** **adv.** ✦ De manière familière, avec simplicité. *Elle l'a pris familièrement par le bras.*

famille **n. f.** 1. Le père, la mère et les enfants. *Julie et ses parents forment une famille unie.* — *Un père de famille, une mère de famille,* c'est un homme, une femme qui a des enfants. 2. Ensemble des personnes liées entre elles par le mariage, la naissance, l'adoption. *Pour l'anniversaire de Paul, toute la famille était là. Ils passent Noël en famille.* → aussi **parenté.** 3. Classement qui rassemble des groupes d'animaux ou de plantes. *Le mouton et l'antilope font partie de la famille des bovidés.*

falaise (*La Falaise d'Étretat après l'orage,* Courbet)

4. *Une famille de mots,* c'est l'ensemble des mots qui contiennent un même mot. *« Dentaire », « dentifrice », « édenté » sont des mots de la famille de « dent ».*

famine **n. f.** ✦ Manque de nourriture. *La sécheresse a détruit les récoltes et provoqué la famine dans la région.* → **disette.**

fan [fan] **n. m. et f.** ✦ Admirateur, admiratrice enthousiaste d'une vedette. *Les fans d'un groupe de rap.* → aussi **fanatique.**
● *Fan* est l'abréviation de l'anglais *fanatic* qui veut dire « fanatique, admirateur ».

fanal **n. m.** (pl. **fanaux**) ✦ Grosse lanterne, sur un navire.

fanal

fanatique **adj.** et **n. m.** et **f.**
■ **adj. 1.** Qui a une foi absolue, qui croit aveuglément une doctrine ou une personne, et qui est capable de n'importe quoi pour faire triompher ses idées. *Des militants fanatiques.* **2.** Qui a une grande admiration pour quelqu'un ou quelque chose. *Il est fanatique de rap.* → **fou.**
■ **n. m. et f. 1.** Personne qui est capable de tout pour défendre ses idées. *Un fanatique a assassiné le président.* **2.** Personne qui a une passion pour quelque chose ou une grande admiration pour quelqu'un. *C'est un fanatique de football.* → **fan, passionné.**
➤ **fanatisme** **n. m.** ✦ Comportement de personnes fanatiques. *Le fanatisme peut être dangereux.* ❏ contr. **tolérance.**

faner **v.** (conjug. 1) **1.** *Les paysans fanent la luzerne,* ils la retournent après l'avoir fauchée pour la faire sécher. → aussi **fenaison. 2.** Dessécher et décolorer une fleur. *La forte chaleur fane les fleurs.* → **flétrir. 3. se faner,** se dessécher et perdre sa couleur. → aussi **s'étioler.** *La rose s'est fanée.* → se **flétrir.**
➤ **fané, fanée** **adj.** ✦ *Des fleurs fanées,* desséchées, mortes.

fanfare **n. f.** ✦ Orchestre composé d'instruments en cuivre et de tambours. *La fanfare municipale a défilé dans les rues.*

fanfare

fanfaron **n. m., fanfaronne** **n. f.** ✦ Personne qui se vante de ses exploits ou de son courage. *Paul fait le fanfaron devant ses amis.*
➤ **fanfaronnade** **n. f.** ✦ Ce que fait ou dit un fanfaron. → **vantardise.**

fanfreluche **n. f.** ✦ Petit ornement inutile. *Il y a trop de fanfreluches sur cette robe.*

fange **n. f.** ✦ Boue presque liquide.
● Ce mot est littéraire. Le mot courant est *boue.*

fanion **n. m.** ✦ Petit drapeau.

fanon **n. m.** ✦ Chacune des nombreuses lames en corne fixées dans la bouche de certains cétacés. *Les fanons d'une baleine.*

fantaisie **n. f. 1.** Originalité amusante. *Nous avons vu une pièce de théâtre pleine de fantaisie. Sa vie manque de fantaisie.* **2.** Envie soudaine. *Ses parents lui passent toutes ses fantaisies.* → **caprice.** *Tout à coup, il lui a pris la fantaisie de traverser la rivière à la nage.* → **lubie. 3.** *Des bijoux fantaisie,* sans valeur, mais originaux.
➤ **fantaisiste** **adj.** et **n. m.** et **f.**
■ **adj.** Peu sérieux. *Son explication est un peu fantaisiste.*

■ **n. m. et f.** Artiste qui chante des chansons amusantes, raconte des histoires drôles, fait des imitations. → **comique, humoriste.**

fantasmagorique **adj.** ✦ Qui semble irréel. *Un spectacle fantasmagorique.* → **fantastique, féerique.**

fantasque **adj.** ✦ Qui change souvent d'avis. → **capricieux.** *Julie a un esprit fantasque.*

fantassin **n. m.** ✦ Soldat qui combat à pied. → aussi **infanterie.**

fantastique **adj.** 1. Qui est créé par l'imagination, qui n'existe pas. → **fabuleux, imaginaire.** *Le dragon est un animal fantastique.* 2. *Une œuvre fantastique,* qui montre, raconte des choses extraordinaires, surnaturelles. *Théo aime les films fantastiques.* 3. Qui étonne ou plaît beaucoup. → **étonnant, formidable, sensationnel.** *Il a une chance fantastique.* → **extraordinaire.**

fantôme **n. m.** ✦ Être imaginaire qui serait l'apparition d'un mort. → **revenant,** ① **spectre.** *On dit que ce château est hanté par un fantôme.*

faon [fɑ̃] **n. m.** ✦ Petit du cerf, du daim ou du chevreuil. *Une biche et son faon.*

faramineux, faramineuse **adj.** ✦ Familier. Beaucoup trop important. *Le loyer de cet appartement est faramineux,* il est beaucoup trop cher. → **exorbitant, prohibitif.**

farandole **n. f.** ✦ Danse exécutée par une file de danseurs qui se tiennent par la main. *Ils ont fait la farandole à travers l'appartement.*

① **farce** **n. f.** 1. Tour que l'on joue à quelqu'un. → **plaisanterie** ; fam. ② **blague.** *Paul et Théo ont fait une farce à Léa.* 2. Objet qui sert à faire une farce. *Un magasin de farces et attrapes.*

➤ **farceur** **n. m.**, **farceuse** **n. f.** ✦ Personne qui aime plaisanter, faire des farces. *Quel farceur, ce Paul !*

② **farce** **n. f.** ✦ Mélange d'aliments hachés que l'on met dans une viande, un poisson, des légumes. *Une farce aux champignons.*

➤ **farcir** **v.** (conjug. 2) ✦ Remplir avec de la farce. *Le cuisinier farcit la dinde.*

➤ **farci, farcie** **adj.** ✦ Rempli de farce. *Ils ont mangé des tomates farcies.*

fard **n. m.** 1. Produit coloré que l'on emploie pour se maquiller. *Du fard à paupières.* 2. Familier. *Piquer un fard,* rougir brusquement. *Louise a piqué un fard quand le professeur l'a complimentée.* ❍ homonyme : phare.

▷ Autre mot de la famille : SE FARDER.

farde **n. f.** ✦ Chemise cartonnée.

● Ce mot est employé en Belgique.

fardeau **n. m.** ✦ Chose lourde qu'il faut porter. *L'âne est chargé d'un lourd fardeau.* — Au pl. *Des fardeaux.*

se farder **v.** (conjug. 1) ✦ Mettre du fard. → **se maquiller.** *Elle s'est trop fardée.*

▷ Mot de la famille de FARD.

farfadet **n. m.** ✦ Lutin agile et malicieux.

farfelu, farfelue **adj.** ✦ Un peu fou, bizarre et amusant. *Une histoire farfelue.* → **saugrenu.**

farine **n. f.** ✦ Poudre obtenue en écrasant les graines de certaines céréales. *On fait des crêpes avec de la farine de blé ou de sarrasin.*

➤ **farineux** **n. m. et adj.**, **farineuse** **adj.**

■ **n. m.** Légume qui peut fournir de la farine ou qui contient de la fécule. → **féculent.** *Les lentilles, les haricots sont des farineux.*

■ **adj.** Fade et pâteux. *Une pomme farineuse.*

farouche **adj.** 1. Qui s'enfuit quand on l'approche. → **craintif, peureux, sauvage.** *Cette biche est venue près de nous, elle n'est pas farouche.* ❏ contr. **familier.** 2. Qui refuse de se soumettre, violent. *Un farouche adversaire.*

➤ **farouchement** **adv.** ✦ Avec violence et détermination. *Ils sont farouchement opposés à ce projet.*

▷ Autre mot de la famille : EFFAROUCHER.

fascicule [fasikyl] **n. m.** ✦ Petit livre très plat, comprenant peu de pages, qui représente une partie d'un gros livre. *Cette encyclopédie est vendue chaque semaine par fascicules.*

fasciner **v.** (conjug. 1) ✦ Éblouir et attirer. → **captiver, émerveiller.** *Le numéro exécuté par le magicien a fasciné les spectateurs.*

➤ **fascinant, fascinante** **adj.** ✦ Qui charme et retient. *Elle est d'une beauté fascinante.* → **envoûtant.**

➤ **fascination** **n. f.** ✦ Séduction irrésistible. *Ce chanteur exerce une véritable fascination sur les jeunes.*

fascisme [faʃism] **n. m.** ✦ Système politique fondé sur un parti unique et un chef tout-puissant qui contrôle tout, n'admet aucune opposition et élimine ses adversaires par la violence. *Mussolini a établi le fascisme en Italie en 1922.* → aussi **nazisme.**

➤ **fasciste** [faʃist] **n. m. et f.** ✦ Partisan du fascisme. *La lutte contre les fascistes.* — **Adj.** *Il a des idées fascistes,* qui appartiennent au fascisme.

● Ces mots viennent de l'italien.

① **faste** **n. m.** ✦ Grand luxe. → **apparat,** ① **éclat,** ① **pompe.** *Ils nous ont reçus avec faste.* ❑ contr. **simplicité.**

▷ Autre mot de la famille : FASTUEUX.

② **faste** **adj.** ✦ *Un jour faste,* un jour heureux, favorable, où tout réussit.

▷ Autre mot de la famille : NÉFASTE.

fastidieux, fastidieuse **adj.** ✦ Qui cause de l'ennui. → **assommant, ennuyeux.** *Cette leçon de géographie est fastidieuse.* ❑ contr. **amusant, distrayant, intéressant.**

fastueux, fastueuse **adj.** ✦ Plein de luxe. *Le roi menait une vie fastueuse.* ❑ contr. **modeste, simple.**

▷ Mot de la famille de ① FASTE.

fatal, fatale **adj.** **1.** Qui doit arriver forcément. → **inéluctable, inévitable.** *Il n'a pas assez travaillé et il va redoubler, c'est fatal.* **2.** Qui a des effets catastrophiques. *Les averses de grêle ont été fatales aux récoltes.* **3.** Qui provoque la mort. → **mortel.** *Le conducteur a commis une imprudence qui lui a été fatale.* — Au masc. pl. *fatals.*

➤ **fatalement** **adv.** ✦ D'une façon inévitable. → **forcément, obligatoirement.** *Cela devait fatalement arriver.*

➤ **fataliste** **adj.** ✦ Qui accepte les événements en pensant qu'ils sont fixés par le destin, qu'ils sont inévitables. *Elle est devenue fataliste en vieillissant.*

➤ **fatalité** **n. f.** ✦ Coup du destin, hasard malheureux. *Ce n'est pas de ma faute, c'est la fatalité.*

fatidique **adj.** ✦ Qui doit fatalement arriver. *Et voici le jour fatidique où sont proclamés les résultats de l'examen !*

fatigant, fatigante **adj.** **1.** Qui cause de la fatigue. → **épuisant, éreintant, exténuant** ; fam. **crevant.** *Une journée très fatigante.* ❑ contr. **reposant.** **2.** Qui ennuie. → **lassant** ; fam. **embêtant.** *Tais-toi un peu, Théo, tu es vraiment fatigant !*

● *Fatigant* s'écrit sans *u* après le *g*, contrairement au participe présent du verbe *fatiguer.*

▷ Mot de la famille de FATIGUER.

fatiguer **v.** (conjug. 1) **1.** Causer de la fatigue. → **épuiser, éreinter, exténuer.** *Cette longue marche nous a fatigués.* ❑ contr. ② **reposer.** *Julie s'est fatigué les yeux en regardant la télévision de trop près.* **2.** Ennuyer. *Tu nous fatigues avec tes histoires !* **3.** **Se fatiguer** *de quelque chose,* c'est en avoir assez. → se **lasser.** *Léa s'est vite fatiguée de son nouveau jouet.*

➤ **fatigue** **n. f.** ✦ Affaiblissement des forces dû à un grand effort ou à la maladie. *Louise tombe de fatigue.* → **épuisement, lassitude.**

➤ **fatigué, fatiguée** **adj.** ✦ Qui ressent de la fatigue. *En ce moment, elle est très fatiguée. Repose-toi, tu as l'air fatigué.* → **épuisé, harassé** ; fam. **crevé, vanné.** — *Être fatigué de quelque chose,* en avoir assez. *Elle est fatiguée de répéter sans cesse la même chose.* → **las.**

▷ Autres mots de la famille : FATIGANT, INFATIGABLE.

fatras [fatʀa] **n. m.** ✦ Tas d'objets en désordre. *Alex cherche son stylo sous un fatras de livres et de cahiers.*

faubourg **n. m.** ✦ Partie d'une ville qui se trouve loin du centre, à la périphérie. *Il habite dans les faubourgs de Marseille.* → **banlieue.**

▷ Mot de la famille de BOURG.

fauché, fauchée **adj.** ✦ Familier. Qui n'a pas d'argent. → **pauvre.** *Elle est complètement fauchée depuis les vacances.*

▷ Mot de la famille de ② FAUX.

① **faucher** **v.** (conjug. 1) **1.** Couper avec une faux ou une faucheuse. *On fauche les blés au mois d'août.* → **moissonner.** **2.** Faire tomber. → **renverser.** *La voiture a fauché trois piétons.*

➤ **faucheuse** **n. f.** ✦ Machine agricole qui sert à faucher. *Le fermier conduit la faucheuse.*

➤ **faucheux** **n. m.** ✦ Sorte d'araignée au corps très mince et aux très longues pattes.

▷ Mots de la famille de ② FAUX.

② **faucher** **v.** (conjug. 1) ✦ Familier. Voler. *On m'a fauché mon téléphone.* → fam. **piquer.**
▷ Mot de la famille de ② FAUX.

faucille **n. f.** ✦ Petit instrument formé d'une lame d'acier en demi-cercle au bout d'un manche court et qui sert à faucher l'herbe. *Au Moyen Âge, les moissons se faisaient à la faucille.*
▷ Mot de la famille de ② FAUX.

faucon **n. m.** ✦ Oiseau de proie au bec court et crochu, qui vit le jour. *Autrefois, on dressait les faucons pour la chasse.*

faufiler **v.** (conjug. 1) **1.** Coudre à grands points et provisoirement. *La couturière faufile l'ourlet.* **2.** **se faufiler,** se glisser sans se faire remarquer. *Julie et Louise se sont faufilées dans la file d'attente.*
▷ Mot de la famille de FIL.

faune **n. f.** ✦ *La faune d'une région,* c'est l'ensemble des animaux qui vivent dans cette région. *La faune sauvage est menacée. Dans les parcs nationaux, la faune est protégée.* → aussi **flore.**

faussaire **n. m. et f.** ✦ Personne qui fait des faux. *Ce faussaire a peint de faux tableaux de Monet.*
▷ Mot de la famille de ① FAUX.

faussement **adv.** ✦ D'une manière fausse, étudiée, affectée. *Un air faussement gai.* ❑ contr. **vraiment.**
▷ Mot de la famille de ① FAUX.

fausser **v.** (conjug. 1) **1.** Rendre faux. *Une erreur de calcul a faussé le résultat.* **2.** Déformer. *La serrure ne fonctionne plus, elle a été faussée.*
○ homonyme : fossé.
▷ Mot de la famille de ① FAUX.

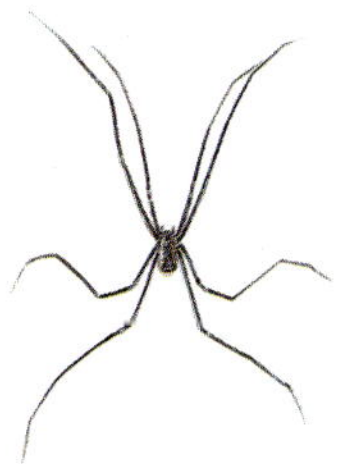

faucheux

fausseté **n. f.** ✦ Caractère de ce qui est faux, contraire à la vérité. *L'avocat démontre la fausseté de l'accusation.*
▷ Mot de la famille de ① FAUX.

faute **n. f.** **1.** Erreur. *Léa a fait deux fautes dans sa dictée.* **2.** Mauvaise action. *Il a reconnu sa faute et présenté ses excuses.* — *Être en faute,* c'est avoir fait quelque chose de mal ou d'interdit. → aussi **fautif.** — *Faute avouée est à moitié pardonnée,* on obtient plus facilement l'indulgence en reconnaissant ses torts. **3.** *C'est de ta faute,* c'est toi le responsable. *Julie est en retard ce matin, mais ce n'est pas de sa faute,* elle n'est pas responsable. **4.** *Faute de preuves, le suspect a été relâché,* par manque de preuves. **5.** *Soyez là demain sans faute à 8 heures,* de manière sûre.
▷ Autre mot de la famille : FAUTIF.

fauteuil **n. m.** ✦ Siège qui a des bras et un dossier pour une seule personne. *On est bien assis dans ce fauteuil. Un fauteuil roulant,* c'est un fauteuil à grandes roues qui permet à un handicapé de se déplacer.

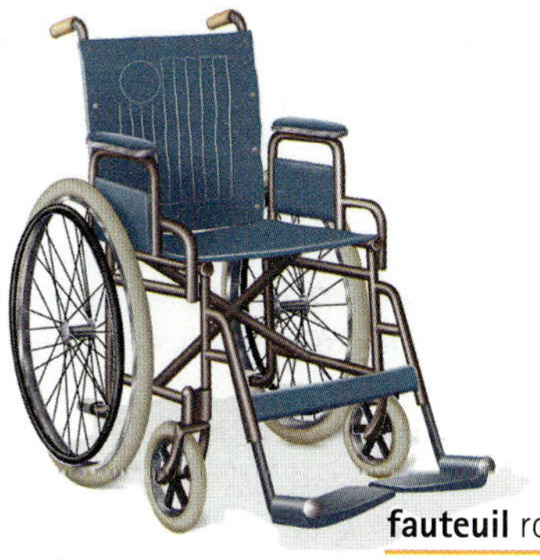

fauteuil roulant

fautif, fautive **adj.** **1.** Qui est en faute. *Julie se sent fautive de ne pas avoir appris sa leçon de géographie.* → **coupable.** ❑ contr. **innocent.** **2.** Qui contient des fautes, des erreurs. *Cette traduction est fautive.* → **erroné, incorrect.** ❑ contr. **exact,** ① **juste.**
▷ Mot de la famille de FAUTE.

fauve **adj.** **1.** *Les bêtes fauves,* ce sont les grands mammifères féroces, sauvages. *Les tigres et les lions sont des bêtes fauves.* — **N. m.** *Les fauves du zoo dorment dans leurs cages.* **2.** D'une couleur jaune tirant sur le roux. *Elle avait des bottes fauves.*

➤ **fauvette** **n. f.** ✦ Petit oiseau à plumage parfois fauve. *Les fauvettes se nourrissent d'insectes et de petits fruits.*

fauvette

① **faux** **adj., adv.** et **n. m.**, **fausse** **adj.**

■ **adj. 1.** Contraire à la vérité. *Ce que tu dis est faux.* → **inexact.** ❑ contr. **exact,** ① **juste, vrai.** *C'est faux, je ne l'ai pas vu,* c'est un mensonge. **2.** Qui semble vrai mais ne l'est pas. *Ces perles sont fausses. Il a mis une fausse barbe.* → **postiche.** *De fausses fleurs.* → **artificiel, factice.** ❑ contr. **authentique, vrai. 3.** Hypocrite. *Il a un air faux et sournois.* **4.** Qui n'est pas justifié. *On a cru qu'il y avait une bombe dans l'avion mais c'était une fausse alerte.* **5.** Qui n'est pas comme il devrait être. *Ce piano est faux,* il ne joue pas juste. *Le flûtiste a fait une fausse note.* ❑ contr. **juste.** *Elle a fait un faux mouvement,* un mouvement maladroit.

■ **adv.** *Alex chante faux,* il ne chante pas juste.

■ **n. m. 1.** Ce qui n'est pas vrai. *Avec Paul, c'est toujours difficile de distinguer le vrai du faux.* **2.** Copie que l'on fait passer pour vraie. *Ce tableau est un faux.* → aussi **faussaire.**

▷ Autres mots de la famille : FAUSSAIRE, FAUSSEMENT, FAUSSER, FAUSSETÉ, FAUX-FILET, FAUX-MONNAYEUR, EN PORTE-À-FAUX.

② **faux** **n. f.** ✦ Instrument formé d'un long manche et d'une grande lame qui sert à couper l'herbe. *Le fermier aiguise sa faux.*

▷ Autres mots de la famille : FAUCHÉ, ① et ② FAUCHER, FAUCHEUSE, FAUCHEUX, FAUCILLE.

faux-filet **n. m.** ✦ Morceau de bœuf à griller situé à côté du filet, le long de l'échine. *Des faux-filets saignants.*

▷ Mot de la famille de ① FAUX et de FIL.

faux-fuyant **n. m.** ✦ Moyen que l'on trouve pour ne pas répondre à une question ou ne pas prendre une décision. → **échappatoire, excuse, prétexte.** *Il cherche toujours des faux-fuyants pour ne pas avoir à s'expliquer.*

▷ Mot de la famille de ① FAUX et de FUIR.

faux-monnayeur **n. m.** ✦ Personne qui fabrique de la fausse monnaie. *Les faux-monnayeurs ont écoulé de faux billets de 50 euros.*

▷ Mot de la famille de ① FAUX et de MONNAIE.

faveur **n. f. 1.** Avantage que l'on accorde à quelqu'un parce qu'on l'aime bien ou qu'on veut lui faire plaisir. *Le roi a accordé une faveur à son protégé.* → **privilège. 2.** Considération. *Cette actrice a la faveur du public,* elle est très populaire. **3.** *Le professeur est intervenu* ***en faveur d'****un élève,* dans l'intérêt d'un élève.

favorable **adj. 1.** Qui aide à l'accomplissement de quelque chose. *Il faut attendre le moment favorable pour lui parler.* → **opportun, propice. 2.** Qui est d'accord avec une décision. *Il est très favorable à ce projet.* ❑ contr. **défavorable, hostile.**

➤ **favorablement** **adv.** ✦ D'une manière favorable, positive. *Sa demande a été accueillie favorablement.* → **bien.**

▷ Autre mot de la famille : DÉFAVORABLE.

favoriser **v.** (conjug. 1) ✦ Donner un avantage. → **aider, avantager.** *Le professeur ne favorise aucun de ses élèves.*

➤ **favori** **adj.** et **n. m.**, **favorite** **adj.** et **n. f.**

■ **adj.** Que l'on préfère. *Louise écoute toute la journée le dernier disque de sa chanteuse favorite.*

■ **n. 1.** Celui, celle que l'on préfère. *La troisième des filles est la favorite de son père,* la préférée. → **chouchou. 2. n. m.** *Le favori,* c'est, dans une course, le cheval qui a les meilleures chances de gagner. *Le favori a pris un mauvais départ.* **3. n. f.** *La favorite,* la maîtresse du roi. *La Pompadour était la favorite de Louis XV.*

➤ **favoritisme** **n. m.** ✦ Injustice qui avantage ceux que l'on préfère. *Elle traite ses trois enfants de la même façon, sans faire de favoritisme.*

▷ Autres mots de la famille : DÉFAVORISÉ, DÉFAVORISER.

fax **n. m. 1.** Appareil qui permet de transmettre un message écrit immédiatement, en faisant un numéro, comme au téléphone.

→ **télécopieur.** *Il a un fax dans sa voiture.* **2.** Message écrit transmis par cet appareil. → **télécopie.** *Il m'a envoyé un fax de Tokyo.*

➤ **faxer** v. (conjug. 1) ✦ Transmettre un message, un document par fax. *Faxez-nous la facture.*

fébrile adj. **1.** Qui a de la fièvre. → **fiévreux.** *Ce matin, Théo se sent un peu fébrile.* **2.** Qui montre une agitation très grande. *Julie attend son père avec une impatience fébrile.*

➤ **fébrilité** n. f. ✦ Excitation, agitation. *Paul tourne les pages avec fébrilité pour connaître la fin de l'histoire.*

fécond, féconde adj. **1.** Qui a beaucoup de petits. *Les lapines sont très fécondes.* → **prolifique.** ❑ contr. **stérile. 2.** *La journée a été féconde en événements,* il s'est passé beaucoup de choses. → **fertile, riche.**

➤ **féconder** v. (conjug. 1) ✦ Faire un petit à une femelle, en parlant d'un mâle. *Le taureau a fécondé la vache.*

➤ **fécondation** n. f. ✦ Union d'une cellule mâle et d'une cellule femelle aboutissant à la formation d'un œuf. *Chez certains animaux, la fécondation se fait dans le corps de la femelle, chez d'autres elle se fait à l'extérieur.*

➤ **fécondité** n. f. **1.** Possibilité de se reproduire. *La fécondité des lapines est très grande.* → **fertilité.** ❑ contr. **stérilité. 2.** Richesse. *Son imagination est d'une fécondité prodigieuse.*

fécule n. f. ✦ Sorte de farine contenue dans certains légumes. *La fécule de pomme de terre.*

➤ **féculent** n. m. ✦ Légume qui contient de la fécule. *Les haricots blancs, les pommes de terre sont des féculents.* → aussi **farineux.**

fédéral, fédérale adj. ✦ *Un État fédéral,* c'est un État dirigé à la fois par un gouvernement central et des assemblées locales. *Les États-Unis, le Canada et la Suisse sont des États fédéraux.* → aussi **fédération.**

fédération n. f. **1.** État formé de la réunion de plusieurs États. *Le Canada est une fédération,* un État fédéral. **2.** Association. *Une fédération sportive.*

▷ Autre mot de la famille : CONFÉDÉRATION.

fée n. f. ✦ Femme imaginaire qui a des pouvoirs magiques. *Les fées ont une baguette magique. Les contes de fées,* ce sont des contes où apparaissent des fées.

➤ **féerie** [feʀi] ou [feeʀi] n. f. ✦ Spectacle merveilleux. *Ce feu d'artifice sur le lac est une vraie féerie.*

➤ **féerique** [feʀik] ou [feeʀik] adj. ✦ D'une beauté irréelle, qui semble sortir d'un conte de fées. *Un décor féerique.*

feignant, feignante adj. ✦ Familier. Paresseux. → **flemmard** et aussi **fainéant.** *Julie est très feignante.*

feindre v. (conjug. 52) ✦ Faire semblant. → ① **affecter, simuler.** *Alex feignit de n'avoir pas entendu qu'on l'appelait.*

➤ **feinte** n. f. ✦ Coup ou mouvement qui trompe l'adversaire. *Le boxeur fit une feinte et réussit à se dégager.*

fêler v. (conjug. 1) ✦ Fendre sans casser en morceaux. *J'ai fêlé la tasse en la heurtant.* — **se fêler,** se fendre. *L'assiette s'est fêlée mais ne s'est pas cassée.*

▷ Autre mot de la famille : FÊLURE.

féliciter v. (conjug. 1) **1.** *Féliciter quelqu'un,* c'est lui faire des compliments. *Le maire félicite les jeunes mariés.* → **complimenter.** ❑ contr. **blâmer. 2.** *Se féliciter d'une chose,* c'est s'estimer heureux de cette chose. *Louise s'est félicitée d'avoir pris son parapluie, car il s'est mis à pleuvoir juste après son départ.*

➤ **félicitations** n. f. pl. ✦ Compliments que l'on adresse à quelqu'un pour lui dire qu'on est content et fier de lui. *Toutes mes félicitations pour votre mariage !*

fée

félin **n. m.** ✦ *Les félins,* ce sont les animaux carnassiers de la même famille que le chat. *Le tigre, la panthère sont des félins.* ➻ planche p. 408.

félon, félonne **adj.** ✦ *Un chevalier félon,* qui trahit son seigneur. → **déloyal.** ❑ contr. **fidèle, loyal.** — **N.** *Le félon a été banni du royaume.* → **traître.**

fêlure **n. f.** ✦ Petite fissure dans une chose. *Ce plat a une légère fêlure.*
▷ Mot de la famille de FÊLER.

femelle **n. f.** ✦ Animal du sexe féminin qui peut former les œufs ou les petits dans son corps. ❑ contr. **mâle.** *La chatte est la femelle du chat.* — **Adj.** *Un kangourou femelle.*

féminin, féminine **adj.** 1. Qui se rapporte à la femme. *C'est une voix féminine qui m'a répondu,* une voix de femme. ❑ contr. **masculin.** — *Une équipe féminine de hand-ball,* composée de femmes. 2. *Les noms féminins,* ce sont les noms qui peuvent être précédés au singulier des articles « la » ou « une ». *« Cigale » et « fourmi » sont des noms féminins.* — **N. m.** *Le féminin de l'adjectif « blanc », c'est « blanche ».* → aussi **masculin.**

féministe **n. m. et f.** ✦ Personne qui défend l'égalité des droits entre les hommes et les femmes. *Les féministes ont manifesté pour l'égalité des salaires entre les hommes et les femmes.*

féminité **n. f.** ✦ Ensemble des qualités qui appartiennent plutôt aux femmes. *C'est un vrai garçon manqué, elle manque de féminité.*

femme [fam] **n. f.** 1. Personne adulte, du sexe féminin. *Il y avait trois femmes et deux hommes.* → ① **dame.** *C'est une jeune femme charmante.* 2. *La femme d'un homme,* avec qui il est marié. *Il nous a présenté sa femme.* → **épouse.** 3. *Une femme de ménage* fait le ménage chez des gens ou dans des bureaux. *Une femme de chambre* fait le ménage dans les chambres d'hôtel.
▷ Autres mots de la famille : BONNE FEMME, SAGE-FEMME.

fémur **n. m.** ✦ Os long à l'intérieur de la cuisse. ➻ planche Corps humain p. 219. *La vieille dame s'est cassé le col du fémur.*
● Ce mot vient du latin *femur* qui veut dire « cuisse ».

fenaison **n. f.** ✦ Coupe et récolte des foins. *L'époque de la fenaison est l'été.*

se **fendiller** **v.** (conjug. 1) ✦ Se couvrir de petites fentes. *La couche de glace sur le lac s'est fendillée. Avec ce froid, mes lèvres se fendillent.*
▷ Mot de la famille de FENDRE.

fendre **v.** (conjug. 41) 1. Couper dans le sens de la longueur. *Le fermier fend du bois avec une hache.* — **se fendre,** s'ouvrir dans le sens de la longueur. *La planche s'est fendue,* une fente s'y est formée. → se **fissurer.** 2. *Fendre le cœur,* faire de la peine. *Cela me fend le cœur d'entendre ce chien appeler son maître.* 3. Avancer en écartant. *Le voilier fend les flots,* il se fraie un passage dans la mer.
▷ Autres mots de la famille : SE FENDILLER, FENTE.

fenêtre **n. f.** ✦ Ouverture dans un mur destinée à laisser entrer l'air et la lumière. → ② **baie, croisée.** *Alex regarde par la fenêtre. Ouvre la fenêtre, il fait trop chaud ! Il y a un des carreaux de la fenêtre qui est cassé.*
▷ Autre mot de la famille : PORTE-FENÊTRE.

fennec [fenɛk] **n. m.** ✦ Petit renard des sables à grandes oreilles pointues, qui habite les oasis d'Afrique du Nord. *Le fennec est un carnivore qui chasse la nuit.*

fennec

fenouil **n. m.** ✦ Plante de forme arrondie, aux feuilles vertes et blanches, qui a un goût d'anis. *Le fenouil se mange cru ou cuit.*

fente **n. f.** ✦ Ouverture étroite et longue. *La fente d'une boîte aux lettres.*
▷ Mot de la famille de FENDRE.

féodal, féodale **adj.** ✦ *La société féodale,* c'est la société du Moyen Âge. → aussi **serf** et **vassal.** *Les seigneurs féodaux vivaient dans des châteaux forts.*
➤ **féodalité** **n. f.** ✦ Manière dont la société du Moyen Âge était organisée. → aussi **fief.**

fer **n. m.** 1. Métal gris qui se déforme facilement quand on le chauffe et qui conduit bien la chaleur. → **acier, fonte.** *Du fil de fer barbelé. Une grille en fer forgé. L'âge du fer,* c'est la période, à la fin de la préhistoire, où les hommes ont commencé à travailler le fer. — *Il faut battre le fer tant qu'il est chaud,* il faut profiter d'une situation avantageuse sans attendre. 2. Instrument en fer ou en acier. *Un fer à repasser. Un fer à souder.* 3. *Un fer à cheval,* c'est un morceau de fer en forme de U que l'on fixe sous les sabots d'un cheval. *Les fers à cheval sont des porte-bonheur.* ○ homonyme : faire.

➤ **fer-blanc** **n. m.** ✦ Fer recouvert d'étain. *Les boîtes de conserve sont en fer-blanc.* ▷ Mot de la famille de BLANC.

▷ Autres mots de la famille : CHEMIN DE FER, FERRAILLE, FERRAILLEUR, FERRÉ, FERRER, FERRURE, MARÉCHAL-FERRANT.

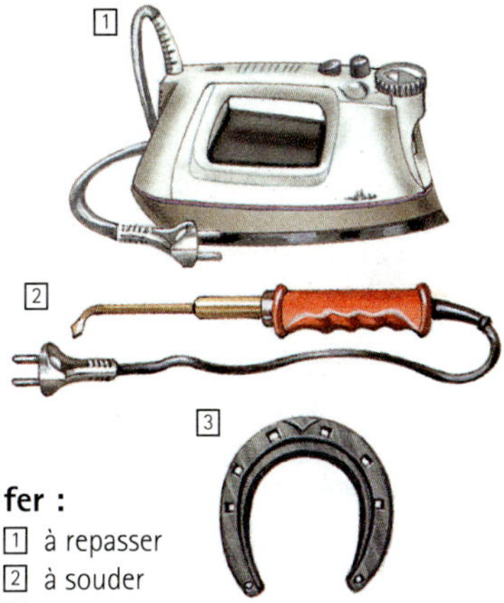

fer :
1 à repasser
2 à souder
3 à cheval

férié, fériée **adj.** ✦ *Un jour férié,* c'est un jour où l'on ne travaille pas parce qu'il y a une fête légale. *Noël et le 1er Mai sont des jours fériés.* ❑ contr. **ouvrable.**

① **ferme** **adj.** 1. Qui a de la consistance, sans être très dur. *Ces pêches ne sont pas encore mûres, elles sont trop fermes.* ❑ contr. **flasque,** ① **mou.** 2. Qui se tient debout sans fléchir, ni chanceler. *Le bébé qui commence à marcher n'est pas encore bien ferme sur ses jambes.* → **solide.** ❑ contr. **chancelant, vacillant.** 3. Qui ne change pas d'avis, ne se laisse pas influencer et agit avec autorité. → **déterminé.** *Il a parlé d'un ton ferme.* → **assuré, décidé.** ❑ contr. **hésitant.** *Ces parents sont très fermes avec leurs enfants.* ❑ contr. **faible.**

▷ Autres mots de la famille : AFFERMIR, FERMEMENT, FERMETÉ, RAFFERMIR.

② **ferme** **n. f.** ✦ Ensemble formé par les bâtiments, la terre et la maison d'un agriculteur. *Dans la Beauce et dans la Brie, il y a de très grandes fermes.*

▷ Autre mot de la famille : FERMIER.

fermé, fermée **adj.** ✦ Qui n'est pas ouvert. *La boucherie est fermée le lundi matin.* ❑ contr. **ouvert.**

▷ Mot de la famille de FERMER.

fermement **adv.** ✦ Avec force. → **résolument.** *Il est fermement décidé à refuser cette offre.*

▷ Mot de la famille de ① FERME.

ferment **n. m.** ✦ Très petit organisme capable de transformer une matière vivante. *Il y a des ferments dans les yaourts et dans certains fromages.*

➤ **fermenter** **v.** (conjug. 1) ✦ Se transformer sous l'action d'organismes microscopiques. *Le vin fermente dans les cuves.*

➤ **fermenté, fermentée** **adj.** ✦ Qui a subi une fermentation. *Le camembert est un fromage fermenté.*

➤ **fermentation** **n. f.** ✦ Transformation d'un produit sous l'action d'organismes microscopiques. *Le vin provient de la fermentation du jus de raisin.*

fermer **v.** (conjug. 1) 1. Boucher un passage, une ouverture. *Ferme la fenêtre, j'ai froid !* ❑ contr. **ouvrir.** 2. Rapprocher pour qu'il n'y ait plus d'ouverture, d'écart. *À la fin du cours, les élèves ferment leurs livres et leurs cahiers.* 3. Empêcher l'entrée, le passage. *Il a beaucoup neigé, le col est fermé,* on interdit d'y passer. 4. Interrompre le passage de quelque chose. *Ferme le gaz !* → **couper, éteindre.** 5. Familier. Faire cesser le fonctionnement de quelque chose. *Léa a fermé la télé.* → **éteindre.** ❑ contr. **allumer.** 6. Être fermé. *Le restaurant ferme en août.* 7. *Fermer la marche,* c'est marcher le dernier, dans une file. *Alex fermait la marche.*

➤ **se fermer** **v.** 1. Devenir fermé. *La porte s'est fermée toute seule.* 2. Pouvoir être fermé. *Cette robe se ferme dans le dos.*

▷ Autres mots de la famille : ENFERMER, FERMÉ, FERMETURE, FERMOIR, REFERMER, ① et ② RENFERMÉ, RENFERMER.

fermeté **n. f.** 1. Autorité, énergie que rien n'ébranle. → **détermination, résolution.** ❑ contr. **mollesse.** *Il a refusé cette offre avec la plus grande fermeté.* 2. Qualité d'une personne qui est autoritaire sans être brutale. *Ils font preuve de fermeté dans l'éducation de leurs enfants.* → **autorité.** ❑ contr. **faiblesse.**

▷ Mot de la famille de ① FERME.

chat abyssin

chat persan

chat européen

chat chartreux

chat siamois

lynx

chat sauvage

tigre

ocelot

puma

panthère noire

jaguar

léopard

guépard

lion d'Afrique

ferrer

fermeture n. f. 1. Mécanisme qui sert à fermer. *La fermeture de ce coffre est très perfectionnée. Le blouson de Théo a une fermeture Éclair* (marque déposée), une fermeture formée de deux bandes de tissu portant chacune des dents qui s'emboîtent les unes dans les autres. 2. État de ce qui est fermé. *Nous sommes arrivés après l'heure de fermeture du magasin.* ❏ contr. **ouverture.**
▷ Mot de la famille de FERMER.

fermier n. m., **fermière** n. f. ✦ Personne qui s'occupe d'une ferme. → **agriculteur, cultivateur, paysan.** *La fermière distribue du grain aux poules.*
▷ Mot de la famille de ② FERME.

fermoir n. m. ✦ Attache qui sert à fermer, à tenir fermé. *Le fermoir d'un collier.*
▷ Mot de la famille de FERMER.

féroce adj. ✦ *Une bête féroce,* c'est une bête sauvage. *Les fauves sont des bêtes féroces.*
➤ **férocement** adv. ✦ D'une manière féroce. *Le lion a férocement attaqué la gazelle.*
➤ **férocité** n. f. ✦ Grande cruauté. *La férocité du combat.*

ferraille n. f. ✦ Ensemble de vieux morceaux de fer ou d'objets en fer qui ne servent plus. *Un tas de ferraille.*
➤ **ferrailleur** n. m., **ferrailleuse** n. f. ✦ Marchand, marchande de ferraille. *Le ferrailleur récupère et vend la ferraille.*
▷ Mots de la famille de FER.

ferré, ferrée adj. 1. Garni de fer. *Une canne à bout ferré.* 2. *Une voie ferrée,* c'est une voie de chemin de fer, les rails sur lesquels circulent les trains. — *Le réseau ferré de la France,* l'ensemble des lignes de chemin de fer. → **ferroviaire.**
▷ Mot de la famille de FER.

ferrer v. (conjug. 1) ✦ *Le maréchal-ferrant ferre les chevaux,* il garnit leurs sabots d'un fer à cheval.
▷ Mot de la famille de FER.

ferroviaire adj. ✦ Qui concerne les chemins de fer. *Le réseau ferroviaire d'un pays,* c'est l'ensemble de ses lignes de chemin de fer. → **ferré.**

ferrure n. f. ✦ Garniture de fer. *Les ferrures d'une porte.*
▷ Mot de la famille de FER.

ferry [feʀi] n. m. ✦ Bateau aménagé pour transporter les trains ou les voitures et leurs passagers. → ① **bac.** *Ils ont pris le ferry pour l'Angleterre.* ➻ planche Bateaux p. 89 — Au pl. *Des ferries* ou *des ferrys.*
● Ce mot vient de l'anglais *ferry-boat* qui veut dire « bateau de transport ».

fertile adj. 1. Où les cultures poussent très bien. *Des terres fertiles.* ❏ contr. **aride, stérile.** 2. Qui est capable de faire des petits. → **fécond.** *Les lapines sont fertiles.* 3. *Un voyage fertile en aventures,* où il est arrivé beaucoup d'aventures. → **fécond, riche.** ❏ contr. **pauvre.**
➤ **fertiliser** v. (conjug. 1) ✦ Rendre plus fertile. *Les engrais fertilisent le sol.*
➤ **fertilité** n. f. 1. Qualité d'un sol fertile. *Une terre d'une grande fertilité.* 2. Capacité à faire des petits, des enfants. → **fécondité.** ❏ contr. **stérilité.**

féru, férue adj. ✦ Passionné. *Louise est férue de mythologie.*

fervent, fervente adj. ✦ Plein d'ardeur, d'enthousiasme. *Cette actrice a de fervents admirateurs.* → **ardent, enthousiaste.**
➤ **ferveur** n. f. ✦ Très grande ardeur. *Ils priaient avec ferveur.*

fesse n. f. ✦ Chacune des deux parties charnues qui forment le derrière. *Léa s'est fait un bleu à la fesse.*
➤ **fessée** n. f. ✦ Coup donné sur les fesses. *Julie a reçu une bonne fessée.*

festin **n. m.** ✦ Repas de fête copieux et excellent. → **banquet.**

festival **n. m.** (pl. **festivals**) ✦ Série de concerts, de représentations de théâtre ou de cinéma qui ont lieu dans un endroit spécial pendant une période assez courte. *Le festival de Cannes est un festival de cinéma très connu.*

festivités **n. f. pl.** ✦ Fêtes, réjouissances. *De nombreuses festivités sont prévues pour le 14 Juillet.*

festoyer **v.** (conjug. 8) ✦ Prendre part à un festin. *Les convives ont festoyé jusqu'à l'aube.*

fête **n. f.** **1.** Jour destiné à rappeler par des cérémonies le souvenir agréable d'un événement. → **anniversaire.** *Noël et Pâques sont des fêtes religieuses.* **2.** Jour où l'on célèbre un saint et les personnes qui portent son nom. *Bonne fête, Léa !* **3.** Réception joyeuse où sont invités des amis, de la famille. *Il a organisé une grande fête pour ses 20 ans.* **4.** *Faire fête à quelqu'un,* l'accueillir joyeusement. *Le chien fait fête à son maître quand il rentre.* **5.** *Se faire une fête de quelque chose,* s'en réjouir à l'avance. *Julie se fait une fête d'aller aux sports d'hiver.* ○ homonyme : faîte.

➤ **fêter** **v.** (conjug. 1) ✦ Célébrer, commémorer. *Aujourd'hui, on fête l'anniversaire de Théo.*

▷ Autre mot de la famille : TROUBLE-FÊTE.

fétiche **n. m.** ✦ Objet qui est supposé porter bonheur. *Son fétiche est un petit ours en peluche.* → **mascotte, porte-bonheur.**

fétide **adj.** ✦ Qui a une odeur très désagréable. → **nauséabond.** *L'odeur fétide des poubelles.*

fétu **n. m.** ✦ *Un fétu de paille,* un brin de paille.

feu **n. m.** **1.** Dégagement de lumière et de chaleur qui se produit quand on brûle quelque chose. *Un grand feu brûle dans la cheminée.* → **flambée.** *Il lit au coin du feu,* près de la cheminée. — *J'en mettrais ma main au feu,* j'en suis sûr(e). *Mettre le feu aux poudres,* déclencher une réaction violente. **2.** Incendie. *Le feu a pris dans la forêt. Au feu !* — *Il n'y a pas le feu,* rien ne presse. *Mettre un pays à feu et à sang,* le saccager. **3.** Source de chaleur utilisée pour cuire les aliments. *Elle fait fondre du beurre à feu doux.* **4.** Ce qui sert à allumer le tabac. *Auriez-vous du feu, s'il vous plaît ?* des allumettes ou un briquet. **5.** *Une arme à feu,* c'est une arme qui lance un projectile quand la poudre contenue dans la cartouche s'enflamme. *Le fusil, le pistolet sont des armes à feu.* **6.** *Un coup de feu,* un coup tiré avec une arme à feu. *On a entendu trois coups de feu.* **7.** *Les bandits ont fait feu sur les policiers,* ils ont tiré sur eux. **8.** Lumière, signal lumineux. *Les piétons traversent au feu rouge. La voiture roulait tous feux éteints.* — *N'y voir que du feu,* ne s'apercevoir de rien.

➤ **feu d'artifice** **n. m.** ✦ Série de fusées lumineuses et colorées que l'on fait exploser en l'air les nuits de fête. *Le 14 Juillet, on tire des feux d'artifice dans toute la France.*

▷ Autres mots de la famille : CESSEZ-LE-FEU, COUVRE-FEU, PARE-FEU, POT-AU-FEU.

feu d'artifice

feuille **n. f.** **1.** Partie plate et verte d'une plante, qui part de la branche ou de la tige. *Le chêne perd ses feuilles en automne. Le jardinier balaie les feuilles mortes.* **2.** Morceau de papier rectangulaire. *Léa écrit son nom en haut de la feuille blanche.* → ② **page.** **3.** Mince plaque de bois, de carton ou de métal. *Le cadre est doré à la feuille d'or.*

➤ **feuillage** **n. m.** ✦ Ensemble des feuilles d'un arbre. *Le feuillage de cet arbre jaunit en automne.*

➤ **feuillet** **n. m.** ✦ Ensemble des deux pages d'un livre, d'un cahier, qui se trouvent sur la même feuille de papier. *On a arraché un feuillet à ce livre.*

➤ **feuilleté, feuilletée** **adj.** ✦ *La pâte feuilletée,* c'est une pâte légère formée de fines feuilles superposées.

➤ **feuilleter** v. (conjug. 4) ✦ Tourner les pages d'un livre en les regardant rapidement. *Paul feuillette une revue.*

➤ **feuilleton** n. m. ✦ Histoire racontée en plusieurs épisodes à la radio, à la télévision ou dans un journal. *Chaque soir, Léa regarde à la télévision son feuilleton favori.*

➤ **feuillu** n. m. ✦ Arbre qui porte des feuilles. *Une forêt de feuillus.*

▷ Autres mots de la famille : CHÈVREFEUILLE, EFFEUILLER, MILLEFEUILLE, PORTEFEUILLE.

feuler v. (conjug. 1) ✦ *Le tigre feule,* il pousse son cri.

feutre n. m. 1. Tissu épais fait de laine ou de poils écrasés. *Des pantoufles à semelles de feutre.* 2. Chapeau fait dans ce tissu. *Le détective portait un feutre gris.* 3. Stylo dont la pointe imbibée d'encre est en feutre ou en nylon. *Il écrit au feutre bleu.*

➤ **feutré, feutrée** adj. 1. Qui a l'aspect du feutre. *Un pull feutré.* 2. Silencieux, peu sonore. *Le chat marche à pas feutrés.*

➤ **feutrine** n. f. ✦ Tissu de laine feutrée.

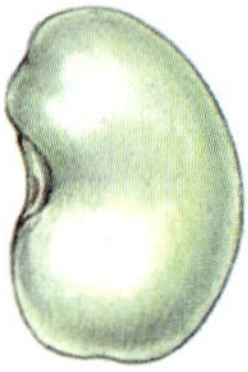

fève

fève n. f. 1. Graine assez plate, ressemblant à un gros haricot, qui se mange fraîche ou séchée. *Ils ont mangé des fèves au lard.* 2. Petit objet de porcelaine, de métal ou de plastique caché dans la galette des Rois. *Alex a trouvé la fève, il va choisir sa reine.*

février n. m. ✦ Deuxième mois de l'année, qui compte 28 jours dans les années ordinaires et 29 dans les années bissextiles. *Julie et sa famille iront aux sports d'hiver en février.*

fiable adj. ✦ À quoi on peut se fier, en quoi ou en qui on peut avoir confiance. *Un appareil très fiable. Ce n'est pas quelqu'un de très fiable.*

➤ **fiabilité** n. f. ✦ Qualité d'une personne, d'un matériel à qui on peut se fier. *Une voiture d'une grande fiabilité.*

▷ Mots de la famille de SE FIER.

fiacre n. m. ✦ Voiture à cheval, fermée, que l'on louait. *Un cocher de fiacre.*

se **fiancer** v. (conjug. 3) ✦ Se promettre solennellement de s'épouser. *Ils se sont fiancés et se marieront l'an prochain.*

➤ **fiançailles** n. f. pl. ✦ Promesse solennelle de mariage. *Une bague de fiançailles,* c'est une bague que le fiancé offre à sa future femme. *Sa bague de fiançailles est un diamant.*

➤ **fiancé** n. m., **fiancée** n. f. ✦ Personne fiancée. *Les fiancés se regardaient tendrement.*

fiasco n. m. ✦ Échec. *Cette pièce de théâtre a été un fiasco.* — Au pl. *Des fiascos.*

● Ce mot vient de l'italien.

fibre n. f. ✦ Chacun des filaments souples et allongés qui forment une matière. *Les muscles sont formés de fibres. Les fibres du coton et de la laine servent à fabriquer du tissu.*

➤ **fibreux, fibreuse** adj. ✦ Qui a des fibres, est formé de fibres. *Les muscles sont fibreux. Une viande fibreuse.* → **filandreux.**

ficelle n. f. 1. Lien mince formé de fibres tordues ensemble. *Julie défait la ficelle du co-*

fiacre

lis. 2. Petite baguette de pain, très mince. *La boulangère vend moins de ficelles que de baguettes.*

➤ **ficeler** **v.** (conjug. 4) ✦ Attacher, lier avec une ficelle. *Alex ficelle soigneusement le colis qu'il veut envoyer.*

① **fiche** **v.** (conjug. 1 ; sauf à l'infinitif et au participe passé : fichu) ✦ Familier. 1. *Ne rien fiche,* ne rien faire. *Il ne fiche rien de la journée.* 2. *Fichez-moi la paix,* laissez-moi tranquille. 3. Mettre. *J'ai fichu ces vieux journaux à la poubelle.* → **jeter.** *Il nous a fichus à la porte.* → fam. **flanquer.** 4. *Se fiche de,* se moquer de. *Elle se fiche de tout. Il s'est bien fichu de nous !* 5. *Fiche le camp !* va-t'en !

▷ Autre mot de la famille : ① FICHU.

② **fiche** **n. f.** 1. Petite feuille de carton sur laquelle on note un renseignement et que l'on classe. *Les fiches sont classées par ordre alphabétique.* 2. Pièce formée de deux petites tiges, au bout d'un fil électrique, que l'on branche dans une prise.

➤ **fichier** **n. m.** 1. Ensemble de fiches. *Elle consulte son fichier.* 2. Boîte où l'on range les fiches. 3. Ensemble organisé d'informations classées dans la mémoire d'un ordinateur. *La secrétaire ouvre un fichier.*

① **fichu, fichue** **adj.** ✦ Familier. 1. Qui ne peut plus servir, bon à jeter. *Ces chaussures sont complètement fichues.* 2. *Être mal fichu,* être un peu malade. *Léa est un peu mal fichue aujourd'hui.*

▷ Mot de la famille de ① FICHE.

② **fichu** **n. m.** ✦ Morceau de tissu coupé ou plié en triangle que l'on met sur la tête ou les épaules. → **châle, foulard.**

fictif, fictive **adj.** ✦ Créé par l'imagination, inventé. → **imaginaire.** *Les personnages des contes de fées sont des créatures fictives.*
❑ contr. **réel.**

fiction **n. f.** ✦ *Une œuvre de fiction,* créée par l'imagination. *Les romans et les contes sont des œuvres de fiction.*

▷ Autre mot de la famille : SCIENCE-FICTION.

fidèle **adj.** et **n. m.** et **f.**

■ **adj.** 1. Qui est loyal, dévoué à quelqu'un. *Les vassaux devaient être fidèles à leur suzerain.* ❑ contr. **traître.** 2. *Être fidèle à une promesse,* c'est la respecter. *Il est resté fidèle à sa promesse.* ❑ contr. **infidèle.** 3. Dont les sentiments ne changent pas, restent les mêmes. *Elle a des amis fidèles.* 4. Qui n'a de relations amoureuses qu'avec la personne avec qui il vit. ❑ contr. **infidèle.** 5. Exact, conforme à la vérité. *Il nous a fait un récit fidèle des événements.* ❑ contr. **mensonger.**

■ **n. m.** et **f.** *Les fidèles,* ce sont les gens qui appartiennent à une religion. → **croyant.** *Les fidèles assistaient à la messe avec recueillement.*

➤ **fidèlement** **adv.** ✦ Exactement. *Ce roman est fidèlement traduit de l'anglais.*

➤ **fidélité** **n. f.** 1. Qualité d'une personne fidèle à une autre. *La fidélité de ses amis l'a beaucoup aidé.* ❑ contr. **trahison.** 2. Qualité d'une chose fidèle à une autre chose. → **exactitude.** *La fidélité d'une reproduction en couleurs.*

▷ Autres mots de la famille : HAUTE-FIDÉLITÉ, INFIDÈLE, INFIDÉLITÉ.

fief **n. m.** ✦ Au Moyen Âge, domaine confié par un seigneur à un vassal en échange de sa fidélité et de certains services. *En échange du fief, le vassal devait assistance à son suzerain.* → aussi **féodalité.**

fiel **n. m.** 1. Liquide noir, visqueux et amer, produit par le foie de certains animaux. *Les volailles ont une poche de fiel dans le foie.* 2. Méchanceté, haine. *Une remarque pleine de fiel.*

fiente **n. f.** ✦ Excrément d'oiseau. *De la fiente de pigeon.*

se **fier** **v.** (conjug. 7) ✦ Avoir confiance. *On ne sait plus à qui se fier. Je me fie à votre jugement.* ❑ contr. se **défier,** se **méfier.**

▷ Autres mots de la famille : CONFIANCE, CONFIANT, CONFIER, DÉFIANCE, SE DÉFIER, FIABLE, FIABILITÉ, MÉFIANCE, MÉFIANT, SE MÉFIER.

fier [fjɛʀ], **fière** **adj.** 1. Qui se croit supérieur aux autres. → **hautain, méprisant.** *Elle est trop fière pour accepter qu'on l'aide.* → **orgueilleux, prétentieux, vaniteux.** ❑ contr. **simple.** 2. Très satisfait. *Il est fier de sa réussite.* ❑ contr. **honteux.**

➤ **fièrement** **adv.** ✦ Avec fierté, dignité. *Il redresse fièrement la tête.*

➤ **fierté** **n. f.** 1. Amour-propre. *Il a refusé toute aide, par fierté.* → **orgueil.** 2. Grande satisfaction. *Léa a remporté le premier prix et elle en éprouve beaucoup de fierté.*

fièvre n. f. **1.** Température du corps trop élevée. *Julie ne se sent pas bien aujourd'hui, elle a un peu de fièvre.* **2.** Très grande agitation. → **excitation.** *Dans la fièvre de la discussion, Paul a dit des choses désagréables à Théo.*

➤ **fiévreux, fiévreuse** adj. ✦ Qui a de la fièvre. → **fébrile.** *Louise se sent un peu fiévreuse, ce matin.*

fifre n. m. ✦ Petite flûte en bois au son aigu. *Des joueurs de fifre.*

fifre

figer v. (conjug. 3) **1.** Devenir épais. *La sauce a figé dans l'assiette.* → aussi **coaguler.** — **se figer,** devenir épais. *L'huile s'est figée dans la bouteille.* **2.** Paralyser, immobiliser. *La peur la figeait sur place.* → **pétrifier.**

fignoler v. (conjug. 1) ✦ Familier. Finir un travail avec beaucoup de soin. ❑ contr. **bâcler.** *Alex fignole son dessin.* → **peaufiner.**

figue n. f. ✦ Fruit arrondi, à peau verte ou violette et à chair rouge. *Les figues se mangent fraîches ou séchées.* ➻ planche Fruits exotiques p. 441.

➤ **figuier** n. m. ✦ Arbre qui donne les figues.

figuier

figue

figure n. f. **1.** Visage. *Julie a la figure barbouillée de chocolat.* — *Faire bonne figure,* prendre l'air aimable, content. *Malgré sa déception, Paul a essayé de faire bonne figure.* **2.** *Une figure géométrique,* c'est la représentation d'une forme par un dessin. *Le carré, le triangle, le cercle sont des figures géométriques.* **3.** Suite de mouvements précis, de pas, qu'un danseur ou un patineur exécute. *Le couple de patineurs exécutait sur la glace un enchaînement de figures.*

➤ **figurer** v. (conjug. 1) **1.** Apparaître. *Le nom des acteurs principaux figure sur l'affiche.* **2.** Représenter. *Les montagnes sont figurées en brun sur la carte.* **se figurer,** s'imaginer, croire. *Il se figure qu'il va réussir sans effort ! Figure-toi que Léa a gagné le gros lot à la tombola !*

➤ **figurant** n. m., **figurante** n. f. ✦ Au théâtre ou au cinéma, personne qui joue un tout petit rôle, souvent muet. *Ce comédien a commencé sa carrière par des rôles de figurants.*

➤ **figuration** n. f. ✦ *Faire de la figuration,* c'est avoir un rôle de figurant. *Elle a fait de la figuration dans un film.*

➤ **figuré, figurée** adj. ✦ *Le sens figuré d'un mot,* c'est le sens évoqué par une image. *Au sens propre, un ours est un animal, au sens figuré, c'est un homme grincheux qui aime être seul.*

➤ **figurine** n. f. ✦ Très petite statue. *Les figurines de la crèche.* → **santon.**

▷ Autres mots de la famille : DÉFIGURER, PRÉFIGURER, TRANSFIGURER.

fil n. m. **1.** Brin fait d'une matière textile qui sert à coudre. *Louise prend du fil et une aiguille pour recoudre un bouton.* — *De fil en aiguille,* petit à petit, insensiblement. **2.** Brin de matière textile qui sert à tenir ou à attacher. *Le fil de la canne à pêche s'est cassé.* **3.** *Un fil à plomb,* un fil au bout duquel pend un morceau de plomb et qui sert à voir si un mur est bien vertical. *Le maçon utilise un fil à plomb.* **4.** *Du fil de fer,* c'est du fer étiré en un long brin très mince. *Une clôture en fil de fer barbelé.* **5.** Brin de métal entouré d'une matière isolante qui conduit le courant électrique. *L'électricien dénude les fils électriques. Les cambrioleurs ont coupé les fils téléphoniques.* — Familier. *Un coup de fil,* un coup de téléphone. **6.** Enchaînement, déroulement. → ① **cours, suite.** *Je n'ai pas suivi le fil de la conversation. J'ai perdu le fil,* je ne sais plus ce que je voulais dire. **7.** Partie coupante d'une lame. *Le fil d'un rasoir.* ❍ homonyme : file.

➤ **filament** n. m. ✦ Fil très fin. *Le filament d'une ampoule électrique produit de la lumière.*

➤ **filandreux, filandreuse** adj. ✦ *Une viande filandreuse,* pleine de fibres dures. → **fibreux.**

➤ **filant, filante** adj. ✦ *Une étoile filante,* c'est un météore. *Il faut faire un vœu quand on voit une étoile filante.*

➤ **filature** n. f. 1. Usine où l'on fabrique le fil. *Dans le nord de la France, il y avait de nombreuses filatures.* 2. Le fait de suivre quelqu'un discrètement sans être vu pour le surveiller. *Le policier a pris le suspect en filature.* → aussi **filer.**

▷ Autres mots de la famille : EFFILÉ, S'EFFILOCHER, ENFILER, FAUFILER, FAUX-FILET, FILER, ①, ② et ③ FILET, FILIÈRE, FILIN, FILON.

file n. f. ✦ Suite de personnes ou de choses placées les unes derrière les autres. *La file des voitures est à l'arrêt sur l'autoroute. — Il y a une longue file d'attente devant le cinéma. Ils marchent en file indienne,* les uns derrière les autres, en se suivant. — *À la file,* à la suite. *Théo a mangé trois gâteaux à la file.* ○ homonyme : fil.

▷ Autres mots de la famille : D'AFFILÉE, DÉFILÉ, DÉFILER, ENFILADE.

filer v. (conjug. 1) 1. Transformer en fil. *On file la laine dans les filatures.* 2. *Filer quelqu'un,* c'est marcher derrière lui pour le surveiller. *Le détective a filé le suspect toute une journée.* → aussi **filature.** 3. Aller vite. *Le train file dans la nuit.*

▷ Mot de la famille de FIL.

① **filet** n. m. ✦ Petit écoulement continu. *Un filet d'eau coule du robinet.*

▷ Mot de la famille de FIL.

② **filet** n. m. 1. Morceau de viande découpé le long de la colonne vertébrale d'un animal. *Du filet de bœuf grillé.* → aussi **faux-filet.** 2. Morceau de chair que l'on peut détacher de chaque côté de l'arête centrale d'un poisson. *Des filets de sole.*

▷ Mot de la famille de FIL.

③ **filet** n. m. 1. Ensemble de fils entrelacés, formant un réseau à larges mailles et servant à capturer des animaux. *Un filet de pêche sert à prendre du poisson.* 2. *Un filet à provisions,* c'est un sac fait de fils entrelacés dans lequel on met ses achats. 3. Rectangle de fils entrelacés tendu au milieu d'une table de ping-pong ou sur un terrain de sport. *La balle a touché le filet.*

▷ Mot de la famille de FIL.

filial, filiale adj. ✦ *Les sentiments filiaux,* ce sont ceux qui unissent les enfants à leurs parents. *L'amour filial,* c'est l'amour que les enfants éprouvent pour leurs parents.

filiale n. f. ✦ Société qui dépend d'une société plus importante. *Cette entreprise a de nombreuses filiales à l'étranger.*

filière n. f. 1. Suite d'étapes obligatoires pour parvenir à un résultat. *Quelle filière faut-il suivre pour faire ce métier ?* 2. *Remonter la filière,* c'est retrouver les unes après les autres toutes les personnes qui ont participé à un mauvais coup. *L'inspecteur a remonté toute la filière pour identifier le faussaire.*

▷ Mot de la famille de FIL.

filiforme adj. ✦ Mince comme un fil. *Les pattes du moustique sont filiformes.*

▷ Mot de la famille de FORME.

filigrane n. m. ✦ Dessin imprimé dans le papier et que l'on voit par transparence. *Les billets de banque ont un filigrane.*

● *Filigrane* est du masculin : on dit *un filigrane.*

filin n. m. ✦ Cordage utilisé sur les bateaux. *Des filins d'acier.*

▷ Mot de la famille de FIL.

filet

fille n. f. 1. *La fille de quelqu'un,* c'est son enfant de sexe féminin. *Louise est la fille d'un* *ingénieur et d'une institutrice. Ils ont eu deux filles et un garçon.* → aussi **fils.** 2. Personne de sexe féminin, très jeune ou assez jeune. *Julie joue avec d'autres filles de son âge. Le bébé est une petite fille. Sa correspondante anglaise est une jeune fille de 15 ans.* 3. Jeune femme, mariée ou non. *C'est une fille charmante.*

➤ **fillette** n. f. ✦ Petite fille. *Léa et Julie sont des fillettes.* → aussi **garçonnet.**

▷ Autres mots de la famille : BELLE-FILLE, PETITE-FILLE.

filleul n. m., **filleule** n. f. ✦ *Louise est ma filleule,* je suis son parrain (ou sa marraine).

film n. m. 1. Bande sur laquelle sont enregistrées des images. → **pellicule.** *Il a mis un film dans sa caméra.* 2. Œuvre cinématographique. *Paul aime bien les films d'aventures.*

➤ **filmer** v. (conjug. 1) ✦ Enregistrer des images avec une caméra ou un caméscope. *Ils ont filmé tout leur voyage.*

▷ Autres mots de la famille : MICROFILM, TÉLÉFILM.

filmer

filon n. m. ✦ Couche de minerai dans le sol. *Les chercheurs d'or ont découvert un filon.*

▷ Mot de la famille de FIL.

filou n. m. (pl. **filous**) ✦ Homme malhonnête. *Ce commerçant nous a escroqués, c'est un filou.* → **escroc, voleur.**

fils [fis] n. m. ✦ *Le fils de quelqu'un,* c'est son enfant de sexe masculin. → **garçon.** *Alex est le fils d'un médecin. Ils ont eu trois fils et une fille.*

▷ Autres mots de la famille : BEAU-FILS, PETIT-FILS.

filtre n. m. 1. Appareil qui laisse passer un liquide et retient les morceaux, les déchets, les impuretés. *Un filtre à café. Le filtre de la machine à laver.* 2. Bout d'une cigarette, qui retient une partie de la nicotine et des goudrons. *Il fume des cigarettes sans filtre.* ❍ homonyme : philtre.

➤ **filtrer** v. (conjug. 1) 1. Faire passer dans un filtre. *On filtre l'eau pour qu'elle soit potable.* 2. Trier, contrôler. *Les invités de l'émission sont filtrés à l'entrée.* 3. S'écouler lentement. *L'eau filtre à travers le sable.*

▷ Autres mots de la famille : INFILTRATION, S'INFILTRER.

① **fin** n. f. 1. Moment où quelque chose se termine ou cesse d'exister. *Je suis parti avant la fin du film. Il part en vacances à la fin du mois.* ❑ contr. **commencement, début.** *Prendre fin,* se terminer. *La réunion a pris fin à 20 heures.* 2. Chose que l'on veut réaliser. → **but.** *Il est très tenace et arrive toujours à ses fins,* à ce qu'il veut. — *Qui veut la fin veut les moyens,* on ne doit pas reculer devant les moyens qu'il faut utiliser pour obtenir ce que l'on veut. ❍ homonyme : faim.

▷ Autres mots de la famille : AFIN DE, AFIN QUE, CONFINS, DEMI-FINALE, ENFIN, FINAL, FINALE, FINALEMENT, FINALISTE, FINI, FINIR, FINITION, INDÉFINIMENT, INFINI, INFINIMENT, INFINITÉ.

② **fin, fine** adj. 1. Mince, peu épais. ❑ contr. **épais.** *Théo a les cheveux fins. Le gâteau est recouvert d'une fine couche de caramel.* 2. Formé d'éléments très petits. *Une pluie très fine. Une plage de sable fin.* ❑ contr. **gros.** 3. Élégant, délicat. *Léa a les traits fins.* 4. De qualité supérieure. *Du chocolat fin. Des vins fins.* 5. Très sensible. *Les chiens ont l'oreille fine.* 6. Subtil, intelligent. *Ce journaliste est un observateur très fin de la vie politique. Une fine plaisanterie.* ❑ contr. **grossier, lourd.** 7. Malin, rusé. *Il se croit toujours plus fin que les autres.* → **astucieux.** 8. *Le fin fond,* le lieu le plus reculé. *Ils habitent au fin fond de la banlieue.*

▷ Autres mots de la famille : EXTRA-FIN, FINAUD, FINEMENT, FINESSE, PEAUFINER, RAFFINAGE, RAFFINÉ, RAFFINEMENT, RAFFINER, RAFFINERIE.

final, finale adj. ✦ Qui est à la fin. → **dernier.** *La victoire finale a été remportée par les joueurs français. Le point final,* c'est le point qui est à la fin d'un texte. — Au masc. pl. *finals* ou *finaux.*

➤ **finale** n. f. ✦ Dernière épreuve d'un championnat. *Notre équipe a gagné la finale du championnat de football.*

➤ **finalement** adv. ✦ Pour finir, en définitive. *Finalement, ils se sont décidés à partir.* → en fin de **compte.**

➤ **finaliste** **n. m.** et **f.** ✦ Concurrent qui participe à une finale. *Les finalistes d'un tournoi de tennis.*
▷ Mots de la famille de ① FIN.

finance **n. f.** 1. *Les finances d'une entreprise,* c'est l'argent dont elle dispose et qu'elle doit gérer. *Le ministre des Finances s'occupe des finances de l'État.* 2. *Le monde de la finance,* c'est le monde des grosses affaires d'argent, de la banque.
➤ **financement** **n. m.** ✦ *La municipalité a assuré le financement des travaux,* elle a fourni l'argent nécessaire aux travaux.
➤ **financer** **v.** (conjug. 3) ✦ Fournir l'argent nécessaire. *La commune a financé les travaux du nouveau théâtre.*
➤ **financier** **adj.** et **n. m.**, **financière** **adj.** et **n. f.**
■ **adj.** Qui concerne l'argent. *Sa mère s'occupe des questions financières,* des questions d'argent. *Ils ont des problèmes financiers.* → **pécuniaire.**
■ **n.** Personne dont le métier est de s'occuper de grosses affaires d'argent. *Les banquiers sont des financiers.*

finaud, finaude **adj.** ✦ Familier. Qui a de la finesse, de la subtilité sous un air simple. → **malin, rusé.** *Il n'a pas l'air bien finaud.*
▷ Mot de la famille de ② FIN.

finement **adv.** ✦ D'une manière fine, délicate. → **délicatement.** ❏ contr. **grossièrement.** *Un bracelet finement ciselé.*
▷ Mot de la famille de ② FIN.

finesse **n. f.** 1. Qualité de ce qui est fin, délicat. *Une broderie d'une grande finesse.* → **délicatesse.** 2. Qualité de ce qui n'est pas épais. *La finesse d'un tissu.* ❏ contr. **épaisseur.** 3. Subtilité qui permet de comprendre les choses les plus délicates. *Une personne d'une grande finesse.* → **intelligence, perspicacité.**
▷ Mot de la famille de ② FIN.

finir **v.** (conjug. 2) 1. Faire tout ce qui est à faire. *Léa finit ses devoirs.* → **achever, terminer** et aussi ① **fin.** ❏ contr. **commencer.** 2. Ne rien laisser. *Théo a fini le plat,* il a mangé tout ce qui restait. ❏ contr. **entamer.** 3. Mettre fin. *Julie et Louise, vous n'avez pas fini de vous disputer ?* → **cesser.** 4. Arriver à sa fin. *Le spectacle finit à minuit.* 5. *Finir par,* arriver à. *Alex, tu vas finir par casser ce verre !* 6. *En finir,* mettre fin. *Il faut en finir avec cette histoire.* 7. *N'en plus finir,* être trop long. *Ce discours n'en finit plus.*
➤ **fini, finie** **adj.** ✦ *Un produit fini,* c'est un objet que l'on fabrique en transformant une matière première. *Le bois est une matière première et les meubles sont des produits finis.*
➤ **finition** **n. f.** ✦ *Les finitions,* ce sont les derniers travaux faits sur un objet. *Cette robe est jolie mais il ne faut pas regarder de trop près les finitions.*
▷ Mots de la famille de ① FIN.

fiole **n. f.** ✦ Petit flacon de verre qui contient surtout des médicaments. *Une fiole de poison.*

fiole

fioritures **n. f. pl.** ✦ Petits ornements compliqués. *Les fioritures d'un dessin.*
● Ce mot vient de l'italien *fiore* qui veut dire « fleur ».

fioul **n. m.** ✦ Mazout. *L'immeuble est chauffé au fioul.*
● *Fioul* est la forme française de l'anglais *fuel* [fjul].

firmament **n. m.** ✦ Ciel. *Les étoiles brillent au firmament.*
● Ce mot appartient à la langue poétique.

firme **n. f.** ✦ Entreprise industrielle ou commerciale. *Une grosse firme internationale.*

fisc **n. m.** ✦ Administration qui s'occupe des impôts. *On doit déclarer ses revenus au fisc.*
➤ **fiscal, fiscale** **adj.** ✦ Qui concerne les revenus et les impôts. *Il a eu un contrôle fiscal,* un contrôle de ses revenus par le fisc. — Au masc. pl. *fiscaux.*
➤ **fiscalité** **n. f.** ✦ Ensemble des lois qui s'appliquent aux impôts.

fissure **n. f.** ✦ Petite fente. → **lézarde.** *Il y a des fissures dans ce mur.*
➤ **fissurer** **v.** (conjug. 1) ✦ Provoquer une fissure. → **fendre.** *L'explosion a fissuré la façade.* — **se fissurer,** se fendre. *Le mur s'est fissuré,* une fissure s'est formée.

fixation **n. f.** ✦ Ce qui sert à fixer, à faire tenir solidement. *Les skis tiennent aux pieds grâce aux fixations de sécurité.*
▷ Mot de la famille de FIXE.

fixe **adj.** 1. Qu'on ne peut pas changer de place. *Dans les jardins publics, les bancs sont fixes.* ❑ contr. **mobile.** 2. Qui ne change pas. → **régulier.** *Léa se couche à heure fixe,* toujours à la même heure. ❑ contr. **variable.** *Julie voudrait des boucles d'oreilles, c'est une idée fixe,* qui ne peut sortir de sa tête. → aussi **obsession.** 3. Durable. *Le temps est au beau fixe,* il va faire beau longtemps. 4. *Avoir le regard fixe,* regarder le même point sans bouger les yeux. *Le malade a le regard fixe.*
➤ **fixement** **adv.** ✦ Avec un regard fixe. *Elle regarde fixement son frère.*
➤ **fixer** **v.** (conjug. 1) 1. Attacher solidement. *Le lavabo est fixé au mur.* 2. Regarder fixement. *Le chat la fixait de ses yeux verts.* 3. Décider avec précision. *L'heure de la réunion n'est pas encore fixée.*
▷ Autre mot de la famille : FIXATION.

fjord [fjɔʀd] **n. m.** ✦ Golfe qui s'enfonce très loin à l'intérieur des terres, dans les pays nordiques. *Il y a de nombreux fjords en Norvège.*
● *Fjord* est un mot norvégien.

fjord

flacon **n. m.** ✦ Petite bouteille. *Un flacon de parfum.*

flageoler [flaʒɔle] **v.** (conjug. 1) ✦ Trembler de peur, de fatigue ou de faiblesse. *Elle avait tellement peur que ses jambes flageolaient.*

① **flageolet** [flaʒɔlɛ] **n. m.** ✦ Flûte à bec à six trous. → aussi **pipeau.**

② **flageolet** [flaʒɔlɛ] **n. m.** ✦ Petit haricot dont on mange les grains encore verts. *Le gigot était accompagné de flageolets.*

flagrant, flagrante **adj.** ✦ Évident, que l'on ne peut pas nier. *Il a réuni des preuves flagrantes.*

flairer **v.** (conjug. 1) 1. Reconnaître par l'odeur. *Le chien flaire sa pâtée.* → **renifler.** 2. Deviner par intuition. *Sous cette séduisante invitation, il flaira un piège.* → **pressentir, soupçonner.**
➤ **flair** **n. m.** 1. Faculté de reconnaître, de trouver par l'odeur. → **odorat.** *Les chiens ont un excellent flair.* 2. Intuition. *Il faut du flair pour être détective.*

flamant **n. m.** ✦ Grand oiseau au plumage rose, à longues pattes et à long cou. *Les flamants sont des échassiers.*

flamant rose (Audubon)

flamber **v.** (conjug. 1) 1. Brûler très fort, en faisant des flammes. *Un grand feu flambe dans la cheminée.* 2. *Faire flamber un plat,* c'est l'arroser d'alcool et l'enflammer. *Elle a fait flamber des bananes pour le dessert.*
➤ **flambeau** **n. m.** ✦ Bâton enduit de cire ou de résine que l'on enflamme pour éclairer. → **torche.** *La cour du château était éclairée par des flambeaux.*
➤ **flambée** **n. f.** 1. Grand feu qui ne dure pas longtemps. *On a fait une grande flambée*

dans la cheminée. **2.** Augmentation brusque et élevée. *La flambée des prix inquiète le gouvernement.*

➤ **flamboyer** **v.** (conjug. 8) **1.** Produire des flammes qui donnent beaucoup de lumière. *Le feu de camp flamboyait dans la nuit.* **2.** Briller beaucoup, lancer des éclats. *Les yeux de Paul flamboient de colère.*

➤ **flamboyant, flamboyante** **adj.** ✦ Brillant, étincelant. *Un rouge flamboyant,* très vif. *Des yeux flamboyants de haine.*

flamme **n. f.** **1.** Lumière produite par un feu. *Les flammes dansent dans la cheminée.* — *Être en flammes,* c'est brûler. *La grange était en flammes.* → aussi **flamber.** **2.** Animation, enthousiasme. → **fougue.** *L'orateur parle avec flamme.*

➤ **flammèche** **n. f.** ✦ Petite flamme. *Quelques flammèches s'échappaient encore du brasier.*

▷ Autres mots de la famille : ANTI-INFLAMMATOIRE, ENFLAMMÉ, ENFLAMMER, INFLAMMABLE, INFLAMMATION, ININFLAMMABLE, LANCE-FLAMMES.

flan **n. m.** ✦ Crème épaisse faite avec du lait, des œufs et de la farine. *Un flan au caramel.*
○ homonyme : flanc.

flanc **n. m.** **1.** Côté du corps de l'homme et des grands mammifères. *La vache est couchée sur le flanc.* **2.** Côté de certaines choses. *Le chalet est* ***à flanc de*** *colline,* construit sur un versant de la colline. ○ homonyme : flan.

▷ Autres mots de la famille : EFFLANQUÉ, FLANQUÉ, FLANQUER.

flancher **v.** (conjug. 1) ✦ Familier. Faiblir, céder, lâcher. *Le coureur, épuisé, a flanché avant l'arrivée.*

flanelle **n. f.** ✦ Tissu de laine léger et doux. *Il portait un pantalon de flanelle grise.*

flâner **v.** (conjug. 1) ✦ Se promener tranquillement, en regardant ce qui se passe. → **déambuler, musarder.** *Elle flânait dans la rue, regardant les vitrines et observant les passants.*
● Attention à l'accent circonflexe du *â.*

➤ **flâneur** **n. m.,** **flâneuse** **n. f.** ✦ Personne qui flâne, aime flâner. *Il y a de nombreux flâneurs dans le jardin public.*

➤ **flânerie** **n. f.** ✦ Action de flâner. *Le beau temps invite à la flânerie.*

flanqué, flanquée **adj.** **1.** Garni d'une construction de chaque côté. *Le château est flanqué de deux grosses tours.* **2.** Accompagné de chaque côté. *Le voleur est arrivé à la prison, flanqué de deux gendarmes.*

▷ Mot de la famille de FLANC.

flanquer **v.** (conjug. 1) ✦ Familier. Lancer, jeter brutalement et avec force. *Il m'a flanqué une gifle,* il me l'a donnée. *Son patron l'a flanqué à la porte,* il l'a renvoyé. → **mettre** ; fam. ① **fiche.**

▷ Mot de la famille de FLANC.

flaque **n. f.** ✦ Petite nappe d'eau sur le sol. → **mare.** *Julie s'amuse à sauter dans les flaques d'eau.*

flash [flaʃ] **n. m.** **1.** Lampe qui produit un éclair de lumière très vive, et que l'on utilise pour prendre des photos. *Une photo prise au flash.* **2.** *Un flash d'informations,* un court bulletin d'informations, à la radio ou à la télévision. *L'émission a été interrompue par un flash d'informations.* — Au pl. *Des flashs* ou *des flashes.*
● C'est un mot anglais qui veut dire « éclair ».

flash-back [flaʃbak] **n. m. inv.** ✦ Dans un film, séquence qui est un retour en arrière par rapport à ce qui est raconté. — Au pl. *Des flash-back.*
● C'est un mot anglais formé de *flash* « éclair » et *back* « en arrière ».

flasque **adj.** ✦ Mou, qui manque de fermeté. *Elle a la peau flasque.* ○ contr. ① **ferme.**

flatter **v.** (conjug. 1) **1.** *Flatter quelqu'un,* c'est lui faire des compliments exagérés, pour lui plaire. *Il flatte son chef de service pour obtenir une promotion.* **2.** Faire plaisir en rendant fier. *Il a été flatté de recevoir la légion d'honneur,* honoré. **3.** *Flatter un animal,* c'est le caresser avec la main. *Alex flatte son chien.* **4.** Faire paraître plus beau qu'en réalité. *Cette photo le flatte.* **5.** ***Se flatter*** *d'une chose,* c'est s'en vanter, en être fier. *Il se flatte d'avoir très bien réussi.*

➤ **flatterie** **n. f.** ✦ Parole qui flatte quelqu'un. *Les gens vaniteux sont très sensibles aux flatteries.*

➤ **flatteur** **n. m. et adj.,** **flatteuse** **n. f. et adj.**
■ **n.** Personne qui flatte. *N'écoutez jamais les flatteurs.*

■ **adj.** Qui flatte. → **élogieux.** *Il lui a fait des remarques flatteuses.*

① **fléau** **n. m.** 1. Instrument formé de deux bâtons attachés bout à bout par une courroie, qui servait autrefois à battre le blé. — Au pl. *Des fléaux.* 2. *Le fléau d'une balance,* c'est la pièce en équilibre sur laquelle sont posés les plateaux.

② **fléau** **n. m.** ✦ Catastrophe qui s'abat sur une population. *La guerre, les épidémies, les tremblements de terre sont des fléaux.* → **calamité, désastre.**

flèche **n. f.** 1. Arme faite d'une mince tige terminée par une pointe. *On lance les flèches avec un arc. Le skieur est parti comme une flèche,* très vite. 2. Dessin de flèche qui sert à indiquer un sens. *Suivez la flèche.* 3. Clocher très pointu. *La flèche d'une cathédrale.* 4. *Monter en flèche,* augmenter très rapidement. *Les prix sont montés en flèche.*

➤ **fléché, fléchée** **adj.** ✦ Qui porte une flèche. *Suivez le parcours fléché,* indiqué par des flèches.

➤ **fléchette** **n. f.** ✦ Petite flèche qui se lance à la main contre une cible. *Un jeu de fléchettes.*

flèche

fléchir **v.** (conjug. 2) 1. Faire plier. *Fléchissez les jambes !* ❑ contr. ① **tendre.** 2. Plier, se courber sous un poids. *La branche du pommier fléchit sous le poids des fruits.* → **ployer** et aussi **flexible.** 3. Céder. *Julie a réussi une fois de plus à faire fléchir sa mère.* 4. Baisser. *Les prix fléchissent.* ❑ contr. **augmenter, monter.**

➤ **fléchissement** **n. m.** 1. État d'une chose que l'on fait plier. → **flexion.** *Le fléchissement des genoux.* 2. Diminution. → **baisse.** *Le fléchissement de la production.* ❑ contr. **hausse.**

flegme [flɛgm] **n. m.** ✦ Caractère d'une personne calme, impassible. → **impassibilité.** ❑ contr. **agitation, émotion.** *Les Britanniques sont réputés pour leur flegme.*

➤ **flegmatique** **adj.** ✦ Qui contrôle très bien ses émotions. → **calme, impassible, imperturbable.** *C'est un grand garçon flegmatique.* ❑ contr. **émotif, impulsif.**

flemme [flɛm] **n. f.** ✦ Familier. Grande paresse. *Avoir la flemme de faire quelque chose,* ne pas en avoir l'énergie. *Le réveil a sonné, mais Julie a la flemme de se lever.*

➤ **flemmard, flemmarde** **adj.** ✦ Familier. Qui n'aime pas faire d'effort. → **paresseux.** *Alex est assez flemmard.* → **feignant.** — **N.** *Lève-toi, flemmarde, il est midi !*

flétan **n. m.** ✦ Grand poisson plat des mers froides, à chair blanche et délicate. *Le flétan a les deux yeux du même côté.*

flétrir **v.** (conjug. 2) 1. Faire perdre sa fraîcheur et son éclat. *La chaleur flétrit les plantes,* elle les dessèche et les décolore. — **se flétrir,** se faner. *Les fleurs se flétrissent par manque d'eau.* → s'**étioler.** 2. *La vieillesse a flétri son visage,* elle l'a ridé.

① **fleur** **n. f.** 1. Partie colorée d'une plante, qui sent souvent bon et qui porte les étamines et le pistil. ➻ planche p. 421. *Il y a un bouquet de fleurs sur la table. Elle arrose les fleurs du jardin. Les cerisiers sont en fleurs,* ils fleurissent. 2. Dessin, objet qui représente une fleur. *Louise a une robe à fleurs.*

▷ Autres mots de la famille : CHOU-FLEUR, FLEURI, FLEURIR, FLEURISTE, FLEURON, REFLEURIR.

② à **fleur** de **prép.** ✦ *À fleur d'eau,* presque au niveau de l'eau. *Les rochers à fleur d'eau sont dangereux pour les navires.* — *Une sensibilité à fleur de peau,* très vive.

▷ Autres mots de la famille : AFFLEURER, EFFLEURER.

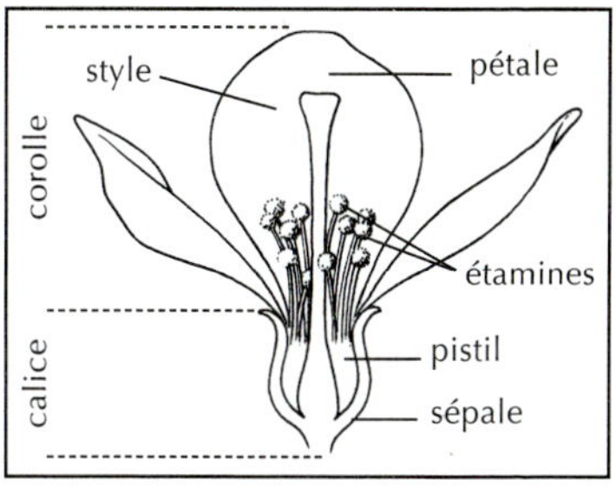

jacinthe

iris

muguet

fuchsia

tournesol

pensée

chrysanthème

tulipe

capucine

orchidée

rose

fleuret **n. m.** ✦ Épée à lame fine, avec laquelle on fait de l'escrime.
● Ce mot vient de l'italien.

fleurir **v.** (conjug. 2) **1.** Produire des fleurs, être en fleurs. *Les arbres fruitiers fleurissent au printemps.* **2.** Décorer avec des fleurs. *Elle a fleuri la tombe de son grand-père.*
➤ **fleuri, fleurie** **adj.** **1.** Couvert de fleurs. *Les pommiers sont fleuris,* en fleurs. **2.** Garni de fleurs. *Toutes les tables du restaurant sont fleuries.*
➤ **fleuriste** **n. m. et f.** ✦ Personne dont le métier est de vendre des fleurs, des plantes. *Elle s'est acheté un cyclamen en pot chez le fleuriste.*
➤ **fleuron** **n. m.** **1.** Ornement en forme de fleur. *Les fleurons d'une couronne.* **2.** Élément le plus beau, le plus précieux d'un ensemble, d'une collection. *Ce tableau est le fleuron de la collection.*
▷ Mot de la famille de ① FLEUR.

fleuve **n. m.** ✦ Cours d'eau qui se jette dans la mer. *La Loire est le plus grand fleuve de France.* → aussi **fluvial** et **rivière.**

flexible **adj.** ✦ Qui peut être plié, courbé. → **élastique, souple.** *Le roseau a une tige flexible.* ❑ contr. **raide, rigide.**
▷ Autre mot de la famille : INFLEXIBLE.

flexion **n. f.** ✦ Mouvement qui consiste à fléchir un membre. → **fléchissement.** *Le gymnaste fait une série de flexions et d'extensions des jambes.*

flibustier **n. m.** ✦ Pirate qui pillait les navires. → **forban.** *Autrefois, les flibustiers écumaient la mer des Antilles.* → aussi **corsaire.**

flipper [flipœʀ] **n. m.** ✦ Billard électrique. *Alex et Paul font une partie de flipper.*
● Ce mot vient de l'américain *to flip* qui veut dire « secouer ».

flirt [flœʀt] **n. m.** ✦ Petite aventure amoureuse. *Un flirt de vacances.*
● *Flirt* est un mot anglais.
➤ **flirter** [flœʀte] **v.** (conjug. 1) ✦ Avoir une petite aventure amoureuse avec quelqu'un. *Ils ont flirté ensemble cet été.*
● Ce verbe vient de l'anglais *to flirt* qui veut dire « faire la cour à ».

flocon **n. m.** **1.** *Un flocon de neige,* c'est une petite masse de neige qui tombe du ciel. *La neige tombe à gros flocons.* **2.** Lamelle séchée de céréales, de légumes. *Paul prend des flocons d'avoine à son petit déjeuner. De la purée en flocons.*

flonflons **n. m. pl.** ✦ Musique populaire très bruyante. *Les flonflons du bal du 14 Juillet.*

floraison **n. f.** ✦ Moment où les plantes, les arbres sont en fleurs. *La floraison des arbres fruitiers a lieu au printemps.*

floral, florale **adj.** ✦ Qui concerne les fleurs. *Louise a visité une exposition florale,* une exposition de fleurs. *Dans la région, il y a plusieurs parcs floraux,* des parcs où il y a des fleurs.
➤ **floralies** **n. f. pl.** ✦ Exposition de fleurs. *Les floralies de Vincennes.*

flore **n. f.** ✦ Ensemble des plantes d'un pays ou d'une région. → **végétation.** *La flore de la région est très variée.* → aussi **faune.**

florissant, florissante **adj.** ✦ Qui réussit bien. *Un commerce florissant.* → **prospère.**

flot **n. m.** **1.** *Les flots,* ce sont les eaux de la mer. *Le bateau navigue sur les flots.* **2.** Grande quantité. *Elle a versé des flots de larmes.* → **torrent.** *Des flots de voyageurs entraient et sortaient de la gare.* **3.** *Le bateau est à flot,* il flotte.

flotte **n. f.** ✦ Ensemble des bateaux d'un pays. *La flotte de commerce française. — La flotte aérienne d'un pays,* l'ensemble de ses avions.
➤ **flottille** **n. f.** ✦ Ensemble de petits bateaux. *Une flottille de pêche.*

flotte

flotter **v.** (conjug. 1) **1.** Être porté sur un liquide. → **surnager.** *Des branchages flottent sur la rivière.* ❏ contr. **couler. 2.** Être suspendu dans les airs. *De la brume flottait au-dessus des prés.* **3.** Remuer avec le vent. *La crinière du poney flotte au vent.* **4.** *Flotter dans un vêtement,* c'est porter un vêtement trop grand. *Je flotte dans cette robe.* → **nager.**

➤ **flottant, flottante** **adj.** ✦ Qui flotte sur un liquide. *Les icebergs sont de gros blocs de glace flottants.*

➤ **flottement** **n. m.** ✦ Hésitation, incertitude. *Il y a eu un moment de flottement à l'annonce de la nouvelle.*

➤ **flotteur** **n. m.** ✦ Objet qui flotte et sert à maintenir quelque chose à la surface de l'eau. → aussi **bouée.** *Les filets de pêche sont garnis de flotteurs en liège, en plastique ou en verre creux. — Les pédalos, les catamarans, les hydravions ont des flotteurs.*

flou, floue **adj.** **1.** Qui n'a pas de contours nets. *Cette photo est floue.* ❏ contr. **net.** — **Adv.** *Il voit flou quand il n'a pas ses lunettes.* → ① **trouble. 2.** Vague, imprécis. *Julie a des souvenirs très flous de son grand-père.* ❏ contr. **clair, précis.**

fluctuant, fluctuante **adj.** ✦ Qui change, varie. → **variable.** *Des prix fluctuants.* ❏ contr. **fixe.**

fluctuation **n. f.** ✦ Changement. *Les fluctuations de la Bourse.* → **variation.**

fluet, fluette **adj.** **1.** Très mince et délicat. *Les jambes de Léa sont fluettes.* → ① **grêle. 2.** *Une voix fluette,* aiguë et faible.

fluide **adj.** et **n. m.**

■ **adj.** Qui coule facilement, n'est ni solide ni épais. *Une crème de beauté très fluide. La circulation est fluide ce soir,* on circule bien, il n'y a pas de bouchon.

■ **n. m.** *Un fluide,* c'est un liquide ou un gaz. *L'huile, l'oxygène sont des fluides.* ❏ contr. **solide.**

➤ **fluidité** **n. f.** ✦ Caractère de ce qui est fluide. *La fluidité du sang.*

fluo **adj. inv.** ✦ Fluorescent. *Un feutre orange fluo. Les couleurs fluo.*

fluor **n. m.** ✦ Substance chimique. *Un dentifrice au fluor.*

➤ **fluorescent** [flyɔʀesɑ̃], **fluorescente** [flyɔʀesɑ̃t] **adj.** ✦ Qui semble émettre une lumière. → aussi **phosphorescent.** *Un écran de télévision est fluorescent. Un rose fluorescent.* → **fluo.**

● Il y a un *s* devant le *c*.

flûte **n. f.** **1.** Instrument de musique fait d'un tuyau percé de trous, dans lequel on souffle. ➸ planche Instruments de musique p. 548. — *Une flûte de Pan,* c'est une flûte à plusieurs tuyaux. **2.** Verre très haut et très étroit. *On boit le champagne dans des flûtes ou dans des coupes.*

➤ **flûtiste** **n. m.** et **f.** ✦ Personne qui joue de la flûte. *La flûtiste sort sa flûte de son étui.*

flûte

flûte de Pan

fluvial, fluviale **adj.** ✦ Relatif aux fleuves et aux rivières. *Paris est un port fluvial,* un port qui est sur un fleuve. *La navigation fluviale,* c'est la navigation sur les fleuves. ❏ contr. **maritime.** — Au masc. pl. *fluviaux.*

flux [fly] **n. m.** ✦ Marée montante. *Avec le flux, on ne voit plus les rochers.*

● Ce mot se termine par un *x*.

▷ Autre mot de la famille : REFLUX.

foc **n. m.** ✦ Voile triangulaire à l'avant d'un voilier. *Le marin hisse le foc.* ❍ homonyme : phoque.

foehn [føn] **n. m.** **1.** Vent chaud et sec des Alpes suisses et autrichiennes. **2.** En Suisse. Sèche-cheveux.

● *Foehn* est un mot suisse allemand.

fœtus [fetys] **n. m.** ✦ Enfant ou animal qui est encore dans le ventre de sa mère. → aussi **embryon.**

foi **n. f.** **1.** *Avoir la foi,* c'est croire en Dieu. *Les gens qui ont la foi sont appelés des croyants.* **2.** Confiance. *C'est un témoin digne de foi,* que l'on peut croire sur parole. **3.** *Envoyez vos réponses avant lundi à minuit, le cachet de la poste faisant foi,* prouvant la date de l'envoi. **4.** *Être de bonne foi,* être sincère. *Être de mauvaise foi,* être malhonnête, chercher à tromper autrui. *On ne peut pas discuter avec lui, il est de mauvaise foi.* ❍ homonymes : foie, fois.

foie **n. m. 1.** Organe situé dans le haut de l'abdomen, à droite, et qui joue un rôle très important dans la formation du sang et dans la digestion. → aussi **hépatique.** *La jaunisse est une maladie du foie.* **2.** Cet organe chez certains animaux, que l'on mange. *Une tranche de foie de veau.* – *Foie gras,* foie d'oie ou de canard engraissés. *Du foie gras truffé.* ❍ homonymes : foi, fois.

foin **n. m.** ✦ Herbe séchée qui sert de nourriture au bétail. → aussi **fourrage.** *Une botte de foin. Le fermier fait les foins chaque été,* il coupe l'herbe et la ramasse une fois séchée. → aussi **fenaison.**

foire **n. f. 1.** Grand marché qui a lieu à date fixe, au même endroit, et où les paysans peuvent vendre les produits de la ferme. *Le fermier a acheté un cochon à la foire aux bestiaux.* **2.** Grande exposition qui a lieu dans une ville et où l'on peut voir et acheter toutes sortes d'objets. *La foire de Paris.* **3.** Fête foraine. *Dans les foires, il y a des stands de tir et des autos tamponneuses.*

fois **n. f. 1.** Cas où quelque chose se produit. *Alex a repris trois fois du dessert,* à trois reprises. *Il vient nous voir une fois par semaine. La dernière fois où je l'ai vu, il était malade.* **2.** *À la fois,* en même temps. *Ne parlez pas tous à la fois.* **3.** *Il était une fois un roi qui était très cruel,* il y avait un jour, à une époque passée. **4.** *Trois fois trois égale neuf (3 × 3 = 9),* trois multiplié par trois. ❍ homonymes : foi, foie.
▷ Autres mots de la famille : AUTREFOIS, PARFOIS, QUELQUEFOIS, TOUTEFOIS.

à **foison** **adv.** ✦ Beaucoup, en grande quantité. *Dans la forêt, il y a des cèpes à foison.* ❏ contr. **peu.**
➤ **foisonner** **v.** (conjug. 1) ✦ Être, se trouver en grande quantité. *Les champignons foisonnent dans cette région.* → **pulluler.**
➤ **foisonnement** **n. m.** ✦ Abondance. *Un foisonnement de détails.*

fol → **fou**

folâtrer **v.** (conjug. 1) ✦ Sauter, s'agiter dans tous les sens pour s'amuser. *Au printemps, les agneaux folâtrent dans les prés.* → **gambader.**
▷ Mot de la famille de FOU.

folie **n. f. 1.** Maladie dans laquelle les gens ont l'esprit dérangé, disent ou font des choses bizarres, pas normales. → **démence.** *Un accès de folie.* **2.** Chose qui n'est pas raisonnable. *C'est de la folie de sortir pieds nus dans la neige.* **3.** *Une folie,* c'est une dépense excessive. *Tu as fait une folie en m'offrant ce bijou !* **4.** *À la folie,* beaucoup, énormément. *Paul aime les gâteaux à la folie.* → **follement.**
▷ Mot de la famille de FOU.

folklore **n. m.** ✦ Ensemble des traditions, chansons, danses et légendes anciennes d'un pays. *Le folklore breton.*
● C'est un mot anglais qui veut dire « science du peuple ».
➤ **folklorique** **adj.** ✦ Du folklore. *Une danse folklorique.*

costume **folklorique**

follement **adv.** ✦ D'une manière folle, exagérée. *Il est follement amoureux d'elle.* → **éperdument, passionnément.**
▷ Mot de la famille de FOU.

fomenter **v.** (conjug. 1) ✦ Préparer secrètement une mauvaise action. → **provoquer, susciter.** *Des rebelles ont fomenté des troubles dans le sud du pays.*

① **foncer** **v.** (conjug. 3) ✦ Devenir plus sombre. *Les cheveux de Louise étaient blonds, mais ils ont foncé.* ❏ contr. s'**éclaircir.**
➤ **foncé, foncée** **adj.** ✦ De couleur sombre. ❏ contr. **clair.** *Une jupe bleu foncé.*

② **foncer** **v.** (conjug. 3) ✦ Familier. **1.** *Foncer sur quelqu'un,* c'est se précipiter, se jeter sur lui.

Le chien a grogné méchamment et a foncé sur moi. → **fondre**, se **ruer**. **2.** Aller très vite. *Au lieu de ralentir au croisement, la voiture a foncé.*

foncier, foncière **adj.** ✦ *Un propriétaire foncier,* c'est une personne qui possède des terres. — *Une taxe foncière,* c'est un impôt que le propriétaire d'une terre, d'un bâtiment ou d'un appartement doit payer.

foncièrement **adv.** ✦ Par nature. *Elle est foncièrement méchante.* → **naturellement, profondément.**

fonction **n. f.** **1.** Travail, métier. *Il exerce la fonction de médecin.* **2.** Activité, responsabilité. *Ses fonctions dans l'entreprise sont très importantes.* **3.** Rôle d'un organe dans le corps. *La fonction du cœur est d'assurer la circulation du sang.* **4.** Rôle que joue un mot dans la phrase par rapport aux autres mots. *La fonction du verbe est d'exprimer une action ou un état.* **5.** ***En fonction de,*** par rapport à, compte tenu de. *On décidera de ce qu'on fait en fonction du temps.*

➤ **fonctionnaire** **n. m. et f.** ✦ Personne employée par l'État. *Les professeurs de lycée, les policiers, les postiers sont des fonctionnaires.*

➤ **fonctionnel, fonctionnelle** **adj.** ✦ Pratique, commode. *Cette maison est confortable et fonctionnelle.*

➤ **fonctionnement** **n. m.** ✦ Manière dont un appareil ou une machine marche. *Le fonctionnement de cette machine est compliqué.*

➤ **fonctionner** **v.** (conjug. 1) ✦ Être en état de marche. *L'aspirateur ne fonctionne plus.* → **marcher.** *La cuisinière fonctionne à l'électricité.*

fond **n. m.** **1.** Partie la plus basse, la plus profonde d'un objet. *Le fond du verre est sale. Mes clés sont au fond de ma poche.* **2.** Partie d'un lieu la plus éloignée de l'entrée. *Les toilettes sont au fond du couloir.* **3.** Surface colorée sur laquelle se détache un dessin, un motif. *Julie porte une robe à pois blancs sur fond rouge.* **4.** *Je vous remercie* ***du fond du cœur,*** sincèrement. **5.** ***Au fond,*** *ce n'était pas si terrible !* après tout. **6.** ***À fond,*** complètement. *Respirez à fond. Le bouchon est vissé à fond,* à bloc. **7.** *Une course de fond* se court sur une très longue distance, pendant longtemps. *Le marathon est une course de fond. Le ski de fond.* ○ homonymes : fonds, fonts.

⊳ Autres mots de la famille : APPROFONDIR, BAS-FOND, HAUT-FOND, PROFOND, PROFONDÉMENT, PROFONDEUR.

fondamental, fondamentale **adj.** ✦ Essentiel. → ① **capital, primordial.** *Il est fondamental de savoir lire et écrire.* ❑ contr. ① **accessoire, secondaire.** — Au masc. pl. *fondamentaux.*

➤ **fondamentalement** **adv.** ✦ Complètement, totalement. *Les deux choses sont fondamentalement différentes.* → **radicalement.**

fondant, fondante **adj.** ✦ Qui fond. *La neige fondante s'est transformée en boue. Des bonbons fondants,* ce sont des bonbons qui fondent dans la bouche.

⊳ Mot de la famille de FONDRE.

fondateur **n. m.**, **fondatrice** **n. f.** ✦ Personne qui fonde ou qui a fondé quelque chose. *Romulus et Remus sont les fondateurs de Rome.*

⊳ Mot de la famille de FONDER.

fondation **n. f.** **1.** Création d'une chose qui n'existait pas. *La fondation de Marseille remonte à l'an 600 avant Jésus-Christ. La fondation d'un parti politique.* **2.** *Les fondations d'une maison,* ce sont les parties qui sont construites directement dans le sol et qui la soutiennent. *Les maçons ont déjà construit les fondations de l'immeuble.*

⊳ Mot de la famille de FONDER.

fondations

fondement **n. m.** ✦ Fait sur lequel on peut se fonder, s'appuyer. → **motif, raison.** *Cette rumeur n'a aucun fondement.*

⊳ Mot de la famille de FONDER.

fonder v. (conjug. 1) 1. Créer. *Notre ville a été fondée par les Romains. — Fonder un foyer,* c'est se marier. 2. *Se fonder sur quelque chose,* faire appel à des arguments, des preuves pour se justifier. *Sur quoi vous fondez-vous pour dire cela ?* → se **baser.**

➤ **fondé, fondée** adj. ✦ Juste, légitime. *Les soupçons du commissaire n'étaient pas fondés, le suspect était innocent.* ❑ contr. **gratuit, injustifié.**

▷ Autres mots de la famille : FONDATEUR, FONDATION, FONDEMENT.

fonderie n. f. ✦ Usine où l'on fond le métal. *On fabrique de la fonte dans les fonderies.*

▷ Mot de la famille de FONDRE.

fondre v. (conjug. 41) 1. Devenir liquide. *La neige a fondu au soleil.* 2. Se dissoudre. *Julie fait fondre du chocolat dans du lait chaud.* 3. *Fondre un métal,* c'est le faire passer à l'état liquide en le portant à très haute température. *Pour fabriquer une cloche, il faut faire fondre du bronze.* 4. *Fondre en larmes,* se mettre à pleurer. *Brusquement, Léa a fondu en larmes.* 5. *Fondre sur quelque chose,* c'est se jeter dessus. *Le tigre fond sur la gazelle.* → ② **foncer.**

▷ Autres mots de la famille : FONDANT, FONDERIE, FONDUE, FONTE.

fondrière n. f. ✦ Trou dans le sol, plein d'eau ou de boue. → **crevasse.** *Les fondrières d'un mauvais chemin.* → **ornière.**

fonds n. m. 1. *Un fonds de commerce,* c'est un magasin. *Ils sont propriétaires de leur fonds de commerce.* 2. *Les fonds,* la somme d'argent nécessaire à quelque chose. → ② **capital.** *Pour faire construire leur maison, ils ont emprunté les fonds à la banque.* ❍ homonymes : fond, fonts.

● Ce mot se termine par un *s.*

fondue n. f. ✦ *La fondue savoyarde,* c'est un plat à base de fromage fondu avec du vin blanc, dans lequel on trempe des morceaux de pain. — *La fondue bourguignonne,* c'est un plat composé de morceaux de viande crue que l'on trempe dans de l'huile bouillante et que l'on mange avec différentes sauces.

▷ Mot de la famille de FONDRE.

fontaine n. f. ✦ Petite construction avec un bassin où coule de l'eau. *Il y a une jolie fontaine sur la place du village.*

fontaine

fonte n. f. 1. *La fonte des neiges,* le moment où la neige fond. *La fonte des neiges a lieu au printemps.* 2. Métal très dur obtenu en fondant le fer avec du charbon dans un haut fourneau. *La cocotte en fonte garde bien la chaleur.*

▷ Mot de la famille de FONDRE.

fonts [fɔ̃] n. m. pl. ✦ *Les fonts baptismaux,* le bassin contenant l'eau qui sert à baptiser, dans une église. ❍ homonymes : fond, fonds.

● Ce mot se termine par *ts.*

football [futbol] n. m. ✦ Sport pratiqué par deux équipes de onze joueurs qui doivent faire pénétrer le ballon rond dans les buts de l'autre équipe, sans utiliser les mains. *Un match de football.*

● On dit familièrement *foot* [fut]. Ce mot vient de l'anglais.

➤ **footballeur** n. m., **footballeuse** n. f. ✦ Personne qui joue au football. *Le public applaudit les footballeurs à leur entrée sur le stade.*

footing [futiŋ] n. m. ✦ Marche à pied que l'on pratique pour se promener ou faire de l'exercice. → aussi **jogging.** *Il fait une heure de footing chaque matin.*

● Ce mot vient de l'anglais *foot* qui veut dire « pied ».

forage n. m. ✦ Fait de forer, de creuser des puits de pétrole. *Les derricks servent au forage des puits de pétrole.*

▷ Mot de la famille de FORER.

forain, foraine adj. 1. *Une fête foraine,* c'est un ensemble de baraques, de manèges et d'attractions installés en plein air, pendant une période assez courte. *Les stands de tir et les autos tamponneuses de la fête foraine.* → aussi **foire.** 2. *Un marchand forain,* c'est un marchand ambulant qui s'installe sur les marchés et les foires. — **N.** *Les forains ont installé leurs stands sur la place du village.*

stand **forain**

forban n. m. 1. Pirate qui pillait les navires ennemis sans l'autorisation du roi. → **flibustier** et aussi **corsaire.** 2. Personne sans scrupule, qui exploite les gens. *Ce commerçant est un vrai forban.* → **bandit.**

forçat n. m. ✦ Criminel condamné aux travaux forcés. *Les forçats étaient envoyés au bagne.* → **bagnard.**
● Attention à la cédille du ç. Ce mot vient de l'italien.

force n. f. 1. Capacité à faire de grands efforts physiques. → **vigueur.** *Il a beaucoup de force dans les bras.* → aussi ① **fort.** ❏ contr. **faiblesse.** *Je suis si fatigué que je n'ai plus la force de marcher.* → **énergie.** *Léa a crié de toutes ses forces,* le plus fort possible. 2. *La force de caractère,* c'est la volonté, le courage. 3. Niveau. *Alex et Paul sont de la même force au tennis.* 4. *Les forces de l'ordre,* la police. *Les forces de l'ordre ont dispersé les manifestants.* 5. Contrainte, violence. *Pour faire obéir Julie, il faut parfois employer la force.* ❏ contr. **douceur.** 6. Puissance. *On peut transformer la force des chutes d'eau en électricité.* 7. *On a agi ainsi par la force des choses,* parce qu'on ne pouvait pas faire autrement. 8. *À force de chercher, tu finiras bien par trouver,* en cherchant longtemps.

➤ **forcé, forcée** adj. 1. Imposé. *Les bagnards étaient condamnés aux travaux forcés.* 2. Qui n'est pas naturel. *Un sourire forcé.* ❏ contr. **spontané.**

➤ **forcément** adv. ✦ Nécessairement. *Il n'a pas forcément raison.*

▷ Autres mots de la famille : S'EFFORCER, EFFORT, FORCER, FORCIR, RENFORCEMENT, RENFORCER, RENFORT.

forcené n. m., **forcenée** n. f. ✦ Personne qui a une crise de folie furieuse. *Théo criait comme un forcené.*

forcer v. (conjug. 3) 1. *Forcer quelqu'un à faire quelque chose,* c'est l'y obliger. → **contraindre.** *Elle force ses enfants à manger de tout.* — **se forcer,** s'obliger. *Léa se força à sourire à travers ses larmes.* → **s'efforcer.** 2. Ouvrir par la force. *Le voleur a forcé la serrure.* → **fracturer.**

▷ Mot de la famille de FORCE.

forcir v. (conjug. 2) ✦ Prendre du poids, de l'embonpoint. *Il a forci depuis qu'il a arrêté de fumer.* → **grossir.**

▷ Mot de la famille de FORCE.

forer v. (conjug. 1) ✦ Faire un trou profond avec une machine. *Les ouvriers forent le rocher pour percer un tunnel.*

▷ Autres mots de la famille : FORAGE, PERFORATION, PERFORER.

forestier, forestière adj. 1. Couvert de forêts, qui appartient à la forêt. *Un chemin forestier. Les Vosges et le Jura sont des régions forestières,* où il y a des forêts. 2. *Le garde forestier,* c'est une personne chargée de protéger et d'entretenir la forêt.

forêt n. f. ✦ Grand terrain couvert d'arbres. → **bois.** *Louise et Julie cherchent des champignons dans la forêt. Alex aime bien marcher en forêt.*

① **forfait** n. m. ✦ Prix fixé à l'avance. *Il a payé un forfait pour toutes les leçons de judo qu'il prendra pendant l'année.*

② **forfait** n. m. ✦ *Déclarer forfait,* c'est renoncer à participer à une compétition. *Deux coureurs blessés ont déclaré forfait avant la fin de la course.*

③ **forfait** n. m. ✦ Crime énorme. *Il a été condamné pour tous ses forfaits.*
● Ce mot appartient à la langue littéraire.

forge (*Une forge*, Cormon, 1893)

forger v. (conjug. 3) ✦ Donner une forme à du métal en le chauffant à très haute température. *On forge les métaux avec un marteau, sur une enclume. — C'est en forgeant qu'on devient forgeron,* il faut s'exercer pour arriver à bien faire quelque chose.

➤ **forge** n. f. ✦ Atelier où l'on travaille les métaux. *Le maréchal-ferrant surveille le feu de la forge.*

➤ **forgeron** n. m. ✦ Personne qui travaille le fer au marteau après l'avoir fait chauffer à la forge.

for intérieur n. m. inv. ✦ *Dans son for intérieur, il reconnaît qu'il a eu tort,* au fond de lui-même, dans sa conscience.

se **formaliser** v. (conjug. 1) ✦ Être choqué par une impolitesse, un manque de savoir-vivre. *Il ne lui a pas dit bonjour, mais elle ne s'en est pas formalisée.* → s'**offusquer**.

▷ Mot de la famille de FORME.

formalité n. f. ✦ *Une formalité,* c'est une démarche administrative obligatoire. *Les voyageurs doivent accomplir toutes les formalités de douane avant de prendre l'avion.*

▷ Mot de la famille de FORME.

format n. m. ✦ Dimension, taille. *Le format d'une feuille de papier.*

● Ce mot vient de l'italien.

forme n. f. **1.** Apparence, ensemble des contours d'un objet. → **aspect.** *Léa a un médaillon en forme de cœur. Prendre forme,* devenir plus précis. → se **préciser.** *Le projet commence à prendre forme.* → **tournure. 2.** Variété, sorte. *L'énergie nucléaire et l'énergie solaire sont deux formes différentes d'énergie.* → **type. 3.** Façon dont se présente un mot ou une phrase. *Le verbe « s'ébattre » n'existe qu'à la forme pronominale.* **4.** *Je lui demanderai l'autorisation* **pour la forme,** pour respecter les usages. **5.** Condition physique. *Tu as l'air en pleine forme ! Louise n'est pas en forme aujourd'hui,* elle ne se sent pas très bien.

➤ **formation** n. f. **1.** Manière dont une chose s'est formée. → **constitution, création.** *La formation des montagnes a pris beaucoup de temps.* **2.** Ensemble des connaissances que l'on doit acquérir dans un domaine, un métier. *Il a suivi un stage de formation profes-*

sionnelle. → aussi **apprentissage.** 3. Groupement de personnes. *Elle appartient à une formation politique.* → **parti.**

➤ **formel, formelle** adj. 1. Qu'on ne peut discuter. *Un refus formel.* → **catégorique.** *Des preuves formelles.* → **irréfutable.** 2. Fait uniquement pour la forme, pour l'apparence. *Une politesse formelle.*

➤ **formellement** adv. ✦ Absolument, totalement. *Il est formellement interdit de fumer dans cette salle.*

➤ **former** v. (conjug. 1) 1. Donner une forme. *Théo forme mal ses lettres, on a du mal à le lire.* 2. Prendre la forme, l'apparence de quelque chose. *La rivière forme de nombreux méandres.* — **se former,** apparaître. *Un halo s'est formé autour de la lune.* 3. Créer, faire. *Alex et ses amis ont formé un petit orchestre.* → **constituer.** 4. Instruire, enseigner un métier. *Le boulanger forme lui-même ses apprentis.*

▷ Autres mots de la famille : ANTICONFORMISTE, CONFORME, CONFORMÉMENT, SE CONFORMER, CONFORMISTE, CONFORMITÉ, CUNÉIFORME, DÉFORMANT, DÉFORMATION, DÉFORMER, DIFFORME, DIFFORMITÉ, FILIFORME, SE FORMALISER, FORMALITÉ, HAUT-DE-FORME, INFORME, MALFORMATION, NON-CONFORMISTE, PLATE-FORME, RÉFORMATEUR, RÉFORME, RÉFORMER, RÉFORMISTE, TRANSFORMATEUR, TRANSFORMATION, TRANSFORMER, ① et ② UNIFORME, UNIFORMÉMENT, UNIFORMISER, UNIFORMITÉ.

formidable adj. ✦ Extraordinaire, admirable. → **sensationnel.** *J'ai vu un film formidable. Il est formidable avec ses enfants.* → **merveilleux.**

formule n. f. 1. Suite de paroles prononcées dans le même ordre, toujours de la même façon. *« S'il vous plaît » est une formule de politesse. La sorcière prononça la formule magique.* 2. *H_2O est la formule chimique de l'eau,* la suite de lettres et de chiffres qui représentent les éléments chimiques qui composent l'eau. 3. Manière de faire. *Il a trouvé la bonne formule pour attirer les clients.* → **méthode.**

➤ **formuler** v. (conjug. 1) ✦ Exprimer avec précision. *Formulez votre réclamation par écrit.*

➤ **formulaire** n. m. ✦ Feuille imprimée qui contient des questions auxquelles on doit répondre. *Les passagers de l'avion remplissent leur formulaire de douane.*

① **fort** adj., adv. et n. m., **forte** adj.

■ **adj.** 1. Qui a beaucoup de force physique. → **robuste, vigoureux.** *Il faut être fort pour être bûcheron ou déménageur.* ❑ contr. **faible, fragile.** 2. Gros. *Elle se trouve un peu forte et voudrait perdre quelques kilos.* 3. Bon. *Théo est fort en calcul.* → **doué.** ❑ contr. **faible,** ② **nul.** 4. Violent, intense. *Un vent très fort souffle sur la plage.* → **puissant.** *Il y a eu une forte averse.* → **gros.** *Cet alcool est fort,* très concentré. ❑ contr. **doux, léger.** 5. *Une voix forte,* qu'on entend de loin. → **puissant.** ❑ contr. **doux.** 6. Difficile à croire ou à supporter. → **exagéré.** *C'est un peu fort !* c'est un comble ! 7. *C'est plus fort que lui,* il ne peut pas s'en empêcher. 8. **inv.** *Se faire fort de,* se déclarer capable de. *Louise se fait fort d'y arriver toute seule.*

■ **adv.** 1. Avec de la force physique. *Frappe plus fort !* ❑ contr. **doucement.** 2. Avec violence, intensité. *Le vent souffle très fort.* 3. Très. *Léa était fort triste, ce soir-là.* → **bien.**

■ **n. m.** *Le fort de quelqu'un,* c'est ce en quoi il est fort. *Le calcul, ce n'est pas le fort de Julie !*

▷ Autres mots de la famille : COFFRE-FORT, CONTRE-FORT, FORTEMENT, FORTIFIANT, ① FORTIFIER, MAIN-FORTE, RÉCONFORT, RÉCONFORTANT, RÉCONFORTER.

② **fort** n. m. ✦ Bâtiment fortifié qui protège une région ou une ville contre les attaques. → **citadelle, forteresse, fortin.** *La garnison est rentrée au fort.*

▷ Autres mots de la famille : FORTERESSE, FORTIFICATION, ② FORTIFIER, FORTIN.

fort

fortement adv. ✦ Beaucoup, très. *Le médecin lui a fortement conseillé de ne pas fumer.* → **vivement.**

▷ Mot de la famille de ① FORT.

forteresse n. f. ✦ Lieu fortifié qui protège une région ou une ville contre les attaques. → **citadelle,** ② **fort.** *La forteresse est entourée de remparts.*

▷ Mot de la famille de ② FORT.

① **fortifier** **v.** (conjug. 7) ✦ Rendre fort, vigoureux. *L'air de la montagne a fortifié les enfants.*
➤ **fortifiant** **n. m.** ✦ Médicament qui donne des forces. *Julie a pris des fortifiants pendant sa convalescence.*
▷ Mots de la famille de ① FORT.

② **fortifier** **v.** (conjug. 7) ✦ *Fortifier une ville,* c'est y construire des fortifications pour la protéger contre les attaques. *La cité fortifiée de Carcassonne.*
➤ **fortification** **n. f.** ✦ *Les fortifications,* ce sont les remparts, les tours qui défendent un lieu contre les attaques. *La ville est entourée de fortifications.*
▷ Mots de la famille de ② FORT.

fortin **n. m.** ✦ Petit fort.
▷ Mot de la famille de ② FORT.

fortuit, fortuite **adj.** ✦ Qui arrive par hasard. *Il a fait une rencontre fortuite.* → **imprévu, inattendu.**

fortune **n. f.** 1. Grande richesse. *Elle a une grosse fortune. — Faire fortune,* s'enrichir. *Les chercheurs d'or voulaient faire fortune.* 2. *La bonne fortune,* c'est la chance. *La mauvaise fortune,* c'est la malchance. — *Faire contre mauvaise fortune bon cœur,* ne pas se laisser abattre par la malchance. 3. *Les réfugiés ont campé dans des installations* **de fortune,** des installations que l'on a improvisées très vite parce que c'était nécessaire.
➤ **fortuné, fortunée** **adj.** ✦ Très riche. *Elle est d'une famille très fortunée.* ❑ contr. **pauvre.**
▷ Autre mot de la famille : INFORTUNE.

forum [fɔʀɔm] **n. m.** ✦ Réunion où l'on échange des idées sur un sujet. → **colloque, débat.** *Le maire a organisé un forum sur l'école.* — Au pl. *Des forums.*
● Dans la Rome antique, *le forum* était une place où les gens se réunissaient pour discuter.

fosse **n. f.** 1. Grand trou creusé dans le sol. *On a descendu le cercueil dans la fosse.* → **tombe** et aussi **fossoyeur.** 2. *Une fosse sous-marine,* c'est un endroit où la mer est très profonde. 3. *Les fosses nasales,* l'intérieur des narines. 4. *La fosse d'orchestre,* c'est l'endroit où sont les musiciens, au bas de la scène d'un théâtre.
➤ **fossé** **n. m.** ✦ Trou creusé en long dans le sol. *La voiture est tombée dans le fossé.*
❍ homonyme : fausser.

➤ **fossette** **n. f.** ✦ Petit creux. *Quand Léa sourit, de petites fossettes se forment sur ses joues.*
▷ Autre mot de la famille : FOSSOYEUR.

fossile **n. m.** ✦ Débris ou empreintes d'animaux et de plantes conservés depuis très longtemps dans les pierres. *Certains fossiles ont plusieurs millions d'années.*

fossile

fossoyeur **n. m.** ✦ Personne qui creuse les tombes dans un cimetière. → aussi **croque-mort.**
▷ Mot de la famille de FOSSE.

fou **n. m.** et **adj.**, **folle** **n. f.** et **adj.**
■ **n.** 1. Personne qui n'a pas toute sa raison, qui a l'esprit dérangé. → **aliéné** et aussi **folie.** *Les fous sont soignés dans des hôpitaux psychiatriques.* — On dit plutôt *les malades mentaux.* 2. Personne qui ne se comporte pas d'une manière raisonnable. *Alex roule comme un fou sur son vélo,* très vite. *Cessez de faire les fous !* — *Plus on est de fous, plus on rit,* plus on est nombreux, plus on s'amuse. 3. **n. m.** Personnage qui était chargé de distraire un roi ou un seigneur. → **bouffon.** *Le fou portait un costume orné de grelots.* 4. **n. m.** Pièce du jeu d'échecs. *Le fou avance en diagonale.*
■ **adj.** 1. Qui n'a pas toute sa raison. → **dément.** *Elle est devenue folle.* 2. Hors de soi. *Il était fou de joie.* → **éperdu.** 3. Qui agit d'une manière imprudente. *Il faut être fou pour sortir par ce temps.* 4. Qui aime beaucoup quelque chose. → **fanatique.** *Il est fou de musique.* → **passionné,** fam. **fan.** 5. Énorme, immense. *J'ai un travail fou, en ce moment.*
● *Fou* devient *fol* devant un nom masculin commençant par une voyelle ou un *h* muet : *un fol espoir, un fol humour.*
▷ Autres mots de la famille : AFFOLANT, AFFOLÉ, AFFOLEMENT, AFFOLER, FOLÂTRER, FOLIE, FOLLEMENT, GARDE-FOU, RAFFOLER.

fougère

foudre n. f. 1. Pendant un orage, décharge électrique très forte accompagnée d'un éclair, puis de tonnerre. *La foudre est tombée sur un arbre.* 2. *Un coup de foudre,* un amour soudain et très violent que l'on éprouve pour quelqu'un. *Il a eu le coup de foudre pour elle.*

➤ **foudroyant, foudroyante** adj. ✦ Rapide et brutal comme la foudre. *Il est mort d'une maladie foudroyante.*

➤ **foudroyer** v. (conjug. 8) 1. Tuer ou détruire par la foudre. *Un arbre a été foudroyé pendant l'orage.* 2. Tuer brusquement. *Il a été foudroyé par une crise cardiaque.* → **terrasser.** 3. *Foudroyer quelqu'un du regard,* c'est le regarder méchamment.

fouet n. m. 1. Instrument fait d'une lanière de cuir ou d'une corde attachée à un manche et qui sert à frapper, à battre. *Le dompteur fit claquer son fouet.* — *Donner un coup de fouet,* rendre des forces. *Ce remontant va lui donner un coup de fouet.* — *De plein fouet,* de face. *La voiture a heurté le camion de plein fouet.* 2. Appareil qui sert à battre les sauces, les blancs d'œufs. → **batteur.** *Elle utilise un fouet pour faire la mayonnaise.*

➤ **fouetter** v. (conjug. 1) 1. Frapper avec un fouet. *Le cocher fouette le cheval pour le faire aller plus vite.* — *Avoir d'autres chats à fouetter,* avoir autre chose à faire. 2. Frapper comme avec un fouet. *La pluie leur fouettait le visage.* → **cingler.** 3. Battre rapidement. *On fouette les blancs d'œufs pour obtenir des œufs en neige.*

fougère n. f. ✦ Plante verte à longues feuilles très découpées.

fougue n. f. ✦ Élan. → **enthousiasme.** *Il a parlé avec fougue à son équipe.* ❑ contr. **calme.**

➤ **fougueux, fougueuse** adj. ✦ Très vif. *Une jument fougueuse.*

fouiller v. (conjug. 1) ✦ Explorer soigneusement. → **examiner, inspecter.** *Les douaniers ont fouillé sa valise. Alex déteste que l'on fouille dans ses affaires.* → fam. **fouiner.**

➤ **fouille** n. f. 1. Inspection minutieuse. *À la douane, la fouille a été très longue.* 2. Travaux qui permettent de mettre au jour des ruines, des objets ensevelis. *L'équipe d'archéologues a entrepris des fouilles sur le site d'une ancienne ville romaine.*

➤ **fouillis** [fuji] n. m. ✦ Grand désordre. *On ne retrouve rien dans ce fouillis.*

fouine n. f. ✦ Petit animal carnivore au museau allongé. *La fouine a égorgé deux poulets.*

➤ **fouiner** v. (conjug. 1) ✦ Familier. Fouiller de manière indiscrète. *Il est venu fouiner dans mes affaires.*

foulard n. m. ✦ Morceau de tissu carré que l'on porte autour du cou ou sur la tête. → aussi **châle,** ② **fichu.** *Un foulard de soie.*

foule n. f. 1. Grand rassemblement de gens. *La foule applaudit l'arrivée des coureurs.* 2. *Une foule de,* beaucoup de. *Elle a une foule de projets pour l'année prochaine.* → **multitude, quantité.**

foulée n. f. ✦ Grand pas que l'on fait en courant. → **enjambée.** *Ce coureur a une belle foulée.* — *Dans la foulée,* sur son élan, sans s'interrompre. *Elle a tondu le gazon et, dans la foulée, taillé les rosiers.*

fouler v. (conjug. 1) ✦ *Se fouler une articulation,* c'est se la tordre. *Julie s'est foulé la cheville en tombant.*

➤ **foulure** n. f. ✦ Petite entorse. *Julie a la cheville enflée, elle s'est fait une foulure.*

four n. m. 1. Appareil ménager fermé par une porte dans lequel on fait cuire des aliments. *Elle a mis le poulet dans le four. Un four électrique. Un four à micro-ondes.* 2. Appareil qui sert à cuire des choses à très forte chaleur. *Les briques, les poteries sont cuites dans des fours.*

fourbe **adj.** ✦ Qui trompe en faisant semblant d'être honnête. *Cet homme a un air fourbe.* → **hypocrite, sournois.** ❑ contr. ② **franc, loyal.**

fourbu, fourbue **adj.** ✦ Très fatigué. → **harassé.** *Louise est fourbue après cette randonnée.*

fourche **n. f.** 1. Instrument formé d'un long manche muni de plusieurs dents. *L'agriculteur soulève la botte de foin avec sa fourche.* 2. *La fourche d'un arbre,* c'est l'endroit où les grosses branches se séparent du tronc. *La fourche d'une bicyclette, d'une moto,* c'est la partie formée de deux tubes entre lesquels passe la roue avant. 3. Endroit où un chemin se divise en deux. *À la fourche, prenez à droite.* → **bifurcation, embranchement.**

➤ **fourchette** **n. f.** ✦ Objet formé d'un manche et de plusieurs dents, dont on se sert pour piquer les aliments et les porter à la bouche. *Un couteau et une fourchette.*

➤ **fourchu, fourchue** **adj.** ✦ En forme de fourche. *La vipère a une langue fourchue. Des cheveux fourchus.*

▷ Autres mots de la famille : À CALIFOURCHON, ENFOURCHER.

fourgon **n. m.** 1. Dans un train, wagon qui sert au transport des bagages, du courrier, des colis, des journaux. *Un fourgon postal.* 2. *Un fourgon mortuaire,* c'est une camionnette qui emporte le cercueil au cimetière. → **corbillard.**

➤ **fourgonnette** **n. f.** ✦ Camionnette.

fourmi **n. f.** ✦ Petit insecte noir ou rouge qui vit en colonies nombreuses dans des fourmilières. ➛ planche Insectes p. 543. *Les fourmis rouges piquent.* — *Avoir des fourmis dans les jambes,* des picotements désagréables. → **fourmillement.** *Faire un travail de fourmi,* qui demande beaucoup de soin et d'obstination.

➤ **fourmilier** **n. m.** ✦ Animal à museau très long et à langue visqueuse avec laquelle il attrape les fourmis. → **tamanoir.** *Il existe plusieurs sortes de fourmiliers.*

➤ **fourmilière** **n. f.** ✦ Petit monticule de terre creusé de nombreuses galeries où vivent les fourmis.

➤ **fourmillement** **n. m.** ✦ Picotement désagréable. → **fourmi.** *Avoir des fourmillements dans les mains.*

➤ **fourmiller** **v.** (conjug. 1) ✦ Être en grand nombre. *Les erreurs fourmillent dans cet article de journal.* → **pulluler.** — *Cette dictée fourmille de fautes,* elle en contient beaucoup.

fournaise **n. f.** 1. Feu très violent. *Les pompiers se sont élancés dans la fournaise.* 2. Endroit où il fait très chaud. *En été, cette chambre sous les toits est une vraie fournaise.*

fourneau **n. m.** ✦ Appareil qui sert à faire cuire les aliments. → **cuisinière, réchaud.** *Autrefois, il y avait des fourneaux en fonte qui fonctionnaient au bois.* — *Être aux fourneaux,* c'est faire la cuisine. *Le chef cuisinier est aux fourneaux.*

▷ Autre mot de la famille : HAUT FOURNEAU.

fournée **n. f.** ✦ Quantité de pain que l'on peut faire cuire dans le four. *Le boulanger fait trois fournées par jour.*

fourmilier

fournir **v.** (conjug. 2) 1. Donner ce qui est nécessaire. *L'hôtel fournit les serviettes de bain pour la piscine.* → **procurer.** — **se fournir,** faire ses achats. *Elle se fournit toujours chez le même commerçant.* → **s'approvisionner,** se **ravitailler.** 2. Produire, donner. *Ces vaches fournissent un très bon lait.* 3. Accomplir, faire. *Louise a fourni un gros effort en classe cette année.*

➤ **fournisseur** **n. m., fournisseuse** **n. f.** ✦ Personne qui vend des marchandises à un client. *Elle achète toujours sa viande chez le même fournisseur.* → **commerçant, marchand.**

➤ **fourniture** **n. f.** ✦ *Les fournitures,* ce sont les objets dont on a besoin pour une activité. *Les livres, les cahiers, les crayons, les gommes sont des fournitures scolaires.*
● Ce mot s'emploie surtout au pluriel.

fourrage **n. m.** ✦ *Le fourrage,* les plantes qui servent de nourriture au bétail.
➤ **fourragère** **adj. f.** ✦ *Les plantes fourragères,* ce sont les plantes qui fournissent le fourrage. *La luzerne, le foin, le trèfle sont des plantes fourragères.*

fourre **n. f.** **1.** Housse de couette. **2.** Couverture cartonnée dans laquelle on range des papiers. → **chemise.**
● Ce mot est utilisé en Suisse.
▷ Mot de la famille de FOURRER.

fourré

① **fourré** **n. m.** ✦ Endroit où les arbustes et les broussailles sont très touffus. *Le renard s'est caché dans un fourré.* → aussi **buisson, taillis.**

② **fourré, fourrée** **adj.** **1.** Doublé de fourrure ou de lainage chaud. *Des bottes fourrées.* **2.** Dont l'intérieur contient de la crème, de la liqueur ou de la confiture. *Des chocolats fourrés au café.*
▷ Mot de la famille de FOURRER.

fourreau **n. m.** ✦ Étui allongé dans lequel on glisse un objet de même forme pour le protéger quand on ne s'en sert pas. *Le fourreau d'une épée.* — Au pl. *Des fourreaux.*
▷ Mot de la famille de FOURRER.

fourrer **v.** (conjug. 1) **1.** Faire entrer dans quelque chose, vite et sans soin. *Julie a fourré ses affaires dans son cartable.* → **mettre.** **2.** Familier. Mettre une chose quelque part. *Où ai-je fourré mes lunettes ?*
➤ **fourreur** **n. m.** ✦ Personne qui fabrique et vend des vêtements de fourrure.
➤ **fourre-tout** **n. m. inv.** ✦ Familier. Sac, trousse où l'on met des objets pêle-mêle. — Au pl. *Des fourre-tout.* ▷ Mot de la famille de ① TOUT.
➤ **fourrure** **n. f.** **1.** Poil particulièrement beau et épais de certains animaux. *Les chats angoras ont une épaisse fourrure.* **2.** Peau d'animal garnie de ses poils, dont on fait des vêtements. *Un manteau de fourrure.*
▷ Autres mots de la famille : FOURRE, ② FOURRÉ, FOURREAU.

fourrière **n. f.** **1.** Lieu où l'on transporte les animaux perdus ou abandonnés. *Ce chien sans collier a été emmené à la fourrière.* **2.** Endroit où la police met les voitures mal garées ou abandonnées. *Il faut payer une amende pour récupérer sa voiture quand elle a été mise à la fourrière.*

se **fourvoyer** **v.** (conjug. 8) **1.** Se tromper de chemin. *Les promeneurs se sont fourvoyés dans la forêt.* → s'**égarer**, se **perdre.** **2.** Se tromper, faire une erreur. *Elle pensait qu'il était honnête, mais elle s'est fourvoyée.*
▷ Mot de la famille de VOIE.

foyer **n. m.** **1.** *Le foyer d'une cheminée,* c'est la partie où brûle le feu. → **âtre.** **2.** *Un foyer d'incendie,* c'est un endroit en feu d'où se propage un incendie. **3.** *Une femme au foyer,* c'est une femme qui s'occupe de sa maison et de sa famille et n'a pas un travail rétribué. **4.** Établissement qui accueille et loge certaines personnes. *Elle habite dans un foyer d'étudiants.*

fracasser **v.** (conjug. 1) ✦ Briser avec violence. *Le coup lui a fracassé la mâchoire.* → **casser.** — **se fracasser,** se casser. *Le bateau risque de se fracasser contre les rochers.*
➤ **fracas** [fʀaka] **n. m.** ✦ Bruit violent. *La vitre s'est brisée avec fracas.*
➤ **fracassant, fracassante** **adj.** ✦ Qui produit une forte impression. *Le ministre a fait une déclaration fracassante.*

fraction **n. f.** **1.** Quantité que l'on calcule en divisant une unité en parts égales. *Dans la fraction 2/5 (deux cinquièmes), 2 est le numérateur et 5 le dénominateur.* **2.** Partie. *Les enfants représentent une fraction importante de la population. Pendant une fraction de seconde,* un très court instant.
➤ **fractionner** **v.** (conjug. 1) ✦ Diviser. *L'héritage a été fractionné en trois parts.*

fracture **n. f.** ✦ Blessure due à un os cassé. *Le blessé a une fracture de la jambe.*

➤ **fracturer** **v.** (conjug. 1) **1.** *Se fracturer un os,* se le casser. *Elle s'est fracturé le tibia.* **2.** Casser pour ouvrir. *Les cambrioleurs ont fracturé la serrure.* → aussi **effraction.**

fragile **adj.** **1.** Qui se casse facilement. *Ces verres en cristal sont fragiles.* ❑ contr. **résistant, solide.** **2.** Qui tombe facilement malade. *Leur fille est une enfant fragile.* → **délicat.** ❑ contr. **robuste.**

➤ **fragilité** **n. f.** **1.** Le fait d'être fragile, de se casser facilement. *Ces verres en cristal sont d'une grande fragilité.* ❑ contr. **solidité.** **2.** Le fait d'avoir une santé fragile. *La fragilité du bébé inquiète ses parents.* ❑ contr. **endurance, résistance.**

fragment **n. m.** **1.** Morceau d'une chose qui a été cassée. *Les archéologues ont trouvé des fragments de poterie.* → **débris.** **2.** Passage d'un texte. → **extrait, morceau.** *Nous allons étudier un fragment de ce poème.*

➤ **fragmentaire** **adj.** ✦ Incomplet, partiel. *Des connaissances fragmentaires.* ❑ contr. ① **complet.**

➤ **fragmenter** **v.** (conjug. 1) ✦ Partager. → **diviser.** *On a fragmenté le film en plusieurs épisodes.* → **morceler.**

① **frais** **adj., n. m.** et **adv.,** **fraîche** **adj.**

■ **adj.** **1.** Légèrement froid. *En montagne, les nuits sont toujours fraîches.* ❑ contr. **chaud, doux.** **2.** Qui a été fabriqué, pêché, cueilli, il y a peu de temps. *Ces soles sont toutes fraîches. Du pain frais.* ❑ contr. **dur, rassis.** **3.** Qui n'est ni séché, ni en conserve. *Les légumes frais sont pleins de vitamines.* **4.** Récent, nouveau. *On voit des traces fraîches d'animaux dans la neige. J'ai reçu des nouvelles fraîches.*

■ **n. m.** *Prendre le frais,* respirer l'air frais. *Il est sorti prendre le frais sur le balcon. Il faut mettre le beurre au frais,* dans un endroit frais.

■ **adv.** *Il fait frais, ce soir,* il fait légèrement froid.

➤ **fraîchement** **adv.** **1.** Depuis très peu de temps. *Un mur fraîchement repeint.* → **récemment.** **2.** Avec froideur. *Il nous a reçus fraîchement.* → **froidement.** ❑ contr. **chaleureusement.**

➤ **fraîcheur** **n. f.** **1.** Température fraîche. *Après une journée très chaude, on attend la fraîcheur de la nuit.* ❑ contr. **chaleur.** **2.** Qualité d'un produit frais. *Ce poisson n'est pas de première fraîcheur,* il n'est pas frais. **3.** Qualité de ce qui a l'air sain et éclatant. *La fraîcheur du teint.* **4.** Absence de cordialité. *La fraîcheur de son accueil nous a surpris.* → **froideur.**

➤ **fraîchir** **v.** (conjug. 2) ✦ Devenir plus frais. *Le temps a fraîchi.*

▷ Autres mots de la famille : DÉFRAÎCHI, RAFRAÎCHIR, RAFRAÎCHISSANT, RAFRAÎCHISSEMENT.

② **frais** **n. m. pl.** **1.** Dépenses. *Cette réparation va entraîner des frais. — Aux frais de la princesse,* sans rien payer. **2.** *Faire les frais de quelque chose,* en subir les conséquences. *C'est nous qui allons faire les frais de sa maladresse.*

▷ Autre mot de la famille : DÉFRAYER.

① **fraise** **n. f.** ✦ Petit fruit rouge qui pousse sur le fraisier. *Une tarte aux fraises.*

➤ **fraisier** **n. m.** ✦ Plante qui produit les fraises.

② **fraise** **n. f.** ✦ Roulette du dentiste.

③ **fraise** **n. f.** ✦ Col plissé que l'on portait au 16e siècle.

fraise

framboise **n. f.** ✦ Petit fruit rouge foncé qui pousse sur le framboisier. *De la confiture de framboises.*

➤ **framboisier** **n. m.** ✦ Arbrisseau sur lequel poussent les framboises.

① **franc** **n. m.** **1.** Ancienne monnaie de la France, de la Belgique et du Luxembourg, qui a été remplacée par l'euro. **2.** Monnaie de la Suisse et de quelques pays d'Afrique. *Ce livre coûte 13 francs suisses.*

② **franc, franche** **adj.** **1.** *Une personne franche,* qui dit ce qu'elle pense sans mentir et sans rien cacher. → **sincère.** ❑ contr. **fourbe, hypocrite, menteur, sournois.** — *Un regard franc.* — *Jouer franc jeu,* agir loyalement. **2.** *Un coup franc,* c'est, au football, un coup tiré par un joueur sans que l'adversaire ait le droit de le gêner. **3.** *Expédier un colis franc de port,* sans que celui qui le reçoit ait à payer les frais d'envoi. → **franco.**

➤ **franchement** **adv.** **1.** Sans rien cacher, sans mentir. *Dis-moi franchement ce que tu penses.* → **sincèrement.** **2.** Très. *Ce film est franchement mauvais.* → **vraiment.**

▷ Autres mots de la famille : ① et ② AFFRANCHIR, AFFRANCHISSEMENT, FRANCHISE, FRANCO, FRANC-PARLER, FRANC-TIREUR.

franchir **v.** (conjug. 2) **1.** Passer par-dessus un obstacle en sautant ou en grimpant. *Le cheval a franchi le ruisseau.* **2.** Aller au-delà d'une limite. *Le coureur franchit la ligne d'arrivée.* → **passer.**

▷ Autre mot de la famille : INFRANCHISSABLE.

franchise **n. f.** ✦ Qualité d'une personne franche. → **sincérité.** *Louise a répondu en toute franchise.*

▷ Mot de la famille de ② FRANC.

franco **adv.** ✦ *Expédier un colis franco de port,* les frais de transport payés par l'expéditeur. → ② **franc.**

▷ Mot de la famille de ② FRANC.

francophone **adj.** ✦ Qui parle le français. *Les Québécois sont francophones.*

➤ **francophonie** **n. f.** ✦ *La francophonie,* c'est l'ensemble des populations qui parlent le français. *La Suisse, la Belgique, certains pays d'Afrique font partie de la francophonie.*

franc-parler **n. m.** ✦ Manière de parler très franche, où l'on dit ce que l'on pense. *Alex a son franc-parler.*

▷ Mot de la famille de ② FRANC et de PARLER.

franc-tireur **n. m.** ✦ Personne qui combat un ennemi sans appartenir à une armée régulière. *Un groupe de francs-tireurs a fait sauter le pont.*

▷ Mot de la famille de ② FRANC et de TIRER.

frange **n. f.** **1.** Ensemble des fils qui forment la bordure d'un tapis, d'un vêtement. *Le chat joue avec les franges du tapis.* **2.** Cheveux coupés droit qui recouvrent le front sur toute sa largeur. *Julie a une frange.*

frange

frangipane **n. f.** ✦ Crème aux amandes que l'on met dans des gâteaux. *Une galette des rois fourrée à la frangipane.*

à la bonne **franquette** **adv.** ✦ Très simplement, sans cérémonie. *Nous avons dîné chez lui à la bonne franquette.*

frapper **v.** (conjug. 1) **1.** Porter un coup à quelqu'un. → **battre, taper.** *Le boxeur a frappé son adversaire au menton.* **2.** Donner un coup contre quelque chose. → **heurter.** *Quelqu'un frappe à la porte.* **3.** *Frapper une pièce de monnaie,* la fabriquer en imprimant dessus un dessin en relief. *On a frappé une nouvelle pièce de monnaie.* **4.** Atteindre. *La balle l'a frappé en plein cœur.* → ① **toucher.** **5.** Impressionner. *J'ai été frappé par sa maigreur.*

➤ **frappant, frappante** **adj.** ✦ Qui impressionne. *La ressemblance entre les deux frères est frappante.* → **saisissant.**

➤ **frappe** **n. f.** ✦ Action ou manière de taper sur un clavier de machine à écrire ou d'ordinateur. *Il a fait des fautes de frappe.*

fraternel, fraternelle **adj.** ✦ Qui existe entre les frères, entre les sœurs ou entre les frères et sœurs. *Elle défend son frère par affection fraternelle.*

fraterniser **v.** (conjug. 1) ✦ S'entendre comme des frères. *Les deux ennemis ont fraternisé.* → **sympathiser.**

fraternité **n. f.** ✦ Entente profonde qui existe entre plusieurs personnes. → **solidarité.** *Il existait une grande fraternité entre tous les membres de ce groupe.*

fraude **n. f.** ✦ Acte de celui qui triche en essayant de ne pas se soumettre à la loi. *La* *fraude aux examens.* → **tricherie.** — *Les contrebandiers passent des marchandises en fraude,* de manière illégale.

➤ **frauder** **v.** (conjug. 1) ✦ Commettre une fraude. → **tricher.** *Les personnes qui fraudent le fisc risquent une amende.* → ② **voler.**

➤ **fraudeur** **n. m.**, **fraudeuse** **n. f.** ✦ Personne qui fraude.

➤ **frauduleux, frauduleuse** **adj.** ✦ Contraire à la loi. *Il a employé des méthodes frauduleuses pour s'enrichir.*

frayer **v.** (conjug. 8) **1.** *Se frayer un chemin,* se faire un passage en écartant tout ce qui gêne. *Elle s'est frayé un chemin à travers les fourrés.* **2.** *Frayer avec quelqu'un,* c'est le fréquenter. *Il ne fraie pas avec ses voisins.*

frayeur **n. f.** ✦ Très grande peur. *Elle a poussé un cri de frayeur en voyant l'araignée.* → **effroi, épouvante, terreur.**

fredonner **v.** (conjug. 1) ✦ Chanter à mi-voix, sans ouvrir la bouche. → **chantonner.** *Il fredonne une chanson en se rasant.*

freezer [fʀizœʀ] **n. m.** ✦ Compartiment d'un réfrigérateur où se forme la glace. *Il a pris des glaçons dans le freezer.*
● Ce mot vient de l'anglais *to freeze* qui veut dire « geler ».

frégate **n. f.** **1.** Autrefois, navire de guerre à trois mâts. **2.** Bateau de guerre, spécialisé dans la chasse aux sous-marins. **3.** Oiseau de mer à grandes ailes fines et à long bec crochu.

frégate

frein **n. m.** ✦ Système qui sert à ralentir, à arrêter une voiture, une bicyclette. *Ce camion a de bons freins. Elle a donné un coup de frein,* elle a freiné. — *Il a mis un frein à ses dépenses,* il les a ralenties. *Julie a une imagination sans frein,* débordante.

➤ **freiner** **v.** (conjug. 1) ✦ Ralentir en utilisant les freins. *L'automobiliste a freiné brutalement.* ❏ contr. **accélérer.**

➤ **freinage** **n. m.** ✦ Action de freiner. *On voit des traces de freinage sur le chemin.*

frelaté, frelatée **adj.** ✦ *Un vin frelaté,* qui n'est pas pur, qui est mélangé à autre chose.

frêle **adj.** ✦ Fragile, délicat. *Léa est une petite fille frêle.* ❏ contr. **robuste.**

frelon **n. m.** ✦ Grosse guêpe rousse et jaune, au thorax noir. *La piqûre des frelons est très douloureuse.*

frelon

frémir **v.** (conjug. 2) ✦ Trembler très légèrement. *Les feuilles du bouleau frémissent dans la brise. Cette histoire fait frémir,* elle fait trembler de peur. → **frissonner.**

➤ **frémissement** **n. m.** ✦ Léger tremblement. *Un léger frémissement agite le feuillage.*

frêne **n. m.** ✦ Arbre à bois clair, très dur. ➻ planche Arbres p. 48. *On fait des manches d'outil avec le bois du frêne.*

frénésie **n. f.** ✦ Grande excitation. *Elle est prise d'une frénésie de rangement.* → **fièvre.**

➤ **frénétique** **adj.** ✦ Très fort. *Le chanteur termina son spectacle sous des applaudissements frénétiques.*

fréquent, fréquente **adj.** ✦ Qui se produit souvent. *En cette saison, les pluies sont fréquentes.* → ① **courant.** ❏ contr. **exceptionnel, rare.**

➤ **fréquemment** [fʀekamɑ̃] **adv.** ✦ Souvent. *Il part fréquemment en voyage.* ❏ contr. **jamais, rarement.**

➤ **fréquence** **n. f.** ✦ Caractère de ce qui arrive plusieurs fois. *Il risque d'être puni pour la fréquence de ses retards.* → **répétition.**

fréquenter **v.** (conjug. 1) 1. Aller souvent dans un endroit. *Il fréquente beaucoup les musées.* 2. Voir souvent quelqu'un. *Elle ne fréquente pas ses voisins.* → aussi **frayer.**

➤ **fréquenté, fréquentée** **adj.** ✦ *Un lieu fréquenté,* où il y a beaucoup de monde. — *Un lieu mal fréquenté,* où l'on peut faire de mauvaises rencontres. → aussi mal **famé.**

➤ **fréquentation** **n. f.** 1. Le fait de fréquenter un lieu, une personne. *La fréquentation des salles de cinéma a augmenté.* 2. *Avoir de mauvaises fréquentations,* voir souvent des gens peu estimables.

frère **n. m.** ✦ Garçon qui a les mêmes parents que la personne qui parle ou dont on parle. *Louise a deux frères. Théo est le frère de Léa.* → aussi **sœur.**

▷ Autres mots de la famille : BEAU-FRÈRE, CONFRÈRE, DEMI-FRÈRE.

fresque **n. f.** ✦ Peinture faite directement sur un mur. *Le chœur de cette église est orné de fresques.*

fret [fʀɛt] **n. m.** 1. Prix à payer pour le transport de marchandises par bateau ou par avion. 2. Marchandises que transporte un bateau ou un avion. → **cargaison.** *Le déchargement du fret.*

frétiller **v.** (conjug. 1) ✦ Remuer avec de petits mouvements rapides. *Le chien a la queue qui frétille quand il est content.*

fretin **n. m.** 1. Poissons trop petits pour être pêchés. *Le pêcheur a rejeté le fretin à l'eau.* 2. *Le menu fretin,* les gens que l'on considère comme peu importants. *Il ne fréquente pas le menu fretin.*

friable **adj.** ✦ Qui s'effrite facilement, se réduit en poudre. *Ces biscuits sont très friables.*

friand, friande **adj.** ✦ *Être friand d'un aliment,* c'est l'aimer beaucoup. *Les chats sont friands de poisson.*

➤ **friandise** **n. f.** ✦ Bonbon, petit gâteau. → **sucrerie.** *Paul adore les friandises.*

friche **n. f.** ✦ Terrain qui n'est pas cultivé. *Ce champ est en friche.*

▷ Autre mot de la famille : DÉFRICHER.

friction **n. f.** ✦ Massage vigoureux du corps. *Après son bain, elle s'est fait une friction au gant de crin.*

➤ **frictionner** **v.** (conjug. 1) ✦ Frotter une partie du corps. *Il se frictionne le cuir chevelu avec une lotion.*

frigidaire **n. m.** Marque déposée ✦ Réfrigérateur. *Elle a sorti le lait du frigidaire.*

● On dit familièrement *frigo.*

fresque

frigorifier v. (conjug. 7) ✦ Mettre au froid pour conserver. *Le boucher frigorifie la viande.* → aussi **congeler.**
➤ **frigorifié, frigorifiée** adj. ✦ Familier. Qui a très froid. *Avec ce vent glacé, je suis frigorifié.* → **gelé.**
➤ **frigorifique** adj. ✦ Qui produit du froid. *Le boucher conserve la viande dans une armoire frigorifique.*

frileux, frileuse adj. ✦ Qui est très sensible au froid. *Léa est très frileuse.*

frime n. f. ✦ Familier. Ce que l'on dit ou ce que l'on fait pour impressionner les autres. *Son histoire de robots, c'est de la frime,* ce n'est pas vrai, il raconte des histoires. → **bluff.**
➤ **frimer** v. (conjug. 1) ✦ Familier. Chercher à se faire remarquer, à impressionner. *Il frime avec sa nouvelle moto.* → **crâner.**

frimousse n. f. ✦ Familier. Visage d'enfant. → **minois.** *Ce bébé a une jolie frimousse.*

fringale n. f. ✦ Familier. Très grande envie de manger. *J'ai une de ces fringales !* → **faim.**

fringant, fringante adj. 1. *Un cheval fringant,* c'est un cheval très vif et nerveux. 2. Élégant et gracieux. *Elle est toute fringante dans sa nouvelle robe.* → **pimpant.**

se **friper** v. (conjug. 1) ✦ Devenir froissé, chiffonné. *Ce tissu se fripe facilement.*
➤ **fripé, fripée** adj. ✦ Froissé. *Ma robe est toute fripée.* → **chiffonné.**

fripon n. m., **friponne** n. f. ✦ Enfant malicieux. → **coquin, polisson.** *Cette petite friponne a encore caché mes lunettes.*

fripouille n. f. ✦ Familier. Personne malhonnête. → **canaille, crapule.** *Ce commerçant vole tout le monde, c'est une vraie fripouille.*

frire v. (ne s'emploie qu'à l'infinitif et au participe passé : *frit*) ✦ Cuire dans de la matière grasse bouillante. *Une poêle à frire. Elle fait frire du poisson. Cette viande a été frite dans de l'huile.*
▷ Autres mots de la famille : FRIT, FRITE, FRITEUSE, FRITURE.

frise n. f. ✦ Bordure formant une bande continue ornée de motifs décoratifs. *La frise d'un papier peint. Les temples grecs étaient souvent ornés de frises,* de bandes sculptées au-dessus des colonnades.

frise

friser v. (conjug. 1) 1. Boucler. *Ses cheveux frisent naturellement.* 2. Approcher de très près. *Il frise la cinquantaine,* il a presque cinquante ans.
➤ **frisé, frisée** adj. ✦ Qui frise, fait des boucles. *Julie a les cheveux frisés.* ❑ contr. **raide.**

frisquet, frisquette adj. ✦ Familier. Un peu froid. *Il fait frisquet ce matin.* → ① **frais.**

frisson n. m. ✦ Tremblement passager accompagné d'une sensation de froid. *Louise a des frissons, elle doit avoir de la fièvre.* — *Ton histoire me donne des frissons,* elle me fait trembler de peur.
➤ **frissonnant, frissonnante** adj. ✦ Qui a des frissons. *Elle est frissonnante de fièvre.* → **tremblant.**
➤ **frissonner** v. (conjug. 1) ✦ Être secoué de frissons. *Elle frissonne de froid.* → **grelotter, trembler.** *Ce que tu me racontes me fait frissonner,* me fait trembler de peur. → **frémir.**

frit, frite adj. ✦ Cuit dans de la matière grasse bouillante. *Alex aime beaucoup les pommes de terre frites.*
➤ **frite** n. f. ✦ Morceau de pomme de terre long et étroit que l'on mange frit et chaud. *Un cornet de frites.*
➤ **friteuse** n. f. ✦ Grande bassine dans laquelle on fait frire les aliments. *Une friteuse électrique.*
➤ **friture** n. f. 1. Matière grasse bouillante. *Il plonge les beignets dans la friture.* 2. Petits poissons frits. *Il aime beaucoup la friture.*
▷ Mots de la famille de FRIRE.

frivole adj. ✦ Qui n'est pas sérieux. *Une jeune femme frivole.* → **futile, superficiel.**

➤ **frivolité** n. f. ✦ Occupation peu sérieuse. *Elle perd son temps à des frivolités.* → **futilité.**

froid adj. et n. m., **froide** adj.

■ **adj. 1.** Qui est à une température peu élevée. *C'est désagréable de se laver à l'eau froide.* ❑ contr. **chaud. 2.** Réservé. → **distant.** *La mère de Julie est une personne assez froide.* ❑ contr. **chaleureux. 3.** Qui reste calme, qui ne se trouble pas. *Cela me laisse froid,* cela m'est indifférent. *Garder la tête froide,* ne pas s'affoler, garder son sang-froid.

■ **n. m.** Température peu élevée. *J'ai froid. Il fait très froid dehors. Léa a pris froid,* elle a attrapé un rhume. — *Ne pas avoir froid aux yeux,* avoir de l'audace, être décidé. *Théo et Alex sont en froid,* brouillés, fâchés. *Cette nouvelle a jeté un froid,* a provoqué une impression de gêne.

➤ **froidement** adv. ✦ D'une manière peu aimable. *Il nous a reçus froidement.* → **fraîchement.** ❑ contr. **chaleureusement.**

➤ **froideur** n. f. ✦ Indifférence, manque d'empressement. *Son accueil était d'une grande froideur.* → **fraîcheur.** ❑ contr. **chaleur, cordialité.**

▷ Autres mots de la famille : REFROIDIR, REFROIDISSEMENT, SANG-FROID.

froisser v. (conjug. 1) **1.** Rendre fripé, chiffonné. *Elle a froissé sa jupe en s'asseyant.* **2.** Vexer. *Ma remarque l'a froissé.* — **se froisser,** se vexer. *Théo s'est froissé.*

➤ **froissé, froissée** adj. ✦ Chiffonné. → **fripé.** *Ma robe est toute froissée.*

➤ **froissement** n. m. ✦ Bruit d'une chose que l'on froisse. *J'entends des froissements de papier.*

frôler v. (conjug. 1) **1.** Toucher à peine ou passer tout près en touchant presque. → **effleurer.** *Le camion a frôlé le mur.* **2.** Éviter de justesse. *Ils ont frôlé la mort,* ils ont failli mourir.

➤ **frôlement** n. m. ✦ Contact léger et rapide. *Il a senti le frôlement d'un chat contre sa jambe.*

fromage n. m. ✦ Aliment fabriqué avec du lait caillé. *Du fromage de chèvre. Un plateau de fromages.*

➤ **fromager** n. m. et adj., **fromagère** n. f. et adj.

■ **n.** Personne qui fabrique ou vend des fromages.

■ **adj.** Relatif au fromage. *Une spécialité fromagère,* à base de fromage.

froment n. m. ✦ Blé. *La farine de froment sert à faire le pain.*

fronce n. f. ✦ Petit pli rond. *Une jupe à fronces.*

➤ **froncer** v. (conjug. 3) **1.** *Froncer un tissu,* c'est y faire de petits plis ronds. — *Une jupe froncée à la taille.* **2.** *Froncer les sourcils,* les plisser. *Il nous regarde d'un air furieux en fronçant les sourcils.*

➤ **froncement** n. m. ✦ Action de froncer les sourcils. *À son froncement de sourcils, on voyait qu'il était mécontent.*

fronde n. f. ✦ Lance-pierres.

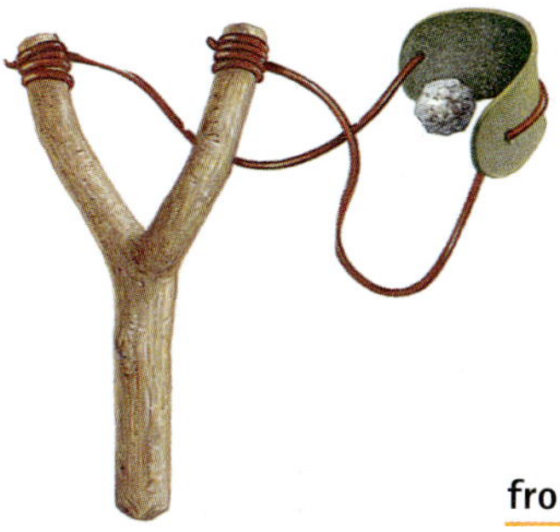

fronde

front n. m. **1.** Partie du visage située entre les sourcils et la racine des cheveux. *Mamie a le front tout ridé.* **2.** *Le front,* c'est l'endroit où l'on se bat pendant une guerre. *Ce soldat est mort au front,* sur le champ de bataille. **3.** *Faire front,* c'est faire face, résister. *Il va falloir faire front à ces nouvelles difficultés.* — *De front,* côte à côte. *Les deux cyclistes roulaient de front.* — *Elle mène de front son travail et sa vie de famille,* elle s'occupe des deux en même temps.

▷ Autres mots de la famille : AFFRONTEMENT, AFFRONTER, CONFRONTATION, CONFRONTER, FRONTON.

frontalier, frontalière adj. ✦ Situé près d'une frontière. *Les Pyrénées sont une région frontalière.* — **N.** *Un frontalier, une frontalière,* c'est une personne qui habite tout près d'une frontière.

frontière **n. f.** ✦ Limite marquant la séparation de deux pays voisins. *À la frontière, les policiers ont contrôlé nos passeports.*

fronton **n. m.** ✦ Partie triangulaire, ornée de sculptures, au-dessus de l'entrée d'un monument. *Les temples grecs avaient souvent de très beaux frontons.*
▷ Mot de la famille de FRONT.

fronton

frotter **v.** (conjug. 1) **1.** Appuyer une chose contre une autre, en faisant un mouvement de va-et-vient. *Les hommes préhistoriques faisaient du feu en frottant deux silex l'un contre l'autre. Il se frotte les yeux car il a sommeil. Il se frotte les mains en signe de satisfaction.* **2.** Rendre propre en astiquant. *La femme de ménage frotte le parquet.* **3.** Accrocher et racler contre. *La roue frotte contre le garde-boue.*
➤ se **frotter** **v.** (conjug. 1) **1.** Frotter son corps. *Elle s'est frottée avec un gant de crin en sortant de son bain.* → se **frictionner**. *Le chat se frotte contre les jambes de Julie.* **2.** *Se frotter à quelqu'un,* le provoquer, s'en prendre à lui. *Ne vous frottez pas à ces gens-là, ils sont dangereux.*
➤ **frottement** **n. m.** ✦ Mouvement ou bruit de ce qui frotte contre quelque chose. *Le frottement de la porte a usé la moquette.*

frousse **n. f.** ✦ Familier. *Avoir la frousse,* avoir peur. *Louise a eu une de ces frousses en entendant des pas dans l'escalier.* → fam. **trouille**.
➤ **froussard** **n. m.**, **froussarde** **n. f.** ✦ Familier. Peureux. *Quel froussard !* → fam. **trouillard**. — **Adj.** *Elle est très froussarde.*

fructifier **v.** (conjug. 7) ✦ Produire un bénéfice, des intérêts. → aussi **rapporter**. *Elle a placé son argent pour le faire fructifier.*

fructueux, fructueuse **adj.** ✦ Qui donne de bons résultats. *Il nous a apporté une aide très fructueuse.* → **profitable, utile.**
▷ Autre mot de la famille : INFRUCTUEUX.

frugal, frugale **adj.** ✦ *Un repas frugal,* léger. ❑ contr. **copieux, plantureux.** — Au masc. pl. *frugaux.*

fruit **n. m.** **1.** Ce que produit un arbre après la fleur. ➸ planche Fruits exotiques p. 441. *Le gland est le fruit du chêne. La banane, la pêche sont des fruits.* **2.** *Les fruits de mer,* ce sont les crustacés et les coquillages que l'on peut manger. **3.** Résultat. *Cette découverte est le fruit de nombreuses années de recherches.* — *Porter ses fruits,* donner des résultats. *Son travail commence à porter ses fruits.*
➤ **fruitier, fruitière** **adj.** ✦ Qui donne des fruits qui se mangent. *Le pommier, l'oranger sont des arbres fruitiers.*

fruste **adj.** ✦ *Un homme fruste,* c'est un homme qui n'est pas très délicat ni très cultivé. ❑ contr. **délicat, raffiné.**

frustrer **v.** (conjug. 1) ✦ Priver quelqu'un de ce qu'il attendait. *Cet échec l'a frustré. — Léa se sent frustrée, elle voulait une glace à la pistache et il n'y en a plus.*
➤ **frustration** **n. f.** ✦ Sentiment pénible d'être privé de ce que l'on attendait. *Elle supporte mal les frustrations.* → **contrariété.**

fuchsia [fyʃja] **n. m.** ✦ Plante à fleurs rose vif en forme de clochettes. ➸ planche Fleurs p. 421. *Un massif de fuchsias.* — **Adj. inv.** *Un chemisier fuchsia,* rose vif.
● Ce mot vient de *Fuchs,* nom d'un botaniste allemand.

fuel → **fioul**

fugace **adj.** ✦ Qui ne dure pas, disparaît très vite. *La piqûre provoque une sensation fugace de chaleur.* → ② **fugitif**, ② **passager.** ❑ contr. **durable, tenace.**

① **fugitif** **n. m.**, **fugitive** **n. f.** ✦ Personne qui s'est enfuie. *La police poursuit les fugitifs.* → **fuyard.**

② **fugitif, fugitive** **adj.** ✦ Qui ne dure pas. → **fugace**, ② **passager.** *Il a eu l'impression fugitive de la connaître.* ❑ contr. **durable, tenace.**

fugue **n. f.** ✦ *Faire une fugue,* c'est s'enfuir de l'endroit où l'on habite.

noix de coco

banane rose

grenade

litchi

fruit de la passion

mangue

datte

figue de Barbarie

kaki

papaye

kiwi

➤ **fuguer** **v.** (conjug. 1) ✦ Familier. Faire une fugue. *Cet enfant a déjà fugué plusieurs fois.*
➤ **fugueur, fugueuse** **adj.** ✦ Qui fait des fugues. *Les adolescents fugueurs ont été retrouvés par la police.*

fuir **v.** (conjug. 17) **1.** Se sauver. → s'**enfuir.** *Le chat a fui à la vue du chien.* **2.** Chercher à éviter. *Ma voisine est si bavarde que je la fuis comme la peste. Il fuit toujours ses responsabilités.* **3.** Laisser échapper un liquide ou un gaz. *Le robinet fuit.*
➤ **fuite** **n. f.** **1.** Mouvement d'un être qui part en fuyant. *Le voleur a pris la fuite.* **2.** Écoulement d'eau ou de gaz. *Le plombier est venu réparer la fuite d'eau.* **3.** Révélation de ce qui devait rester secret. *Il y a eu des fuites, certains candidats connaissaient les sujets d'examen.*
▷ Autres mots de la famille : S'ENFUIR, FAUX-FUYANT, FUYANT, FUYARD.

fulgurant, fulgurante **adj.** ✦ *Une vitesse fulgurante,* rapide comme l'éclair. *Une douleur fulgurante,* très vive et très brève.

fumer **v.** (conjug. 1) **1.** Dégager de la fumée. *Les bûches humides fument dans la cheminée.* **2.** Aspirer par la bouche la fumée du tabac et la rejeter. *Il fume un cigare. Elle fume trop.*
➤ **fumé, fumée** **adj.** ✦ Qui a été séché à la fumée. *Du jambon fumé. Une tranche de saumon fumé.*
➤ **fumée** **n. f.** ✦ Sorte de nuage produit par quelque chose qui brûle. *Une fumée blanche sort de la cheminée. La fumée de cigarette me pique les yeux.* — *Il n'y a pas de fumée sans feu,* il n'y a pas d'effet sans cause.
➤ **fumet** **n. m.** ✦ Odeur agréable d'une viande en train de cuire. *Ce gigot dégage un fumet appétissant.*
➤ **fumeur** **n. m.**, **fumeuse** **n. f.** ✦ Personne qui a l'habitude de fumer. *Son père est un ancien fumeur.*
▷ Autres mots de la famille : ENFUMÉ, ENFUMER, ① FUMISTE, NON-FUMEUR.

fumier **n. m.** ✦ Mélange de paille et d'excréments de bestiaux qui sert d'engrais. *Il y a un tas de fumier dans la cour de la ferme.*

① **fumiste** **n. m.** ✦ Personne dont le métier est d'entretenir les cheminées et les appareils de chauffage. → aussi **ramoneur.**
▷ Mot de la famille de FUMER.

② **fumiste** **n. m. et f.** ✦ Familier. Personne qui n'est pas sérieuse, sur qui on ne peut pas compter. *Elle bâcle son travail, c'est une fumiste.*

funambule **n. m. et f.** ✦ Acrobate qui marche et danse sur une corde tendue. → **équilibriste.**

funèbre **adj.** ✦ Qui concerne les enterrements. *Le maire a prononcé l'éloge funèbre du défunt. Les pompes funèbres.* → ① **pompe.**

funérailles **n. f. pl.** ✦ Cérémonie qui accompagne l'enterrement ou l'incinération d'un mort. *Il a assisté aux funérailles d'un ami.* → **obsèques.**

funéraire **adj.** ✦ Qui concerne les enterrements. → **funèbre.** *Un convoi funéraire passe dans la rue.*
➤ **funérarium** **n. m.** ✦ Pièce où se réunissent avant les obsèques la famille et les amis d'une personne qui vient de mourir.

funeste **adj.** ✦ Qui peut causer la mort ou un grand malheur. → **fatal.** *Cette décision a eu des conséquences funestes.* → **catastrophique, tragique.**

funiculaire **n. m.** ✦ Sorte de train tiré par des câbles, installé sur une pente abrupte. *Le funiculaire de Montmartre, à Paris.*

furet **n. m.** ✦ Petit animal carnivore au pelage blanc (ou marron) et aux yeux rouges, que l'on utilise parfois pour chasser le lapin.
▷ Autre mot de la famille : FURETER.

furet

au **fur et à mesure** **adv.** ✦ En même temps et successivement. *Alex regarde les photos et les passe à Julie au fur et à mesure.*

fureter v. (conjug. 5) ✦ Chercher partout avec curiosité. *Louise furète dans les affaires de sa sœur.* → **fouiller.**
▷ Mot de la famille de FURET.

fureur n. f. 1. Grande colère. *En apprenant la mauvaise nouvelle, il est entré en fureur.* → **furie.** 2. Grande violence. *Les deux adversaires se battent avec fureur.* → **acharnement.** 3. *Faire fureur,* avoir un grand succès. *Les ballerines font fureur, cet été.*

furibond, furibonde adj. ✦ Furieux. *La directrice est furibonde. Un air furibond.*

furie n. f. 1. Fureur très vive. → **rage.** *Cette histoire l'a mis en furie.* 2. *Une furie,* c'est une femme qui manifeste une violente colère. *Quand elle perd son calme, quelle furie !*
➤ **furieux, furieuse** adj. ✦ Très en colère. *Louise est furieuse contre son père.* → **furibond.**

furoncle n. m. ✦ Gros bouton douloureux qui contient du pus. → **abcès.**

furtif, furtive adj. ✦ *Un regard furtif,* discret et très rapide. *Il jeta un coup d'œil furtif à sa montre.*
➤ **furtivement** adv. ✦ De manière discrète et rapide. *Elle s'est esquivée furtivement.* → **subrepticement.** ❏ contr. **ostensiblement.**

fusain n. m. 1. Petit arbre à feuilles brillantes et à fruits rouges. *Une haie de fusains.* 2. Morceau de charbon de bois de fusain que l'on utilise pour dessiner. *Il a fait un portrait au fusain.*

fuseau n. m. 1. Petite toupie allongée qui servait à enrouler le fil lorsque l'on filait à la quenouille. *Autrefois, on se servait d'un fuseau pour filer la laine.* 2. *Un fuseau horaire,* c'est une zone imaginaire, allant d'un pôle à l'autre, à l'intérieur de laquelle l'heure est la même partout. *Il y a 24 fuseaux horaires.* 3. Pantalon étroit en matière élastique dont les jambes sont tendues par une patte qui passe sous le pied. *Un fuseau de ski.*

fusée n. f. 1. Tube rempli de poudre qui explose en l'air en faisant des étincelles de couleur. *Les fusées multicolores d'un feu d'artifice.* 2. Véhicule spatial. *La fusée s'est élancée dans le ciel.*
▷ Autre mot de la famille : FUSER.

fuselage n. m. ✦ Corps d'un avion où sont fixées les ailes. → aussi **carlingue.**

fuser v. (conjug. 1) ✦ Partir comme une fusée. *Les rires fusèrent des quatre coins de la classe.* → **jaillir.**
▷ Mot de la famille de FUSÉE.

fusible n. m. ✦ Petit fil de plomb placé dans un circuit électrique, qui fond en cas de court-circuit. → **plomb.** *Les fusibles évitent les incendies.*

fusil [fyzi] n. m. ✦ Arme à feu à long canon. *Un fusil de chasse. On a entendu un coup de fusil.* — *Changer son fusil d'épaule,* changer d'idée, de projet ou d'activité.
● On ne prononce pas le *l* final.
➤ **fusillade** n. f. ✦ Combat où s'échangent des coups de feu. *Un policier a été blessé au cours de la fusillade.*
➤ **fusiller** v. (conjug. 1) ✦ Tuer à coups de fusil. *Pendant la guerre, on a fusillé des traîtres.*

fusion n. f. 1. Passage d'un corps solide à l'état liquide, sous l'action de la chaleur. *La fusion du fer se fait à 1 535 degrés. De la lave en fusion s'échappe du cratère du volcan.* 2. Réunion de plusieurs choses en une seule. *La fusion de ces deux entreprises a entraîné des licenciements.*
➤ **fusionner** v. (conjug. 1) ✦ Se réunir en un tout. *Ces deux partis politiques ont fusionné.*

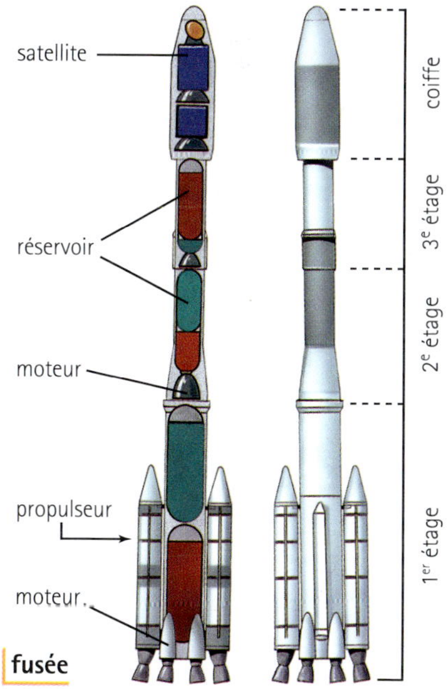

fusée

fût [fy] **n. m.** 1. Tronc d'un arbre. ➻ planche Arbres p. 48. *Ces arbres ont un fût très haut.* 2. *Le fût d'une colonne,* c'est la partie allongée, entre la base et le chapiteau. 3. Tonneau. *Le vin vieillit dans des fûts.* → **barrique.**
● On ne prononce pas le *t* final.

➤ **futaie n. f.** ✦ Forêt de grands arbres. *Une futaie de hêtres.*

futé, futée adj. ✦ Familier. Malin, rusé. *Julie est très futée.* → **débrouillard.**

futile adj. ✦ Qui n'est pas très sérieux. → **frivole.** *Une conversation futile.* ❏ contr. **grave, important.**

➤ **futilité n. f.** ✦ Chose futile, sans importance. *Il a passé sa journée en futilités.* → **frivolité.**

futon [fytɔ̃] **n. m.** ✦ Matelas japonais formé de couches de coton superposées.
● *Futon* est un mot japonais.

futur adj. et **n. m., future adj.**
■ **adj.** Qui appartient à l'avenir. *Il est difficile d'imaginer comment on vivra dans les siècles futurs,* dans les siècles qui vont venir après nous. *Il nous a présenté sa future épouse,* celle qui va devenir sa femme.
■ **n. m.** 1. *Le futur,* c'est l'avenir, ce qui va arriver. ❏ contr. **passé.** 2. Temps de l'indicatif qui indique qu'une action se fera plus tard. *Dans « je lui dirai », le verbe « dire » est au futur.*

➤ **futuriste adj.** ✦ Qui évoque les temps futurs. *Ce musée a une architecture futuriste.*

fuyant, fuyante adj. ✦ *Un regard fuyant,* c'est un regard qui évite celui des autres.
▷ Mot de la famille de FUIR.

fuyard n. m., fuyarde n. f. ✦ Personne qui s'est enfuie. *Les fuyards n'ont pas tous été rattrapés.* → ① **fugitif.**
▷ Mot de la famille de FUIR.

G

gabardine **n. f.** **1.** Tissu de laine ou de coton très serré. *Il a un pantalon en gabardine beige.* **2.** Manteau qui protège de la pluie. → **imperméable.** *Quand il pleut, il met sa gabardine et son chapeau.*

gabarit [gabaʀi] **n. m.** ✦ Dimensions d'un objet en hauteur, largeur et longueur. *Ce camion est d'un trop gros gabarit pour passer sous le tunnel.*

● Le *t* final ne se prononce pas.

gabegie [gabʒi] **n. f.** ✦ Désordre qui est la conséquence d'une mauvaise organisation. → **gaspillage.**

gabelle **n. f.** ✦ Impôt que l'on payait sur le sel avant la Révolution française.

gâcher **v.** (conjug. 1) **1.** *Gâcher du plâtre,* mélanger le plâtre en poudre avec de l'eau. *Le maçon gâche du plâtre.* **2.** Gaspiller, mal utiliser. *Ne gâche pas ton argent en achetant n'importe quoi.* **3.** Gâter, rendre peu agréable. *Elle nous a gâché la soirée en arrivant si tard.*

➤ **gâchis** [gɑʃi] **n. m.** **1.** Choses abîmées, salies, renversées. *Tu as fait un beau gâchis sur la moquette avec tes tubes de peinture.* → **dégât.** **2.** Gaspillage. *Ne jette pas cette viande, c'est du gâchis.*

gâchette **n. f.** ✦ Pièce d'un fusil ou d'un pistolet qui fait partir le coup de feu quand on appuie sur la détente. → aussi **détente.** *Le chasseur a le doigt sur la gâchette.*

gadget [gadʒɛt] **n. m.** ✦ Objet amusant et nouveau qui quelquefois ne sert à rien. *Il s'achète souvent des gadgets.*

● Ce mot vient de l'anglais.

gadoue **n. f.** ✦ Terre mouillée. *Après la pluie, on patauge dans la gadoue.* → **boue.**

① **gaffe** **n. f.** ✦ Long bâton muni d'une pointe ou d'un crochet. *Le marin a repoussé la barque avec sa gaffe.*

② **gaffe** **n. f.** ✦ Familier. Parole ou action maladroite. *Il a encore fait une gaffe.* → ① **impair.**

➤ **gaffeur** **n. m.,** **gaffeuse** **n. f.** ✦ Personne qui fait souvent des gaffes. *Julie est une affreuse gaffeuse.* — **Adj.** *Il est très gaffeur.*

gag **n. m.** ✦ Dans un film, événement qui surprend et qui fait rire. *Un film plein de gags irrésistibles.*

● Ce mot vient de l'anglais et veut dire « histoire drôle ».

gage **n. m.** **1.** *Laisser une chose en gage,* la laisser comme garantie. *Comme il n'avait pas d'argent pour payer, il a laissé sa montre en gage.* **2.** Sorte de pénitence qu'un joueur doit accomplir s'il perd. *Le premier qui ne sait pas répondre a un gage.*

➤ **gages** **n. m. pl.** ✦ *Un tueur à gages,* c'est une personne qui est payée pour tuer.

▷ Autres mots de la famille : DÉGAGÉ, DÉGAGEMENT, DÉGAGER, ENGAGEANT, ENGAGEMENT, ENGAGER, S'ENGAGER.

gageure [gaʒyʀ] **n. f.** ✦ Chose qui semble impossible à faire. *Vouloir repeindre cet appartement en un jour, c'est une gageure.*

gagner **v.** (conjug. 1) **1.** *Gagner de l'argent,* c'est en recevoir en échange de son travail. *Son mari gagne beaucoup d'argent.* → aussi **gain.** **2.** Obtenir de l'argent ou un objet, grâce au hasard. *Il a gagné le gros lot à la loterie.* **3.** Être vainqueur dans une compétition. *Les Français ont gagné le match.* → **remporter.** ❑ contr. **perdre.** 4. *Gagner du temps,* c'est faire une économie de temps. *En prenant ce raccourci, vous gagnerez du temps.* 5. Atteindre un endroit en se déplaçant. *Les passagers ont gagné la sortie. L'incendie gagne du terrain,* il progresse. 6. Arriver à un endroit. *L'inondation a gagné le premier étage. Le sommeil me gagne,* il s'empare de moi.

➤ **gagnant, gagnante** adj. ✦ Qui gagne. *Théo a eu le billet gagnant.* — **N.** *Léa est une des gagnantes,* une des personnes qui ont gagné. → **vainqueur** ❑ contr. **perdant.**

➤ **gagne-pain** n. m. inv. ✦ Travail qui permet de gagner modestement sa vie. *Entretenir des jardins est son gagne-pain.* — Au pl. *Des gagne-pain.* ▷ Mot de la famille de PAIN.

▷ Autre mot de la famille : REGAGNER.

gai, gaie adj. 1. Qui est de bonne humeur et rit souvent. *Louise est souvent gaie.* → **content, joyeux.** ❑ contr. **grave, morose, triste.** 2. Qui rend gai. *Le rouge est une couleur gaie.* → **vif.** ❑ contr. **terne.** ○ homonymes : gué, guet.

➤ **gaiement** adv. ✦ Avec gaieté. → **joyeusement.** *Les enfants chantaient gaiement.* ❑ contr. **tristement.**

● On écrit aussi *gaîment.*

➤ **gaieté** n. f. ✦ Bonne humeur. *Léa a un peu pleuré puis elle a très vite retrouvé sa gaieté.* ❑ contr. **tristesse.**

● On écrit aussi *gaîté.*

▷ Autre mot de la famille : ÉGAYER.

gaillard adj. et n. m., **gaillarde** adj.

■ **adj.** Alerte et vif. *Cette vieille dame est encore très gaillarde.*

■ **n. m.** Homme, garçon vigoureux et plein d'entrain. *Alex est un solide gaillard.*

▷ Autre mot de la famille : RAGAILLARDIR.

gain n. m. 1. Argent que l'on gagne. *En vendant sa maison il a fait un gain important.* → **bénéfice, profit.** ❑ contr. **dépense.** — *Avoir gain de cause,* obtenir ce que l'on voulait. 2. Économie. *Voyager en avion est un gain de temps,* cela fait gagner du temps. ❑ contr. **perte.**

gaine n. f. 1. Enveloppe ayant la forme de l'objet qu'elle protège. *Les fils électriques sont enfermés dans des gaines pour que l'on ne s'électrocute pas en les touchant. La gaine d'un parapluie.* → **étui, fourreau.** 2. Sous-vêtement de femme en tissu élastique qui serre les hanches et la taille. → aussi **corset.**

▷ Autre mot de la famille : DÉGAINER.

gala n. m. ✦ Grande fête où se rendent des personnalités, organisée pour défendre une cause ou pour célébrer un événement. *Un gala a été organisé au profit des handicapés.*

galant, galante adj. ✦ Poli et plein d'attentions délicates à l'égard des femmes. *Un homme galant laisse passer les dames devant lui.* ❑ contr. **grossier.** — *Il a des manières galantes.*

➤ **galanterie** n. f. ✦ Politesse et bonnes manières à l'égard des femmes.

galantine n. f. ✦ Sorte de pâté de viande entouré de gelée. *De la galantine de canard.*

galaxie n. f. 1. Immense ensemble d'étoiles qui a la forme d'une spirale. *La Voie lactée est une des nombreuses galaxies de l'Univers.* 2. *La Galaxie,* celle dont font partie le Soleil et la Terre.

galaxie (Andromède)

galbe n. m. ✦ Contour harmonieux, de forme arrondie, d'un objet, d'un corps ou d'un visage. → **courbe.** *Le galbe d'un vase.*

➤ **galbé, galbée** adj. ✦ Qui a de jolies courbes. *Des jambes bien galbées.*

gale n. f. ✦ Maladie de peau contagieuse provoquée par un parasite et qui provoque des démangeaisons. *Ce chien a la gale.*

▷ Autre mot de la famille : GALEUX.

galère n. f. ✦ Grand bateau à rames et à voiles utilisé autrefois pour la guerre et le commerce.

➤ **galérien** **n. m.** ✦ Homme qui était condamné à ramer sur une galère. → aussi **bagnard, forçat.**

galerie **n. f.** **1.** Chemin, passage souterrain. → **tunnel.** *La taupe creuse des galeries dans le jardin.* **2.** *Une galerie marchande,* c'est un lieu de passage dans un bâtiment où sont installées de nombreuses boutiques. **3.** Magasin où l'on expose et où l'on vend des objets d'art, des tableaux. *Elle tient une galerie, à Lyon.* **4.** Porte-bagages métallique fixé sur le toit d'une voiture. *Il a attaché les skis sur la galerie.*

galet **n. m.** ✦ Caillou arrondi, usé et poli par la mer ou l'eau des torrents. *Une plage de galets.*

galette **n. f.** **1.** Gâteau plat et rond fait de farine, de beurre et d'œufs. *La galette des Rois contient une fève.* **2.** Crêpe salée faite avec de la farine de sarrasin ou de maïs.

galeux, galeuse **adj.** ✦ Qui a la gale. *Les chiens galeux perdent leurs poils.*

▷ Mot de la famille de GALE.

galimatias [galimatja] **n. m.** ✦ Langage incompréhensible. → **charabia.**

galion **n. m.** ✦ Grand bateau à voiles qu'utilisaient les Espagnols au 17e siècle pour faire du commerce avec l'Amérique.

galion

galipette **n. f.** ✦ Tour que l'on fait en mettant sa tête au sol et ses jambes au-dessus, de façon à retomber de l'autre côté en roulant. *Théo fait très bien les galipettes.* → **culbute, roulade.**

gallicisme **n. m.** ✦ Expression ou tournure particulière à la langue française. *« Il y a » et « l'échapper belle » sont des gallicismes.*

gallinacé **n. m.** ✦ Gros oiseau qui vit au sol et qui vole peu. *Le dindon, la perdrix, le faisan, la poule, le coq sont des gallinacés.*

gallo-romain, gallo-romaine **adj.** ✦ Qui concerne la Gaule ou les Gaulois après la conquête de la Gaule par les Romains. *L'époque gallo-romaine. Des vestiges gallo-romains.*

galoche **n. f.** ✦ Chaussure de cuir à semelle de bois. *Une paire de galoches.* → aussi **sabot.** – *Un menton en galoche,* c'est un menton long et relevé vers l'avant.

galon **n. m.** **1.** Ruban épais qui sert à orner. *Il a un galon autour de son chapeau.* **2.** Très fin ruban cousu sur l'épaule ou sur la manche de l'uniforme d'un militaire ou sur son képi. *On reconnaît le grade d'un militaire à ses galons.* – *Prendre du galon,* c'est monter en grade.

galop [galo] **n. m.** ✦ Allure la plus rapide d'un cheval. *Le cheval est parti au galop. Au pas, au trot, au galop !*

➤ **galoper** **v.** (conjug. 1) **1.** Aller au galop. *Les chevaux galopent dans la plaine.* **2.** Courir très vite. *Les enfants galopent dans le jardin.*

➤ **galopade** **n. f.** ✦ Course très rapide. → **cavalcade.** *On entend des galopades dans l'escalier.*

galopin **n. m.** ✦ Enfant insupportable et farceur. → **chenapan, garnement.**

galvaniser **v.** (conjug. 1) **1.** *Galvaniser quelqu'un,* c'est l'enthousiasmer et l'entraîner. *Cet orateur galvanise les foules.* → **électriser, enflammer.** **2.** *Galvaniser un fil métallique,* c'est le recouvrir d'une couche de zinc pour qu'il ne rouille pas.

● Ce mot vient du nom du physicien *Galvani,* qui est à l'origine de l'invention de la pile électrique.

galvauder **v.** (conjug. 1) ✦ Gâcher en faisant un mauvais usage. *En jouant dans de mauvais films, ce comédien galvaude son talent.*

gambade **n. f.** ✦ Saut joyeux. *Les enfants font des gambades sur le chemin.* → **bond.**

➤ **gambader** **v.** (conjug. 1) ✦ Sauter dans tous les sens en faisant de petits bonds de joie. *Le chien gambade autour de son maître.* → **bondir, sautiller.**

gamelle **n. f.** ✦ Récipient en métal muni d'un couvercle, dans lequel on met sa nourriture.

gamin **n. m.**, **gamine** **n. f.** ✦ Familier. Enfant ou adolescent. *Une gamine de onze ans.* → **gosse.**

gamme **n. f.** **1.** Suite de notes de musique, dans un ordre précis. *Les notes de la gamme. Quand on commence à jouer du piano, on fait des gammes.* **2.** Série. *La parfumerie propose toute une gamme de produits solaires. — Haut de gamme, bas de gamme,* le plus cher, le moins cher dans une série. *Ils ont acheté un téléviseur haut de gamme.*

gang [gɑ̃g] **n. m.** ✦ Bande organisée de malfaiteurs. → aussi **gangster.** *La police a arrêté le chef du gang. La lutte contre les gangs.*
❍ homonyme : gangue.
● C'est un mot anglais qui veut dire « équipe, bande ».

ganglion **n. m.** ✦ Organe en forme de petite boule situé sous la peau. *Quand on a une angine, les ganglions du cou sont enflés.*

gangrène **n. f.** ✦ Maladie très grave qui fait pourrir la chair. *Si une blessure n'est pas bien soignée, on peut avoir la gangrène.*

gangster [gɑ̃gstɛʀ] **n. m.** ✦ Bandit qui fait partie d'un gang. *Des gangsters masqués ont attaqué la banque.* → **malfaiteur.**
● C'est un mot anglais qui vient de *gang.*

gangue **n. f.** ✦ Matière qui enveloppe un minerai ou une pierre précieuse quand on les trouve dans les gisements. *Il faut débarrasser un diamant de sa gangue pour le voir briller.* ❍ homonyme : gang.

gant **n. m.** **1.** Vêtement pour la main qui s'adapte exactement à sa forme et enveloppe chaque doigt séparément. → aussi **mitaine** et **moufle.** *Une paire de gants. En hiver, Léa met des gants de laine. — Aller comme un gant,* aller très bien. *Cette robe te va comme un gant. Prendre des gants,* prendre des précautions pour ne pas blesser ou vexer. *On a pris des gants pour lui annoncer la mauvaise nouvelle.* **2.** *Un gant de toilette,* c'est une poche en tissu éponge dans laquelle on met sa main et qui sert à se laver. — *Des gants de boxe,* de grosses moufles bourrées de crin.

gant

garage **n. m.** **1.** Abri couvert et généralement fermé où l'on range les voitures. *Le soir, il rentre sa voiture au garage.* → **box** et aussi **parking.** **2.** Entreprise qui s'occupe de la vente, de l'entretien et de la réparation des voitures. *Sa voiture ne marchait plus très bien, il l'a conduite au garage.* → aussi **station-service.**

➤ **garagiste** **n. m. et f.** ✦ Personne qui tient un garage. *Le garagiste a fait la vidange de la voiture.*

▷ Mots de la famille de GARER.

garant **n. m. et adj.**, **garante** **n. f. et adj.**

■ **n.** Personne qui est responsable de ce que doit une autre personne. *Son père lui a servi de garant quand il a emprunté à la banque.*

■ **adj.** *Se porter garant de quelqu'un,* c'est être responsable de lui, répondre de lui. *Elle s'est portée garante de l'honnêteté de son fils.*

➤ **garantir** **v.** (conjug. 2) **1.** S'engager sur la qualité d'un objet que l'on vend. *Cette montre est garantie un an,* si elle se casse d'ici un an, on la réparera gratuitement. **2.** Affirmer, assurer. *Je vous garantis que tout se passera bien.* → **certifier, promettre.** **3.** Protéger. *Son anorak le garantit du froid.*

➤ **garantie** **n. f.** ✦ Obligation pour un vendeur d'assurer à l'acheteur le bon état d'un appareil et la possibilité de le changer en cas de défaut ou de panne. *Un bon de garantie est joint à l'appareil photo. – Ma voiture est sous garantie pendant un an,* elle est garantie un an.

garçon **n. m.** 1. Enfant du sexe masculin. *Elle a une fille et un garçon.* → **fils.** *Un garçon manqué,* une fille qui se comporte comme un garçon. 2. Jeune homme. *C'est un garçon très intelligent.* 3. *Un garçon de café,* c'est un serveur, dans un café.

➤ **garçonnet** **n. m.** ✦ Petit garçon. *Un garçonnet de huit ans.*

▷ Mots de la famille de GARS.

① **garde** **n. f.** 1. Action de veiller sur une personne ou un animal, pour en prendre soin. *Elle a confié son chat à la garde des voisins. Après le divorce, c'est la mère qui a eu la garde des enfants.* 2. *Monter la garde,* surveiller. *Les sentinelles montent la garde sur les remparts. Les bergers allemands sont de bons chiens de garde.* 3. Groupe de personnes qui gardent. *La garde d'honneur escortait le président.* 4. *En garde ! crie le mousquetaire avant de commencer le duel,* mettez-vous en position pour parer les coups. 5. *Mettre quelqu'un en garde,* le prévenir d'un danger. *Ils nous a mis en garde contre les pickpockets.* 6. *Être sur ses gardes,* c'est se méfier, être prêt à réagir à un danger. 7. *Prends garde ! il y a une marche,* fais attention ! 8. *La garde d'une épée,* c'est le rebord placé entre la lame et la poignée, qui sert à protéger la main.

▷ Mot de la famille de GARDER.

② **garde** **n. m. et f.** ✦ Personne qui surveille un lieu. → **gardien.** *Les gardes forestiers surveillent les forêts.*

▷ Mot de la famille de GARDER.

garde-à-vous **n. m. inv.** ✦ Position du militaire qui se tient droit et immobile, les talons serrés, prêt à exécuter un ordre. *Les soldats se mettent au garde-à-vous devant le général.* – Au pl. *Des garde-à-vous.*

▷ Mot de la famille de GARDER et de VOUS.

garde-barrière **n. m. et f.** ✦ Personne qui surveille un passage à niveau. – Au pl. *Des gardes-barrières.*

▷ Mot de la famille de GARDER et de BARRE.

garde-boue **n. m. inv.** ✦ Bande de métal qui recouvre une partie de la roue d'une bicyclette ou d'une moto et qui protège de la boue. – Au pl. *Des garde-boue.*

▷ Mot de la famille de GARDER et de BOUE.

garde-chasse **n. m.** ✦ Homme qui protège et soigne le gibier, dans une forêt privée, un domaine. *Le garde-chasse n'aime pas les braconniers.* – Au pl. *Des gardes-chasse* ou *des gardes-chasses.*

▷ Mot de la famille de GARDER et de CHASSER.

garde-fou **n. m.** ✦ Barrière qui empêche de tomber. → **balustrade, rambarde.** – Au pl. *Des garde-fous.*

▷ Mot de la famille de GARDER et de FOU.

garde-malade **n. m. et f.** ✦ Personne qui garde les malades et leur donne quelques soins. – Au pl. *Des gardes-malades.*

▷ Mot de la famille de GARDER et de MALADE.

garde-manger **n. m. inv.** ✦ Petite armoire dont le fond est en grillage et donne sur l'extérieur, dans laquelle on conserve les aliments au frais. – Au pl. *Des garde-manger.*

▷ Mot de la famille de GARDER et de MANGER.

garde-meuble **n. m.** ✦ Lieu où l'on entrepose des meubles pour un temps limité. *Ils ont mis leur grand canapé au garde-meuble.* – Au pl. *Des garde-meubles.*

▷ Mot de la famille de GARDER et de MEUBLE.

militaires au **garde-à-vous**

garder **v.** (conjug. 1) 1. Prendre soin d'une personne ou d'un animal. *Une baby-sitter garde les enfants ce soir.* 2. Empêcher quelqu'un de sortir ou de s'en aller. *Le geôlier garde les* *prisonniers.* **3.** Rester dans un endroit pour le surveiller ou le défendre. *Le chien garde la ferme.* **4.** Conserver en bon état. *On ne peut pas garder longtemps la salade quand elle est assaisonnée.* **5.** Conserver pour soi. *Tu peux garder ce livre, je te le donne.* **6.** Conserver sur soi. *Gardez votre manteau, nous repartons tout de suite.* ❑ contr. **enlever, ôter, retirer.** **7.** Ne pas quitter un lieu. *Le malade doit garder la chambre.* **8.** Ne pas dire quelque chose. *Surtout, garde le secret !* ❑ contr. **divulguer.** **9.** Continuer à avoir. *Il garde un bon souvenir de ce voyage.* **10.** Mettre de côté, réserver. *Si tu arrives le premier, garde-moi une place.* **11.** *Garder le silence,* se taire. *Tout le monde a gardé le silence.* **12.** *Garder ses distances,* ne pas être trop familier. *Il garde ses distances avec ses supérieurs.*

➤ se **garder** v. **1.** *Se garder de faire quelque chose,* c'est éviter de le faire. → s'**abstenir.** *Julie s'est bien gardée de raconter la bêtise qu'elle avait faite.* **2.** Rester en bon état. *Ce gâteau ne se garde pas, il faut le finir.*

▷ Autres mots de la famille : ARRIÈRE-GARDE, AVANT-GARDE, ① et ② GARDE, GARDE-À-VOUS, GARDE-BARRIÈRE, GARDE-BOUE, GARDE-CHASSE, GARDE-FOU, GARDE-MALADE, GARDE-MANGER, GARDE-MEUBLE, GARDERIE, GARDE-ROBE, GARDIEN, HALTE-GARDERIE, PAR MÉGARDE, SAUVEGARDE, SAUVEGARDER.

garderie n. f. ✦ Endroit où l'on garde les petits enfants ou les jeunes élèves pendant les heures où il n'y a pas de cours. *Le matin, elle dépose son fils à la garderie.* → **crèche.**

▷ Mot de la famille de GARDER et de ROBE.

garde-robe n. f. ✦ Ensemble des vêtements d'une personne. *Quand elle part en vacances, Julie veut emporter toute sa garde-robe.* — Au pl. *Des garde-robes.*

▷ Mot de la famille de GARDER et de ROBE.

gardien n. m., **gardienne** n. f. **1.** Personne qui garde une autre personne, un animal ou un endroit. *Le gardien de l'immeuble distribue le courrier.* → **concierge.** **2.** *Le gardien de but,* c'est le joueur qui défend le but au football ou au hockey. → **goal.**

▷ Mot de la famille de GARDER.

gardon n. m. ✦ Poisson qui vit dans les rivières et dans les étangs. — *Être frais comme un gardon,* en pleine forme.

① **gare** n. f. **1.** Ensemble des bâtiments et des installations où s'arrêtent et d'où partent les trains. *Le train entre en gare à 11 h 40. Elle l'attend sur le quai de la gare.* **2.** *Une gare routière,* l'endroit où arrivent et d'où partent les cars.

▷ Mot de la famille de GARER.

② **gare !** interj. ✦ Attention ! *Gare à toi si tu désobéis !* — *Sans crier gare,* à l'improviste. *Elle est arrivée sans crier gare.*

▷ Mot de la famille de GARER.

garenne n. f. ✦ Bois où des lapins vivent en liberté. *Un lapin de garenne.*

garer v. (conjug. 1) ✦ *Garer une voiture,* la ranger dans un endroit spécialement aménagé.

gare (*La Gare Saint-Lazare,* Monet, 1877)

Il n'a pas trouvé de place pour garer sa voiture. — Familier. **se garer,** ranger sa voiture. *Elle s'est garée en double file.* → **stationner.**

▷ Autres mots de la famille : AÉROGARE, GARAGE, GARAGISTE, ① et ② GARE.

se gargariser v. (conjug. 1) ✦ Se rincer le fond de la bouche et la gorge avec un liquide spécial. *Léa s'est gargarisée avant de se coucher.*

➤ **gargarisme** n. m. 1. Action de se gargariser. *Louise s'est fait un gargarisme parce qu'elle avait mal à la gorge.* 2. Médicament avec lequel on se gargarise.

gargouille

gargouille n. f. ✦ Gouttière en pierre souvent sculptée en forme d'animal, de démon ou de monstre. *Les gargouilles de la cathédrale Notre-Dame de Paris.*

➤ **gargouiller** v. (conjug. 1) 1. Faire un bruit d'eau qui coule. *L'eau gargouille en sortant de la fontaine.* 2. Faire un bruit qui ressemble à celui d'un liquide dans un tuyau. *Mon ventre gargouille quand j'ai faim.*

➤ **gargouillement** n. m. 1. Bruit d'eau qui coule. *Le gargouillement de la fontaine.* 2. Bruit produit par le passage d'air dans l'estomac ou l'intestin. → **gargouillis.** *Mon ventre fait des gargouillements.*

➤ **gargouillis** [gaRguji] n. m. ✦ Familier. Gargouillement. *Alex a faim, son estomac fait des gargouillis.*

garnement n. m. ✦ Enfant insupportable qui fait des sottises. → **chenapan, galopin.**

garnir v. (conjug. 2) 1. Munir de quelque chose qui protège ou qui renforce. *Les murs de la salle de bains sont garnis de carreaux de faïence.* 2. Remplir. *Les étagères sont garnies de livres.* 3. Munir de quelque chose qui s'ajoute. *Le poulet est garni de haricots verts,* il est accompagné de haricots verts.

➤ **garniture** n. f. 1. Chose qui renforce ou qui orne. *Une garniture de cheminée.* 2. Légumes qui accompagnent un plat de viande ou de poisson. *Elle a servi du fenouil en garniture.*

▷ Autre mot de la famille : DÉGARNIR.

garnison n. f. ✦ Groupe de soldats installé dans une caserne, dans une ville. → aussi **cantonnement, régiment.** *Metz est une ville de garnison,* où se trouve une garnison.

garrigue n. f. ✦ Terrain aride et sec des régions méditerranéennes où poussent des broussailles, du thym, de la lavande et des chênes verts. → aussi **maquis.**

① **garrot** n. m. ✦ Partie du corps qui est juste au-dessus de l'épaule, chez le cheval et les autres grands animaux à quatre pattes. *La taille d'un cheval ou d'un chien se mesure du sol au garrot.*

② **garrot** n. m. ✦ Lien servant à serrer très fort un membre pour empêcher une veine ou une artère de saigner.

➤ **garrotter** v. (conjug. 1) ✦ Attacher, ficeler très solidement. *Les cambrioleurs ont garrotté et bâillonné le veilleur de nuit.* → **ligoter.**

● Ce mot s'écrit avec deux *r* et deux *t.*

gars [ga] n. m. ✦ Familier. Garçon, homme. → **type.** *C'est un gentil petit gars. Eh, les gars ! attendez-nous !*

▷ Autres mots de la famille : GARÇON, GARÇONNET.

gas-oil → **gazole**

gaspiller v. (conjug. 1) ✦ Dépenser ou utiliser n'importe comment, sans faire attention. *Julie gaspille son argent de poche.* ❑ contr. **économiser.**

➤ **gaspillage** n. m. ✦ Le fait de dépenser sans faire attention. *Laisser la lumière allumée quand on n'est pas là, c'est du gaspillage.* → **gâchis.** ❑ contr. **économie.**

gastéropode n. m. ✦ Animal au corps mou, qui rampe sur un large pied. *Les escargots, les limaces sont des gastéropodes.* → aussi **mollusque.**

gastrique adj. ✦ De l'estomac. *Des douleurs gastriques.*

gastronome **n. m.** et **f.** ✦ Personne qui aime manger de bonnes choses et sait reconnaître ce qui est bon. → **gourmet.** *Le père d'Alex est un fin gastronome.*

➤ **gastronomie** **n. f.** ✦ Art de la bonne cuisine.

➤ **gastronomique** **adj.** ✦ Qui a rapport à la bonne cuisine. *Un repas gastronomique,* c'est un très bon repas, avec des plats raffinés et abondants et de bons vins. *Un restaurant gastronomique,* où l'on mange très bien.

gâteau **n. m.** ✦ Pâtisserie faite généralement avec de la farine, des œufs, du beurre et du sucre. *Un gâteau au chocolat. Un gâteau d'anniversaire. Un paquet de gâteaux secs.* → **biscuit.**

① **gâter** **v.** (conjug. 1) ✦ *Gâter un enfant,* c'est lui donner tout ce qu'il désire et le laisser faire tout ce qu'il veut. *Les parents de Julie l'ont trop gâtée. Quel beau cadeau ! vous me gâtez,* vous me donnez trop. → **combler.**

➤ ① **gâté, gâtée** **adj.** ✦ *Un enfant gâté,* à qui on passe tous ses caprices.

➤ **gâterie** **n. f.** ✦ Petit cadeau, friandise.

② **gâter** **v.** (conjug. 1) **1.** Gâcher. *Elle est intelligente et jolie, ce qui ne gâte rien.* **2. se gâter,** devenir mauvais. *Le temps se gâte, il va pleuvoir.*

➤ ② **gâté, gâtée** **adj.** ✦ Abîmé. *Une dent gâtée,* cariée.

➤ **gâteux, gâteuse** **adj.** ✦ *Une personne gâteuse,* dont la mémoire et l'intelligence sont diminuées par l'âge. *Cette vieille femme est un peu gâteuse.*

▷ Autre mot de la famille : DÉGÂT.

① **gauche** **adj.** et **n. f.**

■ **adj. 1.** Du côté du cœur. ❏ contr. ② **droit.** *Paul s'est cassé la jambe gauche. — Le côté gauche d'une chose,* le côté de la main gauche. *Le côté gauche d'un bateau s'appelle bâbord.* **2.** Maladroit et embarrassé. *Un garçon timide et gauche.* ❏ contr. **adroit, habile.**

■ **n. f.** Le côté gauche. *Louise s'est assise à la gauche d'Alex.* ❏ contr. ② **droite.** *Tournez à gauche au prochain croisement,* du côté gauche.

➤ **gaucher, gauchère** **adj.** ✦ Qui se sert de la main gauche pour écrire, manger, etc. *Léa est gauchère.* ❏ contr. **droitier.**

➤ **gaucherie** **n. f.** ✦ Maladresse. *Des gestes pleins de gaucherie.* ❏ contr. ① **adresse, dextérité, habileté.**

② **gauche** **n. f.** ✦ Ensemble des personnes qui ont des idées avancées et veulent le progrès en politique et dans la société. ❏ contr. ② **droite.** *Un homme de gauche.*

gaufre **n. f.** ✦ Pâtisserie faite avec une pâte légère, cuite dans un moule formé de deux plaques dessinant de petits carrés en relief sur la pâte. *Théo mange des gaufres au sucre.*

➤ **gaufré, gaufrée** **adj.** ✦ *Tissu, papier gaufré,* à motifs imprimés en relief ou en creux.

➤ **gaufrette** **n. f.** ✦ Petit gâteau sec rectangulaire, quadrillé comme une gaufre et formé de très fines feuilles de pâte superposées.

➤ **gaufrier** **n. m.** ✦ Moule à gaufres.

gaule **n. f. 1.** Bâton long et mince. *On fait tomber les noix de l'arbre avec une gaule.* **2.** Canne à pêche. ❍ homonyme : goal.

➤ **gauler** **v.** (conjug. 1) ✦ Frapper les branches des arbres pour en faire tomber les fruits. *On gaule les noix à l'automne.*

gave **n. m.** ✦ Torrent, dans les Pyrénées. *Le gave de Pau.*

gaver **v.** (conjug. 1) **1.** *Gaver une oie, un canard,* les faire manger de force et beaucoup pour les engraisser. *On gave les oies et les canards pour faire du foie gras.* 2. *Se gaver de quelque chose,* c'est en manger trop. *Louise s'est gavée de chocolats et maintenant elle a mal au cœur.* → se **goinfrer.**

gavial **n. m.** (pl. **gavials**) ✦ Grand crocodile, au museau étroit et très allongé, qui vit dans les fleuves de l'Inde. *Les gavials se nourrissent surtout d'animaux morts en train de pourrir.*
● Ce mot est d'origine indienne.

gavial

gaz **n. m.** 1. Substance qui n'est ni liquide, ni solide. *L'air que nous respirons est un mélange de plusieurs gaz.* 2. *Le gaz,* c'est un gaz particulier qui peut brûler et que l'on utilise pour le chauffage et la cuisson des aliments. *Une chaudière à gaz.* 3. *Mettre les gaz,* c'est accélérer. *Le pilote de l'avion a mis les gaz,* il a fait accélérer l'avion. ❍ homonyme : gaze.
➤ **gazer** **v.** (conjug. 1) ✦ Tuer par asphyxie avec un gaz toxique. *De nombreux Juifs ont été gazés dans les camps nazis.*
▷ Autres mots de la famille : DÉGAZER, GAZEUX, GAZODUC.

gaze **n. f.** ✦ Tissu très léger que l'on utilise pour faire des pansements. *Une compresse de gaze.* ❍ homonyme : gaz.

gazelle **n. f.** ✦ Animal de la famille de l'antilope, aux cornes arquées et aux longues pattes très fines, qui vit en troupeaux dans les déserts d'Afrique et d'Asie. *Les gazelles ont un pelage jaune et de grands yeux doux.*

gazeux, gazeuse **adj.** 1. Qui est de la nature du gaz. *La vapeur d'eau, c'est de l'eau à l'état gazeux,* de l'eau transformée en gaz. 2. Qui contient du gaz. *Une boisson gazeuse est pétillante.*
▷ Mot de la famille de GAZ.

gazoduc **n. m.** ✦ Très gros tuyau qui transporte le gaz d'un endroit à un autre sur une longue distance.
▷ Mot de la famille de GAZ.

gazole **n. m.** ✦ Carburant utilisé dans les moteurs Diesel. *Le gazole est moins cher que l'essence.*
● Ce mot est la forme française de l'anglais *gas-oil,* formé de *gas* « gaz, essence » et *oil* « huile ».

gazon **n. m.** ✦ Herbe courte, fine et serrée que l'on a semée. → **pelouse.** *Une tondeuse à gazon.*

gazouiller **v.** (conjug. 1) 1. *Les oiseaux gazouillent,* ils font un bruit doux et léger. → **chanter, pépier.** 2. *Le bébé gazouille,* il fait entendre des sons qui ne sont pas encore des mots. → **jaser.**
➤ **gazouillis** [gazuji] **n. m.** ✦ Bruit léger fait par un oiseau ou un bébé.

geai [ʒɛ] **n. m.** ✦ Oiseau de la taille d'un pigeon, au plumage beige, bleu et noir. ➸ planche Oiseaux p. 711. ❍ homonymes : jais, jet.

géant **n. m.** et **adj.**, **géante** **n. f.** et **adj.**
■ **n.** Personne de très grande taille. ❏ contr. **nain.** *Les géants des contes de fées.* — *Marcher à pas de géant,* en faisant de très grands pas.
■ **adj.** Très grand. → **énorme, gigantesque.** *Un écran géant. Une sucette géante.* ❏ contr. **minuscule.**

geindre **v.** (conjug. 52) ✦ Faire entendre des cris faibles et longs. *Le malade a geint toute la nuit.* → **gémir,** se **plaindre.** *Arrête de geindre !* de te lamenter.
➤ **geignard, geignarde** **adj.** ✦ Qui geint et se plaint sans cesse. *Une petite fille geignarde. Un ton geignard.* → **pleurnichard.**

① **gel** **n. m.** ✦ Passage de l'eau à l'état solide. *Le gel a abîmé la route.* → aussi ② **gelée,** ② **glace.** ❏ contr. **dégel.**
▷ Autres mots de la famille : ANTIGEL, CONGÉLATEUR, CONGELER, DÉCONGELER, DÉGEL, DÉGELER, ENGELURE, GELÉ, ② GELÉE, GELER, SURGELÉ, SURGELER.

② **gel** **n. m.** ✦ Crème translucide à base d'eau et d'huile. *Alex met du gel sur ses cheveux pour les faire tenir.*
➤ **gélatine** **n. f.** ✦ Matière molle et transparente, un peu élastique, obtenue en faisant bouillir des os ou des algues. *On utilise la gélatine pour fabriquer de la colle, des médicaments et aussi en photographie.*
➤ **gélatineux, gélatineuse** **adj.** ✦ Qui ressemble à de la gélatine. *Paul a trouvé sur la plage une méduse toute gélatineuse.*

➤ ① **gelée** n. f. 1. Sauce de viande devenue solide en refroidissant et qui ressemble à de la gélatine. *Nous avons mangé du bœuf en gelée,* entouré de gelée. 2. Confiture faite avec du jus de fruit cuit au sucre. *De la gelée de groseille.*
▷ Autre mot de la famille : GÉLULE.

② **gelée** n. f. ✦ Très grand froid qui provoque le passage de l'eau à l'état solide. *La météo prévoit des gelées matinales.*
▷ Mot de la famille de ① GEL.

geler v. (conjug. 5) 1. Se transformer en glace. *L'eau gèle à 0°.* ❑ contr. **dégeler, fondre.** *Cet hiver, le lac a gelé.* 2. *Cette nuit, il gèlera,* la température descendra en dessous de 0°. 3. Familier. Avoir très froid. *Ferme la fenêtre, on gèle ici !* → **grelotter.**
➤ **gelé, gelée** adj. 1. Transformé en glace. *Un lac gelé.* 2. Très abîmé par le froid. *L'alpiniste avait les doigts gelés.* 3. Qui a très froid. *Louise n'était pas assez couverte, elle était gelée.* → **transi** ; fam. **frigorifié.** *J'ai les pieds gelés.* → **glacé.**
▷ Mots de la famille de ① GEL.

gélinotte n. f. ✦ Oiseau de la famille de la poule, au dos un peu roux et au ventre blanc taché de brun.

gélinotte

gélule n. f. ✦ Petite capsule en gélatine qui contient un médicament en poudre, que l'on doit avaler.
▷ Mot de la famille de ② GEL.

gémir v. (conjug. 2) ✦ Pousser de petits cris pour se plaindre parce que l'on a mal. → **geindre.** *Le malade gémissait dans son sommeil.*
➤ **gémissement** n. m. ✦ Cri faible et plaintif. *Un gémissement de douleur.*

gemme n. f. ✦ Pierre précieuse. *Les diamants, les émeraudes, les rubis sont des gemmes.*

gênant, gênante adj. 1. Qui dérange, empêche que quelque chose se fasse normalement. ❑ contr. ② **commode,** ② **pratique.** *Les talons très hauts sont gênants pour courir. Cette musique est très gênante, je ne peux pas travailler.* 2. Qui met mal à l'aise. → **embarrassant.** *Il lui a posé une question gênante.*
▷ Mot de la famille de GÊNE.

gencive n. f. ✦ Chair qui recouvre la base des dents. *Le dentiste lui a fait une piqûre dans la gencive.*

gendarme n. m. et f. ✦ Militaire chargé de faire respecter la loi et de protéger les gens. *Des gendarmes surveillent la circulation au carrefour.*
➤ se **gendarmer** v. (conjug. 1) ✦ Parler fort et d'un ton menaçant. *Elle s'est gendarmée pour se faire obéir par ses élèves.* → se **fâcher.**
➤ **gendarmerie** n. f. 1. *La gendarmerie nationale,* c'est l'ensemble des gendarmes. 2. Bâtiment dans lequel se trouvent les bureaux et les logements des gendarmes. *Il va porter plainte à la gendarmerie.*
▷ Mots de la famille de GENS et de ARME.

gendre n. m. ✦ Mari de la fille. *Voici notre gendre.* → **beau-fils.**

gène n. m. ✦ Partie du noyau de la cellule qui porte et transmet les caractères héréditaires. → aussi **génétique.** ❍ homonyme : gêne.

gêne n. f. 1. Difficulté que l'on ressent pour faire quelque chose. *En haute montagne, il a de la gêne à respirer,* il a du mal à respirer. 2. Situation désagréable, embarrassante. *Je veux bien rester dîner, mais j'espère que cela ne vous cause aucune gêne.* → **dérangement, ennui.** *Vivre dans la gêne,* c'est manquer d'argent. 3. Impression désagréable que l'on éprouve devant quelqu'un quand on est mal à l'aise. → **embarras,** ② **trouble.** *Il y a eu un moment de gêne au début de la soirée.* ❍ homonyme : gène.
▷ Autres mots de la famille : GÊNANT, GÊNER, GÊNEUR, SANS-GÊNE.

généalogie n. f. ✦ Ensemble des personnes dont on descend. → **ascendance.**
➤ **généalogique** adj. ✦ *L'arbre généalogique de quelqu'un,* c'est un tableau en forme d'arbre qui représente tous ses ancêtres et ses descendants.

gêner v. (conjug. 1) 1. Empêcher que quelque chose se fasse normalement. *Les travaux gê-*

nent la circulation. 2. Être désagréable. → **déranger.** *La fumée vous gêne-t-elle ?* 3. Mettre mal à l'aise. → **embarrasser.** *Cela me gêne de vous imposer ma présence.* — **se gêner,** s'imposer des contraintes, se sentir mal à l'aise. *Ne vous gênez pas, faites comme chez vous.*
▷ Mot de la famille de GÊNE.

général

① **général** n. m. (pl. **généraux**) ✦ Officier qui a le grade le plus élevé dans l'armée de terre et dans l'armée de l'air.

② **général, générale** adj. 1. Qui s'applique à un ensemble de personnes, de choses. ❑ contr. **individuel, particulier.** *La directrice a fait des observations générales sur la discipline. Le député a exposé les principes généraux de son projet.* — *En règle générale,* dans la majorité des cas. 2. Qui concerne tout le monde, une chose tout entière. *Sa proposition a provoqué l'enthousiasme général. Du haut des remparts, on a une vue générale de la région,* une vue qui montre la région tout entière. ❑ contr. **partiel.** 3. *En général,* le plus souvent, d'habitude. *Il se lève plus tôt, en général.* → **généralement.**

➤ **généralement** adv. ✦ Dans la plupart des cas. → en **général, habituellement.** *Généralement, ils passent Noël en famille.* ❑ contr. **exceptionnellement, jamais, rarement.**

➤ **généraliser** v. (conjug. 1) 1. Appliquer quelque chose à tout le monde. *On a généralisé le stationnement payant dans les grandes villes.* 2. Dire qu'une chose s'applique à tout le monde alors qu'elle ne s'applique qu'à un certain nombre. *Il ne faut pas généraliser.*

➤ **se généraliser** v. 1. Se répandre, devenir général. *L'usage de l'ordinateur s'est généralisé.* 2. S'étendre. *L'infection s'est généralisée,* elle a atteint tout le corps du malade. ❑ contr. se **localiser.**

➤ **généraliste** n. m. et f. ✦ Médecin qui s'occupe de soigner l'ensemble du corps. ❑ contr. **spécialiste.** *Elle a consulté un généraliste.*

➤ **généralités** n. f. pl. ✦ Choses que l'on dit ou que l'on écrit, qui ne sont pas précises et n'expliquent pas en détail. *Il a commencé son exposé par des généralités.*

générateur n. m., **génératrice** n. f. ✦ Machine qui produit de l'électricité. *La dynamo qui produit la lumière sur un vélo est une génératrice.* — **Adj.** *La pile est génératrice d'électricité,* elle produit de l'électricité.

génération n. f. ✦ Groupe de personnes qui ont à peu près le même âge. *Les enfants, les parents et les grands-parents appartiennent à trois générations différentes.*

généreux, généreuse adj. ✦ Qui donne beaucoup. ❑ contr. **avare, égoïste, mesquin, radin.** *C'est une femme généreuse.*

➤ **généreusement** adv. ✦ De façon généreuse. *Elle l'a servi généreusement de gâteau,* elle lui en a donné beaucoup.

➤ **générosité** n. f. ✦ Qualité d'une personne qui donne beaucoup, qui donne plus que ce que l'on donne d'habitude. ❑ contr. **avarice, mesquinerie.** *Nous vous remercions de votre générosité.*

① **générique** n. m. ✦ Liste des noms des acteurs, du metteur en scène, du producteur, des techniciens, de toutes les personnes qui ont collaboré à un film, à une émission de télévision.

② **générique** adj. 1. *Un terme générique,* un terme qui désigne un genre, une catégorie d'objets. *« Véhicule » est un terme générique qui désigne les voitures, les camions, les autobus, les deux-roues.* 2. *Un médicament générique,* moins cher qu'un médicament de marque.

genèse n. f. ✦ Manière dont une chose s'est mise à exister. *Dans la Bible, la Genèse est l'histoire de la création du monde. — L'écrivain raconte au journaliste la genèse de son roman.* → **élaboration.**

genêt n. m. ✦ Petit arbuste sauvage dont les fleurs jaunes sentent très bon. *Le genêt ressemble à l'ajonc, mais n'a pas d'épines.*

génétique adj. et n. f.
■ adj. Qui concerne l'hérédité. → **héréditaire.** *Les lois génétiques. Une maladie génétique,* due à une anomalie d'un ou plusieurs gènes.
■ n. f. Science qui étudie les lois de l'hérédité.

gêneur n. m., **gêneuse** n. f. ✦ Personne qui empêche de faire ce que l'on veut faire, qui gêne. → **importun.** *Qui me débarrassera de ce gêneur ?*
▷ Mot de la famille de GÊNE.

① **génie** n. m. 1. Être imaginaire qui a des pouvoirs magiques. *Le bon génie d'un conte de fées.* 2. Ensemble des dons exceptionnels de l'esprit qui permettent de créer et d'inventer des choses que les autres n'auraient pas pu trouver. *Mozart avait du génie. Un inventeur de génie. Une idée de génie.* → **génial.** 3. Personne qui a du génie. *Ce mathématicien est un génie.*
➤ **génial, géniale** adj. 1. Qui a du génie, est inspiré par le génie. *Un écrivain génial. Une invention géniale.* — Au masc. pl. *géniaux.* 2. Familier. Formidable, extraordinaire. *Un film génial.* → **extra,** ② **super.**
▷ Autres mots de la famille : S'INGÉNIER, INGÉNIEUX, INGÉNIOSITÉ.

② **génie** n. m. ✦ Ensemble des services chargés de construire les routes, les ponts, les barrages, etc.
▷ Autre mot de la famille : INGÉNIEUR.

genièvre n. m. ✦ Petite baie violette ou noire très parfumée. *On met du genièvre dans la choucroute.*

génisse n. f. ✦ Jeune vache qui n'a pas encore eu de veau.

génital, génitale adj. ✦ Qui concerne la reproduction, chez les hommes et les animaux. *L'appareil génital,* les organes sexuels. *Les organes génitaux du mâle sont différents de ceux de la femelle.* → **sexuel.**

génocide n. m. ✦ Massacre systématique de tous les hommes de même origine, d'une même religion ou d'un même pays. *L'extermination des Juifs par les nazis, pendant la Seconde Guerre mondiale, fut un génocide.*

genou n. m. (pl. **genoux**) ✦ Endroit où s'articule la cuisse sur la jambe. *Léa avait de l'eau jusqu'aux genoux. Louise s'est assise sur les genoux de son père. Se mettre à genoux,* poser ses genoux à terre.
➤ **genouillère** n. f. ✦ Accessoire qui sert à protéger le genou. *Théo met des genouillères quand il fait du roller.*
▷ Autre mot de la famille : S'AGENOUILLER.

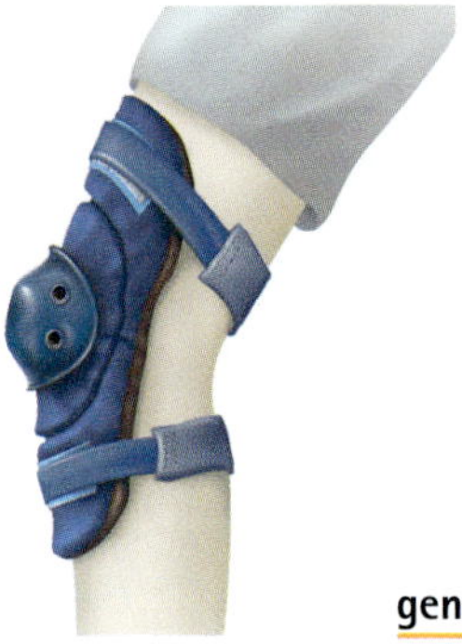

genouillère

genre n. m. 1. Groupe de personnes ou de choses ayant des caractères communs. → **espèce.** *Le genre humain,* l'ensemble des êtres humains. *J'aime bien ce genre de chaussures.* → **sorte, type.** 2. Façon de s'habiller, de se comporter. *Cette fille a mauvais genre. Ce n'est pas mon genre de faire cela,* ce n'est pas dans mes manières, mes habitudes. 3. Catégorie grammaticale suivant laquelle un nom est masculin ou féminin. *« Chat » est un mot du genre masculin, « prune » un mot du genre féminin.* → aussi **nombre.**

gens n. m. pl. 1. Personnes, hommes, femmes ou enfants, dont on ne précise pas le nombre. *J'ai rencontré des gens dans la rue. En août, beaucoup de gens sont en vacances.* — Quand l'adjectif précède *gens,* il se met au féminin. On dit *des gens vieux* mais *de vieilles gens.* 2. *Des jeunes gens,* ce sont de jeunes garçons et des jeunes filles. *Un groupe de jeunes gens discute devant le cinéma. — Dans cette école, il y a des jeunes filles et des jeunes gens.* — Dans ce sens, *jeunes gens* est le pluriel de *jeune homme.*
▷ Autres mots de la famille : GENDARME, SE GENDARMER, GENDARMERIE.

gentiane [ʒɑ̃sjan] **n. f.** ✦ Plante à fleurs bleues, violettes ou jaunes qui pousse dans la montagne.

gentiane

gentil, gentille adj. 1. Aimable, serviable. *Louise est très gentille avec son petit frère.* ❑ contr. **méchant.** *Un chien gentil.* → **doux.** *Le maire a eu un mot gentil pour tous ses adjoints,* un mot qui fait plaisir. → **agréable.** 2. Sage et tranquille. *Les enfants sont restés bien gentils toute la journée.* ❑ contr. **désagréable, insupportable.** 3. Joli, mignon. *C'est gentil chez vous.* → **charmant.**

➤ **gentillesse n. f.** 1. Qualité d'une personne gentille. *Sa mère est d'une grande gentillesse. Pourriez-vous avoir la gentillesse de m'aider ?* → **amabilité.** ❑ contr. **dureté, méchanceté.** 2. Parole ou action gentille, aimable. *Elle nous a dit des gentillesses.*

➤ **gentiment adv.** ✦ Avec gentillesse. → **aimablement.** *Il nous a aidés très gentiment.* ❑ contr. **méchamment.**

gentilhomme [ʒɑ̃tijɔm] **n. m.** ✦ Autrefois, homme noble. *Ce gentilhomme a été présenté au roi.* — Au pl. *Des gentilshommes* [ʒɑ̃tizɔm].

▷ Mot de la famille de HOMME.

gentleman [dʒɑ̃tləman] **n. m.** ✦ Homme très bien élevé. *Il s'est conduit en parfait gentleman.* — Au pl. *Des gentlemen* [dʒɑ̃tləmɛn] ou *des gentlemans.*

● Ce mot vient de l'anglais.

géographie n. f. ✦ Science qui décrit la surface de la Terre, son relief, son climat, sa végétation, son économie, sa population. *Un livre de géographie. Des cartes de géographie.* → aussi **atlas.**

➤ **géographe n. m.** et **f.** ✦ Spécialiste de géographie.

➤ **géographique adj.** ✦ Qui concerne la géographie. *Une carte géographique.*

geôle [ʒol] **n. f.** ✦ Prison, cachot.

● Ce mot est littéraire.

➤ **geôlier** [ʒolje] **n. m., geôlière** [ʒoljɛʀ] **n. f.** ✦ Gardien, gardienne de prison. *Le prisonnier a réussi à échapper à ses geôliers.*

géologie n. f. ✦ Science qui étudie le sol et le sous-sol de la Terre, la manière dont ils se sont formés et se transforment encore.

➤ **géologique adj.** ✦ Qui concerne la géologie. *Il y a quatre grandes périodes géologiques.*

➤ **géologue n. m.** et **f.** ✦ Spécialiste de la géologie. *Des géologues étudient le sous-sol de la région.*

géomètre n. m. et **f.** ✦ Personne dont le métier est de mesurer des terrains, de faire des plans.

géométrie n. f. ✦ Partie des mathématiques qui étudie les lignes, les surfaces, les volumes. ➻ planche p. 458. *Alex a un problème de géométrie.*

➤ **géométrique adj.** ✦ *Une figure géométrique,* aux formes simples et régulières. *Le carré, le cercle, le trapèze sont des figures géométriques.*

gérance n. f. ✦ Le fait de diriger, d'administrer à la place du propriétaire. → aussi **gérant.** *Ce magasin est en gérance.*

▷ Mot de la famille de GÉRER.

géranium [ʒeʀanjɔm] **n. m.** ✦ Plante à fleurs rouges, blanches ou roses. ➻ planche Fleurs p. 421. *Il y a des pots de géraniums sur le balcon.*

gérant n. m., gérante n. f. ✦ Personne qui s'occupe d'un magasin ou d'un immeuble à la place du propriétaire. → aussi **gérance, gestion.**

▷ Mot de la famille de GÉRER.

LIGNES

droite

courbe

parallèles

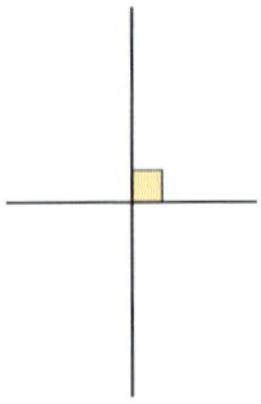

perpendiculaires

ANGLES

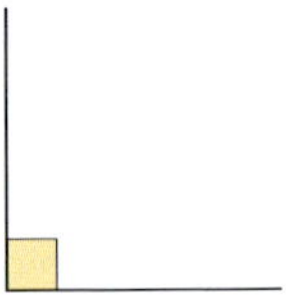

droit

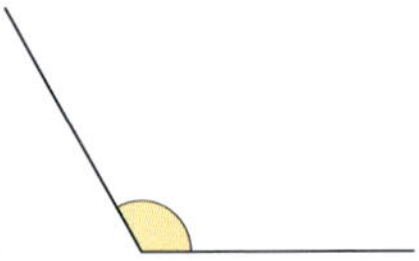

obtus

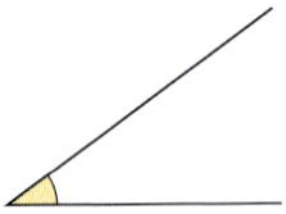

aigu

plat

FIGURES

carré

rectangle

cercle

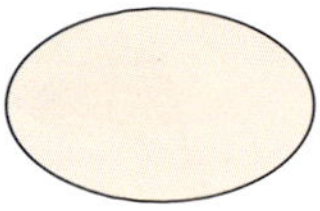

ellipse

parallélogramme

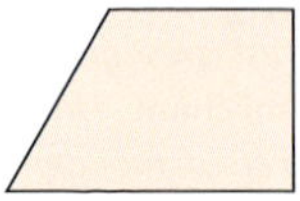

trapèze

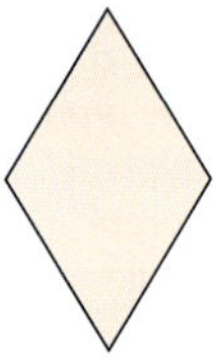

losange

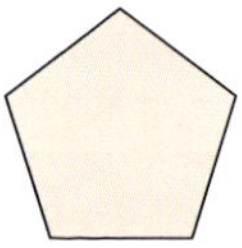

pentagone

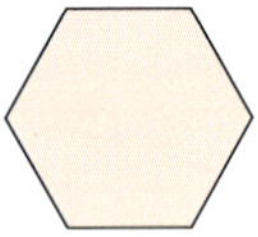

hexagone

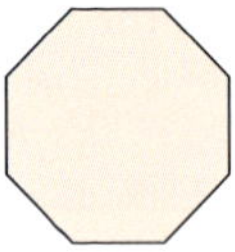

octogone

FIGURES (triangles)

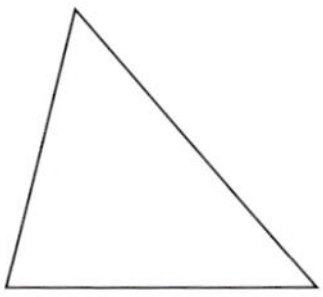

quelconque

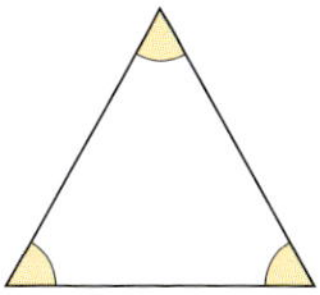

équilatéral

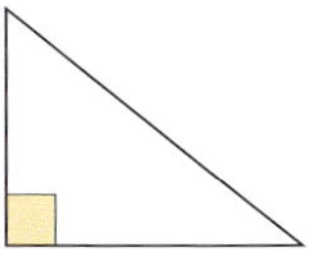

rectangle

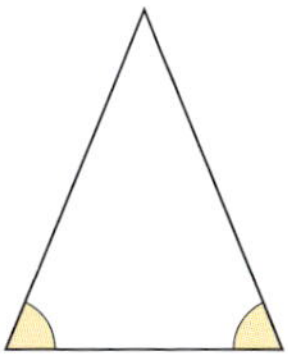

isocèle

LIGNES INTÉRIEURES

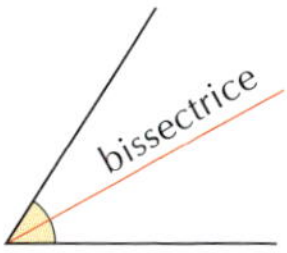

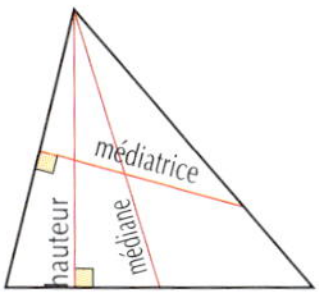

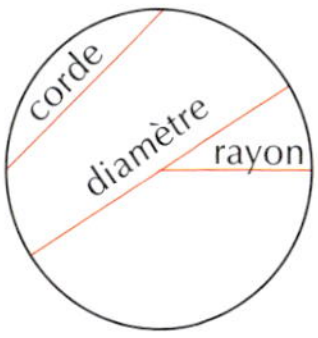

SOLIDES

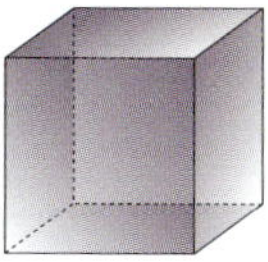

cube

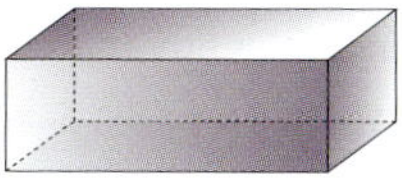

parallélépipède

sphère

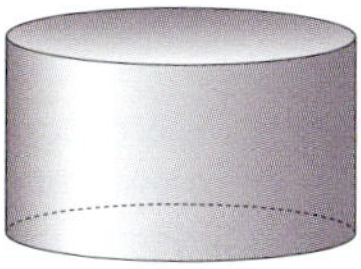

cylindre

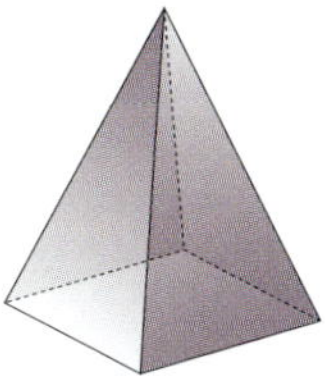

tétraèdre

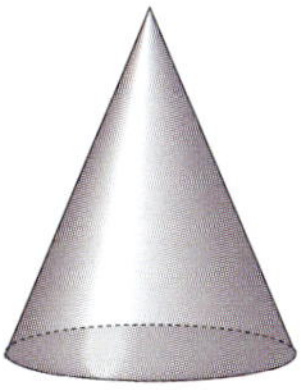

cône

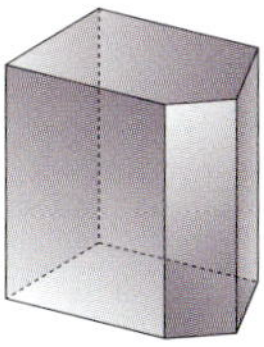

prisme droit

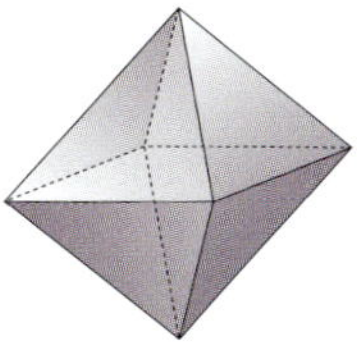

octaèdre

gerbe **n. f.** **1.** *Une gerbe de fleurs,* c'est un gros bouquet de fleurs à longues tiges. *Une gerbe de blé,* c'est une botte de blé. **2.** *Une gerbe d'eau,* de l'eau qui jaillit en forme de gerbe. *La baleine projette des gerbes d'eau.*

gerboise **n. f.** ✦ Petit rongeur d'Asie et d'Afrique, aux pattes arrière très longues. *La gerboise se déplace en sautant.*

gercer **v.** (conjug. 3) ✦ Se fendiller, se couvrir de petites crevasses. *Quand il fait très froid, on a parfois les lèvres qui gercent. — Avoir les lèvres gercées.*

➤ **gerçure** **n. f.** ✦ Petite fente de la peau. *Ses gerçures aux mains lui font mal.*

gérer **v.** (conjug. 6) **1.** S'occuper d'un commerce, d'une entreprise, d'un immeuble. → ① **administrer, diriger** ; et aussi **gestion**. *Ce magasin a été mal géré.* **2.** S'occuper de ses propres affaires. *C'est sa femme qui gère le budget de la famille.*

▷ Autres mots de la famille : GÉRANCE, GÉRANT, INGÉRENCE, S'INGÉRER.

germain, germaine **adj.** ✦ *Des cousins germains,* ce sont des cousins qui ont le même grand-père ou la même grand-mère. *La fille de mon oncle et de ma tante est ma cousine germaine.*

germe **n. m.** **1.** Toute petite partie d'un œuf ou d'une graine qui, en se développant, donne naissance à un être vivant. → aussi **embryon**. **2.** Première pousse qui sort d'une graine. *Une salade de germes de soja.* **3.** Microbe qui provoque une maladie. *L'eau sale contient des germes qui peuvent être dangereux.*

➤ **germer** **v.** (conjug. 1) **1.** Produire un germe. *Les pommes de terre ont germé.* **2.** Se former, se développer. *Cette idée a germé dans ma tête.*

➤ **germination** **n. f.** ✦ Moment où une plante fait sortir son germe. *Les haricots ont besoin de chaleur et d'humidité pendant leur germination.*

gésier **n. m.** ✦ Une des poches de l'estomac des oiseaux où sont broyés les aliments. *Des gésiers d'oie confits.*

gésir **v.** (on emploie seulement *je gis, tu gis, il gît, nous gisons, vous gisez, ils gisent ; je gisais, etc. ; gisant.*) **1.** Être couché, étendu en restant immobile. *Le malade gît sur son lit.* **2.** Être éparpillé. *Les vêtements de Julie gisent au milieu de la chambre.* **3.** *Ci-gît Voltaire,* ici est enterré Voltaire.

● Ce verbe est littéraire.

▷ Autres mots de la famille : GISANT, GISEMENT, ① GÎTE.

gestation **n. f.** ✦ Période pendant laquelle une femelle vivipare porte ses petits. *La durée de la gestation est d'environ 8 semaines chez la chatte.*

① **geste** **n. f.** ✦ *Une chanson de geste,* c'est un grand poème du Moyen Âge qui raconte les exploits d'un héros. *La « Chanson de Roland » est une chanson de geste.*

② **geste** **n. m.** **1.** Mouvement des bras, des mains, de la tête. *Paul a fait un geste de la main pour dire au revoir.* **2.** Action gentille, généreuse. *C'est un beau geste de l'avoir aidé,* une bonne action.

➤ **gesticuler** **v.** (conjug. 1) ✦ Faire beaucoup de gestes. *Théo gesticule en parlant.*

gestion **n. f.** ✦ Le fait de diriger une affaire. → **gérance** et aussi **gérer**. *Il s'occupe de la gestion de l'usine.*

➤ **gestionnaire** **n. m.** et **f.** ✦ Personne chargée de la gestion d'une entreprise, d'une affaire. *C'est une excellente gestionnaire.*

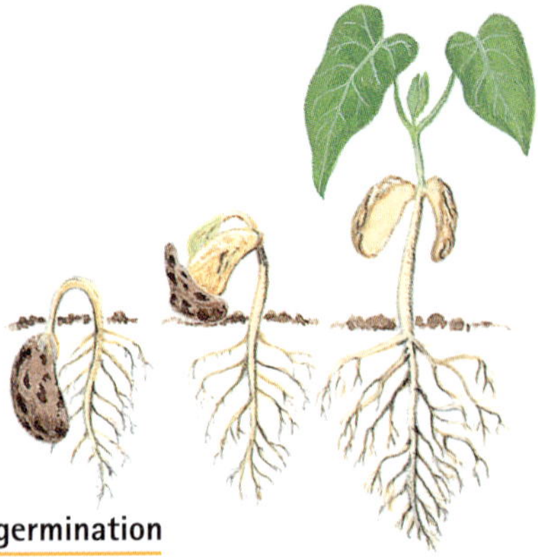

germination

geyser [ʒɛzɛʀ] **n. m.** ✦ Source d'eau chaude qui jaillit par moments. *Il y a de nombreux geysers en Islande.*
● Il y a un *y* après le *e*. Ce mot vient de l'islandais *Geysir,* nom d'une source d'eau chaude d'Islande qui signifie « celui qui jaillit ».

geyser

ghetto [geto] **n. m.** ✦ Quartier où des gens vivent séparés du reste de la population. *Les Juifs du ghetto de Varsovie se révoltèrent contre les nazis en 1943 et furent massacrés.*
● C'était le nom du quartier juif de Venise.

gibbon **n. m.** ✦ Singe d'Asie, sans queue et aux bras très longs.

gibecière [ʒibsjɛʀ] **n. f.** ✦ Sac dans lequel le chasseur met les bêtes qu'il a tuées.

gibet **n. m.** ✦ Assemblage de poutres où l'on pendait les condamnés à mort. → **potence.**

gibier **n. m.** ✦ *Le gibier,* c'est l'ensemble des animaux que l'on chasse pour les manger. *Le gibier se mange faisandé.*

giboulée **n. f.** ✦ Pluie soudaine qui dure peu de temps, quelquefois accompagnée de vent et de grêle. → **averse.** *Les giboulées sont fréquentes en mars.*

giboyeux, giboyeuse **adj.** ✦ *Un endroit giboyeux,* où il y a beaucoup de gibier. *Cette forêt est giboyeuse.*

gicler **v.** (conjug. 1) ✦ Jaillir en éclaboussant. *L'encre a giclé partout.*
➤ **giclée** **n. f.** ✦ Jet. *Alex a envoyé une giclée d'encre sur son cahier.*

gifle **n. f.** ✦ Coup donné du plat de la main sur la joue de quelqu'un. → **claque.** *Elle a donné une paire de gifles à sa fille.*
➤ **gifler** **v.** (conjug. 1) ✦ Donner une gifle. *Julie a giflé Alex.*

gigantesque **adj.** ✦ Très grand. → **énorme, géant.** *Le mammouth était un animal gigantesque.* ❑ contr. **minuscule.**

gigogne **adj.** ✦ *Des tables gigognes,* ce sont des tables de plus en plus petites qui s'emboîtent les unes dans les autres. — *Des poupées gigognes russes.*
● La *mère Gigogne* était au 17e siècle un personnage de théâtre, une femme géante, des jupes de laquelle sortait une foule d'enfants.

gigot **n. m.** ✦ Cuisse de mouton ou d'agneau coupée pour être mangée. *Du gigot d'agneau.*

gigoter **v.** (conjug. 1) ✦ Familier. Agiter ses bras et ses jambes. → **remuer.** *Le bébé gigote dans son berceau.*

gilet **n. m.** **1.** Vêtement court à boutons, sans manches, qui se porte entre la chemise et le veston. **2.** Tricot avec ou sans manches, boutonné devant. *Un gilet de laine.* → **cardigan.** **3.** *Un gilet de sauvetage,* c'est une veste sans manches qui permet de flotter si l'on tombe à l'eau.

gingembre [ʒɛ̃ʒɑ̃bʀ] **n. m.** ✦ Grande herbe originaire d'Asie qui ressemble à un roseau et dont le rhizome séché est utilisé comme épice. *Des biscuits au gingembre.*

girafe **n. f.** ✦ Grand mammifère d'Afrique, au cou très long, dont le pelage roux forme des dessins réguliers. *La girafe est le plus grand des animaux terrestres vivant actuellement.*

giratoire **adj.** ✦ *Un sens giratoire,* un sens obligatoire que doivent suivre les véhicules autour d'un rond-point. *Sur la place, les voitures suivent le sens giratoire.*

girofle **n. m.** ✦ *Un clou de girofle,* c'est le bouton desséché de la fleur d'un arbre exotique, qui a la forme d'un clou. *On utilise les clous de girofle pour parfumer certains plats.*

➤ **giroflée** **n. f.** ✦ Plante à fleurs jaunes ou rousses disposées en grappes.

girolle **n. f.** ✦ Champignon jaune foncé comestible, dont le chapeau est en forme d'entonnoir. ➼ planche Champignons p. 155. *Une omelette aux girolles.*
● Ce mot s'écrit avec deux *l.*

giron **n. m.** ✦ Partie du corps qui va de la taille aux genoux, chez une personne assise. *Le bébé est blotti dans le giron de sa mère.*
● C'est un mot littéraire.

girouette **n. f.** ✦ Plaque mince de métal qui tourne sur elle-même et, placée au sommet d'une tour, d'un clocher, indique la direction du vent.

girouette

gisant **n. m.** ✦ Statue représentant un mort étendu. *On peut voir le gisant de François Ier dans la basilique de Saint-Denis.*
▷ Mot de la famille de GÉSIR.

gisement **n. m.** ✦ Grande quantité de fer, de charbon, d'or, de pétrole, etc., dans le sous-sol. → aussi ③ **mine.** *Un gisement de pétrole.*
▷ Mot de la famille de GÉSIR.

ci-**gît** → **gésir**

gitan **n. m.,** **gitane** **n. f.** ✦ Nomade qui vient d'Espagne. → **bohémien.** *Il y a un camp de Gitans à l'entrée du village.* — **Adj.** *Une danse gitane.*

① **gîte** **n. m.** 1. Endroit où l'on peut se loger, se coucher. *Les voyageurs cherchaient un gîte pour la nuit.* → **abri, refuge.** 2. Endroit où s'abrite un animal. *Le gîte d'un lièvre.* → **tanière, terrier.**
▷ Mot de la famille de GÉSIR.

② **gîte** **n. f.** ✦ *Le bateau donne de la gîte,* il penche.

givre **n. m.** ✦ Couche de glace fine et blanche. *Les vitres étaient recouvertes de givre.*
➤ **givré, givrée** **adj.** ✦ Couvert de givre. *Les arbres du parc sont givrés ce matin.*
▷ Autres mots de la famille : DÉGIVRAGE, DÉGIVRER.

glabre **adj.** ✦ *Un visage glabre,* sans barbe ni moustache. → aussi **imberbe.** ❑ contr. **barbu, poilu.**

① **glace** **n. f.** 1. Plaque de verre traitée spécialement pour refléter les images. *Julie se regarde dans la glace.* → **miroir.** 2. Vitre d'une voiture. *Le chauffeur relève sa glace.*
▷ Autres mots de la famille : ESSUIE-GLACE, LAVE-GLACE.

② **glace** **n. f.** 1. Eau congelée. *Les enfants aiment patiner sur la glace. Les cristaux de glace ont une forme d'étoile. — Rester de glace,* impassible, imperturbable. *Briser, rompre la glace,* faire cesser la gêne, dans une réunion. 2. Crème glacée ou sorbet. *Une glace à la vanille.* → aussi ② **esquimau.**
➤ **glacer** **v.** (conjug. 3) 1. Donner très froid. *Ferme la fenêtre, ce courant d'air me glace.* 2. Faire si peur que l'on reste cloué sur place. *Les hurlements du loup les glacèrent d'horreur.* 3. Intimider, rendre incapable de réagir. *Il a un regard qui glace ses interlocuteurs.* → **pétrifier.**
➤ **glacé, glacée** **adj.** 1. *Une crème glacée,* c'est une glace à base de crème fraîche. 2. *Des marrons glacés,* des marrons confits recouverts d'une fine couche de sucre. 3. Très froid. *Un verre d'eau glacée. Tu as le bout du nez glacé.* → **gelé.** ❑ contr. **bouillant, brûlant.** 4. *Du papier glacé,* brillant et lisse. *Ces photos ont été tirées sur papier glacé.* ❑ contr. **mat.**
➤ **glaciaire** **adj.** 1. Qui est fait de glace. *Les pôles sont recouverts d'une calotte glaciaire.* 2. *La période glaciaire,* c'est la période où les glaciers se sont développés sur la Terre. ❍ homonyme : glacière.
➤ **glacial, glaciale** **adj.** 1. Très froid. *Un vent glacial.* 2. Qui intimide par sa froideur. *Un accueil glacial.* ❑ contr. **chaleureux.** — Au masc. pl. *glacials* ou *glaciaux.*

➤ **glacier** **n. m.** 1. Grand champ de glace en montagne, formé par l'accumulation de couches de neige. → **névé** et aussi **moraine.** *Le glacier d'Aletsch, dans les Alpes suisses, est le plus grand d'Europe.* 2. Fabricant ou marchand de glaces et de sorbets.

➤ **glacière** **n. f.** ✦ Boîte tapissée d'une matière isolante qui garde au froid. *Les campeurs ont mis le beurre dans la glacière.* ❍ homonyme : glaciaire.

➤ **glaçon** **n. m.** ✦ Petit morceau de glace. *Il met des glaçons dans son pastis.*

▷ Autre mot de la famille : BRISE-GLACE.

gladiateur **n. m.** ✦ Homme qui combattait autrefois, chez les Romains, contre une bête féroce ou d'autres hommes, pour distraire les spectateurs. *Les combats de gladiateurs avaient lieu dans l'arène, pendant les jeux du cirque.*

gladiateur

glaïeul **n. m.** ✦ Plante à feuilles longues et pointues et à grandes fleurs rouges, roses ou blanches disposées en épi d'un seul côté de la tige.

● Attention au tréma du *ï*.

glaise **n. f.** ✦ Terre grasse qui, imbibée d'eau, devient comme une pâte que l'on peut travailler pour faire des briques, des tuiles, des poteries. → **argile.** *Le potier modèle un vase dans la glaise.* — **Adj.** *De la terre glaise.*

glaive **n. m.** ✦ Grosse épée courte et large à deux tranchants, utilisée autrefois. *Le glaive d'un soldat romain.*

gland **n. m.** ✦ Fruit du chêne. *Les cochons et les écureuils mangent des glands.*

glande **n. f.** ✦ Organe du corps qui produit un liquide, une sécrétion. *Ce sont des glandes qui produisent la salive, la sueur, les larmes.* → aussi **hormone.**

glaner **v.** (conjug. 1) 1. Ramasser dans un champ les épis qui restent après la moisson. *Les pauvres allaient glaner du blé.* 2. Recueillir en divers endroits des détails, des informations. *L'inspecteur a glané quelques informations sur le suspect en interrogeant ses voisins.*

glapir **v.** (conjug. 2) ✦ Pousser de petits cris brefs et aigus. *Le renard et le lapin glapissent.*

➤ **glapissement** **n. m.** ✦ Cri aigu. *Les glapissements d'un chacal.*

glas [gla] **n. m.** ✦ Tintement lent et grave d'une cloche d'église qui sert à annoncer que quelqu'un est mort. *Les cloches sonnaient le glas.*

glauque **adj.** ✦ D'un vert qui rappelle l'eau de mer. → **verdâtre.** *L'eau du lac est glauque quand il pleut.*

glisser **v.** (conjug. 1) 1. Se déplacer d'un mouvement continu sur une surface lisse en restant en contact avec elle. *Louise a glissé sur une feuille morte. La voiture glisse sur le verglas.* → **déraper.** 2. *Glisser des mains,* tomber des mains. *Le verre lui a glissé des mains.* → **échapper.** 3. Ne pas insister. *C'est un problème sur lequel il vaut mieux glisser,* qu'il ne faut pas approfondir. 4. Faire passer dans un endroit étroit, introduire adroitement ou discrètement. *Le facteur glisse une lettre dans la boîte. Je lui ai glissé un mot à l'oreille.* — **se glisser,** s'introduire, se faufiler. *Léa s'est glissée sous les couvertures.*

➤ **glissade** **n. f.** ✦ Mouvement que l'on fait en glissant. *Le patineur fait des glissades sur la glace.*

➤ **glissant, glissante** **adj.** ✦ Où l'on glisse facilement. *Il a plu, la route est glissante.*

➤ **glisse** **n. f.** ✦ *Les sports de glisse,* ce sont les sports où l'on glisse. *Le ski, le surf, la planche à voile sont des sports de glisse.*

➤ **glissement** **n. m.** ✦ *Un glissement de terrain,* un déplacement du sol le long d'une pente. *La pluie a provoqué un glissement de terrain.*

➤ **glissière** **n. f.** **1.** Rainure ou rail permettant de faire glisser, coulisser un objet. *Le bureau est séparé du salon par une porte à glissière,* une porte qui s'ouvre et se ferme en coulissant le long d'un rail. **2.** *Une glissière de sécurité,* une bordure métallique qui retient les voitures en cas d'accident. *L'autoroute est bordée de glissières de sécurité.*
▷ Autres mots de la famille : AÉROGLISSEUR, HYDROGLISSEUR.

global, globale **adj.** ✦ Qui recouvre un ensemble. → **total.** *Nous avons une vue globale de la situation.* ❑ contr. **partiel.** — Au masc. pl. *globaux.*

globe **n. m.** **1.** Boule creuse en verre, en cristal, entourant une ampoule électrique ou recouvrant un objet pour le protéger. **2.** Boule. → **sphère.** *L'œil est un globe logé dans une orbite.* **3.** *Le globe terrestre* ou *le globe,* la Terre. *Il neige actuellement sur une partie du globe.*
▷ Autres mots de la famille : GLOBULE, GLOBULEUX.

globe

globe-trotter [glɔbtʀɔtœʀ] **n. m.** ✦ Personne qui parcourt le monde entier. *Les reporters sont souvent de vrais globe-trotters.*
● Ce mot vient de l'anglais *globe* « globe terrestre » et de *trotter* « coureur ».

globule **n. m.** ✦ Petite cellule arrondie que l'on trouve dans certains liquides du corps. *Le sang contient des globules rouges et des globules blancs.*
➤ **globuleux, globuleuse** **adj.** ✦ *Des yeux globuleux,* qui ressortent, qui dépassent de l'orbite. *Les grenouilles ont des yeux globuleux.*
▷ Mots de la famille de GLOBE.

gloire **n. f.** ✦ Célébrité et admiration de tous. *Ce film lui a apporté la gloire.* → **renommée.** *Un acteur au sommet de sa gloire,* très célèbre. — *À la gloire de,* en l'honneur de. *Un monument a été élevé à la gloire des soldats morts pour leur patrie.*

glorieux, glorieuse **adj.** ✦ Qui donne de la gloire. *Ces soldats ont eu une mort glorieuse.*

se **glorifier** **v.** (conjug. 7) ✦ *Se glorifier de quelque chose,* c'est en tirer de la gloire. *Alex se glorifie de passer dans la classe supérieure.* → se **vanter.**

gloriole **n. f.** ✦ Vanité que l'on tire de petites choses. *Il raconte ses succès avec les femmes par gloriole.*

glousser **v.** (conjug. 1) **1.** *La poule glousse,* elle pousse des cris brefs et répétés. **2.** Rire en poussant de petits cris. *La plaisanterie de Julie fait glousser Léa.*
➤ **gloussement** **n. m.** **1.** Cri de la poule. **2.** Petit rire. *On entend les gloussements des élèves au fond de la classe.*

glouton, gloutonne **adj.** ✦ Qui mange beaucoup et très vite, en engloutissant les aliments. → **goinfre, goulu, vorace.** *Alex est très glouton, il a avalé son sandwich en deux bouchées.* — **N.** *Quelle gloutonne !*
➤ **gloutonnerie** **n. f.** ✦ Comportement d'une personne gloutonne. *Paul a mangé son dessert avec gloutonnerie,* en engloutissant très vite de gros morceaux. → **goinfrerie, voracité.**

glu **n. f.** ✦ Liquide épais et visqueux qui colle très fort. *La glu servait autrefois à prendre les oiseaux.*
➤ **gluant, gluante** **adj.** ✦ Visqueux et collant. → **poisseux.** *La bave de l'escargot est gluante.*

glucide **n. m.** ✦ *Les glucides,* ce sont les aliments qui contiennent du sucre et les féculents. → aussi **lipide, protéine.** *Les glucides donnent de l'énergie à l'organisme.*

glycine **n. f.** ✦ Arbre grimpant dont les fleurs mauves, blanches ou rose pâle, en grappes pendantes, sentent très bon.
● Il y a un *y* après le *l.*

gnome [gnom] **n. m.** ✦ Petit personnage des contes, souvent laid et difforme. → **lutin, nain.**

gnou [gnu] **n. m.** (pl. **gnous**) ✦ Animal d'Afrique du Sud, de la famille de l'antilope, au corps lourd, à l'arrière-train bas, à la tête épaisse munie de cornes recourbées, aux membres grêles et au pelage gris-brun. *Le gnou vit en troupeaux.*

gnou

goal [gol] **n. m.** ✦ Gardien de but, au football, au hockey ou au hand-ball. *Le goal a bloqué le ballon.* ❍ homonyme : gaule.
● C'est un mot anglais.

gobelet n. m. ✦ Petit récipient pour boire, sans pied, en carton, en plastique ou en métal. → **godet.** *Les randonneurs ont emporté des gobelets en carton.*

gober v. (conjug. 1) **1.** Avaler brusquement en aspirant, sans mâcher. *Paul a gobé un œuf. Les oiseaux gobent les mouches.* **2.** Familier. Croire naïvement. *Elle gobe tout ce qu'on lui raconte.*

godasse n. f. ✦ Familier. Chaussure.

godet n. m. ✦ Verre large et peu profond, sans pied. → **gobelet.** *Le peintre rince ses pinceaux dans un godet rempli d'eau.*

godille n. f. ✦ Rame unique placée à l'arrière d'un bateau.
➤ **godiller v.** (conjug. 1) ✦ Manœuvrer à la godille. *Le pêcheur godille.*

godillot n. m. ✦ Familier. Grosse chaussure de marche.
● Alexis *Godillot* fabriqua des chaussures pour l'armée vers 1870.

goéland n. m. ✦ Oiseau de mer à la tête blanche et au corps gris et blanc, de la taille d'une grosse mouette. *Les goélands vivent en colonies.*

goélette n. f. ✦ Bateau à voiles léger, à deux mâts.

goémon n. m. ✦ Algues rejetées par la mer. *À marée basse, la plage est couverte de goémon.* → **varech.**

goguenard, goguenarde adj. ✦ Qui a l'air de se moquer gentiment. *Un sourire goguenard.* → **moqueur, narquois, railleur.**

goinfre n. m. ✦ Personne qui mange trop et salement. *Alex mange comme un goinfre.* — **Adj.** *Julie est goinfre.* → **glouton, goulu.**
➤ se **goinfrer v.** (conjug. 1) ✦ Familier. Manger trop et salement. *Léa s'est goinfrée de bonbons.* → se **bourrer,** se **gaver.**
➤ **goinfrerie n. f.** ✦ Manière de manger du goinfre. *Alex mange avec goinfrerie.* → **gloutonnerie, voracité.**

goitre n. m. ✦ Déformation de l'avant du cou qui devient très gros. *Il a été opéré d'un goitre.*

golf n. m. ✦ Sport qui consiste à faire entrer une balle dans une série de trous répartis sur un vaste terrain recouvert d'herbe, en la frappant avec une sorte de canne, appelée *club. Généralement, un terrain de golf comprend dix-huit trous.* ❍ homonyme : golfe.
● Ce mot vient de l'anglais.

golfe n. m. ✦ Endroit où la mer avance profondément à l'intérieur des terres et forme un bassin ouvert. → aussi **anse,** ① **baie, crique.** *Le golfe de Gascogne.* ❍ homonyme : golf.

gomme n. f. 1. Petit bloc de caoutchouc ou de plastique, qui sert à effacer. **2.** Matière collante et transparente qui coule de certains arbres quand on fend l'écorce. *La gomme de l'hévéa s'appelle le latex.* **3.** *Une boule de gomme,* un bonbon fait avec cette matière.
➤ **gommer v.** (conjug. 1) ✦ Effacer avec une gomme. *Théo gomme un mot et en barre un autre.*
➤ **gommé, gommée adj.** ✦ *Du papier gommé,* c'est du papier qui colle quand on le mouille. *Une enveloppe gommée.*
➤ **gommette n. f.** ✦ Petit morceau de papier gommé. *Les enfants décorent leur cahier avec des gommettes.*

gond n. m. 1. Pièce métallique sur laquelle tourne une porte ou une fenêtre. *La porte pivote sur ses gonds.* **2.** *Sortir de ses gonds,* c'est se mettre en colère. *Le professeur est sorti de ses gonds.*

gondole n. f. ✦ Barque longue et plate, aux extrémités relevées et recourbées. *À Venise,* *les touristes se promènent en gondole sur les canaux.*

➤ **gondolier** **n. m.** ✦ Batelier qui conduit une gondole.

gondole

gondoler **v.** (conjug. 1) ✦ Se déformer en devenant bombé à certains endroits et en se creusant à d'autres. *Le papier peint a gondolé.* — **se gondoler,** se déformer. *Les volets de bois se sont gondolés à cause de l'humidité.*

gonfler **v.** (conjug. 1) **1.** Remplir d'air, de gaz. *Alex gonfle un ballon en soufflant dedans.* **2.** Augmenter de volume. → **grossir.** *Louise est tombée, son genou a gonflé.* → **enfler.** *La pâte gonfle dans le four.* → ① **lever.**

➤ **gonflable** **adj.** ✦ Qui doit être rempli d'air pour avoir sa forme. *Un matelas gonflable.* → **pneumatique.**

➤ **gonflage** **n. m.** ✦ Action de gonfler. *L'automobiliste vérifie le gonflage des pneus de sa voiture,* vérifie s'ils sont bien gonflés. → **pression.**

➤ **gonflé, gonflée** **adj.** **1.** Rempli d'air ou de gaz. *Les pneus de cette voiture ne sont pas assez gonflés.* **2.** Plus gros que d'habitude. *Louise a pleuré, elle a les yeux gonflés.* → **bouffi.**

➤ **gonflement** **n. m.** ✦ État de ce qui est gonflé. → **enflure.**

➤ **gonfleur** **n. m.** ✦ Appareil qui sert à envoyer de l'air. *Il gonfle sa bouée avec un gonfleur.*

▷ Autres mots de la famille : DÉGONFLER, REGONFLER.

gong **n. m.** ✦ Plateau de métal suspendu sur lequel on frappe avec un maillet pour qu'il résonne. *Dans un match de boxe, le coup de gong annonce la fin d'un round.*

goret **n. m.** ✦ Jeune cochon. → **porcelet.** *La truie et ses gorets.*

gorge **n. f.** **1.** Intérieur du cou, à partir du fond de la bouche. → aussi **gosier, pharynx.** *Julie doit avoir une angine, elle a mal à la gorge.* **2.** Partie avant du cou. *Le chien policier a sauté à la gorge du malfaiteur.* **3.** Vallée étroite et très encaissée au fond de laquelle coule un cours d'eau. → aussi **canyon, défilé.** *Les gorges du Tarn.*

➤ **gorgée** **n. f.** ✦ Petite quantité de liquide que l'on avale d'un seul coup. *Léa a bu une gorgée de champagne.*

➤ se **gorger** **v.** (conjug. 3) ✦ Manger beaucoup. *Les enfants se sont gorgés de fraises.* → se **gaver.** — *Après ces pluies torrentielles, la terre était gorgée d'eau,* complètement imprégnée d'eau. → **saturé.**

▷ Autres mots de la famille : ÉGORGER, ENGORGER, REGORGER, SE RENGORGER, ROUGE-GORGE.

gorge

gorille **n. m.** ✦ Grand singe d'Afrique équatoriale qui marche à quatre pattes. *Le gorille est le plus grand et le plus fort des singes.*

➻ planche Mammifères p. 620.

gosier **n. m.** ✦ Partie de la gorge qui contient certains organes de la voix. *Les enfants chantaient à plein gosier,* très fort, à tue-tête.

gosse **n. m.** et **f.** ✦ Familier. Enfant. → fam. **gamin.** *Ils ont trois gosses.*

gothique adj. ✦ *Le style gothique,* c'est une forme d'architecture qui s'est répandue en Occident après l'art roman, du Moyen Âge à la Renaissance. *Les cathédrales gothiques ont des voûtes en forme d'arc brisé, des fenêtres hautes ornées de vitraux et des clochers pointus.* → aussi **ogive.**

style **gothique**

gouache n. f. ✦ Peinture à l'eau, assez épaisse. *Des tubes de gouache.*

gouailleur, gouailleuse adj. ✦ Moqueur et un peu vulgaire. *Un ton gouailleur* → **narquois.**

goudron n. m. ✦ Pâte noire et visqueuse à odeur forte, que l'on utilise pour recouvrir les routes, les trottoirs. → **asphalte, bitume** et aussi **macadam.**

➤ **goudronner** v. (conjug. 1) ✦ Recouvrir de goudron. *Des ouvriers goudronnent la nouvelle route.*

gouffre n. m. 1. Trou très profond et assez large. → **abîme, précipice.** *Les spéléologues sont descendus avec une corde au fond du gouffre pour l'explorer.* 2. Ce qui fait dépenser beaucoup d'argent. *Cette vieille maison est un gouffre, il y a sans cesse des travaux à faire !*

▷ Autre mot de la famille : ENGOUFFRER.

goujat n. m. ✦ Homme grossier, mal élevé, dont le manque de délicatesse est blessant et choquant. → **malotru,** ② **mufle, rustre.** *Ce goujat m'a claqué la porte au nez.*

goujon n. m. ✦ Petit poisson de rivière que l'on mange en friture. *Les goujons sont très voraces.*

goulet n. m. ✦ Passage étroit. *Le port communique avec la mer par un goulet.*

goulot n. m. ✦ Partie la plus étroite d'une bouteille dans laquelle est enfoncé le bouchon. *Alex boit au goulot.*

goulu, goulue adj. ✦ Qui se précipite sur la nourriture, mange beaucoup et vite. → **glouton, goinfre.** *Cette chienne est très goulue.*

➤ **goulûment** adv. ✦ Avec gloutonnerie. *Paul mange goulûment,* trop et trop vite.

goupillon n. m. 1. Brosse étroite et cylindrique, dont les poils sont au bout d'une longue tige. *On nettoie les biberons avec un goupillon.* 2. Boule de métal creuse et percée de trous, montée au bout d'un manche, servant à asperger d'eau bénite. *Le prêtre bénit la foule des fidèles avec le goupillon.*

gourd, gourde adj. ✦ Engourdi et comme paralysé par le froid. *Léa a les doigts gourds.*

▷ Autres mots de la famille : DÉGOURDI, DÉGOURDIR, ENGOURDI, ENGOURDIR, ENGOURDISSEMENT.

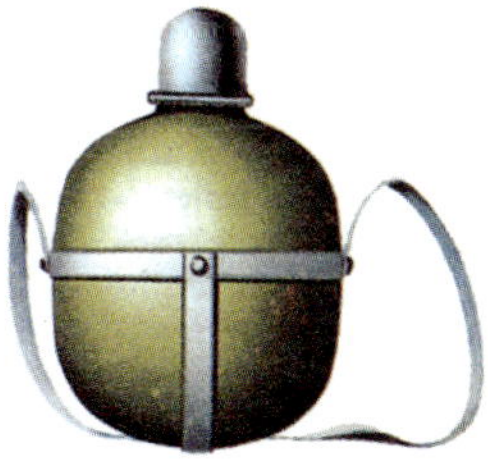

gourde

① **gourde** n. f. ✦ Bidon en métal ou en plastique, parfois protégé par une enveloppe de cuir ou de toile, qui sert à transporter la boisson.

② **gourde** n. f. ✦ Familier. Personne un peu bête et maladroite. → **idiot.** *Elle ne comprend jamais rien, quelle gourde ! —* **Adj.** *Ce qu'elle est gourde !* → **empoté.** ❑ contr. **dégourdi.**

gourdin **n. m.** ✦ Gros bâton lourd et solide. → **matraque, trique.** *Il a été assommé avec un gourdin.*

gourmand, gourmande **adj.** ✦ Qui aime manger de bonnes choses et en mange beaucoup. *Julie est très gourmande.* — **N.** *Un gourmand a fini le gâteau.*

➤ **gourmandise** **n. f.** ✦ Caractère de celui qui est gourmand. *Je n'ai plus faim, mais je vais reprendre du gratin par gourmandise.*

gourmet **n. m.** ✦ Personne qui reconnaît et apprécie la cuisine raffinée et le bon vin. *C'est un fin gourmet.* → **gastronome.**

gourmette **n. f.** ✦ Bracelet en forme de chaîne dont les mailles sont aplaties. *Une gourmette en or.*

gourou **n. m.** (pl. **gourous**) ✦ Personne très écoutée et suivie par les adeptes d'une secte.

gousse **n. f.** **1.** Enveloppe allongée qui renferme des graines. *Les petits pois sont dans une gousse.* → **cosse.** *Une gousse de vanille.* **2.** *Une gousse d'ail,* c'est chacune des parties de la tête d'ail recouverte d'une petite peau.

gousset **n. m.** ✦ Petite poche d'un gilet. *Autrefois, les hommes mettaient leur montre dans leur gousset.*

goût **n. m.** **1.** Un des cinq sens, grâce auquel on peut reconnaître la saveur de ce que l'on mange. *La langue et le palais sont les organes du goût.* **2.** Saveur. *Ces pêches n'ont aucun goût. Cette viande a un mauvais goût.* **3.** *Avoir du goût pour quelque chose,* c'est l'aimer. *Théo a du goût pour la lecture. Alex a le goût du risque,* il aime prendre des risques. **4.** *Avoir du goût,* c'est savoir reconnaître ce qui est beau de ce qui est laid. *Julie a bon goût. Cette plaisanterie est de mauvais goût,* vulgaire.

➤ ① **goûter** **v.** (conjug. 1) **1.** Manger ou boire un petit peu d'une chose pour savoir quelle saveur elle a. *Le cuisinier goûte la sauce pour voir si elle est assez salée. Fais-moi goûter ton gâteau.* **2.** Prendre un repas léger dans l'après-midi. *Les enfants goûtent en rentrant de l'école.* ❍ homonyme : goutter.

➤ ② **goûter** **n. m.** ✦ Repas que l'on prend dans l'après-midi. *Paul a mangé un pain au chocolat et bu un verre de lait pour son goûter.*
▷ Autres mots de la famille : ARRIÈRE-GOÛT, AVANT-GOÛT, DÉGOÛT, DÉGOÛTANT, DÉGOÛTÉ, DÉGOÛTER, RAGOÛT, RAGOÛTANT.

goutte **n. f.** **1.** Très petite quantité de liquide qui prend une forme arrondie. *Il n'est pas tombé une goutte de pluie depuis plusieurs mois. Une goutte de sang a taché la chemise d'Alex.* — *Suer à grosses gouttes,* transpirer beaucoup. *Se ressembler comme deux gouttes d'eau,* se ressembler beaucoup. — *Goutte à goutte,* une goutte après l'autre. — *C'est la goutte d'eau qui fait déborder le vase,* la petite chose pénible qui vient s'ajouter au reste et qui fait qu'on ne supporte plus la situation. **2.** Très petite quantité de boisson. *Il a bu une goutte de cognac.* → **doigt, larme.** **3.** *Des gouttes,* médicament liquide qui se prend sous forme de gouttes. *Quand on est enrhumé, on se met des gouttes dans le nez.*

➤ **goutte-à-goutte** **n. m. invar.** ✦ Appareil qui permet de faire passer très lentement un médicament en perfusion.

➤ **gouttelette** **n. f.** ✦ Petite goutte. *Les fleurs étaient recouvertes de gouttelettes de rosée.*

➤ **goutter** **v.** (conjug. 1) ✦ Couler goutte à goutte. *Le robinet est mal fermé, il goutte.* ❍ homonymes : ① et ② goûter.

➤ **gouttière** **n. f.** ✦ Canal étroit qui borde les toits et recueille les eaux de pluie.
▷ Autres mots de la famille : COMPTE-GOUTTES, ÉGOUT, ÉGOUTIER, ÉGOUTTER, ÉGOUTTOIR, TOUT-À-L'ÉGOUT.

gouvernail **n. m.** (pl. **gouvernails**) ✦ Appareil mobile placé sur un bateau ou un avion, qui sert à le diriger. *La barre du gouvernail.*
▷ Mot de la famille de GOUVERNER.

gouvernail

gouvernant **n. m.** ✦ Personne qui dirige un pays, qui est au pouvoir. → **dirigeant.**
▷ Mot de la famille de GOUVERNER.

gouvernante **n. f.** ✦ Femme dont le métier est de s'occuper d'enfants, de les garder et de les élever. → **nurse.**

▷ Mot de la famille de GOUVERNER.

gouvernement **n. m.** ✦ Ensemble des personnes qui dirigent un pays. *En France, le gouvernement est constitué par le Premier ministre et les ministres.*

➤ **gouvernemental, gouvernementale** **adj.** ✦ Du gouvernement. *Il critique la politique gouvernementale.* — Au masc. pl. *gouvernementaux.*

▷ Mots de la famille de GOUVERNER.

gouverner **v.** (conjug. 1) 1. Exercer le pouvoir politique. *C'est une lourde responsabilité de gouverner un pays,* de le diriger. 2. Diriger un bateau. *Le navigateur gouverne vent arrière.*

▷ Autres mots de la famille : GOUVERNAIL, GOUVERNANT, GOUVERNANTE, GOUVERNEMENT, GOUVERNEMENTAL.

goyave [gɔjav] **n. f.** ✦ Fruit tropical de la taille d'une mandarine, très sucré et rafraîchissant. *De la confiture de goyaves.*

goyave

grabat **n. m.** ✦ Lit misérable.

➤ **grabataire** **adj.** ✦ Qui ne peut pas quitter son lit. *Cette vieille dame est grabataire.*

grabuge **n. m.** ✦ Familier. Dispute bruyante qui provoque des dégâts. *La discussion dégénère, il va y avoir du grabuge.*

grâce **n. f.** 1. Charme et beauté dans les mouvements d'une personne, dans son attitude. *Léa marche avec grâce.* → **élégance.** ❏ contr. **lourdeur.** 2. Pardon. *Le président de la République a accordé sa grâce au condamné,* il a décidé que le condamné ne ferait pas les années de prison qu'il devait faire. → aussi **gracier.** 3. *Faire quelque chose de bonne grâce,* gentiment, en y mettant de la bonne volonté. *Louise aide ses amis de bonne grâce.* 4. *Être dans les bonnes grâces de quelqu'un,* être bien vu par lui. 5. *Grâce à,* à l'aide de. *Les oiseaux volent grâce à leurs ailes. J'ai pu le faire grâce à toi.* ❏ contr. à **cause** de, **malgré.**

● Attention à l'accent circonflexe du *â.*

➤ **gracier** **v.** (conjug. 7) ✦ Accorder son pardon à quelqu'un qui doit subir une peine. *Le condamné a été gracié par le président.*

➤ **gracieux, gracieuse** **adj.** 1. Charmant, élégant. *Léa est très gracieuse quand elle danse.* 2. *À titre gracieux,* gratuitement. *Elle s'occupe de la bibliothèque à titre gracieux.*

➤ **gracieusement** **adv.** 1. Avec charme, élégance. *La danseuse s'incline gracieusement.* 2. Sans avoir à payer. *Un cadeau sera remis gracieusement à chaque acheteur.* → **gratuitement.**

● Le *a* de *gracier, gracieux* et *gracieusement* n'a pas d'accent circonflexe.

▷ Autres mots de la famille : DISGRÂCE, DISGRACIEUX.

gracile **adj.** ✦ Mince et délicat. *Un corps gracile.* ❏ contr. **épais, trapu.**

gradation **n. f.** ✦ Progression par degrés. *Une gradation de couleurs.* → aussi **dégradé.**

grade **n. m.** ✦ Rang dans le classement militaire. *Le grade de colonel est au-dessus de celui de capitaine. Monter en grade,* c'est avoir de l'avancement.

➤ **gradé** **n. m.** ✦ Militaire qui a un grade inférieur à celui d'officier. *Les caporaux sont de simples gradés.*

gradin **n. m.** ✦ Chacun des bancs disposés en étages, comme des marches d'escalier. *Au cirque, les spectateurs sont assis sur des gradins.*

graduer **v.** (conjug. 1) 1. Diviser en mettant des traits. *Le thermomètre est gradué,* il est divisé en degrés. — *Une règle graduée,* c'est une règle où sont indiqués les centimètres et les millimètres. 2. Augmenter peu à peu. *Les exercices du livre sont gradués,* ils sont de plus en plus difficiles.

➤ **graduation** **n. f.** ✦ Petit trait qui indique les divisions d'un thermomètre, d'une règle.

➤ **graduel, graduelle** **adj.** ✦ Qui se fait petit à petit, par degrés. → **progressif.** *On observe, depuis plusieurs jours, un réchauffement graduel de la température.* ❏ contr. **brusque, brutal.**

graffiti **n. m.** ✦ Inscription, dessin griffonné sur un mur. *Il est interdit de faire des graffitis dans le métro.* → **tag.**
● C'est un mot italien qui veut dire « inscriptions sur les murs ».

graillon **n. m.** ✦ Mauvaise odeur de graisse frite. *Cela sent le graillon dans ce restaurant.*

grain **n. m.** **1.** Fruit ou graine d'une céréale. *On broie les grains de blé pour faire de la farine.* **2.** Petit fruit de certaines plantes. *Les grains de café sont torréfiés. Des grains de raisin.* **3.** Toute petite parcelle. *Louise a un grain de sable dans l'œil.* **4.** *Un grain de beauté,* c'est une petite tache brune sur la peau. **5.** *Le grain d'un papier,* l'aspect de sa surface. *Le grain de ce papier est très fin.* **6.** Très petite quantité. *Il faudrait mettre un grain de fantaisie dans ta vie.* → **brin.** **7.** Coup de vent violent, soudain et bref, accompagné d'une averse. *Ce n'est qu'un grain, cela ne va pas durer.* — *Veiller au grain,* faire attention, se tenir sur ses gardes. **8.** Familier. *Avoir un grain,* être un peu fou.

➤ **graine** **n. f.** **1.** Partie d'une plante qui, une fois dans la terre, donne naissance à une autre plante. → **semence.** *Le jardinier sème des graines d'œillets. Les lentilles et les fèves sont des graines que l'on peut manger.* **2.** *En prendre de la graine,* suivre l'exemple de quelqu'un, tirer une leçon de quelque chose. *Ton frère est très bon élève, prends-en de la graine.*

➤ **grainetier** [gʀɛntje] **n. m.**, **grainetière** [gʀɛntjɛʀ] **n. f.** ✦ Personne qui vend des graines, des oignons de fleurs, des bulbes.

graisse **n. f.** **1.** Substance grasse qui se trouve sous la peau. *Il a des bourrelets de graisse sur le ventre.* **2.** Matière grasse tirée des animaux ou des végétaux. *Le beurre est une graisse animale, l'huile une graisse végétale.* **3.** Produit gras qui sert à lubrifier les moteurs, les pièces mécaniques. *Le mécanicien a les mains tachées de graisse.* → **cambouis.**

➤ **graisser** **v.** (conjug. 1) ✦ Enduire de graisse. *Le mécanicien graisse le moteur.* → **huiler, lubrifier.**

➤ **graissage** **n. m.** ✦ Action de mettre de la graisse sur les parties d'un moteur ou d'un mécanisme qui bougent. *L'automobiliste fait faire la vidange et le graissage de sa voiture.*
▷ Autre mot de la famille : ENGRAISSER.

graminées **n. f. pl.** ✦ Plantes à tige cylindrique et creuse, dont les fleurs, toutes petites, sont groupées en épis. *Les céréales sont des graminées.*

grammaire **n. f.** **1.** Ensemble des règles qu'il faut connaître et suivre pour écrire et parler correctement une langue. *Alex a fait une faute de grammaire.* **2.** Livre, manuel où sont expliquées les règles de grammaire.

grammatical, grammaticale **adj.** ✦ De la grammaire. *Il faut observer les règles grammaticales.* — Au masc. pl. *grammaticaux.*

gramme **n. m.** **1.** Unité de poids. *Un bifteck de deux cents grammes (200 g).* **2.** Très petite quantité. *Il n'a pas un gramme de bon sens.*
▷ Autres mots de la famille : CENTIGRAMME, DÉCIGRAMME, KILOGRAMME, MILLIGRAMME.

grand **adj., n. m.** et **adv.**, **grande** **adj.** et **n. f.**
■ **adj.** **1.** De haute taille. *Louise est grande pour son âge.* ❑ contr. **petit.** **2.** Qui a atteint un

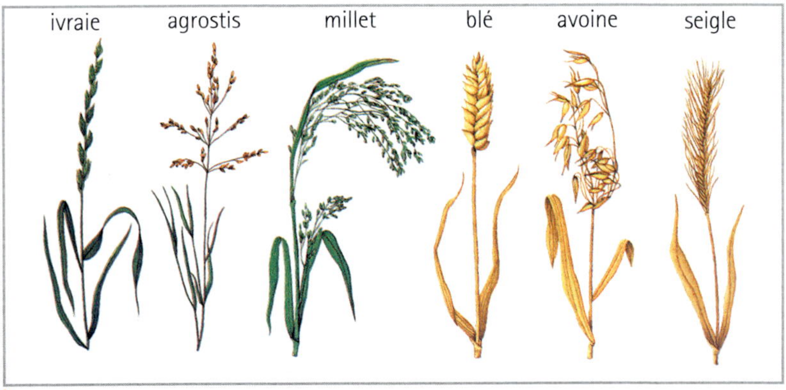

graminées

côte de **granit**

certain âge. *Théo aimerait être pompier quand il sera grand. Les grandes personnes,* les adultes. *C'est son grand frère,* son frère plus âgé que lui. ❑ contr. **petit.** 3. Plus long que ce que l'on voit habituellement. *Alex a de grands pieds et un grand nez. Donne-moi un grand couteau.* 4. Vaste, étendu. *Ils ont un grand appartement.* 5. Très intense, très fort. *J'ai entendu un grand bruit.* ❑ contr. **faible.** 6. Important. *Aujourd'hui, c'est un grand jour. J'ai une grande nouvelle à vous annoncer.* 7. Qui a du talent et est célèbre. *Victor Hugo est un grand écrivain français.*

■ **n.** Enfant plus âgé par rapport à un plus jeune. *Il est passé dans la classe des grands.*

■ **adv.** 1. *Grand ouvert,* ouvert au maximum. *Laisse les fenêtres grand ouvertes. Il dort les yeux grand ouverts.* 2. *Voir grand,* avoir des projets ambitieux.

➤ **grand-chose** **n. m. inv.** ✦ *Pas grand-chose,* presque rien. *Cela ne vaut pas grand-chose. Je n'ai pas vu grand-chose.* ▷ Mot de la famille de CHOSE.

➤ **grandeur** **n. f.** 1. Dimension, taille. *Louise a des boîtes de toutes les grandeurs. Paul a dessiné une chaussure grandeur nature,* aux dimensions réelles. 2. Puissance et gloire. *L'Empire romain connut la grandeur puis la décadence.* 3. *La grandeur d'âme,* c'est la générosité, la noblesse des sentiments.

▷ Autres mots de la famille : AGRANDIR, AGRANDISSEMENT, GRANDIR.

grandiloquent, grandiloquente **adj.** ✦ *Un discours grandiloquent,* avec de grands mots et de grandes phrases qui font de l'effet. → **emphatique, pompeux.**

grandiose **adj.** ✦ Qui impressionne par sa grandeur et sa beauté. → **majestueux.** *Un paysage grandiose.*

grandir **v.** (conjug. 2) 1. Devenir plus grand. *Paul a grandi de deux centimètres en un mois.* ❑ contr. **rapetisser.** 2. Devenir plus fort, plus intense. → **augmenter.** *Le vacarme grandissait.* ❑ contr. **diminuer.** 3. Faire paraître plus grand. *Le microscope grandit les objets.* → **agrandir.** — **se grandir,** se rendre plus grand. *Elle se grandit en mettant des talons hauts.*

▷ Mot de la famille de GRAND.

grand-mère **n. f.** ✦ Mère du père ou de la mère. *Louise passe ses vacances chez sa grand-mère.* → **mamie.** — Au pl. *Des grands-mères.*

▷ Mot de la famille de MÈRE.

grand-père **n. m.** ✦ Père du père ou de la mère. *Son grand-père a les cheveux blancs.* → **papi.** — Au pl. *Des grands-pères.*

▷ Mot de la famille de PÈRE.

grands-parents **n. m. pl.** ✦ Les parents des parents. → aussi **grand-mère, grand-père.** *Léa a encore ses quatre grands-parents,* les parents de son père et ceux de sa mère.

▷ Mot de la famille de PARENT.

grange **n. f.** ✦ Bâtiment où l'on abrite les récoltes.

▷ Autre mot de la famille : ENGRANGER.

granit [gʀanit] **n. m.** ✦ Roche très dure dont la surface forme de petits grains. *Les vieilles maisons bretonnes sont en granit.*

● On prononce le *t* final.

➤ **granitique** **adj.** ✦ *Une roche granitique,* c'est une roche qui est en granit, qui contient du granit.

granulé **n. m.** ✦ Petit grain. *Ce médicament existe sous forme de granulés.*

granuleux, granuleuse **adj.** ✦ Recouvert de petits grains. *Un papier granuleux.* ❑ contr. **lisse.**

graphie **n. f.** ✦ Manière dont s'écrit un mot. → **orthographe.** *Certains mots ont plusieurs graphies.*

graphique **n. m.** et **adj.**
■ **n. m.** Dessin formé d'une ligne qui relie des points à différentes hauteurs. *On peut tracer le graphique des températures qu'il fait à Paris tout au long de l'année.* → **courbe.**
■ **adj.** Représenté par l'écriture. *Les lettres sont des signes graphiques.*

graphisme **n. m.** ✦ Manière de tracer des traits, de dessiner, particulière à une personne, à un artiste.

graphologie **n. f.** ✦ Étude de l'écriture de quelqu'un. *La graphologie permet de déterminer les traits de caractère de la personne qui a écrit.*

grappe **n. f.** ✦ Ensemble serré de fleurs ou de grains accrochés sur une tige. *Une grappe de raisin. Des grappes de groseilles.*
➤ **grappiller** **v.** (conjug. 1) ✦ Cueillir çà et là de petites quantités. *Les enfants grappillent des mûres sur le chemin.*

grappin **n. m.** ✦ Crochet à deux ou plusieurs branches, fixé au bout d'un cordage.

grappin

gras, grasse **adj.** **1.** Formé de graisse. *Le beurre et l'huile sont des matières grasses.* — **N. m.** *Paul n'a pas mangé le gras de la côtelette,* la partie grasse de la côtelette. **2.** Gros. *La fermière a tué une oie bien grasse.* ❑ contr. **efflanqué.** **3.** Enduit, sali de graisse. *Julie a essuyé ses mains grasses sur son pantalon.* **4.** Épais. *Le titre du chapitre est écrit en caractères gras. Une plante grasse,* aux feuilles épaisses et charnues. **5.** *Faire la grasse matinée,* se lever tard. *Le dimanche, Léa fait la grasse matinée.*
➤ **grassement** **adv.** ✦ Largement, généreusement. *Il est grassement payé.*
➤ **grassouillet, grassouillette** **adj.** ✦ Assez gras et potelé. → **dodu.** *Elle est un peu grassouillette.* ❑ contr. **maigrichon.**

gratifier **v.** (conjug. 7) ✦ Donner en récompense, pour remercier. *Le serveur nous a gratifiés d'un sourire.*
➤ **gratification** **n. f.** ✦ Somme d'argent que l'on donne à quelqu'un en plus de ce qu'on lui donne d'habitude. *À la fin de l'année, les ouvriers de l'usine ont eu une gratification.* → ① **prime.**

gratin **n. m.** ✦ Plat recouvert de fromage râpé ou de chapelure que l'on fait dorer dans le four. *Un gratin de courgettes. Des macaronis au gratin.*
➤ **gratiner** **v.** (conjug. 1) ✦ Cuire au gratin. *Le cuisinier fait gratiner la soupe à l'oignon.*

gratis [gʀatis] **adv.** ✦ Familier. Sans payer. → **gratuitement.** *J'ai eu ce livre gratis.*
● *Gratis* est un mot latin.

gratitude **n. f.** ✦ Reconnaissance que l'on éprouve envers quelqu'un. *Il lui a manifesté sa gratitude en lui offrant des fleurs.* ❑ contr. **ingratitude.**

gratte-ciel **n. m. inv.** ✦ Immeuble très haut, qui a de très nombreux étages. → ① **tour.** *Les gratte-ciel de New York.*
▷ Mot de la famille de GRATTER et de CIEL.

gratter **v.** (conjug. 1) **1.** Frotter avec quelque chose de dur pour enlever un peu de ce qui est à la surface. *Il faut gratter la vieille peinture avant de repeindre.* → **racler.** **2.** Donner des démangeaisons. *Ce pull-over me gratte.* **3.** **se gratter,** frotter avec ses ongles ou ses griffes un endroit qui démange. *La chienne s'est grattée, elle doit avoir des puces.*
➤ **grattement** **n. m.** ✦ Bruit que l'on fait en grattant. *On entend les grattements du chat derrière la porte.*
➤ **grattoir** **n. m.** ✦ Instrument qui sert à gratter.
▷ Autre mot de la famille : GRATTE-CIEL.

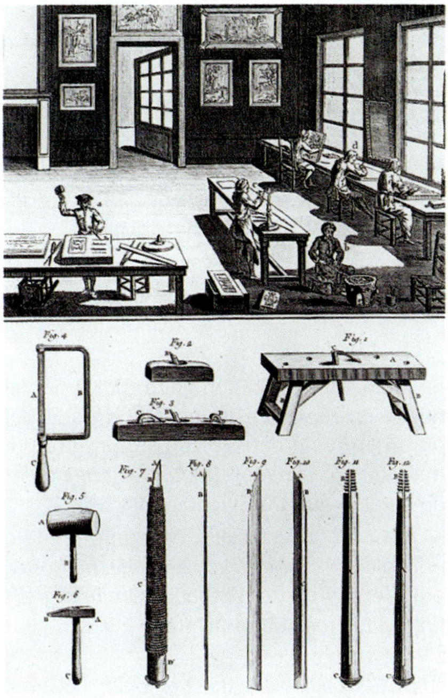

graveur sur bois

gratuit, gratuite adj. 1. Que l'on a sans payer. *La parfumeuse m'a donné des échantillons de parfum gratuits.* ❑ contr. **payant.** 2. Qui est fait sans preuves. *Cette accusation est purement gratuite.* ❑ contr. **fondé.**

➤ **gratuité** n. f. ✦ Le fait d'être gratuit. *Les personnes âgées de la ville ont obtenu la gratuité des transports en commun.*

➤ **gratuitement** adv. ✦ Sans payer. *Aujourd'hui, les enfants sont entrés au zoo gratuitement.* → fam. **gratis.**

gravats [gʀava] n. m. pl. ✦ Débris de pierre, de plâtre, de briques, de béton venant d'une construction qui a été démolie. → **décombres.** *Un tas de gravats.*

grave adj. 1. Qui peut avoir des conséquences ennuyeuses. *Il a eu de graves ennuis.* ❑ contr. **petit.** *Ne pleure pas, ce n'est pas grave !* → **dramatique, tragique.** *Il a fait une grave erreur.* → **grossier.** *Elle a une grave maladie.* ❑ contr. **anodin, bénin.** 2. Sérieux. *Le médecin prend un air grave.* → **sombre.** ❑ contr. **gai.** 3. *Une voix grave,* qui produit des sons bas. ❑ contr. **aigu.**

➤ **gravement** adv. 1. D'une façon importante, dangereuse. *Elle a été gravement blessée.* → **grièvement, sérieusement.** 2. Avec beaucoup de sérieux. *Les participants au débat parlaient gravement de la faim dans le monde.*

▷ Autres mots de la famille : AGGRAVANT, AGGRAVATION, AGGRAVER, ① GRAVITÉ.

graver v. (conjug. 1) 1. Tracer quelque chose en creux sur une matière dure avec un instrument pointu. *Léa a gravé ses initiales sur l'écorce d'un arbre.* 2. *Graver un CD,* l'enregistrer. 3. Fixer pour toujours dans l'esprit ou dans le cœur. *Ce souvenir est gravé dans ma mémoire.*

➤ **graveur** n. m., **graveuse** n. f. 1. Personne qui grave des dessins. *Un graveur sur bois, sur pierre, sur métal.* 2. **N. m.** Appareil utilisé pour graver des disques. *Un graveur de CD.*

▷ Autre mot de la famille : GRAVURE.

gravier n. m. ✦ Ensemble de petits cailloux qui recouvrent les allées d'un jardin. *Le jardinier ratisse le gravier.*

gravillon n. m. ✦ Gravier très fin. *Du gravillon vient d'être répandu sur la route.*

gravir v. (conjug. 2) ✦ Monter avec effort une pente difficile. → **grimper.** *Les cyclistes gravissent lentement la côte.*

gravitation n. f. ✦ Phénomène selon lequel deux objets s'attirent avec une certaine force. → **attraction,** ② **gravité, pesanteur.** *C'est Newton qui a découvert la gravitation.*

▷ Mot de la famille de ② GRAVITÉ.

① **gravité** n. f. 1. Danger. *Ne vous inquiétez pas, cette opération est sans gravité.* 2. Sérieux. *Le président a parlé avec gravité de la situation internationale.*

▷ Mot de la famille de GRAVE.

② **gravité** n. f. ✦ Attraction, force qu'exerce la Terre. *Quand on lâche un objet, il tombe, attiré vers le centre de la Terre par la gravité.* → **pesanteur.**

➤ **graviter** v. (conjug. 1) ✦ Tourner sur son orbite autour d'un astre qui exerce une attraction. *La Terre gravite autour du Soleil, la Lune autour de la Terre.*

▷ Autre mot de la famille : GRAVITATION.

gravure (G. Doré)

gravure **n. f.** 1. Art de graver un dessin sur une plaque que l'on recouvre d'encre et que l'on imprime ensuite sur un papier. *Il fait de la gravure sur cuivre.* 2. Image que l'on obtient à partir d'une planche gravée. → **estampe.** *Un livre orné de gravures.*
▷ Mot de la famille de GRAVER.

gré **n. m.** 1. *Au gré de quelqu'un,* à son goût, comme il veut. *Faites à votre gré.* → **guise.** *Théo est venu* ***de son plein gré,*** sans y être forcé. *Louise a obéi* ***de bon gré,*** avec plaisir. → **volontiers.** *Julie ira en classe* ***de gré ou de force,*** qu'elle le veuille ou non. *Il a accepté* ***bon gré mal gré,*** en se résignant. 2. *Savoir gré à quelqu'un de quelque chose,* lui en être reconnaissant. *Je vous sais gré de ce que vous avez fait pour moi.*
▷ Autres mots de la famille : AGRÉABLE, AGRÉER, ① et ② AGRÉMENT, AGRÉMENTER, DÉSAGRÉABLE, DÉSAGRÉABLEMENT, DÉSAGRÉMENT, MALGRÉ, MAUGRÉER.

gredin **n. m.,** **gredine** **n. f.** ✦ Personne malhonnête. → **canaille, crapule.** *Ces enfants sont de petits gredins.* → **fripon, garnement.**

gréer **v.** (conjug. 1) ✦ Mettre en place les voiles, les poulies et les cordages sur un bateau. *Le navigateur grée son voilier pour la course.*
➤ **gréement** [gʀemɑ̃] **n. m.** ✦ Ensemble des objets et des appareils nécessaires à la manœuvre d'un bateau. *Les voiles, les poulies et les cordages forment le gréement.*

① **greffe** **n. m.** ✦ Bureau où l'on garde les dossiers des procès, les copies des jugements. *Le greffe du tribunal.*
➤ **greffier** **n. m.,** **greffière** **n. f.** ✦ Personne qui s'occupe des dossiers conservés au greffe.

② **greffe** **n. f.** 1. Opération par laquelle on fixe une pousse ou une branche d'une plante sur une autre. *Le jardinier a fait une greffe sur un prunier.* 2. Opération chirurgicale par laquelle on remplace un organe malade par un organe sain dans le corps d'un être humain ou d'un animal. *On lui a fait une greffe du rein.* → aussi **transplantation.**
➤ **greffer** **v.** (conjug. 1) 1. Faire une greffe à une plante. *Le jardinier a greffé un rosier.* 2. Faire une greffe d'organe. *On lui a greffé un cœur.* → aussi **transplanter.**

grégaire **adj.** ✦ *L'instinct grégaire,* l'instinct qui pousse les animaux ou les hommes à vivre en groupe et à tout faire comme les autres. *Les moutons ont l'instinct grégaire.*

grège **adj.** ✦ Beige clair un peu gris. *Des chaussures grèges.*

① **grêle** **adj.** 1. Très long et très mince. → **fluet.** *Les flamants roses ont des pattes grêles.* → **filiforme.** ❏ contr. **épais.** – *L'intestin grêle,* c'est la partie longue et mince de l'intestin. 2. *Une voix grêle,* aiguë et faible. ❏ contr. **fort, puissant.**

② **grêle** **n. f.** ✦ Pluie gelée qui tombe sous forme de grains de glace. *Une averse de grêle.* → aussi **grésil.**
➤ **grêler** **v.** (conjug. 1) ✦ *Il grêle,* il tombe de la grêle. *Il a grêlé cette nuit.*
● Ce verbe ne se conjuge qu'à la troisième personne du singulier.
➤ **grêlon** **n. m.** ✦ Grain d'eau congelée qui tombe quand il grêle. *Les grêlons ont saccagé la récolte.*

grelot **n. m.** ✦ Petite clochette en forme de boule. *Le chat a un collier à grelots.*
➤ **grelotter** **v.** (conjug. 1) ✦ Trembler de froid, de fièvre ou de peur. *Ferme la fenêtre, on grelotte ici.*

① **grenade** **n. f.** ✦ Fruit rond de la taille d'une orange, qui contient de nombreux grains rouges renfermant chacun un pépin.
➻ planche Fruits exotiques p. 441.

➤ ① **grenadier** **n. m.** ✦ Petit arbre épineux à fleurs rouges qui donne des grenades.

➤ **grenadine** **n. f.** ✦ Sirop rouge fait avec le jus de la grenade.

② **grenade** **n. f.** ✦ Petite bombe que l'on lance à la main. *Le terroriste a lancé une grenade sur la voiture du président.*

➤ ② **grenadier** **n. m.** ✦ Soldat qui lançait des grenades. *Les grenadiers portaient un très haut bonnet à poils.*

grenat **n. m.** ✦ Pierre précieuse très dure, de couleur rouge sombre. — **Adj. inv.** *Des chaussures grenat,* rouge sombre.

grenier **n. m.** ✦ Partie de la maison qui se trouve juste sous le toit. *On a mis les vieux vêtements dans une malle, au grenier.* → aussi ① **comble.**

▷ Autre mot de la famille : VIDE-GRENIER.

grenouille **n. f.** ✦ Petit animal à la peau lisse, aux pattes arrière longues et palmées, qui nage et qui saute. → aussi **têtard** et **batracien.** *La grenouille coasse. Les grenouilles vivent à la fois dans l'eau douce des mares et sur la terre.*

▷ Autre mot de la famille : HOMME-GRENOUILLE.

grès [gʀɛ] **n. m.** **1.** Roche très dure formée de sable dont les grains sont soudés. *La cathédrale de Strasbourg est en grès rose.* **2.** Terre glaise mêlée de sable fin avec laquelle on fait des poteries. *Une chope à bière en grès.*

● Le *s* final ne se prononce pas.

grésil **n. m.** ✦ Grêle très fine, blanche et dure. *Il tombe une pluie mêlée de grésil.*

grésiller **v.** (conjug. 1) ✦ Faire de petits bruits secs et rapides. *Le beurre grésille dans la poêle.* → **crépiter.**

➤ **grésillement** **n. m.** ✦ Léger crépitement. *Il y a des grésillements dans le téléphone, je ne t'entends pas bien.*

① **grève** **n. f.** ✦ Rivage plat, formé de sable et de gravier, au bord de la mer ou d'un fleuve. *La mer rejette des algues et des coquillages sur la grève.* → **plage.**

● *Grève* est un mot littéraire. Le mot courant est *plage.*

② **grève** **n. f.** ✦ Arrêt du travail pour obtenir certains avantages ou pour protester contre une injustice. *Les ouvriers de l'usine sont en grève. — Le prisonnier fait la grève de la faim,* il refuse de manger.

➤ **gréviste** **n. m.** et **f.** ✦ Travailleur qui fait la grève.

gribouiller **v.** (conjug. 1) ✦ Écrire de façon illisible ou faire des dessins sans forme. *Il a gribouillé son adresse sur un bout de papier.* → **griffonner.**

➤ **gribouillage** **n. m.** ✦ Écriture ou dessin sans forme. → **gribouillis.** *Théo fait des gribouillages sur son cahier.*

➤ **gribouillis** **n. m.** ✦ Gribouillage. *Je n'arrive pas à lire ces gribouillis.* → **griffonnage.**

grief [gʀijɛf] **n. m.** ✦ Chose que l'on reproche à quelqu'un. *Louise a des griefs contre Paul.* → **reproche.**

grièvement **adv.** ✦ *Être grièvement blessé,* gravement blessé. *Les passagers de la voiture accidentée ont été grièvement blessés.* ❏ contr. **légèrement.**

griffe **n. f.** **1.** Ongle pointu de certains animaux. *Le chat sort ses griffes. L'ours a donné un coup de griffe.* **2.** Petit crochet qui maintient une pierre sur un bijou. *Cette émeraude tient à la bague par des griffes.* **3.** Marque cousue sur un vêtement de luxe et portant le nom du fabricant. *Cette robe porte la griffe d'un grand couturier.*

➤ **griffer** **v.** (conjug. 1) ✦ Égratigner d'un coup de griffe ou d'ongle. *Le chat a griffé Julie.*

▷ Autre mot de la famille : GRIFFURE.

griffe

griffonner v. (conjug. 1) ✦ Écrire ou dessiner quelque chose vite et sans soin. *Il a griffonné son adresse sur un bout de papier.* → **gribouiller.**

➤ **griffonnage** n. m. ✦ Écriture difficile à lire ou dessin informe. → **gribouillage, gribouillis.**

griffure n. f. ✦ Égratignure. *Alex a les mains couvertes de griffures.* → **écorchure, éraflure.**
▷ Mot de la famille de GRIFFE.

grignoter v. (conjug. 1) 1. Manger quelque chose petit à petit, lentement, en rongeant. *La souris grignote le morceau de fromage.* 2. Manger très peu, du bout des dents. → **chipoter.** *Elle grignote entre les repas.*

grigri n. m. ✦ Petit objet considéré comme un porte-bonheur. → **amulette, fétiche, talisman.** *Louise a tous ses grigris dans son cartable.*

gril [gʀil] n. m. ✦ Ustensile de cuisine sur lequel on fait griller des aliments. *Des côtelettes cuites au gril.* → aussi **barbecue.**
▷ Mot de la famille de GRILLE.

grillade n. f. ✦ Viande grillée. *Elle ne mange que des grillades et de la salade.*
▷ Mot de la famille de GRILLE.

grillage n. m. ✦ Clôture de fils de fer entrecroisés de manière à former une sorte de tissage qui laisse passer le jour. *Le jardin est entouré d'un grillage.*

➤ **grillager** v. (conjug. 3) ✦ Mettre un grillage. *On a grillagé la fenêtre.*
▷ Mots de la famille de GRILLE.

grille n. f. 1. Ensemble de barreaux parallèles en métal qui entoure un lieu ou sert de porte. *Le jardin public est entouré de grilles.* 2. *Une grille de mots croisés,* c'est l'ensemble des cases dans lesquelles on écrit les lettres de chaque mot.
▷ Autres mots de la famille : GRIL, GRILLADE, GRILLAGE, GRILLAGER, GRILLE-PAIN, GRILLER.

grille-pain n. m. inv. ✦ Appareil qui sert à griller des tranches de pain. — Au pl. *Des grille-pain.*
▷ Mot de la famille de GRILLE et de PAIN.

griller v. (conjug. 1) 1. Cuire à feu vif sur un gril. *Il fait griller des saucisses sur le barbecue. – Du pain grillé.* 2. Racornir, dessécher par excès de chaleur ou de froid. *Le soleil a grillé la pelouse.* 3. Mettre hors d'usage par un court-circuit ou un courant trop fort. *L'ampoule est grillée, il faut la changer.* 4. Familier. *Griller un feu rouge,* le franchir sans s'arrêter. → **brûler.**
▷ Mot de la famille de GRILLE.

grillon n. m. ✦ Petit insecte noir qui vit dans les champs et fait un bruit strident. → aussi **cigale.** *Le chant des grillons.*

grillon

grimace n. f. 1. Déformation du visage due à la contraction de certains muscles. *Une grimace de dégoût. Il a fait une grimace de douleur. Julie et Louise s'amusent à faire des grimaces.* 2. *Faire la grimace,* c'est montrer que l'on est mécontent ou dégoûté. *Quand elle a vu ce qu'il y avait à manger, elle a fait la grimace.*

➤ **grimacer** v. (conjug. 3) ✦ Faire des grimaces. *Le malade grimaçait de douleur.*

grimer v. (conjug. 1) ✦ Maquiller pour le théâtre ou le cinéma. *On a grimé l'acteur principal en vieillard.* — **se grimer,** se maquiller pour un spectacle ou pour s'amuser. *Le clown se grime avant d'entrer sur la piste.*

grimoire n. m. ✦ Écrit mystérieux, impossible à lire et à comprendre. *La maison de la sorcière est pleine de vieux grimoires.*

grimper v. (conjug. 1) 1. Monter en s'agrippant. *Les singes grimpent aux arbres.* 2. S'élever sur une pente très raide. *La voiture a grimpé la côte.* → **gravir.** *Les alpinistes grimpent jusqu'au sommet de la montagne.* → **escalader.** 3. S'élever en s'accrochant. *Le lierre grimpe le long du mur.*

➤ **grimpant, grimpante** adj. ✦ *Une plante grimpante,* une plante dont la tige s'élève en s'agrippant au mur, au balcon, à un autre arbre. *Le lierre est une plante grimpante.*

➤ **grimpeur** n. m., **grimpeuse** n. f. ✦ Alpiniste ou cycliste qui monte bien les pentes, les côtes. *Un bon grimpeur.*

grincer v. (conjug. 3) **1.** Faire un bruit aigu et désagréable. *La porte grince, il faudrait mettre de l'huile dans les gonds.* **2.** *Grincer des dents,* c'est faire entendre un bruit en serrant les mâchoires et en frottant les dents du bas contre celles du haut.

➤ **grincement** n. m. ✦ Bruit fait par quelque chose qui grince. *Le grincement de la fenêtre.*

grincheux, grincheuse adj. ✦ Mécontent et de mauvaise humeur. *Louise est grincheuse ce matin.* → **bougon, grognon.**

gringalet n. m. ✦ Homme de petite taille et tout maigre.

griotte n. f. ✦ Cerise à la queue courte et dont la chair est molle et très acidulée. *De la confiture de griottes.*

① **grippe** n. f. ✦ *Prendre en grippe,* se mettre à détester. *Le professeur a pris cet élève en grippe.*

② **grippe** n. f. ✦ Maladie contagieuse due à un virus. *Léa a la grippe, elle a beaucoup de fièvre.*

➤ **grippé, grippée** adj. ✦ Qui a la grippe. *Léa est grippée.*

se **gripper** v. (conjug. 1) ✦ Se coincer. *La serrure s'est grippée.*

grippe-sou n. m. ✦ Personne avare. — Au pl. *Des grippe-sous.*

▷ Mot de la famille de SOU.

gris adj. et n. m., **grise** adj.

■ adj. D'une couleur qui est un mélange de blanc et de noir. *Julie porte une jupe grise. Il a les cheveux gris,* il a beaucoup de cheveux blancs dans sa chevelure. — *Faire grise mine à quelqu'un,* lui faire mauvais accueil. — *Il fait gris,* le temps est couvert.

■ n. m. La couleur grise. *Il est habillé en gris.*

➤ **grisaille** n. f. ✦ Paysage gris et brumeux. *On aperçoit les toits rouges dans la grisaille.*

➤ **grisâtre** adj. ✦ Un peu gris. *Ces murs blancs sont devenus grisâtres.*

➤ **grisonner** v. (conjug. 1) ✦ Commencer à devenir gris. *Ses cheveux grisonnent.*

➤ **grisonnant, grisonnante** adj. ✦ *Des cheveux grisonnants,* qui commencent à devenir gris. *Il a les tempes grisonnantes.*

▷ Autres mots de la famille : PETIT-GRIS, VERT-DE-GRIS.

griser v. (conjug. 1) ✦ Exciter, étourdir comme fait le vin. *La réussite l'a grisé.*

➤ **grisant, grisante** adj. ✦ Excitant, étourdissant. *Un parfum grisant.* → **enivrant.**

➤ **griserie** n. f. ✦ Excitation. *La griserie de la vitesse.*

grisou n. m. (pl. **grisous**) ✦ Gaz naturel très inflammable qui se dégage dans les mines de charbon. — *Un coup de grisou a tué trois mineurs,* une explosion due au grisou.

grive n. f. ✦ Oiseau au plumage brun parsemé de noir. *Les grives picorent les raisins dans les vignes.* — *Faute de grives, on mange des merles,* il faut se contenter de ce que l'on a.

grive

grivois, grivoise adj. ✦ Amusant et un peu osé. *Des plaisanteries grivoises.*

grizzli n. m. ✦ Grand ours brun des montagnes d'Amérique du Nord. *Les grizzlis sont très dangereux.*

● On écrit aussi *grizzly.*

grog [gʀɔg] n. m. ✦ Boisson chaude faite avec de l'eau, du rhum, du sucre et du citron.

● *Old Grog* était le surnom d'un amiral anglais du 17e siècle, qui obligeait les marins à mettre de l'eau dans leur rhum.

groggy [gʀɔgi] adj. inv. **1.** Étourdi par les coups. *Le boxeur est resté groggy,* prêt à s'écrouler. **2.** Familier. Étourdi par la fatigue ou l'alcool. *Elle a trop bu, elle est groggy. Ils étaient tous complètement groggy.*

● C'est un mot anglais qui veut dire « ivre ».

grogner v. (conjug. 1) **1.** Pousser son cri, en parlant de certains animaux. *Le cochon et l'ours grognent. Le chien grogne quand quelqu'un s'approche de la maison.* → **gronder.** **2.** Montrer que l'on n'est pas content en murmurant tout bas. *Alex a obéi à son père en grognant.* → **bougonner, grommeler, ronchonner.**

➤ **grogne** n. f. ✦ Mécontentement que l'on exprime. *Les ouvriers mécontents ont manifesté leur grogne en faisant la grève.*

➤ **grognement** n. m. **1.** Cri du cochon, de l'ours et du sanglier. *L'ours en cage pousse* *des grognements.* **2.** Bruit qui montre que l'on n'est pas content. *Il nous a répondu par des grognements.*

➤ **grognon** **adj.** ✦ De mauvaise humeur. → **bougon, grincheux.** *Julie est grognon. Ces enfants sont grognons.*

● Le féminin *grognonne* existe, mais il s'emploie très peu.

groin [gʀwɛ̃] **n. m.** ✦ Museau du cochon, du sanglier.

grommeler [gʀɔmle] **v.** (conjug. 4) ✦ Murmurer entre ses dents en se plaignant. *Alex a obéi en grommelant.* → **bougonner, grogner.** *Il a grommelé des injures.*

gronder **v.** (conjug. 1) **1.** Faire un bruit sourd et menaçant. *Le tonnerre gronde. Le chien gronde quand on s'approche de la maison.* → **grogner.** **2.** *Gronder quelqu'un,* c'est lui faire des reproches. → **réprimander.** *Le professeur a grondé Julie qui n'avait pas appris sa leçon.*

➤ **grondement** **n. m.** ✦ Bruit sourd qui dure un moment. *On entend au loin le grondement du tonnerre.*

groom (*Le Groom*, Soutine)

groom [gʀum] **n. m.** ✦ Jeune homme en uniforme, employé dans les grands hôtels. — Au pl. *Des grooms.*

● C'est un mot anglais qui veut dire « jeune homme, valet ».

gros **adj., adv.** et **n. m.,** **grosse** **adj.** et **n. f.**

■ **adj. 1.** Qui occupe beaucoup de place. *Une grosse valise.* → **volumineux.** *Il a une grosse voiture.* ❑ contr. **petit.** **2.** Plus large et plus gras que les autres gens en général. → **corpulent, gras, obèse.** *Elle veut maigrir, car elle se trouve trop grosse.* ❑ contr. **maigre, mince.** *Il a un gros ventre.* **3.** Abondant, important. *Il a touché une grosse somme d'argent.* **4.** Fort, intense. *Elle a un gros rhume.* **5.** *Des gros mots,* des mots grossiers. → **vulgaire.** **6.** *Avoir le cœur gros,* avoir du chagrin.

■ **adv. 1.** *Écrire gros,* en faisant de grandes lettres. *Julie écrit gros.* — *En avoir gros sur le cœur,* avoir beaucoup de chagrin ou de rancune. **2.** *Acheter, vendre* ***en gros,*** en grande quantité. ❑ contr. au **détail.** → aussi **grossiste.** *Le restaurateur achète sa viande en gros.* — ***En gros,*** à peu près, sans donner de détails. → **grosso modo.** *Dis-moi en gros ce qui s'est passé.*

■ **n. 1.** Personne grosse. *Une petite grosse m'a marché sur le pied.* **2.** **n. m.** *Le gros de,* la plus grande partie de. *Il nous reste encore du travail, mais le plus gros est fait,* l'essentiel, le principal.

▷ Autres mots de la famille : DÉGROSSIR, GROSSESSE, GROSSEUR, GROSSIER, GROSSIÈREMENT, GROSSIÈRETÉ, GROSSIR, GROSSISSEMENT, GROSSISTE, GROSSO MODO.

groseille **n. f.** ✦ Petit fruit rouge ou blanc au goût acide qui pousse en grappes. *De la gelée de groseille.*

➤ **groseillier** **n. m.** ✦ Arbuste sur lequel poussent les groseilles.

● Il y a un *i* avant les deux *l* et un autre *i* après les deux *l.*

groseille

grotte

grossesse n. f. ✦ Période pendant laquelle une femme attend un bébé, pendant laquelle elle est enceinte. *La grossesse dure neuf mois.*

● Pour les femelles des mammifères, on dit *la gestation.*

▷ Mot de la famille de GROS.

grosseur n. f. 1. Dimension, volume. *Ces œufs ne sont pas tous de la même grosseur.* → **calibre,** ② **taille.** 2. Petite boule sous la peau, que l'on voit ou que l'on sent quand on touche. *Il a une grosseur dans le cou, c'est sans doute un ganglion.*

▷ Mot de la famille de GROS.

grossier, grossière adj. 1. Qui est de mauvaise qualité ou fabriqué de façon rudimentaire. *Les hommes préhistoriques avaient des outils grossiers.* ❑ contr. **perfectionné.** 2. Énorme, grave. *C'est une grossière erreur d'avoir cru ce qu'il disait.* 3. Mal élevé, impoli. *Quel grossier personnage !* ❑ contr. **courtois,** ① **poli.** *Il ne dit que des mots grossiers,* des gros mots.

➤ **grossièreté** n. f. 1. Impolitesse, mauvaise éducation. *Il m'a répondu avec grossièreté.* ❑ contr. **courtoisie.** 2. Mot grossier. *Il dit beaucoup de grossièretés.*

➤ **grossièrement** adv. ✦ D'une manière impolie. *Il m'a répondu grossièrement.* ❑ contr. **poliment.**

▷ Mots de la famille de GROS.

grossir v. (conjug. 2) 1. Devenir gros. *Il mange trop, il a encore grossi.* → **engraisser.** ❑ contr. **maigrir, mincir.** 2. Faire paraître plus gros. *Cette robe la grossit. Ce microscope grossit mille fois les objets.* ❑ contr. **réduire.** 3. Exagérer, amplifier. *Cet événement n'était pas important, mais les journaux l'ont grossi.* ❑ contr. **minimiser.**

➤ **grossissement** n. m. ✦ Action de rendre plus gros. *Ce microscope a un très fort grossissement.*

▷ Mots de la famille de GROS.

grossiste n. m. et f. ✦ Commerçant qui vend ses marchandises seulement à d'autres commerçants et en très grande quantité à la fois. *Le grossiste achète des stocks chez le fabricant et les revend aux détaillants.*

▷ Mot de la famille de GROS.

grosso modo adv. ✦ À peu près, sans entrer dans les détails. *Voici, grosso modo, ce que nous allons faire.* → en **gros.**

▷ Mot de la famille de GROS.

grotesque adj. ✦ Ridicule. *Elle est grotesque avec ce chapeau.*

grotte n. f. ✦ Cavité de grande taille, dans un rocher ou le flanc d'une montagne. *Les hommes préhistoriques habitaient dans des grottes.* → **caverne** et aussi **spéléologue.**

grouiller v. (conjug. 1) 1. Être en très grand nombre et remuer. → **fourmiller.** *La foule grouillait sur la place.* 2. *Ce camembert grouille d'asticots,* il est plein d'asticots qui remuent. 3. Familier. **se grouiller,** se dépêcher. *Grouille-toi, on va être en retard !* → se **hâter.**

➤ **grouillant, grouillante** adj. ✦ Qui est en grand nombre et s'agite. *La rue était grouillante de monde,* pleine de monde.
➤ **grouillement** n. m. ✦ Mouvement de ce qui grouille. *Alex observe le grouillement des fourmis.*

groupe n. m. **1.** Ensemble de personnes réunies dans un même lieu. *Un groupe de touristes est entré dans le musée.* **2.** Ensemble de personnes ayant quelque chose en commun. *Il joue de la batterie dans un groupe de rock,* dans un petit orchestre de rock. **3.** Ensemble de choses. *Tournez à gauche après le groupe d'immeubles. Voici notre groupe scolaire,* les bâtiments de notre école. **4.** En grammaire, ensemble de mots qui sont organisés autour d'un mot principal et qui a une fonction dans la phrase. *Le groupe du nom, le groupe du verbe.* — Ensemble de verbes de la même catégorie. *Les verbes du 1er groupe* (en *-er*), *les verbes du 2e groupe* (en *-ir*, participe présent en *-issant*) *et les verbes du 3e groupe,* irréguliers. **5.** *Les groupes sanguins* permettent de classer les personnes selon la composition de leur sang. *Quel est ton groupe sanguin, A, B ou O ?*
➤ **grouper** v. (conjug. 1) ✦ Mettre ensemble. *Il a groupé tous ses livres de classe sur une étagère.* — **se grouper,** se rassembler. *Les touristes se groupent autour du guide.*
➤ **groupement** n. m. ✦ Réunion d'un grand nombre de personnes qui agissent ensemble. → **association.** *Un groupement syndical.*
▷ Autre mot de la famille : REGROUPER.

gruau n. m. ✦ Farine très fine. *Du pain de gruau.*

① **grue** n. f. ✦ Grand oiseau migrateur à longues pattes, qui vole par bandes. *La grue est un échassier.* ➻ planche Oiseaux p. 711. — *Faire le pied de grue,* c'est attendre longtemps debout au même endroit.

② **grue** n. f. ✦ Appareil qui sert à soulever des objets très lourds. *Sur le chantier, la grue soulève des blocs de pierre.*
➤ **grutier** n. m., **grutière** n. f. ✦ Personne qui manœuvre une grue.

grumeau n. m. ✦ Petite boule qui n'arrive pas à se mélanger à un liquide. *La farine fait des grumeaux dans le lait.*

gruyère [gʀyjɛʀ] n. m. ✦ Fromage de lait de vache, à pâte cuite, percé de trous et fabriqué en grosses meules. *Il a acheté un morceau de gruyère. Elle met du gruyère râpé dans les pâtes.*
● Ce mot vient du nom de la *Gruyère* qui est une région de Suisse.

gué n. m. ✦ Endroit d'une rivière où le niveau de l'eau est assez bas pour que l'on puisse passer à pied. *On peut traverser la rivière à gué,* à pied. ○ homonymes : gai, guet.

guenilles n. f. pl. ✦ Vêtements sales, déchirés. → **haillons, hardes.** *Un clochard en guenilles dort sur le banc.*
▷ Autre mot de la famille : DÉGUENILLÉ.

guenon n. f. ✦ Femelle du singe.

guépard n. m. ✦ Fauve au pelage roux clair tacheté de noir, ressemblant à la panthère, qui vit en Afrique et en Asie. *Le guépard est le plus rapide des animaux.* ➻ planche Félins p. 409.

guêpe n. f. ✦ Insecte au corps rayé jaune et noir dont la femelle porte un aiguillon venimeux. → aussi **frelon.** *Il y a un essaim de guêpes dans l'arbre. Louise a été piquée par une guêpe.* ➻ planche Insectes p. 543.
➤ **guêpier** n. m. **1.** Nid de guêpes. **2.** Situation dangereuse. *Comment sortir de ce guêpier ?*

guère adv. ✦ *Ne... guère,* pas beaucoup, pas très. *Le chat de Julie n'a guère plus d'un an. Vous ne venez guère nous voir,* vous ne venez pas souvent. ○ homonyme : guerre.
▷ Autre mot de la famille : NAGUÈRE.

guéri, guérie adj. ✦ Rétabli. *Louise a été malade, mais la voilà guérie.*
▷ Mot de la famille de GUÉRIR.

guéridon n. m. ✦ Petite table ronde avec un pied central.

guérilla [geʀija] n. f. ✦ Sorte de guerre où les combattants organisent sans cesse de petites attaques contre les soldats ennemis et leur tendent des embuscades sans jamais s'opposer à eux dans une vraie bataille rangée.
➤ **guérillero** [geʀijeʀo] n. m. ✦ Combattant d'une guérilla. — Au pl. *Des guérilleros.*
● *Guérilla* et *guérillero* viennent de l'espagnol *guerilla* qui veut dire « petite guerre ».

guérir v. (conjug. 2) **1.** Aller mieux, être à nouveau en bonne santé. *S'il se soigne bien, il guérira vite.* → se **rétablir**. **2.** Délivrer quelqu'un d'une maladie. *Le médecin a guéri Alex.* **3.** Faire cesser une maladie. *Ce médicament guérit le rhume.* **4.** Débarrasser quelqu'un d'une manie, d'un défaut. *Il faudrait guérir Léa de sa timidité.*

➤ **guérison** n. f. ✦ Fait d'être guéri. *Il doit rester au lit jusqu'à sa guérison.* → **rétablissement.**

➤ **guérisseur** n. m., **guérisseuse** n. f. ✦ Personne qui n'est pas médecin et qui affirme qu'elle peut guérir les malades par d'autres moyens que les médicaments.

▷ Autre mot de la famille : GUÉRI.

guérite n. f. ✦ Petite baraque en bois qui sert d'abri à une sentinelle. *À l'entrée du palais, les soldats montent la garde devant leurs guérites.*

guerre n. f. **1.** Lutte armée entre des États ou entre des groupes d'hommes. ❏ contr. **paix.** *En 1939, la France a déclaré la guerre à l'Allemagne. Ces deux pays sont en guerre depuis plusieurs années,* ils se battent depuis plusieurs années. *Une guerre nucléaire pourrait détruire toute la planète.* **2.** *Faire la guerre à quelqu'un,* le harceler jusqu'à ce qu'il fasse ce qu'on lui demande. *Sa mère fait la guerre à Théo pour qu'il range sa chambre.* **3.** *De bonne guerre,* sans hypocrisie ni traîtrise. *Julie a gagné, mais c'était de bonne guerre.* — *De guerre lasse,* en renonçant à résister. *Il a accepté de guerre lasse.* ○ homonyme : guère.

➤ **guerrier** n. m. et adj., **guerrière** adj.

■ n. m. *Un guerrier,* c'était, autrefois, une personne dont le métier était de faire la guerre. → **soldat.** *Les guerriers gaulois.*

■ adj. Qui aime faire la guerre. *Un peuple guerrier. Une nation guerrière.* → **belliqueux.** ❏ contr. **pacifique.**

➤ **guerroyer** v. (conjug. 8) ✦ Faire la guerre. *Au Moyen Âge, le seigneur guerroyait contre ses vassaux.*

guet n. m. ✦ *Faire le guet,* c'est surveiller un endroit pour voir si quelqu'un approche. *Pendant le cambriolage, un des voleurs fait le guet.* ○ homonymes : gai, gué.

▷ Mot de la famille de GUETTER.

guet-apens [gɛtapɑ̃] **n. m. inv.** ✦ Piège préparé contre quelqu'un pour qu'il y tombe par surprise. → **embuscade.** *On l'a attiré dans un guet-apens.* — Au pl. *Des guet-apens.*

guêtre n. f. ✦ Morceau de tissu ou de cuir qui enveloppe le bas de la jambe et le dessus de la chaussure. *Autrefois, les soldats portaient des guêtres.*

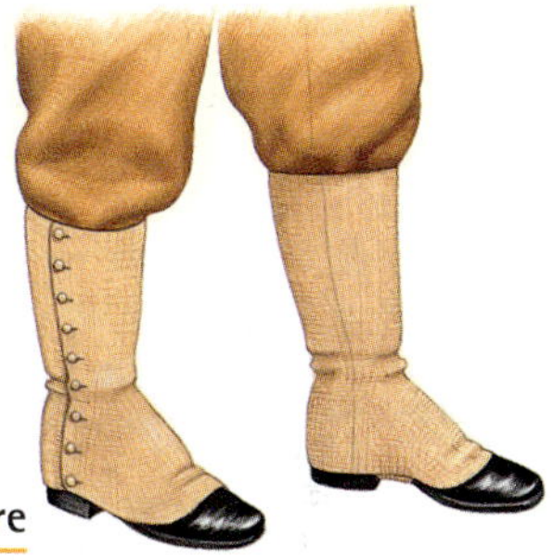

guêtre

guetter v. (conjug. 1) **1.** Observer en cachette pour surprendre. *Le chat guette la souris.* **2.** Attendre avec impatience quelqu'un ou quelque chose qui doit arriver en faisant attention de ne pas le laisser échapper. *Julie guette l'arrivée du facteur.* **3.** Menacer. *Avec ce froid, le rhume nous guette.*

▷ Autres mots de la famille : AUX AGUETS, GUET.

gueule n. f. ✦ Bouche de certains animaux. *Le loup tenait l'agneau dans sa gueule.* — *Se jeter dans la gueule du loup,* se précipiter vers un danger.

▷ Autre mot de la famille : AMUSE-GUEULE.

gui n. m. ✦ Plante parasite à boules blanches et à feuilles toujours vertes qui pousse sur les branches de certains arbres comme les pommiers et les peupliers. *On décore les maisons avec du gui et du houx pour la nouvelle année.*

guichet n. m. ✦ Petite ouverture par laquelle on peut parler aux employés d'une poste, d'une gare, d'un théâtre, d'une banque. *Il fait la queue au guichet pour prendre son billet de train.*

guider v. (conjug. 1) **1.** Accompagner en montrant le chemin. *Une jeune femme guide les visiteurs.* → aussi **guide.** **2.** Diriger. *Le cavalier guide son cheval. La fusée est guidée par radio.*

— se **guider**, trouver son chemin. *Le navigateur se guide sur le soleil,* il se dirige en prenant le soleil comme repère.

➤ **guide** **n. m. et f.** 1. Personne qui accompagne pour montrer le chemin, donner des explications. *Les touristes donnent un pourboire à la guide. Il est guide de montagne.* 2. **n. m.** Livre qui donne des renseignements sur une région, un pays et que l'on utilise quand on voyage. *Ils ont acheté un guide touristique pour visiter l'Italie.*

➤ **guides** **n. f. pl.** ✦ Lanières de cuir attachées au mors d'un cheval et servant à le diriger. → **rêne.**

➤ **guidon** **n. m.** ✦ Tube de métal muni de poignées qui sert à diriger la roue avant d'une bicyclette, d'une mobylette ou d'une moto.

▷ Autres mots de la famille : TÉLÉGUIDÉ, TÉLÉGUIDER.

guigner **v.** (conjug. 1) ✦ Regarder avec envie, du coin de l'œil. *Le chat guigne le morceau de poulet que Julie a dans son assiette.* → **convoiter, lorgner.**

guignol **n. m.** ✦ Spectacle de marionnettes où l'on joue des pièces dont Guignol est en général le héros. *Elle a emmené sa fille au guignol.*

guignol

guillemets **n. m. pl.** ✦ Petits signes (« ») qui servent à mettre en valeur un mot ou à signaler qu'une autre personne que celle qui raconte l'histoire parle. *Il faut mettre les citations entre guillemets.*

● Ce mot vient de *Guillaume,* nom de l'imprimeur qui inventa ces signes.

guilleret, guillerette **adj.** ✦ Vif et gai. → **joyeux.** *Léa est toute guillerette ce matin.* ❏ contr. **morose, triste.**

guillotine **n. f.** ✦ Machine qui servait à couper la tête des condamnés à mort. *Pendant la Révolution de 1789, de nombreux nobles furent condamnés à la guillotine.*

● C'est le docteur *Guillotin* qui eut l'idée de cette machine en 1789.

➤ **guillotiner** **v.** (conjug. 1) ✦ Faire mourir quelqu'un en lui coupant la tête avec une guillotine. → **décapiter.** *Louis XVI a été guillotiné en 1793.*

guimauve **n. f.** 1. Plante à très haute tige et à jolies fleurs d'un blanc rose. *Les feuilles et les racines de guimauve ont une action adoucissante.* 2. Pâte molle et sucrée que l'on mange comme bonbon. *Louise s'est acheté de la guimauve à l'anis.*

guindé, guindée **adj.** ✦ Raide, digne et sévère. *Le nouveau directeur a un air guindé.* ❏ contr. **naturel.**

de **guingois** **adv.** ✦ Familier. De travers. *Cette vieille grange est toute de guingois.* ❏ contr. ① **droit.**

guirlande **n. f.** ✦ Long cordon de feuillage, de fleurs ou de papier découpé que l'on suspend ou que l'on enroule en couronne. *L'arbre de Noël est couvert de guirlandes scintillantes.*

guise **n. f.** 1. *À sa guise,* comme il veut. → **gré.** *Que chacun agisse à sa guise !* 2. *En guise de,* à la place de. *Les Tahitiennes portent un pagne en guise de jupe.* → **comme.**

guitare **n. f.** ✦ Instrument de musique à cordes. ➻ planche Instruments de musique p. 549. *La guitare a six cordes. Une guitare électrique,* une guitare branchée sur un amplificateur.

➤ **guitariste** **n. m. et f.** ✦ Musicien, musicienne qui joue de la guitare.

guttural, gutturale **adj.** ✦ Qui part du fond de la gorge. *Il a une voix gutturale.* → **rauque.** — Au masc. pl. *gutturaux.*

gymnase

gymnase n. m. ✦ Grande salle aménagée spécialement pour faire de la gymnastique.

gymnaste n. m. et f. ✦ Athlète dont la spécialité est la gymnastique. *Cette gymnaste a remporté une médaille d'or aux Jeux olympiques.*

gymnastique n. f. ✦ Ensemble d'exercices qui rendent le corps plus musclé et plus souple. *Il fait de la gymnastique tous les matins. Elle est professeur de gymnastique,* d'éducation physique.

● On dit aussi familièrement *la gym.*

gynécologie n. f. ✦ Partie de la médecine qui soigne les organes génitaux de la femme.

➤ **gynécologue** n. m. et f. ✦ Médecin spécialiste de la gynécologie. *C'est une gynécologue qui l'a accouchée.*

gypse n. m. ✦ Roche calcaire tendre. *Le gypse sert à fabriquer le plâtre.*

gyrophare n. m. ✦ Lumière qui tourne, placée sur le toit d'une voiture de police, de pompiers ou d'une ambulance. *Quand l'ambulance transporte un malade, son gyrophare bleu est allumé.*

▷ Mot de la famille de PHARE.

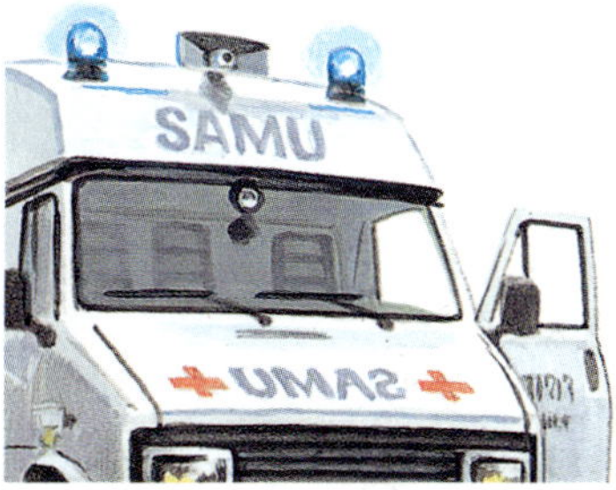

gyrophare

H

* h : dans certains mots le h aspiré empêche la liaison et l'élision.

h n. m. inv. 1. *L'heure H,* c'est l'heure fixée pour le début d'une opération importante. 2. *La bombe H,* c'est la bombe atomique à hydrogène dont la puissance est très grande.

***ha !** interj. ✦ Mot qui sert à exprimer la douleur, la surprise, l'admiration ou le rire. → **ah !** *Ha ! c'est toi !*

habile adj. ✦ Qui se sert de ses mains d'une manière efficace, rapide et intelligente. *Ce prestidigitateur est très habile.* → **adroit.** ❑ contr. **gauche, maladroit, malhabile.**

➤ **habilement** adv. ✦ D'une manière adroite. *Le motard s'est habilement faufilé entre les voitures.*

➤ **habileté** n. f. ✦ Adresse. *Il fait des tours de cartes avec habileté.*

▷ Autre mot de la famille : MALHABILE.

habiliter v. (conjug. 1) ✦ Autoriser légalement quelqu'un à faire quelque chose. *Les contractuelles sont habilitées à mettre des contraventions.*

▷ Autre mot de la famille : RÉHABILITER.

habiller v. (conjug. 1) ✦ Mettre des vêtements à quelqu'un. *Louise habille son petit frère.* → **vêtir.** — *Pour la fête, Théo était habillé en cow-boy,* il était déguisé en cow-boy.

➤ s'**habiller** v. 1. Mettre ses habits. *Léa s'est habillée toute seule.* ❑ contr. se **déshabiller.** 2. Choisir ses vêtements. *Elle n'a aucun goût, elle ne sait pas s'habiller.* 3. Acheter ses vêtements. *Il s'habille toujours dans le même magasin.* 4. Mettre des vêtements élégants. *Ils se sont habillés pour aller au théâtre.*

➤ **habillé, habillée** adj. 1. Couvert de vêtements. *Il s'est couché tout habillé.* ❑ contr. **nu.** 2. Élégant, chic. *Une robe habillée.*

➤ **habillement** n. m. ✦ Manière dont une personne est habillée. *Cet habillement est inadapté au froid.* → **tenue.**

▷ Autres mots de la famille : DÉSHABILLER, RHABILLER.

habit n. m. 1. *Les habits,* ce sont les vêtements. *Elle a mis des habits d'été.* 2. Costume noir que portent les hommes pour les cérémonies. *À la soirée de gala, les femmes étaient en robe du soir et les hommes en habit.* 3. *L'habit ne fait pas le moine,* il ne faut pas se fier à l'apparence.

habiter v. (conjug. 1) ✦ Avoir sa maison. *Alex habite à Paris.* → **demeurer, loger, résider,** ① **vivre.** *Les lapins habitent dans des terriers.*
● On peut dire *J'habite Paris* ou *J'habite à Paris.*

➤ **habitable** adj. ✦ Où l'on peut habiter. *Ils ont aménagé le grenier pour le rendre habitable,* pour que l'on puisse y vivre.

➤ **habitacle** n. m. ✦ Partie d'un avion, d'un vaisseau spatial, d'une voiture où l'on peut s'installer. *Cette voiture a un habitacle spacieux.*

➤ **habitant** n. m., **habitante** n. f. ✦ Personne qui vit habituellement dans un endroit. *Il y a deux millions d'habitants dans cette ville.*

➤ **habitat** n. m. 1. Manière dont les hommes se logent. *L'habitat urbain est différent de l'habitat rural.* 2. Endroit où vit habituellement une espèce d'animaux, une espèce de plantes. *L'habitat des singes, c'est la forêt vierge.*

➤ **habitation** n. f. ✦ Lieu où l'on habite. *On construit de nouvelles habitations près de chez nous.* → **immeuble, logement, maison, résidence.** ➻ planche p. 487.

▷ Autres mots de la famille : COHABITER, INHABITABLE, INHABITÉ.

habitude n. f. 1. Chose que l'on fait souvent et régulièrement. *Il a l'habitude de se lever très tôt le matin.* 2. Expérience, connaissance. *Le professeur a l'habitude des enfants.* 3. Usage, coutume. *Les habitudes ne sont pas les mêmes dans tous les pays.* 4. *D'habitude,* ordinairement. → **généralement, habituellement.** *D'habitude, il arrive le premier. Elle est en retard, comme d'habitude,* comme toujours.

habituel, habituelle adj. ✦ Qui est devenu une habitude. *Je ne reconnais pas le chemin, tu n'as pas pris la route habituelle,* celle que tu prends d'habitude.

➤ **habituellement** adv. ✦ La plupart du temps. → **généralement.** *Habituellement, en cette saison, il pleut.* ❑ contr. **exceptionnellement.**

▷ Autre mot de la famille : INHABITUEL.

habituer v. (conjug. 1) 1. Donner l'habitude à quelqu'un de faire quelque chose. *Elle a habitué ses enfants à faire leur lit.* 2. **s'habituer,** prendre l'habitude. → s'**accoutumer.** *Au bout d'un moment, on s'habitue à l'obscurité.*

➤ **habitué** n. m., **habituée** n. f. ✦ Personne qui va souvent dans un restaurant ou un café. *Ils prennent toujours la même table, ce sont des habitués.*

***hache** n. f. ✦ Instrument tranchant à grosse lame et à long manche qui sert à fendre, à couper. *Les bûcherons ont abattu l'arbre à coups de hache.*

➤ ***hachette** n. f. ✦ Petite hache.

***hacher** v. (conjug. 1) ✦ Couper en très petits morceaux avec un couteau ou un appareil spécial. *Elle hache du persil et des échalotes. — Il mange du bifteck haché.*

➤ ***hachis** n. m. ✦ Préparation de viande, de poisson, de légumes ou d'herbes hachés. *Elle farcit les poivrons avec un hachis de viande,* de la viande hachée.

● Le *s* final ne se prononce pas.

➤ ***hachoir** n. m. ✦ Appareil qui sert à hacher la viande, le poisson, etc. *Le boucher met des morceaux de viande dans son hachoir électrique.*

***hachure** n. f. ✦ *Les hachures,* ce sont de petits traits parallèles ou croisés qui servent à indiquer les ombres sur un dessin ou certains endroits particuliers sur une carte de géographie.

➤ ***hachurer** v. (conjug. 1) ✦ Couvrir de hachures. *Les parties de la carte hachurées en vert représentent les forêts.*

***haddock** n. m. ✦ Églefin fumé. *Nous avons mangé du haddock poché.*

● Attention aux deux *d* et au *ck* de la fin.

***hagard, *hagarde** adj. ✦ *Un air hagard,* c'est un air effrayé et perdu. → **effaré.**

hache

***haie** n. f. 1. Clôture d'arbres ou d'arbustes alignés, qui limite un champ, un jardin, ou les protège contre le vent. *Le jardinier taille les haies.* 2. *Une course de haies,* c'est une

haler

* h : dans certains mots le h aspiré

yourte

tipi

igloo

maison
sur pilotis

chaumière

isba

chalet

immeuble haussmannien

maison à pignon

empêche la liaison et l'élision.

course où des chevaux ou des coureurs à pied doivent franchir des obstacles artificiels. *Il a remporté le 110 mètres haies.* **3.** Rangée de personnes. *Le chanteur est passé entre deux haies d'admirateurs.*

***haillons** **n. m. pl.** ✦ Vieux vêtements tout déchirés. → **guenilles, hardes.** *Un clochard en haillons.* ❍ homonyme : hayon.

***haine** **n. f.** ✦ Sentiment très fort que l'on éprouve quand on déteste quelqu'un et qu'on lui veut du mal. → aussi **haïr.** *Il éprouve de la haine pour son ancien patron.* → aussi **aversion, répulsion.** ❑ contr. **affection, amitié, amour.** ❍ homonyme : aine.

➤ ***haineux, *haineuse** **adj.** ✦ Plein de haine. → **méchant.** *Des paroles haineuses.* ❑ contr. **amical.**

***haïr** **v.** (conjug. 10) ✦ Détester. ❑ contr. **aimer.** *Il hait tout le monde, c'est un vieux misanthrope.* → aussi **haine.** *Alex hait le mensonge.*

➤ ***haïssable** **adj.** ✦ Qui mérite d'être haï. *La guerre est haïssable.* → **détestable, odieux.**

***halage** **n. m.** ✦ *Un chemin de halage,* un chemin qui permet de remorquer les péniches, les bateaux à l'aide d'un cordage tiré du rivage. → aussi **haler.**

▷ Mot de la famille de HALER.

***hâle** **n. m.** ✦ Couleur brune que prend la peau quand on s'expose au soleil. *En rentrant de vacances, elle avait un joli hâle.* → **bronzage.**

➤ ***hâlé, *hâlée** **adj.** ✦ Bruni par le soleil. *Elle est hâlée,* bronzée. ❍ homonymes : allée, ① et ② aller, haler.

● Attention à l'accent circonflexe du *â.*

haleine **n. f.** **1.** Air qui sort des poumons quand on expire. *Les bonbons à la menthe donnent une haleine fraîche. Il a mauvaise haleine,* il sent mauvais de la bouche. **2.** Respiration, souffle. *Elle a trop couru, elle est hors d'haleine,* très essoufflée. *Ils rient à perdre haleine,* au point d'avoir du mal à respirer. **3.** *Tenir quelqu'un en haleine,* c'est le captiver. *Ce film nous tient en haleine jusqu'au bout,* nous intéresse en nous laissant toujours attendre la suite des événements. **4.** *Un travail de longue haleine,* c'est un travail très long et qui demande beaucoup d'efforts.

***haler** **v.** (conjug. 1) ✦ *Haler un bateau,* c'est le remorquer avec des cordes tirées du rivage, de la berge. ❍ homonymes : allée, ① et ② aller, hâlé.

▷ Autre mot de la famille : HALAGE.

***haleter** **v.** (conjug. 5) ✦ Respirer très vite, être essoufflé. *La chienne halète aux pieds de son maître.*

➤ ***haletant, *haletante** **adj.** ✦ Essoufflé. *Léa a beaucoup couru, elle est toute haletante.*

***hall** ['ol] **n. m.** ✦ Grande salle par laquelle on entre dans les gares, les hôtels, les immeubles. *Rendez-vous dans le hall de l'hôtel, à midi.* — Au pl. *Des halls.*

● Ce mot vient de l'anglais.

***halle** **n. f.** **1.** *Une halle,* c'est un grand bâtiment où l'on vend des marchandises en gros. *La halle aux vins.* **2.** *Les halles,* ce sont les bâtiments qui forment un immense marché où les commerçants d'une grande ville vont s'approvisionner.

les **halles**

* h : dans certains mots le h aspiré

***hallebarde** **n. f.** ✦ Arme ancienne qui ressemble à une lance. — *Il pleut des hallebardes,* il pleut très fort, il pleut à verse, il pleut des cordes.

halloween [alɔwin] **n. f.** ✦ Fête annuelle à l'occasion de laquelle les enfants masqués et déguisés font la tournée de leur quartier pour recevoir des friandises. *Halloween a toujours lieu le 31 octobre.*
● Ce mot vient de l'anglais.

hallucinant, hallucinante **adj.** ✦ Extraordinaire. *Cet avion vole à une vitesse hallucinante.*

hallucination **n. f.** ✦ Impression de voir ou d'entendre quelque chose qui n'existe pas. *Elle a cru le voir passer mais c'était une hallucination.* → **illusion.**

***halo** **n. m.** ✦ Cercle de lumière aux contours flous qui entoure un point lumineux. *Le halo de la lune.* ❍ homonyme : allô.

halogène **adj.** ✦ *Une lampe halogène,* c'est une lampe dont l'ampoule contient un élément chimique spécial donnant un éclairage très puissant qui ressemble à la lumière du jour.

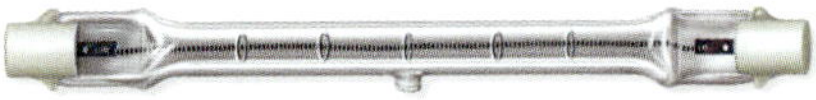

ampoule **halogène**

***halte** **n. f.** et **interj.**
■ **n. f.** Moment d'arrêt pendant une marche ou un voyage. *Ils ont fait une halte pour le déjeuner.*
■ **interj.** Commandement qui ordonne de s'arrêter. *« Halte ! », dirent les policiers en stoppant la voiture,* arrêtez-vous, stop !

➤ ***halte-garderie** **n. f.** ✦ Lieu où l'on peut faire garder un enfant en bas âge de temps en temps. *Elle a déposé son fils à la halte-garderie pour aller faire ses courses.* — Au pl. *Des haltes-garderies.* ▷ Mot de la famille de GARDER.

haltère **n. m.** **1.** Instrument de gymnastique fait de deux boules ou de deux disques de métal réunis par une barre. *L'athlète soulève à bout de bras un haltère de 200 kg.* **2.** *Les poids et haltères,* sport qui consiste à soulever des haltères très lourds en faisant certains mouvements. → **haltérophilie.**
● *Haltère* est un nom masculin.

➤ **haltérophile** **n. m.** et **f.** ✦ Athlète qui fait des poids et haltères.

➤ **haltérophilie** **n. f.** ✦ Sport des poids et haltères.

***hamac** ['amak] **n. m.** ✦ Rectangle de toile ou de filet suspendu par ses deux extrémités, dans lequel on s'allonge pour dormir ou se reposer. *Elle a accroché un hamac entre deux arbres, dans le jardin.*

***hamburger** ['ɑ̃buʀgœʀ] **n. m.** ✦ Sandwich chaud composé d'un bifteck haché cuit, servi à l'intérieur d'un petit pain rond. *Il mange souvent des hamburgers.*
● Ce mot vient de l'anglais.

***hameau** **n. m.** ✦ Petit groupe de maisons situé à l'écart du village. *Il n'y a pas de boulangerie dans le hameau.* — Au pl. *Des hameaux.*

hameçon **n. m.** ✦ Petit crochet de métal placé au bout d'une ligne, sur lequel on fixe un appât pour prendre le poisson. *Le poisson a mordu à l'hameçon.*

***hammam** ['amam] **n. m.** ✦ Établissement où l'on prend des bains de vapeur.
● C'est un mot turc qui veut dire « bain chaud ».

***hampe** **n. f.** ✦ Long manche de bois auquel est fixé un drapeau ou le fer d'une lance.

***hamster** ['amstɛʀ] **n. m.** ✦ Petit mammifère rongeur au pelage roux et blanc.

***hanche** **n. f.** ✦ Chacune des deux parties du corps situées sur le côté, juste au-dessous de la taille. *La boulangère discutait devant sa boutique, les mains sur les hanches.*

***hand-ball** ou ***handball** ['ɑ̃dbal] **n. m.** ✦ Sport d'équipe qui ressemble au football

hand-ball

* empêche la liaison et l'élision.

mais où l'on joue uniquement avec les mains. *Un match de hand-ball.*
● Ce mot vient de l'allemand.
➤ ***handballeur** **n. m.**, ***handballeuse** **n. f.** ✦ Joueur, joueuse de hand-ball. *Notre équipe de handballeuses a gagné le match.*

***handicap** ['ɑ̃dikap] **n. m.** ✦ Chose qui empêche de réussir. *C'est un sérieux handicap de ne savoir ni lire, ni écrire.* → **désavantage.** ❑ contr. **avantage.**
➤ ***handicaper** **v.** (conjug. 1) ✦ Empêcher de réussir. → **désavantager.** *Sa mauvaise orthographe l'a handicapé pour son examen.* ❑ contr. **avantager.**
➤ ***handicapé** **n. m.**, **handicapée** **n. f.** ✦ Personne qui est infirme *(handicapé physique)* ou dont le développement du cerveau est anormal *(handicapé mental). La handicapée était dans un fauteuil roulant.* → aussi **invalide.**

***hangar** **n. m.** **1.** Grand bâtiment ouvert formé d'un toit supporté par des poteaux et qui sert à abriter des machines ou des marchandises. *Le tracteur est dans le hangar.* **2.** Grand garage pour avions. *L'avion de chasse est garé dans son hangar.*

***hanneton** **n. m.** ✦ Gros insecte roux à antennes qui vole en faisant beaucoup de bruit. ➺ planche Insectes p. 543.

***hanter** **v.** (conjug. 1) **1.** Apparaître régulièrement dans un endroit. *On dit qu'un fantôme hante le château.* **2.** Être continuellement présent à l'esprit. → **obséder, tourmenter.** *Ce souvenir me hante.*
➤ ***hantise** **n. f.** ✦ Peur que l'on a tout le temps. → **obsession.** *Elle a la hantise de la maladie.*

***happer** **v.** (conjug. 1) ✦ Saisir brusquement dans la bouche, la gueule, le bec. *Le chien a happé le morceau de viande qu'on lui tendait.*

***hara-kiri** **n. m.** ✦ *Se faire hara-kiri,* se suicider en s'ouvrant le ventre avec un sabre. *Au Japon, les samouraïs, déshonorés, se faisaient hara-kiri.* — Au pl. *Des hara-kiris.*
● Ce mot est japonais.

***harangue** **n. f.** ✦ Discours solennel prononcé par une personne devant une foule. *Le général adresse une harangue à ses soldats.*
➤ ***haranguer** **v.** (conjug. 1) ✦ Prononcer un discours solennel devant une foule. *L'officier harangue ses troupes avant la bataille.*

***haras** ['aʀa] **n. m.** ✦ Endroit où l'on élève des chevaux. ❍ homonyme : ara.

***harasser** **v.** (conjug. 1) ✦ Fatiguer énormément. *Ce voyage nous a harassés.* → **épuiser, éreinter.** ❑ contr. **reposer.**
➤ ***harassant, *harassante** **adj.** ✦ Très fatigant. *Une journée harassante.* → **épuisant, éreintant.**
➤ ***harassé, *harassée** **adj.** ✦ Très fatigué. *À la fin de la journée, les enfants étaient harassés.* → **épuisé.**

***harceler** **v.** (conjug. 5) ✦ Faire subir à quelqu'un des attaques courtes et sans cesse répétées. *Les moustiques me harcèlent. Les journalistes l'ont harcelé de questions,* ils lui ont posé beaucoup de questions en l'obligeant à répondre très vite.
➤ ***harcèlement** **n. m.** ✦ Action d'importuner quelqu'un sans cesse. *Une guerre de harcèlement,* c'est une guerre faite de petites attaques répétées.

***harde** **n. f.** ✦ Troupe de bêtes sauvages vivant ensemble. *Une harde de cerfs.* ❍ homonyme : hardes.

***hardes** **n. f. pl.** ✦ Vêtements usés. → **guenilles, haillons.** *Le clochard ramassait de vieilles hardes dans les poubelles.* ❍ homonyme : harde.

***hardi, *hardie** **adj.** ✦ Qui n'a pas peur du danger, qui prend des risques. *Des alpinistes hardis veulent escalader le glacier.* → **audacieux, aventureux, intrépide.** ❑ contr. **peureux, timoré.**
➤ ***hardiesse** **n. f.** ✦ Audace, intrépidité. *Ce reporter a fait preuve d'une grande hardiesse.*
➤ ***hardiment** **adv.** ✦ Courageusement. *Les sauveteurs affrontent hardiment le danger.*
▷ Autre mot de la famille : S'ENHARDIR.

** h : dans certains mots le h aspiré*

***harem** ['aʀɛm] **n. m.** ✦ Endroit de la maison où habitent les femmes, chez les riches musulmans d'Orient. *Autrefois, le sultan enfermait ses femmes dans le harem.*
● Ce mot vient de l'arabe.

***hareng** ['aʀɑ̃] **n. m.** ✦ Poisson au dos bleu vert et au ventre argenté qui vit dans les mers froides. *Il mange des filets de hareng marinés.* — Familier. *On est serrés comme des harengs, dans ce train,* on est très serrés.

***hargne** **n. f.** ✦ Mauvaise humeur qui fait que l'on est désagréable avec les autres et que l'on dit des paroles méchantes. *Elle a répondu avec hargne à la question qu'on lui posait.* ❑ contr. **amabilité.**

➤ ***hargneux, *hargneuse** **adj.** ✦ Plein de hargne, de mauvaise humeur. *La caissière du café est une femme hargneuse.* → **acariâtre, désagréable, grincheux.** ❑ contr. **aimable.**

***haricot** **n. m.** ✦ Plante dont on mange les gousses quand elles sont encore vertes *(les haricots verts)* ou dont on mange les graines contenues dans ces gousses quand elles sont mûres *(les haricots blancs).* → aussi ② **flageolet.** *Nous avons mangé du gigot aux haricots.*

haricot

(*) harissa **n. m. ou f.** ✦ Poudre ou purée de piments. *Le couscous est servi avec de l'harissa.*
● On peut dire *de l'harissa, de la harissa* ou *du harissa.*

harmonica **n. m.** ✦ Petit instrument de musique que l'on tient dans une main et que l'on fait glisser entre les lèvres en soufflant et en aspirant. *Le cow-boy solitaire jouait de l'harmonica.*
▷ Mot de la famille de HARMONIE.

harmonie **n. f.** **1.** Accord qui existe entre plusieurs choses et qui les rend agréables à regarder ou à entendre. *Admirez l'harmonie des couleurs de ce tableau.* **2.** Bonne entente. *L'harmonie règne dans ce couple.* ❑ contr. **désaccord, mésentente.**

➤ **harmonieux, harmonieuse** **adj.** ✦ *Une voix harmonieuse,* agréable à entendre. → **mélodieux.** *Des couleurs harmonieuses,* qui vont bien ensemble.

➤ **harmonieusement** **adv.** ✦ D'une manière harmonieuse, avec harmonie. *La ville s'est développée harmonieusement.*

➤ **harmoniser** **v.** (conjug. 1) ✦ Mettre plusieurs choses en accord, les coordonner. *Le peintre a su harmoniser les couleurs de son tableau.* — **s'harmoniser,** aller bien ensemble. *Le bleu du pull-over de Léa s'harmonise avec ses yeux,* est assorti à ses yeux.

➤ **harmonisation** **n. f.** ✦ Action d'harmoniser, de faire aller des choses ensemble. *Le décorateur s'est attaché à l'harmonisation des couleurs.*

▷ Autres mots de la famille : HARMONICA, HARMONIUM.

harmonium [aʀmɔnjɔm] **n. m.** ✦ Instrument de musique qui ressemble à un piano droit mais produit le même son qu'un orgue. *À l'église, on joue de l'harmonium pendant la messe.*
▷ Mot de la famille de HARMONIE.

***harnacher** **v.** (conjug. 1) ✦ *Harnacher un cheval,* c'est lui mettre tout l'équipement qu'il lui faut pour porter un cavalier ou pour tirer une voiture. → aussi **harnais.**

➤ ***harnachement** **n. m.** **1.** Équipement d'un cheval ou d'un animal que l'on monte. → **harnais.** *Le palefrenier enlève le harnachement du cheval.* **2.** Équipement lourd et peu pratique. *L'alpiniste est parti avec tout son harnachement.*

***harnais** **n. m.** **1.** Ensemble de l'équipement que l'on met à un cheval pour le monter ou l'atteler : selle, collier, mors, rênes, etc. → **harnachement**. **2.** Ensemble de sangles de sécurité qui entourent le corps d'un alpiniste, d'un navigateur ou d'un véliplanchiste.

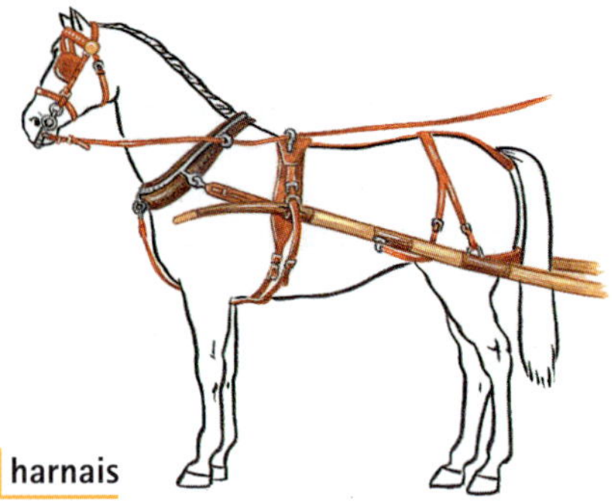

harnais

***harpe** **n. f.** ✦ Grand instrument de musique fait d'un cadre en bois qui a la forme d'un triangle sur lequel sont tendues des cordes que l'on pince des deux mains. ➸ planche Instruments de musique p. 549.

➤ ***harpiste** **n. m. et f.** ✦ Personne qui joue de la harpe. *La harpiste jouait, assise derrière sa harpe.*

***harpie** **n. f.** ✦ Femme méchante et désagréable. → **mégère**. *C'est une vieille harpie.*

***harpon** **n. m.** ✦ Instrument ressemblant à une très longue flèche munie d'une corde à l'une de ses extrémités, qui sert à accrocher et tirer les gros poissons. *Ils pêchent au harpon.*

➤ ***harponner** **v.** (conjug. 1) ✦ Accrocher avec un harpon. *Les pêcheurs ont harponné un requin.*

hasard** **n. m.** **1.** *Un hasard,* c'est quelque chose qui arrive et qui n'était pas prévu. → **circonstance**. *C'est un pur hasard si je me trouve ici aujourd'hui.* → **coïncidence**. *Un malheureux hasard nous a séparés,* la malchance. **2.** *Il nous a donné ce conseil un peu* ***au hasard, sans réfléchir. *Prenez mon adresse,* ***à tout hasard,*** au cas où cela pourrait vous être utile. *J'ai retrouvé mon cahier* ***par hasard,*** sans l'avoir cherché. **3.** *Un jeu de hasard,* un jeu où l'on n'a pas besoin de réfléchir pour gagner, où il faut seulement avoir de la chance. *Le loto est un jeu de hasard.*

➤ ***hasarder** **v.** (conjug. 1) **1.** Faire quelque chose en risquant d'échouer ou de déplaire. *Il a hasardé une question.* **2.** **se hasarder,** aller dans un lieu dangereux. *Il n'est pas prudent de se hasarder dans cette rue, la nuit.* → s'**aventurer**.

➤ ***hasardeux, *hasardeuse** **adj.** ✦ Qui comporte un risque. → **dangereux, risqué**. *Il serait hasardeux de prendre une décision trop rapide.* ❑ contr. **sûr**.

***haschisch** ['aʃiʃ] **n. m.** ✦ Plante dont on fume les feuilles séchées pour se droguer. *La police a arrêté un trafiquant de haschisch.*

***hase** **n. f.** ✦ Femelle du lièvre ou du lapin de garenne. *La hase et ses levrauts.*

hâte** **n. f.** ✦ Grande rapidité pour faire quelque chose. *Elle met peu de hâte à s'habiller, ce matin,* elle ne se dépêche pas. *Il a hâte de rentrer chez lui,* il est très pressé de rentrer chez lui. *Le médecin est parti* ***en hâte *au chevet d'un malade,* rapidement, sans tarder. *Elle a fait ses devoirs* ***à la hâte,*** très vite, sans s'appliquer.

➤ ***hâter** **v.** (conjug. 1) **1.** Faire arriver plus tôt, plus vite. *Il a dû hâter son départ,* l'avancer. ❑ contr. **retarder**. **2.** Rendre plus rapide. *Il faut hâter le pas si vous voulez arriver à l'heure,* il faut marcher plus vite. → **accélérer**. ❑ contr. **ralentir**. **3.** **se hâter,** se dépêcher. *Hâtez-vous, le film va commencer.* → ② se **presser**.

➤ ***hâtif, *hâtive** **adj.** ✦ Qui a été fait trop vite. *Il a pris une décision hâtive.* → **précipité, prématuré**.

***hauban** **n. m.** ✦ *Les haubans,* ce sont les câbles d'acier qui servent à maintenir le mât d'un bateau à voile.

***haubert** **n. m.** ✦ Cotte de mailles. *Le chevalier avait revêtu son haubert.*

***hausser** **v.** (conjug. 1) **1.** Mettre à un niveau plus élevé. *Elle a haussé les épaules,* elle les a soulevées pour montrer son mépris ou son indifférence. → ① **lever**. *Il a montré son étonnement en haussant les sourcils.* **2.** **se hausser,** s'élever. *Elle se hausse sur la pointe des pieds,* elle se dresse sur la pointe des pieds. **3.** *Hausser la voix,* se mettre à parler plus fort. **4.** Augmenter. *Les commerçants ont haussé leurs prix.* ❑ contr. **baisser**.

** h : dans certains mots le h aspiré*

➤ ***hausse** n. f. ✦ Augmentation. *Il y a eu une hausse de température.* → **élévation.** ❑ contr. **baisse.** *L'inflation entraîne la hausse des prix.*

***haut** adj., n. m. et adv., ***haute** adj.

■ adj. 1. Grand, dans le sens vertical. → **élevé.** *Il aime se promener en haute montagne. Les gratte-ciel sont des immeubles très hauts. Ce mur est haut de 2 mètres.* 2. Dans une position élevée. *Il est midi, le soleil est haut dans le ciel.* ❑ contr. ① **bas.** 3. Situé au-dessus. *La confiture est sur l'étagère la plus haute.* 4. Fort. *Elle a parlé à voix haute pendant son sommeil.* 5. Supérieur. *Il a une montre de haute précision.*

■ n. m. 1. Hauteur. *La tour Eiffel a 320 mètres de haut.* 2. La partie haute d'une chose. *Théo est assis sur le haut du mur. Le cycliste s'est arrêté en haut de la côte.* → **sommet.** ❑ contr. ① **bas.**

■ adv. 1. En un point très élevé sur la verticale. *L'avion vole très haut dans le ciel.* 2. À voix haute. *Dites tout haut ce que vous pensez !* ❑ contr. ① **bas, doucement.** ❍ homonymes : au, eau, oh.

➤ ***hautement** adv. ✦ Très. *Elle est hautement qualifiée pour faire ce travail.*

➤ ***hauteur** n. f. 1. Dimension dans le sens vertical. *La hauteur d'un triangle.* ➸ planche Géométrie p. 459. *Quelle est la hauteur de cet arbre ?* 2. Niveau. *Le lit et la table de nuit sont à la même hauteur.* 3. Lieu élevé. *Le château est sur une hauteur.* 4. Dédain, mépris. *Elle lui parle avec hauteur.*

▷ Autres mots de la famille : HAUTAIN, HAUTBOIS, HAUT-DE-FORME, HAUTE-FIDÉLITÉ, HAUT-FOND, HAUT FOURNEAU, HAUT-LE-CŒUR, HAUT-LE-CORPS, HAUT-PARLEUR, REHAUSSER.

***hautain, *hautaine** adj. ✦ Dédaigneux. *Elle est hautaine et distante.* → **arrogant, méprisant.**

▷ Mot de la famille de HAUT.

***hautbois** n. m. ✦ Instrument de musique en bois et en métal, formé d'un long tuyau droit percé de trous, dans lequel on souffle. → aussi **clarinette.** *Il joue du hautbois dans un orchestre.* ➸ planche Instruments de musique p. 548.

▷ Mot de la famille de HAUT et de BOIS.

***haut-de-forme** n. m. ✦ Chapeau dur, haut et cylindrique, à petits bords, que les hommes portent quelquefois pour les cérémonies. — Au pl. *Des hauts-de-forme.*

▷ Mot de la famille de HAUT et de FORME.

haut-de-forme

***haute-fidélité** n. f. ✦ *Une chaîne haute-fidélité,* c'est une chaîne qui reproduit très exactement les sons enregistrés. → **hi-fi.** — Au pl. *Des chaînes haute-fidélité.*

▷ Mot de la famille de HAUT et de FIDÈLE.

***haut-fond** n. m. ✦ Sommet sous-marin recouvert de très peu d'eau. *Les bateaux doivent faire attention de ne pas s'échouer sur les hauts-fonds.* → aussi **bas-fond.**

▷ Mot de la famille de HAUT et de FOND.

***haut fourneau** n. m ✦ Grand four dans lequel on fait fondre le minerai de fer. — Au pl. *Des hauts fourneaux.*

● On peut écrire avec ou sans trait d'union : *haut fourneau* ou *haut-fourneau.*

▷ Mot de la famille de HAUT et de FOURNEAU.

***haut-le-cœur** n. m. inv. ✦ Envie soudaine de vomir provoquée par quelque chose de dégoûtant. → **nausée.** *Il a eu un haut-le-cœur en découvrant la viande avariée.* — Au pl. *Des haut-le-cœur.*

▷ Mot de la famille de HAUT et de CŒUR.

***haut-le-corps** n. m. inv. ✦ Mouvement brusque et involontaire du haut du corps qui manifeste la surprise ou l'indignation. — Au pl. *Des haut-le-corps.*

▷ Mot de la famille de HAUT et de CORPS.

***haut-parleur** n. m. ✦ Appareil qui transforme les courants électriques en sons. *Une chaîne stéréo a deux haut-parleurs.* → **baffle,** ① **enceinte.**

▷ Mot de la famille de HAUT et de PARLER.

* *empêche la liaison et l'élision.*

***hayon** ['ajɔ̃] **n. m.** ✦ Porte qui s'ouvre de bas en haut à l'arrière de certaines voitures.
❍ homonyme : haillons.

hayon

***hé !** **interj.** ✦ Mot qui sert à appeler quelqu'un ou à attirer l'attention. → **hep !** *Hé là ! pas si vite !*

***heaume** **n. m.** ✦ Grand casque en métal enveloppant toute la tête et le visage, que portaient les combattants, au Moyen Âge.

hebdomadaire **adj.** et **n. m.**
■ **adj.** Qui a lieu chaque semaine. *Mardi est le jour de fermeture hebdomadaire du musée.*
■ **n. m.** *Un hebdomadaire,* c'est un journal qui paraît chaque semaine. *Elle est abonnée à plusieurs hebdomadaires.*

héberger **v.** (conjug. 3) ✦ Faire habiter quelqu'un chez soi pendant un certain temps. *Pouvez-vous nous héberger pour la nuit ?*
➤ **hébergement** **n. m.** ✦ Action d'héberger quelqu'un, le fait d'être hébergé. *Les réfugiés ont été regroupés dans un centre d'hébergement.*

hébété, hébétée **adj.** ✦ *Un air hébété,* c'est un air ahuri, abruti, dû à la fatigue ou à un grand étonnement.

hécatombe **n. f.** ✦ Massacre d'un très grand nombre de personnes. *Cette guerre a provoqué une hécatombe.* → **carnage.**

hectare **n. m.** ✦ Unité que l'on utilise pour mesurer la surface d'une forêt, d'un domaine. *Un hectare vaut 100 ares ou 10 000 m². Un parc de 50 hectares (50 ha).*
▷ Mot de la famille de ARE.

hecto- ✦ Préfixe qui signifie « cent » et qui se place devant un nom de mesure. *Un hectogramme (1 hg) de sucre,* c'est 100 grammes de sucre. *Un hectolitre (1 hl) de vin,* c'est 100 litres de vin.

hégémonie **n. f.** ✦ Domination d'un État sur un autre. → **suprématie.**

***hein** **interj.** ✦ Familier. **1.** Mot qu'on emploie pour faire répéter ce que quelqu'un vient de dire. *Hein ? qu'est-ce que tu dis ?* comment ? quoi ? → **pardon.** **2.** Mot qui sert à demander à quelqu'un d'approuver ce que l'on vient de dire ou qui sert à marquer l'étonnement. *Tu n'es pas fâché, hein ?* n'est-ce pas ?

***hélas !** **interj.** ✦ Mot qui sert à exprimer le regret, la tristesse. *Hélas ! les vacances sont finies !* malheureusement.

***héler** **v.** (conjug. 6) ✦ Appeler de loin pour faire venir. *Il hèle un taxi.*

hélice **n. f.** ✦ Appareil formé de deux ou trois ailes fixées sur un axe, qui tourne et sert à faire avancer un bateau, un avion. → aussi **pale.**

hélicoptère **n. m.** ✦ Appareil d'aviation qui se déplace grâce à une grande hélice horizontale placée au-dessus de son toit. ➻ planche Avions p. 72. *Les hélicoptères décollent et atterrissent à la verticale.*

héliport **n. m.** ✦ Aéroport pour hélicoptères.
▷ Mot de la famille de ① PORT.

hématome **n. m.** ✦ Marque bleue ou noire sur le corps, due à un coup qui a fait couler du sang sous la peau. *Il s'est cogné et maintenant il a des hématomes sur la jambe.*
→ **bleu, ecchymose.**

hémisphère **n. m.** ✦ Moitié du globe terrestre limitée par l'équateur. *La France et le Canada sont dans l'hémisphère Nord ; le Chili et l'Australie sont dans l'hémisphère Sud.*
● *Hémisphère* est un nom masculin, comme *planisphère.*
▷ Mot de la famille de SPHÈRE.

hémo- ✦ Préfixe qui signifie « sang » (ex. *hémoglobine, hémophile, hémorragie*).

hémoglobine **n. f.** ✦ Substance contenue dans le sang et qui lui donne sa couleur rouge.

* *h : dans certains mots le h aspiré*

hémophile **adj.** ✦ Qui est atteint d'une maladie qui empêche le sang de coaguler. *Leur fils est hémophile.* — **N.** *Les hémophiles.*
➤ **hémophilie** **n. f.** ✦ Maladie héréditaire qui empêche le sang de coaguler et qui entraîne des hémorragies. *L'hémophilie se transmet par les femmes aux enfants de sexe masculin.*

hémorragie **n. f.** ✦ Écoulement du sang hors des vaisseaux. → **saignement.** *Le médecin a arrêté l'hémorragie.*

***henné** **n. m.** ✦ Poudre jaune ou rouge utilisée pour se teindre les cheveux. *Elle s'est fait un shampooing au henné.*

***hennin** **n. m.** ✦ Coiffure faite d'un cône très haut et rigide que les femmes portaient au Moyen Âge.

hennin

***hennir** **v.** (conjug. 2) ✦ *Le cheval hennit,* il pousse son cri.
➤ ***hennissement** **n. m.** ✦ Cri du cheval. *La jument pousse des hennissements.*

***hep !** **interj.** ✦ Mot qui sert à appeler. → **hé !** *Hep ! garçon, l'addition, s'il vous plaît.*

hépatique **adj.** ✦ Du foie. *Il a une insuffisance hépatique,* son foie ne marche pas bien.

hépatite **n. f.** ✦ Maladie du foie. *Il a eu une hépatite virale.* → aussi **cirrhose, jaunisse.**

***héraut** **n. m.** ✦ Au Moyen Âge, personne qui était chargée de transmettre les nouvelles importantes en faisant une proclamation.
○ homonyme : héros.

herbage **n. m.** ✦ Prairie dont l'herbe pousse naturellement. *Les vaches paissent dans les herbages.*
▷ Mot de la famille de HERBE.

herbe **n. f.** **1.** *L'herbe,* c'est un ensemble de plantes à tiges souples et vertes formant une végétation pas très haute. *Les vaches broutent l'herbe du pré. Nous avons pique-niqué sur l'herbe. Il tond l'herbe devant la maison.* → **gazon, pelouse.** **2.** *Des herbes,* des plantes aromatiques dont on se sert, en cuisine, pour assaisonner certains plats. *Le persil, l'estragon, la ciboulette sont des fines herbes. Le thym, le romarin, le basilic sont des herbes de Provence.* **3.** Plante sauvage qui pousse naturellement. *Il arrache les mauvaises herbes dans son jardin,* les plantes qui poussent et qui empêchent les autres de pousser. **4.** *En herbe,* qui a des dispositions pour quelque chose. *Paul est un pianiste en herbe,* il a des dons pour le piano.
▷ Autres mots de la famille : DÉSHERBANT, DÉSHERBER, HERBAGE, HERBIER.

herbicide **n. m.** ✦ Produit qui détruit les mauvaises herbes. *Le jardinier a mis de l'herbicide dans les allées du parc.*

herbier **n. m.** ✦ Collection de plantes que l'on fait sécher et que l'on garde aplaties entre deux feuilles de papier. *Théo se constitue un herbier.*
▷ Mot de la famille de HERBE.

herbivore **adj.** ✦ Qui se nourrit uniquement d'herbe ou de feuilles. *Les vaches sont herbivores.* — **N. m.** *Les moutons sont des herbivores.*

herboriser **v.** (conjug. 1) ✦ Cueillir des plantes là où elles poussent pour les étudier, pour confectionner un herbier ou pour faire des remèdes.
➤ **herboriste** **n. m. et f.** ✦ Personne qui vend des plantes médicinales et des produits à base de plantes.

hercule **n. m.** ✦ Homme extrêmement fort. → **colosse.** *Il est bâti en hercule,* il est très grand et très musclé.
● *Hercule* était un héros de la mythologie romaine.
➤ **herculéen, herculéenne** **adj.** ✦ Très grand. *Il a une force herculéenne.* → **colossal.**

*empêche la liaison et l'élision.

hérédité **n. f.** ✦ Transmission de certains caractères des parents à leurs enfants. *Julie a les mêmes yeux que son père, cela est dû à l'hérédité.* → aussi **génétique.**

➤ **héréditaire** **adj.** ✦ Qui se transmet des parents aux enfants. *Certaines maladies sont héréditaires.* → aussi **génétique.**

hérésie **n. f.** ✦ Croyance différente des croyances établies comme étant les seules vraies. *L'Église catholique a toujours condamné les hérésies.* → aussi **hérétique.**

➤ **hérétique** **n. m. et f.** ✦ Personne qui est coupable d'hérésie, qui défend une opinion différente de la croyance établie, dans une religion. *Pendant les guerres de Religion, on brûlait les hérétiques.*

***hérisser** **v.** (conjug. 1) **1.** Dresser ses poils, ses plumes. *Quand un chat a peur, il hérisse ses poils et fait le gros dos.* — **se hérisser,** se dresser. *Dès que le chien est entré, les poils du chat se sont hérissés.* **2.** Inspirer de la colère. → **énerver, exaspérer, horripiler, irriter.** *Sa mauvaise foi me hérisse.*

➤ ***hérissé, *hérissée** **adj.** **1.** Dressé sur la tête, le corps. *Paul est sorti de son lit, les cheveux hérissés.* **2.** Garni de choses pointues. *Le cactus est hérissé de piquants.*

➤ ***hérisson** **n. m.** ✦ Petit animal au corps couvert de piquants. ➸ planche Mammifères p. 620. *Le hérisson se roule en boule en cas de danger.*

hériter **v.** (conjug. 1) **1.** Recevoir quelque chose d'une personne qui vient de mourir. *Il a hérité de la maison de ses parents.* — On peut dire aussi *il a hérité la maison de ses parents.* **2.** Tenir quelque chose de quelqu'un par hérédité. *Julie a hérité des yeux de son père,* elle a les mêmes yeux que lui.

➤ **héritage** **n. m.** ✦ Bien transmis par une personne qui vient de mourir. *Ils ont fait un héritage,* ils ont hérité.

➤ **héritier** **n. m., héritière** **n. f.** ✦ Personne qui doit recevoir ou qui reçoit des biens en héritage. *Une riche héritière.*

▷ Autres mots de la famille : DÉSHÉRITÉ, DÉSHÉRITER.

hermaphrodite **adj.** ✦ Qui a des caractères des deux sexes, est à la fois mâle et femelle. *Les escargots sont hermaphrodites.*

hermétique **adj.** **1.** Qui ferme complètement en ne laissant passer ni air ni liquide. *Cette boîte est hermétique.* → aussi **étanche.** **2.** Difficile à comprendre. *Il prononça des paroles hermétiques.* → **énigmatique, sibyllin.** ❏ contr. **clair.**

➤ **hermétiquement** **adv.** ✦ D'une manière hermétique. *Ce bouchon ferme hermétiquement,* complètement.

hermine **n. f.** ✦ Petit animal carnivore très féroce qui ressemble à la belette et dont la fourrure est très recherchée. *Le pelage de l'hermine est brun-rouge en été et blanc en hiver, sauf le bout de la queue qui reste noir.*

hermine

***hernie** **n. f.** ✦ Grosseur formée par un organe qui est sorti de la cavité où il se trouve normalement. *Quand on porte quelque chose de lourd, on peut se faire une hernie,* la paroi du ventre s'étire trop et une partie de l'intestin se loge dedans en formant une boule.

① **héroïne** **n. f.** ✦ Drogue très dangereuse tirée de la morphine. *Il se drogue à l'héroïne.*
● Attention au tréma du *ï.*

② **héroïne** → **héros**

***héron** **n. m.** ✦ Grand oiseau échassier à long cou grêle, à très long bec et à longues pattes. ➸ planche Oiseaux p. 710. *Les hérons vivent en colonies au bord des marécages et des étangs.*

***héros** **n. m., héroïne** **n. f.** **1.** Personne très courageuse qui a accompli des exploits. *Il est mort en héros sur le champ de bataille.* **2.** Personnage principal d'une histoire. *Tintin est un héros de bande dessinée.* **3.** Personnage de la mythologie, né d'un dieu et d'une femme ou d'un homme et d'une déesse. *Hercule est un héros de la mythologie romaine.* ❍ homonyme : héraut.

➤ **héroïque** **adj.** ✦ Très courageux. → **brave.** *Ce soldat a été décoré pour sa conduite héroïque pendant le bombardement.*

* *h : dans certains mots le h aspiré*

herse

➤ **héroïquement** **adv.** ✦ À la manière d'un héros, très courageusement. → **vaillamment.** *De nombreux soldats sont morts héroïquement à la guerre.*

➤ **héroïsme** **n. m.** ✦ Très grand courage. *Il a fait preuve d'héroïsme pendant la guerre.* ❑ contr. **lâcheté.**

● Attention au tréma du *ï.*

***herse** **n. f. 1.** Instrument agricole muni de dents ou de disques de métal, tiré par un tracteur, qui sert à briser les mottes de terre. **2.** Lourde grille munie de grosses pointes orientées vers le bas, suspendue à l'entrée d'un château fort.

hésiter **v.** (conjug. 1) **1.** Ne pas arriver à se décider. *J'hésite entre deux solutions.* ❑ contr. **choisir.** *Elle a hésité longtemps avant d'accepter. Il a hésité à vous déranger pendant la réunion.* ❑ contr. se **décider. 2.** S'arrêter parce que l'on n'est pas décidé ou parce que l'on ne sait pas. *Le cheval hésita devant l'obstacle.*

➤ **hésitant, hésitante** **adj. 1.** Qui a du mal à se décider. → **indécis.** *Julie est hésitante, elle ne sait comment s'habiller aujourd'hui.* ❑ contr. **décidé, résolu. 2.** Qui manque d'assurance, de fermeté. *Paul récite sa poésie d'une voix hésitante.* ❑ contr. **assuré,** ① **ferme.**

➤ **hésitation** **n. f.** ✦ Le fait d'hésiter. *Louise s'est décidée après bien des hésitations,* après avoir hésité longtemps. *Elle a accepté notre offre sans hésitation,* tout de suite.

hétéroclite **adj.** ✦ Fait d'un mélange de choses qui ne vont pas ensemble. → **disparate.** *La décoration du salon est hétéroclite.*

hétérogène **adj.** ✦ Qui est composé de choses ou de personnes très différentes les unes des autres. *La population de ce quartier est très hétérogène.* ❑ contr. **homogène.**

***hêtre** **n. m.** ✦ Très grand arbre à petites feuilles ovales et à l'écorce lisse, fine et grisâtre. ➽ planche Arbres p. 48. *Une forêt de hêtres.* ❍ homonymes : ① et ② être.

***heu !** **interj.** ✦ Mot qui sert à exprimer l'hésitation. → **euh.** *Je cherche son nom, heu !... attendez...*

heure **n. f. 1.** Espace de temps égal à la vingt-quatrième partie de la journée. *Un jour est divisé en 24 heures et une heure en 60 minutes. Théo est arrivé deux heures en retard.* **2.** Moment précis de la journée. *Quelle heure est-il ? Il est dix heures dix (10 h 10). Ma montre est à l'heure,* elle indique l'heure juste. *C'est l'heure de partir.* **3.** Moment de la journée. *Louise doit dormir à l'heure qu'il est,* actuellement, en ce moment. *Vous pouvez m'appeler à toute heure,* à tout moment de la journée. *Nous nous reverrons **tout à l'heure**,* dans un moment proche. *Julie n'aime pas se lever de bonne heure,* tôt. **4.** *À la bonne heure, tu fais des progrès !* c'est très bien. ❍ homonyme : heurt.

▷ Autres mots de la famille : DEMI-HEURE, QUART D'HEURE.

heureux, heureuse **adj. 1.** Qui est rempli de joie, vit dans le bonheur. *Je suis très heureuse de vous voir bientôt.* → **content, ravi.** ❑ contr. **malheureux, triste.** *Ils ont tout pour être heureux.* → aussi **bonheur. 2.** Qui a de la

empêche la liaison et l'élision.

chance. *Il peut s'estimer heureux de ne pas avoir été blessé dans l'accident.* → **chanceux.** 3. Rempli de bonheur. *Nous vous souhaitons un heureux anniversaire.* → **joyeux.** ❑ contr. **mauvais.**

➤ **heureusement** adv. ✦ Par chance, par bonheur. *Nous avons fait un pique-nique hier, et heureusement il n'a pas plu.* ❑ contr. **malheureusement.**

▷ Autre mot de la famille : BIENHEUREUX.

***heurter** v. (conjug. 1) 1. Toucher brutalement. *La moto a heurté le trottoir.* → **percuter.** 2. Choquer. *Sa grossièreté me heurte,* me déplaît fortement.

➤ se **heurter** v. 1. Se cogner mutuellement. *Les deux voitures se sont heurtées violemment.* 2. Rencontrer. *Ils se sont heurtés à des difficultés.*

➤ ***heurt** ['œʀ] n. m. 1. Choc. *Attention aux heurts, ces verres sont fragiles.* 2. Dispute. *La rencontre s'est passée sans heurt.* ❍ homonyme : heure.

● On ne prononce pas le *t* final.

hévéa n. m. ✦ Grand arbre des pays chauds qui renferme un liquide avec lequel on fabrique le caoutchouc. → aussi **latex.** *Une forêt d'hévéas.*

hévéa

hexagone n. m. ✦ Figure géométrique à six côtés. ➻ planche Géométrie p. 458. *On appelle souvent la France l'« Hexagone », à cause de sa forme.*

(*) **hiatus** [(')jatys] n. m. ✦ Suite de deux voyelles qui se prononcent à l'intérieur d'un mot (ex. *géant*) ou entre deux mots (ex. *il a été*).

● On dit *l'hiatus* ou *le hiatus.*

hiberner v. (conjug. 1) ✦ Passer l'hiver dans un état d'engourdissement. *Certains animaux, comme les ours, les marmottes, les écureuils, hibernent.*

➤ **hibernation** n. f. ✦ État d'engourdissement ou de sommeil dans lequel sont certains animaux pendant l'hiver. *Les marmottes sont entrées en hibernation.*

***hibou** n. m. (pl. **hiboux**) ✦ Oiseau rapace vivant la nuit, qui a une face ronde et aplatie et porte des aigrettes sur la tête. *Les hiboux hululent.*

***hic** n. m. ✦ Familier. Difficulté, problème. *Voilà le hic. Il y a un hic.*

● *Hic* est un mot latin qui veut dire « ici ».

***hideux, *hideuse** adj. ✦ Très laid, horrible à voir. → **affreux.** *Cette robe de chambre est hideuse.* ❑ contr. **beau, joli.**

hier [jɛʀ] adv. ✦ Le jour qui est juste avant celui où l'on est. *Il est arrivé hier.* → aussi ① **veille.**

▷ Autre mot de la famille : AVANT-HIER.

***hiérarchie** n. f. ✦ Classement de personnes selon la qualification, l'importance et les responsabilités qu'elles ont dans leur métier. *Le Président-directeur général est au sommet de la hiérarchie de l'entreprise.*

➤ ***hiérarchique** adj. ✦ *Un supérieur hiérarchique,* une personne qui a des gens qui travaillent sous ses ordres. *Les employés obéissent à leur supérieur hiérarchique,* à leur chef.

***hiéroglyphe** n. m. ✦ Petit dessin qui servait de signe d'écriture aux anciens Égyptiens. *Les Égyptiens ont écrit avec des hiéroglyphes pendant trois mille ans.*

● Il y a un *y* après le *l*.

***hi-fi** adj. inv. ✦ *Une chaîne hi-fi,* c'est une chaîne haute-fidélité. → **haute-fidélité.** *Ils ont acheté une nouvelle chaîne hi-fi.* — Au pl. *Des chaînes hi-fi.*

hilare adj. ✦ Qui a l'air très content et rit tout le temps. *Les spectateurs étaient hilares en regardant le numéro des clowns.*

➤ **hilarant, hilarante** adj. ✦ Très drôle. *Une histoire hilarante.*

* h : dans certains mots le h aspiré

➤ **hilarité** **n. f.** ✦ Très grande gaieté se manifestant par des éclats de rire. *Les clowns ont déclenché l'hilarité générale.*

hindou **n. m.** (pl. **hindous**), **hindoue** **n. f.** ✦ Personne qui pratique une religion particulière à l'Inde. *Les hindous pensent que les vaches sont des animaux sacrés.* — **Adj.** *La religion hindoue.*

➤ **hindouisme** **n. m.** ✦ Religion la plus répandue en Inde. *La majorité des habitants de l'Inde pratiquent l'hindouisme.*

hippique **adj.** ✦ Qui concerne le cheval et le sport qui consiste à monter à cheval. *Paul a participé à un concours hippique,* un concours entre des personnes qui montent à cheval. → **équestre** et aussi **équitation.**

➤ **hippisme** **n. m.** ✦ Ensemble des sports pratiqués à cheval ou avec un cheval. → **équitation.** *Elle aime regarder l'hippisme à la télévision.*

hippocampe **n. m.** ✦ Petit poisson de mer à la queue courbe, dont la tête, rabattue contre la gorge, ressemble à celle du cheval. *L'hippocampe nage en position verticale.*

hippodrome **n. m.** ✦ Terrain réservé aux courses de chevaux. *L'hippodrome de Longchamp, à Paris.* → **champ** de courses.

hippopotame **n. m.** ✦ Gros animal herbivore d'Afrique dont le corps massif est recouvert d'une peau très épaisse. *Les hippopotames passent la plus grande partie de leur temps dans l'eau des fleuves.*

hiéroglyphe

hirondelle **n. f.** ✦ Petit oiseau migrateur noir et blanc, aux ailes fines et longues et à la queue fourchue. ➸ planche Oiseaux p. 710. *Une hirondelle a fait son nid sous le toit.*

hirsute **adj.** ✦ Très mal coiffé ou pas coiffé. → **ébouriffé.** *Julie s'est levée hirsute.*

hispanique **adj.** ✦ Qui concerne l'Espagne, les Espagnols. *Son frère aime le cinéma hispanique.*

***hisser** **v.** (conjug. 1) **1.** Faire monter avec des cordes. *Les matelots ont hissé les voiles.* **2.** **se hisser,** s'élever avec effort. *Julie s'est hissée sur le mur,* elle est montée dessus. → **grimper.**

① **histoire** **n. f.** **1.** Récit d'événements vrais ou imaginaires. *Il raconte une histoire à sa fille avant qu'elle ne s'endorme.* → aussi **conte.** *Léa m'a raconté une histoire drôle.* **2.** Histoire inventée pour tromper. *Il ne faut pas le croire, ce sont des histoires,* c'est faux. **3.** Suite d'événements compliqués. *Leur voyage s'est déroulé sans histoires,* sans ennuis. *Cela a été toute une histoire,* cela a été très compliqué.

② **histoire** **n. f.** ✦ Récit des événements passés importants d'un pays, d'un peuple. *Léa étudie l'histoire de France.*

▷ Autre mot de la famille : PRÉHISTOIRE.

historien **n. m.**, **historienne** **n. f.** ✦ Personne spécialisée dans l'étude de l'histoire.

historique **adj.** et **n. m.**

■ **adj.** **1.** Qui a réellement existé. *Jeanne d'Arc est un personnage historique.* **2.** Qui est célèbre dans l'histoire et que l'on conserve. *Le château de Versailles est un monument historique,* un monument important, témoin de l'histoire.

■ **n. m.** Exposé des faits. → **chronologie.** *Le journaliste a fait l'historique de la situation,* il a raconté tous les faits qui se sont déroulés depuis l'origine et peuvent aider à comprendre la situation.

▷ Autre mot de la famille : PRÉHISTORIQUE.

***hit-parade** **n. m.** ✦ Classement selon un certain succès. *Son disque est pemier au hit-parade.* → aussi **palmarès.**

● C'est un mot américain.

hiver **n. m.** ✦ La plus froide des saisons, qui suit l'automne et précède le printemps. *Dans l'hémisphère Nord, l'hiver commence le 22 décembre et finit le 21 mars.*

hivernal, hivernale **adj.** ✦ *Il fait une température hivernale,* d'hiver. — Au masc. pl. *hivernaux.*

hiverner **v.** (conjug. 1) ✦ Passer l'hiver à l'abri. *Les vaches hivernent à l'étable.*

*empêche la liaison et l'élision.

➤ **hivernage** **n. m.** ✦ Séjour du bétail à l'étable, pendant l'hiver.

***H. L. M.** ['aʃɛlɛm] **n. m. ou f. inv.** ✦ Grand immeuble dont les appartements sont loués à un prix peu élevé. *Ils habitent dans un H. L. M.* — Au pl. *Des H. L. M.*
● On dit *un H. L. M.* ou *une H. L. M.* C'est l'abréviation de *Habitation à Loyer Modéré.*

***ho !** **interj.** ✦ Mot qui sert à appeler ou à exprimer la surprise, l'admiration ou l'indignation. *Ho ! Quelle belle maison !*

***hobby** **n. m.** ✦ Passe-temps, distraction favorite. *Son hobby, c'est le skateboard.* — Au pl. *Des hobbys* ou *des hobbies.*
● Ce mot vient de l'anglais.

***hocher** **v.** (conjug. 1) ✦ *Hocher la tête,* c'est la remuer de haut en bas pour accepter et de gauche à droite pour refuser.
➤ ***hochement** **n. m.** ✦ *Un hochement de tête,* c'est le fait de hocher la tête. *Alex marqua sa désapprobation par un hochement de tête.*
➤ ***hochet** **n. m.** ✦ Jouet de bébé formé d'un manche et d'une partie qui fait du bruit quand on la secoue.

***hockey** **n. m.** ✦ Sport d'équipe qui consiste à envoyer une balle dans le but adverse en la poussant avec une crosse au bout aplati. *Il joue au hockey sur gazon. Au hockey sur glace, la balle est remplacée par un palet.* ❍ homonyme : hoquet.
● Ce mot vient de l'anglais.

joueur de **hockey** sur glace

***holà !** **interj.** ✦ Mot qui sert à dire d'aller moins vite ou d'arrêter. *Holà ! calme-toi !* — **N. m. inv.** *Ses parents ont mis le holà à ses dépenses,* ils y ont mis fin.

***hold-up** ['ɔldœp] **n. m. inv.** ✦ Attaque à main armée d'une banque ou d'un magasin pour y prendre l'argent ou les marchandises. *Le bijoutier a été victime d'un hold-up.* — Au pl. *Des hold-up.*
● Ce mot vient de l'anglais.

holocauste **n. m.** **1.** Sacrifice religieux que faisaient les Juifs de l'Antiquité, où la victime était brûlée. *Ils offrirent un bélier en holocauste.* **2.** Extermination des Juifs par les nazis, pendant la Deuxième Guerre mondiale.

hologramme **n. m.** ✦ Image en trois dimensions qui change selon l'angle sous lequel on la regarde. *Il y a un hologramme sur certaines cartes de crédit.*

***homard** **n. m.** ✦ Grand crustacé marin dont les pattes avant sont armées de grosses pinces. *Le homard est bleu foncé, il devient rouge quand on le fait cuire.*

homard

homéopathie **n. f.** ✦ Manière de soigner les malades en leur donnant une très petite quantité de remèdes qui provoqueraient, s'ils étaient donnés à des doses plus fortes, la même maladie que celle que l'on essaie de guérir. *Elle se soigne à l'homéopathie.*
➤ **homéopathique** **adj.** ✦ Relatif à l'homéopathie. *Il soigne son rhume avec des médicaments homéopathiques.*

homicide **n. m.** ✦ Acte de celui qui tue un être humain. *Quand on tue quelqu'un par accident, c'est un homicide involontaire. Il est accusé d'homicide volontaire.* → **assassinat, crime, meurtre.**

hommage **n. m.** **1.** Témoignage de respect, d'admiration, de reconnaissance. *Le général a rendu hommage au courage de ses soldats.* **2.** *Des hommages,* des salutations respectueuses qu'un homme adresse à une femme. *« Je vous présente mes hommages, Madame ».* → **respect.**

homme **n. m.** **1.** L'être humain, qu'il soit de sexe masculin ou féminin, enfant ou adulte. *Contrairement à l'animal, l'homme se tient*

* *h : dans certains mots le h aspiré*

debout, il parle et a une intelligence développée. **2.** Personne adulte de sexe masculin. *Il y a un homme et deux femmes dans le magasin.* → **monsieur.** *C'est encore un jeune homme.* → **garçon.** *Il n'est pas homme à refuser,* ce n'est pas dans son caractère. **3.** Personne adulte de sexe masculin caractérisée par ce qu'elle fait. *Un ministre est un homme politique, un écrivain est un homme de lettres, un magistrat est un homme de loi.*

➤ **homme-grenouille** **n. m.** ✦ Plongeur équipé d'un appareil pour respirer sous l'eau. *Des hommes-grenouilles examinent la coque du bateau.* → aussi **scaphandrier.** ▷ Mot de la famille de GRENOUILLE.

▷ Autres mots de la famille : BONHOMME, GENTILHOMME.

homogène **adj.** ✦ Qui est composé de choses ou de personnes semblables, qui vont bien ensemble et forment un tout cohérent. ❑ contr. **hétérogène.** *Les élèves de la classe forment un groupe homogène,* ils s'entendent bien et sont du même niveau.

➤ **homogénéité** **n. f.** ✦ Qualité de ce qui est homogène. *Ce parti politique se flatte de son homogénéité.*

homologue **n. m.** et **f.** ✦ Personne qui occupe la même fonction qu'une autre, dans un autre pays, dans une autre entreprise. *Le ministre de l'Industrie a rencontré son homologue espagnol.*

homologuer **v.** (conjug. 1) ✦ Approuver quelque chose et l'enregistrer officiellement. *Le record mondial de saut a été homologué par la fédération internationale.*

homonyme **n. m.** **1.** Mot qui se prononce de la même façon qu'un autre mais qui ne s'écrit pas pareil et n'a pas le même sens. *Les mots « pain » et « pin » sont des homonymes.* **2.** Personne, ville qui a le même nom qu'une autre. *Cette lettre n'est pas pour moi, mais pour un homonyme.*

● Il y a un *y* après le *n*.

homosexuel **n. m.**, **homosexuelle** **n. f.** ✦ Personne qui est attirée par les personnes du même sexe qu'elle. *Un couple d'homosexuels.*

▷ Mot de la famille de SEXE.

honnête **adj.** **1.** *Une personne honnête,* c'est une personne qui ne vole pas, ne cherche pas à obtenir des choses en trompant les autres. → **intègre.** ❑ contr. **malhonnête.** **2.** D'un niveau moyen. *La rédaction de Julie est honnête.* → **honorable, passable.**

➤ **honnêtement** **adv.** ✦ De façon honnête, selon le devoir. *Il a agi honnêtement en donnant aux gendarmes le portefeuille qu'il a trouvé.* ❑ contr. **malhonnêtement.**

➤ **honnêteté** **n. f.** ✦ Qualité d'une personne honnête. *Il est d'une grande honnêteté.*

● Attention à l'accent circonflexe du *ê*.

▷ Autres mots de la famille : MALHONNÊTE, MALHONNÊTEMENT, MALHONNÊTETÉ.

honneur **n. m.** **1.** Sentiment d'être digne d'estime. → **fierté.** *Autrefois, on se battait en duel pour défendre son honneur. Il met un point d'honneur à répondre lui-même à son courrier,* il s'en fait un devoir. **2.** Traitement particulier que l'on fait à quelqu'un pour lui montrer qu'on l'estime. *Vous me faites trop d'honneur. On a donné une fête* **en l'honneur** *des vainqueurs de la compétition,* pour eux. **3.** *Les honneurs,* ce sont les marques de respect que l'on donne à une personne importante. *Le président de la République a été reçu avec tous les honneurs dus à son rang.*

▷ Autre mot de la famille : DÉSHONNEUR.

honorable **adj.** **1.** Digne d'estime, de respect. → **respectable.** *C'est une femme honorable.* **2.** Pas très bon mais suffisant. *14 sur 20 est une note honorable.* → **convenable, honnête.**

➤ **honorablement** **adv.** **1.** De manière honorable. *Sa famille est honorablement connue dans la ville.* **2.** Convenablement, suffisamment. *Ils ont de quoi vivre honorablement.*

▷ Mots de la famille de HONORER.

honoraires **n. m. pl.** ✦ Somme d'argent que l'on donne à un avocat, un notaire, un médecin, pour le payer.

honorer **v.** (conjug. 1) ✦ *Honorer quelqu'un,* c'est lui rendre hommage, lui montrer qu'on l'estime. *Le président a honoré ce savant en lui remettant la Légion d'honneur.*

▷ Autres mots de la famille : DÉSHONORANT, DÉSHONORER, HONORABLE, HONORABLEMENT.

honorifique **adj.** ✦ Qui procure de la considération et n'apporte pas d'avantages matériels. *Une décoration militaire est une distinction honorifique.*

***honte** **n. f.** **1.** Chose odieuse, scandaleuse. *C'est une honte de maltraiter des en-*

* empêche la liaison et l'élision.

fants. **2.** Sentiment très désagréable d'être humilié ou ridiculisé devant les autres. *Léa était rouge de honte. Alex a honte d'avoir été grossier,* il n'en est pas fier.

➤ ***honteux, *honteuse** **adj.** **1.** Qui éprouve de la honte. *Louise est honteuse d'avoir mal agi,* elle en a honte. ❏ contr. **fier.** **2.** Odieux, scandaleux, méprisable. *C'est honteux de torturer des animaux.* → **ignoble.**

▷ Autre mot de la famille : ÉHONTÉ.

horizon

***hop !** **interj.** ✦ Mot qui accompagne un geste ou une action brusque et rapide. *Allez, hop ! debout !*

hôpital **n. m.** (pl. **hôpitaux**) ✦ Établissement dans lequel on soigne et on opère les malades et les blessés, et où les femmes peuvent accoucher. → aussi **clinique** et ② **hospitalier, hospitaliser.** *Il est à l'hôpital depuis deux jours.*

***hoquet** **n. m.** ✦ *Avoir le hoquet,* c'est être agité de petites secousses et faire avec sa gorge, sans le vouloir, un bruit rauque et répété dû à des contractions du diaphragme.

❍ homonyme : hockey.

horaire **adj.** et **n. m.**

■ **adj.** **1.** Correspondant à une durée d'une heure. *La vitesse horaire d'un avion,* c'est le nombre de kilomètres qu'il parcourt en une heure. **2.** Qui concerne la division du temps en heures. *Il y a six heures de décalage horaire entre New York et Paris,* quand il est midi à New York, il est 18 heures à Paris.

■ **n. m.** **1.** Tableau des heures de départ et d'arrivée des trains, des bateaux, des avions, etc. *Il consulte l'horaire des trains pour Pau.* **2.** Emploi du temps. *Elle a un horaire chargé.*

***horde** **n. f.** ✦ Troupe de personnes ou d'animaux peu rassurants. *Une horde de hyènes s'est abattue sur le cadavre du lion.*

horizon **n. m.** **1.** Ligne que l'on voit au loin où le ciel et la terre ou la mer semblent se toucher. *Le soleil se couche à l'horizon.* **2.** *Ouvrir des horizons,* c'est faire découvrir des choses que l'on ne connaissait pas. *Ce livre m'a ouvert des horizons.*

➤ **horizontal, horizontale** **adj.** ✦ Dans le même sens que la ligne d'horizon. *La fusée s'est mise en position horizontale.* ❏ contr. **debout, oblique, vertical.** — Au masc. pl. *horizontaux.*

➤ **horizontalement** **adv.** ✦ En suivant une ligne horizontale. ❏ contr. **verticalement.**

horloge **n. f.** ✦ Grand appareil qui indique l'heure. *Il est 2 heures à l'horloge de la gare.* → aussi ② **pendule.**

➤ **horloger** **n. m.**, **horlogère** **n. f.** ✦ Personne dont le métier est de fabriquer, de réparer ou de vendre des montres, des horloges, des pendules. *Il a acheté un réveil chez un horloger-bijoutier.*

➤ **horlogerie** **n. f.** **1.** Fabrication des objets qui indiquent l'heure. *Il travaille dans l'horlogerie.* **2.** Magasin de l'horloger.

horloger

***hormis** **prép.** ✦ Excepté, sauf. *Tous les enfants sont arrivés, hormis Léa,* à part Léa. ❏ contr. y **compris.**

● Ce mot est littéraire.

▷ Mot de la famille de HORS et de METTRE.

* *h : dans certains mots le h aspiré*

hormone **n. f.** ✦ Substance qui est produite par des glandes et qui, transportée par le sang, agit sur certaines parties du corps. *Les hormones qui permettent de grandir s'appellent les hormones de croissance.*

horodateur **n. m.** ✦ Appareil qui imprime automatiquement la date et l'heure. *L'horodateur délivre un ticket de stationnement à l'automobiliste.* → aussi **parcmètre.**
▷ Mot de la famille de DATE.

horoscope **n. m.** ✦ Ensemble des prévisions que font les astrologues sur l'avenir des gens en étudiant l'influence que les astres exercent sur eux depuis le jour de leur naissance. *Louise lit son horoscope dans un magazine.* → aussi **astrologie** et **zodiaque.**

horreur **n. f.** **1.** Impression violente de répulsion et de peur. *Julie poussa un cri d'horreur en voyant l'araignée. Alex aime les films d'horreur,* qui montrent des choses qui font peur. → **épouvante.** **2.** *Avoir horreur de quelque chose,* ne pas l'aimer du tout. *Les chats ont horreur de l'eau. J'ai horreur de me lever tôt,* je déteste cela. **3.** Ce qui dégoûte ou fait peur. *Une souris, quelle horreur !* **4.** *Des horreurs,* des choses horribles. *Il a dit des horreurs sur toi.*

horrible **adj.** **1.** Qui provoque le dégoût ou la peur. → **abominable, effrayant, terrifiant.** *Un monstre horrible.* **2.** Très laid, très mauvais. → **épouvantable, monstrueux.** *Quel horrible chapeau ! Il fait un temps horrible.* ❑ contr. **merveilleux.**
➤ **horriblement** **adv.** ✦ Très. *Cela sent horriblement mauvais.* → **terriblement.**

horrifier **v.** (conjug. 7) ✦ Remplir d'épouvante. *Elle était horrifiée par ce spectacle affreux.*

horripiler **v.** (conjug. 1) ✦ Exaspérer, agacer. *Ce bruit m'horripile.* → **énerver.**
➤ **horripilant, horripilante** **adj.** ✦ Qui agace, exaspère. → **énervant.** *Cette fille est vraiment horripilante.* → **agaçant.**

***hors** ['ɔʀ] **prép.** **1.** *Hors de,* à l'extérieur de. *Le poisson sauta hors de l'eau.* **2.** *Hors de danger,* à l'abri du danger. *Le malade est maintenant hors de danger,* il est sauvé. **3.** *Hors d'usage,* trop abîmé ou trop vieux pour pouvoir encore servir. *Cette voiture est hors d'usage.* **4.** *Hors de prix,* trop cher. *Les fraises sont hors de prix en cette saison.* **5.** *Être hors de soi,* très en colère. ❍ homonymes : ① et ② or.
▷ Autres mots de la famille : DEHORS, HORMIS, HORS-BORD, HORS-JEU, HORS-LA-LOI.

***hors-bord** **n. m. inv.** ✦ Petit bateau léger, très mobile, dont le moteur est placé en dehors de la coque. *On fait du ski nautique tiré par un hors-bord.* — Au pl. *Des hors-bord.*
▷ Mot de la famille de HORS et de ② BORD.

***hors-d'œuvre** **n. m. inv.** ✦ Plat froid servi au début du repas avant les entrées ou le plat principal. *On nous a proposé des hors-d'œuvre variés pour commencer le repas.*

***hors-jeu** **n. m. inv.** ✦ Faute d'un joueur de football ou de rugby qui se trouve à un endroit du terrain où il ne devrait pas être. *L'arbitre a sifflé un hors-jeu.* — Au pl. *Des hors-jeu.*
▷ Mot de la famille de HORS et de JEU.

***hors-la-loi** **n. m. inv.** ✦ Bandit qui vit sans respecter les lois. *Une bande de hors-la-loi.*
▷ Mot de la famille de HORS et de LOI.

hortensia

hortensia **n. m.** ✦ Petit arbuste dont les fleurs roses, blanches ou bleues sont groupées en grosses boules. *Un massif d'hortensias.*

horticulteur **n. m.,** **horticultrice** **n. f.** ✦ Personne qui cultive les plantes qui poussent dans les jardins. → **jardinier.**

horticulture **n. f.** ✦ Culture des légumes, des fruits, des fleurs et des arbres qui poussent dans les jardins.
▷ Mot de la famille de ① CULTURE.

hospice **n. m.** ✦ Maison où l'on accueille les personnes âgées qui n'ont pas d'argent. *Il a fini sa vie à l'hospice.*

** empêche la liaison et l'élision.*

① **hospitalier, hospitalière** **adj.** ✦ Accueillant. *Cette femme est très hospitalière,* sa maison est ouverte à tous. → aussi **hospitalité.**
▷ Autre mot de la famille : INHOSPITALIER.

② **hospitalier, hospitalière** **adj.** ✦ Relatif aux hôpitaux, aux cliniques. *Elle a été opérée dans un établissement hospitalier.*

hospitaliser **v.** (conjug. 1) ✦ Faire entrer quelqu'un à l'hôpital pour le soigner. *On a dû l'hospitaliser.*

hospitalité **n. f.** ✦ Fait de recevoir, de loger chez soi. *Des amis m'ont offert l'hospitalité,* ils m'ont hébergé. → aussi ① et ② **hôte.**

hostie **n. f.** ✦ Petite rondelle de pain sans levain que les catholiques mangent à la messe au moment de la communion. *L'hostie représente le corps du Christ.*

hostile **adj.** **1.** Malveillant, méchant. *Elle l'a regardé d'un air hostile.* → **haineux.** ❏ contr. **amical, bienveillant.** **2.** Opposé. *Les gens du quartier sont hostiles à la construction d'un parking,* ils sont contre. ❏ contr. **favorable.**
➤ **hostilité** **n. f.** **1.** Haine. *Le chat observait le chien avec hostilité.* ❏ contr. **bienveillance.** **2.** *Les hostilités,* ce sont les combats entre ennemis, la guerre. *Les hostilités ont repris dans le nord du pays.*

***hot-dog** ['ɔtdɔg] **n. m.** ✦ Sandwich chaud constitué d'un petit pain contenant une saucisse. *Paul aime beaucoup les hot-dogs.*
● Ce mot vient de l'américain et veut dire « chien chaud ».

① **hôte** **n. m.,** **hôtesse** **n. f.** ✦ Personne qui reçoit quelqu'un chez elle, lui donne l'hospitalité. *Nos hôtes nous ont fort bien reçus. C'est une charmante hôtesse.*
➤ ② **hôte** **n. m. et f.** ✦ Personne qui est reçue chez quelqu'un, qui reçoit l'hospitalité. → **invité.** *Julie a dormi chez les parents de Louise, elle était leur hôte.*
▷ Autre mot de la famille : HÔTESSE.

hôtel **n. m.** **1.** Maison ayant de nombreuses chambres où l'on peut dormir en payant. *Ils ont passé deux nuits à l'hôtel.* **2.** *Un hôtel particulier,* une belle et grande maison ancienne dans une ville. **3.** *L'hôtel de ville,* la mairie. **4.** *Un maître d'hôtel,* celui qui dirige le service de la table dans un restaurant. *Le maître d'hôtel a pris notre commande.* ❍ homonyme : autel.
➤ **hôtelier** **n. m.,** **hôtelière** **n. f.** ✦ Personne qui dirige un hôtel. — **Adj.** *L'école hôtelière,* c'est l'école où l'on apprend à s'occuper d'un hôtel ou d'un restaurant.
➤ **hôtellerie** **n. f.** ✦ Métier que font les personnes qui travaillent dans un hôtel ou un restaurant.

hôtesse **n. f.** **1.** Femme chargée d'accueillir et de renseigner les visiteurs dans un magasin ou une exposition. *Adressez-vous aux hôtesses.* **2.** *Une hôtesse de l'air,* une femme qui veille au confort des passagers d'un avion. → aussi **steward.** *Les hôtesses de l'air nous ont apporté des rafraîchissements.*
▷ Mot de la famille de ① HÔTE.

***hotte** **n. f.** **1.** Grand panier que l'on porte sur son dos à l'aide de bretelles. *La hotte du père Noël est remplie de jouets.* **2.** *La hotte d'une cheminée,* la partie par laquelle s'évacue la fumée. *L'intérieur de la hotte de la cheminée est noir de suie.* **3.** *Une hotte électrique,* un appareil qui aspire la fumée et les odeurs dégagées par la cuisson des aliments. *Il y a une hotte électrique au-dessus de la cuisinière.*

hotte

***hou !** **interj.** ✦ Mot que l'on utilise pour faire peur ou pour se moquer. *Hou ! la menteuse !* ❍ homonymes : houe, houx, ou, où.

***houblon** **n. m.** ✦ Plante grimpante dont on utilise les fleurs dans la fabrication de la bière. *Il y a de grands champs de houblon en Alsace.*

** h : dans certains mots le h aspiré*

***houe** **n. f.** ✦ Pioche à large lame. *Le jardinier bine la terre avec sa houe.* ❍ homonymes : hou !, houx, ou, où.

houe

***houille** **n. f.** **1.** Charbon. *Une mine de houille.* **2.** *La houille blanche,* c'est l'électricité. *Les centrales hydroélectriques produisent de la houille blanche.* ❍ homonyme : ouille !.

➤ ***houiller, *houillère** **adj.** ✦ Relatif à la houille. *Un bassin houiller,* c'est une région dont le sous-sol contient de la houille.

➤ ***houillère** **n. f.** ✦ Mine de houille.

***houle** **n. f.** ✦ Mouvement qui agite la mer sans faire déferler les vagues. → aussi **roulis.** *Au large, il y a une forte houle.*

➤ ***houleux, *houleuse** **adj.** **1.** *Une mer houleuse,* agitée par la houle. **2.** *Une réunion houleuse,* agitée, mouvementée. → **orageux.** ❏ contr. **calme, paisible.**

***houppe** **n. f.** ✦ Touffe de cheveux qui se dresse sur la tête. *Tintin a une houppe.*

➤ ***houppette** **n. f.** ✦ Petit tampon arrondi formé de brins de fil ou de duvet. *Elle se met de la poudre avec une houppette.*

***hourra !** **interj.** ✦ Mot que l'on crie pour acclamer, montrer sa joie. *Hourra ! on a gagné !* — **N. m.** *Les gagnants poussaient des hourras.*

***houspiller** **v.** (conjug. 1) ✦ Faire sans arrêt des reproches et des critiques. *Elle ne cesse de houspiller son mari.* → **tarabuster.**

***housse** **n. f.** ✦ Enveloppe souple, en tissu, en cuir ou en plastique, dont on recouvre des objets pour les protéger. *Elle retire la housse du canapé pour la laver.*

***houx** ['u] **n. m.** ✦ Arbuste à feuilles vertes et luisantes munies de piquants, dont les fruits forment de petites boules rouges. *À Noël, la salle était décorée avec du gui et du houx.* ❍ homonymes : hou !, houe, ou, où.

***hublot** **n. m.** **1.** Petite fenêtre étanche, dans les bateaux, les avions. **2.** Partie vitrée d'une machine à laver, d'un four.

***huche** **n. f.** ✦ Coffre de bois à couvercle plat. *Une huche à pain.*

***hue !** **interj.** ✦ Mot que l'on dit pour faire avancer un cheval.

***huées** **n. f. pl.** ✦ Cris poussés par des personnes mécontentes. *Le chanteur a quitté la scène sous les huées du public.*

➤ ***huer** **v.** (conjug. 1) ✦ Pousser des cris de mécontentement contre quelqu'un. *Les spectateurs huaient le chanteur.* → **conspuer.** ❏ contr. **acclamer, applaudir.**

▷ Autre mot de la famille : CHAT-HUANT.

huile **n. f.** **1.** Liquide gras, tiré de certains végétaux, dont on se sert pour faire la cuisine. *Elle assaisonne la salade avec de l'huile d'olive et du vinaigre.* **2.** Liquide gras utilisé pour graisser les moteurs. *Le garagiste vérifie le niveau d'huile de la voiture.* **3.** *L'huile solaire,* c'est un liquide gras qui permet de bronzer en protégeant la peau du soleil. *Elle s'est enduit le corps d'huile solaire.*

➤ **huiler** **v.** (conjug. 1) ✦ Mettre de l'huile. → **graisser, lubrifier.** *Il faut huiler cette serrure qui grince.*

➤ **huileux, huileuse** **adj.** ✦ Imbibé ou recouvert d'huile. → **gras.** *Elle n'aime pas les frites huileuses.*

à **huis clos** [ayiklo] **adv.** ✦ Toutes les portes étant fermées et sans que le public soit admis. *L'assassin a été jugé à huis clos.*

● *Huis* est un vieux mot qui veut dire « porte ».

huissier **n. m.** **1.** Personne qui accueille les visiteurs dans un ministère, une mairie, etc. *Donnez votre nom à l'huissier.* **2.** Personne qui fait exécuter les décisions de justice. *Si vous ne payez pas vos contraventions, l'huissier viendra saisir vos meubles.*

houx

empêche la liaison et l'élision.

***huit** **adj. inv.** ✦ Sept plus un (8). *Elle a huit chats. Julie reviendra dans huit jours,* dans une semaine. — **N. m. inv.** *Il habite au 8 de la rue de la République.*

● Le *t* final se prononce toujours devant une voyelle (ex. *huit ans* [ɥitɑ̃]) ou un *h* muet (ex. *huit heures* [ɥitœʀ]) mais pas devant une consonne (ex. *huit jours* [ɥiʒuʀ]).

➤ ***huitaine** **n. f.** ✦ Ensemble d'environ huit personnes ou huit choses de même sorte. *Elle restera ici une huitaine de jours,* environ une semaine.

➤ ***huitante** **adj. inv.** ✦ Quatre-vingts (80). → **octante.**

● Ce mot est employé en Suisse.

➤ ***huitième** **adj.** et **n. m.**

■ **adj.** Qui succède au septième. *Léa est arrivée huitième à la course.*

■ **n. m.** Partie d'un tout divisé en huit parts égales. *Alex a mangé les trois huitièmes de la tarte.*

huître **n. f.** ✦ Mollusque à grande coquille qui vit dans la mer. *On élève les huîtres dans des parcs à huîtres.* → aussi **ostréiculture.** *Elle a mangé une douzaine d'huîtres.* ➸ planche Crustacés et coquillages p. 243.

***hulotte** **n. f.** ✦ Sorte de chouette. → aussi **chat-huant.**

hulotte

***hululer** **v.** (conjug. 1) ✦ *La chouette et le hibou hululent,* ils poussent leur cri.

● On peut écrire aussi *ululer.*

➤ ***hululement** **n. m.** ✦ Cri des oiseaux de nuit.

● On peut écrire aussi *ululement.*

***hum !** [ʹœm] **interj.** ✦ Mot qui sert à exprimer le doute, la méfiance. *Hum ! cela cache sûrement quelque chose.*

humain **adj.** et **n. m.**, **humaine** **adj.**

■ **adj. 1.** De l'homme. *Les êtres humains ne savent pas voler,* les hommes. *L'espèce humaine est apparue sur la Terre il y a des millions d'années.* → aussi **humanité. 2.** Compréhensif, compatissant. *C'est une femme très humaine.* → ① **bon.** ❑ contr. **inhumain.**

■ **n. m.** *Les humains,* les hommes et les femmes. *Il y a plus de 6 milliards d'humains sur la Terre.*

▷ Autres mots de la famille : INHUMAIN, SURHUMAIN.

s'humaniser **v.** (conjug. 1) ✦ Devenir plus humain, plus compréhensif. *Elle s'est humanisée en vieillissant.*

humanitaire **adj.** ✦ Qui est fait pour le bien des hommes. *Des organisations humanitaires ont envoyé des secours aux victimes du tremblement de terre.* → **caritatif** et aussi **ONG.**

▷ Mot de la famille de HUMANITÉ.

humanité **n. f. 1.** L'ensemble des êtres humains. *On s'interroge encore sur les origines de l'humanité.* **2.** Bienveillance, bonté. *Les prisonniers ont été traités avec humanité.*

▷ Autre mot de la famille : HUMANITAIRE.

humanoïde **n. m.** ✦ Dans la science-fiction, robot d'apparence humaine. *Les héros de ce film sont des humanoïdes.*

humble **adj.** ✦ Qui ne se vante pas, se conduit avec modestie et simplicité. → **modeste.** *Elle est restée humble malgré sa réussite.* ❑ contr. **fier, orgueilleux, prétentieux.**

➤ **humblement** **adv.** ✦ Avec humilité. *Je te demande humblement pardon.*

humecter **v.** (conjug. 1) ✦ Mouiller légèrement. *Elle humecte le linge avant de le repasser.* → **humidifier.**

***humer** **v.** (conjug. 1) ✦ Aspirer par le nez. *Léa hume l'air frais du matin. Julie humait la bonne odeur du chocolat chaud,* elle la sentait.

humérus [ymeʀys] **n. m.** ✦ Os du bras, qui va de l'épaule au coude. ➸ planche Corps humain p. 218.

humeur **n. f. 1.** Fait de se sentir gai ou triste à un moment donné. *Je ne sais pas si je viendrai, cela dépendra de mon humeur. Julie est de bonne humeur aujourd'hui,* elle est gaie et aimable. *Le père d'Alex était de mauvaise humeur,* il était désagréable, irrité. **2.** *L'humeur vitrée,* c'est le liquide gélatineux qui remplit le globe de l'œil.

* *h : dans certains mots le h aspiré*

humide adj. ✦ Légèrement mouillé. *Une serviette humide.* ❑ contr. **sec.** *Une région humide,* où il pleut beaucoup. ❑ contr. **aride.**
➤ **humidifier** v. (conjug. 7) ✦ Mouiller légèrement. → **humecter.** *Cet appareil humidifie l'air.* ❑ contr. **dessécher, sécher.**
➤ **humidité** n. f. ✦ Vapeur d'eau que contient l'air. *Les murs de la cave sont moisis à cause de l'humidité.*

humilier v. (conjug. 7) ✦ *Humilier quelqu'un,* c'est le vexer pour montrer son infériorité. *Autrefois, on humiliait les mauvais élèves en leur mettant un bonnet d'âne sur la tête.* → **rabaisser.**
➤ **humiliant, humiliante** adj. ✦ Qui blesse l'amour-propre. → **vexant.** *Il a subi un échec humiliant.*
➤ **humiliation** n. f. ✦ État d'une personne qui a été blessée dans son amour-propre. → **confusion, honte.** *Giflé devant tout le monde, Théo a rougi d'humiliation.*

humilité n. f. ✦ Caractère d'une personne humble. → **modestie.** *Les vaincus courbèrent la tête devant leur vainqueur en signe d'humilité.* → **soumission.** ❑ contr. **fierté, orgueil, prétention.**

humoriste n. m. et f. ✦ Personne qui écrit, dessine ou raconte des choses drôles, avec humour.
➤ **humoristique** adj. ✦ Qui fait rire. → **comique, drôle.** *Des dessins humoristiques.*

humour n. m. ✦ Façon de faire rire ou sourire en se moquant des choses désagréables qui vous sont arrivées, sans avoir l'air de s'amuser. *Alex nous a raconté ses mésaventures avec beaucoup d'humour.*

humus [ymys] n. m. ✦ Terre noire très fertile formée par des végétaux décomposés. → **terreau.**
● C'est un mot latin qui veut dire « sol ».

***huppe** n. f. ✦ Touffe de plumes que certains oiseaux ont sur la tête. → **aigrette.** *La grue couronnée porte une huppe.*

***huppé, *huppée** adj. ✦ Familier. Riche et distingué. *Ce quartier est habité par les gens huppés de la ville.*

***hurler** v. (conjug. 1) **1.** Pousser des cris prolongés et violents. *Les loups hurlent. Il hurlait de douleur.* **2.** Parler, crier, chanter de toutes ses forces. *Il y avait tant de bruit qu'il devait hurler pour se faire entendre.*
➤ ***hurlement** n. m. ✦ Cri aigu et prolongé. *Julie poussa un hurlement de douleur.*

hurluberlu n. m. ✦ Personne extravagante. *Une bande d'hurluberlus.* → **original.**

***husky** ['œski] n. m. ✦ Chien de traîneau à fourrure beige et noire, aux yeux bleus.
➸ planche Chiens p. 166.
● Ce mot vient de l'anglais.

***hussard** n. m. ✦ Soldat de la cavalerie.

hussard

***hutte** n. f. ✦ Cabane faite avec des branches, de la terre séchée, de la paille. *En Afrique, les Pygmées habitent dans des huttes.* → ① **case.**

hybride adj. ✦ *Une espèce hybride,* c'est une espèce qui provient du croisement de deux espèces différentes. — **N. m.** *La mule est un hybride de la jument et de l'âne.*

hydrater v. (conjug. 1) ✦ Introduire de l'eau dans l'organisme et l'y fixer. *Cette crème hydrate la peau.* ❑ contr. **dessécher.**
➤ **hydratant, hydratante** adj. ✦ *Une crème hydratante,* qui fixe l'eau dans la peau. *Elle utilise chaque jour une crème hydratante pour le visage.*
➤ **hydratation** n. f. ✦ Le fait d'introduire et de fixer l'eau dans l'organisme. *Il faut boire beaucoup pour maintenir l'hydratation du corps.*
▷ Autre mot de la famille : DÉSHYDRATÉ.

* empêche la liaison et l'élision.

énergie **hydraulique**

hydraulique adj. 1. Qui fonctionne en utilisant la force de l'eau. *Ce moteur est actionné par une turbine hydraulique.* 2. *L'énergie hydraulique,* c'est l'énergie produite par les chutes d'eau, les courants, les marées. → aussi **hydroélectrique**.

hydravion n. m. ✦ Avion construit pour décoller et se poser sur l'eau. ➻ planche Avions p. 72. *L'hydravion n'a pas encore amerri.*
▷ Mot de la famille de AVION.

hydrocarbure n. m. ✦ Corps chimique contenant du carbone et de l'hydrogène. *Le pétrole est un hydrocarbure.*

hydrocution n. f. ✦ Syncope due au choc causé par de l'eau trop froide. *Le baigneur est mort par hydrocution.*

hydroélectrique adj. ✦ *Une centrale hydroélectrique,* c'est une usine qui transforme en électricité l'énergie qui est produite par les chutes d'eau. → aussi **hydraulique**.
● On peut écrire aussi *hydro-électrique.*
▷ Mot de la famille de ÉLECTRIQUE.

hydrogène n. m. ✦ Gaz incolore et inodore, le plus léger que l'on connaisse. *L'eau est composée d'hydrogène et d'oxygène.*

hydroglisseur n. m. ✦ Bateau à fond plat propulsé par une hélice d'avion. *On peut traverser la Manche en hydroglisseur.*
▷ Mot de la famille de GLISSER.

hydrographie n. f. 1. Partie de la géographie qui étudie les mers, les lacs et les cours d'eau. 2. *L'hydrographie d'une région,* c'est l'ensemble de ses cours d'eau et de ses lacs.

hydromel n. m. ✦ Boisson fermentée faite d'eau et de miel. *Les Gaulois buvaient de l'hydromel.*

hydrophile adj. ✦ Qui absorbe l'eau, le liquide. *Du coton hydrophile.*

(*) **hyène** n. f. ✦ Animal des plaines sèches d'Afrique et d'Asie, au pelage gris ou fauve, qui se nourrit surtout de charognes. *Les hyènes ont un odorat puissant et une excellente vue.* ❍ homonyme : yen.
● On dit *la hyène* ou *l'hyène.*

hyène

hygiène n. f. ✦ Ensemble des habitudes de tous les jours et des soins qui permettent d'être en bonne santé. *Se laver et avoir une alimentation saine sont des principes d'hygiène élémentaires.*

* h : dans certains mots le h aspiré

➤ **hygiénique** **adj.** 1. Bon pour la santé. → **sain.** *Ils font une promenade hygiénique après le déjeuner.* 2. Qui sert à la propreté, à l'hygiène. *Du papier hygiénique.*

hymne **n. m.** ✦ *L'hymne national,* c'est un chant solennel en l'honneur de la patrie et de ses défenseurs. *Chaque pays a un hymne national.*

hyper- Préfixe qui signifie « excessivement », « au plus haut point », « très grand » (ex. : *hypermarché*).

hypermarché **n. m.** Très grand magasin où l'on se sert soi-même. *Il fait ses courses dans un hypermarché.* → aussi **supermarché.**
▷ Mot de la famille de MARCHÉ.

hypermétrope **adj.** Qui ne voit pas bien ce qui est près. → aussi **presbyte.** *Elle est hypermétrope.*

hypnose **n. f.** ✦ Sommeil provoqué par des gestes spéciaux ou par des médicaments. *Il a agi sous hypnose,* en ayant été hypnotisé.

hypnotiser **v.** (conjug. 1) ✦ Endormir quelqu'un en faisant des mouvements de main devant son visage et en le regardant fixement. *Le magicien a hypnotisé un spectateur.* → aussi **hypnose.**

hypocrisie **n. f.** ✦ Fait de cacher ce que l'on pense ou ce que l'on ressent et d'exprimer des sentiments que l'on n'a pas. *Faire de grands sourires à quelqu'un que l'on déteste, c'est de l'hypocrisie.* → **duplicité.**

hypocrite **adj.** ✦ *Une personne hypocrite,* qui dissimule ce qu'elle pense ou ce qu'elle ressent et montre des sentiments qu'elle n'a pas. → **fourbe, sournois** et aussi **hypocrisie.** ❏ contr. ② **franc, loyal, sincère.** — **N.** *C'est une hypocrite.*

hypothèse **n. f.** ✦ Chose que l'on suppose pour expliquer un événement. → **supposition.** *On a émis l'hypothèse que l'incendie a été provoqué par un court-circuit.*

➤ **hypothétique** **adj.** ✦ Incertain. → **douteux.** *L'existence des soucoupes volantes est hypothétique.* ❏ contr. **certain, sûr.**
▷ Mots de la famille de THÈSE.

hystérie **n. f.** ✦ Comportement d'une personne très excitée qui ne se contrôle pas. *Cela a été l'hystérie générale quand le chanteur a lancé sa chemise au milieu du public.*

➤ **hystérique** **adj.** ✦ Très excité. *Un rire hystérique.*

empêche la liaison et l'élision.

I

ibis [ibis] **n. m.** ✦ Oiseau échassier à longues pattes et à grand bec mince, qui vit en Afrique et en Amérique. *L'ibis blanc et noir était un animal sacré chez les anciens Égyptiens.*
● On prononce le *s* final.

iceberg [isbɛʀg] ou [ajsbɛʀg] **n. m.** ✦ Énorme bloc de glace qui flotte sur les mers polaires après s'être détaché de la banquise.
● *Iceberg* vient d'un mot norvégien qui veut dire « montagne de glace ».

ici **adv. 1.** Dans le lieu où l'on se trouve. *Ici, il fait beau. Viens ici tout de suite !* ❑ contr. **là, là-bas.** — *Signez ici,* à cet endroit. *La plage est* ***par ici,*** dans cette direction. **2.** ***D'ici peu,*** dans peu de temps. → **bientôt.** *Il va arriver d'ici peu.* ***D'ici là,*** de maintenant à cette date.
▷ Autres mots de la famille : CECI, ① CI, VOICI.

icone **n. m.** ✦ Signe, dessin affiché sur un écran d'ordinateur qui correspond à une fonction du logiciel. *Alex clique sur l'icone de l'imprimante.*

icône **n. f.** ✦ Peinture religieuse faite sur des panneaux de bois. *Une icône russe.*

idéal **adj.** et **n. m.**, **idéale** **adj.**
■ **adj.** Aussi parfait que l'on puisse imaginer. *Voici une robe idéale pour l'été.* — Au masc. pl. *idéaux* ou *idéals.*
■ **n. m. 1.** *L'idéal,* c'est ce qu'il y a de mieux. *L'idéal, ce serait de pouvoir y aller ensemble.* **2.** *L'idéal de quelqu'un,* l'idée, le projet auquel il tient le plus. *Chacun voudrait réaliser son idéal.* — Au pl. *Des idéals* ou *des idéaux.*

➤ **idéaliser** **v.** (conjug. 1) ✦ Embellir. *Le romancier idéalise son enfance.*

➤ **idéaliste** **n. m.** et **f.** ✦ Personne qui ne tient pas compte de la réalité, pense et agit en fonction de son idéal. *C'est une idéaliste.* — **Adj.** *Une jeune fille idéaliste.* ❑ contr. **réaliste.**
▷ Mots de la famille de IDÉE.

icône

idée **n. f. 1.** Chose que l'on pense. *Elle n'a pas bien dormi et ce matin elle n'a pas les idées claires. L'idée de partir en classe de neige réjouit Théo.* → ① **pensée, perspective. 2.** Notion, aperçu. *Le professeur a donné à ses élèves une idée de ce qu'est le désert.* **3.** Rêve créé par l'imagination. → **illusion.** *C'est peut-être une idée, mais j'ai l'impression qu'il fait moins froid. Il se fait des idées,* il imagine des choses fausses. **4.** Projet. *Quelle bonne idée ! Qui a eu cette idée ?* → **initiative. 5.** Façon de juger. *Ils n'ont pas les mêmes idées politiques.* → **opi-**

nion. 6. Esprit. *J'ai dans l'idée que ce ne sera pas possible,* je pense. *Cela ne m'est jamais venu à l'idée.*

▷ Autres mots de la famille : IDÉAL, IDÉALISER, IDÉALISTE.

identifier **v.** (conjug. 7) 1. *Identifier quelqu'un ou quelque chose,* c'est trouver de qui ou de quoi il s'agit. *On n'a pas pu identifier le cadavre. Paul a cueilli une fleur qu'il n'arrive pas à identifier.* 2. ***S'identifier à** quelqu'un,* c'est se mettre à sa place. *Julie s'identifie à l'héroïne du livre qu'elle lit.*

➤ **identification** **n. f.** ✦ Fait de découvrir l'identité de quelqu'un. *L'enquête a permis l'identification du meurtrier.*

identique **adj.** ✦ *Des objets identiques,* ce sont des objets qui ont exactement les mêmes caractéristiques. → **pareil, semblable.** *Ton vélo est identique au mien,* c'est le même. ❑ contr. **différent.**

identité **n. f.** ✦ *L'identité d'une personne,* c'est ce qui permet de la reconnaître parmi les autres, c'est-à-dire son nom, son âge, son aspect physique. *L'identité de chaque électeur est vérifiée dans le bureau de vote. Julie présente sa carte d'identité.*

idéogramme **n. m.** ✦ Signe écrit qui représente le sens d'un mot et non les sons qui le composent. *Les idéogrammes chinois.*

idéologie **n. f.** ✦ Ensemble des idées et des croyances qui inspire les actes d'un groupe de personnes. *L'idéologie d'un parti politique.*

➤ **idéologique** **adj.** ✦ Qui concerne l'idéologie, les idées. *Ils ont toujours des discussions idéologiques.*

idiot, idiote **adj.** ✦ Qui manque d'intelligence, de bon sens. → **abruti,** ② **bête, stupide.** *Cette fille est complètement idiote.* ❑ contr. **intelligent.** *Une réflexion idiote.* → **inepte.** — **N.** *Espèce d'idiot !* → **imbécile.**

➤ **idiotie** [idjɔsi] **n. f.** 1. Manque d'intelligence. → **bêtise, stupidité.** *Nous avons vu un film d'une rare idiotie.* 2. Action ou parole idiote. *Il n'y a que des idioties à la télévision, ce soir.* → **bêtise, sottise.**

idole **n. f.** 1. Statue, image qui représente un dieu et que l'on adore. 2. Vedette que le public aime beaucoup. *Ce chanteur est la nouvelle idole des jeunes.*

idylle **n. f.** ✦ Petite histoire d'amour. *Y a-t-il une idylle entre eux ?*

● Il y a un *y* après le *d* et deux *l*.

➤ **idyllique** **adj.** ✦ Idéal, merveilleux. *Il nous a fait un tableau idyllique de cette île.*

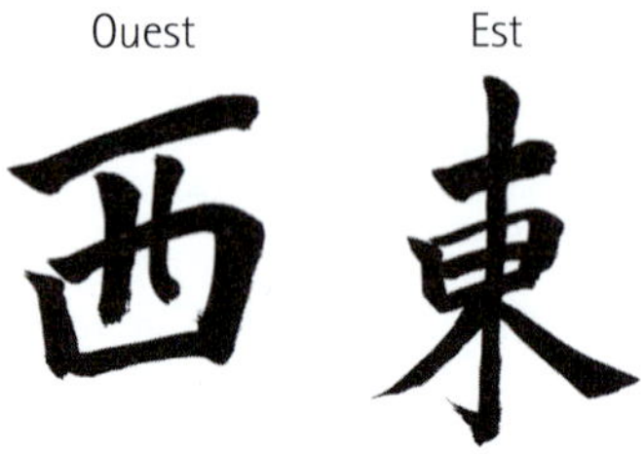

idéogramme chinois

if **n. m.** ✦ Arbre à feuillage toujours vert et à baies rouges, de la famille des conifères. *Des ifs bien taillés forment une haie au fond du jardin.*

if

igloo [iglu] **n. m.** ✦ Abri arrondi, construit avec des blocs de glace ou de neige. ➻ planche Habitations p. 487. *En période de chasse, les Esquimaux habitent dans des igloos.*
● C'est un mot esquimau qui veut dire « maison ».

ignare **adj.** ✦ Qui ne sait rien. → **ignorant,** ② **inculte.** *Elle est totalement ignare, elle ne sait même pas dans quel pays est Londres !* ❑ contr. **cultivé, instruit, savant.**

ignifugé, ignifugée **adj.** ✦ *Une matière ignifugée,* traitée pour ne pas pouvoir brûler. *Ces rideaux sont ignifugés.*

ignoble **adj.** 1. Qui est très laid, très sale ou très mauvais et inspire du dégoût. → **dégoûtant, immonde, infect, répugnant.** *La nourriture de ce restaurant est ignoble.* 2. Qui fait horreur. *C'est ignoble de maltraiter des enfants.* → **atroce, honteux, infâme, odieux, révoltant.**

ignominie **n. f.** ✦ Action honteuse, ignoble. → **infamie.** *Il a commis les pires ignominies.* → **turpitude.**

ignorer **v.** (conjug. 1) 1. Ne pas savoir. *Elle ignorait tout de lui, même son nom.* ❑ contr. **connaître.** *J'ignore s'il viendra.* 2. *Ignorer quelqu'un,* c'est faire comme s'il n'existait pas. *Alex a ignoré Léa toute la journée.*

➤ **ignorance** **n. f.** ✦ Manque de connaissances, de savoir, d'instruction. *Théo reconnaît son ignorance en géographie.* → **incompétence.**

➤ **ignorant, ignorante** **adj.** ✦ Qui ne sait rien, manque d'instruction. → **ignare, inculte.** *Ces élèves sont vraiment ignorants.* ❑ contr. **instruit.** — **N.** *C'est une ignorante.*

iguane [igwan] **n. m.** ✦ Animal d'Amérique tropicale qui ressemble à un gros lézard.
● *Iguane* vient d'un mot des Caraïbes qui veut dire « gros lézard ».

iguane

il (pl. **ils**) **pronom personnel m.** 1. Pronom personnel masculin de la troisième personne, sujet. *Il est en voyage. Ils sont venus ici.* → aussi **elle, lui, eux.** 2. Au singulier, sujet d'un verbe impersonnel. *Il pleut. Il est 8 heures.* ❍ homonyme : île.

île **n. f.** ✦ Terre entourée d'eau. *La Corse est une île.* → aussi **atoll.** *Un groupe d'îles forme un archipel.* ❍ homonyme : il.
▷ Autres mots de la famille : ÎLOT, PRESQU'ÎLE.

illégal, illégale [i(l)legal] **adj.** ✦ Contraire à la loi. → **illégitime, illicite.** *Il est entré en France d'une manière illégale.* ❑ contr. **légal.** — Au masc. pl. *illégaux.*

➤ **illégalement** [i(l)legalmɑ̃] **adv.** ✦ D'une manière illégale, contraire à la loi. *Ces étrangers ont franchi la frontière illégalement.*

➤ **illégalité** [i(l)legalite] **n. f.** ✦ Situation contraire à la loi. *Les trafiquants de drogue vivent dans l'illégalité.* ❑ contr. **légalité.**
▷ Mots de la famille de LÉGAL.

illégitime [i(l)leʒitim] **adj.** 1. Qui n'est pas conforme à la loi. *Un acte illégitime.* → **illégal.** 2. Qui n'a pas de raison d'être, est injustifié. *Vos craintes sont illégitimes.* ❑ contr. **légitime.**
▷ Mot de la famille de LÉGITIME.

illettré, illettrée [i(l)letʀe] **adj.** ✦ *Des personnes illettrées,* ce sont des personnes adultes qui ne savent pas bien lire ni écrire. → aussi **analphabète.** — **N.** *Elle donne des cours à des illettrés.*
▷ Mot de la famille de LETTRE.

illicite [i(l)lisit] **adj.** ✦ Interdit par la loi. *Le trafic de drogue est illicite.* → **illégal.** ❑ contr. **autorisé.**

illimité, illimitée [i(l)limite] **adj.** 1. Qui n'a pas de limites, de bornes. → **immense, infini.** *Les tyrans avaient un pouvoir illimité.* 2. *Une durée illimitée,* qui n'est pas fixée à l'avance. → **indéterminé.** *Le piano est loué pour une durée illimitée.*
▷ Mot de la famille de LIMITE.

illisible [i(l)lizibl] **adj.** 1. Très difficile à lire parce que les lettres sont mal écrites ou mal imprimées. *Sa signature est illisible.* → **indéchiffrable.** ❑ contr. **lisible.** 2. Impossible à lire parce que c'est trop compliqué ou trop ennuyeux. *Ce livre est illisible.*
▷ Mot de la famille de ① LIRE.

illogique [i(l)lɔʒik] **adj.** ✦ Qui n'est pas logique. *Un raisonnement illogique.* → **incohérent.** *Une conduite illogique.* → **irrationnel.**
▷ Mot de la famille de LOGIQUE.

illuminer [i(l)lymine] **v.** (conjug. 1) **1.** Éclairer d'une lumière très forte. *Les éclairs illuminent le ciel. Au moment de Noël, les rues sont illuminées.* **2.** Rendre lumineux. *La joie illuminait son visage.* → **éclairer.**

➤ **illumination** [i(l)lyminasjɔ̃] **n. f.** **1.** Éclairage. *Léa aime les illuminations des rues à Noël.* **2.** Idée soudaine qui vient à l'esprit et qui permet de comprendre. → **inspiration.** *Il a eu soudain une illumination.*

illusion [i(l)lyzjɔ̃] **n. f.** **1.** Impression fausse. *Un mirage est une illusion d'optique,* une chose que l'on croit voir mais qui n'existe pas. **2.** Idée fausse que l'on veut croire parce qu'elle fait plaisir. *S'il croit que je vais accepter, il se fait des illusions,* il se trompe.

➤ **s'illusionner** [i(l)lyzjɔne] **v.** (conjug. 1) ✦ Se faire des illusions, se tromper. *Elle s'illusionne sur ses chances de réussite.* → se **leurrer.**

➤ **illusionniste** [i(l)lyzjɔnist] **n. m.** et **f.** ✦ Personne qui fait des tours de magie. → **prestidigitateur.**

➤ **illusoire** [i(l)lyzwaʀ] **adj.** ✦ Qui est faux mais peut sembler vrai, possible. → **trompeur.** *Il est illusoire d'espérer retrouver des rescapés.* → **vain.**

▷ Autre mot de la famille : DÉSILLUSION.

illustrateur [i(l)lystʀatœʀ] **n. m.**, **illustratrice** [i(l)lystʀatʀis] **n. f.** ✦ Personne qui exécute des illustrations. → aussi **dessinateur.** *Elle est illustratrice de livres pour enfants.*

▷ Mot de la famille de ILLUSTRER.

illustration [i(l)lystʀasjɔ̃] **n. f.** ✦ Image, dessin, photo qui illustre un livre. *Les illustrations de ce livre sont très jolies.*

▷ Mot de la famille de ILLUSTRER.

illustre [i(l)lystʀ] **adj.** ✦ Célèbre, très connu. → **fameux.** *Victor Hugo est un écrivain français illustre.* ❏ contr. **inconnu.**

▷ Autre mot de la famille : S'ILLUSTRER.

illustré [i(l)lystʀe] **adj.** et **n. m.**, **illustrée** [i(l)lystʀe] **adj.**

■ **adj.** ✦ Qui contient des illustrations. *Un livre abondamment illustré.*

■ **n. m.** ✦ Revue, journal qui contient surtout des images, des dessins ou des photos. *Alex n'aime lire que des illustrés.*

▷ Mot de la famille de ILLUSTRER.

illustrer [i(l)lystʀe] **v.** (conjug. 1) **1.** Décorer avec des images, des dessins, des photos. *Léa découpe des photos pour illustrer son cahier de géographie.* **2.** Donner des exemples pour expliquer plus clairement. *Il a dénoncé son camarade, cela illustre bien sa méchanceté.*

▷ Autres mots de la famille : ILLUSTRATEUR, ILLUSTRATION, ILLUSTRÉ.

s'illustrer [i(l)lystʀe] **v.** (conjug. 1) ✦ Devenir célèbre, se faire remarquer. → se **distinguer.** *Cette actrice s'est illustrée dans de nombreux films.*

▷ Mot de la famille de ILLUSTRE.

îlot **n. m.** ✦ Petite île. *Le naufragé a trouvé refuge sur un îlot.*

▷ Mot de la famille de ÎLE.

image **n. f.** **1.** Dessin, photographie. *Un livre avec des images.* → **illustration.** **2.** Ce qui apparaît dans un miroir. → **reflet.** *Je vois mon image dans la glace.* **3.** Ce que l'on voit sur un écran de télévision, de cinéma. *Règle la télévision, l'image est floue.* **4.** Reproduction d'un être ou d'une chose. *Julie est l'image de son père,* elle lui ressemble beaucoup. → **portrait.** **5.** Idée. *Ce documentaire donne une bonne image de ce pays.* → **description.** **6.** Façon de parler où l'on mélange le sens propre et le sens figuré d'un mot. *« Foudroyer quelqu'un du regard » est une image.* → **comparaison.**

➤ **imagé, imagée** **adj.** ✦ *Un langage imagé,* où il y a beaucoup de comparaisons, d'images.

▷ Autres mots de la famille : IMAGINABLE, IMAGINAIRE, IMAGINATIF, IMAGINATION, IMAGINER, S'IMAGINER, INIMAGINABLE.

image d'Épinal

imaginable **adj.** ✦ Que l'on peut imaginer. ❑ contr. **inimaginable.** *Il nous a donné toutes les raisons imaginables pour refuser.*
▷ Mot de la famille de IMAGE.

imaginaire **adj.** ✦ Qui n'est pas réel. → **fictif.** *L'équateur est une ligne imaginaire. Le loup-garou est un être imaginaire.* → **fabuleux, fantastique.**
▷ Mot de la famille de IMAGE.

imaginatif, imaginative **adj.** ✦ Qui a beaucoup d'imagination. *Julie est une petite fille très imaginative.* → **créatif.**
▷ Mot de la famille de IMAGE.

imagination **n. f.** ✦ *Avoir de l'imagination,* c'est avoir beaucoup d'idées, pouvoir inventer toutes sortes de choses. *Paul a beaucoup d'imagination.*
▷ Mot de la famille de IMAGE.

imaginer **v.** (conjug. 1) **1.** Se faire une idée de quelque chose. *Léa imagine mal qu'elle a été un petit bébé.* **2.** Inventer. *Alex a imaginé une histoire invraisemblable.*
➤ **s'imaginer** **v.** (conjug. 1) **1.** Se représenter soi-même en esprit. *Julie s'imagine parfois à 20 ans.* **2.** Croire à tort. *Louise s'était imaginé qu'elle pouvait réussir sans travailler.*
▷ Mots de la famille de IMAGE.

imam [imam] **n. m.** ✦ Chef religieux musulman.
● C'est un mot arabe qui veut dire « celui qui se tient devant ».

imbattable **adj.** ✦ Très fort, que l'on ne peut pas battre. → **invincible.** *Alex est imbattable aux dominos.*
▷ Mot de la famille de BATTRE.

imbécile **n. m.** et **f.** ✦ Personne qui n'est pas intelligente. → **crétin, idiot.** *Théo a traité sa sœur d'imbécile.*
➤ **imbécillité** [ɛ̃besilite] **n. f.** **1.** Manque d'intelligence. → **bêtise, stupidité.** *Il est d'une imbécillité rare.* **2.** Action ou parole sotte. → **bêtise, idiotie, sottise.** *Arrête de dire des imbécillités !*
● Contrairement à *imbécile, imbécillité* s'écrit avec deux *l*.

imberbe **adj.** ✦ Qui n'a pas de barbe. ❑ contr. **barbu.** *Alex est encore imberbe.*

imbiber **v.** (conjug. 1) ✦ Pénétrer et mouiller complètement. *La pluie a imbibé le sol.* → **imprégner.**

s'imbriquer **v.** (conjug. 1) **1.** S'ajuster en se recouvrant en partie. *Les pièces du jeu de construction s'imbriquent les unes dans les autres.* → **s'emboîter.** **2.** Être lié de façon étroite. *Ces deux affaires s'imbriquent.*
▷ Mot de la famille de BRIQUE.

imbroglio [ɛ̃bʀɔljo] **n. m.** ✦ Situation très compliquée. *Quel imbroglio !*
● C'est un mot italien qui vient du verbe *imbrogliare* qui veut dire « embrouiller ».

imbu, imbue **adj.** ✦ *Être imbu de soi-même,* se croire supérieur aux autres.
▷ Mot de la famille de BOIRE.

imbuvable **adj.** ✦ Très mauvais à boire. *Ce café est trop amer, il est imbuvable.* ❑ contr. **buvable.**
▷ Mot de la famille de BOIRE.

imiter **v.** (conjug. 1) **1.** Reproduire. *Paul sait imiter des cris d'animaux.* **2.** Suivre l'exemple de quelqu'un. *Julie est toujours bien habillée, ses amies essaient de l'imiter.* → **copier.** **3.** Produire le même effet que, ressembler à. *Cette matière plastique imite parfaitement le cuir.*
➤ **imitateur** **n. m., imitatrice** **n. f.** ✦ Personne qui arrive à imiter la voix et les manières de quelqu'un. *Certains imitateurs parodient des hommes politiques.*
➤ **imitation** **n. f.** **1.** Fait d'imiter la voix, les attitudes de quelqu'un. *Théo fait des imitations très réussies.* **2.** Objet copié sur un autre. → **reproduction.** *Ce fauteuil n'est pas un vrai fauteuil Louis XVI, c'est une imitation.* → **copie.**
▷ Autre mot de la famille : INIMITABLE.

immaculé, immaculée **adj.** ✦ Très propre, sans aucune tache. → **impeccable.** *La table est recouverte d'une nappe blanche immaculée.*
▷ Mot de la famille de MACULÉ.

immangeable [ɛ̃mɑ̃ʒabl] **adj.** ✦ Très mauvais à manger. *Cette viande est trop dure, elle est immangeable.* ❑ contr. **mangeable.**
▷ Mot de la famille de MANGER.

immanquable **adj.** ✦ Qui se produit forcément. → **fatal, inévitable.** *Chaque fois qu'ils se voient, ils se disputent, c'est immanquable.*
▷ Mot de la famille de MANQUER.

immatriculer v. (conjug. 1) ✦ Inscrire sous un certain numéro, sur un registre public. *Sa voiture est immatriculée dans le département des Landes.*

➤ **immatriculation** n. f. ✦ Inscription du nom, du numéro d'une personne, d'un animal, d'une chose sur un registre pour pouvoir l'identifier. *Les voitures ont des plaques d'immatriculation.*

immatriculation

immédiat adj. et n. m., **immédiate** adj.

■ adj. 1. Qui a lieu tout de suite. *Sa réponse à la question a été immédiate,* elle ne s'est pas fait attendre. 2. Qui est tout proche. *Nous n'avons pas de voisins immédiats.*

■ n. m. *Dans l'immédiat,* pour le moment. *On ne peut rien dire dans l'immédiat.*

➤ **immédiatement** adv. ✦ Tout de suite. *Rentre immédiatement !*

immense adj. ✦ Très grand. *Le Canada est un pays immense.* ❑ contr. **minuscule, petit.** *Vous me faites un immense plaisir en acceptant.* → **extrême.**

➤ **immensément** adv. ✦ Très. *Il est immensément riche.* → **extrêmement.**

➤ **immensité** n. f. ✦ Très grande étendue. *L'immensité de la mer.* ❑ contr. **petitesse.**

immerger v. (conjug. 3) ✦ Mettre sous l'eau. *On a immergé des câbles dans la mer.* — **s'immerger,** plonger. *Le sous-marin s'immerge.* ❑ contr. **émerger.**

➤ **immergé, immergée** adj. ✦ *La partie immergée d'un iceberg,* c'est la partie qui est sous l'eau.

immersion n. f. ✦ Action de plonger dans un liquide. *L'immersion d'un sous-marin.*

immettable adj. ✦ *Un vêtement immettable,* que l'on ne peut plus mettre. *Ce pantalon est immettable, il est trop court.* ❑ contr. **mettable.**

▷ Mot de la famille de METTRE.

immeuble n. m. ✦ Grand bâtiment à plusieurs étages. ➸ planche Habitations p. 487. *On construit un immeuble de bureaux.*

immigrer v. (conjug. 1) ✦ Arriver dans un pays étranger pour y vivre. *De nombreux Irlandais ont immigré aux États-Unis.* → aussi **émigrer.**

➤ **immigration** n. f. ✦ Installation d'étrangers dans un pays. *L'immigration est contrôlée par l'État.* ❑ contr. **émigration.**

➤ **immigré, immigrée** adj. ✦ Qui est venu s'installer dans un pays étranger. *Il y a de nombreux travailleurs immigrés dans cette région.* — N. *Elle donne des cours de français à des immigrés.* → aussi **émigré.**

imminent, imminente adj. ✦ Qui doit arriver dans très peu de temps. → **proche.** *On annonce l'arrivée imminente de l'avion en provenance de Madrid.* → **immédiat.** ❑ contr. **lointain.**

➤ **imminence** n. f. ✦ Caractère de ce qui est très proche dans le temps. *L'imminence d'un danger.* → **proximité.**

s'immiscer [imise] v. (conjug. 3) ✦ Se mêler de quelque chose de manière indiscrète. *Il s'immisce toujours dans les affaires des autres.* → **s'ingérer.**

● Attention au *s* avant le *c.*

partie **immergée** d'un iceberg

immobile adj. ✦ Qui ne bouge pas. *Les enfants ont du mal à rester immobiles longtemps.* → **tranquille.**
▷ Mot de la famille de MOBILE.

immobilier adj. et n.m., **immobilière** adj.
■ adj. Qui concerne la construction, la vente et la location d'immeubles et de maisons. *Ils se sont adressés à une agence immobilière pour trouver un appartement à louer.*
■ n. m. *L'immobilier,* c'est la construction, la vente et la location de logements. *Le père de Théo travaille dans l'immobilier.*

immobiliser v. (conjug. 1) ✦ Rendre immobile, empêcher de bouger. *Son opération l'a immobilisé plusieurs semaines.* — **s'immobiliser,** s'arrêter. *La voiture s'est immobilisée au feu rouge.*
➤ **immobilisation** n. f. ✦ Le fait d'être immobilisé. *Sa fracture à la jambe a nécessité un mois d'immobilisation,* sans bouger.
▷ Mots de la famille de MOBILE.

immobilité n. f. ✦ État de ce qui reste sans bouger. *Le blessé est condamné à l'immobilité.* ❏ contr. **mobilité, mouvement.**
▷ Mot de la famille de MOBILE.

immoler v. (conjug. 1) ✦ Tuer une victime pour l'offrir en sacrifice à un dieu. *Les Romains immolaient des moutons à leurs dieux.* → **sacrifier.**

immonde adj. **1.** Très sale. → **dégoûtant, répugnant.** *Ils habitent dans un taudis immonde.* → **sordide. 2.** Révoltant. → **abject, ignoble, odieux.** *C'est immonde de dénoncer ses amis.*
➤ **immondices** n. f. pl. ✦ Déchets, ordures. → **détritus.** *Défense de déposer des immondices.*

immoral, immorale adj. ✦ Contraire à ce que l'on doit faire, à la morale. ❏ contr. **moral.** *Une histoire immorale.* — Au masc. pl. *immoraux.*
▷ Mot de la famille de MORAL.

immortaliser v. (conjug. 1) ✦ Rendre immortel dans la mémoire. *Les films de Chaplin ont immortalisé Charlot.*
▷ Mot de la famille de MOURIR.

immortalité n. f. ✦ État de ce qui ne meurt jamais. *Les gens qui ont la foi croient à l'immortalité de l'âme.*
▷ Mot de la famille de MOURIR.

immortel, immortelle adj. **1.** Qui ne meurt pas. *Les dieux sont immortels.* ❏ contr. **mortel. 2.** Qui reste dans la mémoire. *Victor Hugo a écrit des œuvres immortelles.* → **impérissable.**
▷ Mot de la famille de MOURIR.

immuable adj. ✦ Qui ne change pas. *Les mois de l'année se succèdent dans un ordre immuable.* → **constant, invariable.** ❏ contr. **changeant, variable.**

immuniser v. (conjug. 1) ✦ Préserver d'une maladie. *Un vaccin immunise contre une maladie.*

immunité n. f. ✦ Capacité de résister à une cause de maladie. *Le vaccin antitétanique donne l'immunité contre le tétanos.*

impact n. m. **1.** *Le point d'impact d'une balle,* c'est l'endroit où elle a frappé. **2.** Effet. → **influence.** *Cette campagne publicitaire a eu un grand impact sur le public.* → **répercussion, retentissement.**

① **impair** n. m. ✦ Maladresse. *Il a commis un impair en disant qu'il était déjà au courant.* → fam. ② **gaffe.**

② **impair, impaire** adj. ✦ *Un nombre impair,* c'est un nombre qui, divisé par 2, ne donne pas un nombre entier. *5 et 27 sont des nombres impairs.* ❏ contr. ② **pair.**
▷ Mot de la famille de ② PAIR.

imparable adj. ✦ Impossible à parer, à éviter. *Le footballeur a fait un tir imparable et a marqué un but.*
▷ Mot de la famille de PARER.

impardonnable adj. ✦ Qui ne mérite pas d'être pardonné. → **inexcusable.** *Tu es impardonnable d'avoir oublié. Une faute impardonnable.* ❏ contr. **excusable, pardonnable.**
▷ Mot de la famille de PARDONNER.

① **imparfait, imparfaite** adj. ✦ Qui présente des défauts, des imperfections. *Sa connaissance de l'espagnol est imparfaite.* ❏ contr. **parfait.**
▷ Mot de la famille de PARFAIT.

② **imparfait** **n. m.** ✦ Temps du verbe que l'on emploie pour parler de ce qui est arrivé dans le passé et a duré un certain temps, ou qui s'est répété. *Dans la phrase « Léa aimait la bouillie quand elle était petite », les verbes « aimer » et « être » sont à l'imparfait.*

impartial, impartiale **adj.** ✦ *Une personne impartiale,* c'est une personne juste, qui n'a pas de parti pris et ne montre pas ses préférences. → ③ **objectif.** *Les professeurs doivent être impartiaux.* ❑ contr. **partial.**

➤ **impartialité** **n. f.** ✦ Qualité d'une personne qui juge sans parti pris, sans tenir compte de ses préférences. → **objectivité.** *L'impartialité est la première qualité d'un arbitre.* ❑ contr. **partialité.**

▷ Mots de la famille de PART.

impasse **n. f.** ✦ Petite rue sans issue, fermée à un bout. → **cul-de-sac.**

▷ Mot de la famille de PASSER.

impasse

impassible **adj.** ✦ Qui ne montre aucune émotion, aucun trouble. → **calme, imperturbable.** ❑ contr. **ému.** *Louise reste impassible quand son frère la taquine.*

➤ **impassibilité** **n. f.** ✦ Caractère d'une personne qui ne manifeste aucune émotion. → **flegme.** *Malgré sa surprise, il a gardé son impassibilité.*

impatient, impatiente **adj.** ✦ Qui n'aime pas attendre, est incapable d'attendre tranquillement. *Léa est impatiente d'ouvrir ses cadeaux.* ❑ contr. ① **patient.**

➤ **impatience** **n. f.** ✦ État d'une personne qui n'aime pas attendre. *Alex attend son tour avec impatience.* ❑ contr. **patience.**

➤ **impatiemment** [ɛ̃pasjamɑ̃] **adv.** ✦ Avec impatience. *Julie attend impatiemment les vacances.* ❑ contr. **patiemment.**

➤ **impatienter** **v.** (conjug. 1) **1.** Faire perdre patience. → **agacer, énerver.** *Les élèves ont impatienté leur professeur.* **2. s'impatienter,** perdre patience. *Les clients s'impatientaient dans la salle d'attente,* ils en avaient assez d'attendre. ❑ contr. **patienter.**

▷ Mots de la famille de ① PATIENT.

impavide **adj.** ✦ Qui ne montre aucune peur. *Les pompiers sont restés impavides devant le danger.*

● Ce mot est littéraire.

impeccable **adj.** **1.** Sans défaut. *Son devoir était impeccable.* → **irréprochable.** **2.** D'une propreté parfaite. *Il porte une chemise blanche impeccable.* → **immaculé.**

➤ **impeccablement** **adv.** ✦ D'une manière impeccable. *Sa chemise est impeccablement repassée.* → **parfaitement.**

impénétrable **adj.** **1.** Où l'on ne peut aller, pénétrer. *En Amazonie, il y a des forêts impénétrables.* **2.** Mystérieux. *Léa avait un air impénétrable,* qui ne permettait pas de deviner ses pensées.

▷ Mot de la famille de PÉNÉTRER.

impensable **adj.** ✦ Inimaginable, incroyable. *Ce qu'il a réussi à faire était impensable au siècle dernier.* → **inconcevable.** ❑ contr. **pensable.**

▷ Mot de la famille de PENSER.

impératif **adj.** et **n. m.**, **impérative** **adj.**

■ **adj.** **1.** Qui exprime une chose à laquelle on doit absolument obéir. *C'est un ordre impératif,* auquel on doit absolument se soumettre. *Une voix impérative.* **2.** Absolument nécessaire. *Il est impératif que vous veniez.*

■ **n. m.** Mode du verbe employé pour donner un ordre ou des conseils, ou pour interdire quelque chose à quelqu'un. *Dans la phrase « Range tes affaires et ne te couche pas trop tard », les verbes « ranger » et « se coucher » sont à l'impératif.*

➤ **impérativement** **adv.** ✦ D'une manière impérative. → **absolument, obligatoirement.** *Nous devons impérativement partir demain.*

impératrice **n. f.** 1. Femme d'un empereur. *L'impératrice Joséphine, première femme de Napoléon Ier.* 2. Souveraine d'un empire. *Catherine II, impératrice de Russie.*

imperceptible **adj.** ✦ Très difficile à percevoir par les organes des sens. *Un bruit imperceptible.* → **inaudible.** ❑ contr. **perceptible.**
▷ Mot de la famille de PERCEPTIBLE.

imperfection **n. f.** ✦ Défaut. *Ce travail est bien fait, malgré quelques imperfections.*
▷ Mot de la famille de PERFECTION.

impérial, impériale **adj.** ✦ Qui appartient à un empereur ou dépend de son autorité. *La garde impériale de Napoléon.* — Au masc. pl. *impériaux.*

impérialisme **n. m.** ✦ Politique d'un pays qui cherche à conquérir ou à dominer d'autres pays. → aussi **colonialisme.**
➤ **impérialiste** **adj.** ✦ Qui pratique l'impérialisme. *Au 19e siècle, l'Angleterre était un pays impérialiste.*

impérieux, impérieuse **adj.** 1. Très autoritaire. *Elle parle d'une voix impérieuse.* 2. *Un besoin impérieux,* auquel on ne peut pas résister. *Je suis très fatigué, j'ai un besoin impérieux de dormir.* → **irrésistible, pressant, urgent.**

impérissable **adj.** ✦ Qui ne peut périr, disparaître. *Il a gardé un souvenir impérissable de ce voyage.* → **immortel, inoubliable.**
▷ Mot de la famille de PÉRIR.

imperméabiliser **v.** (conjug. 1) ✦ Rendre imperméable. *Ce produit imperméabilise les chaussures.*

imperméabilité **n. f.** ✦ Caractère de ce qui est imperméable. *L'imperméabilité de l'argile.*

imperméable **adj.** et **n. m.**
■ **adj.** Qui ne laisse pas passer l'eau, ni aucun autre liquide. *L'argile est une roche imperméable.* ❑ contr. **perméable, poreux.**
■ **n. m.** *Un imperméable,* c'est un vêtement qui protège de la pluie. *Léa a mis son imperméable.*
▷ Mot de la famille de PERMÉABLE.

impersonnel, impersonnelle **adj.** 1. Sans particularité. → **neutre.** *À l'aéroport, une voix impersonnelle annonce l'arrivée des avions.* 2. *Un verbe impersonnel,* c'est un verbe qui ne s'emploie qu'à la troisième personne du singulier et à l'infinitif. *« Falloir » et « neiger » sont des verbes impersonnels.*
▷ Mot de la famille de ② PERSONNE.

impertinent, impertinente **adj.** ✦ Trop familier, impoli. *Julie a répondu à sa mère sur un ton impertinent.* → **insolent.** ❑ contr. **respectueux.**
➤ **impertinence** **n. f.** ✦ Attitude d'une personne qui manque de politesse, de respect. *Elle sera punie pour son impertinence.* → **insolence.**

imperturbable **adj.** ✦ Que rien ne peut troubler. → **impassible, inébranlable, serein.** *Il est resté imperturbable pendant toute la discussion.* ❑ contr. **énervé.**
➤ **imperturbablement** **adv.** ✦ Sans se laisser troubler. *Il a continué à lire imperturbablement.*
▷ Mots de la famille de PERTURBER.

impétueux, impétueuse **adj.** ✦ *Une personne impétueuse,* c'est une personne qui agit avec une grande rapidité et un peu de violence. → **fougueux, vif.**
➤ **impétueusement** **adv.** ✦ Avec impétuosité, vivacité. *Il a réagi impétueusement à l'attaque.*
➤ **impétuosité** **n. f.** ✦ Vivacité. *L'orateur parle avec impétuosité.* → **ardeur, fougue.**

impie **adj.** ✦ Qui manque de respect pour la religion. *Il a prononcé des paroles impies.* ❑ contr. **pieux.**

impitoyable **adj.** ✦ Sans pitié. *Un ennemi impitoyable.* → **cruel, implacable.** *Le professeur est impitoyable quand il trouve des fautes d'orthographe,* il est très sévère, il ne les laisse pas passer. ❑ contr. **indulgent.**
➤ **impitoyablement** **adv.** ✦ Sans pitié. *L'armée a impitoyablement réprimé la révolte.* → **durement.**
▷ Mots de la famille de PITOYABLE.

implacable **adj.** 1. Qu'on ne peut faire céder. → **inflexible.** *Il lui porte une haine implacable.* → **impitoyable.** 2. *Une logique implacable,* sans faille, sans défaut. *Ton raisonnement est d'une logique implacable.*

implanter **v.** (conjug. 1) ✦ Installer de façon durable. *On a implanté de nouvelles industries* *dans la région.* — **s'implanter,** s'établir. *Une usine de chaussures s'est implantée dans la banlieue.*

➤ **implantation** **n. f.** ✦ Installation. *L'implantation d'une usine crée des emplois.*

▷ Mots de la famille de PLANTER.

implicite **adj.** ✦ Qui n'est pas dit clairement mais qui peut se deviner d'après la situation. → **tacite.** *Votre absence de réponse sera considérée comme un accord implicite.* ❏ contr. **explicite.**

impliquer **v.** (conjug. 1) **1.** *Impliquer une personne dans une affaire,* l'y mêler. *Le maire a été impliqué dans ce scandale.* → **compromettre. 2.** Entraîner comme conséquence. *Elle doit être à l'école à 8 heures, cela implique qu'elle parte de chez elle à 8 heures moins le quart.*

implorer **v.** (conjug. 1) ✦ Demander en suppliant. *L'avocat implore l'indulgence du jury.*

implorer (*Thétis implorant Jupiter,* Ingres)

impoli, impolie **adj.** ✦ Incorrect, grossier. *Un enfant impoli. C'est impoli de ne pas dire merci.* ❏ contr. ① **poli.**

➤ **impolitesse** **n. f.** ✦ Manque de politesse. *Il ne s'est même pas excusé, quelle impolitesse !* → **grossièreté.**

▷ Mots de la famille de ① POLI.

impondérable **n. m.** ✦ Événement que l'on n'avait pas prévu. *Tout devrait se dérouler comme prévu, mais il peut toujours y avoir des impondérables.*

● Ce mot s'emploie le plus souvent au pluriel.

impopulaire **adj.** ✦ Qui déplaît à la plupart des gens. *L'augmentation des impôts est une mesure impopulaire.* ❏ contr. **populaire.**

➤ **impopularité** **n. f.** ✦ Caractère impopulaire. ❏ contr. **popularité.** *L'augmentation du chômage a eu pour conséquence l'impopularité du gouvernement.*

▷ Mots de la famille de POPULAIRE.

importance **n. f.** ✦ Ce qui fait qu'une chose compte beaucoup, a de l'intérêt. *Cette décision a beaucoup d'importance pour nous. Laisse, tu finiras demain, cela n'a pas d'importance,* cela ne fait rien, ce n'est pas grave. *C'est sans importance,* cela ne compte pas, cela ne fait rien du tout. *Vous attachez trop d'importance à des détails,* certains détails comptent trop pour vous. *C'est un problème* ***d'importance,*** très important.

➤ **important, importante** **adj. 1.** Qui compte beaucoup. *Vérifie que tu n'oublies rien d'important !* ❏ contr. **insignifiant, secondaire.** — **N. m.** *L'important,* ce qui est important. *L'important, c'est d'agir vite.* **2.** Gros. *Cet achat nous a fait faire une dépense importante.* → **considérable. 3.** *Une personne importante,* qui joue un grand rôle dans la société. → **influent.** *C'est un homme très important.*

▷ Mots de la famille de ① IMPORTER.

① **importer** **v.** (conjug. 1) **1.** Compter beaucoup. *La seule chose qui importe, c'est d'arriver à temps. Ce qui lui importe, c'est de réussir.* ***Peu importe !, qu'importe,*** cela n'a pas d'importance. *Peu m'importe que tu viennes ou non,* cela m'est égal. — *Il importe que nous réfléchissions,* il faut que nous réfléchissions. **2.** ***N'importe qui*** *peut en faire autant,* une personne quelconque, tout le monde le peut. *Tu racontes* ***n'importe quoi,*** tu dis des choses sans valeur. *Ne pose pas tes affaires* ***n'importe où,*** dans un endroit qui n'est pas leur place. *Ce travail a été fait* ***n'importe comment,*** sans soin.

▷ Autres mots de la famille : IMPORTANCE, IMPORTANT.

② **importer** **v.** (conjug. 1) ✦ Faire venir une marchandise d'un pays étranger. *La France* *importe du pétrole, du coton, du café.* ❑ contr. **exporter.**

➤ **importation** **n. f.** ✦ Achat de marchandises à un pays étranger. *Les ananas et les bananes sont des produits d'importation,* ils viennent de l'étranger. ❑ contr. **exportation.** *Les importations d'un pays,* les marchandises qu'il achète à d'autres pays.

➤ **importateur** **n. m.,** **importatrice** **n. f.** ✦ Personne dont le métier est de faire des importations. *Un importateur de riz.* — **Adj.** *Les pays importateurs de pétrole.* ❑ contr. **exportateur.**

▷ Mots de la famille de PORTER.

importun **adj.** et **n. m.,** **importune** **adj.**

■ **adj.** *Être importun,* c'est déranger, gêner, être indiscret. *Elle craignait d'être importune en arrivant à l'improviste.*

■ **n. m.** *Un importun,* une personne qui dérange, gêne. → **gêneur.** *C'est parfois difficile de se débarrasser des importuns.*

➤ **importuner** **v.** (conjug. 1) ✦ Déranger, ennuyer. *Je m'en vais, je ne vais pas vous importuner plus longtemps.*

① **imposer** **v.** (conjug. 1) **1.** Faire subir, faire accepter de façon autoritaire. *Il leur a imposé ses conditions.* **2.** *En imposer,* inspirer du respect, de l'admiration. → **impressionner.** *Son courage en impose à tous.*

➤ **s'imposer** **v.** **1.** Se faire admettre. *Elle s'est imposée à ce poste par son intelligence.* **2.** Être nécessaire. *Après cette longue route, une petite halte s'impose.*

➤ **imposant, imposante** **adj.** ✦ Qui impressionne par l'importance, la quantité. *Il a réuni une imposante documentation.* → **considérable, impressionnant.**

② **imposer** **v.** (conjug. 1) ✦ *Imposer quelqu'un,* c'est lui faire payer des impôts.

➤ **imposable** **adj.** ✦ *Un revenu imposable,* c'est un revenu sur lequel on doit payer des impôts.

▷ Autre mot de la famille : IMPÔT.

impossible **adj.** **1.** *Une chose impossible,* qui ne peut pas arriver ou que personne ne peut faire. *C'est impossible de réparer ce vélo,* on ne peut pas le faire. ❑ contr. **possible.** — **N. m.** *Je ferai l'impossible pour être à l'heure,* je ferai tout ce que je peux faire. *À l'impossible nul n'est tenu,* on ne peut demander à personne de faire ce qu'il est incapable de faire. **2.** Très difficile à supporter. → **Insupportable.** *Ces enfants sont impossibles, aujourd'hui.*

➤ **impossibilité** **n. f.** ✦ *Être dans l'impossibilité de faire quelque chose,* ne pas pouvoir le faire. *Je suis dans l'impossibilité de t'aider.* → **incapacité.**

▷ Mots de la famille de POSSIBLE.

imposteur **n. m.** ✦ Personne qui trompe les autres en racontant des mensonges ou en se faisant passer pour quelqu'un d'autre. *L'imposteur a été démasqué.* → aussi **imposture.**

imposture **n. f.** ✦ Tromperie d'un imposteur. *L'imposture a été découverte.*

impôt **n. m.** ✦ Argent que l'on verse à l'État. *Les impôts directs sont ceux que l'on paye sur l'argent que l'on gagne. Les impôts indirects sont des taxes comprises dans le prix des marchandises que l'on achète.* → aussi **fisc, taxe.**

▷ Mot de la famille de ② IMPOSER.

impotent, impotente **adj.** ✦ Qui ne peut pas marcher ou qui marche avec difficulté. → **handicapé, infirme, invalide.** *Une vieille dame impotente.* ❑ contr. ① **valide.**

impraticable **adj.** ✦ Où l'on ne peut pas circuler. *Il a beaucoup neigé, la route est impraticable.* ❑ contr. **praticable.**

▷ Mot de la famille de ① PRATIQUE.

imprécis, imprécise **adj.** ✦ Vague, incertain. *Je n'ai que des souvenirs imprécis de ce voyage.* → **flou.**

➤ **imprécision** **n. f.** ✦ Manque de précision. *Son explication est d'une grande imprécision.* ❑ contr. **précision.**

▷ Mots de la famille de PRÉCIS.

imprégner **v.** (conjug. 6) ✦ Mouiller complètement. *L'eau imprègne le sol près des marais.* → **imbiber.**

imprenable **adj.** **1.** Qui ne peut être pris. *Une place forte imprenable.* **2.** *Une vue imprenable,* qui ne peut être cachée par de nouvelles constructions. *De cette terrasse, nous avons une vue imprenable sur le lac.*

▷ Mot de la famille de PRENDRE.

imprésario [ɛ̃pʀesaʀjo] **n. m.** ✦ Personne qui s'occupe de l'organisation d'un spectacle et des engagements d'un artiste. — Au pl. *Des imprésarios.*

● C'est un mot italien qui veut dire « entrepreneur ».

① **impression** n. f. ✦ Le fait d'imprimer, de reproduire un texte, un dessin. → aussi **imprimerie.** *Il y a beaucoup de fautes d'impression dans ce journal.*

▷ Autre mot de la famille : RÉIMPRESSION.

② **impression** n. f. **1.** Effet produit sur quelqu'un. *Cela nous a fait une drôle d'impression de la revoir après si longtemps.* — *Faire bonne, mauvaise impression,* produire un bon, un mauvais effet. *Le candidat a fait très bonne impression au jury.* **2.** Sensation, sentiment. *Les voyageurs échangent leurs impressions.* — *Avoir l'impression,* penser, croire. *J'ai l'impression que nous sommes suivis.*

➤ **impressionner** v. (conjug. 1) ✦ Faire une forte impression. *Ce film nous a beaucoup impressionnés.* → **frapper.**

➤ **impressionnable** adj. ✦ Émotif, sensible. *Il ne faut pas aller voir ce film si l'on est impressionnable.*

➤ **impressionnant, impressionnante** adj. **1.** Étonnant, frappant. *Les trapézistes ont fait un numéro impressionnant.* **2.** Qui impressionne par la taille, le nombre. *Théo a une impressionnante collection de jouets.* → **imposant.**

➤ **impressionnisme** n. m. ✦ Style de peinture de la fin du 19e siècle dans lequel les peintres ont essayé de rendre les impressions de la lumière sur les objets. → aussi **impressionniste.**

➤ **impressionniste** n. m. et f. ✦ *Les impressionnistes,* ce sont les peintres qui, à la fin du 19e siècle, ont cherché à exprimer les impressions fugitives données par la lumière et les objets. → aussi **impressionnisme.** *Manet, Renoir, Monet sont de grands impressionnistes.* — **Adj.** *Un tableau impressionniste,* c'est un tableau peint par petites touches de couleur.

imprévisible adj. ✦ Qui ne peut être prévu, connu à l'avance. *Cette panne de voiture était imprévisible.* → aussi **imprévu.** ❏ contr. **prévisible.**

▷ Mot de la famille de VOIR.

imprévoyant, imprévoyante adj. ✦ Qui ne réfléchit pas à l'avance à ce qui pourrait arriver et qui ne prend pas de précautions. *Elle a été bien imprévoyante en ne prenant pas son parapluie.* ❏ contr. **prévoyant.**

➤ **imprévoyance** n. f. ✦ Le fait de ne pas penser à l'avance à ce qui peut arriver. *C'est de l'imprévoyance de ne pas s'assurer contre le vol.* ❏ contr. **prévoyance.**

▷ Mots de la famille de VOIR.

imprévu adj. et n. m., **imprévue** adj.

■ **adj.** Inattendu. *Il a reçu la visite imprévue d'un ancien ami.*

■ **n. m.** *L'imprévu,* ce qui arrive et qu'on n'attendait pas. *Elle n'aime pas beaucoup l'imprévu.*

▷ Mot de la famille de VOIR.

imprimer v. (conjug. 1) ✦ Reproduire un texte, un dessin sur du papier ou du tissu avec des

tableau **impressionniste** (*Coquelicots*, Monet, 1873)

(16e siècle)

(aujourd'hui)

imprimerie

encres spéciales. *Les journaux du matin sont imprimés pendant la nuit.* → aussi ① **impression.**

➤ **imprimé** **n. m.** ✦ Feuille sur laquelle est imprimé un texte. → **formulaire.** *Remplissez très lisiblement cet imprimé.*

➤ **imprimante** **n. f.** ✦ Machine qui imprime sur du papier les textes qui sont mis en mémoire dans un ordinateur.

➤ **imprimerie** **n. f.** 1. Technique qui permet d'imprimer des livres et des journaux en très grand nombre. *Au 15e siècle, Gutenberg perfectionna l'imprimerie en fabriquant des caractères en plomb.* 2. Atelier, usine où l'on imprime des livres et des journaux. → aussi **presse.** *Le livre n'est pas sorti en librairie, il est encore à l'imprimerie.*

➤ **imprimeur** **n. m.** ✦ Personne qui dirige une imprimerie ou qui y travaille.

▷ Autre mot de la famille : RÉIMPRIMER.

improbable **adj.** ✦ Qui a peu de chances de se produire. *La victoire de notre équipe est improbable.* → **douteux.** ❑ contr. **certain, probable, sûr.**

▷ Mot de la famille de PROBABLE.

impromptu, impromptue [ɛ̃pʀɔ̃pty] **adj.** ✦ Sans préparation. *Elle a fait un dîner impromptu,* un dîner qu'elle a improvisé.

impropre **adj.** 1. *Un mot impropre,* c'est un mot qui ne convient pas pour ce que l'on veut dire. ❑ contr. **approprié, exact,** ① **juste.** 2. *Impropre à,* qui n'est pas fait pour. *Cette eau est impropre à la consommation,* elle n'est pas potable. ❑ contr. ② **propre.**

▷ Mot de la famille de ② PROPRE.

improviser **v.** (conjug. 1) ✦ Faire quelque chose sans l'avoir préparé. *Il a improvisé un discours. Le pianiste improvise,* il joue une musique qu'il invente au fur et à mesure.

➤ **improvisation** **n. f.** ✦ Air improvisé. *Les musiciens de jazz ont joué une improvisation.*

à l'improviste **adv.** ✦ D'une manière imprévue, au moment où l'on ne s'y attend pas. *Des amis sont arrivés à l'improviste.*

imprudent, imprudente **adj.** ✦ Qui ne fait pas assez attention à ce qui peut être dangereux. *Elle est quelquefois imprudente au volant.* ❑ contr. **prudent.**

➤ **imprudemment** [ɛ̃pʀydamɑ̃] **adv.** ✦ Sans faire attention au danger. *Elle conduit très imprudemment.* ❑ contr. **prudemment.**

➤ **imprudence** **n. f.** 1. Manque de prudence, d'attention. *Elle a oublié de fermer sa porte à clé, quelle imprudence !* 2. Action imprudente. *Au revoir, bonne route et ne faites pas d'imprudences !*

▷ Mots de la famille de PRUDENT.

impuissant, impuissante **adj.** ✦ Qui n'a pas les moyens suffisants pour faire quelque chose. *Il restait impuissant devant ce désastre,* il ne pouvait rien faire.

➤ **impuissance** **n. f.** ✦ Impossibilité de faire quelque chose. *Il était réduit à l'impuissance devant tant de misère.*
▷ Mots de la famille de ① POUVOIR.

impulsif, impulsive **adj.** ✦ Qui agit très vite, sans réfléchir. ❏ contr. **réfléchi.** *Julie est très impulsive.*

impulsion **n. f.** **1.** Poussée qui met un objet en mouvement. *Alex donna une impulsion à la boule qui se mit à rouler.* **2.** Envie qui pousse à agir. *Il ne faut pas céder à toutes ses impulsions.*

impunément **adv.** ✦ Sans être puni. *Il ne continuera pas à se moquer de nous impunément.*

impuni, impunie **adj.** ✦ Qui ne reçoit pas de punition. *Cette faute ne doit pas rester impunie.*

➤ **impunité** **n. f.** ✦ Fait de ne pas être puni. *Le tricheur se croyait assuré de l'impunité.*
▷ Mots de la famille de PUNIR.

impur, impure **adj.** ✦ Qui n'est pas pur, qui contient des éléments étrangers. *Cette eau est impure, on ne peut pas la boire.* → **pollué.** ❏ contr. **pur.**

➤ **impureté** **n. f.** ✦ Ce qui rend impur. *En filtrant l'eau, on élimine ses impuretés.*
▷ Mots de la famille de PUR.

imputer **v.** (conjug. 1) ✦ *Imputer quelque chose à quelqu'un,* c'est l'en rendre responsable. *On lui a imputé cette grave erreur.* → **attribuer.**

imputrescible [ɛ̃pytʀesibl] **adj.** ✦ *Une matière imputrescible,* c'est une matière qui ne pourrit pas. *L'or est imputrescible.*
● Il y a un *s* devant le *c*.

inabordable **adj.** ✦ Dont le prix est trop élevé. *En cette saison, les asperges sont inabordables.* → ② **cher.** ❏ contr. **abordable.**
▷ Mot de la famille de ① BORD.

inacceptable **adj.** ✦ Que l'on ne peut pas accepter. *Ta conduite est inacceptable.* → **inadmissible.**
▷ Mot de la famille de ACCEPTER.

inaccessible **adj.** **1.** Impossible à atteindre. *Ce village est inaccessible par la route en hiver.* ❏ contr. **accessible.** **2.** *Une personne inaccessible,* que l'on n'arrive pas à voir, à rencontrer. *Au moment de la rentrée, la directrice est inaccessible.*
▷ Mot de la famille de ② ACCÈS.

inaccoutumé, inaccoutumée **adj.** ✦ Inhabituel. *Il y a une agitation inaccoutumée sur la place aujourd'hui.* ❏ contr. **habituel.**
▷ Mot de la famille de COUTUME.

inachevé, inachevée **adj.** ✦ Qui n'est pas terminé. *Le compositeur a laissé sa sonate inachevée.* ❏ contr. **fini.**
▷ Mot de la famille de ACHEVER.

inactif, inactive **adj.** ✦ Sans activité. *Elle n'aime pas rester inactive.* → **désœuvré, oisif.** ❏ contr. **actif.**
▷ Mot de la famille de ACTIF.

inaction **n. f.** ✦ État d'une personne sans activité. *Elle a du mal à supporter l'inaction.* → **inactivité, oisiveté.**
▷ Mot de la famille de ① ACTION.

inactivité **n. f.** ✦ Absence d'activité. *Sa maladie l'oblige à l'inactivité.*
▷ Mot de la famille de ACTIF.

inadapté, inadaptée **adj.** ✦ *Un enfant inadapté,* c'est un enfant qui a des difficultés à s'adapter à la vie scolaire, qui a des problèmes avec les autres.
▷ Mot de la famille de APTE.

inadmissible **adj.** ✦ Que l'on ne peut admettre, tolérer. *Il est inadmissible de déranger les gens si tard.* → **inacceptable, intolérable.**
▷ Mot de la famille de ADMETTRE.

par **inadvertance** **adv.** ✦ Par erreur, par manque d'attention. *Julie a pris l'écharpe de Léa par inadvertance.* → par **mégarde.**

inamovible **adj.** ✦ Que l'on ne peut changer de poste ou renvoyer. *Certains juges sont inamovibles.*
● Ce mot appartient au vocabulaire du droit.
▷ Mot de la famille de AMOVIBLE.

inanimé, inanimée **adj.** **1.** Qui est sans vie. *Les objets sont inanimés.* **2.** *Une personne inanimée,* c'est une personne morte ou évanouie. *Il est resté inanimé pendant quelques minutes.* → **inerte.**
▷ Mot de la famille de ANIMER.

inanition **n. f.** ✦ *Mourir d'inanition,* c'est mourir de faim.
● Ce mot est littéraire.

inaperçu, inaperçue **adj.** ✦ *Passer inaperçu,* c'est ne pas être remarqué. *Avec ce chapeau, elle ne passe pas inaperçue.*
▷ Mot de la famille de ② PERCEVOIR.

inappréciable **adj.** ✦ Qui a beaucoup de valeur. *Cette nouvelle machine rend des services inappréciables.* → **inestimable, précieux.**
▷ Mot de la famille de APPRÉCIER.

inapte **adj.** ✦ Incapable de faire quelque chose. *Il a été déclaré inapte au travail.* ❏ contr. **apte.**
➤ **inaptitude** **n. f.** ✦ Incapacité. *Elle a montré son inaptitude à tout exercice physique.* ❏ contr. **aptitude.**
▷ Mots de la famille de APTE.

inattaquable **adj.** ✦ Que l'on ne peut pas attaquer, critiquer. *La théorie de ce savant est inattaquable.*
▷ Mot de la famille de ATTAQUER.

inattendu, inattendue **adj.** ✦ Que l'on n'attendait pas. *J'ai reçu hier une visite inattendue.* → **imprévu, surprenant.**
▷ Mot de la famille de ATTENDRE.

inattentif, inattentive **adj.** ✦ Qui ne fait pas attention à ce qui se passe ou à ce qu'il fait. *Julie n'a pas entendu la question parce qu'elle était inattentive.* → **distrait.** ❏ contr. **attentif.**
▷ Mot de la famille de ATTENTIF.

inattention **n. f.** ✦ Manque d'attention. *Il a eu un moment d'inattention.* → **distraction.** ❏ contr. **attention.**
▷ Mot de la famille de ATTENTION.

inaudible **adj.** ✦ *Un son inaudible,* c'est un son que l'on entend très mal ou que l'on n'entend pas du tout. → **imperceptible.**
▷ Mot de la famille de AUDIBLE.

inaugurer **v.** (conjug. 1) ✦ Ouvrir officiellement au public un nouveau monument, un nouvel édifice. *Le ministre a inauguré le nouvel hôpital.*
➤ **inauguration** **n. f.** ✦ Cérémonie par laquelle on inaugure un édifice.

inauguration

inavouable **adj.** ✦ Que l'on ne peut pas avouer par honte. *Il a commis une faute inavouable.* → **honteux.**
▷ Mot de la famille de AVOUER.

incalculable **adj.** ✦ Impossible ou difficile à évaluer. *Cet événement a eu des conséquences incalculables.* → **considérable.**
▷ Mot de la famille de ② CALCUL.

incandescent [ɛ̃kɑ̃desɑ̃], **incandescente** [ɛ̃kɑ̃desɑ̃t] **adj.** ✦ Rendu rouge par une très forte chaleur. *Les braises sont incandescentes.*
● Il y a un *s* devant le *c*.
➤ **incandescence** [ɛ̃kɑ̃desɑ̃s] **n. f.** ✦ État d'une matière rendue rouge sous l'effet de la chaleur. *Une barre de fer portée à l'incandescence.*
● Il y a un *s* devant le *c*.

incantation **n. f.** ✦ Formule magique, récitée ou chantée. *Les incantations d'une sorcière.*

incapable **adj.** et **n. m.** et **f.**
■ **adj.** Qui ne sait pas ou ne peut pas faire quelque chose. *Ce bébé est encore incapable de se tenir debout.* ❏ contr. **capable.**
■ **n. m.** et **f.** Personne qui n'est bonne à rien. *C'est une incapable. Une bande d'incapables.*
▷ Mot de la famille de CAPABLE.

incapacité **n. f.** **1.** Impossibilité. *Je suis dans l'incapacité de te répondre,* je ne peux pas le faire. ❏ contr. **capacité.** **2.** Incompétence. *Il a reconnu son incapacité.*
▷ Mot de la famille de CAPACITÉ.

incarcérer **v.** (conjug. 6) ✦ Mettre en prison. *On a incarcéré les malfaiteurs à la prison centrale.* → **écrouer, emprisonner.** ❏ contr. **libérer.**
➤ **incarcération** **n. f.** ✦ Le fait de mettre quelqu'un en prison ou d'être en prison. *Le meurtrier a été condamné à quinze ans d'incarcération.* → **détention, emprisonnement, réclusion.**

incarnat, incarnate **adj.** ✦ D'un rouge clair et vif. *La princesse portait une robe de soie incarnate.*
● Ce mot est littéraire.

incarner **v.** (conjug. 1) ✦ Représenter un personnage dans un spectacle. *Ce comédien a incarné Napoléon au cinéma.* → **interpréter, jouer.**
▷ Autre mot de la famille : RÉINCARNATION.

incartade **n. f.** ✦ Faute sans gravité. *À la prochaine incartade, vous serez punis.* → **bêtise.**

incassable **adj.** ✦ Qui ne peut pas se casser. *Théo a des lunettes avec des verres incassables.*
▷ Mot de la famille de CASSER.

incendie

incendie **n. m.** ✦ Grand feu qui s'étend en brûlant tout sur son passage. *Les pompiers ont maîtrisé l'incendie. Des incendies de forêt ont ravagé la Corse.*
➤ **incendiaire** **n. m.** et **f.** ✦ Personne qui allume volontairement un incendie. → **pyromane.**
➤ **incendier** **v.** (conjug. 7) ✦ Mettre le feu, faire brûler. *Des bandes de pillards incendiaient tout sur leur passage.*

incertain, incertaine **adj.** **1.** Que l'on ne connaît pas avec certitude. *L'heure de son arrivée est incertaine.* ❏ contr. **certain.** **2.** Que l'on ne peut pas prévoir. *Le temps est incertain.*
▷ Mot de la famille de CERTAIN.

incertitude **n. f.** ✦ État d'une personne qui est dans le doute. *Il est dans l'incertitude sur ce qu'il fera l'an prochain,* il n'en sait rien.
▷ Mot de la famille de CERTITUDE.

incessant, incessante **adj.** ✦ Qui ne cesse pas, ne s'arrête pas. *Il y a eu des averses incessantes.* → **continu, continuel, ininterrompu.**
➤ **incessamment** **adv.** ✦ Dans très peu de temps, tout de suite. *Il doit arriver incessamment.*
▷ Mots de la famille de CESSER.

inceste **n. m.** ✦ Relations sexuelles entre parents et enfants ou entre frères et sœurs. *La loi punit l'inceste.*

incident **n. m.** ✦ Petite difficulté imprévue qui survient. *Un incident technique a interrompu le programme de télévision.*
➤ **incidemment** [ɛ̃sidamɑ̃] **adv.** ✦ Par hasard. *Elle a appris la nouvelle incidemment.*

incinérer **v.** (conjug. 6) ✦ Réduire en cendres. *Certaines personnes veulent se faire incinérer après leur mort,* elles veulent que leur corps soit brûlé.
➤ **incinération** **n. f.** ✦ Action de réduire en cendres. *L'incinération des ordures.*

inciser **v.** (conjug. 1) ✦ Couper, fendre. *Le médecin a incisé l'abcès.*
➤ **incisif, incisive** **adj.** ✦ Qui est très dur, blesse profondément. *Un ton incisif. Une critique incisive.* → **acerbe, mordant.**
➤ **incision** **n. f.** ✦ Fente, entaille. *Le médecin a pratiqué l'incision de l'abcès.*
➤ **incisive** **n. f.** ✦ Dent plate et coupante sur le devant de la mâchoire. *L'homme a huit incisives.*

incisive

inciter **v.** (conjug. 1) ✦ *Inciter quelqu'un à faire quelque chose,* le pousser à le faire. *Il m'a incité à partir en voyage pour me changer les idées.* → **encourager.**
➤ **incitation** **n. f.** ✦ Ce qui incite à faire quelque chose. *Il a été condamné pour incitation à la violence.*

incliner **v.** (conjug. 1) ✦ Pencher. *Elle incline la théière vers la tasse pour verser le thé.*
➤ **s'incliner** **v.** (conjug. 1) **1.** Pencher le buste en avant. *Le comédien salue en s'inclinant profondément.* **2.** Renoncer, s'avouer vaincu. *Puisque vous pensez avoir raison, je m'incline.*

➤ **inclinaison** **n. f.** ✦ État d'une chose inclinée, en pente. *À cet endroit, l'inclinaison du sol est très forte.*

➤ **inclination** **n. f.** ✦ Goût, penchant que l'on a pour quelque chose. → **propension.** *Léa a de l'inclination pour la musique.* ❑ contr. **aversion, dégoût.**

inclure **v.** (conjug. 35) ✦ Mettre dans un ensemble. *Il faut inclure les frais de transport dans le coût du voyage.* ❑ contr. **exclure.**

➤ **inclus, incluse** **adj.** ✦ Compris dans un ensemble. *Le restaurant est ouvert tous les jours, dimanche inclus.* ❑ contr. **exclu.**

incognito **adv.** et **n. m.**

■ **adv.** En cherchant à ne pas être reconnu. *La star voyageait incognito.*

■ **n. m.** *Garder l'incognito,* ne pas vouloir être reconnu. *Il voulait garder l'incognito.* → aussi **anonymat.**

● C'est un mot italien qui veut dire « inconnu ».

incohérent, incohérente **adj.** ✦ *Des paroles incohérentes,* des paroles qui n'ont pas de lien entre elles. → **décousu.** ❑ contr. **cohérent.**

➤ **incohérence** **n. f.** ✦ Chose qui n'est pas logique. *Ce film est plein d'incohérences.*

▷ Mots de la famille de COHÉRENT.

incollable **adj.** 1. Qui ne colle pas. *Du riz incollable.* 2. Familier. Qui est capable de répondre à n'importe quelle question. *Alex est incollable sur les bandes dessinées.*

▷ Mot de la famille de COLLE.

incolore **adj.** ✦ Sans couleur. *L'eau est incolore, inodore et sans saveur.*

incomber **v.** (conjug. 1) ✦ *Incomber à quelqu'un,* faire partie de son travail, être à sa charge. *La gestion de l'école incombe à la directrice.*

incommensurable **adj.** ✦ Très grand, qui dépasse la mesure. → **démesuré.** *Il est d'une bêtise incommensurable.* → **colossal, immense.**

● Ce mot est littéraire.

incommode **adj.** ✦ Peu pratique à utiliser. ❑ contr. ② **commode.** *Cet appareil est d'une manipulation incommode.*

▷ Mot de la famille de ② COMMODE.

incommoder **v.** (conjug. 1) ✦ Gêner, mettre mal à l'aise. *L'odeur de ce fromage m'incommode.*

▷ Mot de la famille de ② COMMODE.

incomparable **adj.** ✦ Très remarquable, exceptionnel. *La princesse était d'une beauté incomparable.*

▷ Mot de la famille de COMPARER.

incompatible **adj.** ✦ *Des choses incompatibles,* qui ne peuvent pas aller ensemble. *Ces deux souhaits sont incompatibles.* → **contradictoire.** ❑ contr. **compatible.**

▷ Mot de la famille de COMPATIBLE.

incompétent, incompétente **adj.** ✦ Qui n'a pas les connaissances suffisantes pour juger de quelque chose. *Elle est incompétente en architecture.* ❑ contr. **compétent.**

➤ **incompétence** **n. f.** ✦ Ignorance. → **incapacité.** *Elle reconnaît volontiers son incompétence dans ce domaine.* ❑ contr. **compétence.**

▷ Mots de la famille de COMPÉTENT.

incomplet, incomplète **adj.** ✦ Qui n'est pas complet, à quoi il manque une partie. *Cette réponse est incomplète.* ❑ contr. ① **complet.**

▷ Mot de la famille de ① COMPLET.

incompréhensible **adj.** ✦ Impossible à comprendre. ❑ contr. **compréhensible.** *Elle marmonnait des mots incompréhensibles. Sa disparition est incompréhensible,* difficile à expliquer. → **mystérieux.**

▷ Mot de la famille de COMPRÉHENSIBLE.

incompréhension **n. f.** ✦ Incapacité ou refus de comprendre quelque chose ou quelqu'un. *Ce peintre a souffert de l'incompréhension de ses contemporains.* ❑ contr. **compréhension.**

▷ Mot de la famille de COMPRÉHENSION.

incompris, incomprise **adj.** ✦ Qui n'est pas apprécié ou reconnu à sa valeur. *Cet artiste s'est senti incompris toute sa vie.*

▷ Mot de la famille de ① COMPRENDRE.

inconcevable **adj.** ✦ Inimaginable. *Il est d'une bêtise inconcevable.* → **incroyable.**

▷ Mot de la famille de CONCEVOIR.

inconditionnel, inconditionnelle adj. ✦ Qui ne dépend d'aucune condition. *Vous recevrez une aide inconditionnelle.* → **absolu.**

▷ Mot de la famille de CONDITION.

inconfortable adj. ✦ Peu confortable. *Cette chaise est inconfortable.* ❑ contr. **confortable.**

▷ Mot de la famille de CONFORT.

incongru, incongrue adj. ✦ Contraire aux usages, incorrect. → **déplacé.** *Il a fait une remarque incongrue.*

➤ **incongruité** n. f. ✦ Action ou parole grossière, inconvenante. *Il a dit des incongruités.*

inconnu adj. et n. m., **inconnue** adj. et n. f.

■ adj. 1. Que l'on ne connaît pas. *Il est parti pour une destination inconnue. Elle est née de père inconnu.* 2. Qui n'est pas célèbre. *C'est un acteur encore inconnu.* ❑ contr. **célèbre.**

■ n. 1. Personne dont on n'a jamais fait connaissance. *Une inconnue m'a souri.* 2. n. m. *L'inconnu,* ce que l'on ne connaît pas. *La peur de l'inconnu.*

▷ Mot de la famille de CONNAÎTRE.

inconscient, inconsciente adj. 1. Qui a perdu connaissance. *Le blessé est resté inconscient pendant plusieurs minutes.* → **évanoui, inanimé.** 2. Qui ne pense pas aux conséquences de ses actes. *Ce chauffard est complètement inconscient, il traverse le village à 100 km à l'heure.* 3. Dont on ne se rend pas compte. *Un mouvement inconscient.* → **automatique, machinal.**

➤ **inconscience** n. f. ✦ Manque de réflexion. *Conduire si vite, c'est de l'inconscience.* → **folie.**

➤ **inconsciemment** [ɛ̃kɔ̃sjamɑ̃] adv. ✦ Sans avoir conscience de ce que l'on fait, sans se rendre compte. *Il a fermé la porte à clé inconsciemment.* → **machinalement.**

▷ Mots de la famille de CONSCIENT.

inconséquent, inconséquente adj. ✦ Qui agit sans réfléchir aux conséquences de ses actes. → **irresponsable, léger.** *Elle s'est montrée inconséquente.*

▷ Mot de la famille de CONSÉQUENT.

inconsidéré, inconsidérée adj. ✦ Qui montre que l'on n'a pas réfléchi aux conséquences. *Il a pris une initiative inconsidérée.* → **imprudent.**

▷ Mot de la famille de CONSIDÉRER.

inconsistant, inconsistante adj. ✦ *Une personne inconsistante,* c'est une personne qui manque de caractère, de solidité morale. → **faible.** *Un film inconsistant,* c'est un film qui manque de force ou d'intérêt.

▷ Mot de la famille de CONSISTANT.

inconsolable adj. ✦ Que l'on n'arrive pas à consoler. *Elle est inconsolable depuis la mort de son fils.*

▷ Mot de la famille de CONSOLER.

inconstant, inconstante adj. ✦ Qui change souvent d'opinion, de sentiment ou de conduite. *Julie est inconstante dans ses amitiés.* → **changeant, instable, versatile.** ❑ contr. **constant, fidèle.**

▷ Mot de la famille de CONSTANT.

incontestable adj. ✦ Que l'on ne peut pas contester, mettre en doute. *Ce pays est en crise, c'est incontestable.* → **indéniable.**

➤ **incontestablement** adv. ✦ D'une manière incontestable, sans aucun doute possible. *Ce peintre a incontestablement beaucoup de talent.*

▷ Mots de la famille de CONTESTER.

incontournable adj. ✦ Dont il faut tenir compte, que l'on ne peut ignorer ou éviter. *Le gouvernement a entrepris des réformes incontournables.* → **indispensable, inévitable.**

▷ Mot de la famille de TOURNER.

incontrôlable adj. 1. Que l'on ne peut pas contrôler, maîtriser. *La situation est devenue incontrôlable.* 2. Que l'on ne peut pas contrôler, vérifier. *Ce témoignage est incontrôlable.*

▷ Mot de la famille de CONTRÔLE.

inconvenant, inconvenante adj. ✦ Contraire aux usages, aux convenances. *Il faisait des sous-entendus inconvenants.* → **déplacé, grossier.** ❑ contr. **convenable.**

▷ Mot de la famille de CONVENIR.

inconvénient n. m. ✦ Défaut, désavantage. *Dans chaque situation, il faut voir les avantages et les inconvénients,* les bons et les mauvais côtés.

▷ Mot de la famille de CONVENIR.

incorporer v. (conjug. 1) 1. Mélanger une matière à une autre pour former un tout. *Elle incorpore le jaune d'œuf à la crème.* 2. Faire entrer dans une troupe. *Il a été incorporé dans un régiment d'infanterie.*

incorrect, incorrecte adj. 1. Qui présente des fautes. *Cette phrase est incorrecte.* → **fautif.** ❑ contr. **correct.** 2. Qui ne respecte pas la politesse. *Alex a été incorrect avec son professeur.* → **grossier.**

➤ **incorrection** n. f. 1. Faute de style, de grammaire. *Il y a beaucoup d'incorrections dans sa rédaction.* 2. Grossièreté. *Alex a été d'une grande incorrection avec son professeur.* → **impolitesse.**

▷ Mots de la famille de CORRECT.

incorrigible adj. ✦ Qui ne peut pas être corrigé. *Julie est d'une curiosité incorrigible.*

▷ Mot de la famille de CORRIGER.

incorruptible adj. ✦ Que l'on ne peut pas corrompre, qui agit selon son devoir. *Un juge incorruptible.* → **intègre.**

incrédule adj. ✦ Qui ne croit pas ce qu'on lui dit ou ce qu'il voit, qui ne se laisse pas convaincre. → **dubitatif, méfiant, sceptique.** *Il l'a écouté avec un air incrédule.*

➤ **incrédulité** n. f. ✦ Doute. *Il a accueilli la nouvelle avec incrédulité.* → **scepticisme.**

▷ Mots de la famille de CRÉDULE.

incriminer v. (conjug. 1) ✦ Accuser, mettre en cause. *On a incriminé à tort un innocent dans cette affaire.*

incroyable adj. 1. Difficile ou impossible à croire. *Ce que tu me dis est incroyable.* → **invraisemblable.** 2. Extraordinaire, peu habituel. *Notre équipe a fait un score incroyable.* → **étonnant.**

➤ **incroyablement** adv. ✦ Extraordinairement. *Il fait incroyablement chaud pour la saison.* → **excessivement, extrêmement, très.**

▷ Mots de la famille de CROIRE.

incroyant n. m., **incroyante** n. f. ✦ Personne qui ne croit pas en Dieu. → **athée.** ❑ contr. **croyant.**

▷ Mot de la famille de CROIRE.

s'incruster v. (conjug. 1) 1. S'accrocher. *Les moules s'incrustent dans les rochers.* 2. *S'incruster chez quelqu'un,* s'y installer et ne plus en partir. *Les voisins se sont incrustés chez nous toute la soirée.*

➤ **incrusté, incrustée** adj. ✦ Orné de morceaux d'une matière précieuse enfoncés dans une autre. *Ce poignard a un manche incrusté d'ivoire.*

➤ **incrustation** n. f. ✦ Ornement enfoncé dans une matière pour y former des dessins. *Un coffret à bijoux orné d'incrustations de nacre.*

manche **incrusté**

incubation n. f. 1. Période pendant laquelle les œufs sont couvés. *Au bout de 21 jours d'incubation, les œufs de poule sont prêts à éclore.* 2. Temps qui s'écoule entre l'entrée des microbes dans le corps et l'apparition de la maladie. *La durée d'incubation de la varicelle est de 15 jours.*

inculper v. (conjug. 1) ✦ Accuser officiellement. *À la fin de l'enquête, le juge a inculpé le suspect.*

➤ **inculpé** n. m., **inculpée** n. f. ✦ Personne à qui on attribue officiellement un crime. *L'inculpé sera jugé au cours du procès.* → aussi **accusé, prévenu.**

➤ **inculpation** n. f. ✦ Fait d'accuser une personne d'une faute, d'un crime. *Le suspect a été arrêté sous l'inculpation de meurtre.*

inculquer v. (conjug. 1) ✦ Faire entrer dans l'esprit de façon à ne jamais oublier. *Ses parents lui ont inculqué très tôt le respect des autres.* → **enseigner.**

① **inculte** adj. ✦ *Une terre inculte,* qui n'est pas cultivée. *Les broussailles envahissent les terres incultes.* → en **friche.**

② **inculte** adj. ✦ *Une personne inculte,* sans instruction, sans culture. → **ignare, ignorant.** ❑ contr. **cultivé, instruit.**

incurable adj. ✦ Qui ne peut être guéri. *Il a une maladie incurable. Un malade incurable.*

incursion n. f. ✦ Entrée brusque dans un lieu. *Des journalistes ont fait une incursion dans la salle.* → **irruption.**

incurvé, incurvée adj. ✦ Qui a une forme courbe. *Une barre de fer incurvée.* ❏ contr. ① **droit.**

indécent, indécente adj. ✦ Qui n'est pas conforme aux convenances, choquant. *Elle portait une robe transparente un peu indécente.* ❏ contr. **convenable, décent.**
▷ Mot de la famille de DÉCENT.

indéchiffrable adj. ✦ Impossible à déchiffrer, à lire. *L'adresse, sur cette enveloppe, est indéchiffrable.* → **illisible.**
▷ Mot de la famille de ② CHIFFRE.

indécis, indécise adj. 1. Qui n'est pas certain. *La victoire est encore indécise.* → **douteux.** ❏ contr. **sûr.** 2. Qui n'a pas encore pris de décision. *Elle ne sait pas quoi choisir, elle est indécise.* → **hésitant.** ❏ contr. **décidé.**
➤ **indécision** n. f. ✦ Caractère d'une personne qui hésite, qui n'arrive pas à se décider. *Son indécision énerve tout le monde.*

indéfendable adj. ✦ Que l'on ne peut pas défendre, excuser. *Sa conduite est indéfendable.* → **inadmissible, inexcusable.**
▷ Mot de la famille de ① DÉFENDRE.

indéfini, indéfinie adj. 1. Imprécis, vague. *Sa robe est d'une couleur indéfinie, ni bleue, ni grise.* 2. *Un article indéfini,* qui se rapporte à une personne, une chose de manière vague, générale. *« Un », « une », « des » sont des articles indéfinis.*
▷ Mot de la famille de DÉFINIR.

indéfiniment adv. ✦ Sans limite, sans fin. → **éternellement.** *Nous n'allons pas rester ici indéfiniment.* → **toujours.**
▷ Mot de la famille de ① FIN.

indéfinissable adj. ✦ Difficile à définir, à préciser, à expliquer. *Une couleur indéfinissable.* → **imprécis.**
▷ Mot de la famille de DÉFINIR.

indélébile adj. ✦ Qui ne peut pas s'effacer. *Une tache indélébile.*

indélicat, indélicate adj. 1. Qui manque de délicatesse, de tact. *Ce serait indélicat d'insister.* 2. Malhonnête et déloyal. *Un homme d'affaires indélicat.*
▷ Mot de la famille de DÉLICAT.

indemne adj. ✦ Sans blessure. *Elle est sortie indemne de l'accident.* → sain et **sauf.**

indemniser v. (conjug. 1) ✦ Verser de l'argent à quelqu'un pour un dommage qu'il a subi, ou des frais qu'il a eus. *La compagnie d'assurances a indemnisé la boulangère pour sa vitrine brisée.* → **dédommager.**

indemnité n. f. 1. Somme que l'on verse à quelqu'un pour le dédommager. *Les ouvriers qui ont été licenciés ont reçu une indemnité.* 2. Somme que l'État ou une entreprise verse à quelqu'un. *Comme professeur, il reçoit une indemnité de logement.* → **allocation.**

indéniable adj. ✦ Que l'on ne peut pas nier. *Julie a du culot, c'est indéniable,* personne ne peut dire le contraire. → **incontestable, indiscutable.**
▷ Mot de la famille de NIER.

indépendant, indépendante adj. 1. Qui ne dépend de personne. *C'est une femme très indépendante,* qui aime être libre. *Un État indépendant,* c'est un État qui n'est pas soumis à l'autorité d'un autre pays. → **autonome.** 2. *Cette décision est indépendante de ma volonté,* ce n'est pas moi qui ai voulu la prendre. 3. Qui a une entrée particulière. *Ces deux appartements sont indépendants.*
➤ **indépendamment** adv. ✦ *Indépendamment de,* en plus de. *Indépendamment de son prix, cet appartement est trop petit pour eux.* → ② **outre.**
➤ **indépendance** n. f. ✦ Le fait de ne dépendre de personne. *Elle reste célibataire parce qu'elle tient à son indépendance.* → **liberté.** *Ce pays vient d'acquérir son indépendance.* → aussi **autonomie.**
▷ Mots de la famille de ① DÉPENDRE.

indescriptible adj. ✦ Si grand qu'on ne peut le décrire. *Sa chambre est dans un désordre indescriptible.*

indésirable adj. ✦ Dont on ne veut pas dans un groupe. *Ils ont exclu de leur groupe les éléments indésirables.*
▷ Mot de la famille de DÉSIRER.

indestructible adj. ✦ Qui ne peut être détruit. *Un matériau indestructible. Une amitié indestructible,* c'est une amitié à toute épreuve, qui dure depuis longtemps.

indéterminé, indéterminée adj. ✦ Qui n'est pas déterminé, fixé. *Leur départ a été remis à une date indéterminée.*
▷ Mot de la famille de DÉTERMINER.

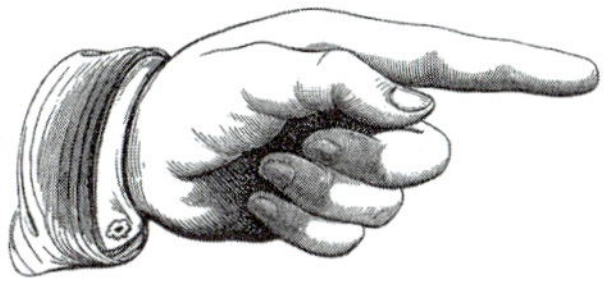

index

① **index** n. m. ✦ Doigt de la main le plus proche du pouce. *Il tient son cigare entre le pouce et l'index.*

② **index** n. m. ✦ Liste alphabétique des noms cités dans un livre. *Alex consulte l'index de son atlas.*

indicateur n. m. et adj., **indicatrice** n. f. et adj.
■ n. 1. Personne qui donne des renseignements aux policiers. 2. n. m. Ce qui donne une indication. *L'indicateur des chemins de fer,* le livre donnant les horaires des trains. *L'indicateur de changement de direction d'une voiture.* → **clignotant.**
■ adj. *Un panneau indicateur,* portant l'indication d'une direction. *Vous trouverez des panneaux indicateurs au prochain carrefour.*
▷ Mot de la famille de INDIQUER.

panneau **indicateur**

indicatif n. m. et adj., **indicative** adj.
■ n. m. 1. Morceau de musique très court qui annonce le début ou la fin d'une émission de radio ou de télévision qui passe régulièrement. *L'indicatif du journal télévisé.* 2. Mode du verbe qui indique que la réalisation d'une action ou d'un état est sûre. *« Je parle » est le verbe parler à la première personne du singulier du présent de l'indicatif.*
■ adj. Qui donne une indication. *Voici quelques prix, à titre indicatif,* pour donner une indication.
▷ Mot de la famille de INDIQUER.

indication n. f. ✦ Ce qui est indiqué ou recommandé. *Pour construire sa maquette, Alex a suivi les indications que donnait le mode d'emploi.*
▷ Mot de la famille de INDIQUER.

indice n. m. ✦ Signe qui indique quelque chose. *L'enquête piétine, la police n'a pas beaucoup d'indices.*

indicible adj. ✦ Que l'on ne peut dire, exprimer. *Sa joie est indicible.* → **ineffable, inexprimable.**

indifférent, indifférente adj. 1. Qui n'a pas d'importance. *Ils ont parlé de choses indifférentes.* 2. *Être indifférent à quelqu'un,* lui être égal. *Que tu partes ou que tu restes, cela m'est indifférent.* 3. Qui n'est ému par rien ni personne. *Elle regardait autour d'elle, d'un air indifférent.* → **froid.**
➤ **indifféremment** [ɛ̃difeʀamɑ̃] adv. ✦ Sans faire de différence. *Il lit indifféremment des romans en anglais ou en français,* aussi bien en anglais qu'en français.
➤ **indifférence** n. f. ✦ Manque d'intérêt. *Elle regarde autour d'elle avec indifférence.*
▷ Mots de la famille de DIFFÉRER.

indigène adj. ✦ Qui est né dans le pays dont on parle. → **autochtone.** *La population indigène d'un pays.* — N. *Les indigènes d'Australie.* → **aborigène.**

indigent n. m., **indigente** n. f. ✦ Personne très pauvre. → **nécessiteux.** *Elle organise une collecte pour les indigents.*
● Ce mot ne s'emploie plus beaucoup.

indigeste adj. ✦ Difficile à digérer. → **lourd.** *Cette cuisine à l'huile est très indigeste.* ❑ contr. **digeste.**
➤ **indigestion** n. f. ✦ Malaise dû à une digestion qui se fait mal. *Paul a mangé tellement de mousse au chocolat qu'il a eu une indigestion.*
▷ Mots de la famille de DIGESTE.

indigne adj. 1. Qui ne mérite pas. *Cet homme est indigne de notre confiance.* ❑ contr.

digne. 2. Que l'on estime méprisable. *Ce travail lui paraissait indigne de lui,* pas assez bien pour lui. 3. Odieux, révoltant. *Ils ont commis un acte indigne.*
▷ Mot de la famille de DIGNE.

indigner v. (conjug. 1) ✦ Révolter. *Ces massacres d'animaux nous ont indignés.* → **scandaliser.** — **s'indigner,** manifester son indignation. *Elle s'est indignée devant sa malhonnêteté.*
➤ **indignation** n. f. ✦ Colère contre une chose révoltante. *Alex est rempli d'indignation devant ceux qui maltraitent les animaux.*
▷ Mots de la famille de DIGNE.

indigo adj. inv. ✦ Bleu foncé. ➻ planche Couleurs p. 227. *Des vestes indigo.*

indiquer v. (conjug. 1) 1. Montrer par un geste ou un signal. *Un passant nous a indiqué la bonne direction.* → **désigner.** *L'horloge indique deux heures.* → **marquer.** 2. Faire connaître quelque chose. *Elle m'a indiqué l'adresse de son coiffeur.* → **donner.**
▷ Autres mots de la famille : CONTRE-INDICATION, INDICATEUR, INDICATIF, INDICATION.

indirect, indirecte adj. 1. Qui ne va pas en ligne droite. *Un éclairage indirect,* c'est un éclairage qui ne va pas tout droit sur un objet. ❑ contr. **direct.** *Il l'a accusé d'une manière indirecte d'avoir perdu son livre,* d'une manière détournée, en ne le disant pas franchement. 2. *Le style indirect,* c'est un style de discours dans lequel on rapporte les paroles de quelqu'un sous la forme d'une proposition subordonnée. *Dans la phrase : « il m'a dit qu'il viendrait » on utilise le style indirect.* ❑ contr. **direct.**
➤ **indirectement** adv. ✦ D'une manière indirecte. *J'ai appris indirectement ton retour,* je l'ai appris par d'autres personnes que toi. ❑ contr. **directement.**
▷ Mots de la famille de DIRECT.

indiscipline n. f. ✦ Désobéissance au règlement. *Il a été puni pour indiscipline.*
➤ **indiscipliné, indisciplinée** adj. ✦ Qui ne respecte pas le règlement. → **désobéissant.** *Des élèves indisciplinés.* ❑ contr. **discipliné, obéissant, sage.**
▷ Mots de la famille de DISCIPLE.

indiscret, indiscrète adj. 1. Qui s'occupe de ce qui ne le regarde pas. *Je ne voudrais pas être indiscret, mais qu'est-ce que tu fais là ?* → **curieux.** — *C'est indiscret d'écouter aux portes.* 2. Qui répète ce qu'il ne devrait pas répéter. *Il ne faut pas lui confier un secret, elle est très indiscrète.* → **bavard.** ❑ contr. **discret.**
➤ **indiscrétion** n. f. 1. Manque de discrétion, de réserve. → **curiosité.** *Sans indiscrétion, peut-on savoir où vous habitez ?* 2. Le fait de révéler un secret. *Elle commet souvent des indiscrétions.*
▷ Mots de la famille de DISCRET.

indiscutable adj. ✦ Évident. *Le talent de ce comédien est indiscutable.* → **incontestable, indéniable.** ❑ contr. **discutable.**
▷ Mot de la famille de DISCUTER.

indispensable adj. ✦ Dont on ne peut pas se passer. *Il est indispensable de bien se couvrir quand il fait froid.* → **nécessaire, obligatoire.** *Votre présence est indispensable.* ❑ contr. **inutile, superflu.**
▷ Mot de la famille de DISPENSER.

indisposer v. (conjug. 1) 1. Rendre un peu malade. *L'odeur de la cigarette l'indispose.* 2. Agacer. *Il indispose tout le monde avec ses jérémiades.* → **importuner.**
➤ **indisposition** n. f. ✦ Petit ennui de santé. *Elle a une légère indisposition.*
▷ Mots de la famille de DISPOSER.

indissociable adj. ✦ Que l'on ne peut pas dissocier, séparer. *Ces deux questions sont indissociables.*
▷ Mot de la famille de DISSOCIER.

indistinct [ɛ̃distɛ̃] ou [ɛ̃distɛ̃kt], **indistincte** [ɛ̃distɛ̃kt] adj. ✦ Que l'on distingue mal. *On ne voyait qu'un paysage indistinct à travers le brouillard.* → **flou, imprécis,** ② **vague.** ❑ contr. **net.**
▷ Mot de la famille de DISTINCT.

individu n. m. 1. Personne. *Il y a plusieurs milliards d'individus sur la Terre.* 2. Personne d'allure bizarre, louche. *De drôles d'individus rôdent dans cette rue, la nuit.*
➤ **individualiste** adj. ✦ Indépendant et non conformiste. *Elle aime faire les choses toute seule, elle est très individualiste.*
➤ **individuel, individuelle** adj. ✦ Personnel, à soi. *Leurs enfants ont chacun une chambre individuelle.* → **particulier.**

paysage **industriel**

➤ **individuellement** adv. ✦ Chacun en particulier, à part. *La directrice a reçu dans son bureau chaque professeur individuellement.* ❏ contr. **collectivement.**

indolent, indolente adj. ✦ Nonchalant, mou. *La canicule la rend indolente.* → **amorphe.** ❏ contr. **actif, énergique.**

➤ **indolence** n. f. ✦ Nonchalance, mollesse. *Les climats chauds poussent à l'indolence.*

indolore adj. ✦ Qui ne fait pas mal. *Si tu restes calme, la piqûre sera presque indolore.* ❏ contr. **douloureux.**

indomptable [ɛ̃dɔ̃tabl] adj. ✦ Dont rien ne peut venir à bout. *Il a fait preuve d'un courage et d'une volonté indomptables.* → **inflexible.**
▷ Mot de la famille de DOMPTER.

indu, indue adj. ✦ *Une heure indue,* très tardive.
▷ Mot de la famille de ① DEVOIR.

indubitable adj. ✦ Que l'on ne peut pas mettre en doute. → **certain.** *On n'a pas de preuve indubitable de son innocence.* → **indéniable, indiscutable.** ❏ contr. **douteux.**

induire v. (conjug. 38) ✦ *Induire quelqu'un en erreur,* lui faire faire une erreur. → **tromper.** *Ses renseignements étaient faux et nous ont induits en erreur.*

indulgent, indulgente adj. ✦ Qui pardonne facilement aux autres. *Elle est indulgente avec ses petits-enfants.* → **bienveillant, compréhensif.** ❏ contr. **sévère.**

➤ **indulgence** n. f. ✦ Facilité à pardonner. *Ce professeur a beaucoup d'indulgence pour ses élèves.* → **bienveillance.** ❏ contr. **sévérité.**

industrie n. f. **1.** *L'industrie,* c'est tout ce qui contribue à l'exploitation des sources d'énergie et des richesses du sous-sol et à la transformation des matières premières en produits fabriqués. *La métallurgie est l'industrie qui transforme les métaux.* **2.** *Une industrie,* c'est une usine. *Il y a beaucoup d'industries dans cette région.*

➤ **industriel** n. m. et adj., **industrielle** n. f. et adj.

■ **adj.** Qui concerne l'industrie. *Le nord de la France est une grande région industrielle,* une région où il y a beaucoup d'industries.

■ **n.** Personne qui dirige ou possède une industrie. *Un gros industriel du textile.*

➤ **industrialiser** v. (conjug. 1) ✦ Équiper en industries, en usines. *Il faudrait industrialiser la région.* — **s'industrialiser,** s'équiper en industries. *Les pays d'Europe se sont industrialisés au 19e siècle.*

inébranlable adj. ✦ Que l'on ne peut faire changer. *Il est resté inébranlable.* → **inflexible.** *Ma décision est inébranlable.* → ① **ferme.**
▷ Mot de la famille de BRANLER.

inédit, inédite adj. **1.** Qui n'a pas encore été édité, publié. *Son roman est encore inédit.* **2.** Nouveau, original. *Voilà un moyen inédit de se faire connaître.*
▷ Mot de la famille de ÉDITER.

ineffable adj. ✦ Que l'on ne peut pas exprimer par la parole. *Une joie ineffable.* → **indicible, inexprimable.**
● Ce mot est littéraire.

inefficace adj. ✦ Qui n'a aucun effet. *Ce médicament est totalement inefficace.* ❏ contr. **efficace.**

➤ **inefficacité** n. f. ✦ Caractère de ce qui n'a aucun effet, ne sert à rien. *L'inefficacité de ce médicament est totale.* ❑ contr. **efficacité.**
▷ Mots de la famille de EFFICACE.

inégal, inégale adj. 1. Qui n'est pas égal à une autre chose. *Elle a coupé la tarte en parts inégales,* qui n'ont pas toutes la même dimension. ❑ contr. **égal.** 2. *Un combat inégal,* dans lequel les adversaires ne sont pas de la même force. 3. *Un sol inégal,* c'est un sol qui a des creux et des bosses. ❑ contr. ① **plat.** 4. Qui n'a pas toujours la même qualité, qui varie. *Les films de ce cinéaste sont inégaux,* il y en a de bons et de mauvais.
➤ **inégalement** adv. ✦ D'une manière inégale. *Elle a partagé le gâteau inégalement.*
▷ Mots de la famille de ÉGAL.

parts **inégales**

inégalable adj. ✦ Sans égal. → **incomparable.** *Le prestidigitateur est d'une adresse inégalable.*
▷ Mot de la famille de ÉGAL.

inégalité n. f. 1. Absence d'égalité. *L'inégalité sociale est grande dans ce pays,* la différence entre les conditions de vie des riches et celles des pauvres. 2. *Les inégalités du sol,* des creux et des bosses. *La voiture roulait lentement à cause des inégalités du terrain.* → **accident.**
▷ Mot de la famille de ÉGAL.

inéligible adj. ✦ Qui ne peut pas être élu. *Un candidat inéligible.*
▷ Mot de la famille de ÉLIGIBLE.

inéluctable adj. ✦ Que l'on ne peut pas empêcher. *La mort est inéluctable pour tous les êtres vivants.* → **fatal, inévitable.**

inénarrable adj. ✦ Dont on ne peut parler sans rire. *C'était une scène inénarrable !*
▷ Mot de la famille de NARRER.

inepte adj. ✦ Stupide, absurde. *Il dit des choses ineptes.*
➤ **ineptie** [inɛpsi] n. f. ✦ Parole inepte. *Il raconte des inepties pour se rendre intéressant.* → **bêtise, idiotie.**

inépuisable adj. 1. Que l'on ne peut pas épuiser, qui n'a pas de fin. *Internet est une source inépuisable de renseignements.* 2. Qui peut parler très longtemps. *Théo est inépuisable sur le chapitre des chevaux.* → **intarissable.**
▷ Mot de la famille de ÉPUISER.

inerte adj. ✦ Qui ne donne aucun signe de vie, ne réagit pas. → **inanimé.** *Le blessé était étendu, inerte.*
➤ **inertie** [inɛʀsi] n. f. ✦ Manque d'énergie, d'activité. *Il est difficile de le faire sortir de son inertie.* → **passivité.**

inespéré, inespérée adj. ✦ Que l'on n'espérait pas. *C'est une réussite inespérée.* → **inattendu.**
▷ Mot de la famille de ESPÉRER.

inestimable adj. ✦ Qui a une si grande valeur que l'on ne peut pas l'estimer. *Il y a des œuvres d'art inestimables dans ce musée.*
▷ Mot de la famille de ESTIMER.

inévitable adj. ✦ Qu'on ne peut pas éviter. *Il y avait trop de brouillard, la catastrophe était inévitable.* → **certain, fatal, inéluctable, inexorable.**
➤ **inévitablement** adv. ✦ D'une manière inévitable. → **fatalement, forcément.** *Cela devait inévitablement arriver.* → **inexorablement.**
▷ Mots de la famille de ÉVITER.

inexact, inexacte adj. ✦ Qui n'est pas exact. *Cette adresse est inexacte.* → **erroné,** ① **faux.** ❑ contr. ① **juste.**
➤ **inexactitude** n. f. 1. Erreur. *Il y a des inexactitudes dans tes calculs.* 2. Le fait d'être en retard. *Son inexactitude est bien connue.* ❑ contr. **exactitude, ponctualité.**
▷ Mots de la famille de EXACT.

inexcusable adj. ✦ Que l'on ne peut excuser, pardonner. *Vous êtes inexcusable d'avoir oublié ce rendez-vous.* → **impardonnable.** ❑ contr. **excusable, pardonnable.**
▷ Mot de la famille de EXCUSER.

inexistant, inexistante adj. ✦ Sans valeur, sans efficacité. *L'aide qu'il nous apporte est inexistante.* → ① **nul.**
▷ Mot de la famille de EXISTER.

inexorable **adj.** 1. Sans pitié, que l'on ne peut pas fléchir. *Il est resté inexorable à toutes les prières, il n'a pas levé la punition.* → **impitoyable, inflexible.** ❑ contr. **clément, indulgent.** 2. Que l'on ne peut pas éviter. *La mort est inexorable.* → **inéluctable, inévitable.**
● Ce mot est littéraire.

➤ **inexorablement** **adv.** ✦ D'une manière inexorable, inévitable. → **inévitablement, fatalement.** *Cette maladie évolue inexorablement vers la mort.*
● Ce mot est littéraire.

inexpérimenté, inexpérimentée **adj.** ✦ Qui n'a pas d'expérience. → **novice.** *C'est une conductrice encore inexpérimentée.* ❑ contr. **expérimenté.**
▷ Mot de la famille de EXPÉRIMENTER.

inexplicable **adj.** ✦ Impossible à expliquer. *Sa disparition est inexplicable.* → **incompréhensible.**
▷ Mot de la famille de EXPLIQUER.

inexploré, inexplorée **adj.** ✦ Qui n'a pas encore été exploré. *Des régions inexplorées.*
▷ Mot de la famille de EXPLORER.

inexpressif, inexpressive **adj.** ✦ Qui n'exprime aucun sentiment. *Il a un visage totalement inexpressif.* ❑ contr. **expressif, mobile.**
▷ Mot de la famille de EXPRESSIF.

inexprimable **adj.** ✦ Impossible ou difficile à exprimer. *Il a éprouvé une joie inexprimable en la voyant.* → **indescriptible, indicible, ineffable.**
▷ Mot de la famille de EXPRIMER.

inextinguible **adj.** ✦ Qu'il est impossible d'apaiser. *Il a une soif inextinguible.*
● Ce mot est littéraire.

in extremis [inɛkstʀemis] **adv.** ✦ Au dernier moment. *Il a failli tomber, il s'est rattrapé in extremis.*

inextricable **adj.** ✦ Très compliqué, très embrouillé. *Il s'est mis dans une situation inextricable,* dont il ne peut plus sortir.

infaillible **adj.** 1. Qui donne toujours de bons résultats. *L'aspirine est un remède infaillible contre les maux de tête.* 2. Qui ne peut pas se tromper. *Personne n'est infaillible.*
▷ Mot de la famille de FAILLIR.

infaisable [ɛ̃fəzabl] **adj.** ✦ Que l'on ne peut pas faire. *Cet exercice est infaisable,* il est trop difficile.
▷ Mot de la famille de FAIRE.

infâme **adj.** 1. Horrible. *Cet attentat est un acte infâme.* → **ignoble.** 2. Très mauvais. *Cette viande est infâme.* → **infect, répugnant.**
● Attention à l'accent circonflexe du *â*.

➤ **infamie** **n. f.** ✦ Action honteuse. *Le rapt d'enfants est une infamie.*

infanterie **n. f.** ✦ Partie d'une armée qui est chargée de conquérir et d'occuper le terrain. *Un régiment d'infanterie.* → aussi **fantassin.**

infanterie

infantile **adj.** 1. Qui concerne les jeunes enfants. *La coqueluche, la varicelle sont des maladies infantiles.* 2. Digne d'un enfant. *Certains adultes ont parfois des réactions infantiles.* → **enfantin, puéril.**

infarctus [ɛ̃faʀktys] **n. m.** ✦ Grave maladie du cœur qui se produit quand une artère se bouche. *Son grand-père a déjà eu deux infarctus.*

infatigable **adj.** ✦ Qui ne se fatigue pas facilement. *C'est une skieuse infatigable.*
▷ Mot de la famille de FATIGUER.

infect [ɛ̃fɛkt], **infecte** [ɛ̃fɛkt] **adj.** 1. Très mauvais. *Cette nourriture est infecte.* → **répugnant.** 2. Moralement ignoble. *C'est un type infect.*

➤ **s'infecter v.** (conjug. 1) ✦ Être envahi par des microbes. *La plaie s'est gravement infectée.* → s'**envenimer.**

➤ **infection n. f.** 1. Chose qui sent très mauvais. *Jette ce vieux fromage, c'est une infection.* 2. Pénétration et développement de microbes dans le corps. *Il faut désinfecter la plaie pour éviter l'infection.*

➤ **infectieux, infectieuse adj.** ✦ Provoqué par les microbes. *La rougeole est une maladie infectieuse.*

▷ Autres mots de la famille : DÉSINFECTANT, DÉSINFECTER, DÉSINFECTION.

inférieur adj. et n. m., inférieure adj. et n. f.

■ **adj.** 1. Situé plus bas. *Le bruit vient de l'étage inférieur,* de l'étage au-dessous. 2. Plus petit. *7 est inférieur à 9.* ❑ contr. **supérieur.** *Paul a eu une note inférieure à la moyenne.*

■ **n.** Personne qui occupe un poste plus bas qu'une autre dans une entreprise. *Ce chef de service est courtois avec ses inférieurs,* avec ceux qui travaillent sous ses ordres. → **subalterne, subordonné.** *Il lui parle comme à une inférieure.*

➤ **infériorité n. f.** ✦ *Sentiment d'infériorité,* impression d'être moins bien que les autres. → ② **complexe.** *Il éprouve un sentiment d'infériorité vis-à-vis de son frère.* ❑ contr. **supériorité.**

infernal, infernale adj. ✦ Difficile à supporter. *Il y a un bruit infernal, ici. Leurs enfants sont infernaux.* → **insupportable.**

infester v. (conjug. 1) ✦ Envahir. *La région est infestée de moustiques.*

infidèle adj. et n. m. et f.

■ **adj.** 1. Qui trompe son mari ou sa femme. *Elle est infidèle à son mari.* → aussi **adultère, tromper.** ❑ contr. **fidèle.** 2. Qui n'est pas exact, n'est pas conforme à la vérité. *Je ne me souviens plus très bien, ma mémoire est infidèle.*

■ **n. m. et f.** Personne qui n'a pas la même religion. *La guerre sainte des musulmans contre les infidèles.*

➤ **infidélité n. f.** ✦ Absence de fidélité en amour. *Elle se plaint de l'infidélité de son mari.*

▷ Mots de la famille de FIDÈLE.

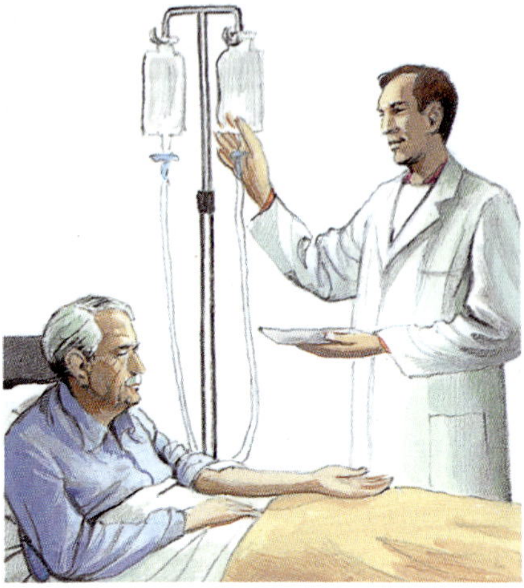

infirmier

s'infiltrer v. (conjug. 1) ✦ Pénétrer lentement. *L'eau s'est infiltrée dans le mur.*

➤ **infiltration n. f.** ✦ Pénétration d'eau dans un mur. *Il y a des traces d'infiltration dans la cave.*

▷ Mots de la famille de FILTRE.

infime adj. ✦ Tout petit. *La différence de taille entre Julie et Louise est infime.* → **minime.**

infini adj. et n. m., infinie adj.

■ **adj.** Qui semble sans fin. *On voit dans le ciel un nombre infini d'étoiles.* → **incalculable.** *Elle a une patience infinie.* → **illimité.**

■ **n. m.** *À l'infini,* indéfiniment, sans fin. *On pourrait discuter de cela à l'infini.*

➤ **infiniment adv.** 1. D'une manière infinie. *L'espace est infiniment grand,* plus grand que tout ce que l'on connaît. 2. Beaucoup, énormément. *Je vous remercie infiniment.*

➤ **infinité n. f.** ✦ Très grande quantité. *On peut imaginer une infinité de phrases différentes.*

▷ Mots de la famille de ① FIN.

infinitif n. m. ✦ Mode du verbe qui ne se conjugue pas. *Dans la phrase « je vais partir », le verbe « partir » est à l'infinitif.*

infirme adj. ✦ Qui ne peut plus se servir d'une partie de son corps. *Elle est restée infirme à la suite d'un accident.* → **handicapé, invalide.** — **N.** *L'infirmier pousse une infirme assise dans un fauteuil roulant.*

➤ **infirmerie** **n. f.** ✦ Endroit où l'on reçoit et soigne les malades, les blessés, dans une école, une prison. *Paul est allé à l'infirmerie parce qu'il saignait du nez.*

➤ **infirmier** **n. m.**, **infirmière** **n. f.** ✦ Personne dont le métier est de prendre soin des malades. *L'infirmière est venue lui faire une piqûre.*

➤ **infirmité** **n. f.** ✦ État d'une personne infirme. *Malgré son infirmité, Beethoven continua à composer des chefs-d'œuvre.*

inflammable **adj.** ✦ Qui prend feu facilement. *L'essence est un liquide inflammable.* ❑ contr. **ininflammable.**

▷ Mot de la famille de FLAMME.

inflammation **n. f.** ✦ Gonflement douloureux, accompagné de rougeur. *L'otite est une inflammation de l'oreille.*

▷ Mot de la famille de FLAMME.

inflation **n. f.** ✦ Hausse des prix accompagnée d'une baisse de la valeur de l'argent. *L'inflation fait baisser le pouvoir d'achat.*

inflexible **adj.** ✦ Que rien ne peut faire changer d'avis. *Il est resté inflexible.* → **inébranlable.** ❑ contr. **influençable.**

▷ Mot de la famille de FLEXIBLE.

infliger **v.** (conjug. 3) **1.** Donner, appliquer. *Le tribunal lui a infligé deux mois de prison.* **2.** Faire subir, imposer. *Elle nous a infligé la présence de sa sœur pendant toute la soirée.*

influer **v.** (conjug. 1) ✦ Avoir une action qui modifie. *Les facteurs qui influent sur le climat.*

➤ **influence** **n. f.** **1.** Action qui a un résultat. → **effet.** *L'influence du climat sur la végétation. Il a agi sous l'influence de la colère.* → **empire, emprise.** **2.** Action qu'une personne exerce sur une autre. *Elle a beaucoup d'influence sur son mari.* → ③ **ascendant,** ② **pouvoir.**

➤ **influencer** **v.** (conjug. 3) ✦ Soumettre à son influence. *Prenez ce que vous aimez, je ne veux pas vous influencer,* vous amener à faire, à choisir ce que je veux. → ① **entraîner.**

➤ **influençable** **adj.** ✦ Qui se laisse facilement influencer. *Alex est un garçon très influençable.* ❑ contr. **inflexible.**

➤ **influent, influente** **adj.** ✦ Qui a beaucoup de pouvoir, d'influence. *C'est une personne très influente.* → **important.**

information **n. f.** **1.** Renseignement. *On trouve toutes sortes d'informations sur Internet.* **2.** *Les informations,* ce sont les nouvelles politiques, sportives, etc., que donnent la radio et la télévision tous les jours. *Il écoute les informations à la radio.*

▷ Mot de la famille de INFORMER.

informatique **n. f. et adj.**

▪ **n. f.** Science et technique qui s'occupent de rassembler des renseignements dans des mémoires d'ordinateur et de les organiser grâce à des moyens automatiques.

▪ **adj.** Relatif à l'informatique. *L'école est bien équipée en matériel informatique.*

➤ **informaticien** **n. m.**, **informaticienne** **n. f.** ✦ Personne spécialisée en informatique.

▷ Mots de la famille de INFORMER.

informe **adj.** ✦ Qui n'a pas de forme bien définie. *Le potier fait un vase en modelant une masse informe d'argile.*

▷ Mot de la famille de FORME.

informer **v.** (conjug. 1) **1.** Mettre au courant, avertir. *Il m'a informé de son arrivée.* → **prévenir.** *On nous a informés que le train avait du retard.* **2.** **s'informer,** c'est demander des renseignements. *Je me suis informé sur la date des vacances.* → se **renseigner.**

▷ Autres mots de la famille : INFORMATICIEN, INFORMATION, INFORMATIQUE.

infortune **n. f.** ✦ Malheur. *L'un des rescapés essayait de réconforter ses compagnons d'infortune,* ceux qui partageaient le même sort malheureux.

● Ce mot est littéraire.

▷ Mot de la famille de FORTUNE.

infraction **n. f.** ✦ Faute commise contre les règlements, punie par la loi. *En garant sa voiture sur le passage pour piétons, il commet une infraction au code de la route.*

véhicule en **infraction**

infranchissable adj. ✦ Impossible à franchir. *Un sommet infranchissable.*
▷ Mot de la famille de FRANCHIR.

infrarouge adj. ✦ *Les rayons infrarouges,* ce sont les radiations invisibles qui sont au-delà du rouge dans le spectre solaire.
▷ Mot de la famille de ROUGE.

infructueux, infructueuse adj. ✦ Sans résultat. → **inefficace, vain.** *Toutes les recherches sont restées infructueuses.* ❑ contr. **fructueux.**
▷ Mot de la famille de FRUCTUEUX.

infuser v. (conjug. 1) ✦ Tremper les feuilles d'une plante aromatique dans de l'eau bouillante pour qu'elles dégagent leur arôme. *Elle laisse infuser le thé avant de le verser dans les tasses.* → **macérer.**
➤ **infusion** n. f. ✦ Boisson chaude faite avec des plantes que l'on a laissées infuser. → **tisane.** *Elle boit souvent une infusion de tilleul après le dîner.*

ingambe adj. ✦ Agile, solide sur ses jambes. → ① **alerte.** *Malgré son grand âge, ce vieux monsieur est encore ingambe.*
● Ce mot est littéraire.

s'ingénier v. (conjug. 7) ✦ Faire tout ce que l'on peut. *Il s'ingénie à nous faire plaisir.* → s'**évertuer.**
▷ Mot de la famille de ① GÉNIE.

ingénieur n. m. et f. ✦ Personne ayant reçu une formation scientifique et technique qui lui permet de diriger certains travaux et de participer à la création de nouveaux produits. *Elle est ingénieur dans l'aviation.*
▷ Mot de la famille de ② GÉNIE.

ingénieux, ingénieuse adj. 1. Qui a beaucoup d'idées pour trouver des solutions aux problèmes pratiques. → **habile, inventif.** *Alex est un bricoleur ingénieux.* 2. Qui montre de l'intelligence et de l'imagination. *Il a trouvé un système ingénieux pour s'éclairer sous sa tente.* → **astucieux.**
➤ **ingéniosité** n. f. ✦ Qualité d'une personne ingénieuse. *Il a fait preuve d'ingéniosité pour mettre au point ce système.* → **habileté.**
▷ Mots de la famille de ② GÉNIE.

ingénu, ingénue adj. ✦ Innocent et naïf. *Il a un air ingénu.* → **candide.**

s'ingérer v. (conjug. 6) ✦ Intervenir sans en avoir le droit. *Elle n'aime pas qu'on s'ingère dans sa vie privée.* → s'**immiscer, intervenir.**

➤ **ingérence** n. f. ✦ Intervention. *Le chef de l'État refuse toute ingérence étrangère dans les affaires de son pays.*
▷ Mots de la famille de GÉRER.

ingrat, ingrate adj. 1. Qui n'a pas de reconnaissance, de gratitude pour ce que l'on a fait pour lui. *Elle s'est toujours montrée ingrate envers ceux qui l'ont aidée.* ❑ contr. **reconnaissant.** — N. *C'est une ingrate.* 2. *Un travail ingrat,* qui ne donne pas de satisfaction. *Faire la vaisselle est un travail ingrat.* → **déplaisant.** 3. *Un visage ingrat,* laid. → **disgracieux.** ❑ contr. **agréable.**
➤ **ingratitude** n. f. ✦ Manque de reconnaissance. *Il fait preuve d'ingratitude envers ceux qui l'ont aidé.* ❑ contr. **gratitude.**

ingrédient n. m. ✦ Élément qui entre dans la composition d'une préparation. *Elle mélange tous les ingrédients dans le saladier pour faire une vinaigrette.*

ingrédients d'une mayonnaise

ingurgiter v. (conjug. 1) ✦ Avaler rapidement et en très grande quantité. *En un instant, le chien avait ingurgité toute sa pâtée.* → **engloutir.**

inhabitable adj. ✦ Où l'on ne peut pas habiter. *Cette vieille maison en ruine est inhabitable.* ❑ contr. **habitable.**
▷ Mot de la famille de HABITER.

inhabité, inhabitée adj. ✦ Sans habitant, désert. *Cette région polaire est inhabitée.*
▷ Mot de la famille de HABITER.

inhabituel, inhabituelle adj. ✦ Qui n'est pas habituel. *Il y avait dans la rue une animation inhabituelle.* → **inaccoutumé.**
▷ Mot de la famille de HABITUEL.

inhaler v. (conjug. 1) ✦ Absorber par le nez et les poumons. → **aspirer.** *Ils ont inhalé un gaz toxique.*

➤ **inhalation** n. f. ✦ Aspiration de vapeurs par le nez. *Pour soigner son rhume, il se fait une inhalation à l'eucalyptus.*

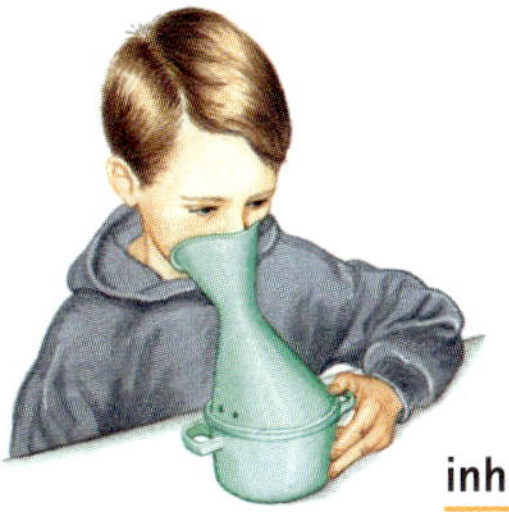

inhalation

inhérent [ineʀɑ̃], **inhérente** [ineʀɑ̃t] adj. ✦ Qui est lié très intimement à un être ou à une chose. *Les avantages inhérents à ce métier sont nombreux.*

inhospitalier, inhospitalière adj. ✦ Peu accueillant, hostile. *Cette côte est très inhospitalière.* ❑ contr. ① **hospitalier.**
▷ Mot de la famille de ① HOSPITALIER.

inhumain, inhumaine adj. ✦ Cruel, barbare. *La torture est une pratique inhumaine.*
▷ Mot de la famille de HUMAIN.

inhumer v. (conjug. 1) ✦ Mettre en terre. → **ensevelir, enterrer.** *C'est un médecin qui délivre le permis d'inhumer.*

➤ **inhumation** n. f. ✦ Enterrement. *L'inhumation aura lieu jeudi.*

inimaginable adj. ✦ Difficile ou impossible à imaginer. *Il y a un désordre inimaginable dans la chambre de Julie.* → **incroyable.**
▷ Mot de la famille de IMAGE.

inimitable adj. ✦ Difficile ou impossible à imiter. *Il est inimitable dans sa façon de raconter des histoires.*
▷ Mot de la famille de IMITER.

inimitié n. f. ✦ Hostilité. *Elle a une profonde inimitié pour lui.* → **antipathie.** ❑ contr. **amitié.**

ininflammable adj. ✦ Qui ne peut pas s'enflammer. *Une matière ininflammable.* ❑ contr. **inflammable.**
▷ Mot de la famille de FLAMME.

inintelligible adj. ✦ Difficile ou impossible à comprendre. *Il marmonnait dans son sommeil des mots inintelligibles.* → **incompréhensible.** ❑ contr. **intelligible.**
▷ Mot de la famille de INTELLIGIBLE.

inintéressant, inintéressante adj. ✦ Sans intérêt. *Nous avons vu un film inintéressant.* ❑ contr. **intéressant.**
▷ Mot de la famille de INTÉRÊT.

ininterrompu, ininterrompue adj. ✦ Continu. *Une file ininterrompue de voitures passe sur le boulevard.*
▷ Mot de la famille de ROMPRE.

initial, initiale adj. ✦ Qui est au commencement. → **originel, premier.** *J'ai oublié la raison initiale de notre dispute.* — Au masc. pl. *initiaux.*

➤ **initiale** n. f. ✦ Première lettre d'un mot. *Il a écrit ses initiales sur son dessin,* la première lettre de son prénom et de son nom de famille.

➤ **initialement** adv. ✦ Au début, au commencement. *Initialement, le projet était très différent.*

initiative n. f. **1.** Action d'une personne qui est la première à proposer ou à faire quelque chose. *Paul a pris l'initiative d'organiser une collecte pour acheter un cadeau au professeur.* **2.** Qualité d'une personne qui propose et entreprend de faire les choses. *Julie a l'esprit d'initiative.*

initier v. (conjug. 7) **1.** Être le premier à enseigner les rudiments de. *Il a initié son fils à la voile.* **2.** *S'initier à,* acquérir les premières connaissances de. *Cet été, Léa s'est initiée au tennis.*

➤ **initié** n. m., **initiée** n. f. ✦ Personne qui connaît déjà bien le sujet dont on parle. *Ce livre de cuisine est réservé aux initiés.* ❑ contr. **profane.**

➤ **initiation** n. f. ✦ Le fait d'apprendre les rudiments de quelque chose. *Alex a suivi des cours d'initiation à l'informatique.*

injecter v. (conjug. 1) ✦ Faire entrer un liquide dans le corps avec une seringue. *Avant d'opérer Julie, on lui a injecté un produit pour l'anesthésier.*

➤ **injection** n. f. ✦ Introduction d'un liquide dans le corps avec une seringue. *Ce vaccin nécessite trois injections.* → **piqûre.**

injonction n. f. ✦ Ordre. *L'automobiliste doit obéir aux injonctions de l'agent de police.*

injure n. f. ✦ Parole blessante. → **insulte.** *Un homme soûl criait des injures aux passants.*

➤ **injurier** **v.** (conjug. 7) ✦ Prononcer des paroles blessantes ou vexantes. → **insulter.** *Un grossier personnage nous a injuriés au passage.*

➤ **injurieux, injurieuse** **adj.** ✦ Blessant, méchant. *Il a employé des termes injurieux dans sa lettre.* → **insultant, offensant.** ❑ contr. **flatteur.**

▷ Mots de la famille de ② JURER.

injuste **adj.** ✦ Contraire à la justice. *Cette punition est injuste.* ❑ contr. ② **juste.**

➤ **injustement** **adv.** ✦ D'une manière injuste. *Paul a été injustement accusé.*

➤ **injustice** **n. f.** ✦ Acte ou décision contraire à la justice. *Il cherche le moyen de réparer l'injustice qu'il a commise.*

▷ Mots de la famille de ② JUSTE.

injustifié, injustifiée **adj.** ✦ Qui n'est pas justifié, qui n'a pas de raison d'être. *Ta peur est injustifiée, il n'y a aucun danger.*

▷ Mot de la famille de ② JUSTE.

inlassable **adj.** ✦ Qui ne se lasse pas. → **infatigable.** *Avec une patience inlassable, le professeur répète ce qu'il a déjà dit plusieurs fois.*

➤ **inlassablement** **adv.** ✦ Sans cesse, sans se fatiguer. *Elle répète inlassablement les mêmes choses.*

▷ Mots de la famille de LAS.

inné, innée **adj.** ✦ Possédé dès la naissance. → **naturel.** *Théo a un don inné pour le dessin.*

▷ Mot de la famille de NAÎTRE.

innocent, innocente **adj.** **1.** Qui n'a rien fait de mal. *L'enquête a montré que l'accusée était innocente.* ❑ contr. **coupable.** — **N.** *On allait condamner un innocent.* **2.** Pur. *Un enfant innocent.* **3.** Naïf, crédule. *Il faut être bien innocent pour croire un mensonge pareil.*

➤ **innocemment** [inɔsamɑ̃] **adv.** ✦ Sans vouloir faire le mal, avec naïveté. *Il a posé cette question innocemment.*

➤ **innocence** **n. f.** ✦ État d'une personne qui n'est pas coupable. *L'accusé clame son innocence.* ❑ contr. **culpabilité.**

➤ **innocenter** **v.** (conjug. 1) ✦ Faire connaître l'innocence de quelqu'un. *La déclaration du témoin a innocenté l'accusé.* → **disculper.** ❑ contr. **accuser.**

innombrable **adj.** ✦ Très nombreux. *Une foule innombrable attendait l'ouverture du musée.* → **considérable.**

▷ Mot de la famille de NOMBRE.

innover **v.** (conjug. 1) ✦ Faire une chose qui n'a jamais été faite. *L'architecte a innové en utilisant le caoutchouc dans ses constructions.*

➤ **innovation** **n. f.** ✦ Nouveauté, changement. *Elle a fait des innovations dans son appartement.*

inoccupé, inoccupée **adj.** **1.** Vide, inhabité. *Cette maison est inoccupée depuis plusieurs mois.* **2.** Qui n'a pas d'occupation. *Julie ne reste pas souvent inoccupée.* → **désœuvré, inactif.** ❑ contr. **occupé.**

▷ Mot de la famille de OCCUPER.

inoculer **v.** (conjug. 1) ✦ Introduire dans l'organisme. *Le médecin lui a inoculé un vaccin.*

inodore **adj.** ✦ Sans odeur. *L'eau est incolore, inodore et sans saveur.* ❑ contr. **odorant.**

inoffensif, inoffensive **adj.** ✦ Qui n'est pas dangereux, qui ne fait pas de mal. *N'ayez pas peur, cette bête est totalement inoffensive.* ❑ contr. **dangereux, nuisible.**

▷ Mot de la famille de OFFENSE.

inonder **v.** (conjug. 1) ✦ Recouvrir d'eau. *En débordant, la rivière a inondé les champs.*

➤ **inondation** **n. f.** ✦ Débordement d'eaux qui se mettent à recouvrir un endroit. *De très fortes pluies ont provoqué d'importantes inondations.*

inondation

inopiné, inopinée **adj.** ✦ Imprévu, inattendu. *Sa venue inopinée a surpris tout le monde.*

inopportun, inopportune **adj.** ✦ Mal choisi, déplacé. *Le moment lui sembla inopportun pour s'expliquer.* ❑ contr. **opportun.**

▷ Mot de la famille de OPPORTUN.

inoubliable adj. ✦ Que l'on ne peut pas oublier. → **mémorable.** *Ce voyage leur a laissé des souvenirs inoubliables.* → **impérissable.**
▷ Mot de la famille de OUBLIER.

inouï, inouïe adj. ✦ Extraordinaire, incroyable. *La tempête était d'une violence inouïe.*
● Attention au tréma du *ï*.
▷ Mot de la famille de OUÏR.

inoxydable adj. ✦ *Un métal inoxydable,* c'est un métal qui ne s'oxyde pas, ne rouille pas. *Des couverts en acier inoxydable.*
● On dit souvent *des couverts en inox.*
▷ Mot de la famille de OXYDE.

métal **inoxydable**

inqualifiable adj. ✦ *Une conduite inqualifiable,* tellement scandaleuse qu'il n'y a pas de mot pour la qualifier.
▷ Mot de la famille de QUALIFIER.

inquiet, inquiète adj. ✦ Qui se fait du souci. *Louise n'est pas encore rentrée, sa mère est inquiète.* → **angoissé, anxieux, soucieux.** ❏ contr. **serein, tranquille.**
➤ **inquiéter** v. (conjug. 6) **1.** Rendre inquiet. *L'état du malade inquiète le médecin.* → **préoccuper. 2.** **s'inquiéter,** c'est se faire du souci. *Je m'inquiétais de ne pas te voir.*
➤ **inquiétant, inquiétante** adj. ✦ Qui inquiète, préoccupe. → **alarmant, préoccupant.** ❏ contr. **rassurant.** *La fièvre du malade est montée d'une façon inquiétante.*
➤ **inquiétude** n. f. ✦ État pénible dans lequel est une personne qui attend quelque chose avec crainte ou appréhension. *En ne le voyant pas, elle devint folle d'inquiétude.* → **angoisse, anxiété.**

insaisissable adj. **1.** Impossible à saisir, à attraper. *L'ennemi paraissait insaisissable, on ne savait jamais où il était.* **2.** *Une personnalité insaisissable,* difficile à saisir, à comprendre.
▷ Mot de la famille de SAISIR.

insalubre adj. ✦ Malsain, mauvais pour la santé. *Un climat insalubre.* ❏ contr. **sain, salubre.**
▷ Mot de la famille de SALUBRE.

insanité n. f. ✦ Chose ou parole absurde, contraire au bon sens. *Il ne dit que des insanités.* → **absurdité, ineptie.**
● Ce mot est littéraire.

insatiable [ɛ̃sasjabl] adj. **1.** Jamais rassasié. *Alex a un appétit insatiable.* **2.** Jamais satisfait. *Julie est d'une curiosité insatiable.*

insatisfait, insatisfaite adj. ✦ Qui n'est jamais satisfait, jamais content. *Elle sera éternellement insatisfaite.* → **mécontent.** ❏ contr. **satisfait.**
▷ Mot de la famille de FAIRE.

inscription n. f. **1.** Ensemble de mots écrits ou gravés sur un mur, un monument, un panneau ou un écriteau. *Le mur du lycée est couvert d'inscriptions.* → **graffiti. 2.** Action d'inscrire ou de s'inscrire. *La directrice de l'école a accepté l'inscription d'un élève en cours d'année.*

inscrire v. (conjug. 39) **1.** Écrire, noter. *Julie inscrit son nom sur la première page de son cahier.* **2.** Faire mettre le nom de quelqu'un sur une liste pour qu'il fasse partie d'un groupe. *Elle a inscrit son fils à la crèche.* **s'inscrire,** inscrire ou faire inscrire son nom. *Théo s'est inscrit au club de football de l'école,* il en fait partie.

insecte n. m. ✦ Petit animal sans squelette, au corps articulé, qui a trois paires de pattes et souvent des ailes. *Les fourmis, les puces, les moustiques sont des insectes.* ➻ planche p. 543.

insecticide adj. et n. m.
■ **adj.** Qui tue les insectes. *De la poudre insecticide.*
■ **n. m.** Produit qui tue les insectes. *Il vaporise de l'insecticide.*

insectivore adj. et n. m.
■ **adj.** Qui mange des insectes. *L'hirondelle est un oiseau insectivore.*

■ **n. m.** Animal qui se nourrit d'insectes. *Les taupes, les lézards, les grenouilles sont des insectivores.*

insécurité **n. f.** ✦ Manque de sécurité. *Seule dans cet endroit désert, elle éprouvait un vague sentiment d'insécurité.* ❑ contr. **sécurité.**
▷ Mot de la famille de SÉCURITÉ.

insémination **n. f.** ✦ *L'insémination artificielle,* c'est l'introduction de sperme dans les voies génitales de la femelle ou de la femme sans qu'il y ait d'accouplement ou de rapports sexuels. *Cette vache a eu son veau par insémination artificielle.*

insensé, insensée **adj.** ✦ Contraire au bon sens. → **absurde.** *Il a des idées insensées.* ❑ contr. **raisonnable, sensé.**
▷ Mot de la famille de ② SENS.

insensible **adj.** **1.** Que rien ne touche, n'émeut. *Une personne égoïste et insensible.* ❑ contr. **sensible.** **2.** Qui ne ressent pas de douleur. *Le dentiste a fait une piqûre à Paul pour rendre sa mâchoire insensible.* → aussi **insensibiliser.** **3.** Dont on se rend à peine compte. *Entre ces deux jumeaux, la différence est insensible,* presque imperceptible, très peu visible. ❑ contr. **notable, visible.**

➤ **insensibiliser** **v.** (conjug. 1) ✦ Rendre insensible à la douleur. *Le dentiste m'a insensibilisé la mâchoire avant de m'arracher une dent.* → **anesthésier.**

➤ **insensibilité** **n. f.** **1.** Absence de sentiment, manque de sensibilité. → **détachement, indifférence.** ❑ contr. **sensibilité.** **2.** Absence de sensibilité du corps ou d'une partie du corps. *L'anesthésie générale provoque l'insensibilité à la douleur.*

➤ **insensiblement** **adv.** ✦ De manière insensible, imperceptible. *La route monte insensiblement.*
▷ Mots de la famille de ② SENS.

inséparable **adj.** ✦ *Des personnes inséparables,* qui sont toujours ensemble. *Julie et Louise sont inséparables.*
▷ Mot de la famille de PART.

insérer **v.** (conjug. 6) **1.** Ajouter, introduire. *Cet article a été inséré dans la dernière édition du journal.* **2.** **s'insérer,** trouver sa place dans un ensemble, un groupe. → **s'intégrer.** *La nouvelle représentante s'est bien insérée dans l'équipe.*
▷ Autre mot de la famille : RÉINSÉRER.

insertion **n. f.** ✦ Le fait de trouver sa place dans un ensemble, un groupe. *L'insertion des handicapés dans le monde du travail.*
▷ Autre mot de la famille : RÉINSERTION.

insidieux, insidieuse **adj.** ✦ Trompeur, sournois. *Votre question est insidieuse.*

insigne **n. m.** ✦ Signe qui permet de distinguer les membres d'un groupe. → **badge.** *Théo porte sur son blouson l'insigne de son club de football.*
▷ Mot de la famille de SIGNE.

insigne

insignifiant, insignifiante **adj.** ✦ Sans importance, très petit. *Des détails insignifiants.* → **minime, négligeable.** ❑ contr. **important.**
▷ Mot de la famille de SIGNE.

insinuer **v.** (conjug. 1) ✦ Laisser entendre une chose, sans la dire franchement. → **suggérer.** *Tu insinues que j'ai menti ?*

➤ **insinuation** **n. f.** ✦ Parole qui laisse entendre quelque chose de façon détournée, sournoise. → **allusion, sous-entendu.** *Je n'aime pas beaucoup vos insinuations.*

s'insinuer **v.** (conjug. 1) ✦ S'introduire habilement. *Un traître s'est insinué dans le groupe.*

insipide **adj.** ✦ Sans goût. → **fade.** *Cette sauce est insipide.*

insister **v.** (conjug. 1) **1.** *Insister sur quelque chose,* c'est s'arrêter avec force sur une difficulté particulière. → mettre l'**accent.** *Le professeur insiste sur l'orthographe des mots difficiles.* **2.** Réclamer plusieurs fois, avec obstination. *Elle a insisté pour venir.*

➤ **insistance** **n. f.** ✦ Obstination. *Louise a réclamé avec insistance à sa mère d'aller au cinéma.*

termite
puce
cigale
puceron
du cerisier
poisson d'argent
punaise
monarque
mouche
coccinelle
hanneton
libellule
perce-oreille
cochenille
fourmi
éphémère
moustique
mante religieuse
guêpe

insolation n. f. ✦ Malaise assez grave provoqué par une trop longue exposition au soleil. *Si on reste au soleil sans chapeau, on risque une insolation.*

insolent, insolente adj. ✦ Qui manque de respect envers quelqu'un. → **effronté, impertinent, impoli.** *Julie a été insolente avec sa mère.* ❏ contr. ① **poli, respectueux.**

➤ **insolence** n. f. ✦ Manque de respect. → **effronterie, impertinence, impolitesse.** ❏ contr. **politesse.** *Paul a été puni pour son insolence envers le professeur.*

insolite adj. ✦ Qui étonne, surprend. → **bizarre, étrange, inhabituel.** *Julie a entendu des bruits insolites à l'étage supérieur.* ❏ contr. **familier, habituel, normal.**

insoluble adj. ✦ Que l'on ne peut pas résoudre. *Un problème insoluble,* c'est un problème sans solution.

insomnie n. f. ✦ Impossibilité de dormir la nuit pendant de longs moments. *La mère de Léa a souvent des insomnies.*

➤ **insomniaque** adj. ✦ Qui ne peut pas dormir normalement la nuit. *Elle est insomniaque depuis plusieurs années.*

insondable adj. 1. Trop profond pour être sondé, mesuré. *Une fosse sous-marine d'une profondeur insondable.* 2. *Un mystère insondable,* trop compliqué pour être expliqué.

▷ Mot de la famille de SONDE.

insonoriser v. (conjug. 1) ✦ Rendre moins sonore, plus silencieux. *Toutes les pièces de l'appartement ont été insonorisées,* elles ont été équipées de manière à ce que les bruits ne passent pas.

▷ Mot de la famille de SONNER.

insouciant, insouciante adj. ✦ Qui vit sans se faire de souci, sans s'inquiéter. ❏ contr. **soucieux.** *Léa est une petite fille gaie et insouciante. — Les enfants sont souvent insouciants du danger,* ils n'en ont pas conscience.

➤ **insouciance** n. f. ✦ Caractère d'une personne qui vit sans se faire de souci. *Ils vivent dans l'insouciance.*

▷ Mots de la famille de ① SOUCI.

insoutenable adj. 1. Que l'on ne peut soutenir, défendre. *Cette théorie est insoutenable.* → **indéfendable.** 2. Que l'on ne peut supporter. *Une douleur insoutenable.* → **insupportable.**

▷ Mot de la famille de TENIR.

inspecter v. (conjug. 1) 1. Contrôler, surveiller. *L'architecte inspecte le travail des maçons.* 2. Examiner avec attention. *Les douaniers ont inspecté les bagages.*

➤ **inspecteur** n. m., **inspectrice** n. f. ✦ Personne dont le métier est de contrôler, de surveiller. *Un inspecteur est venu hier dans la classe assister aux cours. — Un inspecteur de police,* c'est un policier en civil, dans un commissariat ou une préfecture de police.

➤ **inspection** n. f. ✦ Examen qui sert à contrôler, vérifier, surveiller. *Le professeur fait l'inspection des cahiers.*

inspirer v. (conjug. 1) 1. Faire entrer l'air dans les poumons. → **aspirer.** *Inspirez profondément, puis expirez.* 2. Faire naître une idée, un sentiment. *Ce paysage a inspiré de nombreux peintres. Cet individu ne m'inspire aucune confiance,* je n'ai aucune confiance en lui. 3. *S'inspirer de quelque chose,* c'est y trouver des idées. *L'écrivain s'est inspiré d'une histoire vraie pour écrire son roman.*

➤ **inspiration** n. f. 1. Mouvement qui fait entrer l'air dans les poumons. *L'inspiration précède l'expiration.* 2. Ensemble d'idées qui viennent à l'esprit. *Alex cherche l'inspiration pour rédiger sa rédaction.*

instable adj. 1. Qui ne tient pas bien en équilibre. *Ne t'assieds pas sur cette chaise, elle est instable.* → **bancal, branlant.** ❏ contr. **stable.** 2. Variable, changeant. *Le temps est instable depuis quelques jours.* 3. Qui change souvent d'idée, d'humeur. *Un enfant instable.* ❏ contr. **équilibré.**

➤ **instabilité** n. f. ✦ Caractère de ce qui n'est pas stable, qui change souvent. *Ce pays vit dans l'instabilité politique.* ❏ contr. **stabilité.**

▷ Mots de la famille de STABLE.

installer v. (conjug. 1) 1. Mettre en place, poser. *Ils ont installé des radiateurs électriques dans toutes les pièces.* 2. Mettre, placer quelqu'un dans un endroit, d'une certaine façon. *L'infirmière installe le malade dans un fauteuil.*

inspiration (*L'Inspiration du poète*, N. Poussin)

➤ s'**installer** v. (conjug. 1) 1. Se mettre dans un endroit, d'une certaine façon. *Installez-vous confortablement, faites comme chez vous.* 2. Aller habiter quelque part. *Ils se sont installés en Australie.* → s'**établir**.

➤ **installateur** n. m., **installatrice** n. f. ✦ Personne dont le métier est d'installer des appareils. *Un installateur de chauffage central.*

➤ **installation** n. f. 1. Mise en place. *Les ouvriers ont terminé l'installation du chauffage dans la maison. L'installation électrique,* c'est l'ensemble des fils, des prises de courant et des compteurs qui permettent de brancher des appareils électriques. 2. Fait de s'installer, d'aller habiter quelque part. *Ils ont invité des amis pour fêter leur installation dans leur nouvel appartement.*

instances n. f. pl. ✦ *Sur les instances de,* à la demande pressante de. *Il a fini par céder, sur les instances de ses amis.*

➤ **instamment** adv. ✦ Avec force, en insistant. *Il nous a demandé instamment d'arriver à l'heure.*

instant n. m. ✦ Court moment. *Attendez un instant, s'il vous plaît. Le film va commencer dans un instant,* bientôt. *Elle est sortie à l'instant,* elle vient de sortir. *Le téléphone a sonné à l'instant où j'arrivais,* juste au moment où j'arrivais. *Il change d'avis à chaque instant,* sans arrêt, continuellement. *Pour l'instant, tout est calme,* pour le moment.

➤ **instantané, instantanée** adj. ✦ Qui se produit en un instant, très vite. *Certains poisons provoquent une mort instantanée.* → **immédiat.** ❏ contr. **lent, long.**

➤ **instantanément** adv. ✦ Tout de suite. → **immédiatement**. *Le feu a pris instantanément.*

instaurer v. (conjug. 1) ✦ Établir pour la première fois. → **fonder, instituer.** *La République française fut instaurée en 1792.* ❏ contr. **abolir, renverser.**

instigateur n. m., **instigatrice** n. f. ✦ Personne qui pousse, incite à faire quelque chose. *Les instigateurs de l'attentat ont été arrêtés.* → **meneur.**

instinct [ɛ̃stɛ̃] n. m. 1. Force qui pousse les êtres vivants à accomplir certains actes naturellement, sans les avoir appris. *Les chattes ont un instinct maternel très développé.* 2. Intuition. *Il se fie toujours à son instinct pour prendre des décisions importantes. — D'instinct, je ne lui fais pas confiance,* spontanément.

➤ **instinctif, instinctive** adj. ✦ Qui n'est pas réfléchi. → **spontané.** *Une réaction instinctive. Des gestes instinctifs.* → **automatique, machinal.**

➤ **instinctivement** adv. ✦ De manière instinctive. *Instinctivement, elle recula.* → **involontairement, machinalement.**

instituer v. (conjug. 1) ✦ Établir, mettre en place. *En France, la Vᵉ République a été instituée en 1958 par le général de Gaulle.* → **instaurer.**

▷ Autre mot de la famille : ② INSTITUTION.

institut n. m. 1. Endroit destiné à la recherche scientifique. *L'institut Pasteur fabrique des vaccins.* 2. *Un institut de beauté,* un endroit où l'on pratique des soins de beauté.

➤ **instituteur** n. m., **institutrice** n. f. ✦ Personne qui enseigne dans une école maternelle ou primaire. → **maître, professeur.**

● Depuis 1990, on dit aussi *professeur des écoles.*

➤ ① **institution** n. f. ✦ École privée. *La mère de Julie était élève dans une institution religieuse.*

② **institution** n. f. 1. Chose instituée, établie comme règle. *L'école obligatoire jusqu'à 16 ans est une institution française.* 2. *Les institutions,* ce sont les lois et principes qui règlent la vie politique d'un pays. → aussi **constitution.** *Les institutions de la Vᵉ République.*

▷ Mot de la famille de INSTITUER.

instruire v. (conjug. 38) 1. Enseigner, apprendre. *La lecture instruit beaucoup.* 2. **s'instruire,** c'est apprendre quelque chose. *Les enfants vont à l'école pour s'instruire.* 3. *Instruire une affaire,* c'est faire en sorte qu'elle puisse être jugée. *Le juge a instruit cette affaire pendant plusieurs mois.*

➤ **instructif, instructive** adj. ✦ Qui instruit, apprend des choses. *C'est une émission très instructive.*

➤ **instruction** n. f. 1. Enseignement. *En France, l'instruction est gratuite et obligatoire.* 2. *Avoir de l'instruction,* c'est avoir appris beaucoup de choses, être instruit. *Ses parents n'ont pas beaucoup d'instruction.* 3. *Des instructions,* des explications, des ordres que l'on donne à une personne chargée de faire quelque chose. *Avant de sortir, elle donne ses instructions à la baby-sitter.* → **directives.**

➤ **instruit, instruite** adj. ✦ Qui sait beaucoup de choses. → **cultivé.** *C'est une femme instruite.* ❑ contr. **ignare, ignorant.**

instrument n. m. 1. Objet servant à exécuter un travail. → **outil.** *Le couteau et la scie sont des instruments tranchants. La balance est un instrument de mesure.* 2. *Les instruments de musique,* ce sont des objets fabriqués spécialement pour jouer de la musique. *Le piano, la guitare, la flûte sont des instruments de musique.* ➸ planche p. 548.

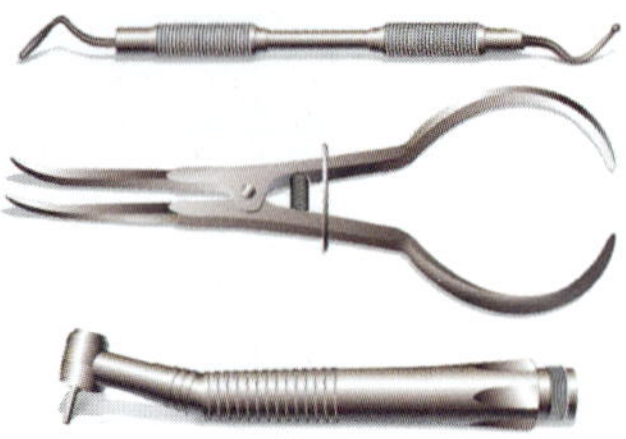

instruments de dentiste

➤ **instrumental, instrumentale** adj. ✦ *La musique instrumentale,* c'est la musique exécutée avec des instruments de musique. ❑ contr. **vocal.** — Au masc. pl. *instrumentaux.*

➤ **instrumentiste** n. m. et f. ✦ Personne qui joue d'un instrument de musique, dans un orchestre. → aussi **musicien.**

à l'**insu** de prép. ✦ Sans que la chose soit sue. *Julie a recueilli un chaton à l'insu de ses parents,* sans qu'ils le sachent. ❑ contr. au **vu** et au su de.

▷ Mot de la famille de ① SAVOIR.

insubmersible adj. ✦ *Un bateau insubmersible,* qui ne peut pas couler. *Les canots de sauvetage sont insubmersibles.*

▷ Mot de la famille de SUBMERSIBLE.

insubordination n. f. ✦ Refus d'obéir. → **désobéissance, indiscipline.** *Certains soldats ont fait preuve d'insubordination.*

insuccès n. m. ✦ Manque de succès. → **échec.** *Ce projet était voué à l'insuccès dès le début.* ❑ contr. **succès.**

▷ Mot de la famille de SUCCÈS.

insuffisant, insuffisante adj. ✦ Qui ne suffit pas. *Les notes de Paul sont insuffisantes.* → **médiocre.** ❑ contr. **suffisant.**

➤ **insuffisamment** adv. ✦ Pas assez. *Il s'est insuffisamment préparé à son examen.* ❑ contr. **suffisamment.**

➤ **insuffisance** n. f. 1. Caractère de ce qui n'est pas suffisant. *L'insuffisance de leurs moyens ne leur permet aucune dépense.* 2. Manque. *Théo a des insuffisances en orthographe.* → **lacune.** 3. Défaut dans le fonctionnement de certains organes du corps. *Il souffre d'insuffisance cardiaque.* → **déficience.**

▷ Mots de la famille de SUFFIRE.

insurrection
(E. Boutigny)

insulaire **adj.** ✦ Qui vit dans une île. *Le peuple britannique est un peuple insulaire.* — **N.** *Les Corses sont des insulaires.*

insulter **v.** (conjug. 1) ✦ Prononcer des paroles vexantes, blessantes envers quelqu'un. → **injurier.** *Un ivrogne insulte les passants.*

➤ **insulte** **n. f.** ✦ Parole blessante, vexante. → **injure.** *« Espèce d'imbécile », « sale abruti » sont des insultes.*

➤ **insultant, insultante** **adj.** ✦ Qui insulte, blesse, vexe. *Des paroles insultantes.* → **injurieux.**

insupportable **adj.** ✦ Très difficile à supporter. ❏ contr. **supportable.** *Un vacarme insupportable.* → **intolérable.** *Quels enfants insupportables !* → **infernal, odieux.** ❏ contr. **agréable, gentil, sage.** *Une douleur insupportable.* → **insoutenable.**

▷ Mot de la famille de PORTER.

s'insurger **v.** (conjug. 3) **1.** Se révolter contre une autorité. *Le 14 juillet 1789, le peuple s'insurgea contre le roi en prenant la Bastille.* → aussi **insurrection.** **2.** Protester violemment. *Les habitants de la région se sont insurgés contre la construction d'une usine de produits chimiques.*

insurmontable **adj.** ✦ Que l'on ne peut pas surmonter. *Louise a une peur insurmontable des rats.*

▷ Mot de la famille de MONTER.

insurrection **n. f.** ✦ Soulèvement, révolte. *L'armée a durement réprimé l'insurrection.* → aussi **s'insurger.**

intact [ɛ̃takt], **intacte** [ɛ̃takt] **adj.** ✦ Qui n'a pas été endommagé, est resté en bon état. *Après sa chute de vélo, Théo a retrouvé ses lunettes intactes.* ❏ contr. **abîmé.**

intarissable **adj.** ✦ Qui ne peut pas s'arrêter de parler. *Alex est intarissable sur le football.*

▷ Mot de la famille de TARIR.

intégral, intégrale **adj.** ✦ Entier, complet. *Ils n'ont pas encore effectué le remboursement intégral de leur maison.* → **total.** ❏ contr. **partiel.** — Au masc. pl. *intégraux.*

➤ **intégralement** **adv.** ✦ D'une manière intégrale, complète. → **complètement, totalement.** *Au bout de dix ans, elle avait intégralement payé son appartement.* ❏ contr. **partiellement.**

➤ **intégralité** **n. f.** ✦ Totalité. *Elle a lu l'intégralité des œuvres de Victor Hugo.*

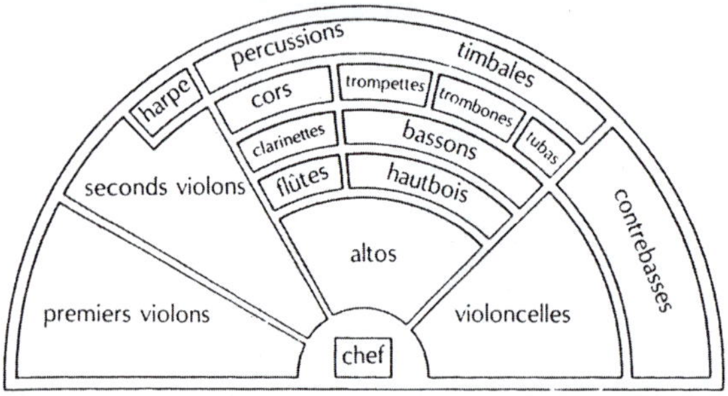

orchestre symphonique classique

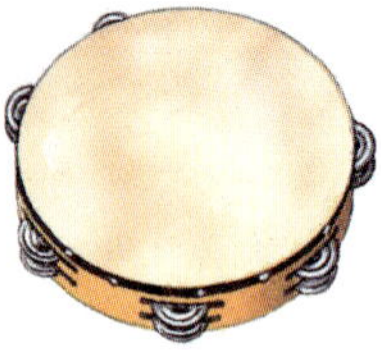

tambourin

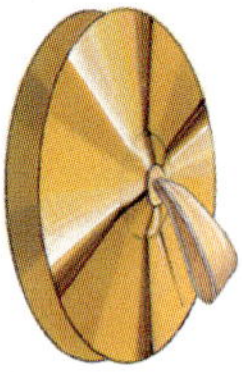

cymbales

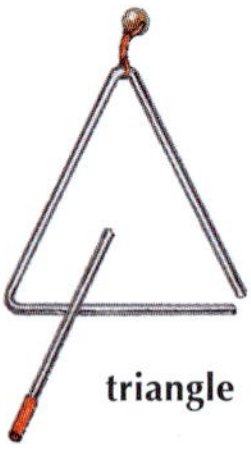

triangle

saxophone

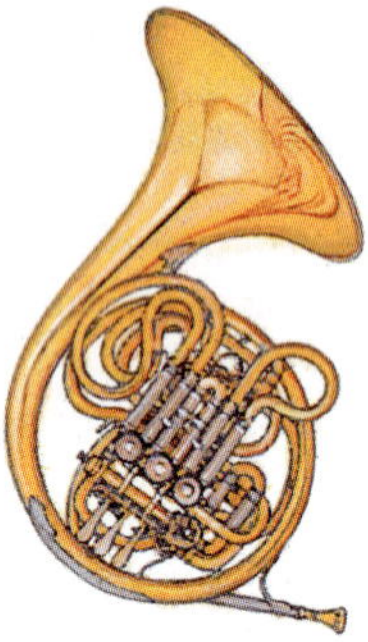

cor

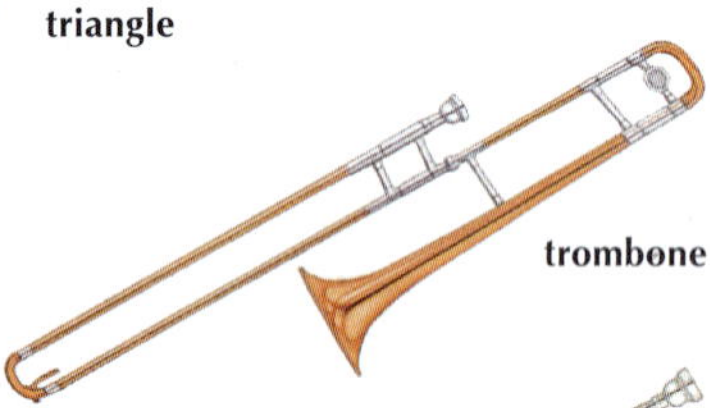

trombone

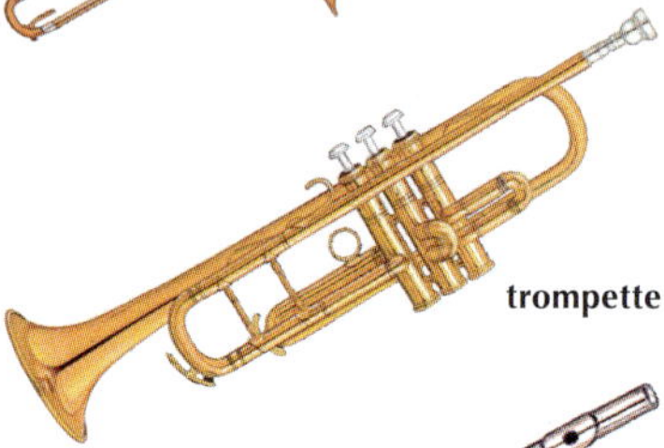

trompette

flûte traversière

clarinette

hautbois

piano

mandoline

violon

guitare

contrebasse

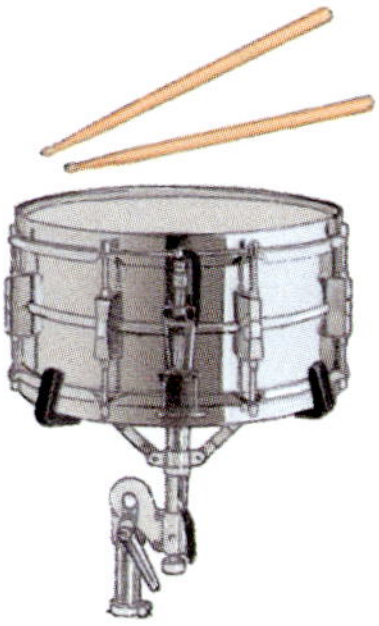
caisse claire

timbale

grosse caisse

harpe

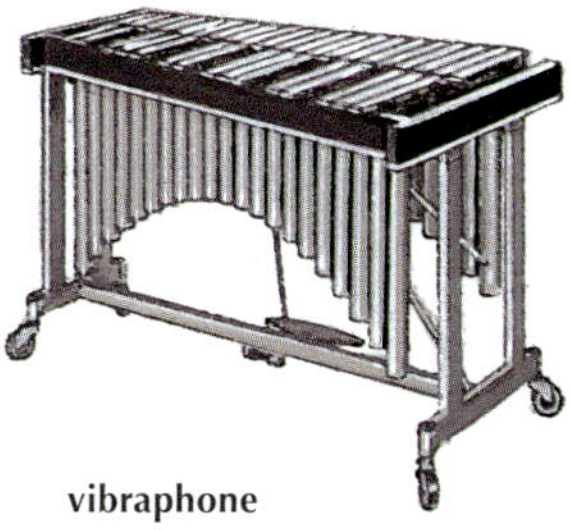
vibraphone

violoncelle

intègre adj. ✦ *Une personne intègre,* c'est une personne parfaitement honnête. → **incorruptible.** ❑ contr. **malhonnête.**
▷ Autre mot de la famille : INTÉGRITÉ.

intégrer v. (conjug. 6) **1.** Faire entrer dans un ensemble. → **inclure, incorporer.** *Un chapitre supplémentaire a été intégré à la nouvelle édition du livre.* **2. s'intégrer,** c'est trouver sa place dans un groupe. → s'**insérer.** *Au début, le nouvel élève a eu du mal à s'intégrer à la classe.*
▷ Autres mots de la famille : DÉSINTÉGRATION, DÉSINTÉGRER, RÉINTÉGRATION, RÉINTÉGRER.

intégrité n. f. ✦ Honnêteté parfaite. → **probité.** *C'est un homme d'une grande intégrité.* ❑ contr. **malhonnêteté.**
▷ Mot de la famille de INTÈGRE.

intellectuel n. m. et adj., **intellectuelle** n. f. et adj.
■ **n.** Personne qui, par goût ou par métier, s'intéresse aux idées, aux choses de l'esprit. *Les philosophes sont des intellectuels.*
■ **adj.** Qui fait appel à l'intelligence. *Il fait un travail intellectuel.* ❑ contr. ① **manuel.**

intelligent, intelligente adj. ✦ Qui comprend facilement les choses et s'adapte bien à toutes les situations. *Julie est une petite fille très intelligente.* ❑ contr. ② **bête, stupide.**
➤ **intelligence** n. f. **1.** Ce qui permet aux gens d'apprendre, de comprendre et de s'adapter. ❑ contr. **bêtise.** *Julie a une intelligence très vive. Il n'a pas fait preuve d'intelligence en réagissant ainsi.* **2.** *Vivre en bonne intelligence avec quelqu'un,* bien s'entendre avec lui. *Ils vivent en bonne intelligence avec leurs voisins.*
➤ **intelligemment** [ɛ̃teliʒamɑ̃] adv. ✦ D'une manière intelligente. *Théo a répondu très intelligemment à la question du professeur.*

intelligible adj. ✦ Qui peut être facilement compris. → **clair, compréhensible.** ❑ contr. **incompréhensible.** *Vos explications sont très intelligibles. Parlez à haute et intelligible voix !*
▷ Autre mot de la famille : ININTELLIGIBLE.

intempéries n. f. pl. ✦ Mauvais temps. *L'avion n'a pas pu décoller en raison des intempéries.*
● Ce mot ne s'emploie qu'au pluriel.

intempestif, intempestive adj. ✦ *Une action intempestive,* c'est une action qui est faite au mauvais moment. → **déplacé, inopportun.** *Le directeur n'a pas apprécié votre entrée intempestive dans son bureau.* ❑ contr. **opportun.**

intenable adj. ✦ Difficile à supporter. → **insupportable.** *Il fait une chaleur intenable.*
▷ Mot de la famille de TENIR.

intendance n. f. ✦ Service chargé d'acheter les fournitures et d'entretenir le matériel d'une communauté, d'un groupe. *Le professeur a passé une commande de fournitures à l'intendance de l'école.*
➤ **intendant** n. m., **intendante** n. f. ✦ Personne chargée de l'intendance dans une collectivité. *L'intendante d'un hôpital.* → **économe.**

intense adj. ✦ Très fort, très puissant. *Un froid intense.* → **vif.** *Un plaisir intense.* → **extrême.** ❑ contr. **faible.**
➤ **intensément** adv. ✦ De manière intense. *Il travaille intensément pour réussir à l'examen.*
➤ **intensif, intensive** adj. ✦ Qui demande des efforts intenses et prolongés. *Un travail intensif.*
➤ **intensifier** v. (conjug. 7) **1.** Rendre plus intense. *Le gouvernement a intensifié la lutte contre le terrorisme.* → **amplifier, renforcer.** **2. s'intensifier,** devenir plus intense, plus fort. *La douleur s'intensifie.* → **augmenter.**
➤ **intensité** n. f. ✦ Grandeur, force. *Un courant électrique de faible intensité.*

intenter v. (conjug. 1) ✦ *Intenter un procès à quelqu'un,* lui faire un procès. *Elle a intenté un procès à son voisin.*

intention n. f. ✦ Le fait de se proposer un certain but. → **dessein, projet.** *Ils ont l'intention de déménager. Ce dictionnaire a été fait à l'intention des enfants,* il a été écrit pour eux.
➤ **intentionné, intentionnée** adj. ✦ *Être bien intentionné,* avoir de bonnes intentions, vouloir bien faire. → aussi **bienveillant.** *Des personnes bien intentionnées ont cherché à l'aider.*

➤ **intentionnel, intentionnelle** **adj.** ✦ Qui est voulu, fait exprès. → **volontaire.** *Sa remarque blessante était intentionnelle.* ❑ contr. **involontaire.**

➤ **intentionnellement** **adv.** ✦ Exprès, volontairement. *C'est intentionnellement qu'il n'a parlé de rien.* ❑ contr. **involontairement.**

▷ Autre mot de la famille : MALINTENTIONNÉ.

intercaler **v.** (conjug. 1) ✦ Mettre une chose entre deux autres. *Le journaliste a intercalé des titres entre les paragraphes de son article.*

➤ **intercalaire** **n. m.** ✦ Feuille de carton ou de plastique que l'on intercale dans un classeur pour séparer des documents.

intercéder **v.** (conjug. 6) ✦ Intervenir en faveur de quelqu'un. *L'avocat intercède auprès du juge en faveur de son client.*

intercepter **v.** (conjug. 1) ✦ Attraper au passage et par surprise. *Théo a intercepté le ballon au bon moment.*

➤ **interception** **n. f.** ✦ Le fait de s'emparer de ce qui n'était pas pour soi. *L'interception d'un message ennemi.*

interchangeable **adj.** ✦ *Des objets interchangeables,* ce sont des objets qui peuvent être mis les uns à la place des autres. *Les quatre roues de la voiture sont interchangeables.*

▷ Mot de la famille de CHANGER.

interdiction **n. f.** ✦ Action d'interdire. *Un panneau d'interdiction de stationner.* → ② **défense.** *Le malade a l'interdiction de sortir.* ❑ contr. **autorisation,** ③ **droit, permission.**

panneaux d'**interdiction**

interdire **v.** (conjug. 37) ✦ Faire savoir à une personne qu'elle n'a pas le droit de faire quelque chose. → ② **défendre.** ❑ contr. **autoriser, permettre.** *Il lui interdit d'y aller.*

➤ **interdit, interdite** **adj.** **1.** Qui n'est pas autorisé. *Le stationnement est interdit dans cette rue.* **2.** Très étonné. *La réponse l'a laissée interdite.* → **ébahi, stupéfait.**

intéresser **v.** (conjug. 1) **1.** Éveiller l'intérêt, retenir l'attention. *Cette histoire les a beaucoup intéressés.* ❑ contr. **ennuyer.** **2.** Avoir de l'importance pour quelqu'un. → **concerner.** *Cette réforme n'intéresse que les classes primaires.* **3.** *S'intéresser à quelque chose,* avoir de l'intérêt pour cela. *Alex s'intéresse aux motos.* ❑ contr. se **désintéresser.**

➤ **intéressant, intéressante** **adj.** **1.** Qui présente de l'intérêt, retient l'attention. *Cette histoire est très intéressante.* → **captivant, passionnant.** ❑ contr. **ennuyeux, inintéressant.** *Julie cherche souvent à se rendre intéressante,* à se faire remarquer. **2.** Avantageux. *Ils ont acheté leur maison à un prix intéressant.*

➤ **intéressé, intéressée** **adj.** ✦ *Une personne intéressée,* c'est une personne qui pense d'abord à son intérêt, à ce qu'elle peut gagner, obtenir. ❑ contr. **désintéressé, généreux.**

▷ Mots de la famille de INTÉRÊT.

intérêt **n. m.** **1.** Attention que l'on porte à quelqu'un ou à quelque chose. *Léa écoute avec intérêt l'histoire que lui raconte sa grand-mère. Ce professeur sait éveiller l'intérêt de ses élèves.* → **curiosité.** ❑ contr. **désintérêt.** **2.** Qualité de ce qui est intéressant. *Ce film est idiot et ne présente aucun intérêt.* **3.** *L'intérêt de quelqu'un,* c'est ce qui lui est utile, profitable. *Je te dis cela dans ton intérêt,* pour te rendre service. *Vous avez intérêt à vous dépêcher,* le mieux pour vous est de vous dépêcher. **4.** Recherche de son avantage personnel. *Il agit toujours par intérêt.* → aussi **intéressé.** **5.** Somme que l'on donne à une personne qui prête de l'argent ou qui le dépose sur un compte spécial. *Ce compte rapporte 4 % d'intérêts par an.*

▷ Autres mots de la famille : DÉSINTÉRESSÉ, DÉSINTÉRESSEMENT, SE DÉSINTÉRESSER, DÉSINTÉRÊT, ININTÉRESSANT, INTÉRESSANT, INTÉRESSÉ, INTÉRESSER.

intérieur **adj. et n. m.,** **intérieure** **adj.**

■ **adj.** **1.** Qui est dedans et non dehors. *Il range ses clés dans la poche intérieure de sa veste.* ❑ contr. **extérieur.** **2.** *La politique inté-*

scène d'**intérieur** (Baschet)

rieure d'un pays, c'est ce qui concerne le pays lui-même et ses habitants. ❏ contr. **étranger, extérieur.**

■ **n. m. 1.** *L'intérieur d'une chose,* c'est le dedans. *L'intérieur de la voiture est gris.* ❏ contr. **extérieur.** *À l'intérieur,* dans la maison. *Il fait froid dehors, attends-moi à l'intérieur.* **2.** Lieu où l'on habite. *Ils ont un intérieur très confortable. C'est une vraie femme d'intérieur,* qui aime s'occuper de sa maison, être chez elle. **3.** Espace compris entre les frontières d'un pays. *Le ministre de l'Intérieur s'occupe de l'administration et de la police.*

➤ **intérieurement** **adv.** ✦ Au-dedans. *Intérieurement, la maison est en bon état.* ❏ contr. **extérieurement.**

intérim [ɛ̃teʀim] **n. m.** ✦ Remplacement provisoire. *Quand la secrétaire est tombée malade, c'est une de ses collègues qui a assuré l'intérim,* qui l'a remplacée. — *Une agence d'intérim,* qui propose aux entreprises du personnel temporaire.

➤ **intérimaire** **n. m.** et **f.** et **adj.**

■ **n. m.** et **f.** Personne qui travaille temporairement dans des entreprises pour y faire des remplacements.

■ **adj.** Qui se fait par intérim. *Un travail intérimaire.* → **temporaire.**

interjection **n. f.** ✦ Mot invariable qui exprime un sentiment ou une attitude. *« Aïe ! », « bravo ! », « coucou ! » sont des interjections.* → aussi **onomatopée.**

interligne **n. m.** ✦ Espace entre deux lignes.

▷ Mot de la famille de LIGNE.

interlocuteur **n. m.**, **interlocutrice** **n. f.** ✦ Personne qui parle avec une autre. *Le candidat doit convaincre son interlocuteur.*

interloqué, interloquée **adj.** ✦ Tellement surpris qu'on ne sait plus quoi dire. *En entendant cela, elle est restée complètement interloquée.* → **abasourdi, ébahi, stupéfait.**

intermède **n. m.** ✦ Interruption. *Il y a un intermède musical entre les deux parties du film.*

intermédiaire **adj.** et **n. m.** et **f.**

■ **adj.** Situé entre deux choses. *Le moment intermédiaire entre le jour et la nuit est le crépuscule.*

■ **n. 1. n. m.** Moyen. *Il a pris son billet par l'intermédiaire d'une agence de voyages.* → **entremise. 2. n. m.** et **f.** Personne qui met en relation d'autres personnes. *Il a servi d'intermédiaire entre le gouvernement et les rebelles.*

interminable **adj.** ✦ Qui semble ne jamais devoir finir. ❏ contr. ① **court, bref.** *Un discours interminable,* trop long.

▷ Mot de la famille de TERMINER.

intermittent adj. et n. m., **intermittente** adj. et n. f.

■ **adj.** Qui s'arrête puis recommence. *Il y a eu des averses intermittentes toute la journée.* ❑ contr. **continu.**

■ **n.** Personne dont le travail n'est pas continu, qui travaille par périodes. *Les intermittents du spectacle.*

➤ **intermittence** n. f. ✦ *Par intermittence,* par moments. *Le soleil brillait par intermittence.*

internat n. m. 1. Établissement scolaire dans lequel vivent des élèves qui sont pensionnaires. → **pensionnat** et aussi **interne.** *Elle a fait toutes ses études en internat.* 2. Concours pour devenir interne dans un hôpital. *Il a été brillamment reçu à l'internat.*

▷ Mot de la famille de INTERNE.

international, internationale adj. ✦ Qui concerne plusieurs nations. *Des championnats internationaux de tennis,* qui opposent plusieurs pays. *La politique internationale d'un pays,* c'est la politique adoptée à l'égard des autres pays. → **étranger, extérieur.** ❑ contr. **intérieur, national.**

▷ Mot de la famille de NATION.

internaute n. m. et f. ✦ Personne qui utilise le réseau Internet. *Les internautes sont de plus en plus nombreux.*

interne adj. et n. m. et f.

■ **adj.** Situé à l'intérieur du corps. → **intérieur.** *Le foie est un organe interne.*

■ **n. m. et f.** 1. Élève qui mange et dort dans son école. → **pensionnaire.** ❑ contr. ② **externe.** *Elles sont internes dans un lycée.* 2. Médecin qui peut travailler en permanence dans un hôpital. *On devient interne quand on a réussi l'internat.*

➤ **interner** v. (conjug. 1) ✦ Enfermer dans un hôpital psychiatrique. *Certains malades mentaux doivent être internés.*

▷ Autre mot de la famille : INTERNAT.

Internet [ɛ̃tɛʀnɛt] n. m. ✦ Réseau informatique qui permet de communiquer avec le monde entier. *Julie aime naviguer sur Internet.* → aussi **internaute.**

● C'est un mot américain formé de *inter-* « entre » et *network* qui veut dire « réseau ».

interpeller [ɛ̃tɛʀpəle] v. (conjug. 1 ; deux l à toutes les formes) ✦ Adresser la parole brusquement. *L'agent interpelle l'automobiliste qui est passé au feu rouge.* → **apostropher.**

interphone n. m. Nom déposé. ✦ Téléphone intérieur. *De nombreux immeubles sont équipés d'interphones,* d'appareils qui permettent de parler depuis le hall aux personnes qui habitent dans l'immeuble.

interphone

interplanétaire adj. ✦ Qui a lieu dans l'espace, entre les planètes. *Les cosmonautes sont partis pour un voyage interplanétaire.* → **intersidéral.**

▷ Mot de la famille de PLANÈTE.

s'**interposer** v. (conjug. 1) ✦ Se mettre au milieu. → **intervenir.** *Elle s'est interposée entre les deux enfants qui se battaient.*

▷ Mot de la famille de POSER.

interpréter v. (conjug. 6) 1. Expliquer, comprendre. *Vous avez mal interprété mes paroles.* 2. Jouer un rôle au théâtre ou au cinéma. → **incarner.** *Cet acteur peut interpréter des rôles très différents.* 3. Exécuter un morceau de musique, chanter une chanson. *Ce pianiste interprète Bach merveilleusement.*

➤ **interprète** n. m. et f. 1. Comédien qui joue un rôle, musicien qui joue une œuvre musicale, chanteur qui chante une chanson. *Cette flûtiste est une merveilleuse interprète.* 2. Personne dont le métier est de traduire oralement ce que se disent deux personnes qui ne parlent pas la même langue. *Elle est interprète dans un organisme international.* → aussi **traducteur.**

➤ **interprétation** n. f. 1. Façon de comprendre une chose. *Il y a plusieurs interprétations à ce que tu dis.* → **explication.** 2. Façon de jouer un rôle ou un morceau de musique. *Ce jeune acteur vient d'avoir le prix de la meilleure interprétation pour son dernier film.*

interroger v. (conjug. 3) ✦ Poser des questions. → **questionner.** *La police a interrogé les témoins de l'accident.* — **s'interroger,** se poser des questions, se demander. *Il s'interrogeait sur ce qu'il devait faire.*

➤ **interrogateur, interrogatrice** adj. ✦ Qui a l'air d'interroger, de poser une question. *Un regard interrogateur.*

➤ **interrogatif, interrogative** adj. ✦ Qui sert à poser une question. *« Veux-tu jouer avec moi ? », « Est-ce qu'il reviendra ? » sont des phrases interrogatives. « Où, quand, comment » sont des adverbes interrogatifs.*

➤ **interrogation** n. f. 1. *Une interrogation écrite,* un ensemble de questions auxquelles les élèves doivent répondre par écrit. *Aujourd'hui, le professeur a fait une interrogation écrite.* 2. *Le point d'interrogation (?),* c'est un signe de ponctuation qui marque la fin d'une phrase interrogative.

➤ **interrogatoire** n. m. ✦ Ensemble de questions posées pour connaître la vérité dans une affaire policière. *La police a fait subir un interrogatoire au suspect.*

➤ **interrogeable** [ɛ̃teʀɔʒabl] adj. ✦ Que l'on peut interroger. *Il a un répondeur interrogeable à distance.*

interrompre v. (conjug. 41) 1. Arrêter un moment ou définitivement. → aussi **interruption.** *Il a interrompu ses études à 16 ans.* 2. *Interrompre quelqu'un,* c'est lui couper la parole. *Julie a interrompu le professeur.* — **s'interrompre,** c'est cesser de parler. *Elle s'est interrompue dès qu'il est entré.*
▷ Mot de la famille de ROMPRE.

interrupteur n. m. ✦ Petit appareil qui permet d'arrêter ou de rétablir le courant électrique. *Il appuie sur l'interrupteur pour allumer la lumière.*

interrupteur

interruption n. f. ✦ Arrêt. *Il y a eu une interruption de courant pendant l'orage.* → **coupure.** *Il a plu toute la journée sans interruption.*

intersection n. f. ✦ Endroit où deux lignes, deux surfaces ou deux volumes se coupent. *Un panneau signale l'intersection des deux routes.* → **croisement.**

intersidéral, intersidérale adj. ✦ *Un vol intersidéral,* c'est un vol qui se passe entre les astres. → **interplanétaire.** — Au masc. pl. *intersidéraux.*

interstellaire adj. ✦ Situé entre les étoiles. *L'espace interstellaire.*

interstice n. m. ✦ Petit espace vide. → **fente.** *Le jour passe à travers les interstices des volets.*

intervalle n. m. 1. Distance entre deux choses. → **espace, espacement.** *Les arbres de l'avenue sont plantés à intervalles réguliers.* 2. Espace de temps qui sépare deux faits. *Les trains se suivent à quelques minutes d'intervalle.*

fleurs plantées à **intervalles** réguliers

intervenir v. (conjug. 22) 1. Prendre part à ce qui se passe. *Les pompiers sont rapidement intervenus dès le début de l'incendie,* ils sont entrés en action. → aussi **intervention.** 2. Se passer, se produire. *Un accord interviendra bientôt entre les deux camps ennemis.*
▷ Mot de la famille de VENIR.

intervention n. f. 1. Action d'intervenir. *L'intervention de la police a été très rapide.* 2. *Une intervention chirurgicale,* une opération. *Il a subi une intervention sans gravité.*

interversion n. f. ✦ Action d'intervertir, de changer l'ordre de quelque chose. *L'interversion des mots dans une phrase.*

intervertir v. (conjug. 2) ✦ Changer l'ordre en mettant une chose à la place d'une autre. → **inverser.** *Le professeur intervertit toujours les prénoms de ces deux élèves.* → **confondre.**

interview [ɛ̃tɛʀvju] n. f. ✦ Conversation entre un journaliste et une personnalité.

→ ② **entretien.** *Le célèbre acteur américain a accordé une interview à un journal français.* — Au pl. *Des interviews.*

● Ce mot anglais vient du français *entrevue.*

➤ **interviewer** [ɛ̃tɛʀvjuve] **v.** (conjug. 1) ✦ Poser des questions à une personnalité. *Le journaliste a interviewé le chef de l'État.*

interview

intestin n. m. ✦ Organe de l'appareil digestif constitué d'une sorte de long tuyau enroulé dans le ventre qui va de l'estomac jusqu'à l'anus. *Après leur passage dans l'intestin, les aliments sont rejetés sous forme d'excréments.*

➤ **intestinal, intestinale adj.** ✦ De l'intestin. *Des douleurs intestinales.* — Au masc. pl. *intestinaux.*

intime adj. 1. Personnel, privé. *Mes pensées intimes ne regardent que moi.* 2. *Un ami intime,* très proche. *Julie et Louise sont des amies intimes.* 3. Qui a lieu avec seulement des gens très proches. *C'était un dîner très intime.*

➤ **intimement adv.** 1. Profondément. *Je suis intimement convaincu qu'il a dit la vérité.* 2. De manière intime, personnelle. *Ils sont intimement liés.*

▷ Autre mot de la famille : INTIMITÉ.

intimer v. (conjug. 1) ✦ *Intimer un ordre,* le donner avec autorité. *L'agent de police a intimé à l'automobiliste l'ordre de s'arrêter.*

intimider v. (conjug. 1) ✦ Remplir de timidité, de gêne. *Les grandes personnes intimident Léa.* → **impressionner.** ❏ contr. **rassurer.**

➤ **intimidé, intimidée adj.** ✦ Troublé, gêné par quelqu'un qui fait un peu peur. *Elle se sentait tout intimidée.*

▷ Mots de la famille de TIMIDE.

intimité n. f. 1. *L'intimité,* c'est la vie privée. *Les stars cherchent à préserver leur intimité. Ils se sont mariés dans l'intimité,* en présence seulement de leur famille et de leurs amis les plus proches. 2. Relation étroite. *Il y a entre elles une grande intimité.*

▷ Mot de la famille de INTIME.

intituler v. (conjug. 1) ✦ Donner un titre. *Le romancier ne sait pas encore comment intituler son livre.* — **s'intituler,** s'appeler. *Le conte qui s'intitule « Peau d'Âne » est de Charles Perrault.*

intolérable adj. ✦ Que l'on ne peut pas tolérer, supporter. → **insupportable.** *Il fait une chaleur intolérable. Cette attitude est intolérable.* → **inadmissible.** ❏ contr. **tolérable.**

▷ Mot de la famille de TOLÉRER.

intolérance n. f. ✦ Fait de ne pas admettre, de ne pas tolérer les idées des autres. *Les fanatiques font preuve d'intolérance.* ❏ contr. **tolérance.**

▷ Mot de la famille de TOLÉRER.

intolérant, intolérante adj. ✦ Qui ne supporte pas et condamne ce qui lui déplaît chez les autres. ❏ contr. **tolérant.** *Elle est très intolérante et ne supporte pas que l'on ait des idées différentes des siennes.*

▷ Mot de la famille de TOLÉRER.

intonation n. f. ✦ Ton que l'on prend en parlant, en lisant. *À l'intonation de sa voix, elle sentit qu'il était fâché.* → **accent.**

▷ Mot de la famille de ② TON.

intoxiquer v. (conjug. 1) ✦ Empoisonner. *Les ouvriers ont été intoxiqués par des produits chimiques.*

➤ **intoxication n. f.** ✦ Empoisonnement. *Si on mange de la viande avariée, on risque une intoxication alimentaire.*

▷ Mots de la famille de TOXIQUE.

intraduisible adj. ✦ Que l'on ne peut pas traduire exactement. *Cette expression anglaise est intraduisible en français.*

▷ Mot de la famille de TRADUIRE.

intraitable **adj.** ✦ Qui refuse de céder, de changer d'avis. → **intransigeant.** *La directrice de l'école est intraitable sur la discipline.*
▷ Mot de la famille de TRAITER.

intramusculaire **adj.** ✦ *Une piqûre intramusculaire,* c'est une piqûre qui se fait dans l'épaisseur d'un muscle.
▷ Mot de la famille de MUSCULAIRE.

intransigeant [ɛ̃tʀɑ̃ziʒɑ̃], **intransigeante** [ɛ̃tʀɑ̃ziʒɑ̃t] **adj.** ✦ Qui ne cède pas, ne transige pas, ne fait pas de concessions. → **inflexible, intraitable.** *Elle est trop intransigeante avec les autres.* ❑ contr. **accommodant, conciliant.**

➤ **intransigeance** [ɛ̃tʀɑ̃ziʒɑ̃s] **n. f.** ✦ Caractère, attitude d'une personne intransigeante. *Il est entier dans ses opinions et fait souvent preuve d'intransigeance.*
▷ Mots de la famille de TRANSIGER.

intransitif, intransitive **adj.** ✦ *Un verbe intransitif,* c'est un verbe qui n'a jamais de complément d'objet direct. ❑ contr. **transitif.** *« Marcher » et « naître » sont des verbes intransitifs.*
▷ Mot de la famille de TRANSITIF.

intraveineux, intraveineuse **adj.** ✦ *Une piqûre intraveineuse,* c'est une piqûre qui se fait à l'intérieur d'une veine.
▷ Mot de la famille de ② VEINE.

intrépide **adj.** ✦ Qui n'a pas peur du danger. → **courageux, hardi.** *Une équipe d'alpinistes intrépides a escaladé ce sommet.* ❑ contr. **craintif,** ① **lâche.**

➤ **intrépidité** **n. f.** ✦ Qualité d'une personne intrépide. *Les explorateurs ont fait preuve d'intrépidité.* → **courage, hardiesse.**

intrigue **n. f.** **1.** Histoire racontée dans un roman, une pièce de théâtre ou un film. *Louise attend avec impatience le dénouement de l'intrigue.* **2.** Manœuvre secrète et compliquée. → **machination.** *Nous avons déjoué les intrigues de nos adversaires.* → ③ **plan.**

➤ **intriguer** **v.** (conjug. 1) **1.** Éveiller la curiosité. → **étonner, surprendre.** *Son air bizarre intriguait tout le monde.* **2.** Mener des manœuvres secrètes pour obtenir ce que l'on désire. → **manœuvrer.** *Il a intrigué pour obtenir ce poste.*

➤ **intrigant** **n. m.,** **intrigante** **n. f.** ✦ Personne qui intrigue pour obtenir ce qu'elle veut. *Ce n'est qu'une vulgaire intrigante.* → **arriviste.**

introduire **v.** (conjug. 38) **1.** Mettre dans, faire entrer. *Léa introduit la clé dans la serrure et ouvre la porte.* → **enfoncer.** **2.** Faire entrer, conduire. *L'huissier a introduit les visiteurs dans la salle d'attente.* — ***S'introduire*** *quelque part,* y entrer. *Les cambrioleurs se sont introduits par effraction dans la maison.*

➤ **introduction** **n. f.** **1.** Action d'introduire quelqu'un, de le faire entrer. *La secrétaire est chargée de l'introduction des visiteurs.* **2.** Début d'un texte, qui le présente et l'explique. *Une rédaction commence par l'introduction et se termine par la conclusion.*

introuvable **adj.** ✦ Impossible à trouver. *J'ai cherché ce livre partout dans la maison, mais il est introuvable.*
▷ Mot de la famille de TROUVER.

intrus [ɛ̃tʀy] **n. m.,** **intruse** [ɛ̃tʀyz] **n. f.** ✦ Personne qui est entrée dans un endroit sans y être invitée. *Elle se sentait comme une intruse dans ce groupe.*

➤ **intrusion** **n. f.** ✦ Arrivée soudaine. *Il a fait intrusion chez le directeur, au milieu de la réunion.* → **irruption.**

intuition **n. f.** ✦ Impression, sentiment de comprendre les choses sans avoir besoin de réfléchir. → **pressentiment.** *Elle se fie souvent à son intuition. J'ai l'intuition qu'il ne viendra pas.*

inuit [inɥit] **adj.** et **n. m.** et **f.**

■ **adj.** Esquimau. *La civilisation inuit. Les coutumes inuits.*

■ **n.** *Les Inuits,* les habitants des terres arctiques d'Amérique et du Groenland.

● Ce mot est invariable en genre. Employé comme nom, il prend une majuscule.

inusable **adj.** ✦ Qui ne s'use pas. *Ces chaussures sont inusables,* elles sont très solides.
▷ Mot de la famille de ② USER.

inusité, inusitée **adj.** ✦ *Un mot inusité,* c'est un mot qui ne s'emploie pas, ou presque pas. *Les formes de l'imparfait du subjonctif sont inusitées.* ❑ contr. ① **courant, usuel.**
▷ Mot de la famille de ① USER.

inutile adj. ✦ Qui ne sert à rien. *Ne vous encombrez pas d'objets inutiles.* → **superflu.** *Tous ses efforts sont restés inutiles.* → **vain.** ❑ contr. **utile.**

➤ **inutilement** adv. ✦ Pour rien, sans résultat. *Nous avons inutilement essayé de le faire changer d'avis.*

➤ **inutilité** n. f. ✦ Fait d'être inutile. *Elle était convaincue de l'inutilité de ses efforts.* ❑ contr. **utilité.**

▷ Mots de la famille de UTILE.

inutilisable adj. ✦ Que l'on ne peut pas utiliser. ❑ contr. **utilisable.** *Le grenier contient des tas de vieux objets inutilisables.*

▷ Mot de la famille de UTILE.

inutilisé, inutilisée adj. ✦ Dont on ne se sert pas. *Ces outils sont tout neufs et encore inutilisés,* on ne s'en est jamais servi.

▷ Mot de la famille de UTILE.

invalide adj. et n. m. et f.

■ adj. Qui est handicapé ou malade, incapable de travailler. ❑ contr. ① **valide.** *Il est resté invalide à la suite d'un accident.*

■ n. Personne infirme. *Cette place est réservée aux invalides.* → **handicapé.**

➤ **invalidité** n. f. ✦ État d'une personne invalide. *Depuis la guerre, il a une pension d'invalidité.*

▷ Mots de la famille de VALOIR.

invariable adj. ✦ Qui ne varie pas, ne change pas. → **constant, immuable.** *Les adverbes sont des mots invariables ; ils s'écrivent toujours de la même façon.*

▷ Mot de la famille de VARIER.

invasion n. f. ✦ Entrée en masse d'une armée dans un pays. *L'invasion des Huns eut lieu au 5ᵉ siècle.*

invectives n. f. pl. ✦ Paroles violentes. → **injure.** *Le chauffard lançait des invectives aux autres automobilistes.*

● Ce mot est littéraire.

➤ **invectiver** v. (conjug. 1) ✦ Lancer des injures. *L'ivrogne invective les passants.* → **injurier.**

invendable adj. ✦ Que l'on ne peut pas vendre. *Ces livres abîmés sont invendables.*

▷ Mot de la famille de VENDRE.

inventaire n. m. ✦ Liste détaillée du stock d'un commerçant. *Le magasin est fermé car on y fait en ce moment l'inventaire de fin d'année.*

inventer v. (conjug. 1) **1.** Créer, fabriquer une chose nouvelle pour la première fois. *Les Chinois ont inventé l'imprimerie.* → **découvrir. 2.** Imaginer. *Paul invente toujours des histoires incroyables.*

➤ **inventeur** n. m., **inventrice** n. f. ✦ Personne qui invente quelque chose. *Denis Papin est l'inventeur de la machine à vapeur.*

➤ **inventif, inventive** adj. ✦ Qui a beaucoup d'idées, est capable d'inventer. *Julie est très inventive. Elle a l'esprit inventif.* → **créatif.**

➤ **invention** n. f. **1.** Chose que l'on a inventée. → **découverte.** *Le téléphone et la télévision sont de belles inventions.* **2.** Chose imaginée. *Cette histoire est une pure invention.* → **fiction.**

inverse adj. et n. m.

■ adj. *Le sens inverse,* c'est le sens contraire, opposé. *La voiture a heurté le camion qui venait en sens inverse.*

■ n. m. *L'inverse,* c'est le contraire. *Ce n'est pas cela qu'il faut faire, c'est l'inverse.* → **opposé.**

➤ **inversement** adv. ✦ Vice versa, réciproquement. *Alex aide Théo en mathématiques et, inversement, Théo aide Alex en français.*

➤ **inverser** v. (conjug. 1) ✦ Mettre en sens inverse. → **intervertir.** *Si on inverse l'ordre de l'alphabet, la première lettre est Z.*

➤ **inversion** n. f. ✦ Déplacement d'un mot ou d'un groupe de mots dans la phrase par rapport à sa place habituelle. *Il y a une inversion du sujet dans la phrase : « Où est Léa ? ».*

invertébré n. m. ✦ Animal qui n'a pas de colonne vertébrale. *Les vers et les mollusques sont des invertébrés.* ❑ contr. **vertébré.**

▷ Mot de la famille de VERTÈBRE.

investigation n. f. ✦ Recherche longue et soigneuse. *Les investigations de la police n'ont pas donné de résultat.*

investir v. (conjug. 2) **1.** *Investir de l'argent,* c'est le placer, l'utiliser pour qu'il rapporte. *L'argent que l'on investit s'appelle un capital.* **2.** Assiéger, encercler. *L'ennemi a investi la ville.* **3.** Confier une charge, une responsabilité. *Le ministre a investi cet homme politique d'une mission spéciale.*

➤ **investissement** **n. m.** ✦ Action de placer son argent pour qu'il produise des bénéfices. *L'achat d'un appartement est un bon investissement.*

invétéré, invétérée **adj.** ✦ Qui est comme il est depuis longtemps. *C'est une fumeuse invétérée.* → **incorrigible.**

invincible **adj.** ✦ Impossible à vaincre. → **imbattable.** *Un héros invincible.*

invisible **adj.** ✦ Que l'on ne peut pas voir. *On entend l'avion, mais il reste invisible derrière les nuages.*
▷ Mot de la famille de VOIR.

inviter **v.** (conjug. 1) ✦ Proposer à quelqu'un de faire quelque chose ou d'aller quelque part. *Julie a invité tous ses amis chez elle pour son anniversaire. Ils nous ont invités à dîner.*
➤ **invité** **n. m.,** **invitée** **n. f.** ✦ Personne que l'on a invitée. *Elle a placé ses invités autour de la table.*
➤ **invitation** **n. f.** ✦ Proposition d'aller chez une personne ou de faire quelque chose avec elle. *J'ai accepté son invitation à déjeuner. — Un carton d'invitation,* qui convie une personne à une fête, à une cérémonie.

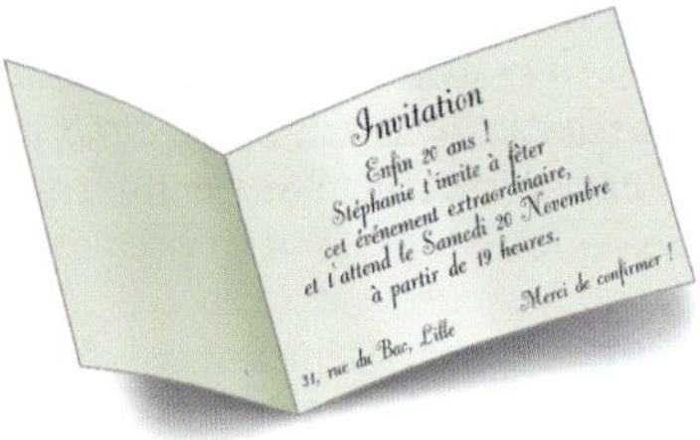

invitation

invivable **adj.** ✦ Impossible ou difficile à vivre. *C'est une personne invivable,* avec laquelle il est difficile de vivre, de s'entendre. → **insupportable.** *La situation était devenue invivable.* → **intolérable.**
▷ Mot de la famille de ① VIVRE.

invocation **n. f.** ✦ *Une invocation aux dieux,* c'est une prière pour leur demander quelque chose.
▷ Mot de la famille de INVOQUER.

involontaire **adj.** ✦ Qui n'est pas volontaire, que l'on fait sans le vouloir. *Un geste involontaire.* → **machinal.** ❑ contr. **volontaire.**
➤ **involontairement** **adv.** ✦ Sans le vouloir, sans le faire exprès. *Elle lui a fait de la peine involontairement.* ❑ contr. **intentionnellement, volontairement.**
▷ Mots de la famille de VOLONTÉ.

invoquer **v.** (conjug. 1) **1.** *Invoquer une divinité,* c'est l'appeler à son aide par des prières. *Les Grecs invoquaient leurs dieux avant de partir en guerre.* **2.** Avoir recours à. *Il a invoqué tous les prétextes pour ne pas venir,* il les a donnés.
▷ Autre mot de la famille : INVOCATION.

invraisemblable **adj.** ✦ Impossible à croire. → **incroyable.** *Cette histoire est invraisemblable.* ❑ contr. **vraisemblable.**
▷ Mot de la famille de VRAI et de SEMBLER.

invraisemblance **n. f.** ✦ Chose que l'on ne peut pas croire. *C'est une histoire vraie malgré toutes ses invraisemblances.* ❑ contr. **vraisemblance.**
▷ Mot de la famille de VRAI et de SEMBLER.

invulnérable **adj.** ✦ Qui ne peut être ni blessé ni tué. *Achille, héros grec, était invulnérable, sauf au talon.* ❑ contr. **vulnérable.**
▷ Mot de la famille de VULNÉRABLE.

iode **n. m.** ✦ Matière qui se trouve dans l'eau de mer et dans les algues. *L'iode a une odeur particulière. La teinture d'iode,* c'est un liquide contenant de l'iode, qui sert à désinfecter les plaies.

irascible [iʀasibl] **adj.** ✦ Qui se met facilement en colère. → **coléreux, irritable.** *Un homme irascible.*

iris [iʀis] **n. m.** **1.** Grande fleur bleue, violette, blanche, jaune ou brune, à feuilles pointues. ➻ planche Fleurs p. 421. **2.** Partie arrondie et colorée, au milieu de l'œil. *L'iris peut être brun, bleu, gris ou vert. L'iris présente un petit trou au centre, la pupille.*

irisé, irisée **adj.** ✦ Qui possède toutes les couleurs de l'arc-en-ciel. *Le lac a des reflets irisés.*

ironie **n. f.** ✦ Manière de se moquer en disant le contraire de ce qu'on devrait dire. → **moquerie, raillerie.** *Une réflexion pleine d'ironie.* → **humour.**
➤ **ironique** **adj.** ✦ Moqueur. *Un sourire ironique.* → **narquois.**

irradier v. (conjug. 7) ✦ Exposer à l'action de rayons radioactifs. *La population a été irradiée à la suite d'un accident dans la centrale nucléaire.*

irrationnel, irrationnelle adj. ✦ Qui est contraire à la raison. *Elle a eu une conduite irrationnelle.* → **illogique.**
▷ Mot de la famille de RATIONNEL.

irréalisable adj. ✦ Qui ne peut pas être réalisé. *Des projets irréalisables.* → **infaisable.** ❑ contr. **réalisable.**
▷ Mot de la famille de RÉALISER.

irrécusable adj. ✦ Qui ne peut pas être mis en doute. *Le témoignage de la gardienne est irrécusable.* → **incontestable, irréfutable.**
▷ Mot de la famille de RÉCUSER.

irréductible adj. ✦ *Un ennemi irréductible,* c'est un ennemi dont on ne peut venir à bout.

irréel, irréelle adj. ✦ Qui n'existe pas vraiment, n'appartient pas à la réalité. *Sous la neige, le paysage avait un aspect irréel.* ❑ contr. **réel.**
▷ Mot de la famille de RÉEL.

irréfutable adj. ✦ Qui ne peut être mis en doute. → **incontestable, irrécusable.** *Nous avons une preuve irréfutable de son innocence.*
▷ Mot de la famille de RÉFUTER.

irrégularité n. f. ✦ Action ou chose qui n'est pas conforme à la règle, à la loi. *Des irrégularités ont été commises au cours des élections.* → aussi **irrégulier.**
▷ Mot de la famille de RÉGULARITÉ.

irrégulier, irrégulière adj. 1. Qui n'a pas toujours le même aspect, la même forme, le même rythme. *Théo a une écriture irrégulière. Elle a un visage aux traits irréguliers.* ❑ contr. **régulier.** 2. Qui ne suit pas la règle générale. *Le verbe « aller » est irrégulier,* il ne suit pas la conjugaison normale des verbes. 3. Qui n'est pas conforme au règlement, à la loi. *Ces passagers sont en situation irrégulière.* → aussi **irrégularité.**
➤ **irrégulièrement** adv. ✦ De manière irrégulière. *Julie travaille irrégulièrement,* de manière peu suivie.
▷ Mots de la famille de RÉGULIER.

irrémédiable adj. ✦ À quoi l'on ne peut pas remédier, que l'on ne peut pas réparer. *L'incendie a fait des dégâts irrémédiables.* → **irréparable.**
▷ Mot de la famille de REMÈDE.

irremplaçable adj. ✦ Qu'on ne peut remplacer. *Son amitié est irremplaçable.*
● N'oublie pas la cédille du ç.
▷ Mot de la famille de PLACE.

irréparable adj. ✦ Qui ne peut pas être réparé. ❑ contr. **réparable.** *Ma montre est irréparable.*
▷ Mot de la famille de RÉPARER.

irréprochable adj. ✦ Sans reproche. → **parfait.** *Il a eu une conduite irréprochable.* ❑ contr. **condamnable.**
▷ Mot de la famille de REPROCHER.

irrésistible adj. 1. À quoi on ne peut résister. *Louise bâille, elle a une irrésistible envie de dormir.* → **impérieux, pressant.** 2. Qui fait beaucoup rire. *Ce film est irrésistible.*
➤ **irrésistiblement** adv. ✦ Sans que l'on puisse résister. *Le nageur est irrésistiblement entraîné vers le large par le courant.*
▷ Mots de la famille de RÉSISTER.

irrespirable adj. ✦ Désagréable ou dangereux à respirer. *Dans la pièce enfumée, il régnait une atmosphère irrespirable.*
▷ Mot de la famille de RESPIRER.

irresponsable adj. ✦ Qui ne réfléchit pas aux conséquences de ce qu'il fait, qui agit à la légère. *Les malades mentaux sont considérés par la loi comme irresponsables.* ❑ contr. **responsable.**
▷ Mot de la famille de RESPONSABLE.

irréversible adj. ✦ Qui ne peut se produire que dans un seul sens, sans possibilité de retour en arrière. *La marche du temps est irréversible.* ❑ contr. **réversible.**
▷ Mot de la famille de RÉVERSIBLE.

irrévocable adj. ✦ Définitif. *Ma décision est irrévocable.*
▷ Mot de la famille de RÉVOQUER.

irriguer v. (conjug. 1) ✦ Arroser au moyen de canaux, de tuyaux. *On irrigue les champs pour éviter la sécheresse.* ❑ contr. **drainer.**

➤ **irrigation** **n. f.** ✦ Action d'irriguer, d'arroser. *Des canaux d'irrigation parcourent l'oasis.*

irrigation

irriter **v.** (conjug. 1) **1.** Mettre en colère. *Son indécision irrite tout le monde.* → **agacer, énerver.** **2.** Faire mal en picotant. *La fumée m'irrite la gorge.*

➤ **irritable** **adj.** ✦ Qui se met facilement en colère. *Elle est très irritable en ce moment.* → **irascible.**

➤ **irritant, irritante** **adj.** ✦ Agaçant. *C'est irritant, ces retards perpétuels.* → **énervant.**

➤ **irritation** **n. f.** **1.** Colère. *Son irritation allait en augmentant.* → **agacement.** **2.** Légère inflammation. *Julie a une irritation de la gorge.*

➤ **irrité, irritée** **adj.** **1.** En colère. *Il a l'air très irrité contre elle.* **2.** *J'ai la gorge un peu irritée,* un peu rouge et douloureuse.

irruption **n. f.** ✦ Entrée brutale et inattendue dans un lieu. *Julie a fait irruption dans le salon.*

isard **n. m.** ✦ Chamois des Pyrénées. *Le chasseur a aperçu des isards.*

isba **n. f.** ✦ Petite maison en bois, en Russie. ➻ planche Habitations p. 487.

islam [islam] **n. m.** ✦ Religion des musulmans. *Mahomet a fondé l'islam au 7e siècle.*

● Ce mot vient de l'arabe.

➤ **islamique** **adj.** ✦ Musulman. *La religion islamique.*

isocèle **adj.** ✦ *Un triangle isocèle,* c'est un triangle qui a deux côtés égaux. ➻ planche Géométrie p. 459.

isoler **v.** (conjug. 1) **1.** Empêcher d'être en contact. → **séparer.** *La tempête a isolé le village.* **2.** *Isoler une maison,* c'est la calfeutrer pour la protéger du froid, de la chaleur ou du bruit. → aussi **isolant.** **3.** *Isoler quelqu'un,* c'est l'éloigner d'autres personnes. *On a isolé le malade contagieux.* — **s'isoler,** se mettre à l'écart des autres. *Comme elle n'avait envie de voir personne, Léa s'est isolée dans sa chambre.*

➤ **isolant** **n. m.** et **adj., isolante** **adj.**

■ **n. m.** **1.** Matière qui empêche l'électricité de passer. *Les fils électriques sont recouverts d'un isolant.* **2.** Matière qui isole, protège du froid, de la chaleur ou du bruit. *Le liège et les matières plastiques sont de bons isolants.*

■ **adj.** Qui protège du froid, de la chaleur ou du bruit. *Des matières isolantes.*

➤ **isolation** **n. f.** ✦ Action d'isoler, de protéger une pièce, une maison, contre le froid, la chaleur ou le bruit. *L'isolation du studio d'enregistrement est excellente.*

➤ **isolé, isolée** **adj.** **1.** Éloigné, à l'écart. *La ferme est isolée.* **2.** Seul, sans famille ni amis. *Elle se sentait très isolée dans cette ville inconnue.*

➤ **isolement** **n. m.** ✦ Solitude. *Il vit dans un isolement complet,* sans voir personne.

➤ **isolément** **adv.** ✦ Séparément. *Pris isolément, ces deux enfants sont charmants.*

➤ **isoloir** **n. m.** ✦ Cabine où l'on s'isole pour mettre son bulletin de vote dans une enveloppe. *Chaque électeur va dans l'isoloir pour voter.*

isard

isotherme **adj.** ✦ Qui garde à la même température. *Elle met les produits surgelés qu'elle vient d'acheter dans un sac isotherme. Il emporte du café dans une bouteille isotherme.* → **thermos.**
● Il y a un *h* après le *t*.

israélite **n. m.** et **f.** ✦ Personne de religion juive. *Les israélites prient dans une synagogue.* → **juif.** – **Adj.** *La communauté israélite d'une ville.*

issu, issue **adj.** ✦ Né. *Elle est issue d'une famille paysanne.* → **originaire.**

issue **n. f.** 1. Passage qui permet de sortir. *Une issue de secours.* → **sortie.** *Une voie sans issue,* c'est une impasse. 2. Possibilité de sortir d'une situation difficile. *La situation semble sans issue.* → ② **solution.**

isthme [ism] **n. m.** ✦ Étroite bande de terre qui sépare deux mers et unit deux terres. *L'isthme de Suez sépare la Méditerranée de la mer Rouge et relie l'Afrique à l'Asie.*
● Il y a un *t* et un *h* après le *s*.

italique **n. m.** ✦ Lettre d'imprimerie légèrement penchée vers la droite. *Dans ce dictionnaire, les exemples sont en italique.*

itinéraire **n. m.** ✦ Chemin que l'on suit pour aller d'un endroit à un autre. *Cet itinéraire est très simple.*

ivoire **n. m.** 1. Matière blanc jaunâtre très dure dont sont faites les défenses d'éléphant. *Un bracelet en ivoire.* 2. Matière blanche et dure des dents. *L'ivoire des dents est recouvert par l'émail.*

ivre **adj.** 1. Qui a l'esprit troublé par l'alcool. → **soûl.** *Après trois verres de champagne, il était un peu ivre. Il est ivre mort,* complètement ivre. 2. Animé par un sentiment très fort. *Elle était ivre de rage,* folle de rage.
➤ **ivresse** **n. f.** ✦ État dans lequel se trouve une personne qui a bu trop d'alcool. *Il est interdit de conduire en état d'ivresse.* → **ébriété.**
➤ **ivrogne** **n. m.** et **f.** ✦ Personne qui a l'habitude de boire beaucoup et qui est souvent ivre. *C'est un vieil ivrogne.*
➤ **ivrognerie** **n. f.** ✦ Habitude de boire avec excès et de s'enivrer. → **alcoolisme.**
❏ contr. **sobriété.**
▷ Autres mots de la famille : ENIVRANT, ENIVRER.

isthme

J

j **n. m. inv.** ✦ *Le jour J,* c'est le jour fixé pour quelque chose d'important.

j' → **je**

jabot **n. m.** 1. Poche située dans le cou des oiseaux, où la nourriture est gardée avant son passage dans l'estomac. *Le jabot est une partie de l'œsophage.* 2. Cravate de dentelle que portaient les hommes autrefois. *Les courtisans de Louis XIV portaient un pourpoint et une chemise à jabot.*

jabot (Perronneau)

jacasser **v.** (conjug. 1) 1. *La pie jacasse,* elle pousse son cri. 2. Familier. Bavarder sans arrêt. *Louise et Julie jacassent au fond de la classe.*

jachère **n. f.** ✦ *Une terre en jachère,* c'est une terre que l'on ne cultive pas pendant un certain temps pour la laisser reposer.

jacinthe **n. f.** ✦ Plante à fleurs en grappes de couleur bleu mauve, blanche ou rose vif, à odeur très forte. *Des jacinthes en pot.* ➳ planche Fleurs p. 421.
● Il y a un *h* après le *t*.

jacuzzi [ʒakuzi] **n. m.** Marque déposée. ✦ Grande baignoire équipée d'un appareil qui fait des remous dans l'eau. — Au pl. *Des jacuzzis.*
● Ce mot vient de l'américain.

jade **n. m.** ✦ Pierre fine très dure, de couleur verte. *Un bracelet de jade.*

jadis [ʒadis] **adv.** ✦ Autrefois, il y a longtemps. *Jadis, les hommes portaient des perruques.*
● Le *s* final se prononce.

jaguar [ʒagwaʀ] **n. m.** ✦ Grand félin d'Amérique du Sud, au pelage beige tacheté de noir, qui ressemble à la panthère. ➳ planche Félins p. 409. *Le jaguar grimpe aux arbres et peut nager.*

jaillir **v.** (conjug. 2) ✦ Sortir brusquement en faisant un grand jet. *L'eau jaillit avec force du tuyau.* → **gicler.**
➤ **jaillissement** **n. m.** ✦ Mouvement de ce qui sort brusquement en un grand jet. *Le jaillissement d'une source.*
▷ Autre mot de la famille : REJAILLIR.

jais [ʒɛ] **n. m.** ✦ Matière très dure, d'un noir brillant, dont on fait des bijoux. *Une broche en jais. Elle a les cheveux noirs comme du jais,* très noirs. ❍ homonymes : geai, jet.

jalon **n. m.** ✦ Piquet de bois ou de métal planté en terre pour servir de repère. *Des jalons marquent les limites du terrain. Poser des jalons,* c'est préparer le terrain pour obtenir ce que l'on veut.

➤ **jalonner** **v.** (conjug. 1) **1.** Planter des jalons. *Chaque terrain a été jalonné.* **2.** Marquer, délimiter. *Des bottes de paille jalonnent le circuit de la course. Sa carrière fut jalonnée de succès,* semée de succès.

jaloux, jalouse **adj.** **1.** Qui éprouve de la jalousie, envie ce que les autres ont. → **envieux.** *Elle n'est jamais contente de ce qu'elle a, elle est jalouse de tout le monde.* **2.** *Une personne jalouse,* c'est une personne qui a peur que la personne qu'elle aime ne lui soit pas fidèle. *Son mari est très jaloux.*

➤ **jalousement** **adv.** ✦ Avec un soin inquiet. *La chatte veille jalousement sur ses petits.*

➤ **jalouser** **v.** (conjug. 1) ✦ Être jaloux, envieux. → **envier.** *Elle jalouse tout le monde.*

➤ **jalousie** **n. f.** **1.** Envie de ce que les autres ont et que l'on voudrait pour soi. *Les succès des autres excitent sa jalousie.* **2.** Désir d'avoir la personne que l'on aime tout à soi. *Dès que sa femme parle à un autre homme, il fait une crise de jalousie.*

jamais **adv.** **1.** À aucun moment, en aucun cas. *Elle ne boit jamais de café.* ❏ contr. **souvent, toujours.** *Es-tu déjà allé au Japon ? — Non, jamais !* **2.** ***Si jamais,*** si par hasard, au cas où. *Si jamais je t'attrape, gare à toi !* ***À tout jamais,*** pour toujours. *Ils ont quitté leur pays à tout jamais.*

jambe **n. f.** **1.** Membre inférieur de l'homme, y compris la cuisse. *Elle a de jolies jambes. Théo a mal à une jambe. Il traîne la jambe. Ce chat est toujours dans mes jambes,* il me gêne en restant trop près de moi. — *À toutes jambes,* en courant très vite. *Paul s'est enfui à toutes jambes. Prendre ses jambes à son cou,* c'est partir en courant. **2.** *Les jambes d'un pantalon,* ce sont les parties d'un pantalon qui recouvrent les jambes. *Alex a un accroc à la jambe droite de son pantalon.*

➤ **jambage** **n. m.** ✦ Trait vertical d'une lettre. *Le « m » a trois jambages, le « n » n'en a que deux.*

➤ **jambon** **n. m.** ✦ Cuisse ou épaule de porc préparée pour être conservée et mangée. *Une tranche de jambon.*

➤ **jambonneau** **n. m.** ✦ Petit jambon fait avec la partie de la patte du porc située sous le genou. — Au pl. *Des jambonneaux.*

▷ Autres mots de la famille : CROC-EN-JAMBE, ENJAMBÉE, ENJAMBER, UNIJAMBISTE.

jante **n. f.** ✦ Cercle de métal au centre d'une roue, sur lequel est monté le pneu. *Il ne faut jamais rouler avec un pneu crevé, cela abîme la jante.*

jante

janvier **n. m.** ✦ Premier mois de l'année. *L'année commence le 1er janvier.*

japper **v.** (conjug. 1) ✦ Pousser de petits aboiements aigus. *Le chiot sautille en jappant.*

➤ **jappement** **n. m.** ✦ Cri d'un jeune chien qui jappe.

jaquette **n. f.** **1.** Veste d'homme qui descend derrière jusqu'aux genoux et que l'on porte pour les cérémonies. *Le marié portait une jaquette grise.* **2.** Couverture recouvrant un livre. *Une jolie jaquette colorée attire le regard des acheteurs.*

jardin **n. m.** ✦ Terrain où l'on fait pousser des légumes, des arbres, des fleurs. *La maison est entourée d'un jardin. Dans un jardin potager, on cultive des légumes. — Un jardin public,* c'est un espace vert dans une ville. → aussi **square.**

➤ **jardiner** **v.** (conjug. 1) ✦ Cultiver, entretenir un jardin. *La mère de Julie a jardiné toute la journée.*

➤ **jardinage** **n. m.** ✦ Culture, entretien des jardins. *Elle aime le jardinage. Les outils de jardinage,* ce sont des outils qui servent à jardiner.

➤ **jardinerie** **n. f.** ✦ Magasin où l'on vend des plantes et tout ce qui sert au jardinage. *Elle a acheté du terreau et des géraniums dans une jardinerie.*

➤ **jardinier** **n. m., jardinière** **n. f.** ✦ Personne dont le métier est d'entretenir les jardins. → **horticulteur** et aussi **pépiniériste.** *Le jardinier ratisse les feuilles mortes des allées du parc.*

➤ **jardinière** **n. f.** **1.** Bac dans lequel on cultive des fleurs. *Le balcon est orné de jardi-*

nières de géraniums. 2. *Une jardinière de légumes,* c'est un plat composé de légumes du jardin coupés en petits morceaux et cuits ensemble. → aussi **macédoine.** *Une jardinière de légumes accompagnait la viande.*

jargon **n. m.** 1. Langage incorrect et difficile à comprendre. → **charabia.** *Qu'est-ce que c'est que ce jargon ?* 2. Langage particulier à un métier. *Le jargon des sportifs.*

jarre **n. f.** ✦ Grand vase de terre cuite ou de grès. *Autrefois, on conservait l'eau et l'huile dans des jarres.* ○ homonyme : jars.

jarre

jarret **n. m.** 1. Creux situé derrière le genou. *Le pli du jarret.* 2. *Le jarret de veau,* c'est la partie inférieure de la jambe et de l'épaule du veau. *Nous avons mangé du jarret de veau au citron.*

jars [ʒaʀ] **n. m.** ✦ Mâle de l'oie. ○ homonyme : jarre.

jaser **v.** (conjug. 1) 1. Faire de petits gazouillis. → **gazouiller.** *Les merles jasent dans les arbres. Le bébé jasait dans son berceau.* 2. Faire des commentaires malveillants, des critiques sur quelqu'un. *Si on les voit ensemble, cela va faire jaser.*

jasmin **n. m.** ✦ Arbuste à fleurs jaunes ou blanches, très parfumées. *Il prépare du thé au jasmin.*

jatte **n. f.** ✦ Plat creux et arrondi, sans rebords. *Mélangez les œufs et la farine dans une jatte.*
▷ Autre mot de la famille : CUL-DE-JATTE.

jauge **n. f.** 1. Baguette graduée servant à mesurer le niveau d'huile ou d'essence d'une voiture. *Il vérifie le niveau d'huile de la voiture avec la jauge.* 2. Volume de marchandises que peut contenir un bateau. *La jauge s'exprime en tonneaux.* → **tonnage.**

➤ **jauger** **v.** (conjug. 3) 1. Mesurer avec une jauge. *L'automobiliste jauge le niveau d'huile avant de partir.* 2. Juger, estimer. *Il la jaugea au premier coup d'œil.* 3. *Ce bateau jauge 1 000 tonneaux,* il a une capacité de 1 000 tonneaux. → aussi **tonnage.**

jaune **adj., n. m.** et **adv.**

■ **adj.** 1. De la couleur du citron ou de l'or. *Le mimosa a des fleurs jaunes. Paul porte un pull jaune.* 2. Qui est devenu jaune, mais dont la couleur normale est le blanc. *Certains fumeurs ont les dents toutes jaunes.* 3. Qui a la peau jaune, les yeux bridés et les cheveux noirs et lisses.

● C'est péjoratif de dire *jaune.* On dit plutôt *une personne asiatique* ou *un Asiatique, une Asiatique.*

■ **n. m.** 1. La couleur jaune. *Julie aime beaucoup le jaune vif.* 2. *Le jaune d'œuf,* c'est la partie jaune, à l'intérieur d'un œuf. *Mélangez bien le jaune et le blanc pour faire une omelette.*

■ **adv.** *Rire jaune,* c'est rire de façon forcée, sans en avoir envie.

➤ **jaunâtre** **adj.** ✦ D'un vilain jaune terne. *Ces vieux rideaux sont devenus jaunâtres.*

➤ **jaunir** **v.** (conjug. 2) 1. Rendre jaune. *La nicotine jaunit les doigts et les dents.* 2. Devenir jaune. *Les feuilles jaunissent en automne.*

➤ **jaunisse** **n. f.** ✦ Maladie du foie qui donne le teint jaune. → **hépatite.**

javelot **n. m.** ✦ Sorte de lance que les athlètes envoient le plus loin possible. *Les javelots sont en métal ou en fibre de verre.*

jazz [dʒaz] **n. m.** ✦ Musique créée au début du 20e siècle par les musiciens noirs des États-Unis. *Un orchestre de jazz. Une chanteuse de jazz.*

● Ce mot vient de l'américain.

je **pronom personnel m.** et **f.** ✦ Pronom personnel sujet représentant la première personne du singulier. → aussi **moi.** *Je viens. Qu'est-ce que je t'ai fait ? Comment dirais-je ? J'arrive. J'en veux. J'y vais.*

● Devant une voyelle ou un *h* muet, *je* devient *j'.*

jean [dʒin] **n. m.** 1. Tissu de toile très solide servant à faire des vêtements. *Un blouson en* *jean.* **2.** Pantalon taillé dans ce tissu. *Julie portait un jean et un tee-shirt blanc.* — Au pl. *Des jeans.*

● Ce mot vient de l'américain *blue-jean* qui veut dire « bleu de Gênes », nom d'une toile très solide d'abord fabriquée à Gênes.

jeep [dʒip] **n. f.** Marque déposée. ✦ Voiture qui roule sur n'importe quel terrain. *Les jeeps sont des voitures très solides.* → aussi **quatre-quatre, tout-terrain.**

● Ce mot vient de l'anglais.

jérémiades **n. f. pl.** ✦ Plaintes sans fin qui fatiguent. → **lamentations.** *J'en ai assez d'entendre tes jérémiades.*

jerrycan [ʒeʀikan] **n. m.** ✦ Bidon rectangulaire, à poignée, contenant environ 20 litres. *Il charge des jerrycans d'essence dans la jeep.*

● On peut aussi écrire *jerrican* ou *jerricane.* Ce mot vient de l'anglais.

jerrycan

jersey **n. m.** ✦ Tissu en tricot très souple. *Une veste en jersey.*

jet **n. m.** **1.** Distance parcourue par une chose qu'on a lancée. *Le lanceur de javelot a réussi un jet de plus de 95 mètres,* il a jeté son javelot à cette distance. **2.** Liquide ou gaz qui sort brusquement. *Un jet de vapeur s'échappe de la bouilloire,* de la vapeur en jaillit. *Le jet d'eau d'un bassin.* ❍ homonymes : geai, jais.

▷ Mot de la famille de JETER.

jeter **v.** (conjug. 4) **1.** Lancer. *Paul jette la balle et le chien la lui rapporte.* **2.** *Jeter quelque chose,* c'est s'en débarrasser, le mettre à la poubelle. *Alex a jeté ses vieux dessins.* **3.** *Jeter un coup d'œil,* regarder rapidement. *Elle a jeté un coup d'œil dans le salon.*

➤ **se jeter** **v.** **1.** Sauter, se laisser tomber. *Le désespéré s'est jeté par la fenêtre.* **2.** *Le Rhône se jette dans la mer Méditerranée,* il y déverse ses eaux.

➤ **jetable** **adj.** ✦ Que l'on jette après usage. *Un briquet jetable.* ❑ contr. **rechargeable.**

➤ **jetée** **n. f.** ✦ Mur qui s'avance dans la mer pour protéger le port des vagues. → aussi **digue.** *Il y a des promeneurs sur la jetée.*

▷ Autres mots de la famille : JET, ② PROJETER, REJET, REJETER, REJETON.

jeton **n. m.** ✦ Pièce plate en métal ou en plastique qui représente une certaine valeur. *Pour jouer au casino, on change de l'argent contre des jetons et des plaques.*

jeu **n. m.** **1.** Activité que l'on pratique pour s'amuser. *Léa aime les jeux calmes et Alex les jeux de plein air.* **2.** *Un jeu de mots,* c'est une plaisanterie fondée sur la ressemblance de mots avec d'autres. → **calembour.** **3.** Ce qui sert à jouer. *Pour jouer à la belote, il faut un jeu de cartes. Théo a un jeu de dames en bois. Ce magasin vend des jeux éducatifs.* **4.** *Le jeu,* c'est l'ensemble des jeux où l'on risque de l'argent. *Jouer gros jeu,* c'est miser beaucoup d'argent. **5.** *Un jeu de clés,* c'est une série de clés attachées ensemble. → **trousseau.** **6.** *Cacher son jeu,* c'est dissimuler ses intentions secrètes. **7.** Espace entre les différentes pièces d'un mécanisme. *Il y a du jeu dans l'embrayage.*

▷ Autres mots de la famille : ENJEU, HORS-JEU.

jeudi **n. m.** ✦ Jour de la semaine, entre le mercredi et le vendredi. *Ils vont au cinéma tous les jeudis soir.*

à jeun [aʒœ̃] **adv.** ✦ Sans avoir mangé. *Cette prise de sang doit être faite à jeun.*

▷ Mot de la famille de JEÛNER.

jeune **adj.** et **n. m.** et **f.**

■ **adj.** **1.** Dont l'âge n'est pas avancé. *Un chaton est un jeune chat. Sa mère est une jeune femme.* ❑ contr. **âgé, mûr, vieux.** **2.** *Paul est plus jeune que sa sœur,* il est moins âgé qu'elle. **3.** Qui a l'aspect ou les qualités de la jeunesse. *Cette vieille dame est jeune de caractère,* elle est gaie et ouverte.

■ **n. m.** et **f.** Personne jeune. *C'est un film qui plaît aux jeunes.*

▷ Autres mots de la famille : JEUNESSE, RAJEUNIR, RAJEUNISSEMENT.

jeûner [ʒøne] **v.** (conjug. 1) ✦ Se priver ou être privé de nourriture. *Le médecin a ordonné au malade de jeûner pendant une journée.*

➤ **jeûne** [ʒøn] **n. m.** ✦ Privation de toute nourriture. *Pendant le ramadan, les musul-*

mans doivent observer le jeûne. → aussi **diète.**
● Attention à l'accent circonflexe du *û.*
▷ Autres mots de la famille : ① et ② DÉJEUNER, À JEUN.

jeunesse **n. f.** 1. Temps de la vie, entre l'enfance et la maturité. *Il a passé sa jeunesse à l'étranger. — Il faut que jeunesse se passe,* il faut excuser les erreurs des jeunes qui sont dues à leur insouciance et à leur manque d'expérience. 2. Les personnes jeunes. *Louise regarde les émissions pour la jeunesse,* destinées aux enfants, aux adolescents.
▷ Mot de la famille de JEUNE.

joaillier [ʒɔaje] **n. m., joaillière** [ʒɔajɛʀ] **n. f.** ✦ Personne qui fabrique et vend des bijoux. → **bijoutier.**
● Il y a un *i* avant et un *i* après les deux *l.*
➤ **joaillerie** [ʒɔajʀi] **n. f.** 1. Art de monter les pierres précieuses pour en faire des joyaux. 2. Magasin du joaillier. → **bijouterie.**

jockey (*Le Jockey,* Toulouse-Lautrec, 1899)

jockey [ʒɔkɛ] **n. m.** ✦ Cavalier dont le métier est de monter les chevaux dans les courses. *Les jockeys sont pesés avant le départ de la course.*
● Ce mot vient de l'anglais.

jogging [dʒɔgiŋ] **n. m.** 1. Course que l'on fait sans esprit de compétition, pour faire de l'exercice. → aussi **footing.** *Il fait du jogging le dimanche.* 2. Survêtement. *Il a mis son jogging pour courir.* — Au pl. *Des joggings.*
● Ce mot vient de l'anglais.

joie **n. f.** ✦ Sentiment agréable que l'on ressent lorsque l'on est très content et heureux. → aussi **jubilation.** ❑ contr. ② **peine, tristesse.** *Il a accepté notre offre avec joie.* → **plaisir.** *Quelle joie de vous revoir !* quel bonheur !
▷ Autres mots de la famille : JOYEUSEMENT, JOYEUX, RABAT-JOIE.

joindre **v.** (conjug. 49) 1. *Joindre des choses,* c'est les mettre ensemble de sorte qu'elles se touchent ou tiennent ensemble. → **assembler, attacher.** *Le plombier joint les deux tuyaux bout à bout. Le prêtre joint les mains pour prier,* il les met paume contre paume. 2. Mettre avec. *Il a joint un chèque à sa lettre.* → **ajouter.** 3. *Joindre quelqu'un,* c'est prendre contact avec lui. *Où peut-on le joindre ?* → ① **toucher.** 4. *Se joindre à quelqu'un,* s'associer à lui. *Mon frère se joint à moi pour vous embrasser.*
➤ ① **joint, jointe** **adj.** 1. Mis l'un contre l'autre. *Il a les mains jointes. Léa saute à pieds joints.* 2. Mis avec. *Vous trouverez une photo jointe à ma lettre.*
➤ ② **joint** **n. m.** ✦ Pièce de matière souple que l'on met entre deux autres pièces pour que l'ensemble soit étanche. *Le plombier a changé le joint du robinet qui fuyait.*
➤ **jointure** **n. f.** ✦ Endroit où les os se joignent. → **articulation.** *Alex fait craquer les jointures de ses doigts.*
▷ Autres mots de la famille : ADJOINT, CI-JOINT, CONJOINT, DISJOINDRE, DISJOINT, REJOINDRE, SE REJOINDRE.

joker [ʒɔkɛʀ] **n. m.** ✦ Carte à jouer qui, dans certains jeux, peut remplacer n'importe quelle autre carte.
● C'est un mot anglais qui veut dire « farceur ».

jogging

joli, jolie **adj.** ✦ Très agréable à voir, à entendre. → **beau.** *Léa est très jolie.* ❑ contr. **affreux, laid,** ① **vilain.** *Louise a une jolie voix.* → **mélodieux.**

➤ **joliment** **adv.** ✦ D'une manière jolie, agréable. *La chambre de Julie est joliment décorée.* → **bien.**

▷ Autres mots de la famille : ENJOLIVER, ENJOLIVEUR.

jonc [ʒɔ̃] **n. m.** ✦ Plante à hautes tiges droites et flexibles, qui pousse dans les marécages.

joncher **v.** (conjug. 1) ✦ Recouvrir le sol. *Les feuilles mortes jonchent le sol.*

jonction **n. f.** ✦ Endroit où deux choses se rejoignent, sont mises en contact. *La gare est à la jonction des deux voies ferrées.*

jongler **v.** (conjug. 1) ✦ Lancer des objets en l'air l'un après l'autre, les rattraper et recommencer. *Le clown jonglait avec six bouteilles.*

➤ **jongleur** **n. m., jongleuse** **n. f.** ✦ Artiste de cirque ou de music-hall qui jongle.

jonque **n. f.** ✦ Bateau à voile d'Extrême-Orient, à fond plat et dont les voiles sont cousues sur des lattes en bambou.

jonque

jonquille **n. f.** ✦ Fleur jaune à longue tige qui pousse au printemps. → aussi **narcisse.** *Théo a offert à sa mère un bouquet de jonquilles.*

● Ce mot vient de l'espagnol.

joue **n. f.** ✦ Partie du visage entre le nez et l'oreille. *Louise embrasse Paul sur les deux joues.* ❍ homonyme : joug.

▷ Autre mot de la famille : BAJOUE.

jouer **v.** (conjug. 1) **1.** Faire quelque chose uniquement pour le plaisir. → **s'amuser.** *Les enfants jouent dans le jardin. Julie joue encore à la poupée.* **2.** Savoir se servir d'un instrument de musique. *Alex joue du piano.* **3.** Interpréter un morceau de musique. *La pianiste a joué une sonate.* **4.** Risquer de l'argent à des jeux de hasard. *Il joue au casino.* **5.** Représenter en public. *On joue « Le Cid » au théâtre de notre ville. Cet acteur joue le rôle d'un alcoolique.* → **interpréter.** **6.** Avoir du jeu. *La porte joue,* elle ne ferme pas bien.

➤ **jouet** **n. m.** ✦ Objet avec lequel on joue. *À Noël, les enfants ont reçu beaucoup de jouets.* → **jeu, joujou.**

➤ **joueur** **n. m., joueuse** **n. f.** ✦ Personne qui joue à un sport, à un jeu. *Un joueur de tennis. Il faut quatre joueurs pour jouer à la belote. — Un beau joueur* accepte de perdre sans protester. *Un mauvais joueur* proteste quand il perd. — **Adj.** Qui aime jouer. *Cette chatte est très joueuse.*

▷ Autre mot de la famille : JOUJOU.

joufflu, joufflue **adj.** ✦ Qui a de grosses joues. *Un bébé joufflu.*

joug [ʒu] **n. m.** ✦ Pièce de bois que l'on met sur la tête des bœufs pour les attacher quand ils tirent une charrette ou une charrue. ❍ homonyme : joue.

● On ne prononce pas le *g* final.

jouir **v.** (conjug. 2) ✦ *Jouir d'une bonne santé,* c'est avoir une bonne santé.

➤ **jouissance** **n. f.** ✦ *Avoir la jouissance de quelque chose,* c'est avoir le droit d'en profiter. *Les habitants de la résidence ont la jouissance de la piscine.*

joujou **n. m.** (pl. **joujoux**) ✦ Jouet. *Le bébé avait tous ses joujoux dans son parc.*

● On utilise ce mot quand on s'adresse à de très jeunes enfants.

▷ Mot de la famille de JOUER.

jour **n. m.** **1.** Temps qui se passe entre le lever et le coucher du soleil. → **journée.** *Les jours sont plus longs en été qu'en hiver.* ❑ contr. **nuit.** **2.** Durée de 24 heures qui s'écoule de minuit à minuit. *La semaine compte 7 jours. Quel jour sommes-nous ? Il sera là dans deux jours. — Les jours se suivent et ne se ressemblent pas,* les choses changent (en bien ou en mal) d'un jour à l'autre. **3.** Lumière que le Soleil donne à la Terre. *Il fait déjà grand jour. Les couleurs sont différentes à la lumière élec-*

trique et au jour. **4.** *Vivre au jour le jour,* sans projets, sans penser à l'avenir. *De nos jours, on ne s'éclaire plus à la bougie,* à notre époque. **5.** *Être à jour dans son travail,* ne pas être en retard.

▷ Autres mots de la famille : ABAT-JOUR, BONJOUR, À CONTRE-JOUR, TOUJOURS.

journal **n. m.** (pl. **journaux**) **1.** Cahier où l'on écrit chaque jour ce que l'on a fait et ce que l'on pense. *Julie tient un journal intime.* **2.** Publication qui paraît chaque jour, donnant les informations. → **quotidien.** *Elle lit le journal en prenant son petit déjeuner.* **3.** Magazine. → ① **revue.** *Un journal pour enfants.* **4.** Émission de radio ou de télévision où l'on donne les informations. *Il regarde le journal télévisé.*

➤ **journalisme** **n. m.** ✦ Métier de journaliste. *Alex aimerait faire du journalisme.*

➤ **journaliste** **n. m.** et **f.** ✦ Personne dont le métier est d'écrire dans les journaux et les magazines, de donner les informations à la radio ou à la télévision. → aussi ① **reporter.** *Des journalistes ont interviewé le ministre.*

journalier, journalière **adj.** ✦ Qui se fait chaque jour. → **quotidien.** *Traire les vaches est une des occupations journalières d'un fermier.*

journée **n. f.** ✦ Temps qui s'écoule entre le lever et le coucher du soleil. → **jour.** *Louise a passé sa journée à jouer.*

joute **n. f.** ✦ Combat de deux chevaliers armés de lances, au Moyen Âge. → **tournoi.**

jovial, joviale **adj.** ✦ Gai, joyeux et sympathique. → **enjoué.** *C'est une femme très joviale.* ❑ contr. **maussade, morose, triste.** — Au masc. pl. *jovials* ou *joviaux.*

joyau **n. m.** ✦ Bijou très précieux. *Ces diamants sont des joyaux inestimables.* → aussi **joaillier.**

joyeux, joyeuse **adj.** ✦ Qui éprouve et manifeste de la joie. → **gai, heureux.** *Julie est une enfant très joyeuse.* ❑ contr. **triste.**

➤ **joyeusement** **adv.** ✦ Avec joie. → **gaiement.** ❑ contr. **tristement.** *Nous avons joyeusement fêté la nouvelle année.*

▷ Mots de la famille de JOIE.

jubiler **v.** (conjug. 1) ✦ Être très content. → **exulter,** se **réjouir.** *Les enfants jubilaient à l'idée d'une promenade en mer.*

➤ **jubilation** **n. f.** ✦ Très grande joie.

jucher **v.** (conjug. 1) ✦ Mettre très haut. *Il a juché sa fille sur ses épaules.* — **se jucher,** se placer très haut. *La mésange s'est juchée sur la plus haute branche du pommier.*

judaïsme **n. m.** ✦ Religion des juifs. *Le judaïsme se fonde sur la Bible.* → aussi **israélite.**

judas [ʒyda] **n. m.** ✦ Petite ouverture dans une porte qui permet de regarder de l'autre côté sans être vu. *Regarde par le judas avant d'ouvrir la porte !*

judiciaire **adj.** ✦ Qui concerne la justice. *Un innocent a été condamné, c'est une erreur judiciaire,* faite par la justice.

judicieux, judicieuse **adj.** ✦ Intelligent, malin. *Léa a fait une remarque judicieuse.* → **pertinent.** ❑ contr. **absurde, stupide.**

➤ **judicieusement** **adv.** ✦ D'une manière judicieuse. *Louise a judicieusement répondu à la question du professeur.* → **intelligemment.**

judo **n. m.** ✦ Sport de combat d'origine japonaise. *Alex fait du judo.*

● C'est un mot japonais qui veut dire « voie de la souplesse ».

➤ **judoka** **n. m.** et **f.** ✦ Personne qui fait du judo. — Au pl. *Des judokas.*

judoka

juger **v.** (conjug. 3) **1.** Soumettre à la décision d'un juge qui doit estimer si un accusé est coupable ou non et à quelle peine on doit le condamner. *L'assassin n'a pas encore été*

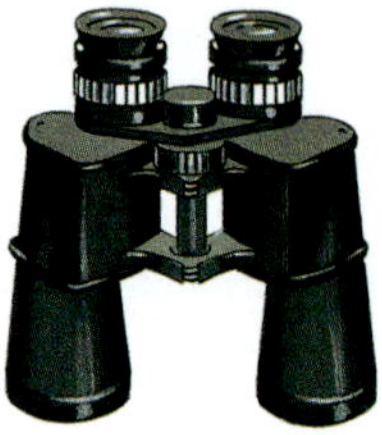

jumelles

jugé. 2. Penser, estimer. *Il a jugé que cela n'en valait pas la peine.* 3. Donner son opinion. *Les examinateurs jugent les candidats,* ils évaluent leurs connaissances.

➤ **juge** **n. m. et f.** 1. Personne dont le métier est d'appliquer les lois et de rendre la justice. *Le juge a acquitté l'accusé.* 2. Personne qui doit donner son avis. *Ce film est vraiment mauvais, je vous en fais juge.*

➤ **jugement** **n. m.** 1. Décision prise par la justice. *Le jugement sera prononcé demain.* → **sentence, verdict.** 2. Opinion que l'on donne. *Elle porte des jugements sur tout.*

➤ **jugeote** [ʒyʒɔt] **n. f.** ✦ Familier. Bon sens. *Il suffisait d'un peu de jugeote pour ne pas se tromper.*

▷ Autres mots de la famille : ADJUGER, PRÉJUGÉ, PRÉJUGER.

juguler **v.** (conjug. 1) ✦ Arrêter complètement. *Le médecin a jugulé la maladie en donnant des antibiotiques.* → **enrayer.**

juif **n. m.,** **juive** **n. f.** ✦ Personne d'une religion qui reconnaît un seul dieu et attend la venue du Messie. → **israélite** et aussi **judaïsme.** *Les juifs sont les descendants d'un peuple qui vivait en Palestine. Il fait preuve de racisme envers les juifs.* → aussi **antisémitisme.** — **Adj.** *La religion juive.*

juillet **n. m.** ✦ Septième mois de l'année, entre juin et août, qui a 31 jours. *Ils prennent leurs vacances en juillet.*

juin **n. m.** ✦ Sixième mois de l'année, entre mai et juillet, qui a 30 jours. *Les examens ont souvent lieu en juin.*

juke-box [ʒykbɔks] ou [dʒukbɔks] **n. m. inv.** ✦ Machine qui fait passer automatiquement le disque demandé une fois que l'on y a introduit des pièces de monnaie. — Au pl. *Des juke-box.*

● Ce mot vient de l'anglais.

jumeau **n. m. et adj.,** **jumelle** **n. f. et adj.**

■ **n.** *Des jumeaux,* ce sont deux enfants nés en même temps de la même mère. *Pierre et Marie sont des jumeaux. Marie est la jumelle de Pierre.*

■ **adj.** 1. Né d'un même accouchement. *Des frères jumeaux. Il a une sœur jumelle.* 2. *Des lits jumeaux,* ce sont deux lits semblables placés l'un à côté de l'autre.

➤ **jumeler** **v.** (conjug. 4) ✦ *Jumeler des villes,* c'est établir des contacts fréquents entre elles, des rencontres entre leurs habitants.

➤ **jumelage** **n. m.** ✦ *Le jumelage de deux villes,* leur association.

➤ **jumelles** **n. f. pl.** ✦ Appareil formé de deux lunettes qui permet de voir très loin. *Il observe les lions avec ses jumelles.*

jument **n. f.** ✦ Femelle du cheval. *La jument et son poulain.* → aussi **pouliche.**

jungle [ʒœ̃gl] **n. f.** ✦ Dans les pays tropicaux, étendue dont la végétation très épaisse est formée de hautes herbes, de broussailles et d'arbres où vivent les grands fauves. *Dans la jungle, les arbres sont envahis de lianes.*

junior **n. m. et f. et adj.**

■ **n. m. et f.** Jeune sportif qui a entre 17 et 21 ans. *Les juniors sont entre les cadets et les seniors.*

■ **adj.** 1. Relatif aux juniors. *Il joue dans l'équipe junior.* 2. Qui concerne les jeunes, est destiné aux jeunes. *La mode junior.*

jupe **n. f.** ✦ Vêtement féminin qui part de la taille et couvre une partie des jambes. *Julie a une jupe très courte.*

➤ **jupon** **n. m.** ✦ Sous-vêtement de tissu léger qui se porte sous une jupe ou sous une robe.

▷ Autre mot de la famille : MINIJUPE.

① **jurer** **v.** (conjug. 1) **1.** Promettre par un serment. *Dans un procès, les témoins jurent de dire la vérité.* **2.** Affirmer solennellement, avec force. → ① **assurer.** *Je te jure que ce n'est pas facile à faire.*

➤ **juré** **n. m.,** **jurée** **n. f.** ✦ Membre d'un jury.

▷ Autres mots de la famille : ABJURER, ADJURER, CONJURATION, CONJURÉ, JURY, PARJURE.

② **jurer** **v.** (conjug. 1) ✦ Dire des injures, des jurons. *Ne jure pas, c'est très grossier !*

▷ Autres mots de la famille : INJURE, INJURIER, INJURIEUX, JURON.

③ **jurer** **v.** (conjug. 1) ✦ *Ces deux couleurs jurent,* elles vont mal ensemble.

juridique **adj.** ✦ Qui se rapporte au droit, aux lois. *Pour être avocat ou notaire, il faut faire des études juridiques.*

juron **n. m.** ✦ Mot grossier qui sert à injurier, à manifester sa colère, sa contrariété.

▷ Mot de la famille de ② JURER.

jury **n. m.** **1.** Ensemble de personnes chargées, dans un procès, de décider si un accusé est coupable ou non. → aussi **juré.** *Le jury a conclu à l'innocence de l'accusé.* **2.** Groupe de personnes chargées de juger des candidats

jungle (*La Jungle*, Douanier Rousseau, 1908)

à un examen ou un concours. *Ce jury est très sévère.* — Au pl. *Des jurys.*

▷ Mot de la famille de ① JURER.

jus [ʒy] **n. m.** 1. Liquide contenu dans les fruits et les légumes. *Un jus d'orange.* 2. Liquide rendu par une viande qui cuit. *Laissez mijoter les carottes dans le jus du rôti.* → **sauce.**

▷ Autre mot de la famille : JUTEUX.

jusque prép. et conjonction.

■ **prép.** 1. Indique la limite d'un endroit que l'on ne dépasse pas. *Ils sont allés jusqu'en Espagne. Ce train va jusqu'à Lyon. Louise raccompagne Julie jusque chez elle.* 2. Indique le moment que l'on ne dépasse pas. *Je ne l'avais jamais vu jusqu'à aujourd'hui.*

■ **conjonction** *Alex attendra Léa jusqu'à ce qu'elle vienne,* jusqu'au moment où elle viendra.

● *Jusque* devient *jusqu'* devant une voyelle.

justaucorps n. m. ✦ Maillot à manches courtes ou longues, très collant, que l'on met pour faire de la danse ou de la gymnastique.

▷ Mot de la famille de ① JUSTE et de CORPS.

① **juste adj. et adv.**

■ **adj.** 1. Correct. *Ton addition est juste.* → **exact.** ❑ contr. ① **faux.** 2. Trop petit. → **étriqué.** *Ces chaussures sont un peu justes, il faudrait prendre la taille au-dessus.* ❑ contr. **large.** 3. À peine suffisant. *La tarte va être juste pour dix personnes.*

■ **adv.** 1. Comme il faut. *Louise chante juste.* ❑ contr. ① **faux.** 2. Exactement. *Il est 11 heures juste.* → fam. ③ **pile, tapant.** *Paul vient juste de partir.* 3. En quantité insuffisante. *Elle pensait que 3 mètres de tissu suffiraient, mais elle a calculé trop juste.*

➤ **justement adv.** ✦ Précisément. *C'est justement ce qu'il ne fallait pas faire.* → **exactement.**

➤ **justesse n. f.** 1. Caractère d'une chose juste, exacte. → **exactitude.** *La justesse d'un raisonnement.* 2. *De justesse,* de très peu. *Il a eu son train de justesse.*

▷ Autres mots de la famille : AJUSTÉ, AJUSTER, AJUSTEUR, JUSTAUCORPS, RAJUSTEMENT, RAJUSTER, RÉAJUSTER.

② **juste adj.** ✦ Qui ne favorise ni ne défavorise personne. → **équitable.** *Le professeur s'efforce d'être juste envers tous ses élèves.* ❑ contr. **injuste.**

➤ **justice n. f.** 1. Respect des droits de chacun. *Le professeur note les devoirs avec justice,* en ne favorisant personne. → **équité.** *Il n'y a pas de justice,* ce n'est pas juste. 2. *La justice,* c'est l'ensemble des juges. *L'accusé est entre les mains de la justice.* 3. *Rendre la justice,* c'est juger. *Saint Louis rendait la justice sous un chêne.*

➤ **justicier n. m.** ✦ Personne qui venge les victimes innocentes et punit les coupables. → **redresseur** de torts.

▷ Autres mots de la famille : INJUSTE, INJUSTEMENT, INJUSTICE, INJUSTIFIÉ, JUSTIFICATIF, JUSTIFICATION, JUSTIFIER, REPRIS DE JUSTICE.

justifier v. (conjug. 7) 1. Trouver une excuse valable. *Louise n'a pu justifier son retard.* 2. Faire reconnaître comme vrai, légitime. *Mes craintes étaient justifiées,* elles étaient fondées. 3. **se justifier,** c'est prouver son innocence. *Qu'as-tu à dire pour te justifier ?* pour t'excuser.

➤ **justificatif n. m.** ✦ Document qui sert à prouver quelque chose. *Une quittance de loyer est un justificatif de domicile.*

➤ **justification n. f.** ✦ Ce qui permet de justifier quelque chose. *Sa mère lui a demandé des justifications,* des explications qui l'excuseraient de ce qu'il a fait.

▷ Mots de la famille de ② JUSTE.

jute

jute n. m. ✦ Plante cultivée en Inde, dont on tire une fibre qui sert à fabriquer du tissu. *De la toile de jute.*

● *Jute* est un nom masculin : on dit *du jute.*

juteux, juteuse **adj.** ✦ *Un fruit juteux,* qui contient beaucoup de jus. *Ces pêches sont juteuses.*

▷ Mot de la famille de JUS.

juvénile **adj.** ✦ Propre à la jeunesse. *Malgré son âge, elle a gardé une silhouette juvénile.* → **jeune.** ❑ contr. **sénile, vieux.**

juxtaposer **v.** (conjug. 1) ✦ Mettre des choses côte à côte. *Elle a juxtaposé les photos de tous ses petits-enfants sur le mur de sa chambre.*

➤ **juxtaposition** **n. f.** ✦ Assemblage d'éléments placés côte à côte. *Une phrase n'est pas une simple juxtaposition de mots.*

▷ Mots de la famille de POSER.

K

① **kaki** **n. m.** ✦ Fruit originaire du Japon, de couleur orange, ressemblant à une tomate. ➻ planche Fruits exotiques p. 441. *Des kakis.*
● Ce mot vient du japonais.

② **kaki** **adj. inv.** ✦ Brun jaunâtre. *Les militaires portent des uniformes kaki.*

kaléidoscope [kaleidɔskɔp] **n. m.** ✦ Tube dans lequel sont placés trois miroirs et de petits morceaux de verre coloré qui font des dessins changeants en se réfléchissant sur les miroirs.

kangourou **n. m.** (pl. **kangourous**) ✦ Animal herbivore de la famille des marsupiaux, qui se déplace en faisant de grands bonds grâce à ses pattes de derrière très développées, sa queue servant de balancier. ➻ planche Mammifères p. 620. *Les kangourous vivent en Australie.*
● Ce mot vient de l'australien.

kaolin **n. m.** ✦ Argile blanche qui sert à faire la porcelaine. ➻ planche Minéraux p. 655.
● Ce mot vient du chinois.

kapok **n. m.** ✦ Matière faite des poils fins et soyeux recouvrant les graines d'un arbre exotique. *Ce coussin est rembourré de kapok.*
● Ce mot vient du malais.

karaoké **n. m.** ✦ Jeu qui consiste à chanter en public sur un accompagnement musical, en regardant défiler les paroles sur un écran. *Il participe souvent à des karaokés.*
● Ce mot vient du japonais.

karaté **n. m.** ✦ Sport de combat d'origine japonaise. *Il fait du karaté.*
➤ **karatéka** **n. m. et f.** ✦ Personne qui fait du karaté. — Au pl. *Des karatékas.*
● Ces deux mots viennent du japonais.

kart [kaʀt] **n. m.** ✦ Petite voiture de compétition à une place, sans carrosserie, ni boîte de vitesses, très rapide. ❍ homonymes : ① et ② carte.
➤ **karting** **n. m.** ✦ Sport qui consiste à faire des courses de karts. *Il fait du karting.*
● Ces deux mots viennent de l'anglais.

kart

kascher → **casher**

kayak [kajak] **n. m.** ✦ Petit bateau léger à une ou deux places, que l'on fait avancer avec une pagaie. *Ils ont fait du kayak sur la Dordogne.* → aussi **canoë**.
● *Kayak* est un mot esquimau.

kayak

képi **n. m.** ✦ Chapeau militaire rond et rigide, à visière. *L'officier salue en portant la main à son képi.*
● Ce mot vient de l'allemand.

kermesse **n. f.** ✦ Fête de bienfaisance avec des jeux, des buvettes et des stands. *Tous les ans, il y a la kermesse de l'école.*
● Ce mot vient du flamand.

kérosène **n. m.** ✦ Carburant tiré du pétrole. *Le kérosène est utilisé par les avions à réaction.*

ketchup [kɛtʃœp] **n. m.** ✦ Sauce tomate épicée légèrement sucrée. *Léa met du ketchup sur ses frites.*
● Ce mot vient de l'anglais.

kibboutz [kibuts] **n. m.** ✦ En Israël, ferme où l'on travaille et l'on vit en communauté.
● C'est un mot hébreu qui veut dire « collectivité ».

kidnapper **v.** (conjug. 1) ✦ Enlever quelqu'un en demandant une rançon. *Des malfaiteurs ont kidnappé un enfant.* → aussi **ravisseur.**
➤ **kidnapping** **n. m.** ✦ Enlèvement d'une personne. → **rapt.**
● Ces deux mots viennent de l'anglais.

kilo **n. m.** ✦ Abréviation de *kilogramme. Elle a acheté deux kilos de bananes. Il pèse 90 kilos.*

kilo- ✦ Préfixe qui, placé devant une unité de mesure, multiplie par mille.

kilogramme **n. m.** ✦ Unité de poids valant mille grammes. → **kilo.** *Un litre d'eau pèse un kilogramme (1 kg).*
▷ Mot de la famille de GRAMME.

kilomètre **n. m.** ✦ Unité de mesure des distances, valant 1 000 mètres. *La ferme est à 3 kilomètres (3 km). La voiture roulait à 120 kilomètres à l'heure (120 km/h).*
➤ **kilométrage** **n. m.** ✦ *Le kilométrage d'une voiture,* c'est le nombre de kilomètres que cette voiture a parcourus.
➤ **kilométrique** **adj.** ✦ *Les bornes kilométriques,* ce sont les bornes qui marquent les kilomètres sur une route.
▷ Mots de la famille de MÈTRE.

kilt [kilt] **n. m.** ✦ Jupe en tissu écossais, courte et plissée, fermée sur le côté. *Le kilt fait partie du costume national des Écossais.*
● Ce mot vient de l'anglais.

kimono **n. m.** **1.** Tunique japonaise à larges manches, croisée devant et fermée par une grosse ceinture. **2.** Tenue des judokas et des karatékas formée d'une veste et d'un pantalon ample.
● Ce mot vient du japonais.

kinésithérapeute **n. m. et f.** ✦ Personne qui soigne les gens qui ont des douleurs musculaires, en les massant ou en leur faisant faire des mouvements de gymnastique. → aussi **masseur.**
● On dit familièrement *kiné.*

kinésithérapie **n. f.** ✦ Activité du kinésithérapeute.

kiosque **n. m.** **1.** Pavillon ouvert servant d'abri dans un jardin. *Des musiciens, installés dans le kiosque, donnent un concert gratuit.* **2.** *Un kiosque à journaux,* c'est une petite boutique installée sur le trottoir, où l'on vend des journaux.
● Ce mot vient du turc.

kippa **n. f.** ✦ Calotte portée par les juifs pratiquants.
● C'est un mot hébreu.

kirsch [kiʀʃ] **n. m.** ✦ Eau-de-vie de cerises. *Une bouteille de kirsch.*
● Ce mot vient de l'allemand *Kirsche* qui veut dire « cerise ».

kit [kit] **n. m.** ✦ Ensemble d'éléments vendus en pièces détachées et que l'acheteur doit assembler d'après un plan de montage. *Ils ont acheté leurs meubles de cuisine en kit.*
● *Kit* est un mot anglais qui veut dire « boîte à outils ».

kiwi [kiwi] **n. m.** **1.** Oiseau coureur de Nouvelle-Zélande, qui a un long bec et de petites ailes. ➻ planche Oiseaux p. 711. *Les kiwis ont une mauvaise vue mais une ouïe très fine et un odorat développé.* **2.** Fruit originaire de Chine, à la chair verte et acidulée. ➻ planche Fruits exotiques p. 441.

klaxon [klaksɔn] **n. m.** Marque déposée ✦ Avertisseur sonore. *L'automobiliste a donné un coup de klaxon dans le virage.*
➤ **klaxonner** **v.** (conjug. 1) ✦ Faire fonctionner un avertisseur sonore. *Il est interdit de klaxonner en ville.*

koala

K.-O. [kao] **adj. inv.** ✦ Hors de combat. *Le boxeur a été mis K.-O.* ❍ homonymes : cahot, chaos.

● C'est l'abréviation de l'anglais *to knock out* « éliminer ».

koala **n. m.** ✦ Animal australien de la famille des marsupiaux, qui grimpe aux arbres et se nourrit de feuilles d'eucalyptus. *Les koalas ont un pelage gris très fourni.*

● Ce mot vient de l'australien.

kung-fu [kuŋfu] **n. m. inv.** ✦ Art martial chinois. *Le kung-fu ressemble au karaté.*

● C'est un mot chinois.

kyrielle **n. f.** ✦ Très grand nombre. *Il lui a adressé une kyrielle de reproches.*

● Ce mot s'écrit avec un *y* et deux *l*.

kyste **n. m.** ✦ Petite grosseur qui se forme sous la peau ou à l'intérieur du corps.

● Il y a un *y* après le *k*.

L

l' → ① et ② **le**

① **la** → ① et ② **le** ❍ homonymes : là, las.

② **la** **n. m. inv.** ✦ Note de musique, la sixième de la gamme. *La est entre sol et si.* — Au pl. *Des la.* ❍ homonymes : là, las.

là **adv.** **1.** Dans un endroit qui n'est pas celui où l'on est. *Ne reste pas là, viens ici avec nous.* **2.** À l'endroit où l'on est. *Arrêtons-nous là pour déjeuner.* **3.** *Passez par là, c'est plus court,* par cet endroit. **4.** *En ce temps-là,* à l'époque dont nous parlons. **5.** *La confiture est là-haut, sur l'étagère,* dans ce lieu au-dessus. *Je vais là-bas,* plus loin. ❍ homonymes : ① et ② la, las.
● Attention à l'accent grave du *à.*
▷ Autres mots de la famille : AU-DELÀ, CELA, HOLÀ, PAR-CI, PAR-LÀ, PAR-DELÀ, VOILÀ.

label **n. m.** ✦ Marque posée sur un produit pour en garantir l'origine, la qualité.

labeur **n. m.** ✦ Travail intense et pénible. *Un dur labeur.*
● Ce mot est littéraire.

➤ **laborieux, laborieuse** **adj.** ✦ Qui est long et difficile, demande beaucoup de travail. *La découverte de ce médicament a nécessité de laborieuses recherches. C'est laborieux,* long et pénible.

laboratoire **n. m.** ✦ Endroit aménagé pour faire des expériences et des recherches scientifiques. *Il s'est fait faire une prise de sang dans un laboratoire d'analyses médicales.*

labourer **v.** (conjug. 1) ✦ Creuser et retourner la terre. *Il faut labourer avant de semer.*

➤ **labour** **n. m.** ✦ Travail qui consiste à retourner la terre. → **labourage.** *Un cheval de labour,* c'est un cheval utilisé pour ce travail.

➤ **labourage** **n. m.** ✦ Labour. *Le paysan a fini le labourage de ses champs.*

➤ **laboureur** **n. m.** ✦ Paysan qui laboure, cultive la terre.
● Ce mot ne s'emploie plus beaucoup. Aujourd'hui, on dit plutôt *agriculteur* ou *cultivateur.*

labour

labrador **n. m.** ✦ Grand chien de chasse à poil ras, noir ou beige.

labrador

labyrinthe **n. m.** ✦ Ensemble compliqué de chemins, de rues, de galeries ou de couloirs dans lesquels on se perd et d'où l'on a du mal à sortir. → **dédale.** *Un labyrinthe de ruelles.*

● Ce mot s'écrit avec un *y* et *th.*

lac **n. m.** ✦ Grande étendue d'eau à l'intérieur des terres, plus grand qu'une mare ou qu'un étang. *La ville d'Annecy est construite au bord d'un lac.* ○ homonyme : laque.

▷ Autre mot de la famille : LACUSTRE.

lacer **v.** (conjug. 3) ✦ Attacher avec un lacet. *Théo lace ses chaussures.* ○ homonyme : lasser.

▷ Autres mots de la famille : DÉLACER, ENTRELACER, LACET.

lacérer **v.** (conjug. 6) ✦ Mettre en pièces, en lambeaux. → **déchirer.** *Le chat a lacéré le fauteuil en cuir avec ses griffes.*

lacet **n. m.** **1.** Cordon étroit que l'on passe dans de petits trous pour attacher une chaussure. → aussi **lacer.** *Julie, fais attention, un de tes lacets est défait !* **2.** Suite de tournants très serrés sur une route. → **zigzag.** *La route fait des lacets jusqu'au sommet de la colline.*

▷ Mot de la famille de LACER.

① **lâche** **adj.** ✦ Qui manque de courage, recule devant le danger. → **peureux, poltron.** *Elle est trop lâche pour se dénoncer.* ❑ contr. **brave, courageux, intrépide, vaillant.** — **N.** *Quel lâche !*

● Attention à l'accent circonflexe du *â.*

▷ Autres mots de la famille : LÂCHEMENT, LÂCHETÉ.

② **lâche** **adj.** ✦ Pas serré. *Le nœud est trop lâche, il va se défaire.* ❑ contr. **serré.**

● Attention à l'accent circonflexe du *â.*

▷ Mot de la famille de LÂCHER.

lâchement **adv.** ✦ Avec lâcheté. *Les soldats ont fui lâchement devant l'ennemi.* ❑ contr. **courageusement.**

▷ Mot de la famille de ① LÂCHE.

lâcher **v.** (conjug. 1) **1.** Cesser de tenir. *Léa a lâché le plat qui s'est cassé.* **2.** Lancer à la poursuite. *Le chasseur lâche ses chiens contre le lièvre.* **3.** Se casser brusquement. *La corde a lâché.*

▷ Autres mots de la famille : ② LÂCHE, LÂCHEUR, RELÂCHE, RELÂCHEMENT, RELÂCHER.

lâcheté **n. f.** ✦ Manque de courage devant le danger. ❑ contr. **audace, bravoure, courage, intrépidité, vaillance.** *Il a préféré mentir, par lâcheté.*

▷ Mot de la famille de ① LÂCHE.

lâcheur **n. m.**, **lâcheuse** **n. f.** ✦ Personne qui abandonne ceux envers qui elle s'était engagée. *Louise devait nous aider, mais elle n'est pas venue. Quelle lâcheuse !*

▷ Mot de la famille de LÂCHER.

laconique **adj.** ✦ Qui est exprimé en peu de mots. → **bref, concis.** *Il nous a adressé une réponse laconique.*

lacrymogène **adj.** ✦ *Un gaz lacrymogène,* qui pique les yeux et la gorge et qui fait pleurer. *Les policiers ont envoyé du gaz lacrymogène sur les manifestants.*

● Il y a un *y* après le *r.*

lacté, lactée **adj.** **1.** *Un produit lacté,* qui contient du lait. *Le bébé mange une bouillie lactée.* **2.** *La Voie lactée,* c'est la grande traînée blanche et floue, formée de milliers d'étoiles et de corps célestes, que l'on aperçoit dans le ciel quand la nuit est claire. → aussi **galaxie.**

lacune **n. f.** ✦ Ce qui manque dans un texte ou des connaissances. *Il a de graves lacunes en histoire.* → **insuffisance.**

lacustre **adj.** ✦ Situé dans un lac ou au bord d'un lac. *Les cités lacustres étaient des villages dont les maisons étaient construites sur pilotis au-dessus de l'eau.*

▷ Mot de la famille de LAC.

lagon **n. m.** ✦ Petit lac d'eau de mer entre la terre et un récif de corail.

lagon

lagune n. f. ✦ Étendue d'eau salée séparée de la mer par une étroite bande de sable. *La ville de Venise, en Italie, est construite sur une lagune.*

laïc [laik] n. m., **laïque** [laik] n. f. et adj.
■ n. Personne qui ne fait pas partie du clergé. *L'entretien de l'église est assuré par des laïcs.* ❏ contr. **ecclésiastique.**
■ adj. Indépendant de toute religion. *L'enseignement laïque. Paul va dans une école laïque.* ❏ contr. **religieux.**
● On écrit *un laïc, une laïque,* mais l'adjectif s'écrit toujours *laïque,* au masculin comme au féminin.
➤ **laïcité** n. f. ✦ *La laïcité de l'État,* c'est son indépendance par rapport à la religion.

laid, laide adj. ✦ Désagréable à regarder. → **affreux, hideux, horrible,** ① **vilain ;** fam. **moche.** *Sa cousine est très laide.* ❏ contr. **beau, joli.** ❍ homonymes : laie, lait, les.
➤ **laideur** n. f. ✦ Caractère de ce qui est laid. *La sorcière était d'une laideur repoussante.* ❏ contr. **beauté.**
▷ Autre mot de la famille : ENLAIDIR.

laie n. f. ✦ Femelle du sanglier. *La laie et ses marcassins.* ❍ homonymes : laid, lait, les.

laine n. f. ✦ Matière souple provenant du poil des moutons. *Des chaussettes de laine.*
➤ **lainage** n. m. 1. Tissu de laine. *Un manteau en lainage.* 2. Vêtement de laine tricotée. *Mets un lainage, il ne fait pas chaud.*
➤ **laineux, laineuse** adj. ✦ Qui contient beaucoup de laine. *Une étoffe laineuse.*
➤ **lainier, lainière** adj. ✦ Relatif à la laine. *L'industrie lainière.*

laïque → **laïc**

laisse n. f. ✦ Lanière que l'on attache au collier d'un chien pour le tenir. *Il promène son chien en laisse.*

laisser v. (conjug. 1) 1. Ne pas empêcher. *Laissez-moi passer.* 2. Ne pas manger. *Louise a laissé toute sa purée.* 3. Ne pas prendre. *Il laissera sa voiture à la gare.* 4. Ne pas emmener avec soi. *L'été, nous laissons le chien à des amis.* → **confier.** 5. Vendre à un prix avantageux. *Le pâtissier nous a laissé deux gâteaux pour le prix d'un.* 6. *Il faut laisser cuire le poulet pendant une heure,* le faire cuire sans y toucher. *Julie a laissé tomber ses lunettes,* elle les a fait tomber sans le faire exprès. 7. **se laisser,** ne pas s'empêcher, ne pas se priver. *Laissez-vous aller,* détendez-vous. *Ne te laisse pas faire !* ne cède pas !
➤ **laisser-aller** n. m. inv. ✦ Manque d'effort, de soin. *Il y a du laisser-aller dans son travail.* → **relâchement.** ▷ Mot de la famille de ① ALLER.
➤ **laissez-passer** n. m. inv. ✦ Papier officiel autorisant une personne à circuler librement dans un endroit gardé. *Le journaliste montre son laissez-passer au policier.* — Au pl. *Des laissez-passer.* ▷ Mot de la famille de PASSER.
▷ Autre mot de la famille : DÉLAISSER.

lait n. m. ✦ Liquide blanc, très nourrissant, produit par les mamelles des femelles de certains animaux et par les seins des femmes qui viennent d'avoir un bébé. *Ce fromage est fait avec du lait de vache. Alex a bu un café au lait.* ❍ homonymes : laid, laie, les.
➤ **laitage** n. m. ✦ Aliment fabriqué avec du lait. *Les yaourts, le fromage blanc sont des laitages.*
➤ **laitance** n. f. ✦ Liquide blanc produit par les poissons mâles, qui contient des milliers de spermatozoïdes. *Le mâle couvre de sa laitance les œufs du poisson femelle pour les féconder.*
➤ **laiterie** n. f. ✦ Usine dans laquelle on traite le lait pour le conserver ou le transformer en beurre.
➤ **laiteux, laiteuse** adj. ✦ Blanc comme du lait. *Le bébé a la peau laiteuse.*
➤ **laitier** n. m. et adj., **laitière** n. f. et adj.
■ n. Personne qui ramasse le lait dans les fermes ou qui le livre chez les commerçants.
■ adj. 1. *Une vache laitière,* une vache élevée pour son lait. *Un troupeau de vaches laitières.* 2. *Les produits laitiers,* faits avec du lait. *Le beurre, le fromage, la crème sont des produits laitiers.* → **laitage.**
▷ Autres mots de la famille : ALLAITEMENT, ALLAITER, PETIT-LAIT.

laiton n. m. ✦ Alliage de cuivre et de zinc, de couleur jaune. *Un fil de laiton.*

laitue n. f. ✦ Salade à feuilles tendres.

laïus [lajys] n. m. ✦ Familier. Discours. *Il nous a fait un laïus interminable à la fin du dîner.*
● De *Laïus,* nom d'un personnage de la mythologie grecque.

lama **n. m.** ✦ Animal au pelage brun clair, qui ressemble à un petit chameau sans bosse et vit dans les montagnes d'Amérique du Sud. → **vigogne.** *Les lamas sont utilisés comme bêtes de somme ainsi que pour leur laine et leur viande.*
● C'est un mot d'Amérique du Sud.

lama

lambeau **n. m.** ✦ Morceau d'un tissu déchiré. *Théo s'est battu et maintenant sa chemise est en lambeaux.*

lambin, lambine **adj.** ✦ Familier. Lent. *Paul est un peu lambin.* ❏ contr. ① **rapide, vif.** — **N.** *Dépêche-toi Louise ; quelle lambine !*
➤ **lambiner** **v.** (conjug. 1) ✦ Familier. Agir avec lenteur et mollesse. → **traîner.** *Les enfants lambinent sur le chemin de l'école.* ❏ contr. se **dépêcher,** se **presser.**

lambris [lɑ̃bʀi] **n. m.** ✦ Panneau en bois ou en marbre qui recouvre les murs ou le plafond d'une pièce et sert de décoration.

lame **n. f.** **1.** Partie tranchante d'un couteau, d'un outil servant à couper ou à tailler. *La lame d'un poignard.* **2.** *Une lame de rasoir,* c'est un petit rectangle d'acier très coupant que l'on met dans un rasoir. **3.** Bande plate et mince d'une matière dure. *Les lames du parquet grinçaient à chaque pas.* → **latte.** **4.** Vague. *Un des matelots a été emporté par une lame.*
➤ **lamelle** **n. f.** ✦ Petite lame très mince. *Des oignons coupés en lamelles.*

se **lamenter** **v.** (conjug. 1) ✦ Se plaindre. → **geindre, gémir.** *Elle ne cesse de se lamenter sur son sort.* ❏ contr. se **réjouir.**
➤ **lamentable** **adj.** ✦ Très mauvais. → **déplorable, pitoyable.** *Julie a eu une note lamentable en français.* ❏ contr. **excellent.**
➤ **lamentablement** **adv.** ✦ De manière lamentable. *Il a lamentablement échoué à son examen.* → **piteusement.**
➤ **lamentations** **n. f. pl.** ✦ Suite de paroles dites pour se plaindre. *Cesse tes lamentations !* → **jérémiades.**

laminer **v.** (conjug. 1) ✦ Amincir du métal en le comprimant fortement. *On lamine le métal pour le transformer en plaques, en tôles, en barres ou en tubes.*
➤ **laminoir** **n. m.** ✦ Machine composée de deux gros rouleaux d'acier tournant en sens inverse entre lesquels on fait passer le métal à laminer.

lampe **n. f.** ✦ Appareil d'éclairage. *L'abat-jour de sa lampe de chevet est blanc. La lampe ne marche plus, il faut changer l'ampoule.*
➤ **lampadaire** **n. m.** ✦ Lampe montée sur un très haut pied et qui sert à éclairer une pièce ou une rue. → aussi **réverbère.**
➤ **lampion** **n. m.** ✦ Lanterne en papier coloré. *C'est la fête au village, on a suspendu des lampions dans les rues.*

lampadaire

lamproie **n. f.** ✦ Poisson au corps très allongé sans écailles, qui ressemble à une anguille. *Certaines lamproies vivent dans la mer, d'autres dans les rivières.*

lance n. f. 1. Arme formée d'un long manche terminé par une pointe en fer. → aussi **javelot**, ① **pique**. *Le chevalier transperça son ennemi d'un coup de lance.* 2. *Une lance à eau,* c'est un tube métallique placé au bout d'un tuyau d'arrosage pour aider à diriger le jet. *Les pompiers éteignent l'incendie avec leur lance.*
▷ Autres mots de la famille : ② ÉLAN, ÉLANCÉ, ÉLANCER, S'ÉLANCER, LANCÉE, LANCE-FLAMMES, LANCEMENT, LANCE-PIERRES, ① et ② LANCER, LANCEUR, RELANCE, RELANCER.

lancée n. f. ✦ Vitesse que l'on a prise. → ② **élan.** *Le cavalier a continué sur sa lancée, sans s'arrêter à la ligne d'arrivée.*
▷ Mot de la famille de LANCE.

lance-flammes n. m. inv. ✦ Engin de combat servant à projeter des liquides enflammés. — Au pl. *Des lance-flammes.*
▷ Mot de la famille de LANCE et de FLAMME.

lancement n. m. 1. Envoi d'un engin dans l'espace. *Le lancement de la fusée a été retransmis à la télévision.* 2. Fait de faire connaître un produit, de le lancer. *La publicité est nécessaire au lancement d'un produit.*
▷ Mot de la famille de LANCE.

lance-pierres n. m. inv. ✦ Instrument à deux branches muni d'un gros élastique dont on se sert pour lancer des pierres. → **fronde.** — Au pl. *Des lance-pierres.*
▷ Mot de la famille de LANCE et de PIERRE.

① **lancer** v. (conjug. 3) 1. Envoyer loin de soi avec force. *Des voyous ont lancé des cailloux dans la vitrine.* 2. *Lancer un appel,* l'émettre. *Le navire en détresse a lancé un S.O.S.* 3. Mettre en mouvement. *Le train était lancé à toute vitesse.* 4. Faire connaître en mettant en valeur. *C'est ce film qui a lancé ce comédien,* qui l'a rendu célèbre. *On lance une nouvelle marque de yaourts,* on fait de la publicité pour la faire connaître. → aussi **lancement.** 5. **se lancer,** s'élancer. *Julie s'est lancée à la poursuite de son chien.* → se **précipiter.**
➤ ② **lancer** n. m. ✦ Épreuve sportive qui consiste à lancer quelque chose le plus loin possible. *Le lancer du poids, du disque, du javelot, du marteau.*
➤ **lanceur** n. m., **lanceuse** n. f. ✦ Athlète spécialisé dans les lancers. *Une lanceuse de poids.*
▷ Mots de la famille de LANCE.

lancinant, lancinante adj. ✦ *Une douleur lancinante,* très vive et qui revient sans cesse. *Elle a une douleur lancinante dans l'épaule.*

landau n. m. (pl. **landaus**) ✦ Voiture d'enfant à capote, dans laquelle le bébé est couché. → aussi **poussette.** *Le bébé est dans son landau.*

lande n. f. ✦ Grande étendue de terre où ne poussent que certaines plantes sauvages comme les ajoncs, la bruyère et les genêts. → aussi **garrigue, maquis.** *La lande bretonne.*

lande

langage n. m. 1. Emploi d'un ensemble de signes permettant de communiquer. *La parole et l'écriture constituent le langage des hommes.* 2. Système qui permet de communiquer. *Le langage des signes des sourds-muets.* 3. Façon de parler particulière à une personne ou à un groupe de personnes. *Le mot « quenotte » appartient au langage des enfants.* → **langue.**
▷ Mot de la famille de LANGUE.

lange n. m. ✦ Morceau de tissu de laine ou de coton dont on enveloppait les bébés autrefois.
➤ **langer** v. (conjug. 3) ✦ Envelopper dans des langes. *Autrefois on langeait les bébés.* → **emmailloter.**

langoureux, langoureuse adj. ✦ Tendre et rêveur. *Il jette à sa fiancée des regards langoureux.*
▷ Mot de la famille de LANGUIR.

langouste n. f. ✦ Animal marin de couleur grise ou rose, avec de longues antennes mais sans pinces, à la différence du homard. *Ils mangent une langouste grillée.*

➤ **langoustine** **n. f.** ✦ Petit animal marin rose, à pinces longues et étroites. *Nous avons mangé des beignets de langoustines.* ➻ planche Crustacés p. 243.

langue **n. f.** **1.** Organe charnu, placé dans la bouche, qui sert à goûter les aliments et à parler. *Julie s'est brûlé la langue en mangeant sa soupe.* **2.** *Avoir la langue bien pendue,* être bavard. *Donner sa langue au chat,* renoncer à deviner, à trouver la solution. *Ne pas savoir tenir sa langue,* ne pas savoir garder un secret. *Une mauvaise langue,* une personne qui dit du mal des autres. *Il faut tourner sa langue sept fois dans sa bouche avant de parler,* il faut réfléchir avant de prendre la parole. **3.** Ensemble des mots et des règles qu'on utilise pour parler, comprendre ce qui est dit, écrire et lire. *Les Français et les Anglais ne parlent pas la même langue. Sa langue maternelle est le chinois,* la langue qu'il a apprise quand il a commencé à parler. *L'italien est une langue vivante,* une langue que l'on parle actuellement. *Le latin est une langue morte,* une langue que l'on ne parle plus. **4.** Ensemble de mots particuliers employés par certaines personnes ou à certains moments. → **langage** et aussi **jargon.** *La langue des notaires est parfois difficile à comprendre.*

➤ **languette** **n. f.** ✦ Objet plat, souple et allongé qui ressemble à une petite langue. *Les chaussures à lacets ont une languette sous les lacets.*

▷ Autre mot de la famille : LANGAGE.

languir **v.** (conjug. 2) **1.** Manquer d'animation. *La conversation languissait.* → **traîner.** **2.** *Faire languir quelqu'un,* le faire attendre. *Ne me fais pas languir, raconte-moi la fin de l'histoire.*

➤ **langueur** **n. f.** ✦ Manque d'activité ou d'énergie. *Julie est allongée sur le canapé dans une pose pleine de langueur.*

➤ **languissant, languissante** **adj.** ✦ Qui manque d'énergie, d'entrain. *Elle parle d'une voix languissante.*

▷ Autre mot de la famille : LANGOUREUX.

lanière **n. f.** ✦ Longue et étroite bande de cuir, de tissu, de plastique. → **courroie.** *Des lanières de sandales.*

lanterne **n. f.** **1.** Boîte à parois transparentes dans laquelle on place une lumière. *Une lanterne en fer forgé.* **2.** *La lanterne rouge,* c'est le dernier d'un classement. *La lanterne rouge de la course.*

lapalissade **n. f.** ✦ Vérité tellement évidente qu'elle fait rire. « *Cinq minutes avant sa mort, il était encore vivant* » *est une lapalissade.*

● On dit aussi une *vérité de la Palice.* Ce mot vient du nom de monsieur de la Palice ou la Palisse, héros d'une chanson.

laper **v.** (conjug. 1) ✦ Boire à coups de langue. *Le chat lape le lait dans son écuelle.*

lapereau **n. m.** ✦ Jeune lapin. *Une lapine et ses lapereaux.*

lapider **v.** (conjug. 1) ✦ Tuer en lançant des pierres. *La foule a lapidé l'assassin.*

lapin **n. m.**, **lapine** **n. f.** **1.** Petit animal herbivore, au pelage beige, fauve, noir ou blanc, très doux, et aux longues oreilles. → aussi **lapereau** et **lièvre.** *Les lapins d'élevage vivent dans des clapiers.* **2.** Familier. *Poser un lapin à quelqu'un,* c'est ne pas aller à un rendez-vous avec lui.

laps [laps] **n. m.** ✦ *Un laps de temps,* un espace de temps, une durée. *Il a dû attendre un laps de temps assez long.*

lapsus [lapsys] **n. m.** ✦ Erreur involontaire qui consiste à employer un mot à la place d'un autre. *Paul a fait un lapsus, il a dit « au revoir » quand il est arrivé.*

laquais **n. m.** ✦ Autrefois, serviteur qui portait l'uniforme de la maison de son maître. → **valet** et aussi **livrée.**

laque **n. f.** **1.** Peinture brillante qui a l'aspect du vernis. *La carrosserie de la voiture est recouverte de laque.* **2.** Produit que l'on vaporise sur les cheveux pour faire tenir la coiffure. ○ homonyme : lac.

▷ Autre mot de la famille : LAQUER.

laquelle → **lequel**

lanterne

laquer v. (conjug. 1) 1. Recouvrir de laque. *Les murs de la salle de bains sont laqués.* 2. *Se laquer les cheveux,* vaporiser de la laque dessus.
▷ Mot de la famille de LAQUE.

larcin n. m. ✦ Vol d'un objet de peu de valeur.

lard [laʀ] n. m. ✦ Épaisse couche de graisse que le porc a sous la peau. *Une omelette au lard.*
● Il y a un *d* à la fin.
➤ **larder** v. (conjug. 1) 1. Mettre des morceaux de lard dans un morceau de viande. *Le boucher larde le rôti.* 2. *Larder quelqu'un de coups de couteau,* c'est le percer de nombreux coups de couteau. *L'assassin a lardé sa victime de coups de couteau.*
➤ **lardon** n. m. ✦ Petit morceau de lard dont on se sert en cuisine. *Une salade aux lardons.*

large adj., n. m. et adv.
■ adj. 1. Grand dans le sens de la largeur. *Une avenue est plus large qu'une ruelle.* ❑ contr. **étroit.** 2. Qui n'est pas serré. *Julie aime les pantalons larges.* → **ample.** 3. Important. *Il y a une large part de mensonge dans ce qu'il dit.* ❑ contr. **petit.** 4. *Avoir les idées larges,* admettre que les autres puissent penser autrement que soi. — On dit aussi *être large d'esprit.* ❑ contr. **borné, étroit.** 5. Généreux. *Elle est très large avec ses petits-enfants.* ❑ contr. **mesquin.**
■ n. m. 1. Largeur. *La pièce a 4 mètres de long et 3 mètres de large.* 2. *Être au large,* avoir beaucoup de place. *Dans cette voiture, on est au large.* ❑ contr. à l'**étroit.** 3. La haute mer. *Le bateau a gagné le large.*
■ adv. *Compter, calculer large,* en comptant un peu plus. *Ce voyage reviendrait à 800 euros en comptant large.*
➤ **largement** adv. ✦ Plus que nécessaire. *Alex avait largement de quoi payer son livre.* → **amplement.** *Nous sommes arrivés largement en avance,* très en avance.
➤ **largesse** n. f. ✦ Don généreux. *Ce n'est pas son genre de faire des largesses.*
➤ **largeur** n. f. 1. La plus petite dimension d'une surface. *La table a 2 mètres de longueur sur 80 centimètres de largeur.* → **large.** 2. *La largeur d'esprit,* c'est la tolérance, la compréhension. ❑ contr. **étroitesse.**
▷ Autres mots de la famille : ÉLARGIR, ÉLARGISSEMENT.

larguer v. (conjug. 1) 1. *Larguer les amarres,* c'est les détacher pour que le bateau puisse partir. *Les matelots larguent les amarres.* 2. Laisser tomber. *L'avion a largué des bombes sur la ville.* → **lâcher.**

larme n. f. 1. Goutte d'eau salée qui coule des yeux. *Léa a du chagrin, elle est en larmes.* → **pleurs.** 2. Petite quantité de liquide. *Je veux bien encore une larme de whisky.*
➤ **larmoyer** v. (conjug. 8) ✦ Être plein de larmes. *Ses yeux larmoyaient à cause du vent.*

larve n. f. ✦ Forme que prennent certains animaux avant de devenir adultes. *La chenille est la larve du papillon, le têtard celle de la grenouille.*

larynx [laʀɛ̃ks] n. m. ✦ Organe situé à l'intérieur du cou et qui contient les cordes vocales.
● Ce mot prend un *y* et un *x*.

las [lɑ], **lasse** [lɑs] adj. 1. Très fatigué, incapable de faire un effort supplémentaire. *Louise était très lasse après cette longue journée.* → **épuisé, harassé.** 2. *Être las de quelque chose,* en avoir assez. *Je suis lasse de t'entendre te plaindre.* ❍ homonymes : ① et ② la, là.
▷ Autres mots de la famille : DÉLASSEMENT, DÉLASSER, INLASSABLE, INLASSABLEMENT, LASSANT, LASSER, LASSITUDE.

lasagne n. f. ✦ *Des lasagnes,* ce sont des pâtes en forme de large ruban que l'on mange à la sauce tomate et gratinées. *Elle a préparé des lasagnes pour le dîner.*

laser [lazɛʀ] n. m. ✦ Rayon de lumière très concentré, utilisé dans de nombreuses techniques. *Une opération chirurgicale au laser.* — **Adj. inv.** *Un rayon laser. Une imprimante laser.*
● Ce mot vient de l'anglais.

lasser v. (conjug. 1) ✦ Fatiguer en ennuyant. *Elle lasse tout le monde avec ses histoires interminables.* — **se lasser,** en avoir assez. *Les enfants ne se lassent jamais de jouer.* ❍ homonyme : lacer.
➤ **lassant, lassante** adj. ✦ Fatigant. *C'est lassant de devoir toujours répéter les mêmes choses !*
➤ **lassitude** n. f. 1. Grande fatigue. *Malgré sa lassitude, il se remit à travailler.* 2. Ennui et découragement. *Il a cédé à ses enfants par lassitude.*
▷ Mots de la famille de LAS.

lasso n. m. ✦ Longue corde terminée par un nœud coulant. *Les cow-boys attrapent les chevaux sauvages au lasso.* — Au pl. *Des lassos.*
● Ce mot vient de l'espagnol.

lasso

latent, latente adj. ✦ Qui ne se manifeste pas mais peut éclater à tout moment. *La révolte était latente.*

latéral, latérale adj. ✦ Situé sur le côté. *La voiture emprunta l'allée latérale.* — Au masc. pl. *latéraux.*
▷ Autres mots de la famille : BILATÉRAL, ÉQUILATÉRAL, UNILATÉRAL.

latex n. m. ✦ Liquide visqueux, parfois un peu blanc, qui forme la sève de certains arbres. *On recueille le latex de l'hévéa pour fabriquer le caoutchouc.*

latin n. m. et adj., **latine** adj.
■ **n. m.** Langue que les Romains parlaient autrefois. *De nombreux mots français viennent du latin.*
■ **adj. 1.** Qui concerne la langue et la civilisation romaines. *La grammaire latine. Les langues latines,* qui viennent du latin. **2.** *L'Amérique latine,* l'Amérique du Sud.

latitude n. f. **1.** Distance qui sépare un point du globe terrestre de l'équateur. *Paris est à 48° 52' de latitude Nord.* → **parallèle** et aussi **longitude**. **2.** Possibilité de faire comme l'on veut. → **liberté**. *Vous avez toute latitude de refuser.*

latte n. f. ✦ Long morceau de bois mince et étroit. *Les lattes du parquet.* → **lame**.

lauréat n. m., **lauréate** n. f. ✦ Personne qui a remporté un prix dans un concours. → **gagnant, vainqueur**. *Les lauréats du prix Nobel.*

laurier n. m. ✦ Arbuste dont les feuilles allongées et brillantes ne tombent pas en hiver et sont utilisées en cuisine comme aromate. *Elle met du thym et du laurier dans le ragoût.*

lavable adj. ✦ Que l'on peut laver. *Une peinture lavable. Ce pantalon est lavable en machine.*
▷ Mot de la famille de LAVER.

lavabo n. m. ✦ Cuvette à hauteur de table fixée au mur, munie de robinets et d'un système de vidange, servant à faire sa toilette. *Louise se lave les mains dans le lavabo.*

lavage n. m. ✦ Action de laver. *Mon pull a déteint au lavage,* quand on l'a lavé.
▷ Mot de la famille de LAVER.

lavande n. f. ✦ Plante à fleurs bleues ou violettes qui sentent très bon. *Un savon à la lavande.*

champ de **lavande**

lave n. f. ✦ Matière pâteuse et noirâtre qui sort brûlante d'un volcan en éruption. *Une coulée de lave a dévasté le village.*

laver v. (conjug. 1) ✦ Nettoyer avec de l'eau et éventuellement du savon ou de la lessive. *Alex lave la voiture de ses parents. Léa s'est lavé les dents.* — **se laver,** c'est faire sa toilette. *Julie s'est lavée avant de se coucher.*
➤ **lave-glace** n. m. ✦ Appareil qui envoie un jet d'eau sur le pare-brise d'une voiture. — Au pl. *Des lave-glaces.* ▷ Mot de la famille de ① GLACE.

➤ **lave-linge** **n. m. inv.** ✦ Machine à laver le linge. *Il met les draps sales dans le lave-linge.* — Au pl. *Des lave-linge.* ▷ Mot de la famille de LINGE.

➤ **laverie** **n. f.** ✦ Local équipé de machines où l'on peut venir laver son linge en payant. → aussi **blanchisserie.**

➤ **lavette** **n. f.** ✦ Gant de toilette.
● Ce mot est employé en Suisse.

➤ **laveur** **n. m.,** **laveuse** **n. f.** ✦ Personne dont le métier est de laver quelque chose. *Un laveur de carreaux.*

➤ **lave-vaisselle** **n. m. inv.** ✦ Machine à laver la vaisselle. *Elle vide le lave-vaisselle.* — Au pl. *Des lave-vaisselle.* ▷ Mot de la famille de VAISSELLE.

➤ **lavoir** **n. m.** ✦ Bassin aménagé pour laver le linge. *Autrefois, on allait laver son linge au lavoir du village.*
▷ Autres mots de la famille : DÉLAVÉ, LAVABLE, LAVAGE.

laxatif, laxative **adj.** ✦ *Une tisane laxative,* qui relâche l'intestin et purge légèrement. — **N. m.** *Quand on est constipé, on prend des laxatifs.* → **purgatif.**

layette [lɛjɛt] **n. f.** ✦ Ensemble des vêtements d'un bébé. *Elle a entièrement tricoté la layette de sa fille.*

① **le** **article défini m.,** **la** **article défini f.,** **les** **article défini pl.** ✦ *Le singe et la guenon ont mangé toutes les bananes. Il a perdu l'appétit.* → aussi **au, du.**
● *Le* et *la* deviennent *l'* devant une voyelle (ex. : *l'artiste*) ou un *h* muet (ex. : *l'hippopotame*).
▷ Autres mots de la famille : LENDEMAIN, LEQUEL, SUR-LE-CHAMP, SURLENDEMAIN.

② **le** **pronom m.,** **la** **pronom f.,** **les** **pronom pl.** ✦ Pronoms personnels de la 3ᵉ personne, compléments d'objet direct représentant un nom ou un pronom qui vient d'être exprimé ou va l'être. *C'est Julie, je la reconnais. Je l'entends mais je ne le vois pas. Je ne trouve pas mes clés, où les ai-je mises ?*
● *Le* et *la* deviennent *l'* devant une voyelle ou un *h* muet.

leader [lidœʀ] **n. m.** **1.** Chef d'un parti politique. *Les leaders de l'opposition.* **2.** Concurrent qui est en tête d'une compétition. *Le leader de la course.*
● C'est un mot anglais qui veut dire « celui qui dirige ».

lécher **v.** (conjug. 6) ✦ Passer sa langue sur. *Léa lèche sa glace.* — **se lécher,** passer sa langue sur soi. *Le chat se lèche pour lustrer sa fourrure.*

➤ **lèche-vitrine** **n. m.** ✦ *Faire du lèche-vitrine,* se promener en regardant les vitrines des magasins. *Samedi après-midi, Julie et sa mère ont fait du lèche-vitrine.* ▷ Mot de la famille de VITRE.
▷ Autre mot de la famille : SE POURLÉCHER.

se **lécher**

leçon **n. f.** **1.** Ce qu'un élève doit apprendre et savoir. *Théo apprend sa leçon d'histoire et fera ensuite ses devoirs.* **2.** Cours donné par un professeur. *Louise prend des leçons de piano.* **3.** Enseignement que l'on tire d'un événement. *Cette mauvaise expérience lui a servi de leçon.*

lecteur **n. m.,** **lectrice** **n. f.** **1.** Personne qui lit. *Ce journal a de nombreux lecteurs.* **2.** **n. m.** Appareil qui permet de reproduire des sons, des images et des informations enregistrés. *Ils ont un lecteur de CD et un lecteur de D. V. D.*

lecture **n. f.** **1.** Action de lire. *Louise aime la lecture,* elle aime lire. *Mamie fait la lecture à ses petits-enfants,* elle leur lit des histoires à haute voix. **2.** Ce que l'on lit. *Ce livre est très difficile, ce n'est pas une lecture pour toi,* ce n'est pas un texte pour toi. *Je vous ai apporté de la lecture,* de quoi lire.

légal, légale **adj.** ✦ Conforme à la loi, fixé par la loi. *Il est entré en France de façon légale.* ❑ contr. **illégal.** — Au masc. pl. *légaux.*

➤ **légalement** **adv.** ✦ Suivant la loi. *Les députés ont été élus légalement.* ❑ contr. **illégalement.**

➤ **légaliser** **v.** (conjug. 1) ✦ Rendre légal, autoriser par une loi. *La contraception a été légalisée en France en 1967.*

➤ **légalité** **n. f.** ✦ Ce qui est conforme à la loi. ❑ contr. **illégalité.** *Il faut toujours respecter la légalité.*

▷ Autres mots de la famille : ILLÉGAL, ILLÉGALEMENT, ILLÉGALITÉ.

légataire **n. m. et f.** ✦ Personne à qui on lègue ses biens, sa fortune. → aussi **héritier.**

▷ Mot de la famille de LÉGUER.

légende **n. f.** **1.** Récit merveilleux que les gens se transmettent de génération en génération. → **conte,** ① **histoire.** *La légende dit que le château est hanté.* **2.** Petit texte qui explique l'image, sous une photo ou un dessin. *La légende indique qu'il s'agit de Paris, en 1920.*

➤ **légendaire** **adj.** **1.** Qui n'existe que dans les légendes. *L'ogre est un personnage légendaire.* → **fabuleux, imaginaire.** ❑ contr. **historique.** **2.** Bien connu. *Ses colères sont légendaires.* → **célèbre.**

léger, légère **adj.** **1.** Qui a peu de poids, qui se soulève facilement. *Ma valise est très légère.* ❑ contr. **lourd, pesant.** **2.** Peu abondant. *Elle a pris un repas léger.* → **frugal.** ❑ contr. **copieux.** **3.** Vif et gracieux. *Elle a une démarche souple et légère.* **4.** Mince, fin. *Une légère couche de neige recouvre le sol.* ❑ contr. **épais.** *Léa porte une robe légère.* ❑ contr. **chaud.** **5.** Peu important. → **faible.** *Le gâteau a un léger goût de brûlé.* ❑ contr. ① **fort.** **6.** Irresponsable. → **inconséquent.** *Il est un peu léger d'avoir laissé son bébé tout seul.* ❑ contr. **sérieux.** **7.** *À la légère,* sans réfléchir, avec insouciance. *Il a pris sa décision à la légère.*

➤ **légèrement** **adv.** **1.** Sans excès. *Dînez légèrement et couchez-vous de bonne heure.* **2.** *S'habiller légèrement,* avec des vêtements légers. ❑ contr. **chaudement.** **3.** À peine. *Paul est légèrement plus jeune que Louise,* un petit peu plus jeune. → fam. **un tantinet.** *Le cheval était légèrement blessé.* ❑ contr. **grièvement.** **4.** Sans réfléchir suffisamment, à la légère. *Il a agi légèrement.*

➤ **légèreté** **n. f.** **1.** Caractère de ce qui ne pèse pas lourd. *Cette table est d'une grande légèreté.* ❑ contr. **lourdeur.** **2.** Aisance dans les mouvements. *Louise marche avec légèreté.* **3.** Finesse. *La légèreté d'un tissu.* **4.** Manque de sérieux. → **insouciance.** *Il a fait preuve de légèreté en ne vérifiant pas ses comptes.*

▷ Autres mots de la famille : ALLÉGÉ, ALLÈGEMENT, ALLÉGER.

légion **n. f.** **1.** Chez les anciens Romains, armée composée de soldats à pied et à cheval. *Les légions de Jules César conquirent la Gaule.* **2.** *La Légion étrangère,* c'est une troupe d'élite française composée de volontaires français et étrangers soumis à une discipline très stricte et envoyés dans les combats les plus durs. **3.** *La Légion d'honneur,* c'est une décoration que l'on reçoit, en France, en récompense des services que l'on a rendus au pays.

➤ **légionnaire** **n. m.** **1.** Soldat d'une légion romaine. **2.** Soldat de la Légion étrangère. *Les légionnaires portent un képi blanc et une ceinture bleue.*

légion romaine

législatif, législative **adj.** **1.** Qui fait les lois, vote les lois. *L'Assemblée nationale et le Sénat sont des Chambres législatives.* → aussi **exécutif.** **2.** *Les élections législatives,* ce sont les élections des députés.

législation **n. f.** ✦ Ensemble des textes de lois qui s'appliquent dans un pays. *La législation française et la législation anglaise sont différentes.*

légitime **adj.** **1.** Reconnu par la loi. ❑ contr. **illégitime.** *C'est sa femme légitime,* il est marié avec elle. **2.** Juste, compréhensible. *Tes reproches sont légitimes.* → **fondé.** *Quand il a tiré*

sur le voleur qui le menaçait, il était en état de légitime défense, son acte était interdit par la loi mais compréhensible dans ce cas-là.
▷ Autre mot de la famille : ILLÉGITIME.

léguer v. (conjug. 6) ✦ Donner par testament. *Il a légué tous ses biens à sa nièce avant de mourir.*
➤ **legs** [lɛg] n. m. ✦ Don que l'on fait par testament. *Il a fait un legs à sa nièce.* → aussi **légataire.**
▷ Autre mot de la famille : LÉGATAIRE.

légume n. m. ✦ Plante dont on mange certaines parties. *La salade, les épinards, les carottes sont des légumes verts. Les lentilles sont des légumes secs.*

leitmotiv [lajtmɔtif] ou [lɛtmɔtiv] n. m. ✦ Phrase, idée qui revient sans cesse. *La lutte contre la pollution, c'est son leitmotiv.* → **refrain.** — Au pl. *Des leitmotiv* ou *des leitmotive.*
● *Leitmotiv* est un mot allemand qui veut dire « motif conducteur ».

lémurien n. m. ✦ Animal qui ressemble au singe et qui habite les régions tropicales. *Les lémuriens vivent surtout la nuit.*

lémurien

lendemain n. m. ✦ Jour qui suit celui dont il est question. *Le lendemain de son arrivée, il est tombé malade. Du jour au lendemain,* en très peu de temps.
▷ Mot de la famille de ① EN et de DEMAIN.

lent, lente adj. ✦ Qui met beaucoup de temps à faire quelque chose. ❑ contr. **prompt,** ① **rapide.** *Elle est lente à comprendre ce qu'on lui dit. Ce train s'arrête tout le temps, il est très lent.*

➤ **lentement** adv. ✦ Avec lenteur. *Léa écrit lentement.* ❑ contr. **rapidement, vite.**
➤ **lenteur** n. f. ✦ Manque de rapidité, de vivacité. *Le cortège avance avec lenteur.*
▷ Autres mots de la famille : RALENTI, RALENTIR, RALENTISSEMENT.

lente n. f. ✦ Œuf de pou.

lentille n. f. **1.** *Les lentilles,* ce sont des légumes secs qui se présentent sous la forme de petites graines rondes et plates, brunes ou vertes. **2.** Petit disque de verre qui sert à voir plus gros. *Les lentilles d'un télescope. Il ne met pas de lunettes, il porte des lentilles,* des verres qui corrigent la vue et qui s'appliquent directement sur l'œil. → aussi **verre** de contact.

léopard n. m. ✦ Panthère d'Afrique au pelage tacheté de jaune et de noir. ➼ planche Félins p. 409. *Les léopards sont des fauves solitaires.*

lèpre n. f. ✦ Maladie grave et très contagieuse qui se caractérise par des boursouflures rouges et des plaies sur la peau.
➤ **lépreux** n. m., **lépreuse** n. f. ✦ Personne qui a la lèpre. *Le docteur Albert Schweitzer soignait les lépreux en Afrique noire.*

lequel m. sing., **laquelle** f. sing., **lesquels** m. pl., **lesquelles** f. pl. ✦ Pronoms relatifs et interrogatifs. *Le lit dans lequel j'ai dormi est trop étroit. La personne à laquelle vous venez de parler est la directrice,* à qui vous venez de parler. *Parmi ces chaussettes, lesquelles sont à toi ?* → aussi **auquel, duquel.**
▷ Mot de la famille de ① LE et de QUEL.

les → ① et ② **le**

léser v. (conjug. 6) ✦ Désavantager quelqu'un dans un partage. *Quand les enfants ont partagé les bonbons, Louise a été lésée,* elle en a eu moins que les autres. → **défavoriser, désavantager.** ❑ contr. **avantager, favoriser.**

lésiner v. (conjug. 1) ✦ Dépenser le moins d'argent possible, par avarice. *Elle lésine sur tout.*

lésion n. f. ✦ Blessure due à une maladie ou à un accident, qui abîme une partie du corps. *Il a eu une lésion au cerveau à la suite d'une embolie.*

lessive n. f. **1.** Produit liquide ou en poudre, que l'on dissout dans l'eau pour laver le linge. *Un baril de lessive.* **2.** *Faire la lessive,* c'est laver le linge. **3.** Linge qui vient d'être lavé. *Elle étend la lessive sur une corde à linge.*

➤ **lessiver** **v.** (conjug. 1) ✦ Nettoyer avec de la lessive. *Le peintre lessive les murs du salon.*

➤ **lessiveuse** **n. f.** ✦ Grande bassine dans laquelle on lavait le linge autrefois en le faisant bouillir.

lest **n. m.** ✦ Poids dont on charge un navire, un véhicule pour le rendre plus stable. *En ballon, on lâche du lest pour monter plus haut.*
❍ homonyme : leste.

➤ **lester** **v.** (conjug. 1) ✦ Charger de lest. *Les marchandises qui lestent le cargo sont au fond de la cale.*

▷ Autre mot de la famille : DÉLESTER.

leste **adj.** ✦ Souple et vif dans ses mouvements. *Il marchait d'un pas leste.* → ① **alerte.**
❏ contr. **lourd.** ❍ homonyme : lest.

léthargie **n. f.** ✦ Engourdissement, torpeur. *Il est difficile de l'arracher à sa léthargie.*
● Le *t* est suivi d'un *h*.

➤ **léthargique** **adj.** ✦ Qui manifeste de la léthargie. *Le malade est plongé dans un sommeil léthargique.*
● Le *t* est suivi d'un *h*.

lettre **n. f.** **1.** Chacun des signes de l'alphabet qui note les sons du langage parlé. *Il y a 26 lettres dans l'alphabet français. Alex a écrit son nom en toutes lettres,* sans abréviation. — *À la lettre,* exactement. *Elle a suivi mon conseil à la lettre,* dans tous ses détails. **2.** Texte écrit que l'on adresse à quelqu'un pour lui faire part de quelque chose. *Il a répondu à ma lettre.* **3.** *Les lettres,* la littérature, les langues, la philosophie et l'histoire. *Elle veut faire des études de lettres après son bac.* → aussi **littéraire.**

➤ **lettrine** **n. f.** ✦ Grande lettre décorée, au début d'un chapitre ou d'un paragraphe, dans un livre. *Les manuscrits du Moyen Âge sont ornés de superbes lettrines.*

▷ Autres mots de la famille : ILLETTRÉ, PÈSE-LETTRE.

leucémie **n. f.** ✦ Très grave maladie caractérisée par un trop grand nombre de globules blancs dans le sang. *La leucémie est un cancer des cellules du sang.*

① **leur** **pronom personnel inv.** ✦ Pronom personnel de la 3ᵉ personne du pluriel employé comme complément d'objet indirect. *Le professeur leur a donné un devoir de calcul,* à elles, à eux. → aussi **lui.** ❍ homonyme : leurre.

② **leur** **adj. possessif sing.,** **leurs** **adj. possessif pl.** ✦ Qui est à eux, à elles ; qui sont à eux, à elles. *Ils partent en voyage avec leur fils. Les enfants ont rangé leurs cahiers.* → aussi ① **son.**

③ **leur** **pronom possessif** et **n. m.**

■ **pronom possessif** *Le leur, la leur,* la personne ou la chose qui est à eux, à elles. *Notre maison est voisine de la leur. Mes enfants sont plus âgés que les leurs.*

■ **n. m.** **1.** *Ils y ont mis du leur,* ils ont fait un effort. **2.** **n. m. pl.** *Ils veulent habiter près des leurs,* près de leurs parents, de leurs enfants.

leurre **n. m.** ✦ Tromperie, illusion. *Cet espoir n'était qu'un leurre.* ❍ homonymes : ①, ② et ③ leur.

➤ **se leurrer** **v.** (conjug. 1) ✦ Se faire des illusions. *Il ne faut pas se leurrer, ce travail ne sera pas facile.*

levain **n. m.** ✦ Pâte dans laquelle on a mis de la levure. *Le boulanger mélange le levain à la pâte pour que le pain gonfle.*

▷ Mot de la famille de ① LEVER.

levant **adj. m.** et **n. m.**

■ **adj. m.** *Le soleil levant,* qui se lève. ❏ contr. **couchant.**

■ **n. m.** *Le levant,* l'endroit du ciel où le soleil se lève. → aussi **est, orient.**

▷ Mot de la famille de ① LEVER.

lettrine

levée **n. f.** **1.** Moment où le facteur retire les lettres de la boîte aux lettres pour les acheminer vers leur destination. *Il court poster sa lettre avant la prochaine levée.* **2.** *Faire une levée,* c'est ramasser les cartes des autres lorsqu'on gagne. → **pli.** **3.** Digue de terre ou de pierres. *Une levée retient les eaux du lac.*
▷ Mot de la famille de ① LEVER.

① **lever** **v.** (conjug. 5) **1.** Faire monter. *Il lève les vitres de sa voiture.* → **remonter.** ❑ contr. **baisser.** *Je lève mon verre à votre santé.* **2.** Mettre une partie du corps plus haut qu'elle n'est d'habitude. *Julie lève le doigt, elle veut répondre. Le chien a levé la patte contre un arbre,* il a uriné. **3.** *Le chasseur a levé un lièvre,* il l'a fait sortir de son gîte, à la chasse. **4.** Faire cesser. *Le professeur a levé la punition,* il l'a supprimée. *Le président lève la séance,* il déclare qu'elle est terminée. **5.** *Lever les troupes,* les enrôler, les recruter pour partir en guerre. **6.** Commencer à sortir de terre. *Le blé lève.* → ① **pousser.** **7.** *La pâte lève,* elle gonfle sous l'effet de la fermentation. → aussi **levain, levure.**
➤ se **lever** **v.** **1.** Se mettre debout. *Levez-vous, voici la directrice.* ❑ contr. s'**asseoir.** **2.** Sortir de son lit. *Louise s'est levée tôt, ce matin.* ❑ contr. se **coucher.** **3.** *Le soleil se lève à six heures,* il apparaît à l'horizon. **4.** *Le vent s'est levé,* il a commencé à souffler. **5.** Devenir plus clair. *Le temps s'est levé dans l'après-midi.*
▷ Autres mots de la famille : ÉLEVAGE, ÉLÉVATEUR, ÉLÉVATION, ÉLEVÉ, ÉLEVER, S'ÉLEVER, ÉLEVEUR, ENLÈVEMENT, ENLEVER, LEVAIN, LEVANT, LEVÉE, ② LEVER, LEVIER, LEVURE, PONT-LEVIS, PRÉLÈVEMENT, PRÉLEVER, RELÈVE, RELEVÉ, RELÈVEMENT, RELEVER, SOULÈVEMENT, SOULEVER, SURÉLEVER.

② **lever** **n. m.** **1.** Moment où un astre se lève. *Le lever du soleil.* ❑ contr. ② **coucher.** **2.** Action de sortir de son lit. *Prendre un comprimé au lever et au coucher.* **3.** *Le lever du rideau,* le moment où le rideau se lève au théâtre et où la scène apparaît. *Ils sont arrivés au théâtre juste avant le lever du rideau,* juste avant le début du spectacle.
▷ Mot de la famille de ① LEVER.

levier **n. m.** **1.** Barre très rigide que l'on met sous un objet lourd pour le faire basculer. *Il s'est servi d'un bâton comme levier.* **2.** *Le levier de vitesse d'une voiture,* c'est la manette qui commande la boîte de vitesses.
▷ Mot de la famille de ① LEVER.

levraut **n. m.** ✦ Petit du lièvre. *La hase et ses levrauts.*

lèvre **n. f.** ✦ Chacune des deux parties charnues, roses, qui entourent la bouche. *La lèvre supérieure et la lèvre inférieure. Elle s'est mis du rouge à lèvres. Il mange du bout des lèvres,* sans appétit. — *Être suspendu aux lèvres de quelqu'un,* l'écouter avec une grande attention.

lévrier **n. m.** ✦ Chien à longues pattes, au corps très fin, agile et rapide. ➻ planche Chiens p. 166. *Une course de lévriers.*

levure **n. f.** ✦ Produit que l'on met dans la pâte pour la faire lever. *Elle a mis une cuillerée de levure dans le gâteau.*
▷ Mot de la famille de ① LEVER.

lexique **n. m.** **1.** Petit dictionnaire. *Un lexique français-anglais.* **2.** Ensemble des mots d'une langue. *Le mot « yes » ne fait pas partie du lexique français.* → **vocabulaire.**

lézard **n. m.** ✦ Petit reptile à quatre pattes, à longue queue effilée, au corps allongé et recouvert d'écailles. *La queue des lézards se détache et repousse. Elle a une ceinture en lézard,* en peau de lézard.
➤ **lézarder** **v.** (conjug. 1) ✦ Familier. Se chauffer au soleil en restant sans rien faire. *Il lézarde sur la terrasse toute la journée.*

lézard

lézarde **n. f.** ✦ Fente profonde, étroite et irrégulière dans un mur, un plafond. *Il y a une lézarde dans la façade de cette vieille maison.* → **fissure.**
➤ **lézardé, lézardée** **adj.** ✦ Fendu par une ou plusieurs lézardes. *La façade de la maison est lézardée.*

liaison **n. f.** **1.** Rapport entre deux choses. *Le commissaire a fait la liaison entre les deux événements.* → **lien.** **2.** Action de prononcer deux mots qui se suivent en unissant la dernière consonne du premier mot à la première voyelle du mot suivant. *Il lit à haute voix en faisant les liaisons.* **3.** Communication établie

entre plusieurs personnes. *Le pilote reste en liaison avec la tour de contrôle.* **4.** Communication régulière entre deux villes. *Des vols quotidiens assurent la liaison entre Paris et Londres.*
▷ Mot de la famille de LIER.

liane **n. f.** ✦ Plante possédant de longues tiges souples qui grimpent et s'accrochent aux arbres, surtout dans la forêt tropicale. *Le singe se balance au bout d'une liane.*
▷ Mot de la famille de LIER.

liant, liante **adj.** ✦ Qui se lie facilement avec les autres. *Elle est très liante.* → **sociable.**
▷ Mot de la famille de LIER.

liasse **n. f.** ✦ Paquet de papiers ou de billets de banque attachés ensemble. *Il a sorti une liasse de billets de sa poche.*
▷ Mot de la famille de LIER.

libeller **v.** (conjug. 1) ✦ Rédiger selon les règles établies. *Le client a libellé son chèque à l'ordre du restaurant.*

libellule **n. f.** ✦ Insecte au corps allongé et aux quatre ailes transparentes. ➻ planche Insectes p. 543. *Les libellules volent le plus souvent au-dessus de l'eau.*

libéral, libérale **adj.** **1.** *Une profession libérale,* c'est une profession que l'on exerce librement, sans avoir de patron. *Les professions de médecin, d'avocat ou d'architecte sont des professions libérales.* **2.** Respectueux des idées des autres. *Julie a des parents très libéraux.* → **tolérant.** **3.** *Un gouvernement libéral,* favorable aux libertés individuelles et à la limitation du pouvoir de l'État. ❏ contr. **totalitaire, tyrannique.**

libérer **v.** (conjug. 6) **1.** Mettre en liberté. *On a libéré deux prisonniers.* → **relâcher.** **2.** Dégager de ce qui gêne. *Il faudrait pousser ces chaises pour libérer le passage.* **3.** *Libérer un pays,* c'est le délivrer de l'occupation d'un peuple étranger. *Les Américains ont libéré la France en 1944.* **4.** **se libérer,** se dégager de ses occupations, se rendre disponible. *Excusez-moi je n'ai pas pu me libérer plus tôt.*
➤ **libérateur** **n. m.,** **libératrice** **n. f.** ✦ Personne qui libère. *Le peuple acclame les libérateurs.* — **Adj.** *L'armée libératrice.*

➤ **libération** **n. f.** **1.** Mise en liberté. *Le gouvernement a exigé la libération des otages.* **2.** *La Libération,* c'est, en France, la période où les territoires qui étaient occupés par les troupes allemandes pendant la Seconde Guerre mondiale ont été libérés. *La Libération a mis fin à l'Occupation.*

la **Libération** (Paris, 1944)

liberté **n. f.** **1.** Droit de faire, de penser et de dire ce que l'on veut. *Si tu n'es pas d'accord, tu as toute liberté de refuser,* tu es libre de refuser. *Les peuples luttent pour la liberté, contre la tyrannie.* **2.** Situation d'un être qui n'est pas enfermé. *On a accordé la liberté provisoire au prisonnier. Elle élève des oiseaux en liberté dans le jardin.* ❏ contr. **captivité.**

libraire **n. m. et f.** ✦ Personne dont le métier est de vendre des livres. *Louise est allée chez la libraire acheter une bande dessinée.*
➤ **librairie** **n. f.** ✦ Magasin où l'on vend des livres.

libre **adj.** **1.** Qui fait, pense et dit ce qu'il veut. → aussi **liberté.** *Je me sens libre comme l'air,* tout à fait libre. *Si tu ne veux pas venir, tu es libre de refuser,* tu as le droit de refuser. **2.** Qui n'est pas emprisonné. *L'accusée est sortie de prison, elle est libre.* **3.** Qui est sans occupations. *Êtes-vous libre ce soir ?* ❏ contr. **pris.** *Le temps libre,* c'est du temps dont on peut disposer comme on le souhaite. → aussi **loisir.** *Son métier lui laisse beaucoup de temps libre.* **4.** *Un pays libre,* c'est un pays qui n'est pas dirigé par un tyran ou par un autre pays. → **indépendant.** **5.** *L'école libre,* qui ne dépend pas entièrement de l'État. → **privé.** **6.** Qui n'est pas occupé. *Ce taxi est libre, nous pouvons le prendre.* ❏ contr. **occupé.** *Allons-y, la* *voie est libre !* **7.** Gratuit. *L'entrée à ce concert est libre.* ❑ contr. **payant.**

➤ **librement** **adv.** **1.** Sans que ce soit interdit par la loi ou par un règlement. *Vous pouvez circuler librement dans le parc.* **2.** Avec franchise. *Je vous ai parlé très librement.*

➤ **libre-service** **n. m.** ✦ Magasin où l'on se sert soi-même. *Elle fait ses courses dans un libre-service.* → aussi **hypermarché, supermarché.** — Au pl. *Des libres-services.* ▷ Mot de la famille de SERVIR.

licence **n. f.** **1.** Diplôme d'études supérieures. *Il a une licence d'histoire.* **2.** Autorisation que donne l'Administration pour exercer un commerce ou un sport. *Pour vendre des boissons alcoolisées, il faut une licence.* → **permis.**

➤ ① **licencié** **n. m.,** **licenciée** **n. f.** **1.** Personne qui a obtenu une licence. *C'est une licenciée en droit.* — **Adj.** *Les étudiants licenciés.* **2.** Personne appartenant à une fédération sportive. *La Fédération française de judo compte de nombreux licenciés.*

licencier **v.** (conjug. 7) ✦ Renvoyer de son travail. *L'usine a licencié cent personnes.* → **congédier, remercier.** ❑ contr. **embaucher, engager, recruter.**

➤ ② **licencié** **n. m.,** **licenciée** **n. f.** ✦ Personne qui a été renvoyée de son travail. *Il y a eu de nombreux licenciés dans cette usine.*

➤ **licenciement** **n. m.** ✦ Renvoi. *Il a reçu sa lettre de licenciement.*

lichen

lichen [likɛn] **n. m.** ✦ Végétal formé de l'association d'un champignon et d'une algue, qui ressemble à la mousse. *Les lichens poussent sur les pierres et les troncs d'arbres.*

licorne **n. f.** ✦ Animal imaginaire qui a le corps d'un cheval, la tête d'un cheval ou d'un cerf, une barbiche et une corne unique au milieu du front.

lie **n. f.** ✦ *La lie de vin,* c'est le dépôt qui se forme au fond d'une bouteille de vin ou d'un tonneau. ❍ homonyme : lit.

liège **n. m.** ✦ Matière légère, imperméable et élastique qui vient de l'écorce de certains arbres. *Le bouchon d'une bouteille de champagne est en liège.*
▷ Autre mot de la famille : CHÊNE-LIÈGE.

lier **v.** (conjug. 7) **1.** Attacher. *On a lié les mains du prisonnier.* → **ligoter.** ❑ contr. **délier,** ① **détacher.** **2.** Établir un lien, un rapport entre deux choses. *« Ces deux crimes sont liés », dit le commissaire. L'odeur de la lavande est liée à son enfance.* **3.** *Être lié par une promesse,* être obligé de la tenir. *Elle est liée par sa promesse.* **4.** Unir, rapprocher. *Leur goût commun pour la musique les a liés.* — *Se lier avec quelqu'un,* devenir ami avec lui. *Louise s'est liée d'amitié avec Julie. Elle se lie facilement.* → aussi **liant.**

➤ **lien** **n. m.** **1.** Chose longue et flexible qui sert à attacher. *Le prisonnier a défait ses liens et s'est enfui.* **2.** Rapport entre deux choses. → **liaison.** *Ces deux assassinats ont un lien.* **3.** Relation entre deux personnes. *Il y a un lien de parenté entre Théo et Léa.*
▷ Autres mots de la famille : ALLIAGE, ALLIANCE, ALLIÉ, S'ALLIER, DÉLIER, LIAISON, LIANE, LIANT, LIASSE, RALLIEMENT, RALLIER, RELIER, RELIEUR, RELIURE.

licorne

lierre **n. m.** ✦ Plante grimpante à feuilles luisantes toujours vertes. *Le mur du jardin est couvert de lierre.* ➻ planche Plantes p. 785.

① **lieu** **n. m.** (pl. **lieux**) **1.** Endroit, place. *Pouvez-vous me préciser l'heure et le lieu du rendez-vous ? Un lieu public,* c'est un endroit où tout le monde peut aller. — *Sur les lieux,* sur place, à l'endroit où il s'est passé quelque chose. *La police est déjà sur les lieux.* **2.** *Avoir lieu,* c'est se produire, se dérouler. *La fête aura lieu sur la place. Le concert n'a pas eu lieu.* **3.** *Avoir lieu de,* avoir des raisons de. *Tout s'est bien passé, il n'y a pas lieu de s'inquiéter.* **4.** *Donner lieu à,* être l'occasion de. *Cet incident a donné lieu à de nombreuses discussions.* → **provoquer.** **5.** *Tenir lieu de,* servir de. *Ce sac lui tient lieu de cartable.* **6.** *Au lieu de,* plutôt que de. *Vous feriez mieux de travailler au lieu de jouer.* **7.** *Un lieu commun,* une chose banale que tout le monde dit. *Il ne dit que des lieux communs.* → **banalité, cliché.** ❍ homonyme : lieue.

▷ Autres mots de la famille : CHEF-LIEU, LIEU-DIT, MILIEU, NON-LIEU.

② **lieu** **n. m.** (pl. **lieus**) ✦ Poisson qui vit près des côtes de l'océan Atlantique. *Un filet de lieu.*

lieu-dit **n. m.** ✦ Lieu qui, à la campagne, porte un nom qui rappelle une particularité du paysage ou un événement qui s'y est passé. *Ils habitent le lieu-dit « les Trois-Fontaines ».* — Au pl. *Des lieux-dits.*

▷ Mot de la famille de ① LIEU et de DIRE.

lieue **n. f.** ✦ Ancienne mesure de distance qui valait environ 4 kilomètres. *Le Petit Poucet a chaussé les bottes de sept lieues de l'Ogre.* — *Être à cent lieues de,* très loin de. *J'étais à cent lieues d'imaginer cela.* ❍ homonymes : ① et ② lieu.

lieutenant **n. m.** ✦ Officier dont le grade est juste au-dessous de celui de capitaine.

➤ **lieutenant-colonel** **n. m.** ✦ Officier dont le grade est juste au-dessous de celui de colonel. — Au pl. *Des lieutenants-colonels.*

▷ Mot de la famille de COLONEL.

lièvre **n. m.** ✦ Animal rongeur qui ressemble au lapin et vit en liberté. *La femelle du lièvre s'appelle la hase et ses petits, les levrauts.* — *Soulever un lièvre,* être le premier à soulever une question embarrassante, à s'apercevoir d'une difficulté. *Il ne faut pas courir deux lièvres à la fois,* il ne faut pas essayer d'atteindre deux buts en même temps.

▷ Autre mot de la famille : BEC-DE-LIÈVRE.

ligament **n. m.** ✦ Ensemble de fibres qui relient les os d'une articulation. *Il s'est distendu un ligament du genou en sautant.*

ligaturer **v.** (conjug. 1) ✦ Serrer, fixer avec un lien spécial. *Le chirurgien a ligaturé l'artère.*

ligne **n. f.** **1.** Trait continu, allongé et fin. *Léa trace des lignes sur le sol pour jouer à la marelle.* **2.** Trait qui sépare. *Le coureur a franchi la ligne d'arrivée.* **3.** Forme d'un objet ou du corps d'une personne. *Cette voiture a une belle ligne. Elle fait attention à sa ligne,* elle veille à rester mince. **4.** Trajet emprunté par un autobus, un métro, un train, un avion. *La ligne de métro n° 4 est fermée. Il est pilote de ligne.* **5.** Fil de nylon muni d'un hameçon. *Il aime beaucoup la pêche à la ligne.* **6.** Fils ou câbles conduisant l'électricité. *Une ligne téléphonique.* **7.** *Sur toute la ligne,* complètement. *Il s'est trompé sur toute la ligne.* **8.** Suite de mots disposés, dans une page, sur une ligne horizontale. *Elle a lu le texte de la première à la dernière ligne,* entièrement.

▷ Autres mots de la famille : ALIGNEMENT, ALIGNER, INTERLIGNE, LIGNÉE, RECTILIGNE, SOULIGNER, SURLIGNEUR.

lignée **n. f.** ✦ Ensemble des descendants d'une personne. *Il est le dernier d'une lignée de marins.*

▷ Mot de la famille de LIGNE.

ligneux, ligneuse **adj.** ✦ Qui est de la nature du bois. *Quand un arbrisseau pousse, sa tige devient ligneuse.*

ligoter **v.** (conjug. 1) ✦ Attacher solidement de manière à immobiliser. *Les voleurs ont ligoté le gardien.*

ligue **n. f.** ✦ Association pour améliorer la condition physique ou morale de l'homme. *La Ligue des droits de l'homme se bat contre la torture.*

➤ **se liguer** **v.** (conjug. 1) ✦ S'unir contre quelqu'un ou quelque chose. *Ils se sont tous ligués contre leur camarade.*

lilas

lilas n. m. ✦ Arbuste aux fleurs en grappes très parfumées, violettes ou blanches.
● Il y a un *s* à la fin.

limace n. f. ✦ Petit animal au corps mou, sans coquille, qui avance en rampant. *La limace est un mollusque.*

limande n. f. ✦ Poisson de mer ovale et plat, plus large que la sole.

lime n. f. ✦ Outil de métal qui sert à user en frottant. *Une lime à métaux. Une lime à ongles.*
➤ **limer** v. (conjug. 1) ✦ User, polir avec une lime. *Elle se lime les ongles.*
▷ Autre mot de la famille : ÉLIMÉ.

limier n. m. 1. Grand chien que l'on utilise pour la chasse à courre. *Le limier cherche le gibier avant la chasse.* 2. Personne qui suit une piste. *Sherlock Holmes est un fin limier.*

limite n. f. 1. Endroit où une étendue se termine. *La rivière marque la limite de la propriété.* 2. Début ou fin d'une période. *N'attendez pas la dernière limite pour vous inscrire.* 3. Point au-delà duquel on ne peut pas aller. *Il a nagé jusqu'à la limite de ses forces. Ma patience a des limites !* → **borne.** 4. *À la limite,* à la rigueur. *On peut, à la limite, y aller à pied.*
➤ **limiter** v. (conjug. 1) 1. Enfermer dans des limites. *En France, on a limité la vitesse sur les autoroutes à 130 km/h.* 2. **se limiter,** se donner des limites. → se **borner.** *Je me limiterai à quelques exemples. Elle n'a pas rangé sa chambre, elle s'est limitée à faire son lit.*
➤ **limitation** n. f. ✦ État de ce qui est limité. *Il respecte la limitation de vitesse.*
▷ Autres mots de la famille : DÉLIMITER, ILLIMITÉ.

limitrophe adj. ✦ *Des pays limitrophes,* ce sont des pays qui ont une frontière commune. *La Suisse et l'Italie sont des pays limitrophes.*

limon n. m. ✦ Mélange de sable, de fines particules calcaires et de débris végétaux et animaux qu'un cours d'eau dépose sur ses rives au moment des crues. → **alluvions.** *Le limon est très fertile.*

limonade n. f. ✦ Boisson gazeuse incolore faite d'eau légèrement sucrée et acidulée.

limousine n. f. ✦ Automobile à quatre portes et six glaces. *Ils sont allés à leur hôtel en limousine.*

limpide adj. 1. Clair, transparent. *L'eau qui jaillit de la source est limpide.* ❑ contr. ① **trouble.** 2. Facile à comprendre. *Une explication limpide.* → **clair.** ❑ contr. **obscur.**
➤ **limpidité** n. f. 1. Clarté, transparence. *La limpidité de l'eau de source.* 2. *La limpidité d'une explication,* sa clarté.

lin n. m. ✦ Plante à fleurs bleues dont la graine est utilisée pour faire de l'huile et dont

la tige sert à faire du fil. *Un pantalon en lin blanc,* en fil de lin.
▷ Autres mots de la famille : LINCEUL, LINOLÉUM.

linceul **n. m.** ✦ Grand morceau de tissu dans lequel on enveloppe les morts, pour les mettre en terre. → **suaire.** *Après sa mort, le Christ a été mis dans un linceul.*
▷ Mot de la famille de LIN.

linéaire **adj.** ✦ Qui a l'aspect d'une ligne. *On peut représenter le temps de façon linéaire.*

linge **n. m.** 1. *Le linge,* c'est l'ensemble des pièces de tissu qui servent dans une maison (draps, serviettes, nappes) ou les sous-vêtements et les vêtements en tissu léger (chemises, tee-shirts, chaussettes, etc.). *Il met le linge sale dans la machine à laver. Elle étend le linge sur le séchoir.* — *Laver son linge sale en famille,* régler ses désaccords entre soi sans témoin. 2. En Suisse. *Un linge,* c'est une serviette de toilette. *Un linge de bain.*
➤ **lingerie** **n. f.** ✦ *La lingerie,* c'est l'ensemble des sous-vêtements et des vêtements de nuit des femmes.
▷ Autres mots de la famille : LAVE-LINGE, SÈCHE-LINGE.

lingot **n. m.** ✦ Bloc de métal qui a la forme du moule dans lequel on l'a coulé. *Des lingots d'or.*

linguistique [lɛ̃gɥistik] **n. f.** ✦ Science qui étudie le langage.

linoléum [linɔleɔm] **n. m.** ✦ Revêtement de sol imperméable. — Au pl. *Des linoléums.*
● On dit familièrement *du lino.*
▷ Mot de la famille de LIN.

linotte **n. f.** ✦ Petit oiseau au plumage brun et rouge. — *Une tête de linotte,* une personne très étourdie.

linteau **n. m.** ✦ *Le linteau d'une porte ou d'une fenêtre,* c'est la pièce horizontale de bois, de pierre ou de métal, qui forme la partie supérieure de l'ouverture et soutient la maçonnerie. — Au pl. *Des linteaux.*

lion **n. m.**, **lionne** **n. f.** ✦ Grand animal carnivore à pelage fauve qui vit en Afrique et en Asie. ➻ planche Félins p. 409. *Les lions ont une grande crinière alors que les lionnes n'en ont pas. Le lion rugit.* — *Se tailler la part du lion,* prendre pour soi la part la plus importante, parce qu'on est le plus fort.
➤ **lionceau** **n. m.** ✦ Petit du lion et de la lionne. *La lionne nourrit ses lionceaux.*

lipide **n. m.** ✦ *Les lipides,* ce sont les matières grasses tirées des animaux et des végétaux. → aussi **glucide, protéine.** *Le beurre, l'huile sont des lipides.*

liquéfier **v.** (conjug. 7) ✦ Rendre liquide. *La chaleur du soleil a liquéfié le goudron.* — **se liquéfier,** devenir liquide. *Le beurre s'est liquéfié.* → **fondre.**

liqueur **n. f.** ✦ Boisson sucrée et aromatisée, à base d'alcool. *De la liqueur de cassis.*

liquide **adj.** et **n. m.**
■ **adj.** 1. *Une matière liquide,* qui coule, fond. *Le beurre devient liquide quand on le chauffe.* → aussi se **liquéfier.** 2. *De l'argent liquide,* c'est de l'argent sous forme de pièces et de billets. *Il a payé en argent liquide.*
■ **n. m.** 1. *Un liquide,* c'est un corps qui s'écoule. *L'eau et le lait sont des liquides.* → aussi **fluide, gaz, solide.** 2. *Du liquide,* de l'argent liquide, des espèces. *Il va à la billetterie retirer du liquide.*

liquider **v.** (conjug. 1) 1. Vendre à bas prix. *Le marchand de vêtements liquide ses stocks.* 2. Familier. Tuer. *Les bandits ont liquidé le chauffeur car il en savait trop.* → **éliminer.**
➤ **liquidation** **n. f.** 1. Vente au rabais. *Sur la vitrine, il y a écrit : « Liquidation avant travaux ».* 2. Familier. Action de tuer. *Les bandits ont procédé à la liquidation d'un témoin gênant.*

① **lire** **v.** (conjug. 43) 1. Suivre des yeux ce qui est écrit en le comprenant. → aussi **lecture.** *Cette petite fille ne sait pas encore lire.* 2. Prendre connaissance d'un texte écrit. *J'ai lu ta lettre.* 3. Dire à haute voix un texte écrit. *Elle*

lit une histoire à ses enfants. 4. Déchiffrer. *Le pianiste lit la partition.* 5. **se lire,** être visible. *La peur se lisait dans ses yeux.* ❍ homonyme : lyre.

▷ Autres mots de la famille : ILLISIBLE, LISIBLE, LISIBLEMENT, RELIRE.

② **lire** n. f. ✦ Ancienne monnaie italienne, qui a été remplacée par l'euro.

lis [lis] n. m. ✦ Grande fleur blanche ou colorée, très parfumée, à tige très droite. *Des lis roses poussent dans le jardin. — La fleur de lys était l'emblème des rois de France.*
● On écrit aussi *lys.* ❍ homonyme : lisse.

lis

liseré [lizʀe] n. m. ✦ Ruban étroit que l'on coud au bord d'un vêtement.

liseron n. m. ✦ Plante grimpante à fleurs blanches en forme d'entonnoir. ➻ planche Plantes p. 785.

lisible adj. ✦ Qui est facile à lire. *Il a une écriture très lisible.* ❑ contr. **illisible.**
➤ **lisiblement** adv. ✦ D'une manière lisible. *Écris lisiblement !*
▷ Mots de la famille de ① LIRE.

lisière n. f. 1. Bord, limite d'un terrain. *Les sangliers viennent rôder à la lisière de la forêt, le soir.* → **orée.** 2. Bordure limitant un tissu, de chaque côté, dans le sens de la longueur. *Le tissu ne s'effiloche pas du côté de la lisière.*

lisse adj. ✦ Doux et uni au toucher. *Il a la peau du visage toute lisse quand il vient de se raser.* ❑ contr. **rugueux.** ❍ homonyme : lis.
➤ **lisser** v. (conjug. 1) ✦ Rendre lisse. *L'oiseau lisse ses plumes avec son bec.*

liste n. f. ✦ Suite de mots inscrits les uns au-dessous des autres. *Elle a fait la liste de ce qu'elle devait acheter.*

lit n. m. 1. Meuble sur lequel on se couche pour dormir. *Allez, les enfants, au lit !* allez vous coucher ! *Faire son lit,* c'est remettre les draps et les couvertures comme il faut. — *Comme on fait son lit, on se couche,* on a les résultats (en bien ou en mal) de la façon dont on s'est conduit. 2. Creux du sol dans lequel coule un cours d'eau. *À la fonte des neiges, le torrent est sorti de son lit.* ❍ homonyme : lie.
▷ Autres mots de la famille : S'ALITER, COUVRE-LIT, DESSUS-DE-LIT, LITERIE, LITIÈRE, WAGON-LIT.

litanie n. f. ✦ Énumération longue et ennuyeuse. *Une litanie de reproches. Elle se plaint sans cesse, c'est toujours la même litanie.*

litchi n. m. ✦ Petit fruit exotique arrondi à peau brune et à chair blanche très parfumée. ➻ planche Fruits exotiques p. 441. *Des litchis.*
● Ce mot vient du chinois.

literie n. f. ✦ Ensemble des objets qui garnissent un lit (matelas, oreiller, draps, couverture...).
▷ Mot de la famille de LIT.

lithographie n. f. ✦ Reproduction d'un dessin. *Il y a deux lithographies accrochées au mur.*
● On dit familièrement *une litho.*

lithographie (Toulouse-Lautrec)

litière **n. f.** 1. Paille que l'on répand sur le sol d'une écurie ou d'une étable pour que les animaux puissent s'y coucher. *Le fermier change la litière des vaches.* 2. Sorte de sable dans lequel les chats font leurs besoins. *Il a acheté de la litière pour son chat.*
▷ Mot de la famille de LIT.

litige **n. m.** ✦ Désaccord entre deux personnes qui veulent conclure une affaire. *Le tribunal a arbitré le litige.*
➤ **litigieux, litigieuse** **adj.** ✦ *Une affaire litigieuse,* c'est une affaire qui provoque un désaccord.

litre **n. m.** 1. Unité de mesure de capacité pour les liquides. *Le réservoir contient quarante litres (40 l) d'essence.* 2. Contenu d'une bouteille d'un litre. *Elle a bu un litre d'eau.*
▷ Autres mots de la famille : CENTILITRE, DÉCALITRE, DÉCILITRE.

littéraire **adj.** ✦ Qui concerne la littérature, les écrivains et leurs œuvres. *Il écoute une émission littéraire à la radio. Elle fait des études littéraires,* des études de lettres.

littéral, littérale **adj.** 1. Qui suit un texte à la lettre. *La traduction littérale d'un texte,* mot à mot. 2. *Le sens littéral d'un mot,* son premier sens, son sens propre. *Au sens littéral, « énerver » veut dire « enlever les nerfs ».*
❏ contr. **figuré.** — Au masc. pl. *littéraux.*
➤ **littéralement** **adj.** ✦ Au sens propre, véritablement. *Il était littéralement fou de rage.*

littérature **n. f.** ✦ *La littérature,* c'est l'ensemble des œuvres des écrivains. *Les pièces de Molière comptent parmi les grandes œuvres de la littérature française.*

littoral **n. m.** (pl. **littoraux**) ✦ Bord de mer. → **côte, rivage.** *Les orangers poussent sur le littoral méditerranéen.*

liturgie **n. f.** ✦ Ensemble des règles qui fixent le déroulement d'une cérémonie religieuse. *La liturgie catholique.*

livide **adj.** ✦ Extrêmement pâle. *Elle était livide de peur.* → **blême.**

living [liviŋ] **n. m.** ✦ Pièce de séjour qui sert à la fois de salle à manger et de salon. *Ils ont pris l'apéritif dans le living.* — Au pl. *Des livings.*
● *Living* est l'abréviation de l'anglais *living-room* qui veut dire « pièce à vivre ».

livraison **n. f.** ✦ Le fait de remettre une marchandise à la personne qui l'a achetée. → aussi **livrer, livreur.** *Dans ce magasin, la livraison est gratuite à partir de cent euros d'achats.*
▷ Mot de la famille de LIVRER.

① **livre** **n. m.** 1. Assemblage de feuilles imprimées réunies par une couverture. → fam. **bouquin.** *Alex lit un livre passionnant. Louise a pris trois livres à la bibliothèque. Julie a oublié son livre d'histoire.* → ② **manuel.** 2. Gros cahier. *La caissière inscrit les dépenses dans son livre de comptes.* → **registre.**
▷ Autre mot de la famille : LIVRET.

② **livre** **n. f.** ✦ Unité de poids valant cinq cents grammes. *Une livre de fraises.*

③ **livre** **n. f.** ✦ Monnaie de la Grande-Bretagne et d'autres pays (Égypte, Liban, Chypre, Turquie, etc.).

livrée **n. f.** ✦ Uniforme que portaient les domestiques d'une grande maison. *Les laquais du roi avaient une livrée bleue.*

livrer **v.** (conjug. 1) 1. Apporter à domicile une marchandise achetée. *Demain, on doit lui livrer un réfrigérateur.* 2. Remettre entre les mains de quelqu'un. *Les policiers ont livré le voleur à la justice.* 3. Dénoncer. *Il n'a pas voulu livrer ses complices.* → **donner.** 4. *Livrer un secret,* c'est le confier. → **dévoiler.** 5. *Livrer un combat, une bataille,* l'engager.
➤ **se livrer** **v.** (conjug. 1) 1. Se rendre. *Le meurtrier s'est livré à la police.* 2. Se confier. *Léa ne se livre pas facilement.* 3. *Se livrer à une activité,* s'y consacrer. *Ce jour-là, elle s'est livrée à ses activités habituelles.* → s'**adonner.**
▷ Autres mots de la famille : DÉLIVRANCE, DÉLIVRER, LIVRAISON, LIVREUR.

livret **n. m.** 1. Petit livre mince. → **carnet.** *Un livret scolaire,* c'est un carnet où les professeurs inscrivent les notes et les appréciations. → aussi **bulletin.** *Un livret de famille,* c'est un livre mince où sont inscrites les dates de naissance, de mariage et de mort de cha-

locomotive

que membre d'une famille. **2.** *Le livret d'un opéra,* c'est le texte sur lequel a été composée la musique.
▷ Mot de la famille de ① LIVRE.

livreur n. m., **livreuse** n. f. ✦ Personne qui apporte à domicile une marchandise que l'on a achetée.
▷ Mot de la famille de LIVRER.

lobe n. m. ✦ *Le lobe de l'oreille,* c'est le petit bout arrondi et charnu, au bas de l'oreille.

local adj. et n. m., **locale** adj.
■ adj. **1.** Qui concerne une région, un lieu. *Quand il est en province, il lit les journaux locaux.* **2.** *Une anesthésie locale,* qui n'insensibilise qu'une partie du corps. ❑ contr. ② **général.** *On lui a fait une anesthésie locale pour lui enlever une verrue.*
■ n. m. Pièce où l'on peut s'installer pour travailler. *Il cherche un local pour développer ses photos.* — Au pl. *Des locaux.*
➤ **localement** adv. ✦ Par endroits. *Demain le temps sera localement brumeux.*
➤ **localiser** v. (conjug. 1) **1.** Déterminer l'endroit précis où se trouve quelque chose. *La tour de contrôle a localisé l'avion ennemi.* **2. se localiser,** être dans un certain endroit. *L'infection s'est localisée dans le rein,* elle est uniquement dans le rein. ❑ contr. se **généraliser.**
➤ **localisation** n. f. ✦ Le fait de situer en un certain lieu. *Les radars permettent la localisation des avions.*
➤ **localité** n. f. ✦ Petite ville, village. *Il est né dans une localité du Poitou.*

locataire n. m. et f. ✦ Personne qui paie un loyer pour habiter dans un logement. → aussi **location,** ② **louer** et **propriétaire.**

location n. f. **1.** Action d'habiter en payant un loyer. → aussi **locataire** et ② **louer.** *Ils ont trouvé une maison en location pour les vacances. Une voiture de location,* une voiture que l'on loue. **2.** Réservation de places de spectacle, de billets d'avion ou de train. *Le bureau de location du théâtre ouvre à 11 heures.*

locomotion n. f. ✦ *Un moyen de locomotion,* un moyen de transport. *L'avion, le train, la voiture, la bicyclette sont des moyens de locomotion.*

locomotive n. f. ✦ Machine très puissante qui tire les trains. → aussi **motrice.**

locution n. f. ✦ Groupe de mots toujours employés ensemble et qui a un sens particulier. → **expression.** *« Prendre garde » est une locution verbale. « Perdre le nord » est une locution figurée.*

loden [lɔdɛn] n. m. ✦ Manteau en tissu de laine épais et imperméable. *Son père a un loden vert.* — Au pl. *Des lodens.*
● C'est un mot allemand.

loge n. f. **1.** Petit appartement, au rez-de-chaussée d'un immeuble, où vit le gardien. *Le facteur a déposé le courrier dans la loge.* **2.** Petite pièce où les artistes changent de costume, se maquillent et se reposent, dans les coulisses d'une salle de spectacle. *Des admirateurs sont venus féliciter la chanteuse dans sa loge.* **3.** Compartiment contenant plusieurs sièges, dans une salle de spectacle. *Une loge de balcon. — Être aux premières loges,* être à la meilleure place pour voir quelque chose.
➤ **logement** n. m. ✦ Endroit où l'on habite. *Un logement de quatre pièces.* → **appartement.**

➤ **loger** v. (conjug. 3) 1. Habiter. *Ils logent à six dans cet appartement.* → ① **vivre.** 2. Abriter, héberger. *Ils ont logé un ami pour la nuit.* 3. Faire entrer, faire pénétrer. *Il lui a logé une balle dans le cœur.*

➤ se **loger** v. (conjug. 3) 1. Trouver un logement. *Ils ont eu du mal à se loger.* 2. Se mettre quelque part. *La balle s'est logée dans l'épaule.*

➤ **logeur** n. m., **logeuse** n. f. ✦ Personne qui loue des chambres meublées.

▷ Autres mots de la famille : DÉLOGER, LOGIS, RELOGER, SANS-LOGIS.

loggia [lɔdʒja] n. f. ✦ Balcon couvert. *On a déjeuné dans la loggia.* — Au pl. *Des loggias.*

● Ce mot vient de l'italien.

logiciel n. m. ✦ Programme d'ordinateur. *Un logiciel de traitement de texte.*

▷ Mot de la famille de LOGIQUE.

logique adj. et n. f.

■ adj. 1. Conforme au bon sens, à la raison. *Ton raisonnement est logique.* → **cohérent.** 2. Qui raisonne avec justesse. *Vous n'êtes pas logique, si vous n'aimez pas cette voiture, achetez-en une autre plutôt que de reprendre la même !*

■ n. f. Manière de raisonner juste, bon sens. *C'est dans la logique des choses.*

➤ **logiquement** adv. ✦ Normalement, si tout se passe comme il faut. *Logiquement, il devrait recevoir ma lettre demain.*

▷ Autres mots de la famille : ILLOGIQUE, LOGICIEL.

logis [lɔʒi] n. m. ✦ Endroit où l'on habite. → **demeure, maison.** *Il a quitté le logis familial.* → **domicile.**

▷ Mot de la famille de LOGE.

logo n. m. ✦ Dessin qui représente une marque ou une entreprise. *Cette société a un nouveau logo.*

loi n. f. 1. *La loi,* c'est l'ensemble des règles établies par la société qui indiquent ce qui est autorisé et ce qui est interdit. *Porter une arme sur soi, sans autorisation, est interdit par la loi.* → aussi **légal.** 2. Règle établie par le Parlement, que tout le monde doit respecter. *Ce sont les députés et les sénateurs qui votent les lois.* → aussi **législatif.** 3. Règle qui permet d'expliquer des phénomènes naturels. *Newton a découvert la loi de la pesanteur.*

▷ Autres mots de la famille : DÉLOYAL, HORS-LA-LOI, LOYAL, LOYALEMENT, LOYAUTÉ.

loin adv. 1. À une grande distance de l'endroit où l'on est. *Il travaille loin de chez lui.* ❑ contr. **près.** *On aperçoit au loin des sommets couverts de neige,* dans le lointain. 2. À une grande distance dans le temps. *L'été est encore loin. Il n'est pas loin de minuit,* il est presque minuit. 3. *Il n'est pas bête, loin de là !* au contraire. 4. *Ce garçon ira loin, je vous le dis !* il réussira. 5. *Cette affaire peut vous mener loin,* avoir de graves conséquences. 6. *Elle a échappé à un grave accident, elle revient de loin,* elle a couru un grand danger.

lointain adj. et n. m., **lointaine** adj.

■ adj. 1. Qui est à une grande distance. *Les pays lointains.* → **éloigné.** ❑ contr. **proche, voisin.** 2. Vague. *Il n'y a qu'une ressemblance lointaine entre les deux sœurs.*

■ n. m. Endroit très éloigné. *On distingue la maison, là-bas, dans le lointain,* au loin.

loir n. m. ✦ Petit animal rongeur, à poil gris et à queue touffue. — *Dormir comme un loir,* profondément.

loir

loisir n. m. 1. Temps que l'on a pour faire facilement quelque chose. *Elle n'a pas le loisir de lire, elle a trop de travail.* 2. *Les loisirs,* les moments pendant lesquels on peut se distraire. *Il a beaucoup de loisirs.* 3. *Les loisirs,* les occupations auxquelles on consacre son temps libre. *Le football et la natation sont ses loisirs préférés.* → **distraction.**

lombaire adj. ✦ Situé dans le bas du dos. *Les cinq vertèbres lombaires. Elle a des douleurs lombaires.* → aussi **lumbago.**

lombric [lɔ̃bʀik] n. m. ✦ Ver de terre.

long adj., n. m. et adv., **longue** adj.

■ adj. 1. Grand dans la longueur. *Cyrano de Bergerac avait un très long nez.* 2. Dont la grande dimension est importante par rapport aux autres dimensions. *La mariée était en robe longue.* ❑ contr. ① **court.** 3. *Cette voiture est longue de trois mètres,* elle a trois mètres de long. 4. Qui dure longtemps. *Elle resta un long moment sans rien dire.* ❑ contr. **bref.** 5. *Le feu est long à s'éteindre,* lent à s'éteindre. 6. ***À la longue,*** avec le temps, petit à petit. *À la longue, elle s'est habituée à vivre seule.*

■ **n. m.** Longueur. *La table a 2 mètres de long et 1 mètre de large. Louise court le long de la rivière,* en longeant la rivière. *Il marche* ***de long en large*** *dans la pièce,* en faisant des allées et venues. *Il est tombé* ***de tout son long,*** allongé par terre.

■ **adv.** Beaucoup. *Il en sait long sur cette affaire.*

▷ Autres mots de la famille : ALLONGEMENT, ALLONGER, ÉLONGATION, LONGER, LONGÉVITÉ, LONGITUDE, LONGITUDINAL, LONGTEMPS, LONGUEMENT, LONGUEUR, LONGUE-VUE, OBLONG, PROLONGATION, PROLONGEMENT, PROLONGER, RALLONGE, RALLONGER.

longer **v.** (conjug. 3) 1. Avancer le long de. *Alex longe la rivière.* 2. Être le long de. *La route longe la mer.* → **suivre.**

▷ Mot de la famille de LONG.

longévité **n. f.** ✦ Longue durée de vie. *Les carpes ont une très grande longévité.*

▷ Mot de la famille de LONG.

longitude **n. f.** ✦ Distance qui sépare un point du globe terrestre d'une ligne imaginaire qui va du pôle Nord au pôle Sud en passant par la ville anglaise de Greenwich. *Paris est à 48° 52' de latitude nord et 2° 20' de longitude est.* → aussi **méridien.**

▷ Mot de la famille de LONG.

longitudinal, longitudinale **adj.** ✦ Qui est dans le sens de la longueur. *Le radiologue examine une coupe longitudinale du cerveau.* ❑ contr. **transversal.** — Au masc. pl. *longitudinaux.*

▷ Mot de la famille de LONG.

longtemps **adv.** ✦ Pendant un long moment. *Je t'ai attendu longtemps.* → **longuement.** *Il est parti depuis longtemps,* depuis un long moment. *Elle est déjà venue ici il y a longtemps.*

▷ Mot de la famille de LONG et de ① TEMPS.

longuement **adv.** ✦ Pendant un long moment. *Nous avons longuement parlé ensemble.* → **longtemps.** ❑ contr. **brièvement.**

▷ Mot de la famille de LONG.

longueur **n. f.** 1. Dimension la plus longue. → aussi **largeur.** *Le tuyau d'arrosage a 20 mètres de longueur,* de long. 2. Durée trop longue. *La longueur de l'attente l'a épuisé.* 3. ***À longueur de*** *journée,* toute la journée. 4. *Des longueurs,* des passages trop longs. *Ce film est intéressant mais il y a des longueurs.*

▷ Mot de la famille de LONG.

longue-vue **n. f.** ✦ Instrument en forme de tube qui grossit les objets et permet de voir très loin. → aussi **jumelles.** *Le capitaine regarde l'horizon avec sa longue-vue.* — Au pl. *Des longues-vues.*

▷ Mot de la famille de LONG et de VOIR.

longue-vue

look [luk] **n. m.** ✦ Familier. Allure, apparence. *Avec ses cheveux courts, Léa a complètement changé de look.*

● C'est un mot anglais qui veut dire « aspect, allure ».

looping [lupiŋ] **n. m.** ✦ Acrobatie qui consiste à faire une boucle dans le ciel avec un avion. *L'avion faisait des loopings au-dessus de la foule.*

● Ce mot vient de l'expression anglaise *looping the loop* « action de boucler la boucle ».

lopin **n. m.** ✦ Petit morceau de terrain. *Il cultive un lopin de terre derrière sa maison.*

loquace [lɔkas] **adj.** ✦ Qui parle beaucoup. → **bavard.** *Ton ami n'est pas très loquace.*

loque **n. f.** ✦ Morceau de tissu usé ou déchiré. *Ce pantalon tombe en loques, il faut le jeter.*

● Ce mot s'emploie surtout au pluriel.

loquet **n. m.** ✦ Petite tige de métal mobile qui sert à fermer une porte. *Il a abaissé le loquet.* → aussi **targette, verrou.**

lorgner **v.** (conjug. 1) ✦ Regarder quelque chose avec envie. *Alex lorgne le morceau de gâteau qui reste.* → **guigner** ; fam. **loucher.**

➤ **lorgnette** **n. f.** ✦ Petite lunette qui permet de voir les objets éloignés. *Le marin observe les dauphins avec sa lorgnette.* — *Voir, regarder par le petit bout de la lorgnette,* ne voir que l'aspect le moins important des choses, avoir l'esprit étroit.

➤ **lorgnon** **n. m.** ✦ Paire de lunettes sans branches qui tient sur le nez grâce à un ressort. *On ne porte plus de lorgnon de nos jours.*

loriot **n. m.** ✦ Petit oiseau au plumage jaune et noir qui vit dans les régions tempérées et tropicales.

lors [lɔʀ] **adv.** 1. *Lors de,* au moment où. *Ils se sont connus lors d'un voyage en Italie.* 2. *Depuis lors,* depuis ce moment-là. *Ils ne s'étaient pas revus depuis lors.*

➤ **lorsque** [lɔʀsk(ə)] **conjonction** ✦ Quand. *Lorsque tu auras fini ce livre, tu me le prêteras. J'allais sortir lorsqu'il a téléphoné,* au moment où il a téléphoné.

▷ Autres mots de la famille : ALORS, ALORS QUE.

losange **n. m.** ✦ Figure géométrique à quatre côtés égaux dont les angles ne sont pas forcément droits. ➻ planche Géométrie p. 458.

① **lot** **n. m.** ✦ Argent ou objet que l'on gagne dans une loterie. *Théo a gagné le gros lot,* le lot le plus important.

▷ Autres mots de la famille : LOTERIE, LOTI.

② **lot** **n. m.** 1. Partie d'une chose que l'on a partagée. *Pour vendre son terrain, le propriétaire l'a divisé en lots.* → **parcelle, portion.** 2. Paquet de marchandises de la même sorte. *Elle a donné un lot de vêtements à la Croix-Rouge.*

▷ Autres mots de la famille : LOTIR, LOTISSEMENT.

loterie **n. f.** ✦ Jeu de hasard où l'on distribue des billets numérotés et où des lots sont donnés à ceux qui sont désignés par le sort. *Il a acheté un billet de loterie.* → **tombola.**

▷ Mot de la famille de ① LOT.

loti, lotie **adj.** ✦ *Être bien, mal loti,* être favorisé, défavorisé.

▷ Mot de la famille de ① LOT.

lotion [lɔsjɔ̃] **n. f.** ✦ Liquide utilisé pour rafraîchir ou soigner le visage, le corps, les cheveux. *Après s'être rasé, il se met une lotion sur les joues.*

lotir **v.** (conjug. 2) ✦ Partager en lots. *Il a loti son terrain.*

➤ **lotissement** **n. m.** ✦ Grand terrain divisé en parcelles que l'on vend pour y construire des maisons. *Ils ont acheté un terrain dans un lotissement au bord de la mer.*

▷ Mots de la famille de ② LOT.

loto **n. m.** 1. Jeu de société où il faut être le premier à remplir une carte portant des cases numérotées, avec des numéros qu'un participant tire au hasard et annonce à voix haute. *Ils font une partie de loto.* 2. Sorte de loterie organisée par l'État, en France. *La télévision donne les résultats du loto.*

● Ce mot vient de l'italien.

lotte **n. f.** ✦ Poisson dont le corps est presque cylindrique et la peau épaisse et gluante. *Nous avons mangé de la lotte à l'américaine.*

lotte

lotus [lɔtys] **n. m.** ✦ Plante à fleurs blanches ou bleues qui ressemble au nénuphar. *Le lotus pousse dans les eaux calmes des fleuves, des lacs et des marais.*

louable **adj.** ✦ Qui mérite d'être loué. *Julie a fait de louables efforts pour ranger ses affaires.* → **méritoire.**

▷ Mot de la famille de ① LOUER.

louange **n. f.** 1. Fait de rendre hommage aux qualités, aux mérites d'une personne. *Son attitude est digne de louanges.* 2. *Des*

louanges, des compliments, des félicitations. → aussi **éloge.** *À la suite de ce succès on l'a couvert de louanges.* ❑ contr. ② **critique.**
▷ Mot de la famille de ① LOUER.

① **louche** **adj.** ✦ Pas clair et malhonnête. *Cette affaire est louche.* → **suspect,** ① **trouble.** *Cet individu a l'air louche,* bizarre et inquiétant.

② **louche** **n. f.** ✦ Grande cuillère à long manche destinée à servir la soupe. *Une louche en argent.*

loucher **v.** (conjug. 1) **1.** Avoir les deux yeux qui ne regardent pas dans la même direction. *Julie louche légèrement.* **2.** Familier. *Loucher sur,* regarder avec envie. *Paul louche sur les gâteaux.* → **guigner, lorgner.**

① **louer** **v.** (conjug. 1) **1.** Déclarer digne d'admiration, de grande estime. *On loue les pompiers pour leur courage.* → **féliciter.** ❑ contr. **blâmer, critiquer.** **2.** *Se louer de,* être très content de. → se **féliciter.** *Je me loue d'avoir accepté son aide.* ❑ contr. **regretter,** se **repentir.**
▷ Autres mots de la famille : LOUABLE, LOUANGE.

② **louer** **v.** (conjug. 1) **1.** Donner en location. *Au mois d'août, elle a loué son appartement à des Américains,* elle leur a permis d'y habiter et, en échange, ils lui ont versé une somme d'argent. **2.** Prendre en location. *Il a loué un appartement à Limoges,* il y habite en payant un loyer au propriétaire. → aussi **locataire, location, loyer.** *Elle a loué une voiture. Ils louent souvent des DVD.* **3.** Réserver en payant. *Elle a loué deux places de concert.* → **retenir.**

louis **n. m.** ✦ *Un louis d'or,* c'est une ancienne pièce d'or française.
● Ce mot vient du nom du roi Louis XIII qui fit frapper cette monnaie.

loup **n. m.** **1.** Animal sauvage à museau pointu qui ressemble à un gros chien et se nourrit de viande. → aussi **louve, louveteau.** *Les loups vivent en bande.* — *Avoir une faim de loup,* une grande faim. *Les loups ne se mangent pas entre eux,* les méchants ne se font pas de mal entre eux. **2.** *Un vieux loup de mer,* c'est un marin qui a beaucoup navigué. **3.** Poisson argenté à chair délicate qui vit dans la Méditerranée. → ② **bar.** **4.** Petit masque de satin ou de velours noir que l'on porte sur les yeux.
▷ Autres mots de la famille : CHIEN-LOUP, LOUP-GAROU, LOUVE, LOUVETEAU, VESSE-DE-LOUP.

loupe **n. f.** ✦ Instrument formé d'un verre bombé à travers lequel on voit les objets agrandis. *L'horloger examine le mécanisme de la montre avec une loupe.*

loupe

louper **v.** (conjug. 1) ✦ Familier. Ne pas réussir, manquer. *Elle a loupé son examen. S'il loupe ce train, il prendra le suivant.* → **rater.**

loup-garou **n. m.** (pl. **loups-garous**) ✦ Homme qui, selon la légende, se transforme en loup la nuit et erre dans la campagne.
▷ Mot de la famille de LOUP.

lourd **adj. et adv.,** **lourde** **adj.**
■ **adj.** **1.** Difficile à porter à cause de son poids. → **pesant.** *Ce cartable est très lourd.* ❑ contr. **léger.** **2.** Difficile à supporter. *La directrice a de lourdes responsabilités.* → **écrasant.** **3.** *Un temps lourd,* chaud, orageux et oppressant. **4.** Difficile à digérer. → **indigeste.** *J'ai mal dormi, ce dîner était trop lourd.* **5.** *Un sommeil lourd,* profond. *Paul a le sommeil lourd, aucun bruit ne le réveille.* **6.** *Lourd de,* plein de, chargé de. *Cette phrase est lourde de sous-entendus.* **7.** Massif, trappu. *Elle a une silhouette lourde.* **8.** *Une plaisanterie lourde,* sans finesse. ❑ contr. ② **fin, subtil.**
■ **adv.** Beaucoup. *Cette valise pèse lourd.* — *Ton avis ne pèse pas lourd,* importe peu.
➤ **lourdaud, lourdaude** **adj.** ✦ Maladroit et lourd dans ses mouvements et sa conduite. *Elle est parfois un peu lourdaude.* → **balourd.** — **N.** *C'est une lourdaude.*
➤ **lourdement** **adv.** **1.** Avec une charge pesante. *La barque est lourdement chargée.* **2.** De tout son poids. *Il est tombé lourdement.* **3.** Maladroitement. *Il a insisté lourdement pour rester dîner.* **4.** Beaucoup. *Tu te trompes lourdement.*
➤ **lourdeur** **n. f.** **1.** État de ce qui est lourd, pesant. *Cette valise est d'une lourdeur !* **2.** Manque de finesse. *La lourdeur d'une plai-*

santerie. **3.** *Des lourdeurs d'estomac,* une impression de pesanteur qui empêche de digérer.

▷ Autres mots de la famille : ALOURDIR, POIDS LOURD.

loutre **n. f.** ✦ Petit animal au pelage brun épais et court et aux pattes palmées, qui vit dans l'eau et sur la terre. *Les loutres se nourrissent de poissons, de grenouilles et d'oiseaux.* — *Elle porte une veste de loutre,* en poils de loutre.

loutre

louve **n. f.** ✦ Femelle du loup. *La louve allaite ses louveteaux puis leur apprend à chasser.*

➤ **louveteau** **n. m.** **1.** Petit du loup et de la louve. *La louve vient de mettre bas six louveteaux.* **2.** Jeune scout de moins de douze ans.

▷ Mots de la famille de LOUP.

louvoyer **v.** (conjug. 8) ✦ Naviguer en zigzag pour utiliser un vent qui vient de face. *Le voilier louvoie le long de la côte.*

se **lover** **v.** (conjug. 1) ✦ S'enrouler pour dormir. *Le chat s'est lové dans un fauteuil.* → se **pelotonner.**

loyal, loyale **adj.** ✦ Qui est honnête et sincère, qui n'essaie pas de tricher. ❑ contr. **déloyal, hypocrite.** *Julie est une amie loyale.* — Au masc. pl. *loyaux.*

➤ **loyalement** **adv.** ✦ Honnêtement, sans tricher. *Les deux chevaliers ont combattu loyalement.*

➤ **loyauté** **n. f.** ✦ Honnêteté, droiture. *Le candidat a reconnu avec loyauté les mérites de son adversaire.*

▷ Mots de la famille de LOI.

loyer **n. m.** ✦ Somme d'argent que le locataire verse au propriétaire pour lui louer un appartement ou une maison. → aussi **location.** *Il paie son loyer au début de chaque mois.*

lubie **n. f.** ✦ Idée, envie capricieuse, parfois un peu folle. → **caprice.** *Sa dernière lubie est d'avoir un boa chez lui.*

lubrifier **v.** (conjug. 7) ✦ Graisser, huiler un mécanisme pour qu'il fonctionne mieux. *Il a lubrifié le moteur de la tondeuse.*

➤ **lubrifiant** **n. m.** ✦ Produit qui sert à graisser. *L'huile est un lubrifiant.*

lucarne **n. f.** ✦ Petite fenêtre percée dans le toit d'une maison. *Il regarde les oiseaux par la lucarne du grenier.*

lucide **adj.** **1.** Qui voit les choses telles qu'elles sont. *C'est une femme intelligente et lucide.* → **clairvoyant, perspicace.** **2.** Qui a toute sa conscience, toute sa tête. *Il est revenu de son évanouissement mais il n'est pas encore entièrement lucide.* → **conscient.**

➤ **lucidité** **n. f.** **1.** Qualité d'une personne qui voit clairement les choses et les comprend bien. *Elle a analysé la situation avec une grande lucidité.* → **perspicacité.** **2.** Fonctionnement normal de l'esprit. *Le malade n'a plus toute sa lucidité.* → **conscience, raison.**

▷ Autre mot de la famille : EXTRA-LUCIDE.

luciole **n. f.** ✦ Insecte ailé et lumineux qui ressemble au ver luisant.

lucratif, lucrative **adj.** ✦ Qui rapporte beaucoup d'argent. *Une profession lucrative.*

ludique **adj.** ✦ Qui concerne le jeu. *Les enfants ont beaucoup d'activités ludiques.*

ludothèque **n. f.** ✦ Lieu où l'on peut emprunter des jouets et des jeux.

lueur **n. f.** **1.** Lumière faible. *Il essaie de lire à la lueur d'une bougie.* **2.** Éclat vif dans le regard. *Elle eut une lueur de colère dans les yeux.* → ① **éclair.** **3.** Légère trace. *Il reste une lueur d'espoir.*

▷ Mot de la famille de LUIRE.

luge **n. f.** ✦ Petit traîneau utilisé pour glisser sur la neige. *Paul aime beaucoup faire de la luge.* → aussi **bobsleigh.**

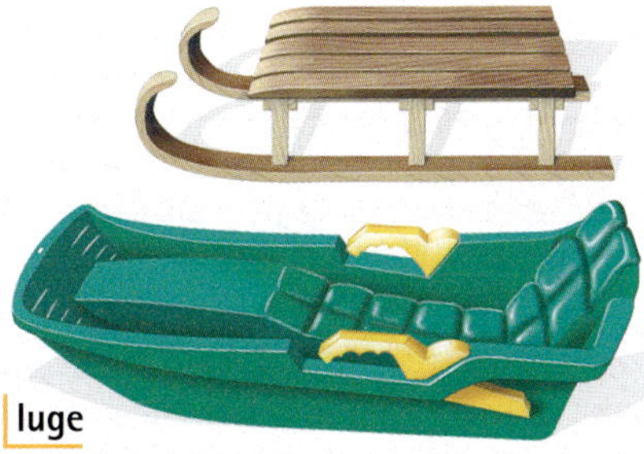

luge

lugubre **adj.** ✦ Très triste. *Il parle d'un ton lugubre.* → ① **sinistre.** ❑ contr. **gai, joyeux.**

lui **pronom personnel** 1. Pronom personnel de la troisième personne du singulier masculin et féminin, complément. → aussi ① **leur.** *Le chat avait faim, je lui ai donné à manger,* à lui. *J'ai croisé Léa et je lui ai parlé,* à elle. *Je vais chez lui.* → aussi **eux.** 2. Pronom personnel de la troisième personne du singulier masculin, sujet. *Paul, lui aussi, aime beaucoup le chocolat.* 3. *Il a pris lui-même la décision de partir,* personnellement.

luire **v.** (conjug. 38) ✦ Briller. *Le soleil luit. Son front luisait de sueur.*

➤ **luisant, luisante** **adj.** 1. Brillant. *Le chien a le poil luisant.* 2. *Un ver luisant,* c'est un insecte qui brille la nuit en émettant une lumière jaune-vert. *On voit des vers luisants sur le chemin.*

▷ Autres mots de la famille : LUEUR, RELUIRE.

lumbago [lɔ̃bago] ou [lœ̃bago] **n. m.** ✦ Douleur dans le bas du dos. *Elle a souvent des lumbagos.* → aussi **lombaire.**

lumière **n. f.** 1. Ce qui éclaire naturellement les objets. *Il n'y a pas beaucoup de lumière dans cette pièce.* → **clarté.** ❑ contr. **obscurité.** 2. Ce qui éclaire artificiellement les objets. *Allume la lumière, il fait sombre.* → **éclairage.** 3. *Faire la lumière sur quelque chose,* chercher à l'élucider. *Le commissaire cherche à faire toute la lumière sur ce crime.*

luminaire **n. m.** ✦ Appareil d'éclairage. *Les lampes, les lampadaires, les lustres, les spots sont des luminaires.*

lumineux, lumineuse **adj.** 1. Qui brille dans l'obscurité. *Ce réveil a des chiffres lumineux. Dans la nuit, on voit de loin l'enseigne lumineuse du cinéma.* 2. Clair. *Cet appartement est très lumineux.* ❑ contr. **sombre.**

➤ **luminosité** **n. f.** ✦ Clarté brillante. *La luminosité du ciel méditerranéen.* → ① **éclat.**

lunaire **adj.** ✦ De la Lune. *Le sol lunaire.* — *Un paysage lunaire,* désolé comme celui de la Lune.

▷ Mot de la famille de LUNE.

lunatique **adj.** ✦ Qui est d'une humeur changeante sans que l'on comprenne pourquoi. → **capricieux, fantasque** et aussi **luné.**

▷ Mot de la famille de LUNE.

lunch [lœntʃ] ou [lœ̃ʃ] **n. m.** ✦ Repas léger, au cours d'une réception. *Un lunch de mariage.* → **buffet, cocktail.** — Au pl. *Des lunchs* ou *des lunches.*

● Ce mot vient de l'anglais.

lundi **n. m.** ✦ Jour de la semaine entre le dimanche et le mardi. *Les enfants ont cours de dessin tous les lundis matin.*

lune **n. f.** ✦ Satellite qui tourne autour de la Terre et reçoit sa lumière du Soleil. *Un croissant de lune brille dans le ciel. Le clair de lune,* c'est la lumière que la Lune envoie sur la Terre la nuit quand elle brille. *La fusée a atterri sur la Lune,* a aluni. — *Être dans la lune,* c'est être distrait, rêveur. *Demander la lune,* des choses impossibles.

➤ **luné, lunée** **adj.** ✦ Familier. *Bien luné, mal luné,* de bonne humeur, de mauvaise humeur. *Julie est mal lunée aujourd'hui.* → aussi **lunatique.**

▷ Autres mots de la famille : ALUNIR, ALUNISSAGE, LUNAIRE, LUNATIQUE.

lunette **n. f.** 1. *Des lunettes,* ce sont deux verres mis sur une monture munie de branches que l'on place devant les yeux pour mieux voir ou se protéger les yeux. *Théo porte des lunettes. Elle a deux paires de lunettes de soleil.* 2. *Une lunette,* c'est un instrument d'optique qui permet de voir des objets très éloignés. *On observe les étoiles avec une lunette astronomique.* → **télescope** et aussi **jumelles, longue-vue.**

il y a belle **lurette** **adv.** ✦ Familier. Il y a très longtemps. *Il y a belle lurette que les automobiles ont remplacé les voitures à chevaux.*

luron n. m., **luronne** n. f. ✦ Personne gaie et aimant plaisanter. *C'est un joyeux luron.*

lustre n. m. ✦ Appareil d'éclairage à plusieurs lampes que l'on suspend au plafond. → ① **suspension.** *Un lustre en cristal.*

lustrer v. (conjug. 1) 1. Rendre brillant, luisant. *Le chat lustre son poil en le léchant.* 2. Rendre brillant par le frottement. *L'usure a lustré son pantalon.*

luth [lyt] n. m. ✦ Instrument de musique à cordes. *Au 16e siècle, les poètes récitaient leurs poèmes en s'accompagnant au luth.* ❍ homonyme : lutte.
● Ce mot se termine par un *h*.

➤ **luthier** n. m., **luthière** n. f. ✦ Artisan qui fabrique des instruments de musique à cordes. *Le luthier répare les violons, les guitares et les contrebasses.*

luth

lutin n. m. ✦ Petit personnage imaginaire, espiègle et malicieux. → **farfadet, gnome.** *Les lutins portent un bonnet pointu.*

lutte n. f. 1. Sport consistant à renverser l'adversaire et à le maintenir à terre. 2. Combat entre deux adversaires. *Les rebelles ont abandonné la lutte.* → **bataille, guerre.** 3. Action, effort énergique. *Les chercheurs poursuivent leur lutte contre le cancer.* ❍ homonyme : luth.

➤ **lutter** v. (conjug. 1) 1. Combattre à la lutte. *Les deux athlètes luttent corps à corps.* 2. Mener une action énergique. *Les médecins luttent contre le sida.* 3. Résister. *Théo lutte contre le sommeil,* il s'efforce de ne pas s'endormir.

➤ **lutteur** n. m., **lutteuse** n. f. 1. Athlète qui pratique la lutte. 2. Personne énergique qui aime se battre contre les choses. *Il a un tempérament de lutteur.*

luxation n. f. ✦ Déplacement d'un os hors de son articulation. *Paul s'est fait une luxation de l'épaule.*
▷ Mot de la famille de LUXER.

luxe n. m. 1. Manière de vivre d'une personne qui aime s'entourer de choses très chères, très raffinées ou qui ne sont pas nécessaires. *Elle aime le luxe. Ils sont descendus dans un hôtel de grand luxe,* un bel hôtel où l'on est très bien servi et qui coûte très cher, un palace. 2. Plaisir coûteux que l'on s'offre. *Un beau voyage par an, c'est son seul luxe.* 3. *Se payer le luxe de,* se permettre de faire une chose inhabituelle et agréable. *Elle s'est payé le luxe de lui dire ses quatre vérités.*
▷ Autres mots de la famille : LUXUEUSEMENT, LUXUEUX.

luxer v. (conjug. 1) ✦ *Se luxer un os, une articulation,* se les déplacer hors de leur place normale. *Léa s'est luxé l'épaule.* → ② **déboîter, démettre.**
▷ Autre mot de la famille : LUXATION.

luxueux, luxueuse adj. ✦ Qui se caractérise par son luxe. *Leur salle de bains est luxueuse.* → **fastueux, magnifique, somptueux.** ❑ contr. **simple.**

➤ **luxueusement** adv. ✦ De façon luxueuse. *Un appartement luxueusement meublé.* ❑ contr. **simplement.**
▷ Mots de la famille de LUXE.

luxuriant, luxuriante adj. ✦ *Une végétation luxuriante,*une végétation composée de plantes et d'arbres très nombreux et très serrés, qui poussent très haut. → **exubérant, touffu.** *La forêt vierge a une végétation luxuriante.*

luzerne n. f. ✦ Plante à petites fleurs violettes qui sert de nourriture à certains animaux. *Un champ de luzerne.*

luzerne

lycée **n. m.** ✦ Établissement scolaire où les élèves font leurs études de la seconde à la terminale.

● Attention, ce nom masculin se termine par un *e*.

➤ **lycéen** **n. m.**, **lycéenne** **n. f.** ✦ Élève d'un lycée.

lymphatique [lɛ̃fatik] **adj.** ✦ Mou et lent. *Un adolescent lymphatique.* → **indolent.** ❑ contr. **actif, énergique.**

lymphe **n. f.** ✦ Liquide incolore qui est dans le corps. *La lymphe nourrit les cellules.*

lyncher **v.** (conjug. 1) ✦ Mettre à mort sans jugement. *La foule en colère a voulu lyncher l'assassin.*

● Ce mot vient de l'américain.

lynx [lɛ̃ks] **n. m.** ✦ Animal sauvage à oreilles pointues garnies d'un pinceau de poils, qui ressemble à un gros chat. ➻ planche Félins p. 408. — *Avoir des yeux de lynx,* une très bonne vue.

lyre **n. f.** ✦ Ancien instrument de musique à cordes. *Les poètes grecs de l'Antiquité récitaient leurs poèmes en s'accompagnant à la lyre.* ❍ homonymes : ① et ② lire.

➤ **lyrique** **adj.** **1.** Plein d'enthousiasme et d'émotion. *Il est lyrique quand il parle de sa jeunesse.* **2.** *Un artiste lyrique,* c'est un chanteur ou une chanteuse d'opéra ou d'opérette.

lys → **lis**

M

M. → **monsieur**

m' → **me, moi**

ma → **mon**

macabre **adj.** ✦ Qui parle de la mort, de cadavres, de squelettes. *Il a raconté une histoire macabre.*

macadam [makadam] **n. m.** ✦ Revêtement de route fait de pierres concassées et de sable, tassé au rouleau compresseur et recouvert de goudron. → **asphalte, bitume.** *La voiture roule sur le macadam.*
● Ce mot vient du nom de l'inventeur de ce revêtement, l'Écossais *McAdam.*

macaque **n. m.** ✦ Singe d'Asie au corps trapu et au museau proéminent.

macaron **n. m.** **1.** Gâteau sec, rond, fait avec de la poudre d'amandes et du blanc d'œuf. *Des macarons au chocolat.* **2.** Natte de cheveux roulée sur l'oreille. *Elle portait des macarons.*

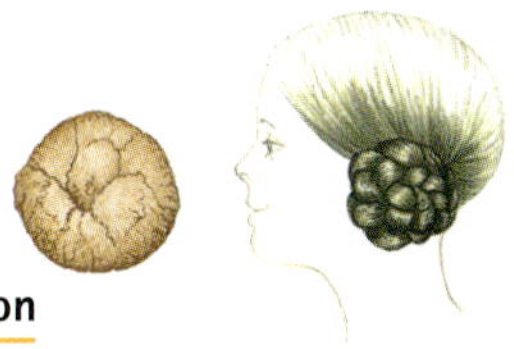

macaron

macaroni **n. m.** ✦ *Des macaronis,* ce sont des pâtes en forme de tube. *Elle mange un gratin de macaronis.*
● Ce mot vient de l'italien.

macédoine **n. f.** **1.** *De la macédoine de légumes,* c'est un plat composé d'un mélange de légumes cuits coupés en morceaux. → **jardinière.** **2.** *De la macédoine de fruits,* c'est un dessert composé de fruits divers coupés en petits morceaux et servis dans un sirop. → **salade.**

macérer **v.** (conjug. 6) ✦ Tremper longtemps dans un liquide. → aussi **mariner.** *Elle fait macérer des cerises dans de l'eau-de-vie.*

mâche **n. f.** ✦ Plante à petites feuilles allongées qui se mange en salade. *Une salade de mâche et de betteraves.*
● Attention à l'accent circonflexe du *â.*

mâcher **v.** (conjug. 1) **1.** Écraser avec ses dents avant d'avaler. *Mâche bien ta viande !* → **mastiquer.** **2.** Triturer longuement dans sa bouche sans avaler. *Il mâche du chewing-gum.* **3.** *Ne pas mâcher ses mots,* dire franchement ce qu'on pense. *Elle n'a pas mâché ses mots.*
● Attention à l'accent circonflexe du *â.*
▷ Autres mots de la famille : MÂCHOIRE, MÂCHONNER, REMÂCHER.

machette **n. f.** ✦ Grand couteau à lame épaisse servant à couper les branches, utilisé surtout dans les pays tropicaux.

machiavélique [makjavelik] **adj.** ✦ Rusé, perfide et calculateur. *Une manœuvre machiavélique.* → **démoniaque, diabolique.**
● Ce mot vient du nom d'un homme politique de Florence, Nicolas *Machiavel.*

mâchicoulis n. m. ✦ Balcon percé d'ouvertures au sommet des murailles ou des tours des châteaux forts. *On lançait des projectiles du haut des mâchicoulis.*
● Attention à l'accent circonflexe du *â*.

mâchicoulis

machin n. m. ✦ Familier. Objet dont on ignore le nom. → **chose, truc.** *Qu'est-ce que c'est que ce machin ?*
▷ Mot de la famille de MACHINE.

machinal, machinale adj. ✦ Que l'on fait sans y penser, sans réfléchir, comme si l'on était une machine. *Quand je pars, j'éteins la lampe d'un geste machinal.* → **automatique, mécanique.** ❑ contr. **volontaire.** — Au masc. pl. *machinaux.*

➤ **machinalement** adv. ✦ D'une façon machinale. *Il a fermé la porte machinalement.* → **automatiquement, mécaniquement.**
▷ Mots de la famille de MACHINE.

machination n. f. ✦ Ensemble de manœuvres secrètes destinées à nuire à quelqu'un. *Il a été victime d'une machination.* → **complot, intrigue.**
▷ Mot de la famille de MACHINE.

machine n. f. ✦ Appareil qui transforme l'énergie pour produire un travail. *À la ferme, il y a des machines agricoles. Elle a mis le linge sale dans la machine à laver. Le commandant est descendu dans la salle des machines,* dans la salle où se trouvent les machines qui font avancer le navire.

➤ **machinerie** n. f. ✦ Ensemble de machines. *Pour changer les décors au théâtre, il faut une machinerie très complexe.*

➤ **machinisme** n. m. ✦ Emploi généralisé de machines dans les usines. *Au 19e siècle, le machinisme a transformé l'industrie.*

➤ **machiniste** n. m. et f. ✦ Personne qui s'occupe des changements de décors, des trucages, au théâtre et au cinéma.
▷ Autres mots de la famille : MACHIN, MACHINAL, MACHINALEMENT, MACHINATION.

macho [matʃo] n. m. ✦ Familier. Homme qui pense que les hommes sont supérieurs aux femmes et veut les dominer. *Son mari est un vrai macho.*
● Ce mot vient de l'espagnol.

mâchoire n. f. **1.** Chacun des deux os de la bouche, en forme d'arc, dans lesquels sont implantées les dents. *La mâchoire supérieure est fixe et la mâchoire inférieure est mobile.* → **maxillaire. 2.** Chacune des pièces d'un outil qui, en se rapprochant, peuvent serrer un objet. *Les mâchoires d'un étau.*
● Attention à l'accent circonflexe du *â*.
▷ Mot de la famille de MÂCHER.

mâchonner v. (conjug. 1) ✦ Mâcher longuement ou mordre à petits coups, machinalement. *Il mâchonnait le bout de son crayon.* → **mordiller.**
● Attention à l'accent circonflexe du *â*.
▷ Mot de la famille de MÂCHER.

maçon n. m. ✦ Ouvrier qui construit des maisons.

➤ **maçonnerie** n. f. **1.** Travaux de construction d'un édifice. *Les ouvriers d'une entreprise de maçonnerie creusent les fondations de l'immeuble.* **2.** Partie de la construction faite par le maçon avec des pierres ou des briques assemblées par du ciment ou du béton. *La maçonnerie du garage est solide.*
● Attention à la cédille du *ç*.

maculé, maculée adj. ✦ Couvert de taches, sali. *Les chaussures d'Alex sont maculées de boue.*
▷ Autre mot de la famille : IMMACULÉ.

madame n. f. (pl. **mesdames**) **1.** Nom donné à une femme qui est mariée ou qui a été mariée. *« Au revoir, mesdames », dit la vendeuse aux deux clientes qui sortent du magasin. « Chère madame », écrit Théo à sa professeur de piano. Cette lettre est adressée à Madame Brun (Mme Brun). Madame, made-*

moiselle, monsieur, bonsoir ! **2.** Titre donné par respect à certaines femmes mariées ou pas. *Voici Madame la Directrice.*
▷ Mot de la famille de MON et de DAME.

madeleine **n. f.** ✦ Petit gâteau bombé à pâte moelleuse, cuit dans un moule en forme de coquille. *Il trempe une madeleine dans son thé.*

mademoiselle **n. f.** (pl. **mesdemoiselles**) ✦ Nom donné aux jeunes filles et aux femmes non mariées. *« Bonjour mesdemoiselles », dit le boulanger à Léa et à Louise. Ce paquet est adressé à Mademoiselle Mangin (Mlle Mangin).*
▷ Mot de la famille de MON et de DEMOISELLE.

madrier **n. m.** ✦ Poutre très épaisse. *Des madriers de chêne soutiennent le toit de la grange.*

maestria [maɛstʀija] **n. f.** ✦ Maîtrise, aisance et perfection dans l'exécution d'une œuvre d'art ou d'un exercice. *Le violoniste a joué ce concerto avec maestria.* → **brio, virtuosité.**
● Ce mot vient de l'italien.

mafia **n. f.** ✦ Groupe secret dont les membres prennent des places importantes dans la société et s'enrichissent par des moyens interdits par la loi. *La mafia de la drogue.*
● On écrit aussi *maffia.* Ce mot vient du sicilien.

magasin **n. m.** **1.** Endroit où l'on vend des marchandises. → **boutique.** *Il y a un magasin d'alimentation en face de l'école.* → aussi **libre-service, hypermarché, supermarché.** *Louise regarde les poupées dans la vitrine du magasin de jouets.* **2.** *Un grand magasin,* c'est un magasin sur plusieurs étages où l'on peut acheter toutes sortes de choses. *Elle achète tous ses vêtements dans les grands magasins.* **3.** Endroit où sont stockées des marchandises. *Nous n'avons plus cet article en magasin.* → **entrepôt,** ① **réserve.**
➤ **magasinier** **n. m.** ✦ Personne qui range et garde les marchandises déposées dans un magasin.
▷ Autre mot de la famille : EMMAGASINER.

magazine **n. m.** **1.** Journal généralement illustré. → ① **revue.** *En attendant son tour, chez le dentiste, elle lit un magazine.* **2.** Émission régulière de radio ou de télévision sur un sujet particulier. *Il regarde un magazine littéraire à la télévision.*
● Il y a un *z* dans *magazine.*

mage **n. m.** et **adj.**
■ **n. m.** Personne qui pratique les sciences occultes, la magie. → **devin, sorcier.**
■ **adj.** *Les Rois mages,* ce sont les personnages qui, selon l'Évangile, guidés par une étoile, vinrent adorer Jésus dans sa crèche. *Les Rois mages s'appelaient Gaspard, Melchior et Balthazar.*
▷ Autres mots de la famille : MAGIE, MAGIQUE, MAGICIEN.

Rois **mages** (B. Luini)

maghrébin **adj.** et **n. m.** **maghrébine** **adj.** et **n. f.**
■ **adj.** Du Maghreb. *Le Maroc, l'Algérie et la Tunisie sont des pays maghrébins. Sa famille est maghrébine.*
■ **n. m.** et **f.** Personne originaire du Maghreb. *Les jeunes Maghrébins nés en France.* → **beur.**

magie **n. f.** ✦ Art de faire des choses qui semblent inexplicables, avec des paroles et des gestes mystérieux. *Les alchimistes du Moyen Âge utilisaient la magie pour essayer de fabriquer de l'or.* → **sorcellerie.** *Le magicien fait des tours de magie.*
▷ Mot de la famille de MAGE.

magique **adj.** ✦ Qui est utilisé ou produit par magie. *Les sorcières ont des pouvoirs magiques. La fée transforma la citrouille en carrosse d'un coup de baguette magique,* avec une baguette qui a des pouvoirs extraordinaires.

▷ Mot de la famille de MAGE.

magicien **n. m.**, **magicienne** **n. f.** ✦ Personne qui fait des tours de magie. *Le magicien a fait sortir un lapin de son chapeau.* → aussi **illusionniste, prestidigitateur.**

▷ Mot de la famille de MAGE.

magistral, magistrale **adj.** ✦ Qui est remarquable, parfait. *Ce financier a réussi un coup magistral,* un coup de maître, un très beau coup. — Au masc. pl. *magistraux.*

➤ **magistralement** **adv.** ✦ Avec brio, d'une manière remarquable. *Le pianiste a joué ce morceau magistralement.*

magistrat **n. m.**, **magistrate** **n. f.** ✦ Fonctionnaire chargé de rendre la justice. *Les juges sont des magistrats.*

➤ **magistrature** **n. f.** ✦ Fonction de magistrat ; ensemble des magistrats. *Il fait carrière dans la magistrature,* il est magistrat.

magma **n. m.** ✦ Matière visqueuse qui se trouve au centre de la Terre et qui est formée de roches en fusion. *La lave qui sort des volcans provient du magma.*

magnanime [maɲanim] **adj.** ✦ Qui pardonne facilement. *Le vainqueur s'est montré magnanime, il a épargné les vaincus,* il a été bienveillant envers les vaincus. → **généreux, noble.**

magnésium [maɲesjɔm] **n. m.** ✦ Métal blanc argenté, très léger, qui brûle à l'air avec une flamme éblouissante. *La lumière d'un flash est un éclair de magnésium.*

magnétique **adj.** **1.** Qui attire le fer. *L'aimant a des propriétés magnétiques.* **2.** *Une bande magnétique,* c'est une bande enduite d'une matière spéciale sur laquelle on enregistre les sons avec un magnétophone ou les sons et les images avec un magnétoscope. **3.** Qui attire et fascine. *Cette femme a un regard magnétique.*

➤ **magnétiser** **v.** (conjug. 1) **1.** Donner les propriétés de l'aimant, rendre magnétique. *L'aimant magnétise le fer,* il l'attire à lui. → aussi **aimanté. 2.** Exercer une très forte influence. *L'avocat a magnétisé l'assemblée.* → **fasciner.**

➤ **magnétisme** **n. m.** **1.** Propriété qu'ont les aimants d'attirer le fer. *L'aiguille de la boussole est soumise au magnétisme terrestre.* **2.** Grand charme, fascination. *Ce chanteur exerce sur les femmes un véritable magnétisme.*

magnétophone **n. m.** ✦ Appareil qui permet d'enregistrer et de reproduire des sons. *Il écoute une cassette de son groupe favori sur son magnétophone. Il a un petit magnétophone portable.* → **baladeur.**

magnétoscope **n. m.** ✦ Appareil qui permet d'enregistrer des images et des sons sur une bande magnétique et de les repasser à la télévision. → aussi **caméscope** et **vidéo.** *Il a programmé le magnétoscope pour enregistrer une émission de télévision. Léa met une cassette dans le magnétoscope.*

magnificence [maɲifisɑ̃s] **n. f.** ✦ Beauté magnifique, pleine de grandeur. *Ce château est meublé avec magnificence.* → **splendeur.**

● Ce mot est littéraire.

magnifique **adj.** ✦ D'une beauté éclatante. *Quel magnifique coucher de soleil !* → **splendide, superbe.** ❏ contr. **affreux.**

➤ **magnifiquement** **adv.** ✦ D'une manière magnifique. *Leur appartement est magnifiquement décoré.*

magnolia [maɲɔlja] **n. m.** ✦ Arbre à feuilles luisantes et à grosses fleurs blanches ou roses très parfumées.

● Ce mot vient du nom d'un botaniste français, Pierre *Magnol.*

magnum [magnɔm] **n. m.** ✦ Grosse bouteille contenant un litre et demi. *Des magnums de champagne.*

magot **n. m.** ✦ Familier. Somme d'argent que l'on a amassée et mise en réserve. *Il s'est fait voler le magot qu'il cachait sous son matelas.*

magret **n. m.** ✦ Filet de viande découpé sur le ventre d'un canard ou d'une oie. *Nous avons mangé du magret de canard grillé.*

maharajah [maaʀadʒa] **n. m.** ✦ Prince hindou. — Au pl. *Des maharajahs.*
● Ce mot vient d'une langue de l'Inde.

mai **n. m.** ✦ Cinquième mois de l'année. *Le mois de mai a 31 jours.* ○ homonymes : mais, mets.

maigre **adj.** 1. Dont le corps a peu de graisse, qui a un poids peu élevé par rapport à sa taille. *Léa est un peu maigre.* → **mince.** ❑ contr. **gros.** 2. Qui ne contient pas de matières grasses. *Pour ne pas grossir, elle mange des yaourts maigres.* → aussi **allégé.** 3. Peu important, médiocre. *Avec son maigre salaire, il a du mal à faire des économies.*
➤ **maigreur** **n. f.** ✦ État d'une personne maigre. ❑ contr. **obésité.** *Après sa maladie, il était d'une maigreur effrayante.*
➤ **maigrichon, maigrichonne** **adj.** ✦ Un peu maigre. *Léa est maigrichonne.* ❑ contr. **grassouillet.**
➤ **maigrir** **v.** (conjug. 2) ✦ Devenir maigre, perdre du poids. → **s'amincir.** *Depuis qu'elle fait un régime, elle a maigri de dix kilos.* ❑ contr. **grossir.**
▷ Autres mots de la famille : AMAIGRI, AMAIGRISSANT, AMAIGRISSEMENT.

mail [mɛl] **n. m.** ✦ Courrier électronique. → **courriel, e-mail, mél.**

maille **n. f.** 1. *Les mailles,* ce sont les petites boucles de laine ou de fil qui forment un tissu plus ou moins serré. *Elle s'est arrêtée de tricoter pour compter les mailles.* 2. Trou à l'intérieur de chaque maille d'un filet. *Le poisson est passé à travers les mailles du filet.*
▷ Autre mot de la famille : MAILLON.

maillet **n. m.** ✦ Marteau en bois. *Il enfonce les piquets de sa tente avec un maillet.*

maillon **n. m.** ✦ Anneau d'une chaîne. → **chaînon.**
▷ Mot de la famille de MAILLE.

maillot **n. m.** 1. Vêtement souple et collant, fait d'une seule pièce, que l'on porte à même la peau pour faire de la danse ou de la gymnastique. → **justaucorps.** *Un maillot de danseur.* 2. Vêtement couvrant le buste, que portent les sportifs. *Les cyclistes portent un numéro sur leur maillot.* 3. *Un maillot de bain,* c'est un vêtement que l'on met pour se baigner dans la mer ou dans une piscine. *Elle a emporté ses deux maillots de bain à la plage.* 4. Lange que l'on utilisait autrefois pour entourer le corps des bébés jusqu'aux aisselles.
▷ Autre mot de la famille : EMMAILLOTER.

main **n. f.** ✦ Partie du corps située au bout du bras, qui sert à toucher et à saisir les objets. *Chacune des deux mains possède cinq doigts. Louise donne la main à sa sœur pour traverser la rue. Il serre la main à ses invités. Les artisans travaillent de leurs mains,* manuellement. *Je vais te donner un coup de main,* je vais t'aider. *J'en mettrais ma main au feu,* j'en ai la conviction, j'en suis sûr. *J'ai pris ce que j'avais sous la main,* ce que j'avais à ma portée. *Je n'arrive pas à remettre la main sur ce livre,* à le retrouver. *Le facteur a remis le colis en mains propres à son destinataire,* à son

magnolia

destinataire en personne. *Les deux adversaires en sont venus aux mains,* ils se sont mis à se battre. ❍ homonyme : maint.

▷ Autres mots de la famille : BAISEMAIN, ESSUIE-MAIN, MAIN-D'ŒUVRE, MAIN-FORTE, MAINTENANCE, MAINTENIR, MAINTIEN, SOUS-MAIN, EN UN TOURNEMAIN.

mainate **n. m.** ✦ Oiseau noir à bec jaune, capable d'imiter la voix humaine.

mainate

main-d'œuvre **n. f.** **1.** Travail d'un ou de plusieurs ouvriers. *Il faut compter quatre heures de main-d'œuvre pour démonter ce moteur.* **2.** Ensemble des ouvriers. *Cette usine emploie beaucoup de main-d'œuvre étrangère.* — Au pl. *Des mains-d'œuvre.*

▷ Mot de la famille de MAIN et de ŒUVRE.

main-forte **n. f.** ✦ *Prêter main-forte à quelqu'un,* c'est l'aider.

▷ Mot de la famille de MAIN et de ① FORT.

maint, mainte **adj.** ✦ Nombreux. *Elle avait déjà emprunté cette route maintes fois,* souvent. ❍ homonyme : main.

● Ce mot est littéraire.

maintenance **n. f.** ✦ Ensemble des opérations d'entretien et de réparation de machines et d'appareils. *Ils ont un contrat de maintenance pour leur chaudière.*

▷ Mot de la famille de MAIN et de TENIR.

maintenant **adv.** **1.** Tout de suite. *Il faut partir maintenant si nous voulons être à l'heure.* **2.** À présent, actuellement. *Maintenant, ce n'est plus comme avant.*

maintenir **v.** (conjug. 22) **1.** Tenir dans une même position, empêcher de bouger. *Maintiens ce clou bien droit pendant que tu l'enfonces.* **2.** Faire durer un état. *Il est difficile de maintenir la paix dans ce pays.* **3.** Affirmer avec force. *Alex maintient qu'il a dit la vérité.* → **soutenir.**

➤ **maintien** **n. m.** **1.** Façon de se tenir. → **attitude, posture, tenue.** *Les mannequins ont un maintien très étudié.* **2.** Action de faire durer. *La police veille au maintien de l'ordre.*

▷ Mots de la famille de MAIN et de TENIR.

maire **n. m.** ✦ Personne élue par le conseil municipal pour diriger les affaires d'une commune. *Le maire est aidé par des adjoints. Madame le maire.* ❍ homonymes : mer, mère.

● On dit parfois *Madame la maire.*

➤ **mairie** **n. f.** ✦ Bâtiment où se trouvent les bureaux du maire et de l'administration de la commune. *Les mariés sortent de la mairie.* → aussi **hôtel** de ville.

mairie

mais **conjonction** et **adv.** **1.** **conjonction** *Mais* s'emploie pour annoncer une idée contraire à celle qui a été exprimée. *Louise aimerait bien avoir un chien, mais sa mère n'aime pas les animaux.* **2.** **adv.** *Mais* s'emploie pour renforcer ce qu'on dit. *Mais où est donc passé Théo ?* ❍ homonymes : mai, mets.

maïs [mais] **n. m.** ✦ Plante qui a une longue tige, de larges feuilles pointues et des grains serrés sur un gros épi cylindrique. *La ferme est entourée de champs de maïs. Les poules mangent du maïs,* des grains de maïs.

● Il y a un tréma sur le *ï.*

maison **n. f.** **1.** Bâtiment qui sert d'habitation. → aussi **château,** ② **ferme, pavillon, résidence, villa.** *Ils ont une maison au bord de la mer.* **2.** L'endroit où l'on habite. → **domicile.** *Ce matin, Théo n'est pas allé en classe, il est resté à la maison,* il est resté chez lui. **3.** Fait sur place. *Pour le dessert, le patron du restaurant nous propose des tartes maison.* **4.** Bâtiment qui sert à un usage particulier.

Une maison de retraite, c'est un établissement où vivent des personnes âgées. *Une maison d'arrêt,* c'est une prison. *La maison des jeunes et de la culture.* **5.** Entreprise commerciale. *La maison sera fermée au mois d'août.* → **firme, société.**

➤ **maisonnée** **n. f.** ✦ Toutes les personnes qui habitent la même maison, toute la famille. *Toute la maisonnée était réunie autour de l'arbre de Noël.*

➤ **maisonnette** **n. f.** ✦ Petite maison.

maître **n. m.** et **adj.**, **maîtresse** **n. f.** et **adj.**

■ **n. 1.** Personne qui exerce une autorité sur quelqu'un. *Le tyran règne en maître absolu.* **2.** *Le maître et la maîtresse de maison,* ce sont les personnes qui habitent cette maison et décident de ce qu'on y fait. **3.** Personne qui possède un animal domestique. *Le chien court au-devant de son maître.* **4.** *Être maître de soi,* c'est garder le contrôle de soi-même, se dominer. *Elle est restée maîtresse d'elle-même,* elle est restée calme. **5.** Personne qui enseigne aux enfants. → **instituteur, professeur.** *Julie aime bien sa maîtresse.* **6.** Grand artiste, grand écrivain, grand savant. *La Joconde est un tableau de maître. Il a réussi un coup de maître,* une action très brillante, un coup très bien réussi. **7. n. f.** Femme avec laquelle un homme a des relations sexuelles et qui n'est pas sa femme légitime. → aussi **amant.** *Il a une maîtresse.* **8. n. m.** Titre que l'on donne à un notaire, un avocat, une avocate. *J'en parlerai à Maître Lecomte.*

■ **adj.** Essentiel. → **principal.** *La pièce maîtresse de sa collection est un timbre rare du Brésil,* la pièce la plus importante, la plus précieuse.
❍ homonymes : mètre, mettre.

➤ **maître chanteur** **n. m.** ✦ Personne qui exerce un chantage sur quelqu'un. — Au pl. *Des maîtres chanteurs.* ▷ Mot de la famille de CHANTER.

➤ **maître nageur** **n. m.** ✦ Personne qui apprend à quelqu'un à nager et qui surveille les endroits où l'on se baigne, professeur de natation. *Son frère est maître nageur.* ▷ Mot de la famille de NAGER.

➤ **maîtrise** **n. f. 1.** *La maîtrise de soi* ou *la maîtrise,* c'est la qualité d'une personne qui sait se contrôler, se dominer. *Dans cette situation difficile, elle a montré une parfaite maîtrise.* → **calme, sang-froid.** **2.** Groupe de chanteurs, chorale. *La maîtrise de l'église Sainte-Marie.* **3.** Habileté, perfection. → **brio, virtuosité.** *Ce tableau a été exécuté avec une très grande maîtrise.*

➤ **maîtriser** **v.** (conjug. 1) **1.** Se rendre maître de quelqu'un ou de quelque chose par la force. *Le cow-boy a maîtrisé le cheval sauvage. Les pompiers ont réussi à maîtriser l'incendie.* **2.** Contenir, dominer. *Elle voudrait maîtriser son émotion et ne pas pleurer.* → **vaincre.** — **se maîtriser,** se dominer. *Allons, maîtrisez-vous !* dominez-vous !
▷ Autre mot de la famille : CONTREMAÎTRE.

majesté **n. f. 1.** Titre que l'on donne aux souverains. → aussi **sire.** *Sa Majesté la reine d'Angleterre.* **2.** Grandeur, noblesse dans l'attitude, l'allure. *La majesté et la grâce de cette statue.* → aussi **majestueux.**

➤ **majestueux, majestueuse** **adj. 1.** Qui a de la majesté, de la grandeur. *Elle avait une démarche majestueuse,* lente et solennelle. **2.** D'une beauté pleine de noblesse. *L'Amazone est un fleuve majestueux.* → **grandiose.**

majeur **adj.** et **n. m.**, **majeure** **adj.**

■ **adj. 1.** *La majeure partie,* la plus grande partie. *Il fait froid et la majeure partie des gens est enrhumée,* la plupart sont enrhumés. **2.** Très important. → **principal.** *Sa préoccupation majeure est sa santé.* **3.** Qui a l'âge de la majorité. *En France, on est majeur à 18 ans.*
❏ contr. ② **mineur.**

■ **n. m.** Le plus grand doigt de la main. → **médius.** *Le majeur est le doigt du milieu.*
▷ Autres mots de la famille : MAJORITAIRE, MAJORITÉ.

major **n. m. 1.** Officier supérieur. *Le major est chargé de l'administration.* **2.** Candidat reçu premier au concours d'une grande école. *Elle est major de sa promotion.*

➤ **majorette** **n. f.** ✦ Fillette ou jeune fille en uniforme militaire de fantaisie. *Les majorettes défilaient au son de la fanfare.*
▷ Autre mot de la famille : ÉTAT-MAJOR.

majorer **v.** (conjug. 1) ✦ Augmenter. *Le prix du billet a été majoré de 10 %.* → **hausser, relever.**
❏ contr. **baisser, diminuer.**

➤ **majoration** **n. f.** ✦ Augmentation. *Il y aura une majoration du prix de l'essence le mois prochain.* → **hausse.** ❏ contr. **baisse, diminution.**

majorité **n. f. 1.** Le plus grand nombre de voix, dans une élection. *Ce candidat a obtenu* *la majorité aux élections.* **2.** Le plus grand nombre. *La majorité des Français prend ses vacances en août,* la plupart. ❑ contr. **minorité.** **3.** Âge à partir duquel une personne devient responsable de ses actes devant la loi et a le droit de voter. *En France, la majorité est fixée à 18 ans.*

➤ **majoritaire** **adj.** ✦ Qui fait partie d'une majorité, qui a la majorité. ❑ contr. **minoritaire.** *Ce parti est majoritaire à l'Assemblée nationale*

▷ Mots de la famille de MAJEUR.

majuscule **n. f.** ✦ Grande lettre d'une forme particulière. *Les noms propres commencent par une majuscule.* → **capitale.** ❑ contr. **minuscule.**

majuscule

mal **adv., adj. inv.** et **n. m., n. m.** (pl. **maux**)

■ **adv.** **1.** D'une manière qui n'est pas satisfaisante. *Cela commence mal !* ❑ contr. **bien.** *Il est tout pâle, il va se trouver mal,* il va s'évanouir, avoir un malaise. **2.** Autrement qu'il ne convient. *Ces enfants sont mal élevés. Elle est mal habillée.* **3.** Contrairement à la morale. *Il a mal agi.* **4.** D'une façon insuffisante. *Il est mal payé.* **5.** *Pas mal,* assez bien. *Cette robe ne lui va pas mal,* elle lui va bien. **6.** Familier. *Pas mal de,* beaucoup de. *Il y a pas mal de monde ici.*

■ **adj. inv.** **1.** Contraire à la morale. *Je n'ai rien fait de mal.* **2.** *Pas mal :* plutôt bien. *Ces photos ne sont pas mal du tout,* elles sont plutôt réussies.

■ **n. m.** **1.** Souffrance, douleur. *Elle a des maux de tête. Alex a mal aux dents. Aïe ! tu m'as fait mal !* **2.** Maladie. *Couvre-toi, tu vas prendre mal !* **3.** Difficulté, peine. *Il a du mal à ouvrir la porte. Elle s'est donné beaucoup de mal pour lui apprendre à lire.* **4.** Ce qui cause de la peine, fait souffrir. *Paul ne ferait pas de mal à une mouche. Ce qu'on a dit sur lui lui a fait du mal.* → **tort.** *Il dit du mal de tout le monde,* des choses méchantes. — *De deux maux, il faut choisir le moindre,* entre deux choses désagréables, il faut choisir la moins désagréable. **5.** *Le mal,* c'est ce que l'on ne doit pas faire, ce qui est contraire à la morale. *À 8 ans, on sait distinguer le bien du mal.* ❍ homonyme : malle.

▷ Autres mots de la famille : MALADRESSE, MALADROIT, MALADROITEMENT, MALAISE, MALAISÉ, MALCHANCE, MALCHANCEUX, MALENCONTREUSEMENT, MALENCONTREUX, MALENTENDANT, MALENTENDU, MALFAÇON, MALFAISANT, MALFAITEUR, MAL FAMÉ, MALFORMATION, MALGRÉ, MALHABILE, MALHONNÊTE, MALHONNÊTEMENT, MALHONNÊTETÉ, MALICE, MALICIEUX, ② MALIN, MALINTENTIONNÉ, MALMENER, MALNUTRITION, MALODORANT, MALPROPRE, MALPROPRETÉ, MALSAIN, MALTRAITER, MALVEILLANCE, MALVEILLANT, MALVOYANT.

malade **adj.** ✦ Qui souffre d'une maladie. *Théo a attrapé froid et il est tombé malade.* ❑ contr. bien **portant,** ① **valide.** *Je me sens un peu malade aujourd'hui.* → **souffrant.** — **N.** *La malade sera bientôt guérie.*

➤ **maladie** **n. f.** **1.** Trouble de l'organisme. → ① **affection.** *La varicelle est une maladie contagieuse. Il a attrapé une grave maladie.* **2.** Manie. *Elle a la maladie du rangement.*

➤ **maladif, maladive** **adj.** **1.** Qui montre que l'on est malade. *Paul est d'une pâleur maladive.* **2.** Anormal et impossible à contrôler. *Elle a une peur maladive des araignées.* → **excessif.**

maladresse **n. f.** **1.** Manque d'adresse. *Il a renversé son verre par maladresse.* ❑ contr. **habileté.** **2.** Manque de délicatesse, de tact. *Elle lui a fait de la peine par maladresse.*

▷ Mot de la famille de MAL et de ① ADRESSE.

maladroit, maladroite **adj.** **1.** Qui manque d'adresse. → **malhabile.** ❑ contr. **adroit, habile.** *Une serveuse maladroite a laissé tomber une pile d'assiettes.* — **N.** *La maladroite a tout cassé.* **2.** Qui manque de tact, de délicatesse. *Elle est très maladroite, elle dit toujours ce qu'il ne faut pas dire.*

➤ **maladroitement** **adv.** ✦ Avec maladresse. *Cette lettre est maladroitement rédigée.*

▷ Mots de la famille de MAL et de ADROIT.

malaise **n. m.** **1.** Sensation pénible et vague provoquée par un trouble du fonctionnement du corps. *Il faisait si chaud qu'elle a eu un malaise,* elle s'est trouvée mal. → aussi s'**évanouir.** **2.** Sentiment de gêne incontrôlable provoqué par une situation. *Paul éprouve un malaise inexplicable quand il doit parler devant les autres élèves de la classe.* → **angoisse, gêne.**

▷ Mot de la famille de MAL et de AISE.

malaisé, malaisée adj. ✦ Difficile. → **ardu.** *Il est malaisé de démêler le vrai du faux dans ce qu'il dit.* ❑ contr. **aisé, facile.**
▷ Mot de la famille de MAL et de AISE.

malaria n. f. ✦ Maladie grave transmise par certains moustiques des pays tropicaux. → **paludisme.**

malaxer v. (conjug. 1) ✦ Pétrir une matière pour qu'elle devienne plus molle et pour qu'elle soit bien mélangée. *Le sculpteur malaxe l'argile.*

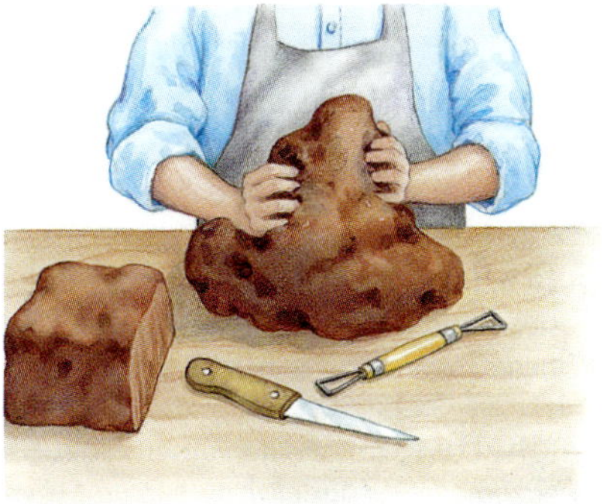

malaxer

malchance n. f. ✦ Manque de chance. *Julie a eu la malchance de tomber malade le jour de la fête de l'école.* → fam. **déveine.**
➤ **malchanceux, malchanceuse** adj. ✦ Qui n'a pas de chance. ❑ contr. **chanceux.** *On a donné un lot de consolation aux joueurs malchanceux.*
▷ Mots de la famille de MAL et de CHANCE.

mâle n. m. et adj.
■ **n. m.** Animal de sexe masculin. *Le coq est le mâle de la poule. La chatte a eu trois petits : deux mâles et une femelle.*
■ **adj. 1.** De sexe masculin. *La chatte a eu deux chatons mâles.* **2.** Caractéristique de l'homme. → **viril.** *Il a une voix mâle.* → aussi **masculin.** ❑ contr. **efféminé.**

malédiction n. f. **1.** Ensemble de paroles par lesquelles on souhaite du mal à quelqu'un en appelant sur lui la colère d'une puissance supérieure. *La méchante fée avait jeté une malédiction sur la princesse.* → aussi **maudire.** ❑ contr. **bénédiction. 2.** Malheur qui semble provoqué par le sort. *La sécheresse est une malédiction qui s'acharne sur certains pays.* → **calamité, fatalité.** ❑ contr. **bonheur, chance.**

maléfice n. m. ✦ Pratique magique dont le but est de nuire. *Il croit qu'il a été victime d'un maléfice.* → **sortilège.**
➤ **maléfique** adj. ✦ Qui fait du mal, qui peut nuire. *Les sorcières ont un pouvoir maléfique.* → aussi **malfaisant.** ❑ contr. **bénéfique.**

malencontreux, malencontreuse adj. ✦ Qui se produit à un mauvais moment. → **ennuyeux, fâcheux.** *Une panne malencontreuse nous a retardés.*
➤ **malencontreusement** adv. ✦ D'une manière malencontreuse. *Elle avait malencontreusement oublié ses clés.*
▷ Mots de la famille de MAL, ① EN et CONTRE.

malentendant, malentendante adj. ✦ Qui entend à peine, est presque sourd. *La grand-mère de Léa est malentendante.* — **N.** *Les sourds et les malentendants.*
▷ Mot de la famille de MAL et de ENTENDRE.

malentendu n. m. ✦ Désaccord entre des personnes qui croient s'être comprises, mais qui n'ont pas compris la même chose. *Leur dispute est due à un malentendu.* → **méprise, quiproquo.**
▷ Mot de la famille de MAL et de ENTENDRE.

malfaçon n. f. ✦ Défaut dans un objet mal fabriqué. *Il y a des malfaçons dans cette maison.*
▷ Mot de la famille de MAL et de FAÇON.

malfaisant, malfaisante adj. ✦ Qui fait du mal. → **nuisible.** *C'est un être malfaisant.* → **mauvais, méchant.** ❑ contr. **bienfaisant.**
▷ Mot de la famille de MAL et de FAIRE.

malfaiteur n. m. ✦ Bandit, voleur. → **brigand, gangster, truand.** *La police a arrêté une bande de dangereux malfaiteurs.*
▷ Mot de la famille de MAL et de FAIRE.

mal famé → **famé**

malformation n. f. ✦ Défaut que présente une partie du corps à la naissance. *Ce bébé a une malformation cardiaque.* → **difformité.**
▷ Mot de la famille de MAL et de FORME.

malgré prép. **1.** *Malgré soi,* sans le vouloir, involontairement. *J'ai surpris leur conversation malgré moi.* **2.** En dépit de. *Elle veut aller à la plage malgré la pluie,* bien qu'il pleuve. *Nous réussirons malgré tout,* quoi qu'il arrive.
▷ Mot de la famille de MAL et de GRÉ.

malhabile adj. ✦ Maladroit. *Les gestes de cet enfant sont encore malhabiles.* → ① **gauche.** ❑ contr. **adroit, habile.**

⊳ Mot de la famille de MAL et de HABILE.

malheur n. m. **1.** Événement pénible, triste. → **catastrophe, épreuve.** *Sa mort a été un grand malheur pour tous ses amis.* ❑ contr. **bonheur.** — *À quelque chose malheur est bon,* on peut tirer avantage d'une expérience désagréable. **2.** Situation pénible, triste. *Ils sont dans le malheur.* → **peine.** *Il a fait le malheur de sa famille.* → **chagrin.** ❑ contr. **joie. 3.** Malchance. *Si tu as le malheur de casser ce vase, gare à toi ! Les gens superstitieux pensent que cela porte malheur de passer sous une échelle.* **4.** Ennui. *Ce n'est pas grave, c'est un petit malheur.* → **désagrément,** ① **souci.**

➤ **malheureux, malheureuse** adj. **1.** Qui n'est pas heureux. *Ce chien est malheureux dans un appartement. Léa a l'air malheureux.* → **triste.** — **N.** *Ce médecin aide les malheureux.* **2.** Malchanceux. *« Heureux au jeu, malheureux en amour » dit le proverbe.* **3.** Qui a des conséquences regrettables. *Il a eu un mot malheureux.* **4.** Sans importance. *En voilà des histoires pour une malheureuse assiette !* → **insignifiant, misérable.**

➤ **malheureusement** adv. ✦ Par malheur. *Il aimerait bien regarder la télévision, mais malheureusement elle est en panne.* ❑ contr. **heureusement.**

malhonnête adj. ✦ Qui vole ou trompe les gens. *Ce commerçant est malhonnête.* → **déloyal, voleur.** ❑ contr. **honnête.**

➤ **malhonnêtement** adv. ✦ D'une façon malhonnête. *Il s'est conduit malhonnêtement avec ses associés.* ❑ contr. **honnêtement.**

➤ **malhonnêteté** n. f. ✦ Caractère d'une personne malhonnête. *Ce garagiste est d'une grande malhonnêteté.* ❑ contr. **honnêteté.**

⊳ Mots de la famille de MAL et de HONNÊTE.

malice n. f. ✦ Tournure d'esprit d'une personne qui aime se moquer des autres sans méchanceté. *Sa réponse avait une pointe de malice et de moquerie.*

➤ **malicieux, malicieuse** adj. ✦ Qui aime faire des farces, se moquer. → **espiègle.** *Julie est une petite fille malicieuse.*

⊳ Mots de la famille de MAL.

① **malin, maligne** adj. ✦ Rusé, capable de se tirer d'embarras. *Elle est maligne comme un singe.* → **astucieux, débrouillard.** ❑ contr. **nigaud.** — Familier. *Ce n'est pas malin d'avoir fait cela,* ce n'est pas intelligent.

● On peut dire aussi familièrement *elle est maline.*

② **malin, maligne** adj. ✦ *Une tumeur maligne,* c'est une tumeur très dangereuse, qui peut entraîner la mort. → aussi **cancer.** ❑ contr. **bénin.**

⊳ Mot de la famille de MAL.

malingre adj. ✦ Faible et fragile. *Un enfant malingre.* → **chétif.**

malintentionné, malintentionnée adj. ✦ Qui a de mauvaises intentions, qui cherche à nuire. *La voisine est malintentionnée à mon égard.* → **malveillant.** ❑ contr. **bienveillant.**

⊳ Mot de la famille de MAL et de INTENTION.

malle n. f. ✦ Grand bagage rigide, en bois, en osier ou en métal. → aussi **valise.** *Les vieux vêtements sont dans une malle au grenier.*

○ homonyme : mal.

➤ **mallette** n. f. ✦ Petite valise rigide. *Elle prend sa mallette pour aller au bureau.* → **attaché-case.**

malléable adj. **1.** Que l'on peut aplatir et étirer facilement. *L'or est le plus malléable des métaux.* **2.** Qui se laisse diriger, influencer. *Une enfant malléable.* → **docile, influençable.**

● Il y a deux *l* dans *malléable.*

malmener v. (conjug. 5) ✦ Traiter durement. *Les cambrioleurs ont malmené la caissière.* → **brutaliser, maltraiter, molester.**

⊳ Mot de la famille de MAL et de MENER.

malnutrition n. f. ✦ Nourriture insuffisante ou mal équilibrée. *Les enfants des pays pauvres souffrent de malnutrition.*

⊳ Mot de la famille de MAL et de NUTRITION.

malodorant, malodorante adj. ✦ Qui sent mauvais. *Ces poubelles sont malodorantes.* → **nauséabond.** ❑ contr. **odoriférant.**

⊳ Mot de la famille de MAL et de ODORANT.

malotru n. m., **malotrue** n. f. ✦ Personne grossière, mal élevée. *Un malotru m'a bousculé sans s'excuser.* → **goujat,** ② **mufle.**

malpropre adj. ✦ Sale. *Des vêtements malpropres.* ❑ contr. ① **propre.**
➤ **malpropreté** n. f. ✦ État de ce qui n'est pas propre. *Sa chambre est d'une malpropreté répugnante.*
▷ Mots de la famille de MAL et de ① PROPRE.

malsain, malsaine adj. **1.** Mauvais pour la santé. *Ce climat humide et chaud est malsain.* → **insalubre.** ❑ contr. **sain. 2.** *Une curiosité malsaine,* anormale, qui se complaît dans le mal. → **morbide, pervers.**
▷ Mot de la famille de MAL et de SAIN.

malt n. m. ✦ *Le malt,* c'est un ensemble de céréales (surtout de l'orge) que l'on fait germer artificiellement et puis sécher. *Le malt est utilisé dans la fabrication de la bière. Il aime le whisky pur malt.*

maltraiter v. (conjug. 1) ✦ Traiter avec brutalité, faire du mal. *Il maltraite son chien.* → **brutaliser.**
▷ Mot de la famille de MAL et de TRAITER.

malus [malys] n. m. ✦ Augmentation de la somme à payer pour l'assurance d'un véhicule, en raison d'accidents dont le conducteur est responsable. ❑ contr. **bonus.**

malveillant, malveillante adj. ✦ Hostile, méchant. → **malintentionné.** *Des gens malveillants ont crevé les pneus de ma moto.*
➤ **malveillance** n. f. ✦ Intention de faire du mal. → **hostilité.** *La panne serait due à un acte de malveillance.* ❑ contr. **bienveillance.**
▷ Mots de la famille de MAL.

malversation n. f. ✦ Faute qui consiste à détourner de l'argent à son profit. *Ce fonctionnaire est coupable de malversations.*

malvoyant n. m., **malvoyante** n. f. ✦ Personne qui ne voit pas bien. *Ce livre est écrit en gros caractères pour les malvoyants.*
▷ Mot de la famille de MAL et de VOIR.

maman n. f. ✦ Nom affectueux que l'on donne à sa mère. *Paul a couru se réfugier dans les bras de sa maman. Où sont ton papa et ta maman ?*

mamelle n. f. ✦ Organe des femelles des mammifères qui sécrète le lait. → aussi ① **pis** et **sein.** *Les chatons sont accrochés aux mamelles de leur mère.*
➤ **mamelon** n. m. **1.** Bout du sein d'une femme. **2.** Sommet arrondi d'une colline. *Le village est construit sur un mamelon.*

mamie n. f. ✦ Nom affectueux que les enfants donnent à leur grand-mère. *Léa a dormi chez son papi et sa mamie.*

mammifère n. m. ✦ Animal qui a un squelette et un cerveau développés, qui respire par des poumons et dont la femelle a des mamelles. *L'homme est un mammifère. Le chat, le cheval, le kangourou sont des mammifères.* ➸ planche p. 620.

mammouth [mamut] n. m. ✦ Grand éléphant de l'ère quaternaire, couvert de poils, qui vivait encore il y a 10 000 ans. *Les mammouths avaient de grandes défenses recourbées.*
● Ce mot prend un *h* à la fin. Il vient du russe.

mammouth

musaraigne

hérisson

échidné

taupe

lémur

roussette

tamarin

gorille

mandrill

tatou

marmotte

paresseux

kangourou

zèbre

renard

éléphant

ours

lamantin

morse

baleine bleue

otarie

manager [manadʒœʀ] **n. m.** ✦ Personne qui dirige une entreprise ou qui organise le travail d'un sportif ou d'un artiste. → aussi **entraîneur** et **imprésario.** *Le manager d'un boxeur.*

● Ce mot vient de l'anglais, du verbe *to manage* qui veut dire « diriger ».

① **manche n. f. 1.** Partie d'un vêtement qui entoure le bras. *Un pull à manches longues.* **2.** Chacune des deux parties liées d'un jeu. *Après la première manche, on joue la seconde manche puis la belle.* → aussi **set. 3.** *Une manche à air,* c'est un grand tuyau de tissu qui indique dans quelle direction souffle le vent.

▷ Autres mots de la famille : EMMANCHURE, ① MANCHETTE, MANCHON.

② **manche n. m. 1.** Partie allongée d'un outil, par laquelle on le tient. *Le manche d'une pioche. Le manche d'un couteau. Un manche à balai.* — *Jeter le manche après la cognée,* renoncer à faire quelque chose parce qu'on est découragé. **2.** Partie allongée d'un violon, d'une guitare, le long de laquelle sont tendues les cordes.

▷ Autre mot de la famille : EMMANCHER.

① **manchette n. f.** ✦ Extrémité de la manche d'une chemise garnie d'un revers. *Des boutons de manchettes.*

▷ Mot de la famille de ① MANCHE.

② **manchette n. f.** ✦ Gros titre en première page d'un journal. *Les manchettes de tous les journaux annonçaient l'événement.*

manchon n. m. ✦ Étui de fourrure dans lequel on glisse ses mains pour les protéger du froid.

▷ Mot de la famille de ① MANCHE.

manchot adj. et **n. m., manchote adj.**

■ **adj.** À qui il manque une main ou les deux, un bras ou les deux. *Elle est manchote depuis son accident.*

■ **n. m.** Oiseau du pôle Sud, aux pattes palmées, au plumage noir et blanc, qui vit en colonie. ➻ planche Oiseaux p. 711. *Le manchot a les ailes trop courtes pour pouvoir voler.* → aussi **pingouin.**

mandarine n. f. ✦ Fruit doux et parfumé qui ressemble à une petite orange et dont la peau se détache facilement. → aussi **clémentine.** *Un quartier de mandarine.* ➻ illustration Agrumes p. 21.

mandat n. m. 1. Document qui permet d'envoyer de l'argent par la poste. *Elle a touché un mandat de 300 euros.* **2.** Fonction, charge confiée à une personne élue. *En France, un député exerce son mandat pendant cinq ans.*

mandibule n. f. ✦ Chacune des parties du bec des oiseaux ou de la bouche des insectes qui sert à attraper et à couper les aliments.

mandoline n. f. ✦ Instrument de musique qui ressemble à une petite guitare bombée. ➻ planche Instruments de musique p. 549.

mandragore n. f. ✦ Plante dont la racine fourchue peut évoquer une forme humaine.

mandragore

mandrill [mɑ̃dʀil] **n. m.** ✦ Grand singe d'Afrique au museau allongé.

● Ce mot se termine par deux *l.*

manège n. m. 1. Plate-forme ronde et tournante sur laquelle des chevaux de bois et des petits véhicules servent de monture aux enfants. *Louise a fait un tour de manège à la fête foraine.* **2.** Lieu où l'on dresse et où l'on monte les chevaux. *Il prend des cours d'équitation dans un manège.* **3.** Façon habile d'agir pour obtenir ce que l'on veut. → ① **manœuvre.** *J'ai vite compris son petit manège.*

manette n. f. ✦ Poignée ou levier que l'on manœuvre à la main. *L'hôtesse de l'air abaisse la manette qui commande l'ouverture des portes.*

manger v. (conjug. 3) ✦ Avaler, pour se nourrir, un élément solide après l'avoir mâché. *Nous mangeons souvent des pâtes.* → **consommer.** *Paul mange un bifteck et des frites. Léa ne mange pas beaucoup. Le chat a mangé une souris.* → **dévorer.** *On prend ses repas dans la salle à manger.* → aussi ① **déjeuner,** ① **dîner.**

➤ **mangeable** adj. ✦ Bon à manger. *Cette viande est trop dure, elle n'est pas mangeable.* ❑ contr. **immangeable.**

● Attention au *e* après le *g*.

➤ **mangeoire** n. f. ✦ Récipient qui contient la nourriture de certains animaux domestiques (les chevaux, les bestiaux, la volaille).

● Attention au *e* après le *g*.

➤ **mangeur** n. m., **mangeuse** n. f. ✦ Personne qui mange telle ou telle chose. *Paul est un grand mangeur de frites,* il mange beaucoup de frites. *Mon père est un gros mangeur,* il mange beaucoup.

▷ Autres mots de la famille : GARDE-MANGER, IMMANGEABLE.

mangouste n. f. ✦ Petit mammifère carnivore d'Afrique et d'Asie qui ressemble à une belette. *Les mangoustes tuent les serpents et les rats.*

mangouste

mangue n. f. ✦ Gros fruit ovale, à peau lisse de couleur jaune orangé, à chair jaune et parfumée et à très grand noyau. ➻ planche Fruits exotiques p. 441. *Les mangues poussent dans les pays tropicaux.*

maniable adj. ✦ Facile à manier, à utiliser. *Cette poussette est très maniable.* → ② **pratique.**

▷ Mot de la famille de MANIER.

manie n. f. ✦ Habitude bizarre, souvent agaçante. *Nous avons tous nos petites manies. Il a la sale manie de se ronger les ongles.*

➤ **maniaque** adj. et n. m. et f.

■ **adj.** Attaché à ses habitudes d'une manière exagérée. *Il est maniaque, il remet toujours les objets à la même place.*

■ **n. m.** et **f.** Malade mental. → **fou.** *La police a arrêté un maniaque qui rôdait dans le parc.* → aussi **obsédé.**

manier v. (conjug. 7) **1.** Remuer, déplacer. *Il faut manier ce paquet avec précaution.* → **manipuler.** *Le caissier manie de grosses sommes d'argent,* de grosses sommes d'argent lui passent entre les mains. **2.** Se servir de quelque chose. *Les mousquetaires maniaient l'épée avec adresse. Cette tondeuse est facile à manier.* → **manœuvrer.**

➤ **maniement** n. m. ✦ Façon d'utiliser. → **manipulation.** *Les soldats apprennent le maniement des armes.*

▷ Autres mots de la famille : MANIABLE, REMANIEMENT, REMANIER.

manière n. f. **1.** Façon. *Il y a de nombreuses manières d'accommoder les restes. Je n'aime pas la manière dont tu me parles. Il est parti tôt* **de manière à** *ne pas arriver en retard,* pour ne pas arriver en retard. *De toute manière, il ne reconnaît jamais ses torts,* quoi qu'il arrive, en tout cas. **2.** *Des manières,* des façons de se comporter. *En voilà des manières !* cette façon de se comporter n'est pas bien. *Elle fait toujours des manières avant d'accepter une invitation,* elle se fait prier, elle fait des histoires, elle manque de simplicité.

➤ **maniéré, maniérée** adj. ✦ Qui manque de simplicité, de naturel. *Sa mère est très maniérée.* ❑ contr. **naturel, simple.**

manifeste adj. ✦ Évident. → **certain.** *Il est d'une mauvaise foi manifeste,* qui ne fait aucun doute. → **flagrant.**

➤ **manifestement** adv. ✦ Sans aucun doute. → **visiblement.** *Elle prend manifestement plaisir à embêter son frère.*

➤ **manifester** v. (conjug. 1) **1.** Faire connaître d'une manière évidente. → **exprimer.** *Il a violemment manifesté son désaccord.* → **montrer.** — **se manifester,** apparaître. *La varicelle se manifeste par une éruption de boutons.* **2.** Se rassembler et défiler pour exprimer son opinion. *Les grévistes ont manifesté devant le ministère.*

➤ **manifestant** n. m., **manifestante** n. f. ✦ Personne qui participe à une manifestation. *Les manifestants ont défilé en criant des slogans.*

➤ **manifestation** n. f. **1.** Manière de montrer ce que l'on ressent. → **démonstra-**

tion. *Il a été accueilli par des manifestations de joie.* **2.** Rassemblement et défilé organisés pour exprimer son opinion. *Ils sont allés à une manifestation contre le racisme.*

● On dit familièrement *une manif.*

manifestation

manigance **n. f.** ✦ Manœuvre secrète et suspecte, sans grande importance. *Je n'aime pas beaucoup toutes ces manigances.*

➤ **manigancer** **v.** (conjug. 3) ✦ Comploter, préparer en secret. *Qu'est-ce qu'ils peuvent bien encore manigancer ?* → fam. **mijoter.**

manille **n. f.** ✦ Jeu de cartes où les cartes les plus fortes sont le dix puis l'as. *Ils jouent à la manille.*

manioc **n. m.** ✦ Plante des régions tropicales dont la racine fournit le tapioca. *La racine du manioc est riche en amidon.*

manipuler **v.** (conjug. 1) **1.** Prendre dans ses mains avec soin. *Dans son laboratoire, le chercheur manipule des éprouvettes.* **2.** Prendre et transporter. *À la poste, on manipule des centaines de colis par jour.*

➤ **manipulation** **n. f.** ✦ Le fait de manipuler. *Les chimistes font des manipulations,* ils manient des instruments et des produits chimiques pour faire des expériences.

manivelle **n. f.** ✦ Levier que l'on actionne avec la main et qui sert à faire tourner un mécanisme. *Autrefois, on faisait démarrer les voitures à la manivelle.*

mannequin **n. m.** **1.** Sorte de statue représentant une personne grandeur nature. *Les mannequins qui se trouvent dans les vitrines sont habillés et portent des perruques.* **2.** Personne dont le métier est de porter sur elle de nouveaux modèles de vêtements pour les présenter aux clients. *Elle est mannequin et pose pour des photos.* → **top-modèle.**

manœuvrer **v.** (conjug. 1) **1.** Effectuer une manœuvre sur un bateau ou avec une voiture. *Il a dû manœuvrer longtemps pour réussir à garer sa voiture.* **2.** Manier pour faire fonctionner. *Le marin manœuvre le gouvernail.* **3.** Employer des moyens adroits pour obtenir ce que l'on désire. *Julie a bien manœuvré ; son père a fini par lui acheter la poupée qu'elle voulait tant avoir.*

➤ ① **manœuvre** **n. f.** **1.** Mouvement d'un véhicule que l'on gare. *Elle fait des manœuvres pour garer sa voiture.* **2.** Mouvement à effectuer pour faire fonctionner quelque chose. *Le pilote a commencé les manœuvres d'atterrissage.* **3.** Exercice militaire. *Les soldats font des manœuvres.* **4.** Moyen plus ou moins honnête utilisé pour atteindre un but. → **intrigue, machination, manigance.** *Il a obtenu ce poste de directeur par d'habiles manœuvres.*

➤ ② **manœuvre** **n. m.** ✦ Ouvrier qui n'a pas de qualification professionnelle particulière. *Il travaille sur un chantier comme manœuvre.*

▷ Mots de la famille de ŒUVRE.

manoir **n. m.** ✦ Petit château, à la campagne.

manomètre **n. m.** ✦ Appareil qui sert à mesurer la pression d'un gaz ou d'un liquide.

manomètre

manquer **v.** (conjug. 1) **1.** Ne pas être là lorsqu'il le faudrait. *Ce produit manque en magasin. — Il manque une fourchette sur la table.* **2.** Faire souffrir quelqu'un par son absence. *Léa pense à son père qui est en voyage, il lui manque.* **3.** *Manquer l'école,* ne pas y aller. *Louise a manqué l'école hier.* **4.** Ne pas avoir en quantité suffisante. *Cette purée manque de sel.* **5.** *Ne pas manquer de faire quelque chose,* le faire sûrement. *Si je pars, je ne manquerai pas de vous avertir. Je n'y manquerai* *pas.* **6.** Ne pas réussir. *Les voleurs ont manqué leur coup.* → **rater.** **7.** Ne pas atteindre. *Le tireur a manqué la cible.* **8.** Ne pas arriver à temps pour monter dans un véhicule ou pour assister à quelque chose. → **rater** ; fam. **louper.** *Elle a manqué son train. Ils ont manqué le début du film.*

➤ **manquant, manquante** **adj.** ✦ Qui manque. *Dans cet exercice, il faut trouver le mot manquant.*

➤ **manque** **n. m.** ✦ Insuffisance. → **absence.** *Cet enfant souffre d'un manque de calcium.* → **carence.** *Le manque d'eau dans ce pays est dramatique.* → **pénurie.**

▷ Autre mot de la famille : IMMANQUABLE.

mansarde **n. f.** ✦ Pièce située sous le toit et dont un mur est en pente.

➤ **mansardé, mansardée** **adj.** ✦ Dont un mur est en pente. *Il habite une chambre mansardée.*

manteau **n. m.** **1.** Vêtement chaud, à manches, que l'on met par-dessus les autres vêtements, pour sortir. *Elle a mis son manteau de fourrure.* — Au pl. *Des manteaux.* **2.** En Suisse. *Un manteau de pluie,* c'est un imperméable. **3.** *Le manteau de la cheminée,* c'est le rebord de la cheminée au-dessus du foyer.

▷ Autre mot de la famille : PORTEMANTEAU.

mante religieuse **n. f.** ✦ Insecte vert ou roux à tête triangulaire. ➻ planche Insectes p. 543. *La mante religieuse femelle dévore le mâle après l'accouplement.* ○ homonyme : menthe.

manucure **n. m. et f.** ✦ Personne dont le métier est de soigner les mains, les ongles. *Elle s'est fait faire les ongles par la manucure.* → aussi **pédicure.**

① **manuel, manuelle** **adj.** ✦ Qui se fait à la main, qui exige le travail des mains. *Le cordonnier exerce un métier manuel.* ❑ contr. **intellectuel.**

➤ **manuellement** **adv.** ✦ Par une opération qui exige le travail des mains. *Cet appareil photo se règle manuellement,* il n'est pas automatique. ❑ contr. **automatiquement.**

② **manuel** **n. m.** ✦ Livre de classe. *Un manuel d'histoire.*

manufacture **n. f.** ✦ Usine où l'on fabrique des objets qui nécessitent une main-d'œuvre très qualifiée. *La manufacture de porcelaine de Sèvres est renommée.*

manuscrit **adj. et n. m., manuscrite** **adj.**

■ **adj.** Écrit à la main. *Il m'a envoyé une lettre manuscrite.*

■ **n. m.** **1.** Livre écrit à la main, avant l'invention de l'imprimerie. *Au Moyen Âge, les moines copiaient les manuscrits sur du parchemin.* (voir illustration page suivante.) **2.** Texte qui n'est pas encore imprimé. *L'écrivain a envoyé le manuscrit de son roman à son éditeur.*

manutention **n. f.** ✦ Travail qui consiste à déplacer des caisses de marchandises pour les stocker dans un magasin ou les expédier.

➤ **manutentionnaire** **n. m. et f.** ✦ Personne qui fait des travaux de manutention. *Les manutentionnaires ont chargé le camion de livraison.*

mappemonde **n. f.** ✦ Carte représentant la Terre, sous forme de deux cercles côte à côte. → **planisphère.** *Les élèves doivent chercher la France sur la mappemonde.*

● Il y a deux *p* dans *mappemonde.*

mappemonde
(16e siècle)

manuscrit (15e siècle)

maquereau **n. m.** ✦ Poisson de mer au dos vert et bleu. ➻ planche Poissons p. 795. *Il mange des filets de maquereau au vin blanc.* — Au pl. *Des maquereaux.*

maquette **n. f.** ✦ Modèle réduit. *Théo fait des maquettes d'avion.*

maquiller **v.** (conjug. 1) **1.** Mettre des produits de beauté, des fards sur le visage pour l'embellir ou en modifier les traits. *On a maquillé les enfants pour la fête de l'école.* — **se maquiller,** se mettre des fards sur le visage. *Le comédien se maquille dans sa loge.* → se **grimer.** *Elle ne s'est pas maquillée aujourd'hui.* → se **farder.** **2.** Modifier l'apparence d'une chose pour qu'on ne la reconnaisse pas. *Les bandits ont maquillé la voiture volée.*

➤ **maquillage** **n. m.** ✦ Action de maquiller,

façon de maquiller. *Elle a de nombreux produits de maquillage,* des produits de beauté qui lui servent à se maquiller. → aussi **cosmétique.**

▷ Autres mots de la famille : DÉMAQUILLANT, DÉMAQUILLER.

maquis **n. m.** 1. Terrain couvert d'arbustes et de buissons touffus, dans les régions méditerranéennes. *Dans le maquis corse, il pousse de la lavande et du romarin.* 2. *Prendre le maquis,* c'était, pendant la Seconde Guerre mondiale, se joindre à des groupes de résistants qui luttaient contre l'ennemi dans des lieux difficiles d'accès.

● *Maquis* se termine par un *s.*

➤ **maquisard** **n. m.** ✦ Résistant qui a pris le maquis.

marabout **n. m.** ✦ Grand oiseau au plumage gris et blanc, qui a un gros jabot. *Les marabouts sont des échassiers.*

maraîcher **n. m.** et **adj.**, **maraîchère** **n. f.** et **adj.**

■ **n.** Personne qui cultive des légumes pour les vendre. *Dans la région de Nantes, il y a beaucoup de maraîchers.*

■ **adj.** *La culture maraîchère,* c'est la culture des légumes.

● Attention à l'accent circonflexe du *î.*

marais **n. m.** ✦ Terrain couvert d'eau stagnante où poussent des roseaux. → aussi **étang, marécage.**

marasme **n. m.** ✦ Situation économique ou politique très mauvaise. → **crise.** *L'économie de ce pays est dans un profond marasme.* → **récession.**

marathon **n. m.** 1. Course à pied, sur route, de 42,195 km. *Il a remporté le marathon de Paris.* 2. Épreuve qui demande une grande endurance. *Un marathon de danse.*

● *Marathon* prend un *h* après le *t.*

marâtre **n. f.** ✦ Mauvaise mère, méchante avec ses enfants.

● Attention à l'accent circonflexe du deuxième *â.* — Autrefois, la marâtre était la deuxième femme du père.

maraudeur **n. m.**, **maraudeuse** **n. f.** ✦ Personne qui vole des fruits et des légumes dans les champs ou les jardins.

marbre **n. m.** ✦ Belle pierre dure veinée de couleurs variées, qui se polit bien. *La cathédrale a des colonnes de marbre rose.*

➤ **marbré, marbrée** **adj.** ✦ Qui présente des taches, des veines, semblables à celles du marbre. *Le corps de la victime était marbré de traces de coups.*

➤ **marbrure** **n. f.** ✦ Marque sur la peau, semblable aux taches du marbre.

marc [maʀ] **n. m.** 1. Ce qui reste des fruits quand on les a pressés. *On fait du vin avec le jus du raisin et de l'alcool avec le marc.* 2. Eau-de-vie obtenue à partir du marc de raisin. *Il boit du marc de champagne.* 3. *Le marc de café,* c'est la substance noirâtre qui reste quand on a fait passer l'eau chaude sur le café moulu. ○ homonymes : mare, marre.

● On ne prononce pas le *c* final.

marcassin **n. m.** ✦ Jeune sanglier qui n'a pas encore deux ans.

marcassin

marchand **n. m.** et **adj.**, **marchande** **n. f.** et **adj.**

■ **n.** Personne dont le métier est de vendre des marchandises. → **commerçant, vendeur.** *Un marchand de chaussures.*

■ **adj.** 1. Où il y a de nombreux commerçants. *Elle a acheté son pantalon dans la galerie marchande.* 2. *La marine marchande,* c'est la marine de commerce.

➤ **marchander** **v.** (conjug. 1) Essayer d'acheter une chose moins cher que le prix indiqué, en discutant avec le vendeur. *Il a eu cinq kilos de tomates pour le prix de quatre en marchandant.*

➤ **marchandage** **n. m.** ✦ Discussion pour acheter ou vendre au meilleur prix. *Il a réussi à faire baisser le prix après un long marchandage.*

➤ **marchandise** **n. f.** ✦ Produit que l'on peut acheter ou vendre. *Ce commerçant a des marchandises de bonne qualité.*

marche n. f. 1. Action de marcher, d'avancer en faisant des pas. *Il a ralenti sa marche pour que ses camarades puissent le rattraper. Ils font de longues marches en montagne.* → **promenade, randonnée.** 2. Déplacement dans une direction déterminée. *Elle est assise dans le sens de la marche du train. La voiture a fait marche arrière.* 3. Fonctionnement. *Cette machine est en état de marche. Il a mis le moteur en marche.* 4. *La marche à suivre,* ce qu'il faut faire pour obtenir ce que l'on veut. → **démarche.** *Elle lui a indiqué la marche à suivre pour s'inscrire à l'université.* → **méthode.** 5. Chacune des surfaces planes où l'on pose le pied dans un escalier. *Elle monte les marches quatre à quatre.*

▷ Mot de la famille de MARCHER.

marché n. m. 1. Endroit où les marchands installent leurs étalages, certains jours fixes, pour vendre leurs marchandises. *Il a acheté des légumes au marché. Elle fait son marché deux fois par semaine,* elle achète les produits alimentaires nécessaires à la vie quotidienne, elle fait les courses. 2. Ensemble des achats et des ventes concernant un produit, dans une région déterminée. *Le marché de l'automobile est en pleine expansion.* 3. Accord, affaire. *Cette entreprise a conclu un marché avec les Japonais.* 4. *Par-dessus le marché,* en plus de cela. *Cet endroit est affreux et par-dessus le marché il pleut.* ○ homonyme : marcher.

▷ Autres mots de la famille : BON MARCHÉ, HYPERMARCHÉ, SUPERMARCHÉ.

marchepied n. m. ✦ Marche ou série de marches fixée à l'extérieur d'une voiture ou d'un train, qui sert à y monter et à en descendre facilement.

▷ Mot de la famille de MARCHER et de ① PIED.

marcher v. (conjug. 1) 1. Se déplacer en mettant un pied devant l'autre tout en restant en contact avec le sol. *Il marche à grands pas. Elle aime marcher dans la forêt.* → se **promener.** 2. Avancer. *Le bébé marche à quatre pattes. Les acrobates marchent sur les mains.* 3. Mettre le pied sur quelque chose tout en avançant. *Il est interdit de marcher sur les pelouses. Il m'a marché sur le pied.* 4. Fonctionner. *La télévision ne marche plus.* 5. Avoir de bons résultats. *Ses affaires marchent bien.* → **prospérer.** 6. Familier. *Faire marcher quelqu'un,* c'est lui faire croire ce qu'on veut. *Je ne te crois pas, je suis sûr que tu me fais marcher !* ○ homonyme : marché.

➤ **marcheur** n. m., **marcheuse** n. f. ✦ Personne qui peut marcher longtemps, sans se fatiguer. *Julie est bonne marcheuse.*

▷ Autres mots de la famille : DÉMARCHE, MARCHE, MARCHEPIED.

mardi n. m. 1. Jour de la semaine qui succède au lundi et vient avant le mercredi. *Tous les mardis, Théo va à son cours de piano.* 2. *Mardi gras,* le jour qui précède le début du Carême et où l'on fête d'habitude le carnaval. *Les enfants se sont déguisés pour Mardi gras.*

mare n. f. 1. Petite étendue d'eau immobile. → **flaque.** *Léa attrape des grenouilles dans la mare.* 2. Grande quantité de liquide répandu. *Le blessé gisait dans une mare de sang.* ○ homonymes : marc, marre.

marécage n. m. ✦ Terrain gorgé d'eau où ne poussent que des plantes qui aiment l'humidité. *Les marécages sont couverts de roseaux.* → aussi **marais.**

➤ **marécageux, marécageuse** adj. ✦ *Un terrain marécageux,* c'est un terrain gorgé d'eau dans lequel on s'enfonce.

maréchal n. m. (pl. **maréchaux**) ✦ Officier qui a la plus haute dignité de l'armée.

➤ **maréchal-ferrant** n. m. ✦ Artisan qui forge les fers et les pose sous les sabots des chevaux, des ânes, des mulets et des bœufs. — Au pl. *Des maréchaux-ferrants.* ▷ Mot de la famille de FER.

marée n. f. 1. Mouvement de la mer dont le niveau monte et descend deux fois par jour. *Alex ramasse des coquillages à marée basse. À marée haute, la mer recouvre entièrement la plage.* → aussi **flux** et **reflux.** 2. *Une marée noire,* c'est une nappe de mazout échappée des soutes d'un pétrolier, qui pollue l'eau et les côtes. 3. Grand nombre de personnes. *Une marée humaine accueillit l'actrice à sa descente d'avion.*

➤ **mareyeur** n. m., **mareyeuse** n. f. ✦ Personne qui achète le poisson aux pêcheurs pour l'expédier aux marchands de poisson.

▷ Autre mot de la famille : RAZ-DE-MARÉE.

marelle n. f. ✦ Jeu d'enfants où l'on pousse un palet dans des cases tracées sur le sol, en sautant à cloche-pied. *Léa et Julie jouent à la marelle.*

margarine n. f. ✦ Matière grasse faite avec des huiles végétales, qui ressemble au beurre. *Il fait la cuisine à la margarine.*

marge n. f. 1. Espace blanc autour d'un texte écrit ou imprimé. *Le professeur corrige les devoirs en mettant des remarques dans la marge.* 2. *Vivre en marge de la société,* à l'écart, sans se mêler à elle. → aussi **marginal.** 3. *De la marge,* du temps disponible. *Ces quelques jours de délai nous laissent de la marge pour nous décider.*

➤ **margelle** n. f. ✦ *La margelle d'un puits,* c'est le rebord de pierre qui entoure le puits.

margelle

marginal n. m., **marginale** n. f. ✦ Personne qui vit en marge de la société, ne suit pas les règles de vie de la majorité. *Les marginaux tiennent avant tout à leur liberté.*

marguerite n. f. ✦ Fleur des champs à cœur jaune et à pétales blancs. → aussi **pâquerette.** *Un bouquet de marguerites.*

mari n. m. ✦ Homme avec lequel une femme est mariée. *Le mari de Brigitte est pilote.* → **époux** et aussi **conjoint.** *Elle nous a présenté son mari. Brigitte et Pierre sont mari et femme.*

➤ **mariage** n. m. 1. Union légitime d'un homme et d'une femme. → aussi **matrimonial.** *Léa voudrait faire un mariage d'amour.* 2. Cérémonie du mariage. → **noce.** *Ils nous ont invités à leur mariage.* 3. Union de plusieurs choses. *Un joli mariage de couleurs.*

➤ **marier** v. (conjug. 7) ✦ Unir un homme et une femme en célébrant le mariage. *C'est l'adjoint au maire qui les a mariés.*

➤ **se marier** v. 1. S'unir par le mariage. *Ils se sont mariés l'année dernière.* 2. Aller bien ensemble. *Le bleu et le vert se marient bien.*

➤ **marié** n. m., **mariée** n. f. ✦ Personne dont on célèbre le mariage. *Elle a une jolie robe de mariée. Les jeunes mariés sont partis en voyage de noces,* ceux qui se sont mariés récemment.

▷ Autre mot de la famille : SE REMARIER.

marin adj. et n. m., **marine** adj.

■ **adj.** 1. De la mer. *Les algues sont des plantes marines.* 2. De la navigation sur la mer. *Elle consulte une carte marine. Paul a le pied marin,* il sait garder l'équilibre sur un bateau.

■ **n. m.** Personne dont le métier est de naviguer sur la mer. → **matelot** et aussi **loup** de mer, ① **mousse, navigateur.**

▷ Autres mots de la famille : MARINE, MARINIER, SOUS-MARIN.

marina n. f. ✦ Port de plaisance.

marinade n. f. ✦ Mélange de vin, d'huile et d'épices dans lequel on fait macérer des aliments avant de les faire cuire. *Le cuisinier prépare sa marinade pour faire un civet.*

▷ Mot de la famille de MARINER.

marine n. f. et adj. inv.

■ **n. f.** 1. Tout ce qui concerne la navigation sur mer. *Les élèves ont visité le musée de la marine.* 2. Ensemble des navires de commerce ou de guerre d'un pays. → **flotte.** *La marine française. Un officier de marine.*

■ **adj. inv.** *Bleu marine,* bleu foncé, de la couleur des uniformes de la marine. ➻ planche Couleurs p. 227. *Une robe bleu marine.*

▷ Mot de la famille de MARIN.

mariner v. (conjug. 1) ✦ Tremper dans un liquide épicé, souvent à base de vin, pendant plusieurs heures. *Cette viande doit mariner pendant douze heures.* → aussi **macérer.**

▷ Autre mot de la famille : MARINADE.

marinier n. m., **marinière** n. f. ✦ Personne dont le métier est de conduire les péniches, les bateaux, sur les fleuves et les canaux pour transporter des marchandises. → **batelier.**

▷ Mot de la famille de MARIN.

marionnette

marionnette **n. f.** ✦ Poupée représentant un animal ou un personnage, que l'on fait bouger. *Théo est allé voir un spectacle de marionnettes.* → aussi **guignol.**
● *Marionnette* s'écrit avec deux *n* et deux *t*.

➤ **marionnettiste** **n. m. et f.** ✦ Personne qui manipule des marionnettes, fait des spectacles de marionnettes.

maritime **adj.** ✦ Qui est au bord de la mer, subit l'influence de la mer. *Marseille est un port maritime.* ❑ contr. **fluvial.** *La Bretagne a un climat maritime et l'Alsace un climat continental.* → aussi **océanique.**

marjolaine **n. f.** ✦ Plante sauvage utilisée dans la cuisine comme aromate.

mark **n. m.** ✦ Ancienne monnaie allemande, qui a été remplacée par l'euro.

marketing [maʀkətiŋ] **n. m.** ✦ Ensemble des techniques que l'on utilise pour mieux vendre un produit commercial. *Le service marketing veut faire de la publicité sur Internet.*
● Ce mot vient de l'anglais.

marmaille **n. f.** ✦ Familier. Groupe de jeunes enfants bruyants. *Nos amis sont venus avec toute leur marmaille.*

marmelade **n. f.** ✦ Sorte de confiture dans laquelle les fruits sont écrasés. *De la marmelade d'oranges.*

marmite **n. f.** ✦ Grand récipient muni d'un couvercle et de deux anses dans lequel on fait bouillir de l'eau, cuire des aliments. → ② **cocotte, faitout.** *Elle fait du pot-au-feu dans une grande marmite.*

➤ **marmiton** **n. m.** ✦ Jeune aide-cuisinier.

marmonner **v.** (conjug. 1) ✦ Murmurer entre ses dents d'une façon confuse. *Il marmonna quelques excuses.* → **bredouiller, grommeler.**

marmot **n. m.** ✦ Familier. Jeune enfant. *Elle a deux marmots.* → **gosse.**

marmotte **n. f.** ✦ Petit rongeur des montagnes, à la fourrure épaisse. ➽ planche Mammifères p. 620. *La marmotte hiberne, elle peut dormir huit mois par an. Julie a dormi comme une marmotte,* elle a dormi profondément.

maroquinier **n. m.** ✦ Personne qui fabrique ou qui vend des objets en cuir. *Elle s'est acheté un sac à main chez le maroquinier.*

➤ **maroquinerie** **n. f.** ✦ Fabrication d'objets en cuir et magasin où l'on vend ces objets. *Elle s'est acheté un portefeuille dans une maroquinerie.*

marotte **n. f.** ✦ Idée fixe, manie. → fam. **dada.** *Sa nouvelle marotte, c'est de faire des mots croisés.*

marquer **v.** (conjug. 1) **1.** Signaler par une marque. *Le berger a marqué ses moutons au fer rouge.* **2.** Laisser des marques, des empreintes. *Tes doigts marquent sur la vitre. Ce film l'a beaucoup marqué,* il lui a fait une forte impression. **3.** Exprimer un sentiment. *Elle marque une préférence pour son fils aîné.* → **manifester, montrer.** **4.** Indiquer. *L'horloge marque 5 heures.* **5.** *Marquer un point,* l'obtenir. *L'équipe adverse a marqué un point. Le footballeur a marqué un but,* il a mis le ballon dans les buts. 6. Accentuer, souligner. *Quand on apprend à jouer du piano, on utilise un métronome qui marque la mesure.*

➤ **marquant, marquante** **adj.** ✦ Qui marque, qui laisse un souvenir fort. *Cette rencontre a été l'un des événements marquants de sa vie.* → **mémorable.** ❑ contr. **insignifiant.**

➤ **marque** **n. f.** 1. Signe que l'on fait sur une chose pour la distinguer ou servir de repère. *Avant de planter le clou, il a fait une marque sur le mur.* 2. Signe, preuve. *Il m'a prêté sa voiture, c'est une marque de confiance.* → **témoignage.** 3. Nom qui est propre à un fabricant. *Quelle est la marque de cet aspirateur ?*

▷ Autres mots de la famille : DÉMARCATION, DÉMARQUER, MARQUEUR.

marqueterie [maʀkɛtʀi] **n. f.** ✦ Assemblage décoratif de morceaux de bois en feuilles minces, de couleurs et de formes diverses, appliqués sur un meuble. *Une table en marqueterie.*

marqueterie

marqueur **n. m** ✦ Gros feutre à pointe épaisse. *La secrétaire écrit au marqueur le titre du dossier.*

▷ Mot de la famille de MARQUER.

marquis **n. m.**, **marquise** **n. f.** ✦ Personne qui a un titre de noblesse inférieur à celui de duc et supérieur à celui de comte. *La marquise sortit à cinq heures.*

marraine **n. f.** ✦ Femme qui, le jour du baptême d'un enfant, le tient sur les fonts baptismaux et s'engage à veiller sur lui. *Le parrain et la marraine.* → aussi **filleul.**

● Il y a deux *r* dans *marraine.*

marrant, marrante **adj.** ✦ Familier. 1. Amusant. → **drôle.** *Il est très marrant.* 2. Bizarre. *C'est marrant qu'il n'ait rien dit.*

marre **adv.** ✦ Familier. *En avoir marre,* en avoir assez. *J'en ai marre de ce bruit.* ❍ homonymes : marc, mare.

marron **n. m.** et **adj. inv.** 1. **n. m.** Fruit comestible du châtaignier. → **châtaigne.** *Ils mangent de la dinde aux marrons.* 2. **adj. inv.** D'une couleur brune. *Elle a des chaussures marron.*

➤ **marronnier** **n. m.** ✦ Grand arbre d'ornement. *Au printemps, les marronniers sont en fleurs.*

mars **n. m.** ✦ Troisième mois de l'année. *Le printemps commence le 21 mars.*

marsouin **n. m.** ✦ Animal marin qui ressemble à un petit dauphin. *Les marsouins sont des mammifères.*

marsupial **n. m.** (pl. **marsupiaux**) ✦ Animal dont les petits naissent à l'état de fœtus et finissent de se développer dans une poche extérieure, sur le ventre de la mère. *Le kangourou, le koala sont des marsupiaux.*

marteau **n. m.** 1. Outil qui sert à frapper, constitué d'un manche en bois auquel est fixée une masse en métal. *Il enfonce des clous avec un marteau.* — *Un marteau-piqueur,* c'est un outil qui fonctionne avec un moteur et sert à défoncer le sol. *On entend le bruit des marteaux-piqueurs jusqu'ici.* 2. Lourde sphère en métal tenue par un fil d'acier, qu'un athlète lance après avoir tourné sur lui-même. *Le lancement du marteau est un sport.*

marteler **v.** (conjug. 5) 1. Frapper à coups de marteau. *Le forgeron martèle le fer sur l'enclume.* 2. Frapper fort et à coups répétés sur quelque chose. *Les bottes des soldats martelaient le sol.*

➤ **martèlement** **n. m.** ✦ Succession de bruits qui fait penser aux chocs répétés du marteau. *On entendait le martèlement des pas des soldats sur le pavé.*

martial, martiale **adj.** 1. Conquérant et fier. *Il a traversé la cour d'un pas martial.* 2. *Les arts martiaux,* ce sont des sports de combat d'origine japonaise. *Le judo et le karaté sont des arts martiaux.*

Martien n. m., **Martienne** n. f. ✦ Habitant supposé de la planète Mars. *Nous avons vu un film avec des Martiens.*

① **martinet** n. m. ✦ Oiseau très petit au plumage brun, qui ressemble à une hirondelle. *Les martinets peuvent voler à 200 km à l'heure.*

② **martinet** n. m. ✦ Petit fouet constitué d'un manche et de plusieurs fines lanières de cuir.

martingale n. f. ✦ Bande de tissu fixée horizontalement dans le dos d'un vêtement. *La martingale d'un manteau.*

martingale

martin-pêcheur n. m. ✦ Petit oiseau roux et bleu, qui vit au bord de l'eau et se nourrit de poissons, de têtards et de larves d'insectes. ➻ planche Oiseaux p. 710. — Au pl. *Des martins-pêcheurs.*
▷ Mot de la famille de ② PÊCHER.

martre n. f. ✦ Petit animal agile, au corps allongé, au museau pointu, au pelage brun, de la même famille que la fouine et la zibeline. *Les martres sont recherchées pour leur fourrure.*

martyr n. m., **martyre** n. f. 1. Personne qui souffre ou meurt pour sa religion ou pour un idéal. *Parmi les premiers chrétiens, certains furent des martyrs que l'on jetait aux lions.* 2. Personne que l'on maltraite. → **souffre-douleur.** — **Adj.** *Les enfants martyrs sont parfois battus à mort.* ❍ homonyme : martyre.

➤ **martyre** n. m. ✦ Très grande souffrance. → **calvaire.** *Il a souffert le martyre pendant sa maladie.* ❍ homonyme : martyr.

➤ **martyriser** v. (conjug. 1) ✦ Maltraiter, torturer. *Ce chien a été martyrisé, il est devenu très craintif.*

● Ces mots s'écrivent avec un *y* après le *t*.

mas [ma] ou [mas] n. m. ✦ Ferme ou maison de campagne traditionnelle, en Provence. *Ils ont loué un mas pour les vacances.* ❍ homonyme : mât.

mas

mascarade n. f. ✦ Mise en scène trompeuse qui laisse croire que l'on agit avec justice et sérieux alors qu'il n'en est rien. *Ce procès n'est qu'une mascarade.*

mascotte n. f. ✦ Animal, personne ou objet porte-bonheur. → **fétiche.** *Ce hamster est la mascotte de la classe.*

masculin, masculine adj. 1. Propre à l'homme, au mâle. ❑ contr. **féminin.** *Être pompier est un métier masculin. Elle a une coiffure un peu masculine.* 2. *Les noms masculins,* ce sont des noms comme *chêne, roseau, voyage* qui sont précédés au singulier des articles *le* ou *un.* — **N. m.** Le genre masculin. *Le masculin et le féminin de l'adjectif « propre » sont identiques.*

masochiste adj. ✦ Qui trouve du plaisir à souffrir. *Il faut être masochiste pour aimer se baigner dans l'eau glacée.*
● On dit familièrement *maso.*

masque n. m. 1. Objet qui couvre le visage et que l'on porte pour changer d'apparence. *Léa a mis un masque de chat pour Mardi gras.* → aussi **loup.** 2. Objet qui sert à protéger les yeux, le visage. *Pour faire de la plongée sous-marine, il met un masque, un tuba et des palmes.*

➤ **masqué, masquée** adj. 1. Couvert d'un masque. *Il a été kidnappé par des hommes masqués.* 2. *Un bal masqué,* c'est un bal où l'on porte des masques. → aussi **costumé.** *Ils sont invités à un bal masqué.*

➤ **masquer** v. (conjug. 1) 1. Cacher à la vue. *L'entrée du souterrain est masquée par des branches.* 2. Dissimuler sous une fausse apparence. *Il ne faut pas masquer la vérité.*
▷ Autre mot de la famille : DÉMASQUER.

masque

massacrer v. (conjug. 1) 1. Tuer avec sauvagerie un grand nombre de personnes ou de bêtes qui ne peuvent pas se défendre. *Les soldats ennemis ont massacré tous les habitants du village.* 2. Abîmer, saccager. *Les sangliers ont massacré les plates-bandes.*
➤ **massacre** n. m. 1. Tuerie d'un grand nombre de personnes ou d'animaux. → **carnage.** *On essaie d'arrêter le massacre des éléphants en interdisant d'exporter de l'ivoire.* 2. Fait d'abîmer quelque chose par maladresse. *Il a coupé le gâteau n'importe comment, c'est un massacre.*
➤ **massacrant, massacrante** adj. ✦ *Une humeur massacrante,* une très mauvaise humeur, une humeur de chien. *Il est d'une humeur massacrante aujourd'hui.*

massage n. m. ✦ Action de frotter, presser, pétrir une partie du corps pour la soigner. *Le kinésithérapeute fait des massages.* → aussi ② **masser.**
▷ Mot de la famille de ② MASSER.

① **masse** n. f. 1. Grande quantité. *Le barrage retient une masse d'eau considérable.* → ① **volume.** 2. Réunion de nombreuses personnes ou de nombreuses choses. *J'ai une masse de documents sur ce sujet.* → **foule.** 3. *En masse,* en un groupe très nombreux. *Ils ont accouru en masse,* tous ensemble. 4. *La masse,* la majorité des gens. *Ce genre de film plaît à la masse,* au grand public.
➤ ① **masser** v. (conjug. 1) ✦ Rassembler en masse. *Le berger a massé les moutons dans l'enclos.* — **se masser,** se rassembler. *La foule s'est massée sur le trottoir pour voir passer le défilé.*
▷ Autres mots de la famille : AMAS, AMASSER, ① et ② MASSIF, MASSIVEMENT, RAMASSAGE, RAMASSER, RAMASSIS.

② **masse** n. f. ✦ Gros maillet. *Le sculpteur tape avec sa masse sur la pierre.*
▷ Autre mot de la famille : MASSUE.

② **masser** v. (conjug. 1) ✦ Frotter, pétrir une partie du corps, pour la soigner. *Les sportifs se font masser avant et après les compétitions.*
➤ **masseur** n. m., **masseuse** n. f. ✦ Personne dont le métier est de faire des massages. → **kinésithérapeute.**
▷ Autre mot de la famille : MASSAGE.

① **massif, massive** adj. 1. *De l'or massif,* c'est de l'or qui occupe tout le volume d'un objet, qui n'est pas un revêtement. *Son bracelet n'est pas en or massif, il est juste plaqué or.* 2. Gros, épais, lourd. *Les colonnes de ce temple sont massives.* 3. Qui est fait ou qui est donné en grande quantité. *Il a pris une dose massive de somnifères.*
➤ **massivement** adv. ✦ En masse, en grand nombre. *Ils ont répondu massivement à cet appel.*
➤ ② **massif** n. m. 1. Groupe compact de fleurs ou d'arbres. *Un massif de roses.* 2. Groupe de montagnes qui forment un gros bloc. *Les Alpes représentent le plus grand massif montagneux d'Europe.*
▷ Mots de la famille de ① MASSE.

massif

massue n. f. ✦ Gros bâton court, à tête très épaisse et arrondie, servant d'arme. → **gourdin.** *Ils l'ont assommé à coups de massue.*
▷ Mot de la famille de ② MASSE.

mastic **n. m.** ✦ Pâte qui colle et durcit en séchant. *On fixe les vitres aux fenêtres avec du mastic.*

mastiquer **v.** (conjug. 1) ✦ Broyer longuement avec les dents. → **mâcher.** *Elle mastique un chewing-gum.*
➤ **mastication** **n. f.** ✦ Action de mâcher. *La mastication des aliments est importante pour la digestion.*

mastodonte **n. m.** 1. Énorme animal fossile qui ressemblait à un éléphant. *Les mastodontes avaient quatre défenses.* 2. Personne ou objet énorme. *Ce bulldozer est un vrai mastodonte.*

masure **n. f.** ✦ Vieille maison en très mauvais état.

mat [mat], **mate** **adj.** 1. Qui n'est pas brillant ou poli. *De la peinture mate.* ❑ contr. **satiné.** 2. Qui n'est pas transparent. *Elle a la peau mate,* assez foncée. ❑ contr. **clair.** 3. *Un bruit mat,* c'est un bruit qui ne résonne pas. → **sourd.**

mât [mɑ] **n. m.** 1. Longue pièce de métal ou de bois dressée sur un bateau, qui porte les voiles ou divers appareils. *Les caravelles avaient trois mâts.* 2. Long poteau. *Il dresse le mât du chapiteau.* ○ homonyme : mas.
● Attention à l'accent circonflexe du *â*.
▷ Autre mot de la famille : TROIS-MÂTS.

matador **n. m.** ✦ Homme chargé de tuer le taureau dans une corrida. → aussi **torero.**
● C'est un mot espagnol.

match **n. m.** ✦ Compétition sportive. *Notre équipe a gagné le match de football.* — Au pl. *Des matchs* ou *des matches.*

matelas [matla] **n. m.** ✦ Grand coussin long et large, généralement posé sur un sommier, sur lequel on s'allonge pour dormir. *Pour faire son lit, il borde les draps et les couvertures de chaque côté du matelas.* → aussi **literie.**
● Le *s* final ne se prononce pas.
➤ **matelassé, matelassée** **adj.** ✦ Rembourré. *Une veste en tissu matelassé.*

matelot **n. m.** ✦ Homme qui travaille sur un bateau pour faire les manœuvres. → **marin.**

mater **v.** (conjug. 1) ✦ Rendre docile, obéissant. → **dompter,** ② **dresser.** *L'armée a maté les rebelles.* → **soumettre.**

se **matérialiser** **v.** (conjug. 1) ✦ Devenir réel. *Ce projet va se matérialiser dans un mois.* → se **concrétiser,** se **réaliser.**
▷ Mot de la famille de ① MATÉRIEL.

matériau **n. m.** ✦ Toute matière qui sert à construire, à fabriquer un objet. *Le plastique est un matériau léger. Les maisons traditionnelles sont construites avec des matériaux particuliers à chaque région.*

① **matériel, matérielle** **adj.** 1. Que l'on peut voir, toucher, entendre. *On a la preuve matérielle que l'accident d'avion est dû à un attentat.* → **tangible.** 2. Qui concerne uniquement des objets, pas des personnes. *L'accident n'a fait que des dégâts matériels.* 3. *Le confort matériel,* c'est le confort obtenu grâce aux choses que l'on possède, à l'argent.
➤ **matériellement** **adv.** ✦ En fait, pratiquement. *Il m'est matériellement impossible d'être ici dans une heure.*
➤ ② **matériel** **n. m.** ✦ Ensemble des objets qui servent à quelque chose de précis. *Il a emporté son matériel de pêche en vacances.* → **équipement.**
▷ Autre mot de la famille : SE MATÉRIALISER.

maternel, maternelle **adj.** 1. Propre à une mère. *La petite chatte a déjà l'instinct maternel.* 2. Du côté de la mère. *Voici mon grand-père maternel,* le père de ma mère. → aussi **paternel.** 3. *L'école maternelle,* c'est l'école où vont les enfants de deux à six ans. 4. *La langue maternelle,* c'est la première langue que l'on a apprise enfant. *Le français est sa langue maternelle.*

maternité **n. f.** 1. Le fait d'être mère. *Les joies de la maternité.* 2. Hôpital ou clinique où les femmes vont accoucher. 3. *Le congé de maternité,* c'est le congé qu'a une femme lorsqu'elle attend un enfant et après son accouchement.

mathématique **n. f.** ✦ Science qui étudie les nombres, les grandeurs, les figures géométriques et les relations qui existent entre eux. *Le calcul, l'algèbre, l'arithmétique, la géométrie font partie des mathématiques. Sa mère est professeur de mathématiques.*
● Ce mot s'emploie plutôt au pluriel. On dit familièrement *les maths.*
➤ **mathématicien** **n. m.**, **mathématicienne** **n. f.** ✦ Personne dont le métier est de faire des mathématiques.

matière n. f. 1. Ce dont sont faits les objets, les corps. *Le centre de la Terre est constitué de matière en fusion.* 2. Substance, dont est faite une chose, que l'on peut distinguer des autres. *Le beurre, l'huile, la margarine sont des matières grasses.* 3. *Une matière première,* c'est une chose que l'on trouve dans la nature et que l'homme peut transformer pour faire des objets. *Le bois est une matière première avec laquelle on peut faire des meubles.* 4. Partie de ce que l'on apprend à l'école. → **discipline.** *L'histoire est la matière préférée de Théo. Julie s'intéresse aux matières scientifiques.* 5. Contenu, sujet d'un ouvrage, d'un discours. *L'entrée en matière d'un discours,* son commencement. *Léa consulte la table des matières de son livre,* la liste des chapitres.

matin n. m. ✦ Début de la journée. → **matinée.** ❑ contr. **soir.** *Tous les matins, dès qu'il se réveille, il écoute la radio. Il viendra demain matin mais ne restera pas l'après-midi.*

➤ **matinal, matinale** adj. 1. Du matin. *Elle fait sa gymnastique matinale.* 2. Qui se lève tôt. *Vous êtes bien matinaux aujourd'hui !*

➤ **matinée** n. f. 1. Première partie de la journée qui va du lever du soleil à midi. → **matin.** *Il a plu toute la matinée.* — *Faire la grasse matinée,* c'est se lever tard. 2. Spectacle qui a lieu l'après-midi. *Nous allons au théâtre, dimanche, en matinée.*

matou n. m. (pl. **matous**) ✦ Gros chat mâle. *Deux matous se battent dans la cour.*

matraque n. f. ✦ Bâton qui sert à frapper. → **gourdin.** *Le voleur a assommé le gardien d'un coup de matraque.*

➤ **matraquer** v. (conjug. 1) ✦ Frapper avec une matraque. *Les manifestants se sont fait matraquer.*

➤ **matraquage** n. m. ✦ Répétition continuelle d'une information. *On parle de cette lessive partout, c'est du matraquage publicitaire.*

matrimonial, matrimoniale adj. ✦ Qui concerne le mariage. *Pour trouver une femme, il s'est adressé à une agence matrimoniale,* une agence qui fait se rencontrer des gens qui veulent se marier. *Ils ont des ennuis matrimoniaux.* → **conjugal.**

maturité n. f. 1. État de ce qui est mûr. *On cueille les fruits quand ils sont arrivés à maturité.* 2. Sérieux que l'on doit avoir quand on est adulte. *Elle manque de maturité.* 3. En Suisse. Examen qui est l'équivalent du baccalauréat français. *Il a passé sa maturité.* — On dit familièrement *matu.*

maudire v. (conjug. 2 ; sauf au participe passé *maudit)* ✦ Souhaiter du mal à quelqu'un. *La vieille dame maudissait le garnement qui l'avait fait tomber.* → aussi **malédiction.** ❑ contr. **bénir.**

➤ **maudit, maudite** adj. ✦ Détestable, exaspérant. *Cette maudite panne nous a fait perdre une heure.*

▷ Mots de la famille de DIRE.

maugréer v. (conjug. 1) ✦ Manifester son mécontentement en grognant. → **bougonner, grommeler, ronchonner.** *Louise, de mauvaise humeur, a maugréé toute la journée.*

▷ Mot de la famille de GRÉ.

mausolée n. m. ✦ Somptueux tombeau de très grandes dimensions. *On peut visiter le mausolée de Lénine à Moscou.*

● Ce nom masculin se termine par un *e.*

mausolée

maussade adj. 1. Triste et de mauvaise humeur. → **grognon.** *Julie était maussade et ne voulait même pas jouer avec Théo.* 2. Gris et triste. *Le temps est maussade aujourd'hui.*

mauvais adj. et adv., **mauvaise** adj.

■ adj. 1. Qui a un défaut ou peu de valeur. → aussi **pire.** *Ce vin est vraiment mauvais.* ❑ contr. ① **bon.** *Ce tissu est de mauvaise qualité. J'ai vu un mauvais film,* un film mal fait, pas intéressant. 2. Qui n'a pas les qualités qu'il faudrait. *Il est mauvais élève. Julie est mauvaise en orthographe.* → **faible,** ② **nul.** ❑ contr. ① **fort.** 3. Méchant, désagréable. *Paul regarde sa sœur avec un air mauvais. Cette* *femme est une mauvaise langue,* elle dit des méchancetés sur les gens. **4.** Pénible. *J'ai une mauvaise nouvelle à vous annoncer.* ❑ contr. **heureux.** *C'est une mauvaise plaisanterie,* une plaisanterie qui n'est pas amusante. **5.** Qui ne convient pas. *Il a donné la mauvaise réponse.* → ① **faux.**

■ **adv.** *Les poubelles sentent mauvais,* elles ne sentent pas bon. *Il fait mauvais,* il ne fait pas beau temps.

mauve **adj.** ✦ D'une couleur violet pâle. ➸ planche Couleurs p. 227. *Léa a des chaussettes mauves.*

mauviette **n. f.** ✦ Personne peureuse, sans force ni courage. *Il s'est laissé insulter sans rien dire, quelle mauviette !*

maxillaire [maksilɛʀ] **n. m.** ✦ Os des mâchoires. ➸ planche Corps humain p. 217. *Lorsqu'on ouvre la bouche, le maxillaire inférieur s'abaisse.*

● *Maxillaire* prend deux *l.*

maximal, maximale **adj.** ✦ Le plus grand. ❑ contr. **minimal.** *La vitesse maximale autorisée sur autoroute est de 130 kilomètres à l'heure.* → **maximum.** — Au masc. pl. *maximaux.*

maxime **n. f.** ✦ Phrase qui donne une règle de conduite. *« Il faut prendre la vie comme elle vient » est une maxime.* → aussi **dicton, proverbe.**

maximum **n. m.** et **adj.**

■ **n. m.** La plus grande quantité. *Julie a emporté le maximum d'affaires.* ❑ contr. **minimum.** *Il sera là dans une heure au maximum,* au plus.

■ **adj.** Le plus grand. → **maximal.** *La température maximum ne dépassera pas 10 degrés.* — On peut dire aussi *la température maxima.*

● Le pluriel est *maximums* ou *maxima.*

mayonnaise **n. f.** ✦ Sauce froide et épaisse, composée de jaune d'œuf, d'huile et de moutarde mélangés. *Ils ont mangé du poulet froid avec de la mayonnaise.*

mazout [mazut] **n. m.** ✦ Liquide tiré du pétrole, utilisé comme combustible. → **fioul.** *Leur maison est chauffée au mazout, la nôtre à l'électricité.*

mazurka **n. f.** ✦ Danse populaire polonaise et air sur lequel on la danse. *Les mazurkas de Chopin.*

● C'est un mot polonais.

me **pronom** ✦ Pronom personnel de la première personne du singulier, complément. → aussi **je, moi.** *Je me lave les mains. Tu me le diras demain. Qui m'a appelé ? Me voici de retour.*

méandre **n. m.** ✦ Courbe que fait un cours d'eau. *La Seine fait de nombreux méandres entre Paris et Le Havre.*

mécanicien **n. m.,** **mécanicienne** **n. f.** ✦ Personne qui entretient et répare les machines et les moteurs. *Le mécanicien est en train de changer la batterie de la voiture.*

● On dit familièrement *un mécano.*

▷ Mot de la famille de MÉCANIQUE.

mécanique **n. f.** et **adj.**

■ **n. f.** Science de la construction et du fonctionnement des machines.

■ **adj. 1.** Qui fonctionne grâce à un mécanisme. *Louise a une poupée mécanique qui avance toute seule quand on tourne la clé qu'elle a dans le dos. Julie a emprunté l'escalier mécanique,* l'escalier roulant. → aussi **escalator. 2.** Qui concerne le moteur. *Sa voiture a des ennuis mécaniques.* **3.** Fait à la machine et non à la main. *Un tapis mécanique.* **4.** Automatique. *Le soldat a salué d'un geste mécanique,* sans y penser. → **machinal.**

➤ **mécaniquement** **adv.** ✦ Sans réfléchir. *Elle a fermé le placard mécaniquement.* → **machinalement.**

▷ Autre mot de la famille : MÉCANICIEN.

mécanisation **n. f.** ✦ Le fait d'utiliser des machines. *La mécanisation de l'agriculture a augmenté le rendement des cultures.*

mécanisme **n. m.** ✦ Ensemble des pièces qui permettent à un appareil, une machine, un moteur, de fonctionner. *Le mécanisme d'un réveil.*

mécène **n. m.** ✦ Personne riche qui aide les artistes, les écrivains avec son argent. *Un mécène a fait exposer les tableaux des jeunes artistes de notre ville.*

● *Mécène* est le nom d'un ministre de l'empereur romain Auguste.

➤ **mécénat** **n. m.** ✦ Protection et aide financière. *Léonard de Vinci travailla en France grâce au mécénat de François Ier.*

méchant, méchante adj. ✦ Qui cherche et prend plaisir à faire du mal. → **mauvais,** ① **vilain.** *Souvent, pendant la récréation, les grands sont méchants avec les petits.* ❏ contr. ① **bon, gentil.** *N'ayez pas peur, cette chienne n'est pas méchante, elle ne mord pas.* ❏ contr. **inoffensif.** — **N.** *À la fin du film, les méchants sont punis.*

➤ **méchamment** adv. ✦ Pour faire du mal. *Il lui a répondu méchamment.* ❏ contr. **gentiment.**

● Il y a deux *m* dans *méchamment.*

➤ **méchanceté** n. f. **1.** Intention de faire du mal. → **cruauté, malveillance.** *Il a dénoncé son camarade par pure méchanceté.* ❏ contr. **bonté, gentillesse. 2.** Parole ou action méchante. *Elle lui a encore dit une méchanceté.*

mèche n. f. **1.** Cordon de fil qui dépasse d'une bougie et que l'on fait brûler. *Il allume la mèche de la bougie.* — *Vendre la mèche,* c'est trahir un secret. **2.** Tige de métal que l'on enfile au bout d'une perceuse pour faire des trous. → aussi **vrille. 3.** Petit paquet de cheveux. *Julie a une mèche qui lui tombe sur les yeux.* → aussi **épi.**

mèche

méchoui n. m. ✦ Mouton rôti entier à la broche. *Dimanche, nous avons mangé un méchoui.* — Au pl. *Des méchouis.*

● *Méchoui* veut dire « grillé au feu » en arabe.

méconnaître v. (conjug. 57) ✦ Ne pas reconnaître la valeur de quelqu'un ou de quelque chose. → **ignorer, mésestimer.** *Les critiques méconnaissent le talent de ce jeune peintre.* ❏ contr. **apprécier.**

● Attention à l'accent circonflexe du *î.*

➤ **méconnaissable** adj. ✦ Qui est si changé qu'on ne peut le reconnaître. *Il est méconnaissable depuis sa maladie.* ❏ contr. **reconnaissable.**

➤ **méconnaissance** n. f. ✦ Le fait de méconnaître, de ne pas reconnaître quelque chose pour ce qu'il est. *La méconnaissance des règles de sécurité est dangereuse.* → **ignorance.**

➤ **méconnu, méconnue** adj. ✦ Mal connu, pas apprécié à sa juste valeur. *Cette excellente comédienne est malheureusement méconnue.*

▷ Mots de la famille de CONNAÎTRE.

mécontent, mécontente adj. ✦ Pas content, fâché, contrarié. ❏ contr. **content.** *Julie est mécontente de ses vacances.* ❏ contr. **enchanté, ravi, satisfait.** — **N.** *L'augmentation des prix fait des mécontents.*

➤ **mécontentement** n. m. ✦ Le fait d'être mécontent. *Les mauvais résultats scolaires de ses enfants sont autant de sujets de mécontentement.* → **contrariété.** ❏ contr. **contentement.**

➤ **mécontenter** v. (conjug. 1) ✦ Rendre mécontent. → **contrarier, fâcher.** *Cette loi mécontente tout le monde.*

▷ Mots de la famille de CONTENT.

mécréant n. m., **mécréante** n. f. ✦ Personne qui n'a aucune religion. → **athée.** *C'est un mécréant.*

médaille n. f. **1.** Petit bijou plat comme une pièce de monnaie. *Louise a une médaille suspendue à sa chaîne.* **2.** Pièce de métal décorative donnée en récompense à un sportif. *Il a remporté la médaille d'or du 100 mètres aux Jeux olympiques.*

➤ **médaillé** n. m., **médaillée** n. f. ✦ Personne qui a reçu une médaille. *Les médaillés olympiques ont été reçus par le président de la République.*

➤ **médaillon** n. m. ✦ Bijou en forme de petite boîte plate qui peut s'ouvrir. *On peut mettre une photo ou une mèche de cheveux dans un médaillon.*

médaille

médecin **n. m.** ✦ Personne dont le métier est de soigner les malades. → **docteur.** *Le médecin a vacciné Léa contre la rougeole. Elle est médecin.*

➤ **médecine** **n. f.** ✦ Science qui a pour objet de prévenir et de soigner les maladies de l'homme. *Alex aimerait faire des études de médecine.*

média **n. m.** ✦ Moyen de communication par lequel les informations sont données au public. *Les journaux, la radio et la télévision sont les principaux médias.*

▷ Autres mots de la famille : MÉDIATHÈQUE, MÉDIATIQUE, MÉDIATISER, MULTIMÉDIA.

médian, médiane **adj.** ✦ Qui est au milieu. *Une ligne blanche médiane partage la chaussée.*

➤ **médiane** **n. f.** ✦ Ligne droite qui joint le sommet d'un triangle au milieu du côté opposé. ➻ planche Géométrie p. 459.

médiateur **n. m.**, **médiatrice** **n. f.** ✦ Personne qui intervient pour rapprocher deux personnes ou pour favoriser un accord entre deux pays, qui sert d'intermédiaire pour régler un problème. → aussi **arbitre** et **médiation.**

médiathèque **n. f.** ✦ Lieu où sont conservés et où l'on peut consulter des documents provenant de différents médias. *On peut consulter des livres et des journaux, emprunter des disques et des cassettes vidéo à la médiathèque.*

▷ Mot de la famille de MÉDIA.

médiation **n. f.** ✦ Intervention destinée à mettre d'accord deux personnes ou deux pays. → **arbitrage.** *La paix a été signée grâce à la médiation d'un organisme international.* → aussi **médiateur.**

médiatique **adj.** ✦ Dont on parle souvent dans les médias, qui est connu par le grand public. *Cet écrivain est un personnage médiatique.*

▷ Mot de la famille de MÉDIA.

médiatiser **v.** (conjug. 1) ✦ Faire connaître par les médias. *L'événement a été très médiatisé,* on en a entendu beaucoup parler dans les journaux, à la radio et à la télévision.

▷ Mot de la famille de MÉDIA.

médical, médicale **adj.** ✦ Qui concerne la santé, la médecine. *Tous les ans, il passe une visite médicale,* il est examiné par un médecin. *On lui a prescrit des examens médicaux.*

médicament **n. m.** ✦ Produit préparé pour soigner. → **remède.** *Je vais à la pharmacie acheter les médicaments que le médecin m'a prescrits.* → aussi ② **ordonnance.**

médicinal, médicinale **adj.** ✦ *Une plante médicinale,* c'est une plante qui contient des substances qui soignent, servent de médicament. — Au masc. pl. *médicinaux.*

médiéval, médiévale **adj.** ✦ Qui date du Moyen Âge. *Léa s'intéresse beaucoup à l'histoire médiévale. On peut visiter des châteaux médiévaux en France.* → aussi **moyenâgeux.**

médiocre **adj.** ✦ Assez mauvais. *Théo a des résultats médiocres en classe.* → **faible, insuffisant.** ❑ contr. ① **bon, excellent.**

➤ **médiocrement** **adv.** ✦ Assez peu, assez mal. *Il gagne médiocrement sa vie.* ❑ contr. **bien.**

➤ **médiocrité** **n. f.** ✦ Insuffisance. → **faiblesse.** *La rédaction de Théo était d'une médiocrité consternante.*

médire **v.** (conjug. 37 ; sauf *vous médisez*) ✦ Dire du mal. *Il médit toujours de ses voisins.*

➤ **médisance** **n. f.** ✦ Chose méchante mais vraie que l'on dit sur quelqu'un. *Personne n'est à l'abri de ses médisances.* → aussi **calomnie, diffamation.**

➤ **médisant, médisante** **adj.** ✦ Qui dit du mal des autres. *C'est une femme très médisante.*

▷ Mots de la famille de DIRE.

méditer **v.** (conjug. 1) ✦ Réfléchir longuement et profondément. *Les philosophes méditent sur la vie et la mort.*

➤ **méditation** **n. f.** ✦ Réflexion profonde. *Il est en pleine méditation.*

▷ Autres mots de la famille : PRÉMÉDITATION, PRÉMÉDITÉ, PRÉMÉDITER.

méditerranéen, méditerranéenne **adj.** ✦ Qui se rapporte à la Méditerranée. *La Côte d'Azur a un climat méditerranéen.*

▷ Mot de la famille de TERRE.

médium [medjɔm] **n. m.** ✦ Personne censée communiquer avec les morts. — Au pl. *Des médiums.*

médius [medjys] **n. m.** ✦ Doigt du milieu de la main, le plus long. → **majeur.**

méduse **n. f.** ✦ Animal marin formé d'une masse transparente gélatineuse sous laquelle se trouvent la bouche et les tentacules. *Léa s'est fait piquer par une méduse.*

méduse

médusé, médusée **adj.** ✦ Très étonné. → **stupéfait.** *Nous sommes restés médusés par cette nouvelle.*

meeting [mitiŋ] **n. m.** ✦ Réunion publique. *Les ouvriers en grève ont organisé un meeting devant l'usine.* → **rassemblement.**
● Ce mot vient de l'anglais.

méfait **n. m.** 1. Mauvaise action. → **faute.** *On ne compte plus les méfaits de ces voyous.* 2. Effet dangereux. *On l'a mis en garde contre les méfaits de l'alcool et du tabac.* ❑ contr. **bienfait.**
▷ Mot de la famille de FAIRE.

se **méfier** **v.** (conjug. 7) ✦ Ne pas avoir confiance. *Méfiez-vous de lui, il est hypocrite.* → se **défier.**
➤ **méfiance** **n. f.** ✦ Attitude de celui qui se méfie. → **défiance.** ❑ contr. **confiance.** *J'éprouve la plus grande méfiance à son égard,* je n'ai pas confiance en lui.
➤ **méfiant, méfiante** **adj.** ✦ Qui a tendance à se méfier de tout. → **soupçonneux.** *Elle est devenue méfiante en vieillissant.* ❑ contr. **confiant.**
▷ Mots de la famille de SE FIER.

mégalithe **n. m.** ✦ Grand monument formé de blocs de pierre brute. *L'île de Pâques est célèbre pour ses mégalithes.*
● Attention au *h* après le *t*.

mégalomane **adj.** ✦ Qui exagère et enjolive tout ce qui le concerne et a une ambition démesurée. *Il se voit déjà président de la République, il est complètement mégalomane.*
● On dit familièrement *mégalo.*

par **mégarde** **adv.** ✦ Sans le vouloir. *J'ai pris son écharpe par mégarde,* par inadvertance. ❑ contr. ① **exprès.**
▷ Mot de la famille de GARDER.

mégère **n. f.** ✦ Femme méchante et hargneuse. → **harpie.**

mégot **n. m.** ✦ Reste d'une cigarette qui a été fumée. *Le cendrier est rempli de vieux mégots.*

meilleur, meilleure **adj.** 1. Comparatif de supériorité de *bon. La tarte de Mamie est meilleure que celle de Maman.* ❑ contr. **pire.** 2. Superlatif de supériorité de *bon. Léa est la meilleure amie de Louise. Recevez nos meilleurs vœux !* — **N.** *Alex est le meilleur de la classe en français.*

mél **n. m.** ✦ Courrier électronique. → **courriel, e-mail, mail.**

mélancolie **n. f.** ✦ Tristesse vague accompagnée de rêverie. *Elle se souvient de sa jeunesse avec mélancolie.*
➤ **mélancolique** **adj.** ✦ Un peu triste. *Ce temps pluvieux nous rend mélancoliques.* → **cafardeux, sombre, triste.** ❑ contr. **gai, joyeux.**

mélange **n. m.** ✦ Ensemble de choses différentes mêlées. *La pâte à crêpes est un mélange d'œufs, de lait et de farine.*
➤ **mélanger** **v.** (conjug. 3) 1. Mettre ensemble des choses différentes de manière à former un tout. → **mêler.** *Mélangez le beurre et la farine dans la casserole.* ❑ contr. **séparer.** — **se mélanger,** se fondre ensemble. *L'huile et l'eau se mélangent mal.* → s'**amalgamer.** 2. Mettre en désordre. *Tu as mélangé tous mes papiers.* 3. Confondre. *Tu mélanges tout !*
➤ **mélangeur** **n. m.** ✦ Robinet qui mélange directement l'eau chaude et l'eau froide. → **mitigeur.**
▷ Mots de la famille de MÊLER.

mêlée

mélasse n. f. ✦ Sirop qui provient de la fabrication du sucre.

mêler v. (conjug. 1) ✦ Mettre ensemble des choses différentes. → **mélanger.** *L'écrivain a mêlé plusieurs histoires dans son roman. — Il a mêlé des détails amusants à son récit,* il les a ajoutés.

➤ **se mêler** v. **1.** Se joindre. *Julie s'est mêlée à notre groupe.* **2.** *Se mêler de quelque chose,* s'en occuper. *Ne te mêle pas de ce qui ne te regarde pas. Mêle-toi de tes affaires !*

➤ **mêlée** n. f. **1.** Combat désordonné. *La dispute avec les voyous s'est terminée en mêlée générale.* **2.** Au rugby, moment où les joueurs de chaque équipe se groupent autour du ballon.

● Attention à l'accent circonflexe du *ê*.

▷ Autres mots de la famille : DÉMÊLÉ, DÉMÊLER, EMMÊLER, ENTREMÊLER, MÉLANGE, MÉLANGER, MÉLANGEUR, MÉLI-MÉLO, PÊLE-MÊLE.

mélèze n. m. ✦ Arbre de la famille des conifères, qui ressemble au sapin mais perd ses aiguilles en hiver. ➻ planche Arbres p. 49. *Une forêt de mélèzes.*

méli mélo n. m. inv. ✦ Familier. Mélange désordonné. *Les pièces des deux puzzles sont mélangées : quel méli-mélo !*

▷ Mot de la famille de MÊLER.

mélodie n. f. ✦ Suite de notes qui forment un air de musique. *La mélodie de cette chanson est très jolie.*

➤ **mélodieux, mélodieuse** adj. ✦ Agréable à entendre. *Paul a une voix mélodieuse.* → **harmonieux.**

mélodrame n. m. ✦ Pièce de théâtre dans laquelle l'histoire, très triste, est invraisemblable et les caractères des personnages très exagérés. *Le jeune premier amoureux, l'héroïne persécutée et le traître sont les personnages habituels du mélodrame.*

● On dit familièrement *un mélo.*

➤ **mélodramatique** adj. ✦ *Une situation mélodramatique,* c'est une situation digne d'un mélodrame, qui ressemble à un mélodrame.

▷ Mots de la famille de DRAME.

mélomane n. m. et f. ✦ Amateur de musique. *C'est une mélomane, elle va souvent à l'opéra.*

melon n. m. **1.** Gros fruit rond, à l'écorce vert clair et à la chair orangée juteuse et sucrée. *Nous mangerons du melon pour commencer le repas.* **2.** *Un chapeau melon,* c'est un chapeau d'homme en feutre rigide, rond et bombé. *Les Anglais portent des chapeaux melon.*

melon

mélopée n. f. ✦ Chant monotone et mélancolique.

membrane n. f. ✦ Peau très mince et très souple qui enveloppe un organe, recouvre une cavité du corps. *Les méninges sont les membranes qui entourent et protègent le cerveau.*

membre n. m. **1.** Chacune des quatre parties du corps qui s'attachent au tronc. *Les bras sont les membres supérieurs et les jambes les membres inférieurs du corps humain. Les ailes et les pattes des animaux sont des membres.* **2.** Personne qui fait partie d'un groupe, d'un club, d'une association, d'un parti. *Tous les membres de la famille seront réunis pour Noël. La mère de Théo est membre de l'association des parents d'élèves.* → **adhérent.**

▷ Autre mot de la famille : REMEMBREMENT.

même adj., pronom et adv.

■ **adj. 1.** Identique, semblable. *Léa et Julie ont la même écharpe jaune.* ❑ contr. **différent.** *Paul* est dans la même classe que Théo. ❑ contr. **autre.** *Il a gardé la même chemise trois jours,* il n'en a pas changé. **2.** *Ils sont arrivés en même temps,* ensemble. **3.** *Mamie est la bonté même,* elle est très bonne. *C'est cela même,* c'est exactement cela. *Je le ferai moi-même,* seul. *Elles ont réussi par elles-mêmes,* par leurs propres moyens.

■ **pronom** Ce qui est semblable à quelque chose. *Louise regarde la ceinture de Julie, elle aimerait bien avoir la même,* une ceinture semblable. *Cela revient au même,* c'est pareil.

■ **adv. 1.** *Tout le monde dansait, même Mamie,* Mamie aussi. **2.** Exactement. *Je vous attends ici même.* **3.** **Quand même,** malgré tout. *Paul est malade mais il va quand même à l'école.* → **néanmoins, pourtant. 4.** *À même,* directement sur. *Les campeurs couchaient à même le sol.* **5.** *Être à même de faire quelque chose,* en être capable, pouvoir le faire. *Je ne suis pas à même de vous renseigner.*

mémento [memɛ̃to] **n. m.** ✦ Agenda. *Il note ses rendez-vous sur son mémento.* — Au pl. *Des mémentos.*

① **mémoire n. f. 1.** Ce qui permet de se souvenir. *Paul a une bonne mémoire. Il a de la mémoire. Avoir une mémoire d'éléphant,* une très bonne mémoire. *Louise a eu un trou de mémoire en récitant sa poésie,* elle a oublié un passage. **2.** *La mémoire d'un ordinateur,* c'est le mécanisme qui permet de conserver les informations et de les consulter quand on veut. *L'informaticien met une information en mémoire.* **3.** Souvenir. *Un monument a été élevé à la mémoire des victimes,* en souvenir d'elles et en leur honneur.

▷ Autre mot de la famille : AIDE-MÉMOIRE.

② **mémoire n. m.** ✦ Texte qu'un étudiant écrit sur un sujet précis. *Il a écrit un mémoire sur la faune mexicaine.*

● Attention, ce nom est masculin.

➤ **Mémoires n. m. pl.** ✦ Livre qu'une personne écrit pour raconter sa vie et les événements auxquels elle a participé. → **autobiographie.**

mémorable adj. ✦ Dont on garde longtemps le souvenir. → **inoubliable.** *C'était le jour mémorable où Alex s'était perdu.*

menacer v. (conjug. 3) **1.** Chercher à faire peur, à intimider. *Ils menaçaient le caissier avec un revolver.* **2.** Être sur le point de se produire. *Le ciel se couvre, l'orage menace d'éclater.*

➤ **menaçant, menaçante adj.** ✦ Destiné à faire peur. *Les voyous avaient un air menaçant.* ❑ contr. **rassurant.**

➤ **menace n. f. 1.** Parole ou geste destiné à montrer à quelqu'un qu'on est décidé à lui faire du mal. *Il a reçu des lettres de menace.* **2.** Danger. *Certains pays vivent sous la menace d'un tremblement de terre.*

ménage n. m. 1. Ensemble des travaux qu'il faut faire pour tenir propre l'intérieur d'une maison. *Léa fait le ménage dans sa chambre,* elle nettoie et range sa chambre. *Ils ont une femme de ménage,* une employée qui vient faire le ménage chez eux. **2.** Les deux personnes d'un couple qui vivent ensemble. *Ils forment un ménage uni. — Les chiens et les chats ne font pas toujours bon ménage,* ils ne s'entendent pas toujours bien.

▷ Autres mots de la famille : ÉLECTROMÉNAGER, ① MÉNAGER, MÉNAGÈRE, REMUE-MÉNAGE.

ménagement n. m. ✦ Douceur et égards avec lesquels on traite quelqu'un. → **précaution.** ❑ contr. **brutalité.** *On lui a annoncé la mauvaise nouvelle avec ménagement,* en faisant attention.

▷ Mot de la famille de ② MÉNAGER.

① **ménager, ménagère adj.** ✦ Qui concerne la maison, son entretien. *Elle n'aime pas les travaux ménagers.* → **domestique.**

➤ **ménagère n. f.** ✦ Femme qui s'occupe de sa maison. *C'est une excellente ménagère.*

▷ Mots de la famille de MÉNAGE.

② **ménager v.** (conjug. 3) **1.** Utiliser avec mesure. *Le convalescent doit ménager ses forces.* → **économiser.** — **se ménager,** se reposer. *Tu dois te ménager.* **2.** Traiter avec douceur. *Au karaté, Alex ne ménage pas ses adversaires.* **3.** Installer. *Il a ménagé un escalier intérieur entre les deux appartements.* → **aménager. 4.** Organiser. *La secrétaire du directeur nous a ménagé une entrevue.* → **arranger.**

▷ Autre mot de la famille : MÉNAGEMENT.

ménagerie n. f. ✦ Endroit où sont rassemblés les animaux d'un cirque.

mendier v. (conjug. 7) ✦ Demander l'aumône, la charité. *Un clochard mendiait à la sortie du métro.*

➤ **mendiant** n. m., **mendiante** n. f. ✦ Personne qui demande la charité, qui mendie pour vivre.

➤ **mendicité** n. f. ✦ Fait de mendier. *Le malheureux en était réduit à la mendicité.*

mendiant

mener v. (conjug. 5) 1. Conduire en accompagnant ou en commandant. *Le général a mené ses troupes à la victoire.* 2. Être en tête. *Notre équipe mène 2 buts à 0.* 3. Diriger. *Elle mène sa vie comme elle veut. Le commissaire mène l'enquête.* 4. Permettre d'aller quelque part. *Cette route mène à la ferme,* elle y va.

➤ **meneur** n. m., **meneuse** n. f. 1. Personne qui dirige, entraîne les autres. *La police a arrêté les meneurs.* 2. *Un meneur de jeu* organise et anime des jeux.

▷ Autres mots de la famille : AMENER, SE DÉMENER, EMMENER, MALMENER, PROMENADE, PROMENER, PROMENEUR, RAMENER, SURMENAGE, SURMENER.

ménestrel n. m. ✦ Musicien et chanteur, au Moyen Âge.

menhir [meniʀ] n. m. ✦ Grande pierre dressée verticalement datant de l'époque préhistorique. → aussi **dolmen.** *Il y a de nombreux menhirs en Bretagne.*

● Il y a un *h* après le *n.*

méninge n. f. 1. Chacune des membranes qui entourent le cerveau et la moelle épinière. 2. Familier. *Les méninges,* le cerveau, l'esprit. *Tu ne t'es pas fatigué les méninges,* tu n'as pas fait beaucoup d'efforts.

➤ **méningite** n. f. ✦ Grave maladie du cerveau.

menotte n. f. 1. Familier. Main. *Léa a ses menottes gelées.* — Ce sont les personnes qui s'adressent à des enfants qui emploient ce mot. 2. *Les menottes,* ce sont les bracelets en métal réunis par une chaîne, que l'on fixe aux poignets des prisonniers. *Le policier lui a passé les menottes.*

mensonge n. m. ✦ Chose fausse dite dans l'intention de tromper. *Paul a dit un mensonge,* il a menti.

➤ **mensonger, mensongère** adj. ✦ Qui trompe. *Le témoin a fait une déclaration mensongère.* → ① **faux.** ❑ contr. **sincère.**

mensualité n. f. ✦ Somme que l'on verse ou que l'on reçoit chaque mois. *Il paye ses impôts par mensualités.*

mensuel, mensuelle adj. ✦ Qui se fait, a lieu tous les mois. *Elle est abonnée à une revue mensuelle,* qui paraît une fois par mois.

▷ Autre mot de la famille : BIMENSUEL.

mensurations n. f. pl. ✦ Mesures principales du corps. *La couturière prend les mensurations de sa cliente.*

mental, mentale adj. 1. Qui se fait dans l'esprit, de tête, sans écrire. *Alex est bon en calcul mental.* 2. *Les malades mentaux,* ce sont des personnes qui ont l'esprit dérangé. → aussi **aliéné, fou.** *On soigne les maladies mentales dans des hôpitaux psychiatriques,* on y soigne les maladies qui atteignent l'esprit. → **psychique.** ❑ contr. ② **physique.**

➤ **mentalement** adv. 1. Intérieurement. *Louise se récite sa leçon mentalement,* sans l'écrire et sans la dire à voix haute. 2. Du point de vue de l'esprit. *Le champion d'échecs se prépare mentalement.* ❑ contr. **physiquement.**

➤ **mentalité** n. f. ✦ État d'esprit, façon de penser d'une personne ou d'un ensemble de personnes. *Les mentalités ont beaucoup évolué depuis le Moyen Âge.*

menteur n. m., **menteuse** n. f. ✦ Personne qui ment, qui a l'habitude de dire des mensonges, d'inventer des histoires pour tromper. *Méfie-toi de ce qu'elle dit, c'est une menteuse.* — Adj. *Il est très menteur.* ❑ contr. ② **franc.**

▷ Mot de la famille de MENTIR.

menthe n. f. ✦ Plante qui sent très bon, dont on se sert pour parfumer des plats, des bonbons et pour faire des tisanes et des sirops. *Du thé à la menthe.* ❍ homonyme : mante.

● Il y a un *h* après le *t.*

mention n. f. 1. Action de citer, de signaler quelque chose. *Le journaliste a fait mention de la grève des transports,* il en a parlé. 2. Mot ou groupe de mots qui apporte une précision. *Remplissez ce questionnaire en rayant les mentions inutiles.* 3. Appréciation favorable donnée lors d'un examen. *Il a eu son bac avec mention bien.*

➤ **mentionner** v. (conjug. 1) ✦ Indiquer. → **signaler.** *N'oubliez pas de mentionner votre date de naissance.*

mentir v. (conjug. 16) ✦ Affirmer que quelque chose est vrai tout en sachant que c'est faux. → aussi **mensonge.** *Théo a menti à ses parents. Il ment comme il respire,* continuellement.

▷ Autres mots de la famille : DÉMENTI, DÉMENTIR, MENTEUR.

menton n. m. ✦ Partie du visage située au-dessous de la bouche. *Elle a un double menton,* des plis sous le menton.

① **menu, menue** adj. 1. Petit et mince. *Léa est toute menue.* → ② **fin.** ❑ contr. **corpulent.** 2. Tout petit. *Le cuisinier coupe le lard en menus morceaux.* 3. Sans importance. → **négligeable.** *Il a raconté l'histoire en donnant les menus détails.* → **moindre.**

▷ Autre mot de la famille : S'AMENUISER.

② **menu** n. m. 1. Liste des plats qui peuvent être servis au cours d'un repas. *Ce soir, nous avons de la soupe et des crevettes au menu.* 2. Dans un restaurant, liste des plats qui composent un repas pour un prix fixe. *Nous avons pris le menu à 20 euros.* → aussi ① **carte.** 3. Liste des opérations affichées sur l'écran d'un ordinateur et parmi lesquelles on peut choisir.

menuet n. m. ✦ Danse ancienne des 17e et 18e siècles.

menthe

menuisier n. m., **menuisière** n. f. ✦ Personne dont le métier est de travailler le bois et de fabriquer des meubles, des portes, etc. *Un menuisier est venu remplacer les fenêtres.* → aussi **ébéniste.**

➤ **menuiserie** n. f. ✦ Travail du bois pour la fabrication des meubles et pour la décoration.

menuisier

se **méprendre** v. (conjug. 58) ✦ Se tromper. *Ces frères jumeaux se ressemblent à s'y méprendre. Elle s'est méprise sur mon compte.*

➤ **méprise** n. f. ✦ Erreur. *Au téléphone, on a pris Alex pour une fille, quelle méprise !* → **malentendu, quiproquo.**

▷ Mots de la famille de PRENDRE.

mépriser v. (conjug. 1) 1. *Mépriser quelqu'un,* c'est le considérer comme inférieur, ne pas le trouver digne de son estime. *Il méprise tout le monde.* ❑ contr. **admirer, apprécier.** 2. *Mépriser quelque chose,* c'est ne pas y prêter attention. *Le dompteur mit sa tête dans la gueule du lion, méprisant le danger.* → **dédaigner.**

➤ **mépris** n. m. 1. Sentiment par lequel on considère que quelqu'un est indigne d'estime. *Elle n'a que du mépris pour cet homme.* → **dédain.** ❑ contr. **admiration, respect.** 2. Le fait de ne pas tenir compte de quelque chose. *Les sauveteurs ont plongé, au mépris du danger.* → en **dépit** de, **malgré.**

➤ **méprisable** adj. ✦ Qui mérite d'être méprisé. *C'est une personne vraiment méprisable. Il a agi d'une façon méprisable.* ❑ contr. **admirable, respectable.**

➤ **méprisant, méprisante** adj. ✦ Qui manifeste du mépris. *Elle est très méprisante.* → **arrogant, dédaigneux, hautain.**

▷ Mots de la famille de PRIX.

mer **n. f.** ✦ Vaste étendue d'eau salée qui recouvre une grande partie de la Terre. → **océan.** *Le bateau est en pleine mer. Ils passent leurs vacances au bord de la mer. Marseille est un port de la mer Méditerranée, Boulogne un port de la mer du Nord.* ❍ homonymes : maire, mère.

▷ Autres mots de la famille : AMERRIR, AMERRISSAGE, OUTREMER, OUTRE-MER.

mercantile **adj.** ✦ Qui n'est intéressé que par l'argent. *Il a l'esprit mercantile.*

mercenaire **n. m.** ✦ Soldat qui combat pour de l'argent dans les rangs d'une armée étrangère.

mercerie **n. f.** ✦ Magasin où l'on vend tout ce qui sert à la couture. *Elle est allée à la mercerie acheter du fil et des boutons.*

▷ Mot de la famille de MERCIER.

① **merci** **n. m.** et **interj.** ✦ Terme de politesse utilisé pour remercier. *Dis merci à la dame. Mille mercis pour votre accueil. « Voulez-vous du café ? – Non, merci ! »*

▷ Autres mots de la famille : REMERCIEMENT, REMERCIER.

② **merci** **n. f.** **1.** *Être à la merci de quelque chose, de quelqu'un,* dans une situation où l'on en dépend complètement. *On est toujours à la merci d'un accident,* on risque toujours d'avoir un accident. **2.** *Sans merci,* sans pitié. *Ils ont livré un combat sans merci,* un combat impitoyable.

mercier **n. m., mercière** **n. f.** ✦ Personne qui vend des articles qui servent à la couture.

▷ Autre mot de la famille : MERCERIE.

mercredi **n. m.** ✦ Jour de la semaine entre le mardi et le jeudi. *Léa va à la piscine tous les mercredis après-midi.*

mercure **n. m.** ✦ Métal liquide et brillant qui augmente de volume avec la chaleur.

mère **n. f.** **1.** Femme qui a un ou plusieurs enfants. → **maman** et aussi **maternel.** *Paul doit venir avec son père et sa mère.* **2.** Femelle qui a un ou plusieurs petits. *Où est la mère de ces chiots ?* ❍ homonymes : maire, mer.

▷ Autres mots de la famille : ARRIÈRE-GRAND-MÈRE, BELLE-MÈRE, GRAND-MÈRE.

merguez [mɛʀgɛz] **n. f.** ✦ Petite saucisse très épicée. *Ils ont mangé du couscous avec des brochettes d'agneau et des merguez.*

● *Merguez* est un mot arabe.

méridien **n. m.** ✦ Demi-cercle imaginaire qui va du pôle Nord au pôle Sud. *On calcule les longitudes à partir du méridien qui passe à Greenwich, en Angleterre.* → aussi **parallèle.**

méridien

méridional, méridionale **adj.** ✦ Situé au sud. *L'Espagne et l'Italie font partie de l'Europe méridionale, le Danemark et la Suède de l'Europe septentrionale. Il a l'accent méridional,* l'accent du Midi. — **N.** *Les Marseillais sont des méridionaux,* des gens du sud de la France. → aussi **Midi.**

meringue **n. f.** ✦ Gâteau très léger fait de blancs d'œufs battus en neige et de sucre.

mérinos [meʀinos] **n. m.** ✦ Mouton de race espagnole, à la laine blanche très abondante et très fine.

merise **n. f.** ✦ Petite cerise sauvage au goût acide.

➤ **merisier** **n. m.** ✦ Cerisier sauvage dont le bois est utilisé en ébénisterie. *Une armoire en merisier.*

mérite **n. m.** **1.** Qualité qui rend estimable. *On peut vanter les mérites des pompiers.* **2.** *Avoir du mérite,* être digne d'être récompensé et admiré. *Julie a du mérite d'avoir fait ses devoirs alors qu'elle était malade.*

➤ **mériter** **v.** (conjug. 1) **1.** Avoir le droit de recevoir une récompense. *Julie a bien travaillé, elle mérite des compliments,* elle en est digne. **2.** Valoir la peine. *Ce monument mérite le détour,* cela vaut la peine de faire un détour pour le voir.

➤ **méritant, méritante** **adj.** ✦ Qui a du mérite. *Ces personnes qui se dévouent pour les autres sont bien méritantes.*

➤ **méritoire** adj. ✦ Digne d'éloge. → **louable.** *Louise fait des efforts méritoires pour avoir une bonne note en dictée.* ❑ contr. **blâmable.**

merlan n. m. ✦ Poisson de mer vivant en bancs et pêché près des côtes. *Nous avons mangé des filets de merlan.*

merlan

merle n. m. ✦ Oiseau qui a un plumage noir et un bec jaune. *On entendait un merle siffler.*

mérou n. m. (pl. **mérous**) ✦ Gros poisson des mers chaudes, dont la chair est très bonne. *Les pêcheurs ont rapporté des mérous.*

merveille n. f. 1. Chose très belle, admirable. *Cette robe brodée est une merveille.* 2. *Faire merveille,* avoir de très bons résultats. *Ce médicament a fait merveille.* 3. ***À merveille,*** très bien, parfaitement. *Théo et Paul s'entendent à merveille,* à la perfection.

➤ **merveilleusement** adv. ✦ Parfaitement. *Tout va merveilleusement bien.* → **admirablement.**

➤ **merveilleux, merveilleuse** adj. 1. Étonnant par son côté magique, surnaturel. *Un conte merveilleux.* → **fantastique.** 2. Très beau, admirable. → **extraordinaire.** *Un paysage merveilleux.* → **magnifique.** ❑ contr. **affreux.**

▷ Autres mots de la famille : ÉMERVEILLEMENT, ÉMERVEILLER.

mes → **mon**

mésange n. f. ✦ Petit oiseau passereau au chant très mélodieux, qui se nourrit d'insectes. ➽ planche Oiseaux p. 710. *Une mésange bleue s'est posée sur le rebord de la fenêtre.*

mésaventure n. f. ✦ Aventure désagréable, fâcheuse. *Il lui est arrivé de nombreuses mésaventures au cours de son voyage.*

▷ Mot de la famille de AVENTURE.

mesdames ; mesdemoiselles → **madame ; mademoiselle**

mésentente n. f. ✦ Mauvaise entente. *Leur mésentente ne devrait pas se prolonger.* → **brouille, désaccord.**

▷ Mot de la famille de ENTENDRE.

mésestimer v. (conjug. 1) ✦ Ne pas apprécier à sa juste valeur. → **méconnaître.** *L'alpiniste a mésestimé la difficulté et il a dévissé.* → **sous-estimer.** ❑ contr. **surestimer.**

▷ Mot de la famille de ESTIMER.

mesquin, mesquine adj. ✦ Qui a l'esprit étroit, s'attache aux petits détails sans importance. *Elle est mesquine.* ❑ contr. **généreux.**

➤ **mesquinerie** n. f. ✦ Caractère d'une personne, d'une action mesquine. *Il a fait preuve de mesquinerie.*

message n. m. ✦ Information transmise. *Elle lui a laissé un message sur son téléphone portable.*

➤ **messager** n. m., **messagère** n. f. ✦ Personne qui apporte un message.

➤ **messagerie** n. f. 1. *Messagerie électronique,* technique qui permet d'envoyer et de recevoir du courrier électronique. 2. *Des messageries,* des entreprises chargées de transporter des marchandises.

messe n. f. ✦ Principale cérémonie du culte catholique. *Il va à la messe tous les dimanches.*

Messie n. m. ✦ Envoyé de Dieu. *Pour les chrétiens, Jésus-Christ est le Messie.*

messieurs → **monsieur**

mesure n. f. 1. Dimension. *Le peintre prend les mesures de la pièce. Le tailleur prend les mesures de son client.* → **mensurations.** *Elle s'est fait faire une robe sur mesure,* une robe faite spécialement pour elle, adaptée à ses mesures. 2. *Les unités de mesure,* ce sont les unités qui servent à calculer les dimensions. *Le mètre est l'unité de mesure de la longueur.* 3. *Les mesures d'une partition musicale,* ce sont ses divisions. → aussi **rythme.** *Le chef d'orchestre bat la mesure. Ils dansent en mesure,* en cadence. 4. Quantité normale. *Tu dépasses la mesure,* tu exagères. *Il n'a pas le sens de la mesure,* il ne sait pas se modérer. 5. Proportion. *Je serai là de bonne heure dans la mesure du possible,* si c'est possible. 6. Moyen d'agir. *Le gouvernement a pris des mesures pour venir en aide aux victimes des* *inondations.* **7.** *Être en mesure de faire quelque chose,* pouvoir le faire, en être capable. *Je ne suis pas en mesure de vous répondre.*

➤ **mesuré, mesurée** **adj.** ✦ Qui agit avec modération. → **pondéré.** *Elle est restée mesurée dans ses paroles.*

➤ **mesurer** **v.** (conjug. 1) **1.** Prendre des mesures. *Le peintre mesure la pièce.* **2.** Avoir pour taille. *Son père mesure un mètre quatre-vingts.* **3.** Évaluer. *Il n'a pas mesuré la difficulté,* il ne s'est pas rendu compte de son importance. **4.** *Se mesurer à quelqu'un,* affronter quelqu'un pour se comparer à lui.

▷ Autres mots de la famille : DÉMESURÉ, DEMI-MESURE.

métairie **n. f.** ✦ Domaine agricole exploité par un locataire qui partage la récolte avec le propriétaire. → aussi **métayer.**

▷ Mot de la famille de MÉTAYER.

métal **n. m.** (pl. **métaux**) ✦ Matière, le plus souvent dure et brillante, que l'on extrait des minerais. *Le fer, l'aluminium sont des métaux.* → aussi **alliage.**

➤ **métallique** **adj.** ✦ En métal. *Il range ses dossiers dans une armoire métallique.*

➤ **métallisé, métallisée** **adj.** ✦ Qui a l'éclat du métal. *Sa voiture est gris métallisé,* d'une couleur obtenue avec une peinture spéciale qui a l'éclat du métal.

➤ **métallurgie** **n. f.** ✦ Ensemble des industries et des techniques qui permettent de fabriquer des objets en métal. → aussi **sidérurgie.**

➤ **métallurgique** **adj.** ✦ *Une usine métallurgique,* c'est une usine où l'on travaille le métal.

➤ **métallurgiste** **n. m.** ✦ Ouvrier qui travaille dans la métallurgie.

● On dit familièrement *un métallo.* Les mots de la famille de *métal* s'écrivent avec deux *l.*

métamorphose **n. f.** **1.** Transformation subie par le corps de certains animaux. *La grenouille est le résultat des métamorphoses du têtard.* **2.** Grand changement. *On la reconnaît à peine avec cette nouvelle coiffure, c'est une véritable métamorphose.*

➤ **métamorphoser** **v.** (conjug. 1) **1.** Changer complètement. *L'amour l'a métamorphosé.* **2.** **se métamorphoser,** changer complètement de forme. → se **transformer.** *La chenille s'est métamorphosée en papillon.*

métaphore **n. f.** ✦ Comparaison imagée. *« La vie nous sourit » est une métaphore.*

métayer **n. m.** ✦ Paysan qui exploite une métairie.

▷ Autre mot de la famille : MÉTAIRIE.

météo **n. f.** et **adj. inv.**

■ **n. f.** Météorologie. *Il écoute les prévisions de la météo à la radio.*

■ **adj. inv.** Météorologique. *Les conditions météo sont trop mauvaises pour atterrir.*

carte **météo**

météore **n. m.** ✦ Phénomène lumineux qui se produit dans le ciel quand un corps venu de l'espace traverse l'atmosphère. *On peut voir des météores la nuit,* des étoiles filantes.

➤ **météorite** **n. m.** ou **f.** ✦ Pierre tombée de l'espace et qui traverse l'atmosphère. *En tombant, les météorites creusent un cratère dans le sol.*

météorologie **n. f.** ✦ Science qui, en étudiant ce qui se passe dans l'atmosphère, permet de prévoir le temps qu'il va faire. → **météo.** *La Météorologie nationale,* c'est un service qui s'occupe de la prévision du temps.

➤ **météorologique** **adj.** ✦ Qui concerne le temps. *Quelles sont les prévisions météorologiques ?* → **météo.**

méthode **n. f.** **1.** Ordre logique que l'on suit pour faire quelque chose. *Alex range ses petites voitures avec méthode.* **2.** Moyen. → **procédé, technique.** *Quelle méthode utilisez-vous pour vous débarrasser des poux ?* **3.** Livre qui contient les règles élémentaires à suivre pour apprendre quelque chose. *Son professeur lui a conseillé d'acheter une méthode de guitare.*

métro

➤ **méthodique** **adj.** ✦ Organisé, ordonné. *Louise est très méthodique.* ❑ contr. ① **brouillon.**

➤ **méthodiquement** **adv.** ✦ Avec méthode. *Louise range ses affaires de classe méthodiquement.*

● Il y a un *h* après le *t*.

méticuleux, méticuleuse **adj.** ✦ Qui fait attention à tous les détails. → **minutieux, soigneux.** *Elle est très méticuleuse dans son travail, elle ne laisse rien au hasard.* ❑ contr. **négligent.**

➤ **méticuleusement** **adv.** ✦ D'une manière méticuleuse, en faisant attention à tout. *Il range méticuleusement ses affaires.*

métier **n. m.** **1.** Travail que l'on fait et pour lequel on gagne de l'argent. → **profession.** *Il exerce le métier de plombier. — Il n'est point de sot métier,* tous les métiers sont utiles et dignes de respect. *Chacun son métier, les vaches seront bien gardées,* tout ira mieux si chacun se mêle des ses affaires. **2.** *Un métier à tisser,* c'est une machine qui sert à fabriquer des tissus.

métis [metis] **n. m., métisse** **n. f.** ✦ Personne dont le père et la mère sont de couleur de peau différente. *L'enfant d'un Chinois et d'une Brésilienne est un métis.* → aussi **mulâtre.** — **Adj.** *Un enfant métis.*

mètre **n. m.** **1.** Unité de longueur. *Il mesure un mètre quatre-vingts (1,80 m). Un mètre carré.* → **carré.** *Un mètre cube.* → **cube.** **2.** Règle ou ruban gradué qui mesure au moins un mètre. → **centimètre.** *La couturière prend les mesures avec son mètre.* ❍ homonymes : maître, mettre.

➤ **métrage** **n. m.** ✦ *Le métrage d'un film,* c'est la longueur de la pellicule. *Il a tourné un court métrage,* un film qui dure moins d'un quart d'heure.

➤ **métrique** **adj.** ✦ *Le système métrique,* c'est le système de mesures qui a le mètre pour base.

▷ Autres mots de la famille : CENTIMÈTRE, DÉCAMÈTRE, DÉCIMÈTRE, KILOMÉTRAGE, KILOMÈTRE, KILOMÉTRIQUE, MILLIMÈTRE, MILLIMÉTRÉ.

métro **n. m.** ✦ Chemin de fer électrique, souvent souterrain, dans une grande ville. *Elle prend le métro pour aller à son bureau.*

● On a d'abord dit *chemin de fer métropolitain,* « de la grande ville ».

métronome **n. m.** ✦ Instrument qui marque la mesure d'un morceau de musique. *Léa suit le rythme du métronome en jouant son morceau au piano.*

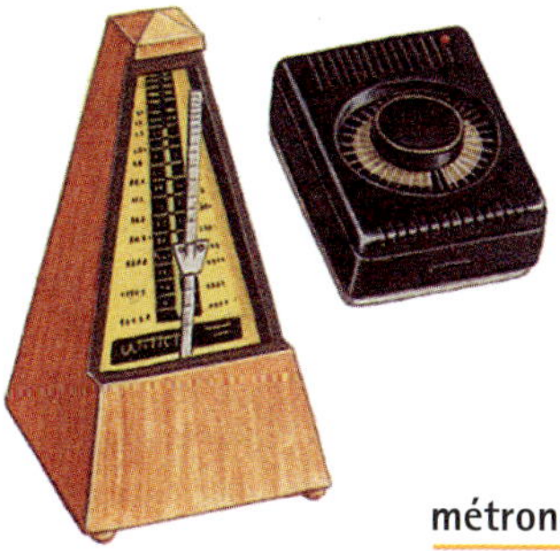

métronome

métropole n. f. **1.** Grande ville qui n'est pas forcément la capitale d'un pays. *Lyon, Toulouse sont des métropoles régionales françaises.* **2.** Partie d'un État où se trouve la capitale. *Il n'est pas né en métropole, il est né à la Martinique.*

➤ **métropolitain, métropolitaine** adj. ✦ *Le territoire métropolitain,* c'est la partie d'un État où se trouve la capitale. *Lille et Marseille sont en France métropolitaine, Fort-de-France dans la France d'outre-mer.*

mets [mɛ] n. m. ✦ Aliment préparé pour un repas. → ③ **plat.** *Le cassoulet est son mets préféré.* ❍ homonymes : mai, mais.

● On ne prononce pas le *s* final.

▷ Autre mot de la famille : ENTREMETS.

mettre v. (conjug. 56) **1.** Faire passer dans un endroit. → **placer.** *Mets tes affaires ailleurs. Je mets le vase sur la table.* → **poser.** *Il met deux sucres dans son café.* → **ajouter.** *Léa mettra mes lettres à la poste. Je vais mettre le linge à sécher,* installer le linge de manière à ce qu'il sèche. **2.** Revêtir. *Julie mit son manteau et partit,* elle enfila son manteau. **3.** *Mettre la table,* disposer la vaisselle et les couverts sur la table pour le repas. ❑ contr. **débarrasser, desservir.** **4.** Faire passer dans une autre position, un autre état. *Mettons la planche debout. Mettez la phrase au futur. Paul met la radio en marche,* il la fait fonctionner. **5.** Employer. *Ils ont mis deux heures pour venir,* il leur a fallu deux heures. ❍ homonymes : maître, mètre.

➤ se **mettre** v. **1.** S'installer. *Louise s'est mise au lit,* elle s'est couchée. *Paul s'est mis à côté de Léa. Théo ne savait plus où se mettre,* il était très gêné. **2.** S'habiller. *Aujourd'hui, Julie s'est mise en pantalon.* **3.** Changer de position, d'état. *Mets-toi debout. Alex s'est mis en colère.* **4.** Commencer. *Léa s'est mise à apprendre ses leçons. Mon père s'est mis au régime,* il a commencé à faire un régime. *J'espère qu'il ne va pas se mettre à pleuvoir.*

➤ **mettable** adj. ✦ Que l'on peut encore mettre sans être ridicule ou mal à l'aise. *Cette robe est encore mettable.* → **portable.** ❑ contr. **immettable.**

➤ **metteur** n. m. ✦ *Le metteur en scène,* c'est la personne qui dirige la réalisation d'un film ou la représentation sur scène d'une pièce de théâtre. → aussi **réalisateur.**

● Pour une femme, on dit *elle est metteur en scène.*

▷ Autres mots de la famille : DÉMETTRE, DÉMISSION, DÉMISSIONNER, ÉMETTEUR, ÉMETTRE, ÉMISSION, ENTREMISE, HORMIS, IMMETTABLE, MISE, MISER, REMETTRE, SE REMETTRE, REMISE, RETRANSMETTRE, RETRANSMISSION, SOUMETTRE, SOUMIS, SOUMISSION, TRANSMETTRE, TRANSMISSIBLE, TRANSMISSION.

① **meuble** adj. ✦ *Une terre meuble,* c'est une terre que l'on peut labourer facilement.

② **meuble** n. m. ✦ Objet qui sert à aménager une maison. *Les sièges, les armoires, les commodes, les tables, les lits sont des meubles.* → aussi **mobilier.**

➤ **meubler** v. (conjug. 1) **1.** Garnir de meubles. *Elle a meublé le salon avec goût.* **2.** Occuper. *Il chantait pour meubler le silence.*

▷ Autres mots de la famille : AMEUBLEMENT, GARDE-MEUBLE.

meugler v. (conjug. 1) ✦ *Les vaches meuglent,* elles poussent leur cri. → **beugler, mugir.**

➤ **meuglement** n. m. ✦ Cri des bovins. → **beuglement, mugissement.**

meule (Millet)

① **meule** n. f. ✦ Gros tas de foin, de paille. *Une meule de foin.*

② **meule** n. f. **1.** Grosse pierre dure qui sert à moudre. *Dans le moulin, la meule moud le grain.* **2.** Roue en pierre dure qui sert à affûter les lames. *Le rémouleur aiguise la lame du couteau sur sa meule.*

➤ **meulière** adj. f. ✦ *La pierre meulière,* c'est une pierre rugueuse employée pour la construction. *Leur pavillon est en pierre meulière.*

meunier n. m., **meunière** n. f. ✦ Personne dont le métier est de fabriquer de la farine dans un moulin.

meurtre n. m. ✦ Action de tuer volontairement quelqu'un. → **assassinat, crime, homicide.** *Il a été condamné pour le meurtre de sa femme.*

➤ **meurtrier** n. m., **meurtrière** n. f. ✦ Personne qui a commis un meurtre. → **assassin, criminel.** *La police recherche le meurtrier.* — **Adj.** Qui entraîne la mort de nombreuses personnes. *Cette route est meurtrière,* de nombreuses personnes y sont mortes dans des accidents de la route.

➤ **meurtrière** n. f. ✦ Fente verticale, dans une muraille, qui permet de tirer sur l'ennemi. → aussi **créneau** et **mâchicoulis.** *Les meurtrières d'un château fort.*

meurtri, meurtrie adj. ✦ Où il y a des traces de coups, de blessures. *Julie est tombée, elle a les genoux tout meurtris.*

➤ **meurtrissure** n. f. ✦ Trace de coup sur la peau. → **blessure, contusion.** *Ses jambes sont couvertes de meurtrissures.*

meute n. f. ✦ Troupe de chiens dressés pour la chasse à courre. *Le cerf était poursuivi par la meute.*

▷ Autre mot de la famille : AMEUTER.

mezzanine n. f. ✦ Plate-forme dans une pièce haute de plafond à laquelle on accède par un escalier, une échelle. *Le lit est sur la mezzanine.*

● *Mezzanine* s'écrit avec deux *z.*

mi n. m. inv. ✦ Note de musique entre ré et fa. *Des mi bémols.* ❍ homonyme : mie.

mi- ✦ Préfixe qui signifie « moitié de, à moitié ». *Le chat a les yeux mi-clos,* à moitié fermés. *À la mi-avril,* au milieu du mois d'avril, vers le 15 avril. *À mi-voix,* d'une voix faible.

miauler v. (conjug. 1) ✦ *Le chat miaule,* il pousse son cri.

➤ **miaulement** n. m. ✦ Cri du chat.

mica n. m. ✦ Roche composée de feuilles brillantes et transparentes.

Mi-Carême n. f. ✦ Fête qui a lieu un jeudi au milieu du Carême, pour laquelle les enfants se déguisent.

▷ Mot de la famille de CARÊME.

miche n. f. ✦ Gros pain rond.

à **mi-chemin** adv. ✦ Au milieu du chemin, du trajet. *Il s'est mis à pleuvoir à mi-chemin.*

▷ Mot de la famille de CHEMIN.

micmac n. m. ✦ Familier. Suite de manœuvres compliquées et suspectes. → **manigance.** *Qu'est-ce que c'est que ces micmacs ?*

micro n. m. **1.** Appareil qui permet d'amplifier les sons, de les transmettre ou de les enregistrer. *Parlez bien devant le micro.* — *Micro* est l'abréviation de *microphone.* **2.** Micro-ordinateur. *Il y a plusieurs micros dans la classe.*

micro- ✦ Préfixe qui signifie « petit » (ex. *micro-onde, micro-ordinateur*).

microbe n. m. ✦ Être vivant tout petit qu'on ne peut voir qu'au microscope et qui provoque des maladies. → aussi **virus.**

➤ **microbien, microbienne** adj. ✦ Causé par un microbe. *Il a une maladie microbienne.*

microfilm n. m. ✦ Film qui reproduit un document sur une très petite surface. *Les espions ont photographié les plans de la fusée sur microfilm.*

▷ Mot de la famille de FILM.

micro-onde n. f. ✦ Onde de très petite longueur. *Un four à micro-ondes réchauffe très rapidement les aliments.*

● On dit *un four à micro-ondes* ou *un micro-ondes.*

▷ Mot de la famille de ONDE.

micro-ordinateur n. m. ✦ Petit ordinateur. — Au pl. *Des micro-ordinateurs.*

● On dit aussi *un micro.*

▷ Mot de la famille de ORDINATEUR.

micro-organisme n. m. ✦ Organisme vivant que l'on ne peut voir qu'au microscope. *Les virus, les microbes sont des micro-organismes.*

▷ Mot de la famille de ORGANE.

microscope n. m. ✦ Instrument d'optique qui grossit les objets et permet de voir ce qui

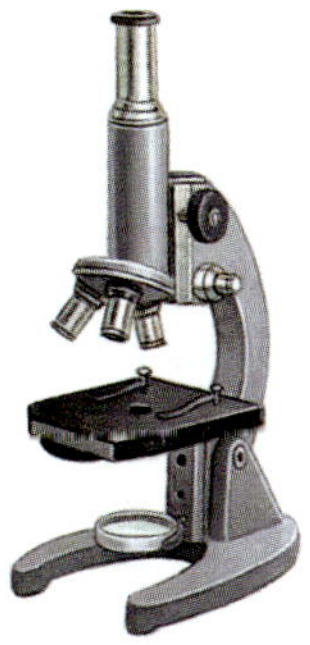

microscope

est invisible à l'œil nu. *Julie regarde un cheveu au microscope.*

➤ **microscopique** **adj.** 1. Si petit qu'on ne peut le voir qu'au microscope. *Les virus et les microbes sont microscopiques.* 2. Très petit. → **minuscule.** *Leur appartement est microscopique.*

midi **n. m.** 1. Milieu du jour, entre le matin et l'après-midi. *Il déjeune à midi et demi,* à 12 heures 30. 2. *Le Midi,* c'est le sud de la France. *Il est originaire du Midi.* → aussi **méridional.**

▷ Autre mot de la famille : APRÈS-MIDI.

mie **n. f.** ✦ Partie molle à l'intérieur du pain. *Il fait griller une tranche de pain de mie,* d'un pain à la mie dense et abondante et à la croûte peu épaisse. → aussi ② **toast.** ❍ homonyme : mi.

miel **n. m.** ✦ Produit sucré que fabriquent les abeilles à partir des fleurs. *Alex mange des bonbons au miel.*

➤ **mielleux, mielleuse** **adj.** ✦ Doux et hypocrite. → **doucereux.** *Il a répondu d'une voix mielleuse.*

● *Mielleux* prend deux *l.*

mien **pronom possessif** et **n. m.**, **mienne** **pronom possessif**

■ **pronom** Pronom possessif de la première personne du singulier. *Le mien, la mienne,* l'être ou la chose qui est à moi. *Voici tes chaussures ; où sont les miennes ?* où sont mes chaussures ? *Ton frère est en classe avec le mien,* avec mon frère.

■ **n. m.** 1. *J'y ai mis du mien,* j'ai fait un effort. 2. **n. m. pl.** *Les miens,* ce sont mes parents, ma famille, mes amis. *Je vais passer Noël avec les miens.*

miette **n. f.** 1. Petit morceau de pain, de gâteau. *La nappe est couverte de miettes.* 2. Petit morceau. *L'assiette est tombée, elle est en miettes.*

▷ Autre mot de la famille : ÉMIETTER.

mieux **adv.**, **adj.** et **n. m.**

■ **adv.** 1. Comparatif de supériorité de *bien.* D'une manière meilleure. *Théo travaille mieux que son frère.* ❑ contr. plus **mal.** *Léa a été malade mais elle va mieux. Tu ferais mieux de te taire,* tu aurais intérêt à te taire. 2. Superlatif de *bien.* De la meilleure manière. *Elle est la mieux payée de l'équipe. Au mieux, il arrivera demain,* dans le meilleur des cas. *Fais pour le mieux,* aussi bien que possible.

■ **adj.** *Il est mieux sans barbe,* il est plus beau. *Enlève ta veste, tu seras mieux,* tu seras plus à l'aise.

■ **n. m.** *Il fait de son mieux,* aussi bien qu'il peut. *Il y a du mieux dans son travail,* son travail s'améliore. *Je m'attendais à mieux.* ❑ contr. **pire.**

mièvre **adj.** ✦ Agréable mais un peu fade, sans vigueur. *Elle a lu un roman d'amour un peu mièvre.*

mignon, mignonne **adj.** 1. Joli, charmant, gracieux. *Léa est très mignonne.* ❑ contr. **laid.** 2. Aimable, gentil. *Sois mignonne, va fermer la porte.* ❑ contr. ① **vilain.**

migraine **n. f.** ✦ Mal de tête. *Il a la migraine.*

migrateur, migratrice **adj.** ✦ Qui se déplace suivant les saisons. *Les hirondelles sont des oiseaux migrateurs.*

migration **n. f.** 1. Déplacement de personnes qui quittent un pays ou une région pour s'installer ailleurs. → **émigration, immigration.** *Les famines du Moyen Âge provoquèrent de grandes migrations.* 2. Déplacement des animaux selon les saisons. → aussi **migrateur.** *Les cigognes commencent leur migration vers l'Afrique à la fin de l'été.*

mijoter **v.** (conjug. 1) 1. Cuire très doucement, à petit feu. *Le cuisinier fait mijoter le lapin.* 2. Familier. Préparer en secret. → **manigancer.** *Louise et Julie ont mijoté un mauvais coup.*

mil **n. m.** ✦ Céréale cultivée en Afrique. *On pile le mil pour faire de la farine.* ❍ homonymes : ① et ② mille.

milan **n. m.** ✦ Oiseau rapace au plumage brun foncé, à la queue et aux ailes très longues. *Les milans ont un vol très lent.*

mile [majl] **n. m.** ✦ Mesure de longueur anglaise et américaine qui vaut 1 609 mètres.

● Ce mot vient de l'anglais.

milice **n. f.** ✦ Troupe de civils qui remplace ou renforce une armée ou une police régulières. *Les milices d'autodéfense sont interdites par la loi.*

➤ **milicien** **n. m.**, **milicienne** **n. f.** ✦ Membre d'une milice.

milieu **n. m.** 1. Partie d'une chose située à égale distance de ses bords, de ses extrémités. → **centre.** *Il y a une table basse au milieu du salon. Julie s'est coiffée avec la raie au milieu.* 2. Moment situé à distance égale du début et de la fin. *L'été commence au milieu de l'année.* 3. Entourage d'une personne. *Ils sont d'un milieu aisé,* ils sont nés dans une famille riche. 4. Environnement naturel d'un être vivant. *Les champignons croissent en milieu humide.* → aussi **écologie.** — Au pl. *Des milieux.*
▷ Mot de la famille de ① LIEU.

militaire **adj.** et **n. m.** et **f.**
▪ **adj.** Relatif à l'armée. *Le pays a engagé des opérations militaires.*
▪ **n. m.** et **f.** Personne qui fait partie de l'armée. → **soldat.** *Les gendarmes sont des militaires.*

militer **v.** (conjug. 1) ✦ Être membre actif d'un parti, d'un syndicat, d'une organisation et se battre pour une cause. *Elle milite pour la paix dans le monde.*
➤ **militant** **n. m.**, **militante** **n. f.** ✦ Membre actif d'une organisation, d'un parti. *Une militante syndicale.*

mil

① **mille** [mil] **n. m.** ✦ Unité de distance utilisée par les marins, qui vaut 1 852 mètres. *Le bateau n'est qu'à quelques milles de la côte.*
❍ homonymes : mil et ② mille.

② **mille** [mil] **adj. inv.** 1. Dix fois cent (1 000). *Un kilomètre fait mille mètres. La ville compte trois mille deux cents habitants.* — **N. m. inv.** *Deux fois cinq cents font mille.* 2. Une grande quantité, un grand nombre. *Encore mille mercis. Je te l'ai déjà dit mille fois.*
➤ **millefeuille** [milfœj] **n. m.** ✦ Gâteau fait de couches superposées de pâte feuilletée et de crème. *Paul aime beaucoup les millefeuilles.*
▷ Mot de la famille de FEUILLE.
➤ **millénaire** [milenɛʀ] **adj.** ✦ Qui a mille ans ou plus. *Les pyramides d'Égypte sont millénaires.* — **N. m.** Période de mille ans. *L'an 2001 marque le début du troisième millénaire de l'ère chrétienne.*
➤ **mille-pattes** [milpat] **n. m. inv.** ✦ Petit animal formé de 21 anneaux et possédant 42 pattes. → **scolopendre.** *Julie a trouvé des mille-pattes sous l'écorce d'un vieil arbre.*
▷ Mot de la famille de ① PATTE.
➤ **millésime** [milezim] **n. m.** ✦ Date inscrite sur une pièce de monnaie, une bouteille, et qui indique l'année de sa fabrication. *Quel est le millésime de ce champagne ?*
▷ Autres mots de la famille : MILLIARD, MILLIARDAIRE, MILLIÈME, MILLIER, MILLION, MILLIONNAIRE.

millet **n. m.** ✦ Céréale à grains très petits. *Les oiseaux mangent des grains de millet.*

milli- ✦ Préfixe qui divise par mille (ex. *milligramme, millimètre*).

milliard [miljaʀ] **n. m.** ✦ Mille millions (1 000 000 000). *Il y a des milliards d'étoiles dans l'univers.*
➤ **milliardaire** [miljaʀdɛʀ] **n. m.** et **f.** ✦ Personne très riche, qui a un ou plusieurs milliards (d'euros, de dollars...). *Le château a été acheté par un milliardaire japonais.* — **Adj.** *Elle est milliardaire.* → aussi **millionnaire.**
▷ Mots de la famille de ② MILLE.

millième [miljɛm] **adj.** et **n. m.** 1. **adj.** Qui vient au rang numéro mille. *Le millième spectateur aura une place gratuite.* 2. **n. m.** Chacune des parties d'un tout divisé en mille parts égales. *Il possède deux cent trois millièmes de cet immeuble.*
▷ Mot de la famille de ② MILLE.

millier [milje] **n. m.** ✦ Environ mille. *Des milliers de visiteurs sont attendus. Il y avait plusieurs milliers de manifestants.*
▷ Mot de la famille de ② MILLE.

milligramme [miligʀam] **n. m.** ✦ Millième partie du gramme. *Il a récupéré deux milligrammes (2 mg) d'or.*
▷ Mot de la famille de GRAMME.

millimètre [milimɛtʀ] **n. m.** ✦ Millième partie du mètre. *Dix millimètres (10 mm) font un centimètre. Tout a été calculé au millimètre près.*
➤ **millimétré, millimétrée** [milimetʀe] **adj.** ✦ *Le papier millimétré,* c'est un papier quadrillé par des lignes espacées les unes des autres d'un millimètre. *Il dessine un graphique sur du papier millimétré.*
▷ Mots de la famille de MÈTRE.

million [miljɔ̃] **n. m.** ✦ Mille fois mille (1 000 000). *Son disque s'est vendu à deux millions d'exemplaires.*
➤ **millionnaire** [miljɔnɛʀ]**n. m. et f.** ✦ Personne qui possède un ou plusieurs millions (d'euros, de dollars...). → aussi **milliardaire.** *Il a épousé une millionnaire.* — **Adj.** *Elle est millionnaire.*
▷ Mots de la famille de ② MILLE.

mime **n. m. et f.** ✦ Acteur qui ne s'exprime que par les gestes et les attitudes, sans parler. *Les enfants ont assisté au spectacle donné par des mimes.*
➤ **mimer** **v.** (conjug. 1) ✦ Reproduire par des gestes, des mimiques, sans paroles. *Paul mime le professeur.* → **imiter, singer.** *Essaie de mimer la joie !*
➤ **mimétisme** **n. m.** **1.** Imitation involontaire et machinale de quelqu'un. *Par mimétisme, le bébé fait les mêmes grimaces que son grand frère.* **2.** Possibilité qu'ont certains animaux de se rendre semblables au milieu environnant pour se protéger. *Le caméléon change de couleur par mimétisme.*
➤ **mimique** **n. f.** ✦ Geste, attitude ou expression du visage qui sert à exprimer quelque chose. *Léa a fait une mimique de dégoût.*
▷ Autre mot de la famille : PANTOMIME.

mime

mimosa **n. m.** ✦ Arbre de la famille de l'acacia, à petites fleurs jaunes très parfumées en forme de boules. *Le mimosa pousse dans les régions chaudes.*

minable **adj.** ✦ Familier. Très médiocre, mauvais. → **lamentable.** *Ses résultats scolaires sont minables.* ❑ contr. **excellent.**

minaret **n. m.** ✦ Tour d'une mosquée. *Le muezzin appelle les fidèles à la prière du haut du minaret.*

minaret

minauder **v.** (conjug. 1) ✦ Faire des mines, des manières, pour plaire ou attirer l'attention. *Cesse de minauder !*
▷ Mot de la famille de ① MINE.

mince **adj.** **1.** Fin, peu épais. *La cloison entre les deux pièces est trop mince.* ❑ contr. **épais.** **2.** Svelte, élancé. *Sa mère est mince.* ❑ contr. ① **fort, gros.** **3.** Peu important. → **insignifiant.** *Il ne reste qu'un mince espoir de les retrouver.* → **maigre.**
➤ **minceur** **n. f.** ✦ Finesse. *Cette femme est d'une minceur remarquable.*
➤ **mincir** **v.** (conjug. 2) ✦ Devenir plus mince. *Sa mère a beaucoup minci.* ❑ contr. **grossir.**
▷ Autres mots de la famille : AMINCIR, AMINCISSANT.

① **mine** **n. f.** **1.** Apparence, aspect extérieur. *Il a une mine revêche.* → ② **air.** *Léa faisait mine de s'intéresser à ce que disait son père, elle* faisait semblant. **2.** Aspect du visage. *Julie doit être malade, elle a très mauvaise mine. Les enfants ont bonne mine en rentrant de vacances.*

▷ Autres mots de la famille : MINAUDER, MINOIS.

② **mine** **n. f.** ✦ Petit bâton qui laisse une trace sur le papier et qui forme la partie centrale d'un crayon. *Théo taille la mine de son crayon.*

③ **mine** **n. f.** ✦ Endroit du sol, plus ou moins profond, d'où l'on extrait du charbon, des minerais, en grande quantité. → **gisement.** *Il y a des mines de diamants en Afrique du Sud.*

➤ ① **miner** **v.** (conjug. 1) ✦ Affaiblir. *La maladie l'a miné.* → **ronger.**

▷ Autres mots de la famille : MINERAI, MINÉRAL, MINÉRALOGIE, ① MINEUR, MINIER.

coupe d'une **mine**

④ **mine** **n. f.** ✦ Engin explosif. *Le char a sauté sur une mine.*

➤ ② **miner** **v.** (conjug. 1) ✦ Poser une mine. *Des résistants ont miné le pont.*

▷ Autre mot de la famille : DÉMINER.

minerai **n. m.** ✦ Roche qui contient des substances que l'on peut extraire. *La bauxite est le minerai dont on extrait l'aluminium.*

▷ Mot de la famille de ③ MINE.

minéral **n. m.** et **adj.** **minérale** **adj.**

■ **n. m.** Corps formé de matière non vivante qui fait partie de l'écorce terrestre. *Les roches, les métaux, les pierres précieuses sont des minéraux.* ➠ planche p. 655.

■ **adj. 1.** Fait de matière inerte, non vivante. *Le pétrole et le charbon sont des matières minérales.* — Au masc. pl. *minéraux.* **2.** *De l'eau minérale,* c'est de l'eau qui contient des matières minérales. *Une bouteille d'eau minérale gazeuse.*

➤ **minéralogie** **n. f.** ✦ Science qui étudie les minéraux. *La minéralogie est une branche de la géologie.*

▷ Mots de la famille de ③ MINE.

minéralogique **adj.** ✦ *La plaque minéralogique d'une voiture,* c'est la plaque portant le numéro d'immatriculation.

minet **n. m.**, **minette** **n. f.** ✦ Familier. Chat, chatte. *« Minet, minet, viens ici ! »*

① **mineur** **n. m.** ✦ Ouvrier qui travaille dans une mine.

▷ Mot de la famille de ③ MINE.

② **mineur, mineure** **adj. 1.** Qui n'a pas beaucoup d'importance. → ① **accessoire, secondaire.** *Ce n'est qu'un problème mineur.* ❑ contr. ① **capital, important, majeur. 2.** *Une personne mineure,* c'est un jeune homme ou une jeune fille qui n'a pas encore atteint l'âge de la majorité (18 ans en France). *Elles sont mineures.* ❑ contr. **majeur.** — **N.** *Ce film est interdit aux mineurs,* aux moins de 18 ans.

▷ Autres mots de la famille : MINORITAIRE, MINORITÉ.

mini- ✦ Préfixe qui signifie « petit » (ex. *minibus, minijupe*).

miniature **n. f. 1.** Peinture très fine et très minutieuse de petits sujets servant à illustrer les anciens manuscrits. → **enluminure.** *Les miniatures du Moyen Âge.* **2.** *Des objets en miniature* ou *des objets miniatures,* ce sont des reproductions d'objet en petit, en réduction. → **modèle** réduit. *Il joue avec des animaux miniatures.*

➤ **miniaturiser** **v.** (conjug. 1) ✦ Donner les plus petites dimensions possibles. *On miniaturise les circuits électroniques.*

miniature

minier, minière **adj.** ✦ Qui concerne les mines (→ ③ **mine**). *L'industrie minière. Un gisement minier,* d'où l'on peut extraire du minerai. *Une région minière,* où il y a des mines.
▷ Mot de la famille de ③ MINE.

minibus [minibys] **n. m.** ✦ Petit autobus contenant de nombreuses places assises. *Toute la famille est partie en vacances en minibus.*
▷ Mot de la famille de BUS.

minijupe **n. f.** ✦ Jupe très courte. *Elle a mis une minijupe.*
▷ Mot de la famille de JUPE.

minimal, minimale **adj.** ✦ Le plus petit. *Les températures minimales atteindront moins 10 degrés,* les températures les plus basses. → **minimum.** ❑ contr. **maximal.** — Au masc. pl. *minimaux.*

minime **adj.** et **n. m.** et **f.**
■ **adj.** Très petit, peu important. → **faible, infime.** *Cela ne coûte qu'une somme minime.*
■ **n. m.** et **f.** Jeune sportif qui a entre 13 et 15 ans. *Elle fait partie de l'équipe des minimes.*
➤ **minimiser** **v.** (conjug. 1) ✦ Diminuer l'importance de quelque chose. *Il ne faut pas minimiser le rôle qu'il a eu.* ❑ contr. **exagérer, grossir.**

minimum **n. m.** et **adj.**
■ **n. m.** La plus petite quantité, le plus petit nombre. *Il a fait le minimum d'efforts.* ❑ contr. **maximum.** *Les travaux dureront deux mois au minimum,* au moins deux mois.
■ **adj.** Le plus petit. → **minimal.** *La température minimum sera de 2 degrés.* — On peut dire aussi *la température minima.*
● Le pluriel est *minimums* ou *minima.*

ministère **n. m.** **1.** Ensemble des ministres et des secrétaires d'État d'un gouvernement. *Le Premier ministre a formé son ministère.* **2.** Administration qui dépend d'un ministre. *Le ministère de l'Agriculture.* **3.** Fonction d'un ministre. *Son ministère a duré deux ans.*
➤ **ministériel, ministérielle** **adj.** ✦ Relatif au gouvernement. → **gouvernemental.** *La troisième République a connu de nombreuses crises ministérielles,* des crises au sein du gouvernement.

ministre **n. m.** et **f.** ✦ Personne nommée par le président de la République à la tête d'un ministère. *Elle est ministre de la Santé. La ministre de l'Économie. Voici le Premier ministre,* le chef du gouvernement.

minitel **n. m.** Nom déposé ✦ Terminal d'ordinateur branché sur le téléphone, permettant de consulter l'annuaire téléphonique et d'obtenir divers renseignements. *Il consulte le minitel pour avoir les horaires de train.*

minium [minjɔm] **n. m.** ✦ Peinture orange qui protège le fer contre la rouille. *Le peintre a passé les volets au minium.*

minois **n. m.** ✦ Visage jeune et charmant. *Julie a un joli petit minois.* → **frimousse.**
▷ Mot de la famille de ① MINE.

minorité **n. f.** **1.** Très petit nombre. *Ce film n'intéressera qu'une minorité de spectateurs.* ❑ contr. **majorité.** **2.** Période pendant laquelle une personne est trop jeune pour être responsable de ses actes devant la loi. *Le Régent gouverna la France pendant la minorité de Louis XV.* → aussi ② **mineur.**
➤ **minoritaire** **adj.** ✦ Qui appartient à une minorité, qui représente peu de personnes. ❑ contr. **majoritaire.** *Il fait partie d'un groupe politique minoritaire.*
▷ Mots de la famille de ② MINEUR.

minoterie **n. f.** ✦ Usine où l'on moud les grains pour faire de la farine. → aussi **moulin.**

minuit **n. m.** ✦ Heure du milieu de la nuit, la douzième après midi. *On entendit sonner les douze coups de minuit. Il est rentré à minuit dix (0 h 10).*
▷ Mot de la famille de NUIT.

minuscule **adj.** et **n. f.**
■ **adj.** Très petit. → **infime, microscopique.** *Le colibri est un oiseau minuscule.* ❑ contr. **énorme, immense.**
■ **n. f.** Petite lettre. *Écrivez votre prénom en minuscules.* ❑ contr. **capitale, majuscule.**

minute **n. f.** **1.** Unité de mesure du temps d'une durée de 60 secondes. *Il y a 60 minutes dans une heure. La récréation dure 15 minutes,* un quart d'heure. **2.** Court moment. *Attends-moi deux minutes,* un instant.

aigue-marine
(béryl)

améthyste

galène

kaolin

lazurite

opale

quartz

rose des sables

soufre

talc

topaze

tourmaline

➤ **minuter** v. (conjug. 1) ✦ Organiser selon un horaire précis. *Son emploi du temps est minuté.*

➤ **minuterie** n. f. ✦ Éclairage électrique qui s'arrête automatiquement au bout d'un certain temps. *La minuterie de l'escalier s'est éteinte.*

➤ **minuteur** n. m. ✦ Dispositif qui sonne après un temps déterminé. *J'ai réglé le minuteur du four sur 30 minutes.*

minutie [minysi] n. f. ✦ Très grand soin apporté aux plus petits détails. *Un philatéliste classe ses timbres avec minutie.* ❑ contr. **négligence.**

➤ **minutieux, minutieuse** adj. ✦ Qui s'applique, fait attention. → **méticuleux, soigneux.** *Léa est très minutieuse.*

➤ **minutieusement** adv. ✦ En s'appliquant, avec soin. *Théo a minutieusement assemblé sa maquette.* → **soigneusement.**

mirabelle n. f. ✦ Petite prune ronde et jaune. *Une tarte aux mirabelles.*

mirabelle

miracle n. m. **1.** Événement extraordinaire où l'on croit reconnaître une intervention divine. *La légende raconte le miracle de saint Nicolas qui aurait ressuscité trois enfants.* **2.** Événement exceptionnel, très étonnant, à peine croyable. *Il est sorti indemne de l'accident, par miracle.*

➤ **miraculeux, miraculeuse** adj. **1.** Obtenu par un miracle, grâce à une intervention de Dieu. *La guérison de ce malade serait miraculeuse.* **2.** Qui fait un effet inespéré et merveilleux. *Il n'y a pas de remède miraculeux pour soigner les rhumes.*

mirador n. m. ✦ Tour du haut de laquelle on surveille des prisonniers.

● Ce mot vient de l'espagnol.

mirage n. m. ✦ Paysage imaginaire qui apparaît dans le désert comme un reflet dans l'eau. *Les mirages sont causés par l'échauffement de l'air.*

▷ Mot de la famille de SE MIRER.

mire n. f. **1.** *La ligne de mire,* c'est la ligne droite imaginaire qui va de l'œil du tireur à l'objet qu'il vise. *Le faisan est dans la ligne de mire du chasseur.* **2.** *Le point de mire,* c'est ce que tout le monde regarde, le centre d'intérêt. *L'actrice était le point de mire de tout le restaurant.* ❍ homonyme : myrrhe.

▷ Mot de la famille de SE MIRER.

se **mirer** v. (conjug. 1) ✦ Se regarder, se refléter. *La montagne se mire dans le lac.*

▷ Autres mots de la famille : MIRAGE, MIRE, MIROIR, MIROITEMENT, MIROITER.

mirobolant, mirobolante adj. ✦ Familier. Trop beau pour être vrai. *Cet acteur a touché une somme mirobolante pour ce film.*

miroir n. m. ✦ Objet qui a une surface polie où la lumière se réfléchit et les images se reflètent. → ① **glace** et aussi **tain.** *Julie se regarde dans le miroir de la salle de bains.*

▷ Mot de la famille de SE MIRER.

miroiter v. (conjug. 1) **1.** Réfléchir la lumière avec des reflets scintillants. → **étinceler, scintiller.** *La mer miroitait au soleil.* **2.** *Faire miroiter quelque chose à quelqu'un,* c'est lui proposer quelque chose de bien pour l'attirer. *On lui a fait miroiter qu'il serait à la place d'honneur pour qu'il accepte de venir.*

➤ **miroitement** n. m. ✦ Reflet produit par quelque chose qui miroite. → **scintillement.** *Ils admirent le miroitement des eaux du lac.*

▷ Mots de la famille de SE MIRER.

misaine n. f. ✦ *Le mât de misaine,* c'est le mât situé à l'avant d'un voilier. *Le mât de misaine d'une goélette.*

misanthrope n. m. et f. ✦ Personne qui n'aime pas la compagnie des gens. *C'est une vieille misanthrope.* — **Adj.** *Il est devenu misanthrope.*

● Il y a un *h* après le *t*.

mise n. f. **1.** Action de mettre. *Voici l'époque de la mise en bouteilles du vin. Il a assuré la mise en scène de ce film,* sa réalisation. **2.** Argent que l'on joue dans un jeu. → **enjeu.** *Les joueurs ont déposé leur mise sur le tapis.*

➤ **miser** v. (conjug. 1) ✦ Jouer de l'argent. → **parier.** *Il avait misé 50 euros sur le cheval gagnant.*
⊳ Mots de la famille de METTRE.

misère n. f. 1. Grande pauvreté. *Il a fini sa vie dans la misère.* → **dénuement.** ❑ contr. **opulence, richesse.** 2. Événement malheureux, douloureux. → **malheur.** *Il lui arrive toujours des misères.*
➤ **misérable** adj. 1. Qui fait pitié, qui indique la misère. *Ils vivent dans des conditions misérables,* dans une grande pauvreté. → **lamentable, pitoyable.** *Ils habitent dans un quartier misérable.* → **pauvre.** 2. Sans valeur. → **insignifiant.** *Que d'histoires pour un misérable billet de 5 euros !* → **malheureux.**
➤ **misérablement** adv. ✦ Très pauvrement. *Ils vivent misérablement.*
➤ **miséreux, miséreuse** adj. ✦ Qui donne une impression de misère. *Il vivait dans un quartier miséreux,* très pauvre. — N. *Une miséreuse faisait la quête dans le métro.*

miséricorde n. f. ✦ Pardon, pitié. *J'implore votre miséricorde !* → **indulgence.**

misogyne adj. ✦ Qui méprise les femmes. *Il est un peu misogyne.* → aussi **macho.** — N. *Quel affreux misogyne !*
● Il y a un *y* après le *g*.

missel n. m. ✦ Livre de messe.

missile n. m. ✦ Fusée portant une bombe. *L'avion a largué un missile.*

mission n. f. 1. Ce que l'on est chargé de faire. → **tâche.** *Il s'est bien acquitté de sa mission.* 2. Organisation religieuse chargée de propager la religion chrétienne dans les pays non chrétiens. *Des religieux fondèrent des missions en Afrique et en Asie jusqu'au 19e siècle.* 3. Groupe de personnes chargées d'une étude, d'une recherche. *Une mission scientifique a été envoyée dans la région.*
➤ **missionnaire** n. m. et f. ✦ Religieux qui fait partie d'une mission. *Le père Charles de Foucauld était missionnaire au Sahara.*

missive n. f. ✦ Lettre. *Il a reçu une longue missive.*
● Ce mot est littéraire.

mistral n. m. (pl. **mistrals**) ✦ Vent froid et violent qui souffle dans le sud-est de la France, du nord vers la mer. *Il y a du mistral aujourd'hui !*

mitaine n. f. ✦ Gant qui ne couvre pas le bout des doigts. *Une paire de mitaines.*

mitaine

mite n. f. ✦ Petit papillon blanc dont la larve ronge le tissu, la laine, la fourrure. *La naphtaline éloigne les mites.* ❍ homonyme : mythe.
➤ **mité, mitée** adj. ✦ Rongé par les mites. *Son pull-over est tout mité.*
➤ **miteux, miteuse** adj. ✦ D'aspect misérable. *Cette chambre d'hôtel est vraiment miteuse.* → **minable.**
⊳ Autre mot de la famille : ANTIMITE.

mi-temps n. f. inv. 1. Pause au milieu d'un match. *À la mi-temps, les deux équipes étaient à égalité.* 2. Chacune des deux parties d'un match. *Il a marqué un but à la fin de la première mi-temps.* — Au pl. *Des mi-temps.* 3. *À mi-temps,* pendant la moitié du temps normal. *Elle travaille à mi-temps.*
⊳ Mot de la famille de ① TEMPS.

mitigé, mitigée adj. ✦ Qui est mêlé de critiques, de réserves. *On lui a fait des compliments mitigés.*

mitigeur n. m. ✦ Robinet qui mélange directement l'eau chaude et l'eau froide. → **mélangeur.** *Le mitigeur du lavabo est cassé.*

mitonner v. (conjug. 1) ✦ Préparer en faisant cuire longtemps à feu doux. *Il nous mitonne un bon pot-au-feu.*

mitoyen, mitoyenne adj. ✦ *Un mur mitoyen,* c'est un mur qui sépare deux propriétés et appartient aux deux. *Leurs maisons sont mitoyennes,* elles ont un mur mitoyen.

mitraille n. f. ✦ Décharge d'obus ou de balles. *Les soldats fuyaient sous la mitraille ennemie.*

➤ **mitrailler** **v.** (conjug. 1) **1.** Envoyer des balles en grand nombre. *Les soldats mitraillaient l'ennemi.* **2.** Familier. Prendre en photo ou filmer sans arrêt. *Le photographe mitraille la vedette.*

➤ **mitraillette** **n. f.** ✦ Arme automatique portative qui tire rapidement un grand nombre de balles.

➤ **mitrailleur** **adj. m.** ✦ *Un pistolet mitrailleur,* une mitraillette.

➤ **mitrailleuse** **n. f.** ✦ Arme automatique posée à terre qui tire rapidement un grand nombre de balles.

mitre **n. f.** ✦ Haute coiffure triangulaire portée par le pape et les évêques dans certaines cérémonies.

mitre

mitron **n. m.** ✦ Apprenti boulanger ou pâtissier. *Le pâtissier a engagé deux mitrons pour l'aider.*

mixer **v.** (conjug. 1) ✦ Broyer ou mélanger des aliments. *Il mixe les légumes pour faire de la soupe.*

➤ **mixeur** **n. m.** ✦ Appareil ménager servant à broyer, hacher et mélanger les aliments. *Elle passe les légumes au mixeur pour faire de la purée.*

● On écrit aussi *mixer.*

mixte **adj.** ✦ Où il y a des personnes des deux sexes. *Théo et Julie sont dans une école mixte,* où il y a des filles et des garçons.

mixture **n. f.** ✦ Mélange peu appétissant. *Cette mixture est imbuvable.*

Mlle → **mademoiselle**

Mme → **madame**

mnémotechnique **adj.** ✦ *Un moyen mnémotechnique,* c'est un moyen utilisé pour se rappeler facilement quelque chose. *« Mais où est donc Ornicar ? » est un moyen mnémotechnique pour se souvenir des sept conjonctions de coordination (mais, ou, et, donc, or, ni, car).*

mobile **adj.** et **n. m.**

■ **adj.** **1.** Qui peut bouger, que l'on peut déplacer. *La mâchoire inférieure est mobile.* ❏ contr. **fixe, immobile.** *Je l'ai appelé sur son téléphone mobile.* → **portable.** *Il a un visage mobile.* → **expressif.** ❏ contr. **inexpressif.** **2.** Dont la date ou la valeur peut changer. *Pâques est une fête mobile,* une fête qui n'est pas toujours à la même date.

■ **n. m.** **1.** Objet décoratif constitué de plusieurs éléments suspendus en équilibre. *Elle a accroché un mobile au-dessus du berceau.* **2.** Ce qui pousse à agir. → **motif, raison.** *Connaît-on le mobile du crime ?*

▷ Autres mots de la famille : IMMOBILE, IMMOBILISATION, IMMOBILISER, IMMOBILITÉ, MOBILITÉ.

mobile (Calder)

mobilier **n. m.** ✦ Ensemble des meubles d'une habitation. → **ameublement.** *Un mobilier rustique.*

mobiliser **v.** (conjug. 1) **1.** Appeler quelqu'un à l'armée pour combattre. *Il a été mobilisé dès la déclaration de guerre.* ❏ contr. **démobiliser.** **2.** Faire appel à un groupe de personnes pour agir. *Le syndicat a mobilisé ses adhérents.* — **se mobiliser,** se rassembler pour passer à l'action. *Les téléspectateurs se sont mobilisés et ont envoyé de l'argent.*

➤ **mobilisation** **n. f.** ✦ Rappel par l'armée de tous les hommes valides pour combattre. *À l'annonce de la guerre, la mobilisation générale a été déclarée.*
▷ Autres mots de la famille : DÉMOBILISATION, DÉMOBILISER.

mobilité **n. f.** ✦ Caractère de ce qui bouge, se déplace. *Sa blessure lui a fait perdre une partie de sa mobilité.* ❑ contr. **immobilité.**
▷ Mot de la famille de MOBILE.

mobylette **n. f.** Marque déposée ✦ Vélomoteur. *En France, on doit attendre d'avoir 14 ans pour rouler à mobylette.*

mocassin **n. m.** ✦ Chaussure basse sans lacets. *Une paire de mocassins.*

moche **adj.** ✦ Familier. Pas agréable à regarder. → **laid,** ① **vilain.** *Sa cousine est vraiment moche.* → **affreux.** ❑ contr. **beau, joli.**

① **mode** **n. f.** ✦ Manière de s'habiller, goût particulier d'une époque, d'un moment. *La mode est aux jupes courtes cet été. C'est le dernier restaurant à la mode,* le restaurant qui plaît, en vogue. *Elle est toujours à la mode.*
▷ Autres mots de la famille : DÉMODÉ, SE DÉMODER.

② **mode** **n. m.** **1.** Façon, manière. *Lisez bien le mode d'emploi avant de brancher la machine,* la feuille sur laquelle on explique la façon de se servir de la machine. → **notice.** *L'avion est un mode de transport très rapide.* → ② **moyen. 2.** Manière dont le verbe exprime une action dans la phrase. *En français, les six modes sont l'indicatif, l'impératif, le subjonctif, l'infinitif, le conditionnel et le participe.*

modelage **n. m.** ✦ Action de faire des objets avec de la pâte à modeler. *À la crèche, les enfants font du modelage.*
▷ Mot de la famille de MODELER.

modèle **n. m.** **1.** Objet ou personne que l'on doit reproduire par le dessin. *Voici la cafetière qui a servi de modèle à Théo pour son dessin. Elle est modèle pour un peintre,* elle pose pour lui. **2.** Exemple à suivre. *Léa est un modèle de sagesse.* — **Adj.** *Paul est un élève modèle.* → **parfait. 3.** Sorte, genre. *De nouveaux modèles de voitures sortent chaque année.* **4.** *Un modèle réduit,* c'est un objet qui reproduit en petit un objet plus grand. *Alex construit avec son père des modèles réduits d'avions.* → **maquette** et aussi **miniature.**
▷ Autres mots de la famille : MODÉLISME, MODÉLISTE.

modeler **v.** (conjug. 5) ✦ Donner une forme. → **façonner.** *Le potier modèle l'argile pour faire un vase. Louise joue avec de la pâte à modeler.*
▷ Autre mot de la famille : MODELAGE.

modélisme **n. m.** ✦ Construction de modèles réduits, de maquettes. *Alex est passionné de modélisme.*

➤ **modéliste** **n. m. et f.** **1.** Personne qui fabrique des modèles réduits. **2.** Personne qui dessine des vêtements. *Elle est modéliste chez un grand couturier.*
▷ Mots de la famille de MODÈLE.

modem **n. m.** ✦ Appareil qui permet de connecter un ordinateur à Internet.

modérer **v.** (conjug. 6) ✦ Réduire à une juste mesure, rendre moins excessif. → **diminuer.** *Il faudrait modérer vos dépenses.*

➤ **modération** **n. f.** ✦ Absence d'exagération, d'excès. → **mesure.** *Buvez et mangez avec modération.* ❑ contr. **abus.**

➤ **modéré, modérée** **adj.** ✦ Éloigné de tout excès. → **raisonnable.** *Ce commerçant pratique des prix modérés.* ❑ contr. **démesuré, excessif.**

➤ **modérément** **adv.** ✦ Sans excès. *Le malade doit manger modérément.* ❑ contr. **exagérément.**

moderne **adj.** ✦ Qui correspond à l'époque actuelle, est de notre temps. → **nouveau.** *Ils ont des meubles modernes.* ❑ contr. **ancien.** *Elle aime la musique moderne.* → **contemporain.** ❑ contr. **classique.** *Ses parents ont des idées modernes.* ❑ contr. **archaïque, démodé.**

➤ **moderniser** **v.** (conjug. 1) ✦ Rendre moderne. *Il a modernisé son installation téléphonique,* il l'a transformée en utilisant des techniques modernes. → **rénover.**

➤ **modernisation** **n. f.** ✦ Le fait de rendre plus moderne. *La modernisation de l'usine a permis d'augmenter la production.* → **rénovation.**

➤ **modernisme** **n. m.** ✦ Goût de ce qui est moderne.
▷ Autre mot de la famille : ULTRAMODERNE.

modeste **adj.** **1.** Peu important. *Il a des revenus modestes,* il ne gagne pas beaucoup d'argent. → **faible.** 2. Qui ne se vante pas. *Malgré sa réussite, il est resté modeste.* → **humble, simple.** ❑ contr. **orgueilleux, prétentieux, vaniteux.**

➤ **modestement** **adv.** 1. D'une manière médiocre. *Il gagne modestement sa vie.* 2. Avec modestie, simplicité. *Il se comporte modestement, malgré sa célébrité.* → **simplement.**

➤ **modestie** **n. f.** ✦ Qualité d'une personne qui reste modérée dans l'appréciation qu'elle a d'elle-même. → **humilité.** *Elle n'étale jamais ses succès, par modestie.* ❑ contr. **fierté, orgueil, prétention, vanité.**

modifier **v.** (conjug. 7) ✦ Transformer sans changer complètement. *L'auteur a modifié la fin de son roman.*

➤ **modification** **n. f.** ✦ Changement, transformation. *Il y a eu quelques modifications dans son contrat.*

modique **adj.** ✦ *Une somme modique,* peu élevée. → **faible.** *Il a acheté cette voiture d'occasion pour une somme modique.* ❑ contr. **considérable.**

module **n. m.** ✦ Élément qui forme un ensemble avec d'autres. *Elle a assemblé plusieurs modules pour faire une bibliothèque.*

moduler **v.** (conjug. 1) 1. Chanter en changeant de ton, d'intensité. *Alex module « Au clair de la lune » en sifflant.* 2. Adapter. *On module les tarifs des chemins de fer selon l'âge des passagers et les dates où l'on voyage.*

➤ **modulation** **n. f.** ✦ Nuance que l'on donne à sa voix en chantant. *Les modulations du chant du rossignol.*

moelle [mwal] **n. f.** 1. Matière grasse et molle qui se trouve à l'intérieur des os. *Elle met un os à moelle dans le pot-au-feu.* 2. *La moelle épinière,* c'est le cordon nerveux qui part du cerveau et passe à l'intérieur de la colonne vertébrale.

➤ **moelleux** [mwalø], **moelleuse** [mwaløz] **adj.** ✦ Qui est doux et mou au toucher. *Cette couverture en cachemire est moelleuse. Elle a mis sur le canapé des coussins moelleux,* dans lesquels on s'enfonce confortablement.

moellon [mwalɔ̃] **n. m.** ✦ Pierre de construction. *Un mur en moellons.*

mœurs [mœʀ] **n. f. pl.** ✦ Habitudes de vie, manière de vivre. → **coutume,** ① **usage.** *Cet ethnologue étudie les mœurs des tribus d'Amazonie. — Autres temps, autres mœurs,* les habitudes changent selon les époques.

mohair **n. m.** ✦ Poil de la chèvre angora avec lequel on fait de la laine très douce. *Léa a un pull en mohair.*

● Il y a un *h* après le *o.*

moi **pronom** ✦ Pronom personnel masculin et féminin de la première personne du singulier, utilisé pour renforcer le sujet ou comme complément. *Moi, je ne viens pas. Donne-moi la main. Je rentre chez moi. Donne-m'en. Je le lui dirai moi-même.* ❍ homonyme : mois.

moignon **n. m.** ✦ Ce qui reste d'un membre amputé. *On a adapté une jambe artificielle sur son moignon.*

moindre **adj.** ✦ Plus petit. *Théo nous a raconté sa journée dans les moindres détails.*

▷ Autre mot de la famille : AMOINDRIR.

moine **n. m.** ✦ Religieux qui vit en communauté et suit les règles de son ordre. → aussi **monastère.**

moine

moineau **n. m.** ✦ Petit oiseau brun. *Les moineaux sont nombreux dans les villes.*

moins **adv.** et **prép.**

■ **adv.** 1. *Elle est moins grande que son frère,* elle est plus petite que lui. *J'ai pris le moins* *de bagages possible,* aussi peu que possible. ❑ contr. ① **plus.** *Cette voiture me plaît moins que l'autre.* ❑ contr. **davantage. 2.** *Julie a moins de 10 ans,* elle n'a pas encore 10 ans. *Mets moins de sucre dans ton chocolat,* mets-en une quantité inférieure. **3.** *Théo a un an de moins que son frère,* il est plus jeune d'un an. **4.** *Nous n'arriverons pas à l'heure,* ***à moins de*** *partir tout de suite,* sauf si nous partons tout de suite. **5.** *Elle a 35 ans,* ***du moins*** *c'est ce qu'elle dit,* ou plutôt c'est ce qu'elle dit. **6.** *Il pèse* ***au moins*** *100 kilos,* au minimum 100 kilos. → **bien.**

■ **prép. 1.** En soustrayant. *Douze moins deux égale dix (12 — 2 = 10). Il est 11 heures moins 5,* 10 heures 55 minutes. **2.** *Le jour de Noël, il faisait moins dix degrés (—10°),* dix degrés au-dessous de zéro.

moire **n. f.** ✦ Tissu aux reflets changeants, avec des parties mates et des parties brillantes.

➤ **moiré, moirée** **adj.** ✦ Qui a l'aspect de la moire, qui a des reflets changeants. *Le mur est recouvert d'un papier moiré.*

mois **n. m. 1.** Chacune des douze divisions de l'année. *Il prend ses vacances au mois de juillet.* **2.** Période d'environ 30 jours. *Cela fait deux mois qu'ils ont déménagé.* **3.** Salaire correspondant à un mois de travail ou somme à payer chaque mois. *Il a touché son mois.*
❍ homonyme : moi.

moisir **v.** (conjug. 2) ✦ S'abîmer à cause de l'humidité, en se couvrant de petits champignons. *Ferme bien le pot, sinon la confiture va moisir.*

➤ **moisi, moisie** **adj.** ✦ Attaqué par la moisissure. *De la confiture moisie.* — **N. m.** *Ce pain a un goût de moisi.*

➤ **moisissure** **n. f.** ✦ Couche de petits champignons formant une sorte de mousse bleuâtre ou verdâtre. *Le roquefort contient des moisissures.*

moisson **n. f. 1.** Récolte des céréales. *L'été est la saison des moissons.* **2.** Céréales récoltées. *La moisson a été bonne cette année.*

➤ **moissonner** **v.** (conjug. 1) ✦ Récolter les céréales. *Le fermier moissonne le champ de blé.*

➤ **moissonneur** **n. m., moissonneuse** **n. f. 1.** Personne qui fait la moisson. **2. n. f.** *Une moissonneuse,* c'est une machine agricole qui moissonne automatiquement. *La moissonneuse-batteuse coupe les épis, les bat, rejette la paille et conserve le grain.*

moissonneuse

moite **adj.** ✦ Légèrement humide de sueur. *Il a toujours les mains moites.* ❑ contr. **sec.**

➤ **moiteur** **n. f.** ✦ Légère humidité. *La moiteur de l'air est étouffante.*

moitié **n. f. 1.** Chacune des deux parties égales d'un tout. → **demi.** *5 est la moitié de 10.* ❑ contr. **double. 2.** *À moitié,* à demi. *La bouteille est à moitié vide. Théo s'est à moitié endormi devant la télévision,* il s'est presque endormi. *La chambre est repeinte à moitié,* en partie.

moka **n. m. 1.** Café d'Arabie. *Une tasse de moka.* **2.** Gâteau fourré de crème au beurre parfumée au café.
● *Moka* est le nom d'un port du Yémen.

mol → ① **mou**

molaire **n. f.** ✦ Grosse dent du fond de la bouche, qui sert à broyer. *L'adulte a 12 molaires.*
▷ Autre mot de la famille : PRÉMOLAIRE.

môle **n. m. 1.** Construction qui protège l'entrée d'un port des grosses vagues. → **digue, jetée. 2.** Quai d'embarquement. *Les marchandises sont entassées sur le môle.*
● Attention à l'accent circonflexe du ô.

molécule **n. f.** ✦ La plus petite partie d'un corps qui peut exister seule. *Une molécule est formée d'atomes.*

molester **v.** (conjug. 1) ✦ Maltraiter. → **brutaliser, malmener.** *Des voyous ont molesté la vieille dame pour lui voler son sac.*

molette **n. f.** ✦ Petite roue dentée. *On allume un briquet en tournant la molette. Il serre* *un écrou avec une clé à molette,* une clé dont on règle l'écartement des mâchoires avec une roulette.

molle → ① **mou**

mollement **adv.** ✦ Sans énergie ni vigueur. *Paul travaille mollement.*
▷ Mot de la famille de ① MOU.

mollesse **n. f.** ✦ Manque d'énergie, de vitalité. ❏ contr. **vivacité.** *Ils dirent avec mollesse qu'ils n'étaient pas d'accord.*
▷ Mot de la famille de ① MOU.

① **mollet** **adj. m.** ✦ *Un œuf mollet,* c'est un œuf cuit dans sa coquille jusqu'à ce que le blanc soit bien pris et le jaune encore liquide. *Les œufs mollets sont moins cuits que les œufs durs mais davantage que les œufs à la coque.*
▷ Mot de la famille de ① MOU.

② **mollet** **n. m.** ✦ Partie arrière de la jambe, charnue, entre la cheville et le genou. *Alex a les mollets musclés.*

molletonné, molletonnée **adj.** ✦ Doublé, garni d'un tissu moelleux. *Une robe de chambre molletonnée.*
● Il y a deux *ll* et deux *n* dans *molletonné.*
▷ Mot de la famille de ① MOU.

mollir **v.** (conjug. 2) **1.** Perdre sa force, sa violence. *Le vent a molli.* → **faiblir.** **2.** Commencer à céder. *Son courage mollit.* → **diminuer.**
▷ Mot de la famille de ① MOU.

mollusque **n. m.** ✦ Animal au corps mou, le plus souvent recouvert d'une coquille calcaire. *Les escargots, les moules, les huîtres sont des mollusques.*
▷ Mot de la famille de ① MOU.

molosse **n. m.** ✦ Gros chien de garde.

moment **n. m.** **1.** Espace de temps assez court. → **instant.** *Je suis à vous dans un moment,* dans peu de temps. *Il n'en a que pour un moment,* il n'en a pas pour longtemps. *Elle n'a pas un moment à elle. N'attends pas le dernier moment pour faire tes devoirs. Ce n'est pas le moment de la déranger.* **2.** Instant précis. *Théo passera au moment du dîner,* pendant le dîner. *L'avion va décoller d'un moment à l'autre,* bientôt. *En ce moment, il fait beau,* actuellement. *Le téléphone a sonné au moment où Papa allait sortir,* juste comme il allait sortir. *Du moment qu'elle est d'accord, je n'ai rien à dire,* si elle est d'accord.

➤ **momentané, momentanée** **adj.** ✦ Qui ne dure qu'un moment. → **bref,** ① **court,** ② **passager, temporaire.** *Les travaux n'occasionneront qu'une gêne momentanée.* ❏ contr. **durable.**

➤ **momentanément** **adv.** ✦ Pour un court moment. *Le trafic est momentanément interrompu en raison d'un accident.* → **provisoirement.**

momie **n. f.** ✦ Cadavre embaumé. *Les momies des pharaons étaient enroulées dans des bandelettes de toile.*

momie de chat

mon **adj. possessif m.,** **ma** **adj. possessif f.,** **mes** **adj. possessif pl.** ✦ Qui est à moi, m'appartient, me concerne. → aussi **mien.** *Je vous présente mon frère, ma sœur, mon amie Julie et mes parents.* ❍ homonyme : mont.
● Devant un féminin commençant par une voyelle *(mon amie)* ou un *h* muet *(mon histoire),* on emploie *mon* au lieu de *ma.*
▷ Autres mots de la famille : MADAME, MADEMOISELLE, MONSIEUR.

monarchie **n. f.** ✦ État dont le chef est un roi. → **royauté.** *L'Espagne et la Belgique sont des monarchies.*

➤ **monarchique** **adj.** ✦ Relatif à la monarchie. *L'Angleterre est un État monarchique,* un État qui est une monarchie.

➤ **monarchiste** **n. m. et f.** ✦ Partisan de la monarchie. → **royaliste.**

➤ **monarque** **n. m.** ✦ Souverain d'une monarchie. → **empereur, roi.** *Louis XIV était un monarque absolu.*

monastère **n. m.** ✦ Lieu où vivent des moines. → aussi **abbaye, couvent.**

monastère

monceau **n. m.** ✦ Gros tas. → **amas, amoncellement.** *Après le tremblement de terre, la ville est un monceau de ruines.* — Au pl. *Des monceaux.*

▷ Mot de la famille de MONT.

monde **n. m. 1.** Tout ce qui existe. → **univers.** *D'après la Bible, Dieu a créé le monde.* **2.** La Terre. *Il a fait le tour du monde en bateau. Elle participe aux championnats du monde de natation.* **3.** *Elle a mis au monde deux enfants,* elle leur a donné naissance. *Léa est venue au monde en hiver,* elle est née en hiver. **4.** La haute société. *C'est une femme du monde.* → aussi **mondain. 5.** Grand nombre de personnes. → **foule.** *Il y a du monde à cette heure dans les rues.* **6.** Un certain nombre de personnes. *Il y a trop de monde dans le métro à cette heure-ci,* trop de gens. *Julie dit bonjour à tout le monde,* à toutes les personnes qui sont là. **7.** Ensemble de choses considéré comme un domaine à part. *Les comédiens appartiennent au monde du spectacle.* → **milieu.** — *Se faire tout un monde de quelque chose,* s'exagérer la difficulté d'une chose que l'on doit faire, en exagérer l'importance. *Elle se fait tout un monde de ce dîner !*

➤ **mondain, mondaine** **adj.** ✦ Qui concerne la haute société. *Ils mènent une vie très mondaine,* ils voient beaucoup de gens en vue.

➤ **mondial, mondiale** **adj.** ✦ Qui concerne le monde entier. → **universel.** *Il s'intéresse à l'actualité mondiale.* → **international.** *Les records mondiaux ont été battus aux jeux Olympiques.*

➤ **mondialement** **adv.** ✦ Dans le monde entier. *Cet acteur est mondialement connu.* → **universellement.**

▷ Autres mots de la famille : QUART-MONDE, TIERS-MONDE.

monétaire **adj.** ✦ Relatif à la monnaie. *La livre est l'unité monétaire de la Grande-Bretagne.*

mongolien, mongolienne **adj.** ✦ *Un enfant mongolien,* c'est un enfant atteint d'une très grave anomalie qui empêche son développement normal.

moniteur **n. m., monitrice** **n. f. 1.** Personne qui enseigne certaines activités. *La monitrice d'auto-école lui apprend à conduire. Il est moniteur de ski.* **2.** Personne qui s'occupe d'un groupe d'enfants en dehors de l'école. *Il est moniteur dans une colonie de vacances.*

monnaie **n. f. 1.** Argent d'un pays. *La monnaie française est l'euro.* → aussi **monétaire. 2.** *Une pièce de monnaie,* c'est un rond de métal avec lequel on paie. *Il faut mettre une pièce de monnaie dans le distributeur de boissons.* **3.** Différence entre la somme d'argent que l'on donne pour acheter un objet et le prix de cet objet. *La boulangère s'est trompée en rendant la monnaie.* — *Rendre à quelqu'un la monnaie de sa pièce,* lui faire subir la même chose que ce qu'il vous a fait subir, se venger, lui rendre la pareille. **4.** Ensemble des pièces et billets de banque de faible valeur. *Je n'ai qu'un billet de 50 euros, je vais faire de la monnaie,* échanger ce billet contre l'équivalent en pièces et en billets de plus faible valeur.

➤ **monnayer** **v.** (conjug. 8) ✦ Échanger contre de l'argent. *Le témoin a réussi à monnayer son silence.*

▷ Autres mots de la famille : FAUX-MONNAYEUR, PORTE-MONNAIE.

mono- ✦ Préfixe qui signifie « un seul » (ex. *monocoque, monoparental, monotone*).

monocle **n. m.** ✦ Verre de lunette que l'on coince sous le sourcil. *Le vieux colonel portait un monocle.*

monocoque **n. m.** ✦ Voilier à une seule coque. ❏ contr. **multicoque.** *Cette course est réservée aux monocoques.*
▷ Mot de la famille de COQUE.

monogame **adj.** ✦ Qui n'a qu'un seul mari ou une seule femme légitime à la fois. → aussi **bigame, polygame.**
➤ **monogamie** **n. f.** ✦ Le fait d'avoir un seul mari ou une seule femme à la fois. → aussi **bigamie, polygamie.**

monologue **n. m.** ✦ Scène d'une pièce de théâtre à un seul personnage qui parle seul. *Il y a de nombreux monologues dans les tragédies de Corneille et de Racine.*

monoparental, monoparentale **adj.** ✦ Qui ne comprend qu'un seul parent. *Une famille monoparentale.* — Au masc. pl. *monoparentaux.*
▷ Mot de la famille de PARENT.

monoplan **n. m.** ✦ Avion qui n'a qu'une seule paire d'ailes.
▷ Mot de la famille de ① PLAN.

monopole **n. m.** ✦ Privilège donnant le droit d'être le seul à fabriquer et à vendre quelque chose. *En France, l'État a le monopole du tabac.*
➤ **monopoliser** **v.** (conjug. 1) ✦ Utiliser pour soi tout seul. → **accaparer.** *Théo a monopolisé l'ordinateur pendant deux heures.*

monoski **n. m.** ✦ Sport que l'on pratique avec un ski unique assez large sur lequel on pose les deux pieds. *Alex apprend à faire du monoski.*
▷ Mot de la famille de SKI.

monoski

monosyllabe **n. m.** ✦ Mot qui n'a qu'une syllabe. *« Oui », « non », « tiens », « ah ! » sont des monosyllabes.*
▷ Mot de la famille de SYLLABE.

monothéisme **n. m.** ✦ Croyance en un seul dieu. *Le monothéisme des musulmans.* ❏ contr. **polythéisme.**
➤ **monothéiste** **n. m. et f.** ✦ Personne qui croit en un seul dieu. *Les chrétiens, les musulmans et les juifs sont des monothéistes.* ❏ contr. **polythéiste.**

monotone **adj.** ✦ Qui ne change pas, est toujours pareil. → ① **uniforme.** *Sa vie est monotone,* il ne lui arrive jamais rien d'extraordinaire. ❏ contr. **varié.**
➤ **monotonie** **n. f.** ✦ Caractère de ce qui est monotone et lassant. → **uniformité.** *Ce travail est d'une grande monotonie,* il faut toujours faire les mêmes choses. ❏ contr. **diversité, variété.**
▷ Mots de la famille de ② TON.

monsieur **n. m.** (pl. **messieurs**) **1.** Titre que l'on donne à un homme et qui précède son nom. *Mesdames, mesdemoiselles, messieurs, bonjour ! Je passe la parole à monsieur le Maire. Monsieur Dupont (M. Dupont).* **2.** Homme. *Un monsieur et une dame sont passés vous voir.*
▷ Mot de la famille de MON.

monstre **n. m. et adj.**
■ **n. m. 1.** Être imaginaire qui fait peur. *Les dragons et les chimères sont des monstres.* **2.** Être vivant anormal. *Un mouton à cinq pattes est un monstre.* **3.** Personne effrayante. *C'est un monstre d'égoïsme.*
■ **adj.** Très important. *J'ai un travail monstre,* j'ai beaucoup de travail.
➤ **monstrueux, monstrueuse** **adj.** **1.** Abominable. *Il a commis un crime monstrueux.* → **épouvantable, horrible.** *Il est d'une laideur monstrueuse.* **2.** Très grand ou très gros. → **gigantesque.** *Cette ville a atteint une taille monstrueuse.*
➤ **monstruosité** **n. f.** ✦ Caractère de ce qui est monstrueux, horrible. *Son crime est d'une monstruosité inimaginable.* → **atrocité, horreur.**

mont **n. m.** ✦ Montagne. *Le mont Blanc.* — *Promettre monts et merveilles,* promettre des choses extraordinaires qui ne se réaliseront pas. ❍ homonyme : mon.
▷ Autres mots de la famille : S'AMONCELER, AMONCELLEMENT, AMONT, MONCEAU, MONTAGNARD, MONTAGNE, MONTAGNEUX, MONTICULE, PASSE-MONTAGNE, PROMONTOIRE.

montage **n. m.** ✦ Assemblage des parties d'un objet. *Le montage de ce meuble en kit est très simple.*
▷ Mot de la famille de MONTER.

montagne **n. f.** **1.** Importante élévation de terrain. *Les Alpes et les Pyrénées sont des chaînes de montagnes.* → aussi ② **massif.** – *C'est la montage qui accouche d'une souris,* les résultats de ce projet ambitieux sont décevants. *Se faire une montagne de quelque chose,* s'exagérer la difficulté de ce que l'on doit faire. *Soulever des montagnes,* surmonter de grandes difficultés. **2.** Grande quantité. *J'ai une montagne de choses à faire aujourd'hui.* **3.** *Les montagnes russes,* suite de montées et de descentes sur lesquelles on roule à grande vitesse dans un véhicule sur rail. *À la fête foraine, ce que préfère Théo, ce sont les montagnes russes.*
➤ **montagnard** **n. m.**, **montagnarde** **n. f.** ✦ Personne qui vit en montagne.
➤ **montagneux, montagneuse** **adj.** ✦ Où il y a des montagnes. *La Corse est une île montagneuse.*
▷ Mots de la famille de MONT.

montant **n. m. et adj.**, **montante** **adj.**
■ **n. m.** **1.** Total d'un compte. → ① **somme.** *Le montant des travaux s'élève à 800 euros.* **2.** Barre verticale dans laquelle s'encastrent des barreaux. *Les montants d'une échelle.*
■ **adj.** **1.** Qui se déplace vers le haut. *La plage est étroite à marée montante,* quand la mer va vers le rivage. ❑ contr. ② **descendant.** **2.** Qui s'étend vers le haut. *Léa a mis des chaussures montantes pour marcher en montagne,* des chaussures qui couvrent les chevilles.
▷ Mot de la famille de MONTER.

monte-charge **n. m. inv.** ✦ Appareil servant à monter des marchandises, des objets lourds. → aussi **ascenseur.** *Les caisses sont transportées du sous-sol au premier étage par le monte-charge.* – Au pl. *Des monte-charge.*
▷ Mot de la famille de MONTER et de CHARGER.

montée **n. f.** **1.** Chemin qui monte. → ② **côte, pente.** *Paul est descendu de vélo au milieu de la montée.* ❑ contr. **descente.** **2.** Ascension. *L'ascenseur est tombé en panne pendant la montée.* **3.** Augmentation. *La montée du racisme est préoccupante.* → **hausse.** ❑ contr. **baisse, diminution.**
▷ Mot de la famille de MONTER.

monter **v.** (conjug. 1) **1.** Aller du bas vers le haut. *Les enfants sont montés au grenier.* ❑ contr. **descendre.** *Théo a monté la côte à vélo.* → **gravir, grimper.** **2.** Porter vers le haut. *Le facteur a monté un colis.* **3.** Prendre place dans un véhicule ou sur un animal. *Paul est monté dans l'autocar. Alex sait monter à cheval,* il sait faire du cheval. **4.** Passer du grave à l'aigu. *Sa voix monte très haut.* **5.** Augmenter. *Les prix ont beaucoup monté.* ❑ contr. **baisser.** **6.** Progresser. *Son père a monté en grade,* il a obtenu un meilleur poste. **7.** *La mer monte,* elle se rapproche du rivage. **8.** **se monter,** atteindre. *Les frais se montent à 400 euros.* → **s'élever.** **9.** Assembler les différentes parties d'un tout. *Ce meuble est à monter soi-même.* **10.** Créer et organiser. *Il a monté une société de livraison.*
▷ Autres mots de la famille : DÉMONTABLE, DÉMONTAGE, DÉMONTÉ, DÉMONTER, INSURMONTABLE, MONTAGE, MONTANT, MONTE-CHARGE, MONTÉE, ① et ② MONTURE, REMONTANT, REMONTÉE, REMONTE-PENTE, REMONTER, REMONTOIR, SURMONTER.

montgolfière **n. f.** ✦ Ballon gonflé à l'air chaud, auquel est suspendue une nacelle. *Ils ont fait une excursion en montgolfière.*
● Ce mot vient du nom des frères *de Montgolfier* qui inventèrent ce ballon en 1782.

montgolfière

monticule n. m. ✦ Petite bosse de terrain.
▷ Mot de la famille de MONT.

montre n. f. ✦ Petite boîte à cadran qui indique l'heure. *Ma montre retarde.*
▷ Autre mot de la famille : CONTRE-LA-MONTRE.

montrer v. (conjug. 1) **1.** Faire voir. *Léa montre ses photos à Théo.* **2.** Indiquer. *Pouvez-vous me montrer le chemin pour aller à la poste ? Il ne faut pas montrer les gens du doigt.* **3.** Laisser voir, laisser paraître. *Paul a montré qu'il était courageux.* → **prouver.** ❑ contr. **cacher.** **4.** Faire comprendre. → **expliquer.** *Montre-moi comment marche cette machine.*
➤ se **montrer** v. (conjug. 1) **1.** Être vu, apparaître à la vue. *Ne te cache pas, montre-toi !* **2.** Se révéler. *Louise s'est montrée très gentille avec ses cousines.*
▷ Autres mots de la famille : DÉMONTRER, REMONTRANCE, REMONTRER.

① **monture** n. f. ✦ Animal que l'on monte. *Le cavalier descendit de sa monture. — Qui veut voyager loin ménage sa monture,* il faut épargner ses forces pour aller au bout de ses projets.
▷ Mot de la famille de MONTER.

② **monture** n. f. **1.** Partie d'une paire de lunettes qui maintient les verres. *Ses lunettes ont une monture en écaille.* **2.** Partie d'une bague dans laquelle on fixe la pierre. *Le diamant est serti dans une monture d'or.*
▷ Mot de la famille de MONTER.

monument aux morts

monument n. m. **1.** Édifice remarquable. *Il y a de nombreux monuments à visiter à Paris.* **2.** *Un monument aux morts,* c'est une construction élevée à la mémoire des morts d'une guerre ou des victimes d'une catastrophe.

➤ **monumental, monumentale** adj. ✦ Très grand. *L'escalier du château est monumental. Il a fait une erreur monumentale.* → **colossal.** — Au masc. pl. *monumentaux.*

se **moquer** v. (conjug. 1) **1.** Rire de quelqu'un, le tourner en ridicule. *Léa et Louise se sont moquées de Paul.* **2.** Essayer de tromper, ne pas parler sérieusement. *Je ne te crois pas, tu te moques de moi.* **3.** Ne pas se soucier. *Tu peux dire ce que tu veux, je m'en moque,* cela m'est égal.
➤ **moquerie** n. f. ✦ Plaisanterie par laquelle on se moque. → **raillerie.** *Les moqueries de ses camarades l'ont peiné.*
➤ **moqueur, moqueuse** adj. ✦ Qui montre que l'on se moque. → **ironique.** *Julie regardait les autres avec un air moqueur.*

moquette n. f. ✦ Tapis fixé au sol, qui couvre toute la surface d'une pièce. *On a posé une moquette pure laine dans le salon.*

moraine n. f. ✦ Ensemble des débris de roche entraînés par un glacier. *La moraine est composée de limon, de graviers et de blocs de pierre.*

moral adj. et n. m., **morale** adj.
■ **adj. 1.** Qui concerne les mœurs, les règles de bonne conduite. *Les principes moraux permettent de faire ce qui est bien.* **2.** Qui est juste et montre l'exemple à suivre. *La fin de l'histoire est très morale : les bandits vont en prison.* → **édifiant.** ❑ contr. **immoral.** **3.** Qui concerne l'esprit, la pensée. → **mental.** *Le malade fait preuve d'une grande force morale.* ❑ contr. ② **physique.**
■ **n. m.** État d'esprit qui permet de supporter plus ou moins bien les difficultés, à être heureux ou malheureux, optimiste ou pessimiste. *Le blessé a gardé bon moral.*
➤ **morale** n. f. **1.** Ce qui permet de distinguer le bien du mal et de faire ce qui est bien. *Le crime est contraire à la morale.* **2.** *Faire la morale à quelqu'un,* c'est lui reprocher ce qu'il fait et lui dire ce qu'il devrait faire, le sermonner. *Julie déteste qu'on lui fasse la morale.* **3.** *La morale d'une histoire,* c'est la leçon que l'on peut en tirer. *À la fin des fables de La Fontaine, il y a toujours une morale.* → **moralité.**
➤ **moralement** adv. ✦ En ce qui concerne l'esprit. *Elle a beaucoup souffert moralement.* ❑ contr. **physiquement.**

➤ **moralisateur, moralisatrice** adj. ✦ Qui donne des leçons de morale. *La directrice parle souvent sur un ton moralisateur.*

➤ **moraliste** n. m. et f. ✦ Écrivain qui réfléchit sur la conduite des hommes et propose une morale. *La Fontaine fut un grand moraliste.*

➤ **moralité** n. f. 1. Qualité d'une personne qui a des principes moraux. *C'est un homme sans moralité,* qui se conduit mal. 2. Enseignement que l'on peut tirer d'une histoire. → **morale.** *La moralité d'une fable.*

▷ Autres mots de la famille : DÉMORALISER, IMMORAL.

morbide adj. ✦ Anormal et malsain. *Il a une imagination morbide.*

morceau n. m. 1. Partie. → **bout.** *Paul a mangé un morceau de pain. Léa met deux morceaux de sucre dans son chocolat. L'assiette s'est cassée en mille morceaux.* → **miette.** 2. Air de musique. *Théo apprend un nouveau morceau de piano.*

➤ **morceler** v. (conjug. 4) ✦ Partager en plusieurs parties. *Le terrain a été morcelé en plusieurs lots.*

➤ **morcellement** n. m. ✦ Partage. *Le morcellement d'un domaine.*

mordoré, mordorée adj. ✦ Brun avec des reflets dorés. *Une écharpe mordorée.*

▷ Mot de la famille de ① OR.

mordre v. (conjug. 41) 1. Blesser avec les dents. *Ce chien n'a jamais mordu personne.* 2. Enfoncer les dents. *Julie mord dans la pomme.* → **croquer.** 3. Ronger. *L'acide mord le métal.* → **entamer.** 4. Attraper l'appât. *Un poisson a mordu à l'hameçon,* il s'y est laissé prendre. 5. Empiéter. *Le camion a mordu sur la ligne blanche.* → **dépasser.**

➤ **mordant, mordante** adj. ✦ Qui fait de la peine, peut vexer. → **blessant.** *Il lui a répondu avec une ironie mordante.*

➤ **mordiller** v. (conjug. 1) ✦ Mordre légèrement. *Louise mordillait son crayon.*

▷ Autres mots de la famille : DÉMORDRE, MORS, MORSURE.

se **morfondre** v. (conjug. 41) ✦ S'ennuyer en attendant. *Léa s'est morfondue une heure avant que Julie n'arrive.*

① **morgue** n. f. ✦ Air hautain et méprisant d'une personne arrogante. *Sa morgue le fait détester de tous.*

② **morgue** n. f. ✦ Endroit où l'on dépose provisoirement le corps des gens qui viennent de mourir. *La victime a été transportée à la morgue.*

moribond, moribonde adj. ✦ Qui est en train de mourir. → **mourant.** *La malade est moribonde.* — **N.** *Le moribond respirait de plus en plus difficilement.*

morille n. f. ✦ Champignon au chapeau brun très étroit, ressemblant un peu à une éponge, au goût très parfumé. ➻ planche Champignons p. 155. *Le cuisinier a préparé un poulet aux morilles.*

morne adj. ✦ Maussade et triste. *Une morne journée de pluie.* ❏ contr. **gai.**

morose adj. ✦ Triste et sombre. *Julie était d'humeur morose.* ❏ contr. **gai, joyeux.**

➤ **morosité** n. f. ✦ Tristesse, manque d'entrain. → **mélancolie.**

morphine n. f. ✦ Produit tiré de l'opium, que l'on utilise pour calmer les très fortes douleurs. *La morphine est dangereuse si l'on en abuse.* → aussi ① **héroïne.**

morphologie n. f. 1. Forme, aspect extérieur d'un être vivant. *Il a une morphologie d'athlète.* 2. Étude de la forme des mots. *La morphologie permet de rapprocher les mots « froid » et « refroidir ».*

mors [mɔʀ] n. m. ✦ Petite barre de métal que l'on passe dans la bouche d'un cheval et qui sert à le diriger. *Le cheval a pris le mors aux dents,* il s'est emballé. ❍ homonymes : ①, ② et ③ mort.

▷ Mot de la famille de MORDRE.

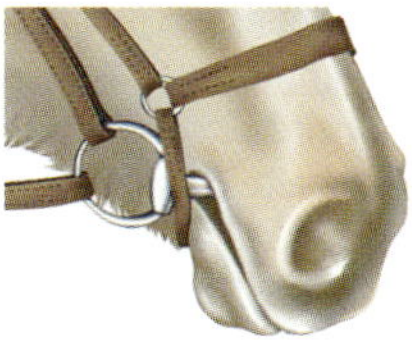

mors

① **morse** n. m. ✦ Gros animal des mers polaires, ressemblant un peu au phoque, dont la gueule est munie de deux grosses défenses. → aussi **otarie** et **phoque**. ➻ planche Mammifères p. 621.

② **morse** **n. m.** ✦ Système de signaux utilisant des points et des traits et servant à envoyer des messages. *Le bateau en détresse a envoyé un message en morse.*

● Ce mot vient du nom de l'inventeur de ce système, l'Américain Samuel *Morse.*

morsure **n. f.** ✦ Blessure faite en mordant. *La morsure de certains serpents est mortelle.*

▷ Mot de la famille de MORDRE.

① **mort** **n. f.** ✦ Arrêt de la vie. → **décès.** *La mort de son chat lui a fait beaucoup de peine.* → **disparition.** *L'assassin a été condamné à mort. — Léa en veut à mort à Théo,* elle a énormément de rancune contre lui. — *Il y avait un silence de mort,* un silence très profond. ❍ homonyme : mors.

➤ ② **mort, morte** **adj. 1.** Qui a cessé de vivre. *Il y a un rat mort dans le fossé.* ❑ contr. **vivant. 2.** Qui semble avoir perdu la vie. *Léa était morte de fatigue,* très fatiguée. *Nous étions morts de faim.* **3.** Hors d'usage. *Il faut changer les piles de la radio, elles sont mortes.* **4.** Qui est sans animation, sans activité. *Ce quartier est mort après 19 heures.* **5.** Qui appartient au passé. *Le latin est une langue morte,* une langue que l'on ne parle plus. ❑ contr. ① **vivant.**

➤ ③ **mort** **n. m., morte** **n. f.** ✦ Personne qui n'est plus en vie. *L'accident a fait deux morts et trois blessés. Prions pour les morts.* → **défunt.** *Le malade était pâle comme un mort.* → **cadavre.**

➤ **mortalité** **n. f.** ✦ Nombre de personnes qui meurent. *La mortalité infantile a beaucoup diminué dans les pays riches.* ❑ contr. **natalité.**

➤ **mortel, mortelle** **adj. 1.** Qui doit mourir un jour. *Tous les êtres vivants sont mortels.* ❑ contr. **éternel, immortel. 2.** Qui entraîne la mort. *Une morsure de vipère peut être mortelle.* **3.** Qui souhaite la mort. *La mangouste est l'ennemie mortelle des serpents.* **4.** Très ennuyeux. → **lugubre,** ① **sinistre.** *Cette soirée était mortelle.*

➤ **mortellement** **adv. 1.** De manière à causer la mort. *Le soldat a été mortellement blessé,* il a été blessé à mort. **2.** Énormément. *Nous nous sommes mortellement ennuyés,* nous nous sommes ennuyés à mourir.

▷ Mots de la famille de MOURIR.

mortadelle **n. f.** ✦ Gros saucisson de porc et de bœuf. *Elle a acheté dix tranches de mortadelle.*

● Ce mot vient de l'italien.

① **mortier** **n. m.** ✦ Bol dans lequel on broie certaines matières. *On pile de l'ail dans un mortier à l'aide d'un pilon.*

② **mortier** **n. m.** ✦ Canon à angle de tir courbe. *Les mortiers servent à tirer des obus.*

③ **mortier** **n. m.** ✦ Mélange de ciment et de sable délayé dans de l'eau, utilisé en maçonnerie pour lier les pierres entre elles. *Le maçon a préparé du mortier pour construire le mur.*

mortifier **v.** (conjug. 7) ✦ Blesser moralement. → **humilier, vexer.** *La remarque du professeur l'a mortifié.*

▷ Mot de la famille de MOURIR.

mort-né, mort-née **adj.** ✦ Mort à la naissance. *La chienne a mis bas deux chiots mort-nés.*

● Dans ce mot composé, *mort* reste invariable.

▷ Mot de la famille de MOURIR et de NAÎTRE.

mortuaire **adj.** ✦ Qui concerne les morts. *On transporte les cercueils dans des fourgons mortuaires.*

▷ Mot de la famille de MOURIR.

morue **n. f.** ✦ Gros poisson des mers froides, de la même famille que le colin et le merlan. *La morue peut se manger fraîche, séchée ou salée.* → aussi **cabillaud.**

morue

morve **n. f.** ✦ Liquide visqueux qui sort du nez. *Le bébé avait la morve au nez.*

➤ **morveux, morveuse** adj. ✦ Qui a de la morve au nez. *Un enfant morveux.* — *Qui se sent morveux se mouche,* que la personne qui se sent visée par une critique s'applique à elle-même ce qui vient d'être dit.

mosaïque n. f. ✦ Assemblage de petits carreaux de pierres de couleurs différentes formant un dessin. *Dans les maisons romaines, le sol était en mosaïque.*
● Attention au tréma du *ï.*

mosaïque

mosquée n. f. ✦ Bâtiment où les musulmans vont prier. *On doit se déchausser avant d'entrer dans une mosquée.*

mot n. m. **1.** La plus petite partie d'une phrase qui a un sens même si on l'emploie seule. *« Chat » est un mot de 4 lettres. Que veut dire ce mot ?* → **terme.** *Théo a dit un gros mot,* un mot grossier. *Louise et Léa sont toutes les deux habillées en rouge aujourd'hui, on dirait qu'elles se sont donné le mot,* qu'elles se sont mises d'accord. *Avoir un mot sur le bout de la langue,* ne pas arriver à se souvenir d'un mot tout en étant sûr de le connaître. **2.** Parole. *J'ai deux mots à te dire,* j'ai à te parler. *Elle veut toujours avoir le dernier mot,* elle veut toujours avoir raison. *Il a toujours le mot pour rire,* il fait sans cesse des plaisanteries. **3.** Court message. *Il nous a laissé un mot sur la porte.* **4.** *Mots croisés,* jeu dans lequel il faut trouver, à l'aide d'une courte définition, des mots qui se croisent sur une grille formant des cases, de telle sorte que chaque lettre d'un mot horizontal apparaisse aussi dans un mot vertical. *Mamie aime faire des mots croisés.*

▷ Autres mots de la famille : À DEMI-MOT, MOTUS.

motard n. m., **motarde** n. f. ✦ Familier. **1.** Personne qui conduit une moto. → **motocycliste. 2.** n. m. Gendarme à moto. *Deux motards l'ont arrêté pour excès de vitesse.*

▷ Mot de la famille de MOTO.

motel n. m. ✦ Hôtel situé au bord d'une grande route, destiné aux automobilistes qui peuvent garer leur voiture devant leur chambre.

① **moteur, motrice** adj. ✦ Capable de produire un mouvement. *Les nerfs moteurs permettent aux muscles de faire des mouvements. Les voiliers utilisent la force motrice du vent pour avancer.*

➤ ② **moteur** n. m. ✦ Appareil qui, en transformant l'énergie, fait fonctionner une ma-

mosquée

chine ou permet de faire tourner les roues d'un véhicule. *Il faut changer le moteur du bateau. Cette voiture a un moteur Diesel.*

▷ Autres mots de la famille : BIMOTEUR, CYCLOMOTEUR, MOTRICE, QUADRIMOTEUR, VÉLOMOTEUR.

motif **n. m.** 1. Raison, cause. *Quel est le motif de ton absence ? Il l'a tué sans motif.* → **mobile.** 2. Dessin qui décore. *Un tissu à motifs géométriques.*

▷ Autres mots de la famille : MOTIVATION, MOTIVÉ, MOTIVER.

motion **n. f.** ✦ Proposition faite par un membre d'une assemblée. *L'Assemblée nationale n'a pas voté la motion rédigée par un député de l'opposition.*

motiver **v.** (conjug. 1) 1. Expliquer quelque chose en donnant la raison, le motif. *Toute absence doit être motivée.* 2. Pousser à agir. *Ce professeur sait motiver ses élèves.*

➤ **motivé, motivée** **adj.** ✦ Qui a de bonnes raisons pour faire ce qu'il fait. *Elle n'est pas assez motivée pour arrêter de fumer.*

➤ **motivation** **n. f.** ✦ Ce qui pousse à agir, à faire quelque chose. *On ne comprend pas toujours les motivations des gens.*

▷ Mots de la famille de MOTIF.

moto **n. f.** ✦ Véhicule qui a deux roues et un moteur puissant. → **motocyclette.** *Il fait de la moto. Elle a participé à une course de motos.*

● *Moto* est l'abréviation de *motocyclette.*

➤ **moto-cross** **n. m. inv.** ✦ Course de motos sur un parcours accidenté. *Ils font du moto-cross en forêt.* — Au pl. *Des moto-cross.*

▷ Mot de la famille de CROSS.

▷ Autre mot de la famille : MOTARD.

motoculteur **n. m.** ✦ Petit engin à moteur à deux roues, dirigé à la main pour de petits travaux agricoles. *Il retourne la terre de son jardin avec un motoculteur.*

motocyclette **n. f.** ✦ Moto. → aussi **cyclomoteur.** *Les premières motocyclettes ont été fabriquées vers 1880.*

▷ Mot de la famille de ② CYCLE.

motocycliste **n. m.** et **f.** ✦ Personne qui conduit une moto. → fam. **motard.**

▷ Mot de la famille de ② CYCLE.

motorisé, motorisée **adj.** 1. Équipé d'un moteur. *Un engin motorisé.* 2. Transporté par des véhicules à moteur. *Les troupes motorisées seront là pour le défilé du 14 Juillet.*

motrice **n. f.** ✦ Voiture à moteur qui entraîne les autres voitures d'un train. → aussi **locomotive.** *La motrice de ce T. G. V. est bleue.*

▷ Mot de la famille de ① MOTEUR.

motte **n. f.** 1. Morceau de terre compacte. *Le soc de la charrue retourne des mottes de terre.* 2. *Une motte de beurre,* c'est un gros bloc de beurre que les crémiers détaillent en le vendant au poids.

▷ Autre mot de la famille : RASE-MOTTES.

motus [mɔtys] **interj.** ✦ Mot qui s'emploie pour demander à quelqu'un de ne pas répéter quelque chose. *Motus et bouche cousue !* silence !

▷ Mot de la famille de MOT.

① **mou, molle** **adj.** 1. Qui change facilement de forme quand on appuie dessus. *À la chaleur, le beurre devient mou.* ❏ contr. **dur.** *Il a le ventre mou.* → **flasque.** ❏ contr. ① **ferme.** *Elle aime les coussins mous,* dans lesquels on s'enfonce facilement. → **moelleux.** 2. Qui manque d'énergie, de vitalité. → **amorphe, apathique, indolent, nonchalant.** *Léa se sent molle ce matin, elle n'a envie de rien faire.* ❏ contr. **actif, dynamique, énergique.** — **N.** *C'est un mou,* un homme sans énergie. ❍ homonymes : moue, moût.

▷ Autres mots de la famille : S'AMOLLIR, MOLLEMENT, MOLLESSE, ① MOLLET, MOLLETONNÉ, MOLLIR, MOLLUSQUE, RAMOLLIR, RAMOLLISSEMENT.

motoculteur

② **mou** **n. m.** (pl. **mous**) ✦ Poumon des animaux de boucherie. *Les chats mangent du mou.*

mouchard **n. m.**, **moucharde** **n. f.** ✦ Familier. Personne qui dénonce quelqu'un. → **délateur, dénonciateur.** *Le terroriste a été dénoncé à la police par un mouchard.* → **indicateur.**

➤ **moucharder** **v.** (conjug. 1) ✦ Familier. Dénoncer quelqu'un, répéter ce que quelqu'un a fait ou dit. → **rapporter.** *Il a mouchardé ses camarades.*

mouche **n. f.** **1.** Insecte noir qui a deux ailes et une trompe. ➻ planche Insectes p. 543. *Une mouche s'est posée sur le fromage.* — *C'est une fine mouche,* une personne habile et rusée. *Pendant l'examen, on aurait entendu une mouche voler,* il y avait un silence profond. *Tomber comme des mouches,* mourir en grand nombre, les uns après les autres. *Quelle mouche l'a piqué ?* pourquoi s'est-il mis brusquement en colère ? *Elle ne ferait pas de mal à une mouche,* elle est très gentille. *Faire la mouche du coche,* s'agiter inutilement en prétendant aider. **2.** *Faire mouche,* tirer au centre de la cible, atteindre son but. *Le tireur a fait mouche.*

▷ Autres mots de la famille : MOUCHERON, MOUCHETÉ.

se **moucher** **v.** (conjug. 1) ✦ Souffler avec force par le nez en pressant les narines l'une après l'autre, pour débarrasser le nez des mucosités qui l'encombrent. *Théo est très enrhumé, il se mouche tout le temps.*

▷ Autre mot de la famille : MOUCHOIR.

moucheron **n. m.** ✦ Petite mouche. *Paul a un moucheron dans l'œil, il faut le lui enlever.*

▷ Mot de la famille de MOUCHE.

moucheté, mouchetée **adj.** ✦ Parsemé de petites taches rondes. *Les léopards ont une fourrure fauve mouchetée de noir.*

▷ Mot de la famille de MOUCHE.

mouchoir **n. m.** ✦ Morceau de tissu ou de papier dans lequel on se mouche. *Des mouchoirs jetables.*

▷ Mot de la famille de SE MOUCHER.

moudre **v.** (conjug. 47) ✦ Écraser les grains pour en faire de la poudre. *Il moud le café avec un moulin à café électrique.*

▷ Autres mots de la famille : MOULIN, MOULINET, MOULINETTE, MOULU, MOUTURE, RÉMOULEUR, VERMOULU.

moue **n. f.** ✦ Grimace que l'on fait en avançant les lèvres. *Julie fait la moue, elle boude.*

❍ homonymes : ① et ② mou, moût.

mouette **n. f.** ✦ Oiseau de taille moyenne, au plumage gris pâle, aux pattes palmées et aux ailes longues et pointues, qui vit au bord de la mer ou des fleuves. ➻ planche Oiseaux p. 710. → aussi **goéland.** *Une mouette s'est posée sur l'eau.*

moufle **n. f.** ✦ Gant dans lequel seul le pouce est séparé des autres doigts. *Alex met des moufles pour skier.*

mouflon **n. m.** ✦ Animal ruminant sauvage, proche du mouton. *Les mouflons mâles ont des cornes recourbées vers l'arrière.*

mouflon

mouiller **v.** (conjug. 1) **1.** Mettre en contact avec de l'eau. → **humecter.** *La rosée mouille l'herbe,* elle la rend humide. *La voiture nous a mouillés en roulant dans une flaque.* → **arroser, asperger, tremper.** ❑ contr. **sécher.** — **se mouiller,** devenir humide ou trempé. *Le linge s'est mouillé sous la pluie.* **2.** Mettre à l'eau. *Le capitaine a mouillé l'ancre,* il a jeté l'ancre. *Le bateau mouille dans la baie,* il y est arrêté.

➤ **mouillage** **n. m.** ✦ Endroit abrité où un bateau peut jeter l'ancre, mouiller.

➤ **mouillé, mouillée** **adj.** ✦ Humide. *La serviette est encore mouillée.* ❑ contr. **sec.**

➤ **mouillette** **n. f.** ✦ Petit morceau de pain long et mince. *Léa trempe une mouillette beurrée dans son œuf à la coque.*

moulage **n. m.** ✦ Objet fabriqué à partir d'un moule. *Un moulage en plâtre.*

▷ Mot de la famille de ② MOULE.

moulant, moulante adj. ✦ Collant, ajusté. *Une robe moulante.*
▷ Mot de la famille de ② MOULE.

① **moule** n. f. ✦ Petit coquillage comestible à la coquille noire allongée, qui se fixe sur les rochers. ➻ planche Crustacés et coquillages p. 243. *Les enfants sont allés ramasser des moules.*

② **moule** n. m. ✦ Objet creux dans lequel on verse une pâte pour lui donner une forme. *Il tapisse le moule à tarte de pâte feuilletée. Le sculpteur coule l'argile dans le moule.*
➤ **mouler** v. (conjug. 1) 1. Fabriquer un objet avec un moule. *Le boulanger moule les baguettes en déposant la pâte à pain dans un récipient arrondi en métal.* 2. Serrer. *Cette robe la moule,* épouse les formes de son corps, colle à son corps.
▷ Autres mots de la famille : DÉMOULER, MOULAGE, MOULANT, MOULURE.

moulin n. m. 1. Appareil servant à réduire en poudre. *Il a un moulin à café électrique.* 2. Bâtiment dans lequel une meule moud le grain pour en faire de la farine ou écrase les olives pour en extraire l'huile. *Le vent fait tourner les ailes du moulin à vent.* — *Apporter de l'eau au moulin de quelqu'un,* lui donner des arguments dans une discussion, sans le vouloir.
➤ **moulinet** n. m. 1. Petit appareil fixé sur une canne à pêche, sur lequel s'enroule le fil. 2. Mouvement rapide en forme de cercle. *Le professeur de gymnastique faisait des moulinets avec les bras.*
➤ **moulinette** n. f. Nom déposé ✦ Moulin à légumes ou à viande. *Elle passe des pommes de terre à la moulinette pour faire de la purée.*
▷ Mots de la famille de MOUDRE.

moulu, moulue adj. ✦ Réduit en poudre. *Elle a acheté du poivre en grains et du poivre moulu.*
▷ Mot de la famille de MOUDRE.

moulure n. f. ✦ Ornement en creux ou en relief, sur un plafond, un mur, une porte, un meuble.
▷ Mot de la famille de ② MOULE.

mourir v. (conjug. 19) 1. Cesser de vivre. → **décéder, expirer, périr, trépasser.** *Le blessé mourut de ses blessures.* → **succomber.** *Son chien est mort hier.* 2. Ressentir une sensation très vivement. *Léa meurt d'envie d'aller au cinéma,* elle le souhaite ardemment. *Je mourais de soif,* j'avais très soif. *On s'ennuie à mourir ici,* on s'ennuie beaucoup, mortellement. 3. Diminuer. *Le feu meurt dans la cheminée,* il s'éteint doucement.
➤ **mourant, mourante** adj. ✦ Qui est en train de mourir. → **moribond.** *La vieille femme est mourante.* — N. *Le mourant a demandé à voir un prêtre.*
▷ Autres mots de la famille : CROQUE-MORT, IMMORTALISER, IMMORTALITÉ, IMMORTEL, ①, ② et ③ MORT, MORTALITÉ, MORTEL, MORTELLEMENT, MORTIFIER, MORT-NÉ, MORTUAIRE, NATURE MORTE.

mouron n. m. ✦ Plante à toutes petites fleurs rouges ou blanches. *Les oiseaux mangent du mouron blanc.*

mousquetaire n. m. ✦ Soldat noble qui était chargé de protéger le roi aux 16e et 17e siècles. *Les mousquetaires étaient des cavaliers.*

mousqueton n. m. ✦ Boucle à ressort qui se referme toute seule. *Les parachutes sont fixés avec des mousquetons.*

mousqueton

① **mousse** n. m. ✦ Jeune garçon qui apprend le métier de marin.

② **mousse** n. f. ✦ Plante généralement verte, rase et douce, constituée de courtes tiges, qui tapisse le sol, les pierres, les arbres. *Le rocher est couvert de mousse.*
▷ Autre mot de la famille : MOUSSU.

③ **mousse** n. f. 1. Petites bulles très serrées. → aussi **écume.** *Quand on verse de la bière dans un verre, il se forme de la mousse. Ce shampooing fait beaucoup de mousse.* 2. Crème à base de blancs d'œufs en neige. *Une mousse au chocolat.* 3. Caoutchouc spongieux. *Un matelas en mousse.*
➤ **mousser** v. (conjug. 1) ✦ Faire de la mousse. *Cette lessive mousse beaucoup.*
➤ **moussant, moussante** adj. ✦ Qui fait de la mousse. *Il utilise une crème à raser moussante.*
➤ **mousseux** adj. et n. m., **mousseuse** adj.
■ adj. Qui fait de la mousse. *Cette bière est trop mousseuse.*

■ **n. m.** Vin qui ressemble au champagne. *Ils ont bu une bouteille de mousseux.*

moutarde

mousseline n. f. ✦ Tissu léger et fin de coton, de soie ou de laine. *Elle portait une robe en mousseline de soie.*

mousseron n. m. ✦ Petit champignon à chapeau et à lamelles, qui pousse en cercle dans les haies et les clairières. ➻ planche Champignons p. 155. *Une omelette aux mousserons.*

mousson n. f. ✦ Vent d'Asie qui souffle en été de la mer vers la terre et en hiver de la terre vers la mer.

moussu, moussue adj. ✦ Couvert de mousse. *Des rochers moussus.*
▷ Mot de la famille de ② MOUSSE.

moustache n. f. 1. Poils qui poussent entre le nez et la lèvre supérieure de l'homme. *Son père a une petite moustache.* **2.** Longs poils de la lèvre supérieure de certains animaux. *Les moustaches du chat sont très sensibles.*
➤ **moustachu, moustachue adj.** ✦ Qui porte une moustache. *Un homme moustachu.*

moustique n. m. ✦ Insecte ailé qui vit dans les lieux humides et dont la piqûre est douloureuse. ➻ planche Insectes p. 543. *Louise s'est fait piquer par un moustique.* → aussi ② **cousin.**
➤ **moustiquaire n. f.** ✦ Rideau très fin qui protège des moustiques. *Le lit du bébé était recouvert d'une moustiquaire.*

moût [mu] **n. m.** ✦ Jus de raisin, de poire ou de pomme qui n'a pas encore fermenté. *Le moût sort du pressoir.* ○ homonymes : ① et ② mou, moue.
● On ne prononce pas le *t* final.

moutarde n. f. 1. Crème jaunâtre au goût piquant préparée avec les graines d'une plante appelée aussi *moutarde. Théo mange de la viande froide avec de la moutarde et des cornichons.* **2. inv.** Couleur jaune foncé. ➻ planche Couleurs p. 226. *Paul porte des chaussettes moutarde.*

mouton n. m. 1. Animal au poil épais et frisé. → aussi **agneau, bélier, brebis.** *Les moutons bêlent. Le berger mène paître son troupeau de moutons. — Nous avons mangé des côtelettes de mouton.* **2.** Flocon de poussière. *Il y a des moutons sous le lit.* **3.** Petite vague surmontée d'écume. *La mer est agitée, regarde tous ces moutons !*
▷ Autre mot de la famille : SAUTE-MOUTON.

mouture n. f. ✦ Façon dont quelque chose est moulu. *Il a acheté du café à mouture fine,* moulu très fin.
▷ Mot de la famille de MOUDRE.

mouvant, mouvante adj. ✦ *Des sables mouvants,* ce sont des sables gorgés d'eau dans lesquels on s'enfonce.
▷ Mot de la famille de MOUVOIR.

mouvement n. m. 1. Changement de position dans l'espace. → **déplacement.** *L'astronome observe le mouvement des astres.* **2.** Changement de position du corps ou d'une partie du corps. → **geste.** *Le professeur de gymnastique montre les mouvements à faire.* **3.** Réaction. *Paul a eu un mouvement d'agacement,* il a manifesté son agacement. *Louise a eu un bon mouvement,* elle s'est montrée gentille et amicale. **4.** Organisation. *Il appartient à un mouvement syndical.* → **formation. 5.** Partie d'un morceau de musique. *Cette sonate comporte trois mouvements.* **6.** Ce qui donne l'impression de la vie. *Il y a du mouvement dans ce film,* il y a de l'action.
➤ **mouvementé, mouvementée adj.** ✦ Qui est rempli d'événements imprévus. *Leur voyage a été mouvementé,* il s'est passé beaucoup de choses au cours de leur voyage. *Il mène une vie mouvementée.* ❑ contr. **calme, paisible.**
▷ Mots de la famille de MOUVOIR.

rue au **Moyen Âge**

mouvoir **v.** (conjug. 27) ✦ Mettre en mouvement. *La roue du moulin est mue par l'eau.* — **se mouvoir,** faire des mouvements. → **bouger.** *La vieille dame, percluse de rhumatismes, pouvait à peine se mouvoir.*

▷ Autres mots de la famille : MOUVANT, MOUVEMENT, MOUVEMENTÉ.

① **moyen, moyenne** **adj.** 1. Qui se trouve au milieu, entre deux extrêmes. *Julie est de taille moyenne,* elle n'est ni grande, ni petite. 2. *Le cours moyen,* le cours qui est entre le cours élémentaire et la sixième. *Léa est au cours moyen première année.* 3. Qui n'est ni bon, ni mauvais. *Ses résultats scolaires sont moyens.* → **passable.** *Son dernier livre est très moyen,* pas très bon. → **médiocre.** 4. Que l'on calcule en faisant une moyenne. *Il roule à une vitesse moyenne de 100 km/heure.* → aussi **moyenne.**

▷ Autres mots de la famille : MOYEN ÂGE, MOYENÂGEUX, MOYENNE, MOYENNEMENT.

② **moyen** **n. m.** 1. Procédé qui permet de parvenir à ce que l'on veut. → **façon, manière.** *Louise a trouvé un moyen pour attacher ses cheveux,* elle a trouvé comment faire. → **méthode.** *Paul a ouvert la bouteille au moyen d'un décapsuleur,* à l'aide d'un décapsuleur, grâce à un décapsuleur. → aussi **avec.** 2. *Un moyen de transport,* c'est ce qui permet de transporter des personnes ou des choses d'un endroit à un autre. *L'avion, le train, le bateau, la voiture sont des moyens de transport.* → ② **mode.** *La presse, la radio, la télévision sont des moyens de communication.* → aussi **média.** 3. *Les moyens,* les capacités, les qualités pour réussir. *Il a beaucoup de moyens, mais il est paresseux.* 4. L'argent dont on dispose. *Je n'ai pas les moyens d'acheter une maison.*

▷ Autre mot de la famille : MOYENNANT.

Moyen Âge **n. m.** ✦ Période de l'histoire qui va de la chute du dernier empereur romain en 476, marquant la fin de l'Antiquité, jusqu'au 15e siècle, où commence la Renaissance. *Les églises romanes et les cathédrales gothiques ont été construites au Moyen Âge.* → aussi **médiéval.**

➤ **moyenâgeux, moyenâgeuse** **adj.** ✦ Que l'on pourrait croire dater du Moyen Âge. → **archaïque.** *Ils utilisent des techniques moyenâgeuses.* → aussi **médiéval.**

▷ Mots de la famille de ① MOYEN et de ÂGE.

moyennant **prép.** ✦ En échange de. *J'accepte de faire ce travail, moyennant un bon salaire.*

▷ Mot de la famille de ② MOYEN.

moyenne **n. f.** 1. Vitesse obtenue en divisant le nombre de kilomètres parcourus par le nombre d'heures mis à les parcourir. *Il a roulé à une moyenne de 90 km/heure.* → aussi ① **moyen.** 2. La moitié des points que l'on peut obtenir à un devoir, un examen. *Léa a eu la moyenne à son devoir,* elle a eu 10 sur 20.

▷ Mot de la famille de ① MOYEN.

moyennement **adv.** ✦ Ni peu, ni beaucoup. *J'ai trouvé ce livre moyennement intéressant.*

▷ Mot de la famille de ① MOYEN.

moyeu n. m. ✦ Partie centrale d'une roue. *Les rayons de la roue de la bicyclette sont fixés au moyeu.* — Au pl. *Des moyeux.*

mozzarella [mɔdzaʀɛlla] n. f. ✦ Fromage frais italien. *Nous avons mangé des tomates avec de la mozzarella.*
● C'est un mot italien.

mucosité n. f. ✦ Liquide épais produit par les muqueuses. *Quand on est enrhumé, on a le nez encombré de mucosités.* → aussi **morve.**

mucoviscidose [mykovisidoz] n. f. ✦ Maladie très grave provoquée par des sécrétions très épaisses qui gênent la respiration et la digestion.
● Attention au *sc.*

muer v. (conjug. 1) 1. Changer de peau, de plumage ou de poil. *Les serpents, les crustacés, les araignées muent.* 2. Changer de voix. *Les garçons muent à l'adolescence,* leur voix d'enfant devient une voix d'adulte.
➤ **mue** n. f. 1. Changement qui touche la peau, la carapace, le plumage ou le poil de certains animaux. *Les serpents ont plusieurs mues par an.* 2. Peau laissée par un animal qui a mué. *Il a trouvé la mue d'une vipère.* 3. Transformation de la voix d'un adolescent. *Il est à l'âge de la mue.*

muet, muette adj. 1. Qui n'est pas capable de parler. *Elle est muette de naissance.* — N. *Les muets communiquent par gestes.* 2. Qui se tait, reste silencieux. *Elle était muette de peur.* → aussi **mutisme.** 3. *Un film muet,* c'est un film sans paroles. ❑ contr. **parlant.** 4. Qui ne se fait pas entendre dans la prononciation. *Il y a un e muet à la fin de « moue ». On fait la liaison devant un h muet.* ❑ contr. **aspiré.**
▷ Autre mot de la famille : SOURD-MUET.

muezzin [mɥɛdzin] n. m. ✦ Musulman chargé d'appeler les fidèles à la prière, du haut du minaret de la mosquée.

① **mufle** n. m. ✦ Bout du museau de certains animaux. *Le mufle du bœuf.*

② **mufle** n. m. ✦ Homme grossier et mal élevé. → **goujat.** *Quel mufle !*
➤ **muflerie** n. f. ✦ Attitude d'un mufle. *Sa muflerie est impardonnable.*

mugir v. (conjug. 2) 1. *La vache mugit,* elle pousse son cri. → **beugler, meugler.** 2. Faire entendre un bruit sourd et prolongé. *La sirène, annonçant l'incendie, mugissait.*
➤ **mugissement** n. m. 1. Cri d'un animal qui mugit. → **beuglement, meuglement.** *Les mugissements des vaches.* 2. Bruit sourd et prolongé. *Le mugissement des vagues.*

muguet n. m. ✦ Plante dont les petites fleurs blanches en forme de clochettes sont groupées en grappes. ➻ planche Fleurs p. 421. *On offre des brins de muguet le jour du 1er mai.*

mulâtre n. m., **mulâtresse** n. f. ✦ Personne née de parents qui sont l'un noir et l'autre blanc. → aussi **métis.** *Une mulâtresse brésilienne.*
● Attention à l'accent circonflexe du *â.*

① **mule** n. f. ✦ Chaussure qui ne couvre pas le talon. *Une paire de mules.*

② **mule** n. f. ✦ Animal femelle, né d'une jument et d'un âne, ou d'une ânesse et d'un cheval. *Il est allé dans la montagne à dos de mule.*
➤ ① **mulet** n. m. ✦ Animal mâle, né d'une jument et d'un âne, ou d'une ânesse et d'un cheval. *Les mulets ne peuvent pas se reproduire.*
➤ **muletier, muletière** adj. ✦ *Un chemin muletier,* c'est un chemin étroit et escarpé.

② **mulet** n. m. ✦ Poisson de mer comestible, au corps cylindrique, qui vit en bancs le long du littoral.

mulot n. m. ✦ Petit rongeur qui vit dans les haies et les bois, appelé aussi *rat des champs.* *Le mulot a une queue plus longue que son corps.*

mulot

multi- ✦ Préfixe qui signifie « plusieurs » (ex. : *multicolore, multiprise*). → **poly-**

multicolore **adj.** ✦ De plusieurs couleurs. *L'habit d'Arlequin est multicolore.* → **bariolé.** ❑ contr. **uni.**

multicoque **n. m.** ✦ Voilier comportant plusieurs coques. ❑ contr. **monocoque.** *Le catamaran et le trimaran sont des multicoques.*
▷ Mot de la famille de COQUE.

multicoque

multimédia **adj.** ✦ Qui utilise une technologie qui permet de consulter des documents et des informations sous forme d'images, de textes et de sons. *Il consulte des encyclopédies multimédias sur son ordinateur.*
▷ Mot de la famille de MÉDIA.

multiple **n. m.** et **adj.**
■ **n. m.** Nombre qui contient plusieurs fois exactement un nombre donné. *6 et 27 sont des multiples de 3,* des nombres qu'on obtient en multipliant un autre nombre par trois.
■ **adj.** Nombreux. *Il n'est pas venu pour de multiples raisons.* ❑ contr. **unique.**
➤ **multiplication** **n. f.** ✦ Opération qui consiste à multiplier deux nombres. ❑ contr. **division.** *Pour savoir le prix de trois bonbons à 20 centimes, on fait la multiplication : trois fois vingt égale soixante (3 × 20 = 60).*
➤ **multiplicande** **n. m.** ✦ Nombre que l'on multiplie, dans une multiplication. *Dans « 4 × 3 », 4 est le multiplicande.*
➤ **multiplicateur** **n. m.** ✦ Nombre qui multiplie, dans une multiplication. *Dans « 4 × 3 », 3 est le multiplicateur.*
➤ **multiplier** **v.** (conjug. 7) **1.** Faire une multiplication. ❑ contr. **diviser.** *Quand on multiplie 4 par 3, on additionne trois fois le nombre quatre.* **2.** Faire quelque chose un grand nombre de fois. *Julie multiplie les bêtises.*

multiprise **n. f.** ✦ Prise de courant dans laquelle on peut brancher les prises de plusieurs appareils électriques.
▷ Mot de la famille de PRISE.

multitude **n. f.** ✦ Grand nombre, grande quantité. *La ville est visitée par une multitude de touristes.* → **foule.**

muni, munie **adj.** ✦ Équipé. *Cette voiture est munie d'un essuie-glace arrière.*
▷ Mot de la famille de SE MUNIR.

municipal, municipale **adj.** ✦ Qui appartient à une commune. → **communal.** *Voici les conseillers municipaux de notre ville. Paul va à la piscine municipale tous les mercredis.*
➤ **municipalité** **n. f.** ✦ Ensemble des personnes qui administrent, gèrent une commune. *Le maire est à la tête de la municipalité.*

se **munir** **v.** (conjug. 2) ✦ Prendre avec soi. *Munissez-vous d'une bonne paire de gants pour faire du ski. Julie s'est munie d'un parapluie.*
➤ **munitions** **n. f. pl.** ✦ Explosifs et projectiles servant au chargement des armes à feu. *Les rebelles se sont rendus car ils n'avaient plus de munitions.*
▷ Autres mots de la famille : DÉMUNIR, MUNI, SE PRÉMUNIR.

muqueuse **n. f.** ✦ Membrane, toujours un peu humide, qui recouvre l'intérieur de certains organes. *La bouche, le nez, l'estomac sont tapissés d'une muqueuse.* → aussi **mucosité.**

mur **n. m.** **1.** Construction qui s'élève verticalement sur une certaine longueur et qui sert à soutenir un bâtiment, à fermer ou à séparer. *Les murs de l'immeuble sont en béton. Un petit mur de pierre entoure le jardin.* **2.** Côté du mur qui se trouve à l'intérieur d'un bâtiment. → **cloison.** *Théo a mis des posters sur les murs de sa chambre.* **3.** *Franchir le mur du son,* c'est dépasser la vitesse du son. *L'avion a franchi le mur du son.* ❍ homonymes : mûr, mûre.
▷ Autres mots de la famille : EMMURER, MURAILLE, MURAL, MURER, MURET.

mûr, mûre **adj.** 1. *Un fruit mûr,* c'est un fruit qui a atteint son plein développement. *Cette pêche est trop mûre.* → **blet.** ❑ contr. **vert.** 2. Qui est devenu adulte. *Mon père est un homme mûr.* → aussi **maturité.** 3. Qui est devenu raisonnable et réfléchi. *Julie est très mûre pour son âge.* ❍ homonymes : mur, mûre.
● Attention à l'accent circonflexe du *û*.
▷ Autres mots de la famille : MÛREMENT, MÛRIR.

muraille **n. f.** ✦ Mur de fortification, épais et élevé. *Il ne reste du château fort que des murailles en ruines.* → aussi **rempart.**
▷ Mot de la famille de MUR.

mural, murale **adj.** ✦ *Une peinture murale,* c'est une peinture faite sur un mur. *Une pendule murale,* c'est une pendule accrochée au mur. — Au masc. pl. *muraux.*
▷ Mot de la famille de MUR.

mûre **n. f.** ✦ Petit fruit sauvage noir qui pousse sur les ronces. *De la confiture de mûres.* ❍ homonymes : mur, mûr.
● Attention à l'accent circonflexe du *û*.

mûre

mûrement **adv.** ✦ Longuement et sérieusement. *J'ai mûrement réfléchi.*
▷ Mot de la famille de MÛR.

murène **n. f.** ✦ Poisson long et mince très vorace, dont la morsure est très dangereuse. *Les murènes vivent dans les mers chaudes.*

murer **v.** (conjug. 1) ✦ Fermer définitivement par un mur. *Les fenêtres de l'immeuble inhabité ont été murées.* → ② **boucher, condamner.**
▷ Mot de la famille de MUR.

muret **n. m.** ✦ Petit mur.
▷ Mot de la famille de MUR.

mûrier **n. m.** ✦ Arbre des régions chaudes dont les feuilles servent à nourrir les vers à soie.
● Attention à l'accent circonflexe du *û*.

mûrir **v.** (conjug. 2) 1. Devenir mûr. *Les blés mûrissent en été.* 2. Devenir plus réfléchi, raisonnable. *Julie a beaucoup mûri en un an.*
▷ Mot de la famille de MÛR.

murmure **n. m.** ✦ Bruit de voix léger, sourd et continu. *On entend un murmure dans le fond de la classe.*
➤ **murmurer** **v.** (conjug. 1) 1. Dire à voix basse. → **chuchoter, susurrer.** *Louise murmure un secret à l'oreille de Paul.* 2. Protester, grogner. *Julie obéit sans murmurer.*

musaraigne **n. f.** ✦ Petit animal au museau allongé et aux dents pointues, qui se nourrit d'insectes, de vers et de petits œufs. ➻ planche Mammifères p. 620. *La musaraigne est de la même famille que la souris.*

musarder **v.** (conjug. 1) ✦ Perdre son temps à faire des choses sans importance. → **flâner, paresser, traîner.** *Elle a musardé toute la journée.*

musc **n. m.** ✦ Liquide à l'odeur très forte qui provient des glandes de certains animaux et qui sert à la fabrication des parfums.

muscade **n. f.** ✦ Graine de la grosseur d'une olive, utilisée comme épice. *Le cuisinier râpe une muscade dans la sauce.*
● On dit aussi *une noix de muscade.* ➻ illustration Noix p. 692.

muscat **n. m.** 1. Raisin très sucré et très parfumé. *Une grappe de muscat.* 2. Vin très sucré fait avec ce raisin, qui se boit en apéritif. *Elle a bu un verre de muscat.*
● Le *t* final ne se prononce pas.

muscle **n. m.** ✦ Organe formé de fibres qui produit des mouvements en se contractant. *Les cyclistes ont les muscles des jambes très développés.*
➤ **musclé, musclée** **adj.** ✦ Pourvu de muscles bien visibles et puissants. *Cet athlète a un beau corps musclé.*
➤ **muscler** **v.** (conjug. 1) ✦ Rendre les muscles puissants. *Le tennis muscle les bras et les jambes.* — **se muscler,** développer ses muscles. *Elle fait de la gymnastique pour se muscler.*

musculaire adj. ✦ Qui concerne les muscles. *Il s'est fait une déchirure musculaire,* il s'est déchiré un muscle.

▷ Autre mot de la famille : INTRAMUSCULAIRE.

musculation n. f. ✦ Ensemble d'exercices faits pour développer ses muscles. *Il fait de la musculation dans une salle de sports.*

musculature n. f. ✦ Ensemble des muscles du corps. *Cet athlète a une très belle musculature.*

musculature

muse n. f. 1. Chacune des neuf déesses grecques qui protégeaient et inspiraient les artistes. *Les neuf Muses étaient les filles de Zeus.* 2. Femme qui inspire un artiste. *George Sand fut la muse du poète Musset et du musicien Chopin.*

museau n. m. ✦ Partie avant, allongée et plus ou moins pointue, de la tête de certains animaux. *Le chien avance le museau et renifle sa pâtée.* → aussi **groin,** ① **mufle, truffe.** — Au pl. *Des museaux.*

▷ Autres mots de la famille : MUSELER, MUSELIÈRE.

musée n. m. ✦ Bâtiment où l'on rassemble des collections d'objets qui ont un intérêt historique, scientifique ou artistique, afin de les montrer au public. *On peut voir de nombreux tableaux très célèbres au musée du Louvre, à Paris.*

● Ce mot masculin se termine par un *e* : on écrit *un musée.*

▷ Autre mot de la famille : MUSÉUM.

museler v. (conjug. 4) ✦ Emprisonner le museau d'un animal pour l'empêcher de mordre. *Le policier muselle son chien dans les lieux publics.*

➤ **muselière** n. f. ✦ Appareil dont on entoure le museau de certains animaux pour les empêcher de mordre. *Entrée interdite aux chiens ne portant pas de muselière.*

▷ Mots de la famille de MUSEAU.

muselière

① **musette** n. m. ✦ *Un bal musette,* c'est un bal populaire où l'on danse au son de l'accordéon. *En France, le 14 Juillet, il y a des bals musettes dans les rues.*

② **musette** n. f. ✦ Sac de toile qui se porte souvent en bandoulière.

muséum [myzeɔm] n. m. ✦ Musée consacré aux sciences naturelles. *Paul a vu un squelette de baleine au muséum.* — Au pl. *Des muséums.*

▷ Mot de la famille de MUSÉE.

music-hall [myzikol] n. m. ✦ Établissement qui présente des spectacles de variétés avec des chanteurs, des fantaisistes, des acrobates, des jongleurs, des prestidigitateurs, etc. *Ils sont allés au music-hall.* — Au pl. *Des music-halls.*

● Ce mot vient de l'anglais.

musique n. f. ✦ Ensemble de sons combinés de manière harmonieuse. *Te souviens-tu de la musique de ce film ?* → ③ **air.** *Il joue de la musique de jazz. Le piano et le violon sont des instruments de musique.*

➤ **musical, musicale** adj. 1. Qui concerne la musique. *Il a fait des études musicales.* 2. *Une comédie musicale,* c'est une pièce de théâtre ou un film dont les paroles sont chantées. — Au masc. pl. *musicaux.*

➤ **musicien** n. m., **musicienne** n. f. ✦ Personne dont le métier est de composer ou de jouer de la musique. *Mozart et Bach sont de célèbres musiciens.* → **compositeur.** *L'orchestre est composé de cinquante musiciens.* → aussi **virtuose.**

mustang n. m. ✦ Cheval sauvage d'Amérique du Nord. *Le cow-boy a capturé un mustang.*

musulman, musulmane adj. ✦ *La religion musulmane,* c'est la religion fondée par Mahomet, dont le dieu est Allah. → **islam.** *Ils sont musulmans,* de religion musulmane. — **N.** *Les musulmans vont prier à la mosquée.*

mutant n. m. ✦ Dans les romans et les films de science-fiction, être extraordinaire résultant des transformations supposées pouvant survenir chez l'homme. *Après la catastrophe atomique, la Terre n'était plus peuplée que de mutants.*

▷ Mot de la famille de MUTER.

muter v. (conjug. 1) ✦ Nommer à un autre poste, dans une autre ville ou un autre pays. *Son père a été muté à Toulouse.*

➤ **mutation** n. f. 1. Changement. *L'informatique est un secteur en pleine mutation.* → **évolution.** 2. Changement de lieu de travail. *Il a demandé sa mutation à Lille.*

▷ Autre mot de la famille : MUTANT.

mutiler v. (conjug. 1) ✦ Priver de l'usage d'un membre ou d'un organe. *Il a été mutilé des deux jambes, à la guerre.* → aussi **amputer.**

➤ **mutilation** n. f. ✦ Action de mutiler ou fait d'être mutilé. *Ces soldats ont subi de graves mutilations à la guerre.*

➤ **mutilé** n. m., **mutilée** n. f. ✦ Personne qui a perdu l'usage d'un membre ou d'un organe à la guerre ou dans un accident. → aussi **handicapé, infirme, invalide.** *Ces places assises sont réservées en priorité aux mutilés de guerre.*

mutin n. m. ✦ Soldat, marin ou prisonnier qui se révolte contre ses supérieurs ou ses gardiens. → **rebelle.** *Les mutins se sont finalement rendus.*

➤ se **mutiner** v. (conjug. 1) ✦ Se révolter collectivement contre l'autorité. *Les soldats ont refusé d'obéir aux ordres et se sont mutinés.*

➤ **mutinerie** n. f. ✦ Révolte collective. *Une mutinerie a éclaté dans la prison.*

mutisme n. m. ✦ Refus de parler. *Il refuse de sortir de son mutisme,* de son silence. → aussi **muet.**

mutuel, mutuelle adj. ✦ Qui implique un échange. *Ils se vouent une haine mutuelle,* ils se haïssent l'un l'autre. → **réciproque.**

➤ **mutuelle** n. f. ✦ Société d'assurances privée qui ne fait pas de bénéfices et qui est gérée par ses adhérents.

➤ **mutuellement** adv. ✦ L'un l'autre. *Les deux complices s'accusaient mutuellement.* → **réciproquement.**

mycologie n. f. ✦ Étude des champignons.

mycose n. f. ✦ Maladie de peau due à des champignons microscopiques.

mygale n. f. ✦ Grosse araignée velue qui se creuse un abri dans le sol. *La morsure de la mygale est douloureuse.*

mygale

myopathie n. f. ✦ Maladie très grave qui détruit peu à peu les muscles.

➤ **myopathe** adj. ✦ Qui est atteint de myopathie. *Un enfant myopathe.* — **N.** *Les myopathes.*

● Il y a un *y* avant le *o*.

myope adj. ✦ Qui ne voit pas bien de loin. *Théo porte des lunettes car il est myope.*

➤ **myopie** n. f. ✦ État de quelqu'un qui ne voit pas bien de loin. *Sa myopie a augmenté, il lui faut des verres plus forts.*

● Attention au *y*.

myosotis [mjɔzɔtis] n. m. ✦ Plante à petites fleurs bleues qui pousse dans les lieux humides. *Louise a cueilli des myosotis dans le jardin.*

myriade n. f. ✦ Très grand nombre, quantité immense. *On peut voir des myriades d'étoiles dans le ciel.*

myrrhe n. f. ✦ Résine odorante fournie par un arbuste d'Asie. *On dit que les Rois mages offrirent à Jésus de l'or, de l'encens et de la myrrhe.* ❍ homonyme : mire.

● *Myrrhe* prend un *y* et deux *r*, puis un *h*.

myrtille n. f. ✦ Petit fruit rond et noir qui pousse sur des arbrisseaux en montagne. *Une tarte aux myrtilles.*

● Attention au *y*.

mystère **n. m.** 1. Chose que l'on ne peut arriver à comprendre. *Comment le prisonnier a-t-il pu s'évader ? C'est encore un mystère pour la police.* → **énigme.** 2. Précaution prise pour garder une chose secrète. *Léa et Julie doivent manigancer quelque chose, elles font des mystères.*

➤ **mystérieux, mystérieuse** **adj.** 1. Difficile à comprendre, à expliquer. *Cette disparition est bien mystérieuse.* → **incompréhensible, inexplicable.** ❑ contr. **clair, évident.** 2. Qui cache un secret. *Ils avaient un air mystérieux.*

➤ **mystérieusement** **adv.** ✦ D'une façon incompréhensible. *Mes lunettes ont mystérieusement disparu.*

mysticisme **n. m.** ✦ Attitude de l'esprit par laquelle l'homme se rapproche le plus possible de la divinité.

● Attention au *y*.

▷ Mot de la famille de MYSTIQUE.

mystifier **v.** (conjug. 7) ✦ *Mystifier quelqu'un,* c'est le tromper en se servant de sa naïveté et de sa confiance. → **duper.** *Paul et Théo ont mystifié Louise en lui racontant qu'ils avaient vu une soucoupe volante.*

➤ **mystification** **n. f.** ✦ Tromperie. → ① **farce.** *Les naïfs sont souvent victimes de mystifications.*

mystique **adj.** ✦ Qui a un sentiment religieux très fort et cherche à être près de son dieu.

▷ Autre mot de la famille : MYSTICISME.

mythe **n. m.** ✦ Récit merveilleux qui donne une explication du monde et des phénomènes naturels en mettant en scène des dieux et des personnages imaginaires. → **légende.** *La conquête de la Toison d'or par les Argonautes est un mythe grec.* ❍ homonyme : mite.

➤ **mythique** **adj.** ✦ Qui appartient au mythe, qui est un mythe. *Lancelot du Lac est un personnage mythique,* un personnage qui n'a pas vraiment existé. → **fabuleux, imaginaire, légendaire.** ❑ contr. **historique, réel.**

➤ **mythologie** **n. f.** ✦ Ensemble des mythes et des légendes d'un peuple. *Hercule est un héros de la mythologie romaine.*

➤ **mythologique** **adj.** ✦ Qui appartient à la mythologie. *Zeus est un dieu mythologique grec.*

● Attention au *y* suivi de *th*.

mythomane **adj.** ✦ Qui ne peut s'empêcher de raconter des histoires fausses et d'y croire. *Elle est mythomane.* — **N.** *C'est un mythomane.*

N

n' → **ne**

na ! **interj.** ✦ Familier. Mot que l'on ajoute à la fin d'une phrase pour s'opposer, montrer que l'on est le plus fort. *C'est bien fait pour toi, na !*

nacelle **n. f.** ✦ Grand panier suspendu au-dessous d'une montgolfière, dans lequel voyagent les passagers.

nacre

nacre **n. f.** ✦ Matière brillante, d'un blanc rosé, qui tapisse l'intérieur de la coquille de certains coquillages, et dont on fait des bijoux, des boutons. *Les boutons de sa chemise sont en nacre.*

➤ **nacré, nacrée** **adj.** ✦ Qui a l'aspect, la couleur de la nacre. *Du vernis à ongles nacré.*

nager **v.** (conjug. 3) **1.** Avancer dans l'eau en faisant certains mouvements sans que les pieds touchent le fond. *Léa ne sait pas encore nager. Alex nage le crawl.* → aussi **natation.** **2.** *Nager dans un vêtement,* c'est être trop au large dedans parce qu'il est trop grand. → **flotter.** *Paul nage dans le pull de son grand frère.* **3.** *Nager dans le bonheur,* être très heureux. *Les amoureux nageaient dans le bonheur.*

➤ **nage** **n. f.** **1.** Manière de nager. *Ses nages favorites sont la brasse et le crawl.* **2.** *Être en nage,* transpirer, être couvert de sueur.

➤ **nageoire** [naʒwaʀ] **n. f.** ✦ Organe court et plat qui permet aux poissons et à certains animaux marins, comme les baleines et les phoques, d'avancer et de se diriger dans l'eau. ➻ planche Poissons p. 794. *Une nageoire est formée d'une membrane tendue sur des os très fins.*

● Il y a un *e* après le *g.*

➤ **nageur** **n. m.**, **nageuse** **n. f.** ✦ Personne ou animal qui nage, qui sait nager. *L'ours est un bon nageur.*

▷ Autres mots de la famille : MAÎTRE NAGEUR, SURNAGER.

naguère **adv.** ✦ Il y a peu de temps. → **récemment.** *Naguère, il travaillait encore, aujourd'hui, il est à la retraite.*

▷ Mot de la famille de NE, ① AVOIR et GUÈRE.

naïf, naïve **adj.** ✦ Qui croit tout ce qu'on dit. *Elle est vraiment trop naïve !* → **crédule, niais.**

● Attention au tréma du *ï.*

▷ Autres mots de la famille : NAÏVEMENT, NAÏVETÉ.

nain **n. m.** et **adj.**, **naine** **n. f.** et **adj.**

■ **n.** Personne beaucoup plus petite que la normale. → aussi **nanisme.** ❑ contr. **géant.** *Blanche-Neige a été recueillie par les sept nains.*

■ **adj.** D'une espèce animale ou végétale particulièrement petite. *Julie a un lapin nain. Les bonsaïs sont des arbres nains.*

naissance (*La Naissance de Vénus*, Botticelli, vers 1485)

naître v. (conjug. 59) **1.** Venir au monde. *Napoléon est né à Ajaccio le 15 août 1769.* ❑ contr. **mourir.** *L'infirmière s'occupe du bébé qui vient de naître,* du nouveau-né. **2.** Commencer à exister. *Une grande amitié naquit entre elles.* ❑ contr. **finir. 3.** *Naître de,* être causé par, résulter. *Ce projet est né d'une discussion entre deux architectes.*

● Attention à l'accent circonflexe du *î* devant *t*.

➤ **naissance** n. f. **1.** Venue au monde. *La naissance du bébé est prévue en mars. Quelle est ta date de naissance ? Indiquez votre lieu de naissance.* → aussi **natal.** ❑ contr. ① **mort. 2.** Commencement, apparition. → **début.** *La naissance de leur amitié date des vacances.* ❑ contr. ① **fin. 3.** Endroit où commence quelque chose. *Théo a un grain de beauté à la naissance du cou.*

▷ Autres mots de la famille : INNÉ, MORT-NÉ, NÉ, NOUVEAU-NÉ, RENAISSANCE, RENAÎTRE.

naïvement adv. ✦ Avec une trop grande confiance. *Il a cru naïvement qu'on allait l'aider.*

● Attention au tréma du *ï*.

▷ Mot de la famille de NAÏF.

naïveté n. f. ✦ Trop grande confiance. → **crédulité.** *Elle avait la naïveté de croire qu'elle pourrait réussir sans travailler.*

● Attention au tréma du *ï*.

▷ Mot de la famille de NAÏF.

naja n. m. ✦ Serpent très venimeux d'Afrique et d'Asie, appelé aussi *cobra* ou *serpent à lunettes.* → **cobra.**

nanisme n. m. ✦ Fait d'être nain. *Leur enfant est atteint de nanisme.*

napalm n. m. ✦ Essence solidifiée. *Des bombes au napalm.*

● Ce mot vient de l'anglais.

naphtaline [naftalin] n. f. ✦ Produit qui éloigne les mites. *Elle a mis des boules de naphtaline dans les placards.*

① **nappe** n. f. ✦ Grande étendue de liquide ou de gaz qui forme une couche sur terre ou sous terre. *Des nappes de brouillard ralentissent la circulation.*

➤ **napper** v. (conjug. 1) ✦ Recouvrir d'une sauce ou d'une crème. *Elle nappe le gâteau d'une couche de chocolat chaud.*

② **nappe** n. f. ✦ Linge qui sert à couvrir la table du repas. *Julie pose les assiettes sur la nappe.*

➤ **napperon** **n. m.** ✦ Petit linge que l'on place sous un vase, une assiette, pour décorer ou pour protéger. *Il y a un napperon de dentelle au centre de la table.*

narcisse **n. m.** ✦ Fleur blanche au cœur jaune vif, qui sent très bon. → aussi **jonquille.** *Un bouquet de narcisses.*
● *Narcisse* était un personnage de la mythologie grecque.

narcotique **n. m.** ✦ Produit qui engourdit et fait dormir. → **somnifère.** *L'opium et la morphine sont des narcotiques.*

narguer **v.** (conjug. 1) ✦ Braver avec un air insolent et méprisant. → **défier, provoquer.** *L'assassin nargue la police en lui envoyant des lettres anonymes.*
● Il y a un *u* après le *g*.

narine **n. f.** ✦ Chacune des deux ouvertures du nez. → aussi **naseau.**

narquois, narquoise **adj.** ✦ Moqueur et malicieux. *Il nous regardait d'un air narquois.* → **goguenard, ironique.**

narrer **v.** (conjug. 1) ✦ Raconter. *Il nous a narré ses aventures.*
● Ce mot est littéraire.

➤ **narrateur** **n. m.**, **narratrice** **n. f.** ✦ Personne qui raconte. → **conteur.**

➤ **narration** **n. f.** ✦ Exercice qui consiste à raconter une histoire, un événement, par écrit. *Le professeur donne aux élèves un sujet de narration.* → **rédaction.**

▷ Autre mot de la famille : INÉNARRABLE.

narval **n. m.** (pl. **narvals**) ✦ Grand animal marin de la famille des baleines, qui porte une longue défense sur le devant de la tête. *Les narvals sont chassés pour leur huile.*
● Ce mot vient du danois.

nasal, nasale **adj.** ✦ Du nez. *La cloison nasale sépare les deux narines.* — Au masc. pl. *nasaux.*

naseau **n. m.** ✦ Narine de certains animaux comme le cheval, le bœuf, le taureau. *Les poneys soufflaient bruyamment par leurs naseaux.*

nasillard, nasillarde **adj.** ✦ *Une voix nasillarde,* c'est une voix qui semble venir du nez. *Des sons nasillards sortaient du haut-parleur.*

nasse **n. f.** ✦ Panier allongé que les pêcheurs plongent dans l'eau pour prendre des poissons ou des crustacés. *Le pêcheur a pris des crabes dans ses nasses.*

nasse

natal, natale **adj.** ✦ Où l'on est né. *Elle passe ses vacances dans sa maison natale.* — Au masc. pl. *natals.*

➤ **natalité** **n. f.** ✦ Nombre d'enfants qui naissent dans un pays, par rapport au nombre d'habitants. *L'Inde a une très forte natalité.* → aussi **démographie.** ❑ contr. **mortalité.**

▷ Autre mot de la famille : PRÉNATAL.

natation **n. f.** ✦ Sport qui consiste à nager. *Alex fait beaucoup de natation.*

natif, native **adj.** ✦ Originaire. *Elle est native de Corse,* elle y est née.

nation **n. f.** ✦ Ensemble que forment un peuple, le pays où il habite et son gouvernement. → ② **État, pays** et aussi **peuple.** *La nation française.*

➤ **national, nationale** **adj.** **1.** Qui appartient à une nation. ❑ contr. **étranger, international.** *La production nationale d'électricité a augmenté. La fanfare joue l'hymne national.* — Au masc. pl. *nationaux.* **2.** *Une route nationale,* c'est une route importante qui traverse une grande partie du pays. *La voiture a quitté la route nationale pour prendre une route départementale.* — **N. f.** *La nationale 7 passe à Aix-en-Provence.*

➤ **nationaliser** **v.** (conjug. 1) ✦ Donner à l'État la propriété de biens qui appartenaient à des propriétaires privés. ❑ contr. **privatiser.** *Cette banque a été nationalisée.*

➤ **nationalisation** **n. f.** ✦ Action de nationaliser une entreprise. *L'État a décidé de procéder à la nationalisation de nombreuses usines.* ❑ contr. **privatisation.**

➤ **nationalisme** **n. m.** ✦ Attitude de ceux qui placent leur pays au-dessus des autres. → aussi **chauvinisme, patriotisme.** *Ce parti fait preuve d'un nationalisme très fort.*

➤ **nationaliste** **n. m.** et **f.** ✦ Personne qui place son pays au-dessus des autres. *C'est un nationaliste farouche.* — **Adj.** *Il est très nationaliste.* → aussi **chauvin.**

➤ **nationalité** **n. f.** ✦ Lien juridique qui rattache une personne à la nation à laquelle elle appartient. *Elle a la nationalité française,* elle est française.

▷ Autre mot de la famille : INTERNATIONAL.

natte **n. f. 1.** Tapis de paille. *Les Japonais dorment sur des nattes.* **2.** Assemblage de trois longues mèches de cheveux entrecroisées et retenues par une attache. → **tresse.** *Louise s'est fait une natte.*

➤ **natter** **v.** (conjug. 1) ✦ Tresser. *Elle se natte les cheveux chaque matin.*

natte

① **naturaliser** **v.** (conjug. 1) ✦ Accorder la nationalité du pays à un étranger. *Elle s'est fait naturaliser française,* elle est devenue citoyenne française.

② **naturaliser** **v.** (conjug. 1) ✦ *Naturaliser un animal,* c'est conserver un animal mort en lui donnant l'apparence de la vie. → **empailler.**

▷ Mot de la famille de NATURE.

naturaliste **n. m.** et **f.** ✦ Savant qui s'occupe de sciences naturelles. *Les naturalistes sont des spécialistes de botanique et de zoologie.*

▷ Mot de la famille de NATURE.

nature **n. f. 1.** Tout ce qui existe sur Terre et qui n'est pas fabriqué par l'homme. → **monde, univers.** *Les écologistes s'occupent de la protection de la nature.* → **environnement. 2.** La campagne, le paysage. *La nature est belle en automne.* **3.** Ce qui caractérise un être, une chose ou un sentiment. *La nature humaine,* c'est ce que l'homme a de particulier, ce qu'il a de plus que les animaux. *Quelle est la nature de ce sol ?* **4.** Caractère d'une personne. *Elle est jalouse de nature.* → **tempérament. 5.** *Payer en nature,* c'est payer avec des objets au lieu de payer avec de l'argent.

➤ **naturel** **adj.** et **n. m.**, **naturelle** **adj.**

■ **adj. 1.** Qui fait partie de la nature. *La pluie et la neige sont des phénomènes naturels. Les sciences naturelles,* ce sont les sciences qui étudient les choses de la nature : l'homme, les animaux, les plantes et les roches. **2.** Qui n'a pas été modifié par l'homme. *Elle porte une chemise en soie naturelle.* ❑ contr. **artificiel, synthétique. 3.** Normal. *C'est naturel de pleurer quand on est triste.* ❑ contr. **anormal. 4.** Simple, spontané. *Louise a l'air très naturel sur cette photo.* ❑ contr. **guindé.**

■ **n. m. 1.** Caractère, tempérament. *Elle est d'un naturel méfiant,* elle est méfiante de nature. **2.** Simplicité avec laquelle on se comporte. *Sur la photo, elle sourit avec naturel,* sans avoir l'air de se forcer.

➤ **naturellement** **adv. 1.** D'une manière naturelle, de par sa nature. *Les cheveux de Léa frisent naturellement.* ❑ contr. **artificiellement. 2.** Évidemment, forcément. *Naturellement, Paul est encore en retard.*

➤ **nature morte** **n. f.** ✦ Peinture qui représente des objets et des animaux sans vie. *Chardin a peint de célèbres natures mortes.*

▷ Mot de la famille de MOURIR.

➤ **naturisme** **n. m.** ✦ Mode de vie des gens qui vivent en harmonie avec la nature, qui pratiquent le nudisme et ont une alimentation à base de produits naturels.

➤ **naturiste** **n. m.** et **f.** ✦ Personne qui pratique le naturisme. → aussi **nudiste.**

▷ Autres mots de la famille : DÉNATURER, ② NATURALISER, NATURALISTE, SURNATUREL.

naufrage **n. m.** ✦ Fait de couler, pour un bateau. *Le bateau a fait naufrage,* il a sombré.

➤ **naufragé** **n. m.**, **naufragée** **n. f.** ✦ Personne se trouvant dans un bateau qui a fait naufrage. *Les naufragés ont été hissés à bord des canots de sauvetage.*

nausée **n. f.** ✦ Envie de vomir. *Cette odeur de poubelle me donne la nausée.* → **haut-le-cœur.**

➤ **nauséabond, nauséabonde** **adj.** ✦ Écœurant. *Une odeur nauséabonde.* → **fétide, puant.**

nautile **n. m.** ✦ Mollusque à coquille nacrée, en spirale, qui vit dans l'océan Pacifique.

nautique adj. ✦ *Les sports nautiques,* ce sont des sports qui consistent à se déplacer sur l'eau, à naviguer. *L'aviron, la planche à voile sont des sports nautiques. L'été, Alex fait du ski nautique,* du ski sur l'eau.

nautisme n. m. ✦ *Le nautisme,* c'est l'ensemble des sports nautiques, en particulier la navigation de plaisance. *Les amateurs de nautisme.*

naval, navale adj. ✦ Qui se rapporte aux navires. *On construit des navires dans les chantiers navals. L'amiral a été tué au cours d'un combat naval,* au cours d'un combat entre navires de guerre.

combat **naval**

navet n. m. 1. Légume rond, blanc ou mauve, qui se mange cuit. *Le cuisinier a préparé un canard aux navets.* 2. Familier Mauvais film. *Quel navet, ce film !*

navette n. f. 1. *La navette d'un métier à tisser,* c'est la bobine allongée que l'on passe dans un sens puis dans l'autre, entre les fils, pour tisser. — *Faire la navette entre deux endroits,* c'est aller et venir régulièrement entre ces deux endroits. 2. Petit car, train ou bateau qui fait l'aller et retour entre deux lieux, sur une courte distance. *Il y a une navette entre l'aéroport et l'hôtel.* 3. *Une navette spatiale,* c'est un engin capable d'aller dans l'espace et de revenir sur la Terre.

naviguer v. (conjug. 1) 1. Se déplacer sur l'eau. → **voguer**. *Le bateau naviguait vers l'Irlande.* 2. Voyager comme marin sur un bateau. *Ce vieux loup de mer a navigué sur toutes les mers du globe.* 3. *Naviguer sur Internet,* consulter Internet, aller d'un site à l'autre. → **surfer**.

➤ **navigable** adj. ✦ Où l'on peut naviguer. *Le Rhône est navigable entre Lyon et Marseille.*

➤ **navigant, navigante** adj. ✦ Dont le métier est de travailler à bord d'un avion. *Le pilote, les hôtesses et les stewards font partie du personnel navigant.* → aussi **équipage**.

➤ **navigateur** n. m., **navigatrice** n. f. 1. Marin qui fait de longs voyages sur la mer. *Christophe Colomb était un grand navigateur.* 2. Personne qui s'occupe de la direction à suivre, dans un bateau ou un avion. *Le navigateur et le radio sont assis dans la cabine de pilotage de l'avion.*

➤ **navigation** n. f. 1. Déplacement en mer à bord d'un bateau. *Un fort vent d'ouest gêne la navigation.* 2. *La navigation aérienne,* c'est la circulation des avions.

navire n. m. ✦ Grand bateau destiné à naviguer en pleine mer. *Les cargos et les paquebots sont des navires de commerce.*

navrant, navrante adj. ✦ Désolant, contrariant. *C'est une histoire navrante.* ❑ contr. **réjouissant**.

navré, navrée adj. ✦ Désolé. *Je suis navrée de vous déranger si tard.*

nazi n. m., **nazie** n. f. ✦ Membre du parti du dictateur allemand Hitler. *Les nazis ont commis des crimes atroces pendant la Seconde Guerre mondiale.* — **Adj.** *Sous le régime nazi, six millions de Juifs ont été exterminés.*
● Ce mot vient de l'allemand.

➤ **nazisme** n. m. ✦ Doctrine du dictateur allemand Hitler. → aussi **fascisme**. *Le nazisme est fondé sur le racisme, dirigé surtout contre les Juifs, et il encourage la violence et la guerre.*
● On dit aussi *le national-socialisme.*

navette spatiale

ne **adv.** ✦ Mot qui se place devant un verbe pour indiquer la négation et qui est souvent suivi de *jamais, pas, plus* ou *rien*. *Ce bébé ne pleure jamais. À ta place, je n'hésiterais pas. Il ne veut plus partir. Elle n'a rien compris.*
● *Ne* devient *n'* devant une voyelle ou un *h* muet.
▷ Autres mots de la famille : NAGUÈRE, N'EST-CE PAS, SAINTE-NITOUCHE.

né, née **adj.** ✦ Qui a un don inné pour quelque chose. *Cette petite fille est une comédienne née.* ❍ homonyme : nez.
▷ Mot de la famille de NAÎTRE.

néanmoins **adv.** ✦ Malgré cela. → **cependant, pourtant.** *Alex est paresseux, néanmoins il n'est pas trop mauvais élève.*

néant **n. m.** 1. *Réduire à néant,* réduire à rien, anéantir. *Tous ses espoirs ont été réduits à néant.* 2. Rien. *Signes particuliers : néant,* rien à signaler.
▷ Autres mots de la famille : ANÉANTIR, ANÉANTISSEMENT, FAINÉANT.

nébuleux, nébuleuse **adj.** 1. Couvert de nuages. *Un ciel nébuleux.* → **nuageux.** ❏ contr. **clair.** 2. Difficile à comprendre, confus. *Ses explications étaient nébuleuses.* → **obscur.** ❏ contr. **clair, précis.**
➤ **nébuleuse** **n. f.** ✦ Nuage de gaz et de poussière, dans l'espace. *Certaines nébuleuses sont opaques et cachent les étoiles.*

nébuleuse

nécessaire **adj.** et **n. m.**
■ **adj.** Très utile, essentiel. *Emporte tout ce qui te sera nécessaire,* tout ce dont tu auras besoin. ❏ contr. **inutile, superflu.** *Il a les qualités nécessaires pour être un bon professeur.* → **indispensable.**
■ **n. m.** 1. Ce qui est indispensable pour vivre. *Dans ce pays si pauvre, beaucoup de gens manquent du nécessaire.* 2. Ce qu'il faut faire et qui suffit. *Nous ferons le nécessaire pour que tout se passe bien.* 3. Boîte ou étui renfermant les objets indispensables à la toilette, à un ouvrage, etc. *Son nécessaire à couture est dans l'armoire.*
➤ **nécessairement** **adv.** ✦ Obligatoirement. → **forcément.** *Pour aller en Irlande, il faut nécessairement traverser la mer.*

nécessité **n. f.** ✦ Chose indispensable. → **obligation.** *Dormir est une nécessité pour l'organisme.*
➤ **nécessiter** **v.** (conjug. 1) ✦ Exiger, demander. *Ce travail nécessite une grande attention.*
➤ **nécessiteux, nécessiteuse** **adj.** ✦ *Une personne nécessiteuse,* c'est une personne qui manque du nécessaire pour vivre. → **pauvre.** — **N.** *Les nécessiteux.*

nécrologie **n. f.** ✦ Article, texte qui retrace la vie d'une personne qui vient de mourir.
➤ **nécrologique** **adj.** ✦ Qui a rapport à la nécrologie. *Le journal a consacré un article nécrologique au grand comédien disparu,* un article qui retrace sa vie.

nécropole **n. f.** ✦ Grand cimetière de l'Antiquité. *Les nécropoles étrusques.*

nectar **n. m.** 1. Liquide sucré que contiennent les fleurs et les feuilles. *Les abeilles butinent le nectar.* 2. Boisson délicieuse. *Ce vin est un vrai nectar.*
➤ **nectarine** **n. f.** ✦ Pêche à peau lisse dont le noyau n'adhère pas à la chair. → aussi **brugnon.**

nef [nɛf] **n. f.** 1. Partie centrale d'une église, située entre le portail et le chœur. 2. Autrefois, navire à voiles.

néfaste **adj.** 1. *Un jour néfaste,* où il arrive des malheurs. *Certaines personnes pensent que le vendredi 13 est un jour néfaste.* ❏ contr. ② **faste.** 2. Mauvais, nuisible. *Ce climat humide et chaud est néfaste pour la santé.* ❏ contr. **bénéfique.**

nèfle **n. f.** ✦ Petit fruit rond qui se mange très mûr.

➤ **néflier** **n. m.** ✦ Arbre sur lequel poussent les nèfles.

① **négatif, négative** **adj.** **1.** Qui exprime une négation. *« Je ne viendrai pas » est une phrase négative.* **2.** Qui marque un refus. *Sa réponse a été négative,* il a répondu non. ❑ contr. **affirmatif.** — **N. f.** *La négative,* c'est une réponse négative. *Elle a répondu par la négative.* **3.** Qui ne fait que des critiques. *Je lui ai demandé ce qu'il pensait et il s'est montré très négatif.* ❑ contr. **constructif, positif.**

② **négatif** **n. m.** ✦ Pellicule développée sur laquelle on voit en clair ce qui devrait être sombre et en sombre ce qui devrait être clair. *On tire une photo à partir du négatif.*

négation **n. f.** **1.** Mot qui sert à nier. *« Non » est un adverbe de négation.* **2.** Ce qui est contraire à. *Cette méthode archaïque est la négation du progrès.* ❑ contr. **affirmation.**

négliger **v.** (conjug. 3) **1.** Ne pas faire attention à, ne pas se préoccuper de. *Elle néglige sa santé.* → se **désintéresser.** *Il néglige ses amis.* → **délaisser.** **2.** Omettre. *Il a négligé de nous prévenir.* **3.** **se négliger,** ne pas prendre soin de soi, être sale et mal habillé. *Elle se néglige depuis son divorce.*

➤ **négligé** **n. m.** ✦ Laisser-aller dans la tenue. *On lui reproche le négligé de ses vêtements.*

➤ **négligeable** [neglizabl] **adj.** ✦ Sans importance. → **insignifiant.** *C'est un détail négligeable.* ❑ contr. **important.**

➤ **négligemment** [neglizamɑ̃] **adv.** ✦ Sans mettre de soin à ce que l'on fait, sans faire attention. *Julie a négligemment posé son cartable au milieu de la pièce.* ❑ contr. **soigneusement.**

➤ **négligence** **n. f.** ✦ Manque de soin, d'attention ou de prudence. *Il ne répond pas à son courrier, par négligence.* → **désinvolture.** ❑ contr. **attention.**

➤ **négligent, négligente** **adj.** ✦ *Une personne négligente,* c'est une personne qui n'apporte pas de soin, d'attention à ce qu'elle fait. ❑ contr. **attentif.** *L'incendie a été causé par des campeurs négligents.*

négoce **n. m.** ✦ Commerce. *Cet homme s'était enrichi dans le négoce des épices.*

● Ce mot est littéraire.

➤ **négociant** **n. m.**, **négociante** **n. f.** ✦ Personne qui fait du commerce en gros. → **grossiste.** *Un négociant en vins.* ❑ contr. **détaillant.**

négocier **v.** (conjug. 7) ✦ Discuter afin de se mettre d'accord. *Les deux chefs d'État ont négocié un traité de paix.*

➤ **négociateur** **n. m.**, **négociatrice** **n. f.** ✦ Personne qui mène une négociation. *Les négociateurs ont signé le cessez-le-feu.*

➤ **négociation** **n. f.** ✦ Suite de discussions que l'on entreprend pour arriver à un accord. *Les deux pays ont engagé des négociations.*

nègre **n. m.**, **négresse** **n. f.** ✦ Homme ou femme noir. → **noir.**

● Ce mot est vieux ou péjoratif. On dit maintenant *un Noir, une Noire* ou *une personne de couleur.*

➤ **négrier** **n. m.** ✦ Autrefois, personne qui achetait et vendait les esclaves noirs. *Les négriers allaient capturer les Noirs en Afrique pour les vendre en Amérique.* → aussi ② **traite.**

neige **n. f.** **1.** Eau gelée qui tombe du ciel en flocons blancs et légers, lorsqu'il fait froid. *Il est tombé de la neige cette nuit. Alex et Théo ont fait une bataille de boules de neige.* **2.** *Une classe de neige,* c'est un séjour à la montagne d'une classe qui étudie avec son professeur tout en pratiquant les sports d'hiver. **3.** *Des blancs (d'œufs) en neige,* ce sont des blancs d'œufs battus qui forment une mousse.

➤ **neiger** **v.** (conjug. 3) ✦ *Il neige,* il tombe de la neige.

● Ce verbe ne s'emploie qu'à la 3e personne du singulier.

➤ **neigeux, neigeuse** **adj.** ✦ Couvert de neige. *Les skieurs dévalent les pentes neigeuses.*

▷ Autres mots de la famille : CHASSE-NEIGE, DÉNEIGER, ENNEIGÉ, ENNEIGEMENT, PERCE-NEIGE.

nénuphar n. m. ✦ Plante à grandes feuilles rondes et à fleurs blanches, roses ou jaunes, qui pousse dans l'eau.
● Ce mot vient de l'arabe.

nénuphar

néolithique n. m ✦ Période la plus récente de la préhistoire, correspondant à l'âge de la pierre. *Au néolithique, les hommes savaient tailler et polir des outils de pierre et fabriquer des poteries.* → aussi **paléolithique.**
● Il y a un *h* après le *t.*

hache du **néolithique**

néologisme n. m. ✦ Mot nouveau. *Ce texte contient beaucoup de néologismes.*

néon n. m. 1. Gaz qui sert à éclairer. *Une enseigne lumineuse au néon signale le cinéma.* 2. Tube fluorescent qui éclaire avec ce gaz. *Il faut remplacer le néon de la cuisine.*

néophyte n. m. et f. ✦ Personne qui pratique depuis peu une technique, un art. *Théo fait du piano depuis la rentrée, c'est un néophyte.* → **débutant, novice.**
● Il y a un *y* après le *h.*

nerf [nɛʀ] n. m. 1. *Les nerfs,* ce sont les filaments qui relient chaque partie du corps au cerveau et à la moelle épinière. *Les nerfs servent à sentir, à voir, à entendre et à bouger.* — *Être à bout de nerfs,* c'est être très énervé et fatigué. *Avoir une crise de nerfs,* c'est se mettre à pleurer et à crier sans pouvoir se contrôler. 2. Ligament, tendon des muscles. *Cette viande est pleine de nerfs,* elle est nerveuse. 3. Énergie, vigueur. *Allons, du nerf !*

➤ **nerveux, nerveuse** adj. 1. *Une personne nerveuse,* c'est une personne qui est excitée, agitée. ❑ contr. **calme.** *Elle se sentait un peu nerveuse.* → **énervé.** 2. Qui se rapporte aux nerfs. *Le système nerveux,* c'est l'ensemble formé par les nerfs, le cerveau et la moelle épinière. 3. *Une viande nerveuse,* pleine de nerfs, trop dure. 4. *Une voiture nerveuse,* c'est une voiture qui avance très vite dès qu'on accélère un tout petit peu.

➤ **nerveusement** adv. ✦ Avec nervosité. ❑ contr. **calmement.** *Elle rit nerveusement.*

➤ **nervosité** n. f. ✦ Énervement, irritation. ❑ contr. **calme.** *Elle est d'une grande nervosité aujourd'hui.*

▷ Autres mots de la famille : ÉNERVANT, ÉNERVÉ, ÉNERVEMENT, ÉNERVER, NERVURE.

nervure n. f. ✦ *Les nervures d'une feuille,* ce sont les fines lignes en relief à la surface de la feuille.

▷ Mot de la famille de NERF.

n'est-ce pas adv. ✦ Expression qui sert à interroger quelqu'un, à lui demander son avis. *Tu es d'accord, n'est-ce pas ?*

▷ Mot de la famille de NE, ① ÊTRE, ② CE et ② PAS.

net [nɛt] adj. et adv., **nette** adj.

■ **adj.** 1. Propre. *Cette chemise n'est pas très nette.* ❑ contr. **sale.** — *Il voulait en avoir le cœur net,* ne plus avoir de doute. 2. *Le poids net d'une marchandise,* c'est son poids sans l'emballage. ❑ contr. **brut.** 3. Clair et précis. *Sa réponse a été nette.* ❑ contr. **confus, évasif.** 4. Évident, indiscutable. *Il y a une nette amélioration du temps depuis hier.* 5. *Une image nette,* dont on distingue bien les contours et les moindres détails. *Règle le téléviseur pour que l'image soit plus nette.* ❑ contr. **flou.**

■ **adv.** Tout d'un coup, brusquement. *La voiture s'arrêta net.*

➤ **nettement** adv. 1. D'une manière claire, visible. *On voit très nettement le mont Blanc à l'horizon.* ❑ contr. **vaguement.** 2. D'une manière évidente, visible. *Le malade va nettement mieux. La voiture roulait nettement trop vite,* beaucoup trop vite.

➤ **netteté** n. f. 1. Clarté et précision. *Le professeur explique les choses avec netteté.* 2. Qualité de ce qui est bien visible. *Ces photos sont d'une grande netteté,* on peut en distinguer chaque détail.

➤ **nettoyer** **v.** (conjug. 8) ✦ Rendre net, propre. *La femme de ménage nettoie la salle de bains. Il a donné son manteau à nettoyer.*

➤ **nettoyage** **n. m.** ✦ Fait de nettoyer, de rendre propre. *Elle a fait un grand nettoyage de printemps, dans sa maison.*

▷ Autre mot de la famille : AUTONETTOYANT.

① **neuf** [nœf] **adj. inv.** ✦ Huit plus un (9). *Il y avait neuf personnes dans la salle. Julie a 9 ans* [nœvɑ̃]. *Il est 9 heures* [nœvœʀ]. — **N. m. inv.** *Ils habitent au 9, rue Didot,* au numéro 9.

▷ Autre mot de la famille : NEUVIÈME.

② **neuf** **adj.** et **n. m.**, **neuve** **adj.**

■ **adj. 1.** Qui vient d'être acheté ou qui n'a pas encore servi. *Julie a mis ses chaussures neuves.* ❏ contr. **usagé, vieux.** *Il s'est acheté une voiture neuve.* ❏ contr. **d'occasion.** *Ils n'ont que des meubles neufs.* ❏ contr. **ancien. 2.** Nouveau. *Alors, quoi de neuf, aujourd'hui ?*

■ **n. m.** Ce qui est neuf. *Il n'achète que du neuf,* que des choses neuves. *Cet appartement a été refait à neuf,* il a été refait complètement. → aussi **rénover.**

neurasthénie **n. f.** ✦ Maladie qui se manifeste par une grande tristesse, un grand abattement. → **dépression.** *Il souffre de neurasthénie depuis la mort de sa femme.*

● Il y a un *h* après le *t*.

➤ **neurasthénique** **adj.** ✦ Qui souffre de neurasthénie, triste et déprimé. *Sa femme est neurasthénique.* → **dépressif.**

● Il y a un *h* après le *t*.

neurologie **n. f.** ✦ Partie de la médecine qui s'occupe du système nerveux.

➤ **neurologique** **adj.** ✦ *Des troubles neurologiques,* ce sont des troubles du système nerveux.

➤ **neurologue** **n. m.** et **f.** ✦ Médecin spécialiste du système nerveux.

neurone **n. m.** ✦ Cellule nerveuse. *Il y a environ 9 milliards de neurones dans le cerveau.*

neutraliser **v.** (conjug. 1) ✦ Empêcher d'agir, rendre inoffensif. *Les pompiers ont neutralisé l'incendie.*

▷ Mot de la famille de NEUTRE.

neutralité **n. f.** ✦ État d'une personne ou d'un pays qui ne prend pas parti. *Pendant la Seconde Guerre mondiale, la Suisse a observé la plus stricte neutralité.*

▷ Mot de la famille de NEUTRE.

neutre **adj. 1.** Qui ne participe pas à un conflit, à une guerre. *La Suisse et la Suède sont des pays neutres,* qui ne prennent pas parti pendant les guerres. **2.** Qui ne prend pas parti, ne favorise personne. *Au cours du match, l'arbitre doit rester neutre.* → **impartial. 3.** *Un ton neutre,* sans passion, indifférent. **4.** *Une couleur neutre,* sans éclat. ❏ contr. **vif.**

▷ Autres mots de la famille : NEUTRALISER, NEUTRALITÉ.

neuvième **adj.** et **n. m.**

■ **adj.** Qui succède au huitième. *Louise habite au neuvième étage.*

■ **n. m.** La partie d'un tout divisé en neuf. *Le neuvième d'une somme.*

▷ Mot de la famille de ① NEUF.

névé **n. m.** ✦ Masse de neige dure, en haute montagne, qui se transforme parfois en glacier.

neveu **n. m.** ✦ Fils du frère ou de la sœur. *Il a trois neveux et deux nièces.* → aussi **oncle, tante.**

névralgie **n. f.** ✦ Douleur ressentie sur le trajet d'un nerf. *Une névralgie faciale.*

nez **n. m. 1.** Partie qui dépasse du visage, entre le front et la bouche, et qui sert à sentir et à respirer. → aussi **narine** et **odorat.** *Paul a un grand nez. Théo se met des gouttes dans le nez.* → aussi **nasal.** *Julie saigne du nez.* — *Mener quelqu'un par le bout du nez,* lui faire faire tout ce qu'on veut. *Avoir le nez creux,* deviner juste, être clairvoyant. *Ne pas voir plus loin que le bout de son nez,* manquer de bon sens, ne pas être prévoyant. *Se trouver nez à nez avec quelqu'un,* face à face. *Fourrer son nez partout,* être très curieux. *Rire au nez de quelqu'un,* se moquer de lui ouvertement. **2.** Partie avant. *L'avion piqua du nez.* ❍ homonyme : né.

▷ Autres mots de la famille : CACHE-NEZ, PIED DE NEZ.

ni **conjonction** ✦ *Ni,* accompagné de *ne,* indique qu'on ajoute quelque chose de négatif dans une phrase négative. *Je ne prends ni lait ni sucre dans mon thé,* pas de lait et pas de sucre non plus. ❍ homonyme : nid.

niais, niaise adj. ✦ Bête et naïf. *Il a fait une réflexion un peu niaise. Il est vraiment niais.* → **nigaud.**

➤ **niaiserie** n. f. ✦ Parole bête. → **bêtise, sottise.** *Arrête de dire des niaiseries !*

● Ce mot est un peu vieilli.

① **niche** n. f. ✦ Farce. → ② **blague.** *Alex est très taquin et fait souvent des niches à ses camarades.*

▷ Mot de la famille de NICHER.

② **niche** n. f. **1.** Abri en forme de petite maison, où couche un chien. *Le chien dort dans sa niche.* **2.** Renfoncement dans l'épaisseur d'un mur, où l'on met un objet décoratif. *La statuette est placée dans une niche.*

▷ Mot de la famille de NICHER.

niche

nicher v. (conjug. 1) **1.** Faire son nid. *La plupart des oiseaux nichent dans les arbres.* **2. se nicher,** c'est se blottir, se cacher. *Léa a couru se nicher dans les bras de son père.*

➤ **nichée** n. f. ✦ Ensemble d'oiseaux de la même couvée qui sont encore au nid. *Une nichée de poussins.* → **couvée.**

▷ Autres mots de la famille : DÉNICHER, ① et ② NICHE.

nickel n. m. ✦ Métal inoxydable, d'un blanc argenté.

● Ce mot vient de l'allemand.

➤ **nickelé** [nikle], **nickelée** [nikle] adj. ✦ Recouvert de nickel. *Le guidon de la bicyclette est nickelé.*

nicotine n. f. ✦ Produit dangereux qui se trouve dans le tabac. *La nicotine jaunit les doigts et les dents des fumeurs.*

nid n. m. ✦ Abri que les oiseaux construisent pour pondre, couver leurs œufs et élever leurs petits. → aussi **nicher.** *Les hirondelles ont fait leur nid sous le toit. — Petit à petit l'oiseau fait son nid,* les choses se font progressivement. ❍ homonyme : ni.

nièce n. f. ✦ Fille du frère ou de la sœur. *Elle a deux nièces et un neveu.* → aussi **oncle, tante.**

nier v. (conjug. 7) ✦ *Nier quelque chose,* c'est dire que cette chose n'est pas vraie. ❑ contr. **affirmer.** *Alex et Théo ont nié avoir fait une farce à leurs camarades. L'accusé continue à nier,* à dire que ce n'est pas lui le coupable.

▷ Autres mots de la famille : INDÉNIABLE, RENIEMENT, RENIER.

nigaud, nigaude adj. ✦ Un peu bête et naïf. → **niais.** ❑ contr. ① **malin.** *Elle est un peu nigaude.* → fam. ② **gourde.** — **N.** *Quel grand nigaud !*

▷ Autre mot de la famille : ATTRAPE-NIGAUD.

n'importe qui, n'importe quoi → ① **importer**

nippon, nipponne adj. ✦ Japonais. *L'empire nippon.*

● *Nippon* est un mot japonais qui veut dire « soleil levant ».

nitrate n. m. ✦ Produit chimique avec lequel on fait des engrais, des médicaments et des explosifs.

nitroglycérine n. f. ✦ Explosif très puissant. *La dynamite contient de la nitroglycérine.*

niveau n. m. **1.** Hauteur jusqu'à laquelle s'élève un liquide, par rapport à un plan horizontal. *Elle a de l'eau au niveau de la taille. La ville est à 500 mètres au-dessus du niveau de la mer. On vérifie le niveau d'huile d'une voiture avec une jauge.* — Au pl. *Des niveaux.* **2.** Instrument qui sert à vérifier qu'une surface est horizontale ou verticale. **3.** Étage d'un bâtiment. *Cette maison est construite sur deux niveaux.* **4.** Degré d'intelligence et de connaissances. *Le niveau de la classe est très bon,* il n'y a que de bons élèves. **5.** *Le niveau de vie,* c'est la manière dont vivent les gens,

différents types de **nids**

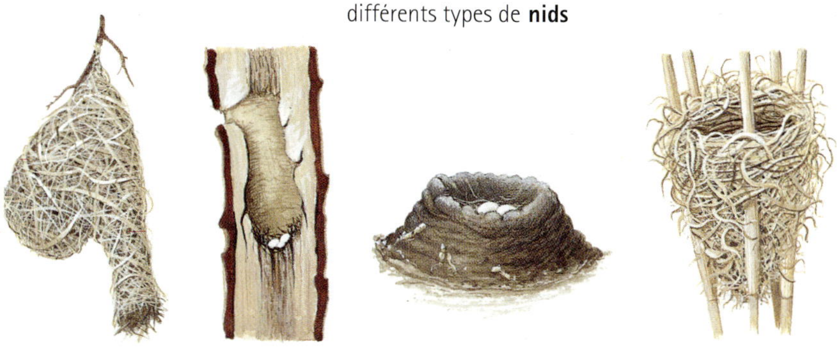

tisserin pic flamant rousserolle

en fonction de l'argent qu'ils gagnent et de l'économie du pays où ils habitent. *Les Américains du Nord ont un meilleur niveau de vie que les Africains.* **6.** Caractère que présente la langue selon la personne qui parle et les circonstances. *« Livre » est d'un niveau de langue courant, « bouquin » d'un niveau de langue familier. « Narrer » est d'un niveau de langue littéraire.*

➤ **niveler** **v.** (conjug. 4) ✦ Supprimer les creux et les bosses. → **aplanir, égaliser.** *L'érosion nivelle les reliefs.*

➤ **nivellement** **n. m.** ✦ Action de niveler, d'égaliser. *Le nivellement d'un terrain.*

▷ Autres mots de la famille : DÉNIVELÉ, DÉNIVELLATION.

noble **adj.** et **n. m.** et **f.**

■ **adj.** Beau et généreux. *C'est un geste très noble.* ❑ contr. **mesquin.**

■ **n. m.** et **f.** Personne qui appartenait autrefois à la plus haute classe de la société. → **aristocrate.** *Les nobles possédaient des châteaux et des terres.* ❑ contr. **roturier.**

➤ **noblement** **adv.** ✦ D'une manière noble, élevée et généreuse. *Il a agi noblement.*

➤ **noblesse** **n. f.** **1.** Générosité. *Pardonner à son ennemi est un acte d'une grande noblesse.* **2.** *La noblesse,* c'était la classe la plus élevée de la société, composée des nobles. → **aristocratie.** *Avant la Révolution de 1789, la noblesse avait de nombreux privilèges.*

▷ Autre mot de la famille : ANOBLIR.

noce **n. f.** **1.** *Les noces,* le mariage. *Les nouveaux mariés sont partis en voyage de noces. Ce couple vient de fêter ses noces d'or,* ses 50 ans de mariage. **2.** *Une noce,* c'est la fête qui suit le mariage. *Ils sont invités à une noce à la campagne.* **3.** *Faire la noce,* faire la fête, s'amuser.

nocif, nocive **adj.** ✦ *Une chose nocive,* c'est une chose qui peut faire beaucoup de mal. → **dangereux, nuisible.** *Fumer est nocif pour la santé.* → **néfaste, toxique.** ❑ contr. **bienfaisant,** ① **bon, inoffensif.**

noctambule **n. m.** et **f.** ✦ Personne qui aime s'amuser ou sortir la nuit.

nocturne **adj.** et **n. m.** et **f.**

■ **adj. 1.** Qui a lieu pendant la nuit. *Ses voisins font du tapage nocturne.* **2.** *Les animaux nocturnes,* ce sont ceux qui vivent la nuit et dorment le jour. *La chouette est un oiseau nocturne.* ❑ contr. **diurne.**

■ **n. 1. n. f.** Ouverture le soir assez tard d'un magasin ou d'une exposition. *Le supermarché est ouvert en nocturne le vendredi jusqu'à 22 heures.* **2. n. m.** Morceau de piano au ton un peu mélancolique. *Le pianiste joue des nocturnes de Chopin.*

Noël **n. m.** **1.** Fête que les chrétiens célèbrent le 25 décembre en souvenir de la naissance du Christ. *Julie a eu de nombreux cadeaux pour Noël.* **2.** *Un arbre de Noël,* c'est un sapin que l'on décore avec des guirlandes et des boules multicolores, au moment de Noël. **3.** *Le père Noël,* c'est un personnage légendaire chargé de distribuer des cadeaux aux enfants la nuit de Noël.

nœud **n. m.** **1.** Boucle faite en entrecroisant les deux bouts d'un fil, d'une corde ou d'un ruban, de manière à les resserrer si on tire sur les extrémités. *Il fait son nœud de cravate devant la glace. Paul fait les nœuds de ses chaussures,* il en noue les lacets. **2.** Point très important. *Voilà le nœud du problème.* **3.** *Un nœud ferroviaire,* c'est un endroit où se croisent de nombreuses lignes de chemin de fer.

4. Partie très dure à l'intérieur d'un arbre, qui forme des cercles dans le bois. *Il y a beaucoup de nœuds dans cette planche.* **5.** Unité de vitesse des bateaux. *Un nœud équivaut à 1 mille à l'heure ou 1,8 km/h.*

nœud

noir adj. et n. m., **noire** adj. et n. f.

■ **adj. 1.** De la couleur la plus foncée qui existe. *Un chat noir. Des yeux noirs,* brun très foncé. **2.** Sombre, sans lumière. *La nuit, il fait noir. Il faisait nuit noire,* il n'y avait ni lune ni étoiles. ❏ contr. **clair. 3.** *Avoir des idées noires,* tristes, sombres. **4.** Qui appartient à un groupe de gens dont la peau est très foncée. *Les populations noires et métisses. Une chanteuse noire.*

■ **n. 1. n. m.** Couleur noire. *Le noir est la couleur du deuil. Les photos de mariage de ses grands-parents sont en noir et blanc.* ❏ contr. **en couleurs. 2. n. m.** Obscurité. *Léa a peur du noir.* **3. n. m.** *Voir tout en noir,* c'est être pessimiste. **4. n.** Personne à la peau noire. *Un Noir américain. Les Noirs d'Afrique. La traite des Noirs* → aussi **nègre.** — On dit aussi *une personne de couleur.* ❍ homonyme : noire.

➤ **noirâtre** adj. ✦ D'une couleur foncée, presque noire. *L'eau de la mare est noirâtre.*

➤ **noirceur** n. f. **1.** Couleur noire. *La noirceur du charbon.* **2.** Méchanceté odieuse. *La noirceur d'un crime.*

➤ **noircir** v. (conjug. 2) **1.** Rendre noir. *La fumée noircit les murs.* **2.** Décrire en exagérant le mauvais côté. *Tu noircis un peu trop la situation !*

➤ **noire** n. f. ✦ Note de musique qui vaut la moitié d'une blanche. *Deux croches valent une noire.* ❍ homonyme : noir.

noisette n. f. ✦ Petit fruit brun clair contenu dans une coque. *L'écureuil fait provision de noisettes pour l'hiver.*

➤ **noisetier** n. m. ✦ Arbuste qui produit les noisettes.

noix [nwa] n. f. **1.** Fruit du noyer contenu dans une coquille ovale très dure. *On gaule les noix en automne.* **2.** Fruit à coque dure poussant sur d'autres arbres. *Noix de coco.* → **coco.** *Noix de cajou.* → **cajou.**

▷ Autres mots de la famille : CASSE-NOIX, ② NOYER.

nom n. m. **1.** Mot qui sert à désigner une personne. *Écris ton nom de famille et ton prénom en haut de la page.* **2.** Mot qui sert à désigner un animal, un lieu, un objet. *Je ne me souviens plus du nom de cette rue. Tarzan est le nom que Julie a donné à son chien.* **3.** Mot qui sert à désigner les êtres et les choses de la même espèce. *Quel est le nom de cette fleur ?* → **appellation, désignation. 4.** Mot qui peut être le sujet d'un verbe. *Un nom commun peut être précédé d'un article et accompagné d'un adjectif. « Chat » et « gomme » sont des noms communs.* → **subs-**

noix de muscade

noix de cajou

noix

noix de coco

tantif. *« Belgique », « Julie » et « Balzac » sont des noms propres.* → ② **propre.** ○ homonyme : non.

▷ Autres mots de la famille : DÉNOMMÉ, DÉNOMMER, NOMMÉMENT, NOMMER, PRÉNOM, PRÉNOMMER, PRONOM, RENOM, RENOMMÉ, RENOMMÉE, SURNOM, SURNOMMER.

nomade **n. m.** et **f.** ✦ Personne qui n'a pas d'habitation fixe. *Les nomades du désert se déplacent à dos de chameau.* — **Adj.** *Les populations nomades.* ❑ contr. **sédentaire.**

nombre **n. m.** 1. Ce qui sert à compter. *217 est un nombre de 3 chiffres.* 2. Ensemble plus ou moins grand de personnes ou de choses. *Quel est le nombre d'habitants de Paris ? Il y avait un grand nombre de personnes,* beaucoup de personnes. *Il était au nombre des invités,* il faisait partie des invités. 3. Catégorie grammaticale du singulier et du pluriel. *L'adjectif s'accorde en genre et en nombre avec le nom qu'il accompagne.*

➤ **nombreux, nombreuse** **adj.** ✦ En grand nombre. *Julie a fait de nombreuses fautes dans sa dictée.*

▷ Autres mots de la famille : DÉNOMBRER, INNOMBRABLE, EN SURNOMBRE.

nombril [nɔ̃bʀil] ou [nɔ̃bʀi] **n. m.** ✦ Petite cicatrice ronde au milieu du ventre, à l'endroit où se trouvait le cordon qui rattachait le bébé à sa mère.

nomenclature **n. f.** ✦ Ensemble des mots qui sont définis dans un dictionnaire. *Ce dictionnaire a une nomenclature de 20 000 mots.*

nominal, nominale **adj.** ✦ Qui concerne le nom de la personne. *Le professeur a fait l'appel nominal des élèves.* → **nominatif.** — Au masc. pl. *nominaux.*

nominatif, nominative **adj.** ✦ Qui contient des noms. *Une liste nominative des invités. Cette carte est nominative,* elle est au nom de son propriétaire.

nomination **n. f.** ✦ Le fait de nommer ou d'être nommé officiellement à une fonction, à un emploi. *Il espère obtenir sa nomination à Marseille.*

nommer **v.** (conjug. 1) 1. Citer, en disant le nom. → **désigner, indiquer.** *Nommez dix mammifères.* 2. Choisir pour remplir une fonction. *Elle a été nommée professeur en banlieue parisienne.* 3. **se nommer,** s'appeler. *Il se nomme Luc Favre.*

➤ **nommément** **adv.** ✦ Par son nom. *Le meneur a été nommément désigné par ses complices.*

▷ Mots de la famille de NOM.

non **adv.** ✦ Mot qui sert à exprimer le refus, la négation. ❑ contr. **oui.** *Tu viens avec nous ? Non ! Mais non ! Non merci. Il a dit que non.* → aussi **nier.** *C'est pour moi et non pour toi.* → ② **pas.** *C'est ainsi, que tu le veuilles ou non. Moi non plus.* ○ homonyme : nom.

▷ Autres mots de la famille : NON-CONFORMISTE, NON-FUMEUR, NON-LIEU, NON-SENS, NON-VIOLENCE, NON-VIOLENT, NON-VOYANT, SINON.

nonagénaire **adj.** ✦ Qui a entre 90 et 99 ans. *Ce vieux monsieur est nonagénaire.* — **N.** *C'est une alerte nonagénaire.*

nonante **adj. inv.** et **n. m. inv.** ✦ Quatre-vingt-dix (90).

● Ce mot est employé en Belgique et en Suisse.

nonchalant, nonchalante **adj.** ✦ Qui n'a pas beaucoup d'énergie, d'ardeur. → **indolent.** ❑ contr. **vif.** *Elle est très nonchalante.* → ① **mou.** *Il marche d'un pas nonchalant.* ❑ contr. **énergique, vif.**

➤ **nonchalance** **n. f.** ✦ Mollesse, manque d'énergie. *Elle se leva avec nonchalance.* ❑ contr. **entrain, vivacité.**

non-conformiste **n. m.** et **f.** ✦ Personne qui ne se conforme pas à ce que font habituellement les autres gens. — **Adj.** *Des gens non-conformistes.* → **anticonformiste, original.**

▷ Mot de la famille de NON et de FORME.

non-fumeur **n. m., non-fumeuse** **n. f.** ✦ Personne qui ne fume pas. *Ce wagon est réservé aux non-fumeurs.* ❑ contr. **fumeur.** — *Le coin non-fumeurs d'un restaurant,* réservé aux personnes qui ne fument pas.

▷ Mot de la famille de NON et de FUMER.

non-lieu **n. m.** ✦ Décision par laquelle le juge déclare qu'il n'y a pas lieu de continuer les poursuites contre l'accusé. *Le prévenu a bénéficié d'un non-lieu.* — Au pl. *Des non-lieux.*

▷ Mot de la famille de NON et de ① LIEU.

nonne **n. f.** ✦ Religieuse.

non-sens **n. m. inv.** ✦ Absurdité. *C'est un non-sens de faire cela.* — Au pl. *Des non-sens.*

▷ Mot de la famille de NON et de ② SENS.

non-violent, non-violente adj. ✦ *Une manifestation non-violente,* c'est une manifestation où les gens disent ce qu'ils pensent sans utiliser la violence. → **pacifiste.** — **N.** *Les non-violents,* ce sont les personnes qui refusent d'avoir recours à la violence pour persuader leurs adversaires. *C'est une non-violente convaincue.*

➤ **non-violence** n. f. ✦ Doctrine de ceux qui refusent d'utiliser la violence dans une action politique. *Les adeptes de la non-violence.*

▷ Mots de la famille de NON et de VIOLENT.

non-voyant n. m., **non-voyante** n. f. ✦ Personne qui ne voit pas. → **aveugle.** — **Adj.** *Sa femme est non-voyante.*

▷ Mot de la famille de NON et de VOIR.

nord n. m. et adj. inv.

■ **n. m. 1.** *Le nord,* c'est l'un des 4 points cardinaux, celui qui correspond à la direction du pôle de l'hémisphère où se trouve l'Europe. ❏ contr. **sud.** *L'aiguille de la boussole indique le nord. Leur chambre est exposée au nord. La Belgique est au nord de la France.* **2.** *Le Nord,* c'est la région de France située le plus au nord. *Lille est dans le Nord.* **3.** Partie nord d'un pays, d'un continent. *L'Algérie est en Afrique du Nord.*

■ **adj. inv.** Qui se trouve au nord. *L'hémisphère Nord. Le pôle Nord.*

● *Nord* s'écrit avec une majuscule quand il s'agit d'un nom propre géographique.

➤ **nordique** adj. ✦ Qui est situé au nord de l'Europe. *La Suède, la Norvège, le Danemark et la Finlande forment les pays nordiques.*

normal, normale adj. ✦ Qui n'a rien de particulier, qui est comme les autres. *La température est normale pour la saison. C'est normal d'être fatigué à la fin de la journée.* ❏ contr. **anormal, exceptionnel, spécial.** — Au masc. pl. *normaux.*

➤ **normalement** adv. ✦ D'une manière normale. *Tout se passe normalement. Normalement, il rentre déjeuner tous les jours.* → **habituellement.**

▷ Mots de la famille de NORME.

norme n. f. **1.** État habituel, qui correspond à la majorité des cas. *Travailler 8 heures par jour, c'est la norme.* **2.** *Les normes,* ce sont les règles auxquelles on doit se conformer pour fabriquer des objets. *Les constructeurs de voitures doivent respecter les normes de sécurité.*

▷ Autres mots de la famille : ANORMAL, ANORMALEMENT, NORMAL, NORMALEMENT.

nos → **notre**

nostalgie n. f. ✦ Tristesse vague, causée par le regret de quelque chose qui est fini ou que l'on n'a pas eu. → aussi **mélancolie.** *Il garde la nostalgie de son enfance à la campagne.*

➤ **nostalgique** adj. ✦ Triste, mélancolique. *Une chanson nostalgique.*

notable adj. et n. m.

■ **adj.** Digne d'être remarqué. *Léa a fait des progrès notables en orthographe.* → **important, sensible.**

■ **n. m.** Personne importante. *Le maire, le curé et le notaire font partie des notables du village.* → **personnalité.**

paysage **nordique**

➤ **notablement** **adv.** ✦ D'une manière sensible, assez importante. *La situation s'est notablement améliorée.* → **sensiblement.**

notaire **n. m.** et **f.** ✦ Personne dont le métier est de garantir devant la loi une vente, un contrat entre deux personnes. → aussi **clerc.** *Les actes de vente sont signés chez le notaire.* → aussi **étude.**

▷ Mot de la famille de ② NOTE.

notamment **adv.** ✦ En particulier. *Il a fait froid cet hiver, notamment en Alsace.* → **particulièrement, spécialement.**

notation → ② **note**

① **note** **n. f.** 1. Signe représentant un son, qui sert à écrire la musique. *Do, ré, mi, fa, sol, la, si sont les sept notes de la gamme.* 2. Son figuré par une note. *Le pianiste a fait une fausse note.* 3. Détail, élément. *Ce fauteuil rouge met une note de couleur dans la pièce.* → ① **touche.**

② **note** **n. f.** 1. Petite remarque en bas d'une page ou à la fin d'un livre, qui explique le texte. *Les mots difficiles sont expliqués en note.* 2. Observation que l'on écrit pour se souvenir de ce qu'on écoute ou qu'on voit. *Prenez des notes pendant le cours.* 3. Papier sur lequel est écrit ce que l'on doit payer. *J'ai reçu la note d'électricité !* → **facture.** *Une note de restaurant.* → **addition.** 4. Chiffre qui représente l'appréciation du professeur sur le travail de l'élève. *Théo a eu une bonne note en histoire.*

➤ **noter** **v.** (conjug. 1) 1. Inscrire. *Julie a noté l'adresse de ses amis dans son carnet.* 2. Remarquer. *Je n'ai rien noté d'anormal.* → **constater.** 3. Mettre une note. *Le professeur note les devoirs.*

➤ **notation** **n. f.** 1. Façon de noter. *La notation des devoirs,* c'est la façon dont ils sont notés. 2. *La notation musicale,* c'est la représentation des sons musicaux par les notes écrites.

▷ Autres mots de la famille : ANNOTATION, ANNOTER, NOTAIRE.

notation musicale

notice **n. f.** ✦ Petit texte qui explique comment se servir d'un appareil. *Lisez bien la notice avant de brancher le magnétoscope,* le mode d'emploi.

notifier **v.** (conjug. 7) ✦ Annoncer de manière officielle. *Le directeur lui a notifié son renvoi.*

notion **n. f.** 1. Connaissance élémentaire. *Il a quelques notions de russe.* → **rudiments.** 2. Idée que l'on se fait de quelque chose. *Je n'ai pas la moindre notion de l'heure qu'il est,* je n'en ai aucune idée.

notoire **adj.** ✦ Connu d'un grand nombre de personnes. *Il est d'une bêtise notoire.*

notoriété **n. f.** ✦ Renommée, réputation. *Les parfums français ont une grande notoriété à l'étranger.* → **célébrité, renom.**

notre (pl. **nos**) **adj. possessif** ✦ Qui est à nous. *Voilà notre maison. La maîtresse nous a rendu nos devoirs.*

nôtre **pronom possessif** et **n. m.**

■ **pronom possessif** *Le nôtre, la nôtre,* l'être ou la chose qui est à nous. *Votre voiture est là mais je ne vois pas la nôtre. Ils ont leurs soucis et nous, les nôtres.*

■ **n. m.** 1. *Nous y mettrons du nôtre,* nous ferons un effort. 2. **n. m. pl.** *Les nôtres,* ce sont nos parents, nos amis. *J'espère que vous serez des nôtres,* que vous serez avec nous.

nouer **v.** (conjug. 1) 1. Unir en faisant un nœud. *Alex noue les lacets de ses baskets.* → **attacher.** ❑ contr. **dénouer.** 2. *Avoir la gorge nouée par l'émotion,* la gorge serrée. 3. Établir des liens. *Les deux pays ont noué des relations diplomatiques.*

➤ **noueux, noueuse** **adj.** 1. Où il y a beaucoup de nœuds. *Ce vieil arbre a un tronc noueux.* 2. *Des mains noueuses,* aux articulations enflées, à cause de l'âge et des rhumatismes. *Grand-père a des mains noueuses.*

▷ Autres mots de la famille : DÉNOUEMENT, DÉNOUER, RENOUER.

nougat **n. m.** ✦ Confiserie faite d'amandes, de sucre cuit et de miel. *Le nougat de Montélimar est très réputé.*

➤ **nougatine** **n. f.** ✦ Confiserie à base de caramel dur et d'amandes pilées. *Ce gâteau contient des morceaux de nougatine.*

nouille **n. f.** ✦ *Les nouilles,* ce sont des pâtes coupées en lanières minces. *Nous avons mangé des nouilles à la sauce tomate.*

nounou **n. f.** (pl. **nounous**) ✦ Familier. Nourrice. *Julie voit toujours sa nounou.*
● Ce mot appartient au langage des enfants.
▷ Mot de la famille de NOURRIR.

nourrice **n. f.** ✦ Femme dont le métier est de garder chez elle de très jeunes enfants. *Chaque matin, elle conduit son bébé chez la nourrice.*
➤ **nourricier, nourricière** **adj.** ✦ *Les parents nourriciers d'un enfant,* ce sont ses parents adoptifs.
▷ Mots de la famille de NOURRIR.

nourrir **v.** (conjug. 2) **1.** Allaiter. *Elle a nourri son bébé pendant deux mois.* **2.** Donner à manger. *Julie nourrit son chat matin et soir.* — **se nourrir,** manger. *Ces oiseaux se nourrissent d'insectes.* **3.** Donner de quoi vivre, de quoi subsister. *Ils ont bien du mal à nourrir leur nombreuse famille.* → **élever.** **4.** Avoir en soi un sentiment, un désir. *Il nourrissait l'espoir de s'installer à l'étranger,* il l'espérait.
➤ **nourrissant, nourrissante** **adj.** ✦ Qui nourrit beaucoup. *La choucroute est un plat nourrissant.* → **nutritif.**
➤ **nourrisson** **n. m.** ✦ Bébé qui a plus d'un mois et moins de deux ans et qui se nourrit surtout de lait. → aussi **nouveau-né.**
➤ **nourriture** **n. f.** ✦ Ensemble des aliments servant à nourrir l'organisme. *La nourriture de la cantine est excellente.*
▷ Autres mots de la famille : NOUNOU, NOURRICE, NOURRICIER.

nous **pronom personnel** **1.** Pronom sujet de la première personne du pluriel, représentant la personne qui parle et une ou plusieurs autres. → **on.** *Il y a longtemps que nous ne nous sommes pas vus, toi et moi. Lui et moi, nous sommes d'accord.* **2.** Pronom complément. *Il ne nous a pas vus,* moi et ceux qui sont avec moi. **3.** *Nous-mêmes,* nous et personne d'autre. *Nous avons tout fait nous-mêmes.*

nouveau **adj., n. m. et adv.,** **nouvelle** **adj. et n. f.**
■ **adj.** **1.** Qui n'existait pas avant, qui vient d'apparaître. ❏ contr. **ancien, vieux.** *Voici le nouvel hôpital. Où allez-vous pour le nouvel an ? Julie a une nouvelle robe. Voici les nouveaux modèles de voiture.* → **récent.** *C'est la saison des pommes de terre nouvelles.* — *Tout nouveau tout beau,* on trouve toujours bien ce qui est nouveau. **2.** Original. *Il peint dans un style tout à fait nouveau.* → ② **neuf.**
■ **n. 1.** Personne qui vient d'arriver dans une école, un bureau. *La nouvelle avait l'air intimidé.* **2.** **n. m.** ***Du nouveau,*** des faits récents, des choses nouvelles. *Est-ce qu'il y a du nouveau depuis hier ?* → ② **neuf.**
■ **adv.** **1.** *De nouveau,* pour la seconde fois, une fois de plus. *Il pleut de nouveau.* → **encore.** **2.** *À nouveau,* une nouvelle fois. *Il est à nouveau au chômage.*
● Au masculin singulier, *nouveau* s'écrit *nouvel* devant un *h* muet ou une voyelle.

poulain **nouveau-né**

➤ **nouveau-né** **n. m.** ✦ Enfant qui vient de naître. → **bébé, nourrisson.** *Il ne supporte pas les cris des nouveau-nés.* — **Adj.** *Une génisse nouveau-née.* ▷ Mot de la famille de NAÎTRE.
➤ **nouveauté** **n. f.** **1.** *La nouveauté,* c'est ce qui est nouveau. *Il est sensible au charme de la nouveauté.* **2.** *Une nouveauté,* c'est une chose nouvelle. *Le libraire a mis en vitrine toutes les nouveautés,* les livres qui viennent de paraître.
▷ Autres mots de la famille : ① NOUVELLE, NOUVELLEMENT, RENOUVEAU, RENOUVELABLE, RENOUVELLEMENT, RENOUVELER, SE RENOUVELER.

nouvel → **nouveau**

① **nouvelle** **n. f.** **1.** Événement arrivé récemment et que l'on vient d'apprendre. *Connaissez-vous la nouvelle ? J'ai une bonne* *nouvelle à vous annoncer.* **2.** *Les nouvelles,* ce sont les informations que donnent les journaux, la radio, la télévision. *Il écoute les nouvelles chaque jour.* **3.** *Les nouvelles,* ce sont les renseignements récents sur une personne ou une chose. *Je suis sans nouvelles d'eux. Donne-nous de tes nouvelles ! — Pas de nouvelles, bonnes nouvelles,* on suppose que tout va bien si l'on n'a pas de nouvelles.

➤ **nouvellement** adv. ✦ Depuis peu de temps. *La vitrine a été nouvellement refaite.* → **récemment.**

▷ Mots de la famille de NOUVEAU.

② **nouvelle** n. f. ✦ Histoire courte avec peu de personnages. *Cet écrivain vient de faire paraître un recueil de nouvelles.*

novateur, novatrice adj. ✦ Qui innove, invente des choses nouvelles. *Il a des idées novatrices.* — **N.** *Les grands novateurs.*

novembre n. m. ✦ Onzième mois de l'année. *Le 11 novembre, on fête l'armistice de 1918.*

novice adj. ✦ Sans expérience. *Il est encore novice dans le métier,* il commence à l'apprendre. → **inexpérimenté.** — **N.** *C'est une novice au volant.* → **débutant, néophyte.**

noyade n. f. ✦ Mort par asphyxie sous l'eau. *Le maître nageur l'a sauvé de la noyade.*

▷ Mot de la famille de ① NOYER.

noyau n. m. **1.** Partie dure qui se trouve dans certains fruits. *Des noyaux de pêches.* **2.** *Le noyau de l'atome,* c'est sa partie centrale. → aussi **nucléaire.** **3.** Petit groupe de personnes qui s'apprécient, s'aiment bien. *Un petit noyau d'amis.*

▷ Autre mot de la famille : DÉNOYAUTER.

noyau

① **noyer** v. (conjug. 8) **1.** Tuer en plongeant dans un liquide. *Il a noyé trois chatons.* — **se noyer,** mourir asphyxié sous l'eau. *Paul a failli se noyer.* → aussi **noyade.** — *Se noyer dans un verre d'eau,* être incapable de résoudre le moindre problème. **2.** Recouvrir d'eau. *L'inondation a noyé les prés.* → **inonder, submerger.** **3.** Perdre, embrouiller. *Il nous a noyés sous un flot de paroles.*

➤ **noyé, noyée** adj. **1.** Mort en se noyant. *Ce monument a été construit à la mémoire des marins noyés en mer.* — **N.** *Les pompiers ont repêché une noyée,* une femme qui s'est noyée. **2.** Dépassé par une difficulté, perdu. *Léa n'arrive plus à suivre en mathématiques, elle est complètement noyée.*

▷ Autre mot de la famille : NOYADE.

② **noyer** n. m. ✦ Grand arbre qui donne des noix. ➼ planche Arbres p. 48. *Ce pré est planté de noyers. Il est assis sur un tabouret en noyer,* en bois de noyer.

▷ Mot de la famille de NOIX.

nu adj. et n. m., **nue** adj.

■ adj. **1.** Sans aucun vêtement. ❏ contr. **habillé.** *N'entre pas, je suis toute nue. Il est sorti nu-pieds,* sans chaussettes ni chaussures. **2.** Sans décoration, sans ornement. *Des murs complètement nus.* **3.** *À l'œil nu,* sans loupe ni microscope. *On ne peut pas distinguer les microbes à l'œil nu.* **4.** *Mettre à nu,* enlever ce qui protège ou recouvre. *Ce fil électrique est à nu, c'est dangereux.* → aussi **dénuder.**

■ n. m. *Un nu,* c'est une représentation d'un corps humain nu. *Un peintre de nus.* ❍ homonyme : nue.

▷ Autres mots de la famille : DÉNUÉ, DÉNUEMENT, NU-PIEDS, VA-NU-PIEDS.

nuage n. m. **1.** Amas de fines gouttelettes d'eau qui se maintiennent en suspension dans l'atmosphère. *Le ciel est chargé de nuages.* — *Être dans les nuages,* être distrait. → être dans la **lune.** **2.** Amas de vapeur ou de petites particules qui empêche de voir. *Il y avait un nuage de fumée dans la pièce.* **3.** *Un bonheur sans nuages,* que rien ne trouble.

➤ **nuageux, nuageuse** adj. ✦ Couvert de nuages. *Le ciel est nuageux aujourd'hui.* ❏ contr. **clair, dégagé.**

▷ Mots de la famille de NUE.

nuance n. f. **1.** Chacun des degrés par lesquels peut passer une même couleur. *Le bleu* *ciel et le bleu marine sont deux nuances de bleu.* → ② **ton.** 2. Petite différence. *Il y a quand même une nuance entre mentir et se taire !*

nuances de bleu

➤ **nuancer** v. (conjug. 3) ✦ Exprimer en tenant compte des différences. *Il faut nuancer un peu ta pensée.*

➤ **nuancé, nuancée** adj. ✦ *Des opinions nuancées,* qui tiennent compte des différences, des détails. ❏ contr. **tranché.**

nucléaire adj. 1. *L'énergie nucléaire,* c'est l'énergie libérée par le noyau de l'atome quand il se désintègre. 2. *Une centrale nucléaire,* c'est une centrale qui utilise l'énergie nucléaire. → **atomique.**

▷ Autre mot de la famille : THERMONUCLÉAIRE.

nudisme n. m. ✦ *Faire du nudisme,* c'est vivre tout nu, au grand air. → aussi **naturisme.**

➤ **nudiste** n. m. et f. ✦ Personne qui fait du nudisme. *Cette plage est réservée aux nudistes.* → aussi **naturiste.**

nudité n. f. ✦ État d'une personne nue. *Elle cache sa nudité dans un peignoir.*

nue n. f. ✦ Nuage. *Porter quelqu'un aux nues,* c'est faire son éloge avec un grand enthousiasme. *Tomber des nues,* c'est être très surpris. ❍ homonyme : nu.

● C'est un mot littéraire.

➤ **nuée** n. f. ✦ Grande quantité d'insectes ou d'oiseaux en vol. *Une nuée de moustiques. — Une nuée de photographes entoure la vedette,* une foule de photographes.

▷ Autres mots de la famille : NUAGE, NUAGEUX.

nuire v. (conjug. 38) ✦ Faire du tort, du mal. *Il a fait cela avec l'intention de nuire. Le tabac nuit gravement à la santé.*

➤ **nuisance** n. f. ✦ Ensemble d'inconvénients provoqués par la société industrielle, qui rendent la vie malsaine ou pénible. *Le bruit et la pollution sont des nuisances.*

➤ **nuisible** adj. ✦ Dangereux, nocif. ❏ contr. **bénéfique, bienfaisant, favorable.** *L'abus d'alcool est nuisible à la santé. — Les animaux nuisibles,* ce sont les animaux venimeux, parasites ou destructeurs et ceux qui transmettent des maladies. ❏ contr. **utile.**

nuit n. f. 1. Temps qui s'écoule entre le coucher et le lever du soleil et pendant lequel il fait noir. ❏ contr. **jour.** *Je n'ai pas dormi de la nuit. — La nuit porte conseil,* il faut attendre le lendemain pour prendre une décision difficile. *Le hibou est un oiseau de nuit,* qui vit la nuit. → aussi **nocturne.** 2. Obscurité. *En hiver, il fait nuit très tôt.* ❏ contr. **jour.** — *La nuit tous les chats sont gris,* la confusion est facile dans l'obscurité.

▷ Autre mot de la famille : MINUIT.

① **nul** adj. et **pronom, nulle** adj.

■ **adj.** Pas un. *Garde ce livre pour toi, je n'en ai nul besoin.* → **aucun.**

■ **pronom** Pas une personne. *Nul ne sait où il est.* → ① **personne.** ❏ contr. **tous.**

➤ **nullement** adv. ✦ Pas du tout. *Ce bruit ne me gêne nullement.*

➤ **nulle part** → **part**

② **nul, nulle** adj. 1. Qui n'existe pas. *Ne craignez rien, le danger est nul.* 2. Mauvais. *Ce devoir est vraiment nul. Louise est nulle en dessin.* ❏ contr. ① **fort.** 3. *Un match nul,* où il n'y a ni gagnant, ni perdant. *Les deux équipes ont fait match nul.*

➤ **nullité** n. f. 1. Manque de talent, de connaissances, de savoir-faire. *Il est d'une parfaite nullité en anglais.* 2. Personne nulle. *C'est une vraie nullité en sport.*

▷ Autres mots de la famille : ANNULATION, ANNULER.

numéral, numérale adj. ✦ *Un adjectif numéral,* c'est un adjectif qui indique le nombre et le rang. → aussi ② **cardinal** et **ordinal.** *« Deux » et « quatrième » sont des adjectifs numéraux.*

numérateur n. m. ✦ Chiffre placé au-dessus de la barre d'une fraction. *Dans la fraction 2/5, 2 est le numérateur et 5 le dénominateur.*

numération n. f. ✦ Manière de représenter les nombres, de compter. *La numération décimale a pour base le nombre 10.*

nymphe (J. Goujon)

numérique adj. 1. Qui est évalué en nombre. *La supériorité numérique des ennemis était écrasante,* leur supériorité en nombre. 2. Qui utilise des procédés informatiques. *Un appareil photo numérique.*

numéro n. m. 1. Nombre attribué à une chose pour la distinguer parmi les choses semblables ou pour la classer. *Le billet numéro (n°) 4250 est gagnant. Donne-moi ton numéro de téléphone.* 2. Exemplaire d'un journal ou d'une revue. *Les anciens numéros de la revue sont épuisés.* 3. Petit spectacle faisant partie d'un programme de cirque ou de music-hall. *Les acrobates ont fait un prodigieux numéro de trapèze volant.*

➤ **numéroter** v. (conjug. 1) ✦ Marquer d'un numéro. *Julie numérote les pages de son cahier de musique.*

➤ **numérotation** n. f. ✦ Façon de numéroter, ordre des numéros. *Il y a une erreur de numérotation dans les pages de ce livre.*

numismate n. m. et f. ✦ Spécialiste des médailles et des monnaies anciennes.

➤ **numismatique** n. f. ✦ Étude des médailles et des monnaies anciennes.

nu-pieds n. m. inv. ✦ Sandale à lanières, qui laisse le pied très découvert. *Julie a des nu-pieds de cuir blanc.*

▷ Mot de la famille de NU et de ① PIED.

nuptial, nuptiale adj. ✦ Qui se rapporte à la cérémonie du mariage. *La bénédiction nuptiale aura lieu à 11 heures.* — Au masc. pl. *nuptiaux.*

nuque n. f. ✦ Partie arrière du cou. *Alex croise les mains derrière la nuque.*

nurse [nœʀs] n. f. ✦ Femme chargée de s'occuper des enfants dans une famille riche. → **gouvernante.**

● C'est un mot anglais qui veut dire « infirmière ».

nutriment n. m. ✦ Substance alimentaire que l'organisme peut assimiler directement. *Les vitamines sont des nutriments.*

nutritif, nutritive adj. ✦ Qui nourrit beaucoup. → **nourrissant.** *Des aliments nutritifs.*

nutrition n. f. ✦ Transformation et utilisation des aliments dans l'organisme. *En Afrique, beaucoup d'enfants souffrent de troubles de la nutrition.*

▷ Autre mot de la famille : MALNUTRITION.

nylon n. m. Marque déposée ✦ Textile synthétique. *Un collant en nylon.*

nymphe [nɛ̃f] n. f. ✦ Déesse des eaux, des bois et des montagnes, dans les légendes de la Grèce ancienne.

● Ce mot s'écrit avec un *y.*

O

oasis [ɔazis] **n. f. ou m.** ✦ Endroit, dans un désert, où il y a de l'eau et de la végétation. *La caravane a fait halte dans une oasis.*
● On prononce le *s* final. On dit *une oasis* ou *un oasis.*

oasis

obéir **v.** (conjug. 2) ✦ *Obéir à quelqu'un,* c'est faire ce qu'il ordonne. *Julie n'obéit pas toujours à sa mère.* ❑ contr. **désobéir.**
➤ **obéissance** **n. f.** ✦ Le fait d'obéir. *Les enfants doivent obéissance à leurs parents.*
➤ **obéissant, obéissante** **adj.** ✦ Qui obéit facilement. → **docile.** *Un chien obéissant.* ❑ contr. **désobéissant.**
▷ Autres mots de la famille : DÉSOBÉIR, DÉSOBÉISSANCE, DÉSOBÉISSANT.

obélisque **n. m.** ✦ Colonne de pierre à quatre faces, se terminant par une petite pyramide. *L'obélisque de la place de la Concorde, à Paris.*
● *Obélisque* est un nom masculin : on dit *un obélisque.*

obèse **adj.** ✦ *Une personne obèse,* c'est une personne très grosse. *À force de trop manger, elle est devenue obèse.* ❑ contr. **maigre.**
➤ **obésité** **n. f.** ✦ État d'une personne anormalement grosse. *L'obésité a des conséquences néfastes sur la santé.* ❑ contr. **maigreur.**

objecter **v.** (conjug. 1) ✦ Dire quelque chose contre. *Je n'ai rien à objecter à cela.*
➤ **objecteur de conscience** **n. m.** ✦ Jeune homme qui refuse de faire son service militaire ou de participer à une guerre parce qu'il ne veut pas se trouver en position de tuer quelqu'un. *Les objecteurs de conscience sont non-violents.* ▷ Mot de la famille de CONSCIENT.
▷ Autre mot de la famille : OBJECTION.

① **objectif** **n. m.** ✦ But que l'on s'est fixé. *Nous avons réalisé nos objectifs.*

② **objectif** **n. m.** ✦ Ensemble de lentilles que l'on adapte sur un appareil photo ou une caméra pour obtenir une image des objets que l'on photographie.
▷ Autre mot de la famille : TÉLÉOBJECTIF.

③ **objectif, objective** **adj.** ✦ Qui juge les choses comme elles sont réellement, sans se laisser influencer par ses idées personnelles. ❑ contr. **partial, subjectif.** *Un juge doit être objectif.* → **impartial, neutre.**
▷ Autres mots de la famille : OBJECTIVEMENT, OBJECTIVITÉ.

objection **n. f.** ✦ Ce que l'on répond pour s'opposer à une proposition avec laquelle on n'est pas d'accord. *Je partirai ce soir, si tu n'y vois pas d'objection.* → **inconvénient, obstacle.**
▷ Mot de la famille de OBJECTER.

objectivement **adv.** ✦ Sans parti pris. *Le journaliste a relaté objectivement les faits.*
▷ Mot de la famille de ③ OBJECTIF.

objectivité **n. f.** ✦ Qualité d'une personne qui ne prend pas parti. → **impartialité.** *Ce journal manque d'objectivité.* → **neutralité.**
❑ contr. **partialité.**
▷ Mot de la famille de ③ OBJECTIF.

objet **n. m.** **1.** Chose. *Une lampe est un objet fragile. À quoi sert cet objet bizarre ?* **2.** But. *Quel est l'objet de votre visite ?* **3.** *Le complément d'objet du verbe,* c'est la personne ou la chose sur laquelle porte l'action exprimée par le verbe. *Dans la phrase : « Julie a invité Léa », « Léa » est le complément d'objet direct du verbe ; dans la phrase : « Paul répond à sa mère », « mère » est le complément d'objet indirect du verbe.*

obligation **n. f.** ✦ Nécessité. *Les élèves doivent faire signer leur carnet de notes, c'est une obligation. Je suis dans l'obligation d'y aller,* je dois y aller.
▷ Mot de la famille de ① OBLIGER.

obligations **n. f. pl.** ✦ Devoirs que l'on a envers quelqu'un qui vous a rendu service. *J'ai des obligations envers lui car il m'a beaucoup aidé.*
▷ Mot de la famille de ② OBLIGER.

obligatoire **adj.** ✦ Imposé par la loi. → **indispensable, nécessaire.** ❑ contr. **facultatif.** *L'école est gratuite et obligatoire pour tous les enfants.*

➤ **obligatoirement** **adv.** ✦ Nécessairement. *Vous devez obligatoirement composter votre billet avant de monter dans le train.* → **impérativement.**
▷ Mots de la famille de ① OBLIGER.

obligeant [ɔbliʒɑ̃], **obligeante** [ɔbliʒɑ̃t] **adj.** ✦ Qui rend volontiers service. *C'est une personne très obligeante.* → **complaisant, serviable.**

➤ **obligeance** [ɔbliʒɑ̃s] **n. f.** ✦ Disposition à rendre service. *Voulez-vous avoir l'obligeance de fermer la porte ?* → **amabilité.**
▷ Mots de la famille de ② OBLIGER.

① **obliger** **v.** (conjug. 3) ✦ Forcer, contraindre. *Le professeur a obligé Paul à refaire son problème. Nous sommes obligés de partir,* nous devons partir.
▷ Autres mots de la famille : OBLIGATION, OBLIGATOIRE, OBLIGATOIREMENT.

② **obliger** **v.** (conjug. 3) ✦ Rendre service, faire plaisir. *Vous m'obligeriez beaucoup en ne parlant de cela à personne.*
● Ce mot est littéraire.
▷ Autres mots de la famille : DÉSOBLIGEANT, OBLIGATIONS, OBLIGEANCE, OBLIGEANT.

oblique **adj.** ✦ Qui n'est ni vertical ni horizontal. *Les rayons obliques du soleil couchant.*

➤ **obliquer** **v.** (conjug. 1) ✦ Prendre une direction oblique. *La voiture obliqua vers la droite.* → **tourner.**

oblitérer **v.** (conjug. 6) ✦ *Oblitérer un timbre,* le marquer d'un cachet spécial de la poste. *Ces timbres ont été oblitérés, on ne peut pas s'en resservir.*

oblong, oblongue **adj.** ✦ Qui est plus long que large. *Le poireau a une forme oblongue.* → **allongé.**
▷ Mot de la famille de LONG.

timbres **oblitérés**

obnubiler v. (conjug. 1) ✦ Obséder. *Il est obnubilé par l'examen qu'il doit passer,* il ne pense qu'à cela.

obole n. f. ✦ Petite somme d'argent que l'on donne pour contribuer à quelque chose. *Pour la fête du village, chacun avait apporté son obole.*

obscène adj. ✦ Indécent et grossier. *Le voyou a fait un geste obscène.*

➤ **obscénité** n. f. ✦ Grossièreté. *Il dit des obscénités.*

obscur, obscure adj. 1. Privé de lumière. → **noir, sombre.** *Cette pièce est obscure.* ❏ contr. **clair, lumineux.** 2. Difficile à comprendre. *Il prononça des paroles obscures.* → **incompréhensible.** ❏ contr. **clair, limpide.** 3. Inconnu. *C'est l'œuvre d'un obscur écrivain.* ❏ contr. **célèbre.**

➤ **obscurcir** v. (conjug. 2) ✦ Rendre obscur. *Ce papier peint foncé obscurcit la pièce.* → **assombrir.** ❏ contr. **éclaircir, illuminer.** — **s'obscurcir,** devenir obscur. *Le ciel s'obscurcit, il va pleuvoir.*

➤ **obscurément** adv. ✦ Vaguement, d'une manière confuse. *Elle sentait obscurément qu'il y avait un danger.*

➤ **obscurité** n. f. ✦ Absence de lumière. *La pièce était plongée dans l'obscurité.* → **noir.**

obséder v. (conjug. 6) ✦ Tourmenter sans cesse l'esprit. → **obnubiler** et aussi **obsession.** *La peur d'échouer l'obsède.*

➤ **obsédant, obsédante** adj. ✦ Qui occupe sans arrêt l'esprit. *Une idée obsédante.*

➤ **obsédé** n. m. **obsédée** n. f. ✦ Personne qui est en proie à une obsession, à une idée fixe. *C'est une obsédée du rangement. Un obsédé sexuel.* → **maniaque.**

obsèques n. f. pl. ✦ Cérémonie qui accompagne l'enterrement ou l'incinération d'un mort. → **funérailles.** *Les obsèques auront lieu demain.*

obséquieux, obséquieuse adj. ✦ Trop poli et trop empressé. *Ce serveur a des manières obséquieuses.* → **servile.** *Il est obséquieux.*

observer v. (conjug. 1) 1. Considérer avec attention afin de connaître, d'étudier. *Théo passe des heures à observer les insectes. Il observe ses voisins.* → **épier.** 2. Constater, remarquer. *Je n'ai rien observé d'anormal.* 3. Obéir à une loi, une règle. *Il faut observer le règlement.* → **respecter.** ❏ contr. **enfreindre, transgresser, violer.**

➤ **observable** adj. ✦ Que l'on peut observer. *Un phénomène observable au microscope seulement.* → **visible.**

➤ **observateur** adj. et n. m., **observatrice** adj. et n. f.
▪ adj. Qui sait observer. *Léa est très observatrice,* elle remarque tout.
▪ n. Personne qui assiste à quelque chose sans y participer. → **spectateur, témoin.** *Des observateurs ont assisté à la réunion des deux chefs d'État.*

➤ **observation** n. f. 1. Fait de considérer avec attention, de savoir observer. *Elle a l'esprit d'observation.* 2. Remarque, commentaire. *Je ferai plusieurs observations sur ce qui vient d'être dit.* 3. Critique, reproche. *Julie ne supporte aucune observation.*

➤ **observatoire** n. m. ✦ Endroit aménagé spécialement pour observer le ciel et les astres. *Le télescope de l'observatoire est braqué sur la Grande Ourse.*

obsession n. f. ✦ Idée, image qui tourmente sans cesse l'esprit. → **hantise** et aussi **obséder.** *Sa peur d'être cambriolé est devenue une véritable obsession.* → idée **fixe.**

obstacle n. m. 1. Objet qui empêche de passer. *Le camion a heurté un obstacle. Une course d'obstacles,* c'est une course où les chevaux ont à sauter des haies, des barres, etc. 2. Ce qui empêche la réalisation d'une chose. *Il a dû surmonter beaucoup d'obstacles avant de réussir.* → **difficulté.**

saut d'**obstacle**

s'obstiner v. (conjug. 1) ✦ Persister dans une idée, une décision sans vouloir en changer malgré les obstacles. *Elle s'obstine à vouloir jouer de la flûte alors qu'elle n'a aucun don pour la musique.* → **s'acharner, s'entêter.**

➤ **obstination** n. f. ✦ Acharnement, entêtement. *Léa refuse avec obstination qu'on lui coupe les cheveux.* → **insistance.**

➤ **obstinément** adv. ✦ Avec obstination, entêtement. *Le bébé refuse obstinément de manger sa bouillie.*

obstruction n. f. 1. Le fait d'être obstrué, bouché. *Un caillot de sang a provoqué l'obstruction d'une artère.* 2. *Faire de l'obstruction,* c'est empêcher le bon déroulement d'une action, d'une discussion. *Certains députés ont fait de l'obstruction pour empêcher le vote de la loi.*

obstruer v. (conjug. 1) ✦ Boucher en faisant obstacle. *Un gros camion obstrue la rue.* → **barrer, encombrer.**

obtempérer v. (conjug. 6) ✦ Obéir. *L'automobiliste a obtempéré à l'ordre de l'agent et s'est arrêté.*

● Ce mot s'emploie dans la langue de l'administration ou de la justice.

obtenir v. (conjug. 22) ✦ Réussir à avoir. *Il a obtenu une réduction sur le prix de sa voiture.* → aussi **obtention.**

▷ Mot de la famille de TENIR.

obtention n. f. ✦ Fait d'obtenir quelque chose. *Il ira à l'étranger après l'obtention de son diplôme,* quand il aura obtenu son diplôme.

obturer v. (conjug. 1) ✦ Boucher un trou. → **colmater.** *Le dentiste obture la dent cariée.*

① **obtus** [ɔpty] adj. m. ✦ *Un angle obtus,* c'est un angle plus grand qu'un angle droit. → aussi **aigu.** ➻ planche Géométrie p. 458.

② **obtus** [ɔpty], **obtuse** [ɔptyz] adj. ✦ Borné, stupide. *Elle est un peu obtuse.* ❑ contr. **ouvert.**

obus [ɔby] n. m. ✦ Projectile creux de forme allongée, rempli d'explosif. *La façade a été abîmée par des éclats d'obus.*

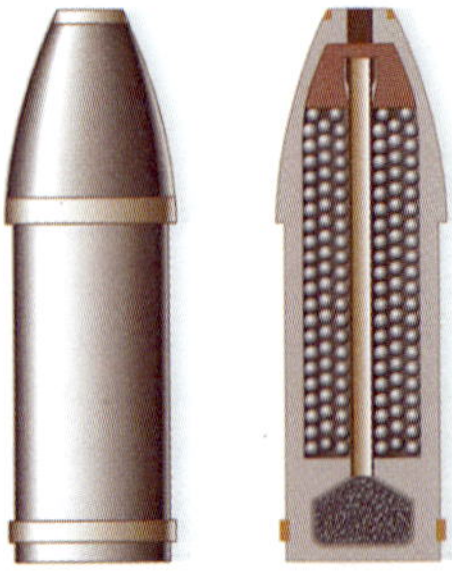

obus

oc n. m. ✦ *La langue d'oc,* c'est la langue parlée dans le Midi de la France, où « oui » se disait « oc » au Moyen Âge. → **occitan** et aussi **oïl.**

▷ Autre mot de la famille : OCCITAN.

occasion n. f. 1. Circonstance qui se présente au bon moment et qui permet de faire une chose. *J'ai déjà eu l'occasion de le rencontrer. Julie a organisé un goûter à l'occasion de son anniversaire,* pour son anniversaire. 2. *D'occasion,* qui n'est pas vendu neuf, qui a déjà servi à quelqu'un d'autre. *Il a acheté une voiture d'occasion.* ❑ contr. ② **neuf.** 3. *Une occasion,* c'est une bonne affaire. *J'ai acheté cette jupe en solde, c'était une occasion.*

➤ **occasionnel, occasionnelle** adj. ✦ Qui se produit par hasard, quand l'occasion se présente. ❑ contr. **habituel, régulier.** *Cette imprimante est destinée à une utilisation occasionnelle.* → **exceptionnel.**

➤ **occasionnellement** adv. ✦ Dans de rares circonstances. *Elle conduit occasionnellement.* → **exceptionnellement.**

➤ **occasionner** v. (conjug. 1) ✦ Être la cause de quelque chose de désagréable. *Cette situation leur a occasionné bien des soucis.* → ① **causer.**

occident n. m. 1. Ouest. *Le soleil se lève à l'orient et se couche à l'occident.* → aussi **couchant.** 2. *L'Occident,* c'est l'Europe de l'Ouest et l'Amérique du Nord.

➤ **occidental, occidentale** adj. 1. Qui est à l'ouest. *Ajaccio est sur la côte occidentale de la Corse et Bastia sur la côte orientale.* 2. Qui se rapporte à l'Occident. *Les pays occidentaux.* — N. *Les Canadiens et les Espagnols sont des Occidentaux,* des habitants de l'Occident.

occitan [ɔksitɑ̃] n. m. ✦ Langue d'oc. → **oc.** — Adj. *La poésie occitane.*

▷ Mot de la famille de OC.

occulte adj. ✦ *Les sciences occultes,* ce sont les sciences comme la magie, l'astrologie, qui font intervenir des forces secrètes qui ne sont reconnues ni par la science ni par la religion.

occuper v. (conjug. 1) 1. Remplir un espace. *La grosse dame occupe deux places à elle toute seule.* → **prendre.** 2. Habiter un endroit. *Ils occupent le dernier étage de la maison.* 3. *Occuper un lieu,* c'est l'envahir et en prendre possession. *L'ennemi a occupé notre pays.*

4. *Occuper son temps à quelque chose,* c'est l'employer, le passer à quelque chose. *Il occupe ses soirées à lire.* → **consacrer.**

➤ **s'occuper** v. **1.** Se distraire. *Elle s'est mise à ranger pour s'occuper.* **2.** Prendre en main, se charger de. *Laisse cela, je m'en occupe !* **3.** *S'occuper de quelqu'un,* c'est en prendre soin. *Une jeune fille s'est occupée des enfants.*

➤ **occupant** n. m., **occupante** n. f. **1.** Personne qui occupe un lieu. *Les occupants de l'immeuble.* → **habitant. 2.** Ennemi qui occupe un pays. *Les occupants ont quitté le pays.* → **envahisseur.**

➤ **occupation** n. f. **1.** Activité qui occupe le temps. *La mère de Paul ne travaille pas, mais elle a de nombreuses occupations.* **2.** *L'Occupation,* c'est la période de la Deuxième Guerre mondiale pendant laquelle les Allemands ont occupé la France. *Son grand-père est né pendant l'Occupation.*

➤ **occupé, occupée** adj. **1.** Très pris. *Le directeur est très occupé et ne peut vous recevoir pour l'instant.* **2.** Qui est utilisé, qui n'est pas libre. *Les toilettes sont occupées.* ❑ contr. **libre.**

▷ Autres mots de la famille : INOCCUPÉ, PRÉOCCUPANT, PRÉOCCUPATION, PRÉOCCUPÉ, PRÉOCCUPER.

occurrence n. f. ✦ *En l'occurrence,* dans le cas présent. *Adressez votre demande à la personne responsable, en l'occurrence au chef du service des réclamations.*

● Ce mot s'écrit avec deux *c* et deux *r.*

océan n. m. ✦ Vaste étendue d'eau salée qui couvre une grande partie de la surface de la Terre. → **mer.** *Biarritz est au bord de l'océan Atlantique.*

➤ **océanique** adj. ✦ *Le climat océanique,* c'est le climat doux et humide des régions qui subissent l'influence de l'océan.

➤ **océanographie** n. f. ✦ Étude des mers et des océans.

➤ **océanographe** n. m. et f. ✦ Spécialiste de l'océanographie.

➤ **océanographique** adj. ✦ Relatif à l'océanographie. *Une mission océanographique.*

ocelot n. m. ✦ Grand chat sauvage au pelage roux tacheté de brun, qui vit en Amérique centrale et en Amérique du Sud. ➻ planche Félins p. 409.

● Ce mot vient de l'aztèque.

ocre n. m. ✦ Couleur d'un brun jaune ou orangé. *Le mur est d'un bel ocre.* — **Adj. inv.** *Des façades ocre.*

octante adj. inv. et n. m. inv. ✦ Quatre-vingts (80). → **huitante.**

● Ce mot est employé en Suisse.

octave n. f. ✦ Intervalle de huit notes formant la gamme. *Théo a la main trop petite pour jouer une octave.*

octobre n. m. ✦ Dixième mois de l'année. *Le mois d'octobre a 31 jours. Alex est né le 12 octobre.*

octogénaire n. m. et f. ✦ Personne qui a entre quatre-vingts et quatre-vingt-neuf ans. *Une octogénaire.* — **Adj.** *Son grand-père est octogénaire.*

octogone n. m. ✦ Figure géométrique qui a huit côtés. ➻ planche Géométrie p. 458.

octroyer v. (conjug. 8) ✦ Accorder en faisant une faveur. *Le directeur de l'usine a octroyé une prime exceptionnelle au personnel.*

oculaire adj. **1.** Relatif à l'œil. *Elle a des troubles oculaires.* → **visuel. 2.** *Un témoin oculaire,* c'est un témoin qui a vu de ses propres yeux. *La police recherche des témoins oculaires de l'accident.*

oculiste n. m. et f. ✦ Médecin spécialiste des yeux. → **ophtalmologiste.**

ode n. f. ✦ Long poème.

odeur n. f. ✦ Ce que l'on sent avec le nez. *Il y a une bonne odeur de lavande dans le placard.* → **parfum.** *La bouche d'égout dégage une odeur infecte.* → **émanation, puanteur.**

odieux, odieuse adj. 1. Qui inspire le dégoût et l'indignation. *Un crime odieux a été commis.* → **ignoble.** 2. Très désagréable. → **détestable, insupportable.** *Leur fille est odieuse.* ❏ contr. **adorable, charmant, gentil.**

➤ **odieusement** adv. ✦ D'une manière odieuse, abominable. *Ces prisonniers sont traités odieusement,* très mal.

odorant, odorante adj. ✦ Qui dégage une odeur. *Les violettes sont des fleurs très odorantes.* ❏ contr. **inodore.**

▷ Autre mot de la famille : MALODORANT.

odorat n. m. ✦ Sens par lequel on perçoit les odeurs. *Les chiens ont l'odorat très développé.* → **flair** et aussi **olfactif.**

odoriférant, odoriférante adj. ✦ Qui répand une bonne odeur. *Une plante odoriférante.* → **aromatique.** ❏ contr. **malodorant.**

odyssée n. f. ✦ Voyage riche en événements et en aventures. *Leur voyage a été une vraie odyssée.*

● Il y a un *y* après le *d*. *L'Odyssée* est le titre du poème d'Homère qui raconte les aventures d'Ulysse.

œdème [edɛm] n. m. ✦ Gonflement d'une partie du corps. *Un œdème des jambes.*

œil n. m. (pl. **yeux**) 1. Organe de la vue. *Théo a les yeux bleus.* — *Ouvrir l'œil,* faire attention. *Elle n'a pas fermé l'œil de la nuit,* elle n'a pas dormi. *Fermer les yeux sur quelque chose,* c'est ne pas vouloir y prêter attention. *Pour les beaux yeux de quelqu'un,* pour lui faire plaisir. *Coûter les yeux de la tête,* coûter très cher. *Avoir les yeux plus grands que le ventre,* vouloir manger plus que ce que son appétit réclame. *À vue d'œil,* d'une manière très visible. *À vue d'œil, l'armoire ne peut pas passer par cette porte,* sans avoir besoin de mesurer. *Ne pas avoir froid aux yeux,* être audacieux. 2. Regard. *Elle l'a suivi des yeux jusqu'au bout de l'allée.* — *Loin des yeux, loin du cœur,* les absents sont vite oubliés. *Jeter un coup d'œil,* regarder rapidement. *Sauter aux yeux,* être évident, se voir beaucoup. 3. *Aux yeux de quelqu'un,* selon son appréciation. *Cela n'a aucun intérêt à ses yeux.* 4. Familier. *À l'œil,* gratuitement. *Il est entré au cinéma à l'œil.* → fam. **gratis.**

➤ **œil-de-bœuf** n. m. ✦ Petite fenêtre ronde ou ovale. — Au pl. *Des œils-de-bœuf.*

▷ Mot de la famille de BŒUF.

➤ **œillade** n. f. ✦ Clin d'œil complice ou de coquetterie. *Julie a lancé une œillade à Paul.*

➤ **œillère** n. f. ✦ Plaque de cuir qui empêche un cheval de voir sur le côté. — *Avoir des œillères,* c'est ne pas voir certaines choses parce que l'on a l'esprit étroit ou que l'on est de parti pris.

▷ Autres mots de la famille : CLIN D'ŒIL, TAPE-À-L'ŒIL, TROMPE-L'ŒIL.

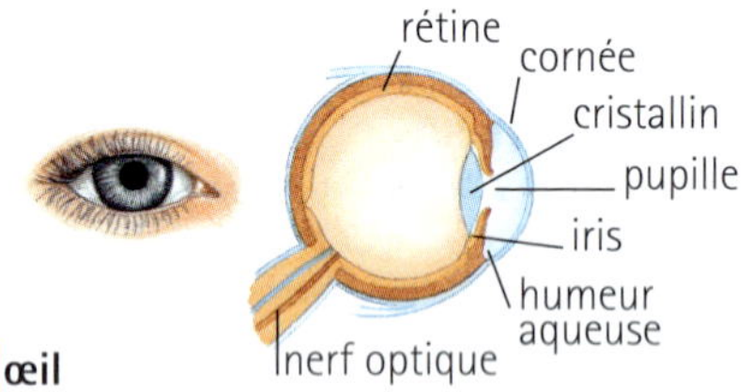

œil

① **œillet** n. m. ✦ Petit trou dans un tissu ou dans du cuir, souvent entouré de métal ou de plastique, dans lequel on passe un lacet ou un bouton. *Il passe des lacets neufs dans les œillets de ses chaussures.*

② **œillet** n. m. ✦ Fleur très odorante de couleur rouge, rose ou blanche. *Un bouquet d'œillets.*

œsophage [ezɔfaʒ] n. m. ✦ Partie du tube digestif qui va de la bouche à l'estomac. *En se contractant, les muscles de l'œsophage font descendre les aliments dans l'estomac.*

œuf n. m. 1. Corps plus ou moins gros, dur et arrondi, que pondent les femelles des oiseaux et qui contient un germe. *Des œufs de poule, de caille. L'hirondelle couve ses œufs*

dans son nid. Le poussin sort de l'œuf. 2. Œuf de poule. *J'ai acheté une douzaine d'œufs. Alex mange des œufs durs,* des œufs de poule cuits dans leur coquille jusqu'à ce que le blanc et le jaune soient durs. 3. Produit des femelles ovipares, comme les poissons, les serpents et les grenouilles. *Des œufs d'esturgeon.* → **caviar.**
● On prononce *un œuf* [œ̃nœf], *des œufs* [dezø].

œuvre **n. f.** 1. Résultat d'un travail, d'une action. *La décoration de la classe est l'œuvre des élèves. Julie a fini son dessin, elle est fière de son œuvre.* 2. Livre écrit par un écrivain, objet réalisé par un artiste, musique composée par un musicien. *« Le Lion » est une œuvre de Joseph Kessel.* → **ouvrage.** *Mozart a composé de magnifiques œuvres. Les tableaux et les sculptures sont des œuvres d'art.* 3. Ensemble de ce qui est fait par un écrivain, un artiste. *L'œuvre de Victor Hugo est très variée.* 4. *Mettre en œuvre,* c'est mettre en application, utiliser. *Les pompiers ont tout mis en œuvre pour éteindre rapidement l'incendie,* ils ont employé tous les moyens nécessaires.
➤ **œuvrer** **v.** (conjug. 1) ✦ Travailler, agir. *Cet homme politique œuvre pour son pays.*
● Ce mot est littéraire.
▷ Autres mots de la famille : CHEF-D'ŒUVRE, DÉSŒUVRÉ, DÉSŒUVREMENT, MAIN-D'ŒUVRE, ① et ② MANŒUVRE, MANŒUVRER.

offense **n. f.** ✦ Parole ou action qui fait de la peine à quelqu'un en le vexant, en le blessant. → **affront, insulte, outrage.** *Il lui a fait une offense en oubliant de l'inviter.*
➤ **offenser** **v.** (conjug. 1) ✦ Faire de la peine en faisant ou disant quelque chose qui vexe, qui blesse. → **blesser, froisser, humilier, vexer.** *Je ne voulais pas t'offenser.*
➤ **offensant, offensante** **adj.** ✦ Qui fait de la peine, qui blesse. *Il lui a fait une remarque offensante.*
➤ **offensif, offensive** **adj.** ✦ Qui sert à attaquer. *Des armes offensives.* ❏ contr. **défensif.**
➤ **offensive** **n. f.** ✦ Attaque. *L'armée est passée à l'offensive.*
▷ Autre mot de la famille : INOFFENSIF.

office **n. m.** 1. Rôle qu'une personne doit remplir, qu'une chose doit jouer. *Le médicament a fait son office : la fièvre est tombée.* — *Faire office de,* jouer le rôle de, faire fonction de. *Parfois, le gardien de l'immeuble fait office de plombier.* 2. *D'office,* sans l'avoir demandé. *Louise a été désignée d'office pour effacer le tableau.* 3. Organisme, bureau. → **agence.** *Pour de plus amples renseignements, adressez-vous à l'office du tourisme.* 4. *Bons offices,* service que l'on rend à quelqu'un. *J'ai eu recours à ses bons offices.* 5. Cérémonie religieuse. *L'office de 11 heures.*

officiel, officielle **adj.** 1. Qui vient d'une autorité reconnue. *Il vous faut une autorisation officielle pour entrer. La nouvelle n'est pas encore officielle,* elle n'est pas encore certifiée par les autorités. ❏ contr. **officieux.** 2. Qui est organisé par les autorités. *Le Président est en visite officielle à l'étranger.* 3. Qui a une fonction importante dans un gouvernement, une institution. *Le maire est un personnage officiel.* — **N. m.** *Un officiel,* une personnalité qui représente l'État ou une autorité. *La voiture des officiels était précédée par des motards.*
➤ **officiellement** **adv.** ✦ D'une manière officielle, par les autorités. *Il n'a pas été averti officiellement.* ❏ contr. **officieusement.**

officier **n. m.** ✦ Militaire dont le grade est égal ou supérieur à celui de sous-lieutenant.
▷ Autre mot de la famille : SOUS-OFFICIER.

officieux, officieuse **adj.** ✦ Qui n'est ni annoncé ni confirmé par les autorités. *La nouvelle est encore officieuse.* ❏ contr. **officiel.**
➤ **officieusement** **adv.** ✦ D'une manière officieuse. *On l'a averti officieusement de sa prochaine nomination.* ❏ contr. **officiellement.**

offrir **v.** (conjug. 18) 1. Donner en cadeau. *Alex a offert une cassette à Julie. Ils se sont offert des vacances somptueuses.* 2. Proposer. *Elle nous a offert de nous héberger pour la nuit.* 3. Présenter. *Cette solution offre de nombreux avantages.*
➤ **offrande** **n. f.** ✦ Argent que l'on donne par charité. → **don.**
➤ **offrant** **n. m.** ✦ *Le plus offrant,* l'acheteur qui offre le prix le plus élevé. *Le tableau a été adjugé au plus offrant.*
➤ **offre** **n. f.** ✦ Proposition. *J'accepte votre offre avec plaisir.* ❏ contr. **demande.**

offusquer **v.** (conjug. 1) ✦ Choquer. *Sa grossièreté a offusqué tout le monde.*

ogive **n. f.** 1. Arc qui soutient la voûte d'une église gothique. *La croisée d'ogives,* c'est la partie de la voûte où se croisent deux arcs, à leur sommet. 2. Partie avant d'un projectile, en forme de cône. *Le missile était équipé d'une ogive nucléaire,* d'une tête contenant des bombes atomiques.

ogive

ogre **n. m.,** **ogresse** **n. f.** ✦ Géant, géante des contes de fées à l'aspect effrayant, qui mange les enfants. — *Manger comme un ogre,* énormément.

oh ! **interj.** ✦ Mot qui sert à exprimer la surprise, l'admiration, l'indignation, l'impatience. *Oh ! que c'est beau !* ❍ homonymes : au, eau, haut.

oie **n. f.** ✦ Gros oiseau au long cou, au bec large, aux pattes palmées et aux plumes blanches ou grises. → aussi **jars**. *On gave les oies pour faire du foie gras. — Il est bête comme une oie,* très bête.

▷ Autre mot de la famille : PATTE-D'OIE.

oignon [ɔɲɔ̃] **n. m.** **1.** Bulbe d'une plante à l'odeur forte et au goût un peu piquant. *Le cuisinier fait revenir des oignons dans une poêle.* **2.** Bulbe de certaines plantes. *Le jardinier plante des oignons de tulipes.* — Familier. *En rang d'oignons,* sur une seule ligne.

oïl [ɔjl] **n. m.** ✦ *La langue d'oïl,* c'est la langue que l'on parlait au Moyen Âge, en France, dans les régions situées au nord de la Loire où « oui » se disait « oïl ». → aussi **oc**.

oiseau **n. m.** ✦ Animal au corps couvert de plumes, pourvu de deux ailes, de deux pattes et d'un bec, capable généralement de voler. ➻ planche p. 710. *La chouette est un oiseau de nuit. Les oiseaux pondent des œufs. — À vol d'oiseau,* en ligne droite. *Il y a 50 kilomètres à vol d'oiseau d'ici à Lyon.*

▷ Autre mot de la famille : OISILLON.

oiseux, oiseuse **adj.** ✦ Qui ne sert à rien, qui ne mène à rien. → **inutile, vain.** *Ils se sont lancés dans une discussion oiseuse.* → **stérile.**
❑ contr. **important, utile.**

oisif, oisive **adj.** ✦ *Une personne oisive,* c'est une personne qui ne travaille pas, n'est pas occupée. *Elle ne reste jamais oisive,* sans rien faire. → **désœuvré, inactif.**

➤ **oisiveté** **n. f.** ✦ État d'une personne oisive. *Il vit dans l'oisiveté.* → **désœuvrement.** — *L'oisiveté est la mère de tous les vices,* quand on n'a rien à faire, on risque de mal tourner.

oisillon **n. m.** ✦ Très jeune oiseau.

▷ Mot de la famille de OISEAU.

okapi **n. m.** ✦ Mammifère d'Afrique, qui ressemble à une grande antilope à tête de girafe, au pelage brun rayé de blanc sur la croupe et le haut des pattes. *Les okapis sont des ruminants et se nourrissent de végétaux.*

● *Okapi* est un mot d'une langue d'Afrique.

okapi

oléagineux, oléagineuse **adj.** ✦ Qui contient de l'huile. *L'arachide, le tournesol sont des plantes oléagineuses.* — **N. m.** *Le colza et l'olive sont des oléagineux.*

oléoduc **n. m.** ✦ Gros tuyau qui sert à transporter du pétrole. → **pipeline.**

olfactif, olfactive **adj.** ✦ *Le sens olfactif,* c'est le sens qui permet de percevoir les odeurs. → aussi **odorat.**

olive **n. f.** ✦ Petit fruit ovale, verdâtre, à peau lisse et à noyau, qui devient noir quand il est mûr. *Elle assaisonne la salade avec de l'huile d'olive.*

➤ **oliveraie** **n. f.** ✦ Terrain planté d'oliviers.

➤ **olivier** **n. m.** ✦ Arbre au tronc noueux et aux feuilles vert pâle, dont le fruit est l'olive. *On cultive l'olivier dans les régions méditerranéennes.*

olympique **adj.** 1. *Les jeux Olympiques,* ce sont des rencontres sportives qui ont lieu tous les quatre ans dans un pays différent, auxquelles participent des athlètes du monde entier. 2. Qui concerne les jeux Olympiques. *Un champion olympique. La flamme olympique.*
● Il y a un *y* après le *l*.

ombilical, ombilicale **adj.** ✦ *Le cordon ombilical,* c'est le cordon de chair qui relie le bébé à sa mère quand il est dans son ventre. *À la naissance, on coupe le cordon ombilical et il se forme une cicatrice, le nombril.* — Au masc. pl. *ombilicaux.*

ombrage **n. m.** 1. Ombre que donnent des branches et des feuilles. *Ce marronnier fait un ombrage agréable.* 2. *Prendre ombrage de quelque chose,* mal le prendre, en être vexé. *Elle a pris ombrage de ta remarque.*
➤ **ombragé, ombragée** **adj.** ✦ *Un endroit ombragé,* c'est un endroit où il y a de l'ombre.
➤ **ombrageux, ombrageuse** **adj.** ✦ Qui se vexe facilement. → ② **susceptible.** *Julie a un caractère ombrageux.*
▷ Mots de la famille de OMBRE.

ombre

ombre **n. f.** 1. Zone sombre formée par une chose opaque qui empêche les rayons du soleil de passer. ▫ contr. **lumière.** *Viens t'asseoir à l'ombre sous le parasol. Il fait 30° à l'ombre.* 2. Image que projette un corps ou un objet éclairé par le soleil ou par une autre lumière. *L'ombre d'un chat se dessine sur le mur.* 3. *Il n'y a pas l'ombre d'un doute,* c'est absolument certain.
➤ **ombrelle** **n. f.** ✦ Petit parapluie léger dont les femmes se servaient autrefois pour se protéger du soleil. → aussi **parasol.**
▷ Autres mots de la famille : OMBRAGE, OMBRAGÉ, OMBRAGEUX, PÉNOMBRE.

omelette **n. f.** ✦ Plat composé d'œufs battus cuits dans une poêle. *Une omelette aux champignons.*

omettre **v.** (conjug. 56) ✦ Oublier. *J'ai omis d'indiquer l'heure de la réunion.*
● Ce mot est littéraire.
➤ **omission** **n. f.** ✦ Chose que l'on a omise, oubliée. *Il y a de nombreuses omissions dans le compte rendu de la séance.* → **oubli.**
● Ce mot est littéraire.

omnibus [ɔmnibys] **n. m.** ✦ Train qui s'arrête dans toutes les gares. *Les omnibus sont moins rapides que les express.* — **Adj.** *Un train omnibus.*

omnipotent, omnipotente **adj.** ✦ Qui a tous les pouvoirs. *Un souverain omnipotent.* → **tout-puissant.**

omniprésent, omniprésente **adj.** ✦ Qui est présent partout et continuellement. *L'informatique est omniprésente dans notre vie.*
▷ Mot de la famille de ① PRÉSENT.

omnisports **adj.** ✦ Où l'on pratique tous les sports. *Une salle omnisports.*
▷ Mot de la famille de SPORT.

omnivore **adj.** ✦ Qui mange toutes les sortes d'aliments, se nourrit aussi bien de végétaux que de viande. *L'homme et le porc sont omnivores.*

omoplate **n. f.** ✦ Os plat et triangulaire de l'épaule, en haut du dos. ➻ planche Corps humain p. 219. *La victime a été retrouvée avec un couteau planté entre les deux omoplates.*
▷ Mot de la famille de ① PLAT.

on **pronom** ✦ Pronom personnel indéfini de la troisième personne, sujet. 1. Les gens. *On dit qu'il va se marier.* 2. Quelqu'un. *On a frappé à la porte.*
● *On* s'emploie parfois dans la langue familière à la place de *nous* (ex. *On s'est baignés* au lieu de *nous nous sommes baignés*).
▷ Autres mots de la famille : ON-DIT, QU'EN-DIRA-T-ON.

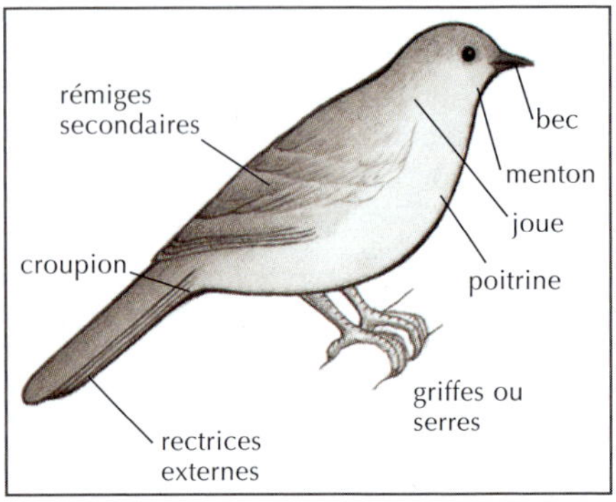

colibri

hirondelle

albatros

mouette rieuse

mésange

grive musicienne

bergeronnette

rouge-gorge

pie

perruche

héron cendré

toucan

martin-pêcheur

hibou grand-duc
aigle royal
pigeon biset
buse variable
geai
coucou
pivert
cigogne
grue cendrée
perdrix rouge
grand tétras
kiwi
manchot
canard colvert
autruche

once **n. f.** 1. Ancienne mesure de poids valant environ 30 grammes, encore utilisée en Grande-Bretagne et au Canada. 2. Petite quantité. *Il n'a pas une once de bon sens.* → **grain.**

oncle **n. m.** ✦ Le frère du père ou de la mère, ou le mari de la tante. → aussi **neveu, nièce.** *Mon oncle et ma tante seront là pour Noël.*

onctueux, onctueuse **adj.** ✦ *Une crème onctueuse,* c'est une crème qui n'est ni trop liquide ni trop épaisse et procure une sensation de douceur.

onde **n. f.** 1. Mouvement à la surface de l'eau, qui se propage. *Lorsque l'on jette un caillou dans l'eau, il se forme des ondes à la surface de l'eau.* 2. *Les ondes,* ce sont les vibrations produites par un émetteur, qui transportent les sons. — *Cette chanson passe souvent sur les ondes,* à la radio. — *Être sur la même longueur d'onde,* se comprendre.

▷ Autres mots de la famille : MICRO-ONDE, ONDULATION, ONDULÉ, ONDULER.

ondée **n. f.** ✦ Pluie soudaine qui ne dure pas longtemps. → **averse.** *Ce n'est qu'une ondée.*

on-dit **n. m. inv.** ✦ Bruit qui court. → **racontar, ragot, rumeur.** *D'après les on-dit, il serait très malade.*

▷ Mot de la famille de ON et de DIRE.

onduler **v.** (conjug. 1) 1. Remuer en s'élevant et en s'abaissant comme font les vagues. *Le blé ondule sous le vent.* 2. Friser légèrement en faisant de petits crans. *Ses cheveux ondulent.*

➤ **ondulé, ondulée** **adj.** 1. *La tôle ondulée,* tôle qui présente une suite de plis arrondis. *Le toit du hangar est en tôle ondulée.* 2. *Des cheveux ondulés,* légèrement bouclés. ❏ contr. ① **plat, raide.**

➤ **ondulation** **n. f.** 1. Mouvement de ce qui s'élève et s'abaisse tour à tour. *L'ondulation des vagues.* 2. Suite de creux et de bosses. *Les ondulations d'un chemin de terre.*

▷ Mots de la famille de ONDE.

onéreux, onéreuse **adj.** ✦ Qui coûte beaucoup d'argent. → ② **cher.** *Ces vacances ont été onéreuses.* ❏ contr. **bon marché.**

ONG **n. f. inv.** ✦ Organisme qui se consacre à l'aide humanitaire. *Plusieurs ONG sont parties secourir les sinistrés.*

● Ce mot est le sigle de *organisation non gouvernementale.*

ongle **n. m.** ✦ Partie dure, en corne, qui recouvre le bout des doigts et des orteils. *Elle se met du vernis à ongles. Arrête de te ronger les ongles !*

➤ **onglée** **n. f.** ✦ *Avoir l'onglée,* c'est avoir très mal au bout des doigts à cause du froid.

▷ Autre mot de la famille : COUPE-ONGLES.

onguent [ɔ̃gɑ̃] **n. m.** ✦ Pommade grasse. *Il met un onguent sur sa brûlure.* → **crème.**

● Ce mot ne s'utilise plus beaucoup.

onirique **adj.** ✦ Qui est merveilleux comme dans un rêve. *Un paysage onirique.*

onomatopée **n. f.** ✦ Mot dont le son imite le bruit de ce qu'il représente. « *Plouf* », « *boum* », « *pan* » *sont des onomatopées.*

onyx [ɔniks] **n. m.** ✦ Pierre rare, variété d'agate, présentant des parties de couleurs différentes. *Il y a un cendrier en onyx sur la table du salon.*

● Il y a un *y* après le *n.*

onze **adj. inv.** ✦ Dix plus un (11). *Il a onze ans. Le professeur a ouvert son livre au chapitre onze.* — **N. m. inv.** *Onze plus deux égalent treize.*

➤ **onzième** **adj.** et **n. m.**

■ **adj.** Qui vient tout de suite après le dixième. *Il habite au onzième étage.*

■ **n. m.** Partie d'un tout divisé en onze parts égales. *Les trois onzièmes de la tarte.*

chevelure qui **ondule**

opale **n. f.** ✦ Pierre précieuse blanche aux reflets multicolores. ➻ planche Minéraux p. 655.

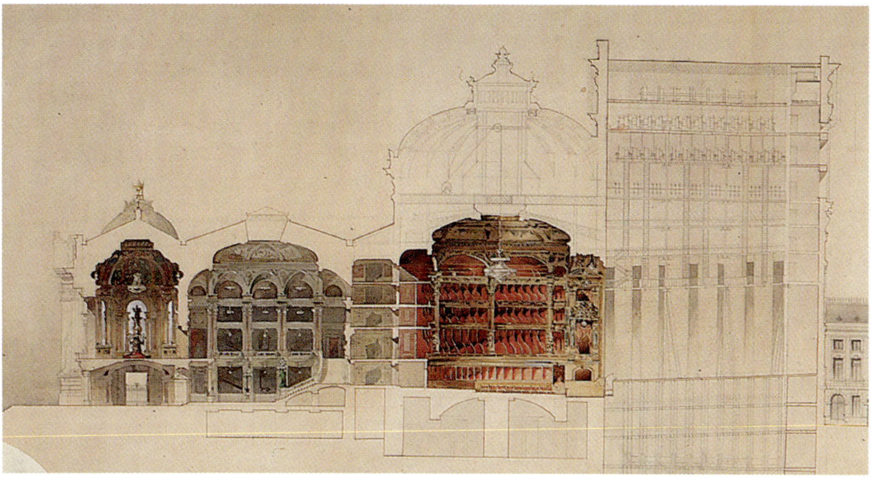

opéra (projet)

➤ **opaline** n. f. ✦ Matière blanche ou colorée qui ressemble à du verre. *Les roses sont dans un vase en opaline.*

opaque adj. ✦ Qui ne laisse pas passer la lumière. *La fenêtre de la salle de bains est en verre opaque.* ❑ contr. **translucide, transparent.**

opéra n. m. 1. Pièce de théâtre entièrement chantée et accompagnée de musique. *Mozart a composé plusieurs opéras.* 2. Théâtre où l'on joue des opéras et où l'on présente des ballets. *L'opéra de Lille.*

● Ce mot vient de l'italien.

▷ Autre mot de la famille : OPÉRETTE.

opérer v. (conjug. 6) 1. Produire un effet. *Le remède commence à opérer.* → **agir.** 2. Faire. *La voiture a opéré un demi-tour à vive allure.* → **accomplir, exécuter.** 3. Ouvrir le corps ou un organe pour en enlever une partie, le soigner ou le modifier. *Le chirurgien a opéré Julie de l'appendicite.*

➤ **opérateur** n. m., **opératrice** n. f. 1. Personne qui fait fonctionner un appareil. *Un opérateur de prises de vues.* → **cadreur, caméraman.** 2. n. m. En mathématiques, signe qui indique l'opération à réaliser. *+ est l'opérateur de l'addition, – celui de la soustraction.*

➤ **opération** n. f. 1. Acte à accomplir en vue d'obtenir un résultat. *Dans la construction d'une voiture, la plupart des opérations sont effectuées par des machines.* 2. Calcul qui, à partir d'éléments connus, permet d'obtenir un nouveau résultat. *Il y a quatre opérations, l'addition, la soustraction, la multiplication et la division.* 3. Ensemble de manœuvres militaires, de combats. *Le général a pris la tête des opérations.* 4. Action d'ouvrir le corps pour enlever une partie malade ou la soigner. → **intervention** chirurgicale. *Le chirurgien est en salle d'opération.* 5. Affaire financière. *Il a fait une bonne opération en achetant son appartement.*

➤ **opérationnel, opérationnelle** adj. ✦ Qui peut fonctionner, être mis en service. *La salle informatique n'est pas encore opérationnelle.*

➤ **opératoire** adj. ✦ Relatif à une opération chirurgicale. *Le malade a subi un choc opératoire important,* un choc à la suite de son opération. — *Le bloc opératoire,* c'est le lieu où se trouvent les installations pour faire des interventions chirurgicales.

▷ Autres mots de la famille : COOPÉRANT, COOPÉRATIF, COOPÉRATION, COOPÉRATIVE, COOPÉRER.

opérette n. f. ✦ Pièce de théâtre gaie, accompagnée de musique, dont certains dialogues sont chantés. → aussi **opéra.** *Offenbach est l'auteur de nombreuses opérettes.*

▷ Mot de la famille de OPÉRA.

ophtalmologie n. f. ✦ Partie de la médecine qui soigne les yeux et les troubles de la vue.

➤ **ophtalmologiste** n. m. et f. ✦ Médecin spécialiste des yeux. → **oculiste.**

opiniâtre adj. ✦ Acharné, obstiné. *Ils ont réussi grâce à un travail opiniâtre.*

● Attention à l'accent circonflexe du *â*.

➤ **opiniâtreté** n. f. ✦ Acharnement, persévérance. *L'opiniâtreté des sauveteurs a permis de retrouver des survivants.*
● Attention à l'accent circonflexe du *â*.

opinion n. f. 1. Manière de penser. *Je ne partage pas votre opinion sur ce sujet.* → **avis, idée, point de vue.** *Elle a une bonne opinion de vous,* elle pense du bien de vous, elle vous apprécie. 2. *L'opinion publique* ou *l'opinion,* c'est l'ensemble des gens et ce qu'ils pensent. *L'opinion publique a été alertée par les médias.*

opium [ɔpjɔm] n. m. ✦ Drogue tirée d'une plante, le pavot. → aussi **morphine.** *Ces toxicomanes fument de l'opium.*
➤ **opiomane** n. m. et f. ✦ Personne qui fume ou mange de l'opium.

opossum [ɔpɔsɔm] n. m. ✦ Petit marsupial d'Amérique et d'Australie au pelage gris.

opossum

opportun, opportune adj. ✦ *Le moment opportun,* c'est le bon moment, le moment favorable. ❑ contr. **inopportun.**
➤ **opportunément** adv. ✦ Au bon moment. *Alex est arrivé opportunément.*
➤ **opportunisme** n. m. ✦ Attitude qui consiste à profiter des circonstances selon son propre intérêt et sans scrupule.
➤ **opportuniste** n. m. et f. ✦ Personne qui tire profit des circonstances, sans scrupule.
➤ **opportunité** n. f. ✦ Caractère de ce qui est opportun. *Ils s'interrogent sur l'opportunité de cette démarche,* ils se demandent si le moment est bien choisi pour faire cette démarche.
▷ Autre mot de la famille : INOPPORTUN.

opposer v. (conjug. 1) 1. Mettre face à face dans un combat. *Le match oppose notre équipe à celle du village voisin.* 2. Placer en face pour faire obstacle. *À tous ces reproches, il a opposé un silence obstiné.* 3. Comparer pour faire ressortir les différences. *On oppose souvent le comportement des chiens et celui des chats.* ❑ contr. **rapprocher.**
➤ **s'opposer** v. 1. Empêcher, interdire. *Ses parents se sont opposés à son mariage.* ❑ contr. **consentir, permettre.** 2. Contraster. *Le rouge et le noir sont deux couleurs qui s'opposent violemment.*
➤ **opposant** n. m., **opposante** n. f. ✦ Personne qui n'est pas d'accord avec la politique du gouvernement. *Les opposants au régime préparent un coup d'État.* → **adversaire.**
➤ **opposé** adj. et n. m., **opposée** adj.
■ adj. 1. Qui est situé en face, vis-à-vis. *Léa a collé un poster sur le mur opposé à la fenêtre. Paul et Théo sont partis dans des directions opposées,* dans deux directions allant en sens inverse. → **contraire.** 2. Très différent. *Les deux sœurs ont des caractères opposés.* ❑ contr. **identique, semblable.** 3. Hostile. *Elle était opposée à tout changement.* ❑ contr. **favorable.**
■ n. m. 1. *L'opposé,* c'est le contraire. *Souvent, Alex dit une chose et il fait l'opposé.* 2. *À l'opposé,* de l'autre côté. *Ici c'est la poste, la gare est à l'opposé.*
➤ **opposition** n. f. 1. Désaccord, conflit. *Alex est en opposition avec ses parents.* 2. *Faire opposition à quelque chose,* c'est l'empêcher, s'y opposer. *Le professeur de français a fait opposition à mon passage dans la classe supérieure.* 3. *L'opposition,* c'est l'ensemble des personnes qui ne sont pas d'accord avec la politique du gouvernement. *Il est membre d'un parti de l'opposition.*
▷ Mots de la famille de POSER.

oppresser v. (conjug. 1) ✦ Gêner la respiration. *La chaleur l'oppresse.*
➤ **oppressant, oppressante** adj. ✦ Qui étouffe, gêne la respiration. → **étouffant.** *Il fait une chaleur oppressante.* → **écrasant, suffocant.**
➤ **oppressé, oppressée** adj. ✦ Qui a du mal à respirer. *Elle se sentait oppressée.*
● Il ne faut pas confondre *oppressé* et *opprimé.*
➤ **oppresseur** n. m. ✦ Personne qui exerce une autorité trop grande. → **tyran.** *Le peuple opprimé s'est révolté contre l'oppresseur.*
➤ **oppression** n. f. 1. Autorité excessive et injuste. → **tyrannie.** *La population tente de résister à l'oppression de ce régime tyrannique.* 2. Sensation d'un poids qui empêche de respirer.

opprimer v. (conjug. 1) ✦ Écraser sous le poids d'une autorité trop grande et injuste. *Le seigneur du village opprimait les paysans.* → **tyranniser.**

➤ **opprimé** n. m., **opprimée** n. f. ✦ Personne victime d'un oppresseur. *Les opprimés se révolteront.* — **Adj.** *Ce peuple opprimé s'est révolté.*

● Il ne faut pas confondre *opprimé* et *oppressé.*

opter v. (conjug. 1) ✦ *Opter pour quelque chose,* c'est choisir quelque chose. *Pour quelle solution allez-vous opter ?*

▷ Autres mots de la famille : ADOPTER, ADOPTIF, ADOPTION, OPTION, OPTIONNEL.

opticien n. m., **opticienne** n. f. ✦ Personne qui fabrique et vend des objets et des appareils qui servent à mieux voir. *Chez un opticien, on peut acheter des lunettes, des verres de contact, des loupes, des microscopes, des jumelles.*

▷ Mot de la famille de OPTIQUE.

optimisme n. m. ✦ Attitude d'une personne qui prend toujours les choses du bon côté. *Elle envisage l'avenir avec optimisme.* ❑ contr. **pessimisme.**

➤ **optimiste** adj. ✦ Qui prend les choses du bon côté, pense que tout va bien et que tout se passera bien. *Julie reste toujours optimiste.* ❑ contr. **pessimiste.** — **N.** *C'est une optimiste.*

option n. f. 1. Choix. *Il faut partir, c'est la seule option possible. Le latin est une matière à option,* c'est une matière facultative. 2. Chose qui peut être achetée en plus. *Un modèle de voiture avec le toit ouvrant en option.*

➤ **optionnel, optionnelle** adj. ✦ Qui fait l'objet d'un choix. *Certaines matières scolaires sont optionnelles.* → **facultatif.** ❑ contr. **obligatoire.**

▷ Mots de la famille de OPTER.

optique adj. et n. f.

■ **adj.** De l'œil, de la vision. *Le nerf optique relie l'œil au cerveau.*

■ **n. f.** 1. Science qui étudie la lumière et les lois de la vision. 2. *Un instrument d'optique,* un instrument qui permet de voir, d'observer. *Les lunettes, les loupes, les microscopes sont des instruments d'optique.* 3. Manière de voir les choses. *Pour apprécier les contes de fées, il faut se placer dans l'optique des enfants.* → **point de vue.**

▷ Autre mot de la famille : OPTICIEN.

opulence n. f. ✦ Grande richesse. *Les milliardaires vivent dans le luxe et l'opulence.* ❑ contr. **misère, pauvreté.**

➤ **opulent, opulente** adj. 1. Très riche. *Il est issu d'une famille opulente.* ❑ contr. **pauvre.** 2. *Une poitrine opulente,* une grosse poitrine. → ① **fort.**

opus [ɔpys] n. m. ✦ Indication utilisée pour désigner un morceau de musique avec son numéro, dans l'œuvre d'un compositeur.

● C'est un mot latin qui veut dire « ouvrage ».

opuscule n. m. ✦ Petit livre. → **brochure.** *Il a lu un opuscule sur les vampires.*

① **or** n. m. ✦ Métal précieux jaune et brillant. *Julie a une bague en or.* — *À prix d'or,* très cher. *Rouler sur l'or,* être très riche. *Faire un pont d'or à quelqu'un,* lui offrir beaucoup d'argent pour le décider à occuper un poste. *Avoir un cœur d'or,* être très généreux. ❍ homonyme : hors.

▷ Autres mots de la famille : BOUTON-D'OR, DORÉ, DORER, DORURE, MORDORÉ, ORFÈVRE, ORFÈVRERIE.

② **or** conjonction ✦ Mot qui sert à lier deux propositions en montrant l'arrivée d'un élément nouveau, plus ou moins en opposition avec ce qui précède. *Alex doit nous montrer le chemin, or il n'est pas encore arrivé.* → **mais.**

oracle n. m. ✦ Réponse que faisaient les dieux, dans l'Antiquité, à ceux qui venaient les interroger. *Les oracles étaient interprétés par les prêtres.*

orage n. m. ✦ Trouble violent dans l'atmosphère qui se manifeste par des éclairs, du tonnerre, une très forte pluie et du vent. *Le ciel s'assombrit, l'orage va éclater.* — *Il y a de l'orage dans l'air,* il va certainement y avoir une dispute.

➤ **orageux, orageuse** adj. 1. Qui annonce l'orage. *Le temps est orageux,* il va y avoir de l'orage. 2. Tumultueux. *Une discussion orageuse,* violente et agitée. → **houleux.** ❑ contr. **calme, paisible.**

oral, orale adj. 1. Qui se fait de vive voix et non par écrit. *L'examen comporte des épreuves orales et des épreuves écrites.* — Au masc. pl. *oraux.* — **N. m.** *Il a passé l'oral de son examen,* la partie de l'examen où il a été interrogé de vive voix. *Le résultat des oraux sera donné dans une heure.* **2.** *Par voie orale,* par la bouche. *Ce médicament est à prendre par voie orale.*

➤ **oralement** **adv.** ✦ Par la parole. *Répondez oralement.* → **verbalement.** ❑ contr. par **écrit.**

orange **n. f.** et **adj. inv.**

■ **n. f.** Fruit rond, assez gros, d'un jaune un peu rouge. ➻ illustration Agrumes p. 21. *Louise boit du jus d'orange. Il a acheté un kilo d'oranges.*

■ **adj. inv.** D'une couleur formée par la combinaison du jaune et du rouge. → **orangé.** *Léa a des gants orange.*

➤ **orangé, orangée** **adj.** ✦ D'une couleur proche de l'orange. *Des fleurs orangées.*

➤ **orangeade** [ɔʀɑ̃ʒad] **n. f.** ✦ Boisson faite de jus d'orange, de sucre et d'eau. *Veux-tu de l'orangeade ou de la citronnade ?*

● Il y a un *e* après le *g*.

➤ **oranger** **n. m.** ✦ Arbre fruitier qui donne les oranges.

➤ **orangeraie** **n. f.** ✦ Plantation d'orangers. *Il y a beaucoup d'orangeraies au Maroc.*

➤ **orangerie** **n. f.** ✦ Bâtiment dans lequel on met à l'abri, pendant l'hiver, des orangers cultivés dans des pots.

orang-outan [ɔʀɑ̃utɑ̃] **n. m.** ✦ Grand singe d'Asie, à longs poils d'un brun roux et aux bras très longs. *Les orangs-outans vivent dans les arbres.*

● On écrit aussi *orang-outang*. Ce mot vient d'un mot malais qui veut dire « homme des bois ».

orang-outan

orateur **n. m.**, **oratrice** **n. f.** ✦ Personne qui prononce un discours. *C'est un brillant orateur,* il parle bien en public.

oratoire **adj.** ✦ Qui concerne l'art de parler en public. *Les effets oratoires d'un avocat.*

orbite **n. f.** **1.** Courbe que décrit un astre ou un satellite autour d'un astre. *La Terre parcourt son orbite autour du Soleil en 365 jours 6 heures et 9 minutes.* **2.** Chacun des deux trous du crâne dans lesquels se trouvent les yeux.

▷ Autre mot de la famille : EXORBITÉ.

orchestre [ɔʀkɛstʀ] **n. m.** **1.** Groupe de musiciens jouant ensemble d'instruments différents. *Nous écoutions un concerto pour piano et orchestre. Le chef d'orchestre dirige les musiciens.* **2.** Rez-de-chaussée d'une salle de spectacle. *Il a réservé deux fauteuils d'orchestre.*

➤ **orchestrer** [ɔʀkɛstʀe] **v.** (conjug. 1) **1.** Adapter pour l'orchestre. *Le compositeur a orchestré cette mélodie.* **2.** Organiser avec ampleur. *La campagne publicitaire a été bien orchestrée.*

orchidée [ɔʀkide] **n. f.** ✦ Fleur rare très recherchée qui pousse dans les pays chauds et humides. ➻ planche Fleurs p. 421.

ordinaire **adj.** et **n. m.**

■ **adj.** **1.** Habituel. *Avec sa maladresse ordinaire, il m'a marché sur les pieds.* ❑ contr. **exceptionnel, extraordinaire.** **2.** De la qualité la plus courante. *Du vin de qualité ordinaire.*

■ **n. m.** **1.** Ce qui est habituel. *Cette robe est originale, elle sort de l'ordinaire.* **2.** *D'ordinaire,* d'habitude, le plus souvent. *D'ordinaire, il se lève plus tôt.*

➤ **ordinairement** **adv.** ✦ Habituellement. *Ordinairement, les trains arrivent à l'heure.* → **généralement.**

▷ Autres mots de la famille : EXTRAORDINAIRE, EXTRAORDINAIREMENT.

ordinal, ordinale **adj.** ✦ *Un adjectif numéral ordinal,* c'est un adjectif qui indique le rang, l'ordre d'une chose ou d'une personne dans un ensemble. *« Troisième », « vingt-cinquième » sont des adjectifs numéraux ordinaux.* → aussi ② **cardinal.**

ordinateur **n. m.** ✦ Machine électronique pouvant résoudre très rapidement des problèmes très complexes et très variés à l'aide de programmes spéciaux et qui garde beaucoup d'informations en mémoire. *Elle travaille sur ordinateur.* → aussi **informatique.**

▷ Autre mot de la famille : MICRO-ORDINATEUR.

ordination **n. f.** ✦ Cérémonie au cours de laquelle un homme devient prêtre.

① **ordonnance** n. f. ✦ Arrangement. → **disposition.** *Le professeur attire l'attention de ses élèves sur l'ordonnance des mots dans la phrase.* → **ordre** et aussi ① **ordonner.**
▷ Mot de la famille de ① ORDONNER.

② **ordonnance** n. f. 1. Papier sur lequel le médecin inscrit les médicaments qu'il prescrit. *Le pharmacien lit l'ordonnance.* 2. *Une ordonnance ministérielle,* c'est une décision du gouvernement. 3. Autrefois, soldat au service d'un officier.
▷ Mot de la famille de ② ORDONNER.

① **ordonner** v. (conjug. 1) 1. Mettre dans un certain ordre. *Le maire a ordonné les différentes parties de son discours.* — **s'ordonner,** se mettre en place, en ordre. *Mes souvenirs s'ordonnent et se précisent.* → s'**organiser.** 2. *Ordonner un prêtre,* c'est lui donner le sacrement qui fera de lui un prêtre. → aussi **ordination.**

➤ **ordonné, ordonnée** adj. ✦ Qui a de l'ordre, range ses affaires. *Léa est une petite fille ordonnée.* ❏ contr. ① **brouillon, désordonné.**

➤ **ordonnée** n. f. ✦ Coordonnée verticale qui sert, avec l'abscisse, d'élément de repère pour définir la position d'un point dans un plan.
▷ Autres mots de la famille : COORDONNÉE, COORDONNER, DÉSORDONNÉ, ① ORDONNANCE, SUBORDONNÉ, SUBORDONNER.

② **ordonner** v. (conjug. 1) ✦ Donner un ordre. → **commander.** *Je t'ordonne de te taire. Le médecin lui a ordonné des antibiotiques.* → **prescrire.**
▷ Autre mot de la famille : ② ORDONNANCE.

① **ordre** n. m. 1. Manière de classer, de ranger. *Les mots d'un dictionnaire sont rangés dans l'ordre alphabétique.* → **classement.** 2. Disposition, rangement des choses à leur place. *Cette pièce est en ordre.* ❏ contr. **désordre.** *Alex met de l'ordre dans sa chambre,* il la range. 3. Qualité d'une personne qui range les choses à leur place. *Louise a de l'ordre,* elle est ordonnée. 4. Organisation de la société, respect des lois. *La police assure le maintien de l'ordre.* 5. Catégorie. *Le prix de cette robe est de l'ordre de 150 euros,* d'environ 150 euros. 6. Ensemble de moines ou de religieuses obéissant à certaines règles. *À quel ordre appartient ce moine ? — Entrer dans les ordres,* c'est devenir prêtre ou religieux.
▷ Autre mot de la famille : DÉSORDRE.

② **ordre** n. m. ✦ Acte qui manifeste l'autorité. *Le professeur donne à ses élèves l'ordre de se taire,* il le leur ordonne. *Le soldat obéit aux ordres de ses supérieurs.* → **commandement, consigne.** — *Être sous les ordres de quelqu'un,* devoir lui obéir. *Il a plusieurs employés sous ses ordres,* qui lui sont inférieurs dans la hiérarchie et qu'il dirige. — *Jusqu'à nouvel ordre,* pour le moment, jusqu'à ce qu'un fait nouveau vienne changer la situation. *Restez là jusqu'à nouvel ordre.*
▷ Autre mot de la famille : CONTRORDRE.

ordures n. f. pl. ✦ Déchets dont on se débarrasse. → **immondices.** *Les éboueurs ramassent les ordures.* → **détritus** et aussi **poubelle.**

➤ **ordurier, ordurière** adj. ✦ Très grossier. *Des propos orduriers.* → **obscène.** *C'est une femme ordurière,* qui dit des grossièretés.
▷ Autre mot de la famille : VIDE-ORDURES.

orée n. f. ✦ *L'orée du bois,* c'est la bordure, la lisière du bois.
● Ce mot est littéraire.

oreille n. f. ✦ *Les oreilles,* ce sont les organes, situés de chaque côté de la tête, qui servent à entendre. → aussi **ouïe.** *Paul a les*

oreille

oreilles décollées. Le lapin a de grandes oreilles. — *N'écouter que d'une oreille,* écouter d'un air distrait. *Prêter l'oreille,* écouter attentivement. *Être dur d'oreille,* être un peu sourd. *Avoir l'oreille fine,* très bien entendre. *Faire la sourde oreille,* faire semblant de ne pas entendre. *Casser les oreilles à quelqu'un,* faire trop de bruit. *Se faire tirer l'oreille pour faire quelque chose,* se faire prier. *Dresser l'oreille,* se mettre à écouter attentivement. *Les murs ont des oreilles,* on peut être surveillé sans s'en douter.

➤ **oreiller** **n. m.** ✦ Coussin, carré ou rectangulaire, sur lequel on pose la tête pour dormir. → aussi **traversin.**

➤ **oreillette** **n. f.** 1. Chacune des deux cavités supérieures du cœur. *Les oreillettes et les ventricules.* 2. Petit récepteur qui s'adapte à l'oreille. *Le présentateur de l'émission écoute le réalisateur grâce à son oreillette.*

➤ **oreillons** **n. m. pl.** ✦ Maladie contagieuse due à un virus qui donne mal aux oreilles et fait enfler le cou.

▷ Autre mot de la famille : PERCE-OREILLE.

d'ores et déjà [dɔʀzedeʒa] **adv.** ✦ Dès maintenant, dès aujourd'hui. *La maison n'est pas terminée mais on peut d'ores et déjà voir l'aspect qu'elle aura.*

▷ Mot de la famille de DÉJÀ.

orfèvre **n. m.** ✦ Personne qui fabrique ou vend des objets en métal précieux. *Cette théière en argent a été achetée chez un grand orfèvre.*

➤ **orfèvrerie** **n. f.** ✦ Travail, art de l'orfèvre.

▷ Mots de la famille de ① OR.

organe **n. m.** ✦ Partie du corps qui a une fonction particulière. *L'œil est l'organe de la vue.*

▷ Autres mots de la famille : DÉSORGANISATION, DÉSORGANISER, MICRO-ORGANISME, ORGANIQUE, ORGANISATEUR, ORGANISATION, ORGANISÉ, ORGANISER, ORGANISME, RÉORGANISER.

organigramme **n. m.** ✦ Schéma qui représente les diverses parties d'un ensemble et les relations entre elles. *L'organigramme d'une entreprise.*

organique **adj.** 1. Qui se rapporte aux organes, aux êtres vivants. *Les fonctions organiques.* 2. Qui provient d'un être vivant. *Le jardinier utilise des engrais organiques.* ❑ contr. **chimique.**

▷ Mot de la famille de ORGANE.

organiser **v.** (conjug. 1) 1. Préparer selon un plan précis, mettre sur pied. *Le professeur a organisé un pique-nique avec tous ses élèves.* 2. **s'organiser,** c'est aménager son emploi du temps de manière à être plus efficace. *Il perd beaucoup de temps, il ne sait pas s'organiser.*

➤ **organisé, organisée** **adj.** 1. *Un voyage organisé,* c'est un voyage en groupe où tout est prévu et préparé et se déroule selon un ordre déterminé. *Ils sont allés au Japon en voyage organisé.* 2. *Une personne organisée,* qui sait aménager son temps de manière efficace.

➤ **organisateur** **n. m.,** **organisatrice** **n. f.** ✦ Personne qui prépare, organise. *Les organisateurs du spectacle ont été félicités.*

➤ **organisation** **n. f.** 1. Préparation. *L'organisation de la fête était parfaite.* 2. Manière dont une chose est organisée. *Il y a une bonne organisation dans le service.* 3. Groupe de personnes qui travaillent ensemble dans un but commun. *Il fait partie d'une organisation humanitaire.*

▷ Mots de la famille de ORGANE.

organisme **n. m.** 1. Le corps humain. *Le manque de sommeil diminue la résistance de l'organisme.* 2. Être vivant. *Les plantes sont des organismes.* 3. Ensemble de services et de bureaux où les gens travaillent dans un but commun. *Un syndicat d'initiative est un organisme chargé de s'occuper du tourisme d'une région.*

▷ Mot de la famille de ORGANE.

organiste **n. m. et f.** ✦ Personne qui joue de l'orgue.

▷ Mot de la famille de ORGUE.

orge **n. f.** ✦ Plante portant un épi garni de longs poils. *L'orge est une céréale qui sert à fabriquer de la bière.*

orgelet **n. m.** ✦ Petit bouton sur le bord de la paupière.

orgie **n. f.** ✦ Repas long et bruyant où les gens mangent et boivent trop et se tiennent mal. *Le banquet s'est terminé en orgie.*

orgue n. m. ✦ Grand instrument de musique à vent, composé de nombreux tuyaux et de plusieurs claviers.

● Au pluriel, *orgue* est un nom féminin : on dit *les grandes orgues de la cathédrale de Chartres.*

▷ Autre mot de la famille : ORGANISTE.

orgue

orgueil [ɔʀgœj] n. m. ✦ Sentiment qu'une personne a d'avoir plus de valeur que les autres. → **prétention, vanité.** *Il est d'un orgueil démesuré.* ❑ contr. **humilité, modestie.**

● Il y a un *u* après le *g*.

➤ **orgueilleux, orgueilleuse** adj. ✦ Qui se pense supérieur aux autres. → **fier, prétentieux, vaniteux.** *Elle est orgueilleuse comme un paon,* très orgueilleuse. ❑ contr. **humble, modeste.** — N. *Quel orgueilleux !*

▷ Autre mot de la famille : S'ENORGUEILLIR.

orient n. m. 1. Est. *Le soleil se lève à l'orient et se couche à l'occident.* → aussi **levant.** 2. *L'Orient,* c'est l'Asie et certains pays du bassin méditerranéen.

➤ **oriental, orientale** adj. 1. Qui est à l'est. *Bastia est sur la côte orientale de la Corse et Ajaccio sur la côte occidentale.* 2. Situé en Orient. *L'Égypte et le Japon sont des pays orientaux.* — N. *Les Égyptiens sont des Orientaux,* des habitants de l'Orient.

orienter v. (conjug. 1) 1. Disposer par rapport à une direction. *La chambre de Paul est orientée au sud.* 2. Diriger dans une certaine direction. *Ses professeurs l'ont orienté vers des études scientifiques.* 3. **s'orienter,** c'est déterminer l'endroit où l'on se trouve par rapport aux points cardinaux. → se **repérer.** *Une boussole aide à s'orienter.*

➤ **orientable** adj. ✦ Que l'on peut diriger dans le sens que l'on veut. *Un projecteur orientable.*

➤ **orientation** n. f. 1. Le fait de se repérer par rapport aux points cardinaux. *Julie n'a pas le sens de l'orientation.* 2. Direction que l'on prend dans ses études. *Il ne sait quelle orientation choisir après son bac.*

▷ Autre mot de la famille : DÉSORIENTER.

orifice n. m. ✦ Ouverture. → **trou.** *Il faudrait agrandir l'orifice de ce tube.*

oriflamme n. f. ✦ Drapeau.

originaire adj. ✦ Qui vient d'un lieu, qui y est né. *Sa mère est originaire du Brésil.* → **natif.**

▷ Mot de la famille de ORIGINE.

original adj. et n. m., **originale** adj. et n. f.

■ adj. 1. Qui sort de l'ordinaire, qui ne ressemble à rien d'autre. *Julie a une robe originale.* → aussi **excentrique.** *Théo fait toujours des cadeaux originaux.* ❑ contr. **banal, commun.** 2. *Un film en version originale,* qui n'est pas doublé, qui est dans la langue où il a été tourné.

■ n. 1. Personne qui ne se conduit pas comme tout le monde. *C'est une originale.* 2. n. m. Document ou tableau fait par l'auteur, qui n'est pas une copie. *Photocopiez ces lettres, gardez les doubles et rendez-moi les originaux.*

➤ **originalité** n. f. ✦ Caractère de ce qui ne ressemble pas à autre chose. ❑ contr. **banalité.** *Cette rédaction manque d'originalité.*

origine n. f. 1. Endroit, milieu d'où vient une personne. *Sa mère est d'origine suisse,* les ancêtres de sa mère étaient suisses. → **ascendance.** 2. Provenance. *Beaucoup de mots français sont d'origine grecque ou latine,* ils viennent du grec ou du latin. → **étymologie.** 3. Commencement. *L'origine de la vie. À l'origine, il était un simple employé.* 4. Cause. *L'injustice est à l'origine de leur révolte.*

➤ **originel, originelle** adj. ✦ Qui date du début. → **initial.** *Cette sculpture est tellement ancienne qu'on ne voit plus sa forme originelle.* → **primitif.**
▷ Autre mot de la famille : ORIGINAIRE.

oripeaux n. m. pl. ✦ Vêtements bizarres, extravagants et vieux.

orme n. m. ✦ Grand arbre à feuilles dentelées. *Une allée d'ormes longe la rivière.*
➤ ① **ormeau** n. m. ✦ Petit orme. *Une allée d'ormeaux.*

② **ormeau** n. m. ✦ Coquillage plat comestible. *Nous avons mangé des ormeaux.*

orner v. (conjug. 1) ✦ Décorer. *Des fleurs ornent le balcon.*
➤ **ornement** n. m. ✦ Ce qui décore. → **décoration.** *Le mur est tout blanc, sans aucun ornement.*
➤ **ornemental, ornementale** adj. ✦ Qui décore. → **décoratif.** *L'azalée est une plante ornementale.* — Au masc. pl. *ornementaux.*

ornière n. f. ✦ Trace profonde creusée par les roues d'un véhicule dans un chemin de terre.

ornithologie n. f. ✦ Science qui étudie les oiseaux.
● Il y a un *h* après le *t.*
➤ **ornithologue** n. m. et f. ✦ Spécialiste des oiseaux.
● Il y a un *h* après le *t.*

ornithorynque n. m. ✦ Animal d'Australie à bec de canard, à longue queue plate, aux pattes palmées munies de griffes, qui vit à la fois sur terre et dans l'eau, et pond des œufs. *L'ornithorynque est un mammifère.*
● Ce mot s'écrit avec *th* et *y.*

oronge n. f. ✦ Champignon dont certaines espèces sont comestibles. → **amanite.**

orpailleur n. m., **orpailleuse** n. f. ✦ Personne qui cherche de l'or.

orphelin n. m., **orpheline** n. f. ✦ Enfant dont les parents sont morts. — **Adj.** *Elle a été orpheline à 8 ans,* ses parents sont morts quand elle avait 8 ans.

➤ **orphelinat** n. m. ✦ Établissement qui recueille les orphelins.

orque n. f. ✦ Mammifère marin noir et blanc, de la famille des dauphins. *Les orques se nourrissent de poissons et de cétacés.*

orque

orteil n. m. ✦ Doigt de pied. *L'homme a dix orteils.*

orthodontiste n. m. et f. ✦ Dentiste spécialisé dans le redressement des dents. *L'orthodontiste va mettre un appareil à Léa.*

orthodoxe adj. **1.** *La religion orthodoxe,* c'est la religion des chrétiens d'Orient qui ne reconnaît pas l'autorité du pape. *L'Église orthodoxe s'est séparée de l'Église catholique romaine au 11e siècle.* — **N.** *Il y a des orthodoxes en Grèce et en Russie,* des chrétiens de religion orthodoxe. **2.** Conforme aux traditions ou aux usages. *Cette méthode n'est pas très orthodoxe.*

orthographe n. f. ✦ Manière correcte d'écrire les mots. *Alex fait des fautes d'orthographe.*
➤ **orthographier** v. (conjug. 7) ✦ Écrire correctement, en suivant les règles. *On orthographie souvent mal certains noms de famille.*
➤ **orthographique** adj. ✦ Qui concerne l'orthographe. *Le français a de nombreuses difficultés orthographiques.*

orthopédique adj. ✦ *Un appareil orthopédique,* c'est un appareil qui corrige une malformation des os. *Il est obligé de porter des chaussures orthopédiques.*

orthophonie n. f. ✦ Traitement des troubles du langage oral et écrit.
➤ **orthophoniste** n. m. et f. ✦ Personne dont le métier est de corriger les troubles du langage oral et écrit. *Cet enfant ne bégaye plus grâce au travail d'une orthophoniste.*

ortie **n. f.** ✦ Plante dont les feuilles piquent et donnent de petits boutons quand on les touche. *Les feuilles d'ortie sont couvertes de poils qui contiennent un liquide irritant.*

ortolan **n. m.** ✦ Petit oiseau à la chair délicieuse. *Nous avons mangé des ortolans farcis.*

orvet **n. m.** ✦ Sorte de lézard sans pattes qui ressemble à un petit serpent. *Les orvets se nourrissent de limaces et de vers de terre.*

os **n. m.** ✦ Chacune des parties dures et rigides qui forment le squelette de l'homme et des animaux vertébrés. *Le chien ronge l'os du gigot. Elle n'a plus que la peau sur les os,* elle est très maigre.

● On prononce *un os* [œ̃nɔs], *des os* [dezo].

▷ Autres mots de la famille : DÉSOSSER, OSSATURE, OSSELETS, OSSEMENTS, OSSEUX, OSSUAIRE.

oscar **n. m.** ✦ Récompense, prix obtenu dans un concours. *Ce film a remporté plusieurs oscars.*

osciller [ɔsile] **v.** (conjug. 1) **1.** Avoir un mouvement régulier dans un sens puis dans l'autre. *Le balancier de la pendule oscille régulièrement.* **2.** Hésiter. *Elle oscille entre les deux solutions.*

➤ **oscillation** [ɔsilasjɔ̃] **n. f.** ✦ Mouvement de va-et-vient régulier. → **balancement.** *Les oscillations du balancier.*

oseille **n. f.** ✦ Plante dont les feuilles, au goût acide, se mangent cuites. *De la soupe à l'oseille.*

oser **v.** (conjug. 1) ✦ Avoir l'audace, le courage de faire quelque chose. *Elle n'ose pas prendre la parole en public. Il a osé nous faire des reproches.*

osier **n. m.** ✦ Sorte de saule dont on utilise les petites branches souples pour faire des paniers. → aussi **vannerie.** *Un fauteuil en osier.*

ossature **n. f.** **1.** Ensemble des os d'une personne ou d'un animal. *Il a une ossature massive.* → **squelette.** **2.** Ensemble des poteaux et des poutres qui soutiennent un bâtiment. → **charpente.**

▷ Mot de la famille de OS.

osselets **n. m. pl.** ✦ Jeu d'adresse qui consiste à lancer en l'air et à rattraper sur le dos de la main des objets en métal ou en plastique qui ont la forme de petits os. *Paul et Théo jouent aux osselets.*

▷ Mot de la famille de OS.

ossements **n. m. pl.** ✦ Os desséchés d'un cadavre d'homme ou d'animal. *On a retrouvé des ossements de mammouth dans une grotte.*

▷ Mot de la famille de OS.

osseux, osseuse **adj.** **1.** Qui concerne les os. *Une maladie osseuse,* des os. **2.** Dont les os sont très apparents. *Des mains osseuses.*

▷ Mot de la famille de OS.

ossuaire **n. m.** ✦ Endroit où sont conservés des ossements humains. *L'ossuaire d'un monastère.* → aussi **catacombes.**

▷ Mot de la famille de OS.

ostensiblement **adv.** ✦ Sans se cacher, avec l'intention de se faire remarquer. *Il tousse ostensiblement en présence de fumeurs.*

❏ contr. **discrètement.**

ostentation **n. f.** ✦ *Avec ostentation,* en cherchant à se faire remarquer. *Il regarda sa montre avec ostentation.* ❏ contr. **discrétion.**

ostentatoire **adj.** ✦ Qui est montré de manière à être remarqué. *Ils vivent dans un luxe ostentatoire.* ❏ contr. **discret.**

osier

ostréiculteur n. m., **ostréicultrice** n. f. ✦ Personne qui élève des huîtres.

ostréiculture n. f. ✦ Élevage des huîtres.

ostréiculture

otage n. m. et f. ✦ Personne qui est faite prisonnière et qui ne sera libérée que lorsque son ravisseur aura obtenu ce qu'il exige. *Des journalistes ont été pris en otage. Les terroristes menacent de tuer les otages.*

otarie n. f. ✦ Animal marin ressemblant à un phoque mais avec de petites oreilles et un cou plus allongé. ➻ planche Mammifères p. 621. *L'otarie vit dans l'océan Pacifique et dans les mers de l'hémisphère Sud.*

ôter v. (conjug. 1) 1. Enlever. *Il ôte son manteau.* → **retirer.** *Cet accident lui a ôté l'envie de faire de la moto.* ❑ contr. **donner.** 2. Retrancher. *6 fois 8 égalent 48, j'ôte 3, il reste 45.* → **soustraire.** ❑ contr. **ajouter.** 3. **s'ôter,** se pousser. *Ôte-toi de là,* sors de là.

● Attention à l'accent circonflexe du *ô*.

otite n. f. ✦ Maladie de l'oreille. *Paul a souvent des otites.*

oto-rhino-laryngologiste n. m. et f. ✦ Médecin spécialiste des oreilles, du nez et de la gorge. — Au pl. *Des oto-rhino-laryngologistes.*

● On dit aussi *un oto-rhino, des oto-rhinos* ou *un O. R. L., des O. R. L.*

ou conjonction 1. Sert à indiquer une équivalence. *On peut aller à New York en avion ou en bateau,* aussi bien en avion qu'en bateau. *On dit une coccinelle ou une bête à bon Dieu,* l'un ou l'autre. 2. Sert à indiquer un choix. *Entre ou sors, mais ferme la porte,* soit tu entres, soit tu sors. 3. Sert à indiquer une approximation. *Il restait cinq ou six enfants,* environ cinq enfants. 4. Sert à exprimer le doute. *Elle est belge ou suisse, je ne me rappelle plus.* ❍ homonymes : hou, houe, houx, où.

où adv. et pronom 1. **adv. interrogatif** En quel lieu, en quel endroit ? *Où est Julie ? Dis-moi où tu vas.* 2. **pronom relatif** *Léa nous décrit le village où elle est née. C'est l'heure où il fait le plus chaud,* l'heure à laquelle il fait le plus chaud. ❍ homonymes : hou, houe, houx, ou.

● Attention à l'accent grave du *ù*.

ouate [wat] n. f. ✦ Coton spécialement préparé qui sert pour la toilette et les pansements. *Un morceau d'ouate.* ❍ homonyme : watt.

● On peut dire *la ouate* ou *l'ouate.*

➤ **ouaté, ouatée** adj. ✦ Où il n'y a presque pas de bruit. → **feutré.** *Le brouillard enveloppait la ville d'une atmosphère ouatée.*

oublier v. (conjug. 7) 1. Ne plus se souvenir. *J'ai oublié son nom.* ❑ contr. se **rappeler, retenir,** se **souvenir.** 2. Ne pas penser. *Julie oublie souvent ses lunettes à l'école,* elle ne pense pas à les prendre, elle les laisse là-bas. *Il a oublié de nous prévenir.* → **omettre.** 3. Cesser volontairement de penser à quelque chose de désagréable. *Oublie tes soucis et viens danser.*

➤ **oubli** n. m. 1. Absence de souvenirs. *Le temps apporte l'oubli. — Tomber dans l'oubli,* être oublié de tous. *Ce chanteur, si célèbre autrefois, est tombé dans l'oubli.* 2. Chose que l'on aurait dû faire et que l'on a oublié de faire. → **négligence, omission.** *Excusez-moi de ne pas vous avoir prévenus : c'est un oubli.*

➤ **oubliette** n. f. ✦ Cachot souterrain où l'on enfermait autrefois les prisonniers. *Le seigneur a fait jeter son rival dans les oubliettes du château.*

▷ Autre mot de la famille : INOUBLIABLE.

oued [wɛd] **n. m.** ✦ En Afrique du Nord, cours d'eau souvent à sec qui peut se gonfler d'eau rapidement. *Les oueds algériens.*
● *Oued* est un mot arabe qui veut dire « vallée, fleuve ».

oued

ouest **n. m.** ✦ Un des quatre points cardinaux. *Le soleil se couche à l'ouest.* → **couchant, occident.** *Rennes est une ville de l'ouest de la France.* — **Adj. inv.** *Ajaccio est sur la côte ouest de la Corse.* → **occidental.**
● Ce mot vient de l'anglais.

ouf ! **interj.** ✦ Mot qui exprime le soulagement. *Ouf ! elle est partie, bon débarras !*
● *Ouf* est une onomatopée.

oui **adv.** ✦ Mot qui sert à indiquer que l'on affirme ou que l'on accepte quelque chose. *Tu pars déjà ? — Oui.* ❑ contr. **non.** ❍ homonyme : ouïe.

ouï-dire **n. m. inv.** ✦ *Par ouï-dire,* pour l'avoir entendu dire. *Je l'ai appris par ouï-dire.*
▷ Mot de la famille de OUÏR et de DIRE.

ouïe **n. f.** 1. *L'ouïe,* c'est le sens qui permet d'entendre les sons. *Louise a l'ouïe fine,* elle entend très bien. → **oreille** et aussi **audition.** 2. *Les ouïes,* ce sont les deux ouvertures situées de chaque côté de la tête d'un poisson, par lesquelles il respire. ❍ homonyme : oui.
● Attention au tréma du *ï.*
▷ Mot de la famille de OUÏR.

ouille ! **interj.** ✦ Mot qui sert à exprimer que l'on a mal. → **aïe !** *Ouille ! tu m'as marché sur le pied.* ❍ homonyme : houille.
● *Ouille* est une onomatopée.

ouïr **v.** (conjug. 10 ; ne s'emploie qu'à l'infinitif et au participe passé) ✦ Entendre. *J'ai ouï dire qu'ils allaient se marier,* je l'ai entendu dire.
● Attention au tréma du *ï.*
▷ Autres mots de la famille : INOUÏ, OUÏ-DIRE, OUÏE.

ouistiti **n. m.** ✦ Petit singe à longue queue touffue. *Les ouistitis vivent en Amérique du Sud, dans les arbres de la forêt tropicale.*

ouragan **n. m.** ✦ Forte tempête accompagnée d'un vent très violent. *L'ouragan a tout emporté sur son passage.* → aussi **cyclone, tornade, typhon.**

ourler **v.** (conjug. 1) ✦ Faire un ourlet. *Elle a ourlé la nappe qu'elle a brodée.*
➤ **ourlet** **n. m.** ✦ Bord d'un tissu replié et cousu. *Elle a fait un ourlet à son jean.*

ours **n. m.** 1. Grand animal au pelage épais, brun, gris ou blanc, au museau allongé et aux pattes armées de griffes. ➸ planche Mammifères p. 621. — *Il ne faut pas vendre la peau de l'ours avant de l'avoir tué,* il ne faut pas se réjouir ou se vanter de quelque chose avant de l'avoir obtenu. 2. Homme grincheux qui ne parle à personne et aime être seul.
➤ **ourse** **n. f.** ✦ Femelle de l'ours.
➤ **ourson** **n. m.** ✦ Petit de l'ours. *L'ourse protège ses oursons.*

oursin **n. m.** ✦ Petit animal marin rond, à la carapace brun foncé hérissée de piquants. *Ils ont mangé des huîtres et des oursins.*

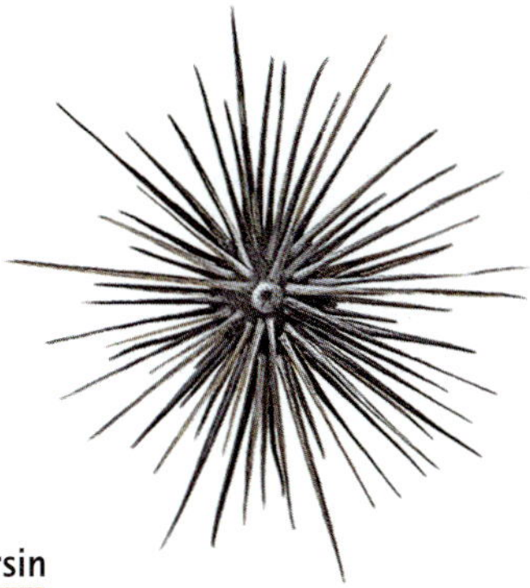

oursin

oust ! **interj.** ✦ Mot que l'on emploie pour dire à quelqu'un de s'en aller ou de se dépêcher. *Allez oust ! sors de là !*
● On écrit aussi *ouste.*

outil [uti] **n. m.** ✦ Objet que l'on utilise pour faire un travail manuel. *Le tournevis et le marteau sont dans la boîte à outils.*

➤ **outillage n. m.** ✦ Ensemble des outils ou des machines qui servent à exécuter un travail. *Le plombier est venu avec son outillage.* → ② **matériel.**

➤ **outillé, outillée adj.** ✦ Qui a les outils nécessaires à un travail. *Il n'est pas outillé pour réparer sa voiture.*

outrage n. m. ✦ Parole ou acte très offensant. → **affront, injure, insulte, offense.** *Il m'a fait l'outrage de ne pas me croire.*

➤ **outrager v.** (conjug. 3) ✦ Offenser gravement. → **injurier, insulter.** *Ces insinuations l'ont outragé.*

outrance n. f. ✦ Exagération dans les paroles ou le comportement. → **excès.** *On lui a reproché l'outrance de ses propos.* — *À outrance,* avec excès, exagération. *Elle était maquillée à outrance.*

➤ **outrancier, outrancière adj.** ✦ Très exagéré, excessif. *Il a tenu des propos outranciers sur la situation.* → **outré.** ❑ contr. **mesuré, nuancé.**

▷ Mots de la famille de ② OUTRE.

① **outre n. f.** ✦ Sac en peau de bouc ou de chameau servant à transporter des liquides.

② **outre prép.** et **adv.**

■ **prép.** En plus de. *Outre les bagages, il y avait le panier du chat à emporter.*

■ **adv. 1.** *En outre,* en plus de cela. *C'est un excellent peintre et en outre un musicien remarquable.* **2.** *Outre mesure,* excessivement. → **trop.** *J'espère que le voyage ne vous a pas fatigués outre mesure.* **3.** *Passer outre à quelque chose,* ne pas en tenir compte. *Théo est passé outre à l'interdiction de ses parents.*

➤ **outré, outrée adj. 1.** Exagéré. *Des compliments outrés.* **2.** Indigné, scandalisé. *Un air outré.*

● Au sens 1, ce mot est littéraire.

▷ Autres mots de la famille : OUTRANCE, OUTRANCIER, OUTREMER, OUTRE-MER, OUTREPASSER.

outremer n. m. ✦ Couleur d'un bleu intense, un peu violet. ➻ planche Couleurs p. 227. — **Adj. inv.** *Il a des yeux outremer.* ❍ homonyme : outre-mer.

▷ Mot de la famille de ② OUTRE et de MER.

outre-mer adv. ✦ *Les départements d'outre-mer,* ce sont les départements situés au-delà des mers, par rapport à la métropole. *La Martinique est un département d'outre-mer.* ❍ homonyme : outremer.

▷ Mot de la famille de ② OUTRE et de MER.

outrepasser v. (conjug. 1) ✦ Aller au-delà de ce qui est permis. *Elle a outrepassé ses droits.*

▷ Mot de la famille de ② OUTRE et de PASSER.

outsider [autsajdœʀ] **n. m.** ✦ Dans une course, cheval ou concurrent qui n'est pas parmi les favoris. *Le prix a été remporté par un outsider.* — Au pl. *Des outsiders.*

● C'est un mot anglais qui veut dire « celui qui se tient en dehors ».

ouvert, ouverte adj. 1. Qui laisse un passage, où l'on peut entrer. *Entrez, la porte est ouverte.* ❑ contr. **fermé.** *Le magasin restera ouvert dimanche.* **2.** Aimable et franc. ❑ contr. ① **renfermé.** *Julie a le visage ouvert.* **3.** Qui accepte facilement les idées nouvelles. *C'est un homme très ouvert. Un esprit ouvert.* ❑ contr. **étroit,** ② **obtus.**

➤ **ouvertement adv.** ✦ Sans se cacher. *Théo a dit ouvertement ce qu'il pensait.*

➤ **ouverture n. f. 1.** Action d'ouvrir. *Ce cambrioleur est spécialisé dans l'ouverture des coffres-forts.* ❑ contr. **fermeture. 2.** *Quelles sont les heures d'ouverture du musée ?* les heures pendant lesquelles le musée est ouvert. **3.** Mise en fonctionnement. *L'ouverture du nouveau restaurant aura lieu demain.* → **inauguration.** *Les chasseurs attendent impatiemment l'ouverture de la chasse,* le premier jour où l'on a le droit de chasser. **4.** Passage permettant d'entrer dans un lieu. → ② **accès.** *Cette pièce a de nombreuses ouvertures.* → **fenêtre, porte.**

▷ Mots de la famille de OUVRIR.

ouvrable adj. ✦ *Un jour ouvrable,* c'est un jour de la semaine qui n'est ni un dimanche ni un jour de fête. ❑ contr. **férié.** *Ce train n'est en service que les jours ouvrables.*

ouvrage n. m. 1. Travail. → **besogne, tâche.** *Il est temps de se mettre à l'ouvrage,* de se mettre à travailler. **2.** *Une boîte à ouvrage,* où l'on range ce qui sert aux travaux de couture. **3.** Livre. *Un ouvrage de philosophie.*

➤ **ouvragé, ouvragée** adj. ✦ Très orné, travaillé avec soin. *Un meuble très ouvragé.*

objet **ouvragé**

ouvrant, ouvrante adj. ✦ *Un toit ouvrant,* qui peut s'ouvrir. *Une voiture à toit ouvrant.*
▷ Mot de la famille de OUVRIR.

ouvre-boîte n. m. ✦ Instrument qui sert à ouvrir les boîtes de conserve. — Au pl. *Des ouvre-boîtes.*
▷ Mot de la famille de OUVRIR et de BOÎTE.

ouvre-bouteille n. m. ✦ Instrument qui sert à ouvrir les capsules des bouteilles. → **décapsuleur.** — Au pl. *Des ouvre-bouteilles.*
▷ Mot de la famille de OUVRIR et de BOUTEILLE.

ouvreur n. m., **ouvreuse** n. f. ✦ Personne qui place les spectateurs dans une salle de spectacle. *Il donne un pourboire à l'ouvreuse.*
▷ Mot de la famille de OUVRIR.

ouvrier n. m., **ouvrière** n. f. ✦ Personne qui travaille de ses mains et reçoit un salaire. *Les ouvrières d'une usine. Un ouvrier agricole.* — **Adj.** *Les revendications ouvrières,* des ouvriers.

ouvrir v. (conjug. 18) **1.** Déplacer les éléments d'une ouverture pour permettre de passer ou de voir. *Ouvre la fenêtre pour aérer la pièce.* ❏ contr. **fermer. 2.** Ôter l'obstacle qui sépare l'intérieur de l'extérieur. *Louise ouvre une bouteille de soda.* → **décapsuler. 3.** Faire une plaie en coupant. *Théo s'est ouvert le genou en tombant.* **4.** Recevoir des clients, le public. *L'épicerie ouvre à 8 heures.* **5.** Écarter des parties qui sont l'une contre l'autre. *Léa ouvre son livre à la page 30.* **6.** Percer. *Le maçon a ouvert une fenêtre dans le grenier.* **7.** Commencer. *Le maire ouvrira la cérémonie par un discours.*

➤ **s'ouvrir** v. (conjug. 18) **1.** Devenir ouvert. *La porte s'ouvre automatiquement.* **2.** S'épanouir, éclore. *Toutes les roses se sont ouvertes en même temps.* **3.** Commencer à fonctionner. *Une nouvelle parfumerie s'est ouverte dans la rue.*
▷ Autres mots de la famille : ENTROUVRIR, OUVERT, OUVERTEMENT, OUVERTURE, OUVRANT, OUVRE-BOÎTE, OUVRE-BOUTEILLE, OUVREUR, RÉOUVERTURE, ROUVRIR.

ovaire n. m. ✦ Chacune des deux glandes qui servent à la reproduction chez la femme et la femelle des animaux. *Les ovaires produisent les ovules.*
● *Ovaire* est un nom masculin : on dit *un ovaire.*

ovale adj. ✦ Qui a une forme courbe et allongée comme celle d'un œuf. *Le ballon de rugby est ovale. Une ellipse est une courbe ovale fermée.* — **N. m.** *L'ovale du visage.*

ovation n. f. ✦ Ensemble d'applaudissements et de cris en l'honneur de quelqu'un. → **acclamation.** *Les spectateurs lui ont fait une ovation quand il est entré en scène.*

➤ **ovationner** v. (conjug. 1) ✦ Acclamer par une ovation. *Les supporters ont ovationné l'équipe gagnante.*

overdose [ɔvœʀdoz] **n. f.** ✦ Dose de drogue excessive qui provoque la mort. *Ce jeune toxicomane est mort d'une overdose.* → **surdose.**
● Ce mot vient de l'anglais.

ovin, ovine adj. ✦ Qui se rapporte aux moutons. *Il existe plusieurs races ovines,* de moutons. — **N. m.** *Les moutons, les chèvres sont des ovins.*

ovipare adj. ✦ *Un animal ovipare,* c'est un animal qui se reproduit en pondant des œufs. *Les oiseaux, la plupart des poissons et des insectes sont ovipares.* → aussi **ovovivipare.** — **N.** *Les ovipares et les vivipares.*

ovni n. m. ✦ Objet volant que l'on n'arrive pas à identifier. *Les soucoupes volantes sont des ovnis.*
● *Ovni* est le sigle de *objet volant non identifié.*

ovovivipare adj. ✦ *Un animal ovovivipare,* c'est un animal qui se reproduit en pondant des œufs, qu'il conserve à l'abri dans son corps jusqu'à l'éclosion. → aussi **ovipare.** *La vipère est ovovivipare.* — **N.** *Les ovovivipares.*

ovule n. m. ✦ Cellule reproductrice chez la femme et la femelle des animaux. *L'ovule est fécondé par le spermatozoïde et produit l'œuf.*
● *Ovule* est un nom masculin : on dit *un ovule.*

oxyde n. m. ✦ Substance composée d'oxygène et d'un autre corps. *La rouille est un oxyde de fer,* un mélange de fer et d'oxygène. *Les voitures dégagent de l'oxyde de carbone,* un gaz composé de carbone et d'oxygène.
➤ s'**oxyder v.** (conjug. 1) ✦ S'abîmer au contact de l'oxygène de l'air en se recouvrant d'une couche d'oxyde. *L'argent noircit en s'oxydant.*
➤ **oxydation n. f.** ✦ Le fait de s'oxyder, de s'abîmer au contact de l'air. *La rouille est le résultat de l'oxydation du fer.*
▷ Autre mot de la famille : INOXYDABLE.

oxygène n. m. ✦ Gaz invisible et inodore que l'on trouve dans l'air. *L'oxygène est indispensable à la vie.*
➤ **oxygéné, oxygénée adj.** ✦ *L'eau oxygénée,* c'est un liquide contenant beaucoup d'oxygène. *L'eau oxygénée désinfecte et décolore.*

ozone n. m. ✦ Gaz bleu et odorant qui se forme dans l'air et protège des rayons du soleil. *Une couche d'ozone enveloppe la Terre.*

oxydation du métal

P

pacha **n. m.** ✦ Noble qui dirigeait une province dans l'ancien Empire turc. — *Faire le pacha,* se faire servir.
● Ce mot vient du turc.

pachyderme **n. m.** ✦ Gros animal à la peau épaisse. *Les éléphants, les rhinocéros, les hippopotames sont des pachydermes.*
● Ce mot s'écrit avec un *y.*

pacifier **v.** (conjug. 7) ✦ Ramener la paix. *L'armée a pacifié le pays, après plusieurs années de guerre civile.*
➤ **pacifique** **adj.** 1. Qui aime la paix, le calme. *Léa est une petite fille pacifique.* → **paisible, tranquille.** ❑ contr. **agressif, belliqueux.** 2. *Des relations pacifiques,* fondées sur la paix. *La France entretient des relations pacifiques avec ses voisins.*
➤ **pacifiste** **n. m. et f. et adj.**
■ **n. m. et f.** Partisan de la paix. *C'est une pacifiste convaincue.* → aussi **non-violent.**
■ **adj.** *Une manifestation pacifiste,* c'est une manifestation pour la paix.

pack **n. m.** ✦ Emballage qui contient un lot de la même marchandise. *Elle a acheté un pack de yaourts au supermarché.*
● C'est un mot anglais qui veut dire « paquet ».

pacotille **n. f.** ✦ *Des bijoux de pacotille,* ce sont des bijoux qui n'ont aucune valeur. → **toc.**

pacs [paks] **n. m.** ✦ Contrat qui lie deux personnes qui vivent ensemble et qui ne peuvent pas ou ne veulent pas se marier. *Ils ont conclu un pacs.*
● C'est le sigle de *pacte civil de solidarité.*

pacte **n. m.** ✦ Accord. *Ces pays ont conclu un pacte.* → **alliance, traité.**
➤ **pactiser** **v.** (conjug. 1) ✦ Conclure un pacte, un accord. *Les ennemis ont fini par pactiser.*

pactole **n. m.** ✦ Source de grande richesse.

paella [paela] ou [paelja] **n. f.** ✦ Plat espagnol composé de riz cuit avec du poisson, des crustacés, de la viande et des légumes.
● C'est un mot espagnol qui veut dire « poêle ».

pagaie [pagɛ] **n. f.** ✦ Petite rame à bout large et court, que l'on tient à deux mains. *On se sert d'une pagaie dans un canoë.*
▷ Autre mot de la famille : PAGAYER.

pagaille **n. f.** ✦ Grand désordre. → **fouillis.** *Toutes ses affaires sont en pagaille.* → fam. **bazar.**
● On peut écrire aussi *pagaïe.*

paganisme **n. m.** ✦ Religion de ceux qui ne sont ni juifs, ni chrétiens, ni musulmans. → aussi **païen.**

pagayer [pageje] **v.** (conjug. 8) ✦ Ramer avec une pagaie.
▷ Mot de la famille de PAGAIE.

① **page** **n. m.** ✦ Jeune noble au service d'un roi, d'un prince, d'un seigneur, d'une grande dame.

② **page** **n. f.** 1. Chacun des deux côtés d'une feuille de papier. *Un livre de 500 pages. Ouvrez votre dictionnaire page 42.* 2. Feuille de papier. *Louise a arraché une page de son cahier.* → **feuillet.** — *Tourner la page,* c'est oublier le passé, passer à autre chose. 3. Passage d'une œuvre d'un écrivain ou d'un musicien. *Les plus belles pages de Victor Hugo.*

➤ **pagination** n. f. ✦ Numérotation des pages d'un livre. *Il y a une erreur de pagination dans ce livre.*

pagne n. m. ✦ Morceau de tissu qui se noue autour des hanches et qui couvre le bas du corps. *Les Tahitiennes portent des pagnes.* → aussi **paréo.**
● Ce mot vient de l'espagnol.

pagode n. f. ✦ Temple consacré au culte de Bouddha. *Une pagode chinoise.*

pagode

paie → **paye** ❍ homonymes : paix, pet.

paiement [pɛmɑ̃] n. m. ✦ Action de payer. *Il faut présenter une pièce d'identité pour tout paiement par chèque.* → **règlement.**
● On écrit aussi *payement* [pɛjmɑ̃].
▷ Mot de la famille de PAYER.

païen, païenne adj. ✦ Qui est d'une religion autre que juive, chrétienne ou musulmane, ou qui est sans religion. → aussi **paganisme.** *Les missionnaires partirent évangéliser les peuples païens.* — N. *Une païenne.*

① **paillasse** n. f. ✦ Partie plate d'un évier, à côté de la cuve. *La vaisselle s'égoutte sur la paillasse.*

② **paillasse** n. f. ✦ Matelas rempli de paille.
➤ **paillasson** n. m. ✦ Petit tapis épais et rugueux placé devant le seuil d'une maison pour s'essuyer les pieds.
▷ Mots de la famille de PAILLE.

paille n. f. 1. Tiges des céréales une fois séparées du grain. *La paille sert de litière aux bêtes.* — *Être sur la paille,* dans la misère. 2. Petit tuyau servant à boire en aspirant. *Alex boit sa grenadine avec une paille.*
➤ **paillé, paillée** adj. ✦ *Une chaise paillée,* c'est une chaise garnie de paille.
➤ **paillote** n. f. ✦ Hutte, case de paille. *Ces tribus vivaient dans des paillotes.*
▷ Autres mots de la famille : EMPAILLER, ② PAILLASSE, PAILLASSON, REMPAILLER, REMPAILLEUR.

paillette n. f. 1. Petite lamelle de matière brillante. *Elle a mis sa robe à paillettes pour le réveillon.* 2. Petite parcelle d'or dans le sable de certaines rivières.
➤ **pailleté, pailletée** adj. ✦ Orné de paillettes. *Une robe pailletée.*

pain n. m. 1. Aliment à base de farine, d'eau et de levain, cuit au four. *On achète du pain à la boulangerie.* — *Avoir du pain sur la planche,* avoir beaucoup de travail. 2. *Un pain au chocolat, un pain aux raisins,* pâtisserie fourrée au chocolat, aux raisins. 3. *Du pain d'épice,* gâteau fait avec de la farine de seigle, du miel et du sucre. ❍ homonyme : pin.
▷ Autres mots de la famille : GAGNE-PAIN, GRILLE-PAIN.

① **pair** n. m. 1. Personne du même rang qu'une autre. *Le chevalier traître fut jugé par ses pairs.* 2. *Hors pair,* sans égal. *C'est un cuisinier hors pair.* 3. *Aller de pair,* aller ensemble. *Sa peur va de pair avec sa lâcheté.* 4. *Une jeune fille au pair,* une jeune fille logée et nourrie en échange du travail qu'elle fait dans la maison. ❍ homonymes : paire, père.

② **pair, paire** adj. ✦ *Un nombre pair,* que l'on peut diviser par 2. *2, 4, 12, 54 sont des nombres pairs.*
▷ Autre mot de la famille : ② IMPAIR.

paire n. f. 1. Ensemble de deux choses semblables allant par deux. *Une paire de chaussures.* 2. Objet formé de deux parties symétriques. *Une paire de ciseaux. Une paire de lunettes.* ❍ homonymes : ① et ② pair, père.

paisible adj. ✦ Calme, tranquille. *Louise est d'un naturel paisible.* → **pacifique.** ❑ contr. **agressif.** *Cette île est un endroit paisible.*
➤ **paisiblement** adv. ✦ De manière paisible. *Le bébé dort paisiblement.* → **calmement.**
▷ Mots de la famille de PAIX.

paître v. (conjug. 57 ; n'est pas conjugué au passé simple ni aux temps composés) ✦ Manger de l'herbe. → **brouter.** *Les vaches paissent dans le pré.*
▷ Autres mots de la famille : SE REPAÎTRE, REPU.

paix n. f. 1. Absence de conflit. *La vie est plus agréable en temps de paix.* ❑ contr. **guerre.** *Les partisans de la paix dans le monde ont manifesté.* → aussi **pacifiste.** 2. Traité qui fait cesser une guerre. *Les deux pays ont signé la paix.* 3. Calme. *Elle préfère la paix de la campagne à l'agitation de la ville.* → **tranquillité.** *Il éteint son téléphone pour avoir la paix,* pour qu'on le laisse tranquille. *Julie, laisse ton frère en paix !* ❍ homonymes : paie, pet.
▷ Autres mots de la famille : APAISANT, APAISEMENT, APAISER, PAISIBLE, PAISIBLEMENT.

palabre n. f. ✦ Discussion très longue. *Assez de palabres, il faut prendre une décision.*
➤ **palabrer** v. (conjug. 1) ✦ Discuter sans fin. *Les conseillers municipaux ont palabré la moitié de la nuit.*

palace n. m. ✦ Hôtel de luxe.
● *Palace* est un mot anglais qui vient du français *palais.*

① **palais** n. m. 1. Grand château somptueux. *La reine d'Angleterre habite le palais de Buckingham, à Londres.* 2. *Le palais de justice,* c'est le bâtiment où siègent les tribunaux. ❍ homonyme : palet.

② **palais** n. m. ✦ Partie supérieure de l'intérieur de la bouche. *Théo s'est brûlé le palais en mangeant sa soupe.*

palan n. m. ✦ Appareil qui peut soulever et déplacer de très lourdes charges au bout d'un câble.

pale n. f. ✦ Partie plate d'une hélice. *Les pales du ventilateur brassent de l'air en tournant.* ❍ homonyme : pâle.
▷ Autres mots de la famille : PALET, PALETTE.

pâle adj. 1. Qui a le visage d'une blancheur terne. *Paul est tout pâle, il a l'air malade.* 2. *Des couleurs pâles,* ce sont des couleurs claires. → aussi **pastel.** *Des chaussettes vert pâle.* ❑ contr. **foncé, vif.** ❍ homonyme : pale.
▷ Autres mots de la famille : PÂLEUR, PÂLICHON, PÂLIR, PÂLOT.

palefrenier n. m., **palefrenière** n. f. ✦ Personne dont le métier est de s'occuper des chevaux.

palefrenier

paléolithique n. m. ✦ Période de la préhistoire pendant laquelle l'homme taillait ses outils dans la pierre. *Ces silex taillés datent du paléolithique.* → aussi **néolithique.**
● Il y a un *h* après le *t.*

pointes de silex du **paléolithique**

paléontologie n. f. ✦ Science qui étudie les êtres vivants de l'époque préhistorique.

palet n. m. ✦ Petit objet plat et rond que l'on lance. *Léa joue à la marelle avec un palet.* ❍ homonymes : ① et ② palais.
▷ Mot de la famille de PALE.

palette n. f. ✦ Plaque sur laquelle on étale et mélange ses couleurs pour peindre. *Le peintre s'est installé dehors avec son chevalet et sa palette.*
▷ Mot de la famille de PALE.

palétuvier **n. m.** ✦ Grand arbre des régions tropicales dont les racines sont en partie aériennes.
● Ce mot vient d'une langue indienne d'Amérique du Sud.

pâleur **n. f.** ✦ Fait d'être pâle. *Le malade est d'une pâleur cadavérique.*
● Attention à l'accent circonflexe du *â*.
▷ Mot de la famille de PÂLE.

pâlichon, pâlichonne **adj.** ✦ Un peu pâle. → **pâlot.** *Louise est pâlichonne, ce matin.*
● Attention à l'accent circonflexe du *â*.
▷ Mot de la famille de PÂLE.

palier **n. m.** 1. Plateforme située entre deux séries de marches d'un escalier. → **étage.** *Elle est amie avec ses voisins de palier,* avec les personnes dont l'appartement donne sur le même palier que le sien. 2. *Par paliers,* progressivement. *La maladie évolue par paliers.* ❍ homonyme : pallier.

pâlir **v.** (conjug. 2) 1. Devenir pâle. *Il a pâli de colère.* → **blêmir.** ❑ contr. **rougir.** 2. Perdre son éclat, sa couleur. *Les rideaux foncés pâlissent au soleil.*
● Attention à l'accent circonflexe du *â*.
▷ Mot de la famille de PÂLE.

palissade **n. f.** ✦ Clôture faite de planches. *Une palissade empêche les curieux d'entrer dans le chantier.*

palissandre **n. m.** ✦ Bois très dur d'une couleur violacée, nuancée de noir et de jaune, qui vient de Madagascar et d'Amérique tropicale. *Une armoire en palissandre.*

pallier **v.** (conjug. 7) ✦ Résoudre d'une manière provisoire, remédier à. *Léa suit des cours particuliers pour pallier ses insuffisances en mathématiques.* ❍ homonyme : palier.
● *Pallier* est suivi d'un complément d'objet direct.
➤ **palliatif** **n. m.** ✦ Mesure insuffisante qui n'a qu'un effet passager. *Cette solution n'est qu'un palliatif.*

palmarès [palmaʀɛs] **n. m.** ✦ Liste des personnes qui ont remporté un prix. → aussi **hit-parade.** *Le nom de cet acteur figure au palmarès du festival.*

palme **n. f.** 1. Feuille de palmier. *Les palmes poussent en bouquet au sommet du tronc.* 2. Symbole de la victoire. *Ce film a remporté la palme d'or au festival de Cannes.* 3. Chaussure de caoutchouc ressemblant à une nageoire, que l'on utilise pour nager plus vite ou pour nager sous l'eau. *Louise a pris ses palmes, son masque et son tuba.*

palme

➤ **palmé, palmée** **adj.** ✦ *Des pattes palmées,* des pattes dont les doigts sont réunis par une membrane. *Le canard a des pattes palmées.* → aussi **palmipède.**
➤ **palmeraie** **n. f.** ✦ Plantation de palmiers.
➤ **palmier** **n. m.** ✦ Arbre des régions chaudes qui porte de grandes feuilles en éventail à son sommet. ➸ planche Plantes p. 785. *Les dattiers et les cocotiers sont des palmiers.*

palmipède **adj.** ✦ *Un oiseau palmipède,* c'est un oiseau qui a les pieds palmés. — **N. m.** *Le cygne, la mouette, l'oie sont des palmipèdes.*

palombe **n. f.** ✦ Pigeon sauvage du sud-ouest de la France. → **ramier.** *On chasse la palombe dans les Landes.*

pâlot, pâlotte **adj.** ✦ Un peu pâle. → **pâlichon.** *Léa était pâlotte après sa grippe.*
▷ Mot de la famille de PÂLE.

palourde **n. f.** ✦ Coquillage ovale, gris ou beige. *Nous avons mangé des palourdes farcies.*

palper **v.** (conjug. 1) ✦ Examiner en tâtant. *Le médecin palpe le ventre du malade.*

palpiter **v.** (conjug. 1) ✦ Battre très fort. *Son cœur palpitait de joie.*
➤ **palpitant, palpitante** **adj.** ✦ Très intéressant. → **passionnant.** *Ce livre raconte une histoire palpitante.*
➤ **palpitation** **n. f.** ✦ Battement trop rapide du cœur. *Le café peut provoquer des palpitations.*

paludisme n. m. ✦ Maladie provoquée par la piqûre de certains moustiques des pays chauds, qui donne de fortes fièvres. *Il a eu une crise de paludisme à son retour d'Afrique.* → **malaria.**

se pâmer v. (conjug. 1) ✦ Être comme paralysé par une sensation très agréable. *Julie s'est pâmée d'admiration devant son cadeau.* → s'**extasier.**
● Attention à l'accent circonflexe du *â*.

pampa n. f. ✦ Grande plaine, en Amérique du Sud. *On élève de grands troupeaux dans les pampas d'Argentine.*

pamphlet [pɑ̃flɛ] n. m. ✦ Texte écrit contre les institutions ou contre une personne connue. *Un député de l'opposition a écrit un pamphlet contre le gouvernement.*

pamplemousse n. m. ✦ Gros fruit rond et jaune au goût acide. ➻ illustration Agrumes p. 21.
● Ce mot vient du néerlandais.

pan n. m. 1. Partie flottante d'un vêtement. *Le chien a déchiré un pan de l'imperméable avec ses dents.* 2. *Un pan de mur,* un morceau de mur. *Il reste un pan de mur à peindre.*
❍ homonyme : paon.
▷ Autre mot de la famille : PANNEAU.

panacée n. f. ✦ Remède qui guérit tout, moyen qui résout tous les problèmes. *Les somnifères ne sont pas une panacée.*

panache n. m. 1. Bouquet de plumes ornant une coiffure. *Les chevaliers portaient un panache à leur casque.* 2. *Avoir du panache,* c'est avoir fière allure. *Les militaires avaient du panache dans leurs uniformes.*

panaché adj. et n. m., **panachée** adj.
■ **adj.** Formé de plusieurs choses différentes. *Une glace panachée vanille-fraise.*
■ **n. m.** Boisson faite d'un mélange de bière et de limonade. *Il boit un panaché à la terrasse d'un café.*

panaris [panaʀi] n. m. ✦ Bouton rempli de pus, près d'un ongle. → aussi **abcès.**

pancarte n. f. ✦ Écriteau sur lequel une indication est inscrite. *Devant la maison en construction, il y a une pancarte : « Chantier interdit au public ».*

pancréas [pɑ̃kʀeɑs] n. m. ✦ Glande allongée, située derrière l'estomac, qui fait partie de l'appareil digestif.

panda n. m. ✦ Gros animal noir et blanc, aux yeux entourés de taches noires, qui ressemble à un ours et vit en Chine et au Tibet. *Les pandas se nourrissent de pousses de bambou.*

panda

pané, panée adj. ✦ Enrobé de miettes de pain, de chapelure. *Des escalopes panées.*

panégyrique n. m. ✦ *Faire le panégyrique de quelqu'un,* c'est dire beaucoup de bien de lui. → **éloge.**
● Il y a un *y* après le *g*.

panier n. m. 1. Sac, souvent en osier, à une ou deux anses. → aussi **corbeille.** *Elle prend son panier pour aller faire les courses.* → **cabas.** *Ces vieux papiers sont à mettre au panier,* à jeter. 2. Filet ouvert fixé à un panneau dans lequel on doit envoyer le ballon au basket. *Faire un panier,* c'est marquer un but.

panique n. f. ✦ Grande peur, souvent collective. *Les passants ont été pris de panique en voyant l'incendie.* → **affolement.**
➤ **paniquer** v. (conjug. 1) ✦ Familier. Avoir peur. → s'**affoler.** *Ne paniquez pas, les pompiers arrivent !*

panne n. f. ✦ Arrêt anormal du fonctionnement d'un mécanisme, d'un moteur. *Sa voiture est tombée en panne. Il y a eu une panne d'électricité,* une coupure accidentelle de courant.
▷ Autres mots de la famille : DÉPANNAGE, DÉPANNER, DÉPANNEUR, DÉPANNEUSE.

panneau n. m. 1. Plaque portant des inscriptions. *Ce panneau de signalisation, au*

vue **panoramique**

bord de la route, indique la vitesse à ne pas dépasser. **2.** Surface plane entourée d'une bordure. *Une porte est un panneau mobile.* — Au pl. *Des panneaux.*

▷ Mot de la famille de PAN.

panonceau **n. m.** ✦ Petit panneau. → **pancarte.** — Au pl. *Des panonceaux.*

panoplie **n. f.** ✦ Déguisement avec tous les accessoires. *Paul a une panoplie de pompier, Léa une panoplie d'infirmière.*

panorama **n. m.** ✦ Paysage que l'on voit tout autour de soi. *Il y a un très beau panorama du haut de la colline.*

● Ce mot vient de l'anglais.

➤ **panoramique** **adj.** ✦ *Une vue panoramique,* une vue d'ensemble. *Du haut de la tour Eiffel, on a une vue panoramique de Paris.*

panosse **n. f.** ✦ Serpillière.

● Ce mot est employé en Suisse.

panse **n. f.** ✦ Première poche de l'estomac des ruminants, dans laquelle ils gardent leur nourriture avant de la mastiquer.

panser **v.** (conjug. 1) **1.** Soigner en faisant un pansement. *L'infirmière a pansé la blessure de Paul.* **2.** Donner des soins de propreté à un cheval. *Le garçon d'écurie panse la jument.*

❍ homonymes : ① et ② pensée, penser.

➤ **pansement** **n. m.** ✦ Ce que l'on met sur une blessure pour la protéger (coton, compresse, gaze, bande, sparadrap). *Théo met un pansement adhésif sur sa coupure.*

pantagruélique **adj.** ✦ *Un repas pantagruélique,* extrêmement copieux. *Alex a un appétit pantagruélique,* un gros appétit.

● Ce mot vient du nom de *Pantagruel,* personnage de Rabelais, géant à l'appétit énorme.

pantalon **n. m.** ✦ Vêtement qui va de la taille aux pieds et qui enveloppe chaque jambe. *Julie est en pantalon.*

panthère **n. f.** ✦ Animal féroce au pelage jaune tacheté de noir ou tout noir, de la famille des félins, qui vit en Afrique et en Asie. → aussi **léopard** et **jaguar.** ➻ planche Félins p. 409.

● Il y a un *h* après le *t.*

pantin **n. m.** ✦ Marionnette articulée. *Pinocchio était un pantin de bois.*

pantois, pantoise **adj.** ✦ Très étonné. → **stupéfait.** *Leur sans-gêne nous a laissés pantois.*

● Ce mot est littéraire.

pantomime **n. f.** ✦ Pièce de théâtre mimée, sans paroles.

▷ Mot de la famille de MIME.

pantoufle **n. f.** ✦ Chaussure d'intérieur, que l'on met pour rester chez soi. → **chausson.**

➤ **pantouflard, pantouflarde** **adj.** ✦ Familier. Qui aime bien rester chez soi, qui tient à ses habitudes. *Son père est plutôt pantouflard.* → **casanier.**

paon [pɑ̃] **n. m.**, **paonne** [pan] **n. f.** ✦ Grand oiseau vert et bleu dont le mâle a une longue queue qu'il peut redresser et étaler comme un éventail. *Regarde ce paon qui fait la roue. — Se parer des plumes du paon,* se glorifier de mérites qui appartiennent à d'autres personnes. ❍ homonyme : pan.
● Le féminin s'emploie rarement.

paon

papa **n. m.** ✦ Nom affectueux que l'on donne à son père. *« Où es-tu papa ? » Léa est venue avec son papa et sa maman.*

papaye [papaj] **n. f.** ✦ Fruit des pays chauds, ressemblant à un gros melon allongé, à la chair rouge orangé. ➛ planche Fruits exotiques p. 441. *Un sorbet à la papaye.*
● *Papaye* est un mot des Antilles.

pape **n. m.** ✦ Chef de l'Église catholique. → aussi **pontife.** *Le pape est élu par les cardinaux.*
➤ **papal, papale** **adj.** ✦ Du pape. *La résidence papale est le palais du Vatican, à Rome.* → **pontifical.** — Au masc. pl. *papaux.*
➤ **papauté** **n. f.** ✦ Fonction de pape, temps pendant lequel un pape est en fonction. → **pontificat.** *L'histoire de la papauté,* du gouvernement de tous les papes.

paperasse **n. f.** ✦ Papier que l'on considère comme inutile, sans intérêt, sans valeur et prenant trop de place. *J'ai jeté toutes ces paperasses qui m'encombraient.*
➤ **paperasserie** **n. f.** ✦ Accumulation de papiers sans intérêt.

papetier **n. m.**, **papetière** **n. f.** ✦ Personne qui tient une papeterie.
➤ **papeterie** [papɛtʀi] **n. f.** ✦ Magasin où l'on vend tout ce qui est nécessaire pour écrire et dessiner, les fournitures pour l'école et le bureau. *Julie a acheté des cahiers et des enveloppes à la papeterie.*

papi **n. m.** ✦ Nom affectueux que l'on donne à son grand-père. *Paul va souvent chez son papi et sa mamie.*

papier **n. m.** **1.** Feuille fabriquée à partir de végétaux réduits en pâte et séchés, servant à écrire et à emballer. *Du papier à lettres. Le papier à cigarettes est très fin.* **2.** Document. *Il a perdu un papier important. Le policier lui a demandé ses papiers d'identité,* des documents écrits prouvant son identité (carte d'identité, passeport, permis de conduire). — On dit aussi *les papiers.* **3.** Feuille très mince qui sert à envelopper. *Elle met le reste de viande dans du papier d'aluminium.*
▷ Autres mots de la famille : COUPE-PAPIER, PRESSE-PAPIERS, SANS-PAPIERS.

papille **n. f.** ✦ Petit point en relief sur la langue, qui permet de sentir le goût des aliments. *La langue est recouverte de papilles.*

papillon **n. m.** **1.** Insecte aux grandes ailes colorées. → aussi **chenille** et **chrysalide.** ➛ planche p. 734. *Les papillons volent de fleur en fleur. Un filet à papillons.* **2.** *Un nœud papillon,* c'est un nœud plat que l'on passe sous le col d'une chemise en guise de cravate.

papillote **n. f.** ✦ Morceau de papier qui sert à envelopper des aliments pour les faire cuire au four. *Des rougets en papillotes.*

papilloter **v.** (conjug. 1) ✦ *Ses yeux papillotent,* ils s'ouvrent et se ferment très vite. → **cligner.**

papoter **v.** (conjug. 1) ✦ Familier. Bavarder, dire des choses sans grand intérêt. *Elle papote avec sa voisine.*

paprika **n. m.** ✦ Piment doux en poudre. *Du bœuf au paprika.*
● C'est un mot hongrois.

papyrus [papiʀys] **n. m.** **1.** Plante qui pousse au bord du Nil, dont la tige servait aux anciens Égyptiens à fabriquer des feuilles pour écrire. *Des papyrus en pot.* **2.** Manuscrit écrit sur papyrus. *Les plus anciens papyrus datent de 3 000 ans avant Jésus-Christ.*
● Ce mot s'écrit avec un *y.*

papyrus

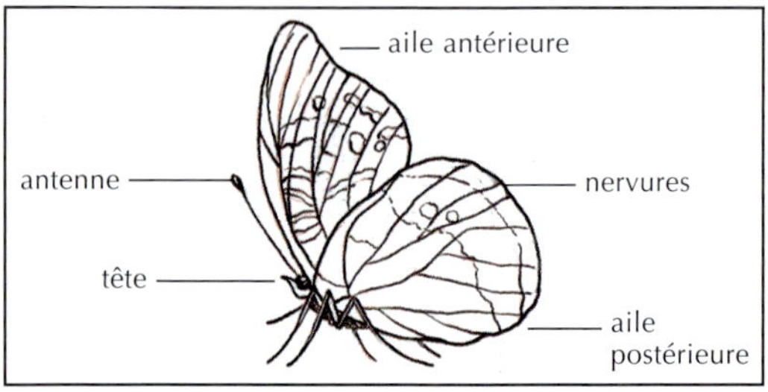

gamma

argus
d'Eugène

petit paon de nuit

zygène

proserpine

cuivré
écarlate

safrané

azuré du
serpolet

sphinx
tête-de-mort

paon de jour

vulcain

faux apollon

morio

grand mars

monarque

pacha
à deux queues

machaon

pâque **n. f.** ✦ Fête juive qui commémore le départ des Juifs d'Égypte. ❍ homonyme : Pâques.
● Attention à l'accent circonflexe du *â*.

paquebot **n. m.** ✦ Grand bateau qui transporte des passagers sur la mer, d'un pays à l'autre. ➻ planche Bateaux p. 89. *Ils ont fait une croisière aux Antilles sur un paquebot.*
● Ce mot vient de l'anglais.

pâquerette **n. f.** ✦ Petite marguerite blanche et rose à cœur jaune, qui pousse au printemps. *La pelouse est couverte de pâquerettes.*
● Attention à l'accent circonflexe du *â*.

Pâques **n. f. pl.** et **n. m.** **1.** **n. f. pl.** Fête chrétienne qui commémore la résurrection du Christ. *Joyeuses Pâques !* **2.** **n. m.** Le jour de Pâques. *Pâques est toujours un dimanche.*
❍ homonyme : pâque.
● Attention à l'accent circonflexe du *â*.

paquet **n. m.** **1.** Objet enveloppé dans un emballage. *Le facteur a apporté un paquet.* → **colis.** **2.** Marchandise enveloppée dans un emballage. *J'ai acheté un paquet de café.* **3.** Grande quantité. *Des paquets de mer,* ce sont de grosses vagues.
▷ Autres mots de la famille : DÉPAQUETER, EMPAQUETER.

par **prép.** **1.** Indique le lieu. *Léa regarde par la fenêtre. Nous passerons par Pau.* **2.** Indique le temps. *Ils sont partis par un beau matin d'été.* **3.** Indique la fréquence. *Il prend ce médicament trois fois par jour.* **4.** Indique le moyen, la manière. *Il est venu par le train. Répondez par oui ou par non.* **5.** Introduit un complément d'agent. *Théo a été interrogé par le professeur.* ❍ homonyme : part.
▷ Autres mots de la famille : PARCE QUE, PAR-CI, PAR-LÀ, PAR-DELÀ, PARDESSUS, PARFOIS, PARSEMÉ, PARTERRE, PARTOUT, PASSE-PARTOUT.

① **parabole** **n. f.** ✦ Récit de l'Évangile qui contient un enseignement et sert d'exemple.

② **parabole** **n. f.** ✦ Antenne en forme de grand plat rond, capable de capter les émissions des télévisions étrangères retransmises par satellite.
➤ **parabolique** **adj.** ✦ *Une antenne parabolique,* c'est une parabole pour capter les émissions de télévision retransmises par satellite.

parachever **v.** (conjug. 5) ✦ Terminer avec soin. *Elle parachève son gâteau en le décorant avec des fruits confits.*
▷ Mot de la famille de ACHEVER.

parachute **n. m.** ✦ Objet formé d'un grand morceau de tissu qui, en se déployant, ralentit la chute d'une personne qui saute d'un avion en vol. *Les soldats ont sauté en parachute.*
➤ **parachuter** **v.** (conjug. 1) ✦ Lâcher en parachute. *L'avion a parachuté les soldats près des lignes ennemies.*
➤ **parachutage** **n. m.** ✦ Action de lâcher en parachute. *Le parachutage des troupes s'est effectué rapidement.*
➤ **parachutisme** **n. m.** ✦ Sport qui consiste à sauter en parachute. → aussi **parapente.**
➤ **parachutiste** **n. m.** et **f.** ✦ Personne qui fait du parachutisme. *Les soldats d'un régiment de parachutistes.*
▷ Mots de la famille de CHOIR.

① **parade** **n. f.** ✦ Manière d'éviter un coup, de le parer. → ① **défense.** *Le catcheur a trouvé la parade à l'attaque de son adversaire.*
▷ Mot de la famille de PARER.

② **parade** **n. f.** **1.** Défilé militaire où les soldats sont en grande tenue. → ② **revue.** *La parade du 14 Juillet.* **2.** *Un habit de parade,* un très bel habit que l'on porte pour une occasion importante. *Les musiciens de la fanfare portent leur uniforme de parade.*
➤ **parader** **v.** (conjug. 1) ✦ Se montrer en se faisant remarquer. → se **pavaner.** *Julie parade avec sa nouvelle robe devant ses amies.*
▷ Mots de la famille de SE PARER.

paradis [paʀadi] **n. m.** **1.** Lieu de bonheur où les chrétiens pensent que vont les âmes de ceux qui l'ont mérité. → **ciel.** ❑ contr. **enfer.** **2.** Endroit très agréable. *Cette île tropicale est un paradis !* → **éden.**
➤ **paradisiaque** **adj.** ✦ *Un lieu paradisiaque,* très beau et très agréable. → **délicieux, enchanteur.**

représentation du **paradis**

paradoxe n. m. ✦ Opinion qui s'oppose à ce que pensent généralement la plupart des gens. *Il a le goût du paradoxe.*

➤ **paradoxal, paradoxale** adj. ✦ Bizarre et contradictoire. *C'est paradoxal de passer ses vacances à la mer quand on préfère la montagne.* — Au masc. pl. *paradoxaux.*

parafe → **paraphe**

paraffine n. f. ✦ Matière blanche, solide, tirée du pétrole. *La paraffine sert à fabriquer les bougies.*

● Ce mot s'écrit avec deux *f.*

parages n. m. pl. ✦ *Dans les parages,* dans les environs. *J'entends miauler, le chat doit être dans les parages.*

paragraphe n. m. ✦ Morceau de texte qui commence et finit par un passage à la ligne. *Lisez les deux premiers paragraphes du chapitre.*

paraître v. (conjug. 57) **1.** Se montrer. *Un sourire parut sur ses lèvres.* → **apparaître. 2.** Être édité, mis en vente. *Son prochain roman paraîtra dans un an. Cette revue paraît une fois par mois.* **3.** Avoir l'air. → **sembler.** *Julie paraissait contente de ses cadeaux. Son père paraît jeune,* il fait jeune. **4.** *Il paraît que,* on dit que. *Il paraît que Paul va avoir une petite sœur.*

▷ Autres mots de la famille : APPARAÎTRE, COMPARAÎTRE, COMPARUTION, DISPARAÎTRE, DISPARU, PARUTION, RÉAPPARAÎTRE, REPARAÎTRE, TRANSPARAÎTRE.

parallèle adj., n. f. et m.

■ **adj.** Se dit de lignes qui sont toujours à la même distance l'une de l'autre et ne se coupent jamais. *Ces deux rues sont parallèles. La rue Carnot est parallèle à la rue Danton.*

■ **n. f.** *Des parallèles,* ce sont des lignes qui sont toujours à égale distance l'une de l'autre, vont dans la même direction et ne se coupent jamais. ➻ planche Géométrie p. 458.

■ **n. m. 1.** Cercle imaginaire parallèle à l'équateur et qui sert à mesurer la latitude. → aussi **tropique.** *Montréal et Milan sont sur le même parallèle.* → aussi **méridien. 2.** Comparaison. *On peut faire un parallèle entre ces deux événements.*

● Il y a deux *l* après le *a.*

➤ **parallèlement** adv. ✦ En même temps. *Il travaille dans un garage et continue ses études parallèlement.*

● Il y a deux *l* après le *a.*

➤ **parallélépipède** n. m. ✦ Objet qui a six faces parallèles deux à deux. ➻ planche Géométrie p. 459. *Une boîte à chaussures est un parallélépipède.*

● Il y a deux *l* après le *a.*

➤ **parallélisme** n. m. ✦ État de lignes, d'objets parallèles. *Il fait vérifier le parallélisme des roues de sa voiture.*

● Il y a deux *l* après le *a.*

➤ **parallélogramme** n. m. ✦ Figure géométrique qui a quatre côtés parallèles deux à deux. ➻ planche Géométrie p. 458. *Un losange et un carré sont des parallélogrammes.*

● Il y a deux *l* après le *a.*

paralyser v. (conjug. 1) **1.** Rendre incapable de bouger son corps ou une partie de son corps, à la suite d'une maladie ou d'un accident. *Un terrible accident l'a paralysé des deux jambes.* **2.** Rendre incapable de bouger, de réagir. *La peur la paralysait.* **3.** Empêcher de fonctionner. *Une grève paralyse l'usine.*

➤ **paralysé, paralysée** adj. ✦ Incapable de bouger. *Il a les jambes paralysées.* — **N.** Handicapé atteint de paralysie. → **paralytique.**

➤ **paralysie** n. f. ✦ Incapacité de bouger le corps ou une partie du corps, à la suite d'une maladie ou d'un accident. *Il est atteint d'une paralysie des membres inférieurs.*

➤ **paralytique** n. m. et f. ✦ Personne qui, à la suite d'un accident ou d'une maladie, ne peut plus bouger. → **paralysé.**

parapente n. m. ✦ Sport qui consiste à s'élancer du haut d'une falaise ou d'une montagne avec un parachute rectangulaire. → aussi **deltaplane.**

▷ Mot de la famille de PENTE.

parapet n. m. ✦ Petit mur qui empêche de tomber. *Le parapet d'un pont.*

paraphe n. m. ✦ Signature simple. *Le médecin met son paraphe au bas de l'ordonnance.*

● On peut écrire aussi *parafe.*

paraphrase n. f. ✦ Phrase ou texte qui reprend, avec d'autres mots, ce qui a déjà été dit.

▷ Mot de la famille de PHRASE.

parapluie n. m. ✦ Objet portatif formé d'un tissu imperméable tendu sur des tiges,

et monté sur un manche, qui sert à se protéger de la pluie. → aussi **baleine**. *Ouvre ton parapluie, il commence à pleuvoir.*
▷ Mot de la famille de PLUIE.

parascolaire adj. ✦ Qui complète l'enseignement scolaire, sans faire partie des programmes. *Le judo et le piano sont des activités parascolaires.*
▷ Mot de la famille de SCOLAIRE.

parasite n. m. 1. Être qui vit sur ou dans le corps d'un autre et en tire sa nourriture. *Le pou est un parasite de l'homme.* — **Adj.** *Le ténia est un ver parasite.* 2. Personne qui vit aux dépens des autres. → **pique-assiette**. 3. *Des parasites,* ce sont des bruits qui perturbent les émissions de radio ou de télévision.

parasol n. m. ✦ Objet ressemblant à un grand parapluie qui protège du soleil. *Nous avons déjeuné dehors, sous un parasol.*

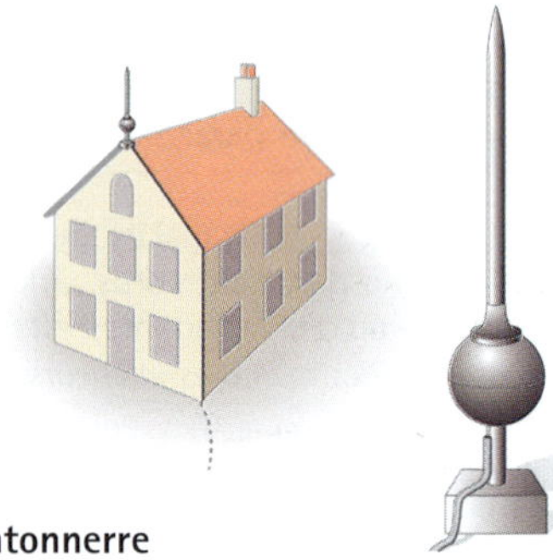

paratonnerre

paratonnerre n. m. ✦ Tige de fer, fixée au toit et reliée au sol, qui protège des effets de la foudre. *Un paratonnerre a été installé sur le clocher de l'église.*
▷ Mot de la famille de TONNER.

paravent n. m. ✦ Suite de panneaux articulés qui sert à isoler ou à protéger des courants d'air. *Le lavabo est caché par un paravent.*
▷ Mot de la famille de VENT.

parc n. m. 1. Grand jardin. *Ils se sont promenés dans le parc du château.* 2. *Un parc naturel,* c'est une zone où la végétation et les animaux sont protégés. *Le parc naturel des Pyrénées.* 3. *Un parc à huîtres,* c'est un bassin où l'on élève des huîtres. 4. *Un parc de stationnement,* c'est un terrain réservé au stationnement des voitures. → **parking**.
▷ Autres mots de la famille : PARCMÈTRE, PARQUER.

parcelle n. f. ✦ Très petite partie. *Les enfants cultivent une parcelle du jardin.*
▷ Mot de la famille de PART.

parce que conjonction ✦ Exprime la cause. *Je mange parce que j'ai faim.* → ① **car**.
▷ Mot de la famille de PAR, ② CE et QUE.

parchemin n. m. ✦ Peau de mouton ou de chèvre spécialement préparée pour écrire dessus. *Au Moyen Âge, les moines écrivaient sur des parchemins.*

par-ci, par-là adv. ✦ En différents endroits. *Ce devoir est bon, sauf quelques fautes par-ci, par-là.*
▷ Mot de la famille de PAR, ① CI et de LÀ.

parcimonie n. f. ✦ *Avec parcimonie,* en petites quantités. *Louise distribue ses bonbons avec parcimonie.*

parcmètre n. m. ✦ Appareil qui mesure le temps de stationnement payant pour les

paravent

voitures. *Il a mis 2 euros dans le parcmètre.* → aussi **horodateur.**

▷ Mot de la famille de PARC.

parcourir v. (conjug. 11) 1. Aller partout. *Cet été, nous parcourrons l'Irlande,* nous irons d'un bout à l'autre de l'Irlande. → **sillonner.** 2. Effectuer un trajet. *Il nous reste 100 kilomètres à parcourir.* 3. Lire rapidement. *Il a parcouru son journal avant le dîner.*

➤ **parcours** n. m. ✦ Trajet. *L'autobus a changé de parcours en raison des travaux.* → **itinéraire.**

par-delà prép. ✦ De l'autre côté de. *Par rapport à la France, l'Espagne est par-delà les Pyrénées.*

▷ Mot de la famille de PAR, ① DE et LÀ.

pardessus n. m. ✦ Manteau d'homme. *Un pardessus en cachemire.*

▷ Mot de la famille de PAR et de DESSUS.

pardonner v. (conjug. 1) 1. *Pardonner quelque chose à quelqu'un,* c'est ne pas lui en vouloir, ne pas lui en tenir rigueur. *Le professeur ne pardonne pas à Alex d'avoir été insolent.* 2. Excuser. *Pardonnez-moi de vous déranger.*

➤ **pardon** n. m. 1. *Demander pardon,* c'est demander qu'on pardonne, qu'on excuse ce qu'on a fait de mal. *Louise a demandé pardon à son père d'avoir désobéi.* 2. Formule de politesse que l'on emploie pour s'excuser de déranger ou de faire répéter. *Pardon madame, pourriez-vous me dire l'heure ?* excusez-moi.

➤ **pardonnable** adj. ✦ Qui peut être pardonné. *C'est une erreur pardonnable.* → **excusable.** ❑ contr. **impardonnable, inexcusable.**

▷ Autre mot de la famille : IMPARDONNABLE.

pare-balles adj. inv. ✦ *Un gilet pare-balles,* qui protège des balles des armes à feu. *Les policiers ont des gilets pare-balles.*

▷ Mot de la famille de PARER et de BALLE.

pare-brise n. m. inv. ✦ Grande vitre à l'avant d'un véhicule, qui protège du vent, de la pluie et des poussières. ➸ planche Voitures p. 1089. — Au pl. *Des pare-brise.*

▷ Mot de la famille de PARER et de BRISE.

pare-chocs n. m. inv. ✦ Partie en métal ou en plastique placée à l'avant et à l'arrière d'un véhicule pour le protéger des chocs. ➸ planche Voitures p. 1089. *Les voitures roulaient pare-chocs contre pare-chocs,* très près les unes des autres. — Au pl. *Des pare-chocs.*

▷ Mot de la famille de PARER et de CHOC.

pare-feu n. m. inv. ✦ Sorte de petit paravent que l'on met devant une cheminée pour empêcher les étincelles de sauter et de mettre le feu à la pièce. — Au pl. *Des pare-feu.*

▷ Mot de la famille de PARER et de FEU.

pareil adj. et n. m., **pareille** adj. et n. f.

■ adj. 1. Semblable. → **identique.** *Ces deux vélos sont pareils,* ce sont les mêmes. ❑ contr. **différent.** 2. De cette nature. *Je n'avais jamais eu une peur pareille.* → **tel.**

■ n. 1. *Ne pas avoir son pareil pour,* être unique, inégalable. *Elle n'a pas sa pareille pour inventer des histoires.* 2. n. f. *Rendre la pareille à quelqu'un,* lui faire ce qu'il nous a fait. *Merci de m'avoir aidé, je serais heureux de te rendre la pareille.*

▷ Autre mot de la famille : DÉPAREILLÉ.

parc

parent n. m., **parente** n. f. 1. *Les parents,* ce sont le père et la mère. *Les parents de Julie sont très sévères.* 2. Personne de la famille. *C'est un parent éloigné de mon mari.* → ① **cousin.**

➤ **parenté** n. f. ✦ Rapport existant entre les personnes d'une même famille. *Ils n'ont aucun lien de parenté.*

▷ Autres mots de la famille : APPARENTÉ, ARRIÈRE-GRANDS-PARENTS, BEAUX-PARENTS, GRANDS-PARENTS, MONOPARENTAL.

parenthèse n. f. ✦ Chacun des deux signes de ponctuation qui encadrent un mot, un groupe de mots ou une phrase qu'il n'est pas indispensable de lire pour comprendre l'ensemble. *Dans la phrase « c'est sa sœur (jumelle) », le mot « jumelle » est mis entre parenthèses.*

● Il y a un *h* après le *t*.

paréo n. m. ✦ Grand morceau de tissu dans lequel on se drape. → aussi **pagne.** *Elle a mis un paréo par-dessus son maillot de bain. Julie a plusieurs paréos.*

● Ce mot vient du tahitien.

paréo

parer v. (conjug. 1) 1. *Parer un coup,* c'est l'éviter. *Le boxeur a paré le coup de son adversaire.* → **esquiver** et aussi ① **parade.** 2. *Être paré contre quelque chose,* c'est en être protégé. *Avec cet anorak, Léa est parée contre le froid.* 3. *Parer au plus pressé,* c'est s'occuper de ce qui est le plus urgent. *Les sauveteurs ont paré au plus pressé.*

▷ Autres mots de la famille : IMPARABLE, ① PARADE, PARE-BALLES, PARE-BRISE, PARE-CHOCS, PARE-FEU.

se **parer** v. (conjug. 1) ✦ S'habiller avec recherche. *La princesse s'était parée de ses plus beaux atours.*

● Ce mot est littéraire.

▷ Autres mots de la famille : APPARAT, DÉPARER, ② PARADE, PARADER, PARURE.

paresse n. f. ✦ Comportement d'une personne qui ne fait pas d'efforts, n'a pas envie de travailler, de se fatiguer. → fam. **flemme.** ❑ contr. **dynamisme, énergie.** *Il est d'une grande paresse.*

➤ **paresseux** adj. et n. m, **paresseuse** adj. et n. f.

■ adj. Qui ne fait pas d'efforts, aime ne rien faire. *Julie est très paresseuse, elle n'a pas encore fait ses devoirs.*

■ n. 1. Personne qui aime ne rien faire. *Quelle paresseuse !* → **fainéant** ; fam. **feignant, flemmard.** 2. n. m. Animal très lent qui vit dans les arbres des pays tropicaux. ➻ planche Mammifères p. 620.

➤ **paresser** v. (conjug. 1) ✦ Rester sans rien faire. *Louise a paressé toute la matinée dans son lit.*

parfait, parfaite adj. ✦ Sans défaut, aussi bien que possible. *Un travail parfait.* → **irréprochable.**

➤ **parfaitement** adv. ✦ D'une manière parfaite. *Léa savait ses leçons parfaitement,* très bien. *Ils sont parfaitement heureux,* totalement.

▷ Autre mot de la famille : ① IMPARFAIT.

parfois adv. ✦ De temps en temps, dans certains cas. → **quelquefois.** *Nous allons parfois au cinéma le dimanche.* ❑ contr. **jamais, souvent, toujours.** *Elle est parfois gaie, parfois triste.* → **tantôt.**

▷ Mot de la famille de PAR et de FOIS.

parfum [paʀfœ̃] n. m. 1. Odeur agréable. *Le parfum des roses.* → **arôme.** 2. Produit liquide que l'on met sur soi pour sentir bon. *Elle s'est mis du parfum.* → aussi eau de **toilette.** 3. Goût. *À quel parfum veux-tu ta glace ?*

➤ **parfumer** v. (conjug. 1) 1. Remplir d'une odeur agréable. → **embaumer.** *La lavande parfume le linge.* 2. Mettre du parfum. *Louise parfume sa lettre.* — **se parfumer,** se mettre du parfum. *Julie s'est parfumée.*

➤ **parfumé, parfumée** adj. 1. Qui a un parfum, une très bonne odeur. *Ces fraises sont très parfumées.* 2. Qui a tel parfum, tel goût. *Un gâteau parfumé au café.* → **aromatisé.**

➤ **parfumerie** n. f. ✦ Magasin où l'on vend du parfum et des produits de beauté.

➤ **parfumeur** **n. m.**, **parfumeuse** **n. f.** ✦ Personne qui tient une parfumerie.

pari **n. m.** ✦ Jeu dans lequel on s'engage à donner quelque chose à la personne qui a raison. *Julie et Théo ont fait un pari.*

➤ **parier** **v.** (conjug. 7) **1.** Faire un pari. *Théo a parié un album de bandes dessinées avec Julie qu'il gagnerait la course.* **2.** Affirmer en étant sûr d'avoir raison. *Je te parie que Paul va encore arriver en retard.*

➤ **parieur** **n. m.**, **parieuse** **n. f.** ✦ Personne qui parie de l'argent sur les chevaux, aux courses. → **turfiste.**

paria **n. m.** ✦ Personne tenue à l'écart et méprisée par tout le monde. *Elle est traitée en paria par les habitants du village.*

parité **n. f.** ✦ Répartition égale entre deux groupes. *Ce parti politique souhaite la parité entre les hommes et les femmes,* souhaite qu'il y ait autant d'hommes que de femmes.

parjure **n. m.** et **f.** **1.** **n. m.** Faux serment. *Le témoin a commis un parjure,* il a menti alors qu'il avait juré de dire la vérité. **2.** **n. m.** et **f.** Personne qui viole son serment. *C'est une parjure.*

▷ Mot de la famille de ① JURER.

parka **n. f.** ou **m.** ✦ Manteau court imperméable, muni d'une capuche. *Julie a mis sa parka.*

● C'est un nom masculin ou féminin : on dit *un parka* ou *une parka.* C'est un mot inuit qui signifie « peau ».

parka

parking [paʀkiŋ] **n. m.** ✦ Parc de stationnement pour les voitures. *Il a garé sa voiture dans un parking souterrain.*

● Ce mot vient de l'anglais.

parlant, parlante **adj.** **1.** *Un film parlant,* dans lequel les acteurs parlent. *Le premier film parlant date de 1927.* ❏ contr. **muet.** **2.** Qui n'a pas besoin d'être expliqué, commenté. *Les élections ont été un triomphe pour le maire, les chiffres sont parlants.*

▷ Mot de la famille de PARLER.

Parlement **n. m.** ✦ Ensemble des personnes élues qui votent les lois. *Le Parlement français est constitué de l'Assemblée nationale et du Sénat.* → aussi **législatif.**

➤ **parlementaire** **adj.** et **n. m.** et **f.**

■ **adj.** Qui concerne le Parlement. *Les débats parlementaires. Une démocratie parlementaire.*

■ **n. m.** et **f.** Membre du Parlement. → **député, sénateur.** *Un parlementaire européen.*

parlementer **v.** (conjug. 1) ✦ Discuter avec l'adversaire pour se mettre d'accord. *Le ministre a parlementé avec le chef des rebelles.* → **négocier.**

▷ Mot de la famille de PARLER.

parler **v.** (conjug. 1) **1.** S'exprimer avec des mots. *Ma petite sœur n'a qu'un an, elle ne parle pas encore. Louise et Julie étaient en train de parler.* → **bavarder, discuter.** *Parlez-moi de vos projets,* dites-moi des choses à ce sujet. *De quoi parle ce livre ?* quelle en est l'histoire, que raconte-t-il ? **2.** Être capable de s'exprimer dans une langue. *Il parle l'anglais et l'allemand.* **3.** *Parler de quelque chose,* c'est dire qu'on en a l'intention. *Ils parlent de s'associer.* **4.** Avouer. *Le cambrioleur a parlé : il a dénoncé ses complices.*

➤ **se parler** **v.** **1.** Être parlé. *L'espagnol se parle en Argentine.* **2.** Parler l'un à l'autre. *Ils ne se parlent plus,* ils sont fâchés.

➤ **parleur** **n. m.** ✦ *Un beau parleur,* c'est une personne qui aime faire de belles phrases mais n'agit pas.

➤ **parloir** **n. m.** ✦ Salle où sont reçus les visiteurs dans un lycée, un couvent, une prison.

▷ Autres mots de la famille : FRANC-PARLER, HAUT-PARLEUR, PARLANT, PARLEMENTER, POURPARLERS, REPARLER.

parme **adj. inv.** ✦ Violet clair. *Des écharpes parme.*

● Ce mot vient du nom de la ville italienne de Parme, réputée pour ses cultures de violettes.

parmesan **n. m.** ✦ Fromage italien très dur. *Louise met du parmesan râpé dans ses spaghettis.*
● Ce fromage est fabriqué dans la région de la ville italienne de Parme.

parmi **prép.** 1. Au milieu de. *Paul s'est assis parmi les invités.* 2. Dans, au nombre de. *Je le compte parmi mes amis.*

parodie **n. f.** ✦ Imitation amusante d'une œuvre connue. → aussi **pastiche.** *Il existe de nombreuses parodies des Fables de La Fontaine.*
➤ **parodier** **v.** (conjug. 7) ✦ Imiter une œuvre ou un auteur d'une manière comique. *Cet imitateur parodie les hommes politiques.*

paroi **n. f.** 1. Surface intérieure d'un récipient. *Du tartre s'est déposé sur les parois de la bouilloire.* 2. Face verticale d'un rocher, d'une montagne, d'une falaise. *L'alpiniste escalade la paroi rocheuse. Les parois de la caverne sont recouvertes de peintures préhistoriques.*

paroisse **n. f.** ✦ Territoire qui dépend d'un curé ou d'un pasteur. *Le curé de la paroisse a organisé une kermesse.*
➤ **paroissial, paroissiale** **adj.** ✦ De la paroisse. *La fête paroissiale.* — Au masc. pl. *paroissiaux.*
➤ **paroissien** **n. m.**, **paroissienne** **n. f.** ✦ Personne qui dépend d'une paroisse. *Le curé a fait un sermon à ses paroissiens.*

parole **n. f.** 1. Possibilité de communiquer par le langage. *Les animaux ne sont pas doués de la parole,* ils ne peuvent pas parler. *Prendre la parole,* commencer à parler. *Le directeur a pris la parole. Ne me coupe pas la parole !* ne m'interromps pas quand je parle ! 2. Mot, phrase que l'on prononce. *Le président a eu une parole aimable pour chacun.* 3. *Les paroles,* le texte d'une chanson. *Je me souviens de l'air de cette chanson, mais pas des paroles.* 4. Promesse sur l'honneur. *Il m'a donné sa parole qu'il viendrait.* — *Sur parole,* sur la simple affirmation de ce qui est dit. *Je te crois sur parole.*
➤ **parolier** **n. m.**, **parolière** **n. f.** ✦ Personne qui écrit des paroles de chansons. → **auteur.**
▷ Autre mot de la famille : PORTE-PAROLE.

paronyme **n. m.** ✦ Mot dont la forme est très proche de celle d'un autre mot mais dont le sens est différent. « *Éminent* » *et* « *imminent* » *sont des paronymes.* → aussi **homonyme.**
● Il y a un *y* après le *n.*

paroxysme **n. m.** ✦ Le plus haut point. *La douleur a atteint son paroxysme.*
● Il y a un *y* après le *x.*

parpaing [paʀpɛ̃] **n. m.** ✦ Bloc de ciment ou de plâtre servant à construire des murs. → aussi **brique.** *Un mur en parpaings.*
● Le *g* final ne se prononce pas.

parquer **v.** (conjug. 1) 1. Mettre dans un terrain entouré d'une clôture. *Le fermier a parqué ses moutons.* 2. *Parquer une voiture,* la garer dans un parc de stationnement. *Il a parqué sa voiture.*
▷ Mot de la famille de PARC.

parquet **n. m.** ✦ Sol recouvert de lattes de bois assemblées. → **plancher.** *Le parquet du salon est ciré.*

parquet

parrain **n. m.** ✦ Homme qui s'engage, le jour du baptême d'un enfant, à l'aider et à le protéger. *Mon parrain et ma marraine.* → aussi **filleul.**
➤ **parrainer** **v.** (conjug. 1) ✦ Soutenir une entreprise, un artiste en l'aidant moralement ou financièrement. *Cette marque de ski parraine des émissions de sports à la télévision.* → **sponsoriser** et aussi **patronner.**

parricide **n. m. et f.** 1. **n. m.** Meurtre de son père ou de sa mère. *Il a commis un parricide.* 2. **n. m. et f.** Personne qui a tué son père ou sa mère. *La parricide a été arrêtée.*

parsemé, parsemée adj. ✦ Couvert çà et là. *Un ciel parsemé d'étoiles. Une pelouse parsemée de pâquerettes.*
▷ Mot de la famille de PAR et de SEMER.

part n. f. **1.** Morceau. *Coupe le gâteau en huit parts.* **2.** *Prendre part à quelque chose,* c'est y participer. *Les enfants ont pris part aux préparatifs de la fête.* **3.** *Faire part de quelque chose à quelqu'un,* c'est l'en informer. *Le directeur nous a fait part de sa décision.* **4.** *De la part de quelqu'un,* en son nom. *Je viens vous voir de la part de Mme Dubois,* c'est elle qui m'envoie vous voir. **5.** *Nulle part,* en aucun endroit. *Il ne peut emmener son chien nulle part.* ❑ contr. **partout.** — *Autre part,* ailleurs. *Ce restaurant est fermé, allons autre part. Quelque part,* dans un autre endroit, un endroit quelconque. *Je les ai déjà vus quelque part.* **6.** *D'une part... d'autre part,* d'abord..., et en plus. *Je n'irai pas chez eux : d'une part je suis fatigué et d'autre part je ne les aime pas.* **7.** *Pour ma part,* en ce qui me concerne, personnellement. *Pour sa part, Léa est contente,* en ce qui la concerne. **8.** *À part,* excepté. → ① **sauf.** *À part Paul, tous les invités sont arrivés. Prendre quelqu'un à part,* lui parler à lui seul à seul. *Le professeur a pris Julie à part pour lui parler. Les baleines sont des mammifères à part,* un peu spéciaux, différents des autres. **9.** *De part et d'autre,* de chaque côté. *Il y a des platanes de part et d'autre de la route.* ❍ homonyme : par.

➤ **partage** n. m. ✦ Division en parts. → **répartition.** *Le notaire a fait le partage des meubles entre les héritiers.*

➤ **partager** v. (conjug. 3) **1.** Diviser en parts. *Mamie partage le gâteau en six.* **2.** Donner une partie de ce qui vous appartient. *Théo a partagé son croissant avec Léa,* il lui en a donné un morceau. **3.** Avoir en commun avec quelqu'un. *Louise et sa sœur partagent la même chambre,* elles occupent la même chambre. *Je ne partageais pas son avis,* je n'étais pas du même avis que lui. *Nous partageons votre tristesse,* nous y prenons part. **4.** *Être partagé,* ne pas savoir choisir. *Julie est partagée entre l'envie de rester et celle de partir.* — *Les avis sont partagés,* ils sont divers.
▷ Autres mots de la famille : EN APARTÉ, COMPARTIMENT, EN CONTREPARTIE, DÉPARTAGER, FAIRE-PART, IMPARTIAL, IMPARTIALITÉ, INSÉPARABLE, PARCELLE, PARTI, PARTIAL, PARTIALITÉ, PARTICIPANT, PARTICIPATION, PARTICIPE, PARTICIPER, SE PARTICULARISER, PARTICULARITÉ, PARTICULE, PARTICULIER, PARTICULIÈREMENT, ① et ② PARTIE, PARTIEL, PARTIELLEMENT, PARTISAN, PARTITIF, PARTITION, LA PLUPART, QUOTE-PART, RÉPARTIR, RÉPARTITION, SÉPARATION, SÉPARATISTE, SÉPARÉMENT, SÉPARER, SE SÉPARER.

en **partance** adv. ✦ Sur le point de partir. *L'avion en partance pour Madrid est sur la piste.*
▷ Mot de la famille de PARTIR.

partant n. m., **partante** n. f. ✦ Concurrent au départ d'une course. *Il y a deux favoris parmi les vingt partants du tiercé.*
▷ Mot de la famille de PARTIR.

partenaire n. m. et f. ✦ Personne avec qui on est allié contre d'autres joueurs. *Il a remporté le tournoi de bridge avec sa partenaire.*
❑ contr. **adversaire.**

parterre n. m. ✦ Partie d'un jardin ou d'un parc où l'on a planté des fleurs ou des arbustes de façon régulière. *Des parterres de bégonias.*
▷ Mot de la famille de PAR et de TERRE.

parterre

parti n. m. **1.** Organisation qui regroupe les personnes qui ont les mêmes opinions politiques. *Il appartient à un parti de gauche.* **2.** *Prendre le parti de quelqu'un,* c'est le défendre. *Alex a pris le parti des filles. Prendre le parti de faire quelque chose,* c'est décider de le faire. *Nous avons pris le parti d'en rire,* nous avons décidé qu'il valait mieux en rire. *Avoir un parti pris contre quelque chose,* avoir une idée préconçue contre quelque chose. *Louise a un parti pris contre le latin.* → **préjugé.** *Être de parti pris,* c'est avoir des idées toutes faites, être partial. **3.** *Tirer parti de quelque* *chose,* c'est savoir l'utiliser. *Elle sait tirer parti de tous les vieux bouts de tissu.* ○ homonymes : ① et ② partie.

➤ **partial** [parsjal], **partiale** [parsjal] **adj.** ✦ Qui prend parti pour ou contre quelqu'un, sans souci de justice ni de vérité. *Un arbitre ne doit pas être partial.* ❏ contr. **impartial, neutre,** ③ **objectif.** — Au masc. pl. *partiaux.*

➤ **partialité** [parsjalite] **n. f.** ✦ Attitude d'une personne qui favorise ceux qu'elle préfère. *L'arbitre a été accusé de partialité.* ❏ contr. **impartialité, objectivité.**

▷ Mots de la famille de PART.

participer **v.** (conjug. 1) ✦ Prendre part. *Les parents d'Alex ont participé à un jeu télévisé.*

➤ **participation** **n. f. 1.** Le fait de participer. *La participation aux élections a été faible,* peu de gens ont voté. **2.** Collaboration. *Je vous remercie de votre participation.*

➤ **participant** **n. m.**, **participante** **n. f.** ✦ Personne qui prend part à quelque chose. *Tous les participants à la tombola gagneront un lot.*

➤ **participe** **n. m.** ✦ Forme du verbe. « *Parlant* » *est le participe présent du verbe parler,* « *parlé* » *est son participe passé.*

▷ Mots de la famille de PART.

se **particulariser** **v.** (conjug. 1) ✦ Se distinguer des autres par quelque chose de spécial, de particulier. → se **singulariser.** *Julie s'est particularisée en ne venant pas à la fête.*

▷ Mot de la famille de PART.

particularité **n. f.** ✦ Caractère qui rend différent, unique en son genre. → aussi **particulier.** *Le hibou a la particularité d'avoir des aigrettes.* → **caractère, caractéristique.**

▷ Mot de la famille de PART.

particule **n. f. 1.** Très petit élément. *L'atome est constitué de particules.* **2.** Préposition *de,* ou *du,* placée devant un nom de famille souvent d'origine noble. *La comtesse de Ségur avait un nom à particule.*

▷ Mot de la famille de PART.

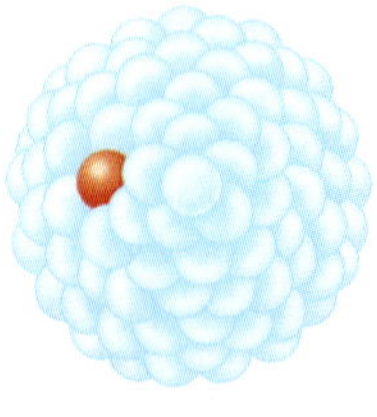

particules formant un atome

particulier **adj.** et **n. m.**, **particulière** **adj.** et **n. f.**

■ **adj. 1.** Qui ne ressemble à rien d'autre. → ② **propre, spécial.** *La lumière de l'aube est particulière.* ❏ contr. **ordinaire. 2.** Qui ne concerne qu'une personne ou qu'une chose. *Ceci est un cas particulier.* → **individuel.** *Ils ont chacun une chambre particulière.* → **personnel.** ❏ contr. **collectif.** *Louise prend des cours particuliers de français,* des cours pour elle toute seule. *Ils se sont parlé* ***en particulier,*** seul à seul. **3.** ***En particulier,*** spécialement. → **particulièrement.** *Julie est bonne en mathématiques, en particulier en géométrie.*

■ **n. m.** et **f.** Personne seule, qui agit en son nom. *Elle a acheté sa voiture à un particulier et non à un garage.*

➤ **particulièrement** **adv. 1.** Surtout. → **spécialement.** *Alex aime le cinéma, particulièrement les films d'aventures.* **2.** D'une manière extraordinaire. *Il a particulièrement plu cet été,* beaucoup.

▷ Mots de la famille de PART.

① **partie** **n. f. 1.** Morceau. *Mamie n'a raconté qu'une partie de l'histoire. Théo passe la plus grande partie de son temps à lire.* ❏ contr. **totalité. 2.** *Faire partie d'un groupe,* en être membre. *Paul fait partie de la chorale de l'école.* **3.** Domaine particulier. *La cuisine, c'est sa partie.* → **spécialité.** ○ homonyme : parti.

➤ **partiel, partielle** **adj.** ✦ Pas complet. *On n'a encore que les résultats partiels des élections. Il travaille à temps partiel.* ❏ contr. à **plein** temps.

➤ **partiellement** **adv.** ✦ D'une manière incomplète. *Ils ont partiellement remboursé leur emprunt.* ❏ contr. **complètement, entièrement, intégralement.**

▷ Mots de la famille de PART.

② **partie** **n. f. 1.** Personne engagée dans un procès. *L'avocat de la partie adverse.* **2.** *Prendre quelqu'un à partie,* c'est l'attaquer, l'insulter.

▷ Mot de la famille de PART.

③ **partie** **n. f.** ✦ Durée d'un jeu jusqu'à ce qu'il y ait un gagnant. *Alex et son père font une partie d'échecs.* → aussi **match.**

partir **v.** (conjug. 16) **1.** S'en aller, quitter un endroit. *Paul est parti à pied. Il n'est pas encore parti de chez lui.* ❏ contr. **arriver.** *Ils doivent* *partir pour Rome,* aller à Rome. *Louise part en vacances demain.* **2.** Commencer. *L'affaire est mal partie.* **3.** Être lancé. *Le coup de feu part quand on appuie sur la gâchette.* **4.** Disparaître. *Cette tache partira au lavage.* ❑ contr. **rester.** *Son eczéma est parti.* **5.** *À partir de,* dès, depuis. *La piscine est ouverte à partir de 9 heures. Nous avons eu du brouillard à partir de Lille.*

▷ Autres mots de la famille : DÉPART, EN PARTANCE, PARTANT, REPARTIR.

partisan **n. m.,** **partisane** **n. f.** **1.** Personne qui prend parti. *Un partisan du socialisme.* ❑ contr. **adversaire.** — **Adj.** *Ils sont partisans d'accepter,* d'accord pour cela. **2.** **n. m.** Combattant qui n'appartient pas à l'armée régulière en temps de guerre. → **franc-tireur** et aussi **maquisard.** *Un groupe de partisans a attaqué le train.*

▷ Mot de la famille de PART.

partitif, partitive **adj.** ✦ *Un article partitif,* c'est un article qui désigne une partie de quelque chose que l'on ne peut ni mesurer ni compter. *Dans « Veux-tu du vin ou de la bière ? », «* du *» et «* de *» sont des articles partitifs.* → ② **de, du.**

▷ Mot de la famille de PART.

partition **n. f.** ✦ Morceau de musique écrite. *Le pianiste joue sans partition,* de mémoire.

▷ Mot de la famille de PART.

partout **adv.** ✦ Dans tous les endroits. *J'ai cherché mes lunettes partout.* ❑ contr. nulle **part.**

▷ Mot de la famille de PART et de ① TOUT.

parure **n. f.** ✦ Ensemble de très beaux vêtements et de bijoux. *La princesse portait sa plus belle parure.*

▷ Mot de la famille de SE PARER.

parution **n. f.** ✦ Moment où un livre est publié. → **publication, sortie** et aussi **paraître.** *J'ai acheté ce roman le jour de sa parution.*

▷ Mot de la famille de PARAÎTRE.

parvenir **v.** (conjug. 22) **1.** Arriver à destination. *Ma lettre ne lui est jamais parvenue.* **2.** Réussir. *Je suis si fatiguée que je ne parviens pas à me lever.* **3.** *Les tomates sont parvenues à maturité,* elles sont arrivées à maturité.

➤ **parvenu** **n. m.,** **parvenue** **n. f.** ✦ Personne qui est devenue riche rapidement et aime montrer qu'elle a beaucoup d'argent. *Ce sont des parvenus.*

● Ce mot est péjoratif.

▷ Mots de la famille de VENIR.

parvis [parvi] **n. m.** ✦ Place devant une église, une cathédrale. → aussi **esplanade.** *Les mariés ont été pris en photo sur le parvis de l'église.*

● On ne prononce pas le *s* final.

① **pas** **n. m.** **1.** Action de mettre un pied devant l'autre pour avancer. *Mon petit frère a fait ses premiers pas,* il a commencé à marcher. — *Faire le premier pas, les premiers pas,* prendre l'initiative d'une action. *Il n'y a que le premier pas qui coûte,* le plus difficile, c'est de commencer. — *Faire les cent pas,* c'est attendre en marchant de long en large. — *Pas à pas,* lentement et avec précaution. *Nous avancions pas à pas.* **2.** Trace laissée par un pied humain. *J'ai vu des pas dans la neige. Louise est revenue sur ses pas pour regarder la vitrine,* elle est revenue en arrière. **3.** Longueur d'un pas. *C'est à deux pas d'ici,* tout près d'ici. **4.** Façon de marcher. *Les soldats marchent au pas,* tous ensemble, au même rythme. *Alex marchait d'un bon pas,* il marchait vite. **5.** *Le pas de la porte,* c'est l'entrée d'une maison. → **seuil.** *Le chien s'est couché sur le pas de la porte.*

▷ Mot de la famille de PASSER.

② **pas** **adv.** ✦ *Ne... pas* sert à exprimer la négation. → ③ **point.** *Il ne veut pas venir.*

▷ Autre mot de la famille : N'EST-CE PAS.

parure

passable **adj.** ✦ Ni bon ni mauvais. → ① **moyen.** *Alex a des notes passables.*

➤ **passablement** adv. ✦ De façon passable, moyenne. *Théo joue passablement au tennis.*
▷ Mots de la famille de PASSER.

passage n. m. 1. Action, fait de passer. *Savez-vous quelles sont les heures de passage de l'autobus ?* à quel moment il passe. — *Au passage,* en passant. *Alex est allé chez Julie et il a acheté du pain au passage. Être de passage,* ne pas rester longtemps quelque part. *Elle est de passage à Bruxelles,* elle y fait un court séjour. 2. *Un examen de passage,* c'est un examen qui permet d'entrer dans la classe supérieure. *Théo a été reçu à son examen de passage.* 3. Endroit par où l'on peut passer. *Il a pris le passage souterrain. Un passage pour piétons. Un passage à niveau,* l'endroit où la route croise la voie ferrée. 4. Morceau d'un texte, d'un film, d'une chanson, etc. → **extrait.**
▷ Mot de la famille de PASSER.

① **passager** n. m., **passagère** n. f. ✦ Personne transportée à bord d'une voiture, d'un train, d'un avion, d'un bateau. *Bienvenue à nos passagers !*
▷ Mot de la famille de PASSER.

② **passager, passagère** adj. ✦ Qui ne dure pas longtemps. → ① **court, éphémère, fugace,** ② **fugitif.** *Une douleur passagère.* ❏ contr. **durable, permanent, tenace.**
▷ Mot de la famille de PASSER.

① **passant** n. m., **passante** n. f. ✦ Personne qui passe dans la rue. *Paul demande son chemin à un passant.* — **Adj.** *Une rue passante,* c'est une rue où passent beaucoup de gens. ❏ contr. ① **désert.**
▷ Mot de la famille de PASSER.

② **passant** n. m. ✦ Lanière de tissu ou de cuir cousue verticalement sur un vêtement à l'endroit de la taille, afin d'y faire passer une ceinture.
▷ Mot de la famille de PASSER.

passe n. f. 1. *Un mot de passe,* c'est le mot secret qu'il faut savoir pour pouvoir passer. *La sentinelle a dit le mot de passe.* — Mot ou formule qui permet à un utilisateur d'accéder à un système informatique. → **code.** 2. Action de passer le ballon. *Le footballeur fait une passe à son partenaire.* 3. *Être en passe de,* être sur le point de. *Ce comédien est en passe de devenir célèbre. Une bonne, une mauvaise passe,* une période de chance, de malchance. *Ils ont traversé une mauvaise passe,* une période de difficultés.
▷ Mot de la famille de PASSER.

passé n. m. 1. Ce qui est arrivé avant maintenant. *Mamie évoque le passé avec son amie d'enfance.* 2. *Les temps du passé,* ce sont les temps du verbe qui indiquent que l'action ou l'état exprimé par le verbe se situe dans le passé. *Le passé composé, le passé simple, l'imparfait et le plus-que-parfait sont des temps du passé.*
▷ Mot de la famille de PASSER.

passe-droit n. m. ✦ Faveur accordée à quelqu'un, qui lui permet de faire quelque chose d'interdit. *Il a pu entrer grâce à un passe-droit.* — Au pl. *Des passe-droits.*
▷ Mot de la famille de PASSER et de ③ DROIT.

passe-montagne n. m. ✦ Bonnet qui enveloppe complètement la tête et le cou en ne laissant voir qu'une partie du visage. → **cagoule.** — Au pl. *Des passe-montagnes.*
▷ Mot de la famille de PASSER et de MONT.

passe-montagne

passe-partout n. m. inv. ✦ Clé qui ouvre plusieurs serrures. *La femme de chambre de l'hôtel a un passe-partout.* — Au pl. *Des passe-partout.*
▷ Mot de la famille de PASSER, PAR et de ① TOUT.

passe-passe n. m. inv. ✦ *Un tour de passe-passe,* c'est un tour d'adresse qui consiste à faire disparaître et faire réapparaître un objet comme par magie. *Le prestidigitateur fait des tours de passe-passe.*
▷ Mot de la famille de PASSER.

passerelle

passeport n. m. ✦ Pièce d'identité qui permet d'aller à l'étranger. *Les voyageurs présentent leur passeport aux douaniers.*
▷ Mot de la famille de PASSER et de ① PORT.

passer v. (conjug. 1) **1.** Avancer sans s'arrêter. *Les vaches regardent passer les trains.* **2.** Venir dans un lieu et y rester peu de temps. *Julie est passée me voir. Ils sont passés par l'Allemagne,* ils ont traversé ce pays. **3.** Traverser un filtre. *Le café est en train de passer.* **4.** Être projeté. *Ce film passera prochainement à la télévision.* **5.** Être accepté, admis. *La sœur d'Alex est passée en terminale.* **6.** Aller. *Passons à table !* **7.** *Le temps passe vite,* il s'écoule vite. **8.** Disparaître. *La douleur passera.* → **partir.** **9.** *Passer un examen,* c'est en subir les épreuves. **10.** Employer son temps. *Julie a passé la journée au lit,* elle est restée dans son lit. **11.** *Passer l'aspirateur,* l'utiliser. *La femme de ménage passe l'aspirateur.* **12.** Donner. *Passe-moi ton assiette.* **13.** Perdre de son éclat. *La couleur du dessus-de-lit a passé.* **14.** *Passer pour,* être considéré comme. *Il passe pour le meilleur médecin de la ville.*
➤ se **passer** v. **1.** Se produire, avoir lieu. *L'histoire se passe en l'an 2043. Tout s'est bien passé.* **2.** *Se passer de quelque chose,* c'est vivre sans. *On peut se passer de vin.*
▷ Autres mots de la famille : DÉPASSÉ, DÉPASSEMENT, DÉPASSER, IMPASSE, LAISSEZ-PASSER, OUTREPASSER, ① PAS, PASSABLE, PASSABLEMENT, PASSAGE, ① et ② PASSAGER, ① et ② PASSANT, PASSE, PASSÉ, PASSE-DROIT, PASSE-MONTAGNE, PASSE-PARTOUT, PASSE-PASSE, PASSEPORT, PASSERELLE, PASSE-TEMPS, PASSEUR, PASSOIRE, REPASSAGE, ①, ② et ③ REPASSER, SURPASSER, TRÉPAS, TRÉPASSER.

passereau n. m. ✦ *Les passereaux,* ce sont des oiseaux de petite taille qui vivent dans les arbres et qui chantent. *L'alouette, l'hirondelle, le moineau sont des passereaux.*

passerelle n. f. **1.** Pont étroit réservé aux piétons. *Empruntez la passerelle pour traverser la voie ferrée.* **2.** Escalier qui permet d'accéder à un avion ou à un bateau. **3.** Plateforme située au-dessus des cabines, sur un bateau. *Le commandant est sur la passerelle.*
▷ Mot de la famille de PASSER.

passe-temps n. m. inv. ✦ Occupation agréable. *La lecture est son passe-temps favori.* — Au pl. *Des passe-temps.*
▷ Mot de la famille de PASSER et de ① TEMPS.

passeur n. m., **passeuse** n. f. **1.** Personne qui fait traverser une étendue d'eau quand il n'y a pas de pont. **2.** Personne qui fait traverser une frontière à des gens qui ne sont pas en règle.
▷ Mot de la famille de PASSER.

passible adj. ✦ *Être passible d'une amende, d'une peine,* la mériter. *Le chauffard est passible d'une amende.*

passif, passive adj. ✦ *Une personne passive,* c'est une personne qui ne réagit pas, manque d'énergie et d'initiative. ❏ contr. **actif.**
▷ Autres mots de la famille : PASSIVEMENT, PASSIVITÉ.

① **passion** n. f. ✦ *Le fruit de la passion,* c'est le fruit d'une plante tropicale. ➻ planche Fruits exotiques p. 441. *Un sorbet aux fruits de la passion.*

② **passion** n. f. **1.** Amour très fort. *Roméo et Juliette s'aimaient avec passion.* **2.** Chose que l'on aime par-dessus tout. *Il a la passion des voyages,* il aime beaucoup voyager. *Le cinéma, c'est sa passion.*
➤ **passionner** v. (conjug. 1) ✦ Intéresser très vivement. *Le film a passionné les enfants.* → **captiver, enthousiasmer.** ❏ contr. **ennuyer.** — *Se passionner pour quelque chose,* s'y intéresser vivement. *Théo se passionne pour les ours.*
➤ **passionnant, passionnante** adj. ✦ Très intéressant. *Une histoire passionnante.* → **captivant, palpitant.** ❏ contr. **ennuyeux.**
➤ **passionné** n. m., **passionnée** n. f. ✦ Personne qui aime beaucoup quelque chose. *Alex est un passionné de ski.* → **fanatique** ; fam. **fan.**
➤ **passionnel, passionnelle** adj. ✦ *Un crime passionnel,* c'est un crime provoqué par la jalousie ou le dépit d'une personne passionnément amoureuse.

➤ **passionnément** **adv.** ✦ Avec passion. *Ils s'aiment passionnément.*

passivement **adv.** ✦ D'une manière passive, sans réagir. *Il se laissait faire passivement.*
⊳ Mot de la famille de PASSIF.

passivité **n. f.** ✦ Caractère d'une personne qui subit les choses sans réagir. *Sa passivité est exaspérante.*
⊳ Mot de la famille de PASSIF.

passoire **n. f.** ✦ Récipient percé de trous qui laissent passer les liquides. *Elle égoutte les pâtes dans la passoire.*
⊳ Mot de la famille de PASSER.

pastel **n. m.** **1.** Bâtonnet fait d'une pâte colorée et durcie, utilisé comme un crayon de couleur. *Un portrait au pastel.* **2.** Œuvre faite au pastel. *Le peintre Degas est célèbre pour ses pastels.* **3.** **inv.** *Des couleurs pastel,* ce sont des couleurs douces et claires. *Des chaussettes bleu pastel.*
● Ce mot vient de l'italien.

pastèque

pastèque **n. f.** ✦ Gros fruit ovale à la peau lisse et verte et à la chair rose. *Il mange des tranches de pastèque et de melon.*
● Ce mot vient de l'arabe.

pasteur **n. m.** ✦ Personne qui dirige le culte dans la religion protestante.

pasteuriser **v.** (conjug. 1) ✦ *Pasteuriser un liquide,* c'est le chauffer à haute température, puis le refroidir brusquement, pour détruire les microbes et augmenter sa durée de conservation. → aussi **stériliser.** — *Un litre de lait pasteurisé.*
● Ce mot vient du nom du savant Louis *Pasteur,* qui a mis au point cette méthode vers 1860.

pastiche **n. m.** ✦ Imitation du style et de la manière d'un écrivain, d'un artiste. → aussi **parodie.** *Il a écrit un pastiche d'une tragédie de Corneille.*

pastille **n. f.** **1.** Petit bonbon rond et plat. *Des pastilles à l'anis.* **2.** En Suisse. Cachet, comprimé.

pastis [pastis] **n. m.** ✦ Boisson alcoolisée à l'anis, que l'on prend à l'apéritif.
● On prononce le *s* final.

patate **n. f.** **1.** *Une patate douce,* c'est la racine d'une plante des pays chauds, au goût sucré agréable. **2.** Familier. Pomme de terre. *Deux kilos de patates.*
● Ce mot vient d'une langue indienne d'Haïti.

pataud, pataude **adj.** ✦ Maladroit et lourd dans ses mouvements. → ① **gauche.** *La petite panthère est encore pataude.*

patauger **v.** (conjug. 3) ✦ Marcher dans l'eau, la boue. *Les enfants pataugeaient dans les flaques.*
➤ **pataugeoire** [patoʒwaʀ] **n. f.** ✦ Piscine peu profonde où les très jeunes enfants peuvent se baigner.
● Il y a un *e* après le *g.*

patchwork [patʃwœʀk] **n. m.** ✦ Assemblage de morceaux de tissus différents cousus les uns aux autres. *Un dessus-de-lit en patchwork.*
● C'est un mot anglais.

patchwork

pâte **n. f.** **1.** Mélange plus ou moins épais, à base de farine, que l'on mange cuit. *Le cuisinier étale la pâte à tarte dans le moule. Une pâte à crêpes.* **2.** *Les pâtes,* ce sont des morceaux de pâte de diverses formes que l'on mange après les avoir fait cuire dans de l'eau bouillante. → **coquillette, lasagne, macaroni, nouille, ravioli, spaghetti, tagliatelle, vermicelle.** *Un gratin de pâtes.* **3.** Mélange plus ou moins mou. *De la pâte à modeler. Des pâtes de fruits,* des friandises faites avec des fruits.

● Attention à l'accent circonflexe du *â*.

➤ **pâté** **n. m.** 1. Viande hachée et épicée, cuite dans une terrine, que l'on mange froide. *Une boîte de pâté pur porc.* 2. *Un pâté de maisons,* c'est un groupe de maisons formant un bloc délimité par des rues. *Julie et Louise habitent dans le même pâté de maisons.* 3. *Un pâté de sable,* un petit tas de sable mouillé et moulé dans un seau. *Sur la plage, Léa fait des pâtés de sable.* ○ homonyme : pâtée.

● Attention à l'accent circonflexe du *â*.

➤ **pâtée** **n. f.** ✦ Mélange épais dont on nourrit les animaux. *Le chien mange sa pâtée.*

○ homonyme : pâté.

▷ Autres mots de la famille : EMPÂTÉ, PÂTEUX, PÂTISSERIE, PÂTISSIER.

patelin **n. m.** ✦ Familier. Village. *Ils passent leurs vacances dans un petit patelin, en Normandie.* → fam. **bled.**

patère **n. f.** ✦ Crochet fixé à un mur qui sert à suspendre des vêtements. → **portemanteau.** *Il accroche son imperméable à la patère.*

paternalisme **n. m.** ✦ Attitude exagérément bienveillante, imitant celle d'un père envers ses enfants, qui n'est en fait qu'un moyen de dominer et de renforcer son autorité. *Ce patron traite ses employés avec paternalisme.*

➤ **paternaliste** **adj.** ✦ Qui fait preuve de paternalisme. *Un ton paternaliste.*

paternel, paternelle **adj.** ✦ Du père. *L'autorité paternelle. Ma grand-mère paternelle,* c'est la mère de mon père. → aussi **maternel.**

paternité **n. f.** 1. Le fait d'être père d'un enfant. → aussi **maternité.** 2. Le fait d'être l'auteur d'une œuvre, d'une idée. *Un savant américain revendique la paternité de cette invention.*

pâteux, pâteuse **adj.** ✦ Qui a la consistance épaisse d'une pâte. *Cette sauce est pâteuse.*

● Attention à l'accent circonflexe du *â*.

▷ Mot de la famille de PÂTE.

pathétique **adj.** ✦ Émouvant et triste. → **bouleversant, poignant.** *L'otage a enregistré un message pathétique.*

● Il y a un *h* après le *t*.

pathologique **adj.** ✦ Qui est dû à une maladie. *Son amaigrissement est pathologique.*

● Il y a un *h* après le *t*.

patibulaire **adj.** ✦ Sinistre et inquiétant. *Le bandit avait une mine patibulaire,* qui faisait peur.

① **patient, patiente** **adj.** ✦ Qui sait garder son calme et ne se décourage jamais. *Soyez patients, je reviens tout de suite.* ❏ contr. **impatient.**

➤ **patiemment** [pasjamɑ̃] **adv.** ✦ Avec calme, sans s'énerver. *Elle attendait son tour, patiemment.* ❏ contr. **impatiemment.**

➤ **patience** **n. f.** 1. Qualité d'une personne qui reste calme, attend sans s'énerver. ❏ contr. **impatience.** *Il faut beaucoup de patience dans les embouteillages.* 2. Qualité d'une personne qui va jusqu'au bout de ce qu'elle a entrepris, sans se décourager. *Ce professeur fait preuve de beaucoup de patience avec ses élèves.* 3. *Un jeu de patience,* c'est un jeu solitaire qui consiste à mettre en ordre tous les éléments de l'ensemble. *Les puzzles et les réussites sont des jeux de patience.*

➤ **patienter** **v.** (conjug. 1) ✦ Attendre avec patience. *Veuillez patienter un instant.* ❏ contr. **s'impatienter.**

▷ Autres mots de la famille : IMPATIEMMENT, IMPATIENCE, IMPATIENT, IMPATIENTER.

② **patient** **n. m.,** **patiente** **n. f.** ✦ Client d'un médecin. → aussi **malade.** *Le médecin reçoit ses patients l'après-midi.*

patin **n. m.** 1. *Un patin à glace,* c'est une chaussure sous laquelle est fixée une lame

patin

qui permet de glisser sur la glace. *Alex fait du patin à glace.* **2.** *Un patin à roulettes,* c'est une semelle munie de petites roues qui permettent de se déplacer sur le sol en roulant. → aussi **roller.** *Paul fait du patin à roulettes.*

➤ **patiner** v. (conjug. 1) **1.** Faire du patin à glace ou du patin à roulettes. *Les enfants patinent sur le lac gelé.* **2.** Tourner sans avancer. *Les roues de la voiture patinent sur le verglas.*

➤ **patinage** n. m. ✦ Sport qui consiste à patiner. *Elle participe au championnat de patinage artistique.*

➤ **patineur** n. m., **patineuse** n. f. ✦ Personne qui fait du patinage.

➤ **patinoire** n. f. ✦ Piste de glace aménagée pour faire du patin à glace.

➤ **patinette** n. f. ✦ Jouet composé d'une planche montée sur deux roues et d'un guidon. → **trottinette.**

patine n. f. ✦ Couleur et aspect que prennent certains objets en vieillissant. *La patine d'une vieille armoire.*

patio [pasjo] ou [patjo] n. m. ✦ Cour intérieure d'une maison de style espagnol. — Au pl. *Des patios.*

● Ce mot vient de l'espagnol.

patio

pâtir v. (conjug. 2) ✦ Subir les conséquences fâcheuses de quelque chose. *Alex n'a pas trop pâti du divorce de ses parents.* → **souffrir.**

● Ce mot est littéraire. Attention à l'accent circonflexe du *â.*

pâtisserie n. f. **1.** Gâteau. *Théo aime beaucoup les pâtisseries.* **2.** Magasin où l'on fabrique et vend des gâteaux. *Une boulangerie-pâtisserie.*

● Attention à l'accent circonflexe du *â.*

➤ **pâtissier** n. m., **pâtissière** n. f. ✦ Personne qui fabrique et vend des gâteaux.

● Attention à l'accent circonflexe du *â.*

▷ Mots de la famille de PÂTE.

patois n. m. ✦ Langue particulière à une région. → aussi **dialecte.** *Dans ce village, les paysans parlent patois.*

pâtre n. m. ✦ Berger.

● Ce mot est littéraire. Attention à l'accent circonflexe du *â.*

patriarche n. m. ✦ Homme le plus âgé d'une famille et considéré comme son chef.

patrie n. f. ✦ Pays auquel on appartient ou auquel on a le sentiment d'appartenir, parce que l'on y est né ou que l'on y vit. *Ces opposants politiques ont dû fuir leur patrie.*

➤ **patriote** n. m. et f. ✦ Personne qui aime sa patrie et le prouve par ses actes. *Une patriote.* — **Adj.** *Il est très patriote.*

➤ **patriotique** adj. ✦ Qui exprime l'amour de la patrie. *« La Marseillaise » est un chant patriotique.*

➤ **patriotisme** n. m. ✦ Amour de la patrie qui peut conduire à la défendre si elle est attaquée. *Les partisans luttèrent contre l'envahisseur par patriotisme.*

▷ Autres mots de la famille : APATRIDE, COMPATRIOTE, S'EXPATRIER, RAPATRIEMENT, RAPATRIER.

patrimoine n. m. **1.** Ensemble des biens dont on hérite de ses parents. → **héritage.** *Il a laissé un beau patrimoine à ses enfants.* **2.** Ensemble de toutes les richesses que nous ont laissées nos ancêtres. *Le château de Versailles fait partie du patrimoine artistique français.*

① **patron** n. m., **patronne** n. f. **1.** Saint, sainte qui protège une ville, un pays, une église, une profession ou les personnes qui portent son nom. *Saint Yves est le patron des avocats.* **2.** Personne qui dirige une entreprise, a des employés. → **chef.** *Le patron de l'usine a reçu les délégués du personnel.*

➤ **patronage** n. m. **1.** Soutien apporté par une personne ou un organisme. *Le gala a été placé sous le haut patronage du président de la République.* **2.** Organisation de loisirs pour les enfants. *Le mercredi, Julie va au patronage de la paroisse.*

➤ **patronal, patronale** adj. 1. *La fête patronale d'un village,* c'est la fête de son saint patron. 2. *Les syndicats patronaux,* ce sont les syndicats de patrons d'entreprise.

➤ **patronat** n. m. ✦ Ensemble des chefs d'entreprise.

➤ **patronner** v. (conjug. 1) ✦ Soutenir, donner sa protection. → **parrainer, sponsoriser.** *Ce concert est patronné par une station de radio et une chaîne de télévision.*

② **patron** n. m. ✦ Modèle en papier qui représente, à leurs vraies dimensions, les différentes parties d'un vêtement et que l'on pose sur le tissu à découper. *Le patron d'une robe.*

patronyme n. m. ✦ Nom de famille. *Écrivez votre patronyme en majuscules.*

● Ce mot est littéraire.

patrouille n. f. ✦ Petit groupe chargé de surveiller. *Le cambrioleur a été arrêté par une patrouille de police. Des soldats sont partis en patrouille de reconnaissance.*

➤ **patrouiller** v. (conjug. 1) ✦ Surveiller en se déplaçant par petits groupes. *Les douaniers patrouillaient le long de la frontière.*

① **patte** n. f. 1. *Les pattes d'un animal,* ce sont ses membres. *Le chien fait le beau en se dressant sur ses pattes arrière. — Le bébé marche à quatre pattes,* sur les mains et les genoux. 2. Petite bande. → **languette.** *Son portefeuille se ferme par une patte de cuir.*

➤ **patte-d'oie** n. f. ✦ Carrefour d'où partent plusieurs routes. — Au pl. *Des pattes-d'oie.*

▷ Mot de la famille de OIE.

▷ Autre mot de la famille : MILLE-PATTES.

② **patte** n. f. ✦ Chiffon.

● Ce mot est employé en Suisse.

pâture n. f. ✦ Nourriture d'un animal. *Les biches cherchent leur pâture dans la forêt.*

➤ **pâturage** n. m. ✦ Pré où le bétail vient paître. *Le fermier mène ses vaches au pâturage.*

paume n. f. 1. L'intérieur, le creux de la main. *Louise tient un œuf dans la paume de sa main.* 2. *Le jeu de paume,* c'est un ancien sport qui consistait à se renvoyer une balle avec la paume de la main. *Le jeu de paume est l'ancêtre du tennis.*

paupière n. f. ✦ Repli de peau qui protège l'œil. *Les paupières sont bordées de cils.*

paupiette n. f. ✦ Tranche de viande roulée et farcie. *Des paupiettes de veau.*

pause n. f. ✦ Arrêt de courte durée. *Nous avons fait une pause de dix minutes au milieu de la réunion.* ❍ homonyme : pose.

pauvre adj. 1. *Une personne pauvre,* c'est une personne qui n'a pas assez d'argent pour vivre dans de bonnes conditions. → aussi **misérable.** *Elle est si pauvre qu'elle ne peut pas se faire soigner.* ❏ contr. **riche.** *Les pays pauvres.* — N. *Les pauvres des pays en développement.* → **indigent, miséreux.** 2. *Une terre pauvre,* qui produit peu. ❏ contr. **fertile.** 3. Qui fait pitié. → **malheureux.** *Ce pauvre enfant est orphelin. Ces pauvres gens ont tout perdu.* — Dans ce sens, *pauvre* se place toujours devant le nom. — N. *La pauvre, elle n'a vraiment pas de chance !*

➤ **pauvrement** adv. ✦ Misérablement, sans argent. *Ils vivent pauvrement.*

➤ **pauvreté** n. f. ✦ État dans lequel est une personne qui n'a pas assez d'argent. → **misère.** *La lutte contre la pauvreté et la malnutrition.* ❏ contr. **opulence, richesse.**

▷ Autres mots de la famille : APPAUVRIR, APPAUVRISSEMENT.

se **pavaner** v. (conjug. 1) ✦ Marcher avec orgueil pour se faire remarquer. *Julie se pavane avec sa nouvelle robe.* → **parader.**

pavé n. m. 1. Petit bloc de pierre, taillé pour revêtir le sol. *Paul n'aime pas rouler sur les pavés à bicyclette.* 2. Chose qui a la forme d'un bloc. *Il a mangé un pavé de bœuf.*

➤ **paver** v. (conjug. 1) ✦ Couvrir avec des pavés, des dalles. *On a pavé ce chemin. — Une rue pavée.*

pavillon n. m. 1. Maison avec un jardin. → **villa.** *Ils habitent un pavillon en banlieue.* 2. *Le pavillon de l'oreille,* c'est la partie visible de l'oreille. 3. Drapeau que l'on hisse sur un bateau pour indiquer sa nationalité ou faire des signaux. *Le bateau navigue sous pavillon belge.*

pavoiser v. (conjug. 1) ✦ Orner de drapeaux à l'occasion d'une fête. *On pavoise les édifices publics les jours de fête nationale.* — Familier. *Il n'y a pas de quoi pavoiser,* il n'y a pas de quoi se réjouir ou être fier.

rue **pavoisée** (Monet)

pavot n. m. ✦ Plante cultivée pour ses fleurs blanches, mauves ou rouges et ses graines. *Le coquelicot est une sorte de pavot.* → aussi **opium.**

payer v. (conjug. 8) **1.** *Payer quelqu'un,* c'est lui donner l'argent qu'on lui doit. *Les salariés sont payés à la fin du mois.* **2.** *Payer quelque chose,* c'est donner de l'argent en échange d'un objet ou d'un service. *Combien as-tu payé tes chaussures ?* → **acheter.** *C'est demain qu'il faut payer ses impôts.* → **régler.** *Paierez-vous par chèque ou en liquide ?* **3.** Subir les conséquences désagréables de quelque chose. *Ils ont payé cher leurs erreurs. Tu me le paieras !* (menace). **4.** Être profitable. *Un travail qui paie bien.* → **rapporter.**

➤ **payable** adj. ✦ Qui doit être payé. *Cette commande est payable à la livraison.*

➤ **payant, payante** adj. **1.** Qu'il faut payer. *L'entrée est payante.* ❑ contr. **gratuit.** **2.** Qui rapporte. *Ses efforts ont été payants.*

➤ **paye** [pɛj] n. f. ✦ Argent donné en échange du travail. → **salaire.** *Il vient de toucher sa paye.*

● On écrit aussi *paie* [pɛ]. ❍ homonymes : paix, pet.

➤ **payeur** n. m., **payeuse** n. f. ✦ Personne qui paye ce qu'elle doit. *Ce client est un mauvais payeur.*

▷ Autre mot de la famille : PAIEMENT.

pays [pei] n. m. **1.** Territoire bordé de frontières et dirigé par un gouvernement. → ② **État, nation.** *La France est un pays d'Europe.* **2.** Région. *Ce petit rosé est un vin de pays,* un vin produit dans la région.

➤ **paysage** n. m. ✦ Partie d'une région que l'on voit d'un endroit. *Dans le train, Julie aime regarder le paysage qui défile.* → **panorama.**

➤ **paysagiste** n. m. et f. **1.** Peintre qui peint des paysages. **2.** Personne qui aménage des jardins et des espaces verts.

➤ **paysan** n. m., **paysanne** n. f. ✦ Personne qui cultive la terre et élève des animaux. → **agriculteur, cultivateur, éleveur, fermier.** *Il est issu d'une famille de paysans.* — **Adj.** *Les revendications paysannes,* des paysans.

➤ **paysannerie** n. f. ✦ Ensemble des paysans.

▷ Autres mots de la famille : ARRIÈRE-PAYS, DÉPAYSEMENT, DÉPAYSER.

pavot

P.-D. G. [pedeʒe] n. m. inv. ✦ Président-directeur général. *Le nouveau P.-D. G. de la société.* — Au pl. *Des P.-D. G.*

péage n. m. **1.** Prix à payer pour pouvoir utiliser certaines routes, certains ponts. *Une autoroute à péage.* **2.** Endroit où l'on paie sur une autoroute. *Le péage est dans 10 kilomètres.*

peau n. f. 1. Enveloppe extérieure du corps des hommes et des animaux. *Les bébés ont la peau douce.* — *N'avoir que la peau sur les os,* c'est être très maigre. *Se mettre dans la peau d'un personnage,* c'est essayer de se mettre à sa place. 2. Cuir, fourrure. *Une veste en peau de mouton.* 3. Enveloppe des fruits. *La peau d'une pêche. Paul a glissé sur une peau de banane.* — Au pl. *Des peaux.* 4. *La peau du lait,* c'est la pellicule qui se forme sur le lait bouilli. ❍ homonyme : pot.

➤ **peaufiner** v. (conjug. 1) ✦ Soigner dans les moindres détails. *Il peaufine son travail jusqu'à ce qu'il soit impeccable.* → **fignoler.**
▷ Mot de la famille de ② FIN.

➤ **Peau-Rouge** n. m. et f. ✦ Indien, Indienne d'Amérique du Nord. *Les Peaux-Rouges se peignaient le visage.* ▷ Mot de la famille de ROUGE.

▷ Autres mots de la famille : PELER, PELURE.

Peau-Rouge

pécari n. m. ✦ Petit cochon sauvage d'Amérique. *Des pécaris.*
● Ce mot vient d'une langue caraïbe.

peccadille n. f. ✦ Petite faute sans importance. *Paul a été puni pour une peccadille.*
● Ce mot s'écrit avec deux *c*.

① **pêche** n. f. ✦ Fruit du pêcher, au gros noyau très dur, à la chair juteuse et à la peau veloutée. → aussi **brugnon, nectarine.**
● Attention à l'accent circonflexe du *ê*.
▷ Autre mot de la famille : ① PÊCHER.

② **pêche** n. f. 1. Action ou manière de prendre des poissons. *La pêche au thon. La pêche à la ligne. Aller à la pêche,* c'est essayer d'attraper du poisson. 2. Poissons pêchés. *Il a rapporté une belle pêche aujourd'hui.*
● Attention à l'accent circonflexe du *ê*.
▷ Mot de la famille de ② PÊCHER.

péché n. m. ✦ Chose défendue par la religion chrétienne. → **faute.** *Mentir est un péché. Les catholiques confessent leurs péchés à un prêtre.* ❍ homonymes : pécher, ① et ② pêcher.

➤ **pécher** v. (conjug. 6) ✦ Commettre un péché. *Il a péché par orgueil.* ❍ homonymes : péché, ① et ② pêcher.

➤ **pécheur** n. m., **pécheresse** n. f. ✦ Personne qui a commis des péchés. ❍ homonyme : pêcheur.

① **pêcher** n. m. ✦ Arbre fruitier qui donne des pêches. *Les fleurs du pêcher sont roses.*
❍ homonymes : péché, pécher.
● Attention à l'accent circonflexe du *ê*.
▷ Mot de la famille de ① PÊCHE.

② **pêcher** v. (conjug. 1) ✦ Prendre du poisson. *Il a pêché deux truites.*
● Attention à l'accent circonflexe du *ê*.

➤ **pêcheur** n. m., **pêcheuse** n. f. ✦ Personne qui va à la pêche pour son plaisir ou pour gagner sa vie. ❍ homonyme : pécheur.
● Attention à l'accent circonflexe du *ê*.
▷ Autres mots de la famille : MARTIN-PÊCHEUR, ② PÊCHE, REPÊCHER.

pectoral, pectorale adj. 1. Qui concerne la poitrine. *Les muscles pectoraux. Un sirop pectoral,* un sirop qui combat les maladies des poumons et des bronches. — **N. m. pl.** *Les pectoraux,* les muscles de la poitrine. *Il fait de la natation pour développer ses pectoraux.* 2. *Les nageoires pectorales,* ce sont les nageoires situées de chaque côté du corps du poisson, en arrière des ouïes.

pécule n. m. ✦ Somme d'argent économisée peu à peu. *Il a hérité d'un joli pécule.* → aussi **magot.**

pécuniaire adj. ✦ Qui a rapport à l'argent. *Ils ont des ennuis pécuniaires.* → **financier.**

pédagogie n. f. ✦ Science de l'éducation. *Les professeurs suivent des cours de pédagogie,* ils apprennent à enseigner.

➤ **pédagogique** **adj.** ✦ *Une méthode pédagogique,* c'est une façon d'enseigner.

➤ **pédagogue** **n. m. et f.** ✦ Personne qui a le sens de l'enseignement, qui sait apprendre aux autres. *La professeur de Julie est une excellente pédagogue.*

pédale **n. f.** ✦ Pièce sur laquelle on appuie avec le pied pour faire tourner une roue ou pour actionner un mécanisme. *L'automobiliste appuie sur la pédale de frein et s'arrête.*

➤ **pédaler** **v.** (conjug. 1) ✦ Actionner les pédales d'une bicyclette. *Théo pédale fort dans la côte.*

➤ **pédalier** **n. m.** ✦ Mécanisme formé par les pédales, le pignon et la roue dentée d'une bicyclette. *Le pédalier entraîne la chaîne.*

➤ **pédalo** **n. m.** Marque déposée ✦ Petite embarcation à flotteurs que l'on fait avancer en pédalant. *Alex fait du pédalo sur le lac.* — Au pl. *Des pédalos.*

pédalo

pédant, pédante **adj.** ✦ Qui étale tout ce qu'il sait avec prétention. *Elle sait beaucoup de choses, mais elle n'est jamais pédante.*

pédestre **adj.** ✦ Qui se fait à pied. *Une randonnée pédestre.*

pédiatre **n. m. et f.** ✦ Médecin qui soigne les enfants. *La pédiatre a vacciné le bébé contre le tétanos.*

➤ **pédiatrie** **n. f.** ✦ Médecine des enfants. *Le service de pédiatrie d'un hôpital.*

pédicure **n. m. et f.** ✦ Personne dont le métier est de prendre soin des pieds. *La pédicure a soigné mon cor au pied.* → aussi **manucure.**

pedigree [pedigʀe] **n. m.** ✦ Origine des parents d'un animal de pure race. *Son chien a un beau pedigree.*

● Ce mot vient de l'anglais.

pédoncule **n. m.** ✦ Petite tige qui porte la fleur, puis le fruit. → **queue.**

pédophile **n. m. et f.** ✦ Adulte qui a une attirance sexuelle pour les enfants. *Le pédophile est accusé du viol d'une petite fille.*

pègre **n. f.** ✦ Ensemble des voleurs et des criminels. *Il a recruté un tueur à gages dans la pègre du port.*

peigner **v.** (conjug. 1) ✦ Coiffer avec un peigne. *Louise peigne sa poupée.* — **se peigner,** se coiffer. *Julie s'est peignée devant la glace.*

➤ **peigne** **n. m.** ✦ Objet muni de dents, qui sert à démêler et lisser les cheveux. *Léa se donne un coup de peigne,* elle se coiffe rapidement. — *Passer quelque chose au peigne fin,* c'est en examiner minutieusement tous les détails, tous les recoins. *La police a passé la ville au peigne fin pour retrouver le fugitif.*

▷ Autre mot de la famille : DÉPEIGNER.

peignoir **n. m.** ✦ Vêtement ample en tissu éponge, que l'on met en sortant du bain.

peindre **v.** (conjug. 52) **1.** Couvrir, colorer avec de la peinture. *Les volets de la maison sont peints en bleu.* **2.** Représenter par la peinture. *Cézanne a peint beaucoup de natures mortes.* **3.** Décrire, montrer. *Ce livre peint très bien la vie des gens d'autrefois.*

▷ Autres mots de la famille : DÉPEINDRE, PEINTRE, PEINTURE, PEINTURLURER, REPEINDRE.

① **peine** **n. f.** ✦ Punition prévue par la loi, infligée à toute personne qui a commis une faute. *La peine de mort a été abolie en France en 1981.* ○ homonymes : pêne, penne.

② **peine** **n. f.** **1.** Chagrin, tristesse. *Julie a fait de la peine à sa mère.* ❑ contr. **joie, plaisir.** **2.** Effort, fatigue. → aussi **pénible.** *Ce travail m'a donné beaucoup de peine. Ce n'est pas la peine de crier comme ça,* c'est inutile. — *Toute peine mérite salaire,* chacun doit être payé, récompensé pour ce qu'il a fait. **3.** *À peine,* presque pas, très peu. *On entend à peine le bruit de la rue. J'étais à peine réveillé quand le téléphone a sonné,* je me réveillais tout juste. **4.** Difficulté, embarras. *Cette vieille dame a de la peine à marcher,* elle marche difficilement. → **mal.**

➤ **peiner** **v.** (conjug. 1) **1.** Avoir de la peine, de la difficulté. *La voiture peine dans la montée.* **2.** Faire de la peine à quelqu'un. → **attrister.** *Sa mort nous a beaucoup peinés.*

pèlerin

peintre n. m. et f. 1. *Un peintre en bâtiment,* c'est quelqu'un qui fait les peintures d'une maison. 2. Artiste qui fait de la peinture. *Manet est un grand peintre du 19e siècle.*
▷ Mot de la famille de PEINDRE.

peinture n. f. 1. Couleur dont on recouvre quelque chose. → aussi **peindre, pictural.** *Le peintre applique une seconde couche de peinture sur le mur. Alex a eu une boîte de peinture pour sa fête.* → aussi **gouache.** 2. *La peinture,* c'est l'art de représenter des choses réelles ou imaginaires. *Elle aurait aimé faire de la peinture,* être peintre. → aussi **aquarelle.** *Une exposition de peinture,* de tableaux. 3. Description. *Ce roman est une bonne peinture du milieu du cinéma.*
➤ **peinturlurer** v. (conjug. 1) ✦ Familier. Peindre maladroitement avec des couleurs criardes. *La barrière est peinturlurée en rouge vif.*
▷ Mots de la famille de PEINDRE.

péjoratif, péjorative adj. ✦ *Un mot péjoratif,* c'est un mot qui exprime une idée négative, qui déprécie ce dont on parle. *« Chauffard » est un mot péjoratif.*

pelage n. m. ✦ Fourrure, poil d'un animal. *Ce chat a un beau pelage tigré.* → aussi **toison.**

pêle-mêle adv. ✦ En désordre, en vrac. *Julie a jeté pêle-mêle ses livres de classe sur la table.*
● Attention aux deux accents circonflexes.
▷ Mot de la famille de MÊLER.

peler v. (conjug. 5) 1. Enlever la peau. → **éplucher.** *Léa pèle une orange.* 2. Perdre le dessus de la peau par petits morceaux. *Louise a le nez qui pèle.*
▷ Mot de la famille de PEAU.

pèlerin n. m. ✦ Personne qui se rend dans un lieu saint pour prier. *De nombreux pèlerins vont à Lourdes.*
➤ **pèlerinage** n. m. ✦ Voyage que l'on fait pour aller prier dans un lieu saint. *Saint-Jacques de Compostelle est un célèbre lieu de pèlerinage.*

pèlerine n. f. ✦ Grand manteau sans manches, souvent avec un capuchon. → aussi **cape.** *Autrefois, les écoliers portaient une pèlerine.*

pélican n. m. ✦ Grand oiseau des régions chaudes aux pattes palmées et au long bec crochu muni d'une poche où il emmagasine sa nourriture. *Le pélican peut avoir trois mètres d'envergure.*

pelisse n. f. ✦ Manteau ou imperméable doublé de fourrure.

pelle n. f. ✦ Outil formé d'une plaque mince fixée à un manche. *Paul creuse un trou dans le sable avec une pelle. Pelle mécanique.* → **pelleteuse.** *On sert les parts de gâteaux avec une pelle à tarte.*
➤ **pelletée** n. f. ✦ Contenu d'une pelle. *Des pelletées de terre.*
➤ **pelleteuse** n. f. ✦ Pelle mécanique qui sert à charger et déplacer les matériaux.

pelleteuse

pellicule n. f. 1. Petite écaille de peau morte qui se détache du cuir chevelu. *Il utilise* *un shampooing contre les pellicules.* **2.** Fine couche. *Une pellicule de glace recouvre l'étang.* **3.** Feuille mince recouverte d'un produit sensible à la lumière, que l'on utilise pour faire de la photo et du cinéma. → **film.**

pelote **n. f.** **1.** *Une pelote de laine,* c'est une boule de laine enroulée sur elle-même. *Le chaton joue avec la pelote de laine.* **2.** *Une pelote d'épingles,* c'est un petit coussin sur lequel on plante des aiguilles et des épingles. **3.** *La pelote basque,* c'est un jeu dans lequel les joueurs envoient une balle rebondir contre un mur.

▷ Autre mot de la famille : SE PELOTONNER.

pelote basque

peloton [plɔtɔ̃] **n. m.** **1.** Groupe de coureurs, dans une course. *Le champion est en tête du peloton.* **2.** *Un peloton d'exécution,* c'est un groupe de soldats chargé de fusiller un condamné.

se **pelotonner** **v.** (conjug. 1) ✦ Se rouler en boule. *Julie se pelotonne au fond de son lit.* → se **blottir.**

▷ Mot de la famille de PELOTE.

pelouse **n. f.** ✦ Terrain couvert de gazon. *Le jardinier tond les pelouses du parc.*

peluche **n. f.** **1.** *Un animal en peluche,* c'est un jouet d'enfant en fausse fourrure représentant un animal. *Léa dort avec son ours en peluche. — Alex collectionne les peluches,* les jouets en peluche. **2.** Familier. Petit poil qui se détache d'un tissu. *Ce pull laisse des peluches.*

➤ **pelucheux, pelucheuse** **adj.** **1.** Doux et poilu comme la peluche. *Une couverture en laine douce et toute pelucheuse.* **2.** Familier. Qui laisse des peluches. *Ce tissu de mauvaise qualité est devenu pelucheux.*

pelure **n. f.** ✦ Peau d'un fruit ou d'un légume pelé. → **épluchure.** *Des pelures de pomme.*

▷ Mot de la famille de PEAU.

pénal, pénale **adj.** ✦ *Le Code pénal,* c'est un règlement qui fixe les peines infligées aux accusés. *Les juges appliquent le Code pénal.* — Au masc. pl. *pénaux.*

➤ **pénaliser** **v.** (conjug. 1) ✦ Infliger une peine. *Le chauffard a été pénalisé pour excès de vitesse.*

➤ **pénalisation** **n. f.** ✦ Punition infligée pendant un match de football à un joueur qui n'a pas respecté une règle. → **penalty.** *L'arbitre a infligé une pénalisation au joueur trop brutal.*

➤ **pénalité** **n. f.** ✦ Sanction, punition. *Les fraudeurs s'exposent à des pénalités.*

penalty [penalti] **n. m.** ✦ Au football, pénalisation grave. — Au pl. *Des penalties* ou *des penaltys.*

● Ce mot vient de l'anglais.

penaud, penaude **adj.** ✦ Honteux. *Julie est restée toute penaude d'avoir été prise en faute.* ❑ contr. **fier.**

pencher **v.** (conjug. 1) **1.** Être oblique, incliné. *Le bateau penchait dangereusement.* **2.** Faire aller vers le bas. → **incliner.** *Louise penche la tête pour parler à Léa.* **3.** *Pencher pour,* préférer. *Je penche pour la deuxième solution.*

➤ se **pencher** **v.** (conjug. 1) **1.** Incliner le haut du corps. *Louise s'est penchée vers Léa.* **2.** *Se pencher sur quelque chose,* c'est s'y intéresser, s'en occuper. *Beaucoup de savants se sont penchés sur ce mystère.*

➤ **penchant** **n. m.** **1.** Tendance. *Alex a un penchant à la paresse.* **2.** Goût particulier. *Paul a un penchant pour le chocolat.* → **faible.**

pendaison **n. f.** ✦ Le fait de tuer quelqu'un en le pendant ou le fait de se pendre. *Il est mort par pendaison.*

▷ Mot de la famille de PENDRE.

① **pendant** **n. m.** ✦ *Des pendants d'oreilles,* ce sont de longues boucles d'oreilles.

▷ Mot de la famille de PENDRE.

② **pendant, pendante** **adj.** ✦ Qui pend. *Le cocker est un chien à oreilles pendantes.*
▷ Mot de la famille de PENDRE.

③ **pendant** **prép.** 1. Durant. *Il a plu pendant toutes les vacances. Je l'ai attendu pendant deux heures.* 2. *Pendant que*, en même temps que. *Julie et Louise bavardaient pendant que le professeur écrivait au tableau.*
▷ Autre mot de la famille : CEPENDANT.

pendre **v.** (conjug. 41) 1. Être suspendu, fixé par le haut. *Une ampoule pendait au plafond.* 2. Accrocher, suspendre. *Paul a pendu son blouson à la patère.* 3. Tuer en suspendant par le cou à l'aide d'une corde. *Autrefois, on pendait les condamnés.* → aussi **pendaison.** — *se pendre*, se suicider par pendaison. *Il s'est pendu.*

➤ **pendentif** **n. m.** ✦ Bijou suspendu à une chaîne. *Un pendentif en or.*

➤ **penderie** **n. f.** ✦ Placard où l'on suspend ses vêtements. *Elle a rangé sa veste dans la penderie.*

➤ **pendu** **n. m.**, **pendue** **n. f.** ✦ Personne morte par pendaison.

➤ ① **pendule** **n. m.** ✦ Objet suspendu par un fil et qui oscille autour d'un point fixe. *Les mouvements d'un pendule.*
▷ Autres mots de la famille : ② DÉPENDRE, PENDAISON, ① et ② PENDANT, ① SUSPENDRE, SUSPENDU, ① SUSPENSION.

② **pendule** **n. f.** ✦ Petite horloge que l'on pose sur un meuble ou que l'on accroche au mur. *Il y a une pendule sur la cheminée.*

➤ **pendulette** **n. f.** ✦ Petite pendule portative. → aussi **réveil.**

pendule

pêne **n. m.** ✦ Partie de la serrure qui se déplace quand on tourne la clé. ❍ homonymes : ① et ② peine, penne.

pénétrer **v.** (conjug. 6) 1. Entrer. *Les cambrioleurs pénétrèrent sans bruit dans la maison.* → **s'introduire.** 2. Parvenir à comprendre. *Nous n'avons pas pu pénétrer son secret.* → **découvrir.**

➤ **pénétrant, pénétrante** **adj.** 1. *Une pluie pénétrante*, c'est une pluie qui pénètre, transperce les vêtements. 2. *Un regard pénétrant*, aigu, perçant.

➤ **pénétration** **n. f.** 1. Action de pénétrer. *La force de pénétration d'un projectile.* 2. Facilité à comprendre les choses. *Il a une grande pénétration d'esprit.* → **perspicacité.**

➤ **pénétré, pénétrée** **adj.** ✦ *Être pénétré de son importance*, convaincu d'être quelqu'un d'important.
▷ Autre mot de la famille : IMPÉNÉTRABLE.

pénible **adj.** 1. Qui donne de la peine. → **dur, fatigant.** *Un travail pénible.* ❑ contr. **facile, reposant.** 2. Qui fait de la peine, qui cause de la douleur. *Elle a connu des moments pénibles dans sa vie.* → **difficile, éprouvant.** ❑ contr. **agréable.**

➤ **péniblement** **adv.** 1. Avec peine, effort. *Le cyclomoteur monte péniblement la côte.* → **difficilement.** ❑ contr. **facilement.** 2. À peine, tout juste. *Julie arrive péniblement à obtenir la moyenne en histoire.*

péniche **n. f.** ✦ Long bateau à fond plat, qui sert à transporter les marchandises sur les fleuves et sur les canaux. → **chaland.** *La péniche franchit l'écluse.* ➻ planche Bateaux p. 89.

pénicilline [penisilin] **n. f.** ✦ Médicament qui combat les infections. → aussi **antibiotique.** *Une piqûre de pénicilline.*
● Ce mot s'écrit avec deux *l*.

péninsule **n. f.** ✦ Grande presqu'île ; région entourée par la mer de tous les côtés sauf un. *L'Italie, la Grèce sont des péninsules.*

pénis [penis] **n. m.** ✦ Sexe de l'homme. → ② **verge.** *Le pénis et les testicules forment les organes génitaux externes de l'homme.*
● On prononce le *s* final.

pénitence **n. f.** 1. Punition, peine. *Comme pénitence, Paul a été privé de dessert.* 2. *Faire pénitence*, c'est se repentir de ses fautes en promettant à Dieu de ne pas recommencer. *Quand ils se confessent, les catholiques font pénitence.*

➤ **pénitencier** **n. m.** ✦ Prison, bagne où les prisonniers purgeaient de longues peines. *À l'île de Ré, il y a un célèbre pénitencier.*
➤ **pénitent** **n. m.**, **pénitente** **n. f.** ✦ Personne qui va se confesser.
➤ **pénitentiaire** **adj.** ✦ Qui a rapport aux prisonniers. *Un établissement pénitentiaire,* c'est une prison.

penne **n. f.** ✦ Grande plume des ailes et de la queue des oiseaux. *Les pennes recouvrent le duvet.* ❍ homonymes : ① et ② peine, pêne.

pénombre **n. f.** ✦ Lumière très faible. *Il distingua une forme dans la pénombre.*
▷ Mot de la famille de OMBRE.

pensable **adj.** ✦ Que l'on peut admettre, imaginer. *Ce n'est pas pensable d'agir comme cela.* ❑ contr. **impensable.**
● Ce mot s'emploie surtout dans des phrases négatives.
▷ Mot de la famille de PENSER.

pensant, pensante **adj.** ✦ Capable de penser. *Les hommes sont des êtres pensants.*
▷ Mot de la famille de PENSER.

pense-bête **n. m.** ✦ Objet, marque qui sert à se rappeler ce que l'on risque d'oublier. *Il s'est mis un pense-bête pour ne pas oublier de prendre son médicament.* — Au pl. *Des pense-bêtes.*
▷ Mot de la famille de PENSER et de ② BÊTE.

① **pensée** **n. f.** **1.** Faculté de penser, de réfléchir. *L'homme se distingue de l'animal par la pensée.* **2.** Ce que l'on pense. *Je vais te dire vraiment ma pensée.* → **idée, opinion.** **3.** Ce que l'on a dans l'esprit quand on réfléchit ou quand on se souvient. *Elle avait l'air perdue dans ses pensées. Je vous envoie mes plus affectueuses pensées,* mon plus affectueux souvenir. **4.** *À la pensée de,* à la perspective de. *Les enfants sont excités à la pensée des vacances.*
❍ homonymes : panser, penser.
▷ Mot de la famille de PENSER.

② **pensée** **n. f.** ✦ Fleur aux pétales veloutés, souvent violette ou jaune. ➻ planche Fleurs p. 421.

penser **v.** (conjug. 1) **1.** Former des pensées, des idées dans son esprit. → **raisonner, réfléchir.** *Seuls les humains pensent.* **2.** *Penser à quelque chose,* c'est l'avoir à l'esprit. *Julie pense aux vacances qui approchent.* → **songer.** *Pense à faire tes devoirs avant d'aller jouer,* n'oublie pas de les faire. **3.** Avoir une opinion. *Je pense que tu as tort.* **4.** Avoir l'intention de. *Théo pense devenir ingénieur plus tard.* → **compter, envisager.** ❍ homonymes : panser, ① et ② pensée.
➤ **penseur** **n. m.** ✦ Homme qui réfléchit sur les grands problèmes de l'humanité, du monde. *Les philosophes sont des penseurs.*
➤ **pensif, pensive** **adj.** ✦ Absorbé dans ses pensées. *Louise regarde le feu d'un air pensif.* → **rêveur, songeur.**
▷ Autres mots de la famille : ARRIÈRE-PENSÉE, IMPENSABLE, PENSABLE, PENSANT, PENSE-BÊTE, ① PENSÉE.

le **Penseur** (Rodin, 1889)

① **pension** **n. f.** ✦ Somme d'argent que touche régulièrement une personne. → **allocation.** *Les retraités touchent une pension.* → ② **retraite.** *Le jugement de divorce fixe une pension alimentaire pour l'éducation et l'entretien des enfants.*
➤ **pensionné** **n. m.**, **pensionnée** **n. f.** ✦ Personne à la retraite. → **retraité.**
● Ce mot est employé en Belgique.

② **pension** **n. f.** **1.** Prix d'une chambre et des repas dans un hôtel. *Ils sont à l'hôtel en pension complète,* tous les repas sont compris dans le prix. → aussi **demi-pension.** **2.** École où l'on habite et où l'on prend ses repas. *Elle a fait toutes ses études en pension.* → **internat, pensionnat.** **3.** *Une pension de famille,* c'est un hôtel simple à l'ambiance familiale.
➤ **pensionnaire** **n. m. et f.** **1.** Élève nourri et logé dans l'école où il fait ses études. → **interne.** *Les pensionnaires peuvent sortir le week-end.* **2.** Personne qui est en pension chez quelqu'un ou à l'hôtel. *Les pensionnaires de l'hôtel déjeunent entre midi et 14 heures.*

➤ **pensionnat** **n. m.** ✦ École privée où les élèves sont logés et nourris. → **internat,** ② **pension.** *Elles ont fait leurs études dans le même pensionnat.*
▷ Autres mots de la famille : DEMI-PENSION, DEMI-PENSIONNAIRE.

pentagone [pɛ̃tagɔn] **n. m.** ✦ Figure géométrique qui a cinq côtés et cinq angles. ➸ planche Géométrie p. 458.

pente **n. f.** ✦ Surface inclinée, qui monte ou qui descend. → ② **côte, descente.** *Les skieurs descendent les pentes enneigées.*
▷ Autres mots de la famille : APPENTIS, PARAPENTE, REMONTE-PENTE, SOUPENTE.

pénurie **n. f.** ✦ Manque de ce qui est nécessaire. ❑ contr. **abondance.** *Dans les pays désertiques, il y a pénurie d'eau.*

pépier **v.** (conjug. 7) ✦ *Les jeunes oiseaux pépient,* ils poussent de petits cris. → **gazouiller.**

pépin **n. m.** ✦ Petite graine que l'on trouve dans certains fruits. *Les pommes, les poires, les agrumes, le raisin ont des pépins.*
➤ **pépinière** **n. f.** ✦ Terrain où l'on fait pousser de jeunes arbres avant de les replanter ailleurs.
➤ **pépiniériste** **n. m. et f.** ✦ Jardinier qui fait pousser de jeunes arbres dans une pépinière.
▷ Autre mot de la famille : ÉPÉPINER.

pépite **n. f.** ✦ Morceau d'or pur. *Les chercheurs d'or ont trouvé des pépites dans la rivière.*
● Ce mot vient de l'espagnol.

perçant, perçante **adj.** 1. *Une vue perçante,* très bonne. *Les lynx ont une vue perçante.* 2. *Un cri perçant,* très aigu, qui fait mal aux oreilles. *Le bébé pousse des cris perçants.*
● Attention à la cédille du ç.
▷ Mot de la famille de PERCER.

percée **n. f.** 1. Ouverture qui permet de passer ou d'avoir un point de vue. *Une percée dans les arbres permettait d'apercevoir la mer.* → **trouée.** 2. Action de rompre les défenses de l'adversaire. *Les troupes ont réussi une percée dans les lignes ennemies.*
▷ Mot de la famille de PERCER.

percement **n. m.** ✦ Action de percer, de faire une ouverture. *Le percement d'un tunnel.*
▷ Mot de la famille de PERCER.

perce-neige **n. m. ou f. inv.** ✦ Fleur blanche en forme de clochette, qui pousse à la fin de l'hiver. *Les perce-neige commencent à fleurir, c'est le printemps !*
▷ Mot de la famille de PERCER et de NEIGE.

perce-oreille **n. m.** ✦ Insecte qui porte une espèce de pince à l'extrémité de l'abdomen. ➸ planche Insectes p. 543. *Les perce-oreilles vivent sous les pierres.*
▷ Mot de la famille de PERCER et de OREILLE.

percepteur **n. m., perceptrice** **n. f.** ✦ Personne chargée de recueillir l'argent des impôts ou des amendes. → aussi ① **perception** et ① **percevoir.**

perceptible **adj.** ✦ Qui peut être perçu par la vue ou par l'ouïe. *Une étoile à peine perceptible à l'œil nu.* → **visible.** *Un son bien perceptible.* → **audible.** ❑ contr. **imperceptible.**
▷ Autre mot de la famille : IMPERCEPTIBLE.

① **perception** **n. f.** ✦ Bureau du percepteur.

pépinière

② **perception** **n. f.** ✦ Ce qui permet de connaître le monde extérieur par les sens. → **sensation** et aussi **perceptible** et ② **percevoir.** *Les yeux, le nez, les oreilles et la langue sont des organes de perception.*

percer **v.** (conjug. 3) **1.** Faire un trou. → **perforer, trouer.** *Il a percé un trou dans le mur.* **2.** Ouvrir, creuser. *Le tunnel a été percé à travers la roche.* → **forer. 3.** Traverser. *Le soleil perce les nuages.* **4.** Parvenir à découvrir. *Nul n'a réussi à percer le mystère.* → **pénétrer. 5.** *Une dent qui perce,* qui pousse à travers la gencive. *Le bébé a une dent qui perce.*

➤ **perceuse** **n. f.** ✦ Outil qui sert à percer des trous. *Une perceuse électrique.*

▷ Autres mots de la famille : PERÇANT, PERCÉE, PERCEMENT, PERCE-NEIGE, PERCE-OREILLE, TRANSPERCER.

① **percevoir** **v.** (conjug. 28) ✦ Recevoir de l'argent. *L'État perçoit des taxes sur l'essence, l'alcool et le tabac.* → aussi **percepteur** et ① **perception.**

② **percevoir** **v.** (conjug. 28) **1.** Sentir, éprouver par les organes des sens. *On perçoit une vague lueur au loin.* → **apercevoir, distinguer.** *Il perçut un léger bruit.* **2.** Discerner, saisir. *Il percevait de l'inquiétude dans sa voix.*

▷ Autres mots de la famille : APERCEVOIR, APERÇU, INAPERÇU.

① **perche** **n. f.** ✦ Poisson d'eau douce, à chair délicate. *La perche a une épine sur le dos.*

② **perche** **n. f.** **1.** Bâton long et mince. *Les perches d'un téléski. Le saut à la perche,* c'est le saut en hauteur réalisé à l'aide d'une perche. **2.** *Tendre la perche à quelqu'un,* c'est l'aider à se tirer d'embarras. *Comme Léa avait du mal à répondre à la question, le professeur lui a tendu la perche.*

➤ **perchiste** **n. m.** et **f.** ✦ Personne qui pratique le saut à la perche.

perchiste

se **percher** **v.** (conjug. 1) ✦ Se tenir sur un endroit élevé. *Les poules se perchent pour dormir.*

➤ **perchoir** **n. m.** ✦ Endroit où se perchent les oiseaux domestiques. *Le perroquet est juché sur son perchoir.*

perclus, percluse **adj.** ✦ Qui a de la peine à bouger. *La vieille dame est percluse de rhumatismes.*

percolateur **n. m.** ✦ Appareil qui fait du café automatiquement.

percussion **n. f.** ✦ *Un instrument à percussion,* c'est un instrument sur lequel on frappe pour obtenir des sons. *Le tambour, les cymbales, la grosse caisse sont des instruments à percussion.* → aussi **batterie.** ➻ planche Instruments de musique p. 548.

➤ **percussionniste** **n. m.** et **f.** ✦ Musicien, musicienne qui joue d'un instrument à percussion.

percuter **v.** (conjug. 1) ✦ Heurter violemment. *La voiture a percuté un arbre.*

➤ **percutant, percutante** **adj.** ✦ Frappant. *Cet avocat utilise des arguments percutants.*

perdre **v.** (conjug. 41) **1.** Ne plus avoir en sa possession. *Julie a perdu son stylo.* → **égarer.** *Il a perdu beaucoup d'argent dans cette affaire.* ❏ contr. **gagner. 2.** Avoir le dessous dans une épreuve, un jeu. *Paul est mauvais joueur, il déteste perdre.* **3.** Cesser d'avoir. *Les arbres perdent leurs feuilles en automne. Elle a perdu patience,* elle s'est énervée. **4.** *Perdre quelqu'un,* c'est en être séparé par la mort. *Elle vient de perdre sa mère,* sa mère vient de mourir. **5.** Ne pas faire bon usage de quelque chose. *Tu perds ton temps.* → **gaspiller.** *Il n'y a pas un instant à perdre.*

➤ se **perdre** **v.** (conjug. 41) **1.** Ne plus retrouver son chemin. *Ils se sont perdus dans la forêt.* → **s'égarer. 2.** *S'y perdre,* ne plus rien comprendre, ne pas s'y retrouver. *C'est trop compliqué, on s'y perd !*

➤ **perdant** **adj.** et **n. m.**, **perdante** **adj.** et **n. f.**

■ **adj.** Qui perd ou a perdu. *Alex a tiré un numéro perdant à la loterie.* ❏ contr. **gagnant.**

■ **n.** Personne qui a perdu. *Les perdants auront un lot de consolation. Julie est mauvaise perdante,* elle n'aime pas perdre.

➤ **perdition** **n. f.** ✦ *Le bateau est en perdition,* il va sombrer.

➤ **perdu, perdue** adj. 1. Égaré. *Le bureau des objets perdus.* 2. Écarté, isolé. *Un coin perdu, en pleine nature.* 3. Sur le point de mourir. *La malade se savait perdue.*

▷ Autres mots de la famille : DÉPERDITION, ÉPERDU, ÉPERDUMENT, PERTE.

perdreau n. m. ✦ Jeune perdrix. — Au pl. *Des perdreaux.*

perdrix [pɛʀdʀi] n. f. ✦ Oiseau de taille moyenne, au plumage gris et roux, à queue courte. ➻ planche Oiseaux p. 711. *Le chasseur a tué deux perdrix.*

● On ne prononce pas le *x* final.

père n. m. 1. Homme qui a un ou plusieurs enfants. *C'est le père de Léa.* → **papa.** *Un père de famille.* — *Tel père, tel fils,* le fils ressemble souvent à son père. 2. Inventeur, créateur d'une chose. *Les frères Lumière sont les pères du cinéma.* 3. Nom donné à certains religieux. *Le père Dupond est le curé de la paroisse.* ○ homonymes : ① et ② pair, paire.

▷ Autres mots de la famille : ARRIÈRE-GRAND-PÈRE, BEAU-PÈRE, GRAND-PÈRE.

pérégrination n. f. ✦ Déplacement, voyage. *Les pérégrinations d'Ulysse sont racontées dans l'« Odyssée ».*

● Ce mot est littéraire et s'emploie le plus souvent au pluriel.

péremptoire adj. ✦ Sans réplique. *Un ton péremptoire.* → **impérieux.**

perfection n. f. ✦ Caractère de ce qui est parfait, sans défaut. *Ce travail est proche de la perfection.* — *À la perfection,* très bien, remarquablement. *Elle nage à la perfection.*

➤ **perfectionner** v. (conjug. 1) 1. Rendre meilleur, plus proche de la perfection. → **améliorer.** *Il prend des cours de crawl pour perfectionner son style.* 2. **se perfectionner,** devenir meilleur, faire des progrès. *Ce séjour en Angleterre lui a permis de se perfectionner en anglais.*

➤ **perfectionné, perfectionnée** adj. ✦ Très moderne sur le plan technique. *Une machine très perfectionnée.* → **sophistiqué.**

➤ **perfectionnement** n. m. 1. Amélioration qui rend un objet plus moderne. *Le téléphone portable de Théo possède tous les perfectionnements.* 2. *Un cours de perfectionnement,* qui permet de se perfectionner. *Elle suit des cours de perfectionnement en russe.*

➤ **perfectionniste** n. m. et f. ✦ Personne qui cherche à atteindre la perfection dans tout ce qu'elle fait. *Elle se donne vraiment trop de mal, c'est une perfectionniste.* — **Adj.** *Il est trop perfectionniste.*

▷ Autre mot de la famille : IMPERFECTION.

perfide adj. 1. Qui trahit celui qui lui fait confiance. → **déloyal, fourbe.** *C'est un homme perfide.* 2. Dangereux, nuisible sans que cela ne se voie. *Des insinuations perfides.*

➤ **perfidie** n. f. ✦ Traîtrise. *Il est capable de toutes les perfidies.*

perforer v. (conjug. 1) ✦ Percer de trous. → **trouer.** *La balle lui a perforé l'intestin.*

➤ **perforation** n. f. ✦ Ouverture accidentelle. *Une perforation du tympan.*

▷ Mots de la famille de FORER.

performance n. f. 1. Résultat obtenu par un athlète dans une compétition. *Ce skieur a réalisé la meilleure performance de l'épreuve.* 2. Exploit, prouesse. *Le travail a été terminé bien avant la date prévue, c'est une performance !*

➤ **performant, performante** adj. ✦ Qui est capable de performances élevées. *Une industrie très performante.*

▷ Autre mot de la famille : CONTRE-PERFORMANCE.

perfusion n. f. ✦ Injection lente et continue de médicaments ou de sang dans les veines. *Le malade est sous perfusion.*

pergola n. f. ✦ Petite construction, dans un jardin, qui sert de support aux plantes grimpantes. → aussi **tonnelle.**

pergola

périclitter v. (conjug. 1) ✦ Aller vers la ruine. → ① **décliner.** ❑ contr. **prospérer.** *L'entreprise a rapidement périclité.*

péridurale **n. f.** ✦ Anesthésie locale à l'aide d'une injection entre les vertèbres. *Elle a accouché sous péridurale.*

péril [peʀil] **n. m.** **1.** Danger. *Ce conducteur imprudent a mis en péril la sécurité des autres automobilistes. Le pompier a sauté dans les flammes au péril de sa vie,* en risquant sa vie. **2.** *Faire quelque chose à ses risques et périls,* en acceptant d'en subir les conséquences. *Faites-le à vos risques et périls.*

➤ **périlleux, périlleuse** **adj.** ✦ Où il y a des risques, du danger. → **dangereux.** *Les alpinistes ont tenté une ascension périlleuse. Le trapéziste a exécuté un saut périlleux,* où le corps fait un tour complet sur lui-même.

périmé, périmée **adj.** ✦ Qui n'est plus valable. *Mon passeport est périmé.* ❑ contr. ② **valide.**

périmètre **n. m.** ✦ Ligne qui délimite le contour d'une figure. *Le périmètre d'un rectangle. Le périmètre d'un cercle.* → **circonférence.**

période **n. f.** ✦ Espace de temps. *L'école est fermée pendant la période des vacances.* → **durée.**

➤ **périodique** **adj.** et **n. m.**

■ **adj.** Qui se reproduit à intervalles réguliers. *Léa a des crises d'asthme périodiques.*

■ **n. m.** *Un périodique,* c'est un journal, une revue qui paraît à intervalles réguliers. *Les quotidiens et les hebdomadaires sont des périodiques.*

➤ **périodiquement** **adv.** ✦ À intervalles réguliers. *Ces champs sont périodiquement inondés par le fleuve.*

péripétie [peʀipesi] **n. f.** ✦ Événement imprévu. *Un voyage plein de péripéties.* → **aventure.**

périphérie **n. f.** ✦ Ensemble de quartiers éloignés du centre d'une ville. *L'usine est installée à la périphérie de Lyon.*

➤ **périphérique** **adj.** ✦ Situé à la périphérie. *Les quartiers périphériques d'une grande ville. À Paris, un boulevard périphérique fait le tour de la ville.*

périphrase **n. f.** ✦ Groupe de mots, expression désignant une chose qui pourrait être nommée par un seul mot. *« La capitale de la France » est une périphrase pour dire « Paris ».*

▷ Mot de la famille de PHRASE.

périple **n. m.** ✦ Long voyage. *Ils ont fait un périple au Canada.*

périr **v.** (conjug. 2) ✦ Mourir par accident. *Deux marins ont péri noyés.*

➤ **périssable** **adj.** ✦ *Les denrées périssables,* ce sont des denrées qui s'abîment facilement. *Les fruits sont périssables.*

▷ Autres mots de la famille : DÉPÉRIR, IMPÉRISSABLE.

périscope **n. m.** ✦ Appareil formé d'un tube et de miroirs permettant de voir par-dessus un obstacle. *Les sous-marins sont équipés de périscopes.*

péristyle **n. m.** ✦ Rangée de colonnes autour d'un bâtiment ou de la cour intérieure d'un bâtiment. *Les temples antiques étaient entourés d'un péristyle.*

● Il y a un *y* après le *t.*

péristyle

péritel **adj. inv.** Marque déposée ✦ *Une prise péritel,* c'est une prise qui permet de brancher un téléviseur à un autre appareil. *Le magnétoscope est relié au téléviseur par une prise péritel.*

perle **n. f.** **1.** Petite boule brillante et dure formée de couches de nacre sécrétées par les huîtres, dont on fait des bijoux. *Un collier de perles.* **2.** Petite boule percée d'un trou. *Les enfants enfilent des perles de bois.* **3.** Personne très remarquable. *Cette cuisinière est une perle.*

➤ **perler** **v.** (conjug. 1) ✦ Former de petites gouttes. *La sueur perlait sur son front.*

➤ **perlier, perlière** **adj.** ✦ *Une huître perlière,* c'est une huître qui peut sécréter des perles.

permanent, permanente adj. ✦ Qui dure sans changer. → **constant, perpétuel.** *J'ai une douleur permanente dans l'épaule.* ❑ contr. **fugitif,** ② **passager.**

➤ **permanence** n. f. 1. Service qui permet à des bureaux de fonctionner sans interruption. *Quelques policiers assurent la permanence du commissariat.* 2. Salle où travaillent les élèves quand ils n'ont pas cours. *Julie apprend ses leçons en permanence.* → aussi **étude.** 3. *En permanence,* de façon constante. *Le commissaire porte une arme sur lui en permanence.* → **constamment, toujours.** ❑ contr. **parfois.**

➤ **permanente** n. f. ✦ Traitement qui permet de faire onduler les cheveux de façon durable. *Elle s'est fait faire une permanente.*

perméable adj. ✦ Qui laisse passer un liquide. *Le calcaire est une roche perméable.* ❑ contr. **imperméable.**

▷ Autre mot de la famille : IMPERMÉABLE.

permettre v. (conjug. 56) 1. Donner à quelqu'un le droit de faire quelque chose. → **autoriser, laisser.** *Elle a permis à sa fille de sortir jusqu'à minuit.* ❑ contr. **défendre, interdire.** 2. Rendre une chose possible. *Le ciel clair permet de bien voir les étoiles.* ❑ contr. **empêcher.** 3. *Il se croit tout permis,* il croit qu'il a le droit de tout faire. 4. *Se permettre de,* oser, prendre la liberté de. *Je ne me permettrai pas d'intervenir. Léa s'est permis de répondre.*

➤ **permis** n. m. ✦ Papier qui donne le droit de faire une chose. *Les chasseurs doivent avoir un permis de chasse. Le permis de conduire,* c'est le certificat qu'il faut avoir pour conduire une voiture, un camion ou une moto. *Il vient de passer son permis de conduire,* l'examen qui donne le droit de conduire une voiture.

➤ **permission** n. f. 1. Autorisation de faire quelque chose. → ③ **droit.** *Elle a donné à ses enfants la permission de sortir.* 2. Congé accordé à un militaire. *Ce soldat a eu une permission ce week-end.*

permuter v. (conjug. 1) ✦ Mettre une chose à la place d'une autre. *Si on permute les deux chiffres de 58, on obtient 85.* → **intervertir.**

➤ **permutation** n. f. ✦ *La permutation de deux lettres,* le fait de mettre chacune à la place de l'autre. → **interversion.**

pernicieux, pernicieuse adj. ✦ Mauvais, malfaisant. *Boire et fumer sont des habitudes pernicieuses.* → **nocif, nuisible.**

péroné n. m. ✦ Os de la jambe. → aussi **tibia.** *Il a une fracture du péroné.* ➻ planche Corps humain p. 219.

pérorer v. (conjug. 1) ✦ Parler d'une manière très prétentieuse. *Julie pérorait au milieu de ses amies.*

perpendiculaire adj. ✦ *Des lignes perpendiculaires,* ce sont des lignes qui se coupent en formant un angle droit. *Le boulevard de la Gare est perpendiculaire à la rue Gambetta.* — N. f. *Une perpendiculaire,* c'est une droite qui coupe une autre droite en formant un angle droit. ➻ planche Géométrie p. 458.

perpétrer v. (conjug. 6) ✦ *Perpétrer un crime,* c'est le commettre.

● C'est un mot de la langue du droit.

perpétuel, perpétuelle adj. 1. Qui ne s'arrête jamais. → **continu, incessant, permanent.** *Il y a une agitation perpétuelle dans la ville.* 2. Qui se reproduit très souvent. *Elle nous fatigue avec ses jérémiades perpétuelles.* → **continuel.**

➤ **perpétuellement** adv. ✦ Constamment, sans arrêt. *Il est perpétuellement en retard.* → **toujours.**

perpétuer v. (conjug. 1) ✦ *Perpétuer une tradition,* c'est la faire durer, la maintenir. — **se perpétuer,** se maintenir. *Les espèces se perpétuent,* se reproduisent.

à **perpétuité** adv. ✦ Pour toujours. *Ce dangereux criminel a été condamné à la prison à perpétuité,* jusqu'à la fin de sa vie.

perplexe adj. ✦ Hésitant, indécis, embarrassé. *Elle ne sait pas quelles chaussures mettre, elle est perplexe.*

➤ **perplexité** n. f. ✦ Incertitude, embarras. *Il lisait le menu avec perplexité, sans pouvoir se décider.*

perquisition n. f. ✦ Fouille faite par la police. *Les policiers ont fait une perquisition au domicile du suspect.*

➤ **perquisitionner** v. (conjug. 1) ✦ Faire une perquisition. → **fouiller.** *La police a perquisitionné, mais n'a pu trouver aucun indice.*

perron n. m. ✦ Escalier se terminant par une plateforme devant la porte d'entrée d'une maison. *Elle accueille ses invités sur le perron.*

● Ce mot s'écrit avec deux *r.*

perroquet n. m. ✦ Oiseau au plumage très coloré, au gros bec recourbé, capable d'imiter la voix humaine. → aussi **ara, cacatoès.** *Les perroquets s'apprivoisent très facilement.*
● Ce mot s'écrit avec deux *r.*

perroquet

perruche n. f. ✦ Petit oiseau à longue queue et au plumage coloré, ressemblant au perroquet. ➳ planche Oiseaux p. 710. *Ils ont un couple de perruches en cage.*
● Ce mot s'écrit avec deux *r.*

perruque n. f. ✦ Fausse chevelure. *Autrefois, les hommes portaient une perruque poudrée.*
● *Perruque* s'écrit avec deux *r.* Ce mot vient de l'italien.

perruque

persécuter v. (conjug. 1) ✦ Tourmenter sans relâche par des traitements injustes et cruels. *Les nazis ont persécuté les Juifs.*
➤ **persécution** n. f. ✦ Mauvais traitements infligés à une personne ou à un groupe de gens. *Certains peuples ont subi d'atroces persécutions.*

persévérer v. (conjug. 6) ✦ Continuer ce que l'on fait sans jamais se décourager. *Léa a fait des progrès, mais il faut qu'elle persévère dans son effort.* → **persister.** ❏ contr. **abandonner, renoncer.**

➤ **persévérance** n. f. ✦ Obstination dans ce que l'on fait. → **ténacité, volonté.** *Armez-vous de patience et de persévérance avant d'entreprendre cette recherche.*
➤ **persévérant, persévérante** adj. ✦ *Une personne persévérante,* c'est une personne qui poursuit son effort sans se décourager. *Léa est persévérante, elle réussira sûrement.*

persienne n. f. ✦ Volet percé de fentes. *Elle a fermé les persiennes pour maintenir la fraîcheur dans la pièce.*

persienne

persil [pɛʀsi] n. m. ✦ Plante dont on utilise les feuilles pour donner du goût aux aliments. *Il y a du persil haché sur la salade de tomates.*
● On ne prononce pas le *l* final.

persister v. (conjug. 1) **1.** Persévérer, s'obstiner dans ce que l'on fait ou ce que l'on pense. ❏ contr. **renoncer.** *Le suspect persiste à nier sa participation au hold-up.* **2.** Durer, rester malgré tout. *Si la douleur persiste, consultez un médecin.* ❏ contr. **cesser, disparaître.**
➤ **persistance** n. f. ✦ Fait de persister, de ne pas cesser. *Devant la persistance du mauvais temps, ils ont renoncé à pique-niquer.*
➤ **persistant, persistante** adj. ✦ Durable, tenace. *Paul souffre d'une douleur persistante au genou.* ❏ contr. ② **passager.** *Le sapin est un arbre à feuilles persistantes,* qui ne tombent pas. ❏ contr. **caduc.**

personnage n. m. **1.** Personne qui a une grande importance dans la société ou dans l'histoire. *Jeanne d'Arc est un personnage historique.* **2.** Personne qui est représentée dans

un roman, une pièce de théâtre ou un film. → **héros** et aussi **protagoniste.** *Les personnages d'un roman. Une pièce à deux personnages.*
▷ Mot de la famille de ② PERSONNE.

personnaliser v. (conjug. 1) ✦ Donner à une chose un caractère personnel pour qu'elle ait l'air bien à soi. *Alex a personnalisé sa chambre en collant sur les murs les affiches qu'il aime.*
▷ Mot de la famille de ② PERSONNE.

personnalité n. f. 1. *La personnalité,* c'est ce qui fait qu'une personne est elle-même et non une autre. *Julie a une forte personnalité,* elle a beaucoup de caractère. 2. *Une personnalité,* c'est une personne importante ou connue. *Les personnalités du monde du spectacle.* → **célébrité.**
▷ Mot de la famille de ② PERSONNE.

① **personne** pronom indéfini. ✦ Aucun être humain. ❑ contr. **quelqu'un.** *Il n'y a personne. Que personne ne sorte ! Elle fait les tartes aux pommes comme personne,* comme personne d'autre.

② **personne** n. f. 1. Être humain. *Une famille de quatre personnes.* 2. *En personne,* soi-même. *Le ministre en personne a assisté à la cérémonie.* → **personnellement.** 3. En grammaire, *la première personne* désigne celui ou ceux qui parlent, *la deuxième personne* celui ou ceux à qui l'on parle, *la troisième personne* celui ou ceux dont on parle. *Dans la phrase « Nous dormons », le verbe dormir est conjugué à la première personne du pluriel.*
➤ **personnel** adj. et n. m., **personnelle** adj.
■ adj. 1. Ce qui appartient en propre à une personne, qui est bien à lui. → **individuel, particulier, privé.** ❑ contr. **collectif, commun.** *Ses affaires personnelles sont rangées dans sa chambre. Cet artiste a un style personnel.* → **original.** *Il ne pense qu'à son intérêt personnel.* ❑ contr. **public.** 2. *Les pronoms personnels* désignent des personnes. *« Je », « tu », « il » sont des pronoms personnels sujets, « le » « lui » et « leur » des pronoms personnels compléments.*
■ n. m. Ensemble des personnes qui travaillent dans une entreprise. *Le personnel de cette usine compte plusieurs centaines d'employés.*
➤ **personnellement** adv. 1. En personne, soi-même. *Je tiens à m'occuper de cette affaire personnellement.* 2. En ce qui concerne, quant à moi. *Personnellement, je préfère la deuxième solution.*
➤ **personnifier** v. (conjug. 7) ✦ Représenter sous l'aspect d'une personne. *Molière a personnifié l'avarice sous les traits d'Harpagon.*
▷ Autres mots de la famille : ANTIPERSONNEL, IMPERSONNEL, PERSONNAGE, PERSONNALISER, PERSONNALITÉ, PÈSE-PERSONNE.

perspective n. f. 1. Façon de dessiner un objet en donnant l'impression de profondeur dans l'espace. *L'architecte a dessiné la maison en perspective.* 2. Idée qu'une chose va se produire. *La perspective des vacances rend les enfants tout joyeux.* — *En perspective,* en vue. *Il a beaucoup de projets en perspective.*

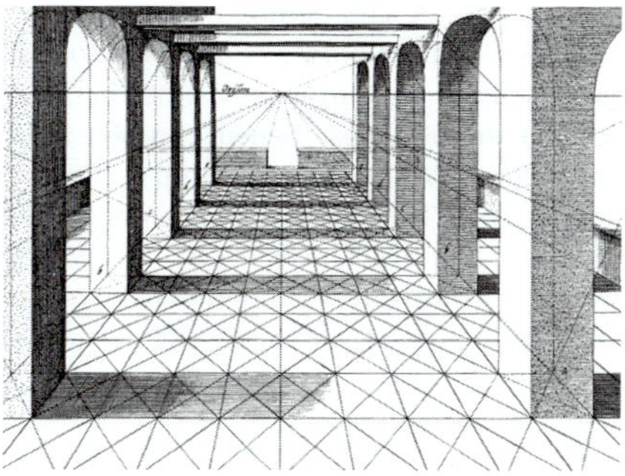

perspective

perspicace adj. ✦ Capable de deviner les choses. → ② **fin, subtil.** *C'est une femme très perspicace.*
➤ **perspicacité** n. f. ✦ Finesse d'esprit, subtilité. → **pénétration.** *Elle a une grande perspicacité.*

persuader v. (conjug. 1) ✦ Convaincre de faire quelque chose. → aussi **persuasion.** *Julie a persuadé sa mère de lui acheter une nouvelle jupe.* ❑ contr. **dissuader.**
➤ **persuadé, persuadée** adj. ✦ Convaincu, absolument sûr. *Elle est persuadée d'avoir raison.*

persuasif, persuasive adj. ✦ Qui sait persuader, convaincre. → **convaincant.** *Elle est très persuasive quand elle veut quelque chose. Un ton persuasif.* ❑ contr. **dissuasif.**

persuasion n. f. ✦ Action de persuader, de convaincre. *Il vaut mieux utiliser la persuasion plutôt que la force.* ❑ contr. **dissuasion.**

pervenche

perte n. f. 1. Le fait de perdre, d'égarer quelque chose. *Julie est contrariée par la perte de son stylo.* → aussi **perdre.** 2. Somme d'argent que l'on n'a plus. *L'entreprise a subi de grosses pertes cette année,* elle a perdu beaucoup d'argent. ❏ contr. **bénéfice, profit.** 3. Le fait d'être séparé de quelqu'un par la mort. *Paul a été très affecté par la perte de son grand-père.* → **décès, disparition.** 4. *À perte de vue,* aussi loin que l'on peut voir. *La mer s'étend à perte de vue.* 5. Le fait de gaspiller, de dépenser inutilement. *Quelle perte de temps ! Tu te démènes en pure perte.* 6. *Avec perte et fracas,* brutalement, sans ménagement. *Il a été renvoyé avec perte et fracas.*

▷ Mot de la famille de PERDRE.

pertinent, pertinente adj. ✦ Rempli de bon sens. → **judicieux.** *Votre remarque est très pertinente.*

➤ **pertinemment** [pɛʀtinamɑ̃] adv. ✦ *Savoir pertinemment,* d'une manière certaine. *Tu savais pertinemment que j'allais refuser.*

perturber v. (conjug. 1) 1. Empêcher de fonctionner normalement. *Des travaux perturbent la circulation sur l'autoroute.* 2. Bouleverser psychologiquement. *Le divorce de ses parents l'a perturbé.*

➤ **perturbateur** n. m., **perturbatrice** n. f. ✦ Personne qui provoque le trouble, le désordre. *Julie et Louise, les deux perturbatrices de la classe, ont été punies.*

➤ **perturbation** n. f. 1. Trouble, désordre. *La grève des pilotes a provoqué de nombreuses perturbations dans le trafic aérien.* 2. *Une perturbation atmosphérique,* un violent changement de temps. *Une perturbation traversera le pays demain d'ouest en est.*

▷ Autres mots de la famille : IMPERTURBABLE, IMPERTURBABLEMENT.

pervenche n. f. ✦ Petite plante à fleurs bleu-mauve. *Les pervenches poussent dans les bois et au creux des haies.* — **Adj. inv.** *Bleu pervenche,* du bleu des pervenches. *Des yeux bleu pervenche.*

pervers [pɛʀvɛʀ], **perverse** [pɛʀvɛʀs] adj. ✦ Qui aime faire le mal. *Elle est un peu perverse.*

➤ **perversité** n. f. ✦ Tendance à trouver du plaisir en faisant le mal. *La perversité d'un tortionnaire.*

pervertir v. (conjug. 2) ✦ *Pervertir quelqu'un,* c'est le faire changer en mal, le rendre mauvais. *Tout cet argent l'a perverti.* → **corrompre.**

peser v. (conjug. 5) 1. Calculer le poids. *La postière a pesé le paquet.* — **se peser,** monter sur une balance et regarder quel poids elle indique. *Il se pèse chaque semaine.* 2. Avoir pour poids. *Léa pèse 40 kilos.* 3. *Peser le pour et le contre,* c'est réfléchir aux avantages et aux inconvénients. *Avant de prendre sa décision, il a longuement pesé le pour et le contre.* 4. Être pénible à supporter. *La solitude lui pèse.* 5. Avoir de l'importance, compter. *Son avis a beaucoup pesé dans ma décision.*

➤ **pesant, pesante** adj. 1. Qui donne une impression de lourdeur. *L'éléphant a une démarche pesante.* 2. Pénible à supporter. *Il régnait dans la pièce un silence pesant.*

➤ **pesamment** adv. ✦ D'une manière pesante. *Il se laissa tomber pesamment sur la chaise.*

➤ **pesanteur** n. f. ✦ *La pesanteur,* c'est la force qui entraîne les objets vers le centre de la Terre et qui fait qu'ils ont un poids. *Les lois de la pesanteur.* → ② **gravité.** ❏ contr. **apesanteur.**

➤ **pèse-bébé** n. m. ✦ Balance pour peser les nourrissons. — Au pl. *Des pèse-bébés.* ▷ Mot de la famille de BÉBÉ.

➤ **pesée** n. f. ✦ Opération par laquelle on calcule un poids. *À sa dernière pesée, le bébé faisait 5 kilos.*

➤ **pèse-lettre** n. m. ✦ Petite balance pour peser les lettres. — Au pl. *Des pèse-lettres.* ▷ Mot de la famille de LETTRE.

➤ **pèse-personne** n. m. ✦ Balance plate à cadran gradué. *Le cadran des pèse-personnes* *est gradué jusqu'à 120 kilos.* ▷ Mot de la famille de ② PERSONNE.

▷ Autres mots de la famille : APESANTEUR, S'APPESANTIR, SOUPESER.

peseta [peseta] ou [pezeta] **n. f.** ✦ Ancienne monnaie espagnole, qui a été remplacée par l'euro.

● C'est un mot espagnol.

pessimisme n. m. ✦ Façon qu'une personne a de prendre les choses du mauvais côté, d'être persuadée qu'elles tourneront mal. ❑ contr. **optimisme.** *Elle était d'humeur sombre et voyait l'avenir avec pessimisme.*

➤ **pessimiste adj.** ✦ Mécontent du présent et inquiet de l'avenir. *Il est très pessimiste de nature.* ❑ contr. **optimiste.** — **N.** *C'est une pessimiste.*

peste n. f. 1. Très grave maladie contagieuse. *Au Moyen Âge, les épidémies de peste ont fait des millions de victimes.* **2.** Femme, fillette insupportable. *Quelle petite peste, cette Julie !*

➤ **pester v.** (conjug. 1) ✦ Manifester son mécontentement, sa mauvaise humeur par des paroles. *Il peste contre sa voiture qui ne démarre pas.*

▷ Autre mot de la famille : PESTIFÉRÉ.

pesticide n. m. ✦ Produit chimique qui protège les cultures des parasites.

pestiféré n. m., pestiférée n. f. ✦ Personne atteinte de la peste. — *Tout le monde le fuit comme un pestiféré,* comme s'il avait la peste.

▷ Mot de la famille de PESTE.

pestilentiel, pestilentielle adj. ✦ *Une odeur pestilentielle,* infecte. *L'odeur d'œufs pourris est pestilentielle.* → **fétide.**

pet n. m. ✦ Familier. Gaz provenant de l'intestin, qui s'échappe par l'anus. *L'âne lâcha une série de pets.* ○ homonymes : paie, paix.

▷ Autres mots de la famille : PÉTARADE, PÉTARADER, PÉTARD, PÉTER, PÉTILLANT, PÉTILLER.

pétale n. m. ✦ Chacune des parties colorées qui forment la corolle d'une fleur. ➡ planche Fleurs p. 421. *La rose épanouie perdait un à un ses pétales.*

● *Pétale* est un nom masculin : on dit *un pétale.*

pétanque n. f. ✦ Jeu de boules. *Dans le Midi, on joue à la pétanque.*

pétanque

pétarade n. f. ✦ Suite de détonations. *On entend au loin les pétarades d'une moto.*

➤ **pétarader v.** (conjug. 1) ✦ Faire entendre une pétarade. *La moto démarra en pétaradant.*

▷ Mots de la famille de PET.

pétard n. m. ✦ Petite quantité d'explosif contenue dans un emballage. *Le 14 Juillet, les enfants font exploser des pétards dans la rue.*

▷ Mot de la famille de PET.

péter v. (conjug. 6) ✦ Familier. Faire un pet. *Quelqu'un a pété.*

▷ Mot de la famille de PET.

pétiller v. (conjug. 1) **1.** Faire de petits bruits secs. *Le feu pétille dans la cheminée.* → **crépiter. 2.** Faire de petites bulles. *Le champagne pétillait dans les verres.* **3.** Briller d'un éclat vif. *Les yeux de Théo pétillent de malice.*

➤ **pétillant, pétillante adj. 1.** Qui contient de petites bulles. *De l'eau pétillante.* → **gazeux. 2.** Qui brille avec éclat. *Louise avait les yeux pétillants de joie.*

▷ Mots de la famille de PET.

pétiole [pesjɔl] **n. m.** ✦ Partie centrale très étroite d'une feuille qui va vers la tige. → **queue.**

petit adj., n. m. et adv., petite adj. et n. f.

■ **adj. 1.** Qui a une taille inférieure à la moyenne. *Léa est petite pour son âge. Le caniche est un petit chien.* ❑ contr. **grand. 2.** Jeune. *La sœur de Paul est trop petite pour savoir lire.* ❑ contr. **âgé.** *Je vous présente ma petite sœur,* ma sœur qui est plus jeune que moi. ❑ contr. **grand. 3.** Faible, léger. *On entend de petits bruits dans le grenier.* **4.** Peu important. *Une petite entreprise familiale.* ❑ contr. **gros. 5.** Exprime l'affection. *Mais oui, ma petite Julie !*

■ **n.** 1. Jeune être humain. *La sœur de Théo est à l'école maternelle, dans la section des petits. Cette petite est adorable.* 2. Jeune animal. *La chatte a eu quatre petits.*

■ **adv.** *Petit à petit,* peu à peu. *Petit à petit, Léa a appris à nager.*

➤ **petitesse** **n. f.** ✦ Caractère de ce qui est petit. *Il se plaint de la petitesse de son appartement.* → **exiguïté.**

▷ Autres mots de la famille : PETIT-BEURRE, PETIT-FOUR, PETIT-GRIS, PETIT-LAIT, PETIT-SUISSE, RAPETISSER.

petit-beurre **n. m.** ✦ Petit gâteau sec, fait au beurre. *Il a acheté un paquet de petits-beurre.*

▷ Mot de la famille de PETIT et de BEURRE.

petite-fille **n. f.** ✦ Fille d'un fils ou d'une fille. *Mamie a emmené ses deux petites-filles au théâtre.* → aussi **grand-mère.**

▷ Mot de la famille de FILLE.

petit-fils **n. m.** ✦ Fils d'un fils ou d'une fille. *Louis XVI était le petit-fils de Louis XV,* Louis XV était son grand-père. — Au pl. *Des petits-fils.*

▷ Mot de la famille de FILS.

petit-four **n. m.** ✦ Très petit gâteau, frais ou sec, sucré ou salé. *Au cocktail, il y avait du champagne et des petits-fours.*

▷ Mot de la famille de PETIT.

petit-gris **n. m.** ✦ Fourrure gris-bleu d'un écureuil d'Europe du Nord et de Sibérie. *Une couverture en petit-gris.* — Au pl. *Des petits-gris.*

▷ Mot de la famille de PETIT et de GRIS.

pétition **n. f.** ✦ Demande écrite, signée par plusieurs personnes. *Les écologistes ont fait une pétition contre l'installation d'une centrale nucléaire.*

petit-lait **n. m.** ✦ Liquide clair qui se sépare du lait caillé. — *Boire du petit-lait,* avoir une grande satisfaction d'amour-propre.

▷ Mot de la famille de PETIT et de LAIT.

petit pois → **pois**

petits-enfants **n. m. pl.** ✦ Enfants d'un fils ou d'une fille. *Ces grands-parents s'occupent beaucoup de leurs petits-enfants.*

▷ Mot de la famille de ENFANT.

petit-suisse **n. m.** ✦ Petit fromage frais à la crème, en forme de cylindre. — Au pl. *Des petits-suisses.*

▷ Mot de la famille de PETIT.

pétoncle **n. m.** ✦ Petit coquillage comestible qui ressemble à une petite coquille Saint-Jacques.

pétrel **n. m.** ✦ Oiseau palmipède très vorace, qui vit en haute mer. *Les pétrels vivent en colonies.*

● Ce mot vient de l'anglais.

pétrel

pétrifier **v.** (conjug. 7) ✦ Rendre immobile, incapable de bouger. *Léa était pétrifiée de peur.*

pétrin **n. m.** ✦ Grand récipient dans lequel les boulangers pétrissent le pain. *Un pétrin mécanique.*

pétrir **v.** (conjug. 2) ✦ *Pétrir de la pâte,* c'est la presser, la remuer. *Elle pétrit la pâte à tarte avec ses doigts.*

pétrole **n. m.** ✦ Liquide visqueux que l'on tire du sous-sol et qui est utilisé comme source d'énergie. *Un gisement de pétrole. Le pétrole raffiné donne de l'essence, du mazout et sert à fabriquer les matières plastiques.*

➤ **pétrolier** **adj.** et **n. m.**, **pétrolière** **adj.**

■ **adj.** Qui concerne le pétrole. *Les produits pétroliers,* ce sont les produits fabriqués à partir du pétrole. *Les compagnies pétrolières exploitent et vendent le pétrole.*

■ **n. m.** Navire équipé pour transporter le pétrole. ➻ planche Bateaux p. 89. *Les pétroliers mesurent plus de 300 mètres de long.*

➤ **pétrolifère** **adj.** ✦ Qui contient du pétrole. *Des terrains pétrolifères.*

pétulant, pétulante **adj.** ✦ Vif et exubérant. *Julie est une petite fille pétulante.* ❏ contr. **réservé.**

pétunia **n. m.** ✦ Plante à fleurs roses, violettes ou blanches. *Elle a planté des pétunias sur le balcon.*

peu **adv.** 1. Pas beaucoup, en petite quantité. *Elle mange peu, le soir.* ❏ contr. **beaucoup.**

2. Pas très. *Cette vendeuse est peu aimable.* ❑ contr. **très.** 3. *Peu de,* un très petit nombre de. *Sur la plage il y a peu de gens.* 4. *Un peu de,* une petite quantité de. *Elle ajoute un peu de sel dans la soupe.* ❑ contr. **beaucoup.** 5. *Un peu,* légèrement. *Léa est un peu timide.* 6. *Peu à peu,* progressivement, petit à petit. *Le chaton s'enhardit peu à peu.* 7. *Sous peu,* bientôt, dans peu de temps. *Le médecin sera là sous peu.* → **incessamment.** 8. *Depuis peu,* il n'y a pas longtemps. *Ils ont déménagé depuis peu.*

peuple **n. m.** 1. Ensemble de personnes habitant le même pays, ayant la même langue, la même culture et les mêmes traditions. → **nation, population.** *Le peuple français.* 2. *Le peuple,* c'est la partie la plus nombreuse et la plus défavorisée de la population. → aussi **populace.** *Le peuple de Paris s'est soulevé en 1871.*

➤ **peuplade** **n. f.** ✦ Petit groupe de gens qui vivent en tribus, dans une société qui n'est pas industrialisée. *Les peuplades d'Amazonie.*

➤ **peupler** **v.** (conjug. 1) ✦ Habiter un pays, une région. *Autrefois, seuls les Indiens peuplaient l'Amérique.*

➤ **peuplé, peuplée** **adj.** ✦ Où il y a des habitants. *Tokyo et Mexico sont parmi les villes les plus peuplées du monde.*

➤ **peuplement** **n. m.** ✦ Installation d'habitants dans une région. *Le peuplement de la ville remonte aux Romains.*

▷ Autres mots de la famille : DÉPEUPLER, REPEUPLER, SURPEUPLÉ, SURPEUPLEMENT.

peuplier **n. m.** ✦ Arbre élancé, assez haut, qui a de petites feuilles et pousse dans des endroits humides et frais. *La rivière est bordée de peupliers.* ➻ planche Arbres p. 48.

peur **n. f.** 1. Émotion que l'on ressent en face d'un danger ou d'une menace. → **crainte, frayeur, terreur ;** fam. **frousse, trouille.** *Léa a peur des chiens. L'orage lui fait peur. Théo a toujours peur d'arriver en retard.* → aussi **craindre.** *N'aie pas peur,* ne t'inquiète pas. 2. *Il rentre les coussins à l'intérieur, de peur que la pluie ne les mouille,* afin d'être sûr que la pluie ne les mouille pas.

➤ **peureux, peureuse** **adj.** ✦ Qui a facilement peur. *Léa est assez peureuse.* → **craintif, poltron,** fam. **froussard, trouillard.** ❑ contr. **brave, courageux.**

▷ Autre mot de la famille : APEURÉ.

peut-être **adv.** ✦ Indique la possibilité. *Nous irons peut-être à la campagne dimanche. Peut-être qu'il fera beau.* ❑ contr. **sûrement.**

▷ Mot de la famille de ① POUVOIR et de ① ÊTRE.

phacochère **n. m.** ✦ Grand animal sauvage d'Afrique, qui ressemble au sanglier.

phalange **n. f.** ✦ Chaque partie du doigt, soutenue par un os. ➻ planche Corps humain p. 218. *Le pouce et le gros orteil ont deux phalanges ; les autres doigts en ont trois.*

pharaon **n. m.** ✦ Roi de l'Égypte ancienne. *Toutankhamon et Ramsès II furent de célèbres pharaons.*

pharaon

phare **n. m.** 1. Haute tour munie d'une très forte lumière servant à guider les bateaux, la nuit. *La lumière du phare balaie la mer.* 2. Lumière placée à l'avant d'une voiture pour éclairer la route, la nuit. *Il a fait régler les phares de sa voiture.* ❍ homonyme : fard.

▷ Autre mot de la famille : GYROPHARE.

phare

pharmaceutique **adj.** ✦ Qui concerne la pharmacie. *Les produits pharmaceutiques,* ce sont les produits vendus en pharmacie, les médicaments. *Les laboratoires pharmaceutiques fabriquent les médicaments. Il travaille dans l'industrie pharmaceutique.*

pharmacie **n. f.** 1. Magasin où l'on vend des médicaments et des produits pour la toilette. *Les pharmacies ont une croix verte comme enseigne.* 2. Ensemble des médicaments. *L'armoire à pharmacie est dans la salle de bains.* 3. Science des médicaments. *Il fait des études de pharmacie.*

➤ **pharmacien** **n. m.**, **pharmacienne** **n. f.** ✦ Personne qui tient une pharmacie.

pharynx [farɛ̃ks] **n. m.** ✦ Endroit au fond de la bouche, où commence l'œsophage. *Les amygdales sont situées dans le pharynx.*

● Il y a un *y* après le *r*.

➤ **pharyngite** [farɛ̃ʒit] **n. f.** ✦ Inflammation du pharynx.

● Il y a un *y* après le *r*.

▷ Autre mot de la famille : RHINOPHARYNGITE.

phase **n. f.** 1. Chacun des moments d'une action, d'une évolution. → **étape, période,** ② **stade.** *Les différentes phases d'une maladie.* 2. *Les phases de la Lune,* ce sont ses différents aspects. *La nouvelle Lune, le croissant, le premier quartier, le dernier quartier et la pleine Lune sont différentes phases de la Lune.*

phénix **n. m.** ✦ Oiseau merveilleux qui, d'après la légende, vivait plusieurs siècles. *Le phénix mourait brûlé, puis renaissait de ses cendres.*

phénomène **n. m.** ✦ *Un phénomène,* c'est une chose qui se passe et que l'on voit, que l'on sent, dont on se rend compte. *La pluie, le vent, les marées sont des phénomènes naturels. Le vieillissement est un phénomène normal.*

➤ **phénoménal, phénoménale** **adj.** ✦ Étonnant, surprenant. *C'est un enfant d'une intelligence phénoménale.* — Au masc. pl. *phénoménaux.*

philanthrope **n. m. et f.** ✦ Personne qui consacre son argent ou son énergie à améliorer le sort des hommes.

➤ **philanthropie** **n. f.** ✦ Amour de l'humanité. *Il a agi par pure philanthropie.* → **désintéressement.** ❑ contr. **égoïsme.**

philatélie **n. f.** ✦ Connaissance des timbres-poste et goût que l'on a pour les collectionner. *Paul est passionné de philatélie.*

➤ **philatéliste** **n. m. et f.** ✦ Personne qui collectionne les timbres-poste.

philosophe **n. m. et f.** 1. Personne qui s'occupe de philosophie. *Les philosophes grecs de l'Antiquité.* 2. Personne qui prend les choses avec optimisme. *Même quand les choses ne vont pas comme il veut, il pense que tout s'arrangera : c'est un philosophe.* — **Adj.** *Elle est très philosophe.*

➤ **philosophie** **n. f.** 1. Science qui étudie les grands problèmes de l'homme, de la vie. *Il est professeur de philosophie dans un lycée.* — On dit familièrement *la philo.* 2. Sagesse, optimisme. *Il prend la vie avec philosophie.*

➤ **philosophique** **adj.** ✦ Qui a rapport à la philosophie. *Il lit des ouvrages philosophiques,* de philosophie.

philtre **n. m.** ✦ Boisson magique destinée à rendre amoureux. *Tristan et Iseult ont bu un philtre d'amour.* ❍ homonyme : filtre.

phobie **n. f.** ✦ Peur maladive et injustifiée d'une chose précise. *Louise a la phobie des araignées.* → **terreur.**

phonétique **n. f. et adj.**

■ **n. f.** Étude des sons du langage.

■ **adj.** Qui se rapporte aux sons du langage. *L'alphabet phonétique sert à noter les sons d'une langue. En alphabet phonétique, « oiseau » s'écrit* [wazo].

phoque **n. m.** ✦ Gros animal des mers froides, à fourrure rase, aux pattes avant palmées. *Les phoques sont des mammifères.* → aussi **otarie.** ❍ homonyme : foc.

phoque

phosphate **n. m.** ✦ Produit chimique contenant du phosphore. *Les phosphates servent d'engrais.*

phosphore **n. m.** ✦ Produit chimique que l'on trouve dans la nature, qui brille dans l'obscurité et qui s'enflamme très facilement.

➤ **phosphorescent** [fɔsfɔʀesɑ̃], **phosphorescente** [fɔsfɔʀesɑ̃t] **adj.** ✦ Qui brille dans l'obscurité. *Les vers luisants sont phosphorescents.*

photo **n. f.** et **adj. inv.**

■ **n. f.** Photographie. *Théo a fait développer ses photos de vacances.*

■ **adj. inv.** Photographique. *Ce journaliste a trois appareils photo.*

▷ Autres mots de la famille : PHOTOCOPIE, PHOTOCOPIER, PHOTOCOPIEUSE, PHOTOGÉNIQUE, SAFARI-PHOTO.

photocopie **n. f.** ✦ Copie d'un document par reproduction photographique. *On peut faire des photocopies en noir et blanc et des photocopies en couleur.*

➤ **photocopier** **v.** (conjug. 7) ✦ Faire une photocopie. *Le professeur a photocopié le schéma en 25 exemplaires.*

➤ **photocopieuse** **n. f.** ✦ Machine à photocopier. *La photocopieuse est en panne.*

● On dit aussi *un photocopieur.*

▷ Mots de la famille de PHOTO et de COPIE.

photogénique **adj.** ✦ Qui est très bien en photo. *Julie est très photogénique.*

▷ Mot de la famille de PHOTO.

photographe

photographie **n. f.** **1.** Technique qui permet d'obtenir une image des objets par l'action de la lumière sur un film. *Elle fait de la photographie.* **2.** *Une photographie,* c'est une image photographique, un cliché. → **photo.** *Il range ses photographies dans un album.*

➤ **photographe** **n. m.** et **f.** ✦ Personne qui prend des photos. *Elle est photographe de mode.*

➤ **photographier** **v.** (conjug. 7) ✦ Prendre en photo. *Il photographie surtout des paysages.*

➤ **photographique** **adj.** ✦ *Un appareil photographique,* c'est un appareil qui sert à prendre des photos. → **photo.**

phrase **n. f.** ✦ Suite de mots ayant un sens, qui commence par une majuscule et qui se termine par un point. *Une phrase comprend un sujet, un verbe et souvent un complément.* → aussi **proposition.** *« Il pleut. » est une phrase affirmative, « Quel temps fait-il ? » est une phrase interrogative et « Il ne fait pas beau. » est une phrase négative.*

▷ Autres mots de la famille : PARAPHRASE, PÉRIPHRASE.

phrygien [fʀiʒjɛ̃] **adj. m.** ✦ *Le bonnet phrygien,* c'est le bonnet rouge qui était porté par les révolutionnaires de 1789. *Le bonnet phrygien est l'emblème de la République française.*

phylloxéra [filɔkseʀa] **n. m.** ✦ Maladie de la vigne provoquée par un insecte parasite (appelé aussi *phylloxéra*).

physicien **n. m.**, **physicienne** **n. f.** ✦ Personne dont le métier est d'étudier la physique. *Les Curie, Einstein furent de grands physiciens.*

▷ Mot de la famille de ① PHYSIQUE.

physiologie **n. f.** ✦ Science qui étudie le fonctionnement des organes des êtres vivants.

physionomie **n. f.** ✦ Aspect du visage. → ② **air, expression.** *Une physionomie sympathique.*

➤ **physionomiste** **adj.** ✦ Qui est capable de reconnaître au premier coup d'œil le visage d'une personne qu'il a vue très peu de temps ou il y a longtemps.

① **physique** **n. f.** et **adj.**

■ **n. f.** Science qui étudie les propriétés et les lois de la nature. *La mécanique et l'électricité sont des parties de la physique.*

■ **adj.** *Un phénomène physique,* c'est un phénomène que peut étudier la physique. *La chute des corps est un phénomène physique.*

▷ Autre mot de la famille : PHYSICIEN.

② **physique** **adj.** et **n. m.**

■ **adj.** Du corps. → **corporel.** ❑ contr. **mental, psychique, psychologique.** *Alex aime l'effort physique. La culture physique,* c'est la gymnastique.

■ **n. m.** *Le physique,* c'est l'aspect du corps et du visage. *Elle a un physique agréable.*

➤ **physiquement** **adv.** 1. D'un point de vue physique. ❑ contr. **moralement.** *Ce travail est pénible physiquement.* 2. En ce qui concerne l'aspect du corps et du visage. *Elle est encore très bien physiquement.* ❑ contr. **mentalement.**

piaffer **v.** (conjug. 1) 1. *Les chevaux piaffent,* ils frappent le sol avec leurs sabots avant. 2. *Piaffer d'impatience,* c'est être impatient. *C'est bientôt l'heure de la sortie, les enfants piaffent d'impatience.*

piailler **v.** (conjug. 1) ✦ *Les oisillons piaillent,* ils poussent de petits cris aigus. → **piauler.**

➤ **piaillement** **n. m.** ✦ Petit cri aigu des oiseaux. *On entend les piaillements des moineaux dans la cour.*

piano **n. m.** ✦ Instrument de musique à clavier, dont les cordes sont frappées par des marteaux. ➼ planche Instruments de musique p. 548. *Léa joue du piano.*

● Ce mot vient de l'italien.

➤ **pianiste** **n. m. et f.** ✦ Musicien, musicienne qui joue du piano. *La célèbre pianiste se produira en concert, demain.*

➤ **pianoter** **v.** (conjug. 1) ✦ Tapoter sur quelque chose avec les doigts. *Il pianote nerveusement sur la table.*

piauler **v.** (conjug. 1) ✦ Pousser de petits cris. → **piailler.** *Les poussins piaulent autour de la poule.*

pic **n. m.** 1. Outil pointu à manche, utilisé pour creuser le roc ou casser des cailloux. *Un pic de mineur.* 2. Montagne au sommet très pointu. *L'avion survole les pics enneigés des Alpes.* ❍ homonymes : ① et ② pique.

▷ Mot de la famille de PIQUER.

à pic **adv.** 1. Verticalement. *La falaise s'élève à pic au-dessus de la mer.* → aussi **à-pic.** *Le bateau a coulé à pic,* droit au fond de l'eau. 2. Familier. Au bon moment, à propos. *Tu tombes à pic, j'avais justement besoin de toi.*

▷ Mot de la famille de PIQUER.

pichenette **n. f.** ✦ Petit coup donné avec un doigt. → **chiquenaude.** *D'une pichenette, elle a enlevé un grain de poussière sur sa veste.*

pichet **n. m.** ✦ Petit pot muni d'un bec et d'une anse. *Ce pichet en grès contient du cidre.*

pickpocket [pikpɔkɛt] **n. m.** ✦ Voleur qui opère en glissant la main dans la poche ou dans le sac des gens. *Un pickpocket a profité de la bousculade pour lui voler son portefeuille.* — Au pl. *Des pickpockets.*

● Ce mot vient de l'anglais *to pick* qui veut dire « prendre » et *pocket* qui veut dire « poche ».

picorer **v.** (conjug. 1) ✦ Piquer avec le bec, pour manger. *Les poules picorent du grain.*

▷ Mot de la famille de PIQUER.

picoter **v.** (conjug. 1) ✦ Piquer légèrement. *La fumée lui picotait la gorge.*

➤ **picotement** **n. m.** ✦ Sensation de légères piqûres. *J'ai des picotements dans le nez.*

▷ Mots de la famille de PIQUER.

pictogramme **n. m.** ✦ Dessin simplifié qui indique ou signale quelque chose sur un panneau ou un objet. *Les panneaux routiers « emplacement pour pique-nique » et « terrain de camping pour caravanes » sont des pictogrammes.*

pictural, picturale **adj.** ✦ Qui concerne l'art de la peinture. *Un tableau est une œuvre picturale.* — Au masc. pl. *picturaux.*

pic-vert → **pivert**

① **pie** **n. f.** ✦ Oiseau au plumage noir et blanc et à longue queue. ➼ planche Oiseaux p. 710. *Les pies jacassent.* — *Être bavard comme une pie,* très bavard. ❍ homonymes : ① et ② pis.

pictogramme

➤ ② **pie** **adj. inv.** ✦ *Un cheval pie,* à robe noire et blanche ou fauve et blanche. *Des chevaux pie.*

cheval **pie**

① **pièce** **n. f.** **1.** Chacune des parties qui forment un ensemble. *Ce puzzle comprend cent pièces.* **2.** Morceau de tissu destiné à réparer, consolider. *Alex a une pièce à son jean.* **3.** *Mettre en pièces,* c'est mettre en morceaux, déchiqueter. *Le chien a mis en pièces l'ours en peluche de Léa.* **4.** *À la pièce,* un par un, à l'unité. *Ces ananas se vendent à la pièce. Ces verres valent 2 euros pièce,* ils valent 2 euros chacun. → **unité.** **5.** *Une pièce d'eau,* c'est un bassin. *Les cygnes nagent sur la pièce d'eau.* **6.** *Une pièce montée,* c'est un gâteau à plusieurs étages, généralement fait de petits choux à la crème. *On sert souvent des pièces montées pour les mariages et les communions.* **7.** *Une pièce d'identité,* c'est un papier officiel qui prouve qui on est. *La carte d'identité, le passeport et le permis de conduire sont des pièces d'identité.*

▷ Autres mots de la famille : DEUX-PIÈCES, RAPIÉCER.

② **pièce** **n. f.** ✦ Partie d'un appartement ou d'une maison délimitée par des cloisons ou des murs. *Un appartement de quatre pièces.*

③ **pièce** **n. f.** ✦ Petit rond de métal, plat, qui sert à payer. *Dans son porte-monnaie, Louise a une pièce de 2 euros et deux pièces de 50 centimes.*

➤ **piécette** **n. f.** ✦ Petite pièce. *Des piécettes de 5 centimes.*

④ **pièce** **n. f.** **1.** Texte écrit pour être joué au théâtre. *« L'Avare » est une pièce de Molière.* **2.** Morceau de musique. *Paul joue au piano une petite pièce de Mozart.*

① **pied** **n. m.** **1.** Partie du corps située au bas de la jambe, qui sert à marcher et à se tenir debout. *Julie est pieds nus. Alex donne un coup de pied dans le ballon. Ce n'est pas très loin, nous irons* **à pied,** en marchant. — *Avoir le pied marin,* être à l'aise sur un bateau. *Mettre le pied à l'étrier à quelqu'un,* l'aider à commencer un nouveau travail en lui donnant les moyens de réussir. *Ne pas savoir sur quel pied danser,* ne pas savoir quelle attitude avoir vis-à-vis de quelqu'un. *Mettre les pieds dans le plat,* aborder un problème délicat avec une franchise brutale. *Avoir les pieds sur terre,* être réaliste. *Attendre de pied ferme,* sans crainte, fermement. *Mettre sur pied quelque chose,* l'organiser. — Familier. *J'ai fait des pieds et des mains pour obtenir ce renseignement,* je me suis démené. **2.** *Avoir pied,* c'est avoir les pieds en contact avec le sol, dans l'eau. *L'eau est très profonde ici, on n'a plus pied.* — *Perdre pied,* se troubler, perdre son assurance. *L'élève n'a pas su répondre à la question et il a complètement perdu pied.* **3.** Emplacement des pieds. *Le chat s'est endormi au pied du lit de Léa.* **4.** Partie d'une chose qui touche le sol. *De la menthe pousse au pied du vieux mur.* **5.** Partie d'une chose qui sert de support. *Il boit le vin dans des verres à pied. La chaise a un pied cassé.* **6.** *Le pied d'un champignon,* sa partie inférieure.

➤ **pied-à-terre** [pjetatɛʀ] **n. m. inv.** ✦ Logement que l'on occupe en passant, à l'occasion. *Ils ont un pied-à-terre à Bordeaux.* — Au pl. *Des pied-à-terre.* ▷ Mot de la famille de TERRE.

➤ **piédestal** **n. m.** (pl. **piédestaux**) **1.** Support. *Le piédestal d'une statue.* → **socle.** **2.** *Mettre quelqu'un sur un piédestal,* c'est l'admirer beaucoup.

▷ Autres mots de la famille : D'ARRACHE-PIED, CALE-PIED, CHAUSSE-PIED, À CLOCHE-PIED, CONTRE-PIED, COU-DE-PIED, CROCHE-PIED, MARCHEPIED, NU-PIEDS, DE PLAIN-PIED, TRÉPIED, VA-NU-PIEDS.

piédestal

② **pied** **n. m.** **1.** Mesure de longueur valant environ 30 centimètres et utilisée dans l'aviation. *L'avion vole à 1 500 pieds.* **2.** *Traiter* *quelqu'un sur un pied d'égalité,* d'égal à égal. **3.** Syllabe d'un vers. *Un vers de douze pieds s'appelle un alexandrin.*

➤ **pied de nez** **n. m.** ✦ Geste de moquerie consistant à étendre la main, les doigts écartés et en appuyant le pouce sur son nez. *Julie a fait un pied de nez à Paul.* — Au pl. *Des pieds de nez.* ▷ Mot de la famille de NEZ.

piège **n. m.** **1.** Engin servant à attraper des animaux. *Les braconniers ont posé des pièges dans la forêt.* **2.** Manœuvre organisée contre quelqu'un pour l'attraper par surprise. → **guet-apens, traquenard.** *Les policiers ont tendu un piège aux gangsters.* **3.** Familier. Difficulté cachée. *Attention, cette dictée est pleine de pièges !*

➤ **piéger** **v.** (conjug. 3 et 6) **1.** Attraper avec un piège. *Le braconnier a piégé plusieurs lièvres.* **2.** Installer un système qui fait exploser un objet. *Les terroristes ont piégé sa voiture.*

➤ **piégé, piégée** **adj.** ✦ Qui contient un engin explosif. *Le colis piégé a explosé.*

piercing [piʀsiŋ] **n. m.** ✦ Le fait de percer une partie du corps pour y introduire un anneau, un bijou. *Elle s'est fait faire un piercing dans le nez.* — Au pl. *Des piercings.*

● Ce mot vient de l'anglais *to pierce* qui veut dire « perforer ».

pierre **n. f.** **1.** Matière dure qui se trouve dans le sol. *La digue est faite de blocs de pierre.* **2.** Morceau de rocher. → aussi **caillou.** *De grosses pierres sont tombées de la falaise.* **3.** *Les pierres précieuses,* ce sont des minéraux très rares qui valent très cher et dont on fait des bijoux. *Le diamant, l'émeraude, le rubis et le saphir sont des pierres précieuses.* → **gemme.**

➤ **pierreries** **n. f. pl.** ✦ Pierres précieuses. *La princesse portait un diadème serti de pierreries.* → **joyau.**

➤ **pierreux, pierreuse** **adj.** ✦ Couvert de pierres. *Un chemin pierreux mène à la ferme.*

▷ Autres mots de la famille : EMPIERRER, LANCE-PIERRES.

piété **n. f.** ✦ Caractère d'une personne pieuse. → **dévotion, ferveur.** *C'est une femme d'une grande piété.*

piétiner **v.** (conjug. 1) **1.** Avancer très lentement ou rester sur place au lieu d'avancer. *La foule piétinait à l'entrée du parc d'attractions.* **2.** Écraser avec les pieds. *Il est interdit de piétiner les plates-bandes.* **3.** Ne faire aucun progrès. *L'enquête piétine.* → **stagner.**

① **piéton** **n. m.** ✦ Personne qui circule à pied. *Les piétons doivent marcher sur les trottoirs.*

➤ ② **piéton, piétonne** **adj.** ✦ Réservé aux piétons. → **piétonnier.** *Dans le centre ville, beaucoup de rues sont piétonnes.*

➤ **piétonnier, piétonnière** **adj.** ✦ Réservé aux piétons. → ② **piéton.** *Des rues piétonnières.*

piètre **adj.** ✦ Médiocre. *Il a obtenu un piètre résultat. Ce n'est qu'une piètre consolation.*

● Ce mot est littéraire.

pieu **n. m.** ✦ Morceau de bois dont l'un des bouts est pointu de façon à pouvoir être enfoncé dans le sol. → **piquet.** *Les pieux d'une clôture.* ❍ homonyme : pieux.

pieusement **adv.** **1.** Avec piété. **2.** Avec un grand respect. *Elle a conservé pieusement toutes les lettres de son fiancé.*

▷ Mot de la famille de PIEUX.

pieuvre **n. f.** ✦ Gros mollusque marin qui a huit tentacules munis de ventouses. → **poulpe** et aussi **calamar.**

pieux, pieuse **adj.** ✦ Qui est très attaché à la religion. *C'est une femme très pieuse, elle va à la messe tous les jours.* ❏ contr. **impie.** ❍ homonyme : pieu.

▷ Autre mot de la famille : PIEUSEMENT.

pigeon [piʒɔ̃] **n. m.** ✦ Oiseau au bec légèrement crochu, aux ailes courtes, au plumage blanc, gris ou brun. ➻ planche Oiseaux p. 711. → **colombe, palombe, ramier** et aussi **tourterelle.** *Les pigeons roucoulent. Les pigeons voyageurs sont dressés pour porter des messages.*

➤ **pigeonnier** [piʒɔnje] **n. m.** ✦ Petit bâtiment en hauteur où l'on élève des pigeons. *Les pigeonniers sont percés de niches qui abritent les pigeons.*

piger **v.** (conjug. 3) ✦ Familier. Comprendre. *Julie n'a rien pigé à l'explication du professeur.*

pigment **n. m.** ✦ Produit coloré. *La chlorophylle des feuilles est un pigment vert.*

① **pignon** **n. m.** ✦ Partie haute et triangulaire du mur d'une maison, entre les deux pentes du toit. *Une maison à pignons décorés.*

② **pignon** n. m. ✦ Roue dentée d'un engrenage. *La chaîne de la bicyclette entraîne le pignon de la roue arrière.*

① **pile** n. f. 1. Tas plus haut que large d'objets mis les uns sur les autres. *Il a une pile de livres sur son bureau.* 2. *Les piles d'un pont*, ce sont les piliers qui le soutiennent. *Les piles sont sous les arches du pont.*
▷ Autres mots de la famille : COMPILATION, EMPILER, PILIER, PILORI, PILOTIS.

② **pile** n. f. ✦ Appareil qui fournit de l'électricité à partir de l'énergie chimique. *Cette lampe de poche marche avec des piles.*

③ **pile** n. f. et adv.
■ n. f. *Le côté pile d'une pièce de monnaie*, c'est l'envers. ❑ contr. **face.** *Jouer à pile ou face*, c'est jeter une pièce en l'air pour décider entre deux choses, selon que la pièce retombe d'un côté ou de l'autre.
■ adv. Familier. *Il est midi pile*, exactement midi. → ① **juste** ; fam. **tapant.** *La voiture s'est arrêtée pile au feu rouge*, elle s'est arrêtée net. → aussi ② **piler.**

① **piler** v. (conjug. 1) ✦ Écraser en tout petits morceaux. → **broyer.** *Elle pile des amandes pour faire un gâteau.*
▷ Autres mots de la famille : PILON, PILONNER.

② **piler** v. (conjug. 1) ✦ Familier. Freiner brutalement. *L'automobiliste a pilé au feu rouge.*

pigeonnier

pileux adj. m. ✦ *Le système pileux*, c'est l'ensemble des poils et des cheveux.

pilier n. m. ✦ Poteau qui soutient un bâtiment. → **colonne.** *L'église a des piliers en marbre.*
▷ Mot de la famille de ① PILE.

piller [pije] v. (conjug. 1) ✦ Voler et détruire tout ce qu'il y a dans un endroit. → **dévaster, saccager.** *Rome fut pillée par les Vandales au 5e siècle.*
➤ **pillage** n. m. ✦ Ensemble de vols et de dégâts commis de façon violente. *Les soldats se sont livrés au pillage.* → aussi **razzia,** ② **sac.**
➤ **pillard** n. m., **pillarde** n. f. ✦ Personne qui pille. *La ville était la proie des pillards.*

scène de **pillage**

pilon n. m. ✦ Instrument long et lourd à bout arrondi, qui sert à piler. *Elle écrase des amandes dans un mortier avec un pilon.*
➤ **pilonner** v. (conjug. 1) ✦ Écraser sous les bombes. *Les bombardiers ont pilonné la ville.*
▷ Mots de la famille de ① PILER.

pilori n. m. ✦ Poteau auquel on attachait les criminels sur la place publique. *Le voleur a été mis au pilori.*
▷ Mot de la famille de ① PILE.

pilote n. m. et f. et adj.
■ n. 1. Marin qui aide les capitaines à conduire les navires dans les ports. 2. Personne qui conduit un avion, une voiture ou une moto de course. *Le pilote a réussi à poser l'avion dans un champ. Elle est pilote de course.*
■ adj. Qui essaie de nouvelles méthodes, qui sert d'exemple. *Une classe pilote.*

➤ **piloter** v. (conjug. 1) 1. Conduire en tant que pilote. *Il aimerait apprendre à piloter un avion.* 2. Servir de guide. *Elle nous a pilotés dans Paris.* → **guider.**

➤ **pilotage** n. m. 1. Manœuvre d'un pilote de bateau. *Le pilotage est difficile dans ce port.* 2. Conduite d'un avion, d'un hélicoptère. *L'avion a atterri en pilotage automatique.*
▷ Autre mot de la famille : COPILOTE.

pilotis [pilɔti] n. m. ✦ Ensemble de pieux enfoncés en terre sur lesquels on bâtit une maison. *On construit les maisons sur pilotis quand le terrain est très humide.*
● Le *s* final ne se prononce pas.
▷ Mot de la famille de ① PILE.

pilule n. f. 1. *Une pilule,* c'est un médicament en forme de petite boule que l'on avale. *Des pilules pour le cœur.* → aussi ② **comprimé, gélule.** 2. *La pilule,* c'est un médicament que prend une femme pour ne pas avoir d'enfant. *Elle prend la pilule.* → aussi **contraception.**

pimbêche n. f. ✦ Femme ou petite fille prétentieuse et désagréable. *Quelle pimbêche !*

piment n. m. ✦ Fruit des régions chaudes au goût très fort, brûlant, que l'on utilise comme épice. → aussi **poivron.**

➤ **pimenté, pimentée** adj. ✦ Qui contient du piment. *Cette sauce est très pimentée.* → **épicé,** ① **fort.** ❑ contr. **fade.**

pimpant, pimpante adj. ✦ Élégant et gracieux. *Julie est toute pimpante, ce matin.* → **fringant.**

pin n. m. ✦ Arbre qui produit de la résine et dont les aiguilles sont toujours vertes. ➼ planche Arbres p. 49. *Louise ramasse des pommes de pin.* ❍ homonyme : pain.
▷ Autre mot de la famille : PINÈDE.

pinacle n. m. ✦ *Porter quelqu'un au pinacle,* dire beaucoup de bien de lui.

pinailler v. (conjug. 1) ✦ Familier. Discuter sur des détails. *Il pinaille au lieu d'aller à l'essentiel.* → **ergoter.**

pince n. f. 1. Instrument formé de deux branches, qui sert à saisir les objets et à les serrer. → **tenailles.** *Il a arraché le clou avec une pince. Les pinces à linge servent à suspendre le linge.* 2. Extrémité des pattes de certains crustacés comme le homard ou le crabe. *Alex mange des pinces de tourteau.*
▷ Mot de la famille de PINCER.

pinceau n. m. ✦ Instrument composé d'une touffe de poils au bout d'un manche, qui sert à étaler de la peinture, du vernis ou de la colle. — Au pl. *Des pinceaux.*

pinceau

pincer v. (conjug. 3) 1. Serrer très fort entre les doigts ou entre deux objets. *Julie a pincé Alex au bras. Léa s'est pincé le doigt dans la porte.* 2. *Pincer les lèvres,* les rapprocher en les serrant. *Elle pince les lèvres pour ne pas rire.*

➤ **pincé, pincée** adj. ✦ *Un air pincé,* mécontent et prétentieux.

➤ **pincée** n. f. ✦ Quantité de poudre que l'on peut prendre entre les doigts. *Il faut ajouter une pincée de sel dans la sauce.*

➤ **pincement** n. m. ✦ *Un pincement au cœur,* c'est une brève sensation de douleur, d'angoisse. *Il a eu un pincement au cœur en voyant sa fille partir pour un mois.*

➤ **pince-sans-rire** n. m. et f. inv. ✦ Personne qui dit des choses drôles avec un air très sérieux. — Au pl. *Des pince-sans-rire.* ▷ Mot de la famille de SANS et de ① RIRE.

➤ **pincettes** n. f. pl. ✦ Longue pince qui sert à remuer les bûches dans le feu. — *Ne pas être à prendre avec des pincettes,* être de très mauvaise humeur.

➤ **pinçon** n. m. ✦ Marque sur la peau lorsqu'elle a été pincée.
▷ Autre mot de la famille : PINCE.

pinède n. f. ✦ Plantation de pins.
▷ Mot de la famille de PIN.

pingouin n. m. ✦ Gros oiseau de mer aux pattes palmées, aux ailes courtes qui a un

plumage noir et blanc. *Les pingouins vivent sur la banquise du pôle Nord.* → aussi **manchot.**
● Ce mot vient du néerlandais.

ping-pong [piŋpɔ̃g] **n. m. inv.** ✦ Tennis de table. *Les enfants ont fait plusieurs parties de ping-pong.*

pingre adj. ✦ Avare. *Elle est très pingre.*
● Ce mot est littéraire.

pin's [pins] **n. m.** ✦ Petit insigne décoratif qui se pique sur un vêtement. *Elle collectionne les pin's.*
● Ce mot vient de l'anglais *pin* qui veut dire « épingle ».

pinson n. m. ✦ Oiseau au plumage bleu verdâtre et au bec court, qui chante très bien. — *Être gai comme un pinson,* très gai.

pintade n. f. ✦ Oiseau de la taille d'une poule, qui a un plumage sombre avec des taches claires. *On élève les pintades pour leur chair.*
● Ce mot vient du portugais.
➤ **pintadeau n. m.** ✦ Petit de la pintade. *Des pintadeaux rôtis.*

pinte n. f. ✦ Mesure que l'on emploie pour les liquides en Grande-Bretagne, aux États-Unis et au Canada. *Une pinte de bière.*

pioche n. f. 1. Outil formé d'un manche au bout duquel est fixé un fer dont une extrémité est pointue et l'autre aplatie et tranchante. *Le terrassier creuse le sol avec une pioche.* **2.** Tas de cartes ou de dominos où l'on pioche pendant la partie. *Il a pris une carte dans la pioche.*
➤ **piocher v.** (conjug. 1) **1.** Creuser avec une pioche. *Le jardinier pioche la terre.* **2.** Prendre au hasard dans un tas. *Tout est là, piochez dans le tas.* **3.** Prendre une carte ou un domino dans un tas. *Julie a dû piocher deux fois.*

piolet n. m. ✦ Instrument qui ressemble à une petite pioche légère, utilisé par les alpinistes. *Les alpinistes taillent des marches dans la glace avec leur piolet.*

piolet

① **pion n. m.** ✦ Pièce du jeu de dames et de divers autres jeux. *Théo et Alex placent leurs pions sur le damier.*

② **pion n. m., pionne n. f.** ✦ Familier. Personne qui surveille les élèves, dans un lycée ou un collège. → **surveillant.**

pionnier n. m., pionnière n. f. 1. n. m. Personne qui s'installe dans une région que personne n'a encore jamais habitée. → **colon.** *Les pionniers du Far West américain.* **2. n.** Personne qui, la première, fait une chose nouvelle. *Hélène Boucher est une pionnière de l'aviation.*

pipe n. f. ✦ Petit tuyau terminé à un bout par une partie évasée dans laquelle on met du tabac que l'on fume. *Son père fume la pipe.*
➤ **pipeau n. m.** ✦ Sorte de petite flûte. — Au pl. *Des pipeaux.*
▷ Autre mot de la famille : PIPETTE.

pipeline [pajplajn] ou [piplin] **n. m.** ✦ Canalisation qui sert au transport de gaz ou de liquides sur de longues distances. *Le pétrole est transporté par pipelines.* → **oléoduc.**
● Ce mot vient de l'anglais.

piper v. (conjug. 1) **1.** *Ne pas piper,* ne pas dire un mot. *Elle l'a écouté sans piper.* **2.** *Piper des cartes, des dés,* les truquer. *Les cartes sont pipées.*

pipette n. f. ✦ Petit tube gradué qui sert à prélever un peu de liquide pour faire une expérience dans un laboratoire.
▷ Mot de la famille de PIPE.

pipi n. m. ✦ Familier. Urine. *Paul a fait pipi derrière un arbre.*

piquant adj. et n. m., piquante adj.
■ **adj.** Qui donne une sensation de piqûre. *Cette sauce est très piquante.*
■ **n. m.** Sorte d'épine ou de poil dur de certaines plantes ou de certains animaux. *Le hérisson a dressé ses piquants.*
▷ Mot de la famille de PIQUER.

① **pique n. f.** ✦ Arme formée d'un long bâton muni d'un fer plat et pointu. → **lance.**
❍ homonyme : pic.
➤ ② **pique n. m.** ✦ Marque du jeu de cartes représentée par un fer de pique noir. *La dame de pique.*
▷ Mots de la famille de PIQUER.

en piqué **adv.** ✦ *En piqué,* presque à la verticale. *L'avion est descendu en piqué.*
▷ Mot de la famille de PIQUER.

pique-assiette **n. m. et f. inv.** ✦ Personne qui se fait inviter sans cesse. → **parasite.** — Au pl. *Des pique-assiette.*
● On écrit aussi *des pique-assiettes.*
▷ Mot de la famille de PIQUER et de ASSIETTE.

pique-nique **n. m.** ✦ Repas en plein air dans la nature. *Nous avons fait un pique-nique dans la forêt.* — Au pl. *Des pique-niques.*
➤ **pique-niquer** **v.** (conjug. 1) ✦ Faire un pique-nique. *Les enfants ont pique-niqué au bord de la rivière.*

piquer **v.** (conjug. 1) **1.** Percer légèrement la peau avec une pointe. *Léa s'est piqué le doigt avec une épingle.* **2.** Enfoncer une aiguille. *Le médecin a piqué Alex dans le dos,* il lui a fait une piqûre. **3.** Enfoncer son dard dans la peau de sa victime. *Un moustique m'a piqué.* **4.** Donner une sensation de piqûre. *La fumée pique les yeux.* → **irriter** et aussi **piquant.** **5.** Percer pour attraper. *Il pique le morceau de viande avec sa fourchette.* **6.** Coudre à la machine. *Elle a bâti l'ourlet avant de le piquer.* **7.** Familier. Avoir brusquement. *Julie a piqué une crise parce qu'elle ne trouvait plus son cartable.* **8.** Familier. Voler. *Qui m'a piqué mon stylo ?* → fam. **chiper,** ② **faucher.** **9.** Tomber, descendre brusquement. *L'avion piquait, faisait un looping et remontait.*
➤ **piquet** **n. m.** **1.** Petit pieu. *Paul enfonce les piquets de la tente.* **2.** *Un piquet de grève,* c'est un groupe de grévistes qui reste sur place pour veiller à ce que la grève soit bien suivie. *Il y a un piquet de grève devant l'entrée de l'usine.*
➤ **piqueter** **v.** (conjug. 4) ✦ Parsemer de points, de petites taches. *Son visage est piqueté de taches de rousseur.*
➤ **piquette** **n. f.** ✦ Vin ou cidre de mauvaise qualité, qui pique.
➤ **piqûre** **n. f.** **1.** Petite blessure faite par un objet ou un animal qui pique. *Théo a des piqûres de moustiques sur les jambes.* **2.** *Une piqûre,* c'est une suite de points faits à la machine ou à la main, qui sert de couture ou d'ornement sur un vêtement, un sac, etc. **3.** Introduction de l'aiguille d'une seringue dans une partie du corps, pour prélever du sang ou pour injecter un médicament. *Le médecin lui a fait une piqûre pour l'endormir.*
● Attention à l'accent circonflexe du *û.*
▷ Autres mots de la famille : À-PIC, MARTEAU-PIQUEUR, PIC, À PIC, PICORER, PICOTEMENT, PICOTER, PIQUANT, ① et ② PIQUE, EN PIQUÉ, PIQUE-ASSIETTE, REPIQUER.

piranha [piʀana] **n. m.** ✦ Petit poisson carnassier des fleuves d'Amérique du Sud qui est extrêmement vorace. ➳ planche Poissons p. 794.
● Ce mot vient d'une langue indienne d'Amérique du Sud.

pirate **n. m.** **1.** Bandit qui pillait les navires. → aussi **corsaire.** *Les pirates écumaient les mers.* **2.** *Un pirate de l'air,* c'est une personne qui prend en otage l'équipage et les passagers d'un avion.
➤ **pirater** **v.** (conjug. 1) ✦ *Pirater une cassette ou un livre,* c'est en faire un double, illégalement.
➤ **piratage** **n. m.** ✦ Action de pirater. *Le piratage est interdit par la loi.*
➤ **piraterie** **n. f.** ✦ Pillage fait par les pirates. *Des actes de piraterie.*

pire **adj.** **1.** Plus mauvais, plus pénible. *La situation est pire que je ne croyais,* elle est encore plus grave. ❑ contr. **meilleur.** *C'est bien pire que la dernière fois.* ❑ contr. **mieux.** **2.** Le plus mauvais. *Elle a les pires ennuis avec sa voiture,* les plus graves ennuis. — **N. m.** *On a réussi à éviter le pire.*
▷ Autre mot de la famille : EMPIRER.

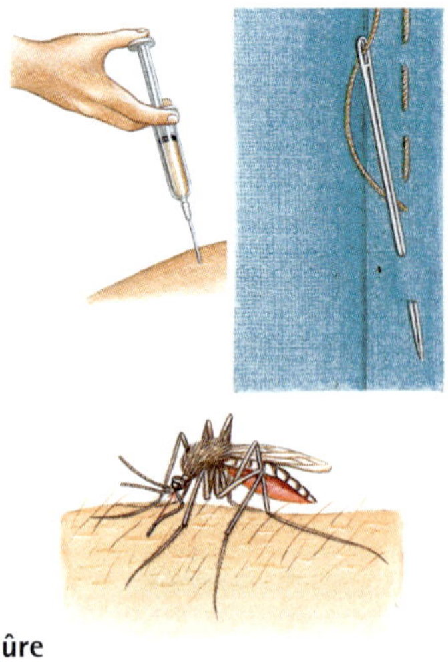

piqûre

pirogue n. f. ✦ Longue barque étroite et plate que l'on fait avancer avec une pagaie. *On utilise des pirogues en Afrique et en Océanie.*
● Ce mot vient d'une langue indienne d'Amérique du Sud.

pirouette n. f. ✦ Tour ou demi-tour que l'on fait sur soi-même, sans changer de place, en pivotant sur le talon ou la pointe d'un seul pied. *Le danseur a fait une série de pirouettes.*

① **pis** [pi] n. m. ✦ Mamelle d'une vache, d'une brebis ou d'une chèvre. ○ homonymes : ① et ② pie.

② **pis** [pi] adv. ✦ *De mal en pis,* de plus en plus mal. *Le malade va de mal en pis.*
➤ **pis-aller** [pizale] n. m. inv. ✦ Moyen, solution que l'on adopte faute de mieux. *Ce n'est qu'un pis-aller, nous trouverons mieux par la suite.* — Au pl. *Des pis-aller.* ▷ Mot de la famille de ① ALLER.

pisciculture n. f. ✦ Élevage des poissons. ▷ Mot de la famille de ① CULTURE.

piscine n. f. ✦ Grand bassin dans lequel on nage. *Théo et Léa sont allés à la piscine hier.*

pisé [pize] n. m. ✦ Mélange de terre et de paille utilisé dans la construction. *Les cases de ce village africain ont des murs de pisé.* → **torchis.**

pissenlit n. m. ✦ Plante que l'on trouve dans les prés, qui a des feuilles longues et dentées et des fleurs jaunes. *Les feuilles de pissenlit se mangent en salade.*

pissenlit

pistache n. f. ✦ Graine verdâtre que l'on mange salée ou que l'on utilise pour faire des crèmes, des glaces, etc. *Des chocolats fourrés à la pistache.*

piste n. f. 1. Trace laissée par un animal. *Le chien suit la piste d'un lièvre. La police est sur la piste des ravisseurs,* elle a des indications qui la guident pour retrouver les ravisseurs. 2. Terrain aménagé pour une course sportive. *La piste d'un vélodrome.* 3. Partie circulaire d'un cirque où le spectacle se déroule. *Les lions sont entrés en piste.* 4. Terrain aménagé pour un usage particulier. *Une piste de ski. Une piste cyclable. Une piste d'atterrissage.*
▷ Autres mots de la famille : DÉPISTAGE, DÉPISTER.

pistil [pistil] n. m. ✦ Partie femelle de la fleur qui reçoit le pollen. ➼ planche Fleurs p. 421. *Le pistil contient les graines qui donnent les fruits.*
● On prononce le *l* final.

pistole n. f. ✦ Ancienne monnaie d'or d'Espagne et d'Italie.

pistolet n. m. 1. Petite arme à feu. → **revolver.** *Le gangster a tiré un coup de pistolet.* 2. En Belgique. Petit pain rond.

① **piston** n. m. ✦ Pièce qui se déplace dans un tube par un mouvement de va-et-vient. *Les pistons d'un moteur.*

② **piston** n. m. ✦ Familier. Recommandation venant de personnes importantes, qui aide à obtenir un poste, un avancement. *Il a été nommé directeur par piston.*
➤ **pistonner** v. (conjug. 1) ✦ Intervenir en faveur d'une personne pour lui obtenir un poste, une faveur. *Il a été pistonné par le ministre.* → **appuyer.**

pitance n. f. ✦ Nourriture insuffisante ou de mauvaise qualité. *Le prisonnier mange sa maigre pitance.*

piteux, piteuse adj. ✦ Pitoyable. *Il a pris un air piteux. Il a eu un accident, sa moto est en piteux état,* en très mauvais état. → **pitoyable.**
➤ **piteusement** adv. ✦ D'une façon piteuse. *L'affaire a piteusement échoué.* → **lamentablement, pitoyablement.**

pitié **n. f.** ✦ Sentiment de sympathie que l'on éprouve pour une personne qui souffre. *Elle a eu pitié de ce vieux mendiant et lui a donné de l'argent.* → **compassion.**

piton **n. m.** **1.** Clou ou vis dont la tête forme un anneau ou un crochet. **2.** *Un piton rocheux,* c'est un sommet de montagne très élevé et très pointu. → **pic.** ❍ homonyme : python.

piton

pitoyable **adj.** ✦ Qui inspire la pitié. → **déplorable, lamentable, piteux.** *Ce pauvre chien perdu est dans un état pitoyable.*

➤ **pitoyablement** **adv.** ✦ D'une façon pitoyable, lamentable. → **lamentablement, piteusement.**

▷ Autres mots de la famille : IMPITOYABLE, IMPITOYABLEMENT.

pitre **n. m.** ✦ Personne qui fait rire par des plaisanteries, des grimaces. *Arrête de faire le pitre !* → **clown.**

➤ **pitrerie** **n. f.** ✦ Plaisanterie, grimace pour amuser les autres. *Il fait sans cesse des pitreries.* → **clownerie.**

pittoresque **adj.** ✦ Qui attire l'attention par son aspect original. *Les vieux quartiers de la ville sont très pittoresques.* ❑ contr. **banal.**

● Ce mot s'écrit avec deux *t*.

pivert **n. m.** ✦ Oiseau jaune et vert qui frappe l'écorce des arbres avec son bec pour en faire sortir les larves d'insectes dont il se nourrit. ➻ planche Oiseaux p. 711.

● On écrit aussi *pic-vert*.

pivoine **n. f.** ✦ Grosse fleur rouge, rose ou blanche. *Un bouquet de pivoines.*

pivot **n. m.** ✦ Pièce d'un mécanisme sur laquelle s'emboîte une autre pièce qui peut ainsi tourner. *L'aiguille d'une boussole repose sur un pivot.*

➤ **pivoter** **v.** (conjug. 1) ✦ Tourner comme autour d'un pivot. *Il a pivoté sur ses talons et fait demi-tour.*

pizza [pidza] **n. f.** ✦ Tarte salée italienne faite de pâte à pain recouverte de tomates, de jambon, de fromage, etc. *Julie a mangé une pizza.* — Au pl. *Des pizzas.*

● C'est un mot italien qui veut dire « galette ».

➤ **pizzeria** [pidzeʀja] **n. f.** ✦ Restaurant où l'on sert des pizzas.

placard **n. m.** ✦ Armoire aménagée dans un mur et fermée par une porte. *Léa range ses chaussures dans le placard.*

placarder **v.** (conjug. 1) ✦ Afficher. *On a placardé sur la porte du restaurant un avis interdisant de fumer.*

place **n. f.** **1.** Espace entouré de bâtiments. *Il habite sur la place de l'église.* **2.** *Une place forte,* c'est une forteresse. **3.** Partie d'un lieu. *Théo est très énervé, il ne tient pas en place,* il bouge sans arrêt. *Le commissaire s'est rendu sur place,* là où l'événement s'est produit. **4.** Endroit qu'une personne ou une chose occupe. *Où sont mes lunettes ? Elles ne sont pas à leur place.* **5.** Siège. *Il a réservé deux places de train.* **6.** Espace inoccupé. *Il n'y a plus de place dans ce placard. J'ai eu du mal à trouver une place pour garer ma voiture.* **7.** *Se mettre à la place de quelqu'un,* c'est imaginer qu'on est dans sa situation. *À ta place, je m'en irais,* si j'étais toi. — *Qui va à la chasse perd sa place,* on risque de trouver une situation différente à son retour. **8.** Rang dans un classement. *Cette chanson occupe la première place du hit-parade,* elle est classée première. **9.** Emploi. *L'employé de la bijouterie a perdu sa place,* il a été renvoyé. **10.** *À la place,* pour remplacer. *Nous ne pouvons pas vous rembourser, mais choisissez un autre article à la place.*

▷ Autres mots de la famille : DÉPLACÉ, DÉPLACEMENT, DÉPLACER, EMPLACEMENT, IRREMPLAÇABLE, PLACEMENT, PLACER, REMPLAÇANT, REMPLACEMENT, REMPLACER, REPLACER, SURPLACE.

placenta [plasɛ̃ta] **n. m.** ✦ Organe situé dans l'utérus d'une femme enceinte et qui sert aux échanges nutritifs et respiratoires entre la mère et le fœtus. *Le placenta est expulsé au moment de l'accouchement.*

● C'est un mot latin qui veut dire « galette ».

placer **v.** (conjug. 3) **1.** Conduire quelqu'un à une certaine place. *L'ouvreuse nous a placés au premier rang.* **2.** Mettre une chose quelque part. → **disposer, poser.** *Il a placé l'escabeau* *sous le plafonnier pour changer l'ampoule.* 3. *Placer un mot,* c'est dire quelque chose. *Il est si bavard qu'on ne peut pas placer un mot quand il parle.* 4. *Placer de l'argent,* c'est le confier à une banque pour qu'il rapporte des intérêts.

➤ **placement** n. m. ✦ Le fait de placer de l'argent pour qu'il rapporte des intérêts. *Vous avez fait un bon placement.* → **investissement.**

▷ Mots de la famille de PLACE.

placide adj. ✦ Doux et calme. *C'est un homme placide.*

plafond n. m. 1. Partie horizontale supérieure d'une pièce, opposée au plancher. *Le plafond du salon est orné de moulures.* 2. Maximum que l'on ne peut pas dépasser. *Le gouvernement a fixé un plafond pour le prix de l'essence.*

➤ **plafonner** v. (conjug. 1) ✦ Atteindre un niveau maximum. *Cet avion plafonne à 5 000 mètres,* il ne peut pas voler à une altitude supérieure.

➤ **plafonnier** n. m. ✦ Lampe fixée au plafond.

plage n. f. 1. Étendue plate de sable ou de galets, au bord de la mer. *Ils sont allés à la plage se baigner.* 2. *La plage arrière d'une voiture,* c'est l'endroit plat situé sous la vitre arrière.

plage

plagier v. (conjug. 7) ✦ *Plagier un auteur,* c'est le copier. *Il n'a rien écrit d'original, il n'a fait que plagier Victor Hugo.*

➤ **plagiat** n. m. ✦ Le fait de copier un auteur ou une œuvre. *Un écrivain accusé de plagiat.*

plaid [plɛd] n. m. ✦ Couverture en lainage écossais.

● Ce mot vient de l'écossais.

plaider v. (conjug. 1) ✦ Défendre une cause devant un tribunal. *L'avocat plaide pour son client.*

➤ **plaidoirie** n. f. ✦ Discours que fait un avocat pour défendre son client. *L'avocat a fait une longue plaidoirie.*

➤ **plaidoyer** n. m. ✦ Défense passionnée. *Ce livre est un plaidoyer en faveur de la paix.*

plaie n. f. ✦ Blessure dans la chair. *Il faut désinfecter la plaie.*

plaindre v. (conjug. 52) 1. Éprouver de la pitié pour quelqu'un. *Je plains ces malheureux qui dorment dehors en hiver.* 2. **se plaindre,** c'est exprimer sa douleur ou son mécontentement. *Julie a mal au ventre, elle se plaint. Ils se sont plaints au gardien du bruit que faisaient leurs voisins.*

➤ **plaignant** n. m., **plaignante** n. f. ✦ Personne qui dépose une plainte en justice.

▷ Autres mots de la famille : COMPLAINTE, PLAINTE, PLAINTIF.

plaine n. f. ✦ Grande étendue de pays plat et peu élevé. *La Belgique est un pays de plaines.*

de **plain-pied** adv. ✦ Au même niveau. *Le salon ouvre de plain-pied sur le jardin.*

▷ Mot de la famille de ① PIED.

plainte n. f. 1. *Il a porté plainte contre ses voisins,* il les a accusés devant la justice. 2. Cri qu'on pousse quand on a mal. *Julie a été très courageuse pendant qu'on lui refaisait son pansement, on n'a pas entendu une seule plainte.* → **gémissement** ○ homonyme : plinthe.

➤ **plaintif, plaintive** adj. ✦ Qui ressemble à une plainte. *Elle parle d'une voix plaintive,* douce et faible. → **geignard.**

▷ Mots de la famille de PLAINDRE.

plaire v. (conjug. 54) 1. *Plaire à quelqu'un,* c'est lui être agréable, convenir à ses goûts. *Ce film m'a beaucoup plu,* je l'ai trouvé intéressant et beau. 2. *S'il te plaît, s'il vous plaît,* si cela ne te, ne vous dérange pas. *Passe-moi le pain, s'il te plaît.*

➤ se **plaire** v. (conjug. 54) 1. S'apprécier mutuellement. *Ils se sont plu dès qu'ils se sont vus.* 2. Trouver du plaisir à être quelque part. *Elle se plaît beaucoup à la montagne.*

▷ Autres mots de la famille : SE COMPLAIRE, COMPLAISANCE, COMPLAISANT, DÉPLAIRE, DÉPLAISANT, PLAISANCE, PLAISANCIER, PLAISANT, PLAISANTER, PLAISANTERIE, PLAISANTIN, PLAISIR.

plaisant adj. et n. m., **plaisante** adj.

■ **adj. 1.** Agréable, charmant. *Ce n'est pas très plaisant de se faire marcher sur les pieds.* ❑ contr. **déplaisant. 2.** Amusant. *Il lui est arrivé une aventure plaisante.*

■ **n. m.** *Un mauvais plaisant,* c'est une personne qui fait des farces de mauvais goût. → **plaisantin.** *Un mauvais plaisant leur a téléphoné en pleine nuit.*

➤ **plaisance** n. f. ✦ *Un bateau de plaisance,* c'est un bateau qui sert à naviguer pour son plaisir et non pour son travail. → **yacht.** — *Un port de plaisance,* c'est un port réservé aux bateaux de plaisance.

➤ **plaisancier** n. m., **plaisancière** n. f. ✦ Personne qui pratique la navigation pour son plaisir.

➤ **plaisanter** v. (conjug. 1) **1.** Dire des choses qui font rire. *Elle aime bien plaisanter.* **2.** *Ne pas plaisanter avec quelque chose,* c'est le prendre très au sérieux. *La directrice ne plaisante pas avec la discipline.*

➤ **plaisanterie** n. f. ✦ Chose que l'on dit ou que l'on fait pour amuser, pour faire rire. *Paul aime bien faire des plaisanteries.* → ① **farce.**

➤ **plaisantin** n. m. ✦ Personne qui fait des plaisanteries ou des farces de mauvais goût. → mauvais **plaisant.**

▷ Mots de la famille de PLAIRE.

plaisir n. m. **1.** Impression agréable que l'on a quand on est content. → **bien-être, contentement.** *Quel plaisir d'être en vacances !* → **bonheur, joie.** ❑ contr. **tristesse.** *L'appétit de Louise fait plaisir à voir.* **2.** *Avec plaisir,* volontiers. *Voulez-vous venir avec nous ? — Avec plaisir.*

▷ Mot de la famille de PLAIRE.

① **plan, plane** adj. ✦ Qui est uni, plat, lisse. *L'eau au repos est une surface plane.* ❍ homonyme : plant.

➤ ② **plan** n. m. **1.** Surface plane. *Les camions montent dans le bateau à l'aide d'un plan incliné.* **2.** *Le premier plan d'une photo,* c'est ce qui est à l'avant, le plus près. *Sur la photo, Julie est au premier plan.* ❑ contr. **arrière-plan.** *Un gros plan,* c'est une image rapprochée d'un objet ou d'un visage, au cinéma. **3.** Importance, valeur. *On ne peut pas mettre ces deux choses sur le même plan.* → **niveau.**

▷ Autres mots de la famille : APLANIR, ARRIÈRE-PLAN, BIPLAN, MONOPLAN, PLANER, PLANEUR.

③ **plan** n. m. **1.** Dessin qui représente un bâtiment ou une ville vus du dessus. *Il cherche une rue sur le plan.* **2.** Organisation des différentes parties d'un texte. *Avant de commencer une rédaction, il faut en faire le plan,* définir la façon dont se suivent les paragraphes. **3.** Projet organisé. *Théo et Paul ont élaboré un plan pour les prochaines vacances.*

▷ Autres mots de la famille : PLANIFICATION, PLANIFIER.

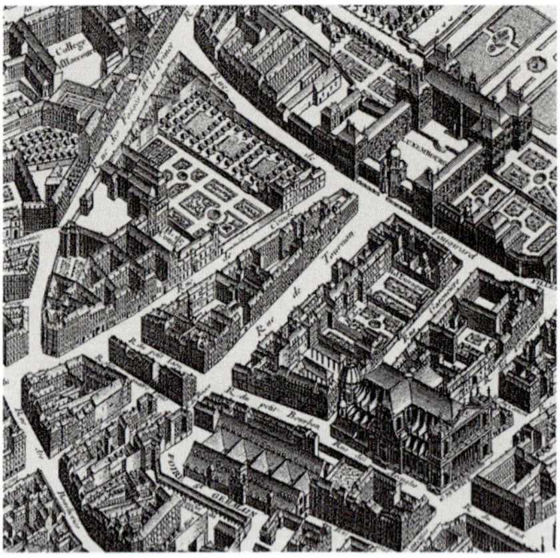

plan Turgot
(Paris, quartier Luxembourg-Saint Sulpice)

planche n. f. **1.** Morceau de bois plat, long et étroit. → **latte.** *Il a acheté des planches pour faire une étagère.* — *Une planche à pain,* sur laquelle on pose le pain pour le couper. *Une planche à repasser.* **2.** *Faire la planche,* c'est se laisser flotter sur le dos. **3.** *Les planches,* la scène au théâtre. *Il a toujours rêvé de monter sur les planches,* de faire du théâtre. **4.** Feuille d'un livre qui comporte uniquement des dessins. *Une planche de champignons.* **5.** *Une planche à roulettes,* c'est une planche munie de roulettes sur laquelle on peut se déplacer. → **skateboard. 6.** *Une planche à voile,* c'est une planche munie d'une voile que l'on fait avancer sur l'eau.

➤ **plancher** n. m. ✦ Sol d'une pièce, souvent fait de planches. → **parquet** et aussi **plafond.**

➤ **planchette** n. f. ✦ Petite planche. *Il y a une planchette au-dessus de l'évier.* → **tablette.**

➤ **planchiste** n. m. et f. ✦ Personne qui fait de la planche à voile. → **véliplanchiste.**

▷ Autre mot de la famille : VÉLIPLANCHISTE.

plancton **n. m.** ✦ Ensemble de très petits animaux qui vivent dans l'eau. *Les baleines se nourrissent de plancton.*

planer **v.** (conjug. 1) **1.** Voler sans battre des ailes. *L'aigle plane au-dessus de la vallée.* **2.** Voler sans moteur. *L'avion descendait en planant.* → aussi **planeur.** **3.** Être là comme une menace. *Un danger plane sur la ville.*
▷ Mot de la famille de ① PLAN.

planète **n. f.** ✦ Corps qui tourne autour du Soleil. *Mercure, Vénus, la Terre, Mars, Jupiter, Saturne, Uranus, Neptune et Pluton sont les neuf planètes du système solaire.*
➤ **planétaire** **adj.** **1.** *Le système planétaire,* c'est l'ensemble des planètes. **2.** Qui concerne la planète Terre tout entière. *La pollution est un problème planétaire.* → **mondial.**
➤ **planétarium** **n. m.** ✦ Représentation de la voûte céleste et des astres dans une salle en forme de coupole. *Le planétarium du palais de la Découverte, à Paris.* — Au pl. *Des planétariums.*
▷ Autre mot de la famille : INTERPLANÉTAIRE.

planeur **n. m.** ✦ Avion léger, sans moteur, fait pour planer. ➻ planche Avions p. 72.
▷ Mot de la famille de ① PLAN.

planifier **v.** (conjug. 7) ✦ Organiser quelque chose en suivant un plan. *Le professeur planifie le travail de la classe pour la semaine.*
➤ **planification** **n. f.** ✦ Organisation selon un plan. *La planification des vacances.*
▷ Mots de la famille de ③ PLAN.

planche à voile — **planche** à roulettes

planisphère **n. m.** ✦ Carte qui représente toute la Terre. → aussi **mappemonde.**
● *Planisphère* est un nom masculin : on dit *un planisphère.*
▷ Mot de la famille de SPHÈRE.

planning [planiŋ] **n. m.** ✦ Programme de travail. *Elle a fait son planning pour la semaine.* — Au pl. *Des plannings.*
● Ce mot s'écrit avec deux *n.* C'est un mot anglais qui vient du verbe *to plan* « prévoir ».

plant [plɑ̃] **n. m.** ✦ Plante jeune destinée à être repiquée ou qui vient de l'être. *Il repique des plants de salade.* ❍ homonymes : ① et ② plan.
▷ Mot de la famille de PLANTER.

① **plante** **n. f.** ✦ *La plante du pied,* c'est le dessous du pied.
➤ **plantaire** **adj.** ✦ *Une verrue plantaire,* sur la plante du pied.
▷ Autre mot de la famille : PLANTIGRADE.

planter **v.** (conjug. 1) **1.** Mettre une plante dans la terre. *Ils ont planté des sapins.* → aussi **repiquer.** ❏ contr. **arracher, déraciner.** **2.** Enfoncer. *Elle plante un clou dans le mur. Le chien a planté ses crocs dans le mollet de Julie.* **3.** Mettre debout, droit. *Le campeur a planté la tente au bord de la rivière.* — **se planter,** se tenir debout et immobile. *Ils se sont plantés devant moi pour m'empêcher de passer.*
➤ **plantation** **n. f.** **1.** Action de planter. *La plantation d'un arbre.* **2.** Ensemble de plantes cultivées. → ① **culture.** *L'orage a abîmé les plantations.* **3.** Grande exploitation agricole où l'on cultive des produits tropicaux. *Une plantation d'ananas.*
➤ ② **plante** **n. f.** ✦ Végétal. *Alex étudie les plantes des pays tempérés.* → aussi **flore, végétation** et **botanique.** *Il y a une plante verte dans le salon,* une plante d'intérieur sans fleurs qui reste toujours verte. ➻ planche p. 785.
➤ **planteur** **n. m.,** **planteuse** **n. f.** ✦ Personne qui possède une plantation dans les pays tropicaux. *Un planteur de café.*
▷ Autres mots de la famille : IMPLANTATION, IMPLANTER, PLANT, PLANTOIR, PLANTULE, REPLANTER, TRANSPLANTATION, TRANSPLANTER.

plantigrade **adj.** ✦ Qui marche en posant la plante du pied sur le sol. *L'homme, le singe et l'ours sont plantigrades.* — **N.** *Les plantigrades.*
▷ Mot de la famille de ① PLANTE.

plantoir **n. m.** ✦ Outil pointu qui sert à planter.
▷ Mot de la famille de PLANTER.

plantule **n. f.** ✦ Embryon de plante contenu dans la graine. *La plantule se développe au moment de la germination.*
▷ Mot de la famille de PLANTER.

plantureux, plantureuse **adj.** ✦ *Un repas plantureux,* c'est un repas très abondant. → **copieux.**

plaquer **v.** (conjug. 1) **1.** Mettre à plat. *Alex a plaqué ses cheveux avec du gel.* **2.** Appuyer avec force en maintenant. *Les policiers ont plaqué le voleur au sol.*
➤ **plaque** **n. f.** **1.** Feuille d'une matière rigide, plate et peu épaisse. *La table est recouverte d'une plaque de verre. Les plaques de cuisson d'une cuisinière. La voiture a dérapé sur une plaque de verglas.* → **couche.** **2.** Tache plus ou moins grande. *Elle a des plaques rouges sur le visage.*
➤ **plaqué, plaquée** **adj.** ✦ Recouvert d'une fine couche de métal précieux. *Une chaîne plaquée or.* — **N.** *Du plaqué or,* du métal recouvert d'or.
➤ **plaquette** **n. f.** ✦ Petite plaque. *Il a acheté une plaquette de beurre. Les plaquettes de freins sont usées.*
▷ Autre mot de la famille : CONTREPLAQUÉ.

plasma **n. m.** ✦ *Le plasma sanguin,* c'est la partie liquide du sang dans laquelle baignent les globules rouges et blancs. → **sérum.**

plastic **n. m.** ✦ Explosif qui a la consistance du mastic. *Un attentat au plastic.* ❍ homonymes : ① et ② plastique.
● Ce mot vient de l'anglais.
▷ Autres mots de la famille : PLASTIQUAGE, PLASTIQUER.

plastifier **v.** (conjug. 7) ✦ Couvrir d'une couche de plastique. *Elle a fait plastifier son permis de conduire.*

① **plastique** **adj.** ✦ *Les arts plastiques,* qui cherchent à représenter des formes. *La sculpture, l'architecture, le dessin, la peinture sont des arts plastiques.* ❍ homonyme : plastic.

② **plastique** **adj.** ✦ *La matière plastique,* c'est une matière artificielle qui peut être moulée. *Un seau en matière plastique.* — **N. m.** *Des couverts en plastique.*

plastiquer **v.** (conjug. 1) ✦ Faire exploser avec du plastic. *Des terroristes ont plastiqué la villa du ministre.*
➤ **plastiquage** **n. m.** ✦ Attentat au plastic. *Le plastiquage d'un immeuble.*
▷ Mots de la famille de PLASTIC.

plastron **n. m.** ✦ Partie d'une chemise qui recouvre la poitrine.
● Ce mot vient de l'italien.

① **plat, plate** **adj.** **1.** Sans creux ni bosses. *Un terrain plat.* ❏ contr. **accidenté.** *Une barque à fond plat.* **2.** Peu profond. *On mange la viande dans des assiettes plates.* ❏ contr. **creux.** **3.** Peu épais, mince. *La sole est un poisson plat. Des chaussures plates,* à talons peu élevés. **4.** *De l'eau plate,* non gazeuse. *Un style plat,* banal, sans originalité. **5.** *À plat,* horizontalement. *Pose ton cahier bien à plat pour écrire. Le pneu est à plat,* il est dégonflé.
➤ ② **plat** **n. m.** **1.** Partie plate d'une chose. *Le plat de la main,* c'est la paume et les doigts étendus. **2.** Plongeon où le corps arrive dans l'eau à plat. *Il a fait un plat dans la piscine.*
▷ Autres mots de la famille : APLATIR, OMOPLATE, PLATEAU, PLATE-BANDE, PLATEFORME, ① PLATINE, PLATITUDE.

③ **plat** **n. m.** **1.** Grande assiette dans laquelle on sert les aliments à table. *Elle pose le plat brûlant sur la table.* — *Mettre les petits plats dans les grands,* faire des dépenses inhabituelles pour recevoir un invité. **2.** Contenu d'un plat. *Alex a fini le plat.* **3.** Aliment préparé pour être mangé. *Le cassoulet est un plat du sud-ouest de la France.*
▷ Autres mots de la famille : CHAUFFE-PLAT, DESSOUS-DE-PLAT.

platane **n. m.** ✦ Grand arbre au feuillage épais, à écorce lisse se détachant par plaques irrégulières. ➻ planche Arbres p. 48. *L'avenue est bordée de platanes.*

plateau **n. m.** **1.** Objet plat qui sert à poser et à transporter des objets. *Le serveur apporte les consommations sur un plateau. Le plateau d'une balance,* c'est la partie plate sur laquelle on pose les poids ou les choses que l'on veut peser. **2.** Étendue de pays assez plate, dominant les environs. *Du plateau, on a une belle vue sur la ville.* **3.** Endroit où sont plantés les décors et où jouent les comédiens, au théâtre, dans un studio de cinéma. *Les acteurs sont sur le plateau.* — Au pl. *Des plateaux.*
▷ Mot de la famille de ① PLAT.

népenthès

dionée

renoncule

roseau

plante caillou

cactus colonnaire

opuntia

lierre

palmier

liseron

caoutchouc

plate-bande **n. f.** ✦ Bande de terre cultivée, dans un jardin. *Le jardinier sarcle les plates-bandes.*
▷ Mot de la famille de ① PLAT et de ② BANDE.

plateforme de forage

plateforme **n. f.** **1.** Surface plane, horizontale, construite à une hauteur plus ou moins grande. *Les personnes qui exploitent le pétrole dans la mer du Nord travaillent sur des plateformes.* **2.** Partie ouverte, à l'arrière de certains autobus. *Il aime bien voyager sur la plateforme.*
● On peut écrire aussi *une plate-forme, des plates-formes.*
▷ Mot de la famille de ① PLAT et de FORME.

① **platine** **n. f.** ✦ *La platine d'une chaîne stéréo,* c'est le support plat sur lequel on pose le disque. *Une platine laser.*
▷ Mot de la famille de ① PLAT.

platine

② **platine** **n. m.** ✦ Métal précieux, d'un blanc grisâtre. *Une montre en platine.*
● Ce mot vient de l'espagnol.

platitude **n. f.** ✦ Parole banale, sans intérêt. *Il débite des platitudes depuis une demi-heure.* → **banalité.**
▷ Mot de la famille de ① PLAT.

plâtre **n. m.** **1.** *Le plâtre,* c'est une poudre blanche qui, mélangée à de l'eau, forme une pâte dure en séchant. *Les murs de la maison sont recouverts de plâtre.* **2.** *Les plâtres,* les parties de la maison recouvertes de plâtre. *Les plâtres ne sont pas encore secs.* **3.** Bandage imprégné de plâtre qui maintient immobile un membre cassé. *Paul s'est cassé la jambe, on lui a mis un plâtre.*

➤ **plâtrer** **v.** (conjug. 1) **1.** Recouvrir de plâtre. *Il a plâtré les fissures du plafond.* **2.** Immobiliser une partie du corps dans un plâtre. *On lui a plâtré le bras.*

➤ **plâtrier** **n. m.** ✦ Ouvrier qui travaille le plâtre pour en recouvrir les murs ou faire d'autres travaux.

plausible **adj.** ✦ Que l'on peut croire. → **crédible, vraisemblable.** *Les raisons qu'il a données pour expliquer son retard sont très plausibles.*

play-back [plɛbak] **n. m. inv.** ✦ Interprétation mimée par un chanteur d'une chanson enregistrée auparavant. *La chanteuse chante en play-back devant les caméras de télévision.* ❑ contr. en **direct.** — Au pl. *Des play-back.*
● Ce mot vient de l'anglais *to play* « jouer » et *back* « derrière ».

plèbe **n. f.** ✦ *La plèbe,* c'était la classe populaire, dans l'Antiquité romaine.

plébiscite [plebisit] **n. m.** ✦ Vote dans lequel on doit répondre par oui ou par non à une question posée par la personne qui dirige le pays. → **référendum.**
● Ce mot s'écrit avec *sc.*

➤ **plébisciter** [plebisite] **v.** (conjug. 1) ✦ Approuver à une large majorité. *Le peuple a plébiscité la politique du gouvernement.*
● Ce mot s'écrit avec *sc.*

plein **adj., n. m., prép. et adv.,** **pleine** **adj.**
■ **adj.** **1.** Rempli. *Le cinéma est plein.* → **bondé.** ❑ contr. **vide.** *Ma valise est pleine à craquer. Ta jupe est pleine de taches. Julie est pleine de courage, ce matin.* **2.** *Une femelle pleine,* qui attend des petits. *La jument est pleine.* **3.** Total, entier. *C'est la pleine lune. Elle travaille à plein temps.* ❑ contr. à temps **partiel.** **4.** *En pleine nuit,* au milieu de la nuit. *Julie*

s'est réveillée en pleine nuit. Il a tiré en plein milieu de la cible, exactement au milieu. — *En pleine mer,* au large.

■ **n. m. 1.** *Faire le plein (d'essence),* c'est remplir complètement le réservoir d'essence de sa voiture. *Il s'est arrêté à une station-service pour faire le plein.* **2.** *Battre son plein,* c'est être à son point culminant. *La fête bat son plein.*

■ **prép.** et **adv.** En grande quantité. *Il a de l'argent plein les poches.* — Familier. *Il y a plein de monde,* beaucoup de monde.

➤ **pleinement** **adv.** ✦ Entièrement. *Il est pleinement satisfait de ses vacances.* → **complètement, totalement.**

➤ **plénitude** **n. f.** ✦ Totalité. *Malgré son âge, il a gardé la plénitude de ses facultés.*

▷ Autres mots de la famille : TERRE-PLEIN, TROP-PLEIN.

pléonasme **n. m.** ✦ Mot ou expression qui ne fait que répéter ce qui vient d'être dit. *« Descendre en bas » et « prévoir d'avance » sont des pléonasmes.*

pléthore [pletɔʀ] **n. f.** ✦ Excès. ❑ contr. **manque, pénurie.** *Il y a pléthore de candidats à cette élection,* il y en a trop.

● Il y a un *h* après le *t*.

➤ **pléthorique** [pletɔʀik] **adj.** ✦ Surabondant, excessif. *Une production pléthorique.*

● Il y a un *h* après le *t*.

pleurer **v.** (conjug. 1) **1.** Verser des larmes. *Louise est tombée et elle s'est mise à pleurer. Alex pleure de rire en regardant les clowns.* **2.** Regretter, être attristé. *Il pleure sa mère disparue.*

➤ **pleurs** **n. m. pl.** ✦ Larmes. *Léa est en pleurs,* elle pleure.

➤ **pleurnicher** **v.** (conjug. 1) ✦ Pleurer sans raison ou se plaindre sur un ton geignard. → **geindre.** *Julie pleurniche en disant qu'elle a mal au ventre.*

➤ **pleurnichard** **n. m.**, **pleurnicharde** **n. f.** ✦ Personne qui pleurniche. *Le professeur n'aime pas les pleurnichards.*

pleurésie **n. f.** ✦ Maladie des poumons.

pleuvoir **v.** (conjug. 23) **1.** *Il pleut,* il tombe de la pluie. *Il pleut à verse. Il pleut à torrents.* **2.** S'abattre. *Les coups pleuvaient sur le boxeur.*

plexiglas [plɛksiglas] **n. m.** Marque déposée ✦ Plastique dur transparent imitant le verre. *La porte de l'immeuble est en plexiglas.*

plexus **n. m.** ✦ *Le plexus solaire,* c'est le réseau de nerfs situé au creux de l'estomac.

pli **n. m. 1.** Endroit d'un tissu ou d'un papier qui a été plié ou froissé. *Elle repasse le pli de son pantalon.* **2.** *Une mise en plis,* le fait de donner à des cheveux mouillés la forme qu'ils garderont une fois secs. *Le coiffeur fait une mise en plis à sa cliente.* **3.** Lettre. *On vient d'apporter un pli urgent.* **4.** Cartes que le gagnant ramasse. *Il a fait le dernier pli.* → **levée.**

❍ homonyme : plie.

➤ **plier** **v.** (conjug. 7) **1.** Mettre en double, une ou plusieurs fois. *Plie ta serviette.* ❑ contr. **déplier.** **2.** Rabattre les parties d'un objet articulé. *Elle plie la chaise longue.* **3.** Se courber. *La branche plie sous le poids des fruits.* → **ployer.**

➤ **se plier** **v.** (conjug. 7) **1.** Pouvoir être plié. *Ce lit se plie.* **2.** *Se plier à,* s'adapter par force, se soumettre à. *Certains élèves ne se plient pas facilement à la discipline.*

➤ **pliable** **adj.** ✦ Qui peut être plié facilement. *Théo a un vélo pliable.*

➤ **pliage** **n. m. 1.** Action ou manière de plier. **2.** *Un pliage,* c'est une feuille de papier pliée selon une certaine forme. *À la maternelle, les enfants font des pliages.*

➤ **pliant** **adj.** et **n. m.**, **pliante** **adj.**

■ **adj.** Qui peut se plier. *Des chaises pliantes.*

■ **n. m.** Siège dont les pieds se replient. *Le pêcheur est assis sur un pliant.*

▷ Autres mots de la famille : DÉPLIANT, DÉPLIER, PLISSÉ, PLISSEMENT, PLISSER, PLIURE, REPLI, REPLIER.

chaise **pliante**

plie n. f. ✦ Poisson plat qui a les yeux sur la face supérieure, appelé aussi *carrelet.* ❍ homonyme : pli.

plie

plinthe n. f. ✦ Petite bande de bois fixée au bas d'une cloison. *Les fils électriques passent derrière la plinthe.* ❍ homonyme : plainte.
● Il y a un *h* après le *t*.

plisser v. (conjug. 1) **1.** Faire des plis. *La couturière plisse un morceau de tissu autour de la taille de Léa.* **2.** *Plisser les yeux,* c'est les fermer à moitié. *Le chat plisse les yeux.*
➤ **plissé, plissée** adj. ✦ Formé de plis. *Julie a mis une jupe plissée.*
➤ **plissement** n. m. ✦ Déformation de la surface de la Terre produisant un ensemble de plis. *Les Alpes sont apparues à la suite du plissement alpin.*
▷ Mots de la famille de PLI.

pliure n. f. ✦ Endroit où un pli est formé. *Il a déchiré la feuille en suivant la pliure.*
▷ Mot de la famille de PLI.

plomb n. m. **1.** Métal lourd, gris-bleu, mou, qui se travaille facilement. *Cette voiture roule à l'essence sans plomb. Théo a une collection de soldats de plomb.* **2.** *Les plombs,* ce sont de petites boules de plomb. *Les cartouches des chasseurs sont remplies de plombs.* **3.** *Les plombs,* ce sont des fils de plomb qui fondent quand le courant électrique est trop fort et qui évitent ainsi les courts-circuits. → **fusible.** *Les plombs ont sauté.*
➤ **plomber** v. (conjug. 1) **1.** Garnir de plombs. *Le pêcheur a plombé sa ligne.* **2.** *Plomber une dent,* c'est boucher une dent cariée avec un alliage spécial.
➤ **plombage** n. m. ✦ Fait de plomber une dent. *Le dentiste lui a fait un plombage.*
➤ **plomberie** n. f. ✦ Ensemble des tuyaux et des canalisations.
➤ **plombier** n. m. ✦ Personne qui installe et répare les installations sanitaires. *Le plombier a réparé la fuite.*

plonger v. (conjug. 3) **1.** Descendre au fond de l'eau. *Le sous-marin plongea.* **2.** Se jeter à l'eau, la tête et les bras en avant. *Alex a plongé du grand plongeoir.* **3.** Faire entrer dans un liquide. *Elle plonge les assiettes dans l'eau.* **4.** Mettre dans un certain état. *Votre question m'a plongé dans l'embarras.* **5. se plonger,** s'absorber. *Elle s'est plongée dans la lecture du journal.*
➤ **plongeant, plongeante** adj. ✦ *Une vue plongeante,* de haut en bas. *Du haut de la colline, on a une vue plongeante sur le port.*
➤ **plongée** n. f. **1.** Le fait d'être sous l'eau. *Le sous-marin est en plongée.* **2.** *Faire de la plongée sous-marine,* c'est aller sous l'eau pour explorer les fonds marins ou pour pêcher.
➤ **plongeoir** [plɔ̃ʒwaʀ] n. m. ✦ Tremplin au-dessus de l'eau.
● Il y a un *e* après le *g*.
➤ **plongeon** [plɔ̃ʒɔ̃] n. m. ✦ Saut dans l'eau, la tête et les bras en avant. *Alex a réussi un beau plongeon.*
● Il y a un *e* après le *g*.
➤ **plongeur** n. m., **plongeuse** n. f. ✦ Personne qui travaille sous l'eau. *Des plongeurs sont allés repérer l'épave.* → **homme-grenouille.**
▷ Autre mot de la famille : SE REPLONGER.

plonger (Caillebotte)

plouf ! interj. ✦ Bruit qui imite le bruit de ce qui tombe à l'eau. *Plouf ! Sa montre est tombée dans la mer.*

ployer v. (conjug. 8) ✦ Se courber. *Les branches du poirier ploient sous le poids des fruits.* → **plier.**
▷ Autres mots de la famille : DÉPLOIEMENT, DÉPLOYER.

pluie n. f. ✦ Eau qui tombe en gouttes des nuages sur la terre. → aussi **pleuvoir.** *Paul est parti à l'école sous une pluie battante.* – *Ce livre est ennuyeux comme la pluie,* très ennuyeux. *Après la pluie, le beau temps,* la joie succède souvent à la peine.
▷ Autre mot de la famille : PARAPLUIE.

plume

plume n. f. **1.** Chacun des éléments effilés qui recouvrent la peau des oiseaux. → aussi **duvet.** *Le pigeon lisse ses plumes. Un oreiller en plumes.* **2.** Petite lame de métal, terminée en pointe, adaptée à un stylo, et qui, enduite d'encre, sert à écrire. *Son stylo a une plume en or.*

➤ **plumage** n. m. ✦ Ensemble des plumes d'un oiseau. *Le corbeau a un plumage noir.*

➤ **plumeau** n. m. ✦ Ustensile formé d'un manche au bout duquel sont fixées des plumes, et qui sert à enlever la poussière. – Au pl. *Des plumeaux.*

➤ **plumer** v. (conjug. 1) ✦ *Plumer un oiseau,* c'est lui enlever ses plumes. *La fermière plume le poulet avant de le faire cuire.*

➤ **plumet** n. m. ✦ Touffe de plumes qui orne un chapeau.

➤ **plumier** n. m. ✦ Boîte dans laquelle on range les crayons, les stylos.
▷ Autres mots de la famille : PORTE-PLUME, SE REMPLUMER.

la **plupart** n. f. **1.** Le plus grand nombre. *La plupart des invités sont partis à minuit.* → **majorité.** **2.** *La plupart du temps, je rentre à pied du bureau,* ordinairement, le plus souvent.
▷ Mot de la famille de ① PLUS et de PART.

pluriel n. m. ✦ Forme grammaticale que prend un mot quand il désigne plusieurs personnes ou plusieurs choses. *Le pluriel d'un adjectif. Mettez le nom « cheval » au pluriel. « Nous » est la première personne du pluriel.* ❑ contr. **singulier.**

① **plus** adv. et prép. Généralement se prononce [ply] devant une consonne, [plyz] devant une voyelle et [plys] en fin de phrase.

■ adv. **1.** *Alex est plus âgé que son frère. Prends-en plus.* → **davantage.** ❑ contr. **moins.** **2.** *Plus l'heure avance, plus j'ai sommeil.* **3.** ***Plus ou moins,*** à des degrés variables. *La directrice est plus ou moins sévère selon les jours,* sa sévérité varie. *Il y en a plus ou moins 2 kilos,* à peu près. *Louise et Julie sont plus ou moins fâchées,* pas tout à fait fâchées. **4.** *Plus de la moitié des élèves de la classe sont des filles,* il y a une majorité de filles. *Il était plus de minuit quand il est rentré,* il était minuit passé. **5.** *Une seconde de plus et le lait débordait,* une seconde supplémentaire. **6.** ***Au plus,*** au maximum, pas davantage. *J'en ai pour cinq minutes au plus.* **7.** ***De plus en plus,*** toujours davantage. *Il fait de plus en plus froid.* **8.** *Ce chat-là est le plus beau.*

■ prép. En ajoutant. *Deux plus trois font cinq (2 + 3 = 5).*

➤ ② **plus** adv. On prononce toujours [ply]. ✦ *Théo n'est pas là et Alex non plus,* ni l'un ni l'autre ne sont là. *Les oiseaux ne chantent plus,* ils ont arrêté de chanter. *Je ne la verrai plus jamais.*
▷ Autres mots de la famille : LA PLUPART, PLUTÔT, SURPLUS.

plusieurs adj. indéfini pl. ✦ Plus d'un. *Julie a invité plusieurs amies à goûter. Il est déjà allé plusieurs fois au Canada.*

plus-que-parfait [plyskəpaʀfɛ] n. m. ✦ Temps composé du passé dans lequel l'auxiliaire est à l'imparfait. *Dans la phrase : « Je lui avais tout expliqué », le verbe « expliquer » est au plus-que-parfait de l'indicatif.*

plutonium [plytɔnjɔm] n. m. ✦ Métal radioactif produit à partir de l'uranium et utilisé pour produire de l'énergie nucléaire. *On fabrique des bombes atomiques avec du plutonium.*

plutôt adv. **1.** De préférence. *Je prendrai l'avion plutôt que le train.* **2.** Assez. *Louise est plutôt grande pour son âge.*
● Attention à l'accent circonflexe du ô.
▷ Mot de la famille de ① PLUS et de TÔT.

pluvial, pluviale adj. ✦ Qui a rapport à la pluie. *Les eaux pluviales,* ce sont les eaux de pluie. – Au masc. pl. *pluviaux.*

pluvieux, pluvieuse adj. ✦ Caractérisé par la pluie. *La Normandie est une région pluvieuse.* ❑ contr. **sec.**

pochoir

pluviomètre **n. m.** ✦ Instrument qui sert à mesurer la quantité de pluie tombée dans un lieu.

pneu **n. m.** (pl. **pneus**) ✦ Enveloppe de caoutchouc qui entoure une roue. *Les pneus de ce vélo sont à plat, il faut les regonfler.*
● C'est l'abréviation de *pneumatique.*

pneumatique **adj.** **1.** *Un matelas pneumatique,* c'est un long coussin en toile enduite de caoutchouc, rempli d'air, sur lequel on peut s'allonger et aller dans l'eau. *Un canot pneumatique,* un canot gonflable. **2.** *Un marteau pneumatique,* c'est un instrument qui fonctionne à l'air comprimé et sert à défoncer le sol. → **marteau-piqueur.**

pneumonie **n. f.** ✦ Maladie des poumons.

poche **n. f.** **1.** Partie d'un vêtement dans laquelle on peut mettre des objets que l'on porte sur soi. *Il se promène les mains dans les poches.* — *Se remplir les poches,* s'enrichir malhonnêtement. **2.** *De poche,* assez petit pour entrer dans une poche. *Il descend à la cave avec une lampe de poche. Je me suis acheté un livre de poche.* **3.** *De l'argent de poche,* de l'argent réservé aux petites dépenses personnelles. *Léa s'est acheté un CD avec son argent de poche.* **4.** Compartiment d'un sac, d'un cartable, d'un portefeuille. *Il a mis sa gourde dans une des poches de son sac à dos.* **5.** Petite déformation en forme de bosse. *Ce pantalon fait des poches aux genoux.* — *Elle a des poches sous les yeux,* le dessous des yeux gonflé. → aussi **cerne.** **6.** Cavité remplie d'un liquide. *Un abcès est une poche de pus.*

➤ **pochette** **n. f.** **1.** Enveloppe qui protège un objet. *Une pochette de disque.* **2.** Petit mouchoir qui dépasse de la poche de poitrine d'un veston. *Il a une pochette assortie à sa cravate.*

▷ Autres mots de la famille : EMPOCHER, VIDE-POCHES.

pocher **v.** (conjug. 1) ✦ Cuire dans un liquide très chaud sans faire bouillir. *Elle a poché le poisson dans un court-bouillon.*

➤ **poché, pochée** **adj.** ✦ *Un œil poché,* c'est un œil gonflé dont le tour est devenu bleu à cause du coup qu'il a reçu. *Alex s'est battu et il est revenu avec un œil poché.*

pochoir **n. m.** ✦ Feuille de carton ou de métal découpée par endroits, sur laquelle on passe une brosse ou un pinceau pour peindre des dessins, des inscriptions. *Les motifs de ce tissu sont faits au pochoir.*

podium [pɔdjɔm] **n. m.** ✦ Estrade sur laquelle monte le vainqueur d'une compétition sportive. *Les champions olympiques sont montés sur le podium pour recevoir leurs médailles.*

① **poêle** [pwal] **n. m.** ✦ Appareil de chauffage dans lequel on brûle du combustible. *Un poêle à mazout.* ○ homonyme : poil.

poêle

② **poêle** [pwal] **n. f.** ✦ Récipient rond et plat en métal, à petits bords et muni d'un long manche, dans lequel on fait frire les aliments.

➤ **poêlon** [pwalɔ̃] **n. m.** ✦ Casserole en métal ou en terre, à manche creux, dans laquelle on fait revenir ou mijoter les aliments. *Un poêlon à fondue.*

poème **n. m.** ✦ Texte poétique en vers ou en prose. → **poésie.** *Léa récite un poème.*

poésie **n. f.** **1.** Art d'évoquer des impressions, des sentiments ou de décrire des objets grâce à l'harmonie des sons et au rythme des mots. *La poésie peut être en vers ou en prose.* → aussi **poète.** **2.** Poème. *Louise ap-*

prend une poésie par cœur. **3.** Beauté émouvante. *Ces ruines au coucher du soleil sont pleines de poésie.* → aussi **poétique.**

poète **n. m. et f.** ✦ Écrivain qui fait des poèmes. *Baudelaire est un grand poète.*

poétique **adj.** **1.** Qui a rapport à la poésie. *Il lit les œuvres poétiques de Musset,* les poèmes de Musset. **2.** D'une beauté émouvante. *C'est une histoire très poétique.* → **romantique.**

poids **n. m.** **1.** Ce que pèse une personne, un animal ou une chose. *Le poids de cette statue est de 100 kilos. Mon père a pris du poids,* il a grossi. **2.** Objet de métal servant à peser certaines choses. *L'épicier a rajouté un poids sur le plateau de la balance.* **3.** Masse de métal qu'un sportif lance le plus loin possible. *Il est champion de lancer du poids.* **4.** Sensation de lourdeur, de pesanteur. *J'ai un poids sur l'estomac.* **5.** Ce qui accable, est pénible à supporter. *Elle est écrasée par le poids des soucis. Avoir un poids sur la conscience,* un souci, un remords. **6.** *De poids,* qui a de la force, de l'importance. *C'est un argument de poids.* ❍ homonymes : pois, poix.

➤ **poids lourd** **n. m.** ✦ Très gros camion. *Les poids lourds pèsent plus de trois tonnes et demie.* ▷ Mot de la famille de LOURD.

▷ Autre mot de la famille : CONTREPOIDS.

poignant, poignante **adj.** ✦ Qui cause une émotion très forte et très pénible. → **déchirant, émouvant, pathétique.** *Des adieux poignants.*

poignard **n. m.** ✦ Arme à lame courte et large, très pointue du bout. *Il a reçu un coup de poignard.*

➤ **poignarder** **v.** (conjug. 1) ✦ Frapper de coups de poignard. *L'assassin a poignardé sa victime en plein cœur.*

poigne **n. f.** ✦ Force que l'on a dans le poignet, dans la main. *Il faut de la poigne pour dévisser ce couvercle.*

➤ **poignée** **n. f.** **1.** Quantité de matière que peut contenir une main fermée. *On lançait des poignées de riz sur le passage des mariés.* **2.** Partie d'un objet qui sert à le tenir avec la main. *La poignée d'une valise. Une poignée de porte.* **3.** *Une poignée de main,* c'est un geste pour saluer quelqu'un en lui serrant la main. *Il a donné une poignée de main à tous les invités.* **4.** Petit nombre de personnes. *Une poignée de mécontents s'est mise à siffler le chanteur.*

➤ **poignet** **n. m.** **1.** Articulation qui réunit l'avant-bras à la main. *Julie s'est foulé le poignet.* **2.** Extrémité d'une manche couvrant le poignet. *Ses poignets de chemise sont élimés.*

▷ Autres mots de la famille : EMPOIGNADE, EMPOIGNER.

poil **n. m.** **1.** Chacun des filaments qui recouvrent la peau de certains animaux et, en divers endroits, celle des humains. *Ce chien perd ses poils. Il a des poils sur la poitrine. — Avoir un poil dans la main,* être paresseux. **2.** *Le poil,* c'est l'ensemble des poils des animaux. → **pelage.** *Le poil des chats est très doux. — Reprendre du poil de la bête,* retrouver des forces et du courage. **3.** Chacun des filaments d'une brosse, d'un pinceau. *Les poils de cette brosse à dents sont en nylon.* ❍ homonymes : ① et ② poêle.

➤ **poilu, poilue** **adj.** ✦ Couvert de poils nombreux et apparents. → **velu.** *Il a la poitrine et les jambes très poilues.*

▷ Autre mot de la famille : À REBROUSSE-POIL.

poinçon **n. m.** ✦ Instrument de métal pointu servant à percer et à graver. *Le cordonnier fait des trous dans une ceinture avec un poinçon.*

● Attention à la cédille du ç.

➤ **poinçonner** **v.** (conjug. 1) ✦ Graver d'une marque au poinçon. *Les bijoux en or et en argent sont poinçonnés.*

● Attention à la cédille du ç.

poindre **v.** (conjug. 49) ✦ *Le jour commence à poindre,* à apparaître.

● Ce mot est littéraire.

poing **n. m.** ✦ Main fermée. *Ils se sont battus à coups de poing.* ❍ homonymes : ①, ② et ③ point.

● Le *g* final ne se prononce pas.

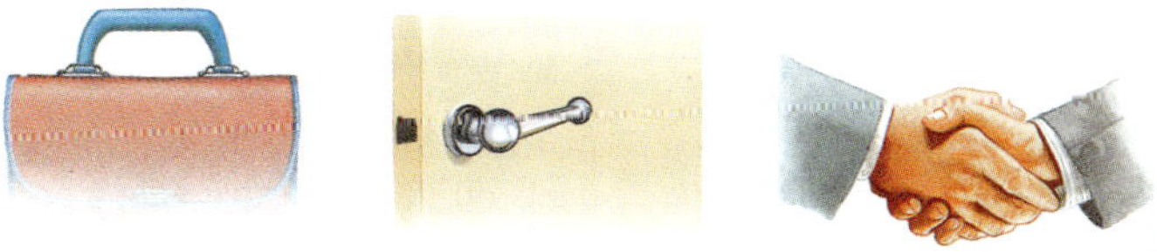

poignée

① **point** **n. m.** **1.** Endroit, lieu. *Cette chaîne de magasins a de nombreux points de vente. Ils sont revenus à leur point de départ,* à l'endroit d'où ils sont partis. — *Alex est très gourmand, c'est son point faible,* sa faiblesse. **2.** La plus petite partie d'espace possible. *Les deux droites se coupent en un point A. Le bateau n'est plus qu'un point à l'horizon. Les quatre points cardinaux.* **3.** *Le capitaine fait le point,* il calcule la position du navire en mer. — *Faire le point,* c'est analyser la situation. **4.** *Le point mort,* position 0 du levier de vitesse dans un véhicule. *Le levier de vitesse est au point mort,* aucune vitesse n'est enclenchée. **5.** Petit signe rond. *Une phrase est terminée par un point. N'oublie pas les points sur les i et les j.* → aussi **ponctuation.** **6.** Chacune des unités d'une notation. *Il manque deux points à Alex pour avoir la moyenne. L'équipe adverse a marqué un point.* **7.** *Le point du jour,* c'est le moment où le jour se lève. → aussi **poindre.** **8.** *À point,* au bon moment. *Vous arrivez à point.* — *Tout vient à point à qui sait attendre,* avec du temps et de la patience, on vient à bout de tout. — *Cette viande est cuite à point,* elle n'est ni trop saignante ni trop cuite. **9.** *Au point,* en état de fonctionner. *Cet appareil n'est pas encore au point.* **10.** *L'enquête en est toujours au même point,* elle n'a pas avancé. **11.** Degré. *Je ne l'ai jamais vu énervé à ce point.* **12.** *Être sur le point de,* être très près de. *J'étais sur le point de sortir,* j'allais sortir.
❍ homonyme : poing.
▷ Autres mots de la famille : DEUX-POINTS, EMBONPOINT, POINTAGE, POINT DE VUE, ② POINTER, POINTILLÉ, POINTILLEUX, POINT-VIRGULE, ROND-POINT.

② **point** **n. m.** **1.** Piqûre faite dans un tissu avec une aiguille et du fil. *Elle a bâti l'ourlet à grands points.* **2.** Manière de faire une suite de points. *Le point mousse est un point de tricot.*

③ **point** **adv. de négation** ✦ *Ne... point* sert à exprimer la négation. *Malgré les apparences, elle n'est point coupable.* → ② **pas.**
● Ce mot est littéraire.

pointage **n. m.** ✦ Action de pointer sur une liste, de contrôler. *Chaque matin, le professeur fait le pointage des élèves.*
▷ Mot de la famille de ① POINT.

point de vue **n. m.** **1.** Endroit d'où l'on a une belle vue. → **panorama.** *Au sommet de la colline, il y a un beau point de vue.* **2.** Avis, opinion. *Je ne partage pas ton point de vue sur ce sujet.* → **position.** — Au pl. *Des points de vue.*
▷ Mot de la famille de ① POINT et de VOIR.

pointe **n. f.** **1.** Extrémité pointue d'un objet servant à percer, à piquer. *Elle a cassé la pointe de son aiguille.* **2.** Sorte de clou. *La grille du parc est hérissée de pointes.* **3.** Partie de terre qui s'avance dans la mer. → aussi **cap.** *Il y a un phare à la pointe de l'île.* **4.** *La pointe des pieds,* c'est leur extrémité. *Louise marche sur la pointe des pieds pour ne pas faire de bruit.* **5.** *Les pointes,* en danse classique, manière de se tenir en équilibre sur la pointe des orteils. *La danseuse fait des pointes.* **6.** Très petite quantité. *Il y a une pointe d'ail dans cette sauce.* **7.** *Les heures de pointe,* moment d'activité maximum. *Il y a beaucoup de monde dans le métro aux heures de pointe,* aux heures où un grand nombre de voyageurs l'utilisent en même temps. → **affluence.** **8.** *De pointe,* d'avant-garde. *L'électronique est une technique de pointe.*
➤ ① **pointer** **v.** (conjug. 1) **1.** Dresser en pointe. *Le chat pointe les oreilles.* **2.** S'élever en formant une pointe. *Le clocher pointe vers le ciel,* il se dresse.
▷ Autre mot de la famille : POINTU.

② **pointer** **v.** (conjug. 1) **1.** Diriger. *Le bandit pointait son arme sur le policier.* → **braquer.** **2.** Marquer chaque élément d'une liste pour faire un contrôle. *Le professeur pointe les noms des élèves.* → aussi **pointage.** **3.** Enregistrer son heure d'arrivée et son heure de départ. *À l'usine, les ouvriers pointent.*
▷ Mot de la famille de ① POINT.

pointillé **n. m.** ✦ Ligne formée de petits points qui se suivent. *Sur la carte, les frontières sont en pointillé.*
▷ Mot de la famille de ① POINT.

pointilleux, pointilleuse **adj.** ✦ Très minutieux et exigeant. → **tatillon.** *La directrice est très pointilleuse sur les horaires.*
▷ Mot de la famille de ① POINT.

pointu, pointue **adj.** ✦ Terminé en pointe. *La mine d'un crayon bien taillé est pointue.* ❑ contr. **arrondi.**
▷ Mot de la famille de POINTE.

pointure **n. f.** ✦ Taille des chaussures, des gants ou des chapeaux. *Quelle pointure faites-vous ? — Je chausse du 38.*

point-virgule n. m. ✦ Signe de ponctuation (;) que l'on utilise à la place du point entre deux phrases dont le sens est lié. *Les points-virgules sont suivis d'une minuscule.*
▷ Mot de la famille de ① POINT et de VIRGULE.

poire n. f. ✦ Fruit qui contient des pépins et qui a une forme allongée et ventrue. *Une tarte aux poires.*
➤ **poirier** n. m. 1. Arbre à fleurs blanches que l'on cultive pour ses fruits, les poires. 2. *Faire le poirier,* c'est se tenir en équilibre, la tête au sol.

poire

poireau n. m. ✦ Légume de forme allongée qui a des feuilles vertes et un pied blanc. *Elle met des poireaux dans la soupe.*

pois n. m. 1. *Les petits pois,* ce sont des graines rondes et vertes contenues dans une gousse, que l'on mange comme légume. *Elle écosse des petits pois.* 2. *Les pois chiches,* ce sont des graines rondes et jaunes contenues dans une gousse. *On met des pois chiches dans le couscous.* 3. *Les pois de senteur,* ce sont des fleurs roses, bleues ou blanches très parfumées. 4. Petit rond. *Elle porte une robe noire à pois blancs.* ❍ homonymes : poids, poix.

poison n. m. et f. 1. n. m. Substance dangereuse pour la santé qui peut provoquer la mort. *L'arsenic est un poison violent.* 2. n. m. et f. Familier. Personne désagréable, insupportable. *Quelle poison, cette Julie !* → **peste.**
▷ Autres mots de la famille : ANTIPOISON, CONTRE-POISON, EMPOISONNEMENT, EMPOISONNER.

poisser v. (conjug. 1) ✦ Salir avec une matière collante. *Léa s'est poissé les doigts avec de la confiture.*
➤ **poisseux, poisseuse** adj. ✦ Collant. *Après avoir mangé des bonbons, les enfants avaient les mains poisseuses.*
▷ Mots de la famille de POIX.

poisson n. m. 1. Animal qui a des nageoires et vit dans l'eau. ➸ planche p. 794. *Le brochet est un poisson d'eau douce, le turbot est un poisson de mer. Louise a des poissons rouges dans un aquarium. Les poissons respirent avec leurs branchies. Le pêcheur a pris du poisson.* – *L'automobiliste nous a fait une queue de poisson,* il s'est rabattu brusquement après nous avoir doublés. 2. *Un poisson d'avril,* c'est une farce que l'on fait le premier avril. *Les enfants aiment faire des poissons d'avril.*
➤ **poissonnerie** n. f. ✦ Boutique où l'on vend des poissons, des coquillages et des crustacés. *Il a acheté des crabes à la poissonnerie.*
➤ **poissonneux, poissonneuse** adj. ✦ Qui contient beaucoup de poissons. *Cette rivière est très poissonneuse.*
➤ **poissonnier** n. m., **poissonnière** n. f. ✦ Personne qui vend des poissons et des fruits de mer. *La poissonnière a écaillé les daurades.*

poitrail n. m. (pl. **poitrails**) ✦ Devant du corps du cheval et de quelques autres animaux, entre l'encolure et les pattes avant.

poitrine n. f. 1. Partie du corps située entre les épaules et l'abdomen qui contient le cœur et les poumons. → **buste, thorax, torse.** 2. Seins d'une femme. *Elle a une grosse poitrine.*

poivre n. m. ✦ Épice au goût fort et piquant, faite avec les fruits d'un arbuste des régions tropicales. *Elle met du sel et du poivre dans la sauce.*
➤ **poivrer** v. (conjug. 1) ✦ Assaisonner de poivre. *Elle a salé et poivré le rôti.*
➤ **poivrier** n. m. 1. Petit arbre tropical qui produit le poivre. 2. Petit flacon ou petit pot dans lequel on met du poivre. *La salière et le poivrier sont sur la table.*
➤ **poivron** n. m. ✦ Piment doux, vert, rouge ou jaune. *Nous avons mangé des poivrons farcis.*

poix [pwa] n. f. ✦ Matière visqueuse qui contient de la résine. ❍ homonymes : poids, pois.
● Le *x* final ne se prononce pas.
▷ Autres mots de la famille : POISSER, POISSEUX.

poker [pɔkɛʀ] n. m. ✦ Jeu de cartes où l'on mise de l'argent. *Ils jouent au poker.*
● Ce mot vient de l'anglais.

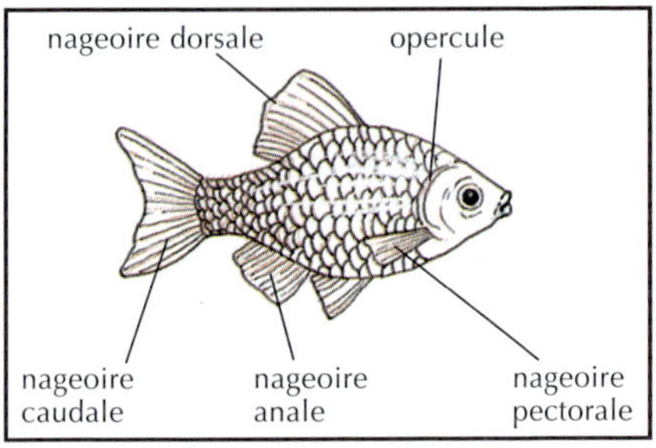

poisson-néon

poisson-clown

chirurgien

piranha

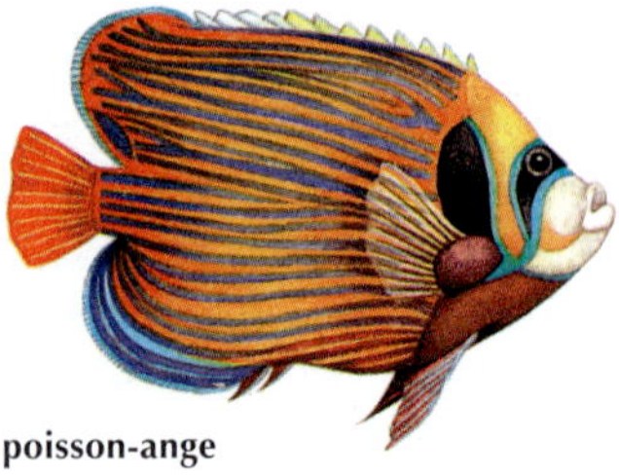
poisson-ange

diodon

truite

carpe

brochet

sardine
anguille
maquereau
saumon
thon
poisson-scie
raie
requin

paysage **polaire**

polaire adj. et n. m.
■ **adj.** Propre aux régions qui se trouvent autour du pôle Nord et du pôle Sud. *Le climat polaire est très rigoureux. Les ours polaires sont blancs.*
■ **n. m.** Tissu très chaud et très doux. *Julie a une veste en polaire.*
▷ Mot de la famille de PÔLE.

polariser v. (conjug. 1) ✦ Attirer l'attention. *Cet enfant est si turbulent qu'il polarise l'attention.*
▷ Mot de la famille de PÔLE.

polaroïd [pɔlaʀɔid] n. m. Marque déposée ✦ Appareil photographique qui développe instantanément la photo que l'on vient de prendre.

polder [pɔldɛʀ] n. m. ✦ Terrain plus bas que le niveau de la mer, entouré de digues pour l'assécher et le cultiver. *La Hollande est une région de polders.*
● Ce mot vient du néerlandais.

pôle n. m. **1.** Chacun des deux points de la surface terrestre qui se trouvent aux deux extrémités de l'axe imaginaire autour duquel la Terre tourne sur elle-même. *Le pôle Nord et le pôle Sud.* **2.** Région située près du pôle. *Les Esquimaux habitent au pôle Nord.* **3.** *Un pôle d'attraction,* c'est un endroit qui attire beaucoup de monde. *Le train fantôme est le pôle d'attraction de la fête foraine.*
● Attention à l'accent circonflexe du *ô.*
▷ Autres mots de la famille : POLAIRE, POLARISER.

polémique n. f. ✦ Discussion très violente. *L'affaire a provoqué une vive polémique.*

① **poli, polie** adj. ✦ Qui respecte les règles de la politesse. *Léa est très polie,* elle est bien élevée. ❑ contr. **impoli.**
▷ Autres mots de la famille : IMPOLI, IMPOLITESSE, POLIMENT, POLITESSE.

② **poli, polie** adj. ✦ Lisse et brillant. *Des cailloux bien polis.* ❑ contr. **rugueux.**
▷ Mot de la famille de POLIR.

① **police** n. f. ✦ Organisation chargée d'assurer l'ordre public, de faire respecter les lois de la vie en société. *Comme il entendait des hurlements, le gardien de l'immeuble a appelé la police. Un agent de police règle la circulation au carrefour.*
▷ Autre mot de la famille : POLICIER.

② **police** n. f. ✦ *Une police d'assurance,* c'est un contrat d'assurance.

polichinelle n. m. ✦ *Un polichinelle,* c'est un pantin qui a une bosse dans le dos et une bosse devant. — *Un secret de Polichinelle,* c'est un faux secret que tout le monde connaît.
● Ce mot vient de l'italien *Pulcinella,* nom d'un personnage de la comédie italienne.

polichinelle

policier n. m. et adj., **policière** n. f. et adj.
■ **n.** Personne qui appartient à un service de police. *Des policiers en uniforme accompagnaient la commissaire.*

■ **adj. 1.** Relatif à la police. *Une enquête policière est en cours. Les chiens policiers,* ce sont des chiens dressés pour aider les policiers dans leur travail. **2.** *Un roman, un film policier,* où il est question de crimes mystérieux et d'enquêtes pour trouver les coupables.
▷ Mot de la famille de ① POLICE.

poliment **adv.** ✦ D'une manière polie. *Réponds poliment.*
▷ Mot de la famille de ① POLI.

poliomyélite **n. f.** ✦ Maladie très grave de la moelle épinière qui s'accompagne généralement de paralysie. *Paul vient d'être vacciné contre la poliomyélite.*
● On dit familièrement *la polio.*
● Il y a un *y* après le *m.*

polir **v.** (conjug. 2) ✦ Frotter pour rendre lisse et brillant. *Il polit le dessus de la table avec du papier de verre.* → **poncer.**
▷ Autres mots de la famille : DÉPOLI, ② POLI.

polisson **n. m.,** **polissonne** **n. f.** ✦ Enfant farceur et désobéissant. *Vous serez punis, petits polissons !* — **Adj.** *Des yeux polissons.*

politesse **n. f.** ✦ Ensemble de règles sur la façon de se comporter et de parler que l'on suit quand on est bien élevé. → **courtoisie.** *« S'il vous plaît » et « merci » sont des formules de politesse.*
▷ Mot de la famille de ① POLI.

politique **n. f.** et **adj.**
■ **n. f.** Manière de gouverner un pays et de mener les relations avec les autres pays. *Pendant la campagne électorale, les candidats expliquent quelle sera leur politique.*
■ **adj. 1.** Qui concerne la manière de gouverner un pays. *Elle n'a pas les mêmes opinions politiques que son mari.* **2.** *Les hommes et les femmes politiques,* ce sont les personnes qui participent au gouvernement ou qui pourraient y participer. → aussi **politicien.**
➤ **politicien** **n. m.,** **politicienne** **n. f.** ✦ Personne qui a une activité politique au gouvernement ou dans un parti. *Ce politicien appartient à l'opposition.*

polka **n. f.** ✦ Danse polonaise très rythmée.
● Ce mot vient du tchèque.

pollen [pɔlɛn] **n. m.** ✦ Poussière formée de petits grains produits par les étamines des fleurs et qui, une fois sur le pistil, donne naissance à un fruit. *Les insectes et le vent transportent le pollen d'une fleur à l'autre.*

polluer **v.** (conjug. 1) ✦ Salir en rendant malsain et dangereux. *Les gaz produits par les voitures polluent l'atmosphère des villes.*
➤ **polluant, polluante** **adj.** ✦ Qui pollue, rend malsain l'environnement. *Une industrie très polluante. Des véhicules à moteur non polluant.*
➤ **pollution** **n. f.** ✦ Dégradation de l'environnement due à des produits toxiques. *On ne peut pas se baigner dans la rivière à cause de la pollution. La lutte contre la pollution de l'air.*

polo **n. m. 1.** Sport dans lequel les joueurs, à cheval, poussent une balle de bois avec des maillets à long manche. **2.** Chemise en tricot qui ne s'ouvre pas entièrement. *On enfile un polo par la tête.*
● Ce mot vient du tibétain.
▷ Autre mot de la famille : WATER-POLO.

polo

polochon **n. m.** ✦ Familier. Traversin. *Les enfants ont fait une bataille de polochons.*

poltron **n. m.,** **poltronne** **n. f.** ✦ Personne qui manque de courage. *Quel poltron, ce Paul !* — **Adj.** *Léa est un peu poltronne.* → ① **lâche, peureux.** ◻ contr. **courageux.**

poly- ✦ Préfixe qui signifie « plusieurs » (ex. *polyculture, polygone...*). → **multi-.**

polychrome [pɔlikʀom] **adj.** ✦ Qui est peint ou décoré de plusieurs couleurs. → aussi **multicolore.** *Au Moyen Âge, l'intérieur des cathédrales était polychrome.*

polyculture n. f. ✦ Culture de plusieurs produits sur un même domaine ou dans la même région.
▷ Mot de la famille de ① CULTURE.

polyester [pɔliɛstɛʀ] n. m. ✦ Tissu synthétique. *Une robe en polyester.* → **nylon.**

polygame n. m. et f. ✦ Homme qui a plusieurs femmes ou femme qui a plusieurs maris à la fois. *Une polygame.* — **Adj.** *Les musulmans peuvent être polygames.* ❑ contr. **monogame.**

➤ **polygamie** n. f. ✦ État d'un homme qui a plusieurs femmes ou d'une femme qui a plusieurs maris. ❑ contr. **monogamie.**

polyglotte adj. ✦ Qui parle plusieurs langues. *Elle va engager une secrétaire polyglotte.*

polygone n. m. ✦ Figure de géométrie qui a plusieurs côtés. *Le trapèze, le losange, le triangle sont des polygones.*

polystyrène n. m. ✦ Matière plastique très légère, généralement blanche. *Le pâtissier a mis la glace dans une boîte en polystyrène.*

polytechnicien n. m., **polytechnicienne** n. f. ✦ Élève de l'École polytechnique, une grande école d'ingénieurs.

polythéisme n. m. ✦ Croyance en plusieurs dieux. *Le polythéisme des anciens Grecs.* ❑ contr. **monothéisme.**

➤ **polythéiste** adj. ✦ Qui croit en plusieurs dieux. *Les Grecs et les Romains étaient polythéistes.* ❑ contr. **monothéiste.**

polyvalent, polyvalente adj. 1. Qui est capable de faire plusieurs tâches, de remplir plusieurs fonctions. *Un professeur polyvalent.* 2. *Une salle polyvalente,* c'est une salle qui peut servir à diverses activités.
▷ Mot de la famille de VALOIR.

pommade n. f. ✦ Crème grasse que l'on met sur la peau pour soigner ou soulager la douleur. *Louise met de la pommade sur ses piqûres de moustiques.*

pomme n. f. 1. Fruit du pommier, rond et contenant des pépins. *Julie croque une pomme.* — Familier. *Tomber dans les pommes,* s'évanouir. 2. *La pomme de pin,* c'est le fruit du pin. 3. *Une pomme d'arrosoir,* c'est le bout percé de trous qui s'adapte au bec d'un arrosoir. 4. *La pomme d'Adam,* c'est la petite bosse que les hommes ont à l'avant du cou.

➤ **pommeau** n. m. ✦ Bout arrondi de la poignée d'une épée. — Au pl. *Des pommeaux.*

➤ **pomme de terre** n. f. ✦ Tubercule que l'on mange et qui pousse sous terre. → fam. **patate.** *Des pommes de terre frites.* → **frite.** *De la purée de pommes de terre.* ▷ Mot de la famille de TERRE.

➤ **pommelé, pommelée** adj. ✦ *Un cheval pommelé,* c'est un cheval à la robe couverte de taches rondes grises ou blanches.

cheval **pommelé**

➤ **pommette** n. f. ✦ Haut de la joue, au-dessous de l'œil. *Des pommettes saillantes.*

➤ **pommier** n. m. ✦ Arbre fruitier à fleurs roses qui donne des pommes.

① **pompe** n. f. 1. *En grande pompe,* avec une grande solennité et dans le luxe. *Ils se sont mariés en grande pompe.* 2. *Les pompes funèbres,* l'entreprise qui s'occupe des enterrements. → aussi **croque-mort.**

➤ **pompeux, pompeuse** adj. ✦ Solennel et un peu ridicule. → **grandiloquent.** *Le ministre a fait un discours pompeux.*

➤ **pompeusement** adv. ✦ De manière pompeuse, prétentieuse. *Une maison pompeusement appelée « château ».*

② **pompe** n. f. ✦ Appareil qui aspire et renvoie du liquide ou de l'air. *Une pompe à essence. Une pompe à vélo.*

➤ **pomper** v. (conjug. 1) ✦ Aspirer avec une pompe. *Pour vider le bassin, on a pompé l'eau.*

➤ **pompier** n. m. ✦ Homme dont le métier est de combattre les incendies et de secourir les victimes d'accidents et de catastrophes. → **sapeur-pompier.** *Il y a le feu, il faut appeler les pompiers.*

➤ **pompiste** n. m. et f. ✦ Personne qui distribue l'essence dans une station-service.
▷ Autre mot de la famille : SAPEUR-POMPIER.

pompon n. m. ✦ Boule de fils de laine. *Les marins ont un bonnet à pompon rouge.*

se **pomponner** v. (conjug. 1) ✦ Se faire beau, se préparer avec soin. *Elle se pomponne avant de sortir.* → se **bichonner.**

ponce adj. f. ✦ *Une pierre ponce,* c'est une pierre très légère et poreuse qui sert à frotter la peau pour la rendre lisse.

➤ **poncer** v. (conjug. 3) ✦ Frotter pour rendre lisse avec un produit ou un appareil spécial. → **polir.** *Le peintre ponce le plafond avant de le repeindre.*

➤ **ponceuse** n. f. ✦ Machine qui sert à poncer.

poncho [pɔ̃tʃo] n. m. ✦ Manteau formé d'un grand morceau de tissu avec un trou au centre pour passer la tête. *On porte des ponchos en Amérique du Sud.*

● C'est un mot espagnol.

poncif n. m. ✦ Idée très banale, sans originalité. → **banalité, cliché, lieu** commun. *Ce roman est bourré de poncifs.*

ponction n. f. 1. *Faire une ponction,* c'est retirer un liquide du corps en l'aspirant avec une seringue. 2. Prélèvement d'argent. *L'achat de cette voiture a fait une grosse ponction dans ses économies.*

➤ **ponctionner** v. (conjug. 1) ✦ Faire une ponction. *Le chirurgien a ponctionné le kyste.*

ponctuel, ponctuelle adj. 1. Qui est toujours à l'heure. *Il est toujours ponctuel à ses rendez-vous.* → **exact.** 2. Qui porte sur un point précis. *Elle a fait des critiques ponctuelles.*

➤ **ponctuellement** adv. ✦ De manière ponctuelle. *Il arrive à son bureau tous les jours à 9 heures, très ponctuellement.*

➤ **ponctualité** n. f. ✦ Qualité d'une personne qui arrive à l'heure. → **exactitude.**

ponctuer v. (conjug. 1) ✦ Mettre des signes de ponctuation dans un texte. *Ponctuez bien votre dictée.*

➤ **ponctuation** n. f. ✦ *Les signes de ponctuation,* ce sont les signes qui permettent de séparer les éléments qui forment une phrase, ou les phrases entre elles. *Le point, le point d'interrogation, la virgule, les parenthèses sont des signes de ponctuation.*

pondéré, pondérée adj. ✦ Équilibré et calme dans ses jugements. *C'est une femme très pondérée.*

➤ **pondération** n. f. ✦ Équilibre et calme dans les jugements. *Ce médecin fait toujours preuve de pondération.*

pondre v. (conjug. 41) ✦ Produire des œufs. *Les oiseaux, les reptiles et les poissons pondent des œufs.* → aussi **ovipare, ovovivipare.**

➤ **pondeuse** n. f. ✦ Poule élevée pour ses œufs. *Cette poule est une bonne pondeuse.*

▷ Autre mot de la famille : PONTE.

poney n. m. ✦ Cheval d'une race de très petite taille. *Louise fait une promenade à dos de poney.* — Au pl. *Des poneys.*

① **pont** n. m. 1. Construction qui permet de franchir un cours d'eau, une voie ferrée ou une route. *Un pont de pierre franchit la rivière.* → aussi **viaduc.** 2. *Un pont aérien,* c'est une liaison par avion, installée d'urgence et fonctionnant de façon ininterrompue, pour acheminer des vivres, des secours ou évacuer des réfugiés, dans une zone dangereuse. *L'armée a établi un pont aérien au-dessus de la zone des combats.* 3. *Faire le pont,* c'est avoir un jour de congé supplémentaire entre deux jours fériés.

▷ Autres mots de la famille : PONT-LEVIS, PONTON.

② **pont** n. m. ✦ Plancher recouvrant la coque d'un bateau. *Les paquebots ont souvent plusieurs ponts.*

▷ Autre mot de la famille : ENTREPONT.

ponte n. f. ✦ Action de pondre. *Pour la plupart des oiseaux, la saison de la ponte est au printemps.*

▷ Mot de la famille de PONDRE.

ponte

pontife n. m. ✦ *Le souverain pontife,* c'est le pape.

➤ **pontifical, pontificale** adj. ✦ Qui concerne le pape. *Une messe pontificale,* c'est une messe célébrée par le pape. → **papal.** — Au masc. pl. *pontificaux.*

➤ **pontificat** **n. m.** ✦ Règne d'un pape. *Le pontificat de Jean-Paul II.*

pont-levis **n. m.** ✦ Pont pouvant se lever ou s'abaisser au-dessus du fossé d'un château fort. *On a relevé le pont-levis pour empêcher les assaillants d'entrer.* — Au pl. *Des ponts-levis.*

▷ Mot de la famille de ① PONT et de ① LEVER.

ponton **n. m.** ✦ Sorte de plateforme flottant sur l'eau. *Un ponton de bois servait de débarcadère.*

▷ Mot de la famille de ① PONT.

pop [pɔp] **adj. inv.** ✦ *La musique pop,* c'est une musique très rythmée qui vient d'Angleterre et des États-Unis. ❍ homonyme : pope.

● C'est un mot anglais qui veut dire « populaire ».

pop-corn [pɔpkɔʀn] **n. m. inv.** ✦ Grains de maïs soufflés que l'on mange sucrés ou salés. *Théo mange du pop-corn.*

● Ce mot s'emploie toujours au singulier. Il vient de l'anglais.

pope **n. m.** ✦ Prêtre de l'Église orthodoxe. *Les popes ont le droit de se marier.* ❍ homonyme : pop.

popeline **n. f.** ✦ Tissu de coton ou de soie, fin et serré. *Une chemise en popeline.*

populace **n. f.** ✦ *La populace,* c'est le peuple.

● Ce mot est méprisant.

populaire **adj.** 1. Qui appartient au peuple, vient du peuple. *Il utilise des expressions populaires.* 2. Apprécié par un grand nombre de gens. *Ce chanteur est très populaire.* 3. *Un quartier populaire,* habité par les gens du peuple. ❑ contr. **bourgeois.**

➤ **popularité** **n. f.** ✦ Considération, faveur. *La popularité du chef de l'État est en baisse.*

▷ Autres mots de la famille : IMPOPULAIRE, IMPOPULARITÉ.

population **n. f.** ✦ Ensemble des habitants d'un pays, d'une région, d'une ville. *La population de Mexico est très nombreuse.*

▷ Autre mot de la famille : SURPOPULATION.

populeux, populeuse **adj.** ✦ Très peuplé. *Des villes populeuses.*

porc [pɔʀ] **n. m.** ✦ Animal au corps épais, au museau terminé par un groin, élevé pour sa chair et pour sa peau. → **cochon** et aussi **truie.** *Le jambon et le saucisson sont de la viande de porc. Il a une ceinture en peau de porc.* ❍ homonymes : pore, ① et ② port.

➤ **porcelet** **n. m.** ✦ Jeune porc. *La truie a eu dix porcelets.*

▷ Autres mots de la famille : PORC-ÉPIC, PORCHERIE, PORCIN.

porcelaine **n. f.** ✦ Matière blanche, fine et fragile avec laquelle on fabrique de la vaisselle et des bibelots. → aussi **kaolin.** *La porcelaine de Limoges est très réputée.*

porc-épic [pɔʀkepik] **n. m.** ✦ Petit animal sauvage plus gros que le hérisson, au corps recouvert de piquants longs et épais. *Les porcs-épics vivent en Afrique, en Asie et dans le sud de l'Europe.*

▷ Mot de la famille de PORC.

porc-épic

porche **n. m.** ✦ Partie couverte d'un bâtiment, qui abrite la porte d'entrée. *Surpris par la pluie, ils se sont abrités sous le porche d'un immeuble.*

porcherie **n. f.** ✦ Bâtiment où l'on élève des porcs.

▷ Mot de la famille de PORC.

porcin, porcine **adj.** ✦ Qui concerne les porcs. *Le sanglier appartient à la race porcine.* — **N. m.** *Dans cette ferme, on pratique l'élevage des porcins.*

▷ Mot de la famille de PORC.

pore **n. m.** ✦ Petit trou à la surface de la peau. *Les pores permettent à la sueur de s'écouler à la surface de la peau.* ❍ homonymes : porc, ① et ② port.

➤ **poreux, poreuse** **adj.** ✦ Qui a de nombreux petits trous qui laissent passer les liquides. *Le calcaire est une matière poreuse.* ❑ contr. **imperméable.**

pornographique **adj.** ✦ Qui montre la sexualité de manière obscène. *Il a acheté une revue pornographique. Des films pornographiques.* → aussi **érotique.**

porphyre **n. m.** ✦ Roche volcanique, souvent rouge sombre. *Des colonnes de porphyre.*
● Il y a un *y* après le *ph*.

① **port** **n. m.** ✦ Endroit aménagé au bord de la mer ou d'un fleuve pour abriter les navires. *Rouen est un port fluvial, Marseille un port maritime. Après leur journée de pêche, les bateaux sont rentrés au port.* — *Arriver à bon port,* à destination sans accident. *Les voyageurs sont arrivés à bon port.* ❍ homonymes : porc, pore.
▷ Autres mots de la famille : AÉROPORT, HÉLIPORT, PASSEPORT, PORTUAIRE.

② **port** **n. m.** **1.** Le fait de porter sur soi. *À moto, le port du casque est obligatoire.* **2.** Prix du transport d'une lettre ou d'un colis. *Le port du colis a été payé par l'expéditeur.*
▷ Mot de la famille de PORTER.

portable **adj.** **1.** Que l'on peut porter, mettre sur soi. *Cette robe est encore portable.* → **mettable.** ❑ contr. **immettable.** **2.** Que l'on peut transporter. → **portatif.** *Un ordinateur portable. Un téléphone portable.* → **mobile.** — **N. m.** *Un portable,* un ordinateur ou un téléphone portable. *Je l'ai appelé sur son portable.*
▷ Mot de la famille de PORTER.

portail **n. m.** (pl. **portails**) ✦ Grande porte à l'entrée d'un jardin, d'un parc, d'une église. *Le portail était ouvert.*
▷ Mot de la famille de PORTE.

portant, portante **adj.** **1.** *Être bien, mal portant,* être en bonne, en mauvaise santé. *Malgré son âge, cette vieille dame est encore très bien portante.* **2.** *À bout portant,* le bout de l'arme touchant presque la victime. *Il a été abattu à bout portant.*
▷ Mot de la famille de PORTER.

portatif, portative **adj.** ✦ Qui peut être transporté facilement. → **portable.** *Une télévision portative.*
▷ Mot de la famille de PORTER.

porte **n. f.** **1.** Panneau que l'on peut faire pivoter ou glisser pour permettre l'ouverture et la fermeture d'un bâtiment, d'une pièce, d'un meuble ou d'un véhicule. *Elle ferme la porte de la maison à double tour.* — *Mettre à la porte,* mettre dehors, renvoyer. *Alex a été mis à la porte du cours de français.* **2.** *Les portes d'une ville,* ce sont les endroits par lesquels on peut y entrer. *La porte Dauphine, à Paris.*
▷ Autres mots de la famille : PORTAIL, PORTE-À-PORTE, PORTE-FENÊTRE, PORTIER, PORTIÈRE, PORTILLON.

en **porte-à-faux** **adv.** ✦ En déséquilibre. *La pile de livres est en porte-à-faux sur le bord de la table.*
▷ Mot de la famille de PORTER et de ① FAUX.

porte-à-porte **n. m. inv.** ✦ *Faire du porte-à-porte,* c'est faire de la vente à domicile.
▷ Mot de la famille de PORTE.

porte-avions **n. m. inv.** ✦ Grand bateau de guerre qui permet à des avions de décoller et d'atterrir. — Au pl. *Des porte-avions.*
▷ Mot de la famille de PORTER et de AVION.

porte-avions

porte-bagages **n. m. inv.** ✦ Support plat sur un vélo ou une moto, qui permet de transporter des objets ou des personnes. — Au pl. *Des porte-bagages.*
▷ Mot de la famille de PORTER et de BAGAGE.

porte-bonheur **n. m. inv.** ✦ Objet qui est supposé porter bonheur. *Le trèfle à quatre feuilles, le fer à cheval sont des porte-bonheur.*
▷ Mot de la famille de PORTER et de BONHEUR.

porte-cartes **n. m. inv.** ✦ Portefeuille dans lequel on range ses papiers d'identité, ses

cartes de crédit, etc. — Au pl. *Des porte-cartes.*
▷ Mot de la famille de PORTER et de ① CARTE.

porte-clés n. m. inv. ✦ Anneau ou étui qui sert à tenir ensemble plusieurs clés. *Théo collectionne les porte-clés.*
▷ Mot de la famille de PORTER et de CLÉ.

porte-documents n. m. inv. ✦ Serviette plate qui sert à ranger des papiers, des dossiers. — Au pl. *Des porte-documents.*
▷ Mot de la famille de PORTER et de DOCUMENT.

portée n. f. 1. Ensemble de petits qu'une femelle de mammifère a en une fois. *Les chattes peuvent avoir plusieurs portées par an.* 2. Les cinq lignes horizontales et parallèles sur lesquelles sont écrites les notes de musique. *La partition est écrite sur la portée.* 3. *À la portée de quelqu'un,* accessible pour lui. *Passe-moi le pain, la corbeille est juste à ta portée,* tu peux facilement l'atteindre. *Ces études ne sont pas à sa portée,* il n'est pas capable de les faire. 4. Effet, conséquence. *On ne mesure pas toujours la portée de ce que l'on dit.*
▷ Mot de la famille de PORTER.

portée

porte-fenêtre n. f. ✦ Fenêtre qui descend jusqu'au sol et qui sert de porte. — Au pl. *Des portes-fenêtres.*
▷ Mot de la famille de PORTE et de FENÊTRE.

portefeuille n. m. ✦ Étui muni de poches où l'on range des billets de banque. *On achète les portefeuilles dans des maroquineries.* → aussi **porte-cartes.**
▷ Mot de la famille de PORTER et de FEUILLE.

portemanteau n. m. ✦ Crochet fixé au mur ou ensemble de crochets fixés à un pied et servant à suspendre des vêtements. *Accroche ta veste au portemanteau.* → aussi **patère.** — Au pl. *Des portemanteaux.*
▷ Mot de la famille de PORTER et de MANTEAU.

porte-monnaie n. m. inv. ✦ Petit sac où l'on range des pièces de monnaie. → ① **bourse.** *Julie a mis son argent dans son porte-monnaie.* — Au pl. *Des porte-monnaie.*
▷ Mot de la famille de PORTER et de MONNAIE.

porte-parole n. m. et f. inv. ✦ Personne qui parle au nom de quelqu'un ou d'un groupe. *La porte-parole du gouvernement.* — Au pl. *Des porte-parole.*
▷ Mot de la famille de PORTER et de PAROLE.

porte-plume n. m. inv. ✦ Tige au bout de laquelle est enfoncée une plume. *Autrefois, les écoliers écrivaient avec des porte-plume.*
● On écrit aussi *des porte-plumes.*
▷ Mot de la famille de PORTER et de PLUME.

porter v. (conjug. 1) 1. Supporter un poids. *Il porte son bébé sur ses épaules.* 2. *C'est une responsabilité lourde à porter,* à supporter. 3. Prendre pour mettre quelque part. *Les infirmiers portent le blessé sur une civière.* 4. Avoir sur soi. *Paul porte des lunettes. Hier, Julie portait un pantalon. Léa porte un joli prénom.* → **avoir.** 5. Avoir des petits dans son ventre. *Les juments portent onze mois.* 6. *Porter plainte,* c'est déposer une plainte en justice. *Elle a porté plainte pour vol. Porter bonheur,* apporter du bonheur. *Les trèfles à quatre feuilles portent bonheur.* 7. *Porter sur,* c'est avoir pour sujet. *La discussion a porté sur l'éducation.* 8. *Une voix qui porte,* que l'on entend de loin. *Alex a une voix qui porte.* 9. Avoir de l'effet, de l'influence. *Les remarques que je lui ai faites ont porté.* 10. *Se porter bien, mal,* aller bien ou mal, être en bonne ou en mauvaise santé. *Malgré son âge, le grand-père d'Alex se porte très bien.*

➤ **porte-savon** n. m. ✦ Petit support où l'on pose le savon. — Au pl. *Des porte-savons.*
▷ Mot de la famille de SAVON.

➤ **porte-serviettes** n. m. inv. ✦ Support où l'on suspend les serviettes de toilette. — Au pl. *Des porte-serviettes.* ▷ Mot de la famille de SERVIETTE.

➤ **porteur** n. m. et adj., **porteuse** adj.
■ **n. m.** Personne qui porte les bagages des voyageurs. *Il a appelé un porteur sur le quai de la gare.*
■ **adj.** *Être porteur d'une maladie,* l'avoir et risquer de la transmettre. *Elle est porteuse d'une maladie contagieuse.*

porte-voix

➤ **porte-voix** **n. m. inv.** ✦ Appareil qui amplifie la voix. *Pour se faire entendre de tous, il dut crier dans un porte-voix.* — Au pl. *Des porte-voix.* ▷ Mot de la famille de VOIX.

▷ Autres mots de la famille : AÉROPORTÉ, APPORT, APPORTER, COMPORTEMENT, ① COMPORTER, ② SE COMPORTER, DÉPORTATION, DÉPORTÉ, DÉPORTER, EMPORTEMENT, EMPORTER, EXPORTATEUR, EXPORTATION, EXPORTER, IMPORTATEUR, IMPORTATION, ② IMPORTER, INSUPPORTABLE, ② PORT, PORTABLE, PORTANT, PORTATIF, EN PORTE-À-FAUX, PORTE-AVIONS, PORTE-BAGAGES, PORTE-BONHEUR, PORTE-CARTES, PORTE-CLÉS, PORTE-DOCUMENTS, PORTÉE, PORTEFEUILLE, PORTEMANTEAU, PORTE-MONNAIE, PORTE-PAROLE, PORTE-PLUME, PRÊT-À-PORTER, RAPPORT, RAPPORTER, ① et ② RAPPORTEUR, REMPORTER, REPORT, ② REPORTER, SUPPORT, SUPPORTABLE, ① SUPPORTER, TRANSPORT, TRANSPORTABLE, TRANSPORTER, TRANSPORTEUR, TRIPORTEUR.

portier **n. m.** ✦ Personne qui surveille les entrées et les sorties à la porte d'un bâtiment. *Le portier d'un hôtel donne les clés des chambres et renseigne les clients.*
▷ Mot de la famille de PORTE.

portière **n. f.** ✦ Porte d'une voiture ou d'un wagon. *Le train va partir ; attention à la fermeture automatique des portières !*
▷ Mot de la famille de PORTE.

portillon **n. m.** ✦ Petite porte à battant assez bas. *Il y a un portillon à l'entrée du square.*
▷ Mot de la famille de PORTE.

portion [pɔʀsjɔ̃] **n. f.** 1. Part. → **morceau, ration.** *Alex a commandé une portion de frites.* 2. Partie. *Une portion du jardin est réservée aux légumes.*
▷ Autres mots de la famille : DISPROPORTION, DISPROPORTIONNÉ, PROPORTION, PROPORTIONNÉ, PROPORTIONNEL, PROPORTIONNELLEMENT.

portique **n. m.** ✦ Barre horizontale soutenue par des poteaux, à laquelle sont suspendus des agrès. *Dans le parc, il y a un portique avec une balançoire, un trapèze et des anneaux.*

porto **n. m.** ✦ Vin sucré du Portugal. *Une bouteille de porto.*
● *Porto* est le nom d'une ville du Portugal.

portrait **n. m.** 1. Dessin, peinture ou photo qui représente une personne. *Le peintre a fait un portrait de sa femme.* 2. *Être le portrait de quelqu'un,* c'est lui ressembler beaucoup. *Julie est le portrait de son père.* 3. Description d'une personne. *Elle nous a fait de lui un portrait très drôle.*
▷ Autre mot de la famille : AUTOPORTRAIT.

portuaire **adj.** ✦ D'un port. *Les installations portuaires.*
▷ Mot de la famille de ① PORT.

poser **v.** (conjug. 1) 1. Mettre. *Il pose son verre sur la table.* — **se poser,** s'arrêter de voler sur un espace horizontal. *L'oiseau s'est posé sur une branche.* ❑ contr. s'**envoler.** *L'avion se posera à 10 h 50,* il atterrira. ❑ contr. ① **décoller.** 2. Installer. *Ils ont fait poser de la moquette dans leur chambre.* 3. *Poser une question,* c'est interroger. *Le professeur a posé une question à Léa.* 4. *Poser un chiffre,* c'est l'écrire. *Faites l'addition mentalement, sans la poser,* sans écrire les nombres. 5. Ne pas bouger quand on doit être photographié ou pris comme modèle pour être peint ou dessiné. *Les mannequins posent pour les photographes.* 6. *Poser sa candidature,* c'est se déclarer candidat. *Il a posé sa candidature pour un poste à l'étranger.*

pose

➤ **pose** **n. f.** 1. Installation. *La pose de ce papier peint est très facile.* 2. Attitude. *Le mannequin garde la pose devant le photographe,* il reste immobile. ○ homonyme : pause.
➤ **posé, posée** **adj.** ✦ Calme et sérieux. *Léa est une petite fille posée.*

➤ **posément** adv. ✦ Calmement. *Réfléchissons posément.*

➤ **poseur** n. m., **poseuse** n. f. 1. Personne qui pose, qui installe quelque chose. *La police a retrouvé les poseurs de bombes.* 2. Personne qui n'est pas naturelle. *Quelle poseuse, cette fille !* — **Adj.** *Ils sont un peu poseurs.*

➤ **position** n. f. 1. Manière de se tenir. → **attitude.** *Le malade est en position couchée. Mettez-vous en position assise.* 2. Place. *Le favori est arrivé en seconde position.* 3. Endroit où l'on se trouve. *Le bateau donne sa position par radio.* 4. Point de vue. *Voilà ma position sur cette affaire.* → **avis.** — *Prendre position,* c'est prendre parti, donner son avis.

▷ Autres mots de la famille : APPOSER, APPOSITION, DÉPOSER, DÉPOSITAIRE, DÉPOSITION, DÉPÔT, DÉPOTOIR, ENTREPOSER, ENTREPÔT, EXPOSANT, EXPOSÉ, EXPOSER, EXPOSITION, S'INTERPOSER, JUXTAPOSER, JUXTAPOSITION, OPPOSANT, OPPOSÉ, OPPOSER, S'OPPOSER, OPPOSITION, PRÉPOSITION, REPOS, REPOSANT, ① et ② REPOSER, SE REPOSER, SUPERPOSER, SUPPOSER, SUPPOSITION, TRANSPOSER.

positif, positive adj. 1. *Une réponse positive,* affirmative. ❑ contr. ① **négatif.** 2. Plus grand que zéro. *Les nombres positifs sont précédés du signe +.* 3. Qui révèle la présence de quelque chose. *Ma cutiréaction est positive,* il y a une inflammation à l'endroit où elle a été faite. 4. *Un esprit positif,* qui donne la préférence aux faits, aux réalités. → **constructif.** ❑ contr. ① **négatif.**

▷ Autre mot de la famille : SÉROPOSITIF.

posologie n. f. ✦ Quantité de médicament à prendre. *Il faut toujours respecter la posologie.*

posséder v. (conjug. 6) 1. Avoir à soi. *Ils possèdent une grande propriété à la campagne.* 2. Connaître parfaitement. *Le conférencier possédait bien son sujet.*

▷ Autre mot de la famille : DÉPOSSÉDER.

possesseur n. m. ✦ Personne qui possède un bien. → **propriétaire.** *Le nombre de possesseurs de téléphones portables est en hausse.*

● Ce mot est toujours du masculin, même quand il s'agit d'une femme. Il y a deux fois deux *s* dans ce mot.

possessif, possessive adj. 1. *Les adjectifs et les pronoms possessifs* indiquent à qui appartient une chose. *Dans la phrase : « Prête-moi ton crayon, j'ai perdu le mien », « ton » est un adjectif possessif et « le mien » un pronom possessif.* 2. *Une personne possessive,* c'est une personne exclusive, jalouse. *Il est trop possessif avec sa femme.* → **jaloux.**

● Il y a deux fois deux *s* dans ce mot.

possession n. f. 1. Fait de posséder quelque chose, de l'avoir à soi. *La possession d'un château est un luxe. Avoir une chose en sa possession,* c'est l'avoir, la détenir. *Ce document n'est plus en ma possession.* 2. Chose possédée. → **bien.** *Cette belle maison est la possession d'un célèbre acteur de cinéma,* elle lui appartient.

possible adj. et n. m.

■ **adj.** 1. Qui peut être fait, réalisé. → **faisable.** *Une chose possible. C'est très possible de faire ce travail en une heure.* ❑ contr. **impossible.** 2. Qui peut arriver. *Il est possible que je ne sois pas là demain,* il se peut que je ne sois pas là. *C'est possible,* peut-être. 3. *Léa s'applique le plus possible,* le plus qu'elle peut. *J'aimerais partir le plus tôt possible,* dès que je pourrai.

■ **n. m.** *Faire tout son possible,* tout ce qu'on peut. *Je ferai tout mon possible pour t'aider.*

➤ **possibilité** n. f. 1. Chose possible, qui peut arriver. *Il faut envisager toutes les possibilités.* → **éventualité, hypothèse.** 2. Moyen de faire quelque chose. *Les élèves de CM 1 ont la possibilité de partir en classe de neige,* ils le peuvent.

▷ Autres mots de la famille : IMPOSSIBILITÉ, IMPOSSIBLE.

① **poste** n. f. 1. Service public chargé de distribuer le courrier. *Ce colis a été expédié par la poste.* 2. Bâtiment qui abrite la poste. *La poste est juste à côté,* le bureau de poste.

➤ **postal, postale** adj. ✦ De la poste. *En France, les camions postaux sont jaunes.*

➤ ① **poster** v. (conjug. 1) ✦ Mettre à la poste. *J'ai posté ma lettre hier.* → **envoyer, expédier.**

▷ Autre mot de la famille : POSTIER.

② **poste** n. m. 1. Lieu où l'on doit être. *La sentinelle est à son poste.* 2. *Le poste de police,* c'est l'endroit où se tiennent les policiers de service. 3. *Le poste de pilotage d'un avion,* c'est l'endroit où se tient le pilote. 4. Emploi. *Le père de Théo occupe un poste d'ingénieur dans une entreprise d'informatique.* 5. Appareil qui reçoit ou émet des émissions. *Un poste de radio. Un poste de télévision.* → **téléviseur.**

➤ ② **poster** v. (conjug. 1) 1. Placer dans un endroit précis. *L'inspecteur a posté des policiers en civil devant l'immeuble.* 2. **se poster,** c'est s'installer pour surveiller. *Louise s'est postée devant la fenêtre pour guetter l'arrivée de Julie.*

③ **poster** [pɔstɛʀ] **n. m.** ✦ Affiche servant à décorer. *Alex a mis des posters sur les murs de sa chambre.*
● C'est un mot anglais.

postérieur, postérieure adj. 1. Qui est derrière, à l'arrière. *Les ours peuvent se tenir debout sur leurs pattes postérieures.* ❑ contr. **antérieur.** 2. Qui a lieu après. → **ultérieur.** *Cet événement est postérieur à la naissance de Julie.*

a **posteriori** → **a posteriori**

postérité n. f. ✦ Les générations à venir, ensemble des personnes nées après quelqu'un. *Les œuvres des grands artistes passent à la postérité.*

posthume adj. ✦ *Une œuvre posthume,* parue après la mort de son auteur. *Cet écrivain a laissé un dernier roman posthume.*
● Il y a un *h* après le *t.*

postiche adj. ✦ Faux. *Le voleur avait une barbe postiche.* — **N. m.** *Un postiche,* une fausse mèche de cheveux.

postier n. m., **postière** n. f. ✦ Personne qui travaille à la poste.
▷ Mot de la famille de ① POSTE.

① **postillon** n. m. ✦ Conducteur d'une diligence. → ① **cocher.**

② **postillon** n. m. ✦ Goutte de salive que l'on envoie en parlant, en éternuant. *Envoyer des postillons.*
➤ **postillonner** v. (conjug. 1) ✦ Envoyer des postillons. *Paul postillonne en parlant.*

post-scriptum [pɔstskʀiptɔm] **n. m. inv.** ✦ Petit texte situé à la fin d'une lettre, après la signature. *Sa lettre comportait plusieurs post-scriptum.*
● *Post-scriptum* s'écrit en abrégé *P.-S.* [peɛs].

postuler v. (conjug. 1) ✦ Être candidat à un emploi. *Il a postulé un emploi de comptable.* → **solliciter.**

posture n. f. 1. Position du corps. *Les postures du yoga.* 2. *Être en mauvaise posture,* c'est être dans une situation difficile.

posture de yoga

pot n. m. 1. Récipient. *Un pot de confiture. Un pot à eau.* 2. Récipient destiné aux besoins naturels. *Le bébé est sur le pot.* 3. *Le pot d'échappement d'un véhicule,* c'est le tuyau par où s'échappent les gaz brûlés. *Le pot d'échappement de la voiture est crevé.* 4. *Tourner autour du pot,* c'est ne pas dire directement ce que l'on a à dire. *Parle franchement, au lieu de tourner autour du pot.*
◡ homonyme : peau.
▷ Autres mots de la famille : CACHE-POT, EMPOTÉ, POT-AU-FEU, POT-DE-VIN, POTÉE, POTERIE, POTICHE, POTIER, POT-POURRI, REMPOTER.

potable adj. ✦ *De l'eau potable,* c'est de l'eau que l'on peut boire sans danger. *Cette eau n'est pas potable.*

potage n. m. ✦ Bouillon dans lequel on a fait cuire des légumes coupés en morceaux. → **soupe.** *Un potage aux asperges.*

potager, potagère adj. 1. *Un jardin potager,* c'est un jardin où l'on cultive des légumes et des fruits. — **N. m.** *Il plante des salades dans le potager.* 2. *Les plantes pota-*

gères, ce sont les plantes dont on peut manger certaines parties. *Les carottes et les navets sont des plantes potagères.* → aussi **légume.**

potasse **n. f.** ✦ Produit chimique blanc qui se dissout dans l'eau. *La potasse est utilisée comme engrais.*

pot-au-feu [potofø] **n. m. inv.** ✦ Plat fait de viande de bœuf qui a bouilli avec des légumes. — Au pl. *Des pot-au-feu.*
▷ Mot de la famille de POT et de FEU.

pot-de-vin **n. m.** ✦ Somme d'argent que l'on donne secrètement en plus du prix convenu dans un marché, ou pour obtenir quelque chose de façon illégale. — Au pl. *Des pots-de-vin.*
▷ Mot de la famille de POT et de VIN.

poteau **n. m.** ✦ Pilier enfoncé dans le sol. *Les poteaux électriques,* ce sont les piliers qui soutiennent les fils électriques. → **pylône.**

potée **n. f.** ✦ Plat de viande de porc ou de bœuf bouillie, accompagnée de légumes. *De la potée aux choux.*
▷ Mot de la famille de POT.

potelé, potelée **adj.** ✦ Dodu, grassouillet. *Des bébés potelés.* ❏ contr. **maigre.**

potence **n. f.** ✦ Instrument de supplice fait de deux poutres perpendiculaires soutenant une corde à laquelle on pendait les condamnés. → **gibet.**

potentiel [pɔtɑ̃sjɛl] **n. m.** ✦ Capacité à produire. *Ce pays a un grand potentiel industriel.* → **puissance.**

poterie **n. f.** **1.** Fabrication d'objets en terre cuite. *Léa fait de la poterie.* **2.** Objet en terre cuite. *Les plus anciennes poteries datent de 7 000 ans avant Jésus-Christ.*
▷ Mot de la famille de POT.

poterne **n. f.** ✦ Porte cachée dans le mur d'un château fort ou d'une forteresse. *La poterne était souvent située sous le pont-levis.*

potiche **n. f.** ✦ Grand vase de porcelaine. *Julie a cassé la potiche chinoise du salon.*
▷ Mot de la famille de POT.

potier **n. m.,** **potière** **n. f.** ✦ Personne qui fabrique et vend des poteries. *Le potier façonne la terre sur un tour et la fait cuire dans un four.*
▷ Mot de la famille de POT.

potin **n. m.** ✦ *Des potins,* ce sont des commérages, des ragots. *Elle adore raconter des potins.* → **cancan.**

potion [pɔsjɔ̃] **n. f.** ✦ Médicament liquide qui se boit. *L'infirmière donne au malade une potion pour calmer la douleur.*

potiron **n. m.** ✦ Grosse citrouille. *De la soupe au potiron.*

pot-pourri **n. m.** **1.** Morceau de musique formé de plusieurs airs à la suite. — Au pl. *Des pots-pourris.* **2.** Mélange odorant à base de fleurs séchées.
▷ Mot de la famille de POT et de POURRIR.

pou **n. m.** (pl. **poux**) ✦ Très petit insecte parasite qui vit dans les cheveux. *Paul a attrapé des poux à l'école.* ❍ homonyme : pouls.
▷ Autre mot de la famille : POUILLEUX.

poubelle **n. f.** ✦ Récipient dans lequel on jette les ordures. *Les poubelles sont ramassées par les éboueurs. On a jeté les restes à la poubelle.*
● Ce mot vient du nom d'Eugène *Poubelle,* préfet de la Seine, qui imposa ce récipient en 1884.

pouce **n. m. et interj.**
■ **n. m.** **1.** Le doigt le plus court et le plus gros. *Léa suce encore son pouce. — Se tourner les pouces,* c'est rester sans rien faire. *Donner un coup de pouce à quelqu'un,* c'est l'aider. **2.** Ancienne mesure de longueur valant un peu moins de 3 centimètres. *Il n'a pas bougé d'un pouce depuis tout à l'heure,* il n'a pas bougé du tout.
■ **interj.** *Pouce !* Mot que l'on prononce en mettant le pouce en l'air quand on veut interrompre un jeu. *« Pouce ! » dit Alex au milieu de la partie, « mon lacet s'est défait ».*

potier

poudre **n. f.** 1. Matière moulue en grains très fins. *Du sucre en poudre.* 2. Produit de maquillage que l'on se met sur la peau avec une houppette ou un gros pinceau. *Elle se remet un peu de poudre sur le visage.* 3. Mélange destiné à exploser. *Il y a de la poudre dans les cartouches.*

➤ **poudrer** **v.** (conjug. 1) ✦ Mettre de la poudre. *Autrefois, on se poudrait les cheveux.* — **se poudrer,** se mettre de la poudre sur le visage. *Elle se poudre devant la glace.*

➤ **poudreux, poudreuse** **adj.** ✦ Fin comme de la poudre. *La neige fraîche est poudreuse.*

● On appelle aussi la neige poudreuse : *la poudreuse.*

➤ **poudrier** **n. m.** ✦ Boîte à poudre. *Elle remet la houppette dans le poudrier.*

➤ **poudrière** **n. f.** ✦ Endroit où l'on garde les explosifs. *Ce pays est une vraie poudrière,* il risque de s'y passer des choses très violentes.

▷ Autre mot de la famille : SAUPOUDRER.

pouf **n. m.** ✦ Gros coussin posé sur le sol, qui sert de siège.

pouffer **v.** (conjug. 1) ✦ *Pouffer de rire,* c'est éclater de rire malgré soi. *Louise et Julie ont pouffé de rire quand Paul est tombé par terre.*

pouilleux, pouilleuse **adj.** ✦ Très pauvre et sale. → **misérable, sordide.** *Une chambre d'hôtel pouilleuse.*

▷ Mot de la famille de POU.

poulailler **n. m.** ✦ Abri pour les poules. *Le soir, la fermière enferme les poules dans le poulailler.*

▷ Mot de la famille de POULE.

poulain **n. m.** ✦ Petit du cheval et de la jument, mâle ou femelle, jusqu'à l'âge de deux ans et demi. *Le poulain galope dans le pré.* → aussi **pouliche.**

① **poule** **n. f.** 1. Oiseau de basse-cour, à ailes courtes et arrondies, portant une petite crête. → aussi **coq** et **poussin.** *La poule rousse a pondu un œuf.* — *Se lever, se coucher avec les poules,* très tôt. — *Quand les poules auront des dents,* jamais. 2. *Une poule d'eau,* c'est un oiseau de la taille d'un pigeon. *Une poule faisane,* c'est la femelle du faisan. 3. *Une mère poule,* c'est une mère qui protège beaucoup ses enfants. → aussi **couver.** 4. *Une poule mouillée,* c'est une personne peureuse. → **mauviette.** *Son frère est une vraie poule mouillée.*

➤ **poulet** **n. m.** ✦ Petit de la poule, âgé de 3 à 10 mois, plus grand que le poussin. *Nous avons mangé du poulet rôti.*

▷ Autre mot de la famille : POULAILLER.

poule d'eau

poule faisane

poule

② **poule** **n. f.** ✦ Groupe d'équipes de rugby qui doivent se rencontrer au cours d'un championnat. *L'équipe de notre ville est en poule A.*

pouliche **n. f.** ✦ Jeune jument de plus de 30 mois. → aussi **poulain.**

poulie **n. f.** ✦ Petite roue sur laquelle passe une corde ou une chaîne et qui sert à soulever une charge.

poulie

poulpe **n. m.** ✦ Animal marin à huit tentacules munis de ventouses. → **pieuvre.** *Les poulpes sont des mollusques.*

pouls [pu] **n. m.** ✦ Battement du sang dans les artères, que l'on sent très bien au poignet. → aussi **pulsation.** *Le médecin prend le pouls du malade.* ❍ homonyme : pou.
● On ne prononce ni le *l* ni le *s*.

poumon **n. m.** ✦ *Les poumons,* ce sont les deux organes situés dans la cage thoracique qui servent à respirer. *La pneumonie et la tuberculose sont des maladies des poumons.* → aussi **pulmonaire.**
▷ Autre mot de la famille : S'ÉPOUMONER.

poupe **n. f.** ✦ Arrière d'un bateau. ❏ contr. **proue.**

poupée **n. f.** ✦ Jouet représentant un bébé, une personne. *Léa joue à la poupée.*
➤ **poupon** **n. m.** 1. Bébé. *Un beau poupon.* 2. Poupée représentant un bébé. → **baigneur.** *Un poupon en caoutchouc.*
➤ **pouponner** **v.** (conjug. 1) ✦ S'occuper d'un bébé. *Elle adore pouponner.*
➤ **pouponnière** **n. f.** ✦ Endroit où sont hospitalisés les très jeunes enfants.

pour **prép.** et **n. m. inv.**
■ **prép.** 1. Indique le but, la conséquence. *Il a téléphoné pour prendre rendez-vous.* → **afin de.** *Je l'ai appelé pour qu'il vienne m'aider. Prends ce sirop pour la toux.* → **contre.** 2. Indique la destination. *Ils sont partis pour l'Espagne.* 3. Indique une date, une durée. *Julie a des devoirs pour demain.* 4. Indique le choix. *Ils ont voté pour le même candidat.* 5. Indique l'échange. *Elle s'est acheté une robe pour 75 euros.* 6. Indique la cause. *Le cinéma est fermé pour travaux.* 7. En ce qui concerne. *Pour ma part, je n'ai plus faim. Elle est bien pour son âge.*
■ **n. m. inv.** *Le pour et le contre.* → **contre.**
▷ Autres mots de la famille : POURBOIRE, POURCENTAGE, POURQUOI, POURTANT.

pourboire **n. m.** ✦ Petite somme d'argent que le client donne en plus du prix, à la personne qui l'a servi. *Il a donné un pourboire au chauffeur de taxi.* → aussi **service.**
▷ Mot de la famille de POUR et de BOIRE.

pourceau **n. m.** ✦ Cochon, porc. — Au pl. *Des pourceaux.*
● Ce mot est littéraire.

pourcentage **n. m.** ✦ Proportion pour cent. *Un petit pourcentage des élèves redoublera,* une petite proportion. *Quatre-vingt-dix pour cent (90 %) est un pourcentage important.*
▷ Mot de la famille de POUR et de CENT.

pourchasser **v.** (conjug. 1) ✦ Poursuivre, chasser. *Le chat pourchasse les souris dans le grenier.*
▷ Mot de la famille de CHASSER.

se **pourlécher** **v.** (conjug. 6) ✦ Se passer la langue sur les lèvres en signe de plaisir avant ou après un bon repas. *Alex se pourlèche déjà à la vue de l'énorme gâteau.*
▷ Mot de la famille de LÉCHER.

pourparlers **n. m. pl.** ✦ Discussions, négociations entre plusieurs États ou plusieurs personnes. *Les pourparlers entre les deux pays sont en cours.*
▷ Mot de la famille de PARLER.

pourpoint **n. m.** ✦ Veste que les hommes portaient autrefois.
▷ Autre mot de la famille : À BRÛLE-POURPOINT.

pourpre **n. f.** et **n. m.** 1. **n. f.** Colorant rouge tiré d'un coquillage. *Les Phéniciens utilisaient la pourpre.* 2. **n. m.** Couleur rouge foncé. *Des rideaux d'un beau pourpre.* — **Adj.** *Des rideaux pourpres.*
▷ Autre mot de la famille : S'EMPOURPRER.

pourquoi **adv.** et **conjonction**
■ **adv.** Pour quelle raison. *Pourquoi pleures-tu, Léa ? Dis-moi pourquoi tu n'es pas venu.*
■ **conjonction** *Paul s'est réveillé en retard ce matin,* ***c'est pourquoi*** *il n'est pas là,* c'est pour cette raison qu'il n'est pas là. ***Voilà pourquoi*** *il n'était pas là,* voilà la raison pour laquelle il n'était pas là.
▷ Mot de la famille de POUR et de QUOI.

pourrir **v.** (conjug. 2) ✦ Se décomposer, se gâter. → se **putréfier.** *Les fruits tombés ont pourri.*
➤ **pourri, pourrie** **adj.** ✦ Qui est en décomposition, qui s'est gâté. *Les œufs pourris sentent très mauvais.*
➤ **pourriture** **n. f.** ✦ Matière en train de pourrir. *Il régnait une affreuse odeur de pourriture.* → **putréfaction.**
▷ Autre mot de la famille : POT-POURRI.

poursuivre **v.** (conjug. 40) 1. Courir derrière une personne, un animal ou une chose pour le rattraper. *Le chien poursuit le lièvre.* → **pourchasser.** 2. *Poursuivre quelqu'un en justice,* c'est porter plainte contre lui. *Il a pour-*

suivi un de ses voisins en justice. **3.** Continuer sans s'arrêter. *Elle poursuivit son récit sans se troubler.* ❏ contr. **abandonner, arrêter.** — **se poursuivre,** continuer. *La discussion s'est poursuivie tard dans la nuit.*

➤ **poursuite** **n. f. 1.** Action de poursuivre quelqu'un qui s'enfuit, de courir après. *Le chien se lança à la poursuite du chat.* **2.** *Engager des poursuites contre une personne,* c'est lui faire un procès.

➤ **poursuivant** **n. m., poursuivante** **n. f.** ✦ Personne qui en poursuit une autre. *Le voleur a été rattrapé par ses poursuivants.*

▷ Mots de la famille de SUIVRE.

poursuite (*Chevreuil poursuivi par des chiens,* J-B. Oudry)

pourtant **adv.** ✦ Cependant, néanmoins. *Il est fatigué, et pourtant il rentre de vacances.*

▷ Mot de la famille de POUR et de TANT.

pourtour **n. m.** ✦ Partie qui fait le tour de quelque chose. *Le pourtour de la place est planté d'arbres.*

▷ Mot de la famille de TOURNER.

pourvoir **v.** (conjug. 25) **1.** Fournir le nécessaire. *Le père de Julie pourvoit seul à l'entretien de la famille,* c'est lui seul qui gagne l'argent nécessaire. → ① **assurer, subvenir.** **2.** *Être pourvu de,* c'est avoir. *La classe est pourvue de trois ordinateurs.*

▷ Autres mots de la famille : DÉPOURVU, AU DÉPOURVU.

pourvu que **conjonction** ✦ *Pourvu qu'il fasse beau dimanche !* espérons qu'il fera beau.

① **pousser** **v.** (conjug. 1) ✦ Se développer, grandir. *Les cheveux de Léa ont beaucoup poussé. Les feuilles poussent.*

➤ **pousse** **n. f.** ✦ Bourgeon. *Au printemps, les arbres se couvrent de jeunes pousses.*

▷ Autre mot de la famille : ① REPOUSSER.

② **pousser** **v.** (conjug. 1) **1.** Faire bouger en appuyant. *Il pousse tout le monde pour passer.* → **bousculer.** *Il poussa la porte et entra.* ❏ contr. **tirer.** *Une jeune femme poussait un landau.* **2.** Entraîner. *Paul pousse ses camarades à faire des bêtises.* → **encourager, inciter.** ❏ contr. **dissuader, empêcher.** **3.** *Pousser quelqu'un à bout,* c'est l'exaspérer. *Julie pousse parfois sa mère à bout.* **4. se pousser,** c'est s'écarter pour laisser de la place. *Allons, poussez-vous un peu pour que tout le monde puisse entrer.* **5.** Faire entendre. *Le bébé pousse des hurlements.*

➤ **poussée** **n. f. 1.** Force exercée en poussant. *La porte s'ouvrit sous la poussée.* **2.** *Une poussée de fièvre,* un brusque accès de fièvre. *Alex a eu une poussée de fièvre dans la nuit.*

➤ **poussette** **n. f.** ✦ Petite voiture d'enfant que l'on pousse devant soi. *Théo promène sa petite sœur dans sa poussette.*

▷ Autres mots de la famille : REPOUSSANT, ② REPOUSSER.

poussière **n. f.** ✦ Débris de terre ou de saleté qui flottent dans l'air et se déposent sur les objets. *La voiture soulève des nuages de poussière. Les meubles sont couverts de poussière.*

➤ **poussiéreux, poussiéreuse** **adj.** ✦ Couvert de poussière. *Des livres poussiéreux.*

poussif, poussive **adj. 1.** Qui manque de souffle. *Une vieille jument poussive.* **2.** Qui fonctionne mal. *Un moteur poussif.*

poussin **n. m.** ✦ Petit de la poule et du coq, qui vient de sortir de l'œuf. → aussi **poulet.** *Les poussins sont couverts d'un duvet jaune ou gris.*

poutre **n. f.** ✦ Grosse et longue pièce de bois qui sert de support dans une construction. *Un plafond aux poutres apparentes.*

➤ **poutrelle** **n. f.** ✦ Barre de fer allongée, que l'on utilise dans les charpentes métalliques. *Le toit du hangar repose sur des poutrelles d'acier.*

poutser **v.** (conjug. 1) ✦ Nettoyer.

● Ce mot est utilisé en Suisse.

① **pouvoir** v. (conjug. 33) 1. Avoir la possibilité, être capable. *Paul peut rester longtemps sous l'eau sans respirer.* — *Qui peut le plus peut le moins,* celui qui est capable de faire une chose difficile est forcément capable de faire une chose facile. 2. Avoir le droit, la permission. *Julie a pu aller au cinéma mardi soir.* 3. Risquer. *Prends un parapluie, il pourrait pleuvoir.* 4. *Il se peut que,* il est possible que. *Il se peut qu'elle vienne demain.* 5. *Ne plus en pouvoir,* c'est être très fatigué ou en avoir assez. *Je n'en peux plus.*

➤ ② **pouvoir** n. m. 1. Capacité, faculté. *Les bêtes n'ont pas le pouvoir de parler.* 2. Autorité, puissance. *C'est un homme qui a beaucoup de pouvoir.* 3. Possibilité de gouverner un pays. *Il y a eu un coup d'État et les militaires ont pris le pouvoir.* 4. *Les pouvoirs publics,* ce sont les personnes qui gouvernent. 5. *Le pouvoir d'achat,* c'est la possibilité d'acheter des choses avec l'argent que l'on a. *Dans les pays pauvres, le pouvoir d'achat est très faible.*

▷ Autres mots de la famille : IMPUISSANCE, IMPUISSANT, PEUT-ÊTRE, PUISSAMMENT, PUISSANCE, PUISSANT, SAUVE-QUI-PEUT, TOUT-PUISSANT.

praire n. f. ✦ Coquillage arrondi, dont on mange la chair. → aussi **palourde**. *Des praires farcies.*

● Ce mot vient du provençal.

prairie n. f. ✦ Terrain couvert d'herbe haute. → aussi **pré**. *Il y a des boutons d'or et des coquelicots dans la prairie.*

prairie

praline n. f. 1. Bonbon fait d'une amande grillée trempée dans du sucre bouillant. *Les pralines sont roses ou brunes.* 2. En Belgique et en Suisse. Bonbon au chocolat. *Une boîte de pralines.*

● *Praline* vient du nom du maréchal du *Plessis-Praslin* dont le cuisinier inventa ce bonbon.

➤ **praliné, pralinée** adj. ✦ Parfumé à la praline. *Une glace pralinée.*

praticable adj. ✦ *Un chemin praticable,* c'est un chemin où l'on peut passer facilement. *La route est praticable seulement l'été.*
❑ contr. **impraticable.**

▷ Mot de la famille de ① PRATIQUE.

praticien n. m., **praticienne** n. f. ✦ Docteur en médecine dont le métier est de soigner les malades, non de faire de la recherche. → **médecin.**

▷ Mot de la famille de ① PRATIQUE.

① **pratique** n. f. 1. *La pratique,* c'est ce qui permet de mettre en application des choses que l'on a apprises et qui donne des résultats que l'on peut voir. ❑ contr. **théorie.** *C'est par la pratique que l'on apprend un métier.* 2. *Mettre en pratique,* c'est appliquer, réaliser. *Il met toujours ses décisions en pratique.* 3. *Une pratique,* c'est une manière habituelle d'agir. → **procédé,** ① **usage.** *La vente à crédit est une pratique courante.* — *En pratique, dans la pratique,* en fait, dans la réalité. → **pratiquement.**

➤ ② **pratique** adj. 1. *Avoir le sens pratique, l'esprit pratique,* c'est avoir le sens des réalités, savoir se débrouiller dans toutes les situations de la vie courante, résoudre toutes les difficultés. *Il a beaucoup de sens pratique. Les travaux pratiques,* les exercices, les expériences où l'on met en application ce que l'on a appris. 2. Facile à utiliser. *Cet ouvre-boîte est très pratique.* → ② **commode.**

➤ **pratiquant, pratiquante** adj. ✦ *Une personne pratiquante,* c'est une personne qui fait exactement tout ce que sa religion lui demande de faire. → aussi **pratiquer.** *Ils sont catholiques pratiquants.*

➤ **pratiquement** adv. ✦ Dans la réalité, dans les faits. *Ton idée est bonne mais, pratiquement, elle est difficile à réaliser.* ❑ contr. **théoriquement.**

➤ **pratiquer** v. (conjug. 1) 1. Exercer régulièrement une activité. *Il pratique le golf et le tennis. Ce médecin ne pratique plus,* il n'est plus en activité. 2. Faire. *Il faut pratiquer un trou dans le mur.* → ② **ménager.** 3. Faire exactement ce qui est exigé par sa religion. *Ils sont catholiques, mais ils ne pratiquent pas.*

▷ Autres mots de la famille : IMPRATICABLE, PRATICABLE, PRATICIEN.

pré n. m. ✦ Terrain où pousse de l'herbe qui sert à nourrir le bétail. → aussi **champ, prairie.** *Les vaches broutent l'herbe du pré.*

pré- ✦ Préfixe qui signifie « avant, d'avance » (ex. *préavis, préconçu, préhistoire*).

préalable **adj.** ✦ Qui a lieu avant. *Avant d'obtenir ce poste, il a eu plusieurs entretiens préalables avec son futur patron.* — **N. m.** *Au préalable*, auparavant, d'abord.

➤ **préalablement** **adv.** ✦ Auparavant, d'abord.

préambule **n. m.** ✦ Début d'un texte ou d'un discours, qui en annonce le sujet. → **introduction**, entrée en **matière**. *L'avocat a fait un long préambule avant de commencer sa plaidoirie.*

préau **n. m.** ✦ Partie couverte d'une cour d'école. *L'école dispose de deux préaux.*

préavis **n. m.** ✦ Avertissement officiel, donné à l'avance, de ce que l'on va faire. *Le locataire qui quitte un appartement doit donner un préavis de trois mois à son propriétaire*, il doit prévenir le propriétaire trois mois avant de quitter les lieux.

▷ Mot de la famille de AVIS.

précaire **adj.** ✦ Qui n'est pas sûr. *Il est d'une santé précaire.* → **fragile.** ❑ contr. **solide.** *Une situation précaire.* → **incertain, instable.** ❑ contr. **stable.**

➤ **précarité** **n. f.** ✦ Caractère précaire, instable. *La précarité d'un emploi.* ❑ contr. **stabilité.**

précaution **n. f.** **1.** Ce que l'on fait pour éviter un mal ou un ennui. *Il vaut mieux prendre une assurance au cas où vous seriez malade à l'étranger, c'est une sage précaution.* **2.** Prudence. *Ce produit est dangereux, il faut le manier avec précaution.*

précéder **v.** (conjug. 6) **1.** Marcher devant quelqu'un. *Je vous précède pour vous montrer le chemin.* ❑ contr. **suivre.** **2.** Exister, avoir lieu avant. *Le roman est précédé d'une préface de l'auteur.*

➤ **précédent** **adj.** et **n. m.**, **précédente** **adj.**

■ **adj.** Qui vient avant. *Je l'avais vu la semaine précédente*, la semaine d'avant celle dont on parle. ❑ contr. ① **suivant.** *Le jour précédent*, c'est la veille du jour dont il est question.

■ **n. m.** *Un précédent*, c'est une chose qui a déjà eu lieu et qui peut servir d'exemple. *Cette décision va créer un précédent.* — *Sans précédent*, unique, jamais vu. *Il a obtenu un succès sans précédent.*

➤ **précédemment** [presedamɑ̃] **adv.** ✦ Avant, auparavant. *J'avais déjà lu ce livre précédemment.* ❑ contr. **après, ultérieurement.**

précepte **n. m.** ✦ Règle de morale. *Aimer son prochain est un précepte de la morale chrétienne.*

précepteur **n. m.**, **préceptrice** **n. f.** ✦ Professeur particulier d'un enfant qui ne va pas à l'école. *Autrefois, dans les familles riches, les enfants étaient instruits par des précepteurs.*

prêcher **v.** (conjug. 1) **1.** Faire un sermon. *Le prêtre prêche du haut de la chaire.* → aussi **prédicateur.** **2.** Recommander, conseiller. *Les écologistes prêchent le respect de la nature.*

● Attention à l'accent circonflexe du *ê*.

précieux, précieuse **adj.** **1.** Qui a une grande valeur, vaut très cher. *L'or est un métal précieux.* **2.** Que l'on apprécie beaucoup, à quoi on donne du prix. *Votre amitié m'est très précieuse.* **3.** Qui manque de naturel. *Des manières précieuses.* ❑ contr. **simple.**

➤ **précieusement** **adv.** ✦ Soigneusement. *Elle a conservé précieusement toutes les lettres de ses amis.*

précipice **n. m.** ✦ Trou très profond, aux parois presque verticales. → **gouffre, ravin.** *La voiture est tombée au fond du précipice.*

précipice

précipitamment **adv.** ✦ Très vite, à la hâte. *Il est parti précipitamment.* → **brusquement.** ❑ contr. **lentement, tranquillement.**

▷ Mot de la famille de PRÉCIPITER.

précipitation **n. f.** ✦ Trop grande hâte. *Il ne faut pas agir avec précipitation.*

▷ Mot de la famille de PRÉCIPITER.

précipitations **n. f. pl.** ✦ Chutes de pluie, de grêle ou de neige. *La météo annonce de fortes précipitations pour demain.*

précipiter **v.** (conjug. 1) **1.** Faire tomber vers un endroit bas et profond. *L'assassin a précipité sa victime du haut d'une tour.* **2.** Faire se produire avant le moment prévu. → **avancer.** *Il a dû précipiter son départ.* → **brusquer, hâter.** ❑ contr. **retarder.**

➤ se **précipiter** **v.** (conjug. 1) **1.** Se jeter d'un lieu élevé. *Une femme s'est précipitée du 6e étage.* **2.** S'élancer brusquement, se hâter. *Dès que la cloche sonne, les élèves se précipitent vers la sortie.* → se **ruer.**

➤ **précipité, précipitée** **adj.** **1.** Très rapide. *On entendit des pas précipités.* ❑ contr. **lent.** **2.** Qui se fait trop vite, sans prendre le temps nécessaire. *Son départ a été trop précipité, il n'a pas eu le temps de régler toutes ses affaires.* → **hâtif.**

▷ Autres mots de la famille : PRÉCIPITAMMENT, PRÉCIPITATION.

précis, précise **adj.** **1.** Clair et détaillé. ❑ contr. **flou, imprécis,** ② **vague.** *Ce guide donne des renseignements précis sur chaque ville.* **2.** Exact, juste. *Elle a pris les mesures précises de la pièce. La réunion commencera à 9 heures précises,* exactement à 9 heures. → ① **juste** ; fam. ③ **pile, tapant.**

➤ **précisément** **adv.** **1.** D'une manière précise, claire. *Il a répondu précisément à la question.* → **exactement.** **2.** Justement. *Julie a eu pour Noël précisément le cadeau qu'elle souhaitait.*

➤ **préciser** **v.** (conjug. 1) **1.** Expliquer de manière plus précise, plus nette. *Précisez le sens de votre question.* **2. se préciser,** c'est devenir plus précis, plus net. *Les choses se précisent peu à peu.*

➤ **précision** **n. f.** **1.** Clarté, netteté. *Ce plan de la ville est d'une grande précision.* **2.** Détail, explication supplémentaire. *Le vendeur donne des précisions sur le fonctionnement de l'appareil.*

▷ Autres mots de la famille : IMPRÉCIS, IMPRÉCISION.

précoce **adj.** **1.** Qui se produit plus tôt que d'habitude. *L'hiver est précoce, cette année.* ❑ contr. **tardif.** **2.** *Un enfant précoce,* c'est un enfant plus avancé que les autres enfants de son âge.

➤ **précocité** **n. f.** ✦ Le fait d'être précoce, en avance. *Ce petit garçon était d'une grande précocité,* il était en avance pour son âge.

préconçu, préconçue **adj.** ✦ *Une idée préconçue,* c'est une idée toute faite, un préjugé que l'on adopte sans réfléchir. *C'est une femme très conformiste qui a beaucoup d'idées préconçues.*

▷ Mot de la famille de CONCEVOIR.

préconiser **v.** (conjug. 1) ✦ Conseiller vivement. → **recommander.** *Le médecin lui a préconisé le repos.*

précurseur **n. m.** et **adj. m.**

■ **n. m.** Personne qui est la première à faire une œuvre ou une découverte reprise plus tard par d'autres. *Pasteur a été un précurseur de la biologie moderne.*

■ **adj. m.** *Un signe précurseur,* c'est un signe qui annonce quelque chose. *L'arrivée des hirondelles est un signe précurseur du printemps.* → **annonciateur.**

prédateur **n. m.** ✦ Animal qui chasse d'autres animaux pour se nourrir. → aussi **proie.** *Les félins et les rapaces sont des prédateurs.*

prédécesseur **n. m.** ✦ Personne qui en a précédé une autre dans une fonction. *Le directeur de l'école est plus jeune que son prédécesseur.* ❑ contr. **successeur.**

prédestiné, prédestinée **adj.** ✦ Qui paraît destiné à l'avance à quelque chose. *Notre pharmacien s'appelle monsieur Bobo, c'est un nom prédestiné.*

▷ Mot de la famille de DESTINER.

prédicateur **n. m.** ✦ Personne qui prêche. *Le prédicateur monte en chaire pour faire son sermon.*

prédiction **n. f.** ✦ Ce qui est prédit. → **prophétie.** *Les prédictions d'une voyante.*

prédilection n. f. ✦ Préférence très nette. *Alex a une prédilection pour le chocolat au lait.* → **faible.**

prédire v. (conjug. 37) ✦ Annoncer qu'un événement va se produire, comme si on connaissait l'avenir. → aussi **prédiction.** *Une voyante lui a prédit qu'il serait célèbre.*
▷ Mot de la famille de DIRE.

prédisposer v. (conjug. 1) 1. Mettre à l'avance dans des conditions favorables. *Rien ne la prédisposait à devenir artiste.* 2. *Être prédisposé à une maladie,* risquer plus que d'autres de l'avoir. *Les membres de cette famille sont prédisposés aux maladies cardiaques.*
➤ **prédisposition** n. f. 1. Tendance naturelle à une activité. *Elle a des prédispositions pour la musique.* → **aptitude, disposition.** 2. Tendance à contracter certaines maladies. *Une prédisposition à l'obésité.*
▷ Mots de la famille de DISPOSER.

prédominer v. (conjug. 1) ✦ Être le plus important. *Parmi toutes ses qualités, c'est le courage qui prédomine.*
▷ Mot de la famille de DOMINER.

préfabriqué, préfabriquée adj. ✦ *Des éléments préfabriqués,* ce sont des éléments de construction qui sont fabriqués en série pour être assemblés ensuite sur place. *Une maison préfabriquée,* c'est une maison construite avec des éléments préfabriqués.
▷ Mot de la famille de FABRIQUER.

maison **préfabriquée**

préface n. f. ✦ Texte placé au début d'un livre et qui sert à le présenter aux lecteurs. → **avant-propos, introduction.** *La préface de ce roman anglais a été écrite par le traducteur.*
➤ **préfacer** v. (conjug. 3) ✦ Présenter par une préface. *Un écrivain célèbre a préfacé ce livre d'art.*

préfectoral, préfectorale adj. ✦ Du préfet. *Une décision préfectorale.* — Au masc. pl. *préfectoraux.*

préfecture n. f. 1. Bâtiment qui abrite les bureaux du préfet et des gens qui travaillent avec lui. *Pour obtenir ce papier, adressez-vous à la préfecture.* 2. Ville où sont installés les bureaux du préfet. *Créteil est la préfecture du Val-de-Marne.* → **chef-lieu.**
▷ Autre mot de la famille : SOUS-PRÉFECTURE.

préférer v. (conjug. 6) ✦ Aimer mieux. *Il préfère le thé au café. Je préférerais que tu viennes demain.*
➤ **préféré, préférée** adj. ✦ Le plus aimé. *Louise écoute ses chansons préférées,* celles qui lui plaisent le plus. — N. *Julie est la préférée de son père.* → **favori.**
➤ **préférable** adj. ✦ Qui mérite d'être préféré, choisi. *Cette solution est préférable à l'autre.*
➤ **préférence** n. f. 1. Fait de préférer une chose à une autre. *Il faut respecter les préférences de chacun. Faisons comme tu veux, je n'ai pas de préférence,* cela m'est égal. 2. *De préférence,* plutôt. *Appelez-moi le soir de préférence.*

préfet n. m., **préfète** n. f. ✦ Personne nommée par le président de la République pour représenter le gouvernement à la tête du département. → aussi **préfecture.**
▷ Autre mot de la famille : SOUS-PRÉFET.

préfigurer v. (conjug. 1) ✦ Donner une idée de ce qui n'existe pas encore. → **annoncer.** *Certains romans de science-fiction préfigurent ce que sera la vie dans l'avenir.*
▷ Mot de la famille de FIGURE.

préfixe n. m. ✦ Élément placé au début d'un mot et qui sert à former un autre mot dont le sens est différent. *Le mot « incapable » est formé du préfixe « in- » et de l'adjectif « capable ».* → aussi **suffixe.**

préhensile adj. ✦ Qui peut servir à prendre, à saisir. *La trompe des éléphants est préhensile.*

préhistoire **n. f.** ✦ Époque très ancienne, située avant l'histoire, quand les hommes ne savaient pas écrire. *Les hommes de la préhistoire fabriquaient des outils.* → aussi **préhistorique.**

⊳ Mot de la famille de ② HISTOIRE.

préhistorique **adj.** ✦ Qui appartient à la préhistoire. *Le mammouth et le dinosaure sont des animaux préhistoriques.*

⊳ Mot de la famille de HISTORIQUE.

homme **préhistorique**

préjudice **n. m.** ✦ Tort, dommage causé à quelqu'un. *Cette affaire lui a causé un gros préjudice.*

➤ **préjudiciable** **adj.** ✦ Qui cause un préjudice, un tort. *Le tabac est préjudiciable à la santé.* → **nuisible.**

préjugé **n. m.** ✦ Avis que l'on a sans avoir réfléchi ni vérifié, idée préconçue. *Avant de le connaître, j'avais des préjugés contre lui, et maintenant je le trouve très sympathique.*

⊳ Mot de la famille de JUGER.

préjuger **v.** (conjug. 3) ✦ Porter un jugement prématuré sur quelque chose. *On ne peut pas préjuger de l'avenir.*

⊳ Mot de la famille de JUGER.

se **prélasser** **v.** (conjug. 1) ✦ Se reposer, rester sans rien faire. *Elles se sont prélassées toute la journée au soleil.*

prélat [prela] **n. m.** ✦ Haut personnage du clergé, dans l'Église catholique. *Les cardinaux et les évêques sont des prélats.*

prélever **v.** (conjug. 5) ✦ Prendre une partie d'un tout. *Il a prélevé de l'argent sur son compte pour payer ses impôts.*

➤ **prélèvement** **n. m.** ✦ Action de prélever. *On lui a fait un prélèvement de sang,* on lui en a pris un peu.

● Ce mot s'écrit avec un *é* puis un *è*.

⊳ Mots de la famille de ① LEVER.

préliminaire **adj.** ✦ Qui vient avant une autre chose plus importante. *Après les explications préliminaires, passons au véritable sujet de la discussion.*

➤ **préliminaires** **n. m. pl.** ✦ Discussions qui précèdent un accord. *Il y a eu de longs préliminaires avant la signature de la paix.*

prélude **n. m.** 1. Petit morceau de musique. *Le pianiste joue un prélude de Chopin.* 2. Point de départ. *Cette rencontre fut le prélude d'une grande amitié.*

prématuré, prématurée **adj.** 1. Qui se produit trop tôt. *Cette décision est un peu prématurée.* → **hâtif.** ❑ contr. **tardif.** 2. *Un enfant prématuré,* c'est un enfant qui naît avant la date prévue. — **N.** *Le prématuré a été mis en couveuse.*

➤ **prématurément** **adv.** ✦ Trop tôt. *Elle n'a pas connu sa mère qui est morte prématurément.*

prémédité, préméditée **adj.** ✦ Préparé à l'avance et avec soin. *Un crime prémédité.*

➤ **préméditation** **n. f.** ✦ Intention d'accomplir une mauvaise action. *Un crime commis avec préméditation.*

⊳ Mots de la famille de MÉDITER.

prémices **n. f. pl.** ✦ Premiers signes. *Voici les prémices du printemps.*

● Ce mot est littéraire.

premier **adj.** et **n. m.**, **première** **adj.** et **n. f.**

■ **adj.** 1. Qui vient d'abord, est au commencement. *Le premier janvier (1er janvier) est le premier jour de l'année.* ❑ contr. **dernier.** *Au premier abord, Léa semble très timide.* → ② **prime.** *À première vue,* tout d'abord. 2. Qui se présente avant les autres. *Prenez la première rue à droite.* → ① **prochain.** 3. Qui est meilleur que les autres. *Ce skieur est premier en slalom.* **4.** *Un nombre premier,* c'est un nombre que l'on ne peut diviser que par lui-même ou par 1, pour obtenir un nombre entier. *3 et 17 sont des nombres premiers.*

■ **n. 1.** *Le premier, la première,* celui, celle qui est avant les autres. *Louise est arrivée la première chez Julie. Théo est le premier du concours,* le meilleur. → **gagnant. 2. n. m.** *Le premier,* le premier étage. *Ils habitent au premier,* au premier étage. **3. n. f.** *La première,* la classe qui est avant la terminale dans l'enseignement secondaire français.

➤ **premièrement adv.** ✦ D'abord. *Julie a deux bonnes raisons d'être contente : premièrement, c'est son anniversaire, et deuxièmement, c'est mercredi.*

prémolaire n. f. ✦ Dent qui se trouve entre les canines et les molaires. *L'homme adulte a huit prémolaires.*

▷ Mot de la famille de MOLAIRE.

prémonition n. f. ✦ Pressentiment qu'une chose va arriver. *Il a eu la prémonition de l'accident.*

prémonitoire adj. ✦ *Un rêve prémonitoire,* c'est un rêve au cours duquel on voit des choses qui vont vraiment se réaliser plus tard.

se **prémunir v.** (conjug. 2) ✦ Se protéger. *Alex a mis son anorak fourré pour se prémunir contre le froid.*

▷ Mot de la famille de SE MUNIR.

prénatal, prénatale adj. ✦ Qui précède la naissance. *Les femmes enceintes passent des examens prénatals.*

▷ Mot de la famille de NATAL.

prendre v. (conjug. 58) **1.** Mettre dans sa main. *Léa a pris un livre sur l'étagère.* **2.** Emporter avec soi. *Prends ton parapluie, il pleut !* **3.** Considérer. *Il prend les choses avec bonne humeur. Il n'aime pas qu'on le prenne pour un idiot.* **4.** Faire sien. *Paul a pris l'habitude de boire un bol de lait le matin. Je téléphonerai demain pour prendre rendez-vous.* **5.** *Prendre une personne pour une autre,* la confondre avec une autre. *Dans l'obscurité, Julie a pris Paul pour Alex.* **6.** Absorber. *Ce médicament est à prendre avant les repas.* **7.** Employer. *Ce travail me prendra du temps.* **8.** Attraper. *Le pêcheur a pris une truite.* **9.** Conquérir. *Le tyran a pris le pouvoir.* → s'**emparer. 10.** Surprendre. *Le voleur a été pris en flagrant délit.* **11.** Utiliser. *Ils prendront l'avion demain.* **12.** *Le bébé a pris du poids,* il a grossi. **13.** Durcir. *La mayonnaise commence à prendre.* **14.** Commencer à brûler. *Les bûches sont humides, le feu ne prend pas,* ne s'allume pas.

➤ se **prendre v.** (conjug. 58) **1.** S'accrocher. *Son écharpe s'est prise dans la portière.* **2.** Se considérer. *Il se prend trop au sérieux. Il ne se prend pas pour rien.* **3.** *S'en prendre à quelqu'un,* c'est l'attaquer. *Elle s'en est prise à lui.* **4.** *S'y prendre bien, mal,* procéder de manière adroite ou maladroite. *Tu t'y prends mal avec ce marteau.*

▷ Autres mots de la famille : EMPRISE, ENTREPRENANT, ENTREPRENDRE, ENTREPRENEUR, ENTREPRISE, IMPRENABLE, SE MÉPRENDRE, MÉPRISE, MULTIPRISE, PRIS, PRISE, REPRENDRE, REPRIS DE JUSTICE, ① REPRISE, SURPRENANT, SURPRENDRE, SURPRISE.

prénom n. m. ✦ Nom qui précède le nom de famille. *Son prénom est Julie.*

➤ **prénommer v.** (conjug. 1) **1.** Appeler d'un prénom. *Ses parents l'ont prénommée Marie.* **2.** **se prénommer,** s'appeler. *Il se prénomme Jean.*

▷ Mots de la famille de NOM.

préoccuper v. (conjug. 1) ✦ Occuper complètement l'esprit, donner du souci. → **tracasser.** *La santé de son mari la préoccupe beaucoup. Cette idée me préoccupe.* → fam. **titiller.**

➤ **préoccupant, préoccupante adj.** ✦ Qui cause du souci. *Cette affaire est très préoccupante.* → **grave, inquiétant, sérieux.** ❑ contr. **rassurant.**

➤ **préoccupation n. f.** ✦ Souci, inquiétude. *Son travail lui donne de graves préoccupations.*

▷ Mots de la famille de OCCUPER.

préparer v. (conjug. 1) **1.** Faire tout ce qu'il faut pour qu'une chose soit prête. *Elle prépare le dîner. Je préparerai mes bagages demain.* **2.** *Préparer un examen,* c'est travailler pour être prêt à le passer. **3. se préparer,** c'est s'arranger pour être prêt. *Julie, prépare-toi, il est temps de partir !*

➤ **préparatifs n. m. pl.** ✦ Ce que l'on fait pour préparer quelque chose. *Il a commencé ses préparatifs de départ.*

➤ **préparation** **n. f.** ✦ Action de préparer. *La préparation de ce plat n'est pas longue,* ce n'est pas long de le préparer. — *Cet écrivain a un nouveau roman en préparation,* en cours.

➤ **préparatoire** **adj.** 1. Qui sert à préparer quelque chose. *Avant de faire ce voyage, ils ont assisté à une réunion préparatoire.* 2. *Le cours préparatoire,* c'est la première classe de l'enseignement primaire.

prépondérant, prépondérante **adj.** ✦ Qui a plus de poids, d'importance que les autres. *Cet homme politique a une influence prépondérante dans son pays.*

➤ **prépondérance** **n. f.** ✦ Supériorité. *La prépondérance d'un pays sur ses voisins.*

préposé

préposé **n. m.**, **préposée** **n. f.** 1. Employé. *Voici la préposée au vestiaire,* celle qui est chargée de s'occuper du vestiaire. 2. Facteur. *Le préposé distribue le courrier.*

préposition **n. f.** ✦ Mot invariable qui relie un complément au mot dont il dépend. *« À », « avec », « dans », « de », « par », « pour », « sous », « sur » sont des prépositions.*

▷ Mot de la famille de POSER.

préretraite **n. f.** ✦ Retraite qu'une personne prend avant l'âge normal. *Le grand-père de Paul est parti en préretraite à l'âge de 58 ans.*

▷ Mot de la famille de RETRAIT.

prérogative **n. f.** ✦ Avantage, privilège qu'une personne a grâce à sa fonction ou à son état. *Autrefois, les nobles jouissaient de nombreuses prérogatives.*

près **adv.** 1. À une petite distance. ❑ contr. **loin.** *J'habite* **tout près,** à côté. *Léa habite près de l'école.* 2. *Il est près de midi,* pas loin de midi. *Près de la moitié des élèves étaient absents,* environ la moitié des élèves. 3. *À peu près,* presque. *La salle était à peu près vide.* 4. *Être près de,* sur le point de. *Elle était près de pleurer.* ❍ homonymes : ① et ② prêt.

● Il ne faut pas confondre *près* et *prêt.* On dit : *elle était près d'accepter* et *elle était prête à accepter.*

▷ Autre mot de la famille : AUPRÈS DE.

présage **n. m.** ✦ Signe qui annonce l'avenir. *Les Grecs et les Romains croyaient aux présages.*

➤ **présager** **v.** (conjug. 3) ✦ Annoncer, laisser prévoir. *Ces gros nuages noirs ne présagent rien de bon.*

presbyte **n. m. et f.** ✦ Personne qui ne voit pas bien de près. *Une presbyte.* — **Adj.** *Avec l'âge, on devient presbyte.*

● Ce mot s'écrit avec un *y.*

lecteur **presbyte**

presbytère **n. m.** ✦ Maison du curé. → ② **cure.** *Le presbytère est juste à côté de l'église.*

● Ce mot s'écrit avec un *y.*

préscolaire **adj.** ✦ Qui précède la scolarité obligatoire. *La crèche accueille les enfants d'âge préscolaire.*

▷ Mot de la famille de SCOLAIRE.

prescription **n. f.** ✦ Ordre, recommandation. *Le malade doit suivre les prescriptions du médecin.*

prescrire **v.** (conjug. 39) ✦ Recommander, ordonner. *Le médecin a prescrit au patient des antibiotiques.*

① **présent** **n. m.** et **adj.**, **présente** **adj.**

■ **n. m. 1.** Partie du temps qui est en train de se passer. *Vivons dans le présent, ne pensons plus au passé.* → aussi **avenir. 2.** Temps du verbe qui indique que l'action est en train de se passer. *Mettez les phrases suivantes au présent de l'indicatif.* **3.** ***À présent,*** maintenant, au moment où l'on parle. *À présent, il est temps de se mettre à table. Jusqu'à présent, nous n'avons pas à nous plaindre.*

■ **adj. 1.** *Être présent,* c'est être là. *Aujourd'hui, tous les élèves sont présents.* ❑ contr. **absent.** *Elle était présente à la réunion.* **2.** *Le moment présent,* c'est le moment qui est en train de se passer. *Profitons du moment présent.*

➤ **présence** **n. f.** ✦ Le fait d'être là. *Votre présence n'est pas indispensable pour le moment. L'accusé ne parlera qu'en présence de son avocat,* que lorsque son avocat sera là. ❑ contr. **absence.**

▷ Autre mot de la famille : OMNIPRÉSENT.

② **présent** **n. m.** ✦ Cadeau. *Le roi fit à la princesse un magnifique présent.*

● Ce mot est littéraire.

▷ Mot de la famille de PRÉSENTER.

présenter **v.** (conjug. 1) **1.** *Présenter une personne à une autre,* c'est la lui faire connaître en disant son nom. *Il a présenté sa fiancée à ses parents.* **2.** Faire connaître au public. *Sur cette chaîne, c'est une jeune femme qui présente le journal télévisé de 20 heures.* **3.** Montrer. *Il a présenté ses papiers au gendarme.* **4.** Disposer pour montrer. *Ce plat est bien présenté.*

➤ se **présenter** **v.** (conjug. 1) **1.** Arriver dans un lieu ou devant quelqu'un. *L'accusé s'est présenté devant le juge.* → **comparaître. 2.** *Se présenter à une élection, à un examen,* y être candidat. *Elle s'est présentée au concours.* **3.** Se produire, survenir. *Il a profité de l'occasion qui se présentait.* → s'**offrir. 4.** Avoir tel aspect. *Ce médicament se présente en comprimés.*

➤ **présentable** **adj.** ✦ Digne d'être présenté, d'un bel aspect. *Ce gâteau est excellent, mais il n'est pas très présentable,* pas très joli à voir.

➤ **présentateur** **n. m.**, **présentatrice** **n. f.** ✦ Personne qui présente une émission de radio, de télévision, un spectacle. *Le présentateur du journal télévisé.*

➤ **présentation** **n. f. 1.** *Faire les présentations,* c'est présenter les gens les uns aux autres. *Je vais faire les présentations.* **2.** Apparence, aspect. *Théo a soigné la présentation de son devoir.*

➤ **présentoir** **n. m.** ✦ Support sur lequel on expose des objets à vendre. *Les livres sont exposés sur des présentoirs.*

▷ Autres mots de la famille : ② PRÉSENT, REPRÉSENTANT, REPRÉSENTATIF, REPRÉSENTATION, REPRÉSENTER.

préserver **v.** (conjug. 1) ✦ Protéger. *La crème solaire préserve des coups de soleil.*

➤ **préservatif** **n. m.** ✦ Enveloppe de caoutchouc qui se met sur le sexe de l'homme au moment des rapports sexuels pour se protéger de certaines maladies comme le sida et pour éviter d'avoir des enfants. → aussi **contraception.**

➤ **préservation** **n. f.** ✦ Sauvegarde, protection. *Cette organisation lutte pour la préservation des espèces animales en danger.*

président **n. m.**, **présidente** **n. f. 1.** Personne qui dirige les discussions, le travail, dans une réunion. *Le président du tribunal a levé la séance.* **2.** *Le président-directeur général,* c'est la personne qui dirige une entreprise, une société. → **P.-D. G. 3.** *Le président de la République,* c'est le chef de l'État. *Le président de la République a nommé un nouveau Premier ministre.*

➤ **présidence** **n. f.** ✦ Fonction de président. *La présidence de la République est la plus haute charge de l'État.*

➤ **présidentiel, présidentielle** **adj.** ✦ Qui concerne le président. *L'élection présidentielle aura lieu dans un mois,* l'élection du président de la République.

▷ Autre mot de la famille : VICE-PRÉSIDENT.

présider **v.** (conjug. 1) ✦ Occuper la place de président. *Le maire préside le conseil municipal.*

présomptueux, présomptueuse **adj.** ✦ Qui a une trop bonne opinion de lui-même. → **prétentieux.** ❑ contr. **modeste.** *Un jeune homme présomptueux.*

presque **adv.** ✦ À peu près, pas tout à fait. *Cela fait presque une heure que je t'attends. Elle ne boit presque jamais d'alcool.*

presqu'île

➤ **presqu'île** **n. f.** ✦ Terre entourée d'eau de tous les côtés sauf un. → **péninsule.** *La presqu'île de Quiberon est très étroite.* ▷ Mot de la famille de ÎLE.

pressant, pressante **adj.** 1. Urgent. *Il a de pressants besoins d'argent.* 2. *Une demande pressante,* c'est une demande faite avec insistance.

▷ Mot de la famille de ② PRESSER.

presse **n. f.** 1. Machine qui sert à écraser un objet ou à y laisser une empreinte. 2. Machine à imprimer. *Autrefois, on imprimait avec une presse à bras.* 3. *La presse,* c'est l'ensemble des journaux. *Toute la presse a commenté l'événement.*

➤ ① **pressé, pressée** **adj.** ✦ *Un citron pressé,* le jus d'un citron qui a été pressé.

▷ Mots de la famille de ① PRESSER.

② **pressé, pressée** **adj.** 1. Qui n'a pas beaucoup de temps, doit se dépêcher. *C'est une femme très occupée, toujours pressée.* 2. Urgent. *Ce travail est très pressé.*

▷ Mot de la famille de ② PRESSER.

presse-citron **n. m.** ✦ Appareil servant à presser les citrons et les oranges. — Au pl. *Des presse-citrons.*

▷ Mot de la famille de ① PRESSER et de CITRON.

pressentir **v.** (conjug. 16) ✦ Sentir à l'avance, deviner. *Il avait pressenti le danger.*

➤ **pressentiment** **n. m.** ✦ Impression, intuition que l'on a d'une chose avant qu'elle ne se produise. → **prémonition.** *Il avait le pressentiment que son équipe allait gagner.*

▷ Mots de la famille de SENTIR.

presse-papiers **n. m. inv.** ✦ Objet lourd que l'on pose sur des papiers pour les maintenir. — Au pl. *Des presse-papiers.*

▷ Mot de la famille de ① PRESSER et de PAPIER.

presse-purée **n. m. inv.** ✦ Appareil servant à réduire les légumes en purée. — Au pl. *Des presse-purée.*

▷ Mot de la famille de ① PRESSER et de PURÉE.

① **presser** **v.** (conjug. 1) 1. *Presser un fruit,* c'est en faire sortir le jus. *Julie presse des citrons pour se faire une citronnade.* 2. Appuyer sur quelque chose. *Il pressa le bouton de la sonnette.* 3. **se presser,** se serrer les uns contre les autres. *Les gens se pressaient devant l'entrée du magasin,* ils s'entassaient.

▷ Autres mots de la famille : PRESSE, ① PRESSÉ, PRESSE-CITRON, PRESSE-PAPIERS, PRESSE-PURÉE, PRESSION, PRESSOIR, PRESSURER, PRESSURISÉ.

② **presser** **v.** (conjug. 1) 1. *Presser le pas,* c'est marcher plus vite. *Elle sentit qu'on la suivait et elle pressa le pas.* → **accélérer.** ❑ contr. **ralentir.** 2. Être urgent. *Rien ne presse, nous avons tout notre temps. Allons, le temps presse !* il faut faire vite. 3. **se presser,** c'est se dépêcher. → se **hâter.** *Presse-toi un peu, tu vas être en retard.*

▷ Autres mots de la famille : EMPRESSÉ, EMPRESSEMENT, PRESSANT, ② PRESSÉ.

pressing [pʀesiŋ] **n. m.** ✦ Magasin où l'on effectue le nettoyage et le repassage des vêtements à la vapeur. → aussi **teinturerie.** — Au pl. *Des pressings.*

● Ce mot vient de l'anglais.

pression n. f. 1. Fait d'appuyer sur quelque chose. *D'une pression du doigt, elle referma la boîte.* **2.** *La pression atmosphérique,* c'est le poids de l'air dans l'atmosphère. *Le baromètre donne la pression atmosphérique.* **3.** *Une pression,* c'est un bouton qui se ferme quand on appuie dessus. *La robe de Julie est fermée devant par des pressions.* **4.** Action qui cherche à contraindre. → **contrainte.** *La prise d'otages est un moyen de pression.* — *Faire pression sur quelqu'un,* c'est exercer son influence, son autorité pour le forcer à agir. *Ils ont essayé de faire pression sur lui.*

▷ Mot de la famille de ① PRESSER.

pressoir n. m. ✦ Machine servant à presser des fruits ou des graines pour en extraire le jus. *On presse le raisin dans un pressoir pour faire du vin.*

▷ Mot de la famille de ① PRESSER.

pressoir

pressurer v. (conjug. 1) ✦ Exploiter. *Au Moyen Âge, les serfs étaient pressurés par les seigneurs.*

▷ Mot de la famille de ① PRESSER.

pressurisé, pressurisée adj. ✦ Maintenu à une pression normale. *Dans un avion, la cabine est pressurisée.*

▷ Mot de la famille de ① PRESSER.

prestance n. f. ✦ Allure, aspect qui en impose. *C'est un homme très grand, qui a beaucoup de prestance.*

prestation n. f. 1. Aide financière versée par une administration. *Les assurés sociaux touchent des prestations en cas de maladie.* → **indemnité. 2.** Spectacle donné par un artiste ou un sportif. *La brillante prestation d'un comédien dans un film.*

preste adj. ✦ Rapide et adroit. → **leste.** ❏ contr. **lent, maladroit.** *D'un geste preste, Alex attrapa le ballon.*

● Ce mot vient de l'italien.

prestidigitateur n. m., prestidigitatrice n. f. ✦ Personne qui fait des tours de magie. → **illusionniste.** *Le prestidigitateur a fait sortir un lapin du chapeau.*

➤ **prestidigitation n. f.** ✦ Art de faire des tours de magie. *Un numéro de prestidigitation.*

prestige n. m. ✦ *Avoir du prestige,* c'est provoquer le respect ou l'admiration. *Le métier de pompier a beaucoup de prestige auprès des petits garçons.*

➤ **prestigieux, prestigieuse adj.** ✦ Qui impressionne et provoque l'admiration. *Le prix Nobel est une récompense prestigieuse.*

présumer v. (conjug. 1) **1.** Croire, supposer. *Je présume qu'il sait ce qu'il fait.* **2.** *Présumer de,* trop compter sur. *L'alpiniste a dû renoncer à atteindre le sommet, il avait trop présumé de ses forces.* → **surestimer** et aussi **présomptueux.**

➤ **présumé, présumée adj.** ✦ Que l'on croit tel. *Le présumé coupable n'était pas l'assassin.*

① **prêt, prête adj. 1.** Qui est en état de. *Léa est prête à partir pour l'école,* habillée pour sortir. **2.** Préparé. *Passons à table, le dîner est prêt.* ❍ homonyme : près.

▷ Autres mots de la famille : S'APPRÊTER, PRÊT-À-PORTER.

② **prêt n. m.** ✦ Somme d'argent que l'on prête. *La banque lui a consenti un prêt,* elle lui a prêté de l'argent. → aussi **emprunt.**

▷ Mot de la famille de PRÊTER.

prêt-à-porter [pʀɛtapɔʀte] **n. m. inv.** ✦ Confection de vêtements en série. *Le prêt-à-porter est moins cher que la haute couture. Elle s'habille en prêt-à-porter.*
▷ Mot de la famille de ① PRÊT et de PORTER.

prétendre **v.** (conjug. 41) **1.** Vouloir, avoir l'intention. *Le professeur prétend être obéi.* **2.** Affirmer, soutenir. *Alex a prétendu qu'il avait fait son exercice tout seul.*
➤ **prétendant** **n. m.** ✦ Jeune homme qui fait la cour à une jeune fille. *Elle a de nombreux prétendants.*
➤ **prétendu, prétendue** **adj.** ✦ Que l'on prétend à tort être tel. *Il a invoqué une prétendue grippe pour ne pas venir,* il a fait croire qu'il avait la grippe. *Le prétendu banquier était un escroc.* → **soi-disant.**
➤ **prétentieux, prétentieuse** **adj.** ✦ Vaniteux, trop content de soi. → **orgueilleux.** *Julie est un peu prétentieuse.* ❏ contr. **modeste.**
➤ **prétention** **n. f.** **1.** Ambition. *Il avait la prétention de présider la réunion.* **2.** Vanité. *C'est un homme d'une grande prétention.* → **vanité.** ❏ contr. **modestie.**

prêter **v.** (conjug. 1) **1.** Mettre une chose à la disposition de quelqu'un à condition qu'elle soit rendue. ❏ contr. **emprunter.** *Léa prête volontiers ses affaires.* → aussi **prêteur.** *La banque lui a prêté de l'argent.* → aussi ② **prêt.** **2.** Apporter. *Il nous a gentiment prêté son aide.* → aussi **aider.** *Il ne faut pas prêter attention à tout ce qu'il dit,* faire attention à tout ce qu'il dit. **3.** Attribuer. *Vous me prêtez des intentions que je n'ai pas.*
➤ **prêteur, prêteuse** **adj.** ✦ Qui prête ses affaires de bonne grâce. *Julie n'est pas prêteuse.*
▷ Autre mot de la famille : ② PRÊT.

prétexte **n. m.** ✦ Fausse raison que l'on donne à une action. *Pour Alex, tous les prétextes sont bons pour ne pas travailler. Il n'est pas venu,* ***sous prétexte qu****'il était fatigué,* en donnant cette raison.
➤ **prétexter** **v.** (conjug. 1) ✦ Donner comme prétexte. *Elle a prétexté une grippe pour ne pas aller à la réunion.*

prêtre **n. m.** ✦ Homme qui appartient au clergé. *Le prêtre célèbre la messe.* → aussi **ecclésiastique.**
➤ **prêtrise** **n. f.** ✦ Fonction de prêtre.

preuve **n. f.** **1.** *Une preuve,* c'est ce qui prouve qu'une chose est vraie. → aussi **probant.** *Le commissaire a la preuve que le principal suspect est le coupable.* **2.** *Faire preuve de quelque chose,* c'est le montrer. *Léa a fait preuve de courage chez le dentiste.* **3.** *Faire ses preuves,* c'est prouver sa valeur, sa compétence. *Avant d'avoir des responsabilités, il lui faudra faire ses preuves.* **4.** *La preuve d'une opération,* c'est le calcul qui vérifie qu'elle est juste. *Pour vérifier qu'une multiplication est juste, on fait la preuve par 9.*

preux [pʀø] **n. m.** ✦ Chevalier très brave. *Roland, le neveu de Charlemagne, était un preux.*
● Ce mot s'employait surtout au Moyen Âge.

prévaloir **v.** (conjug. 29) **1.** L'emporter. *Dans un vote, c'est l'opinion de la majorité qui prévaut.* **2. se prévaloir,** c'est se vanter. *Il ne se sont jamais prévalus de leur supériorité.*
▷ Mot de la famille de VALOIR.

prévenir **v.** (conjug. 22) **1.** Dire à l'avance, faire savoir. → **avertir, informer.** *Ils nous a prévenus de son arrivée.* **2.** Informer, mettre au courant. *Il y a le feu, prévenez vite les pompiers !* → **alerter.** **3.** Permettre d'éviter un désagrément, une chose fâcheuse. *Les vaccins préviennent les maladies.* → aussi **préventif.** — *Mieux vaut prévenir que guérir,* il vaut mieux empêcher une chose désagréable d'arriver plutôt que d'essayer d'arranger les choses après.
➤ **prévenant, prévenante** **adj.** ✦ Qui est plein d'attentions délicates, qui va au-devant des désirs d'autrui. *Elle est très prévenante avec ses invités.*
➤ **prévenance** **n. f.** ✦ Attention délicate, gentillesse que l'on a envers quelqu'un. *Il entoure sa grand-mère de prévenances.*

préventif, préventive **adj.** ✦ Qui permet d'éviter ce qui peut arriver de fâcheux. *Les vaccins ont un rôle préventif.* → aussi **prévenir.**

prévention **n. f.** **1.** Précaution, mesure que l'on prend pour éviter que des choses fâcheuses n'arrivent. *La prévention routière permet de limiter les accidents de la route.* **2.** Préjugé. *Au début, elle avait des préventions contre lui.*

prévenu **n. m.**, **prévenue** **n. f.** ✦ Personne soupçonnée d'être coupable d'un délit. → aussi **inculpé.** *La prévenue a été en prison jusqu'au jugement.*

prévisible **adj.** ✦ Que l'on peut prévoir. *Le dénouement du film était prévisible.* ❑ contr. **imprévisible.**
▷ Mot de la famille de VOIR.

prévision **n. f.** ✦ Ce que l'on peut prévoir. → **pronostic.** *Voici les prévisions météorologiques,* les indications que l'on peut donner sur le temps qu'il va faire dans les jours à venir.
▷ Mot de la famille de VOIR.

prévoir **v.** (conjug. 24) **1.** Imaginer à l'avance qu'un événement peut se produire. *On ne peut pas tout prévoir. J'avais bien prévu qu'il ne viendrait pas.* **2.** Organiser à l'avance, décider pour l'avenir. *La commune prévoit de construire de nouveaux logements. La réception est prévue pour 500 personnes.*

➤ **prévoyant, prévoyante** **adj.** ✦ Qui sait prévoir, s'organiser. *Elle est prévoyante et met un peu d'argent de côté chaque mois au cas où elle aurait des dépenses imprévues.* ❑ contr. **imprévoyant.**

➤ **prévoyance** **n. f.** ✦ Qualité d'une personne qui sait prévoir. *Elle fait toujours preuve de prévoyance.* ❑ contr. **imprévoyance.**
▷ Mots de la famille de VOIR.

prier

prier **v.** (conjug. 7) **1.** S'adresser à Dieu. *Dans l'église, les fidèles priaient avec ferveur.* **2.** Demander avec insistance. *Je vous prie de bien vouloir m'excuser.*

➤ **prie-Dieu** **n. m. inv.** ✦ Siège bas sur lequel on s'agenouille pour prier. *Des prie-Dieu garnis de velours.* ▷ Mot de la famille de DIEU.

➤ **prière** **n. f.** **1.** Paroles avec lesquelles on s'adresse à Dieu. *Il dit ses prières avant de se coucher.* **2.** Demande faite avec insistance. *Prière de ne pas fumer,* ne fumez pas, s'il vous plaît.

primaire **adj.** **1.** *L'enseignement primaire,* c'est l'enseignement que l'on reçoit à l'école, du cours préparatoire au cours moyen deuxième année. → aussi **secondaire.** *Julie est encore à l'école primaire, elle est en CE 2.* **2.** *L'ère primaire,* c'est la plus ancienne période de formation de la Terre. *Les poissons et les reptiles sont apparus à l'ère primaire.* → aussi **quaternaire, secondaire, tertiaire.**

primate **n. m.** ✦ Mammifère qui a le cerveau développé et qui peut saisir des objets avec ses mains. *Le chimpanzé et l'homme sont des primates.*

primauté **n. f.** ✦ Première place. → **prédominance, suprématie.** *Donner la primauté à une idée.*

① **prime** **n. f.** **1.** Somme d'argent qu'une personne reçoit parfois en plus de son salaire. *Le personnel de l'usine a reçu une prime de fin d'année.* → **gratification.** **2.** *En prime,* en supplément, en plus. *Avec votre abonnement, vous recevrez une montre en prime.*

➤ ① **primer** **v.** (conjug. 1) ✦ Distinguer par une récompense. *Ce film a été primé au festival de Cannes.*

② **prime** **adj.** ✦ *De prime abord,* au premier abord, à première vue. *De prime abord, il est assez froid.*

➤ ② **primer** **v.** (conjug. 1) ✦ L'emporter, dominer. *Chez elle, c'est la gentillesse qui prime.*

➤ **primesautier** [pʀimsotje], **primesautière** [pʀimsotjɛʀ] **adj.** ✦ Qui suit son premier mouvement. → **spontané.** *Un caractère gai et primesautier.* ▷ Mot de la famille de SAUT.

➤ **primeur** **n. f.** ✦ *Avoir la primeur d'une chose,* être le premier à en bénéficier. *Nous avons eu la primeur de la nouvelle,* nous avons été les premiers à l'apprendre.

➤ **primeurs** **n. f. pl.** ✦ Fruits et légumes qui mûrissent avant la saison normale. *Ces primeurs ont poussé dans des serres.*

➤ **primevère** n. f. ✦ Plante qui a des fleurs aux couleurs variées, qui fleurit au début du printemps. *Un bouquet de primevères jaunes.* → aussi **coucou.**

primevère

primitif, primitive adj. 1. Premier, initial. *La couleur primitive de ce jean était noire, maintenant elle est grise.* 2. *Les hommes primitifs,* ce sont les premiers hommes, les hommes préhistoriques. *Les hommes primitifs vivaient de la cueillette et de la chasse. Il existe encore des sociétés primitives,* des groupes d'hommes qui n'ont pas beaucoup évolué. ❑ contr. **civilisé.**

primordial, primordiale adj. ✦ Très important. → ① **capital, essentiel.** *Les vitamines ont une importance primordiale pour l'organisme.* ❑ contr. **secondaire.** — Au masc. pl. *primordiaux.*

prince n. m. 1. Fils de roi ou membre d'une famille royale. *Le prince héritier du royaume.* 2. Souverain d'une principauté. *Le prince de Monaco.*

➤ **princesse** n. f. ✦ Fille d'un roi, d'un prince ou femme d'un prince.

➤ **princier, princière** adj. ✦ Digne d'un prince. *Il nous a reçus d'une manière princière.* → **fastueux, royal.**

➤ **principauté** n. f. ✦ État gouverné par un prince. *La principauté d'Andorre est située entre la France et l'Espagne.*

① **principal** adj. et n. m., **principale** adj.
■ adj. 1. Le plus important. *Ce plan n'indique que les rues principales. Citez-moi les principaux fleuves de ce pays.* ❑ contr. **secondaire.** 2. *La proposition principale,* c'est, dans une phrase, la proposition dont dépendent des propositions subordonnées. *Dans la phrase « je crois qu'il dort », « je crois » est la proposition principale.* → aussi **proposition** et **subordonnée.**
■ n. m. *Le principal,* c'est la chose la plus importante. *Ils sont contents, c'est le principal.* → **essentiel.**

➤ **principalement** adv. ✦ Par-dessus tout, avant les autres choses. → **surtout.** *Julie en voulait principalement à sa mère.*

② **principal** n. m., **principale** n. f. ✦ Personne qui dirige un collège. → **directeur** et aussi **proviseur.** *La principale a reçu les parents d'Alex.* — Au masc. pl. *principaux.*

principe n. m. 1. Règle de conduite. *Elle est fidèle à ses principes.* 2. Loi scientifique. *Le principe d'Archimède est l'un des grands principes de la physique.* 3. *En principe,* si tout se passe comme prévu, normalement. *En principe, ils rentrent de vacances demain.* → **théoriquement.**

printemps n. m. ✦ Saison qui vient après l'hiver et avant l'été. *Au printemps, la température s'adoucit et la végétation renaît. — Une hirondelle ne fait pas le printemps,* il ne faut pas tirer de conclusion à partir d'un seul cas.

➤ **printanier, printanière** adj. ✦ Qui évoque le printemps. *Les températures sont printanières,* elles sont douces comme au printemps.

▷ Mots de la famille de ① TEMPS.

priorité n. f. 1. *Avoir la priorité,* c'est avoir le droit de passer en premier. *En France, les voitures qui viennent de droite ont la priorité.* 2. *Une priorité,* c'est ce qui est le plus important. *La lutte contre le chômage est l'une des priorités du gouvernement.*

➤ **prioritaire** adj. 1. Qui a la priorité. *Les ambulances sont des véhicules prioritaires.* 2. Qui vient en premier par son importance. *Les objectifs prioritaires du gouvernement.*

pris, prise adj. 1. Occupé. *Cette place est prise.* ❑ contr. **libre.** *Je ne peux pas venir dîner chez vous ce soir, je suis pris.* 2. *Avoir la gorge prise,* enflammée.

▷ Mot de la famille de PRENDRE.

prise n. f. 1. Action de prendre. *Le 14 juillet 1789 est la date de la prise de la Bastille,* c'est le jour où le peuple s'est emparé de la Bastille. 2. Ce que l'on attrape. *Le pêcheur a fait une belle prise,* il a attrapé un gros poisson. 3. *Une prise de judo,* une manière particulière

prise de la Bastille

d'attraper son adversaire. 4. Appui. *L'alpiniste cherche des prises sur la paroi à pic. Lâcher prise,* cesser de tenir ce à quoi l'on se tient. 5. *Avoir prise sur quelqu'un,* c'est pouvoir agir sur lui. *Ces enfants sont si désinvoltes que l'on n'a pas prise sur eux.* 6. *Une prise (de courant),* c'est un dispositif qui établit un contact électrique. → aussi **multiprise**. *Branche la lampe dans la prise.* 7. *Une prise de sang,* c'est l'action de prélever un peu de sang pour l'analyser. *On a fait une prise de sang à Léa.*
▷ Mot de la famille de PRENDRE.

prisé, prisée **adj.** ✦ Qu'on apprécie, à quoi on accorde du prix, de la valeur. *L'honnêteté est une qualité très prisée.*
▷ Mot de la famille de PRIX.

prisme **n. m.** ✦ Objet transparent à facettes qui réfléchit et décompose la lumière. *À travers un prisme, on peut voir un à un tous les composants de la lumière.*

prison **n. f.** ✦ Endroit où l'on enferme les condamnés et les prévenus qui vont être jugés. *Les faussaires ont été mis en prison.*
➤ **prisonnier** **n. m. et adj.**, **prisonnière** **n. f. et adj.**
■ **n.** Personne que l'on a enfermée dans une prison. → **détenu**. *Le prisonnier va être bientôt libéré.*
■ **adj.** Qui n'arrive pas à se libérer de quelque chose. *Le renard n'a pas réussi à se dégager du piège, sa patte est restée prisonnière,* coincée.
▷ Autres mots de la famille : EMPRISONNEMENT, EMPRISONNER.

privation **n. f.** ✦ Absence, manque de choses nécessaires. *Beaucoup d'enfants pauvres souffrent de privations.*
▷ Mot de la famille de PRIVER.

privatiser **v.** (conjug. 1) ✦ *Privatiser une entreprise,* c'est la faire passer dans le secteur privé alors qu'elle appartenait au secteur public. ❑ contr. **nationaliser**. *Le gouvernement a privatisé de nombreuses entreprises d'État.*
➤ **privatisation** **n. f.** ✦ Action de privatiser une entreprise. *Le Premier ministre a annoncé la privatisation des banques.* ❑ contr. **nationalisation**.
▷ Mots de la famille de PRIVÉ.

privé, privée **adj.** 1. Qui n'est pas ouvert au public. *Le parc du château est privé.* ❑ contr. **public**. 2. *La vie privée,* la vie personnelle, intime. *Il ne parle jamais de sa vie privée.* 3. Qui ne dépend pas de l'État. *Alex est élève dans une école privée.*
▷ Autres mots de la famille : PRIVATISATION, PRIVATISER.

priver **v.** (conjug. 1) 1. Empêcher de profiter d'un avantage, de quelque chose d'agréable. *Julie a été privée de dessert.* 2. **se priver**, c'est s'imposer des privations. *Elle se prive de manger pour ne pas grossir.*
▷ Autre mot de la famille : PRIVATION.

privilège **n. m.** ✦ Droit, avantage particulier accordé à une personne ou à un groupe de gens. *Avant la Révolution de 1789, les nobles avaient de nombreux privilèges.*
➤ **privilégié, privilégiée** **adj.** ✦ Qui bénéficie de privilèges. *Avant la Révolution, le*

clergé et la noblesse étaient des classes privilégiées. ❑ contr. **défavorisé.** – **N.** *Quelques privilégiés ont pu assister à la cérémonie.*

➤ **privilégier** v. (conjug. 7) **1.** Accorder un privilège. *Elle ne privilégie aucun de ses enfants.* → **avantager, favoriser. 2.** Donner une importance particulière. *Le professeur privilégie l'apprentissage de la lecture.*

prix n. m. **1.** Ce que coûte quelque chose. → **valeur.** *Le prix de l'essence a augmenté. Ce manteau est* ***hors de prix,*** très cher. **2.** Importance, valeur accordée à quelque chose. *J'attache beaucoup de prix à votre jugement.* – ***À tout prix,*** coûte que coûte. *Malgré le mauvais temps, Julie a voulu à tout prix mettre ses chaussures neuves.* **3.** Récompense donnée aux meilleurs, dans une compétition. *Théo a eu le premier prix du concours de dessin.*

▷ Autres mots de la famille : COMMISSAIRE-PRISEUR, MÉPRIS, MÉPRISABLE, MÉPRISANT, MÉPRISER, PRISÉ.

probable adj. ✦ Qui a beaucoup de chances d'arriver, de se produire. → **vraisemblable.** ❑ contr. **improbable.** *Il est probable qu'elle viendra avec nous. Il est peu probable qu'il parte avant minuit.*

➤ **probablement** adv. ✦ Sans doute. → **vraisemblablement.** *Je serai probablement en retard.*

➤ **probabilité** n. f. ✦ Chance qu'un événement a de se produire. *Il y a de fortes probabilités qu'il gagne les élections.*

▷ Autre mot de la famille : IMPROBABLE.

probant, probante adj. ✦ Qui prouve quelque chose. *Les raisons qu'il nous a données de son absence ne sont pas très probantes.* → **convaincant.**

probité n. f. ✦ Grande honnêteté. → **intégrité.** *Une femme d'une grande probité.*

problème n. m. **1.** Difficulté qu'il faut résoudre. *Le départ du professeur d'histoire pose un problème à la directrice. Ils ont de gros problèmes d'argent.* → **difficulté, ennui. 2.** Exercice de mathématiques qui consiste, en faisant des calculs, à donner la solution aux questions posées. *Paul lit l'énoncé du problème.*

➤ **problématique** adj. ✦ Qui pose des problèmes, n'est pas certain. *La réussite du projet est problématique.*

procéder v. (conjug. 6) **1.** *Procéder à quelque chose,* c'est exécuter minutieusement quelque chose qui est long à faire. *La police a procédé à une enquête.* → **effectuer, faire. 2.** Agir. *Procédons par ordre.*

➤ **procédé** n. m. **1.** Méthode, manière de faire. *Un nouveau procédé de fabrication.* **2.** Manière d'agir à l'égard des autres. *Personne n'apprécie ses procédés.* → **comportement, conduite.**

➤ **procédure** n. f. **1.** Manière de procéder. *Quelle est la procédure à suivre ?* **2.** Ensemble des formalités et des règles à suivre dans une action en justice. *Elle a entamé une procédure de divorce.*

procès [prɔsɛ] n. m. **1.** Action en justice. *Il a fait un procès à ses voisins.* **2.** Déroulement d'un jugement. *Il y avait beaucoup de monde au procès de ce grand criminel.*

▷ Autre mot de la famille : PROCÈS-VERBAL.

procession n. f. ✦ Défilé religieux qui se fait en chantant des cantiques et en priant.

● Ce mot s'écrit avec un *c* puis deux *s.*

procession (*La Procession des rogations,* J. Breton, 1880)

processus [pʀɔsesys] **n. m.** ✦ Façon de se dérouler, de se développer. → **mécanisme.** *Cette maladie évolue toujours suivant le même processus.*
● Ce mot s'écrit avec un *c* puis deux *s*.

procès-verbal **n. m.** 1. Contravention. *L'agent de police lui a dressé un procès-verbal.* — On dit souvent *un P.-V.* [peve]. 2. Compte rendu d'une réunion. — Au pl. *Des procès-verbaux.*
▷ Mot de la famille de PROCÈS et de VERBE.

① **prochain, prochaine** **adj.** 1. Qui suit immédiatement. *Il rentre la semaine prochaine. Je descends au prochain arrêt.* → ① **suivant.** ❑ contr. **précédent.** 2. Qui est près de se produire. *J'irai le voir à la prochaine occasion.*
➤ **prochainement** **adv.** ✦ Dans peu de temps, bientôt. *Ils vont se marier prochainement.*
▷ Mots de la famille de PROCHE.

② **prochain** **n. m.** ✦ Toute personne autre que soi. *Il faut aider son prochain.* → **autrui.**
▷ Mot de la famille de PROCHE.

proche **adj.** et **n. m.** et **f.**
■ **adj.** 1. À faible distance, très près. *Le stade est proche de l'école.* → **voisin.** ❑ contr. **éloigné.** 2. Peu éloigné dans le temps. → **imminent.** *Les vacances sont proches.* ❑ contr. **lointain.** 3. Qui n'est pas très différent. *Leurs opinions sont assez proches.* 4. Intime. *C'est un ami très proche.*
■ **n. m.** et **f.** *Les proches,* ce sont les membres de la famille. *Il n'a invité que ses proches.*
▷ Autres mots de la famille : APPROCHANT, APPROCHE, APPROCHER, S'APPROCHER, ① et ② PROCHAIN, PROCHAINEMENT, RAPPROCHEMENT, RAPPROCHER.

proclamer **v.** (conjug. 1) 1. Reconnaître officiellement. *Napoléon a été proclamé empereur en 1804.* 2. Affirmer publiquement et avec force. *L'accusé proclamait son innocence.* → **clamer, crier.**
➤ **proclamation** **n. f.** ✦ Annonce. → **publication.** *La proclamation des résultats de l'examen aura lieu demain.*

procréer **v.** (conjug. 1) ✦ Donner la vie à un enfant. *Les adultes en âge de procréer.*
➤ **procréation** **n. f.** ✦ Action de donner la vie à un enfant.
▷ Mots de la famille de CRÉER.

procuration **n. f.** ✦ Papier autorisant une personne à agir à la place d'une autre. *Il a voté par procuration.*

procurer **v.** (conjug. 1) 1. Faire obtenir, fournir. *Il nous a procuré des places pour le match.* 2. Apporter, causer. *Le jardinage lui procure beaucoup de plaisir.*

procureur **n. m.** et **f.** ✦ Magistrat chargé de l'accusation, dans un procès. *Le procureur a demandé la peine maximale.*

prodige **n. m.** 1. Événement extraordinaire, miraculeux. *Qu'il soit encore en vie après cet accident tient du prodige.* → **miracle.** 2. Action très difficile qui émerveille. *Vous avez fait des prodiges !* 3. Personne qui a des dons extraordinaires. *Ce pianiste est un jeune prodige.* — **Adj.** *Mozart était un enfant prodige.*
➤ **prodigieux, prodigieuse** **adj.** ✦ Extraordinaire, étonnant. *Ils ont fait preuve d'une audace prodigieuse.*
➤ **prodigieusement** **adv.** ✦ Extraordinairement. *Il est prodigieusement riche.*

proclamation (*proclamation d'une trêve entre la France et l'Angleterre*)

prodigue **adj.** ✦ Très dépensier. *C'est un homme prodigue.* ❑ contr. **avare, économe.**
● Ce mot est littéraire.

➤ **prodiguer** v. (conjug. 1) ✦ Donner sans compter, en grand nombre. *Sa mère lui avait pourtant prodigué des recommandations.*
● Ce mot est littéraire.

producteur adj. et n. m., **productrice** adj. et n. f.
■ **adj.** Qui produit. *Les pays producteurs de pétrole.*
■ **n. 1.** Personne ou entreprise qui produit ce qui sera acheté. *Les producteurs de vin de la région de Bordeaux.* ❑ contr. **consommateur. 2.** *Un producteur de cinéma,* c'est la personne qui trouve de l'argent pour faire un film.
▷ Mot de la famille de PRODUIRE.

productif, productive adj. ✦ Qui produit beaucoup. *Un sol productif.* → **fertile.** ❑ contr. **stérile.**
➤ **productivité** n. f. ✦ Rapport entre la quantité de biens produits et les moyens nécessaires pour les produire. *La productivité de cette usine est élevée.* → **rendement.**
▷ Mots de la famille de PRODUIRE.

production n. f. **1.** *La production,* c'est ce qui est produit par l'agriculture ou par l'industrie. *La production industrielle est en hausse.* **2.** *Les productions du sol,* les produits du sol. *Le blé, l'orge, le maïs sont des productions du sol.* **3.** Le fait de produire un film, un spectacle. *Une production à grand spectacle.*
▷ Mot de la famille de PRODUIRE.

produire v. (conjug. 38) **1.** Causer, provoquer. *Cette nouvelle a produit sur lui une vive impression.* **2.** Donner, fournir. *Cet arbre produit de beaux fruits.* **3.** Faire exister grâce à un travail. *Cette usine produit de l'électricité.* ❑ contr. **consommer. 4.** *Produire un film ou un spectacle,* c'est fournir l'argent nécessaire à sa réalisation. **5. se produire,** arriver, avoir lieu. *Une chose incroyable s'est produite ce matin.*
➤ **produit** n. m. **1.** Chose produite par la nature ou fabriquée grâce à un travail. *Le pétrole est un produit du sous-sol.* → **production.** *Elle utilise beaucoup de produits de beauté.* **2.** *Le produit d'une multiplication,* c'est son résultat.
▷ Autres mots de la famille : COPRODUCTION, PRODUCTEUR, PRODUCTIF, PRODUCTION, PRODUCTIVITÉ, REPRODUCTEUR, REPRODUCTION, REPRODUIRE, SE REPRODUIRE, SOUS-PRODUIT, SUPERPRODUCTION, SURPRODUCTION.

proéminent, proéminente adj. ✦ Qui est en relief, qui dépasse. *Il a un nez proéminent.* → **saillant.**
▷ Mot de la famille de ÉMINENCE.

museau **proéminent**

profane n. m. et f. ✦ Personne qui n'est pas initiée, qui ne connaît rien dans un domaine. *C'est une profane en musique.* ❑ contr. **connaisseur.** — **Adj.** *Elle est profane en la matière.* → **ignorant.**
➤ **profaner** v. (conjug. 1) ✦ Traiter sans respect un objet ou un lieu qui est sacré. *Des vandales ont profané plusieurs tombes.*
➤ **profanation** n. f. ✦ Action de profaner, de violer un lieu sacré. *La profanation des tombes est un délit.* → **violation.**

proférer v. (conjug. 6) ✦ Dire d'une voix forte, violemment. *Il est parti en proférant des injures.*

professeur n. m. et f. ✦ Personne qui enseigne une matière. → **enseignant.** *La professeur de chimie sera absente demain. Les professeurs des écoles.* → **instituteur.**
➤ **professoral, professorale** adj. ✦ Qui concerne les professeurs. *Le corps professoral,* l'ensemble des professeurs. — Au masc. pl. *professoraux.*
➤ **professorat** n. m. ✦ Métier de professeur. *Elle se destine au professorat.* → **enseignement.**

profession n. f. **1.** Métier. *Quelle est votre profession ?* **2.** *Faire profession de quelque chose,* c'est le déclarer publiquement. *Elle fait profession de ses convictions.*
➤ **professionnel, professionnelle** adj. **1.** Qui concerne le métier. *Elle a des soucis professionnels.* **2.** Qui pratique une activité comme métier. *Il est footballeur professionnel.* — **N.** *Cette joueuse de tennis est une professionnelle.* ❑ contr. **amateur.**

profil [pʀɔfil] **n. m.** ✦ Visage vu de côté. *Il a un profil anguleux.* — *De profil,* de côté. *Il l'a photographié de profil.* ❑ contr. de **dos**, de **face**.
● On prononce le *l* final.

➤ se **profiler** **v.** (conjug. 1) ✦ Se montrer avec des contours précis. → se **découper**, se **dessiner**, se **détacher**. *La tour se profile à l'horizon.*

profit **n. m.** 1. Avantage. *Il a su tirer profit de ses lectures.* → **bénéfice**. — *Mettre à profit,* employer utilement. *Elle pourra mettre à profit ses connaissances dans son nouveau métier.* 2. Fait de gagner de l'argent. *Le charcutier a fait de gros profits cette année.* → **bénéfice**, **gain**. ❑ contr. **perte**.

➤ **profiter** **v.** (conjug. 1) 1. Tirer un profit, un avantage de quelque chose. *Il faut profiter de l'occasion. Les voleurs ont profité de la bousculade pour s'enfuir.* 2. *Profiter à quelqu'un,* lui être utile. *Vos conseils m'ont bien profité.* → **servir**.

➤ **profitable** **adj.** ✦ Utile, suivi d'un résultat. *Cette expérience leur a été profitable.* → **bénéfique**.

▷ Autre mot de la famille : PROFITEUR.

profiterole **n. f.** ✦ Petit chou fourré de glace à la vanille et nappé de chocolat chaud.

profiteur **n. m.**, **profiteuse** **n. f.** ✦ Personne qui tire profit du malheur des autres. *Pendant les guerres, il y a toujours des profiteurs.*

▷ Mot de la famille de PROFIT.

profond, profonde **adj.** 1. Dont le fond est éloigné des bords. *Dans la cour de la ferme, il y a un puits très profond. Le trou n'est pas assez profond.* → aussi **approfondir**. 2. Très grand, très intense. *Il dort d'un sommeil profond.* → **lourd**. ❑ contr. **léger**. 3. Qui va au fond des choses. *Le savant est plongé dans de profondes réflexions.*

➤ **profondément** **adv.** 1. À une grande profondeur. *Le puits a été creusé profondément.* 2. De manière intense. *Respirez profondément,* à fond. *Je me suis profondément ennuyé,* extrêmement.

➤ **profondeur** **n. f.** 1. Distance qui va du fond jusqu'au bord. *La piscine a 3 mètres de profondeur.* 2. Distance qui va de l'avant vers l'arrière. *La profondeur d'un placard.* 3. Qualité de ce qui va au fond des choses. *Un esprit d'une grande profondeur.*

▷ Mots de la famille de FOND.

profusion **n. f.** ✦ Grande quantité. *Julie a reçu une profusion de cadeaux d'anniversaire. Le long du chemin, il y a des mûres à profusion,* en abondance.

progéniture **n. f.** ✦ Ensemble des enfants d'une personne, des petits d'un animal. *La chatte surveille sa progéniture.*

programme **n. m.** 1. Sorte de journal annonçant et décrivant les spectacles, les émissions. *Elle consulte le programme de télévision.* 2. Ensemble des matières enseignées. *La philosophie est au programme des classes terminales.* 3. Ensemble des projets à réaliser, de buts à atteindre. *Les candidats aux élections exposent leur programme politique pendant la campagne électorale.* 4. *Le programme d'un ordinateur,* c'est l'ensemble des instructions permettant à un système informatique de fonctionner. → aussi **programmation**.

➤ **programmer** **v.** (conjug. 1) 1. Inclure dans l'ensemble des émissions de télévision ou de radio. *Ce film est programmé à une heure trop tardive.* 2. *Programmer un ordinateur,* c'est lui donner un programme.

➤ **programmation** **n. f.** 1. Établissement des programmes de radio, de télévision, de cinéma. *La programmation de cette émission a été changée.* 2. *La programmation d'un ordinateur,* c'est l'ensemble des opérations que l'on fait pour programmer un ordinateur.

progrès **n. m.** 1. Amélioration, développement en bien. *Louise a fait des progrès en calcul. La médecine a fait de grands progrès depuis vingt ans.* 2. *Le progrès,* c'est l'évolution de la civilisation, qui doit rendre la vie plus facile, plus agréable. *Il croit au progrès.* → aussi **progressiste**.

➤ **progresser** **v.** (conjug. 1) 1. Se développer. *L'épidémie progresse très rapidement.* → se **propager**. ❑ contr. **régresser**. 2. S'améliorer, faire des progrès. *Alex a progressé en français.*

➤ **progressif, progressive** **adj.** ✦ Qui se fait peu à peu, par degrés. → **graduel**. *Une évolution progressive.*

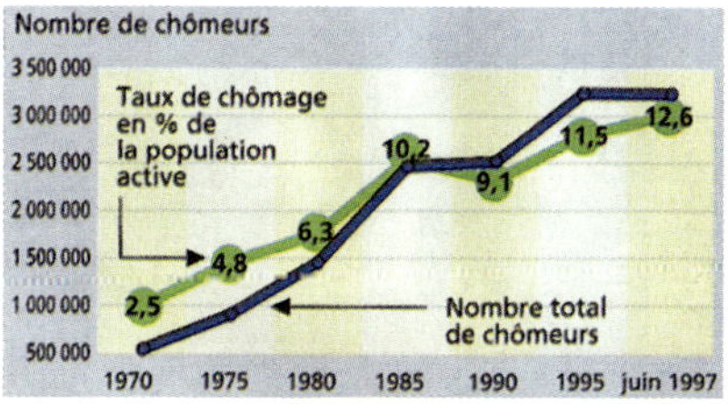

hausse **progressive** du chômage

➤ **progression** n. f. 1. Mouvement en avant. *La progression des glaciers est très lente.* 2. Développement régulier et continu. ❑ contr. **recul, régression.** *On a enrayé la progression de l'épidémie.*

➤ **progressiste** adj. ✦ Qui est favorable au progrès, aux réformes dans la société. *Cet homme politique a des idées progressistes.* ❑ contr. **rétrograde.** — N. *C'est une progressiste convaincue.*

➤ **progressivement** adv. ✦ Petit à petit. *En automne, les jours diminuent progressivement.*

prohibé, prohibée adj. ✦ Interdit par la loi. → **illicite, illégal.** *Le trafic de drogue est prohibé.* ❑ contr. **autorisé.**

prohibitif, prohibitive adj. ✦ *Des prix prohibitifs,* beaucoup trop élevés. → **excessif.**

➤ **prohibition** n. f. ✦ Interdiction par la loi. *La prohibition du trafic d'ivoire. Entre 1919 et 1933, ce fut la période de la prohibition de l'alcool aux États-Unis.*

proie n. f. 1. Animal qu'un autre animal attrape pour le manger. *Le renard s'est jeté sur sa proie et l'a dévorée. L'aigle est un oiseau de proie,* un oiseau qui se nourrit de proies vivantes. → **rapace** et aussi **prédateur.** 2. *Le château est la proie des flammes,* le feu le détruit. 3. *Être en proie à un sentiment,* tourmenté par un sentiment. *Ce malheureux est en proie au désespoir.*

projecteur n. m. 1. Appareil qui envoie une lumière très forte. → **spot.** *La scène du théâtre est éclairée par des projecteurs.* 2. Appareil qui sert à projeter des images sur un écran. *Il a installé son projecteur pour passer des diapositives.*

projectile n. m. ✦ Objet que l'on lance à la main ou avec une arme. *Des voyous ont lancé des projectiles dans la vitrine. Les balles de fusil sont des projectiles.*

projection n. f. 1. Ce qui est projeté, lancé au loin avec force. *L'éruption du volcan a commencé par des projections de cendres.* → aussi ② **projeter.** 2. Action de projeter un film, des photos sur un écran. *Ils ont assisté à la projection d'un film sur le Japon.*

① **projeter** v. (conjug. 4) ✦ Avoir l'intention, le projet. *Ils projettent de passer leurs vacances en Italie.*

➤ **projet** n. m. 1. Intention. *Quels sont vos projets pour cet été ?* → ③ **plan.** *Elle fait des projets de vacances.* 2. Travail qui n'est pas encore terminé. *Ce film est encore à l'état de projet.* → **ébauche.**

② **projeter** v. (conjug. 4) 1. Jeter avec force. *L'arrêt brutal de l'autobus nous a projetés en avant.* 2. *Projeter un film, des photos,* les faire apparaître sur un écran. *Il projette ses photos de vacances.* → **passer** et aussi **projection.**

▷ Mot de la famille de JETER.

prolétaire n. m. et f. ✦ Personne qui n'a que son salaire pour vivre, qui gagne peu d'argent et ne possède pas de capitaux. ❑ contr. **capitaliste** et aussi **bourgeois.**

➤ **prolétariat** n. m. ✦ *Le prolétariat,* c'est la classe sociale des prolétaires.

proliférer v. (conjug. 6) ✦ Devenir de plus en plus nombreux, abondant. *Le gibier prolifère dans cette région.* → se **multiplier.**

➤ **prolifération** n. f. ✦ Multiplication rapide. *Avec la chaleur, il y a eu une prolifération de guêpes.*

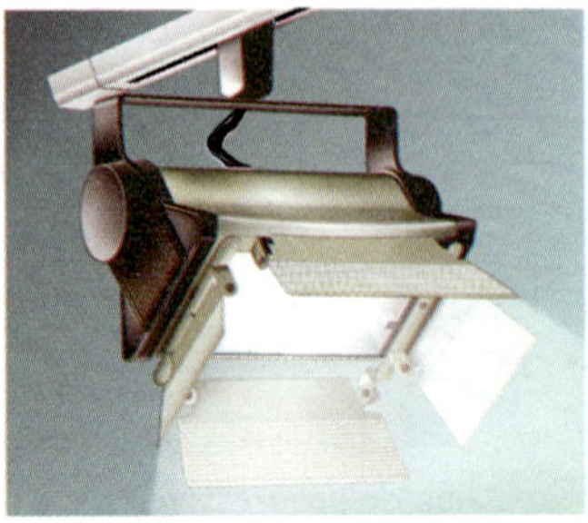

projecteur

prolifique adj. ✦ Qui se reproduit rapidement. *Les lapins sont prolifiques.* → **fécond.**

prolixe adj. ✦ Qui est trop long quand il parle ou quand il écrit. → **bavard, verbeux.** ❏ contr. **concis.**

prologue n. m. ✦ Première partie d'un roman, d'une pièce ou d'un film, où l'auteur explique ce qui s'est passé avant l'action proprement dite. → aussi **épilogue.**

prolonger v. (conjug. 3) 1. Faire durer plus longtemps. *Il a prolongé son séjour d'une semaine.* ❏ contr. **écourter.** 2. Faire aller plus loin. *On a prolongé l'autoroute.*

➤ **prolongation** n. f. 1. Temps supplémentaire. *Il a obtenu une prolongation de congé de huit jours.* 2. Période qui prolonge un match de football quand les deux équipes sont à égalité. *Il a fallu jouer les prolongations.*

➤ **prolongement** n. m. 1. Augmentation de longueur. *Les ouvriers travaillent au prolongement de l'autoroute.* 2. *Dans le prolongement,* dans la direction qui prolonge. *Tendez le bras dans le prolongement du corps.*

▷ Mots de la famille de LONG.

promener v. (conjug. 5) ✦ Faire faire un tour. *Il promène son chien.* — **se promener,** aller d'un lieu à un autre pour se détendre. *Le dimanche, ils vont se promener en forêt.* → fam. se **balader.**

➤ **promenade** n. f. ✦ Action de se promener. *Ils sont allés faire une promenade en voiture.* → ② **tour** ; fam. **balade.**

➤ **promeneur** n. m., **promeneuse** n. f. ✦ Personne qui se promène à pied. → aussi **flâneur.** *Ils ont rencontré des promeneurs dans la forêt.*

▷ Mots de la famille de MENER.

promettre v. (conjug. 56) 1. S'engager à faire ou à donner quelque chose. *Son père lui a promis un appareil photo. Il a promis à son fils de l'emmener aux États-Unis.* 2. **Se promettre de,** faire le projet, avoir l'intention de. *Louise s'est promis de beaucoup travailler cette année.*

➤ **promesse** n. f. ✦ Ce que l'on s'engage à faire. *Il tient toujours ses promesses.* → **parole.**

➤ **prometteur, prometteuse** adj. ✦ Qui laisse espérer une réussite. *Ce comédien a fait des débuts prometteurs.*

➤ **promis, promise** adj. 1. Qui a été promis. *Voici le cadeau promis.* — *Chose promise, chose due,* il faut donner ce que l'on a promis. 2. *Promis à,* destiné à. *Un jeune homme promis à un brillant avenir.*

promiscuité n. f. ✦ Situation qui oblige des personnes à vivre côte à côte alors qu'elles n'en ont pas envie. *Elle n'aime pas la promiscuité des transports en commun.*

promontoire n. m. ✦ Pointe de terre élevée qui s'avance dans la mer. → **cap.** *Le phare est sur un promontoire.*

▷ Mot de la famille de MONT.

promoteur n. m., **promotrice** n. f. ✦ Personne qui fait construire des immeubles pour les vendre ensuite.

● On dit aussi *un promoteur immobilier.*

promotion n. f. 1. Fait d'obtenir un poste plus élevé et mieux payé. *Il a obtenu une promotion.* → **avancement** et aussi **promouvoir.** 2. Action de vendre un produit moins cher pour le faire connaître. — *Il a acheté des savonnettes* **en promotion,** vendues moins cher pendant un certain temps.

➤ **promotionnel, promotionnelle** adj. ✦ *Une vente promotionnelle,* où sont vendus des produits en promotion.

promouvoir v. (conjug. 27) 1. Donner à quelqu'un un grade plus élevé ou un poste plus important. *Elle a été promue chef de service.* → aussi **promotion.** 2. Favoriser le développement. *Il faut promouvoir la recherche médicale.* → **encourager.**

prompt [pʀɔ̃], **prompte** [pʀɔ̃t] adj. ✦ Rapide. *Louise a été prompte à réagir.* ❏ contr. **lent.**

➤ **promptitude** [pʀɔ̃tityd] n. f. ✦ Rapidité, vivacité. *La promptitude de sa riposte les a surpris.* ❏ contr. **lenteur.**

● On ne prononce pas le *p.* Ces mots sont littéraires.

promulguer v. (conjug. 1) ✦ *Promulguer une loi,* c'est la rendre officielle, la faire connaître à tout le monde.

prôner v. (conjug. 1) ✦ Recommander avec insistance. *Ils prônent la tolérance.* → **vanter.**

● Attention à l'accent circonflexe du ô. Ce mot est littéraire.

pronom **n. m.** ✦ Mot qui a la même fonction qu'un nom et qui souvent remplace un mot ou un groupe de mots. *Il y a des pronoms personnels (ex. je, tu, il, se), des pronoms relatifs* (ex. *qui, dont*), *des pronoms démonstratifs (ex. ceci, cela), des pronoms interrogatifs (ex. qui, quoi), des pronoms indéfinis (ex. rien, tout), des pronoms possessifs (ex. le mien, le vôtre).*
▷ Mot de la famille de NOM.

pronominal, pronominale **adj.** ✦ *Un verbe pronominal,* c'est un verbe devant lequel il y a un pronom personnel. *« Se fâcher » est un verbe pronominal. Les verbes pronominaux se conjuguent avec l'auxiliaire « être ».*

prononcer **v.** (conjug. 3) **1.** Dire à haute voix. *Le maire a prononcé un discours.* **2.** Articuler les sons d'un mot. *Son nom est difficile à prononcer.*

➤ **se prononcer** **v.** (conjug. 3) **1.** Être émis, articulé. *« Haut » et « eau » se prononcent de la même façon.* **2.** Donner son avis. *Les médecins ont examiné le malade, mais ils ne peuvent pas encore se prononcer.*

➤ **prononciation** **n. f.** ✦ Manière dont un mot, un son est prononcé. *« Chair » et « cher » ont la même prononciation.*

pronostic **n. m.** ✦ Opinion que l'on donne sur ce qui va arriver. *Il s'est trompé dans ses pronostics.* → **prévision.**

propagande **n. f.** ✦ Action menée pour influencer, pour faire partager des idées. *Les partis politiques font de la propagande avant les élections.*
▷ Mot de la famille de PROPAGER.

affiche de **propagande**

propager **v.** (conjug. 3) **1.** Faire connaître à tout le monde. *Ce sont les journaux qui ont propagé la nouvelle.* → **diffuser, répandre.** **2. se propager,** s'étendre, gagner du terrain. *L'incendie se propage.* → **progresser.**

➤ **propagation** **n. f.** ✦ Le fait de se propager, de s'étendre. *La propagation de l'épidémie a été très rapide.*
▷ Autre mot de la famille : PROPAGANDE.

propane **n. m.** ✦ Gaz dont on se sert pour chauffer. *Une bouteille de propane.*

propension **n. f.** ✦ Tendance naturelle, penchant. *Elle a une certaine propension à tout critiquer.* → **disposition, inclination.**

prophète **n. m.**, **prophétesse** **n. f.** ✦ Personne inspirée par Dieu qui prédit l'avenir et révèle des vérités cachées. *Isaïe est un prophète de la Bible. Mahomet est le prophète des musulmans. — Nul n'est prophète en son pays,* il est plus difficile d'être cru par ses proches que par des étrangers.

➤ **prophétie** [pʀɔfesi] **n. f.** ✦ Ce qui est annoncé par les personnes qui prétendent connaître l'avenir. *Les prophéties d'une voyante.* → **prédiction.**

➤ **prophétique** [pʀɔfetik] **adj.** ✦ Qui a le caractère d'une prophétie. *Il a prononcé des paroles prophétiques.*

propice **adj.** ✦ Favorable. *Il faut choisir le moment propice pour s'en aller.* → **opportun.**

proportion **n. f.** **1.** *Les proportions,* ce sont les dimensions d'un objet les unes par rapport aux autres. *Cette maison a de belles proportions.* **2.** Quantité d'une chose par rapport à une autre ou à un ensemble. *Il y a une proportion égale de réussites et d'échecs à cet examen.* → **pourcentage, taux.** **3.** *Des proportions,* dimensions, importance. *Dans ce pays, la pauvreté a pris des proportions considérables,* elle a beaucoup augmenté.

➤ **proportionné, proportionnée** **adj.** **1.** *Proportionné à quelque chose,* qui est en rapport avec quelque chose. ❏ contr. **disproportionné.** *La punition était proportionnée à la faute.* **2.** *Bien proportionné,* qui a des proportions harmonieuses. *Elle a un corps bien proportionné.*

➤ **proportionnel, proportionnelle** **adj.** ✦ *Proportionnel à quelque chose,* en rapport avec quelque chose. *La taille des enfants est proportionnelle à leur âge.*

➤ **proportionnellement** adv. ✦ Suivant une certaine proportion. *Les impôts augmentent proportionnellement aux revenus.*

▷ Mots de la famille de PORTION.

propos n. m. 1. Parole. *Ils échangent des propos injurieux.* 2. *À propos de,* au sujet de. *Je vous écris à propos de votre fille.* *À tout propos,* pour un rien. *Il se met en colère à tout propos.* 3. *À propos,* à point, au bon moment. *Je te cherchais, tu arrives à propos !* 4. But que l'on se fixe. → **intention.** *Mon propos était de vous convaincre.*

➤ **proposer** v. (conjug. 1) 1. Présenter, offrir. *À la fin du dîner, on nous a proposé plusieurs desserts. Théo a proposé à sa mère d'aller faire les courses.* 2. *Se proposer de,* avoir l'intention de. *Ils se proposent de visiter l'Espagne cet été.* → **envisager, projeter.**

➤ **proposition** n. f. 1. Offre. *J'accepte votre proposition.* 2. *Une proposition,* c'est un morceau de phrase qui contient un verbe. *Dans la phrase : « Alex regarde les chevaux qui courent », « Alex regarde les chevaux » est la proposition principale et « qui courent » est la proposition subordonnée.*

▷ Autres mots de la famille : À-PROPOS, AVANT-PROPOS.

① **propre** adj. ✦ Qui n'a aucune trace de saleté. *Cette chemise est propre.* → **impeccable, net.** ❏ contr. **sale.**

➤ ① **proprement** adv. ✦ D'une manière propre. *Essaie de manger proprement.* ❏ contr. **salement.**

➤ **propreté** n. f. ✦ Caractère de ce qui est propre, net. *Ces trottoirs sont d'une grande propreté.* ❏ contr. **saleté.**

▷ Autres mots de la famille : MALPROPRE, MALPROPRETÉ.

② **propre** adj. et n. m.

■ adj. 1. Qui appartient à une personne en particulier. *Je l'ai vu de mes propres yeux. Elle est venue par ses propres moyens,* en se débrouillant toute seule. *L'insouciance propre à la jeunesse,* particulière à la jeunesse. → **caractéristique.** 2. *Un nom propre,* c'est un nom qui ne désigne qu'une seule personne ou une seule chose. *« Lyon » est un nom propre, « lion » est un nom commun.* 3. *Le sens propre d'un mot,* c'est son premier sens. *La « peste » au sens propre est une maladie, une « peste » au sens figuré est une personne insupportable.* 4. *Propre à,* qui convient pour. *Cette viande est propre à la consommation,* elle peut être consommée. ❏ contr. **impropre.**

■ n. m. 1. *Le propre de,* la qualité particulière de. *Le rire est le propre de l'homme.* 2. *En propre,* que l'on est seul à posséder. *La maison lui appartient en propre,* à lui seul. 3. *Mettre au propre,* mettre sous forme définitive ce qui était un brouillon.

➤ ② **proprement** adv. ✦ *À proprement parler,* en appelant les choses par leur nom exact. *Cette maison n'est pas à proprement parler un taudis, mais elle est quand même très misérable.*

➤ **propriété** n. f. 1. Le fait d'avoir à soi, d'être propriétaire. *Cet agriculteur a l'entière propriété de sa ferme.* 2. Belle maison avec un grand jardin. *Ils ont une propriété de famille dans le Midi.* 3. Qualité qui caractérise une chose. → **caractéristique, particularité.** *L'eau a comme propriété de bouillir à 100°.*

➤ **propriétaire** n. m. et f. ✦ Personne qui possède quelque chose. *Rendez ce chien à son propriétaire. Le locataire paie le loyer au propriétaire,* à celui à qui appartient l'appartement, la maison.

▷ Autres mots de la famille : AMOUR-PROPRE, APPROPRIÉ, S'APPROPRIER, COPROPRIÉTAIRE, COPROPRIÉTÉ, EXPROPRIER, IMPROPRE.

propulser v. (conjug. 1) ✦ Faire avancer en poussant. *L'avion est propulsé par des moteurs à réaction.*

➤ **propulseur** n. m. ✦ Moteur qui sert à faire avancer un bateau, un avion ou un engin spatial. *Les propulseurs d'une fusée.*

➤ **propulsion** n. f. ✦ Action de propulser. *Un sous-marin à propulsion nucléaire,* qui avance grâce à l'énergie nucléaire.

prosaïque adj. ✦ Qui manque d'idéal, de noblesse. *Les aspects prosaïques de la vie.* → **banal, ordinaire.**

proscrire v. (conjug. 39) ✦ Interdire. *La religion musulmane proscrit l'alcool.* ❏ contr. **autoriser, permettre.**

➤ **proscrit** n. m., **proscrite** n. f. ✦ Personne chassée de son pays. → aussi **exilé.**

prose n. f. ✦ Façon de parler ou d'écrire ordinaire, par opposition à la poésie. *Les romans sont écrits en prose.*

prosélytisme **n. m.** ✦ Zèle à convertir autrui à sa religion ou à ses idées. *Cette secte fait du prosélytisme,* elle cherche à faire des adeptes.
● Il y a un *y* après le *l*.

prospecter **v.** (conjug. 1) ✦ Examiner un sol pour trouver des richesses naturelles. *Des ingénieurs prospectent le sol pour trouver du pétrole.*
● Ce mot vient de l'anglais.
➤ **prospection** **n. f.** ✦ Recherche dans le sol pour trouver des richesses naturelles. *Les compagnies pétrolières font de la prospection sous les mers.*

prospectus [pʀɔspɛktys] **n. m.** ✦ Papier sur lequel est imprimée une publicité. *Il y a de nombreux prospectus dans notre boîte aux lettres.*

prospère **adj.** ✦ Qui est en plein épanouissement. *Il jouit d'une santé prospère.* → **florissant.** *Cette région est très prospère.* → **opulent, riche.**
➤ **prospérer** **v.** (conjug. 6) ✦ Se développer. *Cette entreprise prospère,* elle marche bien. ❑ contr. **péricliter.**
➤ **prospérité** **n. f.** ✦ Essor, progrès. *Une industrie en pleine prospérité.*

se **prosterner** **v.** (conjug. 1) ✦ S'incliner très bas pour marquer son respect. *Le prêtre se prosterne devant l'autel.*

se **prostituer** **v.** (conjug. 1) ✦ Avoir des relations sexuelles avec des clients pour de l'argent.
➤ **prostitué** **n. m.**, **prostituée** **n. f.** ✦ Personne qui a des relations sexuelles pour de l'argent.
➤ **prostitution** **n. f.** ✦ *La prostitution,* c'est le fait d'avoir des relations sexuelles avec des clients pour de l'argent.

prostré, prostrée **adj.** ✦ Abattu, accablé. *Elle est restée prostrée à l'annonce de cette nouvelle.*

protagoniste **n. m. et f.** ✦ Personne qui joue le rôle le plus important dans une affaire. → **héros.** *Les protagonistes du drame avaient leur photo en première page.*

protecteur **n. m. et adj.**, **protectrice** **n. f. et adj.**
■ **n.** Personne qui protège, défend les autres. *Dans la cour de récréation, Alex s'est fait le protecteur des petits.* → **défenseur.**
■ **adj.** *La société protectrice des animaux,* c'est un organisme qui protège les animaux contre les mauvais traitements.

protection **n. f.** **1.** Action de protéger. *Alex a pris sa petite sœur sous sa protection.* **2.** Chose qui sert à protéger. *Les gants sont une bonne protection contre le froid.*

protéger **v.** (conjug. 3 et 6) **1.** Défendre d'un danger. *Alex protège sa sœur.* **2.** Mettre à l'abri d'un inconvénient. *Ton imperméable te protègera de la pluie.*
➤ **protégé** **adj. et n. m.**, **protégée** **adj. et n. f.**
■ **adj.** Qui est à l'abri d'un danger ou d'un inconvénient. *Le jardin est protégé du vent.* → **abrité.** *Les espèces animales protégées.*
■ **n.** Personne que l'on protège. *Voici sa petite protégée.*
➤ **protège-cahier** **n. m.** ✦ Couverture de matière souple qui sert à protéger un cahier. *Des protège-cahiers.* ⊳ Mot de la famille de CAHIER.

protéine **n. f.** ✦ Substance nourrissante contenue dans la viande, le poisson, les œufs. *Les protéines sont indispensables à l'organisme.* → aussi **glucide, lipide.**

se **prosterner** (*Prière du soir dans le Sahara*, G. Guillaumet)

protestant n. m., **protestante** n. f. ✦ Chrétien qui appartient à une religion réformée qui ne reconnaît pas l'autorité du pape. *Les protestants vont au temple pour assister au culte.* — **Adj.** *La religion protestante.*
➤ **protestantisme** n. m. ✦ Religion des protestants. *Le protestantisme est apparu au 16e siècle avec l'opposition de Luther et de Calvin au pape.*

protester v. (conjug. 1) **1.** Déclarer avec force que l'on n'est pas d'accord. *Ils ont protesté avec indignation contre cette injustice.* **2.** Affirmer. *L'accusé protestait de son innocence.*
➤ **protestation** n. f. **1.** Manifestation de désaccord. *Il fit un geste de protestation.* ❏ contr. **approbation.** **2.** Déclaration, manifestation. *Je ne crois pas beaucoup à ses protestations d'amitié.*

prothèse n. f. ✦ Appareil qui remplace un membre ou un organe. *On l'a amputé d'une jambe et on lui a mis une prothèse.*
● Il y a un *h* après le *t*.
➤ **prothésiste** n. m. et f. ✦ Personne dont le métier est de fabriquer des prothèses. *Un prothésiste dentaire.*
● Il y a un *h* après le *t*.

protocole n. m. ✦ Ensemble de règles que l'on doit observer dans les cérémonies et les réunions officielles. → ② **étiquette.** *Il faut respecter le protocole.*

prototype n. m. ✦ Modèle unique d'un objet qui n'est pas encore fabriqué en série. *Un prototype de voiture.*
▷ Mot de la famille de TYPE.

protubérance n. f. ✦ Petite partie en relief. → **saillie.** *La bosse qu'il s'est faite sur le front forme une protubérance.* → **excroissance.**

proue n. f. ✦ Avant d'un bateau. *La proue du voilier fend les vagues.* ❏ contr. **poupe.**

proue

prouesse n. f. ✦ Action remarquable. → **exploit, performance.** *Tout le monde admire les prouesses de cet aviateur.*

prouver v. (conjug. 1) **1.** Démontrer que quelque chose est vrai. *Il n'a pas pu prouver son innocence.* → **établir.** **2.** Faire la preuve de. *Alex a prouvé qu'il était courageux.* → **montrer.**

provenir v. (conjug. 22) **1.** Venir. *Ces oranges proviennent du Maroc.* **2.** Avoir son origine. *Cette douleur provient du foie.*
➤ **provenance** n. f. ✦ Endroit d'où vient une chose. *L'avion en provenance de Rome vient d'atterrir.*
▷ Mots de la famille de VENIR.

proverbe n. m. ✦ Phrase qui exprime une vérité générale, un conseil de sagesse. → aussi **dicton, maxime.** « *Rien ne sert de courir, il faut partir à point* » *est un proverbe.*
➤ **proverbial, proverbiale** adj. ✦ Bien connu. *Le courage des pompiers est proverbial.* → **légendaire.** — Au masc. pl. *proverbiaux.*

providence n. f. ✦ Sagesse de Dieu qui dirige et protège tout ce qu'Il a créé. *Les croyants s'en remettent à la providence.*
➤ **providentiel, providentielle** adj. ✦ Qui se produit au bon moment, par un heureux hasard. *Ton arrivée est providentielle.*

province n. f. **1.** Région, avec ses traditions et ses coutumes. *La Normandie et la Bretagne sont des provinces françaises.* **2.** *La province,* c'est l'ensemble de la France, excepté Paris et sa banlieue. *Il habite en province.*
➤ **provincial, provinciale** adj. ✦ De la province. *Il aime la vie provinciale.* — **N.** *Les provinciaux,* ce sont les personnes qui habitent en province.

proviseur n. m. et f. ✦ Personne qui dirige un lycée. → **directeur** et aussi ② **principal.** *Madame le proviseur* ou *la proviseur.*

provision n. f. **1.** Réunion de choses utiles que l'on garde pour plus tard. → ① **réserve, stock.** *Il y a une provision de craies dans le placard de la classe. Il a fait provision de bois pour l'hiver.* **2.** *Les provisions,* les choses nécessaires à la vie de tous les jours que l'on doit acheter. *Elle est allée faire ses provisions.* → ① **commission, course.** **3.** Somme d'argent disponible. *Il a fait un chèque sans provision,* sans avoir l'argent correspondant sur son compte en banque.
▷ Autres mots de la famille : APPROVISIONNÉ, APPROVISIONNEMENT, APPROVISIONNER.

provisoire adj. ✦ Qui ne doit pas durer longtemps, qui est destiné à être remplacé. → **temporaire.** *Ces baraquements sont des installations provisoires.* ❑ contr. **définitif.**

➤ **provisoirement** adv. ✦ Pour peu de temps. *Elle dort provisoirement dans le salon.* → **momentanément, temporairement.** ❑ contr. **définitivement.**

provoquer v. (conjug. 1) **1.** Être la cause. *C'est une fuite de gaz qui a provoqué l'explosion.* → ① **causer,** ① **entraîner. 2.** *Provoquer quelqu'un,* le pousser à réagir avec violence. *Arrête, ne le provoque pas.* → **exciter.**

➤ **provocant, provocante** adj. ✦ Qui incite à réagir violemment. *Il a une attitude provocante.* → **agressif.**

➤ **provocateur** n. m., **provocatrice** n. f. ✦ Personne qui pousse les autres à la violence. *Des provocateurs ont fait dégénérer la manifestation en émeute.*

➤ **provocation** n. f. ✦ Acte ou parole qui pousse à réagir violemment. *Ne réponds pas aux provocations de ces voyous.*

proximité n. f. **1.** Caractère de ce qui est près dans l'espace. *La proximité de la mer donne de la valeur à cette maison.* — *Ils habitent à proximité de la gare,* tout près de la gare. **2.** Le fait d'être proche dans le temps. *La proximité des vacances excite les enfants.*

prudent, prudente adj. ✦ Qui fait attention au danger. *Elle est très prudente au volant.* ❑ contr. **imprudent.**

➤ **prudemment** [pʀydamɑ̃] adv. ✦ En faisant attention. *Il conduit prudemment.* ❑ contr. **imprudemment.**

➤ **prudence** n. f. ✦ Qualité de celui qui réfléchit aux conséquences de ses actes, fait ce qu'il faut pour empêcher qu'arrivent des ennuis et évite de faire des choses dangereuses. *Il a eu la prudence de se faire vacciner avant de partir en vacances.* ❑ contr. **imprudence.** — *Prudence est mère de sûreté,* il vaut mieux être prudent si l'on veut éviter le danger.

▷ Autres mots de la famille : IMPRUDEMMENT, IMPRUDENCE, IMPRUDENT.

prune n. f. ✦ Petit fruit de forme ronde ou allongée, à chair juteuse et sucrée, contenant un noyau. → aussi **mirabelle, quetsche.** *Une tarte aux prunes.*

➤ **pruneau** n. m. **1.** Prune séchée de couleur noire. *Nous avons mangé du lapin aux pruneaux.* **2.** En Suisse. Quetsche. *Une tarte aux pruneaux.*

➤ ① **prunelle** n. f. ✦ Petite prune bleu foncé, de goût âcre.

➤ **prunier** n. m. ✦ Arbre fruitier qui produit les prunes.

prunelle

pruneau

prune

② **prunelle** n. f. ✦ Petit rond noir au centre de l'œil. → ② **pupille.** — *Il tient à sa voiture comme à la prunelle de ses yeux,* il y tient plus qu'à tout.

P.-S. → **post-scriptum**

psaume n. m. ✦ Chant religieux tiré de la Bible. *Les moines chantent des psaumes.*

pseudo- ✦ Préfixe qui signifie « faux ».

pseudonyme n. m. ✦ Nom que l'on choisit pour cacher son identité. *Ce journaliste écrit des romans sous un pseudonyme.*

psychanalyse [psikanaliz] n. f. ✦ Méthode qui permet de soigner certains troubles psychologiques en faisant parler le malade de choses graves qu'il avait peut-être oubliées. *Freud est le fondateur de la psychanalyse.* → aussi **psychothérapie.**

● Ce mot s'écrit avec deux *y* et *ch*.

➤ **psychanalyser** v. (conjug. 1) ✦ *Se faire psychanalyser,* se faire soigner par la psychanalyse.

➤ **psychanalyste** n. m. et f. ✦ Personne qui soigne par la psychanalyse.

▷ Mots de la famille de ANALYSE.

psychiatre [psikjatʀ] n. m. et f. ✦ Médecin qui s'occupe des maladies mentales.

➤ **psychiatrie** [psikjatʀi] n. f. ✦ Partie de la médecine qui s'occupe des maladies mentales.

➤ **psychiatrique** [psikjatRik] **adj.** ✦ Qui concerne la psychiatrie, les maladies mentales. *Un hôpital psychiatrique,* c'est un hôpital où l'on soigne les malades mentaux. *On l'a interné dans un hôpital psychiatrique.*

psychique adj. ✦ De l'esprit, de la pensée. *Ce malade souffre de troubles psychiques.* → **mental.** ❑ contr. ② **physique.**

psychologie [psikɔlɔʒi] **n. f. 1.** Science qui étudie ce qui se passe dans l'esprit des gens, leurs sentiments, leurs réactions. *La psychologie de l'enfant.* **2.** Qualité d'une personne qui comprend les sentiments et les attitudes des autres et peut prévoir leurs réactions. *Elle manque vraiment de psychologie.* → **intuition, finesse.**

● Ce mot s'écrit avec un *y* et *ch.*

➤ **psychologique adj.** ✦ Qui concerne la psychologie, l'esprit. *Il a des problèmes psychologiques,* dans sa tête. ❑ contr. ② **physique.**

➤ **psychologue n. m. et f. et adj.**

■ **n. m. et f.** Personne spécialiste de psychologie. *Si un enfant a des difficultés en classe, il peut aller voir un psychologue scolaire.*

■ **adj.** Qui comprend les autres et prévoit leurs réactions. *Elle n'est pas très psychologue, elle dit souvent des choses blessantes.*

psychothérapie [psikoteRapi] **n. f.** ✦ Traitement qui aide à résoudre les problèmes psychologiques d'une personne. *Il suit une psychothérapie.* → aussi **psychanalyse.**

➤ **psychothérapeute n. m. et f.** ✦ Spécialiste de la psychothérapie.

● Ces mots s'écrivent avec un *y* et *th.*

ptérodactyle n. m. ✦ Reptile volant de l'époque préhistorique, ancêtre des oiseaux. *Les ptérodactyles vivaient à la même époque que les dinosaures.*

puant, puante adj. ✦ Qui pue, sent très mauvais. → **nauséabond.** *De vieux fromages puants.*

➤ **puanteur n. f.** ✦ Très mauvaise odeur.

▷ Mots de la famille de PUER.

pub → **publicité**

puberté n. f. ✦ Ensemble des transformations du corps et de l'esprit qui se produisent au moment du passage de l'enfance à l'adolescence. *À la puberté, la voix des garçons devient plus grave.*

pubis [pybis] **n. m.** ✦ Partie qui forme un triangle au bas du ventre. *Les poils du pubis.*

● On prononce le *s* final.

public adj. et n. m., publique adj.

■ **adj. 1.** Qui concerne l'ensemble de la population, la nation tout entière. *L'intérêt public doit passer avant les intérêts particuliers.* → **commun,** ② **général.** ❑ contr. **personnel. 2.** Ouvert à tous. *On entre gratuitement dans un jardin public.* ❑ contr. **privé.** *Cette vente aux enchères est publique.* **3.** Qui dépend de l'État. *L'école publique est gratuite.* ❑ contr. **libre, privé.**

■ **n. m. 1.** L'ensemble de la population. *Le musée est ouvert au public de 9 h à 18 h.* **2.** *Le public,* c'est l'ensemble des spectateurs. *Le chanteur a été applaudi par le public.* → **assistance. 3.** *En public,* en présence de nombreuses personnes réunies. *Il a pris la parole en public.*

▷ Autre mot de la famille : PUBLIQUEMENT.

publication n. f. 1. Action de faire connaître à tous. *La publication des résultats du concours aura lieu demain.* **2.** Action de faire paraître, de publier un livre. *Ce roman a eu beaucoup de succès dès sa publication.* → **parution, sortie. 3.** *Une publication,* un texte publié. *Elle est abonnée à des publications scientifiques,* à des revues, des journaux scientifiques.

▷ Mot de la famille de PUBLIER.

publicité n. f. 1. Art de faire connaître un produit au public pour mieux le vendre. *Cette marque fait beaucoup de publicité.* **2.** Image, texte, film qui sert à faire vendre un produit. *Léa aime bien regarder les publicités à la télévision.*

● On dit familièrement *la pub.*

➤ **publicitaire adj. et n. m. et f.**

■ **adj.** Qui fait la publicité d'un produit. *Ce comédien joue aussi dans des films publicitaires.*

■ **n. m. et f.** Personne qui travaille dans la publicité.

publier v. (conjug. 7) **1.** Annoncer en public. *Les résultats du concours seront publiés demain.* **2.** Fabriquer et mettre en vente un livre. *Cet éditeur publie des romans policiers.* → **éditer. 3.** Faire paraître un document. *Sa photo a été publiée en première page du journal.*

▷ Autre mot de la famille : PUBLICATION.

publiquement adv. ✦ En public. *Elle l'a injurié publiquement,* devant tout le monde.
▷ Mot de la famille de PUBLIC.

carte à **puce**

puce n. f. 1. Petit insecte parasite de l'homme et de quelques animaux. ➻ planche Insectes p. 543. *Le chien de Paul a eu des puces. — Mettre la puce à l'oreille,* c'est éveiller les soupçons. *Son air bizarre nous a mis la puce à l'oreille.* 2. *Le marché aux puces,* c'est un marché où l'on vend des choses anciennes et des objets d'occasion. 3. *Une puce électronique,* c'est un tout petit élément qui stocke des informations et qui se trouve dans des ordinateurs, des cartes bancaires, etc. *Une carte à puce.*
➤ **puceron** n. m. ✦ Petit insecte parasite des plantes. *Le rosier est couvert de pucerons.*

puceron

pudding [pudiŋ] n. m. ✦ Gâteau fait avec de la farine, des œufs, de la graisse de bœuf, des raisins secs et des épices.
● Ce mot vient de l'anglais.

pudeur n. f. 1. Gêne qu'une personne éprouve à montrer son corps. *Par pudeur, Julie change de maillot en s'enveloppant dans une serviette.* 2. Délicatesse, discrétion. *Il cachait son chagrin par pudeur.*

pudique adj. ✦ Qui montre de la pudeur. *Elle a toujours été très pudique.*

puer v. (conjug. 1) ✦ Sentir très mauvais. → **empester.** *Ce vieux fromage pue.*
▷ Autres mots de la famille : PUANT, PUANTEUR.

puériculteur n. m., **puéricultrice** n. f. ✦ Personne dont le métier est de s'occuper de bébés et de très jeunes enfants. *Elle est puéricultrice dans une crèche.*

puériculture n. f. ✦ Ensemble des connaissances et des méthodes nécessaires pour s'occuper des nouveaux-nés et des très jeunes enfants. *Elle suit des cours de puériculture.*

puéril, puérile adj. ✦ Indigne d'un adulte, qui ne convient qu'à un enfant. *Il a eu une réaction puérile.* → **infantile.**

pugilat n. m. ✦ Bagarre à coups de poing. → aussi **rixe.**

puis adv. 1. Après cela, dans le temps qui suit. → **ensuite.** *Il a mangé une pomme, puis du raisin.* 2. ***Et puis,*** et d'ailleurs, en plus. *Je n'ai pas le temps, et puis cela m'embête.* ○ homonyme : puits.
▷ Autres mots de la famille : DEPUIS, PUISQUE.

puiser v. (conjug. 1) 1. Prendre du liquide au moyen d'un récipient. *Autrefois on allait puiser de l'eau au puits.* → **tirer.** 2. Prendre dans une réserve. *Il a puisé dans ses économies pour s'acheter un blouson.*
▷ Mot de la famille de PUITS.

puisque conjonction ✦ *Puisque* indique la cause. *Puisque vous êtes ici, restez dîner.*
▷ Mot de la famille de PUIS et de QUE.

puissant, puissante adj. 1. Qui a du pouvoir, qui commande à beaucoup de gens et décide beaucoup de choses. *Un homme riche et puissant.* 2. Qui a de la force physique. *Il a des muscles puissants.* 3. Qui a de l'énergie, de la puissance. *Une voiture puissante. Une ampoule puissante,* très forte.
➤ **puissance** n. f. 1. Force, autorité d'un pays. *L'Empire romain a étendu sa puissance jusqu'en Orient.* 2. *La puissance d'une ampoule électrique,* c'est l'intensité de la lumière qu'elle produit. *La puissance d'une voiture,* c'est la force de son moteur. 3. *Les grandes puissances,* ce sont les pays les plus riches et les plus forts.

➤ **puissamment** **adv.** ✦ Extrêmement. *Ce pays est puissamment armé.*
▷ Mots de la famille de ① POUVOIR.

puits [pɥi] **n. m. 1.** Construction autour d'un trou profond pratiqué dans le sol pour atteindre une nappe d'eau souterraine. *Elle va au puits tirer de l'eau.* **2.** Trou creusé dans le sol ou le sous-sol pour exploiter un gisement. *Le forage d'un puits de pétrole.* ❍ homonyme : puis.
● Ce mot se termine par *ts*.
▷ Autre mot de la famille : PUISER.

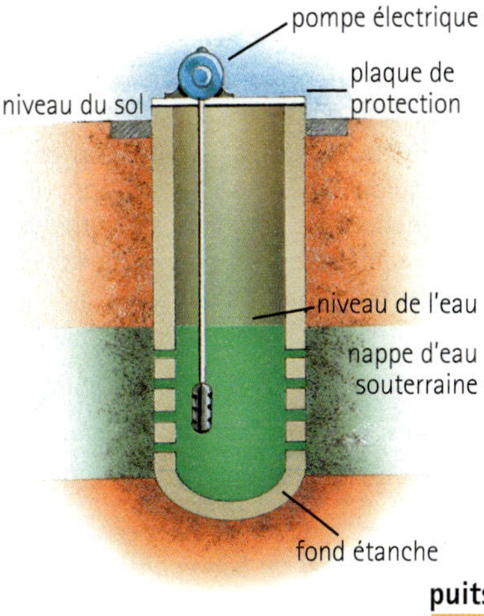

puits

pull-over [pulɔvœʀ] ou [pylɔvɛʀ] **n. m.** ✦ Vêtement tricoté en laine ou en coton qui couvre le haut du corps et que l'on enfile par la tête. — Au pl. *Des pull-overs.*
● On dit aussi *un pull* [pyl], *des pulls.* Ce mot vient de l'anglais.

pulluler **v.** (conjug. 1) ✦ Être en très grand nombre. *Les grenouilles pullulent dans cet étang.* → **abonder, grouiller.**
● Il y a deux *l* après le premier *u*.

pulmonaire **adj.** ✦ Qui concerne les poumons. *La tuberculose est une maladie pulmonaire.*

pulpe **n. f. 1.** *La pulpe d'un fruit,* c'est sa chair. **2.** *La pulpe des dents,* c'est le tissu qui en remplit l'intérieur.

pulsation **n. f.** ✦ Battement du cœur ou des artères. → aussi **pouls.** *On constate une accélération des pulsations pendant un effort.*

pulvériser **v.** (conjug. 1) **1.** Projeter un liquide en fines gouttelettes. → **vaporiser.** *Elle pulvérise de l'insecticide sur les rosiers.* **2.** Réduire en petits morceaux. *Le pare-brise a été pulvérisé.*
➤ **pulvérisateur** **n. m.** ✦ Appareil qui sert à projeter un liquide en fines gouttelettes. → **atomiseur, vaporisateur.**
➤ **pulvérisation** **n. f.** ✦ Projection en poudre ou en fines gouttelettes. *Une pulvérisation d'insecticide.*

puma **n. m.** ✦ Animal sauvage d'Amérique, de la famille des félins, à pelage fauve et sans crinière, appelé aussi *couguar.* ➻ planche Félins p. 409.
● Ce mot vient d'une langue indienne d'Amérique du Sud.

① **punaise** **n. f.** ✦ Petit insecte plat qui sent très mauvais. ➻ planche Insectes p. 543. *Les punaises se cachent dans les fentes des planchers.*

② **punaise** **n. f.** ✦ Petit clou à tête plate et à pointe courte. *Elle fixe un dessin au mur avec des punaises.*
➤ **punaiser** **v.** (conjug. 1) ✦ Fixer avec des punaises. *Il a punaisé l'affiche sur le mur.*

① **punch** [pɔ̃ʃ] **n. m.** ✦ Boisson à base de rhum et de citron. *Un verre de punch.* — Au pl. *Des punchs.*
● Mot d'une langue de l'Inde qui veut dire « cinq », cette boisson comportant cinq ingrédients.

② **punch** [pœnʃ] **n. m. 1.** Capacité d'un boxeur à porter des coups secs et efficaces. *Ce boxeur manque de punch.* **2.** Familier. Dynamisme, énergie. *Elle a beaucoup de punch.*
● C'est un mot anglais qui veut dire « coup ».

punching-ball [pœnʃiŋbol] **n. m.** ✦ Gros ballon maintenu à la verticale par des élastiques, sur lequel les boxeurs frappent pour s'entraîner. — Au pl. *Des punching-balls.*
● Ce mot vient de l'anglais *punching* « en frappant » et *ball* « ballon ».

punir **v.** (conjug. 2) ✦ Infliger une punition ou une sanction à quelqu'un qui a mal agi. *La directrice a sévèrement puni Alex.* ❏ contr. **récompenser.**
➤ **punition** **n. f.** ✦ Chose désagréable que l'on fait subir à une personne qui a mal agi. → **sanction** et aussi ① **peine.** *Pour ta punition, tu resteras dans ta chambre.* ❏ contr. **récompense.**

➤ **punitif, punitive** adj. ✦ Destiné à punir. *Ils ont organisé une expédition punitive contre les rebelles.*

▷ Autre mot de la famille : IMPUNI, IMPUNITÉ.

① **pupille** n. m. et f. ✦ Enfant orphelin ou abandonné qui est pris en charge par un tuteur.

② **pupille** n. f. ✦ Partie noire, au milieu de l'œil. → ② **prunelle.** *Dans le noir, les pupilles s'agrandissent.*

pupitre n. m. ✦ Support incliné sur lequel on pose un livre ou une partition de musique.

pupitre

pur, pure adj. 1. Qui n'est mélangé à rien d'autre. *Une veste en pure laine.* 2. Non pollué. ❑ contr. **impur.** *Il respire l'air pur de la montagne.* 3. *C'est la pure vérité,* la stricte vérité.

➤ **purement** adv. ✦ Uniquement. *Il a fait des études purement scientifiques. Elle nous a* ***purement et simplement*** *menti,* sans aucun doute possible.

➤ **pureté** n. f. ✦ Caractère de ce qui est pur. *Cette eau est d'une grande pureté.* → **limpidité.**

▷ Autres mots de la famille : ÉPURATION, ÉPURER, IMPUR, IMPURETÉ, PURIFIER, PUR-SANG.

purée n. f. ✦ Légumes bouillis et écrasés. *Voulez-vous de la purée de pommes de terre ou de la purée de carottes ?*

▷ Autre mot de la famille : PRESSE-PURÉE.

purgatif n. m. ✦ Remède qui lutte contre la constipation. → **laxatif, purge.** — **Adj.** *Une tisane purgative.*

▷ Mot de la famille de PURGER.

purgatoire n. m. ✦ Dans la religion catholique, lieu où, après la mort, les âmes expient leurs péchés avant d'aller au paradis. *Le prêtre prie pour les âmes qui sont au purgatoire.*

▷ Mot de la famille de PURGER.

purger v. (conjug. 3) 1. Vider de son contenu. *Il faut purger les conduites d'eau quand il risque de geler.* → **vidanger.** 2. Donner un produit contre la constipation. → aussi **purgatif.** *L'infirmière a purgé le malade.* 3. *Purger une peine,* c'est l'effectuer. *Le trafiquant purge une peine de cinq ans de prison.*

➤ **purge** n. f. 1. Évacuation d'un gaz ou d'un liquide qui empêche un appareil de bien fonctionner. *Le robinet de purge du radiateur fuit.* 2. Remède qui lutte contre la constipation. → **laxatif, purgatif.**

▷ Autres mots de la famille : PURGATIF, PURGATOIRE.

purifier v. (conjug. 7) ✦ Rendre pur, enlever les impuretés. *On filtre l'eau pour la purifier.*

▷ Mot de la famille de PUR.

purin n. m. ✦ Liquide qui s'écoule du fumier. *Le purin est un bon engrais.*

puritain, puritaine adj. ✦ Qui est très strict sur la morale, qui respecte rigoureusement les principes. *Il a reçu une éducation puritaine.* → **austère, rigide.**

pur-sang n. m. inv. ✦ Cheval de course de pure race. — Au pl. *Des pur-sang.*

▷ Mot de la famille de PUR et de SANG.

purulent, purulente adj. ✦ Qui produit ou contient du pus. *Une plaie purulente.*

pus [py] n. m. ✦ Liquide jaunâtre qui contient des microbes et se forme aux endroits du corps qui sont infectés. *Un bouton plein de pus.* → aussi **pustule** et **purulent, suppurer.**

● Le *s* final ne se prononce pas.

pusillanime [pyzilanim] adj. ✦ Craintif. → **timoré.** *Un enfant pusillanime.* ❑ contr. **audacieux.**

● Ce mot est littéraire.

pustule n. f. ✦ Bouton plein de pus.

pyramide

putois **n. m.** ✦ Petit mammifère carnivore à fourrure brune, qui sent très mauvais. — *Crier comme un putois,* très fort.

se **putréfier** **v.** (conjug. 7) ✦ Se décomposer, pourrir. *Cette viande s'est putréfiée à la chaleur.*

➤ **putréfaction** **n. f.** ✦ Pourriture. *On a trouvé dans la cave un rat en putréfaction,* en train de se décomposer. → **décomposition.**

putride **adj.** ✦ *Une odeur putride,* c'est une odeur de pourriture.

putsch [putʃ] **n. m.** ✦ Coup d'État. *Le gouvernement a été renversé par un putsch militaire.* — Au pl. *Des putschs.*

● C'est un mot allemand qui veut dire « soulèvement ».

puzzle [pœzl] ou [pœzœl] **n. m.** ✦ Jeu composé de morceaux que l'on doit assembler pour faire un dessin. *Léa aime beaucoup faire des puzzles.*

● C'est un mot anglais qui veut dire « énigme ».

P.-V. → **procès-verbal**

pygmée **n. m. et f.** ✦ Personne d'une ethnie de très petite taille qui habite en Afrique, dans la forêt équatoriale.

● Attention, même au masculin ce mot se termine par un *e.*

pyjama **n. m.** ✦ Vêtement de nuit composé d'une veste et d'un pantalon. *Elle dort en pyjama.*

● Ce mot s'écrit avec un *y.* Il vient d'une langue de l'Inde.

pylône **n. m.** ✦ Poteau en fer ou en béton soutenant des câbles électriques ou des antennes. *La voiture a heurté un pylône électrique.*

● Ce mot s'écrit avec un *y.* Attention à l'accent circonflexe du *ô.*

pyramide **n. f.** ✦ Monument dont la base est un carré et dont les quatre faces sont des triangles. *Les pyramides d'Égypte servaient de tombeaux aux pharaons.*

pyrex **n. m.** Marque déposée ✦ Verre très résistant pouvant aller au feu. *Un plat en pyrex.*

● Ce mot s'écrit avec un *y.*

pyromane **n. m. et f.** ✦ Personne qui allume des incendies par plaisir. → **incendiaire.**

● Ce mot s'écrit avec un *y.*

python **n. m.** ✦ Très grand serpent d'Asie et d'Afrique, non venimeux, qui broie entre ses anneaux les animaux dont il se nourrit, avant de les avaler. → aussi **boa.** ○ homonyme : piton.

● Ce mot s'écrit avec un *y* et *th.*

Q

quadragénaire [kwadʀaʒenɛʀ] ou [kadʀa ʒenɛʀ] **n. m. et f.** ✦ Personne qui a entre 40 et 50 ans. — **Adj.** *Elle est quadragénaire.*

quadrige [kadʀiʒ] ou [kwadʀiʒ] **n. m.** ✦ Char antique à deux roues, tiré par quatre chevaux.

quadrige

quadrilatère [kwadʀilatɛʀ] ou [kadʀilatɛʀ] **n. m.** ✦ Figure géométrique qui a quatre côtés. *Le carré, le losange, le rectangle, le parallélogramme sont des quadrilatères.*

quadrille [kadʀij] **n. m.** ✦ Danse que l'on dansait autrefois, à plusieurs couples.

quadriller [kadʀije] **v.** (conjug. 1) **1.** Tracer des lignes droites qui se coupent à angle droit en formant des carreaux. *Il a quadrillé une feuille de papier pour faire une grille de mots croisés.* **2.** Diviser un endroit en secteurs et répartir des policiers dans chacun de ces secteurs pour avoir un plus grand contrôle. *La police a quadrillé le quartier.*

➤ **quadrillé, quadrillée adj.** ✦ *Du papier quadrillé,* c'est du papier à carreaux.

➤ **quadrillage n. m. 1.** Ensemble de lignes qui divisent une surface en carrés. *Il écrit sur du papier à petit quadrillage.* **2.** Action de quadriller, de diviser un endroit en secteurs et d'y répartir des policiers. *La police a ordonné le quadrillage du quartier.*

quadrimoteur [kwadʀimɔtœʀ] ou [kadʀimɔtœʀ] **n. m.** ✦ Avion qui a quatre moteurs.

▷ Mot de la famille de ① MOTEUR.

quadriréacteur [kwadʀiʀeaktœʀ] ou [kadʀiʀeaktœʀ] **n. m.** ✦ Avion qui a quatre réacteurs.

▷ Mot de la famille de RÉACTEUR.

quadrupède [kwadʀypɛd] ou [kadʀypɛd] **adj.** ✦ Qui a quatre pattes. *Les moutons sont quadrupèdes.* — **N. m.** *Le chat est un quadrupède.*

quadruple [kwadʀypl] ou [kadʀypl] **n. m. et adj.**

■ **n. m.** Ce qui est égal à quatre fois quelque chose. *Quatre-vingts est le quadruple de vingt,* le produit de vingt multiplié par quatre.

■ **adj.** Qui est répété quatre fois, qui vaut quatre fois. *Il a photocopié ce texte en quadruple exemplaire,* en quatre exemplaires.

➤ **quadrupler** [kwadʀyple] ou [kadʀyple] **v.** (conjug. 1) ✦ Multiplier par quatre. *Le pays a quadruplé sa production de riz.*

➤ **quadruplés** [kwadʀyple] ou [kadʀyple] **n. m. pl., quadruplées n. f. pl.** ✦ Les quatre enfants nés en même temps de la même mère. *Ils ont eu des quadruplés.*

quai n. m. 1. Plateforme longeant une voie ferrée. *Les voyageurs se pressent sur le quai du métro.* 2. Dans un port, plateforme aménagée au bord de l'eau où les bateaux peuvent accoster. → **débarcadère, embarcadère.** *Le navire est à quai,* rangé le long du quai. 3. Route, voie qui borde un cours d'eau. *Ils aiment se promener sur les quais de la Seine, à Paris.*

les **quais** de la Seine à Paris

qualifier v. (conjug. 7) 1. Désigner, caractériser par un mot, une expression. *Le maire a qualifié l'attitude des pompiers d'héroïque.* 2. *Être qualifié pour faire quelque chose,* avoir les qualités, les capacités nécessaires pour le faire. *Elle n'est pas qualifiée pour ce travail.* 3. **se qualifier,** obtenir sa qualification. *Notre équipe s'est qualifiée pour la finale,* elle va y participer.

➤ **qualificatif adj. et n. m., qualificative adj.**

■ **adj.** *Un adjectif qualificatif,* c'est un adjectif qui caractérise, qui qualifie un nom. *« Courageux », dans « cet enfant a été courageux », est un adjectif qualificatif.*

■ **n. m.** Mot ou groupe de mots servant à qualifier quelqu'un ou quelque chose. *Il a employé des qualificatifs élogieux pour parler de sa femme.*

➤ **qualification n. f.** 1. Le fait d'avoir de l'expérience, des diplômes. *Il a les qualifications nécessaires pour faire ce travail.* 2. Le fait de se qualifier, d'acquérir le droit de participer. *Notre équipe de football a remporté le match de qualification pour la finale.*

▷ Autres mots de la famille : DISQUALIFICATION, DISQUALIFIER, INQUALIFIABLE.

qualité n. f. 1. *La qualité d'un produit,* c'est ce qui fait qu'il est bon ou mauvais. *Il n'achète que des chaussures de bonne qualité.* 2. Trait de caractère auquel on attache de la valeur. *La générosité et le courage sont des qualités.* ❑ contr. **défaut.** 3. *En qualité de,* en tant que. *Je m'adresse à vous en ma qualité de chef du gouvernement.*

➤ **qualitatif, qualitative adj.** ✦ Qui concerne la qualité. ❑ contr. **quantitatif.** *Il y a une différence qualitative entre ces deux marques de chocolat.*

quand adv. et conjonction

■ **adv.** À quel moment. *Quand partez-vous ?*

■ **conjonction** Lorsque, au moment où. *Théo n'aime pas quand son père se met en colère.*

❍ homonyme : camp.

quant à [kɑ̃ta] **prép.** ✦ En ce qui concerne. *Il est originaire de Bretagne, quant à sa femme elle est du Midi.*

➤ **quant-à-soi** [kɑ̃taswa] **n. m. inv.** ✦ *Rester sur son quant-à-soi,* c'est garder ses distances, être réservé. *Avec les gens qu'elle connaît peu, elle reste sur son quant-à-soi.*

▷ Mot de la famille de À et de SOI.

quantité n. f. 1. Nombre, poids plus ou moins grand. *Quelle quantité d'œufs faut-il pour faire ce gâteau ?* combien en faut-il ? 2. Grand nombre. *Il possède des quantités de livres,* de nombreux livres. *Elle a des robes en quantité,* en grand nombre, elle en a beaucoup.

➤ **quantitatif, quantitative adj.** ✦ Qui concerne la quantité. ❑ contr. **qualitatif.** *D'un point de vue quantitatif, ce produit est plus intéressant que l'autre.*

quarante adj. inv. ✦ Quatre fois dix (40). *Elle a quarante ans.* → aussi **quadragénaire.** *Ouvrez votre livre page quarante.* — **N. m. inv.** Le nombre quarante. *Quarante et deux font quarante-deux.*

➤ **quarantaine n. f.** 1. Groupe d'environ quarante personnes ou quarante choses semblables. *Il a une quarantaine de cravates.* 2. Âge d'environ quarante ans. *Elle a la qua-*

rantaine. **3.** Isolement, dont la durée n'est pas toujours la même, que l'on impose aux voyageurs, aux animaux et aux marchandises pour éviter la contagion. *Le médecin du service de santé a mis le navire en quarantaine.*

➤ **quarantième** **adj.** et **n. m.**

■ **adj.** Qui vient après le trente-neuvième. *Il a eu la quarantième place au concours.*

■ **n. m.** Partie d'un tout qui est divisé en quarante parties égales. *Les trois quarantièmes.*

quart **n. m.** ✦ Partie d'un tout divisé en quatre parties égales. *Trois est le quart de douze. Elle n'a pas fait le quart de ce qu'elle voulait faire. Il part tous les matins à sept heures et quart (7 h 15). La bouteille est aux trois quarts pleine.* ❍ homonymes : ① et ② car, carre.

➤ **quart d'heure** **n. m.** ✦ Durée de quinze minutes. *Il a trois quarts d'heure de retard.*
▷ Mot de la famille de HEURE.
▷ Autres mots de la famille : ① QUARTIER, QUART-MONDE, QUATRE-QUARTS.

quartette [kwaʀtɛt] **n. m.** ✦ Groupe de quatre musiciens de jazz. → aussi **quatuor.** *Il est pianiste dans un quartette.*

① **quartier** **n. m.** **1.** Partie d'une chose divisée en quatre. *Elle coupe sa pomme en quartiers. Les quartiers d'une orange,* ce sont les tranches découpées naturellement dans la pulpe. **2.** Chacune des quatre phases de la Lune. *La Lune est dans son premier quartier,* seul le premier quart est éclairé par le Soleil.
▷ Mot de la famille de QUART.

② **quartier** **n. m.** ✦ Partie d'une ville. *Ce quartier est très animé.*

quart-monde **n. m.** ✦ Ensemble des personnes les plus pauvres dans un pays riche ou ensemble des pays les plus pauvres du monde.
▷ Mot de la famille de QUART et de MONDE.

quartz [kwaʀts] **n. m.** ✦ Roche transparente et très dure, formée de cristaux. ➻ planche Minéraux p. 655. *Il a une montre à quartz,* une montre qui contient une lame de quartz qui vibre et fait ainsi fonctionner le mécanisme.

quasi [kazi] **adv.** ✦ Presque, pour ainsi dire. *On a retrouvé l'animal quasi mort de faim.* → fam. **quasiment.** *Elle a perdu la quasi-totalité de ses affaires.*
● Devant un nom, *quasi* prend un trait d'union.

➤ **quasiment** **adv.** ✦ Familier. À peu près, presque. *Nous avons quasiment le même âge.*

quaternaire [kwatɛʀnɛʀ] **adj.** ✦ *L'ère quaternaire,* c'est la période de formation de la Terre la plus récente, qui a commencé il y a plus de deux millions d'années. *L'homme est apparu à l'ère quaternaire.*

quatorze **adj. inv.** ✦ Dix plus quatre (14). *Paul a mangé quatorze chocolats. Le magasin ouvre à 14 heures,* à 2 heures de l'après-midi. — **N. m. inv.** Le nombre quatorze. *Sept et sept font quatorze.*

➤ **quatorzième** **adj.** et **n. m.**

■ **adj.** Qui vient après le treizième. *Il a eu la quatorzième place en histoire.*

■ **n. m.** Partie d'un tout qui est divisé en quatorze parties égales. *Les deux quatorzièmes d'un gâteau.*

quatre **adj. inv.** ✦ Trois plus un (4). *Dans les pays tempérés, il y a quatre saisons. — Alex mange comme quatre,* il mange énormément. *Elle s'est mise en quatre pour préparer cette fête,* elle s'est donné beaucoup de mal. *Il monte l'escalier quatre à quatre,* très vite, en montant plusieurs marches à la fois. — **N. m. inv.** Le nombre quatre. *Quatre et deux font six.*

➤ **quatrain** **n. m.** ✦ Strophe de quatre vers.

➤ **quatre-quarts** **n. m. inv.** ✦ Gâteau dans lequel il y a le même poids de beurre, de farine, d'œufs et de sucre. — Au pl. *Des quatre-quarts.* ▷ Mot de la famille de QUART.

➤ **quatre-quatre** **n. f.** ou **m. inv.** ✦ Automobile dont les quatre roues sont entraînées par le moteur et qui roule sur n'importe quel terrain. → aussi **jeep.** — Au pl. *Des quatre-quatre.* ➻ planche Voitures p. 1089.

➤ **quatre-vingt(s)** **adj.** ✦ Quatre fois vingt (80). *Mon arrière-grand-père a plus de quatre-vingts ans. Paul a quatre-vingt-cinq soldats de plomb.* — **N. m.** *Soixante et vingt font quatre-vingts.* ▷ Mot de la famille de VINGT.
● *Quatre-vingts* ne prend pas d'*s* quand il est suivi d'un autre nombre.

➤ **quatre-vingt-dix** **adj. inv.** ✦ Neuf fois dix (90). → **nonante.** *Cette dame a vécu jusqu'à quatre-vingt-dix ans.* — **N. m. inv.** *Dix fois neuf égale quatre-vingt-dix.* ▷ Mot de la famille de VINGT et de DIX.

quatuor

➤ **quatrième** adj. et n. f.

■ **adj.** Qui succède au troisième. *Il habite au quatrième étage.*

■ **n. f.** Classe de l'enseignement secondaire. *Elle entre en quatrième.*

quatuor [kwatɥɔʀ] **n. m. 1.** Morceau de musique écrit pour quatre instruments. *Les quatuors à cordes de Beethoven.* → aussi **quintette, trio. 2.** Groupe de quatre musiciens qui exécutent un quatuor. → aussi **quartette.**

que pronom, conjonction et adv.

■ **pronom 1. pronom interrogatif** *Que* est utilisé dans les interrogations. *Que se passe-t-il ?* quelle chose ? *Qu'est-ce que tu veux ?* **2. pronom relatif** *Que* est utilisé dans les subordonnées relatives et désigne une personne ou une chose. *C'est lui que j'aime. Faites ce que vous voulez.*

■ **conjonction 1.** *Que* introduit une subordonnée complément de la principale. *Je sais qu'il est là. Il pense que tout ira bien.* **2.** *Que* s'emploie dans les comparaisons. *Il est plus grand que moi.* **3.** *Que* s'emploie avec *ne. Elle n'a que 5 ans.* **4.** *Que,* suivi d'un subjonctif, exprime un ordre ou un souhait. *Que personne ne sorte !*

■ **adv.** Comme, combien. *Qu'il fait froid, ce matin ! Que c'est beau !*

quel, quelle adj. et pronom

■ **adj. 1. adj. interrogatif** *Quelle heure est-il ? Quels livres as-tu achetés ?* **2. adj. exclamatif** *Quelle jolie robe !*

■ **pronom interrogatif** *Quelle est la plus grande des deux ?* qui, laquelle est la plus grande ?

▷ Autres mots de la famille : AUQUEL, DUQUEL, LEQUEL, QUELCONQUE, QUELQUE, QUELQUE CHOSE, QUELQUEFOIS, QUELQU'UN, QUELQUES-UNS.

quelconque adj. **1.** Tel qu'on peut en trouver partout, sans qualité particulière. → **médiocre, ordinaire.** *Ce restaurant est très quelconque.* **2.** N'importe lequel, quel qu'il soit. *Il n'est pas venu pour une raison quelconque,* pour une raison qu'il n'a pas précisée.

▷ Mot de la famille de QUEL.

quelque adj. **1.** Un certain. *Depuis quelque temps, elle a mauvaise mine. J'ai quelque peine à te croire,* un peu de peine. **2.** Un petit nombre. *Elle a invité quelques amis à dîner.*

➤ **quelque chose** pronom m. ✦ Une chose que l'on ne précise pas. *Il cache quelque chose dans sa main. Elle a préparé quelque chose de bon pour le dîner.* ▷ Mot de la famille de CHOSE.

➤ **quelquefois** adv. ✦ Parfois, de temps en temps. *Elle va quelquefois à la piscine avec lui.* ▷ Mot de la famille de FOIS.

➤ **quelque part** → **part**

➤ **quelqu'un** pronom m. ✦ Une personne. *Quelqu'un a sonné.* → **on.** *J'ai entendu quelqu'un crier.* ▷ Mot de la famille de UN.

➤ **quelques-uns** pronom m. pl., **quelques-unes** pronom f. pl. ✦ Un petit nombre, plusieurs. *Quelques-uns des spectateurs sont partis avant la fin. Montre-moi quelques-unes de tes photos.* ▷ Mot de la famille de UN.

▷ Mots de la famille de QUEL.

quémander v. (conjug. 1) ✦ Demander en insistant. *Il n'arrête pas de quémander de l'argent.*

qu'en-dira-t-on n. m. sing. ✦ Ce que pensent les gens, l'opinion des autres. *Elle a toujours fait ce qui lui plaisait sans se soucier du qu'en-dira-t-on.*

▷ Mot de la famille de ② EN, DIRE et ON.

quenelle n. f. ✦ Petit rouleau de pâte légère mélangée à un hachis de poisson, de volaille ou de veau. *Nous avons mangé des quenelles de brochet.*

quenotte n. f. ✦ Familier. Dent de petit enfant.

quenouille

quenouille n. f. ✦ Petit bâton entouré de fibres de laine ou de coton que les femmes filaient autrefois en les déroulant sur le fuseau. → aussi **rouet.**

querelle n. f. ✦ Dispute. *Une querelle a éclaté entre les parents de Paul. Chercher querelle à quelqu'un,* c'est être agressif et chercher à provoquer une dispute avec lui.

➤ se **quereller** v. (conjug. 1) ✦ Se disputer. *Théo et sa sœur se querellent souvent.* → fam. se **chamailler.**

➤ **querelleur, querelleuse** adj. ✦ Qui aime les querelles, les disputes. *Julie est très querelleuse.*

quérir v. (ce verbe n'existe qu'à l'infinitif) ✦ Chercher. *Le roi ordonna d'aller quérir un médecin.*

● Ce mot est littéraire.

question n. f. 1. Demande que l'on adresse à quelqu'un pour avoir une réponse. → **interrogation.** *Le professeur a posé une question à Julie.* 2. Sujet, problème. → **affaire.** *Il a abordé les divers aspects de la question. Cette décision remet tout en question,* remet tout en cause. 3. *Il a été question de vous dans la discussion,* on a parlé de vous. *Il est question que la directrice soit remplacée l'année prochaine,* on en parle. 4. *Voici la personne en question,* celle dont il s'agit.

➤ **questionnaire** n. m. ✦ Liste de questions. *Il faut remplir ce questionnaire.* → aussi **formulaire.**

➤ **questionner** v. (conjug. 1) ✦ Poser des questions. → **interroger.** *L'avocat questionne le témoin.*

quête n. f. 1. Collecte d'argent destinée à une œuvre pieuse ou charitable. *Ils font la quête pour la Croix-Rouge.* 2. *En quête de,* à la recherche de. *Elle s'est mise en quête d'un nouvel appartement.*

➤ **quêter** v. (conjug. 1) ✦ Faire la quête. *Ils quêtent pour la recherche contre le cancer.*

● Attention à l'accent circonflexe du *ê* de *quête* et de *quêter.*

quetsche [kwɛtʃ] n. f. ✦ Prune allongée de couleur violet sombre. *Une tarte aux quetsches.*

quetsche

queue n. f. 1. Partie qui prolonge vers l'arrière le corps de certains animaux. *Les chiens remuent la queue en signe de joie. — Louise a une queue de cheval,* ses cheveux sont attachés à l'arrière de la tête. *Elle se fait souvent des queues de cheval. — Cette histoire n'a ni queue ni tête,* elle n'a aucun sens, elle est absurde. 2. Tige d'une fleur ou d'un fruit. *Elle a coupé la queue des tulipes avant de les mettre dans un vase.* 3. *La queue d'une casserole,* c'est son manche. 4. Arrière d'une file de véhicules. *Alex est monté dans le wagon de queue,* dans le dernier wagon. ▫ contr. **tête.** 5. File de personnes qui attendent. *Il y a la queue devant le cinéma. Les gens font la queue.*

▷ Autre mot de la famille : TÊTE-À-QUEUE.

qui pronom 1. Pronom interrogatif sujet ou complément désignant des personnes. *Qui te l'a dit ? Qui sont ces gens ? À qui parles-tu ?*

2. Pronom relatif sujet ou complément désignant des personnes ou des choses. *L'homme qui vient de passer est chauve. Prenez la rue qui monte. La personne à qui j'ai parlé est italienne.*

➤ **quiconque** **pronom indéfini** ✦ N'importe qui. *Tu le sais mieux que quiconque.*

▷ Autres mots de la famille : QUI-VIVE, SAUVE-QUI-PEUT.

quiche **n. f.** ✦ Tarte salée garnie d'un mélange d'œufs, de crème et de lardons.

● On dit aussi *une quiche lorraine.*

quidam [kidam] **n. m.** ✦ Individu que l'on ne connaît pas. *Deux quidams demandent à te voir.*

● C'est un mot latin qui veut dire « quelqu'un ».

quiétude **n. f.** ✦ Calme, tranquillité. *Elle aime la quiétude des soirées au coin du feu.*

❏ contr. **agitation.**

quignon **n. m.** ✦ *Un quignon de pain,* c'est un morceau de pain contenant beaucoup de croûte.

quille

① **quille** **n. f.** ✦ Morceau de bois ou de plastique long et rond que l'on doit renverser avec une boule lancée à la main. *Il joue aux quilles.*

② **quille** **n. f.** ✦ Partie d'un bateau située sous la coque, dans le sens de la longueur, et qui sert à l'équilibrer.

quincaillier **n. m.,** **quincaillière** **n. f.** ✦ Personne qui tient une quincaillerie.

➤ **quincaillerie** **n. f.** ✦ Magasin où l'on vend des outils, des ustensiles de ménage.

quinconce **n. m.** ✦ *En quinconce,* par groupes de cinq, quatre formant un carré et le cinquième se trouvant au milieu. *Il a planté les pommiers en quinconce.*

quinine **n. f.** ✦ Médicament contre le paludisme.

quinquagénaire [kɛ̃kaʒenɛʀ] **n. m. et f.** ✦ Personne qui a entre 50 et 60 ans. *Sa grand-mère est une quinquagénaire.* — **Adj.** *Elle est quinquagénaire.*

quinquennat **n. m.** ✦ Durée de cinq ans d'une fonction. *Le président a été élu pour un nouveau quinquennat.*

quintal **n. m.** (pl. **quintaux**) ✦ Poids de cent kilos. *Cette région produit 40 quintaux de blé à l'hectare.*

quinte **n. f.** ✦ *Une quinte de toux,* c'est un accès de toux. *Paul a eu une quinte de toux, cette nuit.*

quintessence **n. f.** ✦ Ce qu'il y a de meilleur dans quelque chose. *Il a su dégager la quintessence de cette œuvre.*

quintette [kɛ̃tɛt] ou [kɥɛ̃tɛt] **n. m.** **1.** Œuvre de musique écrite pour cinq instruments ou cinq voix. *« La Truite » de Schubert est un quintette.* → aussi **quatuor, trio.** **2.** Orchestre de jazz composé de cinq musiciens.

quintuple **n. m.** ✦ Ce qui est égal à cinq fois quelque chose. *100 est le quintuple de 20,* 100 vaut cinq fois 20.

➤ **quintupler** **v.** (conjug. 1) **1.** Multiplier une chose par cinq. *Le fermier a quintuplé sa production de lait en dix ans.* **2.** Devenir cinq fois plus grand. *Les prix ont quintuplé.*

➤ **quintuplés** **n. m. pl.,** **quintuplées** **n. f. pl.** ✦ Les cinq enfants nés en même temps de la même mère. *La mère et les quintuplées se portent bien.*

quinze **adj. inv. et n. m. inv.**

■ **adj. inv.** Quatorze plus un (15). *Elle a quinze ans. Il arrive dans quinze jours,* dans deux semaines.

■ **n. m. inv.** **1.** Le nombre quinze. *Deux fois quinze font trente.* **2.** Équipe de quinze joueurs, au rugby. *Il joue dans le quinze de France.*

➤ **quinzaine** **n. f.** **1.** Groupe d'environ quinze personnes ou quinze choses semblables. *Une quinzaine de personnes attendaient* *l'autobus.* **2.** Durée de quinze jours ou de deux semaines. *Il a fait beau pendant la première quinzaine de mars.*

➤ **quinzième** **adj.** et **n. m.**

■ **adj.** Qui suit le quatorzième. *Jeanne d'Arc a vécu au quinzième siècle.*

■ **n. m.** Partie d'un tout divisé en quinze parties égales. *Un quinzième des voyageurs est descendu.*

quiproquo [kipʀɔko] **n. m.** ✦ Erreur que l'on fait quand on prend une personne ou une chose pour une autre. → **malentendu, méprise.** *Il a pris ma sœur pour ma mère, quel quiproquo !* — Au pl. *Des quiproquos.*

● C'est un mot latin qui veut dire « quelque chose pour quelque chose ».

quitte **adj.** **1.** *Être quitte envers quelqu'un,* c'est ne plus rien lui devoir. *Louise a rendu à Paul l'argent qu'il lui avait prêté, ils sont quittes.* **2.** *En être quitte pour,* sortir d'une situation difficile avec juste un petit inconvénient. *L'accident n'a pas été grave, il en a été quitte pour la peur,* il a juste eu peur. **3.** *Quitte à,* au risque de. *Essayons de passer, quitte à faire demi-tour plus loin.*

➤ **quittance** **n. f.** ✦ Papier qui reconnaît que l'on a payé ce que l'on devait. *Le locataire a reçu sa quittance de loyer.*

▷ Autres mots de la famille : ACQUIT, ACQUITTEMENT, ACQUITTER.

quitter **v.** (conjug. 1) **1.** Laisser quelqu'un en partant. *Je te quitte. À bientôt !* — **se quitter,** se séparer. *Louise et Julie se sont quittées au coin de la rue.* **2.** S'en aller d'un endroit. *Ils ont quitté la France pour s'installer en Australie.* **3.** Cesser de faire une chose que l'on faisait. → **abandonner.** *Il a quitté son emploi. Allô, ne quittez pas, je vous passe madame Leduc !* restez en ligne, ne raccrochez pas !

qui-vive **n. m. inv.** ✦ *Être sur le qui-vive,* c'est être sur ses gardes, se méfier. *Les sentinelles sont restées toute la nuit sur le qui-vive.*

▷ Mot de la famille de QUI et de ① VIVRE.

quoi **pronom.** **1.** Pronom interrogatif. *À quoi penses-tu ?* à quelle chose. *Je ne vois pas en quoi cela te gêne,* de quelle façon cela te gêne. **2.** Pronom relatif. *Je ne sais quoi penser. Voilà de quoi je voulais te parler.* **3.** *Quoi ! tu oses me dire ça !* comment ! **4.** *Je viendrai quoi qu'il arrive,* quelle que soit la chose qui puisse arriver.

➤ **quoique** **conjonction** ✦ Bien que, alors que. *Paul est venu, quoique ses parents le lui aient interdit.*

quolibet [kɔlibɛ] **n. m.** ✦ Plaisanterie, moquerie. *Le chanteur sortit de scène sous les quolibets du public.*

● Ce mot est littéraire.

quorum [kɔʀɔm] ou [kwɔʀɔm] **n. m.** ✦ Nombre minimum de votants pour qu'un vote soit valable. *Le quorum est atteint, nous pouvons passer au vote.*

quota [kɔta] **n. m.** ✦ Pourcentage déterminé à l'avance. *L'importation de voitures étrangères est soumise à des quotas.*

● C'est un mot de la langue administrative.

quote-part [kɔtpaʀ] **n. f.** ✦ Ce que chacun doit donner ou recevoir. *Chacun a payé sa quote-part.* — Au pl. *Des quote-parts.*

▷ Mot de la famille de PART.

quotidien **adj.** et **n. m.**, **quotidienne** **adj.**

■ **adj.** De chaque jour. *Le vieux monsieur fait sa promenade quotidienne dans le parc.* → **journalier.**

■ **n. m.** Journal qui paraît tous les jours. *Un quotidien du soir.*

➤ **quotidiennement** **adv.** ✦ Tous les jours. *Ils se téléphonent quotidiennement.*

quotient [kɔsjɑ̃] **n. m.** ✦ Résultat d'une division. *Le quotient de 20 par 4 est 5.*

R

rabâcher v. (conjug. 1) ✦ Répéter tout le temps quelque chose d'une manière ennuyeuse. → aussi **radoter.** *Il rabâche toujours les mêmes choses.* → **ressasser.**

➤ **rabâchage** n. m. ✦ Le fait de raconter tout le temps la même chose. *Ce qu'il raconte n'est que du rabâchage.*

● Attention à l'accent circonflexe du *â*.

rabaisser v. (conjug. 1) ✦ Mettre au-dessous de sa valeur. *Elle essaie toujours de rabaisser sa sœur,* de la présenter moins bien qu'elle n'est. → **dénigrer.**

➤ **rabais** n. m. ✦ Diminution faite sur le prix d'une chose. → **réduction, remise, ristourne** et aussi ② **solde.** *La vendeuse lui a fait un rabais de 5 euros.*

▷ Mots de la famille de BAISSER.

rabattre v. (conjug. 41) **1.** Mettre à plat en pliant. *Il rabat le col de son pardessus.* **2.** Diminuer en enlevant. *La vendeuse n'a pas voulu rabattre un centime du prix demandé.* **3.** Forcer à aller dans une direction. *Les chasseurs rabattent le gibier.*

➤ se **rabattre** v. **1.** Changer brusquement de direction en se portant vers le côté de la route. *La voiture s'est rabattue après avoir doublé.* **2.** *Se rabattre sur quelque chose,* être obligé d'accepter faute de mieux. *Ne pouvant s'offrir une voiture neuve, elle s'est rabattue sur une occasion.*

➤ **rabat** n. m. ✦ Partie d'une chose que l'on peut replier. *Son manteau a des poches à rabat.*

➤ **rabat-joie** n. m. et f. inv. ✦ Personne qui empêche les autres de s'amuser. → **trouble-fête.** *Quel rabat-joie !* ❑ contr. **boute-en-train.** — Au pl. *Des rabat-joie.* ▷ Mot de la famille de JOIE.

▷ Mots de la famille de ABATTRE.

rabbin n. m. ✦ Chef religieux d'une communauté juive. *Le rabbin célèbre les cérémonies à la synagogue.*

● *Rabbin* s'écrit avec deux *b*.

râble n. m. ✦ *Le râble du lapin,* c'est le bas de son dos. *Nous avons mangé du râble de lapin à la moutarde.*

➤ **râblé, râblée** adj. ✦ Qui a le dos large et musclé. *Un homme râblé.* → **trapu.**

● Attention à l'accent circonflexe du *â*.

rabot n. m. ✦ Outil de menuisier qui sert à égaliser une surface de bois. *Quand on passe le rabot, on enlève des copeaux de bois.*

➤ **raboter** v. (conjug. 1) ✦ Rendre lisse en passant le rabot. *Il faut raboter le bas de la porte.*

rabot

rabougri, rabougrie adj. ✦ *Une plante rabougrie,* mal développée. *Un jardin planté d'arbres rabougris.*

rabrouer v. (conjug. 1) ✦ Traiter quelqu'un durement, lui parler méchamment. *Théo rabroue toujours sa petite sœur.* → **rudoyer** ; fam. **rembarrer.**

racaille n. f. ✦ Ensemble de gens malhonnêtes, peu recommandables. *Il fréquente la racaille.*

raccommoder v. (conjug. 1) **1.** Réparer en cousant. *Il faudrait raccommoder ces chaussettes trouées.* → **repriser.** **2.** Familier. **se rac-**

commoder, se réconcilier. *Louise et Léa s'étaient fâchées mais elles se sont raccommodées.*

➤ **raccommodage** **n. m.** ✦ Réparation avec une aiguille. *Le raccommodage des filets est le travail des pêcheurs.*

raccompagner **v.** (conjug. 1) ✦ Accompagner quelqu'un qui rentre chez lui. → **ramener, reconduire.** *Mon père a raccompagné Julie en voiture.*

▷ Mot de la famille de ACCOMPAGNER.

raccorder **v.** (conjug. 1) ✦ Relier. *Le plombier raccorde les deux tuyaux,* il les fait communiquer. — se raccorder, rejoindre. *La route se raccorde à l'autoroute après le pont.*

➤ **raccord** **n. m.** 1. Pièce qui relie deux éléments. *Le plombier place un raccord entre les deux tuyaux.* 2. Ce que l'on fait pour réparer quelque chose qui est abîmé à un endroit. *Le peintre a fait un raccord sur le mur,* il a remis de la peinture là où il en manquait.

➤ **raccordement** **n. m.** ✦ Manière de raccorder. *Les wagons sont sur une voie de raccordement,* une voie ferrée qui en relie deux autres.

● Ces mots s'écrivent avec deux *c*.

raccord

raccourcir **v.** (conjug. 2) 1. Rendre plus court. *Ma jupe est trop longue, il faut la raccourcir.* ❑ contr. **rallonger.** 2. Devenir plus court. *En automne, les jours raccourcissent.* → **diminuer.**

➤ **raccourci** **n. m.** ✦ Chemin plus court que le chemin ordinaire. *Prenons ce raccourci.*

● Attention aux deux *c*.

▷ Mots de la famille de ① COURT.

raccrocher **v.** (conjug. 1) 1. Accrocher de nouveau. *Raccroche ce manteau qui est tombé.* 2. Mettre fin à une conversation téléphonique en reposant le combiné. *Il lui dit au revoir et raccrocha.* ❑ contr. **décrocher.** 3. se raccrocher, se retenir. *Louise a failli tomber mais elle s'est raccrochée à mon bras.* → se **rattraper.**

● Attention aux deux *c*.

▷ Mot de la famille de ACCROCHER.

race **n. f.** 1. Groupe d'êtres humains qui ont en commun la couleur naturelle de leur peau. *La race noire, la race blanche.* 2. Catégorie. *Il y a de nombreuses races de chats.* → **espèce.** *C'est un chien de race,* un chien qui a un pedigree.

➤ **racé, racée** **adj.** ✦ *Un animal racé,* c'est un animal qui a les qualités de sa race. *Une jument racée.*

▷ Autres mots de la famille : ANTIRACISTE, RACIAL, RACISME, RACISTE.

rachat **n. m.** ✦ Achat de quelque chose que l'on a déjà vendu. *Le garagiste lui propose le rachat de sa voiture.* ❑ contr. **revente.** → aussi **racheter.**

▷ Mot de la famille de ACHAT.

racheter **v.** (conjug. 5) 1. Acheter de nouveau. *Rachète du pain, il n'y en a pas assez.* 2. Acheter à quelqu'un ce qu'il a lui-même acheté. *Je lui ai racheté sa voiture.* 3. *Racheter ses erreurs,* c'est les réparer et les faire oublier. — se racheter, se faire pardonner en se conduisant mieux. *Louise s'est rachetée en m'aidant à faire mes devoirs.*

▷ Mot de la famille de ACHETER.

rachitique **adj.** ✦ Qui a le squelette mal formé, mal développé. *Un enfant rachitique.*

racial, raciale **adj.** ✦ Relatif à la race. *Des émeutes raciales ont éclaté dans le sud du pays,* des émeutes entre des personnes de races différentes. — Au masc. pl. *raciaux.*

▷ Mot de la famille de RACE.

racine **n. f.** 1. Partie d'un arbre ou d'une plante qui s'enfonce dans la terre. *Les carottes sont des racines.* 2. Partie d'une dent qui s'enfonce dans la gencive. *Les molaires ont trois racines.* 3. *La racine carrée d'un nombre,* c'est le nombre dont le carré est égal à ce nombre. *4 est la racine carrée de 16* ($\sqrt{16} = 4$). 4. Mot ou partie de mot d'où viennent plusieurs mots. → aussi ① **radical.** *« Bataille » et « combat » ont la même racine : « battre ».*

▷ Autres mots de la famille : DÉRACINER, ENRACINÉ.

racisme **n. m.** ✦ Croyance en la supériorité d'une race sur les autres qui conduit à mépriser les races différentes de la sienne. → aussi **apartheid** et **ségrégation.**

➤ **raciste** **n. m. et f.** ✦ Personne qui soutient le racisme, se croit supérieure aux gens d'une couleur différente de la sienne. *C'est une raciste.* — **Adj.** *Il a des idées racistes.* → aussi **antisémite.** ❏ contr. **antiraciste.**

▷ Mots de la famille de RACE.

racket [rakɛt] **n. m.** ✦ *Faire du racket,* c'est extorquer de l'argent ou des objets aux gens en les menaçant. ❍ homonyme : raquette.

● Ce mot vient de l'anglais.

➤ **racketter** **v.** (conjug. 1) ✦ *Racketter quelqu'un,* c'est lui extorquer de l'argent, les vêtements ou les objets de valeur qu'il porte sur lui en le menaçant. *Certains élèves du collège rackettent les plus jeunes à la récréation.*

➤ **racketteur** **n. m.** ✦ Personne qui en menace une autre pour lui voler ce qu'elle a, qui fait du racket. *Il y a parfois des racketteurs à la sortie du collège.*

raclée **n. f.** ✦ Familier. Série de coups. → **correction.** *Si tu mens encore, tu vas recevoir une raclée.*

racler **v.** (conjug. 1) ✦ Frotter vigoureusement avec quelque chose de dur. → **gratter.** *Il faut racler le fond de la casserole.*

➤ **raclette** **n. f.** ✦ Plat suisse fait de fromage que l'on chauffe et dont on racle au fur et à mesure la partie ramollie pour la manger avec de la charcuterie.

racoler **v.** (conjug. 1) ✦ Attirer par tous les moyens. *Le marchand de fruits racole des clients en leur proposant deux kilos de pommes au prix d'un.*

raconter **v.** (conjug. 1) ✦ *Raconter quelque chose,* c'est en faire le récit. *Mamie nous a raconté l'histoire de Boucle d'or. Raconte-moi ce qui s'est passé.* → **dire, narrer.**

➤ **racontar** **n. m.** ✦ Chose méchante, souvent fausse, que l'on dit au sujet de quelqu'un. → **cancan, potin, ragot.** *Il ne faut pas croire ce qu'elle dit, ce ne sont que des racontars.*

▷ Mots de la famille de CONTER.

racorni, racornie **adj.** ✦ Devenu dur comme de la corne. *Un bout de fromage sec et racorni.*

▷ Mot de la famille de CORNE.

radar **n. m.** ✦ Appareil qui permet de savoir où se trouve un objet que l'on ne voit pas. *La position des avions dans le ciel est contrôlée par des radars. Sur les routes, la vitesse des voitures peut être surveillée par radar.*

● Ce mot vient de l'anglais.

radar

rade **n. f.** ✦ Grand bassin donnant sur la mer, dans lequel s'abritent les bateaux. *La rade de Brest peut recevoir de très gros navires.*

radeau **n. m.** ✦ Embarcation faite de morceaux de bois assemblés. *Les naufragés réussirent à construire un radeau.* — Au pl. *Des radeaux.*

radiateur **n. m.** **1.** Appareil de chauffage. *Un radiateur électrique.* **2.** Appareil qui refroidit un moteur. *Le garagiste vérifie le niveau d'eau du radiateur du camion.*

radiateur

① **radiation** **n. f.** ✦ Énergie qui se propage sous forme d'ondes. → **rayonnement.** *Après l'explosion d'une bombe atomique, des radiations se propagent.*

② **radiation** **n. f.** ✦ Suppression du nom d'une personne sur une liste, un registre.
▷ Mot de la famille de RADIER.

① **radical** **n. m.** (pl. **radicaux**) ✦ Partie d'un mot qui veut dire quelque chose et que l'on retrouve dans plusieurs mots. → aussi **racine.** *« Popul- » est le radical de « populaire » et de « population » et signifie « peuple ».*

② **radical, radicale** **adj.** 1. Qui s'attaque à la cause de ce que l'on veut changer. *Le gouvernement a pris des mesures radicales pour lutter contre la drogue.* 2. Complet, total. *C'est un changement radical.* — Au masc. pl. *radicaux.*
➤ **radicalement** **adv.** ✦ Complètement, totalement. *Nous sommes radicalement opposés à ce projet.* → **absolument.**

radier **v.** (conjug. 7) ✦ Enlever d'une liste. *Les membres du club qui n'auront pas payé leur cotisation à la date prévue seront radiés.*
▷ Autre mot de la famille : ② RADIATION.

radieux, radieuse **adj.** 1. Qui brille d'un grand éclat. *Le soleil est radieux.* → **éclatant.** 2. Rayonnant de bonheur. *La mariée était radieuse.*

radin, radine **adj.** ✦ Familier. Avare. *Sa tante est très radine.* ❑ contr. **généreux.** — **N.** *Quel radin !*

① **radio** **n. f.** 1. Émission et transmission de sons par le moyen des ondes. → **radiodiffusion.** *Paul écoute la radio.* 2. Appareil qui reçoit les émissions de radio, appelé aussi *poste de radio. Alex a emporté la radio dans la salle de bains.* → aussi **transistor** et **tuner.**
▷ Autres mots de la famille : AUTORADIO, RADIO-RÉVEIL.

② **radio** **n. f.** ✦ Photographie de l'intérieur du corps par le moyen des rayons X. → **radiographie.** *On lui a fait une radio des poumons.*

③ **radio** **n. m.** ✦ Personne qui assure les liaisons par radio à bord d'un bateau ou d'un avion. *Le pilote et le radio sont à bord.*

radioactif, radioactive **adj.** ✦ Qui émet des rayonnements dangereux. *Le radium et l'uranium sont des matières radioactives.*
➤ **radioactivité** **n. f.** ✦ Propriété qu'a une substance d'émettre des rayonnements. *La radioactivité d'un noyau atomique.*
▷ Mots de la famille de ACTIF.

radiodiffusé, radiodiffusée **adj.** ✦ Retransmis par la radio. *Ils écoutent un concert radiodiffusé.* → aussi **télévisé.**
➤ **radiodiffusion** **n. f.** ✦ Émission et transmission de programmes par le moyen des ondes. → ① **radio.** *Les premières émissions françaises de radiodiffusion eurent lieu à Paris en 1920.*
▷ Mots de la famille de DIFFUS.

radiographie **n. f.** ✦ Photographie de l'intérieur du corps par le moyen des rayons X. → ② **radio.** *On lui a fait une radiographie du bassin.*
➤ **radiographier** **v.** (conjug. 7) ✦ Faire une radiographie. *Le radiologue lui a radiographié les poumons.*

radiologie **n. f.** ✦ Partie de la médecine qui utilise les rayons X pour voir l'intérieur du corps. *Elle travaille dans un cabinet de radiologie.*
➤ **radiologue** **n. m. et f.** ✦ Médecin qui fait des radiographies. *Le radiologue regarde les radios de son patient.*

radiophonique **adj.** ✦ Qui se fait, qui passe à la radio. *Ils participent à un jeu radiophonique.*

radio-réveil **n. m.** ✦ Poste de radio que l'on peut programmer pour qu'il se mette en marche à l'heure où l'on souhaite se réveiller. *Le radio-réveil l'a réveillé en musique à 8 heures.* — Au pl. *Des radios-réveils.*
▷ Mot de la famille de ① RADIO et de ② VEILLE.

radis **n. m.** ✦ Racine d'une plante potagère, à chair blanche et à peau rose ou blanche. *Elle a acheté une botte de radis au marché.*
● *Radis* se termine par un *s*.

radium [ʀadjɔm] **n. m.** ✦ Métal radioactif que l'on trouve dans plusieurs minerais.

radius [ʀadjys] **n. m.** ✦ Os de l'avant-bras. ➻ planche Corps humain p. 219. *Le radius et le cubitus ont une forme allongée.*

radoter v. (conjug. 1) ✦ Répéter toujours la même chose. → aussi **rabâcher**. *Cesse de radoter !*

➤ **radotage** n. m. ✦ Ce que l'on dit quand on radote. *Ses radotages agacent tout le monde.*

➤ **radoteur** n. m., **radoteuse** n. f. ✦ Personne qui radote. *C'est un vieux radoteur !*

se **radoucir** v. (conjug. 2) **1.** Devenir plus doux, se calmer. *Son ton s'est radouci,* il est devenu plus aimable. ❏ contr. se **durcir**. **2.** Se réchauffer. *Le temps se radoucit.*

➤ **radoucissement** n. m. ✦ Le fait de se radoucir. *On a observé un radoucissement des températures.* → **réchauffement**.

▷ Mots de la famille de DOUX.

rafale n. f. **1.** Coup de vent soudain et brutal. → **bourrasque**. *Le vent soufflait par rafales.* **2.** Série de coups de feu tirés très rapidement. *On entendit une rafale de mitraillette.*

raffermir v. (conjug. 2) ✦ Rendre plus ferme. *Ces exercices de gymnastique raffermissent les cuisses.* ❏ contr. **ramollir**.

● Il y a deux *f* dans *raffermir*.

▷ Mot de la famille de ① FERME.

raffiner v. (conjug. 1) ✦ *Raffiner une matière,* c'est séparer les éléments qui la composent pour obtenir un produit pur. *On obtient l'essence en raffinant le pétrole.*

➤ **raffinage** n. m. ✦ Opération qui permet de raffiner une matière. *Le raffinage du sucre le rend plus blanc.*

➤ **raffiné, raffinée** adj. **1.** Traité par raffinage. *Du sucre raffiné.* **2.** Qui montre beaucoup de goût, de délicatesse. *Il a des manières raffinées.* ❏ contr. **grossier**.

➤ **raffinement** n. m. ✦ Ce qui montre que l'on est raffiné, que l'on a du goût et de la délicatesse. *Elle s'habille avec raffinement.* → **recherche**.

➤ **raffinerie** n. f. ✦ Usine où l'on transforme certains produits en les raffinant. *Une raffinerie de pétrole.*

● Ces mots s'écrivent avec deux *f*.

▷ Mots de la famille de ② FIN.

raffoler v. (conjug. 1) ✦ Aimer à la folie. *Alex raffole des gâteaux au chocolat.* → **adorer**.

● *Raffoler* prend deux *f*.

▷ Mot de la famille de FOU.

raffut n. m. ✦ Familier. Grand bruit, tapage. → **vacarme**. *Arrêtez ce raffut !*

● Attention aux deux *f*.

rafiot n. m. ✦ Familier. Mauvais bateau. *J'aurais peur de monter dans ce vieux rafiot !*

rafistoler v. (conjug. 1) ✦ Familier. Réparer tant bien que mal. *Alex a rafistolé le phare de son vélo avec du fil de fer.*

rafle n. f. ✦ Arrestation de toutes les personnes présentes dans un endroit. *Il a été pris dans une rafle de police.*

➤ **rafler** v. (conjug. 1) ✦ Familier. Prendre et emporter rapidement sans rien laisser. *Les voleurs ont raflé tous les bijoux qui étaient en vitrine.*

rafraîchir v. (conjug. 2) **1.** Rendre frais, refroidir un peu. *La pluie a rafraîchi l'atmosphère.* ❏ contr. **réchauffer**. **2.** Donner une sensation

raffinerie de pétrole

de fraîcheur. *Ce plongeon dans la piscine m'a rafraîchi.* **3.** Rendre la fraîcheur du neuf à une chose qui a vieilli. *Il faudrait rafraîchir la peinture du salon.*

➤ se **rafraîchir** **v.** **1.** Devenir plus frais. *Le temps s'est rafraîchi depuis hier.* **2.** Boire une boisson fraîche. *Voulez-vous vous rafraîchir ?*

➤ **rafraîchissant, rafraîchissante** **adj.** ✦ Qui donne une sensation de fraîcheur. *Une boisson rafraîchissante.*

➤ **rafraîchissement** **n. m.** **1.** Baisse de la température. *La pluie a provoqué un léger rafraîchissement.* → **refroidissement.** **2.** Boisson fraîche sans alcool. *Elle sert des rafraîchissements à ses amis.*

● Il y a un accent circonflexe sur le premier *î*.

▷ Mots de la famille de ① FRAIS.

ragaillardir **v.** (conjug. 2) ✦ Redonner des forces à une personne découragée ou fatiguée. → **réconforter, revigorer.** *Un bon thé vous ragaillardira.*

▷ Mot de la famille de GAILLARD.

rage **n. f.** **1.** Maladie mortelle causée par un virus et transmise par la morsure de certains animaux, surtout des renards et des chiens. *Mon chien est vacciné contre la rage.* **2.** Violente colère. *Théo était fou de rage d'avoir perdu la partie.* **3.** *Une rage de dents,* c'est un mal de dents très douloureux. *Il a une rage de dents.* **4.** *Faire rage,* c'est se déchaîner, atteindre la plus grande violence. *L'incendie faisait rage.*

➤ **rager** **v.** (conjug. 3) ✦ Familier. Être très en colère. → **enrager.** *Cela me fait rager.*

➤ **rageur, rageuse** **adj.** ✦ Qui montre de la mauvaise humeur. *Elle parlait d'un ton rageur.* → **hargneux.**

➤ **rageusement** **adv.** ✦ Avec rage. *Il a claqué la porte rageusement.*

▷ Autres mots de la famille : ENRAGÉ, ENRAGER.

ragot **n. m.** ✦ Familier. Bavardage malveillant. → **cancan, potin, racontar.** *Elle aime bien faire des ragots. N'écoute pas tous ces ragots.*

ragoût **n. m.** ✦ Plat composé de morceaux de viande et de légumes cuits ensemble dans une sauce. *Un ragoût de mouton.*

● Il y a un accent circonflexe sur le *û*.

▷ Mot de la famille de GOÛT.

ragoûtant, ragoûtante **adj.** ✦ Appétissant. *Une sauce pleine de grumeaux peu ragoûtants.* ❑ contr. **dégoûtant.**

● Ce mot s'emploie surtout à la forme négative.

▷ Mot de la famille de GOÛT.

rail

rai **n. m.** ✦ Rayon de lumière. *Un rai de soleil passe sous la porte.* ❍ homonymes : ① et ② raie.

▷ Autres mots de la famille : ② RAYON, RAYONNANT, RAYONNEMENT, RAYONNER.

raid [Rɛd] **n. m.** **1.** Attaque par surprise. *Un raid aérien a détruit la ville.* **2.** Longue course qui met à l'épreuve la résistance du matériel et l'endurance des participants. *Sa mère a fait un raid à moto.* ❍ homonyme : raide.

raide **adj.** **1.** Qui manque de souplesse. ❑ contr. **souple.** *Il marche avec une canne parce qu'il a une jambe raide,* une jambe qu'il ne peut pas plier. *Léa a les cheveux raides,* plats et lisses. ❑ contr. **frisé.** **2.** Tendu au maximum. *Le funambule marche sur une corde raide.* **3.** Très incliné. *Le sentier est en pente raide.* → **abrupt.** ❑ contr. **doux.** **4.** *Tomber raide mort,* mourir brusquement. *La vieille dame est tombée raide morte.* ❍ homonyme : raid.

➤ **raideur** **n. f.** ✦ État de ce qui est raide. *Son accident lui a laissé une certaine raideur dans le dos.* ❑ contr. **souplesse.**

➤ **raidillon** **n. m.** ✦ Partie d'un chemin en pente raide. *La ferme est au bout de ce raidillon.*

➤ **raidir** **v.** (conjug. 2) **1.** Faire devenir raide. *L'athlète raidit ses muscles avant de sauter.* → ③ **contracter.** **2.** se **raidir,** devenir raide, contracter ses muscles. *Détendez-vous, ne vous raidissez pas !*

➤ **raidissement** **n. m.** ✦ État de ce qui est raidi. *Le raidissement des muscles.*

① **raie** **n. f.** **1.** Ligne droite ou bande tracée sur quelque chose. *Un pull rouge à raies blanches.* → **rayure.** **2.** Ligne qui sépare les cheveux. *Louise se fait souvent la raie au milieu.* ❍ homonymes : rai et ② raie.

▷ Autres mots de la famille : RAYÉ, RAYER, RAYURE.

② **raie** **n. f.** ✦ Poisson de mer au corps aplati en forme de losange et à la queue hérissée de piquants. ➻ planche Poissons p. 795. *Nous avons mangé de la raie au beurre noir.* ❍ homonymes : rai et ① raie.

rail [ʀaj] **n. m.** ✦ Chacune des barres d'acier parallèles installées sur des traverses, qui constituent une voie ferrée sur laquelle roulent les trains. *Le train est sur les rails.*

▷ Autres mots de la famille : AUTORAIL, DÉRAILLEMENT, DÉRAILLER, DÉRAILLEUR.

railler **v.** (conjug. 1) ✦ Tourner en ridicule. *Le baron raillait souvent ses amis,* il se moquait d'eux.

● Ce mot est littéraire.

➤ **raillerie** **n. f.** ✦ Plaisanterie, moquerie.

➤ **railleur, railleuse** **adj.** ✦ Moqueur. *Un air railleur,* ironique.

rainette **n. f.** ✦ Petite grenouille aux doigts munis de ventouses. *Souvent, les rainettes se confondent avec les feuilles sur lesquelles elles sont posées.* ❍ homonyme : reinette.

rainette

rainure **n. f.** ✦ Fente longue et étroite. *L'aiguille est tombée dans une rainure du parquet.*

raisin **n. m.** ✦ Fruit de la vigne, constitué de grains réunis en grappes. *Il existe du raisin blanc et du raisin noir. Le raisin sert à faire le vin.*

raison **n. f.** **1.** Ce qui permet de comprendre, de juger et d'agir comme il faut. → **esprit, intelligence** et aussi **discernement.** *Elle a perdu la raison,* elle est devenue folle. *7 ans est l'âge de raison,* l'âge à partir duquel on sait ce que l'on doit faire. **2.** *Avoir raison,* c'est faire ou dire ce qu'il faut, ne pas se tromper. *Tu as eu raison de prendre un parapluie car il va pleuvoir.* ❑ contr. **tort.** *Je lui donne raison,* je l'approuve. **3.** Cause, motif. *Il est parti sans donner de raison,* sans dire pourquoi. *J'ignore la raison de son absence. L'avion n'a pas décollé* ***en raison du*** *brouillard,* à cause du brouillard. **4.** *Se faire une raison,* c'est se résigner à admettre ce que l'on ne peut changer. *Tu ne peux pas sortir avec de la fièvre, il faut te faire une raison,* en prendre ton parti.

➤ **raisonnable** **adj.** **1.** Qui pense et agit avec sagesse et raison. → **sage, sensé.** ❑ contr. **déraisonnable.** *Sois raisonnable, ne pleure plus et retourne te coucher !* **2.** Qui est modéré. *Ils ont acheté leur maison à un prix raisonnable,* qui n'est pas exagéré. ❑ contr. **excessif.**

➤ **raisonnablement** **adv.** ✦ D'une manière sensée. *Après tout ce qu'il a déjà fait pour nous, on ne peut, raisonnablement, lui demander davantage.*

➤ **raisonnement** **n. m.** ✦ Activité de l'esprit qui fait s'enchaîner des idées pour aboutir à une conclusion. *Le résultat du problème n'est pas bon : le raisonnement est juste mais les opérations sont fausses.* → **démonstration.**

➤ **raisonner** **v.** (conjug. 1) **1.** Faire un raisonnement. *Léa raisonne déjà très bien.* **2.** *Raisonner quelqu'un,* c'est chercher à l'amener à être raisonnable. *J'ai cherché à le raisonner, mais rien n'a pu le faire changer d'avis.* — **se raisonner,** devenir raisonnable. *Allons, raisonne-toi, ta jalousie est ridicule !* ❍ homonyme : résonner.

▷ Autres mots de la famille : DÉRAISONNABLE, DÉRAISONNER.

rajeunir **v.** (conjug. 2) **1.** Faire paraître plus jeune. *Ta coiffure te rajeunit.* **2.** Paraître plus jeune. *Il a rajeuni de dix ans depuis qu'il a maigri.* ❑ contr. **vieillir.**

➤ **rajeunissement** **n. m.** ✦ Le fait de rajeunir. *Elle a suivi une cure de rajeunissement,* une cure qui sert à paraître plus jeune. ❑ contr. **vieillissement.**

▷ Mots de la famille de JEUNE.

rajouter **v.** (conjug. 1) ✦ Ajouter de nouveau. *Paul rajoute du sel dans sa soupe.*

➤ **rajout** **n. m.** ✦ Ce qui est rajouté. *L'auteur a fait un rajout dans la marge de son manuscrit.*

▷ Mots de la famille de AJOUTER.

rajuster **v.** (conjug. 1) **1.** Remettre en bonne place, en ordre. *Il rajusta sa cravate.* **2.** *Rajuster les salaires,* les relever pour qu'ils suivent l'augmentation des prix. — On dit aussi *réajuster.*

➤ **rajustement** n. m. ✦ Action de rajuster. *Le rajustement des salaires,* l'augmentation des salaires proportionnelle à l'augmentation des prix. — On dit aussi *réajustement.*
▷ Mots de la famille de ① JUSTE.

râle n. m. ✦ Bruit anormal fait en respirant.
▷ Mot de la famille de RÂLER.

ralentir v. (conjug. 2) ✦ Aller plus lentement. *Les voitures ralentissent en approchant du feu rouge.* ❑ contr. **accélérer.**
➤ **ralenti** n. m. 1. Vitesse la plus faible à laquelle tourne un moteur. *Le garagiste règle le ralenti de la voiture.* 2. *Au ralenti,* plus lentement que la vitesse normale. *On a repassé au ralenti le moment où le footballeur marque un but.*
➤ **ralentissement** n. m. ✦ Le fait d'aller moins vite. *Les travaux provoquent un ralentissement de la circulation.* ❑ contr. **accélération.**
➤ **ralentisseur** n. m. ✦ Sorte de dos-d'âne aménagé en travers de la chaussée pour obliger les véhicules à ralentir. *Il y a des ralentisseurs devant l'école.*
▷ Mots de la famille de LENT.

ralentisseur

râler v. (conjug. 1) 1. Faire entendre un bruit rauque anormal en respirant. *Les blessés râlaient sur le bord de la route.* 2. Familier. Montrer sa mauvaise humeur en grognant. → fam. **ronchonner, rouspéter.** *Elle râle dès qu'on lui demande un service.*
➤ **râleur** n. m., **râleuse** n. f. ✦ Familier. Personne qui montre tout le temps sa mauvaise humeur. *Quelle râleuse !* → fam. **rouspéteur.** — Adj. *Théo est très râleur.*
▷ Autre mot de la famille : RÂLE.

rallier v. (conjug. 7) 1. *Rallier un endroit,* c'est le rejoindre et s'y regrouper. *Les soldats rallieront le camp demain.* 2. Unir pour une cause commune, mettre d'accord. *Cet homme politique a rallié tous les mécontents.* 3. **se rallier,** adhérer, rejoindre. *Les conseillers municipaux se sont ralliés à l'avis du maire,* ils l'ont approuvé.
➤ **ralliement** n. m. 1. *Le point de ralliement,* c'est l'endroit où l'on doit se regrouper. *Notre point de ralliement, c'est la place de l'église.* 2. Adhésion. *Il espère obtenir le ralliement des opposants.*
● Attention aux deux *l.*
▷ Mots de la famille de LIER.

rallonger v. (conjug. 3) 1. Rendre plus long. *Julie a grandi, sa mère doit lui rallonger ses jupes.* ❑ contr. **raccourcir.** 2. Devenir plus long. *En automne, les nuits rallongent.* ❑ contr. **diminuer.**
➤ **rallonge** n. f. 1. Planche qui sert à agrandir une table dans le sens de la longueur. *Nous serons 10 à table, il faudra mettre la rallonge.* 2. Fil électrique qui sert à en prolonger un autre qui est trop court. *La prise de courant est trop éloignée de la télévision, il faut une rallonge.*
● Attention aux deux *l.*
▷ Mots de la famille de LONG.

rallumer v. (conjug. 1) ✦ Allumer de nouveau. *Il ralluma son cigare.* — **se rallumer,** s'allumer de nouveau. *Les lumières se sont rallumées à la fin du film.*
▷ Mot de la famille de ALLUMER.

rallye [Rali] n. m. ✦ Compétition dans laquelle les concurrents doivent se retrouver à un endroit déterminé après des étapes très éprouvantes. *Il a participé à un rallye automobile.*
● Ce mot vient de l'anglais.

ramadan n. m. ✦ Mois pendant lequel les musulmans ne doivent ni manger, ni boire, ni fumer entre le lever et le coucher du soleil. *C'est bientôt la fin du ramadan.*

ramage n. m. ✦ Chant des oiseaux. *Le ramage des rossignols.*

ramages n. m. pl. ✦ Dessins représentant des rameaux, des branches fleuries. *Elle avait une robe à ramages.*

ramasser v. (conjug. 1) 1. Prendre par terre. *Pourrais-tu ramasser le cahier que j'ai fait tomber ? Nous avons ramassé des champignons en forêt.* → **cueillir.** 2. Prendre pour mettre ensemble. *Le professeur a ramassé les devoirs.* → **relever.** 3. se ramasser, se mettre en boule. *Le chat se ramasse avant de sauter.*

➤ **ramassage** n. m. 1. Le fait de ramasser. *Le ramassage des ordures ménagères est effectué par les éboueurs,* les éboueurs prennent et enlèvent les ordures ménagères. 2. *Le ramassage scolaire,* c'est le transport par autocar des élèves de leur domicile à leur établissement scolaire.

➤ **ramassis** [Ramasi] n. m. ✦ Tas. *Leur bande est un ramassis de mauvais élèves.*

● Ce mot est péjoratif.

▷ Mots de la famille de ① MASSE.

rambarde n. f. ✦ Rampe servant de garde-fou sur un pont, une jetée, une passerelle de bateau. *Les passagers se tenaient à la rambarde.* → **bastingage.**

① **rame** n. f. ✦ Longue barre de bois à bout plat que l'on manœuvre pour faire avancer une barque. → **aviron.** *Il a traversé la Manche à la rame,* en ramant.

▷ Mot de la famille de RAMER.

② **rame** n. f. ✦ File de wagons attachés les uns aux autres. *Une rame de métro.*

rameau n. m. ✦ Petite branche. *La colombe de la paix tient un rameau d'olivier dans son bec.* — Au pl. *Des rameaux.*

ramener v. (conjug. 5) 1. *Ramener quelqu'un,* c'est le faire revenir avec soi à l'endroit où il était avant. *Elle a ramené sa fille de l'école en voiture. Son père nous a ramenés à la maison.* → **raccompagner, reconduire.** 2. Faire renaître. *Le nouveau gouvernement a ramené l'ordre dans le pays.* → **rétablir.**

▷ Mot de la famille de MENER.

ramequin n. m. ✦ Petit récipient utilisé pour faire cuire au four ou au bain- marie. *Il a mis la sauce à réchauffer dans un ramequin en porcelaine.*

ramer v. (conjug. 1) ✦ Manœuvrer les rames d'un bateau. *Il ramait contre le courant.*

➤ **rameur** n. m., **rameuse** n. f. ✦ Personne qui rame. *Il y avait plusieurs rangs de rameurs sur les galères.*

▷ Autre mot de la famille : ① RAME.

rami n. m. ✦ Jeu de cartes qui consiste à étaler sur la table certaines combinaisons de cartes. *Ils aiment jouer au rami.*

ramier n. m. ✦ Gros pigeon sauvage. → **palombe.**

ramier

se **ramifier** v. (conjug. 7) 1. Se partager en plusieurs petites branches, en rameaux. *La grosse branche de l'arbre s'est ramifiée.* 2. Se subdiviser. *Les veines se ramifient en vaisseaux sanguins.*

➤ **ramification** n. f. ✦ Division en branches, en vaisseaux plus petits. *Cette grosse branche a de nombreuses ramifications.*

ramollir v. (conjug. 2) ✦ Rendre mou, plus mou. *La chaleur ramollit le beurre.* ❑ contr. **durcir, raffermir.** — se ramollir, devenir mou. *Les biscuits se sont ramollis à cause de l'humidité.* ❑ contr. **durcir.**

➤ **ramollissement** n. m. ✦ Le fait de devenir mou. *La chaleur a provoqué le ramollissement de la plaque de beurre.*

▷ Mots de la famille de ① MOU.

ramoner v. (conjug. 1) ✦ Nettoyer le conduit d'une cheminée pour en enlever la suie. *Il faut faire ramoner la cheminée tous les ans.*

➤ **ramonage** n. m. ✦ Action de ramoner. *Le ramonage des cheminées est obligatoire.*

➤ **ramoneur** n. m. ✦ Personne dont le métier est de ramoner les cheminées.

rampe n. f. 1. Chemin en pente par où passent les voitures pour entrer dans un parking ou en sortir. *La voiture emprunte la rampe d'accès au parking.* 2. Barre sur laquelle on s'appuie le long d'un escalier. *Tiens bien la rampe, l'escalier est glissant !* 3. *Une rampe de lancement,* c'est une construction en pente d'où est lancée une fusée. *La fusée est sur la rampe de lancement.* 4. Rangée de lumières disposées au bord d'une scène de théâtre.

ramper v. (conjug. 1) 1. Avancer en se traînant sur le ventre. *Les serpents se déplacent en rampant.* 2. S'abaisser, s'humilier. *Il rampe devant son patron.*

ramure n. f. 1. Ensemble des branches et des rameaux d'un arbre. *Ce vieux chêne a une épaisse ramure.* 2. Ensemble des bois d'un cerf. → **andouiller.**

rance adj. ✦ Qui prend en vieillissant un goût et une odeur désagréables. *Ce beurre est rance, il faut le jeter.*

➤ **rancir** v. (conjug. 2) ✦ Devenir rance. *L'huile a ranci.*

ranch [ʀɑ̃tʃ] n. m. ✦ Grande ferme où l'on élève du bétail, aux États-Unis. — Au pl. *Des ranchs* ou *des ranches.*

● Ce mot vient de l'anglais.

rancœur n. f. ✦ Amertume que l'on éprouve à la suite d'une déception, d'une injustice. → **rancune.** *Son échec lui inspira des propos pleins de rancœur.*

rançon n. f. 1. Prix exigé en échange de la liberté d'une personne prise en otage. *Les ravisseurs demandent une forte rançon.* 2. Inconvénient qui est provoqué par un avantage. *Les vedettes ne peuvent pas sortir sans être reconnues, c'est la rançon de la gloire.*

➤ **rançonner** v. (conjug. 1) ✦ Demander de l'argent en menaçant. *Les brigands rançonnaient les voyageurs des diligences.*

● Attention à la cédille du ç.

rancune n. f. ✦ Souvenir mêlé de haine et de désir de vengeance, que l'on garde de quelqu'un qui vous a fait du mal, de la peine. → **rancœur, ressentiment.** *Théo a de la rancune contre Paul qui n'a pas gardé son secret.*

➤ **rancunier, rancunière** adj. ✦ Qui éprouve facilement de la rancune. *Julie est rancunière.* → **vindicatif.**

randonnée n. f. ✦ Longue promenade. → **excursion.** *Ils ont fait une randonnée en montagne.*

➤ **randonneur** n. m., **randonneuse** n. f. ✦ Personne qui fait des randonnées. *Les randonneurs ont passé la nuit dans un refuge.*

rang n. m. 1. Ligne de personnes ou de choses les unes à côté des autres. *Les enfants marchent dans la rue en rang par deux. Dans la classe, Léa est assise au troisième rang.* → **rangée.** 2. Place dans un classement. *La France et l'Italie occupent les premiers rangs mondiaux de la production de vin.* 3. Place d'une personne dans la société. *Le ministre a été reçu avec tous les honneurs dus à son rang.*

➤ **rangée** n. f. ✦ Suite de personnes ou de choses disposées sur la même ligne. → **rang.** *Une double rangée d'arbres borde la route.*

➤ **ranger** v. (conjug. 3) 1. Mettre une chose à sa place. *Paul range ses chaussures dans le placard.* 2. Mettre de l'ordre dans un endroit. *Julie a rangé sa chambre.*

➤ se **ranger** v. 1. Se mettre en rang. *Rangez-vous par trois !* 2. S'écarter pour laisser le passage. *La voiture s'est rangée pour laisser passer l'ambulance.*

➤ **rangement** n. m. ✦ Action de ranger. *Léa fait du rangement,* elle met de l'ordre, elle range.

▷ Autres mots de la famille : ARRANGEANT, ARRANGEMENT, ARRANGER, S'ARRANGER, DÉRANGÉ, DÉRANGEMENT, DÉRANGER.

ranimer v. (conjug. 1) 1. Faire reprendre conscience à une personne évanouie. *Les pompiers ont ranimé le blessé.* → aussi **réanimation.** 2. Redonner de la force. *Il faut ranimer le feu.*

▷ Mot de la famille de ANIMER.

rap n. m. ✦ Style de musique dont les paroles sont dites rapidement sur un air très rythmé. *Un chanteur de rap.*

● Ce mot vient de l'anglais.

▷ Autre mot de la famille : RAPPEUR.

randonneur

rapace **n. m.** **1.** Oiseau au bec puissant, recourbé, et aux fortes griffes, qui mange les petits animaux qu'il chasse. *L'aigle et le hibou sont des rapaces.* → oiseau de **proie.** **2.** Personne qui cherche à s'enrichir sans avoir peur de nuire aux autres. *Cet homme d'affaires est un vrai rapace !* — **Adj.** *Une personne rapace.*

➤ **rapacité** **n. f.** ✦ Caractère d'une personne rapace.

rapatrier **v.** (conjug. 7) ✦ Faire rentrer dans son pays. *Les prisonniers de guerre ont été rapatriés après la signature du traité de paix.*

➤ **rapatriement** **n. m.** ✦ Le fait de faire revenir quelqu'un dans son pays. *Le rapatriement des prisonniers a été rapide.*

▷ Mots de la famille de PATRIE.

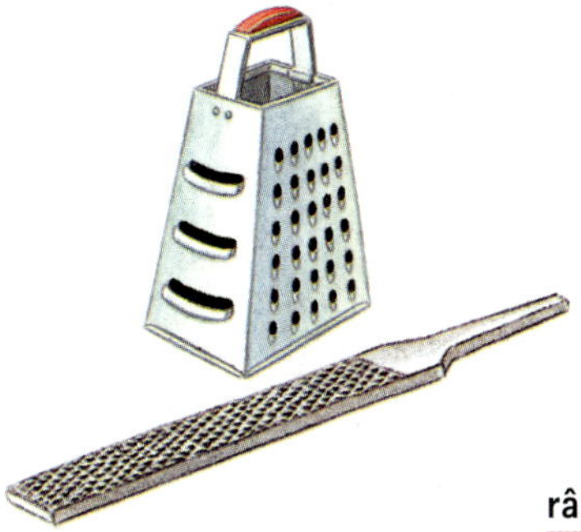

râpe

râpe **n. f.** ✦ Instrument rugueux qui sert à râper des légumes, du fromage ou à polir du bois. *Une râpe à fromage. Une râpe de menuisier.*

➤ **râper** **v.** (conjug. 1) ✦ Réduire en petits morceaux allongés. *Elle râpe du gruyère pour faire un gratin.*

➤ **râpé, râpée** **adj.** **1.** Coupé en petits morceaux allongés. *Théo aime beaucoup les carottes râpées.* **2.** Très usé. → **élimé.** *Le clochard avait un vieux manteau tout râpé.*

➤ **râpeux, râpeuse** **adj.** ✦ Rugueux comme une râpe. *Les chats ont une langue râpeuse.* ❑ contr. **lisse.**

● Attention à l'accent circonflexe du *â*.

rapetisser **v.** (conjug. 1) **1.** Faire paraître une chose plus petite qu'elle n'est. *La distance rapetisse les objets.* ❑ contr. **agrandir.** **2.** Devenir plus petit. *On rapetisse en vieillissant.* ❑ contr. **grandir.** *Son pull a rapetissé au lavage.* → **rétrécir.**

▷ Mot de la famille de PETIT.

raphia [ʀafja] **n. m.** ✦ Ficelle faite avec les feuilles d'un palmier. *Des sets de table en raphia.*

① **rapide** **adj.** **1.** Qui bouge, se déplace vite. *Il a une voiture rapide. Le martinet est le plus rapide des animaux.* ❑ contr. **lent.** **2.** Qui prend peu de temps, est vite fait. *Nous lui ferons une visite rapide. Sa guérison a été rapide.* → **prompt.**

➤ ② **rapide** **n. m.** **1.** Partie d'une rivière où le courant est très fort et où se forment des tourbillons. *Ils ont descendu des rapides en kayak.* **2.** Train qui s'arrête peu et roule vite. *Le rapide de 13 h 48.*

➤ **rapidement** **adv.** ✦ À grande vitesse, en peu de temps. → **vite.** *Elle a rapidement compris ce qui se passait.* ❑ contr. **lentement.**

➤ **rapidité** **n. f.** ✦ Le fait de faire quelque chose, de parcourir une distance en peu de temps. → **vitesse.** *Le coureur est parti avec la rapidité de l'éclair.* → aussi **vélocité.** ❑ contr. **lenteur.**

rapiécer **v.** (conjug. 3 et conjug. 6) ✦ Réparer en mettant une pièce de tissu. *Elle rapièce le jean de sa fille.*

▷ Mot de la famille de ① PIÈCE.

rapine **n. f.** ✦ Vol, pillage. *Les brigands vivaient de rapines.*

rappeler **v.** (conjug. 4) **1.** Appeler une personne ou un animal pour le faire revenir. *Paul rappelle son chien en le sifflant.* **2.** Appeler de nouveau au téléphone. *Julie n'est pas encore rentrée, rappelle-la plus tard.* **3.** Remettre en mémoire. *Rappelez-moi votre nom.* **4.** Faire penser à quelque chose. *L'Irlande me rappelait la Bretagne.* → **évoquer.** **5.** *Se rappeler quelque chose,* c'est l'avoir dans sa mémoire. → se **souvenir.** *Je ne me rappelle plus bien mon rêve.* ❑ contr. **oublier.**

➤ **rappel** **n. m.** **1.** Le fait de faire revenir quelqu'un. *Le gouvernement ordonne le rappel des exilés.* **2.** Action de faire penser de nouveau à quelque chose. *Le rappel de cette aventure nous a bien amusés. Si tu ne paies pas la facture, tu vas recevoir une lettre de rappel.* **3.** Applaudissements qui rappellent un artiste sur scène à la fin du spectacle. *Il y a eu cinq rappels à la fin de la pièce.* **4.** *Une piqûre de rappel,* c'est un nouveau vaccin prolongeant l'action du précédent. **5.** *L'alpiniste descend en rappel,* en ramenant vers lui une corde double.

● Attention aux deux *p*.
▷ Mots de la famille de APPELER.

rappeur n. m., **rappeuse** n. f. ✦ Chanteur, chanteuse de rap. *Alex possède tous les disques de son rappeur préféré.*
▷ Mot de la famille de RAP.

rapporter v. (conjug. 1) **1.** Apporter une chose là où elle était, la remettre à sa place. *N'oublie pas de me rapporter mes clés.* → **rendre.** ❑ contr. **emporter.** **2.** Apporter quelque chose en revenant d'un endroit. *Ses grands-parents lui ont rapporté un éventail d'Espagne.* **3.** Produire des bénéfices. *L'argent bien placé rapporte des intérêts.* **4.** Répéter ce que l'on a entendu. *Je ne fais que rapporter les paroles d'Alex. Le professeur n'aime pas qu'on rapporte,* qu'on dénonce ses camarades. → fam. **moucharder.** **5.** *Se rapporter à quelque chose,* c'est avoir un lien, un rapport avec cette chose. → **concerner.** *Cet exercice se rapporte à ce que nous avons étudié hier pendant le cours.*

➤ **rapport** n. m. **1.** Argent que rapporte quelque chose. → **gain, profit.** *Il vit du rapport de ses terres.* **2.** Texte qui expose et explique comment une chose s'est passée ou doit se passer. → **exposé.** *Les policiers ont rédigé un rapport sur l'accident.* → **compte rendu.** **3.** Lien entre deux choses, deux faits. *Y a-t-il un rapport entre notre dispute et son départ ?* → **relation.** **4.** *Des rapports,* des relations entre des personnes. *Ils entretiennent de bons rapports avec leurs voisins.* **5.** *Par rapport à quelque chose,* en comparant avec quelque chose. *Léa est petite par rapport à Julie.*

➤ ① **rapporteur** n. m. ✦ Instrument de géométrie en forme de demi-cercle gradué, qui sert à mesurer les angles.

➤ ② **rapporteur** n. m., **rapporteuse** n. f. ✦ Personne qui répète des choses pour faire du mal, qui dénonce les autres. *Méfie-toi d'elle, c'est une rapporteuse !* → **délateur, dénonciateur** ; fam. **mouchard.**

● Attention aux deux *p*.
▷ Mots de la famille de PORTER.

rapprocher v. (conjug. 1) **1.** Mettre plus près. → **approcher.** *Théo rapproche sa chaise de celle de Léa.* ❑ contr. **éloigner.** **2.** Faire approcher d'un temps à venir. *Chaque minute qui passait nous rapprochait des vacances.* **3.** Rendre des personnes plus proches, plus amies. *Leur maladie les a rapprochés.*

➤ se **rapprocher** v. **1.** Venir plus près. *Rapproche-toi de l'écran ! Julie et Léa se sont rapprochées l'une de l'autre.* **2.** *Se rapprocher de quelque chose,* c'est en être près par la ressemblance. *Ce n'est pas exactement la même couleur mais c'est celle qui s'en rapproche le plus.*

➤ **rapprochement** n. m. **1.** Le fait d'établir de meilleures relations. *La visite du ministre a facilité le rapprochement entre les deux pays.* **2.** Rapport entre deux faits. → **relation.** *Il y a un rapprochement à faire entre ces deux événements.*

● Attention aux deux *p*.
▷ Mots de la famille de PROCHE.

rapt [Rapt] n. m. ✦ Enlèvement d'une personne. → **kidnapping.** *Les auteurs du rapt ont demandé une rançon.* → aussi **ravisseur.**

raquette n. f. **1.** Instrument qui sert à lancer la balle dans certains jeux comme le tennis, le ping-pong, etc. *Les cordes de sa raquette de tennis ne sont pas assez tendues.* **2.** Large semelle que l'on attache à ses chaussures pour marcher dans la neige sans s'enfoncer. *Le trappeur a chaussé ses raquettes.*
○ homonyme : racket.

raquette :
1 de neige 2 de squash
3 de tennis 4 de ping-pong

rare **adj.** 1. Dont il existe peu d'exemplaires. *Il collectionne les papillons rares.* ❑ contr. **commun,** ① **courant.** 2. Qui se produit peu souvent. *Nous sommes allés à la plage les rares fois où il n'a pas plu.* → **quelque.** ❑ contr. **fréquent, nombreux.** 3. Que l'on trouve en petite quantité. *En raison de la sécheresse, l'herbe était rare.* → **clairsemé.** ❑ contr. **abondant, dense, dru.**

➤ **rarement** **adv.** ✦ Peu souvent. *Ils vont très rarement au cinéma.* ❑ contr. **fréquemment, souvent.**

➤ **rareté** **n. f.** ✦ Caractère de ce qui est rare. *Un timbre d'une grande rareté.*

➤ **rarissime** **adj.** ✦ Extrêmement rare. *L'occasion de voir un ours en liberté est rarissime.*

➤ se **raréfier** **v.** (conjug. 7) ✦ Devenir rare. *L'oxygène se raréfie en altitude.*

ras, rase **adj.** 1. Très court. *Les militaires ont les cheveux ras.* 2. *En rase campagne,* en pleine campagne, dans un endroit sans arbres ni maisons. *L'avion a atterri en rase campagne.* 3. Qui est rempli jusqu'au bord, sans déborder. *Ajoutez une cuillère rase de farine. Le verre est rempli à ras bord,* jusqu'au niveau du bord. 4. *Un pull-over ras du cou,* c'est un pull-over dont l'encolure s'arrête à la base du cou. ○ homonyme : rat.

➤ **rasade** **n. f.** ✦ Contenu d'un verre rempli à ras bord. *Il a bu une rasade de whisky.*

▷ Mots de la famille de RASER.

rasage **n. m.** ✦ Action de raser, de se raser. *Cette lotion se met sur le visage après le rasage.*

▷ Mot de la famille de RASER.

rascasse **n. f.** ✦ Poisson de la Méditerranée à la tête hérissée d'épines, que l'on peut manger. *On met de la rascasse dans la bouillabaisse.*

rascasse

raser **v.** (conjug. 1) 1. Couper le poil au ras de la peau. *Il a rasé sa moustache.* — **se raser,** se couper les poils au ras de la peau. *Il se rase tous les matins.* 2. Démolir complètement. *La maison a été rasée après les bombardements.* 3. Passer tout près. *L'avion a rasé le clocher de l'église.* 4. Familier. Ennuyer. *Tu nous rases avec tes histoires interminables.*

➤ **rase-mottes** **n. m. inv.** ✦ Vol effectué par un avion tout près du sol. *L'avion vole en rase-mottes.* ▷ Mot de la famille de MOTTE.

➤ **raseur** **n. m.,** **raseuse** **n. f.** ✦ Familier. Personne qui ennuie. *Quel vieux raseur !*

➤ **rasoir** **n. m.** ✦ Instrument qui sert à raser les poils. *Un rasoir électrique.*

▷ Autres mots de la famille : RAS, RASADE, RASAGE.

rassasier **v.** (conjug. 7) ✦ Satisfaire entièrement la faim de quelqu'un en lui donnant à manger. *C'est difficile de rassasier Paul, il a toujours faim.*

rassembler **v.** (conjug. 1) ✦ Mettre ensemble, au même endroit. *Rassemble tes affaires et mets-les dans ton cartable.* — **se rassembler,** se réunir dans un endroit. *Les manifestants se sont rassemblés sur la place.* → se **regrouper.** ❑ contr. **se disperser.**

➤ **rassemblement** **n. m.** ✦ Groupe de personnes. → **attroupement.** *Un rassemblement s'est formé devant l'usine.*

▷ Mots de la famille de ASSEMBLER.

se **rasseoir** **v.** (conjug. 26) ✦ S'asseoir à nouveau. *À l'entrée du directeur, les élèves se sont levés, puis se sont rassis.*

▷ Mot de la famille de S'ASSEOIR.

rasséréner **v.** (conjug. 6) ✦ Ramener au calme une personne inquiète, énervée. ❑ contr. **affoler, inquiéter.** *Sa lettre nous a rassérénés.*

● Ce mot est littéraire.

▷ Mot de la famille de SEREIN.

rassis, rassise **adj.** ✦ *Du pain rassis,* c'est du pain qui n'est plus frais. → **dur.**

rassurer **v.** (conjug. 1) ✦ Rendre la confiance. → **tranquilliser.** *Le médecin nous a rassurés : Léa sera bientôt guérie.* ❑ contr. **affoler, effarer, inquiéter.** — **se rassurer,** cesser de s'inquiéter, d'avoir peur. *Rassure-toi, tout se passera bien.*

➤ **rassurant, rassurante** **adj.** ✦ Qui redonne confiance, tranquillise. *Nous avons reçu des nouvelles rassurantes.* ❑ contr. **inquiétant.**

▷ Mots de la famille de SÛR.

rat **n. m.** 1. Petit rongeur à museau pointu et longue queue, plus gros que la souris. *Il y a des rats dans les égouts.* — *Être fait comme un rat,* être pris au piège. 2. *Les petits rats de l'Opéra,* ce sont de jeunes danseurs et danseuses, élèves de l'école de danse de l'Opéra.
❍ homonyme : ras.

▷ Autre mot de la famille : RATON.

se **ratatiner** **v.** (conjug. 1) ✦ Devenir plus petit et ridé. *Les pommes se sont ratatinées.* → aussi **rabougri.**

ratatouille **n. f.** ✦ Plat composé de tomates, de courgettes, d'aubergines et de poivrons cuits dans de l'huile d'olive.

rate **n. f.** ✦ Organe situé en arrière de l'estomac, sous le diaphragme, à gauche. *On a dû lui enlever la rate.*

▷ Autre mot de la famille : DÉRATÉ.

raté **n. m.** ✦ Bruit anormal que fait un moteur. *Sa moto a des ratés.*

▷ Mot de la famille de RATER.

râteau **n. m.** ✦ Outil de jardinage formé d'un long manche auquel est fixée une pièce de métal garnie de dents. *Le jardinier ramasse les feuilles de l'allée avec un râteau.* → aussi **ratisser.** — Au pl. *Des râteaux.*
● Attention à l'accent circonflexe du *â*.

râtelier **n. m.** 1. Sorte d'échelle installée horizontalement contre un mur, derrière laquelle on met le fourrage pour le bétail. *Le râtelier de l'étable.* 2. Familier. Dentier.
● Attention à l'accent circonflexe du *â*.

rater **v.** (conjug. 1) 1. Manquer ce que l'on voulait atteindre. → fam. **louper.** *Le chasseur a raté le lièvre. Si tu ne te dépêches pas, tu vas rater ton train.* 2. Ne pas réussir. *Elle a raté son gâteau. — Tous ses projets ont raté.* → **échouer.** ❑ contr. **réussir.**

▷ Autre mot de la famille : RATÉ.

ratifier **v.** (conjug. 7) ✦ Approuver officiellement. *Le président de la République a ratifié l'accord entre les deux pays.*

➤ **ratification** **n. f.** ✦ Action de ratifier. *La ratification du traité de paix a été signée.*

ration **n. f.** ✦ Quantité de nourriture distribuée à une personne ou un animal pendant une journée. *Les chevaux ont eu leur ration d'avoine.*

▷ Autres mots de la famille : RATIONNEMENT, RATIONNER.

rationnel, rationnelle **adj.** ✦ Conforme au bon sens, à la raison. *Cette pièce a été aménagée de façon rationnelle.*

➤ **rationnellement** **adv.** ✦ D'une manière rationnelle, méthodique. *Il a organisé son travail rationnellement.* → **méthodiquement.**

rationner **v.** (conjug. 1) ✦ Distribuer en quantité limitée. *Les naufragés ont rationné l'eau potable et les vivres.*

➤ **rationnement** **n. m.** ✦ Action de rationner. *La grande sécheresse a rendu nécessaire le rationnement de l'eau.* → **restriction.**

▷ Mots de la famille de RATION.

ratisser **v.** (conjug. 1) 1. Nettoyer à l'aide d'un râteau. *Le jardinier ratisse les allées du parc.* 2. Fouiller avec soin et partout. *Les policiers ont ratissé le quartier.*

➤ **ratissage** **n. m.** 1. Action de nettoyer à l'aide d'un râteau. *Le ratissage de l'allée lui a pris du temps.* 2. Action de fouiller et de chercher partout. *Le ratissage du quartier a permis de retrouver le prisonnier évadé.*

raton **n. m.** 1. Jeune rat. 2. *Un raton laveur,* c'est un petit animal carnassier d'Amérique du Nord, au pelage épais et à la longue queue tigrée, qui lave ses aliments avant de les manger. *Les ratons laveurs se nourrissent de poissons et de mollusques.*

▷ Mot de la famille de RAT.

raton laveur

rattacher v. (conjug. 1) **1.** Attacher ce qui s'est détaché. *Rattache le chien !* **2.** Mettre en relation. → **relier.** *On peut rattacher ces deux idées l'une à l'autre.* **3.** Annexer. *La Savoie fut rattachée à la France en 1860.*

➤ **rattachement** n. m. ✦ Action de rattacher, le fait d'être rattaché. *Le rattachement de la Bretagne à la France date du 16e siècle.*

▷ Mots de la famille de ATTACHER.

rattraper v. (conjug. 1) **1.** Attraper ce que l'on a laissé échapper. *Les gendarmes ont rattrapé les prisonniers évadés.* → **reprendre. 2.** Récupérer. *Paul rattrape son retard en mathématiques grâce à l'aide de son frère.* → **regagner. 3.** Rejoindre. *Partez devant, je vous rattraperai en courant.*

➤ se **rattraper** v. **1.** Se raccrocher. *Léa a trébuché et s'est rattrapée à une branche.* → **se retenir. 2.** Agir pour réparer une erreur, une maladresse. *Il a failli dire une grossièreté mais il s'est rattrapé à temps.*

➤ **rattrapage** n. m. ✦ *Un cours de rattrapage,* un cours qui aide à rattraper son retard. *Théo suit des cours de rattrapage en français.*

● Il y a deux *t* et un seul *p*.

▷ Mots de la famille de TRAPPE.

rature n. f. ✦ Trait qui barre une lettre ou un mot écrit, pour l'annuler. *Ta dictée est remplie de ratures.*

➤ **raturer** v. (conjug. 1) ✦ Barrer, rayer un mot. *Alex a raturé plusieurs mots dans sa rédaction.*

rauque adj. ✦ *Une voix rauque,* grave et voilée. → **éraillé.**

ravages n. m. pl. ✦ Dégâts très importants. *L'incendie a fait des ravages.*

➤ **ravager** v. (conjug. 3) ✦ Faire des dégâts très importants. *La guerre a ravagé le pays.* → **dévaster, saccager.**

① **ravaler** v. (conjug. 1) ✦ *Ravaler un mur,* c'est le nettoyer, le réparer et le repeindre. *La façade de l'immeuble doit être ravalée.*

➤ **ravalement** n. m. ✦ Nettoyage et réparation des murs extérieurs d'un bâtiment. *Des échafaudages ont été installés pour le ravalement de l'église.*

② **ravaler** v. (conjug. 1) ✦ S'empêcher d'exprimer un sentiment. *Paul ravala sa colère et se tut.*

▷ Mot de la famille de AVALER.

rave n. f. ✦ Plante dont on mange la racine. *Les navets, les radis et les betteraves sont des raves.*

▷ Autre mot de la famille : BETTERAVE.

rave

ravi, ravie adj. ✦ Très content. → **enchanté.** *Louise est ravie de ses cadeaux. Ravi de vous avoir rencontrés !*

▷ Mot de la famille de ① RAVIR.

ravier n. m. ✦ Petit plat creux et allongé dans lequel on présente des hors-d'œuvre. *Les carottes râpées sont dans un ravier.*

ravier

ravigoter v. (conjug. 1) ✦ Familier. Redonner des forces, de la vigueur. → **revigorer.** *Un peu d'air frais va vous ravigoter.*

ravin n. m. ✦ Petite vallée étroite qui a des pentes abruptes. *Une vache est tombée au fond du ravin.*

raviner v. (conjug. 1) ✦ Creuser le sol de sillons. *Les eaux de pluie ravinent le sol. — Un visage raviné,* c'est un visage marqué de rides profondes.

ravioli n. m. ✦ *Les raviolis,* ce sont de petits carrés de pâte farcis de viande, de légumes ou de fromage. *Nous avons mangé des raviolis à la sauce tomate.*

● Ce mot vient de l'italien.

① **ravir** **v.** (conjug. 2) ✦ Plaire beaucoup. → **enchanter, enthousiasmer.** *Le spectacle a ravi les enfants. Ce chapeau vous va à ravir,* il vous va très bien, à merveille.
▷ Autres mots de la famille : RAVI, RAVISSANT, RAVISSEMENT.

② **ravir** **v.** (conjug. 2) ✦ Enlever de force. *L'aigle a ravi sa proie.*
● Ce mot est littéraire.
▷ Autre mot de la famille : RAVISSEUR.

ravissant, ravissante **adj.** ✦ Très joli. *Sa mère est ravissante.*
▷ Mot de la famille de ① RAVIR.

ravissement **n. m.** ✦ Émotion ressentie par une personne qui éprouve une grande joie. → **enchantement.** *Ils l'ont écouté chanter avec ravissement.*
▷ Mot de la famille de ① RAVIR.

ravisseur **n. m.,** **ravisseuse** **n. f.** ✦ Personne qui a enlevé quelqu'un. → aussi **rapt.** *Les ravisseurs ont fixé le montant de la rançon.*
▷ Mot de la famille de ② RAVIR.

se **raviser** **v.** (conjug. 1) ✦ Changer d'avis. *Léa voulait aller à la piscine, mais elle s'est ravisée quand il s'est mis à pleuvoir.*
▷ Mot de la famille de AVIS.

ravitailler **v.** (conjug. 1) ✦ Fournir des vivres, du matériel. → **approvisionner.** *Un avion a ravitaillé les réfugiés,* il leur a apporté ce qu'il leur fallait. — **se ravitailler,** se munir des provisions nécessaires. *Ils se sont ravitaillés avant de prendre la mer.*
➤ **ravitaillement** **n. m.** ✦ Provisions, réserves. *Ils sont partis en montagne avec du ravitaillement pour plusieurs jours.*

raviver **v.** (conjug. 1) ✦ Rendre plus vif en faisant revivre. *Le souvenir de cette injustice a ravivé sa colère.* ❏ contr. **estomper.**
▷ Mot de la famille de VIF.

rayer **v.** (conjug. 8) **1.** Laisser en creux la trace d'une raie. *Le diamant raye le verre.* → aussi **rayure. 2.** Faire un trait sur une lettre, un mot, un groupe de mots que l'on veut supprimer. → **barrer, raturer.** *J'ai rayé son ancien numéro de téléphone.*
➤ **rayé, rayée** **adj. 1.** Qui a des raies, des rayures. *Une cravate rayée. Un pull rayé noir et blanc.* **2.** Qui a une ou plusieurs éraflures. *La portière de la voiture est rayée.*
▷ Mots de la famille de ① RAIE.

① **rayon** **n. m. 1.** Gâteau de cire fait par les abeilles dans une ruche. *Les abeilles déposent le miel dans les rayons.* → aussi **alvéole. 2.** Planche d'un meuble de rangement. *Le livre que tu cherches est sur le rayon du bas de la bibliothèque.* → **étagère. 3.** Partie d'un magasin réservée à une sorte de marchandise. *Où est le rayon du bricolage ?*
➤ **rayonnage** **n. m.** ✦ Étagère d'un meuble de rangement. *Ses livres sont rangés sur des rayonnages.*

② **rayon** **n. m. 1.** Trace de lumière en ligne droite. *Un rayon de soleil.* **2.** Radiation. *Les appareils de radiographie utilisent les rayons X.* **3.** Tige de métal qui joint le centre de la roue à la jante. *Son écharpe s'est prise dans les rayons de la roue arrière de son vélo.* **4.** *Le rayon d'un cercle,* c'est la ligne que l'on peut tracer du centre jusqu'à n'importe quel point de la circonférence. ➻ planche Géométrie p. 459. *Le rayon est égal à la moitié du diamètre.*
➤ **rayonner** **v.** (conjug. 1) **1.** Montrer que l'on est content, heureux. *La mariée rayonnait de bonheur.* **2.** Partir d'un point central. *Dans le parc, il y a une fontaine d'où rayonnent de petites allées.*

avenues qui **rayonnent**

➤ **rayonnant, rayonnante** **adj.** ✦ Qui dégage une impression de bien-être, de bonheur. *Les gagnants étaient rayonnants.* → **radieux.**
➤ **rayonnement** **n. m. 1.** Ensemble des radiations émises par un astre. *Le rayonnement solaire est une source d'énergie.* **2.** Influence. *Cet écrivain a beaucoup fait pour le rayonnement de la langue française dans le monde.*
▷ Mots de la famille de RAI.

rayure n. f. 1. Bande de couleur sur un fond d'une autre couleur. *Un pull vert à rayures blanches.* → ① **raie.** 2. Fine rainure. → **éraflure.** *Des rayures ont été faites sur sa voiture pendant la nuit.*
▷ Mot de la famille de ① RAIE.

raz-de-marée n. m. inv. ✦ Vague isolée très haute et très violente, qui pénètre dans les terres. *Les raz-de-marée sont provoqués par des tremblements de terre ou des éruptions volcaniques.* → **tsunami.**
▷ Mot de la famille de MARÉE.

razzia [Razja] ou [Radzja] n. f. ✦ Attaque de pillards. — *Les invités ont fait une razzia sur les petits fours,* ils se sont jetés dessus et les ont tous mangés. — Au pl. *Des razzias.*
● Ce mot vient de l'arabe.

ré n. m. inv. ✦ Note de musique, entre do et mi. *Des ré bémols.*

réacteur n. m. ✦ Moteur d'avion à réaction. *Cet avion a quatre réacteurs.*
▷ Autres mots de la famille : QUADRIRÉACTEUR, TURBORÉACTEUR.

réaction n. f. 1. Façon de répondre à une action. → aussi **réagir.** *Alex a souvent des réactions violentes.* 2. Mouvement politique qui s'oppose au progrès. 3. *Un avion à réaction,* c'est un avion dont les moteurs chassent les gaz vers l'arrière, ce qui projette l'avion, par réaction, vers l'avant. → aussi **réacteur.**
➤ **réactionnaire** adj. ✦ Qui s'oppose au progrès. → **rétrograde.** *Une politique réactionnaire.* → aussi **conservateur.** ❏ contr. **progressiste.**
▷ Mots de la famille de ① ACTION.

se **réadapter** v. (conjug. 1) ✦ S'adapter à nouveau à quelque chose dont on a perdu l'habitude. *Elle a eu du mal à se réadapter au travail après sa longue maladie.*
➤ **réadaptation** n. f. ✦ Le fait de se réadapter. *Sa réadaptation a été longue après son accident.*
▷ Mots de la famille de APTE.

réagir v. (conjug. 2) 1. Prendre une certaine attitude en réponse à une action, à une parole. → aussi **réaction.** *Comment a-t-il réagi à cette nouvelle ?* 2. S'opposer, lutter. *Il ne faut pas se laisser faire, il faut réagir !*
▷ Mot de la famille de AGIR.

réajuster → **rajuster** (sens 2)

réaliser v. (conjug. 1) 1. Faire exister vraiment. *Il a réalisé son vieux rêve d'ouvrir un hôtel.* — **se réaliser,** devenir réel. *Ses prévisions se sont réalisées.* 2. *Réaliser un film,* c'est le mettre en scène, le diriger. *C'est le troisième film que réalise ce metteur en scène.* 3. Familier. Se rendre compte. *Est-ce que tu réalises la gravité de tes bêtises ?* en as-tu conscience ?
➤ **réalisable** adj. ✦ Possible. *Un projet réalisable.* → **faisable.** ❏ contr. **irréalisable.**
➤ **réalisateur** n. m., **réalisatrice** n. f. ✦ Personne qui prépare, dirige et met en scène un film, une émission. *Qui est le réalisateur de cette émission de télévision ? Un réalisateur de cinéma.* → **cinéaste.**
➤ **réalisation** n. f. 1. Action de rendre réel. → **exécution.** *Il a besoin d'argent pour la réalisation de son projet.* 2. Préparation et exécution d'un film, d'une émission. *Il participe à la réalisation du film,* à sa mise en scène.
▷ Autre mot de la famille : IRRÉALISABLE.

réalisme n. m. ✦ Attitude d'une personne qui voit la réalité telle qu'elle est. *Il faut voir les choses avec réalisme.*
➤ **réaliste** adj. ✦ Qui voit les choses comme elles sont vraiment. *C'est un homme réaliste.* ❏ contr. **idéaliste.**
▷ Autre mot de la famille : SURRÉALISTE.

réalité n. f. 1. Ce qui existe vraiment, réellement. *Son témoignage est conforme à la réalité.* 2. ***En réalité,*** en fait. *Cet homme si gentil était en réalité un dangereux criminel.*

réanimation n. f. ✦ Action qui consiste à aider à vivre une personne dont le cœur ou la respiration vient de s'arrêter. *Le blessé est en salle de réanimation.* → aussi **ranimer.**
▷ Mot de la famille de ANIMER.

réapparaître v. (conjug. 57) ✦ Apparaître de nouveau. → **reparaître.** *La lune a réapparu après le passage des nuages.*
▷ Mot de la famille de PARAÎTRE.

réapparition n. f. ✦ Le fait de réapparaître. *Le soleil a fait sa réapparition après l'averse.*
▷ Mot de la famille de APPARITION.

rébarbatif, rébarbative adj. ✦ Qui dégoûte par son aspect désagréable, ennuyeux. *Le mode d'emploi de cet appareil est rébarbatif.* → **rebutant.**

rebattre v. (conjug. 41) ✦ *Rebattre les oreilles à quelqu'un,* lui parler tout le temps de la même chose. *Il nous rebat les oreilles avec cette histoire.*

➤ **rebattu, rebattue** adj. ✦ Dont on a beaucoup parlé. *C'est un sujet rebattu,* sur lequel on a déjà dit tout ce qu'il y a à dire. → **éculé.**

⊳ Mots de la famille de BATTRE.

rebelle adj. 1. Qui se révolte, s'oppose aux autorités. → **révolté.** *Des troupes rebelles entourent le palais présidentiel.* — N. *Des rebelles ont été faits prisonniers.* → **mutin.** 2. Qui ne cède pas, est hostile. *Ces chiens sont rebelles à tout dressage,* ils sont impossibles à dresser. → **réfractaire.**

➤ se **rebeller** v. (conjug. 1) ✦ Se révolter. *L'armée s'est rebellée contre le gouvernement.* → se **mutiner.**

➤ **rébellion** n. f. ✦ Révolte. → aussi **mutinerie.** *Le gouvernement a mis fin à la rébellion.*

se **rebiffer** v. (conjug. 1) ✦ Familier. Refuser de continuer à faire quelque chose, à obéir. → se **révolter.** *Elles se sont rebiffées à la première occasion.*

reboiser v. (conjug. 1) ✦ Replanter des arbres dans un endroit. *On a reboisé la colline après l'incendie.*

➤ **reboisement** n. m. ✦ Le fait de replanter des arbres. *Le reboisement d'une région.*

⊳ Mots de la famille de BOIS.

reboisement

rebond n. m. ✦ Mouvement d'une balle qui rebondit. *Il a renvoyé la balle avant le rebond.*

⊳ Mot de la famille de BONDIR.

rebondi, rebondie adj. ✦ De forme arrondie. *Julie a les joues rebondies.*

rebondir v. (conjug. 2) 1. Faire un bond après avoir touché un obstacle. *Le ballon a rebondi trois fois.* 2. Prendre un nouveau développement après un arrêt. *L'audition d'un témoin a fait rebondir l'enquête.*

➤ **rebondissement** n. m. ✦ Développement imprévu. *Un film à rebondissements,* où il se passe sans arrêt de nouvelles choses.

⊳ Mots de la famille de BONDIR.

rebord n. m. ✦ Bord qui dépasse. *Elle a mis des pots de fleurs sur le rebord de la fenêtre.*

⊳ Mot de la famille de ① BORD.

reboucher v. (conjug. 1) ✦ Boucher ce qui a été ouvert, débouché. *Rebouche bien le tube de dentifrice.*

⊳ Mot de la famille de ② BOUCHER.

à **rebours** [aʀəbuʀ] adv. ✦ *Compter à rebours,* c'est compter à l'envers pour arriver à zéro. *La fusée va bientôt partir, le compte à rebours a commencé.*

● Attention au *s* final.

rebrousser v. (conjug. 1) 1. Relever dans le sens contraire au sens normal. *Les chats n'aiment pas qu'on leur rebrousse le poil.* 2. *Rebrousser chemin,* c'est revenir sur ses pas, refaire le chemin en sens inverse. *Ils ont rebroussé chemin au bout de l'allée.*

➤ à **rebrousse-poil** adv. ✦ En relevant le poil dans le sens contraire au sens normal. *Il caresse le chat à rebrousse-poil.* ⊳ Mot de la famille de POIL.

rebuffade n. f. ✦ Accueil désagréable, hargneux et méprisant. *Les rebuffades ne l'ont pas découragé.*

rébus [ʀebys] n. m. ✦ Devinette faite d'une suite de dessins, de signes, d'images, qui représentent chacun une syllabe. *Théo a déchiffré le rébus.*

rébus

rebut **n. m.** ✦ *Mettre quelque chose au rebut,* c'est s'en débarrasser. *Ils ont mis leur vieux matelas au rebut.*

rebuter **v.** (conjug. 1) ✦ Décourager, dégoûter. *Le prix l'a rebuté.* ❑ contr. **attirer.**
➤ **rebutant, rebutante** **adj.** ✦ Difficile et ennuyeux. *Un livre rebutant.* → **rébarbatif.**

récalcitrant, récalcitrante **adj.** ✦ Qui résiste avec entêtement. *Un âne récalcitrant.* → **rétif.** ❑ contr. **docile.**

recaler **v.** (conjug. 1) ✦ Familier. Refuser à un examen. *Il a été recalé au bac.* ❑ contr. **recevoir.**

récapituler **v.** (conjug. 1) ✦ Répéter quelque chose en le résumant, en n'en citant que les points les plus importants. *Récapitulons ce qui s'est passé.*
➤ **récapitulatif, récapitulative** **adj.** ✦ Où l'on récapitule. *Voici un tableau récapitulatif avec tous les horaires des trains du week-end.* — **N. m.** *Il me faudrait un récapitulatif des travaux faits cette semaine.*
➤ **récapitulation** **n. f.** ✦ Reprise, point par point, de ce qui a été dit ou fait. *Le maire a fait la récapitulation des travaux à effectuer dans la commune.*

receler **v.** (conjug. 5) **1.** Contenir. *Le sous-sol de la région recèle des fossiles.* → **renfermer.** **2.** Garder chez soi des objets volés. *Receler des objets volés est interdit par la loi.*
➤ **recel** **n. m.** ✦ Fait de garder chez soi des objets volés. *Il a été accusé de recel de bijoux.*
➤ **receleur** **n. m., receleuse** **n. f.** ✦ Personne qui garde des objets volés. *Les cambrioleurs ont déposé leur butin chez un receleur.*

récemment [ʀesamɑ̃] **adv.** ✦ Il y a peu de temps. → **dernièrement.** *Ils se sont vus récemment.*
▷ Mot de la famille de RÉCENT.

recenser **v.** (conjug. 1) ✦ Compter avec précision les habitants d'un endroit. → **dénombrer.** *On recense la population d'un pays régulièrement.*
➤ **recensement** **n. m.** ✦ Opération qui consiste à compter les habitants. *Les chiffres du dernier recensement du pays ne sont pas encore publiés.*

récent, récente **adj.** ✦ Qui s'est produit il y a peu de temps. *Leur mariage est très récent.* ❑ contr. **ancien, vieux.**
▷ Autre mot de la famille : RÉCEMMENT.

récépissé **n. m.** ✦ Papier qui prouve qu'on a bien reçu une lettre, un paquet, de l'argent. → **reçu.** *Veuillez signer le récépissé.*

récepteur **n. m.** ✦ Appareil qui reçoit et amplifie les sons ou les images envoyés par un émetteur. *Le récepteur téléphonique permet de recevoir les communications.*

réception **n. f.** **1.** Le fait de recevoir quelque chose. *Je te répondrai dès la réception de ta lettre,* dès que j'aurai reçu ta lettre. *Un accusé de réception,* c'est un papier qui prouve qu'une lettre recommandée a bien été reçue. → aussi **récépissé.** **2.** Réunion organisée pour recevoir des invités. *Mes parents ont donné une réception.* → **fête, soirée.** **3.** Endroit où l'on reçoit les clients dans un hôtel. *N'oubliez pas de déposer la clé de votre chambre à la réception.*
➤ **réceptionner** **v.** (conjug. 1) ✦ Recevoir une livraison et la vérifier. *Les marchandises ont été réceptionnées hier.*
➤ **réceptionniste** **n. m.** et **f.** ✦ Personne qui reçoit les clients dans un hôtel, une entreprise. *Adressez-vous à la réceptionniste.* → aussi **hôtesse.**

récession **n. f.** ✦ Diminution des ventes, des investissements, de la production dans un pays. → **crise** économique. ❑ contr. **essor, expansion.**

recette **n. f.** **1.** Total des sommes d'argent reçues. *La caissière du magasin compte la recette de la journée.* ❑ contr. **dépense.** **2.** Manière de préparer un plat. *Sa voisine lui a donné sa recette de canard aux cèpes.*

recevoir **v.** (conjug. 28) **1.** Se voir donner, adresser quelque chose. *Léa a reçu une lettre de Paul.* ❑ contr. **envoyer.** **2.** Être atteint par quelque chose. *Si tu continues, tu vas recevoir une paire de gifles.* **3.** Faire venir chez soi. *Julie reçoit ses amis à goûter,* elle les accueille chez elle. *Le médecin reçoit uniquement sur rendez-vous.* **4.** *Être reçu à un examen,* c'est être admis, l'avoir réussi. ❑ contr. **recaler, refuser.**
➤ **recevable** **adj.** ✦ Qui peut être accepté. *Cette excuse n'est pas recevable.* → **acceptable, admissible.** ❑ contr. **inacceptable.**

➤ **receveur** n. m., **receveuse** n. f. ✦ Personne qui perçoit de l'argent public. *Il est receveur des impôts.*
▷ Autre mot de la famille : REÇU.

de **rechange** adj. ✦ Qui sert à remplacer en cas de besoin. *Le garagiste attend une pièce de rechange,* une pièce destinée à remplacer la pièce abîmée.
▷ Mot de la famille de CHANGER.

réchapper v. (conjug. 1) ✦ *Réchapper de quelque chose,* c'est se tirer de quelque chose de dangereux. *Quel accident ! Pas un seul passager n'en a réchappé !*
▷ Mot de la famille de ÉCHAPPER.

recharger v. (conjug. 3) ✦ Approvisionner de nouveau. *Le chasseur recharge son fusil,* il remet des cartouches dedans. *Il faut que je recharge mon téléphone portable.*
➤ **recharge** n. f. ✦ *Une recharge de stylo,* c'est un petit réservoir cylindrique contenant de l'encre. → **cartouche.**
➤ **rechargeable** [ʀəʃaʀʒabl] adj. ✦ Que l'on peut recharger. *Ce briquet est rechargeable,* on peut remettre du gaz ou de l'essence dedans quand il est vide. ❑ contr. **jetable.**
● Attention au *e* après le *g*.
▷ Mots de la famille de CHARGER.

réchaud n. m. ✦ Petit fourneau qui sert à chauffer et à cuire les aliments. *Un réchaud électrique.*
● *Réchaud* se termine par un *d*.
▷ Mot de la famille de CHAUFFER.

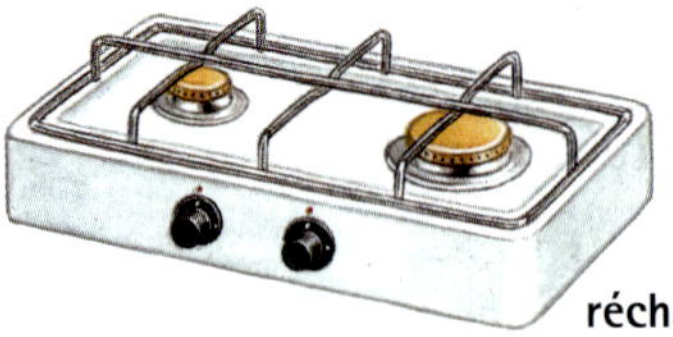
réchaud

réchauffer v. (conjug. 1) ✦ Chauffer à nouveau ce qui s'est refroidi. *La soupe est froide, il faut la réchauffer.* ❑ contr. **refroidir.**
➤ se **réchauffer** v. **1.** Avoir chaud de nouveau. *Louise s'est réchauffée devant la cheminée.* **2.** Devenir plus chaud. *Le temps s'est réchauffé depuis hier.* ❑ contr. se **rafraîchir.**
➤ **réchauffement** n. m. ✦ Le fait de devenir plus chaud, de se réchauffer. *Il y a eu un léger réchauffement de la température.* → **radoucissement.** ❑ contr. **rafraîchissement, refroidissement.**
▷ Mots de la famille de CHAUFFER.

rêche adj. ✦ Rude au toucher. → **rugueux.** *Cette serviette de toilette est rêche.* ❑ contr. **doux, moelleux.**

rechercher v. (conjug. 1) ✦ Chercher activement à découvrir, à retrouver. *La police recherche les auteurs de l'attentat.*
➤ **recherche** n. f. **1.** Effort pour retrouver quelqu'un ou quelque chose. *Le prisonnier évadé a échappé aux recherches de la police. Je suis à la recherche de mes lunettes,* je les cherche partout. **2.** *La recherche,* c'est l'ensemble des travaux scientifiques qui contribuent à la découverte de connaissances nouvelles. → aussi **chercheur. 3.** Raffinement. *Elle s'habille avec recherche,* en y apportant un grand soin.
▷ Mots de la famille de CHERCHER.

rechigner v. (conjug. 1) ✦ Manifester sa mauvaise volonté. *Paul a mangé ses légumes en rechignant.* → **renâcler.**

rechute n. f. ✦ Reprise d'une maladie qui semblait guérie. *À peine guérie de son angine, Louise a fait une rechute,* elle a eu à nouveau une angine.
➤ **rechuter** v. (conjug. 1) ✦ Recommencer à être malade alors que l'on venait de guérir. *Julie est sortie trop tôt et elle a rechuté.*
▷ Mots de la famille de CHOIR.

récidive n. f. ✦ Le fait de commettre une nouvelle infraction après avoir été condamné. *Il a été condamné pour vol avec récidive.*
➤ **récidiver** v. (conjug. 1) ✦ Recommencer à commettre la même faute. *Les malfaiteurs, à peine sortis de prison, ont récidivé.*
➤ **récidiviste** n. m. et f. ✦ Personne qui commet une nouvelle fois la même faute.

récif n. m. ✦ Rocher à peine recouvert par la mer. → **écueil.** *Le bateau s'est échoué sur des récifs.*

récipient n. m. ✦ Objet creux qui sert à contenir des matières solides ou liquides. *Les plats, les bocaux, les bouteilles sont des récipients.*

réciproque adj. et n. f.

■ **adj.** Qui existe entre deux personnes, deux groupes. *Léa et Julie se font une confiance réciproque,* elles se font toutes les deux confiance l'une à l'autre. → **mutuel.**

■ **n. f.** L'action inverse. *Louise aide toujours Alex, mais la réciproque n'est pas vraie,* Alex n'aide pas toujours Louise.

➤ **réciproquement** adv. ✦ De manière réciproque. *Paul et Alex se rendent service réciproquement,* l'un à l'autre. → **mutuellement.** *Tu m'aimes bien, et réciproquement,* et je t'aime bien. → **vice versa.**

réciter v. (conjug. 1) ✦ Dire à haute voix et de mémoire. *Julie récite ses leçons.*

➤ **récit** n. m. ✦ Histoire que l'on raconte. *Théo nous a fait le récit de ses aventures.*

➤ **récital** n. m. (pl. **récitals**) ✦ Séance au cours de laquelle un artiste se produit en public. → **représentation.** *Le pianiste donne trois récitals dans la région.*

➤ **récitation** n. f. ✦ Texte, poème que l'on doit apprendre par cœur et réciter. *Léa est en train d'apprendre sa récitation.*

réclame n. f. ✦ *En réclame,* vendu à prix réduit. *Ces produits sont en réclame.* → **promotion.**

● Autrefois, on disait *réclame* pour *publicité.*

récif

réclamer v. (conjug. 1) ✦ Demander en insistant. *La directrice réclame le silence.*

➤ **réclamation** n. f. ✦ Demande faite avec insistance pour faire reconnaître ses droits. → aussi **plainte, revendication.** *Adressez-vous au service des réclamations.*

reclasser v. (conjug. 1) ✦ Classer à nouveau. *Toutes les fiches sont mélangées, il faut les reclasser.*

➤ **reclassement** n. m. ✦ Le fait de donner un nouvel emploi, une nouvelle activité à quelqu'un. *Le patron de l'usine a promis de procéder au reclassement de tous les employés licenciés.*

▷ Mots de la famille de ① CLASSE.

reclus, recluse adj. ✦ Enfermé et isolé. *La vieille dame vit recluse dans sa chambre.*

réclusion n. f. ✦ Emprisonnement. → **détention.** *Il a été condamné à 5 ans de réclusion.*

recoiffer v. (conjug. 1) ✦ Coiffer de nouveau. *Léa recoiffe sa poupée.* — **se recoiffer,** se coiffer à nouveau. *Julie s'est recoiffée avant de partir.*

▷ Mot de la famille de COIFFER.

recoin n. m. ✦ Coin caché. *Louise et Paul ont exploré tous les recoins du grenier.*

▷ Mot de la famille de COIN.

recoller

recoller v. (conjug. 1) **1.** Coller quelque chose qui s'est décollé. *Il faut recoller l'étiquette.* **2.** Réparer avec de la colle. *Alex recolle le vase cassé.*

▷ Mot de la famille de COLLE.

récolte n. f. **1.** Ramassage ou cueillette des produits de la terre. *C'est la saison de la* *récolte du maïs.* → aussi **moisson, vendange.** **2.** Les produits recueillis. *La récolte a été bonne cette année.*

➤ **récolter** **v.** (conjug. 1) ✦ Ramasser et cueillir les fruits, les légumes, les céréales. *On récolte les betteraves en automne.*

recommander **v.** (conjug. 1) **1.** Demander avec insistance. → ② **conseiller.** *Je vous recommande d'être prudents.* → **préconiser.** **2.** Intervenir en faveur de quelqu'un. *Il a été chaudement recommandé auprès du ministre.* **3.** Vanter les mérites, les avantages de quelque chose. *Les dentistes recommandent ce dentifrice.*

➤ **recommandable** **adj.** ✦ Que l'on peut fréquenter. *Un individu peu recommandable.*

➤ **recommandation** **n. f.** ✦ Conseil. *Sa mère lui fait des recommandations avant de partir.*

➤ **recommandé, recommandée** **adj.** ✦ *Une lettre recommandée,* c'est une lettre pour laquelle on paye une taxe afin qu'elle soit remise en mains propres à son destinataire.

recommencer **v.** (conjug. 3) **1.** Faire à nouveau depuis le début. *Louise a dû recommencer son dessin parce qu'il était trop sale.* → **refaire.** **2.** Reprendre. *Les cours recommencent en septembre. — Il recommençait à pleuvoir.*

▷ Mot de la famille de COMMENCER.

récompenser **v.** (conjug. 1) ✦ Donner quelque chose à quelqu'un qui le mérite pour lui montrer qu'on est content. ❏ contr. **punir,** ① **sanctionner.** *Ses parents lui ont offert un disque pour la récompenser de ses bonnes notes.*

➤ **récompense** **n. f.** ✦ Cadeau donné à quelqu'un parce qu'il a fait quelque chose de bien. ❏ contr. **punition, sanction.** *Il offre 150 euros de récompense à celui qui retrouvera son chien.*

recomposé, recomposée **adj.** ✦ *Une famille recomposée,* c'est une famille dans laquelle il y a des enfants nés d'une précédente union du père ou de la mère. → aussi **demi-frère, demi-sœur.**

▷ Mot de la famille de COMPOSER.

réconcilier **v.** (conjug. 7) ✦ Remettre d'accord des personnes qui étaient fâchées. *Julie a réconcilié Paul et Léa.* — **se réconcilier,** faire la paix. *Ils se sont réconciliés après leur brouille.* ❏ contr. se **brouiller.**

➤ **réconciliation** **n. f.** ✦ Le fait de se réconcilier. *Leurs disputes finissent toujours par des réconciliations.* ❏ contr. **brouille.**

▷ Mots de la famille de CONCILIER.

reconduire **v.** (conjug. 38) ✦ Raccompagner. *Nous reconduirons Léa chez elle après le dîner.* → **ramener.**

▷ Mot de la famille de CONDUIRE.

réconforter **v.** (conjug. 1) **1.** Redonner du courage. *Tes paroles m'ont réconforté.* → **soutenir.** ❏ contr. **démoraliser.** **2.** Redonner des forces. *Après ces heures de marche, un thé bien chaud va vous réconforter.* → **ragaillardir, remonter, revigorer.**

➤ **réconfortant, réconfortante** **adj.** ✦ Qui redonne du courage, de l'énergie. *Il nous a donné des nouvelles réconfortantes.* → **consolant.**

➤ **réconfort** **n. m.** ✦ Ce qui redonne du courage. *À la mort de son père, les témoignages de sympathie lui ont apporté un grand réconfort.*

▷ Mots de la famille de ① FORT.

reconnaître **v.** (conjug. 57) **1.** *Reconnaître quelqu'un ou quelque chose,* c'est savoir qui c'est ou ce que c'est, parce qu'on l'a déjà vu. → **identifier.** *Elle n'a pas reconnu Paul tout de suite tellement il a grandi.* — **se reconnaître,** savoir qui est l'autre. *Malgré dix ans de séparation, ils se sont reconnus immédiatement.* **2.** Admettre. *Il a reconnu qu'il s'était trompé. Il reconnaît ses torts.* → **avouer.** **3.** Chercher à connaître, examiner. *Des éclaireurs sont partis reconnaître le terrain.* **4.** Admettre officiellement l'existence. *La France a reconnu la Chine populaire en 1964.*

➤ **reconnaissable** **adj.** ✦ Facile à reconnaître. *Julie est reconnaissable à ses cheveux roux et frisés. Il est reconnaissable sous son déguisement.* ❏ contr. **méconnaissable.**

➤ **reconnaissance** **n. f.** **1.** Examen, exploration d'un lieu inconnu. *Des soldats sont partis en reconnaissance.* **2.** Sentiment affectueux que l'on éprouve envers la personne qui a fait quelque chose de gentil et de généreux pour vous. → **gratitude.** *Il éprouve de la reconnaissance envers ses grands-parents qui l'ont élevé.* ❏ contr. **ingratitude.**

➤ **reconnaissant, reconnaissante** **adj.** ✦ Qui éprouve de la reconnaissance, de la gratitude. *Je vous suis très reconnaissante de m'avoir aidée.* ❑ contr. **ingrat.**

▷ Mots de la famille de CONNAÎTRE.

reconquérir **v.** (conjug. 21) ✦ Conquérir de nouveau. *L'armée a reconquis les territoires perdus.*

▷ Mot de la famille de CONQUÉRIR.

reconquête **n. f.** ✦ Action de reconquérir. *La reconquête de la région a été longue.*

▷ Mot de la famille de CONQUÊTE.

reconstituer **v.** (conjug. 1) ✦ Recréer quelque chose qui a disparu comme il était auparavant. *Pour tourner ce film, on a dû reconstituer un village gaulois.*

➤ **reconstitution** **n. f.** ✦ *Une reconstitution historique,* c'est une évocation précise et fidèle d'un événement historique. *Après l'enquête, la police essaie de faire la reconstitution du crime,* elle fait revivre les différents épisodes du crime pour comprendre le déroulement des faits.

▷ Mots de la famille de CONSTITUER.

le site d'Alésia **reconstitué**

reconstruire **v.** (conjug. 38) ✦ Construire de nouveau ce qui a été démoli. *Après la guerre, on a entièrement reconstruit ce quartier.*

➤ **reconstruction** **n. f.** ✦ Action de reconstruire. *La reconstruction de la ville bombardée a pris plusieurs années.*

▷ Mots de la famille de CONSTRUIRE.

reconvertir **v.** (conjug. 2) ✦ *Reconvertir une usine,* c'est la transformer pour qu'elle fabrique des produits différents parce que les conditions économiques ont changé. *On a reconverti la fabrique de tanks en usine d'automobiles.*

▷ Mot de la famille de CONVERTIR.

recopier **v.** (conjug. 7) ✦ Écrire à nouveau ce que l'on a déjà écrit. *Louise a recopié sur son cahier l'exercice qu'elle avait fait au brouillon.*

▷ Mot de la famille de COPIE.

record **n. m.** ✦ Meilleur résultat jamais atteint auparavant. *Ce coureur a battu le record du monde du cent mètres.*

● Ce mot vient de l'anglais.

➤ **recordman** [ʀəkɔʀdman] **n. m.** ✦ Sportif qui détient un record. → **champion.** *Il est le recordman mondial du saut à la perche.* — Au pl. *Des recordmans* ou *des recordmen* [ʀəkɔʀdmɛn].

recoucher **v.** (conjug. 1) ✦ Remettre au lit. *Elle a recouché sa fille après lui avoir donné son biberon.* — **se recoucher,** se remettre au lit. *Léa s'est levée pour aller boire et s'est recouchée aussitôt.*

▷ Mot de la famille de ① COUCHER.

recoudre **v.** (conjug. 48) ✦ Coudre ce qui est décousu. *Elle a recousu un bouton.*

▷ Mot de la famille de COUDRE.

recouper **v.** (conjug. 1) **1.** Couper de nouveau. *Il a recoupé des tranches de rôti.* **2.** Correspondre exactement. *Votre témoignage recoupe celui de la boulangère.* → **coïncider.**

➤ **recoupement** **n. m.** ✦ Rencontre de renseignements venant de sources différentes qui permet de vérifier un fait. *Par recoupement des témoignages, la police s'est aperçue que l'alibi de l'accusé était faux.*

▷ Mots de la famille de COUPER.

recourber **v.** (conjug. 1) ✦ Rendre courbe. *Il recourbe la branche pour cueillir les fruits.*

➤ **recourbé, recourbée** **adj.** ✦ Dont l'extrémité est courbe. *L'aigle a un bec recourbé.* → **crochu.**

▷ Mots de la famille de COURBE.

recourir **v.** (conjug. 11) ✦ Demander de l'aide. *Il a recouru à un expert pour connaître la valeur de son tableau,* il a fait appel à lui.

➤ **recours** **n. m.** **1.** *Avoir recours à une personne,* c'est faire appel à elle. → aussi **s'adresser.** *Elle a eu recours à une agence pour trouver un appartement.* **2.** Dernier moyen efficace. *Ce traitement est notre dernier recours contre la maladie.*

recouvrer v. (conjug. 1) **1.** Retrouver ce qu'on a perdu. *La vieille dame a recouvré ses forces.* **2.** Recevoir le paiement. *Le percepteur recouvre les impôts.* → ① **percevoir.**

➤ **recouvrement** n. m. ✦ Le fait de recevoir une somme d'argent. *Le percepteur est chargé du recouvrement des impôts,* de les percevoir.

recouvrir v. (conjug. 18) **1.** Couvrir de nouveau ce qui est découvert. *Il a recouvert son enfant endormi,* il a remis une couverture sur lui. **2.** Couvrir complètement. *La neige recouvre le jardin.*

▷ Mot de la famille de COUVRIR.

récréation n. f. ✦ Moment pendant lequel les élèves peuvent se détendre, s'amuser. *Paul joue aux billes pendant la récréation.*

se **récrier** v. (conjug. 7) ✦ Protester en s'exclamant. *Léa s'est récriée quand on l'a accusée d'avoir menti.*

▷ Mot de la famille de CRIER.

récriminer v. (conjug. 1) ✦ Montrer son mécontentement avec violence. → **critiquer, protester.** *Elle récrimine sans cesse contre tout le monde.*

➤ **récrimination** n. f. ✦ Plainte, protestation. *Ses récriminations perpétuelles agacent tout le monde.*

récrire → **réécrire**

se **recroqueviller** v. (conjug. 1) ✦ Se replier sur soi-même. *Julie s'est recroquevillée sous sa couette.*

recrudescence [ʀəkʀydesɑ̃s] n. f. ✦ Nouvelle augmentation plus grave, après une accalmie. *Il y a eu une recrudescence des cambriolages dans la ville.* ❑ contr. **diminution.**

● Il y a un *s* devant le deuxième *c.*

recrue n. f. ✦ Soldat qui vient d'arriver dans l'armée. *Les nouvelles recrues s'installent dans leur dortoir.*

➤ **recruter** v. (conjug. 1) ✦ Engager. *Le patron du café a recruté un nouveau serveur.* → **embaucher.**

➤ **recrutement** n. m. ✦ Action d'engager du personnel. *Il s'occupe du recrutement des nouveaux collaborateurs.*

rectal, rectale adj. ✦ Qui concerne le rectum. *La température rectale,* c'est celle que l'on prend dans le rectum. — Au masc. pl. *rectaux.*

▷ Mot de la famille de RECTUM.

rectangle n. m. ✦ Figure géométrique qui a quatre angles droits et dont les côtés sont égaux deux à deux. ➻ planche Géométrie p. 458. *Dessinez un rectangle de 20 centimètres de long sur 10 centimètres de large.*

▷ Mot de la famille de ANGLE.

rectangulaire adj. ✦ Qui a la forme d'un rectangle. *Une table rectangulaire.*

rectifier v. (conjug. 7) ✦ Rendre exact. → **corriger.** *Il a rectifié le résultat de son opération.*

➤ **rectificatif, rectificative** adj. ✦ Qui corrige une chose inexacte. *Le journal a fait une note rectificative.* — **N. m.** *Le journal a publié un rectificatif.*

➤ **rectification** n. f. ✦ Correction. *Le journaliste a fait une rectification dans son article.*

rectiligne adj. ✦ En ligne droite. *Une allée rectiligne mène au château.* ❑ contr. **sinueux.**

▷ Mot de la famille de LIGNE.

recto n. m. ✦ Première page d'une feuille de papier. → ② **endroit.** ❑ contr. **verso.** *Le début du questionnaire est au recto. La feuille est imprimée recto verso,* des deux côtés. — Au pl. *Des rectos.*

rectum [ʀɛktɔm] n. m. ✦ Dernière partie de l'intestin qui aboutit à l'anus. *Il prend sa température dans le rectum.*

▷ Autre mot de la famille : RECTAL.

reçu n. m. ✦ Papier prouvant que l'on a reçu quelque chose. → **récépissé.** *On signe un reçu au livreur qui apporte un paquet.*

● Attention à la cédille du ç.

▷ Mot de la famille de RECEVOIR.

recueil n. m. ✦ Livre qui réunit plusieurs textes. *Un recueil de contes.*

▷ Mot de la famille de ① RECUEILLIR.

recueillement n. m. ✦ État d'une personne qui s'isole du monde extérieur pour méditer ou prier. *Théo assiste à la messe avec recueillement.*

▷ Mot de la famille de ② SE RECUEILLIR.

① **recueillir** v. (conjug. 12) **1.** Rassembler, réunir. *Ils ont recueilli beaucoup d'argent en faisant leur collecte.* → **collecter.** **2.** Accueillir

chez soi une personne qui est dans le malheur ou un animal abandonné. *Elle recueille tous les chiens errants.*
▷ Autre mot de la famille : RECUEIL.

produit **recyclable**

② se **recueillir** v. (conjug. 12) ✦ S'isoler en soi-même pour réfléchir ou prier. *Il va souvent se recueillir sur la tombe de sa mère.*
▷ Autre mot de la famille : RECUEILLEMENT.

reculer v. (conjug. 1) **1.** Aller vers l'arrière. *Il recule pour laisser passer sa femme.* ❑ contr. **avancer.** — **se reculer,** aller vers l'arrière. *Elle s'est reculée pour admirer le tableau.* **2.** Renoncer à faire quelque chose parce que c'est trop difficile. *Il faut y aller, il est trop tard pour reculer.* **3.** Mettre plus loin en arrière. *Elle recule sa chaise.* **4.** Reporter à plus tard. *Il a reculé la date de son départ.* → **différer,** ② **repousser, retarder.**
➤ **recul** n. m. **1.** Pas en arrière. *Il eut un mouvement de recul en voyant le serpent.* **2.** *Prendre du recul,* c'est reculer. *Léa prend du recul pour regarder l'affiche.*
➤ à **reculons** adv. ✦ En reculant, en allant en arrière. *Louise s'amuse à marcher à reculons.*

récupérer v. (conjug. 6) **1.** Retrouver une chose que l'on avait perdue ou prêtée. *J'ai récupéré le livre qu'Alex m'avait emprunté.* **2.** Retrouver ses forces. *Laisse-moi le temps de récupérer.* **3.** Recueillir, rassembler des choses qui seraient perdues. *Le garagiste récupère des pièces sur les vieilles voitures.*
➤ **récupération** n. f. ✦ Le fait de récupérer. *Il a réparé sa voiture avec des pièces de récupération,* des pièces qu'il a récupérées.

récurer v. (conjug. 1) ✦ Nettoyer en frottant. *Il récure la casserole.*
▷ Mot de la famille de CURER.

récuser v. (conjug. 1) ✦ Refuser, rejeter. *Le juge récuse l'argument de l'avocat,* il n'admet pas sa valeur.
▷ Autre mot de la famille : IRRÉCUSABLE.

recycler v. (conjug. 1) **1.** *Recycler une chose,* c'est lui faire subir un traitement pour pouvoir l'utiliser à nouveau. *On recycle les eaux usées. — Il écrit sur du papier recyclé.* **2. se recycler,** suivre des cours pour s'adapter à un nouveau travail. *Ces employés suivent un stage pour se recycler.*
➤ **recyclable** adj. ✦ Que l'on peut recycler. *De nombreux déchets sont recyclables.*
➤ **recyclage** n. m. **1.** Formation que l'on suit pour acquérir de nouvelles connaissances ou s'adapter à un nouveau travail. *Des cours de recyclage.* **2.** *Le recyclage des déchets,* c'est le traitement qu'on leur fait subir pour pouvoir les utiliser à nouveau.
▷ Mots de la famille de ① CYCLE.

rédacteur n. m., **rédactrice** n. f. ✦ Personne dont le métier est de rédiger des textes. *Elle est rédactrice dans un journal.*

rédaction n. f. **1.** Action ou manière de rédiger un texte. *La rédaction de cet article a demandé trois heures.* **2.** Texte que l'on rédige en classe pour s'exercer à écrire. *Louise nous a lu sa rédaction.*

reddition n. f. ✦ Le fait de se rendre, de reconnaître qu'on est vaincu. → **capitulation.** *La reddition du chef des rebelles a mis fin à la guerre.*
● Il y a deux *d* dans *reddition.*

reddition de Vercingétorix

redescendre v. (conjug. 41) **1.** Descendre après être monté. *Ils sont montés en ascenseur et ils sont redescendus à pied.* ❑ contr. **remonter.** **2.** Mettre en bas une chose qui avait été montée. *Elle a redescendu les valises du grenier.*
▷ Mot de la famille de DESCENDRE.

redevable adj. ✦ *Être redevable de quelque chose à quelqu'un,* c'est avoir réussi grâce à

lui, lui devoir sa réussite. *Elle ne veut être redevable de rien à personne.*
▷ Mot de la famille de ① DEVOIR.

redevance **n. f.** ✦ Taxe que l'on doit payer régulièrement. *On paie chaque année une redevance pour la télévision.*
▷ Mot de la famille de ① DEVOIR.

redevenir **v.** (conjug. 22) ✦ Recommencer à être ce que l'on était et que l'on a cessé d'être. *À trente ans, elle est redevenue étudiante.*
▷ Mot de la famille de DEVENIR.

rédhibitoire **adj.** ✦ Qui constitue un empêchement absolu. *Je ne veux pas sortir avec lui, il a les cheveux gras, c'est rédhibitoire.*
● Il y a un *h* après le *d*.

rediffusion **n. f.** ✦ Nouvelle diffusion d'une émission de radio ou de télévision. *Ce téléfilm est une rediffusion.*
▷ Mot de la famille de DIFFUS.

rédiger **v.** (conjug. 3) ✦ Écrire un texte. *Elle a rédigé un article pour une revue d'art.* → aussi **rédacteur.**

redingote **n. f.** ✦ Très longue veste fendue derrière que portaient les hommes autrefois.

redingote

redire **v.** (conjug. 37) **1.** Dire plusieurs fois. → **répéter.** *Il redit toujours la même chose.* → **rabâcher, radoter. 2.** Dire ce qu'un autre a déjà dit. *Redis-le après moi.* **3.** Critiquer. *Elle trouve à redire à tout,* elle trouve des critiques à faire sur tout.
➤ **redite** **n. f.** ✦ Chose répétée inutilement. *Évitez les redites dans vos rédactions.* → **répétition.**
▷ Mots de la famille de DIRE.

redonner **v.** (conjug. 1) **1.** Rendre à quelqu'un ce qu'on lui avait pris, ce qu'il n'avait plus. *Redonne-moi mon livre !* → **rendre, restituer.** ❏ contr. **garder.** *Il nous a redonné du courage.* **2.** Donner de nouveau. *Redonne du gâteau à Julie.*
▷ Mot de la famille de DONNER.

redoubler **v.** (conjug. 1) **1.** *Redoubler une classe,* c'est la recommencer. *Son frère a redoublé sa terminale.* **2.** Recommencer de plus belle. *La pluie a redoublé.* **3.** Montrer encore plus. *Il redouble d'amabilité,* il est encore plus aimable.
➤ **redoublant** **n. m.**, **redoublante** **n. f.** ✦ Élève qui redouble une classe.
➤ **redoublement** **n. m. 1.** Le fait de redoubler une classe. **2.** Le fait d'être double. *Attention au redoublement de la lettre « d » dans le mot « reddition ».*
▷ Mots de la famille de DOUBLE.

redoute **n. f.** ✦ Petit bâtiment fortifié, isolé.

redouter **v.** (conjug. 1) ✦ Avoir peur. → **craindre.** *Il redoute l'avenir. Elle redoute d'apprendre la vérité.*
➤ **redoutable** **adj.** ✦ Dont on doit avoir peur, qu'il faut redouter. *C'est un adversaire redoutable.* → **dangereux.** ❏ contr. **inoffensif.**

redoux **n. m.** ✦ Radoucissement de la température au milieu de l'hiver. *Le redoux peut provoquer des avalanches en montagne.*
▷ Mot de la famille de DOUX.

redresser **v.** (conjug. 1) **1.** Remettre dans une position droite. *Il a redressé le piquet de la tente qui était de travers.* ❏ contr. **incliner, pencher. 2.** Redonner sa forme normale. *Le garagiste a redressé le pare-chocs de la voiture.* ❏ contr. **tordre. 3.** *Elle a su redresser la situation,* rattraper les erreurs qui avaient été faites.
➤ se **redresser** **v. 1.** Se remettre droit. *Alex s'est cogné la tête en se redressant.* **2.** Retrouver son niveau normal. *L'économie du pays s'est redressée.*
➤ **redressement** **n. m.** ✦ Retour à un niveau normal. *Le redressement de l'économie a été difficile.*
➤ **redresseur** **n. m.**, **redresseuse** **n. f.** ✦ *Un redresseur de torts,* c'est une personne qui veut venger les innocents et punir les coupables. → **justicier.**
▷ Mots de la famille de ① DRESSER.

réduction **n. f. 1.** Diminution. *Le libraire fait une réduction de 10 % à ses bons clients,* une diminution de prix. → **rabais, remise, ristourne.** ❑ contr. **augmentation. 2.** Reproduction dans un format plus petit. *Cette photo est une réduction de la photo originale.* ❑ contr. **agrandissement.** *Il a fabriqué une ferme en réduction,* en miniature.

▷ Mot de la famille de RÉDUIRE.

réduire v. (conjug. 38) **1.** Rendre plus petit, moins important. → **diminuer.** *Le conducteur réduit sa vitesse. Il va falloir réduire nos dépenses.* → **restreindre.** ❑ contr. **augmenter. 2.** Mettre dans un état désagréable. → **amener.** *On l'a réduit au silence par des menaces.* → **contraindre.** *Ce pauvre homme en est réduit à mendier.* **3.** Transformer en écrasant, en broyant. *Le mixeur a réduit les pommes de terre en purée.* **4. Se réduire à,** consister seulement en. *Ses économies se réduisent à quelques dizaines d'euros.*

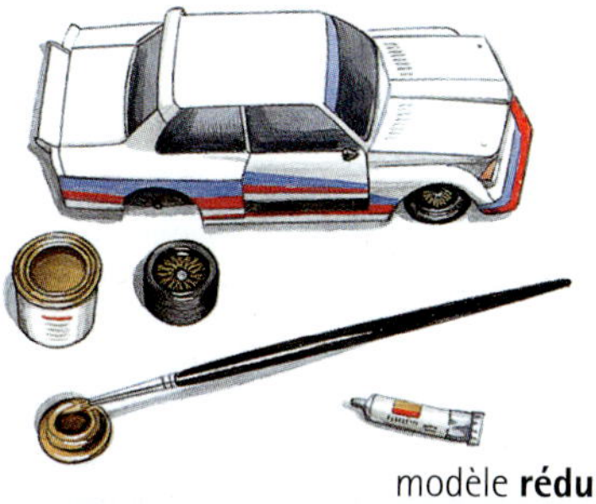

modèle **réduit**

➤ ① **réduit, réduite** adj. **1.** Reproduit à petite échelle. *Il fabrique des modèles réduits d'avion.* **2.** *Un tarif réduit,* c'est un tarif moins élevé que le tarif normal. *Ils ont eu des billets d'avion à tarif réduit.* → aussi **demi-tarif.**

➤ ② **réduit** n. m. ✦ Petite pièce sombre. → **cagibi.** *Les valises sont rangées dans le réduit.*

▷ Autre mot de la famille : RÉDUCTION.

réécrire v. (conjug. 39) ✦ Écrire une nouvelle fois. *Je te réécrirai demain. Paul a réécrit sa rédaction,* il l'a rédigée à nouveau.

● On dit aussi *récrire.*

▷ Mot de la famille de ÉCRIRE.

rééditer v. (conjug. 1) ✦ Éditer de nouveau un livre.

➤ **réédition** n. f. ✦ Nouvelle édition d'un ouvrage. *La réédition d'un roman.*

▷ Mots de la famille de ÉDITER.

rééduquer v. (conjug. 1) ✦ Traiter un malade ou un blessé pour qu'il retrouve l'usage de la partie de son corps blessée, handicapée ou malade. *Il a été rééduqué plusieurs mois avant de pouvoir recommencer à marcher.*

➤ **rééducation** n. f. ✦ Ensemble de soins qui permettent de retrouver l'usage d'une partie du corps blessée ou atteinte par la maladie. *Après son accident de ski, il a suivi plusieurs séances de rééducation.*

▷ Mots de la famille de ÉDUQUER.

réel, réelle adj. ✦ Qui existe vraiment. → **vrai.** *Les journaux rapportent des faits réels.* → **authentique.** *C'est une histoire réelle.* ❑ contr. **fictif, imaginaire, irréel.**

➤ **réellement** adv. ✦ En réalité. *Cet homme a réellement existé.* → **vraiment.**

▷ Autre mot de la famille : IRRÉEL.

réélection n. f. ✦ Nouvelle élection. *Le candidat de la majorité est sûr de sa réélection,* il est sûr d'être réélu.

▷ Mot de la famille de ÉLECTION.

réélire v. (conjug. 43) ✦ Élire de nouveau. *Le maire a été réélu facilement.*

▷ Mot de la famille de ÉLIRE.

refaire v. (conjug. 60) **1.** Faire de nouveau ce que l'on a déjà fait. → **recommencer.** *Je referai un voyage l'année prochaine.* **2.** Remettre en état. *Ils refont le magasin.*

▷ Mot de la famille de FAIRE.

réfection n. f. ✦ Réparation, remise à neuf. *Le pont est en réfection.* → **rénovation.**

réfectoire n. m. ✦ Salle à manger dans un bâtiment où des personnes vivent en groupe. → aussi **cantine.** *Les moines prennent leur repas dans le réfectoire.*

référendum [ʀefeʀɛ̃dɔm] n. m. ✦ Vote de tous les électeurs servant à approuver ou à rejeter une proposition du gouvernement. → **plébiscite.** — Au pl. *Des référendums.*

se référer v. (conjug. 6) ✦ Consulter. *Elle se réfère souvent à l'avis de son mari,* elle lui demande souvent son avis. → **recourir.** *Louise se réfère à son dictionnaire pour écrire certains mots difficiles.*

➤ **référence** n. f. **1.** Indication de l'auteur d'une citation et de l'ouvrage dont elle est tirée. *La référence se trouve à la fin de la* *citation.* **2.** Attestation servant de recommandation pour trouver du travail. *Le candidat a des références sérieuses.*

refermer **v.** (conjug. 1) ✦ Fermer ce qui était ouvert. *Il referma son livre et le posa sur la table.* ❑ contr. **rouvrir.**
▷ Mot de la famille de FERMER.

réfléchir **v.** (conjug. 2) **1.** Renvoyer une image. *Les miroirs réfléchissent les objets.* → **refléter** et aussi **réverbérer.** — **se réfléchir,** avoir son image renvoyée. *Les montagnes se réfléchissent dans le lac.* **2.** Faire usage de la réflexion. → **penser.** *Réfléchis avant de répondre !*
➤ **réfléchi, réfléchie** **adj.** ✦ Qui réfléchit avant d'agir. → **raisonnable, sérieux.** *Léa est une petite fille très réfléchie.* ❑ contr. **étourdi.** *Tout bien réfléchi, nous viendrons par le train,* réflexion faite.

reflet **n. m.** **1.** Image réfléchie. *Paul voit son reflet dans la vitrine.* **2.** Effet brillant produit par la lumière qui se réfléchit. *La moire est un tissu à reflets changeants.* **3.** Expression, image. *On dit que les yeux sont le reflet de l'âme.*
➤ **refléter** **v.** (conjug. 6) **1.** Réfléchir l'image d'un objet. *Le miroir reflète la lumière des bougies.* — **se refléter,** se réfléchir. *La lune se reflétait dans l'eau.* **2.** Exprimer, manifester. *Son visage reflète l'intelligence.*

refleurir **v.** (conjug. 2) ✦ Fleurir de nouveau. *Après l'hiver, les plantes refleurissent.*
▷ Mot de la famille de ① FLEUR.

réflexe **n. m.** **1.** Réaction automatique et très rapide d'une partie du corps quand elle est excitée. *Quand il fait froid ou que l'on a peur, les poils de la peau se hérissent : c'est un réflexe.* **2.** Geste très rapide que l'on fait sans y penser. *Elle a eu le réflexe de freiner pour éviter le chien.*

réflexion **n. f.** **1.** *La réflexion de la lumière,* c'est le phénomène par lequel elle est réfléchie, renvoyée. → aussi **reflet** et **réverbération.** **2.** Le fait d'examiner au fond de soi une idée, un problème. → aussi **méditation.** *Il a demandé une semaine de réflexion avant de prendre sa décision,* il a demandé une semaine pour réfléchir. *Réflexion faite, je pars demain,* après avoir bien réfléchi. **3.** Observation, remarque. *Elle fait sans cesse des réflexions désagréables.*

refluer **v.** (conjug. 1) ✦ Aller en sens contraire, se retirer. *La foule refluait vers la sortie.* ❑ contr. **affluer.**

reflux **n. m.** ✦ Mouvement de la marée descendante. *Le flux et le reflux.*
▷ Mot de la famille de FLUX.

réforme **n. f.** **1.** Ensemble de changements servant à améliorer quelque chose. *Le gouvernement a entrepris de grandes réformes sociales.* **2.** *La Réforme,* c'est le mouvement religieux qui fonda le protestantisme au 16e siècle.
➤ **réformer** **v.** (conjug. 1) ✦ Changer en mieux. → **améliorer.** *Le président de la République veut réformer la Constitution.*
➤ **réformateur** **n. m.,** **réformatrice** **n. f.** ✦ Personne qui fait des réformes. *Ce chef d'État est un grand réformateur.*
➤ **réformiste** **n. m. et f.** ✦ Personne qui est pour les réformes, qui veut améliorer la société sans faire la révolution.
▷ Mots de la famille de FORME.

refouler **v.** (conjug. 1) **1.** Faire reculer, repousser. *L'armée a refoulé les envahisseurs.* **2.** Retenir en soi. → **réprimer.** *Il refoulait ses larmes.*

réfractaire **adj.** **1.** Qui refuse de se soumettre, d'obéir. *Elle est réfractaire à la discipline du pensionnat.* → **rebelle.** **2.** *Une matière réfractaire,* c'est une matière qui résiste à de très hautes températures. *Un four à poterie en briques réfractaires.*

refrain **n. m.** **1.** Partie d'une chanson qui se répète après chaque couplet. *On a tous repris le refrain en chœur.* **2.** Paroles que quelqu'un répète sans cesse. *Elle se plaint de sa santé, c'est toujours le même refrain.* → **rengaine.**

refréner [RəfRene] **v.** (conjug. 6) ✦ Réprimer, retenir. *Il refrène mal son impatience.*

réfrigérateur **n. m.** ✦ Appareil électroménager qui sert à conserver les aliments au froid. *Elle a mis le beurre dans le réfrigérateur.* → **frigidaire** et aussi **congélateur.**

refroidir **v.** (conjug. 2) **1.** Devenir plus froid ou moins chaud. *À table ! la soupe va refroidir.* — **se refroidir,** devenir plus froid. *Le temps s'est refroidi.* → se **rafraîchir.** ❑ contr. se **réchauffer.** **2.** Diminuer l'enthousiasme. *Sa remarque désagréable m'a refroidi.*

➤ **refroidissement** **n. m.** 1. Diminution de la température. *La météo prévoit un refroidissement général pour les jours prochains.* → **rafraîchissement.** ❏ contr. **réchauffement.** 2. Rhume. *Couvre-toi bien pour ne pas attraper un refroidissement.*
▷ Mots de la famille de FROID.

refuge

refuge **n. m.** 1. Endroit où l'on est protégé, à l'abri du danger. *Le chat a trouvé refuge sous le lit.* 2. Petite maison qui sert d'abri en haute montagne. *Les randonneurs ont passé la nuit dans un refuge.*
➤ se **réfugier** **v.** (conjug. 7) ✦ Se mettre à l'abri ou en sécurité quelque part. *Théo a couru se réfugier dans les bras de son père.*
➤ **réfugié** **n. m.**, **réfugiée** **n. f.** ✦ Personne qui a fui son pays pour échapper à un danger. *Des réfugiés politiques ont demandé asile à la France.*

refuser **v.** (conjug. 1) 1. Ne pas accepter. *Paul refuse d'obéir,* il ne veut pas obéir. *Ils ont refusé notre aide.* → ② **décliner.** ❏ contr. **accepter.** 2. Ne pas recevoir à un examen. *Elle a été refusée à son bac.* → **recaler.** ❏ contr. **admettre, recevoir.**
➤ **refus** **n. m.** ✦ Le fait de refuser. *Quand il a demandé une augmentation, il s'est heurté à un refus.* ❏ contr. **acceptation, consentement.**

réfuter **v.** (conjug. 1) ✦ *Réfuter un argument,* c'est montrer qu'il est faux. *Je réfute tes objections.*
▷ Autre mot de la famille : IRRÉFUTABLE.

regagner **v.** (conjug. 1) 1. Reprendre, retrouver ce que l'on avait perdu. → **rattraper.** *Le cheval a regagné du terrain.* 2. Revenir, retourner à un endroit. *Après la récréation, les élèves regagnent leur classe.* → **rejoindre.**
▷ Mot de la famille de GAGNER.

regain **n. m.** 1. Herbe qui repousse dans une prairie qui vient d'être fauchée. 2. Retour, renouveau. *Depuis quelque temps, ce restaurant connaît un regain d'activité.*

régal **n. m.** (pl. **régals**) ✦ Nourriture très bonne. *Cette tarte aux pommes est un vrai régal.* → **délice.**
➤ se **régaler** **v.** (conjug. 1) ✦ Manger quelque chose de très bon avec grand plaisir. *Les enfants se sont régalés au goûter d'anniversaire de Paul.*

regarder **v.** (conjug. 1) 1. Observer, examiner. *Elle regarde le paysage par la fenêtre du train.* — **se regarder,** faire en sorte de voir son image. *Julie se regarde souvent dans la glace.* 2. Être orienté, tourné dans une direction. *La ferme regarde vers l'ouest.* 3. Concerner. *Il se mêle toujours de ce qui ne le regarde pas.* 4. Tenir compte. *Achetez ce qui vous plaît, ne regardez pas à la dépense,* ne faites pas attention à ce que vous dépensez. → aussi **regardant.**
➤ **regard** **n. m.** ✦ Expression des yeux de quelqu'un qui regarde. *Il la suivait du regard. Elle lui a lancé un regard furieux.*
➤ **regardant, regardante** **adj.** ✦ Qui fait attention à ne pas dépenser trop d'argent. → **avare, économe** ; fam. **radin.** *Elle est très regardante.* ❏ contr. **dépensier, généreux.**

régate **n. f.** ✦ Course de bateaux à voiles ou à rames. *Les voiliers disputent une régate.*

régate (*Régates à Argenteuil,* Monet, vers 1872)

régence **n. f.** ✦ Gouvernement exercé par un régent ou une régente. *La mère du jeune roi va exercer la régence.*
▷ Mot de la famille de RÉGENT.

régénérer **v.** (conjug. 1) ✦ Redonner des qualités perdues. *Cette crème régénère la peau.*

régent **n. m.**, **régente** **n. f.** ✦ Personne qui gouverne un pays à la place d'un souverain qui n'a pas encore l'âge de régner ou qui est absent. *Anne d'Autriche a été régente pendant la minorité de son fils Louis XIV.*
➤ **régenter** **v.** (conjug. 1) ✦ Diriger avec autorité. *Elle régente tout le monde.*
▷ Autre mot de la famille : RÉGENCE.

régicide **n. m.** et **f.** **1.** **n. m.** et **f.** Personne qui assassine un souverain. *Le régicide Ravaillac fut écartelé.* **2.** **n. m.** Meurtre d'un roi. *Ravaillac a commis un régicide.*

régie **n. f.** **1.** Entreprise gérée par l'État. *La Régie française des tabacs fabrique toutes les cigarettes françaises et les distribue dans les bureaux de tabac.* **2.** Organisation d'un spectacle ou d'une émission de radio, de télévision. → aussi **régisseur.** **3.** Local d'un studio de télévision ou de radio dans lequel se tiennent les techniciens. *Le réalisateur est en régie.*

regimber **v.** (conjug. 1) ✦ Résister en refusant. *Je te prie d'obéir sans regimber !* → **protester** ; fam. se **rebiffer.**

① **régime** **n. m.** **1.** Manière dont un État est organisé. *Jusqu'en 1789, la France a vécu sous un régime monarchique. Dans certains pays, les opposants au régime sont mis en prison.* **2.** Manière de se nourrir en mangeant seulement certains aliments. *Le père de Théo suit un régime pour maigrir.* **3.** *Le régime d'un fleuve,* c'est la quantité d'eau qui s'écoule par seconde selon la saison et le climat. **4.** *Le régime d'un moteur,* c'est la vitesse à laquelle il tourne. *La voiture roule à plein régime.*

② **régime** **n. m.** ✦ *Un régime de bananes,* c'est l'ensemble des bananes poussant en grappe sur la même tige.

régime de bananes

régiment **n. m.** ✦ Troupe de soldats commandée par un colonel.

région **n. f.** ✦ Partie d'un pays. *Le nord de la France est une région très peuplée.*
➤ **régional, régionale** **adj.** ✦ Particulier à une région. *En Bretagne, les coutumes régionales sont encore très vivantes.* — Au masc. pl. *régionaux.*
➤ **régionalisme** **n. m.** ✦ Mot particulier à une région. *« Mounaque » est un régionalisme bordelais qui signifie « poupée ».*
➤ **régionaliste** **n. m.** et **f.** ✦ Personne qui manifeste beaucoup d'intérêt pour sa région et la met en avant. — **Adj.** *Il y a nombreux écrivains régionalistes en Alsace.*

régisseur **n. m.**, **régisseuse** **n. f.** ✦ Personne qui s'occupe de régler tous les détails d'une représentation théâtrale ou d'une émission de radio, de télévision (→ aussi **régie**).

registre **n. m.** ✦ Cahier où sont notés des noms ou des chiffres. *Le secrétaire de mairie inscrit les naissances, les mariages et les décès sur le registre d'état civil.*
▷ Autres mots de la famille : ENREGISTREMENT, ENREGISTRER, ENREGISTREUR.

réglable **adj.** ✦ Que l'on peut régler, mettre dans la position voulue. *Des étagères réglables.*
▷ Mot de la famille de RÈGLE.

réglage **n. m.** ✦ Opération qui permet de régler un appareil ou un mécanisme. *Le réglage du chauffage se fait à l'aide d'un bouton.*
▷ Mot de la famille de RÈGLE.

règle **n. f.** **1.** Instrument allongé servant à tirer des traits et à mesurer des longueurs. *Il souligne une phrase avec sa règle.* **2.** Formule qui indique ce qu'il faut faire dans un cas précis. → **loi, principe.** *Le professeur explique les règles d'accord du participe passé. Je connais la règle du jeu,* la manière dont il faut jouer. *En règle générale,* généralement. *En règle générale, les cours commencent à 8 heures.* **3.** *En règle,* conforme à la loi. *Ses papiers sont en règle,* ils sont établis conformément à la loi.
▷ Autres mots de la famille : DÉRÉGLER, RÉGLABLE, RÉGLAGE, RÈGLEMENT, RÉGLEMENTAIRE, RÉGLEMENTATION, RÉGLEMENTER, RÉGLER.

règlement **n. m.** **1.** Ensemble de règles que l'on doit respecter. *Les promeneurs sont soumis au règlement du jardin public.* **2.** Le fait de résoudre un problème, de trouver une solution. *Le règlement du conflit est imminent,* le conflit va être résolu bientôt. **3.** Paiement. *Le règlement se fait à la caisse.*

● Attention au *è*.

➤ **réglementaire** **adj.** ✦ Conforme au règlement. *Ce paquet ne peut pas être envoyé par la poste car il n'a pas une taille réglementaire.*

➤ **réglementer** **v.** (conjug. 1) ✦ Imposer un ensemble de règles. *On a réglementé le stationnement sur la place les jours de marché.*

➤ **réglementation** **n. f.** ✦ Ensemble de règlements. *La vente de l'alcool est soumise à une réglementation.*

régler **v.** (conjug. 6) **1.** Fixer exactement. → **établir**. *Dans un voyage organisé, le programme de la journée est réglé d'avance.* **2.** Mettre au point pour un bon fonctionnement. *Le mécanicien a réglé le carburateur.* ❑ contr. **dérégler**. **3.** Résoudre définitivement. *Cette affaire n'est pas encore réglée,* terminée. **4.** Payer. *Elle règle ses achats en espèces ou par chèque.*

règles **n. f. pl.** ✦ Écoulement de sang d'une durée de quelques jours qui se produit chaque mois chez la femme, à partir de l'âge où elle peut avoir des enfants. → aussi **puberté**. *Elle a eu ses règles.*

réglisse **n. f.** et **m.** **1.** **n. f.** Plante qui a une racine sucrée. *La réglisse a des fleurs blanches, violettes ou bleues.* **2.** **n. m.** Bonbon fait de réglisse. *Alex mange un réglisse.*

réglisse

règne **n. m.** **1.** Période pendant laquelle un souverain exerce son pouvoir. *Les lycées ont été créés sous le règne de Napoléon Ier.* **2.** Chacune des trois grandes divisions de la nature. *Il y a le règne animal, le règne végétal et le règne minéral.*

➤ **régner** **v.** (conjug. 6) **1.** Exercer le pouvoir, pour un souverain. *Cléopâtre a régné en Égypte au 1er siècle avant Jésus-Christ.* **2.** Exister, s'être établi quelque part. *Un profond silence régnait dans le château.*

regonfler **v.** (conjug. 1) ✦ Gonfler une chose qui s'est dégonflée. *Il regonfle les pneus de son vélo.*

▷ Mot de la famille de GONFLER.

regorger **v.** (conjug. 3) ✦ Contenir en grande quantité. *Le sol regorge d'eau.*

▷ Mot de la famille de GORGE.

régresser **v.** (conjug. 1) ✦ Diminuer. → **reculer**. *La vaccination a fait régresser la variole.* ❑ contr. se **développer, progresser**.

➤ **régression** **n. f.** ✦ Diminution. → **recul**. *La maladie est en régression.* ❑ contr. **progression**.

regretter **v.** (conjug. 1) **1.** Éprouver de la tristesse en pensant à quelque chose que l'on a eu et que l'on n'a plus. *Elle regrette sa jeunesse. Quand vous serez partis, nous vous regretterons,* nous nous attristerons de votre absence. **2.** Être mécontent. *Je regrette d'avoir acheté ces chaussures.* → se **repentir**, se **reprocher**. ❑ contr. se **féliciter**. *Elle a regretté que nous ne puissions pas venir la voir.* → **déplorer**. ❑ contr. se **réjouir**. **3.** Se montrer désolé. *Nous regrettons de vous avoir fait attendre,* nous vous demandons de nous en excuser.

➤ **regret** **n. m.** **1.** Sentiment de tristesse causé par la perte de ce que l'on aimerait avoir encore. → **nostalgie**. *Elle quitte chaque fois son père avec regret. Il est parti à regret,* contre son désir, à contrecœur. **2.** Mécontentement ou chagrin d'avoir fait quelque chose. → **remords, repentir**. *Je n'éprouve aucun regret d'avoir manqué cette soirée.*

➤ **regrettable** **adj.** ✦ Qui est à regretter. *C'est une erreur regrettable.* → **fâcheux**.

regrouper **v.** (conjug. 1) ✦ Grouper de nouveau ce qui était dispersé. *Le chien regroupe*

le troupeau en aboyant. — **se regrouper,** se remettre en groupe. *Les élèves se sont regroupés autour du professeur.*
▷ Mot de la famille de GROUPE.

régulariser v. (conjug. 1) ✦ Rendre régulier. *Le barrage a régularisé le régime du fleuve.*

régularité n. f. **1.** Caractère régulier, égal. *Théo fait preuve d'une grande régularité dans son travail.* **2.** Conformité aux règles. *La régularité des élections a été mise en cause.*
▷ Autre mot de la famille : IRRÉGULARITÉ.

régulier, régulière adj. **1.** Qui ne varie pas, qui se répète de la même façon. *Le train roule à une vitesse régulière.* → **constant, égal.** ❑ contr. **irrégulier, variable.** *Elle mène une vie régulière,* elle a des habitudes et n'en change pas. **2.** Qui a des proportions harmonieuses. *Il a une écriture régulière,* bien formée et nette. **3.** Conforme à la loi. *Ces élections sont tout à fait régulières.*
➤ **régulièrement** adv. ✦ Selon un rythme constant. *Il se fait couper les cheveux régulièrement.*
▷ Autres mots de la famille : IRRÉGULIER, IRRÉGULIÈREMENT.

régurgiter v. (conjug. 1) ✦ Rejeter par la bouche ce que l'on a avalé. *Le bébé a régurgité un peu de lait.* → **vomir.**

réhabiliter v. (conjug. 1) **1.** *Réhabiliter un condamné,* c'est reconnaître publiquement son innocence et lui faire retrouver ses droits et l'estime de tous. → **blanchir** et aussi **innocenter.** *Galilée avait été condamné par l'Église, mais il a été réhabilité.* **2. se réhabiliter,** se racheter. *Par leur bonne conduite, les prisonniers se sont réhabilités.*
▷ Mot de la famille de HABILITER.

rehausser v. (conjug. 1) ✦ Rendre plus haut. → **surélever.** *Le maçon a rehaussé le mur du jardin.*
▷ Mot de la famille de HAUT.

réimpression n. f. ✦ Nouvelle impression d'un ouvrage sans changement. → aussi **réimprimer.**
▷ Mot de la famille de ① IMPRESSION.

réimprimer v. (conjug. 1) ✦ Imprimer de nouveau sans changement. → aussi **réimpression.** *Son livre vient d'être réimprimé.*
▷ Mot de la famille de IMPRIMER.

rein n. m. **1.** Chacun des deux organes qui filtrent le sang pour éliminer les déchets et produisent l'urine. → aussi **rognon. 2.** *Les reins,* la partie inférieure du dos. *Il a souvent mal aux reins.* → aussi **lumbago.**

réincarnation n. f. ✦ Le fait de vivre dans un autre corps après sa mort. *Certaines personnes croient à la réincarnation.*
▷ Mot de la famille de INCARNER.

reine n. f. **1.** Femme d'un roi ou femme qui gouverne un royaume. *La reine d'Angleterre.* **2.** Femelle qui pond, chez les abeilles, les guêpes, les fourmis. *Il n'y a qu'une reine dans une ruche.* ❍ homonymes : rêne, renne.
➤ **reine-claude** n. f. ✦ Prune verte à chair fondante. — Au pl. *Des reines-claudes.*
➤ **reine-marguerite** n. f. ✦ Plante à fleurs roses, mauves ou jaunes. — Au pl. *Des reines-marguerites.*

reine-marguerite

reinette n. f. ✦ Variété de pomme très parfumée. ❍ homonyme : rainette.

réinsérer v. (conjug. 6) ✦ Trouver une place pour réadapter quelqu'un à la vie sociale. *On a pu réinsérer cet ancien prisonnier dans la société.* → aussi **réinsertion.**
▷ Mot de la famille de INSÉRER.

réinsertion n. f. ✦ Le fait de donner à une personne la possibilité de se réadapter à la vie sociale. → aussi **réinsérer.** *Cette association s'occupe de la réinsertion des handicapés.*
▷ Mot de la famille de INSERTION.

réintégrer v. (conjug. 6) ✦ Revenir dans un endroit dont on est parti. *Le malade a réintégré sa chambre après l'opération.*
➤ **réintégration** n. f. ✦ Le fait de retrouver sa place dans la vie sociale. *Les salariés licenciés ont obtenu leur réintégration dans l'entreprise.*
▷ Mots de la famille de INTÉGRER.

réitérer v. (conjug. 6) ✦ Faire de nouveau, faire plusieurs fois. *Je vous réitère ma demande.* → **renouveler.**

rejaillir v. (conjug. 2) ✦ Se reporter. *Le scandale a rejailli sur sa famille.* → **retomber.**

▷ Mot de la famille de JAILLIR.

rejeter v. (conjug. 4) **1.** Jeter en sens inverse une chose que l'on a reçue ou que l'on a prise. *Le pêcheur a rejeté le poisson à la mer.* **2.** Rendre quelqu'un responsable, faire retomber la responsabilité sur quelqu'un. *Julie est arrivée en retard et elle essaie d'en rejeter la responsabilité sur son frère.* **3.** Refuser. *Il a rejeté notre offre.* → ② **décliner.**

➤ **rejet** n. m. **1.** Refus. *Le rejet de sa demande de visa a contrarié ses plans de voyage.* **2.** Nouvelle pousse. → **rejeton.** *Des rejets ont poussé sur cette plante que l'on croyait morte.*

➤ **rejeton** n. m. **1.** Nouvelle pousse. → **rejet. 2.** Familier. Enfant. *Il est venu avec son dernier rejeton.*

▷ Mots de la famille de JETER.

rejet

rejoindre v. (conjug. 49) **1.** Aller retrouver. *Il a rejoint sa famille pour le week-end.* **2.** Rattraper. *Paul a rejoint Alex qui marchait devant.* **3.** Revenir à un endroit. *Il est temps de rejoindre la maison,* d'y retourner. → **regagner. 4.** Venir en contact avec. *Ce sentier rejoint la route.*

➤ **se rejoindre** v. **1.** Se rencontrer. *Ils doivent se rejoindre chez mes parents.* → **se retrouver. 2.** Venir en contact. *Ces deux rues se rejoignent plus loin.*

▷ Mots de la famille de JOINDRE.

réjouir v. (conjug. 2) ✦ Rendre heureux, joyeux. *L'approche de Noël réjouit Léa.* ❑ contr. **attrister, déprimer.** — **se réjouir,** éprouver de la joie. *Alex se réjouit de partir en vacances.* ❑ contr. **regretter.**

➤ **réjouissance** n. f. **1.** Joie que partage tout le monde. *Les occasions de réjouissance ne manquent pas.* **2.** Distraction. *Quel est le programme des réjouissances aujourd'hui ?*

➤ **réjouissant, réjouissante** adj. ✦ Qui fait plaisir. *Voilà une nouvelle réjouissante.* ❑ contr. **désolant.** *Tout cela n'est pas réjouissant.* → **gai.**

relâcher v. (conjug. 1) **1.** Rendre moins serré. → **desserrer, détendre.** *Il a relâché les sangles de son sac à dos.* **2.** Laisser faiblir. *Au bout d'une heure de cours, on relâche son attention.* — **se relâcher,** devenir moins rigoureux. *La discipline se relâche.* **3.** Remettre en liberté. *Ils ont relâché les prisonniers.* → **libérer. 4.** Faire escale. *Le cargo a relâché à Marseille.*

➤ **relâche** n. f. **1.** *Sans relâche,* sans s'arrêter, sans répit. *Il travaille sans relâche.* **2.** Fermeture momentanée d'une salle de spectacle. *Dans ce théâtre, le jour de relâche est le lundi.*

➤ **relâchement** n. m. ✦ Diminution. *La directrice se bat contre le relâchement de la discipline.*

▷ Mots de la famille de LÂCHER.

relais n. m. **1.** *Une course de relais,* c'est une course disputée entre des équipes de plusieurs coureurs qui se remplacent à une distance déterminée. **2.** *Prendre le relais de quelqu'un,* c'est le remplacer. *Quand tu seras fatigué de conduire, je prendrai le relais.* → aussi **relayer** et **relève. 3.** *Un relais de télévision,* c'est un dispositif qui transmet des émissions envoyées par un émetteur.

▷ Mot de la famille de RELAYER.

relancer v. (conjug. 3) **1.** Lancer quelque chose après l'avoir reçu. *Paul a relancé le ballon à Alex.* → **renvoyer. 2.** Remettre en marche, en activité. *Le gouvernement essaie de relancer l'activité économique du pays,* de lui redonner de l'élan.

➤ **relance** n. f. ✦ Reprise, nouvel essor. *Ces mesures ont permis une relance de l'économie du pays.*

▷ Mots de la famille de LANCE.

relater v. (conjug. 1) ✦ Raconter en détail. → **retracer.** *Le témoin a scrupuleusement relaté les faits.*

relatif, relative adj. 1. Qui concerne. *Ils ont eu une discussion relative à l'éducation des enfants.* 2. Incomplet, imparfait. *Cet endroit est d'une relative propreté,* il n'est ni vraiment propre, ni vraiment sale. 3. *Un pronom relatif,* c'est un pronom qui introduit une proposition subordonnée en la reliant à un mot de la proposition principale. *Qui, que, quoi, dont, où, lequel sont des pronoms relatifs.*
➤ **relativement** adv. ✦ À peu près. *Il est relativement honnête.* → **plutôt.**

relation n. f. 1. Lien. *Il y a une relation entre la végétation et le climat d'un pays.* → **rapport.** 2. Contact. *Il a des relations professionnelles avec des banquiers. Elle s'est mise en relation avec le directeur du journal,* elle a pris contact avec lui. 3. Personne que l'on connaît avec laquelle on a des liens moins forts qu'avec un ami. *Ils ont organisé un cocktail auquel ils ont invité toutes leurs relations.* → **connaissance.**

se **relaxer** v. (conjug. 1) ✦ Se détendre, se reposer. → se **décontracter.** *Il se relaxe en écoutant de la musique.*
➤ **relaxation** n. f. ✦ Repos. *J'ai besoin d'un moment de relaxation.* → **détente.**

relayer v. (conjug. 8) ✦ Remplacer. *Le policier est venu relayer son collègue qui montait la garde devant l'immeuble,* il est venu prendre sa suite. → **relever.** — **se relayer,** se remplacer l'un l'autre. *Les infirmières se sont relayées au chevet du malade.*
▷ Autre mot de la famille : RELAIS.

reléguer v. (conjug. 6) ✦ Mettre dans un endroit où on ne va jamais ou rarement. *Il a relégué son vieux lit au grenier,* il l'y a mis pour s'en débarrasser.

relent n. m. ✦ Mauvaise odeur. *On sent des relents de friture.*

relever v. (conjug. 5) 1. Remettre debout. *Alex a relevé Léa qui était tombée.* — **se relever,** se remettre debout. *Aide-moi à me relever !* 2. Ramasser. *Le professeur relève les cahiers.* 3. Diriger vers le haut. → **remonter.** *Il relève le col de son pardessus.* ❑ contr. **abaisser, baisser.** 4. Donner plus de goût. *Les épices relèvent la sauce.* 5. Remarquer. *Le professeur a relevé trois fautes dans la dictée de Julie.* → **noter.** 6. Noter par écrit. *Un employé est venu relever le compteur d'électricité,* il a noté le chiffre du compteur correspondant à la quantité d'électricité utilisée. 7. Remplacer. *L'équipe de nuit est venue relever l'équipe de jour.* → **relayer.**
➤ **relevé** n. m. ✦ *Un relevé de banque,* c'est un papier sur lequel sont notées les dépenses qui ont été faites et la somme d'argent qui est sur un compte bancaire.
➤ **relève** n. f. ✦ Remplacement d'une personne par une autre. → aussi **relais.** *La sentinelle a pris la relève. La relève de la garde.*
➤ **relèvement** n. m. ✦ Le fait de relever, de mettre plus haut. *Les syndicats réclament le relèvement général des salaires.* ❑ contr. **baisse.**
▷ Mots de la famille de ① LEVER.

relief n. m. 1. Ensemble des creux et des bosses qui couvrent la surface de la Terre. *Sur cette carte de la région, on distingue bien le relief,* les montagnes et les vallées. 2. Ce qui fait saillie sur une surface. *Les pièces de monnaie sont imprimées en relief,* avec un dessin et une inscription en saillie. 3. *Mettre en relief,* c'est faire bien ressortir, mettre en évidence. *L'éclairage du musée met bien les objets en relief.*
▷ Autre mot de la famille : BAS-RELIEF.

vue aérienne du **relief**

relier v. (conjug. 7) 1. *Relier un livre,* c'est attacher ensemble les feuilles qui le composent et les couvrir avec une couverture rigide. → aussi **reliure.** *Ce livre a été mal relié.* 2. Attacher ensemble. *Les alpinistes sont reliés par une corde.* 3. Faire communiquer. *Cette route relie les deux villes.* → **raccorder.**
➤ **relieur** n. m., **relieuse** n. f. ✦ Personne dont le métier est de relier des livres.
▷ Mots de la famille de LIER.

religieux **adj.** et **n. m.**, **religieuse** **adj.** et **n. f.**

▪ **adj. 1.** Qui se rapporte à la religion. *Les églises, les temples, les mosquées, les synagogues sont des édifices religieux.* **2.** Qui pratique une religion. *C'est une femme très religieuse.* → **pieux.**

▪ **n. m.** et **f.** Personne qui a consacré sa vie à Dieu et vit dans un couvent. → **moine.** *Elle a été en pension chez des religieuses.* → **nonne, sœur.**

➤ **religieusement** **adv. 1.** En suivant les rites d'une religion. *Ils se sont mariés religieusement à l'église.* **2.** Avec une grande attention. *Paul écoute de la musique religieusement,* avec recueillement.

religion **n. f.** ✦ Croyance en un dieu unique ou en plusieurs dieux. *Ils pratiquent la religion catholique, leurs voisins sont de religion musulmane.*

reliquat [Rəlika] **n. m.** ✦ Ce qui reste d'une somme à payer ou à percevoir. *Je te verserai le reliquat de mes dettes le mois prochain.* → **reste.**

relique **n. f.** ✦ Morceau du corps d'un saint ou objet ayant appartenu à un saint ou au Christ, auquel on rend un culte. *On vénère les reliques au cours d'une cérémonie.*

relire **v.** (conjug. 43) **1.** Lire ce que l'on vient d'écrire pour le vérifier, le corriger. *Théo relit sa lettre avant de la mettre dans l'enveloppe.* **2.** Lire une deuxième fois. *J'ai relu ce livre avec plaisir.*

▷ Mot de la famille de ① LIRE.

reliure **n. f.** ✦ Couverture rigide d'un livre. *Ce livre a une reliure en cuir.* → aussi **relier.**

▷ Mot de la famille de LIER.

reliure

reloger **v.** (conjug. 3) ✦ Procurer un logement à quelqu'un qui n'en a plus. *La commune a relogé les victimes de l'inondation.*

▷ Mot de la famille de LOGE.

reluire **v.** (conjug. 38) ✦ Briller. *Il cire ses chaussures puis les fait reluire avec une brosse.*

▷ Mot de la famille de LUIRE.

remâcher **v.** (conjug. 1) ✦ Penser sans cesse à quelque chose. *Il remâche ses soucis.* → **ruminer.**

▷ Mot de la famille de MÂCHER.

remanier **v.** (conjug. 7) ✦ Modifier. *Le Premier ministre a remanié le gouvernement,* il en a modifié la composition.

➤ **remaniement** **n. m.** ✦ Le fait de modifier, de remanier. *Un remaniement ministériel a été annoncé.*

▷ Mots de la famille de MANIER.

se **remarier** **v.** (conjug. 7) ✦ Se marier de nouveau. *Elle s'est remariée après son divorce.*

▷ Mot de la famille de MARI.

remarquer **v.** (conjug. 1) ✦ Avoir l'attention frappée par quelque chose. *Elle a tout de suite remarqué la nouvelle coiffure de sa sœur. Julie aime bien se faire remarquer,* attirer l'attention sur elle.

➤ **remarquable** **adj.** ✦ Digne d'être remarqué. *Ce prestidigitateur est d'une adresse remarquable.*

➤ **remarquablement** **adv.** ✦ D'une manière remarquable. *Elle est remarquablement intelligente.*

➤ **remarque** **n. f. 1.** Observation comportant une critique. *Le directeur du magasin a fait une remarque à la vendeuse.* → **réflexion. 2.** Note portant sur un point auquel il faut faire attention. *Il y a des remarques sur les difficultés grammaticales à la fin du texte.*

remballer **v.** (conjug. 1) ✦ Remettre dans son emballage, ranger. *À la fin du marché, les commerçants remballent ce qu'ils n'ont pas vendu.*

▷ Mot de la famille de ① EMBALLER.

rembarquer **v.** (conjug. 1) ✦ Embarquer à nouveau. *Après l'escale, les passagers de l'avion ont rembarqué.*

▷ Mot de la famille de BARQUE.

rembarrer v. (conjug. 1) ✦ Familier. Repousser brutalement quelqu'un, l'envoyer promener. → **rabrouer.** *Elle a rembarré son frère qui lui demandait un service.*

remblayer v. (conjug. 8) **1.** Boucher avec de la terre et des pierres. *Les ouvriers remblaient le fossé.* **2.** Surélever. *Les cantonniers remblaient la route.*

➤ **remblai** n. m. ✦ Amas de terre et de pierres qui sert à surélever. *La voie ferrée est posée sur un remblai.*

rembobiner v. (conjug. 1) ✦ *Rembobiner un film,* c'est le faire revenir au début. *Julie rembobine la cassette vidéo qu'elle vient de regarder.*

▷ Mot de la famille de BOBINE.

rembourrer v. (conjug. 1) ✦ Remplir d'une matière molle et confortable. *Ces coussins sont bien rembourrés.*

▷ Mot de la famille de BOURRER.

rembourser v. (conjug. 1) ✦ Rendre de l'argent. *Prête-moi 10 euros, je te les rembourserai demain. La vendeuse n'a pas voulu lui rembourser son achat.*

➤ **remboursement** n. m. ✦ Le fait de rembourser. *Si vous n'utilisez pas votre billet de train, vous pouvez obtenir son remboursement.*

▷ Mots de la famille de ① BOURSE.

se rembrunir v. (conjug. 2) ✦ Prendre un air sombre. *À ces mots, son visage s'est rembruni.*

▷ Mot de la famille de BRUN.

remède n. m. **1.** Produit utilisé pour soigner une maladie ou soulager un malaise. → **médicament.** *Ce sirop est un remède contre la toux.* **2.** Moyen utilisé pour atténuer un mal, résoudre une difficulté. *Le cinéma est un bon remède contre l'ennui.* → **solution.** — *Aux grands maux, les grands remèdes,* il faut agir énergiquement dans les cas graves.

➤ **remédier** v. (conjug. 7) ✦ Trouver une solution à ce qui ne va pas. → **pallier.** *Pour remédier au chômage, il faudrait relancer l'économie.*

▷ Autre mot de la famille : IRRÉMÉDIABLE.

remembrement n. m. ✦ Réunion de petites parcelles de terrain en un grand domaine. *Le remembrement des terres sert à agrandir la surface des champs et à améliorer la culture.*

▷ Mot de la famille de MEMBRE.

se remémorer v. (conjug. 1) ✦ Se rappeler, se souvenir. *J'essaie de me remémorer tous les détails de cette histoire.*

remercier v. (conjug. 7) **1.** Dire merci, témoigner sa reconnaissance. *Je te remercie de ton invitation. Je vous remercie de m'avoir aidé.* **2.** Renvoyer. → **congédier, licencier.** *Le boulanger a remercié un de ses employés.*

➤ **remerciement** n. m. ✦ Le fait de remercier. *Après avoir passé le week-end chez eux, elle leur a écrit une lettre de remerciement. Avec tous mes remerciements !*

▷ Mots de la famille de ① MERCI.

remettre v. (conjug. 56) **1.** Mettre un objet à la place où il était. *Il a remis son briquet dans sa poche.* **2.** Mettre à nouveau un vêtement que l'on avait enlevé. *Elle remit son manteau et partit.* **3.** Mettre quelque chose dans l'état où il était. *Remets le moteur en marche. Julie a remis tout en ordre.* **4.** Mettre une seconde fois. → **ajouter.** *Il faudrait remettre de l'eau dans la théière.* **5.** Donner. *Le facteur a remis le colis à son destinataire.* **6.** Reporter à plus tard. *Il a dû remettre son départ à la semaine prochaine.* → ② **repousser.**

➤ **se remettre** v. **1.** Recommencer. *Julie s'est remise à travailler après le goûter.* **2.** Retrouver la santé. → se **rétablir.** *Théo s'est remis rapidement de son opération.* **3.** *S'en remettre à quelqu'un,* c'est lui faire totalement confiance. *Je n'y connais rien, je m'en remets à vous.*

➤ **remise** n. f. **1.** Action de remettre quelque chose dans l'état où il était. *La remise en marche du moteur a été difficile.* **2.** Action de remettre, de donner. *La remise des prix aux gagnants se fera demain.* → **distribution.** **3.** Diminution de prix. *Cette boutique fait une remise à ses meilleurs clients.* → **rabais, réduction.** **4.** Endroit où l'on peut abriter des voitures, ranger des objets divers. *Les outils de jardinage sont dans la remise.* → **resserre.**

▷ Mots de la famille de METTRE.

réminiscence [ʀeminisɑ̃s] n. f. ✦ Souvenir imprécis. *Je n'ai que de lointaines réminiscences de ce voyage.*

● Le *s* est suivi d'un *c*.

rémission n. f. **1.** *Sans rémission,* sans indulgence. *Je vous donne encore 24 heures, sans rémission.* **2.** Diminution momentanée d'un mal. *Il a eu des moments de rémission pendant sa maladie.*

remonter v. (conjug. 1) 1. Monter de nouveau après être descendu. *Il remonte chercher ce qu'il a oublié.* ❑ contr. **redescendre.** 2. Augmenter après avoir diminué. *La température remonte.* 3. Relever. *Elle remonte les vitres de sa voiture.* ❑ contr. **baisser.** 4. Aller vers la source d'un cours d'eau. *Le bateau remonte le fleuve,* il navigue en allant vers la source. 5. Dater. *Ce château remonte au 16e siècle.* 6. Tendre le ressort d'un mécanisme. *Il remonte la vieille horloge.* 7. Remettre en place les pièces d'un mécanisme. *Le garagiste remonte le carburateur du camion.* ❑ contr. **démonter.** 8. Redonner des forces. *Ces vitamines vous remonteront. Elle lui a remonté le moral,* elle lui a redonné du courage alors qu'il était triste, déprimé. → **réconforter.**

➤ **remontant** n. m. ✦ Médicament ou boisson qui redonne des forces quand on est fatigué. → **fortifiant.** *La vitamine C est un bon remontant.*

➤ **remontée** n. f. 1. Action de remonter une pente, un cours d'eau. *Ils ont effectué la remontée de la rivière en canoë.* 2. *Les télésièges, les téléskis et les téléphériques sont des remontées mécaniques,* des appareils qui permettent aux skieurs de monter en haut des pistes.

➤ **remonte-pente** n. m. ✦ Câble servant à hisser les skieurs en haut d'une pente au moyen de perches. → **téléski.** — Au pl. *Des remonte-pentes.* ▷ Mot de la famille de PENTE.

➤ **remontoir** n. m. ✦ Petite pièce servant à remonter un mécanisme. *Pour remonter une montre, on tourne le remontoir.*

▷ Mots de la famille de MONTER.

remonte-pente

remontrer v. (conjug. 1) ✦ *En remontrer à quelqu'un,* c'est montrer qu'on lui est supérieur, vouloir lui donner des leçons.

➤ **remontrance** n. f. ✦ Critique, reproche. *La directrice a fait des remontrances à Alex.*

▷ Mots de la famille de MONTRER.

remords [ʀəmɔʀ] n. m. ✦ Sentiment de regret mêlé de honte que l'on éprouve quand on a mal agi. *Elle a des remords d'avoir puni son fils injustement.*

● *Remords* se termine par *ds.*

remorquer v. (conjug. 1) ✦ Tirer derrière soi un véhicule sans moteur ou en panne. *La dépanneuse a remorqué la voiture jusqu'au garage.*

➤ **remorque** n. f. ✦ Véhicule tiré par un autre. *Une remorque est attachée à l'arrière de la voiture.* → aussi **caravane.**

➤ **remorqueur** n. m. ✦ Petit bateau très puissant qui peut remorquer de gros bateaux. ➸ planche Bateaux p. 89.

▷ Autre mot de la famille : SEMI-REMORQUE.

remorque

rémoulade n. f. ✦ Mayonnaise additionnée de moutarde et d'ail. *Paul aime beaucoup le céleri rémoulade.*

rémouleur n. m., **rémouleuse** n. f. ✦ Personne dont le métier est d'aiguiser les lames des instruments tranchants. *Le rémouleur aiguise les couteaux sur sa meule.*

▷ Mot de la famille de MOUDRE.

remous n. m. 1. Mouvement de l'eau qui tourbillonne. → **tourbillon.** *La baignade est interdite sur cette plage car les remous y sont dangereux.* 2. Agitation dans une foule. *Le discours du maire provoqua des remous dans la salle.*

● *Remous* se termine par un *s.*

rempailler v. (conjug. 1) ✦ Garnir un siège avec de la paille. *Elle a fait rempailler des chaises.*

➤ **rempailleur** n. m., **rempailleuse** n. f. ✦ Personne dont le métier est de rempailler.

▷ Mots de la famille de PAILLE.

rempart **n. m.** ✦ Grosse muraille qui entoure un château fort ou une ville fortifiée. *Les remparts de Carcassonne sont très célèbres.*

rempart

remplacer **v.** (conjug. 3) **1.** Mettre une chose à la place d'une autre. *Elle a remplacé les rideaux par des stores. Il veut remplacer sa vieille voiture.* → **changer.** **2.** Faire le travail de quelqu'un à sa place. *Quand le docteur Junot est en vacances, c'est un confrère qui le remplace.*

➤ **remplaçant** **n. m.**, **remplaçante** **n. f.** ✦ Personne qui en remplace une autre dans son travail. *Je suis la remplaçante du docteur Junot.*

➤ **remplacement** **n. m.** **1.** Le fait de remplacer une chose par une autre. *Il s'est acheté un nouveau parapluie en remplacement de celui qu'il avait perdu,* à sa place. **2.** *Faire un remplacement,* c'est remplacer une personne dans son travail temporairement. *Cette secrétaire fait un remplacement.* → **intérim.**

▷ Mots de la famille de PLACE.

remplir **v.** (conjug. 2) **1.** Rendre plein. *Il remplit une casserole d'eau chaude.* ❑ contr. **vider.** — **se remplir,** devenir plein. *La salle de cinéma s'est remplie très rapidement.* **2.** Compléter par les indications demandées. *Elle a rempli soigneusement le questionnaire.* **3.** Occuper entièrement. *Cette nouvelle me remplit de joie.* → **combler.** **4.** Exercer. *Elle remplit la fonction de maire,* elle est maire.

➤ **remplissage** **n. m.** ✦ Action de remplir. *Les ouvriers effectuent le remplissage de la cuve.*

▷ Mots de la famille de EMPLIR.

se **remplumer** **v.** (conjug. 1) ✦ Familier. Devenir plus gros. *Elle s'est remplumée pendant les vacances.*

▷ Mot de la famille de PLUME.

remporter **v.** (conjug. 1) **1.** Emporter ce que l'on avait apporté. *Louise remporte les livres qu'elle avait prêtés à Léa.* **2.** Obtenir. *Alex a remporté le premier prix de dessin.*

▷ Mot de la famille de PORTER.

rempoter **v.** (conjug. 1) ✦ Mettre une plante dans un autre pot. *Elle a rempoté les azalées.*

▷ Mot de la famille de POT.

remuer **v.** (conjug. 1) **1.** Faire changer de position. → **déplacer, mouvoir.** *Les chiens remuent la queue quand ils sont contents.* **2.** Déplacer les éléments d'un tout. *Elle remue la salade,* elle la mélange à la sauce. → **tourner** ; fam. **touiller.** *Remuer ciel et terre,* c'est employer tous les moyens possibles pour obtenir quelque chose. **3.** Bouger, mouvoir son corps. *Paul est très agité, il remue tout le temps.* — Familier. **se remuer,** se dépêcher. *Allez, remue-toi, tu vas être en retard !*

➤ **remuant, remuante** **adj.** ✦ Turbulent, agité. *C'est une enfant très remuante.*

➤ **remue-ménage** **n. m. inv.** ✦ Agitation désordonnée et bruyante. *Les voisins font un de ces remue-ménage !* → **chahut.** ▷ Mot de la famille de MÉNAGE.

rémunérer **v.** (conjug. 6) ✦ Payer. → **rétribuer.** *Ce travail n'est pas très bien rémunéré.*

➤ **rémunérateur, rémunératrice** **adj.** ✦ Qui rapporte de l'argent. *Il a un travail rémunérateur,* très bien payé.

➤ **rémunération** **n. f.** ✦ Somme d'argent que reçoit une personne pour un travail. → **rétribution.** *Il a une rémunération importante.* → **salaire.**

renâcler **v.** (conjug. 1) ✦ Montrer son mécontentement devant quelque chose que l'on est obligé de faire. → **rechigner.** *Il a accepté cette corvée sans renâcler.*

● Attention à l'accent circonflexe du *â*.

renaissance **n. f.** **1.** Nouvel essor que prend une chose après une période où elle s'était affaiblie. *On assiste à une renaissance de l'artisanat.* → **renouveau.** **2.** *La Renaissance,* c'est, en Europe, la période historique qui va de la fin du 14e siècle à la fin du 16e siècle. *Les châteaux de la Loire datent de la Renaissance.*

▷ Mot de la famille de NAÎTRE.

renaître v. (conjug. 59) 1. Recommencer à vivre ou à se développer. *L'espoir renaît.* 2. Reprendre des forces, avoir de nouveau du courage. *Sous le soleil d'été, elle se sent renaître.*
▷ Mot de la famille de NAÎTRE.

renard n. m., **renarde** n. f. ✦ Mammifère à la tête fine, au museau pointu, aux oreilles triangulaires et à la queue très touffue. → aussi **fennec**. ➻ planche Mammifères p. 621. *Le renard glapit.*
➤ **renardeau** n. m. ✦ Petit du renard. *La renarde a eu plusieurs renardeaux.*

renchérir v. (conjug. 2) ✦ *Renchérir sur quelque chose,* c'est l'approuver et aller encore plus loin en paroles. *Il renchérit sur tout ce que dit sa sœur.*

rencontrer v. (conjug. 1) 1. Se trouver en présence de quelqu'un par hasard. *Elle a rencontré sa cousine en faisant ses courses.* 2. Faire la connaissance de quelqu'un. *Elle a rencontré son futur mari chez des amis.* 3. Être opposé à un adversaire. *Notre équipe de football rencontrera demain les champions en titre,* elle jouera contre eux.
➤ se **rencontrer** v. 1. Se trouver en même temps au même endroit. *Elles se sont rencontrées chez le boucher.* 2. Faire connaissance. *Ils se sont rencontrés l'été dernier.*
➤ **rencontre** n. f. 1. Le fait de se trouver en présence de quelqu'un. *J'ai fait la rencontre de ton frère,* je l'ai rencontré. *Il est allé à la rencontre de sa mère,* au-devant d'elle pour l'accueillir. 2. Partie, match. *L'arbitre a sifflé la fin de la rencontre.*
▷ Mots de la famille de ① EN et de CONTRE.

rendement n. m. ✦ Quantité produite par rapport à la surface cultivée ou par rapport au matériel utilisé. → **productivité**. *Il faudrait moderniser ces machines pour améliorer le rendement.* → **efficacité**.
▷ Mot de la famille de RENDRE.

rendez-vous n. m. inv. ✦ Rencontre convenue entre plusieurs personnes, dans un endroit et à un moment qu'elles ont fixés. *Ils ont rendez-vous à la piscine à 2 heures. Le dentiste reçoit sur rendez-vous.* — Au pl. *Des rendez-vous.*
▷ Mot de la famille de RENDRE et de VOUS.

se **rendormir** v. (conjug. 16) ✦ Recommencer à dormir après avoir été réveillé. *La chatte a ouvert un œil et s'est rendormie. Rendors-toi !*
▷ Mot de la famille de DORMIR.

rendre v. (conjug. 41) 1. Redonner à quelqu'un ce qu'on lui a pris ou ce qu'on a reçu. *Je te rendrai ce livre demain. — Il faut rendre à César ce qui est à César,* il faut rendre ce qui est dû. 2. Produire, avoir un rendement. *Ces terres rendent peu.* 3. Faire devenir. *Ces enfants me rendent folle.*
➤ se **rendre** v. 1. Se soumettre en rendant ses armes. → **capituler** et aussi **reddition**. *Vercingétorix s'est rendu à César.* 2. Se transporter, aller. *Chaque matin, elle se rend à son bureau en voiture.*
▷ Autres mots de la famille : COMPTE RENDU, RENDEMENT, RENDEZ-VOUS.

rêne n. f. ✦ Chacune des courroies fixées sur un harnais, avec lesquelles le cavalier dirige sa monture. *Pour arrêter le poney, tu tires sur les rênes.* ❍ homonymes : reine, renne.

renégat n. m., **renégate** n. f. ✦ Personne qui a renié sa religion.

renfermer v. (conjug. 1) 1. Contenir, avoir à l'intérieur. *Ce coffret renferme des pièces d'or.* 2. **se renfermer,** ne rien livrer de ses sentiments. *Elle s'est complètement renfermée sur elle-même.*
➤ ① **renfermé, renfermée** adj. ✦ Qui ne montre pas ses sentiments. *C'est une adolescente un peu renfermée.* ❑ contr. **expansif, ouvert.**
➤ ② **renfermé** n. m. ✦ Mauvaise odeur d'un endroit mal aéré. *Le placard sent le renfermé.*
▷ Mots de la famille de FERMER.

renflé, renflée adj. ✦ Gros et rond. → **bombé**. *Un vase aux formes renflées.*
▷ Mot de la famille de ENFLER.

vase **renflé**

renflouer v. (conjug. 1) 1. Remettre en état de naviguer. *Les ouvriers du chantier naval ont renfloué l'épave.* 2. Sortir de difficultés financières en fournissant de l'argent. *Plusieurs banques sont prêtes à renflouer cette entreprise.*

renfoncement **n. m.** ✦ Endroit formant un creux. → **coin, recoin.** *Il a mis l'armoire dans le renfoncement.*
▷ Mot de la famille de ENFONCER.

renforcer **v.** (conjug. 3) **1.** Rendre plus solide. *Il a cloué deux planches sur la porte de la cave pour la renforcer.* → **consolider.** *Cela renforce mes soupçons,* cela les confirme. **2.** Rendre plus efficace. *De nouveaux skieurs sont venus renforcer l'équipe.*
➤ **renforcement** **n. m.** ✦ Le fait de renforcer ou d'être renforcé. *Les joueurs souhaitent le renforcement de leur équipe.*
➤ **renfort** **n. m.** ✦ Personnes ou matériels supplémentaires qui viennent pour renforcer un groupe, une armée. *Il nous faut du renfort. Le général a demandé des renforts.*
▷ Mots de la famille de FORCE.

renfrogné, renfrognée **adj.** ✦ Tendu, crispé par le mécontentement. → **maussade.** *La boulangère a un air renfrogné.* ❑ contr. **aimable, enjoué.**

rengaine **n. f.** **1.** Chanson que l'on a trop entendue et qui est devenue lassante. *Il écoute une vieille rengaine à la radio.* **2.** Paroles répétées sans cesse. *Avec elle, c'est toujours la même rengaine.* → **refrain.**

se **rengorger** **v.** (conjug. 3) ✦ Montrer que l'on est content de soi en prenant un air vaniteux. *Ce comédien se rengorge quand il voit qu'on l'a reconnu.*
▷ Mot de la famille de GORGE.

renier **v.** (conjug. 7) ✦ Renoncer à une chose à laquelle on aurait dû rester fidèle. *Il a renié ses opinions par peur d'être emprisonné.*
➤ **reniement** **n. m.** ✦ Le fait de renier. *Le reniement de la parole donnée lui est odieux.*
● Attention au *e* après le *i*.
▷ Mots de la famille de NIER.

renifler **v.** (conjug. 1) **1.** Aspirer fort par le nez pour sentir. *Le chien renifle les traces du cerf.* → **flairer.** **2.** Faire entrer de l'air par le nez en faisant du bruit. *Cesse de renifler et mouche-toi.*

renne **n. m.** ✦ Animal qui ressemble à un gros cerf aux bois aplatis et qui vit dans les régions froides de l'hémisphère Nord. *Les Lapons élèvent des troupeaux de rennes.* → aussi **caribou.** ❍ homonymes : reine, rêne.

renne

renom **n. m.** ✦ Bonne réputation. → **célébrité.** *Ce restaurant a acquis un certain renom.* → **notoriété.**
➤ **renommé, renommée** **adj.** ✦ Réputé. → **célèbre, fameux.** *La cuisine française est renommée dans le monde entier.* ❑ contr. **inconnu.**
➤ **renommée** **n. f.** ✦ Célébrité. → **notoriété.** *Pasteur est un savant de renommée mondiale.*
▷ Mots de la famille de NOM.

renoncer **v.** (conjug. 3) ✦ Décider de ne pas faire, de ne pas continuer. *Il a dû renoncer à son voyage. Je renonce à comprendre, c'est trop difficile !*

renoncule **n. f.** ✦ Petite fleur sauvage aux couleurs vives. → aussi **bouton-d'or.** *Un bouquet de renoncules.*

renoncule des glaciers

renouer **v.** (conjug. 1) **1.** Nouer une chose qui est dénouée. *Il renoue les lacets de ses chaussures.* **2.** Reprendre des relations avec quelqu'un. *Elle a renoué avec une amie d'enfance.*
▷ Mot de la famille de NOUER.

renouveau **n. m.** ✦ Vigueur nouvelle. → **renaissance.** *L'opéra connaît un renouveau depuis quelque temps.*
▷ Mot de la famille de NOUVEAU.

renouveler **v.** (conjug. 4) **1.** Remplacer une chose qui a déjà servi par une chose nouvelle. *Il ouvre la fenêtre pour renouveler l'air de la pièce.* → **changer.** **2.** Prolonger, donner une validité nouvelle. *Elle a renouvelé son abonnement qui allait expirer.* **3.** Faire de nouveau. *Je ne vous renouvellerai pas mon offre.* → **refaire, réitérer.**
➤ **se renouveler** **v.** **1.** Se former à nouveau. *La peau se renouvelle sans cesse.* **2.** Recommencer. *Je souhaite que cet incident ne se renouvelle pas.* → se **reproduire.**
➤ **renouvelable** **adj.** ✦ Qui peut être prolongé, renouvelé. *Le bail de cet appartement est renouvelable tous les trois ans.* — *Les énergies renouvelables,* ce sont des sources d'énergie naturelles qui ne polluent pas et ne s'épuisent pas, comme le vent, le soleil et l'eau.
➤ **renouvellement** **n. m.** **1.** Remplacement d'une chose par une chose semblable. *Le renouvellement de l'eau de la piscine doit être régulier.* **2.** Le fait d'être renouvelé pour être encore valable. *Elle a demandé le renouvellement de sa carte de transport*
▷ Mots de la famille de NOUVEAU.

rénover **v.** (conjug. 1) ✦ Remettre à neuf. *Cet immeuble a été entièrement rénové.*
➤ **rénovation** **n. f.** ✦ Remise à neuf. → **réfection,** ① **restauration.** *Des architectes travaillent à la rénovation de ce vieux quartier.*

renseigner **v.** (conjug. 1) ✦ Donner un renseignement, une information. → **informer.** *Je cherche la poste, pouvez-vous me renseigner ?* — **se renseigner,** demander et obtenir un renseignement. *Elle s'est renseignée sur les horaires de train.*
➤ **renseignement** **n. m.** ✦ Chose que l'on fait savoir à quelqu'un. → **information.** *L'agence de voyages m'a donné des renseignements utiles.* → **indication.**

rente **n. f.** ✦ Argent que rapporte régulièrement ce que l'on possède. *Elle vit de ses rentes.*
➤ **rentable** **adj.** ✦ Qui rapporte de l'argent, fait des bénéfices. *Ce restaurant est très rentable.*
➤ **rentabiliser** **v.** (conjug. 1) ✦ Rendre rentable. *Il a rentabilisé ses investissements,* ses investissements lui ont fait gagner de l'argent.
➤ **rentabilité** **n. f.** ✦ Caractère de ce qui est rentable. *La rentabilité de ce placement est bonne,* ce placement rapporte assez d'argent.
➤ **rentier** **n. m.,** **rentière** **n. f.** ✦ Personne qui vit de ses rentes, sans travailler.

rentrer **v.** (conjug. 1) **1.** Entrer dans un endroit d'où l'on est sorti. *J'ai vu un homme sortir de la maison puis y rentrer précipitamment.* ❏ contr. **ressortir.** **2.** Revenir chez soi. *Tu es rentré tard hier.* **3.** Mettre à l'intérieur, à l'abri. *Rentre les parasols, il commence à pleuvoir.* ❏ contr. **sortir.** *Le chat rentre ses griffes.* → **rétracter.** **4.** Retrouver une situation. *Elle est rentrée dans ses frais,* elle a récupéré l'argent qu'elle avait dépensé. *Tout est rentré dans l'ordre,* l'ordre est revenu. **5.** Entrer avec force quelque part. *La voiture est rentrée dans un arbre.* **6.** S'enfoncer, s'emboîter. *La clé rentre dans la serrure.*
➤ **rentrée** **n. f.** **1.** *La rentrée des classes,* c'est la période qui suit les vacances d'été, où les élèves retournent en classe. *Demain, c'est la rentrée. Nous verrons cela à la rentrée,* après les vacances. **2.** *Une rentrée d'argent,* c'est une somme d'argent que l'on reçoit, que l'on encaisse.
▷ Mots de la famille de ENTRER.

renverser **v.** (conjug. 1) **1.** Faire tomber. *L'automobiliste a renversé un piéton.* → ① **faucher.** *Paul a renversé son verre. Elle a renversé son café sur la table.* **2.** Obliger à démissionner. *Les militaires ont renversé le gouvernement.* **3.** Incliner en arrière. *Julie renverse la tête.*
➤ **renversant, renversante** **adj.** ✦ Qui étonne énormément. *Voilà une nouvelle renversante !*
➤ **à la renverse** **adv.** ✦ En arrière. *Le clown est tombé à la renverse,* sur le dos.
➤ **renversement** **n. m.** **1.** Changement complet. *À la fin du film, on assiste à un*

renversement de la situation. → **retournement.** 2. Chute, écroulement. *Le renversement du régime a bouleversé le pays.*
▷ Mots de la famille de VERSER.

renvoyer **v.** (conjug. 8) 1. Faire retourner une personne là où elle était. *Paul est guéri, on peut le renvoyer en classe.* 2. Faire partir, mettre à la porte. → **congédier, licencier.** *Le boucher a renvoyé un de ses employés.* → **remercier.** 3. Relancer un objet que l'on a reçu. *Il renvoie le ballon d'un coup de pied.* 4. Faire reporter quelque chose à quelqu'un. *La lettre a été renvoyée à l'expéditeur.* → **retourner.**
➤ **renvoi** **n. m.** 1. Mise à la porte. → **licenciement.** *La directrice a décidé le renvoi d'un élève.* → **exclusion.** 2. Indication, dans un livre, invitant le lecteur à se reporter à une autre page. *Après la définition d'un mot, il peut y avoir un renvoi à un synonyme.* 3. Rot. *Le bébé a eu un renvoi.*
▷ Mots de la famille de ENVOYER.

réorganiser **v.** (conjug. 1) ✦ Organiser d'une autre manière. *Les enfants réorganisent la bibliothèque de la classe.*
▷ Mot de la famille de ORGANE.

réouverture **n. f.** ✦ Le fait d'ouvrir à nouveau un établissement qui a été quelque temps fermé. *La réouverture du magasin se fera en septembre.* → aussi **rouvrir.**
▷ Mot de la famille de OUVRIR.

repaire **n. m.** 1. Cachette qui sert d'abri aux animaux sauvages. → **antre, tanière.** *La panthère attendait la nuit dans son repaire.* 2. Lieu qui sert de refuge à des individus dangereux. *L'île était un repaire de pirates.* ○ homonyme : repère.

se **repaître** **v.** (conjug. 57) ✦ Se nourrir, manger. *Les hyènes se repaissent de charognes.* → aussi **repu.**
● Attention au *î* devant un *t.*
▷ Mot de la famille de PAÎTRE.

répandre **v.** (conjug. 41) 1. Disperser, laisser tomber une chose qui s'étale. *Le camion a répandu son chargement sur la route.* 2. Produire autour de soi. *Le poêle répand une douce chaleur.* → **dégager, diffuser.** 3. Faire connaître à un grand nombre de personnes. *Les journaux ont répandu la nouvelle,* ils l'ont fait connaître à tous. → **diffuser, propager.**
➤ se **répandre** **v.** 1. S'étaler. *Le pétrole s'est répandu sur la plage.* 2. Se propager. *Une odeur infecte s'est répandue dans la pièce.* 3. Circuler. → **courir.** *Le bruit s'est répandu qu'il était mort.* 4. Devenir très courant. *L'usage du téléphone portable s'est répandu très vite.*
➤ **répandu, répandue** **adj.** 1. Qui a été renversé. *Il y a du vin répandu sur la nappe.* 2. Commun, courant. *C'est une idée très répandue.*

reparaître **v.** (conjug. 57) ✦ Se montrer de nouveau. *Après la pluie, le soleil reparaît.* → **réapparaître.** ❑ contr. **disparaître.**
● Attention au *î* devant un *t.*
▷ Mot de la famille de PARAÎTRE.

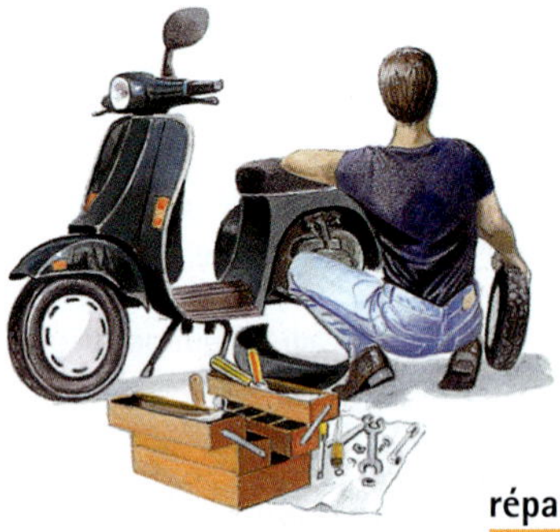

réparer

réparer **v.** (conjug. 1) 1. Remettre en bon état. → **arranger.** *Il a réparé sa moto.* 2. Supprimer les conséquences fâcheuses de quelque chose. *Pour réparer ses torts, il lui a envoyé des fleurs.*
➤ **réparable** **adj.** ✦ Que l'on peut réparer. *Ce pneu crevé est encore réparable.* ❑ contr. **irréparable.**
➤ **réparateur** **n. m. et adj., réparatrice** **n. f. et adj.**
■ **n. m. et f.** Personne dont le métier est de réparer les objets. *J'ai dû appeler le réparateur pour le lave-linge.* → **dépanneur.**
■ **adj.** Qui redonne des forces. *Après ce long voyage, il a dormi d'un sommeil réparateur.*
➤ **réparation** **n. f.** ✦ Travail que l'on fait pour réparer quelque chose. *Combien coûtera la réparation de cette montre ?*
▷ Autre mot de la famille : IRRÉPARABLE.

reparler **v.** (conjug. 1) ✦ Parler à nouveau de quelque chose ou de quelqu'un. *On reparlera de ce problème demain.*
▷ Mot de la famille de PARLER.

repartie [ReparTi] **n. f.** ✦ Réponse rapide et juste. *Alex a de la repartie.*

repartir **v.** (conjug. 16) **1.** Partir pour l'endroit d'où l'on vient. *À peine arrivé, il faut déjà repartir.* **2.** Partir à nouveau après un temps d'arrêt. *Le train repart après trois minutes d'arrêt en gare.*
▷ Mot de la famille de PARTIR.

répartir **v.** (conjug. 2) **1.** Partager. → **distribuer.** *Elle a réparti le travail entre Théo, Paul et Louise.* **2.** Étaler dans le temps. *Le stage est réparti sur trois semaines.*
➤ **répartition** **n. f.** ✦ Partage. → **distribution.** *La répartition des tâches est égalitaire dans sa famille.*
▷ Mots de la famille de PART.

repas **n. m.** ✦ Nourriture que l'on prend à heures régulières. → aussi ② **déjeuner,** ② **dîner,** ② **goûter,** ① **souper.** *Il a fait un repas léger à midi.*

repassage **n. m.** ✦ Action de repasser. *Il a fini le repassage.*
▷ Mot de la famille de PASSER.

① **repasser** **v.** (conjug. 1) **1.** Passer de nouveau. *Il n'est pas repassé par le même chemin.* → **revenir.** **2.** *Repasser un examen,* s'y présenter une nouvelle fois. *Il doit repasser son bac l'année prochaine.*
▷ Mot de la famille de PASSER.

② **repasser** **v.** (conjug. 1) ✦ Effacer les faux plis du linge, le rendre lisse à l'aide d'un *fer à repasser.* → aussi **repassage.** *Elle repasse une nappe.*
▷ Mot de la famille de PASSER.

repasser (*Les Repasseuses*, Degas, vers 1884)

③ **repasser** **v.** (conjug. 1) ✦ Réviser. *Léa repasse ses leçons.* → **revoir.**
▷ Mot de la famille de PASSER.

repêcher **v.** (conjug. 1) **1.** Retirer de l'eau. *Son chapeau est tombé dans l'étang et il l'a repêché de justesse.* **2.** *Repêcher un candidat,* c'est le recevoir à un examen alors qu'il n'a pas le nombre de points suffisant. *Le jury a repêché plusieurs candidats.*
▷ Mot de la famille de ② PÊCHER.

repeindre **v.** (conjug. 52) ✦ Peindre à neuf. *Il a repeint son appartement.*
▷ Mot de la famille de PEINDRE.

se **repentir** **v.** (conjug. 16) ✦ Regretter d'avoir fait une chose, en se disant qu'on ne recommencera plus. *Léa s'est repentie d'avoir menti à son père.*
➤ **repentir** **n. m.** ✦ Regret de ce que l'on a fait. → **remords.** *Son repentir est sincère.*

repérage **n. m.** ✦ Recherche d'un lieu pour tourner un film. *Le réalisateur et le scénariste sont partis en repérage en Uruguay.*
▷ Mot de la famille de REPÈRE.

répercuter **v.** (conjug. 1) **1.** Renvoyer un son dans une autre direction. *Les montagnes répercutent l'écho.* **2.** **se répercuter,** se transmettre. *La bonne humeur de Julie se répercute sur ses amis.*
➤ **répercussion** **n. f.** ✦ Effet, conséquence. *Ce climat chaud a des répercussions sur la santé.* → **retombées.**

repère **n. m.** **1.** Marque qui permet de retrouver un endroit. *Il trace des repères sur le mur avant de suspendre son tableau.* **2.** *Un point de repère,* c'est un objet ou un lieu précis qui permet de se retrouver. *Les phares servent de points de repère aux bateaux.* ○ homonyme : repaire.
➤ **repérer** **v.** (conjug. 6) **1.** Situer avec précision, par rapport à des points de repère. *Les pirates ont repéré l'emplacement du trésor.* **2.** Familier. Trouver, découvrir. *J'ai repéré un coin tranquille pour pique-niquer.* **3.** **se repérer,** se retrouver, savoir où l'on est. *On se repère difficilement dans la forêt.*
▷ Autre mot de la famille : REPÉRAGE.

répertoire **n. m.** **1.** Carnet, cahier, fichier dans lequel on classe des choses par ordre alphabétique. *Il cherche un numéro dans son* *répertoire téléphonique.* **2.** *Le répertoire d'un artiste,* c'est l'ensemble des œuvres qu'il a l'habitude de jouer, de chanter. *Ce pianiste a de nombreux concertos de Mozart à son répertoire.*

➤ **répertorier** v. (conjug. 7) ✦ Inscrire dans un répertoire. *Paul a répertorié tous ses amis.*

répéter v. (conjug. 6) **1.** Dire une chose que l'on a déjà dite. → **redire.** *Tu répètes toujours la même chose. Je vous ai répété cent fois de ne pas toucher à cet appareil.* **2.** Dire ce qu'un autre a déjà dit. *C'est un secret, ne le répète à personne.* **3.** Refaire quelque chose que l'on a déjà fait. *Il faut répéter l'expérience.* → **recommencer.** **4.** Redire ou refaire pour s'exercer, pour fixer dans sa mémoire. *Léa répète sa récitation. Les comédiens répètent,* ils jouent sans public pour mettre la pièce au point.

➤ **répétitif, répétitive** adj. ✦ Qui recommence sans cesse. *Il a un travail répétitif,* qui est toujours le même. → **monotone.** *Les tâches répétitives sont ennuyeuses.* ❑ contr. **varié.**

➤ **répétition** n. f. **1.** Chose que l'on a déjà dite ou écrite. *Essaie d'éviter les répétitions dans ta rédaction.* **2.** Séance de travail au cours de laquelle les comédiens, les musiciens, les chanteurs s'exercent avant de jouer en public. *La pièce a demandé deux mois de répétitions.*

repeupler v. (conjug. 1) ✦ Peupler de nouveau un endroit qui s'est dépeuplé. *Des immigrés sont venus repeupler la région en s'y installant.*

▷ Mot de la famille de PEUPLE.

repiquer v. (conjug. 1) ✦ Mettre en terre ce qui a été semé ailleurs. *Le jardinier repique des plants de salades.*

▷ Mot de la famille de PIQUER.

repiquer

répit n. m. ✦ Détente, repos. *Je n'ai pas eu un instant de répit depuis hier. Il travaille sans répit,* sans arrêt.

replacer v. (conjug. 3) ✦ Remettre une chose à sa place. *Il a replacé le livre dans la bibliothèque.* → **ranger.** ❑ contr. **déplacer.**

▷ Mot de la famille de PLACE.

replanter v. (conjug. 1) ✦ Planter à nouveau. *Après l'incendie, de jeunes arbres ont été replantés.*

▷ Mot de la famille de PLANTER.

replet, replète adj. ✦ Bien en chair, un peu gras. → **dodu, grassouillet.** *La boulangère est une petite femme replète.* ❑ contr. **maigre, maigrichon.**

replier v. (conjug. 7) **1.** Plier une chose qui avait été dépliée. *Il replia son journal.* **2.** Ramener en pliant ce qui a été déployé. *L'oiseau replie ses ailes.* **3. se replier,** reculer en bon ordre. *Les troupes se replient.*

➤ **repli** n. m. **1.** Pli profond ou pli qui se répète. *Léa s'est cachée dans les replis du rideau.* **2.** Recul, retraite. *Le général ordonna le repli des troupes.*

▷ Mots de la famille de PLI.

① **réplique** n. f. ✦ Copie d'une œuvre d'art. *Les Romains ont fait de nombreuses répliques de statues grecques.*

② **réplique** n. f. **1.** Réponse vive marquant un désaccord. → **repartie, riposte.** *La réplique de Louise ne se fit pas attendre.* **2.** Ce qu'un acteur doit dire en réponse aux paroles qui lui sont adressées quand il joue une pièce, un film. *Le comédien a oublié sa réplique.*

➤ **répliquer** v. (conjug. 1) ✦ Répondre à quelqu'un avec vivacité. → **riposter.** *Alex a obéi sans répliquer. Elle a répliqué qu'elle s'en moquait.* → **rétorquer.**

se **replonger** v. (conjug. 3) ✦ Se remettre à faire quelque chose. *Elle a levé la tête puis s'est replongée dans sa lecture,* elle a recommencé à lire.

▷ Mot de la famille de PLONGER.

répondre v. (conjug. 41) **1.** Faire connaître ce que l'on pense à quelqu'un qui s'est adressé à vous. *Il n'a pas voulu répondre à ma question. Léa a répondu à la lettre de son oncle. Elle lui a répondu qu'elle viendrait demain.* **2.** Réagir à quelque chose. *Le chien répond à l'appel de son nom. J'ai essayé de lui télépho-*

ner, cela ne répond pas. 3. Correspondre à quelque chose. *Manger tous les jours répond à un besoin.* 4. *Répondre de quelqu'un,* c'est s'engager pour lui, se porter garant de lui. *Vous pouvez lui confier ce travail, je réponds de lui.*

➤ **répondant** n. m., **répondante** n. f. ✦ Personne qui se porte garante. *Quand j'ai emprunté de l'argent à la banque, mon frère m'a servi de répondant,* il s'est engagé à rembourser à ma place si je ne pouvais pas le faire. → **caution.**

➤ **répondeur** n. m. ✦ Appareil relié ou intégré à un téléphone qui donne une réponse enregistrée et permet de laisser un message. *Il a laissé un message sur mon répondeur.*

➤ **réponse** n. f. 1. Ce que l'on dit ou écrit pour répondre à quelqu'un. *Elle a reçu une réponse à sa lettre.* 2. Réaction à quelque chose. *J'ai sonné, mais il n'y a pas eu de réponse.*

report n. m. ✦ Le fait de renvoyer à plus tard. → aussi ② **reporter.** *Il a demandé le report de la réunion.*

▷ Mot de la famille de PORTER.

reportage n. m. ✦ Article ou émission où un journaliste raconte ce qu'il a vu et entendu. → aussi ① **reporter.** *Léa regarde un reportage sur l'Afrique à la télévision.*

① **reporter** [ʀəpɔʀtɛʀ] n. m. et f. ✦ Journaliste qui fait des reportages. *Le reporter interviewe les témoins de la catastrophe.*

② **reporter** v. (conjug. 1) 1. Renvoyer à plus tard. *En raison des vacances, la réunion a été reportée à la rentrée.* → **remettre,** ② **repousser** et aussi **report.** 2. Éprouver pour quelqu'un un sentiment que l'on éprouvait pour quelqu'un d'autre. *À la mort de son mari, elle a reporté toute son affection sur son fils,* elle a donné à son fils toute son affection. 3. **se reporter,** consulter. → se **référer.** *Pour trouver le sujet que vous cherchez dans ce livre, reportez-vous à la table des matières,* cherchez dans la table des matières où il en est question dans le livre.

▷ Mot de la famille de PORTER.

repos n. m. 1. Délassement, détente. *Après ce travail difficile, il a pris un peu de repos,* il s'est reposé. 2. Paix, tranquillité. *C'est un métier de tout repos,* qui ne donne aucun mal.

▷ Mot de la famille de POSER.

reposant, reposante adj. ✦ Qui enlève la fatigue, détend. *Ces vacances ont été très reposantes.* → aussi **repos** et ② **reposer.** ❑ contr. **fatigant.**

▷ Mot de la famille de POSER.

① **reposer** v. (conjug. 1) ✦ Poser une chose que l'on a soulevée. *Julie a bu puis a reposé son verre sur la table.*

▷ Mot de la famille de POSER.

② **reposer** v. (conjug. 1) 1. Être construit. *La maison repose sur des pilotis.* 2. Être prouvé. *Ce que tu dis ne repose sur rien,* n'est pas fondé. 3. Enlever la fatigue. *Quelques jours de vacances me reposeront.* → **délasser, détendre** et aussi **repos.**

➤ **se reposer** v. 1. Prendre du repos. *Elle s'est un peu reposée après le déjeuner.* 2. Faire confiance. *Il se repose entièrement sur son assistant,* il lui fait entièrement confiance.

▷ Mots de la famille de POSER.

repoussant, repoussante adj. ✦ Dégoûtant, répugnant. *Léa trouve que les crapauds sont des bêtes repoussantes.*

▷ Mot de la famille de ② POUSSER.

① **repousser** v. (conjug. 1) ✦ Pousser à nouveau. *Au printemps, les feuilles repoussent.*

▷ Mot de la famille de ① POUSSER.

repos (*Le Repos du Voyageur,* Steen)

② **repousser** v. (conjug. 1) 1. Pousser en arrière. *Paul s'est levé et a repoussé sa chaise.* 2. Faire reculer. *Charles Martel a repoussé les Arabes à Poitiers, en 732.* 3. Refuser d'accepter. *Elle est très têtue et repousse tous les conseils.* ❑ contr. **accepter.** 4. Remettre à plus tard. *La réunion a été repoussée au mois prochain.* → ② **reporter.**

▷ Mot de la famille de ② POUSSER.

répréhensible **adj.** ✦ Qui mérite d'être blâmé, condamné. *Mentir et voler sont des actes répréhensibles.* → **blâmable, condamnable.** ❑ contr. **louable.**

● Attention au *h* après le deuxième *é*.

reprendre **v.** (conjug. 58) **1.** Prendre un peu plus de quelque chose. *Théo a repris de la tarte.* **2.** Prendre de nouveau. → **rattraper.** *La police a repris le prisonnier qui s'était évadé. Ils ont repris courage.* **3.** Recommencer après une interruption. *Les cours reprendront en septembre.* **4.** *Reprendre quelqu'un,* c'est le corriger quand il se trompe. *Le professeur reprend les élèves quand ils font des fautes en parlant.* — **se reprendre,** corriger son erreur. *Julie a fait une faute de français, mais elle s'est reprise aussitôt,* elle a rectifié. **5.** *On ne m'y reprendra plus,* je ne referai pas la même erreur. *On ne m'y reprendra plus à rendre service à des gens ingrats,* je ne recommencerai plus.

▷ Mot de la famille de PRENDRE.

représailles **n. f. pl.** ✦ Ce que l'on fait pour se venger quand on a été attaqué. *Il n'a rien répondu par crainte des représailles.*

représenter **v.** (conjug. 1) **1.** Faire apparaître dans l'esprit par une image. → **montrer.** *Ce dessin représente un paysage de montagne.* **2.** Être le signe, le symbole. *Ces points rouges sur la carte représentent les villes.* → **symboliser.** **3.** Constituer. *Ces travaux représentent une grosse dépense,* ils correspondent à une grosse dépense. **4.** *Représenter une pièce,* c'est la jouer. *Les élèves de la classe représenteront « l'Avare » de Molière.* **5.** *Représenter quelqu'un,* c'est agir à sa place. *Les députés représentent le peuple.* **6.** *Se représenter une chose,* c'est l'imaginer. *Elle se représentait très bien la scène.*

➤ **représentant** **n. m.,** **représentante** **n. f.** **1.** Personne qui représente quelqu'un, agit en son nom. *Les députés sont les représentants de leurs électeurs.* **2.** Personne dont le métier est de rendre visite aux gens, au nom d'une société, pour leur vendre des produits. *Elle est représentante en produits de beauté.*

➤ **représentatif, représentative** **adj.** ✦ Qui est un exemple typique. *Julie et Louise sont bien représentatives des filles de 10 ans.*

➤ **représentation** **n. f.** ✦ Spectacle joué sur une scène de théâtre. *La représentation commencera à 20 heures.*

▷ Mots de la famille de PRÉSENTER.

répression **n. f.** ✦ Punition. *La justice s'occupe de la répression des crimes et des délits.* → **châtiment** et aussi **réprimer.**

réprimande **n. f.** ✦ Reproche. *Son père lui a fait des réprimandes pour ses mauvais résultats en classe.* → **remontrance.** ❑ contr. **compliment, félicitations.**

➤ **réprimander** **v.** (conjug. 1) ✦ Blâmer quelqu'un. → **gronder.** *Le professeur a réprimandé Léa et Julie qui bavardaient pendant le cours.* ❑ contr. **complimenter.**

réprimer **v.** (conjug. 1) **1.** Empêcher de se manifester, de s'exprimer. *Elle réprima un bâillement d'ennui.* **2.** Punir. *L'armée a durement réprimé la révolte.* → aussi **répression.**

repris de justice **n. m. invar.** ✦ Individu qui a plusieurs fois été condamné par la justice. → **récidiviste.** *Parmi les auteurs du hold-up, il y a plusieurs repris de justice.*

▷ Mot de la famille de PRENDRE et de ② JUSTE.

① **reprise** **n. f.** **1.** Le fait de recommencer. *La reprise des cours aura lieu le 5 septembre,* les cours reprendront le 5 septembre. **2.** Fois. *Ce skieur a été champion du monde à plusieurs reprises,* plusieurs fois. *Il nous l'a dit à deux reprises.* **3.** Partie d'un match de boxe. → **round.** *Les boxeurs ont une minute de repos entre chaque reprise.* **4.** Capacité pour un moteur d'accélérer après avoir ralenti. *Cette voiture est nerveuse, elle a de bonnes reprises.*

▷ Mot de la famille de PRENDRE.

② **reprise** **n. f.** ✦ Raccommodage sur un tissu déchiré ou troué. *Il a fallu faire des reprises à mon jean.*

➤ **repriser** **v.** (conjug. 1) ✦ Réparer en cousant. → **raccommoder.** *Elle reprise des chaussettes.*

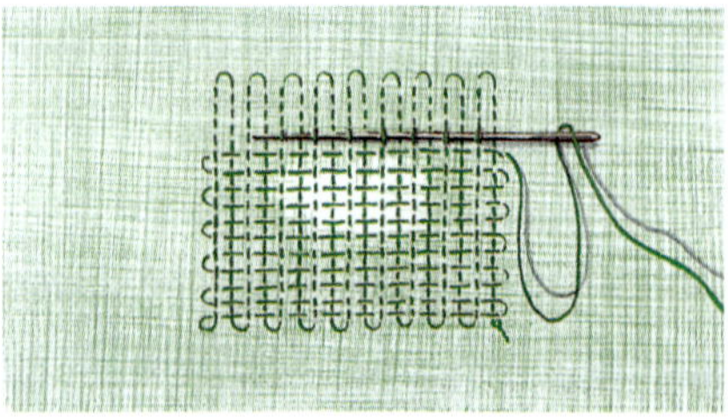

reprise

réprobateur, réprobatrice adj. ✦ Qui exprime la réprobation. *Théo a un air réprobateur.* → **désapprobateur.** ❑ contr. **approbateur.**

réprobation n. f. ✦ Jugement très sévère que l'on porte sur une personne ou une chose qui déplaît profondément. → aussi **réprouver.** *Sa conduite a suscité la réprobation générale.* → **désapprobation.** ❑ contr. **approbation.**

reprocher v. (conjug. 1) **1.** *Reprocher quelque chose à quelqu'un,* c'est lui exprimer son mécontentement à propos d'une chose dont on le juge coupable ou responsable. → **blâmer.** *Paul reproche à ses parents leur sévérité.* **2.** *Se reprocher quelque chose,* c'est se sentir coupable de quelque chose. *Elle s'est reproché son mouvement d'humeur.* → **regretter.** *Je n'ai rien à me reprocher.*

➤ **reproche** n. m. ✦ Critique, blâme. → **remontrance, réprimande.** ❑ contr. **compliment, félicitations.** *Il m'a fait de nombreux reproches.*

▷ Autre mot de la famille : IRRÉPROCHABLE.

reproducteur, reproductrice adj. ✦ *Les organes reproducteurs,* ce sont les organes qui servent à la reproduction des êtres vivants. → aussi **génital** et se **reproduire.**

▷ Mot de la famille de PRODUIRE.

reproduction n. f. **1.** Copie d'un objet. *Ce livre contient des reproductions de tableaux.* **2.** Phénomène qui permet aux êtres vivants de donner naissance à d'autres êtres vivants de la même espèce. *Les abeilles permettent la reproduction des fleurs en transportant le pollen.* → aussi se **reproduire.**

▷ Mot de la famille de PRODUIRE.

reproduire v. (conjug. 38) **1.** Imiter. *Le perroquet reproduit la voix humaine.* **2.** Faire exister à de nombreux exemplaires. *L'imprimerie permet de reproduire des textes à des milliers d'exemplaires.*

➤ se **reproduire** v. **1.** Donner naissance à des êtres vivants de la même espèce que la sienne. *Les êtres humains, les animaux et les plantes se reproduisent.* → aussi **reproducteur, reproduction.** **2.** Se produire de nouveau. → **recommencer.** *Cette erreur ne se reproduira plus.* → se **renouveler.**

▷ Mots de la famille de PRODUIRE.

réprouver v. (conjug. 1) ✦ Condamner sévèrement. → **blâmer, désapprouver,** et aussi **réprobation.** *Elle réprouve les fréquentations de son fils.* ❑ contr. **approuver.**

reptile n. m. ✦ Animal vertébré qui a des écailles ou une carapace. *Les serpents, les lézards, les crocodiles, les tortues sont des reptiles.*

repu, repue adj. ✦ Qui a mangé à sa faim. → **rassasié** et aussi se **repaître.** ❑ contr. **affamé.** *Le bébé a bu tout son biberon ; il est repu.*

▷ Mot de la famille de PAÎTRE.

république n. f. ✦ Régime politique qui a un président et un parlement élus. *La France est devenue une république en 1792. Le président de la République française est élu au suffrage universel.*

➤ **républicain, républicaine** adj. ✦ Qui appartient à la république. *Les institutions françaises sont républicaines.*

république (*Le Triomphe de la République*)

répudier v. (conjug. 1) ✦ Renvoyer son épouse en rompant le mariage, dans certains pays ou à certaines époques. *Le roi a répudié sa femme parce qu'elle ne pouvait pas avoir d'enfant.*

répugner v. (conjug. 1) **1.** *Répugner à quelqu'un,* c'est lui faire horreur. *L'idée même de manger lui répugnait.* **2.** Ne pas aimer. *Elle répugne toujours à punir ses enfants.*

➤ **répugnant, répugnante** adj. ✦ Qui dégoûte, fait horreur. → **dégoûtant.** *Tes mains sont d'une saleté répugnante.* ❏ contr. **ragoûtant.** *C'est un homme répugnant.* → **repoussant.**

➤ **répugnance** n. f. ✦ Dégoût très vif. → **répulsion.** *Elle débouche l'évier avec répugnance.*

répulsion n. f. ✦ Profond dégoût. → **répugnance.** *Louise a de la répulsion pour les araignées.* ❏ contr. **attirance.**

réputation n. f. ✦ Le fait d'être connu pour une certaine raison, manière dont une personne ou une chose est considérée. *La directrice a la réputation d'être sévère,* on dit qu'elle est sévère. *Ce restaurant a une excellente réputation,* il est connu comme excellent. → aussi **réputé.**

réputé, réputée adj. ✦ Connu, célèbre. *Une pianiste réputée donnera un concert demain.*

requérir v. (conjug. 21) **1.** Réclamer au nom de la loi. *Le procureur a requis un an de prison pour l'accusé.* → aussi **réquisitoire. 2.** Demander, réclamer. *Ce travail requiert beaucoup de patience.*

▷ Autres mots de la famille : REQUIS, RÉQUISITION, RÉQUISITIONNER, RÉQUISITOIRE.

requête n. f. ✦ Demande pressante. → **prière.** *Il a fini par céder à la requête de ses enfants.*

requiem [ʀekɥijɛm] n. m. inv. ✦ Chant religieux à la mémoire des morts. *Mozart a composé un célèbre requiem.* — Au pl. *Des requiem.*

● C'est un mot latin qui veut dire « repos ».

requin n. m. ✦ Très grand poisson carnivore, puissant et vorace. ➸ planche Poissons p. 795. *Les requins ont d'énormes mâchoires aux dents acérées.*

requis, requise adj. ✦ Exigé comme nécessaire. *Vous ne remplissez pas les conditions requises pour ce poste,* les conditions exigées, obligatoires.

▷ Mot de la famille de REQUÉRIR.

réquisition n. f. ✦ Le fait d'exiger la mise à disposition d'un bien. *L'officier ennemi a procédé à la réquisition du château pour loger les soldats.*

➤ **réquisitionner** v. (conjug. 1) ✦ Exiger que du matériel, des locaux, des personnes soient mis à disposition, lors de circonstances exceptionnelles. *Les autorités ont réquisitionné des fermes pour loger les sinistrés.*

▷ Mots de la famille de REQUÉRIR.

réquisitoire n. m. ✦ Discours prononcé contre l'accusé, dans un tribunal. *Le procureur a prononcé le réquisitoire.*

▷ Mot de la famille de REQUÉRIR.

rescapé n. m., **rescapée** n. f. ✦ Personne qui a échappé à un accident ou à une catastrophe. *Un chalutier a recueilli les rescapés du naufrage.*

à la **rescousse** adv. ✦ Au secours, à l'aide. *Alex a appelé son grand frère à la rescousse.*

réseau n. m. **1.** Ensemble de voies de communication, de canalisations, de lignes électriques ou téléphoniques. *Les inondations ont affecté le réseau routier de toute la région.* **2.** Organisation secrète. *Ils ont fait partie de réseaux de résistance.* **3.** Ensemble d'ordinateurs reliés entre eux pour échanger des informations. *Internet est un réseau mondial.*

réséda n. m. ✦ Plante aux fleurs très parfumées disposées en grappes. *Le réséda entre dans la composition de nombreux parfums.*

● Ce mot est masculin.

réséda

réservation n. f. ✦ *Faire une réservation,* c'est retenir une place ou une chambre pour une date précise. *Il a annulé sa réservation sur le vol Lyon-Madrid.*

▷ Mot de la famille de RÉSERVER.

① **réserve** n. f. **1.** *Faire des réserves,* c'est émettre des doutes, ne pas approuver totalement. *Il a émis quelques réserves sur le projet. Julie a une admiration sans réserve pour son père,* elle l'admire totalement. → **restriction.** **2.** Provision. *Paul a une réserve de chocolat dans sa table de nuit.* **3.** Territoire où les plantes et les animaux sont protégés. *La chasse et la pêche sont interdites dans la réserve.*

▷ Mot de la famille de RÉSERVER.

② **réserve** **n. f.** ✦ Attitude d'une personne discrète qui se garde de tout excès. → **retenue.** *Léa fait preuve de réserve avec les gens qu'elle connaît mal.* ❑ contr. **familiarité.**

➤ **réservé, réservée** **adj.** ✦ *Une personne réservée,* c'est une personne qui manifeste de la réserve, de la retenue. → **secret.** ❑ contr. **démonstratif, exubérant.**

réserver **v.** (conjug. 1) **1.** Retenir d'avance ce que l'on veut avoir plus tard. → ② **louer.** *Dans ce restaurant très connu, il faut réserver sa table plusieurs jours à l'avance.* **2.** Destiner spécialement à quelqu'un. *Les trottoirs sont réservés aux piétons,* ils ne doivent servir qu'à eux. **3.** Procurer, apporter. *La journée nous a réservé bien des surprises.*

➤ **réservoir** **n. m.** ✦ Bassin ou récipient pouvant contenir un liquide que l'on garde. *Le réservoir d'essence d'une voiture.*

▷ Autres mots de la famille : RÉSERVATION, ① RÉSERVE.

résider **v.** (conjug. 1) **1.** Habiter. → **demeurer.** *Ils résident en banlieue.* **2.** Se trouver. *C'est là que réside la difficulté.*

➤ **résidence** **n. f.** **1.** Endroit où l'on habite. *Leur résidence principale est à Paris, leur résidence secondaire en Bretagne.* **2.** Ensemble d'habitations assez luxueuses. *Ils habitent dans une résidence qui donne sur un parc.*

➤ **résident** **n. m.**, **résidente** **n. f.** **1.** Personne qui habite dans un autre pays que le sien. → **ressortissant.** *Il y a de nombreux résidents espagnols en France.* **2.** Personne qui habite dans un ensemble d'habitations. *Une note a été adressée à tous les résidents.*

➤ **résidentiel, résidentielle** **adj.** ✦ *Un quartier résidentiel,* c'est un quartier qui ne comporte que des maisons et des immeubles réservés à l'habitation.

résidu **n. m.** ✦ Reste. *Le goudron est un des résidus de la distillation du pétrole.*

se **résigner** **v.** (conjug. 1) ✦ Accepter sans protester une chose pénible. → **consentir.** *Ils se sont résignés à rentrer.* ❑ contr. **refuser.**

➤ **résignation** **n. f.** ✦ Le fait d'accepter sans protester. ❑ contr. **révolte.** *Elle a accepté sa maladie avec résignation.*

résilier **v.** (conjug. 7) ✦ Mettre fin à un contrat. *Il a résilié son contrat auprès de la compagnie d'assurances.*

➤ **résiliation** **n. f.** ✦ Acte par lequel on met fin à un contrat. *Ils ont signé la résiliation de leur bail.*

résine **n. f.** ✦ Produit collant et visqueux qui s'écoule de certains arbres. *Les conifères produisent de la résine.*

➤ **résineux** **n. m.** ✦ Arbre qui produit de la résine. *Les sapins et les mélèzes sont des résineux.* → **conifère.**

récolte de la **résine**

résister **v.** (conjug. 1) **1.** Ne pas céder, ne pas casser. *La vitre a résisté au choc.* **2.** Supporter. *Les chameaux résistent bien à la soif.* **3.** Lutter, s'opposer. *La ville a résisté longtemps avant de se rendre,* elle s'est défendue. **4.** S'opposer à quelque chose d'agréable. *Julie n'a pas pu résister à la tentation de dire ce qu'elle pensait.*

➤ **résistance** **n. f.** **1.** Force pour supporter la fatigue, les épreuves. → **endurance.** *Alex peut marcher des heures ; il a une grande résistance.* **2.** Le fait de lutter, de résister. *Le voleur s'est laissé arrêter sans opposer aucune résistance.* **3.** *Le plat de résistance,* c'est le plat principal d'un repas. *Nous avons eu du gigot avec des haricots comme plat de résistance.* **4.** *La Résistance,* c'était une organisation qui luttait contre l'Occupation allemande pendant la Deuxième Guerre mondiale, en France.

➤ **résistant** adj. et n. m., **résistante** adj. et n. f.

■ adj. Solide. *Ce tissu est très résistant.* ❑ contr. **fragile.** *Julie est très résistante,* elle supporte l'effort prolongé. → **endurant.**

■ n. Personne qui était dans la Résistance, sous l'Occupation allemande. *Un groupe de résistants.* → aussi **maquisard.**

▷ Autres mots de la famille : IRRÉSISTIBLE, IRRÉSISTIBLEMENT.

résolu, résolue adj. ✦ Qui sait prendre une décision et n'en change pas. *Elle était calme et résolue.* ❑ contr. **indécis.**

➤ **résolument** adv. ✦ Avec force. → **énergiquement, fermement.** *Il s'opposa résolument au projet.* ❑ contr. **mollement.**

▷ Mots de la famille de SE RÉSOUDRE.

résolution n. f. ✦ Décision. *En ce début d'année, Paul a pris de bonnes résolutions,* il s'est décidé fermement à bien faire, à se corriger.

▷ Mot de la famille de SE RÉSOUDRE.

résonance n. f. ✦ *La caisse de résonance d'une guitare,* c'est l'intérieur, où les sons frappés sur les cordes résonnent.

● *Résonance* s'écrit avec un seul *n,* alors que *résonner* en prend deux.

▷ Mot de la famille de SONNER.

résonner v. (conjug. 1) **1.** Retentir avec un écho. *Sa voix résonnait dans la grotte.* **2.** Être rempli de bruits. *La cour résonnait de cris d'enfants.* ❍ homonyme : raisonner.

▷ Mot de la famille de SONNER.

résorber v. (conjug. 1) **1.** Faire disparaître, supprimer. *Le gouvernement a pris des mesures pour résorber le chômage.* **2. se résorber,** disparaître peu à peu. *L'hématome que Léa avait au genou s'est résorbé.*

résoudre v. (conjug. 51) ✦ *Résoudre un problème,* c'est trouver sa solution. *Cette énigme n'est toujours pas résolue.*

se **résoudre** v. (conjug. 51) ✦ Se décider, après avoir bien réfléchi. *Ils se sont résolus à accepter notre offre.*

▷ Autres mots de la famille : RÉSOLU, RÉSOLUMENT, RÉSOLUTION.

respect [ʀɛspɛ] n. m. **1.** Attitude et sentiment d'une personne qui a de la considération pour quelqu'un en raison de son âge, de sa valeur. → **déférence, égard.** *Elle a beaucoup de respect pour son vieux professeur.* ❑ contr. **impertinence, insolence. 2.** Fait de se conformer à une règle, à une loi. *L'arbitre veille au respect des règles du jeu,* il veille à ce que les joueurs suivent les règles du jeu. **3.** *Tenir quelqu'un en respect,* c'est le maintenir à distance, l'empêcher d'agir. *Le policier tenait l'homme en respect avec son arme.*

➤ **respecter** v. (conjug. 1) **1.** Manifester du respect. *On doit respecter les personnes âgées.* **2.** *Respecter une règle,* c'est lui obéir, s'y conformer. *Il faut respecter les limitations de vitesse.*

➤ **respectable** adj. ✦ Digne de respect. → **honorable.** *Sa grand-mère est une dame d'un âge respectable.*

▷ Autres mots de la famille : RESPECTUEUSEMENT, RESPECTUEUX.

respectif, respective adj. ✦ Qui concerne chaque chose ou chaque personne parmi d'autres. *Tous les enfants retournèrent à leurs places respectives,* chacun à sa place.

➤ **respectivement** adv. ✦ Dans l'ordre. *Alex, Paul et Théo ont respectivement 8, 9 et 10 ans.*

respectueux, respectueuse adj. ✦ Qui témoigne du respect. *Elle s'adresse à ses supérieurs sur un ton respectueux.* ❑ contr. **insolent.**

➤ **respectueusement** adv. ✦ D'une manière respectueuse, avec respect. *Il parle très respectueusement à ses grands-parents.*

▷ Mots de la famille de RESPECT.

respirer v. (conjug. 1) **1.** Faire entrer de l'air dans les poumons et le rejeter. *Respirez profondément !* → aussi **expirer, inspirer. 2.** Avoir un moment de calme. *Je n'ai pas eu le temps de respirer depuis ce matin.* **3.** Exprimer. *Son visage respirait la joie.*

➤ **respiration** n. f. ✦ Fonction du corps qui consiste à absorber de l'oxygène et à rejeter du gaz carbonique. *Alex retint un moment sa respiration.*

➤ **respiratoire** adj. ✦ Qui permet la respiration. *Les poumons et la trachée font partie de l'appareil respiratoire.*

▷ Autre mot de la famille : IRRESPIRABLE.

resplendir v. (conjug. 2) ✦ Briller d'un vif éclat. *Il fait beau ; le soleil resplendit.*

➤ **resplendissant, resplendissante** adj.
✦ Très brillant. → **éclatant.** *Le soleil est resplendissant. Quelle mine resplendissante, Julie !* quelle bonne mine !

responsable adj. et n. m. et f.
■ adj. 1. Qui a commis une faute et doit réparer le tort causé. *Le conducteur responsable de l'accident était ivre.* 2. Qui doit rendre compte de ses actes et de ceux des personnes dont il a la charge. *Les parents sont responsables de leurs enfants.*
■ n. m. et f. 1. Personne qui a commis une faute. → **auteur.** *Qui est le responsable de cette mauvaise plaisanterie ?* 2. Personne qui prend les décisions dans une organisation, une société. → **dirigeant.** *Les responsables syndicaux sont en réunion avec la direction.*
➤ **responsabilité** n. f. 1. Obligation de réparer le tort que l'on a causé. *L'enquête a établi la responsabilité du conducteur.* 2. Obligation d'accepter les conséquences de ses actes. *Chacun doit prendre ses responsabilités.*
▷ Autre mot de la famille : IRRESPONSABLE.

resquiller v. (conjug. 1) ✦ Entrer sans payer ou sans attendre son tour. *Il a resquillé dans le métro.*
➤ **resquilleur** n. m., **resquilleuse** n. f.
✦ Personne qui resquille. *Le contrôleur a donné une amende aux resquilleurs.*

ressac [Rəsak] n. m. ✦ Retour violent des vagues sur elles-mêmes, après avoir heurté un obstacle. *On entend le bruit du ressac contre la falaise.*

se ressaisir v. (conjug. 2) ✦ Être de nouveau maître de soi, retrouver son calme. *Elle a failli se mettre en colère, mais elle s'est ressaisie juste à temps.*
● *Ressaisir* prend deux *s*.
▷ Mot de la famille de SAISIR.

ressasser v. (conjug. 1) ✦ Répéter sans cesse. → **rabâcher, radoter.** *En vieillissant, il ressasse toujours les mêmes histoires.*

ressembler v. (conjug. 1) 1. Avoir des traits communs. *Paul ressemble à sa mère.* — **se ressembler,** ressembler l'un à l'autre. *Julie et sa sœur se ressemblent comme deux gouttes d'eau,* elles se ressemblent beaucoup. 2. Être conforme au caractère de quelqu'un. *Être en retard, cela ne lui ressemble pas,* ce n'est pas son habitude.
➤ **ressemblance** n. f. ✦ Rapport entre des personnes ou des choses qui ont des éléments communs. *La ressemblance entre sa sœur et elle est frappante,* elles se ressemblent de façon frappante, sa sœur et elle. ❏ contr. **différence.**

ressemblance (*Les Deux Sœurs,* T. Chassériau, 1843)

➤ **ressemblant, ressemblante** adj.
✦ Qui ressemble au modèle. *Ce portrait est très ressemblant.*
▷ Mots de la famille de SEMBLER.

ressemeler v. (conjug. 4) ✦ Garnir d'une semelle neuve. *Les cordonniers ressemellent les chaussures.*
➤ **ressemelage** n. m. ✦ Le fait de mettre une nouvelle semelle. *Ces bottes ont besoin d'un bon ressemelage.*
▷ Mots de la famille de SEMELLE.

ressentiment n. m. ✦ Rancœur, rancune que l'on ressent au souvenir de torts que l'on a subis. *Il a gardé un vif ressentiment de cette injustice.*
▷ Mot de la famille de SENTIR.

ressentir v. (conjug. 16) 1. Éprouver. → **sentir.** *Il ressentait de la sympathie pour cette jeune fille.* 2. **se ressentir,** continuer à éprouver. *Elle s'est longtemps ressentie de cette opération,* elle en a senti les effets longtemps.
▷ Mot de la famille de SENTIR.

resserre n. f. ✦ Pièce où l'on range des provisions ou des outils. → **remise.** *Les outils de jardinage sont rangés dans la resserre.*

resserrer v. (conjug. 1) 1. Serrer davantage. *Elle resserre sa ceinture d'un cran.* ❏ contr. **desserrer.** 2. **se resserrer,** devenir plus étroit. *À cet endroit, la vallée se resserre.* → se **rétrécir.**
▷ Mot de la famille de SERRER.

resservir v. (conjug. 14) 1. Servir de nouveau un plat. *Elle ressert du gigot à ses enfants.* 2. Être encore utilisable. *Ne jette pas ces vêtements, ils peuvent resservir.*

▷ Mot de la famille de SERVIR.

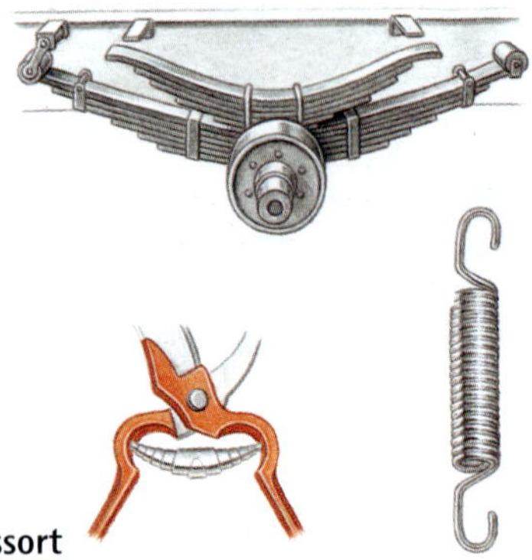

ressort

① **ressort** n. m. 1. Objet d'acier qui peut se tendre et se détendre en produisant un mouvement. *Ce lit a un matelas à ressorts.* 2. Énergie, force. *Je n'ai pas de ressort aujourd'hui.*

② **ressort** n. m. 1. *En dernier ressort,* en définitive, finalement. *En dernier ressort, il a fait appel à nous.* 2. *Être du ressort de quelqu'un,* relever de sa compétence. *Cette affaire est du ressort de la police,* elle regarde la police.

▷ Autre mot de la famille : RESSORTISSANT.

ressortir v. (conjug. 16) 1. Sortir d'un endroit après y être entré. *Il est entré dans la maison puis en est ressorti une heure après.* ❑ contr. **rentrer.** 2. Être bien visible. *Ces fleurs blanches ressortent mieux sur ce fond rouge.* 3. Apparaître comme conséquence. *Il est ressorti de cette conversation que nous étions entièrement d'accord.*

▷ Mot de la famille de SORTIR.

ressortissant n. m., **ressortissante** n. f. ✦ Personne qui vit dans un autre pays que le sien. *Les ressortissants français en Afrique.* → **résident.**

▷ Mot de la famille de ② RESSORT.

ressource n. f. 1. Possibilité, recours. *Si vous ne trouvez pas ce livre, vous avez la ressource de le commander.* 2. *Les ressources,* ce sont les moyens matériels pour vivre. *Cette famille est presque sans ressources.* 3. *Les ressources d'un pays,* ce sont ses richesses naturelles. *Les ressources minières de la région sont abondantes.*

ressusciter [ʀesysite] v. (conjug. 1) ✦ Redevenir vivant. *Selon l'Évangile, le Christ est ressuscité le troisième jour après sa mort.* → aussi **résurrection.**

● Attention à l'orthographe : deux *s,* puis *sc.*

restant n. m. et adj., **restante** adj.

■ n. m. Ce qui reste. *Voici un acompte sur ce que je vous dois ; je paierai le restant dans un mois.* → **reliquat, reste.**

■ adj. 1. Qui reste. *Elle fera un coussin avec le tissu restant.* 2. *Poste restante,* mention que l'on met sur du courrier indiquant que le destinataire ira le chercher à la poste. *Elle a reçu une lettre poste restante.*

▷ Mot de la famille de RESTER.

restaurant n. m. ✦ Endroit où l'on sert des repas. *Léa et ses parents sont allés dîner au restaurant.*

▷ Mot de la famille de SE RESTAURER.

restaurer v. (conjug. 1) 1. Faire exister à nouveau ce qui a disparu. → **rétablir.** *Les royalistes veulent restaurer la monarchie.* 2. *Restaurer une œuvre d'art,* c'est la remettre en état. *La cathédrale a été restaurée.*

➤ ① **restaurateur** n. m., **restauratrice** n. f. ✦ Personne dont le métier est de restaurer des œuvres d'art. *Il est restaurateur de tableaux anciens.*

➤ ① **restauration** n. f. 1. *La Restauration,* ce fut le rétablissement de la royauté en France, avec les règnes de Louis XVIII et de Charles X, de 1814 à 1830. 2. Remise en état. → **réfection, rénovation.** *La restauration de la cathédrale a duré un an.*

restauratrice de tableau

se **restaurer** v. (conjug. 1) ✦ Reprendre des forces en mangeant. *Les alpinistes se restaurent avant de repartir.*

➤ ② **restaurateur** n. m., **restauratrice** n. f. ✦ Personne qui tient un restaurant.

➤ ② **restauration** n. f. ✦ Tout ce qui concerne les activités d'un restaurant. *Il travaille dans la restauration.*

▷ Autres mots de la famille : RESTAURANT, WAGON-RESTAURANT.

rester v. (conjug. 1) **1.** Être quelque part, passer du temps dans un endroit. → **demeurer, séjourner.** *Ils sont restés un mois au Canada. Léa est restée dormir chez Julie.* **2.** Continuer d'être. *Le magasin restera ouvert tout l'été.* **3.** Être encore disponible. *Il reste un peu de café,* il y en a encore. **4.** *En rester à quelque chose,* c'est s'y arrêter, ne pas aller plus loin. *Restons-en là,* n'en parlons plus. **5.** *Reste à savoir,* on ne sait pas encore. *Tout est prêt pour la fête, reste à savoir s'il fera beau.*

➤ **reste** n. m. **1.** Ce qui reste. *Théo a fait la plus grande partie de ses devoirs à l'étude, il fera le reste chez lui.* → **restant.** *En vacances, elle lit et le reste du temps, elle se promène,* aux autres moments. **2.** *Les restes,* la nourriture qui reste, ce qui n'a pas été mangé. *Ce soir, nous mangerons les restes.*

▷ Autre mot de la famille : RESTANT.

restituer v. (conjug. 1) ✦ Rendre à quelqu'un quelque chose qui lui appartient. → **redonner.** ❑ contr. **garder.** *Julie a restitué à Alex le stylo qu'elle lui avait emprunté.*

➤ **restitution** n. f. ✦ Le fait de rendre quelque chose à quelqu'un. *On a exigé la restitution des objets volés.*

restreindre v. (conjug. 52) ✦ Diminuer. *Ils ont restreint leurs dépenses.* → **limiter, réduire** et aussi **restriction.** ❑ contr. **accroître.** — **se restreindre,** dépenser moins. *Il va falloir se restreindre.*

➤ **restreint, restreinte** adj. ✦ Limité, étroit. *Ils vivent dans un espace restreint.* ❑ contr. **étendu.**

restriction n. f. **1.** *Sans restriction,* entièrement. → ① **réserve.** *Le projet a été adopté sans restriction.* **2.** *Des restrictions,* ce sont des privations, en temps de pénurie. → **rationnement.** *Toute la population souffre des restrictions pendant les guerres.*

résulter v. (conjug. 1) ✦ Être le résultat. *Son échec résulte de son manque de travail.* → **découler, provenir.**

➤ **résultat** n. m. **1.** Conséquence. *Sa réussite est le résultat de ses efforts.* → **aboutissement.** **2.** Manière dont une chose se termine. *Sais-tu quel est le résultat du match de football ? Il attend les résultats de son examen.* **3.** Solution d'une opération. *Léa a trouvé le résultat de la division.*

résumer v. (conjug. 1) ✦ Abréger, redire en moins de mots. → **condenser.** *Résumez ce texte en dix lignes.*

➤ **résumé** n. m. ✦ Texte qui en résume un autre. → **abrégé.** *Les élèves doivent faire un résumé de « Barbe-Bleue » en dix lignes.*

résurgence n. f. ✦ Eaux d'une rivière souterraine qui ressortent à la surface.

résurrection n. f. ✦ Retour à la vie. → aussi **ressusciter.** *À Pâques, les chrétiens fêtent la résurrection du Christ.*

résurrection (H. Memling)

rétablir v. (conjug. 2) **1.** Faire exister de nouveau. *La police a rétabli l'ordre.* → **ramener, restaurer.** **2.** **se rétablir,** retrouver la santé. *Après sa bronchite, Julie s'est vite rétablie.* → **guérir,** se **remettre.**

➤ **rétablissement** **n. m.** 1. Le fait de rétablir ce qui existait avant. *La police est intervenue pour le rétablissement de l'ordre.* 2. Guérison. *Le rétablissement du malade a été rapide. Nous vous souhaitons un prompt rétablissement.*

▷ Mots de la famille de ÉTABLIR.

retaper **v.** (conjug. 1) 1. Arranger, réparer. *Ils ont retapé une vieille ferme.* 2. Familier. **se retaper,** retrouver la santé. *Elle s'est vite retapée, après cet accident.* → se **rétablir.**

▷ Mot de la famille de TAPER.

retarder **v.** (conjug. 1) 1. Mettre en retard. *Nous avons été retardés par les embouteillages.* 2. Reporter à plus tard. → **différer, reculer,** ② **repousser.** *Le départ de l'avion a été retardé d'une heure.* 3. Indiquer une heure moins avancée que l'heure réelle. *Cette pendule retarde de cinq minutes.* ❑ contr. **avancer.**

➤ **retard** **n. m.** 1. Le fait d'arriver, d'agir ou de se produire après le moment fixé. *Paul est souvent en retard à l'école.* ❑ contr. **avance.** *Le train est arrivé avec un quart d'heure de retard.* 2. Le fait de fonctionner trop lentement. *Ma montre a pris du retard,* elle retarde.

➤ **retardataire** **n. m.** et **f.** ✦ Personne qui arrive en retard. *Les retardataires doivent attendre l'entracte pour entrer dans la salle de concert.*

➤ **retardement** **n. m.** ✦ *Une bombe à retardement,* c'est une bombe qui explose un certain temps après avoir été posée, grâce à une minuterie.

▷ Mots de la famille de TARD.

retenir **v.** (conjug. 22) 1. Empêcher de partir, faire rester. *La directrice de l'école a été retenue plus longtemps que prévu par les parents d'élèves.* 2. Maintenir en place, attacher. *Les cheveux de Léa sont retenus sur la nuque par une barrette.* 3. Garder. *On retient de l'argent sur son salaire pour payer les cotisations sociales.* 4. Faire une retenue dans une opération. *Je pose 4 et je retiens 2.* 5. Réserver. *Il a retenu une chambre d'hôtel à Cannes.* 6. Garder dans sa mémoire. *Je n'ai pas retenu son nom.* ❑ contr. **oublier.**

➤ se **retenir** **v.** 1. Faire un effort pour ne pas tomber. → s'**accrocher,** se **rattraper.** *Léa s'est retenue à la rampe.* 2. S'empêcher. *Théo s'est retenu pour ne pas éclater de rire.* 3. Se garder en mémoire. *Son nom se retient facilement.*

▷ Mots de la famille de TENIR.

retentir **v.** (conjug. 2) ✦ Résonner. *Les cloches de l'église retentissent.*

➤ **retentissant, retentissante** **adj.** 1. Qui fait beaucoup de bruit, retentit. *Il y eut un bruit retentissant.* 2. Dont on parle beaucoup. *Le film a eu un succès retentissant,* très grand. → **éclatant.**

➤ **retentissement** **n. m.** ✦ Le fait d'attirer l'attention. *Cet événement a eu un grand retentissement dans le monde,* il a provoqué beaucoup de réactions.

retenue **n. f.** 1. Prélèvement d'une somme sur un salaire. *Les retenues servent à payer les cotisations sociales.* 2. Chiffre que l'on retient pour le compter dans la colonne suivante, dans une opération. *Ton addition est fausse, tu as oublié la retenue.* 3. Punition qui consiste à garder un élève à l'école, alors qu'il n'a pas cours. *Julie a eu trois heures de retenue.* 4. Réserve, discrétion. *Léa a beaucoup de retenue.*

▷ Mot de la famille de TENIR.

réticent, réticente **adj.** ✦ Hésitant. *Elle s'est montrée très réticente avant d'accepter.*

➤ **réticence** **n. f.** ✦ Hésitation, réserve. *On sentait une certaine réticence dans ses paroles.*

rétif, rétive **adj.** ✦ *Un cheval rétif,* c'est un cheval qui refuse d'avancer, d'obéir. *Cette jument est rétive.* → **récalcitrant.** ❑ contr. **docile.**

rétine **n. f.** ✦ Membrane qui tapisse le fond de l'œil. *La rétine reçoit des impressions lumineuses et les transmet au nerf optique.*

retirer **v.** (conjug. 1) 1. Enlever, ôter. *Louise retire son blouson et ses gants.* ❑ contr. **mettre.** *On lui a retiré son permis de conduire.* → aussi **retrait.** 2. Faire sortir. *Il a retiré 100 euros à la banque.* → **prendre.** 3. Annuler ce que l'on a dit. *Je retire ce que j'ai dit,* je reviens sur ce que j'ai dit. → se **rétracter.** ❑ contr. **maintenir.** 4. Obtenir pour soi. *Elle retire beaucoup de joies de son métier,* elle en a beaucoup.

➤ se **retirer** **v.** 1. Aller dans un lieu pour y être tranquille. *Ils se sont retirés à la campagne. Elle s'est retirée des affaires,* elle les a quittées. → aussi ② **retraite.** 2. Refluer. *La mer se retire,* elle descend. ❑ contr. **monter.**

➤ **retiré, retirée** **adj.** ✦ Isolé, loin de tout. *Elle vit dans un endroit retiré.*
▷ Mots de la famille de TIRER.

retomber **v.** (conjug. 1) **1.** Toucher le sol après s'être élevé. *La fusée est retombée dans la mer.* → **redescendre.** *Le chat a glissé mais est retombé sur ses pattes. — Retomber sur ses pieds,* c'est retrouver un équilibre après avoir été en difficulté. **2.** Être rejeté. *C'est sur lui que retombent toutes les responsabilités,* c'est lui qui a toutes les responsabilités.
➤ **retombées** **n. f. pl.** **1.** Ce qui retombe. *Les retombées radioactives sont très dangereuses,* les matières radioactives qui retombent après l'explosion d'une bombe atomique. **2.** Conséquences. → **répercussion.** *Cette découverte a eu de nombreuses retombées dans la vie de tous les jours.*
▷ Mots de la famille de TOMBER.

retordre **v.** (conjug. 41) ✦ Tordre plusieurs fois. *Donner du fil à retordre à quelqu'un,* c'est lui donner du mal, lui causer des soucis.
▷ Mot de la famille de TORDRE.

rétorquer **v.** (conjug. 1) ✦ Répondre. → **répliquer.** *Alex a rétorqué au professeur que la dictée était trop difficile.*

retors [ʀətɔʀ], **retorse** [ʀətɔʀs] **adj.** ✦ Rusé, malin. *Elle est retorse en affaires,* très habile. → **roué.**

retoucher **v.** (conjug. 1) ✦ Modifier pour améliorer. *Le photographe a retouché la photo. Elle a fait retoucher sa jupe qui était trop longue.*
➤ **retouche** **n. f.** ✦ Modification faite pour corriger, améliorer. *Elle a fait faire des retouches à sa robe.*
▷ Mots de la famille de ① TOUCHER.

retouche

retourner **v.** (conjug. 1) **1.** Tourner de l'autre côté, dans l'autre sens. *Elle retourne l'escalope dans la poêle.* **2.** Renvoyer. *Comme cette lettre n'était pas pour lui, il l'a retournée à l'expéditeur.* **3.** *Retourner quelque part,* c'est aller à l'endroit d'où l'on vient ou dans un endroit où l'on est déjà allé. *Ils aimeraient retourner en Grèce. C'est l'heure de retourner à la maison.* → **regagner, rejoindre, rentrer.**
➤ se **retourner** **v.** **1.** Changer de position en tournant son corps. *Le malade se retourne dans son lit.* **2.** Tourner la tête vers l'arrière. *Elle s'est retournée quand elle a entendu qu'on l'appelait.*
➤ **retour** **n. m.** **1.** Le fait de revenir à son point de départ. *Ils ont pris un train de nuit pour le retour.* ❑ contr. ② **aller.** *Je t'appellerai à mon retour,* quand je serai rentré. **2.** Le fait d'être renvoyé. *Il m'a répondu par retour du courrier,* immédiatement, par le courrier qui a suivi mon envoi. **3.** Réapparition. *La météo annonce le retour du soleil.* **4.** *En retour,* en échange, en contrepartie. *Je te fais tes divisions, en retour tu m'aideras à faire ma rédaction.* → **compensation.**
➤ **retournement** **n. m.** ✦ Changement brusque. *Un retournement de situation.* → **renversement.**
▷ Mots de la famille de TOURNER.

retracer **v.** (conjug. 3) ✦ Raconter de façon vivante. *Cette histoire retrace la vie d'un village au 19e siècle.* → **relater.**
▷ Mot de la famille de TRACER.

rétracter **v.** (conjug. 1) ✦ Contracter en tirant vers l'arrière. *Le chat rétracte ses griffes,* il les rentre.
▷ Autre mot de la famille : RÉTRACTILE.

se **rétracter** **v.** (conjug. 1) ✦ Revenir sur ce que l'on a dit. → se **dédire.** *L'accusé a avoué, puis s'est rétracté.*

rétractile **adj.** ✦ Que l'on peut rentrer. *Le chat a des griffes rétractiles.*
▷ Mot de la famille de RÉTRACTER.

retrait **n. m.** **1.** Action de retirer, d'enlever. *Il a eu un retrait de permis de conduire pour excès de vitesse,* on lui a retiré son permis de conduire. *Elle a fait un retrait à la banque,* elle a pris de l'argent sur son compte. **2.** *En retrait,* à l'écart, en arrière. *La maison est construite en retrait de la route.*

➤ ① **retraite** n. f. 1. Recul d'une armée. *L'armée a battu en retraite,* elle s'est repliée, a reculé. 2. *Une retraite aux flambeaux,* c'est un défilé, la nuit, avec des flambeaux, des lampions.

➤ ② **retraite** n. f. 1. Situation d'une personne qui ne travaille plus à partir d'un certain âge. *Le grand-père de Théo a pris sa retraite à 65 ans. Il est à la retraite.* 2. Argent que l'on touche quand on est à la retraite. *Il touche une bonne retraite.*

➤ **retraité** n. m., **retraitée** n. f. ✦ Personne qui est à la retraite. *Un couple de retraités.* — **Adj.** *Elle est retraitée depuis un an.*

▷ Autre mot de la famille : PRÉRETRAITE.

retrancher v. (conjug. 1) 1. Enlever. → **ôter, soustraire.** *Si on retranche 4 de 12, on obtient 8.* ❑ contr. **additionner, ajouter.** 2. **se retrancher,** se mettre à l'abri, se protéger. *L'armée ennemie s'est retranchée dans la montagne.*

➤ **retranchement** n. m. ✦ Position où l'on est protégé de l'ennemi. → ① **défense, fortification.** *L'armée était protégée par de solides retranchements.*

▷ Mots de la famille de TRANCHER.

retransmettre v. (conjug. 56) ✦ Diffuser. *La télévision a retransmis le match en direct.*

➤ **retransmission** n. f. ✦ Diffusion. *Il écoute la retransmission d'un concert à la radio.*

▷ Mots de la famille de METTRE.

rétrécir v. (conjug. 2) 1. Rendre plus étroit. *La couturière a rétréci la jupe de Julie.* ❑ contr. **élargir.** 2. Devenir plus étroit. *Le pull de Paul a rétréci au lavage.* → **rapetisser.** — **se rétrécir,** devenir plus étroit. *Après le tournant, le chemin se rétrécit.* → se **resserrer.**

➤ **rétrécissement** n. m. ✦ Le fait de devenir plus étroit. *Un panneau indique un rétrécissement de la chaussée,* il indique que la chaussée se rétrécit. ❑ contr. **élargissement.**

rétribuer v. (conjug. 1) ✦ Donner de l'argent en échange d'un travail. *Ce travail est bien rétribué.* → **payer, rémunérer.**

➤ **rétribution** n. f. ✦ Argent que l'on reçoit pour un travail. → **rémunération, salaire.** *Elle ne reçoit aucune rétribution quand elle travaille pour des œuvres de bienfaisance.*

rétro adj. inv. ✦ Qui imite une mode, un style plus ancien. *Elle porte des robes rétro.*

rétro- ✦ Préfixe qui signifie « en arrière » (ex. *rétroactif, rétrospectif*).

rétroactif, rétroactive adj. ✦ *Un effet rétroactif,* qui s'applique à une période déjà passée. *Il a eu une augmentation de salaire avec effet rétroactif depuis octobre.*

▷ Mot de la famille de ACTIF.

rétrograder v. (conjug. 1) 1. Passer la vitesse inférieure, en conduisant un véhicule. *Avant le virage, il rétrograda de troisième en seconde.* 2. Perdre tout ce qu'on a acquis, régresser. ❑ contr. **progresser.** *Notre équipe a rétrogradé en deuxième division,* elle a reculé de la première à la deuxième division.

➤ **rétrograde** adj. ✦ Qui s'oppose au progrès. → **réactionnaire.** *Cette vieille dame a des idées rétrogrades.* ❑ contr. **avancé, progressiste.**

rétrospectif, rétrospective adj. ✦ Qui concerne des faits passés. *En voyant qu'il aurait pu tomber dans le ravin, il a eu une peur rétrospective,* il a eu peur après coup.

➤ **rétrospective** n. f. ✦ Présentation de l'ensemble des œuvres d'un artiste. *Ce musée présente une rétrospective des tableaux de Picasso.*

➤ **rétrospectivement** adv. ✦ Après coup, en repensant à ce qui s'est passé. *Il a eu très peur rétrospectivement.*

retrousser v. (conjug. 1) ✦ Replier une chose vers le haut. → **relever.** *Le chien retrousse ses babines et montre les dents.*

➤ **retroussé, retroussée** adj. ✦ *Un nez retroussé,* court et au bout relevé. *Julie a le nez retroussé.*

retrousser

retrouver v. (conjug. 1) 1. Trouver ce que l'on cherchait et que l'on n'avait plus. *Louise a retrouvé sa montre sous son lit.* → **récupérer.**

La police retrouvera sûrement les prisonniers évadés. Je ne retrouve plus son nom. **2.** Rejoindre. *Partez devant, je vous retrouverai dans une heure.*

➤ **se retrouver** **v. 1.** Être de nouveau en présence l'un de l'autre. *Julie et Léa se sont retrouvées chez Paul.* → se **réunir. 2.** Se trouver tout à coup dans une situation. *Après la mort de son mari, elle s'est retrouvée bien seule.*

➤ **retrouvailles** **n. f. pl.** ✦ Moment où l'on se retrouve après une séparation. *Ils ont fêté leurs retrouvailles.*

▷ Mots de la famille de TROUVER.

rétroviseur **n. m.** ✦ Petit miroir qui permet au conducteur de voir derrière lui sans avoir à se retourner. *Avant de doubler, il regarde dans le rétroviseur.*

▷ Mot de la famille de VOIR.

rétroviseur

réunifier **v.** (conjug. 7) ✦ Rendre son unité à ce qui l'avait perdue. *Le Viêtnam a été réunifié en 1976.*

➤ **réunification** **n. f.** ✦ Le fait de rendre son unité à ce qui l'avait perdue. *La réunification de l'Allemagne a eu lieu en 1990.*

▷ Mots de la famille de UN.

réunir **v.** (conjug. 2) **1.** Mettre ensemble. → **grouper, rassembler.** *La grand-mère de Léa a réuni ses enfants et ses petits-enfants pour Noël.* **2. se réunir,** se retrouver ensemble au même endroit. *Réunissons-nous pour en discuter.*

➤ **réunion** **n. f.** ✦ Fait de réunir des personnes ; ensemble de personnes qui se rassemblent. *Le père de Paul a une réunion importante ce matin. La grand-mère de Léa adore les réunions de famille.*

▷ Mots de la famille de UN.

réussir **v.** (conjug. 2) **1.** Obtenir un bon résultat. ❏ contr. **échouer, rater.** *Je veux bien essayer, mais je ne suis pas sûr de réussir.* **2.** Parvenir. *Le coureur a réussi à dépasser tous ses concurrents.* → **arriver. 3.** Faire du bien, être bénéfique. *Les vacances te réussissent, tu as une mine superbe.*

➤ **réussite** **n. f. 1.** Succès. *C'est une belle réussite ! Nous allons fêter sa réussite à son examen.* ❏ contr. **échec. 2.** Jeu de cartes où l'on joue seul. *Louise aime bien faire des réussites.*

revaloir **v.** (conjug. 29) ✦ Rendre la pareille. *Je te remercie de m'avoir aidé, je te revaudrai cela,* je t'aiderai à mon tour quand l'occasion se présentera.

▷ Mot de la famille de VALOIR.

revaloriser **v.** (conjug. 1) ✦ Augmenter la valeur de quelque chose. *Le directeur de l'usine a revalorisé les salaires les plus bas,* il les a augmentés. ❏ contr. **baisser, diminuer.**

➤ **revalorisation** **n. f.** ✦ Le fait d'augmenter la valeur de quelque chose. *La revalorisation de la monnaie d'un pays.*

▷ Mots de la famille de VALORISER.

revanche **n. f. 1.** *Prendre sa revanche,* c'est se venger, reprendre l'avantage. *Notre équipe a perdu le match, mais elle va prendre sa revanche !* **2.** Partie, match qui donne au

réunion de famille (F. Bazille, 1867)

perdant une chance de gagner. *Tu as perdu la première manche, nous allons faire la revanche.* **3.** **En revanche,** en contrepartie. *Théo est mauvais en français, en revanche il est excellent en calcul.*

rêvasser **v.** (conjug. 1) ✦ Penser à des choses vagues, rêver à moitié. *Louise rêvasse au lieu de travailler.*
▷ Mot de la famille de RÊVER.

rêve **n. m.** **1.** Suite d'images formant souvent une histoire, qui se présentent à l'esprit quand on dort. → **songe** et aussi **cauchemar.** *Dors bien, fais de beaux rêves !* **2.** Chose que l'on aimerait bien faire ou avoir. *Le rêve de Léa serait d'avoir beaucoup d'animaux.*
▷ Mot de la famille de RÊVER.

rêvé, rêvée **adj.** ✦ Idéal. *Les vacances toute l'année et pas d'école, ce serait la vie rêvée pour Alex !*
▷ Mot de la famille de RÊVER.

revêche **adj.** ✦ Qui est désagréable, a mauvais caractère. *Une vieille femme revêche.* → **acariâtre.** ❑ contr. **agréable, avenant.**

réveiller **v.** (conjug. 1) ✦ Éveiller, tirer du sommeil. *Louise a été réveillée par l'orage.* — **se réveiller,** sortir du sommeil. *Paul se réveille tous les matins à 7 heures.* ❑ contr. **s'endormir.** — *Il ne faut pas réveiller le chat qui dort,* il ne faut pas aller au-devant des dangers, des difficultés.

➤ **réveil** **n. m.** **1.** Moment où l'on se réveille. *Alex est souvent de mauvaise humeur au réveil.* **2.** Petite pendule munie d'une sonnerie qui se déclenche à l'heure où l'on veut être réveillé. *Le réveil de Julie a sonné à 8 heures.* → aussi **radio-réveil.**
▷ Mots de la famille de ② VEILLE.

réveillon **n. m.** ✦ Repas de fête que l'on fait la nuit de Noël et la nuit du 31 décembre. *Il y avait de la dinde pour le réveillon du jour de l'an.*

➤ **réveillonner** **v.** (conjug. 1) ✦ Faire un réveillon. *Chaque année, Paul réveillonne chez sa grand-mère.*
▷ Mots de la famille de ② VEILLE.

révéler **v.** (conjug. 6) **1.** Faire connaître ce qui était inconnu ou secret. → **dévoiler, divulguer.** *Alex a pris Théo à part pour lui révéler un secret.* **2.** **se révéler,** apparaître. *Ce travail s'est révélé plus facile qu'on ne pensait.* → **se montrer.**

➤ **révélateur, révélatrice** **adj.** ✦ Significatif. *Son silence est révélateur.*

➤ **révélation** **n. f.** ✦ Chose que l'on dévoile, fait connaître. *Le témoin a fait des révélations à la police.*

revenant **n. m.** ✦ Mort qui est supposé revenir errer sur terre. → **fantôme,** ① **spectre.** *Il croit aux histoires de revenants.*
▷ Mot de la famille de VENIR.

revendiquer **v.** (conjug. 1) **1.** Réclamer une chose à laquelle on pense avoir droit. *Les grévistes revendiquent une augmentation de salaire.* **2.** Assurer être l'auteur d'un acte criminel. *L'attentat a été revendiqué par un groupe terroriste.*

➤ **revendication** **n. f.** ✦ Réclamation. *Le patron a écouté les revendications du personnel.*

revendre **v.** (conjug. 41) ✦ Vendre une chose que l'on a achetée. *Il a revendu sa vieille voiture pour en acheter une neuve.* → aussi **revente.**
▷ Mot de la famille de VENDRE.

revenir **v.** (conjug. 22) **1.** Venir de nouveau. *Je reviendrai demain.* → ① **repasser.** **2.** Rentrer. *Les enfants reviennent de l'école à 16 heures.* **3.** Être de nouveau présent à l'esprit. *Son nom me revient, maintenant !* je m'en souviens alors que je l'avais oublié. **4.** *Revenir à soi,* c'est reprendre conscience. *Louise, qui s'était évanouie, est revenue à elle.* **5.** *Ne pas en revenir,* être très étonné. *Vraiment, je n'en reviens pas !* **6.** Familier. Plaire. *Sa tête ne me revient pas.* **7.** Coûter. *Ce voyage nous est revenu assez cher.* **8.** Changer d'avis. *Il ne reviendra pas sur sa décision.* **9.** *Revenir à un sujet,* c'est se remettre à en parler. — *Revenons à nos moutons,* arrêtons de parler d'autre chose. **10.** *Faire revenir un aliment,* c'est le faire dorer dans de la matière grasse. → **rissoler.** *Faites revenir du beurre et des oignons dans une poêle.*

➤ **revenu** **n. m.** ✦ Argent dont on dispose. *Il a de gros revenus. On paie un impôt sur le revenu,* sur l'argent que l'on gagne.
▷ Mots de la famille de VENIR.

revente **n. f.** ✦ Action de vendre une chose que l'on a achetée. *Il a passé une annonce pour la revente de son ordinateur.* ❑ contr. **rachat.**
▷ Mot de la famille de VENDRE.

rêver **v.** (conjug. 1) **1.** Faire un rêve. *Théo a rêvé qu'il était attaqué par un ours. J'ai rêvé de toi.* **2.** Laisser aller son imagination. → **rêvasser.**

À quoi penses-tu, Louise, tu rêves ? 3. Souhaiter. *Alex rêve d'être en vacances toute l'année.*
▷ Autres mots de la famille : RÊVASSER, RÊVE, RÊVÉ, RÊVERIE, RÊVEUR.

réverbérer v. (conjug. 6) ✦ Renvoyer la lumière ou la chaleur. *Le mur blanc réverbère la lumière.* → **réfléchir.**

➤ **réverbération** n. f. ✦ Phénomène par lequel la lumière ou la chaleur se reflète. *Paul est ébloui par la réverbération du soleil sur la neige,* par le reflet du soleil sur la neige. → **réflexion.**

➤ **réverbère** n. m. ✦ Lampadaire qui sert à éclairer les rues.

réverbère

reverdir v. (conjug. 2) ✦ Redevenir vert. *Au printemps, les arbres reverdissent.*

révérence n. f. ✦ Salut que l'on fait en inclinant le buste et en pliant les genoux. *On fait la révérence devant les rois et les reines.*

révérer v. (conjug. 6) ✦ Manifester du respect. → **honorer, respecter.** *Les chrétiens révèrent Dieu.*

rêverie n. f. ✦ Chose qui vient à l'esprit quand on laisse aller son imagination. → **songerie.** *Louise était plongée dans une profonde rêverie.*
▷ Mot de la famille de RÊVER.

revers n. m. 1. Côté opposé au côté principal d'un objet. → ② **envers.** *Le revers d'une feuille de papier.* → **dos, verso.** ❏ contr. **endroit, recto.** — *C'est le revers de la médaille,* c'est le côté désagréable de la chose. 2. Au tennis et au ping-pong, coup de raquette effectué avec le dos de la main en avant. *Ce joueur a un excellent revers.* 3. Partie d'un vêtement qui forme un repli. *Il porte un pantalon à revers.* 4. Événement malheureux. *Il a eu beaucoup de revers dans sa vie.* → **malheur.**

réversible adj. ✦ Qui peut être mis à l'endroit ou à l'envers. *Julie a un imperméable réversible.*
▷ Autre mot de la famille : IRRÉVERSIBLE.

revêtir v. (conjug. 20) 1. Mettre un vêtement. *Les invités avaient revêtu leurs plus beaux atours pour le bal.* 2. Recouvrir une surface pour décorer ou protéger. *Les routes sont revêtues de bitume.*

➤ **revêtement** n. m. ✦ Matière qui recouvre une surface. *La moquette et le linoléum sont des revêtements de sol.*
▷ Mots de la famille de VÊTIR.

rêveur, rêveuse adj. ✦ Qui se laisse souvent aller à la rêverie. *Louise est une enfant rêveuse.* — N. *C'est un doux rêveur !*
▷ Mot de la famille de RÊVER.

revient n. m. ✦ *Le prix de revient d'un objet,* c'est ce qu'un objet coûte au fabricant tous frais compris. *Le prix de vente est égal au prix de revient augmenté du bénéfice.*
▷ Mot de la famille de VENIR.

revigorer v. (conjug. 1) ✦ Redonner de la vigueur, de la force. → **ragaillardir;** fam. **ravigoter.** *Ce petit café m'a revigoré.* → **réconforter, remonter.**

revirement n. m. ✦ Changement brusque d'opinion ou de décision. *Personne ne s'attendait à ce revirement.*
▷ Mot de la famille de VIRER.

réviser v. (conjug. 1) 1. Revoir ce que l'on a appris. *Paul révise une dernière fois sa leçon.* → ③ **repasser.** 2. Vérifier le fonctionnement d'un objet. *Il fait régulièrement réviser sa voiture.*

➤ **révision** n. f. 1. Action de revoir ce que l'on a appris. *Il fait des révisions avant son examen.* 2. Examen par lequel on vérifie qu'un objet, qu'un mécanisme fonctionne bien. *Il a laissé sa voiture au garage pour la révision des 10 000 kilomètres.*

revivre v. (conjug. 46) 1. Vivre de nouveau. *Je n'aimerais pas revivre cette expérience.* 2. Retrouver ses forces, son énergie. *Au printemps, on se sent revivre.* 3. *Faire revivre,* évoquer de manière vivante. *Ce film fait revivre les débuts de l'aviation.*
▷ Mot de la famille de ① VIVRE.

révocation n. f. ✦ Annulation d'une décision, d'une loi. → aussi **révoquer.** *La révo-*

cation de l'édit de Nantes par Louis XIV date de 1685.
▷ Mot de la famille de RÉVOQUER.

revoir **v.** (conjug. 30) **1.** Voir de nouveau. *Il a revu par hasard un vieil ami d'enfance.* **2.** Voir de nouveau par le souvenir. *Elle revoyait la scène.* **3.** Réviser. *Léa revoit ses leçons.* → ③ **repasser.**
➤ **au revoir** **interj.** ✦ Mots que l'on dit en quittant quelqu'un que l'on doit revoir. *Au revoir, à demain !* ❏ contr. **bonjour.**
▷ Mots de la famille de VOIR.

révolter **v.** (conjug. 1) ✦ Provoquer la colère et l'indignation. *Cette injustice me révolte.*
➤ **se révolter** **v.** **1.** Refuser d'obéir. → **s'insurger,** se **soulever.** *Le peuple se révolta contre le tyran.* **2.** S'indigner. *Léa se révolte toujours contre l'injustice.*
➤ **révoltant, révoltante** **adj.** ✦ Qui provoque l'indignation, la colère. *Il est d'une mauvaise foi révoltante.*
➤ **révolte** **n. f.** **1.** Soulèvement d'un groupe de gens contre ceux qui les gouvernent. *Au Moyen Âge, il y avait de nombreuses révoltes chez les serfs exploités par les seigneurs.* **2.** Mouvement d'indignation, de colère. *Cette punition injuste a provoqué des sursauts de révolte dans la classe.*

révolte (Delacroix)

➤ **révolté, révoltée** **adj.** ✦ Indigné, en révolte contre quelqu'un ou quelque chose. *C'est un adolescent révolté.*

révolu, révolue **adj.** ✦ Passé, terminé. *C'est une époque révolue. Elle a quinze ans révolus,* elle a entre 15 et 16 ans.

révolution **n. f.** **1.** Tour complet que fait un astre autour d'un autre. *La révolution de la Terre autour du Soleil s'effectue en une année.* **2.** Changement brutal de régime politique. *La Révolution française de 1789 a provoqué la chute de la royauté et l'avènement de la république.* **3.** Changement profond. *Les impressionnistes ont opéré une révolution dans la peinture.*
➤ **révolutionnaire** **adj.** et **n. m.** et **f.**
■ **adj.** **1.** De la révolution. *Dans le calendrier révolutionnaire les semaines comptaient dix jours.* **2.** Qui apporte des changements considérables. *L'automobile et le téléphone ont été des inventions révolutionnaires.*
■ **n. m.** et **f.** Personne qui fait une révolution. *Robespierre, Danton, Marat étaient des révolutionnaires.*
➤ **révolutionner** **v.** (conjug. 1) ✦ Transformer complètement. → **bouleverser.** *La machine à vapeur a révolutionné l'industrie.*

revolver [ʀevɔlvɛʀ] **n. m.** ✦ Arme à feu automatique, à canon court, que l'on tient d'une seule main. → aussi **pistolet.** *On entendit un coup de revolver.*
● Ce mot vient de l'anglais.

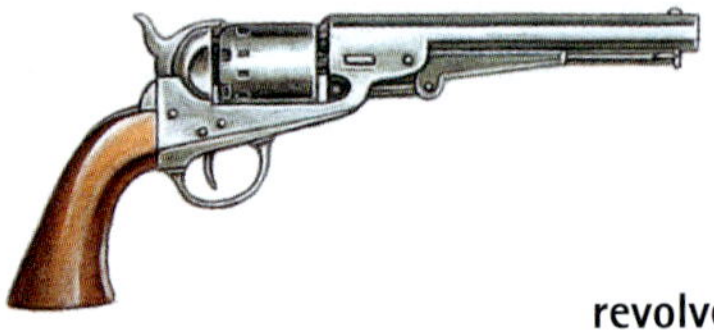

revolver

révoquer **v.** (conjug. 1) **1.** Chasser de son poste. → **démettre, destituer.** *Ce fonctionnaire malhonnête a été révoqué.* **2.** Annuler une décision, une loi. *Louis XIV révoqua l'édit de Nantes en 1685.*
▷ Autres mots de la famille : IRRÉVOCABLE, RÉVOCATION.

① **revue** **n. f.** ✦ Journal souvent illustré, paraissant à intervalles réguliers. → **périodique.** *Elle lit des revues féminines.* → **journal, magazine.**
▷ Mot de la famille de VOIR.

② **revue** **n. f.** 1. Défilé militaire. *La revue du 14 Juillet.* 2. *Passer en revue,* examiner un à un. *Nous avons passé en revue les différents problèmes.*
▷ Mot de la famille de VOIR.

se **révulser** **v.** (conjug. 1) ✦ Se retourner. *Elle s'est évanouie et ses yeux se sont révulsés,* ses yeux se sont retournés de telle sorte qu'on n'en voyait plus que le blanc.

rez-de-chaussée **n. m. inv.** ✦ Partie d'un immeuble, d'une maison qui est au niveau de la rue. *Ils habitent un appartement au rez-de-chaussée.* — Au pl. *Des rez-de-chaussée.*
▷ Mot de la famille de CHAUSSÉE.

rhabiller **v.** (conjug. 1) ✦ Habiller quelqu'un qui était déshabillé. *Léa déshabille et rhabille sa poupée pendant des heures.* — **se rhabiller,** remettre ses vêtements. *Après s'être baignée dans la piscine, elle s'est rhabillée dans sa cabine.*
▷ Mot de la famille de HABILLER.

rhétorique **n. f.** ✦ Art de bien parler, de faire des discours. *Autrefois, on étudiait la rhétorique à l'école.*
● Attention au *h* après le *r* initial.

rhinocéros [ʀinɔseʀɔs] **n. m.** ✦ Gros animal d'Afrique et d'Asie, à peau très épaisse, portant une ou deux cornes sur le museau. *Les rhinocéros sont des herbivores qui vivent dans la savane et les régions marécageuses.*
● Attention au *h* après le *r* initial.

rhinopharyngite **n. f.** ✦ Inflammation des fosses nasales et du pharynx. *Julie n'est pas allée à l'école parce qu'elle a une rhinopharyngite.*
▷ Mot de la famille de PHARYNX.

rhizome **n. m.** ✦ Tige de certaines plantes, qui pousse sous la terre. *Des rhizomes d'iris.*

rhododendron [ʀɔdɔdɛ̃dʀɔ̃] **n. m.** ✦ Arbuste à fleurs roses ou rouges, qui ressemble beaucoup à l'azalée. *Un massif de rhododendrons.*

rhubarbe **n. f.** ✦ Plante à larges feuilles, dont la tige au goût acide peut se manger. *Elle a fait de la compote de rhubarbe.*

rhum [ʀɔm] **n. m.** ✦ Alcool fabriqué avec du jus de canne à sucre. *Paul mange un baba au rhum.*

rhumatisme **n. m.** ✦ Douleur dans les articulations. *La grand-mère de Julie a des rhumatismes.*

rhume **n. m.** ✦ Maladie sans gravité qui fait éternuer et se moucher très souvent. *Alex a pris froid sous l'averse et a attrapé un gros rhume.*
▷ Autre mot de la famille : S'ENRHUMER.

ribambelle **n. f.** ✦ Familier. Grand nombre. *Théo a une ribambelle de cousins.*

ricaner **v.** (conjug. 1) ✦ Rire bêtement ou pour se moquer. *Léa a trébuché et Paul a ricané méchamment.*

➤ **ricanement** **n. m.** ✦ Rire bête ou méprisant. *Cessez vos ricanements idiots !*

riche **adj.** 1. Qui a beaucoup d'argent, possède beaucoup de choses. ❏ contr. **pauvre.** *Ils sont très riches.* → **fortuné, richissime.** *Être riche comme Crésus,* c'est être extrêmement riche. — **N.** *Les riches et les pauvres. On ne prête qu'aux riches,* les qualités que l'on attribue à quelqu'un sont fondées sur sa réputation. 2. Fertile. *Dans la vallée, le sol est très riche.* ❏ contr. **stérile.** 3. Qui contient de nombreux éléments. *Les fruits sont riches en vitamines.*

➤ **richement** **adv.** ✦ D'une manière luxueuse, somptueuse. *La princesse était richement vêtue.* ❏ contr. **pauvrement.**

➤ **richesse** **n. f.** 1. Le fait de posséder de grandes quantités de biens, d'argent. *C'était un roi d'une fabuleuse richesse,* très riche. ❏ contr. **pauvreté.** 2. *Les richesses d'un pays,* ce sont ses ressources. *Le pétrole constitue la principale richesse du sous-sol de ce pays.*

➤ **richissime** **adj.** ✦ Extrêmement riche.
▷ Autres mots de la famille : ENRICHIR, ENRICHISSEMENT.

rhubarbe

ricochet **n. m.** ✦ Rebond d'un objet plat qu'on lance à la surface de l'eau. *Paul cherche des cailloux pour faire des ricochets dans la mare.*

➤ **ricocher** **v.** (conjug. 1) ✦ Rebondir, faire des ricochets. *Le caillou a ricoché plusieurs fois sur le lac.*

rictus [Riktys] **n. m.** ✦ Sorte de grimace. *En se tordant la cheville, Julie eut un rictus de douleur.*

ride **n. f.** **1.** Petit pli de la peau sur le visage et sur le cou. *Elle a des rides sur le front.* **2.** Petit pli à la surface de l'eau. *La mer était calme ; il n'y avait pas une ride.*

ridé, ridée **adj.** ✦ Marqué de rides. *Il a la peau ridée.*

▷ Mot de la famille de RIDER.

rideau **n. m.** **1.** Morceau de tissu suspendu à une fenêtre pour tamiser la lumière ou isoler une pièce de l'extérieur. *Les rideaux sont suspendus à une tringle. Le soir, il ferme les volets de sa chambre et tire les rideaux.* **2.** Grande draperie qui sépare la scène de la salle, dans un théâtre. *Le rideau se lève, la pièce va commencer.*

rider **v.** (conjug. 1) **1. se rider,** c'est se marquer de rides. *Quand on vieillit, le visage se ride.* **2.** Marquer de plis une surface liquide. *Le vent ridait légèrement la mer.*

▷ Autres mots de la famille : DÉRIDER, RIDE, RIDÉ.

ridicule **adj.** et **n. m.**

■ **adj.** **1.** Qui donne envie de rire, de se moquer. *Quel chapeau ridicule !* → **grotesque.** **2.** Absurde, idiot. *Ce serait ridicule de rester chez soi avec ce beau temps.* **3.** Insignifiant, dérisoire. *Il a acheté cette maison pour un prix ridicule.*

■ **n. m.** Ce qui fait que quelque chose donne envie de rire, de se moquer. *Il n'a vraiment pas le sens du ridicule. Il s'est couvert de ridicule.*

➤ **ridiculiser** **v.** (conjug. 1) ✦ Rendre ridicule. *Il a ridiculisé sa femme en public.* — **se ridiculiser,** se rendre ridicule. *Tu te ridiculises, avec ce chapeau !*

rien **pronom** et **n. m.**

■ **pronom indéfini** Aucune chose. ❑ contr. **quelque chose.** *Allume, je ne vois rien. Alex n'a peur de rien. Léa n'a rien dit du tout. Cet objet ne sert à rien. Cela ne fait rien,* cela n'est pas grave, cela n'a pas d'importance. *Il n'y a rien d'intéressant à la télévision ce soir. Paul a attendu Théo pour rien,* inutilement.

■ **n. m.** **1.** Peu de chose. *Louise pleure pour un rien. Il perd son temps à des riens,* à des bêtises. **2.** *En un rien de temps,* en très peu de temps. *Le chien a mangé sa pâtée en un rien de temps,* très vite.

▷ Autre mot de la famille : VAURIEN.

rieur, rieuse **adj.** ✦ Qui rit souvent. *Un visage rieur.* → **gai, souriant.**

▷ Mot de la famille de ① RIRE.

visage **rieur** (F. Hals)

rigide **adj.** **1.** Dur, qui ne se déforme pas. *Un livre à couverture rigide.* ❑ contr. **souple,** ① **mou.** **2.** Rigoureux, strict. *Elle a reçu une éducation très rigide.*

➤ **rigidité** **n. f.** **1.** Caractère de ce qui est rigide, dur, de ce que l'on ne peut pas plier. *La rigidité d'un carton.* **2.** Caractère d'une personne rigoureuse, stricte. → **sévérité.**

rigolade **n. f.** ✦ Familier. Le fait de rire, de s'amuser. *Quelle rigolade ! Il a pris cela à la rigolade,* il s'en est amusé, l'a pris comme une plaisanterie.

▷ Mot de la famille de RIGOLER.

rigole **n. f.** **1.** Petit fossé qui sert à l'écoulement de l'eau. → aussi **caniveau.** *L'agriculteur a creusé des rigoles pour l'irrigation du champ.* **2.** Petit filet d'eau qui ruisselle. *La pluie fait des rigoles sur le sol.*

rigoler **v.** (conjug. 1) ✦ Familier. Rire, s'amuser. *Théo a fait rigoler toute la classe. On a bien rigolé.*

➤ **rigolo, rigolote** **adj.** ✦ Familier. Drôle, amusant. → fam. **marrant.** *C'est rigolo, ce que tu dis ! Il raconte des histoires rigolotes. Son père est très rigolo.*

▷ Autre mot de la famille : RIGOLADE.

rigoureux, rigoureuse **adj.** 1. Dur à supporter. → **rude.** *L'hiver a été rigoureux.* ❏ contr. **doux.** 2. Très précis. *Le raisonnement mathématique est rigoureux.*

➤ **rigoureusement** **adv.** ✦ D'une manière rigoureuse, stricte. *Il est rigoureusement interdit de fumer.* → **absolument.**

▷ Mots de la famille de RIGUEUR.

rigueur **n. f.** 1. Grande sévérité. → **dureté.** *Les coupables ont été châtiés avec rigueur. Tu m'as fait de la peine, mais je ne t'en tiens pas rigueur,* je ne t'en veux pas. 2. Dureté, caractère pénible d'une chose. *Au Canada, la rigueur de l'hiver est très grande.* ❏ contr. **douceur.** 3. Exactitude, précision. *Elle fait preuve de rigueur dans son travail.* 4. *De rigueur,* obligatoire. *À cette réception, la tenue de soirée est de rigueur.* 5. *À la rigueur,* s'il le faut vraiment. *À la rigueur, on peut commencer la réunion sans lui.*

▷ Autres mots de la famille : RIGOUREUSEMENT, RIGOUREUX.

rillettes **n. f. pl.** ✦ Pâté fait de viande de porc ou d'oie hachée et cuite dans la graisse. *Un sandwich aux rillettes.*

rimer **v.** (conjug. 1) 1. Se terminer par le même son. « *Épice* » *rime avec* « *réglisse* ». 2. *Tout cela ne rime à rien,* n'a aucun sens.

➤ **rime** **n. f.** ✦ Dernier mot d'un vers qui finit par le même son que le dernier mot d'un autre vers. *Léa cherche une rime en « -our ».*

rincer **v.** (conjug. 3) ✦ Nettoyer à l'eau pure. *Il lave les verres, puis les rince. Julie s'est rincé les cheveux à l'eau froide.*

➤ **rinçage** **n. m.** ✦ Action de rincer, de passer à l'eau pour enlever les produits de lavage. *La machine à laver fait plusieurs rinçages avant l'essorage.*

ring [Riŋ] **n. m.** ✦ Estrade carrée entourée de cordes où se déroule un match de boxe ou de catch. *Les boxeurs sont montés sur le ring.*

● Ce mot vient de l'anglais.

ringard, ringarde **adj.** ✦ Familier. Démodé ou de mauvaise qualité. *Nous avons vu un film ringard. Sa robe est vraiment ringarde.* → fam. **tarte.**

riposte **n. f.** ✦ Réaction de défense très rapide. *La riposte de l'ennemi a été foudroyante.* → **contre-attaque.**

➤ **riposter** **v.** (conjug. 1) 1. Répondre vivement pour se défendre. → **répliquer.** *Théo a riposté qu'il ne rangerait pas sa chambre.* 2. Réagir à une attaque en attaquant à son tour. *L'ennemi a immédiatement riposté.* → **contre-attaquer.**

① **rire** **v.** (conjug. 36) 1. Montrer de la gaieté par l'expression du visage et le souffle qui sort de la bouche par petites secousses sonores. *La farce a réussi, les enfants éclatent de rire. Le bébé rit aux éclats.* 2. S'amuser. *Alex aime mieux rire que travailler.* → fam. **rigoler.** — *Rira bien qui rira le dernier,* se dit de quelqu'un qui triomphe et dont on espère triompher bientôt. 3. *Rire de quelqu'un,* c'est se moquer de lui. *Léa est susceptible ; elle n'aime pas qu'on rie d'elle.* 4. Plaisanter. *J'ai dit cela juste pour rire,* ce n'était pas sérieux.

➤ ② **rire** **n. m.** ✦ Ce que fait une personne qui rit. *Théo a un rire très sonore. Louise et Julie ont eu une crise de fou rire,* elles ne pouvaient plus s'empêcher de rire.

➤ **risée** **n. f.** ✦ Moquerie. *Avec ce chapeau ridicule, elle est la risée de tout le monde,* tout le monde se moque d'elle.

➤ **risible** **adj.** ✦ Qui donne envie de rire, de se moquer. → **ridicule, grotesque.** *Ses mensonges sont risibles tellement ils sont gros.*

▷ Autres mots de la famille : PINCE-SANS-RIRE, RIEUR, SOURIANT, ① ET ② SOURIRE.

ris [Ri] **n. m.** ✦ *Le ris de veau,* c'est une glande située dans le cou du veau. *Ils ont mangé des ris de veau.* ❍ homonyme : riz.

ring

risque **n. m.** ✦ Danger possible. *Cette escalade présente beaucoup de risques. Les pompiers prennent des risques pour combattre les incendies,* ils s'exposent à des dangers.

➤ **risquer** **v.** (conjug. 1) **1.** Courir un danger. *Les alpinistes risquent parfois leur vie,* ils mettent leur vie en danger. — *Qui ne risque rien n'a rien,* si l'on ne prend jamais de risques, on ne remporte jamais de succès. **2.** Pouvoir. *Le vent risque de rallumer l'incendie.*

➤ **risqué, risquée** **adj.** ✦ Qui comporte des risques. → **dangereux, hasardeux.** *C'est une entreprise trop risquée.* ❏ contr. **sûr.**

➤ **risque-tout** **n. m. et f. inv.** ✦ Personne audacieuse qui oublie la prudence. → **casse-cou.** *Alex et Paul sont des risque-tout.* ▷ Mot de la famille de ① TOUT.

rissoler **v.** (conjug. 1) ✦ *Faire rissoler un aliment,* le faire cuire, dorer dans de la graisse chaude. → **revenir.** *Faites rissoler les oignons dans la poêle.*

ristourne **n. f.** ✦ Réduction faite sur un prix. → **rabais, remise.** *La vendeuse m'a fait une ristourne de 10 %.*

rite **n. m.** **1.** Ensemble des cérémonies en usage dans une religion. *Paul a été baptisé selon le rite catholique.* **2.** Habitude. *Chez eux, tous les dimanches, on mange du poulet, c'est un rite.*

➤ **rituel** **adj. et n. m.**, **rituelle** **adj.**

■ **adj.** **1.** Qui fait partie d'un rite. *Des chants rituels accompagnent la danse des Indiens.* **2.** Habituel. *Tous les dimanches, mon père fait sa promenade rituelle autour du lac.*

■ **n. m.** Ensemble de rites, d'habitudes. *Le déjeuner du dimanche, c'est tout un rituel, chez eux.*

ritournelle **n. f.** ✦ Air, chanson avec des couplets et un refrain répétés sans cesse.

rivage **n. m.** ✦ Partie de la terre qui borde la mer. → ③ **côte, littoral.** *Le bateau s'approche du rivage.*

▷ Mot de la famille de RIVE.

rival **n. m.** (pl. **rivaux**), **rivale** **n. f.** ✦ Personne qui lutte contre d'autres pour gagner. → **adversaire, concurrent.** *Le champion de tennis a battu un à un tous ses rivaux.* — **Adj.** *Les deux équipes rivales se rencontreront demain.*

➤ **rivaliser** **v.** (conjug. 1) ✦ Se battre, lutter. *Notre équipe ne peut pas rivaliser avec la vôtre, elle est trop faible.*

➤ **rivalité** **n. f.** ✦ Lutte qui oppose des rivaux. *La rivalité entre deux équipes adverses.* → **concurrence.**

rive **n. f.** ✦ Partie de la terre qui borde un cours d'eau, un lac ou un étang. → **berge,** ① **bord.** *Les rives du fleuve sont marécageuses.*

➤ **riverain** **n. m.**, **riveraine** **n. f.** **1.** Personne qui habite sur la rive d'un cours d'eau, d'un lac. *Les crues du fleuve ont inondé les maisons des riverains.* **2.** Personne dont la maison borde une rue. *Stationnement interdit, sauf aux riverains,* sauf aux personnes qui habitent cette rue.

▷ Autres mots de la famille : DÉRIVATIF, DÉRIVATION, DÉRIVE, ① DÉRIVER, DÉRIVEUR, RIVAGE, RIVIÈRE.

river **v.** (conjug. 1) **1.** Assembler par des clous spéciaux. → aussi **rivet.** *Il a rivé deux plaques de tôle.* **2.** *Avoir les yeux rivés sur quelque chose,* ne pas le quitter des yeux. *Paul avait les yeux rivés sur le gâteau.*

➤ **rivet** **n. m.** ✦ Sorte de clou aux extrémités aplaties, servant à fixer très solidement. *Ces plaques de tôle sont fixées les unes aux autres par des rivets.*

rivière **n. f.** ✦ Cours d'eau qui se jette dans un autre cours d'eau. → aussi **fleuve.** *Les enfants se sont baignés dans la rivière.*

▷ Mot de la famille de RIVE.

rixe **n. f.** ✦ Violente bagarre. *Il y a eu une rixe dans la rue.*

riz [ʀi] **n. m.** ✦ Céréale des pays chauds et humides, dont les grains contiennent de l'amidon. *Beaucoup de pays d'Asie produisent du riz. Nous avons mangé de la poule au riz.* ❍ homonyme : ris.

➤ **rizière** **n. f.** ✦ Terrain recouvert d'eau où l'on cultive le riz.

robe **n. f.** **1.** Vêtement de femme fait d'une seule pièce, de longueur variable, avec ou sans manches. *Julie porte une robe d'été très courte.* **2.** Vêtement long et ample porté par les avocats et les magistrats. **3.** *Une robe de chambre,* c'est un vêtement long et large, à manches, que l'on porte pour rester chez soi. → aussi **peignoir.** *Elle enfila sa robe de chambre par-dessus son pyjama.* **4.** Pelage de certains animaux. *La panthère a une robe tachetée.*

▷ Autre mot de la famille : GARDE-ROBE.

robinet **n. m.** ✦ Dispositif qui permet d'ouvrir ou de fermer le passage à un liquide ou à un gaz. *Julie ouvre à fond le robinet d'eau chaude.* → aussi **mélangeur** et **mitigeur.**

robot **n. m.** **1.** Automate à l'aspect humain, capable de bouger et d'agir. *Les robots des* *films de science-fiction.* **2.** Mécanisme qui peut remplacer dans certains cas le travail de l'homme. *Les usines automobiles utilisent des robots.* **3.** Appareil électroménager qui sert à moudre, hacher, mixer, couper en rondelles, râper. *Elle râpe des carottes avec un robot.* **4.** *Un portrait-robot,* un portrait obtenu à partir de témoignages. *Le commissaire a établi un portrait-robot du criminel.* — Au pl. *Des portraits-robots.*

➤ **robotique** n. f. ✦ Ce qui permet l'invention et la construction de robots.

➤ **robotisation** n. f. ✦ Mise en place de robots, de machines automatiques. *La robotisation de l'industrie automobile.*

➤ **robotisé, robotisée** adj. ✦ Équipé de robots. *Une usine robotisée.*

robuste adj. ✦ Fort et résistant. → **vigoureux.** *Alex est un garçon robuste. Léa a une santé robuste.* ❏ contr. **fragile.**

➤ **robustesse** n. f. ✦ Solidité. ❏ contr. **fragilité.** *La robustesse d'une machine.*

roc n. m. ✦ Matière rocheuse et dure. *Des marches ont été taillées dans le roc.* ❍ homonyme : rock.

▷ Mot de la famille de ROCHE.

rocade n. f. ✦ Route qui contourne une ville. *On a construit une rocade autour de la ville.*

rizière

rocaille

rocaille n. f. ✦ Amas de pierres disposées de manière à décorer un jardin. *Des campanules et des œillets poussaient au milieu de la rocaille.*

➤ **rocailleux, rocailleuse** adj. **1.** Plein de pierres. → **caillouteux, pierreux.** *Un petit chemin rocailleux mène à la ferme.* **2.** *Une voix rocailleuse,* rauque.

▷ Mots de la famille de ROCHE.

rocambolesque adj. ✦ Plein de péripéties incroyables, extravagant. *Théo a raconté à ses amis une histoire rocambolesque.*

● Ce mot vient de *Rocambole,* un personnage de romans du 19e siècle.

roche n. f. **1.** Matière très dure. → **pierre.** *La roche affleurait sous le chemin de terre.* **2.** Matière qui forme l'écorce terrestre. *Le basalte est une roche volcanique.* — *C'est clair comme de l'eau de roche,* c'est évident.

➤ **rocher** n. m. ✦ Bloc de pierre. *Les enfants escaladent les rochers.*

➤ **rocheux, rocheuse** adj. ✦ Formé de rochers. *Une côte rocheuse.*

▷ Autres mots de la famille : ROC, ROCAILLE, ROCAILLEUX.

rock n. m. ✦ Musique très rythmée, qui vient d'Amérique. *Alex aime le rock.* ❍ homonyme : roc.

● Ce mot vient de l'anglais.

➤ **rockeur** [ʀɔkœʀ] n. m., **rockeuse** [ʀɔkøz] n. f. ✦ Chanteur, chanteuse de rock.

● On écrit aussi au masculin *rocker* [ʀɔkœʀ], comme en anglais.

rocking-chair [ʀɔkiŋtʃɛʀ] n. m. ✦ Fauteuil à bascule. *Julie se balance dans le rocking-chair du salon.* — Au pl. *Des rocking-chairs.*

● Ce mot vient de l'anglais.

rodage **n. m.** ✦ Période pendant laquelle on rode un moteur, un véhicule. *Sa moto est encore en rodage.*
▷ Mot de la famille de RODER.

rodéo **n. m.** ✦ En Amérique du Nord, fête au cours de laquelle des cavaliers essaient de maîtriser un cheval sauvage ou un taureau. *Les cow-boys participent à des rodéos.*

roder **v.** (conjug. 1) ✦ *Roder une voiture neuve,* c'est l'utiliser avec douceur pour que les pièces du moteur s'adaptent bien les unes aux autres. ❍ homonyme : rôder.
▷ Autre mot de la famille : RODAGE.

rôder **v.** (conjug. 1) ✦ Errer dans un lieu avec de mauvaises intentions. *Un drôle d'individu rôde dans le quartier depuis quelques jours.* ❍ homonyme : roder.
➤ **rôdeur** **n. m.**, **rôdeuse** **n. f.** ✦ Personne qui rôde.

rogne **n. f.** ✦ Familier. Colère, mauvaise humeur. *Louise est en rogne contre sa sœur.*

rogner **v.** (conjug. 1) **1.** Couper sur les bords. *Le relieur rogne les feuillets du livre.* **2.** *Rogner sur une somme d'argent,* c'est en enlever une petite partie par mesquinerie, pour faire de petits profits. *Il rogne sur l'argent des courses.*
▷ Autre mot de la famille : ROGNURE.

rognon **n. m.** ✦ Rein d'un animal. *Nous avons mangé des rognons de veau à la crème.*

rognure **n. f.** ✦ Ce qu'on enlève, ce qui tombe quand on rogne quelque chose. → **déchet.** *J'ai trouvé des rognures d'ongles sur le tapis.*
▷ Mot de la famille de ROGNER.

roi **n. m.** **1.** Souverain qui gouverne un pays. → **monarque** et aussi **prince, reine.** *Les rois se succèdent de père en fils.* → aussi **dynastie.** *Le roi Louis XIV avait tous les pouvoirs. Il est roi d'Espagne.* **2.** *La fête des Rois,* c'est une fête chrétienne qui rappelle la visite des Rois mages à Jésus. *Lors de la fête des Rois, le 6 janvier, on mange de la galette des Rois.* **3.** Carte à jouer portant la figure d'un roi. *Le roi de cœur.*
▷ Autres mots de la famille : ROYAL, ROYALEMENT, ROYALISTE, ROYAUME, ROYAUTÉ.

roitelet **n. m.** ✦ Oiseau à huppe jaune plus petit que le moineau. *Le roitelet est un passereau.*

rôle **n. m.** **1.** Texte que dit un acteur. *Les comédiens doivent apprendre leur rôle par cœur.* **2.** Personnage joué par un acteur. *Elle joue le rôle d'une espionne.* **3.** Influence que l'on a. *Il a eu un rôle très important dans cette affaire. Le professeur a pour rôle d'enseigner.* → **fonction.** **4.** *À tour de rôle,* chacun son tour, l'un après l'autre. *Mes parents conduisent la voiture à tour de rôle.*

roller [ʀɔlœʀ] **n. m.** ✦ Patin à roulettes auquel est fixée une chaussure. *Louise a des rollers. Elle fait du roller,* elle patine avec des rollers.
● Ce mot vient de l'anglais.

① **roman** **n. m.** ✦ Récit où est racontée une histoire imaginée. *« Le Lion », de Joseph Kessel, est un roman d'aventures.* ❍ homonyme : romand.
▷ Autres mots de la famille : ROMANCÉ, ROMANCIER, ROMANESQUE.

② **roman, romane** **adj.** ✦ *L'art roman,* c'est l'art du Moyen Âge en Europe aux 11e et 12e siècles, avant l'art gothique. *La ville de Vézelay est célèbre pour sa basilique romane.*

art **roman**

romance **n. f.** ✦ Chanson sentimentale.

romancé, romancée **adj.** ✦ Qui déforme la réalité en racontant une histoire. *Il a écrit une biographie romancée de Vercingétorix.*
▷ Mot de la famille de ① ROMAN.

romancier n. m., **romancière** n. f. ✦ Personne qui écrit des romans. → aussi **auteur, écrivain.**
▷ Mot de la famille de ① ROMAN.

romand, romande adj. ✦ *La Suisse romande,* c'est la partie de la Suisse où l'on parle français. *Genève et Lausanne sont en Suisse romande.* ❍ homonymes : ① et ② roman.

romanesque adj. ✦ Digne d'un roman. *Il a eu une vie romanesque.*
▷ Mot de la famille de ① ROMAN.

romantique adj. 1. Qui fait rêver et remplit d'émotion. *Un paysage romantique.* 2. Sentimental. *Une jeune fille romantique.*
➤ **romantisme** n. m. ✦ Caractère d'une personne sentimentale, rêveuse.

romarin n. m. ✦ Petit arbuste à l'odeur agréable dont on utilise les feuilles pour parfumer certains plats. *Elle met du thym et du romarin dans le ragoût.*

rompre v. (conjug. 41) 1. Casser, briser. *Le bateau a rompu ses amarres. Les enfants applaudirent à tout rompre quand les clowns firent leur entrée,* ils applaudirent très fort. — **se rompre,** se casser. *La corde s'est rompue.* 2. Faire cesser. → **interrompre.** *Le bruit du moteur rompit le silence.* 3. *Rompre avec quelqu'un,* c'est se fâcher avec lui. *Il a rompu avec toute sa famille. Les deux amoureux ont rompu,* ils se sont séparés.
➤ **rompu, rompue** adj. 1. Très habitué. *Cet alpiniste est rompu aux longues marches en montagne,* il en a l'habitude. 2. *Parler à bâtons rompus,* c'est parler de choses et d'autres en changeant sans arrêt de sujet. *Ils ont eu une conversation à bâtons rompus.*
▷ Autres mots de la famille : ININTERROMPU, INTERROMPRE.

ronce n. f. ✦ Arbuste épineux qui donne des mûres. *Le chemin était envahi par les ronces.*

ronchonner v. (conjug. 1) ✦ Familier. Protester en manifestant sa mauvaise humeur. → **bougonner, grogner, grommeler, râler.** *Alex obéit en ronchonnant.*

rond adj., adv. et n. m., **ronde** adj.
■ adj. 1. Qui a la forme d'un cercle ou d'une boule. *La Terre est ronde.* → **sphérique.** *Ils se sont assis autour d'une table ronde.* → ① **circulaire.** 2. Arrondi, voûté. *Il a le dos rond.* 3. Gros et petit. *Elle est un peu ronde.* ❏ contr. **maigre.** 4. *Un chiffre rond,* c'est un nombre entier, sans décimales, se terminant par un ou plusieurs zéros.
■ adv. *Tourner rond,* fonctionner normalement. *Il y a quelque chose qui ne tourne pas rond,* il y a quelque chose qui ne va pas. *Cela fait 10 euros tout rond,* exactement 10 euros.
■ n. m. 1. Cercle, circonférence. *Il fait des ronds de fumée avec son cigare. Les enfants sont assis en rond par terre.* 2. *Un rond de serviette,* c'est un anneau servant à tenir serrée une serviette de table roulée.

➤ **ronde** n. f. 1. Danse où plusieurs personnes se tiennent la main et tournent en formant un cercle. *Les enfants se sont pris par la main et font une ronde.* 2. Note de musique ronde, blanche et sans queue. *Une ronde vaut 2 blanches ou 4 noires.* 3. *À la ronde,* tout autour, dans les environs. *La maison est très isolée : il n'y a personne à la ronde.* 4. Visite de surveillance. *Les vigiles font leur ronde dans l'usine.*

➤ **rondelet, rondelette** adj. ✦ Un peu rond, un peu gras. → **dodu, potelé.** *Léa est bien rondelette.* ❏ contr. **maigrichon.**

➤ **rondelle** n. f. ✦ Petite tranche ronde. *Des rondelles de saucisson.*

➤ **rondement** adv. ✦ Vite et efficacement. *L'affaire a été rondement menée.*

➤ **rondeur** n. f. ✦ Forme ronde d'une partie du corps. *La rondeur des joues d'un bébé.*

➤ **rondin** n. m. ✦ Morceau de bois rond. *Le bûcheron habitait une maison forestière en rondins.*

cabane en **rondins**

➤ **rond-point** n. m. ✦ Place ronde d'où partent plusieurs routes ou rues. *Le rond-point des Champs-Élysées, à Paris.* — Au pl. *Des ronds-points.* ▷ Mot de la famille de ① POINT.
▷ Autres mots de la famille : ARRONDI, ARRONDIR.

ronflant, ronflante adj. ✦ Familier. Qui fait beaucoup d'effet. *Ce journal aime bien les titres ronflants.* → **grandiloquent, pompeux.**

ronfler v. (conjug. 1) **1.** Faire du bruit avec le nez en respirant pendant son sommeil. *Il ronfle si fort qu'on l'entend dans toute la maison.* **2.** Faire un bruit qui ressemble à celui d'une personne qui ronfle. → **ronronner, vrombir.** *Le feu a pris et le poêle commence à ronfler.*

➤ **ronflement** n. m. **1.** Bruit que fait une personne qui ronfle. *On entend des ronflements à travers la cloison.* **2.** Bruit régulier qui ressemble à celui d'une personne qui ronfle. *Le ronflement du moteur s'affaiblit et le bateau disparut à l'horizon.* → **vrombissement.**

ronger v. (conjug. 3) **1.** User en coupant avec les dents par petits morceaux. *Le chien rongeait son os. Louise se ronge les ongles.* **2.** Détruire peu à peu. *La rouille ronge le fer.* → **attaquer.** *Il est rongé par la maladie.* → ① **miner.** — *Elle était rongée de remords,* torturée par le remords.

➤ **rongeur** n. m. ✦ Petit animal aux incisives tranchantes, qui ronge ses aliments. *Le rat, le hamster, l'écureuil sont des rongeurs.*

ronron n. m. ✦ Petit grondement régulier que fait le chat avec sa gorge quand il est content. → **ronronnement.**

➤ **ronronner** v. (conjug. 1) **1.** Faire entendre des ronrons. *Le chat ronronne sur son coussin.* **2.** Faire un bruit régulier. *Le moteur ronronne.*

➤ **ronronnement** n. m. **1.** Bruit du chat qui ronronne. → **ronron.** **2.** Bruit régulier d'une machine, d'un moteur.

roquefort n. m. ✦ Fromage de brebis, au goût très fort et dont la pâte contient des moisissures bleu-vert.

● *Roquefort* est le nom d'un village de l'Aveyron.

roquet n. m. ✦ Petit chien qui aboie pour un rien. *Ce roquet est insupportable !*

roquette n. f. ✦ Petite fusée qui se dirige toute seule et qui est utilisée contre les chars.

rorqual n. m. (pl. **rorquals**) ✦ Très grand mammifère marin qui vit dans les mers froides. *Le rorqual est un cétacé, comme la baleine.*

rosace n. f. ✦ Grand vitrail rond. *Cette cathédrale a de magnifiques rosaces.*

▷ Mot de la famille de ① ROSE.

rosace

rosâtre adj. ✦ D'une couleur vaguement rose. *Il a une cicatrice rosâtre sur le bras.*

● Attention à l'accent circonflexe du *â*.

▷ Mot de la famille de ① ROSE.

rosbif n. m. ✦ Rôti de bœuf. *Il mange une tranche de rosbif.*

① **rose** n. f. ✦ Fleur à la tige garnie d'épines, qui sent très bon. *Il a acheté un bouquet de roses rouges.* ➻ planche Fleurs p. 421.

➤ ② **rose** adj. et n. m.

■ **adj.** Rouge très pâle. *Elle a des chaussettes roses.*

■ **n. m.** Couleur rouge pâle. *Léa aime le rose.*

➤ **rosé, rosée** adj. ✦ Légèrement teinté de rose. *Un verre de vin rosé.* ❍ homonyme : rosée.

▷ Autres mots de la famille : ROSACE, ROSÂTRE, ROSERAIE, ROSETTE, ROSIER.

roseau n. m. ✦ Plante à tige droite et lisse, qui pousse dans l'eau. ➻ planche Plantes p. 785. *Le chasseur est à l'affût derrière les roseaux, au bord de l'étang.*

rosée n. f. ✦ Fines gouttelettes d'eau qui se déposent la nuit sur le sol et la végétation. *L'herbe était humide de rosée.* ❍ homonyme : rosé.

roseraie n. f. ✦ Terrain planté de rosiers.

▷ Mot de la famille de ① ROSE.

rosette **n. f.** ✦ Insigne en forme de petite rose. *Il a la rosette de la Légion d'honneur.* → **décoration.**
▷ Mot de la famille de ① ROSE.

rosier **n. m.** ✦ Petit arbre épineux qui donne des roses. *L'églantine est la fleur d'un rosier sauvage.*
▷ Mot de la famille de ① ROSE.

rosse **n. f.** ✦ Familier. Personne dure et méchante. *Quelle vieille rosse !*

rosser **v.** (conjug. 1) ✦ Battre violemment. *Il s'est fait rosser par des voyous.*

rossignol **n. m.** ✦ Oiseau au chant très harmonieux. *Le rossignol est un petit passereau.*

rot **n. m.** ✦ Familier. Renvoi par la bouche des gaz qui viennent de l'estomac. *Le bébé a fait un rot.*
▷ Autre mot de la famille : ROTER.

rotatif, rotative **adj.** ✦ *Un mouvement rotatif,* c'est un mouvement tournant.
➤ **rotative** **n. f.** ✦ Machine qui imprime de manière continue, au moyen de cylindres. *Les journaux sont imprimés sur des rotatives.*

rotation **n. f.** ✦ Mouvement tournant. *L'alternance du jour et de la nuit est due à la rotation de la Terre sur elle-même.*

roter **v.** (conjug. 1) ✦ Familier. Faire un rot. *Alex a roté à table.*
▷ Mot de la famille de ROT.

rôti **n. m.** ✦ Morceau de viande que l'on fait cuire à feu vif. *Il mange du rôti de bœuf.* → **rosbif.** *Elle a acheté deux rôtis de porc.*
● Attention à l'accent circonflexe du ô.
▷ Mot de la famille de RÔTIR.

rotin **n. m.** ✦ Tige d'un palmier grimpant que l'on utilise pour faire des meubles. *Une table en rotin.*

rôtir **v.** (conjug. 2) ✦ Cuire à feu vif. *Le gigot rôtit dans le four. — Il y a du poulet rôti pour le dîner.*
➤ **rôtissoire** **n. f.** ✦ Four où l'on fait rôtir la viande. *Un mécanisme fait tourner la broche de la rôtissoire.*
● Attention à l'accent circonflexe du ô.
▷ Autre mot de la famille : RÔTI.

rotonde **n. f.** ✦ Partie arrondie d'un bâtiment. *La rotonde est surmontée d'une coupole.*
➤ **rotondité** **n. f.** ✦ Caractère de ce qui est rond. *La rotondité de la Terre.*

rotule **n. f.** ✦ Petit os rond et plat sur le devant du genou. ➻ planche Corps humain p. 219. *Le sportif s'est luxé la rotule.*

roturier **n. m.**, **roturière** **n. f.** ✦ Personne qui n'est pas d'origine noble. *La princesse voulait épouser un roturier.*

rouage **n. m.** ✦ Chacune des petites roues d'un mécanisme. *Les rouages d'une montre.*
▷ Mot de la famille de ROUE.

roublard, roublarde **adj.** ✦ Familier. Rusé et pas toujours honnête. *Cette commerçante est un peu roublarde.*
➤ **roublardise** **n. f.** ✦ Familier. Conduite d'une personne roublarde.

rouble **n. m.** ✦ Monnaie utilisée en Russie, en Biélorussie, au Tadjikistan.

roucouler **v.** (conjug. 1) ✦ *Les pigeons et les tourterelles roucoulent,* ils poussent leur cri.
➤ **roucoulement** **n. m.** ✦ Cri du pigeon et de la tourterelle.

roue **n. f.** **1.** Cercle qui tourne sur un axe et permet à un véhicule de rouler. *Les roues de l'avion ont touché le sol.* **2.** Cercle qui tourne sur lui-même et transmet le mouvement à un objet. → **poulie, rouage.** *La chaîne du vélo passe sur une roue dentée.* **3.** *Faire la roue,* tourner sur soi-même en faisant reposer le corps sur les mains puis sur les pieds. *Les acrobates font la roue. Le paon fait la roue,* il déploie en rond les plumes de sa queue. **4.** *La grande roue,* c'est le manège qui a la forme d'une roue dressée, dans une fête foraine.
❍ homonyme : roux.
▷ Autres mots de la famille : DÉROULEMENT, DÉROULER, DEUX-ROUES, ENROULER, ENROULEUR, ROUAGE, ROUET, ROULADE, ROULANT, ROULÉ, ROULEAU, ROULEMENT, ROULER, ROULETTE, ROULIS, ROULOTTE.

rotonde

roué, rouée adj. ✦ Habile et rusé. *C'est un homme d'affaires très roué.* → ① **malin, retors.** ❑ contr. **naïf.**

rouer v. (conjug. 1) ✦ *Rouer quelqu'un de coups,* c'est le frapper très fort. *Des voyous l'ont roué de coups.*

rouet n. m. ✦ Instrument constitué d'une roue actionnée par une pédale, qui servait autrefois à filer.
▷ Mot de la famille de ROUE.

rouet

rouge adj., n. m. et adv.
■ adj. De la couleur du sang, du rubis, du coquelicot. *Il boit du vin rouge. Le chat observe les poissons rouges qui tournent dans le bocal.*
■ n. m. 1. La couleur rouge. *Le feu passe au rouge, les voitures s'arrêtent.* 2. Produit employé pour se maquiller. *Elle a mis du rouge à lèvres et du rouge à joues.* → **fard.**
■ adv. *Voir rouge,* entrer dans une colère terrible. *Il a vu rouge et il lui a donné une gifle.*
➤ **rougeâtre** [ʀuʒɑtʀ] adj. ✦ Légèrement rouge. *Une lueur rougeâtre.*
● Attention à l'accent circonflexe du *â.*
➤ **rougeaud** [ʀuʒo], **rougeaude** [ʀuʒod] adj. ✦ *Une personne rougeaude,* c'est une personne qui a le teint rouge.
➤ **rouge-gorge** n. m. ✦ Petit oiseau au plumage rouge vif sur la gorge et la poitrine. ➻ planche Oiseaux p. 710. *Les rouges-gorges sont des passereaux.* ▷ Mot de la famille de GORGE.
➤ **rougeoiement** n. m. ✦ Reflet rougeâtre. *Alex admire le rougeoiement de l'horizon au coucher du soleil.*
➤ **rougeole** n. f. ✦ Maladie contagieuse pendant laquelle la peau se couvre de taches rouges. *Léa a été vaccinée contre la rougeole.*
➤ **rougeoyer** v. (conjug. 8) ✦ Prendre une teinte rouge. *Le ciel rougeoie au coucher du soleil.* → aussi **rougeoiement.**
➤ **rouget** n. m. ✦ Poisson de mer de couleur rose. *Une friture de rougets.*
➤ **rougeur** n. f. ✦ Tache rouge sur la peau. *Le malade avait des rougeurs sur tout le corps.*
➤ **rougir** v. (conjug. 2) ✦ Avoir le visage qui devient rouge parce que l'on a chaud, que l'on est ému ou que l'on se sent coupable. *Léa rougit lorsqu'on la complimente.* ❑ contr. **pâlir.**
▷ Autres mots de la famille : INFRAROUGE, PEAU-ROUGE.

rouille n. f. ✦ Matière brun-rouge qui se forme sur le fer quand il est exposé à l'humidité. *Le minium protège le fer contre la rouille.*
➤ **rouillé, rouillée** adj. ✦ Couvert de rouille. *La grille du parc est rouillée.*
➤ **rouiller** v. (conjug. 1) ✦ Se couvrir de rouille. *Les outils ont rouillé sous la pluie.*

rouler v. (conjug. 1) 1. Se déplacer en tournant sur soi-même. *Des billes ont roulé sous l'armoire. — Pierre qui roule n'amasse pas mousse,* on ne s'enrichit pas en étant instable, en courant le monde. 2. Se déplacer grâce à des roues ou des roulettes. *La voiture roulait trop vite.* 3. Mettre en rouleau. *Ils ont roulé le tapis du salon pour pouvoir danser.* ❑ contr. **dérouler.** 4. **se rouler,** se tourner d'un côté et de l'autre tout en étant allongé. *Alex se roule dans l'herbe.* 5. Familier. *Rouler quelqu'un,* le tromper. *Elle a payé son aspirateur trop cher, elle s'est fait rouler,* elle a été trompée par la personne qui le lui a vendu.
➤ **roulade** n. f. ✦ Mouvement de gymnastique qui consiste à s'enrouler sur soi-même, les jambes par-dessus la tête et à rouler. → **culbute, galipette.** *Louise a fait plusieurs roulades.*
➤ **roulant, roulante** adj. 1. Que l'on peut déplacer grâce à des roues ou à des roulettes. *Julie apporte le café sur la table roulante.* 2. *Un escalier roulant,* c'est un escalier mobile qui permet de monter et de descendre sans gravir les marches. → aussi **escalator.** *Un tapis roulant,* c'est une longue bande souple qui se déplace sur des rouleaux pour transporter des objets ou des personnes. *Les passagers de l'avion récupèrent leurs bagages qui arrivent sur le tapis roulant.* 3. *Un feu roulant,* un tir ininterrompu. *L'ennemi devait faire face à un feu roulant.*
➤ **roulé, roulée** adj. ✦ Enroulé, mis en rouleau. *Julie a mis un pull à col roulé.*
➤ **rouleau** n. m. 1. Bande enroulée en forme de cylindre. *Des rouleaux de papier*

peint. Le photographe met un rouleau de pellicule dans son appareil. → **bobine.** **2.** Grosse vague. *La mer faisait des rouleaux.* **3.** Objet en forme de cylindre. *Elle étale la pâte à tarte à l'aide d'un rouleau à pâtisserie.* **4.** *Un rouleau compresseur,* c'est un gros cylindre de métal pour aplanir le sol. *Les ouvriers tassent le macadam au rouleau compresseur.*

➤ **roulement** **n. m.** **1.** Bruit continu et sourd. *On entend au loin des roulements de tambour.* **2.** *Travailler par roulement,* en se relayant, à tour de rôle. *Les ouvriers de l'usine travaillent par roulement.*

➤ **roulette** **n. f.** **1.** Petite roue. *Un berceau à roulettes.* **2.** Instrument formé d'une pointe qui tourne très vite dont se sert le dentiste pour soigner les dents cariées. → ② **fraise.** *Léa a peur que le dentiste lui passe la roulette.* **3.** Jeu de hasard où une petite boule est lancée dans une cuvette qui tourne, et se pose sur une case numérotée. *On joue à la roulette au casino.*

➤ **roulis** **n. m.** ✦ Mouvement d'un côté à l'autre que la mer impose à un bateau. → aussi **tangage** et **houle.** *Le vent se lève, il va y avoir du roulis.*

➤ **roulotte** **n. f.** ✦ Voiture aménagée comme une maison. *Les forains vivent dans des roulottes.* → **caravane.**

▷ Mots de la famille de ROUE.

round [Rund] ou [Raund] **n. m.** ✦ Partie d'un match de boxe. *Le boxeur a été mis K.-O. au deuxième round.* → ① **reprise.**

● Ce mot vient de l'anglais.

roupie **n. f.** ✦ Monnaie de plusieurs pays d'Asie, dont l'Inde, le Népal et le Pakistan.

rouquin **adj.** ✦ Familier. Qui a les cheveux roux. *Une petite fille rouquine.* — **N.** *Une rouquine.*

▷ Mot de la famille de ROUX.

rouspéter **v.** (conjug. 6) ✦ Familier. Manifester sa mauvaise humeur, son mécontentement. → **râler.** *Elle rouspète tout le temps.*

➤ **rouspéteur** **n. m.**, **rouspéteuse** **n. f.** ✦ Familier. Personne qui rouspète, se plaint tout le temps. *C'est un rouspéteur.* → **râleur.** — **Adj.** *Il est un peu rouspéteur.*

roussette **n. f.** **1.** Petit requin. **2.** Grande chauve-souris des régions tropicales. **3.** Petite grenouille rousse dont on mange les cuisses.

▷ Mot de la famille de ROUX.

rousseur **n. f.** ✦ *Une tache de rousseur,* un tache rousse sur la peau. *Julie a des taches de rousseur.*

▷ Mot de la famille de ROUX.

roussi **n. m.** ✦ Odeur d'une chose qui a un peu brûlé. *Cela sent le roussi dans la cuisine.*

▷ Mot de la famille de ROUX.

route **n. f.** **1.** Voie de communication importante. *Prenez la première route à gauche.* **2.** Chemin à suivre. *Le conducteur regarde sa route sur une carte.* → **itinéraire.** *Il a fait fausse route,* il s'est trompé de chemin. **3.** Voyage. *En route !* partons ! **4.** *Mettre en route,* faire fonctionner. *Il met le moteur en route,* en marche.

roulotte (*Les Roulottes aux environs d'Arles*, Van Gogh)

➤ **routier** **adj.** et **n. m.**, **routière** **adj.**
■ **adj.** Relatif aux routes. *Le conducteur du car consulte une carte routière,* une carte sur laquelle les routes sont indiquées.
■ **n. m.** Personne dont le métier est de conduire un camion sur de longs trajets. → **camionneur.** *Le routier a pris une autostoppeuse.*
▷ Autres mots de la famille : AUTOROUTE, AUTOROUTIER, DÉROUTANT, DÉROUTE, DÉROUTER.

routine **n. f.** ✦ Habitude si souvent répétée qu'elle devient automatique. *Julie ne supporte pas la routine.*
➤ **routinier, routinière** **adj.** ✦ Où il y a de la routine. *Elle déteste les activités routinières,* celles qui sont toujours les mêmes.

rouvrir **v.** (conjug. 18) **1.** Ouvrir de nouveau. *Théo a fermé la porte et l'a rouverte.* ❑ contr. **refermer. 2.** Être ouvert à nouveau. *La boulangerie rouvre demain.* → aussi **réouverture.**
▷ Mot de la famille de OUVRIR.

roux, rousse **adj.** ✦ D'une couleur entre le brun, l'orange et le rouge. *En automne, les arbres sont roux. Julie est rousse,* elle a les cheveux roux. — **N.** *Sa femme est une jolie rousse.* ❍ homonyme : roue.
▷ Autres mots de la famille : ROUQUIN, ROUSSETTE, ROUSSEUR, ROUSSI.

royal, royale **adj.** **1.** Du roi. *La jeune fille a été présentée à la famille royale.* **2.** Digne d'un roi. → **magnifique.** *Il a fait des cadeaux royaux à sa femme.*
➤ **royalement** **adv.** ✦ D'une manière somptueuse. *Les invités ont été reçus royalement.*
➤ **royaliste** **n. m.** et **f.** ✦ Partisan de la monarchie. → **monarchiste.** *C'est une royaliste convaincue.* — **Adj.** *Un journal royaliste.*
▷ Mots de la famille de ROI.

royaume **n. m.** ✦ État gouverné par un roi. *Le royaume de Belgique. L'Espagne est un royaume.*
▷ Mot de la famille de ROI.

royauté **n. f.** ✦ Pouvoir royal. → **monarchie.** *La Révolution française a provoqué la chute de la royauté.*
▷ Mot de la famille de ROI.

ruade **n. f.** ✦ Mouvement brusque que les chevaux ou les ânes font en lançant en arrière leurs membres postérieurs. → aussi **ruer.** *La jument a lancé une ruade.*
▷ Mot de la famille de RUER.

ruban **n. m.** **1.** Étroite bande de tissu. *Louise attache ses cheveux avec un ruban.* **2.** Bande mince et étroite d'une matière souple. *Un rouleau de ruban adhésif.*

rubéole **n. f.** ✦ Maladie très contagieuse due à un virus et qui ressemble à la rougeole. *Léa est vaccinée contre la rubéole.*

rubis **n. m.** ✦ Pierre précieuse de couleur rouge. *C'est en Birmanie que l'on trouve les plus beaux rubis.*

rubrique **n. f.** ✦ Ensemble des articles d'un journal consacrés à un sujet. *Il lit la rubrique économique.*

ruche **n. f.** ✦ Petite maison construite par l'homme pour abriter les abeilles. → aussi **alvéole,** ① **rayon.** *On enfume la ruche pour récolter le miel.*

ruche

rude **adj.** **1.** Simple et un peu brutal. *Il a des manières rudes.* → **grossier.** ❑ contr. **délicat, raffiné. 2.** Dur à supporter. → **pénible.** *L'hiver a été très rude.* → **rigoureux.** ❑ contr. **clément, doux. 3.** Dur au toucher. → **rugueux.** *Sa barbe est rude.*

➤ **rudement** **adv.** 1. Avec dureté, sans ménagement. *Ce gardien traite rudement les détenus.* → **sèchement.** 2. Familier. Très, beaucoup. *C'était rudement bon.*

➤ **rudesse** **n. f.** ✦ Dureté, sévérité. *Il traite son chien avec rudesse.* ❑ contr. **douceur, gentillesse.**

➤ **rudoyer** **v.** (conjug. 8) ✦ Traiter rudement, avec des paroles dures. → **maltraiter.** *Il rudoie ses employés.*

rudiments **n. m. pl.** ✦ Connaissances élémentaires. → **base, notion.** *Théo a appris des rudiments de solfège.*

➤ **rudimentaire** **adj.** ✦ Peu développé. *Louise a des connaissances rudimentaires en anglais.* → **élémentaire.**

rue **n. f.** ✦ Voie bordée de maisons, dans une ville ou un village. → aussi **avenue, boulevard.** *Fais attention en traversant la rue.* → aussi **chaussée, trottoir.** *Ils habitent 3 rue Hoche.* — *Être à la rue,* ne pas avoir de domicile. *Ce pauvre homme est à la rue.*

➤ **ruelle** **n. f.** ✦ Petite rue. *Une ruelle obscure.*

ruer **v.** (conjug. 1) ✦ *Le cheval rue,* il lance violemment ses pattes postérieures vers l'arrière. → aussi **ruade.**

➤ **se ruer** **v.** ✦ S'élancer avec violence, se précipiter. → ② **foncer.** *Dès la fin du cours, les enfants se sont rués vers la sortie.*

➤ **ruée** **n. f.** ✦ Mouvement d'un grand nombre de personnes qui s'élancent dans la même direction. *Le premier jour des vacances, c'est la ruée vers les gares.*

▷ Autre mot de la famille : RUADE.

rugby **n. m.** ✦ Sport d'équipe dans lequel il faut poser un ballon ovale derrière la ligne de but de l'adversaire, ou le faire passer entre les poteaux de but. *Ils ont assisté à un match de rugby.*

● Ce mot vient de l'anglais.

➤ **rugbyman** [ʀygbiman] **n. m.** ✦ Joueur de rugby. — Au pl. *Des rugbymans* ou *des rugbymen* [ʀygbimɛn].

rugir **v.** (conjug. 2) ✦ *Les fauves rugissent,* ils poussent leur cri.

➤ **rugissement** **n. m.** ✦ Cri d'un fauve. *Le lion poussa un terrible rugissement.*

rugueux, rugueuse **adj.** ✦ Rude au toucher. → **râpeux, rêche.** *Le chat se frotte contre l'écorce rugueuse de l'arbre.* ❑ contr. **lisse.**

➤ **rugosité** **n. f.** ✦ État de ce qui est rugueux. ❑ contr. **douceur.** *La rugosité du papier de verre.*

ruine **n. f.** 1. *Des ruines,* ce sont les restes d'un bâtiment détruit. → **décombres, vestige.** *Il y a de nombreuses ruines antiques en Grèce.* 2. *Tomber en ruine,* s'écrouler. *La vieille maison tombait en ruine.* 3. Perte de l'argent, des biens que l'on possède. *Cet homme d'affaires a fait de mauvais placements, il est maintenant au bord de la ruine.*

➤ **ruiner** **v.** (conjug. 1) ✦ Faire perdre tout son argent. *Les mauvaises affaires qu'il a faites l'ont ruiné.* ❑ contr. **enrichir.** — **se ruiner,** perdre tout son argent. *Elle s'est ruinée en jouant aux courses. Il s'est ruiné en cadeaux de Noël,* il a dépensé beaucoup d'argent pour acheter des cadeaux de Noël.

➤ **ruineux, ruineuse** **adj.** ✦ Qui fait perdre tout son argent. *Des dépenses ruineuses.*

ruines

ruisseau **n. m.** ✦ Petit cours d'eau. *Un ruisseau traverse le champ.* — *Les petits ruisseaux font les grandes rivières,* l'accumulation de petits profits finit par atteindre une grosse somme.

ruisseler **v.** (conjug. 4) ✦ Couler en formant de petits ruisseaux. *La pluie ruisselle sur les vitres.*

➤ **ruisselant, ruisselante** **adj.** ✦ Couvert de liquide. *Léa était ruisselante de sueur,* elle était trempée de sueur.

➤ **ruissellement** **n. m.** ✦ Mouvement de l'eau qui ruisselle. *Le ruissellement de la pluie sur les vitres.*

● Il y a deux *l* à *ruissellement.*

rumeur **n. f.** **1.** Bruit de voix que l'on ne distingue pas bien. → **brouhaha.** *Une rumeur s'élevait dans le public.* **2.** Nouvelle peu sûre qui se répand, bruit qui court. *On dit qu'ils vont divorcer, mais ce n'est qu'une rumeur.*

ruminer **v.** (conjug. 1) **1.** *Les vaches ruminent,* elles mâchent l'herbe qui revient de l'estomac avant de l'avaler définitivement. **2.** Penser sans arrêt à la même chose désagréable. *Il rumine tous les reproches qu'elle lui a faits.* → **remâcher.**

➤ **ruminant** **n. m.** ✦ Mammifère qui rumine. *Les vaches, les moutons, les cerfs, les chameaux sont des ruminants.*

rumsteck [ʀɔmstɛk] **n. m.** ✦ Viande de bœuf. *Une tranche de rumsteck.*

● Ce mot vient de l'anglais. On écrit aussi *romsteck.*

rupestre **adj.** ✦ Exécuté sur une paroi rocheuse. *La grotte de Lascaux est célèbre pour ses peintures rupestres.*

rupture **n. f.** **1.** Fait de se casser. *L'accident de téléphérique est dû à la rupture d'un câble.* → aussi se **rompre.** **2.** Arrêt brusque d'une chose qui durait. → **interruption.** *La guerre a causé la rupture des relations diplomatiques entre ces deux pays.* **3.** Séparation entre des personnes qui s'aimaient. → **brouille.** *Leur rupture a été très douloureuse.*

rural, rurale **adj.** ✦ Qui concerne la campagne. *Ils habitent une commune rurale,* un village à la campagne. ❑ contr. **urbain.** — Au masc. pl. *ruraux.*

ruse **n. f.** ✦ Ce que l'on fait pour tromper. → **feinte, stratagème, subterfuge.** *Paul a trouvé une ruse pour ne pas faire ses devoirs.*

➤ **rusé, rusée** **adj.** ✦ Qui fait preuve d'habileté pour tromper. → ① **malin.** *Julie est très rusée.*

➤ **ruser** **v.** (conjug. 1) ✦ Agir avec ruse. *Il va falloir ruser pour réussir.*

rustine **n. f.** Marque déposée ✦ Petite rondelle de caoutchouc qui sert à réparer une chambre à air de bicyclette.

rustique **adj.** ✦ *Des meubles rustiques,* ce sont des meubles solides et de formes simples, fabriqués à la campagne ou dans le style traditionnel de la campagne.

rustre **n. m.** ✦ Homme grossier et brutal. → **brute, goujat, malotru,** ② **mufle.** *Ce rustre m'a bousculé sans s'excuser.*

rut [ʀyt] **n. m.** ✦ Période pendant laquelle les animaux cherchent à s'accoupler. *Une biche en rut.*

peinture **rupestre**

rutilant, rutilante **adj.** ✦ Brillant. *Il conduisait une rutilante voiture de sport.*

rythme **n. m.** **1.** Mouvement d'une musique. → **cadence.** *Le rythme de la valse.* **2.** Mouvement régulier. *Le médecin prend le pouls du malade pour connaître son rythme cardiaque,* pour savoir à quelle vitesse bat son cœur. → **allure.**

➤ **rythmer** **v.** (conjug. 1) **1.** Soumettre à un rythme régulier. *Les vagues rythment le mouvement du bateau.* **2.** Marquer le rythme. *Le chanteur tape dans ses mains pour rythmer sa chanson.*

➤ **rythmique** **adj.** ✦ *La danse rythmique,* c'est une forme de danse qui tient de la danse classique et de la gymnastique.

● Attention à l'orthographe : un *y,* puis *th.*

S

s' → **se** et ① **si**

sa → ① **son**

sabbat **n. m.** **1.** Repos que les juifs observent le samedi. *Le jour du sabbat est consacré au culte.* — On écrit aussi *shabbat.* **2.** Dans les légendes anciennes, réunion nocturne de sorciers et de sorcières.

sabbat (*Scène de sabbat,* D. Teniers)

sable **n. m.** ✦ Ensemble de petits grains de roche ou de coquillages écrasés. *Une plage de sable fin.*

▷ Autres mots de la famille : S'ENSABLER, ① SABLER, SABLEUX, SABLIER, SABLONNEUX.

sablé **n. m.** et **adj.**, **sablée** **adj.**

■ **n. m.** Petit gâteau sec qui se casse facilement. *Louise mange des sablés.*

■ **adj.** *Une pâte sablée,* c'est une pâte à tarte très friable. ❍ homonymes : ① et ② sabler.

① **sabler** **v.** (conjug. 1) ✦ Couvrir de sable. *On a sablé la route enneigée.* ❍ homonyme : sablé.

▷ Mot de la famille de SABLE.

② **sabler** **v.** (conjug. 1) ✦ *Sabler le champagne,* c'est boire du champagne pour fêter quelque chose.

sableux, sableuse **adj.** ✦ Qui contient du sable. *Les carottes poussent bien dans un sol sableux.*

▷ Mot de la famille de SABLE.

sablier **n. m.** ✦ Instrument qui sert à mesurer le temps, à l'aide de sable s'écoulant d'un récipient dans un autre.

▷ Mot de la famille de SABLE.

sablonneux, sablonneuse **adj.** ✦ Couvert de sable. *Nous avons pique-niqué dans une clairière sablonneuse.*

▷ Mot de la famille de SABLE.

sabord **n. m.** ✦ Ouverture dans le côté d'un navire permettant le passage de la bouche des canons.

➤ **saborder** **v.** (conjug. 1) ✦ Percer la coque d'un navire pour le couler. *Les pirates sabordèrent le navire.*

sabot **n. m.** **1.** Chaussure faite d'un morceau de bois creusé. *Autrefois, les paysans portaient des sabots.* **2.** Corne qui entoure l'extrémité des doigts de certains animaux. *Les chevaux, les moutons, les vaches ont des sabots.*

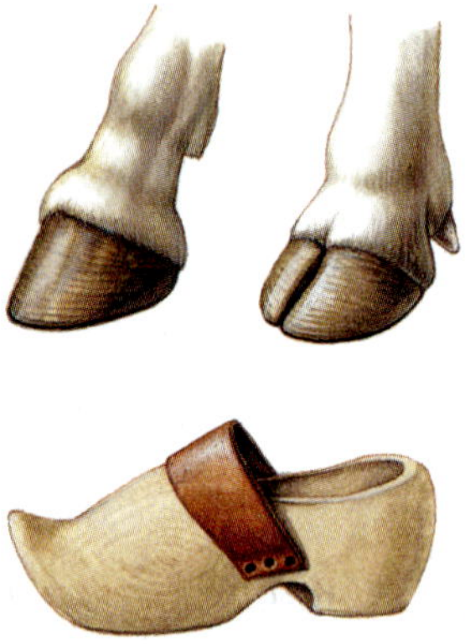

sabot

saboter **v.** (conjug. 1) **1.** *Saboter un travail,* c'est le faire vite et mal. *Paul a saboté sa rédaction.* → **bâcler.** **2.** *Saboter une chose,* c'est l'abîmer pour que l'on ne puisse plus s'en servir. *Des terroristes ont saboté l'avion.*

➤ **sabotage** **n. m.** ✦ Action de saboter. *L'accident d'avion est dû à un sabotage.*

➤ **saboteur** **n. m.**, **saboteuse** **n. f.** ✦ Personne qui fait du sabotage.

sabre **n. m.** ✦ Grande épée pointue, tranchante d'un seul côté. *Le cavalier brandissait son sabre.*

➤ **sabrer** **v.** (conjug. 1) ✦ *Sabrer un texte,* c'est en supprimer des parties. *L'auteur a sabré plusieurs scènes.*

① **sac** **n. m.** ✦ Objet fabriqué dans une matière souple, qui sert à transporter diverses choses. *La vendeuse met les bonbons dans un sac en papier. Elle a mis son portefeuille et ses clés dans son sac à main. Les campeurs rangent leurs affaires dans leur sac à dos. — Le voleur a été pris la main dans le sac,* sur le fait, en train de voler. → en flagrant **délit.**

▷ Autres mots de la famille : BESACE, CUL-DE-SAC, SACHET, SACOCHE.

② **sac** **n. m.** ✦ Pillage. *Rome fut mise à sac par les Wisigoths en 410.*

▷ Autres mots de la famille : SACCAGE, SACCAGER.

saccade **n. f.** ✦ Mouvement brusque et irrégulier. → **à-coup, secousse.** *La voiture avança par saccades et s'immobilisa.*

➤ **saccadé, saccadée** **adj.** ✦ Brusque et irrégulier. *Le pantin fait des gestes saccadés.*

● Ces mots s'écrivent avec deux *c.*

saccager **v.** (conjug. 3) **1.** Piller, ravager. *Les envahisseurs saccagèrent la ville.* → **dévaster.** **2.** Abîmer. *Les promoteurs sont en train de saccager la côte.*

➤ **saccage** **n. m.** ✦ Dégâts faits en saccageant. *Toutes les fleurs ont été piétinées, quel saccage !*

● Ces mots s'écrivent avec deux *c.*

▷ Mots de la famille de ② SAC.

sacerdoce **n. m.** ✦ Fonction, travail du prêtre. *Ce prêtre exerce son sacerdoce depuis dix ans.*

➤ **sacerdotal, sacerdotale** **adj.** ✦ Qui se rapporte au sacerdoce. *Les vêtements sacerdotaux d'un prêtre.*

sachet **n. m.** ✦ Petit sac. *Elle met un sachet de thé à infuser dans la théière.*

▷ Mot de la famille de ① SAC.

sacoche **n. f.** ✦ Sac solide, de forme simple. *Alex a accroché des sacoches au porte-bagages de son vélo.*

▷ Mot de la famille de ① SAC.

sacrer **v.** (conjug. 1) ✦ *Sacrer un roi, un empereur,* c'est le déclarer solennellement roi ou empereur, au cours d'une cérémonie religieuse. *Charlemagne fut sacré empereur en l'an 800.*

➤ **sacre** **n. m.** ✦ Cérémonie religieuse par laquelle l'Église déclare un homme souverain ou évêque. *Le sacre des rois de France avait lieu à Reims.*

➤ **sacré, sacrée** **adj.** **1.** *Une chose sacrée,* c'est une chose que l'on respecte parce qu'elle concerne la religion. → **saint.** *L'Ancien et le Nouveau Testament sont les livres sacrés des chrétiens. La musique sacrée,* religieuse. **2.** Très important. *Pour moi, l'amitié est sacrée.*

➤ **sacrement** **n. m.** ✦ Cérémonie chrétienne très importante, instituée par Jésus-Christ. *Le baptême, le mariage, l'extrême-onction sont des sacrements.*

▷ Autres mots de la famille : CONSACRER, SACRIFICE, SACRIFIER, SACRILÈGE, SACRISTAIN, SACRISTIE.

safari-photo

sacrifice n. m. **1.** Offrande que l'on fait à un dieu. *Les Anciens tuaient des animaux qu'ils offraient en sacrifice.* **2.** *Faire un sacrifice,* c'est se priver volontairement de quelque chose. *Ses parents ont fait des sacrifices pour lui payer ses études.*

➤ **sacrifier** v. (conjug. 7) **1.** Offrir en sacrifice. *Les Anciens sacrifiaient des animaux à leurs dieux.* → **immoler.** **2.** *Il a sacrifié sa santé à son travail,* il a négligé sa santé au profit de son travail qu'il a fait passer avant. **3. se sacrifier,** renoncer à prendre soin de soi pour s'occuper des autres. → se **dévouer.** *Elle s'est sacrifiée pour sa famille.*

➤ **sacrifié, sacrifiée** adj. ✦ *Prix sacrifié,* très bas. *Marchandises vendues à des prix sacrifiés.*

▷ Mots de la famille de SACRER.

sacrilège n. m. **1.** Crime commis contre une chose sacrée. → aussi **blasphème.** *Cambrioler une église est un sacrilège.* **2.** Manque de respect. *C'est un sacrilège d'avoir abattu ces arbres.*

▷ Mot de la famille de SACRER.

sacristie n. f. ✦ Pièce située dans une église, où l'on range les objets qui servent à la messe. *Le prêtre et les enfants de chœur s'habillent dans la sacristie.*

➤ **sacristain** n. m. ✦ Homme qui s'occupe de l'entretien de l'église. *Le sacristain range les vases sacrés.*

▷ Mots de la famille de SACRER.

sadisme n. m. ✦ Comportement d'une personne qui aime faire souffrir. *C'est du sadisme d'arracher les ailes d'une mouche.*

➤ **sadique** adj. ✦ Qui prend du plaisir à faire souffrir les autres. → aussi **masochiste.** *Cet enfant est sadique, il s'amuse à torturer son chat.* — **N.** *C'est une sadique.*

safari n. m. ✦ Expédition de chasse, en Afrique noire. *Un organisateur de safaris.*

● C'est un mot d'une langue africaine, le swahili, qui veut dire « bon voyage ».

➤ **safari-photo** n. m. ✦ Expédition organisée pour filmer ou photographier des animaux sauvages. — Au pl. *Des safaris-photos.*

▷ Mot de la famille de PHOTO.

safran n. m. ✦ Poudre orangée, d'origine végétale, utilisée en cuisine pour parfumer les plats. *Du riz au safran.*

saga n. f. ✦ Histoire d'une famille racontée sur plusieurs générations.

● C'est un mot scandinave.

sagace adj. ✦ Qui comprend vite et a de l'intuition. → **clairvoyant, perspicace, subtil.** *Un esprit sagace.*

➤ **sagacité** n. f. ✦ Qualité d'une personne sagace. → **finesse, perspicacité.** *Rien n'échappe à sa sagacité.*

sagaie n. f. ✦ Lance des tribus primitives. → **javelot.** *Le chasseur toucha l'antilope avec sa sagaie.*

sage adj. **1.** Réfléchi et raisonnable. → **prudent, sensé, sérieux.** *Il m'a donné un sage conseil.* **2.** Calme et obéissant. *Nous emmènerons les enfants au zoo s'ils sont sages.* ❑ contr. **infernal, insupportable, turbulent.** — *Être sage comme une image,* très sage.

➤ **sage-femme** n. f. ✦ Femme dont le métier est d'aider les femmes à accoucher. — Au pl. *Des sages-femmes.* ▷ Mot de la famille de FEMME.

➤ **sagement** adv. 1. Avec prudence et bon sens. *Tu as agi sagement.* → **raisonnablement.** 2. Calmement. *Le chien attend sagement son maître à la porte du magasin.*

➤ **sagesse** n. f. 1. Bon sens et prudence. *Il a agi avec sagesse.* → aussi **modération.** 2. Obéissance et tranquillité. *Paul est d'une sagesse exemplaire aujourd'hui.*

▷ Autre mot de la famille : S'ASSAGIR.

saigner v. (conjug. 1) 1. Perdre du sang. *Alex saigne du nez.* 2. *Saigner un animal,* c'est l'égorger pour qu'il perde tout son sang jusqu'à ce qu'il meure.

➤ **saignant, saignante** adj. ✦ *Une viande saignante,* peu cuite. *Léa mange son bifteck saignant.*

➤ **saignement** n. m. ✦ Écoulement de sang. *Théo a souvent des saignements de nez.* → **hémorragie.**

saillir v. (conjug. 13) ✦ Former une bosse, un relief. *Ses veines saillent sur le dos de sa main.*

➤ **saillant, saillante** adj. ✦ Qui est en avant. *Louise a les pommettes saillantes,* bien marquées. → **proéminent.**

➤ **saillie** n. f. ✦ Partie d'une chose qui dépasse, fait une bosse. *Le balcon est en saillie sur la façade.*

sain, saine adj. 1. En bonne santé. *Alex a des dents saines.* ❏ contr. **malade.** 2. Bon pour la santé. → **salubre.** *L'air de la montagne est très sain.* ❏ contr. **insalubre, malsain.** 3. Bon et normal. *Il a des idées saines sur la question.* 4. *Sain et sauf.* → ② **sauf.** ❍ homonymes : saint, sein.

➤ **sainement** adv. ✦ D'une manière saine, bonne pour la santé. *Mangez sainement.*

▷ Autres mots de la famille : ASSAINIR, ASSAINISSEMENT, MALSAIN.

saindoux n. m. ✦ Graisse de porc fondue. *Il fait dorer la viande dans du saindoux.*

sainfoin n. m. ✦ Plante à fleurs rouges ou jaunes, que l'on cultive pour nourrir les bêtes. *Le sainfoin a une très longue racine.*

saint n. m. et adj., **sainte** n. f. et adj.

■ n. Personne à qui l'Église catholique voue un culte après sa mort parce qu'elle a mené une vie exemplaire. *Sur les tableaux, les saints sont représentés avec des auréoles. Saint Pierre fut le premier pape.*

■ adj. 1. *Un saint homme, une sainte femme,* une personne bonne et généreuse, qui mène une vie parfaite. 2. *L'histoire sainte,* l'histoire religieuse. *Au catéchisme, on apprend l'histoire sainte.* 3. Sacré. *Les Lieux saints,* ce sont les lieux où vécut Jésus. ❍ homonymes : sain, sein.

➤ **sainte-nitouche** n. f. ✦ Femme hypocrite qui fait semblant d'être innocente et naïve. — Au pl. *Des saintes-nitouches.* ▷ Mot de la famille de NE, de Y et de ① TOUCHER.

➤ **sainteté** n. f. 1. Qualité d'une personne qui mène une vie exemplaire. *Le roi Louis IX avait une réputation de sainteté.* 2. *Sa Sainteté,* c'est le titre donné au pape.

➤ **saint-bernard** n. m. ✦ Grand chien de montagne à poil long, que l'on dresse à porter secours aux gens perdus en montagne. ➸ planche Chiens p. 167. *Un saint-bernard a retrouvé les skieurs égarés.* — Au pl. *Des saint-bernard* ou *des saint-bernards.*

▷ Autre mot de la famille : TOUSSAINT.

saint Martin (15e siècle)

saisir v. (conjug. 2) 1. Attraper avec la main, rapidement ou avec force. → **empoigner**. *Le gardien de but a saisi le ballon.* — *Se saisir de,* attraper, prendre. *Julie s'est saisie d'une paire de ciseaux.* 2. *Saisir l'occasion,* c'est en profiter. *Alex saisit le moindre prétexte pour ne pas travailler.* 3. Comprendre. *Julie n'a pas bien saisi l'explication du professeur.* 4. Surprendre d'une manière désagréable. *Léa fut saisie de peur en voyant le rat. Le froid nous a saisis.* 5. *Le tribunal a été saisi de cette affaire,* on la lui a confiée. 6. *Saisir un texte,* c'est l'enregistrer dans la mémoire de l'ordinateur. *Le texte a été saisi.*

➤ **saisie** n. f. 1. Acte par lequel la justice confisque les biens d'une personne qui a des dettes. *L'huissier a effectué une saisie.* 2. Enregistrement d'informations dans une mémoire d'ordinateur.

➤ **saisissant, saisissante** adj. ✦ Très étonnant. → **frappant, troublant**. *La ressemblance entre les deux sœurs est saisissante.*

➤ **saisissement** n. m. ✦ Effet causé par une impression brutale. *Il est resté muet de saisissement devant le spectacle.*

▷ Autres mots de la famille : SE DESSAISIR, INSAISISSABLE, SE RESSAISIR.

saison n. f. 1. Chacune des quatre grandes époques de l'année. *Le printemps, l'été, l'automne et l'hiver sont les quatre saisons.* 2. Période. *C'est bientôt la saison des soldes.*

➤ **saisonnier, saisonnière** adj. 1. Qui n'existe qu'à certaines périodes de l'année. *Le ski de fond est une activité saisonnière.* 2. *Un travailleur saisonnier,* qui est employé à un travail saisonnier. — N. *Des saisonniers travaillent aux vendanges.*

▷ Autre mot de la famille : ARRIÈRE-SAISON.

salade n. f. 1. Plante cultivée pour ses feuilles que l'on mange généralement crues avec de la vinaigrette. *La laitue et la scarole sont des salades.* 2. Plat froid fait de légumes, de viandes, d'œufs ou de poisson, servi avec de la vinaigrette. *Une salade de pommes de terre. Des tomates en salade,* servies comme une salade. 3. *Une salade de fruits,* c'est un dessert composé de fruits coupés en morceaux servis avec du sirop. → **macédoine**.

➤ **saladier** n. m. ✦ Grand plat creux dans lequel on sert la salade.

salaire n. m. ✦ Argent que l'on reçoit régulièrement pour son travail. → **appointements, rémunération**. *Il a demandé une augmentation de salaire.* → aussi **salarial** et **salarié**.

salamandre n. f. ✦ Petit animal noir taché de jaune, qui peut vivre à l'air ou dans l'eau, et dont la peau lisse sécrète un liquide venimeux. *La salamandre est un batracien qui a la forme d'un lézard.*

salamandre

salami n. m. ✦ Gros saucisson sec haché fin. *Des tranches de salami.*

● Ce mot vient de l'italien *salame* qui veut dire « chose salée ».

salant, salante adj. ✦ *Un marais salant,* c'est un bassin creusé sur les côtes pour recueillir le sel de la mer.

▷ Mot de la famille de SALER.

marais **salant**

salarial, salariale adj. ✦ Qui concerne le salaire. *Les revendications salariales du personnel d'une entreprise.* — Au masc. pl. *salariaux.*

salarié n. m., **salariée** n. f. ✦ Personne qui reçoit un salaire en échange de son travail. *L'entreprise compte deux cents salariés.*

sale adj. 1. Couvert de crasse, de poussière. → **crasseux, dégoûtant, malpropre**. *Des vêtements sales.* ❑ contr. ① **propre**. 2. Très désagréable. *Quel sale temps !* → **mauvais**. 3. Méprisable, détestable. *C'est un sale type.*

❍ homonyme : salle.

➤ **salement** **adv.** ✦ D'une manière sale, en salissant. *Les cochons mangent salement.* ❏ contr. ① **proprement.**

➤ **saleté** **n. f.** **1.** État d'une chose sale. *Sa maison est d'une saleté repoussante.* ❏ contr. **propreté.** **2.** Chose sale. *Le chat a fait des saletés dans la cuisine.* → **cochonnerie.**

▷ Autres mots de la famille : SALIR, SALISSANT.

saler **v.** (conjug. 1) ✦ Mettre du sel. *N'oublie pas de saler l'eau des pâtes !*

➤ **salé** **adj.** et **n. m.**, **salée** **adj.**

■ **adj.** Qui contient du sel. *L'eau de mer est salée. La soupe est trop salée,* on a mis trop de sel dedans.

■ **n. m.** *Du petit salé,* c'est un morceau de porc conservé avec du sel. *Nous avons mangé du petit salé aux lentilles.*

➤ **salière** **n. f.** ✦ Petit pot dans lequel on met du sel et que l'on place sur la table du repas.

▷ Autres mots de la famille : DESSALER, SALANT.

salir **v.** (conjug. 2) ✦ Rendre sale. → **souiller, tacher.** *Julie a sali son pantalon.* — **se salir,** devenir sale. *Louise s'est salie en jouant.*

➤ **salissant, salissante** **adj.** **1.** Qui devient vite sale. *Cette robe blanche est très salissante.* **2.** Qui salit. *Le garagiste a un métier salissant.*

▷ Mots de la famille de SALE.

salive **n. f.** ✦ Liquide que l'on a naturellement dans la bouche. → aussi **bave.** *La salive contient des substances qui aident à digérer.*

➤ **salivaire** **adj.** ✦ *Les glandes salivaires,* qui sécrètent la salive.

➤ **saliver** **v.** (conjug. 1) ✦ Produire de la salive. *L'odeur du gâteau en train de cuire fait saliver les enfants.*

salle **n. f.** ✦ Pièce plus ou moins grande. *On dîne dans la salle à manger. Va te laver les mains dans la salle de bains. La salle de cinéma était pleine.* ❍ homonyme : sale.

● Ce mot s'écrit avec deux *l.*

➤ **salon** **n. m.** **1.** Pièce où l'on reçoit les invités. *Passons au salon pour prendre le café.* **2.** *Un salon de coiffure,* c'est une boutique de coiffeur. *Un salon de thé,* c'est une pâtisserie où l'on peut s'asseoir à une table pour consommer. **3.** Exposition. *Tous les ans a lieu le Salon du livre.* — Dans ce sens, *salon* s'écrit avec un *S* majuscule.

salopette **n. f.** ✦ Vêtement formé d'un pantalon et d'une partie à bretelles qui recouvre la poitrine. *Julie s'est mise en salopette.*

salpêtre **n. m.** ✦ Poudre blanche qui couvre les murs humides. *Les murs de la cave sont couverts de salpêtre.*

● Attention à l'accent circonflexe du *ê.*

salsifis [salsifi] **n. m.** ✦ Plante cultivée pour ses longues racines charnues que l'on mange. *Théo a mangé du rôti de veau avec des salsifis.*

● Le *s* final ne se prononce pas.

saltimbanque **n. m.** et **f.** ✦ Personne qui fait des tours d'adresse, des acrobaties, en public. *Des saltimbanques se sont produits à la fête du village.*

● Ce mot vient de l'italien.

saltimbanque (*Les Saltimbanques,* Giandomenico Tiepolo)

salubre **adj.** ✦ Bon pour la santé. → **sain.** *Le climat de la région est salubre.* ❏ contr. **insalubre, malsain.**

▷ Autre mot de la famille : INSALUBRE.

saluer **v.** (conjug. 1) **1.** Dire bonjour en faisant un salut. *Alex salue Paul d'un signe de tête.* **2.** Accueillir. *L'entrée de l'équipe sur le stade a été saluée par des applaudissements.*

▷ Mot de la famille de ② SALUT.

① **salut** **n. m.** ✦ Le fait d'échapper à la mort, au danger. *Pris dans la tempête, il ne dut son salut qu'à la solidité de son bateau.*

➤ **salutaire** **adj.** ✦ Bon, utile. → **bénéfique, bienfaisant.** *Vos conseils lui ont été salutaires.*

② **salut** **n. m.** et **interj.**
■ **n. m.** Geste que l'on fait ou parole que l'on dit lorsque l'on rencontre quelqu'un. *Louise fait un grand salut de la main à Théo.*
■ **interj.** Familier. Formule d'accueil ou d'adieu. *Salut, tout le monde !* → **bonjour**. *Salut, à demain !* → **au revoir**.

➤ **salutation** **n. f.** ✦ Formule de politesse que l'on emploie à la fin d'une lettre. *Transmettez à vos parents mes meilleures salutations,* saluez-les de ma part.
▷ Autre mot de la famille : SALUER.

salve **n. f.** ✦ Ensemble de coups de feu ou de coups de canon tirés en même temps ou l'un après l'autre. *L'arrivée de l'amiral fut saluée par une salve de coups de canon.*

samba **n. f.** ✦ Danse à deux temps d'origine brésilienne.
● Ce mot est brésilien.

samedi **n. m.** ✦ Jour de la semaine entre le vendredi et le dimanche. *Léa monte à cheval tous les samedis après-midi.*

samouraï [samuʀaj] **n. m.** ✦ Guerrier japonais d'autrefois. *Les samouraïs étaient au service d'un seigneur.*
● Ce mot est japonais.

SAMU **n. m.** ✦ Service qui apporte les premiers soins aux blessés et aux accidentés et assure leur transport à l'hôpital. *Vite, appelez le SAMU !*
● Sigle de *service d'aide médicale d'urgence.*

sanatorium [sanatɔʀjɔm] **n. m.** ✦ Établissement où l'on soignait les tuberculeux, au grand air.

sanction **n. f.** ✦ Punition, condamnation. *La directrice de l'école prendra des sanctions contre les élèves insolents.*

➤ ① **sanctionner** **v.** (conjug. 1) ✦ Punir. *Les athlètes dopés ont été sanctionnés.* ❏ contr. **récompenser**.

② **sanctionner** **v.** (conjug. 1) ✦ Confirmer officiellement. *Le baccalauréat sanctionne la fin des études secondaires.*

sanctuaire **n. m.** ✦ Endroit consacré aux cérémonies religieuses. *Les églises et les temples sont des sanctuaires.*

sandale **n. f.** ✦ Chaussure légère faite d'une semelle retenue par des lanières qui passent sur le dessus du pied. *Léa porte des sandales en cuir.*

➤ **sandalette** **n. f.** ✦ Sandale très légère. *Louise met des sandalettes pour aller à la plage.*

sandre **n. m.** ✦ Poisson d'eau douce, à chair très appréciée. ❍ homonyme : cendre.

sandwich [sɑ̃dwitʃ] **n. m.** ✦ Casse-croûte composé de deux tranches de pain entre lesquelles il y a des aliments froids. *Un sandwich au jambon.* — Au pl. *Des sandwichs* ou *des sandwiches.*
● C'est un mot anglais, qui vient du nom du comte de *Sandwich.*

sang **n. m.** ✦ Liquide rouge qui circule à travers le corps, dans les veines et les artères. *Un adulte a environ 5 litres de sang dans le corps.* — *Être en sang,* couvert de sang. *Son sang n'a fait qu'un tour,* il a réagi immédiatement. *Se faire du mauvais sang,* s'inquiéter.
❍ homonymes : cent, sans.

➤ **sang-froid** **n. m.** ✦ Maîtrise de soi, contrôle de ses émotions qui permet de garder son calme. *Les pompiers doivent garder leur sang-froid.* ▷ Mot de la famille de FROID.

➤ **sanglant, sanglante** **adj.** 1. Couvert de sang. *L'épée du chevalier était sanglante.* → **ensanglanté**. 2. Qui fait couler beaucoup de sang. → **meurtrier**. *Les combats ont été sanglants.*
▷ Autres mots de la famille : ENSANGLANTÉ, EXSANGUE, PUR-SANG, SANGSUE, SANGUIN, SANGUINAIRE, SANGUINOLENT.

sangle **n. f.** ✦ Bande large et plate, très solide, qui sert à attacher ou à tenir serré. → **courroie**. *Le cavalier vérifie les sangles de la selle de son cheval.*

sanglier **n. m.** ✦ Porc sauvage à la peau épaisse garnie de poils très durs, vivant dans les forêts. → aussi **laie** et **marcassin**. *Le sanglier grogne.*

sanglier

sanglot **n. m.** ✦ Respiration brusque et bruyante quand on pleure très fort. *Louise a éclaté en sanglots.*

➤ **sangloter** v. (conjug. 1) ✦ Pleurer avec des sanglots. *Léa consolait Paul qui sanglotait.*

sangria n. f. ✦ Boisson glacée à base de vin rouge sucré et de fruits macérés.
● C'est un mot espagnol, qui vient de *sangre* qui veut dire « sang ».

sangsue [sɑ̃sy] n. f. ✦ Gros ver qui colle à la peau et suce le sang. *La sangsue a deux ventouses.*
▷ Mot de la famille de SANG.

sanguin, sanguine adj. 1. Qui concerne le sang. *Les veines et les artères sont des vaisseaux sanguins.* 2. *Une orange sanguine,* dont la pulpe est rouge.
▷ Mot de la famille de SANG.

sanguinaire adj. ✦ Qui aime faire couler le sang. → **cruel.** *Néron était un tyran sanguinaire.*
▷ Mot de la famille de SANG.

sanguinolent, sanguinolente adj. ✦ Couvert de sang. *L'infirmière enlève la compresse sanguinolente.*
▷ Mot de la famille de SANG.

sanitaire adj. 1. Qui concerne la santé de tous, l'hygiène. *Des équipes sanitaires ont été envoyées sur les lieux de l'accident.* 2. *Les installations, les appareils sanitaires,* destinés aux soins de propreté et à l'hygiène. *Les lavabos, les baignoires, les toilettes sont des appareils sanitaires.* — On dit souvent *les sanitaires.*

sans prép. 1. Exprime le manque, la privation. *Elle est venue sans ses enfants.* ❑ contr. **avec.** *Ne reste pas sans rien faire !* 2. *Sans que,* conjonction. *Léa a fait la vaisselle sans qu'on le lui ait demandé,* alors qu'on ne le lui avait pas demandé. ❍ homonymes : cent, sang.

➤ **sans-abri** n. m. et f. ✦ Personne qui n'a plus de logement. → **SDF.** *Les inondations ont fait de nombreux sans-abri.* — Au pl. *Des sans-abri* ou *des sans-abris.* ▷ Mot de la famille de ABRI.

➤ **sans-gêne** adj. inv. et n. m. inv.
■ adj. inv. Qui agit avec une trop grande désinvolture, sans penser qu'il peut gêner les autres. *Ces filles sont vraiment sans-gêne.*
■ n. m. inv. Impolitesse d'une personne qui ne se gêne pas pour les autres. → **désinvolture.** *Il est d'un sans-gêne incroyable.* ▷ Mot de la famille de GÊNE.

➤ **sans-logis** n. m. et f. inv. ✦ Personne qui n'a plus de logement. → **sans-abri, SDF.** *L'aide aux sans-logis.* ▷ Mot de la famille de LOGE.
▷ Autres mots de la famille : PINCE-SANS-RIRE, SANS-PAPIERS.

sansonnet n. m. ✦ Étourneau.
● Ce mot s'écrit avec deux *n.*

sans-papiers n. m. et f. ✦ Personne qui réside dans un pays sans posséder les papiers officiels qui lui donnent le droit de s'y établir légalement. *Le gouvernement examine le problème des sans-papiers.*
▷ Mot de la famille de SANS et de PAPIER.

santal n. m. (pl. **santals**) ✦ Arbre d'Afrique et d'Asie, au bois précieux, dont on extrait un parfum. *Du savon au santal.*

santé n. f. 1. Bon état, bon fonctionnement du corps. *Fumer est dangereux pour la santé.* 2. *Être en bonne santé,* bien se porter. *Bonne année, bonne santé !*

santon n. m. ✦ Petit personnage de terre cuite servant à décorer les crèches de Noël.
● Ce mot vient du provençal.

santon

saoul → **soûl**

saper v. (conjug. 1) ✦ Creuser, user et faire s'écrouler. *La mer a sapé la falaise.*

sapeur-pompier n. m. ✦ Pompier. *Les sapeurs-pompiers ont éteint l'incendie.*
▷ Mot de la famille de ② POMPE.

saphir n. m. ✦ Pierre précieuse transparente et bleue. *Elle a une bague ornée d'un saphir.*

sapin n. m. ✦ Arbre résineux qui reste toujours vert et dont les feuilles sont des aiguilles. → aussi **conifère.** ➸ planche Arbres p. 49. *Les enfants ont décoré le sapin de Noël.*

sarabande n. f. ✦ *Faire la sarabande,* c'est jouer en faisant beaucoup de bruit et en s'agitant. *Julie et ses amis font la sarabande dans la maison.*

sari

sarbacane **n. f.** ✦ Tube creux dans lequel on souffle pour lancer de petits projectiles. *Alex lance des boulettes de papier avec une sarbacane.*
● Ce mot vient de l'espagnol.

sarcasme **n. m.** ✦ Moquerie méchante. *Il a répondu par des sarcasmes.*
➤ **sarcastique** **adj.** ✦ Moqueur et méchant. → **sardonique.** *Un sourire sarcastique.*

sarcler **v.** (conjug. 1) ✦ Arracher les mauvaises herbes. → **désherber.** *Le jardinier sarcle le potager.*

sarcophage **n. m.** ✦ Cercueil de pierre. *Les momies des pharaons étaient déposées dans des sarcophages.*

sardine **n. f.** ✦ Petit poisson de mer argenté que l'on mange frais ou conservé dans l'huile. ➽ planche Poissons p. 795. *Un banc de sardines. Des sardines grillées.*

sardonique **adj.** ✦ *Un rire sardonique,* c'est un rire moqueur et méchant. → **sarcastique.**

sari **n. m.** ✦ Long morceau de soie ou de coton dans lequel se drapent les femmes indiennes. — Au pl. *Des saris.*
● Ce mot vient d'une langue de l'Inde.

sarment **n. m.** ✦ Branche de vigne qui porte les grappes de raisin. *Le vigneron taille les sarments.*

sarrasin **n. m.** ✦ Céréale à petits grains, appelée aussi *blé noir. Des crêpes de sarrasin.*
● Ce mot prend deux *r.*

sarrau **n. m.** (pl. **sarraus**) ✦ Blouse de travail large et courte.
● Ce mot prend deux *r.*

sas [sas] **n. m.** ✦ Petite pièce fermée par deux portes hermétiques, permettant le passage entre deux pièces ou entre une pièce et le milieu extérieur. *Les cosmonautes sortent de la fusée par un sas.*

satané, satanée **adj.** ✦ Maudit. *Je suis arrivé en retard à cause de ces satanés embouteillages.*

satanique **adj.** ✦ Qui fait penser au diable, paraît inspiré par le diable. → **démoniaque, diabolique.** *Un rire satanique.*

satellite **n. m.** **1.** Astre qui tourne autour d'une planète. *La Lune est le satellite de la Terre.* **2.** Engin que l'on lance de la Terre à l'aide d'une fusée pour qu'il tourne autour de la Terre. *Les satellites permettent de retransmettre des émissions télévisées ou de faire des observations météorologiques.*
● Ce mot s'écrit avec deux *l.*

satellite

à satiété [asasjete] **adv.** ✦ Jusqu'à ce que l'on n'ait plus envie de rien. *Nous avons mangé à satiété.*

satin n. m. ✦ Tissu de soie lisse et brillant. *Le dessus-de-lit est en satin.*

➤ **satiné, satinée adj.** ✦ Qui a l'aspect du satin. *La peinture de la cuisine est satinée.* ❏ contr. **mat.**

satire n. f. ✦ Critique moqueuse. *Ce film est une satire violente de la publicité.* ❍ homonyme : satyre.

➤ **satirique adj.** ✦ *Une œuvre satirique,* c'est une œuvre qui critique en se moquant. *Il fait des dessins satiriques pour les journaux.*

satisfaction n. f. 1. Contentement, joie que l'on éprouve quand les choses sont exactement comme on veut. *Cet élève donne entière satisfaction à ses professeurs.* **2.** Ce qui donne de la joie, du plaisir. *La publication de son roman a été une grande satisfaction pour lui.* ❏ contr. **contrariété, déception, frustration. 3.** *Obtenir satisfaction,* c'est obtenir ce que l'on réclame. *Les manifestants n'ont pas obtenu satisfaction.*

satisfaire v. (conjug. 60) **1.** *Satisfaire quelqu'un,* c'est lui plaire, lui convenir. *Son métier la satisfait entièrement.* **2.** Contenter. *Il satisfait tous les désirs de sa femme.* → **exaucer. 3.** *Satisfaire à une condition,* c'est la remplir. *Le candidat ne satisfaisait pas à toutes les conditions.*

➤ **satisfaisant, satisfaisante adj.** ✦ Qui satisfait, correspond à ce que l'on souhaite. → **acceptable,** ① **bon.** *Les résultats scolaires de Julie sont satisfaisants.*

➤ **satisfait, satisfaite adj.** ✦ Qui a ce qu'il veut. *Elle est satisfaite de son sort.* → **content.** ❏ contr. **insatisfait, mécontent.**

▷ Mots de la famille de FAIRE.

saturé, saturée adj. 1. Qui ne peut contenir plus, est complètement rempli. *La terre est saturée d'eau. Aux heures de pointe, les autoroutes sont saturées.* **2.** *Être saturé de quelque chose,* en avoir assez, en être dégoûté. *Les gens sont saturés de publicité. Il est saturé de romans policiers,* il en est dégoûté tellement il en a lu.

➤ **saturation n. f.** ✦ Le fait d'être saturé. *Le périphérique arrive à saturation,* il ne peut contenir plus de voitures.

satyre n. m. ✦ Divinité de la mythologie grecque représentée avec un corps d'homme couvert de poils, des jambes de bouc et des oreilles pointues. ❍ homonyme : satire.

sauce n. f. ✦ Liquide plus ou moins épais qui accompagne certains plats. *Alex aime beaucoup les pâtes à la sauce tomate.*

➤ **saucière n. f.** ✦ Récipient dans lequel on sert les sauces. *Une saucière en argent.*

saucisse n. f. ✦ Charcuterie faite de viande de porc hachée entourée d'un boyau, qui se mange cuite. *Des saucisses aux lentilles.*

➤ **saucisson n. m.** ✦ Grosse saucisse cuite ou séchée, qui se mange généralement froide. *Alex s'est coupé quelques rondelles de saucisson.*

① **sauf prép.** ✦ À l'exception de. → **excepté.** *Tout le monde était là, sauf Louise,* à part Louise. → **hormis.**

② **sauf, sauve adj.** ✦ Qui n'a pas été blessé ni tué. → **indemne.** *Sain et sauf,* en bon état physique, après un danger. *Les marins sont rentrés au port sains et saufs. Dans l'accident, tout le monde a eu la vie sauve,* personne n'a été tué.

▷ Autres mots de la famille : SAUVEGARDE, SAUVEGARDER, SAUVE-QUI-PEUT, SAUVER, SAUVETAGE, SAUVETEUR, À LA SAUVETTE, SAUVEUR.

sauge n. f. ✦ Plante dont certaines variétés sont utilisées pour donner plus de goût aux plats.

saugrenu, saugrenue adj. ✦ Bizarre et inattendu. *Quelle idée saugrenue !*

saule n. m. ✦ Arbre qui pousse dans les endroits humides. ➼ planche Arbres p. 48. *La rivière est bordée de saules. Le saule pleureur a des branches tombantes.*

saumâtre adj. ✦ *Une eau saumâtre,* c'est un mélange d'eau douce et d'eau de mer, qui a un goût légèrement salé.

● Attention à l'accent circonflexe du *â*.

saumon n. m. ✦ Poisson de mer à chair rose qui remonte les fleuves pour pondre. ➼ planche Poissons p. 795. *Nous avons mangé du saumon grillé. Léa aime beaucoup le saumon fumé.*

saumure n. f. ✦ Eau très salée dans laquelle on conserve certains aliments. *Les olives sont conservées dans la saumure.*

sauna **n. m.** ✦ Endroit aménagé pour prendre des bains de vapeur.
● Ce mot vient du finnois.

sauna

saupoudrer **v.** (conjug. 1) ✦ Couvrir d'une matière réduite en poudre. *Léa saupoudre ses fraises de sucre.*
▷ Mot de la famille de POUDRE.

saur **adj. m.** ✦ *Un hareng saur,* c'est un hareng salé et fumé. *Des harengs saurs.* ❍ homonyme : sort.

saurien **n. m.** ✦ Reptile au corps couvert d'écailles. *Les lézards, les crocodiles, les caméléons sont des sauriens.*

saut **n. m.** **1.** Mouvement du corps par lequel on cesse de s'appuyer sur le sol ou sur un appui pour s'élever ou se projeter. → **bond.** *Le cheval a franchi la barrière d'un saut. Il est champion de saut en longueur.* **2.** *Faire un saut quelque part,* c'est y passer sans s'attarder. *Théo a fait un saut chez sa grand-mère.* ❍ homonymes : sceau, seau, sot.

➤ **sauter** **v.** (conjug. 1) **1.** S'élever un court instant au-dessus du sol. *Alex a sauté par-dessus la chaise.* **2.** S'élancer d'un endroit élevé. *Paul aimerait sauter en parachute.* **3.** Se précipiter. → **bondir.** *Julie saute au cou de son père.* **4.** Exploser. *Le train a sauté sur une mine.* **5.** Omettre. *Léa a sauté une page en lisant,* il y a une page qu'elle n'a pas lue. **6.** *Faire sauter un aliment,* c'est le faire cuire à feu vif dans de la matière grasse. *Le cuisinier fait sauter des pommes de terre.* → **revenir, rissoler.**

➤ **saute** **n. f.** ✦ Changement brusque. *Une saute de température. Julie a souvent des sautes d'humeur.*

➤ **saute-mouton** **n. m.** ✦ Jeu où l'on saute par-dessus quelqu'un qui se tient courbé. *Les enfants ont joué à saute-mouton.*
▷ Mot de la famille de MOUTON.

➤ **sauterelle** **n. f.** ✦ Insecte vert ou gris qui se déplace en sautant sur ses pattes de derrière qui sont très longues. → aussi **criquet.**

➤ **sautiller** **v.** (conjug. 1) ✦ Faire de petits sauts. *Un moineau sautillait sur le rebord de la fenêtre.*

➤ **sautoir** **n. m.** ✦ Très long collier. *Un sautoir de perles.*
▷ Autres mots de la famille : ASSAUT, PRIMESAUTIER, SOUBRESAUT, SURSAUT, SURSAUTER.

sauterelle

sauvage **adj.** **1.** *Un animal sauvage,* c'est un animal qui vit en liberté dans la nature. *La belette est un animal sauvage.* ❑ contr. **apprivoisé, domestique, familier.** **2.** *Une plante sauvage,* c'est une plante qui pousse sans être cultivée. *Louise a cueilli des fleurs sauvages,* des fleurs des champs. **3.** *Un endroit sauvage,* c'est un endroit qui n'est pas habité par les hommes. *Ils aiment camper dans des régions sauvages.* **4.** Qui vit à l'écart de la civilisation. *Il existe encore des tribus sauvages,* des tribus qui ne connaissent pas nos civilisations. → **primitif.** ❑ contr. **civilisé.** **5.** Qui n'aime pas rencontrer des gens qu'il ne connaît pas. *C'est un enfant très sauvage.* → **timide.** ❑ contr. **sociable.** **6.** Barbare, violent. *Les enfants poussaient des cris sauvages,* des cris stridents, inhumains. — **N.** *Ces gens sont vraiment des sauvages,* des brutes.

➤ **sauvagement** **adv.** ✦ D'une manière barbare. *Le journaliste a été sauvagement agressé.* → **cruellement.**

➤ **sauvagerie** **n. f.** ✦ Grande cruauté. → **barbarie.** *Le pauvre homme a été frappé avec sauvagerie.*

sauvegarde **n. f.** 1. Protection. *Les écologistes veillent à la sauvegarde de la nature.* → ① **défense.** 2. Copie de sécurité de données informatiques. *Il fait une sauvegarde des fichiers les plus importants.*

➤ **sauvegarder** **v.** (conjug. 1) 1. Protéger. *Une association s'est constituée pour sauvegarder le vieux quartier de la ville.* → **préserver.** 2. Faire une sauvegarde de données informatiques. *Sauvegarder des fichiers.*

▷ Mots de la famille de ② SAUF et de GARDER.

sauve-qui-peut **n. m. inv.** ✦ Fuite désordonnée où chacun se tire d'affaire comme il peut, sans s'occuper des autres. → **débandade.** *Ce fut un sauve-qui-peut général.* — Au pl. *Des sauve-qui-peut.*

▷ Mot de la famille de ② SAUF, de QUI et de ① POUVOIR.

sauver **v.** (conjug. 1) 1. Faire échapper à un danger, à la mort. *Le baigneur a pu sauver l'enfant qui était en train de se noyer.* 2. **se sauver,** c'est s'enfuir pour échapper à un danger ou à quelque chose de désagréable. *Les cambrioleurs se sont sauvés par les toits.*

▷ Mot de la famille de ② SAUF.

sauvetage **n. m.** ✦ Fait de sauver, de porter secours à quelqu'un. *Il a participé au sauvetage des naufragés.*

▷ Mot de la famille de ② SAUF.

sauvetage

sauveteur **n. m.,** **sauveteuse** **n. f.** ✦ Personne qui participe à un sauvetage. → aussi **secouriste.** *Les sauveteurs ont ramené les alpinistes pris dans l'avalanche.*

▷ Mot de la famille de ② SAUF.

à la **sauvette** **adv.** ✦ *Un vendeur à la sauvette,* qui vend des marchandises illégalement, en fraude. *Il vend des montres à la sauvette.*

▷ Mot de la famille de ② SAUF.

sauveur **n. m.** ✦ Personne qui sauve ou a sauvé quelqu'un. *Vous êtes mon sauveur, sans vous je serais perdu !*

▷ Mot de la famille de ② SAUF.

savamment **adv.** 1. De façon savante. *Il parle savamment de ce qu'il connaît le mieux.* 2. Habilement. *Un roman savamment construit.* → **adroitement.**

▷ Mot de la famille de ① SAVOIR.

savane **n. f.** ✦ Vaste prairie des régions tropicales où poussent de hautes herbes. *De nombreux fauves vivent dans la savane.*

savant **adj. et n. m.,** **savante** **adj.**

■ **adj.** 1. Qui sait beaucoup de choses. *Sa mère est très savante en histoire.* → **érudit.** 2. *Des animaux savants,* ce sont des animaux que l'on a dressés à faire des exercices. *Au cirque, nous avons vu un numéro de chiens savants.* 3. Compliqué, que tout le monde ne comprend pas. *Cette explication est trop savante pour moi.* ❏ contr. **simple.**

■ **n. m.** Personne qui contribue au progrès d'une science. *Louis Pasteur et Marie Curie furent de grands savants.*

▷ Mot de la famille de ① SAVOIR.

savate **n. f.** ✦ Vieille chaussure, vieille pantoufle. *Il aime bien rester chez lui en savates.*

saveur **n. f.** ✦ Goût. *Une saveur sucrée, acide.*

① **savoir** **v.** (conjug. 32) 1. Avoir connaissance de quelque chose. *Je ne sais pas l'âge de sa mère.* → **connaître.** ❏ contr. **ignorer.** *Je sais que Julie doit venir,* je suis au courant de cela. *Fais-moi savoir à quelle heure tu arrives,* communique-moi l'heure de ton arrivée. 2. Connaître par l'étude ou par l'intelligence. *Louise sait bien ses leçons. Il sait cinq langues,* il les comprend et peut les parler. 3. Être capable de faire une chose. *Léa sait nager.* 4. *Savoir ce que l'on veut,* c'est ne pas hésiter. 5. Pouvoir. *Je ne saurais vous dire ce qui est le mieux.*

➤ ② **savoir** **n. m.** ✦ Ensemble des connaissances. → ② **culture, instruction.** *Cet homme a un grand savoir.*

➤ **savoir-faire** **n. m. inv.** ✦ Habileté. → ① **adresse, compétence.** *Le savoir-faire d'un artisan.* ▷ Mot de la famille de FAIRE.

➤ **savoir-vivre** **n. m. inv.** ✦ Connaissance des règles de la politesse, bonne éducation. *Ces rustres manquent de savoir-vivre.* ▷ Mot de la famille de ① VIVRE.

▷ Autres mots de la famille : À L'INSU DE, SAVAMMENT, SAVANT.

savon **n. m.** ✦ Morceau moulé de produit qui sert à laver. *Un savon à la lavande.*

➤ **savonner** **v.** (conjug. 1) ✦ Laver en frottant avec du savon. *Il savonne le bébé dans son bain.* — **se savonner,** se laver avec du savon. *Julie s'est savonnée sous la douche.*

➤ **savonnette** **n. f.** ✦ Petit savon. *Une savonnette parfumée à l'eau de Cologne.*

➤ **savonneux, savonneuse** **adj.** ✦ Qui contient du savon. *De l'eau savonneuse.*

▷ Autre mot de la famille : PORTE-SAVON.

savourer **v.** (conjug. 1) ✦ Manger lentement pour apprécier le goût. → **déguster.** *Alex savoure sa glace.*

➤ **savoureux, savoureuse** **adj.** ✦ Qui a bon goût. *Ces fraises sont savoureuses.*

saxophone **n. m.** ✦ Instrument de musique à vent, en cuivre. ➼ planche Instruments de musique p. 548. *Il joue du saxophone.*

● On dit familièrement *un saxo.* Ce mot vient du nom de l'inventeur, Adolphe *Sax.*

➤ **saxophoniste** **n. m. et f.** ✦ Personne qui joue du saxophone. *Le saxophoniste d'un orchestre de jazz.*

saynète **n. f.** ✦ Petite pièce de théâtre très courte. *Tous les élèves ont préparé des saynètes pour la fête de l'école.* → aussi **sketch.**

● Il y a un *y* après le *a.* Ce mot vient de l'espagnol.

sbire **n. m.** ✦ Personne sans scrupule qui exécute les ordres qu'on lui donne, quels qu'ils soient. *Le chef du gang était là avec ses sbires.*

scabreux, scabreuse **adj.** ✦ Qui peut choquer, qui n'est pas convenable. *Il raconte souvent des histoires scabreuses.* → **trivial.**

scalp **n. m.** ✦ Peau du crâne, avec les cheveux, que les Indiens arrachaient à leurs ennemis.

▷ Mot de la famille de SCALPER.

scalpel **n. m.** ✦ Petit couteau très tranchant utilisé pour les opérations chirurgicales et les dissections. → **bistouri.** *Il incise l'abcès avec un scalpel.*

scalper **v.** (conjug. 1) ✦ Arracher la peau du crâne avec les cheveux. *Les Indiens scalpaient leurs ennemis morts ou vivants.*

▷ Autre mot de la famille : SCALP.

scandale **n. m.** **1.** Chose condamnable et révoltante. *Les coupables n'ont pas été punis, c'est un scandale.* **2.** Protestation bruyante faite en public. *Un client du restaurant a fait un scandale parce qu'il a trouvé un ver dans la salade.* → **esclandre.**

➤ **scandaleux, scandaleuse** **adj.** ✦ Révoltant, honteux. *Quelle conduite scandaleuse ! C'est scandaleux !*

➤ **scandaliser** **v.** (conjug. 1) ✦ Choquer. → **révolter.** *Ce tableau a scandalisé le public.* → **indigner.**

scander **v.** (conjug. 1) ✦ Prononcer des mots en détachant les syllabes sur un certain rythme. *Les manifestants scandaient des slogans.*

scanner [skanɛʀ] **n. m.** ✦ Appareil de radiographie qui, grâce à un ordinateur, permet de reconstituer sur un écran les images de l'intérieur du corps.

● Ce mot vient de l'anglais *to scan* qui veut dire « scruter ».

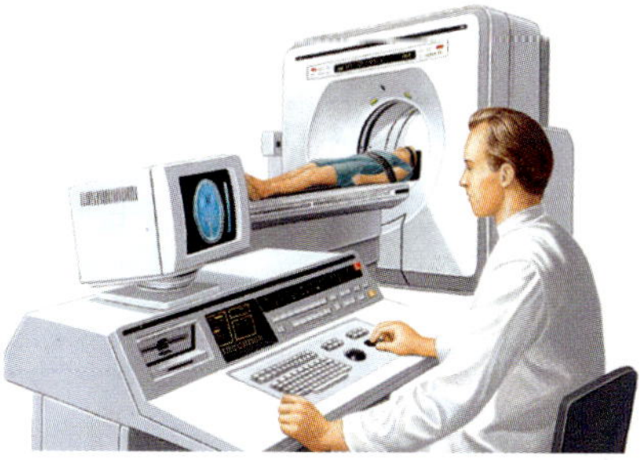

scanner

scaphandre **n. m.** ✦ Équipement composé d'une combinaison et d'un casque qui permet de respirer sous l'eau ou dans l'espace.

➤ **scaphandrier** **n. m.** ✦ Plongeur équipé d'un scaphandre. → aussi **homme-grenouille.** *Le scaphandrier pose des câbles sous-marins.*

scarabée **n. m.** ✦ Insecte noir à reflets bruns et dorés, qui a des cornes sur la tête. *Le scarabée est un coléoptère qui se nourrit d'excréments.*
● Ce mot masculin se termine par un *e* : on écrit *un scarabée.*

scarlatine **n. f.** ✦ Maladie contagieuse qui commence par une angine, puis se manifeste par une forte fièvre et des plaques rouges sur la peau et dans la bouche. *Paul a eu la scarlatine.*

scarole **n. f.** ✦ Salade à larges feuilles croquantes.

sceau [so] **n. m.** ✦ Cachet officiel avec lequel on fait une marque sur des documents importants. → aussi **sceller.** *Le roi apposa son sceau sur la lettre.* — Au pl. *Des sceaux.* ❍ homonymes : saut, seau, sot.
● Il y a un *c* après le *s.*

scélérat [seleʀa] **n. m., scélérate** [seleʀat] **n. f.** ✦ Personne qui fait le mal. → **bandit, crapule, fripouille.** *Je n'ai pas confiance en lui, c'est un scélérat.*
● Il y a un *c* après le *s.*

sceller [sele] **v.** (conjug. 1) **1.** Marquer avec un sceau. *Le roi scella sa lettre.* **2.** Fermer parfaitement. *On scelle les boîtes de conserve.* **3.** Fixer avec du ciment ou du plâtre. *La grille est scellée dans le sol.* ❍ homonyme : seller.
▷ Autre mot de la famille : DESCELLER.

scénario **n. m.** ✦ Texte qui décrit exactement ce qui se passe dans un film. *Il est l'auteur de nombreux scénarios.* → aussi **script.**
● Ce mot vient de l'italien *scenario* qui veut dire « décor ».

➤ **scénariste** **n. m. et f.** ✦ Personne qui écrit des scénarios. *C'est une célèbre scénariste.*

scène **n. f. 1.** Endroit du théâtre où jouent les comédiens. *Toute la troupe est sur scène.* → aussi **planche, plateau. 2.** *Mettre en scène une pièce de théâtre,* c'est faire un spectacle d'après le texte de la pièce. → aussi **réaliser.** *La mise en scène est faite par le metteur en scène.* **3.** Partie d'une pièce de théâtre. *Lisez la scène 3 de l'acte II.* **4.** Action d'une pièce. *La scène se passe à Venise, au 18e siècle.* **5.** Événement qui ressemble à une scène de théâtre. *L'accident a été terrible, j'étais témoin de la scène.* **6.** Explosion de colère. *Il nous a fait une scène,* il nous a fait de violents reproches. — *Une scène de ménage,* une dispute dans un couple.

sceptique [sɛptik] **adj.** ✦ Qui ne croit pas facilement quelque chose, qui doute. → **incrédule, méfiant.** *Je suis très sceptique quant à tes chances de réussite.* → **dubitatif.** ❍ homonyme : septique.
● Il y a un *c* après le *s.*

➤ **scepticisme** [sɛptisism] **n. m.** ✦ Attitude d'une personne sceptique. *Il a accueilli la nouvelle avec scepticisme.* → **incrédulité.** ❏ contr. **conviction.**

sceptre [sɛptʀ] **n. m.** ✦ Bâton qui est le signe du pouvoir d'un souverain. *Le roi tenait son sceptre à la main.*
● Il y a un *c* après le *s.*

sceptre

schéma [ʃema] **n. m.** ✦ Dessin simplifié. *Le professeur a fait au tableau un schéma de l'appareil respiratoire.*

➤ **schématique** **adj.** ✦ Très simplifié. → **sommaire.** *Voici un plan schématique de la maison.*

➤ **schématiquement** **adv.** ✦ De façon schématique, simplifiée. *Voilà, schématiquement, comment les choses se présentent.*

➤ **schématiser** **v.** (conjug. 1) ✦ Présenter de façon schématique, simplifiée. *Je schématise, pour que vous compreniez mieux.* → **simplifier.**

schiste **n. m.** ✦ Roche composée de feuilles superposées qui se détachent facilement. *L'ardoise est un schiste.*

schuss [ʃus] **n. m.** ✦ Descente à ski en suivant la plus grande pente. *Le skieur descend la pente tout schuss,* sans ralentir.
● Ce mot vient de l'allemand.

sciatique [sjatik] **n. f.** ✦ Douleur violente qui suit le trajet d'un nerf allant de la hanche jusqu'au pied. *Une crise de sciatique.*

scie **n. f.** ✦ Outil ou machine qui sert à découper des matières dures, grâce à une lame dentée. *Une scie à bois. Une scie à métaux.* ❍ homonymes : ① et ② ci, ①, ② et ③ si, six.
● Il y a un *c* après le *s*.
▷ Mot de la famille de SCIER.

sciemment [sjamɑ̃] **adv.** ✦ En connaissance de cause, en sachant ce que l'on fait. → **volontairement.** *Elle nous a trompés sciemment.* → **consciemment, exprès.** ❑ contr. **involontairement.**
● Il y un *c* après le *s*.

science **n. f.** **1.** *Les sciences,* ce sont les matières comme les mathématiques, la physique, la biologie, où l'on fait des calculs ou des expériences qui permettent de décrire avec précision ce que l'on étudie. *Les sciences naturelles les sciences de la vie et de la terre étudient les êtres vivants et la nature.* **2.** *La science,* c'est l'ensemble des connaissances. *La science a fait d'énormes progrès au 20e siècle.* → aussi **recherche.**

➤ **science-fiction** **n. f.** ✦ *Un roman, un film de science-fiction,* qui raconte des histoires qui se déroulent dans le monde futur tel qu'on peut l'imaginer. → **anticipation.** ▷ Mot de la famille de FICTION.

scientifique **adj.** et **n. m.** et **f.**
■ **adj.** **1.** Qui concerne les sciences. *Les chercheurs font des travaux scientifiques.* **2.** Précis et rigoureux. *Le professeur nous a donné l'explication scientifique du tonnerre.*
■ **n. m.** et **f.** Personne qui étudie les sciences, spécialiste d'une science. → **savant.** *Leur fille est une scientifique réputée.*

➤ **scientifiquement** **adv.** ✦ De façon scientifique. *Les chercheurs ont étudié scientifiquement ce phénomène.*

scier **v.** (conjug. 7) ✦ Couper avec une scie. *Le menuisier scie des planches.*

➤ **scierie** [siʀi] **n. f.** ✦ Usine où l'on scie du bois pour faire des planches.
▷ Autres mots de la famille : SCIE, SCIURE.

scinder [sɛ̃de] **v.** (conjug. 1) ✦ Couper. → **diviser.** *Cette affaire a scindé le conseil municipal en deux clans.* — **se scinder,** se couper, se partager. *L'équipe s'est scindée en deux.* → aussi **scission.**

scintiller **v.** (conjug. 1) ✦ Briller en faisant de petits éclats. → **étinceler.** *Les étoiles scintillent dans la nuit.*

➤ **scintillant, scintillante** **adj.** ✦ Qui brille, scintille. *Un tissu scintillant.* → ① **brillant, chatoyant.**

➤ **scintillement** **n. m.** ✦ Éclat brillant. *Le scintillement d'un diamant au soleil.*

scission [sisjɔ̃] **n. f.** ✦ Division dans un groupe de personnes. *Le désaccord a provoqué la scission de leur parti.* → aussi **scinder.**

sciure [sjyʀ] **n. f.** ✦ Poussière produite par le bois que l'on scie. *Le menuisier balaye la sciure qui couvre le sol de son atelier.*
▷ Mot de la famille de SCIER.

sclérose **n. f.** ✦ Maladie qui se manifeste par le durcissement d'un organe, etc. *Il souffre d'une sclérose artérielle.*

➤ **se scléroser** **v.** (conjug. 1) **1.** Se durcir, être atteint de sclérose. *En vieillissant, ses artères se sont sclérosées.* **2.** Ne plus évoluer, ne pas savoir s'adapter. *Ce parti politique se sclérose.*

scolaire **adj.** ✦ Qui concerne l'école, l'enseignement. *Louise a de bons résultats scolaires. Un collège est un établissement scolaire.*

➤ **scolariser** **v.** (conjug. 1) ✦ Faire suivre un enseignement scolaire. *En France, les enfants sont scolarisés jusqu'à 16 ans au moins.*

➤ **scolarité** **n. f.** ✦ Période pendant laquelle on fait ses études. *En France, la scolarité est obligatoire jusqu'à 16 ans.*
▷ Autres mots de la famille : PARASCOLAIRE, PRÉSCOLAIRE.

scoliose **n. f.** ✦ Déformation de la colonne vertébrale.

scolopendre **n. f.** ✦ Petit animal dont le corps est formé de 21 anneaux portant chacun une paire de pattes. → **mille-pattes.** *La morsure de certaines scolopendres est dangereuse.*
● Ce mot est féminin : on dit *une scolopendre.*

scoop [skup] **n. m.** ✦ Nouvelle importante donnée pour la première fois. *Le président démissionne, c'est un scoop !*
● Ce mot vient de l'anglais.

scooter [skutœʀ] ou [skutɛʀ] **n. m.** ✦ Moto à petites roues, avec une carrosserie qui forme un plancher et qui monte jusqu'au guidon.
● Ce mot vient de l'anglais ; le verbe *to scoot* veut dire « filer ».

scooter

scorbut [skɔʀbyt] **n. m.** ✦ Maladie causée par le manque de vitamine C, qui se manifeste par la chute des dents. *Autrefois, les marins risquaient d'avoir le scorbut parce qu'ils ne mangeaient pas de fruits ni de légumes frais.*

score **n. m.** ✦ Compte des points au cours d'un match. *Le score final est de 3 à 2.*
● Ce mot vient de l'anglais.

scories **n. f. pl.** ✦ Déchets que l'on obtient après avoir fondu du minerai ou brûlé du charbon. *Les terrils du Nord sont formés de scories.*

scorpion **n. m.** ✦ Petit animal dont la queue est armée d'un aiguillon crochu et venimeux et qui vit dans les régions chaudes. *La piqûre de certains scorpions est mortelle.*

scotch **n. m.** Marque déposée ✦ Ruban de plastique adhésif transparent. *Un rouleau de scotch.*
➤ **scotcher** **v.** (conjug. 1) ✦ Coller avec du ruban adhésif. *Louise a scotché une photo de son chanteur favori sur le mur de sa chambre.*

scout [skut] **n. m.** ✦ Jeune garçon qui fait partie d'une organisation qui lui offre des activités de plein air et des jeux, tout en perfectionnant son éducation morale. → aussi **louveteau.** *Une troupe de scouts campe dans la forêt voisine.* — **Adj.** *Une chanson scoute.*
➤ **scoutisme** **n. m.** ✦ Mouvement qui réunit des jeunes et qui complète leur éducation morale et physique.

scrabble [skʀabl] **n. m.** Marque déposée ✦ Jeu de société qui consiste à former des mots sur une grille à l'aide de jetons marqués des lettres de l'alphabet. *Les enfants font une partie de scrabble.*
● Ce mot vient de l'anglais *to scrabble* qui veut dire « gribouiller ».

scribe **n. m.** ✦ Homme dont le métier était d'écrire, dans l'Antiquité. *Les scribes égyptiens écrivaient sur du papyrus.*

script **n. m.** **1.** Type d'écriture à la main qui ressemble aux caractères d'imprimerie. *Écrire en script.* **2.** Texte d'un film, d'une émission comprenant les dialogues et les indications pour la mise en scène. → aussi **scénario.** ❍ homonyme : scripte.
➤ **scripte** **n. m et f.** ✦ Personne dont le métier est de noter tous les détails d'une scène d'un film, au fur et à mesure qu'on tourne. *La scripte assiste le réalisateur.* ❍ homonyme : script.

scrupule **n. m.** ✦ Inquiétude que l'on a quand on se demande si on doit faire une chose ou non. *J'avais scrupule à vous déranger,* j'hésitais à le faire. *C'est un homme sans scrupule,* il agit sans se poser de problèmes moraux.
➤ **scrupuleux, scrupuleuse** **adj.** ✦ Qui est exigeant sur le plan moral. *La caissière du restaurant est d'une honnêteté scrupuleuse.*
➤ **scrupuleusement** **adv.** ✦ Avec exactitude, d'une manière scrupuleuse. *Il rembourse scrupuleusement ses dettes.*

scruter **v.** (conjug. 1) ✦ Examiner, observer avec une grande attention. *Le capitaine du bateau scrute l'horizon avec sa longue-vue.*

scrutin **n. m.** ✦ Vote au moyen de bulletins déposés dans une boîte fermée. *Le député a été élu au premier tour de scrutin.*

sculpter [skylte] **v.** (conjug. 1) ✦ Tailler une matière dure pour en faire une œuvre d'art. *Cette statue a été sculptée dans le marbre.*
➤ **sculpteur** [skyltœʀ] **n. m., sculptrice** [skyltʀis] **n. f.** ✦ Personne qui fait des sculptures. *Michel-Ange et Rodin furent de grands sculpteurs.*
● Au féminin, on dit aussi *une sculpteuse.*
➤ **sculpture** [skyltyʀ] **n. f.** **1.** Art qui consiste à sculpter des matériaux. *Il fait de la sculpture sur bois,* il sculpte le bois. **2.** Œuvre

d'art obtenue en sculptant. *On peut admirer de nombreuses sculptures égyptiennes au musée du Louvre.* → aussi **bas-relief, statue.**

● Le *p* de ces mots ne se prononce pas.

sculpteur

SDF **n. m.** et **f. inv.** ✦ Personne sans revenus qui n'a pas de logement. → **sans-abri, sans-logis.** *Des SDF dorment dans la rue.*

● C'est le sigle de *sans domicile fixe.*

se **pronom** ✦ Pronom personnel réfléchi de la troisième personne du singulier et du pluriel. *Il se lève tôt. Le clocher s'aperçoit de loin. Julie s'habille. Les oiseaux se sont envolés.*

○ homonymes : ① et ② ce.

● *Se* devient *s'* devant une voyelle ou un *h* muet.

séance **n. f.** **1.** Réunion de travail où l'on discute. *Les députés assistent aux séances de l'Assemblée nationale.* **2.** *Une séance de cinéma,* la projection d'un film. *Nous sommes allés à la séance de 16 heures.*

① **séant** **n. m.** ✦ *Être sur son séant,* c'est être assis. *Léa s'est mise sur son séant,* elle s'est assise.

② **séant, séante** **adj.** ✦ Convenable, décent. *Il n'est pas séant de partir avant la fin de la réunion,* cela ne se fait pas.

● Ce mot est littéraire.

▷ Mot de la famille de SEOIR.

seau **n. m.** **1.** Récipient plus haut que large, muni d'une anse. *Un seau d'eau. La serpillière est dans un seau en plastique.* — Au pl. *Des seaux.* **2.** *Il pleut à seaux,* très fort. → **à verse.**

○ homonymes : saut, sceau, sot.

sec **adj.** et **n. m.**, **sèche** **adj.**

■ **adj.** **1.** Qui n'est pas imprégné de liquide. *Le linge sera bientôt sec.* ❏ contr. **humide, mouillé.** *La terre est trop sèche. Le climat de cette région est sec,* il y pleut très peu. ❏ contr. **pluvieux.** **2.** *Des légumes, des fruits secs,* ce sont des légumes, des fruits que l'on a débarrassés de leur humidité pour les conserver. ❏ contr. ① **frais.** *Il y a des raisins secs dans le cake.* **3.** Sans rien d'autre. *Du pain sec.* **4.** *Un bruit sec,* très fort et très court. **5.** Désagréable. *Sa lettre était très sèche.* ❏ contr. **aimable.** **6.** *Un vin blanc sec,* non sucré. ❏ contr. **doux.**

■ **n. m.** **1.** *Au sec,* à l'abri de l'humidité. *Ces biscuits sont à conserver au sec.* **2.** *À sec,* sans eau. *Le torrent est à sec,* il n'a plus d'eau. *Ce manteau doit être nettoyé à sec.*

▷ Autres mots de la famille : ASSÈCHEMENT, ASSÉCHER, DESSÈCHEMENT, DESSÉCHER, SÉCHAGE, SÈCHE-CHEVEUX, SÈCHE-LINGE, SÈCHEMENT, SÉCHER, SÉCHERESSE, SÉCHOIR.

sécateur **n. m.** ✦ Gros ciseaux qui servent au jardinage. *Le jardinier taille les rosiers avec un sécateur.*

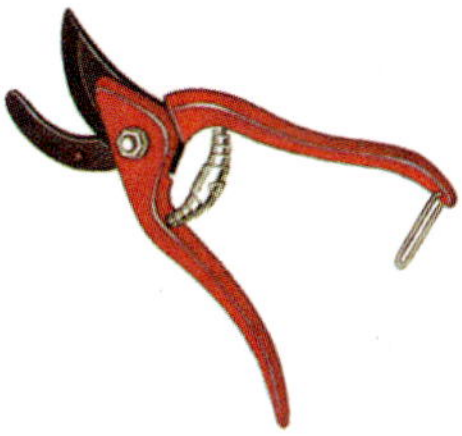

sécateur

sécession **n. f.** ✦ Action par laquelle une partie de la population se sépare de l'État auquel elle appartenait pour former un autre État. *La majorité chrétienne de l'île a fait sécession.*

séchage **n. m.** ✦ Fait de sécher. *Cette peinture est à séchage rapide,* elle sèche rapidement.

▷ Mot de la famille de SEC.

sèche-cheveux **n. m. inv.** ✦ Appareil électrique que l'on tient à la main et qui sèche les cheveux mouillés en soufflant de l'air chaud. → **séchoir.** — Au pl. *Des sèche-cheveux.*

▷ Mot de la famille de SEC et de CHEVEU.

sèche-linge **n. m. inv.** ✦ Machine qui sèche le linge. — Au pl. *Des sèche-linge.*

▷ Mot de la famille de SEC et de LINGE.

sèchement adv. ✦ Avec froideur, d'un ton sec. *Il lui a répondu sèchement.* → **rudement.** ❑ contr. **aimablement.**
▷ Mot de la famille de SEC.

sécher v. (conjug. 6) **1.** Devenir sec. *Elle a mis du linge à sécher dehors.* **2.** Rendre sec. *Le froid sèche la peau.* → **dessécher.** *Julie se sèche les cheveux.* — **se sécher,** s'essuyer. *Sèche-toi vite !*
▷ Mot de la famille de SEC.

sécheresse n. f. ✦ Manque de pluie. *Si la sécheresse continue, la récolte sera mauvaise.*
▷ Mot de la famille de SEC.

séchoir n. m. **1.** *Un séchoir à linge,* c'est un assemblage de fils sur lesquels on met du linge à sécher. **2.** Sèche-cheveux.
▷ Mot de la famille de SEC.

second [səgɔ̃] adj. et n. m., **seconde** [səgɔ̃d] adj. et n. f.
■ adj. **1.** Qui vient après le premier. → **deuxième.** *Il habite au second étage.* **2.** Qui vient après le meilleur. *Elle voyage en seconde classe,* une classe moins luxueuse et moins chère que la première classe.
■ n. **1.** n. m. Personne qui en aide une autre. → **adjoint, assistant.** *Elle est le second du directeur.* **2.** n. f. Classe de l'enseignement secondaire entre la troisième et la première. *Il est en seconde.*
➤ **secondaire** [səgɔ̃dɛʀ] adj. **1.** Peu important. *Cet acteur joue un rôle secondaire dans ce film.* ❑ contr. **capital, essentiel, primordial. 2.** *L'enseignement secondaire,* c'est l'enseignement qui suit l'enseignement primaire. **3.** *L'ère secondaire,* c'est la période pendant laquelle sont apparus les oiseaux et les premiers mammifères sur la Terre. → aussi **primaire, quaternaire, tertiaire.**
➤ **seconder** [səgɔ̃de] v. (conjug. 1) ✦ Aider, assister dans son travail. *Elle seconde le directeur.*

seconde [səgɔ̃d] n. f. **1.** Soixantième partie de la minute. *Il y a 60 secondes dans une minute.* **2.** Temps très court. *J'en ai pour deux secondes.*

secouer v. (conjug. 1) **1.** Remuer dans tous les sens plusieurs fois. *Secouez le flacon avant l'emploi.* → **agiter. 2.** Ébranler. *Elle a été très secouée par la nouvelle.* → **bouleverser, choquer.**
▷ Autre mot de la famille : SECOUSSE.

secourir v. (conjug. 11) ✦ Venir en aide à quelqu'un qui est en danger. *Les pompiers ont secouru un enfant qui se noyait.*
➤ **secourable** adj. ✦ *Une personne secourable,* c'est une personne qui est toujours prête à aider les autres.
➤ **secourisme** n. m. ✦ Méthode de sauvetage pour venir en aide aux blessés. *Il a suivi des cours de secourisme.*
➤ **secouriste** n. m. et f. ✦ Personne qui a appris à venir en aide aux blessés et qui a un brevet de secourisme. → aussi **sauveteur.**
➤ **secours** n. m. **1.** Tout ce qui aide une personne en danger à s'en sortir. *Elle a appelé au secours. Ils sont venus à son secours. Le remorqueur a porté secours au navire en détresse.* **2.** Aide constituée de personnes ou de matériel que l'on envoie à des victimes. *Le gouvernement a fait parvenir des secours aux victimes des inondations.* **3.** *Une roue de secours,* de rechange. *Il a remplacé la roue qui avait un pneu crevé par la roue de secours.*
● Ce mot se termine par un *s.*

secousse n. f. ✦ Mouvement brusque qui secoue. *Le camion a démarré après plusieurs secousses.*
▷ Mot de la famille de SECOUER.

secret n. m. et adj., **secrète** adj.
■ n. m. **1.** Chose que l'on ne doit dire à personne. *Je vais te confier un secret.* **2.** Moyen connu seulement de quelques personnes. *On ne sait pas ce que contient cette boisson, c'est le secret de fabrication.* **3.** *En secret,* en cachette, sans que personne ne le sache. *Ils se sont mariés en secret.*
■ adj. **1.** Qui doit rester caché. *Elle met ses documents secrets dans un coffre.* → **confidentiel.** ❑ contr. **officiel,** ① **public. 2.** Qui est connu de peu de personnes et qui est difficile à trouver. *Ils sont sortis du château par le passage secret.* **3.** Qui ne se confie pas facilement. *Elle est très secrète.* → **réservé.**
▷ Autre mot de la famille : SECRÈTEMENT.

secrétaire n. m. et f. **1.** Personne dont le métier est de s'occuper du courrier, répondre au téléphone, classer des dossiers. *Elle est secrétaire de direction.* **2.** n. m. *Un secrétaire,* c'est un meuble à tiroirs, avec un panneau

secrétaire

que l'on peut rabattre et qui sert de table pour écrire.

➤ **secrétariat** n. m. 1. Bureau et service où travaillent les secrétaires. *Demandez les formulaires au secrétariat.* 2. Métier de secrétaire. *Elle fait du secrétariat.*

secrètement adv. ✦ En cachette, en secret. *Elle est secrètement amoureuse de lui.*
▷ Mot de la famille de SECRET.

sécréter v. (conjug. 6) ✦ Produire une substance. *Les glandes salivaires sont des glandes qui sécrètent la salive.*

➤ **sécrétion** n. f. ✦ Substance produite par le corps. *La sueur est une sécrétion du corps.*

secte n. f. 1. Groupe de personnes qui ont des croyances particulières à l'intérieur d'une religion. *La secte des témoins de Jéhovah.* 2. Petit groupe fermé dont les adeptes suivent un chef spirituel qui leur impose sa doctrine et son pouvoir. *Il a donné tout son argent à une secte.*

➤ **sectaire** adj. ✦ Qui n'admet pas que l'on ait d'autres idées que les siennes. *Ne soyez pas sectaire.* → **intolérant.** ❑ contr. **tolérant.**

secteur n. m. 1. Partie d'un territoire. *Les enfants qui habitent dans le secteur de la mairie vont à l'école Jules-Ferry.* → ② **quartier.** 2. *Le secteur privé,* c'est l'ensemble des entreprises qui ne dépendent pas de l'État. *Le secteur public,* c'est l'ensemble des entreprises qui dépendent de l'État.

section n. f. 1. Action de couper, fait d'être coupé. *La section de la moelle épinière entraîne une paralysie.* 2. Partie d'un groupe, d'un ensemble. *Une section syndicale,* les adhérents d'un syndicat. *Sa sœur est dans la section des petits à l'école maternelle.* 3. Partie d'un trajet. *Les lignes d'autobus sont divisées en sections comportant plusieurs stations.*

➤ **sectionner** v. (conjug. 1) ✦ Couper. *Le cambrioleur a sectionné le fil du téléphone. Il a eu l'artère sectionnée.*

séculaire adj. ✦ Qui existe depuis au moins cent ans. *Il y a des arbres séculaires dans le parc.* → aussi **centenaire.**

sécuriser v. (conjug. 1) ✦ Donner une impression de sécurité. → **rassurer, tranquilliser.** *Cela la sécurise de laisser une lampe allumée, la nuit.* ❑ contr. **inquiéter.**

sécurité n. f. 1. Situation tranquille ne présentant aucun danger. *Ici, nous serons en sécurité.* → **sûreté.** 2. *La Sécurité sociale,* c'est une organisation de l'État qui rembourse une partie des dépenses dues aux maladies ou aux accidents.
▷ Autre mot de la famille : INSÉCURITÉ.

sédatif n. m. ✦ Calmant. *Le médecin a donné au malade un léger sédatif.*

sédentaire adj. 1. *Un peuple sédentaire,* c'est un peuple qui vit toujours au même endroit. ❑ contr. **nomade.** 2. *Un travail sédentaire,* un travail qui n'oblige pas à se déplacer.

sédiment n. m. ✦ Dépôt fait de débris de roches usées par l'eau, la glace ou le vent. *Les sédiments fluviaux.* → **alluvions.**

➤ **sédimentaire** adj. ✦ *Une roche sédimentaire,* c'est une roche formée de sédiments. *Le sable, l'argile, le grès sont des roches sédimentaires.*

sédition n. f. ✦ Révolte, soulèvement. → **insurrection.** *L'armée a durement réprimé la sédition.*

séducteur n. m., **séductrice** n. f. ✦ Personne qui emploie tous les moyens pour plaire. → aussi **séduire.** *Cette femme est une grande séductrice.*
▷ Mot de la famille de SÉDUIRE.

séduction n. f. ✦ Pouvoir d'une personne qui séduit. → **charme.** *Il exerce une grande séduction sur les femmes.*
▷ Mot de la famille de SÉDUIRE.

séduire v. (conjug. 38) ✦ Plaire énormément. *Il l'a tout de suite séduite en la faisant rire.*

➤ **séduisant, séduisante** **adj.** ✦ Qui plaît par sa séduction, son charme. *Cette jeune fille est très séduisante.*

▷ Autres mots de la famille : SÉDUCTEUR, SÉDUCTION.

segment **n. m.** ✦ *Un segment de droite,* c'est un morceau de ligne droite limité par deux points.

ségrégation **n. f.** ✦ *La ségrégation raciale,* c'est la séparation complète établie entre les gens de couleur et les Blancs dans un même pays. *L'Afrique du Sud pratiquait la ségrégation raciale.* → **apartheid.**

seiche **n. f.** ✦ Petit animal marin qui projette un liquide noir quand il est attaqué. → aussi **calmar.**

seigle **n. m.** ✦ Plante dont les épis garnis de poils contiennent des grains gris qui produisent de la farine. *Du pain de seigle.*

seigneur **n. m.** ✦ Noble dont dépendaient une terre et ses occupants. *Les seigneurs habitaient des châteaux forts. — À tout seigneur, tout honneur,* il faut rendre honneur à chacun selon son rang ; je vous dois bien cela.

sein **n. m.** **1.** Mamelle de la femme. *Elle a de gros seins.* → aussi **poitrine.** *Elle donne le sein à son bébé,* elle l'allaite. **2.** *Au sein de,* au milieu de, dans. *Il y a des désaccords au sein de l'équipe.* ○ homonymes : sain, saint.

séisme **n. m.** ✦ Tremblement de terre. → aussi **sismique.**

seize **adj. inv.** ✦ Quinze plus un (16). *Julie a ramassé seize escargots dans le jardin. — La page seize,* la seizième page. — **N. m. inv.** *Vingt moins quatre font seize.*

➤ **seizième** **adj.** et **n. m.**

■ **adj.** Qui vient après le quinzième. *La piscine est au seizième étage.*

■ **n. m.** Partie d'un tout divisé en seize parts égales.

séjour **n. m.** **1.** Temps assez long que l'on passe dans un endroit. *Il est rentré reposé de son séjour à la montagne.* **2.** *La salle de séjour,* c'est la pièce où l'on se tient le plus souvent. — On dit aussi *le séjour.*

➤ **séjourner** **v.** (conjug. 1) ✦ Rester quelque temps dans un endroit. *Elle a séjourné un mois en Bretagne.*

sel **n. m.** **1.** Matière blanche que l'on utilise pour assaisonner, saler les aliments. *Il met du sel et du poivre sur sa viande. — Il a mis son grain de sel dans la conversation,* il a dit ce qu'il pensait alors que l'on ne lui demandait pas son avis. **2.** Ce qui donne de l'intérêt. *Ce récit ne manque pas de sel,* d'esprit, d'humour. ○ homonymes : celle, ① et ② selle.

sélectif, sélective **adj.** ✦ Qui choisit ce qui convient le mieux. *Ce classement est sélectif.*

sélection **n. f.** ✦ Action de choisir ce qui convient le mieux. *Le jury a fait une sélection parmi les films en compétition.* → **choix.**

➤ **sélectionner** **v.** (conjug. 1) ✦ Choisir ce qu'il y a de mieux. *Le jury de lecteurs a sélectionné trois romans.*

➤ **sélectionneur** **n. m.,** **sélectionneuse** **n. f.** ✦ Personne qui sélectionne des sportifs. *Le sélectionneur a choisi les joueurs de l'équipe nationale de football.*

self-service **n. m.** ✦ Restaurant dans lequel le client se sert lui-même. — Au pl. *Des self-services.*

● On dit familièrement *un self.* C'est un mot anglais.

① **selle** **n. f.** ✦ *Les selles,* ce sont les excréments des humains. ○ homonymes : celle, sel.

② **selle** **n. f.** **1.** Morceau de cuir que l'on met sur le dos d'un cheval pour servir de siège au cavalier. *Il vérifie les sangles de la selle avant de monter à cheval.* **2.** Petit siège d'un vélo, d'une moto. *On peut régler la hauteur de la selle.*

selle

➤ **seller** **v.** (conjug. 1) ✦ *Seller un cheval,* c'est lui mettre une selle sur le dos. *La cavalière selle sa monture.* ○ homonyme : sceller.

➤ **sellette** **n. f.** ✦ Familier. *Être sur la sellette,* c'est être la personne que l'on interroge et que l'on juge.

➤ **sellier** **n. m.** ✦ Fabricant et marchand de selles, de harnais. ○ homonyme : cellier.

▷ Autre mot de la famille : DESSELLER.

selon prép. 1. En prenant pour modèle. → **conformément** à, ② **suivant**. *Il a agi selon vos désirs.* 2. D'après. *Selon la météo, il va neiger.* 3. En fonction de. *Il dînera avec nous ou non, selon l'heure à laquelle il arrivera. Nous agirons en fonction des circonstances.*

semailles n. f. pl. ✦ Travail qui consiste à semer. *Les semailles et les moissons.*

▷ Mot de la famille de SEMER.

semailles (*Un semeur*, Millet, 1850)

semaine n. f. 1. Période de sept jours que l'on fait commencer le lundi. *Nous nous verrons en fin de semaine.* → aussi **week-end**. *À la semaine prochaine ! Ce journal paraît une fois par semaine.* → aussi **hebdomadaire**. 2. Durée de sept jours. *Elle a pris deux semaines de vacances.*

sémaphore n. m. ✦ Appareil qui permet d'envoyer des signaux aux bateaux, aux trains.

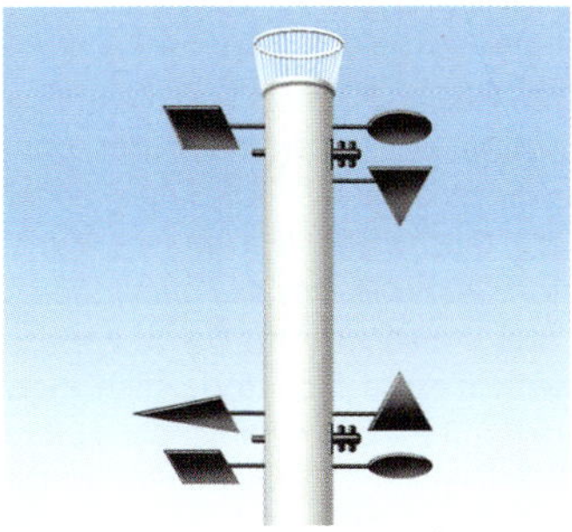

sémaphore

sembler v. (conjug. 1) ✦ Avoir l'air. → **paraître**. *La maison semble abandonnée. Il m'a semblé entendre du bruit,* j'ai eu l'impression d'entendre du bruit. *Il semble que la pluie ait cessé,* on dirait qu'elle a cessé.

➤ **semblable** adj. et n. m. et f.

■ adj. *Semblable à,* qui ressemble à. *Elle veut un pull semblable au mien.* → **analogue, comparable, similaire.** ❏ contr. **différent**. *Ils ont des goûts semblables,* les mêmes goûts.

■ n. m. et f. Personne considérée par rapport aux autres. *Elle se dévoue à ses semblables,* aux autres, à son prochain.

➤ **semblant** n. m. ✦ *Faire semblant de,* faire comme si, donner l'apparence de. *Léa faisait semblant de dormir.* → aussi **feindre, simuler.**

▷ Autres mots de la famille : INVRAISEMBLABLE, INVRAISEMBLANCE, RESSEMBLANCE, RESSEMBLANT, RESSEMBLER, VRAISEMBLABLE, VRAISEMBLABLEMENT, VRAISEMBLANCE.

semelle n. f. 1. Dessous de la chaussure. *Paul a des mocassins à semelle de cuir.* 2. Morceau de feutre, de liège que l'on met à l'intérieur d'une chaussure. *Il met une semelle dans ses bottes parce qu'elles sont trop grandes.* 3. *Ne pas quitter quelqu'un d'une semelle,* être tout le temps avec lui.

▷ Autres mots de la famille : RESSEMELAGE, RESSEMELER.

semer v. (conjug. 5) 1. Mettre des graines dans la terre pour qu'elles donnent des plantes. *L'agriculteur sème du blé.* 2. Répandre. *Des voyous sèment la terreur dans le village.*

➤ **semence** n. f. ✦ Graine que l'on sème. *Il trie les semences pour sélectionner les meilleures graines.*

▷ Autres mots de la famille : CLAIRSEMÉ, ENSEMENCER, PARSEMÉ, SEMAILLES, SEMIS.

semestre n. m. ✦ Période de six mois. *Il y a deux semestres dans une année.* → aussi **trimestre.**

➤ **semestriel, semestrielle** adj. ✦ Qui a lieu ou qui paraît tous les six mois. *Un cours semestriel.*

semi- ✦ Préfixe qui signifie « à demi », « à moitié » (ex. *semi-remorque*). ❍ homonyme : semis.

sémillant, sémillante adj. ✦ Vif et gai. → **fringant**. *Une sémillante jeune fille.*

● Ce mot est littéraire.

séminaire n. m. 1. École où étudient les futurs prêtres catholiques. *Il a fait ses études dans un séminaire.* 2. Réunion de personnes qui étudient un sujet. *Elle est allée à un séminaire de zoologie.* → **colloque.**

semi-remorque

➤ **séminariste** n. m. ✦ Élève d'un séminaire, qui se prépare à devenir prêtre.

semi-remorque n. m. ✦ Gros camion formé d'une cabine où se trouve le moteur, et d'une grande remorque. — Au pl. *Des semi-remorques.*

▷ Mot de la famille de REMORQUER.

semis n. m. ✦ Terrain où l'on a semé des graines. *Le jardinier arrose les semis de salades.* ○ homonyme : semi-.

▷ Mot de la famille de SEMER.

semonce n. f. 1. Reproche. → **réprimande.** *Alex a reçu une sérieuse semonce.* 2. *Un coup de semonce,* c'est un coup de canon donnant à un navire l'ordre de s'arrêter. → **sommation.** *Le navire ennemi continua sa route malgré les coups de semonce.*

semoule n. f. ✦ Sorte de farine faite de morceaux de grains de blé dur. *Léa adore la semoule du couscous.*

sempiternel, sempiternelle adj. ✦ Continuel et lassant. → **perpétuel.** *Il nous ennuie avec ses sempiternelles récriminations.*

Sénat (Paris)

Sénat n. m. ✦ Assemblée qui vote les lois, en France, et dont les membres sont élus par les députés et les conseillers généraux. *Les lois sont votées par l'Assemblée nationale, puis par le Sénat.* → aussi **Parlement.**

➤ **sénateur** n. m., **sénatrice** n. f. ✦ Personne qui fait partie du Sénat. → aussi **parlementaire.**

➤ **sénatorial, sénatoriale** adj. ✦ Du Sénat. *Les élections sénatoriales.* — Au masc. pl. *sénatoriaux.*

sénile adj. ✦ Propre aux vieillards, à la vieillesse. ❑ contr. **juvénile.** *Les mains du vieil homme avaient un tremblement sénile.*

➤ **sénilité** n. f. ✦ Affaiblissement du corps et de l'esprit dû à la vieillesse. *Un vieillard atteint de sénilité.*

senior n. m. et f. 1. Sportif de la catégorie des adultes, entre 20 et 35 ans. *L'équipe des seniors a gagné.* → aussi **junior.** 2. Personne de plus de 50 ans.

① **sens** [sɑ̃s] n. m. 1. Direction. *Cette rue est à sens unique. On ferme le robinet en le tournant dans le sens des aiguilles d'une montre.* — *Sens dessus dessous* [sɑ̃dsydsu], dans un grand désordre. *Les cambrioleurs ont laissé la maison sens dessus dessous.* 2. Direction que prend une activité. *Travaillons tous dans le même sens.*

▷ Autre mot de la famille : À CONTRESENS.

② **sens** [sɑ̃s] n. m. 1. *Les sens,* ce qui permet à l'homme et aux animaux de sentir, de percevoir les objets. *La vue, l'ouïe, l'odorat, le goût et le toucher sont les cinq sens.* 2. Instinct, intuition. *Alex a le sens de l'orientation,* il sait s'orienter d'instinct, sans l'avoir appris. 3. *Le bon sens,* c'est la faculté de bien juger, de savoir ce qui est raisonnable. 4. *En un certain sens, il a bien fait,* d'un certain point de vue. 5. *Le sens d'un mot,* c'est sa signification. *Quel est le sens de ce mot ? Des mots qui ont le même sens sont des synonymes.*

➤ **sensation** n. f. 1. Impression que l'on a à partir de ce que l'on sent. *Il éprouve une sensation de faim. Elle avait la sensation d'être suivie.* 2. *Faire sensation,* c'est faire une forte impression. *Son entrée a fait sensation.*

➤ **sensationnel, sensationnelle** adj. ✦ Familier. Formidable. *Il a eu une idée sensationnelle.*

➤ **sensé, sensée** adj. ✦ Raisonnable. *C'est une personne très sensée.* → **sage**. *Une réponse sensée.* ❑ contr. **absurde, insensé.** ❍ homonyme : censé.

➤ **sensibiliser** v. (conjug. 1) ✦ Rendre sensible à, faire prendre conscience de. *Le gouvernement veut sensibiliser les jeunes au problème du sida.*

➤ **sensibilité** n. f. 1. Caractère d'une personne qui réagit très fort à ce qu'elle sent et à ce qui arrive. *Louise a une grande sensibilité.* ❑ contr. **insensibilité.** *C'est une œuvre pleine de sensibilité,* d'émotion, de sentiment. 2. Aptitude d'un appareil à réagir à de très petits changements. *Cette balance est d'une grande sensibilité.*

➤ **sensible** adj. 1. Capable de percevoir. *L'oreille des chiens est sensible aux ultrasons.* 2. Douloureux au moindre contact. *Il a les pieds sensibles.* 3. Émotif, impressionnable. *Léa est une enfant très sensible.* ❑ contr. **insensible.** 4. Qui réagit au moindre changement. *Cette pellicule photographique est très sensible à la lumière.* 5. Suffisant pour qu'on le remarque. *Les prix ont baissé de façon sensible.* → **notable.**

➤ **sensiblement** adv. 1. À peu près. *Théo et Paul sont sensiblement de la même taille.* 2. Assez pour être remarqué. *La situation s'est sensiblement améliorée.* → **notablement.**

➤ **sensoriel, sensorielle** adj. ✦ Qui se rapporte aux sens. *Les yeux, le nez, les oreilles et la bouche sont des organes sensoriels.*

➤ **sensuel, sensuelle** adj. ✦ *Une personne sensuelle,* c'est une personne qui aime le plaisir que procurent les sens, les sensations.

➤ **sensualité** n. f. ✦ Caractère sensuel d'une personne ou d'une chose. *Le tango est une danse d'une grande sensualité.*

▷ Autres mots de la famille : CONTRESENS, INSENSÉ, INSENSIBILISER, INSENSIBILITÉ, INSENSIBLE, INSENSIBLEMENT, NON-SENS.

sentence n. f. ✦ Décision d'un juge. → **jugement, verdict.** *Le juge a prononcé sa sentence.*

senteur n. f. ✦ Odeur agréable. → **parfum.** *La senteur des violettes.*

● Ce mot est littéraire.

▷ Mot de la famille de SENTIR.

sentier n. m. ✦ Chemin étroit. *Un sentier mène au village à travers la forêt.*

sentiment n. m. 1. Ce que l'on éprouve, ce que l'on ressent. → **émotion,** ② **passion.** *L'amour est un sentiment très fort. Il manifeste peu ses sentiments.* 2. Impression, intuition. *J'ai le sentiment que nous nous trompons.*

➤ **sentimental, sentimentale** adj. ✦ *Une personne sentimentale,* c'est une personne sensible et rêveuse. — Au masc. pl. *sentimentaux.*

▷ Mots de la famille de SENTIR.

sentinelle n. f. ✦ Soldat qui surveille ce qui se passe. *Des sentinelles montent la garde devant le palais.*

sentinelle

sentir v. (conjug. 16) 1. Connaître quelque chose par des sensations. → ② **percevoir.** *J'ai senti un courant d'air.* — **se sentir,** avoir l'impression d'être. *Elle se sent mieux, ce matin,* elle va mieux. 2. Avoir la sensation de quelque chose grâce à l'odorat. *Je sens une odeur de brûlé.* 3. Avoir une impression, un pressentiment. *Il sentait le danger approcher.* 4. *Faire sentir,* c'est faire comprendre. *Il lui a fait sentir qu'elle était de trop.* 5. Dégager une odeur. *Ce fromage sent mauvais,* il pue.

▷ Autres mots de la famille : ASSENTIMENT, CONSENTEMENT, CONSENTIR, PRESSENTIMENT, PRESSENTIR, RESSENTIMENT, RESSENTIR, SENTEUR, SENTIMENT, SENTIMENTAL.

seoir [swaʀ] v. (conjug. 26 ; ne se conjugue qu'à la 3e personne) ✦ Aller bien, convenir. *Cette robe lui seyait à merveille,* elle l'avantageait.

● Ce mot est littéraire.

▷ Autres mots de la famille : BIENSÉANCE, ② SÉANT, SEYANT.

sépale n. m. ✦ Chacune des petites pièces du calice d'une fleur, situées à la base des pétales. ➻ planche Fleurs p. 421.

séparer v. (conjug. 1) **1.** Faire en sorte que des personnes ne soient plus ensemble. *Elle a séparé Théo et Paul qui se battaient,* elle les a éloignés l'un de l'autre. ❑ contr. **rassembler, réunir. 2.** Considérer comme étant à part. *Il a toujours séparé sa vie privée et sa vie professionnelle.* → **dissocier.** ❑ contr. **confondre. 3.** Être entre deux choses de manière à les isoler l'une de l'autre. *Une cloison sépare les deux pièces.*

➤ **se séparer** v. (conjug. 1) **1.** Cesser de vivre ensemble. *Ses parents se sont séparés l'an dernier.* **2.** Se diviser. *Le fleuve se sépare en deux bras.*

➤ **séparation** n. f. **1.** Le fait de se séparer, d'être séparé. *Il a souffert de la séparation de ses parents.* → **rupture. 2.** Ce qui sépare, isole une chose d'une autre. *Une haie sert de séparation entre les deux jardins.*

➤ **séparatiste** n. m. et f. ✦ Personne qui réclame la séparation d'avec un pays, l'autonomie d'une région. → **autonomiste.** *Les séparatistes provoquent des troubles dans le pays.* — **Adj.** *Un mouvement séparatiste.*

➤ **séparément** adv. ✦ De façon séparée, à part l'un de l'autre. *Le commissaire a interrogé les deux témoins séparément.* ❑ contr. ① **ensemble.**

▷ Mots de la famille de PART.

sept [sɛt] adj. inv. ✦ Six plus un (7). *Il y a sept jours dans la semaine. Alex est né le sept juin,* le septième jour de juin. — **N. m. inv.** *Elle a tiré le sept de cœur.* ❍ homonymes : cet, cette, set.

➤ **septante** adj. inv. et n. m. inv. ✦ Soixante-dix.

● Ce mot est employé en Suisse et en Belgique.

▷ Autres mots de la famille : SEPTENNAT, SEPTIÈME.

septembre n. m. ✦ Neuvième mois de l'année. *L'automne commence le 23 septembre.*

septennat n. m. ✦ Durée de sept ans d'une fonction. *Le président de la République française F. Mitterrand a effectué deux septennats.*

● Ce mot s'écrit avec deux *n.*

▷ Mot de la famille de SEPT.

septentrional, septentrionale adj. ✦ Situé au nord. *Le Danemark fait partie de l'Europe septentrionale, le Portugal de l'Europe méridionale.* — Au masc. pl. *septentrionaux.*

septicémie n. f. ✦ Infection généralisée du sang.

septième [sɛtjɛm] adj. et n. m. **1.** adj. Qui vient après le sixième. *Juillet est le septième mois de l'année.* **2.** n. m. Partie d'un tout qui est divisé en sept parties égales. *Elle a mangé les six septièmes du gâteau.*

▷ Mot de la famille de SEPT.

septique adj. ✦ *Une fosse septique,* c'est une fosse où les excréments qui viennent des W.-C. sont traités afin d'éviter les odeurs et les risques de maladies. ❍ homonyme : sceptique.

septuagénaire adj. ✦ Qui a entre soixante-dix et quatre-vingts ans. — **N.** *Des septuagénaires.*

sépulture n. f. ✦ Lieu où est enterré un mort. → **tombeau.** *Dans l'ancienne Égypte, les pyramides servaient de sépulture aux pharaons.*

séquelles n. f. pl. ✦ Troubles qui persistent après une maladie ou un accident. *Cette chute lui a laissé des séquelles.*

séquence n. f. ✦ Suite d'images qui forment une scène, dans un film.

séquestrer v. (conjug. 1) ✦ Maintenir enfermé sans en avoir le droit. *Les ravisseurs ont séquestré l'enfant.*

➤ **séquestration** n. f. ✦ Fait de séquestrer ou d'être séquestré. *La séquestration des otages a duré plusieurs mois.*

séquoia [sekɔja] n. m. ✦ Très grand arbre d'Amérique du Nord, de la famille du sapin, qui peut vivre très longtemps. *Certains séquoias de Californie atteignent 120 mètres de haut.*

● Ce mot vient du nom d'un chef indien, *See-Quayah.*

séquoia

sérail n. m. (pl. **sérails**) ✦ Palais d'un sultan turc.

serein, sereine adj. 1. Pur et calme, sans nuages. *Un ciel serein.* 2. Calme et tranquille. → **paisible.** *La directrice est restée sereine pendant toute la discussion.* ❍ homonyme : serin.
➤ **sereinement** adv. ✦ D'une manière sereine, calme. *Il envisage sereinement l'avenir.* → **calmement, tranquillement.**
➤ **sérénité** n. f. ✦ Calme, tranquillité d'esprit. *Il a supporté cette épreuve avec sérénité.*
▷ Autre mot de la famille : RASSÉRÉNER.

sérénade n. f. ✦ Concert qui se donnait autrefois la nuit sous la fenêtre d'une femme aimée. → aussi **aubade.**

serf [sɛʀ] n. m. ✦ Au Moyen Âge, paysan qui dépendait entièrement du seigneur dont il travaillait la terre. *Les serfs étaient soumis à de nombreuses corvées.* ❍ homonymes : cerf, serre, serres.
▷ Autre mot de la famille : SERVAGE.

serf

sergent n. m. ✦ Sous-officier du grade le plus bas.

série n. f. 1. Suite, succession de choses semblables. *Ils nous ont posé une série de questions.* 2. *Une série télévisée,* c'est un cycle de téléfilms avec les mêmes personnages et formant un tout. 3. *La fabrication en série,* c'est la fabrication industrielle en grand nombre, d'objets identiques. *Les voitures sont fabriquées en série.*

sérieux adj. et n. m., **sérieuse** adj.
■ adj. 1. Qui ne sourit pas. *Ce médecin a un visage sérieux.* → **grave.** 2. Qui apporte beaucoup d'attention et de soin à ce qu'il fait. *Louise est une élève sérieuse.* → **consciencieux.** 3. Grave, inquiétant. *La méningite est une maladie sérieuse.*
■ n. m. 1. Qualité d'une personne consciencieuse. *Elle fait preuve de beaucoup de sérieux dans son travail.* 2. *Garder son sérieux,* c'est s'empêcher de rire. *Il avait du mal à garder son sérieux.* 3. *Prendre une chose au sérieux,* y attacher de l'importance. *Il prend ce qu'on lui dit très au sérieux.*
➤ **sérieusement** adv. 1. Sans rire, sans plaisanter. *Écoute-moi, je te parle sérieusement.* 2. Avec application. → **consciencieusement.** *Alex ne travaille pas très sérieusement.* 3. Fortement. → **gravement.** *Il est sérieusement blessé.* → **grièvement.**

serin n. m. ✦ Petit oiseau au plumage jaune. → **canari.** ❍ homonyme : serein.
➤ **seriner** v. (conjug. 1) ✦ Familier. Répéter sans arrêt. *Il serine toujours les mêmes histoires.*

seringue n. f. ✦ Petite pompe terminée par une aiguille qui sert à injecter un liquide dans le corps. *On fait les piqûres avec une seringue.*

serment n. m. ✦ Promesse solennelle faite en invoquant quelque chose de sacré ou une valeur morale. *Dans un procès, les témoins font le serment de dire la vérité,* ils jurent de dire la vérité.

sermon n. m. 1. Discours que fait un prêtre dans une église, au cours d'une cérémonie religieuse. *Le curé monte en chaire pour faire son sermon.* 2. Discours souvent long et ennuyeux destiné à réprimander quelqu'un. *Son père lui a fait un sermon.*
➤ **sermonner** v. (conjug. 1) ✦ Faire des reproches, des remontrances. *Il a sermonné son fils.* → faire la **morale.**

séropositif, séropositive adj. ✦ Qui a dans son sang le virus du sida. *Les personnes séropositives peuvent transmettre le sida.*
▷ Mot de la famille de POSITIF.

serpe n. f. ✦ Outil tranchant à large lame recourbée, terminé par un manche, servant à tailler les branches, le bois. *Le vigneron taille la vigne à la serpe.*
➤ **serpette** n. f. ✦ Petite serpe.

serpent n. m. ✦ Reptile au corps cylindrique très allongé et couvert d'écailles, qui se déplace en rampant. *Les morsures de serpents peuvent être très dangereuses. La vipère est un serpent venimeux.*
➤ **serpenter** v. (conjug. 1) ✦ Suivre une ligne sinueuse, faire des détours. *La rivière serpente dans la plaine.*

➤ **serpentin** **n. m.** ✦ Petit rouleau de papier coloré qui se déroule quand on le lance.

serpillière **n. f.** ✦ Chiffon de grosse toile servant à laver le sol. *Elle passe la serpillière dans la cuisine.*
● Il y a un *i* avant les deux *l* et un autre après.

serpolet **n. m.** ✦ Variété de thym.

serre **n. f.** 1. Construction vitrée, quelquefois chauffée, où l'on cultive les plantes qui craignent le froid. *Des tomates de serre.* 2. *L'effet de serre,* c'est le réchauffement anormal de l'atmosphère terrestre dû à l'accumulation de gaz carbonique. ❍ homonymes : cerf, serf, serres.

serrer **v.** (conjug. 1) 1. Tenir fort en pressant. *Elle lui a serré la main.* 2. Visser à fond. *Il serre les boulons de la roue.* 3. Comprimer. *Ces chaussures me serrent les pieds.* → aussi **serré.** 4. *Se serrer contre quelqu'un,* se blottir contre lui. *Julie se serre contre sa mère.*

➤ **serré, serrée** **adj.** 1. Contracté, noué. *Paul a peur d'être interrogé, il a la gorge serrée.* 2. Qui serre trop fort. *Mes chaussures sont trop serrées, elles me font mal aux pieds.* → ① **juste.** 3. Rapproché. *Les soldats marchent en rangs serrés.* 4. *Une écriture serrée,* dont les lettres sont très rapprochées les unes des autres. 5. *Une lutte serrée,* acharnée, difficile. *La lutte sera serrée entre les adversaires.*

➤ **serrement** **n. m.** ✦ *Un serrement de cœur,* c'est un sentiment de tristesse ou d'angoisse. *Julie a un petit serrement de cœur en quittant ses parents pour deux semaines.*

➤ **serres** **n. f. pl.** ✦ Griffes très puissantes des oiseaux de proie. *L'aigle a emporté un lapin dans ses serres.* ❍ homonymes : cerf, serf, serre.

serres

➤ **serre-tête** **n. m. inv.** ✦ Bandeau, demi-cercle servant à maintenir les cheveux. *Léa porte souvent des serre-tête.* ▷ Mot de la famille de TÊTE.

▷ Autres mots de la famille : DESSERRER, RESSERRER.

serrure **n. f.** ✦ Dispositif qui permet d'ouvrir une porte ou un tiroir à l'aide d'une clé. *Julie regarde par le trou de la serrure.*

➤ **serrurier** **n. m.** ✦ Personne qui fait ou répare les serrures et fabrique les clés.

➤ **serrurerie** **n. f.** ✦ Métier du serrurier.

sertir **v.** (conjug. 2) ✦ Fixer dans une monture. *Le joaillier sertit un diamant dans une monture d'or.*

sérum [seʀɔm] **n. m.** 1. Partie liquide du sang, transparente et jaunâtre. → **plasma.** *Le sang est composé de globules et de sérum.* 2. Préparation à base de sérum, destinée à lutter contre certains microbes. → **vaccin.** *Un sérum antitétanique.* — Au pl. *Des sérums.*

servage **n. m.** ✦ État d'un serf. *Le servage a été aboli en France en 1789.* → aussi **esclavage.**
▷ Mot de la famille de SERF.

servante **n. f.** ✦ Autrefois, femme employée comme domestique. → **bonne.** *Les servantes et les valets.*
▷ Mot de la famille de SERVIR.

serveur **n. m.,** **serveuse** **n. f.** ✦ Personne qui sert les clients dans un café ou un restaurant. *Il a laissé un pourboire à la serveuse.*
▷ Mot de la famille de SERVIR.

serviable **adj.** ✦ Toujours prêt à rendre service aux autres. *Elle est très serviable.* → **complaisant, obligeant.**
▷ Mot de la famille de SERVIR.

service **n. m.** 1. Travail que l'on a à accomplir. *Le facteur prend son service à 7 heures.* 2. Groupe de personnes qui travaillent ensemble. → aussi **bureau.** *Adressez-vous au service après-vente.* 3. *Le service (militaire),* c'est le temps qu'un jeune homme doit passer dans l'armée. *En France, le service militaire n'est plus obligatoire depuis 1997.* 4. Travail de celui qui sert les clients. *Le service est rapide dans ce restaurant.* 5. Somme d'argent, destinée au serveur ou à la serveuse d'un restaurant, qui correspond à un certain pourcentage de l'addition. *Menu à 25 euros, service compris.* → aussi **pourboire.** 6. *Rendre service,* c'est aider, être utile. *Léa aime bien rendre service.* → aussi **serviable.** 7. Usage, fonctionnement. *Le distributeur de billets est hors service,* il ne fonctionne pas. 8. Ensemble de pièces de vaisselle assorties. *Un service à café en porcelaine,* un assortiment de tasses

à café et de soucoupes en porcelaine. **9.** En Suisse. *Les services,* ce sont les couverts (fourchettes, couteaux, cuillères).
▷ Mot de la famille de SERVIR.

serviette **n. f. 1.** Morceau de tissu dont on se sert à table ou pour la toilette. *Les serviettes de table sont assorties à la nappe. Une serviette de toilette. Léa emporte une serviette de bain à la piscine.* **2.** Porte-documents. *Il transporte ses dossiers dans une serviette en cuir.* → **attaché-case.**
▷ Autre mot de la famille : PORTE-SERVIETTES.

servile **adj.** ✦ Trop soumis. *Il répond à son chef sur un ton servile.* → **obséquieux.**
➤ **servilité** **n. f.** ✦ Attitude servile.

servir **v.** (conjug. 14) **1.** Donner, apporter ce que quelqu'un demande. *La vendeuse sert sa cliente. — On n'est jamais si bien servi que par soi-même,* on est sûr que les choses sont bien faites quand on les fait soi-même. **2.** Aider, être utile à quelqu'un. *Son excellente mémoire l'a bien servi.* **3.** *Servir à quelque chose,* être utile. *À quoi sert cet outil ? Ne pleure pas, cela ne sert à rien.* **4.** *Servir de,* être utilisé pour. *Cette pièce sert de débarras.*
➤ **se servir** **v.** (conjug. 14) **1.** Prendre ce dont on a besoin. *Si tu veux de la purée, sers-toi.* **2.** *Se servir de,* utiliser. *Il se sert d'une calculette pour compter.*
➤ **serviteur** **n. m.** ✦ Domestique. *Le châtelain avait de nombreux serviteurs.*
▷ Autres mots de la famille : DESSERVIR, LIBRE-SERVICE, RESSERVIR, SERVANTE, SERVEUR, SERVIABLE, SERVICE, STATION-SERVICE.

servitude **n. f. 1.** Esclavage. *Ces peuples sont maintenus dans la servitude.* ❑ contr. **liberté.** **2.** Contrainte, obligation. *Il y a beaucoup de servitudes dans ce métier.*

ses → ① **son**

session **n. f.** ✦ Période pendant laquelle on peut passer un examen. *Il y a une session en juin et une autre en septembre.*

set [sɛt] **n. m. 1.** Partie d'un match de tennis, de ping-pong ou de volley-ball. → ① **manche.** *Il a gagné la finale en trois sets.* **2.** *Un set de table,* c'est une sorte de grand napperon que l'on place sous l'assiette de chacun.
❍ homonymes : cet, cette, sept.
● C'est un mot anglais qui veut dire « ensemble ».

setter [setɛʀ] **n. m.** ✦ Chien de chasse à poils longs ➻ planche Chiens p. 167.
● Ce mot vient de l'anglais *to set* qui veut dire « s'arrêter ».

seuil **n. m. 1.** Entrée d'une maison. **2.** Commencement. *Nous voici au seuil de l'année nouvelle.*

seul, seule **adj. 1.** Sans personne avec soi. *Depuis la mort de son mari, elle vit seule. Il se sent un peu seul.* → **solitaire.** *Tout seul,* sans aide. *Le bébé veut manger tout seul.* **2.** Unique. *Léa a un seul pantalon, mais beaucoup de jupes. Le cinéma est plein, il n'y a plus une seule place.* — **N.** *Alex a été le seul à donner la bonne réponse.* **3.** *Seuls les enfants peuvent monter sur le manège,* seulement eux.
➤ **seulement** **adv. 1.** Uniquement. *Il reste des places seulement au premier rang.* **2.** Mais. *Il aimerait bien sortir plus souvent, seulement il a trop de travail.*

sève **n. f.** ✦ Liquide qui circule dans les plantes et qui les nourrit. *La sève monte dans les feuilles au printemps.*

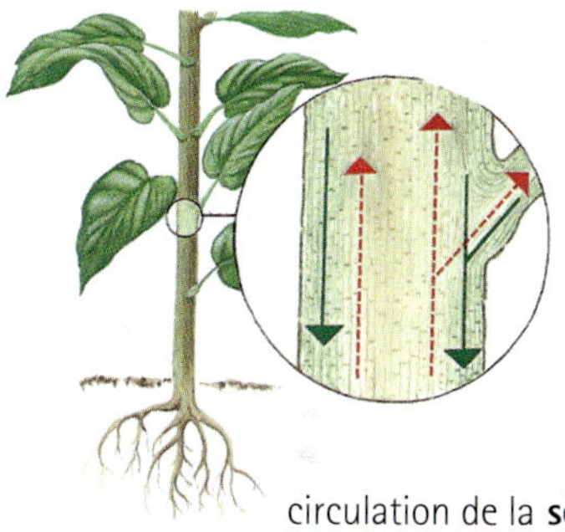
circulation de la **sève**

sévère **adj. 1.** Exigeant et dur. *La directrice de l'école est très sévère.* ❑ contr. **indulgent.** **2.** Sans fantaisie. *Elle a une coiffure sévère.* → **austère, strict.** **3.** Très grave. *Notre équipe a essuyé une sévère défaite.*
➤ **sévèrement** **adv.** ✦ Durement, avec sévérité. *Paul a été sévèrement puni par son père.*
➤ **sévérité** **n. f.** ✦ Caractère d'une personne sévère. *Ils font preuve de sévérité avec leurs enfants.* ❑ contr. **indulgence.**

sévices **n. m. pl.** ✦ Violences, mauvais traitements. *On l'accuse d'avoir exercé des sévices sur des prisonniers.*

sévir **v.** (conjug. 2) **1.** Punir sévèrement. *Le professeur a dû sévir contre les élèves qui perturbaient la classe.* **2.** Faire des ravages. *La famine sévit dans de nombreux pays.*

sevrer **v.** (conjug. 5) ✦ *Sevrer un bébé,* c'est cesser de l'alimenter uniquement avec du lait. *Le bébé vient d'être sevré.*

➤ **sevrage** **n. m.** ✦ Action de sevrer. *Le sevrage d'un bébé se fait à partir de l'âge de 2 mois.*

sexagénaire **adj.** ✦ Qui a entre 60 et 70 ans. *Son grand-père est sexagénaire.* — **N.** *Une sexagénaire.*

sexe **n. m.** **1.** Ce qui fait que l'on distingue l'homme de la femme ou le mâle de la femelle. *Un enfant du sexe masculin,* un garçon. **2.** Partie du corps située entre les cuisses et qui est différente chez les hommes et chez les femmes. *Le sexe de l'homme est le pénis, celui de la femme, la vulve.* → aussi **testicules** et **vagin.**

➤ **sexiste** **adj.** ✦ *Une attitude sexiste,* c'est l'attitude d'une personne qui considère systématiquement que les hommes sont supérieurs aux femmes.

▷ Autres mots de la famille : HOMOSEXUEL, SEXUALITÉ, SEXUÉ, SEXUEL, SEXUELLEMENT.

sextant **n. m.** ✦ Appareil qui permet de mesurer la hauteur du soleil à partir d'un navire afin de déterminer sa position en mer.

sextant

sexualité **n. f.** ✦ Ensemble des relations sexuelles. *Ce couple a une sexualité épanouie.*

➤ **sexué, sexuée** **adj.** **1.** Qui a un sexe, est mâle ou femelle. *Les mammifères sont des animaux sexués.* **2.** *La reproduction sexuée,* dans laquelle un spermatozoïde et un ovule s'unissent pour former un embryon.

➤ **sexuel, sexuelle** **adj.** **1.** *Les organes sexuels,* ce sont les organes génitaux, qui servent à la reproduction. → aussi **sexe.** **2.** *Les rapports sexuels, les relations sexuelles,* ce sont les relations physiques entre des personnes qui font l'amour.

➤ **sexuellement** **adv.** ✦ *Les maladies sexuellement transmissibles,* ce sont les maladies qui se transmettent par les relations sexuelles.

▷ Mots de la famille de SEXE.

seyant, seyante **adj.** ✦ Qui sied, qui va bien. *Elle porte une robe très seyante.*

▷ Mot de la famille de SEOIR.

shabbat → **sabbat**

shampooing [ʃɑ̃pwɛ̃] **n. m.** **1.** Lavage des cheveux. *Elle se fait deux shampooings par semaine.* **2.** Produit qui sert à se laver les cheveux. *Il utilise un shampooing contre les pellicules.*

● On écrit aussi *shampoing.* En anglais le verbe *to shampoo* signifie « masser ».

shérif **n. m.** ✦ Chef de la police d'une ville, aux États-Unis.

● Ce mot vient de l'anglais.

shoot [ʃut] **n. m.** ✦ Au football, coup de pied violent dans le ballon.

● Ce mot vient de l'anglais.

➤ **shooter** **v.** (conjug. 1) ✦ Donner un violent coup de pied dans un ballon de football. *L'ailier a shooté dans le but.*

short **n. m.** ✦ Culotte courte. *Alex portait un short et une chemisette.* → aussi **bermuda.**

● Ce mot vient de l'adjectif anglais *short* qui veut dire « court ».

show [ʃo] **n. m.** ✦ Spectacle de variétés avec une seule vedette. *Il a participé à des shows télévisés.* ❍ homonyme : chaud.

● Ce mot vient de l'anglais.

① **si** **conjonction** **1.** Sert à introduire une condition, une hypothèse. *Si j'avais su, je ne serais pas venu. Apporte-moi une chaise, s'il te plaît.* **2.** Sert à introduire une proposition de style indirect. *Elle se demandait s'il viendrait au rendez-vous.* ❍ homonymes : ① et ② ci, scie, six.

● *Si* devient *s'* devant *il* et *ils.*

▷ Autre mot de la famille : SINON.

② **si** **adv.** **1.** Sert à s'opposer à ce que quelqu'un vient de dire à la forme négative. *Tu ne viens pas avec nous ? — Si, j'arrive !* **2.** Tellement, autant. *Pas si vite ! Jamais elle ne s'était sentie si heureuse.* → **aussi. 3.** S'utilise dans les comparaisons. → **aussi.** *On n'est jamais si bien servi que par soi-même.*

▷ Autre mot de la famille : SITÔT.

③ **si** n. m. inv. ✦ Note de musique. *Le pianiste a joué un la au lieu d'un si.* — Au pl. *Des si.*

siamois, siamoise adj. 1. *Un chat siamois,* c'est un chat au pelage ras beige et brun et aux yeux bleus. ➻ planche Félins p. 408. *Ils ont une chatte siamoise.* 2. *Des frères siamois, des sœurs siamoises,* ce sont des jumeaux, des jumelles qui naissent attachés l'un à l'autre par un point du corps.

sibyllin, sibylline adj. ✦ Obscur, difficile à comprendre. → **énigmatique.** *La sorcière prononça une phrase sibylline.*
● Il y a un *i*, puis un *y*, puis un *i*.

sida n. m. ✦ Maladie très grave provoquée par un virus qui se transmet par le sperme ou par le sang. → aussi **séropositif.**

sidérer v. (conjug. 6) ✦ Étonner beaucoup. → **ébahir, époustoufler, stupéfier.** *Cette nouvelle nous a sidérés.*
➤ **sidérant, sidérante** adj. ✦ Qui étonne énormément. → **stupéfiant.** *Une nouvelle sidérante.*

sidérurgie n. f. ✦ Industrie qui produit la fonte, le fer et l'acier. → aussi **métallurgie.**
➤ **sidérurgique** adj. ✦ *Une usine sidérurgique,* c'est une usine où l'on traite le fer, la fonte et l'acier.

siècle n. m. 1. Période de cent ans dont le début et la fin sont déterminés. *Le 20e siècle s'est achevé à la fin de l'an 2000.* 2. Durée de cent ans. *Cet arbre a plus d'un siècle.* → aussi **séculaire.**

siège n. m. 1. Meuble qui sert à s'asseoir. *Les chaises, les fauteuils, les tabourets et les bancs sont des sièges.* 2. *Le siège d'une entreprise,* c'est l'endroit où se trouvent la direction et les principaux bureaux. 3. *Faire le siège d'une ville,* c'est s'établir devant pour essayer de s'en emparer. → aussi **assiéger.** 4. Place à gagner dans une élection. *Le parti a perdu des sièges à l'Assemblée nationale.*
➤ **siéger** v. (conjug. 3 et 6) 1. Être en séance de travail. *Les députés ont siégé toute la nuit.* 2. Avoir son siège. *Le Parlement européen siège à Strasbourg.*
▷ Autres mots de la famille : ASSIÉGER, TÉLÉSIÈGE.

sien pronom possessif et n. m., **sienne** pronom possessif et n. f.
■ Pronom possessif de la troisième personne du singulier *Julie a perdu son stylo, Louise lui a prêté le sien,* celui qui est à elle.
■ n. 1. n. m. *Y mettre du sien,* c'est faire un effort. 2. n. m. pl. *Les siens,* ses parents et ses amis. *Il est mort entouré de l'affection des siens.* 3. n. f. pl. *Faire des siennes,* c'est faire des bêtises. *La chatte a encore fait des siennes.*

sierra n. f. ✦ Chaîne de montagnes, en Espagne et en Amérique du Sud.
● Ce mot vient de l'espagnol.

sieste n. f. ✦ Repos pris après le repas de midi. *Il fait toujours une petite sieste.* → aussi ③ **somme.**

sieste (*La Méridienne* ou *la Sieste,* Van Gogh, 1889)

siffler v. (conjug. 1) 1. Produire un son aigu en faisant sortir l'air par la bouche. *Paul ne sait pas siffler. Louise sifflait « Au clair de la lune ».* 2. Émettre un son aigu. *Le merle siffle.* 3. Appeler en sifflant. *Il siffle son chien. Le policier a sifflé l'automobiliste,* il l'a fait s'arrêter en soufflant dans un sifflet. 4. Montrer son désaccord par des sifflements. *Le public a sifflé le chanteur.* 5. Signaler en sifflant. *L'arbitre a sifflé une faute.*
➤ **sifflement** n. m. ✦ Son produit en sifflant. *Un sifflement admiratif.*
➤ **sifflet** n. m. 1. Petit instrument formé d'un tuyau court qui produit des sons aigus quand on souffle dedans. *L'arbitre a donné un coup de sifflet.* 2. *Des sifflets,* des sifflements exprimant le mécontentement. *Le chanteur a quitté la scène sous les sifflets du public.* → aussi **huées.**
➤ **siffloter** v. (conjug. 1) ✦ Siffler négligemment, sans faire attention. *Elle sifflotait en préparant le dîner.*

sigle **n. m.** ✦ Abréviation d'un groupe de mots formée en prenant la première lettre de chacun de ses mots. *« H. L. M. » est le sigle de « habitation à loyer modéré ».*

signal **n. m.** (pl. **signaux**) **1.** Geste ou bruit fait par quelqu'un pour indiquer le moment d'agir. *Le professeur de gymnastique a donné le signal du départ de la course.* **2.** Signe qui donne une information. *Un passager du train a tiré le signal d'alarme. Des signaux lumineux.*

➤ **signalement** **n. m.** ✦ Description permettant de reconnaître une personne. *La police a donné le signalement de l'assassin.*

➤ **signaler** **v.** (conjug. 1) **1.** Annoncer par un signal. *Ce panneau signale un virage dangereux.* **2.** Faire remarquer en attirant l'attention. *Je te signale que tu as mis deux chaussettes différentes.* **3. se signaler,** se faire remarquer. → se **distinguer.** *Julie s'est signalée par sa rapidité à la course.*

➤ **signalisation** **n. f.** ✦ Ensemble des signaux d'une route, d'une voie ferrée. ➼ planche Signalisation routière p. 956. *Il faut respecter la signalisation. Les panneaux de signalisation.*

▷ Mots de la famille de SIGNE.

signataire **n. m. et f.** ✦ Personne qui signe ou qui a signé. *Les signataires de la pétition ont été très nombreux.*

▷ Mot de la famille de SIGNE.

signature **n. f.** ✦ Manière d'écrire son nom, toujours la même, pour approuver ou valider ce qui est écrit. *Sa signature est illisible.*

▷ Mot de la famille de SIGNE.

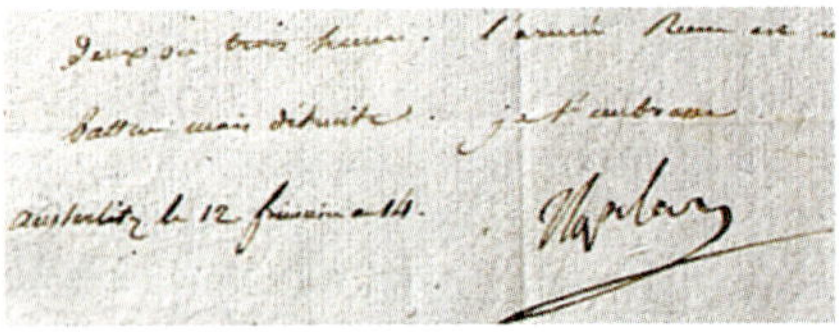

signature de Napoléon

signe **n. m.** **1.** Ce qui montre, prouve quelque chose. *Cette brume est signe de beau temps.* → **indice, marque.** *La fièvre est signe d'infection. Voici un cadeau en signe d'amitié.* → **gage, preuve, témoignage.** **2.** Geste destiné à faire savoir quelque chose. *Louise me fait signe d'entrer. En entrant dans l'église, il fait le signe de croix,* il porte sa main au front, à la poitrine et à chaque épaule, en souvenir de la mort de Jésus sur la croix. **3.** Représentation de quelque chose. → **symbole.** *La virgule est un signe de ponctuation.* → **ponctuation.** *Le signe « — » signifie « moins ».* **4.** *Les signes astrologiques,* ce sont les douze parties du zodiaque. *Alex est du signe du Lion,* le Soleil était dans la constellation du Lion quand il est né. → aussi **zodiaque.** ○ homonyme : cygne.

➤ **signer** **v.** (conjug. 1) ✦ Écrire son nom, mettre sa signature. *Elle a signé son chèque.*

➤ se **signer** **v.** ✦ Faire le signe de croix. *Elle s'est signée en entrant dans l'église.*

➤ **signet** **n. m.** ✦ Petit ruban ou bande de carton qui permet de retrouver une page dans un livre.

➤ **signifier** **v.** (conjug. 7) **1.** Avoir un sens. *Que signifie ce mot ?* que veut-il dire ? **2.** Faire savoir. *Il nous a signifié ses intentions.*

➤ **significatif, significative** **adj.** ✦ Qui exprime clairement quelque chose, qui renseigne clairement. → **révélateur.** *Sa réponse est significative.*

➤ **signification** **n. f.** ✦ Ce que signifie une chose. *Quelle est la signification de ce mot ?* que veut-il dire ? → ② **sens.**

▷ Autres mots de la famille : DÉSIGNATION, DÉSIGNER, INSIGNE, INSIGNIFIANT, SIGNAL, SIGNALEMENT, SIGNALER, SIGNALISATION, SIGNATAIRE, SIGNATURE, SOUS-SIGNÉ.

silence **n. m.** **1.** Fait de ne pas parler. *Gardez le silence !* taisez-vous ! **2.** Absence de bruit. ❑ contr. **bruit.** *Le silence régnait dans la montagne.*

➤ **silencieux** **adj.** et **n. m.,** **silencieuse** **adj.**

■ **adj.** **1.** Où il n'y a pas de bruit. → **tranquille.** *Ils habitent une rue silencieuse.* ❑ contr. **bruyant.** **2.** Qui reste sans parler. *Julie ne peut rester silencieuse bien longtemps.* → **muet.** ❑ contr. **bavard.**

■ **n. m.** ✦ Dispositif qui diminue le bruit. *Les pots d'échappement des voitures sont équipés d'un silencieux.*

➤ **silencieusement** **adv.** ✦ En silence, sans faire de bruit. *La voiture démarre silencieusement.* ❑ contr. **bruyamment.**

silex **n. m.** ✦ Roche très dure. *Les hommes préhistoriques taillaient les silex pour en faire des outils.*

silex

silhouette **n. f.** 1. Forme sombre dont on ne voit que les contours. *La silhouette de la maison se découpe à l'horizon.* 2. Allure d'une personne. *Elle a une silhouette encore jeune, pour son âge.*
● Il y a un *h* après le *l*.

silhouette

sillage **n. m.** ✦ Trace que laisse un bateau derrière lui quand il avance.

sillon **n. m.** ✦ Longue tranchée faite dans la terre par une charrue. *L'agriculteur sème le grain dans les sillons.*
➤ **sillonner** **v.** (conjug. 1) ✦ Parcourir en tous sens. *Les pirates sillonnaient les mers.*

silo **n. m.** ✦ Grand réservoir dans lequel on conserve des céréales, du fourrage. *Des silos à maïs.*

simagrées **n. f. pl.** ✦ Manières un peu ridicules faites pour tromper. *Arrête ces simagrées !*

similaire **adj.** ✦ À peu près semblable. → **équivalent.** *Ces produits sont similaires.* ❑ contr. **différent.**

similitude **n. f.** ✦ Grande ressemblance. *La similitude de leurs réponses laisse à penser qu'ils ont copié l'un sur l'autre.*

simoun [simun] **n. m.** ✦ Vent violent très chaud et très sec qui souffle dans le désert. → aussi **sirocco.**
● Ce mot vient de l'arabe.

simple **adj.** 1. *Une personne simple,* c'est une personne qui ne fait pas de manières et qui n'est pas prétentieuse. *Ils sont restés très simples malgré la célébrité.* 2. Qui n'est constitué que d'une partie. *Il a pris un aller simple pour Bordeaux,* il a pris seulement l'aller, pas le retour. *Prenez une feuille simple.* ❑ contr. **double.** *Le présent est un temps simple du verbe,* un temps sans auxiliaire. ❑ contr. **composé.** 3. Facile à comprendre. *C'est un jeu très simple.* ❑ contr. **compliqué, difficile.** 4. Sans ornement. *Elle portait une robe noire toute simple.* 5. Qui est seulement comme on le dit et rien de plus. *Le passage de la douane est une simple formalité.*
➤ **simplement** **adv.** 1. Sans complication. *Il nous a reçus très simplement.* 2. Seulement. *Je venais simplement te dire bonjour.*
➤ **simplet, simplette** **adj.** ✦ Qui a une intelligence un peu inférieure à la normale. *Elle est un peu simplette.*
➤ **simplicité** **n. f.** 1. Qualité d'une chose facile à comprendre ou à utiliser. *Les règles du jeu de dames sont d'une grande simplicité.* ❑ contr. **complication.** 2. *En toute simplicité,* sans façon, sans cérémonie. *Elle les a reçus à dîner en toute simplicité.*
➤ **simplifier** **v.** (conjug. 7) ✦ Rendre plus facile, plus simple. → **faciliter.** *Les appareils ménagers simplifient la vie.* ❑ contr. **compliquer.**
➤ **simplification** **n. f.** ✦ Action de rendre plus simple. *Arrondissez au chiffre supérieur pour la simplification des calculs.* ❑ contr. **complication.**
➤ **simpliste** **adj.** ✦ Qui simplifie les choses de manière exagérée. *Son raisonnement est trop simpliste.*

simulacre **n. m.** ✦ Ce qui n'a que l'apparence de ce qu'il semble être. *L'ennemi s'est rendu après un simulacre de combat.* → aussi **semblant.**

simuler **v.** (conjug. 1) ✦ Faire paraître vrai quelque chose qui ne l'est pas. *Alex a simulé un*

INDICATIONS

Zone réservée au stationnement des véhicules — Parc de stationnement payant — Circulation à sens unique — Passage pour piétons (signal de position)

Ralentisseur (signal de position) — Arrêt d'autobus — Priorité par rapport à la circulation venant en sens inverse — Indications des voies affectées à chaque sens de circulation sur la chaussée suivie

Vitesse conseillée — Fin de vitesse conseillée — Signalisation par voie — Entrée d'autoroute

Route pour automobiles (vitesse maximale autorisée 110 km/h) — Chemin sans issue — Route ouverte. Chaînes ou pneus à neige recommandés — Route fermée. Section ouverte jusqu'au lieu indiqué

Poste d'appel d'urgence — Emplacement pour pique-nique — Installations accessibles aux handicapés physiques — Installations diverses

Terrain de camping pour tentes — Terrain de camping pour caravanes — Poste de secours — Informations relatives aux services ou activités touristiques

OBLIGATIONS

Contournement obligatoire de l'obstacle : par la droite — Contournement obligatoire de l'obstacle : par la gauche — Direction obligatoire à la prochaine intersection : tout droit — Direction obligatoire à la prochaine intersection : à droite

Directions obligatoires à la prochaine intersection : tout droit ou à gauche — Directions obligatoires à la prochaine intersection : à gauche ou à droite — Chemin obligatoire pour cavaliers — Piste ou bande obligatoire pour les cycles sans remorque

Vitesse minimale obligatoire — Chaînes à neige obligatoires sur au moins deux roues motrices — Voie réservée aux véhicules de transport en commun des services réguliers — Chemin obligatoire pour piétons

Fin de vitesse minimale obligatoire — Fin de l'obligation de l'usage des chaînes à neige — Fin de voie réservée aux véhicules des services réguliers de transport en commun — Obligation dont la nature est mentionnée par une inscription sur le panneau

PRIORITÉS

Céder le passage aux véhicules débouchant de la ou des routes situées à sa droite — Intersection avec une route dont les usagers doivent céder le passage — Cédez le passage à l'intersection. Signal avancé — Cédez le passage à l'intersection. Signal de position

Arrêt à l'intersection. Signal avancé — Marquez un temps d'arrêt à l'intersection et cédez le passage. Signal de position — Indication du caractère prioritaire d'une route — Fin du caractère prioritaire d'une route

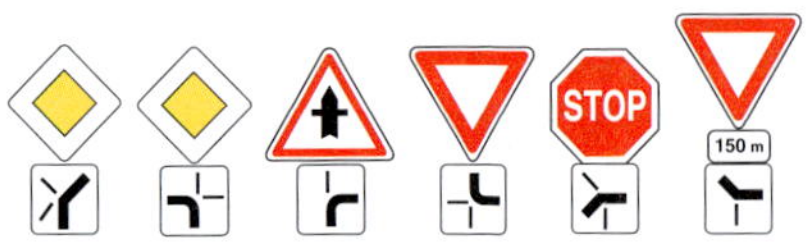

Panonceaux-schémas représentant par un schéma l'intersection qui va être abordée et indiquant par un trait large les branches prioritaires. La branche verticale dans la moitié inférieure du panonceau représente la route sur laquelle il est implanté.

DANGERS

Virage à droite

Succession de virages : le 1er est à droite / le 1er est à gauche

Ralentisseur

Chaussée rétrécie par la gauche

Chaussée rétrécie

Pont mobile

Cassis ou dos d'âne

Passages d'animaux sauvages

Chaussée particulièrement glissante

Descente dangereuse

Débouché sur un quai ou une berge

Passage pour piétons

Endroits fréquentés par les enfants

Dangers pour lesquels il n'existe pas de panneaux correspondants

Passage à niveau Demi-Barrières à fonctionnement automatique

Annonce de feux tricolores

Circulation dans les deux sens

Risque de chute de pierres ou de présence de pierres tombées sur la route

Passage à niveau sans barrières ni demi-barrières

Débouché de cyclistes ou cyclomotoristes venant de droite ou de gauche

Traversée d'une aire de danger aérien

Vent latéral

Carrefour à sens giratoire avec priorité aux usagers circulant sur l'anneau

INTERDICTIONS

Circulation interdite à tout véhicule dans les deux sens

Interdiction de tourner à droite à la prochaine intersection

Interdiction de faire demi-tour jusqu'à la prochaine intersection incluse

Interdiction de dépasser tous les véhicules à moteur autres que ceux à deux roues sans side-car

Sens interdit

Arrêt obligatoire au barrage de police

Arrêt obligatoire au poste de péage

Accès interdit aux véhicules à moteur à l'exception des cyclomoteurs

Accès interdit aux piétons

Accès interdit aux cycles

Accès interdit aux véhicules affectés au transport de marchandises

Accès interdit aux véhicules agricoles à moteur

Accès interdit aux cyclomoteurs

Accès interdit aux véhicules ou ensembles de véhicules ayant une longueur, chargement compris, supérieure à 10 m

Accès interdit aux véhicules dont la largeur, chargement compris, dépasse la dimension indiquée

Accès interdit aux véhicules dont la hauteur, chargement compris, dépasse la dimension indiquée

Limitation de vitesse

Cédez le passage à la circulation venant en sens inverse

Signaux sonores interdits

Arrêt et stationnement interdits

Accès interdit aux véhicules transportant des produits de nature à polluer les eaux

Accès interdit aux véhicules transportant des matières dangereuses et signalés comme tels

Interdiction aux véhicules de circuler sans maintenir entre eux au moins l'intervalle indiqué

Stationnement interdit

mal de tête pour ne pas aller à l'école, il a fait semblant d'avoir mal à la tête. → **feindre.**

➤ **simulateur** **n. m.,** **simulatrice** **n. f.** ✦ Personne qui fait semblant de quelque chose. *Julie fait croire à sa mère qu'elle est malade pour ne pas aller à l'école, c'est une simulatrice.*

➤ **simulation** **n. f.** ✦ Fait de simuler un sentiment, une maladie. *Sa maladie n'est qu'une simulation.*

simultané, simultanée **adj.** ✦ Qui se produit en même temps. *Le coup de tonnerre et la panne d'électricité ont été simultanés.* ❑ contr. **successif.**

➤ **simultanément** **adv.** ✦ En même temps. *Le feu a pris simultanément dans la cave et dans le grenier.* ❑ contr. **successivement.**

sincère **adj.** 1. Qui dit ce qu'il pense vraiment, avec bonne foi. *Théo est un garçon sincère.* → ② **franc, loyal.** ❑ contr. **hypocrite, menteur.** 2. Que l'on ressent ou que l'on pense réellement. *Sa joie était sincère,* réelle, véritable.

➤ **sincèrement** **adv.** ✦ Vraiment et franchement. *Il l'aime sincèrement.*

➤ **sincérité** **n. f.** 1. Qualité d'une personne qui pense ce qu'elle dit. → **franchise, loyauté.** *Il nous a parlé en toute sincérité.* ❑ contr. **hypocrisie.** 2. Caractère de ce qui est réellement pensé ou senti. *Il doute de la sincérité des sentiments de sa fiancée.*

sinécure **n. f.** ✦ Emploi bien payé où il n'y a presque rien à faire. *Ce travail n'est pas une sinécure.*

singe **n. m.** ✦ Animal très évolué qui a la face souvent nue, les membres inférieurs plus petits que les membres supérieurs, des mains, et souvent une longue queue qui peut saisir des objets. → aussi **guenon.** *Le chimpanzé, le gorille, le macaque, l'orang-outan, le ouistiti sont des singes. — Ce n'est pas à un vieux singe qu'on apprend à faire la grimace,* on n'apprend pas les ruses à une personne pleine d'expérience.

➤ **singer** **v.** (conjug. 3) ✦ Imiter en se moquant. *Paul singeait le professeur en train de chanter.*

➤ **singerie** **n. f.** ✦ Grimace. *Arrête de faire des singeries !*

se **singulariser** **v.** (conjug. 1) ✦ Se faire remarquer par quelque chose de bizarre. *Elle cherche toujours à se singulariser.*

▷ Mot de la famille de SINGULIER.

singularité **n. f.** ✦ Ce qui est particulier à quelqu'un ou à quelque chose. → **particularité.** *Cet appareil photo a la singularité de fonctionner sous l'eau.*

▷ Mot de la famille de SINGULIER.

singulier **adj.** et **n. m.,** **singulière** **adj.**

■ **adj.** Digne d'être remarqué à cause de son aspect étrange. → **bizarre, curieux, original.** *Julie a eu la singulière idée de baigner son chat.* ❑ contr. **banal.**

■ **n. m.** Forme que prend un mot pour désigner une seule personne ou une seule chose. ❑ contr. **pluriel.** *Dans la phrase « ils ont deux filles et un garçon », le mot « garçon » est au singulier.*

➤ **singulièrement** **adv.** 1. Bizarrement. *Il s'est conduit singulièrement.* 2. Beaucoup, très. *Il fait singulièrement froid pour la saison.*

▷ Autres mots de la famille : SE SINGULARISER, SINGULARITÉ.

singe (Savery)

① **sinistre** **adj.** 1. Qui fait peur. → **effrayant, inquiétant.** *La nuit, le plancher fait des craquements sinistres.* 2. Très triste. *Il avait un air sinistre.* → **lugubre.** ❑ contr. **gai, joyeux.**

➤ ② **sinistre** **n. m.** ✦ Événement catastrophique, comme un incendie, une inondation, un tremblement de terre, etc. *Les sauveteurs sont arrivés sur les lieux du sinistre.*

➤ **sinistré, sinistrée** **adj.** ✦ Qui a subi un sinistre. *La région sinistrée attend des secours.* — **N.** *Les villages voisins ont accueilli les sinistrés,* les victimes du sinistre.

sinon **conjonction.** **1.** Si ce n'est. *Que pouvait-il faire sinon appeler les pompiers ?* **2.** Ou alors. → **autrement.** *Dépêche-toi, sinon tu vas arriver en retard.*

▷ Mot de la famille de ① SI et de NON.

sinueux, sinueuse **adj.** ✦ Qui fait des courbes, des détours. *Les routes de montagne sont sinueuses.* ❑ contr. ① **droit, rectiligne.**

➤ **sinuosité** **n. f.** ✦ Ligne courbe.

sinus [sinys] **n. m.** ✦ Cavité des os du visage qui sont au-dessus et au-dessous des yeux. *Léa a les sinus enflammés.*

➤ **sinusite** **n. f.** ✦ Inflammation des sinus. *La sinusite donne mal à la tête.*

siphon **n. m.** **1.** Tuyau recourbé qui sert à l'écoulement de l'eau sous un évier ou un lavabo. *Le siphon empêche les mauvaises odeurs de remonter.* **2.** Tuyau recourbé qui sert à transvaser un liquide. *Le garagiste vide le réservoir d'essence avec un siphon.* **3.** Bouteille remplie d'eau gazeuse sous pression.

siphon

sire **n. m.** ✦ Titre donné à un souverain quand on lui parle. → **majesté.** ❍ homonyme : cire.

① **sirène** **n. f.** ✦ Être imaginaire à tête et buste de femme et à queue de poisson. *« La Petite Sirène » est un conte d'Andersen.*

② **sirène** **n. f.** ✦ Appareil qui fait un bruit fort et prolongé pour donner un signal. *Les voitures des pompiers sont équipées d'une sirène.*

sirocco **n. m.** ✦ Vent très chaud et très sec qui souffle du Sahara. → aussi **simoun.**

● Ce mot s'écrit avec deux *c*. Il vient de l'arabe *sarqui,* qui veut dire « vent ».

sirop [siʀo] **n. m.** **1.** Liquide très sucré et épais qui se boit mélangé avec de l'eau. → aussi **sirupeux.** *Julie boit du sirop de grenadine.* **2.** Médicament liquide très sucré. *Un sirop contre la toux.*

● Ce mot se termine par un *p* qui ne se prononce pas.

➤ **siroter** **v.** (conjug. 1) ✦ Familier. Boire à petites gorgées, en savourant. → **déguster.** *Il sirotait son whisky.*

sirupeux, sirupeuse **adj.** ✦ Qui a la consistance épaisse du sirop. *Une boisson sirupeuse est souvent écœurante.*

sismique **adj.** ✦ Qui se rapporte aux tremblements de terre. *Une secousse sismique a été ressentie dans la région.* → aussi **séisme.**

sismographe **n. m.** ✦ Appareil qui sert à enregistrer l'importance des tremblements de terre.

site **n. m.** **1.** Lieu où se trouve une ville, une construction. *Le village est construit sur le site d'une ville romaine.* → **emplacement.** **2.** Paysage beau ou pittoresque. *Les principaux sites touristiques d'une région.* **3.** *Site Internet,* ensemble d'informations que l'on peut consulter par Internet à une certaine adresse. *Julie a consulté le site Internet d'un grand magasin.*

➤ **situer** **v.** (conjug. 1) ✦ Placer. → **localiser.** *La ville de Nice est située au bord de la Méditerranée.*

➤ **situation** **n. f.** **1.** Emplacement. *Cette ville a une situation privilégiée.* **2.** Ensemble de circonstances. *La situation financière de l'entreprise n'est pas bonne. « Quelle est sa situation de famille ? – Il est célibataire. »* **3.** Emploi. → **place,** ② **poste.** *Son père a une belle situation.*

sitôt **adv.** **1.** Aussitôt. *Sitôt couchée, elle s'est endormie.* **2.** *Pas de sitôt,* pas avant longtemps. *Il ne recommencera pas de sitôt.*

▷ Mot de la famille de ② SI et de TÔT.

six **adj.** ✦ Cinq plus un (6). *Son petit frère a six ans. Elle a acheté six œufs.* → **demi-douzaine.** — **N. m.** *Deux fois trois font six.* ❍ homonymes : ① et ② ci, scie, ①, ② et ③ si.

➤ **sixième** **adj.** et **n. m.** et **f.**
■ **adj.** Qui succède au cinquième. *Paul est arrivé sixième.*
■ **n. 1. n. m.** Partie d'un tout divisé en six parts égales. *Alex a mangé le sixième du gâteau.* **2. n. f.** Première classe de l'enseignement secondaire. *Julie entrera en sixième (6ᵉ) l'année prochaine.*

slalom

skaï [skaj] **n. m.** Nom déposé ✦ Matière synthétique qui imite le cuir. *Le canapé est recouvert de skaï.*

skateboard [skɛtbɔʀd] **n. m.** ✦ Planche à roulettes. *Théo fait du skateboard.* — Au pl. *Des skateboards.*
● On dit aussi *un skate.* Ce mot vient de l'anglais *skate* qui veut dire « patin » et *board* qui veut dire « planche ».

sketch [skɛtʃ] **n. m.** ✦ Pièce comique très courte, souvent jouée par un petit nombre d'acteurs. → **saynète.** — Au pl. *Des sketchs* ou *des sketches.*
● Ce mot vient de l'anglais.

ski **n. m. 1.** Long patin très étroit que l'on chausse pour glisser sur la neige. *Il a loué une paire de skis.* — *Faire du ski,* c'est glisser sur la neige à l'aide de skis. *Ils font du ski chaque année. Le ski alpin,* c'est le ski de descente. *Le ski de fond,* c'est le ski qui se pratique sur terrain plat. **2.** *Le ski nautique,* c'est un sport qui consiste à glisser sur l'eau avec des skis en étant tiré par un bateau.
● Ce mot vient du norvégien.
➤ **skier** **v.** (conjug. 7) ✦ Faire du ski. *Alex skie très bien.*
➤ **skiable** **adj.** ✦ Où l'on peut skier. *Cette station de ski a un domaine skiable étendu.*
➤ **skieur** **n. m.**, **skieuse** **n. f.** ✦ Personne qui fait du ski. *Les skieurs dévalent les pistes.*
▷ Autres mots de la famille : APRÈS-SKI, MONOSKI, TÉLÉSKI.

skipper [skipœʀ] **n. m.** ✦ Personne qui commande sur un bateau de croisière ou de course. *Le skipper donne des ordres aux équipiers.*
● Ce mot vient de l'anglais.

slalom [slalɔm] **n. m.** ✦ Épreuve de ski dans laquelle le skieur descend le plus vite possible en zigzaguant entre des piquets plantés dans la neige.
● C'est un mot norvégien.
➤ **slalomer** **v.** (conjug. 1) **1.** Effectuer un parcours en slalom. *Le skieur slalome entre les piquets.* **2.** Zigzaguer. *Le scooter slalome entre les voitures.*

slip **n. m.** ✦ Culotte que l'on porte comme sous-vêtement ou comme maillot de bain.
● Ce mot vient de l'anglais.

slogan **n. m.** ✦ Phrase courte et frappante, souvent répétée, que l'on utilise dans la publicité ou la politique, pour attirer l'attention. *Les manifestants scandaient des slogans. Un slogan publicitaire.*
● *Slogan* est un mot écossais qui veut dire « cri de guerre ».

slow [slo] **n. m.** ✦ Danse lente à pas glissés que l'on danse à deux. — Au pl. *Des slows.*
● Ce mot vient de l'anglais *slow* qui veut dire « lent ».

smash [smaʃ] **n. m.** ✦ Au tennis, au ping-pong, au volley-ball, coup qui rabat violemment une balle haute. *Il a fait un smash.* — Au pl. *Des smashs* ou *des smashes.*
● Ce mot vient de l'anglais.

smoking [smɔkiŋ] **n. m.** ✦ Tenue de soirée habillée, composée d'un veston à revers de soie et d'un pantalon orné d'un galon de soie le long de la jambe. *À cette soirée, tous les hommes étaient en smoking.* — Au pl. *Des smokings.*
● Ce mot vient de l'anglais.

snack-bar **n. m.** ✦ Café-restaurant où l'on sert rapidement des repas simples et légers, à toute heure. *Ils ont déjeuné dans un snack-bar.* — Au pl. *Des snack-bars.*
● On dit aussi *un snack, des snacks.* Ce mot vient de l'anglais.

snob n. m. et f. ✦ Personne qui, dans ses manières, ses goûts et ses relations, veut absolument avoir l'air distingué. *C'est une snob.* — **Adj.** *Ses parents sont très snobs.*
● Ce mot vient de l'anglais.

➤ **snobisme** n. m. ✦ Attitude et manière d'être des snobs. *Ils jouent au golf par snobisme.*

snowboard n. m. ✦ Sport de glisse qui se pratique sur la neige, debout sur une planche (appelée aussi *snowboard*). → **surf** des neiges.
● Ce mot vient de l'anglais *snow* qui veut dire « neige » et *board* qui veut dire « planche ».

sobre adj. **1.** Qui boit peu d'alcool. *Il faut être sobre quand on conduit.* **2.** Simple et discret. *Sa robe était très sobre.* ❑ contr. **excentrique.**

➤ **sobrement** adv. **1.** Avec modération. *Il boit sobrement.* **2.** Avec discrétion et simplicité. *Elle s'habille sobrement.* → **simplement.**

➤ **sobriété** n. f. **1.** Comportement d'une personne ou d'un animal qui mange et boit peu. *La sobriété du chameau.* **2.** Simplicité et discrétion. *Les spectateurs ont apprécié la sobriété du décor.*

sobriquet n. m. ✦ Surnom donné à quelqu'un pour se moquer de lui. *Elle est si laide qu'on lui a donné le sobriquet de « la guenon ».*

soc n. m. ✦ Grosse lame pointue d'une charrue qui ouvre les sillons dans la terre et permet de labourer.

smoking

sociable adj. ✦ Qui aime la compagnie des autres. *Julie est une petite fille très sociable.* ❑ contr. **sauvage.**

social, sociale adj. **1.** Qui concerne la société. *Les classes sociales. Les sciences sociales étudient la société.* **2.** Qui a pour but d'améliorer les conditions de vie des gens. *Le gouvernement a pris des mesures sociales.* — Au masc. pl. *sociaux.*

➤ **socialisme** n. m. ✦ Doctrine de ceux qui sont partisans d'améliorer le sort des gens les plus modestes et veulent rendre la société plus juste en faisant passer l'intérêt collectif avant les intérêts particuliers. → aussi **communisme.**

➤ **socialiste** n. m. et f. ✦ Partisan du socialisme. *Les socialistes ont remporté les élections dans ce pays.* — **Adj.** *Le parti socialiste.*

société n. f. **1.** Groupe organisé d'êtres vivants. *Les abeilles et les fourmis vivent en société.* → **colonie.** **2.** Ensemble d'hommes vivant dans un pays à un moment donné et devant respecter les mêmes lois. → **collectivité, communauté.** *Les marginaux vivent en dehors de la société.* **3.** *Un jeu de société,* c'est un jeu qui se joue à plusieurs et qui fait appel à la mémoire ou au hasard. *Les enfants ont joué à des jeux de société.* **4.** Entreprise commerciale. → **compagnie, établissement, firme, maison.** *Il travaille dans une société de location de voitures.* **5.** Association. → **club, organisation.** *La Société protectrice des animaux protège les animaux.*

➤ **sociétaire** n. m. et f. ✦ Personne qui fait partie d'une société, d'une association. *Il est sociétaire d'un club de tennis.*

sociologie n. f. ✦ Science qui étudie les sociétés humaines.

➤ **sociologue** n. m. et f. ✦ Spécialiste de la sociologie.

socle n. m. ✦ Partie sur laquelle repose une construction, une statue. → **support.** *La colonne est posée sur un socle de marbre.* → **piédestal.**

socquette n. f. ✦ Chaussette courte, arrivant à la cheville. *Une paire de socquettes blanches.*

soda n. m. ✦ Boisson à base d'eau gazeuse et de sirop de fruits. *Louise a bu un soda à l'orange.* — Au pl. *Des sodas.*

sœur **n. f.** **1.** Personne de sexe féminin qui a les mêmes parents qu'une autre personne. *Théo a deux sœurs et un frère.* **2.** Titre donné à une religieuse. *Bonjour ma sœur.*
▷ Autres mots de la famille : BELLE-SŒUR, CONSŒUR, DEMI-SŒUR.

sofa **n. m.** ✦ Lit de repos pouvant servir de siège. → aussi **canapé, divan.** *Alex a fait la sieste sur le sofa du salon.*
● Ce mot vient de l'arabe.

soi **pronom.** ✦ Pronom personnel masculin et féminin de la troisième personne du singulier, utilisé comme complément. *Cela fait du bien de rentrer chez soi. Cela va de soi,* c'est évident. *Il vaut mieux compter sur soi que sur les autres.* ❍ homonymes : soie, soit.

➤ **soi-disant** **adj. inv.** et **adv.**
■ **adj. inv.** Prétendu. *Cela m'a été prédit par une soi-disant voyante.*
■ **adv.** *Paul n'a soi-disant pas eu le temps de faire ses devoirs,* d'après ce qu'il prétend.
▷ Mot de la famille de DIRE.
▷ Autre mot de la famille : QUANT-À-SOI.

soie **n. f.** **1.** Tissu très fin, très doux et brillant, fait à partir d'un fil produit par la chenille d'un papillon, appelée *ver à soie. Un foulard en soie.* **2.** Poil long et rude du porc et du sanglier. *Une brosse en soies de sanglier.*
❍ homonymes : soi, soit.

➤ **soierie** **n. f.** ✦ Tissu de soie. *Cette soierie est parfaite pour faire des rideaux.*
▷ Autre mot de la famille : SOYEUX.

soif **n. f.** **1.** Besoin et envie de boire. *Après leur longue promenade, ils avaient faim et soif.* **2.** Fort désir. *Il a soif d'indépendance.*
▷ Autre mot de la famille : ASSOIFFÉ.

soigner **v.** (conjug. 1) **1.** Prendre soin. *Elle soigne les fleurs de son jardin.* ❑ contr. **négliger.** **2.** Apporter du soin, de l'application à ce que l'on fait. *Soigne ton travail, Paul !* ❑ contr. **bâcler.** **3.** S'occuper de rétablir la santé d'une personne malade. *Le médecin qui le soigne est très compétent.* → **traiter.**

➤ **soigné, soignée** **adj.** **1.** Fait avec soin, application. *Ce menuisier fait un travail soigné.* **2.** Qui prend soin de son aspect, est toujours propre et impeccable. *Une femme très soignée.*

➤ **soigneux, soigneuse** **adj.** ✦ Qui prend soin des choses, y fait attention. *Léa est très soigneuse, elle range toujours bien ses affaires.* ❑ contr. **négligent.**

➤ **soigneusement** **adv.** ✦ Avec soin. *Alex plie soigneusement son pantalon.*

soin **n. m.** **1.** Attention que l'on apporte à ce que l'on fait. → **application.** *Théo a fait sa rédaction avec soin.* **2.** *Prendre soin de quelque chose,* c'est s'occuper de quelque chose. *Le jardinier prend soin de la pelouse. Alex avait pris soin de nous avertir,* il avait pensé à le faire, il avait veillé à le faire. **3.** *Les soins,* ce sont les moyens utilisés pour soigner un malade. *Le blessé a été transporté à l'hôpital pour y recevoir des soins,* pour y être soigné. — *Être aux petits soins pour quelqu'un,* c'est être très attentionné envers lui.

soja

soir **n. m.** ✦ Moment de la journée entre l'après-midi et la nuit, quand le soleil est couché. *Un beau soir d'été.* → **soirée.** *Il fait frais, le soir. Au revoir, à demain soir !* ❑ contr. **matin.**

➤ **soirée** **n. f.** **1.** Dernière partie de la journée qui va de la fin du jour jusqu'au moment où l'on se couche. *Il a lu toute la soirée.* **2.** Réception qui a lieu le soir. *Ils donnent souvent des soirées.*
▷ Autre mot de la famille : BONSOIR.

soit **conjonction** et **adv.**
■ **conjonction** [swa] **1.** Ou. *Ils doivent venir en mars, soit le 14, soit le 15.* ❑ contr. **ni.** **2.** À savoir. *Cette revue paraît un mois sur deux, soit six fois par an.* → **c'est-à-dire.** ❍ homonymes : soi, soie.
■ **adv.** [swat] Admettons, d'accord. → ① **bon.** *Tu veux partir, eh bien soit ! va-t'en !*
▷ Mot de la famille de ① ÊTRE.

soixante **adj. inv.** ✦ Six fois dix (60). *Ma grand-mère a soixante ans.* — **N. m. inv.** *Ils habitent au 60, rue de l'Église.*

➤ **soixantaine** **n. f.** 1. Groupe d'environ 60 personnes, 60 animaux ou 60 choses semblables. *Il y avait à peu près une soixantaine de personnes. Elle pèse une soixantaine de kilos,* environ soixante kilos. 2. Âge d'environ 60 ans. *Papi a la soixantaine.*

➤ **soixante-dix** **adj. inv.** ✦ Soixante plus dix (70). → **septante.** *Sa poupée mesure soixante-dix centimètres.* — **N. m. inv.** *Dix fois sept font soixante-dix.* ▷ Mot de la famille de DIX.

➤ **soixantième** **adj.** et **n. m.**

■ **adj.** *Il est arrivé soixantième sur cent concurrents.*

■ **n. m.** *Il a reçu un soixantième de l'héritage,* une partie de l'héritage qui a été divisé en 60 parts égales.

soja **n. m.** ✦ Plante dont une espèce ressemble au haricot et qui sert à l'alimentation des hommes et du bétail. *De l'huile de soja.*

① **sol** **n. m.** 1. Partie de la Terre qui est à la surface. → **terrain, terre.** *Ici, le sol se prête bien à la culture du maïs.* 2. Surface sur laquelle on marche. *Le sol de la cuisine est recouvert de carrelage.* ❍ homonyme : sole.

▷ Autres mots de la famille : ENTRESOL, SOUS-SOL.

② **sol** **n. m. inv.** ✦ Note de musique, entre le fa et le la. — Au pl. *Des sol.*

solaire **adj.** 1. Qui concerne le Soleil. *Le système solaire comprend le Soleil et les planètes qui tournent autour de lui.* 2. Qui fonctionne grâce à l'énergie du soleil. *Leur maison est équipée d'un chauffage solaire.* 3. Qui protège du soleil. *Sur la plage, elle se met de la crème solaire.*

soldat **n. m.** ✦ Homme qui est dans l'armée. → **militaire.** *Les soldats marchent au pas.* — *Un simple soldat,* un militaire non gradé.

▷ Mot de la famille de ① SOLDE.

① **solde** **n. f.** ✦ Salaire versé à un militaire.

▷ Autre mot de la famille : SOLDAT.

② **solde** **n. m.** 1. Somme qu'il reste à payer. *Vous devez payer 20 % à la commande et le solde à la livraison.* 2. Marchandise vendue avec une réduction. *Ces soldes sont intéressants,* ces produits vendus au rabais. — *En solde,* vendu à prix réduit. *Ce manteau est en solde.*

▷ Mot de la famille de SOLDER.

solder **v.** (conjug. 1) 1. Vendre au rabais. *À la fin de l'hiver, le marchand de chaussures solde les bottes.* 2. *Se solder par,* aboutir à. *Ses efforts se sont soldés par un échec.*

▷ Autre mot de la famille : ② SOLDE.

sole **n. f.** ✦ Poisson de mer plat et ovale, qui ressemble à la limande. *Nous avons mangé des filets de sole.* ❍ homonymes : ① et ② sol.

sole

soleil **n. m.** 1. *Le Soleil,* c'est l'astre qui donne lumière et chaleur à la Terre, et autour duquel tournent les planètes du système solaire. *Le Soleil est situé à 150 millions de kilomètres de la Terre.* — *Le soleil brille pour tout le monde,* il existe des avantages dont tout le monde peut profiter. 2. Lumière et chaleur que le Soleil envoie. *Ne reste pas trop longtemps au soleil ! Des lunettes de soleil,* des lunettes qui protègent les yeux des rayons du soleil.

▷ Autres mots de la famille : ENSOLEILLÉ, ENSOLEILLEMENT, PARE-SOLEIL.

solennel, solennelle [sɔlanɛl] **adj.** 1. Célébré en public, au cours d'une cérémonie. *Des honneurs solennels ont été rendus aux sauveteurs héroïques.* 2. Fait avec grand sérieux. *Il lui a fait la promesse solennelle de ne plus jamais lui mentir,* il s'y est engagé. 3. Très cérémonieux. *Le maire a fait son discours sur un ton solennel.* → **pompeux.**

➤ **solennellement** [sɔlanɛlmɑ̃] **adv.** ✦ D'une manière solennelle. *La nouvelle mairie a été inaugurée solennellement.*

solennité [sɔlanite] **n. f.** ✦ Caractère solennel, cérémonieux. *Le président de la République s'adresse au pays avec solennité.* → aussi **solennellement.**

solfège **n. m.** ✦ Façon dont on écrit et lit la musique. *Apprendre le solfège est indispensable pour jouer du piano.*

● Ce mot vient de l'italien.

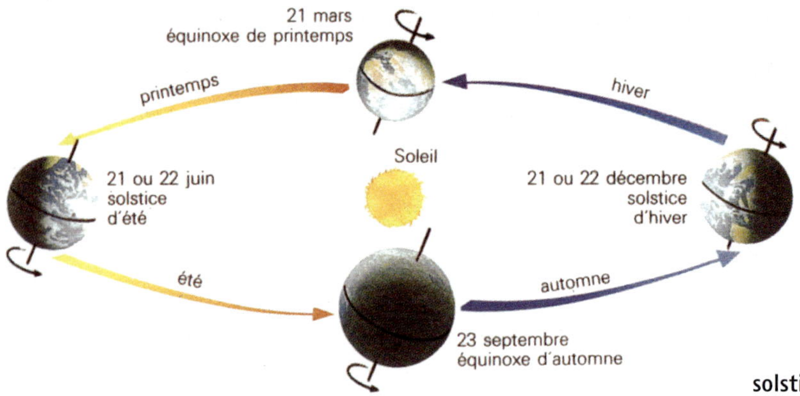

solstice

solfier v. (conjug. 7) ✦ Chanter en disant le nom des notes de musique. → aussi **solfège.**

solidaire adj. 1. *Des personnes solidaires,* ce sont des personnes qui se soutiennent entre elles. *Les étudiants se sont déclarés solidaires des lycéens qui manifestaient.* 2. *Des choses solidaires,* ce sont des choses qui dépendent les unes des autres, sont liées. *Les deux roues avant de la voiture sont solidaires.* ❑ contr. **indépendant.**

➤ se **solidariser** v. (conjug. 1) ✦ Être solidaire de quelqu'un, prendre son parti. → **soutenir.** *Les étudiants se sont solidarisés avec les ouvriers en grève.* ❑ contr. se **désolidariser.**

➤ **solidarité** n. f. ✦ Relation entre des personnes solidaires. *Tous les ouvriers de l'usine se sont mis en grève par solidarité avec ceux qui étaient licenciés.*

▷ Autre mot de la famille : SE DÉSOLIDARISER.

solide adj. 1. Qui ne se casse pas facilement, qui résiste aux chocs et à l'usure. → **résistant.** *Attention, cette chaise n'est pas très solide.* ❑ contr. **fragile.** 2. Qui est fort et robuste, qui ne tombe pas facilement malade. *Alex est un garçon solide.* ❑ contr. **faible, fragile.** 3. Qui n'est ni liquide ni gazeux. *Quand il gèle, l'eau devient solide.* — **N. m.** *La glace est un solide,* un corps qui n'est ni un liquide ni un gaz.

➤ **solidement** adv. ✦ D'une manière solide. *Un pieu solidement enfoncé. Alex attache solidement le paquet sur le porte-bagages de son vélo,* il l'attache de manière à ce qu'il ne tombe pas.

➤ se **solidifier** v. (conjug. 7) ✦ Prendre une consistance solide. → **durcir.** *Sous l'effet du gel, l'eau s'est solidifiée.* ❑ contr. s'**évaporer,** se **liquéfier.**

➤ **solidité** n. f. ✦ Qualité de ce qui ne s'use pas rapidement et ne se casse pas facilement. *Ces skis sont d'une grande solidité.* → **robustesse.** ❑ contr. **fragilité.**

▷ Autre mot de la famille : CONSOLIDER.

soliste n. m. et f. ✦ Musicien ou chanteur qui interprète tout seul un morceau. *C'est une grande soliste de concerts.* → aussi **solo.**

● Ce mot vient de l'italien.

solitaire adj. et n. m.

■ **adj.** 1. Qui vit seul, évite la compagnie des autres. *L'ours est un animal solitaire.* 2. Où l'on est seul. *Il habite un endroit solitaire dans la forêt.* → **isolé.**

■ **n. m.** Diamant monté seul sur une bague. *Il a offert un solitaire à sa fiancée.*

solitude n. f. ✦ Situation d'une personne qui est seule, vit seule. *Il a besoin de solitude.* → aussi **solitaire.**

solive n. f. ✦ Chacune des grandes barres de bois ou de fer sur lesquelles sont fixées les planches du plancher.

solliciter v. (conjug. 1) 1. Demander avec déférence. *Il sollicite un emploi d'informaticien dans cette société.* → **postuler.** 2. Faire appel à. *Elle a sollicité l'aide de ses amis.*

➤ **sollicitation** n. f. ✦ Demande pressante. *Il a cédé aux sollicitations de ses amis et s'est présenté aux élections municipales.*

➤ **sollicitude** n. f. ✦ Attention et gentillesse. *Le médecin écoute ses malades avec sollicitude.* ❑ contr. **indifférence.**

● Ces mots s'écrivent avec deux *l.*

solo n. m. ✦ Morceau joué ou chanté par un seul interprète. *Il a exécuté un solo de batterie.* → aussi **soliste**. — Au pl. *Des solos.* — *En solo,* seul, sans accompagnement. *Elle chante en solo dans un chœur.*

● Ce mot vient de l'italien *solo* qui veut dire « seul ».

solstice n. m. ✦ Jour de l'année où le Soleil se trouve le plus loin de l'équateur. *Le solstice d'été est le jour le plus long de l'année, le solstice d'hiver le jour le plus court.*

soluble adj. ✦ Qui peut fondre dans un liquide. → aussi se **dissoudre**. *Le sucre est soluble dans l'eau.*

① **solution** n. f. ✦ Liquide contenant une matière dissoute. *L'eau de mer est une solution de sel.*

② **solution** n. f. **1.** Réponse à une question ou à un problème. *Théo a trouvé la solution du problème de mathématiques,* il a réussi à obtenir le résultat en suivant le bon raisonnement. → aussi **résoudre**. **2.** Moyen par lequel on peut se sortir d'une difficulté. *Il faut envisager toutes les solutions possibles.*

solvable adj. ✦ Qui peut payer ce qu'il doit.

sombre adj. **1.** Où il y a peu de lumière, qui est peu éclairé. → **obscur**. *Cette pièce est très sombre.* ❏ contr. **clair**. **2.** Foncé. *Il portait un costume sombre.* **3.** Triste et inquiet. *Il avait l'air sombre.* ❏ contr. **gai**. **4.** Inquiétant. *L'avenir est sombre.* ❏ contr. **rassurant**.

▷ Autre mot de la famille : ASSOMBRIR.

sombrer v. (conjug. 1) **1.** S'enfoncer dans l'eau. *Le bateau a sombré.* → **chavirer, couler**. **2.** S'enfoncer sans pouvoir résister. *Louise a sombré dans le sommeil.*

sommaire adj. et n. m.

■ adj. **1.** Très court et très simple. *Le professeur nous a donné une explication sommaire de la circulation du sang.* → **succinct**. **2.** Très rapide et sans formalités. → **expéditif**. *Il a été condamné après un jugement sommaire.*

■ n. m. Table des matières comprenant le résumé des chapitres d'un livre, d'une revue. *Le sommaire est au début du livre.*

➤ **sommairement** adv. ✦ D'une façon courte, simple et rapide. → **brièvement, succinctement**. *Il a exposé sommairement son projet.*

sommation n. f. ✦ Ordre impératif. → **injonction**. *Les policiers ont tiré sur le bandit après la troisième sommation,* après lui avoir demandé trois fois de se rendre.

▷ Mot de la famille de SOMMER.

① **somme** n. f. **1.** Résultat d'une addition. *12 est la somme de 7 et 5.* **2.** Ensemble de choses qui s'ajoutent. *En somme,* tout compte fait, finalement. — On dit aussi *somme toute. En somme, il n'a pas assez travaillé,* tout bien considéré. **3.** Quantité d'argent. *Il a gagné une grosse somme au loto.*

② **somme** n. f. ✦ *Une bête de somme,* c'est un animal qui peut porter des charges sur son dos. *Les ânes et les chameaux sont des bêtes de somme.*

③ **somme** n. m. ✦ *Faire un somme,* c'est dormir un court moment. *Il a fait un petit somme après le déjeuner.* → **sieste**.

➤ **sommeil** n. m. ✦ État dans lequel on est lorsque l'on dort. *Léa avait sommeil,* elle avait envie de dormir. *Théo parle dans son sommeil,* quand il dort.

➤ **sommeiller** v. (conjug. 1) ✦ Dormir légèrement ou peu de temps. *Le malade sommeille sur son lit.* → **somnoler**.

▷ Autres mots de la famille : ASSOMMANT, ASSOMMER, ENSOMMEILLÉ.

sommelier

sommelier n. m., **sommelière** n. f. ✦ Personne dont le métier est de s'occuper de la cave, des vins et des alcools dans un restaurant. *Le sommelier nous a conseillé de prendre un bordeaux rouge.*

sommer v. (conjug. 1) ✦ Demander avec force. → ② **ordonner.** *Le professeur a sommé les élèves de se taire.*

▷ Autre mot de la famille : SOMMATION.

sommet n. m. 1. Point le plus élevé. *Le mont Blanc est le plus haut sommet de France.* → **cime.** 2. Degré le plus élevé. *Cet artiste est au sommet de sa gloire.* → **faîte.** *Les trois pays ont organisé une conférence au sommet,* une réunion entre les chefs d'État ou les chefs de gouvernement. 3. Endroit où se coupent deux côtés d'une figure géométrique. *Un triangle a trois sommets.*

sommier n. m. ✦ Partie d'un lit sur laquelle est posé le matelas. *Un sommier à ressorts.*

sommité n. f. ✦ Personnage important dans un domaine, une science. → **personnalité.** *Les sommités de la médecine se sont réunies.*

somnambule n. m. et f. ✦ Personne qui se lève et marche pendant son sommeil. *Une somnambule.* — **Adj.** *Paul est somnambule.*

somnambule

somnifère n. m. ✦ Médicament qui fait dormir. → **narcotique, soporifique.** *Le médecin lui a prescrit des somnifères.*

somnoler v. (conjug. 1) ✦ Dormir à moitié. → **sommeiller.** *Julie a somnolé pendant tout le voyage.*

➤ **somnolent, somnolente** adj. ✦ À moitié endormi. *Ce sirop contre la toux peut rendre somnolent.*

➤ **somnolence** n. f. ✦ État d'une personne qui dort à moitié. *Après le déjeuner, elle a été prise d'une douce somnolence.*

somptueux, somptueuse adj. ✦ Luxueux, beau et cher. → **fastueux, magnifique.** *Ils ont une villa somptueuse au bord de la mer.*

① **son** adj. possessif m., **sa** adj. possessif f., **ses** adj. possessif pl. ✦ Qui est à lui ou à elle, lui appartient, le ou la concerne. → **sien.** *Il a apporté tous ses instruments de musique : son tambour, son harmonica, sa flûte et sa harpe.*

○ homonymes : (de *sa*) ça, çà ; (de *ses*) ces.

● *Sa* devient *son* devant un nom féminin qui commence par une voyelle ou un *h* muet.

② **son** n. m. ✦ Ce que l'on entend. → **bruit.** *J'ai reconnu Paul au son de sa voix.*

▷ Mot de la famille de SONNER.

③ **son** n. m. ✦ Ce qu'il reste de l'enveloppe des grains de céréales une fois moulus. *Du pain au son.*

sonar n. m. ✦ Appareil qui permet de savoir où sont situés des objets sous l'eau, grâce à des ondes sonores. → aussi **radar.**

● Ce mot vient de l'anglais.

sonate n. f. ✦ Morceau de musique pour un ou deux instruments. *Les sonates pour violon de Mozart.*

● Ce mot vient de l'italien.

sonde n. f. 1. Instrument qui sert à mesurer la profondeur de l'eau. 2. Appareil qui sert à forer le sol et à savoir ce qu'il y a dedans. *On utilise des sondes pour chercher du pétrole.*

➤ **sonder** v. (conjug. 1) 1. Reconnaître au moyen d'une sonde. *On a sondé la mer et on a trouvé du pétrole.* 2. *Sonder quelqu'un,* c'est chercher à savoir ce qu'il pense, à connaître ses intentions.

➤ **sondage** n. m. 1. Exploration du sol à l'aide d'une sonde. *Les sondages ont permis de trouver du pétrole.* 2. *Un sondage d'opinion,* c'est une enquête faite auprès d'un petit nombre de personnes pour savoir ce que pense l'ensemble de la population. *On peut prévoir le résultat des élections grâce à des sondages d'opinion.*

▷ Autre mot de la famille : INSONDABLE.

songer v. (conjug. 3) 1. *Songer à quelque chose,* c'est y penser. *À quoi songes-tu ?* 2. Réfléchir à, envisager. *Nous songeons à acheter une maison.*

➤ **songe** n. m. ✦ Rêve. *La princesse fit un songe merveilleux.*

● Ce mot est littéraire.

➤ **songerie** **n. f.** ✦ Rêverie. *Léa est perdue dans sa songerie.*
● Ce mot est littéraire.

➤ **songeur, songeuse** **adj.** ✦ Rêveur. *Tu es bien songeuse, Julie !* → **pensif.** *Il a un air songeur.*

sonner **v.** (conjug. 1) **1.** Produire une sonnerie. *Les cloches sonnent à toute volée.* → **carillonner, résonner, tinter.** *Le réveil a sonné.* **2.** Faire résonner. *Autrefois, on sonnait le tocsin en cas de danger.* **3.** Faire fonctionner une sonnerie. *Sonnez avant d'entrer.* **4.** *Sonner quelqu'un,* c'est l'appeler en faisant fonctionner une sonnerie. *Le malade a sonné l'infirmière.*

➤ **sonnerie** **n. f.** ✦ Bruit d'une chose qui sonne. *La sonnerie du téléphone a retenti.*

➤ **sonnette** **n. f.** ✦ Mécanisme qui déclenche une sonnerie. *J'ai entendu un coup de sonnette.*

▷ Autres mots de la famille : INSONORISER, RÉSONANCE, RÉSONNER, ② SON, SONORE, SONORISATION, SONORISER, SONORITÉ, SUPERSONIQUE, ULTRASON, UNISSON.

sonnet **n. m.** ✦ Petit poème de quatorze vers disposés en quatre strophes. *Les sonnets de Ronsard.*

sonore **adj.** **1.** Qui résonne fort. *Il a un rire sonore.* → **éclatant, retentissant.** **2.** Qui renvoie bien le son. *Cette pièce est très sonore.* **3.** Qui produit un son. *Ceci est un répondeur, parlez après le signal sonore,* le bruit spécial qui indique que l'on peut parler.

➤ **sonoriser** **v.** (conjug. 1) ✦ Équiper d'un matériel qui diffuse le son. *La salle des fêtes a été sonorisée.* ❑ contr. **insonoriser.**

➤ **sonorisation** **n. f.** ✦ Installation qui permet de diffuser le son dans un lieu. *La sonorisation de cette salle est parfaite.*
● On dit familièrement *la sono.*

➤ **sonorité** **n. f.** ✦ Qualité du son. *Ce piano a une belle sonorité.*

▷ Mots de la famille de SONNER.

sophistiqué, sophistiquée **adj.** **1.** Qui a une allure très recherchée, très artificielle. *Une femme très sophistiquée.* ❑ contr. **naturel, simple.** **2.** Très perfectionné. *Il a acheté un appareil photo sophistiqué.*

soporifique **n. m.** et **adj.**
■ **n. m.** Produit qui fait dormir. → **somnifère.** *Les voleurs ont mis un soporifique dans la pâtée du chien.*
■ **adj.** Qui endort, ennuie. *Ce film est soporifique.* → **ennuyeux.**

soprano **n. m.** et **f.** ✦ Chanteur, chanteuse dont la voix a un timbre aigu. — Au pl. *Des sopranos.*
● Quand il s'agit d'une femme, on dit souvent *une soprane.* C'est un mot italien.

sorbet **n. m.** ✦ Glace à l'eau, sans lait ni crème, souvent à base de jus de fruit. *Un sorbet à la pomme.*
● Ce mot vient de l'arabe *chourba* qui veut dire « boisson ».

➤ **sorbetière** **n. f.** ✦ Appareil qui sert à faire les sorbets et les glaces.

sorbier **n. m.** ✦ Arbre à petits fruits orangés.

sorcellerie **n. f.** ✦ Magie pratiquée par les sorciers. *Jeanne d'Arc fut accusée de sorcellerie et brûlée vive. — C'est de la sorcellerie !* c'est une chose inexplicable, extraordinaire !

sorcier **n. m.**, **sorcière** **n. f.** ✦ Personne qui pratique la magie, qui jette des sorts. → aussi **mage.** *Les sorcières des contes de fées sont souvent laides et méchantes.* — **Adj.** Familier. *Ce n'est pas sorcier,* ce n'est pas difficile.

sordide **adj.** **1.** Très sale et repoussant. *Ils habitent un taudis sordide.* → **pouilleux.** **2.** Répugnant, moralement ignoble. *Il est d'une avarice sordide.*

sorgho **n. m.** ✦ Céréale cultivée dans les pays chauds.
● Il y a un *h* après le *g*.

sorgho

sornettes **n. f. pl.** ✦ Paroles qui ne sont pas sérieuses, qui ne reposent sur rien. → **balivernes.** *N'écoute pas ces sornettes !*

sort **n. m.** 1. Ce qui arrive à quelqu'un, du fait du hasard ou du destin. *Il est mécontent de son sort.* 2. *Tirer au sort,* c'est désigner par le hasard. *Les gagnants de la tombola seront tirés au sort.* 3. *Jeter un sort à quelqu'un,* c'est attirer le malheur sur lui par la sorcellerie, l'ensorceler. *La sorcière a jeté un sort à la princesse.* ○ homonyme : saur.
▷ Autre mot de la famille : SORTILÈGE.

sortant, sortante **adj.** 1. *Un numéro sortant,* qui a été tiré au sort et qui a gagné. → **gagnant.** 2. *Un député sortant,* qui avait été élu aux élections précédentes. *Le député sortant a été battu.*
▷ Mot de la famille de SORTIR.

sorte **n. f.** 1. Ensemble de personnes ou de choses ayant quelque chose en commun. → **catégorie, espèce, genre, variété.** *Ce magasin vend toutes sortes d'articles de sport. Elle portait une sorte de turban,* quelque chose qui ressemblait à un turban. 2. *De telle sorte que,* de telle manière que. *Il s'est comporté de telle sorte qu'il a exaspéré tout le monde.* 3. *Faire en sorte de,* s'arranger pour, essayer de. *Fais en sorte d'être à l'heure.*
▷ Autres mots de la famille : ASSORTIMENT, ASSORTIR.

sortie **n. f.** 1. Endroit par où l'on sort. ❑ contr. **entrée.** *La sortie est au fond, à droite. La sortie de secours d'un cinéma.* → **issue.** 2. Moment où des personnes sortent. *C'est l'heure de la sortie des classes.* 3. *La sortie d'un film,* sa présentation au public. *Le film est annoncé, on attend prochainement sa sortie.*
▷ Mot de la famille de SORTIR.

sortilège **n. m.** ✦ Influence magique que peut exercer un sorcier. *La princesse était victime des sortilèges de la méchante fée.*
▷ Mot de la famille de SORT.

sortir **v.** (conjug. 16) 1. Aller hors d'un lieu, à l'extérieur. ❑ contr. **entrer.** *Elle sort de sa chambre et ferme la porte.* 2. Aller au spectacle ou dîner dehors. *Ils sont très mondains, ils sortent beaucoup.* 3. Quitter un lieu. *Elle sort de chez le coiffeur,* elle vient de chez le coiffeur. *Julie sort de l'école à 4 heures et demie.* 4. Être mis dans le commerce. *Son dernier livre n'est pas encore sorti.* → **paraître.** *Le film sort la semaine prochaine,* il sera présenté au public la semaine prochaine. 5. Être tiré au sort, être gagnant. *À la loterie, c'est le numéro dix qui est sorti.* 6. Emmener dehors. *Il sort son chien matin et soir.* 7. Mettre dehors. *Elle sort la voiture du garage.* 8. *Le chat sort ses griffes,* il les montre, les fait apparaître. ❑ contr. **rentrer.** 9. Familier. *S'en sortir,* c'est venir à bout de quelque chose. *Je ne m'en sors pas, de ce travail ! Il s'en est bien sorti.* → **tirer.**
▷ Autres mots de la famille : RESSORTIR, SORTANT, SORTIE.

S. O. S. [ɛsoɛs] **n. m.** ✦ Signal de détresse. *Le navire en perdition a lancé un S. O. S.* — Au pl. *Des S. O. S.*

sosie **n. m.** ✦ Personne qui ressemble exactement à une autre. *Elle est le sosie d'une actrice de cinéma.*
● Ce mot est masculin : on dit *un sosie.*

sot, sotte **adj.** ✦ Bête, stupide. *Elle est gentille, mais un peu sotte.* → **idiot.** ○ homonymes : saut, sceau, seau.

➤ **sottement** **adv.** ✦ De manière sotte. → **bêtement, stupidement.** *Il s'est conduit sottement.* ❑ contr. **intelligemment.**

➤ **sottise** **n. f.** 1. Bêtise, stupidité. *Il est d'une grande sottise.* 2. Chose stupide. *Tu dis des sottises.* → **ânerie, idiotie.**

sou **n. m.** (pl. **sous**) 1. Ancienne pièce de monnaie. 2. *Ne plus avoir un sou,* ne plus avoir d'argent. ○ homonymes : soûl, sous.
▷ Autre mot de la famille : GRIPPE-SOU.

soubassement **n. m.** ✦ Base des murs d'un bâtiment. *Le soubassement repose sur les fondations.*
▷ Mot de la famille de ① BAS.

soubresaut **n. m.** ✦ Mouvement brusque et involontaire. → **sursaut.** *Il eut un soubresaut en entendant du bruit.*
▷ Mot de la famille de SAUT.

souche **n. f.** 1. Partie du tronc et des racines qui reste quand un arbre a été coupé. *Il s'est assis sur une souche pour se reposer.* 2. Ori-

souche

gine d'une famille. *Leur famille est de souche bretonne.* **3.** Partie d'une feuille qui reste fixée à un carnet, quand on a enlevé la partie qui se détache. *Il note le montant et la date du chèque sur la souche.* → **talon.**

souder

① **souci** **n. m.** **1.** Inquiétude, tracas. *Il a de nombreux soucis. Je me fais du souci pour elle,* je m'inquiète, me tracasse. **2.** Attitude d'une personne qui fait attention à ce qu'elle fait. → **préoccupation.** *Il a le souci de bien faire son travail,* il veille à bien le faire.

➤ se **soucier** **v.** (conjug. 7) ✦ S'inquiéter, se préoccuper. *Elle ne se soucie pas de ce que l'on pense d'elle.*

➤ **soucieux, soucieuse** **adj.** ✦ Inquiet, préoccupé. *Elle paraît soucieuse ces jours-ci.*

▷ Autres mots de la famille : INSOUCIANCE, INSOUCIANT.

② **souci** **n. m.** ✦ Petite plante à fleurs jaunes ou orangées. *Il y a des plates-bandes de soucis dans le jardin.*

soucoupe **n. f.** **1.** Petite assiette qui se place sous une tasse. **2.** *Une soucoupe volante,* c'est un objet volant mystérieux. *Certaines personnes croient à l'existence des soucoupes volantes.* → aussi **ovni.**

▷ Mot de la famille de ① COUPE.

soudain **adj.** et **adv.**, **soudaine** **adj.**

■ **adj.** Brusque, subit. *Sa mort a été soudaine.*

■ **adv.** Tout d'un coup. → **soudainement.** *Soudain, la pluie se mit à tomber.*

➤ **soudainement** **adv.** ✦ Tout d'un coup, brusquement. *Cette idée m'est venue soudainement.*

➤ **soudaineté** **n. f.** ✦ Caractère de ce qui est rapide et imprévu. *La soudaineté de sa colère nous a surpris.*

souder **v.** (conjug. 1) ✦ Faire tenir ensemble deux pièces de métal en faisant fondre leurs deux extrémités ou en coulant dessus du métal fondu. *Le plombier soude les deux tuyaux au chalumeau.*

➤ **soudure** **n. f.** ✦ Endroit où deux métaux ont été soudés. *Cette soudure est presque invisible.*

soudoyer **v.** (conjug. 8) ✦ Payer pour faire commettre une action malhonnête, interdite. *Le prisonnier a voulu soudoyer un gardien.*

souffler **v.** (conjug. 1) **1.** Faire sortir de l'air par la bouche ou par le nez. *Inspirez, soufflez !* → **expirer.** *Il souffle sur les braises pour ranimer le feu.* **2.** Respirer avec peine. → **haleter.** *Laisse-nous le temps de souffler un peu,* de nous reposer. **3.** *Le vent souffle,* il produit un courant d'air. **4.** *Souffler des bougies,* c'est les éteindre en envoyant sur les flammes de l'air qu'on a rejeté par la bouche. *Julie a soufflé toutes les bougies de son gâteau d'anniversaire.* **5.** Dire à voix basse. *Alex souffle la réponse à Léa.* → **chuchoter.** — *Il n'a pas soufflé mot,* il n'a rien dit.

➤ **soufflé** **n. m.** ✦ Plat léger qui gonfle en cuisant au four. *Mamie a préparé un soufflé au fromage.*

➤ **souffle** **n. m.** **1.** Air rejeté par la bouche. *Les spectateurs retenaient leur souffle en regardant le numéro des trapézistes.* → **respiration.** **2.** Mouvement de l'air. *Il fait très chaud, il n'y a pas un souffle d'air.*

➤ **soufflerie** **n. f.** ✦ Machine qui sert à souffler de l'air. *L'air est amené dans les tuyaux de l'orgue par une soufflerie.*

➤ **soufflet** **n. m.** **1.** Instrument qui sert à envoyer de l'air. *Il attise les braises avec un soufflet.* **2.** Partie souple qui relie deux wagons de chemin de fer ou deux parties d'un bus.

➤ **souffleur** **n. m.**, **souffleuse** **n. f.** ✦ Personne chargée de souffler leur texte aux comédiens qui ont un trou de mémoire, au théâtre. *Autrefois, le souffleur se tenait dans un trou situé sur le devant de la scène.*

▷ Autres mots de la famille : BOURSOUFLÉ, BOURSOUFLURE, ESSOUFFLEMENT, ESSOUFFLER.

souffrir **v.** (conjug. 18) **1.** Avoir mal, éprouver de la douleur. *Il a beaucoup souffert pendant* sa maladie. *Il souffre parfois de la solitude.* 2. Être endommagé, abîmé. *Les plantes ont souffert de la sécheresse.* → **pâtir.**

➤ **souffrance** **n. f.** 1. Douleur. *Il a enduré de grandes souffrances sans jamais se plaindre.* 2. *En souffrance,* en attente. *Le paquet est resté plusieurs jours en souffrance à la poste.*

➤ **souffrant, souffrante** **adj.** ✦ Un peu malade. *Julie est souffrante, elle a mal à la gorge.*

➤ **souffre-douleur** **n. m. inv.** ✦ Personne que l'on fait souffrir par plaisir. *Il est le souffre-douleur de sa sœur aînée.* — Au pl. *Des souffre-douleur.* ▷ Mot de la famille de DOULEUR.

souffreteux, souffreteuse **adj.** ✦ Qui a une mauvaise santé. → **maladif.** *Une petite fille pâle et souffreteuse.*

soufre **n. m.** ✦ Matière jaune citron que l'on trouve dans la nature. ➻ planche Minéraux p. 655. *En brûlant, le soufre produit des vapeurs suffocantes.*

● *Soufre* s'écrit avec un seul *f.*

souhaiter **v.** (conjug. 1) ✦ Désirer, espérer. *Je souhaite vous revoir bientôt. Il nous a souhaité de bonnes vacances.*

● Il y a un *h* entre le *u* et le *a.*

➤ **souhait** **n. m.** ✦ Désir, vœu. *Il a exprimé le souhait de la retrouver en bonne santé. On dit « À vos souhaits ! » à quelqu'un qui éternue.*

➤ **souhaitable** **adj.** ✦ Que l'on peut souhaiter. *Elle a toutes les qualités souhaitables pour faire ce métier.* → **désirable.**

souiller **v.** (conjug. 1) ✦ Salir, tacher. *Des taches de vin souillaient la nappe.*

➤ **souillon** **n. f.** ✦ Femme sale, négligée. *C'est une vraie souillon.*

souk **n. m.** ✦ Marché couvert, dans les pays arabes. — Au pl. *Des souks.*

● C'est un mot arabe.

souk

soûl [su], **soûle** [sul] **adj.** ✦ Ivre. *Après quelques verres de champagne, elle était un peu soûle.* ○ homonymes : sou, sous.

● On écrit parfois *saoul, saoule.*

▷ Autre mot de la famille : SOÛLER.

soulager **v.** (conjug. 3) ✦ Calmer, apaiser. *L'aspirine soulage la douleur. Je suis soulagé de savoir qu'il est bien arrivé.*

➤ **soulagement** **n. m.** ✦ État d'une personne qui est soulagée, apaisée. *Il poussa un soupir de soulagement.*

soûler **v.** (conjug. 1) 1. Rendre ivre. *L'alcool soûle.* → **enivrer.** — **se soûler,** boire jusqu'à être soûl. → **s'enivrer.** *Ils se sont soûlés au whisky.* 2. Familier. Fatiguer, lasser. *Tais-toi un peu, tu nous soûles !*

▷ Mot de la famille de SOÛL.

soulever **v.** (conjug. 5) 1. Lever à une faible hauteur. *Les haltérophiles soulèvent des poids très lourds.* 2. Faire s'élever. *La voiture soulevait des nuages de poussière.* 3. **se soulever,** se révolter. *Le peuple se souleva contre le tyran.* 4. Déclencher, provoquer. *Le discours du président a soulevé l'enthousiasme général.*

➤ **soulèvement** **n. m.** ✦ Révolte. *Le soulèvement du peuple fut sévèrement réprimé par l'armée.*

▷ Mots de la famille de ① LEVER.

soulier **n. m.** ✦ Chaussure.

● Ce mot s'emploie moins souvent que *chaussure.*

souligner **v.** (conjug. 1) 1. Tirer un trait sous un mot. *Soulignez les verbes.* 2. Faire remarquer avec insistance. *Tous les journaux ont souligné l'importance de l'événement.*

▷ Mot de la famille de LIGNE.

soumettre **v.** (conjug. 56) 1. Obliger à obéir. *L'armée a soumis les rebelles.* → **mater.** — **se soumettre,** obéir. *Ceux qui refusèrent de se soumettre furent exécutés.* 2. *Soumettre à quelque chose,* obliger à faire quelque chose. *Tous les citoyens d'un pays sont soumis aux mêmes lois,* ils doivent s'y plier. 3. Présenter, proposer à quelqu'un pour qu'il donne son avis. *Je vous soumets le problème.*

➤ **soumis, soumise** **adj.** ✦ Docile, obéissant. *C'est une femme soumise. Un air soumis.*

➤ **soumission** **n. f.** ✦ Obéissance. *Les rebelles ont fait acte de soumission,* ils se sont soumis.

▷ Mots de la famille de METTRE.

soupape **n. f.** ✦ Partie d'un appareil qui peut bouger pour laisser passer un gaz, un liquide. → **valve.** *Dans un moteur de voiture, les soupapes règlent l'entrée et la sortie des gaz.*

soupière

soupçon **n. m.** 1. Sentiment que l'on a de la culpabilité de quelqu'un. *La police a des soupçons, mais pas de preuves.* 2. *Un soupçon de,* une petite quantité de. *Elle a remis un soupçon de sel dans la sauce.*
● Attention à la cédille du ç.
➤ **soupçonner** **v.** (conjug. 1) ✦ Avoir des soupçons. → **suspecter.** *Ses amis le soupçonnent de mentir. Louise soupçonne son frère de lui avoir pris son stylo,* elle pense qu'il est coupable de cela.
➤ **soupçonneux, soupçonneuse** **adj.** ✦ Plein de soupçons. → **méfiant.** *Il regarde tout le monde d'un air soupçonneux.*

soupe **n. f.** ✦ Aliment liquide plus ou moins épais, souvent à base de légumes cuits dans de l'eau. → **bouillon, potage.** *Une soupe aux poireaux. — Cracher dans la soupe,* c'est mépriser, critiquer une chose qui est avantageuse pour soi.
▷ Autres mots de la famille : ① et ② SOUPER, SOUPIÈRE.

soupente **n. f.** ✦ Petite pièce aménagée sous un escalier ou dans la hauteur d'une pièce. *La soupente sert de placard à balais.*
▷ Mot de la famille de PENTE.

① **souper** **n. m.** 1. Dîner que l'on prend très tard, la nuit. 2. En Suisse. Repas du soir. → ② **dîner.**
➤ ② **souper** **v.** (conjug. 1) 1. Dîner très tard. *Ils sont allés au théâtre, puis ils ont soupé.* 2. En Suisse. Prendre le repas du soir. → ① **dîner.**
▷ Mots de la famille de SOUPE.

soupeser **v.** (conjug. 5) ✦ Évaluer le poids en soulevant avec la main. *Alex soupesa la grosse valise.*
▷ Mot de la famille de PESER.

soupière **n. f.** ✦ Plat large et profond, dans lequel on sert la soupe.
▷ Mot de la famille de SOUPE.

soupir **n. m.** ✦ Respiration longue et profonde. *Julie s'ennuie et pousse de gros soupirs. Il eut un soupir de soulagement. — Rendre le dernier soupir,* mourir.
▷ Mot de la famille de SOUPIRER.

soupirail **n. m.** (pl. **soupiraux**) ✦ Très petite fenêtre pratiquée au bas d'un mur extérieur pour donner de l'air et de la lumière au sous-sol. *Les soupiraux de la cave ont des barreaux.*

soupirail

soupirant **n. m.** ✦ Amoureux. *Léa a deux soupirants.*
● Ce mot est littéraire.
▷ Mot de la famille de SOUPIRER.

soupirer **v.** (conjug. 1) ✦ Pousser un soupir. *Paul soupire en faisant ses devoirs.*
▷ Autres mots de la famille : SOUPIR, SOUPIRANT.

souple **adj.** 1. Qui se plie et se courbe facilement sans se casser. *Le caoutchouc est souple.* → **flexible.** ❑ contr. **rigide.** 2. Dont le corps est capable de se plier et de se mouvoir sans effort dans toutes les positions. *Les danseurs et les acrobates sont très souples.* 3. Qui s'adapte facilement aux gens et aux situations. → **accommodant.** *Un caractère très souple.*
➤ **souplesse** **n. f.** 1. Caractère d'un être ou d'une chose souple, flexible. *Les chats sont des animaux d'une grande souplesse,* au corps très souple. ❑ contr. **raideur.** 2. Facilité à

s'adapter. *Il manque parfois de souplesse dans ses rapports avec les autres.* → **diplomatie.**
▷ Autres mots de la famille : ASSOUPLIR, ASSOUPLISSEMENT.

source **n. f.** **1.** Eau qui sort du sol. *De l'eau de source.* **2.** *La source d'un fleuve,* c'est l'endroit où il prend naissance. *La Loire prend sa source au mont Gerbier-de-Jonc.* **3.** Origine, cause. *Le bruit est une source de plaintes.* **4.** *Une source d'énergie,* c'est ce qui produit de l'énergie. *Le pétrole et le gaz sont des sources d'énergie.* **5.** Origine d'une information. *Il est parti, je le sais de source sûre,* je l'ai appris par des personnes bien informées.
➤ **sourcier** **n. m.**, **sourcière** **n. f.** ✦ Personne qui découvre des sources à l'aide d'une baguette ou d'un pendule.

sourcil [suʀsi] **n. m.** ✦ Ligne de poils au-dessus des yeux. *Quand elle est mécontente, elle fronce les sourcils.*
● Le *l* final ne se prononce pas.
➤ **sourcilier, sourcilière** **adj.** ✦ *L'arcade sourcilière,* c'est l'os qui est au-dessus de l'œil et qui est recouvert par le sourcil.
➤ **sourciller** **v.** (conjug. 1) ✦ Manifester son émotion ou son mécontentement. *Il écouta l'histoire jusqu'au bout, sans sourciller.*

sourd, sourde **adj.** **1.** Qui n'entend pas ou entend mal. → aussi **surdité.** *Il est devenu un peu sourd.* → **malentendant.** — *Faire la sourde oreille,* c'est faire comme si on n'entendait pas. *Alex fait la sourde oreille quand sa mère l'appelle.* — **N.** *Les sourds sont souvent capables de lire les paroles sur les lèvres de ceux qui leur parlent.* **2.** *Rester sourd à quelque chose,* refuser de l'entendre. *Elle est restée sourde à toutes mes prières.* **3.** Qui a un son étouffé, peu sonore. *On entendit un bruit sourd.* **4.** *Une douleur sourde,* vague et continue. *Elle ressentait une douleur sourde dans la jambe.*
❏ contr. **aigu.**
➤ **sourdement** **adv.** ✦ Avec un bruit sourd. *Le tonnerre grondait sourdement, au loin.*
➤ **sourdine** **n. f.** ✦ Petit appareil qui amortit le son d'un instrument de musique. *Quand il joue du piano, il met la sourdine pour ne pas faire trop de bruit.* — ***En sourdine,*** faiblement, pas très fort. *On entend la radio en sourdine.*
➤ **sourd-muet** **n. m.**, **sourde-muette** **n. f.** ✦ Personne qui est à la fois sourde et muette. *Les sourds-muets communiquent entre eux par gestes.* ▷ Mot de la famille de MUET.
▷ Autres mots de la famille : ASSOURDIR, ASSOURDISSANT.

souriant, souriante **adj.** ✦ Qui sourit, est aimable. *Léa est très souriante.*
▷ Mot de la famille de ① RIRE.

souriceau **n. m.** ✦ Petit de la souris. *Une portée de souriceaux.*
▷ Mot de la famille de SOURIS.

souricière **n. f.** ✦ Piège à souris.
▷ Mot de la famille de SOURIS.

① **sourire** **v.** (conjug. 36) **1.** Prendre une expression rieuse avec la bouche et les yeux pour montrer que l'on est content ou que l'on veut être aimable. *La vendeuse sourit à la cliente qui vient d'entrer.* → aussi **souriant.** **2.** Être favorable à quelqu'un. *La chance lui sourit : il a gagné au loto.* **3.** Être agréable, faire plaisir à quelqu'un. *La perspective de garder sa petite sœur ne souriait pas à Paul.* → **plaire.**
➤ ② **sourire** **n. m.** ✦ Expression du visage quand il sourit. *Léa a un joli sourire.*
▷ Mots de la famille de ① RIRE.

souris **n. f.** **1.** Petit rongeur à longue queue, plus petit que le rat. *Le chat chasse les souris.* **2.** Pièce d'un ordinateur qui permet d'intervenir sur l'écran. *On clique à l'aide de la souris.*
▷ Autres mots de la famille : CHAUVE-SOURIS, SOURICEAU, SOURICIÈRE.

souris

sournois, sournoise **adj.** ✦ Qui dissimule ce qu'il pense ou ce qu'il sait, dans une intention malveillante. → **fourbe, hypocrite.** ❏ contr. ② **franc.** *C'est une petite fille sournoise.*
➤ **sournoisement** **adv.** ✦ De façon sournoise, en dissimulant ses intentions. *L'ennemi nous a attaqués sournoisement.*

sous **prép.** **1.** Plus bas par rapport à une chose située au-dessus. *Le chat s'est réfugié sous l'armoire,* en-dessous de l'armoire. ❏ contr. ① **sur.** **2.** *J'ai mis ma lettre sous enveloppe,* à l'intérieur d'une enveloppe. **3.** *Les branches ploient sous le poids des fruits,* à cause de leur poids. **4.** *L'école est sous la responsabilité de la directrice,* la directrice en a la responsabilité. **5.** À l'époque de. *Sous la Révolution, il y a eu beaucoup de massacres.*
❍ homonymes : sou, soûl.
▷ Autres mots de la famille : DESSOUS, DESSOUS-DE-PLAT.

sous-alimentation **n. f.** ✦ Alimentation insuffisante qui met en danger la santé ou la vie. → aussi **malnutrition.** *De nombreux pays souffrent de sous-alimentation.*
▷ Mot de la famille de ALIMENT.

sous-alimenté, sous-alimentée **adj.** ✦ Qui n'a pas assez à manger. *Il y a beaucoup d'enfants sous-alimentés en Afrique.*
▷ Mot de la famille de ALIMENT.

sous-bois **n. m.** ✦ Partie de la forêt où la végétation pousse sous les arbres. *De nombreux champignons poussent dans les sous-bois.*
▷ Mot de la famille de BOIS.

souscrire **v.** (conjug. 39) **1.** S'engager à payer. *Ils ont souscrit à une encyclopédie en cours de publication.* → aussi **souscription.** **2.** Donner son adhésion. → **consentir.** *La police refuse de souscrire aux exigences des ravisseurs.*
➤ **souscription** **n. f.** ✦ Engagement d'acheter, en versant une partie de la somme, un ouvrage en cours de publication. *Ce dictionnaire en plusieurs volumes est vendu par souscription.*

sous-cutané, sous-cutanée **adj.** ✦ *Une piqûre sous-cutanée,* c'est une piqûre qui se fait sous la peau.
▷ Mot de la famille de CUTANÉ.

sous-développé, sous-développée **adj.** ✦ *Les pays sous-développés,* ce sont les pays qui sont pauvres parce que leur agriculture et leur industrie ne sont pas assez développées.
● On dit plutôt *les pays en voie de développement.*
▷ Mot de la famille de DÉVELOPPER.

sous-entendre **v.** (conjug. 41) ✦ Laisser deviner ce qu'on pense sans le dire franchement. *Je ne sais pas exactement ce qu'il sous-entend.*
➤ **sous-entendu** **n. m.** ✦ Chose que l'on laisse deviner sans la dire vraiment. → **allusion, insinuation.** *Des paroles pleines de sous-entendus.*
▷ Mots de la famille de ENTENDRE.

sous-estimer **v.** (conjug. 1) ✦ Estimer au-dessous de sa valeur, de son importance. ❏ contr. **surestimer.** *Paul a perdu le match de tennis car il avait sous-estimé son adversaire.*
▷ Mot de la famille de ESTIMER.

sous-main **n. m. inv.** **1.** Rectangle de cuir, buvard, sur lequel on s'appuie pour écrire. — Au pl. *Des sous-main.* **2.** *En sous-main,* en cachette, en secret. *Il a obtenu ces renseignements confidentiels en sous-main.*
▷ Mot de la famille de MAIN.

sous-marin **adj.** et **n. m.**, **sous-marine** **adj.**
■ **adj.** Situé sous la surface de la mer. *La flore sous-marine.*
■ **n. m.** Navire qui peut naviguer sous l'eau. → **submersible.** *Les sous-marins sont en plongée.* ➻ planche Bateaux p. 89.
▷ Mot de la famille de MARIN.

fond **sous-marin**

sous-officier **n. m.** ✦ Militaire au grade moins élevé que l'officier. *Le sergent et l'adjudant sont des sous-officiers.*
▷ Mot de la famille de OFFICIER.

sous-préfecture **n. f.** ✦ Ville où habite le sous-préfet et où sont installés ses bureaux. — Au pl. *Des sous-préfectures.*
▷ Mot de la famille de PRÉFECTURE.

sous-préfet **n. m.**, **sous-préfète** **n. f.** ✦ Fonctionnaire qui représente le gouvernement dans une partie du département, l'arrondissement. — Au pl. *Des sous-préfets.*
▷ Mot de la famille de PRÉFET.

sous-produit **n. m.** ✦ Produit obtenu au cours de la fabrication d'un premier produit. *Les matières plastiques et les textiles synthétiques sont des sous-produits du pétrole.*
▷ Mot de la famille de PRODUIRE.

soussigné, soussignée **adj.** ✦ Qui a signé plus bas. *Je, soussignée Françoise Dupond, déclare...*
● Ce mot s'emploie dans des formules officielles ou administratives pour certifier que l'on est bien la personne qui signe une déclaration.
▷ Mot de la famille de SIGNE.

sous-sol **n. m.** **1.** Partie du sol qui se trouve loin sous la surface. *Le sous-sol de ce pays est riche en charbon.* **2.** Partie d'une construction située au-dessous du niveau du sol. *Les parkings de l'immeuble sont au sous-sol.* — Au pl. *Des sous-sols.*
▷ Mot de la famille de ① SOL.

sous-titre **n. m.** **1.** Titre placé après le titre principal. *Le sous-titre d'un livre est imprimé en caractères plus petits.* **2.** Texte qui traduit les dialogues d'un film, au bas de l'image. *Le film est présenté en version originale avec des sous-titres,* il n'est pas doublé.
➤ **sous-titrer** **v.** (conjug. 1) ✦ Mettre des sous-titres au bas des images d'un film. *Des films étrangers sous-titrés en français.*
▷ Mots de la famille de TITRE.

soustraction **n. f.** ✦ Opération par laquelle on retranche un nombre d'un autre.
❑ contr. **addition.**

soustraire **v.** (conjug. 50) **1.** Retrancher par soustraction un nombre d'un autre. *Si on soustrait 10 de 15, il reste 5.* → **enlever, ôter.** ❑ contr. **additionner, ajouter.** **2.** *Se soustraire à,* chercher à échapper à. *Il ne se soustrait jamais à ses engagements.*

sous-verre **n. m.** ✦ Photo ou gravure placée entre une plaque de verre et un carton rigide. — Au pl. *Des sous-verres.*
▷ Mot de la famille de VERRE.

sous-vêtement **n. m.** ✦ Vêtement qui se porte sous les autres vêtements. *Les slips, les soutiens-gorge, les caleçons sont des sous-vêtements.*
▷ Mot de la famille de VÊTIR.

soutane **n. f.** ✦ Longue robe boutonnée devant, portée par les prêtres catholiques. *Le pape porte une soutane blanche.*
● Ce mot vient de l'italien.

soute **n. f.** ✦ Partie d'un navire ou d'un avion où l'on met les bagages et les marchandises.

soute

soutenir **v.** (conjug. 22) **1.** Servir de support, d'appui. → **porter,** ① **supporter.** *De grosses poutres soutiennent le toit.* **2.** Aider à se tenir debout. *L'infirmière soutient le malade pour lui faire faire quelques pas.* **3.** Réconforter, aider. *Dans son malheur, ses amis l'ont beaucoup soutenu.* **4.** Prendre le parti de quelqu'un. *Il soutient toujours sa sœur quand elle est attaquée.* **5.** Affirmer, prétendre. *Le témoin soutient avoir vu le suspect au moment du crime.* **6.** Faire durer sans faiblir. *Je suis fatigué, j'ai du mal à soutenir mon attention,* à la maintenir en éveil.
➤ **soutenu, soutenue** **adj.** **1.** Qui ne se relâche pas. *Il a fait des efforts soutenus.* → **constant.** **2.** D'un ton assez intense. *Un bleu soutenu.* → **foncé, vif.** ❑ contr. **clair, pâle.** **3.** Qui se maintient à un certain niveau. *La langue soutenue.* ❑ contr. **familier.**
▷ Mots de la famille de TENIR.

souterrain **adj.** et **n. m.**, **souterraine** **adj.**
■ **adj.** Situé au-dessous du niveau du sol. *Pour traverser l'avenue, empruntez le passage souterrain. Les taupes creusent des galeries souterraines.*
■ **n. m.** Tunnel, galerie sous la terre. *Les souterrains d'un château.*
▷ Mot de la famille de TERRE.

soutien **n. m.** ✦ Aide, appui. *Ses amis lui ont apporté tout leur soutien.*

▷ Mot de la famille de TENIR.

soutien-gorge **n. m.** ✦ Sous-vêtement de femme, qui couvre et maintient les seins. — Au pl. *Des soutiens-gorge* ou *des soutiens-gorges.*

▷ Mot de la famille de TENIR.

soutirer **v.** (conjug. 1) **1.** Transvaser doucement un liquide d'un récipient à un autre pour éliminer les dépôts. *Le vigneron soutire du vin d'un tonneau.* **2.** Obtenir grâce à la ruse ou à l'insistance. *Le commissaire a soutiré des renseignements au gardien.* → **arracher, extorquer.**

▷ Mot de la famille de TIRER.

se **souvenir** **v.** (conjug. 22) ✦ Avoir présent dans la mémoire, se rappeler. ❑ contr. **oublier.** *Je me souviendrai toujours de ce jour-là. Il ne se souvient pas d'avoir dit cela.*

➤ **souvenir** **n. m.** **1.** Mémoire. *Il a gardé le souvenir de cet événement.* **2.** Moment dont on se souvient. *Elle aime bien raconter à ses petits-enfants ses souvenirs de jeunesse.* **3.** Objet qui fait se souvenir d'une personne ou d'un endroit. *Il a rapporté de nombreux souvenirs de ses voyages.*

souvent **adv.** ✦ À intervalles assez rapprochés. → **fréquemment.** *Il pleut souvent en cette saison. Je ne le vois pas très souvent.* — *Le plus souvent,* généralement, habituellement. *Le plus souvent, il rentre tard.* ❑ contr. **jamais, rarement.**

souverain **n. m.** et **adj.**, **souveraine** **n. f.** et **adj.**

■ **n.** Chef d'un royaume ou d'un empire. → aussi **empereur, impératrice, monarque, reine, roi.**

■ **adj.** **1.** Qui a le pouvoir de décider. *Dans une démocratie, le peuple est souverain.* **2.** Efficace. *Ces pastilles sont souveraines contre la toux.* **3.** Extrême, total. *Il a un mépris souverain pour les autres.*

➤ **souverainement** **adv.** ✦ Extrêmement, très. *Il est souverainement méprisant.*

➤ **souveraineté** **n. f.** ✦ Pouvoir, autorité. *Dans une démocratie, le peuple exerce sa souveraineté en votant.*

soyeux, soyeuse **adj.** ✦ Doux et brillant comme de la soie. *Ce chat a une fourrure soyeuse.*

▷ Mot de la famille de SOIE.

spacieux, spacieuse **adj.** ✦ Grand, vaste. *Sa chambre est très spacieuse.* ❑ contr. **exigu.**

spaghetti **n. m.** ✦ *Les spaghettis,* ce sont des pâtes longues et fines. *Alex mange des spaghettis à la sauce tomate.*

● Le *g* est suivi d'un *h*. C'est un mot italien.

sparadrap [spaʀadʀa] **n. m.** ✦ Tissu collant utilisé pour faire des pansements.

● Ce mot se termine par un *p* qui ne se prononce pas.

spasme **n. m.** ✦ Contraction brusque et involontaire d'un muscle. → aussi **convulsion, crampe.** *La peur peut provoquer des spasmes de l'estomac.*

➤ **spasmodique** **adj.** ✦ Dû à des spasmes. *Elle fut prise de frissons spasmodiques.*

spatial, spatiale [spasjal] **adj.** ✦ Qui se rapporte à l'espace interplanétaire. *Les engins spatiaux,* qui voyagent dans l'espace. *Les cosmonautes ont effectué plusieurs voyages spatiaux,* à travers l'espace. → aussi **cosmique, interplanétaire.**

➤ **spationaute** [spasjonot] **n. m.** et **f.** ✦ Personne qui voyage dans l'espace. → **astronaute, cosmonaute.** *Les spationautes sont dans la navette spatiale.*

spatule **n. f.** ✦ Instrument formé d'un manche et d'une large lame. *Le vitrier applique du mastic avec une spatule. La spatule d'un ski,* c'est la partie recourbée à l'avant.

spatule

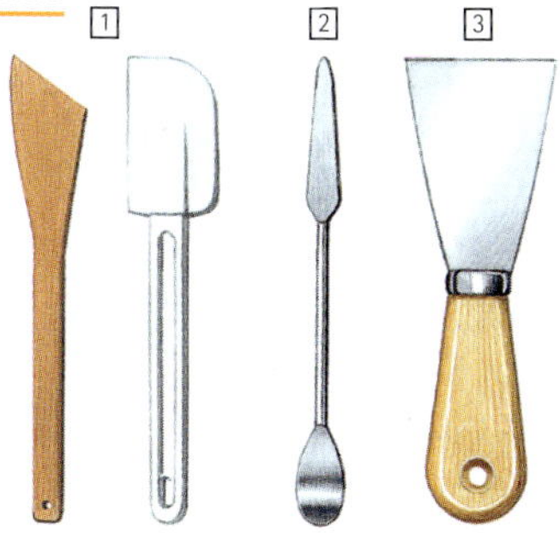

1 de cuisinier 2 de sculpteur 3 de vitrier

spécial, spéciale **adj.** **1.** Particulier. *Pour patiner, il faut des chaussures spéciales,* faites exprès pour cela. — Au masc. pl. *spéciaux.*

2. Qui constitue une exception. *Pour visiter le château, il faut une autorisation spéciale.* 3. Qui n'est pas commun, pas ordinaire. *Il est un peu spécial.* → **bizarre, étrange.**

➤ **spécialement** adv. 1. Exprès. *J'ai fait ce gâteau spécialement pour toi.* 2. En particulier, surtout. *Il aime les animaux, spécialement les chiens.*

➤ **spécialisé, spécialisée** adj. ✦ Qui a pour spécialité, qui s'est spécialisé dans un domaine. *Ce médecin est spécialisé dans les maladies cardiaques.*

➤ se **spécialiser** v. (conjug. 1) ✦ Acquérir des connaissances approfondies dans un domaine. *Elle s'est spécialisée en pédiatrie.*

➤ **spécialisation** n. f. ✦ Formation spéciale dans un domaine. *Pour faire ce métier, il faut plusieurs années de spécialisation.*

➤ **spécialiste** n. m. et f. 1. Personne qui connaît très bien un travail, un domaine particulier. → **expert.** *Un économiste est un spécialiste de l'économie.* 2. Médecin spécialisé dans une partie de la médecine. ❑ contr. **généraliste.** *Il est allé consulter un spécialiste de la gorge.*

➤ **spécialité** n. f. 1. Domaine que l'on connaît le mieux. *La spécialité de ce médecin est la chirurgie.* 2. Plat particulier à un pays, une région. *La paella est une spécialité espagnole.*

spécifier v. (conjug. 7) ✦ Indiquer de façon précise. → **préciser.** *Il n'a pas spécifié le jour de son départ.*

spécifique adj. ✦ Qui est particulier à. *L'éther a une odeur spécifique,* qui n'appartient qu'à lui.

spécimen [spesimɛn] n. m. ✦ Exemple qui représente bien les choses de la même espèce. → **échantillon.** *Voici quelques spécimens de champignons.*

spectacle n. m. 1. Ensemble des choses que l'on voit. → **tableau, vision.** *Après le passage du cyclone, l'île offrait un triste spectacle.* 2. Ce que l'on montre au public pour le distraire (films, pièces de théâtre, ballets, etc.). *Julie a vu un spectacle de marionnettes.*

spectaculaire adj. ✦ Qui impressionne, frappe, étonne celui qui regarde. *Cet exercice au trapèze volant est vraiment spectaculaire.* → **impressionnant.**

spectateur n. m., **spectatrice** n. f. 1. Témoin d'un événement. *Louise a été spectatrice de l'accident.* 2. Personne qui assiste à un spectacle, à une compétition sportive ou à une cérémonie. *Les spectateurs applaudissent à tout rompre.*

▷ Autre mot de la famille : TÉLÉSPECTATEUR.

① **spectre** n. m. ✦ Fantôme, revenant. *La légende dit que des spectres hantent la maison.*

② **spectre** n. m. ✦ Suite de couleurs provenant de la décomposition de la lumière du soleil. *L'arc-en-ciel montre les sept couleurs du spectre.*

spéculer v. (conjug. 1) ✦ Faire des opérations de commerce en jouant sur le fait que les prix montent et baissent. *Quand on spécule, on achète au moment où les prix sont bas et on revend quand ils remontent.*

➤ **spéculateur** n. m., **spéculatrice** n. f. ✦ Personne qui spécule.

➤ **spéculation** n. f. ✦ Opération commerciale fondée sur le fait que les prix montent et baissent. *Ce promoteur fait de la spéculation sur les terrains à bâtir.*

spéléologie n. f. ✦ Exploration des grottes, des gouffres et des rivières souterraines.

➤ **spéléologue** n. m. et f. ✦ Personne qui explore les grottes, les gouffres et les rivières souterraines. *Une équipe de spéléologues vient de passer un mois sous terre.*

spéléologue

sperme **n. m.** ✦ Liquide visqueux et blanchâtre produit par les testicules des hommes et des animaux mâles, qui sert à la reproduction.
➤ **spermatozoïde** **n. m.** ✦ Cellule reproductrice contenue dans le sperme. → aussi **ovule.**

sphère **n. f.** 1. Figure géométrique qui a la forme d'une boule. ➻ planche Géométrie p. 459. *La Terre a la forme d'une sphère aplatie aux deux pôles.* 2. Domaine, milieu. *C'est une personnalité très connue dans la sphère du cinéma.*
➤ **sphérique** **adj.** ✦ En forme de sphère. → **rond.** *Un ballon de football est sphérique.*
▷ Autres mots de la famille : ATMOSPHÈRE, ATMOSPHÉRIQUE, HÉMISPHÈRE, PLANISPHÈRE, STRATOSPHÈRE.

Sphinx [sfɛ̃ks] **n. m.** ✦ Monstre antique imaginaire, représenté en Grèce avec un corps de lion, des ailes et une tête de femme, et en Égypte avec un corps de lion et une tête d'homme, de bélier ou d'épervier.

Sphinx

spirale **n. f.** ✦ Ligne courbe qui tourne sur elle-même autour d'un axe. *Un ressort est un fil de métal enroulé en spirale. Un escalier en spirale.* → **colimaçon.** — *Un cahier à spirale,* dont les pages sont reliées par une spirale de métal.

spiritisme **n. m.** ✦ *Faire du spiritisme,* c'est essayer de communiquer avec les esprits des morts.

spirituel, spirituelle **adj.** 1. *La vie spirituelle,* c'est la vie de l'esprit, de l'âme. ❑ contr. **corporel,** ① **matériel,** ② **physique.** 2. *Une personne spirituelle,* c'est une personne drôle, qui a de l'esprit. *Il fait des plaisanteries très spirituelles,* pleines d'esprit.

spiritueux **n. m.** ✦ Boisson alcoolisée. *Il tient un commerce de vins et spiritueux.*

splendeur **n. f.** ✦ Chose très belle, splendide. *Cette bague est une splendeur.* → **merveille.**

splendide **adj.** ✦ Magnifique, superbe. ❑ contr. **horrible.** *Ils ont un appartement splendide.* → **somptueux.** *Quel temps splendide !*

spolier **v.** (conjug. 7) ✦ Priver brutalement quelqu'un de ce qui lui appartient par des moyens malhonnêtes. *Il a été spolié de son héritage par ses frères et sœurs.* → **déposséder.**

spongieux, spongieuse **adj.** ✦ Qui est mou et retient l'eau, comme une éponge. *Après la pluie, la terre était spongieuse.*

sponsor **n. m.** ✦ Personne ou entreprise qui donne de l'argent pour financer un projet dans le domaine du sport ou de la culture. → aussi **mécène.**
● Ce mot vient de l'anglais.
➤ **sponsoriser** **v.** (conjug. 1) ✦ Financer un projet dans le domaine du sport ou de la culture. → aussi **parrainer** et **patronner.** *Le match est sponsorisé par une célèbre compagnie d'assurances.*

spontané, spontanée **adj.** 1. Que l'on fait sans y être obligé. *Le coupable a fait des aveux spontanés.* 2. Qui agit avec naturel, sans calcul. *Julie est une enfant spontanée.*
➤ **spontanéité** **n. f.** ✦ Caractère d'une personne spontanée, naturelle et directe. *Léa est réservée, elle manque un peu de spontanéité.*
➤ **spontanément** **adv.** ✦ Avec spontanéité. *Le coupable s'est présenté spontanément à la police,* de lui-même.

sporadique **adj.** ✦ Qui se produit çà et là, à intervalles irréguliers. *Des mouvements de grève sporadiques ont perturbé le trafic aérien.* ❑ contr. **constant, fréquent.**

spore **n. f.** ✦ Cellule microscopique qui permet à certains végétaux de se reproduire. *Les spores des champignons, des algues.*

sport **n. m.** ✦ Exercice physique pratiqué régulièrement. *Alex pratique plusieurs sports : la natation, le football et le tennis. La boxe et le karaté sont des sports de combat. Les sports d'hiver,* les sports que l'on pratique sur la neige et la glace.

➤ **sportif, sportive** **adj.** 1. Relatif au sport. *Il a participé à une compétition sportive.* 2. Qui fait du sport. *Théo et Alex sont des garçons sportifs.* — **N.** *C'est un grand sportif.*
▷ Autre mot de la famille : OMNISPORTS.

spot [spɔt] **n. m.** 1. Petit projecteur. *La cuisine est éclairée par des spots.* 2. *Un spot publicitaire,* c'est un message publicitaire, à la radio ou à la télévision. *Le film est entrecoupé de spots publicitaires.*
● Ce mot vient de l'anglais.

spray [spʀɛ] **n. m.** ✦ Appareil qui projette du liquide en fines gouttelettes. → **atomiseur, pulvérisateur, vaporisateur.** *Elle utilise de l'eau de toilette en spray.*
● Ce mot vient de l'anglais.

sprint [spʀint] **n. m.** ✦ Moment où les coureurs vont le plus vite possible, à la fin d'une course.
● Ce mot vient de l'anglais.
➤ **sprinter** [spʀinte] **v.** (conjug. 1) ✦ Accélérer à la fin d'une course.

squale [skwal] **n. m.** ✦ Grand poisson marin au corps allongé. *Les requins sont des squales.*

square [skwaʀ] **n. m.** ✦ Petit jardin public au milieu d'une place. *Les enfants jouent dans le square.*

squash [skwaʃ] **n. m.** ✦ Sport pratiqué en salle, dans lequel deux joueurs se renvoient une balle en la frappant avec une raquette contre les murs.
● Ce mot vient de l'anglais.

squash

squatteur [skwatœʀ] **n. m., squatteuse** [skwatøz] **n. f.** ✦ Personne qui s'installe dans un logement vide, sans en avoir le droit. *Des squatteurs occupent l'immeuble qui doit être démoli bientôt.*
➤ **squatter** [skwate] **v.** (conjug. 1) ✦ Occuper un local vide sans en avoir le droit. *Des sans-abri squattent un appartement inoccupé.*
● Ces mots viennent de l'anglais *to squat* qui veut dire « se blottir ».

squelette **n. m.** ✦ Ensemble des os du corps. → **ossature.** *Le squelette de l'homme compte 208 os.*
➤ **squelettique** **adj.** ✦ Très maigre. *Ce chien abandonné est squelettique.* → **décharné.**

stable **adj.** 1. Qui ne change pas, est toujours dans le même état. *Le temps est stable, il fait beau depuis une semaine.* 2. Qui tient en équilibre. *Attention, cette échelle n'est pas très stable.* ❏ contr. **instable.**
➤ **stabiliser** **v.** (conjug. 1) ✦ Rendre stable. *Les prix ont été stabilisés,* ils ne changent plus.
➤ **stabilité** **n. f.** ✦ État de ce qui est stable, de ce qui ne bouge pas, ne change pas. *Vérifie la stabilité de l'échelle avant de monter dessus.* → **équilibre.**
▷ Autres mots de la famille : DÉSTABILISER, INSTABILITÉ, INSTABLE.

① **stade** **n. m.** ✦ Terrain de sport. *Les deux équipes de football s'affrontent sur le stade.*

② **stade** **n. m.** ✦ Moment, étape dans ce qui change, évolue. *Les différents stades d'une maladie.* → **étape, phase.** *La chenille passe par plusieurs stades avant de devenir papillon.*

stage **n. m.** ✦ Période pendant laquelle on se forme, on se prépare à une activité ou à un métier ou pendant laquelle on se perfectionne. *Paul a suivi un stage de voile, cet été.*
➤ **stagiaire** **n. m. et f.** ✦ Personne qui suit un stage.

stagner [stagne] **v.** (conjug. 1) 1. Ne pas couler. *Un peu d'eau sale stagne au fond du lavabo.* → **croupir.** 2. Ne pas changer, ne pas évoluer. *Il ne fait aucun progrès : il stagne dans sa médiocrité.*
➤ **stagnant** [stagnɑ̃], **stagnante** [stagnɑ̃t] **adj.** ✦ *Une eau stagnante,* c'est une eau qui ne coule pas. *Les eaux des marais sont des eaux stagnantes.* → **dormant.**
➤ **stagnation** [stagnasjɔ̃] **n. f.** ✦ Immobilité, arrêt. *Le gouvernement s'inquiète de la stagnation de la production.*

stalactite n. f. ✦ Colonne de calcaire qui se forme à partir du plafond d'une grotte. → aussi **stalagmite.**

stalagmite

stalagmite n. f. ✦ Colonne de calcaire qui se forme à partir du sol d'une grotte. → aussi **stalactite.**

stalle n. f. 1. Siège de bois, à haut dossier, dans le chœur d'une église. 2. Compartiment réservé à un cheval, dans une écurie. → **box.** *Le palefrenier a ramené le cheval dans sa stalle.*
● Ce mot s'écrit avec deux *l.*

stand [stɑ̃d] n. m. 1. *Un stand de tir,* c'est un endroit aménagé pour tirer sur des cibles. *Les stands de tir d'une fête foraine.* 2. Endroit réservé à un commerçant, dans une foire, une exposition, un salon, une fête. 3. Sur un circuit automobile, endroit où les voitures peuvent s'arrêter pendant la course. *La voiture n° 20 s'est arrêtée à son stand pour changer de pneus.*
● Ce mot vient de l'anglais.

① **standard** adj. inv. ✦ Qui appartient au modèle courant. *Il a toujours eu des voitures standard, jamais de voitures de luxe.*
➤ **standardiser** v. (conjug. 1) ✦ Rendre standard. *L'usine a standardisé sa production.*
➤ **standardisation** n. f. ✦ Le fait de rendre standard. → **standardiser.** *La standardisation permet de trouver plus facilement des pièces détachées.*

② **standard** n. m. ✦ Appareil qui permet de faire communiquer les postes téléphoniques d'une administration, d'une entreprise, avec l'extérieur. *Il faut passer par le standard pour appeler l'extérieur.*
➤ **standardiste** n. m. et f. ✦ Personne dont le métier est de répondre au téléphone et de passer les communications. « *Veuillez patienter* », *demande la standardiste.*

standing [stɑ̃diŋ] n. m. ✦ Niveau de vie. *Ils ont un standing élevé. Un immeuble de grand standing,* de luxe.
● Ce mot vient de l'anglais.

star n. f. ✦ Vedette de cinéma. → **étoile.** *Ce jeune acteur est devenu une star internationale.*
● C'est un mot anglais qui veut dire « étoile ».

starter [staʀtɛʀ] n. m. ✦ Dispositif qui aide le moteur d'une voiture à démarrer. *Certaines voitures ont un starter automatique.*
● Ce mot vient de l'anglais *to start* qui veut dire « démarrer ».
➤ **starting-block** [staʀtiŋblɔk] n. m. ✦ Appareil muni de cales sur lesquelles un coureur pose les pieds, au départ. *Les coureurs sont sur les starting-blocks.*
● C'est un mot anglais qui veut dire « bloc de départ ».
➤ **start-up** [staʀtœp] n. f. inv. ✦ Jeune entreprise spécialisée dans les nouvelles technologies de l'information et de la communication. — Au pl. *Des start-up.*
● C'est un mot anglais ; on peut dire *jeune pousse.*

station n. f. 1. Le fait de rester dans une certaine position. *La station debout lui est pénible.* → **position.** 2. Endroit réservé à l'arrêt de certains véhicules. *Une station de taxis. Une station d'autobus.* → **arrêt.** 3. Lieu où l'on séjourne dans un but précis. *Ils vont faire du ski dans une station de sports d'hiver des Alpes. Biarritz est une station balnéaire,* une ville touristique au bord de la mer. 4. *Une station météorologique,* c'est un endroit aménagé pour faire des observations scientifiques sur le temps. 5. *Une station de radio ou de télévision,* c'est l'ensemble des installations de l'émetteur.
➤ **stationnaire** adj. ✦ Qui n'évolue pas. *Le malade est dans un état stationnaire.* → **stable.**
➤ **stationner** v. (conjug. 1) ✦ Rester à la même place, sur la voie publique. *Des voitures stationnent des deux côtés de la rue.* — *On ne peut pas stationner ici,* y garer sa voiture.
➤ **stationnement** n. m. ✦ Le fait de stationner, de garer sa voiture. *Le stationnement est interdit sur la place.*

sténographie

➤ **station-service** n. f. ✦ Endroit où l'on vend de l'essence. *Cette station-service est ouverte 24 heures sur 24.* — Au pl. *Des stations-service.* ▷ Mot de la famille de SERVIR.

statique adj. ✦ Qui bouge peu. *Cet acteur est trop statique, sur scène.*

statistiques n. f. pl. ✦ *Les statistiques,* ce sont des chiffres qui permettent de comparer ou d'expliquer certaines choses dans un domaine particulier. *On peut faire des statistiques sur les prix, le chômage, les naissances, les décès, etc.*

statue n. f. ✦ Sculpture qui représente une personne ou un animal en entier. *Une statue équestre représente un personnage à cheval.*
❍ homonyme : statut.

➤ **statuette** n. f. ✦ Petite statue. *Une statuette d'ivoire est posée sur la cheminée.*

statuer v. (conjug. 1) ✦ Prendre une décision officielle. *Le tribunal a statué sur le cas de l'accusé.*
● C'est un mot du vocabulaire du droit ou de l'administration.

statu quo [statykwo] n. m. inv. ✦ État actuel des choses. *Comme personne n'était d'accord, on a maintenu le statu quo.* — Au pl. *Des statu quo.*
● Cette expression vient du latin.

stature n. f. ✦ Taille et allure générale. *Il a une stature d'athlète.*

statut n. m. **1.** Situation d'une personne dans la société, dans un groupe, définie par des règles. *Les professeurs des écoles ont le statut de fonctionnaire.* **2.** *Les statuts d'une association,* ce sont les règles qui lui permettent de fonctionner. ❍ homonyme : statue.
● Ce mot se termine par un *t* qui ne se prononce pas.

steak [stɛk] n. m. ✦ Morceau de bœuf que l'on fait griller. → **bifteck.** *Il a mangé un steak avec des frites.* — Au pl. *Des steaks.*
● Ce mot vient de l'anglais.

stèle n. f. ✦ Pierre qui porte des inscriptions. *Une stèle funéraire.*

sténo n. f. ✦ Sténographie. *La secrétaire a pris une lettre en sténo.*
● C'est l'abréviation de *sténographie.*

sténodactylo n. m. et f. ✦ Personne qui connaît la sténo et sait taper sur un clavier de machine à écrire ou d'ordinateur. *Des sténodactylos.*
▷ Mot de la famille de DACTYLO.

sténographie n. f. ✦ Écriture simplifiée qui permet de noter les paroles aussi vite qu'elles sont prononcées. → **sténo.**

➤ **sténographier** v. (conjug. 7) ✦ Noter en sténo. *La secrétaire a sténographié les lettres que lui a dictées son patron.*

steppe n. f. ✦ Grande plaine au climat sec et à la végétation très pauvre. *Les Huns venaient des steppes de l'Asie centrale.*
● Ce mot vient du russe.

steppe

stère n. m. ✦ Unité de mesure de volume valant un mètre cube. *Ils ont commandé trois stères de bois.*

stéréo **n. f.** et **adj. inv.**

■ **n. f.** Stéréophonie. *Ce concert est diffusé en stéréo.*

■ **adj. inv.** Stéréophonique. *Ils ont deux chaînes stéréo.*

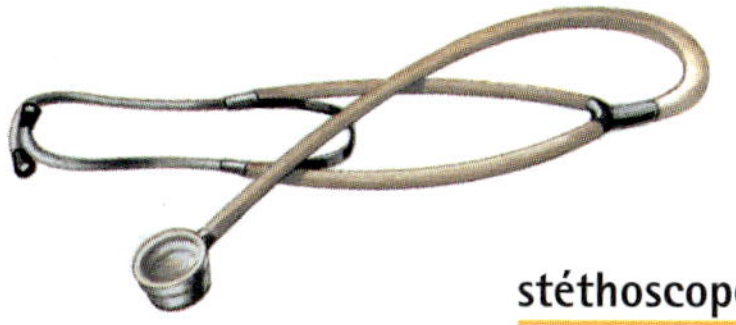

stéthoscope

stéréophonie **n. f.** ✦ Façon d'enregistrer et de reproduire les sons qui donne l'impression qu'ils viennent de plusieurs endroits. → **stéréo.**

➤ **stéréophonique** **adj.** ✦ Qui utilise le principe de la stéréophonie. → **stéréo.**

stéréotype **n. m.** ✦ Idée toute faite. → **cliché.** *Son discours était rempli de stéréotypes.*

➤ **stéréotypé, stéréotypée** **adj.** ✦ *Une formule stéréotypée,* c'est une formule toute faite.

▷ Mots de la famille de TYPE.

stérile **adj.** 1. Qui ne peut pas se reproduire. *Le mulet est un animal stérile.* ❑ contr. **fécond.** 2. *Une terre stérile,* c'est une terre que l'on ne peut pas cultiver, où rien ne pousse. ❑ contr. **fertile, riche.** 3. Qui n'aboutit à rien. *Tous ses efforts sont demeurés stériles.* → **inutile, vain.** 4. Sans microbe. *Il a mis un pansement stérile sur sa plaie.*

➤ **stériliser** **v.** (conjug. 1) 1. Rendre stérile. *Ils ont fait stériliser leur chatte.* 2. Enlever les microbes. → **désinfecter.** *On stérilise toujours les instruments dont se sert le chirurgien pour opérer. — Le lait stérilisé peut se conserver longtemps.* → aussi **pasteurisé.**

➤ **stérilisation** **n. f.** ✦ Opération qui consiste à supprimer les microbes. *On pratique la stérilisation du lait en le faisant bouillir,* on le stérilise.

➤ **stérilité** **n. f.** 1. Incapacité de se reproduire, d'avoir des enfants. *Elle a suivi un traitement contre la stérilité.* ❑ contr. **fécondité.** 2. État d'un sol qui ne produit pas de végétaux. *Les paysans se plaignent de la stérilité du sol.* ❑ contr. **fertilité.**

sternum [stɛʀnɔm] **n. m.** ✦ Os plat au milieu de la poitrine. ➻ planche Corps humain p. 219. *Sept paires de côtes sont attachées au sternum.* — Au pl. *Des sternums.*

stéthoscope **n. m.** ✦ Appareil qui permet d'écouter les bruits de l'intérieur du corps. *Le médecin ausculte le malade avec son stéthoscope.*

● Il y a un *h* après le deuxième *t.*

steward [stjuwaʀd] ou [stiwaʀt] **n. m.** ✦ Homme qui sert les boissons et les repas aux passagers d'un avion ou d'un bateau. *Les stewards et les hôtesses de l'air nous ont accueillis à bord de l'avion.*

● C'est un mot anglais qui veut dire « majordome ».

stick **n. m.** ✦ Produit présenté sous forme de bâtonnet. *Des sticks de colle.*

● Ce mot vient de l'anglais.

stimuler **v.** (conjug. 1) ✦ Encourager. *Les compliments du professeur stimulent Léa.* ❑ contr. **décourager.**

➤ **stimulant** **adj.** et **n. m.**, **stimulante** **adj.**

■ **adj.** Encourageant. *Les bonnes notes sont stimulantes.*

■ **n. m.** Produit qui excite ou augmente l'activité. *Le café et le thé sont des stimulants.* → **excitant.**

stipuler **v.** (conjug. 1) ✦ Faire savoir, dire avec précision. *L'annonce stipule que le candidat doit parler l'allemand.* → **préciser, spécifier.**

● Ce mot appartient à la langue de l'administration.

stock **n. m.** ✦ Marchandise en réserve. *Les stocks se trouvent dans un entrepôt.*

● Ce mot vient de l'anglais.

➤ **stocker** **v.** (conjug. 1) ✦ Garder en stock, en réserve. → **entreposer.** *Les conserves sont stockées dans un placard de la cuisine.*

stoïque **adj.** ✦ Courageux et impassible. *Il resta stoïque sous les insultes.*

● Attention au tréma du *ï.*

stop **interj.** et **n. m.**

■ **interj.** Cri qui ordonne de s'arrêter. *Stop ! N'allez pas plus loin,* arrêtez-vous. → **halte.**

■ **n. m.** 1. Panneau du code de la route qui oblige à s'arrêter. *Les voitures doivent respecter les stops.* 2. Familier. Auto-stop. *Ils ont traversé la France en faisant du stop.*

● Ce mot vient de l'anglais.

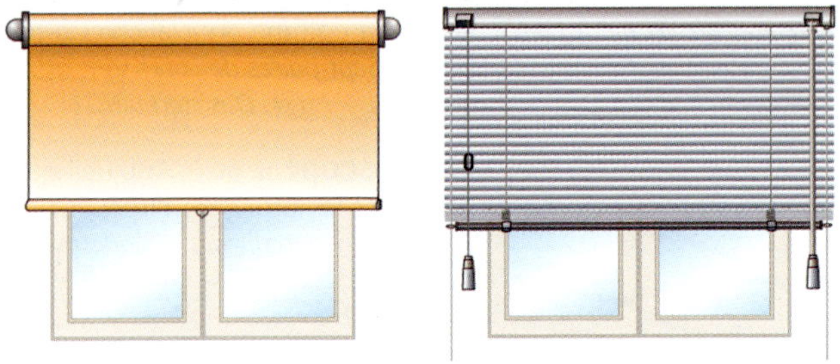

store

➤ **stopper** v. (conjug. 1) ✦ S'arrêter. *Les manifestants ont fait stopper le train.*

▷ Autres mots de la famille : AUTO-STOP, AUTO-STOPPEUR.

store n. m. ✦ Rideau fait de tissu épais, ou de lattes de métal, de bois ou de plastique, que l'on déroule devant une fenêtre. *Théo baisse le store de sa chambre pour se protéger du soleil.*

strabisme n. m. ✦ Défaut de la vision qui fait loucher. *Alex a un léger strabisme,* il louche légèrement.

strangulation n. f. ✦ Étranglement. *Vercingétorix est mort par strangulation.*

strapontin n. m. ✦ Petit siège attaché à un endroit fixe, qui se replie quand on ne l'utilise pas. *Les strapontins du métro.*

stratagème n. m. ✦ Moyen habile. → **ruse.** *Paul a trouvé un stratagème pour ne pas être interrogé quand il n'a pas appris ses leçons.* → **subterfuge.**

strate n. f. ✦ Couche de terrain dans le sol. *La coupe du sous-sol montre bien les strates qui se superposent.* → aussi **stratifié.**

▷ Autres mots de la famille : STRATIFIÉ, STRATOSPHÈRE.

stratège n. m. 1. Général qui conduit de vastes opérations militaires. *Napoléon était un grand stratège.* 2. Personne habile à élaborer des plans, à mener une action. *Les stratèges politiques.*

➤ **stratégie** n. f. 1. Manière d'organiser une guerre, une bataille. *Le général explique à ses officiers sa stratégie pour la prochaine bataille.* → aussi **tactique.** 2. Plan d'action. *Le chef du marketing a exposé sa stratégie commerciale.*

➤ **stratégique** adj. 1. Qui représente un intérêt militaire. 2. Qui a une importance déterminante. *Il a été nommé à un poste stratégique. Un port est un lieu stratégique.*

stratifié, stratifiée adj. ✦ Disposé en couches superposées, en strates. *La falaise est formée de roches stratifiées.*

▷ Mot de la famille de STRATE.

stratosphère n. f. ✦ Couche supérieure de l'atmosphère, située entre 12 et 50 kilomètres de la surface de la Terre.

▷ Mot de la famille de STRATE et de SPHÈRE.

stress n. m. ✦ Angoisse, anxiété. *La précipitation du départ provoque souvent le stress.*

● Ce mot vient de l'anglais.

➤ **stressé, stressée** adj. ✦ Qui éprouve du stress, de l'anxiété. *Elle est constamment stressée.*

strict [stʀikt], **stricte** [stʀikt] adj. 1. Qui doit être absolument respecté. *Les ordres sont stricts. — C'est la stricte vérité,* la vérité telle qu'elle est. → **pur.** 2. Qui ne tolère aucune négligence. *C'est un homme très strict.* → **sévère.** 3. Qui constitue un minimum. *N'emportez que le strict nécessaire.*

➤ **strictement** adv. ✦ D'une manière stricte, rigoureuse. *Il est strictement interdit de fumer.* → **absolument, rigoureusement.**

strident, stridente adj. ✦ *Un bruit strident,* c'est un bruit très aigu et très fort. *Les enfants poussaient des cris stridents.*

strie n. f. ✦ Petite rayure. *Ce coquillage est marqué de stries.*

➤ **strié, striée** adj. ✦ Marqué de stries. *Une coquille striée.*

strip-tease [stʀiptiz] **n. m.** ✦ Spectacle au cours duquel une personne se déshabille en musique. *Le numéro de strip-tease d'un cabaret.* — Au pl. *Des strip-teases.*
● Ce mot vient de l'anglais.

strophe n. f. ✦ Ensemble de plusieurs vers séparés des autres, dans un poème. *Un sonnet est formé de quatre strophes.*

structure n. f. ✦ Manière dont les parties d'une chose sont assemblées, organisées. *Les géologues étudient la structure de la Terre.*

stuc n. m. ✦ Matière qui imite le marbre. *La cheminée du salon est en stuc.*

studieux, studieuse adj. ✦ Qui travaille avec application, aime étudier. *Léa est une élève studieuse.*

studio n. m. 1. Appartement formé d'une seule pièce. **2.** Endroit aménagé pour tourner des films ou faire des enregistrements. *Cette scène du film a été tournée en studio. Un studio de télévision.*

stupéfaction n. f. ✦ Étonnement qui rend incapable d'agir. → **stupeur.** *L'incident plongea tout le monde dans la plus profonde stupéfaction.*

stupéfait, stupéfaite adj. ✦ Étonné au point de ne plus pouvoir réagir. *Elle est restée stupéfaite de ce qu'il lui a dit.* → **abasourdi, interdit.**
▷ Mot de la famille de FAIRE.

stupéfier v. (conjug. 7) ✦ Étonner de manière à laisser sans réaction. → **sidérer.** *Ce qu'il a réussi à faire me stupéfie.*

➤ **stupéfiant, stupéfiante adj.** et **n. m.**
■ **adj.** Très étonnant. *Cette nouvelle est stupéfiante.* → **sidérant,** fam. **époustouflant.**
■ **n. m.** Drogue. *Le trafic de stupéfiants est sévèrement puni par la loi.*

stupeur n. f. ✦ Étonnement profond qui laisse sans réaction. → **stupéfaction.** *Elle est restée muette de stupeur.*

stupide adj. ✦ Idiot, sans intelligence. ❑ contr. **intelligent.** *Ce film est stupide.* → ⓘ **bête, inepte.**

➤ **stupidement adv.** ✦ De manière stupide. *Il s'est conduit stupidement.* → **sottement.**

➤ **stupidité n. f. 1.** Bêtise. *Il est d'une grande stupidité.* ❑ contr. **intelligence. 2.** Chose stupide. *Julie regarde des stupidités à la télévision.*

style n. m. 1. Manière d'écrire. *Ce romancier a un style très particulier.* **2.** Ensemble des caractères d'une œuvre d'art qui la fait ressembler à d'autres du même genre ou de la même époque. *L'architecture de style roman est plus sobre que celle de style gothique.* **3.** Façon de se comporter. *C'est bien dans le style de Julie d'être aussi étourdie.* **4.** Élégance dans les mouvements. *Ce nageur a un très beau style.*
● Ce mot s'écrit avec un *y*.

➤ **stylé, stylée adj.** ✦ *Un personnel stylé,* qui sert la clientèle de manière impeccable.

➤ **stylisé, stylisée adj.** ✦ Représenté avec des formes simplifiées. *Ce tissu est orné de fleurs stylisées.*

➤ **styliste n. m.** et **f.** ✦ Personne qui crée des modèles pour l'habillement et l'ameublement. *Elle est styliste dans une maison de prêt-à-porter.*

fleurs **stylisées**

stylet n. m. ✦ Poignard à lame mince et pointue.
● Ce mot s'écrit avec un *y*.

stylo n. m. ✦ Objet servant à écrire avec de l'encre. *Un stylo à encre écrit avec une plume et un stylo à bille avec une petite bille de métal.* — Au pl. *Des stylos.*
● Ce mot s'écrit avec un *y*.

suaire n. m. ✦ Morceau de tissu dans lequel on enveloppe un mort. → **linceul.**
● Ce mot est littéraire.

suave **adj.** ✦ Doux et agréable. *Ces fleurs ont un parfum suave.*

subalterne **adj.** ✦ Inférieur, peu important. *Il occupe un emploi subalterne dans une usine.* — **N.** *Il est odieux avec ses subalternes,* ceux qui sont sous ses ordres. → **subordonné.**

subdiviser **v.** (conjug. 1) ✦ Diviser la partie d'une chose qui a déjà été divisée. *Le livre est divisé en chapitres qui sont eux-mêmes subdivisés en paragraphes.*

➤ **subdivision** **n. f.** ✦ Partie d'une chose divisée. *Les paragraphes sont des subdivisions à l'intérieur des chapitres,* des divisions plus petites que les chapitres.

▷ Mots de la famille de DIVISER.

subir **v.** (conjug. 2) ✦ Supporter quelque chose parce qu'on y est obligé. *Notre équipe a subi une défaite. Il vient de subir une opération,* il vient d'être opéré.

subit, subite **adj.** ✦ Qui se produit brusquement. → **soudain.** *Une vague de froid subite s'est abattue sur le pays.*

➤ **subitement** **adv.** ✦ Sans que l'on ne s'y attende. → **brusquement.** *Il est mort subitement.*

subjectif, subjective **adj.** ✦ Particulier à une personne. *Les goûts sont subjectifs.* → **personnel.** *C'est une opinion subjective, qui n'engage que toi.* ❏ contr. ③ **objectif.**

subjonctif **n. m.** ✦ Mode du verbe que l'on trouve surtout dans les propositions subordonnées. *Dans la phrase « il faut que je parte », le verbe « partir » est au subjonctif.*

subjuguer **v.** (conjug. 1) ✦ Séduire vivement. → **charmer, envoûter, fasciner.** *Le conférencier a subjugué son auditoire.* → **conquérir.**

sublime **adj.** ✦ Très beau, admirable. *Cette musique est sublime.*

submerger **v.** (conjug. 3) **1.** Inonder. *Les prés ont été submergés par le fleuve.* **2.** *Être submergé de travail,* avoir trop de travail, être débordé.

submersible **n. m.** ✦ Sous-marin.

▷ Autre mot de la famille : INSUBMERSIBLE.

subodorer **v.** (conjug. 1) ✦ Deviner quelque chose qui n'est pas clair. *Le commissaire subodore quelque chose de louche dans ce vol.* → **flairer, pressentir.**

subordination **n. f.** ✦ *Une conjonction de subordination,* c'est une conjonction qui relie une proposition subordonnée à la principale. *« Quand » et « si » sont des conjonctions de subordination.*

subordonner **v.** (conjug. 1) **1.** Placer sous l'autorité de quelqu'un. *Elle est subordonnée à son chef de service,* elle est sous ses ordres. **2.** *Être subordonné à quelque chose,* en dépendre. *Notre excursion est subordonnée au temps qu'il fera.*

➤ **subordonné** **adj. et n. m.**, **subordonnée** **adj. et n. f.**

■ **adj.** *Une proposition subordonnée,* c'est une proposition qui dépend de la proposition principale. *Dans la phrase « je crois qu'il dort », « qu'il dort » est la proposition subordonnée.*

■ **n.** Personne qui travaille sous les ordres d'une autre. *Il est très dur avec ses subordonnés.* → **subalterne.** ❏ contr. **supérieur.**

▷ Mots de la famille de ① ORDONNER.

subrepticement **adv.** ✦ Par surprise, sans se faire remarquer. *Le chat est entré dans la maison subrepticement.* → **furtivement.**

subsides [sybzid] **n. m. pl.** ✦ Argent versé pour aider. *L'association reçoit des subsides de la commune.* → **subvention.**

subsidiaire **adj.** ✦ *Une question subsidiaire,* c'est une question supplémentaire qui sert à départager les gagnants d'un concours. *Il n'a pas répondu à la question subsidiaire.*

route **submergée**

subsister **v.** (conjug. 1) **1.** Continuer d'exister malgré tout. *Il subsiste peu de choses de l'ancien château.* → **rester.** **2.** Survivre. *Il a du mal à subsister avec sa maigre pension.*

➤ **subsistance** **n. f.** ✦ Ce qui permet de vivre, de se nourrir. *Quels sont vos moyens de subsistance ?*

substance **n. f.** **1.** Matière. → **corps.** *L'or est une substance précieuse.* **2.** *En substance,* en résumé, en gros. *C'est, en substance, ce qu'il a dit.*

➤ **substantiel, substantielle** **adj.** **1.** Nourrissant. *Alex a pris un petit déjeuner substantiel avant de partir pour l'école.* → **copieux.** **2.** Important. *Il a eu une augmentation de salaire substantielle.*

substantif **n. m.** ✦ Nom. *« Table » et « bol » sont des substantifs.*

substituer **v.** (conjug. 1) **1.** Mettre une chose à la place d'une autre. *À la cantine, Paul s'est amusé à substituer le sel au sucre.* **2.** *Se substituer à,* prendre la place de. *Le premier adjoint se substitue au maire quand il est absent.* → **remplacer.**

➤ **substitution** **n. f.** ✦ Remplacement. *Il a été condamné pour substitution de documents,* pour avoir mis un document à la place d'un autre.

subterfuge **n. m.** ✦ Moyen habile utilisé pour échapper à quelque chose. → **stratagème.** *Alex a trouvé un subterfuge pour ne pas faire la vaisselle.*

subtil, subtile [sybtil] **adj.** **1.** Fin et intelligent. *C'est une femme subtile.* → **perspicace.** **2.** Difficile à percevoir. *Entre ces deux nuances, la différence est subtile.*

➤ **subtilité** **n. f.** ✦ Caractère d'une personne subtile. *Il fait des remarques d'une grande subtilité.*

subtiliser **v.** (conjug. 1) ✦ Voler adroitement sans que cela ne se voie. *On lui a subtilisé son portefeuille dans le métro.*

subvenir **v.** (conjug. 22) ✦ *Subvenir à,* fournir ce qui est nécessaire à. *Elle subvient seule aux besoins de ses enfants,* elle seule leur fournit de quoi vivre. → **pourvoir.**

▷ Mot de la famille de VENIR.

subvention **n. f.** ✦ Argent donné par l'État ou par une association pour aider. → **subsides.** *L'école perçoit une subvention de la commune.*

➤ **subventionner** **v.** (conjug. 1) ✦ Accorder une subvention. *Le ministère de la Culture subventionne certains théâtres.*

suc **n. m.** **1.** Liquide qui est à l'intérieur des plantes. *Les abeilles aspirent le suc des fleurs.* **2.** *Le suc gastrique,* c'est le liquide fabriqué par l'estomac, qui sert à la digestion.

▷ Autre mot de la famille : SUCCULENT.

succédané [syksedane] **n. m.** ✦ Produit qui en remplace un autre. → **ersatz.** *Ce pâté est un succédané de foie gras.*

succéder **v.** (conjug. 6) ✦ Venir après, se produire après. *Un jour, il succédera à son père à la tête de l'entreprise familiale,* il prendra la succession de son père. ❏ contr. **précéder.** — *se succéder,* venir les uns après les autres. *Les députés se sont succédé à la tribune.*

● Le participe passé reste invariable.

succès **n. m.** **1.** Résultat heureux. → **réussite.** *Il a passé son permis de conduire avec succès.* ❏ contr. **échec.** **2.** *Avoir du succès,* c'est plaire. *Ce film a eu beaucoup de succès.*

▷ Autre mot de la famille : INSUCCÈS.

successeur **n. m.** ✦ Personne qui succède à quelqu'un. → aussi **succession.** *Elle est le successeur de son père à la tête de l'usine.* ❏ contr. **prédécesseur.**

● Ce mot n'a pas de féminin.

successif, successive **adj.** ✦ *Des choses successives,* ce sont des choses qui se suivent, qui se succèdent. *Il est découragé par ses échecs successifs.*

➤ **successivement** **adv.** ✦ L'un après l'autre. *On a entendu successivement plusieurs détonations.*

succession **n. f.** **1.** Suite, série. *Elle a été retardée par une succession de contretemps.* **2.** Transmission des biens, appartenant à une personne qui vient de mourir, à ses héritiers. *Les héritiers doivent payer à l'État des droits de succession.* **3.** *Prendre la succession de quelqu'un,* c'est lui succéder. *Elle a pris la succession de son père.* → aussi **successeur.**

succinct [syksɛ̃], **succincte** [syksɛ̃t] **adj.** ✦ Dit ou écrit en peu de mots. → **bref, sommaire.** *Il nous a fait un exposé succinct de la situation.* ❏ contr. **long.**

● Il y a un *c* qui ne se prononce pas avant le *t*.

➤ **succinctement** [syksɛ̃tmɑ̃] **adv.** ✦ De façon succincte, brève. *Il nous a décrit succinctement la situation.* → **brièvement, sommairement.** ❏ contr. **longuement.**

● Le *c* qui est devant le *t* ne se prononce pas.

succion [sysjɔ̃] **n. f.** ✦ Action de sucer, d'aspirer. *Le bébé fait un bruit de succion en tétant.*
▷ Mot de la famille de SUCER.

succomber **v.** (conjug. 1) **1.** Mourir. *Le soldat a succombé à ses blessures.* **2.** Ne pas résister. *Il a succombé à la tentation.* → **céder.**
● Ce mot s'écrit avec deux *c*.

succulent, succulente **adj.** ✦ D'un goût délicieux. → **excellent, savoureux.** *Cette tarte est succulente.*
● Ce mot s'écrit avec deux *c*.
▷ Mot de la famille de SUC.

succursale **n. f.** ✦ Établissement, magasin qui dépend d'un autre. *Cette chaîne de magasins a des succursales dans de nombreuses villes.*
● Ce mot s'écrit avec deux *c*.

sucer **v.** (conjug. 3) **1.** Faire fondre dans la bouche. *Théo suce un caramel.* **2.** *Sucer son pouce,* c'est le mettre dans la bouche et le téter. *Léa suce encore son pouce.*
➤ **sucette** **n. f.** ✦ Bonbon à sucer fixé au bout d'un bâton.
▷ Autre mot de la famille : SUCCION.

sucette

sucre **n. m.** **1.** Matière blanche, à saveur très douce, provenant de la *betterave à sucre* ou de la *canne à sucre,* qui fond dans l'eau et que l'on utilise dans les desserts, les gâteaux et les bonbons. *Elle a mis du sucre en poudre dans son yaourt.* **2.** Morceau de sucre. *Il met deux sucres dans son café.*
➤ **sucrer** **v.** (conjug. 1) ✦ Mettre du sucre. *Elle ne sucre jamais son thé.*
➤ **sucré, sucrée** **adj.** ✦ Qui contient du sucre, a le goût du sucre. *Cette confiture est trop sucrée.*
➤ **sucrerie** **n. f.** **1.** Usine où l'on fabrique le sucre. **2.** Friandise à base de sucre. *Paul aime les sucreries.*
➤ **sucrier** **adj.** et **n. m.**, **sucrière** **adj.**
■ **adj.** *Les betteraves sucrières,* ce sont les betteraves qui fournissent du sucre.
■ **n. m.** Récipient où l'on met le sucre.

sud **n. m.** et **adj. inv.**
■ **n. m.** **1.** L'un des quatre points cardinaux, opposé au nord. *La maison est exposée au sud.* → **midi.** **2.** *Le Sud,* c'est la partie sud d'un pays, d'un continent. *Nice est une ville du Sud de la France.* → **midi.** *Le Pérou est en Amérique du Sud.*
■ **adj. inv.** Qui se trouve au sud. *L'Argentine est dans l'hémisphère sud.* → **austral.**

sudoripare **adj.** ✦ *Les glandes sudoripares,* qui sécrètent la sueur.

suer **v.** (conjug. 1) ✦ Être en sueur. → **transpirer.** *Sous l'effort, il suait à grosses gouttes.*
➤ **sueur** **n. f.** ✦ Liquide qui sort de la peau lorsque l'on a très chaud, que l'on a fait un effort physique ou que l'on a peur. *Alex a tellement couru qu'il est en sueur,* en nage. *Sa chemise est trempée de sueur.* → **transpiration.**

suffire **v.** (conjug. 37) **1.** Être en assez grande quantité, assez important. *Son salaire suffit à faire vivre sa famille. Une journée suffira pour terminer ce travail.* – *Cela suffit,* en voilà assez. *Alex et Paul, arrêtez de vous battre, cela suffit !* **2.** *Il suffit de,* il n'y a qu'à. *Pour faire démarrer la machine, il suffit d'appuyer sur ce bouton.*
➤ **suffisant, suffisante** **adj.** **1.** Qui est assez, qui suffit. *Elle n'a pas la somme suffisante pour faire ce voyage.* **2.** Qui a une trop haute idée de lui-même. *Il n'aime pas les gens suffisants.* → **prétentieux, vaniteux.**
➤ **suffisamment** **adv.** ✦ Assez. *Alex ne travaille pas suffisamment.*
▷ Autres mots de la famille : INSUFFISAMMENT, INSUFFISANCE, INSUFFISANT.

suffixe **n. m.** ✦ Élément qui se place après un radical, à la fin d'un mot, pour former un dérivé. *« -able » est le suffixe du mot « aimable ».* → aussi **préfixe.**

suffoquer **v.** (conjug. 1) **1.** Avoir du mal à respirer. → **étouffer.** *On suffoque dans cette pièce, ouvrez la fenêtre !* **2.** Couper le souffle de surprise. *Son insolence nous a tous suffoqués.*
➤ **suffocant, suffocante** **adj.** ✦ Qui empêche de respirer. *Il fait une chaleur suffocante.* → **étouffant.**

suffrage **n. m.** **1.** *Le suffrage universel,* c'est un système de vote dans lequel tous les citoyens majeurs peuvent voter. *En France, le*

président de la République est élu au suffrage universel. **2.** *Un suffrage,* c'est une voix dans une élection. *Le candidat le mieux placé a obtenu 40 % des suffrages.* **3.** Opinion favorable. *L'idée a rallié tous les suffrages,* elle a plu à tout le monde.
● Ce mot s'écrit avec deux *f.*

suggérer [sygʒeʀe] **v.** (conjug. 6) ✦ Donner l'idée. → **proposer** et aussi **suggestion.** *Elle a suggéré que nous allions nous promener après le déjeuner.*

suggestion [sygʒɛstjɔ̃] **n. f.** ✦ Idée que l'on propose. → **proposition,** et aussi **suggérer.** *Toute la classe approuva la suggestion de Julie.*

suicide n. m. ✦ Action de se donner la mort volontairement. *Très déprimé, le malade a fait une tentative de suicide.*
➤ **suicidaire adj.** ✦ Qui mène au suicide. *Des idées suicidaires. C'est suicidaire d'agir ainsi,* c'est très imprudent.
➤ se **suicider v.** (conjug. 1) ✦ Se tuer volontairement. *Elle s'est suicidée d'un coup de revolver.*

suie n. f. ✦ Matière noire déposée par la fumée. *Il faut ramoner la cheminée pour retirer la suie qui s'y est déposée.*

suif n. m. ✦ Graisse des animaux ruminants. *Le suif servait autrefois à fabriquer des chandelles et du savon.*

suinter v. (conjug. 1) ✦ S'écouler goutte à goutte. *Un peu de sang suintait de la plaie.*
➤ **suintement n. m.** ✦ Écoulement goutte à goutte. *Les murs de la cave se couvrent de moisi à cause du suintement de l'eau.*

suite n. f. 1. Série, succession d'événements. *Nous avons été retardés par une suite d'incidents.* **2.** Ce qui suit, qui vient après. *Mamie nous racontera la suite de l'histoire demain.* **3.** Conséquence, effet. *Il est mort des suites d'une longue maladie.* **4.** Ensemble des gens qui accompagnent un haut personnage. *Le roi est apparu, avec sa suite.* → **escorte.** **5.** *À la suite,* successivement. *Théo a mangé trois gâteaux à la suite,* l'un après l'autre. — On peut dire aussi *de suite.* **6.** *À la suite de,* à cause de, après. *Il est resté handicapé à la suite d'un accident.* **7.** *Tout de suite,* immédiatement. *Léa est rentrée chez elle tout de suite après l'école.* → **aussitôt.**
▷ Mot de la famille de SUIVRE.

① **suivant, suivante adj.** ✦ Qui vient immédiatement après, qui suit. *La fin de l'article est à la page suivante.* ❑ contr. **précédent.** *Je descends à l'arrêt suivant* → **prochain.**
▷ Mot de la famille de SUIVRE.

② **suivant prép.** ✦ Conformément à. *Paul est arrivé en retard à l'école suivant son habitude.* → **selon.**
▷ Mot de la famille de SUIVRE.

suivi, suivie adj. ✦ Régulier, continu. *Pour bien jouer d'un instrument de musique, il faut un travail suivi.*
▷ Mot de la famille de SUIVRE.

suivre v. (conjug. 40) **1.** Aller derrière. *Les mariés marchaient devant et le cortège suivait.* ❑ contr. **précéder.** **2.** Se produire après. *Il y a eu un éclair et le tonnerre a suivi.* → **succéder.** **3.** Aller dans une direction, le long de quelque chose. *Si on suit ce sentier, on arrive au bord d'un lac. Le chemin suit la voie ferrée,* il la longe. **4.** Se conformer à. *Je suivrai tes conseils. Tu devrais suivre l'exemple de ton frère,* tu devrais faire comme lui. **5.** *Suivre un cours,* c'est y assister régulièrement. *Il suit des cours de piano.* → **prendre.** **6.** Observer attentivement, regarder. *Alex suit un match de tennis à la télévision.* **7.** Rester au niveau. *En CM 2, Léa a du mal à suivre.*
➤ se **suivre v.** (conjug. 40) **1.** Aller l'un derrière l'autre. *Les voitures se suivaient sur l'autoroute.* **2.** Se présenter dans un ordre donné. *Il a trois cartes qui se suivent dans son jeu.* **3.** Venir l'un après l'autre. *Les jours se suivent.* → se **succéder.**
▷ Autres mots de la famille : ENSUITE, S'ENSUIVRE, POURSUITE, POURSUIVANT, POURSUIVRE, SUITE, ① ET ② SUIVANT, SUIVI.

① **sujet, sujette adj.** ✦ *Être sujet à un mal,* y être prédisposé. *Elle est sujette aux migraines.*

② **sujet n. m., sujette n. f.** ✦ Personne soumise à l'autorité d'un souverain. *Le roi était très aimé de ses sujets.*
▷ Autre mot de la famille : ASSUJETTIR.

③ **sujet n. m. 1.** Ce dont il s'agit, dans une conversation, un récit. → **thème.** *Ils ont abordé de nombreux sujets au cours de leur conversation.* → **question.** — *Au sujet de,* à propos de. *Elle se fait du souci au sujet de son fils.* **2.** Motif, cause. *L'argent est un éternel sujet de dispute entre eux.* **3.** Groupe du nom avec lequel le verbe s'accorde. *Dans la phrase « Le vent souffle », « le vent » est le sujet du verbe « souffler ».*

sultan **n. m.** ✦ Souverain musulman. *Autrefois, en Turquie et au Maroc, il y avait des sultans.*

sultan

sumo **n. m.** ✦ Lutte japonaise traditionnelle. *Les lutteurs de sumo sont très corpulents.*
● Ce mot vient du japonais.

① **super-** ✦ Préfixe qui indique le plus haut degré, la supériorité, qui se place devant un mot pour en renforcer le sens (ex. *supermarché, supersonique*). → aussi **archi-**, **extra-**, **hyper-**.

② **super** **adj. inv.** ✦ Familier. Très bien, magnifique. *Ses amies sont super. C'est super !* → ② **extra**.

③ **super** **n. m.** ✦ Supercarburant. *Il a fait le plein de super.*

superbe **adj.** ✦ Très beau, magnifique, splendide. *Elle est revenue de vacances avec une mine superbe. Il fait un temps superbe.* ❑ contr. **affreux, horrible.**

supercarburant **n. m.** ✦ Essence de qualité supérieure. → ③ **super**.
▷ Mot de la famille de CARBURANT.

supercherie **n. f.** ✦ Tromperie, imposture. *Une supercherie a été découverte au musée : un célèbre tableau avait été remplacé par un faux.*

superficie **n. f.** ✦ Surface, étendue. *Ils ont un terrain de 800 mètres carrés de superficie.*
➤ **superficiel, superficielle** **adj.** **1.** Peu profond. *La coupure qu'Alex s'est faite au doigt est superficielle.* **2.** Sommaire, vague. *Ses connaissances en allemand sont superficielles.* ❑ contr. **approfondi.**
➤ **superficiellement** **adv.** ✦ D'une manière superficielle. *La victime n'a été blessée que superficiellement,* peu profondément. — *Alex a étudié sa leçon superficiellement.* ❑ contr. **à fond.**

superflu, superflue **adj.** ✦ Qui n'est pas absolument nécessaire, utile. *Si vous voulez faire des économies, il faut éviter les dépenses superflues.* ❑ contr. **indispensable, nécessaire.** — **N. m.** *Le superflu,* ce qui n'est pas indispensable. *L'essentiel et le superflu.*

supérieur **adj.** et **n. m.**, **supérieure** **adj.** et **n. f.**
■ **adj. 1.** Situé plus haut. *Les chambres sont à l'étage supérieur.* ❑ contr. **inférieur. 2.** Plus grand. *Paul a eu une note supérieure à la moyenne,* au-dessus de la moyenne. **3.** Plus fort, meilleur. *Notre équipe était supérieure à l'équipe adverse.*
■ **n.** Personne qui est au-dessus d'autres personnes, qui peut leur donner des ordres. *La directrice de l'école est la supérieure des professeurs.* ❑ contr. **subordonné.**
➤ **supériorité** **n. f.** ✦ Qualité de ce qui est supérieur à quelque chose ou à quelqu'un. *Le résultat du match a prouvé la supériorité de leur équipe.* → **suprématie.** ❑ contr. **infériorité.**

superlatif **n. m.** ✦ *Le superlatif d'un adjectif* exprime le degré le plus élevé de l'adjectif. *« Très grand », « la plus belle », « le moins bon » sont des superlatifs de « grand », « beau » et « bon ». « Le meilleur » et « le pire » sont les superlatifs irréguliers de « bon » et de « mauvais ».*

supermarché **n. m.** ✦ Grand magasin où l'on se sert soi-même. → aussi **hypermarché.** *Elle fait ses courses au supermarché une fois par semaine.*
▷ Mot de la famille de MARCHÉ.

superposer **v.** (conjug. 1) ✦ Poser l'un au-dessus de l'autre. *Le marchand de légumes super-*

pose les cageots de légumes. → **empiler.** – *Des lits superposés,* des lits disposés l'un au-dessus de l'autre.
▷ Mot de la famille de POSER.

lits **superposés**

superproduction **n. f.** ✦ Film, spectacle réalisé à grands frais. *Ce film est une superproduction américaine.*
▷ Mot de la famille de PRODUIRE.

supersonique **adj.** ✦ *Un avion supersonique,* c'est un avion qui peut dépasser la vitesse du son.
▷ Mot de la famille de SONNER.

superstitieux [sypɛʀstisjø], **superstitieuse** [sypɛʀstisjøz] **adj.** ✦ *Une personne superstitieuse,* c'est une personne qui croit aux présages et pense que certaines choses portent bonheur ou malheur. *Julie ne passe jamais sous une échelle car elle est superstitieuse.*

superstition **n. f.** ✦ Croyance aux présages et au fait que certaines choses portent bonheur ou malheur. *Il a misé sur le cheval numéro 13 par superstition.*

superviser **v.** (conjug. 1) ✦ Contrôler sans vérifier les détails. *Le chef de service supervise le travail de ses employés.*
▷ Mot de la famille de VOIR.

supplanter **v.** (conjug. 1) ✦ Prendre la place d'une personne ou d'une chose. → **remplacer.** *Le cinéma parlant a supplanté le cinéma muet.*

suppléer **v.** (conjug. 1) ✦ Remédier à un défaut en le compensant. *Sa rapidité supplée à son manque de force.*
➤ **suppléant, suppléante** **adj.** ✦ Qui remplace une personne dans son travail. *Un professeur suppléant remplace notre professeur malade.* – **N.** *Voici ma suppléante.* → **remplaçant.**

supplément **n. m.** 1. Ce qui est ajouté à une chose déjà complète. *Les employés ont reçu un supplément de salaire à la fin de l'année. Un supplément de travail.* → **surcroît.** 2. Somme d'argent à payer en plus du prix normal. *Il y a un supplément à payer pour ce train.*
➤ **supplémentaire** **adj.** ✦ En plus de ce qui est habituel. *Comme il faisait froid, il a mis une couverture supplémentaire sur son lit.*

supplication **n. f.** ✦ Prière par laquelle on supplie. *Le vainqueur refusa d'écouter les supplications des vaincus.*
▷ Mot de la famille de SUPPLIER.

supplice **n. m.** 1. Punition qui cause de grandes souffrances physiques. *Au Moyen Âge, les condamnés devaient subir de terribles*

supplice (16ᵉ siècle)

supplices. → aussi **torture.** **2.** Cruelle souffrance morale. *L'attente des résultats de l'examen est un supplice.*

supplier **v.** (conjug. 7) ✦ Prier humblement avec insistance. *Je vous supplie de m'écouter.* → **conjurer, implorer.** *Je t'en supplie, aide-moi.*
▷ Autre mot de la famille : SUPPLICATION.

① **supporter** **v.** (conjug. 1) **1.** Soutenir, porter un poids. *Des poutres supportent le plafond.* **2.** Subir et accepter des choses pénibles. *Il ne supporte pas les critiques. Je ne supporte pas que l'on me mente.* **3.** Tolérer la présence, le comportement de. *La vieille dame ne supportait pas les chats.* **4.** Résister à. *Ce bois supporte l'humidité.*
➤ **support** **n. m.** ✦ Ce qui soutient quelque chose. *La maquette est fixée sur un support de bois.*
➤ **supportable** **adj.** ✦ Que l'on peut supporter, endurer. *Cette douleur est très supportable.* ❑ contr. **insupportable.**
▷ Mots de la famille de PORTER.

② **supporter** [sypɔʀtɛʀ] **n. m.** ✦ Personne qui encourage des sportifs dans leur effort. *Les supporters de l'équipe se sont regroupés sur les gradins.*
● Ce mot vient de l'anglais.

supposer **v.** (conjug. 1) **1.** Admettre quelque chose sans en être sûr. → **imaginer, penser, présumer.** *Je suppose que tu es déjà au courant de la nouvelle.* **2.** Avoir comme condition nécessaire. *Avouer ses erreurs suppose du courage,* il faut du courage pour le faire. → **exiger, réclamer.**
➤ **supposition** **n. f.** ✦ Chose que l'on imagine sans pouvoir affirmer qu'elle est vraie. → **hypothèse.** *Ce ne sont que des suppositions.*
▷ Mots de la famille de POSER.

suppositoire **n. m.** ✦ Médicament que l'on introduit dans l'anus.

suppression **n. f.** ✦ Fait de supprimer. *Les syndicats s'opposent à la suppression d'emplois.* ❑ contr. **création.**

supprimer **v.** (conjug. 1) **1.** Faire disparaître. *On a supprimé la cloison entre les deux pièces. Ce médicament supprime la douleur.* **2.** Enlever d'un ensemble. → **ôter.** *Louise a supprimé tout un passage de sa rédaction.* → aussi **suppression.**

suppurer **v.** (conjug. 1) ✦ Produire du pus. *La plaie suppure.*

supputer **v.** (conjug. 1) ✦ Calculer en faisant des suppositions. → **évaluer.** *Il supputait ses chances de réussite.*
● Ce mot est littéraire.

suprême **adj.** **1.** Qui est au-dessus des autres. *Le souverain représente l'autorité suprême,* l'autorité la plus élevée, la plus haute. **2.** Dernier. *Alex a gagné la course dans un suprême effort.* → **ultime.**
➤ **suprématie** [sypʀemasi] **n. f.** ✦ Domination. *La suprématie de notre équipe est incontestable.* → **supériorité.**

① **sur** **prép.** **1.** Dans une position supérieure. *Les clés sont sur la table,* la table leur sert de support. ❑ contr. **sous.** **2.** *Sur soi,* avec soi. *Je n'ai pas d'argent sur moi.* **3.** Parmi. *Un élève sur vingt devra redoubler.* **4.** Vers. *Prenez sur la droite,* à droite. *Le chasseur a tiré sur le lièvre,* dans la direction du lièvre. **5.** Au sujet, à propos de. *J'ai appris quelque chose sur Louise.* **6.** *Sur le moment,* juste à ce moment-là. *Sur le moment, je n'y ai pas pensé.* ❍ homonymes : ② sur, sûr.
▷ Autre mot de la famille : SUR-LE-CHAMP.

② **sur, sure** **adj.** ✦ Acide. *Ces pommes sont sures.*

sûr, sûre **adj.** **1.** Qui sait avec certitude, est assuré, convaincu de ne pas se tromper. *Elle était sûre d'avoir raison.* → **certain.** **2.** En qui on peut avoir confiance, sur qui on peut compter. *Léa est une amie sûre.* **3.** Sans danger. *Ce quartier n'est pas très sûr la nuit,* on n'y est pas en sécurité. **4.** Évident. *Ils vont venir, c'est sûr.* ❑ contr. **douteux.** **5.** *Bien sûr,* évidemment. *Théo et Paul arriveront ensemble, bien sûr.* ❍ homonymes : ① et ② sur.
● Attention à l'accent circonflexe du *û*.
▷ Autres mots de la famille : ① ET ② ASSURANCE, ASSURÉ, ASSURÉMENT, ① ET ② ASSURER, ASSUREUR, RASSURANT, RASSURER, SÛREMENT, SÛRETÉ.

surabondant, surabondante **adj.** ✦ Trop abondant. *La récolte de pommes a été surabondante cette année.* → **pléthorique.**
➤ **surabondance** **n. f.** ✦ Trop grande abondance. *Alex racontait l'histoire avec une surabondance de détails.*
▷ Mots de la famille de ABONDER.

suraigu, suraiguë **adj.** ✦ Très aigu. *Elle a une voix suraiguë.* → **strident.**
● Attention au tréma du *ë* au féminin.
▷ Mot de la famille de AIGU.

suranné, surannée **adj.** ✦ Ancien et démodé. → **désuet, vieillot.** *Elle a des goûts surannés.*
▷ Mot de la famille de AN.

surcharger **v.** (conjug. 3) **1.** Charger d'un poids trop lourd, de trop de choses. *La cheminée est surchargée de bibelots.* **2.** *Surcharger de travail,* c'est en donner trop. → **accabler.** *Le professeur a surchargé ses élèves de travail.*
➤ **surcharge** **n. f.** ✦ Charge excessive ajoutée à la charge normale. *Le car a des passagers en surcharge.* → aussi **surnombre.** — *Nous avons une surcharge de travail en fin d'année.* → **surcroît.**
▷ Mots de la famille de CHARGER.

surchauffer **v.** (conjug. 1) ✦ Chauffer à l'excès. *Ne surchauffe pas ta chambre !*
➤ **surchauffé, surchauffée** **adj.** ✦ Trop chauffé. *On étouffait dans ce wagon surchauffé.*
▷ Mots de la famille de CHAUFFER.

surclasser **v.** (conjug. 1) ✦ Être nettement meilleur que les autres. *Alex surclasse tous ses camarades à la course.* → **surpasser.**
▷ Mot de la famille de ① CLASSE.

surcroît **n. m.** ✦ Ce qui vient s'ajouter à ce que l'on a déjà. → **excédent, supplément.** *Les fêtes de fin d'année donnent un surcroît de travail aux commerçants.* → **surcharge.**
▷ Mot de la famille de CROÎTRE.

surdité **n. f.** ✦ Infirmité dont souffre une personne sourde. *Elle est atteinte d'une légère surdité.*

surdose **n. f.** ✦ Consommation excessive d'une drogue, pouvant entraîner la mort. → **overdose.**
▷ Mot de la famille de DOSE.

surdoué, surdouée **adj.** ✦ Qui a une intelligence très supérieure à la moyenne. *Des enfants surdoués.*
▷ Mot de la famille de DOUÉ.

sureau **n. m.** ✦ Petit arbre à baies rouges ou noires. *On peut facilement évider les tiges de sureau et en faire des flûtes.* — Au pl. *Des sureaux.*

sureau

surélever **v.** (conjug. 5) ✦ Donner plus de hauteur. *Ils ont surélevé leur maison d'un étage.* → **rehausser.**
▷ Mot de la famille de ① LEVER.

sûrement **adv.** ✦ D'une manière certaine. *Ils viendront sûrement demain.* → **certainement, probablement.**
▷ Mot de la famille de SÛR.

surenchère **n. f.** ✦ Enchère plus élevée que la précédente. *Il y a eu trop de surenchères, le meuble est devenu inabordable.*
➤ **surenchérir** **v.** (conjug. 2) ✦ Faire une surenchère. *Les acheteurs surenchérissent.*
▷ Mots de la famille de ② CHER.

surestimer **v.** (conjug. 1) ✦ Estimer au-dessus de sa valeur. *Le candidat avait surestimé ses capacités et il a échoué.* ❑ contr. **sous-estimer.**
▷ Mot de la famille de ESTIMER.

sûreté **n. f.** ✦ Absence de danger. → **sécurité.** *Ferme la porte à double tour pour plus de sûreté.* — *En sûreté,* en lieu sûr, à l'abri. *Ses bijoux sont en sûreté dans un coffre.*
▷ Mot de la famille de SÛR.

surexcité, surexcitée **adj.** ✦ Très excité, énervé. *Léa, surexcitée, guettait l'arrivée du père Noël.* → **survolté.**
▷ Mot de la famille de EXCITER.

surf [sœʀf] **n. m.** ✦ Sport qui consiste à se laisser porter par de grosses vagues, debout sur une planche. *Un champion de surf.* – *Le surf des neiges.* → **snowboard.**
● Ce mot vient de l'anglais.
▷ Autre mot de la famille : SURFER.

surf

surface **n. f. 1.** Face apparente, visible. *La surface de l'eau au repos est horizontale.* **2.** Superficie. *Son appartement a une surface de 100 mètres carrés. Calculez la surface d'un rectangle de 3 centimètres sur 12.* → **aire. 3.** *Une grande surface,* c'est un très grand magasin où l'on se sert soi-même. → **hypermarché, supermarché.** *On trouve un large choix de produits dans les grandes surfaces.*
▷ Mot de la famille de FACE.

surfait, surfaite **adj.** ✦ Inférieur à sa réputation, surestimé. *Je trouve que sa réputation est surfaite,* exagérée.
▷ Mot de la famille de FAIRE.

surfer [sœʀfe] **v.** (conjug. 1) **1.** Faire du surf. *Des jeunes gens surfent sur la crête des vagues.* **2.** *Surfer sur Internet,* c'est se déplacer sur le réseau Internet. *Les internautes surfent sur Internet.*
▷ Mot de la famille de SURF.

surgeler **v.** (conjug. 5) ✦ Congeler très rapidement. *Dans cette usine, on surgèle des légumes.*
➤ **surgelé, surgelée** **adj.** ✦ Qui a été congelé rapidement pour être conservé. *Des filets de poisson surgelés.* – **N. m.** Produit surgelé. *Le rayon des surgelés d'une grande surface.*
▷ Mots de la famille de ① GEL.

surgir **v.** (conjug. 2) ✦ Apparaître brusquement. *Un avion surgit des nuages. De nouvelles difficultés surgissent.*

surhumain, surhumaine **adj.** ✦ Qui semble au-dessus des forces d'un homme normal. *Léa a fait un effort surhumain pour ne pas s'endormir pendant le cours.*
▷ Mot de la famille de HUMAIN.

sur-le-champ **adv.** ✦ Aussitôt, immédiatement. *Il raccrocha et partit sur-le-champ.*
▷ Mot de la famille de ① SUR, de ① LE et de CHAMP.

surlendemain **n. m.** ✦ Jour qui suit le lendemain. *Le malade s'est levé le surlendemain de son opération.* → aussi **après-demain.**
▷ Mot de la famille de ① EN, ① LE et DEMAIN.

surligneur **n. m.** ✦ Gros feutre de couleur vive et fluorescente qui sert à recouvrir les passages d'un texte que l'on veut mettre en valeur.
▷ Mot de la famille de LIGNE.

surmener **v.** (conjug. 5) ✦ Imposer un travail excessif. *Il surmène ses collaborateurs.* – **se surmener,** se fatiguer en travaillant trop. *Ne vous surmenez pas !*
➤ **surmenage** **n. m.** ✦ Fatigue due à un excès de travail. *Il a eu un congé de maladie pour surmenage.*
▷ Mots de la famille de MENER.

surmonter **v.** (conjug. 1) **1.** Être placé au-dessus. *Un baldaquin surmonte le lit.* **2.** Vaincre en faisant un effort. *Louise a surmonté sa peur et elle est descendue toute seule à la cave.*
▷ Mot de la famille de MONTER.

surnager **v.** (conjug. 3) ✦ Flotter à la surface d'un liquide. *Des détritus surnageaient dans le port.*
▷ Mot de la famille de NAGER.

surnaturel, surnaturelle **adj.** ✦ Que l'on ne peut expliquer par les lois de la nature. → **magique.** *Une sorcière a des pouvoirs surnaturels.*
▷ Mot de la famille de NATURE.

surnom **n. m.** ✦ Nom donné à quelqu'un à la place de son vrai nom. *« Œil de lynx » est le surnom de Paul parce qu'il a une très bonne vue.* → aussi **sobriquet.**

➤ **surnommer** v. (conjug. 1) ✦ Donner un surnom. *Ils ont surnommé leur camarade « Mangouste ».*
▷ Mots de la famille de NOM.

en **surnombre** adv. ✦ En trop, en plus du nombre autorisé. *Le chauffeur de taxi a refusé de prendre un passager en surnombre.* → aussi **surcharge.**
▷ Mot de la famille de NOMBRE.

suroît n. m. ✦ Chapeau imperméable de marin. *Par mauvais temps, les marins portent des cirés et des suroîts.*
● Attention à l'accent circonflexe du *î*.

surpasser v. (conjug. 1) ✦ Être meilleur que les autres. → **surclasser.** *Julie surpasse tous ses camarades à la brasse.* — **se surpasser,** faire mieux que d'habitude. *Aujourd'hui, la cuisinière s'est surpassée.*
▷ Mot de la famille de PASSER.

surpeuplé, surpeuplée adj. ✦ Où il y a trop d'habitants. *Une ville surpeuplée.*
▷ Mot de la famille de PEUPLE.

surpeuplement n. m. ✦ État d'un lieu où il y a trop d'habitants. *Le surpeuplement des grandes villes.* → aussi **surpopulation.**
▷ Mot de la famille de PEUPLE.

surplace n. m. ✦ *Faire du surplace,* c'est ne pas avancer. *Dans les embouteillages, les voitures font du surplace.*
▷ Mot de la famille de PLACE.

surplomb [syʀplɔ̃] n. m. ✦ Partie d'un mur, d'une paroi qui dépasse par rapport à la base. *Le balcon est en surplomb.* → **saillie.**
➤ **surplomber** v. (conjug. 1) ✦ Dominer en se trouvant au-dessus. *Des rochers surplombent la mer.*

surplus [syʀply] n. m. ✦ Ce qui est en plus de la quantité voulue. → **excédent.** *Le surplus de la récolte sera envoyé dans les pays où règne la famine.*
▷ Mot de la famille de ① PLUS.

surpopulation n. f. ✦ Population trop nombreuse pour les ressources d'un pays. *Une trop forte natalité provoque la surpopulation.* → aussi **surpeuplement.**
▷ Mot de la famille de POPULATION.

surprendre v. (conjug. 58) **1.** Prendre sur le fait. *On l'a surpris en train de voler des bonbons.* **2.** Arriver, se produire sans qu'on ne s'y attende. *La pluie nous a surpris à mi-chemin.* **3.** Étonner, stupéfier. *Les réactions de Paul surprennent toujours sa mère.*
➤ **surprenant, surprenante** adj. ✦ Inattendu. → **étonnant.** *J'ai appris une nouvelle surprenante.*
➤ **surprise** n. f. **1.** Étonnement. *Il poussa un cri de surprise.* **2.** Ce qui surprend. *Quelle surprise de vous rencontrer ici !* **3.** Cadeau ou plaisir fait à quelqu'un qui ne s'y attend pas. *Nous lui avons préparé une surprise pour sa fête.* **4.** *Par surprise,* sans qu'on s'y attende. *La sentinelle a été attaquée par surprise.*
▷ Mots de la famille de PRENDRE.

surproduction n. f. ✦ Production trop importante. *La surproduction entraîne la baisse des prix.*
▷ Mot de la famille de PRODUIRE.

surréaliste adj. ✦ *L'art surréaliste,* c'est un art né au début du 20e siècle, utilisant le rêve et l'imaginaire plutôt que la réalité. *Salvador Dali était un peintre surréaliste.*
▷ Mot de la famille de RÉALISME.

art **surréaliste** (*Vestiges ataviques après la pluie*, Dali, 1934)

sursaut n. m. ✦ Mouvement involontaire que l'on fait en se redressant brutalement. *Louise a eu un sursaut en entendant frapper à la porte.* — *En sursaut,* brusquement. *Théo s'est réveillé en sursaut.*

➤ **sursauter** v. (conjug. 1) ✦ Avoir un sursaut. *Julie sursauta en entendant sonner son réveil.*
▷ Mots de la famille de SAUT.

sursis [syrsi] **n. m.** **1.** Report à une date postérieure. → **délai.** *Il a obtenu un sursis pour payer ce qu'il doit.* **2.** *Une peine de prison avec sursis,* c'est une peine que l'on effectue seulement si l'on est condamné à nouveau. *L'escroc a été condamné à trois mois de prison avec sursis.*

surtout **adv.** **1.** Avant tout. *Surtout ne dites rien !* **2.** Principalement. *Alex aime le sport, surtout le football.* → **spécialement.**
▷ Mot de la famille de ① TOUT.

surveiller **v.** (conjug. 1) **1.** *Surveiller quelqu'un,* c'est l'observer en faisant attention pour contrôler ce qu'il fait ou lui éviter un danger. *Louise surveille son petit frère qui prend son bain.* **2.** Veiller à ce que tout se déroule comme il faut. *Le cuisinier surveille la cuisson du soufflé.*

➤ **surveillance** **n. f.** ✦ Le fait d'observer en faisant attention. *Le suspect est sous la surveillance de la police.*

➤ **surveillant** **n. m.**, **surveillante** **n. f.** ✦ Personne qui surveille les élèves, assure la discipline. → fam. ② **pion.** *Les surveillants d'un collège.*
▷ Mots de la famille de ② VEILLE.

survenir **v.** (conjug. 22) ✦ Arriver brusquement, de façon imprévue. *Si un problème survenait, téléphonez-moi.* → se **produire.**
▷ Mot de la famille de VENIR.

survêtement **n. m.** ✦ Blouson et pantalon destinés à être portés sur une tenue de sport. *Le coureur a mis son survêtement après la course.* → aussi **jogging.**
▷ Mot de la famille de VÊTIR.

survie **n. f.** ✦ Le fait de rester en vie. *Les rescapés ont dû leur survie à la rapidité des secours.*
▷ Mot de la famille de VIE.

survivre **v.** (conjug. 46) **1.** *Survivre à quelqu'un,* c'est continuer à vivre après sa mort. *Louis XIV survécut à son fils et à ses petits-enfants.* **2.** Échapper à la mort. *Un seul passager de l'avion a survécu à l'accident.* → **réchapper.**

➤ **survivance** **n. f.** ✦ Ce qui reste d'une chose disparue. *Les feux de la Saint-Jean sont une survivance des anciennes fêtes agricoles.*

➤ **survivant** **n. m.**, **survivante** **n. f.** ✦ Personne qui a échappé à la mort là où d'autres sont mortes. *Il n'y a aucun survivant parmi les passagers de l'avion.* → **rescapé.**
▷ Mots de la famille de ① VIVRE.

survoler **v.** (conjug. 1) **1.** Voler au-dessus. *L'avion survole les Alpes.* **2.** Lire, examiner rapidement. *Léa n'a fait que survoler sa leçon d'histoire.* → **parcourir.**

➤ **survol** **n. m.** ✦ Action de survoler une région. *Le survol des zones militaires est interdit.*
▷ Mots de la famille de ① VOLER.

survolté, survoltée **adj.** ✦ Très énervé. → **surexcité.** *Après cette journée entière sans sortir, les enfants étaient survoltés.*
▷ Mot de la famille de VOLT.

sus [sys] **adv.** **1.** *Courir sus à l'ennemi,* c'est l'attaquer. **2.** *En sus,* en plus. *Les taxes sont en sus du prix indiqué.*
● Ce mot est littéraire.

① **susceptible** **adj.** ✦ Qui peut éventuellement. *Mes projets de vacances sont susceptibles de changer.*
● Il y a un *s* devant le *c*.

② **susceptible** **adj.** ✦ Qui se vexe facilement. *Julie est très susceptible, on ne peut lui faire aucune remarque.*
● Il y a un *s* devant le *c*.

➤ **susceptibilité** **n. f.** ✦ Caractère d'une personne susceptible. *Elle est d'une grande susceptibilité.*

susciter [sysite] **v.** (conjug. 1) ✦ Provoquer, faire naître. → **soulever.** *Le projet du maire a suscité l'intérêt de tous les habitants du village.*
● Il y a un *s* devant le *c*.

suspect [syspɛ], **suspecte** [syspɛkt] **adj.** **1.** *Une personne suspecte,* c'est une personne qui fait naître des soupçons. → ① **louche.** *Un individu suspect rôdait derrière la gare.* — **N.** *La police interroge le suspect.* **2.** *Une chose suspecte,* c'est une chose dont on se méfie. *Un colis suspect a été déposé devant sa porte.*

➤ **suspecter** **v.** (conjug. 1) ✦ Tenir pour suspect. → **soupçonner.** *L'inspecteur suspecte le témoin d'avoir menti.*

pont **suspendu**

① **suspendre** **v.** (conjug. 41) ✦ Accrocher par le haut de manière à faire pendre. *Théo a suspendu sa veste au portemanteau.* — **se suspendre,** se pendre, se tenir pendu. *L'acrobate se suspend au trapèze par les pieds.*

➤ **suspendu, suspendue** **adj.** **1.** *Un pont suspendu,* c'est un pont soutenu par des câbles. **2.** *Une voiture bien, mal suspendue,* qui a une bonne, une mauvaise suspension.

➤ ① **suspension** **n. f.** **1.** Système qui amortit les chocs sur un véhicule. → **amortisseur.** *Cette voiture a une bonne suspension.* **2.** Appareil d'éclairage suspendu au plafond. → **lustre.** *Il y a une jolie suspension dans le salon.*

▷ Mots de la famille de PENDRE.

② **suspendre** **v.** (conjug. 41) **1.** Arrêter. → **interrompre.** *Le président a suspendu la séance pendant 20 minutes.* **2.** *Suspendre quelqu'un,* c'est lui retirer ses fonctions pendant un certain temps. *La fédération de football a suspendu pour un mois ce joueur trop violent.*

➤ **en suspens** [ɑ̃syspɑ̃] **adv.** ✦ Momentanément interrompu, sans solution. *Les travaux sont restés en suspens. La question est toujours en suspens.*

➤ ② **suspension** **n. f.** **1.** Arrêt, interruption. *Les deux pays ont décidé la suspension des combats.* **2.** *Le chauffard a eu une suspension de permis de conduire,* on lui a retiré son permis de conduire pendant un certain temps.

suspense [syspɛns] **n. m.** ✦ Moment d'une histoire où l'on a peur en attendant la suite. *Hitchcock a réalisé de nombreux films à suspense.*

● Ce mot vient de l'anglais.

suspicion **n. f.** ✦ Méfiance envers des gens que l'on soupçonne de quelque chose. *L'inspecteur regardait le témoin avec suspicion.* → **défiance.**

susurrer [sysyʀe] **v.** (conjug. 1) ✦ Dire tout doucement. → **chuchoter, murmurer.** *Louise susurre des secrets à Julie.*

● Ce mot prend deux *r*.

suture **n. f.** ✦ *Des points de suture,* ce sont des points que l'on fait pour recoudre une plaie. *Le médecin fait des points de suture à la jambe du blessé.*

suzerain **n. m.,** **suzeraine** **n. f.** ✦ Au Moyen Âge, seigneur qui avait remis une partie de ses terres à un vassal. → aussi **fief.** *Le vassal devait obéissance et fidélité à son suzerain.*

svelte **adj.** ✦ Mince et élancé. *Une jeune femme svelte.* ❏ contr. **lourd,** ① **massif, trapu.**

sweat-shirt [switʃœʀt] ou [swɛtʃœʀt] **n. m.** ✦ Pull-over en coton épais molletonné, serré à la taille et aux poignets. *Louise portait un sweat-shirt blanc.* — Au pl. *Des sweat-shirts.*

● Ce mot vient de l'anglais *sweat* qui veut dire « sueur » et *shirt* qui veut dire « chemise. »

syllabe **n. f.** ✦ Groupe de consonnes et de voyelles que l'on prononce d'un seul coup. *Le mot « grelot » a deux syllabes.*

● Ce mot s'écrit avec un *y* et deux *l*.

▷ Autre mot de la famille : MONOSYLLABE.

sylviculture **n. f.** ✦ Culture, mise en valeur et entretien des forêts.

● Ce mot s'écrit avec un *y* et un *i*.

▷ Mot de la famille de ① CULTURE.

symbole **n. m.** 1. Ce qui représente quelque chose d'abstrait. *La colombe est le symbole de la paix.* → **emblème.** 2. Signe qui représente une chose précise. *Le signe « × » est le symbole de la multiplication. O est le symbole chimique de l'oxygène.*

➤ **symbolique** **adj.** ✦ Qui constitue un symbole, qui a de la valeur pour ce que cela représente. *La poignée de mains des deux chefs ennemis est symbolique.*

➤ **symboliser** **v.** (conjug. 1) ✦ Représenter par un symbole. *La balance symbolise la justice,* elle en est le symbole.

symétrie **n. f.** ✦ Caractère d'une chose que l'on peut diviser en deux parties semblables de part et d'autre d'une ligne ou par rapport à un centre. *Les ailes du château ont été construites avec symétrie.*

➤ **symétrique** **adj.** ✦ Qui présente une symétrie. *La partie gauche et la partie droite du corps sont symétriques,* elles sont semblables et opposées.

▷ Autres mots de la famille : ASYMÉTRIQUE, DISSYMÉTRIQUE.

sympathie **n. f.** ✦ Attirance spontanée que l'on éprouve pour une personne avec laquelle on pense que l'on va bien s'entendre. → **amitié, bienveillance.** *Il a beaucoup de sympathie pour elle.* ❑ contr. **antipathie.**

➤ **sympathique** **adj.** ✦ Pour qui on éprouve de la sympathie. → **agréable, aimable.** *C'est une femme très sympathique.* ❑ contr. **antipathique.**

● On dit familièrement *sympa : elles sont sympas.*

➤ **sympathiser** **v.** (conjug. 1) ✦ S'entendre bien dès la première rencontre. *Alex et Théo ont sympathisé dès qu'ils se sont vus.*

symphonie **n. f.** ✦ Long morceau de musique composé pour un grand orchestre. *Beethoven a composé neuf symphonies.*

➤ **symphonique** **adj.** ✦ *Un orchestre symphonique,* c'est un orchestre composé des musiciens nécessaires pour jouer une symphonie.

symptôme [sɛ̃ptom] **n. m.** ✦ Signe qui permet de reconnaître une maladie. *Les courbatures et la fièvre sont des symptômes de la grippe.*

● Ce mot s'écrit avec un *y* et attention à l'accent circonflexe du *ô*.

synagogue **n. f.** ✦ Bâtiment où ont lieu les cérémonies religieuses juives. *Ils se sont mariés à la synagogue.*

synchroniser **v.** (conjug. 1) 1. *Synchroniser un film,* c'est faire concorder le son et l'image, sans qu'il y ait de décalage. 2. Faire s'accomplir en même temps plusieurs actions, plusieurs mouvements. *Il synchronise mal ses mouvements en nageant.* → **coordonner.**

➤ **synchronisation** **n. f.** ✦ Action de synchroniser. *Dans ce film, il y a une mauvaise synchronisation entre le son et l'image.*

syncope **n. f.** ✦ Arrêt ou ralentissement des battements du cœur et de la respiration, accompagné d'une perte de connaissance. → **évanouissement.** *Elle a eu une syncope.*

syndical, syndicale **adj.** ✦ D'un syndicat. *Le patron a reçu les délégués syndicaux,* les délégués des syndicats.

➤ **syndicaliste** **n. m. et f.** ✦ Membre actif d'un syndicat. *Les syndicalistes ont distribué des tracts appelant à la grève.*

syndicat **n. m.** 1. Groupement de personnes qui veulent défendre ensemble leurs intérêts communs. *Il appartient à un syndicat de cheminots.* 2. *Un syndicat d'initiative,* c'est un organisme destiné à développer le tourisme dans une localité et à renseigner les visiteurs. *Demandez des brochures sur la région au syndicat d'initiative.*

se syndiquer **v.** (conjug. 1) ✦ S'inscrire à un syndicat. *Tous les ouvriers de l'usine se sont syndiqués.*

synonyme **n. m.** ✦ Mot qui a le même sens qu'un autre. *« Beau » est un synonyme de « joli ».* ❑ contr. **antonyme, contraire.** — **Adj.** *« Rusé » et « malin » sont synonymes.*

● Ce mot s'écrit avec deux *y*.

syntaxe **n. f.** ✦ Partie de la grammaire qui étudie la construction des phrases, les relations entre les mots, les règles d'accord, etc.

synthèse **n. f.** 1. Opération qui consiste à regrouper des idées de façon ordonnée et cohérente. *Le journaliste a fait la synthèse des idées exprimées par les participants au débat.* 2. *Un produit de synthèse,* c'est un produit obtenu de manière artificielle à partir des éléments qui le constituent. → aussi **synthétique.** 3. *Une image de synthèse,* c'est une image vidéo produite par des moyens informatiques. *Il y a beaucoup d'images de synthèse dans ce film.*

➤ **synthétique** **adj.** ✦ Fabriqué par synthèse et non pas obtenu naturellement. → **artificiel.** *Les textiles synthétiques.* ❑ contr. **naturel.**

➤ **synthétiseur** **n. m.** ✦ Appareil électronique qui crée des sons.

● Ces mots s'écrivent avec un *y* et un *h.*

synthétiseur

système **n. m.** **1.** Ensemble d'éléments qui fonctionnent ensemble et forment un tout organisé. *Le cerveau, la moelle épinière et les nerfs composent le système nerveux.* **2.** Moyen utilisé pour arriver à un but. → **méthode.** *Le professeur a essayé un nouveau système de notation.*

➤ **systématique** **adj.** ✦ Organisé avec ordre et méthode. *Les gendarmes ont procédé à une fouille systématique de la région.* → **méthodique.**

➤ **systématiquement** **adv.** ✦ D'une manière systématique. *Il critique systématiquement tout ce que les autres font.*

▷ Autre mot de la famille : ÉCOSYSTÈME.

T

t' → **te, toi**

ta → ① **ton**

tabac [taba] **n. m.** **1.** Plante haute à larges feuilles. *Un champ de tabac.* **2.** Produit fait avec les feuilles de cette plante séchées et préparées pour être fumées. *Il a acheté du tabac pour sa pipe.* **3.** Boutique où l'on peut acheter du tabac, des cigarettes, des cigares, des allumettes. *Elle est allée au tabac acheter un paquet de cigarettes.*

tabac

➤ **tabagie** **n. f.** ✦ Endroit rempli de fumée de cigarette. *C'est une tabagie ici, ouvrez la fenêtre !*

➤ **tabagisme** **n. m.** ✦ Abus de tabac. *Le tabagisme est une des causes du cancer du poumon.*

➤ **tabatière** **n. f.** ✦ Boîte dans laquelle on met du tabac en poudre.

table **n. f.** **1.** Meuble fait d'un plateau posé sur des pieds. *La table de la salle à manger est ronde. Louise met la table,* elle pose sur la table ce qu'il faut pour manger. → mettre le **couvert.** *C'est l'heure de se mettre à table,* de prendre un repas. **2.** *Une table ronde,* c'est une réunion pendant laquelle on peut parler librement de sujets précis. *Le directeur du collège a organisé une table ronde avec les professeurs.* **3.** *La table des matières d'un livre,* la liste des chapitres. *Paul consulte la table des matières de son livre d'histoire.* → aussi ② **index, sommaire.** **4.** *Les tables de multiplication,* les tableaux des multiplications des nombres avec le résultat. *Il récite la table de multiplication par 3.*

➤ **tableau** **n. m.** **1.** Peinture faite sur un support rigide. → **toile.** *« La Joconde » est un tableau de Léonard de Vinci. Ce musée possède une belle collection de tableaux abstraits.* **2.** Récit. → **description.** *Il a brossé un rapide tableau de la situation.* **3.** Panneau sur lequel on met des informations. *La liste des candidats est inscrite sur le tableau d'affichage. Le professeur a écrit l'énoncé du problème au tableau.* **4.** *Le tableau de bord d'un véhicule,*

tableau de bord

c'est l'endroit où sont les compteurs, les voyants et les commandes. **5.** Série de renseignements disposés en listes, selon un ordre strict et très clair. *Des tableaux de conjugaison.*

➤ **tablée** **n. f.** ✦ Ensemble des personnes assises à une table et qui prennent leur repas ensemble. *Quand tous ses petits-enfants sont là, cela fait une joyeuse tablée.*

➤ **tabler** **v.** (conjug. 1) ✦ *Tabler sur quelque chose,* c'est compter dessus. *Je table sur son aide.*

➤ **tablette** **n. f.** **1.** Petite étagère. *Théo pose sa brosse à dents sur la tablette au-dessus du lavabo.* → **planchette.** **2.** Aliment présenté sous la forme d'une petite plaque rectangulaire. *Louise et Paul partagent une tablette de chocolat. Alex a acheté des chewing-gums en tablettes.*

➤ ① **tablier** **n. m.** ✦ Plancher d'un pont.

▷ Autre mot de la famille : S'ATTABLER.

② **tablier** **n. m.** ✦ Vêtement qui couvre le devant du corps et protège les autres vêtements. *Mets un tablier pour faire de la peinture !*

tabou, taboue **adj.** ✦ *Un sujet tabou,* c'est un sujet dont on n'ose pas parler. *Chez eux, la politique est un sujet tabou.* — Au masc. pl. *tabous* ou *tabou.*

taboulé **n. m.** ✦ Plat d'origine libanaise, fait à partir de semoule de blé, de menthe, de persil, d'oignons et de tomates, et assaisonné à l'huile d'olive et au citron. *L'été, elle prépare de délicieux taboulés.*

● Ce mot vient de l'arabe.

tabouret **n. m.** ✦ Siège à pieds, sans bras ni dossier. *Léa monte sur un tabouret pour attraper le pot de confiture.*

du **tac au tac** **adv.** ✦ *Répondre du tac au tac,* c'est répondre immédiatement et vivement à une remarque désagréable. *Alex a critiqué Louise qui lui a répondu du tac au tac.*

tache **n. f.** **1.** Marque d'une couleur différente. *Julie a les joues couvertes de taches de rousseur.* **2.** Marque sale. → **trace.** *Léa a fait une tache d'encre sur son cahier.*

➤ **tacher** **v.** (conjug. 1) ✦ Salir en faisant des taches. *Paul a taché son jean.* — **se tacher,** salir ses vêtements en faisant des taches. *Julie s'est tachée en faisant de la peinture.*

➤ **tacheté, tachetée** **adj.** ✦ Couvert de petites taches. *Le léopard a un pelage tacheté.*

▷ Autres mots de la famille : DÉTACHANT, ② DÉTACHER.

tâche **n. f.** ✦ Travail à faire. → **besogne, ouvrage.** *Elle n'aime pas les tâches ménagères.*

➤ **tâcher** **v.** (conjug. 1) ✦ Faire des efforts. → **s'efforcer, essayer.** *Tâche d'arriver à l'heure ! Tâchez que cela ne se reproduise plus !* faites en sorte que cela ne se reproduise plus.

❑ contr. **éviter.**

● Attention à l'accent circonflexe du *â* de *tâche* et de *tâcher.*

tacheté → **tache**

tacite **adj.** ✦ Qui n'est pas exprimé. *Il m'a donné son accord tacite,* sans rien dire clairement ni écrire. → **implicite.**

taciturne **adj.** ✦ Qui ne parle pas beaucoup. → **silencieux.** *C'est un enfant taciturne.*

❑ contr. **bavard.**

tacot **n. m.** ✦ Familier. Vieille voiture qui n'avance pas.

tact [takt] **n. m.** ✦ Délicatesse dans les rapports avec les autres, qui permet d'éviter de vexer ou de faire de la peine. → **diplomatie, doigté.** *On lui a annoncé la mauvaise nouvelle avec tact.*

tactile **adj.** **1.** Qui concerne le toucher. *Les moustaches du chat sont tactiles.* **2.** *Un écran tactile,* c'est un écran d'ordinateur ou de console qui réagit quand on le touche avec le doigt.

tactique **n. f.** ✦ Manière de mettre un plan à exécution. → **stratégie.** *Les footballeurs ont changé de tactique au milieu du match.*

taffetas [tafta] **n. m.** ✦ Tissu de soie. *Elle a une robe du soir en taffetas.*

● *Taffetas* prend deux *f* et un *s.*

tag **n. m.** ✦ Dessin représentant une signature qui se veut décorative, fait de nombreuses fois sur des murs, des voitures de métro, etc. *Le mur de l'immeuble est couvert de tags.* → **graffiti.**

● Ce mot vient de l'anglais.

tagliatelle [taljatɛl] **n. f.** ✦ *Les tagliatelles,* ce sont des pâtes alimentaires longues et plates. *La mère de Paul a préparé des tagliatelles au saumon pour le dîner.*

● C'est un mot italien.

taie n. f. ✦ Enveloppe de tissu dans laquelle on met un oreiller. *Elle a acheté des draps et des taies d'oreiller assortis.*

taïga n. f. ✦ Forêt de conifères des régions du nord de l'Europe, de l'Asie et de l'Amérique. → aussi **toundra**. *La taïga sibérienne.*
● Ce mot vient du russe.

taillader v. (conjug. 1) ✦ Faire des coupures dans la peau. *Il s'est tailladé le menton en se rasant.*
▷ Mot de la famille de TAILLER.

① **taille** n. f. ✦ Impôt payé autrefois au seigneur par les serfs et les roturiers. *La taille a été abolie en 1789.*

② **taille** n. f. 1. Hauteur du corps humain. *Sa taille est de 1,50 m. Tu es de taille à te défendre,* tu es assez fort pour cela. 2. Grandeur d'un vêtement. *Ce pantalon est trop petit, il faudrait la taille au-dessus.* 3. Grandeur. → **dimension**. *Sa photo est de la taille d'un timbre-poste.*

③ **taille** n. f. ✦ Partie du corps entre les côtes et les hanches. *Théo avait de l'eau jusqu'à la taille.* → **ceinture**.

④ **taille** n. f. ✦ Action de tailler. *Le jardinier s'occupe de la taille des rosiers. La façade de l'immeuble est en pierre de taille,* en pierre taillée spécialement pour la construction.
▷ Mot de la famille de TAILLER.

tailler v. (conjug. 1) 1. Couper pour donner une certaine forme. *Julie taille ses crayons de couleur. Le jardinier a taillé les ifs de l'allée.* 2. Découper des morceaux de tissu pour faire un vêtement en les assemblant. → **couper**. *La couturière a taillé une robe.*

➤ **taillé, taillée** adj. 1. Fait. *Il est taillé en athlète,* son corps est celui d'un athlète. → **bâti**. 2. Coupé. *Il a les cheveux taillés en brosse.*

➤ **taille-crayon** n. m. ✦ Instrument qui sert à tailler les crayons. — Au pl. *Des taille-crayons.* ▷ Mot de la famille de CRAYON.

➤ **tailleur** n. m. 1. Homme dont le métier est de faire des vêtements sur mesure pour les hommes. → aussi **couturière**. 2. Ouvrier qui façonne une matière en la taillant. *Il est tailleur de diamants.* 3. Costume de femme composé d'une veste et d'une jupe de même tissu. *Elle portait un tailleur de flanelle. Un tailleur-pantalon,* composé d'une veste et d'un pantalon de même tissu. 4. *S'asseoir en tailleur,* c'est s'asseoir par terre, les jambes repliées à plat sur le sol, les genoux écartés et les pieds croisés.

➤ **taillis** [taji] n. m. ✦ Partie d'un bois où il n'y a que de petits arbres. → ① **fourré**.
● Le *s* final ne se prononce pas.
▷ Autres mots de la famille : ENTAILLE, ENTAILLER, TAILLADER, ④ TAILLE.

tain n. m. ✦ Couche de métal que l'on applique sur une plaque de verre pour en faire un miroir. *Le tain est à base d'étain ou de mercure. Une glace sans tain,* qui permet de voir sans être vu. ○ homonymes : teint, thym.

taire v. (conjug. 54) 1. **se taire**, garder le silence. *Julie s'est tue quand le professeur est entré.* ❏ contr. **parler**. *Tais-toi !* arrête de parler, de

tag

crier ou de chanter. 2. *Taire une chose,* c'est ne pas la dire. *Théo est incapable de taire un secret.* → **cacher.** ❑ contr. **révéler.** ❍ homonymes : ter, terre.

talc **n. m.** ✦ Poudre blanche qui absorbe l'humidité. ➻ planche Minéraux p. 655. *Léa se met du talc sur les pieds.*
▷ Autre mot de la famille : TALQUER.

talent **n. m.** ✦ Qualité qui permet de réussir dans un domaine. → **aptitude, capacité, don.** *C'est un auteur de talent.*
➤ **talentueux, talentueuse** **adj.** ✦ Qui a du talent. *Une comédienne talentueuse.*

taliban **n. m.** ✦ Musulman d'Afghanistan qui veut appliquer d'une manière rigoureuse les règles de l'islam. *Des talibans.*

talisman [talismɑ̃] **n. m.** ✦ Objet qui porte bonheur grâce à ses pouvoirs magiques. *Cette patte de lapin est son talisman.* → **fétiche, porte-bonheur.**

talkie-walkie [tokiwoki] ou [tɔlkiwɔlki] **n. m.** ✦ Petit appareil émetteur-récepteur de radio, portatif, qui permet de communiquer à faible distance. *Les deux gardes restent en contact grâce à leurs talkies-walkies.*
● Ce mot vient de l'anglais.

talon **n. m.** 1. Ce qu'il reste d'une feuille de carnet quand on en a détaché une partie. *Elle inscrit le montant de ses achats sur le talon de son carnet de chèques.* → **souche.** 2. Arrière du pied. *Marchez sur les talons, sans poser la pointe du pied par terre !* 3. Partie d'une chaussette, d'un bas ou d'une chaussure, au niveau du talon. *Ces chaussettes ont un trou au talon. Elle ne met jamais de chaussures à talons hauts.*
➤ **talonner** **v.** (conjug. 1) ✦ Suivre de très près, en poursuivant. *Les policiers talonnent le voleur.*

talquer **v.** (conjug. 1) ✦ Mettre du talc. *Elle talque ses gants de caoutchouc après avoir fait la vaisselle.*
▷ Mot de la famille de TALC.

talus [taly] **n. m.** ✦ Terrain en pente très inclinée, le long d'un chemin ou d'un champ. *Un talus borde la voie ferrée.*
● Attention au *s* final qui ne se prononce pas.

tamanoir **n. m.** ✦ Grand animal d'Amérique du Sud qui a une langue fine et visqueuse avec laquelle il capture les fourmis dont il se nourrit. → **fourmilier.** *Le tamanoir est un mammifère qui peut mesurer 2,50 mètres.*

tamanoir

tamaris [tamaʀis] **n. m.** ✦ Arbuste à petites fleurs roses en épis. *Une allée de tamaris.*

tambour **n. m.** 1. Instrument de musique fait d'un cylindre fermé de chaque côté par une peau tendue sur laquelle on tape avec des baguettes. → aussi grosse **caisse, tam-tam,** ① **timbale.** *Un roulement de tambour annonce le début de la cérémonie. — L'affaire a été menée tambour battant,* très rapidement. *Il est parti sans tambour ni trompette,* discrètement, sans attirer l'attention. 2. Personne qui joue du tambour. 3. Cylindre qui tourne dans un lave-linge. *Elle a mis le linge à laver dans le tambour.*
➤ **tambourin** **n. m.** ✦ Petit tambour muni de grelots. ➻ planche Instruments de musique p. 548.
➤ **tambouriner** **v.** (conjug. 1) ✦ Faire du bruit en tapant régulièrement sur un objet dur. *Quelqu'un tambourine à la porte.*

tamis [tami] **n. m.** ✦ Instrument formé d'un grillage fin tendu sur un cadre, qui retient les gros morceaux d'un mélange. → **crible, passoire.** *Il passe le sable au tamis pour enlever les cailloux.*
● Le *s* final ne se prononce pas.
➤ **tamiser** **v.** (conjug. 1) ✦ Passer au tamis. *Le maçon tamise le sable.*
➤ **tamisé, tamisée** **adj.** 1. *De la farine tamisée,* c'est de la farine passée au tamis. 2. *Une lumière tamisée,* c'est une lumière rendue moins forte, adoucie. *Cet abat-jour donne un éclairage tamisé.* ❑ contr. ② **cru.**

tampon **n. m.** 1. Petit morceau de tissu ou de coton roulé en boule ou pressé. *Il imbibe* *d'alcool un tampon de ouate.* **2.** Morceau de caoutchouc portant une inscription. → **cachet.** *L'employé de mairie donne un coup de tampon sur l'acte de naissance.* **3.** Dispositif en métal qui amortit les chocs. *Les voitures de chemin de fer sont munies de tampons à l'avant et à l'arrière.*

➤ **tamponner** v. (conjug. 1) **1.** Essuyer, nettoyer avec un tampon. *Tamponnez doucement la blessure.* **2.** Apposer un tampon. *Votre autorisation doit être tamponnée par le directeur.* **3. se tamponner,** se heurter violemment. *Les deux voitures se sont tamponnées au carrefour.*

➤ **tamponneur, tamponneuse** adj. ✦ *Des autos tamponneuses,* ce sont de petites voitures électriques que l'on fait se heurter sur une piste. *Les enfants ont fait un tour d'autos tamponneuses à la fête foraine.*

tam-tam

tam-tam [tamtam] **n. m.** ✦ Haut tambour d'Afrique noire sur lequel on tape avec les mains. — Au pl. *Des tam-tams.*

tanche **n. f.** ✦ Poisson d'eau douce comestible, à la peau sombre et gluante.

tandem [tɑ̃dɛm] **n. m.** ✦ Bicyclette qui a deux sièges et deux pédaliers placés l'un derrière l'autre. *Les parents d'Alex font du tandem le dimanche.*

tandis que [tɑ̃dikə] **conjonction** **1.** Pendant que. *Léa apprend sa récitation tandis que Julie fait des divisions.* **2.** Alors que, au contraire. *Alex ne pense qu'à s'amuser tandis que sa sœur, elle, travaille.*

● On ne prononce pas le *s*.

tangage **n. m.** ✦ Mouvement d'un bateau dont l'avant et l'arrière s'enfoncent dans l'eau l'un après l'autre. → aussi **roulis.**

▷ Mot de la famille de TANGUER.

tangent, tangente **adj.** **1.** Qui touche une ligne ou une surface en un seul point. *Tracez une droite tangente à ce cercle,* une droite qui touche le cercle en un seul point. — **N. f.** *Une tangente,* c'est une droite tangente. **2.** Familier. Fait de justesse. *Il a réussi, mais c'était tangent,* c'était juste, il a bien failli échouer.

tangible **adj.** ✦ Que l'on peut toucher, voir. → **concret, réel.** *Il n'y a pas de preuve tangible de l'existence des extraterrestres.*

tango **n. m.** ✦ Danse originaire d'Argentine, sur un rythme à deux temps. *C'est un bon danseur de tango.* — Au pl. *Des tangos.*

tanguer **v.** (conjug. 1) ✦ *Le bateau tanguait,* il se balançait d'avant en arrière.

▷ Autre mot de la famille : TANGAGE.

tanière **n. f.** ✦ Trou, caverne où se réfugie une bête sauvage. → **antre,** ① **gîte, repaire, terrier.** *Le renard est rentré dans sa tanière.*

tank **n. m.** ✦ Char d'assaut. *Les tanks ennemis ont encerclé la ville.* → aussi **blindé.**

tank

tanner **v.** (conjug. 1) **1.** *Tanner une peau,* c'est la préparer pour en faire du cuir. **2.** Familier. Demander avec insistance en agaçant pour obtenir ce qu'on veut. → **harceler.** *Théo tanne son père pour avoir des rollers.*

➤ **tannage** **n. m.** ✦ Action de tanner. *Le tannage empêche les peaux de pourrir.*

➤ **tannerie** **n. f.** ✦ Endroit où l'on tanne les peaux.

➤ **tanneur** **n. m.,** **tanneuse** **n. f.** ✦ Personne dont le métier est de tanner les peaux.

● Il y a deux *n* dans ces mots.

tant **adv.** **1.** À un tel point. → **tellement.** *Il souffre tant qu'il est resté couché.* **2.** Une quantité que l'on ne précise pas. *Il gagne tant par mois.* **3.** Autant. *Paul frappait tant qu'il pouvait.* **4.** *Il a réparé sa voiture* **tant bien que mal,** comme il a pu. **5.** *Il a donné son avis* **en tant que** *médecin,* il a donné son point de vue de médecin. → **comme.** **6.** ***Tant qu'à*** *changer de voiture, il en a acheté une neuve,* puisqu'il fallait en changer. **7.** *Louise est guérie,* ***tant mieux !*** c'est bien, je m'en réjouis.

Paul n'est pas venu, ***tant pis !*** c'est dommage. **8.** *Alex reste jouer dehors* ***tant que*** *sa mère ne l'appelle pas,* aussi longtemps qu'elle ne l'appelle pas. ❍ homonymes : taon, ① et ② temps.
▷ Autres mots de la famille : AUTANT, POURTANT, UN TANTINET, TANTÔT.

tante **n. f.** ✦ Sœur du père ou de la mère, ou femme de l'oncle. *Louise a deux tantes.* → aussi **neveu, nièce.** ❍ homonyme : tente.

un **tantinet** **adv.** ✦ Familier. Un petit peu. → **légèrement.** *Il exagère un tantinet. Elle est un tantinet trop grosse.*

tantôt **adv.** ✦ Parfois. *Julie est d'humeur changeante : tantôt elle rit, tantôt elle boude,* à certains moments elle rit, à certains moments elle boude.
▷ Mot de la famille de TANT et de TÔT.

taon [tɑ̃] **n. m.** ✦ Grosse mouche dont la femelle suce le sang des animaux et des hommes. *Louise a été piquée par un taon.* ❍ homonymes : tant, ① et ② temps.

tapage **n. m. 1.** Bruit violent et désordonné. → **chahut, tintamarre, vacarme ;** fam. **raffut.** *Les supporters de l'équipe faisaient un tapage infernal.* **2.** *On a fait beaucoup de tapage autour de ce procès,* on en a trop parlé.
➤ **tapageur, tapageuse** **adj.** ✦ Qui se fait remarquer. *Ils vivent dans un luxe tapageur,* dans un luxe qui attire l'attention.
▷ Mots de la famille de TAPER.

tapant, tapante **adj.** ✦ Familier. Précis, exact. *Il est arrivé à six heures tapantes.* → ① **juste ;** fam. ③ **pile.**
▷ Mot de la famille de TAPER.

taper **v.** (conjug. 1) **1.** Donner des coups. → **frapper.** *Il tape sur le clou avec un marteau. Julie a tapé sa petite sœur.* **2.** *Ce bruit me tape sur les nerfs,* m'énerve beaucoup, m'agace. **3.** Écrire avec une machine à écrire ou un ordinateur. *La secrétaire a tapé trois lettres. Il sait taper à la machine.* → **dactylographier** et aussi **saisir.**
➤ **tape** **n. f.** ✦ Coup donné avec le plat de la main. → **claque.** *Il lui a donné une petite tape sur l'épaule.*
➤ **tape-à-l'œil** **adj. inv.** ✦ Qui attire trop l'attention. *Elle aime les bijoux tape-à-l'œil.*
▷ Mot de la famille de ŒIL.
▷ Autres mots de la famille : RETAPER, TAPAGE, TAPAGEUR, TAPANT, TAPOTER.

en **tapinois** **adv.** ✦ En se cachant. → **en catimini,** à la **dérobée, discrètement.** *Paul et Théo se sont approchés de Léa en tapinois.*
● Cette expression est littéraire.
▷ Mot de la famille de SE TAPIR.

tapioca **n. m.** ✦ Farine de manioc cuite et séchée. *Elle a préparé du potage au tapioca.*

tapir **n. m.** ✦ Animal de la taille d'un petit cochon, dont le nez se prolonge en courte trompe. *Les tapirs sont des mammifères d'Asie du Sud-Est et d'Amérique tropicale.*

se **tapir** **v.** (conjug. 2) ✦ Se cacher en se blottissant. → se **terrer.** *Le chat s'est tapi sous le buffet.*
▷ Autre mot de la famille : EN TAPINOIS.

tapis **n. m.** ✦ Morceau de tissu épais dont on recouvre le sol d'une pièce. *Julie a fait tomber son verre sur le tapis du salon.* → aussi **moquette.**
➤ **tapisser** **v.** (conjug. 1) ✦ Couvrir de tissu, de tapisserie, de papier peint. → **recouvrir.** *Elle a tapissé sa chambre avec un papier à rayures.*
➤ **tapisserie** **n. f.** ✦ Panneau décoratif fait de motifs tissés. *Les tapisseries d'Aubusson et des Gobelins sont réputées.*

tapisserie

➤ **tapissier** n. m., **tapissière** n. f. ✦ Personne dont le métier est de recouvrir de tissu certains meubles et de confectionner des rideaux, des coussins, etc. *Le tapissier a recouvert nos fauteuils.*

tapoter v. (conjug. 1) ✦ Frapper légèrement en donnant de petits coups. *Il lui tapota la joue affectueusement.*
▷ Mot de la famille de TAPER.

taquet n. m. ✦ Morceau de bois qui sert à bloquer, à caler.

taquin, taquine adj. ✦ Qui aime bien taquiner. *Julie est très taquine.*

➤ **taquiner** v. (conjug. 1) ✦ S'amuser à agacer gentiment. *Alex aime bien taquiner sa grand-mère.*

➤ **taquinerie** n. f. ✦ Ce que l'on fait ou dit pour taquiner. *Ce n'était pas méchant, c'était juste une taquinerie.*

tarabiscoté, tarabiscotée adj. ✦ Trop compliqué. *Cette histoire est tarabiscotée, on n'y comprend rien.*

tarabuster v. (conjug. 1) ✦ Tourmenter sans cesse, importuner. *Cesse de tarabuster ta sœur !* → **harceler, houspiller.** *Cette idée me tarabuste.* → **tracasser.**

tarama n. m. ✦ Hors-d'œuvre fait à base d'œufs de cabillaud fumés, d'huile d'olive et de citron. *La maîtresse de maison a servi du tarama en entrée.*
● Ce mot vient du grec.

tard adv. **1.** Après le moment habituel, après un temps trop long. *Léa aime se lever tard.* ❏ contr. **tôt.** *Ils sont rentrés tard dans la nuit,* à une heure avancée. *Je saurai la vérité tôt ou tard,* je la saurai forcément, même si je ne sais pas quand. — *Mieux vaut tard que jamais,* il vaut mieux agir au dernier moment que pas du tout. **2.** *Plus tard,* dans l'avenir. *Nous verrons cela plus tard.* → **après, ultérieurement.** ❍ homonymes : ① et ② tare.

➤ **tarder** v. (conjug. 1) **1.** Être lent à venir, se faire attendre. *Sa réponse n'a pas tardé.* **2.** Attendre avant de commencer à faire quelque chose. *Viens sans tarder,* tout de suite. ❏ contr. se **dépêcher,** se **hâter,** se **presser.** *Ils ne devraient plus tarder à arriver,* ils vont arriver bientôt. **3.** *Il me tardait de partir,* j'avais hâte de partir.

➤ **tardif, tardive** adj. **1.** Qui a lieu tard. *Il est rentré à une heure tardive.* → **avancé.** **2.** Qui se développe plus lentement ou plus tard que la moyenne. *Ces fraises sont tardives,* elles mûrissent plus tard que les autres variétés. ❏ contr. **précoce.**
▷ Autres mots de la famille : S'ATTARDER, RETARD, RETARDATAIRE, À RETARDEMENT, RETARDER.

① **tare** n. f. ✦ Grave défaut. *Son chien a une tare : il est sourd.* ❍ homonyme : tard.

➤ **taré, tarée** adj. ✦ Atteint d'une tare, souvent héréditaire.

② **tare** n. f. ✦ Poids de l'emballage pesé avec une marchandise.

tarentule n. f. ✦ Grosse araignée venimeuse des pays chauds.

targette n. f. ✦ Petit verrou plat. *Tire la targette pour ouvrir la porte du grenier.*

se **targuer** v. (conjug. 1) ✦ Parler de soi et de ses mérites avec exagération. → se **vanter.** *Léa s'est targuée d'y arriver toute seule.*

tarif n. m. ✦ Prix fixé. *Le coiffeur a augmenté ses tarifs.*
▷ Autre mot de la famille : DEMI-TARIF.

tarir v. (conjug. 2) **1.** Cesser de couler, d'avoir de l'eau. *Ses larmes ne tarissaient pas.* — **se tarir,** devenir sec. *La source s'est tarie.* **2.** *Il ne tarit pas d'éloges sur ses enfants,* il n'arrête pas d'en parler d'une façon élogieuse.

➤ **tarissement** n. m. ✦ État d'une source, d'un cours d'eau qui est asséché.
▷ Autre mot de la famille : INTARISSABLE.

tarot n. m. ✦ *Les tarots,* ce sont de longues cartes à jouer portant des figures spéciales, que l'on utilise pour prédire l'avenir ou pour jouer à un jeu de cartes appelé *tarot. Un jeu de tarots comprend 78 cartes.*

tarot

tartare adj. ✦ *Un steak tartare,* c'est de la viande de bœuf hachée servie crue avec un jaune d'œuf et différents condiments. *Ils ont mangé des steaks tartares.*

tarte n. f. et adj.
■ **n. f.** Gâteau fait d'un fond de pâte garni de fruits, de légumes ou de crème. *Une tarte aux fraises.*

■ **adj.** Familier. Laid et ridicule, démodé. *Elle avait une robe un peu tarte.* → fam. **ringard.**
➤ **tartelette n. f.** ✦ Petite tarte pour une personne. *Des tartelettes aux framboises.*

tartine n. f. ✦ Tranche de pain que l'on recouvre de beurre, de confiture ou d'une pâte facile à étaler. *Paul a mangé deux tartines beurrées.*
➤ **tartiner v.** (conjug. 1) ✦ Étaler sur du pain. *Du fromage à tartiner.*

tartre n. m. 1. Dépôt jaunâtre qui se forme sur les dents. *Il faut se laver les dents pour éviter la formation du tartre.* **2.** Croûte calcaire formée par l'eau qui bout. *La bouilloire est pleine de tartre.*
▷ Autres mots de la famille : DÉTARTRAGE, DÉTARTRER, ENTARTRER.

tas n. m. 1. Quantité d'objets mis les uns sur les autres. → **amas, monceau.** *Un tas de cailloux.* **2.** Grand nombre. *Alex s'intéresse à des tas de choses.* ○ homonyme : ta.
▷ Autres mots de la famille : ENTASSEMENT, ENTASSER, TASSEMENT, TASSER.

tasse n. f. ✦ Petit récipient muni d'une anse, qui sert à boire. *Louise pose les tasses à café sur la table. Léa a bu une tasse de thé,* le contenu d'une tasse. — *Le nageur a bu la tasse,* il a avalé involontairement de l'eau en se baignant.

tasseau n. m. ✦ Petite pièce de bois ou de métal servant à soutenir l'extrémité d'une tablette. *Les étagères de la bibliothèque reposent sur des tasseaux.*

tasser v. (conjug. 1) **1.** Comprimer le plus possible en appuyant. *Il tasse le tabac dans sa pipe.* **2.** Serrer les uns contre les autres. *Aux heures de pointe, les gens sont tassés dans le métro.* → **entasser. 3. se tasser,** s'affaisser. *Ma grand-mère s'est tassée en vieillissant.*
➤ **tassement n. m.** ✦ Le fait de se tasser. *Elle a un tassement de vertèbres.*
▷ Mots de la famille de TAS.

tatami n. m. ✦ Tapis spécial couvrant le sol des salles où l'on pratique des sports comme le judo ou le karaté. — Au pl. *Des tatamis.*
● C'est un mot japonais.

tâter v. (conjug. 1) **1.** Toucher une chose avec la main, pour savoir comment elle est. → **palper.** *Paul tâtait les murs pour retrouver son chemin dans le noir.* **2.** *Tâter le terrain,* c'est prendre tous les renseignements possibles pour voir si l'on peut agir sans risque. *Julie tâte le terrain avant de demander une faveur à son père,* elle essaie de voir dans quelles dispositions il est. → **sonder. 3.** Familier. **se tâter,** s'interroger longuement. *Je ne sais que choisir, je me tâte.* → **hésiter.**
➤ **tatillon, tatillonne adj.** ✦ Trop attaché aux détails, trop minutieux. → **pointilleux.** *La mère de Théo est tatillonne.*
● Il n'y a pas d'accent circonflexe sur le *a* de *tatillon.*
➤ **tâtonner v.** (conjug. 1) **1.** Tâter les objets autour de soi pour se guider. *Léa tâtonnait dans le noir et elle a trébuché.* **2.** Hésiter, faire divers essais. *Les élèves tâtonnent avant de trouver la solution du problème.*
➤ **tâtonnement n. m.** ✦ Tentative pour essayer de trouver une solution. *L'enquête a abouti après bien des tâtonnements.*
➤ **à tâtons adv.** ✦ En tâtonnant. → **à l'aveuglette.** *Paul a trouvé la sortie à tâtons.*

tatou n. m. (pl. **tatous**) ✦ Animal d'Amérique du Sud, sans dents, dont le corps est recouvert d'une carapace et qui peut se rouler en boule. ➼ planche Mammifères p. 620. *Le tatou est un mammifère qui se nourrit d'insectes et de petits animaux.*

tatouer v. (conjug. 1) ✦ Graver un dessin dans la peau en projetant une encre indélébile au moyen de piqûres très rapprochées. *Le marin s'est fait tatouer une sirène sur la poitrine.*
➤ **tatouage n. m.** ✦ Dessin indélébile gravé dans la peau. *Il avait des tatouages sur les bras.*
➤ **tatoué, tatouée adj.** ✦ Qui porte un tatouage. *Il a le dos tatoué. Il a une sirène tatouée sur la poitrine,* gravée par le procédé du tatouage.

tatouage

taudis [todi] **n. m.** ✦ Maison misérable, sans confort. *Ils vivaient dans un taudis.*
● Attention au *s* final.

taupe n. f. ✦ Petit animal qui vit sous terre en creusant de longues galeries. ➼ planche Mammifères p. 620. *Les taupes sont presque aveugles.*

➤ **taupinière** n. f. ✦ Petit tas de terre rejeté par la taupe qui creuse sa galerie. *Il y a des taupinières dans le jardin.*

taureau n. m. ✦ Mâle de la vache. → aussi **bœuf.** *Ils ont assisté à une course de taureaux,* à une corrida. — *Prendre le taureau par les cornes,* s'attaquer à une difficulté avec détermination.

➤ **tauromachie** n. f. ✦ Art de combattre les taureaux dans l'arène. → aussi **corrida** et **torero.**

taux n. m. ✦ Proportion. *Le taux de mortalité infantile a beaucoup baissé dans les pays riches.* → **pourcentage.** *La banque prête de l'argent à un taux d'intérêt de 5 %,* elle fait payer 5 euros d'intérêts pour 100 euros prêtés.
○ homonyme : tôt.

tavelé, tavelée adj. ✦ Marqué de petites taches. *Une poire tavelée.*

taverne n. f. ✦ Restaurant d'autrefois où l'on pouvait boire et manger. → **auberge.**

① **taxer** v. (conjug. 1) ✦ *Taxer un produit,* c'est faire payer un impôt dessus à l'acheteur. *Les boissons alcoolisées et les cigarettes sont fortement taxées.*

➤ **taxe** n. f. ✦ Somme versée à l'État. → **contribution, impôt** et aussi **redevance.** *Ce prix est donné toutes taxes comprises (T. T. C.),* il comprend le montant de ce qui doit être versé à l'État.
▷ Autre mot de la famille : DÉTAXER.

② **taxer** v. (conjug. 1) ✦ Accuser. *Elle taxe son voisin de méchanceté.*

taxi n. m. ✦ Voiture conduite par un chauffeur, munic d'un compteur indiquant le prix de la course, et dans laquelle on monte pour faire un trajet. *Ils ont pris un taxi pour aller à la gare. Il est chauffeur de taxi.*

taxi

taxidermiste n. m. et f. ✦ Personne dont le métier est d'empailler les animaux.

tchador n. m. ✦ Voile noir recouvrant la tête de certaines musulmanes. *Elle porte le tchador.*

te pronom personnel ✦ Pronom personnel de la deuxième personne du singulier, complément. → aussi **toi, tu.** *Je te vois. Il t'a parlé. Tu t'habilleras après.*

technique [tɛknik] n. f. et adj.
■ n. f. Ensemble des procédés, des méthodes qui permettent de fabriquer des objets, d'arriver à un résultat déterminé. *Les progrès que la technique a faits au 20ᵉ siècle sont fascinants.*
■ adj. 1. Qui concerne un domaine particulier. *Chaque métier a son vocabulaire technique.* 2. *Il suit un enseignement technique,* qui prépare à un métier de technicien. 3. Qui concerne un mécanisme. *Le train s'est arrêté à cause d'un incident technique,* à cause du mauvais fonctionnement du matériel.

➤ **technicien** n. m., **technicienne** n. f. ✦ Personne spécialisée dans une technique. *Des techniciens sont venus vérifier les ordinateurs.*

technologie n. f. ✦ Étude des techniques, des machines et des matériaux. *Il est professeur de technologie dans un collège.*

➤ **technologique** adj. Qui concerne la technologie. *Il suit un enseignement technologique.*

teck n. m. ✦ Bois brun très dur et très lourd qui ne pourrit pas. *Le banc qui est dans le jardin est en teck.*
● On écrit aussi *tek.*

teckel n. m. ✦ Petit chien aux pattes courtes, de la même famille que le basset.
➽ planche Chiens p. 166.

tee-shirt [tiʃœʀt] n. m. ✦ Maillot de corps en coton, en forme de T, qui couvre le haut du corps. *Julie était en jean et en tee-shirt.* — Au pl. *Des tee-shirts.*
● Ce mot vient de l'anglais.

tégument n. m. ✦ Enveloppe de la graine d'une plante.

teigne n. f. 1. Maladie du cuir chevelu qui fait tomber les cheveux. *La teigne est causée par un champignon microscopique.* 2. Personne très méchante. → **peste.** *Quelle sale teigne !*

➤ **teigneux, teigneuse** adj. 1. Qui a la teigne. *Un chien teigneux.* 2. Familier. Méchant et agressif. → **hargneux.** *Elle est devenue teigneuse en vieillissant.*

teindre **v.** (conjug. 52) ✦ Donner une nouvelle couleur. *Elle a teint sa jupe en noir. Il se teint les cheveux.* — **se teindre,** teindre ses cheveux. *Elle s'est teinte en blonde.* — *Il a les cheveux teints.*

➤ **teint** **n. m.** ✦ Couleur et aspect de la peau du visage. *Léa a le teint mat.* ❍ homonymes : tain, thym.

➤ **teinte** **n. f.** ✦ Couleur. → **coloris, nuance,** ② **ton.** *Cette robe existe dans différentes teintes.*

➤ **teinter** **v.** (conjug. 1) ✦ Colorer légèrement. *Il teinte son eau avec un peu de vin.* — **se teinter,** prendre une autre couleur. *Le ciel se teintait de rose.* ❍ homonyme : tinter.

➤ **teinté, teintée** **adj.** ✦ Légèrement coloré. *Il a des lunettes aux verres teintés.*

➤ **teinture** **n. f.** **1.** Action de teindre. *Elle s'est fait une teinture,* elle s'est teint les cheveux. **2.** Produit qui sert à teindre. *Elle plonge son pull-over dans la teinture.*

➤ **teinturier** **n. m.,** **teinturière** **n. f.** ✦ Personne dont le métier est de teindre et de nettoyer les vêtements. *Il a porté un costume chez le teinturier.*

➤ **teinturerie** **n. f.** ✦ Magasin où l'on teint, nettoie et repasse les vêtements. *Mon manteau est à la teinturerie.* → **pressing** et aussi **blanchisserie.**

▷ Autre mot de la famille : DÉTEINDRE.

tek → **teck**

tel, telle **adj.** **1.** Semblable, du même genre. → **pareil.** *Il ne s'attendait pas à une telle réaction.* **2.** *Il faut prendre les gens* ***tels qu'ils*** *sont,* comme ils sont. **3.** *Les choses sont restées* ***telles quelles,*** dans l'état où elles étaient, sans changement. **4.** Si grand, si fort. *Il a eu une peur telle qu'il est parti en courant. Rien de tel que la marche pour se délasser,* rien n'est aussi efficace que la marche pour cela.

▷ Autre mot de la famille : TELLEMENT.

télé **n. f.** ✦ Familier. **1.** Télévision. *Louise regarde la télé en rentrant de l'école.* **2.** Poste de télévision. → **téléviseur.** *Éteins la télé !* — Au pl. *Des télés.*

▷ Autres mots de la famille : TÉLÉFILM, TÉLÉSPECTATEUR.

télé- ✦ Préfixe qui signifie « au loin » (ex. *télécommande*).

télécabine **n. f.** ✦ Ensemble de petites cabines suspendues à un câble. *Prenez la télécabine pour aller en haut des pistes.* → aussi **téléphérique** et **télésiège.**

▷ Mot de la famille de CABINE.

télécabine

télécarte **n. f.** Nom déposé ✦ Carte qui permet de téléphoner d'une cabine téléphonique. *Il s'est acheté une télécarte au tabac.*

▷ Mot de la famille de ① CARTE.

télécommander **v.** (conjug. 1) ✦ Commander de loin. → **téléguider.** *La mise à feu de la fusée est télécommandée.*

➤ **télécommande** **n. f.** ✦ Petit appareil qui permet de régler un appareil à distance, sans se déplacer. *Prends la télécommande de la télévision pour changer de chaîne.* → aussi **zapper.**

➤ **télécommandé, télécommandée** **adj.** ✦ Que l'on fait fonctionner de loin. *Un aiguillage télécommandé.*

▷ Mots de la famille de COMMANDER.

télécommunication **n. f.** ✦ Ensemble des moyens qui permettent de communiquer et de faire passer des informations à des personnes éloignées. *Le téléphone, le fax, Internet font partie des télécommunications.*

▷ Mot de la famille de COMMUNIQUER.

télécopie **n. f.** ✦ Procédé qui permet de transmettre un message écrit, un document, immédiatement, par une ligne téléphonique. → **fax.** *Envoyez-nous les documents par télécopie.*

➤ **télécopieur** **n. m.** ✦ Appareil de télécopie. *Il a un nouveau télécopieur.* → **fax.**

▷ Mots de la famille de COPIE.

téléférique → **téléphérique**

téléfilm **n. m.** ✦ Film fait pour la télévision. *Il a joué dans plusieurs téléfilms.*
▷ Mot de la famille de TÉLÉ et de FILM.

télégramme **n. m.** ✦ Message écrit, généralement court, transmis très rapidement par les services de la poste. → **dépêche.** *Le jour de leur mariage, ils ont reçu beaucoup de télégrammes.*

télégraphe **n. m.** ✦ Système permettant de transmettre très rapidement des messages au loin, sans utiliser le téléphone.
➤ **télégraphier** **v.** (conjug. 7) ✦ Envoyer un télégramme. *Il a télégraphié qu'il ne pouvait pas venir.*
➤ **télégraphique** **adj.** **1.** *Un message télégraphique,* c'est un message envoyé par le télégraphe. **2.** *Il écrit en style télégraphique,* dans un style abrégé, sans faire de vraies phrases, comme dans un télégramme.

téléguider **v.** (conjug. 1) ✦ Guider de loin. → **télécommander.**
➤ **téléguidé, téléguidée** **adj.** ✦ *Paul a une voiture téléguidée,* qu'il dirige à distance, sans la toucher. → **télécommandé.**
▷ Mots de la famille de GUIDER.

télématique **n. f.** ✦ Ensemble des techniques qui associent l'informatique et les télécommunications. *La télématique permet l'usage des cartes de crédit.*

téléobjectif **n. m.** ✦ Objectif d'un appareil photo qui agrandit l'image et sert à photographier de loin. *Les lions ont été pris en photo au téléobjectif.*
▷ Mot de la famille de ② OBJECTIF.

télépathie **n. f.** ✦ Communication à distance par la pensée. → aussi **transmission** de pensée.

téléphérique **n. m.** ✦ Système de transport, en montagne, formé d'une cabine suspendue à un câble. *Les skieurs ont pris le téléphérique.* → aussi **télécabine, télésiège.**
● On écrit aussi *téléférique.*

téléphone **n. m.** ✦ Appareil qui permet de transmettre au loin et de recevoir de loin des sons par l'intermédiaire de circuits électriques. *Donne-moi ton numéro de téléphone. Il m'a appelé au téléphone. Alex a un téléphone portable.* → **mobile, portable.**
➤ **téléphoner** **v.** (conjug. 1) ✦ Communiquer par le moyen du téléphone. *Téléphone-moi dès que tu seras arrivé.* → **appeler.**
➤ **téléphonique** **adj.** ✦ *Une cabine téléphonique,* c'est une cabine publique aménagée pour téléphoner. *Il appelle d'une cabine téléphonique.*

télescope **n. m.** ✦ Instrument qui permet d'observer des objets très éloignés. *Les astronomes observent les astres au télescope.*

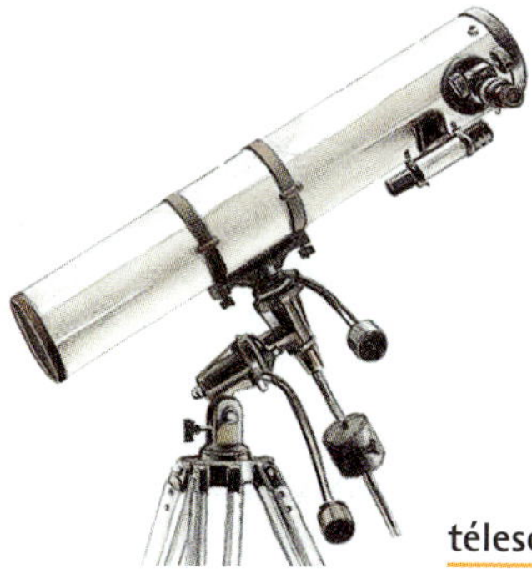
télescope

télescoper **v.** (conjug. 1) ✦ Rentrer dans un véhicule avec un choc violent. → **tamponner.** *Le train a télescopé un camion au passage à niveau.* — **se télescoper,** se heurter violemment. *Les deux voitures se sont télescopées.*
➤ **télescopage** **n. m.** ✦ Le fait de se télescoper. *Le télescopage des voitures a fait plusieurs victimes.* → **carambolage.**

télescopique **adj.** ✦ Dont les éléments s'emboîtent les uns dans les autres. *Elle a un parapluie télescopique,* un parapluie pliant.

télésiège **n. m.** ✦ Téléphérique constitué par une série de sièges suspendus à un câble. → aussi **télécabine.**
▷ Mot de la famille de SIÈGE.

téléski **n. m.** ✦ Câble muni de perches qui sert à tirer les skieurs en haut des pistes. → **remonte-pente.**
▷ Mot de la famille de SKI.

téléspectateur **n. m.**, **téléspectatrice** **n. f.** ✦ Personne qui regarde la télévision. *Plusieurs millions de téléspectateurs ont regardé le match.*
▷ Mot de la famille de TÉLÉ et de SPECTATEUR.

téléthon [teletɔ̃] **n. m.** ✦ Spectacle télévisé de longue durée destiné à recueillir de l'argent pour la recherche médicale.

télévisé, télévisée **adj.** ✦ Retransmis par la télévision. *Il regarde le journal télévisé de 20 heures.*
▷ Mot de la famille de VOIR.

téléviseur **n. m.** ✦ Poste qui permet de recevoir la télévision. → fam. **télé.** *Ils ont deux téléviseurs et un magnétoscope.*
▷ Mot de la famille de VOIR.

télévision **n. f.** 1. Système qui permet de transmettre des images. *Une caméra de télévision.* 2. Programme, émission transmise par télévision. *Louise regarde la télévision.* → fam. **télé.** 3. Poste qui permet de recevoir la télévision. → **téléviseur.** *La télévision est cassée.*
▷ Mot de la famille de VOIR.

télex [telɛks] **n. m.** ✦ Appareil qui permet de transmettre à distance des textes tapés à la machine. *Il a envoyé un message par télex.*

tellement **adv.** ✦ À un tel degré. → ② **si.** *Il fait tellement froid qu'il ne sort pas. Elle a tellement changé que je ne la reconnaissais pas.* → **tant.**
▷ Mot de la famille de TEL.

tellurique **adj.** ✦ Qui concerne la Terre. *Il y a eu une secousse tellurique,* un tremblement de terre.

téméraire **adj.** ✦ Audacieux au point d'être imprudent. → **hardi.** *Théo était bien téméraire de vouloir escalader la falaise.* → aussi **témérité.**
❏ contr. **prudent, timoré.**

témérité **n. f.** ✦ Audace excessive. → **hardiesse** et aussi **téméraire.** *Il a agi avec témérité, sans réfléchir.* ❏ contr. **prudence.**

témoigner **v.** (conjug. 1) 1. Dire officiellement qu'on a vu ou entendu quelque chose. → **attester, certifier** et aussi **témoin.** *Les personnes qui avaient vu l'assassin s'enfuir ont témoigné à son procès.* 2. Faire connaître, montrer. → **manifester.** *Ils nous ont témoigné leur confiance.*

➤ **témoignage** **n. m.** 1. Déclaration faite par un témoin. *Le témoignage du chauffeur de taxi est capital.* 2. Ce qui montre quelque chose. → **manifestation, preuve, signe.** *Reçois ce cadeau en témoignage de mon amitié.*

temple grec

témoin **n. m.** ✦ Personne qui a assisté à quelque chose sans forcément le vouloir. *Elle est le seul témoin du hold-up.* → aussi **témoigner.**

tempe **n. f.** ✦ Côté de la tête, entre le coin de l'œil et le haut de l'oreille. *Son père a les tempes grisonnantes,* il a des cheveux grisonnants sur les tempes.

tempérament **n. m.** 1. Caractère d'une personne. *Léa est d'un tempérament réservé.* → **nature.** 2. *Acheter quelque chose* ***à tempérament,*** c'est le payer en plusieurs fois. → **à crédit.**

tempérance **n. f.** ✦ Qualité d'une personne qui mange et boit modérément. *Il fait preuve de tempérance.*
▷ Mot de la famille de TEMPÉRER.

température **n. f.** 1. Degré de chaleur ou de froid. *La température extérieure est de 20 degrés, il fait bon.* 2. Chaleur du corps. *Léa prend sa température,* elle vérifie avec un thermomètre si elle a de la fièvre.

tempérer **v.** (conjug. 6) ✦ Rendre moins excessif, plus doux. → **adoucir, atténuer.** *Essaie de tempérer ton agressivité !* → **modérer.**

➤ **tempéré, tempérée** **adj.** ✦ Ni très chaud, ni très froid. *La France jouit d'un climat tempéré.* → **doux.**
▷ Autre mot de la famille : TEMPÉRANCE.

tempête **n. f.** ✦ Vent très fort, souvent accompagné d'orage. → **bourrasque, cyclone, ouragan, tourmente.** *Ce n'est pas le moment de partir en mer, la tempête fait rage.*

➤ **tempêter** **v.** (conjug. 1) ✦ Manifester son mécontentement avec colère. *Les automobilistes tempêtent contre les embouteillages.*

temple **n. m.** 1. Bâtiment religieux, consacré au culte d'une divinité. → aussi **église, mosquée, pagode, synagogue.** *Les Grecs et les Romains construisirent de nombreux temples.* 2. Lieu de culte des protestants. *Il va au temple tous les dimanches.*

tempo [tɛmpo] **n. m.** ✦ Vitesse à laquelle on doit exécuter un morceau de musique.
● C'est un mot italien.

temporaire **adj.** ✦ Qui ne dure qu'un moment limité. → **momentané,** ② **passager, provisoire.** *Il a trouvé un emploi temporaire pour le mois de juillet.* ❏ contr. **définitif, permanent, perpétuel.**

➤ **temporairement** **adv.** ✦ Pour un temps. → **momentanément, provisoirement.** *Le magasin est fermé temporairement pour travaux.* ❏ contr. **définitivement.**

temporiser **v.** (conjug. 1) ✦ Attendre un moment plus favorable pour agir en faisant traîner les choses en longueur. → **tergiverser.** *Il faut savoir temporiser et attendre que l'adversaire s'épuise.*

① **temps** **n. m.** 1. Durée. *Il faut du temps pour faire un gâteau. Nous partons dans peu de temps,* bientôt. *Le temps a passé vite. Je n'ai pas eu le temps de t'écrire. Léa parle* ***tout le temps,*** sans arrêt. *Prends ton temps,* ne te dépêche pas. 2. Moment, date. *En ce temps-là, les enfants étaient plus naïfs.* → **époque.** *C'est bientôt le temps des vendanges.* → **saison.** *Elle est fatiguée ces temps-ci,* en ce moment. 3. *Il est temps de se décider,* le moment est venu pour cela. *Julie est arrivée juste* ***à temps,*** juste assez tôt. *Théo et Paul ont éclaté de rire* ***en même temps,*** ensemble et au même moment. *Alex va* ***de temps en temps*** *à la bibliothèque,* quelquefois. 4. Forme du verbe qui indique si l'action a eu lieu dans le passé, se passe dans le présent ou se produira dans l'avenir. *Conjuguez le verbe « salir » à tous les temps de l'indicatif.* 5. Division de la mesure, en musique. *La valse est une danse à trois temps.* ○ homonymes : tant, taon.
▷ Autres mots de la famille : CONTRETEMPS, ENTRE-TEMPS, LONGTEMPS, MI-TEMPS, PASSE-TEMPS, PRINTANIER, PRINTEMPS.

② **temps** **n. m.** ✦ Aspect du ciel, température de l'air, vent qu'il y a à un moment donné. → aussi **météorologie.** *Quel temps fera-t-il demain ? Le temps est orageux. Ils ont eu beau temps pendant leurs vacances.*

tenable **adj.** ✦ Où l'on peut se tenir, rester. *Il fait trop chaud dans cette pièce, ce n'est pas tenable.* → **supportable.** ❏ contr. **insupportable, intenable.**
▷ Mot de la famille de TENIR.

tenace **adj.** 1. Qui dure, ne part pas. → **persistant.** *L'odeur de friture est particulièrement tenace.* 2. Qui persévère malgré les difficultés. → ① **ferme, opiniâtre.** *Un enquêteur tenace.*

➤ **ténacité** **n. f.** ✦ Caractère d'une personne tenace. *C'est un homme d'une ténacité à toute épreuve.* → **obstination.**
▷ Mots de la famille de TENIR.

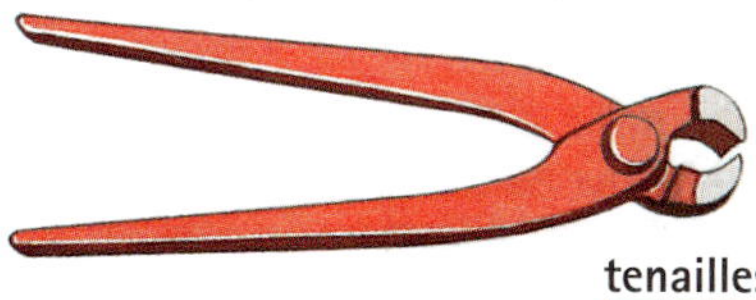
tenailles

tenailles **n. f. pl.** ✦ Pince qui sert à arracher des clous.

➤ **tenailler** **v.** (conjug. 1) ✦ Faire souffrir en tourmentant. *Le remords tenaillait l'assassin.* → **torturer.**
▷ Mots de la famille de TENIR.

tenancier **n. m.,** **tenancière** **n. f.** ✦ Personne qui s'occupe d'un établissement soumis à une surveillance particulière. *Les policiers ont interrogé la tenancière de l'hôtel.* → ① **patron.**
▷ Mot de la famille de TENIR.

① **tenant, tenante** **adj.** ✦ *Sa proposition a été acceptée* ***séance tenante,*** tout de suite, sur-le-champ.
▷ Mot de la famille de TENIR.

② **tenant** **n. m.,** **tenante** **n. f.** 1. *Le tenant d'un titre sportif,* c'est celui qui le détient. *La finale opposera la tenante du titre à une inconnue.* 2. **n. m.** *D'un seul tenant,* d'une seule pièce, en un seul morceau. *Ils possèdent un domaine de 15 hectares d'un seul tenant.*
▷ Mot de la famille de TENIR.

tendance **n. f.** ✦ Ce qui fait que l'on se comporte d'une certaine façon. → **disposi-**

tion, penchant, propension. *Alex a une certaine tendance à rêver en classe,* il y est enclin.
➤ **tendancieux, tendancieuse** adj. ✦ Qui déforme la vérité, manifeste des préjugés. → **partial.** *Ce journal présente les informations d'une façon tendancieuse.* ❑ contr. **impartial, ③ objectif.**
▷ Mots de la famille de ② TENDRE.

tendeur n. m. ✦ Câble élastique qui sert à tendre, à fixer. *Paul fait tenir le panier sur le porte-bagages de son vélo avec des tendeurs.*
▷ Mot de la famille de ① TENDRE.

tendinite n. f. ✦ Inflammation d'un tendon. *Alex a une tendinite du coude après avoir joué au tennis.*

tendon n. m. ✦ Extrémité d'un muscle qui le rattache à un os. *Le tendon d'Achille attache les muscles du mollet au talon.*

① **tendre** v. (conjug. 41) **1.** Tirer sur quelque chose pour rendre droit. *Paul tend la corde.* **2.** Déplier complètement. → **déployer.** *Le pêcheur a tendu ses filets.* **3.** Recouvrir. *Il a tendu les murs du salon de tissu à fleurs.* **4.** Avancer ou allonger une partie du corps. *Léa me tend la main pour me dire bonjour.* **5.** Avancer quelque chose vers quelqu'un pour le lui donner. *Le professeur tend une image à Julie.* **6. se tendre,** menacer de rompre, devenir difficile. *Les relations entre les deux pays se sont tendues.*
▷ Autres mots de la famille : DÉTENDRE, DÉTENDU, DÉTENTE, DISTENDRE, ÉTENDRE, S'ÉTENDRE, ÉTENDU, ÉTENDUE, TENDEUR, TENDU, TENSION, TENTURE.

② **tendre** v. (conjug. 41) ✦ Avoir un but et s'en rapprocher. → **viser.** *La situation tend à s'améliorer,* elle évolue en s'améliorant.
▷ Autres mots de la famille : TENDANCE, TENDANCIEUX.

③ **tendre** adj. **1.** Qui présente peu de résistance. → ① **mou.** *Cette viande est très tendre.* → aussi **tendreté.** ❑ contr. **dur.** **2.** Affectueux et doux. *Elle est tendre avec ses enfants.* → aussi **tendresse.**
➤ **tendrement** adv. ✦ Avec tendresse. *Il aime ses enfants tendrement.*
➤ **tendresse** n. f. ✦ Affection tendre. → **amour.** *Il regarde sa femme avec tendresse.* ❑ contr. **dureté, froideur.**
➤ **tendreté** n. f. ✦ Qualité d'une viande qui est tendre. *Cette viande est d'une grande tendreté.* ❑ contr. **dureté.**
▷ Autres mots de la famille : ATTENDRI, ATTENDRIR, ATTENDRISSANT, ATTENDRISSEMENT.

tendu, tendue adj. ✦ Contracté, préoccupé, soucieux. *Elle était tendue en attendant le résultat de son examen.* ❑ contr. **détendu.**
▷ Mot de la famille de ① TENDRE.

ténèbres n. f. pl. ✦ Obscurité profonde. *D'épaisses ténèbres enveloppaient le château.* ❑ contr. **lumière.**
➤ **ténébreux, ténébreuse** adj. ✦ Mystérieux et dangereux. *Alex raconta une ténébreuse histoire de fantômes.* → **sombre.**

teneur n. f. ✦ Ce que contient une chose. *Ce minerai a une forte teneur en plomb,* il contient beaucoup de plomb.
▷ Mot de la famille de TENIR.

ténia n. m. ✦ Long ver qui vit en parasite dans l'intestin des mammifères, appelé aussi *ver solitaire.*

ténia

tenir v. (conjug. 22) **1.** Garder à la main ou dans ses bras sans faire tomber. *Il tenait sa casquette à la main.* **2.** Faire rester en place. → **maintenir, retenir.** *Une courroie tient les livres.* **3.** Faire rester dans un état. *Ce manteau tient chaud.* **4.** *Tiens !* marque l'étonnement. *Tiens ! vous voilà !* **5.** *Je le tenais en estime,* je l'estimais. **6.** Avoir appris quelque chose. *De qui tenez-vous cette histoire ?* qui vous l'a racontée ? **7.** Occuper un espace. *Ce buffet tient trop de place. Cette voiture tient bien la route,* elle ne s'écarte pas de la direction que son conducteur veut lui faire suivre. **8.** S'occuper de quelque chose. *Ils tiennent un restaurant,* ils le dirigent. → **gérer.** **9.** *Il tient de drôles de propos,* il dit de drôles de choses. **10.** Respecter. *On peut se fier à lui, il tient sa parole,* il y est fidèle. *Tiendras-tu ta promesse ?* **11.** Rester en place. *Mes lunettes ne tiennent pas, elles glissent tout le temps.* **12.** Être solide.

Fais un double nœud à tes lacets, cela tiendra mieux. **13.** Résister. *Tiens bon !* ne cède pas. **14.** Croire. *Je la tiens pour une femme honnête.* → **considérer.** **15.** Résister. *N'y tenant plus, Léa a ouvert le paquet,* étant trop impatiente. **16.** Être contenu dans un espace. *Nous ne tiendrons pas tous dans la voiture,* nous ne pourrons pas tous y entrer. **17.** Vouloir absolument. *Elle a tenu à vous inviter.*

➤ se **tenir** v. **1.** *Théo et Léa se tenaient par la main,* ils avaient chacun la main de l'autre dans sa main. **2.** *Tiens-toi à la rampe,* appuie-toi sur elle, accroche-toi à elle. **3.** Rester, demeurer. *Les enfants se sont tenus tranquilles tout l'après-midi. Tiens-toi droite !* **4.** *S'en tenir à quelque chose,* c'est ne rien vouloir savoir de plus. *Tenons-nous-en aux faits.*

▷ Autres mots de la famille : CONTENANCE, CONTENANT, CONTENIR, CONTENU, DÉCONTENANCER, DÉTENIR, DÉTENU, ENTRETENIR, S'ENTRETENIR, ① ET ② ENTRETIEN, INSOUTENABLE, INTENABLE, MAINTENANCE, MAINTENIR, MAINTIEN, OBTENIR, RETENIR, RETENUE, SOUTENIR, SOUTENU, SOUTIEN, SOUTIEN-GORGE, TENABLE, TENACE, TÉNACITÉ, TENAILLER, TENAILLES, TENANCIER, ① ET ② TENANT, TENEUR, TENU, TENUE.

tennis [tenis] **n. m.** et **f.** **1. n. m.** Sport dans lequel deux ou quatre joueurs se renvoient une balle avec des raquettes, par-dessus un filet. *On joue au tennis sur un court. — Le tennis de table,* c'est un jeu qui ressemble au tennis mais où l'on doit faire rebondir une petite balle légère sur une table. → **ping-pong.** **2. n. f. ou m.** Chaussure de sport basse, à semelle de caoutchouc. *Julie a des tennis blanches en cuir.* → aussi ① **basket.**

ténor **n. m.** ✦ Chanteur qui a la voix d'homme la plus aiguë. *Il est ténor à l'Opéra.* ❑ contr. **basse.**

tension **n. f.** **1.** Manière dont une chose est tendue. *Si la tension d'un élastique est trop forte, il se casse.* **2.** Pression du sang. *Le médecin lui a pris sa tension.* **3.** État de ce qui risque de rompre. *La tension augmente entre les deux pays,* leurs relations sont de plus en plus tendues.

▷ Mot de la famille de ① TENDRE.

tentacule **n. m.** ✦ Long bras souple de certains mollusques. *La pieuvre se déplace grâce à ses tentacules munis de ventouses.*

● *Tentacule* est un mot masculin : on dit *un tentacule.*

➤ **tentaculaire** **adj.** ✦ Qui se développe dans toutes les directions. *Los Angeles est une ville tentaculaire.*

tente **n. f.** ✦ Abri de toile tendue sur des mâts et des piquets, que l'on peut monter et démonter. *Les campeurs ont planté leur tente près du ruisseau.* ❍ homonyme : tante.

① **tenter** **v.** (conjug. 1) ✦ Faire envie. → **attirer.** *Ces chocolats me tentent trop, cache-les.* ❑ contr. **dégoûter.**

➤ **tentant, tentante** **adj.** ✦ Séduisant, attirant. *Sa proposition est très tentante.* → **alléchant.**

➤ **tentation** **n. f.** ✦ Envie à laquelle il est difficile de résister. *Louise n'a pu résister à la tentation d'ouvrir la lettre destinée à son frère.*

② **tenter** **v.** (conjug. 1) ✦ Essayer. *Un prisonnier a tenté de s'évader.*

➤ **tentative** **n. f.** ✦ Essai en vue d'obtenir un résultat. *Les tentatives de sauvetage ont échoué.*

tenture **n. f.** ✦ Tissu tendu le long d'un mur ou d'une porte. *Une tenture dissimule la porte.* → aussi **rideau.**

▷ Mot de la famille de ① TENDRE.

tenu, tenue **adj.** **1.** Obligé. *Un médecin est tenu au secret professionnel.* **2.** Entretenu. *Sa maison est très bien tenue.* ❍ homonyme : tenue.

▷ Mot de la famille de TENIR.

ténu, ténue **adj.** ✦ Très mince, très fin. *Les fils des toiles d'araignées sont ténus.*

▷ Autres mots de la famille : ATTÉNUANT, ATTÉNUER.

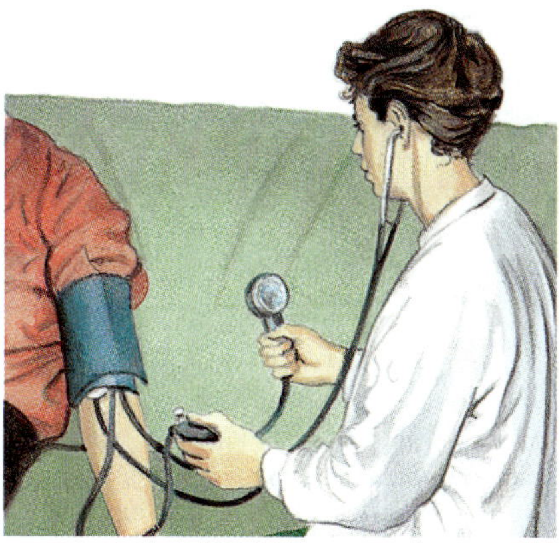

prendre la **tension**

tenue **n. f.** **1.** Manière dont un établissement est géré. *Cet hôtel se signale par sa* *bonne tenue.* **2.** Façon de se tenir, de se conduire. *Paul a une mauvaise tenue en classe : il bavarde et n'écoute pas.* **3.** Façon d'être habillé. *Une tenue de soirée,* c'est une robe du soir ou un smoking. *Il a mis une tenue de sport,* des vêtements de sport. **4.** *Cette voiture a une bonne tenue de route,* elle reste dans la direction que son conducteur veut lui faire suivre, sans déraper. → aussi **tenir** la route. ❍ homonyme : tenu.

▷ Mot de la famille de TENIR.

ter [tɛʀ] **adj. inv.** ✦ Troisième. *Il habite au 10 ter de la rue des Vignes,* au numéro qui vient après le 10 bis. ❍ homonymes : taire, terre.

térébenthine **n. f.** ✦ *Essence de térébenthine,* produit fabriqué à partir de la résine de pin. *Le peintre nettoie ses pinceaux à l'essence de térébenthine.*

● Attention au *h* après le deuxième *t.*

tergal **n. m.** (pl. **tergals**) Marque déposée ✦ Tissu synthétique qui ne se froisse pas. *Un pantalon de tergal.*

tergiverser **v.** (conjug. 1) ✦ Hésiter, avoir du mal à se décider. *Le temps presse, ce n'est plus le moment de tergiverser.*

➤ **tergiversations** **n. f. pl.** ✦ Moyens utilisés pour retarder le moment de donner une réponse ou un avis. *Assez de tergiversations, il faut agir !* → **faux-fuyant.**

① **terme** **n. m.** **1.** Limite dans le temps. *Nous voilà au terme du voyage,* à la fin du voyage. *Le bébé est né avant terme,* avant la date prévue. *Il faut mettre un terme à cette situation,* la faire cesser. **2.** *Il a des projets à court terme,* des projets qui doivent se réaliser bientôt. → **échéance.** *Elle a fait un emprunt à long terme,* un emprunt qu'elle va rembourser sur une longue période. **3.** Loyer. *Dans cet immeuble, le terme se paie tous les trimestres.* ❍ homonyme : thermes.

② **terme** **n. m.** **1.** Mot ou expression. *Je ne trouve pas le terme exact. Il connaît beaucoup de termes de marine.* **2.** Relation. *Nous sommes en bons termes avec nos voisins,* nous avons de bonnes relations avec eux.

terminer **v.** (conjug. 1) **1.** Faire arriver à sa fin. → **achever, finir.** *Théo a terminé ses devoirs.* ❑ contr. **commencer, entreprendre. 2.** Être la dernière partie d'une chose. *Un feu d'artifice termina la fête.* — **se terminer,** prendre fin. *La phrase se termine par un point.* ❑ contr. **débuter.**

➤ **terminaison** **n. f.** ✦ *La terminaison d'un mot,* c'est sa fin. → **finale.** *Les terminaisons de l'imparfait sont : -ais, -ais, -ait, -ions, -iez, -aient.*

➤ ① **terminal, terminale** **adj.** ✦ Final. *Nous arrivons à la phase terminale de nos travaux. Les classes terminales du lycée.* → aussi **terminale.** — Au masc. pl. *terminaux.*

➤ ② **terminal** **n. m.** (pl. **terminaux**) **1.** Appareil qui permet d'entrer en contact avec un ordinateur central. *L'écran et le clavier d'un terminal.* → **console. 2.** Partie d'une aérogare d'où partent et où arrivent les passagers. *Les passagers du vol Paris-Pau sont attendus au terminal D.*

➤ **terminale** **n. f.** ✦ Dernière classe du lycée. *Elles sont toutes les deux en terminale.*

➤ **terminus** [tɛʀminys] **n. m.** ✦ Dernière station d'une ligne de chemin de fer, de cars ou de bus. *Terminus ! Tout le monde descend !*

▷ Autre mot de la famille : INTERMINABLE.

termite **n. m.** ✦ Insecte qui vit en société et qui ronge le bois. ➸ planche Insectes p. 543. *La reine d'une colonie de termites peut pondre dix mille œufs par jour.*

● *Termite* est un nom masculin : on dit *un termite.*

➤ **termitière** **n. f.** ✦ Nid de termites. *Les termitières peuvent mesurer jusqu'à six mètres de hauteur.*

termitière

terne **adj.** **1.** Sans éclat, sans reflet. *Les femelles des oiseaux ont un plumage plus terne que celui des mâles.* ❑ contr. **éclatant, vif. 2.** Ennuyeux, sans intérêt. *C'est un personnage terne,* sans originalité. *La conversation était terne.* ❑ contr. **brillant.**

➤ **ternir** v. (conjug. 2) ✦ Rendre terne. *La poussière ternit les meubles.* — **se ternir,** devenir terne. *Les couleurs du tableau se sont ternies au fil des ans.*

terrain n. m. **1.** Sol. *Le terrain est marécageux. Ils ont un véhicule tout-terrain.* → **tout-terrain. 2.** *Les deux adversaires ont trouvé un terrain d'entente,* ils sont parvenus à s'entendre. **3.** Espace, étendue de terre. *Ils ont acheté un terrain pour y faire construire une maison.* **4.** Endroit aménagé pour un usage particulier. *Un terrain de camping. Un terrain de tennis* → ② **court.**

▷ Mot de la famille de TERRE.

terrasse n. f. **1.** Plateforme, au sommet d'un immeuble ou d'une maison, qui sert de toit. *Une piscine a été aménagée sur la terrasse.* **2.** Plateforme en plein air qui prolonge un étage de maison ou d'immeuble, grand balcon. *Il a un appartement avec une terrasse.* **3.** Partie d'un café ou d'un restaurant qui est sur le trottoir. *En été, il y a du monde à la terrasse des cafés.* **4.** *La culture en terrasses,* sur des parcelles de terrains qui forment des sortes d'escaliers, à flanc de colline ou de montagne. *On pratique la culture en terrasses dans les pays méditerranéens.*

● Il y a deux *r* et deux *s* dans *terrasse.*

▷ Mot de la famille de TERRE.

culture en **terrasses**

terrassement n. m. ✦ Opération par laquelle on creuse et on déplace la terre. *Des travaux de terrassement dans la rue gênent la circulation.*

● Il y a deux *r* et deux *s* dans *terrassement.*

▷ Mot de la famille de TERRE.

terrasser v. (conjug. 1) **1.** Jeter à terre. *Le boxeur a terrassé son adversaire.* **2.** Mourir brusquement. *Il a été terrassé par une crise cardiaque.*

▷ Mot de la famille de TERRE.

terrassier n. m. ✦ Ouvrier employé aux travaux de terrassement. *Les terrassiers creusent le sol avec un bulldozer.*

▷ Mot de la famille de TERRE.

terre n. f. **1.** Planète où vivent les hommes. *La Terre tourne autour du Soleil. Il a parcouru la terre entière,* le monde entier. **2.** Surface sur laquelle vivent les hommes, les animaux et les plantes. *Il y a eu un tremblement de terre au Japon. Léa est tombée par terre. Le métro passe sous terre. Les marins sont descendus à terre,* ils ont débarqué. **3.** Matière qui est à la surface de la planète Terre. *La charrue retourne la terre.* → ① **sol. 4.** Terrain que l'on peut cultiver. *Il a acheté un lopin de terre.* **5.** Territoire, zone. *Les explorateurs ont découvert des terres encore inconnues.* **6.** *De la terre cuite,* de l'argile durcie par la chaleur avec laquelle on fabrique des objets. *Des statuettes en terre cuite.* ❍ homonymes : taire, ter.

➤ **terre à terre** adj. inv. ✦ Qui donne beaucoup d'importance aux choses matérielles, qui manque de poésie. *Tes préoccupations sont bien terre à terre.*

➤ **terreau** n. m. ✦ Engrais naturel fait de terre et de plantes en décomposition. → **humus.** *Le jardinier met du terreau sur les parterres de fleurs.*

▷ Autres mots de la famille : ATTERRER, ATTERRIR, ATTERRISSAGE, DÉTERRER, ENTERREMENT, ENTERRER, EXTRATERRESTRE, MÉDITERRANÉEN, PARTERRE, PIED-À-TERRE, POMME DE TERRE, SOUTERRAIN, TERRAIN, TERRASSE, TERRASSEMENT, TERRASSER, TERRASSIER, TERRE-PLEIN, SE TERRER, TERRESTRE, TERREUX, TERRIEN, TERRIER, TERRIL, TERRINE, TERRITOIRE, TERRITORIAL, TERROIR, TOUT-TERRAIN.

terre-neuve n. m. inv. ✦ Gros chien à longs poils noirs et à tête large, originaire de l'île canadienne de Terre-Neuve. *Les terre-neuve sont dressés pour le sauvetage.*

terre-plein n. m. ✦ Portion de terrain surélevée. *Le terre-plein central de l'autoroute est couvert de gazon.* — Au pl. *Des terre-pleins.*

▷ Mot de la famille de TERRE et de PLEIN.

se terrer v. (conjug. 1) ✦ Se cacher dans un endroit couvert ou souterrain. *Le lièvre apeuré s'est terré dans son gîte.* → se **tapir.**
▷ Mot de la famille de TERRE.

terrestre adj. **1.** De la planète Terre. *Les montagnes sont les reliefs de l'écorce terrestre.* **2.** Qui vit sur la terre, le sol. *Les chevaux sont des animaux terrestres, les poissons des animaux aquatiques.*
▷ Mot de la famille de TERRE.

terreur n. f. ✦ Très grande peur. → **effroi, épouvante, frayeur.** *Les souris lui inspirent une véritable terreur. Des bandes armées semaient partout la terreur.*

terreux, terreuse adj. **1.** De la nature de la terre. *Ces champignons ont un goût terreux,* un goût de terre. **2.** Qui a une couleur qui rappelle la terre. *Elle avait le teint terreux,* terne, blafard.
▷ Mot de la famille de TERRE.

terrible adj. **1.** Qui fait peur, remplit de terreur. → **affreux, effrayant, effroyable, épouvantable, horrible.** *L'incendie de Londres, en 1666, fut une terrible catastrophe.* **2.** Très fort, très pénible. *Il fait une chaleur terrible.* **3.** Insupportable, turbulent. *Ces enfants sont vraiment terribles, ils ne font que des bêtises.* **4.** Familier. Extraordinaire, formidable. *Le film que j'ai vu n'est vraiment pas terrible,* il n'est pas bien. *Théo a une terrible envie de voir Louise.*
➤ **terriblement** adv. ✦ Extrêmement, énormément. *C'est une affaire terriblement compliquée.* → **très.**

terrien adj. et n. m., **terrienne** adj. et n. f.
■ **adj.** Qui possède des terres. *Ce sont de petits propriétaires terriens.*
■ **n.** Habitant de la Terre. *Dans ce roman de science-fiction, les terriens se battent contre des extraterrestres.*
▷ Mot de la famille de TERRE.

terrier n. m. ✦ Abri creusé dans la terre par certains animaux. → **tanière.** *Le renard sort de son terrier.*
▷ Mot de la famille de TERRE.

terrifier v. (conjug. 7) ✦ Frapper de terreur. → **effrayer, terroriser.** ❑ contr. **rassurer.** *Les rugissements du lion terrifiaient Léa.*
➤ **terrifiant, terrifiante** adj. ✦ Qui terrifie. → **effrayant, effroyable.** *Il nous a raconté une histoire terrifiante.*

terril [teʀil] n. m. ✦ Colline formée par les déblais d'une mine. *Dans le nord de la France, on voit beaucoup de terrils.*
▷ Mot de la famille de TERRE.

terril

terrine n. f. **1.** Récipient assez profond, en terre cuite, fermé par un couvercle. *Elle fait cuire un pâté dans une terrine.* **2.** Pâté cuit dans une terrine. *Cette terrine de lièvre est succulente.*
▷ Mot de la famille de TERRE.

territoire n. m. ✦ Étendue de terre sur laquelle vivent des êtres vivants. *Les troupes ennemies ont envahi notre territoire.*
➤ **territorial, territoriale** adj. ✦ Qui fait partie d'un territoire. *Les eaux territoriales,* la partie de la mer qui borde un pays et qui appartient à ce pays — Au masc. pl. *territoriaux.*
▷ Mots de la famille de TERRE.

terroir n. m. ✦ Petite partie d'une province. *Ce vieux paysan a l'accent du terroir,* l'accent de la région où il vit.
▷ Mot de la famille de TERRE.

terroriser v. (conjug. 1) ✦ Frapper de terreur, faire vivre dans la terreur. → **effrayer, épouvanter, terrifier.** *Les colères de son père le terrorisent. Julie est terrorisée par l'orage.*
➤ **terrorisme** n. m. ✦ Actes de violence faits dans un but politique. *Les attentats, les enlèvements, les détournements d'avions sont des actes de terrorisme.*
➤ **terroriste** n. m. et f. ✦ Personne qui participe à des actes de terrorisme. *Les terroristes ont exécuté les otages.* — **Adj.** *Un attentat terroriste,* c'est un attentat commis par des terroristes.

tertiaire adj. ✦ *L'ère tertiaire,* c'est la période qui a succédé à l'ère secondaire, il y a

70 millions d'années, et où sont apparues des chaînes de montagnes comme les Alpes. → aussi **primaire, quaternaire, secondaire.**

tertre **n. m.** ✦ Petit monticule au sommet aplati.

tes → ① **ton**

tesson **n. m.** ✦ Débris de verre ou de terre cuite. *Paul s'est blessé en marchant sur un tesson de bouteille.*

test [tɛst] **n. m.** **1.** Examen qui permet de juger l'intelligence ou le caractère d'une personne. *Le psychologue a fait passer des tests aux enfants de la classe.* **2.** Essai. *La voiture a été soumise à des tests de sécurité.*

➤ **tester** **v.** (conjug. 1) **1.** Soumettre à un test. *Le psychologue a testé les enfants.* **2.** Essayer, expérimenter. *Les voitures neuves sont testées avant d'être vendues.*

▷ Autre mot de la famille : ALCOOTEST.

testament **n. m.** **1.** Texte par lequel une personne prévoit de donner ses biens après sa mort. *Il a fait son testament devant notaire.* **2.** *L'Ancien et le Nouveau Testament,* ce sont les deux parties de la Bible, pour les chrétiens.

testicule **n. m.** ✦ Glande qui sert à la reproduction chez les hommes et les animaux mâles. *Les testicules produisent des spermatozoïdes.*

tétanos [tetanos] **n. m.** ✦ Maladie très grave dans laquelle les muscles se contractent très fort et font très mal. *Elle s'est fait vacciner contre le tétanos.*

▷ Autre mot de la famille : ANTITÉTANIQUE.

têtard **n. m.** ✦ Petit de la grenouille qui a une grosse tête et un corps fin, et qui vit dans l'eau. *Peu à peu les têtards se métamorphosent et deviennent des grenouilles.*

▷ Mot de la famille de TÊTE.

têtard

tête **n. f.** **1.** Partie du corps qui contient le cerveau et les principaux organes des sens. *Il met son chapeau sur sa tête. Julie a mal à la tête.* → **crâne.** — *Alex tient tête à sa mère,* il s'oppose à elle, lui résiste. — *Avoir la tête sur les épaules,* être raisonnable, savoir ce que l'on fait. *J'en mettrais ma tête à couper,* j'en ai la conviction, j'en suis sûr. **2.** Vie. *L'accusé a sauvé sa tête.* **3.** Visage, figure, face. *Il a une tête sympathique. Louise fait la tête,* elle boude. **4.** Coup de tête dans la balle, au football. *Alex fait une tête et passe la balle à son coéquipier.* **5.** Esprit, cerveau. *Tu as une idée derrière la tête,* tu penses à quelque chose de précis. *Il a pris peur et a perdu la tête,* il s'est affolé. *Il est parti sur un coup de tête,* sans réfléchir. *Elle a fait l'addition* **de tête,** mentalement, sans la poser. **6.** Personne. *Le repas est revenu à 15 euros par tête.* **7.** Partie haute d'une chose. *Les jardiniers coupent la tête des arbres.* → **cime.** **8.** Partie avant d'une chose. *Il est monté en tête du train.* ❑ contr. **queue.** *Les mariés sont à la tête du cortège.* **9.** Place de la personne qui dirige. *Elle a pris la tête de l'entreprise.*

➤ **tête-à-queue** **n. m. inv.** ✦ *La voiture a fait un tête-à-queue,* elle a fait un demi-tour sur elle-même, en dérapant. — Au pl. *Des tête-à-queue.* ▷ Mot de la famille de QUEUE.

➤ **tête-à-tête** **n. m. inv.** ✦ Entrevue de deux personnes qui se trouvent seules ensemble. *J'ai eu un tête-à-tête avec lui.* — Au pl. *Des tête-à-tête.*

➤ **en tête à tête** **adv.** ✦ *Ils ont dîné en tête à tête,* seuls tous les deux.

➤ **tête-bêche** **adv.** ✦ *Ils ont dormi tête-bêche dans le même lit,* le long l'un de l'autre, les pieds de l'un du côté de la tête de l'autre.

▷ Autres mots de la famille : APPUIE-TÊTE, CASSE-TÊTE, EN-TÊTE, ENTÊTÉ, ENTÊTEMENT, S'ENTÊTER, SERRE-TÊTE, TÊTARD, TÊTU, À TUE-TÊTE.

téter **v.** (conjug. 6) ✦ Boire en suçant le sein ou une tétine de biberon. *Le veau tète le pis de la vache. L'enfant tète sa mère.*

➤ **tétée** **n. f.** ✦ Repas d'un nourrisson. *Le bébé prend six tétées par jour.*

➤ **tétine** **n. f.** ✦ Bouchon en caoutchouc d'un biberon, que tète le bébé.

têtu, têtue **adj.** ✦ Qui refuse de changer d'idée. → **entêté, obstiné.** *Julie est têtue comme une mule.*

▷ Mot de la famille de TÊTE.

texte **n. m.** ✦ Suite de phrases écrites. *Le texte de la dictée est long.*
▷ Autres mots de la famille : CONTEXTE, TEXTUEL, TEXTUELLEMENT.

textile **adj.** et **n. m.**
■ **adj.** *Les matières textiles,* ce sont les matières qui servent à faire les tissus. *Le coton, la soie sont des matières textiles. L'industrie textile,* c'est l'industrie de la fabrication des tissus.
■ **n. m.** Matière qui sert à faire des tissus. *La laine est un textile naturel, le nylon un textile artificiel.*

textuel, textuelle **adj.** ✦ Conforme au texte. *C'est une traduction textuelle.*
➤ **textuellement** **adv.** ✦ Mot pour mot. *Je te répète textuellement ce qu'il m'a dit.* → **exactement.**
▷ Mots de la famille de TEXTE.

T. G. V. **n. m. inv.** Marque déposée ✦ Train à grande vitesse. *Il a pris le T. G. V. pour Lyon.*

thalassothérapie **n. f.** ✦ Soins utilisant l'eau de mer, le climat qu'il y a au bord de la mer. *Ils ont passé trois jours dans un centre de thalassothérapie en Bretagne.*
● Attention à l'orthographe : un *h* après le premier *t*, un autre après le second.

thé **n. m.** **1.** Feuilles séchées d'un petit arbre d'Asie. *L'Inde, la Chine et Sri Lanka sont de grands producteurs de thé.* **2.** Boisson obtenue en faisant infuser des feuilles de thé dans de l'eau bouillante. *Le matin, elle boit du thé. Voulez-vous une tasse de thé ?*
▷ Autre mot de la famille : THÉIÈRE.

théâtre **n. m.** **1.** Art qui consiste à jouer une histoire devant des spectateurs. *Elle voudrait faire du théâtre.* → aussi **acteur, comédien.** *Les comédies et les tragédies sont des pièces de théâtre.* **2.** Bâtiment où ont lieu les spectacles de théâtre. *Ce soir, nous allons au théâtre,* nous allons dans une salle de spectacle voir jouer une pièce de théâtre. **3.** *Un coup de théâtre,* c'est un changement brusque et inattendu. *Son départ précipité a été un vrai coup de théâtre.* **4.** Endroit où se passe un événement. *La ville a été le théâtre d'une célèbre bataille.*
➤ **théâtral, théâtrale** **adj.** ✦ Qui concerne le théâtre. *Une représentation théâtrale,* c'est la représentation d'une pièce de théâtre. — Au masc. pl. *théâtraux.*
▷ Autre mot de la famille : AMPHITHÉÂTRE.

théière **n. f.** ✦ Récipient dans lequel on prépare et on sert le thé. *Elle ébouillante la théière avant d'y mettre le thé.*
▷ Mot de la famille de THÉ.

thème **n. m.** **1.** Idée sur laquelle on parle ou on réfléchit. *Le thème de la discussion était l'éducation des enfants.* → ③ **sujet.** **2.** Exercice qui consiste à traduire dans une langue étrangère. *Il est bon en thème anglais,* en traduction du français en anglais. → aussi **version.**

théologie **n. f.** ✦ Étude de la religion. *Les prêtres font des études de théologie.*

théorème **n. m.** ✦ Règle de mathématiques que l'on peut démontrer.

théorie **n. f.** **1.** Ensemble d'idées qui expliquent quelque chose. *Ce savant a bâti une nouvelle théorie de l'univers.* → **doctrine, système.** **2.** Manière abstraite de voir les choses.

thé

❑ contr. ① **pratique.** *En théorie, cette idée est bonne, mais elle est difficile à appliquer.* → en **principe.**

➤ **théorique** adj. ✦ Qui appartient à la théorie. *Il a une connaissance théorique de ce domaine,* une connaissance abstraite. ❑ contr. ② **pratique.**

➤ **théoriquement** adv. ✦ En principe, selon ce qui est prévu. *Théoriquement, il devrait arriver dans une heure. Théoriquement, ton idée est bonne mais elle est impossible à appliquer.* ❑ contr. **pratiquement.**

thérapeutique adj. ✦ Qui permet de guérir. *Les médicaments ont une action thérapeutique.*

thermes n. m. pl. ✦ Bâtiment où l'on venait prendre des bains, dans l'Antiquité. ❍ homonymes : ① et ② terme.

➤ **thermal, thermale** adj. ✦ *Une eau thermale,* c'est une eau qui sert à soigner certaines maladies. *Évian et La Bourboule sont des stations thermales,* des villes où l'on fait des cures d'eau thermale. — Au masc. pl. *thermaux.*

thermique adj. ✦ Qui concerne la chaleur. *L'énergie thermique,* c'est la production de chaleur. *Une centrale thermique,* c'est une centrale qui produit de l'électricité à partir de la chaleur.

thermomètre n. m. ✦ Instrument qui sert à mesurer la température. *Il gèle, le thermomètre indique – 2°.*

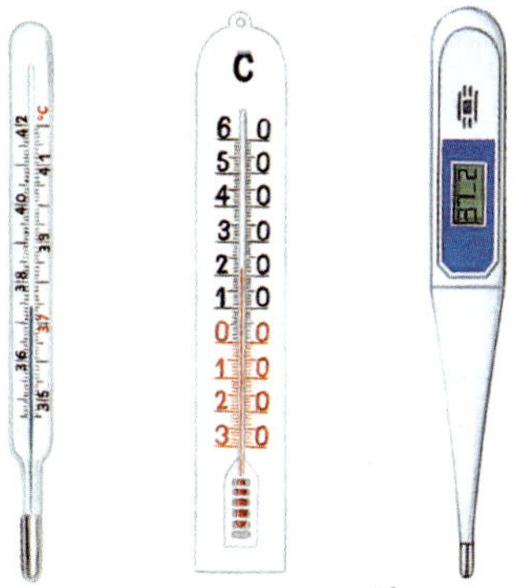

thermomètre

thermonucléaire adj. ✦ *Une bombe thermonucléaire,* c'est une bombe atomique à hydrogène, très puissante.

▷ Mot de la famille de NUCLÉAIRE.

thermos [tɛʀmos] n. m. ou f. Marque déposée ✦ Récipient qui permet de garder un liquide à la même température pendant plusieurs heures. *Elle a mis du thé chaud dans un thermos.*

● On dit aussi *une bouteille thermos. Thermos* est un mot grec qui veut dire « chaud ».

thermostat n. m. ✦ Appareil qui permet de maintenir constamment la même température. *Il a réglé le thermostat de la chaudière sur 20 degrés.*

thésauriser v. (conjug. 1) ✦ Amasser de l'argent pour se faire un trésor. → **économiser, épargner.** *Il n'achète rien, il thésaurise.* ❑ contr. **dépenser.**

thèse n. f. ✦ Opinion, théorie que l'on pense vraie et que l'on défend. *Je ne suis pas d'accord avec la thèse qu'il soutient.*

▷ Autres mots de la famille : HYPOTHÈSE, HYPOTHÉTIQUE.

thon n. m. ✦ Grand poisson de mer à chair ferme. ➻ planche Poissons p. 795. *On pêche le thon en haute mer.* ❍ homonymes : ① et ② ton.

➤ **thonier** n. m. ✦ Bateau servant à la pêche au thon. ➻ planche Bateaux p. 89.

thorax n. m. ✦ Partie du corps humain située entre le cou et l'abdomen, qui contient le cœur et les poumons. → **poitrine, torse.** ➻ planche Corps humain p. 218. *Quand on respire, on gonfle le thorax.*

➤ **thoracique** adj. ✦ Qui concerne le thorax. *La cage thoracique,* le thorax.

thuya [tyja] n. m. ✦ Arbre qui ressemble au cyprès. *Une haie de thuyas.*

thym [tɛ̃] n. m. ✦ Plante à odeur forte et agréable que l'on utilise en cuisine. *Elle met du thym et du laurier dans la ratatouille.* ❍ homonymes : tain, teint.

thym

thyroïde **n. f.** ✦ Glande située dans le cou qui joue un rôle important dans la croissance.
● Ce mot s'écrit avec un *h* et un *y*. Le *i* porte un tréma.

tibia **n. m.** ✦ Os du devant de la jambe. ➻ planche Corps humain p. 219. → aussi **péroné.**

tic **n. m.** ✦ Geste automatique que l'on répète sans le faire exprès. *Elle cligne sans arrêt des yeux, c'est un tic nerveux.* ❍ homonyme : tique.

ticket **n. m.** ✦ Petit morceau de carton ou de papier qui donne le droit d'entrer dans un lieu, qui prouve que l'on a payé. → **billet.** *Elle a acheté un carnet de tickets de métro.*
● Le *c* est suivi d'un *k*.

tic-tac **n. m. inv.** ✦ Bruit sec et répété d'une horloge, d'un réveil ou d'une montre. *Le tic-tac du réveil l'empêchait de dormir.* — Au pl. *Des tic-tac.*

tiède **adj.** ✦ Un peu chaud, ni chaud ni froid. *Julie se lave les mains à l'eau tiède.* ❏ contr. **brûlant, glacé.**
➤ **tiédeur** **n. f.** ✦ Température de ce qui est tiède. *Il aime la tiédeur des soirées de printemps.*
➤ **tiédir** **v.** (conjug. 2) ✦ Devenir tiède. *Il laisse tiédir son café avant de le boire.*

tien **pronom possessif** et **n. m.,** **tienne** **pronom possessif**
■ **pronom** Pronom possessif de la deuxième personne du singulier. *Ce sont mes affaires, occupe-toi des tiennes,* de ce qui te concerne.
■ **n. m.** **1.** *Tu y as mis du tien,* tu as fait un effort. **2.** **n. m. pl.** *Il faut penser aux tiens,* à tes parents, tes amis.

tiens ! → **tenir**

tiers **adj.** et **n. m.,** **tierce** **adj.**
■ **adj.** **1.** *Une tierce personne,* une troisième personne. *Une tierce personne a servi de témoin aux deux automobilistes.* **2.** *Le tiers état,* la classe sociale qui comprenait les personnes qui n'étaient pas nobles et qui n'étaient pas membres du clergé, sous l'Ancien régime, en France. *Les paysans faisaient partie du tiers état.*
■ **n. m.** **1.** Troisième personne. *Ils ne se disputent jamais devant des tiers,* devant des étrangers. **2.** *Le tiers,* c'est la partie d'une chose divisée en trois parts égales. *Louise a mangé les deux tiers de la tarte.*
➤ **tiercé** **n. m.** ✦ Pari où l'on doit dire quels sont les trois chevaux qui gagneront, dans une course. *Il joue au tiercé chaque semaine.*
➤ **tiers-monde** **n. m.** ✦ Les pays les plus pauvres du monde, situés en Afrique, en Asie et en Amérique du Sud. ▷ Mot de la famille de MONDE.

tige **n. f.** **1.** Partie allongée d'une plante, qui commence au-dessus de la racine et qui porte les feuilles. *Les tulipes ont une longue tige souple.* → **queue.** **2.** *Une tige de métal,* c'est une barre de métal mince et longue.

tignasse **n. f.** ✦ Familier. Chevelure touffue et mal peignée. *Julie a une abondante tignasse rousse.*

tigre **n. m.,** **tigresse** **n. f.** ✦ Grand félin d'Asie au pelage jaune-roux rayé de noir. ➻ planche Félins p. 408. *Le tigre est un dangereux carnassier.*
➤ **tigré, tigrée** **adj.** ✦ *Un chat tigré,* c'est un chat au pelage marqué de bandes foncées.

chat **tigré**

tilleul **n. m.** **1.** Grand arbre dont les fleurs blanches ou jaune pâle sentent très fort. ➻ planche Arbres p. 48. *Une allée de tilleuls mène au château.* **2.** Infusion faite avec les fleurs séchées du tilleul. *Elle boit une tasse de tilleul.*

① **timbale** **n. f.** ✦ Sorte de tambour dont la caisse est arrondie. ➻ planche Instruments de musique p. 549. *Les timbales sont des instruments à percussion.*

② **timbale** **n. f.** ✦ Gobelet de métal. *Une timbale d'argent.*

① **timbre** **n. m.** **1.** Son particulier d'une voix ou d'un instrument de musique. → **sonorité.** *Il aime le timbre grave de la contrebasse.* **2.** Sonnette. *Paul actionne le timbre de sa bicyclette.*

➤ ① **timbré, timbrée** **adj.** ✦ *Une voix bien timbrée,* c'est une voix qui a un beau timbre. *Alex a une voix bien timbrée.*

② **timbre** **n. m.** **1.** *Un timbre* ou *un timbre-poste,* c'est un petit morceau de papier collant qui sert à payer l'envoi du courrier par la poste. *Théo colle le timbre sur l'enveloppe. Léa collectionne les timbres.* → aussi **philatélie.** **2.** Marque, cachet que doivent porter certains documents. *Un timbre fiscal est collé à l'intérieur de chaque passeport.*

➤ **timbrer** **v.** (conjug. 1) **1.** Coller des timbres. → ② **affranchir.** *Léa a timbré sa lettre avant de la poster.* **2.** Marquer d'un tampon, d'un cachet. *La postière timbre le courrier.* → **tamponner.**

➤ ② **timbré, timbrée** **adj.** **1.** *Une enveloppe timbrée,* c'est une enveloppe qui porte un timbre. **2.** *Du papier timbré,* c'est un document qui porte un timbre, un tampon de l'administration.

timide **adj.** ✦ Qui manque de confiance en soi, qui n'ose pas faire les choses. *Léa est un peu timide.* ❑ contr. **audacieux, hardi.**

➤ **timidement** **adv.** ✦ De façon timide. *Paul a demandé timidement la permission de sortir.*

➤ **timidité** **n. f.** ✦ Caractère d'une personne timide. ❑ contr. **audace.** *Elle essaie de surmonter sa timidité.*

▷ Autres mots de la famille : INTIMIDÉ, INTIMIDER.

timonier **n. m.** ✦ Homme qui tient le gouvernail d'un navire. *Le timonier garde le cap.*

timoré, timorée **adj.** ✦ Qui a peur du changement et ne veut pas prendre de risques. → **craintif, pusillanime, timide.** ❑ contr. **audacieux, entreprenant, hardi.** *Léa est une petite fille assez timorée.*

tinter **v.** (conjug. 1) ✦ Produire des sons clairs et aigus. *Il fit tinter la monnaie dans sa poche.* ❍ homonyme : teinter.

➤ **tintement** **n. m.** ✦ Bruit d'une chose qui tinte. *On entend au loin le tintement des cloches de l'église.*

➤ **tintamarre** **n. m.** ✦ Ensemble de bruits désagréables. → **tumulte, vacarme.** *On entend le tintamarre des klaxons dans la rue.*

● Il y a deux *r* dans *tintamarre.*

tintinnabuler **v.** (conjug. 1) ✦ Produire un son léger et aigu. *Les clochettes tintinnabulent.*

● Ce mot est littéraire. Attention aux deux *n.*

tipi **n. m.** ✦ Tente traditionnelle des Indiens des plaines d'Amérique du Nord. ➻ planche Habitations p. 487. *Autrefois, les Indiens des plaines vivaient dans des tipis.*

● Ce mot vient d'une langue indienne d'Amérique du Nord.

tique **n. f.** ✦ Insecte parasite de certains animaux (chien, bœuf, mouton). *Les tiques sucent le sang.* ❍ homonyme : tic.

● Ce mot est féminin : on dit *une tique.*

tir **n. m.** **1.** Le fait de tirer avec une arme. *Alex fait du tir à l'arc,* il lance des flèches avec un arc. **2.** Coup de pied dans un ballon. → **shoot.** *Théo a réussi un tir au but,* il a envoyé le ballon dans le but.

▷ Mot de la famille de TIRER.

tirade **n. f.** ✦ Longue suite de phrases dites par un personnage dans une pièce de théâtre. *Il y a de nombreuses tirades célèbres dans les tragédies de Corneille.*

tirage **n. m.** **1.** Mouvement de l'air qui est attiré par le feu. *Le tirage de la cheminée est excellent.* **2.** Nombre de livres, de journaux imprimés en une fois. *Le tirage de ce quotidien est de 500 000 exemplaires par jour.* **3.** *Un tirage au sort,* c'est le fait de désigner un ou plusieurs numéros par le hasard. *Les gagnants seront désignés par tirage au sort.*

▷ Mot de la famille de TIRER.

tirailler **v.** (conjug. 1) **1.** Tirer à petits coups dans plusieurs directions. *Il tiraillait nerveusement sa moustache.* **2.** *Être tiraillé entre deux choses,* c'est hésiter sans réussir à choisir. *Je suis tiraillé entre l'envie de partir et l'envie de rester.*

➤ **tiraillement** **n. m.** ✦ Crampe, douleur. *Elle a des tiraillements dans la jambe.*

➤ **tirailleur** **n. m.** ✦ Soldat isolé qui tire sur l'ennemi pour le harceler.

▷ Mots de la famille de TIRER.

tirant d'eau n. m. ✦ Hauteur de la coque d'un bateau, entre la surface de l'eau et la quille. *Le bateau a 1,50 m de tirant d'eau.*
▷ Mot de la famille de TIRER et de EAU.

tiré, tirée adj. ✦ *Elle avait les traits tirés,* marqués par la fatigue.
▷ Mot de la famille de TIRER.

tire-bouchon n. m. ✦ Instrument qui sert à ouvrir les bouteilles fermées par un bouchon de liège. — *Les cochons ont une queue en tire-bouchon,* une queue en spirale comme la tige d'un tire-bouchon. — Au pl. *Des tire-bouchons.*
▷ Mot de la famille de TIRER et de ② BOUCHER.

tire-bouchon

à **tire-d'aile** adv. ✦ En donnant des coups d'ailes rapides, sans s'arrêter. *L'oiseau s'est envolé à tire-d'aile.*
▷ Mot de la famille de TIRER et de AILE.

tirelire n. f. ✦ Boîte percée d'une fente dans laquelle on met les pièces de monnaie que l'on veut économiser. *Julie a 17 euros dans sa tirelire.*

tirer v. (conjug. 1) **1.** Déplacer en amenant vers soi. *Dans le train, un voyageur a tiré le signal d'alarme.* **2.** Faire bouger pour ouvrir ou fermer. *Elle a tiré les rideaux pour se protéger du soleil.* **3.** Faire avancer en déplaçant derrière soi. → **tracter, traîner.** *La voiture tirait une caravane.* ❑ contr. ② **pousser.** **4.** *Le spectacle tire à sa fin,* il est presque fini. **5.** *Ce bleu tire sur le vert,* il se rapproche du vert. **6.** Envoyer au loin un projectile avec une arme à feu. *Le gangster a tiré un coup de feu. Le chasseur a tiré un lièvre,* il l'a visé avec son fusil. **7.** Faire sortir une chose de l'endroit où elle est. → **enlever, retirer, sortir.** *Alex a tiré un mouchoir de sa poche. Il faut tirer l'eau du puits.* **8.** Choisir au hasard. *C'est Léa qui a tiré le numéro gagnant. Les sujets d'examen sont tirés au sort.* — *Une voyante lui a tiré les cartes,* lui a prédit l'avenir en consultant les cartes. **9.** *S'en tirer,* réussir une chose difficile. *Ils s'en sont bien tirés,* ils s'en sont bien sortis. **10.** Extraire. *On tire de l'huile des olives.* **11.** Obtenir. *Il a bien su tirer parti de la situation,* l'exploiter, en profiter. *Quelle morale tires-tu de cette histoire ?* **12.** Tracer. *Théo tire un trait à la fin de son devoir.* **13.** Imprimer. *Ce livre a été tiré à 10 000 exemplaires.*

➤ **tiret** n. m. **1.** Petit trait horizontal qui sert à couper un mot et qui se place en fin de ligne. *Le tiret indique que le mot n'est pas fini.* **2.** Dans un dialogue écrit, petit trait horizontal qui indique qu'une autre personne parle.

➤ **tirette** n. f. ✦ Tablette que l'on peut tirer dans certains meubles.

➤ **tireur** n. m., **tireuse** n. f. **1.** Personne qui tire avec une arme à feu. *C'est un très bon tireur. Un tireur d'élite est posté sur le toit du bâtiment.* **2.** *Une tireuse de cartes,* c'est une femme qui prédit l'avenir en interprétant les cartes. → **cartomancienne.**

➤ **tiroir** n. m. ✦ Partie d'un meuble en forme de boîte que l'on tire pour l'ouvrir. *Elle range ses chaussettes dans les tiroirs de la commode.*

➤ **tiroir-caisse** n. m. ✦ Tiroir d'une caisse de magasin où l'argent est enfermé et qui s'ouvre automatiquement quand on appuie sur un bouton. *La caissière met l'argent dans le tiroir-caisse.* — Au pl. *Des tiroirs-caisses.* ▷ Mot de la famille de CAISSE.

▷ Autres mots de la famille : ATTIRANCE, ATTIRANT, ATTIRER, ÉTIRER, FRANC-TIREUR, RETIRÉ, RETIRER, SE RETIRER, SOUTIRER, TIR, TIRAGE, TIRAILLEMENT, TIRAILLER, TIRAILLEUR, TIRANT D'EAU, TIRÉ, TIRE-BOUCHON, À TIRE-D'AILE.

tisane n. f. ✦ Boisson chaude à base de plantes. → **infusion.** *Elle boit une tasse de tisane.*

tison n. m. ✦ Reste d'un morceau de bois brûlé, encore incandescent. → aussi **braise.** *Il souffle sur les tisons pour ranimer le feu.*

➤ **tisonnier** n. m. ✦ Longue barre de fer qui sert à attiser le feu. *Elle remue les braises avec le tisonnier.*

tisser v. (conjug. 1) ✦ Fabriquer un tissu en entrelaçant des fils. *On tisse sur un métier à tisser.* — *Les araignées tissent leur toile,* elles la fabriquent.

➤ **tissage** **n. m.** ✦ Action de tisser. *Le tissage de la laine.*

➤ **tisserand** **n. m.**, **tisserande** **n. f.** ✦ Ouvrier qui fabrique des tissus sur un métier à tisser.
● *Tisserand* se termine par un *d.*

➤ **tissu** **n. m.** **1.** Assemblage souple de fils entrelacés. → **étoffe.** *La soie est un tissu doux et brillant.* **2.** Suite de choses désagréables. *L'histoire qu'il nous a racontée est un tissu de mensonges.*

tisserand

titan **n. m.** ✦ Géant. *Il a accompli un travail de titan,* un travail gigantesque, démesuré.
● Ce mot vient du nom des *Titans,* qui sont les enfants du Ciel et de la Terre, dans la mythologie grecque.

titiller **v.** (conjug. 1) ✦ Familier. Préoccuper. *Cette histoire me titille depuis un moment.* → **tracasser.**

titre **n. m.** **1.** Nom d'un livre, d'un poème, d'une chanson, d'un morceau de musique, d'une pièce de théâtre ou d'un film. *Quel est le titre de ce roman ? Les titres des journaux,* ce sont les phrases écrites en gros caractères qui présentent les articles. → aussi ② **manchette.** **2.** Qualité de gagnant, de champion. *Ce sportif détient le titre de champion du monde de ski.* **3.** *Un titre de transport,* c'est un billet, un ticket ou une carte qui permet de voyager. **4.** **À titre de,** en tant que. *Elle vient d'être engagée à titre de comptable,* comme comptable. *J'y ai droit au même titre que toi,* de la même manière que toi. **5.** ***À juste titre,*** avec raison. *Il s'est plaint à juste titre.*
▷ Autres mots de la famille : SOUS-TITRE, SOUS-TITRER.

tituber **v.** (conjug. 1) ✦ Marcher en allant de travers. → **chanceler, vaciller.** *L'ivrogne marchait en titubant.*

titulaire **adj.** **1.** Qui a un poste qui lui a été attribué officiellement. *Elle est titulaire de son poste.* ❑ contr. **auxiliaire, suppléant.** **2.** Qui possède légalement quelque chose. *Il est titulaire du permis de conduire.*

➤ **titulariser** **v.** (conjug. 1) ✦ Rendre une personne titulaire de son poste. *Ce fonctionnaire vient d'être titularisé.*

① **toast** [tost] **n. m.** ✦ *Nous portons un toast à l'heureux gagnant,* nous levons notre verre et buvons en son honneur.
● Ce mot vient de l'anglais.

② **toast** [tost] **n. m.** ✦ Tranche de pain de mie grillée. *Le matin, elle boit du thé et mange des toasts beurrés.*
● Ce mot vient de l'anglais.

toboggan **n. m.** ✦ Piste inclinée sur laquelle on s'amuse à se laisser glisser. *Léa descend à toute allure sur le toboggan.*
● Il y a deux *g* dans ce mot. Il vient d'une langue indienne d'Amérique du Nord.

toc **n. m.** ✦ Imitation d'une matière précieuse. *Ce bracelet n'est pas en or, c'est du toc !* ❍ homonyme : toque.

tocsin **n. m.** ✦ Sonnerie de cloche qui donne l'alarme. *Autrefois, on sonnait le tocsin en cas d'incendie.*

toge **n. f.** **1.** Grand morceau de tissu dans lequel se drapaient les Romains. **2.** Grande robe noire portée par les avocats quand ils plaident.

toge

tohu-bohu **n. m. inv.** ✦ Bruit confus, tumulte. *Le tohu-bohu de la gare.*

toi **pronom personnel** ✦ Pronom personnel masculin et féminin de la deuxième personne du singulier, utilisé pour renforcer le sujet ou comme complément. *Toi, tu restes ici. C'est toi qui l'as voulu. Mets-toi là. Elle est plus petite que toi. J'irai sans toi. C'est à toi de jouer.* ❍ homonyme : toit.

toile **n. f.** **1.** Tissu simple et solide. *Julie porte un pantalon de toile bleue.* **2.** Tableau d'un peintre. *Elle admire les toiles exposées au musée.* **3.** *Une toile d'araignée,* c'est le réseau de fils que fabrique l'araignée. *L'araignée a tissé sa toile entre deux arbustes.*

toilette **n. f.** **1.** *Faire sa toilette,* c'est se laver. *Julie fait sa toilette avant de s'habiller. Ses affaires de toilette sont sur l'étagère. Une eau de toilette,* c'est un parfum léger. **2.** *Une toilette,* c'est l'ensemble des vêtements que porte une femme. *Les invitées portaient d'élégantes toilettes.*

toilettes **n. f. pl.** ✦ Endroit où l'on fait ses besoins. → **cabinet, waters, W.-C.** *Les toilettes du café sont au sous-sol.*

toise **n. f.** ✦ Grande règle verticale qui sert à mesurer la taille. *À la visite médicale, l'infirmière fait passer chaque enfant sous la toise.*

➤ **toiser** **v.** (conjug. 1) ✦ Regarder quelqu'un avec mépris de haut en bas. → **dévisager, examiner.** *Elle toisa le nouveau venu des pieds à la tête.*

toison **n. f.** ✦ Pelage laineux des moutons.

toit **n. m.** **1.** Dessus d'un bâtiment, qui le protège. → **toiture.** *Dans le Midi, les maisons ont des toits de tuiles.* **2.** Dessus de la carrosserie d'un véhicule. *Cette voiture a un toit ouvrant.* ❍ homonyme : toi.

➤ **toiture** **n. f.** ✦ Toit. *Il faut refaire la toiture de la maison.*

tôle **n. f.** ✦ Feuille de fer ou d'acier. *Le toit du garage est en tôle ondulée.*
● Attention à l'accent circonflexe du ô.

tolérer **v.** (conjug. 6) **1.** Permettre une chose qui pourrait ou devrait être interdite. → **autoriser.** ❑ contr. ② **défendre, interdire.** *On tolère le stationnement sur le trottoir de l'avenue.* **2.** Supporter avec patience. *Je ne tolère pas que tu me parles sur ce ton.* → **admettre.**

➤ **tolérable** **adj.** ✦ Que l'on ne peut tolérer, supporter. *Ton insolence n'est pas tolérable.* → **supportable.** ❑ contr. **intolérable.**

➤ **tolérance** **n. f.** ✦ Qualité d'une personne qui respecte les idées ou les façons d'agir différentes des siennes. ❑ contr. **fanatisme.** *Il faut faire preuve de tolérance à l'égard d'autrui.* ❑ contr. **intolérance.**

➤ **tolérant, tolérante** **adj.** ✦ Qui respecte les idées différentes des siennes. *C'est une femme très tolérante.* ❑ contr. **intolérant.**

▷ Autres mots de la famille : INTOLÉRABLE, INTOLÉRANCE, INTOLÉRANT.

tollé **n. m.** ✦ Cris de protestation. → **huées.** *L'élimination d'un des joueurs déclencha un tollé général dans le public.* ❑ contr. **acclamation, ovation.**
● Il y a deux *l* dans *tollé.*

tomahawk [tɔmaok] **n. m.** ✦ Hache de guerre des Indiens d'Amérique du Nord.
● Ce mot indien s'écrit aussi *tomawak.*

tomate **n. f.** ✦ Fruit rouge de forme arrondie que l'on mange comme légume, cru ou cuit. *Elle a préparé une salade de tomates. Il mange des spaghettis à la sauce tomate,* avec de la sauce à la tomate.

tombal, tombale **adj.** ✦ *Une pierre tombale,* c'est une dalle de pierre qui recouvre une tombe. *Le nom du défunt est gravé sur la pierre tombale.* — Au masc. pl. *tombaux.*
▷ Mot de la famille de TOMBE.

tombant, tombante **adj.** ✦ Qui s'incline vers le bas. *Il a les épaules tombantes.*
▷ Mot de la famille de TOMBER.

tombe **n. f.** ✦ Fosse creusée dans la terre, où l'on enterre un mort. → **sépulture.** *Il est allé au cimetière se recueillir sur la tombe de sa mère.*

➤ **tombeau** **n. m.** ✦ Monument élevé sur une tombe. → aussi **caveau, mausolée.** *Alex est allé visiter le tombeau de Napoléon, aux Invalides.* — *Elle roule à tombeau ouvert,* très vite. — Au pl. *Des tombeaux.*
▷ Autre mot de la famille : TOMBAL.

tombeau

tomber v. (conjug. 1) 1. Faire une chute. *Léa est tombée par terre de tout son long. Je tombe de sommeil,* j'ai du mal à me tenir debout tellement je suis fatigué. 2. Descendre très vite vers le sol. *La neige tombe depuis deux jours.* 3. *En hiver, la nuit tombe tôt,* elle arrive tôt. 4. Baisser. *La température est tombée au-dessous de zéro.* → **descendre.** 5. Devenir. *Elle est tombée malade.* 6. Arriver, se produire. *Cette année, Noël tombe un lundi. Te voilà, Théo, cela tombe bien !* 7. *Je suis tombé sur lui dans la rue,* je l'ai rencontré par hasard. 8. *Laisser tomber,* c'est ne plus s'occuper de quelqu'un ou de quelque chose. *Il a laissé tomber tous ses amis,* il ne les voit plus. *Elle a laissé tomber le piano,* elle n'en fait plus. — Familier. *Laisse tomber !* ne t'occupe plus de cela.

➤ **tombée** n. f. ✦ *La tombée de la nuit, la tombée du jour,* le moment où le jour décline et où la nuit arrive. *Ils ont marché jusqu'à la tombée de la nuit.* → aussi **crépuscule.**

➤ **tombereau** n. m. ✦ Benne d'un camion qui peut basculer vers l'arrière. *On a déchargé deux tombereaux de sable,* le contenu de deux tombereaux.

▷ Autres mots de la famille : RETOMBÉES, RETOMBER, TOMBANT.

tombola n. f. ✦ Loterie où l'on gagne des objets. *Julie et Léa vendent des billets de tombola pour la kermesse de l'école.*

● C'est un mot italien qui veut dire « loto ».

tome n. m. ✦ Chaque volume d'un ouvrage. *Ce dictionnaire comporte six tomes.* ❍ homonyme : tomme.

tomette n. f. ✦ Petit carreau plat de brique rouge, à six côtés. *Le sol des maisons provençales est souvent recouvert de tomettes.*

tomme n. f. ✦ Fromage de Savoie à pâte dure. ❍ homonyme : tome.

① **ton** adj. possessif m., **ta** adj. possessif f., **tes** adj. possessif pl. ✦ Qui est à toi, t'appartient. → aussi **tien.** *Ton frère, ta sœur, tes parents et ton amie Lucie t'attendent dehors.* ❍ homonymes : thon, tas, thé.

② **ton** n. m. 1. Façon de parler qui, selon le son et la vitesse, exprime les sentiments que l'on ressent. → **intonation.** *Elle répondit d'un ton sec.* 2. Hauteur des sons émis par la voix, dans le chant. *Tous les chanteurs de la chorale chantent dans le même ton.* 3. *De bon ton,* comme il faut. *Elle s'habille avec une élégance de bon ton.* 4. Couleur. → **coloris, nuance, teinte.** *Léa aime beaucoup les tons clairs.*

➤ **tonalité** n. f. 1. Qualité du son. *Cette chaîne a une bonne tonalité.* 2. Son que l'on entend quand on décroche le téléphone. *L'appareil est en dérangement, il n'y a pas de tonalité.*

▷ Autres mots de la famille : DEMI-TON, ENTONNER, INTONATION, MONOTONE, MONOTONIE.

tondre v. (conjug. 41) 1. Couper à ras le poil d'un animal ou les cheveux d'une personne. *Le berger a tondu les moutons.* 2. Couper très court. *Le jardinier tond la pelouse.*

➤ **tondeuse** n. f. 1. Instrument qui sert à tondre le poil ou les cheveux. *Le coiffeur lui rase la nuque avec une tondeuse.* 2. *Une tondeuse à gazon,* c'est une machine qui coupe le gazon. *Le jardinier passe la tondeuse chaque semaine.*

▷ Autres mots de la famille : TONSURE, TONTE.

tonifier v. (conjug. 7) ✦ Rendre plus fort, plus dynamique. → ① **fortifier.** *Ce bain glacé l'a tonifié.* → **revigorer.**

➤ **tonifiant, tonifiante** adj. ✦ Qui donne de l'énergie. → **vivifiant.** *L'air de la mer est tonifiant.* → **tonique.**

tonique adj. ✦ Qui donne de l'énergie, du tonus, stimule. *L'air marin est tonique.* → **stimulant, tonifiant, vivifiant.**

tonitruant, tonitruante adj. ✦ Qui fait un bruit très fort. *Il a une voix tonitruante.*

tonnage n. m. ✦ *Le tonnage d'un navire,* c'est le volume de marchandises qu'il peut transporter. → aussi **capacité** et ① **tonneau.**

▷ Mot de la famille de TONNE.

tonne n. f. 1. Unité de poids valant mille kilos. *Ce taureau pèse plus d'une tonne.* 2. Familier. Grande quantité. *Elle a épluché des tonnes de légumes.*

➤ ① **tonneau** n. m. ✦ Unité de volume utilisée pour mesurer le tonnage des bateaux. *Un bateau de 200 tonneaux.*

▷ Autre mot de la famille : TONNAGE.

② **tonneau** n. m. 1. Grand récipient en bois, cerclé de fer, plus large au milieu qu'aux extrémités. *On fait vieillir le vin dans des tonneaux.* → **barrique, fût.** 2. Tour complet que fait une voiture quand elle se renverse. *La voiture a fait trois tonneaux.*

➤ **tonnelet** **n. m.** ✦ Petit tonneau. *Un tonnelet d'eau-de-vie.*

➤ **tonnelier** **n. m.** ✦ Fabricant de tonneaux.

tonnelier

tonnelle **n. f.** ✦ Petit abri au sommet arrondi, fait d'un treillage sur lequel grimpent des plantes. → aussi **pergola.** *Nous nous sommes mis à l'ombre sous la tonnelle du jardin.*

tonner **v.** (conjug. 1) ✦ *Il tonne,* il y a du tonnerre.

● Ce verbe se conjugue seulement à la 3e personne du singulier.

➤ **tonnerre** **n. m.** **1.** Bruit de la foudre qui accompagne l'éclair pendant un orage. *On entendit un coup de tonnerre.* **2.** Bruit très fort. *Le chanteur entra en scène sous un tonnerre d'applaudissements.*

● *Tonnerre* prend deux *n* et deux *r.*

▷ Autre mot de la famille : PARATONNERRE.

tonsure **n. f.** ✦ Petit cercle rasé, au sommet du crâne. *Les moines portent la tonsure.*

▷ Mot de la famille de TONDRE.

tonte **n. f.** ✦ Action de tondre. *Voici l'époque de la tonte des moutons. La tonte de la pelouse prend deux heures.*

▷ Mot de la famille de TONDRE.

tonus [tɔnys] **n. m.** ✦ Énergie, dynamisme. *Ces vitamines redonnent du tonus aux gens fatigués.* → **vigueur** et aussi **tonique.**

topaze **n. f.** ✦ Pierre précieuse jaune et transparente. ➽ planche Minéraux p. 655.

top-modèle **n. m.** et **f.** ✦ Mannequin vedette connu dans le monde entier. *C'est une top-modèle.* — Au pl. *Des top-modèles.*

● On écrit aussi *top model.* Ce mot vient de l'anglais.

topographie **n. f.** ✦ Relief d'un terrain. *La topographie d'une région.*

➤ **topographique** **adj.** ✦ *Les randonneurs ont pris avec eux une carte topographique,* une carte sur laquelle est représenté le relief du terrain.

toquade **n. f.** ✦ Familier. Caprice, goût passager pour quelque chose ou pour quelqu'un. → **engouement, lubie.** *Il veut apprendre le vol à voile : c'est sa dernière toquade.*

toque **n. f.** ✦ Coiffure assez haute et sans bords. *Une toque de fourrure. Les cuisiniers portent une toque blanche.* ❍ homonyme : toc.

torche **n. f.** **1.** Bâton enduit de résine ou de cire que l'on enflamme pour éclairer. → **flambeau.** *Des porteurs de torches ouvraient le défilé.* **2.** *Une torche électrique,* c'est une lampe électrique portative, de forme cylindrique.

torchis [tɔʀʃi] **n. m.** ✦ Mélange de terre et de paille utilisé dans la construction. *Des murs en torchis.*

● Le s final ne se prononce pas.

torchon **n. m.** **1.** Morceau de tissu qui sert à essuyer la vaisselle. *Elle essuie les verres avec un torchon propre.* → aussi **essuie-main, serviette.** **2.** En Belgique. Serpillière.

tordre **v.** (conjug. 41) **1.** Déformer un objet en tournant les deux extrémités en sens contraire. *Elle tord les draps mouillés pour les essorer.* **2.** Plier un objet rigide. *Le vent tordait les branches.* **3.** Plier brutalement une articulation. *Julie s'est tordu la cheville.* **4.** **se tordre,** se plier en deux. *Elle se tord de douleur sur son lit.*

➤ **tordant, tordante** **adj.** ✦ Familier. Très drôle, très amusant. *Il nous a raconté des histoires tordantes.* → **marrant, rigolo.**

▷ Autres mots de la famille : CONTORSION, ENTORSE, ENTORTILLER, RETORDRE, TORS, TORSADE, TORSADÉ, TORSION, TORTICOLIS, TORTILLARD, TORTILLER, TORTUEUX.

torero [tɔReRo] **n. m.** ✦ Homme qui affronte le taureau, dans une corrida. *Plusieurs toreros se sont succédé dans l'arène.* → aussi **matador.**

torero

tornade **n. f.** ✦ Vent extrêmement violent qui dévaste tout sur son passage. → **cyclone, ouragan.** *La tornade a détruit plusieurs maisons.*

● Ce mot vient de l'espagnol *tornar* qui veut dire « tourner ».

torpeur **n. f.** ✦ État d'une personne à moitié endormie. → **somnolence.** *Allongée au soleil, elle sentait une douce torpeur l'envahir.*

torpille **n. f.** **1.** Engin explosif à moteur que l'on lance dans l'eau. *Des torpilles ont coulé le navire.* **2.** Poisson qui ressemble à la raie et qui produit des décharges électriques pour paralyser ses proies.

➤ **torpiller** **v.** (conjug. 1) ✦ Faire exploser avec des torpilles. *Le sous-marin a torpillé le navire.*

➤ **torpilleur** **n. m.** ✦ Bateau de guerre qui lance des torpilles.

torréfier **v.** (conjug. 7) ✦ Faire griller. *On torréfie le café pour lui donner de l'arôme.*

➤ **torréfaction** **n. f.** ✦ *La torréfaction du cacao,* c'est le fait de le torréfier, de le faire griller.

torrent **n. m.** **1.** Cours d'eau rapide et irrégulier, à pente très forte. *Un torrent dévale la montagne.* **2.** *Il pleut à torrents,* très fort.

➤ **torrentiel, torrentielle** **adj.** ✦ Qui coule avec la force d'un torrent. *Les inondations ont été provoquées par des pluies torrentielles,* par de très fortes pluies.

torride **adj.** ✦ Extrêmement chaud. *En Afrique, il fait souvent une chaleur torride.* → **brûlant.**

tors [tɔR], **torse** [tɔRs] **adj.** ✦ Qui est tordu, déformé. *Il a les jambes torses.* ○ homonyme : tort.

▷ Mot de la famille de TORDRE.

torsade **n. f.** ✦ Rouleau de fils tordus ensemble, qui sert de décoration. *Les rideaux sont retenus par des torsades de soie. Louise s'est fait une torsade avec ses cheveux,* elle a enroulé ses cheveux sur eux-mêmes.

➤ **torsadé, torsadée** **adj.** ✦ Qui a une torsade, des torsades. *Julie a un pull torsadé.*

▷ Mots de la famille de TORDRE.

torse **n. m.** ✦ Haut du corps humain, entre le cou et la taille. ➻ planche Corps humain p. 218. → **buste, poitrine, thorax.** *Alex est torse nu.*

torsion **n. f.** ✦ Action de tordre. *Théo a immobilisé Paul par une torsion du bras,* en lui tordant le bras.

▷ Mot de la famille de TORDRE.

tort **n. m.** **1.** Mauvaise conduite ou mauvaise action. *Le coupable a reconnu ses torts.* **2.** Erreur. *Ce serait un tort de ne pas venir avec nous.* **3.** *Faire du tort,* nuire. *Ces médisances lui ont fait du tort,* lui ont porté préjudice. **4.** *Avoir tort,* être dans l'erreur. *Tu as tort de dire cela,* tu commets une erreur en le disant. ❏ contr. **raison.** **5.** ***À tort,*** pour de mauvaises raisons, injustement. *Le commissaire l'a soupçonné à tort,* il s'est trompé en le soupçonnant. *Julie parle souvent à tort et à travers,* sans réfléchir. **6.** *L'automobiliste qui a provoqué l'accident est dans son tort,* il est en faute. ❏ contr. ③ **droit.** ○ homonyme : tors.

torticolis [tɔRtikɔli] **n. m.** ✦ Douleur dans le cou qui empêche de tourner la tête. *Louise a un torticolis.*

● Le *s* final ne se prononce pas.

▷ Mot de la famille de TORDRE et de COL.

tortiller **v.** (conjug. 1) **1.** Tourner en faisant plusieurs tours. *Léa tortillait une mèche de ses cheveux.* **2.** **se tortiller,** se tourner d'un côté et de l'autre, sur soi-même. → se **trémousser.** *Arrête de te tortiller sur ta chaise !*

➤ **tortillard** **n. m.** ✦ Petit train qui va très lentement et qui fait de nombreux détours.

▷ Mots de la famille de TORDRE.

tortue terrestre

tortue marine

tortionnaire **n. m. et f.** ✦ Personne qui torture. → **bourreau.** *Le prisonnier n'a rien avoué à ses tortionnaires.*

tortue **n. f.** ✦ Animal dont le corps est enfermé dans une carapace d'où sortent la tête, munie d'un bec en corne, et quatre pattes courtes. *Les tortues sont des reptiles terrestres ou marins.*

tortueux, tortueuse **adj.** ✦ Qui fait des détours, des courbes. *Les rues de la vieille ville sont tortueuses.* → **sinueux.** ❏ contr. ① **droit, rectiligne.**

▷ Mot de la famille de TORDRE.

torture **n. f.** **1.** Souffrance physique que l'on fait subir à une personne pour lui faire avouer ce qu'elle refuse de dire. → **supplice.** *Le prisonnier a dénoncé ses complices sous la torture.* **2.** Souffrance très pénible à endurer. *Cette attente interminable est une véritable torture.* → **martyre, tourment.**

➤ **torturer** **v.** (conjug. 1) **1.** Faire subir des tortures. *Les otages ont été atrocement torturés.* **2.** Faire beaucoup souffrir. *La jalousie le torturait.*

tôt **adv.** ✦ Avant le moment habituel ou normal. *Je me suis levé tôt ce matin,* de bonne heure. ❏ contr. **tard.** *Les invités sont arrivés plus tôt que prévu. Ce travail sera fini dans huit jours au plus tôt,* pas avant huit jours. *Venez le plus tôt possible,* dès que possible. *Il ne recommencera pas de si tôt,* pas avant longtemps. *Il faudra y penser tôt ou tard,* un jour ou l'autre. ❍ homonyme : taux.

▷ Autres mots de la famille : AUSSITÔT, BIENTÔT, PLUTÔT, SITÔT, TANTÔT.

total **adj. et n. m., totale** **adj.**

■ **adj.** Complet, absolu. *J'ai une totale confiance en lui.* → **entier.** — Au masc. pl. *totaux.*

■ **n. m.** Le nombre total, la quantité totale. *Le total des dépenses s'élève à 200 euros.* → **montant,** ① **somme.** — Au pl. *Des totaux.*

➤ **totalement** **adv.** ✦ Complètement, tout à fait. *Paul est totalement guéri de son angine.* → **entièrement.** ❏ contr. **partiellement.**

➤ **totaliser** **v.** (conjug. 1) ✦ Avoir au total. *Le joueur qui totalise le plus de points a gagné.*

➤ **totalité** **n. f.** ✦ Ensemble de toutes les parties d'un tout. *Il a dépensé la totalité de la somme,* toute la somme. ❏ contr. **fraction,** ① **partie.**

➤ **totalitaire** **adj.** ✦ *Un régime totalitaire,* c'est un régime politique dans lequel un seul parti gouverne sans admettre d'opposition. *Les régimes totalitaires sont des dictatures.*

➤ **totalitarisme** **n. m.** ✦ Système politique d'un régime totalitaire.

totem [tɔtɛm] **n. m.** ✦ Statue représentant l'animal protecteur d'un clan. *Cette tribu indienne a un aigle pour totem.*

● *Totem* est un mot des Indiens d'Amérique du Nord.

totem

toucan **n. m.** ✦ Oiseau d'Amérique du Sud, à très gros bec et aux couleurs vives. ➼ planche Oiseaux p. 710.

● C'est un mot indien du Brésil.

① **toucher** **v.** (conjug. 1) **1.** Entrer en contact. *Elle touche le radiateur pour s'assurer qu'il est chaud. Le chasseur a touché le lièvre,* il l'a atteint. → **blesser.** 2. Être tout proche de quelque chose. *Le presbytère touche l'église.* – **se toucher,** être très proche, contigu. *Ces deux maisons se touchent.* 3. Entrer en contact avec quelqu'un, par lettre ou par téléphone. → **contacter, joindre.** *Où peut-on vous toucher pendant les vacances ?* 4. Recevoir. *Il touche son salaire le 30 du mois. Elle a touché 2 000 euros pour sa participation à l'émission.* → **empocher, gagner.** 5. Émouvoir. *Votre gentillesse m'a beaucoup touché.* 6. *Ne touche pas à ces fils électriques, c'est dangereux,* ne pose pas la main sur eux. 7. *L'été touche à sa fin,* il se termine.

➤ ② **toucher** n. m. ✦ Sens qui permet de sentir et de reconnaître avec la peau. *Le velours est doux au toucher.* → aussi **tactile.**

➤ **touchant, touchante** adj. ✦ Émouvant. *Cette histoire est très touchante.*

➤ ① **touche** n. f. 1. Secousse que donne un poisson qui mord à l'hameçon. *Le pêcheur a senti une touche au bout de la ligne.* 2. Couleur posée d'un coup de pinceau. *Le peintre ajouta une touche de bleu sur la toile.*

➤ ② **touche** n. f. ✦ Petit levier que l'on frappe avec les doigts sur un clavier. *Les touches blanches et les touches noires d'un piano. Les touches d'un clavier d'ordinateur.*

▷ Autres mots de la famille : RETOUCHE, RETOUCHER, SAINTE-NITOUCHE.

touffe n. f. ✦ Groupe de poils, de brins réunis à la base. *Les enfants ont arraché des touffes d'herbe.*

➤ **touffu, touffue** adj. ✦ Épais, dense. *Il a une barbe touffue.* ❑ contr. **clairsemé.**

touiller v. (conjug 1) ✦ Familier. Remuer. *Il touille son café avant de le boire.*

toujours adv. 1. Tout le temps, sans cesse. → **constamment, continuellement.** *Louise est toujours en retard.* ❑ contr. **jamais.** *Il n'est pas toujours très aimable.* 2. Encore maintenant. *Cela fait une heure que je l'attends et il n'est toujours pas là.* 3. De tout temps. *Julie a toujours aimé les chats.* 4. *Il est parti pour toujours,* définitivement, à tout jamais. 5. De toute façon. *Les compliments font toujours plaisir.*

▷ Mot de la famille de ① TOUT et de JOUR.

toundra n. f. ✦ Steppe des régions arctiques du nord de l'Europe, de l'Asie et de l'Amérique, où pousse une maigre végétation. → aussi **taïga.** *La toundra est couverte de mousses, de lichens et de bruyères.*

● C'est un mot russe qui vient du lapon.

toupet n. m. ✦ Familier. Audace. → fam. **culot.** *Il a eu le toupet de me demander de l'argent. Il ne manque pas de toupet ! Quel toupet !*

toupie n. f. ✦ Jouet formé d'un cône qui reste en équilibre sur sa pointe en tournant.

① **tour** n. f. 1. Construction en hauteur qui domine un bâtiment. *Le château est flanqué de deux tours.* → aussi **donjon, tourelle.** 2. Construction élevée, beaucoup plus haute que large. *Du haut de la tour Eiffel, on voit tout Paris. Ils habitent au 20e étage d'une tour.* → aussi **gratte-ciel.**

▷ Autre mot de la famille : TOURELLE.

② **tour** n. m. 1. Circonférence, pourtour. *Quel est ton tour de taille ?* 2. *Faire le tour d'un lieu,* aller autour. *Le gardien a fait le tour de la maison,* il a tourné autour. *Alex aimerait faire le tour du monde,* parcourir le monde, voyager dans le monde entier. 3. Promenade. *Il fait beau, allons faire un tour !* 4. Mouvement tournant. *Elle a donné deux tours de clé pour fermer la porte.* 5. Exercice difficile, qui demande de l'habileté. *Le prestidigitateur fait des tours de magie. Il a accompli un tour de force,* un exploit. 6. Farce, blague. *Paul a joué un tour à Théo en lui cachant son livre.* 7. Moment où c'est à quelqu'un de faire quelque chose. *Julie, c'est ton tour de jouer,* c'est à toi. *Le professeur interroge les élèves à tour de rôle,* l'un après l'autre. 8. *Un tour de chant,* un récital. *Le chanteur a été très applaudi à la fin de son tour de chant.* 9. Façon dont une situation évolue. → **tournure.** *Les choses ont pris un tour inquiétant.*

▷ Mot de la famille de TOURNER.

③ **tour** n. m. ✦ Machine qui tourne et qui permet de fabriquer des objets. *Les potiers font de la poterie avec un tour.* → aussi **tourneur.**

▷ Mot de la famille de TOURNER.

tourbe n. f. ✦ Matière formée par la décomposition de plantes qui pourrissent à l'abri de l'air. *On peut se chauffer en brûlant de la tourbe séchée.*

➤ **tourbière** **n. f.** ✦ Marécage d'où l'on extrait la tourbe. *Il y a des tourbières en Irlande.*

tourbière

tourbillon **n. m.** ✦ Mouvement tournant et rapide d'un liquide ou de matières entraînées par l'air. *La voiture soulevait des tourbillons de poussière,* de la poussière qui s'élevait en tournant rapidement. *Ici, la rivière fait de dangereux tourbillons,* l'eau tourne sur elle-même en produisant un courant dangereux. → **remous.**

➤ **tourbillonner** **v.** (conjug. 1) ✦ Former des tourbillons. *La neige tourbillonnait devant la porte.* → **tournoyer.**

tourelle **n. f.** 1. Petite tour. *Les tourelles d'un château.* 2. *La tourelle d'un tank,* c'est la partie qui tourne, sur laquelle se trouve le canon.

▷ Mot de la famille de ① TOUR.

touriste (*Tourists*, D. Hanson, 1970)

tourisme **n. m.** ✦ Le fait de voyager pour son plaisir. *Cet été, nous avons fait du tourisme en Bretagne.*

➤ **touriste** **n. m. et f.** ✦ Personne qui voyage pour son plaisir. *Le groupe de touristes est accompagné d'un guide.*

➤ **touristique** **adj.** ✦ Fait pour les touristes. *Elle a acheté un guide touristique de l'Italie. Rome est une ville touristique,* une ville qui attire les touristes.

▷ Mots de la famille de TOURNER.

tourment **n. m.** ✦ Grave souci, tracas. *Cette démarche lui a donné bien du tourment.*

➤ **tourmente** **n. f.** ✦ Violente tempête. *Le bateau a été pris dans la tourmente.*

➤ **tourmenter** **v.** (conjug. 1) ✦ Faire souffrir volontairement. → **maltraiter.** *Julie, arrête de tourmenter ce pauvre chat !* — **se tourmenter,** se faire du souci. *Ne vous tourmentez pas, tout ira bien.* → s'**inquiéter,** se **tracasser.**

tournage **n. m.** ✦ *Le tournage d'un film,* c'est le fait de faire un film, de le tourner. → **réalisation.** *Le tournage a duré trois mois.*

▷ Mot de la famille de TOURNER.

tournant **n. m.** ✦ Endroit où une route fait une courbe. → **virage.** *Ralentissez, ce tournant est dangereux.*

▷ Mot de la famille de TOURNER.

tourne-disque **n. m.** ✦ Appareil qui sert à écouter des disques. → aussi **électrophone,** ① **platine.** — Au pl. *Des tourne-disques.*

▷ Mot de la famille de TOURNER et de DISQUE.

tournedos **n. m.** ✦ Tranche de filet de bœuf. *Ils ont commandé deux tournedos grillés.*

tournée **n. f.** 1. Voyage, déplacement selon un itinéraire qui est toujours le même. *Le facteur fait sa tournée.* 2. *Une tournée théâtrale,* c'est un voyage effectué par une compagnie de théâtre pour jouer une pièce dans différents endroits. *La troupe est partie en tournée à l'étranger.*

▷ Mot de la famille de TOURNER.

en un **tournemain** **adv.** ✦ Très vite, en un instant. *Ce jeu s'installe en un tournemain sur l'ordinateur.*

▷ Mot de la famille de TOURNER et de MAIN.

tourner **v.** (conjug. 1) 1. Bouger autour d'un axe. *La clé tourne dans la serrure.* 2. Faire bouger, faire pivoter. *Tournez la poignée vers la gauche pour ouvrir. Elle tourne la salade,* elle la remue pour la mélanger à la sauce. → fam. **touiller.** 3. Bouger en décrivant une courbe. *La Terre tourne autour du Soleil.* 4. *J'ai la tête qui tourne,* je suis étourdi. 5. Fonctionner. *Le* *moteur tourne,* il marche. *Il y a quelque chose qui ne tourne pas rond,* qui ne va pas. **6.** Diriger en sens inverse. *Léa tourna la tête vers la porte.* — **se tourner,** se mettre en sens inverse ou dans une certaine direction. *Tourne-toi vers moi. Elle s'est tournée pour nous voir arriver.* **7.** Changer de direction. *Au prochain feu, tu tourneras à droite.* **8.** Éviter en contournant. *Voilà une bonne manière de tourner la difficulté.* **9.** *Ce film a été tourné en Afrique,* les scènes ont été filmées en Afrique. **10.** Fabriquer avec un tour. *Le potier tourne un vase.* **11.** *Tu tournes tout en ridicule,* tu donnes à tout un aspect ridicule. **12.** *Le temps tourne à l'orage,* il devient orageux. **13.** *Leur aventure a bien tourné,* elle s'est bien terminée. **14.** *Le lait a tourné,* il est devenu aigre.

▷ Autres mots de la famille : ALENTOURS, AUTOUR, CONTOUR, CONTOURNER, DEMI-TOUR, DÉTOUR, DÉTOURNÉ, DÉTOURNEMENT, DÉTOURNER, ENTOURAGE, ENTOURER, INCONTOURNABLE, POURTOUR, RETOUR, RETOURNEMENT, RETOURNER, ② ET ③ TOUR, TOURISME, TOURISTE, TOURISTIQUE, TOURNAGE, TOURNANT, TOURNE-DISQUE, TOURNÉE, EN UN TOURNEMAIN, TOURNESOL, TOURNEUR, TOURNEVIS, TOURNIQUET, TOURNIS, TOURNOIEMENT, TOURNOYER, TOURNURE.

tournesol **n. m.** ✦ Plante à grosse fleur jaune qui se tourne vers le soleil. ➻ planche Fleurs p. 421. *On fait de l'huile de table avec les graines de tournesol.*

▷ Mot de la famille de TOURNER.

tourneur **n. m.,** **tourneuse** **n. f.** ✦ Ouvrier, ouvrière qui travaille sur un tour. *Un tourneur sur métaux fabrique des pièces métalliques.* → aussi ③ **tour.**

▷ Mot de la famille de TOURNER.

tournevis [turnəvis] **n. m.** ✦ Outil qui sert à visser et à dévisser des vis.

▷ Mot de la famille de TOURNER et de VIS.

tourniquet **n. m.** ✦ Appareil formé d'une croix qui tourne en ne laissant passer qu'une personne à la fois. *Il faut passer par un tourniquet pour entrer dans le supermarché.*

▷ Mot de la famille de TOURNER.

tournis [turni] **n. m.** ✦ Familier. Vertige. *Arrête de bouger, tu me donnes le tournis.*

● Attention au *s* final qui ne se prononce pas.

▷ Mot de la famille de TOURNER.

tournoi **n. m.** **1.** Au Moyen Âge, combat entre deux chevaliers armés de lances. → **joute.** **2.** Compétition sportive. *Alex a remporté le tournoi de ping-pong.* → **championnat.**

tournoyer **v.** (conjug. 8) ✦ Tourner en faisant des cercles. → **tourbillonner.** *Les feuilles mortes tournoyaient en tombant.*

➤ **tournoiement** **n. m.** ✦ Mouvement de ce qui tournoie. *Théo observe le tournoiement des flocons de neige.*

▷ Mots de la famille de TOURNER.

tournoi

tournure n. f. **1.** Aspect que prend quelque chose qui évolue. *Je n'aime pas la tournure que prend cette affaire,* la façon dont elle évolue. **2.** *Il a une drôle de tournure d'esprit,* une drôle de façon de voir les choses. **3.** Forme d'une phrase, expression. *N'employez pas de tournures trop compliquées dans vos rédactions.*
▷ Mot de la famille de TOURNER.

tourte n. f. ✦ Tarte salée recouverte de pâte. *La mère de Julie fait très bien les tourtes aux légumes.*

tourteau n. m. ✦ Gros crabe de l'Atlantique, à carapace brune, lisse et large. ➻ planche Crustacés et coquillages p. 243. *La chair des tourteaux est délicate.*

tourterelle n. f. ✦ Oiseau qui ressemble au pigeon, mais qui est plus petit. *Un couple de tourterelles roucoule dans le jardin.*

tous → ① **tout**

Toussaint n. f. ✦ Fête catholique de tous les saints. *La Toussaint se fête le 1er novembre.*
▷ Mot de la famille de ① TOUT et de SAINT.

tousser v. (conjug. 1) ✦ Chasser de l'air par la bouche en faisant un bruit qui part de la gorge. → aussi **toux.** *Léa a une bronchite, elle tousse beaucoup.*
➤ **toussoter** v. (conjug. 1) ✦ Tousser sans faire beaucoup de bruit. *Il toussota pour signaler sa présence.*
➤ **toussotement** n. m. ✦ Petite toux.
▷ Mots de la famille de TOUX.

① **tout, toute** adj., pronom et adv.
■ adj. **1.** Complet, entier. *Il a plu toute la journée. J'ai tout mon temps. Tout le monde est content.* **2.** *Tous les amis de Julie étaient là pour son anniversaire,* l'ensemble de ses amis. ❑ contr. **aucun,** ① **nul. 3.** *Ils s'écrivent toutes les semaines,* chaque semaine. **4.** *Un cadeau sera remis à toute personne qui présentera ce bon,* à n'importe quelle personne. → **quiconque.**
■ pronom **1.** *Les enfants de la classe savent tous lire et écrire,* l'ensemble des enfants sait lire et écrire. *Ce sont toutes des brunes.* **2.** L'ensemble des choses. *Il sait tout faire. Tout va bien.* ❑ contr. **rien.** *Cela fera 100 euros* ***en tout,*** au total. *Il mange de tout. Elle est gentille comme tout,* elle est très gentille. ***Après tout,*** *ce n'est pas de sa faute,* en définitive.
■ adv. **1.** Entièrement, complètement. *Sa voiture est toute neuve. Léa était tout étonnée. Ces chatons sont tout jeunes.* — On écrit toujours *tout* devant un adjectif masculin et devant un adjectif féminin commençant par une voyelle ou un *h* muet. **2.** ***Tout à fait,*** complètement, entièrement. *Ce n'est pas tout à fait pareil.* → **absolument, exactement. 3.** Très. *J'habite tout près. Parle tout doucement.* ❍ homonyme : toux.
➤ ② **tout** n. m. (pl. **touts**) **1.** *Le tout,* c'est l'ensemble des choses. *Le marchand nous a vendu le tout pour 20 euros.* **2.** *Un tout,* c'est un ensemble formé de plusieurs parties. *Les membres d'une même famille forment un tout.* **3.** *Le tout est de ne pas s'énerver,* le plus important est de ne pas s'énerver. → ① **principal. 4.** *Il ne fait* ***pas*** *froid* ***du tout,*** il ne fait absolument pas froid. **5.** *Il a changé* ***du tout au tout,*** complètement.
➤ **tout-à-l'égout** n. m. inv. ✦ Ensemble de tuyaux qui envoient les eaux sales d'une maison dans les égouts. — Au pl. *Des tout-à-l'égout.* ▷ Mot de la famille de GOUTTE.
➤ **toutefois** adv. ✦ Cependant, néanmoins. *Ce devoir est bon, toutefois l'orthographe laisse à désirer.* ▷ Mot de la famille de FOIS.
➤ **tout-puissant, toute-puissante** adj. ✦ Qui a un très grand pouvoir. *Des dictateurs tout-puissants se sont succédé à la tête du pays.* ▷ Mot de la famille de ① POUVOIR.
➤ **tout-terrain** adj. ✦ *Un véhicule tout-terrain,* c'est un véhicule qui peut rouler hors des routes, sur tous les terrains. *Seuls les véhicules tout-terrains peuvent emprunter les pistes du désert. Léa a un vélo tout-terrain.* → **V. T. T.** — **N. m.** *Un tout-terrain,* un véhicule tout-terrain. → **quatre-quatre** et aussi **jeep.** — Au pl. *Des tout-terrains.* ▷ Mot de la famille de TERRE.
➤ **tout-venant** n. m. ✦ Tout ce qui se présente. *Il n'a pas choisi, il a pris le tout-venant.* ▷ Mot de la famille de VENIR.
▷ Autres mots de la famille : ESSUIE-TOUT, FAITOUT, FOURRE-TOUT, PARTOUT, PASSE-PARTOUT, RISQUE-TOUT, SURTOUT, TOUJOURS, TOUSSAINT, VA-TOUT, À TOUT VENANT.

toux [tu] n. f. ✦ Bruit que l'on fait quand on tousse. *Louise a eu un violent accès de toux.* → **quinte.** *Théo prend du sirop contre la toux.*
❍ homonymes : ① et ② tout.
● *Toux* se termine par un *x* qui ne se prononce pas.
▷ Autres mots de la famille : TOUSSER, TOUSSOTEMENT, TOUSSOTER.

toxique **adj.** ✦ Dangereux pour la santé. → aussi **poison.** *Les voitures rejettent des gaz toxiques. Ce champignon est toxique.* → **vénéneux.**

➤ **toxicomane** **n. m.** et **f.** ✦ Personne qui se drogue. → **drogué.** *Dans cet hôpital, on soigne les toxicomanes.*

➤ **toxicomanie** **n. f.** ✦ Habitude de prendre de la drogue.

▷ Autres mots de la famille : DÉSINTOXICATION, DÉSINTOXIQUER, INTOXICATION, INTOXIQUER.

trac **n. m.** ✦ Peur que l'on ressent avant de parler en public ou de passer un examen. → aussi **angoisse.** *Beaucoup de comédiens ont le trac avant de monter sur scène.*

tracasser **v.** (conjug. 1) ✦ Donner du souci, tourmenter. *Ses ennuis de santé le tracassent beaucoup.* — **se tracasser,** se faire du souci. *Tout ira bien, ne vous tracassez pas.* → **s'inquiéter,** se **tourmenter.**

➤ **tracas** **n. m.** ✦ Souci, tourment. *Ce déménagement nous a donné bien du tracas.*

● Le *s* final ne se prononce pas.

➤ **tracasserie** **n. f.** ✦ Petit ennui, petite difficulté sans importance. *Que de temps perdu avec les tracasseries administratives !*

tracer **v.** (conjug. 3) **1.** Dessiner avec des traits. *Le professeur a tracé un cercle au tableau.* **2.** Indiquer un chemin en faisant une trace. *Le bateau trace un sillage dans la mer.*

➤ **tracé** **n. m.** ✦ Dessin fait de traits simples. *Sur cette carte, le tracé des autoroutes est en rouge,* le dessin du parcours des autoroutes est représenté par une ligne rouge.

➤ **trace** **n. f.** **1.** Empreinte laissée par le passage d'un être vivant ou d'un objet. *On voit des traces de pneus sur le sol.* **2.** Marque, tache. *Il y a des traces de rouge à lèvres sur ce verre.* **3.** Reste. *Les archéologues retrouvent les traces des civilisations disparues.* → **vestige.** **4.** Très petite quantité. *On a retrouvé des traces de poison dans l'estomac de la victime.*

▷ Autre mot de la famille : RETRACER.

trachée [tʀaʃe] **n. f.** ✦ Conduit qui va de la gorge aux bronches, par où passe l'air que l'on respire.

● On dit aussi *la trachée-artère.*

➤ **trachéite** [tʀakeit] **n. f.** ✦ Inflammation de la trachée. *Louise a une trachéite.*

tract [tʀakt] **n. m.** ✦ Feuille de papier sur laquelle sont imprimées des idées que l'on veut faire connaître. *Les grévistes distribuent des tracts pour expliquer les raisons de leur grève.*

tractation **n. f.** ✦ Discussion longue au cours de laquelle on négocie pour obtenir quelque chose. → **négociation.** *Les tractations ont abouti à la libération des otages.*

tracter **v.** (conjug. 1) ✦ Tirer au moyen d'un véhicule. *La voiture tracte une caravane.*

➤ **tracteur** **n. m.** ✦ Véhicule à moteur qui sert à tirer des remorques ou des machines agricoles. *L'agriculteur est sur son tracteur.*

tracteur

traction **n. f.** ✦ Force qui permet de tirer. *La plupart des trains utilisent la traction électrique,* sont tirés par des locomotives électriques. *Cette voiture est à traction avant,* le moteur fait tourner ses roues avant.

tradition **n. f.** ✦ Coutume, usage qui se transmet de génération en génération. *C'est une tradition de se souhaiter « bonne année » le 1er janvier.*

➤ **traditionaliste** **adj.** ✦ Qui est attaché aux traditions. *Elle est très traditionaliste.* — **N.** *Les traditionalistes n'aiment pas le changement.*

● *Traditionaliste* s'écrit avec un seul *n,* alors que *traditionnel* en prend deux.

➤ **traditionnel, traditionnelle** **adj.** ✦ Qui se fait, a lieu selon la tradition. *Ils ont assisté au traditionnel défilé du 14 Juillet.*

➤ **traditionnellement** **adv.** ✦ Selon la tradition, de manière traditionnelle. *Traditionnellement, les gens se font des cadeaux à Noël.*

traduire **v.** (conjug. 38) **1.** Exprimer dans une langue ce qui était dans une autre. *L'interprète traduit en français le discours du ministre suédois.* **2.** Exprimer, montrer. *Sa voix traduisait une grande émotion.* — **se traduire,** prendre la forme de quelque chose. *La crise se traduit par un chômage important.*

➤ **traducteur** n. m., **traductrice** n. f. ✦ Personne dont le métier est de traduire des textes. → aussi **interprète.** *Elle est traductrice de romans policiers.*

➤ **traduction** n. f. ✦ Action, manière de traduire. *La traduction de ce roman est bonne,* ce roman est bien traduit. → aussi **thème, version.**

▷ Autre mot de la famille : INTRADUISIBLE.

trafic n. m. 1. Circulation des véhicules. *Il y a beaucoup de trafic dans les grandes villes. Le trafic aérien a beaucoup augmenté,* la circulation des avions est beaucoup plus importante. 2. Commerce interdit par la loi. *Le trafic de drogue est sévèrement puni.*

➤ **trafiquer** v. (conjug. 1) 1. Se livrer à un commerce interdit. *Les contrebandiers trafiquaient des cigarettes,* ils faisaient le trafic des cigarettes. 2. Modifier de manière anormale ou illégale. *Il a trafiqué le moteur de sa moto pour qu'elle aille plus vite.*

➤ **trafiquant** n. m., **trafiquante** n. f. ✦ Personne qui fait du trafic. *De gros trafiquants de drogue viennent d'être arrêtés.*

tragédie n. f. 1. Pièce de théâtre dont les héros ont un destin malheureux. → aussi **tragique.** *Corneille et Racine ont écrit de nombreuses tragédies.* ❏ contr. **comédie.** 2. Événement dramatique. *Le naufrage du « Titanic » fut une terrible tragédie.*

tragique adj. 1. Qui concerne la tragédie. *Corneille est un auteur tragique,* un auteur de tragédies. 2. Dramatique, terrible. *Un tragique incendie a fait plusieurs dizaines de morts.*

➤ **tragiquement** adv. ✦ D'une façon tragique. *L'aventure aurait pu finir tragiquement.* → **dramatiquement.**

trahir v. (conjug. 2) 1. *Trahir quelqu'un,* c'est l'abandonner, le dénoncer. *L'assassin a trahi ses complices.* → **livrer.** *Cet espion a trahi son pays.* → aussi **traître.** 2. Lâcher. *Ses forces le trahissaient,* lui faisaient défaut. 3. Faire connaître une chose qui aurait dû rester cachée. *C'est mal de trahir un secret,* de le divulguer. → **révéler.** 4. **se trahir,** laisser apparaître malgré soi ce qu'on voulait cacher. *Elle s'est trahie en posant cette question.*

● Il y a un *h* entre le *a* et le *i.*

➤ **trahison** n. f. ✦ Le fait de trahir. *Le soldat fut exécuté pour trahison,* pour avoir trahi son pays.

① **train** n. m. 1. Ensemble formé par une locomotive et les wagons qu'elle traîne. → aussi **chemin de fer.** *Il a pris le train de 20 h 17. Un train à grande vitesse.* → **T. G. V.** *Le train entre en gare.* 2. *Un train de péniches descend le fleuve,* une file de péniches remorquées descend le fleuve. 3. *Le train d'atterrissage,* c'est l'ensemble des roues d'un avion. ➳ planche Avions p. 73. *Le pilote a rentré le train d'atterrissage après le décollage.*

▷ Mot de la famille de TRAÎNER.

② **train** n. m. 1. Allure, vitesse. *À ce train-là, ce travail ne sera jamais fini.* 2. *Le train de vie,* c'est la façon dont on dépense son argent pour la vie courante. *Ils ont un train de vie élevé,* ils dépensent beaucoup pour vivre. 3. *Être* **en train de** *faire quelque chose,* c'est le faire précisément à ce moment-là. *Alex est en train de lire une bande dessinée.*

▷ Autres mots de la famille : BOUTE-EN-TRAIN, ENTRAIN, TRAIN-TRAIN.

traîner v. (conjug. 1) 1. Tirer derrière soi. *Le camion traîne une remorque.* → **tracter.** *Julie traîne la jambe en marchant,* elle marche avec peine. — **se traîner,** se déplacer avec peine. *Le blessé s'est traîné jusqu'à la porte.* 2. Amener, avoir partout avec soi. *Léa traîne toujours son vieux nounours.* → fam. **trimbaler.** 3. Pendre par terre en balayant le sol. *Sa longue jupe traînait par terre.* 4. Être posé n'importe où, sans ordre. *Louise est très désordonnée, elle laisse traîner toutes ses affaires.* 5. Durer trop longtemps. *La réunion a traîné pendant des heures.* → **s'éterniser.** 6. S'attarder. *Paul et Alex traînent en revenant de l'école.* ❏ contr. se **dépêcher.**

● Attention à l'accent circonflexe du *î.*

➤ **traînard** n. m., **traînarde** n. f. ✦ Personne qui reste en arrière d'un groupe qui marche. *Dépêchez-vous, les traînards !*

➤ **traîne** n. f. ✦ Bas d'un manteau ou d'une robe qui traîne à terre. *La traîne d'une robe de mariée.*

➤ **à la traîne** adv. ✦ En arrière d'un groupe qui marche. *Léa est restée à la traîne, il faut l'attendre !*

traîneau

➤ **traîneau** n. m. ✦ Véhicule fait pour glisser sur la neige. → aussi **luge.** *Les traîneaux des Esquimaux sont tirés par des chiens.*

➤ **traînée** n. f. ✦ Longue trace. *La traînée lumineuse d'une comète.*

▷ Autres mots de la famille : ENTRAÎNANT, ① ENTRAÎNER, ① TRAIN.

train-train n. m. ✦ Ensemble des occupations qui se répètent tous les jours. → **routine.** *Il ne se passe rien de spécial en ce moment, c'est le train-train quotidien.*

▷ Mot de la famille de ② TRAIN.

traire v. (conjug. 50) ✦ *La fermière trait les vaches tous les jours,* elle presse leurs pis pour en faire sortir le lait.

▷ Autres mots de la famille : ① TRAITE, TRAYEUSE.

trait n. m. **1.** Petite ligne. *Soulignez les verbes d'un trait rouge.* **2.** *Les traits,* ce sont les lignes du visage. *Léa a les traits fins.* **3.** *Un trait de caractère,* c'est ce qui permet de reconnaître la personnalité de quelqu'un, de le différencier des autres personnes. **4.** *Un trait de génie,* c'est une idée géniale. **5.** *Avoir trait à quelque chose,* concerner quelque chose, s'y rapporter. *Julie s'intéresse à tout ce qui a trait au cinéma.* **6.** *D'un trait,* en une seule fois. *Il a vidé son verre d'un trait.* → **coup.** **7.** *Un animal de trait,* c'est un animal qui sert à tirer des voitures. *Des chevaux de trait.* ○ homonyme : très.

▷ Autre mot de la famille : TRAIT D'UNION.

traitant, traitante adj. ✦ *C'est notre médecin traitant,* le médecin qui nous soigne habituellement, s'occupe de nous.

▷ Mot de la famille de TRAITER.

trait d'union n. m. ✦ Petit trait horizontal qui se place entre les différentes parties d'un mot composé. *Le mot « arc-en-ciel » comporte deux traits d'union.*

▷ Mot de la famille de TRAIT et de UN.

① **traite** n. f. ✦ Action de traire. *La traite des vaches s'effectue à la main ou à la machine.*

▷ Mot de la famille de TRAIRE.

② **traite** n. f. **1.** Trafic qui consiste à acheter et vendre des êtres humains. *La traite des nègres,* c'était, autrefois, le commerce des esclaves noirs. **2.** Papier qui indique la somme que l'on doit payer à une certaine date pour un achat à crédit.

traite *(La Traite des Nègres)*

③ **traite** n. f. ✦ *D'une traite,* en une fois. *Nous avons fait la route d'une seule traite,* sans nous arrêter.

traiter v. (conjug. 1) **1.** Agir d'une certaine façon avec quelqu'un. *Il traite ses enfants durement,* il est dur avec eux. **2.** Soigner. *On arrive à traiter certains cancers.* **3.** Donner un nom déplaisant à quelqu'un. *Alex a traité Julie d'idiote.* **4.** Soumettre à une certaine action. *Ces cultures sont traitées aux insecticides.* **5.** Avoir pour sujet. *Ce livre traite du jardinage.* **6.** Régler en discutant. *Le gouvernement refuse de traiter avec les rebelles.* → **négocier, parlementer.**

➤ **traité** n. m. **1.** Livre qui traite d'un sujet. *Un traité de mathématiques.* → ② **manuel.** **2.** Accord entre des pays. → **pacte.** *Les deux pays ont signé un traité de paix.*

➤ **traitement** n. m. **1.** Façon de se conduire envers une personne ou un animal. *Cet animal a subi de mauvais traitements,* il a été maltraité. **2.** Manière de soigner un malade. *Le médecin a donné au malade un nouveau traitement.* **3.** Salaire d'un fonctionnaire. *Elle touche un bon traitement.* **4.** *Un traitement de texte,* c'est un programme informatique qui permet de composer, mettre en forme, corriger et éditer des textes. *Cet ordinateur a un traitement de texte très perfectionné.*

➤ **traiteur** **n. m.** ✦ Personne dont le métier est de cuisiner des plats à emporter et à manger chez soi. *Certains charcutiers sont aussi traiteurs.*

▷ Autres mots de la famille : INTRAITABLE, MALTRAITER, TRAITANT.

traître **n. m.** et **adj.**, **traîtresse** **n. f.** et **adj.**

■ **n.** Personne qui trahit. *Les traîtres ont été fusillés. Prendre quelqu'un en traître,* c'est agir avec lui de façon perfide et sournoise, sans le prévenir de ce que l'on va faire.

■ **adj. 1.** Coupable de trahison. *On l'a accusé d'avoir été traître à sa patrie.* ❑ contr. **fidèle, loyal. 2.** *Pas un traître mot,* pas un seul. *Il ne sait pas un traître mot de sa leçon.*

● On emploie rarement le féminin.

➤ **traîtrise** **n. f.** ✦ Action par laquelle on trahit. → **perfidie.** *Il s'est rendu coupable de traîtrise.* ❑ contr. **fidélité, loyauté.**

trajectoire **n. f.** ✦ Chemin suivi par un objet qui se déplace. *Les ingénieurs ont calculé précisément la trajectoire de la fusée.*

trajet **n. m.** ✦ Chemin à parcourir d'un lieu à un autre. → **itinéraire, parcours.** *Il a une heure de trajet pour aller de chez lui à son bureau. Quel trajet prenez-vous pour aller à la poste ?*

trame **n. f. 1.** Ensemble des fils d'un tissu qui sont passés dans le sens de la largeur. *Ce vieux manteau est usé jusqu'à la trame.* **2.** *La trame d'une histoire,* c'est le déroulement des événements. *La trame de ce roman policier est très compliquée.* → **intrigue.**

➤ **tramer** **v.** (conjug. 1) ✦ Comploter, manigancer. *Les conspirateurs ont tramé un complot.*

tramontane **n. f.** ✦ Vent du nord-ouest qui souffle dans le sud de la France, sur la côte du Languedoc et du Roussillon. *La tramontane est un vent froid.*

● Ce mot vient de l'italien.

trampoline **n. m.** ✦ Grande toile tendue par des ressorts, sur laquelle on fait des sauts. *Julie saute et rebondit sur le trampoline.*

● Ce mot vient de l'italien.

tramway [tʀamwɛ] **n. m.** ✦ Grand véhicule de transport en commun, à l'intérieur d'une ville, qui circule sur des rails et avance grâce au courant électrique. → aussi **trolleybus.**

● On dit familièrement *un tram* [tʀam]. Ce mot vient de l'anglais.

tramway

trancher **v.** (conjug. 1) **1.** Couper avec un instrument dur et fin. *Le boucher a tranché la tête du poulet.* → **sectionner. 2.** Régler une question en faisant un choix. *En cas de désaccord entre les conseillers municipaux, c'est toujours le maire qui tranche.* **3.** Faire un contraste. *Le rouge de sa jupe tranche avec le noir de sa veste.*

➤ **tranchant** **adj.** et **n. m.**, **tranchante** **adj.**

■ **adj. 1.** Qui coupe très bien. → **coupant.** *Les ciseaux sont des instruments tranchants.* **2.** *Un ton tranchant,* dur et sans réplique. *Il a répondu d'un ton tranchant.* → **catégorique, péremptoire.**

■ **n. m.** Côté mince et coupant d'un instrument tranchant. *Il aiguise le tranchant du couteau.*

➤ **tranche** **n. f.** ✦ Morceau mince coupé dans la largeur. *Louise a mangé deux tranches de jambon.*

➤ **tranché, tranchée** **adj.** ✦ Qui est affirmé avec force. *Elle a des opinions tranchées sur tout,* des opinions nettes et catégoriques.

➤ **tranchée** **n. f.** ✦ Trou long et étroit, creusé dans le sol. → **fossé.** *Les canalisations de la rue sont enfouies dans une tranchée.*

▷ Autres mots de la famille : RETRANCHEMENT, RETRANCHER.

tranquille **adj.** **1.** Calme, paisible. *Ils habitent un quartier tranquille.* ❏ contr. **bruyant.** **2.** Qui est sage, ne remue pas beaucoup et ne fait pas de bruit. ❏ contr. **agité, nerveux, turbulent.** *Léa est une enfant tranquille. Les enfants, restez tranquilles ou je vais me fâcher !* soyez gentils, sages. **3.** *Laisser tranquille,* ne pas ennuyer. *Julie, laisse ce chat tranquille !* laisse-le en paix. **4.** Qui est sans inquiétude. *Tout se passera bien, soyez tranquilles,* ne vous inquiétez pas. ❏ contr. **anxieux, inquiet.**

➤ **tranquillement** **adv.** ✦ Calmement, paisiblement. *Théo joue tranquillement dans sa chambre.*

➤ **tranquilliser** **v.** (conjug. 1) ✦ Calmer. → **rassurer.** *Ton coup de téléphone m'a tranquillisé.* ❏ contr. **affoler, inquiéter.** — **se tranquilliser,** ne pas se faire de souci. *Tout ira bien, tranquillisez-vous.* ❏ contr. s'**inquiéter**, se **tourmenter**, se **tracasser.**

➤ **tranquillisant** **n. m.** ✦ Médicament qui calme, rend moins nerveux. *Il prend des tranquillisants.* → **calmant.**

➤ **tranquillité** **n. f.** ✦ Calme. *Elle tient à sa tranquillité. Vous pouvez partir en toute tranquillité,* sans vous faire de souci. → **sérénité.**

transaction **n. f.** ✦ Marché conclu entre un acheteur et un vendeur. *Les achats et les ventes sont des transactions commerciales.* → **échange.**

transat [tʀɑ̃zat] **n. m.** ✦ Chaise longue en toile. *Elle s'est allongée au soleil sur un transat.*

transat

transatlantique **n. m.** et **adj.**

- **n. m.** Paquebot qui traverse l'Atlantique, entre l'Europe et l'Amérique.
- **adj.** *Une course transatlantique,* c'est une course de voiliers qui traversent l'Atlantique.

transcrire **v.** (conjug. 39) ✦ Reproduire des mots dans une langue ayant un alphabet différent ou dans un code secret. *Théo a transcrit son nom en arabe.*

➤ **transcription** **n. f.** ✦ *La transcription phonétique d'un mot,* c'est la notation des sons de ce mot en alphabet phonétique. → **phonétique.** *Ce dictionnaire donne la transcription phonétique de certains mots.*

transe **n. f.** ✦ Vive inquiétude, grande peur. → **anxiété, tourment.** *Les candidats sont dans les transes en attendant la proclamation des résultats.*

transept [tʀɑ̃sɛpt] **n. m.** ✦ Partie d'une église qui coupe la nef à angle droit en formant une croix. *Le transept sépare le chœur de la nef.*

transférer **v.** (conjug. 6) ✦ Faire changer de lieu. *Cette école a été transférée à Strasbourg.*

➤ **transfert** **n. m.** ✦ Déplacement d'un lieu dans un autre. → **transport.** *Le prisonnier s'est évadé pendant son transfert à l'hôpital.*

transfigurer **v.** (conjug. 1) ✦ Transformer en donnant une beauté éclatante et inhabituelle. → **transformer.** *Le bonheur l'a transfiguré.*

▷ Mot de la famille de FIGURER.

transformer **v.** (conjug. 1) **1.** Changer, modifier, donner une autre forme. *On a complètement transformé ce magasin. La fée a transformé la citrouille en carrosse.* — **se transformer,** prendre une autre forme. *La chenille se transforme en papillon.* → se **métamorphoser.** **2.** *Transformer un essai,* au rugby, c'est envoyer le ballon, que l'on a posé au sol, entre les poteaux du but adverse.

➤ **transformation** **n. f.** **1.** Opération par laquelle on transforme. *Des centrales permettent la transformation de l'énergie hydraulique en électricité.* **2.** Changement apporté. *Ils ont fait des transformations dans leur appartement,* ils ont fait des aménagements, des travaux.

➤ **transformateur** **n. m.** ✦ Appareil qui permet de modifier la tension d'un courant électrique.

● On dit souvent *un transfo.*

▷ Mots de la famille de FORME.

transfusion **n. f.** ✦ *Une transfusion de sang,* une injection de sang dans les veines d'une personne. *Ce blessé a perdu beaucoup de sang, il faut lui faire une transfusion.*

transgresser v. (conjug. 1) ✦ Ne pas respecter un ordre, une règle. → **désobéir, enfreindre, violer.** *Un criminel est un homme qui transgresse les lois.*

transhumance n. f. ✦ Déplacement du bétail qui va dans la montagne en été. *Les troupeaux ont commencé la transhumance.*
● Il y a un *h* après le *s*.

transi, transie adj. ✦ Engourdi par le froid. *Julie a reçu la pluie, elle est transie.*

transiger v. (conjug. 3) ✦ Faire des concessions. → **céder.** *Les terroristes refusent de transiger. Tu dois rentrer avant minuit, je ne transigerai pas sur ce point.*
▷ Autres mots de la famille : INTRANSIGEANCE, INTRANSIGEANT.

transistor n. m. ✦ Poste de radio portatif.

transit [tʀɑ̃zit] n. m. ✦ Situation de passagers qui font escale dans un pays pour repartir dans un autre et ne passent pas les contrôles de police ni de douane. *Les passagers en transit attendent dans la salle d'embarquement.*
➤ **transiter** v. (conjug. 1) ✦ Être en transit. *Les passagers de ce vol transitent par Francfort pour aller à Boston,* ils passent par Francfort.

transitif, transitive adj. ✦ *Un verbe transitif,* c'est un verbe qui peut avoir un complément d'objet. *« Manger », « apprendre », « donner » sont des verbes transitifs.* ❑ contr. **intransitif.**
▷ Autre mot de la famille : INTRANSITIF.

transition n. f. ✦ Passage progressif d'un état à un autre. *L'automne fait la transition entre l'été et l'hiver.* → aussi **transitoire.** *Elle est passée du rire aux larmes sans transition,* brusquement.

transitoire adj. ✦ Qui passe, qui ne dure pas. *L'adolescence est une période transitoire entre l'enfance et l'âge adulte,* une période qui fait la transition. → ② **passager.** ❑ contr. **durable, permanent.**

translucide adj. ✦ Qui laisse passer la lumière mais ne permet pas de distinguer nettement les objets à travers. *La vitre de la salle de bains est translucide.* → aussi **transparent.**

transmettre v. (conjug. 56) **1.** Faire passer d'une personne à l'autre. *Je lui transmettrai le message. Léa a transmis la varicelle à son frère.* — **se transmettre,** se propager d'une personne à une autre. *Cette maladie se transmet facilement,* elle est très contagieuse. **2.** Faire passer d'un endroit à un autre. *Le métal transmet la chaleur.* → **conduire.**
➤ **transmissible** adj. ✦ Qui se transmet d'une personne à une autre. *Le sida est une maladie sexuellement transmissible,* qui se transmet par les relations sexuelles
➤ **transmission** n. f. **1.** Le fait de transmettre. *Je me charge de la transmission du message.* **2.** Déplacement d'un endroit à un autre. *Sur une bicyclette, la transmission du mouvement du pédalier se fait par la chaîne.* **3.** *La transmission de pensée,* c'est la communication directe entre les esprits sans passer par la parole. *On a eu la même idée en même temps, c'est de la transmission de pensée.* → aussi **télépathie.**
▷ Mots de la famille de METTRE.

transparaître v. (conjug. 57) ✦ Se montrer à travers quelque chose. → **apparaître, paraître.** *Le jour transparaît à travers les rideaux. La joie transparaissait sur son visage,* était visible.
▷ Mot de la famille de PARAÎTRE.

transparent, transparente adj. ✦ Qui laisse passer la lumière et laisse voir nettement ce qui est derrière. *L'eau du torrent est transparente.* → **limpide.**
➤ **transparence** n. f. ✦ Qualité d'un corps transparent. *La transparence de l'eau permet de voir les poissons.* → **limpidité.**

transpercer v. (conjug. 3) **1.** Percer de part en part. *Il transperça son ennemi d'un coup d'épée.* **2.** Passer au travers, pénétrer. *Une pluie fine transperçait les vêtements.* → **traverser.**
▷ Mot de la famille de PERCER.

paroi **translucide**

transpirer v. (conjug. 1) 1. Être en sueur. → **suer.** *Il transpire à grosses gouttes.* 2. Finir par être connu. *La nouvelle a transpiré.*
➤ **transpiration** n. f. ✦ Sécrétion de la sueur par les pores de la peau. *Elle met du déodorant pour supprimer les odeurs de transpiration.*

transplanter v. (conjug. 1) 1. Sortir une plante de terre pour la planter ailleurs. *Ils ont transplanté de jeunes sapins.* → **repiquer.** 2. *Transplanter un organe,* c'est l'enlever à quelqu'un pour le mettre dans le corps d'un malade. *On peut sauver des cardiaques en leur transplantant un cœur.* → aussi **greffer.**
➤ **transplantation** n. f. ✦ *On lui a fait une transplantation cardiaque,* on lui a transplanté un cœur. → aussi ② **greffe.**
▷ Mots de la famille de PLANTER.

transporter v. (conjug. 1) 1. Déplacer d'un endroit à un autre en portant. *Le blessé a été immédiatement transporté à l'hôpital.* 2. Enchanter. → **enthousiasmer.** *Cette nouvelle nous a transportés de joie.*
➤ **transport** n. m. ✦ Manière de déplacer des personnes ou des choses sur une distance assez longue. *Ce train assure le transport des voyageurs et des marchandises entre Paris et Lyon. La voiture, l'avion, le bateau sont des moyens de transport. Les transports en commun,* ce sont le train, le métro, l'autobus, etc.
➤ **transportable** adj. ✦ Qui peut être transporté. *Ce blessé n'est pas transportable.*
➤ **transporteur** n. m. ✦ Personne qui se charge de transporter des marchandises. *Un transporteur routier.*
▷ Mots de la famille de PORTER.

transposer v. (conjug. 1) ✦ Faire changer une histoire en la faisant passer dans un autre domaine. *Le cinéaste a transposé la légende de Tristan et Iseult à notre époque,* il a placé cette légende à notre époque. → **adapter.**
▷ Mot de la famille de POSER.

transvaser v. (conjug. 1) ✦ Faire couler d'un récipient dans un autre. *Le sommelier transvase le vin dans une carafe.*
▷ Mot de la famille de ① VASE.

transversal, tranversale adj. ✦ *Une rue transversale,* c'est une rue qui en coupe une autre à angle droit. — Au masc. pl. *transversaux.*

trapèze n. m. 1. Figure géométrique qui a quatre côtés dont deux sont parallèles. ➸ planche Géométrie p. 458. 2. Appareil de gymnastique composé d'une barre de bois horizontale suspendue par les extrémités à deux cordes. *Les acrobates font du trapèze volant,* ils sautent d'un trapèze à un autre en se balançant.
➤ **trapéziste** n. m. et f. ✦ Acrobate qui fait du trapèze.

trappe n. f. 1. Trou fait dans un plancher ou un plafond et fermé par un panneau. *Il ouvre la trappe pour descendre à la cave.* 2. Piège pour les animaux, formé d'un trou recouvert de branchages. *Un tigre était pris dans la trappe.* → aussi **chausse-trape.**
➤ **trappeur** n. m. ✦ Homme dont le métier est de chasser des animaux pour vendre leur fourrure, en Amérique du Nord.
▷ Autres mots de la famille : ATTRAPE, ATTRAPE-NIGAUD, ATTRAPER, RATTRAPAGE, RATTRAPER, SE RATTRAPER.

trappeur

trapu, trapue adj. ✦ Petit et large d'épaules. *Ce rugbyman est trapu.* → **épais, râblé.**
❏ contr. **élancé, mince.**

traquer v. (conjug. 1) ✦ Poursuivre un gibier en resserrant le cercle autour de lui. *Les chiens traquent le renard.*
➤ **traquenard** n. m. ✦ Piège. → **guet-apens.** *Le malfaiteur a été pris dans le traquenard tendu par la police.*

traumatiser v. (conjug. 1) ✦ Choquer violemment. *Ce drame l'a traumatisé.*
➤ **traumatisme** n. m. 1. Choc, trouble provoqué par un coup, une blessure grave.

Une chute sur la tête peut causer un traumatisme crânien. **2.** Choc provoqué par une émotion violente. *La séparation des parents peut être un traumatisme pour les enfants.*

travailler **v.** (conjug. 1) **1.** Avoir un métier. *Elle ne s'est jamais arrêtée de travailler. Il travaille en usine.* **2.** Faire une chose avec un certain effort, pour obtenir un résultat utile. *Il a été recalé à son bac parce qu'il n'a pas assez travaillé. Il travaille dur.* → fam. **trimer.** **3.** Modifier une chose par une action suivie. *Les agriculteurs travaillent la terre.* → **cultiver.** *Théo travaille son morceau de piano.* → **étudier.** **4.** Se déformer, se modifier. *La porte ne ferme plus parce que le bois a travaillé sous l'effet de l'humidité.*

➤ **travail** **n. m.** (pl. **travaux**) **1.** Activité qui permet de gagner de l'argent. → **emploi, profession.** *Il a changé de travail l'année dernière.* **2.** Activité faite en vue d'un résultat utile. *Cette réparation demande quatre heures de travail. Tu as du travail, Léa ?* des devoirs et des leçons. **3.** *Des travaux,* ce sont des choses à faire qui demandent du temps et des moyens techniques. *Elle n'aime pas les travaux ménagers.* → **tâche.** *Ils font des travaux dans leur appartement.* → **transformation.** **4.** *Des travaux,* une suite de recherches. *La découverte du vaccin contre la rage a été le résultat des travaux de Pasteur.*

➤ **travailleur** **n. m.** et **adj.**, **travailleuse** **n. f.** et **adj.**

- **n.** Personne qui exerce un métier. *Les menuisiers sont des travailleurs manuels.*
- **adj.** Qui travaille beaucoup et aime travailler. *Louise est très travailleuse.*

travée **n. f.** **1.** Rangée de tables ou de sièges placés les uns derrière les autres. *Vous êtes assis dans la travée centrale.* **2.** Partie d'une voûte ou d'un pont comprise entre deux piliers. *Les travées latérales d'une église.*

trayeuse

① **travers** **n. m.** **1.** *En travers de,* dans le sens de la largeur. *Léa s'est endormie en travers du lit.* **2.** *À travers,* en traversant l'épaisseur de quelque chose. *Il se fraye un chemin à travers la foule,* au milieu de la foule. *Je le vois à travers la vitre,* par la vitre. **3.** *Au travers. La toile de la tente est usée, la pluie passe au travers,* elle la traverse. **4.** *De travers,* pas droit. *Il a mis sa casquette de travers,* sur le côté. *Elle a compris de travers,* elle a mal compris.

➤ ② **travers** **n. m.** ✦ Défaut. *Tout le monde a ses petits travers.*

trèfle

traverse **n. f.** **1.** Morceau de bois ou de métal posé en travers d'un assemblage. *Les traverses de chemin de fer maintiennent l'écartement des rails.* **2.** *Un chemin de traverse,* c'est un chemin qui coupe, qui est plus court et plus rapide que le chemin normal. → **raccourci.** *Il est passé par des chemins de traverse.*

traverser **v.** (conjug. 1) **1.** Passer à travers. → **percer, transpercer.** *Il a traversé la cloison avec sa perceuse.* **2.** Aller d'un bord à l'autre. *Alex attend que le feu soit rouge pour traverser la rue.* **3.** Aller d'un bout à l'autre d'une période. *Paul traverse une mauvaise passe.* **4.** *Une idée m'a traversé l'esprit,* m'est passée par l'esprit.

➤ **traversée** **n. f.** ✦ Action de traverser une grande étendue. *Ils ont fait la traversée du désert en quatre-quatre.*

traversin **n. m.** ✦ Long coussin cylindrique qui tient toute la largeur du lit. → fam. **polochon.** *Léa dort avec un traversin sous son oreiller.*

se **travestir** **v.** (conjug. 2) ✦ Se déguiser. *Les enfants se sont travestis pour le carnaval.*

trayeuse **n. f.** ✦ Machine électrique pour traire les vaches.
▷ Mot de la famille de TRAIRE.

trébucher **v.** (conjug. 1) **1.** Perdre l'équilibre en marchant, faire un faux pas. *Il a trébuché contre une pierre et il est tombé.* → **buter.** **2.** Être arrêté par une difficulté. *Alex trébuche sur les mots difficiles.*

trèfle **n. m.** 1. Petite plante dont les feuilles ont trois parties. *Julie cherche des trèfles à quatre feuilles dans le pré.* 2. Dans un jeu de cartes, l'une des quatre couleurs dont la marque est un trèfle noir. *Le roi de trèfle.*

treille **n. f.** ✦ Tonnelle sur laquelle pousse de la vigne. *Ils déjeunent à l'ombre de la treille.*
➤ **treillage** **n. m.** ✦ Assemblage de lattes croisées. *Les poiriers poussent en espalier, appuyés à un treillage.*
➤ ① **treillis** **n. m.** ✦ Assemblage de lattes de bois ou de fils de fer croisés. *Le poulailler est fermé par un treillis métallique.*
● *Treillis* se termine par un *s* qui ne se prononce pas.

② **treillis** **n. m.** ✦ Tenue militaire de combat en grosse toile très solide. *Des soldats en treillis.*

treize **adj. inv.** ✦ Dix plus trois (13). *Elle a treize ans. Il est 13 heures,* une heure de l'après-midi. — **N. m. inv.** Le nombre treize. *Certains pensent que le treize porte malheur.*
➤ **treizième** **adj.** et **n. m.**
■ **adj.** Qui vient après le douzième. *Elle travaille dans le treizième arrondissement, à Paris.*
■ **n. m.** Partie d'un tout qui est divisé en treize parties égales. *Chacun des treize voleurs a eu un treizième du butin.*

tréma **n. m.** ✦ Signe formé de deux points que l'on met sur les voyelles *e, i, u,* pour indiquer que la voyelle qui précède doit être prononcée séparément (ex. *Noël* [nɔɛl], *héroïque* [eʀɔik], *aiguë* [egy]). *N'oublie pas le i tréma (ï) dans « naïf ».*

trembler **v.** (conjug. 1) 1. Être agité par une suite de petits mouvements répétés. *Louise tremble de froid.* → **frissonner, grelotter.** *La terre a tremblé,* elle a été agitée par des secousses. 2. Avoir peur. *Les élèves tremblent devant la directrice.*
➤ **tremblant, tremblante** **adj.** ✦ Qui tremble. *Julie est tremblante de fièvre.* → **frissonnant.**
➤ **tremblement** **n. m.** 1. Mouvement de ce qui tremble. *Il fut pris d'un violent tremblement.* → **frémissement, frisson.** 2. *Un tremblement de terre,* c'est une suite de secousses qui agitent la terre. → aussi **séisme.** *Il y a souvent des tremblements de terre dans ce pays.*
➤ **tremble** **n. m.** ✦ Peuplier à écorce lisse et au tronc droit, dont les feuilles tremblent au moindre souffle de vent.
➤ **trembloter** **v.** (conjug. 1) ✦ Trembler légèrement. *La flamme des bougies tremblote.*

trémolo **n. m.** ✦ Tremblement d'émotion. *Il raconte ses malheurs avec des trémolos dans la voix.*
● Ce mot vient de l'italien.

se **trémousser** **v.** (conjug. 1) ✦ S'agiter avec de petits mouvements vifs et réguliers. → **remuer,** se **tortiller.** *Léa se trémoussait sur sa chaise.*

tremper **v.** (conjug. 1) 1. Mouiller complètement. *L'averse a trempé les fauteuils de jardin.* ❑ contr. **sécher.** — *J'ai été surpris par la pluie, je suis trempé.* 2. Mettre dans un liquide. *Il trempe son croissant dans son café.* 3. Rester plongé dans un liquide. *Elle a mis du linge à tremper.* 4. Être mêlé à une affaire malhonnête. *Plusieurs personnes ont trempé dans cette escroquerie,* y ont participé, ont été complices.
▷ Autre mot de la famille : DÉTREMPER.

tremplin **n. m.** ✦ Planche sur laquelle on prend son élan pour sauter. *Alex plonge dans la piscine du haut du tremplin.* → **plongeoir.**

trente **adj. inv.** ✦ Trois fois dix (30). *Il a trente ans.* — **N. m. inv.** Le nombre trente. *Vingt-huit et deux font trente.*
➤ **trentaine** **n. f.** 1. Groupe d'environ trente personnes ou trente choses semblables. *Le chenil abrite une trentaine de chiens.* 2. Âge d'environ trente ans. *Elle a dépassé la trentaine.*
➤ **trentième** **adj.** et **n. m.**
■ **adj.** Qui a le numéro trente. *Il est arrivé trentième à l'épreuve de ski.*
■ **n. m.** Partie d'un tout qui est divisé en trente parties égales. *Dix est le trentième de trois cents.*

trépasser **v.** (conjug. 1) ✦ Mourir. → **décéder.** *Le vieillard a trépassé dans la nuit.*
➤ **trépas** **n. m.** ✦ *Passer de vie à trépas,* c'est mourir.
● Ce sont des mots littéraires.
▷ Mots de la famille de PASSER.

trépider **v.** (conjug. 1) ✦ Être agité de petites secousses rapides. *Le moteur de la tondeuse trépide.*
➤ **trépidant, trépidante** **adj.** ✦ Très agité, très rapide. *Les Parisiens ont une vie trépidante.* ❑ contr. **calme, tranquille.**

➤ **trépidation** n. f. ✦ Vibration rapide. *On entend les trépidations d'un marteau-piqueur.*

trépied

trépied n. m. ✦ Support à trois pieds. *Il a posé son appareil photo sur un trépied.*
▷ Mot de la famille de ① PIED.

trépigner v. (conjug. 1) ✦ Frapper des pieds par terre plusieurs fois de suite. *Louise trépigne d'impatience.*

très adv. ✦ À un haut degré. → **bien**, ① **fort**. *Elle est très gentille. Je suis très en retard. Paul mange très vite. Il fait très froid aujourd'hui.*
❑ contr. ② **pas, peu.** ❍ homonyme : trait.

trésor n. m. 1. Ensemble d'objets précieux accumulés et cachés. *On a découvert un trésor au fond du vieux puits.* 2. Objet de grande valeur. *Le musée du Louvre renferme des trésors artistiques.*
➤ **trésorier** n. m., **trésorière** n. f. ✦ Personne qui s'occupe de l'argent d'un club, d'une association.
➤ **trésorerie** n. f. ✦ Argent dont dispose une entreprise. → **finance.** *L'association a des difficultés de trésorerie.*

tressaillir v. (conjug. 13) ✦ Éprouver un tressaillement. → **sursauter.** *Il tressaille au moindre bruit.*
➤ **tressaillement** n. m. ✦ Ensemble de petits mouvements brusques et involontaires qui agitent le corps sous l'effet d'une émotion ou d'une sensation inattendue. *Un léger tressaillement le parcourut.* → **frémissement, tremblement.**

tresse n. f. ✦ Assemblage de trois longues mèches de cheveux entrelacées. → **natte.** *Louise a une grande tresse dans le dos.*
➤ **tresser** v. (conjug. 1) 1. Mettre en tresse. → **natter.** *Elle tresse ses cheveux.* 2. Faire un objet en entrecroisant des fils ou des brins. *Les enfants ont tressé des guirlandes de fleurs.*

tréteau n. m. ✦ Long support à quatre pieds. *Il a posé une planche sur des tréteaux pour faire une table.*

treuil n. m. ✦ Appareil composé d'un cylindre autour duquel s'enroule un câble, et qui permet de tirer des poids très lourds. *On remonte l'ancre des gros bateaux à l'aide d'un treuil.*

treuil

trêve n. f. 1. Arrêt provisoire des combats pendant une guerre, une lutte. *Les combattants ont observé une trêve au moment de Noël.* 2. Arrêt d'une chose pénible. *Elle a travaillé sans trêve pendant tout le week-end,* sans arrêt.

tri n. m. ✦ Action de trier. *Elle a fait le tri de ses vieux vêtements.*
▷ Mot de la famille de TRIER.

tri- ✦ Préfixe qui signifie « trois » (ex. : *triangle, tricycle*).

triage n. m. ✦ *Une gare de triage,* c'est une gare où l'on sépare, puis où l'on regroupe, les wagons de marchandises pour former des convois.
▷ Mot de la famille de TRIER.

triangle n. m. 1. Figure géométrique à trois côtés. ➹ planche Géométrie p. 459. *Un triangle isocèle a deux côtés égaux.* 2. Instrument de musique fait d'une tige d'acier repliée en triangle sur laquelle on frappe avec une baguette. ➹ planche Instruments de musique p. 548.
▷ Mot de la famille de ANGLE.

triangulaire adj. ✦ En forme de triangle. *Le foc est une voile triangulaire.*

tribord n. m. ✦ Côté droit d'un bateau, quand on regarde vers l'avant. *Terre à tribord !* → aussi **bâbord.**

tribu **n. f.** ✦ Dans les sociétés non industrialisées, groupe de familles descendant d'un même ancêtre, vivant sous l'autorité d'un même chef et partageant les mêmes croyances. *En Amérique, certaines tribus indiennes s'opposèrent vigoureusement à l'installation des Blancs sur leurs terres.* ❍ homonyme : tribut.

tribulations **n. f. pl.** ✦ Aventures plus ou moins désagréables. → **mésaventure.** *Il n'est pas au bout de ses tribulations.*

tribunal **n. m.** (pl. **tribunaux**) **1.** Endroit où l'on rend la justice. *Il a été convoqué au tribunal pour son divorce.* → **palais** de justice. **2.** Ensemble des personnes qui rendent la justice. *L'accusé a comparu devant le tribunal.* → aussi **magistrat.**

tribune **n. f.** **1.** Partie d'un stade, d'un champ de courses, où il y a des gradins. *Le public s'entasse dans les tribunes.* **2.** Endroit surélevé, estrade d'où l'on s'adresse au public. *L'orateur est monté à la tribune pour faire son discours.*

tribut **n. m.** ✦ Ce que doit donner le vaincu au vainqueur. *Dans l'Antiquité, le pays vaincu devait payer un tribut au vainqueur,* lui donner de l'argent, de la nourriture, des esclaves. ❍ homonyme : tribu.

➤ **tributaire** **adj.** ✦ Dépendant. *L'Europe est tributaire des pays tropicaux pour le café.*

tricher **v.** (conjug. 1) **1.** Ne pas respecter les règles d'un jeu, pour gagner. *Je ne veux plus jouer avec lui, il triche.* **2.** Enfreindre une règle. → **frauder.** *Il a triché à l'examen,* il a copié sur son voisin ou sur un livre.

➤ **tricherie** **n. f.** ✦ Le fait de tricher. → **fraude, tromperie.** *Il a gagné par tricherie.*
● On dit familièrement *triche. C'est de la triche !*

➤ **tricheur** **n. m.**, **tricheuse** **n. f.** ✦ Personne qui triche au jeu ou à un examen.

tricolore **adj.** **1.** Qui a trois couleurs. *Des feux tricolores règlent la circulation.* **2.** Qui a les trois couleurs du drapeau français : bleu, blanc, rouge. *Le maire a mis son écharpe tricolore. L'équipe tricolore a gagné,* l'équipe de France.

tricoter **v.** (conjug. 1) ✦ Faire des rangs de mailles de laine ou de coton au moyen de longues aiguilles (les *aiguilles à tricoter*), de manière à obtenir une étoffe très souple. *Elle tricote un pull-over à sa fille.*

➤ **tricot** **n. m.** **1.** Action de tricoter. *Elle fait du tricot.* **2.** Vêtement tricoté que l'on porte sur le haut du corps. → **chandail, gilet, pull-over.** *Mets ton tricot.*

tricycle **n. m.** ✦ Sorte de petit vélo à trois roues dont deux à l'arrière. → aussi **triporteur.**
▷ Mot de la famille de ② CYCLE.

trident **n. m.** ✦ Fourche à trois dents. *Neptune, le dieu de la mer, est toujours représenté avec un trident à la main.*
▷ Mot de la famille de DENT.

trident (L. S. Adam)

trier **v.** (conjug. 7) **1.** Choisir dans un ensemble en éliminant certaines choses, spécialement ce qui est mauvais. *Elle trie les fraises avant de faire la confiture.* **2.** Faire plusieurs groupes dans un ensemble, sans rien éliminer. → **classer.** *À la poste, on trie le courrier par destination.*
▷ Autres mots de la famille : TRI, TRIAGE.

trilingue **adj.** ✦ Qui parle trois langues. *Elle est secrétaire trilingue.* → aussi **bilingue, polyglotte.**

trille **n. m.** ✦ Battement très rapide sur deux notes voisines. *On entend les trilles du rossignol.*
● *Trille* est un nom masculin : on dit *un trille.*

trimaran **n. m.** ✦ Voilier formé d'une coque centrale et de deux petites coques parallèles réunies par une armature rigide. → aussi **catamaran.**
● Ce mot vient de l'anglais.

trimbaler **v.** (conjug. 1) ✦ Familier. Transporter avec soi. → **traîner.** *Il va falloir trimbaler ce gros paquet toute la journée.*
● On peut aussi écrire *trimballer* avec deux *l*.

trimer **v.** (conjug. 1) ✦ Familier. Travailler avec effort à quelque chose de pénible. *Il a trimé dur pour s'en sortir.*

trimestre **n. m.** ✦ Période de trois mois. → aussi **semestre.** *Le premier trimestre de l'année scolaire va de la rentrée aux vacances de Noël.*

➤ **trimestriel, trimestrielle** **adj.** ✦ Qui arrive tous les trois mois. *Une facture trimestrielle.*

tringle **n. f.** ✦ Tige horizontale de bois ou de métal qui sert de support. → **barre.** *Des tringles à rideaux.*

trinquer **v.** (conjug. 1) ✦ Heurter légèrement son verre contre celui d'une autre personne avant de boire ensemble. *Trinquons à la victoire de notre équipe !*

trio **n. m. 1.** Morceau de musique pour trois instruments ou trois chanteurs. *Il écoute un trio pour piano, violon et violoncelle.* **2.** Groupe de trois musiciens qui jouent ensemble. **3.** Groupe de trois personnes. *Julie, Louise et Léa forment un joyeux trio.* — Au pl. *Des trios.*

● C'est un mot italien.

triomphe **n. m. 1.** Victoire éclatante. *Il a remporté un triomphe aux dernières élections.* ❑ contr. **défaite. 2.** *Porter quelqu'un en triomphe,* le hisser au-dessus de la foule pour le faire acclamer. *Le capitaine de l'équipe a été porté en triomphe.* **3.** Grand succès. *Ce spectacle est un triomphe.* ❑ contr. **échec.**

➤ **triomphal, triomphale** **adj.** ✦ Accompagné d'honneurs, d'acclamations. *Ce chanteur a reçu un accueil triomphal aux États-Unis.* → **enthousiaste.** — Au masc. pl. *triomphaux.*

➤ **triomphalement** **adv.** ✦ De façon triomphale. *Les vainqueurs du match ont été accueillis triomphalement.*

➤ **triompher** **v.** (conjug. 1) **1.** Vaincre. *Il a triomphé de ses adversaires.* **2.** Manifester sa joie d'avoir réussi, crier victoire. *Ne triomphe pas trop vite !* → **pavoiser.**

➤ **triomphant, triomphante** **adj.** ✦ Qui montre sa joie d'avoir gagné. *Le vainqueur souriait d'un air triomphant.*

tripes **n. f. pl.** ✦ Morceaux de boyaux de ruminants préparés pour être mangés. *Nous avons mangé des tripes à la mode de Caen.*

triple **adj.** et **n. m.**

■ **adj. 1.** Qui se présente comme trois. *Il a un triple menton,* qui fait trois plis. **2.** Qui est répété trois fois. *Photocopiez la lettre en triple exemplaire.*

■ **n. m.** Quantité trois fois plus grande. *Il a revendu la maison le triple de son prix d'achat.*

➤ **tripler** **v.** (conjug. 1) **1.** Multiplier par trois. *Il a triplé ses revenus en cinq ans.* **2.** Devenir trois fois plus grand. *La pâte à pain a triplé de volume.*

➤ **triplés** **n. m. pl., triplées** **n. f. pl.** ✦ Les trois enfants nés en même temps de la même mère. *Ils ont eu des triplés, deux garçons et une fille.*

triporteur **n. m.** ✦ Tricycle muni d'une caisse pour le transport des marchandises.

▷ Mot de la famille de PORTER.

triporteur

tripoter **v.** (conjug. 1) ✦ Familier. Toucher avec insistance, machinalement. → **triturer.** *Cesse de te tripoter les cheveux !*

trique **n. f.** ✦ Gros bâton utilisé pour frapper. → **gourdin, massue, matraque.**

triste **adj. 1.** Qui a du chagrin, de la peine. *Julie est triste d'avoir perdu son chat.* → **malheureux.** ❑ contr. **content, gai, heureux, joyeux. 2.** Qui répand la tristesse. *Ce temps gris est triste.* → **maussade,** ① **sinistre. 3.** Qui fait de la peine. *Je dois vous annoncer une triste nouvelle.* → **pénible.**

➤ **tristement** **adv.** ✦ D'un air triste. *Il baissait tristement la tête.* ❑ contr. **gaiement, joyeusement.**

➤ **tristesse** **n. f.** ✦ Chagrin, peine. *La tristesse se lisait dans ses yeux.* ❑ contr. **gaieté, joie.**

▷ Autre mot de la famille : ATTRISTER.

triton **n. m.** ✦ Petit animal qui ressemble à la salamandre, avec une queue aplatie.

● *Triton* est le nom d'un dieu marin de la mythologie grecque.

triturer **v.** (conjug. 1) **1.** Écraser. *Les molaires triturent les aliments.* → **broyer. 2.** Toucher machinalement. → fam. **tripoter.** *Il triturait nerveusement ses clés.*

trivial, triviale adj. ✦ Vulgaire, grossier. → **choquant.** *Il fait des plaisanteries triviales.* — Au masc. pl. *triviaux.*

troc n. m. ✦ Échange d'une chose contre une autre, sans utiliser d'argent. *Théo fait du troc avec Alex.* → aussi **troquer.**
▷ Mot de la famille de TROQUER.

troène n. m. ✦ Petit arbuste à fleurs blanches qui sentent bon.

troglodyte n. m. ✦ Personne qui habite une grotte ou une maison faite dans une paroi de rocher. *En Chine, on trouve encore des maisons de troglodytes.*

trognon n. m. ✦ Ce qui reste quand on a enlevé ce qui se mange dans une pomme, une poire, un chou, une salade. *Un trognon de pomme.*

troïka [tʀɔika] n. f. ✦ Grand traîneau russe, tiré par trois chevaux qui sont les uns à côté des autres.
● Ce mot vient du russe.

trois adj. ✦ Deux plus un (3). *Il revient dans trois jours.* — **N. m.** Le nombre trois. *Un, deux, trois, partez !*

➤ **troisième** adj. ✦ Qui vient après le deuxième. *L'ascenseur s'est arrêté au troisième étage.* → aussi **tiers.**

➤ **trois-mâts** n. m. ✦ Voilier à trois mâts. *Ils ont fait une croisière sur un trois-mâts.* ➸ planche Bateaux p. 88. ▷ Mot de la famille de MÂT.

trolleybus [tʀɔlɛbys] n. m. ✦ Autobus qui fonctionne à l'électricité grâce à une perche reliée à des fils électriques aériens. → aussi **tramway.**
▷ Mot de la famille de BUS.

trombe n. f. 1. *Des trombes d'eau,* des pluies torrentielles. *Des trombes d'eau se sont abattues sur le village.* → **déluge.** 2. *Il a démarré **en trombe,*** très vite.

trombone n. m. 1. Instrument de musique à vent, au son plus grave que la trompette. ➸ planche Instruments de musique p. 548. *Le trombone à coulisse est utilisé dans les orchestres de jazz.* 2. Petit morceau de fil de fer, replié en deux boucles, qui sert à attacher des feuilles de papier ensemble. *Il a attaché les deux pages de son rapport avec un trombone.*

trompe n. f. 1. Cor de chasse. *Lors des chasses à courre, les chasseurs sonnent de la trompe.* 2. Partie allongée du nez de l'éléphant. *L'éléphant peut aspirer de l'eau avec sa trompe pour la boire ou pour s'en asperger.*
▷ Autres mots de la famille : TROMPETTE, TROMPETTISTE.

tromper v. (conjug. 1) 1. Induire en erreur en mentant ou en cachant la vérité. *Le vendeur a essayé de nous tromper.* → **berner, duper, mystifier.** 2. Échapper à une surveillance. *Le prisonnier a trompé la vigilance de ses gardiens.* 3. *Tromper son mari, sa femme,* avoir des relations sexuelles avec une autre personne que lui, qu'elle. → aussi **adultère.** 4. **se tromper,** faire une erreur. → se **méprendre.** *Tout le monde peut se tromper. Nous nous sommes trompés de route.*

➤ **tromperie** n. f. ✦ Mensonge, tricherie. → **duperie, mystification.** *Ce ne sont pas des croissants pur beurre, il y a tromperie sur la marchandise.*

➤ **trompe-l'œil** n. m. inv. ✦ Peinture décorative qui veut faire croire que l'objet qui est peint existe réellement, en relief. *On a peint des fenêtres en trompe-l'œil sur la façade de cet immeuble.* — Au pl. *Des trompe-l'œil.*
▷ Mot de la famille de ŒIL.
▷ Autres mots de la famille : DÉTROMPER, TROMPEUR.

trompe-l'œil

trompette n. f. ✦ Instrument de musique à vent. *Il joue de la trompette.* ➸ planche Instruments de musique p. 548. — *Elle a un nez en trompette,* un nez retroussé.

➤ **trompettiste** **n. m.** et **f.** ✦ Musicien qui joue de la trompette. *Il est trompettiste de jazz.*

▷ Mots de la famille de TROMPE.

trompeur, trompeuse **adj.** ✦ Qui n'est pas vrai, qui induit en erreur. → ① **faux, mensonger.** *Les apparences sont souvent trompeuses.* → **illusoire.**

▷ Mot de la famille de TROMPER.

tronc [tʀɔ̃] **n. m.** 1. Partie de l'arbre comprise entre le sol et les branches les plus basses. *Le tronc est recouvert d'écorce.* 2. Partie du corps humain où sont fixés la tête, les bras et les jambes. 3. Boîte percée d'une fente où l'on met l'argent que l'on donne, dans une église. *Il a mis 10 euros dans le tronc, pour les pauvres.*

➤ **tronçon** **n. m.** 1. Partie coupée d'un objet, plus longue que large. *Il débite les branches en tronçons pour faire des bûches.* 2. Partie d'une route. *On a ouvert un nouveau tronçon d'autoroute.*

● Attention à la cédille du ç.

➤ **tronçonner** **v.** (conjug. 1) ✦ Couper en tronçons. *Le bûcheron tronçonne un arbre.*

➤ **tronçonneuse** **n. f.** ✦ Scie à moteur utilisée pour tronçonner. *Il débite des branches à la tronçonneuse.*

▷ Autre mot de la famille : TRONQUER.

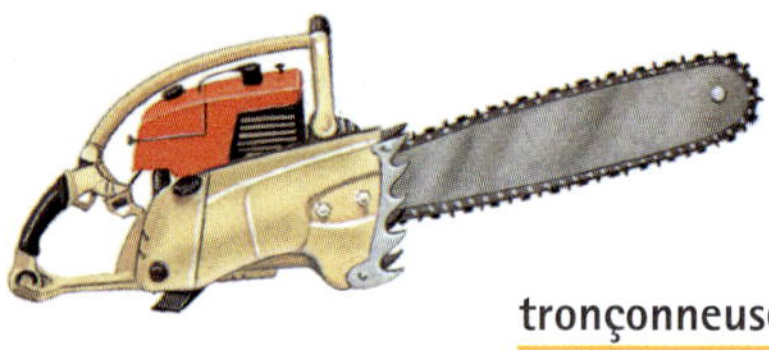

tronçonneuse

trône **n. m.** 1. Siège élevé sur lequel s'assied un souverain pendant les cérémonies. *La reine a pris place sur le trône.* 2. Pouvoir d'un souverain. *Une lutte sans merci oppose les prétendants au trône.*

● Attention à l'accent circonflexe du ô.

➤ **trôner** **v.** (conjug. 1) 1. Être assis sur un trône. *Le roi trône au milieu de ses sujets.* 2. Être dans un endroit bien visible. *Un nouveau vase trône sur la cheminée.*

▷ Autre mot de la famille : DÉTRÔNER.

tronquer **v.** (conjug. 1) ✦ Couper une partie. *On a tronqué cette citation.*

▷ Mot de la famille de TRONC.

trop **adv.** 1. Plus qu'il ne faudrait. → **excessivement.** *Ce film est trop long. J'ai trop mangé.* → **exagérément.** *Paul a trop chaud.* 2. Beaucoup, très. *Vous êtes trop aimable.* → **bien.** 3. *Tu fais trop de bruit,* plus de bruit qu'il ne faut. ○ homonyme : trot.

▷ Autre mot de la famille : TROP-PLEIN.

trophée **n. m.** ✦ Objet que l'on rapporte d'un combat ou d'une compétition et qui montre que l'on a gagné. *Le vainqueur de la course a reçu un trophée en argent.*

● Ce nom masculin se termine par un *e* : on écrit *un trophée.*

tropique **n. m.** 1. Chacun des deux cercles imaginaires qui font le tour de la Terre audessus et au-dessous de l'équateur. *Le tropique du Cancer et le tropique du Capricorne.* 2. *Les tropiques,* ce sont les régions de la Terre situées près des deux tropiques. *Il fait chaud et humide toute l'année sous les tropiques.*

➤ **tropical, tropicale** **adj.** 1. Qui concerne les tropiques. *La végétation tropicale est très dense et luxuriante,* la végétation des pays situés près des tropiques. 2. *Il fait une chaleur tropicale,* il fait très chaud. → **torride.** — Au masc. pl. *tropicaux.*

trône

trop-plein **n. m.** 1. Quantité d'eau en trop. *Le trop-plein du lac se déverse dans un canal.* 2. Dispositif permettant à l'eau qui est en

troubadour

trop de s'écouler. *Quand il y a trop d'eau dans la baignoire, cette eau s'écoule par le trop-plein.* — Au pl. *Des trop-pleins.*
▷ Mot de la famille de TROP et de PLEIN.

troquer **v.** (conjug. 1) ✦ Échanger. *Théo a troqué trois billes contre un calot.*
▷ Autre mot de la famille : TROC.

trotter **v.** (conjug. 1) **1.** Aller au trot. *Le poulain trotte dans le pré.* **2.** Marcher rapidement à petits pas. *Le petit garçon trottait aux côtés de sa mère.* **3.** *Trotter dans la tête,* obséder. *Cet air me trotte dans la tête,* je l'ai dans la tête.
➤ **trot** [tʀo] **n. m.** ✦ Allure du cheval entre le pas et le galop. *La jument est partie au trot.*
❍ homonyme : trop.
➤ **trotte** **n. f.** ✦ Familier. Chemin assez long à faire à pied. *Il y a une bonne trotte d'ici à chez toi.*
➤ **trotteur** **n. m.** ✦ Cheval spécialement entraîné pour les courses de trot. *À quelques mètres de l'arrivée, on ne sait pas encore lequel des deux trotteurs gagnera la course.*
➤ **trotteuse** **n. f.** ✦ Aiguille d'une montre qui marque les secondes.
➤ **trottiner** **v.** (conjug. 1) **1.** Trotter à petits pas. *Le poulain, fatigué, est revenu en trottinant.* **2.** Marcher à petits pas pressés. *Léa trottine derrière son père.*
➤ **trottinette** **n. f.** ✦ Jouet composé d'une petite plateforme montée sur deux roues et d'un guidon au bout d'une tige verticale. *Louise fait de la trottinette.* → **patinette.**
➤ **trottoir** **n. m.** ✦ Partie surélevée, sur le côté d'une rue, réservée aux piétons. *Les piétons marchent sur le trottoir et les voitures circulent sur la chaussée.*

trou **n. m.** (pl. **trous**) **1.** Endroit où le sol forme un creux. → **cavité, excavation.** *Le chien creuse un trou dans le jardin.* **2.** Ouverture dans une chose. *Paul regarde par le trou de la serrure. La couturière passe le fil dans le trou de l'aiguille.* → **chas. 3.** Déchirure. *Il a fait un trou dans sa chaussette.*
▷ Autres mots de la famille : BOUCHE-TROU, TROUÉE, TROUER.

troubadour **n. m.** ✦ Poète qui chantait ses poèmes, au Moyen Âge. *Les troubadours vivaient dans le sud de la France et parlaient la langue d'oc.* → aussi **trouvère.**

troubler **v.** (conjug. 1) **1.** Rendre moins clair. → **obscurcir.** *Aucun nuage ne trouble le bleu du ciel.* **2.** Rendre moins net. *L'émotion troublait sa voix.* **3.** Bouleverser, déranger. → **perturber.** *Rien ne trouble son sommeil.* **4.** Impressionner, émouvoir. → **déconcerter.** *Julie ne se laisse pas facilement troubler. Un détail troubla le commissaire,* le rendit perplexe. — **se troubler,** s'émouvoir. *L'accusé répondit sans se troubler.*
➤ **troublant, troublante** **adj.** ✦ *Une chose troublante,* c'est une chose qui trouble, déconcerte. *Le commissaire a remarqué plusieurs détails troublants au cours de son enquête.*

➤ ① **trouble** adj. 1. Qui n'est pas clair. *L'eau des flaques est trouble.* ❑ contr. **limpide, transparent.** 2. Pas net. *La télévision est mal réglée, l'image est trouble.* → **flou.** 3. Un peu louche. *C'est une affaire trouble.*

➤ ② **trouble** n. m. 1. État d'une personne émue. *Léa a rougi, elle a du mal à cacher son trouble.* 2. Mauvais fonctionnement d'un organe. *Il a des troubles intestinaux.* 3. *Des troubles ont éclaté à la frontière,* une agitation provoquée par des gens qui se révoltent. → **émeute.**

➤ **trouble-fête** n. m. et f. inv. ✦ Personne qui empêche les autres de s'amuser. *C'est une vraie trouble-fête.* → **rabat-joie.** — Au pl. *Des trouble-fête.* ▷ Mot de la famille de FÊTE.

trouer v. (conjug. 1) ✦ Faire un trou. *Paul a troué sa chaussette.* → **percer.**

➤ **trouée** n. f. ✦ Large ouverture qui permet de passer ou de voir. *La piste de ski fait une trouée parmi les arbres.*

▷ Mots de la famille de TROU.

trouille n. f. ✦ Familier. Peur. *J'ai la trouille.* → fam. **frousse.**

➤ **trouillard, trouillarde** adj. ✦ Familier. Qui a peur. *Léa est très trouillarde.* → **peureux.** — N. *Quel trouillard !* → fam. **froussard.**

troupe n. f. 1. Groupe important de soldats. *Des éclaireurs précèdent le gros de la troupe. Nos troupes ont été victorieuses,* notre armée. 2. Groupe de personnes ou d'animaux. *Elle est venue avec une troupe d'amis.* → ① **bande.** 3. Groupe de comédiens qui jouent ensemble. *La troupe est en tournée.*

➤ **troupeau** n. m. ✦ Groupe d'animaux domestiques élevés ensemble. *Des troupeaux de vaches.*

▷ Autres mots de la famille : ATTROUPEMENT, S'ATTROUPER.

trousse n. f. 1. Étui dans lequel on range des choses dont on a besoin. *Alex met son stylo, sa gomme et son compas dans sa trousse. J'ai mis ma trousse de toilette dans ma valise.* 2. *Être aux trousses de quelqu'un,* le poursuivre. *Le voleur a la police à ses trousses,* il est poursuivi par elle.

➤ **trousseau** n. m. 1. *Un trousseau de clés,* plusieurs clés attachées ensemble. — Au pl. *Des trousseaux.* 2. Ensemble des vêtements et du linge dont on a besoin. *Elle prépare le trousseau de son fils qui va en pension.*

trouver v. (conjug. 1) 1. Apercevoir, rencontrer ce que l'on cherchait. *Ça y est, j'ai trouvé mes lunettes !* → **retrouver.** ❑ contr. **égarer, perdre.** 2. Réussir à avoir. *Il a trouvé un nouvel appartement.* 3. Découvrir une chose sans l'avoir cherchée. *Elle a trouvé un parapluie dans l'autobus.* 4. Découvrir par un effort de l'esprit. → **imaginer, inventer.** *Théo trouve toujours une excuse pour ses retards. Louise a trouvé la solution du problème. J'ai trouvé !* → **deviner.** 5. Éprouver. *Julie trouve un malin plaisir à embêter son frère.* 6. Estimer. *Je la trouve très intelligente.* → **juger.** *Je trouve qu'il a eu raison de faire ça.* → **penser.**

➤ **se trouver** v. 1. Être situé. *Cette maison se trouve à la sortie du village.* 2. Être dans un certain état. → se **sentir.** *Elle s'est trouvée mal,* elle s'est évanouie. 3. Se croire. *Il se trouve trop gros.*

➤ **trouvaille** n. f. 1. Le fait de trouver par chance un objet qui plaît. *J'ai fait une trouvaille au marché aux puces.* 2. Idée originale, invention. *La rédaction de Léa était pleine de trouvailles.*

▷ Autres mots de la famille : INTROUVABLE, RETROUVAILLES, RETROUVER, SE RETROUVER.

trouvère n. m. ✦ Poète qui chantait ses poèmes, au Moyen Âge. *Les trouvères vivaient dans le nord de la France et parlaient la langue d'oïl.* → aussi **troubadour.**

truand n. m. ✦ Individu malhonnête qui organise des vols, fait du trafic, etc. → **bandit, gangster, malfaiteur.** *La police a arrêté une bande de truands.*

● *Truand* se termine par un *d.*

truc n. m. 1. Façon habile d'agir. → ② **moyen.** *Je vais t'apprendre un bon truc pour ouvrir facilement les bocaux.* 2. Familier. Objet que l'on ne nomme pas. → **chose, machin.** *Qu'est-ce que c'est que ce truc ?*

➤ **trucage** n. m. ✦ Procédé employé au cinéma pour créer une illusion, des effets spéciaux.

● On écrit aussi *truquage.*

▷ Autre mot de la famille : TRUQUER.

truchement n. m. ✦ *J'ai obtenu ces renseignements par le truchement d'un ami,* par l'intermédiaire d'un ami.

truculent, truculente adj. ✦ Qui étonne et amuse par ses excès. *C'est un personnage truculent.*

truelle n. f. ✦ Outil de maçon, fait d'une lame plate triangulaire et d'un manche. *La truelle sert à étendre le ciment.*

truffe n. f. 1. Champignon noir, au goût très délicat, qui pousse sous la terre. ➻ planche Champignons p. 155. *Une omelette aux truffes.* 2. *Une truffe (en chocolat),* c'est un bonbon fait de beurre et de chocolat mélangés. *Léa aime beaucoup les truffes en chocolat.* 3. Bout du museau du chien. *Le cocker a posé sa truffe humide sur le genou de Théo.*

➤ **truffé, truffée** adj. 1. Garni de truffes. *Du foie gras truffé.* 2. Rempli. *Cette dictée est truffée de fautes.*

truie n. f. ✦ Femelle du porc. → aussi **verrat**. *La truie a mis bas huit porcelets.*

truite n. f. ✦ Poisson au corps ovale dont la chair est délicate. ➻ planche Poissons p. 794. *Il est allé à la pêche à la truite.*

truquer v. (conjug. 1) ✦ Changer pour tromper, donner une fausse apparence. *Il a truqué les cartes pour être sûr de gagner.* → **falsifier**.

➤ **truquage** → **trucage**

▷ Mots de la famille de TRUC.

trust [trœst] n. m. ✦ Grand groupe industriel qui domine un secteur de l'économie. *Les grands trusts du pétrole, de la chimie.*

● Ce mot vient de l'anglais.

tsar n. m. ✦ Empereur de Russie. *Le dernier tsar fut Nicolas II.*

tsé-tsé n. f. inv. ✦ *La mouche tsé-tsé,* c'est une mouche d'Afrique dont la piqûre transmet la maladie du sommeil. — Au pl. *Des mouches tsé-tsé.*

tsigane → **tzigane**

tsunami [tsunami] n. m. ✦ Raz-de-marée provoqué par un tremblement de terre ou par une éruption volcanique.

● Ce mot est japonais.

tu pronom personnel ✦ Pronom personnel sujet représentant la deuxième personne du singulier. → aussi **te, toi.** *Tu es jeune. As-tu bien dormi ?*

▷ Autres mots de la famille : TUTOIEMENT, TUTOYER.

tuant, tuante adj. ✦ Familier. Très fatigant. → **épuisant, exténuant.** *Monter ces six étages, c'est tuant !*

▷ Mot de la famille de TUER.

tuba

① **tuba** n. m. ✦ Gros instrument de musique à vent. — Au pl. *Des tubas.*

② **tuba** n. m. ✦ Tube qui sert à respirer quand on nage la tête sous l'eau. *Paul plonge avec son masque et son tuba.*

tube n. m. 1. Cylindre creux, long et mince. *Le plombier soude des tubes de cuivre.* → **tuyau.** *Un tube en verre.* → **éprouvette.** 2. *Le tube digestif,* c'est l'ensemble des conduits par où passent les aliments que l'on mange. *L'œsophage, l'estomac et l'intestin font partie du tube digestif.* 3. Petit emballage cylindrique, souple ou rigide, fermé par un bouchon. *Le tube de dentifrice est vide.* 4. Familier. Chanson qui a beaucoup de succès. *Julie écoute les tubes de l'été.*

tubercule n. m. ✦ Racine arrondie d'une plante. *La pomme de terre est un tubercule.*

tuberculeux, tuberculeuse adj. ✦ Qui est atteint de la tuberculose. *Une enfant tuberculeuse.* — N. *Autrefois, les tuberculeux étaient soignés dans des sanatoriums.*

▷ Autre mot de la famille : ANTITUBERCULEUX.

tuberculose **n. f.** ✦ Maladie contagieuse qui atteint surtout les poumons. *La tuberculose est provoquée par le bacille de Koch.* → aussi **tuberculeux, B. C. G.** et **cutiréaction.**

tuer **v.** (conjug. 1) **1.** Faire mourir. *L'assassin a tué sa victime d'un coup de couteau.* → **assassiner, exécuter.** *Il a tué deux lièvres à la chasse.* → **abattre. 2.** *Tuer le temps,* c'est s'occuper pour ne pas s'ennuyer. *Elle lit un roman pour tuer le temps,* pour passer le temps. **3.** Fatiguer, épuiser. *Ce bruit me tue.*

➤ se **tuer** **v. 1.** Se donner la mort volontairement. → se **suicider.** *Elle s'est tuée en se jetant par la fenêtre.* **2.** Mourir accidentellement. *Ils ont failli se tuer en voiture.* **3.** Se donner beaucoup de mal. *Je me tue à vous le répéter.* → s'**évertuer.**

➤ **tuerie** [tyʀi] **n. f.** ✦ Massacre d'un très grand nombre de personnes. *Cette guerre a été une affreuse tuerie.* → **carnage, hécatombe.**

➤ à **tue-tête** **adv.** ✦ D'une voix très forte. *Paul chante à tue-tête.* ▷ Mot de la famille de TÊTE.

➤ **tueur** **n. m., tueuse** **n. f.** ✦ Personne dont le métier est de tuer. *Un tueur de bestiaux. — Il a une tête de tueur,* d'assassin.

▷ Autres mots de la famille : S'ENTRETUER, TUANT.

tuile

tuile **n. f.** ✦ Plaque de terre cuite qui sert à couvrir les toits.

tulipe **n. f.** ✦ Fleur aux couleurs vives. ➳ planche Fleurs p. 421. *Il y a d'immenses champs de tulipes aux Pays-Bas.*

tulle **n. m.** ✦ Tissu léger et transparent. *La mariée portait un voile de tulle.*

● *Tulle* s'écrit avec deux *l.*

tuméfié, tuméfiée **adj.** ✦ Enflé de façon anormale. *Le boxeur avait le visage tuméfié par les coups.*

tumeur **n. f.** ✦ Grosseur anormale qui se forme à la surface de la peau ou à l'intérieur du corps. *Il a une tumeur au cerveau.*

tumulte **n. m.** ✦ Désordre bruyant. → **brouhaha, chahut, tohu-bohu, vacarme.** *On n'arrive pas à se faire entendre dans ce tumulte.* ❏ contr. **calme, paix.**

➤ **tumultueux, tumultueuse** **adj.** ✦ Agité et bruyant. *La réunion a été tumultueuse.* → **orageux.** ❏ contr. **calme.**

tumulus [tymylys] **n. m.** ✦ Amas de pierres, de terre recouvrant une tombe. *Les archéologues ont découvert des tumulus vieux de plus de 7000 ans.*

tuner [tynɛʀ] **n. m.** ✦ Radio branchée sur une chaîne haute-fidélité. — Au pl. *Des tuners.*

● Ce mot vient de l'anglais.

tunique **n. f. 1.** Longue chemise droite que l'on portait dans l'Antiquité. *Les anciens Grecs portaient des tuniques.* **2.** Longue chemise droite descendant jusqu'à mi-cuisse. *Elle portait un pantalon et une tunique.*

tunnel **n. m.** ✦ Passage creusé sous la terre. *Ils ont emprunté le tunnel sous la Manche pour aller en Angleterre.*

● *Tunnel* s'écrit avec deux *n.*

turban **n. m.** ✦ Longue bande de tissu enroulée autour de la tête. *En Inde, certains hommes portent un turban.*

turban

turbine **n. f.** ✦ Moteur qui tourne grâce à la force de l'eau ou d'un gaz. *L'eau du barrage fait fonctionner les turbines de la centrale électrique.*

turboréacteur **n. m.** ✦ Moteur à réaction muni d'une turbine à gaz. *Les turboréacteurs d'un avion.*

▷ Mot de la famille de RÉACTEUR.

turbot **n. m.** ✦ Gros poisson de mer plat et ovale dont la chair est très bonne. *Le turbot n'a pas d'écailles, mais son corps est couvert de saillies osseuses et de taches.*

turbulent, turbulente **adj.** ✦ Remuant et bruyant. *Julie est une enfant turbulente.*
❑ contr. **calme, sage, tranquille.**

➤ **turbulence** **n. f.** ✦ Agitation de l'atmosphère. *L'avion traverse en ce moment une zone de turbulences, les passagers sont priés d'attacher leurs ceintures.*

turfiste [tœʀfist] ou [tyʀfist] **n. m. et f.** ✦ Personne qui aime les courses de chevaux et fait des paris. *Les turfistes se retrouvent à l'hippodrome pour le tiercé.*

turpitude **n. f.** ✦ Action ou parole honteuse, malhonnête. *Il cherche à dissimuler ses turpitudes.*

turquoise **n. f.** ✦ Pierre précieuse d'un bleu-vert assez clair. *Un collier de turquoises.* — **Adj. inv.** *Des yeux bleu turquoise,* bleu-vert comme cette pierre. *Il a des chaussettes turquoise.* ➻ planche Couleurs p. 227.

tutelle **n. f.** ✦ Charge d'une personne qui prend soin d'un enfant mineur ou d'un adulte qui ne peut pas s'occuper seul de ses affaires. → aussi **tuteur.** *Si un enfant perd ses parents, on le met sous la tutelle d'un autre adulte.*

tuteur **n. m.,** **tutrice** **n. f.** **1.** Personne qui est responsable d'un mineur ou d'un adulte incapable de s'occuper tout seul de ses affaires. *Si les parents meurent, l'enfant est confié à un tuteur.* → aussi **tutelle.** **2.** **n. m.** Tige de bois, de plastique ou de métal que l'on fixe dans le sol pour soutenir une plante. *Le jardinier attache les plants de tomates aux tuteurs.*

tutoyer **v.** (conjug. 8) ✦ S'adresser à quelqu'un en employant la deuxième personne du singulier. *Le professeur tutoie ses élèves mais il vouvoie la directrice,* il dit « tu » à ses élèves. — **se tutoyer,** se dire « tu » l'un à l'autre. *Quand nous nous connaîtrons mieux, nous nous tutoierons.*

➤ **tutoiement** **n. m.** ✦ Le fait de dire « tu » à quelqu'un quand on lui parle. *Mon père et la voisine ont adopté le tutoiement.*

▷ Mots de la famille de TU.

tutu **n. m.** ✦ Jupe des danseuses de ballet classique. *Les danseuses portaient des tutus de tulle rose.*

danseuses en **tutu** (Degas)

typhon

tuyau **n. m.** ✦ Tube creux dans lequel on fait passer un liquide ou un gaz. → aussi **canalisation, conduit.** *Le jardinier arrose les fleurs avec un tuyau d'arrosage.* — Au pl. *Des tuyaux.*

➤ **tuyauterie** **n. f.** ✦ Ensemble des tuyaux d'une installation. *Le plombier a vérifié la tuyauterie du chauffage central.*

tuyère [tɥijɛʀ] **n. f.** ✦ Partie d'un moteur à réaction par où s'échappent les gaz. *Les tuyères d'une fusée.*

tweed [twid] **n. m.** ✦ Épais tissu de laine. *Il portait une veste de tweed.*

● Ce mot vient de l'anglais.

tympan **n. m.** ✦ Membrane située au fond du conduit de l'oreille. *Les sons font vibrer le tympan.*

type **n. m.** **1.** Sorte, modèle. *Ce type de voiture est peu courant.* **2.** Ensemble des caractères physiques propres à une population. *Il a le type asiatique.* **3.** Personne qui a des caractéristiques qui font qu'elle peut servir de modèle. *Elle est le type même de la femme d'affaires.* **4.** Familier. Homme, individu. → **bonhomme.** *C'est un drôle de type.*

➤ **typique** **adj.** ✦ Caractéristique. *Il porte la tenue typique des garçons de son âge.*

➤ **typiquement** **adv.** ✦ D'une manière typique, caractéristique. *La choucroute est un plat typiquement alsacien.*

▷ Autres mots de la famille : PROTOTYPE, STÉRÉOTYPE, STÉRÉOTYPÉ.

typhon **n. m.** ✦ Cyclone des mers de Chine et de l'océan Indien. → **ouragan.** *Les typhons provoquent des raz-de-marée.*

typographe **n. m.** et **f.** ✦ Personne dont le métier est d'assembler les caractères d'imprimerie pour faire un texte. *Autrefois, les typographes composaient les textes avec des caractères en plomb.*

➤ **typographie** **n. f.** ✦ Manière d'imprimer un texte, choix des caractères. *La typographie de ce texte est très claire.*

tyran **n. m.** **1.** Personne qui gouverne un pays de manière absolue, par la force. → **despote, dictateur.** *Une révolution a renversé le tyran.* **2.** Personne très autoritaire. *Cet enfant est un véritable tyran.*

● Ce mot s'écrit avec un *y*.

➤ **tyrannie** **n. f.** ✦ Gouvernement absolu et cruel. *Le peuple s'est soulevé contre la tyrannie.*

➤ **tyrannique** **adj.** ✦ Autoritaire. *Son mari est tyrannique.*

➤ **tyranniser** **v.** (conjug. 1) ✦ Abuser de son pouvoir ou de sa force. → **persécuter.** *Julie tyrannise son petit frère.*

● Il y a deux *n* à *tyrannie, tyrannique* et *tyranniser.*

campement **tzigane**

tyrannosaure **n. m.** ✦ Grand reptile carnivore de l'époque préhistorique. → aussi **dinosaure, diplodocus.** *Les tyrannosaures pouvaient mesurer jusqu'à 15 mètres de long.*

● *Tyrannosaure* s'écrit avec un *y* et deux *n.*

tzigane **n. m. et f.** ✦ *Les Tziganes,* ce sont les membres d'un peuple nomade venu d'Europe centrale. → **bohémien, gitan.** — **Adj.** *La musique tzigane,* c'est une musique populaire, originaire de Hongrie, où dominent les violons.

● On écrit aussi *tsigane.*

U

ubac **n. m.** ✦ Versant d'une montagne exposé à l'ombre. ❑ contr. **adret.**

ubiquité [ybikɥite] **n. f.** ✦ *Avoir le don d'ubiquité,* pouvoir être dans plusieurs endroits à la fois.

ulcère **n. m.** ✦ Plaie qui ne se cicatrise pas. *Il a un ulcère à l'estomac.*

ulcérer **v.** (conjug. 6) ✦ Blesser profondément, faire beaucoup de peine. *Votre manque de confiance m'a ulcéré.*

U. L. M. [yɛlɛm] **n. m. inv.** ✦ Petit avion très léger à une ou deux places. — Au pl. *Des U. L. M.*

● Ce mot est le sigle de *Ultra Léger Motorisé.*

U.L.M.

ultérieur, ultérieure **adj.** ✦ Qui arrivera plus tard. → **futur, postérieur.** *Son départ est reporté à une date ultérieure.* ❑ contr. **antérieur.**

➤ **ultérieurement** **adv.** ✦ Plus tard. *La réunion aura lieu ultérieurement.* → **après, ensuite.** ❑ contr. **auparavant,** ① **avant, précédemment.**

ultimatum [yltimatɔm] **n. m.** ✦ Dernières conditions accompagnées de menaces, présentées pour obtenir quelque chose. *Les terroristes ont adressé un ultimatum au gouvernement.* — Au pl. *Des ultimatums.*

ultime **adj.** ✦ Dernier, final. *Dans un ultime effort, le naufragé a atteint le rivage.* ❑ contr. **premier.**

ultra- ✦ Préfixe qui veut dire « au plus haut point, au-delà » (ex. : *ultramoderne, ultrason*).

ultramoderne **adj.** ✦ Très moderne. *Cette usine possède des machines ultramodernes.*

▷ Mot de la famille de MODERNE.

ultrason **n. m.** ✦ Son trop aigu pour qu'un homme puisse l'entendre. *Les chiens et les chats perçoivent les ultrasons.*

▷ Mot de la famille de SONNER.

ultraviolet, ultraviolette **adj.** ✦ *Les rayons ultraviolets,* ce sont des rayons semblables aux rayons lumineux, mais que l'on ne peut pas voir.

▷ Mot de la famille de VIOLETTE.

ululer → **hululer**

➤ **ululement** → **hululement**

un, une **adj., article indéfini** et **pronom indéfini,**

■ **adj.** Premier nombre entier exprimant l'unité. *Cette bouteille contient un litre d'eau. Il est une heure. J'ai le numéro 1,* le premier numéro. — **N. m.** Le chiffre un (1). *Un et un font deux.*

■ **article indéfini** Déterminant qui désigne un être ou une chose distinct mais indéterminé.

Il y a un homme dehors. Il a mangé une tartine. Je veux une sucette et des bonbons. → aussi ② **des.**

■ **pronom indéfini** *Rome est une des plus belles villes que je connaisse. Les uns sont arrivés en train, les autres en voiture. Je n'aime ni l'un ni l'autre,* aucun des deux.

▷ Autres mots de la famille : CHACUN, DÉSUNION, DÉSUNIR, QUELQUES-UNS, QUELQU'UN, RÉUNIFICATION, RÉUNIFIER, RÉUNION, RÉUNIR, TRAIT D'UNION, UNANIME, UNANIMEMENT, UNANIMITÉ, UNI, UNIFICATION, UNIFIER, UNION, UNIQUE, UNIQUEMENT, UNIR, UNITAIRE, UNITÉ.

unanime adj. 1. *Des personnes unanimes,* qui sont toutes du même avis. *Ce film est excellent, les critiques sont unanimes.* **2.** Qui est fait par tous, en même temps. *Sa plaisanterie provoqua un éclat de rire unanime.* → ② **général.**

➤ **unanimement adv.** ✦ D'une manière unanime, par tous. *Cet attentat a été unanimement condamné.*

➤ **unanimité n. f.** ✦ Accord complet entre tous les membres d'un groupe. *Cette décision ne fait pas l'unanimité. Le maire a été élu à l'unanimité,* par tous les votants sans exception.

▷ Mots de la famille de UN.

uni, unie adj. 1. D'une seule couleur. *Une robe unie.* ❏ contr. **bariolé, bigarré, multicolore. 2.** *Une famille unie,* dont tous les membres s'entendent bien.

▷ Mot de la famille de UN.

uni- ✦ Préfixe qui veut dire « un seul » (ex. : *uniforme, unijambiste*).

unifier v. (conjug. 7) **1.** Rendre semblables plusieurs choses. *Les compagnies d'aviation essaient d'unifier les tarifs aériens.* **2.** Unir pour faire un tout. *L'Italie a été unifiée au 19e siècle.*

➤ **unification n. f.** ✦ Le fait d'unifier. *L'unification de l'Italie a été tardive.*

▷ Mots de la famille de UN.

① **uniforme adj.** ✦ Qui ressemble beaucoup aux autres. *Julie et ses amis ont des goûts uniformes,* les mêmes goûts.

➤ **uniformément adv.** ✦ De la même façon d'un bout à l'autre. *Le paysage était uniformément plat.*

➤ ② **uniforme n. m.** ✦ Habillement qui est le même pour toutes les personnes d'un groupe. *Les hôtesses de l'air portent un uniforme. Un policier en uniforme.* ❏ contr. **en civil.**

uniforme

➤ **uniformiser v.** (conjug. 1) ✦ Rendre des choses semblables ou presque semblables. → **unifier.** *On a uniformisé les programmes scolaires.*

➤ **uniformité n. f.** ✦ Absence de changement, caractère de ce qui ne varie pas. *On se plaint souvent de l'uniformité de la vie quotidienne.* → **monotonie.** ❏ contr. **diversité, variété.**

▷ Mots de la famille de FORME.

unijambiste n. m. et f. ✦ Personne qui n'a plus qu'une jambe.

▷ Mot de la famille de JAMBE.

unilatéral, unilatérale adj. 1. Qui se fait d'un seul côté. *Cette rue est en stationnement unilatéral,* on ne peut y stationner que d'un seul côté. → aussi **bilatéral. 2.** Qui ne provient que d'une seule personne, d'un seul groupe. *Le maire a pris une décision unilatérale,* sans demander l'avis des autres. — Au masc. pl. *unilatéraux.*

▷ Mot de la famille de LATÉRAL.

union n. f. 1. Entente, accord entre plusieurs personnes. *L'union règne dans ce couple.* → **harmonie.** ❏ contr. **désunion. 2.** Groupement de plusieurs États. *Les États-Unis sont une union d'États.* → **fédération.** *La France et l'Espagne font partie de l'Union européenne.*

▷ Mot de la famille de UN.

unique adj. 1. Seul. *C'est mon unique chapeau. Il est fils unique,* il n'a ni frère, ni sœur.

Cette rue est à sens unique. ❑ contr. **double.** 2. Seul de son genre et très différent des autres. → **exceptionnel.** *Cette œuvre est unique en son genre. Un talent unique.*

➤ **uniquement** **adv.** ✦ Seulement. *Il a voulu uniquement leur faire une farce.*

▷ Mots de la famille de UN.

unir **v.** (conjug. 2) 1. Mettre ensemble. → **rapprocher, réunir.** *On unit des mots pour former une phrase.* 2. Lier. *Une grande amitié unit Louise et Julie.* ❑ contr. **opposer, séparer.** — **s'unir,** se rapprocher, s'allier. *Les deux pays se sont unis pour lutter contre l'envahisseur.* 3. Relier. *Des lignes aériennes unissent les continents.* 4. Avoir à la fois en soi. *Alex unit l'intelligence à beaucoup de gentillesse.* → **allier, associer, joindre.**

▷ Mot de la famille de UN.

unisson **n. m.** ✦ Son unique produit par plusieurs voix ou plusieurs instruments en même temps. *Ils chantent à l'unisson.*

▷ Mot de la famille de SONNER.

unitaire **adj.** 1. *Le prix unitaire d'une chose,* le prix à l'unité. *Le prix unitaire de ces chocolats est d'un euro.* 2. Qui recherche l'unité. *Nous avons agi dans un esprit unitaire.*

▷ Mot de la famille de UN.

unité **n. f.** 1. État de ce qui forme un tout. *Le gouvernement essaie de maintenir l'unité dans le pays.* → **cohésion, union.** 2. *À l'unité,* un par un. *Est-ce que vous vendez ces marrons glacés à l'unité ?* → ① **pièce.** 3. Élément qui sert à former les nombres. *Le nombre trente est composé de trente unités. Dans 325, le chiffre des unités est 5.* 4. Grandeur servant de base pour mesurer d'autres grandeurs. *Le mètre est une unité de longueur.* 5. *L'unité centrale d'un ordinateur,* c'est la partie qui contient la mémoire et les organes de calcul. 6. Groupe de militaires commandés par un même chef. *Une unité d'infanterie.*

▷ Mot de la famille de UN.

univers **n. m.** 1. Ensemble de tout ce qui existe. → **monde, nature.** *La connaissance de l'univers a fait de grands progrès.* 2. Ensemble des hommes qui sont sur la Terre. *L'univers entier craint la guerre nucléaire.*

➤ **universel, universelle** **adj.** ✦ Qui concerne toutes les personnes et toutes les choses. → ② **général.** *Une exposition universelle. L'histoire universelle,* celle de tous les peuples. → **mondial.**

➤ **universellement** **adv.** ✦ Par tous les hommes, dans le monde entier. *« La Joconde » est un tableau universellement connu.* → **mondialement.**

université **n. f.** ✦ Endroit où l'on fait des études supérieures, après le baccalauréat. *Il est professeur à l'université de Caen.* → aussi **faculté.**

➤ **universitaire** **adj.** ✦ Qui concerne l'université. *Les études universitaires. Un restaurant universitaire,* qui dépend de l'université.

uppercut [ypɛʀkyt] **n. m.** ✦ Coup porté de bas en haut, en boxe. — Au pl. *Des uppercuts.*

● Ce mot vient de l'anglais.

uppercut

uranium [yʀanjɔm] **n. m.** ✦ Métal radioactif dur et gris qui sert de combustible dans les centrales nucléaires.

urbain, urbaine **adj.** ✦ De la ville. ❑ contr. **rural.** *Une zone urbaine. Les moyens de transport urbains.*

➤ **urbaniser** **v.** (conjug. 1) ✦ Transformer un lieu en ville. *Toute la région est maintenant urbanisée.*

➤ **urbanisation** **n. f.** ✦ Transformation d'un endroit en ville. *L'urbanisation de la région est due à l'installation de plusieurs usines.*

➤ **urbanisme** **n. m.** ✦ Étude de l'aménagement des villes. *L'urbanisme permet de rendre les villes plus agréables à vivre.*

➤ **urbaniste** **n. m.** et **f.** ✦ Personne dont le métier est d'aménager des villes, des quartiers. → aussi **architecte.**

urée **n. f.** ✦ Substance que l'on trouve dans le sang et dans l'urine. *Le sang transporte l'urée qui est éliminée par le rein dans l'urine.*

urgent, urgente adj. ✦ Dont il faut s'occuper tout de suite, sans attendre. → **pressé.** *J'ai un travail urgent à faire. Un besoin urgent.* → **pressant.**

➤ **urgence** n. f. 1. Nécessité d'agir vite. *En cas d'urgence, appelez ce numéro. Il doit être opéré d'urgence,* sans attendre. 2. Malade qu'il faut soigner tout de suite. *Le médecin a été appelé pour une urgence.* 3. *Les urgences,* le service d'un hôpital où l'on reçoit les malades qui doivent être soignés rapidement.

urine n. f. ✦ Liquide jaune qui se forme dans le rein et qui est rejeté à l'extérieur du corps après avoir été dans la vessie. → fam. **pipi.** *On lui a fait une analyse d'urine.*

➤ **urinaire** adj. ✦ Qui concerne l'urine. *Les reins et la vessie font partie de l'appareil urinaire.*

➤ **uriner** v. (conjug. 1) ✦ Rejeter de l'urine à l'extérieur du corps. → fam. faire **pipi.**

➤ **urinoir** n. m. ✦ Endroit où les hommes vont uriner. *Dans les toilettes pour hommes, il y a des urinoirs.*

urne n. f. 1. Boîte dont le couvercle est muni d'une fente et dans laquelle on met son bulletin de vote. 2. Vase dans lequel on conserve les cendres d'une personne incinérée.

urticaire n. f. ✦ Éruption sur la peau de petits boutons rouges qui démangent. *Une crise d'urticaire.*

us [ys] n. m. pl. ✦ *Les us et coutumes,* les usages et les traditions. *On doit respecter les us et coutumes du pays dans lequel on vit.*

● On prononce le *s* final.

➤ ① **usage** n. m. ✦ Habitude, coutume. → **us.** *En montagne, l'usage veut que celui qui descend laisse passer celui qui monte. En France, la femme prend le nom de son mari, comme il est d'usage,* comme cela se fait habituellement.

② **usage** n. m. 1. Emploi, utilisation. *Un couteau est un objet d'usage courant,* que l'on utilise couramment. *Je te donne mon vélo car je n'en ai plus l'usage,* je ne m'en sers plus. *Ce mot n'est plus en usage,* on ne l'emploie plus. 2. *Avoir l'usage de,* la faculté de. *Les animaux n'ont pas l'usage de la parole,* ils ne peuvent pas parler. 3. *Faire usage de,* se servir de. *L'espion avait fait usage de faux papiers.* 4. Le fait de servir à quelque chose. *Cet outil a plusieurs usages.* — **Hors d'usage,** qui ne peut plus servir. *Mon réveil est hors d'usage.* 5. *Une pommade à usage externe,* c'est une pommade qu'il ne faut utiliser que sur la peau.

➤ **usager** n. m., **usagère** n. f. ✦ Personne qui utilise un service public. → **utilisateur.** *Les usagers du métro.*

▷ Mots de la famille de ① USER.

① **user** v. (conjug. 1) ✦ *User d'une chose,* c'est l'utiliser, l'employer. *Il a usé de son influence pour obtenir ce qu'il voulait.*

▷ Autres mots de la famille : ABUS, ABUSER, ABUSIF, DÉSABUSÉ, INUSITÉ, ① USAGE, USAGER, USITÉ, USUEL.

② **user** v. (conjug. 1) 1. *User une chose,* c'est l'abîmer à force de s'en servir. *Il a usé son manteau jusqu'à la corde.* — **s'user,** s'abîmer à force de servir. *Ces chaussures se sont usées très vite.* → se **détériorer.** 2. Consommer. *Sa voiture use beaucoup d'huile.* 3. Diminuer, rendre plus faible. *La lecture m'a usé la vue.*

➤ **usé, usée** adj. ✦ Abîmé à force d'avoir servi. *Cette veste est très usée.* → **élimé, râpé.**

➤ **usagé, usagée** adj. ✦ Qui a beaucoup servi sans être forcément abîmé. ❑ contr. ② **neuf.** *Elle donne ses vêtements usagés à une association.* → **défraîchi, vieux.**

▷ Autres mots de la famille : INUSABLE, USURE.

usine n. f. ✦ Grand bâtiment ou ensemble de bâtiments où l'on fabrique des objets avec des machines. → **fabrique, manufacture** et aussi **industrie.** *Une usine d'automobiles.*

➤ **usiner** v. (conjug. 1) ✦ Fabriquer avec une machine. → **façonner.** *Il contrôle les dimensions de la pièce usinée.*

usité, usitée adj. ✦ Qui est employé couramment. *Ce mot est très usité.* → ① **courant, fréquent, usuel.**

▷ Mot de la famille de ① USER.

ustensile n. m. ✦ Objet dont on se sert dans la maison. *Les casseroles et les poêles sont des ustensiles de cuisine.*

usuel, usuelle adj. ✦ Utilisé habituellement. → ① **courant, ordinaire.** *Une cafetière est un objet usuel. Ce dictionnaire contient les mots usuels.*

▷ Mot de la famille de ① USER.

usine d'automobiles

usufruit n. m. ✦ Droit d'utiliser un bien sans en avoir la propriété. *Elle a l'usufruit de la maison.* → **jouissance.**

usure n. f. 1. Action d'user. *Le frottement provoque l'usure des semelles de chaussures.* 2. État d'une chose usée. *Il y a des traces d'usure sur les pneus de cette voiture.*
▷ Mot de la famille de ② USER.

usurier n. m., **usurière** n. f. ✦ Personne qui autrefois prêtait de l'argent en exigeant des intérêts excessifs et illégaux.

usurper v. (conjug. 1) ✦ S'emparer d'un bien, d'un titre sans en avoir le droit. *Le roi d'Angleterre Richard III usurpa le pouvoir.*
➤ **usurpateur** n. m., **usurpatrice** n. f. ✦ Personne qui s'est attribué quelque chose sans en avoir le droit.

ut [yt] n. m. inv. ✦ Autre nom de la note de musique *do.* → **do.** *La 5e symphonie de Beethoven est en ut mineur.* — Au pl. *Des ut.*

utérus [yteʀys] n. m. ✦ Organe, dans le ventre de la femme et de la femelle des mammifères, où se développe le bébé ou le petit avant sa naissance.

utile adj. ✦ Qui sert à quelque chose, qui rend service. *Ce parapluie m'a été bien utile.* ❑ contr. **inutile.** *Se rendre utile,* c'est aider, rendre service. *Il cherche toujours à se rendre utile.*
➤ **utilement** adv. ✦ D'une manière utile. *Elle a employé son argent utilement.*
➤ **utiliser** v. (conjug. 1) ✦ Employer. *Il utilise sa voiture pour les vacances.*
➤ **utilisable** adj. ✦ Qu'on peut utiliser. *Ce vieil ordinateur est encore utilisable.* ❑ contr. **inutilisable.**
➤ **utilisateur** n. m., **utilisatrice** n. f. ✦ Personne qui utilise une chose. → **usager.** *Cette machine est livrée avec une notice à l'intention de l'utilisateur.*
➤ **utilisation** n. f. ✦ Emploi, usage. *Ce produit est d'une utilisation facile.*
➤ **utilité** n. f. ✦ Qualité d'une chose utile. *Cet instrument est d'une grande utilité.* ❑ contr. **inutilité.**
➤ **utilitaire** adj. ✦ *Un véhicule utilitaire,* destiné à transporter des marchandises ou des personnes. *Cet emplacement est réservé aux véhicules utilitaires.*
▷ Autres mots de la famille : INUTILE, INUTILEMENT, INUTILISABLE, INUTILISÉ, INUTILITÉ.

véhicule **utilitaire**

utopie n. f. ✦ Chose impossible à réaliser. → **chimère, rêve.** *Un monde où personne ne serait malade ni malheureux est une utopie.*
➤ **utopique** adj. ✦ Irréalisable. *Ce projet est complètement utopique.* → **chimérique.** ❑ contr. **réaliste.**

V

vacances **n. f. pl.** ✦ Période pendant laquelle on ne travaille pas. → **congé.** *Ils vont passer leurs vacances à la montagne.*

➤ **vacancier** **n. m.,** **vacancière** **n. f.** ✦ Personne qui est en vacances. *Les vacanciers envahissent les plages en été.*

▷ Mots de la famille de VACANT.

vacant, vacante **adj.** ✦ Qui n'est occupé par personne. *Après le départ des locataires, l'appartement est resté vacant.* → **disponible, libre.**

▷ Autres mots de la famille : VACANCES, VACANCIER.

vacarme **n. m.** ✦ Grand bruit. → **tapage, tintamarre, tumulte** ; fam. **raffut.** *Quel vacarme dans la rue !*

vaccin [vaksɛ̃] **n. m.** ✦ Produit fabriqué à partir d'un microbe, que l'on inocule pour ne pas attraper la maladie causée par ce microbe. → aussi **sérum.** *Le médecin lui a fait un vaccin contre le tétanos.*

➤ **vacciner** **v.** (conjug. 1) ✦ Faire un vaccin. *Le médecin a vacciné Paul contre le tétanos.*

➤ **vaccination** **n. f.** ✦ Le fait de vacciner. *Certaines vaccinations sont obligatoires.*

vache **n. f.** ✦ Gros animal domestique qui donne du lait. → aussi **taureau** et **veau.** *La vache est un ruminant. Le soir, on ramène les vaches à l'étable pour les traire.* — *Manger de la vache enragée,* mener une vie difficile où l'on se prive de tout parce l'on n'a pas d'argent. *Parler français comme une vache espagnole,* parler très mal le français.

vacherin **n. m.** **1.** Fromage à pâte molle fait en Franche-Comté et en Savoie. **2.** Dessert composé de meringue, de glace et de crème chantilly. *Un vacherin au cassis.*

vaciller **v.** (conjug. 1) ✦ Pencher d'un côté puis de l'autre en risquant de tomber. → **chanceler.** *Épuisé, il vacillait sur ses jambes. La flamme de la bougie vacille,* elle tremble en menaçant de s'éteindre.

➤ **vacillant, vacillante** **adj.** ✦ Tremblant, chancelant. *Il monta l'escalier d'une démarche vacillante.* ❑ contr. ① **ferme.**

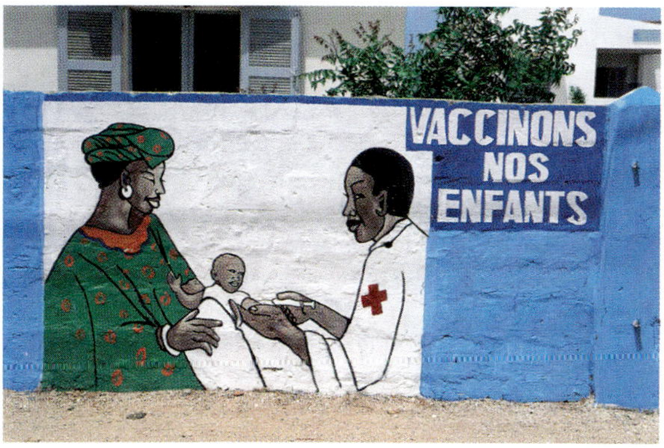

vacciner

vadrouille **n. f.** ✦ Familier. Promenade sans but précis. → fam. **balade.** *Ils sont partis en vadrouille.*

va-et-vient **n. m. inv.** **1.** Mouvement de gens qui vont et viennent, entrent et sortent. → **allées et venues, passage.** *Le samedi, il y a un va-et-vient continuel dans le café.* **2.** Installation électrique qui permet d'allumer et d'éteindre une lumière à partir de plusieurs endroits. — Au pl. *Des va-et-vient.*
▷ Mot de la famille de ① ALLER et de VENIR.

vagabond **n. m.** ✦ Personne sans travail et sans maison. → **clochard, sans-abri, sans-logis, SDF.** *Un vagabond a dormi dans le hall de l'immeuble.*
➤ **vagabondage** **n. m.** ✦ Le fait de vivre sans travail, sans maison. *Sans papiers ni argent, il a été arrêté pour vagabondage.*
➤ **vagabonder** **v.** (conjug. 1) ✦ Aller d'un endroit à l'autre, sans but. → **errer, traîner.** *Léa laissait vagabonder son imagination.* → **vaguer.**

vagin **n. m.** ✦ Canal qui, chez la femme et la femelle des mammifères, va de l'utérus à l'extérieur du sexe. → aussi **vulve.** *Le vagin est un organe sexuel féminin.*

vagir **v.** (conjug. 2) ✦ *Les nouveau-nés vagissent,* ils poussent des cris.
➤ **vagissement** **n. m.** ✦ Cri de l'enfant qui vient de naître.

① **vague** **n. f.** **1.** Masse d'eau qui se soulève et s'abaisse. *La mer est agitée aujourd'hui, les vagues sont énormes.* → **lame.** **2.** Grande quantité. → **afflux.** *Une première vague de touristes est arrivée samedi.* **3.** Phénomène qui arrive tout d'un coup. *En juillet, il y a eu une vague de chaleur,* une période de temps très chaud.
➤ **vaguelette** **n. f.** ✦ Petite vague.

vague

② **vague** **adj.** ✦ Imprécis, mal défini. → **flou.** *Je n'ai de lui qu'un vague souvenir.* ❏ contr. **net, précis.** — **N. m.** *Louise regardait dans le vague,* elle regardait sans rien fixer.
➤ **vaguement** **adv.** ✦ De façon vague, imprécise. *Il m'a vaguement expliqué où il habite.* ❏ contr. **clairement, nettement.** *Je m'en souviens vaguement.* ❏ contr. **précisément.**

vaguer **v.** (conjug. 1) ✦ Aller au hasard. → **errer, vagabonder.** *Laisse vaguer ton imagination.*
● Ce mot est littéraire.

vahiné **n. f.** ✦ Femme de Tahiti. *Les vahinés portent des colliers de fleurs.*
● *Vahiné* est un mot tahitien.

vaillant, vaillante **adj.** **1.** Brave, courageux. *Le vaillant chevalier a délivré la princesse.* ❏ contr. ① **lâche.** — *À cœur vaillant, rien d'impossible,* avec du courage, on vient à bout de tout. **2.** *Je n'ai plus un sou vaillant,* je n'ai plus du tout d'argent.
➤ **vaillamment** **adv.** ✦ Avec courage. → **bravement, courageusement.** *Ils ont vaillamment résisté.*
➤ **vaillance** **n. f.** ✦ Bravoure et courage. ❏ contr. **faiblesse, lâcheté.**
▷ Mots de la famille de VALOIR.

vain, vaine **adj.** **1.** Sans efficacité, inutile. *Tous nos efforts ont été vains,* ils n'ont servi à rien. **2.** Qui ne repose sur rien. *Ses espérances étaient vaines.* → **illusoire.** ❏ contr. **fondé.** ❍ homonymes : vin, vingt.
➤ **en vain** **adv.** ✦ Sans résultat. → **inutilement, vainement.** *Je t'ai téléphoné plusieurs fois, mais en vain.*
▷ Autre mot de la famille : VAINEMENT.

vaincre **v.** (conjug. 42) **1.** Remporter une victoire sur quelqu'un. → **battre, défaire.** *Notre armée a vaincu l'ennemi.* → **écraser, triompher.** *Ils ont vaincu.* ❏ contr. **perdre.** **2.** Faire reculer ou disparaître. *Léa doit vaincre sa timidité pour parler en public.* → **surmonter.**
➤ **vaincu, vaincue** **adj.** ✦ Qui a subi une défaite. → **perdant.** *L'équipe vaincue.* ❏ contr. **gagnant, victorieux.** — **N.** *Malheur aux vaincus !* ❏ contr. **vainqueur.**
➤ **vainqueur** **n. m.** ✦ Personne qui a gagné, a remporté une victoire. → **gagnant.** *La coupe a été remise au vainqueur du tournoi.* ❏ contr. **perdant, vaincu.**
● Ce mot n'a pas de féminin.

vainement adv. ✦ Inutilement, sans succès. → en **vain.** *J'ai vainement cherché mes lunettes toute la matinée.*
▷ Mot de la famille de VAIN.

vair n. m. ✦ Fourrure d'un écureuil gris. *La reine portait un manteau de vair.* ❍ homonymes : ver, verre, ① et ② vers, vert.

① **vaisseau** n. m. ✦ *Les vaisseaux sanguins,* ce sont les conduits dans lesquels circule le sang à l'intérieur du corps. *Les artères et les veines sont des vaisseaux sanguins.* → aussi **capillaire** et **vasculaire.**

② **vaisseau** n. m. 1. Grand bateau d'autrefois. → **bâtiment, navire.** *Les vaisseaux du roi.* 2. *Un vaisseau spatial,* c'est un engin destiné à voyager dans l'espace.

vaisselle n. f. 1. Ensemble des récipients qui servent à présenter la nourriture et à manger. *Une vaisselle de porcelaine.* 2. *Faire la vaisselle,* c'est laver tous les ustensiles qui ont été utilisés pour préparer, servir et prendre le repas.
➤ **vaisselier** n. m. ✦ Meuble dans lequel on expose la vaisselle. → aussi **buffet.**
▷ Autre mot de la famille : LAVE-VAISSELLE.

vaisselier

val n. m. (pl. **vaux** ou **vals**) ✦ Vallée. *Le Val de Loire.* — *Ils sont toujours par monts et par vaux,* en voyage, en déplacement.
▷ Autres mots de la famille : AVAL, DÉVALER, VALLÉE, VALLON, VALLONNÉ, À VAU-L'EAU.

valable adj. 1. Qui remplit les conditions nécessaires et exigées. *Un passeport est valable dix ans.* → ② **valide.** ❏ contr. **périmé.** 2. À quoi on peut accorder de la valeur. → **acceptable, sérieux.** *As tu une excuse valable ?* ❏ contr. **contestable.**
▷ Mot de la famille de VALOIR.

valet n. m. 1. Domestique, serviteur. → **laquais.** *Le valet est aux ordres de son maître.* 2. Carte à jouer représentant un jeune homme. *Le valet de pique.*

valeur n. f. 1. Prix que vaut quelque chose si on veut l'échanger ou le vendre. *Elle a des bijoux de grande valeur. Ce timbre n'a aucune valeur,* il ne vaut rien. — *Cette robe la met en valeur,* l'avantage réellement. 2. Qualité d'une chose ou d'une personne à laquelle on accorde de l'intérêt, de l'estime. → **mérite.** *C'est un homme de valeur.* 3. Quantité approximative. *Ajoutez la valeur d'une cuillerée à soupe de farine.* → **équivalent.**
➤ **valeureux, valeureuse** adj. ✦ Brave et courageux. → **vaillant.** *Nos valeureux soldats ont remporté la bataille.*
▷ Mots de la famille de VALOIR.

validation n. f. ✦ Le fait de rendre conforme au règlement. *La validation des tickets de métro est obligatoire.* → aussi **valider.**
▷ Mot de la famille de VALOIR.

① **valide** adj. ✦ En bonne santé, capable d'effort physique. *Ce vieil homme est encore très valide.* ❏ contr. **invalide, malade.**
▷ Mot de la famille de VALOIR.

② **valide** adj. ✦ En règle, conforme au règlement. → **valable.** *Ce billet d'avion est valide deux mois.*
➤ **valider** v. (conjug. 1) ✦ Rendre valide. *Il faut composter le billet de train pour le valider.* → aussi **validation.**
➤ **validité** n. f. ✦ Caractère de ce qui est valide. *La validité d'un passeport est de dix ans.*
▷ Mots de la famille de VALOIR.

valise n. f. ✦ Bagage rectangulaire, plat et rigide, muni d'une poignée pour qu'on puisse le porter à la main. *Elle a fait sa valise,* elle a mis ses affaires à emporter dans une valise.
▷ Autre mot de la famille : DÉVALISER.

vallée n. f. 1. Couloir formé par un cours d'eau entre deux montagnes ou deux collines. *Le village est au fond de la vallée.* → **vallon.** 2. Région arrosée par un cours d'eau. *La vallée du Rhône.*
▷ Mot de la famille de VAL.

vallon **n. m.** ✦ Petite vallée.

➤ **vallonné, vallonnée** **adj.** ✦ Où il y a des collines et des vallons. *La région est très vallonnée.*

▷ Mots de la famille de VAL.

valoir **v.** (conjug. 29) **1.** Avoir une certaine valeur, pouvoir être vendu un certain prix. → **coûter.** *Leur maison vaut cinq cent mille euros.* **2.** Avoir des qualités, des mérites. *Ces pommes de terre ne valent rien,* elles sont mauvaises. **3.** *Valoir mieux,* être préférable. *Il vaudrait mieux partir tout de suite.* **4.** *L'inaction ne lui vaut rien,* ne lui réussit pas, lui est nuisible. **5.** Présenter un intérêt. *Allez voir le château, il en vaut la peine,* il mérite qu'on prenne la peine d'y aller. *Ce restaurant vaut le détour.* **6.** Être valable. *Le règlement vaut pour tout le monde,* s'applique à tous. **7.** Procurer, avoir comme conséquence. *Cette histoire lui a valu des ennuis.*

▷ Autres mots de la famille : DÉVALUATION, DÉVALUER, ÉQUIVALENCE, ÉQUIVALENT, ÉQUIVALOIR, ÉVALUATION, ÉVALUER, INVALIDE, INVALIDITÉ, POLYVALENT, PRÉVALOIR, REVALOIR, VAILLAMMENT, VAILLANCE, VAILLANT, VALABLE, VALEUR, VALEUREUX, VALIDATION, ① et ② VALIDE, VALIDER, VALIDITÉ, VAURIEN.

valoriser **v.** (conjug. 1) ✦ Augmenter la valeur, le prix. *La création d'un espace vert a valorisé leur appartement.* ❑ contr. **déprécier, dévaloriser.**

➤ **valorisant, valorisante** **adj.** ✦ Qui augmente la valeur, qui valorise. *Il fait un métier valorisant.*

➤ **valorisation** **n. f.** ✦ Le fait d'augmenter la valeur de quelque chose, de mettre quelqu'un en valeur.

▷ Autres mots de la famille : DÉVALORISER, REVALORISATION, REVALORISER.

valse **n. f.** **1.** Danse à trois temps, où les couples de danseurs évoluent en tournant sur eux-mêmes. **2.** Musique sur laquelle on peut danser la valse. *Les valses de Chopin.*

➤ **valser** **v.** (conjug. 1) ✦ Danser la valse. *Il ne sait pas valser.*

➤ **valseur** **n. m.**, **valseuse** **n. f.** ✦ Personne qui valse. *Il est bon valseur,* il danse bien la valse.

valve **n. f.** **1.** Chacune des deux parties de la coquille de certains mollusques, comme les huîtres et les moules. **2.** Système qui permet à l'air ou à un liquide de passer dans un seul sens. *Dévisse la valve pour regonfler le pneu de ton vélo.*

vampire **n. m.** **1.** Fantôme qui sort la nuit de sa tombe pour aller sucer le sang des vivants. *Dracula est le plus célèbre héros des histoires de vampires.* **2.** Grande chauve-souris d'Amérique du Sud, qui suce le sang des animaux.

van [vɑ̃] **n. m.** ✦ Petit camion qui sert à transporter des chevaux. ❍ homonyme : vent.

● Ce mot vient de l'anglais.

vandale **n. m. et f.** ✦ Personne qui fait exprès de casser et d'abîmer des choses, pour s'amuser. *Des vandales ont saccagé la cabine téléphonique.*

● Ce mot vient du nom des *Vandales,* un peuple germanique qui pilla la Gaule au 5e siècle.

➤ **vandalisme** **n. m.** ✦ Destruction faite pour le plaisir. *Des actes de vandalisme ont été commis cette nuit dans le parking.*

vanille **n. f.** ✦ Plante exotique grimpante dont le fruit donne un produit très parfumé. *Une glace à la vanille.*

➤ **vanillé, vanillée** **adj.** ✦ Parfumé à la vanille. *Du sucre vanillé.*

vanille

vanité **n. f.** ✦ Défaut d'une personne qui est trop contente d'elle-même et qui s'en vante. → **orgueil, prétention.** *Il tire vanité de ses succès.* ❑ contr. **modestie.**

➤ **vaniteux, vaniteuse** **adj.** ✦ Trop fier de soi. → **orgueilleux, prétentieux, suffisant.** *Elle est très vaniteuse.* ❑ contr. **modeste.**

vanne **n. f.** ✦ Panneau vertical qui laisse s'écouler l'eau quand on le soulève et l'empêche de passer quand on le baisse. *Les vannes d'une écluse.*

vanné, vannée **adj.** ✦ Familier. Très fatigué. → fam. **crevé.** *Louise est rentrée vannée de la piscine.*

vannerie **n. f.** ✦ Fabrication d'objets en osier ou en rotin tressé. *Théo a fait de la vannerie en classe.*

vantail **n. m.** (pl. **vantaux**) ✦ Panneau d'une porte ou d'une fenêtre. → ① **battant.** *L'église a une porte à deux vantaux.*

vanter **v.** (conjug. 1) **1.** Parler de quelque chose en en disant du bien. → ① **louer.** *Il nous a vanté les qualités de sa voiture.* ❑ contr. **dénigrer.** **2. se vanter,** parler de soi en exagérant ce qu'on a fait. *Il n'a pas pu y arriver tout seul, il se vante.* → **bluffer.** *Julie s'est vantée d'avoir eu 10 à sa dictée,* elle en a tiré vanité. → se **flatter,** se **targuer.** ❍ homonyme : venter.

➤ **vantard, vantarde** **adj.** ✦ Qui a l'habitude de se vanter, d'exagérer ce qu'il réussit à faire. *Julie est un peu vantarde.*

➤ **vantardise** **n. f.** ✦ Défaut d'une personne qui exagère ce qu'elle a fait. → **fanfaronnade.**

va-nu-pieds **n. m.** et **f. inv.** ✦ Personne très pauvre et mal habillée. → **misérable.** *Habille-toi proprement, tu as l'air d'une va-nu-pieds !* — Au pl. *Des va-nu-pieds.*

▷ Mot de la famille de ① ALLER, NU et ① PIED.

vapeur **n. f.** **1.** Ensemble de fines gouttelettes d'eau qui sont dans l'air. *Quand l'eau bout, elle se transforme en vapeur. Julie mange des pommes vapeur,* des pommes de terre cuites à la vapeur. *Les bateaux à vapeur naviguaient grâce à l'énergie produite par la vapeur.* **2.** Produit à l'état de gaz. *Des vapeurs d'essence.*

vaporeux, vaporeuse **adj.** ✦ Léger, fin et transparent. *Une chemise de nuit vaporeuse.*

vaporiser **v.** (conjug. 1) ✦ Projeter en fines gouttelettes. *Le jardinier vaporise de l'insecticide sur le lierre.* → **pulvériser.**

➤ **vaporisateur** **n. m.** ✦ Petit appareil qui sert à répandre un liquide en fines gouttelettes. → **atomiseur, pulvérisateur.** *Un vaporisateur à parfum.*

vaquer **v.** (conjug. 1) ✦ *Vaquer à ses occupations,* c'est faire ce que l'on a à faire, s'occuper. *Alex vaquait à ses occupations.*

varan **n. m.** ✦ Grand lézard carnivore d'Afrique et d'Asie. *Certains varans mesurent plus de trois mètres de long.*

varan

varappe **n. f.** ✦ Escalade de rochers en montagne. *L'été, ils font de la varappe.*

● *Varappe* s'écrit avec deux *p*.

varech [varɛk] **n. m.** ✦ Algues rejetées par la mer, qu'on récolte sur le rivage. → **goémon.** *Le varech sert d'engrais.*

vareuse **n. f.** ✦ Veste courte en toile, qui ne s'ouvre pas devant. *Une vareuse de marin.*

variable **adj.** ✦ Qui peut changer. → **changeant, incertain, instable.** *La météo annonce un temps variable pour demain.* — *Un mot variable,* dont la forme peut varier. *Les adjectifs sont variables en genre et en nombre.* ❑ contr. **invariable.**

▷ Mot de la famille de VARIER.

variante **n. f.** ✦ Forme un peu différente. *Il existe des variantes de cette légende,* d'autres versions.

▷ Mot de la famille de VARIER.

variation **n. f.** ✦ Modification. → **changement.** *Dans le désert, les variations de température sont très fortes,* les écarts, les différences de température.

▷ Mot de la famille de VARIER.

varice **n. f.** ✦ Veine gonflée. *Elle a des varices qui la font souffrir.*

varicelle **n. f.** ✦ Maladie contagieuse, causée par un virus, qui donne des boutons sur tout le corps.

varier **v.** (conjug. 7) **1.** Faire changer, rendre un peu différent. *Il faut varier les menus.* **2.** Se modifier. *Le temps variera peu dans les jours qui viennent.* → **changer.** 3. Être différent. *Les traditions varient d'une région à l'autre.*

➤ **varié, variée** adj. ✦ Qui présente des éléments distincts. → **divers.** *Nous vous proposons comme entrée des hors-d'œuvre variés.*

➤ **variété** n. f. 1. Caractère de ce qui contient des éléments différents. → **diversité.** *Ce paysage manque de variété.* 2. Sorte. → **type.** *Il existe de nombreuses variétés de roses.* → **espèce.** 3. *Un spectacle de variétés,* c'est un spectacle composé de numéros variés. → aussi **music-hall.**

▷ Autres mots de la famille : INVARIABLE, VARIABLE, VARIANTE, VARIATION.

variole n. f. ✦ Maladie contagieuse très grave qui donne de nombreux boutons. → petite **vérole.** *La variole a quasiment disparu.*

vasculaire adj. ✦ Qui concerne les vaisseaux sanguins. *Il a une maladie vasculaire.*

① **vase** n. m. ✦ Récipient dans lequel on met des fleurs coupées. *Un vase en cristal.*

▷ Autres mots de la famille : ÉVASÉ, TRANSVASER.

② **vase** n. f. ✦ Boue qui se dépose au fond de l'eau stagnante. *La barque s'est enlisée dans la vase.*

➤ **vaseux, vaseuse** adj. ✦ Plein de vase. *Une mare vaseuse.*

▷ Autre mot de la famille : S'ENVASER.

vaseline n. f. ✦ Pommade incolore très grasse.

vasistas [vazistas] n. m. ✦ Petit panneau pouvant s'ouvrir séparément en haut d'une porte ou d'une fenêtre.

● Ce mot vient de l'allemand.

vasque n. f. ✦ Bassin peu profond qui recueille l'eau d'une fontaine. *Une vasque en marbre.*

vassal n. m. (pl. **vassaux**) ✦ Homme à qui un seigneur donnait une terre, au Moyen Âge. *Les vassaux juraient fidélité à leur seigneur.* → aussi **fief, suzerain.**

vaste adj. ✦ Très grand. *Une vaste forêt.* → **étendu.** *Une maison très vaste.* → **spacieux.**

va-tout n. m. inv. ✦ *Jouer son va-tout,* c'est risquer tout ce que l'on a, prendre un grand risque, jouer le tout pour le tout. — Au pl. *Des va-tout.*

▷ Mot de la famille de ① ALLER et de ① TOUT.

vaudeville n. m. ✦ Comédie légère et divertissante, pleine de rebondissements. *Nous sommes allés au théâtre voir un vaudeville.*

vaudou n. m. (pl. **vaudous**) ✦ Religion de l'île d'Haïti dans laquelle les pratiques de sorcellerie se mêlent aux pratiques chrétiennes. — **Adj. inv.** *Des cérémonies vaudou.*

à **vau-l'eau** adv. ✦ *Tous mes projets s'en vont à vau-l'eau,* ils sont à l'abandon, ils n'aboutiront pas.

▷ Mot de la famille de VAL et de EAU.

vaurien n. m., **vaurienne** n. f. ✦ Petit voyou. *Ce n'est qu'un vaurien !*

▷ Mot de la famille de VALOIR et de RIEN.

vautour n. m. ✦ Grand oiseau rapace au bec crochu, qui mange des cadavres et des détritus. → **charognard** et aussi **condor.** *Les vautours ont une tête et un cou sans plumes.*

vautour

se **vautrer** v. (conjug. 1) ✦ S'étendre en se roulant tout à son aise. *Julie s'est vautrée sur le canapé.*

à la **va-vite** adv. ✦ Vite et sans s'appliquer. *Paul a fait sa rédaction à la va-vite.*

▷ Mot de la famille de ① ALLER et de VITE.

veau n. m. ✦ Petit de la vache, âgé de moins d'un an, mâle ou femelle. → aussi **génisse.** *Regarde les veaux qui tètent leur mère ! — Théo a mangé une escalope de veau à la crème.*

vécu, vécue adj. ✦ *Une chose vécue,* c'est une chose qui s'est réellement passée. → **réel, vrai.** *Ce roman est tiré d'une histoire vécue.*

▷ Mot de la famille de ① VIVRE.

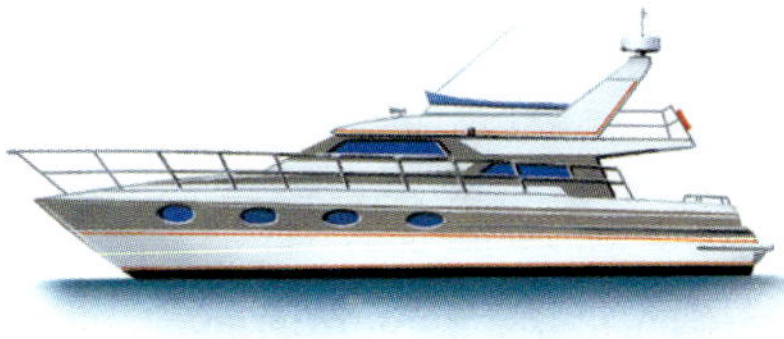

vedette

① **vedette** n. f. ✦ Petit bateau rapide à moteur. *Une vedette de la police surveille la côte.*

② **vedette** n. f. 1. Artiste célèbre. → **star.** *Une vedette de cinéma.* 2. *Se mettre en vedette,* chercher à attirer l'attention, à se faire remarquer. *Julie cherche toujours à se mettre en vedette.*

végéter v. (conjug. 6) ✦ Vivre sans rien faire d'intéressant, avec peu d'argent. → **vivoter.** *Il végète avec de très faibles revenus.*

➤ **végétal** n. m. (pl. **végétaux**) ✦ Être vivant qui se nourrit sur place d'eau et de minéraux puisés dans la terre. → ② **plante.** *Les arbres et les champignons sont des végétaux.* → aussi **botanique.** — **Adj.** *L'huile d'olive est une huile végétale,* qui provient d'une plante.

➤ **végétarien, végétarienne** adj. ✦ Qui ne mange ni viande ni poisson. *Elle est végétarienne.* — **N.** *C'est un végétarien.*

➤ **végétatif, végétative** adj. ✦ *Une vie végétative,* une vie inactive qui fait penser à celle d'une plante.

➤ **végétation** n. f. ✦ Ensemble de plantes qui poussent dans un endroit. → **flore.** *Ici, la végétation est luxuriante.*

➤ **végétations** n. f. pl. ✦ Petites peaux qui se développent au fond du nez et de la gorge et qui gênent la respiration. *Alex a été opéré des végétations.*

véhément, véhémente adj. ✦ Violent et passionné. *Le professeur a fait des reproches véhéments aux élèves indisciplinés.* → **virulent.**

➤ **véhémence** n. f. ✦ Force et violence. *Le maire s'est opposé avec véhémence à ce projet.* → **virulence.**

● Il y a un *h* entre les deux *é*.

véhicule n. m. ✦ Engin qui permet de se déplacer ou de transporter des objets. *Les voitures, les camions, les motos sont des véhicules.*

➤ **véhiculer** v. (conjug. 1) ✦ Transporter dans un véhicule. *Il a véhiculé toute la famille et les bagages jusqu'à la gare.*

① **veille** n. f. ✦ Jour qui précède le jour dont on parle. → aussi **hier.** *Cette lettre est arrivée la veille de mon départ.* ❑ contr. **lendemain.**

▷ Autre mot de la famille : AVANT-VEILLE.

② **veille** n. f. ✦ Moment sans sommeil pendant le temps où l'on devrait dormir. *Il a passé de longues veilles à préparer ses examens.*

➤ **veillée** n. f. ✦ Moment de la soirée entre le repas du soir et le coucher. *Autrefois, on passait la veillée au coin du feu.*

➤ **veiller** v. (conjug. 1) 1. Rester éveillé pendant le temps où l'on devrait dormir. *Alex a veillé pour apprendre ses leçons.* 2. Rester la nuit auprès de quelqu'un pour s'occuper de lui, ne pas le laisser seul. *Une infirmière veille le malade.* 3. Faire attention. *Veillez à bien fermer le robinet. Elle veillait sur son petit frère.* → **surveiller.**

➤ **veilleur** n. m. ✦ *Un veilleur de nuit,* un gardien qui est de service la nuit. → **vigile.** *Le veilleur de nuit fait sa ronde dans le parking.*

➤ **veilleuse** n. f. 1. Petite lampe qui reste allumée. *Ils laissent une veilleuse dans la chambre du bébé.* 2. *Les veilleuses d'une voiture,* ce sont les lampes des phares qui donnent la lumière la plus faible.

▷ Autres mots de la famille : ÉVEIL, ÉVEILLÉ, ÉVEILLER, RADIO-RÉVEIL, RÉVEIL, RÉVEILLER, RÉVEILLON, RÉVEILLONNER, SURVEILLANCE, SURVEILLANT, SURVEILLER.

① **veine** n. f. ✦ Familier. Chance. *Il a eu beaucoup de veine dans sa vie.*

➤ **veinard, veinarde** adj. ✦ Familier. Qui a de la chance. → fam. **verni.** *Théo est veinard.* → **chanceux.** ❑ contr. **malchanceux.** — **N.** *Quelle veinarde !*

▷ Autre mot de la famille : DÉVEINE.

② **veine** n. f. 1. Vaisseau sanguin dans lequel circule le sang qui revient au cœur. → aussi **artère.** *L'infirmière pique la veine du bras pour faire une prise de sang.* 2. Ligne de couleur dans le bois ou la pierre. *Ce marbre rose est parcouru de veines blanches.*

➤ **veiné, veinée** adj. ✦ *Le marbre est veiné,* il est parcouru de lignes colorées.

▷ Autre mot de la famille : INTRAVEINEUX.

velcro n. m. Marque déposée ✦ Système de fermeture constitué de deux rubans tissés différemment qui s'agrippent par contact. *Une fermeture velcro.*

vêler v. (conjug. 1) ✦ *La vache vêle,* elle donne naissance à un veau.
● Attention à l'accent circonflexe du *ê.*

véliplanchiste n. m. et f. ✦ Personne qui pratique la planche à voile.
● On dit souvent *planchiste.*
▷ Mot de la famille de PLANCHE.

velléité n. f. ✦ Intention, désir qui n'aboutit pas à une action. *Léa a eu des velléités de faire du judo.*
➤ **velléitaire** adj. ✦ Qui ne va jamais au bout de ses intentions par manque de volonté. *C'est un homme velléitaire.*
● Attention aux deux *l.*

vélo n. m. ✦ Bicyclette. *Julie est venue à vélo. Paul a un vélo tout-terrain.* → **V. T. T.**
● *Vélo* est un peu plus familier que *bicyclette.*
▷ Autres mots de la famille : VÉLODROME, VÉLOMOTEUR.

vélocité n. f. ✦ Vitesse et agilité. *Il faut faire de nombreux exercices au piano pour jouer avec vélocité.*

vélodrome n. m. ✦ Piste pour les courses cyclistes.
▷ Mot de la famille de VÉLO.

vélodrome

vélomoteur n. m. ✦ Vélo équipé d'un petit moteur. → **cyclomoteur.** *On ne peut pas faire de vélomoteur avant d'avoir quatorze ans.*
▷ Mot de la famille de VÉLO et de ① MOTEUR.

velours n. m. ✦ Tissu très doux dont un côté est formé de poils courts et serrés. *Théo a mis un pantalon en velours côtelé. — Le chat fait patte de velours,* il ne sort pas ses griffes.
● *Velours* se termine par un *s.*

velouté adj. et n. m., **veloutée** adj.
■ adj. Doux au toucher. *Les pêches ont une peau veloutée.* → **duveté.**
■ n. m. Potage onctueux. *Un velouté d'asperges.*

velu, velue adj. ✦ Couvert de poils. → **poilu.** *L'athlète avait la poitrine velue.*

vénal, vénale adj. ✦ *Une personne vénale,* c'est une personne prête à faire des choses malhonnêtes pour de l'argent. ❑ contr. **désintéressé, incorruptible, intègre.** — Au masc. pl. *vénaux.*

à tout venant adv. ✦ À tout le monde, à chacun. *Sa porte est ouverte à tout venant.*
▷ Mot de la famille de ① TOUT et de VENIR.

vendange n. f. ✦ Cueillette du raisin qui sert à faire le vin. *On fait les vendanges en automne.*
➤ **vendanger** v. (conjug. 3) ✦ Récolter le raisin pour faire du vin. *Les vignerons ont vendangé leurs vignes très tôt cette année.*
➤ **vendangeur** n. m., **vendangeuse** n. f. ✦ Personne qui fait la récolte du raisin.

vendetta n. f. ✦ Coutume corse selon laquelle les membres de la famille de la victime doivent se venger sur les membres de la famille du meurtrier. → aussi **vengeance.** — Au pl. *Des vendettas.*
● Ce mot vient de l'italien.

vendre v. (conjug. 41) **1.** Donner quelque chose à quelqu'un contre de l'argent. *Le boucher vend de la viande.* ❑ contr. **acheter. 2.** Trahir, dénoncer. *Le truand a vendu tous ses complices.* → **livrer.**
➤ **vendeur** n. m., **vendeuse** n. f. ✦ Personne qui vend quelque chose. *Le vendeur de l'appartement n'a pas encore trouvé d'acheteur. La vendeuse de chaussures sert une cliente.* → **commerçant, marchand.**
▷ Autres mots de la famille : APRÈS-VENTE, REVENDRE, REVENTE, VENTE.

vendredi n. m. ✦ Jour de la semaine, entre le jeudi et le samedi. *Alex a un cours de solfège tous les vendredis matin.*

vénéneux, vénéneuse adj. ✦ Qui contient du poison. *Un champignon vénéneux.* → **toxique.** ❑ contr. **comestible.**

champignon **vénéneux**

vénérer v. (conjug. 6) ✦ Aimer et respecter. → **adorer, révérer.** *Les Bretons vénèrent sainte Anne.*

➤ **vénérable** adj. ✦ Très respectable. *Un vieillard vénérable.*

➤ **vénération** n. f. ✦ Respect admiratif. → **adoration, culte.** *Il a une véritable vénération pour sa grand-mère.*

vénerie n. f. ✦ Art de la chasse à courre.

venger v. (conjug. 3) ✦ *Venger une personne,* c'est punir celui qui lui a fait du mal. *Le chevalier vengea son roi.* — **se venger,** punir une personne qui nous a fait du mal. *Elle s'est vengée de lui,* elle lui a fait autant de mal qu'il lui en avait fait.

➤ **vengeance** [vɑ̃ʒɑ̃s] n. f. ✦ Action de faire du mal à une personne qui en a fait à une autre. *Ma vengeance sera terrible !* → aussi **vendetta.** — *La vengeance est un plat qui se mange froid,* il faut savoir attendre pour se venger.

● Attention au *e* après le *g.*

➤ **vengeur** n. m. et adj., **vengeresse** adj.

■ n. m. Personne qui venge, punit. *Alex s'est fait le vengeur des petits,* il les venge. → aussi **vindicatif.**

■ adj. Qui montre que l'on veut se venger. *Des paroles vengeresses.*

venin n. m. ✦ Poison produit par certains animaux qui l'injectent en piquant ou en mordant. *Les vipères et les scorpions ont du venin.*

➤ **venimeux, venimeuse** adj. ✦ Qui a du venin. *Un serpent venimeux.*

▷ Autre mot de la famille : ENVENIMER.

venir v. (conjug. 22) **1.** Se déplacer. *Viens chez moi. Le plombier doit venir réparer la fuite.* **2.** Provenir. *Cet avion vient de Berlin,* il est parti de Berlin. → **arriver.** *Ce vase vient de Chine,* il a été fait en Chine. *De nombreux mots français viennent du latin.* → ② **dériver.** **3.** *Venir de,* avoir juste fini de. *Théo venait de sortir,* il était sorti depuis très peu de temps. **4.** *En venir à un sujet,* l'aborder. *Venons-en à la question des vacances,* parlons-en. *Où veux-tu en venir ?* que cherches-tu, en fin de compte ? *Ils en sont venus aux mains,* ils ont fini par se battre. **5.** Arriver, se produire. → **survenir.** *Il faut prendre les choses comme elles viennent. Léa est venue au monde un dimanche,* elle est née un dimanche.

▷ Autres mots de la famille : ADVENIR, ALLÉES ET VENUES, AVENIR, BIENVENU, BIENVENUE, INTERVENIR, PARVENIR, PARVENU, PROVENANCE, PROVENIR, REVENANT, REVENIR, REVENU, REVIENT, SUBVENIR, SURVENIR, TOUT-VENANT, VA-ET-VIENT, À TOUT VENANT, VENUE.

vent n. m. **1.** Mouvement naturel de l'air. *Le vent du nord souffle sur la ville. Il y a du vent aujourd'hui.* — *Julie est passée en coup de vent,* très rapidement. *C'est une jeune femme dans le vent,* à la mode. **2.** *Avoir vent de quelque chose,* être mis au courant. *J'ai eu vent de leur projet,* j'en ai entendu parler. **3.** *Du vent,* des choses inutiles, sans intérêt. *Toutes ces belles promesses, ne t'y trompe pas, ce n'est que du vent,* ce n'est pas sérieux. **4.** *Des instruments à vent,* des instruments de musique dans lesquels on souffle pour en faire sortir des sons. *La trompette, la flûte, la cornemuse sont des instruments à vent.* ❍ homonyme : van.

▷ Autres mots de la famille : COUPE-VENT, ÉVENTAIL, ÉVENTER, PARAVENT, VENTER, VENTEUX, VENTILATEUR, VENTILATION, VENTILER, VOL-AU-VENT.

vente n. f. ✦ Le fait d'échanger quelque chose contre de l'argent. *Sa maison est en vente,* elle est à vendre.

▷ Mot de la famille de VENDRE.

venter v. (conjug. 1) ✦ *Il vente,* il y a du vent. *Nous viendrons qu'il pleuve ou qu'il vente,* quel que soit le temps. ❍ homonyme : vanter.

▷ Mot de la famille de VENT.

venteux, venteuse adj. ✦ *Un endroit venteux,* où il y a beaucoup de vent. *Cette plage est très venteuse.*

▷ Mot de la famille de VENT.

ventiler v. (conjug. 1) ✦ Faire circuler de l'air. *Laisse la porte et la fenêtre ouvertes pour ventiler la pièce.* → **aérer.**

➤ **ventilateur** n. m. ✦ Appareil muni d'une hélice qui crée un courant d'air.

➤ **ventilation** n. f. ✦ Action de renouveler l'air. *Un vasistas assure la ventilation de la salle de bains.* → **aération.**

▷ Mots de la famille de VENT.

ventouse n. f. 1. Organe de certains animaux, qui leur permet de se fixer à ce qu'ils touchent. *Les sangsues et les pieuvres ont des ventouses.* 2. Rondelle de caoutchouc qui se fixe, sans colle ni clou, sur une surface lisse, juste en appuyant dessus. *Des fléchettes à ventouse.*

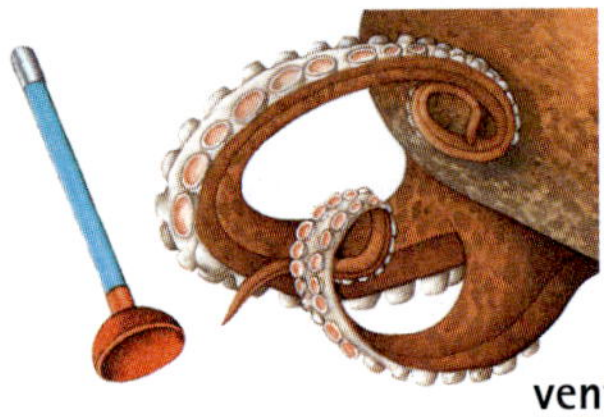

ventouse

ventre n. m. ✦ Partie du bas du tronc de l'homme et des mammifères, qui contient l'intestin. → **abdomen.** *Julie a mangé trop de chocolat, elle a mal au ventre. Le ventre du chat est très doux.* — *Alex dort à plat ventre,* allongé sur le ventre. ❑ contr. sur le **dos.**

➤ **ventral, ventrale** adj. ✦ Du ventre. *La femelle du kangourou porte son petit dans sa poche ventrale. Les nageoires ventrales d'un poisson.* — Au masc. pl. *ventraux.*

▷ Autres mots de la famille : BAS-VENTRE, ÉVENTRER, VENTRILOQUE, VENTRIPOTENT, VENTRU.

ventricule n. m. ✦ Chacune des deux cavités inférieures du cœur. → aussi **oreillette.**

ventriloque n. m. et f. ✦ Personne qui arrive à parler sans bouger les lèvres, avec une voix qui semble venir du ventre. *Le ventriloque faisait parler une marionnette.*

▷ Mot de la famille de VENTRE.

ventripotent, ventripotente adj. ✦ Qui a un gros ventre. *Une femme ventripotente.* → **bedonnant, ventru.**

▷ Mot de la famille de VENTRE.

ventru, ventrue adj. ✦ Qui a un gros ventre. → **ventripotent.** *Elle est ventrue.* — *Cette barque a une coque ventrue,* renflée, bombée.

▷ Mot de la famille de VENTRE.

venue n. f. ✦ Le fait de venir. *Nous attendons sa venue,* nous attendons qu'il vienne. → **arrivée.**

▷ Mot de la famille de VENIR.

vêpres n. f. pl. ✦ Office catholique célébré l'après-midi. *Il est allé aux vêpres.*

ver [vɛʀ] n. m. ✦ Petit animal au corps allongé et mou, sans pattes. *La viande était pleine de vers.* → **asticot.** *Les vers de terre sont cylindriques et de couleur rougeâtre. Il a eu le ver solitaire.* → **ténia.** *Les fils de soie sont fabriqués par une chenille appelée ver à soie.* — *Elle lui a tiré les vers du nez,* elle a réussi à le faire parler, à lui faire dire ce qu'elle voulait savoir. ❍ homonymes : vair, verre, ① et ② vers, vert.

▷ Autres mots de la famille : VÉREUX, VERMOULU.

véracité n. f. ✦ Le fait d'être vrai. *Vérifiez la véracité de ces informations.* → **authenticité, exactitude, sincérité.** ❑ contr. **fausseté.**

● Ce mot est littéraire.

véranda n. f. ✦ Galerie vitrée le long d'une maison. *En hiver, elle met les plantes dans la véranda.*

véranda

verbe n. m. 1. Mot qui exprime une action ou un état, et dont la forme varie selon le sujet, le temps et le mode. *Conjuguez le verbe « sortir » à l'imparfait de l'indicatif.* 2. *Elle a le verbe haut,* elle parle fort.

➤ **verbal, verbale** adj. 1. Qui concerne le verbe. *« Mangeons » et « faites » sont des formes verbales,* des formes des verbes conjugués. 2. Fait en parlant, sans écrire. *Ils ont conclu des accords verbaux.* → **oral.**

➤ **verbalement** **adv.** ✦ Par la parole. → **oralement.** *Ils s'y sont engagés verbalement,* de vive voix. ❏ contr. par **écrit.**

➤ **verbaliser** **v.** (conjug. 1) ✦ Dresser un procès-verbal. *L'agent de police a verbalisé pour stationnement interdit.*

➤ **verbeux, verbeuse** **adj.** ✦ Qui dit les choses en trop de mots. *Un discours verbeux.* ❏ contr. **concis.** *Des explications verbeuses.*

➤ **verbiage** **n. m.** ✦ Trop grande quantité de paroles qui ne disent pas grand-chose. *Ce discours n'est qu'un verbiage creux.*

▷ Autre mot de la famille : PROCÈS-VERBAL.

verdâtre **adj.** ✦ D'une couleur verte un peu sale. *L'eau de la mare est verdâtre.*

verdeur **n. f.** ✦ Force et vigueur de la jeunesse, chez une personne âgée. *Son arrière-grand-père n'a rien perdu de sa verdeur.*

verdict [vɛʀdikt] **n. m.** ✦ Décision, jugement. → **sentence.** *Le tribunal a rendu son verdict : l'accusé est acquitté.*

verdir **v.** (conjug. 2) ✦ Devenir vert. *Les blés verdissent. Paul a verdi de peur.* → **blêmir, pâlir.**

verdoyant, verdoyante **adj.** ✦ Très vert, où la végétation abonde. *La région est très verdoyante.*

verdure **n. f.** ✦ Ensemble des arbres, des plantes, des feuilles, de l'herbe. → **végétation.** *Ils se sont reposés dans la verdure.*

véreux, véreuse **adj.** 1. Plein de vers. *Une pomme véreuse.* 2. Malhonnête. *Un homme d'affaires véreux.*

▷ Mot de la famille de VER.

① **verge** **n. f.** ✦ Baguette de bois souple. *L'ogre battait sa femme à coups de verge.*

② **verge** **n. f.** ✦ Sexe de l'homme et des mammifères mâles. → **pénis.**

verger **n. m.** ✦ Terrain planté d'arbres fruitiers. *Les pommiers et les poiriers du verger donnent des fruits excellents.*

verglas [vɛʀgla] **n. m.** ✦ Mince couche de glace sur le sol. *La voiture a dérapé sur une plaque de verglas.*

● Attention au *s* final de *verglas.*

➤ **verglacé, verglacée** **adj.** ✦ Couvert de verglas. *Attention, la route est verglacée !*

● Attention au *c* de *verglacé.*

sans **vergogne** **adv.** ✦ Sans honte, sans scrupule. *Paul ment sans vergogne.*

vergue **n. f.** ✦ Long morceau de bois fixé en travers du mât d'un bateau, qui soutient la voile.

véridique **adj.** ✦ Vrai, exact. → **authentique.** *C'est une histoire véridique.* ❏ contr. ① **faux, mensonger.**

vérifier **v.** (conjug. 7) ✦ Examiner une chose pour voir si elle est vraie, exacte, comme elle doit être. → **contrôler.** *Il a fait vérifier les freins de sa voiture. Alex vérifie qu'il a bien fermé la porte.*

➤ **vérifiable** **adj.** ✦ Que l'on peut vérifier. *L'emploi du temps du suspect est vérifiable.*

➤ **vérification** **n. f.** ✦ Le fait de vérifier. *Le policier lui a demandé ses papiers pour vérification d'identité.* → **contrôle.**

vérité **n. f.** ✦ Ce qui est vrai, correspond à la réalité. *Dis-moi la vérité,* ne mens pas. *En vérité, Julie n'avait rien vu,* en fait.

➤ **véritable** **adj.** ✦ Vrai, réel. *Louise a une chaîne en or véritable.* ❏ contr. ① **faux.** *Théo est un véritable ami,* un ami digne de ce nom.

➤ **véritablement** **adv.** ✦ Effectivement, réellement. → **vraiment.** *L'été est véritablement fini.*

verlan **n. m.** ✦ Façon de parler très familière consistant à inverser les syllabes de certains mots. *En verlan, « pourri » se dit « ripou ».*

● *Verlan,* c'est *(à) l'envers* en verlan.

① **vermeil, vermeille** **adj.** ✦ Rouge vif. *La princesse avait les lèvres vermeilles.*

➤ ② **vermeil** **n. m.** ✦ Argent recouvert d'une couche d'or un peu rouge. *Des couverts en vermeil.*

vermicelle **n. m.** ✦ Pâtes à potage en forme de fils très minces. *Du potage au vermicelle.*

vermifuge **n. m.** ✦ Médicament qui tue les vers qui sont dans l'intestin.

vermillon **n. m.** ✦ Rouge vif un peu orangé. *Une robe d'un beau vermillon.* — **Adj. inv.** *Des chaussettes vermillon.* ➻ planche Couleurs p. 226.

vermine **n. f.** ✦ Insectes comme les poux, les puces et les punaises, qui sont des parasites de l'homme et des animaux. *Un cachot infesté de vermine.*

vermisseau **n. m.** ✦ Petit ver. *Les poules picoraient des vermisseaux.*

vermoulu, vermoulue **adj.** ✦ Mangé par les vers. *Un escalier vermoulu mène au grenier.*
▷ Mot de la famille de VER et de MOUDRE.

vernis **n. m.** ✦ Produit brillant, transparent ou coloré, que l'on passe sur une surface pour la protéger ou l'embellir. *La coque du bateau est recouverte d'une couche de vernis. Elle s'est mis du vernis à ongles rouge.*
➤ **vernir** **v.** (conjug. 2) ✦ Couvrir de vernis. *Le peintre vernit son tableau.*
➤ **verni, vernie** **adj.** **1.** Recouvert de vernis. *Léa a mis ses chaussures vernies.* **2.** Familier. Qui a de la chance. → fam. **veinard.** *Julie est vraiment vernie, elle a encore gagné à la tombola.*
➤ **vernissage** **n. m.** ✦ Inauguration d'une exposition de peinture. *Ils sont invités à un vernissage.*
➤ **vernissé, vernissée** **adj.** ✦ Enduit de vernis. *Des tuiles vernissées.*

chaussure **vernie**

vérole **n. f.** ✦ *La petite vérole,* la variole. *Mirabeau avait le visage marqué par la petite vérole.*

verrat **n. m.** ✦ Porc mâle. → aussi **truie.**

verre **n. m.** **1.** Matière fabriquée, dure, cassante et transparente. *Les vitres des fenêtres sont en verre.* → aussi ② **glace.** *Une bouteille en verre.* **2.** Morceau de verre. *Le verre de la montre protège le cadran. Elle porte des lunettes avec des verres teintés.* **3.** Récipient en verre dans lequel on boit. *Julie a cassé un verre en cristal. Paul boit un verre d'eau,* le contenu d'un verre. ❍ homonymes : vair, ver, ① et ② vers, vert.
➤ **verrerie** **n. f.** ✦ Usine où l'on fabrique du verre ou des objets en verre.
➤ **verrier** **n. m.** ✦ Ouvrier qui travaille dans une verrerie.
➤ **verrière** **n. f.** ✦ Toit en verre. *La piscine est surmontée d'une verrière.*
➤ **verroterie** **n. f.** ✦ Verre coloré, imitant les pierres précieuses, dont on fait des bijoux et des objets décoratifs. *Un bracelet en verroterie.*
▷ Autre mot de la famille : SOUS-VERRE.

verrou **n. m.** (pl. **verrous**) ✦ Système de fermeture, formé d'un morceau de métal que l'on fait coulisser pour bloquer une porte. → aussi **targette.** — *Le voleur est sous les verrous,* il est en prison.

verrou

➤ **verrouiller** **v.** (conjug. 1) ✦ Fermer à l'aide d'un verrou. *N'oubliez pas de verrouiller votre porte ce soir !*
➤ **verrouillage** **n. m.** ✦ Le fait de fermer avec un verrou, de bloquer une ouverture. *Cette voiture a le verrouillage centralisé des portes.*

verrue **n. f.** ✦ Petite boule dure qui pousse sous la peau. *La grosse dame avait une verrue sur le nez.*

① **vers** **n. m.** ✦ Ligne d'un poème. *Ces deux vers riment entre eux.* ❍ homonymes : vair, ver, verre, vert.
▷ Autres mots de la famille : VERSET, VERSIFICATION.

② **vers** **prép.** **1.** En direction de. *Julie regardait vers nous.* **2.** Aux environs de. *Nous nous arrêterons vers Lyon,* près de Lyon. **3.** Aux alentours de. *Paul viendra vers midi,* quand il sera à peu près midi.
▷ Autre mot de la famille : ① ENVERS.

versant **n. m.** ✦ Pente d'une montagne. *Les alpinistes ont escaladé le versant nord de la montagne.*

versatile **adj.** ✦ Qui change facilement d'avis. → **changeant, inconstant.** *C'est un homme versatile.* ❑ contr. **entêté, opiniâtre.**

verser **v.** (conjug. 1) **1.** Faire couler un liquide d'un récipient que l'on incline. *Il verse du vin dans les verres. Verse-moi à boire, s'il te plaît.* **2.** Répandre. *Ce malheur nous a fait verser de nombreuses larmes.* **3.** Donner de l'argent pour payer. *Il faut verser 200 euros à la com-*

mande. Son salaire est versé sur son compte en banque. **4.** Basculer et tomber sur le côté. *La voiture a versé dans le fossé.* → se **renverser.**

➤ **à verse** **adv.** ✦ *Il pleut à verse,* très fort. → aussi **averse.**

➤ **versé, versée** **adj.** ✦ Savant et expérimenté. *Elle est très versée en histoire.*

➤ **versement** **n. m.** ✦ Action de verser de l'argent. → **paiement.** *Ils ont payé leur canapé en trois versements.*

➤ **verseur, verseuse** **adj.** ✦ Qui sert à verser. *La cafetière a un bec verseur.*

▷ Autres mots de la famille : AVERSE, DÉVERSER, RENVERSANT, À LA RENVERSE, RENVERSEMENT, RENVERSER.

verset **n. m.** ✦ Paragraphe d'un texte sacré. *Le prêtre cite un verset de la Bible.*

▷ Mot de la famille de ① VERS.

versification **n. f.** ✦ Art de faire des vers, des poèmes. *Les règles de la versification.*

▷ Mot de la famille de ① VERS.

version **n. f.** **1.** Traduction dans sa propre langue d'un texte écrit dans une langue étrangère. *La sœur d'Alex a fait une version latine,* elle a traduit un texte latin en français. → aussi **thème.** **2.** *Le film est en version originale,* il n'est pas doublé, il est dans la langue dans laquelle il a été tourné. **3.** Manière de raconter ce qui s'est passé. *La police écoute les différentes versions des faits.*

verso **n. m.** ✦ Envers d'une feuille de papier. → **dos.** *Lisez la suite au verso.* ❑ contr. **recto.** — Au pl. *Des versos.*

vert, verte **adj.** **1.** De la couleur de l'herbe. *La chlorophylle donne aux plantes leur couleur verte.* — **N. m.** *Le feu est passé au vert. Louise a une jupe vert amande.* **2.** Pas mûr. *Les tomates sont encore vertes.* **3.** *Des légumes verts,* ce sont des légumes que l'on consomme frais, non séchés. ❑ contr. **sec.** **4.** Encore fort et plein d'énergie malgré son âge. *Mon arrière-grand-père est encore très vert.* → aussi **verdeur.** ○ homonymes : vair, ver, verre, ① et ② vers.

➤ **vert-de-gris** **n. m. inv.** ✦ Dépôt verdâtre qui se forme sur le cuivre et le bronze exposés à l'humidité. *Les grilles du parc sont recouvertes de vert-de-gris.* ▷ Mot de la famille de GRIS.

▷ Autre mot de la famille : VERTEMENT.

vertèbre **n. f.** ✦ Chacun des os qui forment la colonne vertébrale. *L'homme a 33 vertèbres séparées par des disques.*

➤ **vertébral, vertébrale** **adj.** ✦ Des vertèbres. *La colonne vertébrale.* — Au masc. pl. *vertébraux.*

➤ **vertébré** **n. m.** ✦ Animal qui a une colonne vertébrale. *Les mammifères, les oiseaux, les poissons sont des vertébrés.*

▷ Autre mot de la famille : INVERTÉBRÉ.

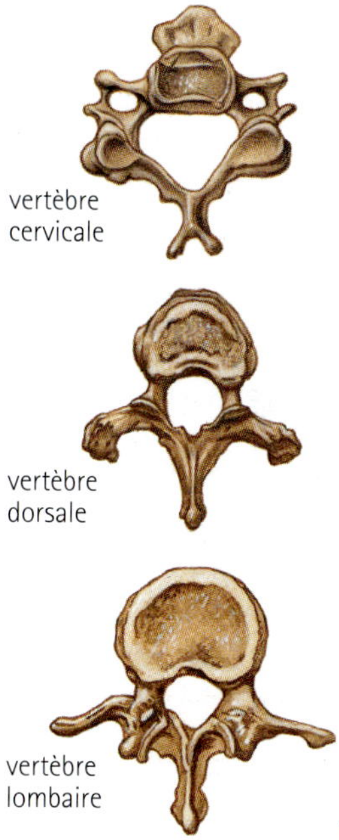

vertèbre

vertement **adv.** ✦ Vivement, rudement. *Paul s'est fait reprendre vertement par le professeur.*

▷ Mot de la famille de VERT.

vertical, verticale **adj.** ✦ Qui forme un angle droit avec une surface horizontale. *Un fil à plomb permet de vérifier que les murs sont bien verticaux.* — **N. f.** *Une verticale,* une ligne verticale.

➤ **verticalement** **adv.** ✦ En suivant une ligne verticale. *Je cherche un mot de six lettres à placer verticalement dans ma grille de mots croisés,* de haut en bas. ❑ contr. **horizontalement.**

vertige **n. m.** **1.** Impression que tout tourne autour de soi, qui fait perdre l'équilibre. → **éblouissement, étourdissement.** *Elle a souvent des vertiges.* **2.** Peur de tomber dans le vide. *Louise ne peut pas aller sur le balcon du 5e étage, elle a le vertige.*

➤ **vertigineux, vertigineuse** adj. ✦ Qui pourrait donner le vertige. *Les chamois grimpent à des hauteurs vertigineuses.*

vertu n. f. 1. Qualité morale. *L'honnêteté et le courage sont des vertus.* ❑ contr. **vice.** 2. Pouvoir de produire un effet. *Certaines plantes ont des vertus bienfaisantes.* → **propriété.** 3. *En vertu de,* au nom de, conformément à. *Les élèves ont été renvoyés en vertu du règlement.*
➤ **vertueux, vertueuse** adj. ✦ Qui a des qualités morales. → **honnête, moral, sage.** *Une personne vertueuse.*

verve n. f. ✦ Le fait de parler avec aisance, d'une manière vivante, brillante et pleine de fantaisie. *Alex nous a raconté son week-end avec verve.* → **brio.**

verveine n. f. ✦ Plante dont les feuilles servent à faire de la tisane. *Voulez-vous une infusion de verveine ou de tilleul ?*

vésicule n. f. ✦ *La vésicule biliaire,* c'est une petite poche près du foie, qui contient la bile.

vesse-de-loup n. f. ✦ Champignon qui forme une petite boule blanche et que l'on peut manger quand il est jeune. *En vieillissant, les vesses-de-loup se remplissent de poussière brune.*
▷ Mot de la famille de LOUP.

vesse-de-loup

vessie n. f. ✦ Poche située dans le bas du ventre dans laquelle s'accumule l'urine. *Le père de Léa a des calculs dans la vessie.*

veste n. f. ✦ Vêtement ouvert devant, qui couvre le haut du corps et les bras et qui se porte par-dessus d'autres vêtements. → **veston.** *Julie a mis une veste à carreaux.*
▷ Autre mot de la famille : VESTON.

vestiaire n. m. 1. Lieu où l'on laisse les vêtements que l'on porte seulement à l'extérieur, dans un endroit public. *Vous pouvez laisser votre manteau et votre parapluie au vestiaire.* 2. Local où l'on se change dans un gymnase, une piscine, un stade. *Après le match, les joueurs sont retournés dans les vestiaires.*

vestibule n. m. ✦ Pièce d'entrée d'une maison ou d'un appartement. → **entrée.** *Une personne vous attend dans le vestibule.* → **antichambre.**

vestige n. m. ✦ Ce qui reste d'une chose ancienne, détruite ou disparue. → **reste, ruine, trace.** *On a découvert les vestiges d'une chapelle romane dans la cour du château.*

vestimentaire adj. ✦ Qui concerne les vêtements. *Julie soigne toujours sa tenue vestimentaire,* la façon dont elle est habillée.

veston n. m. ✦ Veste d'un costume d'homme.
▷ Mot de la famille de VESTE.

vêtement n. m. ✦ Ce que l'on met sur son corps pour le couvrir et le protéger. → **habit.** *Il fait froid, mettez des vêtements chauds !*
● Attention à l'accent circonflexe du *ê*.
▷ Mot de la famille de VÊTIR.

vétéran n. m. 1. Ancien combattant. *Les vétérans de la guerre d'Indochine.* 2. Personne qui fait une chose depuis longtemps et qui est pleine d'expérience. *La directrice de l'école est un vétéran de l'enseignement.* 3. Sportif de plus de 35 ans.

vétérinaire n. m. et f. ✦ Médecin qui soigne les animaux. *Le vétérinaire a vacciné mon chien contre la rage.*

vétille n. f. ✦ Chose sans importance. → **détail.** *Ils se sont fâchés pour une vétille.* → **broutille.**

vêtir v. (conjug. 20) ✦ Couvrir de vêtements. → **habiller.** *Julie était vêtue d'un jean et d'un tee-shirt.* — **se vêtir,** s'habiller. *Léa s'est vêtue chaudement.*
▷ Autres mots de la famille : DÉVÊTIR, REVÊTEMENT, REVÊTIR, SOUS-VÊTEMENT, SURVÊTEMENT, VÊTEMENT.

veto n. m. inv. ✦ Pouvoir de s'opposer à quelque chose et de refuser sa réalisation. *Louis XVI avait le droit de veto. Le maire a mis son veto à ce projet.* — Au pl. *Des veto.*
● C'est un mot latin qui veut dire « je m'oppose ».

vétuste adj. ✦ Vieux et en mauvais état. *Ils habitent une maison vétuste.*
➤ **vétusté** n. f. ✦ État d'une chose abîmée par le temps. → **délabrement.** *La vétusté des installations électriques est une cause d'incendie.*
● Ce mot est littéraire.

veuf n. m., **veuve** n. f. ✦ Personne dont la femme ou le mari est mort. *Il s'est remarié avec une veuve.* — **Adj.** *Ma grand-mère a été veuve très jeune.*
➤ **veuvage** n. m. ✦ Situation d'une personne veuve. *Il s'est remarié après une année de veuvage,* un an après la mort de sa femme.

veule adj. ✦ Lâche, faible, peureux, sans volonté. *Il est veule et hypocrite.* ❏ contr. **énergique,** ① **ferme.**

vexer v. (conjug. 1) ✦ *Vexer quelqu'un,* c'est lui faire de la peine et le fâcher en l'attaquant dans son amour-propre. → **blesser, froisser, humilier, mortifier, offenser.** *Louise a vexé Théo en lui disant qu'il ne savait pas raconter les histoires. Léa est vexée que personne ne l'écoute.* — **se vexer,** se sentir humilié. *Julie se vexe facilement,* elle est très susceptible.
➤ **vexant, vexante** adj. ✦ Qui blesse l'amour-propre. → **blessant, humiliant.** *Théo lui a dit des choses très vexantes.*
➤ **vexation** n. f. ✦ Blessure d'amour-propre. *Elle lui a trop fait subir de vexations.*
➤ **vexatoire** adj. ✦ Fait exprès pour blesser l'amour-propre. *Ils ont pris des mesures vexatoires.*

via prép. ✦ En passant par. *Le train va de Brest à Paris, via Rennes.*
● C'est un mot latin qui veut dire « voie ».

① **viabilité** n. f. ✦ État d'une route sur laquelle on peut rouler. *Des travaux doivent améliorer la viabilité de ce chemin.*

viable adj. ✦ Qui peut vivre, durer un certain temps. *Ce chaton est né trop tôt, il n'est pas viable.*

➤ ② **viabilité** n. f. ✦ État de ce qui peut vivre, durer. *La viabilité de cette entreprise est douteuse,* ses chances de réussite sont incertaines.
▷ Mots de la famille de VIE.

viaduc n. m. ✦ Pont très long sur lequel passe une route ou une voie ferrée. *Le train va franchir le viaduc.*

viaduc

viager adj. et n. m., **viagère** adj.
■ **adj.** *Une rente viagère,* c'est une somme d'argent que l'on touche régulièrement jusqu'à ce que l'on meure.
■ **n. m.** *Le viager,* la rente viagère. *La vieille dame a vendu sa maison en viager,* elle touche de l'argent régulièrement de l'acheteur et en recevra jusqu'à sa mort.

viande n. f. ✦ Chair des mammifères et des oiseaux, que l'on mange. *La viande rouge,* c'est la viande de bœuf, de mouton, de cheval. *La viande blanche,* c'est la viande de veau, de porc et la volaille. *Les végétariens ne mangent pas de viande.* → aussi **carnassier** et **carnivore.**

vibrer v. (conjug. 1) **1.** Trembler très rapidement. *Le plancher du bateau vibre quand on met le moteur en marche.* **2.** Être très ému, exalté. *La plaidoirie de l'avocat a fait vibrer les jurés.*
➤ **vibrant, vibrante** adj. ✦ Pathétique, émouvant. *Un discours vibrant.*
➤ **vibration** n. f. ✦ Mouvement et bruit d'une chose qui vibre. *Les vibrations d'une moto.* → **trépidation.**

vicaire n. m. ✦ Prêtre qui aide le curé d'une paroisse.

vice **n. m.** ✦ Grave défaut. *Il fume, c'est son seul vice.* ❑ contr. **vertu.** *La maison est humide : cela vient d'un vice de construction.* ❍ homonyme : vis.

▷ Autres mots de la famille : VICIÉ, VICIEUX.

vice-président **n. m.**, **vice-présidente** **n. f.** ✦ Personne qui assiste le président ou la présidente et qu'elle remplace quand il le faut. *Le vice-président des États-Unis.* — Au pl. *Des vice-présidents.*

▷ Mot de la famille de PRÉSIDENT.

vice versa [viseveʀsa] ou [visvɛʀsa] **adv.** ✦ Aussi dans l'autre sens. → **réciproquement.** *Il prépare le dîner quand sa femme doit rentrer tard et vice versa.*

● *Vice versa* est une expression latine.

vicié, viciée **adj.** ✦ Impur et malsain. → **pollué.** *L'air des villes est vicié.* ❑ contr. **pur, sain.**

▷ Mot de la famille de VICE.

vicieux, vicieuse **adj.** **1.** *Un cheval vicieux,* c'est un cheval qui n'est pas docile. → **rétif.** **2.** Mauvais, rempli d'erreurs. → **fautif, incorrect.** *Un raisonnement vicieux.* **3.** Qui a des goûts pervers. *Il est un peu vicieux.*

▷ Mot de la famille de VICE.

vicinal, vicinale **adj.** ✦ *Un chemin vicinal,* c'est une route étroite qui relie deux villages. — Au masc. pl. *vicinaux.*

vicissitudes **n. f. pl.** ✦ Choses bonnes et surtout mauvaises qui se succèdent dans la vie. *Leur couple a tenu bon face aux vicissitudes de l'existence.*

● Ce mot est littéraire.

vicomte **n. m.**, **vicomtesse** **n. f.** ✦ Titre de noblesse au-dessous de celui de comte. *Le vicomte est le fils aîné du comte.*

▷ Mot de la famille de COMTE.

victime **n. f.** **1.** Personne tuée ou blessée. *L'accident a fait trois victimes. Il a été victime d'un attentat.* **2.** Personne qui est maltraitée par quelqu'un, qui souffre de quelque chose qu'elle subit. *Les enfants maltraités sont des victimes innocentes.*

victoire **n. f.** ✦ Succès obtenu dans une bataille ou une compétition. *Notre équipe a remporté une belle victoire.* → **triomphe.** ❑ contr. **défaite, échec.**

victorieux, victorieuse **adj.** ✦ Qui a remporté une victoire. *L'équipe victorieuse a été acclamée.* ❑ contr. **perdant, vaincu.** *Les gagnants avaient un air victorieux.* → **triomphant** et aussi **vainqueur.**

victuailles **n. f. pl.** ✦ Nourriture, provisions. → **vivres.** *Ils ont emporté un panier de victuailles pour le pique-nique.*

vidange **n. f.** ✦ Action de vider. *Le mécanicien fait la vidange du réservoir d'huile de la voiture.*

➤ **vidanger** **v.** (conjug. 3) ✦ Enlever le liquide qui est dans un réservoir. *Le plombier vidange le chauffe-eau avant de le réparer.*

▷ Mots de la famille de VIDER.

vide **adj.** et **n. m.**

■ **adj.** Où il n'y a rien. *La bouteille est vide.* ❑ contr. **plein, rempli.** *Le cinéma était vide,* il n'y avait personne. — *Paul se sentait la tête vide,* il ne pouvait penser à rien.

■ **n. m.** **1.** Espace où il n'y a rien. *Je ne peux pas regarder du haut de la falaise, j'ai peur du vide. Le maçon comble les vides entre les pierres du muret. Elle a fait le vide autour d'elle,* elle a fait fuir tout le monde. **2.** Espace où l'air a été supprimé. *Ces cacahuètes sont sous vide.* **3.** *À vide,* sans rien à l'intérieur. *L'autobus est parti à vide,* sans passagers. *Le moteur tourne à vide,* sans produire l'effet attendu.

▷ Mot de la famille de VIDER.

vide-grenier ou **vide-greniers** **n. m.** ✦ Marché où des particuliers vendent des objets dont ils veulent se débarrasser. *Louise a vendu ses vieilles poupées dans un vide-grenier.* — Au pl. *Des vide-greniers.*

▷ Mot de la famille de VIDER et de GRENIER.

vidéo **n. f.** et **adj. inv.**

■ **n. f.** Technique qui permet d'enregistrer des images et des sons sur une bande magnétique au moyen d'un magnétoscope ou d'un caméscope et de les retransmettre sur un écran de télévision. *Il a filmé les premiers pas de ses enfants en vidéo.*

■ **adj. inv.** *Une bande vidéo,* c'est une bande magnétique sur laquelle sont enregistrés des images et des sons que l'on passe ensuite sur un téléviseur. *Paul a des jeux vidéo,* des jeux qui transmettent à un écran des images que l'on commande de manière électronique.

➤ **vidéocassette** **n. f.** ✦ Cassette contenant une bande vidéo qui permet d'enregistrer des images et des sons grâce à un magnétoscope ou un caméscope et de les retransmettre sur un écran de télévision. *Louise a enregistré sur vidéocassette un film qui est passé à la télévision.* ▷ Mot de la famille de CASSETTE.

● On dit aussi *une cassette vidéo.*

➤ **vidéodisque** **n. m.** ✦ Disque qui permet de retransmettre sur un écran de télévision des images et des sons enregistrés. *Il a une collection de vidéodisques.* ▷ Mot de la famille de DISQUE.

● On dit aussi *un disque vidéo.*

vide-poches ou **vide-poche** **n. m.** ✦ Récipient dans lequel on dépose de petits objets. *Elle a mis ses clés de voiture dans le vide-poches sur la commode.* — Au pl. *Des vide-poches.*

▷ Mot de la famille de VIDER et de POCHE.

vider **v.** (conjug. 1) **1.** Rendre vide en enlevant ce qu'il y a dedans. *Vide le cendrier dans la poubelle.* ❑ contr. **garnir, remplir.** *Le poissonnier vide la truite,* il en enlève les boyaux. — **se vider,** devenir vide. *L'évier se vide rapidement.* **2.** Enlever ce qui remplit. *Julie n'a pas vidé l'eau de la baignoire.*

➤ **vide-ordures** **n. m. inv.** ✦ Tuyau vertical dans lequel on peut jeter les ordures, dans un immeuble. — Au pl. *Des vide-ordures.* ▷ Mot de la famille de ORDURES.

▷ Autres mots de la famille : ÉVIDER, VIDANGE, VIDANGER, VIDE, VIDE-GRENIER, VIDE-POCHES.

vie **n. f.** **1.** Ce qui caractérise l'homme, les animaux et les plantes qui naissent, respirent, se nourrissent, se reproduisent et meurent. → aussi ① **vivre.** *Le moineau, bien que blessé, était toujours en vie.* ❑ contr. ① **mort.** *Les pompiers lui ont sauvé la vie. Elle a risqué sa vie pour le sauver.* **2.** Temps compris entre la naissance et la mort. → **existence.** *Elle n'avait jamais été aussi heureuse de sa vie.* **3.** Ce que l'on fait pendant le temps où l'on est vivant. *Le professeur nous a raconté la vie de Christophe Colomb.* → aussi **biographie.** **4.** Partie des activités, de ce que l'on fait. *Il ne mélange pas sa vie professionnelle et sa vie privée.* **5.** Ce qu'il faut pour vivre. *La vie est de plus en plus chère,* les prix augmentent.

▷ Autres mots de la famille : EAU-DE-VIE, SURVIE, ② VIABILITÉ, VIABLE.

vieillard **n. m.** ✦ Homme très vieux. *Un vieillard centenaire. Une maison de repos pour vieillards,* pour des hommes et des femmes très âgés.

▷ Mot de la famille de VIEUX.

vieillard (autoportrait de Léonard de Vinci)

vieille → **vieux**

vieillerie **n. f.** ✦ Objet vieux et usé. *Jette donc toutes ces vieilleries !*

▷ Mot de la famille de VIEUX.

vieillesse **n. f.** ✦ Dernière partie de la vie, pendant laquelle on est âgé. *Il a eu une vieillesse heureuse, entouré de ses nombreux petits-enfants.*

▷ Mot de la famille de VIEUX.

vieillir **v.** (conjug. 2) **1.** Devenir vieux, de plus en plus vieux. *Il a beaucoup vieilli cette année.* **2.** Faire paraître plus vieux. *Cette coiffure la vieillit.* ❑ contr. **rajeunir.**

➤ **vieillissement** **n. m.** ✦ Le fait de vieillir. *Elle se met une crème pour lutter contre le vieillissement de la peau.* ❑ contr. **rajeunissement.**

▷ Mots de la famille de VIEUX.

vieillot, vieillotte **adj.** ✦ Vieux et démodé. → **désuet, suranné.** *Elle a une coiffure un peu vieillotte.*

▷ Mot de la famille de VIEUX.

vielle n. f. ✦ Ancien instrument de musique à cordes et à roue. *La roue de la vielle frotte les cordes comme un archet.*

vielle

viennoiserie n. f. ✦ *La viennoiserie,* c'est l'ensemble des produits fabriqués par le boulanger qui ne sont pas du pain. *Les croissants, les brioches, les pains aux raisins sont des articles de viennoiserie.*

vierge adj. 1. Qui n'a jamais eu de relations sexuelles. → aussi **virginité**. *Jeanne d'Arc est morte vierge.* 2. Qui n'a jamais été touché, sali. *Prenez une feuille vierge,* où rien n'a été écrit. *Il a acheté une cassette vierge,* sur laquelle rien n'a été enregistré. 3. *La forêt vierge,* c'est la forêt tropicale dans laquelle il est difficile de pénétrer. *Alex rêve d'explorer la forêt vierge.*

vieux adj. et n. m., **vieille** adj. et n. f.

■ adj. 1. Qui a vécu longtemps, qui est à l'âge de la vieillesse. → **âgé**. *Ma grand-mère est vieille.* ❑ contr. **jeune**. *Leur chien est mort très vieux.* 2. *Alex est plus vieux que sa sœur,* il est plus âgé qu'elle. 3. *Nos mères sont de vieilles amies,* elles sont amies depuis longtemps. 4. Qui existe depuis longtemps. *Il aime les vieux meubles.* → **ancien**. *Sa voiture est très vieille.* ❑ contr. ② **neuf, nouveau, récent**.

■ n. 1. Personne âgée. *Un couple de vieux.* → **vieillard**. 2. Familier. *Mon vieux, ma vieille* sont des termes d'affection. *Allez, ma vieille, ça va s'arranger !* 3. n. m. Familier. *Son père a pris un coup de vieux,* il a vieilli rapidement.

● *Vieux* devient *vieil* devant un nom commençant par une voyelle (ex. : *un vieil ami*) ou un *h* muet (ex. : *un vieil homme*).

▷ Autres mots de la famille : VIEILLARD, VIEILLERIE, VIEILLESSE, VIEILLIR, VIEILLISSEMENT, VIEILLOT.

vif adj. et n. m., **vive** adj.

■ adj. 1. Qui est rapide dans ses mouvements et ses réactions. → ① **alerte, éveillé**. *Julie est une petite fille vive et intelligente.* ❑ contr. ① **mou**. 2. Qui s'emporte facilement. *Il a été un peu vif dans la discussion.* → **brusque**. 3. Rapide. *Louise a l'esprit vif,* elle comprend vite. ❑ contr. **lent**. *Théo a une vive imagination,* une grande imagination. 4. Vivant. *Jeanne d'Arc a été brûlée vive.* 5. Fort et intense. *Faites chauffer à feu vif.* ❑ contr. **doux**. *Paul a ressenti une vive douleur en se tordant la cheville.* ❑ contr. **faible**. *Léa a un tee-shirt rouge vif.* ❑ contr. **pâle**. 6. Qui saisit. *L'air vif m'a surpris,* l'air frais et pur. → **vivifiant**.

■ n. m. 1. *La photo a été prise sur le vif,* sans poser, dans une attitude naturelle. 2. *Théo a été piqué au vif,* au point le plus sensible. 3. *Entrons dans le vif du sujet,* parlons du point le plus important.

▷ Autres mots de la famille : RAVIVER, VIVACITÉ, VIVEMENT.

vigie n. f. ✦ Marin qui surveille la mer du haut du mât ou de l'avant du bateau. *La vigie aperçut un bateau de pirates.*

vigilant, vigilante adj. ✦ Qui surveille avec beaucoup d'attention. → **attentif**. *Soyez vigilants, ne laissez pas entrer n'importe qui !*

➤ **vigilance** n. f. ✦ Surveillance très attentive. *Les cambrioleurs ont trompé la vigilance du gardien.*

vigile n. m. ✦ Gardien, surveillant. *Le centre commercial est surveillé par des vigiles.*

vigne n. f. 1. Petit arbuste dont le fruit est le raisin. → aussi **cep, sarment**. *La Bourgogne est une région où l'on cultive la vigne.* 2. Champ planté de vignes. → **vignoble**. 3. *La vigne vierge,* c'est une plante décorative qui pousse le long des murs. *La façade de la maison est recouverte de vigne vierge.*

➤ **vigneron** n. m., **vigneronne** n. f. ✦ Personne qui cultive la vigne et fait du vin. → **viticulteur**. *Il est vigneron dans le Beaujolais.*

➤ **vignoble** n. m. ✦ Terrain planté de vignes. *Le Bordelais est une région de vignobles.*

vigne

vignette **n. f.** **1.** Étiquette imprimée qui prouve que l'on a payé quelque chose. *Colle la vignette sur ta carte d'adhérent.* **2.** Petite illustration dans un livre.

vigogne **n. f.** ✦ Petit lama au pelage fin d'un jaune roux, qui vit sur les hauts plateaux d'Amérique du Sud. *Il a un pardessus en laine de vigogne.*

vigoureux, vigoureuse **adj.** ✦ Plein de vigueur. → ① **fort, puissant, robuste, solide.** *C'est une femme vigoureuse.* → **énergique.**
➤ **vigoureusement** **adv.** ✦ Avec force. → **énergiquement.** *Léa se frotte vigoureusement le dos dans son bain.*
▷ Mots de la famille de VIGUEUR.

vigueur **n. f.** **1.** Force, puissance. → **énergie.** *Ils se serrèrent la main avec vigueur,* vigoureusement. **2.** *Cette loi est déjà en vigueur,* elle est en usage, en application.
▷ Autres mots de la famille : VIGOUREUSEMENT, VIGOUREUX.

vil, vile **adj.** ✦ Qui inspire le mépris. → **méprisable.** *Il a eu une attitude vile.* ❍ homonyme : ville.
▷ Autre mot de la famille : S'AVILIR.

① **vilain, vilaine** **adj.** **1.** Qui n'est pas gentil. → **méchant.** *Louise a été vilaine avec sa sœur et elle a été punie.* **2.** Mal. *C'est vilain de mentir.* **3.** Désagréable à voir. → **laid.** *Il a de vilaines dents.* ❑ contr. **beau, joli.** **4.** Mauvais. *Quel vilain temps !* → **sale.**
▷ Autre mot de la famille : VILENIE.

② **vilain** **n. m.** ✦ Paysan libre, au Moyen Âge. *Les serfs et les vilains.*

vilebrequin **n. m.** **1.** Outil formé d'une mèche et d'une manivelle, qui sert à percer des trous. → **chignole** et aussi **perceuse.** **2.** Barre de métal qui relie les bielles d'un moteur de voiture. → aussi **bielle.**

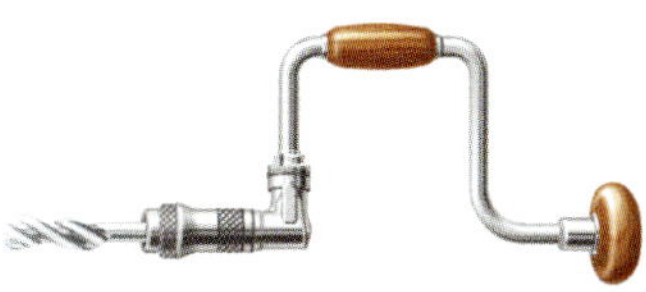

vilebrequin

vilenie [vilǝni] ou [vileni] **n. f.** ✦ Action méprisable. *Il est accusé des pires vilenies.*
● Ce mot est littéraire.
▷ Mot de la famille de ① VILAIN.

villa [villa] **n. f.** ✦ Maison entourée d'un jardin. → aussi **pavillon.** *Ils ont loué une villa avec piscine pour les vacances.*

village [vilaʒ] **n. m.** ✦ Groupe de maisons à la campagne, plus petit qu'une ville mais plus grand qu'un hameau, qui possède une mairie, des commerçants, des artisans, etc. → **bourg, bourgade, localité.** *Ils habitent un village de montagne.*
➤ **villageois** [vilaʒwa] **n. m., villageoise** [vilaʒwaz] **n. f.** ✦ Habitant d'un village. *Les villageois se sont réunis sur la place de l'église.*
● Attention au *e* après le *g*.

ville [vil] **n. f.** ✦ Grand groupe de maisons, avec de nombreuses rues et de nombreux habitants. → **cité.** *Lyon est une grande ville française.* → aussi **urbain.** ❍ homonyme : vil.
▷ Autre mot de la famille : BIDONVILLE.

villégiature [vileʒjatyʀ] **n. f.** ✦ Séjour de repos. *Ils sont en villégiature au bord de la mer.*

vin **n. m.** ✦ Boisson alcoolisée faite avec du raisin. *Il préfère le vin rouge au vin blanc.* ❍ homonymes : vain, vingt.
➤ **vinaigre** **n. m.** ✦ Liquide piquant obtenu à partir de vin ou d'alcool, qui sert à assaisonner. *Elle utilise du vinaigre de cidre.* — *On ne prend pas les mouches avec du vinaigre,* on ne réussit pas par la dureté. ▷ Mot de la famille de AIGRE.
➤ **vinaigrette** **n. f.** ✦ Sauce faite avec de l'huile et du vinaigre. *Des poireaux vinaigrette.* ▷ Mot de la famille de AIGRE.
▷ Autres mots de la famille : POT-DE-VIN, VINICOLE, VINIFICATION.

vindicatif, vindicative **adj.** ✦ Qui veut se venger. → **rancunier.** *Julie est vindicative, elle ne se laisse pas faire.*

vingt **adj. inv.** ✦ Deux fois dix (20). *Marc a vingt ans.* — **N. m. inv.** *Son anniversaire est le 20 mai.* ❍ homonymes : vain, vin.
● *Vingt* est invariable sauf dans *quatre-vingts*.
➤ **vingtaine** **n. f.** ✦ Groupe d'environ vingt personnes ou vingt choses semblables. *Il me reste à lire une vingtaine de pages de mon livre.*
➤ **vingtième** **adj.** et **n. m.**
■ **adj.** Qui suit le dix-neuvième. *Ils habitent dans le vingtième arrondissement de Paris.*

■ **n. m.** Partie d'un tout divisé en vingt parts égales. *Il a bu les onze vingtièmes de la bouteille.*
▷ Autres mots de la famille : QUATRE-VINGT(S), QUATRE-VINGT-DIX.

vinicole **adj.** ✦ Qui concerne la production du vin. *L'Alsace est une région vinicole,* une région où l'on produit du vin. → **viticole.**
▷ Mot de la famille de VIN.

vinification **n. f.** ✦ Transformation du jus de raisin en vin. *La vinification se fait sous l'action de la fermentation.*
▷ Mot de la famille de VIN.

vinyle **n. m.** ✦ Matière plastique imitant le cuir. *Louise a un ciré en vinyle noir.*

viol **n. m.** ✦ Acte de violence par lequel un homme force une personne à avoir des relations sexuelles avec lui. *Il a été condamné pour viol.* ❍ homonyme : viole.
▷ Mot de la famille de VIOLER.

violacé, violacée **adj.** ✦ D'une couleur presque violette. *Théo avait les mains violacées à cause du froid.*

violation **n. f.** ✦ Le fait de ne pas respecter quelque chose de sacré, d'entrer dans un lieu où l'on n'a pas le droit d'aller. *Il y a eu violation de la loi.* → **infraction.** *La violation d'un sanctuaire.* → **profanation.**
▷ Mot de la famille de VIOLER.

viole **n. f.** ✦ Instrument de musique à cordes et à archet, utilisé autrefois. *La viole est apparue en France au 15ᵉ siècle.* ❍ homonyme : viol.
▷ Autres mots de la famille : VIOLON, VIOLONCELLE, VIOLONCELLISTE, VIOLONISTE.

viole

violent, violente **adj.** 1. Qui a des sentiments très forts qu'il ne contrôle pas et devient facilement brutal quand il est en colère. *Son mari est un homme violent.* ❏ contr. **calme, doux.** — *Il lui a dit des paroles très violentes.* → **virulent.** 2. Très fort, terrible. *Une violente tempête est annoncée.*
➤ **violemment** [vjɔlamɑ̃] **adv.** ✦ Avec violence. → **brutalement.** *Le bateau a heurté violemment le quai.* ❏ contr. **doucement.**
➤ **violence** **n. f.** ✦ Force brutale. *La manifestation a été réprimée avec violence.* → **brutalité.** ❏ contr. **douceur.** *La tempête a été d'une rare violence.*
▷ Autres mots de la famille : NON-VIOLENCE, NON-VIOLENT.

violer **v.** (conjug. 1) 1. Ne pas respecter. → **enfreindre, transgresser.** *Les criminels violent les lois.* ❏ contr. **observer.** 2. Pénétrer de force dans un endroit protégé. *Des sépultures ont été violées,* elles ont été ouvertes et traitées sans respect. → **profaner.** 3. *Il a violé une femme,* il a eu des relations sexuelles avec elle alors qu'elle ne le voulait pas, en utilisant la force.
▷ Autres mots de la famille : VIOL, VIOLATION.

violette **n. f.** ✦ Petite fleur de couleur violette qui pousse au printemps. *Il lui a offert un bouquet de violettes.*
➤ **violet, violette** **adj.** ✦ D'une couleur qui est un mélange de bleu et de rouge. *Léa a des chaussettes violettes.* — **N. m.** La couleur violette. *Son écharpe est d'un joli violet.*
➻ planche Couleurs p. 226.
▷ Autre mot de la famille : ULTRAVIOLET.

violon **n. m.** ✦ Instrument de musique à quatre cordes que l'on frotte avec un archet, et que l'on tient entre l'épaule et le menton.
➻ planche Instruments de musique p. 549.
— *Il faudrait accorder vos violons !* il faudrait vous mettre d'accord !
➤ **violoniste** **n. m. et f.** ✦ Personne qui joue du violon. *Paganini fut un grand violoniste italien.*
➤ **violoncelle** **n. m.** ✦ Instrument de musique qui ressemble à un gros violon, dont on joue assis en le tenant entre les jambes. *Le violoncelle a des sons plus graves que le violon.* ➻ planche Instruments de musique p. 549.

➤ **violoncelliste** **n. m. et f.** ✦ Personne qui joue du violoncelle.
▷ Mots de la famille de VIOLE.

vipère **n. f.** ✦ Serpent venimeux, à la tête triangulaire, qui vit dans les terrains ensoleillés couverts de broussailles. *Il s'est fait mordre par une vipère.*

vipère

virage **n. m.** ✦ Partie d'une route qui tourne. → **tournant.** *Attention, virage dangereux !*
▷ Mot de la famille de VIRER.

viral, virale **adj.** ✦ Provoqué par un virus. *La grippe est une maladie virale.* — Au masc. pl. *viraux.*
▷ Mot de la famille de VIRUS.

virer **v.** (conjug. 1) **1.** Changer de direction en tournant. *Le bateau a viré à droite à la sortie du port.* **2.** Changer, se transformer. → **tourner.** *Le dos du livre a viré au jaune,* il est devenu jaune. **3.** *Virer de l'argent sur un compte en banque,* c'est faire passer de l'argent d'un compte sur un autre. *Son salaire est viré sur son compte tous les mois.* → **verser.**
➤ **virée** **n. f.** ✦ Familier. Petite promenade, petite excursion. *Nous avons fait une virée en Bretagne.*
➤ **virement** **n. m.** ✦ Transfert d'argent d'un compte sur un autre. *Il est payé par virement,* l'argent qu'il doit recevoir est viré sur son compte.
➤ **virevolter** **v.** (conjug. 1) ✦ Tourner rapidement sur soi-même. *Les couples de danseurs virevoltaient, emportés par la musique.*
▷ Autres mots de la famille : REVIREMENT, VIRAGE.

virginité **n. f.** ✦ État d'une personne qui n'a jamais eu de rapports sexuels. → aussi **vierge.**

virgule **n. f.** **1.** Signe de ponctuation qui sert à séparer des mots ou des groupes de mots, à l'intérieur d'une phrase (,). **2.** Signe qui précède la décimale dans un nombre décimal. *Il y a une virgule dans 2,4.*
▷ Autre mot de la famille : POINT-VIRGULE.

viril, virile **adj.** ✦ Qui a les caractéristiques que l'on attribue plus spécialement aux hommes. → **courageux, énergique, mâle.** *Il a eu une attitude virile devant le danger.*
➤ **virilité** **n. f.** ✦ Ensemble des qualités qui correspondent à l'image traditionnelle de l'homme.

virtuel, virtuelle **adj.** **1.** Qui est possible, a toutes les conditions pour pouvoir être réalisé. → **potentiel.** *La réussite de ce projet n'est encore que virtuelle.* ❏ contr. ② **effectif, réel.** **2.** *Une image virtuelle,* c'est une image créée par ordinateur.
➤ **virtuellement** **adv.** En théorie, en principe. *Il ne reste plus qu'un match à jouer, notre équipe a virtuellement gagné le tournoi.*

virtuose **n. m. et f.** Personne qui joue d'un instrument de musique avec un très grand talent et une très bonne technique. *C'est une virtuose du piano.*
➤ **virtuosité** **n. f.** Talent, habileté du virtuose. → **brio, maîtrise.** *Le pianiste a exécuté ce morceau avec virtuosité.*

virulent, virulente **adj.** Très violent. → **véhément.** *Ce film a suscité des critiques virulentes.* ❏ contr. **mesuré, modéré.**
➤ **virulence** **n. f.** Violence dans ce qui est dit, écrit. *Les députés ont protesté avec virulence.* → **véhémence.** ❏ contr. **douceur, modération.**

virus [viʀys] **n. m.** **1.** Organisme microscopique, encore plus petit qu'un microbe, qui cause une maladie. *La rage est provoquée par un virus.* **2.** *Un virus informatique,* c'est un programme caché qui peut empêcher un ordinateur de fonctionner correctement.
▷ Autre mot de la famille : VIRAL.

vis [vis] **n. f.** ✦ Tige de métal pointue que l'on enfonce en tournant. *L'étagère est fixée au mur par quatre vis.* ❍ homonyme : vice.
▷ Autres mots de la famille : DÉVISSER, TOURNEVIS, VISSER.

vis

visa **n. m.** ✦ Cachet spécial mis sur un passeport, qui autorise l'entrée dans un pays. *Il faut un visa pour aller dans ce pays.* — Au pl. *Des visas.*

visage **n. m.** 1. Partie avant de la tête de l'homme. → **face, figure.** *Julie a un visage rond et expressif. Léa cherchait dans la foule un visage connu,* quelqu'un qu'elle connaissait. 2. Aspect d'une chose. *Au cours de leur voyage, ils ont vu le vrai visage de l'Afrique.*
▷ Autre mot de la famille : DÉVISAGER.

vis-à-vis de [vizavidə] **prép.** 1. En face de. *Léa et Théo sont assis vis-à-vis l'un de l'autre,* l'un en face de l'autre. — **Adv.** *Ils sont assis en vis-à-vis.* 2. En face de, en présence de. *J'ai honte vis-à-vis de lui.* 3. Envers, à l'égard de. *Il s'est engagé vis-à-vis d'elle.*

viscère [visɛʀ] **n. m.** ✦ Organe qui est à l'intérieur du corps. *Le cerveau, le cœur, les poumons, l'estomac sont des viscères.*
➤ **viscéral, viscérale** **adj.** 1. *Une cavité viscérale,* c'est une cavité dans laquelle il y a un viscère. 2. Profond et impossible à raisonner et à surmonter. *Léa a une peur viscérale des araignées,* une peur profonde qu'elle ne peut expliquer ni surmonter. — Au masc. pl. *viscéraux.*
➤ **viscéralement** **adv.** ✦ D'une manière que l'on ne peut pas contrôler. *Il est viscéralement attaché à sa liberté.* → **profondément.**
● Il y a un c après le s dans *viscère, viscéral* et *viscéralement.*

viscosité **n. f.** ✦ État de ce qui est visqueux. *La viscosité d'une huile de moteur.*
▷ Mot de la famille de VISQUEUX.

viser **v.** (conjug. 1) 1. Diriger une arme vers le but à atteindre. *Le chasseur visa le chevreuil à la tête et tira.* 2. Chercher à obtenir. *Elle vise le poste de directeur général.* 3. Concerner. *Cette remarque vise tous les élèves,* elle s'applique à tous les élèves.
➤ **visée** **n. f.** ✦ Objectif, but. *Elle a des visées ambitieuses.*
➤ **viseur** **n. m.** ✦ Partie d'un appareil par où l'on regarde pour viser une cible ou cadrer une photo. *Le viseur d'un appareil photo.*
▷ Mots de la famille de VOIR.

visible **adj.** 1. Que l'on peut voir. → **apparent.** *Les microbes ne sont pas visibles à l'œil nu.* ❑ contr. **invisible.** 2. Évident. → **manifeste.** *Sa déception était visible,* elle se voyait.
➤ **visiblement** **adv.** ✦ D'une façon visible, évidente. → **manifestement.** *Visiblement, Paul n'a pas envie de venir.* → **apparemment.**

➤ **visibilité** **n. f.** ✦ Possibilité de voir. *Avec ce brouillard, la visibilité est nulle,* on ne voit rien.
▷ Mots de la famille de VOIR.

visière **n. f.** ✦ Partie d'une casquette ou d'un képi qui abrite le haut du visage et les yeux. *La visière de sa casquette lui protège les yeux du soleil.*

visière

vision **n. f.** 1. Vue. *Elle porte des lunettes car elle a des troubles de la vision.* 2. Manière de voir les choses, de penser. *Léa n'a pas une vision réaliste de l'avenir.* 3. Chose que l'on voit en imagination. → **hallucination, rêve.** *Paul dit qu'il a vu une soucoupe volante, il a dû avoir des visions.*
➤ **visionnaire** **n. m. et f.** ✦ Personne qui a des visions, croit voir des choses surnaturelles.
➤ **visionneuse** **n. f.** ✦ Appareil qui sert à regarder des films ou des diapositives.
▷ Mots de la famille de VOIR.

visiter **v.** (conjug. 1) ✦ Aller voir. *Ils ont visité les États-Unis en voiture,* ils ont parcouru les États-Unis en voiture.
➤ **visite** **n. f.** 1. Le fait d'aller voir quelqu'un et de rester avec lui un certain temps. *Léa et ses parents ont rendu visite à leurs voisins. J'ai reçu la visite d'une amie.* 2. Déplacement d'un médecin chez un malade. *Le médecin est parti faire ses visites,* examiner les malades chez eux. 3. Le fait de se rendre dans un lieu et de le parcourir, le visiter. *La visite du château est gratuite.*
➤ **visiteur** **n. m., visiteuse** **n. f.** 1. Personne qui va voir quelqu'un chez lui pour lui rendre visite. *Elle reconduisit ses visiteurs jusqu'à la porte.* 2. Personne qui visite un endroit. *Le musée est ouvert aux visiteurs à partir de 10 heures.*
▷ Mots de la famille de VOIR.

vison **n. m.** ✦ Petit animal qui ressemble au putois, dont la fourrure est très recherchée. *Elle a un manteau de vison.*

vison

visqueux, visqueuse **adj.** ✦ *Un liquide visqueux,* c'est un liquide épais qui coule difficilement. → **collant, gluant, poisseux.** *Le goudron est une matière visqueuse.*
▷ Autre mot de la famille : VISCOSITÉ.

visser **v.** (conjug. 1) **1.** Faire tenir avec des vis. *L'électricien a vissé l'interrupteur dans le mur.* **2.** Serrer en tournant. *Alex visse le couvercle du bocal de cornichons.* ❑ contr. **dévisser.**
▷ Mot de la famille de VIS.

visuel, visuelle **adj.** ✦ Qui concerne la vue. *Louise a une excellente mémoire visuelle,* elle se souvient bien de tout ce qu'elle voit.
➤ **visualiser** **v.** (conjug. 1) **1.** Rendre visible sur un écran d'ordinateur. *Ce CD-Rom permet de visualiser des monuments sous plusieurs angles.* **2.** Se représenter. *Je visualise mal votre projet.*
▷ Mots de la famille de VOIR.

vital, vitale **adj.** **1.** Qui est nécessaire pour vivre. *La respiration est une fonction vitale.* **2.** Très important. → **essentiel, fondamental.** *La faim dans le monde, la paix, la pollution sont des problèmes vitaux.*
➤ **vitalité** **n. f.** ✦ Énergie, dynamisme. *Ces enfants sont pleins de vitalité.*

vitamine **n. f.** ✦ Substance indispensable au bon fonctionnement de l'organisme, que l'on trouve en petites quantités dans les aliments. *Les oranges sont riches en vitamine C.*

vite **adv.** **1.** En parcourant un grand espace en peu de temps. *Marchons plus vite !* ❑ contr. **lentement.** **2.** En peu de temps. *Julie comprend vite ce qu'on lui explique.* → **rapidement.** **3.** Au bout d'une courte durée. *Les travaux seront vite terminés.* → **bientôt.**

➤ **vitesse** **n. f.** **1.** Distance parcourue divisée par le temps mis à la parcourir. *La voiture roulait à la vitesse de 100 kilomètres à l'heure.* → **allure.** **2.** Le fait de parcourir une distance, de faire quelque chose en peu de temps. → **rapidité.** *L'avion prend de la vitesse. L'automobiliste a eu une amende pour excès de vitesse,* pour avoir roulé trop vite. *Louise admire la vitesse avec laquelle Julie range ses affaires.* → **hâte, promptitude.** ❑ contr. **lenteur.** **3.** *Le changement de vitesse d'une voiture,* c'est le mécanisme qui permet d'aller plus ou moins vite en réglant l'effort fourni par le moteur. *Le conducteur enclenche la première vitesse pour démarrer, puis passe en seconde.*
▷ Autre mot de la famille : À LA VA-VITE.

viticole **adj.** ✦ Qui produit de la vigne. *La Bourgogne est une région viticole,* une région où l'on cultive la vigne pour faire du vin. → **vinicole.**

viticulteur **n. m.**, **viticultrice** **n. f.** ✦ Personne qui cultive la vigne pour produire du vin. → **vigneron.**

viticulture **n. f.** ✦ Culture de la vigne.

vitre **n. f.** **1.** Plaque de verre qui garnit une fenêtre ou une porte. → **carreau.** *Elle fait les vitres,* elle les nettoie. **2.** Panneau de verre d'une voiture. → ① **glace** et aussi **pare-brise.** *Le conducteur a baissé sa vitre.*
➤ **vitrage** **n. m.** ✦ Vitre. *Dans leur maison, ils ont fait poser des fenêtres à double vitrage.*
➤ **vitrail** **n. m.** (pl. **vitraux**) ✦ Panneau fait de morceaux de verre colorés qui forment un dessin. *Les vitraux de la cathédrale sont magnifiques.* → aussi **rosace.**

vitrail

➤ **vitré, vitrée** **adj.** ✦ Garni d'une vitre. *Une porte vitrée donne sur le jardin.*
➤ **vitreux, vitreuse** **adj.** ✦ Terne, sans éclat. *Les poissons morts ont l'œil vitreux.*

➤ **vitrier** **n. m.** ✦ Homme qui vend des vitres et les pose. *Le vitrier a remplacé un carreau dans la cuisine.*

➤ **vitrifier** **v.** (conjug. 7) ✦ Recouvrir d'une matière plastique transparente pour protéger. *On a vitrifié le parquet du salon.*

➤ **vitrine** **n. f.** **1.** Partie vitrée d'un magasin où l'on expose les objets à vendre. → **devanture.** *Elle regarde les chaussures exposées en vitrine.* **2.** Petite armoire vitrée où l'on expose les objets de collection. *Ils ont mis des statuettes africaines dans une vitrine.*

▷ Autre mot de la famille : LÈCHE-VITRINE.

vitriol **n. m.** ✦ Produit très dangereux qui détruit les choses en les rongeant. *Le vitriol est un acide très corrosif.*

vitupérer **v.** (conjug. 6) ✦ Protester vivement. → **vociférer.** *Ils vitupèrent contre l'arbitre.*

vivable **adj.** ✦ Avec qui l'on peut vivre. → **supportable.** ❏ contr. **invivable.** *Son mari n'est pas vivable.*

▷ Mot de la famille de ① VIVRE.

vivace **adj.** **1.** *Une plante vivace,* c'est une plante qui vit plus de deux années. *Le houx est une plante vivace.* **2.** Durable, tenace. → **persistant.** *Il garde un souvenir vivace de leur première rencontre.*

▷ Mot de la famille de ① VIVRE.

vivacité **n. f.** **1.** Qualité de ce qui est vif, rapide, animé. *Les enfants répondent avec vivacité aux questions du professeur.* → **entrain, rapidité.** ❏ contr. **lenteur.** *Théo a une grande vivacité d'esprit,* il comprend vite. **2.** Intensité, éclat. *Les couleurs de la tapisserie ont gardé leur vivacité, malgré les années.*

▷ Mot de la famille de VIF.

① **vivant, vivante** **adj.** **1.** Qui est en vie. *Les homards vivants sont bleus.* ❏ contr. ② **mort.** **2.** Qui vit. *Les plantes et les animaux sont des êtres vivants,* qui naissent, se reproduisent et meurent. → **animé.** **3.** Plein de vie. → **vif.** *Julie est une enfant très vivante.* **4.** Plein d'animation, de gaieté. *Ces rues sont très vivantes les jours de marché.* ❏ contr. ② **mort, triste.** **5.** Utilisé de nos jours, actuel. *L'anglais est une langue vivante, le latin une langue morte.*

➤ ② **vivant** **n. m.** ✦ *Du vivant de quelqu'un,* pendant qu'il est ou qu'il était en vie. *Ce roman a été publié du vivant de l'auteur.*

▷ Mots de la famille de ① VIVRE.

vivarium [vivaʀjɔm] **n. m.** ✦ Cage vitrée où l'on garde de petits animaux vivants dans un environnement proche de leur milieu naturel. *Les serpents sont dans le vivarium du zoo.* — Au pl. *Des vivariums.*

vivarium

vivat [viva] **n. m.** ✦ Cri d'acclamation. *Le coureur a été accueilli à l'étape par des vivats.* ❏ contr. **huées.**

▷ Mot de la famille de ① VIVRE.

vive **interj.** ✦ Mot qui sert à montrer que l'on a de l'admiration pour quelqu'un, de l'enthousiasme pour quelque chose. *Vive les vacances !* ❏ contr. à **bas.**

▷ Mot de la famille de ① VIVRE.

vivement **adv.** **1.** D'une manière vive, avec vivacité. → **rapidement.** *Le chat s'est enfui vivement dans les taillis.* ❏ contr. **lentement.** **2.** D'un ton vif. → **vertement.** *Elle lui a répliqué vivement.* **3.** Beaucoup, fortement. → **profondément.** *Nous regrettons vivement son absence.* **4.** Mot qui sert à formuler un souhait. *Vivement dimanche ! Vivement qu'il s'en aille !*

▷ Mot de la famille de VIF.

vivier **n. m.** ✦ Endroit aménagé pour élever des poissons ou des crustacés, ou pour les garder vivants après les avoir pêchés. *Le maître d'hôtel a choisi un gros homard dans le vivier du restaurant.*

vivifier **v.** (conjug. 7) ✦ Donner de la vitalité, stimuler. → **tonifier.** *Ce climat marin vivifie.*

➤ **vivifiant, vivifiante** **adj.** ✦ Stimulant. → **tonique.** *L'air de la mer est vivifiant.*

vivipare adj. ✦ *Un animal vivipare,* c'est un animal dont les petits naissent déjà formés. *La souris et le requin sont vivipares.* — **N.** *Les vivipares et les ovipares.*

vivisection n. f. ✦ Dissection d'animaux vivants, faite pour les étudier. *La Société protectrice des animaux s'est élevée contre la pratique de la vivisection.*

vivoter v. (conjug. 1) ✦ Vivre avec peu d'argent, en ne faisant pas grand-chose. *Il vivote tant bien que mal.* → **végéter.**
▷ Mot de la famille de ① VIVRE.

① **vivre** v. (conjug. 46) **1.** Être en vie, être vivant. → **exister.** *Certains arbres peuvent vivre des centaines d'années. Julie respire la joie de vivre.* **2.** Passer sa vie dans un endroit. → **habiter, résider.** *Elle a vécu à Rome pendant dix ans.* **3.** Passer sa vie d'une certaine façon. *Elle vit seule. Paul est facile à vivre,* il a bon caractère. **4.** Avoir ce qu'il faut pour se nourrir, se loger. *Il travaille pour vivre. Ils ont à peine de quoi vivre.* **5.** Avoir, passer. *Il a vécu une enfance heureuse à la campagne.*
▷ Autres mots de la famille : BON VIVANT, INVIVABLE, QUI-VIVE, REVIVRE, SAVOIR-VIVRE, SURVIVANCE, SURVIVANT, SURVIVRE, VÉCU, VIVABLE, VIVACE, ① ET ② VIVANT, VIVAT, VIVE, VIVOTER, ② VIVRE, VIVRIER.

② **vivre** n. m. **1.** *Le vivre et le couvert,* la nourriture et le logement. *L'hôtelier assure le vivre et le couvert à ses clients.* **2.** Tout ce qui sert à l'alimentation de l'homme. *Il est parti en mer avec des vivres pour quinze jours,* avec des aliments, de la nourriture pour quinze jours. → aussi **victuailles.** — *Il a coupé les vivres à son fils,* il ne lui donne plus d'argent.
➤ **vivrier, vivrière** adj. ✦ *Les cultures vivrières,* ce sont les cultures de produits qui servent à l'alimentation.
▷ Mots de la famille de ① VIVRE.

vizir n. m. ✦ Ministre, du temps de l'Empire turc.

vlan ! interj. ✦ Onomatopée qui imite un bruit fort et sec. *Et vlan ! il a claqué la porte.*

vocabulaire n. m. ✦ Ensemble de mots. *Les enfants enrichissent tous les jours leur vocabulaire,* l'ensemble des mots qu'ils connaissent.

vocal, vocale adj. ✦ Écrit pour le chant. *Il écoute beaucoup de musique vocale.* ❏ contr. **instrumental.** — Au masc. pl. *vocaux.*

➤ **vocalise** n. f. ✦ Exercice qui consiste à chanter une suite de notes sur une seule voyelle. *La cantatrice fait des vocalises.*

vocation n. f. ✦ Attirance, goût pour un métier, une activité. *Julie veut être danseuse, c'est sa vocation.*

vociférer v. (conjug. 6) ✦ Parler en criant, avec colère. → **hurler, vitupérer.** *Le gardien est sorti de sa loge en vociférant.*

vodka n. f. ✦ Eau-de-vie faite avec de l'orge ou du seigle fermentés. *Il y a de la vodka russe et de la vodka polonaise.*
● C'est un mot russe qui vient de *voda,* qui veut dire « eau ».

vœu n. m. **1.** Souhait que s'accomplisse quelque chose. *Léa a vu passer une étoile filante et elle a fait un vœu. Son vœu a été exaucé.* → **désir.** *Au début de l'année, on envoie ses vœux à ses amis,* ses souhaits de bonheur. *Tous nos vœux de bonheur aux jeunes mariés !* **2.** Promesse faite à Dieu. *Les moines font vœu de pauvreté.*

vogue n. f. ✦ *En vogue,* à la mode. *Ce restaurant est très en vogue.* ❏ contr. **démodé.**

voguer v. (conjug. 1) ✦ Avancer sur l'eau, naviguer. *Le navire voguait sur les flots.*

voici prép. ✦ Mot qui sert à présenter une personne ou une chose. → aussi **voilà.** *Voici ma chambre et voilà la tienne. Voici la pluie,* la pluie arrive.
● En principe, *voici* désigne quelque chose qui est proche.
▷ Mot de la famille de VOIR et de ICI.

voie n. f. **1.** Endroit par où l'on passe pour aller quelque part. → **chemin, passage.** *L'explorateur se fraie une voie à travers la forêt vierge.* **2.** Endroit aménagé pour les transports. *Les autoroutes sont des voies de communication.* **3.** Partie d'une route sur laquelle peut rouler une file de voitures. *Il a emprunté une route à quatre voies.* **4.** Chemin que l'on suit dans la vie, direction. *Il n'a pas encore trouvé sa voie. Tu es sur la bonne voie,* tu es en train de réussir. **5.** *En voie de,* sur le point de. *On protège les espèces animales en voie de disparition,* celles qui sont en train de disparaître. ❍ homonyme : voix.
▷ Autres mots de la famille : CLAIRE-VOIE, CONVOI, SE FOURVOYER.

voilà **prép.** ✦ Mot qui sert à présenter une personne ou une chose. → aussi **voici.** *Le voilà, là-bas, c'est lui. Voilà un taxi,* un taxi arrive. *Voilà ce que c'est que de ne pas obéir.*
● En principe, *voilà* désigne quelque chose qui est assez éloigné.
▷ Mot de la famille de VOIR et de LÀ.

① **voile** **n. m.** **1.** Morceau de tissu qui cache le visage. *Certaines musulmanes portent un voile.* → aussi **tchador.** **2.** Tissu fin qui recouvre la tête. *Le voile de la mariée est en tulle.* **3.** Tissu très léger et fin. *Elle a acheté du voile de coton pour faire des rideaux.* **4.** Ce qui rend la vision moins nette. *Un voile de brume couvrait la campagne.*
➤ **voilage** **n. m.** ✦ Rideau léger et transparent. *La baie vitrée du salon est garnie de voilages blancs.*
➤ **voilette** **n. f.** ✦ Petit voile transparent, attaché à un chapeau de femme, qui peut couvrir le visage.

voilette

➤ **voiler** **v.** (conjug. 1) ✦ Rendre moins clair, moins visible. *Le brouillard voile l'horizon.* — **se voiler,** perdre de son éclat. *Le ciel se voile en fin d'après-midi.*
▷ Autres mots de la famille : DÉVOILER, ② VOILE, SE VOILER, VOILIER, VOILURE.

② **voile** **n. f.** **1.** Morceau de toile qui permet à un bateau d'avancer lorsque le vent souffle dedans. *Le navigateur hisse la voile.* **2.** Sport qui consiste à naviguer sur des bateaux à voiles. *Paul apprend à faire de la voile.*

➤ **voilier** **n. m.** ✦ Bateau à voiles. ➻ planche Bateaux p. 88.
➤ **voilure** **n. f.** ✦ Ensemble des voiles d'un bateau. *Quand le vent souffle fort, on réduit la voilure.*

se voiler **v.** (conjug. 1) ✦ Se déformer. *La roue du vélo s'est voilée sous le choc.*
▷ Mot de la famille de ① VOILE.

voir **v.** (conjug. 30) **1.** Percevoir par les yeux. *Les chats voient très bien la nuit. Elle voit mal sans lunettes. Je l'ai vu la première !* → **apercevoir, distinguer.** *Allons voir si Louise est prête. Fais voir tes mains !* → **montrer.** **2.** Imaginer, se représenter. *Je te verrais bien déguisé en cow-boy.* **3.** Être spectateur de quelque chose. → **assister.** *J'ai vu deux films cette semaine. Il en a vu bien d'autres !* il a connu des choses pires. **4.** Se trouver en présence de quelqu'un. *Je ne veux voir personne aujourd'hui.* **5.** Regarder attentivement, examiner. *Nous allons voir ce que nous pouvons faire.* **6.** Se rendre compte, comprendre. *Quand il a vu qu'il avait tort, Alex est devenu tout rouge.* → **constater.** *Vous voyez ce que je veux dire.* → **comprendre.** **7.** *Est-ce que cela a quelque chose à voir avec ton voyage ?* est-ce que cela a un rapport avec ton voyage ?
○ homonyme : voire.
➤ **se voir** **v.** **1.** Voir son image. *Léa s'est vue dans la glace.* **2.** Être visible. *La tache se voit encore.* **3.** Se rencontrer. *Louise et Théo se voient tous les jours.* **4.** S'imaginer. *Je ne me vois pas lui demander son âge.*
▷ Autres mots de la famille : AUDIOVISUEL, CLAIRVOYANT, ENTREVOIR, ENTREVUE, IMPRÉVISIBLE, IMPRÉVOYANCE, IMPRÉVOYANT, IMPRÉVU, INVISIBLE, LONGUE-VUE, MALVOYANT, NON-VOYANT, POINT DE VUE, PRÉVISIBLE, PRÉVISION, PRÉVOYANCE, PRÉVOYANT, RÉTROVISEUR, REVOIR, AU REVOIR, ① ET ② REVUE, SUPERVISER, TÉLÉVISÉ, TÉLÉVISEUR, TÉLÉVISION, VISÉE, VISER, VISEUR, VISIBILITÉ, VISIBLE, VISIBLEMENT, VISION, VISIONNAIRE, VISIONNEUSE, VISITE, VISITER, VISITEUR, VISUALISER, VISUEL, VOICI, VOILÀ, VOYANCE, ①, ② ET ③ VOYANT, VU, VUE.

voire **adv.** ✦ Et même. *Ce médicament est inefficace, voire dangereux.* ○ homonyme : voir.

voirie **n. f.** ✦ Service municipal qui s'occupe du nettoyage des rues et des places publiques. *Les employés de la voirie enlèvent les ordures.*

voisin adj. et n. m., **voisine** adj. et n. f.
■ adj. 1. Proche, à peu de distance. *Il y a quelqu'un dans la pièce voisine.* ❑ contr. **éloigné.** 2. Semblable, similaire. *Ils ont des idées assez voisines.* ❑ contr. **différent.**
■ n. 1. Personne qui habite tout près. *Il a aidé sa voisine de palier à changer une roue de sa voiture.* 2. Personne qui est juste à côté. *Léa a emprunté une gomme à sa voisine de droite.*
➤ **voisinage** n. m. 1. Ensemble des voisins. *Ses cris ont ameuté tout le voisinage.* 2. Alentours, environs. *À la campagne, Julie connaît tous les enfants du voisinage.*
➤ **voisiner** v. (conjug. 1) ✦ Être à côté. *Dans son jardin, les roses voisinent avec les iris.*
▷ Autre mot de la famille : AVOISINANT.

voiture n. f. 1. Véhicule à quatre roues et à moteur qui permet de transporter quelques personnes. → **auto, automobile.** ➳ planche p. 1088. *Il a garé sa voiture devant l'école.* 2. Véhicule monté sur roues. *Les diligences étaient des voitures à cheval,* des véhicules tirés par des chevaux. *Elle promène son bébé dans une voiture d'enfant.* → **landau, poussette.** 3. Partie d'un train dans laquelle sont transportés des voyageurs. → **wagon.** *Il a retenu une place dans une voiture de première classe.*

voix n. f. 1. Ensemble des sons produits par la gorge et la bouche de l'homme. *Mon père a une voix grave. Théo a chuchoté quelque chose à voix basse. Parler à voix haute,* de manière à être entendu. *Quand il est en colère, le professeur élève la voix,* il parle plus fort. *Léa, très émue, est restée sans voix,* elle ne pouvait plus parler. *Je les préviendrai de vive voix,* en leur parlant et non par écrit. 2. Ce que l'on ressent en soi-même. *Il faut écouter la voix de la raison,* ce que la raison nous dit de faire. 3. Vote exprimé dans une élection. *Le maire a obtenu la majorité des voix aux élections,* la majorité des électeurs a voté pour lui. → **suffrage.** 4. Aspect du verbe. *Dans « Julie chante une chanson », le verbe est à la voix active,* le verbe exprime une action accomplie par le sujet. *Dans « cette chanson est chantée par Julie », le verbe est à la voix passive,* le sujet subit l'action exprimée par le verbe. ❍ homonyme : voie.
▷ Autre mot de la famille : PORTE-VOIX.

① **vol** n. m. 1. Déplacement dans l'air. *Une mouette prit son vol. Julie observe le vol des hirondelles. Le village est à 3 kilomètres à vol d'oiseau,* en ligne droite. *Elle a attrapé la balle au vol,* elle l'a attrapée rapidement au passage. → **volée.** 2. Déplacement d'un avion, d'une fusée dans l'air. *Il y a une heure de vol entre Paris et Genève.* 3. Groupe d'oiseaux qui volent ensemble. *Un vol d'oies sauvages a traversé le ciel.* → **volée.**
▷ Mot de la famille de ① VOLER.

② **vol** n. m. 1. Action de voler, de dérober quelque chose à quelqu'un. *On a commis un vol à la bijouterie.* 2. Le fait de faire payer trop cher. *Faire payer un gâteau si cher, c'est du vol !* → **escroquerie.**
▷ Mot de la famille de ② VOLER.

volage adj. ✦ Qui change facilement de sentiments. → **frivole, inconstant.** *Cette jeune femme est un peu volage.* ❑ contr. **fidèle.**

volaille n. f. 1. *La volaille,* c'est l'ensemble des oiseaux de basse-cour élevés pour leurs œufs et leur chair (les poules, les canards, les oies, etc.). *La fermière nourrit la volaille au grain.* 2. *Une volaille,* c'est un oiseau de basse-cour. → **volatile.** *Ils mangent une volaille rôtie.*
➤ **volailler** n. m. ✦ Marchand de volailles.
▷ Mots de la famille de ① VOLER.

① **volant, volante** adj. 1. Capable de voler. *Il y a des poissons volants dans les mers chaudes.* 2. *Une feuille volante,* c'est une feuille de papier isolée.
▷ Mot de la famille de ① VOLER.

② **volant** n. m. 1. Petit objet léger, muni de plumes, fait pour être lancé en l'air et renvoyé avec une raquette. 2. Bande de tissu qui orne le bord d'un vêtement, d'un objet. *Elle porte une jupe à volants.*
▷ Mot de la famille de ① VOLER.

volant

③ **volant** n. m. ✦ Objet circulaire avec lequel le conducteur oriente les roues avant d'une voiture. *Il tourne le volant à gauche puis à droite pour se garer. Elle se mit au volant et démarra.*

voiturette Renault 1898

Delage 1933-34

cabriolet Cadillac 1959

coupé Citroën Xsara

Peugeot 407 berline

Rolls Royce

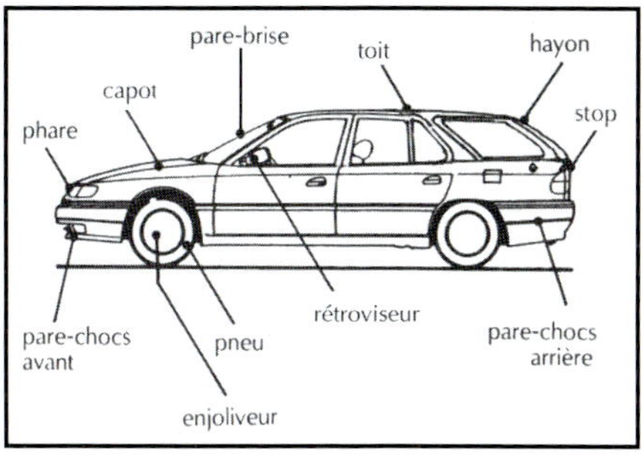

Toyota Yaris

Marden

4 x 4 Mitsubishi Pajero

Renault Espace

Ferrari

Peugeot 905

volatil, volatile **adj.** ✦ Qui s'évapore facilement. *L'essence est volatile.* ❍ homonyme : volatile.

➤ se **volatiliser** **v.** (conjug. 1) **1.** S'évaporer. *L'éther se volatilise très vite.* **2.** Disparaître. *Où est mon stylo ? Il ne s'est pourtant pas volatilisé !* → s'**envoler.**

▷ Mots de la famille de ① VOLER.

volatile **n. m.** ✦ Oiseau de basse-cour. → **volaille.** *On entend caqueter et glousser les volatiles.* ❍ homonyme : volatil.

▷ Mot de la famille de ① VOLER.

vol-au-vent **n. m. inv.** ✦ Croûte de pâte feuilletée garnie de viande ou de poisson en sauce, avec des champignons, des quenelles. — Au pl. *Des vol-au-vent.*

▷ Mot de la famille de ① VOLER et de VENT.

volcan **n. m.** ✦ Montagne d'où sortent ou d'où peuvent sortir des matières brûlantes fondues. *Le volcan est en éruption.*

➤ **volcanique** **adj.** ✦ D'un volcan. *Une éruption volcanique a détruit la ville de Pompéi, en Italie, en l'an 79.*

➤ **volcanisme** **n. m.** ✦ Ensemble des manifestations volcaniques. *Les volcanologues étudient le volcanisme.*

➤ **volcanologie** **n. f.** ✦ Étude scientifique des volcans.

➤ **volcanologue** **n. m. et f.** ✦ Spécialiste qui étudie les volcans.

volcanologue

volée **n. f.** **1.** Groupe d'oiseaux qui volent ensemble. → ① **vol.** *Une volée de moineaux s'est abattue sur le champ.* **2.** *À toute volée,* très fort. *Il a refermé la porte à toute volée.* **3.** *À la volée,* au vol. *Alex a attrapé la balle à la volée.* **4.** Suite de coups forts et rapprochés. *Le chien a reçu une volée de coups de bâton.*

▷ Mot de la famille de ① VOLER.

① **voler** **v.** (conjug. 1) **1.** Se déplacer dans l'air grâce à des ailes. *Les hirondelles volent bas ce soir. L'avion vole à très haute altitude.* **2.** Effectuer des vols en avion. *Ce pilote a cessé de voler parce que sa vue baissait.* **3.** Se déplacer en l'air. *Le vent fait voler la poussière.* **4.** *La vitre a volé en éclats,* elle s'est cassée et ses éclats sont partis loin. **5.** Aller très vite. *Alex a volé au secours de son frère.*

▷ Autres mots de la famille : CERF-VOLANT, ENVOL, S'ENVOLER, SURVOL, SURVOLER, ① VOL, VOLAILLE, VOLAILLER, ① ET ② VOLANT, VOLATIL, VOLATILE, SE VOLATILISER, VOL-AU-VENT, VOLÉE, VOLETER, VOLIÈRE.

② **voler** **v.** (conjug. 1) **1.** Prendre ce qui appartient à autrui. → s'**approprier, dérober,** s'**emparer,** ② **ravir, subtiliser** ; fam. **chiper,** ② **faucher, piquer.** *Les cambrioleurs ont volé plusieurs tableaux. Louise s'est fait voler son porte-monnaie. — Qui vole un œuf, vole un bœuf,* celui qui commet un petit vol est capable d'en commettre un plus important. **2.** Faire payer trop cher. → fam. **rouler.** *Elle s'est fait voler en achetant ce vieux meuble.* → **escroquer.**

▷ Autres mots de la famille : ANTIVOL, ② VOL, VOLEUR.

volet **n. m.** **1.** Panneau de bois ou de métal qui protège une fenêtre. → **persienne.** *Le soir, elle ferme les volets.* **2.** Partie d'un objet qui se replie. *Le permis de conduire français a trois volets.*

voleter **v.** (conjug. 4) ✦ Voler à petits coups d'ailes, en changeant souvent de direction. → **voltiger.** *Des papillons voletaient autour de la lampe.*

▷ Mot de la famille de ① VOLER.

voleur **n. m.,** **voleuse** **n. f.** **1.** Personne qui vole les choses qui appartiennent aux autres. → **cambrioleur, pickpocket.** *La police n'a pas retrouvé les voleurs.* **2.** Personne qui vend les choses trop cher. *Ce brocanteur est un voleur.* → **escroc.**

▷ Mot de la famille de ② VOLER.

volière n. f. ✦ Grande cage où les oiseaux peuvent voler.
▷ Mot de la famille de ① VOLER.

volley-ball [vɔlɛbol] n. m. ✦ Sport dans lequel deux équipes de six joueurs doivent se renvoyer un ballon au-dessus d'un filet. *Un match de volley-ball.*
● On dit aussi *volley*. Ce mot vient de l'anglais.

➤ **volleyeur** n. m., **volleyeuse** n. f. ✦ Joueur, joueuse de volley-ball. *Les deux équipes de volleyeurs se rencontreront samedi.*

volley-ball

volontaire adj. 1. Qui a de la volonté. *Léa est une petite fille têtue et volontaire.* ❑ contr. **faible, velléitaire.** 2. Dû à la volonté. *Le journal ne parle pas de l'incident, est-ce un oubli volontaire ?* → **délibéré, intentionnel.** ❑ contr. **involontaire.** 3. Qui fait une chose parce qu'il le veut bien. *Qui est volontaire pour effacer le tableau ?* — N. *Le bureau de vote cherche des volontaires pour dépouiller les bulletins.*

➤ **volontairement** adv. ✦ Exprès, en sachant ce que l'on fait. → **délibérément.** *Il a volontairement caché certains détails à la police.*
▷ Mots de la famille de VOLONTÉ.

volonté n. f. 1. Qualité d'une personne qui veut les choses avec énergie et fermeté. *Cette femme a beaucoup de volonté.* → **caractère, fermeté.** 2. Ce qu'une personne veut. *Les élèves doivent respecter les volontés de la directrice. Ce retard est indépendant de notre volonté,* nous n'en sommes pas responsables. 3. *À volonté,* autant que l'on veut. *Il y avait du champagne à volonté.* → à **discrétion.** 4. *La bonne volonté,* le désir de bien faire. *Louise a fait preuve de bonne volonté en nous aidant. Théo a mis de la mauvaise volonté à ranger sa chambre,* il l'a fait sans enthousiasme, de mauvaise grâce.
▷ Autres mots de la famille : INVOLONTAIRE, INVOLONTAIREMENT, VOLONTAIRE, VOLONTAIREMENT.

volontiers adv. ✦ Avec plaisir. *Paul prête volontiers son vélo,* il le prête de bon gré. *Voulez-vous dîner avec nous ? — Volontiers.* → **oui.**

volt [vɔlt] n. m. ✦ Unité qui sert à mesurer la force d'un courant électrique. *Cet appareil fonctionne en 220 volts.*
● Ce mot vient du nom du physicien italien Alessandro *Volta*.

➤ **voltage** n. m. ✦ Nombre de volts nécessaires pour qu'un appareil électrique fonctionne normalement. *Le voltage n'est pas le même dans ces deux pays.*
▷ Autre mot de la famille : SURVOLTÉ.

volte-face n. f. inv. 1. Brusque demi-tour. *Elle a fait volte-face et l'a regardé droit dans les yeux.* 2. Brusque changement d'opinion. → **revirement.** *Cet homme politique a fait de nombreuses volte-face.*
▷ Mot de la famille de FACE.

voltiger v. (conjug. 3) ✦ Voler ici et là. *Les feuilles mortes voltigent au vent.*

➤ **voltige** n. f. ✦ Exercice d'acrobatie à la corde, au trapèze ou à cheval. *Les trapézistes ont exécuté un fantastique numéro de voltige.*

volubile adj. ✦ Très bavard. *Théo est extrêmement volubile ce matin.* → **loquace.** ❑ contr. **muet, silencieux.**

➤ **volubilité** n. f. ✦ Le fait de parler beaucoup et vite. *Il raconte son voyage avec volubilité.*

① **volume** n. m. 1. Partie de l'espace qu'occupe une chose. *Ma cheville a tellement enflé qu'elle a doublé de volume. Cette armoire occupe un grand volume dans la pièce,* elle prend beaucoup de place. 2. Quantité totale.

Le volume des dépenses a augmenté. **3.** Force, puissance d'un son. *La radio fait trop de bruit, baisse le volume.*

➤ **volumineux, volumineuse** adj. ✦ Gros, encombrant. *Une caisse volumineuse.*

② **volume** n. m. ✦ Livre. *Paul regarde les volumes alignés dans la bibliothèque. Il a un dictionnaire en deux volumes.* → **tome.**

volupté n. f. ✦ Grand plaisir. *Elle se plongea avec volupté dans un bain chaud.*

➤ **voluptueusement** adv. ✦ En prenant du plaisir. *Le chat s'étire voluptueusement devant la cheminée.*

➤ **voluptueux, voluptueuse** adj. ✦ Qui procure un grand plaisir. *Ces fleurs dégagent une odeur voluptueuse.*

volute n. f. ✦ Forme enroulée en spirale. *Des volutes de fumée s'élevaient dans l'air.*

vomir v. (conjug. 2) **1.** Rejeter ce que l'on a mangé. → **régurgiter, rendre.** *Louise a eu mal au cœur et elle a vomi. J'ai envie de vomir !* **2.** Projeter au-dehors. *Le volcan vomissait de la lave en fusion.*

➤ **vomissement** n. m. ✦ Action de vomir. *Il a été pris de vomissements.* → aussi **nausée.**

➤ **vomitif** n. m. ✦ Produit qui fait vomir. *On peut donner des vomitifs aux personnes qui ont avalé du poison.*

vorace adj. ✦ Qui mange énormément. *Ce chien est très vorace.* → **glouton.**

➤ **voracement** adv. ✦ Avec voracité. *Le chien s'est jeté voracement sur la viande crue.*

➤ **voracité** n. f. ✦ Avidité à manger. → **gloutonnerie, goinfrerie.** *Paul a dévoré son sandwich avec voracité.*

vos → **votre**

vote n. m. **1.** L'opinion que l'on exprime en votant. → **suffrage, voix.** *Le soir des élections, chaque parti compte les votes qui lui sont favorables.* **2.** Action de voter. → **élection.** *Le vote s'est déroulé dans le calme. Le conseil municipal a procédé au vote du budget,* il a voté le budget.

➤ **votant** n. m., **votante** n. f. ✦ Personne qui participe à un vote. → **électeur.** *Les votants ont mis leur bulletin dans l'urne.*

➤ **votation** n. f. ✦ Action de voter. → **vote.**
● Ce mot est employé en Suisse.

➤ **voter** v. (conjug. 1) **1.** Exprimer son opinion par un vote, lors d'une élection. *En France, on a le droit de voter à 18 ans. Il a voté pour le candidat de son parti.* **2.** Faire accepter par un vote. *Les députés votent les lois.*

cave **voûtée**

votre adj. possessif (pl. **vos**) ✦ Qui est à vous. → aussi **mon,** ① **ton,** ① **son, notre,** ② **leur.** *Vous oubliez votre écharpe et vos gants !*

vôtre pronom possessif et n. m.

■ **pronom possessif** L'être ou la chose qui est à vous. *Rendez-moi mes chaussures et reprenez les vôtres.*

■ **n. m. 1.** *Il faut que vous y mettiez un peu du vôtre,* que vous fassiez un effort. **2. n. m. pl.** *Je serai des vôtres ce soir,* je serai parmi vous.

vouer v. (conjug. 1) **1.** Consacrer. *Elle a voué son temps à aider les handicapés.* **2.** Manifester un sentiment durable. *Alex voue une grande admiration à son oncle,* il l'admire beaucoup. **3.** Destiner à un sort désagréable. → **condamner.** *Ce quartier est voué à la démolition.*

▷ Autres mots de la famille : DÉVOUÉ, DÉVOUEMENT, SE DÉVOUER.

vouloir v. (conjug. 31) **1.** Désirer, souhaiter très fort. *Je veux bien une tasse de thé. Je voudrais* *voir le directeur. N'aie pas peur de ce chien, il ne te veut pas de mal,* il n'a pas l'intention de te faire du mal. *Je voudrais qu'il vienne.* **2.** *En vouloir à quelqu'un,* garder de la rancune contre lui. *Léa en veut à son frère de s'être moqué d'elle.* **3.** Accepter. *Je ne veux pas de tes cadeaux.* **4.** Être d'accord pour. *Tu veux venir avec nous ? Je veux bien aller à la piscine avec toi.* → **accepter, consentir.** **5.** Familier. Arriver à. *Le moteur ne veut pas démarrer,* il ne démarre pas. **6.** *Vouloir dire,* signifier. *Que veut dire ce mot ?*

vous **pronom personnel** ✦ Pronom personnel de la deuxième personne du pluriel, sujet et complément. **1.** *Vous* désigne plusieurs personnes auxquelles on s'adresse. *Je vous donne 10 euros à chacun. À vous deux, vous y arriverez bien,* tous les deux. **2.** *Vous* s'emploie par politesse pour désigner une seule personne à laquelle on s'adresse. *Je vous remercie, monsieur.*

▷ Autres mots de la famille : GARDE-À-VOUS, RENDEZ-VOUS, VOUVOIEMENT, VOUVOYER.

voûte **n. f.** ✦ Plafond arrondi. *La voûte de l'église est recouverte de mosaïques.*

➤ **voûté, voûtée** **adj.** **1.** Couvert d'une voûte. *La cave est voûtée.* **2.** Qui a le dos courbé. *Une vieille dame voûtée.*

● Attention à l'accent circonflexe du *û*.

vouvoyer **v.** (conjug. 8) ✦ S'adresser à quelqu'un en employant la deuxième personne du pluriel. *Le professeur tutoie ses élèves mais vouvoie la directrice.* — **se vouvoyer,** se dire « vous » l'un à l'autre. *Ils se sont toujours vouvoyés.*

➤ **vouvoiement** **n. m.** ✦ Le fait de dire « vous » à quelqu'un quand on lui parle. *Avec son patron, il utilise le vouvoiement.* → aussi **tutoiement.**

▷ Mots de la famille de VOUS.

voyage **n. m.** **1.** Déplacement d'une personne qui va dans un lieu assez éloigné. *Ils ont fait un voyage en Italie. Elle aimerait partir en voyage.* **2.** Déplacement destiné à transporter des objets. *Il a fallu trois voyages pour monter les valises dans l'appartement.*

➤ **voyager** **v.** (conjug. 3) ✦ Faire un voyage. *Elle préfère voyager par le train. Il a beaucoup voyagé,* il a fait de nombreux voyages.

➤ **voyageur** **n. m.,** **voyageuse** **n. f.** **1.** Personne qui fait un voyage. *Les voyageurs pour Lausanne doivent monter en tête du train.* **2.** *Un voyageur de commerce,* c'est un représentant qui voyage pour rendre visite à ses clients.

➤ **voyagiste** **n. m. et f.** ✦ Personne ou entreprise qui vend des voyages aux touristes.

voyance **n. f.** ✦ Faculté de voir les événements passés ou futurs. → aussi ① **voyant.**

▷ Mot de la famille de VOIR.

① **voyant** **n. m.,** **voyante** **n. f.** ✦ Personne qui prédit l'avenir. → **devin** et aussi **cartomancien.** *La voyante lisait l'avenir dans une boule de cristal.*

▷ Mot de la famille de VOIR.

② **voyant** **n. m.** ✦ Petite lumière qui s'allume pour signaler qu'un appareil marche ou ne marche pas. *Le voyant rouge du tableau de bord indique qu'il n'y a plus assez d'huile dans le moteur.*

▷ Mot de la famille de VOIR.

voyante

③ **voyant, voyante** **adj.** ✦ Qui attire le regard, qui est visible de loin. → **criard, éclatant.** *Elle porte une robe de couleur voyante.* ❏ contr. **discret.**
▷ Mot de la famille de VOIR.

voyelle **n. f.** ✦ Lettre qui représente un son du langage qui résonne dans la bouche. → aussi **consonne.** *A, e, i, o, u, y, sont les six voyelles de l'alphabet.*

voyou **n. m.** (pl. **voyous**) ✦ Garçon mal élevé qui traîne dans les rues. → **garnement, vaurien.** *Il s'est fait attaquer par des voyous.*

en **vrac** **adv.** **1.** Au poids. *Il achète le café en vrac plutôt qu'en paquet.* **2.** En désordre. *Julie a posé ses affaires en vrac sur la table.*

vrai **adj., n. m. et adv., vraie** **adj.**
■ **adj. 1.** Qui correspond à la vérité. → **certain, exact, sûr, véritable.** ❏ contr. ① **faux.** *Ce que je vous raconte est une histoire vraie.* → **réel, véridique.** ❏ contr. **mensonger.** *Il est vrai que ce film n'est pas drôle.* **2.** Qui est réellement ce qu'il a l'air d'être, qui n'est pas une imitation. *Il a une chemise en vraie soie.* ❏ contr. **artificiel.** *Ce tableau est un vrai Renoir, ce n'est pas une copie.* → **authentique. 3.** Qui a l'air d'exister vraiment. *Les personnages de ce roman sont vrais,* ils sont naturels.
■ **n. m. 1.** Vérité, réalité. *Il est souvent difficile de reconnaître le vrai du faux dans ce qu'il raconte.* **2.** *À dire vrai,* pour parler franchement. *À dire vrai, Julie ne savait plus pourquoi elle boudait.*
■ **adv.** *Ces fleurs artificielles font vrai,* elles ont l'air naturelles.
➤ **vraiment** **adv. 1.** En vérité, en réalité. → **effectivement, réellement, véritablement.** *Tu es vraiment allé là-bas ?* **2.** *Vraiment* souligne une affirmation. → **franchement, sincèrement.** *Vraiment, tu exagères !*
➤ **vraisemblable** [vʀɛsɑ̃blabl] **adj.** ✦ Probablement vrai, apparemment vrai. → **plausible.** *Je n'ai pas vérifié, mais cela est très vraisemblable.* ▷ Mot de la famille de SEMBLER.
➤ **vraisemblablement** [vʀɛsɑ̃blabləmɑ̃] **adv.** ✦ Probablement, sans doute. *À l'heure qu'il est, il est vraisemblablement arrivé.* ▷ Mot de la famille de SEMBLER.
➤ **vraisemblance** [vʀɛ̃sɑ̃blɑ̃s] **n. f.** ✦ Apparence de vérité. *Cette histoire est d'une parfaite vraisemblance,* elle est tout à fait crédible. ▷ Mot de la famille de SEMBLER.
▷ Autres mots de la famille : INVRAISEMBLABLE, INVRAISEMBLANCE.

vrille **n. f. 1.** Petite pousse qui s'enroule autour d'un support et permet à la plante de grimper. *Les vrilles de la vigne.* **2.** Outil fait d'une tige de métal en forme de vis. → **mèche.** *Il fait un trou dans la planche avec une vrille.* **3.** Mouvement d'un avion qui descend en tournant sur lui-même. *L'avion est tombé en vrille.*

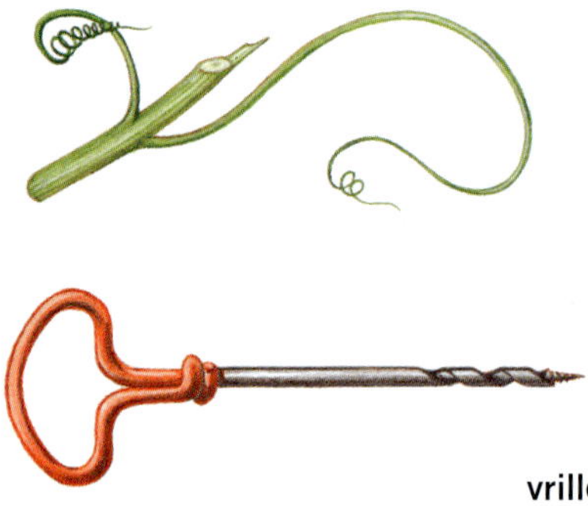

vrille

vrombir **v.** (conjug. 2) ✦ Produire un bourdonnement. *Le moteur du bolide vrombissait.* → **ronfler.**
➤ **vrombissement** **n. m.** ✦ Bruit de ce qui vrombit. → **ronflement.** *On entendait le vrombissement du moteur.*

V. T. T. [vetete] **n. m. inv.** ✦ Vélo tout-terrain. *Paul a un beau V. T. T. tout neuf.*

vu **adj., n. m. et prép., vue** **adj.**
■ **adj.** *Bien vu, mal vu,* bien, mal considéré. *Elle est bien vue par son patron.*
■ **n. m.** *Au vu et au su de tout le monde,* devant tout le monde, sans se cacher. *Il a volé un disque au vu et au su de tout le monde.* → aussi **ouvertement.**
■ **prép.** En considérant. *Vu son humeur, je ne lui demande rien,* étant donné son humeur.
➤ **vue** **n. f. 1.** Sens par lequel on voit. *L'œil et le nerf optique sont les organes de la vue.* **2.** Manière de voir. → **vision.** *Julie a une bonne vue.* **3.** Manière de regarder. *À première vue, le problème semble facile,* quand on le regarde pour la première fois, au premier abord. *Je la connais de vue,* je sais la reconnaître si je la vois, mais je ne la connais pas davantage. *La ville s'agrandit à vue d'œil,* rapidement. **4.** Ce que l'on peut voir. *D'ici, on a une belle vue.* → **panorama. 5.** *À la vue de,* en voyant. *Léa se réjouit à la vue de son père.* **6.** Image, photo. *Théo a accroché une vue de Rome dans sa chambre.* **7.** Idée. *Nous*

n'avons pas les mêmes vues. **8.** *En vue de,* dans le but de. *Elle économise en vue d'un voyage,* pour faire un voyage.

▷ Mots de la famille de VOIR.

vulgaire **adj.** **1.** Qui manque de distinction. *Cette femme est vulgaire.* ❑ contr. **distingué, raffiné.** *Il dit souvent des mots vulgaires,* des gros mots. → **grossier. 2.** Qui est quelconque. → **banal.** *Ce n'est pas un tableau de Renoir, c'est une vulgaire copie,* ce n'est qu'une copie. **3.** Connu de tous. *« Mille-pattes » est le nom vulgaire de la scolopendre,* son nom courant, le nom que tout le monde connaît. ❑ contr. **savant.**

➤ **vulgairement** **adv.** **1.** Avec vulgarité. *Elle s'habille vulgairement.* **2.** Dans le langage courant. *Le ténia est appelé vulgairement ver solitaire.*

➤ **vulgariser** **v.** (conjug. 1) ✦ Mettre à la portée de tous, expliquer de telle façon que tout le monde comprenne. *Cette émission de télévision a pour but de vulgariser la recherche scientifique.*

➤ **vulgarisation** **n. f.** ✦ Le fait de mettre des connaissances à la portée de tous. *Une revue de vulgarisation scientifique.*

➤ **vulgarité** **n. f.** ✦ Manque de distinction et de délicatesse. *Elle est d'une grande vulgarité.* ❑ contr. **distinction.**

vulnérable **adj.** **1.** Fragile, facile à blesser. *Les crabes sont vulnérables lorsqu'ils muent.* **2.** Faible, facile à rendre malheureux. → **sensible.** *Elle est très vulnérable depuis son divorce.*

➤ **vulnérabilité** **n. f.** ✦ Fragilité, caractère de ce qui est vulnérable.

▷ Autre mot de la famille : INVULNÉRABLE.

vulve **n. f.** ✦ Organe génital externe de la femme et de la femelle des mammifères.

W-X

wagon **n. m.** ✦ Voiture de chemin de fer, tirée par une locomotive. *Ce train comporte plusieurs wagons de marchandises.*

● On dit plutôt *une voiture* pour les voyageurs. Ce mot vient de l'anglais.

➤ **wagon-lit** **n. m.** ✦ Voiture de chemin de fer pour les voyageurs, dont les compartiments contiennent des lits et un lavabo. *Ils sont allés à Venise en wagon-lit.* — Au pl. *Des wagons-lits.* ▷ Mot de la famille de LIT.

➤ **wagonnet** **n. m.** ✦ Petit chariot qui se déplace sur des rails et qui transporte le charbon dans les mines.

➤ **wagon-restaurant** **n. m.** ✦ Voiture de chemin de fer aménagée en restaurant. *Elle a déjeuné au wagon-restaurant.* — Au pl. *Des wagons-restaurants.* ▷ Mot de la famille de SE RESTAURER.

walkman [wɔkman] **n. m.** Marque déposée ✦ Baladeur. — Au pl. *Des walkmans.*

● Ce mot vient de l'anglais.

walkman

wapiti [wapiti] **n. m.** ✦ Grand cerf d'Amérique du Nord et de Sibérie. *Un troupeau de wapitis.*

● Ce mot vient d'une langue indienne d'Amérique du Nord.

wassingue [wasɛ̃g] **n. f.** ✦ Serpillière. *Il passe la wassingue dans la cuisine.*

● Ce mot est utilisé dans le nord de la France et en Belgique.

water-polo [watɛʀpɔlo] **n. m.** ✦ Jeu de ballon comparable au hand-ball qui se joue dans l'eau et où s'opposent deux équipes de sept nageurs.

● Ce mot vient de l'anglais.

▷ Mot de la famille de POLO.

waters [watɛʀ] **n. m. pl.** ✦ Endroit où l'on fait ses besoins. → **cabinet, toilettes, W.-C.** *Elle est allée aux waters.*

watt [wat] **n. m.** ✦ Unité qui sert à mesurer la puissance de l'électricité. *Une ampoule de 100 watts.* ❍ homonyme : ouate.

● Ce mot vient du nom de l'ingénieur James *Watt* qui fit breveter en 1769 la première machine à vapeur.

W.-C. [dubləvese] ou [vese] **n. m. pl.** ✦ Endroit où l'on fait ses besoins. → **cabinet, toilettes, waters.** *Il est aux W.-C.*

Web [wɛb] **n. m.** ✦ Système qui permet d'accéder à tout le réseau Internet. *Alex surfe sur le Web.*

● On écrit aussi *web.* Ce mot vient de l'anglais.

week-end [wikɛnd] **n. m.** ✦ Congé de fin de semaine comprenant le samedi et le dimanche. *Ils partent en week-end à la campagne.* — Au pl. *Des week-ends.*

● Ce mot vient de l'anglais.

western [wɛstɛʀn] **n. m.** ✦ Film dont l'action se passe au Far West et qui raconte des

histoires de cow-boys et d'Indiens. *Paul aime beaucoup les westerns.*
● Ce mot vient de l'anglais.

whisky [wiski] **n. m.** ✦ Alcool fort, de couleur orangée, fait à base de grain. *Il boit son whisky avec de l'eau gazeuse.* — Au pl. *Des whiskys* ou *des whiskies.*
● Ce mot vient de l'anglais.

white-spirit [wajtspiʀit] **n. m.** ✦ Produit pétrolier qui sert à diluer la peinture. *Le peintre trempe ses pinceaux dans du white-spirit pour les nettoyer.*
● Ce mot vient de l'anglais.

winch **n. m.** ✦ Petit treuil sur un yacht. *Il enroule le cordage autour du winch.* — Au pl. *Des winchs* ou *des winches.*

X

xénophobe **adj.** ✦ Qui n'aime pas les étrangers et tout ce qui vient de l'étranger. *Elle est xénophobe.* → aussi **raciste.**
➤ **xénophobie** **n. f.** ✦ Hostilité aux étrangers. → aussi **racisme.** *Celui qui refuse d'engager des étrangers dans son entreprise fait preuve de xénophobie.*

xylophone **n. m.** ✦ Instrument de musique formé de lames de bois ou de métal sur lesquelles on frappe avec deux petits marteaux. *Il joue du xylophone dans un orchestre de jazz.*
● *Xylophone* s'écrit avec un *y.*

xylophone

Y

y **adv.** et **pronom**

■ **adv.** Dans cet endroit. *Passe chez moi ce soir, j'y serai certainement.*

■ **pronom** Pronom qui correspond à un complément introduit par *à*. *Je renonce à tout, et j'y renonce de bon cœur. Que veux-tu que j'y fasse ?*

▷ Autre mot de la famille : SAINTE-NITOUCHE.

yacht [jɔt] **n. m.** ✦ Bateau de plaisance, à voiles ou à moteur, utilisé pour faire des croisières. *Ils ont fait le tour du monde sur un yacht.* — Au pl. *Des yachts.*

● Ce mot vient du néerlandais.

➤ **yachting** [jɔtiŋ] **n. m.** ✦ Navigation de plaisance sur un yacht.

yack [jak] **n. m.** ✦ Gros bœuf des hauts plateaux de l'Asie centrale. *Les yacks ont une longue toison soyeuse et des cornes recourbées.*

● Ce mot vient du tibétain.

yack

yankee [jɑ̃ki] **n. m.** et **f.** ✦ Surnom donné aux Américains des États-Unis. *Elle a épousé un yankee.* — Au pl. *Des yankees.*

● Ce mot est américain.

yaourt [jauʀt] **n. m.** ✦ Lait caillé par un ferment spécial. *Léa aime beaucoup les yaourts aux fraises.*

● On dit aussi *yogourt* [jɔguʀt]. Ce mot vient du turc.

yard [jaʀd] **n. m.** ✦ Unité de mesure anglaise valant environ 90 centimètres.

● Ce mot vient de l'anglais.

yen [jɛn] **n. m.** ✦ Monnaie utilisée au Japon. — Au pl. *Des yens.* ❍ homonyme : hyène.

● Ce mot est japonais.

yeux → **œil**

yoga **n. m.** ✦ Gymnastique d'origine hindoue. *Le yoga aide à mieux maîtriser son corps et son esprit. Elle fait du yoga une fois par semaine.*

yogourt → **yaourt**

yole **n. f.** ✦ Barque légère et allongée que l'on fait avancer à l'aide d'un aviron.

● Ce mot vient du néerlandais ou du danois.

yourte **n. f.** ✦ Tente de peau des nomades d'Asie centrale. ➽ planche Habitations p. 487. *Les nomades de Mongolie vivent dans des yourtes.*

● Ce mot vient du russe.

youyou **n. m.** (pl. **youyous**) ✦ Petit canot assez large, utilisé entre un bateau au mouillage et la terre ferme. *Ils regagnent le navire à bord d'un youyou.*

● Ce mot vient du chinois.

yo-yo **n. m. inv.** ✦ Jouet formé de deux disques emboîtés l'un dans l'autre que l'on fait monter et descendre le long d'une ficelle. *Léa joue au yo-yo.* — Au pl. *Des yo-yo.*

● On écrit aussi *un yoyo, des yoyos.*

yucca [juka] **n. m.** ✦ Plante exotique originaire d'Amérique tropicale, à longues feuilles pointues. *Les yuccas produisent des grappes de fleurs blanches en forme de clochettes.*

● Ce mot vient de l'espagnol.

yo-yo

Z

zapper v. (conjug. 1) ✦ Passer rapidement d'une chaîne de télévision à l'autre. *Alex zappe dès qu'il y a de la publicité.* → aussi **zapping.**
● Ce mot vient de l'anglais.

zapping [zapiŋ] **n. m.** ✦ Le fait de passer sans arrêt d'une chaîne de télévision à l'autre. → aussi **zapper.**
● Ce mot vient de l'anglais.

zèbre **n. m.** ✦ Animal qui ressemble à un âne et dont le pelage est rayé de noir et de blanc. ➸ planche Mammifères p. 621. — *Paul a filé comme un zèbre,* très vite.
● Ce mot vient du portugais.
➤ **zébré, zébrée** **adj.** ✦ Marqué de rayures parallèles qui rappellent le pelage du zèbre. *Julie avait la main zébrée d'égratignures.*
➤ **zébrure** **n. f.** ✦ Marque de coup de forme allongée. *Les coups de fouet laissent des zébrures sur la peau.*

zébu **n. m.** ✦ Grand bœuf d'Afrique et d'Asie qui a une bosse sur le dos, près de l'encolure. *Les zébus sont des animaux dociles que l'on domestique facilement.*

zébu

zèle **n. m.** ✦ Énergie que l'on met à faire un travail que l'on aime ou à servir une personne à laquelle on est dévoué. → **dévouement, empressement.** *Alex travaille avec zèle.* → **application, ardeur.** ❑ contr. **négligence.**
➤ **zélé, zélée** **adj.** ✦ Plein de zèle. *C'est une collaboratrice zélée.* → **dévoué.** ❑ contr. **négligent.**

zen [zɛn] **n. m.** ✦ Doctrine religieuse du Japon, issue du bouddhisme. *Dans le zen, la méditation est très importante.* — **Adj. inv.** *Des temples zen.*
● Ce mot vient du japonais.

zénith [zenit] **n. m.** ✦ Point du ciel juste au-dessus de la personne qui regarde. *Théo regarde l'étoile qui est au zénith. Le soleil était à son zénith,* à son plus haut point.
● *Zénith* se termine par un *h.* Ce mot vient de l'arabe.

zéro **n. m.** **1.** Chiffre (0) qui, placé après un autre chiffre, le multiplie par dix. *Tu as oublié un zéro. Un chiffre avec plusieurs zéros.* **2.** Nombre qui indique une valeur nulle. *Deux moins deux égalent zéro. Notre équipe a gagné le match par trois buts à zéro.* **3.** Aucun. *Julie a eu zéro faute à sa dictée.* **4.** Point à partir duquel on compte ou on mesure quelque chose. *Le thermomètre est descendu au-dessous de zéro.* **5.** Note la plus basse. *Alex a eu zéro à sa rédaction.* — Au pl. *Des zéros.*
● Ce mot vient de l'arabe.

zeste **n. m.** ✦ Petit morceau d'écorce de citron ou d'orange. *Elle met des zestes d'orange dans la mousse au chocolat.*

zézayer v. (conjug. 8) ✦ Prononcer les *j* comme des *z* et les *ch* comme des *s.* → fam. **zozoter.** *Louise zézaie un peu.*

➤ **zézaiement** **n. m.** ✦ Défaut de prononciation d'une personne qui zézaie. *Il a un léger zézaiement.*

zibeline **n. f.** ✦ Petit animal voisin de la martre, qui a une très belle fourrure.

zigzag **n. m.** ✦ Ligne qui forme des angles aigus. *La route fait des zigzags.* → **lacet.**
➤ **zigzaguer** **v.** (conjug. 1) ✦ Faire des zigzags, aller de travers. *Le vélo s'est mis à zigzaguer et Léa est tombée.*

zinc [zɛ̃g] **n. m.** ✦ Métal dur d'un blanc bleuâtre. *Les gouttières sont en zinc.*
● Ce mot vient de l'allemand.

zizanie **n. f.** ✦ Discorde. → **brouille.** *Il cherche à semer la zizanie dans notre groupe d'amis.*

zodiaque **n. m.** ✦ Zone du ciel dans laquelle on voit le Soleil se déplacer au cours de l'année et qui est divisée en douze parties égales. *Il y a douze signes du zodiaque,* douze figures qui correspondent aux constellations qui occupent ces douze parties du ciel. *En astrologie, les signes du zodiaque président à la destinée de chacun et servent à établir les horoscopes.*
● Les douze signes du zodiaque sont le Bélier, le Taureau, les Gémeaux, le Cancer, le Lion, la Vierge, la Balance, le Scorpion, le Sagittaire, le Capricorne, le Verseau et les Poissons.

zona **n. m.** ✦ Maladie qui se caractérise par une éruption de boutons et des douleurs très vives sur le trajet d'un nerf. *Le zona est provoqué par un virus. Il a un zona.*

zone **n. f.** ✦ Partie d'une surface. *La zone côtière est très fertile,* les terrains qui bordent la côte. *La zone industrielle se développe,* la partie de la ville où sont implantées les industries.

zoo [zo] ou [zoo] **n. m.** ✦ Parc où l'on peut voir des animaux rares, exotiques. → aussi **zoologique.** *Paul est allé au zoo de Vincennes.* — Au pl. *Des zoos.*

zoologie [zɔɔlɔʒi] **n. f.** ✦ Science qui étudie les animaux. *L'ornithologie est une partie de la zoologie.*
➤ **zoologique** **adj.** ✦ *Un jardin zoologique,* c'est un endroit où l'on peut voir des animaux rares, exotiques. → **zoo.**
➤ **zoologiste** **n. m.** et **f.** ✦ Spécialiste de l'étude des animaux. *Julie aimerait devenir zoologiste, plus tard.*

zoom [zum] **n. m.** ✦ Objectif d'appareil photo ou de caméra qui sert à rapprocher ou à éloigner ce que l'on veut photographier ou filmer. *Cette photo de lions a été prise au zoom.*
● Ce mot vient de l'anglais.

zouave **n. m.** **1.** Autrefois, soldat algérien de l'armée française en Algérie. *Les zouaves portaient des culottes bouffantes.* **2.** Familier. *Faire le zouave,* c'est faire le malin, faire le pitre. → faire le **clown.**

zozoter **v.** (conjug. 1) ✦ Familier. Zézayer. *Il zozote un peu.*

zut **interj.** ✦ Mot qui sert à montrer que l'on n'est pas content, que l'on est déçu ou agacé. *Zut ! la mine de mon crayon est cassée.*

♈ Bélier ♉ Taureau ♊ Gémeaux ♋ Cancer ♌ Lion ♍ Vierge

♎ Balance ♏ Scorpion ♐ Sagittaire ♑ Capricorne ♒ Verseau ♓ Poissons

signes du **zodiaque**

ANNEXES

les conjugaisons des verbes

Dans les articles du dictionnaire, on indique la conjugaison par un numéro placé après le verbe. Par exemple, à l'article *ciseler*, on écrit (conjug. 5). Le numéro 5 correspond à un type de verbes et ceux qui sont conjugués sont des exemples : ainsi *geler* est l'exemple des verbes en *-eler* qui prennent un accent : *je gèle, nous gelons*, par opposition aux verbes du type 4 qui n'en prennent pas et doublent le *l (appeler)*. Il faut donc suivre le modèle donné par l'exemple : *je gèle* → *je cisèle* ; *nous gelons* → *nous ciselons.*

INDICATIF

présent

je	chante
tu	chantes
il, elle	chante
nous	chantons
vous	chantez
ils, elles	chantent

passé composé

j'	ai chanté
tu	as chanté
il, elle	a chanté
nous	avons chanté
vous	avez chanté
ils, elles	ont chanté

imparfait

je	chantais
tu	chantais
il, elle	chantait
nous	chantions
vous	chantiez
ils, elles	chantaient

plus-que-parfait

j'	avais chanté
tu	avais chanté
il, elle	avait chanté
nous	avions chanté
vous	aviez chanté
ils, elles	avaient chanté

passé simple

je	chantai
tu	chantas
il, elle	chanta
nous	chantâmes
vous	chantâtes
ils, elles	chantèrent

passé antérieur

j'	eus chanté
tu	eus chanté
il, elle	eut chanté
nous	eûmes chanté
vous	eûtes chanté
ils, elles	eurent chanté

futur simple

je	chanterai
tu	chanteras
il, elle	chantera
nous	chanterons
vous	chanterez
ils, elles	chanteront

futur antérieur

j'	aurai chanté
tu	auras chanté
il, elle	aura chanté
nous	aurons chanté
vous	aurez chanté
ils, elles	auront chanté

CONDITIONNEL

présent

je	chanterais
tu	chanterais
il, elle	chanterait
nous	chanterions
vous	chanteriez
ils, elles	chanteraient

passé

j'	aurais chanté
tu	aurais chanté
il, elle	aurait chanté
nous	aurions chanté
vous	auriez chanté
ils, elles	auraient chanté

REMARQUE - Les verbes ***jouer, tuer,*** etc., sont réguliers (exemple : *je joue, je jouerai ; je tue, je tuerai*).

SUBJONCTIF

présent		passé	
que je	**chante**	**que j'**	**aie chanté**
que tu	**chantes**	**que tu**	**aies chanté**
qu'il, qu'elle	**chante**	**qu'il, qu'elle**	**ait chanté**
que nous	**chantions**	**que nous**	**ayons chanté**
que vous	**chantiez**	**que vous**	**ayez chanté**
qu'ils, qu'elles	**chantent**	**qu'ils, qu'elles**	**aient chanté**

imparfait		plus-que-parfait	
que je	**chantasse**	**que j'**	**eusse chanté**
que tu	**chantasses**	**que tu**	**eusses chanté**
qu'il, qu'elle	**chantât**	**qu'il, qu'elle**	**eût chanté**
que nous	**chantassions**	**que nous**	**eussions chanté**
que vous	**chantassiez**	**que vous**	**eussiez chanté**
qu'ils, qu'elles	**chantassent**	**qu'ils, qu'elles**	**eussent chanté**

IMPÉRATIF

présent	passé
chante	**aie chanté**
chantons	**ayons chanté**
chantez	**ayez chanté**

PARTICIPE

présent	passé
chantant	**chanté, ée**
	étant chanté, ée

INFINITIF

présent	passé
chanter	**être chanté, ée**

Certains verbes (comme *arriver*) se conjuguent avec l'auxiliaire *être*.

INDICATIF

présent

je me	repose
tu te	reposes
il, elle se	repose
nous nous	reposons
vous vous	reposez
ils, elles se	reposent

passé composé

je me	suis reposé, ée
tu t'	es reposé, ée
il, elle s'	est reposé, ée
nous nous	sommes reposés, ées
vous vous	êtes reposés, ées
ils, elles se	sont reposés, ées

imparfait

je me	reposais
tu te	reposais
il, elle se	reposait
nous nous	reposions
vous vous	reposiez
ils, elles se	reposaient

plus-que-parfait

je m'	étais reposé, ée
tu t'	étais reposé, ée
il, elle s'	était reposé, ée
nous nous	étions reposés, ées
vous vous	étiez reposés, ées
ils, elles s'	étaient reposés, ées

passé simple

je me	reposai
tu te	reposas
il, elle se	reposa
nous nous	reposâmes
vous vous	reposâtes
ils, elles se	reposèrent

passé antérieur

je me	fus reposé, ée
tu te	fus reposé, ée
il, elle se	fut reposé, ée
nous nous	fûmes reposés, ées
vous vous	fûtes reposés, ées
ils, elles se	furent reposés, ées

futur simple

je me	reposerai
tu te	reposeras
il, elle se	reposera
nous nous	reposerons
vous vous	reposerez
ils, elles se	reposeront

futur antérieur

je me	serai reposé, ée
tu te	seras reposé, ée
il, elle se	sera reposé, ée
nous nous	serons reposés, ées
vous vous	serez reposés, ées
ils, elles se	seront reposés, ées

CONDITIONNEL

présent

je me	reposerais
tu te	reposerais
il, elle se	reposerait
nous nous	reposerions
vous vous	reposeriez
ils, elles se	reposeraient

passé

je me	serais reposé, ée
tu te	serais reposé, ée
il, elle se	serait reposé, ée
nous nous	serions reposés, ées
vous vous	seriez reposés, ées
ils, elles se	seraient reposés, ées

SUBJONCTIF

présent

que je me	**repose**
que tu te	**reposes**
qu'il, qu'elle se	**repose**
que nous nous	**reposions**
que vous vous	**reposiez**
qu'ils, qu'elles se	**reposent**

passé

que je me	**sois reposé, ée**
que tu te	**sois reposé, ée**
qu'il, qu'elle se	**soit reposé, ée**
que nous nous	**soyons reposés, ées**
que vous vous	**soyez reposés, ées**
qu'ils, qu'elles se	**soient reposés, ées**

imparfait

que je me	**reposasse**
que tu te	**reposasses**
qu'il, qu'elle se	**reposât**
que nous nous	**reposassions**
que vous vous	**reposassiez**
qu'ils, qu'elles se	**reposassent**

plus-que-parfait

que je me	**fusse reposé, ée**
que tu te	**fusses reposé, ée**
qu'il, qu'elle se	**fût reposé, ée**
que nous nous	**fussions reposés, ées**
que vous vous	**fussiez reposés, ées**
qu'ils, qu'elles se	**fussent reposés, ées**

IMPÉRATIF

présent

repose-toi
reposons-nous
reposez-vous

passé

On n'utilise pas le passé de l'impératif des verbes pronominaux.

PARTICIPE

présent

se reposant

passé

s'étant reposé, ée

INFINITIF

présent

se reposer

passé

s'être reposé, ée

INDICATIF

présent

je	finis
tu	finis
il, elle	finit
nous	finissons
vous	finissez
ils, elles	finissent

passé composé

j'ai	fini
tu	as fini
il, elle	a fini
nous	avons fini
vous	avez fini
ils, elles	ont fini

imparfait

je	finissais
tu	finissais
il, elle	finissait
nous	finissions
vous	finissiez
ils, elles	finissaient

plus-que-parfait

j'	avais fini
tu	avais fini
il, elle	avait fini
nous	avions fini
vous	aviez fini
ils, elles	avaient fini

passé simple

je	finis
tu	finis
il, elle	finit
nous	finîmes
vous	finîtes
ils, elles	finirent

passé antérieur

j'	eus fini
tu	eus fini
il, elle	eut fini
nous	eûmes fini
vous	eûtes fini
ils, elles	eurent fini

futur simple

je	finirai
tu	finiras
il, elle	finira
nous	finirons
vous	finirez
ils, elles	finiront

futur antérieur

j'	aurai fini
tu	auras fini
il, elle	aura fini
nous	aurons fini
vous	aurez fini
ils, elles	auront fini

CONDITIONNEL

présent

je	finirais
tu	finirais
il, elle	finirait
nous	finirions
vous	finiriez
ils, elles	finiraient

passé

j'	aurais fini
tu	aurais fini
il, elle	aurait fini
nous	aurions fini
vous	auriez fini
ils, elles	auraient fini

SUBJONCTIF

présent		passé	
que je	finisse	que j'	aie fini
que tu	finisses	que tu	aies fini
qu'il, qu'elle	finisse	qu'il, qu'elle	ait fini
que nous	finissions	que nous	ayons fini
que vous	finissiez	que vous	ayez fini
qu'ils, qu'elles	finissent	qu'ils, qu'elles	aient fini

imparfait		plus-que-parfait	
que je	finisse	que j'	eusse fini
que tu	finisses	que tu	eusses fini
qu'il, qu'elle	finît	qu'il, qu'elle	eût fini
que nous	finissions	que nous	eussions fini
que vous	finissiez	que vous	eussiez fini
qu'ils, qu'elles	finissent	qu'ils, qu'elles	eussent fini

IMPÉRATIF

présent	passé
finis	aie fini
finissons	ayons fini
finissez	ayez fini

PARTICIPE

présent	passé
finissant	fini, e
	ayant fini

INFINITIF

présent	passé
finir	avoir fini

	INDICATIF présent	INDICATIF imparfait
3 **PLACER**	je place nous plaçons	je plaçais nous placions

REMARQUE – Les verbes en **-ecer** (ex. : *dépecer*) se conjuguent comme ***placer*** et ***geler.*** Les verbes en ***-écer*** (ex. : *rapiécer*) se conjuguent comme ***céder*** et ***placer.***

	présent	imparfait
BOUGER	je bouge nous bougeons	je bougeais nous bougions

REMARQUE – Les verbes en ***-éger*** (ex. : *protéger*) se conjuguent comme ***bouger*** et ***céder.***

	présent	imparfait
4 **APPELER**	j'appelle nous appelons	j'appelais nous appelions
JETER	je jette nous jetons	je jetais nous jetions

	présent	imparfait
5 **GELER**	je gèle nous gelons	je gelais nous gelions
ACHETER	j'achète nous achetons	j'achetais nous achetions

et les verbes en ***-emer*** (ex. : *semer*), ***-ener*** (ex. : *mener*), ***-eser*** (ex. : *peser*), ***-ever*** (ex. : *lever*), etc.

REMARQUE – Les verbes en ***-ecer*** (ex. : *dépecer*) se conjuguent comme ***geler*** et ***placer.***

	présent	imparfait
6 **CÉDER**	je cède nous cédons	je cédais nous cédions

et les verbes en ***-é*** + consonne(s) + ***-er*** (ex. : *célébrer, lécher, déléguer, préférer,* etc.).

REMARQUE – Les verbes en ***-éger*** (ex. : *protéger*) se conjuguent comme ***céder*** et ***bouger.*** Les verbes en ***-écer*** (ex. : *rapiécer*) se conjuguent comme ***céder*** et ***placer.***

	présent	imparfait
7 **ÉPIER**	j'épie nous épions	j'épiais nous épiions

	présent	imparfait
8 **NOYER**	je noie nous noyons	je noyais nous noyions

et les verbes en ***-uyer*** (ex. : *appuyer*).

REMARQUE – ***envoyer*** fait au futur : *j'enverrai,* et au conditionnel : *j'enverrais.*

	présent	imparfait
PAYER	je paie ou je paye nous payons	je payais nous payions

et tous les verbes en ***-ayer***

futur	passé simple	participe passé	subjonctif présent
je placerai nous placerons	je plaçai nous plaçâmes	placé, ée	que je place que nous placions
je bougerai nous bougerons	je bougeai nous bougeâmes	bougé, ée	que je bouge que nous bougions
j'appellerai nous appellerons	j'appelai nous appelâmes	appelé, ée	que j'appelle que nous appelions
je jetterai nous jetterons	je jetai nous jetâmes	jeté, ée	que je jette que nous jetions
je gèlerai nous gèlerons	je gelai nous gelâmes	gelé, ée	que je gèle que nous gelions
j'achèterai nous achèterons	j'achetai nous achetâmes	acheté, ée	que j'achète que nous achetions
je céderai nous céderons	je cédai nous cédâmes	cédé, ée	que je cède que nous cédions
j'épierai nous épierons	j'épiai nous épiâmes	épié, ée	que j'épie que nous épiions
je noierai nous noierons	je noyai nous noyâmes	noyé, ée	que je noie que nous noyions
je paierai ou je payerai nous paierons ou payerons	je payai nous payâmes	payé, ée	que je paie ou paye que nous payions

INDICATIF

présent

je	vais
tu	vas
il, elle	va
nous	allons
vous	allez
ils, elles	vont

passé composé

je	suis allé, ée
tu	es allé, ée
il, elle	est allé, ée
nous	sommes allés, ées
vous	êtes allés, ées
ils, elles	sont allés, ées

imparfait

j'	allais
tu	allais
il, elle	allait
nous	allions
vous	alliez
ils, elles	allaient

plus-que-parfait

j'	étais allé, ée
tu	étais allé, ée
il, elle	était allé, ée
nous	étions allés, ées
vous	étiez allés, ées
ils, elles	étaient allés, ées

passé simple

j'	allai
tu	allas
il, elle	alla
nous	allâmes
vous	allâtes
ils, elles	allèrent

passé antérieur

je	fus allé, ée
tu	fus allé, ée
il, elle	fut allé, ée
nous	fûmes allés, ées
vous	fûtes allés, ées
ils, elles	furent allés, ées

futur simple

j'	irai
tu	iras
il, elle	ira
nous	irons
vous	irez
ils, elles	iront

futur antérieur

je	serai allé, ée
tu	seras allé, ée
il, elle	sera allé, ée
nous	serons allés, ées
vous	serez allés, ées
ils, elles	seront allés, ées

CONDITIONNEL

présent

j'	irais
tu	irais
il, elle	irait
nous	irions
vous	iriez
ils, elles	iraient

passé

je	serais allé, ée
tu	serais allé, ée
il, elle	serait allé, ée
nous	serions allés, ées
vous	seriez allés, ées
ils, elles	seraient allés, ées

SUBJONCTIF

présent	
que j'	**aille**
que tu	**ailles**
qu'il, qu'elle	**aille**
que nous	**allions**
que vous	**alliez**
qu'ils, qu'elles	**aillent**

passé	
que je	**sois allé, ée**
que tu	**sois allé, ée**
qu'il, qu'elle	**soit allé, ée**
que nous	**soyons allés, ées**
que vous	**soyez allés, ées**
qu'ils, qu'elles	**soient allés, ées**

imparfait	
que j'	**allasse**
que tu	**allasses**
qu'il, qu'elle	**allât**
que nous	**allassions**
que vous	**allassiez**
qu'ils, qu'elles	**allassent**

plus-que-parfait	
que je	**fusse allé, ée**
que tu	**fusses allé, ée**
qu'il, qu'elle	**fût allé, ée**
que nous	**fussions allés, ées**
que vous	**fussiez allés, ées**
qu'ils, qu'elles	**fussent allés, ées**

IMPÉRATIF

présent

va (sauf dans ***vas-y***)
allons
allez

passé

sois allé, ée
soyons allés, ées
soyez allés, ées

PARTICIPE

présent

allant

passé

allé, ée
étant allé, ée

INFINITIF

présent

aller

passé

être allé, ée

		INDICATIF présent	INDICATIF imparfait
10	**HAÏR**	je hais il, elle hait nous haïssons ils, elles haïssent	je haïssais nous haïssions
11	**COURIR**	je cours il, elle court nous courons ils, elles courent	je courais nous courions
12	**CUEILLIR**	je cueille il, elle cueille nous cueillons ils, elles cueillent	je cueillais nous cueillions
13	**ASSAILLIR**	j'assaille il, elle assaille nous assaillons ils, elles assaillent	j'assaillais nous assaillions
14	**SERVIR**	je sers il, elle sert nous servons ils, elles servent	je servais nous servions
15	**BOUILLIR**	je bous il, elle bout nous bouillons ils, elles bouillent	je bouillais nous bouillions
16	**PARTIR**	je pars il, elle part nous partons ils, elles partent	je partais nous partions
	SENTIR	je sens il, elle sent nous sentons ils, elles sentent	je sentais nous sentions

futur	passé simple	participe passé	subjonctif présent
je haïrai nous haïrons	je haïs nous haïmes	haï, ïe	que je haïsse que nous haïssions
je courrai nous courrons	je courus nous courûmes	couru, ue	que je coure que nous courions
je cueillerai nous cueillerons	je cueillis nous cueillîmes	cueilli, ie	que je cueille que nous cueillions
j'assaillirai nous assaillirons	j'assaillis nous assaillîmes	assailli, ie	que j'assaille que nous assaillions
je servirai nous servirons	je servis nous servîmes	servi, ie	que je serve que nous servions
je bouillirai nous bouillirons	je bouillis nous bouillîmes	bouilli, ie	que je bouille qu'il, qu'elle bouille que nous bouillions
je partirai nous partirons	je partis nous partîmes	parti, ie	que je parte que nous partions
je sentirai nous sentirons	je sentis nous sentîmes	senti, ie	que je sente que nous sentions

		INDICATIF présent	INDICATIF imparfait
17	**FUIR**	je fuis il, elle fuit nous fuyons ils, elles fuient	je fuyais nous fuyions
18	**COUVRIR**	je couvre il, elle couvre nous couvrons ils, elles couvrent	je couvrais nous couvrions
19	**MOURIR**	je meurs il, elle meurt nous mourons ils, elles meurent	je mourais nous mourions
20	**VÊTIR**	je vêts il, elle vêt nous vêtons ils, elles vêtent	je vêtais nous vêtions
21	**ACQUÉRIR**	j'acquiers il, elle acquiert nous acquérons ils, elles acquièrent	j'acquérais nous acquérions
22	**VENIR**	je viens il, elle vient nous venons ils, elles viennent	je venais nous venions

verbes en ***-oir***

		INDICATIF présent	INDICATIF imparfait
23	**PLEUVOIR** impersonnel	il pleut	il pleuvait
24	**PRÉVOIR**	je prévois il, elle prévoit nous prévoyons ils, elles prévoient	je prévoyais nous prévoyions
25	**POURVOIR**	je pourvois il, elle pourvoit nous pourvoyons ils, elles pourvoient	je pourvoyais nous pourvoyions

futur	passé simple	participe passé	subjonctif présent
je fuirai nous fuirons	je fuis nous fuîmes	fui, e	que je fuie que nous fuyions
je couvrirai nous couvrirons	je couvris nous couvrîmes	couvert, e	que je couvre que nous couvrions
je mourrai nous mourrons	je mourus nous mourûmes	mort, e	que je meure que nous mourions
je vêtirai nous vêtirons	je vêtis nous vêtîmes	vêtu, ue	que je vête que nous vêtions
j'acquerrai nous acquerrons	j'acquis nous acquîmes	acquis, e	que j'acquière que nous acquérions
je viendrai nous viendrons	je vins nous vînmes	venu, ue	que je vienne que nous venions
il pleuvra	il plut	plu *(invariable)*	qu'il pleuve
je prévoirai nous prévoirons	je prévis nous prévîmes	prévu, ue	que je prévoie que nous prévoyions
je pourvoirai nous pourvoirons	je pourvus nous pourvûmes	pourvu, ue	que je pourvoie que nous pourvoyions

		INDICATIF présent	INDICATIF imparfait
26	ASSEOIR	j'assois ou j'assieds il, elle assoit ou il, elle assied nous assoyons ou nous asseyons ils, elles assoient ou ils, elles asseyent	j'assoyais ou j'asseyais nous assoyions ou nous asseyions
27	MOUVOIR	je meus il, elle meut nous mouvons ils, elles meuvent	je mouvais nous mouvions

REMARQUE – ***émouvoir*** et ***promouvoir*** font au participe passé *ému, ue ; promu, ue.*

		INDICATIF présent	INDICATIF imparfait
28	RECEVOIR	je reçois il, elle reçoit nous recevons ils, elles reçoivent	je recevais nous recevions
	DEVOIR	je dois	je devais
29	VALOIR	je vaux il, elle vaut nous valons ils, elles valent	je valais nous valions
	ÉQUIVALOIR		
	PRÉVALOIR		
	FALLOIR impersonnel	il faut	il fallait
30	VOIR	je vois il, elle voit nous voyons ils, elles voient	je voyais nous voyions
31	VOULOIR	je veux il, elle veut nous voulons ils, elles veulent	je voulais nous voulions
32	SAVOIR	je sais il, elle sait nous savons ils, elles savent	je savais nous savions
33	POUVOIR	je peux ou je puis il, elle peut nous pouvons ils, elles peuvent	je pouvais nous pouvions

futur	passé simple	participe passé	subjonctif présent
j'assoirai ou j'assiérai ou j'asseyerai nous assoirons	j'assis nous assîmes	assis, e	que j'assoie ou que j'asseye que nous assoyions ou que nous asseyions
je mouvrai nous mouvrons	je mus nous mûmes	mû, mue, mus	que je meuve que nous mouvions
je recevrai nous recevrons	je reçus nous reçûmes	reçu, ue	que je reçoive que nous recevions
je devrai	je dus	dû, due, dus	que je doive
je vaudrai nous vaudrons	je valus nous valûmes	valu, ue	que je vaille que nous valions
		équivalu *(invariable)*	
		prévalu, ue	que je prévale
il faudra	il fallut	fallu *(invariable)*	qu'il faille
je verrai nous verrons	je vis nous vîmes	vu, vue	que je voie que nous voyions
je voudrai nous voudrons	je voulus nous voulûmes	voulu, ue	que je veuille que nous voulions
je saurai nous saurons	je sus nous sûmes	su, ue	que je sache que nous sachions
je pourrai nous pourrons	je pus nous pûmes	pu *(invariable)*	que je puisse que nous puissions

INDICATIF

présent

j'	ai
tu	as
il, elle	a
nous	avons
vous	avez
ils, elles	ont

passé composé

j'	ai eu
tu	as eu
il, elle	a eu
nous	avons eu
vous	avez eu
ils, elles	ont eu

imparfait

j'	avais
tu	avais
il, elle	avait
nous	avions
vous	aviez
ils, elles	avaient

plus-que-parfait

j'	avais eu
tu	avais eu
il, elle	avait eu
nous	avions eu
vous	aviez eu
ils, elles	avaient eu

passé simple

j'	eus
tu	eus
il, elle	eut
nous	eûmes
vous	eûtes
ils, elles	eurent

passé antérieur

j'	eus eu
tu	eus eu
il, elle	eut eu
nous	eûmes eu
vous	eûtes eu
ils, elles	eurent eu

futur simple

j'	aurai
tu	auras
il, elle	aura
nous	aurons
vous	aurez
ils, elles	auront

futur antérieur

j'	aurai eu
tu	auras eu
il, elle	aura eu
nous	aurons eu
vous	aurez eu
ils, elles	auront eu

CONDITIONNEL

présent

j'	aurais
tu	aurais
il, elle	aurait
nous	aurions
vous	auriez
ils, elles	auraient

passé

j'	aurais eu
tu	aurais eu
il, elle	aurait eu
nous	aurions eu
vous	auriez eu
ils, elles	auraient eu

SUBJONCTIF

présent

que j'	**aie**
que tu	**aies**
qu'il, qu'elle	**ait**
que nous	**ayons**
que vous	**ayez**
qu'ils, qu'elles	**aient**

passé

que j'	**aie eu**
que tu	**aies eu**
qu'il, qu'elle	**ait eu**
que nous	**ayons eu**
que vous	**ayez eu**
qu'ils, qu'elles	**aient eu**

imparfait

que j'	**eusse**
que tu	**eusses**
qu'il, qu'elle	**eût**
que nous	**eussions**
que vous	**eussiez**
qu'ils, qu'elles	**eussent**

plus-que-parfait

que j'	**eusse eu**
que tu	**eusses eu**
qu'il, qu'elle	**eût eu**
que nous	**eussions eu**
que vous	**eussiez eu**
qu'ils, qu'elles	**eussent eu**

IMPÉRATIF

présent

aie
ayons
ayez

passé

L'impératif passé n'est pas utilisé.

PARTICIPE

présent

ayant

passé

eu, eue
ayant eu

INFINITIF

présent

avoir

passé

avoir eu

		INDICATIF présent	INDICATIF imparfait
35	CONCLURE	je conclus il, elle conclut nous concluons ils, elles concluent	je concluais nous concluions

REMARQUE – ***exclure*** se conjugue comme ***conclure*** : participe passé *exclu, ue* ; ***inclure*** se conjugue comme ***conclure*** sauf au participe passé : *inclus, incluse.*

		INDICATIF présent	INDICATIF imparfait
36	RIRE	je ris il, elle rit nous rions ils, elles rient	je riais nous riions
37	DIRE	je dis il, elle dit nous disons vous dites ils, elles disent	je disais nous disions

REMARQUE – ***médire, contredire, dédire, interdire, prédire*** se conjuguent comme ***dire*** sauf *médisez, contredisez, dédisez, interdisez, prédisez.*

		INDICATIF présent	INDICATIF imparfait
	SUFFIRE	vous suffisez	

REMARQUE – ***confire*** se conjugue comme ***suffire*** sauf au participe passé : *confit, e.*

		INDICATIF présent	INDICATIF imparfait
38	NUIRE	je nuis il, elle nuit nous nuisons ils, elles nuisent	je nuisais nous nuisions
	CONDUIRE		

et les verbes : ***luire, reluire, construire, cuire, déduire, détruire, enduire, induire, instruire, introduire, produire, réduire, séduire, traduire.***

		INDICATIF présent	INDICATIF imparfait
39	ÉCRIRE	j'écris il, elle écrit nous écrivons ils, elles écrivent	j'écrivais nous écrivions

futur	passé simple	participe passé	subjonctif présent
je conclurai nous conclurons	je conclus nous conclûmes	conclu, ue	que je conclue que nous concluions
je rirai nous rirons	je ris nous rîmes	ri *(invariable)*	que je rie que nous riions
je dirai nous dirons	je dis nous dîmes	dit, e	que je dise que nous disions
		suffi *(invariable)*	
je nuirai nous nuirons	je nuisis nous nuisîmes	nui *(invariable)*	que je nuise que nous nuisions
		conduit, e	
j'écrirai nous écrirons	j'écrivis nous écrivîmes	écrit, e	que j'écrive que nous écrivions

		INDICATIF présent	INDICATIF imparfait
40	**SUIVRE**	je suis il, elle suit nous suivons ils, elles suivent	je suivais nous suivions
41	**RENDRE**	je rends il, elle rend nous rendons ils, elles rendent	je rendais nous rendions
	et les verbes en ***-andre*** (ex. : *répandre*), ***-erdre*** (ex. : *perdre*), ***-ondre*** (ex. : *répondre*), ***-ordre*** (ex. : *mordre*).		
	ROMPRE	il, elle rompt	il, elle rompait
	BATTRE	je bats il, elle bat nous battons ils, elles battent	je battais nous battions
42	**VAINCRE**	je vaincs il, elle vainc nous vainquons ils, elles vainquent	je vainquais nous vainquions
43	**LIRE**	je lis il, elle lit nous lisons ils, elles lisent	je lisais nous lisions
44	**CROIRE**	je crois il, elle croit nous croyons ils, elles croient	je croyais nous croyions
45	**CLORE**	je clos il, elle clôt ils, elles closent	je closais *(contesté)*

futur	passé simple	participe passé	subjonctif présent
je suivrai nous suivrons	je suivis nous suivîmes	suivi, ie	que je suive que nous suivions
je rendrai nous rendrons	je rendis nous rendîmes	rendu, ue	que je rende que nous rendions
il, elle rompra	il, elle rompit	rompu, ue	qu'il, qu'elle rompe
je battrai nous battrons	je battis nous battîmes	battu, ue	que je batte que nous battions
je vaincrai nous vaincrons	je vainquis nous vainquîmes	vaincu, ue	que je vainque que nous vainquions
je lirai nous lirons	je lus nous lûmes	lu, lue	que je lise que nous lisions
je croirai nous croirons	je crus nous crûmes	cru, ue	que je croie que nous croyions
je clorai *(rare)*	*(n'existe pas)*	clos, e	que je close

		INDICATIF présent	INDICATIF imparfait
46	VIVRE	je vis il, elle vit nous vivons ils, elles vivent	je vivais nous vivions
47	MOUDRE	je mouds il, elle moud nous moulons ils, elles moulent	je moulais nous moulions
48	COUDRE	je couds il, elle coud nous cousons ils, elles cousent	je cousais nous cousions
49	JOINDRE	je joins il, elle joint nous joignons ils, elles joignent	je joignais nous joignions
50	TRAIRE	je trais il, elle trait nous trayons ils, elles traient	je trayais nous trayions
51	DISSOUDRE	je dissous il, elle dissout nous dissolvons ils, elles dissolvent	je dissolvais nous dissolvions
52	CRAINDRE	je crains il, elle craint nous craignons ils, elles craignent	je craignais nous craignions
	PEINDRE	je peins il, elle peint nous peignons ils, elles peignent	je peignais nous peignions

REMARQUE – ***résoudre*** se conjugue comme **dissoudre.** Il a deux participes passés : *résolu, ue (problème résolu)* et *résous, oute (brouillard résous en pluie).*

futur	passé simple	participe passé	subjonctif présent
je vivrai nous vivrons	je vécus nous vécûmes	vécu, ue	que je vive que nous vivions
je moudrai nous moudrons	je moulus nous moulûmes	moulu, ue	que je moule que nous moulions
je coudrai nous coudrons	je cousis nous cousîmes	cousu, ue	que je couse que nous cousions
je joindrai nous joindrons	je joignis nous joignîmes	joint, e	que je joigne que nous joignions
je trairai nous trairons	*(n'existe pas)*	trait, e	que je traie que nous trayions
je dissoudrai nous dissoudrons	je dissolus	dissous, oute	que je dissolve que nous dissolvions
je craindrai nous craindrons	je craignis nous craignîmes	craint, e	que je craigne que nous craignions
je peindrai nous peindrons	je peignis nous peignîmes	peint, e	que je peigne que nous peignions

		INDICATIF présent	INDICATIF imparfait
53	BOIRE	je bois il, elle boit nous buvons ils, elles boivent	je buvais nous buvions
54	PLAIRE	je plais il, elle plaît nous plaisons ils, elles plaisent	je plaisais nous plaisions

REMARQUE – Le participe passé de ***plaire, complaire, déplaire,*** est invariable.

		INDICATIF présent	INDICATIF imparfait
	TAIRE	il, elle tait	
55	CROÎTRE	je croîs il, elle croît nous croissons ils, elles croissent	je croissais nous croissions

REMARQUE – ***accroître*** et ***décroître*** ne prennent un accent circonflexe que sur l'***i*** suivi d'un ***t*** : *j'accrois, elle décrut ; accru, ue ; décru, ue* ; et aux 1re et 2e personnes du pluriel du passé simple.

		INDICATIF présent	INDICATIF imparfait
56	METTRE	je mets il, elle met nous mettons ils, elles mettent	je mettais nous mettions
57	CONNAÎTRE	je connais il, elle connaît nous connaissons ils, elles connaissent	je connaissais nous connaissions
58	PRENDRE	je prends il, elle prend nous prenons ils, elles prennent	je prenais nous prenions
59	NAÎTRE	je nais il, elle naît nous naissons ils, elles naissent	je naissais nous naissions

REMARQUE – ***renaître*** n'a pas de participe passé.

futur	passé simple	participe passé	subjonctif présent
je boirai nous boirons	je bus nous bûmes	bu, bue	que je boive que nous buvions
je plairai nous plairons	je plus nous plûmes	plu *(invariable)*	que je plaise que nous plaisions
		tu, tue	
je croîtrai nous croîtrons	je crûs nous crûmes	crû, crue, crus	que je croisse que nous croissions
je mettrai nous mettrons	je mis nous mîmes	mis, e	que je mette que nous mettions
je connaîtrai nous connaîtrons	je connus nous connûmes	connu, ue	que je connaisse que nous connaissions
je prendrai nous prendrons	je pris nous prîmes	pris, e	que je prenne que nous prenions
je naîtrai nous naîtrons	je naquis nous naquîmes	né, e	que je naisse que nous naissions

INDICATIF

présent

je	fais
tu	fais
il, elle	fait
nous	faisons
vous	faites
ils, elles	font

passé composé

j'	ai fait
tu	as fait
il, elle	a fait
nous	avons fait
vous	avez fait
ils, elles	ont fait

imparfait

je	faisais
tu	faisais
il, elle	faisait
nous	faisions
vous	faisiez
ils, elles	faisaient

plus-que-parfait

j'	avais fait
tu	avais fait
il, elle	avait fait
nous	avions fait
vous	aviez fait
ils, elles	avaient fait

passé simple

je	fis
tu	fis
il, elle	fit
nous	fîmes
vous	fîtes
ils, elles	firent

passé antérieur

j'	eus fait
tu	eus fait
il, elle	eut fait
nous	eûmes fait
vous	eûtes fait
ils, elles	eurent fait

futur simple

je	ferai
tu	feras
il, elle	fera
nous	ferons
vous	ferez
ils, elles	feront

futur antérieur

j'	aurai fait
tu	auras fait
il, elle	aura fait
nous	aurons fait
vous	aurez fait
ils, elles	auront fait

CONDITIONNEL

présent

je	ferais
tu	ferais
il, elle	ferait
nous	ferions
vous	feriez
ils, elles	feraient

passé

j'	aurais fait
tu	aurais fait
il, elle	aurait fait
nous	aurions fait
vous	auriez fait
ils, elles	auraient fait

SUBJONCTIF

présent	
que je	fasse
que tu	fasses
qu'il, qu'elle	fasse
que nous	fassions
que vous	fassiez
qu'ils, qu'elles	fassent

passé	
que j'	aie fait
que tu	aies fait
qu'il, qu'elle	ait fait
que nous	ayons fait
que vous	ayez fait
qu'ils, qu'elles	aient fait

imparfait	
que je	fisse
que tu	fisses
qu'il, qu'elle	fît
que nous	fissions
que vous	fissiez
qu'ils, qu'elles	fissent

plus-que-parfait	
que j'	eusse fait
que tu	eusses fait
qu'il, qu'elle	eût fait
que nous	eussions fait
que vous	eussiez fait
qu'ils, qu'elles	eussent fait

IMPÉRATIF

présent	passé
fais	aie fait
faisons	ayons fait
faites	ayez fait

PARTICIPE

présent	passé
faisant	fait, e
	ayant fait

INFINITIF

présent	passé
faire	avoir fait

INDICATIF

présent

je	suis
tu	es
il, elle	est
nous	sommes
vous	êtes
ils, elles	sont

passé composé

j'	ai été
tu	as été
il, elle	a été
nous	avons été
vous	avez été
ils, elles	ont été

imparfait

j'	étais
tu	étais
il, elle	était
nous	étions
vous	étiez
ils, elles	étaient

plus-que-parfait

j'	avais été
tu	avais été
il, elle	avait été
nous	avions été
vous	aviez été
ils, elles	avaient été

passé simple

je	fus
tu	fus
il, elle	fut
nous	fûmes
vous	fûtes
ils, elles	furent

passé antérieur

j'	eus été
tu	eus été
il, elle	eut été
nous	eûmes été
vous	eûtes été
ils, elles	eurent été

futur simple

je	serai
tu	seras
il, elle	sera
nous	serons
vous	serez
ils, elles	seront

futur antérieur

j'	aurai été
tu	auras été
il, elle	aura été
nous	aurons été
vous	aurez été
ils, elles	auront été

CONDITIONNEL

présent

je	serais
tu	serais
il, elle	serait
nous	serions
vous	seriez
ils, elles	seraient

passé

j'	aurais été
tu	aurais été
il, elle	aurait été
nous	aurions été
vous	auriez été
ils, elles	auraient été

SUBJONCTIF

présent

que je	**sois**
que tu	**sois**
qu'il, qu'elle	**soit**
que nous	**soyons**
que vous	**soyez**
qu'ils, qu'elles	**soient**

passé

que j'	**aie été**
que tu	**aies été**
qu'il, qu'elle	**ait été**
que nous	**ayons été**
que vous	**ayez été**
qu'ils, qu'elles	**aient été**

imparfait

que je	**fusse**
que tu	**fusses**
qu'il, qu'elle	**fût**
que nous	**fussions**
que vous	**fussiez**
qu'ils, qu'elles	**fussent**

plus-que-parfait

que j'	**eusse été**
que tu	**eusses été**
qu'il, qu'elle	**eût été**
que nous	**eussions été**
que vous	**eussiez été**
qu'ils, qu'elles	**eussent été**

IMPÉRATIF

présent

sois
soyons
soyez

passé

L'impératif passé n'est pas utilisé.

PARTICIPE

présent

étant

passé

été
ayant été

INFINITIF

présent

être

passé

avoir été

les couleurs

✦ accord des mots désignant les couleurs

adjectifs de couleur	variables	Les adjectifs de couleur s'accordent en général, en genre et en nombre, avec le nom auquel ils se rapportent : *des nappes **vertes*** *des robes **bleues*** *des assiettes **blanches***
	invariables	Les adjectifs de couleur sont invariables quand ils sont accompagnés d'un autre mot qui les précise : *des yeux **vert clair*** *des jupes **bleu marine***
noms de couleur	invariables	Les noms de choses désignant des couleurs sont invariables : *des gants **marron*** *des rubans **orange*** *des caniches **abricot***
	variables	Il y a six exceptions : *écarlate, fauve, incarnat, mauve, pourpre* et *rose :* *des fleurs **mauves*** *des joues **roses***

✦ emploi du trait d'union

Entre deux termes de couleur, on met un trait d'union :

*une chemise **gris-bleu***

Entre deux mots dont l'un n'est pas un nom de couleur, on ne met pas de trait d'union :

*des chaussettes **vert pomme***

les noms de nombres

chiffres arabes		chiffres romains
0	*zéro*	
1	*un*	I
2	*deux*	II
3	*trois*	III
4	*quatre*	IV
5	*cinq*	V
6	*six*	VI
7	*sept*	VII
8	*huit*	VIII
9	*neuf*	IX
10	*dix*	X
11	*onze*	XI
12	*douze*	XII
13	*treize*	XIII
14	*quatorze*	XIV
15	*quinze*	XV
16	*seize*	XVI
17	*dix-sept*	XVII
18	*dix-huit*	XVIII
19	*dix-neuf*	XIX
20	*vingt*	XX
21	*vingt et un*	XXI
22	*vingt-deux*	XXII
30	*trente*	XXX
31	*trente et un*	XXXI
32	*trente-deux*	XXXII
40	*quarante*	XL
41	*quarante et un*	XLI
42	*quarante-deux*	XLII
50	*cinquante*	L
51	*cinquante et un*	LI
52	*cinquante-deux*	LII
60	*soixante*	LX
61	*soixante et un*	LXI
62	*soixante-deux*	LXII
70	*soixante-dix*	LXX
71	*soixante et onze*	LXXI
72	*soixante-douze*	LXXII
80	*quatre-vingts*	LXXX
81	*quatre-vingt-un*	LXXXI

les noms de nombres

chiffres arabes		chiffres romains
82	*quatre-vingt-deux*	LXXXII
90	*quatre-vingt-dix*	XC
91	*quatre-vingt-onze*	XCI
92	*quatre-vingt-douze*	XCII
100	*cent*	C
101	*cent un*	CI
102	*cent deux*	CII
200	*deux cents*	CC
201	*deux cent un*	CCI
202	*deux cent deux*	CCII
300	*trois cents*	CCC
301	*trois cent un*	CCCI
302	*trois cent deux*	CCCII
400	*quatre cents*	CD
500	*cinq cents*	D
999	*neuf cent quatre-vingt-dix-neuf*	IM
1000	*mille*	M
1001	*mille un*	MI
1002	*mille deux*	MII
1100	*mille cent* ou *onze cents*	MC
1200	*mille deux cents* ou *douze cents*	MCC
2000	*deux mille*	MM

Au-delà de *deux mille*,
on n'emploie guère les chiffres romains.

9 999	*neuf mille neuf cent quatre-vingt-dix-neuf*
10 000	*dix mille*
99 999	*quatre-vingt-dix-neuf mille neuf cent quatre-vingt-dix-neuf*
100 000	*cent mille*
100 001	*cent mille un* ou *cent mille et un*
100 002	*cent mille deux*
101 000	*cent un mille*
1 000 000	*un million*
1 000 000 000	*un milliard*

REMARQUE : Les composés des adjectifs numéraux cardinaux s'écrivent avec des traits d'union (exemple : *dix-sept, quatre-vingt-un*), sauf si entrent dans leur composition les mots *et, cent* ou *mille,* lesquels ne sont jamais précédés ou suivis de trait d'union (exemple : *cent sept, vingt et un, trois mille vingt-deux*).

ORTHOGRAPHE : les recommandations de 1990

Le français, comme toutes les langues vivantes, évolue avec le temps. Des mots nouveaux apparaissent, la prononciation change. L'orthographe aussi a connu des modifications et des réformes au cours des siècles. Pour rendre plus simple et plus logique l'écriture de certains mots, de nouvelles recommandations ont été publiées au *Journal officiel* en 1990. Ces nouvelles façons d'écrire sont recommandées, sans être imposées ; les formes nouvelles et les formes traditionnelles sont admises, chacune d'elles est correcte. Ces rectifications concernent plusieurs points, en particulier les accents et le tréma, le trait d'union et les mots composés, les mots d'origine étrangère, la conjugaison et quelques « anomalies » orthographiques. En voici les grandes règles.

Les accents et le tréma

événement - évènement
flûte - flute
aiguë - aigüe

- Un accent aigu est ajouté sur les *e* qui se prononcent *é* : *asséner, cuillérée, recéler, répartie...*

- L'accent aigu est remplacé par un accent grave dans les mots où l'on entend è : *évènement*, *sècheresse...*

- L'accent circonflexe disparaît sur les lettres *i* et *u* : *boite, gouter, connaitre, il parait, piqure...* (il reste dans les terminaisons du passé simple et du subjonctif : *nous finîmes, qu'elle finît,* ainsi que dans les cas où il permet de distinguer deux mots : *mur* et *mûr*)

- Le tréma est ajouté ou déplacé pour insister sur la prononciation de la lettre *u* : *ambigüité, cigüe, gageüre...*

Le trait d'union et les mots composés

cent deux - cent-deux
tam-tam - tamtam

- Les numéraux composés prennent un trait d'union : *trente-et-un, cent-quarante-six, mille-trois-cents...*

- Des mots savants, des mots bien implantés dans l'usage, des onomatopées s'écrivent en un seul mot, sans trait d'union ; le pluriel est alors régulier : *autoécole, bassecour, millepatte, plateforme, portemonnaie, tictac...*

- Au pluriel, les mots à trait d'union composés d'un verbe et d'un nom ou d'une préposition et d'un nom suivent la règle des mots simples et seul le second élément porte la marque du pluriel : *un abat-jour, des abat-jours ; un compte-goutte, des compte-gouttes ; un sans-papier, des sans-papiers ; un sèche-cheveu, des sèche-cheveux...*

Les mots d'origine étrangère

fjord - fiord
globe-trotter - globetrotteur
des gentlemen - des gentlemans

Les mots empruntés aux autres langues suivent en général les règles qui s'appliquent aux mots français :

- pour l'accent : *diésel, pénalty, pizzéria, révolver, sénior, toréro...*
- pour le pluriel : *des barmans, des ferrys, des matchs, des raviolis, des sopranos, des tumulus...*
- pour le choix de l'écriture la plus simple, sans accent inutile ni signe étranger : *allo, cacahouète, canyon, iglou, mixeur, siroco...*
- pour les mots composés, écrits sans trait d'union : *babyfoot, handball, pingpong, teeshirt, weekend...*

La conjugaison

elle dételle - elle détèle
elle libérera - elle libèrera

- Les verbes qui se terminent en *-eler* et *-eter* se conjuguent comme *peler* et *acheter* : *je renouvèle, il chancèlera, il musèle, il volète...* (sauf *appeler, jeter* et leurs composés).

- Au futur et au conditionnel, on emploie l'accent grave pour les verbes qui se conjuguent sur le modèle de *céder* : *je cèderai, il libèrera, elle possèdera, ils tolèreraient...*

Les « anomalies »

vantail - ventail
interpeller - interpeler
eczéma - exéma

Certaines anomalies sont corrigées, pour harmoniser la graphie avec la prononciation ou l'étymologie, ou avec une série similaire. Il est recommandé d'écrire par exemple *boursoufflure* (famille de *souffler*), *combattif* (famille de *battre*), *imbécilité* (famille de *imbécile*), *nénufar, ognon, relai* (comme *balai, essai...*), *assoir* (comme *choir, voir...*)...

DÉCOUVERTE DU MONDE

Géographie

Histoire

Atlas du monde

Cet atlas est accompagné d'un petit dictionnaire regroupant 300 notices consacrées aux continents, à tous les pays du monde et à certaines régions (France, Belgique, cantons suisses).

160°
120°
60° Ouest
0°
OCÉAN GLACIAL
Cercle polaire arctique
EUROPE
Tropique du Cancer
AMÉRIQUE
OCÉAN ATLANTIQUE
Équateur
AFRIQUE
Tropique du Capricorne
OCÉAN PACIFIQUE
0
4 000 km
OCÉAN GLACIAL
Cercle polaire antarctique

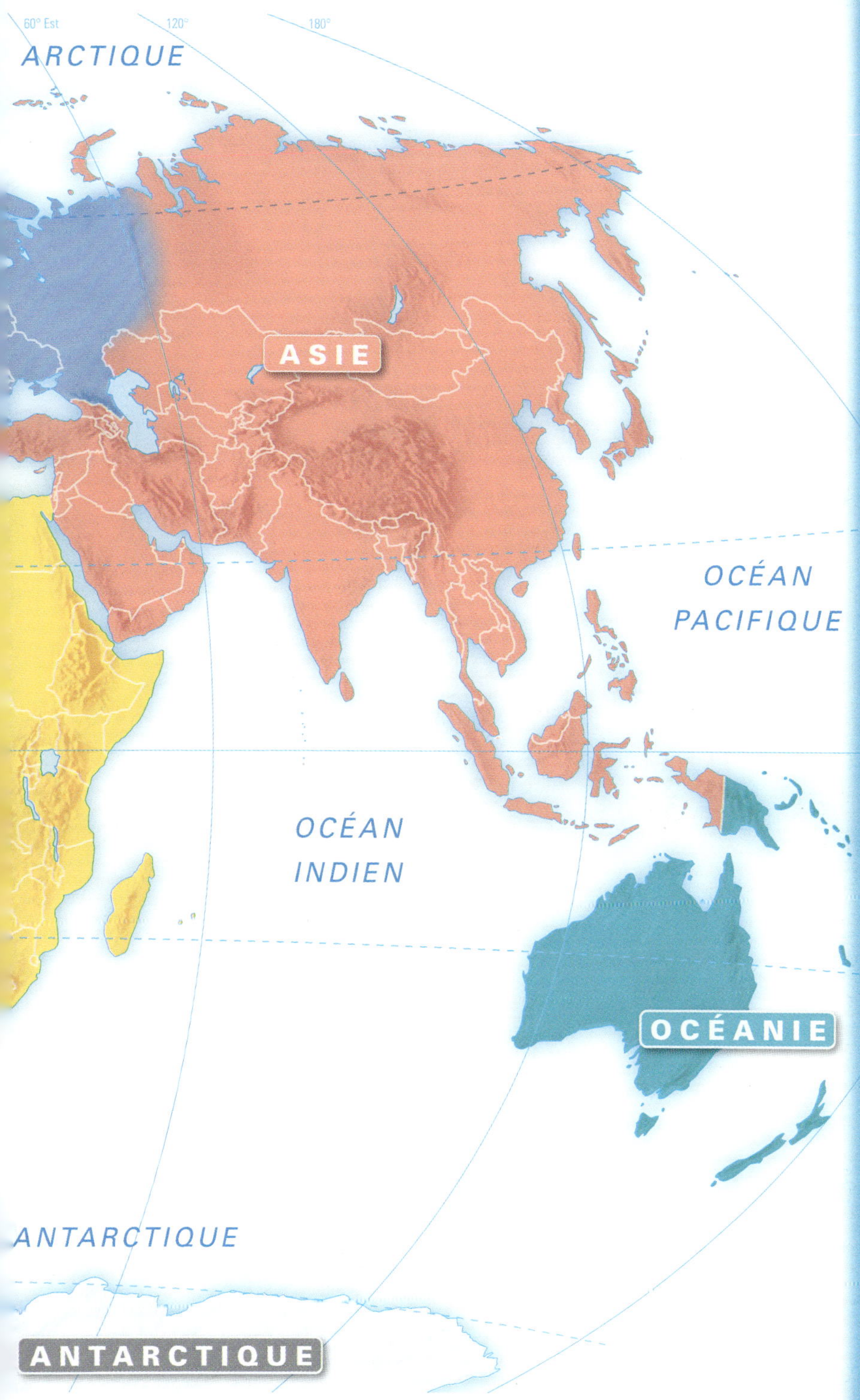
60° Est
120°
180°
ARCTIQUE
ASIE
OCÉAN
PACIFIQUE
OCÉAN
INDIEN
OCÉANIE
ANTARCTIQUE
ANTARCTIQUE

OCÉAN GLACIAL ARCTIQU
0°
60°
Cercle polaire arctique
Îles Féroé (Danemark)
Îles Shetland
Galdhøpiggen 2 470 m
Massif scandin
Ben Nevis 1 343 m
20°
MER DU NORD
50°
Tamise
MANCHE
Îles Anglo-Normandes
OCÉAN ATLANTIQUE
Weser
Elbe
Seine
Rhin
Danube
Vosges
Loire
Jura
Mt Blanc 4 810 m
Massif central
Alpes
Garonne
Rhône
Pô
40°
Douro
Èbre
Pyrénées
Aneto 3 404 m
Apennin
MER ADRIATI
Tage
Corse
Sardaigne
Îles Baléares
MER TYRRHÉNIENNE
Détroit de Gibraltar
MER MÉDITERRANÉE
Etna 3 329 m
Sicile
AFRIQUE

MER DE BARENTS
Cap Nord
20°
40°
60°
Petchora
Ob
Monts Oural
ASIE
MER BLANCHE
Plaine russe
Lac Onega
Lac Ladoga
MER
ALTIQUE
Kama
Volga
Plateau central
Plateau de la Volga
Don
ASIE
Oural
50°
Dniepr
Tatra
663 m
Carpates
Dniestr
Dépression caspienne
MER CASPIENNE
MER D'AZOV
Crimée
Elbrouz
5 642 m
Caucase
Danube
MER NOIRE
0
500 km
40°
Bosphore
Olympe
2 911 m
ASIE
Dardanelles
MER ÉGÉE
Crète
Sommet
Montagne
Colline et plateau
Plaine
Seine
Fleuve et rivière
Frontière de pays

OCÉAN GLACIAL ARCTIQUE
Cercle polaire arctique
Reykjavik
ISLANDE
FRANCE Pays de l'Union européenne
Frontière de pays
Capitale
Autre ville
MONT. MONTÉNÉGRO
KOS. KOSOVO
LIECH. LIECHTENSTEIN
0
500 km
Îles Féroé (Danemark)
Îles Shetland
Trondheim
NORVÈGE
Bergen
Oslo
SUÈDE
Göteborg
Malmö
MER DU NORD
DANEMARK
Copenhague
Glasgow
Édimbourg
Belfast
Dublin
ROYAUME-UNI
IRLANDE
Liverpool
Leeds
Manchester
Birmingham
Cardiff
Londres
PAYS-BAS
Amsterdam
La Haye
Rotterdam
Hambourg
Brême
Berlin
Pozna
Manche
BELGIQUE
Anvers
ALLEMAGNE
Îles Anglo-Normandes
Lille
Bruxelles
Cologne
Bonn
Leipzig
Dresde
OCÉAN ATLANTIQUE
Rouen
Paris
LUX.
Luxembourg
Francfort
Prague
Rennes
R. TCHEQ
Nantes
Strasbourg
Stuttgart
Munich
Salzbourg
Vienn
FRANCE
Zurich
LIECH.
Vaduz
Berne
AUTRICHE
Genève
SUISSE
Bordeaux
Lyon
Ljubljana
Bilbao
Milan
SLOVÉNIE
Zag
Porto
Toulouse
Grenoble
Turin
Venise
Gênes
CROATIE
BOSNIE HERZÉGOV
PORTUGAL
Andorre-la-Vieille
Nice
MONACO
ST-MARIN
Marseille
ANDORRE
Madrid
Lisbonne
Saragosse
Florence
Saraje
MER ADRIATIQ
Barcelone
Corse
Rome
ESPAGNE
ITALIE
Bari
Valence
Sardaigne
Naples
Séville
MER TYRRHÉNIENNE
Îles Baléares
Malaga
Grenade
Gibraltar (Royaume-Uni)
Détroit de Gibraltar
Palerme
Sicile
MAROC
ALGÉRIE
MALTE
TUNISIE
La Valette
AFRIQUE
ME

MER DE BARENTS
ASIE
FINLANDE
Tampere
Helsinki
tockholm
MER
LTIQUE
Tallinn
ESTONIE
Saint-Pétersbourg
RUSSIE
Perm
Oufa
Kazan
Nijni-Novgorod
Moscou
Samara
LETTONIE
Riga
LITUANIE
Vilnius
(Russie)
Minsk
BIÉLORUSSIE
Varsovie
POLOGNE
acovie
Kiev
Kharkov
Volgograd
UKRAINE
Donetsk
Dniepropetrovsk
LOVAQUIE
atislava
MOLDAVIE
Chisinau
Odessa
MER D'AZOV
MER CASPIENNE
Budapest
ONGRIE
ROUMANIE
Belgrade
Bucarest
SERBIE
MER NOIRE
GÉORGIE
AZERBAÏDJAN
ARMÉNIE
Pristina
BULGARIE
Sofia
KOS.
Skopje
Plovdiv
Istanbul
MACÉDOINE
Salonique
BANIE
IRAN
TURQUIE
ASIE
GRÈCE
MER ÉGÉE
Athènes
IRAK
Nicosie
SYRIE
MÉDITERRANÉE
Rhodes
CHYPRE
Crète

GÉOGRAPHIE ▶ La France : le relief

La France administrative

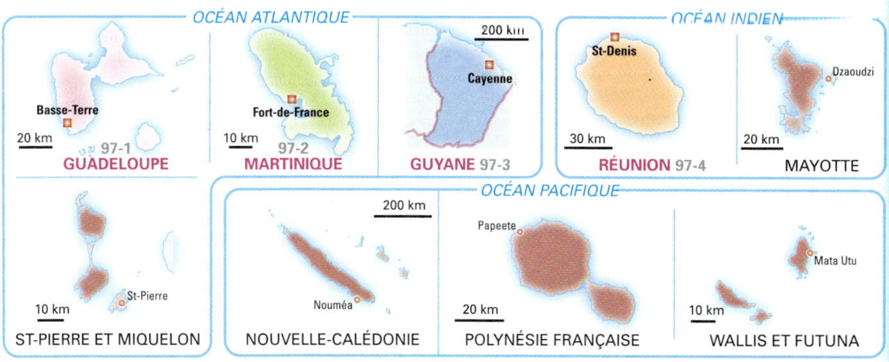

ALSACE Strasbourg — Région et chef-lieu de Région (préfecture de Région)	Frontière internationale	Autres territoires français
LOT 46 Cahors — Département et chef-lieu de département (préfecture)	Limite de Région	
	Limite de département	

Sommet
Fleuve et rivière
Frontière de pays
Montagne
Colline et plateau
Plaine

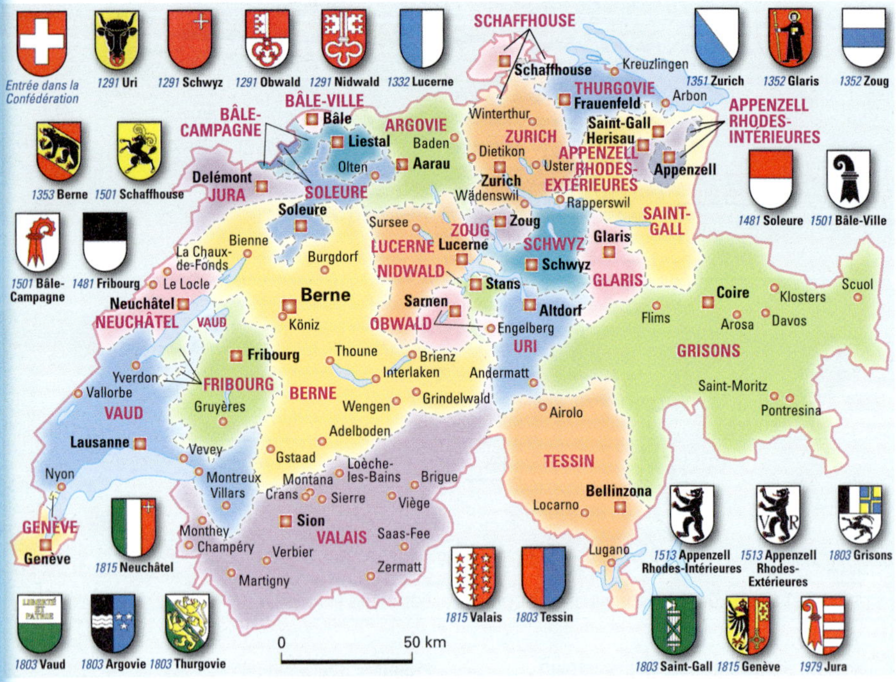

Berne ■ Capitale
Sierre ● Autre ville
VALAIS Canton
Sion ■ Chef-lieu de canton
Frontière internationale
Limite de canton

La Belgique et le Luxembourg

△ Sommet
▲ Altitude
Frontière de pays
Fleuve et rivière
Canaux
Colline et plateau
Plaine

R.B.C. : Région de Bruxelles-Capitale

Bruxelles ■ Capitale
□ Chef-lieu de Région
Gand ■ Chef-lieu de province
Clervaux ● Autre ville
R.B.C. Région
HAINAUT Province
Frontière internationale
Limite de Région
Limite de province

L'Amérique du Nord et l'Amérique centrale

L'Amérique du Sud

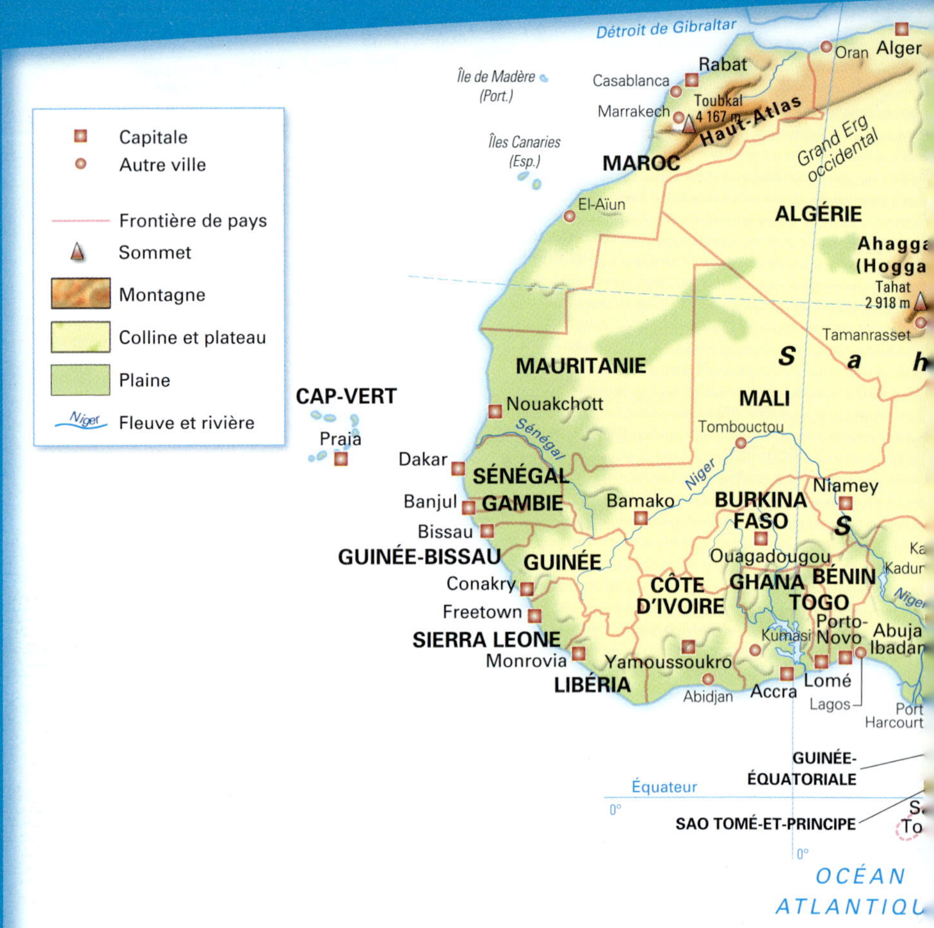
Capitale
Autre ville
Frontière de pays
Sommet
Montagne
Colline et plateau
Plaine
Niger
Fleuve et rivière
Détroit de Gibraltar
Île de Madère (Port.)
Îles Canaries (Esp.)
Oran
Alger
Rabat
Casablanca
Marrakech
Toubkal 4 167 m
Haut-Atlas
Grand Erg occidental
MAROC
El-Aïun
ALGÉRIE
Ahagga (Hogga
Tahat 2 918 m
Tamanrasset
MAURITANIE
S a h
CAP-VERT
Praia
Nouakchott
Sénégal
MALI
Tombouctou
Dakar
SÉNÉGAL
Niger
Niamey
Banjul
GAMBIE
Bamako
BURKINA FASO
Bissau
GUINÉE-BISSAU
GUINÉE
Ouagadougou
Conakry
CÔTE D'IVOIRE
GHANA
BÉNIN
Kadun
Niger
Freetown
TOGO
Porto-Novo
Abuja
SIERRA LEONE
Kumasi
Ibadan
Monrovia
Yamoussoukro
LIBÉRIA
Abidjan
Accra
Lomé
Lagos
Port Harcourt
GUINÉE-ÉQUATORIALE
Équateur
0°
SAO TOMÉ-ET-PRINCIPE
OCÉAN ATLANTIQU

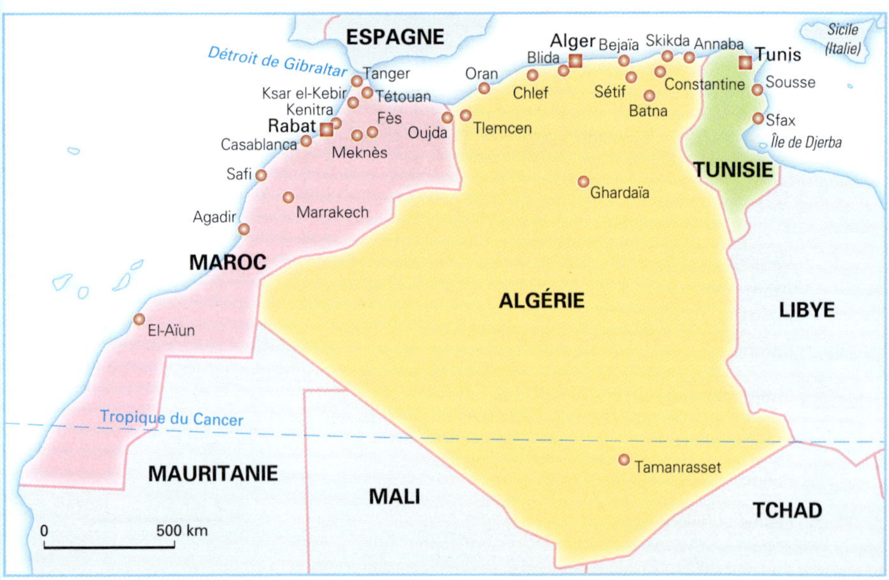
ESPAGNE
Sicile (Italie)
Détroit de Gibraltar
Alger
Bejaïa
Skikda
Annaba
Tunis
Blida
Tanger
Oran
Ksar el-Kebir
Tétouan
Chlef
Sétif
Constantine
Sousse
Kenitra
Batna
Fès
Rabat
Oujda
Tlemcen
Sfax
Casablanca
Île de Djerba
Meknès
TUNISIE
Safi
Ghardaïa
Marrakech
Agadir
MAROC
ALGÉRIE
LIBYE
El-Aïun
Tropique du Cancer
Tamanrasset
MAURITANIE
MALI
TCHAD
0
500 km

EUROPE
ASIE
MER MÉDITERRANÉE
Tunis
TUNISIE
Tripoli
and Erg oriental
Benghazi
Alexandrie
Canal de Suez
Le Caire
El Fayoum
LIBYE
ÉGYPTE
Désert de Libye
Nil
Louxor
Assouan
Lac Nasser
MER ROUGE
Tropique du Cancer
Tibesti
Ténéré
Désert de Nubie
NIGER
TCHAD
Khartoum
ÉRYTHRÉE
Asmara
Lac Tchad
Nil bleu
Nil blanc
Ras Dachan 4 533 m
DJIBOUTI
Djibouti
Golfe d'Aden
Ndjamena
Darfour
SOUDAN
Addis Abeba
ÉTHIOPIE
CAMEROUN
Cameroun 4 095 m
Douala
CENTRAFRIQUE
Bangui
Yaoundé
SOMALIE
Mogadiscio
Bassin du Congo
OUGANDA
KENYA
Kampala
Équateur
CONGO
Libreville
GABON
Ruwenzori 5 110 m
Kigali
Lac Victoria
Nairobi
Uhuru 5 895 m (Kilimandjaro)
RWANDA
RÉP. DÉM. DU CONGO
Congo
Brazzaville
Kinshasa
Bujumbura
BURUNDI
Hauts-Plateaux d'Afrique orientale
SEYCHELLES
Victoria
Mbuji-Mayi
Lac Tanganyika
Dodoma
TANZANIE
Dar es Salam
Luanda
Iringa
OCÉAN INDIEN
Lac Malawi
Lubumbashi
COMORES
Moroni
MALAWI
Lilongwe
ANGOLA
ZAMBIE
Lusaka
MOZAMBIQUE
Maramba
Harare
Zambèze
Quelimane
Canal de Mozambique
Tananarive (Antananarivo)
ZIMBABWE
Désert de Namib
NAMIBIE
Windhoek
BOTSWANA
Serowe
MADAGASCAR
MAURICE
Port-Louis
Désert du Kalahari
Gaborone
Pretoria
Johannesbourg
Maputo
Mbabane
SWAZILAND
Tropique du Capricorne
Réunion (France)
Cap Sainte Marie
Maseru
Mt aux Sources 3 299 m
LESOTHO
Durban
AFRIQUE DU SUD
Drakensberg
Le Cap
Cap de Bonne-Espérance
Cap des Aiguilles
Port Elizabeth
0
1 000 km

OCÉAN
GLACIAL
Cercle polaire arctique
(RUSSIE D'EUROPE)
EUROPE
Moscou
Nijni-Novgorod
Kazan
Samara
Volga
Oural
Ob
Plaine de Sibérie occidentale
Iénisseï
Iekaterinbourg
Tcheliabinsk
RUSSIE
Omsk
Krasnoïarsk
Novosibirsk
Astana
Qaraghandy
Baïkonour
KAZAKHSTAN
Istanbul
Mer Noire
Elbrouz 5 642 m
Ankara
TURQUIE
GÉORGIE
Tbilissi
ARMÉNIE
AZERBAÏDJAN
Mer Caspienne
CHYPRE
Nicosie
Erevan
Bakou
OUZBÉKISTAN
LIBAN
Beyrouth
SYRIE
Damas
Tigre
Tel Aviv-Jaffa
Jérusalem
Amman
ISRAËL
JORDANIE
IRAK
Euphrate
Bagdad
TURKMÉNISTAN
Achgabat
Tachkent
Bichkek
Almaty
KIRGHIZSTAN
Douchanbé
TADJIKISTAN
Téhéran
IRAN
KOWEÏT
Koweït
Kaboul
AFGHANISTAN
Islamabad
Himalaya
Tibet
ARABIE SAOUDITE
BAHREÏN
al-Manama
Riyad
QATAR
Doha
Djeddah
La Mecque
Mer Rouge
É.A.U.
Abou Dhabi
Dubaï
Mascate
Indus
Lahore
PAKISTAN
Karachi
Delhi
New Delhi
NÉPAL
Katmandou
Everest 8 850 m
Lha
Thimphou
BHOUT.
Gange
Dacca
Calcutta
INDE
BANGLADES
OMAN
Sanaa
YÉMEN
Mer d'Oman
Bombay (Mumbai)
Hyderabad
Golfe du Bengal
Madras
Bangalore
AFRIQUE
SRI LANKA
Colombo
Sri Jayewardenepu Kotte
Malé
MALDIVES
Victoria
SEYCHELLES
OCÉAN INDIEN
40°
60°
80°
20°
0°

Capitale
Autre ville
Frontière de pays
Sommet
Montagne et haut plateau
Colline et plateau
Plaine
Indus
Fleuve et rivière
É.A.U. : Émirats arabes unis
0
1 000 km
ARCTIQUE
Plateau de Sibérie centrale
Léna
Amour
Lac Baïkal
Irkoutsk
Oulan-Bator
MONGOLIE
Désert de Gobi
Harbin
Pékin (Beijing)
Shenyang
CORÉE DU NORD
Pyongyang
Séoul
CORÉE DU SUD
Sapporo
JAPON
Tokyo
Kyoto
Osaka
Tianjin
Fleuve Jaune (Huang He)
Qingdao
Lanzhou
Zhengzhou
Xian
CHINE
Nankin
Shanghai
Chengdu
Fleuve Bleu (Chang Jiang)
Wuhan
Chongqing
Tropique du Cancer
Taipei
TAIWAN
OCÉAN PACIFIQUE
Canton (Guangzhou)
Hong Kong
Macao
BIRMANIE (MYANMAR)
Hanoï
LAOS
Vientiane
PHILIPPINES
Quezon City
Manille
THAÏLANDE
Mékong
Bangkok
VIETNAM
CAMBODGE
Phnom Penh
Hô Chi Minh-Ville (Saigon)
Bandar Seri Begawan
BRUNEI
Équateur
Kuala Lumpur
MALAISIE
Medan
Putrajaya
Singapour
SINGAPOUR
Bornéo
Sumatra
Puncak Jaya 4 884 m
INDONÉSIE
Jakarta
Java
Bandung
Surabaya
Dili
TIMOR ORIENTAL
OCÉANIE

L'Océanie

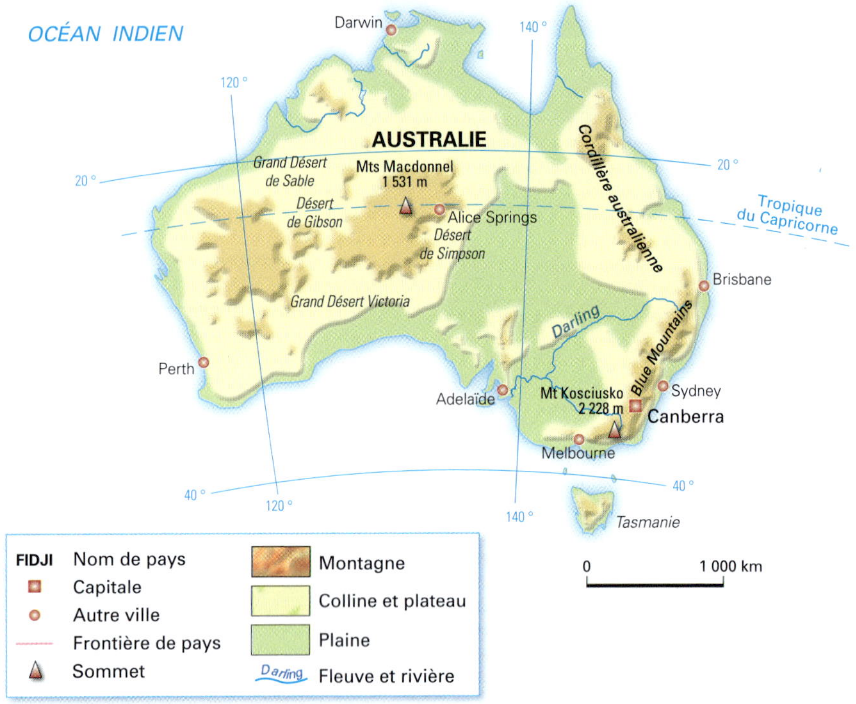
OCÉAN INDIEN
Darwin
120°
140°
AUSTRALIE
Grand Désert de Sable
Mts Macdonnel 1 531 m
20°
Désert de Gibson
Alice Springs
Désert de Simpson
Cordillère australienne
Tropique du Capricorne
Brisbane
Grand Désert Victoria
Darling
Blue Mountains
Perth
Adelaïde
Mt Kosciusko 2 228 m
Sydney
Canberra
Melbourne
40°
Tasmanie
0
1 000 km
FIDJI Nom de pays
Capitale
Autre ville
Frontière de pays
Sommet
Montagne
Colline et plateau
Plaine
Darling Fleuve et rivière

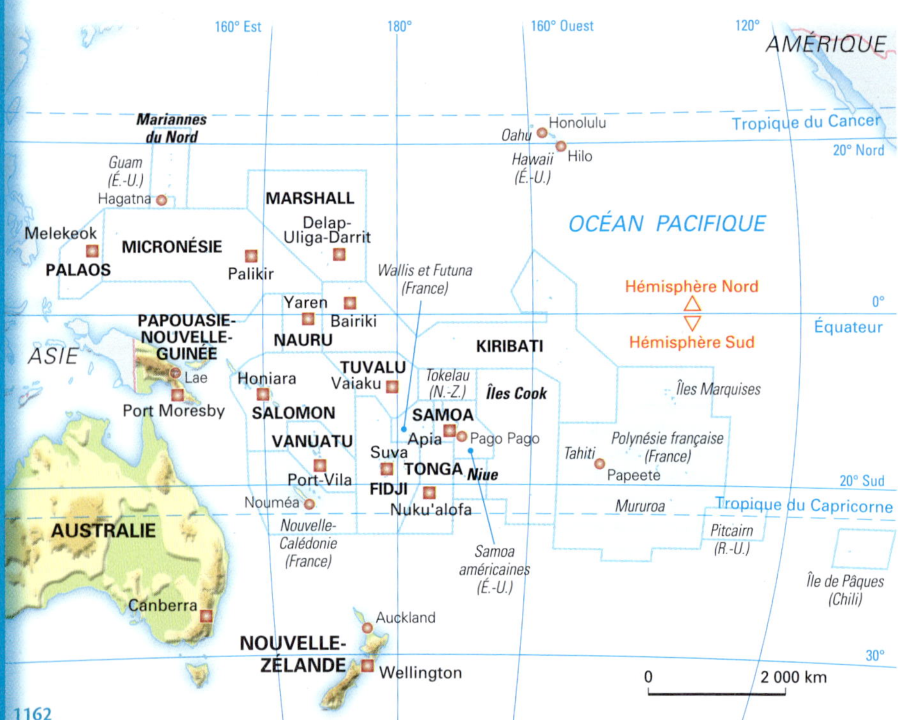
160° Est
180°
160° Ouest
120°
AMÉRIQUE
Mariannes du Nord
Oahu
Honolulu
Tropique du Cancer
Hawaii (É.-U.)
Hilo
20° Nord
Guam (É.-U.)
Hagatna
MARSHALL
Delap-Uliga-Darrit
OCÉAN PACIFIQUE
Melekeok
PALAOS
MICRONÉSIE
Palikir
Wallis et Futuna (France)
Hémisphère Nord
Hémisphère Sud
0°
Équateur
Yaren
Bairiki
NAURU
KIRIBATI
PAPOUASIE-NOUVELLE-GUINÉE
ASIE
Lae
Port Moresby
Honiara
SALOMON
TUVALU
Vaiaku
Tokelau (N.-Z.)
Îles Cook
Îles Marquises
SAMOA
Apia
Pago Pago
VANUATU
Port-Vila
Suva
TONGA
Niue
FIDJI
Nuku'alofa
Tahiti
Polynésie française (France)
Papeete
Mururoa
20° Sud
Tropique du Capricorne
Nouméa
Nouvelle-Calédonie (France)
Pitcairn (R.-U.)
AUSTRALIE
Samoa américaines (É.-U.)
Île de Pâques (Chili)
Canberra
Auckland
NOUVELLE-ZÉLANDE
Wellington
30°
0
2 000 km

Les régions polaires

Ville | Sommet | Inlandsis

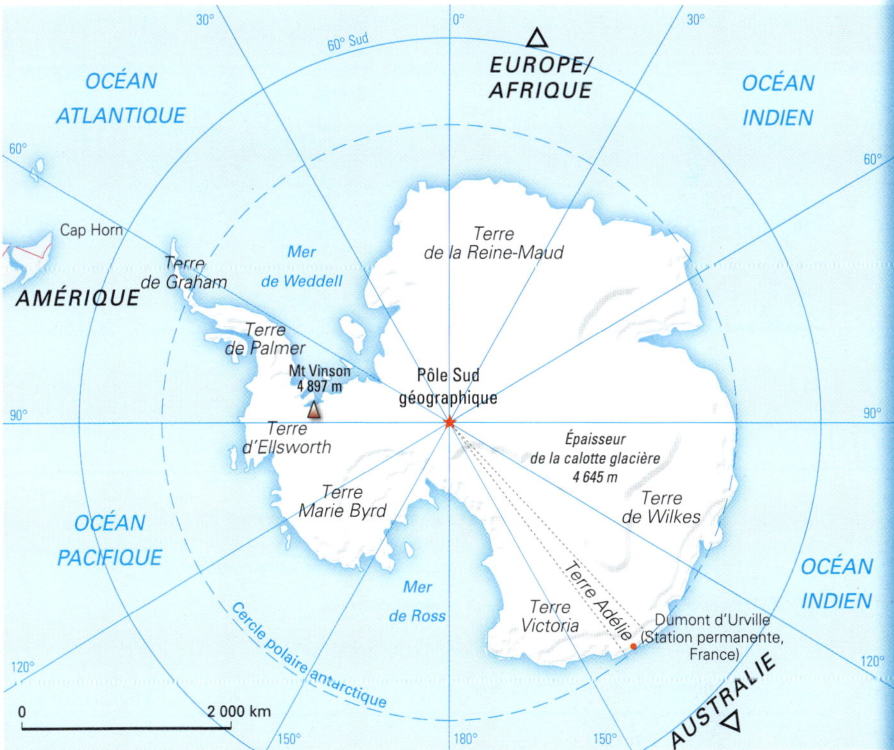

La francophonie

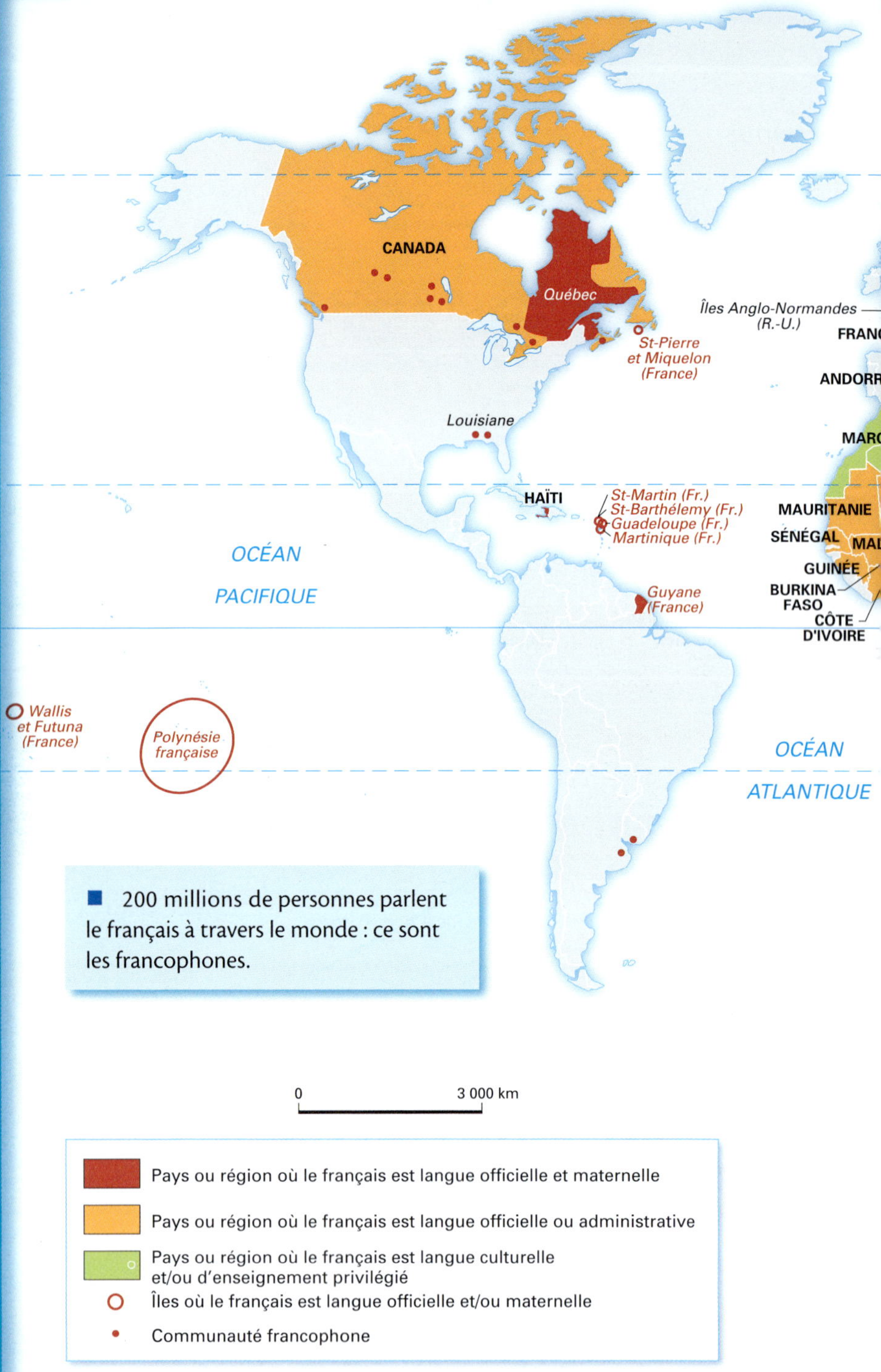

■ 200 millions de personnes parlent le français à travers le monde : ce sont les francophones.

dans le monde

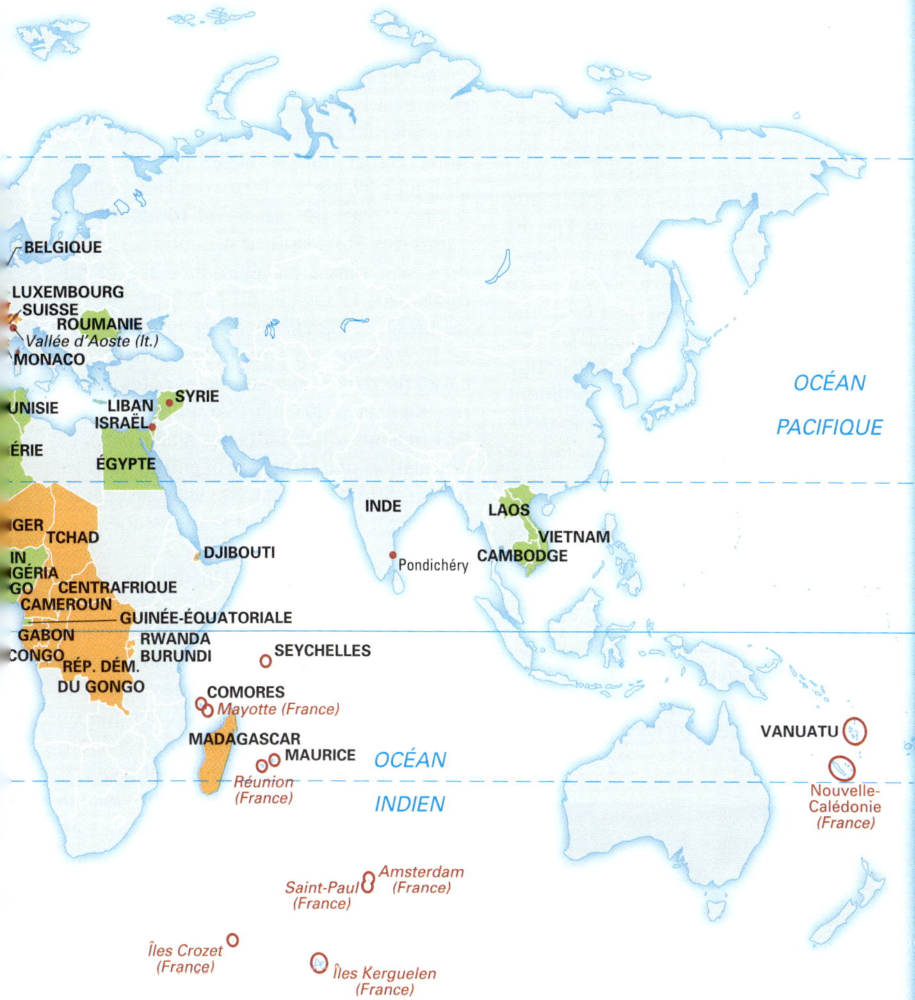

Pour 110 millions d'entre eux, les Français, les Québécois, une partie des Belges, des Luxembourgeois et des Suisses, il s'agit de leur langue maternelle, celle qu'ils ont entendue dès leur naissance.

Le français est la langue officielle de nombreux pays d'Afrique, celle qu'on utilise dans l'administration, à la radio et à la télévision, celle qui est enseignée ; la population emploie souvent d'autres langues pour les échanges quotidiens.

Le français est également une langue de communication et de culture ; c'est le cas dans les pays d'Afrique du Nord ou au Liban.

CONTINENTS

Afrique n. f. ✦ Un des six continents du monde. Presque entièrement entourée d'océans, l'Afrique est bordée à l'ouest par l'océan Atlantique, au nord par la mer Méditerranée, à l'ouest par la mer Rouge et l'océan Indien. Sa superficie est de 30 300 000 km². Elle est formée de plateaux, de plaines et de massifs montagneux (l'Atlas, le Hoggar, le Drakensberg). Elle est parcourue par de grands fleuves : le Niger, le Nil, le Congo, le Zambèze. La vallée du Rift, où se trouvent les grands lacs (Victoria, Tanganyika, Malawi), traverse le massif volcanique du Kilimandjaro, de la mer Rouge aux côtes du Mozambique. Ce continent chaud, situé en grande partie entre les deux tropiques, connaît une grande variété de climats – équatorial, tropical, désertique, tempéré, méditerranéen – et de végétation. La forêt tropicale, la savane et la brousse se répartissent symétriquement de part et d'autre de l'équateur. Les déserts se situent sous les tropiques : le Sahel et le Sahara au nord, le Kalahari au sud. Malgré la mortalité infantile, la malnutrition et les ravages causés par le sida, la population est en forte croissance et dépasse le milliard d'habitants (les *Africains*).

La Terre (photo prise par satellite)

Amérique n. f. ✦ Un des six continents du monde. L'Amérique s'étire sur 18 000 km depuis l'Arctique jusqu'à l'Antarctique. Sa superficie est de 42 millions de km² (environ 4 fois l'Europe) : c'est le continent le plus étendu après l'Asie, formé de deux blocs, l'Amérique du Nord et l'Amérique du Sud, reliés par un isthme, l'Amérique centrale. À l'ouest, une immense chaîne de montagnes s'étire du nord au sud, des montagnes Rocheuses à la cordillère des Andes. Tous les types de climats et de végétations sont présents : climat froid dans la toundra des côtes arctiques et de la Terre de Feu ; climat tempéré dans les prairies et forêts du Canada, des États-Unis, d'Argentine, du sud du Chili ; climat en alternance sec et humide dans la savane du Mexique, du sud du Brésil... ; climat chaud et humide dans les forêts denses d'Amazonie ; climat tropical au nord du Mexique, sur les côtes du Pérou et au nord du Chili. L'Amérique compte 931 millions d'habitants (les *Américains*). La population peu dense, concentrée dans les régions littorales et dans les villes, est caractérisée par la diversité et le métissage.

Antarctique n. m. ✦ Un des six continents du monde. Centré sur le pôle Sud et entouré par l'océan glacial Antarctique, l'Antarctique est situé à 3 600 km du cap de Bonne-Espérance, en Afrique du Sud, et à 1 000 km du cap Horn, en Amérique du Sud. Sa superficie est d'environ 14 millions de km². 98 % de l'Antarctique sont couverts par un glacier continental (appelé *inlandsis*), qui se prolonge par des plateformes sur l'océan. La rigueur du climat, le plus froid (en moyenne –50 °C au pôle) et le plus venteux (maximum 320 km/h) du globe, explique la pauvreté de la flore et de la faune terrestres ; on y trouve des champignons, des lichens, des protozoaires, des insectes. L'Antarctique compte environ 1 500 habitants, qui sont essentiellement des explorateurs et des scientifiques qui se relaient pour travailler dans des bases de recherche.

Asie n. f. ✦ Un des six continents du monde. L'Asie, le plus grand des continents (44 millions de km², plus de 4 fois l'Europe), est délimitée au sud-ouest par la mer Rouge et à l'ouest par l'Oural, la mer Noire et la mer Méditerranée. Elle comprend aussi des îles, comme les Philippines, l'Indonésie et le Japon, qui s'étirent en arc, de la mer de Béring jusqu'à l'océan Indien. Une immense chaîne montagneuse, comprenant l'Himalaya (avec l'Everest culminant à 8 850 m), traverse le continent de la Turquie à l'océan Pacifique. Les montagnes du Tibet et de l'Himalaya sont les plus grands « châteaux d'eau » du monde et de grands fleuves y prennent leur source (le Tigre, l'Euphrate, l'Ob, l'Ienisseï, l'Indus, le Gange...). Au nord, se trouvent les plateaux et les plaines de Sibérie. Au sud on trouve des péninsules formées de plateaux ou de moyennes montagnes (Arabie, Inde, Indochine). Le contraste est fort entre les zones désertiques et les régions de mousson, qui sont très peuplées (Inde, est de la Chine, Japon). L'Asie compte 4,1 milliards d'habitants (les *Asiatiques*), c'est le continent le plus peuplé avec plus de 60 % de la population mondiale.

Europe n. f. ✦ Un des six continents du monde. L'Europe est le continent le plus mal délimité, compris entre l'océan Arctique au nord, l'océan Atlantique à l'ouest, la mer Méditerranée et la mer Noire au sud. Sa superficie est de 10 millions de km^2. L'Europe est formée au nord-est par d'immenses plaines et plateaux au climat continental et bordée à l'est par le Caucase, la mer Caspienne et l'Oural. À l'ouest elle est constituée de plaines au climat océanique et au sud par les massifs montagneux des Alpes, des Pyrénées et le plateau espagnol, au climat plutôt méditerranéen. L'Europe compte 732 millions d'habitants (les *Européens*) ; c'est le continent qui a la densité de population la plus élevée.

Océanie n. f. ✦ Un des six continents du monde. L'Océanie est située dans l'océan Pacifique. Sa superficie est de 9 millions de km^2. Outre l'Australie, la Nouvelle-Zélande et la Nouvelle-Guinée, elle est constituée de quelque 10 000 îles regroupées en trois grands ensembles, en majorité au sud de l'équateur : la Mélanésie, la Micronésie et la Polynésie. Elle compte 35 millions d'habitants (les *Océaniens*).

PAYS DU MONDE

Afghanistan n. m. ✦ Pays du centre de l'Asie. Sa superficie est de 652 000 km^2 (un peu plus que la France). L'Afghanistan compte environ 28 millions d'habitants (les *Afghans*). C'est une république islamiste dont la capitale est Kaboul. Les langues officielles sont le pachto et le persan ; on y parle aussi d'autres langues locales. La monnaie est l'afghani.

Afrique du Sud n. f. ✦ Pays du sud de l'Afrique. Sa superficie est de 1,2 million de km^2 (plus du double de la France). L'Afrique du Sud compte 48,8 millions d'habitants (les *Sudafricains*). C'est une république qui a deux capitales : Pretoria est la capitale administrative et le siège du gouvernement et Le Cap est la capitale législative. On y parle 11 langues officielles : l'afrikaans, l'anglais et 9 langues africaines. La monnaie est le rand.

Albanie n. f. ✦ Pays du sud de l'Europe, bordé à l'ouest par la mer Adriatique. Sa superficie est de 28 748 km^2 (un peu moins que la Belgique). L'Albanie compte 3,1 millions d'habitants (les *Albanais*). C'est une république dont la capitale est Tirana. La langue officielle est l'albanais. La monnaie est le lek.

Algérie n. f. ✦ Pays du nord de l'Afrique, bordé au nord par la mer Méditerranée. Sa superficie est de 2,4 millions de km^2 (plus de 4 fois la France). L'Algérie compte 32,8 millions d'habitants (les *Algériens*). C'est une république dont la capitale est Alger. La langue officielle est l'arabe ; on y parle aussi le berbère et le français. La monnaie est le dinar.

Allemagne : la porte de Brandebourg, à Berlin

Allemagne n. f. ✦ Pays du centre de l'Europe, bordé au nord par la mer du Nord et la mer Baltique. Sa superficie est de 356 959 km^2 (environ les deux tiers de la

France). L'Allemagne compte 82,4 millions d'habitants (les *Allemands*). C'est une république fédérée de 16 États (que l'on appelle des *Länder*), membre de l'Union européenne, dont la capitale est Berlin. La langue officielle est l'allemand. La monnaie est l'euro.

Andorre n. f. ✦ Pays de l'ouest de l'Europe, situé dans les Pyrénées entre la France et l'Espagne. Sa superficie est de 465 km^2 (4 fois et demie Paris). L'Andorre compte 90 000 habitants (les *Andorrans*). C'est une principauté indépendante, dirigée à la fois par l'évêque de la ville d'Urgel en Catalogne et par le président de la République française. Sa capitale est Andorre-la-Vieille. La langue officielle est le catalan. La monnaie est l'euro.

Angola n. m. ✦ Pays du sud de l'Afrique, bordé à l'ouest par l'océan Atlantique. Sa superficie est de 1,2 million de km^2 (2 fois et demie la France). L'Angola compte 17,5 millions d'habitants (les *Angolais*). C'est une république dont la capitale est Luanda. La langue officielle est le portugais ; on y parle aussi des langues bantoues. La monnaie est le kwanza reajustado.

Antigua-et-Barbuda n. f. ✦ Pays d'Amérique centrale, qui est formé de trois îles, situées dans les Petites Antilles, au nord de la Guadeloupe. Sa superficie est de 440 km^2 (4 fois Paris). Antigua-et-Barbuda compte 73 000 habitants (les *Antiguayens*). C'est une démocratie parlementaire dont la capitale est Saint John's. La langue officielle est l'anglais ; on y parle aussi un créole. La monnaie est le dollar des Caraïbes de l'Est.

Arabie saoudite n. f. ✦ Pays d'Asie occupant la plus grande partie de la péninsule d'Arabie, bordé à l'ouest par la mer Rouge. Sa superficie est de 2,2 millions de km^2 (environ 4 fois la France). L'Arabie saoudite compte 24,6 millions d'habitants (les *Saoudiens*). C'est une monarchie dont la capitale est Riyad. La langue officielle est l'arabe. La monnaie est le riyal saoudien.

Argentine n. f. ✦ Pays du sud de l'Amérique du Sud, bordé à l'est par l'océan Atlantique. Sa superficie est de 2,8 millions de km^2 (environ 5 fois la France). L'Argentine compte 39,4 millions d'habitants (les *Argentins*). C'est une république dont la capitale est Buenos Aires. La langue officielle est l'espagnol. La monnaie est le peso.

Arménie n. f. ✦ Pays de l'ouest de l'Asie. Sa superficie est de 29 800 km^2 (à peu près comme la Belgique). L'Arménie compte 3 millions d'habitants (les *Arméniens*). C'est une république dont la capitale est Erevan. La langue officielle est l'arménien ; on y parle aussi le russe. La monnaie est le dram.

Australie : Sydney

Australie n. f. ✦ Pays d'Océanie composé de deux îles, l'Australie (la plus grande île du monde) et la Tasmanie, bordé à l'est par l'océan Pacifique et à l'ouest par l'océan Indien. Sa superficie est de 7,7 millions de km^2 (environ 14 fois la France). L'Australie compte 21,2 millions d'habitants (les *Australiens*). C'est une démocratie parlementaire dont la capitale est Canberra. La langue officielle est l'anglais ; on y parle aussi des langues aborigènes. La monnaie est le dollar australien.

Autriche n. f. ✦ Pays du centre de l'Europe. Sa superficie est de 83 872 km^2 (environ un sixième de la France). L'Autriche compte 8,2 millions d'habitants (les *Autrichiens*). C'est une république, membre de l'Union européenne, dont la capitale est Vienne. La langue officielle est l'allemand. La monnaie est l'euro.

Azerbaïdjan **n. m.** ✦ Pays de l'ouest de l'Asie, bordé à l'est par la mer Caspienne. Sa superficie est de 86 600 km^2 (moins d'un sixième de la France). L'Azerbaïdjan compte 8,4 millions d'habitants (les *Azerbaïdjanais*). C'est une république dont la capitale est Bakou. La langue officielle est l'azéri ; on y parle aussi le russe et l'arménien. La monnaie est le manat.

Bahamas **n. f. pl.** ✦ Pays du sud de l'Amérique du Nord. C'est un archipel composé de plus de 700 îles, situé dans l'océan Atlantique, au large de la Floride (États-Unis). Sa superficie est de 13 939 km^2 (un peu moins de la moitié de la Belgique). Les Bahamas comptent 304 000 habitants (les *Bahaméens*). C'est une démocratie parlementaire dont la capitale est Nassau, dans l'île de New Providence. La langue officielle est l'anglais ; on y parle aussi un créole. La monnaie est le dollar des Bahamas.

Bahreïn **n. m.** ✦ Pays de l'ouest de l'Asie. Composé de 33 îles, il est situé à peu près au milieu du golfe Persique. Sa superficie est de 691 km^2 (environ 6 fois Paris). Bahreïn compte 726 000 habitants (les *Bahreïniens*). C'est une monarchie dont la capitale est al-Manama. La langue officielle est l'arabe ; on y parle aussi l'anglais. La monnaie est le dinar bahreïni.

Bangladesh **n. m.** ✦ Pays du sud de l'Asie, bordé au sud par l'océan Indien. Il forme une enclave dans le nord-est de l'Inde, au fond du golfe du Bengale. Sa superficie est de 144 000 km^2 (plus du quart de la France). Le Bangladesh compte 141,8 millions d'habitants (les *Bangladais*). C'est une république dont la capitale est Dacca. La langue officielle est le bengali ; on y parle aussi l'ourdou et l'anglais. La monnaie est le taka.

Barbade (la) **n. f.** ✦ Pays d'Amérique centrale. Île de l'océan Atlantique au nord du Venezuela. Sa superficie est de 431 km^2 (environ 4 fois Paris). La Barbade compte 280 000 habitants (les *Barbadiens*). C'est une démocratie parlementaire dont la capitale est Bridgetown. La langue officielle est l'anglais. La monnaie est le dollar de la Barbade.

Belau **n. m.** → **Palaos** (les)

Belgique **n. f.** ✦ Pays de l'ouest de l'Europe, au nord de la France, bordé au nord-ouest par la mer du Nord. Sa superficie est de 30 527 km^2 (environ le vingtième de la France). La Belgique compte 10,6 millions d'habitants (les *Belges*). C'est une monarchie, membre de l'Union européenne, dont la capitale est Bruxelles (voir aussi les régions de Belgique page 1193). Les langues officielles sont le néerlandais (parlé par presque 60 % de la population), le français (environ 40 %) et l'allemand (0,6 %). La monnaie est l'euro.

Bélize **n. m.** ✦ Pays d'Amérique centrale, situé entre le Mexique et le Guatemala, bordé à l'est par l'océan Atlantique. Sa superficie est de 22 960 km^2 (à peu près les deux tiers de la Belgique). Le Bélize compte 312 000 habitants (les *Béliziens*). C'est une démocratie parlementaire dont la capitale est Belmopan. La langue officielle est l'anglais ; on y parle aussi l'espagnol et un créole. La monnaie est le dollar de Bélize.

Bangladesh : le Gange à Dacca

Bénin **n. m.** ✦ Pays de l'ouest de l'Afrique, bordé au sud par l'océan Atlantique. Sa superficie est de 112 622 km^2 (environ un cinquième de la France). Le Bénin compte 9,3 millions d'habitants (les *Béninois*). C'est une république dont la capitale est Porto-Novo. La langue officielle est le français ; on y parle aussi le haoussa, le yoruba et le fon. La monnaie est le franc CFA.

Bermudes **n. f. pl.** ✦ Pays situé au nord de l'océan Atlantique, au large des États-Unis et au nord-est des Bahamas. C'est un archipel composé de 140 îles. Sa superficie est de 53 km² (la moitié de Paris). Les Bermudes comptent 62 000 habitants (les *Bermudiens*). C'est une démocratie parlementaire dont la capitale est Hamilton. La langue officielle est l'anglais. La monnaie est le dollar des Bermudes.

Bhoutan n. m. ✦ Pays du sud de l'Asie. Il est situé dans l'Himalaya entre la Chine et l'Inde. Sa superficie est de 46 500 km² (un peu plus que la Suisse). Le Bhoutan compte 2,2 millions d'habitants (les *Bhoutanais*). C'est une monarchie dont la capitale est Thimphou. La langue officielle est le dzongkha. La monnaie est le ngultrum.

Biélorussie n. f. ✦ Pays de l'est de l'Europe. Sa superficie est de 207 600 km² (environ 7 fois la Belgique). La Biélorussie (appelée aussi *Belarus*) compte 9,8 millions d'habitants (les *Biélorusses*). C'est une république dont la capitale est Minsk. Les langues officielles sont le biélorusse et le russe ; on y parle aussi l'ukrainien et le polonais. La monnaie est le rouble biélorusse.

Birmanie : la pagode Shwedagon à Rangoon

Birmanie n. f. ✦ Pays du sud-est de l'Asie, bordé au sud par l'océan Indien. Sa superficie est de 676 579 km² (une fois un quart la France). La Birmanie (appelée aussi *Myanmar*) compte 49 millions d'habitants (les *Birmans*). C'est un régime militaire dont la capitale administrative est Nay Pyi Taw et la capitale commerciale Rangoon. La langue officielle est le birman. La monnaie est le kyat.

Bolivie n. f. ✦ Pays de l'ouest de l'Amérique du Sud. Sa superficie est de 1,1 million de km² (plus de 2 fois la France). La Bolivie compte 9,4 millions d'habitants (les *Boliviens*). C'est une république dont la capitale est Sucre ; le siège du gouvernement et des ambassades se trouve à La Paz. La langue officielle est l'espagnol ; on y parle aussi des langues indiennes. La monnaie est le boliviano.

Bosnie-Herzégovine n. f. ✦ Pays du sud de l'Europe, bordé au sud-ouest par la mer Adriatique. Sa superficie est de 51 129 km² (environ un dixième de la France). La Bosnie-Herzégovine compte 3,9 millions d'habitants (les *Bosniens*). C'est une république dont la capitale est Sarajevo. Les langues officielles sont le bosniaque, le serbe et le croate. La monnaie est le mark bosniaque convertible.

Botswana n. m. ✦ Pays du sud de l'Afrique. Sa superficie est de 600 372 km² (un peu plus que la France). Le Botswana compte 1,9 million d'habitants (les *Botswanais*). C'est une république dont la capitale est Gaborone. La langue officielle est l'anglais ; on y parle aussi le tswana et le khoïsan. La monnaie est le pula.

Brésil n. m. ✦ Pays du nord-est de l'Amérique du Sud, bordé à l'est par l'océan Atlantique. Sa superficie est de 8,5 millions de km² (presque 16 fois la France). Le Brésil compte 189,3 millions d'habitants (les *Brésiliens*). C'est une république dont la capitale est Brasilia. La langue officielle est le portugais. La monnaie est le real.

Brunei n. m. ✦ Pays du sud-est de l'Asie, bordé au nord par la mer de Chine. Sa superficie est de 5 785 km² (à peu près le cinquième de la Belgique). Brunei compte 373 000 habitants (les *Brunéiens*). C'est une monarchie dont la capitale est Bandar Seri Begawan. La langue officielle est le malais ; on y parle aussi l'anglais, le chinois et des langues locales. La monnaie est le dollar de Brunei.

Bulgarie n. f. ✦ Pays du sud-est de l'Europe, bordé à l'est par la mer Noire. Sa superficie est de 110 912 km² (environ un cinquième de la France). La Bulgarie compte 7,9 millions d'habitants (les *Bulgares*). C'est une république, membre de l'Union européenne, dont la capitale est Sofia. La langue officielle est le bulgare ; on y parle aussi le turc. La monnaie est le lev.

Burkina Faso n. m. ✦ Pays de l'ouest de l'Afrique. Sa superficie est de 274 000 km^2 (environ la moitié de la France). Le Burkina Faso compte 15,2 millions d'habitants (les *Burkinabés*). C'est une république dont la capitale est Ouagadougou. La langue officielle est le français ; on y parle aussi le mossi, le malinké, le dioula et le peul. La monnaie est le franc CFA.

Burundi n. m. ✦ Pays du centre de l'Afrique. Sa superficie est de 27 834 km^2 (un peu moins que la Belgique). Le Burundi compte 8,9 millions d'habitants (les *Burundais*). C'est une république dont la capitale est Bujumbura. Les langues officielles sont le kirundi et le français ; on y parle aussi le swahili. La monnaie est le franc du Burundi.

Cambodge n. m. ✦ Pays du sud-est de l'Asie, bordé au sud-ouest par la mer de Chine. Sa superficie est de 181 000 km^2 (environ le tiers de la France). Le Cambodge compte 14,4 millions d'habitants (les *Cambodgiens*). C'est une monarchie dont la capitale est Phnom Penh. La langue officielle est le khmer ; on y parle aussi le français. La monnaie est le riel.

Cameroun n. m. ✦ Pays d'Afrique équatoriale, bordé à l'ouest par l'océan Atlantique. Sa superficie est de 475 442 km^2 (plus des trois quarts de la France). Le Cameroun compte 18,9 millions d'habitants (les *Camerounais*). C'est une république dont la capitale est Yaoundé. Les langues officielles sont l'anglais et le français ; on y parle aussi le bantou et le soudanais. La monnaie est le franc CFA.

Canada n. m. ✦ Pays du nord de l'Amérique du Nord, bordé à l'ouest par l'océan Pacifique, au nord par l'océan Glacial Arctique et à l'est par l'océan Atlantique. Sa superficie est de 9 984 670 km^2 (environ 18 fois la France). Le Canada compte 32,9 millions d'habitants (les *Canadiens*). C'est une démocratie parlementaire, une fédération de dix provinces et trois territoires, dont la capitale fédérale est Ottawa. Les langues officielles sont l'anglais et le français. La monnaie est le dollar canadien.

Canada : le lac Louise, en Alberta

Cap-Vert n. m. ✦ Pays de l'ouest de l'Afrique. Archipel situé dans l'océan Atlantique, au large du Sénégal. Sa superficie est de 4 033 km^2 (à peu près la moitié de la Corse). Le Cap-Vert compte 540 000 habitants (les *Cap-Verdiens*). C'est une république dont la capitale est Praia. La langue officielle est le portugais ; on y parle aussi un créole. La monnaie est l'escudo du Cap-Vert.

Centrafrique n. f. ✦ Pays du centre de l'Afrique. Sa superficie est de 622 436 km^2 (un peu plus que la France). La Centrafrique compte 4,4 millions d'habitants (les *Centrafricains*). C'est une république (appelée aussi *République centrafricaine*) dont la capitale est Bangui. Les langues officielles sont le français et le sango ; on y parle aussi le sara et le peul. La monnaie est le franc CFA.

Chili n. m. ✦ Pays du sud-ouest de l'Amérique du Sud, bordé à l'ouest par l'océan Pacifique. Sa superficie est de 756 945 km^2 (presque une fois et demie la France). Le Chili compte 16,6 millions d'habitants (les *Chiliens*). C'est une république dont la capitale est Santiago. La langue officielle est l'espagnol ; on y parle aussi le quechua. La monnaie est le peso.

Chine n. f. ✦ Pays de l'est de l'Asie, bordé à l'est par la mer de Chine. Sa superficie est de 9,6 millions de km^2 (plus de 17 fois la France). La Chine compte 1,3 milliard d'ha-

Chine : la Grande Muraille

bitants (les *Chinois*). C'est une république populaire dont la capitale est Pékin. La langue officielle est le chinois mandarin ; on y parle aussi le chinois cantonais et de nombreuses langues locales. La monnaie est le yuan.

Chypre **n. f.** ✦ Pays du sud de l'Europe. C'est une île située en mer Méditerranée, au sud de la Turquie et à l'ouest de la Syrie. Sa superficie est de 9 251 km^2 (à peu près comme la Corse). Chypre compte un million d'habitants (les *Chypriotes*). Chypre est divisée en deux États : une partie grecque, la République de Chypre qui fait partie de l'Union européenne, et une partie turque, la République turque du Nord, qui n'en fait pas partie. Même la capitale, Nicosie, est divisée en deux. Les langues officielles sont le grec dans la partie grecque et le turc dans la partie turque. La monnaie est l'euro dans la partie grecque, la livre turque dans la partie turque.

Colombie **n. f.** ✦ Pays du nord-ouest de l'Amérique du Sud, bordé au nord par l'océan Atlantique et à l'ouest par l'océan Pacifique. Sa superficie est de 1,1 million de km^2 (plus de 2 fois la France). La Colombie compte 46,2 millions d'habitants (les *Colombiens*). C'est une république dont la capitale est Bogota. La langue officielle est l'espagnol. La monnaie est le peso.

Comores **n. f. pl.** ✦ Pays de l'est de l'Afrique. Archipel de l'Océan Indien, au nord de Madagascar. Sa superficie est de 1 862 km^2 (à peu près 5 fois la Corse). Les Comores comptent 860 000 habitants (les *Comoriens*). C'est une république dont la capitale est Moroni. Les langues officielles sont l'arabe, le français et le shikomori. La monnaie est le franc comorien.

Congo **n. m.** (république du Congo) ✦ Pays d'Afrique équatoriale, bordé au sud-ouest par l'océan Atlantique. Sa superficie est de 341 821 km^2 (environ les deux tiers de la France). La république du Congo compte 3,8 millions d'habitants (les *Congolais*). C'est une république dont la capitale est Brazzaville. La langue officielle est le français ; on y parle aussi le kikongo, le lingala, le munukutuba, le sangho et le toba. La monnaie est le franc CFA.

Congo **n. m.** (république démocratique du Congo) ✦ Pays du centre de l'Afrique. Sa superficie est de 2 345 000 km^2 (plus de 4 fois la France). La république démocratique du Congo compte 64,7 millions d'habitants (les *Congolais*). C'est une république dont la capitale est Kinshasa. La langue officielle est le français ; on y parle aussi le swahili, le tchilouba, le kikongo et le lingala. La monnaie est le franc congolais.

Cook (îles) ✦ Pays composé d'îles éparpillées sur plus de 2 millions de km^2, au centre de l'océan Pacifique, à l'est de l'Australie. Sa superficie est de 293 km^2 (environ 3 fois Paris). Les îles Cook comptent 19 500 habitants (les *Maori des îles Cook*). C'est un pays autonome associé à la Nouvelle-Zélande, dont la capitale est Avarua. Les langues officielles sont l'anglais et le maori des îles Cook. La monnaie est le dollar des îles Cook.

Corée du Nord **n. f.** ✦ Pays de l'est de l'Asie, bordé à l'ouest par la mer Jaune et à l'est par la mer du Japon. Sa superficie est de 120 538 km^2 (environ le quart de la France). La Corée du Nord compte 23,3 millions d'habitants (les *Nord-Coréens*). C'est une république populaire dont la capitale est Pyongyang. La langue officielle est le coréen. La monnaie est le won nord-coréen.

Corée du Sud **n. f.** ✦ Pays de l'est de l'Asie, bordé à l'ouest par la mer Jaune et à l'est par la mer du Japon. Sa superficie est de 99 274 km² (environ un cinquième de la France). La Corée du Sud compte 48,7 millions d'habitants (les *Sud-Coréens*). C'est une république dont la capitale est Séoul. La langue officielle est le coréen. La monnaie est le won sud-coréen.

Costa Rica n. m. ✦ Pays d'Amérique centrale, bordé à l'ouest par l'océan Pacifique et à l'est par l'océan Atlantique. Sa superficie est de 51 100 km² (un peu plus du dixième de la France). Le Costa Rica compte 4,5 millions d'habitants (les *Costariciens*). C'est une république dont la capitale est San José. La langue officielle est l'espagnol. La monnaie est le colon.

Côte d'Ivoire n. f. ✦ Pays de l'ouest de l'Afrique, bordé au sud par l'océan Atlantique. Sa superficie est de 322 463 km² (environ les deux tiers de la France). La Côte d'Ivoire compte 19,6 millions d'habitants (les *Ivoiriens*). C'est une république dont la capitale est Yamoussoukro. La langue officielle est le français ; on y parle aussi l'akan, le dioula, l'haoussa et le malinké. La monnaie est le franc CFA.

Croatie n. f. ✦ Pays du sud de l'Europe, bordé à l'ouest par la mer Adriatique. Sa superficie est de 56 538 km² (environ un dixième de la France). La Croatie compte 4,4 millions d'habitants (les *Croates*). C'est une république dont la capitale est Zagreb. La langue officielle est le croate. La monnaie est la kuna.

Cuba n. f. ✦ Pays d'Amérique centrale. C'est un archipel situé dans l'océan Atlantique, entre les États-Unis et l'Amérique centrale. Sa superficie est de 110 860 km² (environ un cinquième de la France). Cuba compte 11,2 millions d'habitants (les *Cubains*). C'est une république socialiste dont la capitale est La Havane. La langue officielle est l'espagnol. La monnaie est le peso.

Danemark n. m. ✦ Pays du nord de l'Europe, bordé au nord et à l'ouest par la mer du Nord et au sud-est par la mer Baltique. Sa superficie est de 43 069 km² (environ un douzième de la France). Le Danemark compte 5,4 millions d'habitants (les *Danois*). C'est une monarchie, membre de l'Union européenne, dont la capitale est Copenhague. La langue officielle est le danois. La monnaie est la couronne danoise.

Djibouti n. m. ✦ Pays de l'est de l'Afrique, situé à l'entrée de la mer Rouge. Sa superficie est de 23 200 km² (environ les deux tiers de la Belgique). Djibouti compte 848 000 habitants (les *Djiboutiens*). C'est une république dont la capitale est Djibouti. Les langues officielles sont le français et l'arabe ; on y parle aussi l'afar et le somali. La monnaie est le franc djiboutien.

dominicaine (République) ✦ Pays d'Amérique centrale, occupant la partie est de l'île d'Haïti dans l'océan Atlantique. Sa superficie est de 48 730 km² (un peu plus que la Belgique). La République dominicaine compte 9,8 millions d'habitants (les *Dominicains*). C'est une république dont la capitale est Saint-Domingue. La langue officielle est l'espagnol. La monnaie est le peso.

Dominique n. f. ✦ Pays d'Amérique centrale. C'est une île volcanique située dans l'océan Atlantique, entre la Guadeloupe et la Martinique. Sa superficie est de 751 km² (plus de 7 fois Paris). La Dominique compte 72 000 habitants (les *Dominiquais*). C'est une démocratie parlementaire dont la capitale est Roseau. La langue officielle est l'anglais. La monnaie est le dollar des Caraïbes de l'Est.

Égypte : le Nil à Assouan

Égypte n. f. ✦ Pays du nord-est de l'Afrique, bordé au nord par la mer Méditerranée et à l'est par la mer Rouge. Sa superficie est de 1 million de km² (presque 2 fois la France). L'Égypte compte 75,5 millions d'habitants (les *Égyptiens*). C'est une république dont la capitale est Le Caire. La langue officielle est l'arabe. La monnaie est la livre égyptienne.

Émirats arabes unis n. m. pl. ✦ Pays d'Asie, dans la péninsule Arabique, bordé au nord par le golfe Persique. Sa superficie est de 83 657 km^2 (le double de la Suisse). Les Émirats arabes unis comptent 5,1 millions d'habitants (les *Émiriens*). C'est une fédération de sept émirats (les plus importants étant Abou Dhabi et Dubaï) dont la capitale est Abou Dhabi. La langue officielle est l'arabe. La monnaie est le dirham.

Équateur n. m. ✦ Pays du nord-ouest de l'Amérique du Sud, bordé à l'ouest par l'océan Pacifique. Sa superficie est de 283 561 km^2 (environ la moitié de la France). L'Équateur compte 13,3 millions d'habitants (les *Équatoriens*). C'est une république dont la capitale est Quito. La langue officielle est l'espagnol ; on y parle aussi le quechua. La monnaie est le dollar.

Érythrée n. f. ✦ Pays du nord-est de l'Afrique, bordé à l'est par la mer Rouge. Sa superficie est de 117 600 km^2 (moins d'un cinquième de la France). L'Érythrée compte 4,4 millions d'habitants (les *Érythréens*). C'est une république dont la capitale est Asmara. Les langues officielles sont le tigrigna, l'arabe et l'anglais. La monnaie est le nakfa.

Espagne n. f. ✦ Pays du sud de l'Europe, bordé au nord-ouest par l'océan Atlantique, au sud et à l'est par la mer Méditerranée. Sa superficie est de 504 748 km^2 (un peu moins que la France). L'Espagne compte 45,2 millions d'habitants (les *Espagnols*). C'est une monarchie, membre de l'Union européenne, dont la capitale est Madrid. Le pays est divisé en 17 communautés autonomes regroupant 50 provinces. La langue nationale est l'espagnol (appelé aussi *castillan*), les langues officielles régionales sont le basque, le catalan, le galicien et l'aranais. La monnaie est l'euro.

Estonie n. f. ✦ Pays du nord-est de l'Europe, bordé au nord et à l'ouest par la mer Baltique. Sa superficie est de 45 100 km^2 (à peu près la Suisse). L'Estonie compte 1,3 million d'habitants (les *Estoniens*). C'est une république, membre de l'Union européenne, dont la capitale est Tallinn. La langue officielle est l'estonien. La monnaie est la couronne estonienne.

États-Unis n. m. pl. ✦ Pays d'Amérique du Nord, bordé à l'est par l'océan Atlantique et à l'ouest par l'océan Pacifique. Sa superficie est de 9,4 millions de km^2 (environ 17 fois la France). Les États-Unis comptent 305,8 millions d'habitants (les *Américains*). C'est une république formée de cinquante États et d'un district fédéral, dont la capitale est Washington. La langue officielle est l'anglais ; on y parle aussi l'espagnol, des langues indiennes et le français (en Louisiane). La monnaie est le dollar.

États-Unis : Monument Valley, en Arizona

Éthiopie n. f. ✦ Pays de l'est de l'Afrique. Sa superficie est 1,1 million de km^2 (environ 2 fois la France). L'Éthiopie compte 73,9 millions d'habitants (les *Éthiopiens*). C'est une république dont la capitale est Addis Abeba. La langue officielle est l'amharique ; on y parle aussi l'italien, le tigréen et le somali. La monnaie est le nouveau birr.

Fidji n. f. pl. ✦ Pays d'Océanie. C'est un archipel de l'océan Pacifique, situé à l'est de l'Australie et au nord de la Nouvelle-Zélande. Sa superficie est de 18 333 km^2 (plus du double de la Corse). Les Fidji comptent 860 000 habitants (les *Fidjiens*). C'est une démocratie parlementaire dont la capitale est Suva. Les langues officielles sont le fidjien et l'anglais. La monnaie est le dollar fidjien.

Finlande n. f. ✦ Pays du nord de l'Europe, bordé au sud et au sud-ouest par la mer Baltique. Sa superficie est de 337 032 km^2 (un peu moins des deux tiers de la France). La Finlande compte 5,3 millions d'habitants (les *Finlandais*). C'est une république, membre de l'Union européenne, dont la capitale est Helsinki. Les langues officielles sont le finnois et le suédois ; on y parle aussi le same. La monnaie est l'euro.

France n. f. ✦ Pays de l'ouest de l'Europe, bordé au nord-ouest par la Manche, à l'ouest par l'océan Atlantique et au sud-est par la mer Méditerranée. Sa superficie est de 551 602 km^2 (avec les îles qui la bordent). La France compte 64,1 millions d'habitants (les *Français*). C'est une république, membre de l'Union européenne, dont la capitale est Paris (voir aussi les régions administratives de la France page 1190). La langue officielle est le français ; on y parle aussi l'alsacien, le basque, le breton, le catalan, le corse et des dialectes. La monnaie est l'euro.

Gabon n. m. ✦ Pays d'Afrique équatoriale, bordé à l'ouest par l'océan Atlantique. Sa superficie est de 267 667 km^2 (environ la moitié de la France). Le Gabon compte 1,4 million d'habitants (les *Gabonais*). C'est une république dont la capitale est Libreville. La langue officielle est le français ; on y parle aussi des langues bantoues. La monnaie est le franc CFA.

Gambie n. f. ✦ Pays de l'ouest de l'Afrique, formant une enclave dans le Sénégal, bordé par l'océan Atlantique. Sa superficie est de 11 300 km^2 (à peu près un tiers de la Belgique). La Gambie compte 1,8 million d'habitants (les *Gambiens*). C'est une république dont la capitale est Banjul. La langue officielle est l'anglais ; on y parle aussi le mandingue, le wolof et le peul. La monnaie est le dalasi.

Géorgie n. f. ✦ Pays de l'ouest de l'Asie, bordé à l'ouest par la mer Noire. Sa superficie est de 69 700 km^2 (le double de la Belgique). La Géorgie compte 4,5 millions d'habitants (les *Géorgiens*). C'est une république dont la capitale est Tbilissi. La langue officielle est le géorgien ; on y parle aussi l'arménien et le russe. La monnaie est le lari.

Ghana n. m. ✦ Pays de l'ouest de l'Afrique, bordé au sud par l'océan Atlantique. Sa superficie est de 239 460 km^2 (moins de la moitié de la France). Le Ghana compte 24 millions d'habitants (les *Ghanéens*). C'est une république dont la capitale est Accra. La langue officielle est l'anglais ; on y parle aussi l'akan, l'éwé, le haoussa, le mossi. La monnaie est le cedi.

Grande-Bretagne n. f. → **Royaume-Uni de Grande-Bretagne et d'Irlande du Nord**

Grèce n. f. ✦ Pays du sud de l'Europe, bordé par la mer Méditerranée. Sa superficie est de 131 957 km^2 (moins du quart de la France). La Grèce compte 11,3 millions d'habitants (les *Grecs*). C'est une république, membre de l'Union européenne, dont la capitale est Athènes. La langue officielle est le grec. La monnaie est l'euro.

Une île de **Grèce**

Grenade n. f. ✦ Pays d'Amérique centrale. C'est une île de l'océan Atlantique, au nord du Venezuela. Sa superficie est de 344 km^2 (environ 3 fois Paris). La Grenade compte 106 000 habitants (les *Grenadiens*). C'est une démocratie parlementaire dont la capitale est Saint-Georges. La langue officielle est l'anglais ; on y parle aussi un créole. La monnaie est le dollar des Caraïbes de l'Est.

Guatémala n. m. ✦ Pays d'Amérique centrale, bordé au sud par l'océan Pacifique, possédant à l'est un accès à l'océan Atlantique. Sa superficie est de 108 889 km^2 (environ un cinquième de la France). Le Guatémala compte 13,4 millions d'habitants (les *Guatémaltèques*). C'est une république dont la capitale est Ciudad de Guatemala. La langue officielle est l'espagnol ; on y parle aussi des langues indiennes. La monnaie est le quetzal.

Guinée n. f. ✦ Pays de l'ouest de l'Afrique, bordé par l'océan Atlantique. Sa superficie est de 245 857 km^2 (un peu moins que la moitié de la France). La Guinée compte 9,6 millions d'habitants (les *Guinéens*). C'est une république dont la capitale est Conakry. La langue officielle est le français ; on y parle aussi le mandingue, le peul, le soussou et le bassari. La monnaie est le franc guinéen.

Guinée-Bissau n. f. ✦ Pays de l'ouest de l'Afrique, au nord-ouest de la Guinée, bordé par l'océan Atlantique. Sa superficie est de 36 125 km^2 (un peu plus que la Belgique). La Guinée-Bissau compte 1,7 million d'habitants (les *Bissaoguinéens*). C'est une république dont la capitale est Bissau. La langue officielle est le portugais ; on y parle aussi un créole, le malinké, le balante et le peul. La monnaie est le franc CFA.

Guinée équatoriale n. f. ✦ Pays du centre de l'Afrique, bordé à l'ouest par l'océan Atlantique. Sa superficie est de 28 051 km^2 (un peu moins que la Belgique). La Guinée équatoriale compte 520 000 habitants (les *Équatoguinéens*). C'est une république dont la capitale est Malabo. Les langues officielles sont le français et l'espagnol ; on y parle aussi un créole et le fang. La monnaie est le franc CFA.

Guyana n. f. ✦ Pays du nord-est de l'Amérique du Sud, bordé au nord par l'océan Atlantique. Sa superficie est de 214 970 km^2 (plus du quart de la France). La Guyana compte 760 000 habitants (les *Guyaniens*). C'est une république dont la capitale est Georgetown. La langue officielle est l'anglais ; on y parle aussi le créole guyanais et l'hindi. La monnaie est le dollar de Guyana.

Haïti n. f. ✦ Pays d'Amérique centrale, occupant la partie ouest de l'île d'Haïti, dans l'océan Atlantique. Sa superficie est de 27 750 km^2 (un peu moins que la Belgique). Haïti compte 9,6 millions d'habitants (les *Haïtiens*). C'est une république dont la capitale est Port-au-Prince. Les langues officielles sont le français et le créole haïtien. Les monnaies sont la gourde et le dollar.

Honduras n. m. ✦ Pays d'Amérique centrale, bordé au nord par l'océan Atlantique et au sud par l'océan Pacifique. Sa superficie est de 112 088 km^2 (environ un cinquième de la France). Le Honduras compte 7,1 millions d'habitants (les *Honduriens*). C'est une république dont la capitale est Tegucigalpa. La langue officielle est l'espagnol ; on y parle aussi des langues indiennes et l'anglais. La monnaie est le lempira.

Hongrie n. f. ✦ Pays du centre de l'Europe. Sa superficie est de 93 030 km^2 (environ un sixième de la France). La Hongrie compte 10 millions d'habitants (les *Hongrois*). C'est une république, membre de l'Union européenne, dont la capitale est Budapest. La langue officielle est le hongrois. La monnaie est le forint.

Inde n. f. ✦ Pays du sud de l'Asie, bordé à l'ouest, au sud et à l'est par l'océan Indien. Sa superficie est de 3 287 263 km^2 (plus de 6 fois la France). L'Inde compte 1,2 milliard d'habitants (les *Indiens*). C'est une république fédérale composée de 28 États et de 7 Territoires, dont la capitale est New Delhi. Les langues officielles sont l'anglais et l'hindi ; chaque État a une ou plusieurs langues officielles. La monnaie est la roupie indienne.

Indonésie : les rizières de Bali

Indonésie n. f. ✦ Pays du sud-est de l'Asie. Cet archipel est situé au nord de l'Australie, dans l'océan Indien et l'océan Pacifique. Sa superficie est de 1 919 444 km^2 (plus de 3 fois la France). L'Indonésie compte 231,3 millions d'habitants (les *Indonésiens*).

C'est une république dont la capitale est Jakarta. La langue officielle est l'indonésien ; on y parle aussi de nombreuses langues locales dont le javanais. La monnaie est la roupie.

Irak n. m. ✦ Pays de l'ouest de l'Asie, bordé au sud-est par le golfe Persique. Sa superficie est de 440 000 km^2 (un peu moins que la France). L'Irak compte 39 millions d'habitants (les *Irakiens*). C'est une république dont la capitale est Bagdad. La langue officielle est l'arabe ; on y parle aussi le turc, le kurde et l'arménien. La monnaie est le dinar irakien.

Iran n. m. ✦ Pays de l'ouest de l'Asie, bordé au nord par la mer Caspienne et au sud par le golfe Persique. Sa superficie est de 1,6 million de km^2 (un peu plus de 3 fois la France). L'Iran compte 71,2 millions d'habitants (les *Iraniens*). C'est une république islamiste dont la capitale est Téhéran. La langue officielle est le persan ; on y parle aussi le kurde, le turc et l'azéri. La monnaie est le rial.

Irlande n. f. ✦ Pays de l'ouest de l'Europe. Limité au nord-est par l'Irlande du Nord (qui fait partie de la Grande-Bretagne), il occupe la plus grande partie de l'île d'Irlande dans l'océan Atlantique. Sa superficie est de 70 280 km^2 (moins d'un huitième de la France). L'Irlande (appelée aussi *Éire*) compte 4,3 millions d'habitants (les *Irlandais*). C'est une république, membre de l'Union européenne, dont la capitale est Dublin. Les langues officielles sont l'irlandais (le gaélique) et l'anglais. La monnaie est l'euro.

Islande n. f. ✦ Pays du nord-ouest de l'Europe. C'est une île située au nord de l'océan Atlantique, près du Groenland. Sa superficie est de 102 828 km^2 (environ un cinquième de la France). L'Islande compte 308 000 habitants (les *Islandais*). C'est une république dont la capitale est Reykjavik. La langue officielle est l'islandais. La monnaie est la couronne islandaise.

Israël n. m. ✦ Pays de l'ouest de l'Asie, bordé à l'ouest par la mer Méditerranée, au nord-est de l'Égypte. Sa superficie est de 20 770 km^2 (environ la moitié de la Suisse). Israël compte 6,9 millions d'habitants (les *Israéliens*). C'est une république dont la capitale est Tel-Aviv-Jaffa ; Jérusalem est la capitale fixée par l'État d'Israël mais elle n'est pas reconnue par la communauté internationale. Les langues officielles sont l'hébreu et l'arabe. La monnaie est le shekel.

Italie n. f. ✦ Pays du sud de l'Europe, bordé à l'ouest et au sud par la mer Méditerranée, à l'est par la mer Adriatique. Il englobe deux îles, la Sardaigne et la Sicile, et deux territoires indépendants : la république de Saint-Marin et la cité du Vatican. Sa superficie est de 301 230 km^2 (plus de la moitié de la France). L'Italie compte 59 millions d'habitants (les *Italiens*). C'est une république, membre de l'Union européenne, dont la capitale est Rome. La langue officielle est l'italien. La monnaie est l'euro.

Italie : Florence

Jamaïque n. f. ✦ Pays d'Amérique centrale. C'est une île située au sud de Cuba et à l'ouest d'Haïti, dans l'océan Atlantique. Sa superficie est de 10 991 km^2 (un peu plus que la Corse). La Jamaïque compte 2,7 millions d'habitants (les *Jamaïcains*). C'est une démocratie parlementaire dont la capitale est Kingston. La langue officielle est l'anglais ; on y parle aussi un créole. La monnaie est le dollar de la Jamaïque.

Japon n. m. ✦ Pays de l'est de l'Asie, formé de plusieurs îles, bordé à l'est par l'océan Pacifique et à l'ouest par la mer du Japon. Sa superficie est de 377 755 km^2 (environ les deux tiers de la France). Le Japon compte 128 millions d'habitants (les *Japonais*). C'est une monarchie dont la capitale est Tokyo. La langue officielle est le japonais. La monnaie est le yen.

Jordanie n. f. ✦ Pays de l'ouest de l'Asie, à l'est d'Israël. Sa superficie est de 92 000 km² (moins d'un sixième de la France). La Jordanie compte 4,2 millions d'habitants (les *Jordaniens*). C'est une monarchie dont la capitale est Amman. La langue officielle est l'arabe. La monnaie est le dinar jordanien.

Jordanie : la cité antique de Pétra

Kazakhstan n. m. ✦ Pays du centre de l'Asie. Sa superficie est de 2,7 millions de km² (environ 5 fois la France). Le Kazakhstan compte 15,4 millions d'habitants (les *Kazakhstanais*). C'est une république dont la capitale est Astana. Les langues officielles sont le kazakh et le russe. La monnaie est le tengue.

Kenya n. m. ✦ Pays de l'est de l'Afrique, bordé au sud-est par l'océan Indien. Sa superficie est de 582 646 km² (un peu plus que la France). Le Kenya compte 38,6 millions d'habitants (les *Kényans*). C'est une république dont la capitale est Nairobi. Les langues officielles sont l'anglais et le swahili ; on y parle aussi le kikouyou, le luo et le massaï. La monnaie est le shilling du Kenya.

Kirghizstan n. m. ✦ Pays du centre de l'Asie, à l'ouest de la Chine. Sa superficie est de 198 500 km² (moins du tiers de la France). Le Kirghizstan compte 5,2 millions d'habitants (les *Kirghizes*). C'est une république dont la capitale est Bichkek. Les langues officielles sont le kirghize et le russe. La monnaie est le som.

Kiribati n. f. pl. ✦ Pays d'Océanie. C'est un archipel composé de 33 îles, situé au centre de l'océan Pacifique. Sa superficie est de 717 km² (environ 7 fois Paris). Les Kiribati comptent 96 000 habitants (les *Kiribatiens*). C'est une république dont la capitale est Tarawa (Bairiki). La langue officielle est l'anglais ; on y parle aussi le gilbertien. La monnaie est le dollar australien.

Kosovo n. m. ✦ Pays du sud de l'Europe, au sud de la Serbie. Sa superficie est de 10 887 km² (moins du tiers de la Belgique). Le Kosovo compte 2,1 millions d'habitants (les *Kosovars* ou *Kossoviens*). C'est une république dont la capitale est Pristina. Les langues officielles sont l'albanais et le serbe ; on y parle aussi le bosniaque et le turc. La monnaie est l'euro.

Koweït n. m. ✦ Pays de l'ouest de l'Asie, au nord de l'Arabie saoudite, bordé par le golfe Persique. Sa superficie est de 17 818 km² (plus de la moitié de la Belgique). Le Koweït compte 2,9 millions d'habitants (les *Koweïtiens*). C'est une monarchie dont la capitale est Koweït. La langue officielle est l'arabe. La monnaie est le dinar koweïtien.

Laos n. m. ✦ Pays du sud-est de l'Asie. Sa superficie est de 236 800 km² (moins de la moitié de la France). Le Laos compte 5,9 millions d'habitants (les *Laotiens*). C'est une république populaire dont la capitale est Vientiane. La langue officielle est le lao ; on y parle aussi le français. La monnaie est le kip.

Lesotho n. m. ✦ Pays du sud de l'Afrique qui forme une enclave dans l'Afrique du Sud. Sa superficie est de 30 355 km² (à peu près la Belgique). Le Lesotho compte 2 millions d'habitants (les *Lesothiens*). C'est une monarchie dont la capitale est Maseru. Les langues officielles sont l'anglais et le sotho. La monnaie est le loti.

Lettonie n. f. ✦ Pays du nord-est de l'Europe, bordé par la mer Baltique. Sa superficie est de 64 500 km² (plus de 2 fois la Belgique). La Lettonie compte 2,3 millions d'habitants (les *Lettons*). C'est une république, membre de l'Union européenne, dont la capitale est Riga. La langue officielle est le letton ; on y parle aussi le russe. La monnaie est le lats.

Liban n. m. ✦ Pays de l'ouest de l'Asie, entre la Syrie et Israël, bordé à l'ouest par la mer Méditerranée. Sa superficie est de 10 452 km² (à peu près un tiers de la Belgique). Le Liban compte 4 millions d'habitants (les *Libanais*). C'est une république dont la capitale est Beyrouth. La langue officielle est l'arabe ; on y parle aussi le français, l'anglais, l'arménien. La monnaie est la livre libanaise.

Liban : les vestiges romains de Baalbek

Libéria n. m. ✦ Pays de l'ouest de l'Afrique, bordé par l'océan Atlantique. Sa superficie est de 111 370 km² (environ un cinquième de la France). Le Libéria compte 3,9 millions d'habitants (les *Libériens*). C'est une république dont la capitale est Monrovia. La langue officielle est l'anglais ; on y parle aussi les langues des nombreuses communautés qui peuplent le pays. La monnaie est le dollar libérien.

Libye n. f. ✦ Pays du nord de l'Afrique, sur la mer Méditerranée. Sa superficie est de 1,7 million de km² (plus de 3 fois la France). La Libye compte 6,1 millions d'habitants (les *Libyens*). C'est un régime militaire dont la capitale est Tripoli. La langue officielle est l'arabe ; on y parle aussi le berbère. La monnaie est le dollar libyen.

Liechtenstein n. m. ✦ Pays du centre de l'Europe, entre la Suisse et l'Autriche. Sa superficie est de 160 km² (un peu plus grand que Paris). Le Liechtenstein compte 34 600 habitants (les *Liechtensteinois*). C'est une monarchie dont la capitale est Vaduz. La langue officielle est l'allemand. La monnaie est le franc suisse.

Lituanie n. f. ✦ Pays du nord-est de l'Europe, sur la mer Baltique. Sa superficie est de 65 200 km² (environ 2 fois la Belgique). La Lituanie compte 3,4 millions d'habitants (les *Lituaniens*). C'est une république, membre de l'Union européenne, dont la capitale est Vilnius. La langue officielle est le lituanien ; on y parle aussi le russe et le polonais. La monnaie est le litas.

Luxembourg n. m. ✦ Pays de l'ouest de l'Europe, situé entre la Belgique, l'Allemagne et la France. Sa superficie est de 2 586 km² (moins du tiers de la Corse). Le Luxembourg compte 476 200 habitants (les *Luxembourgeois*). C'est un grand-duché, membre de l'Union européenne, dont la capitale est Luxembourg. Les langues officielles sont le luxembourgeois, le français et l'allemand. La monnaie est l'euro.

Macédoine n. f. ✦ Pays du sud de l'Europe, au nord de la Grèce. Sa superficie est de 25 713 km² (à peu près 3 fois la Corse). La Macédoine compte 2 millions d'habitants (les *Macédoniens*). C'est une république dont la capitale est Skopje. La langue officielle est le macédonien. La monnaie est le denar.

Madagascar n. f. ✦ Pays de l'est de l'Afrique. C'est une île située dans l'océan Indien, au large du Mozambique. Sa superficie est de 587 081 km² (un peu plus que la France). Madagascar compte 20,2 millions d'habitants (les *Malgaches*). C'est une république dont la capitale est Tananarive. Les langues officielles sont le malgache et le français. La monnaie est l'ariary.

Malaisie n. f. ✦ Pays du sud-est de l'Asie, formé par le sud de la péninsule de Malacca et d'une partie de l'île de Bornéo, bordé par la mer de Chine. Sa superficie est de 329 758 km² (environ les deux tiers de la France). La Malaisie compte 26,6 millions d'habitants (les *Malaisiens* ou *Malais*). C'est une monarchie dont la capitale est Kuala Lumpur. La langue officielle est le malais. La monnaie est le ringgit.

Malawi n. m. ✦ Pays du sud-est de l'Afrique, bordé à l'est par le lac Malawi. Sa superficie est de 119 310 km^2 (plus du quart de la France). Le Malawi compte 14,3 millions d'habitants (les *Malawites*). C'est une république dont la capitale est Lilongwe. Les langues officielles sont le chichewa et l'anglais ; on y parle aussi le yao, le tonga, le swahili. La monnaie est le kwacha.

Maldives n. f. pl. ✦ Pays d'Asie. C'est un archipel de l'océan Indien situé au sud de l'Inde. Sa superficie est de 298 km^2 (environ 3 fois Paris). Les Maldives comptent 300 000 habitants (les *Maldiviens*). C'est une république dont la capitale est Malé. La langue officielle est le maldivien. La monnaie est le rufiyaa.

Mali n. m. ✦ Pays de l'ouest de l'Afrique. Sa superficie est de 1,2 million de km^2 (environ 2 fois et demie la France). Le Mali compte 12,7 millions d'habitants (les *Maliens*). C'est une république dont la capitale est Bamako. La langue officielle est le français ; on y parle aussi le mandé, le songhaï, le dogon, le hassanya et le berbère. La monnaie est le franc CFA.

Malte n. f. ✦ Pays du sud de l'Europe. C'est un archipel situé en mer Méditerranée, entre la Sicile et la Tunisie. Sa superficie est de 316 km^2 (environ 3 fois Paris). Malte compte 407 000 habitants (les *Maltais*). C'est une république, membre de l'Union européenne, dont la capitale est La Valette. Les langues officielles sont le maltais et l'anglais ; on y parle aussi l'italien. La monnaie est l'euro.

Mariannes du Nord n. f. pl. ✦ Pays d'Océanie. C'est un archipel de l'océan Pacifique, à l'est des Philippines. Sa superficie est de 477 km^2 (plus de 4 fois Paris). Les Mariannes du Nord comptent 69 200 habitants (les *Mariannais*). C'est un pays autonome associé aux États-Unis, dont la capitale est Garapan (île de Saipan). La langue officielle est l'anglais ; on y parle aussi le chamorro et le filipino. La monnaie est le dollar.

Maroc n. m. ✦ Pays du nord-ouest de l'Afrique, bordé à l'ouest par l'océan Atlantique et au nord par la mer Méditerranée. Sa superficie est de 706 550 km^2 (moins d'une fois et demie la France). Le Maroc compte 31,2 millions d'habitants (les *Marocains*). C'est une monarchie dont la capitale est Rabat. La langue officielle est l'arabe ; on y parle aussi le berbère, le français et l'espagnol. La monnaie est le dirham marocain.

Maroc : le ksar d'Aït-Ben-Haddou

Marshall n. f. pl. ✦ Pays d'Océanie. C'est un archipel de l'océan Pacifique, situé au nord-est de l'Australie. Sa superficie est de 181 km^2 (environ 2 fois Paris). Les îles Marshall comptent 51 000 habitants (les *Marshallais*). C'est une république dont la capitale est Delap-Uliga-Darrit, sur l'atoll de Majuro. Les langues officielles sont l'anglais et le marshall. La monnaie est le dollar.

Maurice n. f. ✦ Pays de l'océan Indien. C'est une île située à l'est de Madagascar. Sa superficie est de 2 040 km^2 (le quart de la Corse) avec les îles Rodrigues, Agalega et Saint-Brandon. Maurice compte 1,3 million d'habitants (les *Mauriciens*). C'est une république dont la capitale est Port-Louis. La langue officielle est l'anglais ; on y parle aussi un créole, le français, des langues indiennes et le chinois. La monnaie est la roupie mauricienne.

Mauritanie n. f. ✦ Pays de l'ouest de l'Afrique, bordé à l'ouest par l'océan Atlantique. Sa superficie est d'un million de km^2 (presque deux fois la France). La Mauritanie compte 3,2 millions d'habitants (les *Mauritaniens*). C'est une république islamiste dont la capitale est Nouakchott. La langue officielle est l'arabe ; on y parle aussi le peul, le wolof et le français. La monnaie est l'ouguiya.

Mexique n. m. ✦ Pays du sud de l'Amérique du Nord, bordé à l'ouest par l'océan Pacifique et à l'est par l'océan Atlantique. Sa superficie est de 1,97 million de km^2 (plus de trois fois et demie la France). Le Mexique compte 106,5 millions d'habitants (les *Mexicains*). C'est une république, formée de 31 États fédérés et de la capitale Mexico. La langue officielle est l'espagnol ; on y parle aussi des langues indiennes. La monnaie est le peso.

Micronésie n. f. ✦ Pays d'Océanie, situé dans l'océan Pacifique, comprenant les îles Carolines sauf les Palaos. Sa superficie est de 700 km^2 (environ 7 fois Paris). La Micronésie compte 108 000 habitants (les *Micronésiens*). C'est une république, formée de quatre États fédérés, dont la capitale est Palikir. La langue officielle est l'anglais ; on y parle aussi des langues micronésiennes et polynésiennes. La monnaie est le dollar.

Moldavie n. f. ✦ Pays de l'est de l'Europe, à l'est de la Roumanie. Sa superficie est de 33 700 km^2 (un peu plus que la Belgique). La Moldavie compte 4,2 millions d'habitants (les *Moldaves*). C'est une république dont la capitale est Chisinau. La langue officielle est le moldave ; on y parle aussi le russe, l'ukrainien et le turc. La monnaie est le leu.

Monaco n. m. ✦ Pays de l'ouest de l'Europe formant une enclave dans le département français des Alpes-Maritimes, bordé par la mer Méditerranée. Sa superficie est de 1,5 kilomètre carré (l'équivalent d'un des plus petits arrondissements de Paris). Il compte 32 700 habitants (les *Monégasques*). C'est une principauté dont la capitale est Monaco. La langue officielle est le français. La monnaie est l'euro.

Mongolie n. f. ✦ Pays de l'est de l'Asie, entre la Russie et la Chine. Sa superficie est de 1,5 million de km^2 (presque 3 fois la France). La Mongolie compte 2,6 millions d'habitants (les *Mongols*). C'est une république dont la capitale est Oulan-Bator. La langue officielle est le mongol. La monnaie est le tugrik.

Mexique : le site maya de Chichen Itza

Monténégro n. m. ✦ Pays du sud-est de l'Europe, bordé au sud par la mer Adriatique. Sa superficie est de 13 812 km^2 (environ la moitié de la Belgique). Le Monténégro compte 685 000 habitants (les *Monténégrins*). C'est une république dont la capitale est Podgorica. On y parle le monténégrin. La monnaie est l'euro.

Mozambique n. m. ✦ Pays du sud-est de l'Afrique, bordé par l'océan Indien. Sa superficie est de 799 380 km^2 (un peu moins d'une fois et demie la France). Le Mozambique compte 21,8 millions d'habitants (les *Mozambicains*). C'est une république dont la capitale est Maputo. La langue officielle est le portugais ; on y parle aussi des langues bantoues. La monnaie est le metical.

Namibie n. f. ✦ Pays du sud-ouest de l'Afrique, bordé à l'ouest par l'océan Atlantique. Sa superficie est de 824 268 km^2 (environ une fois et demie la France). La Namibie compte 2,1 millions d'habitants (les *Namibiens*). C'est une république dont la capitale est Windhoek. La langue officielle est l'anglais ; on y parle aussi l'afrikaans, l'allemand, des langues khoïsanes et bantoues. La monnaie est le dollar namibien.

Nigéria : statue d'Ifé, en terre cuite

Nauru n. f. ✦ Pays d'Océanie. C'est une île située dans l'océan Pacifique, au sud de l'équateur et au nord des îles Salomon. Sa superficie est de 22 km^2 (environ un quart de Paris). Nauru compte 13 500 habitants (les *Nauruans*). C'est une république dont la capitale est Yaren. Les langues officielles sont le nauruan et l'anglais. La monnaie est le dollar australien.

Népal n. m. ✦ Pays du sud de l'Asie. Sa superficie est de 140 797 km^2 (moins du quart de la France). Le Népal compte 28,8 millions d'habitants (les *Népalais*). C'est une monarchie dont la capitale est Katmandou. La langue officielle est le népalais. La monnaie est la roupie népalaise.

Nicaragua n. m. ✦ Pays d'Amérique centrale, bordé à l'est par l'océan Atlantique et à l'ouest par l'océan Pacifique. Sa superficie est de 139 682 km^2 (un peu moins du tiers de la France). Le Nicaragua compte 5,7 millions d'habitants (les *Nicaraguayens*). C'est une république dont la capitale est Managua. La langue officielle est l'espagnol ; on y parle aussi des langues indiennes. La monnaie est le cordoba.

Niger n. m. ✦ Pays de l'ouest de l'Afrique. Sa superficie est de 1,3 million de km^2 (plus de 2 fois la France). Le Niger compte 14,7 millions d'habitants (les *Nigériens*). C'est une république dont la capitale est Niamey. La langue officielle est le français ; on y parle aussi le haoussa, le peul, le songhaï et le berbère. La monnaie est le franc CFA.

Nigéria n. m. ✦ Pays de l'ouest de l'Afrique, bordé au sud par l'océan Atlantique. Sa superficie est de 923 773 km^2 (presque 2 fois la France). Le Nigéria compte 151,5 millions d'habitants (les *Nigérians*). C'est une république dont la capitale est Abuja. La langue officielle est l'anglais ; on y parle aussi le français, l'haoussa, le yoruba, l'ibo et le fulani. La monnaie est le naira.

Niue n. f. ✦ Pays d'Océanie. C'est une île du centre de l'océan Pacifique, à l'est des Tonga. Sa superficie est de 258 km^2 (2 fois Paris). Niue compte 2 000 habitants. C'est un pays autonome associé à la Nouvelle-Zélande, dont la capitale est Alofi. La langue officielle est l'anglais. La monnaie est le dollar néozélandais.

Norvège n. f. ✦ Pays du nord de l'Europe, bordé au nord par l'océan Arctique, à l'ouest et au sud par l'océan Atlantique. Sa superficie est de 323 879 km^2. La Norvège compte 4,7 millions d'habitants (les *Norvégiens*). C'est une monarchie dont la capitale est Oslo. La langue officielle est le norvégien ; on y parle aussi le lapon. La monnaie est la couronne norvégienne.

Nouvelle-Zélande n. f. ✦ Pays d'Océanie. Archipel situé dans l'océan Pacifique, au sud-est de l'Australie, dont il est séparé par la mer de Tasman. Sa superficie est de 267 844 km^2. La Nouvelle-Zélande compte 4 millions d'habitants (les *Néozélandais*). C'est une démocratie parlementaire dont la capitale est Wellington. Les langues officielles sont l'anglais et le maori ; on y parle aussi des langues polynésiennes. La monnaie est le dollar néozélandais.

Oman n. m. ✦ Pays d'Arabie, bordé à l'est et au sud par l'océan Indien. Sa superficie est de 212 460 km^2 (un peu moins de la moitié de la France). Oman compte 2,6 millions d'habitants (les *Omanais*). C'est une monarchie (dirigée par un sultan) dont la capitale est Mascate. La langue officielle est l'arabe. La monnaie est le riyal omanais.

Ouganda n. m. ✦ Pays du centre de l'Afrique. Sa superficie est de 241 038 km² (un peu moins de la moitié de la France). L'Ouganda compte 31,9 millions d'habitants (les *Ougandais*). C'est une république dont la capitale est Kampala. La langue officielle est l'anglais ; on y parle aussi des langues bantoues et nilotiques. La monnaie est le shilling ougandais.

Ouzbékistan n. m. ✦ Pays du centre de l'Asie. Sa superficie est de 447 400 km² (plus des trois quarts de la France). L'Ouzbékistan compte 26,6 millions d'habitants (les *Ouzbeks*). C'est une république dont la capitale est Tachkent. La langue officielle est l'ouzbek. La monnaie est le soum.

Ouzbékistan : Samarkand

Pakistan n. m. ✦ Pays du sud de l'Asie, bordé au sud par l'océan Indien. Sa superficie est de 796 095 km² (moins d'une fois et demie la France). Le Pakistan compte 167 millions d'habitants (les *Pakistanais*). C'est une république islamiste dont la capitale est Islamabad. Les langues officielles sont l'ourdou et l'anglais. La monnaie est la roupie pakistanaise.

Palaos n. f. pl. ✦ Pays de l'archipel des Carolines, dans l'océan Pacifique, à l'est des Philippines. Il est composé de 26 îles et de 300 îlots. Sa superficie est de 488 km² (environ 4 fois Paris). Les Palaos comptent 14 200 habitants (les *Palaois*). C'est une république dont la capitale est Melekeok. Les langues officielles sont l'anglais et le paluan. La monnaie est le dollar.

Panama n. m. ✦ Pays d'Amérique centrale, bordé au sud par l'océan Pacifique et au nord par l'océan Atlantique. Sa superficie est de 75 517 km² (moins d'un septième de la France). Panama compte 3,4 millions d'habitants (les *Panaméens*). C'est une république dont la capitale est Panama. La langue officielle est l'espagnol ; on y parle aussi l'anglais et des langues amérindiennes. La monnaie est le balboa.

Papouasie-Nouvelle-Guinée n. f. ✦ Pays d'Océanie dans le sud-ouest de l'océan Pacifique, au nord de l'Australie, constitué de plusieurs îles et de la moitié est de la Nouvelle-Guinée. Sa superficie est de 462 840 km² (plus des deux tiers de la France). La Papouasie-Nouvelle-Guinée compte 6,5 millions d'habitants (les *Papouasiens* ou *Néoguinéens*). C'est une démocratie parlementaire dont la capitale est Port Moresby. La langue officielle est l'anglais ; on y parle aussi le pidgin, le motu et des langues mélanésiennes. La monnaie est le kina.

Paraguay n. m. ✦ Pays du sud-est de l'Amérique du Sud. Sa superficie est de 406 752 km² (environ les trois quarts de la France). Le Paraguay compte 6,2 millions d'habitants (les *Paraguayens*). C'est une république dont la capitale est Asuncion. Les langues officielles sont l'espagnol et le guarani. La monnaie est le guarani.

Pays-Bas n. m. pl. ✦ Pays du nord-ouest de l'Europe, bordé à l'ouest par la mer du Nord. Sa superficie est de 41 500 km² (à peu près la Suisse). Les Pays-Bas comptent 16,5 millions d'habitants (les *Néerlandais*). C'est une monarchie, membre de l'Union européenne, dont la capitale est Amsterdam. La langue officielle est le néerlandais ; on y parle aussi le frison. La monnaie est l'euro.

Pérou n. m. ✦ Pays du nord-ouest de l'Amérique du Sud, bordé à l'ouest par l'océan Pacifique. Sa superficie est de 1,3 million de km² (un peu plus de 2 fois la France). Le Pérou compte 28,2 millions d'habitants (les *Péruviens*). C'est une république dont la capitale est Lima. Les langues officielles sont l'espagnol, le quechua, l'aymara ; on y parle d'autres langues indigènes. La monnaie est le nouveau sol.

Philippines n. f. pl. ✦ Pays du sud-est de l'Asie. Archipel situé dans l'océan Pacifique, au nord de l'Indonésie. Sa superficie est de 300 000 km^2 (un peu plus des deux tiers de la France). Les Philippines comptent 89,7 millions d'habitants (les *Philippins*). C'est une république dont la capitale est Manille. Les langues officielles sont l'anglais et le tagalog ; on y parle aussi de nombreuses langues régionales. La monnaie est le peso.

Pologne n. f. ✦ Pays du centre de l'Europe, bordé au nord par la mer Baltique. Sa superficie est de 312 683 km^2 (environ les deux tiers de la France). La Pologne compte 38,1 millions d'habitants (les *Polonais*). C'est une république, membre de l'Union européenne, dont la capitale est Varsovie. La langue officielle est le polonais. La monnaie est le zloty.

Porto Rico n. m. ✦ Pays d'Amérique centrale, composé de 3 îles dont l'île de Porto Rico, à l'est de la République dominicaine dans l'océan Atlantique. Sa superficie est de 8 897 km^2 (à peu près la Corse). Porto Rico compte 3,9 millions d'habitants (les *Portoricains* ou les *Puertoricains*). C'est un État autonome associé aux États-Unis. Sa capitale est San Juan de Porto Rico. Les langues officielles sont l'espagnol et l'anglais. La monnaie est le dollar.

Portugal : la tour de Belém, à Lisbonne

Portugal n. m. ✦ Pays du sud de l'Europe, bordé à l'ouest et au sud par l'océan Atlantique. Sa superficie est de 92 072 km^2 (environ un sixième de la France). Le Portugal compte 10,7 millions d'habitants (les *Portugais*). C'est une république, membre de l'Union européenne, dont la capitale est Lisbonne. La langue officielle est le portugais. La monnaie est l'euro.

Qatar n. m. ✦ Pays d'Asie, à l'est de l'Arabie saoudite, sur le golfe Persique. Sa superficie est de 11 437 km^2 (un peu moins de la moitié de la Belgique). Le Qatar compte 856 000 habitants (les *Qatariens*). C'est une monarchie (dirigée par un émir) dont la capitale est Doha. La langue officielle est l'arabe. La monnaie est le riyal qatari.

Roumanie n. f. ✦ Pays d'Europe centrale, bordé au sud-est par la mer Noire. Sa superficie est de 237 500 km^2 (environ la moitié de la France). La Roumanie compte 21,5 millions d'habitants (les *Roumains*). C'est une république, membre de l'Union européenne, dont la capitale est Bucarest. La langue officielle est le roumain ; on y parle aussi le hongrois, l'allemand et le romani. La monnaie est le leu.

Royaume-Uni de Grande-Bretagne et d'Irlande du Nord n. m. ✦ Pays de l'ouest de l'Europe comprenant l'Angleterre, l'Écosse, le pays de Galles et l'Irlande du Nord. Il est bordé à l'ouest et au nord par l'océan Atlantique, à l'est par la mer du Nord et au sud par la Manche. Sa superficie est de 244 046 km^2 (plus de la moitié de la France). Le Royaume-Uni de Grande-Bretagne et d'Irlande du Nord compte 60,2 millions d'habitants (les *Britanniques*). C'est une monarchie, membre de l'Union européenne, dont la capitale est Londres. La langue officielle est l'anglais ; on y parle aussi l'écossais, le gallois, l'irlandais et le mannois. La monnaie est la livre sterling.

Russie n. f. ✦ Pays de l'est de l'Europe et du nord de l'Asie, bordé au sud-ouest par la mer Noire et la mer Caspienne, au nord par l'océan Glacial Arctique, et à l'est par l'océan Pacifique. Sa superficie est de 17 millions de km^2 (environ 31 fois la France). La Russie compte 142,5 millions d'habitants (les *Russes*). C'est une fédération qui regroupe 21 républiques, 9 territoires, 46 régions plus une région autonome, 4 arrondissements autonomes et 2 villes fédérales. La capitale est Moscou. La langue officielle est le russe ; on y parle aussi les langues et les dialectes des différentes minorités qui composent le pays. La monnaie est le rouble.

Russie : la cathédrale Saint-Sauveur à Saint-Pétersbourg

Rwanda **n. m.** ✦ Pays du centre de l'Afrique. Sa superficie est de 26 338 km² (un peu plus petit que la Belgique). Le Rwanda compte 10 millions d'habitants (les *Rwandais*). C'est une république dont la capitale est Kigali. Les langues officielles sont l'anglais, le français et le rwanda ; on y parle aussi le swahili. La monnaie est le franc rwandais.

Saint-Kitts-et-Nevis ✦ Pays d'Amérique centrale, formé de l'île Saint-Kitts et de l'île Nevis, au nord-ouest de la Guadeloupe, dans l'océan Atlantique. Sa superficie est de 269 km² (plus de 2 fois Paris). Saint-Kitts-et-Nevis (appelé aussi *Saint-Christophe-et-Niévès*) compte 42 500 habitants (les *Christophiens*). C'est une démocratie parlementaire dont la capitale est Basseterre. La langue officielle est l'anglais ; on y parle aussi un créole. La monnaie est le dollar des Caraïbes de l'Est.

Sainte-Lucie ✦ Pays d'Amérique centrale. C'est une île située dans l'océan Atlantique, entre la Martinique et Saint-Vincent-et-les Grenadines. Sa superficie est de 616 km² (environ 6 fois Paris). Sainte-Lucie compte 167 000 habitants (les *Luciens*). C'est une démocratie parlementaire dont la capitale est Castries. La langue officielle est l'anglais ; on y parle aussi un créole. La monnaie est le dollar des Caraïbes de l'Est.

Saint-Marin ✦ Pays du sud de l'Europe, formant une enclave à l'intérieur de l'Italie, sur la côte est, au sud de Rimini. Sa superficie est de 61 km² (environ la moitié de Paris). Saint-Marin compte 29 000 habitants (les *Saint-Marinais*). C'est une république dont la capitale est Saint-Marin. La langue officielle est l'italien. La monnaie est l'euro.

Saint-Vincent-et-les-Grenadines ✦ Pays d'Amérique centrale. C'est un archipel situé dans l'océan Atlantique, entre Sainte-Lucie et la Grenade. Sa superficie est de 388 km² (plus de 3 fois Paris). Saint-Vincent-et-les-Grenadines compte 112 000 habitants (les *Vincentais*). C'est une démocratie parlementaire dont la capitale est Kingstown. La langue officielle est l'anglais. La monnaie est le dollar des Caraïbes de l'Est.

Salomon **n. f. pl.** ✦ Pays d'Océanie. C'est un archipel situé dans le sud-ouest de l'océan Pacifique, au nord-est de l'Australie. Sa superficie est de 27 556 km² (un peu moins que la Belgique). Les îles Salomon comptent 286 000 habitants (les *Salomonais* ou *Salomoniens*). C'est une démocratie parlementaire dont la capitale est Honiara. La langue officielle est l'anglais ; on y parle aussi des dialectes mélanésiens, papous et polynésiens. La monnaie est le dollar des îles Salomon.

Salvador **n. m.** ✦ Pays d'Amérique centrale, bordé au sud par l'océan Pacifique. Sa superficie est de 21 041 km² (un peu moins que la Belgique). Le Salvador compte 10 millions d'habitants (les *Salvadoriens*). C'est une république dont la capitale est San Salvador. La langue officielle est l'espagnol. Les monnaies sont le colon et le dollar.

Samoa **n. f. pl.** ✦ Pays faisant partie de l'archipel volcanique des Samoa, au centre de l'océan Pacifique. Sa superficie est de 2 830 km² (environ le tiers de la Corse). Les Samoa comptent 180 000 habitants (les *Samoens*). C'est une monarchie dont la capitale est Apia. Les langues officielles sont l'anglais et le samoan. La monnaie est le tala.

Sao Tomé-et-Principe n. m. ✦ Pays d'Afrique. C'est un archipel volcanique situé dans l'océan Atlantique, au large du Gabon. Sa superficie est de 1 001 km² (un peu plus grand que la Corse). Sao Tomé-et-Principe compte 162 000 habitants (les *Santoméens*). C'est une république dont la capitale est Sao Tomé. La langue officielle est le portugais ; on y parle aussi des créoles. La monnaie est le dobra.

Sénégal n. m. ✦ Pays de l'ouest de l'Afrique, bordé à l'ouest par l'océan Atlantique. Sa superficie est de 196 200 km² (un peu plus du tiers de la France). Le Sénégal compte 12,7 millions d'habitants (les *Sénégalais*). C'est une république dont la capitale est Dakar. La langue officielle est le français ; on y parle aussi le wolof, le peul, le diola, le malinké, le sérère et le soninké. La monnaie est le franc CFA.

Sénégal : la culture du riz en Casamance, au sud du pays

Serbie n. f. ✦ Pays du sud de l'Europe, à l'ouest de la Roumanie. Sa superficie est de 77 474 km² (moins du sixième de la France). La Serbie compte 9,9 millions d'habitants (les *Serbes*). C'est une république dont la capitale est Belgrade. La langue officielle est le serbe. La monnaie est le dinar.

Seychelles n. f. pl. ✦ Pays d'Afrique. C'est un archipel situé dans l'océan Indien, au nord-est de Madagascar. Sa superficie est de 453 km² (un peu plus de 4 fois Paris). Les Seychelles comptent 81 200 habitants (les *Seychellois*). C'est une république dont la capitale est Victoria, dans l'île de Mahé. Les langues officielles sont l'anglais, le français et le créole seychellois. La monnaie est la roupie seychelloise.

Sierra Leone n. f. ✦ Pays de l'ouest de l'Afrique, bordé au sud-ouest par l'océan Atlantique. Sa superficie est de 73 326 km² (environ un septième de la France). La Sierra Leone compte 6 millions d'habitants (les *Sierraléonais*). C'est une république dont la capitale est Freetown. La langue officielle est l'anglais ; on y parle aussi le krio, le mendé, le temné. La monnaie est le leone.

Singapour n. f. ✦ Pays du sud-est de l'Asie. C'est un archipel situé à l'extrémité sud-est de la péninsule de Malacca, bordé à l'ouest par l'océan Indien et à l'est par la mer de Chine. Sa superficie est de 699 km² (environ 6 fois Paris). Singapour compte 4,5 millions d'habitants (les *Singapouriens*). C'est une république dont la capitale est Singapour. Les langues officielles sont le malais, le chinois, l'anglais et le tamoul. La monnaie est le dollar singapourien.

Slovaquie n. f. ✦ Pays du centre de l'Europe. Sa superficie est de 49 036 km² (plus grand que la Suisse). La Slovaquie compte 5,4 millions d'habitants (les *Slovaques*). C'est une république, membre de l'Union européenne, dont la capitale est Bratislava. La langue officielle est le slovaque ; on y parle aussi le hongrois et le romani. La monnaie est l'euro.

Slovénie n. f. ✦ Pays du centre de l'Europe, bordé au sud-ouest par la mer Adriatique. Sa superficie est de 20 251 km² (les deux tiers de la Belgique). La Slovénie compte 2 millions d'habitants (les *Slovènes*). C'est une république, membre de l'Union européenne, dont la capitale est Ljubljana. La langue officielle est le slovène. La monnaie est l'euro.

Somalie n. f. ✦ Pays de l'est de l'Afrique, bordé au nord et à l'est par l'océan Indien. Sa superficie est de 637 657 km² (un peu plus que la France). La Somalie compte 8 millions d'habitants (les *Somaliens*). C'est une république dont la capitale est Mogadiscio. Les langues officielles sont le somali et l'arabe ; on y parle aussi l'anglais et l'italien. La monnaie est le shilling somali.

Soudan n. m. ✦ Pays de l'est de l'Afrique, bordé au nord-est par la mer Rouge. Sa superficie est de 2,5 millions de km^2 (plus de 4 fois la France). Le Soudan compte 36,2 millions d'habitants (les *Soudanais*). C'est une république dont la capitale est Khartoum. Les langues officielles sont l'arabe et l'anglais ; on y parle aussi le dinka, le peul et le nuer. La monnaie est la livre soudanaise.

Sri Lanka n. m. ✦ Pays du sud de l'Asie. C'est une île située dans l'océan Indien. Sa superficie est de 66 000 km^2 (environ un huitième de la France). Le Sri Lanka compte 19 millions d'habitants (les *Srilankais*). C'est une république dont la capitale commerciale est Colombo et la capitale administrative est Sri Jayewardenepura Kotte. Les langues officielles sont le singhalais et le tamoul ; on y parle aussi l'anglais. La monnaie est la roupie srilankaise.

Suède n. f. ✦ Pays du nord de l'Europe, bordé à l'est et au sud par la mer Baltique. Sa superficie est de 449 964 km^2 (un peu moins que la France). La Suède compte 9,2 millions d'habitants (les *Suédois*).C'est une monarchie, membre de l'Union européenne, dont la capitale est Stockholm. La langue officielle est le suédois ; on y parle aussi le same et le finnois. La monnaie est la couronne suédoise.

Suisse n. f. ✦ Pays du centre de l'Europe. Sa superficie est de 41 285 km^2 (un quart plus grand que la Belgique). La Suisse compte 7,5 millions d'habitants (les *Suisses*). C'est une république fédérale formée de 26 cantons dont la capitale est Berne (voir aussi la liste des cantons suisses page 1194). Les langues nationales sont l'allemand (plus de 60 %), le français, l'italien et le romanche. La monnaie est le franc suisse.

Suriname n. m. ✦ Pays du nord-est de l'Amérique du Sud, bordé au nord par l'océan Atlantique. Sa superficie est de 163 000 km^2 (plus du quart de la France). Le Suriname compte 518 000 habitants (les *Surinamiens*). C'est une république dont la capitale est Paramaribo. La langue officielle est le néerlandais ; on y parle aussi des langues caraïbes. La monnaie est le dollar du Suriname.

Swaziland n. m. ✦ Pays du sud de l'Afrique, formant une enclave entre l'Afrique du Sud et le Mozambique. Sa superficie est de 17 363 km^2 (environ la moitié de la Belgique). Le Swaziland compte 1,2 million d'habitants (les *Swazis*). C'est une monarchie dont la capitale est Mbabane. Les langues officielles sont l'anglais et le swati. La monnaie est le lilangeni.

Syrie n. f. ✦ Pays de l'ouest de l'Asie, au sud d'Israël, bordé au nord-ouest par la mer Méditerranée. Sa superficie est de 185 180 km^2 (environ le tiers de la France). La Syrie compte 20,4 millions d'habitants (les *Syriens*). C'est une république dont la capitale est Damas. La langue officielle est l'arabe ; on y parle aussi le kurde, le circassien, l'arménien et le syriaque. La monnaie est la livre syrienne.

Tadjikistan n. m. ✦ Pays du centre de l'Asie, à l'ouest de la Chine. Sa superficie est de 143 100 km^2 (moins du tiers de la France). Le Tadjikistan compte 6,7 millions d'habitants (les *Tadjiks*). C'est une république dont la capitale est Douchanbé. La langue officielle est le tadjik ; on y parle aussi le russe. La monnaie est le somoni.

Taiwan : un temple, à Taipei

Taiwan ✦ Pays d'Asie. C'est une île de l'océan Pacifique, à 150 km au sud-est de la Chine. Sa superficie est de 35 966 km^2 (un peu plus que la Belgique). Taiwan compte 22 800 habitants (les *Taiwanais*). C'est une république non reconnue dont la capitale est Taipei. La langue officielle est le chinois mandarin. La monnaie est le nouveau dollar de Taiwan.

Tanzanie n. f. ✦ Pays du sud-est de l'Afrique, bordé par l'océan Indien. Sa superficie est de 945 037 km^2 (plus d'une fois et demie la France). La Tanzanie compte 41,5 millions d'habitants (les *Tanzaniens*). C'est une république dont la capitale est Dodoma ; Dar es Salam, l'ancienne capitale, est le siège des ambassades. Les langues officielles sont l'anglais et le swahili ; on y parle aussi des langues bantoues et nilotiques. La monnaie est le shilling tanzanien.

Tchad n. m. ✦ Pays du centre de l'Afrique, au sud du Sahara. Sa superficie est de 1,3 million de km^2 (plus de 2 fois la France). Le Tchad compte 11 millions d'habitants (les *Tchadiens*). C'est une république dont la capitale est Ndjamena. Les langues officielles sont le français et l'arabe ; on y parle aussi le sara, le peul et le haoussa. La monnaie est le franc CFA.

République **tchèque** : Prague

tchèque (République) ✦ Pays du centre de l'Europe, à l'est de l'Allemagne. Sa superficie est de 78 864 km^2 (environ un septième de la France). La République tchèque compte 10,2 millions d'habitants (les *Tchèques*). C'est une république, membre de l'Union européenne, dont la capitale est Prague. La langue officielle est le tchèque ; on y parle aussi l'allemand, le polonais, le romani et l'ukrainien. La monnaie est la couronne tchèque.

Thaïlande n. f. ✦ Pays au sud-est de l'Asie, bordé au sud par la mer de Chine. Sa superficie est de 513 115 km^2 (un peu moins que la France). La Thaïlande compte 63,9 millions d'habitants (les *Thaïlandais*). C'est une monarchie dont la capitale est Bangkok. La langue officielle est le thaï ; on y parle aussi le chinois et l'anglais. La monnaie est le baht.

Timor oriental n. m. ✦ Pays d'Asie formé par la partie est de l'île de Timor, dans l'océan Indien, au nord de l'Australie. Sa superficie est de 14 874 km^2 (environ la moitié de la Belgique). Le Timor oriental compte 1,2 million d'habitants (les *Timorais*). C'est une république dont la capitale est Dili. Les langues officielles sont le portugais et le tetum ; on y parle aussi l'indonésien. La monnaie est le dollar.

Togo n. m. ✦ Pays de l'ouest de l'Afrique, bordé au sud par l'océan Atlantique. Sa superficie est de 56 785 km^2 (moins d'un dixième de la France). Le Togo compte 6,8 millions d'habitants (les *Togolais*). C'est une république dont la capitale est Lomé. La langue officielle est le français ; on y parle aussi l'éwé, le kabyé, le kotokoli, le mina et le peul. La monnaie est le franc CFA.

Tonga n. f. pl. ✦ Pays d'Océanie. C'est un archipel situé dans l'océan Pacifique, à l'est des îles Fidji. Sa superficie est de 675 km^2 (plus de 6 fois Paris). Les Tonga comptent 103 000 habitants (les *Tongiens*). C'est une monarchie dont la capitale est Nuku'alofa. Les langues officielles sont l'anglais et le tongan. La monnaie est le pa'anga.

Trinité-et-Tobago n. f. ✦ Pays d'Amérique centrale, formé de deux îles, Trinité et Tobago, situées dans l'océan Atlantique au large des côtes du Venezuela. Sa superficie est de 5 128 km^2 (environ les deux tiers de la Corse). Trinité-et-Tobago compte 1,3 million d'habitants (les *Trinidadiens*). C'est une république dont la capitale est Port of Spain. La langue officielle est l'anglais. La monnaie est le dollar de Trinité-et-Tobago.

Tunisie n. f. ✦ Pays du nord de l'Afrique, bordé au nord et à l'est par la mer Méditerranée. Sa superficie est de 163 610 km^2 (plus du tiers de la France). La Tunisie compte 10 millions d'habitants (les *Tunisiens*). C'est une république dont la capitale est Tunis. La langue officielle est l'arabe ; on y parle aussi le français et le berbère. La monnaie est le dinar tunisien.

Turkménistan n. m. ✦ Pays du centre de l'Asie, bordé à l'ouest par la mer Caspienne. Sa superficie est de 488 100 km² (un peu moins que la France). Le Turkménistan compte 5 millions d'habitants (les *Turkmènes*). C'est une république dont la capitale est Achgabat. La langue officielle est le turkmène ; on y parle aussi le russe. La monnaie est le manat.

Turquie n. f. ✦ Pays situé à cheval sur l'Europe et l'Asie, à l'ouest de l'Iran, bordé au nord par la mer Noire, à l'ouest et au sud par la mer Méditerranée. Sa superficie est de 779 452 km² (environ une fois et demie la France). La Turquie compte 72,2 millions d'habitants (les *Turcs*). C'est une république dont la capitale est Ankara. La langue officielle est le turc ; on parle aussi le kurde et l'arménien. La monnaie est la livre turque.

Turquie : paysage de Cappadoce

Tuvalu n. f. pl. ✦ Pays d'Océanie. C'est un archipel formé d'atolls situés au milieu de l'océan Pacifique, au sud de l'équateur et à l'ouest de Kiribati. Sa superficie est de 26 km² (le quart de Paris). Les Tuvalu comptent 8 200 habitants (les *Tuvalais*). C'est une démocratie parlementaire dont la capitale est Vaiaku, sur l'atoll de Funafuti. La langue officielle est l'anglais ; on y parle aussi le tuvaluan. La monnaie est le dollar tuvaluan et australien.

Ukraine n. f. ✦ Pays de l'est de l'Europe, bordé au sud par la mer Noire et la mer d'Azov. Sa superficie est de 603 700 km² (un peu plus que la France). L'Ukraine compte 47,6 millions d'habitants (les *Ukrainiens*). C'est une république dont la capitale est Kiev. La langue officielle est l'ukrainien ; on y parle aussi le russe. La monnaie est la grivnia.

Uruguay n. m. ✦ Pays du sud-est de l'Amérique du Sud, bordé par l'océan Atlantique. Sa superficie est de 186 926 km² (environ le tiers de la France). L'Uruguay compte 3,3 millions d'habitants (les *Uruguayens*). C'est une république dont la capitale est Montevideo. La langue officielle est l'espagnol. La monnaie est le peso uruguayen.

Vanuatu n. m. ✦ Pays d'Océanie. C'est un archipel situé dans l'océan Pacifique, au nord-est de la Nouvelle-Calédonie. Sa superficie est de 14 763 km² (environ la moitié de la Belgique). Le Vanuatu compte 142 600 habitants (les *Vanouatais*). C'est une république dont la capitale est Port-Vila. Les langues officielles sont le français, l'anglais et le bichlamar ; on y parle aussi des langues océaniennes. La monnaie est le vatu.

Vatican n. m. ✦ Pays d'Europe, situé sur une colline de Rome, en Italie. Sa superficie est de 44 hectares (0,44 km²). C'est le plus petit État du monde. Le Vatican compte environ 1 000 habitants. C'est un État dirigé par le pape. La langue officielle est l'italien ; on y utilise aussi le latin et le français. La monnaie est l'euro.

Venezuela n. m. ✦ Pays du nord de l'Amérique du Sud, bordé au nord par l'océan Atlantique. Sa superficie est de 912 050 km² (plus d'une fois et demie la France). Le Venezuela compte 27,5 millions d'habitants (les *Vénézuéliens*). C'est une république dont la capitale est Caracas. La langue officielle est l'espagnol. La monnaie est le bolivar.

Vietnam n. m. ✦ Pays du sud-est de l'Asie, bordé à l'est et au sud par la mer de Chine. Sa superficie est de 329 566 km² (plus de la moitié de la France). Le Vietnam compte 88,5 millions d'habitants (les *Vietnamiens*). C'est une république socialiste dont la capitale est Hanoï. La langue officielle est le vietnamien ; on y parle aussi le khmer et le thaï. La monnaie est le dong.

Yémen n. m. ✦ Pays de la péninsule Arabique, au sud de l'Arabie saoudite, bordé au sud-est par l'océan Indien et à l'ouest par la mer Rouge. Sa superficie est de 536 869 km² (à peu près comme la France). Le Yémen compte 22,3 millions d'habitants (les *Yéménites*). C'est une république dont la capitale est Sanaa. La langue officielle est l'arabe. La monnaie est le riyal yéménite.

Zambie n. f. ✦ Pays du sud de l'Afrique. Sa superficie est de 752 614 km² (une fois et demie la France). La Zambie compte 11,7 millions d'habitants (les *Zambiens*). C'est une république dont la capitale est Lusaka. La langue officielle est l'anglais ; on y parle aussi le swahili et des langues bantoues. La monnaie est le kwacha.

Zimbabwe n. m. ✦ Pays du sud de l'Afrique. Sa superficie est de 390 308 km² (plus des deux tiers de la France). Le Zimbabwe compte 19 millions d'habitants (les *Zimbabwéens*). C'est une république dont la capitale est Harare. Les langues officielles sont l'anglais, le shona, le ndébélé, le venda, le nambya, le shangaan, le kalanga, le southou et le tonga. La monnaie est le dollar zimbabwéen.

FRANCE les divisions administratives

les Régions

Alsace n. f. ✦ Région administrative de l'est de la France, formée de deux départements : le Bas-Rhin et le Haut-Rhin. Sa superficie est de 8 280 km² (1,5 % du territoire métropolitain). C'est la plus petite Région française. Elle compte 1,8 million d'habitants (les *Alsaciens*). Son chef-lieu est Strasbourg.

Aquitaine n. f. ✦ Région administrative du sud-ouest de la France, formée de cinq départements : la Dordogne, la Gironde, les Landes, le Lot-et-Garonne et les Pyrénées-Atlantiques. Sa superficie est de 41 308 km² (7,6 % du territoire métropolitain). Elle compte 3,1 millions d'habitants (les *Aquitains*). Son chef-lieu est Bordeaux.

Auvergne n. f. ✦ Région administrative du centre de la France, formée de quatre départements : l'Allier, le Cantal, la Haute-Loire et le Puy-de-Dôme. Sa superficie est de 26 013 km² (4,8 % du territoire métropolitain). Elle compte 1,3 million d'habitants (les *Auvergnats*). Son chef-lieu est Clermont-Ferrand.

Basse-Normandie n. f. ✦ Région administrative de l'ouest de la France, formée de trois départements : le Calvados, la Manche et l'Orne. Sa superficie est de 17 589 km² (3,2 % du territoire métropolitain). Elle compte 1,4 million d'habitants (les *Normands*). Son chef-lieu est Caen.

Bourgogne n. f. ✦ Région administrative du centre-est de la France, formée de quatre départements : la Côte-d'Or, la Nièvre, la Saône-et-Loire et l'Yonne. Sa superficie est de 31 582 km² (5,8 % du territoire métropolitain). Elle compte 1,6 million d'habitants (les *Bourguignons*). Son chef-lieu est Dijon.

La plaine d'**Alsace**

Bretagne n. f. ✦ Région administrative de l'ouest de la France, formée de quatre départements : les Côtes-d'Armor, le Finistère, l'Ille-et-Vilaine et le Morbihan. Sa superficie est de 27 208 km² (5 % du territoire métropolitain). Elle compte 3 millions d'habitants (les *Bretons*). Son chef-lieu est Rennes.

Centre n. m. ✦ Région administrative du centre de la France, formée de six départements : le Cher, l'Eure-et-Loir, l'Indre, l'Indre-et-Loire, le Loiret et le Loir-et-Cher. Sa superficie est de 39 151 km² (7,2 % du territoire métropolitain). Elle compte 2,5 millions d'habitants. Son chef-lieu est Orléans.

Champagne-Ardenne n. f. ✦ Région administrative du nord-est de la France, formée de quatre départements : les Ardennes, l'Aube, la Haute-Marne et la Marne. Sa superficie est de 25 606 km² (4,7 % du territoire métropolitain). Elle compte 1,4 million d'habitants (les *Champenois*). Son chef-lieu est Châlons-en-Champagne.

Corse n. f. ✦ Île française de la mer Méditerranée constituant une Région administrative. Elle est formée de deux départements : la Corse-du-Sud et la Haute-Corse. Sa superficie est de 8 680 km² (1,6 % du territoire métropolitain). Elle compte 279 000 habitants (les *Corses*). C'est la Région française la moins peuplée. Son chef-lieu est Ajaccio.

Franche-Comté n. f. ✦ Région administrative de l'est de la France, formée de quatre départements : le Doubs, la Haute-Saône, le Jura, le Territoire-de-Belfort. Sa superficie est de 16 202 km² (3 % du territoire métropolitain). Elle compte 1,1 million d'habitants (les *Franc-Comtois*). Son chef-lieu est Besançon.

Haute-Normandie n. f. ✦ Région administrative de l'ouest de la France, formée de deux départements : l'Eure et la Seine-Maritime. Sa superficie est de 12 317 km² (2,3 % du territoire métropolitain). Elle compte 1,8 million d'habitants (les *Normands*). Son chef-lieu est Rouen.

Île-de-France n. f. ✦ Région administrative du centre-nord de la France, formée de huit départements : l'Essonne, les Hauts-de-Seine, Paris, la Seine-et-Marne, la Seine-Saint-Denis, le Val-de-Marne, le Val-d'Oise et les Yvelines. Sa superficie est de 12 010 km² (2,2 % du territoire métropolitain). Elle compte 11,5 millions d'habitants (les *Franciliens*). C'est la Région française la plus peuplée. Son chef-lieu est Paris.

Languedoc-Roussillon n. m. ✦ Région administrative du sud de la France, formée de cinq départements : l'Aude, le Gard, l'Hérault, la Lozère et les Pyrénées-Orientales. Sa superficie est de 27 376 km² (5 % du territoire métropolitain). Elle compte 2,5 millions d'habitants (les *Languedociens*). Son chef-lieu est Montpellier.

Languedoc-Roussillon : le pont du Gard, aqueduc romain

Limousin n. m. ✦ Région administrative du centre de la France, formée de trois départements : la Corrèze, la Creuse et la Haute-Vienne. Sa superficie est de 16 942 km² (3,1 % du territoire métropolitain). Elle compte 711 000 habitants (les *Limousins*). Son chef-lieu est Limoges.

Lorraine n. f. ✦ Région administrative de l'est de la France, formée de quatre départements : la Meurthe-et-Moselle, la Meuse, la Moselle et les Vosges. Sa superficie est de 23 547 km² (4,3 % du territoire métropolitain). Elle compte 2,3 millions d'habitants (les *Lorrains*). Son chef-lieu est Metz.

Midi-Pyrénées n. m. ✦ Région administrative du sud-ouest de la France, formé de huit départements : l'Ariège, l'Aveyron, le Gers, la Haute-Garonne, les Hautes-Pyrénées, le Lot, le Tarn et le Tarn-et-Garonne. Sa superficie est de 45 348 km² (8,3 % du territoire métropolitain). C'est la plus grande Région française. Elle compte 2,8 millions d'habitants. Son chef-lieu est Toulouse.

Nord-Pas-de-Calais **n. m.** ✦ Région administrative du nord de la France, formée de deux départements : le Nord et le Pas-de-Calais. Sa superficie est de 12 414 km² (2,3 % du territoire métropolitain). Elle compte 4 millions d'habitants. Son chef-lieu est Lille.

Pays de la Loire **n. m. pl.** ✦ Région administrative de l'ouest de la France, formée de cinq départements : la Loire-Atlantique, le Maine-et-Loire, la Mayenne, la Sarthe et la Vendée. Sa superficie est de 32 082 km² (5,9 % du territoire métropolitain). Elle compte 3,4 millions d'habitants (les *Ligériens*). Son chef-lieu est Nantes.

Pays de la Loire :
les marais salants de Guérande (Loire-Atlantique)

Picardie **n. f.** ✦ Région administrative du nord de la France, formée de trois départements : l'Aisne, l'Oise et la Somme. Sa superficie est de 19 399 km² (3,6 % du territoire métropolitain). Elle compte 1,9 million d'habitants (les *Picards*). Son chef-lieu est Amiens.

Poitou-Charentes **n. m.** ✦ Région administrative de l'ouest de la France, formée de quatre départements : la Charente, la Charente-Maritime, les Deux-Sèvres et la Vienne. Sa superficie est de 25 809 km² (4,7 % du territoire métropolitain). Elle compte 1,7 million d'habitants (les *Picto-Charentais*). Son chef-lieu est Poitiers.

Provence-Alpes-Côte d'Azur (Paca) ✦ Région administrative du sud-est de la France, formée de six départements : les Alpes-de-Haute-Provence, les Alpes-Maritimes, les Bouches-du-Rhône, les Hautes-Alpes, le Var et le Vaucluse. Sa superficie est de 31 400 km² (5,8 % du territoire métropolitain). Elle compte 4,8 millions d'habitants. Son chef-lieu est Marseille.

Rhône-Alpes ✦ Région administrative du sud-est de la France, formée de huit départements : l'Ain, l'Ardèche, la Drôme, la Haute-Savoie, l'Isère, la Loire, le Rhône et la Savoie. Sa superficie est de 43 698 km² (8 % du territoire métropolitain). Elle compte 6 millions d'habitants (les *Rhônalpins*). Son chef-lieu est Lyon.

❑ les départements et Régions d'outre-mer (DOM-ROM)

Guadeloupe **n. f.** ✦ Région et département d'outre-mer ; la Guadeloupe est formée de deux grandes îles de l'océan Atlantique situées dans les Petites Antilles. Sa superficie est de 1 703 km² (plus de seize fois Paris). Elle compte 447 000 habitants (les *Guadeloupéens*). Son chef-lieu est Basse-Terre.

Guyane **n. f.** ✦ Région et département d'outre-mer ; la Guyane est située au nord-est de l'Amérique du Sud, entre le Suriname et le Brésil. Sa superficie est de 86 504 km² (environ le sixième de la France). Elle compte 202 000 habitants (les *Guyanais*). Son chef-lieu est Cayenne.

Martinique **n. f.** ✦ Région et département d'outre-mer ; île de l'océan Atlantique, située dans les Petites Antilles. Sa superficie est de 1 128 km² (environ onze fois Paris). Elle compte 399 000 habitants (les *Martiniquais*). Son chef-lieu est Fort-de-France.

Réunion **n. f.** ✦ Région et département d'outre-mer ; île de l'océan Indien, à l'est de Madagascar. Sa superficie est de 2 504 km² (environ vingt-cinq fois Paris). Elle compte 784 000 habitants (les *Réunionnais*). Son chef-lieu est Saint-Denis.

les pays d'outre-mer (POM)

Polynésie française n. f. ✦ Pays d'outre-mer formé de cinq archipels de 130 îles et atolls, au centre de l'océan Pacifique, à l'est de l'Australie. Sa superficie est de 4 200 km² (moins de la moitié de la Corse). Elle compte 260 000 habitants (les *Polynésiens*). Son chef-lieu est Papeete, sur l'île de Tahiti. La monnaie est le franc Pacifique.

Polynésie : l'île de Moorea

les collectivités d'outre-mer (COM)

Mayotte ✦ Collectivité d'outre-mer, formée de deux îles de l'archipel des Comores situées dans l'océan Indien. Sa superficie est de 373 km² (plus de trois fois Paris). Elle compte 160 000 habitants (les *Mahorais*). Son chef-lieu est Dzaoudzi.

Saint-Barthélemy ✦ Collectivité d'outre-mer ; île des Petites Antilles, dans l'océan Atlantique, à 200 km au nord-ouest de la Guadeloupe. Sa superficie est de 20 km² (un cinquième de Paris). Elle compte 7 000 habitants. Son chef-lieu est Gustavia.

Saint-Martin ✦ Collectivité d'outre-mer, formée de la partie nord de l'île de Saint-Martin, dans les Petites Antilles ; île de l'océan Atlantique, au nord-nord-ouest de la Guadeloupe. Sa superficie est de 53 km² (la moitié de Paris). Elle compte 29 100 habitants (les *Saint-Martinois*). Son chef-lieu est Marigot.

Saint-Pierre et Miquelon ✦ Collectivité d'outre-mer, composée de trois îles situées dans l'océan Atlantique, au sud de l'île de Terre-Neuve. Sa superficie est de 242 km² (plus de deux fois Paris). Elle compte 6 300 habitants (les *Saint-Pierrais et Miquelonnais*). Son chef-lieu est Saint-Pierre.

Terres Australes et Antarctiques françaises (TAAF) ✦ Collectivité d'outre-mer, formée d'îles situées dans l'Antarctique, comprenant les archipels Crozet et Kerguelen, les îles de Saint-Paul et Amsterdam (Terres australes, 7 829 km²) et la Terre Adélie (432 000 km²). Une présence humaine est assurée mais il n'y a pas de population permanente.

Wallis et Futuna ✦ Collectivité d'outre-mer formée d'un archipel de Polynésie situé au centre de l'océan Pacifique, à l'est de l'Australie. Sa superficie est de 274 km² (plus de deux fois Paris). Elle compte 12 400 habitants (les *Wallisiens et Futuniens*). Son chef-lieu est Mata Utu. La monnaie est le franc Pacifique.

la collectivité territoriale

Nouvelle-Calédonie n. f. ✦ Collectivité territoriale, archipel d'Océanie formé d'une île principale et de nombreux îles et îlots, dans l'océan Pacifique. Sa superficie est de 18 575 km² (deux fois la Corse). Elle compte 231 000 habitants (les *Néo-Calédoniens*). Son chef-lieu est Nouméa. La monnaie est le franc Pacifique.

BELGIQUE : les Régions

Bruxelles-Capitale (Région de) ✦ Région administrative de Belgique formant une enclave au sud de la Région flamande, composée de 19 communes, dont Bruxelles. Sa superficie est de 161 km² (une fois et demie Paris). Elle compte 1 million d'habitants. C'est la région bilingue : on y parle le français (majoritaire) et le néerlandais. La capitale est Bruxelles.

flamande (Région) ✦ Région administrative du nord de la Belgique, formée des provinces d'Anvers, du Brabant flamand, de Flandre-Occidentale, de Flandre-Orientale et de Limbourg. Sa superficie est de 13 522 km^2 (44 % du territoire). Elle compte 6,6 millions d'habitants (les *Flamands*). C'est la région de langue néerlandaise. La capitale est Bruxelles.

wallonne (Région) ✦ Région administrative du sud de la Belgique, formée des provinces du Brabant wallon, de Hainaut, de Liège, de Luxembourg et de Namur. Sa superficie est de 16 844 km^2 (55 % du territoire). Elle compte 3,4 millions d'habitants (les *Wallons*). Cette Région est formée de la région de langue française et de la région de langue allemande. La capitale est Namur.

SUISSE : les cantons

Appenzell Rhodes-Extérieures (canton d') ✦ Canton du nord-est de la Suisse, situé au sud du lac de Constance, formant une enclave dans le canton de Saint-Gall. Sa superficie est de 243 km^2. Il compte 52 500 habitants (les *Appenzellois*). La langue officielle est l'allemand. Son chef-lieu est Herisau.

Appenzell Rhodes-Intérieures (canton d') ✦ Canton du nord-est de la Suisse, situé au sud du lac de Constance, formant une enclave dans le canton de Saint-Gall. Sa superficie est de 172 km^2. Il compte 15 300 habitants (les *Appenzellois*). La langue officielle est l'allemand. Son chef-lieu est Appenzell.

Argovie (canton d') ✦ Canton du nord de la Suisse, bordé au nord par le Rhin qui forme la frontière avec l'Allemagne. Sa superficie est de 1 404 km^2. Il compte 575 000 habitants (les *Argoviens*). La langue officielle est l'allemand. Son chef-lieu est Aarau.

Bâle-Campagne (canton de) ✦ Canton du nord-ouest de la Suisse, bordé au nord-est par le Rhin. Sa superficie est de 428 km^2. Il compte 267 200 habitants (les *Bâlois*). La langue officielle est l'allemand. Son chef-lieu est Liestal.

La ville de **Bâle**

Bâle-Ville (canton de) ✦ Canton du nord-ouest de la Suisse, à la frontière avec la France et l'Allemagne. Sa superficie est de 37 km^2. Il compte 184 800 habitants (les *Bâlois*). La langue officielle est l'allemand. Son chef-lieu est Bâle.

Berne (canton de) ✦ Canton de l'ouest de la Suisse, situé sur l'Aar. Sa superficie est de 6 051 km^2. Il compte 959 000 habitants (les *Bernois*). Les langues officielles sont l'allemand et le français. Son chef-lieu est Berne.

Fribourg (canton de) ✦ Canton de l'ouest de la Suisse, bordé au nord par le lac de Neuchâtel. Sa superficie est de 1 671 km^2. Il compte 258 300 habitants (les *Fribourgeois*). Les langues officielles sont le français et l'allemand. Son chef-lieu est Fribourg.

Genève (canton de) ✦ Canton du sud-ouest de la Suisse, sur le lac Léman, près de la frontière française. Sa superficie est de 282 km^2. Il compte 433 200 habitants (les *Genevois*). La langue officielle est le français. Son chef-lieu est Genève qui l'occupe presque totalement.

Glaris (canton de) ✦ Canton de l'est de la Suisse, situé dans les Alpes. Sa superficie est de 685 km^2. Il compte 38 000 habitants (les *Glaronnais*). La langue officielle est l'allemand. Son chef-lieu est Glaris.

Grisons (canton des) ✦ Canton du sud-est de la Suisse, situé dans les Alpes. Sa superficie est de 7 105 km^2. Il compte 188 000 habitants (les *Grisons*). Les langues officielles sont l'allemand, l'italien et le romanche. Son chef-lieu est Coire.

Jura (canton du) ✦ Canton du nord-ouest de la Suisse. Sa superficie est de 836 km^2. Il compte 69 300 habitants (les *Jurassiens*). La langue officielle est le français. Son chef-lieu est Delémont.

Lucerne (canton de) ✦ Canton du centre de la Suisse, situé à l'ouest du lac des Quatre-Cantons. Sa superficie est de 1 493 km^2. Il compte 359 000 habitants (les *Lucernois*). La langue officielle est l'allemand. Son chef-lieu est Lucerne.

Neuchâtel (canton de) ✦ Canton de l'ouest de la Suisse, sur le lac de Neuchâtel. Sa superficie est de 803 km^2. Il compte 169 000 habitants (les *Neuchâtelois*). La langue officielle est le français. Son chef-lieu est Neuchâtel.

Nidwald (canton de) ✦ Canton du centre de la Suisse qui formait autrefois avec le canton d'Obwald le canton d'Unterwald. Sa superficie est de 276 km^2. Il compte 40 000 habitants (les *Nidwaldiens*). La langue officielle est l'allemand. Son chef-lieu est Stans.

Obwald (canton de) ✦ Canton du centre de la Suisse qui formait autrefois avec le canton de Nidwald le canton d'Unterwald. Sa superficie est de 491 km^2. Il compte 33 800 habitants (les *Obwaldiens*). La langue officielle est l'allemand. Son chef-lieu est Sarnen.

Saint-Gall (canton de) ✦ Canton du nord-est de la Suisse, situé au sud du lac de Constance. Sa superficie est de 2 026 km^2. Il compte 461 800 habitants (les *Saint-Gallois*). La langue officielle est l'allemand. Son chef-lieu est Saint-Gall.

Schaffhouse (canton de) ✦ Canton du nord-est de la Suisse, situé sur le Rhin. Sa superficie est de 298 km^2. Il compte 74 000 habitants (les *Schaffhousois*). La langue officielle est l'allemand. Son chef-lieu est Schaffhouse.

Schwyz (canton de) ✦ Canton du centre de la Suisse, situé à l'est du lac des Quatre-Cantons. Sa superficie est de 908 km^2. Il compte 139 000 habitants (les *Schwyzois*). La langue officielle est l'allemand. Son chef-lieu est Schwyz.

Soleure (canton de) ✦ Canton du nord-ouest de la Suisse, situé sur l'Aar, au pied du Jura. Sa superficie est de 791 km^2. Il compte 249 000 habitants (les *Soleurois*). La langue officielle est l'allemand. Son chef-lieu est Soleure.

Tessin (canton du) ✦ Canton du sud de la Suisse, situé dans les Alpes ; il contient une partie du lac Majeur et du lac de Lugano. C'est un lieu de passage entre la Suisse et l'Italie. Sa superficie est de 2 812 km^2. Il compte 324 900 habitants (les *Tessinois*). La langue officielle est l'italien. Son chef-lieu est Bellinzona.

Thurgovie (canton de) ✦ Canton du nord-est de la Suisse, séparé de l'Allemagne par le lac de Constance. Sa superficie est de 991 km^2. Il compte 235 800 habitants (les *Thurgoviens*). La langue officielle est l'allemand. Son chef-lieu est Frauenfeld.

Uri (canton d') ✦ Canton du centre de la Suisse. Sa superficie est de 1 077 km^2. Il compte 35 000 habitants (les *Uranais*). La langue officielle est l'allemand. Son chef-lieu est Altdorf.

Paysage du **Valais**

Valais (canton du) ✦ Canton du sud-ouest de la Suisse, situé dans les Alpes. Sa superficie est de 5 224 km^2. Il compte 294 600 habitants (les *Valaisans*). Les langues officielles sont le français et l'allemand. Son chef-lieu est Sion.

Vaud (canton de) ✦ Canton du sud-ouest de la Suisse, bordé par le lac Léman au sud, le lac de Neuchâtel au nord, le Jura français à l'ouest et les Alpes à l'est. Sa superficie est de 3 211 km^2. Il compte 662 000 habitants (les *Vaudois*). La langue officielle est le français. Son chef-lieu est Lausanne.

Zoug (canton de) ✦ Canton du centre de la Suisse, situé sur la rive nord du lac de Zoug. Sa superficie est de 239 km^2. Il compte 24 900 habitants (les *Zougois*). La langue officielle est l'allemand. Son chef-lieu est Zoug.

Zurich (canton de) ✦ Canton du nord-est de la Suisse, sur le lac de Zurich, traversé par le Rhin. Sa superficie est de 1 729 km^2. Il compte 1,3 million d'habitants (les *Zurichois*). La langue officielle est l'allemand. Son chef-lieu est Zurich.

La ville de **Zurich**

les noms d'habitants : adjectifs et noms correspondant aux noms de lieux

Aux noms propres de lieux correspondent des noms et des adjectifs. Par exemple, au nom féminin *Allemagne* correspondent

1. l'adjectif ***allemand*** : *les musiciens allemands ;*
   le peuple allemand ;
2. le nom ***Allemand, Allemande*** qui désigne
   - un citoyen de l'Allemagne : *un Allemand, une Allemande, les Allemands* (toujours avec une majuscule dans ce cas) ;
   - la langue allemande : *elle parle l'allemand* (toujours avec une minuscule).

On trouvera ci-dessous une liste des noms de pays, de quelques noms de villes, de provinces ou de régions avec les adjectifs qui leur correspondent.

Afghanistan : afghan, afghane.
Afrique : africain, africaine.
Afrique du Sud : sudafricain, sudafricaine.
Albanie : albanais, albanaise.
Alger : algérois, algéroise.
Algérie : algérien, algérienne.
Allemagne : allemand, allemande.
Alsace : alsacien, alsacienne.
Amérique : américain, américaine.
Amsterdam : amstellodamien, amstellodamienne.
Andorre : andorran, andorrane.
Angleterre : anglais, anglaise.
Angola : angolais, angolaise.
Anjou : angevin, angevine.
Antigua-et-Barbuda : antiguais et barbudien, antiguaise et barbudienne.
Antilles : antillais, antillaise
Anvers : anversois, anversoise.
Arabie saoudite : saoudien, saoudienne.
Argentine : argentin, argentine.
Arménie : arménien, arménienne.
Asie : asiatique.
Athènes : athénien, athénienne.
Australie : australien, australienne.
Autriche : autrichien, autrichienne.
Auvergne : auvergnat, auvergnate.
Azerbaïdjan : azerbaïdjanais, azerbaïdjanaise.

Bahamas : bahamien, bahamienne.
Bahreïn : bahreïnien, bahreïnienne.
Bangladesh : bangladais, bangladaise.
Barbade : barbadien, barbadienne.
Pays Basque : basque, basquaise.
Belgique : belge.
Bélize : bélizien, bélizienne.
Bénin : béninois, béninoise.
Berlin : berlinois, berlinoise.
Berry : berrichon, berrichonne.
Bhoutan : bhoutanais, bhoutanaise.
Biélorussie : biélorusse.
Birmanie : birman, birmane.
Bolivie : bolivien, bolivienne.
Bordeaux : bordelais, bordelaise.
Bosnie-Herzégovine : bosniaque.
Botswana : botswanéen, botswanéenne.
Bourgogne : bourguignon, bourguignonne.
Brabant : brabançon, brabançonne.
Brésil : brésilien, brésilienne.
Bretagne : breton, bretonne.
Brunei : brunéien, brunéienne.
Bruxelles : bruxellois, bruxelloise.
Bulgarie : bulgare.
Burkina Faso : burkinabé.
Burundi : burundais, burundaise.

Cambodge : cambodgien, cambodgienne.
Cameroun : camerounais, camerounaise.
Canada : canadien, canadienne.
Cap-Vert : cap-verdien, cap-verdienne.
République centrafricaine : centrafricain, centrafricaine.
Cévennes : cévenol, cévenole.
Chili : chilien, chilienne.
Chine : chinois, chinoise.

Chypre : chypriote ou cypriote.
Colombie : colombien, colombienne.
Comores : comorien, comorienne.
Congo : congolais, congolaise.
Corée : coréen, coréenne.
Corse : corse.
Costa Rica : costaricain, costaricaine.
Côte d'Ivoire : ivoirien, ivoirienne.
Croatie : croate.
Cuba : cubain, cubaine.

Danemark : danois, danoise.
Djibouti : djiboutien, djiboutienne.
République dominicaine : dominicain, dominicaine.
Dominique : dominiquais, dominiquaise.

Écosse : écossais, écossaise.
Égypte : égyptien, égyptienne.
Émirats arabes unis : émirien, émirienne.
Équateur : équatorien, équatorienne.
Espagne : espagnol, espagnole.
Estonie : estonien, estonienne.
États-Unis : américain, américaine ; états-unien, états-unienne.
Éthiopie : éthiopien, éthiopienne.
Europe : européen, européenne.

Fidji : fidjien, fidjienne.
Finlande : finlandais, finlandaise.
Flandres ou **Flandre :** flamand, flamande.
France : français, française.
Fribourg : fribourgeois, fribourgeoise.

Gabon : gabonais, gabonaise.
Pays de Galles : gallois, galloise.
Gambie : gambien, gambienne.
Gascogne : gascon, gasconne.
Gaule : gaulois, gauloise.
Genève : genevois, genevoise.
Géorgie : géorgien, géorgienne.
Ghana : ghanéen, ghanéenne.
Grande-Bretagne : britannique.
Grèce : grec, grecque.
Grenade : grenadien, grenadienne.
Guadeloupe : guadeloupéen, guadeloupéenne.
Guatémala : guatémaltèque.
Guinée : guinéen, guinéenne.
Guinée-Bissau : bissao-guinéen, bissao-guinéenne.
Guinée Équatoriale : équato-guinéen, équato-guinéenne.
Guyana : guyanien, guyanienne.
Guyane : guyanais, guyanaise.

Hainaut : hainuyer, hainuyère.
Haïti : haïtien, haïtienne.
Hollande : hollandais, hollandaise.
Honduras : hondurien, hondurienne.
Hongrie : hongrois, hongroise.

Île-de-France : francilien, francilienne.
Inde : indien, indienne.
Indonésie : indonésien, indonésienne.
Iran : iranien, iranienne.
Irak : irakien, irakienne.
Irlande : irlandais, irlandaise.
Islande : islandais, islandaise.
Israël : israélien, israélienne.
Italie : italien, italienne.

Jamaïque : jamaïcain, jamaïcaine.
Japon : japonais, japonaise.
Jordanie : jordanien, jordanienne.
Jura : jurassien, jurassienne.

Kazakhstan : kazakh, kazakhe.
Kenya : kényan, kényane.
Kirghizistan : kirghiz, kirghize.
Kiribati : kiribatien, kiribatienne.
Kosovo : kosovar, kosovare.
Koweït : koweïtien, koweïtienne.

Laos : laotien, laotienne.
Lesotho : lesothan, lesothane.
Lettonie : letton, lettone.
Liban : libanais, libanaise.
Libéria : libérien, libérienne.
Libye : libyen, libyenne.
Liechtenstein : liechtensteinois, liechtensteinoise.
Liège : liégeois, liégeoise.
Lille : lillois, lilloise.
Limousin : limousin, limousine ou limougeaud, limougeaude.
Lituanie : lituanien, lituanienne.
Londres : londonien, londonienne.
Lorraine : lorrain, lorraine.
Luxembourg : luxembourgeois, luxembourgeoise.
Lyon : lyonnais, lyonnaise.

Macédoine : macédonien, macédonienne.
Madagascar : malgache.
Madrid : madrilène.
Maghreb : maghrébin, maghrébine.
Malaisie : malaisien, malaisienne.
Malawi : malawien, malawienne.

Maldives : maldivien, maldivienne.
Mali : malien, malienne.
Malte : maltais, maltaise.
Maroc : marocain, marocaine.
Marseille : marseillais, marseillaise.
îles Marshall : marshallais, marshallaise.
Martinique : martiniquais, martiniquaise.
Maurice : mauricien, mauricienne.
Mauritanie : mauritanien, mauritanienne.
Mexique : mexicain, mexicaine.
Micronésie : micronésien, micronésienne.
Moldavie : moldave.
Monaco : monégasque.
Mongolie : mongol, mongole.
Monténégro : monténégrin, monténégrine.
Montréal : montréalais, montréalaise.
Moscou : moscovite.
Mozambique : mozambicain, mozambicaine.

Namibie : namibien, namibienne.
Nauru : nauruan, nauruane.
Népal : népalais, népalaise.
New York : new-yorkais, new-yorkaise.
Nicaragua : nicaraguayen, nicaraguayenne.
Niger : nigérien, nigérienne.
Nigéria : nigérian, nigériane.
Normandie : normand, normande.
Norvège : norvégien, norvégienne.
Nouvelle-Calédonie : néo-calédonien, néo-calédonienne.
Nouvelle-Zélande : néo-zélandais, néo-zélandaise.

Oman : omanais, omanaise.
Ouganda : ougandais, ougandaise.
Ouzbékistan : ouzbek, ouzbèke.

Pakistan : pakistanais, pakistanaise.
Panama : panaméen, panaméenne.
Papouasie-Nouvelle-Guinée : papouan-néo-guinéen, papouane-néo-guinéenne.
Paraguay : paraguayen, paraguayenne.
Paris : parisien, parisienne.
Pays-Bas : néerlandais, néerlandaise.
Perche : percheron, percheronne.
Pérou : péruvien, péruvienne.
Philippines : philippin, philippine.
Picardie : picard, picarde.
Poitou : poitevin, poitevine.
Pologne : polonais, polonaise.
Polynésie : polynésien, polynésienne.
Portugal : portugais, portugaise.
Provence : provençal, provençale.

Qatar : qatarien, qatarienne.
Québec : québécois, québécoise.

Réunion : réunionnais, réunionnaise.
Rome : romain, romaine.
Roumanie : roumain, roumaine.
Royaume-Uni : britannique.
Russie : russe.
Rwanda : rwandais, rwandaise.

Saint-Kitts-et-Nevis : kitticien et névicien, kitticienne et névicienne.
Sainte-Lucie : saint-lucien, saint-lucienne.
Saint Marin : saint-marinais, saint-marinaise.
Saint-Vincent-et-les-Grenadines : saint-vincentais et grenadin, saint-vincentaise et grenadine.
Salomon : salomonais, salomonaise.
Salvador : salvadorien, salvadorienne.
Samoa : samoan, samoane.
Sao Tomé-et-Principe : santoméen, santoméenne.
Sarre : sarrois, sarroise.
Savoie : savoyard, savoyarde.
Scandinavie : scandinave.
Sénégal : sénégalais, sénégalaise.
Serbie : serbe.
Seychelles : seychellois, seychelloise.
Sierra Leone : sierra-léonais, sierra-léonaise.
Singapour : singapourien, singapourienne.
Slovaquie : slovaque.
Slovénie : slovène.
Somalie : somalien, somalienne.
Soudan : soudanais, soudanaise.
Sri Lanka : srilankais, srilankaise.
Suède : suédois, suédoise.
Suisse : suisse ou helvétique.
Suriname ou Surinam : surinamais, surinamaise.
Swaziland : swazi, swazie.
Syrie : syrien, syrienne.

Tadjikistan : tadjik, tadjike.
Tahiti : tahitien, tahitienne.
Taiwan : taiwanais, taiwanaise.
Tanzanie : tanzanien, tanzanienne.
Tchad : tchadien, tchadienne.
République tchèque : tchèque.
Thaïlande : thaïlandais, thaïlandaise.
Tibet : tibétain, tibétaine.
Timor oriental : est-timorais, est-timoraise.
Togo : togolais, togolaise.
Tonga : tonguien, tonguienne.
Touraine : tourangeau, tourangelle.
Trinité-et-Tobago : trinidadien, trinidadienne.

Tunis : tunisois, tunisoise.
Tunisie : tunisien, tunisienne.
Turkménistan : turkmène.
Turquie : turc, turque.
Tuvalu : tuvaluan, tuvaluane.

Ukraine : ukrainien, ukrainienne.
Uruguay : uruguayen, uruguayenne.

Valais : valaisan, valaisane.
Canton de Vaud : vaudois, vaudoise.
Venezuela : vénézuélien, vénézuélienne.
Vienne : viennois, viennoise.
Vietnam : vietnamien, vietnamienne.
Vosges : vosgien, vosgienne.

Wallonie : wallon, wallonne.

Yémen : yéménite.
Yougoslavie : yougoslave.

Zaïre : zaïrois, zaïroise.
Zambie : zambien, zambienne.
Zimbabwe : zimbabwéen, zimbabwéenne.

Frise historique

■ Cette frise chronologique illustrée est divisée en six **périodes** correspondant au découpage historique qui distingue :

→ **La préhistoire** : des premiers australopithèques (v. 7 millions d'années av. J.-C.) au début du néolithique (v. 9500 av. J.-C.)

→ **L'Antiquité** : de l'invention de l'écriture (v. 3500 av. J.-C.) à la fin de l'Empire romain d'Occident (476)

→ **Le Moyen Âge** : du baptême de Clovis, roi des Francs (496) à la fin de l'Empire romain d'Orient (1453)

→ **Les Temps modernes** : de la découverte de l'Amérique par Christophe Colomb (1492) à la fin de la Révolution française (1799)

→ **Le 19e siècle** : du Premier Empire (1804) à la fin de la Révolution industrielle (1910)

→ **Le 20e siècle et le début du 21e siècle** : de la Première Guerre mondiale (1914) à nos jours

■ La frise est divisée, suivant l'axe du temps, en **unités repères** qui varient d'une période à l'autre : par exemple, échelle de 30 ans pour le Moyen Âge et de 10 ans pour les Temps modernes.

→ **Au centre** de la frise figurent les dates des **principaux événements** de l'histoire de France et du monde

→ **En haut** sont indiqués (dans des bandeaux jaunes) les noms des **grands personnages** historiques, en particulier ceux des souverains et chefs d'État français

→ **En bas** on a repéré (dans des bandeaux mauves) des **faits historiques** de longue durée (par exemple les Grandes Invasions, la guerre de Cent Ans)

■ Les mots figurant en **gras** dans la frise et dans les légendes des illustrations renvoient au **petit dictionnaire de noms propres** qui propose 200 notices environ : personnages, événements essentiels correspondant au **programme d'histoire** de l'école élémentaire.

HISTOIRE ▶ La préhistoire

■ Couteaux en silex taillé
(fin du néolithique)

-7 millions **Toumaï** (australopithèque)

-3,7 millions **Lucy** (australopithèque)

-2,4 millions Premiers outils (*Homo habilis*)

-600 000 Maîtrise du feu

-450 000 Homme de **Tautavel** (*Homo erectus*)

-150 000 Homme de **Neanderta**

-7 millions -5m -3m -1m -775 000 -550 000 -325 000 -100 000

■ Alignements de **Carnac**
(-4500)

■ Grotte de **Lascaux** : la salle des aurochs

paléolithique | néolithique

-35 000 Homme de **Cro-Magnon** (*Homo sapiens*)

-30 000 Premières formes d'art

-15 000 Peintures de la grotte de **Lascaux**

-9 500 Début de l'agriculture et de l'élevage au Proche-Orient

- 35 000 | -30 000 | -25 000 | -20 000 | -15 000 | -10 000 | -5000

■ Hache en pierre polie

■ Pointes de flèches néolithiques

HISTOIRE ▶ L'Antiquité

■ L'écriture cunéiforme, apparue en **Mésopotamie**

■ La grande pyramide de **Khéops**

néolithique — âge des métaux

- -3500 Invention de l'écriture en **Mésopotamie**
- -2700 Pyramide de **Khéops** en **Égypte**
- -2300 Métallurgie du bronze en Europe
- -1200 Installation des **Hébreux**, peuple de la **Bible**, en Palestine
- -1000 Métallurgie du fer en Europe
- -753 Fondation légendaire de **Rome**
- -750 Installation des **Celtes** en **Gaule**

-3750 -3300 -2850 -2400 -1950 -1500 -1050 -600

■ Remus et Romulus, fondateurs légendaires de **Rome**

■ La Vénus de Milo, sculpture grecque

Monnaie à l'effigie de **Vercingétorix**

Jules **César**

-5/30 vie de **Jésus**

-500 Début de la République à **Rome**

-450 La **Grèce** de **Périclès** - Construction de l'**Acropole** à **Athènes**

-58/-51 Conquête de la **Gaule**

-52 **Vercingétorix** est battu par **César** à **Alésia**

-21 Fondation de l'Empire **romain** par **Auguste**

392 Le christianisme, religion officielle de l'Empire **romain**

410 Pillage de **Rome** par les **Wisigoths**

400

-450 -325 -200 -75 +50 +175 300 425

Triomphe de Neptune, mosaïque romaine

Monnaie gauloise

Le Moyen Âge

■ Le baptême de **Clovis**

■ Une page du **Coran**

481 – 511 **Clovis**

570 – 632 Vie de **Mahomet**, fondateur de l'islam (**Coran**)

450 Invasion de la **Gaule** par les **Francs**

476 Fin de l'Empire **romain** d'Occident

496 Baptême de **Clovis**, roi des **Francs**, fondateur de la dynastie des **Mérovingiens**

634 Début des conquêtes arabes vers l'Afrique du Nord puis l'Espagne

– 630 **Grandes Invasions (Barbares)**

450 480 510 540 570 600 630 660

■ Une mosaïque byzantine de l'église Sainte-Sophie (construite à **Constantinople** au 6e siècle)

■ La mosquée de Cordoue, en Espagne (architecture islamique, 8e siècle)

■ **Charlemagne** et Roland à Roncevaux

714 741 **Charles Martel**

768 814 **Charlemagne**

732 **Charles Martel**, vainqueur des Arabes à Poitiers

800 **Charlemagne** couronné empereur d'Occident

843 L'Empire **carolingien** est divisé en trois royaumes

850 900 Raids des **Vikings** (« **Normands** »)

720 750 780 810 840 870 900 930

■ Un drakkar, bateau **viking**

Le Moyen Âge

■ Une église romane

■ Un château fort

987 996 **Hugues Capet**

1180 1223 **Philippe Auguste**

1220

987 Début de la dynastie des **Capétiens**

1066 Le duc de Normandie **Guillaume le Conquérant** devient roi d'Angleterre

1096 **Croisades**

990 1020 1050 1080 1110 1140 1170 1200

■ La conquête de **Constantinople** par les croisés

■ Le bal de la cour (enluminure)

■ **Saint Louis** rend la justice

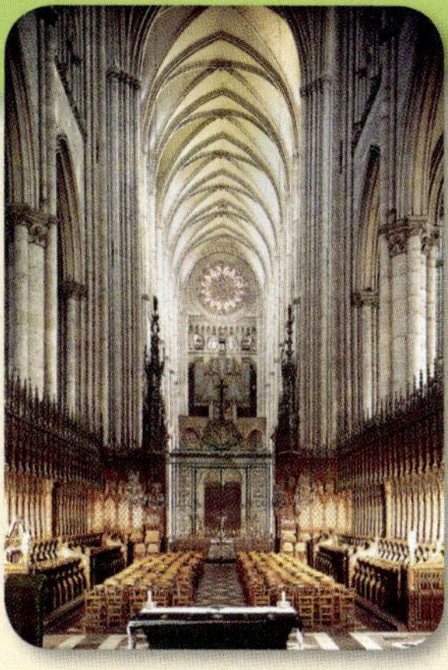

■ La nef de Notre-Dame d'Amiens, cathédrale gothique (13e siècle)

■ **Jeanne d'Arc**

1270 **Louis IX** (Saint Louis)

1422 **Charles VII** | 1461 **Louis XI** 1483

1275-1295 Voyages de Marco **Polo**

1429-1431 **Jeanne d'Arc** lutte contre les Anglais et fait couronner **Charles VII**

1450 **Gutenberg** invente l'imprimerie

1453 prise de **Constantinople** par les Turcs, fin de l'Empire **romain** d'Orient

1270

1337 – 1453 Guerre de **Cent Ans**

1260 – 1290 – 1320 – 1350 – 1380 – 1410 – 1440 – 1470

■ La Dame à la licorne : « Le Goût » (tapisserie, fin du 15e siècle)

■ La presse de **Gutenberg,** inventeur de l'imprimerie

Les Temps modernes

■ Caravelle de **Christophe Colomb**

■ **Chambord**, château de la **Renaissance**

1515	1547	1559	1560
François 1er	**Henri II**		**Charles** ▶

1492 Christophe **Colomb** découvre l'Amérique

1497 Voyage de Vasco de **Gama** vers les Indes

1515 Victoire de **François 1er** à **Marignan**

1519 - 1521 Tour du monde de **Magellan**

1520 Début de la **Réforme** protestante (**Luther** puis **Calvin**)

1543 **Copernic** prouve que la Terre tourne autour du Soleil

1562

1490 1500 1510 1520 1530 1540 1550 1560

■ *Moïse* de Michel-Ange (1515)

■ *La Joconde* de Léonard de Vinci (1503-1506)

■ **Henri IV**

■ Le cardinal de **Richelieu** (par Philippe de Champaigne)

1574 | **Henri III** | 1589 | **Henri IV** | 1610 | **Louis XIII** | 1643 | **Louis XIV**

1572 Massacre de la **Saint-Barthélemy**

1598 Édit de **Nantes**

1624 **Richelieu**, principal conseiller de **Louis XIII**

1632 **Galilée** défend la théorie de **Copernic**

Guerres de **Religion** — 1598

1580 · 1590 · 1600 · 1610 · 1620 · 1630 · 1640 · 1650

■ Le massacre de la **Saint-Barthélemy**

■ **Louis XIV**

■ Le château de **Versailles**

1715

Louis XIV

1661 Début du règne personnel de **Louis XIV**

1685 Révocation de l'édit de **Nantes**

v. 1700 Développement de l'esclavage transatlantique (traite des Noirs)

1660 1670 1680 1690 1700 1710 1720 1730

■ Tapisserie de la manufacture des **Gobelins**, fondée par **Colbert**

■ La citadelle de Neuf-Brisach, fortifiée par **Vauban**

■ Marie-Antoinette (par Mme Vigée-Lebrun)

■ La prise de la Bastille

1774 — 1792

Louis XV | **Louis XVI** | Première République

1751/1772 Rédaction de l'**Encyclopédie**, ouvrage des **Lumières** auquel collaborent **Diderot**, **Voltaire**, **Rousseau**

1769 Machine à vapeur de James **Watt**

1789 Prise de la **Bastille** (14 juillet)
Déclaration des droits de l'homme et du citoyen (26 août)

1792 Victoire française de **Valmy** - Proclamation de la Première République

1793-1794 la **Terreur**

1794 Chute de **Robespierre**

1799 Coup d'État de **Napoléon Bonaparte** (**Consulat**)

1789 1799 **Révolution française**

1740 1750 1760 1770 1780 1790 1800

■ **Louis XV** (par Van Loo)

■ **Robespierre**

HISTOIRE ▶ Le 19e siècle

■ *Bonaparte franchissant le Grand Saint-Bernard* (1800), par David

1799	1804		1814	1824
Première République	Napoléon 1er (Premier **Empire**)		**Louis XVIII**	
Consulat			**Restauration**	

- 1804 **Napoléon 1er** empereur des Français **Code civil**
- 1805 **Austerlitz**
- 1815 **Waterloo** et exil de **Napoléon 1er** à **Sainte-Hélène**
- 1816 Invention de la photographie (**Niépce**)

1801 · 1804 · 1807 · 1810 · 1813 · 1816 · 1819 · 1822

■ **Napoléon** avec le **Code civil**

■ *Jeune Orpheline au cimetière* (1824), par Eugène Delacroix, peintre romantique

■ Le travail des enfants dans un atelier de verrerie au 19e siècle

1830 — Charles X | Louis-Philippe | 1848 — Deuxième République

1829 Première ligne de chemin de fer en France

1830 **Révolution de 1830**

1841 Loi limitant le travail des enfants

1848 **Révolution de 1848**
Suffrage universel (masculin)
Abolition de l'esclavage
(Victor **Schoelcher**)

1830 Révolution industrielle - Colonisation en Afrique et en Asie

1828 — 1831 — 1834 — 1837 — 1840 — 1843 — 1846 — 1849

■ La colonisation de l'Algérie : la soumission d'Abd el-Kader (1847)

■ *Le Pont de l'Europe, gare Saint-Lazare* (1877), par Claude Monet, peintre impressionniste

HISTOIRE ▶ Le 19e siècle

■ *La Danse* (1869), sculpture de Carpeaux ornant la façade de l'Opéra de Paris

1852 – 1870 : **Napoléon III** (Second **Empire**)

1860 Invention du moteur à explosion

1870 **Guerre de 1870** entre la France et la Prusse

1871 La **Commune**

1876 Invention du téléphone (Graham **Bell**)

Révolution industrielle - Colonisation en Afrique et en Asie

1852 1855 1858 1861 1864 1867 1870 1873

■ La construction de la tour Eiffel (1887-1889)

■ **Pasteur** dans son laboratoire (1885)

■ Une salle de classe à la fin du 19e siècle

Troisième République

1882 L'école laïque, gratuite et obligatoire (Jules **Ferry**)

1885 **Pasteur** crée le vaccin contre la rage

1890 Premier vol de l'avion de Clément **Ader**

1895 Invention du cinéma par les frères **Lumière**

1898 Affaire **Dreyfus**

Révolution industrielle - Colonisation en Afrique et en Asie

1879 1882 1885 1888 1891 1894 1897 1900

■ L'*Éole*, appareil volant construit par Clément **Ader** (1890)

■ Les premières voitures : une Delahaye de 1895

HISTOIRE ▶ Le 20e siècle

■ Marie **Curie** dans son laboratoire

Troisième République

1903 Pierre et Marie **Curie**, prix Nobel de physique

1905 Loi de séparation des Églises et de l'État

1914 L'assassinat de l'archiduc d'Autriche déclenche la Première **Guerre mondiale**

1916 Bataille de **Verdun**

1917 **révolution russe**

1917

1910 Colonisation en Afrique et en Asie

1914 Première **Guerre mondiale**

1901 1903 1905 1907 1909 1911 1913 1915 1917

■ *Les Demoiselles d'Avignon* (1907), tableau cubiste de Picasso

Les Temps modernes (1936) , film de Charlie Chaplin (« Charlot »)

Troisième République

1918 Signature de l'armistice (11 novembre)

1919 **Clemenceau** Premier ministre

1922 Création de l'**URSS** sous la direction de **Lénine**
Mussolini prend le pouvoir en Italie

1928 Découverte de la pénicilline (**Fleming**)

1929 Crise économique mondiale
Staline prend le pouvoir en **URSS**

1933 **Hitler** prend le pouvoir en Allemagne

1934 **Mao Zedong** conduit la Longue Marche

1918

1919 1921 1923 1925 1927 1929 1931 1933 1935

Première **Guerre mondiale** : dans les tranchées

HISTOIRE ▶ Le 20e siècle

■ L'entrée du camp d'extermination nazi d'Auschwitz-Birkenau

1940

Troisième République | Gouvernement

1936 arrivée au pouvoir du **Front populaire** en France

1939 L'Allemagne nazie provoque la Seconde **Guerre mondiale**

1940
Appel du général de **Gaulle** (18 juin) - La France demande l'armistice (22 juin)
Occupation allemande - **Résistance** britannique (**Churchill**)

1936 Guerre civile en Espagne (**Franco**)

1939 Seconde **Guerre mondiale**

1936 1937 1938 1939 1940 1941

■ Le débarquement en Normandie (6 juin 1944)

■ **Libération** de Paris :
le général de **Gaulle** descend
les Champs-Élysées (26 août 1944)

1944

de Vichy | Quatrième République

1943 Mort de Jean **Moulin**, héros de la **Résistance**

1944 Débarquement des Alliés
en Normandie (6 juin), début de la **Libération**

1945 Fin de la Seconde **Guerre mondiale** en Europe (8 mai)
Bombe atomique sur **Hiroshima** et **Nagasaki**

1946
Création de l'**ONU**
Droit de vote des femmes en France
Premiers ordinateurs

1945

1942 1943 1944 1945 1946 1947

■ Bombe atomique
sur **Nagasaki** (9 août 1945)

HISTOIRE ▶ Le 20e siècle et le 21e siècle

■ Un ordinateur (vers 1985)

■ Le drapeau de l'**Union européenne**

1958 — 1969 — 1974 — 1981

Quatrième République | De **Gaulle** | **Pompidou** | **Giscard d'Estaing**

1957 Traité de **Rome** : création de la Communauté économique européenne

1958 Cinquième République

1968 Événements de **Mai 68**

1969 Premier pas sur la Lune (**Armstrong**, mission **Apollo** 11)

1947 — 1962 décolonisation

1948 1953 1958 1963 1968 1973 1978

■ Le premier homme sur la Lune (juillet 1969)

■ Palais des Droits de l'homme, à Strasbourg

Mitterrand	1995 Chirac	2007 Sarkozy	2012

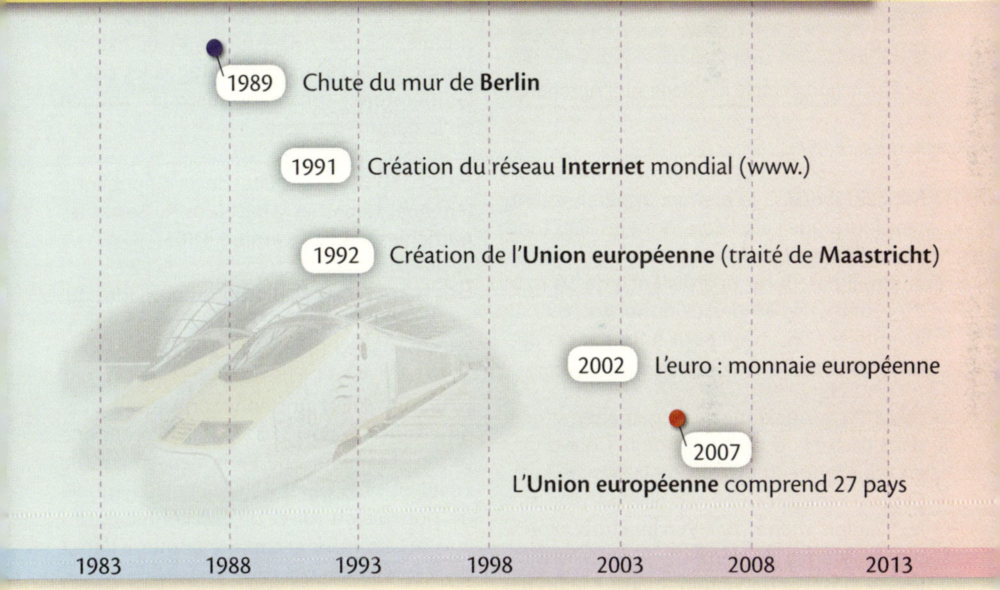

■ La chute du mur de **Berlin** (9 novembre 1989)

■ L'*Eurostar* à Londres

Acropole **n. f.** ✦ Citadelle de Grèce, située sur une colline qui domine **Athènes.** Forteresse construite vers 2000 avant Jésus-Christ, elle fut détruite et, reconstruite par **Périclès,** elle devint un centre religieux consacré à la déesse Athéna au 5e siècle avant Jésus-Christ. Ses ruines, spécialement celles du Parthénon, sont visitées de nos jours par de nombreux touristes.

Le Parthénon, temple d'Athéna sur l'**Acropole**

Ader Clément (1841-1925) ✦ Ingénieur français. Il réalisa le premier appareil volant plus lourd que l'air, l'*Éole,* dont les ailes font penser à une chauve-souris. À bord de cet engin, il parcourut une distance de 50 m à 20 centimètres au-dessus du sol en 1890. Il inventa le nom *Avion* pour nommer ses autres modèles.

Alésia ✦ Ancienne ville gauloise, située dans l'actuel département de la Côte-d'Or, en Bourgogne, dans l'est de la France. Jules **César** y remporta une victoire décisive sur les Gaulois menés par **Vercingétorix,** après une résistance de deux mois, en 52 avant Jésus-Christ. Cette victoire marque la fin de la résistance gauloise.

Antiquité **n. f.** ✦ Période de l'histoire qui suit la préhistoire. Elle commence avec l'apparition de l'écriture vers 3500 ans avant Jésus-Christ et se termine à la chute de l'Empire romain d'Occident en 476. Le Moyen Âge lui succède.

Apollo ✦ Programme américain d'exploration de la Lune entre 1961 et 1972. La fusée *Apollo 11,* premier vaisseau à se poser sur la Lune, transportait Neil **Armstrong** qui fut le premier homme à marcher sur le sol lunaire, le 21 juillet 1969.

Armstrong Neil (né en 1930) ✦ Astronaute américain. Membre de l'expédition **Apollo** 11, il est le premier homme qui a marché sur la Lune (21 juillet 1969).

Athènes ✦ Capitale de la **Grèce.** Dans l'Antiquité, Athènes fut une ville très puissante du 10e au 4e siècle avant Jésus-Christ. C'est à Athènes qu'est née la démocratie au 6e siècle avant Jésus-Christ. Athènes connut son apogée au 5e siècle avant Jésus-Christ sous **Périclès** qui fit construire l'**Acropole.**

Auguste (63 avant Jésus-Christ-14 après Jésus-Christ) ✦ Empereur romain. Petit-neveu et fils adoptif de **César,** sous le nom d'Octave, il battit ses rivaux et devint le maître de tout l'Empire **romain** en 27 avant Jésus-Christ. Il prit alors le nom d'Auguste (qui signifie « saint, majestueux ») et fixa les frontières de l'Empire. Il protégea les arts et la littérature ; son règne marqua l'apogée de la culture romaine.

Austerlitz ✦ Localité de la République tchèque. **Napoléon** y battit les Russes et les Autrichiens le 2 décembre 1805.

Barbares **n. m. pl.** ✦ Peuples nomades qui envahirent l'Empire romain à partir du 4e siècle. → aussi **Grandes Invasions.**

Bastille **n. f.** ✦ Ancienne forteresse de Paris, construite en 1370. Richelieu en fit une prison. Le peuple de Paris s'en empara le 14 juillet 1789 parce qu'elle était le symbole du pouvoir du roi et qu'elle contenait des armes. La *prise de la Bastille* marque le début de la **Révolution française.** La Bastille fut démolie en 1790.

Bell Alexander Graham (1847-1922) ✦ Inventeur américain d'origine britannique. C'est en enseignant le langage aux enfants sourds qu'il s'intéressa à la transmission de la parole. Il mit au point en 1876 un appareil composé d'un émetteur et d'un récepteur permettant de communiquer à distance, le téléphone.

Berlin (mur de) ✦ Mur construit par la République démocratique allemande (RDA) dans la nuit du 13 août 1961 à Berlin pour arrêter la fuite des Allemands de l'Est vers l'Ouest. Il séparait la ville en deux secteurs : Berlin-Ouest et Berlin-Est. Il fut détruit le 9 novembre 1989.

Bible **n. f.** ✦ Texte sacré des juifs et des chrétiens. La Bible juive se compose de 39 textes répartis en 24 livres qui racontent l'histoire du peuple juif. Augmentée de sept autres livres, elle est devenue l'Ancien Testament des chrétiens. La Bible chrétienne comprend l'Ancien Testament et les 27 livres du Nouveau Testament, dont les quatre Évangiles, qui commence avec la naissance de Jésus.

Bonaparte → **Napoléon Ier**

Calvin Jean (1509-1564) ✦ Écrivain et philosophe religieux français, l'un des fondateurs du protestantisme. Il adhéra à la **Réforme** et dut s'installer en Suisse pour fuir les persécutions contre les protestants. Comme **Luther**, il pensait que l'homme ne peut être sauvé que par la grâce de Dieu et que la Bible était la seule autorité en ce qui concerne la foi et les mœurs.

Capétiens **n. m. pl.** ✦ Dynastie de rois de France qui succéda aux **Carolingiens** et régna de 987 à 1328. Elle fut fondée par **Hugues Capet**. Les Capétiens, dont **Philippe Auguste** et **Louis IX**, agrandirent le domaine royal limité au départ aux régions de Paris et d'Orléans.

Carnac ✦ Commune du Morbihan, en Bretagne, dans l'ouest de la France. Le site préhistorique de Carnac comprend un ensemble de menhirs, de dolmens et de tombes qui datent des années 2000 à 1400 avant Jésus-Christ.

Carolingiens **n. m. pl.** ✦ Dynastie de rois francs qui succéda aux **Mérovingiens** et régna de 751 à 911 en Germanie et 987 en France. Elle fut fondée par le père de **Charlemagne**. Les Carolingiens organisèrent l'administration, développèrent la féodalité et se rapprochèrent de l'Église. Les **Capétiens** leur ont succédé.

Celtes **n. m. pl.** ✦ Peuples venus d'Allemagne qui se répandirent dans toute l'Europe à partir de 1800 avant Jésus-Christ. Ils furent repoussés par les Romains au 2e siècle avant Jésus-Christ et ne purent rester qu'en Bretagne et dans les îles britanniques. Les Gaulois étaient des Celtes.

Cent Ans (guerre de) ✦ Ensemble de conflits qui opposèrent la France à l'Angleterre de 1337 à 1453, provoqués par la volonté des rois d'Angleterre d'être aussi rois de France. Les Anglais furent alternativement vainqueurs et vaincus, jusqu'à leur défaite finale face à **Charles VII** qui avait été sacré roi grâce à **Jeanne d'Arc**. Ils ne conservèrent que Calais.

César ou **Jules César** (101 avant Jésus-Christ-44 avant Jésus-Christ) ✦ Homme d'État romain. Général et consul, il battit **Vercingétorix** en 52 avant Jésus-Christ et conquit toute la **Gaule** dont il fit une province romaine. Revenu en Italie, il provoqua une guerre civile en 50 avant Jésus-Christ et fut nommé dictateur à vie en 44 avant Jésus-Christ. Il fut assassiné le jour où il devait être proclamé roi. Il a écrit deux ouvrages précieux pour les historiens : les *Commentaires sur la guerre des Gaules* et *De la guerre civile.*

Chambord ✦ Commune du Loir-et-Cher, dans le centre de la France. Le château de Chambord a été construit de 1519 à 1537 pour le roi **François Ier**. Ce chef-d'œuvre de la **Renaissance** est le plus grand des châteaux de la Loire.

Des soldats **carolingiens** attaquent une ville (miniature, 9e siècle)

Charlemagne (742-814) ✦ Roi des Francs puis empereur d'Occident. Petit-fils de **Charles Martel**, il régna de 768 à sa mort. Il constitua un empire auquel il donna une solide organisation administrative. Il mit en place les principes de la féodalité et encouragea la culture. Il fut sacré empereur d'Occident en l'an 800 et partagea son empire entre ses trois fils. Son nom signifie « Charles le Grand ».

Charles VII (1403-1461) ✦ Roi de France. Il régna de 1422 jusqu'à sa mort. Il ne fut vraiment accepté en tant que roi de France que grâce à **Jeanne d'Arc** qui le fit sacrer à Reims en 1429. Il reconquit ensuite son royaume. C'est sous son règne que la guerre de **Cent Ans** a pris fin. Son fils Louis XI lui a succédé.

Charles IX (1550-1574) ✦ Roi de France. Fils d'Henri II, il régna de 1560 jusqu'à sa mort. Il chercha un accord avec les protestants mais ordonna néanmoins le massacre de la **Saint-Barthélemy** en 1572.

Charles X (1757-1836) ✦ Roi de France. Petit-fils de Louis XV, frère de Louis XVI et de Louis XVIII, il régna de 1824 à 1830. Partisan d'un retour à la monarchie absolue, il mena une politique autoritaire qui déclencha la **révolution de 1830** et l'obligea à abdiquer.

Charles Martel (v. 688-741) ✦ Maire du palais (l'équivalent de Premier ministre) du royaume franc des derniers **Mérovingiens.** Il prit le pouvoir en 714 et unifia l'État mérovingien. Il repoussa les Arabes à Poitiers en 732, ce qui lui permit de devenir le suzerain de l'Aquitaine et de la Provence. Il est le grand-père de Charlemagne.

Chirac Jacques (né en 1932) ✦ Homme politique français. Partisan du général de **Gaulle,** il fut plusieurs fois ministre sous la présidence de Pompidou. Valéry Giscard d'Estaing en fit son Premier ministre (1974-1976). Il fonda son parti, le Rassemblement pour la République (RPR), en 1976, devint maire de Paris (1977-1995) et Premier ministre de **Mitterrand** (1986-1988). Il fut ensuite président de la République de 1995 à 2007 (élu en 1995, réélu en 2002).

Churchill Winston (1874-1965) ✦ Homme politique britannique. Premier ministre (1940-1945) pendant la Seconde **Guerre mondiale,** il symbolise la résistance britannique contre Hitler. Il s'allia aux États-Unis, négocia avec Staline et contribua au succès des conférences internationales qui préparaient l'après-guerre. Il milita ensuite pour maintenir la grandeur de l'Empire britannique et s'engagea du côté américain dans la « guerre froide » contre le communisme, inventant l'expression *rideau de fer.* Il publia ses *Mémoires de guerre* (1948-1954) et reçut le prix Nobel de littérature en 1953. Il fut à nouveau Premier ministre de 1951 à 1955.

Winston **Churchill**

Clemenceau Georges (1841-1929) ✦ Homme politique français. Député de gauche, il fut président du Conseil (l'équivalent de Premier ministre) de 1906 à 1909 et de 1917 à 1919. Pendant la Première **Guerre mondiale,** il lutta contre les défaitistes et eut un rôle important dans la victoire de la France sur l'Allemagne.

Clovis (vers 466-511) ✦ Roi des **Francs.** Il régna de 481 jusqu'à sa mort. Roi d'un petit royaume au nord de la Gaule, il l'agrandit considérablement en conquérant presque tout le pays. Il se convertit au christianisme et fut baptisé à Reims vers 496.

Code civil ✦ Recueil de 36 lois promulgué en France en 1804 et appelé aussi *Code Napoléon.* La mission de ses rédacteurs était d'unifier les lois dans tout le pays et de remplacer les règles de l'Ancien Régime. De nombreux États s'en sont inspirés pour créer leur législation. Il est toujours appliqué en France, même s'il a subi de nombreuses modifications depuis le 19e siècle.

Colbert Jean-Baptiste (1619-1683) ✦ Homme politique français. Sorte de ministre des Finances de **Louis XIV,** il réforma les impôts et réorganisa l'administration du royaume. Il développa l'industrie et favorisa la création de manufactures comme celle des **Gobelins.** En ce qui concerne le commerce, il limita les importations et développa les exportations en modernisant la marine et en créant de grandes compagnies commerciales.

Colomb Christophe (vers 1451-1506) ✦ Navigateur d'origine italienne. Installé au Portugal, il étudia les cartes de géographie et réussit à convaincre les souverains espagnols de l'aider à réaliser son projet : trouver une route vers les Indes en passant par l'ouest. Il partit alors d'Espagne avec trois caravelles en août 1492 et découvrit en octobre des îles proches du continent américain (Bahamas, Cuba, Haïti). Il effectua ensuite jusqu'en 1504 trois voyages au cours desquels il découvrit d'autres îles et les côtes de l'Amérique centrale.

Commune (la) ✦ Gouvernement révolutionnaire mis en place à Paris en mars 1871, après la défaite française face à la Prusse et le transfert du gouvernement à Versailles. Le Conseil de la Commune prit des mesures révolutionnaires et organisa la résistance militaire. Au cours de la « Semaine sanglante » du 21 au 28 mai 1871, les insurgés exécutèrent des otages et incendièrent des monuments. Les soldats de l'armée régulière, les « Versaillais », envoyés contre Paris, massacrèrent environ 20 000 « communards » et mirent fin à la Commune.

Constantinople ✦ Capitale de l'Empire romain d'Orient de 395 à 1453 et capitale religieuse des chrétiens d'Orient. Construite sur le site de Byzance, c'était une ville très riche. L'église Sainte-Sophie y a été construite au 6e siècle. La ville fut prise en 1453 par les Turcs qui l'appellent maintenant Istanbul.

Consulat **n. m.** ✦ Gouvernement de la France de 1799 à 1804, de la fin de la Révolution française jusqu'au Premier Empire. Il débuta après le coup d'État organisé par **Napoléon** Bonaparte en novembre 1799. Ce dernier, avec le titre de Premier consul puis celui de consul à vie, s'empara de tous les pouvoirs. Il créa la Banque de France et la Légion d'honneur. Il rétablit l'esclavage dans les colonies. Il promulgua le **Code civil** et fut nommé empereur en 1804.

Copernic Nicolas (1473-1543) ✦ Astronome polonais. Il affirma que la Terre et les autres planètes tournent sur elles-mêmes et autour du Soleil. Cette théorie selon laquelle la Terre n'occupe pas le centre de l'univers fut condamnée par l'Église mais prouvée ensuite par **Galilée.**

Coran **n. m.** ✦ Livre sacré des musulmans qui contient pour eux le message d'Allah, le Dieu unique, transmis à son prophète **Mahomet** par l'ange Gabriel au 7e siècle. Écrit en arabe, le Coran est composé de plus de 6 000 versets, répartis en 114 chapitres (« sourates »).

Croisades : combat entre croisés et musulmans

Croisades **n. f. pl.** ✦ Expéditions militaires menées au Moyen Âge par les chrétiens pour délivrer les « Lieux saints » occupés par les musulmans, notamment le tombeau du Christ à Jérusalem. Il y a eu huit croisades entre 1095 et 1270. On peut compter aussi une neuvième croisade qui échoua en 1291.

Cro-Magnon ✦ Site préhistorique de Dordogne, dans le sud-ouest de la France. On y a découvert en 1868 des ossements fossiles d'« *Homo sapiens* », l'homme moderne. On a appelé *homme de Cro-Magnon* des hommes préhistoriques qui venaient du Proche-Orient et qui vécurent il y a 30 000 ans en Europe et en Afrique du Nord. L'*homme de Cro-Magnon* fabriquait des outils de pierre et d'os et enterrait ses morts. Il peignait et gravait des signes et des images, spécialement des animaux, dans les grottes où il vivait.

Curie Pierre et Marie ✦ Physiciens français. Pierre Curie (1859-1906) et sa femme Marie Curie (née Sklodowska), d'origine polonaise (1867-1934) firent des recherches sur la radioactivité et découvrirent le radium. Ils obtinrent tous les deux le prix Nobel de physique en 1903 et Marie reçut celui de chimie en 1911. Ils reposent au Panthéon, à Paris.

Déclaration des droits de l'homme et du citoyen ✦ Déclaration votée en août 1789 après l'abolition de la féodalité et qui servit de base à la Constitution de 1791. Elle affirme les droits fondamentaux de liberté, de propriété et d'égalité. La *Déclaration universelle des droits de l'homme,* votée par l'**ONU** en 1948, s'inspire de la déclaration de 1789 et réaffirme la liberté et l'égalité de tous les êtres humains.

Diderot Denis (1713-1784) ✦ Écrivain et philosophe français. Philosophe des **Lumières,** curieux de toutes les formes de la connaissance, il dirigea la rédaction de l'**Encyclopédie.** Persuadé que l'homme éprouve du plaisir à être bon, il exposa ses principes dans de nombreux ouvrages, dont *Lettre sur les aveugles à l'usage de ceux qui voient, Le Neveu de Rameau* et *Jacques le Fataliste et son maître.*

Dreyfus Alfred (1859-1935) ✦ Officier français. Juif alsacien, il fut accusé à tort de livrer des informations militaires à l'Allemagne. Jugé en 1894, il fut dégradé et envoyé au bagne. « L'affaire Dreyfus » divisa alors les Français entre ceux qui le pensaient coupable (les *antidreyfusards*), pour la plupart antisémites, et ceux qui le pensaient innocent (les *dreyfusards*). Il fut à nouveau jugé coupable en 1899 et condamné à dix ans de prison mais gracié par le président de la République. Son innocence ne fut reconnue qu'en 1906 et il fut alors réhabilité.

Égypte ancienne ✦ Pays du nord-est de l'Afrique. L'Égypte des pharaons fut une grande civilisation de l'Antiquité. Les Égyptiens inventèrent les hiéroglyphes à la fin du 4e millénaire avant Jésus-Christ. On peut encore voir les pyramides, comme celle de **Khéops,** qui servaient de tombeaux aux pharaons. L'Égypte fut un empire très puissant pendant plus de 3 000 ans, jusqu'au 10e siècle avant Jésus-Christ.

Égypte : le temple de Louksor

Empire (Premier) ✦ Période de l'histoire de France pendant laquelle le pays fut gouverné par l'empereur **Napoléon Ier**, du 18 mai 1804 au 4 avril 1814 et du 20 mars au 22 juin 1815. Sacré empereur le 2 décembre 1804, Napoléon entreprit la conquête de l'Europe : entre 1810 et 1812 son empire s'étendait sur la Belgique, la Hollande, l'Allemagne, la Pologne, la Suisse, l'Italie, la Dalmatie et l'Espagne. Les abdications de Napoléon en 1814 et en 1815 mirent fin au Premier Empire qui fut suivi par la **Restauration** de la monarchie.

Empire (Second) ✦ Période de l'histoire de France pendant laquelle le pays fut gouverné par l'empereur **Napoléon III,** du 2 décembre 1852 au 4 septembre 1870. Le régime fut d'abord très autoritaire puis laissa l'opposition se développer. Ce fut une époque d'essor économique et de progrès. La France étendit ses colonies en Afrique et en Asie. Le Second Empire prit fin avec la déchéance de Napoléon III après la capitulation de Sedan lors de la guerre contre la Prusse en 1870. La Troisième République lui succéda.

Encyclopédie n. f. ✦ œuvre publiée au 18e siècle, de 1751 à 1772. Elle présentait, de façon claire et avec de nombreuses planches illustrées, l'état des connaissances culturelles, scientifiques et techniques de l'époque. Près de 150 savants, philosophes et spécialistes, faisant partie des **Lumières,** y collaborèrent, dont **Diderot, Voltaire** et **Rousseau.** Son titre complet est *Encyclopédie ou Dictionnaire raisonné des sciences, des arts et des métiers.*

Ferry Jules (1832-1893) ✦ Homme politique français. Maire de Paris (1870), plusieurs fois ministre (1879-1885) et président du Conseil (1880-1885) sous la Troisième République, il fit adopter en 1882 une réforme de l'enseignement public rendant l'enseignement primaire laïque, gratuit et obligatoire, et ouvrit l'enseignement secondaire aux jeunes filles. Il contribua à établir la liberté de la presse et la liberté syndicale.

Fleming Alexander (1881-1955) ✦ Médecin britannique. Il découvrit, en 1928, qu'une moisissure détruisait certaines bactéries et la nomma pénicilline : c'était le premier antibiotique. Il ouvrit ainsi la voie au traitement des maladies infectieuses. Il a reçu le prix Nobel de médecine en 1945.

Franco Francisco (1892-1975) ✦ Homme politique et général espagnol. Chef des nationalistes contre les républicains pendant la guerre civile espagnole (1936-1939), il prit le titre de *caudillo* (mot espagnol signifiant « guide ») et devint chef de l'État et des armées. Il établit alors une dictature qui s'appuyait sur l'armée et le clergé conservateur. En 1947, il rétablit la monarchie mais se nomma régent à vie.

François Ier (1494-1547) ✦ Roi de France. Il régna de 1515 jusqu'à sa mort. Son règne fut marqué par sa rivalité avec Charles Quint, empereur germanique et roi d'Espagne. D'abord proche des protestants, il s'opposa finalement à la **Réforme.** Il s'entoura d'une cour raffinée, imposa de rédiger en français les actes juridiques et favorisa le développement des arts. Il introduisit la culture de la **Renaissance** en France.

François Ier

Francs n. m. pl. ✦ Peuple qui était établi en Allemagne et qui envahit la Gaule romaine pendant les **Grandes Invasions** au 5e siècle. Les Francs furent unifiés par **Clovis.** C'est sur leur nom qu'a été formé le nom de la France.

Front populaire ✦ Union des partis de gauche qui gouverna la France de 1936 à 1938. Le Front populaire réussit à obtenir notamment une augmentation des salaires, la semaine de travail de 40 heures, les congés payés, la nationalisation des chemins de fer.

Galilée (1564-1642) ✦ Astronome et physicien italien, l'un des fondateurs de la physique moderne. Il construisit une lunette astronomique avec laquelle il observa le Soleil, Jupiter, Saturne et les phases de la Lune. Il défendit la thèse de **Copernic** sur le mouvement de la Terre et des autres planètes autour du Soleil. Il fut condamné par l'Église à renoncer à cette théorie mais s'écria : « Et pourtant, elle tourne ! »

Gama Vasco de (vers 1469-1524) ✦ Navigateur portugais. Il découvrit la route des Indes en contournant l'Afrique par le cap de Bonne-Espérance en 1497. Il fonda ensuite des établissements commerciaux portugais sur les côtes africaines.

Gaule n. f. ✦ Territoire qui correspond à peu près à la France et à la Belgique actuelles, augmentées d'une partie de la Suisse, de l'Italie et des Pays-Bas. Elle fut envahie par les **Celtes** puis par les Romains. Jules **César** soumit les Gaulois, écrasa la révolte de leur chef, **Vercingétorix,** en 52 avant Jésus-Christ à **Alésia,** et fit de la Gaule une province romaine. Au 5e siècle la Gaule fut conquise par les **Francs.** C'est pourquoi elle prit plus tard le nom de *France,* après la mort de Charlemagne.

Gaulle Charles de (1890-1970) ✦ Homme politique et général français. Pendant la Seconde **Guerre mondiale,** refusant l'armistice de 1940, il partit pour Londres d'où il lança à la radio l'« appel du 18 juin » pour convaincre les Français de continuer le combat et organisa la **Résistance** contre l'Allemagne. Reconnu comme chef politique à la **Libération** de Paris (1944), il devint président du Gouvernement provisoire de la République française (1945-1946). Rappelé au pouvoir pendant la guerre d'Algérie en 1958, il fonda la Cinquième République et fut le premier président de la République élu au suffrage universel. Réélu en 1965, il démissionna en 1969, à la suite des événements de **Mai 68.**

Giscard d'Estaing Valéry (né en 1926) ✦ Homme politique français. Ministre des Finances sous la présidence du général de Gaulle puis de Pompidou, entre 1962 et 1974, il fut élu président de la République en 1974. Pendant son septennat l'âge de la majorité a été abaissé à 18 ans et la loi sur l'interruption volontaire de grossesse a été votée.

Gobelins (Manufacture nationale des) ✦ Manufacture de tapisseries, située dans le 13e arrondissement de Paris. Fondée au 15e siècle par une famille de teinturiers champenois, les Gobelin, elle fut reprise par des tapissiers flamands et devint sous Louis XIV la Manufacture royale de meubles et de tapisseries de la Couronne. Aujourd'hui, la manufacture produit et restaure des tapisseries destinées à la décoration des édifices publics.

Grandes Invasions ✦ Entrée en masse des **Barbares** à partir de la fin du 4e siècle dans l'Empire romain d'Occident qu'ils détruisirent en 476.

Grèce antique **n. f.** ✦ Pays du sud-est de l'Europe. La Grèce fut le centre d'une des plus brillantes civilisations de l'histoire. Les Grecs de l'Antiquité ont diffusé une écriture alphabétique imitée de celle des Phéniciens, créé les jeux Olympiques, inventé la monnaie et développé les arts. Ils ont créé la démocratie et sont à l'origine d'une mythologie que les Romains ont ensuite copiée. La Grèce devint une province romaine au 2e siècle avant Jésus-Christ.

Grèce : la frise des Panathénées

Guerre de 1870 ✦ Conflit qui opposa la France à la Prusse et à l'ensemble des États allemands en 1870 et 1871. La guerre fut déclarée à la Prusse par **Napoléon III,** mais la France fut battue et dut capituler après la défaite de Sedan en septembre 1870, ce qui entraîna la chute du Second **Empire** et la proclamation de la Troisième République. L'Allemagne obtint l'Alsace et une grande partie de la Lorraine.

Guerre mondiale (Première) ✦ Guerre qui opposa de 1914 à 1918 l'Allemagne, l'Autriche-Hongrie, l'Empire ottoman et la Bulgarie aux « Alliés » : la France, la Grande-Bretagne, la Russie, la Serbie, la Belgique, le Japon, l'Italie, la Roumanie, le Portugal, la Grèce et les États-Unis. Cette guerre, qui fit près de 10 millions de morts, fut gagnée par les Alliés. L'armistice fut signé le 11 novembre 1918. Les traités de paix qui suivirent mirent fin aux Empires (Allemagne, Autriche-Hongrie, Empire ottoman) et donnèrent naissance à de nouveaux pays, comme la Tchécoslovaquie, la Yougoslavie et la Turquie. L'Alsace et la Lorraine, qui avaient été perdues pendant la **guerre de 1870,** furent rendues à la France.

Guerre mondiale (Seconde) ✦ Guerre qui opposa, de 1939 à 1945, l'Allemagne, l'Italie et le Japon aux Alliés (France, Grande-Bretagne, URSS, États-Unis, Chine...) qui furent vainqueurs. Elle est née de l'opposition entre des régimes totalitaires (la dictature nazie d'**Hitler** en Allemagne, la dictature fasciste de **Mussolini** en

Italie et la dictature militaire au Japon) et les démocraties. La France fut vaincue en juin 1940 ; le gouvernement, établi à Vichy, pratiqua alors une politique de collaboration avec l'Allemagne tandis que s'organisait la **Résistance.** Après l'entrée en guerre des États-Unis en décembre 1941, l'Allemagne ne connut plus que des défaites. Hitler se suicida le 30 avril 1945 et l'Allemagne capitula le 8 mai 1945. La Seconde Guerre mondiale est le conflit le plus meurtrier de l'histoire (50 à 55 millions de morts).

Guillaume le Conquérant (1027-1087) ✦ Duc de Normandie et roi d'Angleterre. À la mort du roi anglo-saxon qui l'avait désigné pour lui succéder, mais dont le fils s'était emparé du pouvoir, il débarqua en Angleterre avec ses hommes et tua le nouveau roi en 1066. Il régna alors sur l'Angleterre jusqu'à sa mort.

Gutenberg (vers 1399-1468) ✦ Imprimeur allemand. Il inventa la presse à imprimer et une encre permettant d'imprimer les deux faces du papier. Il remplaça les caractères en bois par des caractères en métal. Il fit de la Bible le premier ouvrage imprimé.Son invention favorisa la diffusion des connaissances et des idées nouvelles.

La Bible imprimée par **Gutenberg**

Hébreux **n. m. pl.** ✦ Peuple de l'Orient ancien ou du Proche-Orient dont la Bible raconte l'histoire. Nomades originaires de Mésopotamie, ils se rendent en Égypte vers 1500 avant Jésus-Christ. Devenus esclaves, ils s'installent en Palestine vers 1200 avant Jésus-Christ. On les appelle « Juifs » depuis le 6e siècle avant Jésus-Christ.

Henri II (1519-1559) ✦ Roi de France. Fils de François Ier, il régna de 1547 jusqu'à sa mort. Il combattit les protestants, s'opposa à Charles Quint, empereur germanique et roi d'Espagne, et mit fin aux guerres d'Italie. Il mourut d'un coup de lance au cours d'un tournoi.

Henri III (1551-1589) ✦ Roi de France. Fils d'Henri II, il succéda à son frère Charles IX et régna de 1574 jusqu'à sa mort. Il essaya de trouver un accord entre les protestants et les catholiques. Son attitude modérée provoqua la formation de la Ligue, une association de catholiques, et il fit assassiner son chef. Il fut lui-même tué par un moine.

Henri IV (1553-1610) ✦ Roi de Navarre puis de France. Il régna de 1589 jusqu'à sa mort. Chef des protestants, il épousa la sœur du roi de France Charles IX et se convertit au catholicisme pour échapper au massacre de la **Saint-Barthélemy** en 1572 et devenir roi de France. Il promulgua l'édit de **Nantes** qui mit fin aux **guerres de Religion,** en 1598, et redressa l'économie du pays. Il mourut assassiné par Ravaillac. Son fils Louis XIII lui a succédé.

Hiroshima ✦ Ville du Japon. Le 6 août 1945, les États-Unis y larguèrent la première bombe atomique, qui fit plus de 130 000 victimes, dont 80 000 morts. La ville, détruite à 90 %, fut reconstruite après la guerre. → aussi **Nagasaki.**

Hitler Adolf (1889-1945) ✦ Homme politique allemand d'origine autrichienne. Chef du parti nazi, il arriva au pouvoir en 1933, avec le titre de *Führer* (mot allemand signifiant « guide »). Il organisa une police d'État, la *Gestapo,* mit en œuvre un programme pour venger l'Allemagne de la défaite de 1918 et commença à annexer les pays voisins. Il ordonna l'extermination des opposants politiques et des populations qu'il considérait comme inférieures, particulièrement les Juifs, mais aussi les homosexuels, les Tziganes, les handicapés. Il provoqua la Seconde **Guerre mondiale** en envahissant la Pologne. Vaincu, il se suicida en 1945 à Berlin.

Hugues Ier Capet (vers 941-996) ✦ Roi de France. Il fut élu roi en 987 et fonda la dynastie des **Capétiens.**

Internet **n. m.** ✦ Réseau informatique international qui permet de communiquer avec le monde entier et d'avoir accès à toutes sortes d'informations depuis son ordinateur. Créé en 1969 pour le département de la Défense des États-Unis, le réseau s'est ensuite considérablement développé notamment grâce au Web mis en place au début des années 1990.

Jeanne d'Arc (vers 1412-1431) ✦ Héroïne française de la guerre de **Cent Ans.** Elle déclara avoir entendu des voix lui ordonnant de libérer la France alors en guerre contre l'Angleterre, réussit à obtenir une armée et fit sacrer **Charles VII** à Reims en 1429. Prisonnière des Anglais après plusieurs victoires, elle fut jugée par un tribunal religieux comme hérétique et sorcière, condamnée à mort et brûlée vive à Rouen. Elle a été déclarée sainte en 1920.

Jésus (4 ou 5 avant Jésus-Christ-28 ou 29) ✦ Fondateur de la religion chrétienne, pour laquelle il est le Christ, le Messie, l'envoyé, le fils de Dieu. Sa vie est connue par les Évangiles qui racontent sa naissance à Bethléem en Palestine à la fin du 1er siècle avant l'ère chrétienne, sa jeunesse à Nazareth, ses miracles en Galilée, sa condamnation à mort, sa mort sur la croix, sa résurrection et sa « montée au ciel ». On l'appelle aussi Jésus-Christ. Sa naissance, que l'on a longtemps située en l'an 1, est le point de départ de notre calendrier.

Khéops ✦ Pharaon qui régna sur l'Égypte vers 2650 avant Jésus-Christ. Il fit construire son tombeau, une grande pyramide qui mesure 230 m de côté et 137 m de haut. La *pyramide de Khéops* est l'un des sept monuments les plus remarquables de l'Antiquité que l'on appelle les Sept Merveilles du monde.

Lascaux (grotte de) ✦ Grotte préhistorique de Dordogne, dans le sud-ouest de la France, découverte en 1940. Ses murs sont ornés de peintures, datant d'il y a environ 17 000 ans, qui représentent des taureaux, des vaches, des bisons, des chevaux, des cerfs. Une scène montre un homme renversé par un bison. La grotte a été fermée au public en 1963 ; on peut cependant en voir une réplique exacte qui a été réalisée à proximité.

Lénine Vladimir Ilitch Oulianov, dit (1870-1924) ✦ Homme politique russe. Militant révolutionnaire, il fut déporté en Sibérie de 1897 à 1900 puis vécut en Suisse et à Paris. Il imposa l'idée d'une révolution socialiste contrôlée par la classe ouvrière : la « dictature du prolétariat ». Revenu en Russie, il organisa la **révolution russe** d'octobre 1917 et fit signer la paix avec l'Allemagne.

Libération **n. f.** ✦ Période de la fin de la Seconde **Guerre mondiale** où les troupes allemandes furent chassées par les Alliés et les résistants des territoires qu'elles occupaient en France.

Louis IX ou **Saint Louis** (1214-1270) ✦ Roi de France. Il régna de 1226 jusqu'à sa mort. Il s'efforça de faire régner la justice, augmenta l'autorité royale et imposa une monnaie dans tout le royaume. Il eut aussi un rôle d'arbitre dans des conflits survenus entre des pays d'Europe. Très chrétien, il participa à deux **croisades** et mourut de la peste devant Tunis. Le pape le déclara saint en 1297.

Saint Louis lave les pieds des pauvres

Louis XI (1423-1483) ✦ Roi de France. Il régna de 1461 jusqu'à sa mort. Il était le fils de Charles VII contre qui il se révolta. Devenu roi, il combattit les révoltes féodales organisées par les grands nobles, renforça son pouvoir et consolida l'unité de son royaume qu'il agrandit considérablement. Il créa des parlements et les premières postes, améliora les routes, favorisa le développement des foires, de l'imprimerie et des premières manufactures de soieries. Réputé pour sa ruse et sa cruauté, il se fit craindre plutôt qu'aimer.

Louis XIII (1601-1643) ✦ Roi de France. Fils d'Henri IV, il régna de 1610 jusqu'à sa mort. Son règne commença par la régence de sa mère, Marie de Médicis, qui le tenait écarté du pouvoir au bénéfice de Concini, un aventurier italien sans scrupules. Il fit assassiner ce dernier et exila sa mère qui ne cessa de comploter contre lui. Aidé du cardinal de **Richelieu,** il mit fin à la résistance des protestants, affirma l'autorité royale et établit la prépondérance de la France en Europe. Son fils Louis XIV lui a succédé.

Louis XIV (1638-1715) ✦ Roi de France surnommé le Roi Soleil. Fils de Louis XIII, il régna de 1643 jusqu'à sa mort mais son règne personnel commença en 1661. Monarque absolu, il réduisit le rôle de la noblesse, réorganisa le royaume, centralisa l'administration, modernisa la marine et développa le commerce. Il fit construire le château de **Versailles** où il s'entoura d'artistes et d'écrivains. Il s'attaqua aux protestants en révoquant l'édit de **Nantes** en 1685. Les nombreuses guerres qu'il mena agrandirent le pays et consolidèrent les frontières mais, ajoutées aux famines de 1693-1694 et 1709-1710, elles affaiblirent le pays et le conduisirent au bord de la ruine. Son arrière-petit-fils Louis XV lui a succédé.

Louis XV (1710-1774) ✦ Roi de France. Arrière-petit-fils de Louis XIV, il régna de 1715 jusqu'à sa mort. Surnommé le Bien-Aimé au début de son règne, il mourut détesté des Français. Faible, il subit l'influence de ses maîtresses et de ses ministres. Il perdit le Canada et l'Inde mais réussit à obtenir la Lorraine et acheta la Corse. Son petit-fils Louis XVI lui a succédé.

Louis XVI (1754-1793) ✦ Roi de France, puis roi des Français. Petit-fils de Louis XV, il régna de 1774 jusqu'à 1792. Les réformes que ses ministres voulaient appliquer provoquèrent l'opposition des nobles. Ruinée par la guerre d'Indépendance américaine et les dépenses de la cour, la France traversait alors une grave crise financière qui entraîna des troubles dans tout le pays. La prise de la **Bastille** le 14 juillet 1789 marqua le début de la **Révolution française.** À la suite du 10 août 1792, date de la chute de la royauté, Louis XVI fut jugé, condamné à mort et guillotiné le 21 janvier 1793. Il était le frère aîné des futurs rois Louis XVIII et Charles X.

Louis XVIII (1755-1824) ✦ Roi de France. Petit-fils de Louis XV, frère de Louis XVI, il régna de 1814 à sa mort (sauf entre mars et juin 1815). Il émigra en 1791, prit le titre de Régent après la mort de Louis XVI et celui de roi en 1795 mais il ne régna qu'après l'abdication de Napoléon Ier. Il tenta de conserver les progrès de la Révolution et de l'Empire tout en restaurant la tradition de la monarchie. Son frère Charles X lui a succédé. → aussi **Restauration.**

Louis-Philippe

Louis-Philippe Ier (1773-1850) ✦ Roi des Français. Successeur de son cousin **Charles X,** il régna de 1830 à 1848. Il établit une monarchie modérée. Une crise économique, financière et politique provoqua la **révolution de 1848** et la chute de Louis-Philippe qui s'exila en Angleterre. La Deuxième République fut alors proclamée.

Lucy ✦ Australopithèque femelle qui vécut il y a 3 millions d'années. On a découvert son squelette presque complet en 1974 en Afrique. Elle mesurait moins d'1,35 m, avait de longs bras et de courtes jambes. Elle pesait entre 30 et 45 kilos et elle était capable de marcher debout.

Lumière (les frères) ✦ Industriels français. Auguste Lumière, biologiste (1862-1954) et Louis Lumière, chimiste (1864-1948) inventèrent le « cinématographe », un appareil permettant à la fois de filmer et de projeter des images animées. Leur premier film, *La Sortie des usines Lumière,* fut présenté au public le 28 décembre 1895 à Paris. Il fut suivi de *L'Arrivée d'un train en gare de La Ciotat* et de *L'Arroseur arrosé.* Ils mirent également au point le premier procédé commercial de photographie en couleur (1903).

Lumières (les) ✦ Mouvement d'idées qui traversa l'Europe au 18e siècle. Les penseurs des Lumières combattent l'ignorance et la superstition ; ils croient au triomphe de la raison et au progrès de la science pour conduire l'homme à la perfection et à la sagesse. Ils défendent la liberté de pensée et la tolérance religieuse. Ils critiquent la monarchie absolue et réclament l'abolition de l'esclavage. Les principaux représentants des Lumières en France **(Diderot, Rousseau, Voltaire)** ont participé à la rédaction de l'**Encyclopédie.**

Luther Martin (1483-1546) ✦ Écrivain et philosophe religieux allemand, l'un des fondateurs du protestantisme. Voulant ramener le christianisme à sa pureté d'origine, il dénonça la corruption de l'Église, ce qui marqua le début de la **Réforme.** Il traduisit la Bible en allemand. Grâce à l'imprimerie, ses idées se répandirent rapidement dans toute l'Europe. → aussi **Calvin.**

Maastricht (traité de) ✦ Traité signé à Maastricht, aux Pays-Bas, le 7 février 1992 par les membres de la Communauté européenne et approuvé par les États en 1992 et 1993. Il concerne essentiellement l'union économique, monétaire et politique de ses membres. Ce traité a fondé l'**Union européenne.**

Magellan Fernand de (vers 1480-1521) ✦ Navigateur portugais. Parti d'Espagne, il entreprit une expédition pour atteindre les Indes par l'ouest et découvrit ainsi en 1520 le détroit qui porte maintenant son nom à la pointe de l'Amérique du Sud. Il traversa l'océan Pacifique et atteignit les Philippines, où il fut tué par un indigène. Son lieutenant revint en Espagne en contournant l'Afrique, achevant ainsi le premier tour du monde et démontrant que la Terre est ronde.

Mahomet (vers 570-632) ✦ Prophète et fondateur de l'islam, la religion des musulmans. Selon la tradition il eut une apparition de l'ange Gabriel qui lui transmit la parole de Dieu. Il commença à enseigner cette parole, qui forme le texte du **Coran,** mais il fut persécuté et dut s'enfuir en 622. Cette date correspond au début du calendrier musulman. Il fit ensuite la conquête de l'Arabie où il répandit la nouvelle religion.

Une affiche de **Mai 68**

Mai 1968 (événements de) ✦ Crise sociale, politique, économique et culturelle que connut la France en mai et juin 1968. La contestation commença chez les étudiants de Paris et de sa région, qui construisirent des barricades et s'opposèrent violemment à la police. Le mouvement s'étendit aux ouvriers et une grève générale paralysa le pays. Cependant le parti du président de la République, le général de **Gaulle,** sortit vainqueur des élections qui suivirent. Les événements de 1968 eurent des conséquences importantes sur l'évolution de la société française.

Mao Zedong ou **Mao Tsé-toung** (1893-1976) ✦ Homme politique chinois. Il participa à la création du Parti communiste chinois dont il prit la tête. Il lutta contre le Japon pendant la Seconde Guerre mondiale et, après 3 ans de guerre civile, proclama la République populaire de Chine en 1949. Il en devint le président et rompit avec l'URSS en 1960. Il organisa ensuite la « Révolution culturelle » (1965-1968) dont il exposa le programme politique dans le *Petit Livre rouge.* Il s'appuya sur la jeunesse, organisée en « gardes rouges » qui devaient combattre toutes les personnes soupçonnées de prendre la voie du capitalisme. Cette révolution, qui fit des millions de morts, mit aussi le pays au bord de la faillite.

Marie-Antoinette (1755-1793) ✦ Reine de France. Fille de l'impératrice d'Autriche, elle épousa **Louis XVI** et se rendit très impopulaire par ses dépenses, ses fêtes et ses intrigues. Peu favorable à l'esprit des **Lumières,** elle influença le roi pendant la **Révolution française.** Elle refusa toute concession avec les révolutionnaires et préféra faire appel à l'étranger pour tenter de sauver la monarchie. Emprisonnée après le 10 août 1792, elle fut jugée, condamnée à mort et guillotinée.

Marignan ✦ Ville du nord de l'Italie. Pendant les guerres d'Italie, le roi de France **François Ier** y remporta une victoire sur les Suisses en 1515.

Mérovingiens **n. m. pl.** ✦ Première dynastie des rois francs, qui régna de 481 à 751. Elle fut fondée par **Clovis** et doit son nom à son grand-père, Mérovée. Au 7e siècle le pouvoir passa aux mains des « maires du palais » (qui étaient l'équivalent de nos Premiers ministres) comme **Charles Martel.** Le dernier roi mérovingien fut renversé par le père de Charlemagne et le pouvoir passa aux **Carolingiens.**

Mésopotamie **n. f.** ✦ Région historique de l'ouest de l'Asie, entre le Tigre et l'Euphrate, qui correspond à l'Irak d'aujourd'hui. La Mésopotamie eut une civilisation brillante : c'est là que s'est développée l'agriculture au 5e millénaire avant Jésus-Christ et qu'est née l'écriture vers 3500 avant Jésus-Christ.

Mitterrand François (1916-1996) ✦ Homme politique français. Plusieurs fois ministre entre 1947 et 1957, il prit, à partir de 1958, la tête de l'opposition de gauche au général de **Gaulle.** Premier secrétaire du Parti socialiste (1971), il fut président de la République (élu en 1981 et réélu en 1988) de 1981 à 1995. Ses deux septennats furent marqués par le développement de la construction européenne et par d'importantes réformes comme l'abolition de la peine de mort, la semaine de travail de 39 heures et la retraite à 60 ans.

Moulin Jean (1899-1943) ✦ Résistant français. Préfet, il partit en 1940 pour Londres rejoindre le général de **Gaulle** qui le chargea d'organiser la **Résistance** française. Devenu président du Conseil national de la Résistance, il fut arrêté par les Allemands à la suite d'une trahison. Torturé, il mourut au cours de son transfert en Allemagne. Il repose au Panthéon, à Paris.

Moyen Âge **n. m.** ✦ Période de l'histoire de l'Europe comprise entre l'Antiquité et les Temps modernes. Le Moyen Âge commence à la chute de l'Empire romain d'Occident en 476 et finit à la découverte de l'Amérique en 1492. Le Moyen Âge est marqué successivement par les **Grandes Invasions,** l'expansion du christianisme, la féodalité, les **croisades,** l'art roman puis l'art gothique, le développement des villes et de la bourgeoisie grâce au commerce, la guerre de **Cent Ans,** les débuts de l'imprimerie et les grands voyages de découverte.

Bas-relief de **Mésopotamie**

Mussolini Benito (1883-1945) ✦ Homme politique italien. Il fonda le parti fasciste, s'empara du pouvoir en 1922 et établit une dictature en Italie, prenant le titre de *Duce* (mot italien signifiant « guide »). Proche d'Hitler, il engagea son pays dans la Seconde **Guerre mondiale** aux côtés de l'Allemagne et du Japon. Après les défaites militaires italiennes, il fut arrêté sur ordre du roi d'Italie en 1943. Délivré par des Allemands, il fut finalement exécuté par des partisans communistes à la libération.

Nagasaki ✦ Ville du Japon. Le 9 août 1945, les États-Unis y larguèrent la deuxième bombe atomique, après celle d'**Hiroshima.** La catastrophe fit 80 000 morts et provoqua la capitulation du Japon.

Nantes (édit de) ✦ Édit signé par le roi de France **Henri IV** en 1598 pour mettre fin aux guerres de **Religion.** Il autorisait les protestants à pratiquer leur culte et à accéder à tous les emplois. Sa révocation, signée par **Louis XIV** en 1685, entraîna la persécution des protestants qui furent nombreux à quitter la France.

Napoléon Ier (1769-1821) ✦ Empereur des Français. Il régna de 1804 jusqu'à 1815. Né en Corse, Napoléon Bonaparte se fit remarquer au cours des guerres menées pendant la Révolution et fut un général très populaire. Il s'empara du pouvoir par un coup d'État en 1799 (→ **Consulat**). Il réorganisa les finances, la justice, l'administration, créa les lycées, la Légion d'honneur, la Banque de France et fit promulguer le **Code civil.** Proclamé empereur en 1804, il devint aussi roi d'Italie et entreprit des guerres de conquête dans toute l'Europe. Mais après la retraite de son armée en Russie, il fut vaincu par l'Europe coalisée et dut abdiquer en 1814. Exilé sur l'île d'Elbe, une île à l'est de la Corse, il réussit à revenir en France et à reprendre le pouvoir en 1815. Mais l'Europe s'unit à nouveau contre lui et le battit définitivement la même année à **Waterloo.** Les Anglais le déportèrent alors dans l'île de **Sainte-Hélène,** où il mourut en 1821. Il repose aux Invalides, à Paris.

Napoléon III (1808-1873) ✦ Empereur des Français. Neveu de Napoléon Ier, il régna de 1852 à 1870. Après avoir essayé deux fois de prendre le pouvoir, il fut emprisonné et s'évada vers l'Angleterre. Il revint en France après la **révolution de 1848** et fut élu président de la République. Il organisa un coup d'État le 2 décembre 1851 qui lui permit d'établir le Second **Empire,** proclamé le 2 décembre 1852. Il entreprit de moderniser l'économie en favorisant le développement des chemins de fer, la rénovation des grandes villes et fit faire de grands travaux d'urbanisation. À l'extérieur, il mena plusieurs guerres jusqu'à sa défaite face à la Prusse en 1870. L'Assemblée proclama alors sa déchéance et il s'exila en Angleterre.

Napoléon III

Neandertal ✦ Vallée de l'ouest de l'Allemagne. On y a découvert en 1856 un crâne humain fossile. On a appelé *homme de Neandertal* des hommes préhistoriques qui vécurent entre 150 000 et 35 000 ans avant Jésus-Christ en Europe, en Afrique du Nord et en Palestine. L'*homme de Neandertal* mesurait environ 1,50 m, pesait entre 70 et 90 kilos et vivait de la chasse et de la cueillette. Il savait faire du feu, fabriquait des outils et travaillait le bois et la peau.

Niépce Nicéphore (1765-1833) ✦ Physicien français. En 1827, il réalisa les premières épreuves photographiques « d'après nature ». Il est considéré comme l'inventeur de la photographie.

Normands **n. m. pl.** ✦ **Vikings** qui s'établirent en France au 9e siècle et firent ensuite la conquête de l'Angleterre, du sud de l'Italie et de la Sicile.

Paris sous l'**Occupation** (1940)

Occupation n. f. ✦ Période de la Seconde **Guerre mondiale**, entre 1940 et 1945, pendant laquelle l'armée allemande a occupé la France.

ONU (Organisation des nations unies) n. f. ✦ Organisation internationale, créée en 1945, par 51 pays en guerre contre l'Allemagne, l'Italie et le Japon. Elle compte 192 membres en 2010. Son but est de maintenir la paix et la sécurité dans le monde. Son siège est aux États-Unis, à New York.

Pasteur Louis (1822-1895) ✦ Scientifique français. Il découvrit, en étudiant la fermentation, l'existence d'organismes microscopiques et créa la « microbiologie ». Il trouva le moyen de détruire certaines bactéries en chauffant les aliments à haute température, en les « pasteurisant ». Ses expériences lui permirent d'inventer des vaccins préventifs pour les animaux. En 1885, il mit au point le vaccin contre la rage, le premier vaccin fait à un homme. L'Institut Pasteur, créé en 1888, poursuit son œuvre.

Périclès (vers 495 avant Jésus-Christ-429 avant Jésus-Christ) ✦ Homme politique grec. Il réalisa d'importantes réformes démocratiques à **Athènes,** fit construire de nombreux monuments de l'**Acropole** et favorisa l'essor intellectuel et artistique de la cité ainsi que son essor militaire. On a donné le nom de *siècle de Périclès* au 5e siècle avant Jésus-Christ qui vit l'apogée de la civilisation grecque.

Philippe Auguste ou **Philippe II** (1165-1223) ✦ Roi de France. Il régna de 1180 jusqu'à sa mort. Il combattit les rois anglais qui possédaient une partie de la France. Il agrandit le royaume et renforça le pouvoir royal. Il participa à la 3e **croisade** et embellit Paris qu'il fit paver et où il fit construire le Louvre et une nouvelle enceinte.

Polo Marco (vers 1254-1324) ✦ Voyageur italien de Venise. Il voyagea avec son père et son oncle, marchands vénitiens, et arriva en Chine. Il y occupa alors pendant seize ans de hautes fonctions à la cour. Il revint à Venise couvert de richesses et raconta ses aventures dans *Le Livre des merveilles du monde.*

Pompidou Georges (1911-1974) ✦ Homme politique français. Premier ministre du général de **Gaulle** (1962-1968), il lui succéda à la présidence de la République en 1969 mais mourut avant la fin de son mandat. Il est à l'origine de la création du Centre national d'art et de culture Georges-Pompidou à Paris.

Réforme n. f. ✦ Mouvement religieux qui donna naissance au protestantisme au 16e siècle. La Réforme, conduite principalement par **Luther** et **Calvin,** invite à redécouvrir la Bible dans son texte original. Elle supprime le célibat des prêtres, simplifie le culte et diminue le nombre de sacrements. Le développement de l'imprimerie permit la diffusion des idées de la Réforme dans toute l'Europe. En France l'opposition entre catholiques et protestants fut à l'origine des guerres de **Religion.**

Religion (guerres de) ✦ Succession de conflits qui opposèrent en France catholiques et protestants de 1562 à 1598. Le succès de la **Réforme** provoquant un climat de tension, les grands seigneurs catholiques et protestants profitèrent de la situation pour tenter de s'emparer du gouvernement au détriment du pouvoir royal. Les catholiques obtinrent le soutien de l'Espagne et les protestants celui de l'Angleterre. Le pays, devenu un terrain de batailles et de pillages, fut alors dévasté. **Henri IV** mit fin aux guerres de Religion en signant l'édit de **Nantes.**

Renaissance n. f. ✦ Mouvement culturel et scientifique que connut l'Europe des 15e et 16e siècles, considéré comme une nouvelle naissance de la civilisation après le Moyen Âge. La société est transformée par les grandes découvertes, le développement du commerce et l'essor économique et artistique de l'Europe. Apparue d'abord en Italie, la Renaissance rejette la féodalité et redécouvre les valeurs développées dans l'Antiquité. Les artistes et les penseurs voient différemment l'homme et la nature. L'homme peut, par son esprit, agir sur son destin sans être entièrement soumis à Dieu : c'est l'« humanisme ». Les idées nouvelles se répandent grâce à l'imprimerie. Au cours des guerres d'Italie, les Français découvrent une architecture raffinée, très différente de celle de leurs châteaux forts. La Renaissance marque le début des **Temps modernes.**

Résistance n. f. ✦ Opposition à l'occupation allemande pendant la Seconde **Guerre mondiale** en France et dans différents autres pays d'Europe. Elle s'organisa en France après l'appel lancé depuis Londres par le général de **Gaulle** le 18 juin 1940. Jean **Moulin** unifia les différents mouvements qui s'étaient formés. Les membres de la Résistance furent à l'origine d'attentats, de sabotages et participèrent avec les Alliés à la **libération** du pays.

Révolution française : Rouget de Lisle chantant *La Marseillaise*

Restauration n. f. ✦ Période de l'histoire de France qui succéda au Premier **Empire** (1814-1830). Elle correspond au rétablissement de la monarchie après la chute de Napoléon Ier avec les règnes **de Louis XVIII** et de **Charles X.** La Restauration s'acheva avec la **révolution de 1830.**

révolution de 1830 ✦ Insurrection des 27, 28 et 29 juillet 1830 qui mit fin au règne de **Charles X.** Après l'annulation d'élections par le roi et la suppression de la liberté de la presse, l'insurrection éclata à Paris parmi les ouvriers typographes et parmi les étudiants puis s'étendit rapidement. Charles X fut obligé d'abdiquer et **Louis-Philippe Ier** lui succéda.

révolution de 1848 ✦ Insurrection des 22, 23 et 24 février 1848. L'opposition à **Louis-Philippe Ier** était déjà forte à cause de la crise économique et à la politique autoritaire du roi. L'insurrection se déclencha après l'interdiction d'un banquet où devaient se réunir des partisans des réformes. Le roi dut abdiquer et la Deuxième République fut proclamée le 25 février 1848.

Révolution française ✦ Période de l'histoire de France (1789-1799). Elle commença en 1789 avec la réunion des députés des états généraux, qui représentaient toute la société française. Ils avaient été convoqués par **Louis XVI** alors que la France traversait une grave crise économique. Les députés du « peuple » (le tiers état) réussirent à obtenir l'abolition des privilèges de la noblesse et du clergé tandis que le peuple de Paris avait pris la **Bastille** le 14 juillet 1789. L'Assemblée vota la **Déclaration des droits de l'homme et du citoyen.** La monarchie fut renversée en 1792. À partir de 1793, sous le régime de la **Terreur,** furent éliminés tous ceux que l'on accusait d'être des ennemis de la République. La Révolution finit par la prise du pouvoir par Napoléon Bonaparte en 1799.

révolution russe ✦ Mouvement révolutionnaire qui commença en février 1917 avec des grèves et des manifestations qui aboutirent à l'abdication et à l'arrestation du tsar. La révolution qui suivit, en octobre 1917, établit un régime socialiste en Russie avec la « dictature du prolétariat » et donna naissance à **l'URSS** sous la direction de **Lénine.**

Richelieu Armand Jean du Plessis, cardinal de (1585-1642) ✦ Cardinal et homme politique français. Ministre de **Louis XIII** de 1624 jusqu'à sa mort, il renforça le pouvoir du roi et établit la prépondérance de la France en Europe. Il réorganisa l'administration, développa l'industrie et le commerce, limita le pouvoir des protestants et fit exécuter ou exiler les nobles qui conspiraient contre le roi. Il créa l'Académie française en 1635.

Robespierre Maximilien de (1758-1794) ✦ Homme politique français. Avocat, député aux états généraux, il avait un idéal de démocratie, mettant en avant la liberté, l'instruction gratuite et obligatoire, le suffrage universel et un gouvernement fondé sur la vertu. Lors de la **Révolution française** il vota la mort du roi Louis XVI en 1793, mit en place une dictature révolutionnaire et instaura la **Terreur.** Il fut renversé et guillotiné en 1794.

romain (Empire) ✦ L'Empire romain fut fondé en 27 avant Jésus-Christ par **Auguste.** Il comprenait tous les pays qui sont baignés par la Méditerranée, notamment la **Gaule,** plus la Bretagne (qui correspond à l'Angleterre actuelle). Il fut divisé en deux en 395 et il y eut alors l'*Empire romain d'Occident,* dont la capitale était **Rome,** et l'*Empire romain d'Orient,* dont la capitale était **Constantinople.** L'Empire romain d'Occident fut anéanti par les invasions barbares en 476 et l'Empire romain d'Orient dura jusqu'en 1453, année où Constantinople fut prise par les Turcs.

La Maison carrée, temple **romain** à Nîmes

Rome antique ✦ Capitale de l'Italie. Dans l'Antiquité, Rome fut une ville très puissante. Elle fut fondée selon la légende par Romulus en 753 avant Jésus-Christ. Rome soumit l'Italie entière au 6e siècle avant Jésus-Christ et domina le monde méditerranéen jusqu'en 476, date à laquelle les invasions barbares l'anéantirent. → aussi Empire **romain.**

Rome (traité de) ✦ Traité signé à Rome, le 25 mars 1957, par la France, l'Italie, l'Allemagne, la Belgique, les Pays-Bas et le Luxembourg. Il donnait naissance à la Communauté économique européenne (CEE), ancêtre de l'**Union européenne,** en établissant une union douanière et une politique économique et financière commune.

Rousseau Jean-Jacques (1712-1778) ✦ Écrivain et philosophe genevois. Venu à Paris, il se lia avec **Diderot** et collabora à l'**Encyclopédie.** Il exprima son idée que le retour à la nature est indispensable au bonheur de l'homme alors que la société et la civilisation l'en éloignent. Il exposa ses idées dans un traité pédagogique, *Émile ou De l'éducation,* et exerça ses talents dans tous les genres littéraires : la théorie politique *(Du contrat social),* le roman composé de lettres *(Julie ou la Nouvelle Héloïse)* et l'autobiographie *(Les Confessions ; Les Rêveries du promeneur solitaire).* Ses idées inspirèrent les penseurs de la **Révolution française.**

Saint-Barthélemy (massacre de la) ✦ Massacre des protestants qui eut lieu à Paris dans la nuit du 23 au 24 août 1572. **Charles IX,** poussé par sa mère qui s'inquiétait de l'influence des chefs protestants, ordonna le massacre des protestants venus assister au mariage de sa sœur (catholique) avec le futur **Henri IV** (protestant). Il y eut plus de 3 000 morts à Paris et le massacre se poursuivit en province jusqu'en octobre.

Sainte-Hélène ✦ Île britannique, située dans le sud de l'océan Atlantique, entre le Brésil et l'Angola. **Napoléon Ier** y fut déporté par les Anglais en 1815, et y mourut en 1821.

Saint Louis → **Louis IX**

Sarkozy Nicolas (né en 1955) ✦ Homme politique français. Plusieurs fois ministre sous la présidence de Jacques Chirac entre 1993 et 2007, il a été élu président de la République en 2007.

Schoelcher Victor (1804-1893) ✦ Homme politique français. Membre du gouvernement provisoire après la révolution de 1848, il fit adopter le décret sur l'abolition de l'esclavage dans les colonies en 1848. Il repose au Panthéon, à Paris.

Staline Joseph Vissarionovitch Djougachvili, dit (1879-1953) ✦ Homme politique de l'URSS. Élu secrétaire général du parti communiste en 1922, il affirma son autorité sur le parti malgré **Lénine,** qui le jugeait « trop brutal ». Après la mort de Lénine en 1924, il élimina tous ses rivaux et devint le chef du parti et le maître absolu de l'**URSS.** Allié puis ennemi d'Hitler, il obtint un partage avantageux de l'Europe après la Seconde **Guerre mondiale** et imposa alors un régime communiste dans les pays de l'Europe de l'Est. Il développa à son profit le « culte de la personnalité » et gouverna en s'appuyant sur la répression et les persécutions.

Staline

Tautavel ✦ Commune des Pyrénées-Orientales dans le sud de la France. On y a découvert en 1971 des restes de plusieurs « *Homo erectus* » qui y vivaient il y a 450 000 ans. L'*homme de Tautavel* est considéré comme l'ancêtre de l'homme de **Neandertal.**

Temps modernes ✦ Période de l'histoire comprise entre le Moyen Âge et l'époque contemporaine. Elle commence avec la découverte de l'Amérique en 1492 et finit selon les historiens à la fin du Premier Empire en 1815 ou au début de la Première Guerre mondiale en 1914. Cette période vit successivement les grandes découvertes, la **Renaissance,** la **Réforme** et les guerres de **Religion,** la **Révolution française,** la chute de la monarchie puis sa **Restauration,** le Premier **Empire...**

Terreur (la) ✦ Période de la **Révolution française** (1793-1794). Un tribunal extraordinaire fut créé en 1792 pour juger et éliminer les « ennemis de la Révolution » : les nobles, les prêtres réfractaires, les émigrés et leur famille, les officiers suspects de trahison. Plus de 40 000 personnes furent ainsi arrêtées et exécutées, dont la reine **Marie-Antoinette.** La Terreur prit fin avec la mort de **Robespierre** en 1794.

Toumaï ✦ Australopithèque qui vécut il y a 7 millions d'années. C'est le plus ancien ancêtre connu de l'homme. On a découvert son crâne en 2001 en Afrique.

Union européenne ✦ Union politique, économique et monétaire créée par le traité de **Maastricht** en 1992, succédant à la Communauté économique européenne créée en 1957 par le traité de **Rome.** Elle est entrée en vigueur le 1er novembre 1993 et compte 27 pays en 2010 : l'Allemagne, la Belgique, le Danemark, l'Espagne, le Portugal, la France, la Grèce, l'Irlande, l'Italie, le Luxembourg, les Pays-Bas et le Royaume-Uni de Grande-Bretagne et d'Irlande du Nord depuis 1993 ; la Suède, la Finlande et l'Autriche depuis 1995 ; Chypre, l'Estonie, la Hongrie, la Lettonie, la Lituanie, Malte, la Pologne, la République tchèque, la Slovaquie et la Slovénie depuis 2004 ; la Roumanie et la Bulgarie depuis 2007. L'euro est la monnaie de la majorité d'entre eux depuis 2002. Le drapeau de l'Europe comporte douze étoiles jaunes sur un fond bleu et son hymne est l'*Ode à la joie,* un morceau de la *Neuvième Symphonie* de Beethoven.

URSS (Union des républiques socialistes soviétiques) **n. f.** ✦ Ancien pays d'Europe et

Jules Hardouin-Mansart : les Grandes Écuries de **Versailles**

d'Asie, formé de 15 républiques, dont la Russie. Sa superficie était de 22,4 millions de km^2 (41 fois la France). Il comptait 283 millions d'habitants (les *Soviétiques*). Sa capitale était Moscou. L'URSS naquit en 1922 des suites de la **révolution russe** d'octobre 1917. Elle était dirigée par un parti unique, le parti communiste, qui imposa un régime autoritaire. Après avoir dominé l'ensemble des pays communistes du « Bloc de l'Est » pendant plus de 40 ans, l'URSS perdit de son influence à partir de 1989 et fut dissoute en 1991. → aussi mur de **Berlin.**

Valmy ✦ Commune de la Marne, dans le nord-est de la France. L'armée française y remporta une victoire le 20 septembre 1792 contre l'armée prussienne qui tentait d'envahir la France et de venir en aide à **Louis XVI.** La Première République fut proclamée le lendemain.

Vauban Sébastien Le Prestre de (1633-1707) ✦ Maréchal de France. Il construisit de nombreuses citadelles pour fortifier les points faibles du royaume, notamment les frontières du nord et de l'est (Belfort, Besançon, Briançon, Dunkerque, Luxembourg, Saint-Malo) et édifia de grands ports et des canaux. Il inventa un système de défense adapté au terrain et perfectionna les techniques d'attaque des places fortes.

Vercingétorix (72 avant Jésus-Christ-46 avant Jésus-Christ) ✦ Chef gaulois. Il fit l'alliance des peuples gaulois contre **César.** Il battit les Romains à Gergovie, mais capitula à **Alésia** en 52 avant Jésus-Christ et dut se rendre à César. Il mourut étranglé en prison à Rome.

Verdun ✦ Ville du département de la Meuse, en Lorraine, dans l'est de la France. Pendant la Première **Guerre mondiale,** une longue bataille se déroula dans sa région du 21 février au 19 décembre 1916, faisant 700 000 morts parmi les Français et les Allemands. Cette bataille, remportée par la France, est devenue le symbole de l'horreur de la guerre.

Versailles ✦ Chef-lieu du département des Yvelines, à l'ouest de Paris. Le château de Versailles, d'abord pavillon de chasse de Louis XIII, fut agrandi entre 1661 et 1686 sur les ordres de **Louis XIV** qui s'y installa avec la cour en 1682. Le parc et les jardins « à la française », agrémentés de bassins, de fontaines et de statues, sont traversés par le Grand Canal, une pièce d'eau de 24 hectares.

Vikings **n. m. pl.** ✦ Peuples de l'Europe du Nord qui étaient de grands navigateurs et des commerçants très actifs depuis le 6e siècle. Ils longèrent dans leurs drakkars les côtes de France, d'Espagne, d'Italie, de Grande-Bretagne, d'Islande, du Groenland et probablement du Canada. Leur but était de s'enrichir en rançonnant les populations et ils inspirèrent la terreur en Occident et en Orient de 800 à 1050. Les Vikings qui s'installèrent en France furent appelés **Normands** (« les hommes du Nord »).

Voltaire François Marie Arouet, dit (1694-1778) ✦ Écrivain et philosophe français. Emprisonné à la Bastille, exilé en Angleterre et plus tard en Suisse pour avoir offensé le pouvoir royal, il s'enthousiasma pour le système libéral anglais. Grand esprit des **Lumières,** il dénonça les institutions politiques et sociales, ainsi que le fanatisme religieux, et influença les révolutionnaires de 1789. Il fut élu à l'Académie française et collabora à l'**Encyclopédie.** Il est l'auteur de pièces de théâtre *(Zaïre),* de contes philosophiques *(Zadig, Candide)* et d'essais. Il repose au Panthéon, à Paris.

Waterloo ✦ Commune de Belgique, située au sud de Bruxelles. Les Britanniques et les Prussiens y battirent **Napoléon Ier** le 18 juin 1815. Cette défaite provoqua la seconde abdication de l'Empereur et son exil à **Sainte-Hélène.**

Watt James (1736-1819) ✦ Ingénieur britannique. Il apporta de nombreuses améliorations à un modèle de machine qui employait la pression atmosphérique et conçut ainsi la première machine à vapeur en 1769. Son nom a été donné à l'unité de puissance mécanique ou électrique.

Wisigoths **n. m. pl.** ✦ Peuple venu d'Allemagne qui conquit une partie de la Gaule et l'Espagne au 5e siècle. Battus par **Clovis** en 507, ils partirent de Gaule mais conservèrent l'Espagne où ils fondèrent un royaume et se convertirent au christianisme. Leur royaume disparut au 8e siècle lors de la conquête de l'Espagne par les musulmans.

CRÉDITS PHOTOGRAPHIQUES

■ Langue française

2 : (H) ALTITUDE/H.Hiscocks - 5 : (BG) Archives Nathan - 6 : (MG) Gamma/Georgeon Rossi - 10 : (H) Slide - 15 : CORBIS/Y. Arthus-Bertrand - 17 : (G) Archives Nathan/©Adagp, Paris 2005, Raymond Savignac - 17 : (MD)/Michel Bouvet, 137, av. de Choisy, 75013 Paris - 25 : (HD) HOA-QUI/Jacana/Le Toquin/T. - 32 : (HG) BRIDGEMAN-GIRAUDON/Alinari./T. - 35 : (BD) Archives Nathan/Fra Angelico - 42 : (BG) Artephot/Blauel/Gnam-Artothek - 46 : (HG) Hétier/T. - 46 : (BD) HOA-QUI/Jacana/Konig/T. - 50 : (BD) Archives Nathan - 51 : (MG) Archives Nathan - 52 : (HG)/Seventh Square/Pascal Faligot - 57 : (HG) Coll. Archives Bibliothèque Nationale de France, Paris - 60 : (BD) Archives Nathan/Sonneville - 65 : (BG) Giraudon - 66 : (BD) Giraudon/Lauros-Giraudon - 68 : (H) Fotogram-Stone images/Marc Muench - 70 : (HD) Archives Nathan/Sonneville - 75 : (BD) HOA-QUI/Cécile Treatt/J.M. Ruiz - 76 : (MG) Slide/Manfred P. Kage/Okapia 1991 - 84 : (HG) DAGLI ORTI G./T. musée national, Valladolid - 85 : (B) Archives Nathan - 86 : (HD) Archives Nathan/Sonneville - 97 : (BD) Fotogram-Stone images/Sue Cunnigham - 100 : (HG) SIPA PRESS/Maisonneuve - 106 : (MD) CORBIS/Freelance Consulting Services PTY Ltd - 108 : (BD) Coll. Archives Larbor/ British Library, Londres - 119 : (MD) Slide/Claudio Frey - 121 : (B) Fotogram-Stone images/Oliver Strewe - 131 : (MD) Archives Nathan - 133 : (MG) Archives Nathan - 138 : (HG) HOA-QUI/Explorer/Gohier/T. - 138 : (HD) Archives Nathan - 141 : (B) Archives Nathan - 142 : (H) REA/M. Fourmy - 144 : (HD) Hémisphères Images/S.Frances /T. - 147 : (MD) Slide - 149 : (HD) RMN/Bulloz/Bibliothèque de l'Institut, Paris - 150 : (BD) Archives Nathan - 150 : (MD) Archives Nathan - 151 : (MD) Pix/Masterfile - 164 : (BG) Giraudon - 171 : (BD) Archives Nathan/Sonneville - 177 : (MD) Archives Nathan - 179 : (HD) Archives Nathan - 181 : (MG) Fotogram-Stone images/Keren Su - 183 : (MD) Archives Nathan - 185 : (MG) Écomusée d'Alsace - 187 : (HG) Archives Nathan - 196 : (H) SUNSET/ M. Jolyot - 200 : (MD) Archives Nathan - 207 : (MG) Top/Musée national Fernand-Léger/© Adagp, Paris 2005, Fernand Léger - 215 : (BD) HOA-QUI/Jacana/Amsler/T. - 220 : (MD) Archives Nathan - 225 : (BD) Archives Nathan/Sonneville - 229 : (H) Archives Nathan - 232 : (BG) Slide/JN Sirot - 234 : (MG) Archives Nathan/Sonneville - 239 : (H) Archives Nathan - 242 : (HG) © Adagp, Paris 2005, Georges Braque - 242 : (HG) Archives Nathan - 244 : (MG) Giraudon - 245 : (BD) Archives Nathan - 250 : (HD) ENGUE-RAND/BERNAND/T. - 252 : (H) Archives Nathan/USIS - 253 : (MD) Archives Nathan - 258 : (HD) REA/Airbus Industrie/Ludovic - 259 : (H) CORBIS/C. Redondo - 262 : (HD) Coll. Archives Larbor - 264 : (BG) Archives Nathan/Sonneville - 269 : (BG) Archives Nathan/NASA - 273 : (MG) Slide/Josef Ege/OKAPIA - 275 : (MD) Archives Nathan - 278 : (H) Archives Nathan - 282 : (H) Archives Nathan - 284 : (BD) Slide/Skishooter - 285 : (BD) HOA-QUI/Explorer/ Fiore./T. - 288 : (MD) Archives Nathan - 292 : (MD) Nasa/GSFC/J. Descloitres/Modis Rapid Response Team - 295 : (BG) AFP/Th. Coex - 295 : (HD) COR-BIS/E. & D. Hosking - 297 : (BG) Coll. Archives Larbor/Guiley-Lagache - 297 : (BD) RMN/G. Blot/musée des antiquités nationales, Saint-Germain-en-Laye - 299 : (B) Dagli Orti - 304 : (MG) Archives Larbor/G. Tomsich - 305 : (MD) Archives Nathan - 305 : (MD) Picasso Administration - 309 : (MG) COR-BIS/E. & P. Ragazzani - 310 : (H) CORBIS/M. Garanger - 314 : (HG) Archives Nathan - 321 : (MD) Slide/Bernuzeau - 323 : (MD)/DR - 324 : (HG) CORBIS/A & J Verkaik - 328 : (HG) Archives Nathan - 328 : (MD) Archives Nathan - 330 : (BD) Archives Nathan - 333 : (BG) Archives Nathan - 334 : (BG) REA/Tavernier - 339 : (BD) Slide/Bernard Martinez - 345 : (MD) HOA-QUI/O. Martel - 348 : (MG) Jacana/Carrara - 349 : (B) Archives Nathan - 350 : (MD) REA/S. Ortola - 353 : (HG) Archives Nathan - 359 : (HG) CORBIS/T. Arruza - 361 : (B) Slide - 367 : (BG) Archives Nathan - 369 : (HG) REA/R. Damoret - 370 : (B) Archives Nathan - 374 : (H) Archives Nathan - 377 : (B) Archives Nathan - 382 : (MD) Archives Nathan - 385 : (B)/Éditions Vents d'Ouest - 387 : (MD) Archives Nathan/Lapi-Viollet - 388 : (BD) REA/N. Tavernier - 397 : (BG) RMN/G. Blot/ musée de la Renaissance, Ecouen - 399 : (B) Archives Nathan - 400 : (MG) Alain DIVEU, Rennes - 400 : (MD) SUNSET/Ph. Durand - 405 : (BD) MARY EVANS PICTURE LIBRARY - 411 : (MD) REA/F. Le Lan - 412 : (B) SIPA PRESS/Dazay - 416 : (MG) Gamma/liaison Duhamel - 418 : (BG) Slide/Ardalstangen - 418 : (MD) Archives Nathan/Audubon - 422 : (BD) Archives Nathan - 424 : (MD) HOA-QUI//Fotostock/D. Scott - 425 : (BD) REA/Report Digital/J. Harris - 428 : (H) Archives Nathan - 429 : (BD) HOA-QUI/Age Fotostock/J. Fuste Raga - 430 : (MD) Archives Larbor/ Jeanbor - 434 : (MD) Archives Nathan/Sonneville - 437 : (B) Archives Nathan/Sonneville - 438 : (HD) Archives Nathan/Sonneville - 446 : (MD) Archives Nathan/David Marssa - 449 : (BD) Jerrican/Nicolas - 450 : (B) Archives Nathan - 451 : (MG) HOA-QUI/B. Machet - 461 : (HG) Explorer/Herman - 462 : HOA-QUI/Fotostock/R. Gold - 463 : (MG) AKG-Images - 466 : (HG) Slide/Greg Balfour Evans - 466 : (MD) LENARS Charles/T. - 467 : (MG) DAGLI ORTI G./T. - 471 : (H) HOA-QUI/J. Le Cordier - 473 : (HG) Archives Nathan - 474 : (H) Archives Nathan - 478 : (BG)/Nimatallah/Ricciarini / © Adagp, Paris 2005, Chaïm Soutine, Le Groom - 479 : (H) Slide - 483 : (H) REA/Laif - 486 : (B) LEEMAGE/Selva - 488 : (B) Archives Nathan - 489 : (BD) VANDYSTADT/Ph. Montigny - 495 : (MG) Archives Nathan - 499 : (BG) BRIDGEMAN-GIRAUDON./T. - 502 : (MG) CORBIS/A. Guatti - 507 : (MD) Giraudon/Patrick Lorette - 511 : (MD) Archives Nathan - 512 : (MD) Archives Nathan - 514 : (BD) Archives Nathan - 520 : (MG) Arch. Rencontre - 522 : (B) Archives Nathan - 523 : (HD) RAPHO/Bourcart./T. - 523 : (HG) BRIDGEMAN-GIRAUDON./T. - 525 : (BG) URBA IMAGES SERVER/F.Achdou - 526 : (HG) Archives Nathan - 531 : (HG) Archives Nathan - 533 : (H) Pix/Bavaria - 535 : (MD) Archives Nathan - 540 : (BD) Slide/J.-M. Roignant - 545 : (H) Archives Larbor/ H. Josse - 547 : (H) Giraudon - 552 : (H) Archives Nathan - 560 : (HG) COR-BIS/G. D. Lepp - 561 : (BD) Archives Nathan/J.-B. Oudry - 563 : (MG) Archives Nathan - 565 : (MG) Archives Nathan - 567 : (MG) Archives Nathan - 568 : (MG) CORBIS/N. Wheeler - 569 : (BD) SUN-SET/Ph. Moulu - 570 : (HG) CORBIS/K. Kaminesky - 571 : (B) Archives Nathan - 579 : (HD) Slide/Perrin - 580 : (BD) HOA-QUI/M. Renaudeau - 583 : (MD) SCOPE/D. Taulin-Hommel - 586 : (MD) HOA-QUI/

B. Morandi/Fotostock - 588 : (MD) Coll. Archives Larbor/musée du Louvre, Paris - 590 : (BD) Archives Nathan - 592 : (HD) Archives Nathan/Roger-Viollet - 593 : (BD) Giraudon - 597 : (BD) Archives Nathan - 611 : (MD) Réunion des musées nationaux/C. Jean - 624 : (HG) REA/Denis - 625 : (B) LEEMAGE/Selva - 626 : (H) Archives Nathan - 631 : (MG) Slide/Doumic - 633 : (HG) Archives Larbor/ J.M. Labat - 633 : (HD) RMN/Th. Ollivier/musée national des arts asiatiques Guimet, Paris - 635 : (MD) Slide/J. Allan Cash - 639 : (MG) Hoa-Qui/Jacana/D. Braudelet - 642 : (HG) GODONG/Ph. Lissac - 647 : (H) URBA IMAGES/ J. Bartschi - 648 : (MD) Archives Nathan - 652 : (BG) Stills/Dupin - 652 : (MD) HOA-QUI/Explorer/ R. Mattes - 653 : (MG) Archives Nathan - 653 : (BD) Coll. Archives Larbor - 658 : (MD) © Adagp, Paris 2005, Alexander Calder, Mobile - 658 : (MD) Slide/Doumik - 662 : (MD) Giraudon/Bridgeman - 663 : (HG) HOA-QUI/Fotostock.J. C. Munoz - 664 : (BG) PHOTONONSTOP/Mauritius - 665 : (B) Archives Nathan - 669 : (MG) Archives Nathan - 669 : (B) Archives Nathan - 674 : (H) Archives Nathan - 681 : (MG) CORBIS/ M. Freeman - 682 : (H) Giraudon - 685 : (MG) DAGLI ORTI G./T. Musée de la Marine, Paris - 685 : (BD) GAMMA/HFP/Liaison/Florida Today/Brown/T. - 686 : (BG) CIEL ET ESPACE/Y. Watabe /T. - 688 : (MG) RMN/J. Schormans/musée des antiquités nationales, Saint-Germain-en-Laye - 694 : (B) Archives Nathan/Sonneville - 699 : (H) Archives Nathan - 701 : (HG) CORBIS/C. Aurness - 702 : (B)/DR - 709 : (MG) ANA/Durazzo - 712 : (BD) RMN/Chuzeville, musée du Louvre, Paris - 713 : (H) Archives Nathan - 719 : (HG) Archives Nathan/Sonneville - 722 : (HG) Slide/Le Lann - 723 : (HG) Archives Nathan/H. Lathe - 725 : (HG) Coll. Archives Larbor - 728 : (MG) LENARS Charles/T. - 729 : (MD) RMN/J. Schormans, musée des antiquités nationales, Saint-Germain-en-Laye - 732 : (H) Archives Nathan/Sonneville - 736 : (BD) Archives Nathan - 738 : (B) Giraudon/Lauros - 739 : (B) Archives Nathan - 743 : HOA-QUI/Jacana/ J. B. Leroux - 747 : URBA IMAGES SERVER/G. Codina - 750 : (MG) Archives Nathan - 752 : (HG) Archives Nathan - 753 : (MG) Éditions Flammarion - 755 : (HG) Archives Nathan - 755 : (BD) REA/N. Tavernier - 757 : (BG) Archives Nathan/Sonneville - 758 : (MD) Archives Nathan - 764 : (MG) Archives Nathan - 765 : (MD) Archives Nathan - 767 : (HD) REA/LAIF/M. Linke - 769 : (MD) Archives Nathan - 771 : (MG) REA/Denis - 775 : (MD) Archives Nathan - 781 : (BG) HOA-QUI/Explorer/Raga/T. - 782 : (MD) Archives Nathan - 786 : (HG) Archives Nathan/Total - 788 : (MD) BRIDGEMAN-GIRAUDON/T. Musée des beaux arts, Agen - 796 : (H) Archives Nathan - 796 : (BD) BRIDGEMAN-GIRAUDON/T. Musée Carnavalet, Paris - 801 : (MD) REA/D. Fracchia - 809 : (MG) Giraudon/Lauros - 810 : (MG) Slide - 811 : (BD) Campagne, Campagne - 818 : (H) Archives Nathan - 821 : (BG) Archives Nathan - 823 : (H) Archives Nathan - 824 : (B) Archives Nathan - 825 : (BD) Giraudon/Bridgeman - 827 : (BD) Archives Nathan - 830 : (BG) © Adagp, Paris 2005, André Fougeron - 832 : Archives Nathan - 839 : (H) Archives Nathan/Sonneville - 841 : (MG) Archives Nathan - 842 : (MG) Archives Nathan/Sonneville - 844 : (H) AFP/Photo Press - 853 : (B) Archives Nathan - 864 : (MD) Slide/Halary - 869 : (BG) CORBIS/J. Randklev - 871 : (MG) Archives Nathan - 873 : (MD) Archives Nathan - 873 : (MG) Archives Nathan - 877 : (BD) Archives Nathan - 882 : (MD) RAPHO/ G. Gerster - 883 : (BG) Archives Nathan - 886 : (HG) DAGLI ORTI G./T. - 891 : (BG) Archives Nathan - 893 : (MD) Dagli Orti - 895 : (BD) Archives Nathan - 899 : (HD) Archives Nathan - 900 : (BD) GAMMA / HFP/P. Aventurier - 901 : (BD) Archives Nathan - 905 : (B) Archives Nathan - 907 : (MG) HOA-QUI/Age/Fotostock/M. N. Paras - 908 : (BG) Archives Nathan - 910 : (MD) Archives Nathan - 913 : (BG) Archives Nathan/Sonneville - 914 : (BD) DAGLI ORTI G. - 916 : (HD) DAGLI ORTI G./T. - 919 : (B) Archives Nathan - 921 : (B) AKG/E. Lesssing - 922 : (B) Slide/Durand - 925 : (MG) Giraudon - 928 : (BD) Archives Nathan - 929 : (MD) HOA-QUI/J. M. Roignant - 930 : (MD) Arch. Larbor/Foto Tosa - 933 : (B) Archives Nathan - 938 : (MD) RMN/H. Lewandowski, musée du Louvre, Paris - 941 : (HG) Réunion des musées nationaux/Pierre Bonnard - 945 : (HG) Archives Nathan - 946 : (BG) Archives Nathan/Sonneville - 948 : (BD) Horizon Features/M. Viard /T. - 949 : (MG) Archvies Nathan - 952 : (MG) DAGLI ORTI G./T. Coll. L'Antiquaire de Marine, Paris - 953 : (MD) Archives Nathan - 954 : (BG) Archives Nathan - 955 : (MG)/Dover publication (New York) - 956 : /Code Rousseau - 957 : /Code Rousseau - 958 : (MD) Archives Nathan - 960 : (HG) SIPA PRESS/AP/Trovati - 965 : (BD) HOA-QUI/Top/F. Ducasse - 970 : (BG) HOA-QUI/R. Mattes - 973 : (BD) Archives Nathan - 976 : (BD) Pix/F. de Richemond - 977 : (MG) HOA-QUI/Age/Fotostock/J. D. Dallet - 979 : (HG) Explorer/Berthoulet - 980 : (BD) GAMMA / HFP/ B. Barbereau. /T. - 988 : (HG) Arch. Larbor - 989 : (B) Archives Nathan - 992 : (HG) VANDYSTADT - 993 : (BD) © Salvador Dali, Fondation Gala-Salvador Dali/Adagp, Paris 2005/Archives Smeets - 995 : (H) LENARS Charles./T. - 1001 : (B) REA/M. Fourmy - 1004 : (B) Archives Nathan - 1010 : (HD) LENARS Charles/T. - 1015 : (BG) Archives Nathan/Sonneville - 1016 : (HD) Archives Nathan - 1023 : (HG) Archives Nathan/Sonneville - 1023 : (BD) Giraudon/Alinari - 1024 : (BD) Giraudon - 1027 : (HG) REA/B. Decout - 1030 : (HG) Pix/A. Grillon - 1030 : (BG) © Adagp, Paris 2005, Duane Hanson, Tourists/Archives Nathan - 1031 : (B) Archives Nathan - 1035 : (MD) Dagli Orti - 1036 : (HD) SCOPE/N. Pasquel - 1043 : (MD) Giraudon/Lauros - 1045 : (BD) Giraudon/Alinari - 1046 : (BD) HOA-QUI/Fotostock/D. Scott, musée du Palais Royal, Naples - 1047 : (H) CORBIS/Dagli-Orti G. - 1049 : (HD) RICCIARINI/Simon./T. - 1050 : (BD) Archives Nathan/Sonneville - 1051 : (B) Archives Nathan - 1052 : (H) AKG Photo - 1053 : (H) Magnum/Bruno Barbey - 1055 : (MG) REA/P. Gleizes - 1059 : (H) Archives Nathan/Citroën Communication - 1061 : (B) HOA-QUI/M. Renaudeau - 1062 : (BG) CORBIS/Christie's Images - 1068 : (BG) Pix/Y. Levannier - 1075 : (HD) HOA-QUI/Explorer/D. Goudouneix - 1077 : (HD) Archives Nathan - 1083 : (BD) Archives Nathan/Sonneville - 1086 : (MG) AKG/Sotheby's - 1090 : (BG) Pix/Eugen Gebhardt - 1091 : (MG) Pix/I. et V. Krafft - 1092 : (HD) Explorer/P. Roy - 1093 : CORBIS KIPA/ Ch. Russeil.

■ Découverte du monde

1166 : Archives Larbor/Cliché BEICIP d'après une image de l'ESA de Darmstadt (RFA) produit par le CMS de Lannion - 1167 : Photodisc - 1168 : Photodisc - 1169 : Archives Nathan/Sonneville - 1170 : Photodisc - 1171 : Photodisc - 1172 : Photodisc - 1173 : Droits Réservés - 1174 : Photodisc - 1175 :

Photodisc - 1176 : Photodisc - 1177 : Photodisc - 1178 : Archives Nathan - 1179 : Archives Nathan - 1180 : Photodisc - 1181 : Photodisc - 1182 : Archives Larbor - 1183 : Archives Nathan/Sonneville - 1184 : Photodisc - 1185 : Droits Réservés - 1186 : Droits Réservés - 1187 : Photodisc - 1188 : Photodisc - 1189 : Archives Nathan - 1190 : Archives Larbor/Jeanbor - 1191 : Droits Réservés - 1192 : Archives Larbor/Jeanbor - 1193 : Photodisc - 1194 : Fotolia/KlausMJan - 1195 : Fotolia/benjamin cabassot - 1196 : Fotolia/mirubi - 1202 : (H) Archives Larbor/BIS - 1202 : (B) Archivo L.A.R.A/PLANETA - 1203 : (H) Archives Larbor/BIS/C. Roux - 1203 : (BG) Archives Larbor/BIS/M. Didier - 1203 : (BD) Archives Larbor/BIS/J.M. Labat - 1204 : (HG) Archives Larbor/BIS - 1204 : (HD) Archives Nathan/BIS/Sonneville - 1204 : (BG) Coll. Archives Nathan/BIS - 1204 : (BD) Archivo L.A.R.A/PLANETA - 1205 : (HG) Coll. Archives Larbor/BIS - 1205 : (HD) Archives Larbor/BIS/G. Tomsich - 1205 : (BG) Archives Larbor/BIS - 1205 : (BD) Coll. Archives Nathan/BIS - 1206 : (HG) Coll. Archives Larbor/BIS - 1206 : (HD) Coll. Archives Nathan/BIS - 1206 : (BG) Archives Larbor/BIS/G. Tomisch - 1206 : (BD) SHUTTER-STOCK/Brandus Lan Lucian - 1207 : (H) Collection Archives Bordas/BIS - 1207 : (B) EYE-DEA/AGE/Bruno Perousse - 1208 : (HG) Archivo L.A.R.A/PLANETA - 1208 : (HD) Archivo L.A.R.A/PLANETA - 1208 : (BG) Coll. Archives Larbor/BIS - 1209 : (BD) Musée de l'Imprimerie, Lyon/BIS - 1209 : (HG) Archives Larbor/BIS/Jean-Loup Charmet - 1209 : (HM) Coll. Archives Nathan/BIS - 1209 : (HD) Archives Bordas/BIS/Lucien Malaisy - 1209 : (BG) Archives Larbor/Musée de Cluny/BIS/H. Josse - 1209 : (G) Musée de l'Imprimerie Lyon/BIS - 1210 : (HG) Coll. Archives Larbor/BIS - 1210 : (HD) Archives Nathan/BIS/Sonneville - 1210 : (BG) Archives Larbor/BIS/Scala - 1210 : (BD) Archives Nathan/BIS/Frédéric Hanoteau - 1211 : (HG) Coll. Archives Nathan/BIS - 1211 : (HD) Archives Larbor/BIS/H. Josse - 1211 : (B) Coll. Archives Larbor/BIS - 1212 : (H) Archives Nathan/BIS - 1212 : (BG) Archives Larbor/BIS/Luc Joubert - 1212 : (BD) Archives Larbor/BIS/Michel Didier - 1213 : (HG) Archives Larbor/BIS/H.Josse - 1213 : (HD) Archives Bordas/BIS/Michel Didier - 1213 : (BG) Peinture de Carle Van Loo (1705-1765)/ Musée des Beaux-Arts/Archives Larbor/BIS - 1213 : (BD) Musées de la Ville de Paris/Archives Larbor/BIS - 1214 : (H) Archives Larbor/BIS/Hubert Josse - 1214 : (BG) Archives Bordas/BIS/Jean-Pierre Delagarde - 1214 : (BD) Archives Larbor/BIS/Hubert Josse - 1215 : (H) Coll. Archives Nathan/BIS - 1215 : (BG) Archives Nathan/BIS - 1215 : (BD) Archives Larbor/BIS - 1216 : (H) Archives Larbor/BIS - 1216 : (B) Peinture de Paul-Louis Delance (1848-1924)/Archives Larbor/BIS/Hubert Josse - 1217 : (HG) Peinture de Albert Gustav Edelfelt (1854-1905)/Archives Nathan/BIS - 1217 : (HD) Archives Larbor/BIS/ Jean-Louis Charmet - 1217 : (BG) Coll. Archives Nathan/BIS - 1217 : (BD) Archives Bordas/BIS/Daniel Fleurant - 1218 : (H) Coll. Archives Larbor/BIS/H. Manuel - 1218 : (B) Les Demoiselles d'Avignon/Succession Picasso 2010/Archives Nathan/BIS - 1219 : (H) Coll. Archives Larbor/Roy Export SAS/BIS - 1219 : (BG) Archives Larbor/BIS/Moreau - 1219 : (BD) Archives Labor/BIS/Moreau - 1220 : (H) Coll. Archives Larbor/Centre de documentation juive contemporaine/BIS - 1220 : (B) Coll. Archives Larbor/D.R/BIS - 1221 : (H) Coll. Archives Larbor/D.R/BIS/X - 1221 : (B) EYEDEA/Keystone - 1222 : (HG) Amstrad/D.R. - 1222 : (HD) Commission Européenne - 1222 : (B) Archives Larbor/BIS/NASA - 1223 : (H) Conseil de l'Europe, Strasbourg, « Architecte Richard Rogers Partnership »/Archives Larbor/BIS - 1223 : (BG) COSMOS/Hélène Bamberger - 1223 : (BD) Archivo L.A.R.A/PLANETA - 1224 : Archives Nathan/Sonneville - 1225 : Archives Nathan - 1226 : Archives Nathan - 1227 : Archives Larbor - 1228 : Archives Larbor/Gianni Dagli Orti - 1229 : Archives Larbor/Hubert Josse - 1230 : Archives Nathan/ Archaeological Receipts Fund - 1231 : Archives Larbor - 1232 : Archives Larbor - 1233 : Archives Nathan - 1234 : Archives Larbor - 1235 : Archives Larbor - 1236 : Archives Nathan - 1237 : Archives Larbor/Gustavo Tomsich - 1238 : Archives Larbor/Franz Jupp - 1239 : Archives Nathan - 1240 : Archives Larbor/J. J. Hautefeuille - 1241 : Archives Nathan.

Imprimé en Italie par N.I.I.A.G. - Bergamo
N° d'éditeur : 10161937 - Dépôt légal : mai 2010